ISBN 978-0-265-65215-2
PIBN 10999327

English
Français
Deutsche
Italiano
Español
Português

www.forgottenbooks.com

Mythology Photography **Fiction**
Fishing Christianity **Art** Cooking
Essays Buddhism Freemasonry
Medicine **Biology** Music **Ancient
Egypt** Evolution Carpentry Physics
Dance Geology **Mathematics** Fitness
Shakespeare **Folklore** Yoga Marketing
Confidence Immortality Biographies
Poetry **Psychology** Witchcraft
Electronics Chemistry History **Law**
Accounting **Philosophy** Anthropology
Alchemy Drama Quantum Mechanics
Atheism Sexual Health **Ancient History**
Entrepreneurship Languages Sport
Paleontology Needlework Islam
Metaphysics Investment Archaeology
Parenting Statistics Criminology
Motivational

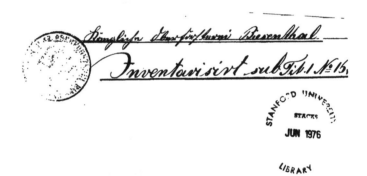

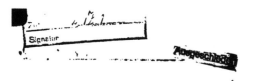

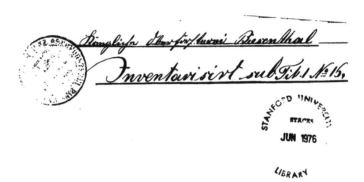

Chronologische Uebersicht

der in dem Amtsblatte der Königlichen Regierung zu Potsdam und der Stadt Berlin
im 1sten Quartal 1844
erschienenen Verordnungen und Bekanntmachungen, nach Ordnung der Materien.

Bemerkung. Die Verordnungen und Bekanntmachungen der Königl. Regierung zu Potsdam sind durch die bloße Nummer, die des Königl. Kammergerichts durch den Buchstaben K., die des Königl. Konsistoriums und Schul-Kollegiums der Provinz Brandenburg durch die Buchstaben Co., und die des Königl. Polizei-Präsidiums in Berlin durch die Buchstaben PP. neben der Nummer bezeichnet.

Datum der Verord- nungen.	Nummer der Verord- nungen.	Inhalt der Verordnungen und Bekanntmachungen.	Stück des Amts- blatts.	Seitenzahl des Amtsblatts.
		I. Abgaben, landesherrliche.		
		A. Zoll- und Steuersachen.		
Jan. 26	26	Bekanntmachung über die von den Kaufleuten Schröder, Vor- werk und Hartmann in Putlitz abgegebene Erklärung, sich des Schleichhandels enthalten zu wollen...............	6	24
März 4	56	Veröffentlichung einer Bekanntmachung des Herrn Finanz-Ministers Exzellenz vom 17. Februar d. J., die Aufnahme des Herzoglich Braunschweigschen Harz- und Weser-Distrikts in den Verband des Zollvereins betreffend	11	53
18	69	Erneuertes Verbot des Salzankaufs von den Schiffern und Schiffs- knechten....................................	13	68
		B. Gewerbesachen.		
Jan. 8	11	Allerhöchste Bestimmungen, den Verkehr der Behufs des Suchens von Waarenbestellungen und des Waarenverkaufs umherreisenden Personen betreffend	3	8
		II. Domainen-, Forst- und Jagdsachen.		
1843 Dez. 22	3	Mitglieder der zu konstituirenden Kreis-Jagdtheilungs-Kommission für den Prenzlauer Kreis und deren Stellvertreter	1	3
1844 Jan. 4	15	Mitglieder der zu konstituirenden Kreis-Jagdtheilungs-Kommission für den Osthavelländischen Kreis und deren Stellvertreter.......	3	10
11		Mitglieder der zu konstituirenden Kreis-Jagdtheilungs-Kommission für den Ruppiner Kreis und deren Stellvertreter	4	14
12	20	Die ausnahmsweise gestattete Ablösung von Domanialgefällen zum 20-fachen Betrage wird fernerhin nicht mehr nachgelassen.......	4	15
Febr. 17	48	Aufforderung an die Besitzer und Verwalter von Privat- und Kom- munalforsten zur Ausführung der zur Vertilgung der großen Kie- fernraupe geeigneten Maßregeln....................	4	43
		III. Eisenbahn-Angelegenheiten.		
Jan. 9	—	Ober-Präsidial-Bekanntmachung über die Dauer der Zeit, für wel- che die angeordneten Nachtsignale auf der Berlin-Potsdamer Eisenbahn anzuwenden sind....................	3	7

Chronologische Uebersicht

der in dem Amtsblatte der Königlichen Regierung zu Potsdam und der Stadt Berlin
im 2ten Quartal 1844
erschienenen Verordnungen und Bekanntmachungen, nach Ordnung der Materien.

Bemerkung. Die Verordnungen und Bekanntmachungen der Königl. Regierung zu Potsdam sind durch die bloße Nummer, die des Königl. Kammergerichts durch den Buchstaben K., die des Königl. Konsistoriums und Schul-Kollegiums der Provinz Brandenburg durch die Buchstaben Co., und die des Königl. Polizei-Präsidiums in Berlin durch die Buchstaben PP. neben der Nummer bezeichnet.

Datum der Verord- nungen.	Nummer der Verord- nungen.	Inhalt der Verordnungen und Bekanntmachungen.	Stück des Amts- blatts.	Seitenzahl des Amtsblatts.
		I. Abgaben, landesherrliche.		
		A. Zoll-, und Steuersachen.		
März 21	71	Veränderungen in Betreff der Steuersätze, welche in einzelnen Staaten des Zollvereins, wo innere Steuern auf Hervorbrin- gung gewisser Erzeugnisse beruhen, von den gleichnamigen ver- einsländischen Erzeugnissen erhoben werden.	14	73
Mai 24	134	Bestimmungen in Betreff der Erleichterungen in der Bereitung des Biers zum eigenen Bedarf.	23	154
27	123	Aufforderung zur rechtzeitigen Anmeldung der im Jahre 1844 mit Taback bepflanzten Grundstücke.	22	145
		B. Chausseesachen.		
Mai 22	118	Beginn der Chausseegeld-Erhebung auf der Kunststraße von Pots- dam nach Wustermark.	22	143
Mai 24	152	Erhebung des Chausseegeldes auf der Kunststraße von Potsdam nach Wustermark bei der Hebestelle in Marquardt für zwei Meilen.	26	176
		II. Bausachen.		
Mai 15	143	Verlegung der bisher in Zehdenick bestandenen Prüfungs-Kom- mission für Bauhandwerker nach Gransee.	25	167
		III. Domainen-, Forst- und Jagdsachen.		
Mai 11	82	Mitglieder der zu konstituirenden Kreis-Jagdtheilungs-Kommi- sion für den Westpriegnitzschen Kreis und deren Stellvertreter	16	89
21	89	Aufforderung zur rechtzeitigen Anmeldung der Bauholz-Bedürf- nisse der zum Empfang von Bauholz aus Königl. Forsten be- rechtigten Privatgutsbesitzer und Domainen-Einsassen.	17	100
25	92	Mitglieder der zu konstituirenden Kreis-Jagdtheilungs-Kommi- sion für den Niederbarnimschen Kreis und deren Stellvertreter	18	105
Mai 31	133	Mitglieder der zu konstituirenden Kreis-Jagdtheilungs-Kommi- sion für den Templiner Kreis und deren Stellvertreter	23	154
Juni 13	144	Uebertragung der Gefälle-Erhebung und der Ausübung der Po- lizei des vom Königl. Fiskus angekauften Ritterguts Güblen, Glienicke und des ehemaligen Glashütten-Etablissements Baß- dorf an das Königl. Domainen-Amt Zechlin.	25	168

Chronologische Uebersicht

der in dem Amtsblatte der Königlichen Regierung zu Potsdam und der Stadt Berlin
im 2ten Quartal 1844
erschienenen Verordnungen und Bekanntmachungen, nach Ordnung der Materien.

Bemerkung. Die Verordnungen und Bekanntmachungen der Königl. Regierung zu Potsdam sind durch die bloße Nummer, die des Königl. Kammergerichts durch den Buchstaben K., die des Kreis-Landrathsamts und Schul-Kollegiums der Provinz Brandenburg durch die Buchstaben C., und die des Königl. Polizei-Präsidiums in Berlin durch die Buchstaben PP. neben der Nummer bezeichnet.

XII. Vermischte Angelegenheiten.

Chronologische Uebersicht

der in dem Amtsblatte der Königlichen Regierung zu Potsdam und der Stadt Berlin
im 3ten Quartal 1844
erschienenen Verordnungen und Bekanntmachungen, nach Ordnung der Materien.

Bemerkung. Die Verordnungen und Bekanntmachungen der Königl. Regierung zu Potsdam sind durch die bloße Nummer, die des Königl. Kammergerichts durch den Buchstaben K., die des Königl. Konsistoriums und Schul-Kollegiums der Provinz Brandenburg durch die Buchstaben Co., und die des Königl. Polizei-Präsidiums in Berlin durch die Buchstaben PP. nebm der Nummer bezeichnet.

Datum der Verord- nungen.	Nummer der Verord- nungen.	Inhalt der Verordnungen und Bekanntmachungen.	Stück des Amts- blatts.	Seitenzahl des Amtsblatts.
		I. Abgaben, landesherrliche.		
		A. Zoll-, und Steuersachen.		
Juni 24	159 181 200	Aufruf der unbekannten Eigenthümer diverser, bei Milbenburg im Grenzbezirke in Beschlag genommener Gegenstände	27 31 35	180 211 239
24	160 182 201	Aufruf der unbekannten Eigenthümer diverser, bei Flecken Zechlin im Grenzbezirke in Beschlag genommener Kolonialwaaren	27 31 35	181 211 240
28	158	Veröffentlichung der Ministerial-Bestimmungen vom 10. Juni d. J. hinsichtlich der Ursprungszeugnisse, mit welchen, nach Maßgabe des Handels- und Schiffahrts-Vertrages zwischen Preußen und Portugal, die aus Preußischen Häfen oder über die, den Preußischen gleichgestellten fremden Häfen nach dem Königreich Portugal zu versendenden Waaren begleitet sein müssen	27	179
Juli 5	179	Beitritt des Kaufmanns Eglermeyer in Meyenburg zu dem von den Kaufleuten in Pritzwalk unter sich errichteten Schutz-verbande gegen den Schleichhandel	29	196
23	183	Erfolgte Anfertigung eines neuen Verzeichnisses der im Zollver-eine bestehenden Haupt-Zoll- und Haupt-Steuerämter und der Neben-Zollämter 1ster Klasse	31	212
Sept. 9	213	Errichtung eines Unter-Steueramts zu Trebbin	37	251
14	262	Die bisher bei dem Neben-Zollamte zu Wittstock erfolgte steuer-liche Revision der vom Auslande über Wittstock eingehenden Extraposten ist von jetzt ab resp. dem Neben-Zollamte I zu Dranfee und dem Neben-Zollamte II zu Alt-Daber übertragen.	39	262
		B. Chausseesachen.		
Sept. 11	218	Veröffentlichung des zweiten Nachtrags-Verzeichnisses derjenigen Kunststraßen, auf welche das Verbot des Gebrauchs von Rad-felgen unter 4 Zoll Breite für alles gewerbmäßig betriebene Frachtfuhrwerk Anwendung findet	38	—

(Beilage zum 38sten Stück des Amtsblatts.)

B. Medizinalpolizei.

Chronologische Uebersicht

der in dem Amtsblatte der Königlichen Regierung zu Potsdam und der Stadt Berlin
im 4ten Quartal 1844

erschienenen Verordnungen und Bekanntmachungen, nach Ordnung der Materien.

Bemerkung. Die Verordnungen und Bekanntmachungen der Königl. Regierung zu Potsdam sind durch die bloße Nummer, die des Königl. Kammergerichts durch den Buchstaben K., die des Königl. Konsistoriums und Schul-Kollegiums der Provinz Brandenburg durch die Buchstaben Co., und die des Königl. Polizei-Präsidiums in Berlin durch die Buchstaben PP. neben der Nummer bezeichnet.

Datum der Verord- nungen.	Nummer der Verord- nungen.	Inhalt der Verordnungen und Bekanntmachungen.	Stück des Amts- blatts.	Seitenzahl des Amtsblatts.
		I. Abgaben, landesherrliche.		
		A. Zoll-, Steuer- und Salzsachen.		
Okt. 17	251	Aufruf der unbekannten Eigenthümer mehrerer, im Grenzbezirke	44	296
	272	unfern des Fleckens Zechlin bei dem sogenannten Eichholze	48	332
	297	vorgefundenen Waaren	52	367
Nov. 18	270	Aufforderung der salzkontrolpflichtigen Gemeinden zur rechtzeitigen und vollständigen Abhebung ihrer pro 1844 festgesetzten Salz- zwangsquanta	47	329
23	273	Veröffentlichung der Bestimmungen über die Abfertigungszeit für den Salzverkauf bei der Salzfaktorei zu Berlin	48	332
Dez. 13	296	Wegen Ausstellung beglaubigter Ursprungs-Zeugnisse über vereinsländische baumwollene und seidene Waaren, welche nach Belgien versandt werden sollen, wenn dafür die in dem Handels- und Schifffahrts-Vertrage zwischen den Staaten des Deutschen Zollvereins und dem Königreiche Belgien gewährten geringeren Zollsätze in Anspruch genommen werden	52	367
		B. Chausseesachen.		
Okt. 11	240	Veröffentlichung der Allerhöchsten Kabinetsordre vom 30. August 1844 und des durch dieselbe bestätigten Statuts für die Neu- stadt-Eberswalde-Freienwalder Aktien-Chausseebau-Gesellschaft (Beilage zum 43sten Stück des Amtsblatts).	43	—
Nov. 14	271	Veröffentlichung der Bestätigungs-Urkunde für die Gramzow-Pas- sower Chausseebau-Aktiengesellschaft vom 7. Oktober d. J., nebst den Statuten dieser Gesellschaft . . . . (Beilage zum 48sten Stück des Amtsblatts).	48	—
Dez. 2	276	Eröffnung der von Neu-Schrepkow über Pritzwalk und Metzen- burg zur Mecklenburgischen Grenze führenden Chaussee und Er- hebung des Chausseegeldes an den eingerichteten vier Empfangs- stellen	49	337

Inhalts-Verzeichniß
des
öffentlichen Anzeigers zum Amtsblatt des Jahres 1844.

B.

B.

Alphabetisches
Namen- und Sach-Register
zum Jahrgang 1844 des Amtsblatts
der Königlichen Regierung zu Potsdam und der Stadt Berlin.

Namen-Register.

A.

Aaron aus Züllichau, Seminarist. 323. Ackermann aus Ananasdorf, Seminarist. 310. Adolphi, Kammerger.-Assessor. 278. Amende Dr., pr. Arzt und Wundarzt. 244. Anders, Hebamme in Potsdam. 150. Andrich aus Stargardt, Seminarist. 309. Angermann aus Nieder-Schellendorf, Seminarist. 323. Anforge aus Liegnitz, Seminarist. 323. Anton, pens. Hegemeister in Schmachtenhagen. 113. Anton, Kammerg.-Referend. 228. Aponius, Kammerg.-Aufkult. in Berlin. 372. Arendt, Kataraven-Inspektor in Berlin. 86. Arenis, Kammerg.-Assessor. 81. Arlt aus Doberz, Seminarist. 323. Arndt, Hebschulze in Clausdorf. 201. Arndt, Prediger in Storverädorf. 220. Arndt aus Neudresden, Seminarist. 309. Arnheim Dr., pr. Arzt, Wundarzt u. Geburtshelfer. 12. Arnim, Oberförster zu Cummersdorf. 344. v. Arnim, Kammerg.-Aufkult. in Berlin. 372. Arntz, Kammerger.-Aufkult in Berlin. 141. 259. Augustin, Justizkommiss. u. Notar in Soldin. 63.

B.

Baack, Regier.-Hauptkassen-Buchhalter in Potsdam. 48. Bading, Kammerg.-Assessor. 278. Bahn, Pred.-Amts-Kandidat. 113. Bähr, Förster in Schönholz. 86. Balz, Kammerg.-Aufkult. in Berlin. 374. Balzer, Küster und Schullehr. in Münchehofe. 301. Bando aus Pritzerbe, Pred.-Amts-Kand. 301. Barsch-Hippe, Mühlenmstr. in Prenzlow. 86. Barsekow, Kammerger.-Referend. 97. Bartholomäus aus Schönweide, Seminarist 302. Bartsch aus Sabor, Seminarist. 323. Baßlde, Feldmesser. 42. Baumann unverehel., aus Demmin. 21. Baumgarten, Predigiamts-Kand. 32. Baentsch, Feldmesser. 201. Bäntsch, Stadt-Schullehr. in Treuenbrietzen. 115. Bätke, Rektor in Lindow. 300. Bechlin, Schullehr. in Perleberg. 114. Becken, Küster u. Schullehr. in Wichmannsdorf. 114. Beder aus Neustadt-Eberöw., Seminarist. 302. Beerbaum aus Biesdorf, Seminarist. 302. Beeskow, Oberlehr. in Berlin. 113. Behm, Apotheker 1ster Klasse. 86. Behm, Amtmann in Linum. 229. v. Behr, Ober-Landeög.-Aufkult. in Stettin. 97. Behrend, Hebamme in Neu-Ruppin. 150. Behrend Dr., pr. Arzt, Wundarzt u. Geburtshelfer. 324. Behrend, Gutsbesitzer auf Klein-Berren. 344. Behrend Dr., pr. Arzt u. Wundarzt. 286. Bell, Küster u. Schullehr. in Brunow. 25. Below, Hegemeister in Jänickendorf. 4. v. Below, Kammerg.-Aufkult. in Berlin. 174. 285. v. Benda, Regier.-Assessor in Potsdam. 113. Beneke, Kammerger.-Aufkult. in Berlin. 141. Benedix Dr., pr. Arzt u. Wundarzt. 213. Benzler Dr., pr. Arzt, Operateur u. Geburtshelfer. 164. Berg, Küster u. Schullehr. in Zernen. 221. Bergemann, Küster emer. in Spaatz. 115. Bergemann, Schulze in Alt-Schöneberg. 344. Berndt, Prediger in Berlin. 114. Berndt, Land- u. Stadtger.-Direktor in Alt-Landsberg. 201. Berndt, Schullehr. in Templin. 221. Berner, Justizrath in Strausberg. 228. v. Bertrab, Kammerg.-Referend. 228. Bessel, Kammerg.-Referend. 374. Bethke, Prediger in Jagow. 301. Bepl, Rittergutsbesitzer in Görz. 64. Bepssel, Kammerger.-Assessor in Prenzlow. 64. Biegemann, Stadthebamme in Berlin. 110. Biel, Kammerger.-Aufkult. in Berlin. 373. Bienengräber aus Gardelty, Seminarist. 302. Bierong, Förster in Luckenwalde. 12. Biesenthal, Küster u. Schullehr.-Adjunkt in Hohenlanbin. 114. Bischof, Schulze in Kremlig. 98. v. Bismark, Regier.-Referend. in Potsdam. 113. Blanck, Pred. in Berlin. 266. Blaste aus Dobberous, Seminarist. 323. Blätner, Pfarr-Adjunkt in Möry. 220. Blumberg, Kammerg.-Assessor. 97. Bod, Feldmesser. 149. Bode, Kammerg.-Aufkult. in Berlin. 386. v. Bodelschwingh, Kammerg.-Aufkult. in Berlin. 229. Bobinus, Oberl. an der Elisabethschule in Berlin. 344. Bohm, Predigiamts-Kand. 115. Bohne, Küster u. Schullehrer in Storkow. 301. Bohse aus Potsdam, Seminarist. 302. Borad, Wundarzt 1ster Klasse u. Geburtshelfer. 60. Born, Pred.-Amts-Kand. 115. Born aus Pyrehne, Seminarist. 309. Bornmüller, Kammerg.-Aufkult. in Berlin. 174. 259. Böckler, Pred. in Dransee. 25. Böhm, Küster u. Schullehr. in Wollenberg. 115. Böhme, Kämmerer in Prittwalt. 21. Böttcher, Küster und Schullehr. in Wiesenthal. 115. Braasch, Schullehr. in Neustadt-Eberöw. 344. v. Brandenburg Graf, Kammerg.-Aufkult in Berlin. 174. Brandenburg, Feldmesser. 260. Brandt, Bürgermeister in Brandenburg. 260. Braubach Dr., pr. Arzt u. Wundarzt. 149. Braune, Schulamts-Aspirant in Berlin. 244. Braune, Oberpred. in Mittenwalde. 300. v. Bredow, Ritterschaftsrath u. Kreisdeputirter auf Jhlow. 128. v. Bredow, Kammerg.-Referend. 285. Breithaupt Dr., pr. Arzt, Operateur u. Geburtshelfer. 21. Breithaupt

Sach - Register.

A.

Abgaben. In Beziehung auf Zoll- und Steuer=
weſen. Ueber die erfolgte Aufnahme des Herzogthums Braun=
ſchweigiſchen Harz- und Weſer-Diſtrikts in den Verband
des Zollvereins und über die Verkehrsverhältniſſe zwiſchen
dem gedachten Gebietstheile und den übrigen Theilen des
Zollvereins. 88. Veränderungen in Betreff der Steuer=
ſätze, welche in einzelnen Staaten des Zollvereins, von
der Steuern auf Hervorbringung gewiſſer Erzeugniſſe beruhen,
von den gleichnamigen vereinsländiſchen Erzeugniſſen er=
hoben werden. 72. Ueber die den Landwirthen gewährten
Erleichterungen in Bereitung des Biers zum eigenen Be=
darf. 154. Bestimmungen hinsichtlich der Ursprungs-Zeug=
niſſe, mit welchen, nach dem Handels- und Schiffahrts=
Vertrage mit Portugal, die aus Preußiſchen Hafen oder
über die, den Preußiſchen gleichgeſtellten fremden Häfen
nach dem Königreich Portugal zu verſendenden Waaren
begleitet ſeyn müſſen. 179. Aufruf der unbekannten Eigen=
thümer diverſer, an der Grenze bei Milbenburg in Be=
ſchlag genommener Gegenſtände. 160. 211 239. Aufruf
der unbekannten Eigenthümer diverſer, beim Flecken Zechlin
im Grenzbezirke in Beſchlag genommener Kolonialwaaren.
161. 211. 240. Ueber die erfolgte Aufſtellung eines neuen
Verzeichniſſes der im Zollvereine beſtehenden Haupt- Zoll=
und Haupt-Steuerämter, und der Neben- Zollämter 1ſter
Klaſſe. 212. Ueber die Errichtung eines Unter-Steueramts
zu Trebbin. 251. Die ſteuerliche Revision der vom Aus=
lande über Wittſtock eingehenden Extrapoſten, welche bis=
her bei dem Neben-Zollamte zu Wittſtock geſchehen, iſt resp.
dem Neben-Zollamte I. zu Dranſee und dem Neben-Zoll=
amte II. zu Alt-Daber übertragen. 262. Aufruf der un=
bekannten Eigenthümer mehrerer, im Grenzbezirk unſerer

des Fleckens Zechlin bei dem ſogenannten Eichholze vorge=
fundenen Waaren. 296. 322. 367. Bestimmungen wegen
Ausstellung beglaubigter Ursprungs-Zeugniſſe über
vereinsländiſche baumwollene und seidene Waaren
welche nach Belgien verſandt werden ſollen, worauf dafür
die in dem Handels- und Schiffahrts-Vertrage zwiſchen
den Staaten des Deutſchen Zollvereins und dem König=
reiche Belgien gewährten geringeren Zollſätze in Anſpruch
genommen werden. 367.

Ansiedelungen. Was bei neuen dergleichen in der
Stadt Zinna künftig zu beobachten [?]. 167.

Apotheken. Qualifizirte Pharmazeuten können ſich
zur Konzeſſionirung als Apotheker in Bierraden bei der
Regierung in Potsdam melden. 225.

Arzneitare. Veränderungen in den Tarpreiſen ver=
ſchiedener Arzneien vom 1. Juni 1844 ab. 143. Erhöhung
der Tarpreiſe des Jod und der Präparate dieſer Drogue
vom 1. September 1844 ab. 223.

Attentat. Bekanntmachung des Königl. Staats-Mi=
niſteriums wegen des am 26. Juli 1844 auf die Aller=
höchste Perſon Sr. Majeſtät des Königs verübten Atten=
tats durch den vormaligen Bürgermeiſter Tſchech zu
Storkow. 209. Die erfolgte Hinrichtung des Tſchech
betreffend. 356.

B.

Bauholz. Aufforderung zur rechtzeitigen Anmeldung
der Bauholzbedürfniſſe der zum Empfang von Bauholz
aus Königlichen Forſten berechtigten Privatgutsbesitzer und
Domänen-Einsaſſen. 108.

Amtsblatt
der Königlichen Regierung zu Potsdam
und der Stadt Berlin.

Stück 1.   Den 5. Januar.   **1844.**

Allgemeine Gesetzsammlung.

Das vorjährige 34ste Stück der Allgemeinen Gesetzsammlung enthält:

№ 2400. Die Allerhöchste Konzessions- und Bestätigungs-Urkunde für die Niederschlesisch-Märkische Eisenbahngesellschaft vom 27. November 1843, nebst dem Statut dieser Gesellschaft vom 26. August 1843 und dem Staatsvertrage zwischen Preußen und Sachsen, die Herstellung einer Eisenbahnverbindung zwischen Breslau und Dresden betreffend, vom 24. Juli 1843.

Das vorjährige 35ste Stück der Allgemeinen Gesetzsammlung enthält:

№ 2401. Das Allerhöchste Patent über die Wiederbelebung der Gesellschaft des Schwanenordens. Vom 24. Dezember 1843.

Verordnungen und Bekanntmachungen
für den Regierungsbezirk Potsdam und für die Stadt Berlin.
Potsdam, den 29. Dezember 1843.

№ 1.
Zulassung von Staatsdienern ꝛc. als Vorsteher und Protokollführer der Stadtverordneten.
I. 2289. Dez.

Des Königs Majestät haben in einem Spezialfalle, wo der auf einen Land- und Stadtgerichts-Sekretair gefallenen Wahl zum Protokollführer der Stadtverordneten-Versammlung seines Wohnorts, mit welcher sein Amtsvorgesetzter sich einverstanden erklärt hatte, lediglich wegen der entgegenstehenden Vorschrift des § 116 der Städteordnung vom 19. November 1808 die Bestätigung versagt worden war, mittelst Kabinetsordre vom 25. November d. J. nicht nur die Bestätigung jener Wahl ausnahmsweise zu gestatten, sondern das Königl. Ministerium des Innern auch im Allgemeinen zu ermächtigen geruht, auch in den Städten, in denen die Städteordnung von 1808 zur Anwendung kommt, Staatsdiener und Justizkommissarien als Vorsteher und Protokollführer der Stadtverordneten zuzulassen, sobald deren vorgesetzte Dienstbehörde damit einverstanden, und für das Gemeinwesen davon kein Nachtheil zu besorgen ist.

Die Magisträte der mit der alten Städteordnung beliehenen Städte haben daher in der Folge, wenn Staatsdiener oder Justizkommissarien zu Vorstehern oder Protokollführern der Stadtverordneten-Versammlung gewählt werden sollten, und deren vorgesetzte Dienstbehörde damit einverstanden, auch für das Gemeinwesen davon kein Nachtheil zu besorgen ist, von uns wegen Einholung der Dispensation für die Gewählten zu berichten.

Königl. Regierung.   **Abtheilung des Innern.**

Verordnungen und Bekanntmachungen, welche den Regierungsbezirk Potsdam ausschließlich betreffen.

№ 2. Nachweisung der an den Pegeln der Spree und Havel im Monat November 1848 beobachteten Wasserstände.

Tag.	Berlin. Ober-Wasser		Berlin. Unter-Wasser		Spandau. Ober-Wasser		Spandau. Unter-Wasser		Potsdam.		Baumgartenbrück.		Brandenburg. Ober-Wasser		Brandenburg. Unter-Wasser		Rathenow. Ober-Wasser		Rathenow. Unter-Wasser		Havelberg.		Plauer Brücke.	
	Fuß	Zoll	Fuß	Zoll	Fuß	Zoll	Fuß	Zoll	Fuß	Zoll	Fuß	Zoll	Fuß	Zoll	Fuß	Zoll	Fuß	Zoll	Fuß	Zoll	Fuß	Zoll	Fuß	Zoll
1	8	2	3	5	7	5	2	8	3	3	1	9	6	3	2	10½	4	4	2	6½	5	2	4	4
2	8	2	3	4	7	6	2	8	3	3	1	9	6	4	2	10½	4	6	2	5	5	1	4	4
3	8	3	3	4	7	6	2	8	3	3	1	9	6	4½	2	9	4	10	2	4½	5	—	4	4
4	8	3	3	4	7	6	2	8	3	3	1	9	6	5	2	9	4	10	2	4	4	11	4	4
5	8	2	3	2	7	8	2	2	3	3	1	9	6	5½	2	8	4	10	2	3½	4	10	4	4
6	8	3	3	4	7	10	2	7	3	3	1	9½	6	5½	2	7½	4	10	2	4½	4	8	4	4
7	8	3	3	6	7	11	2	9	3	3	1	10	6	5½	2	7½	4	9½	2	6	4	7	4	4
8	8	4	3	6	7	10	2	10	3	3	1	10½	6	6	2	5	4	9½	2	6	4	6	4	3
9	8	3	3	8	7	10	2	10	3	4	1	11	6	4½	2	5½	4	9	2	6	4	6	4	2
10	8	4	3	10	7	9	2	10	3	5	1	11½	6	5½	2	6	4	9	2	6	4	6	4	4
11	8	4	3	10	7	9	2	10	3	5	2	—	6	8	2	6	4	9	2	5	4	5	4	4
12	8	4	3	7	7	10	2	7	3	5	2	½	6	8½	2	6	4	8½	2	4½	4	5	4	4
13	8	4	3	8	7	10	2	8	3	5	2	1	6	9	2	6	4	8	2	4	4	7	4	2
14	8	4	3	8	7	11	2	9	3	5	2	1	6	8½	2	7	4	8	2	3½	4	7	4	—
15	8	4	3	10	8	—	2	10	3	6	2	1½	6	8½	2	8	4	8	2	3½	4	7	4	—
16	8	4	3	10	8	—	3	—	3	6	2	1½	6	8½	2	9	4	8½	2	3	4	6	4	—
17	8	5	3	10	8	—	3	—	3	6	2	1½	6	8	2	9	4	9½	2	3	4	7	4	2
18	8	5	3	10	8	—	3	—	3	6	2	1½	6	8	2	10	4	11	2	2½	4	7	4	2
19	8	5	3	8	8	1	2	6	3	6	2	1½	6	8½	2	10	5	—	2	2½	4	6	4	4
[illegible]	8	6	3	10	8	2	2	10	3	6	2	2	6	8½	2	11	5	—	2	3	4	5	4	4
21	8	6	3	10	8	3	2	10	3	6	2	2	6	8	2	11	5	1	2	4	4	4	4	4
22	8	6	3	10	8	4	3	—	3	7	2	2	6	7	2	11	5	1½	2	4	4	4	4	4
23	8	6	3	10	8	4	3	—	3	7	2	2	6	8	2	10½	5	2	2	4½	4	3	4	4
24	8	7	3	10	8	4	3	—	3	8	2	2½	6	8½	2	10½	5	2	2	4½	4	4	4	4
25	8	3	3	11	8	4	3	—	3	8	2	2½	6	8½	2	10	5	2	2	5	4	4	4	5
26	8	9	3	8	8	4	2	10	3	8	2	2½	6	8½	2	10	5	2	2	6	4	5	4	6
27	8	9	3	10	8	4	2	10	3	8	2	2½	6	8½	2	11	5	2	2	7	4	8	4	7
28	8	8	4	1	8	4	3	—	3	9	2	2½	6	6½	3	2	5	1	2	10	4	10	4	8
29	8	8	4	1	8	4	3	1	3	10	2	3	6	3	3	2	5	—	2	11	5	1	4	10
30	8	8	4	2	8	4	3	2	3	11	2	4	6	2½	3	2	5	—	2	11	5	4	4	10

Potsdam, den 27. Dezember 1848. Königl. Regierung. Abtheilung des Innern.

8

Potsdam, den 22. Dezember 1843.

Für den Prenzlower Kreis sind nach Vorschrift des § 2 der Verordnung vom 7. März d. J. über die Ausführung der Jagdgemeinheits-Theilungen (Amtsblatt Seite 115):

1) der Ritterschafts-Syndikus Schrötter zu Prenzlow,
2) der Landrath von Stülpnagel-Dargitz auf Lübbenow,
3) der Ritterschafts-Direktor von Winterfeld auf Kuzerow,
   als Mitglieder der zu konstituirenden Kreis-Jagdtheilungs-Kommission, und
4) der Kammergerichts-Assessor Beyssel zu Prenzlow,
5) der Major a. D. von Arnim auf Neuensund, und
6) der Rittergutsbesitzer von Stülpnagel auf Rollwitz,
   als deren Stellvertreter

gewählt und bestätigt worden, was hierdurch zur öffentlichen Kenntniß gebracht wird.   Königl. Regierung.   Abtheilung des Innern.

№ 3.
Kreis-Jagd-Theilungs-Kommission für den Prenzlower Kreis.
I. 1562. Dez.

Potsdam, den 14. Dezember 1843.

Auf Grund des § 12 des Gesetzes vom 8. Mai 1837 wird hierdurch zur öffentlichen Kenntniß gebracht, daß der Postexpediteur Wilhelm Friedrich zu Lychen als Agent der Kölnischen Feuer-Versicherungs-Gesellschaft für die Stadt Lychen und Umgegend von uns bestätigt ist.

Königl. Regierung.   Abtheilung des Innern.

№ 4.
Agentur-Bestätigung.
I. 901. Dez.

Potsdam, den 19. Dezember 1843.

Auf Grund des § 12 des Gesetzes vom 8. Mai 1837 wird hierdurch zur öffentlichen Kenntniß gebracht, daß der Kaufmann Karl Ludwig Gabke zu Wittstock als Agent der Feuerversicherungs-Anstalt Borussia für die Stadt Wittstock und Umgegend von uns bestätigt ist.

Königl. Regierung.   Abtheilung des Innern.

№ 5.
Agentur-Bestätigung.
I. 1411. Dez.

Potsdam, den 22. Dezember 1843.

Auf Grund des § 12 des Gesetzes vom 8. Mai 1837 wird hierdurch zur öffentlichen Kenntniß gebracht, daß der Kaufmann A. Paul zu Havelberg als Agent der Leipziger Mobiliar-Brandversicherungs-Bank für die Stadt Havelberg und Umgegend von uns bestätigt ist.

Königl. Regierung.   Abtheilung des Innern.

№ 6.
Agentur-Bestätigung.
I. 1546. Dez.

Potsdam, den 27. Dezember 1843.

Auf Grund des § 12 des Gesetzes vom 8. Mai 1837 wird hiermit zur öffentlichen Kenntniß gebracht, daß der Kaufmann Friedrich August Wilke zu Wriezen als Agent der Kölnischen Feuerversicherungs-Gesellschaft für die Stadt Wriezen und Umgegend von uns bestätigt ist.

Königl. Regierung.   Abtheilung des Innern.

№ 7.
Agentur-Bestätigung.
I. 1697. Dez.

4

№ 8.
Benachrigung.
II. 1160, Dez.

In dem im 126sten Stücke des diesjährigen Amtsblatts abgedruckten Reskript des Herrn Geheimen Staatsministers Eichhorn Exzellenz vom 19. Januar d. J ist S. 187 Zeile 4 und 19 von oben statt »Heimath« — »Heirath« zu lesen.
Königl. Regierung.
Abtheilung für die Kirchenverwaltung und das Schulwesen.

Verordnungen und Bekanntmachungen der Behörden der Stadt Berlin.

№ 1.
Aufenthalts-
Bewilligung
neu anziehen-
der Personen
im engern
Polizeibezirke
von Berlin.

Das unterzeichnete Polizei-Präsidium wird allen denjenigen Personen, welchen vom 1. Januar 1844 ab der Aufenthalt im engern Polizeibezirke von Berlin in Gemäßheit des Gesetzes vom 31. Dezember 1842 (Gesetzsammlung 1843 S. 5) gestattet worden ist, eine unterstempelte Bescheinigung hierüber ertheilen. Es werden deßhalb alle Behörden ꝛc. ersucht, sich in Fällen, wo es auf den Nachweis ankommt, ob Jemand die Aufenthaltsbewilligung hierorts erhalten hat, die gedachten Atteste von den betreffenden Individuen produziren zu lassen, und im Falle des Nichtvorhandenseins derselben anzunehmen, daß ihnen diese Erlaubniß versagt worden sei. Berlin, den 14. Dezember 1843.
Königl. Polizei-Präsidium hiesiger Residenz.

Personalchronik.

Dem bei dem Regierungs-Kollegium zu Oppeln angestellt gewesenen Regierungs- und Forstrath Krause ist die Verwaltung der, durch die Pensionirung des Forstmeisters Jacquot erledigten Forstinspektorstelle zu Potsdam übertragen worden.

Der bei der Königl. Regierung zu Coblenz angestellt gewesene Regierunngs-Assessor von Berno-Klebenow ist dem Königl. Polizei-Präsidium in Berlin zur Beschäftigung überwiesen worden.

Bei der Königl. Intendantur des dritten Armeekorps ist der überzählige Assessor Michaelis zum fünften Armeekorps versetzt, dagegen der Sekretariatsassistent Koch von der Intendantur des Gardekorps als etatsmäßiger Intendanntursekretair einrangirt worden.

Dem Seminarlehrer Schärtlich zu Potsdam ist das Prädikat als Musikdirektor verliehen worden.

Der Doktor der Medizin und Chirurgie Herrmann Wilhelm Heinrich Genzmer ist als praktischer Arzt, Operateur und Geburtshelfer, und der Doktor der Medizin und Chirurgie Theophil Heinrich Leopold Piwko als praktischer Arzt und Wundarzt in den Königlichen Landen approbirt und vereidigt worden.

Der Kandidat der Feldmeßkunst Herrmann Adolph Victor von Reichenbach ist als Feldmesser diesseits vereidigt worden.

Die durch die Pensionirung des Hegemeisters Below zu Jänickendorf im Forstreviere Scharfenbrück erledigte Försterstelle ist dem Förster Reglitzky zu Luckenwalde übertragen, und die durch das Absterben des Försters Ruhme erledigte Försterstelle zu Altenhof im Forstreviere Griemnitz dessen Sohn, dem versorgungsberechtigten Jäger Friedrich Wilhelm Ruhme, verliehen worden.

(Hierbei zwei öffentliche Anzeiger.)

Amtsblatt
der Königlichen Regierung zu Potsdam
und der Stadt Berlin.

Stück 2.　　Den 11. Januar.　　**1844.**

Verordnungen und Bekanntmachungen
für den Regierungsbezirk Potsdam und für die Stadt Berlin.

Potsdam, den 4. Dezember 1843.

Mit Bezug auf die in dem Königl. Sächsischen Gesetz- und Verordnungsblatt erschienene landesherrliche Verordnung vom 9. v. M., wonach für den
Umtausch der noch im Umlauf befindlichen, aus der Kreizung vom Jahre 1818
herrührenden Sächsischen Kassenbillets à 1 Thlr. und 2 Thlr. ein Präklusivtermin auf den 1. März 1844, Nachmittags 5 Uhr, dergestalt festgesetzt ist, daß
alle dann bei den beiden Auswechselungskassen zu Dresden und Leipzig noch
nicht gegen neue Kassenbillets umgetauschten derartigen Papiere als völlig werthlos betrachtet werden sollen, und weder ein nachträglicher Umtausch, noch die
Berufung auf die Rechtswohlthat der Wiedereinsetzung in den vorigen Stand
dagegen weiter stattfinden kann, werden die etwanigen Inhaber solcher Kassenbillets im diesseitigen Regierungsbezirk auf den bevorstehenden Präklusivtermin
hiermit aufmerksam gemacht und aufgefordert, sich der vorhandenen Papiere dieser Art mittelst Umtausches derselben bei einer der vorbezeichneten Kassen gegen
neue Kassenbillets vor Ablauf der Präklusivfrist zu entledigen.

Königl. Regierung.

№ 9.
Umtausch
Sächsischer
Kassenbillets
à 1 u. 2 Thlr.
C. 3. Dez.

Verordnungen und Bekanntmachungen,
welche den Regierungsbezirk Potsdam ausschließlich betreffen.

Potsdam, den 2. Januar 1844.

Auf Grund des § 12 des Gesetzes vom 8. Mai 1837 wird hiermit zur
öffentlichen Kenntniß gebracht, daß der Kaufmann Eduard Deter zu Neustadt
an der Dosse als Agent der Feuerversicherungs-Anstalt Borussia für die Stadt
Neustadt an der Dosse und Umgegend von uns bestätigt ist.

Königl. Regierung.　Abtheilung des Innern.

№ 10.
Agentur-
Bestätigung.
I. 2345. Dez.

Verordnungen und Bekanntmachungen des Königl.
Kammergerichts.

Die Preußischen Strafgesetze enthalten folgende Vorschriften zur Verhütung
des Kindermordes.

1. Jede außer der Ehe geschwängerte Weibsperson, auch Ehefrauen, die von

№ 1.
Verhütung
des Kinder-
mordes.

ihren Ehemännern entfernt leben, müssen ihre Schwangerschaft der Ortsobrigkeit; oder ihren Eltern, Vormündern, Dienstherrschaften, einer Hebamme, einem Geburtshelfer, oder einer andern ehrbaren Frau anzeigen, und sich nach ihrer Anweisung achten.

2. Die Niederkunft darf nicht heimlich geschehen, sondern mit gehörigem Beistande.

3. Ist dabei nur eine Frau gegenwärtig, so muß das Kind sofort vorgezeigt werden, es mag todt oder lebendig sein.

4. Vorsätzliche Tödtung des Kindes ziehet die Todesstrafe nach sich; verliert es durch unvorsichtige Behandlung das Leben, so tritt Zuchthausstrafe von mehrjähriger bis lebenswieriger Dauer ein.

5. Aber auch schon diejenige Weibsperson, welche Schwangerschaft und Geburt verheimlicht, hat, wenn das Kind verunglückt ist, mehrjährige Zuchthausstrafe zu gewärtigen, sollte sie sonst auch nichts gethan haben, woburch der Tod des Kindes veranlaßt worden.

6. Vernachlässigen der Schwängerer, die Eltern, Vormünder oder Dienstherrschaften ihre Pflichten, so sind sie strafbar und verantwortlich.

Königl. Preuß. Kammergericht.

Verordnungen und Bekanntmachungen der Behörden der Stadt Berlin.

№ 2. Aufenthalts-Bewilligung neu anziehender Personen im engern Polizeibezirke von Berlin.

Das unterzeichnete Polizei-Präsidium wird allen denjenigen Personen, welchen vom 1. Januar 1844 ab der Aufenthalt im engern Polizeibezirke von Berlin in Gemäßheit des Gesetzes vom 31. Dezember 1842 (Gesetzsammlung 1843 S. 5) gestattet worden ist, eine unterstempelte Bescheinigung hierüber ertheilen. Es werden deßhalb alle Behörden rc. ersucht, sich in Fällen, wo es auf den Nachweis ankommt, ob Jemand die Aufenthaltsbewilligung hierorts erhalten hat, die gedachten Atteste von den betreffenden Individuen produziren zu lassen, und im Falle des Nichtvorhandenseins derselben anzunehmen, daß ihnen diese Erlaubniß versagt worden sei. Berlin, den 14. Dezember 1843.

Königl. Polizei-Präsidium hiesiger Residenz.

Vermischte Nachrichten.

Das Königl. Ministerium des Innern hat mittelst Erlasses vom 6. d. M. dem Tischlermeister Lendel zu Golzow, Zauch-Belzigschen Kreises, für die von ihm bewirkte Rettung der fünfjährigen Tochter des Zimmergesellen Mittelhaus ebendaselbst aus der Gefahr des Ertrinkens, die zur Aufbewahrung bestimmte Erinnerungsmedaille für Lebensrettung verliehen.

Potsdam, den 16. Dez. 1843. Königl. Regierung. Abtheilung des Innern.

Benachrichtigung. Das alphabetische Namen- und Sachregister zum Amtsblatte des Jahres 1843, nebst dem Inhaltsverzeichnisse des öffentlichen Anzeigers, kann bei sämmtlichen Postämtern gegen Entrichtung von 3 Sgr. 9 Pf. für jedes Exemplar in Empfang genommen werden. Frei-Exemplare finden dabei nicht Statt.

(Hierbei ein öffentlicher Anzeiger.)

Amtsblatt
der Königlichen Regierung zu Potsdam und der Stadt Berlin.

Stück 3.   Den 19. Januar.   **1844.**

Allgemeine Gesetzsammlung.

Das diesjährige 1ste Stück der Allgemeinen Gesetzsammlung enthält:

№ 2402. Die Ministerial-Erklärung über die zwischen der Königlich Preußischen und Fürstlich Schwarzburg-Sondershausenschen Regierung getroffene Uebereinkunft wegen der gegenseitigen Gerichtsbarkeits-Verhältnisse. Vom 16. November 1843.

№ 2403. Die Verordnung wegen Festsetzung des Jahres 1797 als Normal-Jahr zum Schutze gegen fiskalische Ansprüche in den Städten Danzig und Thorn und deren beiderseitigem Gebiet, so wie in den zur Provinz Preußen gehörigen, vormals Süd- und Neuostpreußischen Landestheilen. D. d. den 24. November 1843.

№ 2404. Die Allerhöchste Kabinetsordre vom 25. November 1843, durch welche den Kreissekretairen der Dienstrang der Regierungssubalternen 1ster Klasse beigelegt worden.

№ 2405. Die Allerhöchste Kabinetsordre vom 8. Dezember 1843, betreffend den Verkehr der, Behufs des Suchens von Waarenbestellungen und des Waarenauskaufs umherreisenden Personen.

№ 2406. Die Verordnung, die Bestrafung des Spielens an der Spielbank zu Köthen betreffend. Vom 22. Dezember 1843.

Das diesjährige 2te Stück der Allgemeinen Gesetzsammlung enthält:

№ 2407. Die Verordnung, betreffend die Aufhebung der §§ 29 und 54 des Edikts vom 14. September 1811 wegen der Verschuldungsbeschränkung der Bauergüter. Vom 29. Dezember 1843.

№ 2408. Die Ministerial-Bekanntmachung über die erfolgte Bestätigung des Statuts der für den Bau einer Chaussee von Quedlinburg nach Halberstadt zusammengetretenen Aktiengesellschaft. Vom 29. Dezember 1843.

Im § 16 des Polizei-Reglements für die Berlin-Potsdamer Eisenbahn (erste Beilage zum 5ten Stück des Amtsblatts de 1839) ist angeordnet worden, daß das Befahren der Bahn im Finstern und zur Nachtzeit nur mit den im § 78 seq. angegebenen Vorsichtsmaaßregeln und Vorkehrungen stattfinden dürfe. Da hierbei nicht gleichzeitig die Dauer der Zeit, für welche diese Vorkehrungen zu treffen sind, näher bestimmt worden ist, dies aber im sicherheitspolizeilichen Interesse nothwendig erscheint, so haben die Königl. Ministerien der Finanzen und des Innern mittelst Erlasses vom 30. v. M. und Jahres festgesetzt, daß die

Nachtsignale auf der Berlin-Potsdamer Eisenbahn anzuwenden sind:

in den Monaten Oktober bis einschließlich März in der Zeit von einer halben Stunde nach dem kalendermäßigen Sonnen-Untergang bis zu einer halben Stunde vor dem kalendermäßigen Sonnen-Aufgang, und in den übrigen Monaten von einer Stunde nach dem kalendermäßigen Sonnen-Untergang bis zu einer Stunde vor dem kalendermäßigen Sonnen-Aufgang. Das Publikum wird von dieser Anordnung hierdurch in Kenntniß gesetzt.

Potsdam, den 9. Januar 1844.

Der Ober-Präsident der Provinz Brandenburg.

(gez.)   von Meding.

Die Lokalzensur in Landsberg an der Warthe ist dem Magistrats-Dirigenten Neumann — an Stelle des ausgeschiedenen Bürgermeisters und Polizei-Direktors Mehls — übertragen worden.   Potsdam, den 12. Januar 1844.

Der Ober-Präsident der Provinz Brandenburg.

(gez.)   von Meding.

Verordnungen und Bekanntmachungen für den Regierungsbezirk Potsdam und für die Stadt Berlin.

№ 11. Den Verkehr der Behufs des Suchens von Waarenbestellungen und des Waarenaufkaufs umherreisenden Personen betreffend. 3 d u. I. 106. Januar.

Um den Uebelständen entgegen zu wirken, welche hinsichtlich des Verkehrs der Behufs des Suchens von Waarenbestellungen und des Waarenaufkaufs umherreisenden Personen wahrgenommen worden sind, bestimme Ich auf den Antrag des Staats-Ministeriums, was folgt:

1) Waarenbestellungen dürfen, auch auf Grund der gegen Steuerentrichtung oder steuerfrei dazu ertheilten Gewerbescheine fortan nur bei Gewerbetreibenden gesucht werden, und zwar bei Handeltreibenden ohne Beschränkung, bei andern Gewerbetreibenden, sie mögen Gegenstände ihres Gewerbes verkaufen oder nicht, nur auf solche Sachen, welche zu dem von ihnen ausgeübten Gewerbe als Fabrikmaterialien, Werkzeuge, oder nach ihrer sonstigen Beschaffenheit in Beziehung stehen. Bestellungen auf Wein können auch ferner bei anderen Personen als Gewerbetreibenden gesucht werden.

2) Wer durch Umherreisen Behufs des Aufkaufs von Gegenständen zum Wiederverkauf, oder Behufs des Suchens von Waarenbestellungen, einen gewerbeschuldpflichtigen Verkehr betreibt, darf, auch wenn er dazu mit einem Gewerbescheine versehen ist, nur Proben oder Muster, nicht aber Waaren irgend einer Art mit sich führen.

3) Wer einer der zu 1 und 2 ertheilten Bestimmungen zuwider handelt, hat eine Geldstrafe von Achtundvierzig Thalern und die Konfiskation derjenigen Gegenstände verwirkt, die er seines Gewerbes wegen bei sich führt. In Ansehung der nachzuzahlenden Steuer bewendet es bei den bestehenden Bestimmungen. Auch kommen hinsichtlich der Umwandlung der Geld- in Gefängnißstrafe, und überhaupt hinsichtlich des Verfahrens wider die Kontravenienten die in Betreff der Zuwiderhandlungen gegen das Gewerbe-

euer-Gesetz vom .30. Mai 1820 und das Hausir-Regulativ vom 28. April 1824 ertheilten Vorschriften zur Anwendung.

Der gegenwärtige Erlaß ist durch die Gesetzsammlung bekannt zu machen.

Charlottenburg, den 8. Dezember 1843.

Friedrich Wilhelm.

An das Staats-Ministerium.

Potsdam, den 8. Januar 1844.

Vorstehende Bestimmungen werden hiermit zur öffentlichen Kunde gebracht, und alle Inhaber von Gewerbescheinen zum Suchen von Waarenbestellungen und zum Aufkauf von Gegenständen zum Wiederverkauf noch ganz besonders auf die genaue sofortige Beachtung des Inhalts obiger Allerhöchster Kabinets-Ordre aufgefordert, widrigenfalls die darin angedrohten Strafen gegen sie zur Anwendung kommen werden. _____ Königl. Regierung.

Potsdam, den 13. Januar 1844.

Es haben sich in neuerer Zeit die Fälle sehr vermehrt, daß Militairpflichtige, welche zum einjährigen freiwilligen Dienste berechtigt gewesen sein würden, es auf ihre Aushebung haben ankommen lassen, bevor sie jenen Dienst in Anspruch genommen, und erst demnächst um nachträgliche Zulassung zu demselben gebeten haben. Dies hat die Königl. Ministerien des Innern und des Krieges veranlaßt, wiederholt darauf hinzuweisen, daß künftig in allen solchen Fällen, wo es ein Militairpflichtiger auf seine Aushebung ankommen läßt, er das Recht zum einjährigen freiwilligen Dienste verliert.

In Gemäßheit eines an uns ergangenen Reskripts des Königl. Ober-Prä-sidiums der Provinz Brandenburg wird dies hierdurch zur öffentlichen Kenntniß gebracht. Königl. Regierung. Abtheilung des Innern.

№ 12.
Den einjähri-gen freiwilli-gen Militair-dienst betref-fend.
I. 1830. Dez.

Potsdam, den 12. Januar 1844.

Die Durchschnittspreise von dem im Monat Dezember v. J. auf dem Markte zu Berlin verkauften Getreide, Rauchfutter rc. haben betragen:

1) für den Scheffel Weizen ...... 2 Thaler 3 Sgr. 8 Pf.,
2) für den Scheffel Roggen ...... 1 Thaler 12 Sgr. 3 Pf.,
3) für den Scheffel große Gerste . - Thaler 29 Sgr. 3 Pf.,
4) für den Scheffel kleine Gerste . - Thaler 29 Sgr. 10 Pf.,
5) für den Scheffel Hafer ...... - Thaler 21 Sgr. 1 Pf.,
6) für den Scheffel Erbsen ...... 1 Thaler 13 Sgr. 9 Pf.,
7) für das Schock Stroh ...... 6 Thaler 29 Sgr. 4 Pf.,
8) für den Zentner Heu .... - Thaler 28 Sgr. 9 Pf.,
Die Tonne Weißbier kostete ...... 4 Thaler — Sgr. — Pf.,
die Tonne Braunbier kostete ...... 3 Thaler 25 Sgr. — Pf.,
der Zentner Hopfen kostete ...... 11 Thaler 22 Sgr. 6 Pf.,
das Quart doppelter Kornbranntwein kostete... 4 Sgr. — Pf.,
das Quart einfacher Kornbranntwein kostete... 2 Sgr. 3 Pf.,

Königl. Regierung. Abtheilung des Innern.

№ 13.
Berliner Getreide- und Fouragepreise pro Dezem-ber 1843.
I. 903. Jan.

№ 14.

Verordnungen und Bekanntmachungen, welche die
Nachweisung sämmtlicher in den Städten des Regierungs
in welchen Getreidemärkte abgehalten werden, stattgefundenen Getreide

Laufende Nr.	Namen der Städte.	Der Scheffel														Der Zentner Heu.		
		Weizen.			Roggen.			Gerste.			Hafer.			Erbsen.					
		Rthl.	Sgr.	Pf.	Rthl.	Sgr.	Pf.	Rthl.	Sgr.	Pf.	Rthl.	Sgr.	Pf.	Rthl.	Sgr.	Pf.	Rthl.	Sgr.	Pf.
1	Beeskow	2	2	6	1	7	5	1	—	—	—	20	9	1	13	1	—	—	—
2	Brandenburg	1	27	5	1	12	11	-	29	11	-	21	3	1	25	—	-	18	9
3	Dahme	1	21	9	1	8	3	-	27	9	-	21	4	1	23	9	-27	11	
4	Havelberg	1	26	6	1	9	3	1	1	3	-	19	5	1	12	7	—	—	—
5	Jüterbogk	1	27	—	1	8	10	-	26	7	-	21	5	—	—	—	—	—	—
6	Luckenwalde	1	29	1	1	11	2	-	28	8	-	21	11	1	16	6	—	—	—
7	Neustadt-Ebersw.	2	3	3	1	13	10	1	1	6	-	21	—	1	14	—	-	25	—
8	Oranienburg	2	13	9	1	12	6	1	—	—	-	21	3	1	17	6	-	27	6
9	Perleberg	1	23	8	1	6	2	1	2	7	1	—	—	1	13	3	-	25	—
10	Potsdam	2	1	—	1	12	6	1	—	3	-	22	1	1	18	11	-	20	1
11	Prenzlow	1	27	3	1	15	6	-	27	1	-	18	3	1	9	4	-	20	—
12	Rathenow	1	24	1	1	12	8	1	2	6	-	18	3	1	19	10	-	16	3
13	Neu-Ruppin	1	27	6	1	12	6	-	27	—	-	19	—	1	12	6	-	16	—
14	Schwedt	1	26	2	1	12	7	-	29	9	-	19	11	1	11	—	—	—	—
15	Spandau	2	—	8	1	10	11	-	28	10	-	20	2	1	14	1	—	—	—
16	Strausberg	-	—	—	1	10	6	-	27	3	-	20	—	1	11	7	—	—	—
17	Templin	2	—	—	1	15	—	-	27	6	-	22	6	1	10	6	-	20	—
18	Treuenbriezen	1	25	7	1	10	3	-	27	6	-	21	—	1	17	6	—	—	—
19	Wittstock	1	29	6	1	11	5	-	29	10	-	19	10	1	12	2	-	14	8
20	Wriezen a. d. O.	1	22	11	1	9	1	-	26	11	-	19	—	1	14	5	—	—	—

Potsdam, den 4. Januar 1844.

№ 15.
Kreis-Jagd-theilungs-Kommission für den Ost-havelländi-schen Kreis. L. 2206 Dez.

Für den Osthavelländischen Kreis sind nach Vorschrift des § 2 der Verordnung vom 7. März v. J. über die Ausführung der Jagd-Gemeinheitstheilungen (Amtsblatt Seite 115):

1) der Stadtrichter Justizrath Krahn zu Cremmen,
2) der Kreisdeputirte von Rüsselmann auf Schönwalde,
3) der Rittergutsbesitzer Rogge auf Döbritz,
   als Mitglieder der zu konstituirenden Kreis-Jagdtheilungs-Kommission,
4) der

Regierungsbezirk Potsdam ausschließlich betreffen.

Bezirks der Königlichen Regierung zu Potsdam, und Viktualien-Durchschnitts-Marktpreise pro Dezember 1842.

Das Schock Stroh.			Der Scheffel Erdtoffeln.			Das Pfund						Das Quart						Die Metze			
						Rog-gen-Brodt.		Rind-fleisch.		But-ter.		Braun-bier.		Weiß-bier.		Brannt-wein.		Erbsen.		Grütze.	
Rtl	Sgr	d	Rtl	Sgr	d	Sgr	d	Sgr	d	Sgr	d	Sgr	d	Sgr	d	Sgr	d	Sgr	d	Sgr	d
4	20	7	-	10	10	-	10	2	6	7	4	1	-	1	-	4	-	6	9	6	3
4	23	-	-	13	6	1	2	3	-	8	6	1	1	1	2	3	6	13	8	8	-
6	7	6	-	7	6	-	9	2	6	6	3	1	3	1	6	3	-	4	-	5	-
-	-	-	-	10	-	-	11	2	6	7	6	1	-	1	-	3	9	12	-	6	-
5	9	-	-	11	3	-	10	2	6	6	6	1	3	2	6	3	-	8	-	6	-
6	2	6	-	14	3	-	10	2	6	8	-	-	9	1	-	4	-	15	-	5	-
5	15	-	-	10	-	-	11	2	6	9	-	1	3	1	6	2	-	8	-	6	-
6	15	-	-	10	-	1	-	3	-	9	-	1	-	1	6	2	6	10	-	7	6
5	6	4	-	11	11	1	-	2	-	7	6	1	-	1	-	4	-	10	-	8	-
5	21	-	-	14	-	1	-	3	-	7	6	1	3	1	6	3	6	15	-	7	6
12	-	-	-	10	10	1	2	3	-	9	4	1	-	1	-	4	-	28	-	10	-
4	-	-	-	10	-	-	10	3	-	9	-	1	3	1	6	4	-	8	-	6	-
7	-	-	-	10	6	1	4	3	-	8	6	1	-	1	3	2	9	10	-	8	-
-	-	-	-	12	6	1	3	3	-	8	-	-	-	-	-	-	-	11	-	12	-
-	-	-	-	12	1	1	-	4	-	8	-	1	3	2	-	5	-	-	-	-	-
-	-	-	-	9	6	-	-	1	11	8	-	-	-	-	-	-	-	8	-	5	3
6	15	-	-	10	-	-	10	2	6	8	-	1	-	1	6	2	-	11	-	6	-
-	-	-	-	12	6	-	9	2	6	7	-	1	3	1	6	3	6	10	-	8	-
4	28	11	-	11	-	-	11	3	-	7	6	2	-	2	-	3	-	8	9	7	-
-	-	-	-	11	1	1	-	2	6	8	6	1	-	1	3	3	-	9	-	8	6

1) der ehemalige Stadtrichter, jetzige Kreis-Justiz- und Oekonomie-Kommissarius Metzner zu Brandenburg,
2) der Rittergutsbesitzer von Lentzke auf Lentzke, und
3) der Rittergutsbesitzer von Bredow auf Bredow,
als deren Stellvertreter

gewählt und bestätigt worden, was hierdurch zur öffentlichen Kenntniß gebracht wird.

Königl. Regierung. Abtheilung des Innern.

Potsdam, den 10. Januar 1844.

№ 16.
Rindvieh-
Zungenseuche
in Mildenberg.
I. 456. Jan.

Da unter dem Rindviehstande zu Mildenberg (Templiner Kreises) die Lungenseuche herrscht, so ist dieser Ort und dessen Feldmark für Rindvieh und
Rauchfutter bis auf weitere Anordnung unter Sperre gesetzt.

Königl. Regierung. **Abtheilung des Innern.**

Verordnungen und Bekanntmachungen des Königl. Konsisto-
riums und Schulkollegiums der Provinz Brandenburg.

№ 1.

Dem jüdischen Lehrer und vormaligen Inspektor der jüdischen Waisenanstalt
zu Breslau, Johann Wolf (sonst Joseph Wolffsohn), ist von dem Königl.
Schulkollegium der Provinz Brandenburg die Erlaubniß zur Errichtung einer
Mittelschule für Töchter jüdischer Eltern hierselbst ertheilt worden.

Berlin, den 8. Januar 1844.

Königl. Schulkollegium der Provinz Brandenburg.

Personalchronik.

Des Königs Majestät haben dem Hofmedikus Dr. Rummel zu Charlottenburg den
Charakter als Sanitätsrath, imgleichen den beiden Polizei-Inspektoren Hofrichter und
Sebald in Berlin den Charakter als Polizeirath zu verleihen geruhet.

Der bisherige hiesige Regierungs-Sekretariats-Assistent Krüger II. ist zum Regierungs-Sekretair ernannt worden.

Der bei der Vorschule des Friedrich-Wilhelms-Gymnasiums und der Realschule in
Berlin angestellte Lehrer Ernst ist zum Oberlehrer ernannt worden.

Der Doktor der Medizin und Chirurgie Adolph Arnheim ist als praktischer Arzt,
Wundarzt und Geburtshelfer in den Königlichen Landen approbirt und vereidigt worden.

Die durch die Versetzung des Försters Reglitzky erledigte Försterstelle zu Luckenwald
im Forstreviere Zinna ist dem versorgungsberechtigten Jäger, bisherigen Hülfsaufsehe
Bierenz im Dippmannsdorfer Reviere übertragen worden.

Der Kandidat der Theologie Julius Schmidt und der Lehrer Ferdinand Wilhelm
Rudolph Diewitz in Berlin haben die Erlaubniß zur Uebernahme einer Hauslehrerstell
von Seiten des Königl. Polizei-Präsidiums daselbst erhalten.

Vermischte Nachrichten.

Das Königl. Ministerium des Innern hat mittelst Erlasses vom 16. d. M
dem Stud. phil. Johann August Karl Christian Keck aus Ihteln für die Rettung der neunjährigen Tochter des Schneiders Heins hierselbst aus der Gefahr des Ertrinkens in der Spree, die Erinnerungsmedaille für Lebensrettung verliehen. Berlin, den 21. Dezember 1843.

Königl. Polizei-Präsidium.

(Hierbei ein öffentlicher Anzeiger.)

Amtsblatt
der Königlichen Regierung zu Potsdam
und der Stadt Berlin.

Stück 4.   Den 26. Januar.   **1844.**

Verordnungen und Bekanntmachungen
für den Regierungsbezirk Potsdam und für die Stadt Berlin.

Publikandum,
die Kündigung der in der fünften Verloosung gezogenen Kur- und
Neumärkschen Schuldverschreibungen betreffend.

In Folge unserer Bekanntmachung vom 12. d. M. sind die für das erste
Semester k. J. zur Tilgung bestimmten 48,000 Thlr. Kurmärksche Schuldverschreibungen und 11,700 Thlr. Neumärksche Schuldverschreibungen, in der am
heutigen Tage stattgefundenen fünften Verloosung zur Ziehung gekommen, und
werden, nach ihren Littern, Nummern und Geldbeträgen in dem als Anlage hier
beigefügten Verzeichnisse geordnet, den Besitzern hierdurch mit der Aufforderung
gekündigt, den Normalwerth derselben, und zwar der Kurmärkschen Schuldverschreibungen am 1. Mai k. J. und der Neumärkschen Schuldverschreibungen am
1. Juli k. J., in den Vormittagsstunden von 9 bis 1 Uhr, bei der Kontrole der
Staatspapiere, hier in Berlin Taubenstraße Nr. 30, baar abzuheben.

Da die weitere Verzinsung dieser Schuldverschreibungen, und zwar: der
Kurmärkschen vom 1. Mai k. J. und der Neumärkschen vom 1. Juli k. J. ab
aufhört, indem die von diesen Terminen an laufenden ferneren Zinsen, der Bestimmung des § V des Gesetzes vom 17. Januar 1820 (Gesetzsammlung №
577) gemäß, dem Tilgungsfonds zufallen, so müssen mit den ersteren zugleich
die zu denselben gehörigen 7 Zinskoupons Ser. II № 2 bis 8, welche die Zinsen vom 1. Mai k. J. bis 1. November 1847 umfassen, und mit den letzteren
die zu denselben gehörigen 6 Zinskoupons Ser. II № 3 bis 8, welche die Zinsen vom 1. Juli k. J. bis 1. Juli 1847 umfassen, abgeliefert werden; widrigenfalls für jeden fehlenden Koupon der Betrag desselben von der Kapitalvaluta
abgezogen werden wird, um für die sich später meldenden Inhaber der Koupons
reservirt zu werden.

Die über den Kapitalwerth der Kur- und Neumärkschen Schuldverschreibungen auszustellenden Quittungen müssen für jeden dieser beiden Schuldengattun-
gen auf einem besonderen Blatte ausgestellt, und in denselben auch die Schuldverschreibungen einzeln mit Littern, Nummern und Geldbetrag verzeichnet, so
wie die einzuliefernden Zinskoupons mit ihrer Stückzahl angegeben werden.

Zugleich wiederholen wir unsere frühere Bemerkung, daß wir so wenig, als die
Kontrole der Staatspapiere, uns mit den außerhalb Berlin wohnenden Besitzern

№ 17.
Kündigung
und Auszah-
lung der in der
fünften Ver-
loosung gezo-
genen Kur-
und Neu-
märkschen
Schuldver-
schreibungen.
C. 104. Jan.

der verzeichneten gekündigten Kur= und Neumärkschen Schuldverschreibungen wegen Realisirung derselben in Korrespondenz einlassen können, denselben vielmehr überlassen bleiben muß, diese Dokumente an die ihnen zunächst gelegene Regierungs=Hauptkasse zur weiteren Beförderung an die Kontrole der Staatspapiere einzusenden. Berlin, den 20. Dezember 1843.

Hauptverwaltung der Staatsschulden.

Rother. v. Berger. Natan. Köhler. Knoblauch.

Potsdam, den 16. Januar 1844.

Vorstehendes Publikandum der Königl. Hauptverwaltung der Staatsschulden wird hierdurch zur allgemeinen Kenntniß gebracht, mit dem Bemerken, daß das darin angezogene Verzeichniß der in der fünften Verloosung gezogenen Kur= und Neumärkschen Schuldverschreibungen diesem Amtsblattstücke als besondere Beilage beigefügt ist.

Uebrigens wird ein Exemplar des Verzeichnisses für die dabei Betheiligten in der Regierungs=Hauptkasse zur Einsicht ausgehängt werden, und fordern wir die betreffenden Behörden hierdurch auf, ein Gleiches auch bei den übrigen öffentlichen Kassen zu bewirken. Königl. Regierung.

№ 18.
Umtausch der älteren unverloosten vierprozentigen Staatsschuldscheine. C. 103. Jan.

Mit Bezugnahme auf unsere Bekanntmachung vom 19. Januar v. J., durch welche die Inhaber von älteren, vierprozentigen, unterm 2. Januar 1811 ausgefertigten und noch unverloosten Staatsschuldscheinen, wiederholt an den Umtausch dieser Papiere gegen neue Staatsschuldscheine erinnert worden sind, werden diejenigen, welche diesen Umtausch bis jetzt noch nicht bewirkt haben, nochmals aufgefordert, ihre ältere Staatsschuldscheine — sie mögen mit dem Reduktionsstempel versehen sein oder nicht — hier in Berlin bei der Kontrole der Staatspapiere, Taubenstraße Nr. 30, außerhalb Berlin aber bei der nächsten Regierungs=Hauptkasse, zum Umtausch gegen neue, vom 1. Januar 1843 ab, zu drei und einhalb Prozent verzinsliche Staatsschuldscheine schleunigst einzureichen. Berlin, den 3. Januar 1844.

Hauptverwaltung der Staatsschulden.

Rother. v. Berger. Natan. Köhler. Knoblauch.

Potsdam, den 16. Januar 1844.

Vorstehende Bekanntmachung der Königl. Hauptverwaltung der Staatsschulden vom 3. d. M. wird hiermit zur öffentlichen Kenntniß gebracht.

Königl. Regierung.

Verordnungen und Bekanntmachungen, welche den Regierungsbezirk Potsdam ausschließlich betreffen.

Potsdam, den 11. Januar 1844.

№ 19.
Kreis=Jagd=theilungs=

Für den Ruppinschen Kreis sind nach Vorschrift des § 2 der Verordnung vom 7. März v. J. über die Ausführung der Jagd=Gemeinheitstheilungen (Amtsblatt Seite 115):

1) der Rittergutsbesitzer von Winterfeld auf Metzelthin,
2) der Kreisdeputirte Thiem auf Seegeletz, und
3) der Land- und Stadtgerichts-Direktor von Schnehen zu Alt-Ruppin
als Mitglieder der zu konstituirenden Kreis-Jagdtheilungs-Kommission,
4) der Rittergutsbesitzer Scherz auf Krenzlin,
5) der Rittergutsbesitzer Roloff auf Dabergotz, und
6) der Kammergerichts-Assessor Gericke zu Neu-Ruppin
als deren Stellvertreter

Kommission
für den Rup-
piner Kreis.
I. 306. Jan.

gewählt und bestätigt worden, was hierdurch zur öffentlichen Kenntniß gebracht wird. **Königl. Regierung. Abtheilung des Innern.**

Potsdam, den 12. Januar 1844.

№ 20.
Ablösung
von Doma-
nialgefällen
und Leistun-
gen.
III. 1948. Dez.

Nach der, unterm 1. Dezember v. J. ergangenen Königlichen Kabinetsordre kann die, zufolge Allerhöchster Bestimmung vom 24. Dezember 1837 — Bekanntmachung vom 11. Februar 1838 im Amtsblatte de 1838 Pag. 62 — den Domanial-Einsassen, unter dem Beding der Uebernahme der Verpflichtung zur Entrichtung der landesüblichen Grundsteuer, ausnahmsweise gestattete Ablösung der grundherrlichen Gefälle und Leistungen, zum zwanzigfachen Betrage, fernerhin nicht mehr nachgelassen werden.

Unter Aufhebung der gedachten Bekanntmachung wird die vorstehende Allerhöchste Verordnung, in Gemäßheit des Reskripts der Königl. Ministerien der Finanzen und des Königlichen Hauses vom 21. Dezember v. J., zur allgemeinen Kenntniß gebracht. **Königl. Regierung.**
Abtheilung für die Verwaltung der direkten Steuern, Domainen und Forsten.

Verordnungen und Bekanntmachungen der Behörden der Stadt Berlin.

Um Unglücksfällen vorzubeugen, kann das Schlittschuhlaufen nicht anders als auf denjenigen Stellen gestattet werden, wo sich besondere Aufseher befinden. Eltern und Erzieher werden daher dringend aufgefordert, ihre Untergebene hiernach anzuweisen, und sind die sämmtlichen Polizeiofffizianten beauftragt, Jedermann von den Orten wegzuweisen, wo das Eis nicht völlig sicher ist, diejenigen, welche diesem keine Folge leisten, aber zur polizeilichen Bestrafung anzuzeigen.
Berlin, den 12. Januar 1844. **Königl. Polizei-Präsidium.**

№ 3.
Das Schlitt-
schuhlaufen
betreffend.

Mit Bezug auf die betreffenden ältern Verordnungen wird hierdurch bekannt gemacht, daß das Abschlagen des aus der Stadt zu schaffenden Schnees und Eises nur an nachbenannten Stellen zulässig ist:
1) vor dem Schönhauser Thore rechts, auf dem bei der ersten Scheune, der Stadtmauer gegenüber, belegenen Acker, und zwar auf der linken Seite des gepflasterten Mühlenweges.
2) Vor demselben Thore auf dem Acker, welcher rechter Hand neben dem von

№ 4.
Eis- und
Schnee-Ab-
ladestellen im
Berliner Po-
lizeibezirke.

der Chaussee links abgehenden sogenannten verlornen Wege in der Nähe der Kastanien-Allee und vor dem Exerzierplatze belegen ist.

3) Auf dem am Landsberger Thore innerhalb der Stadt links belegenen Acker.

4) Vor dem Landsberger Thore von der Landstraße ab links auf der dort befindlichen Anhöhe.

5) Vor dem Frankfurter Thore unmittelbar links auf dem der Stadtmauer gegenüber belegenen Acker.

6) Vor dem neuen Königsthore von der Chaussee ab links auf dem Acker, welcher hinter dem Köppenschen Grundstücke belegen ist.

7) Vor demselben Thore von der Chaussee ab rechts, auf dem hinter der Neuen Windmühle belegenen Acker.

8) Vor demselben Thore, unmittelbar rechts auf dem sogenannten Weinberge, der Stadtmauer gegenüber.

9) Vor dem Prenzlauer Thore hinter dem Hohlwege auf dem von der Chaussee ab rechts belegenen Acker.

10) Zwischen dem Prenzlauer und Schönhauser Thore auf dem der Stadtmauer gegenüber, zwischen dem Exerzierhause und dem gepflasterten Mühlwege belegenen Acker.

11) Vor dem Rosenthaler Thore von der Badstraße ab links, hinter dem Schulhause und der Kirche.

12) Vor dem Halleschen Thore links auf dem Plan: Urban genannt, hinter der Jagdschütz'schen Kattunfabrik.

Wer an andern, als den bezeichneten Orten, und namentlich auf dem Weinberge vor dem Rosenthaler Thore oder in der Wollanksstraße, ferner in und vor der Stadt, auf öffentlichen Plätzen, Straßen und Wegen, oder auf Privat-Grundstücken ohne Zustimmung des Eigenthümers Eis und Schnee abschlägt, oder in den Spreestrom, den Schleusenkanal, den Landwehrgraben oder in die sonstigen Wasserläufe in oder bei der Stadt wirft, verfällt in die gesetzlichen Strafen. Diese treffen auch den, welcher mit dem Eise und Schnee, Müll, Schutt und andere Unreinigkeiten nach den vorbezeichneten Abschlageplätzen schafft und dort abladet. Berlin, den 17. Januar 1844.

Königl. Polizei-Präsidium.

№ 5.
Eis- und Schnee-Abladestellen im Berliner Polizeibezirke.

Mit Bezug auf das Publikandum vom 17. d. M., das Abschlagen des Schnees und Eises betreffend, wird nachträglich noch bekannt gemacht, daß auch vor dem Brandenburger Thore auf dem, der Stadt zunächst gelegenen Theile des Exerzierplatzes Schnee und Eis abgeladen werden kann.

Uebrigens haben die allgemeinen Bestimmungen der oben erwähnten Bekanntmachung auch rücksichtlich der jetzt bezeichneten Stelle vollkommene Geltung.

Berlin, den 19. Januar 1844.   Königl. Polizei-Präsidium.

(Hierbei das in № 17 allegirte Verzeichniß der in der fünften Verloosung gezogenen Kur- und Neumärkschen Schuldverschreibungen, imgleichen ein öffentlicher Anzeiger.)

Amtsblatt
der Königlichen Regierung zu Potsdam und der Stadt Berlin.

Stück 5.   Den 2. Februar.   **1844.**

Allgemeine Gesetzsammlung.

Das diesjährige 3te Stück der Allgemeinen Gesetzsammlung enthält:

№ 2409. Die Konzessions- und Bestätigungs-Urkunde für die Köln-Minden-ner Eisenbahn-Gesellschaft. Vom 18. Dezember 1843.

Das diesjährige 4te Stück der Allgemeinen Gesetzsammlung enthält:

№ 2410. Die Allerhöchste Kabinetsorder vom 24. November 1843, die Amortisation der zinsbaren Kapital-Kriegsschuld der Stadt Elbing betreffend.

№ 2411. Die Allerhöchste Kabinetsorder vom 1. Dezember 1843, wegen eines festzusetzenden Präklusivtermins zur Einreichung von Vordereaux oder Quittungen der Salzwedelschen und der Arendsee-Seehausenschen Kreiskassen über Beiträge zu der durch das Ausschreiben der Potsdamer Kriegs- und Domainen-Kammer vom 2. Dezember 1806 den genannten Kreisen auferlegten Kriegskontribution.

№ 2412. Die Allerhöchste Kabinetsorder vom 1. Dezember 1843, wegen Bestimmung derjenigen Regierung, welche bei Betheiligung mehrerer Regierungsbezirke das Verfahren in Bewässerungs-Angelegenheiten zu leiten hat.

№ 2413. Die Verordnung wegen Feststellung des Wispelmaaßes. Vom 1. Dezember 1843.

№ 2414. Die Allerhöchste Kabinetsorder vom 22. Dezember 1843, wegen der Amtskautionen derjenigen Rendanten, welche bei den aus Staatsfonds unterhaltenen Gerichten zugleich die Salarienkasse und die Depositalkasse verwalten.

№ 2415. Die Allerhöchste Kabinetsorder vom 22. Dezember 1843, die Annahme der Eisenbahn-Aktien als pupillen- und depositalmäßige Sicherheit betreffend.

№ 2416. Die Allerhöchste Kabinetsorder vom 22. Dezember 1843, wegen Bestrafung der Kontraventionen gegen die Kontrolvorschriften der über die Mahl- und Schlachtsteuer erlassenen Ortsregulative.

№ 2417. Die Verordnung, das Verbot der Ehe zwischen Stief- oder Schwiegereltern und Stief- oder Schwiegerkindern betreffend. Vom 22. Dezember 1843.

№ 2418. Die Allerhöchste Kabinetsordre vom 22. Dezember 1843, betreffend die Nichtanwendung des § 40 Tit. 23 Thl. 1 der Allgemeinen Gerichtsordnung auf unvermögende Kirchen und Pfarreien.

Durch Resolution des Königl. Ober-Zensurgerichts sind nachstehend benannte Schriften, nämlich:

1) Schule und Erfahrung. Ein biographisches Fragment aus den Papieren eines schweizerischen Theologen, herausgegeben von Dr. Heinrich Gelzer. Zürich, S. Höhr, 1844.

2) Latarnia Czarnoxięzka, obrazy naszych czasów, przez J. C. Kraszewskiego. Warszawa. Nakładem S. Orgelbranda Księgarza, 1843. 4 Bände.

3) Starożytna Polska pod względem historycznym, jeograficznym i statystycznym, opisana przez Michoła Balińskiego i Tymoteusza Lipińskiego. Warszawa. Nakładem S. Orgelbranda Księgarza, 1843. 1stes — 6tes Heft.

4) Nowa Biblioteka Romansów tegoczesnych Autorów. Warszawa, 1843. 4 Bändchen.

5) Lechia w IX wieku. Powieśi historycsna przez W. B. Lipsk, 1843. Im Verlage des ausländischen Buchhandels. 2 Bändchen.

6) Pomniki do Historyi obyczajów w Polsce. Wydane przez Kraszewskiego. Warszawa, 1843. Nakładem Orgelbranda Księgarza.

7) Kobieta pod względem fizyologicznym, moralnym i literackim, przez J. J. Vereja. Warszawa, 1843. Nakładem Orgelbranda Księgarza.

8) Syn Puszczy. Drama romantyczne w pięciu aktach z niemieckiego. F. B. Halm, przez Jana Aśnikowskiego, Lwów, 1843. Drukiem Piotra Pillera.

9) Święte Niewiasty. Obrazki pobożne Kobietom żyiącym w świecie ofiarowane przez Klem. z Tańskich Hofmanową. Lipsk, 1843. Im Verlage des ausländischen Buchhandels. 2 Bände.

10) Biblioteka Starożytna Pisarzy Polskich. Wyd. K. W. Wojcicki, Warszawa, 1843. Nakładem S. Orgelbranda Księgarza. 2ter und 3ter Band.

11) Żywot Pana naszego Jezusa Chrystusa i dzieje Apostolskie, przez Ojca de Ligny uczynione według siódmego wydania.

zum unbeschränkten Debit innerhalb der Preußischen Staaten zugelassen worden, was hiermit zur öffentlichen Kenntniß gebracht wird.

Potsdam, den 26. Januar 1844.

Der Ober-Präsident der Provinz Brandenburg.

(gez.) von Meding.

Verordnungen und Bekanntmachungen
für den Regierungsbezirk Potsdam und für die Stadt Berlin.

№ 21.
Verschluß der rekommandirten Briefe.
I. 2042. Jan.

Behufs zweckmäßiger Sicherung der rekommandirten Briefe, deren Inhalt oft von großem Werthe ist, ist die Anordnung für nothwendig erachtet worden, daß rekommandirte Briefe mit Kreuz-Kouverten versehen und mit fünf Siegeln sorgfältig verschlossen sein müssen, und nur in dieser Beschaffenheit von den Postanstalten zur Beförderung angenommen werden dürfen.

Von dieser Anordnung wird das korrespondirende Publikum in Kenntniß gesetzt. Berlin, den 18. Januar 1844. General-Postamt.

Potsdam, den 26. Januar 1844.

Vorstehende Bekanntmachung wird hierdurch zur öffentlichen Kenntniß gebracht. Königl. Regierung. Abtheilung des Innern.

Verordnungen und Bekanntmachungen,
welche den Regierungsbezirk Potsdam ausschließlich betreffen.

Potsdam, den 17. Januar 1844.

№ 22.
Kirchen- und Haus-Kollekte.
II. 348. Jan.

Die Herren Geheimen Stats-Minister Eichhorn und Graf von Arnim Exzellenzen haben Behufs des Retablissements der bei einem Brande am 1. Februar 1843 im Dorfe Seebach, Kreises Langensalza im Regierungsbezirk Erfurt, vom Feuer theils gänzlich zerstörten, theils dergestalt beschädigten Gebäude der evangelischen Pfarrstelle und der Knaben- und Mädchen-Schule, daß sie sämmtlich neu aufgebaut werden müssen, eine allgemeine evangelische Kirchen- und Hauskollekte bewilligt.

Mit Bezug auf die Seite 172, 173 und 247 des Amtsblatts vom Jahre 1816 befindlichen Verfügungen vom 20. April und 9. Juli 1816 fordern wir daher die landräthlichen Behörden und die Magisträte unsers Regierungsbezirks auf, die Hauskollekte in den evangelischen Familien, die Herren Superintendenten und Prediger dagegen, die Kirchenkollekte zu veranlassen, und den Ertrag derselben an die hiesige Haupt-Instituten- und Kommunal-Kasse mittelst vollständigen Lieferzettels einzusenden.

Die Magisträte senden den Ertrag der Kollekte unmittelbar an die gedachte Kasse ein. Königl. Regierung.

Abtheilung für die Kirchenverwaltung und das Schulwesen.

Potsdam, den 21. Januar 1844.

№ 23.
Agentur-Bestätigung.
I. 1663. Jan.

Auf Grund des § 12 des Gesetzes vom 8. Mai 1837 wird hiermit zur öffentlichen Kenntniß gebracht, daß der zeitige unbesoldete Rathmann und Kaufmann August Wilhelm Petsch als Agent der Feuerversicherungs-Anstalt Borussia für die Stadt Bernau und Umgegend von uns bestätigt ist.

Königl. Regierung. Abtheilung des Innern.

Potsdam, den 21. Januar 1844.

№ 24.
Agentur-
Bestätigung.
I. 1755. Jan.

Auf Grund des § 12 des Gesetzes vom 8. Mai 1837 wird hierdurch zur öffentlichen Kenntniß gebracht, daß der Kaufmann Wilhelm Eduard Schöffler zu Freienwalde als Agent der Feuerversicherungs-Anstalt Borussia für die Stadt Freienwalde und Umgegend von uns bestätigt ist.

Königl. Regierung. Abtheilung des Innern.

Verordnungen und Bekanntmachungen der Behörden der Stadt Berlin.

№ 6.
Jahrmarkts-
Verlegung.

Es wird hierdurch zur öffentlichen Kenntniß gebracht, daß der hiesige Kram-markt, welcher nach Angabe in den Kalendern am 4. November d. J. seinen Anfang nehmen und dann mit der Frankfurter Messe zusammenfallen würde, schon am 21. Oktober d. J. beginnen wird.

Berlin, den 6. Januar 1844. Königl. Polizei-Präsidium.

№ 7.
Agentur-
Bestätigun-
gen.

Der Kaufmann M. Laskewitz, Spandauer Straße Nr. 10, der Kauf-mann A. Detring, Stechbahn Nr. 1, der Kommissionair A. E. Dufresne, Alte Grünstraße Nr. 20, der Kaufmann A. W. Amberg, Alexanderstraße Nr. 70, der Tabackshändler E. L. Markow, Klosterstraße Nr. 25, der Spe-diteur Valentin Seyler, Alte Schönhauser Straße Nr. 23, und der Kauf-mann S. E. Stürmer, Königsstraße Nr. 2 hierselbst wohnhaft, sind heute als Agenten der Feuerversicherungs-Gesellschaft Borussia zu Königsberg in Preußen bestätigt worden. Dies wird auf Grund des § 12 des Gesetzes vom 8. Mai 1837 hiermit zur öffentlichen Kenntniß gebracht.

Berlin, den 7. Januar 1844. Königl. Polizei-Präsidium.

№ 8.
Straßenbe-
nennungen.

Des Königs Majestät haben allergnädigst zu befehlen geruhet, daß die vor dem Potsdamer Thore neu angelegten Straßen, und zwar:

a) die Straße zwischen dem Grundstücke in der Hirschelstraße Nr. 11 bis zum Landwehrgraben:

Dessauer Straße,

b) die Straße zwischen dem Grundstücke in der Hirschelstraße Nr. 5 bis zum Landwehrgraben:

Köthener Straße,

und

c) die Verbindungsstraße vom Anhaltischen Platze bis zur Köthener Straße:

Bernburger Straße

heißen sollen. Solches wird hierdurch zur öffentlichen Kenntniß gebracht.

Berlin, den 24. Januar 1844. Königl. Polizei-Präsidium.

Ver-

Perſonalchronik.

Zu Kammergerichts-Aſſeſſoren ſind ernannt: die bisherigen Oberlandesgerichts-Aſſeſſoren Herrmann Emil Auguſt Meſſerſchmidt und Philipp Wilhelm Julius Graff und der bisherige Kammergerichts-Referendarius Friedrich Franz Kochann.

Der bisherige Kammergerichts-Auskultator Guſtav Wilhelm Thime iſt zum Kammergerichts-Referendarius ernannt.

Die Rechtskandidaten: Johann Wilhelm Richter, Alfred Wilhelm Siegfried, Karl Friedrich von Chappuis, Wilhelm Auguſt Hans Haſſo von Wulffen, Friedrich Albert Karl Herrmann von Kehler und Friedrich Rudolph Leopold Roſe ſind zu Kammergerichts-Auskultatoren ernannt und dem Königl. Kriminalgerichte zu Berlin, der letzgenannte jedoch dem Königl. Land- und Stadtgerichte in Beeskow zur Beſchäftigung überwieſen worden.

Der Kammergerichts-Auskultator Hans Friedrich Karl von Uthemann iſt auf ſeinen Antrag in gleicher Eigenſchaft an den Rheiniſchen Ober-Appellations-Gerichtshof zu Cölln verſetzt worden.

Der Kammergerichts-Auskultator Otto Freiherr von Houwald iſt Behufs Uebertritts zur Verwaltungspartie auf ſeinen Antrag aus dem Königl. Juſtizdienſte entlaſſen worden.

Der Kammergerichts-Auskultator Karl Chriſtian Guſtav Friedrich von Tarrach iſt auf ſeinen Antrag aus dem Juſtizdienſte entlaſſen worden.

Der Kammergerichts-Auskultator Karl Heinrich Hugo Kunkel iſt auf ſeinen Antrag Behufs ſeines Ueberganges in das Departement des Königl. Oberlandesgerichts zu Poſen aus ſeinem Dienſtverhältniſſe im diesſeitigen Departement entlaſſen worden.

Die praktiſchen Aerzte und Operateurs, Penſionair-Arzt Dr. Karl Werner Breithaupt und Dr. Paul Auguſt Herrmann Langerhans ſind auch als Geburtshelfer, und der Kandidat der Pharmazie Georg Ernſt Gotthilf Fiſcher als Apotheker erſter Klaſſe in den Königlichen Landen approbirt und verpflichtet worden.

Nach Vorſchrift der §§ 19 bis 22 der von dem Königl. Staats-Miniſterium in Betreff der Beaufſichtigung der Privatſchulen, Privatlehrer, Hauslehrer u. ſ. w. ertheilten Inſtruktion vom 31. Dezember 1839 (Amtsblatt 1840 Stück 20) iſt von der Königl. Regierung zu Potsdam nachbenannten Perſonen, als:
1) dem Kandidaten der Theologie Moritz Auguſt Typke aus Groß-Mutz im Ruppinſchen Kreiſe,
2) dem Kandidaten der Theologie Karl Ferdinand Ludwig Lackmann aus Prenzlow,
3) dem Kandidaten der Theologie Friedrich Wilhelm Heinrich Lympius aus Neuhauſen im Weſthavelländiſchen Kreiſe, und
4) der Demoiſelle Joſephine Baumann aus Demmin,
die Erlaubniß zur Annahme von Hauslehrerſtellen im Potsdamer Regierungsbezirk ertheilt.

Schiedsmänner. Verzeichniß der im Monat Dezember 1843 im Departement des Königl. Kammergerichts zu Schiedsmännern gewählten Perſonen.

Neu erwählt ſind: der Kämmerer Friedrich Wilhelm Böhme zu Pritzwalk für den 2ten Bezirk, der Kaufmann Karl Wilhelm Ludwig Seidel zu Rathenow für den 2ten

Bezirk, der Bürgermeister Karl Friedrich Steinbach zu Jüterbogk für den 1sten Stadtbezirk daselbst, und der Sägeschmidtmeister Karl Friedrich Flemming daselbst für den
2ten Stadtbezirk.

Zum zweiten Male: der Apotheker Jung zu Pritzwalk für den 1sten Bezirk, der
Gutsbesitzer Eduard Emanuel Titzschkau zu Rathenow für den 2ten Bezirk, der Käm-
merer Friedrich Wilhelm Geericke zu Zossen für die Stadt Zossen, und der Postmeister
Johann George Jenichen zu Baruth für die Stadt Baruth.

Vermischte Nachrichten.

Dem auf der Altstädtschen Feldmark der Stadt Strasburg in der Ukermark
belegenen, dem Gutsbesitzer Karl Friedrich Ernst Rohlack zugehörigen Etablissement ist der Name »Marienfeld« beigelegt worden.

Potsdam, den 14. Januar 1844.

Königl. Regierung. Abtheilung des Innern.

Dem auf der Feldmark der Stadt Strasburg in der Ukermark belegenen,
dem Gutsbesitzer Karl Friedrich Keibel zugehörigen Etablissement ist der Name
»Karlsfelde« beigelegt worden. Potsdam, den 19. Januar 1844.

Königl. Regierung. Abtheilung des Innern.

Geschenke an Kirchen.

Der Kirche zu Bohnsdorf ist von den Gemeinden Bohnsdorf und Grünau ein Kruzifix von Gußeisen mit vergoldetem Christuskörper, auf dessen Fußgestell sich die vergoldeten Bildnisse der vier Evangelisten befinden, der Kirche zu Trebitz von dem dasigen Aus-
zugshüfner Bastian ein Altargemälde in Del, Christum am Kreuze darstellend, von dem
Mühlenmeister Schiering eine Altardecke von schwarzem Kaisertuche mit ächten Gold-
borten, und von der Häfnerwittwe Dorothee Elisabeth Wope eine Kanzelbekleidung von
schwarzem Tuche mit goldgelben Frangen, der Kirche zu Schönwerder von einem ungenannten Mitgliede der Gemeinde eine himmelblaue sammtne Altardecke mit goldenen
Borten und Frangen, der Kirche zu Schmölln, Tochter von der Mutterkirche zu Wall-
mow, von einem nicht benannt sein wollenden Mitgliede der Kirchengesellschaft zu Schmölln
zum Weihnachtsfeste ein Kronleuchter von Bronze mit Wachslichten, und der Kirche zu
Wetzenow von zwei ungenannten Familien in der dortigen Gemeinde eine Altardecke
von schwarzem Tuche mit ächten silbernen Frangen und einem darauf genäheten Kreuze
von ächten silbernen Treffen, so wie eine Altarpultdecke von schwarzem Sammet mit ächten
silbernen Frangen und eine ganz ähnliche Kanzelpultdecke zum Geschenk gemacht worden.

Die verstorbene Frau Generalin von Riesemeuschel in Potsdam hat in ihrem
Testamente, außer einem für die Dorfarmen in Bornstädt ausgesetzten Legate von
100 Thlrn., der dortigen Kirche 300 Thlr. zur Anschaffung einer neuen Orgel vermacht.

(Hierbei ein öffentlicher Anzeiger.)

Amtsblatt
der Königlichen Regierung zu Potsdam
und der Stadt Berlin.

Stück 6. Den 9. Februar. **1844.**

Verordnungen und Bekanntmachungen,
welche den Regierungsbezirk Potsdam ausschließlich betreffen.

1. Resultat der Bedeckung im Jahre 1842 von ....7699 Stuten durch 141 Stück Brandenburgische Landbeschäler.

   Mit Einschluß von 13 Stück vierjährigen Remonte-Hengsten hat im Jahre 1842 durchschnittlich jeder Hengst

   54¼ Stuten gedeckt,
   davon 34½ » befruchtet, und
   1843 30½ lebende Fohlen erzeugt.

2. In dem verflossenen Jahre 1843 haben 143 Brandenburgische Landbeschäler folgende Anzahl Stuten bedeckt.

№ 25.

Stutenbedeckung im Brandenburger Landgestüt in den Jahren 1842 und 1843.
I. 2300. Jan.

I. Im Potsdamer Regierungsbezirke:

Nr.						Stück
1	zu Marstall Lindenau bei Neustadt an der Dosse:					
	a) durch Landbeschäler 193,					
	b) » Hauptbeschäler 27,					
					220	Stück,
2	» Döllen,				70	» ,
3	» Blankikow,				153	» ,
4	» Wulfersdorf,	in der Ostprignitz....durch Landbeschäler			128	» ,
5	» Dankow,				54	» ,
6	» Stavenow,				40	» ,
7	» Lenzen,	in der Westprignitz....	desgl.		140	» ,
8	» Rühstädt,				74	» ,
9	» Berlin		desgl.		156	» ,
10	» Rassenheide bei Oranienburg		desgl.		96	» ,
11	» Falkenberg,				132	» ,
12	» Neu-Trebbin,	im Ober-Barnimer Kreise	desgl.		216	» ,
13	» Alt-Medewitz,				93	» ,
14	» Angermünde,	Kreisstädte............	desgl.		221	» ,
15	» Templin,				140	» ,

Latus — 1933 Stück,

			Transport — 1933 Stück,
16	zu Lübbenow,	} im Prenzlower Kreise ...durch Landbeschäler	{ 248 » ,
17	» Brüssow,		96 » ,
18	» Brandenburg,	} im Zauch-Belziger Kreise desgl.	{ 121 » ,
19	» Beeliß,		71 » ,
20	» Koßen, im Westhavelländischen Kreise. desgl.		87 » ,

im Potsdamer Regierungsbezirke also.... 2556 Stück.

II. Im Frankfurter Regierungsbezirke:
    zu Friedrichsaue im Cüstriner Kreise durch Landbeschäler 310 » ,

III. Im Magdeburger Regierungsbezirke........... 1060 » ,

IV. Im Stettiner   desgl. .... 1547 » ,

V. Im Stralsunder   desgl. .... 832 » ,

Summa aller bedeckten Stuten — 6325 Stück.

Friedrich-Wilhelms-Gestüt, den 19. Januar 1844.

Der Landstallmeister Strubberg.

Potsdam, den 1. Februar 1844.

Vorstehende Bekanntmachung wird hierdurch zur öffentlichen Kenntniß gebracht. **Königl. Regierung.** Abtheilung des Innern.

Potsdam, den 26. Januar 1844.

№ 26.
Schleich-
handel.
IV.1097.Dez.

Die nachstehende Bekanntmachung des Magistrats zu Putlitz:

»Auf Antrag der hiesigen Kaufleute
1) Friedrich Wilhelm Schröder,
2) Friedrich Leonhard Vorwerk, und
3) Gustav Hartmann

bringen wir zur öffentlichen Kenntniß, daß dieselben unterm 24. November d. J. zum gerichtlichen Protokoll erklärt haben, sich sowohl in aller Art des Schleichhandels enthalten, als auch denselben auf keine Weise vermittelnd begünstigen zu wollen. Bei jedem dennoch, wider Erwarten, zur Entdeckung kommenden erwiesenen Kontraventionsfalle, sichern sie dem Denunzianten eine Belohnung von Funfzig Thalern zu, welche in die Orts-Armenkasse fließt, wenn der Denunziat ein Königlicher Beamter ist. Außerdem sichern die obengenannten Kaufleute auch demjenigen eine Belohnung von Zehn Thalern zu, welcher einen Bewohner hiesiger Stadt wegen verübten oder beförderten Schleichhandels dergestalt angiebt, daß er der That überführt wird, und die umgangenen Zollgefälle mindestens Vier Thaler betragen.

Putlitz, den 28. Dezember 1843.   Der Magistrat.«

wird hierdurch zur öffentlichen Kenntniß gebracht.

Königl. Regierung.
Abtheilung für die Verwaltung der indirekten Steuern.

Verordnungen und Bekanntmachungen der Behörden der Stadt Berlin.

Die Schießübungen der Rekruten des zweiten Garde-Regiments zu Fuß beginnen in diesen Tagen auf den Schießständen in der Jungfernheide.

Ein Jeder wird vor unvorsichtiger oder unberufener Annäherung gewarnt.

Berlin, den 27. Januar 1844.   Königl. Polizei-Präsidium.

№ 9.
Militair-Schießübungen.

Personalchronik.

Der Prediger von Gerlach an der Elisabethkirche zu Berlin ist zum Konsistorialrath und Mitgliede des Konsistoriums der Provinz Brandenburg ernannt worden.

Der Forstkandidat Karl Theodor Philipp Freiherr von Wolff-Metternich ist zum Referendarius bei dem hiesigen Regierungs-Kollegium ernannt worden.

Anstellungen und Todesfälle im Kirchen- und Schulwesen im IVten Quartal 1843.

A. Als Prediger sind angestellt oder versetzt:

Superintendentur:

Spandau. Der Diakonus zu Stadt Havelberg, J. D. Frick, als Prediger zu Bötzow.

Strasburg. Der Kandidat A. Hopf als Prediger zu Blumenhagen.

Wittstock. Der Kandidat G. L. Böckler als Prediger zu Dranse.

B. Als Schullehrer sind angestellt oder versetzt:

Angermünde. Der Küster und Schullehrer-Adjunkt zu Hohenlanbin, G. A. Lundberg, als Küster und Schullehrer zu Niederlanbin.

Beeskow. Der int. Lehrer in Werder, A. F. F. Curth, als wirklicher Lehrer daselbst; der int. Lehrer in Tauche, F. W. Lehmann, als Küster und Schullehrer daselbst; der Lehrer in Rabinkendorf, J. G. Eichler, als Lehrer zu Schwerberg, und der Seminarist H. A. Schulze als Küster und Schullehrer zu Groß-Rietz.

Bernau. Der Lehrer in Brüssow, L. F. Jaar, als Lehrer an der Stadtschule zu Bernau.

Altstadt Brandenburg. Der int. Lehrer an der Galdria zu Brandenburg, J. W. Kirchner, als zweiter Kollaborator an derselben Schule.

Neustadt Brandenburg. Der int. Lehrer zu Derwitz, C. F. Meyer, als Küster und Schullehrer-Adjunkt daselbst.

Dahme. Der Lehrer in Brandis, C. G. Kiebsch, als Küster und Schullehrer-Adjunkt zu Mehlsdorf, und der Lehrer in Rathstein, J. L. Brochwitz, als Lehrer zu Wollensdorf.

Jüterbogk. Der int. Lehrer in Hohengörsdorf, A. F. Koch, als Küster und Schullehrer daselbst.

Kyritz. Der int. Lehrer in Kyritz, C. F. Katerbow, als wirklicher Lehrer an der Stadtschule daselbst.

Lindow. Der Lehrer in Großväter, C. W. D. Dammköhler, als Lehrer zu Hindenberg, und der Schulamts-Kandidat G. L. Hertel als Küster und Schullehrer-Adjunkt zu Rütznick.

Neustadt-Eberswalde. Der Lehrer in Strahbene, J. Veß, als Küster und Schullehrer zu Brunow.

Potsdam II. Der int. Lehrer in Uetz, F. E. Habekost, als Küster und Schullehrer daselbst.

Superintendentur:

Prenzlow II. Der int. Lehrer in Roſſow, H. J. Hilliges, als Küſter und Schullehrer-Adjunkt daſelbſt.

Pritzwalk. Der int. Lehrer in Meeſendorf, P. A. Eichhorſt, als Küſter und Schullehrer daſelbſt.

Neu-Ruppin. Der int. Lehrer in Alt-Ruppin, E. E. Schönberg, als Lehrer an
der Stadtſchule daſelbſt.

Spandau. Der int. Lehrer in Spandau, J. E. Globig, als dritter Lehrer an der
Mädchenſchule daſelbſt, und der Schulamts-Kandidat G. Kohl als vierter Lehrer
an derſelben Schule daſelbſt.

Strausberg. Der Seminariſt E. E. Lehmann als Küſter und Schullehrer zu Prötzel,
und der int. Lehrer in Wollenberg, J. F. Mückeley, als Küſter und Schullehrer zu Steinbeck.

Templin. Der int. Lehrer in Ravensbrück, E. F. Holz, als Küſter und Schullehrer
daſelbſt, und der int. Lehrer in Annenwalde, H. F. Leppin, als wirklicher
Lehrer daſelbſt.

Wittſtock. Der int. Lehrer in Wittſtock, J. E. F. Mauer, als Lehrer an der dortigen
Stadtſchule.

Wriezen. Der Lehrer in Brunow, E. W. Korb, als Schullehrer-Adjunkt in Metzdorf.

Königs-Wuſterhauſen. Der int. Lehrer in Waßmannsdorf, E. L. F. Gieſecke, als
Küſter und Schullehrer daſelbſt.

Zoſſen. Der int. Lehrer in Zoſſen, F. W. J. Guercke, als Lehrer an der dortigen
Stadtſchule, und der int. Lehrer in Genshagen, E. F. Micklei, als Küſter und
Schullehrer daſelbſt.

C. Todesfälle.

a. Prediger.

Der Prediger Metzner in Krügersdorf, Superintendentur Beeskow; der Prediger
emer. Plötz in Malchow, Superintendentur Berlin Land.

b. Schullehrer.

Der Kantor Pintſchovius zu Stolpe, Superintendentur Angermünde; der Lehrer
und Organiſt Patze zu Niederlandin, Superintendentur Angermünde; der Lehrer Lehmann in Beelitz, Superintendentur Beelitz; der Küſter und Schullehrer Schröder in
Rädigke, Superintendentur Belzig; der Küſter und Schullehrer emer. Kirſten zu Niemegk, Superintendentur Belzig; der Lehrer Schnelle in Schwina, Superintendentur
Neuſtadt Brandenburg; der Küſter und Schullehrer Köhler in Schönfeldt, Superintendentur Prenzlow II.; der Küſter und Schullehrer emer. Wulkow in Warſow, Superintendentur Rathenow; der Lehrer Hartmann an der Töchterſchule zu Neu-Ruppin,
Superintendentur Neu-Ruppin; der Küſter und Schullehrer Reinicke in Schwarzenſee,
Superintendentur Strasburg; der Kantor Hartung in Treuenbrietzen, Superintendentur
Treuenbrietzen; der Lehrer emer. Buſch in Bevay, Superintendentur Wriezen; der Küſter
und Lehrer Moritz in Köthen, Superintendentur Königs-Wuſterhauſen; der Lehrer
Pöhle zu Clausdorf, Superintendentur Zoſſen.

Vermiſchte Nachrichten.

Wegen der bevorſtehenden Reparatur der Hohenbruch-Schleuſe im Ruppiner
Kanal, wird der Letztere in der Zeit vom 10. bis zum 29. Februar d. J. für
Schiffahrt und Flößerei geſperrt ſein. Potsdam, den 3. Februar 1844.

Königl. Regierung. Abtheilung des Innern.

(Hierbei ein öffentlicher Anzeiger.)

Amtsblatt
der Königlichen Regierung zu Potsdam
und der Stadt Berlin.

Stück 7.   Den 16. Februar.   **1844.**

Die nachstehende Bekanntmachung des Herrn Chefs der Bank und der See-handlung, Geheimen Staats-Ministers Rother Exzellenz, betreffend den Um-tausch preußisch-englischer Obligationen gegen Staatsschuldscheine:

»Da mehrere Inhaber von den in englischer Valuta im Jahre 1830 zu 100 £. Str. ausgestellten Preußischen Obligationen wegen der veränderlichen Wechsel-Koursverhältnisse wünschen, ihre Obligationen in Staatsschuldscheine zu verwandeln, so ist beschlossen worden, auf diese Wünsche einzugehen, und den Umtausch sowohl bei der Königl. Haupt-Bankkasse, als auch bei der Haupt-Seehandlungskasse in der Art bewirken zu lassen,

daß für 100 Livres Sterling in sogenannten preußisch-englischen Obli-gationen mit dazu gehörigen Zinskoupons vom 1. Oktober 1843, 700 Thlr. in Staatsschuldscheinen, nach dem Nominalbetrage, mit Zins-koupons vom 1. Januar 1844 gegeben werden. Die Zinsen der umgetauschten Obligationen vom 1. Oktober bis Ende Dezember 1843 werden dabei mit 6 Thlr. 25 Sgr. pro Livre Sterling baar bezahlt.

Denjenigen, welche einen solchen Umtausch wünschen, bleibt überlassen, unter Einreichung ihrer Obligationen, entweder bei der Haupt-Bank, oder der Haupt-Seehandlungs-Kasse, welche das Weitere in obengedachter Art be-wirken werden, von jetzt ab bis längstens zum 31. März d. J. in den Vor-mittagsstunden von 9 bis 12 Uhr sich zu melden, und haben sie die bald-möglichste Regulirung des Geschäfts zu gewärtigen.

Wegen der nöthigen Vorbereitungen zu der, mit dem 1. Oktober 1845 in Gemäßheit des Anleihe-Kontrakts und des Inhalts der Obligationen ein-tretenden raschen Amortisation der preußisch-englischen Obligationen, welche dann nur in London in englischer Valuta und zum Nominalbetrage erfolgt, wird über den oben bestimmten Termin vom 31. März 1844 hinaus ein Um-tausch gegen Staatsschuldscheine nicht stattfinden können.

Berlin, den 2. Januar 1844.

Der Chef der Bank und der Seehandlung.

Geheime Staats-Minister.   (84.)   Rother.«

bringe ich mit dem Bemerken hierdurch zur öffentlichen Kenntniß, daß den Versendungen durch die Post zur Realisirung des darin erwähnten Umtausches

Geschäftes die Portofreiheit bewilligt ist, wenn die Adressen bei Einsendung der
Obligationen an die Bank oder Seehandlung mit der Rubrik:

»..... L. Sterling in preußisch-englischen Obligationen zur Umwandlung in Staatsschuldscheine bestimmt«,

und bei der Rücksendung mit der Rubrik:

»..... Thlr. Staatsschuldscheine für umgewandelte preußisch-englische
Anleihe-Obligationen«

bezeichnet werden. Potsdam, den 7. Februar 1844.

Der Ober-Präsident der Provinz Brandenburg.

(gez.) von Meding.

Die Lokal-Zensur in Perleberg ist dem Herrn Landrath von Saldern
übertragen worden. Potsdam, den 10. Februar 1844.

Der Ober-Präsident der Provinz Brandenburg.

(gez.) von Meding.

Verordnungen und Bekanntmachungen
für den Regierungsbezirk Potsdam und für die Stadt Berlin.

№ 27.
**Beendigung
der Militair-
dienstpflicht
der Mann-
schaften auf
dem Königl.
Uebungsschiffe
»Amazone«.
L. 1209. Jan.**

Einverstanden mit den in Ihrem Berichte vom 14. v. M. gemachten
Vorschlägen bestimme Ich:

1) daß die auf dem Uebungsschiffe »die Amazone« angestellten Leute, während
der Dauer dieser Anstellung, gegen Bescheinigung des Navigationsdirektors
als Chef des Schiffs, zum Militairdienst nicht einberufen werden sollen;

2) daß diejenigen als Steuerleute erster Klasse geprüften Matrosen, welche in
der letzteren Eigenschaft an einer Uebungsreise Theil genommen haben und
mit einem guten Zeugnisse von dem Uebungsschiffe entlassen worden sind, von
der Erfüllung ihrer Militairpflicht im stehenden Heere, diese mag eine einjährige oder dreijährige sein, entbunden sein sollen;

3) daß den auf dem Uebungsschiffe angestellten Eleven, so wie den Kanonieren,
Kanoniers-Unteroffizieren und denjenigen Personen, welche sich für den
eigentlichen Seedienst ausbilden, unter Voraussetzung guter Führung eine
Uebungsreise als ein Dienstjahr anzurechnen ist. —

Ich überlasse Ihnen, diese Bestimmungen den General-Kommandos und
den Regierungen mitzutheilen. Berlin, den 1. Dezember 1843.

(gez.) Friedrich Wilhelm.

An die Staats-Minister von Boyen, von Bodelschwingh
und Grafen von Arnim.

Potsdam, den 5. Februar 1844.

Vorstehende Allerhöchste Kabinetsordre wird auf Grund eines Reskripts der
Königl. Hohen Ministerien des Krieges und des Innern vom 5. Januar 1844
mit dem Bemerken zur öffentlichen Kenntniß gebracht, daß Hierdurch in den

frühern Bestimmungen, in Betreff der Allerhöchsten Orts den diesseitigen See-
schiffern verstatteten Anrechnung des Dienstes auf den Schiffen auf ihre Mi-
litair-Dienstzeit, weshalb auf die Amtsblatt-Bekanntmachung vom 23. September 1842 Bezug genommen wird, nichts abgeändert ist.

Königl. Regierung. Abtheilung des Innern.

Verordnungen und Bekanntmachungen, welche den Regierungsbezirk Potsdam ausschließlich betreffen.

Potsdam, den 26. Januar 1844.

Auf Grund des § 12 des Gesetzes vom 8. Mai 1837 wird hiermit zur
öffentlichen Kenntniß gebracht, daß der Kaufmann August Ludwig Wilhelm
Schultze zu Wriezen an der Oder als Agent der Feuerversicherungs-Anstalt
Borussia für die Stadt Wriezen an der Oder und Umgegend von uns bestätigt ist.   Königl. Regierung. Abtheilung des Innern.

№ 28.
Agentur-
Bestätigung.
I. 2045. Jan.

Potsdam, den 1. Februar 1844.

Auf Grund des § 12 des Gesetzes vom 8. Mai 1837 wird hiermit zur öffentlichen Kenntniß gebracht, daß der Kämmerer Friedrich Wilhelm Gericke
zu Zossen als Agent der Feuerversicherungs-Anstalt Borussia für die Stadt
Zossen und Umgegend von uns bestätigt ist.

Königl. Regierung. Abtheilung des Innern.

№ 29.
Agentur-
Bestätigung.
I. 2357. Jan.

Potsdam, den 5. Februar 1844.

Auf Grund des § 12 des Gesetzes vom 8. Mai 1837 wird hiermit zur
öffentlichen Kenntniß gebracht, daß der Kaufmann A. F. Thiele zu Beelitz
als Agent der Feuerversicherungs-Anstalt Borussia für die Stadt Beelitz und
Umgegend von uns bestätigt ist.

Königl. Regierung. Abtheilung des Innern.

№ 30.
Agentur-
Bestätigung.
I. 52. Febr.

Potsdam, den 2. Februar 1844.

Das unter dem Titel:

»Die Verfassung und Verwaltung des Preußischen Staats; eine systematisch geordnete Sammlung aller auf dieselben Bezug habenden gesetzlichen Bestimmungen, insbesondere der, in der Gesetzsammlung für die
Preußischen Staaten, in den von Kamptzschen Annalen für die innere
Staatsverwaltung und in deren Fortsetzungen durch die Ministerialblätter
enthaltenen Verordnungen und Reskripte, in ihrem organischen Zusammenhange mit der früheren Gesetzgebung, dargestellt unter Benutzung der
Archive der Ministerien des Innern, der Justiz, der Finanzen, der geistlichen, Unterrichts- und Medizinal-Angelegenheiten und der Hauptverwaltung der Staatsschulden von Ludwig von Rönne, Kammergerichts-
Rathe, und Heinrich Simon, Oberlandesgerichts-Assessor. Breslau,
bei Aderholz«,

№ 31.
I. 927. Jan.

erscheinende Werk zeichnet sich, als geeignetes Handbuch für den praktischen Gebrauch, vor anderen Büchern dieser Art durch Vollständigkeit und sorgfältige Bearbeitung in mehrfacher Beziehung aus; weshalb wir dies Werk, und insbesondere die, das Städtewesen, die Polizei und die Judenverhältnisse betreffenden Theile desselben, den Behörden und zur allgemeineren Benutzung empfehlen.

Königl. Regierung. Abtheilung des Innern.

Potsdam, den 6. Februar 1844.

№ 32.
Rindvieh-Lungenseuche.
I. 283. Febr.

Da unter der Rindviehheerde des Domainenamts Zehdenick die Lungenseuche herrscht, so ist auch die gedachte Heerde und die Feldmark des Amtes bis auf weitere Anordnung für Rindvieh und Rauchfutter gesperrt worden.

Königl. Regierung. Abtheilung des Innern.

Potsdam, den 7. Februar 1844.

№ 33.
Rindvieh-Lungenseuche.
I. 344. Febr.

Da unter der Rindviehheerde der Gemeinde Berge (Westhavelländischen Kreises) die Lungenseuche ausgebrochen ist, so ist dieser Ort und dessen Feldmark, mit Ausschluß des Amtsvorwerks, dessen Viehstand gesund ist, für Rindvieh und Rauchfutter bis auf weitere Anordnung gesperrt worden.

Königl. Regierung. Abtheilung des Innern.

Potsdam, den 6. Februar 1844.

№ 34.
Berichtigung.
I. 1768. Dq.

In der sub Nr. 255. Seite 332 sequ. des Amtsblatts pro 1843 befindlichen Bekanntmachung vom 28. November 1843, die Abänderung der Kompagnie-Bezirke des 2ten Bataillons, Treuenbrietzen, 20sten Landwehr-Regiments betreffend, muß es

Seite 333 auf der 2ten Zeile von oben nicht Beuß, sondern Balz heißen; desgleichen auf der 4ten Zeile von oben nicht Bruggenmark, sondern Brüggermark; auf der 8ten Zeile von oben nicht Göttin bei B., sondern Göttin bei Brandenburg; auf der 9ten Zeile von oben, nicht mit Vorwerk Rosbank, sondern mit Vorwerk Rosbunk; auf der 12ten Zeile von oben, nicht Jeserig bei Be., sondern Jeserig bei Brandenburg;

Seite 334 auf der 5ten Zeile von unten, nicht Walk- und Windmühlen, sondern Walk- und Windmühlen;

Seite 335 auf der 6ten Zeile von oben, nicht Ahlsdorff, Hohen nebst Ziegelei, sondern Hohen-Ahlsdorff nebst Ziegelei; auf der 17ten Zeile von oben, nicht Lipsdorff, Langen-Lochow, sondern Langen-Lipsdorff, Lochow;

Seite 336 auf der 24sten Zeile von oben, nicht Sternsdorff, sondern Stahnsdorff, und auf der 26sten Zeile von oben, nicht Waltersdorff mit Hindemeierei, sondern Waltersdorff mit Haldemeierei; auch ist Seite 335 hinter Niebendorff auf der 20sten Zeile von oben, das Dorf Niendorff ganz ausgelassen;

welches hierdurch zur öffentlichen Kenntniß gebracht wird.

Königl. Regierung. Abtheilung des Innern.

Ver-

Verordnungen und Bekanntmachungen der Behörden der Stadt Berlin.

Der Kaufmann August Sanne hierselbst, wohnhaft Wallstraße Nr. 13, ist heute als Agent der Leipziger Mobiliar-Brandversicherungs-Bank für Deutschland bestätigt worden. Dies wird auf Grund des § 12 des Gesetzes vom 8. Mai 1837 hiermit zur öffentlichen Kenntniß gebracht.
Berlin, den 22. Januar 1844.　　　Königl. Polizei-Präsidium.

№ 10.
Agenten-Bestätigung.

Der Kaufmann Eduard Gallisch, hierselbst in der Leipziger Straße Nr. 68a wohnhaft, ist heute als Agent der Feuerversicherungs-Gesellschaft Borussia zu Königsberg in Preußen bestätigt worden. Dies wird auf Grund des § 12 des Gesetzes vom 8. Mai 1837 hiermit zur öffentlichen Kenntniß gebracht.
Berlin, den 27. Januar 1844.　　　Königl. Polizei-Präsidium.

№ 11.
Agenten-Bestätigung.

Am 12. d. M. und den nächstfolgenden Tagen werden auf den Schießständen des Kaiser Alexander-Grenadier-Regiments in der Hasenheide Schießübungen stattfinden. Ein Jeder wird vor unvorsichtiger Annäherung gewarnt.
Berlin, den 9. Februar 1844.　　　Königl. Polizei-Präsidium.

№ 12.
Militair-Schießübungen bei Berlin.

Die unterzeichnete Kommission tritt für den zum 1. April d. J. bevorstehenden Einstellungstermin im künftigen Monat zusammen, und fordert diejenigen, welche auf die Begünstigung des einjährigen freiwilligen Militairdienstes Anspruch machen wollen, oder die Eltern und Vormünder derselben hierdurch auf, die desfallsigen, mit den, durch die Bekanntmachung des Königl. Ober-Präsidiums der Provinz Brandenburg vom 5. September 1822 (Amtsblatt Nr. 37) vorgeschriebenen Zeugnissen begleiteten Anträge in der Zeit vom 15. bis 25. d. M. in dem Geschäftslokale, Niederwallstraße Nr. 39, einzureichen. Die zu der in Rede stehenden Vergünstigung Angemeldeten werden zu dem anzusetzenden Termin, Behufs Feststellung ihrer körperlichen Diensttauglichkeit resp. wissenschaftlichen Qualifikation, demnächst noch besonders vorgeladen werden.

Später eingehende Anträge können erst für den nächstfolgenden Termin berücksichtigt werden. Berlin, den 2. Februar 1844.
Königl. Departements-Kommission zur Prüfung der Freiwilligen zum einjährigen Militairdienst.

Personalchronik.

Zu Kammergerichts-Assessoren sind ernannt: der bisherige Oberlandesgerichts-Referendarius Karl Johann Herrmann Hirsch, und die bisherigen Kammergerichts-Referendarien Franz Ludwig Ferdinand Arents und Paul de la Croix.

Der bisherige Oberlandesgerichts-Auskultator Johann August Heinrich Hildebrandt ist zum Kammergerichts-Referendarius befördert.

Der Rechtskandidat Ferdinand Adolph Alexander Groschke ist zum Kammergerichts-Auskultator bestellt und dem Königl. Stadtgerichte zu Berlin zur Beschäftigung überwiesen.

Die Verwaltung der Gerichtsbarkeit über die unbebaute Feldmark Grenzel ist dem Land- und Stadtrichter von Richthofen zu Beelitz übertragen.

Dem Küster und Schullehrer **Gutschow** zu Friedersdorf in der Superintendentur Storkow ist in Betracht seiner Amtstüchtigkeit und seiner rühmlichen Leistungen im Gesange, nicht nur in seiner Schule und der Kirche des Orts, sondern auch durch die bewirkte Bildung eines Sängerchors, aus herangewachsenen jungen Leuten in der Gemeinde bestehend, das Prädikat "Kantor" beigelegt worden.

Der ehemalige Rittergutsbesitzer Ludwig Johann Julius **Grothe** zu Dixow bei Perleberg ist in dem Geschäftsbezirke der Königl. General-Kommission für die Kurmark Brandenburg als Kreis-Bonikeur bestellt und ein= für allemal vereidigt worden.

Der Kandidat der Feldmeßkunst Emil Ernst Ferdinand **Wegner** ist als Feldmesser diesseits vereidigt worden.

Der Kandidat der Zahnarzneikunst Edmund Emil Franz **Lehndorff** ist als Zahnarzt in den Königlichen Landen approbirt und vereidigt worden.

Am 7. Februar d. J. sind von dem Königl. Konsistorium der Provinz Brandenburg die Kandidaten:

> Johann Friedrich **Baumgarten** aus Sagan, Otto Gustav **Gericke** aus Kählen, Karl Wilhelm **Grüner** aus Rothwasser, Karl Wilhelm August **Jahn** aus Sandersleben, Karl Christian **Liere** aus Niebede, Bernhard Gottlob Friedrich von **Rechenberg** aus Lübben, Eugen **Ribbeck** aus Lindow, Gustav Friedrich **Schulze** aus Neuzauche, Johann Friedrich Wilhelm **Seiffge** aus Neu=Friedrichsdorf, Karl Theodor **Seltmann** aus Kottbus und Karl Heinrich Alexander **Vollmar** aus Burschen

für wahlfähig zum Predigtamte erklärt worden.

Vermischte Nachrichten.

Wegen Herstellung des Portals und Geländers an der Havelbrücke bei Hennigsdorf wird die Passage über diese Brücke am 26., 27. und 28. Februar d. J. für Fuhrwerk und Reiter gesperrt sein, und haben diese an den gedachten Tagen ihren Weg über Spandau oder über Pinnow zu nehmen.

Potsdam, den 13. Februar 1844.

Königl. Regierung. Abtheilung des Innern.

Geschenke an Kirchen und Schulen.

In Wustrau, Ruppinschen Kreises, ist von dem Herrn Kirchenpatron mit bedeutendem Kostenaufwande der Pfarrgarten mit einer Mauer von gebrannten Ziegelsteinen versehen, und in dem Schulhause ein zweites Lehrzimmer und Wohnung für einen zweiten Lehrer eingerichtet worden.

Die Gemeinde zu Alt=Friesack, Ruppinschen Kreises, hat für die innere Verbesserung ihres Schullokals durch Anschaffung von Subsellien anerkennungswerth gesorgt, und die Frau Oberamtmann **Polzin** zu Grube, welcher als Besitzerin des dortigen Ritterguts das Patronatsrecht über die Kirche daselbst zusteht, zu den, auf 200 Thlr. sich belaufenden Kosten für die für die gedachte Kirche angeschaffte neue Orgel, die Summe von 65 Thlr. aus eigenen Mitteln hergegeben.

Auch ist der Kirche zu Streblow von ungenannten Gebern eine Altardecke und ein Kanzeldecke von Kaisertuch mit Goldstickerei und vergoldeten Franzen, ingleichen ein Krucifix und zwei Altarleuchter von Ebenholz mit reicher Vergoldung, und der Kirche zu Klein=Schönebeck ebenfalls von einem ungenannten Geber ein vergoldetes Krucifix von Gußeisen zum Geschenk gemacht worden.

(Hierbei ein öffentlicher Anzeiger.)

Amtsblatt
der Königlichen Regierung zu Potsdam
und der Stadt Berlin.

Stück 8.   Den 23. Februar.   **1844.**

Allgemeine Gesetzsammlung.

Das diesjährige 5te Stück der Allgemeinen Gesetzsammlung enthält:

№ 2419. Die Allerhöchste Kabinetsordre vom 15. Dezember 1843 wegen Herabsetzung der von den Pfandbriefschuldnern der Ostpreußischen Landschaft zu zahlenden Beiträge von 4½ Prozent auf 4 Prozent.

№ 2420. Die Allerhöchste Kabinetsordre vom 29. Dezember 1843, die Ergänzungen der unterm 24. Oktober 1840 ergangenen Tarife betreffend, nach welchen die Gebühren der Lootsen in den Gewässern zwischen Pommern und Rügen und auf den Binnengewässern zwischen Stettin und den Mündungen der Swine und Peene zu entrichten sind.

№ 2421. Die Deklaration über den Majorennitätstermin der Juden. De dato den 24. Januar 1844.

№ 2422. Die Verordnung über die Festsetzung und den Ersatz der bei Kassen und anderen Verwaltungen vorkommenden Defekte. De dato den 24. Januar 1844.

Verordnungen und Bekanntmachungen
für den Regierungsbezirk Potsdam und für die Stadt Berlin.

№ 35.
Ausstellung für die Industrie-Erzeugnisse des gesammten Zollvereins.
I. 1192. Febr.

Nachdem die zum Zoll- und Handelsvereine verbundenen Regierungen übereingekommen sind, sich gegenseitig zu unterstützen, damit von Zeit zu Zeit öffentliche Ausstellungen für die Industrie-Erzeugnisse des gesammten Vereins zu Stande kommen, haben des Königs Majestät zu genehmigen geruht, daß in dem gegenwärtigen Jahre hier in Berlin eine solche Ausstellung für die Industrie-Erzeugnisse des gesammten Zoll- und Handelsvereins veranstaltet werde.

Indem ich dies hierdurch mit dem Wunsche zur öffentlichen Kenntniß bringe, daß diese Ausstellung allerseits eine erfreuliche rege Theilnahme finden möge, mache ich zugleich im Nachstehenden die Bestimmungen bekannt, welche für dieselbe, vorbehaltlich des weiteren Benehmens mit den Vereins-Regierungen in Betreff der aus ihren Gebieten zu gewärtigenden Sendungen, Allerhöchsten Orts festgesetzt worden sind.

1. Die Ausstellung findet in Berlin vom 15. August 1844 an acht Wochen hindurch Statt; die Einsendung der dazu bestimmten Gegenstände muß spätestens bis zum 22. Juli 1844 erfolgen.

2. Zu dieser Ausstellung wird, mit Ausnahme der Werke der schönen Künste, jedes im Gebiete des Zoll- und Handelsvereins dargestellte Industrie-Erzeugniß, auch das gröbste, zugelassen, wenn dessen Gebrauch allgemein verbreitet und dasselbe im Verhältniß zum Preise gut gearbeitet ist. Neben den gewöhnlichen marktgängigen Waaren, wie sie in größeren Quantitäten geliefert und in den Handel gebracht werden, sind jedoch auch Gegenstände des Luxus, so wie solche Fabrikate, welche wegen der darauf verwendeten besonderen Sorgfalt und Kunstfertigkeit und wegen der hiedurch bedingten Preiserhöhung sich nicht zum gemeinen Gebrauche eignen, sondern in das Kunstgebiet einschlagen, keineswegs ausgeschlossen.

3. Die inländischen Gewerbtreibenden, welche Gegenstände für die Ausstellung einsenden wollen, mit Ausnahme der in Berlin wohnhaften (s. № 6), haben sich resp. bei der landräthlichen Behörde ihres Wohn- oder Fabrikortes, oder bei der sonstigen, daselbst die Gewerbe-Polizei verwaltenden Behörde zu melden, und gleichzeitig derselben die nöthigen Nachrichten für die von ihr aufzustellenden Nachweisungen mitzutheilen. Diese Nachweisungen, welche von der gedachten Behörde der betreffenden Königl. Regierung einzureichen und mit laufender Nummer zu versehen sind, müssen nicht nur die einzelnen angemeldeten Artikel, nebst deren Benennung und Bezeichnung, so wie den Namen und den Wohn- oder Fabrikort des Verfertigers enthalten, sondern auch den gewöhnlichen unzweifelhaften Verkaufspreis, wofür der Artikel in größeren Quantitäten beim Absatz aus erster Hand geliefert werden kann, angeben, und zugleich über die Ausdehnung des Gewerbes, die darin beschäftigte Arbeiterzahl, so wie den Ursprung und Preis des rohen Materials oder des verarbeiteten Halbfabrikates nähere Auskunft geben.

4. Die Königl. Regierung ernennt Behufs der Prüfung, ob die angemeldeten Gegenstände von der Beschaffenheit sind, daß sie sich für die Ausstellung eignen, eine Kommission, welche insbesondere auch, jedoch ohne peinliche Nachforschungen, auf die Preisangaben ihr Augenmerk zu richten hat, damit nicht durch ungeprüfte einseitige Angaben Einzelne sich ein Verdienst der Wohlfeilheit ihrer Waaren anzueignen suchen, welches in der Wirklichkeit nicht vorhanden ist. Die Kommission besteht aus dem die Gewerbe-Angelegenheiten bearbeitenden Mitgliede der Königl. Regierung, als Vorsitzenden, und aus sechs Gewerbtreibenden, bei deren Auswahl, so weit thunlich, dahin zu sehen ist, daß für jeden der Haupt-Fabrikationszweige des Bezirkes ein Sachverständiger Theil nehme.

5. Nach vorgängiger Prüfung durch die Kommission entscheidet die Königl. Regierung, welche Gegenstände zur Ausstellung zuzulassen sind, wobei zugleich darauf zu sehen ist, daß solche Gegenstände, welche durch ihr großes Gewicht oder Volumen wegen Beträchtlichkeit der Entfernung in Vergleich mit dem Interesse, das sie gewähren, unverhältnißmäßige Transportkosten veranlassen würden, ausgeschlossen bleiben, es sei denn, daß ein Ersatz der Transportkosten (s. № 10) dafür überhaupt nicht in Anspruch genommen wird. Von den ihrerseits zur Ausstellung geeignet befundenen Gegenständen hat die Königl. Regierung

nach Anleitung der ihr zugegangenen, nöthigenfalls zu vervollständigenden Materialien (№ 3) ein Verzeichniß aufzustellen, welches, mit ihrem Gutachten begleitet, der unten (№ 6) gedachten Kommission zu übersenden ist. Gleichzeitig ist denjenigen, von denen jene Gegenstände angemeldet sind, Behufs der Einsendung an eben diese Kommission (№ 6) Nachricht zu geben.

6. Für die Empfangnahme und Aufstellung der einzusendenden Gegenstände, so wie für die Besorgung der sonstigen, die Ausstellung betreffenden Geschäfte wird unter dem Vorsitze eines Ministerial-Kommissarius hier in Berlin eine besondere Kommission bestellt, über deren Einsetzung die weitere Bekanntmachung vorbehalten bleibt. Diese Kommission hat zugleich in Ansehung derjenigen Gegenstände, welche die in Berlin wohnhaften Gewerbtreibenden zur Ausstellung bringen wollen, die Prüfung und Entscheidung, so wie die Sammlung der Materialien (nach № 3 bis 5) unmittelbar vorzunehmen.

7. Die Einsendung der zur Ausstellung bestimmten Gegenstände muß bis zu dem oben (№ 1) bestimmten Termine an die eben (№ 6) gedachte »Kommission für die Gewerbausstellung in Berlin« kostenfrei erfolgen.

8. Sämmtliche ausgestellte Gegenstände werden für die Dauer der Ausstellung von der Kommission (№ 6) gegen Feuersgefahr versichert, überdies sorgfältig beaufsichtigt und vor Beschädigungen bewahrt. Sollten aber dennoch Beschädigungen oder Verluste vorkommen, so wird dafür keine Ersatzverbindlichkeit übernommen, während es den Einsendern freigestellt bleibt, nicht nur die Aufstellung der von ihnen gelieferten Gegenstände selbst oder durch einen der Kommission namhaft gemachten Bevollmächtigten zu besorgen, sondern auch während des Besuches der Ausstellung über dieselben noch besondere Aufsicht zu halten.

9. Vor Beendigung der Ausstellung kann kein Gegenstand aus derselben zurückgenommen werden. Auswärtige Einsender haben, wo möglich, den Kommission einen hier anwesenden Bevollmächtigten zu bezeichnen, an welchen die von ihnen eingesendeten Gegenstände nach Beendigung der Ausstellung abzuliefern sind; denjenigen, welche in dieser Hinsicht keine Bestimmung getroffen haben, werden dieselben auf ihre Gefahr und Rechnung resp. durch die Post oder durch Spediteur nach dem angegebenen Wohn- oder Fabrikorte zurückgesendet. Eben so ist, falls der Verkauf der eingesendeten Gegenstände beabsichtigt wird, derjenige, an welchen die Kauflustigen zu verweisen und die Gegenstände abzuliefern sind, der Kommission namhaft zu machen, da diese sich mit dem Verkaufe selbst nicht befassen kann.

10. Für den Besuch der Ausstellung wird ein, seiner Zeit zu bestimmendes Eintrittsgeld erhoben; die Einsender von Gegenständen für dieselbe, resp. deren Bevollmächtigte (№ 8) haben jedoch freien Eintritt. Aus dem Fonds, welcher aus dem Eintrittsgelde und dem Verkaufe der Kataloge aufkommt, werden zunächst die mit der Ausstellung verbundenen Kosten, einschließlich der Versicherung gegen Feuersgefahr (№ 8) bestritten. Der demnächst etwa verbleibende Ueberschuß wird dazu verwendet, um, so weit er reicht, für alle von auswärts

eingesandten in- und ausländischen Sendungen ohne Unterschied, mit Ausnahme derjenigen, für deren Transport nach № 5 eine Vergütung überhaupt nicht zu gewähren ist, die Transportkosten, und zwar nach Verhältniß der nachgewiesenen Kostenbeträge, zu ersetzen; zu dem Behufe müssen aber diese Kostenbeträge spätestens bis zum 1. November 1844 bei der Kommission (№ 6) liquidirt werden. Wie ferne die auf obige Weise nicht gedeckten Transportkosten für dergleichen Sendungen den inländischen Gewerbtreibenden aus öffentlichen Fonds zu erstatten seien, bleibt der weiteren Bestimmung vorbehalten. Eine Vergütung für den Transport derjenigen Gegenstände, welche von den in Berlin wohnhaften Gewerbtreibenden zur Ausstellung gebracht werden, findet nicht Statt.

Berlin, den 10. Februar 1844.

Der Finanz-Minister.

(gez.) von Bodelschwingh.

Potsdam, den 16. Februar 1844.

Vorstehendes Publikandum wird hierdurch in Gemäßheit des Reskripts Sr. Exzellenz des Herrn Staats- und Finanz-Ministers von Bodelschwingh vom 10. d. M. zur öffentlichen Kenntniß gebracht.

Königl. Regierung. Abtheilung des Innern.

Potsdam, den 4. Dezember 1843.

№ 36. Umtausch Sächsischer Kassenbillets à 1 u. 2 Thlr. C. 3. Dez.

Mit Bezug auf die in dem Königl. Sächsischen Gesetz- und Verordnungsblatt erschienene landesherrliche Verordnung vom 9. v. M., wonach für den Umtausch der noch im Umlauf befindlichen, aus der Kreirung vom Jahre 1818 herrührenden Sächsischen Kassenbillets à 1 Thlr. und 2 Thlr. ein Präklusivtermin auf den 1. März 1844, Nachmittags 5 Uhr, dergestalt festgesetzt ist, daß alle dann bei den beiden Auswechselungskassen zu Dresden und Leipzig noch nicht gegen neue Kassenbillets umgetauschten derartigen Papiere als völlig werthlos betrachtet werden sollen, und weder ein nachträglicher Umtausch, noch die Berufung auf die Rechtswohlthat der Wiedereinsetzung in den vorigen Stand dagegen weiter stattfinden kann, werden die etwanigen Inhaber solcher Kassenbillets im diesseitigen Regierungsbezirk auf den bevorstehenden Präklusivtermin hiermit aufmerksam gemacht und aufgefordert, sich der vorhandenen Papiere dieser Art mittelst Umtausches derselben bei einer der vorbezeichneten Kassen gegen neue Kassenbillets vor Ablauf der Präklusivfrist zu entledigen.

Königl. Regierung.

№ 37. Die geographische Kunstschule zu Potsdam betreffend. S. Fide

In der, für die Ausbildung geographischer Kupferstecher bestimmten geographischen Kunstschule zu Potsdam beginnt am 1. April d. J. ein neuer Kursus, zu dem die Anmeldungen bis dahin entgegen genommen werden. Zugleich wird hiermit bekannt gemacht, daß zu dem gedachten Termine eine Freistelle offen wird, bei deren Verleihung jedoch, außer dem Nachweise der

Bedürftigkeit, nur auf entschieden ausgesprochenes Talent Rücksicht genommen werden kann. Auf portofreie Anfragen ertheilt der Unterzeichnete nähere Auskunft.

Potsdam, den 20. Januar 1844.

Dr. Heinrich Berghaus,
Professor und Direktor der geographischen Kunstschule.

Potsdam, den 15. Februar 1844.

Vorstehende Bekanntmachung wird in Gemäßheit des Reskripts Sr. Excellenz des Herrn Ministers der geistlichen, Unterrichts- und Medizinal-Angelegenheiten vom 3. d. M. zur öffentlichen Kenntniß gebracht.

Königl. Regierung. Abtheilung des Innern.

Potsdam, den 13. Februar 1844.

Die Durchschnittspreise von dem im Monat Januar d. J. auf dem Markte zu Berlin verkauften Getreide, Rauchfutter ꝛc. haben betragen:

№ 38.
Berliner Getreide- und Fouragepreise pro Januar 1844.
I. 774. Febr.

1) für den Scheffel Weizen ...... 2 Thaler 2 Sgr. 5 Pf.,
2) für den Scheffel Roggen ...... 1 Thaler 11 Sgr. 4 Pf.,
3) für den Scheffel große Gerste . - Thaler 28 Sgr. 10 Pf.,
4) für den Scheffel kleine Gerste . - Thaler 29 Sgr. — Pf.,
5) für den Scheffel Hafer .... - Thaler 21 Sgr. 11 Pf.,
6) für den Scheffel Erbsen ...... 1 Thaler 12 Sgr. 6 Pf.,
7) für das Schock Stroh .... 6 Thaler 29 Sgr. 4 Pf.,
8) für den Zentner Heu .... - Thaler 28 Sgr. 9 Pf.
Die Tonne Weißbier kostete ...... 4 Thaler — Sgr. — Pf.,
die Tonne Braunbier kostete ..... 3 Thaler 25 Sgr. — Pf.,
der Zentner Hopfen kostete ....11 Thaler 15 Sgr. — Pf.,
das Quart doppelter Kornbranntwein kostete... 4 Sgr. — Pf.,
das Quart einfacher Kornbranntwein kostete... 2 Sgr. 3 Pf.

Königl. Regierung. Abtheilung des Innern.

Potsdam, den 15. Februar 1844.

Zur Beseitigung der Zweifel über die Entfernung, in welcher Korn-, Stroh- und Heudiemen in der Nähe der Eisenbahnen aufgemacht werden müssen, um nicht von dem Funkensprühen der Lokomotiven erreicht zu werden, ist es für erforderlich, aber auch für genügend erachtet worden, daß dergleichen Diemen in einer Entfernung von 10 Ruthen von den Eisenbahnen aufgestellt werden.

№ 39.
Aufstellung von Korn-, Stroh- und Heudiemen in der Nähe der Eisenbahnen.
I. 771. Jan.

Zufolge Bestimmung des Königl. Ministeriums des Innern bringen wir dies hiermit zur allgemeinen Kenntniß, und warnen gegen Aufstellung von Diemen in einer geringeren, als der gedachten Entfernung von Eisenbahnen.

Ein Zuwiderhandeln gegen diese Bestimmung würde nach § 19 u. f. Theil I Titel 6 des Allgemeinen Landrechts jeden Anspruch auf Entschädigung aufheben.

Königl. Regierung. Abtheilung des Innern.

Verordnungen und Bekanntmachungen, welche die
Nachweisung sämmtlicher in den Städten des Regierungs-
in welchen Getreidemärkte abgehalten werden, stattgefundenen Getreide-

Laufende Nr.	Namen der Städte	Der Scheffel														Der Zentner Heu		
		Weizen			Roggen			Gerste			Hafer			Erbsen					
		Rthl.	Sgr.	Pf.	Rthl.	Sgr.	Pf.	Rthl.	Sgr.	Pf.	Rthl.	Sgr.	Pf.	Rthl.	Sgr.	Pf.	Rthl.	Sgr.	Pf.
1	Beeskow	2	1	3	1	7	—	1	—	—	-	22	2	1	11	3	-	-	-
2	Brandenburg	1	27	4	1	11	7	1	—	3	-	22	3	1	21	6	-	18	9
3	Dahme	1	21	10	1	6	11	-	28	1	-	21	7	1	23	9	-	27	6
4	Havelberg	1	25	2	1	9	10	1	2	3	-	19	8	1	15	—	-	20	-
5	Jüterbogk	1	27	7	1	10	9	-	27	7	-	22	4	-	—	—	-	—	-
6	Luckenwalde	1	29	7	1	10	11	-	28	9	-	23	2	1	15	3	-	—	-
7	Neustadt-Ebersw.	2	5	—	1	13	6	1	1	6	-	21	3	1	15	—	-	26	5
8	Oranienburg	2	5	—	1	22	6	1	—	—	-	22	6	-	—	—	-	27	6
9	Perleberg	1	23	8	1	5	9	1	—	11	-	28	2	1	14	2	-	—	-
10	Potsdam	2	—	1	1	11	10	-	29	—	-	22	5	1	15	—	-	19	7
11	Prenzlow	1	25	3	1	12	10	-	27	11	-	18	6	1	8	7	-	20	-
12	Rathenow	1	23	7	1	10	3	1	—	5	-	20	8	1	19	—	-	16	-
13	Neu-Ruppin	1	29	6	1	11	6	-	27	—	-	20	-	1	12	—	-	16	6
14	Schwedt	1	23	4	1	11	10	-	29	8	-	20	1	1	10	5	-	—	-
15	Spandau	2	15	1	1	10	2	-	28	3	-	21	1	1	12	8	-	—	-
16	Strausberg	-	—	—	1	10	1	-	26	5	-	20	3	1	10	11	-	—	-
17	Templin	2	—	—	1	15	—	-	27	3	-	20	—	1	9	—	-	20	-
18	Treuenbrietzen	1	27	3	1	10	2	-	27	6	-	21	4	1	17	6	-	—	-
19	Wittstock	1	28	2	1	10	8	-	29	4	-	20	8	1	13	7	-	14	4
20	Wriezen a. d. O.	1	21	1	1	8	2	-	26	11	-	19	—	1	12	11	-	—	-

Landbeschäl-
tung im Jahre
1844.
I. 925. Febr.

Den Pferdezüchtern des Potsdamer Regierungsbezirks gebe ich nachstehend
eine Nachweisung der Stationen, auf welchen in diesem Jahre Beschäler des
Königl. Brandenburgischen Landgestüts aufgestellt werden, so wie der Termine,
in welchen die Bedeckung der Stuten daselbst ihren Anfang nehmen kann. Drei
Tage zuvor werden die Hengste auf den Stationen eintreffen.

Zugleich erfolgt hiermit die Anzeige, daß auf den Beschälstationen Lindenau,
Berlin und Rühstädt an jedem Orte einer der werthvollsten Landbeschäler auf-

Regierungsbezirk Potsdam ausschließlich betreffen.
Bezirks der Königlichen Regierung zu Potsdam,
und Viktualien-Durchschnitts-Marktpreise pro Januar 1844.

Das Schock Stroh.			Der Scheffel Erdtoffeln.			Das Pfund						Das Quart						Die Metze			
						Roggen Brodt.		Rindfleisch.		Butter.		Braunbier.		Weißbier.		Branntwein.		Graupe.		Grütze.	
Rtl	Sgr	₰	Rtl	Sgr	₰	Sgr	₰	Sgr	₰	Sgr	₰	Sgr	₰	Sgr	₰	Sgr	₰	Sgr	₰	Sgr	₰
5	3	9	—	11	—	—	10	2	6	6	9	1	—	1	—	4	—	6	—	6	—
4	20	—	—	14	—	1	2	3	—	8	—	1	1	2	3	6	13	8	8	—
7	4	2	—	7	6	—	9	2	6	6	8	1	3	1	6	3	—	4	—	5	—
4	15	—	—	12	6	—	11	2	6	6	—	1	—	1	—	3	9	12	—	6	—
5	6	—	—	11	3	—	10	1	3	6	6	1	3	2	6	3	—	8	—	7	—
6	—	—	—	14	5	—	9	2	6	6	6	—	9	1	—	4	—	15	—	5	—
5	15	—	—	10	—	—	11	2	6	6	6	2	3	1	6	2	—	8	—	6	—
7	—	—	—	12	6	1	—	3	—	8	6	1	—	1	6	2	6	10	—	7	6
5	—	—	—	11	10	—	—	2	6	7	8	1	—	1	—	4	—	10	—	8	—
5	16	9	—	15	4	1	—	3	—	7	6	1	3	1	6	3	6	15	—	7	6
12	—	—	—	—	—	1	2	3	—	8	6	1	—	1	—	4	—	23	—	10	—
4	16	3	—	11	3	—	10	3	—	7	—	1	3	1	6	4	—	8	—	6	6
6	15	—	—	11	—	1	4	3	—	6	6	1	—	1	3	2	9	9	—	7	6
—	—	—	—	12	6	1	3	3	—	9	—	—	—	—	—	—	10	—	12	—
—	—	—	—	13	6	1	—	4	—	8	—	1	3	2	—	5	—	—	—	—	—
—	—	—	—	10	2	—	—	2	3	7	8	—	—	1	3	2	—	7	10	5	—
6	16	6	—	10	—	—	10	2	6	8	—	1	6	1	—	2	—	10	6	6	—
—	—	—	—	12	6	—	9	2	6	7	—	1	—	1	6	3	6	8	—	6	—
4	20	8	—	13	8	—	11	3	—	7	6	2	—	2	—	3	—	8	9	7	—
—	—	—	—	10	—	1	—	2	6	7	—	1	—	1	3	2	6	9	—	8	6

gestellt werden wird, welche jedoch nur gegen Erlegung von zwei Thalern Sprunggeld decken werden.

Auf dem Friedrich-Wilhelmsgestüt können vom 10. März d. J. ab wieder, um einheimische Privatstuten unter den vorigjährigen Bedingungen gedeckt werden; und geschieht deren Anmeldung wegen Bedeckung und Verpflegung in der gewöhnlichen Weise bei dem Königl. Gestüt-Roßarzte daselbst.

№	Namen der Beschälstationen.	Anfang der Bedeckung.
1	Marstall Lindenau bei Neustadt an der Dosse	den 2. März.
	Die Auswahl und Aufzeichnung der zu bedeckenden Stuten wird auf dieser Station Freitag den 23. Februar d. J., von früh 8 Uhr an, stattfinden.	
2	Dorf Döllen,	» 4.
3	» Blandikow,	» 4.
4	» Wulfersdorf, } in der Ostpriegnitz	» 5.
5	» Pankow,	» 5.
6	» Stavenow,	» 6.
7	Stadt Lenzen, } in der Westpriegnitz	» 6.
8	Dorf Rühstädt,	» 5.
9	Berlin, Dorotheenstraße Nr. 64 im Königl. Marstall	» 2.
10	Dorf Naffenheide im Niederbarnimer Kreise	» 5.
11	Stadt Templin	» 7.
12	Dorf Lübbenow im Prenzlower Kreise	»10.
13	Stadt Brüssow	»10.
14	» Angermünde	» 8.
15	Dorf Alt-Medewitz, } bei Wriezen an der Oder	» 8.
16	» Neu-Trebbin,	» 8.
17	» Falkenberg im Oberbarnimer Kreise	» 7.
18	Stadt Brandenburg, im Stern bei Nicolai	» 5.
19	» Beelitz im Belziger Kreise	» 7.
20	Dorf Kotzen im Westhavelländischen Kreise ....:...	» 4.

Friedrich-Wilhelms-Gestüt bei Neustadt an der Dosse, den 10. Februar 1844.　　　Der Landstallmeister Strubberg.

Potsdam, den 14. Februar 1844.
Vorstehende Bekanntmachung bringen wir hiermit zur öffentlichen Kenntniß, und veranlassen zugleich die betreffenden Herren Landräthe, noch besonders dahin zu wirken, daß die zur Bedeckung der Stuten angesetzten Termine möglichst allgemein unter den Pferdezüchtern bekannt werden.
Königl. Regierung.　Abtheilung des Innern.

Potsdam, den 6. Februar 1844.
№ 42.
Agentur-Bestätigung.
I. 620. Febr.
Auf Grund des § 12 des Gesetzes vom 8. Mai 1837 wird hiermit zur öffentlichen Kenntniß gebracht, daß der Kaufmann J. W. Herzer zu Zehdenick als Agent der Berlinischen Feuerversicherungs-Anstalt für die Stadt Zehdenick und Umgegend von uns bestätigt ist.
Königl. Regierung.　Abtheilung des Innern.

Pots-

Potsdam, den 9. Februar 1844.

Auf Grund des § 12 des Gesetzes vom 8. Mai 1837 wird hiermit zur öffentlichen Kenntniß gebracht, daß der Kaufmann Otto Gabke zu Wittstock als Agent der Aachen-Münchener Feuerversicherungs-Gesellschaft für die Stadt Wittstock und Umgegend von uns bestätigt ist.

Königl. Regierung. Abtheilung des Innern.

№ 43.
Agentur-Bestätigung.
I. 463. Febr.

Potsdam, den 9. Februar 1844.

Auf Grund des § 12 des Gesetzes vom 8. Mai 1837 wird hiermit zur öffentlichen Kenntniß gebracht, daß der zeitige Rathmann George Schröder zu Strausberg als Agent der Feuerversicherungs-Anstalt Borussia für die Stadt Strausberg und Umgegend von uns bestätigt ist.

Königl. Regierung. Abtheilung des Innern.

№ 44.
Agentur-Bestätigung.
I. 426. Febr.

Potsdam, den 9. Februar 1844.

Auf Grund des § 12 des Gesetzes vom 8. Mai 1837 wird hiermit zur öffentlichen Kenntniß gebracht, daß der Kaufmann Ferdinand Theodor Stein zu Charlottenburg als Agent der Feuerversicherungs-Anstalt Borussia für die Stadt Charlottenburg und Umgegend von uns bestätigt ist.

Königl. Regierung. Abtheilung des Innern.

№ 45.
Agentur-Bestätigung.
I. 297. Febr.

Potsdam, den 9. Februar 1844.

Auf Grund des § 12 des Gesetzes vom 8. Mai 1837 wird hiermit zur öffentlichen Kenntniß gebracht, daß der Gastwirth Jean Louis de la Barre zu Strasburg in der Uckermark die bisher von ihm verwaltete Agentur der Kölnischen Feuerversicherungs-Gesellschaft für die Stadt Strasburg in der Uckermark und Umgegend niedergelegt hat, und der Kaufmann Friedrich Wilhelm Seydel zu Strasburg in der Uckermark als Agent der gedachten Gesellschaft für die Stadt Strasburg in der Uckermark und Umgegend von uns bestätigt ist.

Königl. Regierung. Abtheilung des Innern.

№ 46.
Agentur-Niederlegung und Bestätigung.
I. 299. Febr.

Potsdam, den 15. Februar 1844.

Die durch den Tod des Rendanten, Majors a. D. Köhnen, erledigte Kreiskassen-Rendantenstelle des Templinschen Kreises ist dem bisherigen Rechnungsführer Buske beim Königl. Garde-Küraffier-Regimente verliehen und vom 1. Februar d. J. ab übertragen worden.

Königl. Regierung.
Abtheilung für die Verwaltung der direkten Steuern, Domainen und Forsten.

№ 47.
Verwaltung der Kreiskasse zu Templin.
3. d. 187. Fbr.

Personalchronik.

Der früher bei der hiesigen Regierung angestellt gewesene Referendarius, jetzige Regierungs-Assessor Humbert ist dem Regierungs-Kollegium zu Arnsberg zugetheilt worden.

Bei dem Stadtgerichte zu Berlin sind der Exekutions-Inspektor Thürnagel zum Sekretair, der zweite Exekutions-Inspektor Felmy zum ersten Exekutions-Inspektor, der Salarienkassen-Assistent Güntzel zum zweiten Exekutions-Inspektor, die Unteroffiziere Deck und Ahbicke und der Hülfsbote Rehfeldt zu Boten- und Exekutoren bestellt.

Der Schulamts-Kandidat Reinhard Moritz Horstig ist als Adjunkt und ordentlicher Lehrer beim Joachimsthalschen Gymnasium in Berlin, und die Jungfrau Minka Bahle als Lehrerin bei der St. Hedwigs-Pfarrschule daselbst angestellt worden.

Die Kandidaten der Feldmeßkunst Herrmann Bastide und Albert Leberecht Karl August Leopold Weiße sind als Feldmesser diesseits vereidigt worden.

Zu Schiedsmännern sind im Januar 1844 im Departement des Königl. Kammergerichts wiederholt erwählt:

1) für den Bezirk Biesenthal der Königl. Leutenant Meyer zu Biesenthal, und

2) für den 9ten ländlichen Bezirk des Osthavelländischen Kreises der Kreisschulze Christian Friedrich Wiggert zu Bornstädt.

Vermischte Nachrichten.

Das Königl. Ministerium des Innern hat mittelst Reskripts vom 31. Dezember 1843 dem Polizeidiener Henkel zu Cöpenick für die bewirkte Rettung der unverehelichten Beelitz aus der Gefahr des Ertrinkens, die zur Aufbewahrung bestimmte Erinnerungsmedaille für Lebensrettung verliehen.

Potsdam, den 28. Januar 1844.

Königl. Regierung. Abtheilung des Innern.

Dem auf der Lützower Feldmark am Landwehrgraben oberhalb des Hofjägers belegenen, dem Eigenthümer Moritz zugehörigen Etablissement ist der Name »Moritzhof« beigelegt worden.

Potsdam, den 15. Februar 1844.

Königl. Regierung. Abtheilung des Innern.

(Hierbei ein öffentlicher Anzeiger.)

Amtsblatt
der Königlichen Regierung zu Potsdam
und der Stadt Berlin.

Stück 9.   Den 1. März.   **1844.**

Verordnungen und Bekanntmachungen,
welche den Regierungsbezirk Potsdam ausschließlich betreffen.

Potsdam, den 27. Februar 1844.

In den meisten Königlichen Forsten unsers Verwaltungsbezirks ist die große Kieferraupe (Phalaena bombyx pini) im Herbste des vergangenen Jahres in so bedeutender Menge entdeckt worden, daß es zur Abwendung eines für dieses Jahr drohenden verderblichen Raupenfraßes dringend nothwendig erschien, mit Anwendung der geeigneten Vertilgungsmaßregeln in möglichster Ausdehnung ohne Verzug vorzugehen. Es ist demnach von der Zeit ab, wo die Raupe ihr Winterlager bezog, überall wo es erforderlich wurde, so lange es die Witterung gestattete und unter Benutzung aller zu erlangenden Arbeitskräfte mit dem Einsammeln der Raupen vorgeschritten worden, und wird auch damit bis zum Eintritt der warmen Frühlingswitterung noch überall da fortgefahren werden, wo es nach den Resultaten des fortgesetzten Sammelns zur Abwendung der zu besorgenden Gefahr erforderlich scheint. Es hat sich dabei gezeigt, daß die Raupe in weit größerer Menge vorhanden war, als es Anfangs schien, indem in einigen Revieren bis zu Anfang des Monats Januar bereits über zehn Millionen Stück Raupen in jedem eingesammelt und vernichtet wurden, wodurch sich die unbedingte Nothwendigkeit der ergriffenen Maßregel ergab.

Da nicht nur zu vermuthen steht, sondern auch mehrfach schon bekannt geworden ist, daß auch in vielen Privatforsten die genannte Raupe in nicht minder großer Menge vorhanden ist, als in den Königl. Forsten, so finden wir uns veranlaßt, die Besitzer und Verwalter von Privat- und Kommunal-Forsten auf diesen Gegenstand noch besonders aufmerksam zu machen, und dieselben auf das Dringendste aufzufordern, auch in ihren Forsten die vorgedachte Maßregel zur Vorbeugung eines ausgedehnten Raupenfraßes baldigst zur Ausführung zu bringen, zumal das Einsammeln der Raupen in ihrem Winterlager das wirksamste und zugleich am leichtesten auszuführende Vertilgungsmittel ist, und bis zum Eintritt des warmen Frühlingswetters, wo die Raupe die Bäume wieder besteigt, in dieser Beziehung noch sehr viel geschehen kann, wenn jede dazu günstige Zeit benutzt wird. Wir verweisen hinsichtlich des Verfahrens hierbei auf unsere diesfälligen wiederholten Amtsblatt-Bekanntmachungen, insbesondere aber auf die vom 12. Dezember 1837 (Amtsblatt 1837 Stück 52 Pag. 420), welche ausführliche

№ 48.
Vertilgung der großen Kieferraupe.
III. f. 726.
Februar.

Belehrungen über Anwendung dieser, so wie der sonstigen erprobten Vertilgungs-maßregeln enthält. Auch weisen wir die Königl. Oberförster hiermit an, einen jeden Privatwaldbesitzer, welcher sich dieserhalb an dieselben wendet, durch Rath und Belehrung möglichst zu unterstützen. Ein gemeinsames Zusammenwirken aller Waldbesitzer ist hierbei durchaus nothwendig, wenn einem vielen Gegenden dro-henden ausgedehnten Raupenfraße und den späterhin für das Publikum daraus folgenden empfindlichen Nachtheilen vorgebeugt werden soll, weshalb wir auch erwarten dürfen, daß die Privatwaldbesitzer ebensowohl im eigenen, als im all-gemeinen Interesse, nach ihren Kräften der vorstehenden Aufforderung bereitwillig nachkommen werden.   **Königl. Regierung.**

Abtheilung des Innern und Abtheilung für die Verwaltung der direkten Steuern,
Domainen und Forsten.

№ 49.
Aufhebung einer Vieh-sperre.
L. 1293. Febr.

Potsdam, den 22. Februar 1844.
Nachdem seit länger als drei Monaten die Lungenseuche unter dem Rind-vieh des Dorfs und Vorwerks Babingen, Templinschen Kreises, erloschen ist, ist die durch unsere Bekanntmachung vom 29. April v. J. (Amtsblatt 1843 Pag. 113) angeordnete Sperre dieses Dorfs und dessen Feldmark für Rindvieh und Rauchfutter aufgehoben worden.
      Königl. Regierung.   Abtheilung des Innern.

Verordnungen und Bekanntmachungen des Königl. Konsisto-riums und Schulkollegiums der Provinz Brandenburg.

№ 2.
Vorbereitung der Schul-amts-Präpa-randen.

Wir finden uns veranlaßt, über die Vorbereitung junger Leute für das Schulfach Folgendes hierdurch anzuordnen.

§ 1. Es können fortan nur solche junge Leute in die Schullehrer-Se-minare der Provinz Brandenburg aufgenommen werden, welche sich über ihre Vorbereitung für das Schulfach durch genügende Zeugnisse ausweisen können.

§ 2. Die Vorbereitung zur Aufnahme in ein Schullehrer-Seminar kann auf dreifache Weise erlangt werden:
   a) durch den Besuch einer geeigneten Lehranstalt, namentlich derjenigen all-gemeinen Stadtschulen, welche für die dritte Klasse höherer Lehranstalten vorbereiten;
   b) unter Anleitung eines von uns zur Vorbereitung von Schulamts-Präpa-randen für tüchtig erkannten Schullehrers, und
   c) durch den Besuch einer von uns genehmigten Präparanden-Anstalt.

§ 3. Diejenigen jungen Leute, welche sich durch den Besuch einer öffent-lichen Schule für die Aufnahme in ein Seminar vorbereiten wollen, haben mit dem vollendeten funfzehnten Lebensjahre ihren Vorsatz, Schullehrer zu werden, dem Superintendenten der Diözes, oder wenn ein besonderer Schulinspektor angestellt ist, diesem schriftlich anzuzeigen, und in der von ihren Eltern oder Vormündern mit zu vollziehenden Anmeldung, außer dem vollständigen Vor- und Zunamen, dem Tage und Jahre ihrer Geburt, dem Geburtsorte und dem Stande der Eltern, bestimmt anzugeben:

a) welche Schulbildung sie bisher genossen haben,

b) in welcher Weise sie ihre Vorbereitung für das Schulfach fortzusetzen, namentlich aber die erforderliche musikalische Ausbildung zu erlangen gedenken, und

c) welche äußere Mittel sie zur Ausführung ihres Vorhabens besitzen.

Dieser Anmeldung ist ein von dem Orts-Schulinspektor mit vollzogenes Schulzeugniß beizufügen, welches sich über Führung, Fleiß, Anlagen und Fortschritte des Präparanden bestimmt ausspricht.

Die Herren Direktoren, Rektoren und Vorsteher der in Rede stehenden Schulen werden ersucht, die jungen Leute, welche sich auf der unter ihrer Leitung stehenden Schule für das Lehrfach vorbereiten, auf diese Bestimmung aufmerksam zu machen, und ihnen bei Einreichung der Anmeldungen mit zweckdienlicher Anleitung behülflich zu sein.

§ 4. Diejenigen Schullehrer, sowohl in den Städten als auf dem Lande, welche sich mit der Vorbereitung von Schulamts-Präparanden beschäftigen wollen, haben sich deshalb bei uns zu melden, und in einer von dem Superintendenten der Diözes zu begutachtenden und einzureichenden Anzeige bestimmt anzugeben, in welcher Art sie die Vorbereitung einiger Schulamts-Präparanden, insonderheit deren musikalische Ausbildung zu bewirken, und die hieraus für sie entstehenden Mühwaltungen mit ihren eigentlichen Amtsgeschäften zu vereinigen gedenken.

§ 5. Denjenigen Schullehrern, welche sich hierüber genügend ausweisen, soll die Erlaubniß, junge Leute für ein Seminar vorzubereiten, nach Rücksprache mit der bezüglichen Königl. Regierung kostenfrei ertheilt, und es sollen die Namen der zu solcher Vorbereitung geeigneten Schullehrer durch die Amtsblätter bekannt gemacht werden.

§ 6. Diejenigen Schullehrer, welche junge Leute für das Schulfach vorbereiten, haben bei der Aufnahme eines Schulamts-Präparanden denselben in der § 3 vorgeschriebenen Form bei dem Superintendenten der Diözes, oder beziehungsweise bei dem Schulinspektor anzumelden.

§ 7. Alle diejenigen jungen Leute, welche sich auf einer Schule oder unter Leitung eines einzelnen Schullehrers für das Schulfach vorbereiten, haben sich alljährlich zwei Mal an einem von dem Superintendenten, beziehungsweise dem Schulinspektor zu bestimmenden Tage, an dessen Wohnort einzufinden, und demselben ein Zeugniß, entweder des Vorstehers der Schule, die sie besuchen, oder des Schullehrers, unter dessen Leitung sie sich ausbilden, zu überreichen. Diese Zeugnisse müssen ein bestimmtes Urtheil über sittliches Verhalten, Fleiß und Fortschritte des Präparanden enthalten.

§ 8. Die Herren Superintendenten werden ersucht, mit den Schulamts-Präparanden ihrer Diözes, sie mögen eine öffentliche Schule besuchen oder sich unter Anleitung eines einzelnen Schullehrers für das Lehrfach vorbereiten, eine Prüfung in der Religion, in der deutschen Sprache, im Rechnen und in der Musik anzustellen, oder durch geeignete Lehrer anstellen zu lassen, und sowohl den

Präparanden, als in geeigneten Fällen deren Lehrern, diejenigen Bemerkungen, zu welchen die Prüfung Veranlassung giebt, mündlich oder schriftlich mitzutheilen, denjenigen Präparanden aber, die sich ihren Anlagen nach, oder aus irgend einem andern Grunde nicht für das Schulfach zu eignen scheinen, die Verfolgung ihres Plans zu widerrathen.

§ 9. Alljährlich bis zum 31. December haben die Herren Superintendenten ein Verzeichniß der in ihrer Diözes sich aufhaltenden Schulamts-Präparanden, sie mögen eine öffentliche Schule besuchen oder sich unter Leitung eines einzelnen Lehrers vorbereiten, nach folgendem Schema einzureichen:

  a) Vor- und Zuname des Präparanden,
  b) Geburtsort,
  c) Jahr und Tag der Geburt,
  d) Stand der Eltern oder des Vormundes,
  e) auf welcher Schule oder bei welchem Schullehrer sie ihre Vorbereitung erhalten,
  f) welches Zeugniß ihnen von der Schule oder dem Schullehrer ertheilt wird,
  g) wie sie in der mit ihnen angestellten Prüfung bestanden sind, und welche Erinnerungen ihnen haben ertheilt werden müssen,
  h) ob sie sich ihren Anlagen und ihrer körperlichen Beschaffenheit nach für das Schulfach eignen.

§ 10. Präparanden-Anstalten, in welchen eine größere Anzahl von jungen Männern zur Aufnahme in ein Schullehrer-Seminar vorbereitet wird, sollen nur mit unserer Genehmigung und nach einem von uns genehmigten Einrichtungsplan errichtet werden. Die in der Provinz bestehenden Präparanden-Anstalten sollen durch die Amtsblätter bekannt gemacht werden.

§ 11. Präparanden-Anstalten sollen in der Regel nur auf dem Lande und in kleinen Städten von Geistlichen oder Schullehrern errichtet, und die Erlaubniß dazu erst dann ertheilt werden, wenn nachgewiesen worden, daß für eine einfache und möglichst wohlfeile Verpflegung, für den Unterricht, die Beaufsichtigung und eine dem Zweck entsprechende Beschäftigung der Präparanden auf zufriedenstellende Weise gesorgt ist.

Es ist deshalb in dem Einrichtungsplan bestimmt anzugeben:

  1) welchen Unterricht die Präparanden von dem Vorsteher der Anstalt oder dessen Gehülfen erhalten,
  2) welche Stunden sie als Zuhörer oder als Lernende in der Ortsschule zubringen, und
  3) welche Stunden sie zur Selbstbeschäftigung verwenden sollen, und wie der Privatfleiß der Präparanden geregelt, geleitet und beaufsichtigt werden soll.

Wir halten es nicht für wünschenswerth, daß die Präparanden einen ausgedehnten Unterricht am wenigsten in allen Lehrgegenständen der Volksschule erhalten, vielmehr wünschen wir, daß die Vorbereitung derselben, soviel als möglich auf den zweckmäßig geleiteten und beaufsichtigten Privatfleiß der Präparanden gegründet werde, zu welchem Ende ihnen die zur Selbstbeschäftigung geeigne-

neten Lehrbücher namhaft zu machen und, so weit als möglich aus der Bücher-
sammlung der Präparanden-Anstalt zu reichen sind.

Wir enthalten uns, bestimmte Vorschriften über den Unterricht und die Selbstbeschäftigung der Präparanden zu ertheilen, da wir diese den Vorstehern der
Präparanden-Anstalten auf besonderem Wege werden zugehen lassen. Wir be-
merken jedoch, daß wir Kenntniß der biblischen Geschichte, des lutherischen
Katechismus und der vorzüglichsten Kirchenlieder, fertiges und ausdrucksvolles
Lesen, eine gute Handschrift und die Fertigkeit, gegebene Gedanken sprachrichtig
und ohne orthographische Fehler niederzuschreiben, Fertigkeit in der Auflösung
einer Proportionsaufgabe und im Rechnen mit Brüchen, eine durch Globus und
Landcharten unterstützte Uebersicht der Länder und Meere und eine speziellere
Kenntniß der vaterländischen Geographie, endlich Uebung im Klavier- und Violin-
spiel, sowie Uebung des musikalischen Gehörs für wohl erreichbar halten, und
hiermit als diejenigen Forderungen bezeichnen, welchen die Schulamts-Präparanden bei ihrer Aufnahme in die unter unserer Leitung stehenden Schullehrer-
Seminare zu genügen haben.

§ 12. Jede von uns genehmigte Präparanden-Anstalt wird unter die
besondere Aufsicht eines von uns zu ernennenden Kommissarius gestellt werden.
Alle Berichte des Vorstehers der Präparanden-Anstalt sind durch diesen Kommissarius einzureichen, und wenn es derselbe für angemessen findet, zu begut-
achten. Auf eben diesem Wege gehen dem Vorsteher der Anstalt auch unsere
Verfügungen zu.

Wir behalten uns jedoch vor, von den Leistungen der Präparanden-Anstalten, so wie der auf Stadtschulen oder bei einzelnen Schullehrern sich vorberei-
tenden Präparanden, von Zeit zu Zeit durch Mitglieder unsers Kollegiums
Kenntniß zu nehmen.

§ 13. Alljährlich bis zum 31. Dezember haben die Vorsteher der Präparanden-Anstalten einen ausführlichen Bericht über den Zustand der Anstalt
durch den derselben vorgeordneten Kommissarius bei uns einzureichen, und demselben ein Verzeichniß der in der Anstalt befindlichen Präparanden nach folgenden Rubriken beizufügen:

a) Vor- und Zuname des Präparanden,
b) Geburtsort,
c) Jahr und Tag der Geburt,
d) Stand der Eltern oder des Vormundes,
e) wann der Präparande in die Anstalt aufgenommen worden,
f) ob derselbe sich seinen Anlagen und seiner körperlichen Beschaffenheit nach
   für das Schulfach eigne,
g) welche äußere Mittel er zur Fortsetzung seiner Laufbahn besitze,
h) Urtheil über Führung, Fleiß und Fortschritte des Präparanden.

Hinsichtlich der im Laufe des Jahres ausgeschiedenen Präparanden ist in
einer besonderen Rubrik »Bemerkungen« anzugeben, in welches Seminar sie
aufgenommen, oder in welche Verhältnisse sie sonst eingetreten sind.

§ 14. Denjenigen Präparanden, welche sich ihren Anlagen oder ihrer körperlichen Beschaffenheit nach, z. B. wegen schwacher Brust, Kurzsichtigkeit, Mangels an musikalischem Gehör nicht zum Schulfache eignen, ist die Aufnahme in eine Präparanden-Anstalt zu versagen, und wenn sich deren Untauglichkeit erst später herausstellt, die Fortsetzung ihres Vorhabens bestimmt zu widerrathen.

§ 15. Sollte die unfreiwillige Entlassung eines Präparanden wegen beharrlichen Unfleißes, unsittlichen Wandels oder wegen Mangels an den für das Schulfach erforderlichen Eigenschaften nothwendig werden, so ist deshalb eine besondere Anzeige an uns zu erstatten.

Sollte ein solcher Präparande ein Zeugniß über seinen Aufenthalt in der Anstalt begehren, so ist ihm dasselbe mit bestimmter Angabe des Grundes seiner Entlassung zu ertheilen.

§ 16. Jedem Präparanden, welcher die Aufnahme in ein Schullehrer-Seminar nachsucht, ist von dem Vorsteher ein Zeugniß nach den § 13 angegebenen Rubriken zu ertheilen, und es bleibt dem Ermessen des Vorstehers überlassen, ob derselbe ein Urtheil über die Aufnahmefähigkeit des Präparanden hinzufügen will.

Die Einreichung eines Verzeichnisses der zur Aufnahme in ein Lehrerseminar angemeldeten Präparanden ist nicht weiter erforderlich.

Berlin, den 26. Januar 1844.

Königl. Schulkollegium der Provinz Brandenburg.

Personalchronik.

Der Buchhalter Baack bei hiesiger Regierungs-Hauptkasse ist verstorben. In Folge dieses Abgangs ist der bisherige Kassenschreiber Grabow zum Regierungs-Hauptkassen-Buchhalter befördert, und der bisherige Kassenschreiber bei der Haupt-Instituten- und Kommunal-Kasse Unterberger zum Kassenschreiber bei der Regierungs-Hauptkasse ernannt, dem bisherigen Zivil-Supernumerarius Protz aber die Kassenschreiberstelle bei der Haupt-Instituten- und Kommunal-Kasse verliehen worden.

Der Lehrer Geißler beim Friedrich-Wilhelms-Gymnasium in Berlin ist zum Ober-lehrer ernannt worden.

Der Doktor der Medizin und Chirurgie Friedrich Eduard Rudolph Voltolini ist als praktischer Arzt und Wundarzt in den Königlichen Landen approbirt und vereidigt, und der Apotheker zweiter Klasse Karl August Roack in Oberberg in dieser Eigenschaft vorschriftsmäßig verpflichtet worden.

Vermischte Nachrichten.

Wegen einiger an der Schleuse zu Brederecke vorzunehmenden Reparaturen im Spätsommer d. J. wird die Sperrung der Brederekschen Havel in dieser Zeit für die Schiffahrt und Flößerei erforderlich, was zur vorläufigen Nachachtung für das Schiffahrt treibende Publikum zur öffentlichen Kenntniß gebracht wird.

Potsdam, den 14. Februar 1844.

Königl. Regierung. Abtheilung des Innern.

(Hierbei ein öffentlicher Anzeiger.)

Amtsblatt
der Königlichen Regierung zu Potsdam
und der Stadt Berlin.

Stück 10.   Den 8. März.   **1844.**

Allgemeine Gesetzsammlung.

Das diesjährige 6te Stück der Allgemeinen Gesetzsammlung enthält:

№ 2423. Die Allerhöchste Kabinetsordre vom 15. Dezember 1843, den Tarif zur Erhebung der Abgabe für die Benutzung der Oberschleusen bei Cosel, Brieg, Ohlau und Breslau betreffend.

№ 2424. Die Allerhöchste Kabinetsordre vom 3. Januar 1844, die Erhebung der Schiffahrtsabgaben in den Städten Königsberg und Elbing betreffend.

№ 2425. Die Allerhöchste Kabinetsordre vom 8. Januar 1844, betreffend die Aufhebung des Erbrechts derjenigen Zuchthäuser und Korrektionsanstalten auf den Nachlaß der in denselben verstorbenen Sträflinge oder Korrigenden, welche für Rechnung der Staatskasse verwaltet und unterhalten werden.

№ 2426. Die Allerhöchste Bestätigungs-Urkunde des Nachtrags zu den Statuten der Berlin-Stettiner Eisenbahn-Gesellschaft, betreffend die Anlage einer Zweigbahn von Stettin nach Stargard. Vom 26. Januar 1844.

Verordnungen und Bekanntmachungen
für den Regierungsbezirk Potsdam und für die Stadt Berlin.

№ 50.
Bauhandwerker für den Schrimmer Kreis.
I. 1980. Febr.

Im Schrimmer Kreise hat sich das Bedürfniß geprüfter Bauhandwerker herausgestellt. Qualifizirte Maurer- und Zimmermeister, welche einiges Vermögen besitzen, um Bauten in Entreprise zu nehmen und den Bauherren einige Sicherheit gewähren zu können, dürfen daher bei ihrer Niederlassung in der Kreisstadt Schrimm darauf rechnen, daselbst reichliche Beschäftigung und Erwerbe zu finden. Posen, den 13. Februar 1844.

Königl. Regierung.   Abtheilung des Innern.

Potsdam, den 27. Februar 1844.

Vorstehende Bekanntmachung wird hiermit zur öffentlichen Kenntniß gebracht.

Königl. Regierung.   Abtheilung des Innern.

Verordnungen und Bekanntmachungen, welche den Regierungsbezirk Potsdam ausschließlich betreffen.

№ 51. Nachweisung der an den Pegeln der Spree und Havel im Monat Januar 1844 beobachteten Wasserstände.

Tag.	Berlin. Ober-Wasser Fuß	Berlin. Ober-Wasser Zoll	Berlin. Unter-Wasser Fuß	Berlin. Unter-Wasser Zoll	Spandau. Ober-Wasser Fuß	Spandau. Ober-Wasser Zoll	Spandau. Unter-Wasser Fuß	Spandau. Unter-Wasser Zoll	Potsdam. Fuß	Potsdam. Zoll	Baumgarten-brück. Fuß	Baumgarten-brück. Zoll	Brandenburg. Ober-Wasser Fuß	Brandenburg. Ober-Wasser Zoll	Brandenburg. Unter-Wasser Fuß	Brandenburg. Unter-Wasser Zoll	Rathenow. Ober-Wasser Fuß	Rathenow. Ober-Wasser Zoll	Rathenow. Unter-Wasser Fuß	Rathenow. Unter-Wasser Zoll	Havelberg. Fuß	Havelberg. Zoll	Plauer Brücke. Fuß	Plauer Brücke. Zoll
1	9	2	5	3	8	8	3	10	4	5	2	10	6	9½	4	7	5	2	4	—	6	6	6	–
2	9	2	5	4	8	10	4	—	4	5	2	10	6	8½	4	8½	5	2	4	1	6	5	6	1
3	9	3	5	6	8	10	4	—	4	4	2	10	6	8	4	8½	5	2	4	1	6	4	6	2
4	9	4	5	8	8	9	4	—	4	4	2	10	6	8	4	8½	5	2	4	—	6	3	6	2
5	9	4	5	10	8	8	4	2	4	4	2	10	6	8	4	8½	5	2	4	—	6	2	6	2
6	9	4	5	10	8	8	4	4	4	4	2	10	6	8	4	9	5	2	4	1	6	1	6	3
7	9	4	5	8	8	7	4	2	4	5	2	9½	6	8½	4	10	5	2	4	1	6	–	6	4
8	9	6	5	10	8	8	4	2	4	5	2	9½	6	10½	4	11½	5	2	4	1	6	–	6	4
9	9	6	5	6	8	8	4	1	4	5	2	10	6	9½	4	10½	5	2	4	1½	6	–	6	4
10	9	6	6	—	8	8	4	3	4	5	2	10	6	7	4	10½	5	2	4	2	6	–	6	4
11	9	2	5	8	8	7	4	4	4	4	2	10	6	8	4	7	5	1½	4	—	6	–	6	4
12	9	2	5	11	8	6	4	9	4	4	2	10	6	8	5	—	5	1	3	10	7	–	6	4
13	9	1	5	10	8	4	5	6	4	4	2	10	6	6	5	2	4	8	3	11	7	6	6	4
14	9	—	6	—	8	4	4	3	4	4	2	10	6	6	5	4	5	—	4	3½	7	6	6	4
15	9	—	6	1	8	4	4	7	4	3	2	10	6	6	5	4	5	2	4	7	7	3	6	4
16	8	10	5	10	8	3	4	6	4	2	2	10	6	7½	5	3	5	2	4	7	7	–	6	4
17	8	11	5	10	8	2	4	4	4	2	2	10	6	7	5	2½	5	2	4	7	7	1	6	5
18	8	10	5	8	8	2	4	4	4	3	2	10	6	7	5	—	5	2	4	6½	7	2	6	6
19	8	11	5	6	8	2	4	4	4	4	2	10½	6	6	4	11½	5	2	4	6½	7	4	6	6
20	8	11	5	6	8	4	4	—	4	5	2	10½	6	6	4	11	5	2	4	6½	7	4	6	6
21	9	—	4	11	8	5	4	—	4	5	2	10½	6	5½	4	11½	5	2	4	6	7	4	6	6½
22	9	—	5	2	8	6	5	—	4	5	2	10½	6	5	5	—	5	2	4	6	7	4	6	6½
23	9	—	5	4	8	6	4	6	4	5	2	10½	6	6½	4	8½	5	2	4	6	7	4	6	7
24	9	—	5	8	8	4	5	2	4	5	2	10½	6	8	4	9½	5	2	4	6½	7	3	6	7
25	9	—	5	9	8	3	5	—	4	5	2	11	6	8	4	10½	5	2	4	6½	7	5	6	7
26	9	—	5	5	8	3	4	2	4	5	2	11	6	10½	4	11	5	4½	4	6½	7	7	6	8
27	8	9	5	6	8	4	4	2	4	5	2	11½	6	8	5	—	5	3	4	8	7	7	6	8
28	8	8	5	2	8	10	3	6	4	5	2	11½	6	9½	5	½	5	5	4	9	7	9	6	9
29	8	8	5	4	8	8	4	—	4	5	2	11½	6	8½	5	1	5	6	4	10	8	–	6	9
30	8	8	5	6	8	8	4	3	4	5	3	—	6	8	5	1	5	10½	5	—	8	2	6	9
31	8	8	5	6	8	8	4	2	4	5	3	—	6	8	5	1	5	10	5	—	8	7	6	9

Potsdam, den 23. Februar 1844. **Königl. Regierung.** Abtheilung des Innern.

Potsdam, den 25. Februar 1844.

Da die Lungenseuche unter dem Rindviehstande des Guts Steesow im Westprignitzschen Kreise seit länger als acht Wochen aufgehört hat, so ist die nach unserer Bekanntmachung vom 4. November v. J. (Amtsblatt 1843 Pag. 315) angeordnete Sperre dieses Guts für Rindvieh und Rauchfutter wieder aufgehoben worden. **Königl. Regierung.** Abtheilung des Innern.

№ 52.
Aufgehobene Viehsperre.
I. 1468. Febr.

Potsdam, den 26. Februar 1844.

Auf Grund des § 12 des Gesetzes vom 8. Mai 1837 wird hiermit zur öffentlichen Kenntniß gebracht, daß der Agent (Spezialdirektor) der Schwedter Hagelschaden- und Mobiliar-Brand-Versicherungs-Gesellschaft für den Anger-münder Kreis, Oberamtmann Reyne zu Grimnitz, die ihm übertragen gewesene Agentur mit dem 2. März d. J. niederlegen wird.
Königl. Regierung. Abtheilung des Innern.

№ 53.
Agentun-Niederlegung.
I. 1975. Febr.

Potsdam, den 2. März 1844.

Da die unter dem Rindviehstande zu Golzow (Zauch-Belziger Kreises.) ausgebrochene Lungenseuche seit acht Wochen getilgt ist, so ist die unter dem 20. November v. J. (Amtsblatt 1843 Seite 320) bekannt gemachte Sperre dieses Orts für Rindvieh und Rauchfutter aufgehoben worden. Jedoch bleibt der Verkauf des Rindviehs aus Golzow noch auf vier Wochen ausgesetzt.
Königl. Regierung. Abtheilung des Innern.

№ 54.
Aufgehobene Viehsperre.
I. 2078. Febr.

Potsdam, den 2. März 1844.

Da unter dem Rindviehstande des Ritterguts Bredow im Osthavelländischen Kreise die Lungenseuche ausgebrochen ist, so ist dieser Ort und dessen Feldmark für Rindvieh und Rauchfutter bis auf weitere Anordnung unter Sperre gesetzt worden. **Königl. Regierung.** Abtheilung des Innern.

№ 55.
Ausgebro-chene Rind-vieh-Lungen-seuche.
I. 2074. Febr.

Verordnungen und Bekanntmachungen des Königl. Konsisto-riums und Schulkollegiums der Provinz Brandenburg.

Zu der diesjährigen Aspiranten-Prüfung für das hiesige Seminar für Stadt-schulen ist der Termin auf Dienstag den 23. April d. J. angesetzt.

Diejenigen, welche zu dieser Prüfung zugelassen zu werden wünschen, haben sich Tags zuvor hier einzufinden und bei dem Seminar-Direktor Herrn Diester-weg (Oranienburger Straße Nr. 29) zu melden, sich jedoch mit

1) einem selbst verfaßten und geschriebenen Lebenslauf, welcher außer den gewöhnlichen Verhältnissen des Aufzunehmenden, besonders den bisherigen Gang seiner Bildung darstellt,
2) dem Tauf- und Konfirmationsschein,
3) einem Zeugnisse über ihre Schulbildung,
4) einem Zeugnisse ihres Seelsorgers oder der Ortsobrigkeit über ihren sitt-lichen Lebenswandel,

№ 3.
Aspiranten-Prüfung für das Berliner Seminar für Stadtschulen.

5) einem ärztlichen Atteste über ihren Gesundheitszustand, namentlich auch einer Nachweisung, daß die Vaccination oder Revaccination innerhalb der letzten zwei Jahre wirksam an den Aufzunehmenden vollzogen worden, und

6) einer von dem Vater oder Vormunde des Aufzunehmenden vollzogenen und der Ortsobrigkeit bestätigten Erklärung, daß für den Unterhalt desselben während der Bildungszeit im Seminar gesorgt sei,

zu versehen, und an dem Tage der Prüfung unserm Kommissarius vorzulegen.

Berlin, den 1. März 1844.

Königl. Schulkollegium der Provinz Brandenburg.

Verordnungen und Bekanntmachungen der Behörden der Stadt Berlin.

№ 13.
Straßenbenennung.

Des Königs Majestät haben Allergnädigst zu befehlen geruht, daß der Platz vor dem Anhaltischen Thore den Namen: »Askanischer Platz« erhalten soll.

Berlin, den 7. Februar 1844.   Königl. Polizei-Präsidium.

№ 14.
Verbot des Tabackrauchens.

Mit Bezug auf die Allerhöchste Kabinetsordre vom 9. Dezember 1832 (Gesetzsammlung von 1833 Seite 1) wird hierdurch wiederholt bekannt gemacht, daß das Tabackrauchen auf den Straßen und öffentlichen Plätzen innerhalb der Ringmauern von Berlin, so wie im Thiergarten, zu welchem die Bellevue-, die Lennée- und die Schulgarten-Straße zu rechnen, desgleichen in der Potsdamer Straße und auf dem Potsdamer Platze, bei einer Geldstrafe bis zu zwei Thalern oder verhältnißmäßiger Gefängnißstrafe verboten ist.

Berlin, den 15. Februar 1844.

Königl. Preuß. Gouvernement.   Königl. Polizei-Präsidium hiesiger Residenz.
von Lützow.   von Puttkammer.

Vermischte Nachrichten.

Dem auf der Lützower Feldmark an der südlichen Seite der vormaligen Fasanerie belegenen, dem Lieutenant a. D. Kllmar zugehörigen Etablissement ist der Name »Birkwäldchen« beigelegt worden.

Potsdam, den 16. Februar 1844.

Königl. Regierung. Abtheilung des Innern.

Dem auf der Feldmark der Stadt Lychen belegenen, jetzt dem Gutsbesitzer Büsching zugehörigen Kirchen-Erbpachtvorwerk ist der Name: »Türcks hof« beigelegt worden, was wir hierdurch mit dem Bemerken zur öffentlichen Kenntniß bringen, daß hierdurch in den polizeilichen und Kommunal-Verhältnissen dieses Vorwerks nichts verändert wird. Potsdam, den 26. Februar 1844.

Königl. Regierung. Abtheilung des Innern.

(Hierbei ein öffentlicher Anzeiger.)

Amtsblatt
der Königlichen Regierung zu Potsdam
und der Stadt Berlin.

Stück 11.   Den 15. März   **1844.**

Allgemeine Gesetzsammlung.

Das diesjährige 7te Stück der Allgemeinen Gesetzsammlung enthält:

№ 2427. Die Allerhöchste Kabinetsordre vom 17. Januar 1844, betreffend die Diäten und Reisekosten der Kreisvermittelungs-Kommissarien und anderer Sachverständigen bei Bewässerungs-Anlagen.

№ 2428. Die Allerhöchste Bestätigungs-Urkunde des Nachtrags zu dem Statute der Breslau-Schweidnitz-Freiburger Eisenbahngesellschaft, in Betreff der Verausgabung von 400,000 Thlr. Prioritätsaktien vom 11. Dezember 1843. D. d. den 16. Februar 1844.

№ 2429. Die Allerhöchste Kabinetsordre vom 28. Februar 1844, die Abänderung des Abschnitts III der dritten Abtheilung des Zolltarifs vom 18. Oktober 1842 betreffend.

Verordnungen und Bekanntmachungen
für den Regierungsbezirk Potsdam und für die Stadt Berlin.

№ 56.
Aufnahme des Herzoglich Braunschweigschen Harz- und Weser-Distrikts in den Zollverein.
IV. 91. März.

Nach der Bekanntmachung vom 29. Januar 1842 war das Herzogthum Braunschweig vorerst noch mit Ausnahme des Harz- und Weser-Distrikts dem Zollvereine beigetreten. Jetzt ist auch dieser Distrikt in den Zollverband aufgenommen worden, und, nachdem die Einrichtung der Zollverwaltung daselbst beendigt ist, wird wegen der Verkehrsverhältnisse zwischen dem gedachten Herzoglich Braunschweigschen Gebietstheile und den übrigen Theilen des Zollvereins Folgendes zur öffentlichen Kunde gebracht.

1. In dem gesammten Harz- und Weser-Distrikte, welcher den Verwaltungsbezirk des in Holzminden errichteten Haupt-Zollamts bildet, sind sämmtliche Vereins-Zollgesetze in Kraft und Wirksamkeit getreten. Was dagegen die Höhe der zu erhebenden Zölle betrifft, so ist der gedachte Bezirk in zwei durch den Schlußfluß von einander geschiedene Distrikte getheilt. In dem Distrikte zwischen der Weser und Leine erfolgt die Zoll-Erhebung nach dem für den gesammten Zollverein gültigen Tarife, wogegen in dem Distrikte zwischen der Leine und dem Harze ein besonderer Zolltarif mit geringeren, den Lokalverhältnissen entsprechenden Erhebungssätzen zur Anwendung kommt.

2. Demgemäß tritt zwischen dem Weser-Leine-Distrikte und den übrigen Theilen des Zollvereins ein völlig freier Verkehr ein.

3. Ueber die Verkehrsverhältnisse des Harz-Leine-Distrikts ist Folgendes zu bemerken:

a) die eigenen Erzeugnisse und Fabrikate der Einwohner dieses Distrikts und der in demselben befindlichen Hüttenwerke aller Art, werden auf Grund von Ursprungszeugnissen zollfrei in die übrigen Theile des Zollvereins eingelassen;

b) die aus dem gemeinsamen Auslande in den Harz-Leine-Distrikt eingegangenen Gegenstände unterliegen —, wenn sie demnächst in andere Theile des Zollvereins übergehen, ohne Rücksicht auf die in gedachtem Distrikte erfolgte Verzollung, — dem vollen Eingangszolle nach den Sätzen des Vereins-Zolltarifs;

c) alle Gegenstände aus dem freien Verkehr der anderen Theile des Zollvereins gehen in den Harz-Leine-Distrikt ohne Zoll-Entrichtung ein. Auch können

d) fremde unverzollte Waaren aus Packhofs-Niederlagen in den anderen Theilen des Zollvereins nach jenem Distrikte abgefertigt werden.

4. Wegen Behandlung der durch den Harz-Weser-Distrikt (sowohl links als rechts der Leine) transitirenden Waaren, wird auf die Herzoglich Braunschweigsche Verordnung vom 20. Dezember v. J. (Gesetz- und Verordnungs-Sammlung vom Jahre 1843 № 23) und auf die Bekanntmachungen, welche die Provinzial-Steuer-Direktoren in Magdeburg und Münster durch die Amtsblätter der Provinzen Sachsen und Westphalen erlassen werden, Bezug genommen.

5. In Betreff der in Preußen einer innern Steuer unterliegenden Erzeugnisse (Branntwein, Bier, Traubenmost, Wein und Tabak) findet zwischen Preußen und dem Herzoglich Braunschweigschen Harz-Weser-Distrikte eine völlige Freiheit des gegenseitigen Verkehrs Statt.

Berlin, den 17. Februar 1844.

Der Finanz-Minister.

(sq)   von Bodelschwingh.

Potsdam, den 4. März 1844.

Vorstehende Bekanntmachung des Herrn Finanz-Ministers Exzellenz vom 17. v. M. wird hierdurch zur öffentlichen Kunde gebracht.

Königl. Regierung.
Abtheilung für die Verwaltung der indirekten Steuern.

Potsdam, den 29. Februar 1844.

Im Verfolg der Bekanntmachung vom 23. Februar v. J. (№ 32 des Amtsblatts 1843) werden hiermit über die fernere Verwaltung der Strafanstalten zu Spandau und Brandenburg für das Jahr 1843 und über den dermaligen Zustand dieser Anstalten folgende Nachrichten zur öffentlichen Kenntniß gebracht.

1. Im Jahre 1843 hat die tägliche Durchschnittszahl der in der Strafanstalt zu Spandau unterhaltenen Züchtlinge 791 und in der Anstalt zu Brandenburg 603 betragen. Die am Schlusse des Jahres 1843 in beiden Anstalten vorhandenen 1479 Züchtlinge theilten sich nach der Dauer der Strafzeit in 21 auf Lebenszeit, 385 über 10 Jahre, 749 von 1 bis 10 Jahren, 272 unter einem Jahre und 52 vor Abfassung des Erkenntnisses eingelieferte Verbrecher. Unter dem Bestande von 1479 Züchtlingen befanden sich an weiblichen Verbrechern 223, also etwa ein Siebentel der ganzen Zahl. Von den beregten 1479 Züchtlingen sind allein von dem Kriminalgerichte der Stadt Berlin 861, von den Gerichten im hiesigen Regierungsbezirk und aus dem Kurmärkschen Theile des Frankfurtschen Regierungsbezirks 607, und von Militairgerichten an ausgestoßenen Soldaten 11 Köpfe eingeliefert; die Stadt Berlin hat mithin zu der Gesammtzahl vier Siebentel beigetragen. Die Zahl der Einlieferungen hat im Jahre 1843 in der Strafanstalt zu Spandau 422, und in der Strafanstalt zu Brandenburg, bei dem schnelleren Wechsel der kurzzeitigen Gefangenen, 1063 Köpfe betragen.

2. Nach der Gattung der begangenen Verbrechen lassen sich zu der, die Verbrechen gegen Sachen aus Eigennutz begreifenden Haupt-Abtheilung, von den vorhandenen 1479 Züchtlingen in beiden Anstalten 1279, und zu der zweiten, die aus Leidenschaft gegen Personen gerichteten Verbrechen enthaltenden Abtheilung 200 Züchtlinge rechnen. Von den Züchtlingen der ersten Abtheilung leiden ihre Strafzeit 1096 zunächst wegen gemeinen Diebstahls, worunter 732 allein aus Berlin eingeliefert sind. Unter der Gesammtzahl von 1479 Züchtlingen gehörten 813, also mehr als die Hälfte zu den rückfälligen Verbrechern, und zwar 782 Personen der ersten und 31 Personen der zweiten Abtheilung; unter den Rückfälligen der ersten Gattung haben 334 Personen einmal, 217 zweimal, 116 dreimal, 64 viermal, 28 fünfmal, 13 sechsmal, 6 siebenmal, 3 achtmal und 1 zehnmal Zuchthausstrafe erlitten, und von den 813 Rückfälligen überhaupt sind 565, also zwei Drittel aus Berlin allein, und 248 aus dem ganzen anderen Einlieferungsbezirke der beiden Anstalten zu der jetzigen Abbüßung verurtheilt.

3. An reinem Arbeitsverdienste der Züchtlinge ist in der Strafanstalt zu Spandau im Jahre 1843 eine baare Einnahme von 25,204 Thlr. 5 Sgr. 2 Pf., und in der zu Brandenburg von 18,839 Thlr. 15 Sgr. 3 Pf. erzielt worden; außerdem haben die in den Büreaus, den Werkstätten und der Oekonomie für das Haus beschäftigten Züchtlinge, deren Arbeitsertrag in ersparten Ausgaben der Anstalt besteht, einen Ertragswerth von 3026 Thlr. in der Spandauer, und von 1717 Thlr. in der Brandenburger Anstalt beigetragen. Der tägliche Ar-

bestverdienst hat für jede zum vollen Pensum beschäftigte Person im Jahre 1843 in der Anstalt zu Spandau 4 Sgr., und in der Anstalt zu Brandenburg 3 Sgr. 10 Pf. betragen.

4. Die Unterhaltungskosten der beiden Anstalten, sowohl an individuellen Verpflegungs- und Bekleidungskosten, als an allgemeinen Administrationskosten, haben im Jahre 1843 für die Strafanstalt zu Spandau überhaupt 48,603 Thlr. 16 Sgr. 10 Pf., und für die zu Brandenburg 36,762 Thlr. 10 Pf. betragen. Die jährlichen Unterhaltungskosten für jede Person auf ihren Durchschnittsantheil, nach Abzug des Verdienstes der Arbeitsfähigen, aber mit Hinzurechnung des Generalkosten, kommen für das Jahr 1843 in der Strafanstalt zu Spandau auf 23 Thlr. 6 Sgr. 10 Pf., und in der Strafanstalt zu Brandenburg auf 26 Thlr. 26 Sgr. 2 Pf. zu stehen.

Königl. Regierung. Abtheilung des Innern.

Potsdam, den 2. März 1844.

№ 58.
Chaussee-
baum-Dieb-
stahl.
I. 1781. Febr.

Aus der Chausseebaumschule bei Säglet an der Berlin-Hamburger Kunststraße sind 24 Stück Apfelbaumpflänzlinge gestohlen. Demjenigen, der den Thäter dieses Diebstahls dergestalt nachweiset, daß derselbe zur Untersuchung und Bestrafung gezogen werden kann, wird eine Belohnung von Zwanzig Thalern zugesichert. Königl. Regierung. Abtheilung des Innern.

Potsdam, den 11. März 1844.

№ 59.
Berliner
Getreide- und
Fouragepreise
pro Februar
1844.
I. 497. März.

Die Durchschnittspreise von dem im Monat Februar d. J. auf dem Markte zu Berlin verkauften Getreide, Rauchfutter re. haben betragen:

1) für den Scheffel Weizen ...... 2 Thaler 2 Sgr. 4 Pf.,
2) für den Scheffel Roggen ...... 1 Thaler 12 Sgr. 2 Pf.,
3) für den Scheffel große Gerste . 1 Thaler — Sgr. 7 Pf.,
4) für den Scheffel kleine Gerste . - Thaler 29 Sgr. 2 Pf.,
5) für den Scheffel Hafer .... - Thaler 21 Sgr. 9 Pf.,
6) für den Scheffel Erbsen ...... 1 Thaler 11 Sgr. - Pf.,
7) für das Schock Stroh .... 7 Thaler 7 Sgr. 2 Pf.,
8) für den Zentner Heu .... - Thaler 26 Sgr. 9 Pf.
Die Tonne Weißbier kostete ...... 4 Thaler — Sgr. - Pf.,
die Tonne Braunbier kostete ...... 3 Thaler 25 Sgr. - Pf.,
der Zentner Hopfen kostete ......11 Thaler 15 Sgr. - Pf.,
das Quart doppelter Kornbranntwein kostete... 4 Sgr. - Pf.,
das Quart einfacher Kornbranntwein kostete... 2 Sgr. 3 Pf.

Königl. Regierung. Abtheilung des Innern.

Verordnungen und Bekanntmachungen der Behörden der Stadt Berlin.

Zur Ausführung des Gesetzes vom 7. Februar 1835, den Betrieb der Gast- und Schankwirthschaft betreffend, wird das gewerbetreibende Publikum wiederholt an folgende Bestimmungen erinnert.

1. Niemand darf ohne polizeiliche Erlaubniß, bei 5 bis 50 Thlr. Geld- oder verhältnißmäßiger Gefängnißstrafe, die Gast- oder Schankwirthschaft betreiben, zubereitete Speisen oder Getränke in seinem Lokale verabreichen, oder sein dazu bestimmtes Lokal mit einem andern vertauschen. Diese Erlaubniß erlischt mit dem Ablaufe eines Jahres. Dieselbe kann aber auf desfallsigen Antrag für alle diejenigen, welche eine derartige polizeiliche Erlaubniß bereits erhalten haben, und die Gast- oder Schankwirthschaft im nächstfolgenden Kalenderjahre in dem näm-lichen Lokale fortsetzen wollen, verlängert werden.

2. Gleiche Strafe trifft denjenigen, der ohne alljährliche Verlängerung der polizeilichen Erlaubniß ein solches Gewerbe fortsetzt.

3. Die polizeiliche Erlaubniß zu einem solchen Gewerbe wird nur dann er-theilt, wenn die Polizei- und Kommunal-Behörden von dem örtlichen Bedürfniß oder der Nützlichkeit der Anlage sich überzeugen, wenn das dazu bestimmte Lokal nach Lage und Beschaffenheit sich dazu eignet, und wenn die Persönlichkeit, die Führung und die Vermögensverhältnisse des Nachsuchenden einen ordnungs-mäßigen Gewerbsbetrieb verbürgen. — Auf bereits geschlossene Kauf- und Mieths-verträge kann nicht Rücksicht genommen werden, wenn die vorstehenden Bedin-gungen nicht zutreffen, worauf das betreffende Publikum zur Vermeidung von Nachtheil und Weiterungen besonders aufmerksam gemacht wird.

4. Das Gesuch um Verleihung der polizeilichen Erlaubniß zum Gewerbe-betriebe ist zur Abkürzung des Geschäftsganges an den Hochedeln Magistrat zu richten, welcher sich damit einverstanden erklärt hat, solches anzunehmen und, mit seinem Gutachten begleitet, an das Polizei-Präsidium gelangen zu lassen.

5. Das Gesuch um Verlängerung der polizeilichen Erlaubniß wird an das Polizei-Präsidium gerichtet, und dem betreffenden Revier-Polizeikommissarius, unter Beifügung des früher ertheilten Erlaubnißscheins, offen übergeben. Derselbe wird demnächst die Verlängerung der Erlaubniß im Auftrage der Behörde selbst bewirken, oder unter Umständen die Entscheidung darüber der Letztern überlassen. Diese Gesuche um Verlängerung sollen übrigens nach den diesseitigen früheren Bekanntmachungen drei Monate vor Ablauf des Kalenderjahres eingereicht werden.

Berlin, den 1. März 1844.   Königl. Polizei-Präsidium.

Gast- oder Schankwirthe jeder Art, welche in ihren Lokalen Tanzlustbarkeiten veranstalten wollen, bedürfen dazu in Gemäßheit des § 186 Tit. 20 Theil II des Allgemeinen Landrechts, sofern sie nicht von dieser Verpflichtung ausnahms-weise entbunden werden, für jeden einzelnen Fall der besondern polizeilichen Erlaubniß, welche sie bei dem betreffenden Revier-Polizei-Kommissarius nach-zusuchen haben.

Diese Erlaubniß wird von dem Letztern, in Folge der demselben von hier aus beigelegten Befugniß, in jedem einzelnen Falle durch den üblichen sogenannten Mußk- oder Nachtschein ertheilt.

Gast- oder Schankwirthe im weitern Berliner Polizeibezirke haben zunächst die Zustimmung der Ortsbehörde (des Gutsherrn, und wenn ein solcher im Orte nicht wohnt, des von demselben Beauftragten) einzuholen, sich darüber

№ 60. **Verordnungen und Bekanntmachungen, welche den**
Nachweisung sämmtlicher in den Städten des Regierungs-
in welchen Getreidemärkte abgehalten werden, stattgefundenen Getreide-

Laufende Nr.	Namen der Städte.	Der Scheffel														Der Zentner Heu.	
		Weizen.			Roggen.			Gerste.			Hafer.			Erbsen.				
		Rthl.	Sgr.	₰	Rthl.	Sgr.	₰	Rthl.	Sgr.	₰	Rthl.	Sgr.	₰	Rthl.	Sgr.	₰	Rthl. Sgr.	₰
1	Beeskow	2	5	4	1	7	9	1	—	9	-	21	10	1	11	3	—	—
2	Brandenburg ..	1	27	11	1	11	9	1	—	—	-	22	5	1	17	6	- 18	9
3	Dahme	1	25	9	1	10	4	-	27	9	-	25	2	1	23	9	- 26	5
4	Havelberg.....	1	26	11	1	10	-	1	1	5	-	20	5	—	—	—	—	—
5	Jüterbogk	1	27	8	1	11	8	-	29	4	-	23	3	—	—	—	—	—
6	Luckenwalde ...	2	—	3	1	13	—	-	29	4	-	24	4	1	15	9	—	—
7	Neustadt-Ebersw.	2	3	10	1	11	5	1	1	3	-	21	3	1	15	—	- 26	2
8	Oranienburg ..	2	10	—	1	12	6	1	2	6	-	22	6	—	—	—	- 27	6
9	Perleberg	1	24	5	1	5	4	1	—	4	-	—	—	1	14	5	—	—
10	Potsdam......	2	1	2	1	13	1	-	28	11	-	22	6	1	14	7	- 19	10
11	Prenzlow	1	28	9	1	11	8	-	26	10	-	19	—	1	8	—	- 20	—
12	Rathenow	1	25	2	1	10	3	1	—	—	-	21	3	1	17	6	- 16	2
13	Neu-Ruppin ..	1	28	—	1	10	6	-	28	6	-	19	6	1	10	—	- 20	—
14	Schwedt	1	25	10	1	12	7	1	—	—	-	21	6	1	10	1	—	—
15	Spandau	2	—	6	1	10	—	-	27	8	-	21	2	1	12	9	—	—
16	Strausberg ...	-	—	—	1	10	5	-	27	10	-	20	1	1	11	2	—	—
17	Templin	2	—	—	1	12	6	-	27	—	-	18	6	1	6	6	- 16	6
18	Treuenbriezen .	1	28	9	1	11	11	-	28	9	-	22	5	1	17	6	—	—
19	Wittstock	1	26	8	1	9	8	1	—	11	-	20	5	1	12	1	- 12	9
20	Wriezen a. d. O.	1	23	—	1	8	—	-	26	9	-	19	—	1	12	6	—	—

eine Bescheinigung ertheilen zu lassen, und dieselbe dem Revier-Polizei-Kommissarius vorzulegen, welcher dann die Erlaubniß zu ertheilen, oder zu verweigern ermächtigt worden ist.

Wer in seinem Lokale ohne polizeiliche Erlaubniß eine Tanzlustbarkeit veranstaltet, verfällt in eine Geldstrafe von 5 bis 50 Thlrn.

Berlin, den 2. März 1844. Königl. Polizei-Präsidium.

Regierungsbezirk Potsdam ausschließlich betreffen.

Bezirks der Königlichen Regierung zu Potsdam, und Viktualien-Durchschnitts-Marktpreise pro Februar 1844.

Das Schock Stroh.			Der Scheffel Erdtoffeln.			Das Pfund						Das Quart						Die Metze			
						Roggen-Brodt.		Rindfleisch.		Butter.		Braunbier.		Weißbier.		Branntwein.		Graupe.		Grütze.	
5	9	3	–	11	6	–	10	2	6	6	6	1	–	1	–	4	–	5	6	5	1
5	–	–	–	14	4	1	2	3	6	8	–	1	1	2	3	6	–	13	8	8	–
6	15	–	–	8	9	–	9	2	6	8	9	1	3	1	6	3	–	5	–	7	9
–	–	–	–	12	6	–	11	2	6	6	–	1	–	1	–	3	9	12	–	6	–
5	6	8	–	11	3	–	10	2	6	6	6	1	3	2	6	3	–	8	–	6	6
5	27	6	–	14	4	–	9	2	6	6	6	–	9	1	–	4	–	15	–	5	–
5	15	·	–	12	–	–	11	2	6	8	–	1	3	1	6	2	–	8	–	6	–
7	–	–	–	13	–	1	–	3	–	8	–	1	–	1	6	2	6	10	–	7	6
4	20	–	–	11	11	1	–	2	6	7	6	1	–	1	–	4	–	8	–	6	–
5	25	7	–	15	1	1	–	3	–	7	–	1	3	1	6	3	6	13	6	6	6
12	–	–	–	10	–	1	2	3	–	6	9	1	–	1	–	4	–	26	–	10	–
4	25	–	–	11	5	–	10	3	–	7	–	1	3	1	6	4	–	8	·	6	6
7	–	–	–	10	–	1	4	3	–	8	–	1	–	1	3	2	9	9	–	7	6
–	–	–	–	12	6	1	3	3	–	8	–	1	–	1	3	2	–	10	–	12	–
–	–	–	–	13	–	1	–	3	6	8	–	1	3	2	–	5	–	–	–	–	–
–	–	–	–	10	7	–	–	2	3	7	2	–	·	–	–	–	–	7	5	5	–
5	22	6	–	10	–	–	10	2	6	8	–	1	–	1	6	2	–	11	–	6	–
–	–	–	–	10	–	–	9	2	6	6	6	1	–	1	6	3	6	8	·	6	–
4	12	6	–	11	5	–	11	3	–	7	6	2	–	2	–	3	–	8	9	7	–
–	–	–	–	10	–	1	–	2	6	6	–	1	–	1	3	2	6	9	–	8	6

Diese Erlaubniß wird von dem Letztern, in Folge der ......
aus beigelegten Befugniß, in jedem einzelnen Falle durch ...
nannten Musik- oder Nachtschein ertheilt.

Gast- oder Schankwirthe im weitern Berliner Poli...
die Zustimmung der Ortsbehörde (des Gutsherrn ...
Orte nicht wohnt, des von demselben Beauftrag ...

Verordnungen und Be...

№ 60.   Nachweisung sämmtlicher ...

in welchen Getreidemärk...

Laufende Nr.	Namen der Städte
1	Beesko...
2	B...
3	

... Medigin...
... ch dem Kra...
... er als Steuer...

... zu Beeslow, so wie
... ge zu Weseliz ist der
... ptamts-Assistenten Fre...
... elegt worden.

... in, ist nach vorschriftsmäßiger
... Königl. General-Kommission für

Gottfried Borack ist als Wundarzt
... Landen approbirt und als solcher vor...

... ow ist als Polizeisergeant in Berlin ange...

... ow und der unverehelichten Henriette Wilhelmine
die Erlaubniß zur Uebernahme einer Stelle als Er...
... izei-Präsidiums daselbst ertheilt worden.

Vermischte Nachrichten.

Das Königl. Ministerium des Innern hat mittelst Reskripts vom 23. Februar d. J. dem Arbeitsmann Christian Friedrich Hessener zu Hönow für die
bewirkte Rettung des Dienstjungen Hörnicke aus der Gefahr des Ertrinkens,
die zur Aufbewahrung bestimmte Erinnerungsmedaille für Lebensrettung verliehen. Potsdam, den 4. März 1844.
Königl. Regierung. Abtheilung des Innern.

Dem Garde-Pionier Georg Wilhelm Damm hierselbst ist für die Rettung
eines Mannes aus der Gefahr des Ertrinkens, die für Lebensrettung gestiftete
Erinnerungsmedaille verliehen worden. Berlin, den 12. Februar 1844.
Königl. Polizei-Präsidium.

Dem Bombardier von der 12ten Kompagnie der Garde-Artillerie-Brigade,
Karl Friedrich Sohn, ist für die Rettung eines Frauenzimmers aus der Gefahr des Ertrinkens, die für Lebensrettung gestiftete Erinnerungsmedaille verliehen worden. Berlin, den 12. Februar 1844.
Königl. Polizei-Präsidium.

(Hierbei ein öffentlicher Anzeiger.)

61

Amtsblatt
der Königlichen Regierung zu Potsdam
und der Stadt Berlin.

№ 12. Den 22. März. **1844.**

Verordnungen und Bekanntmachungen,
den Regierungsbezirk Potsdam ausschließlich betreffen.

Potsdam, den 17. März 1844.

№ 61.
Aushändi-
gung der
Quittungen
über einge-
zahlte Ver-
äußerungs-
und Ablö-
sungs-Kapi-
talien.
III. 1855.
März.

..... der Regierungs-Hauptkasse ausgestellten Quittungen über die im ....rtal des abgelaufenen Jahres zur Ablösung von Domanial-Abgaben ...n Kapitalien und über eingezahlte Veräußerungsgelder sind, insoweit .....mäßige Bescheinigung derselben Seitens der Königl. Hauptverwal....atsschulden erfolgt ist, den betreffenden Spezialkassen zur Aushän.... Interessenten zugesandt worden. Die Letzteren haben sich daher .....en Kassen zur Empfangnahme der bescheinigten Quittungen, gegen ...ausgabe der vorher erhaltenen Interimsquittungen, zu melden.

Königl. Regierung.

Abtheilung für die Verwaltung der direkten Steuern, Domainen und Forsten.

Verordnungen und Bekanntmachungen des Königl.
Kammergerichts.

№ 2.
Die wegen
verübten qua-
lifizirten Be-
truges erkann-
ten Geldstra-
fen betreffend.

Die Königl. Regierung zu Potsdam ist angewiesen worden, diejenigen Geld-strafen, welche durch Kriminal-Erkenntnisse als Strafen wegen verübten qualifi-zirten Betruges erkannt worden, als fiskalische in Anspruch zu nehmen, und bei eingelegtem Widerspruche der mit Kriminalgerichtsbarkeit beliehenen Jurisdiktionen das Weitere im Wege Rechtens zu verfolgen. Damit nun die Königl. Regie-rung in den Stand gesetzt werde, in den geeigneten Fällen die Rechte des Fiskus wahrzunehmen, werden die Stadt- und Patrimonialgerichte des Departe-ments, welchen die Kriminalgerichtsbarkeit zusteht, und wo Fiskus nicht selbst Jurisdiktionar ist, hiermit angewiesen, von allen ergehenden derartigen Erkennt-nissen, diese mögen von ihnen selbst oder von dem unterzeichneten Kammerge-richte abgefaßt sein, vorher der Königl. Regierung zu Potsdam Nachricht zu-gehen zu lassen. Berlin, den 26. Februar 1844.

Königl. Preuß. Kammergericht.

Personalchronik.

Des Königs Majestät haben dem Medizinal-Assessor Dr. **Schätz** zum Medizinal-Rathe bei dem Medizinal-Kollegium der Provinz Brandenburg zu ernennen, auch dem Rendanten der Niederbarnimschen Kreiskasse, **Kayser** zu Berlin, den Karakter als Steuer-Rath beizulegen geruhet.

Den Domainenbeamten von **Freier** zu Goldbeck und **Sasse** zu Beeskow, so wie den Domainenpächtern **Schünemann** zu Caselow und **Flügge** zu Weselitz ist der Karakter »Königlicher Oberamtmann« verliehen, und dem Hauptamts-Assistenten **Freberling** in Wittenberge der Titel eines Oberkontroleurs beigelegt worden.

Der bisherige Protokollführer Friedrich **Muth** in Berlin, ist nach vorschriftsmäßiger Prüfung zum Oekonomie-Kommissions-Gehülfen bei der Königl. General-Kommission für die Kurmark Brandenburg ernannt worden.

Der bisherige Eskadron-Thierarzt Friedrich Gottfried **Borack** ist als Wundarzt erster Klasse und Geburtshelfer in den Königlichen Landen approbirt und als solcher vorschriftsmäßig vereidigt worden.

Der Fußgendarm Gustav Adolph **Pritschow** ist als Polizeisergeant in Berlin angestellt worden.

Dem Fräulein Therese von **Zastrow** und der unverehelichten Henriette Wilhelmine Bertha **Stuttmeister** in Berlin ist die Erlaubniß zur Uebernahme einer Stelle als Erzieherin von Seiten des Königl. Polizei-Präsidiums daselbst ertheilt worden.

Vermischte Nachrichten.

Das Königl. Ministerium des Innern hat mittelst Reskripts vom 23. Februar d. J. dem Arbeitsmann Christian Friedrich **Heffeyer** zu Hönow für die bewirkte Rettung des Dienstjungen **Hörnicke** aus der Gefahr des Ertrinkens, die zur Aufbewahrung bestimmte Erinnerungsmedaille für Lebensrettung verliehen. **Potsdam**, den 4. März 1844.
Königl. Regierung. Abtheilung des Innern.

Dem Garde-Pionier Georg Wilhelm **Damm** hierselbst ist für die Rettung eines Mannes aus der Gefahr des Ertrinkens, die für Lebensrettung gestiftete Erinnerungsmedaille verliehen worden. **Berlin**, den 12. Februar 1844.
Königl. Polizei-Präsidium.

Dem Bombardier von der 12ten Kompagnie der Garde-Artillerie-Brigade, Karl Friedrich **Sohn**, ist für die Rettung eines Frauenzimmers aus der Gefahr des Ertrinkens, die für Lebensrettung gestiftete Erinnerungsmedaille verliehen worden. **Berlin**, den 12. Februar 1844.
Königl. Polizei-Präsidium.

(Hierbei ein öffentlicher Anzeiger.)

61

Amtsblatt
der Königlichen Regierung zu Potsdam und der Stadt Berlin.

Stück 12. Den 22. März. **1844.**

Verordnungen und Bekanntmachungen, welche den Regierungsbezirk Potsdam ausschließlich betreffen.

Potsdam, den 17. März. 1844.

Die von der Regierungs-Hauptkasse ausgestellten Quittungen über die im vierten Quartal des abgelaufenen Jahres zur Ablösung von Domanial-Abgaben eingegangenen Kapitalien und über eingezahlte Veräußerungsgelder sind, insoweit die vorschriftsmäßige Bescheinigung derselben Seitens der Königl. Hauptverwaltung der Staatsschulden erfolgt ist, den betreffenden Spezialkassen zur Aushändigung an die Interessenten zugesandt worden. Die Letzteren haben sich daher bei den gedachten Kassen zur Empfangnahme der bescheinigten Quittungen, gegen Zurückgabe der vorher erhaltenen Interimsquittungen, zu melden.

Königl. Regierung.
Abtheilung für die Verwaltung der direkten Steuern, Domainen und Forsten.

№ 61. Aushändigung der Quittungen über eingezahlte Veräußerungs- und Ablösungs-Kapitalien. III. 1845. März.

Verordnungen und Bekanntmachungen des Königl. Kammergerichts.

Die Königl. Regierung zu Potsdam ist angewiesen worden, diejenigen Geldstrafen, welche durch Kriminal-Erkenntnisse als Strafen wegen verübten qualifizirten Betruges erkannt werden, als fiskalische in Anspruch zu nehmen, und bei eingelegtem Widerspruche der mit Kriminalgerichtsbarkeit beliehenen Jurisdiktionen das Weitere im Wege Rechtens zu verfolgen. Damit nun die Königl. Regierung in den Stand gesetzt werde, in den geeigneten Fällen die Rechte des Fiskus wahrzunehmen, werden die Stadt- und Patrimonialgerichte des Departements, welchen die Kriminalgerichtsbarkeit zustehe, und wo Fiskus nicht selbst Jurisdiktionar ist, hiermit angewiesen, von allen ergehenden derartigen Erkenntnissen, diese mögen von ihnen selbst oder von dem unterzeichneten Kammergerichte abgefaßt sein, vorher der Königl. Regierung zu Potsdam Nachricht zu geben zu lassen. Berlin, den 26. Februar 1844.

Königl. Preuß. Kammergericht.

№ 2. Die wegen verübten qualifizirten Betruges erkannten Geldstrafen betreffend.

Verordnungen und Bekanntmachungen der Behörden der Stadt Berlin.

№ 17.
Das Leichen-
fuhrwesen be-
treffend.

Der Unternehmer des hiesigen Leichenfuhrwesens ist berechtigt, bei stattfindenden Beerdigungen von den zahlungsfähigen Hinterbliebenen der Verstorbenen
folgende taxmäßigen Gebühren einzuziehen:

A. Für den großen Leichenwagen:
a) mit sechs Pferden bespannt, funfzehn Thaler;
b) mit vier Pferden bespannt, zehn Thaler;
c) mit zwei Pferden bespannt, fünf Thaler.

B. Für den Mittel-Leichenwagen,
mit zwei Pferden bespannt, einen Thaler funfzehn Silbergroschen.

C. Für den kleinen Leichenwagen,
mit zwei Pferden bespannt, zwei und zwanzig Silbergroschen sechs
Pfennige.

D. Für den Kinder-Leichenwagen:
a) für den besseren, mit zwei Pferden bespannt, einen Thaler fünf Silbergroschen;
b) für den gewöhnlichen, mit zwei Pferden bespannt, zwanzig Silbergroschen.

E. Für eine schwarze Trauerkutsche:
a) wenn sechs Pferde vor dem Leichenwagen gespannt sind, einen Thaler
funfzehn Silbergroschen;
b) wenn vier Pferde vor dem Leichenwagen begehrt werden, einen Thaler
zehn Silbergroschen;
c) wenn nur zwei Pferde vor demselben verlangt werden, einen Thaler
fünf Silbergroschen.

F. Für Anfertigung der Gestelle und Unterspinden, auf denen
der Sarg steht, auch für Belegung des Bodens unter den Gestellen
mit schwarzem Tuche,
einen Thaler bis einen Thaler zehn Silbergroschen.

G. Für jeden Leichenträger:
a) wenn der große Leichenwagen genommen wird, fünf und zwanzig Silbergroschen;
b) wenn der Mittel-Leichenwagen genommen wird, siebenzehn Silbergroschen sechs Pfennige;
c) wenn der kleine Leichenwagen genommen wird, zwölf Silbergroschen
sechs Pfennige.

H. Für den Leichenbitter:
a) wenn der große Leichenwagen genommen wird, drei Thaler;

b) wenn der Mittel-Leichenwagen genommen wird, zwei Thaler funfzehn Silbergroschen;
c) wenn der kleine Leichenwagen genommen wird, zwei Thaler.

I. Für jeden der Leichendiener,
welche das Oeffnen und Verschließen der Kutschenschläge bei dem Leichenwagen
folgenden Trauerwagen vor dem Trauerhause und auf dem Beerdigungsplatze zu
besorgen haben, wenn solche von den Hinterbliebenen des Verstorbenen begehrt
werden:

a) bei einem großen Leichenwagen, funfzehn Silbergroschen;
b) bei einem Mittel-Leichenwagen, zehn Silbergroschen.

Bei Verzögerung eines Leichenkondukts über die bestimmte Zeit, wenn solche
Seitens des Trauerhauses herbeigeführt wird und eine halbe Stunde beträgt,
ist der Unternehmer des hiesigen Leichenfuhrwesens berechtigt, den vierten Theil
der tarmäßigen Gebühren dafür als Entschädigung zu begehren.

Höhere Sätze, als die vorbezeichneten, dürfen überall nicht, eben so wenig
besondere Gebühren für Mäntel, Flore, Pferde- und andere Decken, noch für
Pferdegeschirre oder sonstige Gegenstände in Ansatz gebracht, noch auch für den
Schirrmeister und die Kutscher Trinkgelder verlangt werden.

Berlin, den 12. März 1844.   Königl. Polizei-Präsidium.

Personalchronik.

Zu Kammergerichts-Assessoren sind ernannt: der bisherige Kammergerichts-Referenda-
rius Johann Heinrich Friedrich Theodor Grangé, der bisherige Oberlandesgerichts-
Assessor Karl Friedrich Ludwig Heinrich von Herford, der bisherige Kammergerichts-
Referendarius Philipp Adolph Wilhelm Schulin und der bisherige Oberlandesgerichts-
Referendarius Adolph Heinrich Ferdinand Müller.

Der bisherige Oberlandesgerichts-Auskultator Wilhelm Friedrich August Ziegler ist
zum Kammergerichts-Auskultator ernannt.

Der bisher beim Oberlandesgericht zu Paderborn beschäftigt gewesene Kammergerichts-
Auskultator Friedrich Wilhelm Tißen ist in seine Dienstverhältnisse im diesseitigen Departement wieder eingetreten, und dem Königl. Stadtgerichte in Berlin zur Beschäftigung
überwiesen.

Aus ihren Dienstverhältnissen im diesseitigen Departement sind auf ihren Antrag entlassen worden: der Kammergerichts-Auskultator Meier, Behufs seines Ueberganges in
das Departement des Oberlandesgerichts zu Marienwerder, der Kammergerichts-Auskultator Gustav Theodor Fichtner, Behufs seines Ueberganges in das Departement des Oberlandesgerichts zu Glogau, der Kammergerichts-Auskultator Konstantin von Briesen,
Behufs seines Uebertritts zur Verwaltungspartie, der Kammergerichts-Auskultator Heinrich Schlenther, Behufs seines Ueberganges in das Departement des Oberlandesgerichts
zu Insterburg, und der zum Kammergerichts-Referendarius beförderte bisherige Kammergerichts-Auskultator Johann Friedrich Meier, Behufs seines Uebertritts in das Departement des Oberlandesgerichts zu Marienwerder.

Der Justiz-Kommissarius und Notarius, Justizrath Augustin zu Wriezen, ist in
gleicher Eigenschaft an das Land- und Stadtgericht zu Soldin, und der Justiz-Kommissarius und Notarius Wilberg zu Soldin in gleicher Eigenschaft an das Land- und Stadtgericht Wriezen versetzt worden.

Patrimonialgerichte. Die Verwaltung des Patrimonialgerichts Neuenfeld ist dem Kammergerichts-Assessor Weyssel zu Prenzlau, Groß-Beeren dem Kammergerichts-Assessor und Stadtrichter Holzapfel zu Wittenwalde, und Werlitt dem Justizrath Felsch zu Kyritz übertragen.

Bei dem Stadtgerichte zu Berlin ist der bisherige Zollsupetnumerarius Götsch zum Salarienkassen-Assistenten bestellt worden.

Dem Lehrer Gustav Adolph Hoffmann und dem Kandidaten der Theologie Karl Wilhelm Franz Gründler ist die Erlaubniß zur Uebernahme einer Hauslehrerstelle von Seiten des Königl. Polizei-Präsidiums in Berlin ertheilt worden.

Zu Schiedsmännern sind im Monat Februar 1844 im Departement des Kammergerichts erwählt. Zum ersten Mal: der Justizrath und Stadtsyndikus Fließ zu Prenzlau für den Jakobibezirk daselbst, der Kaufmann und Rathsherr Grabow zu Prenzlau für den Königsbezirk daselbst, der Ritterschafts-Registrator Schmidt zu Prenzlau für den Ueckerbezirk daselbst, der Gastwirth Lüdke zu Prenzlau für den Rosebezirk daselbst, der Bäckermeister Suhr zu Prenzlau für den Johannisbezirk daselbst, der Amtmann Friedrich Wilhelm Seefeld zu Zerskow für den 12ten ländlichen Bezirk des Ostkavelländischen Kreises, und der Rittergutsbesitzer Rudolph Eduard Beyl zu Gorß für den 8ten ländlichen Bezirk des Westkavelländischen Kreises. Zu wiederholten Malen: der Schuhmachermeister Herrmann zu Prenzlau für den Klosterbezirk daselbst, der Bäckermeister Stahlburg zu Prenzlau für den Rolandsbezirk daselbst, der Mühlenmeister Barsch-Hippe zu Prenzlau für den Mühlenbezirk daselbst, der Rittergutsbesitzer Johann Friedrich August Eckardt auf Churland für den 10ten ländlichen Bezirk des Westkavelländischen Kreises, der Gastwirth Johann Friedrich Heydert zu Plaue für den 8ten ländlichen Bezirk des Westkavelländischen Kreises, der Postexpediteur Johann Daniel Nauck in Dahme für die Stadt Dahme, und der Gutsbesitzer, Lieutenant Karl Gustav Eduard Pitterko zu Zagelsdorf für den 8ten ländlichen Bezirk des Jüterbogk-Luckenwalder Kreises.

Vermischte Nachrichten.

Dem im Königl. Menzer Forstreviere unfern des Stechlin-Sees im Ruppinschen Kreise neu errichteten Förster-Etablissement ist die Benennung:

»Försterei am Stechlin-See«,

und dem im Jahre 1833 neu erbauten Forst-Etablissement bei Neu-Globsow, welches diese Benennung in Gemäßheit unserer Bekanntmachung vom 1. August 1833 (Amtsblatt de 1833 Seite 194) bisher führte, die Benennung:

»Försterei bei Neu-Globsow«

beigelegt worden, was mit dem Bemerken zur öffentlichen Kenntniß gebracht wird, daß hierdurch in den Kommunal- und Jurisdiktions-Verhältnissen dieser Etablissements eine Veränderung nicht herbeigeführt wird.

Potsdam, den 9. März 1844.

Königl. Regierung. Abtheilung des Innern.

(Hierbei zwei öffentlicher Anzeiger.)

Amtsblatt
der Königlichen Regierung zu Potsdam und der Stadt Berlin.

Stück 13. Den 29. März. **1844.**

Verordnungen und Bekanntmachungen für den Regierungsbezirk Potsdam und für die Stadt Berlin.

Potsdam, den 19. März 1844.

In Gemäßheit der in der Allerhöchsten Kabinetsordre vom 3. Oktober 1838 enthaltenen Bestimmung, nach welcher die Landtags-Abschiede fernerhin durch die Amtsblätter der Regierungen zur Kenntniß des Publikums gebracht werden sollen, ist ein Abdruck des von des Königs Majestät unterm 30. Dezember v. J. Allerhöchst vollzogenen Landtags-Abschiedes für die, zum achten Provinzial-Landtage versammelt gewesenen Stände der Kur- und Neumark Brandenburg und des Markgrafthums Niederlausitz, dem gegenwärtigen 13ten Stücke des Amtsblatts als eine außerordentliche Beilage beigefügt worden, worauf hiermit besonders aufmerksam gemacht wird. Königl. Regierung. Abtheilung des Innern.

№ 62.
Landtags-Abschiede.
I. 674. März.

Potsdam, den 23. März 1844.

Im Auftrage des Königl. Ober-Präsidiums der Provinz Brandenburg wird hierdurch zur öffentlichen Kenntniß gebracht, daß die Verhandlungen des achten Provinzial-Landtages der Mark Brandenburg und des Markgrafthums Niederlausitz, welche sämmtliche ständische Gutachten auf die Allerhöchsten Proposltionen und sämmtliche ständische Petitionen mit dem darauf ergangenen Allerhöchsten Landtagsabschiede vom 30. Dezember v. J., so wie in einem besonderen Beilagehefte die dem Provinzial-Landtage zur Berathung vorgelegenen Gesetz-Entwürfe und dazu gehörigen Motive enthalten, in der Mauck'schen Buchhandlung zu Berlin zu haben, und von derselben, so wie durch alle Buchhandlungen für den Preis von 1 Thlr. 15 Sgr. zu beziehen sind. Königl. Regierung. Abtheilung des Innern.

№ 63.
Verhandlungen des achten Provinzial-Landtages der Mark Brandenburg und des Markgrafthums Niederlausitz.
I. 1460. März.

Potsdam, den 14. März 1844.

Des Königs Majestät haben durch die Allerhöchste Ordre vom 1. Juli v. J. in der Person des Bauraths von Quast einen Konservator der Kunstdenkmäler in der ganzen Monarchie zu ernennen geruhet.

Derselbe wird bei seinen Umreisen von allen, sich im öffentlichen Besitz befindlichen Denkmälern, sowohl Baugegenständen, als Bildwerken, Gemälden, Kunstgeräthen rc. und ihrer Beschaffenheit Kenntniß nehmen.

№ 64.
Ernennung eines Konservators der Kunstdenkmäler in der ganzen Monarchie.
I. II. 720. Februar.

Verdienſt hat für jede zum vollen Penſum beſchäftigte Perſon im Jahre 1843 in der Anſtalt zu Spandau 4 Sgr., und in der Anſtalt zu Brandenburg 3 Sgr. 10 Pf. betragen.

4. Die Unterhaltungskoſten der beiden Anſtalten, ſowohl an individuellen Verpflegungs- und Bekleidungskoſten, als an allgemeinen Adminiſtrationskoſten, haben im Jahre 1843 für die Strafanſtalt zu Spandau überhaupt 46,603 Thlr. 16 Sgr. 10 Pf., und für die zu Brandenburg 36,762 Thlr. 10 Pf. betragen. Die jährlichen Unterhaltungskoſten für jede Perſon auf ihren Durchſchnittsantheil, nach Abzug des Verdienſtes der Arbeitsfähigen, aber mit Hinzurechnung des Generalkoſten, kommen für das Jahr 1843 in der Strafanſtalt zu Spandau auf 23 Thlr. 6 Sgr. 10 Pf., und in der Strafanſtalt zu Brandenburg auf 26 Thlr. 26 Sgn. 2 Pf. zu ſtehen.

Königl. Regierung. Abtheilung des Innern.

Potsdam, den 2. März 1844.

№ 58.
Chauſſee-
baum-Dieb-
ſtahl.
I. 1781. Febr.

Aus der Chauſſeebaumſchule bei Sägleh an der Berlin-Hamburger Kunſtſtraße ſind 24 Stück Apfelbaumpflänzlinge geſtohlen. Demjenigen, der den Thäter dieſes Diebſtahls dergeſtalt nachweiſet, daß derſelbe zur Unterſuchung und Beſtrafung gezogen werden kann, wird eine Belohnung von Zwanzig Thalern zugeſichert. Königl. Regierung. Abtheilung des Innern.

Potsdam, den 11. März 1844.

№ 59.
Berliner
Getreide- und
Fouragepreiſe
pro Februar
1844.
I. 497. März.

Die Durchſchnittspreiſe von dem im Monat Februar d. J. auf dem Markte zu Berlin verkauften Getreide, Rauchfutter ꝛc. haben betragen:

1) für den Scheffel Weizen...... 2 Thaler 2 Sgr. 4 Pf.,
2) für den Scheffel Roggen..... 1 Thaler 12 Sgr. 2 Pf.,
3) für den Scheffel große Gerſte. 1 Thaler — Sgr. 7 Pf.,
4) für den Scheffel kleine Gerſte. - Thaler 29 Sgr. 2 Pf.,
5) für den Scheffel Hafer........ - Thaler 21 Sgr. 9 Pf.,
6) für den Scheffel Erbſen...... 1 Thaler 11 Sgr. - Pf.,
7) für das Schock Stroh........ 7 Thaler 7 Sgr. 2 Pf.,
8) für den Zentner Heu......... - Thaler 28 Sgr. 9 Pf.
Die Tonne Weißbier koſtete...... 4 Thaler — Sgr. - Pf.,
die Tonne Braunbier koſtete...... 3 Thaler 25 Sgr. - Pf.,
der Zentner Hopfen koſtete ......11 Thaler 15 Sgr. - Pf.,
das Quart doppelter Kornbranntwein koſtete... 4 Sgr. - Pf.,
das Quart einfacher Kornbranntwein koſtete... 2 Sgr. 3 Pf.

Königl. Regierung. Abtheilung des Innern.

Verordnungen und Bekanntmachungen der Behörden der Stadt Berlin.

Zur Ausführung des Gesetzes vom 7. Februar 1835, den Betrieb der Gast- und Schankwirthschaft betreffend, wird das gewerbetreibende Publikum wiederholt an folgende Bestimmungen erinnert.

1. Niemand darf ohne polizeiliche Erlaubniß, bei 5 bis 50 Thlr. Geld- oder verhältnißmäßiger Gefängnißstrafe, die Gast- oder Schankwirthschaft betreiben, zubereitete Speisen oder Getränke in seinem Lokale verabreichen, oder sein dazu bestimmtes Lokal mit einem andern vertauschen. Diese Erlaubniß erlische mit dem Ablaufe eines Jahres. Dieselbe kann aber auf desfallsigen Antrag für alle diejenigen, welche eine derartige polizeiliche Erlaubniß bereits erhalten haben, und die Gast- oder Schankwirthschaft im nächstfolgenden Kalenderjahre in dem nämlichen Lokale fortsetzen wollen, verlängert werden.

2. Gleiche Strafe trifft denjenigen, der ohne alljährliche Verlängerung der polizeilichen Erlaubniß ein solches Gewerbe fortsetzt.

3. Die polizeiliche Erlaubniß zu einem solchen Gewerbe wird nur dann ertheilt, wenn die Polizei- und Kommunal-Behörden von dem örtlichen Bedürfniß oder der Nützlichkeit der Anlage sich überzeugen, wenn das dazu bestimmte Lokal nach Lage und Beschaffenheit sich dazu eignet, und wenn die Persönlichkeit, die Führung und die Vermögensverhältnisse des Nachsuchenden einen ordnungsmäßigen Gewerbsbetrieb verbürgen. — Auf bereits geschlossene Kauf- und Miethsverträge kann nicht Rücksicht genommen werden, wenn die vorstehenden Bedingungen nicht zutreffen, worauf das betreffende Publikum zur Vermeidung von Nachtheil und Weiterungen besonders aufmerksam gemacht wird.

4. Das Gesuch um Verleihung der polizeilichen Erlaubniß zum Gewerbebetriebe ist zur Abkürzung des Geschäftsganges an den Hochedeln Magistrat zu richten, welcher sich damit einverstanden erklärt hat, solches anzunehmen und, mit seinem Gutachten begleitet, an das Polizei-Präsidium gelangen zu lassen.

5. Das Gesuch um Verlängerung der polizeilichen Erlaubniß wird an das Polizei-Präsidium gerichtet, und dem betreffenden Revier-Polizeikommissarius, unter Beifügung des früher ertheilten Erlaubnißscheins, offen übergeben. Derselbe wird demnächst die Verlängerung der Erlaubniß im Auftrage der Behörde selbst bewirken, oder unter Umständen die Entscheidung darüber den Loßtern überlassen. Diese Gesuche um Verlängerung sollen übrigens nach den diesseitigen früheren Bekanntmachungen drei Monate vor Ablauf des Kalenderjahres eingereicht werden.

Berlin, den 1. März 1844. Königl. Polizei-Präsidium.

Gast- oder Schankwirthe jeder Art, welche in ihren Lokalen Tanzlustbarkeiten veranstalten wollen, bedürfen dazu in Gemäßheit des § 186 Tit. 20 Theil II des Allgemeinen Landrechts, sofern sie nicht von dieser Verpflichtung ausnahmsweise entbunden werden, für jeden einzelnen Fall der besonderen polizeilichen Erlaubniß, welche sie bei dem betreffenden Revier-Polizei-Kommissarius nachzusuchen haben.

Diese Erlaubniß wird von dem Letztern, in Folge der demselben von hier aus beigelegten Befugniß, in jedem einzelnen Falle durch den üblichen soge-nannten Musik- oder Nachtschein ertheilt.

Gast- oder Schankwirthe im weitern Berliner Polizeibezirke haben zunächst die Zustimmung der Ortsbehörde (des Gutsherrn, und wenn ein solcher im Orte nicht wohnt, des von demselben Beauftragten) einzuholen, sich darüber

№ 60. **Verordnungen und Bekanntmachungen, welche den** Nachweisung sämmtlicher in den Städten des Regierungs= in welchen Getreidemärkte abgehalten werden, stattgefundenen Getreide

Laufende Nr.	Namen der Städte	Der Scheffel															Der Zentner Heu.		
		Weizen.			Roggen.			Gerste.			Hafer.			Erbsen.					
		Rthl	Sgr	Pf	Rthl	Sgr	Pf	Rthl	Sgr	Pf	Rthl	Sgr	Pf	Rthl	Sgr	Pf	Rthl	Sgr	Pf
1	Beeskow	2	5	4	1	7	9	1	—	9	—	21	10	1	11	3	—	—	—
2	Brandenburg ..	1	27	11	1	11	9	1	—	—	—	22	5	1	17	6	—	18	9
3	Dahme	1	25	9	1	10	4	—	27	9	—	25	2	1	23	9	—	26	5
4	Havelberg	1	26	11	1	10	—	1	1	5	—	20	5	—	—	—	—	—	—
5	Jüterbogk	1	27	8	1	11	8	—	29	4	—	23	3	—	—	—	—	—	—
6	Luckenwalde ...	2	—	3	1	13	—	—	29	4	—	24	4	1	15	9	—	—	—
7	Neustadt-Ebersw.	2	3	10	1	11	5	1	1	3	—	21	3	1	15	—	—	26	2
8	Oranienburg ..	2	10	—	1	12	6	1	2	6	—	22	6	—	—	—	—	27	6
9	Perleberg	1	24	5	1	5	4	1	—	4	—	—	—	1	14	5	—	—	—
10	Potsdam	2	1	2	1	13	1	—	28	11	—	22	6	1	14	7	—	19	10
11	Prenzlow	1	28	9	1	11	8	—	26	10	—	19	—	1	8	—	—	20	—
12	Rathenow	1	25	2	1	10	3	1	—	—	—	21	3	1	17	6	—	16	2
13	Neu-Ruppin ..	1	28	—	1	10	6	—	28	6	—	19	6	1	10	—	—	20	—
14	Schwedt	1	25	10	1	12	7	1	—	—	—	21	6	1	10	1	—	—	—
15	Spandau	2	—	6	1	10	—	—	27	8	—	21	2	1	12	9	—	—	—
16	Strausberg ...	—	7	—	1	10	5	—	27	10	—	20	1	1	11	2	—	—	—
17	Templin	2	—	—	1	12	6	—	27	—	—	18	6	1	6	6	—	16	6
18	Treuenbrietzen	1	28	9	1	11	11	—	28	9	—	22	5	1	17	6	—	—	—
19	Wittstock	1	26	8	1	9	8	1	—	11	—	20	5	1	12	1	—	12	9
20	Wriezen a. d. O.	1	23	—	1	8	—	—	26	9	—	19	—	1	12	6	—	—	—

eine Bescheinigung ertheilen zu lassen, und dieselbe dem Revier-Polizei-Kommissarius vorzulegen, welcher dann die Erlaubniß zu ertheilen, oder zu verweigern ermächtigt worden ist.

Wer in seinem Lokale ohne polizeiliche Erlaubniß eine Tanzlustbarkeit veranstaltet, verfällt in eine Geldstrafe von 5 bis 50 Thlrn.

Berlin, den 2. März 1844.   Königl. Polizei-Präsidium.

Regierungsbezirk Potsdam ausschließlich betreffen.
Bezirks der Königlichen Regierung zu Potsdam,
und Viktualien-Durchschnitts-Marktpreise pro Februar 1844.

Das Schock Stroh.			Der Scheffel Erdtoffeln.			Das Pfund						Das Quart						Die Metze			
						Roggen-Brodt.		Rindfleisch.		Butter.		Braunbier.		Weißbier.		Branntwein.		Graupe.		Grütze.	
Rtl	Sgr	Pf	Rtl	Sgr	Pf	Sgr	Pf	Sgr	Pf	Sgr	Pf	Sgr	Pf	Sgr	Pf	Sgr	Pf	Sgr	Pf	Sgr	Pf
5	9	3	-	11	6	-	10	2	6	6	6	1	-	1	-	4	-	5	6	5	1
5	-	-	-	14	4	1	2	3	6	8	-	1	1	1	2	3	6	13	8	8	-
6	15	-	-	8	9	-	9	2	6	6	9	1	3	1	6	3	-	5	-	7	9
-	-	-	-	12	6	-	11	2	6	6	-	1	-	1	-	3	9	12	-	6	-
5	6	8	-	11	3	-	10	2	6	6	6	1	3	2	6	3	-	8	-	6	6
5	27	6	-	14	4	-	9	2	6	6	6	-	9	1	-	4	-	15	-	5	-
5	15	-	-	12	-	-	11	2	6	8	-	1	3	1	6	2	-	8	-	6	-
7	-	-	-	13	-	1	-	3	-	8	-	1	-	1	6	2	6	10	-	7	6
4	20	-	-	11	11	1	-	2	6	7	6	1	-	1	-	4	-	8	-	6	-
5	25	7	-	15	1	1	-	3	6	7	-	1	3	1	6	3	6	13	6	6	6
12	-	-	-	10	-	1	2	3	-	6	9	1	-	1	-	4	-	28	-	10	-
4	25	-	-	11	5	-	10	3	-	7	-	1	3	1	6	4	-	8	-	6	6
7	-	-	-	10	-	1	4	3	-	8	-	1	-	1	3	2	9	9	-	7	6
-	-	-	-	12	6	1	3	3	-	8	-	1	-	1	-	-	-	10	-	12	-
-	-	-	-	13	-	1	-	3	6	8	-	1	3	2	-	5	-	-	-	-	-
-	-	-	-	10	7	-	-	2	3	7	2	-	-	-	-	-	-	7	5	5	-
5	22	6	-	10	-	-	10	2	6	8	-	1	-	1	6	2	-	11	-	6	-
-	-	-	-	10	-	-	9	2	6	6	6	1	-	1	6	3	6	8	-	6	-
4	12	6	-	11	5	-	11	3	-	7	6	2	-	2	-	3	-	8	9	7	-
-	-	-	-	10	-	1	-	2	6	6	-	1	-	1	3	2	6	9	-	8	6

Personalchronik.

Des Königs Majestät haben dem Medizinal-Assessor Dr. Schätz zum Medizinal-Rathe bei dem Medizinal-Kollegium der Provinz Brandenburg zu ernennen, auch dem Rendanten der Niederbarnimschen Kreiskasse, Kayser zu Berlin, den Karakter als Steuer-Rath beizulegen geruhet.

Den Domainenbeamten von Freier zu Goldbeck und Gasse zu Beeskow, so wie den Domainenpächtern Schünemann zu Caselow und Flügge zu Weselitz ist der Karakter »Königlicher Oberamtmann« verliehen, und dem Hauptamts-Assistenten Frederking in Wittenberge der Titel eines Oberkontroleurs beigelegt worden.

Der bisherige Protokollführer Friedrich Muth in Berlin, ist nach vorschriftsmäßiger Prüfung zum Oekonomie-Kommissions-Gehülfen bei der Königl. General-Kommission für die Kurmark Brandenburg ernannt worden.

Der bisherige Eskadron-Thierarzt Friedrich Gottfried Borack ist als Wundarzt erster Klasse und Geburtshelfer in den Königlichen Landen approbirt und als solcher vorschriftsmäßig vereidigt worden.

Der Fußgendarm Gustav Adolph Pritschow ist als Polizeisergeant in Berlin angestellt worden.

Dem Fräulein Therese von Zastrow und der unverehelichten Henriette Wilhelmine Bertha Stuttmeister in Berlin ist die Erlaubniß zur Uebernahme einer Stelle als Erzieherin von Seiten des Königl. Polizei-Präsidiums daselbst ertheilt worden.

Vermischte Nachrichten.

Das Königl. Ministerium des Innern hat mittelst Reskripts vom 23. Februar d. J. dem Arbeitsmann Christian Friedrich Heffener zu Hönow für die bewirkte Rettung des Dienstjungen Hörnicke aus der Gefahr des Ertrinkens, die zur Aufbewahrung bestimmte Erinnerungsmedaille für Lebensrettung verliehen. Potsdam, den 4. März 1844.
Königl. Regierung. Abtheilung des Innern.

Dem Garde-Pionier Georg Wilhelm Damm hierselbst ist für die Rettung eines Mannes aus der Gefahr des Ertrinkens, die für Lebensrettung gestiftete Erinnerungsmedaille verliehen worden. Berlin, den 12. Februar 1844.
Königl. Polizei-Präsidium.

Dem Bombardier von der 12ten Kompagnie der Garde-Artillerie-Brigade, Karl Friedrich Sohn, ist für die Rettung eines Frauenzimmers aus der Gefahr des Ertrinkens, die für Lebensrettung gestiftete Erinnerungsmedaille verliehen worden. Berlin, den 12. Februar 1844.
Königl. Polizei-Präsidium.

(Hierbei ein öffentlicher Anzeiger.)

61

Amtsblatt
der Königlichen Regierung zu Potsdam
und der Stadt Berlin.

Stück 12.   Den 22. März.   **1844.**

Verordnungen und Bekanntmachungen,
welche den Regierungsbezirk Potsdam ausschließlich betreffen.

Potsdam, den 17. März 1844.

№ 61.
Aushändigung der Quittungen über eingezahlte Veräußerungs- und Ablösungs-Kapitalien.
III. 1855.
März.

Die von der Regierungs-Hauptkasse ausgestellten Quittungen über die im vierten Quartal des abgelaufenen Jahres zur Ablösung von Domanial-Abgaben eingegangenen Kapitalien und über eingezahlte Veräußerungsgelder sind, insoweit die vorschriftsmäßige Bescheinigung derselben Seitens der Königl. Hauptverwaltung der Staatsschulden erfolgt ist, den betreffenden Spezialkassen zur Aushändigung an die Interessenten zugesandt worden. Die Letzteren haben sich daher bei den gedachten Kassen zur Empfangnahme der bescheinigten Quittungen, gegen Zurückgabe der vorher erhaltenen Interimsquittungen, zu melden.

Königl. Regierung.
Abtheilung für die Verwaltung der direkten Steuern, Domainen und Forsten.

Verordnungen und Bekanntmachungen des Königl.
Kammergerichts.

№ 2.
Die wegen verübten qualifizirten Betruges erkannten Geldstrafen betreffend.

Die Königl. Regierung zu Potsdam ist angewiesen worden, diejenigen Geldstrafen, welche durch Kriminal-Erkenntnisse als Strafen wegen verübten qualifizirten Betruges erkannt werden, als fiskalische in Anspruch zu nehmen, und bei eingelegtem Widerspruche der mit Kriminalgerichtsbarkeit bekleideten Jurisdiktionen das Weitere im Wege Rechtens zu verfolgen. Damit nun die Königl. Regierung in den Stand gesetzt werde, in den geeigneten Fällen die Rechte des Fiskus wahrzunehmen, werden die Stadt- und Patrimonialgerichte des Departements, welchen die Kriminalgerichtsbarkeit zusteht, und wo Fiskus nicht selbst Jurisdiktionar ist, hiermit angewiesen, von allen ergehenden derartigen Erkenntnissen, diese mögen von ihnen selbst oder von dem untergeschneten Kammergerichte abgefaßt sein, vorher der Königl. Regierung zu Potsdam Nachricht zugehen zu lassen. Berlin, den 26. Februar 1844.

Königl. Preuß. Kammergericht.

Verordnungen und Bekanntmachungen der Behörden der Stadt Berlin.

№ 17.
Das Leichen-fuhrwesen betreffend.

Der Unternehmer des hiesigen Leichenfuhrwesens ist berechtigt, bei stattfindenden Beerdigungen von den zahlungsfähigen Hinterbliebenen der Verstorbenen folgende tarmäßigen Gebühren einzuziehen:

A. Für den großen Leichenwagen:
a) mit sechs Pferden bespannt, funfzehn Thaler;
b) mit vier Pferden bespannt, zehn Thaler;
c) mit zwei Pferden bespannt, fünf Thaler.

B. Für den Mittel-Leichenwagen,
mit zwei Pferden bespannt, einen Thaler funfzehn Silbergroschen.

C. Für den kleinen Leichenwagen,
mit zwei Pferden bespannt, zwei und zwanzig Silbergroschen sechs Pfennige.

D. Für den Kinder-Leichenwagen:
a) für den besseren, mit zwei Pferden bespannt, einen Thaler fünf Silbergroschen;
b) für den gewöhnlichen, mit zwei Pferden bespannt, zwanzig Silbergroschen.

E. Für eine schwarze Trauerkutsche:
a) wenn sechs Pferde vor dem Leichenwagen gespannt sind, einen Thaler funfzehn Silbergroschen;
b) wenn vier Pferde vor dem Leichenwagen begehrt werden, einen Thaler zehn Silbergroschen;
c) wenn nur zwei Pferde vor demselben verlangt werden, einen Thaler fünf Silbergroschen.

F. Für Anfertigung der Gestelle und Unterspinden, auf denen
der Sarg steht, auch für Belegung des Bodens unter den Gestellen
mit schwarzem Tuche,
einen Thaler bis einen Thaler zehn Silbergroschen.

G. Für jeden Leichenträger:
a) wenn der große Leichenwagen genommen wird, fünf und zwanzig Silbergroschen;
b) wenn der Mittel-Leichenwagen genommen wird, siebenzehn Silbergroschen sechs Pfennige;
c) wenn der kleine Leichenwagen genommen wird, zwölf Silbergroschen sechs Pfennige.

H. Für den Leichenbitter:
a) wenn der große Leichenwagen genommen wird, drei Thaler;

b) wenn der Mittel-Leichenwagen genommen wird, zwei Thaler funfzehn Silbergroschen;
c) wenn der kleine Leichenwagen genommen wird, zwei Thaler.

I. Für jeden der Leichendiener,

welche das Oeffnen und Verschließen der Kutschenschläge bei dem Leichenwagen
folgenden Trauerwagen vor dem Trauerhause und auf dem Beerdigungsplatze zu
besorgen haben, wenn solche von den Hinterbliebenen des Verstorbenen begehrt
werden:

a) bei einem großen Leichenwagen, funfzehn Silbergroschen;
b) bei einem Mittel-Leichenwagen, zehn Silbergroschen.

Bei Verzögerung eines Leichenkondukts über die bestimmte Zeit, wenn solche
Seitens des Trauerhauses herbeigeführt wird und eine halbe Stunde beträgt,
ist der Unternehmer des hiesigen Leichenfuhrwesens berechtigt, den vierten Theil
der tarmäßigen Gebühren dafür als Entschädigung zu begehren.

Höhere Sätze, als die vorbezeichneten, dürfen überall nicht, eben so wenig
besondere Gebühren für Mäntel, Flore, Pferde und andere Decken, noch für
Pferdegeschirre oder sonstige Gegenstände in Ansatz gebracht, noch auch für den
Schirmmeister und die Kutscher Trinkgelder verlangt werden.

Berlin, den 12. März 1844. Königl. Polizei-Präsidium.

Personalchronik.

Zu Kammergerichts-Assessoren sind ernannt: der bisherige Kammergerichts-Referenda-
rius Johann Heinrich Friedrich Theodor Grangé, der bisherige Oberlandesgerichts-
Assessor Karl Friedrich Ludwig Heinrich von Herford, der bisherige Kammergerichts-
Referendarius Philipp Adolph Wilhelm Schulin und der bisherige Oberlandesgerichts-
Referendarius Adolph Heinrich Ferdinand Müller.

Der bisherige Oberlandesgerichts-Auskultator Wilhelm Friedrich August Ziegler ist
zum Kammergerichts-Auskultator ernannt.

Der bisher beim Oberlandesgericht zu Paderborn beschäftigt gewesene Kammergerichts-
Auskultator Friedrich Wilhelm Lissen ist in seine Dienstverhältnisse im diesseitigen Departement wieder eingetreten, und dem Königl. Stadtgerichte in Berlin zur Beschäftigung
überwiesen.

Aus ihren Dienstverhältnissen im diesseitigen Departement sind auf ihren Antrag entlassen worden: der Kammergerichts-Auskultator Meier, Behufs seines Ueberganges in
das Departement des Oberlandesgerichts zu Marienwerder, der Kammergerichts-Auskultator Gustav Theodor Fichtner, Behufs seines Ueberganges in das Departement des Oberlandesgerichts zu Glogau, der Kammergerichts-Auskultator Konstantin von Briesen,
Behufs seines Uebertritts zur Verwaltungsparsie, der Kammergerichts-Auskultator Heinrich Schlenther, Behufs seines Ueberganges in das Departement des Oberlandesgerichts
zu Insterburg, und der zum Kammergerichts-Referendarius beförderte bisherige Kammergerichts-Auskultator Johann Friedrich Meier, Behufs seines Uebertritts in das Departement des Oberlandesgerichts zu Marienwerder.

Der Justiz-Kommissarius und Notarius, Justizrath Augustin zu Wriezen, ist in
gleicher Eigenschaft an das Land- und Stadtgericht zu Soldin, und der Justiz-Kommissarius und Notarius Wilberg zu Soldin in gleicher Eigenschaft an das Land- und Stadtgericht Wriezen versetzt worden.

Patrimonialgerichte. Die Verwaltung des Patrimonialgerichts Neuenfeld ist dem Kammergerichts-Assessor Weyssel zu Prenzlau, Groß-Beeren dem Kammergerichts-Assessor und Stadtrichter Holzapfel zu Wittenwalde, und Berlitt dem Justizrath Felsch zu Kyritz übertragen.

Bei dem Stadtgerichte zu Berlin ist der bisherige Zollsupernumerarius Götsch zum Salarienkassen-Assistenten bestellt worden.

Dem Lehrer Gustav Adolph Hoffmann und dem Kandidaten der Theologie Karl Wilhelm Franz Gründler ist die Erlaubniß zur Uebernahme einer Hauslehrerstelle von Seiten des Königl. Polizei-Präsidiums in Berlin ertheilt worden.

Zu Schiedsmännern sind im Monat Februar 1844 im Departement des Kammergerichts erwählt. Zum ersten Mal: der Justizrath und Stadtsyndikus Fliß zu Prenzlau für den Jakobibezirk daselbst, der Kaufmann und Rathsherr Grabow zu Prenzlau für den Königsbezirk daselbst, der Ritterschafts-Registrator Schmidt zu Prenzlau für den Ueberbezirk daselbst, der Gastwirth Lüdke zu Prenzlau für den Ravichbezirk daselbst, der Bäckermeister Suhr zu Prenzlau für den Johannisbezirk daselbst, der Amtmann Friedrich Wilhelm Seefeld zu Zeeskow für den 12ten ländlichen Bezirk des Osthavelländischen Kreises, und der Rittergutsbesitzer Rudolph Eduard Beyl zu Gortz für den 6ten ländlichen Bezirk des Westhavelländischen Kreises. Zu wiederholten Malen: der Schuhmachermeister Herrmann zu Prenzlau für den Klosterbezirk daselbst, der Bäckermeister Stahlburg zu Prenzlau für den Rolandsbezirk daselbst, der Mühlenmeister Barschhippe zu Prenzlau für den Mühlenbezirk daselbst, der Rittergutsbesitzer Johann Friedrich August Eckardt auf Churland für den 10ten ländlichen Bezirk des Westhavelländischen Kreises, der Gastwirth Johann Friedrich Heydert zu Plaue für den 8ten ländlichen Bezirk des Westhavelländischen Kreises, der Postexpediteur Johann Daniel Rauck in Dahme für die Stadt Dahme, und der Gutsbesitzer, Lieutenant Karl Gustav Eduard Pitterko zu Zagelsdorf für den 8ten ländlichen Bezirk des Jüterbogk-Luckenwalder Kreises.

Vermischte Nachrichten.

Dem im Königl. Menzer Forstreviere unfern des Stechlin-Sees im Ruppinschen Kreise neu errichteten Förster-Etablissement ist die Benennung:

»Försterei am Stechlin-See«,

und dem im Jahre 1833 neu erbauten Forst-Etablissement bei Neu-Globsow, welches diese Benennung in Gemäßheit unserer Bekanntmachung vom 1. August 1833 (Amtsblatt de 1833 Seite 194) bisher führte, die Benennung:

»Försterei bei Neu-Globsow«

beigelegt worden, was mit dem Bemerken zur öffentlichen Kenntniß gebracht wird, daß hierdurch in den Kommunal- und Jurisdiktions-Verhältnissen dieser Etablissements eine Veränderung nicht herbeigeführt wird.

Potsdam, den 9. März 1844.

Königl. Regierung. Abtheilung des Innern.

(Hierbei zwei öffentlicher Anzeiger.)

Amtsblatt
der Königlichen Regierung zu Potsdam
und der Stadt Berlin.

Stück 13.   Den 29. März.   **1844.**

Verordnungen und Bekanntmachungen
für den Regierungsbezirk Potsdam und für die Stadt Berlin.

Potsdam, den 19. März 1844.

In Gemäßheit der in der Allerhöchsten Kabinetsordre vom 3. Oktober 1839 enthaltenen Bestimmung, nach welcher die Landtags-Abschiede fernerhin durch die Amtsblätter der Regierungen zur Kenntniß des Publikums gebracht werden sollen, ist ein Abdruck des von des Königs Majestät unterm 30. Dezember v. J. Allerhöchst vollzogenen Landtags-Abschiedes für die, zum achten Provinzial-Landtage versammelt gewesenen Stände der Kur- und Neumark Brandenburg und des Markgrafthums Niederlausitz, dem gegenwärtigen 13ten Stücke des Amtsblatts als eine außerordentliche Beilage beigefügt worden, worauf hiermit besonders aufmerksam gemacht wird.   Königl. Regierung.   Abtheilung des Innern.

№ 62
Landtags-
Abschiede.
I. 674. März.

Potsdam, den 23. März 1844.

Im Auftrage des Königl. Ober-Präsidiums der Provinz Brandenburg wird hierdurch zur öffentlichen Kenntniß gebracht, daß die Verhandlungen des achten Provinzial-Landtages der Mark Brandenburg und des Markgrafthums Niederlausitz, welche sämmtliche ständische Gutachten auf die Allerhöchsten Propositionen und sämmtliche ständische Petitionen mit dem darauf ergangenen Allerhöchsten Landtagsabschiede vom 30. Dezember v. J., so wie in einem besondern Beilageheste die dem Provinzial-Landtage zur Berathung vorgelegenen Gesetz-Entwürfe und dazu gehörigen Motive enthalten, in der Nauck'schen Buchhandlung zu Berlin zu haben, und von derselben, so wie durch alle Buchhandlungen für den Preis von 1 Thlr. 15 Sgr. zu beziehen sind.   Königl. Regierung.   Abtheilung des Innern.

№ 63.
Verhandlungen des achten
Provinzial-
Landtages der
Mark Brandenburg und
des Markgrafthums Niederlausitz.
I. 1469. März.

Potsdam, den 14. März 1844.

Des Königs Majestät haben durch die Allerhöchste Ordre vom 1. Juli v. J. in der Person des Bauraths von Quast einen Konservator der Kunstdenkmäler in der ganzen Monarchie zu ernennen geruhet.

Derselbe wird bei seinen Umreisen von allen, sich im öffentlichen Besitz befindlichen Denkmälern, sowohl Baugegenständen, als Bildwerken, Gemählden, Kunstgeräthen re. und ihrer Beschaffenheit Kenntniß nehmen.

№ 64.
Ernennung
eines Konservators der
Kunstdenkmäler in der ganzen Monarchie.
I. II. 720.
Februar.

Sämmtliche Lokalbehörden, insbesondere die Baubeamten unseres Verwaltungsbezirks werden beauftragt, dem 2c. von Quast, sei es mündlich an Ort und Stelle, oder schriftlich, auf sein Verlangen die erforderliche Auskunft und Mittheilung zu gewähren, auch dessen Anweisungen, wo derselbe sich etwa veranlaßt finden möchte, eine schon angeordnete, nicht angemessen erscheinende Restauration zu sistiren, unweigerlich Folge zu leisten.

Imgleichen haben alle Behörden und Korporationen unseres Verwaltungs-Bezirks von jeder etwa beabsichtigten oder vorfallenden Veränderung, oder Translozirung eines dergleichen Kunstdenkmals, so wie von jedem neu aufgefundenen Gegenstande dieser Art uns unverzüglich in Kenntniß zu setzen und unsere desfallsige Bestimmung zu erwarten, und werden dieselben endlich auch hierdurch verpflichtet, der Königl. General-Direktion der Museen zu Berlin jede von dieser etwa verlangte Auskunft über das Bestehen und die Beschaffenheit solcher Kunstdenkmäler unweigerlich zu ertheilen.

Diese Vorschriften gelten übrigens für alle dergleichen Kunstdenkmäler, ausschließlich derjenigen, welche sich in völlig freiem Privatbesitz befinden.

Königl. Regierung. Abtheilung des Innern.

Verordnungen und Bekanntmachungen, welche den Regierungsbezirk Potsdam ausschließlich betreffen.

Potsdam, den 22. März 1844.

№ 65.
Gebühren für
die ärztliche
Untersuchung
erkrankter
Transportaten.
II. 1325. Febr.

Einem Reskripte der Königl. Ministerien der 2c. Medizinal-Angelegenheiten und des Innern vom 31. Januar d. J. zufolge, sollen hinsichtlich der Gebühren der Aerzte und Wundärzte für Untersuchung erkrankter Transportaten und für Ausstellung desfalliger Atteste die nämlichen allgemeinen Grundsätze in Anwendung gebracht werden, welche in der Zirkular-Verfügung des Königl. Ministeriums der geistlichen, Unterrichts- und Medizinal-Angelegenheiten vom 21. November 1837 (Amtsblatt 1837 Stück 51 S. 413) in Beziehung auf die Entschädigung der Zivil-Medizinalpersonen für die Untersuchung und Behandlung von Militairpersonen, die auf dem Marsche erkrankten, ausgesprochen worden sind. Demgemäß ist über diese Gebühren Folgendes festgestellt worden:

1) Die Kreis-Physiker und Kreis-Chirurgen sind an ihrem Wohnorte zur Untersuchung des Gesundheitszustandes eines Transportaten, und erforderlichen Falles zur Ausstellung eines Attestes darüber ex officio verpflichtet.

Wenn der Kreis-Physikus oder Kreis-Chirurgus genöthigt ist, zu dem fraglichen Behufe eine Reise zu unternehmen, so ist derselbe berechtigt, dafür die ihm reglementsmäßig zugebilligten Diäten und Transportkosten zu fordern; doch darf er auch in diesem Falle für die Ausstellung des Attestes nicht besonders liquidiren.

2) In Beziehung auf die nicht im Staatsdienste stehenden Medizinalpersonen:

a) der promovirte Arzt sowohl, wie der Wundarzt erster und zweiter

Klasse erhält, wenn die Untersuchung in seiner eigenen Wohnung geschieht, für die Ausstellung des Attestes eine Remuneration von 10 Sgr.;

b) befindet sich der Transportat an demselben Orte, die Untersuchung geschieht aber außerhalb der Wohnung der requirirten Medizinalperson, so ist außerdem

der promovirte Arzt .... 20 Sgr., und
der Wundarzt erster oder zweiter Klasse 10 Sgr.

für den Besuch zu liquidiren berechtigt;

c) ist die requirirte Medizinalperson genöthigt, Behufs der Untersuchung des Transportaten eine Reise zu unternehmen, so hat dieselbe außer der Gebühr für das ausgestellte Attest, die taxmäßig festgesetzten Diäten und Transportkosten zu liquidiren.

Da es übrigens unter Umständen zur Ersparung von Kosten dienen kann, in zweifelhaften Fällen einen Wagentransport bis zum Wohnsitze der nächsten Medizinalperson anzuordnen, statt die letztere nach dem Orte hinzureisen zu lassen, von welchem der Transport abgefertigt wird, so werden die betreffenden Behörden auch hierauf, jedoch mit dem Bemerken aufmerksam gemacht, daß dieses Verfahren in sonst dazu geeigneten Fällen nur dann einzuschlagen ist, wenn der Zustand des zu untersuchenden Kranken es gestattet.

Wenn sich endlich bei der Untersuchung eines Transportaten die Nothwendigkeit einer gleichzeitig einzuleitenden curativen Behandlung herausstellt, so finden hinsichtlich der dafür zu gewährenden Remuneration in allen Fällen die, in der Medizinaltaxe für die verschiedenen Klassen des Heilpersonals festgesetzten Bestimmungen Anwendung. — Ein nach § 9 Nr. II zu 2 und § 16 der General-Transport-Instruktion vom 16. September 1816 erfordertes Gutachten von Wundärzten zweiter Klasse darf nur nach Maaßgabe ihrer Befähigung, also lediglich dann eingeholt werden, wenn es sich um einen rein chirurgischen Fall handelt.　　　　Königl. Regierung. Abtheilung des Innern.

Potsdam, den 21. März 1844.

№ 66.
Rindvieh-
Lungenseuche.
I. 1471. März.

Da in Bredow (Osthavelländischen Kreises) die Lungenseuche nur unter dem Rindviehstande der Gutsherrschaft, und nicht dem Rindvieh der Kommune zum Ausbruche gekommen, dieses vielmehr gesund und außer aller Berührung mit dem Viehstande des Dominiums ist, so ist nur der letztere unter Sperre gesetzt worden, und wird hiernach die Bekanntmachung vom 2. d. M. (Amtsblatt Nr. 55 S. 51) dahin modifizirt, daß das Dorf Bredow mit Ausschluß des Ritterguts von der Sperre für Rindvieh frei bleibt.

Königl. Regierung. Abtheilung des Innern.

Potsdam, den 21. März 1844.

№ 67.
Interimisti-
sche Verwal-
tung der Rent-

Die interimistische Verwaltung der früher von dem Domainen-Rentmeister Buffe verwalteten Rent- und Polizeiämter Potsdam, Saarmund und Bornstädt und der damit vereinigten Forstkasse, ist vom 1. April 1844 ab dem Domainen-

Rentmeister Müller übertragen worden, und befindet sich die Expedition von
dieser Zeit ab in dem Hause Berliner Straße Nr. 7 h. zu Potsdam.

Königl. Regierung.

Abtheilung für die Verwaltung der direkten Steuern, Domainen und Forsten.

Potsdam, den 19. März 1844.

Der Regierungs-Sekretariats-Assistent Lenzer ist nach Berufung des Domainen-Rentmeisters Müller zur Verwaltung der Rentämter Potsdam, Saarmund und Bornstädt und der damit vereinigten Forstkasse mit der interimistischen Verwaltung des Rent- und Polizeiamts Lehnin und der damit vereinigten
Forstkassen vom 26. März 1844 ab beauftragt worden.

Königl. Regierung.

Abtheilung für die Verwaltung der direkten Steuern, Domainen und Forsten.

Potsdam, den 18. März 1844.

Die noch immer vorkommenden Veruntreuungen der Schiffer bei den Salz-
transporten würden nicht in dem Maaße stattfinden können, wenn Letztere nicht
unter den Bewohnern der Ufergegenden Abnehmer des veruntreuten Salzes fänden. Wir sehen uns daher veranlaßt, die Bestimmungen der Verordnung vom
5. Mai 1809, betreffend den Ankauf des Getreides, Holzes und anderer gewöhnlicher Ladungsgegenstände der Schiffer und Schiffsknechte, welche dahin lautet:

»Wir Friedrich Wilhelm, von Gottes Gnaden König von Preußen ꝛc. ꝛc.
thun kund und fügen hiermit zu wissen:

Da die Schiffer und Schiffsknechte öfters die ihnen anvertraute Ladung
veruntreuen, auch wohl durch deren Anfeuchtung ihre Schwere zu vergrößern
suchen, damit sie das alsdann sich ergebende Uebergewicht unter dem Namen
von Ueberfahn oder Sprott verkaufen können, so verordnen Wir, wie folgt:

1) Was der Schiffer von seiner Ladung verkauft, ist in der Regel als gestohlen zu betrachten.

2) Besonders gilt dies von dem Falle, wenn der Schiffer dem Getreide
und ähnlichen Ladungen durch Anfeuchtung ein Uebergewicht zu verschaffen sucht, oder dieses durch die natürliche Feuchtung bewirkt wird, und
er sodann den, das bestimmte Gewicht übersteigenden Theil der Ladung
unter dem Namen von Sprott, Ueberkahn u. s. w. verkauft.

3) Wer den Schiffern oder den Schiffsknechten von der Ladung der Kähne
oder Stromschiffe wissentlich etwas abkauft, wird wie ein Diebeshehler,
dem Diebe gleich gestraft. (Allg. Landrecht Theil II Tit. 20 § 1208).

4) Da Schiffer in der Regel nicht für Getreide- oder Holzhändler, oder
Landwirthe, Kaufleute oder Krämer gehalten werden können, so ist auch
der als ein Diebeshehler anzusehen, welcher unbekannten Schiffern oder
Schiffsknechten Getreide, Heu, Holz, Kaufmannswaaren und andere gewöhnliche Schiffsladungen abkauft, wenn auch diese Sachen sich außer
dem Kahne befinden.

5) Auch

5) Auch der, welcher weiß, daß der Schiffer in seiner Heimath Holz, Garten- oder Feldfrüchte anbaue, wird doch wegen des Ankaufs solcher Sachen von dem Schiffer nur alsdann entschuldigt, wenn die übrigen Umstände des Kaufs von der einen und des Verkaufs von der andern Seite keinen gegründeten Verdacht erregen können.

Urkundlich ist diese Verordnung durch Unsere Höchsteigenhändige Unterschrift und Beidrückung Unseres Königlichen Insiegels vollzogen.

Gegeben Königsberg, den 5. Mai 1800.

(L. S.) (gez.) **Friedrich Wilhelm.**
Dohna. Beyme.«

wiederholt in Erinnerung zu bringen, und zugleich auf die der Strafe des Diebstahls gleichkommende Strafe derjenigen aufmerksam zu machen, welche von den mit dem Transporte von Salzladungen beauftragten Schiffern oder Schiffsknechten Salz ankaufen.

Die Polizeibehörden und Steuerbeamten der betreffenden Gegenden werden hierdurch zugleich angewiesen, auf diesen unerlaubten Salzverkehr ein wachsames Auge zu haben.   **Königl. Regierung.**
Abtheilung für die Verwaltung der indirekten Steuern.

Verzeichniß der Vorlesungen,
welche auf der Königlichen Thierarzneischule im bevorstehenden Sommersemester vom 15. April d. J. an gehalten werden.

1. Herr Geheime Medizinalrath und Direktor Dr. Albers wird Montags, Dienstags, Donnerstags und Freitags von 9 bis 10 Uhr Botanik vortragen, und damit an geeigneten Tagen Exkursionen verbinden.

2. Herr Professor Dr. med. Gurlt wird Montags, Dienstags, Mittwochs und Freitags, Nachmittags von 2 bis 3 Uhr, die Naturgeschichte als allgemeine Uebersicht und Eintheilung der gesammten organischen Natur lehren, Montags, Dienstags, Donnerstags und Freitags von 9 bis 10 Uhr die Physiologie, und an denselben Tagen von 10 bis 11 Uhr allgemeine Pathologie und Therapie vortragen. Die Sektionen der in den Krankenställen gefallenen Thiere geschehen unter seiner Leitung.

3. Herr Professor Dr. med. Hertwig wird täglich des Vormittags von 7 bis 10 Uhr und des Nachmittags von 4 bis 6 Uhr den praktischen Unterricht in den Krankenställen ertheilen. Dienstags, Donnerstags und Sonnabends, des Morgens von 6 bis 7 Uhr, wird derselbe Vorlesungen über Exterieur und Hufbeschlag des Pferdes, und täglich von 11 bis 12 Uhr über Arzneimittellehre halten.

4. Herr Professor Dr. philos. Störig wird Montags, Mittwochs und Freitags von 10 bis 11 Uhr über Züchtung und Diätetik des Schaafes, verbunden mit der Lehre über Wollkunde lesen, und Montags, Dienstags, Donnerstags und Freitags von 5 bis 6 Uhr Physiologie vortragen.

5. Herr Professor Dr. philos. Erdmann hält Dienstags, Donnerstags und Sonnabends, Morgens von 8 bis 9 Uhr, über Pharmakologie und Formulare, und Montags, Mittwochs und Freitags von 8 bis 9 Uhr über Physik Vorträge. Außerdem leitet derselbe täglich die pharmazeutischen Arbeiten in der Schulapotheke.

6. Herr Dr. philos. Spinola trägt täglich von 7 bis 8 Uhr Morgens den zweiten Theil der speziellen Pathologie und Therapie der sämmtlichen Krankheiten der Hausthiere vor, und wird, mit Zuziehung von Eleven der Anstalt, erkrankte Hausthiere, mit Ausnahme der Pferde und Hunde, sowohl in hiesiger Residenz, als im ganzen Teltowschen, Niederbarnimschen und Osthavelländischen Kreise, in den Ställen ihrer Besitzer auf Verlangen thierärztlich behandeln.

7. Herr Professor Bürde hält Dienstags, Mittwochs und Freitags, von 5 bis 6 Uhr Nachmittags, Vorträge über Geschichte und Charakteristik der vorzüglichsten Pferderacen.

8. Herr Kreisthierarzt und Repetitor Wendenburg wird über den zweiten Theil der Chirurgie Dienstags, Mittwochs, Donnerstags und Freitags von 11 bis 12 Uhr lesen, und außerdem in geeigneten Stunden die Operationsübungen leiten.

9. Herr Kreisthierarzt und Repetitor Drolshagen wird täglich von 9 bis 10 Uhr praktischen Unterricht über die zur Anstalt gebrachten kranken Hunde und kleineren Hausthiere ertheilen, und außerdem dem Herrn Professor Dr. Hertwig bei Behandlung der kranken Pferde assistiren.

10. Ein dritter Repetitor wird Montags, Dienstags, Donnerstags und Freitags, Morgens von 6 bis 7 Uhr, über allgemeine Pathologie und Therapie, und Montags, Dienstags, Donnerstags und Freitags, von 6 bis 7 Uhr Abends, über den zweiten Theil der speziellen Pathologie und Therapie der Krankheiten der Hausthiere. Repetitionen halten.

11. Herr Schmiedelehrer Hoffmeister wird die praktischen Uebungen in der Instruktionsschmiede täglich leiten.

Dies wird hierdurch mit dem Beifügen bekannt gemacht, daß, da die Aufnahme neuer Eleven nur einmal im Jahre, und zwar zu Michaelis stattfindet, zu dem bevorstehenden Sommersemester keine neuen Schüler rezipirt werden können, wogegen hospitirenden Zuhörern die Theilnahme an dem Unterrichte gegen das übliche Honorar nach wie vor freisteht. Berlin, den 19. März 1844.

Königl. Kuratorium.

Abtheilung für die Thierarzneischul-Angelegenheiten.

(Hierbei als außerordentliche Beilage ein Abdruck des Allerhöchst vollzogenen Landtags-Abschiedes für die zum achten Provinzial-Landtage der Mark Brandenburg und des Markgrafthums Niederlausitz versammelt gewesenen Stände, ingleichen die chronologische Uebersicht der im 1sten Quartal 1844 im Amtsblatte erschienenen Verordnungen und Bekanntmachungen, und ein öffentlicher Anzeiger.)

Amtsblatt
der Königlichen Regierung zu Potsdam
und der Stadt Berlin.

Stück 14.   Den 5. April.   **1844.**

Es ist der Zweifel erhoben: ob bei der nach § 431 Theil II Tit. 11 des Allgemeinen Landrechts in den Fällen, wo eine Parochialhandlung von dem Geistlichen einer andern Konfession vorgenommen werden soll, als zu welcher der Eingepfarrte gehört, vorgeschriebenen, und nach der Bekanntmachung vom 9. Februar 1842 (Amtsblatt de 1842 № 11 Seite 73) in Folge einer Allerhöchsten Kabinets-Ordre vom 6. November 1841 fortan bei evangelischen Geistlichen von den Superintendenten, und bei katholischen Geistlichen von den Landräthen zu ertheilenden Erlaubniß des Staats, annoch ein Dimissoriale von dem zuständigen Pfarrer zu ertheilen sei, und die Stolgebühren vorausbezahlt werden müßten.

Auf eine desfallsige Anfrage hat des Königlichen Geheimen Staats-Ministers Herrn Eichhorn Excellenz entschieden, daß in dergleichen Fällen der Staats-Konsens die Stelle des Dimissoriales vertrete, und daher weder ein solches, noch die Vorausbezahlung der Gebühren erforderlich sei.

Diese Entscheidung wird hiermit zur öffentlichen Kenntniß gebracht.

Potsdam, den 18. März 1844.

Der Ober-Präsident der Provinz Brandenburg.
(gez.)   von Meding.

Nachdem durch die Allerhöchste Kabinets-Ordre vom 1. März v. J. (conf. Amtsblatt de 1843 Seite 179) die Termine zur Annahme der Freiwilligen zum einjährigen Militairdienste auf den 1. April und 1. Oktober jeden Jahres bestimmt worden sind, ist es für angemessen erachtet, die Prüfung der sich zum freiwilligen, einjährigen Dienste meldenden Militairpflichtigen auch nur in solchen Terminen stattfinden zu lassen, welche jenen Annahme-Terminen entsprechen. In Folge dessen wird von diesem Jahre ab der im § 8 der Instruktion vom 5. September 1822 (Amtsblatt de 1822 Seite 197) bestimmte, zweite Prüfungstermin am 1. Juli ausfallen, und werden künftig die Prüfungen nur in den ersten Tagen der Monate März und September jeden Jahres abgehalten werden.

Die auf die Begünstigung des freiwilligen, einjährigen Dienstes Anspruch habenden Militairpflichtigen werden hierauf aufmerksam gemacht und veranlaßt, ihre Meldung bei der Departements-Prüfungskommission, welche nach dem Ministerial-

Erlasse vom 15. April pr. (conf. Amtsblatt de 1843 Seite 167) vor dem 1. Mai des Jahres, in welchem sie 20 Jahr alt werden, stattfinden muß, danach einzurichten.

Potsdam, den 28. März 1844.

Der Ober-Präsident der Provinz Brandenburg.

(gez.)   von Meding.

Verordnungen und Bekanntmachungen für den Regierungsbezirk Potsdam und für die Stadt Berlin.

Bekanntmachung,

die Auszahlung der zum 1. Mai 1844 gekündigten 48,000 Thlr. Kurmärkischer Schuldverschreibungen betreffend.

No 70.
Auszahlung gekündigter Kur- und Neumärkischer Schuldverschreibungen. C. 172. März.

Die Einlösung der in der fünften Verloosung gezogenen, durch das Publikandum vom 20. Dezember v. J. zur baaren Auszahlung am 1. Mai d. J. gekündigten Kurmärkischen Schuldverschreibungen, im Betrage von 48,000 Thlr., und die Realisation des zu denselben gehörigen, am 1. Mai d. J. fälligen Zinskoupons, Serie II No 1, soll schon vom 1. April d. J. ab bei der Staatsschulden-Tilgungskasse, hier in Berlin (Taubenstraße No 30), in den Vormittagsstunden erfolgen. Den außerhalb Berlin wohnenden Inhabern solcher gekündigten Kurmärkischen Schuldverschreibungen bleibt überlassen, diese sofort an die nächste Regierungs-Hauptkasse, unter Beifügung doppelter Verzeichnisse, in welchen die Obligationen nach Littern, Nummern und Geldbeträgen aufzuführen sind, portofrei, zur weiteren Beförderung an die Staatsschulden-Tilgungskasse, zu übersenden, und die Kapitalbeträge bis zum 1. Mai d. J. bei der Regierungs-Hauptkasse gegen vorschriftsmäßige Quittung in Empfang zu nehmen, da von diesem Tage ab die Verzinsung aufhört. Berlin, den 21. März 1844.

Hauptverwaltung der Staatsschulden.

Rother. v. Berger. Natan. Köhler. Knoblauch.

Bekanntmachung,

die Auszahlung der zum 1. Juli 1844 gekündigten 11,700 Thlr. Neumärkischer Schuldverschreibungen betreffend.

Die Einlösung der in der fünften Verloosung gezogenen, durch das Publikandum vom 20. Dezember v. J. zur baaren Auszahlung am 1. Juli d. J. gekündigten Neumärkischen Schuldverschreibungen, im Betrage von 11,700 Thlr., und die Realisation des zu denselben gehörigen, am 1. Juli d. J. fälligen Zinskoupons, Serie II Nr. 2, soll schon vom 1. Juni d. J. ab bei der Staatsschulden-Tilgungskasse, hier in Berlin (Taubenstraße Nr. 30), in den Vormittagsstunden erfolgen. Den außerhalb Berlin wohnenden Inhabern solcher gekündigten Neumärkischen Schuldverschreibungen bleibt überlassen, diese sofort an die nächste Regierungs-Hauptkasse, unter Beifügung doppelter Verzeichnisse, in welchen die Obligationen nach Littern, Nummern und Geldbeträgen aufzuführen sind, portofrei, zur weiteren Be-

förderung an die Staatsschulden = Tilgungskasse, zu übersenden, und die Kapital-
beträge bis zum 1. Juli d. J. bei der Regierungs-Hauptkasse gegen vorschriftsmäßige
Quittung in Empfang zu nehmen, da von diesem Tage ab die Verzinsung aufhört.
Berlin, den 21. März 1844.

Hauptverwaltung der Staatsschulden.

Rother. v. Berger. Natan. Köhler. Knoblauch.

Potsdam, den 30. März 1844.

Vorstehende beide Bekanntmachungen der Königl. Hauptverwaltung der Staatsschulden werden in Verfolg der Bekanntmachung vom 16. Januar d. J. № 17,
Stück 4 des diesjährigen Amtsblatts, hiermit zur öffentlichen Kenntniß gebracht.

Königl. Regierung.

Potsdam, den 21. März 1844.

In Beziehung auf die, der Bekanntmachung des Herrn Finanz-Ministers Exzellenz vom 13. Dezember 1841 (Amtsblatt Jahrgang 1841 Seite 340) unter
№ I beiliegende Uebersicht der Steuersätze, welche in denjenigen Vereinsstaaten,
wo innere Steuern auf die Hervorbringung oder Zubereitung gewisser Erzeugnisse
gelegt sind, von den gleichnamigen vereinsländischen Erzeugnissen erhoben werden,
sind seit dem Erlasse jener Bekanntmachung folgende Veränderungen eingetreten:

1) Zu I 1, II 1, III 1 und V 1 der hier genannten Staaten tritt Braunschweig noch hinzu.

2) Zu II 7. Der Betrag der Uebergangsabgabe, welche die freie Stadt Frankfurt vom Bier erhebt, ist von 40 Kr. auf 1 Fl. = 17 Sgr. 1½ Pf. erhöhet.

3) Zu III 1. In den hier aufgeführten Staaten und in dem hinzugetretenen
Herzogthume Braunschweig wird vom Branntwein aus dem Fürstenthume
Waldeck die Hälfte der Uebergangsabgabe, mithin 3 Thlr. pro Ohm, und
in dem obengenannten Fürstenthume vom Branntwein aus anderen Vereinsstaaten, als Preußen, Sachsen, dem Thüringschen Vereine, Braunschweig und
der Grafschaft Schaumburg, nur 3 Thlr. für eine Ohm Preußisch zu 50 ⅔
Alkohol nach Tralles erhoben.

4) Zu III 4. In der Grafschaft Schaumburg beträgt die Uebergangsabgabe
von Branntwein das Doppelte des in den Kurhessischen Hauptlanden zur Erhebung kommenden Steuersatzes, mithin 6 Thlr. für die Preußische Ohm bei
50 ⅔ Alkoholstärke nach Tralles.

Außerdem ist

5) zu III nach Pos. 4 noch das Großherzogthum Hessen hinzuzusetzen, wo in
Folge eingetretener Veränderung in der Besteuerung des Branntweins eine
Uebergangsabgabe vom Branntwein im Betrage von 6 Fl. 8 Kr. oder 3 Thlr.
15 Sgr. 1½ Pf. für die Großherzoglich Hessische Ohm bei 50 ⅔ Alkoholstärke nach Tralles erhoben wird.

№ 71.
Veränderun-
gen in Betreff
der Steuer-
sätze, welche
in einzelnen
Staaten des
Zollvereins,
wo innere
Steuern auf
Hervorbrin-
gung gewisser
Erzeugnisse be-
ruhen, von
den gleichna-
migen ver-
einsländischen
Erzeugnissen
erhoben wer-
den.
IV. 708.
März.

Diese Abänderungen der vorgedachten Bekanntmachung werden in Gemäßheit des Reskripts des Herrn Finanz-Ministers Exzellenz vom 13. d. M., III, 2038, hierdurch zur allgemeinen Kenntniß gebracht.

Königl. Regierung.

Abtheilung für die Verwaltung der indirekten Steuern.

Verordnungen und Bekanntmachungen, welche den Regierungsbezirk Potsdam ausschließlich betreffen.

Potsdam, den 26. März 1844.

№ 72.
Höhe russischer Schornsteinröhren bei einstöckigen Häusern mit flachen Dächern.
I. 1397. März.

Es hat bisher an einer bestimmten polizeilichen Vorschrift darüber gefehlt, welche Höhe enge Schornsteine (sogenannte russische Röhren) bei einem einstöckigen Hause mit flachem Dach erhalten müssen, damit das feuergefährliche Herausschlagen von Flammen und Funken vermieden werde, und die Röhre scharf genug ziehe, um keinen Glanzruß abzusetzen.

In einem Spezialfalle hat sich das Königl. Hohe Ministerium des Innern, auf Grund eines Gutachtens der Königl. Ober-Baudeputation dahin entschieden, daß der Schornstein bei dergleichen Häusern 17—18 Fuß hoch, von der Oberfläche des Feuerheerdes gemessen, mindestens mit zwei 1 Stein starken Wangen über den Brandmauern aufzuführen, oder aber, anstatt dessen ein nach drei Richtungen zu ankerndes Rohr von Eisenblech, dessen Fuß jedoch erst 2 Fuß über der Dachfläche auf dem gemauerten Rohr stehen, und welches jene Höhe von 17—18 Fuß über dem Heerde erreichen muß, aufzustellen ist.

Hiernach haben sich daher die sämmtlichen Polizei-Behörden bei Ertheilung der Baukonsense derartiger Feuerungsanlagen zu achten.

Königl. Regierung. Abtheilung des Innern.

Potsdam, den 26. März 1844.

№ 73.
Kali und Zincum hydrocyanicum.
I. 1273. März.

Um Unglücksfällen, welche bei der ärztlichen Anwendung des Kali und Zincum ferruginoso-hydrocyanicum aus der Verwechselung dieser Mittel mit dem Kali und Zincum hydrocyanicum entstehen können, vorzubeugen, sind unterm 10. d. M. folgende Bestimmungen ergangen, deren Befolgung sämmtlichen Aerzten, Wundärzten und Apothekern des diesseitigen Regierungs-Bezirks zur strengsten Pflicht gemacht wird.

1. Kali und Zincum ferruginoso-hydrocyanicum dürfen nur unter diesem vollständigen Namen, oder unter der Bezeichnung Kali, Zincum, zooticum in den Apotheken aufbewahrt und aus denselben verschrieben werden.

2. Medizinal-Personen, welche Kali und Zincum hydrocyanicum (ohne Eisen) innerlich oder äußerlich anwenden wollen, haben in den betreffenden Rezepten der Verordnung ein deutliches ! hinzuzufügen.

3. In Fällen, wo letzteres unterblieben sein sollte, sind die Apotheker verpflichtet, vor der Bereitung des verordneten Arzneimittels bei dem betreffenden Arzte anzufragen.

4. Rezepte, durch welche Kali und Zincum hydrocyanicum (ohne Eisen) verordnet worden, sind wie Giftscheine zu behandeln, mithin aufzubewahren und in das Giftbuch einzutragen.

5. Kali und Zincum hydrocyanicum sind, wenn sie in einer Apotheke vorräthig gehalten werden, in gleicher Art, wie die direkten Gifte, in dem verschlossenen Giftschranke aufzubewahren und mit entsprechender Signatur zu versehen.

Königl. Regierung. Abtheilung des Innern.

Potsdam, den 26. März 1844.

Da sich seit drei Monaten unter dem Rindviehstande des Dorfs Wilkenburg, Templinschen Kreises, keine Spur von Lungenseuche mehr gezeigt hat, so ist die durch unsere Bekanntmachung vom 10. Januar d. J. (Amtsblatt 1844 Pag. 12) verfügte Sperre dieses Dorfs für Rindvieh und Rauchfutter wieder aufgehoben worden.

№ 74.
Aufgehobene Viehsperre.
I. 1247. März.

Königl. Regierung. Abtheilung des Innern.

Potsdam, den 25. März 1844.

Der Preis der Blutegel in den Apotheken des diesseitigen Regierungsbezirks wird für den Zeitraum vom 1. April bis 1. Oktober d. J. auf drei Silbergroschen pro Stück festgesetzt.

№ 75.
Blutegelpreis.
I. 1803. März.

Königl. Regierung. Abtheilung des Innern.

Potsdam, den 20. März 1844.

Auf Grund des § 12 des Gesetzes vom 8. Mai 1837 wird hierdurch zur öffentlichen Kenntniß gebracht, daß der Königl. Stadtgerichts-Aktuarius Johann Karl Ludwig Jänicke zu Gransee als Agent der Feuerversicherungs-Anstalt Borussia für die Stadt Gransee und Umgegend von uns bestätigt ist.

№ 76.
Agentur-Bestätigung.
I. 1287. März.

Königl. Regierung. Abtheilung des Innern.

Verordnungen und Bekanntmachungen des Königl. Konsistoriums und Schulkollegiums der Provinz Brandenburg.

№ 4.

Der § 18 Theil II Tit. 1 des Allgemeinen Landrechts verordnet:
Sind aus einer vorhergehenden Ehe Kinder vorhanden, welche wegen minderjährigen Alters oder sonst, sich selbst nicht vorstehen können, so muß deren gesetzliche Abfindung nachgewiesen, oder doch ein Erlaubnißschein des vormundschaftlichen Gerichts vor der Trauung beigebracht werden.

Diese Vorschrift ist bisweilen nur auf den Fall einer durch den Tod getrennten Ehe bezogen worden, obwohl die Fassung jenes Paragraphen ganz allgemein lautet.

Nachdem in den, im Justiz-Ministerialblatte für 1839 und 1843, Seite 59 und 156, abgedruckten Reskripten vom 11. Januar 1839 und 19. Juni 1843 die Beibringung des im § 18 l. c. geforderten Attestes, sowohl in dem Falle, wenn die frühere Ehe durch den Tod, als auch in dem, wenn dieselbe durch Scheidung getrennt worden, für nöbig erachtet ift, indem auch in dem letzteren Falle das Bedürfniß eines vormundschaftlichen Einschreitens vorhanden sein kann, so machen wir die Herren Geiftlichen auf dieses richtige Verständniß des § 18 l. c. aufmerksam, und weisen dieselben hiermit an, in allen Fällen einer Wiederverheirathung einer schon früher verheirathet gewesenen Person, die frühere Ehe mag durch den Tod oder durch Scheidung getrennt sein, die Beibringung des im § 18 l. c. geforderten Nachweises zu verlangen. Berlin, den 25. März 1844.

Königl. Konsistorium der Provinz Brandenburg.

Verordnungen und Bekanntmachungen der Behörden der Stadt Berlin.

№ 18.
Straßenbenennung.

Des Königs Majeftät haben zu beftimmen geruht, daß die neue Verbindungsstraße zwischen der Markgrafen und Friedrichsftraße den Namen

Besselftraße

erhalten, und der kleine, durch Erweiterung der neuen Fortsetzung der Charlottenstraße gegen die Sternwarte zu, gebildete Plaß

Enke - Plaß

heißen soll. Berlin, den 13. März 1844.

Königl. Polizei-Präsidium.

№ 19.
Bauzäune und Einfassungen bei Bauten betreffend.

§ 1. Die Passage über öffentliche Pläße, Straßen, Wege und Gänge darf bei Bauten oder andern Einrichtungen durch Auflagerung von Baumaterialien, Erd und Schutthaufen, durch Gerüste, aufgerissenes Steinpflaster, oder andere Vorkehrungen, ohne vorgängige polizeiliche Genehmigung nicht beschränkt oder gefährdet werden.

§ 2. Sofern eine solche Beschränkung nach dem Ermessen der Polizei-Behörde nothwendig wird, müssen dergleichen Stellen zum Schuß des vorübergehenden Publikums durch Bauzäune oder Einfassung mit Stangen und Latten abgesondert, und bei eintretender Dunkelheit durch Laternen, welche bei der Königl. Straßen-Erleuchtungs-Inspektion miethsweise zu haben sind, erleuchtet werden.

§ 3. Die Erlaubniß zur Errichtung von Bauzäunen wird nur auf eine beftimmte Zeit ertheilt. Mit Ablauf derselben und mit der auch nur einstweiligen Einstellung des Baues muß, ohne vorherige Aufforderung der Bauzaun weggenommen und die freie Passage wieder hergestellt werden.

§ 4. Das Herabwerfen des Bauschuttes aus den oberen Stockwerken ist untersagt, der Schutt muß entweder hinunter getragen oder in Rinnen, welche von allen Seiten dicht verschlossen und einen Fuß vom Erdboden entfernt, aufzustellen sind, hinab geleitet werden.

§ 5. Erde und Schutt darf auf der Straße nicht angehäuft und gelagert, muß vielmehr im Laufe des Tages fortgeschafft werden.

§ 6. Die Wagen, auf welchen Schutt oder Erde fortgeschafft wird, sind so einzurichten, daß nicht durch das Herabfallen der Ladung die Straße verunreinigt werden kann.

§ 7. Die Nichtbefolgung dieser Vorschriften zieht für den Werkmeister und Bauherrn, in Bezug auf § 6 für den Kutscher, eine Geldbuße von zwei bis zehn Thalern oder verhältnißmäßige Gefängnißstrafe nach sich.

Berlin, den 19. März 1844. Königl. Polizei-Präsidium.

Nachstehende Verordnung

„In Bezug auf polizeiliche Meldungen gelten folgende Vorschriften:

I. Hinsichtlich der Einwohner.

1. Bei Wohnungsveränderungen ist zur An- und Abmeldung verpflichtet:

a) jeder Vermiether, Aftermiether, Chambre-garnie-Vermiether, Schlafstellenvermiether, nur für die Person seines Miethers;

b) jeder Inhaber einer Wohnung für seine Ehefrau, Kinder, Dienstboten, Gehülfen und alle andere Personen, welche von ihm Wohnung erhalten, auch wenn er die Wohnung gleichzeitig mit dem An- und Abzumeldenden bezieht oder verläßt.

2. Wer sein eigenes Haus bezieht oder seine Wohnung in demselben verläßt, hat sich selbst nebst den Personen, welche mit ihm die Wohnung verändern, an- oder abzumelden.

3. Die Vermiether und die Inhaber von Sommerwohnungen sind diesen Vorschriften ebenfalls unterworfen.

4. Verheirathungen müssen von dem Ehemanne angemeldet werden.

5. Die Meldung der Geburt eines Kindes muß zunächst der Vater, in dessen Abwesenheit aber, oder wenn dasselbe unehelich geboren ist, der Geburtshelfer oder die Hebamme, welche bei der Geburt assistirt haben, endlich die Person, bei welcher die Niederkunft erfolgt ist, wenn die Gebährende nicht in ihrer Wohnung entbunden worden, bewirken, und zwar ohne Unterschied, ob das Kind todt geboren, gleich nach der Geburt verstorben ist, oder fortlebt.

6. Die erfolgte Taufe eines ehelichen Kindes sind die Eltern desselben, die eines unehelichen, diejenige Person, welche die Verrichtung der Taufe veranlaßt, zu melden verpflichtet.

7. Zur Meldung eines Todesfalles ist zunächst das Familienhaupt, dann der Vermiether, endlich die Person, welche für die Beerdigung des Verstorbenen sorgt, verpflichtet.

8. Die Meldungen müssen von den dazu Verpflichteten, mit Ausnahme der Personen, welche nicht schreiben können, schriftlich gemacht werden, und die Angabe der letzten und der neu bezogenen Wohnung, des vollständigen Namens, (bei Frauen außerdem des Geschlechtsnamens), des Standes, des Alters und des Geburtsortes der an- oder abzumeldenden Personen, bei neugebornen Kindern diese Bezeichnung von den Eltern, bei unehelichen von der Mutter, so wie den Tag und die Stunde ihrer Geburt, auch den Vermerk, ob diese ehelich oder unehelich erfolgt ist, enthalten.

9. Damit der zur Abmeldung Verpflichtete im Stande ist, in der Abmeldung die neue Wohnung der abziehenden Person anzugeben, ist letztere verpflichtet, ersterem spätestens bei dem Abzuge ihren Verbleib anzugeben.

10. Alle Meldungen sind dem Polizei-Kommissarius des Reviers, in welchem der Fall, der sie erfordert, sich ereignet, und zwar binnen 24 Stunden, die der neugebornen Kinder aber binnen drei Tagen zu machen.

11. Die vorstehenden Bestimmungen sind nicht nur für die Stadt Berlin und den engeren Polizeibezirk gültig, sondern finden auch auf den weiteren Polizeibezirk von Berlin, unter Aufhebung der älteren Verordnungen vom 1. Mai 1811 und 9. Oktober 1821 mit der Maßgabe Anwendung, daß die Meldungen in denjenigen Dörfern, wo der Polizei-Kommissarius wohnt, oder in den denselben nahe gelegenen Kolonien oder Besitzungen an den Polizei-Kommissarius unmittelbar, und in den anderen Dörfern, Kolonien und Besitzungen an den Schulzen geschehen, welcher letzterer die eingegangenen Meldungen zweimal wöchentlich dem Polizei-Kommissarius zu übersenden hat.

II. Hinsichtlich der Fremden.

12. Als Fremde sind alle Personen zu erachten, welche hierselbst keinen eigenen Hausstand besitzen oder zu einem solchen nicht gehören, bei einem Korps oder einer Behörde nicht angestellt sind, vielmehr, selbst wenn sie hier ein sogenanntes Absteigequartier besitzen, ihren gewöhnlichen Aufenthalt auswärts haben.

13. Jeder, welcher einem solchen Fremden in seiner Wohnung Aufenthalt oder Schlafstelle gewährt, muß denselben nebst den in seiner Begleitung etwa befindlichen Personen binnen spätestens vier Stunden nach der Aufnahme dem Polizei-Kommissarius des Reviers, in welchem der Aufenthalt genommen wird, schriftlich melden.

14. Die Meldung muß, außer der von dem Fremden bezogenen Wohnung, den vollständigen Namen, wenn Frauen gemeldet werden, auch den Geburtsnamen, den Stand, das Alter, so wie Angabe des Geburts- und Wohnortes, und endlich des Ortes, von woher der Fremde eintrifft, enthalten.

15. Die Abmeldung des Fremden erfolgt gleichfalls schriftlich binnen vier Stunden nach der Abreise an den Polizei-Kommissarius des Reviers.

16. Diese Abmeldung muß mit einer Bezeichnung des Ortes, wohin der Fremde sich begiebt, versehen sein.

17. Ebenso muß, wenn der Fremde während seines hiesigen vorübergehenden Aufenthalts seine Wohnung wechselt, den Polizei-Kommissarien der Reviere, in welchen die aufgegebene und die neu bezogene Wohnung belegen sind, resp. Ab- und Anmeldung gemacht werden.

18. Der Fremde hingegen ist verpflichtet, für die Dauer seines hiesigen Aufenthalts sich innerhalb der ersten 24 Stunden nach seiner Ankunft, mit einer Aufenthaltskarte zu versehen, deren Ertheilung gegen Niederlegung seiner Reise-Dokumente in dem Geschäftslokale der Vten Abtheilung des Polizei-Präsidii, Molkenmarkt № 2, erfolgt.

III. Hin-

III. Hinsichtlich der Gewerbegehülfen.

19. Gewerbetreibende, welche Gesellen oder Gehülfen halten, sind verpflichtet, dieselben bei dem Antritte der Arbeit, gleichviel, ob mit der Arbeit Wohnung oder Schlafstelle verbunden ist, oder nicht, anzumelden, und bei der Entlassung aus der Arbeit abzumelden.

20. Die Meldung, welche ebenfalls die Vor- und den Zunamen, das Alter und den Geburtsort, so wie die Wohnung und die Schlafstelle des gemeldeten Gehülfen enthalten muß, geschieht schriftlich bei dem Polizei-Kommissarius des Reviers, in welchem die Werkstatt des Arbeitsgebers belegen ist.

21. In Bezug auf die Zeit muß:

a) die Anmeldung am Tage des Arbeitsantritts oder spätestens 24 Stunden nachher,
b) die Abmeldung einen Tag vor der Entlassung aus der Arbeit oder spätestens am Tage der Entlassung, erfolgen.

22. In Ansehung derjenigen Gesellen und Gehülfen, welche mit der Arbeit zugleich Wohnung oder Schlafstelle von dem Arbeitsgeber erhalten, kann mit der Meldung des Arbeitsverhältnisses die Meldung des Wohnungswechsels verbunden werden.

23. Lehrlinge, welche nach überstandenen Lehrjahren bei dem Lehrherrn als Gesellen oder Gehülfen in Arbeit bleiben, müssen mit dem Aufhören des Lehrverhältnisses ebenfalls in der vorstehend vorgeschriebenen Art gemeldet werden.

24. Auch Handwerksgesellen und Gewerbegehülfen, welche von außerhalb hier eintreffen, ohne Unterschied, ob sie in Berlin geboren sind oder nicht, sind verpflichtet, sich bei der Vten Abtheilung des Polizei-Präsidii, und zwar in dem Geschäftslokale desselben, Molkenmarkt № 2, zur Empfangnahme einer Aufenthaltskarte, gegen Niederlegung ihrer Reise-Dokumente, und, wenn sie hier Arbeit erhalten, zur Empfangnahme eines für die fernere Dauer ihres hiesigen Aufenthalts gültigen Arbeitsscheins, welche Dokumente sie auf Erfordern dem Revier-Polizeibeamten jederzeit vorlegen müssen, zu melden. Uebrigens wird den Handwerksgesellen und Gewerbegehülfen, wenn sie dem hiesigen Orte angehören, nur eine achttägige, den fremden, nicht hierher gehörigen Individuen dieser Art nur eine dreitägige Frist zum Wiedereintritt in ein Arbeitsverhältniß gestattet. Die dem hiesigen Orte angehörigen Gesellen und Gehülfen werden daher, wenn sie während des Zeitraums von acht Tagen sich ohne Arbeit befinden, und sich über anderweitige zureichende Subsistenzmittel nicht ausweisen können, mit Strenge zur Arbeit, fremde dagegen, welche drei Tage ohne Arbeit bleiben, zur sofortigen Abreise von hier angehalten werden.

25. Die Nichtbefolgung obiger Vorschriften wird mit einer Geldbuße von einem bis zwei Thalern, oder verhältnißmäßiger Gefängnißstrafe geahndet werden. — Wissentlich unrichtige Meldungen werden, wenn damit nicht ein Verbrechen verbunden ist, als unterlassene Meldungen betrachtet und bestraft.

Berlin, den 14. September 1841. Königl. Polizei-Präsidium."

wird hierdurch in Erinnerung gebracht.

Berlin, den 20. März 1844. Königl. Polizei-Präsidium.

In Folge der vor einigen Jahren veränderten Organisation der Land-Irren-Anstalt zu Neu-Ruppin, nach welcher, um die Erreichung ihres auf Heilung von Geisteskranken gerichteten Hauptzweckes zu fördern, ein eigener Arzt als Dirigent der Inspektion derselben angestellt worden, ist auch durch angemessene Ausmeublirung von Zimmern die Veranstaltung getroffen, Geisteskranke aus höheren Ständen in jene Anstalt für mäßige Kosten aufnehmen zu können.

Indem wir dies hierdurch bekannt machen, ersuchen wir diejenigen, welche die ihnen dargebotene Gelegenheit für ihre Angehörigen benutzen wollen, uns ihre Anträge zugehen zu lassen. Berlin, den 11. März 1844.

Ständische Land-Armen-Direktion der Kurmark.

Personalchronik.

Des Königs Majestät haben dem Ökonomie-Kommissarius Hansmann zu Neustadt-Eberswalde den Titel: „Ökonomie-Kommissionsrath" zu verleihen geruht.

Der Kreissekretair Erxleben des Jüterbogk-Luckenwaldeschen Kreises ist vom 1. April d. J. in die Kreissekretair-Stelle des Westhavelländischen Kreises versetzt, und die interimistische Verwaltung der erstgenannten Stelle von demselben Zeitpunkte ab dem Zivil-Supernumerarius Schmidt übertragen worden.

Der Gehülfe beim Königl. Museum Dr. Friedrich Stein ist zum fünften ordentlichen Lehrer an der Gewerbschule in Berlin ernannt worden.

Die Doktoren der Medizin und Chirurgie Georg Friedrich Siegismund Rentsch und Siegmund Martin Ephraim sind als praktische Ärzte und Wundärzte, der praktische Arzt und Operateur Dr. Karl Alexander Klug auch als Geburtshelfer, und der Kandidat der Pharmazie Herrmann Otto Kluge als Apotheker Ister Klasse in den Königl. Landen approbirt und vereidigt worden.

Der unverehelichten Wilhelmine Roquette ist die Erlaubniß zur Übernahme einer Stelle als Erzieherin von dem Königl. Polizei-Präsidio in Berlin ertheilt worden.

Vermischte Nachrichten.

Wegen der an der Mühlenbrücke, so wie an der Floßarche bei der Wassermühle zu Wustrau im Ruppinschen Kreise vorzunehmenden Bauten, wird die Brücke vom 29. April bis zum 13. Mai d. J. gesperrt sein, und haben die Fuhrwerke ihren Weg während dieser Zeit über Alt-Ruppin und Cremmen zu nehmen.

Die Sperre der Floßarche wird dagegen in der Zeit vom 15. April bis zum 25. Mai d. J. stattfinden. Potsdam, den 24. März 1844.

Königl. Regierung. Abtheilung des Innern.

Dem hiesigen Studiosus der Mathematik, Friedrich Zehule, ist für die von demselben im Jahre 1842 in Potsdam bewirkte Lebensrettung die Erinnerungs-Medaille verliehen worden, was hiermit zur öffentlichen Kenntniß gebracht wird.

Berlin, den 14. März 1844. Königl. Polizei-Präsidium.

(Hierbei zwei öffentliche Anzeiger.)

Amtsblatt
der Königlichen Regierung zu Potsdam und der Stadt Berlin.

Stück 15.   Den 12. April.   **1844.**

Verordnungen und Bekanntmachungen,
welche den Regierungsbezirk Potsdam ausschließlich betreffen.

Potsdam, den 26. März 1844.

Obgleich wir nicht verkennen, daß an vielen Orten des hiesigen Bezirks auf die Erhaltung der Dorfstraßen und Begräbnißplätze im Anschlusse der Kirchen und außerhalb der Dörfer und der Wege und Gehege eine rühmliche Sorgfalt verwendet wird, so bleibt es dennoch wünschenswerth, daß namentlich für die bessere Einrichtung der Begräbnißplätze und deren Verschönerung durch dauerhafte und geschmackvolle Gehege und Anpflanzungen, nicht minder aber für die Bepflanzungen der Wege, mehr geschieht, als bisher in einzelnen andern Gegenden und Kreisen der Fall gewesen ist.

Wir fordern daher die Gemeinden und sonstige zur Unterhaltung jener Gegenstände Verpflichteten hierdurch auf, nach besten Kräften, für eine derartige Verschönerung der öffentlichen Plätze und Wege zu sorgen, und empfehlen gleichzeitig den Herren Landräthen und Superintendenten, so wie den Ortspolizeibehörden, auch ihrer Seits, so viel wie möglich, auf die Erreichung dieses gemeinnützigen Zweckes hinzuwirken.

Es wird uns angenehm sein, wenn uns von den Herren Landräthen diejenigen Gemeinden, welche sich hierbei vortheilhaft auszeichnen, zur öffentlichen Bekundung unseres Beifalls bezeichnet werden.

Königl. Regierung.

Abtheilung des Innern.   Abtheilung für die Kirchenverwaltung und das Schulwesen.

№ 77. Verschönerung der Umgebungen öffentlicher Gebäude, namentlich um die Kirchen auf dem platten Lande und der außerhalb der Dörter gelegenen Begräbnißplätze. II. 588. Febr.

Potsdam, den 6. April 1844.

Da seit fast drei Monaten unter dem Rindvieh der Stadt Vietraden keine Spur von Lungenseuche sich mehr gezeigt hat, so ist die durch unsere Bekanntmachung vom 10. September v. J. (Amtsblatt 1843 Pag. 252) angeordnete Sperre der Stadt Vietraden und deren Feldmark für Rindvieh und Rauchfutter wieder aufgehoben worden.   Königl. Regierung.   Abtheilung des Innern.

№ 78. Aufgehobene Viehsperre. I. 62. April.

Potsdam, den 6. April 1844.

Da sich seit drei Monaten unter dem Rindvieh des Dorfs Stolzenhagen, Angermündeschen Kreises, keine Spur von Lungenseuche mehr gezeigt hat, so ist die durch unsere Bekanntmachung vom 19. September v. J. (Amtsblatt 1843 Pag. 275)

№ 79. Aufgehobene Viehsperre. I. 63. April.

verfügte Sperre dieses Dorfs für Rindvieh und Rauchfutter wieder aufgehoben worden. **Königl. Regierung.** Abtheilung des Innern.

Verordnungen und Bekanntmachungen der Behörden der Stadt Berlin.

№ 21.
Die bei dem Königl. Polizei-Präsidio in bau- und gewerbepolizeilichen Angelegenheiten einzureichenden Gesuche.

Nachstehende Verordnung

„Die Prüfung der Zulässigkeit einer großen Anzahl der bei der unterzeichneten Behörde eingehenden Gesuche in bau- und gewerbepolizeilichen Angelegenheiten macht die Beauftragung der betreffenden Revier-Kommissarien mit der Recherche der örtlichen als persönlichen Verhältnisse in jedem einzelnen Falle nothwendig, und es wird dadurch, daß jene Gesuche dem Polizei-Präsidio unmittelbar zugehen, von diesem aber an die Revier-Kommissarien, Behufs jener vorläufigen Erörterungen, wieder zurückgegeben werden müssen, ein Zeitverlust herbeigeführt, dessen Vermeidung, bei der Dringlichkeit eines großen Theils jener Gesuche, wohl zu wünschen steht. Es ist daher die Einrichtung getroffen worden, daß die beim Polizei-Präsidio anzubringenden Gesuche in folgenden Angelegenheiten:

1) um Erlaubniß zu baulichen neuen Anlagen oder Veränderungen, wohin auch die Aufstellung und Aushängung von Schauspinden, Schaufenstern und gewerblichen Schildern gehört, nicht aber die neue Anfertigung und Reparatur von Vorlagen nach der Straße, Ausbrechen von Thüren und Fenstern, gänzliche Umpflasterung und Abänderung des Bürgersteiges und Anlegung neuer Rinnsteinbrücken;

2) um Erlaubniß zum Betriebe eines Gewerbes, dessen Beginn oder Fortsetzung von polizeilicher Zustimmung abhängig ist;

3) um Ertheilung von Qualifikations-Attesten zur weiteren Nachsuchung von Gewerbescheinen zu einem Handels- oder sonstigen Geschäftsbetriebe im Umherziehen;

4) um Ausfertigung von Führungszeugnissen,

künftig sofort bei dem Polizei-Kommissarius des Reviers, in welchem der Bittsteller wohnt, in baulichen Angelegenheiten aber bei dem Polizei-Kommissarius des Reviers, in welchem das Grundstück belegen ist, auf welchem eine bauliche Veränderung vorgenommen werden soll, abgegeben werden können, damit dieser sogleich die nöthigen persönlichen und örtlichen Recherchen veranlasse und das Polizei-Präsidium in den Stand setze, alsdann eine materielle Verfügung auf das Gesuch zu erlassen. Zur Vermeidung aller Irrungen ist es indessen erforderlich, daß dergleichen Gesuche an das Polizei-Präsidium adressirt und den Revierbeamten unversiegelt übergeben werden, damit von Letzteren sogleich bei der Uebergabe beurtheilt werden könne, in wiefern sich das Gesuch zu ihrer vorläufigen Begutachtung eignet oder nicht.

Berlin, den 24. April 1840. **Königl. Polizei-Präsidium.“**

wird hierdurch in Erinnerung gebracht.

Berlin, den 28. März 1844. **Königl. Polizei-Präsidium.**

№ 22.
Die Taxe und Instruktion hinsichtlich des Fegens der Schornsteine in Berlin betreffend.

Das Königl. Ministerium des Innern hat die Beibehaltung der unter dem 27. Oktober 1836 erlassenen Taxe und Instruktion, betreffend das Fegen der Schornsteine in hiesiger Residenz, bis ultimo Dezember 1845 genehmigt. Die Taxe sowohl, als die Instruktion werden daher zur genauesten Befolgung hierdurch wiederholt zur öffentlichen Kenntniß gebracht, insbesondere aber die Schornsteinfeger angewiesen, sich danach zu achten. Berlin, den 22. März 1844.

Königl. Polizei-Präsidium.

Taxe und Instruktion,
betreffend das Fegen der Schornsteine in der Residenz Berlin.

	Für das Fegen eines Schornsteins, der jährlich nur 3- oder 4-mal gefegt wird, werden bezahlt: (also jährlich)			Es werden bezahlt jährlich für das Fegen eines Schornsteins, der gefegt wird:				
	für jedes Fegen.	für einen Schornstein, der 3-mal gefegt wird.	für einen Schornstein, der 4-mal gefegt wird.	alle 8 Wochen oder jährlich 6-mal.	alle 6 Wochen oder jährlich 8-mal.	alle 4 Wochen oder jährlich 12-mal.	alle 14 Tage oder jährlich 26-mal.	alle 7 Tage oder jährlich 52-mal.
	Sgr.	Sgr.	Sgr.	Sgr.	Rthl. Sgr.	Rthl. Sgr.	Rthl. Sgr.	Rthl. Sgr.
Bei einem Gebäude von einer Etage Höhe								
in der Dach-Etage	2	6	8	11	— 13½	— 18	1 7	2 5
in 1sten Etage	2½	7½	10	14	— 17	— 22½	1 16	2 21½
im Souterrain	3	9	12	16½	— 20	— 27	1 25½	3 7½
Bei einem Gebäude von 2 Etagen Höhe								
in der Dach-Etage	2	6	8	11	— 13½	— 18	1 7	2 5
in der 2ten Etage	2½	7½	10	14	— 17	— 22½	1 16	2 21½
in der 1sten Etage	3	9	12	16½	— 20	— 27	1 25½	3 7½
im Souterrain	3½	10½	14	19½	— 23½	1 1½	2 4½	3 24
Bei einem Gebäude von 3 Etagen Höhe								
in der Dach-Etage	2	6	8	11	— 13½	— 18	1 7	2 5
in der 3ten Etage	2½	7½	10	14	— 17	— 22½	1 16	2 21½
in der 2ten Etage	3	9	12	16½	— 20	— 27	1 25½	3 7½
in der 1sten Etage	3½	10½	14	19½	— 23½	1 1½	2 4½	3 24
im Souterrain	4	12	16	22	— 27	1 6	2 14	4 10
Bei einem Gebäude von 4 Etagen Höhe								
in der Dach-Etage	2	6	8	11	— 13½	— 18	1 7	2 5
in der 4ten Etage	2½	7½	10	14	— 17	— 22½	1 16	2 21½
in der 3ten Etage	3	9	12	16½	— 20	— 27	1 25½	3 7½
in der 2ten Etage	3½	10½	14	19½	— 23½	1 1½	2 4½	3 24
in der 1sten Etage	4	12	16	22	— 27	1 6	2 14	4 10
im Souterrain	4½	13½	18	25	1 —	1 10½	2 23	4 26½

§ 1. Die Reinigung der engen oder sogenannten russischen Röhren wird nach Maßgabe der Zahl der Etagen und nach denselben Sätzen bezahlt, die in der Taxe für besteigbare Röhren gewöhnlicher Art bestimmt sind. Dagegen darf für Bürsten, Kugeln, Draht und andere zur Reinigung nöthige Instrumente nichts berechnet werden, und muß der Schornsteinfeger solche unentgeldlich liefern.

§ 2. Für eine Schlundröhre, welche besonders noch in alten Gebäuden vorkommen, sollen 2 Sgr. 6 Pf. bezahlt werden.

§ 3. Für eine Zugröhre von Eisen oder Stein wird keine besondere Zahlung geleistet, wenn dieselbe höchstens 2 Fuß lang ist.

§ 4. Ist eine solche Röhre länger als 2 Fuß, so wird pro Fuß der mehreren Länge 3 Pf. bezahlt, und muß der Schornsteinfeger dafür die Röhren herausnehmen und wieder einsetzen und verschmieren, wenn dies erforderlich ist und die Reinigung sich nicht ohne Herausnehmen der Röhre bewirken läßt.

§ 5. Für das Reinigen der Züge eines Koch=, Brat= und Privat=Back-ofens werden 2 Sgr. 6 Pf. bis 5 Sgr. bezahlt, je nachdem dabei mehr oder weniger Arbeit erforderlich ist.

§ 6. Biergelder, Neujahrsgelder und sonstige Nebenkosten dürfen nicht gefordert werden.

§ 7. Ein jeder im Gebrauche befindliche Schornstein muß in der Regel jährlich:

a) wenn er zu einer gewöhnlichen Heerdfeuerung und zugleich zu Ofenfeuerungen benutzt wird, viermal, und

b) wenn er nur zur Ofenheizung dient, mit Uebergehung des Johannis=Quartal-Termins, dreimal, gefegt werden.

§ 8. Die Bestimmungen ad 7 sind, wie gedacht, die Regel. Jeder Schornsteinfegermeister ist indeß verpflichtet, auf Verlangen öfter gegen tarmäßige Bezahlung zu fegen, der Eigenthümer aber kann nur angehalten werden, öfter fegen zu lassen, wenn

a) die Benutzung eines Schornsteins sehr stark ist, wie bei den mehrsten Back-Schornsteinen, bei den Schornsteinen in großen Restaurationen u. s. w., oder

b) in einem besteigbaren Schornsteine viele, d. h. mehr als fünf Röhren münden, wobei in Betreff der russischen Röhren bemerkt wird, daß überhaupt in diese mehr als fünf Röhren nicht münden dürfen;

c) wenn die Konstruktion der Schornsteine besonders schlecht ist.

Glaubt der Schornsteinfeger, daß einer der gedachten Fälle vorhanden ist, so versucht er, sich mit dem Eigenthümer darüber, wie oft gefegt werden solle, zu einigen; in Entstehung einer Vereinigung bestimmt das Polizei=Präsidium, nach vorheriger Untersuchung, wie oft zu fegen ist.

§ 9. Jeder Schornsteinfegermeister bleibt dafür verantwortlich, daß ein Schornstein gehörig und gut gefegt wird, und leistet dafür Gewähr.

§ 10. Jeder Schornsteinfegermeister muß das Fegen der Schornsteine selbst beaufsichtigen und kontroliren. Abwesenheit soll nur dann für entschuldigt angenommen werden, wenn das Fegen der Schornsteine unter steter Aufsicht eines

Gesellen bewirkt ist, welcher ein Prüfungszeugniß des Kreis-Baubedienten (§ 103 des Gewerbe-Polizeigesetzes vom 7. September 1811) besitzt. Die Zeit des Fegens muß vorher angesagt werden. Wenn gegründete Einwendungen gegen die bestimmte Zeit eintreten, so muß deshalb eine andere Vereinigung, erforderlichen Falls unter Vermittelung des Revier-Polizeikommissarius, oder nach Entscheidung des Polizei-Präsidii stattfinden.

§ 11. Jeder Schornsteinfegermeister muß unentgeldlich den Feuer-Visitationen beiwohnen, bei jedem Feuer mit seinen Leuten erscheinen, unentgeldliche Hülfe leisten, und alle Untersuchungen, die polizeilich nöthig sind, unentgeldlich bewirken, und erforderlichen Falls deshalb berichten.

§ 12. Jeder Schornsteinfegermeister muß über seine Geschäftsführung ein Buch führen, und sich die Bestimmung eines Formulars dazu, so wie die Revision der Bücher durch einen Abgeordneten des Polizei-Präsidii gefallen lassen.

§ 13. Die Schornsteinfegermeister müssen dafür sorgen, daß die Einwohner gut und anständig von ihren Leuten behandelt werden, und selbst einen ordentlichen Lebenswandel führen.

§ 14. In Absicht derjenigen Gebäude, zu deren unentgeldliche Fegung die Schornsteinfegermeister verpflichtet sind, und in Absicht ihrer Vereidigung verbleibt es bei den bisherigen Bestimmungen.

§ 15. Derjenige Schornsteinfegermeister, welcher die obigen Vorschriften nicht befolgt, hat zu gewärtigen, daß er Seitens des Polizei-Präsidii durch Ordnungsstrafen von einem bis fünf Thalern dazu angehalten wird. Für den Fall aber, daß ein Schornsteinfegermeister seine Verbindlichkeiten wiederholt nicht erfüllt, oder zu mehrfachen gegründeten Beschwerden Veranlassung giebt, und Ordnungsstrafen schon zweimal fruchtlos angewendet worden sind, bleibt dem Polizei-Präsidio die Anordnung der nöthig scheinenden Kontrolmaßregeln auf Kosten des Nachlässigen zur Erzielung einer vollkommenen zuverlässigen Schornstein-Reinigung im Reviere, nach Maßgabe der Umstände in jedem einzelnen Falle überlassen. Führen jedoch diese Maßregeln nicht zu dem beabsichtigten Erfolge, oder macht der Revier-Schornsteinfeger sonst des Vertrauens der Behörde sich verlustig, so wird demselben durch ein Resolut des Polizei-Präsidii, von welchem nur der Rekurs an das Ministerium des Innern zulässig ist, das Revier ohne alle Entschädigung abgenommen. Berlin, den 27. Oktober 1836.

Königl. Polizei-Präsidium.

Die Schießversuche der Königl. Artillerie-Prüfungs-Kommission beginnen auf dem Artillerie-Schießplatze in der Jungfernheide am 15. d. M., und werden in der Regel Montags, Mittwochs und Freitags stattfinden.

№ 23.
Militair-Schießübungen bei Berlin.

Berlin, den 4. April 1844. Königl. Polizei-Präsidium.

Personalchronik.

Der bisherige Regierungs- und Forst-Assessor Jacobs ist zum Regierungs- und Forst-Rath beim hiesigen Regierungs-Kollegio ernannt worden.

Dem Oberlehrer Dielitz bei der Königl. Realschule in Berlin ist das Prädikat „Professor" beigelegt worden.

Dem versorgungsberechtigten Jäger Webbe ist die erledigte Försterstelle zu Neue Scheune im Forstrevier Cöpenick, und dem Förster Bahr zu Zühlsdorf im Forstrevier Mühlenbeck, die erledigte Försterstelle zu Schönholz im Forstrevier Biesenthal übertragen worden.

Der Fischer und Kietzerstellenbesitzer Karl George Christian Müllenberg zu Alt-Ruppin ist als Pritzstaken für die zum Königl. Domainen-Rentamte Alt-Ruppin gehörigen fiskalischen Gewässer angestellt worden.

Der berittene Gendarme Franz Ramlau ist als Polizeisergeant in Berlin angestellt worden.

Der Vorstand der Königl. Kasernen-Verwaltung zu Berlin, Kasernen-Inspektor Ziebell ist zum Garnison-Verwaltungs-Inspektor, der bei der genannten Verwaltung angestellte Unter-Inspektor Redslob und der bei der Militair-Arrest-Anstalt zu Berlin fungirende Unter-Inspektor Arendt zu Kasernen-Inspektoren 2ter Klasse ernannt, imgleichen der Unter-Inspektor Ortel von der vorgenannten Verwaltung als Kasernen-Inspektor 2ter Klasse zu der Garnison-Verwaltung in Potsdam versetzt worden.

Der Doktor der Medizin und Chirurgie Eduard Robert Wundsch ist als praktischer Arzt, Wundarzt und Geburtshelfer, und die Kandidaten der Pharmazie Karl Friedrich Wilhelm Behm und Johann Karl Ferdinand Naumann sind als Apotheker 1ster Klasse in den Königlichen Landen approbirt und vereidigt worden.

Dem Studiosus der Theologie Albert Schenk ist die Erlaubniß zur Annahme einer Hauslehrerstelle ertheilt worden.

Vermischte Nachrichten.

Dem auf dem Babertsberge am Griebnitz-See unfern des Dorfes Klein-Glienicke im Teltowschen Kreise belegenen, dem Regierungs- und Schul-Rath von Türk gehörigen Etablissement ist der Name

„Türkshof"

beigelegt worden, was wir hiermit mit dem Bemerken zur öffentlichen Kenntniß bringen, daß hierdurch in den polizeilichen und Kommunal-Verhältnissen dieses Etablissements nichts verändert wird. Potsdam, den 31. März 1844.

Königl. Regierung. Abtheilung des Innern.

Geschenke an Kirchen.

Der Kirche zu Groß-Mutz im Ruppinschen Kreise sind von einem nicht genannt sein wollenden Wohlthäter eine Oblatendose von gelbem polirten Metall, eine Kanne zum Taufwasser von gelbem Blech und eine Decke von schwarzem Merino mit weißen Frangen über das Altarpult zum Geschenk gemacht worden.

(Hierbei ein öffentlicher Anzeiger.)

Amtsblatt

der Königlichen Regierung zu Potsdam
und der Stadt Berlin.

Stück 16.   Den 19. April.   **1844.**

Verordnungen und Bekanntmachungen
für den Regierungsbezirk Potsdam und für die Stadt Berlin.

Die stets wachsende Zahl und Ausdehnung der in neuester Zeit angeregten Eisenbahn-Projekte beginnt schon jetzt nachtheilig auf Handel und Gewerbe einzuwirken, indem diesen die nöthigen Betriebs-Kapitalien entzogen werden, damit sie zum Handel und Eisenbahn-Aktien bereit seien. Es müßten aber diese Nachtheile noch weit empfindlicher und gewiß in manchen Fällen verderblich hervortreten, wenn neben den bereits genehmigten oder nach den Berathungen der vereinigten ständischen Ausschüsse vorzugsweise zu befördernden Eisenbahn-Anlagen, auch jene Projekte alle oder großentheils gleichzeitig zur Ausführung kommen sollten, da sie nicht nur enorme Geldmittel, sondern noch größere Arbeitskräfte in Anspruch nehmen würden, als für die Gewerbe entbehrlich sind. Daher erscheint es um so nöthiger, der Verfolgung jener zahlreichen, ausgedehnten Projekte Schranken zu setzen, als dieselben vielfach zu mißbräuchlichem Treiben benutzt werden, und zu immer weiterem Umsichgreifen eines verderblichen Aktienspiels Anlaß geben.

№ 80.
Die Kon-
zessionirung
von Eisenbah-
nen betreffend.
I. 15. April.

Mit Allerhöchster Ermächtigung bringe ich daher hierdurch zur öffentlichen Kenntniß, daß für andere Eisenbahn-Unternehmungen, als diejenigen, welche in Folge der Berathungen der vereinigten ständischen Ausschüsse nach der Allerhöchsten Kabinetsordre vom 22. November 1842 (Gesetzsammlung Seite 307) zur Ausführung und Beförderung bestimmt oder für deren Ausführung bereits Zusagen ertheilt sind, fürs erste und in den nächsten Jahren die Genehmigung überhaupt nicht ertheilt werden wird, sofern nicht für einzelne vorzugsweise wichtige Bahnen ganz überwiegende allgemeine Interessen eine Ausnahme nöthig erscheinen lassen.

In Betreff der Aufbringung der Geldmittel für diejenigen Eisenbahn-Unternehmungen, welche überhaupt noch zur Genehmigung geeignet erscheinen möchten, werden bei Ertheilung der Letzteren jedesmal die sich als angemessen ergebenden Bedingungen und Maaßgaben besonders bestimmt werden. Vorher erfolgte Aktien-Zeichnungen, wie sie in neuerer Zeit gegen ansehnliche Provision zu vielen Millionen gesammelt und zur Kreirung neuer Papiere für die Agiotage benutzt zu werden pflegen, dürfen daher eine Berücksichtigung überall nicht erwarten, worauf ich zur Warnung vor dem Ankauf von Quittungsbogen und Zusicherungsscheinen nicht konzessionirter Unternehmungen besonders aufmerksam mache.

Berlin, den 11. April 1844.

Der Finanz-Minister.

von Bodelschwingh.

Potsdam, den 14. April 1844.

Vorstehende Bekanntmachung wird in Gefolge Reskripts Sr. Exzellenz des Herrn Finanz-Ministers von Bodelschwingh vom 11. d. M. hierdurch zur öffentlichen Kenntniß gebracht.

Königl. Regierung. Abtheilung des Innern.

Potsdam, den 10. April 1844.

№ 81.
Berliner
Marktpreise
pro März
1844.
I. 562. April.

Die Durchschnittspreise der verschiedenen Getreidearten, der Erbsen und der rauhen Fourage haben auf dem Markte zu Berlin im März d. J. im Durchschnitt betragen:

1) für den Scheffel Weizen ...... 2 Thaler 3 Sgr. 9 Pf.,

2) für den Scheffel Roggen ...... 1 Thaler 12 Sgr. 7 Pf.,

3) für den Scheffel große Gerste . . 1 Thaler — Sgr. 6 Pf.,

4) für den Scheffel kleine Gerste . . — Thaler 29 Sgr. 10 Pf.,

5) für den Scheffel Hafer .... — Thaler 22 Sgr. 9 Pf.,

6) für den Scheffel Erbsen ...... 1 Thaler 11 Sgr. 11 Pf.,

7) für den Zentner Heu .... — Thaler 28 Sgr. 9 Pf.,

8) für das Schock Stroh........ 6 Thaler 19 Sgr. 7 Pf.,

Der Zentner Hopfen .... 11 Thaler 22 Sgr. 6 Pf.,

die Tonne Weißbier............ 4 Thaler — Sgr. — Pf.,

die Tonne Braunbier........... 3 Thaler 25 Sgr. — Pf.,

das Quart einfacher Kornbranntwein .... 2 Sgr. 3 Pf.,

das Quart doppelter Kornbranntwein .... 4 Sgr. — Pf.

Königl. Regierung. Abtheilung des Innern.

Verordnungen und Bekanntmachungen,
welche den Regierungsbezirk Potsdam ausschließlich betreffen.

Potsdam, den 11. April 1844.

Für den Westpriegnitzschen Kreis sind nach Vorschrift des § 2 der Verordnung vom 7. März v. J. über die Ausführung der Jagdgemeinheits-Theilungen (Amtsblatt de 1843 Seite 115):

1) der Stadtrichter Knsvenagel zu Pritzwalk,
2) der Lieutenant und Rittergutsbesitzer von Saldern auf Plattenburg,
3) der Rittergutsbesitzer Hilgendorff auf Burghof Putlitz,
   als Mitglieder der zu konstituirenden Kreis-Jagdtheilungs-Kommission,
4) der Kammergerichts-Assessor Kunth zu Perleberg,
5) der Lieutenant und Rittergutsbesitzer von Karstedt auf Freydorf, und
6) der Lieutenant und Rittergutsbesitzer von Winterfeld auf Neuhausen,
   als deren Stellvertreter

gewählt und bestätigt worden, was hierdurch zur öffentlichen Kenntniß gebracht wird.

Königl. Regierung. Abtheilung des Innern.

No. 82.
Kreis-Jagd-Theilungs-Kommission für den Westpriegnitzschen Kreis.
I. 411. April.

Potsdam, den 3. April 1844.

Der Domainenbeamte Lüdke zu Amt Alt-Landsberg im Nieder-Barnimschen Kreise ist als Spezial-Direktor (Agent) der Hagelschaden- und Mobiliar-Brandversicherungs-Gesellschaft zu Schwedt für den Nieder-Barnimschen Kreis bestätigt worden, was auf Grund des § 12 des Gesetzes vom 8. Mai 1837 hierdurch zur öffentlichen Kenntniß gebracht wird.

Königl. Regierung. Abtheilung des Innern.

No. 83.
Agentur-Bestätigung.
I. 2355. März.

Potsdam, den 10. April 1844.

Auf Grund des § 12 des Gesetzes vom 8. Mai 1837 wird hierdurch zur öffentlichen Kenntniß gebracht, daß der pensionirte Kreis-Kassirer C. F. Nathusius zu Jüterbogk als Agent der Feuerversicherungs-Anstalt Borussia für die Stadt Jüterbogk und Umgegend von uns bestätigt worden ist.

Königl. Regierung. Abtheilung des Innern.

No. 84.
Agentur-Bestätigung.
I. 467. April.

Potsdam, den 12. April 1844.

Auf Grund des § 12 des Gesetzes vom 8. Mai 1837 wird hiermit zur öffentlichen Kenntniß gebracht, daß der Apotheker Lautsch in Storkow als Agent der Cöllnischen Feuerversicherungs-Gesellschaft für die Stadt Storkow und Umgegend von uns bestätigt worden ist.

Königl. Regierung. Abtheilung des Innern.

No. 85.
Agentur-Bestätigung.
I. 506. April.

Nachweisung der sämmtlichen in den Städten des ... in welchen Getreidemärkte abgehalten werden, stattgefundenen ...

Laufende Nr.	Namen der Städte	Der Scheffel														Der Zentner Heu		
		Weizen			Roggen			Gerste			Hafer			Erbsen			Heu		
		Rthl.	Sgr.	Pf.	Rthl.	Sgr.	Pf.	Rthl.	Sgr.	Pf.	Rthl.	Sgr.	Pf.	Rthl.	Sgr.	Pf.	Rthl.	Sgr.	Pf.
1	Beeskow	2	5	7	1	6	1	1	2	3	—	21	4	1	11	6	—	—	—
2	Brandenburg	1	23	8	1	10	10	—	28	6	—	23	3	1	12	—	—	18	9
3	Dahme	1	23	11	1	8	4	—	28	11	—	23	1	1	23	9	—	22	9
4	Havelberg	1	26	6	1	9	1	1	—	1	—	21	4	1	14	—	—	—	—
5	Jüterbogk	1	28	3	1	9	2	—	27	9	—	23	5	1	25	—	—	—	—
6	Luckenwalde	1	29	5	1	12	5	1	1	2	—	24	4	1	17	6	—	—	—
7	Neustadt-Eberw.	2	5	9	1	12	6	1	1	5	—	22	6	1	13	6	—	25	—
8	Oranienburg	2	10	—	1	12	—	1	2	6	—	25	—				—	27	6
9	Perleberg	1	23	11	1	4	9	—	29	11	—	28	9	1	13	—	—	20	—
10	Potsdam	2	1	8	1	12	6	1	1	—	—	23	8	1	14	3	—	20	11
11	Prenzlau	1	28	9	1	11	6	—	27	11	—	19	—	1	7	—	—	20	—
12	Rathenow	1	25	6	1	10	7	—	27	7	—	21	8	1	20	3	—	15	8
13	Neu-Ruppin	2	—	—	1	10	—	—	28	—	—	19	6	1	14	—	—	20	—
14	Schwedt	1	25	7	1	13	—	1	1	10	—	21	10	1	12	5	—	—	—
15	Spandau	2	3	5	1	10	5	—	27	3	—	22	6	1	15	—	—	—	—
16	Strausberg	—	—	—	1	9	10	—	28	3	—	20	4	1	11	8	—	—	—
17	Templin	1	27	6	1	12	6	1	—	—	—	17	6	1	6	9	—	15	6
18	Treuenbriezen	2	—	—	1	10	10	—	28	9	—	23	2	1	20	—	—	—	—
19	Wittstock	1	28	4	1	10	1	1	1	1	—	20	11	1	11	5	—	13	3
20	Wriezen a. d. O.	1	26	11	1	8	9	—	29	3	—	20	—	1	12	6	—	—	—

Verordnungen und Bekanntmachungen des Königl. Kammergerichts.

Nº 3.
betreffend

Sämmtliche Untergerichte des Departements werden wiederholt angewiesen, von allen Untersuchungen, welche gegen Individuen militairpflichtigen Alters eingeleitet

Bezirks der Königlichen Regierung zu Potsdam, und Victualien-Durchschnitts-Marktpreise pro März 1844.

Das Schock Stroh.			Der Scheffel Kartoffeln.			Das Pfund						Das Quart						Die Metze				
						Rog-gen-Brod.		Rind-fleisch.		But-ter.		Braun-bier.		Weiß-bier.		Brannt-wein.		Pflaum.		Grütze.		
Rthl.	Sgr.	₰	Rthl.	Sgr.	₰	Sgr.	₰	Sgr.	₰	Sgr.	₰	Sgr.	₰	Sgr.	₰	Sgr.	₰	Sgr.	₰	Sgr.	₰	
5	5	3	—	11	6	—	10	2	6	7	8	1	—	1	—	4	—	5	6	5	—
5	—	—	—	15	8	1	2	3	—	8	—	1	1	1	2	3	6	13	8	7	10
6	9	7	—	13	4	—	9	2	6	5	8	1	3	1	6	3	—	5	—	6	—
			—	12	6	—	11	2	6	5	6	1	—	1	—	3	9	12	—	8	—
5	5	—	—	12	6	—	10	2	6	6	6	1	3	2	—	3	6	8	—	6	6
5	28	3	—	14	4	—	10	2	6	6	—	—	9	1	—	4	—	15	—	5	—
5	15	—	—	12	—	—	11	2	6	8	—	1	3	1	6	2	—	8	—	6	—
6	15	—	—	14	—	1	—	3	—	7	—	1	—	1	6	2	6	10	—	7	6
4	17	6	—	11	8	1	—	2	6	6	—	1	—	1	—	4	—	8	—	6	—
5	17	4	—	15	8	1	—	3	6	7	—	1	3	1	6	3	6	12	—	7	—
12	—	—	—	11	—	1	2	3	—	6	10	1	—	1	—	4	—	28	—	10	—
4	20	—	—	19	10	—	10	3	—	7	—	1	3	1	6	4	—	8	—	6	6
6	—	—	—	10	6	1	4	3	—	6	3	1	—	1	3	2	9	9	—	5	6
			—	12	6	1	3	3	—	8	—	—	—	1	—	—	—	10	—	11	—
			—	14	1	1	—	3	6	8	—	1	3	2	—	5	—	—	—	—	—
			—	10	4	2	3	7	3	—	—	—	—	—	—	—	—	7	6	5	5
5	7	6	—	10	—	—	10	2	6	8	—	1	—	1	6	2	—	11	—	6	—
			—	13	9	—	9	2	6	6	—	1	—	1	6	3	6	8	—	6	—
4	15	8	—	10	8	—	11	3	—	6	—	2	—	2	—	3	—	7	6	5	—
			—	12	—	1	—	2	6	6	6	1	—	1	3	2	6	9	—	8	6

werden, dem betreffenden Landrathsamte Nachricht zu geben, zugleich auch darauf aufmerksam gemacht, daß die Nothwendigkeit dieser Mittheilung nicht bloß Rücksichts derjenigen männlichen Individuen, welche das 20ste Lebensjahr zurückgelegt haben, sondern schon Rücksichts derjenigen eintritt, welche das 14te Lebensjahr überschritten haben. Uebrigens sind in den an die Landrathsämter ergehenden Mittheilungen die gegen Individuen militairpflichtigen Alters eingeleiteten Untersuchungen.

theilungen die zur Untersuchung gezogenen Individuen dergestalt genau zu bezeichnen, daß man, um sich in der Person des Militairpflichtigen nicht zu irren, den Ort, das Jahr und den Tag seiner Geburt aus dem Schreiben entnehmen kann. Die Nichtbefolgung dieser Anweisung wird durch nachdrückliche Ordnungsstrafen geahndet.
Berlin, den 18. März 1844.　　Königl. Preuß. Kammergericht.

Verordnungen und Bekanntmachungen der Behörden der Stadt Berlin.

№ 24.
Jahrmarkts-Verlegung.

Es wird hierdurch zur öffentlichen Kenntniß gebracht, daß der hiesige Kram-markt, welcher nach Angabe in den Kalendern am 4. November d. J. seinen An-fang nehmen und dann mit der Frankfurter Messe zusammenfallen würde, schon am 21. Oktober d. J. beginnen wird.　Berlin, den 6. Januar 1844.
Königl. Polizei-Präsidium.

№ 25.
Betreffend die für das Jahr 1844 ausgewählten Straßenecken, welche mit Granitplatten versehen werden sollen.

Zufolge der Bestimmungen des Reglements vom 3. Oktober 1842 sind von den unterzeichneten Behörden, so wie von der durch den hiesigen Magistrat und der Stadtverordneten-Versammlung ernannten Deputation nachstehend benannte Straßenstrecken:

1) Artilleriestraße, westliche Seite, von der Johannis- bis zur Oranienburger Straße, nebst der hierher gelegenen Fronte des Grundstücks Oranienburger Straße № 69;

2) Auguststraße, südliche Seite, von der großen Hamburger Straße bis zur Gipsstraße, vor den Grundstücken № 28 und 29 und den Seitenfronten der Grundstücke große Hamburger Straße № 41 und Gipsstraße № 1;

3) Behrenstraße, südliche Seite, von der Friedrichs- bis Markgrafenstraße, vor den Grundstücken № 26 bis 34 inkl. und der Seitenfronte des Grund-stückes Friedrichsstraße № 82;

4) Brauhausgasse, südöstliche Seite, vor den Grundstücken № 7 bis 12 inkl., und den Seitenfronten der Grundstücke Spandauer Straße № 14 und Heiligegeiststraße № 40;

5) Blumenstraße, südliche Seite, vor den Grundstücken № 1 bis 6 inkl.;

6) Französische Straße, südliche Seite, von der Markgrafenstraße bis zur Straße hinter der katholischen Kirche, vor den Grundstücken № 27 bis 33 inkl.;

7) Gipsstraße, südwestliche Seite, vor den Grundstücken № 1 bis 18 inkl., und der Seitenfronte des Grundstückes Rosenthaler Straße № 24;

8) Grenadierstraße, östliche Seite, von der Hirtengasse bis zur Linienstraße, vor den Grundstücken № 34 bis 44 inkl.;

9) Gollnowstraße, Nordostseite, von der Landsberger Straße bis zur Filleber-straße, vor den Grundstücken № 22 bis 32 b inkl.;

10) Holzmarktstraße, nordöstliche Seite, von der Krautsgasse bis zum Stralauer Platze, vor den Grundstücken № 42 bis 25 inkl. der Seitenfronte des Grundstückes Krautsgasse № 30, und vor Stralauer Platz № 27;

11) Husarenstraße, Nordseite, von der Alten Jakobs- bis zur Feldstraße, vor den Grundstücken № 1 bis 12 inkl.;

12) Kaiserstraße, Nordseite, vor den Grundstücken № 1 bis 3 und der Seitenfronte des Grundstückes Kleine Frankfurter Straße № 19;

13) Kanonierstraße, Westseite, von der Behren- bis Mohrenstraße, vor den Grundstücken № 22 bis 43 und den Seitenfronten der Grundstücke Jägerstraße № 6 und Mohrenstraße № 63;

14) Kochstraße, Nordseite, von der Jerusalemer bis Lindenstraße, vor den Grundstücken № 40 bis 42 inkl., und der Seitenfronte des Grundstückes Jerusalemer Straße № 1;

15) Köpnicker Straße, von der Einfahrt nach dem Stabholzplatz bis zu dem Ponton-Aufbewahrungshause, vor den Grundstücken № 27 bis 11 inkl.;

16) Kurze Straße, westliche Seite, von der Landsberger Straße bis Kaiserstraße, vor den Grundstücken № 1 bis 12 inkl., und der Seitenfronte des Grundstückes Landsberger Straße № 46;

17) Neu-Cölln am Wasser, von der Inselgasse bis Wallstraße, längs den Grundstücken № 14 bis 26 inkl.;

18) Landsberger Straße, Südseite, von der Weberstraße bis zum Klägerschen Grundstücke, vor den Grundstücken № 80 bis 85 und der Seitenfronte des Grundstückes Weberstraße № 37;

19) Linienstraße, Nordseite, von der Neuen Königs- bis Prenzlauer Straße, vor № 1 bis 11 inkl., und der Seitenfronte des Grundstückes Prenzlauer Straße № 58;

20) Mühlenstraße, südwestliche Seite, vom Stralauer Platze bis zum Knie, vor den Grundstücken № 47 bis 50 inkl.;

21) Neue Markt, südwestliche Seite, vor den Grundstücken № 10 bis 16 inkl., den Seitenfronten der Grundstücke Papenstraße № 16 und Bischoffstraße № 12;

22) Große Präsidentenstraße, südöstliche Seite, vor den Grundstücken № 4 bis 10 inkl.;

23) Spreegasse, nordwestliche Seite, vor den Grundstücken № 1 bis 8 inkl., und der Seitenfronte des Grundstückes Brüderstraße № 9;

24) Schiffbauerdamm, von der Albrecht- bis Louisenstraße, längs der Grundstücke № 7 bis 21 inkl.;

25) Schützenstraße, Südseite, von der Markgrafen- bis Mauerstraße, vor den Grundstücken № 1 bis 12 inkl., und der Seitenfronte des Grundstückes Markgrafenstraße № 68;

26) Sophienstraße, südwestliche Seite, vor den Grundstücken № 1 bis 11 inkl., und den Seitenfronten der Grundstücke Rosenthaler Straße № 32 und Große Hamburger Straße № 37;

Die auf Grund des § 1 des Gewerbepolizei-Edikts vom 7. September 1811 und des Erlasses des Königl. Ministerii des Innern vom 2. November 1826 mehrmals, zuletzt unter dem 16. April v. J. ergangene Bekanntmachung, wonach derjenige in eine Polizeistrafe von 5 bis 10 Thlrn. verfällt, der ohne polizeilichen Qualifikationsschein und ohne vorherige Gewinnung des Bürgerrechts mit dem Betriebe eines Gewerbes beginnt, zu welchem das genannte Zeugniß oder die Gewinnung des Bürgerrechts erforderlich sind, wird hierdurch wiederholt in Erinnerung gebracht. Berlin, den 1. April 1844.

№ 26.
Die Anmeldung der Gewerbe betreffend.

Königl. Polizei-Präsidium.

Die Schießübungen des 1sten und 3ten Bataillons 20sten Landwehr-Regiments werden, am 23. Juni und 30. Juni, am 7., 14., 21. und 28. Juli, Morgens um 6 Uhr beginnend, auf den Schießständen des Kaiser Franz-Grenadier-Regiments in der Hasenheide stattfinden. Berlin, den 11. April 1844.

№ 27.
Militair-Schießübungen betreffend.

Königl. Polizei-Präsidium.

In den, den Feuersozietäts-Verband für das platte Land der Kurmark und des Markgrafthums Niederlausitz bildenden 21 Kreisen sind in dem Sozietätsjahre vom 1. März 1843 bis dahin 1844. 175 Brände, und zwar:

im Westpriegnitzschen	Kreise 7,		im Isten Ukermärkschen (Prenzlau)	Kreise	1,
- Ostpriegnitzschen	- 6,		IIten Ukermärkschen (Angermünde)	-	8,
- Westhavelländschen	- 3,		IIIten Ukermärkschen (Templin)	-	12,
- Osthavelländschen	- 4,		- Beeskow-Storkowschen	-	9,
- Ruppinschen	- 11,		- Luckauschen	-	10,
- Ober-Barnimschen	- 17,		- Gubenschen	-	4,
- Nieder-Barnimschen	- 16,		- Calauschen	-	7,
- Teltowschen	- 12,		- Lübbenschen	-	9,
- Lebuschen	- 17,		- Sorauschen	-	4,
- Zauche-Belzigschen	- 11,		- Sprembergschen	-	3,
- Jüterbogk-Luckenwaldeschen	- 4,				

vorgefallen und dadurch

a) an versicherten Gebäuden 1ster Klasse:

1 Schulhaus, 1 Seitenflügel, 1 Treibhaus, 3 Scheunen und 6 Ställe gänzlich eingeäschert, und 1 Kirche mit Thurm, 7 Wohnhäuser und 1 Küster- und Schulhaus partiell beschädigt;

b) an versicherten Gebäuden 2ter Klasse:

31 Wohnhäuser, 1 Altentheil, 1 Pfarr-, 1 Schulhaus, 1 Krug, 5 Scheunen, 29 Ställe, 2 Schuppen, 5 Nebenhäuser völlig niedergebrannt, und 8 Wohnhäuser, 5 Ställe und 1 Waschhaus theilweise beschädigt;

c) an verſicherten Gebäuden 3ter Klaſſe:

285 Wohnhäuſer, 1 Krug, 235 Scheunen, 349 Ställe, 33 Nebenhäuſer, 9 Thorhäuſer, 27 Schuppen, 2 Kirchen und Thürme, 4 Bräu- und Brennereien, 5 Altentheile, 5 Hirten- und 4 Schulhäuſer, 8 Anbaue, 1 Vorbau, 2 Viehhäuſer, 1 Backhaus und 1 Durchfahrt gänzlich durch Feuer zerſtört, und 6 Wohnhäuſer, 1 Scheune, 4 Ställe zum Theil beſchädigt;

d) an verſicherten Gebäuden 4ter Klaſſe:

7 Windmühlen, 1 Wohnhaus mit Oelmühle, 4 Waſſermühlen, 1 Bäckerei, 3 Schmieden, 3 Ziegelöfen, 5 Ziegelſcheunen und 4 Brennſchauer gänzlich eingeäſchert, und 1 Schneidemühle, 1 Bockwindmühle, 3 Ziegelöfen und 2 Brennſchuppen partiell beſchädigt worden.

Die dadurch erwachſenen Ausgaben haben betragen:

1) an Vergütigung:

a) für die Gebäude 1ſter Klaſſe 12,415 Thlr. 24 Sgr. — Pf.
b) ꞏ ꞏ ꞏ 2ter ꞏ 24,251 ꞏ 19 ꞏ 1 ꞏ
c) ꞏ ꞏ ꞏ 3ter ꞏ 200,271 ꞏ 28 ꞏ 10 ꞏ
d) ꞏ ꞏ ꞏ 4ter ꞏ 17,364 ꞏ 26 ꞏ 8 ꞏ

254,304 Thlr. 8 Sgr. 7 Pf.,

2) an Prämien für die von Sprigen und Waſſerwagen geleiſtete Hülfe .... 6,801 — ꞏ — ꞏ — ꞏ
3) an Verwaltungskoſten .... 8,535 — ꞏ — ꞏ — ꞏ
4) an Reiſekoſten .... 509 ꞏ — ꞏ — ꞏ — ꞏ
5) an Vergütigung für Pertinenz-Beſchädigungen und an Extraordinariis .... 5,374 ꞏ 9 ꞏ 8 ꞏ

zuſammen 275,523 Thlr. 18 Sgr. 3 Pf.

Zur Deckung dieſer Ausgaben ſind von der Verſicherungsſumme

a) der Gebäude 1ſter Klaſſe von 12,223,250 Thlr. ein Beitrag von .... 4 Sgr.
b) ꞏ ꞏ 2ter ꞏ ꞏ 16,907,675 ꞏ ꞏ ꞏ ꞏ .... 6 ꞏ   pro
c) ꞏ ꞏ 3ter ꞏ ꞏ 35,472,650 ꞏ ꞏ ꞏ ꞏ .... 17 ꞏ   100
d) ꞏ ꞏ 4ter ꞏ ꞏ 1,681,100 ꞏ ꞏ ꞏ ꞏ .... 1 Thlr. 2 ꞏ   Thlr.

erforderlich, und durch die reſp. unterm 19. September 1843 und 18. März 1844 erlaſſenen beiden Ausſchreiben aufzubringen geweſen.

Von den ſtattgefundenen Bränden ſind

130 durch unermittelt gebliebene Zufälle,
8 ꞏ Gewitter,
25 ꞏ muthmaßliche Brandſtiftung,
3 ꞏ abſichtliche Brandſtiftung,
5 ꞏ ſchlechte Bauart,
4 ꞏ Unvorſichtigkeit

veranlaßt worden.

Potsdam, den 21. April 1844.

№ 88.
Bauholz-
Berechtigung
aus Königl.
Forsten.
III. f. 261.
Forsten.

Den zum Empfang von Bauholz aus Königl. Forsten berechtigten Besitzern von Privatgütern und Domainen-Einsassen wird hierdurch die im vorjährigen Amtsblatt Pag. 112 abgedruckte Bekanntmachung vom 24. April v. J. wegen rechtzeitiger Anmeldung ihrer Bauholzbedürfnisse bei den betreffenden Domainen- und Rentämtern in Erinnerung gebracht. Die Anmeldungen müssen spätestens bis zum 15. Mai erfolgen. Später eingehende Anträge auf Holzverabreichungen in dem nächsten Nadel können nach dem bestehenden Geschäftsgange nur in den ausnahmsweisen Fällen von Brand-, Sturm- oder andern Schäden Berücksichtigung finden.

Königl. Regierung.
Abtheilung für die Verwaltung der direkten Steuern, Domainen und Forsten.

Verordnungen und Bekanntmachungen der Behörden der Stadt Berlin.

№ 28.
Wegen des
Reitens und
Fahrens in
Berlin.

Polizeiliche Verordnung
zu §§ 756 seq. Theil II Titel 20 des Allgemeinen Landrechts wegen des Reitens und Fahrens.

§ 1. Bei der Ausfahrt aus den Häusern, beim Passiren der Brücken, Stadtthore und engen Straßen, beim Einbiegen in andere Straßen und überall, wo die Passage durch Menschen oder sonst verengt ist, darf nur im Schritt gefahren oder geritten werden. Dasselbe gilt beim Passiren der Kirchen zur Zeit des Gottesdienstes, insofern dieselben nicht gänzlich abgesperrt sind.

§ 2. Ebenso dürfen hoch und breit beladene Lastfuhrwerke, so wie solche Fuhrwerke, die starkes Geräusch verursachen, überall nur im Schritt fahren.

§ 3. Marschirenden Militairabtheilungen müssen Fuhrwerke und Reiter ausweichen, und wenn zum Vorbeipassiren kein Raum ist, so müssen sie so lange halten, bis erstere vorüber sind.

§ 4. Reiter und Wagenführer müssen die ihnen in den Weg kommenden Fußgänger durch lauten Zuruf warnen.

§ 5. Bürgersteige und sonstige Fußwege dürfen zum Fahren, Reiten, Pferdehalten, Karrenschieben, Ziehen von Handwagen, so wie überhaupt zur Fortbringung von Lasten nicht benutzt werden.

§ 6. Auf ungepflasterten oder nur mit Kies beschütteten öffentlichen Plätzen in der Stadt darf weder gefahren noch geritten werden.

§ 7. Bösige Pferde müssen stets geführt und kurz am Zügel gehalten werden. Vor bösartigen Pferden sind die Vorübergehenden laut zu warnen.

§ 8. Unbespannte Fuhrwerke dürfen überhaupt nicht auf der Straße stehen bleiben.

§ 9. Kein bespanntes Fuhrwerk darf ohne Aufsicht und gehörige Befestigung auf den Straßen sich selbst überlassen bleiben. Kann der Inhaber ihnen zu

theilungen die zur Untersuchung gezogenen Individuen dergestalt genau zu bezeichnen, daß man, um sich in der Person des Militairpflichtigen nicht zu irren, den Ort, das Jahr und den Tag seiner Geburt aus dem Schreiben entnehmen kann. Die Nichtbefolgung dieser Anweisung wird durch nachdrückliche Ordnungsstrafen geahndet. Berlin, den 18. März 1844. Königl. Preuß. Kammergericht.

Verordnungen und Bekanntmachungen der Behörden der Stadt Berlin.

№ 24.
Jahrmarkts-Verlegung.

Es wird hierdurch zur öffentlichen Kenntniß gebracht, daß der hiesige Kram-markt, welcher nach Angabe in den Kalendern am 4. November d. J. seinen An-fang nehmen und dann mit der Frankfurter Messe zusammenfallen würde, schon am 21. Oktober d. J. beginnen wird. Berlin, den 6. Januar 1844. Königl. Polizei-Präsidium.

№ 25.
Betreffend die für das Jahr 1844 ausgewählten Straßenecken, welche mit Granitplatten versehen werden sollen.

Zufolge der Bestimmungen des Reglements vom 3. Oktober 1842 sind von den unterzeichneten Behörden, so wie von der durch den hiesigen Magistrat und der Stadtverordneten-Versammlung ernannten Deputation nachstehend benannte Straßenstrecken:

1) Artilleriestraße, westliche Seite, von der Johannis- bis zur Oranienburger Straße, nebst der hierher gelegenen Fronte des Grundstücks Oranienburger Straße № 69;

2) Auguststraße, südliche Seite, von der großen Hamburger Straße bis zur Gipsstraße, vor den Grundstücken № 28 und 29 und den Seitenfronten der Grundstücke große Hamburger Straße № 41 und Gipsstraße № 1;

3) Behrenstraße, südliche Seite, von der Friedrichs- bis Markgrafenstraße, vor den Grundstücken № 26 bis 34 inkl. und der Seitenfronte des Grund-stücks Friedrichstraße № 82;

4) Brauhausgasse, südöstliche Seite, vor den Grundstücken № 7 bis 12 inkl., und den Seitenfronten der Grundstücke Spandauer Straße № 14 und Heiligegeiststraße № 40;

5) Blumenstraße, südliche Seite, vor den Grundstücken № 1 bis 6 inkl.;

6) Französische Straße, südliche Seite, von der Markgrafenstraße bis zur Straße hinter der katholischen Kirche, vor den Grundstücken № 27 bis 33 inkl.;

7) Gipsstraße, südwestliche Seite, vor den Grundstücken № 1 bis 18 inkl., und der Seitenfronte des Grundstückes Rosenthaler Straße № 24;

8) Grenadierstraße, östliche Seite, von der Hirtengasse bis zur Linienstraße, vor den Grundstücken № 34 bis 44 inkl.;

9) Gollnowstraße, Nordostseite, von der Landsberger Straße bis zur Flieder-straße, vor den Grundstücken № 22 bis 32 b inkl.;

10) Holzmarktstraße, nordöstliche Seite, von der Krautsgasse bis zum Stralauer Platze, vor den Grundstücken № 42 bis 83 inkl. der Seitenfronte des Grundstückes Krautsgasse № 30, und vor Stralauer Platz № 27;

11) Husarenstraße, Nordseite, von der Alten Jakobs- bis zur Feldstraße, vor den Grundstücken № 1 bis 12 inkl.;

12) Kaiserstraße, Nordseite, vor den Grundstücken № 1 bis 3 und der Seitenfronte des Grundstückes Kleine Frankfurter Straße № 19;

13) Kanonierstraße, Westseite, von der Behren- bis Mohrenstraße, vor den Grundstücken № 22 bis 45 und den Seitenfronten der Grundstücke Jägerstraße № 6 und Mohrenstraße № 63;

14) Kochstraße, Nordseite, von der Jerusalemer bis Lindenstraße, vor den Grundstücken № 40 bis 42 inkl., und der Seitenfronte des Grundstückes Jerusalemer Straße № 1;

15) Köpnicker Straße, von der Einfahrt nach dem Stabholzplatz bis zu dem Ponton-Aufbewahrungshause, vor den Grundstücken № 27 bis 11 inkl.;

16) Kurze Straße, westliche Seite, von der Landsberger Straße bis Kaiserstraße, vor den Grundstücken № 1 bis 12 inkl., und der Seitenfronte des Grundstückes Landsberger Straße № 46;

17) Neu-Cölln am Wasser, von der Inselgasse bis Wallstraße, längs den Grundstücken № 14 bis 26 inkl.;

18) Landsberger Straße, Südseite, von der Weberstraße bis zum Klägerschen Grundstücke, vor den Grundstücken № 80 bis 85 und der Seitenfronte des Grundstückes Weberstraße № 37;

19) Linienstraße, Nordseite, von der Neuen Königs- bis Prenzlauer Straße, vor № 1 bis 11 inkl., und der Seitenfronte des Grundstückes Prenzlauer Straße № 58;

20) Mühlenstraße, südwestliche Seite, vom Stralauer Platze bis zum Knie, vor den Grundstücken № 47 bis 59 inkl.;

21) Neue Markt, südwestliche Seite, vor den Grundstücken № 10 bis 16 inkl., den Seitenfronten der Grundstücke Papenstraße № 16 und Bischoffstraße № 12;

22) Große Präsidentenstraße, südöstliche Seite, vor den Grundstücken № 4 bis 10 inkl.;

23) Spreegasse, nordwestliche Seite, vor den Grundstücken № 1 bis 8 inkl., und der Seitenfronte des Grundstückes Brüderstraße № 9;

24) Schiffbauerdamm, von der Albrecht- bis Louisenstraße, längs der Grundstücke № 7 bis 21 inkl.;

25) Schützenstraße, Südseite, von der Marktgrafen- bis Mauerstraße, vor den Grundstücken № 1 bis 12 inkl., und der Seitenfronte des Grundstückes Markgrafenstraße № 68;

26) Sophienstraße, südwestliche Seite, vor den Grundstücken № 1 bis 11 inkl., und den Seitenfronten der Grundstücke Rosenthaler Straße № 32 und Große Hamburger Straße № 37;

27) An der Stralauer Brücke, Südseite, vor den Grundstücken № 1 bis 2 inkl.;
28) Stralauer-Platz, vor dem Grundstück № 21;
29) Unterbaumstraße, Ostseite, von der Dorotheen- bis Georgenstraße, vor den Grundstücken № 1 bis 3 inkl., und den Seitenfronten der Grundstücke Dorotheenstraße № 3 und Georgenstraße № 39;
30) Schulgartenstraße, vor den Grundstücken № 1 bis 8 inkl., und den in der Schulgartenstraße belegenen Seitenfronten der Grundstücke Potsdamer Platz № 1 und Lennéstraße № 1 und 2;
31) Weberstraße, nordöstliche Seite, vor den Grundstücken № 1 bis 37 inkl.;
32) Wilhelmstraße, Westseite, vor den Grundstücken № 131 bis 147 inkl. und Belle-Alliance-Platz № 15;
33) Charitéstraße, vor den Grundstücken № 6 und 7;
34) Zimmerstraße, Nordseite, von der Wilhelms- bis Friedrichsstraße, vor den Grundstücken № 82 bis 100 inkl.,

ausgewählt, in welchen die Bürgersteige, so weit solches nicht schon früher geschehen ist, im Jahre 1844 mit Granitplatten versehen werden sollen, und gleichzeitig der Durchschnitts-Kostenpreis für den laufenden Fuß des drei Fuß breiten Trottoirs auf einen Thaler einen Silbergroschen sechs Pfennige ermittelt, mithin der zu bewilligende Vergütigungssatz von zwei Drittel auf einundzwanzig Silbergroschen für das Jahr 1844 festgesetzt, welcher Satz jedoch bei Bürgersteigen von nicht drei Fuß Breite verhältnißmäßig gewährt werden wird.

Indem dies hierdurch zur öffentlichen Kenntniß gebracht wird, werden die betheiligten Grundeigenthümer benachrichtigt, daß an dieselben besondere Aufforderungen ergehen werden, in welchen die näheren Bestimmungen über die Richtung der Granitbahn, das Niveau derselben, der erforderlichen Neu- oder Umpflasterung der Bürgersteige, so wie die sonstige Art und Weise der Ausführung, enthalten sein werden. Sollten in denjenigen Straßen, für welche in den frühern Jahren bereits die öffentliche Aufforderung zur Einlegung von Granitbahnen erlassen, und die Einlegung bewirkt ist, noch Grundeigenthümer vorhanden sein, welche den ihnen zustehenden Anspruch auf die reglementsmäßigen Hülfsgelder aus dem Grunde noch nicht geltend gemacht haben, weil sie die Granitbahn zwar erst nach Publikation des Reglements vom 30. Juni 1835, jedoch aber vor Bezeichnung der zur Einlegung bestimmten Straßen, oder nachdem die zu belegenden Straßen zwar schon in den öffentlichen Blättern bezeichnet, ihnen jedoch noch keine spezielle Aufforderung zugefertigt war, gelegt haben, so werden dieselben hierdurch aufgefordert, dies nunmehr binnen sechs Wochen unfehlbar zu thun, widrigenfalls der betreffende Anspruch als erloschen nicht weiter berücksichtigt werden kann.

Berlin, den 19. März 1844.

Königl. Polizei-Präsidium.   Königl. Ministerial-Baukommission.
von Puttkammer.   von Müffling. Berger.

Ober-Bürgermeister, Bürgermeister und Rath hiesiger Königl. Residenzien.
Krausnick. H. Lenz. Risch.

Die

Die auf Grund des § 1 des Gewerbepolizei-Edikts vom 7. September 1811 und des Erlasses des Königl. Ministerii des Innern vom 2. November 1826 mehrmals, zuletzt unter dem 16. April v. J. ergangene Bekanntmachung, wonach derjenige in eine Polizeistrafe von 3 bis 10 Thlrn. verfällt, der ohne polizeilichen Qualifikationsschein und ohne vorherige Gewinnung des Bürgerrechts mit dem Betriebe eines Gewerbes beginnt, zu welchem das genannte Zeugniß oder die Gewinnung des Bürgerrechts erforderlich sind, wird hierdurch wiederholt in Erinnerung gebracht. Berlin, den 1. April 1844.

Königl. Polizei-Präsidium.

Die Schießübungen des 1sten und 3ten Bataillons 20sten Landwehr-Regiments werden, am 23. Juni und 30. Juni, am 7., 14., 21. und 28. Juli, Morgens um 6 Uhr beginnend, auf den Schießständen des Kaiser Franz-Grenadier-Regiments in der Hasenheide stattfinden. Berlin, den 11. April 1844.

Königl. Polizei-Präsidium.

In den, den Feuersozietäts-Verband für das platte Land der Kurmark und des Markgrafthums Niederlausitz bildenden 21 Kreisen sind in dem Sozietätsjahre vom 1. März 1843 bis dahin 1844. 175 Brände, und zwar:

im Westpriegnitzschen	Kreise 7,	im Isten Ukermärkschen (Prenzlau)	Kreise 1,
- Ostpriegnitzschen	- 6,	IIten Ukermärkschen (Angermünde)	
- Westhavelländschen	- 3,		8,
- Osthavelländschen	- 4,	IIIten Ukermärkschen (Templin)	12,
- Ruppinschen	- 11,	Beeskow-Storkowschen	9,
- Ober-Barnimschen	- 17,	Luckauschen	10,
- Nieder-Barnimschen	- 16,	Gubenschen	4,
- Teltowschen	- 12,	Calauschen	7,
- Lebusschen	- 17,	Lübbenschen	9,
- Zauche-Belzigschen	- 11,	Sorauschen	4,
- Jüterbogk-Luckenwaldeschen	- 4,	Sprembergschen	3,

vorgefallen und dadurch

a) an versicherten Gebäuden 1ster Klasse:

1 Schulhaus, 1 Seitenflügel, 1 Treibhaus, 3 Scheunen und 6 Ställe gänzlich eingeäschert, und 1 Kirche mit Thurm, 7 Wohnhäuser und 1 Küster- und Schulhaus partiell beschädigt;

b) an versicherten Gebäuden 2ter Klasse:

31 Wohnhäuser, 1 Altentheil, 1 Pfarr-, 1 Schulhaus, 1 Krug, 3 Scheunen, 29 Ställe, 2 Schuppen, 5 Nebenhäuser völlig niedergebrannt, und 8 Wohnhäuser, 5 Ställe und 1 Waschhaus theilweise beschädigt;

c) an versicherten Gebäuden 3ter Klasse:

  285 Wohnhäuser, 1 Krug, 235 Scheunen, 349 Ställe, 33 Nebenhäuser, 9 Thorhäuser, 27 Schuppen, 2 Kirchen und Thürme, 4 Brau- und Brennereien, 5 Altentheile, 5 Hirten- und 4 Schulhäuser, 8 Anbaue, 1 Vorbau, 2 Viehhäuser, 1 Backhaus und 1 Durchfahrt gänzlich durch Feuer zerstört, und 6 Wohnhäuser, 1 Scheune, 4 Ställe zum Theil beschädigt;

d) an versicherten Gebäuden 4ter Klasse:

  7 Windmühlen, 1 Wohnhaus mit Oelmühle, 4 Wassermühlen, 1 Bäckerei, 3 Schmieden, 3 Ziegelöfen, 5 Ziegelscheunen und 4 Brennschauer gänzlich eingeäschert, und 1 Schneidemühle, 1 Bockwindmühle, 3 Ziegelöfen und 2 Brennschuppen partiell beschädigt worden.

Die dadurch erwachsenen Ausgaben haben betragen:

1) an Vergütigung:
   a) für die Gebäude 1ster Klasse 12,415 Thlr. 24 Sgr. — Pf.
   b) „ „   „   2ter   „   24,251 „ 19 „ 1 „
   c) „ „   „   3ter   „ 200,271 „ 28 „ 10 „
   d) „ „   „   4ter   „   17,364 „ 26 „ 8 „

                                         254,304 Thlr. 8 Sgr. 7 Pf.,

2) an Prämien für die von Spritzen und Wasser-
   wagen geleistete Hülfe ....   6,801 „ — „ — „
3) an Verwaltungskosten ....   8,535 „ — „ — „
4) an Reisekosten ....   509 „ — „ — „
5) an Vergütigung für Pertinenz-Beschädigungen und
   an Extraordinariis ....   5,374 „ 9 „ 8 „

                              zusammen   275,523 Thlr. 18 Sgr. 3 Pf.

Zur Deckung dieser Ausgaben sind von der Versicherungssumme

   a) der Gebäude 1ster Klasse von 12,223,250 Thlr. ein Beitrag von .... 4 Sgr. ⎫
   b) „   „   2ter   „   16,907,675 „   „   „   „ 6   ⎬ pro
   c) „   „   3ter   „   35,472,650 „   „   „   „ 17   ⎬ 100
   d) „   „   4ter   „   1,081,100 „   „   „   „ 1 Thlr. 2   ⎭ Thlr.

erforderlich, und durch die resp. unterm 19. September 1843 und 18. März 1844 erlassenen beiden Ausschreiben aufzubringen gewesen.

Von den stattgefundenen Bränden sind

   130 durch unermittelt gebliebene Zufälle,
     8 „ Gewitter,
    25 „ muthmaßliche Brandstiftung,
     3 „ absichtliche Brandstiftung,
     5 „ schlechte Bauart,
     4 „ Unvorsichtigkeit

veranlaßt worden.

In dem wegen der absichtlich oder durch Unvorsichtigkeit veranlaßten Brände eingeleiteten gerichtlichen Untersuchungen ist gegen einen der Brandstifter auf eine 12jährige Zuchthausstrafe außerordentlich, und gegen eine der Brandstiftung überführte Inquisitin auf eine 10jährige Zuchthausstrafe erkannt worden. Ein der Brandstiftung dringend verdächtiger Inkulpat hat sich der gegen ihn eingeleiteten Kriminal-Untersuchung dadurch zu entziehen gewußt, daß er sich wenige Tage nach dem Brande im Gefängnisse erhängt hat. Alle übrigen Untersuchungen sind theils, soweit sie beendigt, erfolglos geblieben, theils schweben dieselben noch.

Berlin, den 3. April 1844.

General-Direktion der Land-Feuersozietät der Kurmark und der Niederlausitz.

Personalchronik.

Zu Kammergerichts-Assessoren sind befördert: die bisherigen Kammergerichts-Referendarien Karl Heinrich Blumberg, Johann Heinrich Gustav Fischer, Wilhelm Ferdinand Landau, Ludwig Wilhelm August Elsholz, der bisherige Oberlandesgerichts-Referendarius Friedrich August Hugo Körner, und der bisherige Oberlandesgerichts-Assessor Theodor Eduard Buckow.

Die bisherigen Kammergerichts-Auskultatoren Friedrich Wilhelm Budde, Anatot Hyppolyt Thuiskon Hauptner, Friedrich August Ludwig Püttmann, Wilhelm Johann Karl Eduard Stieber, Julius Cäsar Barseckow und der bisherige Oberlandesgerichts-Referendarius Gustav Wißmann sind zu Kammergerichts-Referendarien ernannt worden.

Aus ihren Dienstverhältnissen im diesseitigen Departement sind auf ihren Antrag entlassen worden: der Kammergerichts-Auskultator Friedrich Wilhelm Ferdinand Mende, Behufs seines Ueberganges in das Departement des Oberlandesgerichts Glogau, der Kammergerichts-Referendarius Theodor Karl Edmund Lindemann, Behufs seines Ueberganges in das Departement des Oberlandesgerichts zu Stettin, der bisherige Kammergerichts-Referendarius Adolph Wilhelm Hertwig, Behufs seines Ueberganges in das Departement des Oberlandesgerichts zu Naumburg, der Kammergerichts-Auskultator Friedrich Felix von Behr, Behufs seines Ueberganges in das Departement des Oberlandesgerichts Stettin.

Der Kammergerichts-Auskultator Ferdinand Nölbechen ist auf seinen Antrag aus dem Justizdienste entlassen worden.

Der bisherige Kammergerichtsbote August Ernst Schenk ist zum Kammergerichts-Botenmeister bestellt.

Der Feldmesser Ernst Rudolph Gethmann ist im Laufe des ersten Quartals 1844 von der Königl. Ministerial-Baukommission vereidigt worden.

Der Doktor der Medizin und Chirurgie Alexander Ferdinand Friedrich Theodor Corlin ist als praktischer Arzt, Wundarzt und Geburtshelfer in den Königlichen Landen approbirt und vereidigt worden.

Zu Schiedsmännern sind erwählt. Zum ersten Male; der Gerichtsschulze Gottlob Hecht zu Nieder-Görsdorf für den 3ten ländlichen Bezirk, der Hüfner Gottlieb Samuel zu Cossin für den 7ten ländlichen Bezirk, der Schulze Gottlob Bischoff zu Kemlitz für den 10ten ländlichen Bezirk, der Schulze Johann Ludwig Schulze zu Frankenföhrde für den 2ten ländlichen Bezirk, und der Schulze Friedrich Wilhelm Hennig zu Neuhof für den 4ten ländlichen Bezirk des Jüterbogk-Asckenwalder Kreises, der Rittergutsbesitzer Gustav Wilhelm Heinrich Zimmermann zu Liepe für den 4ten ländlichen Bezirk des Westhavelländischen Kreises, der Bürgermeister Karl Julius Ferdinand Jänichen zu Niemegk für die Stadt Niemegk. Zum wiederholten Male: der Lehns- und Gerichtsschulze Gottfried Hagen zu Hohen-Görsdorf für den 6ten ländlichen Bezirk des Jüterbogk-Luckenwalder Kreises.

Vermischte Nachrichten.

Wegen Reparatur der über das Mühlenfließ bei Alt-Stansdorf im Beeskow-Storkowschen Kreise führenden, auf dem Wege nach Storkow belegenen Brücke wird diese Brücke in der Zeit vom 22. bis 27. d. M. für alles Fuhrwerk gesperrt sein, und haben die Reisenden während dieser Zeit ihren Weg von Wernsdorf ꝛc. nach Storkow oder umgekehrt, über Wolzig zu nehmen.

Potsdam, den 13. April 1844.

Königl. Regierung. Abtheilung des Innern.

(Hierbei zwei öffentliche Anzeiger.)

Amtsblatt
der Königlichen Regierung zu Potsdam
und der Stadt Berlin.

Stück 17. Den 26. April. 1844.

Des Königs Majestät haben die Einleitungen, welche zu der Vervollständigung der Umwallung des Oderbruchs seither getroffen worden sind, zu genehmigen und zu befehlen geruht, daß die fernere Leitung dieser auf die beiden Regierungsbezirke der Provinz sich erstreckenden Angelegenheit von mir geführt werden soll. Der seitherige Landrath des Oberbarnimschen Kreises, Herr Graf von Zedlitz-Trützschler, wird dabei, ebenfalls nach der unmittelbaren Bestimmung Sr. Majestät, als ausführender Kommissarius mitwirken, und ist insbesondere mit den Verhandlungen beauftragt, die mit den sämmtlichen Interessenten zu führen sind, und aus welchen dieselben die Voraussetzungen und Bedingungen näher entnehmen werden, unter welchen nach den wohlwollenden Absichten Sr. Majestät des Königs die Ausführung dieses wichtigen, von den betheiligten Grundeigenthümern seit so lange angelegentlich gewünschten Werks zu Stande kommen soll.

Ich fordere sowohl die betreffenden Behörden, als die betheiligten Eingesessenen auf, den Requisitionen, Aufforderungen und Vorladungen bereitwillige Folge zu leisten, welche der gedachte Herr Landrath demgemäß an sie erlassen wird.

Potsdam, den 20. April 1844.

Der Ober-Präsident der Provinz Brandenburg.
(gez.) von Meding.

Verordnungen und Bekanntmachungen,
welche den Regierungsbezirk Potsdam ausschließlich betreffen.

Potsdam, den 10. April 1844.

Der Amtmann Guthke zu Flemsdorf im Angermünder Kreise ist als Spezial-Direktor (Agent) der Hagelschaden- und Mobiliar-Brandversicherungs-Gesellschaft zu Schwedt für den Angermünder Kreis bestätigt worden, was auf den Grund des § 12 des Gesetzes vom 8. Mai 1837 hierdurch zur öffentlichen Kenntniß gebracht wird. Königl. Regierung. Abtheilung des Innern.

№ 87.
Agentur-Bestätigung.
I. 482. April.

Potsdam, den 18. April 1844.

Wegen der unter dem Rindvieh des Ritterguts Ceestow, Osthavelländischen Kreises, ausgebrochenen Lungenseuche wird dieses Gut bis auf weitere Anordnung für Rindvieh und Rauchfutter gesperrt. Königl. Regierung. Abtheilung des Innern.

№ 88.
Ausgebrochene Lungenseuche.
I. 853. April.

Potsdam, den 21. April 1844.

№ 89.
Bauholz-
Verabreichung
aus Königl.
Forsten.
III. f. 361.
Februar.

Den zum Empfang von Bauholz aus Königl. Forsten berechtigten Besitzern von Privatgütern und Domainen-Einsassen wird hierdurch die im vorjährigen Amtsblatt Pag. 112 abgedruckte Bekanntmachung vom 24. April v. J. wegen rechtzeitiger Anmeldung ihrer Bauholzbedürfnisse bei den betreffenden Domainen- und Rentämtern in Erinnerung gebracht. Die Anmeldungen müssen spätestens bis zum 15. Mai erfolgen. Später eingehende Anträge auf Holzverabreichungen in dem nächsten Wadel können nach dem bestehenden Geschäftsgange nur in den ausnahmsweisen Fällen von Brand-, Sturm- oder andern Schäden Berücksichtigung finden.

Königl. Regierung.
Abtheilung für die Verwaltung der direkten Steuern, Domainen und Forsten.

Verordnungen und Bekanntmachungen der Behörden der Stadt Berlin.

№ 28.
Wegen des
Reitens und
Fahrens in
Berlin.

Polizeiliche Verordnung
zu §§ 756 seq. Theil II Titel 20 des Allgemeinen Landrechts wegen des Reitens und Fahrens.

§ 1. Bei der Ausfahrt aus den Häusern, beim Passiren der Brücken, Stadtthore und engen Straßen, beim Einbiegen in andere Straßen und überall, wo die Passage durch Menschen oder sonst verengt ist, darf nur im Schritt gefahren oder geritten werden. Dasselbe gilt beim Passiren der Kirchen zur Zeit des Gottesdienstes, insofern dieselben nicht gänzlich abgesperrt sind.

§ 2. Ebenso dürfen hoch und breit beladene Lastfuhrwerke, so wie solche Fuhrwerke, die starkes Geräusch verursachen, überall nur im Schritt fahren.

§ 3. Marschirenden Militairabtheilungen müssen Fuhrwerke und Reiter ausweichen, und wenn zum Vorbeipassiren kein Raum ist, so müssen sie so lange halten, bis erstere vorüber sind.

§ 4. Reiter und Wagenführer müssen die ihnen in den Weg kommenden Fußgänger durch lauten Zuruf warnen.

§ 5. Bürgersteige und sonstige Fußwege dürfen zum Fahren, Reiten, Pferdehalten, Karrenschieben, Ziehen von Handwagen, so wie überhaupt zur Fortbringung von Lasten nicht benutzt werden.

§ 6. Auf ungepflasterten oder nur mit Kies beschütteten öffentlichen Plätzen in der Stadt darf weder gefahren noch geritten werden.

§ 7. Ledige Pferde müssen stets geführt und kurz am Zügel gehalten werden. Vor bösartigen Pferden sind die Vorübergehenden laut zu warnen.

§ 8. Unbespannte Fuhrwerke dürfen überhaupt nicht auf der Straße stehen bleiben.

§ 9. Kein bespanntes Fuhrwerk darf ohne Aufsicht und gehörige Befestigung auf den Straßen sich selbst überlassen bleiben. Kann der Inhaber keinen zuverläßigen Aufseher zurücklassen; so darf er sich nur entfernen, nachdem die Pferde fest angebunden und abgesträngt worden sind.

§ 10. Solche Pferde, von denen bekannt ist, daß sie zum Durchgehen geneigt sind, dürfen unter keinen Umständen sich selbst überlassen bleiben.

§ 11. Alle Fuhrwerke sind schuldig, sich beim Begegnen rechts vorbeizufahren. Unbeladene Wagen müssen den beladenen, Personenwagen den Lastwagen ausweichen. Bei enger Passage muß der unbeladene Wagen in schicklicher Entfernung so lange halten, bis der beladene vorüber ist. Trifft dieser Fall zwei leere oder zwei beladene Wagen, so muß derjenige, welcher den andern zuerst gewahr wird, still halten. Vor engen Passagen muß jedes Fuhrwerk so lange halten, bis der Führer sich überzeugt hat, daß der Weg frei sei.

§ 12. Jedes langsamer fahrende Fuhrwerk muß das nachkommende schnellere Fuhrwerk, wenn dieses nicht anders vorbei kommen kann, auf ein gegebenes Zeichen, links vorbeilassen. Niemand aber darf das Vorbeifahren eines ihm nachfolgenden Wagens durch Einlenken in dessen Fahrbahn verhindern.

§ 13. Zum Transport von Dünger, Schutt und dergleichen, müssen die Fuhrwerke so eingerichtet sein, daß nicht durch Verstreuen oder Lecken die Straßen verunreinigt werden.

§ 14. Fuhrwerke, die Dünger oder andre übel riechende Substanzen geladen haben, dürfen innerhalb der Stadt auf öffentlichen Straßen und Plätzen nirgend anhalten, müssen vielmehr ihren Weg ohne Unterbrechung fortsetzen.

§ 15. Ebenso dürfen beladene Frachtwagen bei freier Passage in den Straßen nirgend anhalten, sondern müssen unausgesetzt in der Fahrt bleiben.

§ 16. Kein Fuhrwerk darf überladen sein, so daß das Gespann zur ordentlichen Fortschaffung unvermögend wird. Außerdem darf keine Ladung breiter als 10 Fuß sein.

§ 17. Langholz darf nicht geschleppt werden, sondern muß auch hinten auf Rädern ruhen.

Schlittenfuhrwerke müssen stets mit Deichseln und Schellen versehen sein.

§ 18. Das unnöthige und anhaltende Knallen mit der Peitsche ist verboten; ebenso das Aufhocken auf fremde Kutschwagen, Schlitten und andere Fuhrwerke.

§ 19. Diese Vorschriften gelten für die Stadt mit Einschluß des engeren Polizeibezirks. Auf öffentlichen Chausseen jedoch kommen die Zusatz-Bestimmungen zu dem Chausseegeld-Tarif vom 29. Februar 1840 zur Anwendung.

§ 20. Zuwiderhandlungen ziehen eine Geldbuße von 1 bis 10 Thalern oder verhältnißmäßige Gefängnißstrafe, nach Bewandniß der Umstände auch körperliche Züchtigung nach sich. Berlin, den 25. März 1844.

Königl. Gouvernement.   Königl. Polizei-Präsidium.
von Lützow.   von Puttkammer.

№ 29.
Agentur-
Bestätigung.

Der Kaufmann Eduard Herrmann Gerber hierselbst, Heiligegeiststraße № 11 wohnhaft, ist heute als Agent der Aachener und Münchener Feuerversicherungs-Gesellschaft bestätigt worden.

Dies wird auf Grund des § 12 des Gesetzes vom 8. Mai 1837 hiermit zur öffentlichen Kenntniß gebracht. Berlin, den 6. April 1844.

Königl. Polizei-Präsidium.

№ 30.
Agentur-
Bestätigung.

Der Kaufmann Friedrich Wilhelm Räder hierselbst, Brückenstraße № 2 wohnhaft, ist heute als Agent der Feuerversicherungs-Gesellschaft Colonia zu Cöln bestätigt worden.

Dies wird auf Grund des § 12 des Gesetzes vom 8. Mai 1837 hiermit zur öffentlichen Kenntniß gebracht. Berlin, den 10. April 1844.

Königl. Polizei-Präsidium.

Personalchronik.

Der Oberlandesgerichts-Referendarius Gustav von Hagen ist als Polizei-Sekretair bei dem Polizei-Präsidio in Berlin angestellt worden.

Der Doktor der Medizin und Chirurgie, Pensionair-Arzt Bernhard Dionysius Leopold Göben ist als praktischer Arzt, Wundarzt und Geburtshelfer in den Königischen Landen approbirt und vereidigt worden.

Vermischte Nachrichten.
Geschenke an Kirchen.

Der Kirche zu Nichel ist von dem Bauer Bastian zu Nichel ein gußeisernes Kruzifir im Werthe von 10 Thlrn., der Kirche zu Schmöckwitz von dem Schullehrer und Küster Pultz daselbst ein, ihr bisher noch fehlendes Kruzifir von Gußeisen mit vergoldeter Christusfigur, 5 bis 6 Thlr. an Werth, der Kirche zu Lindenberg von der Wittwe Neumann daselbst eine Altardecke von schwarzem Tuch mit weißem Besatz, so wie eine Kanzelpult- und Taufstein-Decke, ebenfalls von schwarzem Tuch und mit weißem Besatz, der Kirche zu Breitenfeld von der Ehefrau des Lehnschulzen Jäger daselbst eine rothsammetne Decke mit echten silbernen Tressen zum Gebrauche beim heiligen Abendmahl, der Kirche zu Polzow, Parochie Wetzenow, von einem ungenannten Mitgliede der Gemeine ein 2½ Fuß hohes gußeisernes Kruzifix mit vergoldetem Christus und zwei 2 Fuß hohe Altarleuchter, auch von Gußeisen, der Kirche zu Kreuzbruch von dem Kirchenvorsteher, Presbyter-Erbbesitzer J. F. Heinz daselbst, zur Bekleidung der Kanzel eine Decke von dunkelviolettem Sammet mit goldenen Frangen zum Geschenk gemacht worden, welche lobenswerthe Handlungen hiermit bekannt gemacht werden.

(Hierbei ein öffentlicher Anzeiger.)

Amtsblatt
der Königlichen Regierung zu Potsdam und der Stadt Berlin.

Stück 18.   Den 3. Mai.   1844.

Allgemeine Gesetzsammlung.

Das diesjährige 8te Stück der Allgemeinen Gesetzsammlung enthält:

№ 2430. Allerhöchste Kabinetsordre vom 5. Februar 1844, betreffend die ausschließliche Legitimation der Quästur der Universität zu Berlin zur Einziehung und Einklagung der von den Studirenden über gestundete Kolleghonorare ausgestellten Reverse.

№ 2431. Allerhöchste Kabinetsordre vom 1. März 1844, über die Strafe der Beleidigungen zwischen Militair- und Zivilpersonen.

№ 2432. Verordnung, betreffend die Erbtheilungstaxen bäuerlicher Nahrungen in Westpreußen. Vom 22. März 1844.

№ 2433. Verordnung wegen eines allgemeinen Aufrufs per im §. 20 der Verordnung vom 31. März 1834, wegen Einrichtung des Hypothekenwesens in dem Herzogthum Westphalen, dem Fürstenthum Siegen, des Aemtern Burbach und Neuenkirchen und den Graffschaften Wittgenstein, Wittgenstein und Wittgenstein-Berleburg (Gesetzsammlung Seite 47) bezeichneten Realberechtigten. Vom 22. März 1844.

№ 2434. Verordnung über die Gebühren der Sachverständigen und Zeugen bei gerichtlichen Geschäften. Vom 29. März 1844.

№ 2435. Gesetz, betreffend das gerichtliche und Diziplinar-Strafverfahren gegen Beamte. Vom 29. März 1844.

№ 2436. Verordnung, betreffend das bei Pensionirungen zu beobachtende Verfahren. Vom 29. März 1844.

Das diesjährige 9te Stück der Allgemeinen Gesetzsammlung enthält:

№ 2437. Allerhöchste Kabinetsordre vom 9. April 1844, mit welcher der Haupt-Finanz-Etat für das Jahr 1844 publizirt wird.

Das diesjährige 10te Stück der Allgemeinen Gesetzsammlung enthält:

№ 2438. Allerhöchste Kabinetsordre vom 19. April 1844, die Veröffentlichungen über die Wirksamkeit der städtischen Behörden und Vertreter betreffend.

Verordnungen und Bekanntmachungen
für den Regierungsbezirk Potsdam und für die Stadt Berlin.

№ 90.
Anmeldung
der noch un-
erledigten An-
sprüche aus
der von der
Altmark in
Gemeinschaft
mit der Kur-
mark aufge-
brachten fran-
zösischen
Kriegssteuer.
I. 1529. Aprtl.

Durch die in der Gesetzsammlung unter 2411 abgedruckte Allerhöchste Kabinets-Ordre vom 1. Dezember v. J. haben des Königs Majestät auf den Antrag des Königl. Ministerii des Innern und der Hauptverwaltung der Staatsschulden zu genehmigen geruhet:

daß die Inhaber von Quittungen der Salzwedelschen und der Arendsee-Seehausenschen Kreiskasse, oder von Bordereaur über dergleichen bei der Kommission mirte in Magdeburg eingereichte Quittungen über Beiträge zu der, durch das Ausschreiben der Kriegs- und Domainenkammer zu Berlin vom 2. Dezember 1806 den genannten Kreisen aufgelegten Kriegs-Kontribution, deren Verbriefung durch Kurmärkische Obligationen bisher unterblieben ist, von Seiten des Königl. Ober-Präsidiums zu Magdeburg nochmals durch die Amtsblätter der Regierungen zu Magdeburg, Merseburg und Potsdam aufgefordert werden, diese Quittungen oder Bordereaur bei demselben binnen einer Frist von drei Monaten, vom Tage des Aufrufs an, zur Verifikation und Feststellung einzureichen.

Diesemgemäß ergeht daher hierdurch an alle diejenigen Gläubiger, welche aus dem vorerwähnten Kriegssteuer-Ausschreiben noch Ansprüche zu haben vermeinen, die nicht schon in Folge der Bekanntmachung meines Herrn Amtsvorgängers vom 18. Juni 1840 zur Anmeldung gelangt und die darüber sprechenden Dokumente dem Hofrath Burchardt übergeben worden sind, die Aufforderung:

ihre Forderungen nach Inhalt jener Bekanntmachung jetzt noch in derselben Form, und zwar binnen einer Frist von drei Monaten, vom heutigen Tage angerechnet, also bis spätestens den 19. Juli d. J. bei mir anzumelden,

und haben es sich diejenigen Interessenten, welche etwa auch diese Bekanntmachung unbeachtet lassen sollten, selbst beizumessen, wenn sie nach Ablauf jener präklusivischen Frist ohne Weiteres mit ihren Ansprüchen ab- und zur Ruhe verwiesen werden.

Zur Nachricht wird noch bemerkt, daß die Bekanntmachung vom 18. Juni 1840 im Amtsblatte der Königl. Regierung zu Magdeburg Stück № 26 Seite 197, in demselben der Königl. Regierung zu Merseburg Stück № 26 Seite 185, in demselben der Königl. Regierung zu Potsdam Stück № 26 Seite 182 enthalten ist. Magdeburg, den 19. April 1844.

Der Wirkliche Geheime Rath und Ober-Präsident der Provinz Sachsen.

Flottwell.

Potsdam, den 23. April 1844.

Vorstehende Aufforderung wird hiermit zur öffentlichen Kenntniß gebracht.

Königl. Regierung. Abtheilung des Innern.

Verordnungen und Bekanntmachungen, welche den Regierungsbezirk Potsdam ausschließlich betreffen.

Potsdam, den 24. April 1844.

Es ist zu unserer Kenntniß gekommen, daß die Wiederaufführung abgebrannter Gebäude und Feuerungen nach kleineren Feuersbrünsten, wo es also der vorgängigen Einreichung des Retablissementsplanes an uns nicht bedurfte, von den städtischen Polizeibehörden in einzelnen Fällen unter solchen Umständen gestattet worden ist, wo die Anlegung eines neuen Gebäudes resp. einer neuen Feuerung auf einer früher unbebauten Stelle wegen Nähe der Scheunen oder sonst aus polizeilichen Gründen unzulässig gewesen sein würde, weil die Behörden die desfallsigen baupolizeilichen Vorschriften auf den Fall eines Retablissements nach dem Brande nicht für anwendbar gehalten haben.

Da uns nun im § 82 des Feuersozietäts-Reglements vom 19. September 1838 für die Städte der Kur- und Neumark und der Niederlausitz ganz allgemein die Befugniß beigelegt ist, die Wiederherstellung abgebrannter Gebäude aus polizeilichen Rücksichten zu untersagen, so werden sämmtliche Magisträte und sonstige Polizeibehörden in den Städten unseres Regierungsbezirks hierdurch angewiesen, in Zukunft bei den Retablissementsbauten nach den kleineren Bränden, wo es der Einreichung des Retablissementsplanes nach § 3 der Ober-Präsidial-Bekanntmachung vom 16. September 1842, Amtsblatt de 1842 Pag. 270, an uns nicht bedarf, stets sorgfältig zu prüfen, ob die baupolizeilichen Vorschriften, wenn ein Neubau auf einem bisher unbebauten Platze vorläge, nicht Grund zur Versagung des Baukonsenses darbieten würde, und nach Befinden demnächst den Wiederaufbau zu untersagen und resp. unsere Genehmigung dazu einzuholen.

Königl. Regierung. Abtheilung des Innern.

№ 91.
Wiederaufführung abgebrannter Gebäude und Feuerungen in den Städten.
I. 1372. April.

Potsdam, den 25. April 1844.

Für den Niederbarnimschen Kreis sind nach Vorschrift des § 2 der Verordnung vom 7. März v. J. über die Ausführung der Jagdgemeinheits-Theilungen (Amtsblatt de 1843 Seite 115):

1) der Kreis-Deputirte, Rittmeister von Tettenborn auf Reichenberg,

2) der Rittmeister von Jena auf Cöthen,

3) der Land- und Stadtgerichts-Direktor Schäffer zu Neustadt-Eberswalde,

    als Mitglieder der zu konstituirenden Kreis-Jagdtheilungs-Kommission,

№ 92.
Kreis-Jagd-Theilungs-Kommission für den Niederbarnimschen Kreis.
I. 1432. April

4) der Landes-Oekonomie-Rath Thaer auf Mögelin,

5) der Amtmann Zencker zu Brunow, und

6) der Land- und Stadtrichter Grieben zu Freyenwalde a. d. O.,

   als deren Stellvertreter

gewählt und bestätigt worden, was hierdurch zur öffentlichen Kenntniß gebracht wird.

Königl. Regierung. Abtheilung des Innern.

Potsdam, den 25. April 1844.

№ 93.
Die diesjährige Industrie-Ausstellung zu Berlin.
I. 1481. April.

Nach einer uns zugegangenen Verfügung des Königl. Finanz-Ministeriums sollen in Betreff der von inländischen Gewerbetreibenden zu der, in diesem Jahre in Berlin stattfindenden Gewerbe-Ausstellung eingesendeten Gegenstände die Kosten sowohl des Hin- als des Rücktransports, insoweit sie aus den Einnahmen der Ausstellung nicht gedeckt werden, aus öffentlichen Fonds erstattet werden.

Indem wir dies im weitern Verfolg unserer Bekanntmachung vom 16. Februar d. J. (Amtsblatt № 35) zur öffentlichen Kenntniß bringen, bemerken wir, daß darüber, ob die für die Ausstellung bestimmten Gegenstände zunächst hierher Behufs Prüfung durch die für den diesseitigen Bezirk eingesetzte Sachverständigen-Kommission oder direkt nach Berlin zu senden sind, unter welcher Adresse und bis zu welchem Termine dies geschehen muß, die weitere Bekanntmachung vorbehalten bleibt.

Königl. Regierung. Abtheilung des Innern.

Potsdam, den 26. April 1844.

№ 94.
Die Verwaltung der Kreiskasse zu Rathenow.
III. d. I. 85. April.

Die durch den Tod des Rendanten Flickel erledigte Kreiskassen-Rendanten-Stelle des Westhavelländischen Kreises ist dem bisherigen Kreissekretair, Hauptmann George zu Rathenow verliehen und vom 1. April d. J. ab, übertragen worden.

Königl. Regierung.

Verordnungen und Bekanntmachungen der Behörden der Stadt Berlin.

№ 24.
Bauzäune und Einfassungen bei Bauten betreffend.

§ 1. Die Passage über öffentliche Plätze, Straßen, Wege und Gänge darf bei Bauten oder andern Einrichtungen durch Auflagerung von Baumaterialien, Erd- und Schutthaufen, durch Gerüste, aufgerissenes Steinpflaster, oder andere Vorkehrungen, ohne vorgängige polizeiliche Genehmigung nicht beschränkt oder gefährdet werden.

§ 2. Sofern eine solche Beschränkung nach dem Ermessen der Polizei-Behörde nothwendig wird, müssen dergleichen Stellen zum Schutz des vorüberzehen-den Publikums durch Bauzäune oder Einfassung mit Stangen und Latten abgesonbert, und bei eintretender Dunkelheit durch Laternen, welche bei der Königl. Straßen-Erleuchtungs-Inspektion miethsweise zu haben sind, erleuchtet werden.

§ 3. Die Erlaubniß zur Errichtung von Bauzäunen wird nur auf eine bestimmte Zeit ertheilt. Mit Ablauf derselben und mit der auch nur einstweiligen Einstellung des Baues muß, ohne vorherige Aufforderung der Bauzaun weggenommen und die freie Passage wieder hergestellt werden.

§ 4. Das Herabwerfen des Bauschuttes aus den oberen Stockwerken ist untersagt, der Schutt muß entweder hinunter getragen oder in Rinnen, welche von allen Seiten dicht verschlossen und einen Fuß vom Erdboden entfernt, aufzustellen sind, hinab geleitet werden.

§ 5. Erde und Schutt darf auf der Straße nicht angehäuft und gelagert, muß vielmehr im Laufe des Tages fortgeschafft werden.

§ 6. Die Wagen, auf welchen Schutt oder Erde fortgeschafft wird, sind so einzurichten, daß nicht durch das Herabfallen der Ladung die Straße verunreinigt werden kann.

§ 7. Die Nichtbefolgung dieser Vorschriften zieht für den Werkmeister und Bauherrn, in Bezug auf § 6 für den Kutscher, eine Geldbuße von zwei bis zehn Thalern oder verhältnißmäßige Gefängnißstrafe nach sich.

Berlin, den 19. März 1844.　　　Königl. Polizei-Präsidium.

Nachstehende Verordnung

"In Bezug auf polizeiliche Meldungen gelten folgende Vorschriften:

I. Hinsichtlich der Einwohner.

1. Bei Wohnungsveränderungen ist zur An- und Abmeldung verpflichtet:

a) jeder Vermiether, Aftermiether, Chambre-garnie-Vermiether, Schlafstellenvermiether, nur für die Person seines Miethers;

b) jeder Inhaber einer Wohnung für seine Ehefrau, Kinder, Dienstboten, Gehülfen und alle andere Personen, welche von ihm Wohnung erhalten, auch wenn er die Wohnung gleichzeitig mit dem An- und Abzumeldenden bezieht oder verläßt.

2. Wer sein eigenes Haus bezieht oder seine Wohnung in demselben verläßt, hat sich selbst nebst den Personen, welche mit ihm die Wohnung verändern, an- oder abzumelden.

3. Die Vermiether und die Inhaber von Sommerwohnungen sind diesen Vorschriften ebenfalls unterworfen.

4. Verheirathungen müssen von dem Ehemanne angemeldet werden,

5. Die Meldung der Geburt eines Kindes muß zunächst der Vater, in dessen Abwesenheit aber, oder wenn dasselbe unehelich geboren ist, der Geburts-

helfer oder die Hebamme, welche bei der Geburt assistirt haben, endlich die Person, bei welcher die Niederkunft erfolgt ist, wenn die Gebährende nicht in ihrer Wohnung entbunden worden, bewirken, und zwar ohne Unterschied, ob das Kind todt geboren, gleich nach der Geburt verstorben ist, oder fortlebt.

6. Die erfolgte Taufe eines ehelichen Kindes sind die Eltern desselben, die eines unehelichen, diejenige Person, welche die Verrichtung der Taufe veranlaßt, zu melden verpflichtet.

7. Zur Meldung eines Todesfalles ist zunächst das Familienhaupt, dann der Vermiether, endlich die Person, welche für die Beerdigung des Verstorbenen sorgt, verpflichtet.

8. Die Meldungen müssen von den dazu Verpflichteten, mit Ausnahme der Personen, welche nicht schreiben können, schriftlich gemacht werden, und die Angabe der letzten und der neu bezogenen Wohnung, des vollständigen Namens, (bei Frauen außerdem des Geschlechtsnamens), des Standes, des Alters und des Geburtsortes der an= oder abzumeldenden Personen, bei neugebornen Kindern diese Bezeichnung von den Eltern, bei unehelichen von der Mutter, so wie den Tag und die Stunde ihrer Geburt, auch den Vermerk, ob diese ehelich oder unehelich erfolgt ist, enthalten.

9. Damit der zur Abmeldung Verpflichtete im Stande ist, in der Abmeldung die neue Wohnung der abziehenden Person anzugeben, ist letztere verpflichtet, ersterem spätestens bei dem Abzuge ihren Verbleib anzugeben.

10. Alle Meldungen sind dem Polizei=Kommissarius des Reviers, in welchem der Fall, der sie erfordert, sich ereignet, und zwar binnen 24 Stunden, die der neugebornen Kinder aber binnen drei Tagen zu machen.

11. Die vorstehenden Bestimmungen sind nicht nur für die Stadt Berlin und den engeren Polizeibezirk gültig, sondern finden auch auf den weiteren Polizeibezirk von Berlin, unter Aufhebung der älteren Verordnungen vom 1. Mai 1811 und 9. Oktober 1821 mit der Maßgabe Anwendung, daß die Meldungen in denjenigen Dörfern, wo der Polizei=Kommissarius wohnt, oder in den denselben nahe gelegenen Kolonien oder Besitzungen an den Polizei=Kommissarius unmittelbar, und in den anderen Dörfern, Kolonien und Besitzungen an den Schulzen geschehen, welcher letzterer die eingegangenen Meldungen zweimal wöchentlich dem Polizei=Kommissarius zu übersenden hat.

II. Hinsichtlich der Fremden.

12. Als Fremde sind alle Personen zu erachten, welche hierselbst keinen eigenen Hausstand besitzen oder zu einem solchen nicht gehören, bei einem Korps oder einer Behörde nicht angestellt sind, vielmehr, selbst wenn sie hier ein sogenanntes Absteigequartier besitzen, ihren gewöhnlichen Aufenthalt auswärts haben.

13. Jeder, welcher einem solchen Fremden in seiner Wohnung Aufenthalt oder Schlafstelle gewährt, muß denselben nebst den in seiner Begleitung etwa befindlichen Personen binnen spätestens vier Stunden nach der Aufnahme dem

Polizei-Kommiſſarius des Reviers, in welchem der Aufenthalt genommen wird, ſchriftlich melden.

14. Die Meldung muß, außer der von dem Fremden bezogenen Wohnung, den vollſtändigen Namen, wenn Frauen gemeldet werden, auch den Geburtsnamen, den Stand, das Alter, ſo wie Angabe des Geburts- und Wohnortes, und endlich des Ortes, von woher der Fremde eintrifft, enthalten.

15. Die Abmeldung des Fremden erfolgt gleichfalls ſchriftlich binnen vier Stunden nach der Abreiſe an den Polizei-Kommiſſarius des Reviers.

16. Dieſe Abmeldung muß mit einer Bezeichnung des Ortes, wohin der Fremde ſich begiebt, verſehen ſein.

17. Ebenſo muß, wenn der Fremde während ſeines hieſigen vorübergehenden Aufenthalts ſeine Wohnung wechſelt, den Polizei-Kommiſſarien der Reviere, in welchen die aufgegebene und die neu bezogene Wohnung belegen ſind, reſp. Ab- und Anmeldung gemacht werden.

18. Der Fremde hingegen iſt verpflichtet, für die Dauer ſeines hieſigen Aufenthalts ſich innerhalb der erſten 24 Stunden nach ſeiner Ankunft, mit einer Aufenthaltskarte zu verſehen, deren Ertheilung gegen Niederlegung ſeiner Reiſe-Dokumente in dem Geſchäftslokale der Vten Abtheilung des Polizei-Präſidii, Molkenmarkt № 2, erfolgt.

III. Hinſichtlich der Gewerbegehülfen.

19. Gewerbtreibende, welche Geſellen oder Gehülfen halten, ſind verpflichtet, dieſelben bei dem Antritte der Arbeit, gleichviel, ob mit der Arbeit Wohnung oder Schlafſtelle verbunden iſt, oder nicht, anzumelden, und bei der Entlaſſung aus der Arbeit abzumelden.

20. Die Meldung, welche ebenfalls die Vor- und den Zunamen, das Alter und den Geburtsort, ſo wie die Wohnung und die Schlafſtelle des gemeldeten Gehülfen enthalten muß, geſchieht ſchriftlich bei dem Polizei-Kommiſſarius des Reviers, in welchem die Werkſtatt des Arbeitsgebers belegen iſt.

21. In Bezug auf die Zeit muß:
a) die Anmeldung am Tage des Arbeitsantritts oder ſpäteſtens 24 Stunden nachher,
b) die Abmeldung einen Tag vor der Entlaſſung aus der Arbeit oder ſpäteſtens am Tage der Entlaſſung, erfolgen.

22. In Anſehung derjenigen Geſellen und Gehülfen, welche mit der Arbeit zugleich Wohnung oder Schlafſtelle von dem Arbeitsgeber erhalten, kann mit der Meldung des Arbeitsverhältniſſes die Meldung des Wohnungswechſels verbunden werden.

23. Lehrlinge, welche nach überſtandenen Lehrjahren bei dem Lehrherrn als Geſellen oder Gehülfen in Arbeit bleiben, müſſen mit dem Aufhören des Lehrverhältniſſes ebenfalls in der vorſtehend vorgeſchriebenen Art gemeldet werden.

24. Auch Handwerksgeſellen und Gewerbegehülfen, welche von außerhalb hier eintreffen, ohne Unterſchied, ob ſie in Berlin geboren ſind oder nicht, ſind

verpflichtet, sich bei der 9ten Abtheilung des Polizei-Präsidii, und zwar in
dem Geschäftslokale desselben, Molkenmarkt № 2, zur Empfangnahme einer
Aufenthaltskarte, gegen Niederlegung ihrer Reise-Dokumente, und, wenn sie hier
Arbeit erhalten, zur Empfangnahme eines für die fernere Dauer ihres hiesigen
Aufenthalts gültigen Arbeitsscheins, welche Dokumente sie auf Erfordern dem
Revier-Polizeibeamten jederzeit vorlegen müssen, zu melden. Uebrigens wird den
Handwerksgesellen und Gewerbegehülfen, wenn sie dem hiesigen Orte angehören,
nur eine achttägige, den fremden, nicht hierher gehörigen Individuen dieser Art
nur eine dreitägige Frist zum Wiedereintritt in ein Arbeitsverhältniß gestattet.
Die dem hiesigen Orte angehörigen Gesellen und Gehülfen werden daher, wenn
sie während des Zeitraums von acht Tagen sich ohne Arbeit befinden, und sich
über anderweitige zureichende Subsistenzmittel nicht ausweisen können, mit Strenge
zur Arbeit, fremde dagegen, welche drei Tage ohne Arbeit bleiben, zur sofortigen
Abreise von hier angehalten werden.

25. Die Nichtbefolgung obiger Vorschriften wird mit einer Geldbuße von
einem bis zwei Thalern, oder verhältnißmäßiger Gefängnißstrafe geahndet werden. — Wissentlich unrichtige Meldungen werden, wenn damit nicht ein Verbrechen verbunden ist, als unterlassene Meldungen betrachtet und bestraft.

Berlin, den 14. September 1841.   Königl. Polizei-Präsidium."
wird hierdurch in Erinnerung gebracht.

Berlin, den 20. März 1844.   Königl. Polizei-Präsidium.

Personalchronik.

Der praktische Arzt und Wundarzt Dr. Alexander Paasch ist auch als Geburtshelfer
in den Königlichen Landen approbirt und verpflichtet worden.

Die bisherigen Hebammenschülerinnen Johanna Dorothea Iba von Deinert geb.
Jung und Auguste Wilhelmine Biegemann geb. Unger sind als Stadthebammen für
Berlin approbirt und vereidigt worden, nachdem sie in der, mit ihnen abgehaltenen Prüfung
vorzüglich gut bestanden sind.

In Stelle des zum Departements-Thierarzt ernannten seitherigen Repetitors Kuhl-
mann ist der bisherige Kreisthierarzt la Notte zum Repetitor bei der Königl. Thierarzneischule bestellt worden.

Vermischte Nachrichten.
Geschenke an Kirchen.

In der Kirche zu Nowawes ist von Mitgliedern der dortigen Gemeine Altar und
Kanzel mit einer neuen tuchenen Bekleidung beschenkt worden, was hiermit belobigend
anerkannt wird.

C..   (Hierbei zwei öffentliche Anzeiger.)

Amtsblatt
der Königlichen Regierung zu Potsdam und der Stadt Berlin.

Stück 19.   Den 10. Mai.   **1844.**

Allgemeine Gesetzsammlung.

Das diesjährige 11te Stück der Allgemeinen Gesetzsammlung enthält:

№ 2439. Patent wegen Publikation des Provinzialrechts für Westpreußen. Vom 19. April 1844.

Verordnungen und Bekanntmachungen für den Regierungsbezirk Potsdam und für die Stadt Berlin.

Potsdam, den 28. April 1844.

Nachdem des Königs Majestät mittelst Allerhöchster Kabinetsordre vom 22. März d. J. das Statut der in Berlin zu errichtenden Renten- und Kapital-Versicherungs-Bank zu bestätigen geruhet haben, so wird in Gemäßheit eines Erlasses des Herrn Ministers des Innern Excellenz vom 7. April d. J. die erfolgte Bestätigung des gedachten Statuts hiermit zur öffentlichen Kenntniß gebracht.

Königl. Regierung. Abtheilung des Innern.

№ 95.
Statut der Renten- und Kapital-Versicherungsbank zu Berlin. d. J. 1843. April.

Potsdam, den 30. April 1844.

Des Königs Majestät haben mittelst Allerhöchster Kabinetsordre vom 22. Februar d. J. zu bestimmen geruht, daß bei den Artillerie-Brigaden künftig nur am 1. Oktober Freiwillige auf einjährige Dienstzeit eintreten dürfen, worauf die auf die Begünstigung des freiwilligen, einjährigen Militairdienstes Anspruch habenden Militairpflichtigen in Verfolg der, Seite 179 des vorjährigen Amtsblatts befindlichen Bekanntmachung vom 8. Juni 1843 hierdurch aufmerksam gemacht werden.

Königl. Regierung. Abtheilung des Innern.

№ 96.
Eintritt der Freiwilligen auf einjährige Dienstzeit bei den Artillerie-Brigaden. I. 160. April.

Bei der heute zu Merseburg stattgefundenen 45sten Verloosung der vormals Sächsischen Kammer-Kredit-Kassenscheine wurden Behufs deren Realisirung (zu Michaelis 1844 folgende Nummern gezogen, als:

Von Litt. B à 500 Thlr.:

№ 68. 146. 268 und 368.

Von Litt. Aa à 1000 Thlr.:

№ 93. 220. 269. 306. 426. 560. 578. 602. 781. 951. 1540. 1682. 2168. 2253. 2257. 2688. 2840 und 2901.

№ 97.
Verloosete Kammer-Kredit-Kassenscheine. C. 5. Mai.

Außerdem sind von den unverzinslichen Kammer-Kredit-Kassenscheinen Litt. E à 34 Thlr., die Scheine von № 3978 bis mit № 6308 zur Zahlung in jenem Termine ausgesetzt worden.

Die Inhaber der vorverzeichneten verloosten und resp. zur Zahlung ausgesetzten Scheine werden hierdurch aufgefordert, die Kapitalien, gegen Rückgabe der Scheine und der dazu gehörenden Talons und Kompons, mit dem Eintritt des Michael-Termins 1844, wo die Verzinsung der jetzt gezogenen Scheine Litt. B und A aufhört, bei der hiesigen Haupt-Instituten- und Kommunal-Kasse zu erheben.

Merseburg, den 25. April 1844.

Im Auftrage der Königl. Hauptverwaltung der Staatsschulden.
Der Regierungs-Präsident von Krosigk.

Potsdam, den 4. Mai 1844.

Vorstehende Bekanntmachung der im diesjährigen Ostertermine gezogenen Nummern der verloosten Kammer-Kredit-Kassenscheine wird hierdurch zur öffentlichen Kenntniß gebracht. Königl. Regierung.

Verordnungen und Bekanntmachungen, welche den Regierungsbezirk Potsdam ausschließlich betreffen.

№ 98.
Ankauf der Remonte-pferde für die Armee.
1. 1844. April.

Zum Ankaufe von Remonten, im Alter von drei bis einschließlich sechs Jahren, sind in diesem Jahre im Bezirk der Königl. Regierung zu Potsdam und den angrenzenden Bereichen nachstehende, früh Morgens beginnende Märkte angesetzt worden, und zwar:

den 25. Mai in Luckau,			den 5. Juli in Wittstock,		
28.	"	" Pretzsch,	6.	"	" Wusterhausen,
24. Juni	" Stendal,		8.	"	" Gransee,
26.	"	" Havelberg,	16.	"	" Nauen,
27.	"	" Seehausen,	20.	"	" Frankfurt a. d. O.,
29.	"	" Lenzen,	2. Aug.	" Straßburg,	
1. Juli	" Perleberg,		3.	"	" Prenzlow,
3.	"	" Wilsnack,	5.	"	" Angermünde,
4.	"	" Prigwalk,	7.	"	" Königsberg i. d. N.

Mit Ausnahme der beiden Märkte in Gransee und Nauen werden die erkauften Pferde zur Stelle abgenommen und von der Militair-Kommission sofort baar bezahlt.

Die Verkäufer an den vorgenannten beiden Orten dagegen werden ersucht, die behandelten Pferde in das nahe belegene Remonte-Depot Bärenklau auf eigene Kosten einzuliefern, und daselbst nach fehlerfreier Uebergabe der Pferde das Kaufgeld in Empfang zu nehmen.

Die erforderlichen Eigenschaften eines Remontepferdes werden als hinlänglich bekannt vorausgesetzt und zur Warnung der Verkäufer nur wiederholt bemerkt, daß außer solchen Pferden, deren hinterher sich etwa ergebende Fehler den Kauf schon gesetzlich rückgängig machen, auch noch diejenigen einer gleichen Maaßregel auf Kosten des Verkäufers unterworfen sind, welche sich als Krippensetzer ergeben sollten.

Mit jedem Pferde müssen unentgeldlich eine neue starke lederne Trense, eine Gurthalfter und zwei hanfene Stricke übergeben werden.

Berlin, den 14. März 1844. **Kriegs-Ministerium.**
Abtheilung für das Remontewesen.

Potsdam, den 28. April 1844.
Vorstehende Bekanntmachung wird hierdurch zur Kenntniß des Publikums gebracht.
Königl. Regierung. Abtheilung des Innern.

Potsdam, den 4. Mai 1844.
Auf Grund des § 12 des Gesetzes vom 8. Mai 1837 wird hiermit zur öffentlichen Kenntniß gebracht, daß der Agent der Cöllnischen Feuerversicherungs-Gesellschaft, Kämmerer Moritz zu Wusterhausen an der Dosse, die ihm übertragen gewesene Agentur niedergelegt hat. **Königl. Regierung.** Abtheilung des Innern.

№ 99.
Agentur-
Niederlegung.
I. 12. Mai.

Potsdam, den 4. Mai 1844.
Auf Grund des § 12 des Gesetzes vom 8. Mai 1837 wird hiermit zur öffentlichen Kenntniß gebracht, daß der Agent (Spezial-Direktor) der Schwedter Hagelschaden- und Mobiliar-Versicherungs-Gesellschaft für den Niederbarnimschen Kreis, Oberamtmann Runde zu Liebenwalde, die ihm übertragen gewesene Agentur seit dem 1. März d. J. niedergelegt hat.
Königl. Regierung. Abtheilung des Innern.

№ 100.
Agentur-
Niederlegung.
I. 12. Mai.

Personalchronik.

Der Regierungs-Assessor Robert Karl Friedrich Wilhelm von Benda ist der hiesigen Regierung überwiesen und am 3. d. M. in das Kollegium eingeführt worden, auch ist mit diesem Tage der bereits früher bei dem hiesigen Regierungs-Kollegium beschäftigt gewesene, im Jahre 1837 ausgeschiedene Regierungs-Referendarius Leopold Eduard Otto von Bismark in dieser Eigenschaft jetzt wieder eingetreten.

Die durch die Pensionirung des Hegemeisters Apton erledigte Försterstelle zu Schmachtenhagen, im Forstrevier Oranienburg, ist dem Hofjäger Vogelsang mit dem Titel als Hegemeister übertragen worden.

Der Kandidat der Feldmeßkunst Gottfried Eduard Wilhelm Leutsch ist als Feldmesser diesseits vereidigt worden.

Dem Kollaborator Beeskow am Friedrichs-Werderschen Gymnasium zu Berlin ist das Prädikat „Oberlehrer" beigelegt worden.

Dem Lehrer Johann Friedrich Theodor Schilling ist die Konzession zur Fortführung der Saltzerschen höheren Töchterschule in Berlin ertheilt worden.

Der Doktor der Medizin und Chirurgie Friedrich Wilhelm Karl Müller ist als praktischer Arzt und Wundarzt in den Königlichen Landen approbirt und vereidigt worden.

Anstellungen und Todesfälle im Kirchen- und Schulwesen im Isten Quartal 1844.

A. Als Prediger sind angestellt oder versetzt:

Superintendentur:

Angermünde. Der Kandidat F. W. L. Zöllner als Pfarr-Abjunkt zu Stolpe.

Perleberg. Der Kandidat J. G. W. Richter als Pfarr-Abjunkt zu Sückow und Dergenthin.

Rathenow. Der Prediger zu Prietzen, F. F. W. Wernicke, als Prediger zu Hohennauen.

Neu-Ruppin. Der Ober-Prediger zu Wendisch-Buchholz, J. C. Berndt, als Prediger zu Bechlin.

Treuenbriezen. Der Kandidat F. A. Kläber als Archidiakonats-Abjunkt zu Treuenbriezen.

Wriezen. Der Kandidat H. C. L. Wentzel als Prediger zu Haselberg.

Wusterhausen an der Dosse. Der Kandidat A. M. A. Siecke als Prediger zu Rohrlack.

Zossen. Der Hülfsprediger an der Jerusalemer und Neuen Kirche zu Berlin, Ph. Buttmann, als Ober-Prediger zu Zossen.

B. Als Schullehrer sind angestellt oder versetzt:

Superintendentur:

Angermünde. Der Lehrer in Hohenselchow, C. F. Biesenthal, als Küster und Schullehrer-Abjunkt zu Hohenlandin.

Berlin-Cölln. Der Lehrer zu Setzsteig, J. C. A. Busack, als Küster und Schullehrer zu Heinersdorf, und der int. Lehrer in Lichterfelde, J. F. J. Hohenwald, als Küster und Schullehrer daselbst.

Altstadt Brandenburg. Der Schulamts-Kandidat O. F. W. Hechel als 2ter Lehrer an der Saldria zu Brandenburg.

Dahme. Der Predigtamts-Kandidat C. G. Schultze als Rektor und 1ster Lehrer an der Stadtschule zu Dahme.

Kyritz. Der int. Lehrer zu Sechszehneichen, J. F. W. Schmidt, als wirklicher Lehrer daselbst.

Lenzen. Der int. Lehrer zu Görnitz, J. H. Kahlbaum, als Schullehrer-Abjunkt daselbst.

Neustadt-Eberswalde. Der Schulamts-Kandidat H. L. Braasch als Lehrer an der Stadtschule zu Neustadt-Eberswalde.

Perleberg. Der int. Lehrer an der Stadtschule zu Perleberg, W. A. F. Bechlin, als wirklicher Lehrer an derselben Schule.

Potsdam I. Der 2te Lehrer an der Freischule in der Jägerstraße zu Potsdam, F. D. Schulz, als 1ster Lehrer der Mädchenklassen an derselben Schule, und der Seminar-Hülfslehrer in Potsdam, O. H. Fischer, als Küster, Organist und Lehrer an der St. Petri-Paulskirche auf Nicolskoe.

Prenzlow I. Der int. Lehrer J. O. Thiele als Lehrer an der Jacobi-Parochial-Schule zu Prenzlow, der int. Lehrer in Wichmannsdorf, A. F. W. Becken, als Küster und Schullehrer daselbst, und der Lehrer an der Ministerial-Schule zu Stettin, O. C. H. Pracht, als Rektor, Küster und Organist zu Fredenwalde.

Puttlitz. Der Küster und Lehrer in Cranzburg, C. Schrumpf, in gleicher Eigenschaft nach Postlin, und der int. Lehrer zu Jännersdorf, C. L. A. Jacob, als wirklicher Lehrer daselbst.

Rathenow. Der Organist und Schulamts-Kandidat in Rathenow, C. W. C. Weitze, als Lehrer an der Elementarschule daselbst.

Super-

Superintendentur:

Neu-Ruppin. Der int. Lehrer zu Wustrow, G. L. Goltze, als Küster und Schullehrer daselbst.

Straußberg. Der int. Lehrer zu Wollenberg, F. Böhm, als Küster und Schullehrer daselbst, der int. Lehrer zu Straußberg, J. C. H. Semmler, als Lehrer an der Stadtschule daselbst, der int. Lehrer C. F. Florin ebenfalls als Lehrer an derselben Schule, der Konrektor in Straußberg, C. F. W. Wulkow, zum Organisten an der dortigen Kirche, und der Lehrer-Adjunkt in Bevai, W. H. Böttcher, als Küster und Schullehrer zu Wiesenthal.

Treuenbrietzen. Der Predigt- und Schulamts-Kandidat F. W. Baentsch als 2ter Lehrer an der Stadtschule zu Treuenbrietzen und der bisherige 2te Lehrer derselben Schule, W. Lauge, zum Rektor derselben.

Wittstock. Der Schulamts-Kandidat J. F. Gräbke als Schullehrer zu Luhm, der int. Lehrer Schwarz zu Eichenfelde als wirklicher Lehrer daselbst, und der Küster und Schullehrer-Adjunkt in Nebelin, A. F. W. Palm, als Küster und Schullehrer zu Königsberg.

Wriezen. Der int. Lehrer zu Gaul, J. F. W. Ermel, als Schullehrer-Adjunkt daselbst.

Wusterhausen an der Dosse. Der Lehrer zu Wusterhausen an der Dosse, C. F. W. Schlüter, auch zum Küster daselbst.

C. Todesfälle.

a. Prediger.

Der Prediger Wiese zu Pinnow, Superintendentur Angermünde; der Prediger Winkler zu Liebenwalde, Superintendentur Bernau; der Prediger emer. Winter zu Gumtow, Superintendentur Dom Havelberg; der Prediger Schulze zu Alt-Schrepkow, Superintendentur Pritzwalk; der Prediger Elfreich zu Rohlsdorf, Superintendentur Pritzwalk.

b. Schullehrer.

Der Kantor der deutsch-reformirten Gemeine, Fürstenow zu Angermünde, Superintendentur Angermünde; der Lehrer Jerigk zu Heinsdorf, Superintendentur Baruth; der Lehrer emer. Haase zu Schöbendorf, Superintendentur Beeskow; der Küster und Schullehrer Schust zu Wulkersdorf, Superintendentur Beeskow; der Lehrer emer. Dressendorf zu Görsdorf, Superintendentur Dahme; der Lehrer emer. Koch zu Seehausen, Superintendentur Gramzow; der Lehrer und Kantor Rose zu Gramzow, Superintendentur Gramzow; der Lehrer Henbeich zu Lenzen, Superintendentur Lenzen; der Lehrer emer. Guse zu Werbellin, Superintendentur Neustadt-Eberswalde; der Küster und Schullehrer Holz zu Schenkenberg, Superintendentur Prenzlow II.; der Küster und Schullehrer Telschow zu Reetz, Superintendentur Purtlitz; der Küster und Schullehrer Raggisch zu Stechow, Superintendentur Rathenow; der Küster und Schullehrer emer. Bergemann zu Spaatz, Superintendentur Rathenow; der Lehrer Schwarzlose zu Spandow, Superintendentur Spandow; der Kantor emer. Winter zu Spandow, Superintendentur Spandow; der Küster und 1ster Lehrer Cäsar zu Münchehofe, Superintendentur Königs-Wusterhausen.

Am 30. April 1844 sind von dem Königl. Konsistorium der Provinz Brandenburg die Kandidaten:

Ferdinand Ludwig Bahn aus Havelberg, Karl Ferdinand Bohm aus Brunne, Georg Friedrich Wilhelm Born aus Neustettin, Karl Robert Britzke aus Cottbus, Karl August Wilhelm Dressel aus Genthin, Gustav Eduard Guiard aus Königsberg in der Neumark, Reinhard Metzig aus Polnisch-Nettkow, Wilhelm

Julius Leopold Müller aus Berlin, Karl Ludwig Straßer aus Lübben, Karl Friedrich Otto Voigt aus Wriezen und Rudolph Bernhard Ehrenreich Mansdorff aus Tremmen gebürtig

für wahlfähig zum Predigtamte erklärt worden.

Bei der am 29. März 1844 abgehaltenen Prüfung der in dem Schullehrer-Seminar zu Potsdam durch einen einjährigen Kursus gebildeten Seminaristen sind folgende für anstellungsfähig im Schulfache erklärt worden:

Johann Friedrich August Forberg aus Potsdam, Christian Friedrich Wilhelm Kanow aus Zühlen bei Rheinsberg, Karl Heinrich Müller zu Lindenwerder bei Schweinitz, Ernst Friedrich Schmall bei Schönfließ in der Neumark, Friedrich Wilhelm Schultze zu Tauche bei Beeskow und Johann Friedrich Strobach zu Klein-Woltersdorf bei Pritzwalk.

Vermischte Nachrichten.

Im Verlage der Schmidtschen Buchhandlung zu Nordhausen und Leipzig ist vor Kurzem eine systematische Darstellung der Preußischen Paß-Polizeiverwaltung von K. F. Rauer, Redakteur der Kameralistischen Zeitung zu Berlin, (zum Preise von 1½ Sgr. für ein broschirtes Exemplar,) herausgegeben. Als ein nützliches Handbuch für Geschäftsmänner dieses Verwaltungszweigs wird die gedachte Schrift hiermit den Kreis- und Orts-Polizeibehörden unseres Departements empfohlen. Potsdam, den 26. April 1844.

Königl. Regierung. Abtheilung des Innern.

Wegen Reparatur der Zugbrücke bei Neuemühle im Dahmefließ wird die Land- und Wasser-Passage über und durch dieselbe in der Zeit vom 9. bis 14. d. M. einschließlich gesperrt sein, weshalb die Fuhrwerke und Reiter ihren Weg von Storkow über Bindow oder Schmöckwitz zu nehmen haben.

Potsdam, den 2. Mai 1844.

Königl. Regierung. Abtheilung des Innern.

Geschenke an Kirchen.

Die Kirche zu Küßlow, Superintendentur Gramzow, ist von dem früheren Patron derselben mit einem schönen 3 Fuß 1 Zoll hohen gußeisernen Kruzifix und zwei desgleichen 2 Fuß 2 Zoll hohen Altarleuchtern mit reich vergoldeten Engeln und resp. vergoldetem Christusbilde, und die Nazarethkirche auf dem Wedding bei Berlin von dem Grundbesitzer Friedrich Freudenberg daselbst mit einem bronzenen Kronenleuchter zu 12 Lichten beschenkt worden.

(Hierbei ein öffentlicher Anzeiger.)

Amtsblatt
der Königlichen Regierung zu Potsdam
und der Stadt Berlin.

Stück 20.   Den 17. Mai.   **1844.**

Verordnungen und Bekanntmachungen
für den Regierungsbezirk Potsdam und für die Stadt Berlin.

Bei der heute unter Zuziehung der zur vormals Sächsischen, jetzt Preußischen Steuer-Kredit-Kassenschuld verordneten ständischen Deputirten, stattgehabten Verloosung, sowohl der im Jahre 1764, als auch der an die Stelle der unverwechselten und vormals unverloosbaren Steuerscheine im Jahre 1836 ausgefertigten Steuer-Kredit-Kassenscheine, sind Behufs deren Realisirung im Michaelistermine 1844 folgende Nummern gezogen worden:

I. Von den Steuer-Kredit-Kassen-Obligationen aus dem Jahre 1764
       von Litt. A. à 1000 Thlr.:

№ 59. 1100. 1507. 2209. 3694. 3971. 4165. 4241. 4639. 5020. 5109. 5358. 6291. 7076. 7869. 8089. 8244. 9090. 10,630. 11,096. 11,215. 11,565. 11,840. 12,062. 12,152. 13,122. 13,185. 13,760 13,848 und 13,891.

       Von Litt. B à 500 Thlr.:

№ 404. 409. 827. 1126. 2458. 2968. 3912. 4072. 5310. 5733. 5837. 6336. 7088. 7092. 7256 und 7518.

       Von Litt. D à 100 Thlr.:

№ 268. 336. 731. 2922. 3730. 3926. 4047. 4361. 4543. 4871. 5086. 5397. 5508 und 5572.

II. Von den Steuer-Kredit-Kassenscheinen aus dem Jahre 1836
       von Litt. A à 1000 Thlr.:

№ 4. 44 und 218.

       Von Litt. B à 500 Thlr.:

№ 78.

       Von Litt. C à 200 Thlr.:

№ 152 und 172.

       Von Litt. D à 100 Thlr.:

№ 81 und 128.

Die Realisirung dieser Scheine wird zu Michaelis 1844 bei der hiesigen Haupt-Instituten- und Kommunal-Kasse gegen Rückgabe derselben mit den dazu gehörenden Talons und Koupons erfolgen.

№ 101.
Verloosete
Steuer-
Kredit-Kassen-
scheine.
C. 31. Mai.

Mit dem Michaelstermine 1844 hört die Verzinsung der vorverzeichneten aus-
gelooseten Scheine auf. Merseburg, den 28. April 1844.
Im Auftrage der Königl. Hauptverwaltung der Staatsschulden.
Der Regierungs-Präsident von Krosigk.

№ 102. Nachweisung sämmtlicher in den Städten des
in welchen Getreidemärkte abgehalten werden, stattgefundenen Getreide-

Laufende Nr.	Namen der Städte.	Der Scheffel														Der Zentner Heu.		
		Weizen.			Roggen.			Gerste.			Hafer.			Erbsen.					
		Rthl.	Sgr.	Pf.	Rthl.	Sgr.	Pf.	Rthl.	Sgr.	Pf.	Rthl.	Sgr.	Pf.	Rthl.	Sgr.	Pf.	Rthl.	Sgr.	Pf.
1	Beeskow	2	4	8	1	5	6	1	1	10	—	22	6	1	10	—	—	—	—
2	Brandenburg ...	1	25	—	1	10	2	—	29	1	—	23	11	1	15	—	—	18	9
3	Dahme	1	23	3	1	6	9	1	1	—	—	22	5	1	27	4	—	23	5
4	Havelberg	1	28	1	1	8	9	1	—	4	—	22	1	1	15	—			
5	Jüterbogk	1	27	10	1	6	2	—	28	1	—	23	3						
6	Luckenwalde ...	1	27	7	1	9	8	—	29	9	—	24	7	1	16	3			
7	Neustadt-Ebersw.	2	4	5	1	11	4	1	1	7	—	23	11	1	14	—	—	25	—
8	Oranienburg ...	2	7	6	1	12	6	1	2	6	—	25	—				—	27	6
9	Perleberg	1	22	4	1	5	9	1	—	4	—	29	7	1	14	6			
10	Potsdam	2	—	4	1	13	—	1	—	7	—	27	4	1	15	6	—	22	4
11	Prenzlow	1	26	8	1	9	3	—	27	6	—	20	3	1	8	5	—	20	—
12	Rathenow	1	26	3	1	9	7	1	—	—	—	22	3	1	20	10	—	15	—
13	Neu-Ruppin	1	27	—	1	8	—	—	27	—	—	22	—	1	10	6	—	15	—
14	Schwedt	1	29	—	1	10	8	1	1	1	—	21	5	1	10	6			
15	Spandow	2	2	—	1	10	6	1	—	—	—	23	—	1	15	—			
16	Strausberg				1	9	9	—	27	10	—	20	11	1	11	8			
17	Templin	2	3	—	1	12	6	—	26	—	—	20	1	1	5	—	—	12	6
18	Treuenbriezen...	1	25	6	1	8	—	—	29	11	—	24	5	1	20	—			
19	Wittstock	1	27	5	1	9	2	1	—	5	—	21	9	1	12	4	—	13	9
20	Wriezen a. d. O.	1	26	—	1	8	—	—	27	11	—	20	9	1	12	6			

Potsdam, den 8. Mai 1844.

Vorstehende Bekanntmachung der im diesjährigen Ostertermine gezogenen Nummern der verloosten Steuer-Kredit-Kassenscheine wird hierdurch zur öffentlichen Kenntniß gebracht. **Königl. Regierung.**

Bezirks der Königlichen Regierung zu Potsdam,
und Viktualien-Durchschnitts-Marktpreise pro April 1844.

Das Schock Stroh.			Der Scheffel Kartoffeln.			Das Pfund.						Das Quart.						Die Metze.			
						Rog-gen-Brod.		Rind-fleisch.		But-ter.		Brann-bier.		Weiß-bier.		Brannt-wein.		Graupe.		Grütze.	
Rthl	Sgr	Pf	Rthl	Sgr	Pf	Sgr	Pf	Sgr	Pf	Sgr	Pf	Sgr	Pf	Sgr	Pf	Sgr	Pf	Sgr	Pf	Sgr	Pf
5	6	2	—	11	6	—	10	2	6	7	—	1	—	1	—	4	—	5	6	5	6
5	—	—	—	16	11	1	2	3	—	8	—	1	1	1	2	3	6	13	8	7	1
6	11	7	—	12	6	—	9	2	6	5	6	1	3	1	6	3	—	5	—	6	—
			—	11	3	—	11	2	6	5	6	1	—	1	—	3	9	12	—	8	—
4	27	10	—	12	3	—	10	2	6	6	—	1	3	2	—	3	6	7	—	6	—
5	14	1	—	14	7	—	9	2	6	6	—	—	0	1	—	4	—	15	—	5	—
5	15	—	—	12	—	—	11	2	6	7	6	1	3	1	6	2	—	8	—	6	—
7	—	—	—	14	—	1	—	3	—	7	—	1	—	1	6	2	6	10	—	7	6
4	20	10	—	11	2	1	—	2	6	7	6	1	—	1	—	4	—	8	—	6	—
5	18	5	—	15	5	1	—	3	6	7	6	1	3	1	6	3	6	12	—	7	—
12	—	—	—	10	9	1	2	3	—	6	6	1	—	1	—	4	—	28	—	10	—
3	10	—	—	11	11	—	10	3	—	7	6	1	3	1	6	4	—	6	—	6	—
6	—	—	—	10	—	1	—	4	3	6	—	1	—	1	3	2	9	9	6	5	6
			—	10	—	1	—	3	3	7	6	—	—	—	—	—	—	10	—	11	—
			—	13	11	1	—	3	6	8	—	1	3	2	—	5	—			4	8
			—	10	7	—	—	1	10	7	1	—	—	—	—	—	—	8	—	4	8
4	22	6	—	10	—	—	10	2	6	8	—	1	—	1	6	2	—	11	—	6	—
			—	12	6	—	9	2	6	5	6	1	—	1	6	3	6	8	—	6	—
4	16	—	—	11	7	—	11	3	—	6	—	2	—	2	—	3	—	7	6	5	—
			—	11	4	1	—	2	6	6	3	1	—	1	3	2	6	9	—	8	5

Potsdam, den 8. Mai 1844.

№ 103.
Berliner
Marktpreise
pro April
1844.
I. 400. Mai.

Die Durchschnittspreise der verschiedenen Getreidearten, der Erbsen und der rauhen Fourage &c. haben auf dem Markte zu Berlin im Monat April b. J. betragen:

	Thaler	Sgr.	Pf.
für den Scheffel Weizen	2	—	5
für den Scheffel Roggen	1	9	11
für den Scheffel große Gerste	1	1	5
für den Scheffel kleine Gerste	—	29	2
für den Scheffel Hafer	—	23	—
für den Scheffel Erbsen	1	7	9
für den Zentner Heu	—	28	9
für das Schock-Stroh	6	27	3
für den Zentner Hopfen	12	15	—
die Tonne Weißbier kostete	4	—	—
die Tonne Braunbier kostete	3	25	—
das Quart doppelter Kornbranntwein kostete	—	4	—
das Quart einfacher Kornbranntwein kostete	—	2	3

Königl. Regierung. Abtheilung des Innern.

Verordnungen und Bekanntmachungen, welche den Regierungsbezirk Potsdam ausschließlich betreffen.

Potsdam, den 11. Mai 1844.

№ 104.
Militairisch-
topographische
Landesvermes-
sungen.
I. 2157. April.

Nach einer Mittheilung des Herrn Dirigenten der topographischen Abtheilung des großen General-Stabes sollen auch in diesem Jahre vom 1. Juni bis zum November Seitens des topographischen Büreaus im großen General-Stabe, unter Leitung des Herrn Hauptmanns von Voigts-Rhetz, dem zu diesem Zweck 15 Offiziere zugetheilt worden sind, in den Kreisen Beeskow-Storkow, Oberbarnim und Angermünde, topographische Landes-Vermessungen zur Ausführung gebracht werden. Indem wir die landräthlichen Behörden jener Kreise, die betreffenden Magisträte, Orts-Obrigkeiten und Grundeigenthümer, so wie die Königl. Domainen-, Forst- und Bauheamten hiervon in Kenntniß setzen, veranlassen wir selbige zugleich, zur Förderung des gedachten Unternehmens, nach Vorschrift der bereits bekannten offenen Ordres, auch Ihrerseits möglichst beizutragen und den betreffenden Offizieren alles dasjenige, was sie zu fordern berechtigt sind, unweigerlich zu gewähren.

Königl. Regierung. Abtheilung des Innern.

Potsdam, den 8. Mai 1844.

№ 105.
Publikation
ortspolizeili-
cher Verord-
nungen.

In Verfolg der Bekanntmachung vom 14. August v. J. (Amtsblatt 1843 № 171) wird der Insertion in das zu Jüterbogk herauskommende „Wochenblatt des Jüterbogk-Luckenwalder Kreises" auch für die Städte Dahme und Zinna hiermit die verbindliche Kraft der Publikation ortspolizeilicher Verordnungen widerruflich beigelegt. Königl. Regierung. Abtheilung des Innern.

Potsdam, den 8. Mai 1844.

Das Königl. Finanz-Ministerium hat auf unsern Antrag genehmigt, daß für den diesseitigen Bezirk von der Bildung einer Kommission-Behufs Prüfung der zur diesjährigen Gewerbe-Ausstellung in Berlin angemeldeten Gegenstände Abstand genommen werde, und daß die in № 4 des Publikandums vom 10. Februar d. J. (Amtsblatt № 35) bezeichneten Geschäfte dieser Kommission auf die in Berlin niedergesetzte Kommission für die Gewerbe-Ausstellung (№ 6 des Publikandums) übergehen.

Die sämmtlichen Polizeibehörden unsres Bezirks werden von dieser Anordnung mit der Anweisung in Kenntniß gesetzt, die in № 3 des gedachten Publikandums näher bezeichneten Nachweisungen der Kommission für die Gewerbe-Ausstellung in Berlin unmittelbar einzusenden, sobald die in № 6 vorbehaltene Bekanntmachung über deren Einsetzung erfolgt sein wird. Die Nachweisungen sind möglichst vollständig aufzustellen, und die Einsendung derselben nicht über den 15. Juni d. J. auszusetzen.

Die Gewerbetreibenden unsres Bezirks, welche sich bei der Ausstellung durch Einsendung von Erzeugnissen betheiligen wollen, machen wir im weiteren Verfolg unserer Bekanntmachung vom 25. April d. J. (Amtsblatt № 93) auf obige Bestimmung mit dem Bemerken aufmerksam, daß sie wegen Einsendung der angemeldeten Gegenstände die weitere Benachrichtigung der Kommission für die Gewerbe-Ausstellung in Berlin zu gewärtigen haben, daß übrigens Behufs der vorläufigen Prüfung der eingegangenen Anmeldungen der Einsendung der angemeldeten Erzeugnisse in der Regel nicht bedarf, daß aber bei der demnächstigen wirklichen Einsendung der zugelassenen Erzeugnisse die Bestimmung in № 7 des Publikandums vom 10. Februar d. J. zu beachten bleibt. Die Liquidationen der vorgeschossenen Transportkosten, welche die üblichen Kostensätze nicht übersteigen dürfen, sind der in Berlin errichteten Ausstellungs-Kommission bis zum 1. November d. J. einzureichen.

Königl. Regierung. Abtheilung des Innern.

Potsdam, den 9. Mai 1844.

Auf Grund des § 12 des Gesetzes vom 8. Mai 1837 wird hierdurch zur öffentlichen Kenntniß gebracht, daß der Kaufmann Daniel Lincke zu Neu-Ruppin an Stelle des verstorbenen Rentiers Protzen als Agent der Gothaer Feuerversicherungs-Bank für Deutschland, für die Stadt Neu-Ruppin und Umgegend von uns bestätigt ist. Königl. Regierung. Abtheilung des Innern.

№ 107. Agentur-Bestätigung. I. 274. Mai.

Potsdam, den 9. Mai 1844.

Auf Grund des § 12 des Gesetzes vom 8. Mai 1837 wird hierdurch zur öffentlichen Kenntniß gebracht, daß der Kaufmann August Ferdinand Krause zu Neustadt-Eberswalde als Agent der Mobiliar-Brandversicherungs-Bank für Deutschland zu Leipzig, für die Stadt Neustadt-Eberswalde und Umgegend von uns bestätigt ist. Königl. Regierung. Abtheilung des Innern.

№ 108. Agentur-Bestätigung. I. 149. Mai.

Potsdam, den 9. Mai 1844.

№ 106.
Uebersicht des Schullehrer-Wittwen- und Waisen-Unterstützungs-fonds für das Jahr 1843. H. 1814. März.

Im Verfolg der früheren Bekanntmachungen, insbesondere der vom 15. Mai v. J. (Amtsblatt pro 1843 Stück 21 Seite 148) wird über die Verwaltung des Schullehrer-Wittwen- und Waisen-Unterstützungs-Fonds für das Jahr 1843, nach § XIV des Reglements vom 16. November 1819 hiermit nachstehende Uebersicht zur allgemeinen Kenntniß gebracht.

Laufende №	Näherer Nachweis.	Kapital-Vermögen inkl. Dokumente. Thlr.	Baar. Thlr.	Sgr.	Pf.
	Einnahme im Jahre 1843.				
	A. a) Bestand aus dem Jahre 1842.....	109,300	4,144	25	11
	b) an eingekommenen Resten desgleichen....	....	40	—	—
		109,300	4,184	25	11
	B. An laufenden Einnahmen pro 1843:				
	a) gewöhnlich fortlaufende				
1	Zinsen von Kapitalien .. 4370 Thlr. 23 Sgr. —Pf.				
2	Beiträge von Mitgliedern 3681 , — , — ,				
3	Kirchenkollekten-Gelder . 390 , 6 , — ,				
4	Hauskollekten-Gelder . 319 , 3 , 1 ,				
5	Freiwillige Beiträge aus Privat-Patronats-Kirchenkassen .... 295 , — , — ,				
6	Fortgefallene Gebühren für Revision der Königl. Aemter-Kirchenrechnungen und Zuschuß aus dem Haupt-Aemter-Kirchenfonds . 660 , — , — ,				
7	Zurückgezählte Kapitalien 50 , — , — ,	....	9,766	2	1
	b) außerordentliche				
8	Antrittsgelder von neuen Mitgliedern.. 272 Thlr.				
9	Abzüge von Zulagen.............. 5 ,				
10	Strafen...................... — ,				
11	Geschenke und Vermächtnisse......... — ,				
12	Ad Extraordinaria............. ,				
			277		
	c) an belegten Kapitalien und zwar in Kur- und Neumärkschen Pfandbriefen............	5,000			
	Summa der Einnahme pro 1843	114,300	14,227	28	—

Laufende №	Näherer Nachweis.	Kapital-Vermögen inkl. Dokumente. Thlr.	Baar. Thlr.	Sgr.	Pf.
	Ausgabe pro 1843.				
1	An Wittwen und Waisen-Unterstützungen zu 12 Thlrn. die Rate gerechnet	....	4,920	20	—
2	Ad Extraordinaria	....	164	5	5
3	Zum Ankauf der vorstehend ad B c in Einnahme nachgewiesenen 5000 Thlr. Kur- und Neumärkische Pfandbriefe	....	5,226	26	3
4	An Dokumenten über zurückgezahlte Kapitalien	50			
	Summa der Ausgabe pro 1843	50	10,311	21	8
	Balance.				
	Die Einnahme pro 1843 beträgt	114,300	14,227	28	—
	Die Ausgabe pro 1843 beträgt	50	10,311	21	8
	Bleibt Bestand =	114,250	3,916	6	4

Ueberhaupt = 118,166 Thlr. 6 Sgr. 4 Pf.

Für das Jahr 1843 waren an

„Vierhundert ein und dreißig"

einzelne Wittwen- und Waisen-Unterstützungen zu bewilligen, welche bereits vor geraumer Zeit angewiesen sind.

Das Vermögen der Anstalt kommt also folgendermaßen zu stehen:

der Bestand aus dem Jahre 1843 beträgt
wie vorstehend nachgewiesen worden .... 118,166 Thlr. 6 Sgr. 4 Pf,
desselbe betrug am Schluß des Jahres 1842   113,484 = 25 = 11 =

und hat sich also, obgleich statt der bisherigen
Wittwen-Pension von jährlich Zehn Thlr., solche vom
Jahre 1842 an auf Zwölf Thlr. festgesetzt ist, um   4,681 Thlr. 10 Sgr. 5 Pf.
vermehrt.

Uebrigens bringen wir den Herrn Superintendenten die Anweisung vom 17. Februar 1820 zur Ausführung des Wittwen- und Waisen-Reglements vom 16. November 1819 in Erinnerung, mit der dringenden Aufforderung: Sich nach derselben genau zu achten und besonders unverzügliche Anzeige über das Ableben oder Ausscheiden eines Mitgliedes, über das Ableben einer Schullehrer-Wittwe oder deren etwanigen Wiederverheirathung, so wie über etwanige Verziehung einer Wittwe von ihrem bisherigen nach einem andern Wohnorte unter Benennung des Letztern zu machen, vorzüglich aber jede Ueberhebung von Minorennen sobald dieselben das gesetzliche Alter erreicht haben, zu vermeiden und von dem letztern sofortige Anzeige zu machen.

Die Herrn Schul-Inspektoren und Prediger fordern wir gleichfalls auf, unsere Bekanntmachung vom 30. Januar 1824 im Amtsblatte dieses Jahrganges Pag. 31 Nr. 22 auf's Genaueste zu befolgen.

Königl. Regierung.

~~Abtheilung für die Kirchenverwaltung und das Schulwesen.~~

Verordnungen und Bekanntmachungen des Königl. Kammergerichts.

№ 1.
Schieds-
männer.

Die nachstehend abgedruckte summarische Nachweisung, enthaltend

1) die Zahl der in den Jahren 1842 und 1843 bei denjenigen Untergerichten im Departement des Kammergerichts, an deren Sitz Schiedsmänner angestellt sind, anhängig gewesenen Prozesse,

2) die Zahl der von diesen Schiedsmännern im Jahre 1843 zu Stande gebrachten Vergleiche,

wird hierdurch mit dem Bemerken zur öffentlichen Kenntniß gebracht, daß folgenden Schiedsmännern, welche sich in ihrem Amte besonders thätig gezeigt haben, als:

a) dem Bürgermeister Zimmermann zu Spandow,
b) " Schiedsmann Zirbeck in Neu-Ruppin,
c) " " " Soehnell ebendaselbst,
d) " " " Engelbrecht in Kyritz,
e) " " " Jung in Prizwalk,
f) " " " Witte in Wittstock,
g) " " " Wegener in Wilsnack

die Zufriedenheit des Kammergerichts mit ihren amtlichen Leistungen zu erkennen gegeben worden ist.

In Gemäßheit des Justiz-Ministerial-Reskripts vom 8. Oktober 1838 werden endlich die landräthlichen und Magistrats-Behörden im Departement des Kammergerichts hierdurch gleichzeitig veranlaßt, die Resultate der nachstehend abgedruckten summarischen Nachweisung in Bezug auf die durch die Schiedsmänner zu Stande gebrachten Vergleiche, so wie den Inhalt dieser Verfügung durch die an den resp. Kreisorten oder sonst erscheinenden Wochenblätter zur Kenntniß der Eingesessenen zu bringen. Berlin, den 18. April 1844.

Königl. Preuß. Kammergericht.

Summarische Nachweisung

1) der Zivilprozesse (d. h. der gewöhnlichen nach der Prozeß-Ordnung, der summarischen, der Injurien- und Bagatell-Prozesse) welche in den Jahren 1842 und 1843 bei denjenigen Königlichen und anderen Untergerichten im Departement des Königl. Kammergerichts, an deren Sitzen Schiedsmänner angestellt, anhängig gewesen sind, so wie

2) der Zahl der von diesen Schiedsmännern im Jahre 1843 zu Stande gebrachten Vergleiche.

Na-

Namen derjenigen Königlichen und anderen Untergerichte im Departement des Königlichen Kammergerichts, an deren Sitzen Schiedsmänner angestellt sind:	Gewöhnliche, summarische, Injurien- und Bagatell-Prozesse waren anhängig überhaupt:				Zahl der im Jahre 1843 von Schiedsmännern gestifteten Vergleiche.
	im Jahre 1842	im Jahre 1843	within im Jahre 1843 mehr	weniger als im Jahre 1842	
Stadtgericht zu Berlin..........	31837	35692	3855	—	336
Stadtgericht und Justizamt zu Potsdam..................	2413	2278	—	135	110
Im Osthavelländischen Kreise:					
Land- und Stadtgericht Cremmen	168	212	44	—	12
Land- und Stadtgericht Fehrbellin	252	230	—	22	13
Stadtgericht Nauen	319	292	—	27	2
Land- und Stadtgericht Spandow	562	583	21	—	167
Im Westhavelländischen Kreise:					
Land- und Stadtgericht und Domgericht Brandenburg	790	1011	212	—	8
Stadtgericht Rathenow	312	371	59	—	47
Im Templiner Kreise:					
Stadtgericht Lychen	70	78	8	—	5
Stadtgericht Templin	169	211	42	—	64
Land- und Stadtgericht Zehdenick	503	538	35	—	26
Im Teltower Kreise:					
Stadtgericht Charlottenburg	679	645	—	34	3
Land- und Stadtgericht Cöpenick	284	342	58	—	9
Land- und Stadtgericht Mittenwalde ..	136	181	45	—	—
Land- und Stadtgericht Trebbin	126	143	17	—	—
Land- und Stadtgericht Zossen	368	315	—	53	1
Im Zauch-Belziger Kreise:					
Land- und Stadtgericht Beelitz	227	216	—	11	50
Land- und Stadtgericht Belzig	384	321	—	63	—
Stadtgericht Treuenbrietzen	144	118	—	26	20
Im Ruppiner Kreise:					
Stadtgericht Gransee	100	97	—	3	54
Land- und Stadtgericht Neustadt a. d. D.	207	213	6	—	9
Stadtgericht Neu-Ruppin	533	678	145	—	196
Land- und Stadtgericht Alt-Ruppin	253	242	—	11	22
Stadtgericht Wusterhausen a. d. D.....	150	126	—	24	7
Justizamt Rheinsberg	116	140	24	—	10
Latus	41111	45273	4571	409	1171

Namen derjenigen Königlichen und anderen Untergerichte im Departement des Königlichen Kammergerichts, an deren Sitzen Schiedsmänner angestellt sind.	Gewöhnliche, summarische, Injurien- und Bagatell-Prozesse waren anhängig überhaupt:		mithin im Jahre 1843		Zahl der im Jahre 1843 von Schiedsmännern gestifteten Vergleiche.
	im Jahre 1842	im Jahre 1843	mehr	weniger als im Jahre 1842	
Transport	41111	45273	4571	409	1171
Im Ostpriegnitzschen Kreise:					
Stadtgericht Kyritz	192	185	—	7	99
Stadtgericht Pritzwalk	311	374	63	—	117
Stadtgericht und Justizamt Wittstock	1056	1126	70	—	210
Patrimonialgericht Meyenburg	71	111	40	—	10
Im Westpriegnitzschen Kreise:					
Land- und Stadtgericht Havelberg	327	381	54	—	5
Land- und Stadtgericht Lenzen	283	408	125	—	5
Stadtgericht Perleberg	269	342	73	—	2
Patrimonialgericht Puttlitz	126	165	39	—	6
Stadtgericht Wilsnack	113	100	—	13	113
Stadtgericht Wittenberge	218	260	42	—	6
Im Ober-Barnimschen Kreise:					
Land- und Stadtgericht Freyenwalde	174	317	143	—	—
Land- und Stadtgericht Neustadt-Ebersw.	1171	1160	—	11	42
Land- und Stadtgericht Strausberg	148	158	10	—	7
Land- und Stadtgericht Wrietzen	1430	1318	—	112	53
Im Nieder-Barnimschen Kreise:					
Land- und Stadtgericht Bernau	210	230	20	—	1
Land- und Stadtgericht Alt-Landsberg	319	327	8	—	3
Land- und Stadtgericht Liebenwalde	413	376	—	37	12
Land- und Stadtgericht Oranienburg	351	440	89	—	12
Im Angermünder Kreise:					
Stadtgericht Angermünde	304	376	72	—	78
Patrimonialgericht Greiffenberg	119	125	6	—	54
Schulamtsgerichte Joachimsthal	282	271	—	11	24
Stadtgericht Oderberg	109	161	52	—	—
Justizkammer Schwedt	905	1017	112	—	33
Im Prenzlower Kreise:					
Stadtgericht Prenzlow und Justizamt Brüssow, Löcknitz und Gramzow	1275	1489	214	—	155
Stadtgericht Strasburg	276	324	48	—	38
Latus	51563	56814	5851	600	2256

Namen derjenigen Königlichen und anderen Untergerichte im Departement des Königlichen Kammergerichts, an deren Sitzen Schiedsmänner angestellt sind.	Gewöhnliche, summarische, Injurien- und Bagatell-Prozesse waren anhängig überhaupt:			Zahl der im Jahre 1843 von Schieds- männern gestifte- ten Ver- gleiche.
	im Jahre 1842	im Jahre 1843	mithin im Jahre 1843 mehr | weniger als im Jahre 1842	
Transport	51563	56814	5851 | 600	2256
Im Jüterbogk-Luckenwaldeschen Kreise:				
Justizamt Baruth................	214	217	3 | —	—
Land- und Stadtgericht Dahme......	239	234	— | 5	27
Land- und Stadtgericht Jüterbogk....	250	223	— | 27	25
Land- und Stadtgericht Luckenwalde...	374	416	42 | —	2
Im Beeskow-Storkowschen Kreise:				
Land- und Stadtgericht Beeskow.....	557	452	— | 105	63
Land- und Stadtgericht Buchholz.....	284	260	— | 24	31
Land- und Stadtgericht Storkow.....	566	554	— | 12	1
Summa	54047	59170	5896 | 773	2405

Verordnungen und Bekanntmachungen der Behörden der Stadt Berlin.

Mit Bezug auf die höheren Orts erlassenen allgemeinen Bestimmungen, nach welchen auf Schützenplätzen und bei Gelegenheit ähnlicher Volksfeste Würfelspiele, jedoch nur um Gegenstände geringen Werthes gestattet sind, wird zur Beachtung des hierbei betheiligten Publikums festgesetzt, daß dergleichen Spiele niemals ohne polizeiliche Erlaubniß stattfinden dürfen, und die dabei auszulegenden Spielpläne von dem unterzeichneten Polizei-Präsidio gestempelt und visirt werden müssen. Etwanige Uebertretungen haben die Entfernung des Spielhalters, dessen Bestrafung, wie auch die Konfiskation der Spielgeräthschaften zur Folge.

Berlin, den 12. April 1844.　　　　　Königl. Polizei-Präsidium.

№ 23.
Die Würfel-
spiele auf
Schützen-
plätzen ꝛc. be-
treffend.

Der Kaufmann Sigismund Marx hierselbst, Große Hamburger Straße № 13 wohnhaft, ist heute als General-Agent der Kurhessischen allgemeinen Hagelversicherungs-Gesellschaft zu Cassel bestätigt worden.

Dies wird in Folge Reskripts des Königl. Ministerii des Innern vom 24. August 1841 hiermit zur öffentlichen Kenntniß gebracht.

Berlin, den 30. April 1844.　　　　　Königl. Polizei-Präsidium.

№ 34.
Agentur-
Bestätigung.

Personalchronik.

Der Landrath des Oberbarnimschen Kreises, Graf von Zedlitz-Trützschler ist auf seinen Antrag aus dem bisher von ihm verwalteten Landrathsamte entlassen, und die interimistische Verwaltung des letzteren dem Kreis-Deputirten, Ritterschaftsrath von Grebow auf Ihlow übertragen worden.

Die bisherigen stationairen Forst-Hülfsaufseherstellen zu Hohenschöpping, Falkenhagener Förstreviers, und zu Bernöwe, Liebenwalder Forstreviers, sind in Försterstellen umgewandelt, und ist die erstere dem invaliden Jäger Grandke und die andere dem invaliden Jäger Zimmermann verliehen worden.

Der Ober-Prediger Ribbach zu Alt-Landsberg ist zum Superintendenten der Diözes Strausberg ernannt worden.

Der praktische Arzt Dr. Karl Emil Gedike zu Berlin ist zum chirurgischen Assessor bei dem Königl. Medizinal-Kollegium der Provinz Brandenburg ernannt worden.

Die Doktoren der Medizin und Chirurgie Michael Ries und Karl Eduard Moritz Ehrenbaum sind als praktische Aerzte, Wundärzte und Geburtshelfer, desgleichen ist der bisherige Wundarzt zweiter Klasse, Karl Ernst Wilhelm Ehrhardt als ausübender Wundarzt erster Klasse in den Königl. Landen approbirt und vereidigt worden.

Der Apotheker zweiter Klasse Johann Gottlieb Theodor Koehn ist als Provisor der Apotheke zu Wittenberge vereidigt worden.

Vermischte Nachrichten.

Wegen Herstellung der bei der Liebenberger Mühle im Niederbarnimschen Kreise befindlichen Schutzbrücke wird die Passage daselbst vom 24. Mai bis 1. Juni d. J. für Fuhrwerk und Reiter gesperrt sein, und haben die Reisenden von Fürstenwalde aus ihren Weg über den sogenannten Heidekrug zu nehmen.
Potsdam, den 7. Mai 1844. Königl. Regierung. Abtheilung des Innern.

Einem, dem Lieutenant Meißner gehörigen, unweit des Dorfes Seeburg bei Spandow belegenen Etablissement ist der Name: „Carolinenhöhe" beigelegt worden, was wir mit dem Bemerken zur öffentlichen Kenntniß bringen, daß hierdurch in den polizeilichen und Kommunal-Verhältnissen dieses Etablissements nichts geändert wird. Potsdam, den 8. Mai 1844.
Königl. Regierung. Abtheilung des Innern.

Des Königs Majestät haben mittelst Allerhöchster Kabinetsordre vom 31. März d. J. dem Ackermann Joachim Hintze in Pyrow für die mit eigener Lebensgefahr bewirkte Rettung der verehelichten Schuhmacher Treptow daselbst vom Flammentode, die durch die Allerhöchste Urkunde vom 1. Februar 1833 (Gesetzsammlung Pag. 85) gestiftete Verdienst-Denkmünze zu verleihen geruht. Dies wird hiermit zur öffentlichen Kenntniß gebracht. Potsdam, den 7. Mai 1844.
Königl. Regierung. Abtheilung des Innern.

Dem hiesigen Schauspieler Ludwig Beckmann ist für die von ihm bewirkte Rettung mehrer Personen aus der Gefahr des Ertrinkens, die Erinnerungs-Medaille für Lebensrettungen verliehen worden.
Berlin, den 24. April 1844. Königl. Polizei-Präsidium.

(Hierbei zwei öffentliche Anzeiger.)

Amtsblatt
der Königlichen Regierung zu Potsdam
und der Stadt Berlin.

| Stück 21. | Den 24. Mai. | 1844. |

Allgemeine Gesetzsammlung.

Das diesjährige 12te Stück der Allgemeinen Gesetzsammlung enthält:

№ 2440. Allerhöchste Kabinetsordre vom 19. April 1844, betreffend die Auslegung der Art. 28 und 72 des Rheinischen Civilkosten-Tarifs vom 16. Februar 1807, hinsichtlich der Gebühren für die zur Zustellung an die Partheien in Person oder im Wohnsitz erforderlichen Abschriften kontradiktorischer Definitiv-Urtheile.

№ 2441. Verordnung, betreffend den ordentlichen persönlichen Gerichtsstand der im Auslande stationirten Steuerbeamten. Vom 26. April 1844.

№ 2442. Verordnung, betreffend die Aufhebung des im Markgrafthum Oberlausitz geltenden Ober-Amtspatents vom 18. August 1827, wegen Wässerung der Wiesen, freien Wasserlaufs und Räumung der Flüsse. Vom 26. April 1844.

№ 2443. Bekanntmachung über die unterm 12. April 1844 erfolgte Bestätigung der Statuten der für den Bau von Chausseen von Graudenz nach Altfelde und von Graudenz nach Straßburg zusammengetretenen Aktien-Gesellschaften. Vom 27. April 1844.

№ 2444. Allerhöchste Kabinetsordre vom 3. Mai 1844, betreffend die Ernennung des Staats- und Finanz-Ministers von Bodelschwingh zum Staats- und Kabinets-Minister und des Ober-Präsidenten, Wirklichen Geheimen Raths Flottwell zum Staats- und Finanz-Minister.

Verordnungen und Bekanntmachungen
für den Regierungsbezirk Potsdam und für die Stadt Berlin.

Potsdam, den 14. Mai 1844.

№ 110.
Ober-Bergamt zu Halle als kompetente Behörde in Bergbau-Angelegenheit

In der Allerhöchst vollzogenen Deklaration vom 27. Oktober 1804 (Mylius Ediktensammlung de 1804 Seite 2785) wegen Ueberlassung des Grund und Bodens an die Bergbau treibenden Gewerke zum Bergwerksbetrieb, ist vorgeschrieben, daß die Frage über die Nothwendigkeit einer Abtretung des Grundeigenthums zu bergbaulichen Zwecken nach den in der gedachten Deklaration aufgestellten Grundsätzen gemeinschaftlich von dem Ober-Bergamt der Provinz und von der betreffen-

des Regierungsbezirks Potsdam.
I. 1719. April.

den Regierung, unter Vorbehalt des Rekurses an die vorgesezten Ministerien, entschieden, die nach den gesetzlichen Vorschriften zu leistende vollständige Entschädigung hingegen von dem Ober-Bergamt unter Vorbehalt des Rechtsweges, welcher jedoch sie für nothwendig erklärte Abtretung nicht aufhalten darf, festgesezt werden soll.

Nachdem auf Allerhöchsten Befehl das Ober-Bergamt für die Brandenburg-Preußischen Provinzen zu Berlin im Jahre 1838 aufgelöst worden und die Geschäftsverwaltung desselben dem Königl. Finanz-Ministerium mit übertragen ist, lassen sich die obengedachten Funktionen des vormaligen Ober-Bergamts nicht mit der, dem Königl. Finanz-Ministerium gemeinschaftlich mit dem Königl. Ministerium des Innern nach § 3 der gedachten Allerhöchsten Deklaration übertragenen Wirksamkeit vereinigen, und des Königs Majestät haben deshalb auf den Antrag des Herrn Finanz-Ministers Excellenz mittelst Allerhöchster Kabinetsordre vom 10. April d. J. zu bestimmen geruht, daß die dem vormaligen Ober-Bergamte zu Berlin für die Brandenburgisch-Preußischen Provinzen übertragen gewesene Entscheidung der Frage über die Nothwendigkeit einer Abtretung des Grundeigenthums zu bergbaulichen Zwecken, nach den in der Deklaration vom 27. Oktober 1804 bezeichneten Grundsätzen, auf das Ober-Bergamt zu Halle übergehen soll.

Vorstehende Bestimmung wird in Gemäßheit eines Erlasses des Herrn Finanz-Ministers Excellenz vom 19. April d. J., im Verfolg unserer Bekanntmachung vom 26. November 1842 (Amtsblatt Seite 347) hierdurch zur Kenntniß der Behörden und Einwohner unseres Verwaltungsbezirks gebracht.

Königl. Regierung.   Abtheilung des Innern.

Verordnungen und Bekanntmachungen, welche den Regierungsbezirk Potsdam ausschließlich betreffen.

Potsdam, den 13. Mai 1844.

№ 111.
Verbesserung des öffentlichen Schulwesens.
II. 1961.
Januar.

Was zur Förderung des öffentlichen Schulwesens hiesigen Regierungsbezirks im Laufe des Jahres 1843 geschehen und von den Betheiligten geleistet worden ist, bringen wir in Folgendem hierdurch gern zur öffentlichen Kenntniß.

1. Neue Schulen wurden gegründet: In Schneeberg, Superintendentur Beeskow, von der Ortskommune; in Frankendorf, Superintendentur Neu-Ruppin, und in Paaren, Superintendentur Potsdam II., von den Dominien und Gemeinen; in Alexanderhof, Superintendentur Prenzlow I., und in Nettelbeck, Superintendentur Putlitz, von den Dominien; in Weselitz, Superintendentur Gramzow, und in Wendemark, Superintendentur Gramzow, von der Königl. Domainen-Verwaltung mit anerkennungswerthen Zugeständnissen Seitens der betreffenden Beamten.

2. Neue Lehrerstellen an schon bestehenden Schulen wurden gegründet: In Charlottenburg, wo das Schulwesen überhaupt eine durchgreifende Verbesserung erhielt, drei neue Stellen; in Angermünde, wo eine Erweiterung und bessere Einrichtung des öffentlichen Schulwesens bewirkt wurde, zwei neue Stellen; und in

jeder der folgenden Städte: Potsdam, Brandenburg, Rathenow, Spandow, Nauen, Wusterhausen an der Dosse, Oderberg und Meyenburg, so wie in Walsleben, Superintendentur Neu-Ruppin, eine neue Stelle.

3. Neue Schulhäuser wurden resp. auf Kosten der betreffenden Kirchenpatrone oder Dominien und Ortsgemeinen erbaut: In Templin, (neu und schön von der Stadtkommune erbaut); in Carwe, Walsleben und Frankendorf, Superintendentur Ruppin, in Sauen und Schneeberg, Superintendentur Beeskow, in Dahlwitz, Superintendentur Land Berlin, in Jühnsdorf, Superintendentur Berlin-Cölln, in Weselitz, Superintendentur Gramzow, in Lanz, Superintendentur Lenzen, in Rohrbeck, Superintendentur Potsdam II., in Neuendorf, Superintendentur Putlitz, in Groß-Lüben, Superintendentur Wilsnack, in Teltz, Superintendentur Zossen.

4. Erhebliche Erweiterungen oder Verbesserungen ihrer Schullokäle oder Lehrerwohnungen bewirkten, theilweis mit Beihülfe der betreffenden Kirchenpatrone oder Dominien, die Kommunen: Oberberg und Mittenwalde, Wust und Ketzür, Superintendentur Altstadt Brandenburg, Herzberg, Kohlsdorf, Stremmen und Wulfersdorf, Superintendentur Beeskow, Damsdorf und Michelsdorf, Superintendentur Neustadt Brandenburg, Warzahne, Superintendentur Dom Brandenburg, Meseltow, Superintendentur Perleberg, Frehne, Mertensdorf, Sülitz und Streblen, Superintendentur Putlitz, Curtschlag und Annenwalde, Superintendentur Templin, Eichenfelde, Superintendentur Wittstock, Holzhausen, Superintendentur Wusterhausen an der Dosse, und Sechszehneichen, Superintendentur Kyritz (das Dominium der dahin eingeschulten Kommune Tornow).

Besonders beifällige Anerkennung verdient es, daß die Gemeine Etzin, Superintendentur Nauen, ihrem Lehrer ein ihm ganz fehlendes Stallgebäude mit Holz und Hengelaß, und die Gemeinen Berkholz, Superintendentur Prenzlow I., und Petkus und Schönendorf, beide Superintendentur Baruth, ihren Lehrern Scheunen erbauten.

5. Namhafte Verbesserungen ihrer Lehrerstellen (von 10 bis 60 Thlr. jährlich) bewirkten resp. Dominien und Kommunen theils durch besondere Zuwendungen, theils bei Gelegenheit Statt gehabter Gemeinheits-Theilungen oder Dienst-Ablösungen in Perleberg — eine Stelle um 60 Thlr. — in Oberberg — eine Stelle um 25 Thlr. — in Schwedt zwei Stellen, in Strasburg in der Ukermark zwei Stellen, in Alt-Künkendorf (vom Dominio 3 Morgen Wiese und 30 Thlr. baar), Schmiedeberg, Parstein und Steinhöfel, Superintendentur Angermünde, in Lütsdorf, Superintendentur Berlitz, (die Gemeine ein bedeutendes Grundstück und 7½ Klafter Holz jährlich), in Limsdorf, Kopischdorf, Tauche, Falkenberg und Trebatsch, Superintendentur Beeskow, in Dorne, Raben und Groß-Marzehns, Superintendentur Belzig, in Nieder-Neuendorf, Superintendentur Land Berlin, in Glasow, Buckow, Maylow und Deutsch-Rixdorf, Superintendentur Berlin-Cölln, in Beerbaum, Superintendentur Bernau, (das Dominium), in Riewend, Superintendentur Altstadt Brandenburg, in Cauin, Superintendentur Neustadt Brandenburg, in Damerow, Superintendentur Dom Havelberg, in Amaltenhof und Broiksdorf, Superintendentur Neustadt-Eberswalde, (an beiden Oertern das Dominium), in Plüthen, Superintendentur Perleberg, in Eichow, Superintendentur Potsdam II., in Fahrenwalde, Superintendentur Prenzlow II., zwei Stellen, in Warsow, Superintendentur Rathenow, in Bugk und Alt-Hartmannsdorf, Superintendentur Storkow, in Großväter und Poraz, Superintendentur Templin, in Dahlwitz und Miersdorf, Superintendentur Königs-Wusterhausen, in Buberow, Superintendentur Zehdenick, (die Gemeine mit besonders anerkennungswerther Aufopferung), in Tepchin, Superintendentur Zossen.

In Rüthenik und Grieben, Superintendentur Lindow, bewilligten die Ortsgemeinen bedeutende Beiträge zur Pensionirung ihrer alten Schullehrer, und in Brandenburg Magistrat und Stadtverordneten jährlich 50 Thlr. zu Remunerationen für die in der dort bestehenden Schule zur Fortbildung junger Handwerker ꝛc. freiwillig Unterricht ertheilenden Ortsschullehrer.

6. Dankenswerthe Geschenke erhielten die Schulen: zu Niemegk, vom Herrn Oberprediger Dr. Stein daselbst; zu Teltow, vom Herrn Ortspfarrer; zu Oranienburg, vom Herrn ꝛc. Runge; zu Havelberg, vom Magistrat und Stadtverordneten-Versammlung; zu Lindow, vom Herrn Apotheker Günther; zu Luckenwalde, vom Herrn Kommerzienrathe Busse, (25 Thlr. zu Lernmitteln für arme Schüler); zu Neustadt-Eberswalde, vom Magistrate; zu Perleberg, von einem auswärtigen Wohlthäter; zu Wittenberge, vom Magistrate; zu Spandow, vom Herrn Maurermeister Bocksfeld; zu Brüssow, Walmow und Bagemühl, Superintendentur Prenzlow II., von den Herrn Ortspredigern; zu Görsdorf, Superintendentur Beeskow, von der Frau Amtmann Paschke; zu Deutsch-Nixdorf, Superintendentur Berlin-Cölln, von der Ortsobrigkeit; zu Cauin, Superintendentur Neustadt Brandenburg, von der Gemeine; zu Zachow und zu Guten-Paaren, Superintendentur Dom Brandenburg, resp. von den Gemeinen und von dem Herrn Patrone am letzteren Orte; zu Gramzow, von dem Herrn Domainen-Aktuarius Latrille; zu Burow, Superintendentur Gransee, von den Eltern der Schulkinder; zu Dom Havelberg, von einem Ungenannten; zu Kötzlin und Barentin, Superintendentur Kyriz, von einem Ungenannten; zu Frankendorf, Superintendentur Ruppin, vom Herrn Superintendenten Schmidt und vom Herrn Ortsprediger; zu Genshagen, Superintendentur Zossen, von der Frau Patronin; zu Thyrow, Superintendentur Zossen, von der Gemeine 6 Thlr. für die Schülerlesebibliothek.

7. Gehörig eingerichtete Kleinkinderschulen und Bewahranstalten wurden durch menschenfreundliche Beförderer des Guten und durch wohlthätige Beiträge theils fortdauernd erhalten, theils neu gegründet: in Potsdam zwei, in Brandenburg zwei, in Prenzlow zwei, in Neustadt-Eberswalde, Charlottenburg, Cöpenick, Spandow, Luckenwalde, Freienwalde, Strausberg, Zossen, Joachimsthal, Gramzow und Boizenburg in der Ukermark.

8. Sonntags- und Abendschulen zur Belehrung und nützlichen Beschäftigung der Schule schon entwachsener junger Leute, Handwerkslehrlinge ꝛc. wurden resp. von sorgsamen Ortsgeistlichen und mehrentheils von eifrigen und thätigen Ortsschullehrern gehalten: in Brandenburg, Luckenwalde, (vom Herrn Kommerzienrathe Busse mit 20 Thlrn. jährlich unterstützt), Prenzlow, Schwedt, Neustadt-Eberswalde, Lenzen, Wittenberge, Prizwalk, Wilsnack, Zehdenick, Zossen, Greifenberg, Grieben, Superintendentur Lindow, Kaltenborn, Superintendentur Jüterbogk, Kolrep, Superintendentur Prizwalk, Alt-Markgrafpieske, Spreenhagen und Neu-Markgrafpieske, Superintendentur Storkow, Görike, Superintendentur Wilsnack, Nakel, Läsikow und Seeglow, Superintendentur Wusterhausen an der Dosse.

Es ist diesen Unternehmungen zur nützlichen Beschäftigung, Fortbildung und Veredlung des herangewachsenen jungen Volks, welches dadurch zugleich vor gefährlichem Müßiggange und verderblichen Lustbarkeiten bewahrt wird, und die jedenfalls eben so zeitgemäß als heilsam sind, die größte Aufmerksamkeit und die allgemeinste Verbreitung zu wünschen. Sehr beifällig haben wir daher auch Kenntniß davon genommen, daß an vielen andern, oben nicht genannten Oertern, ein erfreulicher Anfang mit Einrichtungen der mehrbesagten Art gemacht ist.

9. Gesangvereine für jüngere, aber schon der Schule entwachsene Personen bestanden unter thätiger Leitung und mit anerkennungswerther Bemühung sachkundiger Geistlichen, Kantoren und Lehrer, theilweis mit liturgischen Zwecken und zur Verbesserung des Kirchengesanges, alle aber zur Veredlung des Sinnes und Strebens der jugendlichen Theilnehmer: in Beelitz, Beeskow, Charlottenburg, Bernau, Dom Brandenburg, Dahme, Stadt Havelberg, Dom Havelberg, Lenzen, Lindow, Luckenwalde, Nauen, Cremmen, Prenzlow, Neuenburg, Vierraden, Strausberg, Treuenbrietzen, Wittstock, Freienwalde, Wriezen, Buchholz, Mittenwalde, Deutsch-Nixdorf, Superintendentur Berlin-Cölln, Zepernick, Superintendentur Bernau, Golzow, Superintendentur Neustadt Brandenburg, Barnewitz und Garlitz, Superintendentur Dom Brandenburg, Tarmow, Superintendentur Fehrbellin, Dierberg, Superintendentur Lindow, Hohen-Finow, Grüz, Liepe, Falkenberg, Nieder-Finow, Trampe, Brunow, Lichterfelde und Steinfurth, Superintendentur Neustadt-Eberswalde, Ahrensdorf und Nudow, Superintendentur Potsdam I., Fahrland, Superintendentur Potsdam II., Friedersdorf, Superintendentur Storkow, Rüdersdorf, Superintendentur Strausberg, Selchow und Groß-Machnow, Superintendentur Königs-Wusterhausen.

Auch diesen Vereinen ist allgemeine Verbreitung und glücklicher Fortgang angelegentlichst zu wünschen.

10. Lesezirkel und Büchersammlungen zur Belehrung und nützlichen Unterhaltung für Schüler und Erwachsene sind auf Betrieb und unter Aufsicht resp. der Herren Ortsgeistlichen und Lehrer schon gegründet: in Potsdam, Brandenburg, Beeskow, Bernau, Oranienburg, Greifenberg, Fehrbellin, Grau-

fin, Havelberg, Jüterbogk, Lenzen, Luckenwalde, Perleberg, Wittenberge, Schwedt, Spandow, Treuenbriezen, Wilsnack, Wittstock, Gramzow, Wusterhausen an der Dosse, Neustadt an der Dosse, Zehdenick,
Dreßbin, Biesenbrow, Superintendentur Angermünde, Wiesenburg, Superintendentur Belzig, Lindenberg und Heiligensee, Superintendentur Land-Berlin,
Wernechen und Beesow, Superintendentur Bernau, Möblich, Superintra-
dentur Lenzen, Dierberg, Banzendorf, Schönberg, Grieben und Rhume-
beck, Superintendentur Lindow, Cöthen, Lichterfelde und Spechthausen,
Superintendentur Neustadt-Eberswalde, Boizenburg, Superintendentur Pritz-
law I., Krenzlin, Superintendentur Ruppin, Prötzel und Zinndorf, Superintendentur Strausberg, Groß-Leppin, Superintendentur Wilsnack, Thyrow,
Superintendentur Zossen, Linow und Storbeck, reformirte Superintendentur Ruppin.

— Die Einrichtung solcher Lesezirkel und Bibliotheken erweiset sich bei schicklicher
Anwahl der Bücher und unter guter Aufsicht und Leitung so nützlich, daß sie nur
in größerer Allgemeinheit gewünscht und empfohlen werden kann.

11. Die Zahl der des Taubstummen-Unterrichts kundigen Lehrer hiesigen Bezirks hat sich mit Einschluß einiger für die Sache thätiger Geistlichen bis
auf 72 vermehrt, deren Namen und Wohnörter wir so eben anderweitig zur öffentlichen Kenntniß gebracht haben, damit, wie es nunmehr möglich ist, allen taub-
stummen Kindern Unterricht verschafft werde.

12. Mehr als 1000 Landschulen von den 1380 Landschulen hiesigen Bezirks
besitzen nun schon mehr oder weniger vermögende Schulkassen, deren Zahl sich
jährlich erhöht. **Königl. Regierung.**
Abtheilung für die Kirchenverwaltung und das Schulwesen.

Potsdam, den 11. Mai 1844.

№ 112.
Des Taub-
stummen-Un-
terrichts kun-
dige Lehrer.
II. 640. Mai.

In Verfolg unsrer Bekanntmachung vom 16. November 1842 (Amtsblatt
vom Jahr 1842 Stück 47 Seite 324) bringen wir hierdurch zur öffentlichen
Kenntniß, daß jetzt folgende, im hiesigen Bezirke angestellte Lehrer des Taubstummen-
Unterrichts kundig sind, und Eltern, Vormündern und Ortsobrigkeiten, welchen die
Sorge für taubstumme Kinder obliegt, empfohlen werden können:

I. In der Superintendentur Baruth.

1) Der Lehrer Wesche zu Baruth.

II. In der Superintendentur Beelitz.

2) Der Lehrer Klamann zu Beelitz.

III. In der Superintendentur Beeskow.

3)
4) Der Konrektor Strasburg und der Lehrer Lehmann zu Beeskow.

IV. In der Superintendentur Belzig.

5) Der Lehrer Schulze zu Belzig,
6) ⸱ ⸱ Besenbiel zu Niemegk.

V. In der Superintendentur Land Berlin.

7) Der Lehrer Voigt zu Rosenthal,
8) $\quad$ $\quad$ Giese zu Carow.

VI. In der Superintendentur Berlin-Cölln.

9)
10) Die Lehrer Becker, Schmidt und Rudloff, sämmtlich zu Charlottenburg.
11)

VII. In der Superintendentur Bernau.

12) Der Lehrer Erdmann zu Bernau,
13) $\quad$ $\quad$ Unruh zu Werneuchen.

VIII. In der Superintendentur Dom Brandenburg.

14) Der Lehrer Kaseliz zu Garliz,
15) $\quad$ $\quad$ Süßbier zu Plessow,
16) $\quad$ $\quad$ Peters zu Berge.

IX. In der Superintendentur Altstadt Brandenburg.

17)
18) Die Lehrer Schwenke und Stützel zu Brandenburg.

X. In der Superintendentur Neustadt Brandenburg.

19) Der Lehrer Krüger zu Bochow.

XI. In der Superintendentur Dahme.

20) Der Lehrer Brochwiz zu Bollensdorf.

XII. In der Superintendentur Gramzow.

21) Der Lehrer Schmidt zu Gramzow.

XIII. In der Superintendentur Dom Havelberg.

22) Der Lehrer Schreiber zu Damelack,
23) $\quad$ $\quad$ Genßen zu Breddin.

XIV. In der Superintendentur Stadt Havelberg.

24)
25) Die Lehrer Voigt, Dräsicke und Bieligk, sämmtlich zu Havelberg.
26)

XV. In der Superintendentur Lindow.

27) Der Lehrer Erdmann zu Lindow.

XVI. In der Superintendentur Luckenwalde.

28)
29) Die Lehrer Lehmann und Steinert zu Luckenwalde,
30) der Lehrer Scheibe zu Gottow.

XVII. In der Superintendentur Nauen.

31) Der Lehrer Dehlert zu Nauen,

XVIII. In der Superintendentur Neustadt-Eberswalde.

32) Der Lehrer Schmidt zu Nieder-Finow.

XIX. In der Superintendentur Perleberg.

33) Der Lehrer Wolff zu Wittenberge.
34)   »   »   Pätz zu Uenze.
35)   »   »   Bauermeister zu Cumlosen.

XX. In der Superintendentur Potsdam I.

36)
37) Die Lehrer Schulze II., Bösch, Wehling und Bochdanetzky, sämmtlich
38)   zu Potsdam,
39)
40) der Lehrer Franke zu Caput.

XXI. In der Superintendentur Prenzlow I.

41)
42) Die Lehrer Deseler, Mangelsdorf, Thiele und Reinecke, sämmtlich zu
43)   Prenzlow,
44)
45) der Lehrer Schmock zu Boitzenburg.

XXII. In der Superintendentur Prenzlow II.

46) Der Lehrer Balzer zu Brüssow,
47)   »   »   Luckert zu Wolschow.

XXIII. In der Superintendentur Pritzwalk.

48) Der Lehrer Kuntze zu Pritzwalk,
49)   »   »   Müller zu Meyenburg.

XXIV. In der Superintendentur Neu-Ruppin.

50)
51) Die Lehrer Jänsch und Weber zu Neu-Ruppin.

XXV. In der Superintendentur Schwedt.

52) Der Lehrer Rüdiger zu Schwedt.

XXVI. In der Superintendentur Spandow.

53)
54) Die Lehrer Büchmann und Kohl zu Spandow.

XXVII. In der Superintendentur Strasburg.

55) Der Lehrer Spieß zu Strasburg.

XXVIII. In der Superintendentur Strausberg.

56) Der Lehrer Sprockhof zu Kienbaum.

XXIX. In der Superintendentur Templin.

57) Der Lehrer Thiele zu Lychen.

XXX. In

XXX. In der Superintendentur Treuenbrietzen.

58)
59) Die Lehrer Kühn und Seeger zu Treuenbrietzen.

XXXI. In der Superintendentur Wittstock.

60) Der Lehrer König zu Wittstock,
61) - - Gräbke zu Heinrichsdorf.

XXXII. In der Superintendentur Wriezen.

62) Der Lehrer Klenkow zu Wriezen,
63) - - Polle zu Freienwalde.

XXXIII. In der Superintendentur Wusterhausen an der Dosse.

64)
65) Die Lehrer Struwe und Schlüter zu Wusterhausen an der Dosse,
66) der Lehrer Dettmar zu Sieversdorf.

XXXIV. In der Superintendentur Königs-Wusterhausen.

67) Der Lehrer Hesse zu Königs-Wusterhausen.

XXXV. In der Superintendentur Zehdenick.

68) Der Lehrer Ißkel zu Zehdenick.

XXXVI. In der Superintendentur Zossen.

69) Der Lehrer Rücker zu Tepchin.

Außerdem nehmen sich die Prediger Jung zu Werneuchen und Doyé zu Luckenwalde mit besonderer Liebe und Sachkunde taubstummer Kinder an, zu deren Unterbringung sie auch resp. in Werneuchen und Luckenwalde, wo nach Obigem auch des Taubstummen-Unterrichts kundige Lehrer sind, gute Gelegenheit nachzuweisen, gern bereit sein werden.

Königl. Regierung.
Abtheilung für die Kirchenverwaltung und das Schulwesen.

Potsdam, den 13. Mai 1844.

№ 113. Beiträge zum Domainen-Feuerschäden-Fonds pro 1. Mai 1844. III. 1831. Mai.

Unter Bezugnahme auf die im § 20 des Regulativs vom 28. April 1826 enthaltene Bestimmung, wonach die firirten Beiträge zum Domainen-Feuerschäden-Fonds im Laufe des Monats Mai mittelst doppelten Lieferzettels an unsere Haupt-Instituten- und Kommunal-Kasse eingesandt werden sollen, machen wir hiermit darauf aufmerksam, daß, wenn die Einzahlung der firirten Beiträge für das Sozietätsjahr vom 1. Mai 1844 bis dahin 1845 nicht spätestens bis zum 15. k. M. erfolgt ist, wider die Säumigen unfehlbar die exekutivische Beitreibung verfügt werden wird.

Königl. Regierung.
Abtheilung für die Verwaltung der direkten Steuern, Domainen und Forsten.

№ 114. **Nachweisung der an den Pegeln der Spree und Havel im Monat März 1844 beobachteten Wasserstände.**

Datum.	Berlin. Ober-Wasser		Berlin. Unter-Wasser		Spandow. Ober-Wasser		Spandow. Unter-Wasser		Potsdam.		Baumgartenbrück.		Brandenburg. Ober-Wasser		Brandenburg. Unter-Wasser		Rathenow. Ober-Wasser		Rathenow. Unter-Wasser		Havelberg.		Plauer Brücke.	
	Fuß	Zoll	Fuß	Zoll	Fuß	Zoll	Fuß	Zoll	Fuß	Zoll	Fuß	Zoll	Fuß	Zoll	Fuß	Zoll	Fuß	Zoll	Fuß	Zoll	Fuß	Zoll	Fuß	Zoll
1	8	10	5	6	8	6	4	3	4	5	2	11½	6	8	5	2	5	7	4	11	6	9	6	9
2	8	10	5	7	8	8	4	3	4	5	2	11½	6	8	5	2	5	8	5	—	7	—	6	10
3	9	—	5	6	8	10	4	2	4	5	3	—	6	9	5	3	5	8	5	—	7	5	6	10
4	9	—	5	8	8	10	4	8	4	5	3	½	6	8½	5	3	5	8	5	—	8	6	6	10
5	9	1	6	1	8	9	4	8	4	7	3	1	6	8	5	3	5	7	4	10½	10	5	6	11
6	9	3	6	1	8	9	5	—	4	8	3	1½	6	11½	5	5½	5	6	4	10½	11	6	7	—
7	9	5	6	1	8	10	4	10	4	9	3	2	6	10½	5	6	5	6	4	10½	11	8	7	—
8	9	6	6	2	8	10	4	10	4	9	3	3	6	11½	5	6½	5	6	4	10½	11	5	7	—
9	9	6	6	6	8	10	4	11	4	10	3	3½	6	10½	5	6½	5	8	4	10	11	3	7	—
10	9	6	6	—	9	—	4	8	5	—	3	4	6	10	5	6½	5	5½	4	10	11	6	7	—
11	9	6	6	6	9	2	5	1	5	1	3	5	6	9½	5	7½	5	5½	4	10	11	8	7	1
12	9	6	6	6	9	2	5	6	5	2	3	6	6	7½	5	7½	5	5½	4	10	11	9	7	1
13	9	5	6	6	9	2	5	6	5	4	3	7½	6	9	5	8	5	6	4	10	12	—	7	2
14	9	10	6	8	9	3	5	6	5	4	3	8	7	½	5	9	5	6	4	10	12	2	7	3
15	10	1	6	9	9	2	5	6	5	4	3	9	7	1	5	10	5	9	5	—	11	11	7	5
16	10	—	7	8	9	2	5	7	5	4	3	9½	7	4½	5	10½	5	8½	5	1	11	9	7	5
17	10	2	7	9	9	4	5	6	5	5	3	10	7	4	6	—	5	8	5	1	11	7	7	6
18	10	2	7	11	9	4	5	9	5	7	3	11	7	2	6	—	5	8½	5	1	11	3	7	6
19	10	2	8	—	9	8	5	10	5	9	4	—	7	2½	6	—	5	8½	5	1	11	2	7	6
20	10	6	8	2	8	10	5	10	5	9	4	1	7	3½	6	1	5	8½	5	1	11	3	7	7
21	10	5	8	3	8	10	6	—	5	10	4	2	7	5	6	3	5	8½	5	1	10	10	7	8
22	10	4	8	4	8	8	6	—	5	10	4	3	7	4½	6	2	5	8½	5	1	10	9	7	8
23	10	9	8	6	8	6	6	—	5	10	4	3½	7	5	6	3½	5	8½	5	1	10	7	7	8
24	10	10	8	10	8	6	5	10	5	10	4	4	7	5	6	4	5	9	5	2	10	5	7	8
25	10	9	8	10	8	6	6	—	5	11	4	4½	7	5	6	4	5	10	5	3	10	3	7	9
26	10	11	8	9	8	8	6	—	5	11	4	5	7	5	6	5	5	10½	5	3	10	2	7	10
27	10	11	8	9	8	8	6	—	5	11	4	5	7	6	6	6	5	10½	5	3	10	—	8	—
28	10	11	8	8	8	8	6	—	5	11	4	5	7	6	6	6	6	—	5	3	10	—	8	1
29	10	11	8	6	8	8	6	—	6	—	4	5½	7	6	6	7	6	1	5	3½	10	—	8	2
30	10	11	8	9	8	9	6	—	6	—	4	5½	7	6	6	7	6	3	5	6	10	3	8	2
31	11	—	8	8	9	—	5	8	6	—	4	5½	7	6	6	7	6	3	5	6	10	7	8	2½

Potsdam, den 9. März 1844.

Königl. Regierung. Abtheilung des Innern.

Potsdam, den 13. Mai 1844.

№ 115.
Agentur-
Bestätigung.
I. 589. Mai.

Der pensionirte Land- und Stadtgerichts-Rendant Zobel in Luckenwalde ist als Agent der Cöllnischen Feuerversicherungs-Gesellschaft für die Stadt Luckenwalde und Umgegend bestätigt, was auf Grund des § 12 des Gesetzes vom 8. Mai 1837 hierdurch zur öffentlichen Kenntniß gebracht wird.

Königl. Regierung. Abtheilung des Innern.

Potsdam, den 14. Mai 1844.

№ 116.
Agentur-
Niederlegung.
I. 717. Mai.

Auf Grund des § 12 des Gesetzes vom 8. Mai 1837 wird hierdurch zur öffentlichen Kenntniß gebracht, daß der Kaufmann Ferdinand August Rößler zu Spandow die ihm übertragen gewesene Agentur der Feuerversicherungs-Anstalt Borussia für die Stadt Spandow und Umgegend niedergelegt hat.

Königl. Regierung. Abtheilung des Innern.

Verordnungen und Bekanntmachungen der Behörden der Stadt Berlin.

Nachstehende Bekanntmachung:

№ 35.
Das Trocknen der Wäsche und Sonnen der Betten auf den Straßen und öffentlichen Plätzen betreffend.

„Die längst bestehenden Polizei-Verordnungen, welche die Benutzung der Straßen und öffentlichen Plätze zum Sonnen und Ausklopfen der Betten und Fußdecken, so wie zum Trocknen der Wäsche, mit Einschluß des Aufhängens der letztern vor den in der Vorderfronte der Häuser befindlichen Fenstern, bei zwei Thalern Geldbuße oder verhältnißmäßiger Gefängnißstrafe untersagen, werden dem Publikum hierdurch wiederholt mit dem Bemerken in Erinnerung gebracht, daß der Gebrauch der Alleen und Plätze des Thiergartens, so wie aller Land- und frequenten Kommunikations-Straßen außerhalb der Thore nebst deren offenen, unmittelbaren Umgebungen zu irgend einem der angegebenen Zwecke gleichmäßig verboten ist. Berlin, den 1. Mai 1835.

Königl. Polizei-Präsidium."

wird hierdurch in Erinnerung gebracht. Berlin, den 6. Mai 1844.

Königl. Polizei-Präsidium.

№ 36.
Preis der Blutegel.

Der Preis, zu welchem die Blutegel in den hiesigen Apotheken zu haben sein werden, bleibt bis auf Weiteres auf 3 Sgr. für das Stück festgesetzt.

Berlin, den 10. Mai 1844.　　　　Königl. Polizei-Präsidium.

140

№ 37.
Agentur-
Bestätigung.

Der Kaufmann Julius Wallber, hierselbst in der Wallstraße № 53 wohnhaft, ist heute als Agent der Feuerversicherungs-Gesellschaft Borussia zu Königsberg in Preußen bestätigt worden.

Dies wird auf Grund des § 12 des Gesetzes vom 8. Mai 1837 hiermit zur öffentlichen Kenntniß gebracht.

Berlin, den 4. Mai 1844.

Königl. Polizei-Präsidium.

№ 38.
Agentur-
Bestätigung.

Die bisherigen General-Agenten der Feuerversicherungs-Gesellschaft Borussia zu Königsberg in Preußen, Mertens & Rubens, haben als solche zu fungiren aufgehört, und an ihrer Stelle ist der Kaufmann Lion Marcus Cohn, hierselbst in der Kleinen Präsidentenstraße № 7 wohnhaft, als General-Agent der gedachten Gesellschaft bestätigt worden.

Dies wird auf Grund des § 12 des Gesetzes vom 8. Mai 1837 mit dem Bemerken zur öffentlichen Kenntniß gebracht, daß sämmtliche Unter-Agenten, namentlich:

Friedrich Wilhelm Beyssel,
B. S. Herzbach,
A. Detring,
A. E. Dufresne,
A. W. Amberg,
G. L. Markow,
B. Seyler,
J. C. Stürmer und
E. Gallisch,

auch ferner als solche fortfungiren werden.

Berlin, den 4. Mai 1844.

Königl. Polizei-Präsidium.

Personalchronik.

Der Kammergerichts-Referendarius August Haase ist auf seinen Antrag, Behufs Ueberganges in das Departement des Oberlandesgerichts Glogau aus seinen Amtsverhältnissen im Kammergerichtsbezirk, entlassen worden.

Die bisherigen Kammergerichts-Referendarien Karl Friedrich Ferdinand Gottschau und Karl Heinrich Julius Lütke sind zu Kammergerichts-Assessoren, und die Kammergerichts-Auskultatoren Friedrich Gustav Otto von Seibler, und Friedrich Theodor August Richter sind zu Kammergerichts-Referendarien befördert.

Die Rechtskandidaten Herrmann Siegmund Gottlieb Moritz Schröter, Heinrich Otto Karl Wilhelm Graf Fink von Finkenstein, Johann Heinrich Christoph Linz, Gottfried Wilhelm Butze, Georg Friedrich Heinrich Benecke, Karl Friedrich Wilhelm Raffel, Max Anton Pohlandt, Gustav Heinrich Gans Edler zu Putlitz, Richard de la Croix, Wilhelm Leopold Ruhbaum, Karl Ernst Gideon von Wallenberg, Heinrich Mannkopff, Ludwig Franz Maria Arntz, Hans Dietrich Goslich, Emil Heinrich Wilhelm Hopmann, Franz Paul von Kamecke, sind zu Kammergerichts-Auskultatoren ernannt, und sämmtlich dem Kriminalgerichte zu Berlin zur Beschäftigung überwiesen.

Die durch die Pensionirung des Försters Tackmann erledigte Försterstelle zu Klein-Dölln im Forstrevier Gr. Schönebeck ist dem Förster Klose, bisher zu Scaby, über-tragen worden.

Der Predigtamts-Kandidat Herrmann Ferdinand Uhden ist als Prediger an der Stadtvoigtei zu Berlin, und der Predigtamts-Kandidat Ernst Samuel Salin als Prediger am Magdalenenstifte ebendaselbst angestellt worden.

Der Doktor der Medizin und Chirurgie Alexander Johann Paul Sala zu Wrietzen ist als praktischer Arzt und Wundarzt auch als Geburtshelfer in den Königlichen Landen approbirt und vereidigt worden.

Dem Kandidaten der Theologie Heinrich Siedler in Berlin ist von dem Königl. Polizei-Präsidio daselbst die Erlaubniß zur Uebernahme einer Hauslehrerstelle ertheilt worden.

A. Zu Schiedsmännern wurden neu gewählt: der Mühlenbesitzer Wilhelm Zemlin zu Stülpe für den 11ten ländlichen Bezirk des Jüterbogk-Luckenwalder Kreises, der Schulvorsteher Gustav Adolph Krüger zu Berlin für den Gouvernementsbezirk Nr. 5 daselbst, der Dr. phil. Johann Heinrich Benjamin Hitzig zu Berlin für den Spittelmarkts-Bezirk Nr. 62 daselbst, der Kaufmann Heinrich Friedrich Wilhelm Woytge zu Berlin, für den Kottbusser Thorbezirk Nr. 73 daselbst, der vormalige Stadtgerichts-Assessor Georg Wilhelm Krüger zu Wittstock für den 1sten Stadtbezirk daselbst.

B. Zu Schiedsmännern wurden wieder gewählt: der Lieutenant und Ritter-gutsbesitzer Hans Georg Karl von Ribbeck auf Ribbeck für den 3ten ländlichen Bezirk des Westhavelländischen Kreises, der Gutsbesitzer, Kammerherr Graf von Saldern-Ahlimb auf Ringenwalde für den 5ten ländlichen Bezirk des Templiner Kreises, der Erbpachtsgutsbesitzer Schulze zu Scharfenbrück für den 3ten ländlichen Bezirk des Jüterbogk-Luckenwalder Kreises, der Kaufmann Hugo Brendel zu Berlin für den Post-Bezirk Nr. 9 daselbst, der Lotterie-Ober-Einnehmer Karl Anton Matzdorff zu Berlin für den Schloßbezirk Nr. 18 daselbst, der Buchhändler und Stadtverordnete, Assessor

Friedrich Philipp Fournier zu Berlin für den Hausvoigteibezirk Nr. 27 daselbst, der Kaufmann Heinrich Gustav Ludwig Friedrich Witte zu Wittstock für den 2ten Stadt-Bezirk daselbst.

Vermischte Nachrichten.

Wegen Neubaues der über den Polzow-Kanal führenden Brücke bei der Zernickower Mühle im Ruppinschen Kreise wird die Passage über diese Brücke für Fuhrwerk und Reiter in der Zeit vom 28. Mai bis 9. Juli d. J. gesperrt sein, weshalb die aus der Gegend von Gransee kommenden Reisenden ihren Weg nach der Gegend von Fürstenberg über Menz oder Dannenwalde zu nehmen haben.

Potsdam, den 18. Mai 1844.

Königl. Regierung. Abtheilung des Innern.

Das Königl. Ministerium des Innern hat mittelst Reskripts vom 4. Mai d. J. dem Küster und Schullehrer Endewald zu Neustadt-Eberswalde für die durch ihn bewirkte Lebensrettung mehrerer Menschen aus der Gefahr des Ertrinkens, die zur Aufbewahrung bestimmte Erinnerungsmedaille für Lebensrettung verliehen.

Potsdam, den 15. Mai 1844.

Königl. Regierung. Abtheilung des Innern.

Geschenke an Kirchen.

Der Kirche zu Bornstädt bei Potsdam ist von einer christlich gesinnten Ehefrau eine sehr elegant in schwarzem Maroquin gebundene und mit Goldschnitt versehene Bibel in quarto zum Kanzelgebrauch und der Kirche zu Ziemkendorff im Prenzlowschen Kreise von dem Amtmann Wiese daselbst ein gusseisernes Kruzifix mit vergoldetem Christus geschenkt worden.

(Hierbei ein öffentlicher Anzeiger.)

Amtsblatt
der Königlichen Regierung zu Potsdam
und der Stadt Berlin.

Stück 22. Den 31. Mai. **1844.**

Verordnungen und Bekanntmachungen
für den Regierungsbezirk Potsdam und für die Stadt Berlin.

Die Veränderungen, welche in den Preisen mehrerer Droguen eingetreten sind, haben eine gleichmäßige Veränderung in den, zur Zeit bestehenden Taxpreisen verschiedener Arzneien nothwendig gemacht. Die hiernach abgeänderten, im Drucke erschienenen Taxbestimmungen treten mit dem 1. Juni d. J. in Wirksamkeit.
Berlin, den 30. April 1844.
Der Minister der geistlichen, Unterrichts- und Medizinal-Angelegenheiten.
(gez.) Eichhorn.

№ 117.
Veränderte Taxpreise verschiedener Arzneien.
I. 968. Mai.

Potsdam, den 18. Mai 1844.
Vorstehendes Publikandum des Königl. Ministeriums der geistlichen, Unterrichts- und Medizinal-Angelegenheiten vom 30. April d. J. wird hierdurch zur öffentlichen Kenntniß gebracht, mit dem Bemerken, daß die veränderten Taxpreise, das Exemplar zu einem Silbergroschen, bei dem, mit dem Debit derselben beauftragten Regierungs-Sekretair Schulze hierselbst und bei dem Buchhändler H. Schultze in Berlin, so wie in allen übrigen Buchhandlungen der Monarchie zu haben sind.
Königl. Regierung. Abtheilung des Innern.

Potsdam, den 22. Mai 1844.
Von der im Bau begriffenen Chaussee von Potsdam nach Wustermark sind gegenwärtig 1½ Meilen im Zusammenhange vollständig fertig, und soll diese Strecke vom 10. k. M. ab dem allgemeinen Verkehr eröffnet werden. Das Chausseegeld für die Benutzung dieser Chausseestrecke wird daher von dem gedachten Tage an in dem, in dem Dorfe Marquard eingerichteten interimistischen Chausseegeld-Empfangslokal, und zwar für eine und eine halbe Meile in beiden Richtungen erhoben werden.
Königl. Regierung.
Abtheilung für die Verwaltung der indirekten Steuern.

№ 118.
Die Chausseegeld-Erhebung auf der Kunststraße von Potsdam nach Wustermark betr.
IV. 412. Mai.

Potsdam, den 20. Mai 1844.
Auf der Berlin-Hamburger Chaussee innerhalb der Feldmark Garlin zwischen Perleberg und Warnow sind vor Kurzem 3 Stück Pappeln der Chausseebepflanzung abgebrochen worden. Demjenigen, der uns den Thäter dieses Frevels dergestalt

№ 119.
Beschädigung von Chausseebäumen.
I. 963. Mai.

nachweiset, daß derselbe zur gerichtlichen Untersuchung und Bestrafung gezogen werden kann, wird hiermit eine Belohnung von 20 Thlrn. zugesichert.

Königl. Regierung. Abtheilung des Innern.

Verordnungen und Bekanntmachungen, welche den Regierungsbezirk Potsdam ausschließlich betreffen.

№ 120.
Gewerbe-
Ausstellung in
Berlin.
I. 966. Mai.

In Verfolg der Bekanntmachung vom 10. Februar d. J. wird hierdurch zur
öffentlichen Kenntniß gebracht, daß
„die Kommission für die Gewerbe-Ausstellung in Berlin"
nunmehr bestellt und der Geheime Finanzrath von Viebahn zum Ministerial-Kommissarius bei derselben ernannt ist.

Zugleich wird bekannt gemacht, daß die beabsichtigte Ausstellung nicht auf Erzeugnisse aus dem Gebiet des Zollvereins beschränkt wird, sondern daß auch an die
Gewerbetreibenden der übrigen, dem Vereine nicht angehörenden deutschen Staaten
die Einladung ergeht, sich an derselben zu betheiligen.

In Beziehung auf die Zollverhältnisse wird den von dorther eingesandten Erzeugnissen jede zulässige Erleichterung zu Theil werden. Namentlich werden die
aus jenen Staaten unter der bezeichneten Adresse zur Ausstellung eingehenden Gegenstände von den Grenz-Zollämtern ohne Eröffnung unter Begleitschein-Kontrole
auf das hiesige Haupt-Steueramt für ausländische Gegenstände abgefertigt und, sofern
dieselben wieder ausgeführt werden, keiner Abgabe unterliegen.

Berlin, den 3. Mai 1844.

Der Finanz-Minister.

von Bodelschwingh.

Potsdam, den 24. Mai 1844.

Vorstehendes Publikandum wird hierdurch in Gemäßheit eines Reskripts des
Herrn Finanz-Ministers Excellenz vom 3. d. M. in Verfolg der Bekanntmachungen vom 16. Februar, 25. April und 8. Mai d. J. (Amtsblatt Seite 33, Seite
106 und 121) zur öffentlichen Kenntniß gebracht.

Königl. Regierung. Abtheilung des Innern.

Potsdam, den 22. Mai 1844.

№ 121.
Wasserbau-
Inspektorstelle
zu Cöpenick.
I. 1068. April.

Die für den diesseitigen Verwaltungsbezirk neu errichtete Wasserbau-Inspektor-
stelle zu Cöpenick ist dem bisherigen Wegebaumeister, jetzigen Wasserbau-Inspektor
Pasewaldt mit Anweisung seines Wohnsitzes in Cöpenick verliehen worden, was
hierdurch mit dem Bemerken zur öffentlichen Kenntniß gebracht wird, daß zum
neuen Baubezirke des ꝛc. Pasewaldt

I. aus dem Baubezirke des Bau-Inspektors Dieme:
    a) die Landbauten in Cöpenick und dessen unmittelbarer Nähe,
    b) die Wasserbauten an der Spree von Hangelsberg bis Berlin, ferner au-

ver Dahme, der Notte, dem Storkower Kanal, dem Wörischen Schiffs-
graben, den Teupizer Gewässern und dem Rüdersdorffer Kalkfließ;

II. aus den Baubezirken der Bau-Inspektoren Ziller und Wilmanns:
die polizeilich-technischen Geschäfte an der unteren und oberen Nuthe und
der Nieplitz, und

III. aus dem Baubezirke des bei dem Friedrich-Wilhelms-Kanal angestellten
Wasserbau-Inspektors:
die von diesem für den Regierungsbezirk Potsdam bisher mitbesorgten
Wasserbaugeschäfte an der Spree von oberhalb Krausnick bis unterhalb
Alt-Schadow und auf dem linken Spreeufer von Fürstenwalde bis Han-
gelsberg

übergehen. **Königl. Regierung.** Abtheilung des Innern.

Potsdam, den 21. Mai 1844.

Nᵒ 122.
Aushändi-
gung der
Quittungen
über einge-
zahlte Ver-
äußerungs-
und Ablö-
sungs-Kapita-
lien.
III. 1873. Mai.

Die von der Regierungs-Hauptkasse ausgestellten Quittungen über die im ersten
Quartale dieses Jahres zur Ablösung von Domanial-Abgaben eingezahlten Kapi-
talien und über berichtigte Veräußerungsgelder sind, insoweit die vorschriftsmäßige
Bescheinigung derselben Seitens der Königl. Hauptverwaltung der Staatsschulden
erfolgt ist, den betreffenden Spezialkassen zur Aushändigung an die Interessenten
zugesandt worden. Die Letzteren haben sich daher bei den gedachten Kassen zum
Empfange der bescheinigten Quittungen, gegen Rückgabe der vorher erhaltenen
Interimsquittungen zu melden.

Königl. Regierung.
Abtheilung für die Verwaltung der direkten Steuern, Domainen und Forsten.

Potsdam, den 27. Mai 1844.

Nᵒ 123.
Anmeldung
der mit Tabak
bepflanzten
Grundstücke.
IV. 724. Mai.

Wer eine Fläche von sechs und mehr Quadratruthen mit Tabak bepflanzt, ist
gesetzlich verpflichtet, vor Ablauf des Monats Juli dem Steueramte, in dessen Bezirke die mit Tabak bepflanzten Grundstücke liegen, solche einzeln nach ihrer Lage
und Größe in Preußischen Morgen und Quadratruthen genau und wahrhaft anzuzeigen.

Diejenigen, welche Tabacksbau treiben, werden erinnert, dieser Verpflichtung
nachzukommen; zugleich wird denselben empfohlen, wenn sie der Größe ihrer Tabacks-
ländereien nicht gewiß sind, sich derselben vor der Anmeldung gehörig zu versichern,
indem unrichtige Angaben oder deren gänzliche Unterlassung nach § 7 der Allerhöchsten Kabinetsordre vom 29. März 1828 (Amtsblatt 1828 Seite 84) resp.
nach der Allerhöchsten Kabinetsordre vom 30. Juli 1842 (Amtsblatt 1842 Seite
249) behandelt und gemäß den Bestimmungen der letztgedachten Ordre oder der
Steuerordnung vom 8. Februar 1819 § 60 und folgende, werden bestraft werden.

Für den Fall, daß die Bepflanzung der Grundstücke etwa erst später als bis
Ende Juli erfolgen sollte, muß die Anmeldung jedenfalls, bevor die Bepflanzung
geschieht, erfolgen, widrigenfalls die vorstehenden Strafbestimmungen ebenfalls in
Anwendung kommen.

Die Steuerhebestellen werden über jede bei ihnen geschehene Anmeldung der mit Taback bepflanzten Grundstücke eine Bescheinigung ertheilen und die Inhaber von Tabacksland, welche die Anmeldung nicht persönlich abgeben, werden wohl thun, sich jene Bescheinigungen behändigen zu lassen, damit sie sich vergewissern, daß die Anmeldung auch wirklich erfolgt ist.

Königl. Regierung.
Abtheilung für die Verwaltung der indirekten Steuern.

№ 124.
Brenntermine.
I. 1871. Mai.

Zum Einbrennen der in diesem Jahre von den Landbeschälern des Königlich Brandenburgischen Landgestüts gefallenen Fohlen mit der Königlichen Krone und dem Buchstaben B sind nachstehende Termine angesetzt:

1) Montag den 8. Juli, früh 9 Uhr, zu Blandikow,
2) Dienstag 9. 9 Wulfersdorf, } in der Ostpriegnitz,
3) Mittwoch 10. 9 Döllen,
4) Donnerstag 11. 9 Sandau, im Magdeburger Regierungsbezirke,
5) Freitag 12. 9 Pankow, in der Ostpriegnitz,
6) Sonnabend 13. 9 Stavenow,
7) Montag 15. 9 Lenzen, } in der Westpriegnitz,
8) Dienstag 16. 9 Rühstädt,
9) Mittwoch 17. 10 Kotzen, im Westhavelländischen Kreise,
10) Freitag 19. 8 Lindenau, bei Neustadt a. d. D.,
11) Montag 22. 10 Nassenheide, im Niederbarnimer Kreise,
12) Dienstag 23. 8 Templin, Kreisstadt,
13) Mittwoch 24. 8 Lübbenow, im Prenzlower Kreise,
14) Donnerstag 8. Aug. 8 Brüssow, im Prenzlower Kreise,
15) Sonnabend 10. 8 Blumberg, im Stettiner Regierungsbezirke,
16) Montag 12. 8 Angermünde, Kreisstadt,
17) Dienstag 13. 8 Falkenberg,
18) Mittwoch 14. 9 Alt-Medewitz, } im Oberbarnimer Kreise,
19) Donnerstag 15. 9 Neu-Trebbin,
20) Freitag 16. 9 Friedrichsaue, im Frankfurter Regierungsbezirk,
21) Montag 19. 9 Berlin, Dorotheenstraße beim Schmiedemeister Herms,
22) Mittwoch 21. 9 Beelitz, im Zauch-Belziger Kreise,
23) Freitag 23. 9 Brandenburg an der Havel,

welches den Besitzern diesjähriger Landgestüts-Fohlen mit dem Bemerken bekannt gemacht wird, daß ein späteres Zeichnen der Fohlen nur mit Schwierigkeiten verbunden ist.

Wenngleich die in obiger Bekanntmachung aufgeführten Oerter, als: № 4, 15 und 20, Sandau, Blumberg und Friedrichsaue, nicht zum Potsdamer Regierungsbezirke gehören, so sind auf diesen Beschälstationen doch mehrere Stuten aus denselben bedeckt worden.

Wegen des beschwerlichen Transports der tragenden Mutterstuten bei bösen Wegen im Frühjahre sollen mit den diesjährigen Brennterminen gleichzeitig die im Jahre 1845 durch Königlich Brandenburgische Landbeschäler zu bedeckenden Stuten auf den vorstehend bezeichneten Beschälstationen (mit Ausnahme der Beschälstation № 10 Marstall Lindenau, da auf dieser, wie gewöhnlich, im Frühjahre die Aufnahme der Stuten erfolgen wird) ausgewählt und aufgezeichnet werden, und wird wiederholentlich dazu bemerkt:

1) wird die Beschaffenheit der auf den Beschälstationen aufzustellenden Hengste möglichst nach den im vorhergehenden Termine gewählten und aufgezeichneten Stuten bestimmt, und im Falle nicht eine erforderliche Anzahl guter Stuten für eine Station aufgezeichnet werden kann, so sollen auch in der Regel um so weniger Beschäler erfolgen, da solche noch an so vielen anderen Orten vergeblich nachgesucht werden;

2) stehen die nicht aufgezeichneten Stuten denen im Termine gewählten immer nach, ja jene müssen häufig abgewiesen werden.

Friedrich-Wilhelmsgestüt, den 25. Mai 1844.
Der Landstallmeister Strubberg.

*

Potsdam, den 28. Mai 1844.
Indem vorstehende Anzeige zur öffentlichen Kenntniß gebracht wird, werden die betreffenden Herren Landräthe zugleich aufgefordert, noch besonders für die Bekanntwerdung der anberaumten Termine möglichst zu sorgen, damit die Pferdezüchter, wie häufig geschehen ist, sich nicht mit der Unkenntniß derselben entschuldigen können.

Königl. Regierung. Abtheilung des Innern.

Potsdam, den 18. Mai 1844.
Der Kaufmann Louis Gärtner zu Potsdam hat die ihm übertragene Agentur für die Kurhessische allgemeine Hagelversicherungs-Gesellschaft zu Cassel niedergelegt, und ist dagegen der Kaufmann Sigismund Marr zu Berlin als General-Agent der ebengenannten Gesellschaft für den diesseitigen Regierungsbezirk von uns bestätigt worden. Königl. Regierung. Abtheilung des Innern.

№ 125.
Agentur-Niederlegung und Bestätigung.
I. 796. Mai.

Potsdam, den 18. Mai 1844.
Der Kaufmann Karl Huth zu Prizwalk ist als Agent der Kurhessischen allgemeinen Hagelversicherungs-Gesellschaft zu Cassel für den diesseitigen Regierungs-Bezirk bestätigt worden.

Königl. Regierung. Abtheilung des Innern.

№ 126.
Agentur-Bestätigung.
I. 651. Mai.

No 127.
Agentur-
Bestätigung.
l. 1092. Mai.

Potsdam, den 23. Mai 1844.

Der Apotheker Ferdinand Freytag zu Rathenow ist als Agent der kurhessischen allgemeinen Hagelversicherungs-Gesellschaft zu Cassel für den diesseitigen Regierungs-Bezirk bestätigt worden.   **Königl. Regierung.**   Abtheilung des Innern.

No 128.
Agentur-
Niederlegung
und Bestäti-
gung.
l. 718. Mai.

Potsdam, den 23. Mai 1844.

Auf Grund des § 12 des Gesetzes vom 8. Mai 1837 wird hiermit zur öffentlichen Kenntniß gebracht, daß der Spezial-Direktor (Agent) der Schwedter Hagelschaden- und Mobiliar-Brandversicherungs-Gesellschaft für den Jüterbogk-Luckenwaldeschen Kreis, Ober-Amtmann Kayser in Dahme die ihm übertragen gewesene Agentur niedergelegt hat, und an seiner Stelle der Ober-Amtmann Bohnstedt zu Kaltenhausen bestätigt worden ist.
    Königl. Regierung.   Abtheilung des Innern.

No 129.
Agentur-
Niederlegung
und Bestäti-
gung.
l. 1185. Mai.

Potsdam, den 25. Mai 1844.

Der zeitige Stadtverordnetenvorsteher und Buchhalter Gustav Techow in Oranienburg hat die ihm übertragen gewesene Agentur der Feuerversicherungs-Gesellschaft Borussia niedergelegt und ist dagegen als Agent der Kölnischen Feuerversicherungs-Gesellschaft bestätigt worden, nachdem der bisherige Agent dieser Gesellschaft Kaufmann Hildebrandt in Oranienburg mit Tode abgegangen.
    Königl. Regierung.   Abtheilung des Innern.

Verordnungen und Bekanntmachungen des Königl. Konsistoriums und Schulkollegiums der Provinz Brandenburg.

No 5.

Wir bringen hierdurch zur öffentlichen Kenntniß, daß nach einer Allerhöchsten Bestimmung,

auf den Universitäten, mit Ausnahme der Universität Königsberg, für welche die bisherige besondere Einrichtung beizubehalten ist, imgleichen auf der Akademie zu Münster die Herbstferien zwei Monate, vom 15. August bis zum 14. Oktober, die Osterferien dagegen nur drei Wochen, und zwar, wenn Ostern in den Monat März fällt, vom Sonntage Palmarum bis zum Sonntage Misericordia Domini, und wenn Ostern in den Monat April fällt, vom Sonntage Judica bis zum Sonntage Quasimodogeniti dauern sollen. Berlin, den 20. Mai 1844.
    Königl. Schul-Kollegium der Provinz Brandenburg.

Verordnungen und Bekanntmachungen der Behörden der Stadt Berlin.

No 39.
Schießübun-
gen in der Ha-
senheide.

Die Schießübungen des Kaiser Alexander Grenadier-Regiments werden auf den Schießständen in der Hasenheide in den ersten Tagen des künftigen Monats beginnen. Berlin, den 20. Mai 1844.   **Königl. Polizei-Präsidium.**

Es sind als Agenten der Feuerversicherungs-Gesellschaft **Borussia** zu Königsberg in Preußen bestätigt worden:

1) der Kaufmann Georg Anton Wilhelm **Boehm**, hierselbst Moabijouplatz
№ 10 wohnhaft,

2) der Kaufmann Sigismund **Marr**, hierselbst Große Hamburger Straße
№ 13 wohnhaft,

3) der Kaufmann Eduard **Schlickelmann**, hierselbst Unter den Linden № 22
wohnhaft; und

4) der Kommissionair August **Heinrich**, hierselbst Oranienburger Straße № 22
wohnhaft.

Dies wird auf Grund des § 12 des Gesetzes vom 8. Mai 1837 hiermit zur
öffentlichen Kenntniß gebracht. Berlin, den 10. Mai 1844.

Königl. Polizei-Präsidium.

Personalchronik.

Se. Durchlaucht der Prinz **Clodwig** zu Hohenlohe-Waldenburg-Schillings-
fürst, Prinz von Ratibor und Corvey ist zum Regierungs-Referendarius bei dem
hiesigen Regierungs-Kollegium ernannt worden.

Der hiesige Regierungs-Sekretair **Vogelgesang** ist seit dem 1. April d. J. auf sein
Ansuchen in den Ruhestand versetzt, der bisherige Regierungs-Sekretariats-Assistent **Od-**
harbt dagegen zum Regierungs-Sekretair befördert, und der bisherige Büreau-Assistent
bei der Straf- und Besserungs-Anstalt zu Brandenburg, **Klostermann**, zum Regierungs-
Sekretariats-Assistenten ernannt worden.

Dem bisherigen Civil-Supernumerarius **Thomas** ist die letzte Büreau-Assistentenstelle
bei der Militair- und Ministerial-Baukommission in Berlin verliehen worden.

Des Königs Majestät haben geruhet, dem Ober-Bürgermeister der Stadt Berlin, Geheimen Justiz-Rath **Krausnick** den Charakter als Geheimer Ober-Regierungs-Rath Allergnädigst zu verleihen.

Den Lehrern an der Gewerbeschule zu Berlin **Roeber** und Dr. **Rosenberg** ist das
Prädikat „Professor" verliehen worden.

Der Kandidat der Feldmeßkunst Louis **Bock** ist als Feldmesser diesseits vereidigt worden.

Die Doktoren der Medizin und Chirurgie Bernhard Michael **Braubach**, Amand
Immanuel **Engelbrecht** und Karl Felix Adam **Kriger** sind als praktische Aerzte und
Wundärzte in den Königlichen Landen approbirt und vereidigt worden.

Nachbenannte Frauen sind als Hebammen approbirt worden, nachdem dieselben
den vorschriftsmäßigen Hebammen-Unterricht genossen und in der mit ihnen angestellten Prüfung bestanden sind.

A. Vorzüglich gut bestanden:

1) Bertha **Lange** geb. Rüdiger in Charlottenburg,
2) Charlotte **Heidemann** geb. Jacki in Mittenwalde,

B. Recht gut bestanden:

3) Unverehelichte Wilhelmine Nischan in Ragow, im Beeskow-Storkowschen Kreise,
4) Marie Wieland geb. Kuhlmey in Brück,
5) Pauline Wittstock geb. Brockhus in Gramzow, im Angermündeschen Kreise,
6) Eleonore Roeder geb. Gericke auf den Bergen bei Havelberg,
7) Friederike Sommerfeld geb. Heil in Berge, im Westhavelländischen Kreise,
8) Henriette Krüger geb. Krüger in Grüneberg, im Ruppinschen Kreise,
9) Wilhelmine Müller geb. Gebert in Breddin, im Ostpriegnitzschen Kreise,
10) Albertine Behrend geb. Nöthling in Neu-Ruppin,
11) Louise Zimmermann geb. Klaffe in Blankenfelde, im Teltowschen Kreise,
12) Charlotte Wagner geb. Vetter in Neu-Ruppin,
13) Karoline Hemmerling geb. Zander in Lüdersdorff, im Oberbarnimschen Kreise,
14) Charlotte Hannemann geb. August in Mertensmühl, im Jüterbogk-Luckenwaldeschen Kreise,
15) Friederike Geu geb. Geu in Behlgast, im Westpriegnitzschen Kreise.

C. Gut bestanden:

16) Karoline Schrobbach geb. Warnack in Reichenwalde, im Beeskow-Storkowschen Kreise,
17) Sophie Grützmacher geb. Müller in Ganzer, im Ruppinschen Kreise,
18) Rosalie separirte Büttner geb. Reinholz in Templin,
19) Henriette Stranz geb. Schütz in Busendorff, im Zauch-Belzigschen Kreise,
20) Louise Korge geb. Siring in Beauregard, im Oberbarnimschen Kreise,
21) Dorothee Schumann geb. Seehausen in Buchholz, im Zauch-Belzigschen Kreise,
22) Sophie Reichert geb. Arend in Seelübbe, im Prenzlowschen Kreise,
23) Emilie Grothe geb. Schulz in Boddin, im Ostpriegnitzschen Kreise,
24) Wilhelmine George geb. Behrend in Mühlenbeck, im Niederbarnimschen Kreise,
25) Louise Anders geb. Gehrmann in Potsdam.

Die sub A 1 und 2 und sub B 14 genannten Hebammen haben wegen ihres Fleißes und ihres guten sittlichen Betragens ein Gebärbett als Prämie erhalten.

Potsdam, den 21. Mai 1844.

Königl. Regierung. Abtheilung des Innern.

Vermischte Nachrichten.
Geschenke an Kirchen.

Die Filialkirche zu Görsdorf, Superintendentur Beeskow, ist mit einer neuen Altardecke und Kanzelpultbekleidung von schwarzem Kaisertuche mit gelben Frangen von der Frau Amtmann Paschke daselbst beschenkt worden.

(Hierbei ein öffentlicher Anzeiger.)

Amtsblatt
der Königlichen Regierung zu Potsdam und der Stadt Berlin.

Stück 23.   Den 7. Juni.   **1844.**

Verordnungen und Bekanntmachungen
für den Regierungsbezirk Potsdam und für die Stadt Berlin.

Potsdam, den 29. Mai 1844.

№ 130.
Militair-Begräbniß-Vereine. I. 1442. Mai.

In Verfolg der durchs Amtsblatt 1842 № 88 publizirten Allerhöchsten Kabinetsordre vom 22. Februar 1842, die Bildung von Vereinen ehemaliger Krieger zum militairischen Begräbniß verstorbener Kameraden betreffend, wird hiermit nach Erlassen des Herrn Ministers des Innern vom 9., und des Herrn Ober-Präsidenten der Provinz Brandenburg vom 17. Mai d. J. zur öffentlichen Kenntniß gebracht, daß Seine Majestät der König mittelst einer an die Königl. Ministerien des Krieges und des Innern ergangenen Allerhöchsten Ordre vom 11. April d. J. zu genehmigen geruht haben, daß die Mitglieder der Militair-Begräbniß-Vereine bei Beerdigungen aus eignen Mitteln zu beschaffende dunkelblaue Waffenröcke mit rothem Passepoil tragen können. Dadurch wird nur eine Befugniß, aber keine Verpflichtung begründet. **Königl. Regierung.** Abtheilung des Innern.

Liste
der aufgerufenen und der Königl. Kontrole der Staatspapiere im Rechnungsjahre 1843 als gerichtlich mortifizirt nachgewiesenen Staatspapiere.

№ 131.
Amortisirte Staatspapiere. C. 119. Mai.

Des Dokuments			Datum des rechtskräftigen Erkenntnisses.	Des Dokuments			Datum des rechtskräftigen Erkenntnisses.
№	Litt.	Geld-forte.	Be-trag. *R.ℳ.*		№	Litt.	Geld-forte.	Be-trag. *R.ℳ.*	
I. Staatsschuldscheine de 1811.							
33,159	A	Kour.	500	27. Febr. 1843.	32,939	E	Kour.	25	
77,617	A	„	100		33,186	D	„	25	
79,613	K	„	100		34,206	V	„	25	
80,955	D	„	100		40,291	X	„	25	21. Nov. 1842.
87,024	D	„	100		55,071	D	„	25	
89,825	H	„	100	21. Nov. 1842.	58,004	N	„	25	
3,651	E	„	50		59,449	DD	„	25	
131,750	N	„	50		34,301	B	„	300	27. Febr. 1843.
132,291	H	„	50		40,540	E	„	200	

Des Dokuments				Datum	Des Dokuments				Datum
№	Litt.	Geld-sorte.	Be-trag. ℛℳ	des rechtskräftigen Erkenntnisses.	№	Litt.	Geld-sorte.	Be-trag. ℛℳ	des rechtskräftigen Erkenntnisses.
117,536	A	Kour.	400		70,203	A	Kour.	100	27. Febr. 1843.
19,060	C	=	100		90,382	G	=	100	18. Mai 1843.
34,349	K	=	100		41,380	A	=	300	
69,062	D	=	100		62,496	E	=	100	12. Jan. 1843.
79,050	K	=	100		42,619	C	=	200	4. Dez. 1843.
81,471	A	=	100		100,962	D	=	100	9. Nov. 1843.
85,204	E	=	100		120,863	A	=	1000	30. Nov. 1843.
87,417	E	=	100		28,182	D	=	200	22. Mai 1843.
94,566	D	=	100	11. Aug. 1842.	96,935	H	=	100	
99,770	F	=	100		11,958	F	=	100	laut Verfügung der Königl. Hauptver-
23,130	L	=	25						waltung der Staats-
34,201	O	=	25						schulden vom 28.
40,303	N	=	25						September 1843. in
40,973	O	=	25						Folge der Aller-
115,434	C	=	25						höchst. Verordnung
121,888	C	=	25						vom 16. Juni 1819
60,055	G	=	25	1. Mai 1843.					§ 3 (Gesetzsamm-
									lung № 549) als
									mortifizirt erklärt.

II. Kurmärksche vierprozentige Obligationen.

9,174	I	Kour.	1000	10. April 1843.	15,079	P	Kour.	180	18. Mai 1843.
9,995b	K	=	70						

Berlin, den 3. Mai 1844.

Königl. Kontrole der Staatspapiere.

Potsdam, den 31. Mai 1844.

Vorstehende Nachweisung der Kontrole der Staatspapiere vom 3. d. M. über die im Jahre 1843 gerichtlich amortisirten Staatsschuld-Dokumente wird auf Ver-fügung der Königl. Hauptverwaltung der Staatsschulden vom 11. desselben Monats in Gemäßheit des § 22 der Verordnung vom 16. Juni 1819 (Gesetzsammlung № 549) hiermit zur öffentlichen Kenntniß gebracht.

Königl. Regierung.

Verordnungen und Bekanntmachungen, welche den Regierungsbezirk Potsdam ausschließlich betreffen.

№ 132.
Gewerbe-
Ausstellung in
Berlin.
I. 1843. Mai.

Die unterzeichnete Kommission ist mit Leitung der, laut Bekanntmachung des Herrn Finanz-Ministers Excellenz vom 10. Februar d. J. beschlossenen Gewerbe-Ausstellung beauftragt worden. Dieses Unternehmen, ursprünglich nur auf das Gebiet des Zollvereins berechnet, ist durch die an die übrigen Staaten unseres Vaterlandes ergangene Einladung, eine deutsche Angelegenheit geworden. Wenn wir nun unsere deutschen Landsleute aus dem Gewerbstande, zur Theilnahme an dieser in Berlin am 15. August beginnenden Ausstellung hierdurch nochmals einladen, so bedarf es weder eines Beweises der Vortheile, welche die Ausstellung jedem Einzelnen darbietet, noch einer Erinnerung an die Folgen für unser gemeinsames Vaterland. Aber darauf wollen wir Ihre Aufmerksamkeit lenken, daß die Augen des Gewerb- und Handelsstandes, so wie der Regierungen aller fremden Staaten, auf dieses deutsche Werk gerichtet sind; daß die regste Theilnahme daran eine Frage der Ehre für die deutsche Industrie ist; wogegen das Zurückbleiben wichtiger Gewerbzweige, oder die Lauheit einzelner Theile Deutschlands, zu Angriffen auf die Industrie unseres Vaterlandes tausendfache Gelegenheit darbieten würde.

Zur Aufnahme der Gewerbe-Ausstellung ist von des Königs Majestät das Königliche Zeughaus dargeboten worden, eins der schönsten Gebäude Berlins, dessen Räume mit den Erinnerungen einer großen Vergangenheit geschmückt sind. Es bildet ein Quadrat von 290 Fuß langen Seiten, mit einem inneren Hofe von 118 Fuß Durchmesser und besteht aus zwei zur Benutzung eingeräumten Stockwerken. Jede Seite dieses feuerfesten, hohen, hellen und trocknen Raums, hat neunzehn breite Fenster, und es möchte kaum ein Bau gedacht werden können, welcher zu dem vorliegenden Zwecke mehr Vortheile darböte. — Unter Bezugnahme auf die früheren Bekanntmachungen wird ferner bemerklich gemacht, daß bereits die Preußische und mehrere andere Bundesregierungen sich bereit erklärt haben, die sämmtlichen Kosten des Her- und Rücktransports zu tragen. Was sodann die Entschädigung für Zerbrechen, Zerreißen oder sonstige äußere Beschädigungen betrifft, welche sorgfältiger Beaufsichtigung unerachtet bei den ausgestellten Gegenständen vorkommen könnten; so liegt es in der Absicht, in den Fällen, in welchen erhebliche Gründe der Billigkeit für eine solche Ersatzleistung sprechen, dieselben eben so wenig zu versagen, wie dies bei den früheren Gewerbe-Ausstellungen in Berlin geschehen ist. Bei der demnächst stattfindenden Berichterstattung über die Resultate der Prüfung wird sorgfältig Alles vermieden werden, was den Ausstellern zum Nachtheil gereichen könnte; wie denn überhaupt es sich von selbst versteht, daß wir von den uns gemachten Mittheilungen nur den vorsichtigsten Gebrauch machen. Dagegen hoffen wir, daß der deutsche Gewerbstand uns hinreichendes Vertrauen schenken werde, um die eingesendeten Gegenstände mit allen denjenigen Nachrichten (Fabrikpreis, Ursprung des Rohstoffes u. s. w.) zu begleiten, welche zur Beurtheilung der Tüchtigkeit und Preiswürdigkeit eines Fabrikats unentbehrlich sind. Sollte daneben der Wunsch geäußert werden, dergleichen Notizen nicht zu veröffentlichen, so wird danach gewissenhaft verfahren; wer aber die zur Beurtheilung erforderlichen Daten nicht mittheilt, verzichtet dadurch auf die Beurtheilung seiner Erzeugnisse. Der Verkauf der ausgestellten Gegenstände ist gestattet, deren Auslieferung dann nach dem Schlusse der Ausstellung erfolgt. Die für die Ausstellung bestimmten Sendungen müssen so zeitig gemacht werden, daß sie spätestens bis zum 22. Juli d. J. hier eintreffen. Es wird wohl kaum erforderlich sein, auch den Staats- und Gemeinde-Behörden, so wie allen Freunden des deutschen Gewerbewesens dieses gemeinnützige Unternehmen recht angelegentlich zu empfehlen. Die allgemeine Theilnahme des Gewerbstandes wird großentheils davon abhängen, daß die Behörden und die Beförderer des Gewerbfleißes ihre Bekanntschaft, ihren Einfluß zu Gunsten desselben verwenden. Diejenigen öffentlichen Blätter endlich, welche durch ein Versehen um Aufnahme dieser Bekanntmachung nicht besonders ersucht sein sollten, bitten wir zur Verbreitung derselben in ihrem Kreise mitzuwirken.

Wir glauben das uns anvertraute schwierige Werk mit der festen Ueberzeugung beginnen zu dürfen, daß der deutsche Gewerbstand einem Unternehmen seine kräftige Mitwirkung nicht versagen kann, welches zum Nutzen des Vaterlandes begonnen ist und zu Ehren des Gewerbfleißes durchgeführt werden muß.

Berlin, den 15. Mai 1844.

Kommission für die Gewerbe-Ausstellung in Berlin.

•

Potsdam, den 31. Mai 1844.

Vorstehendes wird im Verfolg der Bekanntmachungen vom 16. Februar, 25. April und 8. und 24. Mai d. J. (Amtsblatt Seite 33, 106, 121 und 144) hierdurch zur öffentlichen Kenntniß gebracht.

Königl. Regierung. Abtheilung des Innern.

─────────────────

№ 133.
Kreis-Jagd-Theilungs-Kommission für den Templiner Kreis.
I. 2021. Mai.

Potsdam, den 31. Mai 1844.

Für den Templiner Kreis sind nach Vorschrift des § 2 der Verordnung vom 7. März v. J. über die Ausführung der Koppeljagd-Theilungen (Amtsblatt de 1843 Seite 115):

1) der Kammergerichts-Assessor, Stadtrichter Koch zu Templin,
2) der Landrath von Haas,
3) der Graf von Saldern-Ahlimb auf Ringenwalde,
   als Mitglieder der zu konstituirenden Kreis-Jagdtheilungs-Kommission,
4) der Justitiarius Quehl zu Boizenburg,
5) der Baron von Hertefeldt auf Liebenberg, und
6) der Kreis-Deputirte von Arnim auf Millmersdorff,
   als deren Stellvertreter

gewählt und bestätigt worden, was hierdurch zur öffentlichen Kenntniß gebracht wird.

Königl. Regierung. Abtheilung des Innern.

─────────────────

№ 134.
Erleichterungen in der Bereitung des Biers zum eigenen Bedarf betreffend.
IV. I. 964.
April.

Potsdam, den 24. Mai 1844.

Um denjenigen Landwirthen, welche von der gesetzlichen Verstattung Gebrauch machen, den Haustrunk zum eigenen Bedarf in gewöhnlichen Kochkesseln steuerfrei zu bereiten, eine Erleichterung zu Theil werden zu lassen, ist höhern Orts nachgelassen worden, daß künftig auch eingemauerte Kessel zu solchem Zweck verwendet werden können, und wird das bisherige Formular zu den Anmeldungsscheinen hiernach angemessen abgeändert werden.

Indem wir dies hierdurch zur öffentlichen Kenntniß bringen, machen wir zugleich auf den § 20 des Gesetzes vom 8. Februar 1819 wegen Besteuerung des inländischen Braumalzes x., wonach die Firirung der Braumalzsteuer, namentlich in Brauanlagen, welche lediglich zum Bedarf ihres Hausstandes brauen wollen, für zulässig erklärt worden ist, aufmerksam und bemerken, daß Anträgen solcher Art um die Bereitung des Biers zum eigenen Bedarf möglichst zu befördern, alle thunliche Berücksichtigung zu Theil werden wird.

Königl. Regierung.

Verordnungen und Bekanntmachungen der Behörden der Stadt Berlin.

Nachstehende Bekanntmachung:

№ 41.
Bestimmungen über das öffentliche Baden.

„Um Gefahren für die Badenden selbst und ebenso Verletzungen des öffentlichen Anstandes vorzubeugen, ist es unbedingt verboten, innerhalb der Stadt, mit alleiniger Ausnahme der Benutzung des Unterrichts bei der Schwimm-Anstalt am Schlesischen Thore, frei zu baden. Aus gleichen Gründen ist solches auch außerhalb der Stadt in deren näheren Umgebungen, sowohl des engeren, als weiteren Berliner Polizei-Bezirks im Allgemeinen untersagt, und außer den beiden Privat-Schwimmunterrichts-Anstalten vor dem Unterbaum nur an denjenigen einzelnen Stellen der verschiedenen Wasserläufe erlaubt, welche durch eigene am Ufer errichtete und mit der Aufschrift:

„Badestelle"

versehene Tafeln, deutlich in die Augen fallend, besonders als dazu nutzbar bezeichnet sind. Von den so bezeichneten Stellen befinden sich zwei in der Spree, unfern Stralow am Kreuzbogen und an der Viehtränke bei Treptow, dem Dorfe Stralow gegenüber, eine im Rummelsburger See, neun im Landwehrgraben zwischen dem Halleschen und Cottbusser und zwischen diesem und dem Schlesischen Thore, und eine im Plötzen-See. Wer sie besucht, darf übrigens, wie sich von selbst versteht, auch dort keine Unsittlichkeiten begehen, namentlich nicht entkleidet am Ufer umherlaufen, und bleibt zugleich für jeden, an den benachbarten, nutzbaren Grundstücken und deren Früchten von ihm angerichteten Schaden verhaftet. Jede Uebertretung dieser Vorschriften wird nachdrücklich, und namentlich das Baden an Orten, wo selbiges nicht gestattet ist, mit sofortiger Verhaftung geahndet.

Eltern, Vormünder, Erzieher und Lehrherren sind verpflichtet, mit Achtsamkeit darauf zu halten, daß ihre Kinder, Pflegebefohlenen und Lehrlinge sich dergleichen nicht zu Schulden kommen lassen, und machen sich durch wissentliche Verstattung dazu oder Vernachlässigung der erforderlichen Warnungen selbst straffällig. Diese Festsetzungen werden, als unverändert gültig bleibend, hierdurch wiederholt um so mehr in Erinnerung gebracht, als einige während der letzten Jahre lediglich in Folge der Uebertretung vorgekommene Unglücksfälle die traurige Ueberzeugung gewährt haben, daß dem bestehenden Verbote des Badens an den nicht dazu ausdrücklich bezeichneten Orten häufig noch entgegen gehandelt worden ist und es den Anschein gewinnt, als gelte die Ansicht, daß alle verbotene Orte durch besondere Warnungstafeln, was jedoch durchaus unausführbar sein würde, bezeichnet sein müßten.

Hierbei wird noch besonders darauf aufmerksam gemacht, daß in dem Landwehrgraben, zunächst dem Halleschen Thore bis bei dem Gasbereitungs-Etablissement vorüber, und ebenso in der Panke, zwischen der Chaussee und dem Invalidenhause, wegen der gegenwärtigen stärkeren Bebauung dieser Gegenden, das früher dort erlaubt gewesene Baden jetzt nicht mehr gestattet ist. Zugleich wird ein Jeder gewarnt, bei Benutzung der Badestellen in der Spree, im Rummelsburger und im Plötzen-See, deren durch eingesetzte Pfähle bezeichnete Grenzen im Wasser zu überschreiten, indem sich Jeder, der dagegen handelt, nicht nur der Gefahr des Ertrinkens, sondern auch unangenehmen Maaßregeln, namentlich eventueller Verhaftung aussetzt.

Uebrigens wird noch einem Jeden die Beobachtung der beim Baden erforderlichen Vorsicht, insbesondere der nöthigen Abkühlung vor dem Baden, zur Vermeidung von Schlagflüssen und anderen Erkrankungen, empfohlen.

Berlin, den 17. Juli 1839.

Königl. Gouvernement.   Königl. Polizei-Präsidium."

wird hierdurch in Erinnerung gebracht.

Berlin, den 6. Mai 1844.

Königl. Gouvernement.   Königl. Polizei-Präsidium.

von Lützow.   von Puttkammer.

№ 42.
Nachsuchung der polizeilichen Genehmigung zu Bauten und baulichen Abänderungen.

Nachstehende Bekanntmachung:

„Mit Bezugnahme auf die Bestimmungen des Allgemeinen Landrechts Theil I Titel 8 § 67 seq. werden hierdurch nachstehende nähere Bestimmungen, die Ausführung baulicher Anlagen und Vorrichtungen innerhalb des Verwaltungs-Bezirks des Polizei-Präsidii betreffend, bekannt gemacht.

§ 1. Die Ausführung jeder baulichen Anlage und Vorrichtung muß von dem Polizei-Präsidio genehmigt worden sein, bevor mit derselben begonnen werden darf, insofern nicht deshalb besondere Ausnahmen gestattet sind.

§ 2. Ausgenommen hiervon sind diejenigen Arbeiten, durch welche die innerhalb der Umfassungswände befindlichen baulichen Anlagen und Vorrichtungen, mit Ausschluß der Feuerungs-Anlagen, wieder hergestellt oder verändert werden und also die öffentlichen Interessen nicht gefährdet werden können.

Namentlich bedarf die Ausführung folgender Arbeiten keiner speziellen Genehmigung:

1) die Einlegung und Reparatur der Fußböden, die Anlage von Thüren und Fenstern, welche nicht auf die Straße oder auf benachbarte Grundstücke führen, die Deckung und Reparatur der Dächer, Erhöhung der Schornsteine bis auf 4 Fuß und das Ausweißen und Abputzen der Wände. Sobald jedoch ein Haus an der Straßenfronte abgeputzt werden soll, ist dem Polizei-Kommissarius des Reviers von dem ausführenden Bauhandwerker 24 Stunden vor dem Beginn bei einem Thaler Strafe Anzeige zu machen;

2) die Einziehung einzelner Balken, die Reparatur der Staketen, Gitter und Bretterzäune, die nicht an die Straße grenzen, die Thüren und Fenster der Gewölbe und Schornsteine im Bodenraume und über dem Dache; das Setzen und die Reparatur der Stubenöfen und Kamine, jedoch ohne Anlegung neuer oder Veränderung bestehender Röhren oder Feuerstellen, die Reparatur der Backöfen, Feuerheerde und Feuerstellen der Handwerker, mit gleicher Beschränkung;

3) die Abtragung und Aufführung von Zwischenwänden, ausschließlich der Mittelwände, die Fortschaffung von Feuerstellen, die massive Untermauerung der nicht nach der Straße hin belegenen Schwellen bis unter den Riegel, so wie die Wölbung der Keller ohne Vertiefung der Fundamente.

Dagegen muß die Genehmigung eingeholt werden, namentlich:

1) zur Besetzung jeder alten oder neuen Baustelle mit neuen Gebäuden;

2) zu jedem Wasser- und Mühlenbau, zur Anlegung und Versetzung von Dampfmaschinen, Dampfkesseln und Dampfheizungen;

3.) zu jeder Erhöhung bestehender Gebäude, Erneuerung oder Veränderung der Umfassungsmauern, Mittelwände und Dachstühle; Anlegung, Verlegung und Veränderung der Blitzableiter, Gallerie und bedeckter Gänge der Feuerstellen, Schornsteinröhren und Schornsteine, insbesondere zur Aufsetzung eiserner Röhren;

4) zur Ausführung, Wiederherstellung oder Veränderung jeder baulichen Anlage und Vorrichtung an der Straßenfronte der Gebäude, den Brandmauern an der nachbarlichen Grenze, auf dem Bürgersteige oder dem Straßendamme, so wie zu jeder Veränderung der Façade selbst.

§ 3. Wer mit der Ausführung einer baulichen Anlage beginnt, zu welcher die Genehmigung eingeholt werden muß, bevor dieselbe ertheilt ist; oder wer bei der Ausführung ohne diesfällige ausdrückliche Genehmigung von den Bedingungen abweicht, welche in dem ertheilten Bau-Erlaubnißscheine enthalten sind, verfällt in eine, nach Bewandniß der Umstände zu arbitrirende Geldstrafe von 5 bis 40 Thlrn., oder verhältnißmäßige Gefängnißstrafe. Diese Strafe trifft nicht nur denjenigen Handwerker, welcher den Bau selbstständig ausführt oder ausführen läßt, sondern auch den Bauherrn selbst, insofern derselbe nicht nachzuweisen vermag, daß die Kontravention ohne sein Wissen begangen worden. Außerdem aber hat sich der Letztere selbst beizumessen, wenn die Anlage auf seine

Kosten wieder abgetragen werden muß. Pfuschereien werden nach den bestehenden Bestimmungen noch besonders gerügt.

Berlin, den 9. Februar 1842.

Königl. Gouvernement.　　Königl. Polizei-Präsidium."

wird hierdurch in Erinnerung gebracht.

Berlin, den 20. Mai 1844.

Königl. Gouvernement.　　Königl. Polizei-Präsidium.

von Lützow.　　von Puttkammer.

№ 43.
Schießübungen bei Berlin betreffend.

Die Schießübungen des zweiten Garde-Regiments zu Fuß, des Kaiser Alexander, und des Kaiser Franz Grenadier-Regiments und die der Garde-Kavallerie-Regimenter werden mit dem 1. Juni d. J. auf den Schießständen in der Jungfern- und Hasenheide beginnen. Berlin, den 29. Mai 1844.

Königl. Polizei-Präsidium.

№ 44.
Schießübungen bei Berlin betreffend.

Die Schießübungen des Garde-Ulanen-Regiments beginnen am 4. k. M. auf den Schießständen in der Jungfern- und in der Hasenheide.

Berlin, den 29. Mai 1844.　　Königl. Polizei-Präsidium.

№ 45.
Schießübungen bei Berlin betreffend.

Die Schießübungen des Garde-Dragoner-Regiments beginnen am 3. künftigen Monats auf den Schießständen in der Hasenheide.

Berlin, den 29. Mai 1844.　　Königl. Polizei-Präsidium.

Personalchronik.

Die erledigte Försterstelle zu Scaby im Forstrevier Friedersdorff ist dem bisherigen stationairen Hülfsaufseher Rollwagen zu Ahrensdorf im Forstrevier Potsdam übertragen worden.

Der zeitherige Registrator des Kuratoriums für die Krankenhaus- und Thierarznei-Schul-Angelegenheiten, Friedrich Wilhelm August Müller, ist zum Kontroleur der Charité-Haus-Kasse ernannt worden.

Vermischte Nachrichten.

Wegen des Neubaues der am Ausgange der Stadt Biesenthal über den Kietzmühlen-Freigraben führenden Brücke wird die Passage über dieselbe in der Zeit vom 10. bis 20. Juni d. J. gesperrt sein, weshalb diejenigen, welche von Biesenthal auf der Straße nach Hellmühle, Lanke, Prenden und Sophienthal nach diesen und den weiterhin belegenen Ortschaften reisen wollen, ihren Weg nicht durch die Stadt Biesenthal, sondern über die Wehrmühle zu nehmen haben.

Potsdam, den 29. Mai 1844.

Königl. Regierung. Abtheilung des Innern.

(Hierbei ein öffentlicher Anzeiger.)

251

Amtsblatt
der Königlichen Regierung zu Potsdam
und der Stadt Berlin.

Stück 24. Den 14. Juni. **1844.**

Allgemeine Gesetzsammlung.

Das diesjährige 13te Stück der Allgemeinen Gesetzsammlung enthält:

№ 2445. Allerhöchste Kabinetsordre vom 10. Mai 1844, betreffend die Erweiterung der Befugniß der Chef-Präsidenten der Landes-Justiz-Kollegien hinsichtlich der Anstellung der Subalternen bei den Ober- und Untergerichten.

№ 2446. Allerhöchste Kabinetsordre vom 13. Mai 1844, betreffend das Aufgebot verlorner Instrumente über Ansprüche und Forderungen, welche in den bei dem Brande der Stadt Loslau im Jahre 1822 untergegangenen Hypothekenbüchern des Stadtgerichts zu Loslau sich eingetragen befanden.

№ 2447. Verordnung, die Eröffnung von Aktienzeichnungen für Eisenbahn-Unternehmungen und den Verkehr mit den dafür ausgegebenen Papieren betreffend. Vom 24. Mai 1844.

Verordnungen und Bekanntmachungen
für den Regierungsbezirk Potsdam und für die Stadt Berlin.

№ 135.
Gewerbe-Ausstellung in Berlin.
f. 453. Juni.

Für diejenigen Industrie-Erzeugnisse der deutschen Bundesstaaten, so wie auch des Königreichs Preußen und des Großherzogthums Posen, welche zu der am 15. August d. J. zu eröffnenden Gewerbe-Ausstellung, nach geschehener Anmeldung, an die Kommission für die Gewerbe-Ausstellung in Berlin eingesendet werden, ist die Portofreiheit auf den Preußischen Posten bis zum Gewichte von vierzig Pfunden gewährt. Derartige Sendungen sind von dem Absender mit seiner Namens-Unterschrift und mit der Rubrik: „Gegenstände der Gewerbe-Ausstellung in Berlin" zu bezeichnen. Bei den Rücksendungen wird die Rubrik durch ein amtliches Siegel beglaubigt werden. Es wird empfohlen, Sendungen, welche den vorbezeichneten Gewichtsatz nicht übersteigen, in der angegebenen Weise an die Kommission für die Gewerbe-Ausstellung zu befördern.

Berlin, den 2. Juni 1844.

Der Finanz-Minister.

Flottwell.

Potsdam, den 10. Juni 1844.

Vorstehendes Publikandum wird hierdurch in Gemäßheit des Rescripts des Herrn Finanz-Ministers Excellenz vom 2. d. M., in Verfolg der Bekannt-

№ 136.

Nachweisung sämmtlicher in den Städten des in welchen Getreidemärkte abgehalten werden, stattgefundenen Getreide-

Laufende Nr.	Namen der Städte.	Der Scheffel															Der Zentner Heu.		
		Weizen.			Roggen.			Gerste.			Hafer.			Erbsen.					
		Rthl	Gr	Pf	Rthl	Gr	Pf	Rthl	Gr	Pf	Rthl	Gr	Pf	Rthl	Gr	Pf	Rthl	Gr	Pf
1	Beeskow	2	2	9	1	2	10	1	—	—	—	21	11	1	12	2	—	—	—
2	Brandenburg	1	22	3	1	5	10	—	25	9	—	22	9	1	20	—	—	18	9
3	Dahme	1	20	5	1	1	2	—	28	6	—	20	6	1	20	—	—	21	2
4	Havelberg	1	24	1	1	4	11	1	—	—	—	21	10						
5	Jüterbogk	1	24	3	1	2	2	—	27	—	—	22	6						
6	Luckenwalde	1	25	7	1	5	3	—	28	1	—	24	2	1	16	1			
7	Neustadt-Ebersw.	2	2	5	1	7	11	1	—	10	—	22	9	1	10		—	25	
8	Oranienburg	2	5	—	1	8	9	1	2	6	—	23	9				—	25	
9	Perleberg	1	22	11	1	3	3	—	27	2	—	25	—				—	17	6
10	Potsdam	1	25	6	1	9	7	1	3	11	—	24	5	1	11	8	—	20	9
11	Prenzlow	1	24	6	1	6	10	—	25	7	—	19	11	1	6	9	—	15	
12	Rathenow	1	21	2	1	6	4	1	—	—	—	21	6				—	12	6
13	Neu-Ruppin	1	20	8	1	5	6	—	27	—	—	20	6	1	9	—	—	15	
14	Schwedt	1	28	4	1	8	5	1	1	4	—	20	7	1	9	9			
15	Spandow	1	20	2	1	8	—	—	26	2	—	23	5	1	14	—			
16	Strausberg				1	8	8	—	27	2	—	21	4	1	11	11			
17	Templin	2	3	—	1	10	—	—	25	—	—	18	—	1	5		—	12	6
18	Treuenbrietzen	1	23	3	1	3	9	—	27	7	—	22	1	1	20	—			
19	Wittstock	1	24	1	1	6	1	—	28	5	—	20	6	1	10	11	—	12	8
20	Wrietzen a. d. O.	1	19	9	1	5	10	—	27	—	—	20	—	1	12	6			

machungen vom 16. Februar, 25. April, 8. Mai, 24. Mai und 31. Mai b. J. (Amtsblatt № 35, 93, 106, 120 und 132) zur öffentlichen Kenntniß gebracht.

Königl. Regierung. Abtheilung des Innern.

Bezirks der Königlichen Regierung zu Potsdam, und Viktualien-Durchschnitts-Marktpreise pro Mai 1844.

Das Schock Stroh.			Der Scheffel Kartoffeln.			Das Pfund									Das Quart									Die Metze				
						RoggenBrod.		Rindfleisch.		Butter.		Braunbier.		Weißbier.		Branntwein.		Graupe.		Grütze.	
Rth.	Gr.	₰	Rth.	Gr.	₰	Gr.	₰	Gr.	₰	Gr.	₰	Gr.	₰	Gr.	₰	Gr.	₰	Gr.	₰	Gr.	₰
4	10	—	—	10	11	—	10	2	6	7	—	1	—	1	—	4	—	5	—	5	—
5	—	—	—	13	11	1	2	3	—	8	—	1	1	2	3	6	13	—	7	—
5	7	6	—	11	3	—	8	2	6	5	6	1	3	1	6	2	9	5	—	6	9
—	—	—	—	10	—	—	8	2	6	6	—	1	—	1	—	3	9	12	—	8	—
5	—	7	—	12	6	—	9	2	6	6	—	1	3	2	—	3	—	7	—	6	—
4	25	—	—	14	2	—	9	2	6	6	—	—	9	1	—	4	—	15	—	5	—
5	15	—	—	10	—	—	11	2	6	7	—	1	3	1	6	2	—	8	—	6	—
6	15	—	—	17	3	1	—	3	—	7	—	1	—	1	6	2	6	10	—	7	6
4	15	—	—	10	5	1	—	2	6	6	—	1	—	1	—	4	—	8	—	6	—
5	12	3	—	15	5	1	—	3	6	7	—	1	3	1	6	3	6	12	—	7	—
10	—	—	—	8	9	1	2	3	—	7	6	1	—	1	—	4	—	28	—	10	—
2	20	—	—	10	11	—	10	3	—	7	6	1	3	1	6	4	—	6	—	6	6
6	—	—	—	9	6	1,	4	3	—	5	6	1	—	1	3	2	9	11	—	5	6
—	—	—	—	10	—	—	—	—	—	7	6	—	—	—	—	—	—	10	—	11	—
—	—	—	—	14	—	1	—	3	—	7	—	1	3	2	—	4	—	—	—	—	—
—	—	—	—	10	2	—	—	2	—	7	—	—	—	—	—	—	—	9	10	4	—
5	22	6	—	10	—	—	10	2	6	8	—	1	—	1	6	2	—	10	—	6	—
—	—	—	—	12	6	—	9	2	6	5	6	1	—	1	6	3	6	8	—	6	—
4	13	2	—	10	2	—	11	3	—	6	—	2	—	2	—	3	—	7	6	5	—
—	—	—	—	10	—	1	—	2	6	6	2	1	—	1	3	2	6	9	—	8	6

Potsdam, den 11. Juni. 1844.

№ 137.
Berliner
Marktpreise
pro Mai 1844.
I. 700. Juni.

Die Durchschnittspreise der verschiedenen Getreidearten, der Erbsen und der rauhen Fourage ꝛc. haben auf dem Markte zu Berlin im Monat Mai d. J. betragen:

	Thaler	Sgr.	Pf.
für den Scheffel Weizen 1	Thaler	28	1 Pf.,
für den Scheffel Roggen 1	⸗	5	8 ⸗
für den Scheffel große Gerste .... —	⸗	29	4 ⸗
für den Scheffel kleine Gerste .... —	⸗	28	7 ⸗
für den Scheffel Hafer .... —	⸗	22	4 ⸗
für den Scheffel Erbsen 1	⸗	6	6 ⸗
für den Zentner Heu .... —	⸗	28	9 ⸗
für das Schock Stroh 6	⸗	9	8 ⸗
für den Zentner Hopfen 10	⸗	—	— ⸗
die Tonne Weißbier kostete 4	⸗	—	— ⸗
die Tonne Braunbier kostete 3	⸗	25	— ⸗
das Quart doppelter Kornbranntwein kostete —	⸗	4	— ⸗
das Quart einfacher Kornbranntwein kostete —	⸗	2	3 ⸗

Königl. Regierung. Abtheilung des Innern.

Verordnungen und Bekanntmachungen,
welche den Regierungsbezirk Potsdam ausschließlich betreffen.

№ 138.
Ankauf der
Remonte-
pferde für die
Armee.
J. 1744. April.

Zum Ankaufe von Remonten, im Alter von drei bis einschließlich sechs Jahren, sind in diesem Jahre im Bezirk der Königl. Regierung zu Potsdam und den angrenzenden Bereichen nachstehende, früh Morgens beginnende Märkte angesetzt worden, und zwar:

den 25. Mai in Luckau,	den 5. Juli in Wittstock,
⸗ 28. ⸗ ⸗ Pretzsch,	⸗ 6. ⸗ ⸗ Wusterhausen,
⸗ 24. Juni ⸗ Stendal,	⸗ 8. ⸗ ⸗ Gransee,
⸗ 26. ⸗ ⸗ Havelberg,	⸗ 16. ⸗ ⸗ Nauen,
⸗ 27. ⸗ ⸗ Seehausen,	⸗ 20. ⸗ ⸗ Frankfurt a. d. O.,
⸗ 29. ⸗ ⸗ Lenzen,	⸗ 2. Aug. ⸗ Strasburg,
⸗ 1. Juli ⸗ Perleberg,	⸗ 3. ⸗ ⸗ Prenzlow,
⸗ 3. ⸗ ⸗ Wilsnack,	⸗ 5. ⸗ ⸗ Angermünde,
⸗ 4. ⸗ ⸗ Prizwalk,	⸗ 7. ⸗ ⸗ Königsberg i. d. N.

Mit Ausnahme der beiden Märkte in Gransee und Nauen werden die erkauften Pferde zur Stelle abgenommen und von der Militair-Kommission sofort baar bezahlt.

Die Verkäufer an den vorgenannten beiden Orten dagegen werden ersucht, die behandelten Pferde in das nahe belegene Remonte-Depot Bärenklau auf eigene Kosten einzuliefern, und daselbst nach fehlerfreier Uebergabe der Pferde das Kaufgeld in Empfang zu nehmen.

Die erforderlichen Eigenschaften eines Remontepferdes werden als hinlänglich bekannt vorausgesetzt und zur Warnung der Verkäufer nur wiederholt bemerkt, daß außer solchen Pferden, deren hinterher sich etwa ergebende Fehler den Kauf schon gesetzlich rückgängig machen, auch noch diejenigen einer gleichen Maaßregel auf Kosten des Verkäufers unterworfen sind, welche sich als Krippensetzer ergeben sollten.

Mit jedem Pferde müssen unentgeldlich eine neue starke lederne Trense, eine Gurthalfter und zwei hanfene Stricke übergeben werden.

Berlin, den 14. März 1844. **Kriegs-Ministerium.**
Abtheilung für das Remontewesen.

Potsdam, den 28. April 1844.

Vorstehende Bekanntmachung wird hierdurch zur Kenntniß des Publikums gebracht.

Königl. Regierung. Abtheilung des Innern.

Potsdam, den 6. Juni 1844.

Der Kaufmann Johann Friedrich Abt zu Perleberg ist als Agent der Kurhessischen allgemeinen Hagelversicherungs-Gesellschaft zu Cassel für den diesseitigen Regierungsbezirk bestätigt worden.

Königl. Regierung. Abtheilung des Innern.

№ 139.
Agentur-Bestätigung.
I. 228. Juni.

Verordnungen und Bekanntmachungen des Königl. Kammergerichts.

Sämmtliche Untergerichte unsers Departements werden an die genaue Befolgung unserer Verfügungen vom 13. Januar 1840 (Amtsblatt 1840 № 7), 15. April 1841 (Amtsblatt 1841 № 13), 11. April 1842 (Amtsblatt 1842 № 11) und 8. Juni 1843 (Amtsblatt 1843 № 12) erinnert und insbesondere angewiesen:

a) bei Mittheilung der Erkenntnißformel an die Direktionen der Strafanstalten die Angabe des Datums des Erkenntnisses nicht außer Acht zu lassen,

b) den Ueberweisungsberichten ein vollständiges Signalement und richtiges Kleiderverzeichniß beizufügen,

c) auch darin anzuzeigen, ob von Seiten der Anstalt eine in dem Erkenntnisse festgesetzte Züchtigung zu vollstrecken, oder ob dies schon geschehen sei.

Die Nichtbeachtung dieser Vorschriften wird unnachsichtlich mit Ordnungsstrafen geahndet werden. Berlin, den 20. Mai 1844.

Königl. Preuß. Kammergericht.

№ 5.
Mittheilung der Erkenntnisse Seitens der Untergerichte an die Direktionen der Strafanstalten.

Verordnungen und Bekanntmachungen der Behörden der Stadt Berlin.

№ 46.
Agentur-Bestätigung.

Der bisherige Agent der Feuerversicherungs-Gesellschaft Borussia zu Königsberg in Preußen, Kaufmann A. W. Amberg hierselbst, hat als solcher zu fungiren aufgehört, und an seiner Stelle sind die Kaufleute Hartz & Krug, hierselbst in der Alexanderstraße № 70 wohnhaft, als Agenten der gedachten Gesellschaft bestätigt worden.

Dies wird auf Grund des § 12 des Gesetzes vom 8. Mai 1837 hiermit zur öffentlichen Kenntniß gebracht.

Berlin, den 31. Mai 1844.

Königl. Polizei-Präsidium.

Personalchronik.

Der Pensionair-Arzt, Doktor der Medizin und Chirurgie Herrmann Benzler zu Berlin ist als praktischer Arzt, Operateur und Geburtshelfer, und der Doktor der Medizin und Chirurgie Julius Thätz zu Rüdersdorfer Kalkberge ist als praktischer Arzt und Wundarzt in den Königlichen Landen approbirt und vereidigt worden.

Vermischte Nachrichten.

Wegen Herstellung der sogenannten Zollbrücke bei der Stadt Buchholz im Beeskow-Storkowschen Kreise, auf dem Wege nach Berlin über das Dahmefließ, wird diese Brücke in der Zeit vom 17. bis 29. d. M. für alles Fuhrwerk gesperrt sein, und haben die Reisenden während dieser Zeit ihren Weg über den sogenannten Kuhdamm bei Buchholz zu nehmen.

Potsdam, den 7. Juni 1844.

Königl. Regierung. Abtheilung des Innern.

Geschenke an Kirchen.

Die Frau Baronin von Bredow geb. von Spittal zu Wagenitz, hat zur Ausschmückung des Altars in der Kirche daselbst, für ein Oelgemälde gesorgt, welches nach einem in der Dresdener Gallerie befindlichen Original gezeichnet ist, Christum darstellend, wie er Kelch und Brod segnet. Außerdem hat die Frau Geberin Kanzel und Altar, erstere mit Goldleisten, letzteres mit einer Bedeckung geschmückt.

(Hierbei ein öffentlicher Anzeiger.)

Amtsblatt
der Königlichen Regierung zu Potsdam und der Stadt Berlin.

Stück 25.   Den 21. Juni.   **1844.**

Allgemeine Gesetzsammlung.

Das diesjährige 14te Stück der Allgemeinen Gesetzsammlung enthält:

№ 2448. Allerhöchste Kabinetsordre vom 12. April 1844, die Kompetenz der Gerichte in den von den Auseinandersetzungs-Behörden in erster Instanz entschiedenen Rechtsstreitigkeiten betreffend: als Deklaration des § 9 der Verordnung vom 30. Juni 1834, wegen des Geschäftsbetriebes bei Gemeinheitstheilungs-Angelegenheiten.

№ 2449. Allerhöchste Kabinetsordre vom 19. April 1844, den Tarif zur Erhebung der Hafengelder, der Abgaben für die Benutzung besonderer Anstalten und der Gebühren für gewisse Leistungen in dem Hafen von Memel betreffend.

Das diesjährige 15te Stück der Allgemeinen Gesetzsammlung enthält:

№ 2450. Konzessions- und Bestätigungs-Urkunde für die Wilhelms-Bahngesellschaft. Vom 10. Mai 1844.

Verordnungen und Bekanntmachungen für den Regierungsbezirk Potsdam und für die Stadt Berlin.

№ 140. Versendung von Päckereien nach Rußland durch die Post. I. 998. Juni.

Das korrespondirende Publikum wird in Bezug auf die Versendung von Päckereien nach Rußland darauf aufmerksam gemacht, daß bei der häufigen Aenderung der Vorschriften in Bezug auf die Erlaubniß, Gegenstände aus dem Auslande in Rußland einzuführen, jeder Absender vor der Absendung zuverlässige Erkundigung darüber einziehen muß, ob die nach Rußland zu versendenden Gegenstände dort eingeführt werden dürfen oder nicht.

Die aus der Nichtbeachtung dieser Vorsicht entspringenden nachtheiligen Folgen haben die Absender sich selbst beizumessen. Es kann daher auch die Rückerstattung oder Ermäßigung des Porto für die vergebliche Hin- und Zurücksendung der zur Post gegebenen Gegenstände bis zur Russischen Grenze in dem Falle nicht erfolgen, wenn etwa jenen Gegenständen der Eingang in Rußland versagt werden sollte.

Berlin, den 31. Mai 1844.   General-Post-Amt.

Potsdam, den 16. Juni 1844.

Vorstehende Bekanntmachung des Königl. General-Post-Amts vom 31. v. M. wird hierdurch zur öffentlichen Kenntniß gebracht.

Königl. Regierung. Abtheilung des Innern.

Verordnungen und Bekanntmachungen, welche den Regierungsbezirk Potsdam ausschließlich betreffen.

№ 141.
Wegfangen von Nachtigallen und von Singvögeln überhaupt, auch Ausnehmen der Vogelnester.
I. 637. Juni.

Das bereits unterm 24. April 1798 ergangene Publikandum, wonach Niemand sich unterstehen soll, Nachtigallen im Lande, es sei in Wäldern oder Gärten, zu fangen und zu verkaufen, oder deren Jungen auszunehmen, bei Vermeidung von 5 Thlrn. Geld- oder verhältnißmäßiger Gefängnißstrafe, auch deren Verdoppelung bei wiederholter Uebertretung dieses Verbots, wird hierdurch erneuert, und dahin deklarirt, daß das Einbringen der Nachtigallen vom Auslande nur dann zu gestatten, wenn selbige mit einem Atteste des Gutsbesitzers oder Forstbedienten, der sie von seinem Reviere hat wegfangen lassen, begleitet sind und daß in Ermangelung dieser Legitimation die eingebrachten Nachtigallen konfiszirt werden sollen, wonach sich also Jedermann zu achten hat.   Potsdam, den 6. Mai 1811.

Polizei-Deputation der Kurmärkischen Regierung.

Potsdam, den 14. Juni 1844.

Vorstehende, im Amtsblatt 1811 Seite 31 publizirte Verordnung, wodurch das Einfangen von Nachtigallen und deren unlegitimirter Verkauf bei Vermeidung der bestimmten Strafen verboten ist, wird hierdurch im Verfolg der Bekanntmachung vom 8. Februar 1838 (Amtsblatt 1838 Seite 54) nochmals in Erinnerung gebracht, und den Polizeibehörden bei der wahrgenommenen Verminderung der Nachtigallen im Freien, die genaueste Beachtung und Befolgung der obigen Verordnung zur besondern Pflicht gemacht.

Die Ermittelung des Fängers wird öfterer als bisher gelingen, wenn zugleich der Nachtigallen-Handel polizeilich überwacht wird, und jeder Inländer, der sich beim Verkauf einer Nachtigall betreten läßt, ohne mit dem Besitz-Nachweis aus dem Auslande versehen zu sein, zu der geordneten Untersuchung und Strafe gezogen wird.

Auch machen wir hierbei auf die von der Disziplinarbehörde des Lehrerstandes erlassene Departements-Verordnung vom 4. August 1827 (Amtsblatt Seite 145) aufmerksam, wonach die Schulvorstände und Schullehrer dem muthwilligen Unfug, welcher häufig von der Jugend durch Wegfangen der Singvögel und Ausnehmen der Vogelnester getrieben wird, durch Belehrung, Warnung und Aufsicht entgegen wirken sollen; kann die Schule diesem nicht zu duldenden Unfug keinen Einhalt thun, so haben die Polizeibehörden davon Kenntniß zu nehmen, und Zuwiderhandlungen der Schulknaben als öffentliche Ungebührnisse und Unsittlichkeiten nach unserer Bekanntmachung vom 23. Dezember 1835 (Amtsblatt 1836 Seite 2) mit der geeigneten Polizeistrafe zu belegen.

Königl. Regierung. Abtheilung des Innern.

Potsdam, den 10. Juni 1844.

№ 142.
Ansiedelungen in der Stadt Zinna.
I. 2228. Mai.

Zur angemessenen Beschränkung neuer Ansiedelungen in der Stadt Zinna, Jüterbogk-Luckenwaldeschen Kreises, wird hierdurch von der unterzeichneten Regierung, in Gemäßheit einer Allerhöchsten Kabinetsordre vom 31. März und eines Erlasses des Königl. Ministeriums des Innern vom 22. April d. J., folgende Polizei-Verordnung über die künftig bei Niederlassungen zu Zinna in Anwendung zu bringenden Vorschriften bekannt gemacht, zu deren Ausführung und Befolgung der Landrath Hauschteck zu Jüterbogk und der Magistrat zu Zinna mit weiterer Anweisung versehen sind.

§ 1. Es ist keiner Familie oder einzelnen Personen ohne schriftliche Erlaubniß des Landraths Jüterbogk-Luckenwaldeschen Kreises gestattet, nach Zinna zu ziehen und dort ihren Wohnsitz zu nehmen.

§ 2. Diese Erlaubniß, über welche zuvörderst auch der Magistrat zu Zinna zu hören ist, darf nur dann ertheilt werden, wenn derjenige, welcher sich in Zinna niederzulassen beabsichtigt:

a) durch vollgültige Zeugnisse sich über die Unbescholtenheit seines bisherigen Lebenswandels ausweiset, und

b) die Existenz hinreichender Subsistenzmittel darthut, zu welchem Behuf aber Arbeitskräfte und Fähigkeiten nicht allein genügen, sondern außerdem noch eine aufs Strengste anzustellende Prüfung darüber erforderlich ist, daß diese Eigenschaften auch von der nöthigen Arbeitslust unterstützt werden, und daß von ihnen bisher ein gehöriger untadelhafter Gebrauch gemacht worden, so wie, daß Aussicht vorhanden ist, der Ankömmling werde der Beschaffenheit seiner Arbeitsgattung nach, hinreichende Mittel zu seinem und seiner Familie Unterhalt gewinnen.

§ 3. Bei Uebertretungen der Vorschrift im § 1 sind die ohne Erlaubniß eingedrungenen Personen durch Zwangsmaßregeln zu entfernen, die Hauswirthe aber, welche sie aufgenommen haben, mit einer Polizeistrafe von 1 bis 5 Thlrn. oder verhältnißmäßigem Arrest zu belegen.

Königl. Regierung. Abtheilung des Innern.

Potsdam, den 15. Juni 1844.

№ 143.
Prüfungs-Kommission für Bauhandwerker in Gransee.
I. 320. Juni.

Mit Bezug auf die in Amtsblatt pro 1820. Pag. 270 und pro 1832 Pag. 143 enthaltenen Bekanntmachungen, die Prüfungs-Kommissionen der Bauhandwerker des diesseitigen Verwaltungsbezirks betreffend, wird das Publikum hiermit in Kenntniß gesetzt, daß die bisher in Zehdenick bestandene Prüfungs-Kommission am 30. v. M. nach Gransee, als dem jetzigen Wohnort des Bezirks-Baubeamten des 7ten Baukreises, verlegt und daselbst installirt worden ist.

Die Vorsteher derselben sind gegenwärtig:

der Bau-Inspektor Treplin und

der Bürgermeister Voigt.

Als Mitglieder sind ernannt und eingeführt:
der Maurermeister Seifert aus Gransee,
  *   *   Gülzow jun. aus Zehdenick,
  *   *   Tramniz aus Neu-Ruppin,
  *   Zimmermeister Müller aus Liebenwalde,
  *   *   Heubel jun. aus Zehdenick, und
  *   *   Klagemann aus Gransee.
        Königl. Regierung. Abtheilung des Innern.

№ 144.
Erhebung der Gefälle und Ausübung der Polizei des vom Königl. Fiskus angekauften Ritterguts Gühlen-Glienicke und ehemaligen Glashütten-Etablissements Baßdorf.
III. 971. April.

Potsdam, den 13. Juni 1844.

Nachdem das Rittergut Gühlen-Glienicke und das ehemalige Glashütten-Etablissement Baßdorf in den Besitz des Königlichen Fiskus übergegangen sind, haben wir dem Königlichen Domainenamte Zechlin die Erhebung der an diese Güter von den dazu gehörigen Kolonistenstellen zu entrichtenden Abgaben und die Ausübung der dem Rittergute beiwohnenden Polizei übertragen.

        Königl. Regierung.
Abtheilung für die Verwaltung der direkten Steuern, Domainen und Forsten.

№ 145.
Agentur-Bestätigung.
I. 527. Juni.

Potsdam, den 10. Juni 1844.

Der Privat-Aktuarius Kohnheim zu Alt-Landsberg ist als Agent der Kurhessischen allgemeinen Hagel-Versicherungsgesellschaft zu Cassel für den diesseitigen Regierungsbezirk bestätigt worden.
        Königl. Regierung. Abtheilung des Innern.

№ 146.
Agentur-Niederlegung.
I. 482. Juni.

Potsdam, den 12. Juni 1844.

Der Partikulier Louis Ferdinand Sittig in Rathenow hat die ihm bisher übertragen gewesene Agentur der Aachen-Münchener Feuer-Versicherungsgesellschaft für die Stadt Rathenow und Umgegend niedergelegt, was auf Grund des § 12 des Gesetzes vom 8. Mai 1837 hierdurch zur öffentlichen Kenntniß gebracht wird.
        Königl. Regierung. Abtheilung des Innern.

№ 147.
Agentur-Bestätigung.
I. 482. Juni.

Potsdam, den 12. Juni 1844.

Auf Grund des § 12 des Gesetzes vom 8. Mai 1837 wird hierdurch zur öffentlichen Kenntniß gebracht, daß der Apotheker Ferdinand Freitag zu Rathenow als Agent der Berlinschen Feuer-Versicherungsanstalt für die Stadt Rathenow und Umgegend bestätigt worden ist.
        Königl. Regierung. Abtheilung des Innern.

№ 148.
Agentur-Bestätigung.
I. 712. Juni.

Potsdam, den 13. Juni 1844.

Der Kämmerer Gerloff zu Beelitz ist als Agent der Kurhessischen allgemeinen Hagel-Versicherungsgesellschaft zu Cassel für den diesseitigen Regierungsbezirk bestätigt worden.   Königl. Regierung. Abtheilung des Innern.

Potsdam, den 13. Juni 1844.

№ 149.
Agentur-
Niederlegung.
I. 418. Juni.

Auf Grund des § 12 des Gesetzes vom 8. Mai 1837 wird hiermit zur öffentlichen Kenntniß gebracht, daß der Agent (Spezial-Direktor) der Schwedter Hagelschaden- und Mobiliar-Brandversicherungsgesellschaft für den Osthavelländischen Kreis, Gutsbesitzer von Bredow auf Markee, die beregte ihm übertragen gewesene Agentur mit dem 1. d. M. niedergelegt hat.

Königl. Regierung. Abtheilung des Innern.

Verordnungen und Bekanntmachungen der Behörden der Stadt Berlin.

№ 47.
Agentur-
Niederlegung.

Mit Bezugnahme auf die Bekanntmachung vom 8. November 1838 wird hiermit zur öffentlichen Kenntniß gebracht, daß der Kaufmann Gustav Fesca hierselbst die ihm übertragen gewesene Agentur der Aachen-Münchener Feuer-Versicherungs-Gesellschaft niedergelegt hat.   Berlin, den 29. Mai 1844.

Königl. Polizei-Präsidium.

№ 48.
Die durch
die Herren
Aerzte, Wund-
ärzte, Apothe-
ker und Thier-
ärzte einzu-
reichenden
resp. Sani-
täts-, Impf-
und Veteri-
nairberichte
betreffend.

Den hiesigen Herren Aerzten, Wundärzten und Apothekern wird, hinsichtlich der von ihnen einzureichenden Sanitäts- und Impfberichte, so wie den Herren Thierärzten, in Betreff der von ihnen zu erstattenden Veterinairberichte, Nachstehendes bekannt gemacht, resp. in Erinnerung gebracht.

I. In Gemäßheit der Zirkular-Verfügung des Königl. Ministerii der geistlichen, Unterrichts- und Medizinal-Angelegenheiten vom 3. Juli 1829 ist jede in Berlin Praxis treibende Medizinalperson, möge dieselbe als Beamter angestellt sein oder nicht, verpflichtet, ihre Beiträge zu den Medizinalberichten vierteljährlich an das Polizei-Präsidium hierselbst einzusenden.   Die Einsendung dieser Berichte muß unfehlbar in der ersten Woche der Monate Januar, April, Juli und Oktober eines jeden Jahres erfolgen.   Hinsichtlich der Einrichtung dieser Berichte wird bemerkt:

1) daß numerische Angaben über die Zahl der von jedem Arzte behandelten Kranken nicht erfordert werden;

2) daß der Einfluß der Witterung auf die Krankheits-Konstitutionen zwar anzugeben ist, auch erwartet wird, daß die Aerzte und Physiker fortfahren werden, im eignen Interesse ihrer Wissenschaft und Kunst, meteorologische Beobachtungen mit Sorgsamkeit und Ausdauer anzustellen, daß jedoch auf Einsendung der einzelnen Beobachtungen dieser Art fernerhin nicht bestanden wird; einzelne besonders bemerkenswerthe hierher gehörige Beobachtungen von Seiten der Medizinalpersonen werden indeß nach Verdienst anerkannt werden;

3) daß die Berichte mit den sich von selbst ergebenden Modifikationen für die einzelnen Einsender gleichförmig nach folgendem Schema abgefaßt werden müssen:

A. Witterung, deren Einfluß auf die Gesundheit der Menschen und Thiere im Allgemeinen,

machungen vom 16. Februar, 25. April, 8. Mai, 24. Mai und 31. Mai d. J. (Amtsblatt № 35, 93, 106, 120 und 132) zur öffentlichen Kenntniß gebracht.

Königl. Regierung. Abtheilung des Innern.

Bezirks der Königlichen Regierung zu Potsdam, und Viktualien-Durchschnitts-Marktpreise pro Mai 1844.

Das Schock Stroh (Rthl. Sgr. Pf.)	Der Scheffel Kartoffeln (Rthl. Sgr. Pf.)	Roggen-Brod (Pfd. Sgr. Pf.)	Rindfleisch (Sgr. Pf.)	Butter (Sgr. Pf.)	Braunbier (Quart Sgr. Pf.)	Weißbier (Sgr. Pf.)	Branntwein (Sgr. Pf.)	Graupe (Metze Sgr. Pf.)	Grütze (Sgr. Pf.)
4 10 —	— 10 11	— 10	2 6	7 —	1 —	1 —	4 —	5 —	5 —
5 — —	— 13 11	1 2	3 —	8 —	1 1	1 2	3 6	13 —	7 —
5 7 6	— 11 3	— 8	2 6	5 6	1 3	1 6	2 9	5 —	6 9
— — —	— 10 —	— 8	2 6	6 —	1 —	1 —	3 9	12 —	8 —
5 — 7	— 12 6	— 9	2 6	6 —	1 3	2 —	3 —	7 —	6 —
4 25 —	— 14 2	— 9	2 6	6 —	— 9	1 —	4 —	15 —	5 —
5 15 —	— 10 —	— 11	2 6	7 —	1 3	1 6	2 —	8 —	6 —
6 15 —	— 17 3	1 —	3 —	7 —	1 —	1 6	2 6	10 —	7 6
4 15 —	— 10 5	1 —	2 6	6 —	1 —	1 —	4 —	8 —	6 —
5 12 3	— 15 5	1 —	3 6	7 —	1 3	1 6	3 6	12 —	7 —
10 — —	— 8 9	1 2	3 —	7 6	1 —	1 —	4 —	28 —	10 —
2 20 —	— 10 11	— 10	3 —	7 6	1 3	1 6	4 —	6 —	6 6
6 — —	— 9 6	1 4	3 —	5 6	1 —	1 3	2 9	11 —	5 6
— — —	— 10 —	— —	— —	7 6	— —	— —	— —	10 —	11 —
— — —	— 14 —	1 —	3 —	7 —	1 3	2 —	4 —	— —	— —
— — —	— 10 2	— —	2 —	7 —	— —	— —	— —	9 10	4 —
5 22 6	— 10 —	— 10	2 6	8 —	1 —	1 6	2 —	10 —	6 —
— — —	— 12 6	— 9	2 6	5 6	1 —	1 6	3 6	8 —	6 —
4 13 2	— 10 2	— 11	3 —	6 —	2 —	2 —	3 —	7 6	5 —
— — —	— 10 —	1 —	2 6	6 2	1 —	1 3	2 6	9 —	8 6

Amtsblatt
der Königlichen Regierung zu Potsdam und der Stadt Berlin.

Stück 25.   Den 21. Juni.   **1844.**

Allgemeine Gesetzsammlung.

Das diesjährige 14te Stück der Allgemeinen Gesetzsammlung enthält:

№ 2448. Allerhöchste Kabinetsordre vom 12. April 1844, die Kompetenz der Gerichte in den von den Auseinandersetzungs-Behörden in erster Instanz entschiedenen Rechtsstreitigkeiten betreffend: als Deklaration des § 9 der Verordnung vom 20. Juni 1834, wegen des Geschäftsbetriebes bei Gemeinheitstheilungs-Angelegenheiten.

№ 2449. Allerhöchste Kabinetsordre vom 19. April 1844, den Tarif zur Erhebung der Hafengelder, der Abgaben für die Benutzung besonderer Anstalten und der Gebühren für gewisse Leistungen in dem Hafen von Memel betreffend.

Das diesjährige 15te Stück der Allgemeinen Gesetzsammlung enthält:

№ 2450. Konzessions- und Bestätigungs-Urkunde für die Wilhelms-Bahngesellschaft. Vom 10. Mai 1844.

Verordnungen und Bekanntmachungen
für den Regierungsbezirk Potsdam und für die Stadt Berlin.

№ 140.
Versendung von Päckereien nach Rußland durch die Post.
I. 996. Juni.

Das korrespondirende Publikum wird in Bezug auf die Versendung von Päckereien nach Rußland darauf aufmerksam gemacht, daß bei der häufigen Aenderung der Vorschriften in Bezug auf die Erlaubniß, Gegenstände aus dem Auslande in Rußland einzuführen, jeder Absender vor der Absendung zuverlässige Erkundigung darüber einziehen muß, ob die nach Rußland zu versendenden Gegenstände dort eingeführt werden dürfen oder nicht.

Die aus der Nichtbeachtung dieser Vorsicht entspringenden nachtheiligen Folgen haben die Absender sich selbst beizumessen. Es kann daher auch die Rückerstattung oder Ermäßigung des Porto für die vergebliche Hin- und Zurücksendung der zur Post gegebenen Gegenstände bis zur Russischen Grenze in dem Falle nicht erfolgen, wenn etwa jenen Gegenständen der Eingang in Rußland versagt werden sollte.

Berlin, den 31. Mai 1844.   General-Post-Amt.

B. Allgemeiner Krankheitszustand:
- a) epidemische, endemische, kontagiöse Krankheiten, mit namentlicher Angabe der Verbreitung der Pocken, Syphilis und Krätze;
- b) merkwürdige sporadische Krankheiten;
- c) bemerkenswerthe chirurgische Fälle;
- d) bemerkenswerthe geburtshülfliche Fälle;
- e) merkwürdige Verletzungen und Unglücksfälle, mit namentlicher Berücksichtigung der vorgekommenen Fälle vom Biß toller Hunde.

C. Medizinal-Polizeiwesen:
- a) Armenkrankenpflege, Krankenanstalten;
- b) Irrenhäuser;
- c) Bäder und öffentliche Bade-Anstalten;
- d) Apothekenwesen;
- e) Rettung der Scheintodten;
- f) Maßregeln, die zur Tilgung oder Milderung allgemeiner Krankheitsursachen oder ausgebrochener Krankheiten ergriffen worden, mit besonderer Angabe der Fortschritte der Schutzpocken-Impfung;
- g) Bemerkungen über die Beschaffenheit der Getränke, Nahrungsmittel und Material-Waaren;
- h) Vergehungen gegen die Medizinalgesetze.

D. Gerichtliche medizinische Vorfälle.

E. Wissenschaftliche Medizinal-Angelegenheiten, betreffend medizinische, naturhistorische, chemische, physikalische Entdeckungen; Versuche und Beobachtungen, die für die medizinische Kunst und Wissenschaft ein Interesse haben.

F. Veterinair-Medizin. Gesammtübersicht des hierher Gehörigen; die speziellen Nachweisungen bleiben den besonderen Berichten vorbehalten.

G. Vorschläge zu Abänderungen und Verbesserungen zu einer der obigen Rubriken.

II. Durch die Verfügung des Königl. Ministerii der geistlichen, Unterrichts- und Medizinal-Angelegenheiten vom 10. April 1822, so wie auch durch das Regulativ über die am häufigsten vorkommenden ansteckenden Krankheiten vom 28. Oktober 1835 ist es sämmtlichen approbirten Herren Aerzten und Wundärzten zur Pflicht gemacht, genaue namentliche Listen von den durch sie vorgenommenen Schutzpocken-Impfungen einzureichen. Dieselben müssen, das verflossene Jahr betreffend, unfehlbar bis zum Ende Januar eines jeden Jahres dem Polizei-Präsidium übersandt werden, und jedenfalls außer dem Namen der geimpften Personen, auch deren Alter, so wie die Zeit und den Erfolg der Impfung enthalten.

Die in den benachbarten Dörfern etwa geimpften Personen sind besonders zu bemerken.

Sollten einige der Herren Aerzte gar keine Impfungen vorgenommen haben, so ist auch hierüber eine Benachrichtigung erforderlich; im Fall nicht etwa auf

Grund einer früher abgegebenen Erklärung: „überhaupt nicht impfen zu wollen", eine Dispensation von der Verpflichtung zur Einreichung der Impfberichte ertheilt worden ist.

III. Die hiesigen Thierärzte sind nach den Verfügungen des Königl. Ministerii des Innern und der Polizei vom 18. Februar 1811, wegen vierteljährlicher Einreichung der Sanitätsberichte, so wie des Königl. Ministerii der geistlichen, Unterrichts- und Medizinal-Angelegenheiten vom 6. März 1823, wegen Trennung der Veterinair-Angelegenheiten von den Hauptberichten, verpflichtet, in der ersten Woche eines jeden Quartals einen Veterinair-Bericht über die von ihnen während des leztverflossenen Vierteljahres, behandelten kranken Thiere und die dabei gemachten Beobachtungen dem Polizei-Präsidium einzureichen. Diese Berichte sind nach folgendem Schema einzurichten:

1) Einfluß der Witterung, der Nahrungsmittel und anderer allgemeiner Ursachen auf die Gesundheit der Thiere;
2) Epizootien und Enzootien unter den verschiedenen Arten der Hausthiere;
3) ansteckende Krankheiten, mit besonderer Berücksichtigung der Hundeswuth;
4) sporadische Krankheiten:
    a) der Pferde,
    b) des Rindviehes,
    c) der Hunde,
    d) der übrigen Hausthiere;
5) bemerkenswerthe einzelne Fälle von innerlichen und äußerlichen Krankheiten;
6) Bemerkungen über die in Gebrauch gezogenen Kurmethoden;
7) wissenschaftliche Bemerkungen; Versuche mit neuen Kurmethoden, Arzneimitteln und so weiter;
8) Veterinair-polizeiliche Bemerkungen.

Sämmtliche vorstehend gedachte Berichte sind bei dem Journal der ersten Abtheilung des Polizei-Präsidiums gegen Empfangschein abzugeben.

Eine besondere schriftliche Erinnerung der einzelnen Medizinalpersonen wird zur Verminderung des überhand nehmenden überflüssigen Schreibewerks fernerhin nicht mehr stattfinden; es wird vielmehr gegen die Säumigen die in der Verfügung des Königl. Ministerii der geistlichen, Unterrichts- und Medizinal-Angelegenheiten vom 10. April 1822 bestimmte Ordnungsstrafe von fünf Thalern ohne Weiteres festgesetzt werden.

Diese Bekanntmachung wird hiermit nochmals in Erinnerung gebracht, weil auch jetzt noch mehrere der hiesigen Aerzte, Wundärzte und Apotheker ihre Sanitätsberichte pro Istes Quartal dieses Jahres nicht eingereicht haben; ein noch längeres Säumen wird die Festsetzung der angedrohten Strafe sofort zur Folge haben.

Berlin, den 5. Juni 1844.   Königl. Polizei-Präsidium.

Uebersicht

des Zustandes der Waisen-Versorgungs-Anstalt für die Provinz
Brandenburg zu Klein-Glienicke am Schlusse des Jahres 1843.

Die Hauptversammlung der Mitglieder des Stiftungsvereins fand am 23. Mai
d. J. Statt.

Die Zahl der Zöglinge betrug 20; unter ihnen befanden sich 14, deren Väter
den Befreiungskrieg mitgemacht hatten, und 6 Söhne von Schullehrern.

Im Laufe des Jahres schieden 7 Zöglinge aus; davon trat der eine in das
Schullehrer-Seminar zu Neu-Zelle, ein 2ter ward Forstlehrling; ein 3ter trat bei
einem Tischler in die Lehre; ein 4ter fand als Gärtner seine Versorgung; 2 erlernen die Materialhandlung; der 7te, ein Stipendiat des Finanz-Ministerii, trat in
das Zivil-Waisenhaus über.

Dagegen wurden 9 neu aufgenommen und zwar:

    2 Söhne von Post-Beamten,
    2 Söhne von Steuer-Beamten,
    1 Sohn eines Forst-Beamten,
    3 Söhne von Schullehrern,
    1 Sohn eines Domainen-Pächters.

Krankheiten haben im Laufe des Jahres nicht Statt gefunden.

Das sittliche Verhalten, der Fleiß und die Fortschritte der Zöglinge waren
befriedigend.

Durch die Zöglinge, welche sich dem Schul- und Forstfache und der Garten-
kunst widmen, wurden in den Baumschulen über 2000 Stämme von Obst- und
Maulbeerbäumen veredelt.

Der Rendant der Anstalt legte die Rechnung über Einnahme und Ausgabe des
Jahres 1843 ab, woraus sich folgendes Resultat ergab:

Der Bestand laut vorjähriger Rechnung betrug . . 22,737 Thlr. 25 Sgr. 3 Pf.

Die Einnahme für 1843 war:

Tit. **I.** Aus dem Vermögen der Anstalt:

  a) Pacht von den Grund-
    stücken . . . . 800 Thlr.
  b) Zinsen von belegten
    Kapitalien . . . . 1,133 - 25 Sgr. 7 Pf.
  c) Renten . . . . 340 - — - — -

2,273	25	7 -

Tit. **II.** An Stipendien . . . . 6,000 - — - — -
- **III.** An Kapital-Beiträgen . . . . 100 - — - — -
- **IV.** An Geschenken . . . . 11 - 10 - — -
- **V.** An fortlaufenden jährlichen Beiträ-
gen, einschließlich 20 Thlr. 25 Sgr. 6 Pf.
an Resten . . . . 829 - 15 - 9 -

Summa der Einnahme . . . 31,952 Thlr. 16 Sgr. 7 Pf.

Die Ausgabe hat betragen:

Tit. I. An Abgaben, Lasten und Entschädigungen:
  a) Domainenzins ..... 12 Thlr. — Sgr. — Pf.
  b) Feuerkassen-Beiträge . 23 · 27 · 6 ·

  35 Thlr. 27 Sgr. 6 Pf.

Tit. II. Zur baulichen Unterhaltung der Gebäude .... 124 · 14 · 6 ·

· III. Zur Erhaltung und Erziehung der
  Waisen, einschließlich der Vergütigung für
  die Lokalien des Direktors, Lehrers und der
  Schule .... 2,376 · 20 · — ·

· IV. An Büreaukosten, als: Schreibmaterialien,
  Buchdrucker-, Buchbinder- ꝛc. Kosten .... 75 · 22 · 3 ·

· V. Ad Extraordinaria .... 81 · 24 · 2 ·

  Summa der Ausgabe ... 2,694 Thlr. 18 Sgr. 5 Pf.

Abschluß. Die Einnahme betrug .... 31,952 Thlr. 16 Sgr. 7 Pf.
· Ausgabe .... 2694 · 18 · 5 ·

  Bleibt Bestand ... 29,257 Thlr. 28 Sgr. 2 Pf.
nemlich: 29,000 Thlr. in Hypotheken-Obligationen,
  257 · 28 Sgr. 2 Pf. in baarem Gelde.

Das Vermögen der Anstalt hat sich um 6520 Thlr. 2 Sgr. 11 Pf. vermehrt;
darunter sind aber 6000 Thlr., welche von Einem Hohen Finanz-Ministerio zu
Gründung zweier Zöglingsstellen der Stiftung überwiesen worden sind.

Der Fonds, der von der Stiftung der Zimmermeister-Wittwe Craatz herrührt,
besteht aus dem Wohnhause, einem Kapitalvermögen von 3600 Thlrn. und etwa
900 Thlrn. in ausstehenden Forderungen, die zum Theil durch Abschlagszahlungen
berichtigt, zum Theil im Wege des gerichtlichen Verfahrens eingezogen werden; indessen müssen von der Einnahme an Legatarien bedeutende Renten bezahlt werden,
daher für jetzt nur erst ein verwaister Sohn eines Zimmergesellen zu Ostern d. J.
aufgenommen werden konnte.

Uebrigens sind im Laufe dieses Frühjahrs von Einem Hohen Justiz-Ministerio,
zwei Zöglingsstellen für Waisen von Justiz-Beamten, von dem Hohen Ministerio
des Königl. Hauses eine solche für verwaisete Söhne von Forst-Beamten gegründet
worden. Potsdam, den 16. Juni 1844.

Das Waisen-Amt der Waisen-Versorgungs-Anstalt für die Provinz
Brandenburg zu Klein-Glienicke.

v. Türk.

Personalchronik.

An die Stelle des verstorbenen Geheimen Regierungsraths von Sellentin ist der Regierungsrath Schubring von der Königl. Regierung zu Posen zum hiesigen Regierungs-Kollegio versetzt und bei demselben am 7. Juni d. J. eingeführt worden.

Der vormalige Kammergerichts-Referendarius Johann Ernst Heinrich Rietz ist von Neuem zum Kammergerichts-Referendarius bestellt. Der Oberlandesgerichts-Referendarius August Wilhelm von Koschitzki ist zum Kammergerichts-Referendarius bestellt, und unterm 9. Mai 1844 introduzirt. Der bisherige Kammergerichts-Referendarius Wilhelm Friedrich Herrmann Heinrich Fiedler ist zum Kammergerichts-Assessor ernannt. Der vormalige Kammergerichts-Referendarius Gustav Friedrich Theodor Krebs ist wieder zum Kammergerichts-Referendarius ernannt. Der Oberlandesgerichts-Auskultator Eberhard Friedrich Wilhelm, Freiherr von der Reck ist zum Kammergerichts-Auskultator bestellt, und dem Stadtgerichte zu Berlin zur Beschäftigung überwiesen. Der bisherige Kammergerichts-Auskultator Gottfried Wilhelm Butze ist an das Oberlandesgericht zu Magdeburg versetzt. Der bisherige Kammergerichts-Auskultator Max Alexander zur Hellen ist auf seinen Antrag, Behufs seines Uebertritts zur Verwaltungsparthie, aus seinen Dienstverhältnissen im diesseitigen Departement entlassen. Der bisherige Kammergerichts-Auskultator Herrmann Ruhbaum ist auf seinen Antrag, Behufs des Ueberganges in das Departement des Oberlandesgerichts zu Naumburg, aus seinen Geschäftsverhältnissen im diesseitigen Departement entlassen.

Die bisherigen Kammergerichts-Auskultatoren Karl Friedrich Justus Sieber und Friedrich August Theodor Richter sind zu Kammergerichts-Referendarien ernannt.

Die Rechtskandidaten Herrmann Theodor Otto Engler, Eugen Wiener, Karl Emil Gustav von Below, Gustav Albert Bünte, Karl von Krosigk, Herrmann Bornmüller, Reinhard Wilhelm Georg Lebrecht Schlüter, Friedrich Christian Gontermann, August Herrmann Oskar Groß, Eduard Friedrich Gustav von Busse, Bernhard Karl Anton Hinrichs, Karl Otto Ferdinand Wolff, Gustav Rudolph Adolph Casperschock, Friedrich Wilhelm Karl Gustav Alexander Graf von Brandenburg, Wilhelm Georg Gustav Wex und Karl Friedrich Favreau sind zu Kammergerichts-Auskultatoren ernannt, und sämmtlich dem Königl. Kriminalgerichte zu Berlin zur Beschäftigung überwiesen.

Der Kammergerichts-Assessor Seemann zu Rathenow ist zum Justitiar über Churland bestellt worden.

Der Doktor der Medizin und Chirurgie Karl August Leidenroth ist als praktischer Arzt, Wundarzt und Geburtshelfer in den Königlichen Landen approbirt und vereidigt worden.

Vermischte Nachrichten.

Wegen Neubaues der im Garzschen Damm, im Ruppinschen Kreise über den Rhin führenden Brücke wird die Passage über diese Brücke in der Zeit vom 24. Juni bis 20. Juli d. J. gesperrt sein, weßhalb Reisende, welche den Weg von Rhinow nach Neustadt an der Dosse gewöhnlich über Stölln und Sieversdorf nehmen, während der gedachten Zeit den Weg von Rhinow über Neuwerder, Giesenhorst, Dreetz u. s. w. nach Neustadt an der Dosse einzuschlagen haben.

Potsdam, den 19. Juni 1844.

Königl. Regierung. Abtheilung des Innern.

(Hierbei ein öffentlicher Anzeiger.)

Amtsblatt
der Königlichen Regierung zu Potsdam
und der Stadt Berlin.

Stück 26.   Den 28. Juni.   **1844.**

Allgemeine Gesetzsammlung.

Das diesjährige 16te Stück der Allgemeinen Gesetzsammlung enthält:

№ 2451. Verordnung, betreffend die Verpflichtung der Militair-Vorspannpflich-
tigen zur Gestellung von Reitpferden. Vom 10. Mai 1844.

№ 2452. Verordnung wegen Anordnung eines Handelsraths und Errichtung
eines Handelsamts. Vom 7. Juni 1844.

Verordnungen und Bekanntmachungen
für den Regierungsbezirk Potsdam und für die Stadt Berlin.

Potsdam, den 20. Juni 1844.

№ 150.
Industrie-
Ausstellung
in Berlin.
J. 242. Juni.

Nachdem den inländischen Gewerbetreibenden, welche ihre gehörig angemeldeten
und ausstellungsfähig befundenen Industrie-Erzeugnisse zur diesjährigen Gewerbe-
Ausstellung in Berlin einsenden, nach unserer Bekanntmachung vom 25. April d. J.
(Amtsblatt № 93 Pag. 106) bereits der Ersatz der Kosten des Hin- und Rücktransports dieser Gegenstände zugesagt, zum ihnen für die Sendungen bis zum
Gewichte von vierzig Pfunden die portofreie Beförderung auf den Preußischen
Posten nach unserer weiteren Bekanntmachung vom 10. Juni d. J. (Amtsblatt
№ 135 Pag. 159) bewilligt worden ist, hat nunmehr der Herr Finanz-Minister
mittelst Rescripts vom 8. d. M. bestimmt, daß den inländischen Absendern auch
gestattet sein solle, die ein höheres Gewicht habenden und deshalb durch Fracht
einzusendenden Ausstellungs-Gegenstände gegen bedungene übliche Frachtpreise un-
frankirt an die Kommission für die Gewerbe-Ausstellung in Berlin einzusenden,
welche ermächtigt ist, auf Frachtbriefe, welche mit amtlichen Zertifikaten darüber,
daß die Sendungen Ausstellungs-Gegenstände enthalten, begleitet sind, die Fracht
derselben auf den Fond für die Gewerbe-Ausstellung anzuweisen.

Vorstehende Bestimmung wird hiermit im Verfolg der Bekanntmachungen vom
16. Februar, 25. April, 8., 24., 31. Mai und 10. Juni d. J. (Amtsblatt
№ 35, 93, 106, 120, 132 und 135) zur öffentlichen Kenntniß gebracht.

Königl. Regierung. Abtheilung des Innern.

№ 151.
Erledigtes
Kreis-Physi-
kat.
I. 1191. Juni.

Potsdam, den 22. Juni 1844.

Durch den am 18. d. M. erfolgten Tod des Kreis-Physikus Dr. Wilke zu Wittstock ist das Physikat des Ostpriegnitzschen Kreises erledigt worden. Aerzte, welche die Anstellung in diesem Physikate nachsuchen wollen, haben sich mit ihren Qualifikations-Zeugnissen an uns zu wenden.

Königl. Regierung. Abtheilung des Innern.

№ 152.
Chausseegeld-
Erhebung auf
der Kunststraße
von Potsdam
bis Wuster-
mark.
IV. 627. Juni.

Potsdam, den 24. Juni 1844.

Vom 1. Juli d. J. ab werden von der im Bau begriffenen Chaussee von Potsdam nach Wustermark zwei Meilen im Zusammenhange fahrbar sein, und es wird daher von diesem Tage ab bei der Hebestelle in Marquardt das Chausseegeld für zwei Meilen in beiden Richtungen erhoben werden. Dies wird mit Bezug auf unsere Amtsblatt-Bekanntmachung vom 22. v. M. hierdurch zur öffentlichen Kenntniß gebracht.

Königl. Regierung.
Abtheilung für die Verwaltung der indirekten Steuern.

Verordnungen und Bekanntmachungen,
welche den Regierungsbezirk Potsdam ausschließlich betreffen.

№ 153.
Agentur-
Bestätigung.
I. 389. Juni.

Potsdam, den 19. Juni 1844.

Auf Grund des § 12 des Gesetzes vom 8. Mai 1837 wird hierdurch zur öffentlichen Kenntniß gebracht, daß der Kaufmann Theodor Heckenthal zu Beeskow als Agent der Feuer-Versicherungsanstalt Borussia für die Stadt Beeskow und Umgegend von uns bestätigt worden ist.

Königl. Regierung. Abtheilung des Innern.

№ 154.
Agentur-
Bestätigung.
I 2121. Mai.

Potsdam, den 20. Juni 1844.

Der Kaufmann Karl Julius Walder in Luckenwalde ist als Agent der Feuer-Versicherungsgesellschaft Borussia für die Stadt Luckenwalde und Umgegend bestätigt, was auf Grund des § 12 des Gesetzes vom 8. Mai 1837 hierdurch zur öffentlichen Kenntniß gebracht wird.

Königl. Regierung. Abtheilung des Innern.

№ 155.
Agentur-
Bestätigung.
I. 1835. Juni.

Potsdam, den 21. Juni 1844.

Der Kaufmann J. J. Leibnitz zu Prenzlow ist als Agent der Kurhessischen allgemeinen Hagel-Versicherungsgesellschaft zu Cassel für den diesseitigen Regierungs-Bezirk bestätigt worden. Königl. Regierung. Abtheilung des Innern.

№ 156.
Ausgebrochene
Lungenseuche.
I. 1600. Juni.

Potsdam, den 24. Juni 1844.

Da unter dem Rindviehstande des Gutes zu Birkholz im Westpriegnitzschen Kreise die Lungenseuche herrscht, so ist dieses Gut und die Feldmark Birkholz bis auf weitere Bestimmung für Rindvieh, Rauchfutter und Dünger gesperrt worden.

Königl. Regierung. Abtheilung des Innern.

Nachweisung der an den Pegeln der Spree und Havel № 157. im Monat Mai 1844 beobachteten Wasserstände.

Datum.	Berlin. Ober-Wasser		Berlin. Unter-Wasser		Spandow. Ober-Wasser		Spandow. Unter-Wasser		Potsdam.		Baumgartenbrück.		Brandenburg. Ober-Wasser		Brandenburg. Unter-Wasser		Rathenow. Ober-Wasser		Rathenow. Unter-Wasser		Havelberg.		Plauer Brücke.	
	Fuß	Zoll	Fuß	Zoll	Fuß	Zoll	Fuß	Zoll	Fuß	Zoll	Fuß	Zoll	Fuß	Zoll	Fuß	Zoll	Fuß	Zoll	Fuß	Zoll	Fuß	Zoll	Fuß	Zoll
1	9	3	7	1	8	—	4	10	5	6	3	11½	7	4	6	5	5	11	5	3½	11	8	7	11
2	9	2	7	1	8	—	4	10	5	5	3	11	7	4	6	5	5	11	5	3½	11	4	7	11
3	9	1	7	—	7	11	4	10	5	4	3	10	7	3½	6	4	5	11	5	3½	11	—	7	10
4	9	—	7	—	7	11	4	10	5	3	3	9	7	3	6	4	5	11	5	3½	10	7	7	10
5	9	1	6	9	7	8	4	8	5	2	3	8	7	2½	6	4	5	11	5	3½	10	2	7	10
6	9	1	6	8	8	—	4	10	5	2	3	7½	7	2	6	4	5	11	5	3½	9	9	7	10
7	9	—	6	8	7	10	4	8	5	1	3	7	7	1½	6	3	5	11	5	3½	9	5	7	10
8	8	10	6	6	7	10	4	8	5	1	3	6½	7	1	6	2½	5	10½	5	3½	9	—	7	10
9	8	10	6	6	7	10	4	8	5	—	3	6	7	1	6	2½	5	10	5	3	8	8	7	9
10	8	9	6	5	7	8	4	8	5	—	3	6	7	—	6	1½	5	10	5	2½	8	4	7	8
11	8	9	6	2	7	8	4	8	5	—	3	5½	7	—	6	1	5	10	5	2½	8	2	7	8
12	8	9	6	—	7	10	4	2	4	11	3	5	6	11	6	½	5	9½	5	2	8	—	7	8
13	8	8	6	—	7	10	4	4	4	11	3	5½	6	10	5	11½	5	9	5	1½	7	10	7	7
14	8	8	6	—	7	10	4	4	4	10	3	5	6	8	5	10½	5	8	5	1	7	9	7	7
15	8	8	5	11	7	10	4	4	4	9	3	4½	6	8	5	10	5	7	5	—	7	9	7	6
16	8	7	5	9	7	8	4	2	4	9	3	3½	6	8	5	10	5	7	5	—	7	8	7	5½
17	8	8	5	7	7	8	4	2	4	9	3	2½	6	8½	5	9	5	6½	4	11	7	7	7	5½
18	8	8	5	8	7	8	4	2	4	9	3	1½	6	8½	5	8½	5	6	4	10½	7	5	7	5
19	8	8	5	6	7	8	3	11	4	8	3	—	6	8	5	8	5	6	4	10½	7	3	7	4½
20	8	9	5	6	7	8	4	—	4	7	3	—	6	7	5	7½	5	5	4	10½	7	1	7	4
21	8	6	5	6	7	8	4	2	4	7	2	11½	6	6	5	6	5	5	4	9½	6	11	7	3
22	8	6	5	4	7	8	4	2	4	7	2	11	6	5½	5	5½	5	4½	4	9	6	11	7	2
23	8	5	5	2	7	8	4	—	4	7	2	10½	6	4½	5	4½	5	4	4	8½	6	9	7	2
24	8	5	5	2	7	7	3	11	4	6	2	10	6	4½	5	4½	5	3½	4	8	6	8	7	1
25	8	6	5	—	7	7	3	10	4	6	2	9½	6	4	5	3½	5	3	4	7½	6	7	7	—
26	8	6	4	11	7	9	3	5	4	5	2	9	6	4	5	2½	5	2	4	6	6	5	7	—
27	8	6	4	10	7	10	3	5	4	4	2	9	6	4	5	1½	5	1½	4	6	6	4	6	11
28	8	6	4	10	7	11	3	5	4	4	2	8½	6	4	5	1½	5	1½	4	6	6	3	6	10
29	8	6	5	—	7	10	3	8	4	3	2	7½	6	3½	5	½	5	½	4	5	6	2	6	9
30	8	4	4	8	7	10	3	9	4	3	2	7	6	1½	4	11½	5	—	4	4	6	8	6	8
31	8	4	4	8	7	6	3	10	4	3	2	6	6	1½	4	10	4	11	4	3½	7	—	6	7

Potsdam, den 22. Juni 1844.

Königl. Regierung. Abtheilung des Innern.

Verordnungen und Bekanntmachungen der Behörden der Stadt Berlin.

№ 49.
Die Sperrung der Potsdamer und Schulgarten-Straße betreffend.

Wegen Erbauung eines Kanals von der Lennéstraße über den Potsdamer Platz und durch die Potsdamer Straße bis zum Landwehrgraben, womit an beiden Endpunkten zugleich am 24. d. M. begonnen werden soll, muß von dem gedachten Tage ab bis nach beendigter Arbeit die Lennéstraße für Wagen und Reiter, die halbe Breite der Potsdamer Straße aber, wie dies durch die örtlich anzuwendenden Sperrungsmittel näher ersichtlich gemacht werden wird, für Wagen, Reiter und Fußgänger, und endlich die Grabenstraße auf etwa 14 Tage für Wagen und Reiter gesperrt werden. Berlin, den 21. Juni 1844.
Königl. Polizei-Präsidium.

№ 50.
Militair-Schießübungen.

Die Schießübungen der Garde-Artillerie-Brigade beginnen am 1. Juli und werden Montags, Dienstags, Donnerstags und Sonnabends auf den Schießplätzen bei Tegel stattfinden. Berlin, den 20. Juni 1844.
Königl. Polizei-Präsidium.

Personalchronik.

Der praktische Arzt und Wundarzt Dr. Theodor Leopold Ludwig Gilbert zu Freyenwalde ist als Geburtshelfer in den Königlichen Landen approbirt und vereidigt worden.

Dem Fräulein Wilhelmine Henriette von Zülow in Berlin ist die Erlaubniß zur Fortführung der bisher daselbst bestandenen von Rathenowschen Pensions- und Erziehungs-Anstalt ertheilt worden.

A. Zu Schiedsmännern wurden neu gewählt: der Apotheker Julius Gustav Herrmann Freischmidt zu Löcknitz für den 18ten ländlichen Bezirk des Randowschen Kreises, der Gutsbesitzer Karl Wiesecke zu Plauerhoff für den 9ten ländlichen Bezirk Westhavelländischen Kreises.

B. Zu Schiedsmännern wurden wieder gewählt: der Apotheker Karl Meyer zu Putlitz für den Bezirk der Stadt Putlitz, der Bürgermeister Leichner zu Alt-Ruppin für den Bezirk der Stadt Alt-Ruppin.

Vermischte Nachrichten.
Geschenke an Kirchen.

Der Kirche zu Liepe bei Dahme, Parochie Merzdorf, Superintendentur Bäruth, sind von einer Dame zwei sehr schöne gußeiserne 2 Fuß 9 Zoll hohe Leuchter mit weißen Wachskerzen und ein sehr schönes 3 Fuß hohes Kruzifix ebenfalls von Gußeisen, und von einer Jungfrau des Ortes ein Kanzelbehänge von feinem schwarzem Tuche mit goldgelben Frangen geschenkt worden; desgleichen ist die Kirche zu Mankmuß, Parochie Boberow, Superintendentur Lenzen, von einem Ungenannten mit einer, in einem baumwollenen Tuche von brauner Farbe bestehenden Decke für das Pult des Küsters, so wie von einem andern Ungenannten mit einem Altarlichte, und die Kirche zu St. Jacobi zu Prenzlow von einer Familie der Gemeine „zum Gebrauch bei der Feier des heiligen Abendmahls" mit einer dunkelgrünen Sammetdecke mit ächt silbernen Palmen und Frangen geziert und besetzt und mit einer grünen seidenen Decke beschenkt worden.

(Hierbei ein öffentlicher Anzeiger.)

Amtsblatt
der Königlichen Regierung zu Potsdam
und der Stadt Berlin.

Stück 27.   Den 5. Juli.   **1844.**

Allgemeine Gesetzsammlung.

Das vierjährige 17te Stück der Allgemeinen Gesetzsammlung enthält:

№ 2453. Uebersetzung des Handels- und Schifffahrts-Vertrages zwischen Seiner Majestät dem Könige von Preußen und Ihrer Majestät der Königin von Portugal und Algarvien. Vom 20. Februar 1844, ratifizirt den 6. Juni 1844.

№ 2454. Ministerial-Erklärung über die zwischen der Königlich Preußischen und der Kaiserlich Oesterreichischen Regierung getroffene Uebereinkunft zur Beförderung der Rechtspflege in Fällen des Konkurses, vom $\frac{12.\ \text{Mai}}{1.\ \text{Juni}}$ 1844.

Verordnungen und Bekanntmachungen
für den Regierungsbezirk Potsdam und für die Stadt Berlin.

№ 158.
Den Handels- und Schifffahrts-Vertrag mit Portugal betreffd.
IV. 206. Juni.

Unter Bezugnahme auf den im 17ten Stücke der Gesetzsammlung publizirten Handels- und Schifffahrts-Vertrag zwischen Preußen und Portugal vom 20. Februar d. J. wird hinsichtlich der Ursprungs-Zeugnisse, mit welchen, nach Artikel X des gedachten Vertrages, die aus Preußischen Häfen oder über die im Artikel IX des Vertrages bezeichneten, den Preußischen gleichgestellten fremden Häfen von der Maas bis zur Elbe nach dem Königreich Portugal zu versendenden Waaren begleitet sein müssen, das Folgende zur öffentlichen Kunde gebracht.

Wer eine Versendung nach dem Königreiche Portugal beabsichtigt und dabei wünscht, daß den Gegenständen derselben im Bestimmungsorte die vertragsmäßigen Erleichterungen zu Theil werden, hat dem Haupt-Zoll-Amte in dem Preußischen Hafenorte, in welchem die Verschiffung erfolgt oder über welchen das Schiff ausgeht (Memel, Pillau, Danzig, Swinemünde rc.) oder, dafern die Verschiffung in einem der vorgedachten fremden Häfen (Hamburg, Bremen, Rotterdam rc.) geschieht, dem Grenz-Zoll-Amte, über welches der Transport der Waaren nach diesem Hafen stattfindet, eine Anmeldung der zu versendenden Gegenstände nach einem besonders vorgeschriebenen Formulare zu übergeben und auf Ausfertigung eines Ursprungs-Zeugnisses anzutragen.

Das Ursprungs-Zeugniß muß in der Regel durch den Portugiesischen Konsul oder Konsular-Agenten in dem Abgangshafen legalisirt sein. Ist in diesem Hafen

Orte ein solcher Konsul oder Agent überhaupt nicht vorhanden oder derselbe augenblicklich im Orte nicht anwesend, so richtet sich das weitere Verfahren danach, ob der Hafen ein Preußischer oder ein den Preußischen gleichgestellter fremder Hafen ist.

Im ersteren Falle fügt das Haupt-Zoll-Amt dem Ursprungs-Zeugnisse noch die Bescheinigung hinzu:

daß ein Portugiesisches Konsulat daselbst nicht bestehe oder daß der Portugiesische Konsul oder Konsular-Agent zur Zeit abwesend sei.

In dem anderen Falle dagegen — wenn nemlich die Verschiffung in einem fremden Hafen erfolgt — ist das Ursprungs-Zeugniß dem Preußischen Konsul in diesem fremden Hafen vorzulegen, welcher darauf die eben gedachte Bescheinigung ausstellen wird.

Nähere Auskunft über Form und Inhalt der vorgedachten Anmeldungen und Ursprungs-Zeugnisse, so wie jede in der Sache sonst zu wünschende Belehrung werden auf desfallsigen Antrag sämmtliche Haupt-Zoll- und Haupt-Steuer-Aemter ertheilen. Berlin, den 10. Juni 1844.

Der Finanz-Minister.
Flottwell.

Potsdam, den 28. Juni 1844.

Vorstehende Bekanntmachung des Herrn Finanz-Ministers Excellenz vom 10. d. M. wird hierdurch zur öffentlichen Kenntniß gebracht.

Königl. Regierung.
Abtheilung für die Verwaltung der indirekten Steuern.

Potsdam den 24. Juni 1844.

№ 159.
Aufruf der unbekannten Eigenthümer diverser, an der Grenze in Beschlag genommener Gegenstände. IV. 637. Juni.

Am 28. Februar d. J. sind hinter einem Gartenzaune auf dem Acker des Kossäthen Klas zu Mildenburg sechs Packete, enthaltend:

a) ein Faß und drei Flaschen oder 50 Pfund 28 Loth Wein,

b) ein Faß oder 42 Pfund Rum,

c) 32 Pfund netto Rauchtaback,

d) 49 Pfund netto raff. Zucker,

e) 8 Pfund netto Reis und

f) drei Säcke oder 1 Zentner 37 Pfund 22 Loth netto Kaffee

von den Grenzbeamten aufgefunden und in Beschlag genommen worden.

Da es nicht gelungen ist, den Eigenthümer der vorstehend genannten Waaren zu ermitteln, so werden alle diejenigen, welche begründete Eigenthums-Ansprüche an dieselben zu haben glauben, hierdurch aufgefordert, sich binnen vier Wochen bei der unterzeichneten Behörde zu melden und ihre Ansprüche geltend zu machen, wi-

brigenfalls die qu. Waaren in Gemäßheit des § 60 des Zoll-Strafgesetzes vom 23. Januar 1838 öffentlich verkauft und der Erlös daraus zur Staatskasse eingezogen werden wird. **Königl. Regierung.**
Abtheilung für die Verwaltung der indirekten Steuern.

Potsdam, den 24. Juni 1844.

Am 4. d. M., Nachmittags 3 Uhr, sind im Laubgestell bei Flecken Zechlin im Grenzbezirke:

1) zwei Körbe mit Kandis netto 74½½ Pfund,
2) drei Säcke mit Hutzucker netto 1 Zentner 84⅝⅝ Pfund,
3) ein Faß Wein brutto 83 Pfund und
4) ein Faß Rum brutto 87 Pfund

von den Grenzbeamten gefunden und in Beschlag genommen worden.

Die unbekannten Eigenthümer dieser Waaren werden, dem § 60 des Zoll-Strafgesetzes vom 23. Januar 1838 gemäß, hierdurch aufgefordert, sich binnen vier Wochen bei der unterzeichneten Behörde zu melden und ihre Eigenthums-Ansprüche zu begründen, widrigenfalls die qu. Waaren zum Verkauf gestellt und der Erlös daraus dem Fiskus zugesprochen werden wird.

Königl. Regierung.
Abtheilung für die Verwaltung der indirekten Steuern.

№ 160.
Aufruf der unbekannten Eigenthümer diverser, an der Grenze in Beschlag genommener Kolonialwaaren. IV. 638. Juni.

Da die anfänglich festgestellte Einsendungsfrist der zur Gewerbe-Ausstellung in Berlin bestimmten Industrie-Erzeugnisse aus den deutschen Bundesstaaten zur Fertigstellung größerer und kunstreicher Arbeiten in manchen Fällen nicht ausreichen würde, so ist dieselbe für solche Fälle bis zum 12. August d. J. ausgedehnt worden. Wir ersuchen jedoch, auch solche Sendungen recht zeitig anmelden lassen zu wollen, damit bei Vertheilung der Räume darauf Rücksicht genommen werden könne; bei den zeitig eingehenden Gegenständen wird auch eine günstigere Auswahl der Plätze möglich sein.

Für diejenigen Sendungen zu dieser Gewerbe-Ausstellung, welche das Gewicht von vierzig Pfunden nicht übersteigen, ist die Portofreiheit auf den Königlich Preußischen und Königlich Sächsischen Posten bewilligt worden. — Derartige Sendungen sind von dem Absender mit seiner Namens-Unterschrift und mit der Aufschrift: „Gegenstände der Gewerbe-Ausstellung in Berlin" zu bezeichnen.

Bei den Rücksendungen wird diese Aufschrift durch ein amtliches Siegel beglaubigt werden. Es wird empfohlen, Sendungen, welche den vorbezeichneten Gewichtssatz nicht übersteigen, in der angegebenen Weise an die unterzeichnete Kommission zu befördern.

№ 161.
Industrie-Ausstellung in Berlin. I. 1608. Juni.

Wir ersuchen, den abgehenden Sendungen, Designationen nach dem beigedruckten Anmeldungs-Formular beifügen lassen zu wollen, den einsendenden Fabrikbesitzern und Gewerbetreibenden steht indessen frei, bei Angabe des gewöhnlichen Verkaufspreises, wofür der Artikel in größeren Quantitäten beim Absatz aus erster Hand geliefert werden kann, die Veröffentlichung dieses Preises zu verbitten, in welchem Falle derselbe weder auf die ausgestellten Gegenstände angeheftet, noch auf andere Weise zur öffentlichen Kenntniß gebracht wird.

Berlin, den 15. Juni 1844.

Kommission für die Gewerbe-Ausstellung in Berlin.

(gez.)   v. Viebahn.

Potsdam, den 27. Juni 1844.

Vorstehendes wird im Verfolg der Bekanntmachung vom 31. Mai d. J. (Amtsblatt № 132) hierdurch zur öffentlichen Kenntniß gebracht.

Königl. Regierung. Abtheilung des Innern.

Verordnungen und Bekanntmachungen,
welche den Regierungsbezirk Potsdam ausschließlich betreffen.

Potsdam, den 3. Juli 1844.

№ 162.
Errichtung
eines
Eichungs-
Amts in
Beeskow.
I. 1998. Juni.

In Folge Genehmigungs-Rescripts des Königl. Finanz-Ministeriums vom 15. März d. J. ist nunmehr auch in Beeskow, unter Aufsicht des dortigen Magistrats ein Eichungs-Amt errichtet, welches vom 15. d. M. an in Wirksamkeit tritt.

Es sind dabei angestellt:

als Dirigent der Kämmerer Giese,

als Stellvertreter desselben der Rathmann, Bäckermeister Fauß,

als Mitglieder der Schlossermeister Gröschke und der Kaufmann Schadorff.

Die wöchentlichen Eichungstage wird der Magistrat dem Publikum bekannt machen.

Königl. Regierung. Abtheilung des Innern.

Potsdam, den 28. Juni 1844.

№ 163.
Mittheilung
genuiner idio-
pathischer
Kuhpocken.

Der Direktor der Königl. Schutzimpfungs-Anstalt in Berlin, Herr Medizinal-Rath Dr. Bremer ist auch in diesem Jahre in den Besitz einer, aus genuinen idiopathischen Kuhpocken abstammenden Lymphe gekommen, und, wie in den früheren Jahren, auch diesmal bereit, den mit der Schutzimpfung beauftragten Medizinal-

Perſonen des dießſeitigen Regierungsbezirks von dieſem neuen Impfſtoffe zur Prü= Impfe an
Impfſtoffe.
I. 1844. Juni.
fung mitzutheilen, wenn ihm dieſelben einzeln und direkt unter der Adreſſe:

„An die Direktion der Königl. Schutzimpfungs=Anſtalt“

mit der Rubrik:

„Herrſchaftliche Medizinal=Polizei=Sache“

ihr Geſuch zukommen laſſen werden.

Königl. Regierung. Abtheilung des Innern.

Verordnungen und Bekanntmachungen des Königl. Konſiſto= riums und Schulkollegiums der Provinz Brandenburg.

Der Direktor S c h u b a r t hierſelbſt wird in Folge ſeiner Verſetzung in ein **№ 6.**
Schulamt außerhalb Berlins die bisher von ihm geleitete Töchterſchule mit dem
1. k. M. aufgeben. Wir haben, da für das Unterrichtsbedürfniß des in Betrach=
tung kommenden Stadttheils durch die beſtehenden Schulen ausreichend geſorgt iſt,
die Fortſetzung der Schubartſchen Schule nicht für erforderlich gehalten, dagegen
aber der Jungfrau Louiſe Steinhardt, Friedrichsſtraße № 160, welche ſchon
ſeit mehreren Jahren einer Erziehungs=Anſtalt für Töchter aus den gebildeten
Ständen vorſteht, die Befugniß ertheilt, dieſe Anſtalt durch Aufnahme von Schü=
lerinnen zu erweitern.

Das betheiligte Publikum wird von dieſer Veränderung hierdurch in Kenntniß
geſetzt. Berlin, den 24. Juni 1844.

Königl. Schul=Kollegium der Provinz Brandenburg.

Verordnungen und Bekanntmachungen der Behörden der Stadt Berlin.

Reglement für den Fuhrbetrieb der Omnibus.

I. Allgemeine Beſtimmungen über die Zulaſſung von Omnibus=Fuhrwerken.

§ 1. Wer in hieſiger Reſidenz, oder innerhalb des weiteren Polizeibezirks **№ 51.**
derſelben, ein Omnibus=Fuhrwerk — ſei es für alle, oder nur für gewiſſe Jahres= Reglement
für den Fuhr=
betrieb der
Omnibus.
zeiten und tagtäglich, oder nur für gewiſſe Tage in der Woche — einrichten will,
bedarf hierzu einer, auf ſeine Perſon lautenden Konzeſſion.

§ 2. Dieſe Konzeſſion wird nur Perſonen ertheilt, welche durch ihre Perſön=
lichkeit und Vermögenslage für die Erfüllung der übernommenen Verbindlichkeiten
Gewähr leiſten.

§ 3. Verſagt das Polizei=Präſidium die Ertheilung einer Konzeſſion, ſo iſt
daſſelbe nur der höheren Behörde ſeine Gründe anzugeben verbunden.

§ 4. Die Konzession verpflichtet zur Erfüllung der Bestimmungen des gegenwärtigen Reglements, wie auch der späteren über den Betrieb des Omnibus-Fuhrwerks etwa ergehenden Vorschriften.

§ 5. Da die Konzession nur für eine bestimmte Person ertheilt wird, so kann kein anderer davon Gebrauch machen, wenn nicht die Abtretung von der Behörde genehmigt worden ist.

§ 6. Wer die Konzession zur Aufstellung eines oder mehrer Omnibus-Fuhrwerke nachsucht, muß dem Polizei-Präsidio einen vollständigen Fahrplan einreichen. Dieser muß enthalten:

1) die Linie auf welcher,

2) die Zeit zu welcher von jedem Endpunkt regelmäßig abgefahren werden soll,

3) den Fahrpreis für Personen sowohl als für Gepäck, wo solches mitgenommen und dafür besonders bezahlt wird,

4) eine genaue Beschreibung nebst einer den Maaßstab enthaltenden Zeichnung von den aufzustellenden Wagen in duplo,

5) die Zahl der Wagen und Gespanne, welche überhaupt auf der Linie gehalten und wo beide untergebracht werden sollen.

§ 7. Der Fahrpreis kann sowohl für die ganze, als für die halbe Tour bestimmt werden, in welchem Falle ein Mittelpunkt angegeben werden muß, der die Linie in zwei Hälften theilt. Es wird dabei allgemein bestimmt, daß Ein Kind unter vier Jahren, welches von einem Erwachsenen auf dem Schooß gehalten wird, sowie kleines Gepäck, das ohne Belästigung der Mitfahrenden auf dem Schooß oder unter dem Sitz placirt werden kann, frei mitgenommen werden darf.

§ 8. Der Fahrplan wird in Beziehung auf die Zulänglichkeit der angegebenen Betriebsmittel, insbesondere aber in Rücksicht auf die Freihaltung und Sicherung der öffentlichen Passage, sowohl auf der zu befahrenden Linie als auf den Endpunkten wo das Fuhrwerk aufgestellt werden soll, geprüft.

§ 9. Hierbei gilt als Regel, daß auf derselben Linie nicht häufiger als alle Viertelstunden ein Wagen von jedem der beiden Endpunkte abgehen darf. Fällt jedoch eine Fahrlinie theilweis mit einer andern zusammen, so kann dieser Zwischenraum von der Polizeibehörde auch länger bestimmt werden.

§ 10. Da verschiedene Bewerber die Konzession für eine und dieselbe Fahrlinie gleichzeitig nachsuchen können, so regulirt, wenn sie sich selbst darüber nicht einigen können, die Polizeibehörde ihre Fahrzeiten. Wenn jedoch aus den vorstehenden Gründen (§§ 8 und 9) nicht mehrere Kompetenten neben einander zugelassen werden können, so geht unter ihnen, wenn sie sich gleichzeitig beworben haben, bei sonstiger gleicher Qualifikation, Derjenige vor, welcher eine längere oder häufigere Fuhrverbindung einrichten, oder sonst dem Publikum günstigere Bedingungen stellen will. Sonst hat der ältere Bewerber resp. Konzessionar den Vorzug.

§ 11. Ist der Fahrplan von dem Polizei-Präsidio angenommen, resp. festgestellt worden, so wird derselbe in die zu ertheilende Konzession speziell mit aufgenommen, welcher auch die Zeichnung und Beschreibung der Wagen beigeheftet wird. Ebenso wird hierin angegeben, wie viele Wagen und Gespanne der Unternehmer für die Linie zu halten verpflichtet ist, und wo dieselben untergebracht sein sollen, endlich aber die Frist bestimmt, binnen welcher der Plan bei Verlust der Konzession vollständig ausgeführt und das Fuhrwerk in Gang gebracht sein muß. Diese Frist ist in der Regel 6 Monate von der Aushändigung der Konzession.

§ 12. Um übereilte Bewerbungen und überhaupt zu verhüten, daß zum Nachtheil der Konkurrenz Fahrlinien, für welche die Konzession einmal ertheilt worden, gar nicht eingerichtet, sondern wieder aufgegeben werden, muß jeder Bewerber sogleich für jedes einzelne von ihm aufzustellende Omnibus-Fuhrwerk — nicht jedoch für die Reserve-Fuhrwerke — die Summe von 50 Thalern deponiren, welche zu Gunsten der Armenkasse verfällt, wenn der Unternehmer seinen Plan gar nicht zur Ausführung gebracht hat.

§ 13. Außerdem muß jeder Konzessionar vor der Aufstellung und Infahrtsetzung für jedes einzelne Omnibus-Fuhrwerk die, stets vollzählig zu erhaltende, Summe von 100 Thalern in zinstragenden Papieren, gegen Rekognitionsschein, bei der Hauptkasse des Polizei-Präsidii zur Sicherheit dafür deponiren, daß er seinen Fahrplan die reglementsmäßige Zeit über (§ 17) erfüllt. Von dieser Kaution werden ihm die zuständigen Zinsen an den Fälligkeits-Terminen ausgezahlt.

§ 14. Acht Tage vor der Eröffnung einer Omnibus-Linie wird der diesfällige Fahrplan von dem Polizei-Präsidio auf Kosten des Unternehmers öffentlich bekannt gemacht.

§ 15. Will der Unternehmer seinen Fahrplan nachmals in irgend einem Stücke verändern, so ist hierzu die besondere polizeiliche Erlaubniß nöthig, und wenn diese ertheilt wird, so muß die Veränderung in gleicher Weise (§ 14) vor der Ausführung öffentlich bekannt gemacht werden.

Ebenso muß, wenn eine Omnibus-Linie ganz aufgegeben wird, dies zuvor öffentlich bekannt gemacht werden.

§ 16. Will der Unternehmer das Etablissement verändern, wo sein Fuhrwerk untergebracht ist, so ist hierzu gleichfalls die polizeiliche Erlaubniß nöthig, welche versagt werden kann, wenn die anderweite Aufstellung dem ordnungsmäßigen Fuhrbetriebe hinderlich sein würde.

§ 17. Will der Unternehmer eine Linie gänzlich aufgeben, so muß er solches 6 Monate zuvor dem Polizei-Präsidio schriftlich anzeigen. Läßt ein Unternehmer es in Bezug auf die planmäßige Fortsetzung seines Omnibus-Fuhrwerks auf einer Linie bis zur Zwangs-Vollstreckung kommen, so gilt dies für eine Kündigung der Linie, insofern solche vorher noch nicht erfolgt ist.

§ 18. Das Polizei-Präsidium seinerseits kann einem Unternehmer seine Konzession mit sechsmonatlicher Frist kündigen, wenn derselbe sich in seinem Fuhrbetriebe nachläſſig und unordentlich zeigt, und die deßhalb wiederholt gegen ihn zur Anwendung gekommenen Strafen keine Beſſerung zur Folge gehabt haben.

§ 19. In allen Fällen, wo zur planmäßigen Fortſetzung des Fuhrbetriebes auf einer Linie gegen einen Unternehmer die Zwangsvollſtreckung nöthig geworden iſt, hat das Polizei-Präſidium die Wahl, dieſe Maaßregel ſo lange fortzuſetzen, als der Unternehmer noch ſeinen Fahrplan zu erfüllen verbunden iſt (§§ 17 und 18) oder, wenn der Unternehmer nach 14 Tagen nicht wiederum ſelbſt das Fuhrwerk ordnungsmäßig fortſetzt, denſelben zu Gunſten der Armenkaſſe ſeiner für die Fahrlinie beſtellten Kaution (§ 13) für verluſtig zu erklären, womit ſodann zugleich die Konzeſſion erliſcht.

§ 20. Der Unternehmer iſt wegen der Erfüllung aller, durch ſeine Konzeſſion und gegenwärtiges Reglement übernommener Verbindlichkeiten, ohne Ausnahme, der polizeilichen Zwangsvollſtreckung unterworfen.

II. Beſondere Beſtimmungen über die Beſchaffenheit des Fuhrwerks und den Fuhrbetrieb.

§ 21. Alle Omnibus-Wagen müſſen dauerhaft, bequem und dem Zweck entſprechend eingerichtet ſein.

§ 22. Kein Wagen darf in Gebrauch genommen werden, bevor er nicht von dem Aufſichtsbeamten beſonders geprüft und der Konzeſſion entſprechend befunden, auch zum Beweiſe hiervon mit einem Brennzeichen verſehen worden iſt.

§ 23. Jeder Wagen muß mit der ihm zugetheilten Nummer zu beiden Seiten und hinten, an einer ſtets ſichtbaren Stelle, verſehen ſein. Dieſe Nummer muß im Innern, in der Mitte der Vorderwand, wiederholt ſein.

§ 24. Das Aufmalen der Nummern geſchieht durch einen, von dem Polizei-Präſidio beſtimmten Maler, auf weißem Felde mit ſchwarzen Ziffern. Dieſe Nummern müſſen ſtets deutlich erhalten und dürfen während der Fahrt nicht verdeckt werden. Noch weniger iſt ihre eigenmächtige Veränderung geſtattet.

§ 25. An jeder Seite des Wagens muß auf einer Tafel, mit ſtets deutlich erhaltener Schrift, die Fahrlinie des Wagens ſo wie der Fahrpreis und die Perſonenzahl verzeichnet ſein.

§. 26. Jeder Wagen muß zu beiden Seiten mit einer Laterne verſehen ſein, die ſo angebracht iſt, daß ſie zugleich das Innere des Wagens erleuchtet. Eine dritte Laterne muß bei der Einſteigethür angebracht ſein. Bei jeder Laterne muß auf der Außenſcheibe die Wagennummer (§ 23) angemalt ſein.

§ 27. Jeder Wagen muß eine Fahne führen, die hinten aufgeſteckt wird, ſobald er vollſtändig beſetzt iſt, außerdem muß eine Vorrichtung angebracht ſein, durch welche die Fahrgäſte dem Konducteur, und eine zweite, vermittelſt welcher dieſer dem Kutſcher das Zeichen zum Halten geben kann,

§ 28.

§. 28. Die Pferde müssen kräftig und ohne schädliche Fehler, die Geschirre dauerhaft und dem Zweck entsprechend sein.

§. 29. Die Wagen müssen jedesmal vor der Ausfahrt außen wie im Innern sorgfältig gereinigt sein, und stets in gutem Stande erhalten werden.

§. 30. Jeder Wagen muß außer dem Kutscher einen Kondukteur erhalten und beide müssen in Livree von übereinstimmender Farbe gekleidet sein.

§. 31. Es darf kein Kutscher oder Kondukteur in Dienst genommen oder darin behalten werden, welcher nicht einen, von dem Aufsichtsbeamten, nach erfolgter Prüfung seiner Qualifikation ihm ausgestellten Erlaubnißschein besitzt, worin zugleich sein Nationale und Signalement, nebst der Livree die er tragen soll, verzeichnet ist.

§. 32. Gebrechliche und schwache Personen, solche die das 20ste Jahr noch nicht erreicht haben, und Individuen von nicht tadelfreier Führung werden als Kondukteure und Kutscher nicht zugelassen. Außerdem müssen sie der Oertlichkeit, und die Kutscher des Fahrens kundig sein.

§. 33. Jeder Kondukteur und Kutscher muß mit einem gedruckten Exemplar des gegenwärtigen Reglements, so wie des Fahrplanes, für welchen die Konzession ertheilt ist, versehen sein. Außerdem müssen sie, wenn auf der Linie mehrere Wagen in der Fahrt sind, einen Stundenzettel bei sich führen, welcher die jedesmalige Abfahrtzeit des Wagens angiebt.

§. 34. Ueber sämmtliche Wagen, Kondukteure und Kutscher müssen genaue Register geführt werden, woraus ersichtlich, welcher Wagen jederzeit in der Fahrt gewesen und von welchem Kondukteur und Kutscher er geführt worden ist. Auch müssen hierin die Vornamen, das Alter, der Geburtsort und die jedesmalige Wohnung eines jeden Kondukteurs und Kutschers angegeben sein.

§. 35. Von den in den Wagen zurückgelassenen Sachen muß dem Aufsichtsbeamten binnen 24 Stunden Anzeige gemacht, wenn der Eigenthümer aber innerhalb 14 Tage nicht ermittelt worden ist, müssen dieselben an das Königliche Stadtgericht abgegeben werden. Außerdem müssen alle solche Sachen in ein besonderes Register unter fortlaufender Nummer und mit Angabe des Tages wo jedes einzelne Stück gefunden worden, eingetragen werden.

§. 36. Von jedem außerordentlichen Vorfalle, insbesondere wenn eine Unterbrechung der regelmäßigen Fahrt stattgefunden hat, muß dem Aufsichtsbeamten sofort schriftliche Anzeige gemacht werden.

§. 37. Der Unternehmer muß für die Reinhaltung der Halteplätze auf den Endpunkten der Linie, so wie auf den Mittelstationen, sorgen und dieselben wöchentlich zweimal reinigen lassen.

§. 38. Der Unternehmer ist für die Befolgung der vorstehend gegebenen Vorschriften bei einer Strafe von 1 bis 100 Thlr. verantwortlich.

III. Obliegenheit der Kondukteure und Kutscher.

A. Gemeinschaftliche.

§ 39. Kondukteure und Kutscher müssen stets ihre Erlaubnißscheine (§ 31) sowie das Reglement und den Stundenzettel bei sich führen, und diese Papiere, die sie reinlich zu erhalten haben, auf Erfordern sowohl den Fahrgästen als den Polizeibeamten vorzeigen.

§ 40. Dieselben müssen mit der ihnen zugetheilten Livree bekleidet, und diese muß reinlich und ordentlich erhalten sein.

§ 41. Sie müssen sich stets nüchtern halten, und eines anständigen und bescheidenen Betragens gegen die Fahrgäste befleißigen, sie dürfen sich niemals von dem Wagen entfernen, auch Niemand zur Mitfahrt auffordern.

§ 42. Wenn ein Kondukteur oder Kutscher aus dem Dienst tritt, so muß er binnen 24 Stunden seinen Erlaubnißschein an den Aufsichtsbeamten zurückreichen, oder demselben die Hinderungsgründe anzeigen.

B. Besondere Obliegenheiten der Kondukteure.

§ 43. Der Kondukteur, welcher während der Fahrt auf der hinten angebrachten Wagentreppe seinen Sitz hat, muß die, in dem Fahrplan resp. Stundenzettel angegebenen Fahrzeiten pünktlich inne halten.

§ 44. Er darf nur die vorgeschriebene Personenzahl in den Wagen aufnehmen. Wenn dieser solchergestalt besetzt ist, muß er die Fahne aufstecken, sobald aber ein Platz leer geworden ist, dieselbe wieder einnehmen.

§ 45. Das tarifmäßige Fahrgeld muß er sogleich beim Einsteigen von jeder Person erheben. Bei getheilten Linien muß er demnächst auf der Mittelstation von den weiterfahrenden Personen das Fahrgeld auf's Neue einnehmen.

§ 46. So lange Platz im Wagen ist, muß der Kondukteur Jedermann der die Mitfahrt begehrt, aufnehmen, ausgenommen offenbar betrunkenen und Personen, die durch ihre Kleidung augenscheinlich die Mitfahrenden benachtheiligen oder belästigen würden. Desgleichen dürfen Hunde nicht mitgenommen werden, sowie im Wagen Gepäck von schmutzender Beschaffenheit, oder das durch seinen Geruch oder Umfang den Fahrgästen lästig werden würde. Schweres und unbequem zu transportirendes Gepäck, namentlich insofern solches von andern Personen als Reisenden mitgeführt wird, darf der Kondukteur überhaupt nicht aufnehmen.

§ 47. Das Tabackrauchen und laute Singen darf der Kondukteur im Wagen nicht gestatten. Ueberhaupt hat derselbe auf Ordnung zu halten und er ist so befugt als verpflichtet, Fahrgäste, die sich, seiner abmahnenden Aufforderung ungeachtet, den Mitfahrenden durch ihr Betragen lästig machen, aus dem Wagen zu entfernen.

§ 48. Um Mißverständnisse zu verhüten, muß der Kondukteur jeden Einsteigenden fragen, auf welchem Punkt er abgesetzt zu werden verlangt.

§ 49. Der Konducteur muß den Wagen auf das Zeichen eines Fahrgastes prompt halten lassen. Er darf dem Kutscher das Zeichen zum Weiterfahren nicht früher geben, als bis der Aussteigende die Erde erreicht, oder der Einsteigende Platz genommen hat.

Er muß den Fahrgästen, namentlich alten Leuten, sowie Frauen und Kindern beim Ein= und Aussteigen behülflich sein.

§ 50. Er muß bei eintretender Dämmerung die Wagenlaternen anzünden, und für die Reinlichkeit des Wagens während seiner Fahrt sorgen.

§ 51. Außerordentliche Vorfälle, namentlich wenn die regelmäßige Fahrt unterbrochen worden ist, (§ 36) muß der Konducteur bei seiner nächsten Rückkehr dem Unternehmer anzeigen.

§ 52. Er muß jedesmal nach beendigter Tour sogleich im Wagen nachsehen, ob die Fahrgäste Sachen im Wagen zurückgelassen haben, und dieselben diesen entweder zustellen, oder wenn der Besitzer sich bereits entfernt hat, sie bei seiner nächsten Rückkehr nach Hause abliefern.

C. Besondere Obliegenheiten der Kutscher.

§ 53. Der Kutscher, der dem Konducteur untergeben ist, muß dessen Zeichen zu fahren oder zu halten genau beachten.

§ 54. Auf der Mitte des Straßendammes oder auf Brücken darf jedoch niemals angehalten werden, um Fahrgäste aufzunehmen oder abzusetzen. Die allgemeinen Vorschriften über das Fahren finden auch auf die Kutscher der Omnibus= Wagen Anwendung.

§ 55. Der Kutscher muß, so lange der Wagen noch nicht vollständig besetzt ist, auf den Anruf Fahrlustiger anhalten.

§ 56. Er muß die vorgeschriebene Tour genau innehalten.

§ 57. Bei freier Passage und ausgenommen über Brücken und bei Kirchen während des Gottesdienstes, sowie beim Umbiegen um Straßenecken, muß er stets im Trabe fahren. Galopp zu fahren ist überall verboten.

§ 58. Das Füttern der Pferde auf der Straße darf nur aus übergehängten Beuteln geschehen.

D. Gemeinschaftliche Strafbestimmungen.

§ 59. Zuwiderhandeln gegen die Bestimmungen von §§ 39 bis inkl. 58 des Reglements hat gegen die Konducteure und Kutscher eine Geldbuße von 1 bis 10 Thlr. oder verhältnißmäßige Gefängnißstrafe zur Folge.

§ 60. Die Ausschließung vom Dienst bei dem Omnibus=Fuhrwesen kann gegen einen Konducteur oder Kutscher neben der Bestrafung nach § 59, oder auch für sich allein, ausgesprochen werden:

1) wegen wiederholter Zuwiderhandlungen gegen das Reglement,
2) wegen erlittener fiskalischer oder Kriminalstrafen,
3) wegen Trunkenheit im Dienst,
4) wegen ungebührlichen Betragens gegen die Fahrgäste.

§ 61. Ein ausgeschlossener Kondukteur oder Kutscher darf die Führung eines Omnibus-Wagens bei 8 bis 14tägiger Gefängnißstrafe nicht wieder übernehmen.

§ 62. Die Vergehen der Kondukteure und Kutscher werden bei dem Polizeigericht für öffentliches Fuhrwesen verhandelt.

Berlin, den 1. Juni 1844.

Königl. Polizei-Präsidium.

Personalchronik.

Der bisherige Regierungs-Sekretariats-Assistent Freudemann ist zum Geheimen revidirenden Kalkulator bei der Königl. Ober-Rechnungs-Kammer befördert, und an dessen Stelle der bisherige Zivil-Supernumerarius Windelband zum Sekretariats-Assistenten beim hiesigen Regierungs-Kollegio ernannt worden.

Die durch den Abgang des Domainen-Rentmeisters Busse erledigte Stelle eines Feuerlösch-Kommissarius im 13ten Bezirk des Osthavelländischen Kreises ist dem Domainenbeamten Hart zu Bornim übertragen worden.

Vermischte Nachrichten.

Dem Polizei-Kommissarius Wallroth hierselbst ist für die Rettung von Personen aus der Lebensgefahr die Erinnerungs-Medaille für Lebensrettungen verliehen worden. Berlin, den 10. Juni 1844.

Königl. Polizei-Präsidium.

Geschenke an Kirchen.

Die Kirche zu Lützlow, Superintendentur Gramzow, ist von dem ehemaligen Herrn Patron derselben mit einem neuen schönen silbernen vergoldetem Abendmahlskelche und desgleichen Patene beschenkt worden, auch ist der Kirche zu Güterberg, Superintendentur Strasburg, von dem Lieutenant a. D., Herrn Karl von Arnim auf Klepelshagen ein Kruzifix und zwei Cherubim-Leuchter von Gußeisen mit reicher Vergoldung zum Geschenk gemacht.

(Hierbei die chronologische Uebersicht der im 2ten Quartal 1844 im Amtsblatte erschienenen Verordnungen und Bekanntmachungen, ingleichen zwei öffentliche Anzeiger.)

Amtsblatt
der Königlichen Regierung zu Potsdam
und der Stadt Berlin.

Stück 28.   Den 12. Juli.   **1844.**

Allgemeine Gesetzsammlung.

Das diesjährige 18te Stück der Allgemeinen Gesetzsammlung enthält:

№ 2435. Regulativ, das Verfahren bei Chausseepolizei = und Chausseegeld=Uebertretungen betreffend.

Das diesjährige 19te Stück der Allgemeinen Gesetzsammlung enthält:

№ 2456. Verordnung, betreffend die Ausübung der Disziplin über Advokaten und Anwälte im Bezirke des Apellationsgerichtshofes zu Cöln. Vom 7. Juni 1844.

Verordnungen und Bekanntmachungen
für den Regierungsbezirk Potsdam und für die Stadt Berlin.

Potsdam, den 10. Juli 1844.

№ 164.
Berliner
Marktpreise
pro Juni
1844.
I. 722. Juli.

Die Durchschnittspreise der verschiedenen Getreidearten, der Erbsen und der rauhen Fourage ꝛc. haben auf dem Markte zu Berlin im Monat Juni d. J. betragen:

	Thaler	Sgr.	Pf.
für den Scheffel Weizen	1	26	6
für den Scheffel Roggen	1	5	7
für den Scheffel große Gerste	1	—	3
für den Scheffel kleine Gerste	—	27	—
für den Scheffel Hafer	—	23	10
für den Scheffel Erbsen	—	—	—
für den Zentner Heu	—	27	3
für das Schock Stroh	5	26	11
für den Zentner Hopfen	16	—	—
die Tonne Weißbier kostete	4	—	—
die Tonne Braunbier kostete	3	25	—
das Quart doppelter Kornbranntwein kostete	—	4	—
das Quart einfacher Kornbranntwein kostete	—	2	3

Königl. Regierung. Abtheilung des Innern,

Verordnungen und Bekanntmachungen,
welche den Regierungsbezirk Potsdam ausschließlich betreffen.

№ 165.
Agentur-Niederlegung.

Potsdam, den 3. Juli 1844.

Auf Grund des § 12 des Gesetzes vom 8. Mai 1837 wird hierdurch zur öffentlichen Kenntniß gebracht, daß, nachdem der Rathmann Schroeder zu Straus-

№ 166.

Nachweisung sämmtlicher in den Städten des
in welchen Getreidemärkte abgehalten werden, stattgefundenen Getreide-

Laufende Nr.	Namen der Städte	Der Scheffel														Der Zentner Heu.	
		Weizen.			Roggen.			Gerste.			Hafer.			Erbsen.				
		Rthl.	Sgr.	Pf.	Rthl.	Sgr.	Pf.	Rthl.	Sgr.	Pf.	Rthl.	Sgr.	Pf.	Rthl.	Sgr.	Pf.	Rthl.	Sgr. Pf.
1	Beeskow	2	1	3	1	7	5	1	2	6	—	24	9	1	11	8	—	— —
2	Brandenburg	1	21	1	1	8	5	—	28	9	—	23	9	1	20	—	18	9
3	Dahme	1	24	5	1	4	9	—	29	2	—	23	7	1	21	3	20	—
4	Havelberg	1	20	9	1	2	11	—	28	8	—	20	3	1	10	—		
5	Jüterbogk	1	23	3	1	2	5	—	26	3	—	21	10					
6	Luckenwalde	1	24	10	1	7	2	—	27	2	—	23	8	1	15	9		
7	Neustadt-Ebersw.	2	2	6	1	7	6	1	2	6	—	22	6	1	12	6	1	
8	Oranienburg	2	5	—	1	10	—	1	2	6	—	27	6				22	6
9	Perleberg	1	17	6	1	—	11	—	26	2	—	22	6				25	
10	Potsdam	1	24	5	1	9	2	1	1	4	—	25	3	1	13	4	17	11
11	Prenzlow	1	24	6	1	6	4	—	24	2	—	20	7	1	6	3	15	—
12	Rathenow	1	19	9	1	7	7	1	—	—	—	21	10	1	20	—	10	—
13	Neu-Ruppin	1	26	6	1	6	6	—	27	—	—	20	6	1	8	6	14	—
14	Schwedt	1	25	—	1	6	10	1	—	2	—	21	8	1	7	2		
15	Spandow	1	26	11	1	6	11	—	27	—	—	23	6	1	15	—		
16	Strausberg	—	—	—	1	7	10	—	27	1	—	22	4	1	12	4	—	
17	Templin	1	26	3	1	7	9	—	24	6	—	19	—	1	14	—	12	6
18	Treuenbriezen	1	22	9	1	5	5	—	26	10	—	22	7	1	25	—		
19	Wittstock	1	23	2	1	5	3	—	25	6	—	20	3	1	9	—	12	1
20	Wriezen a. d. O.	1	18	8	1	7	5	—	26	11	—	21	9	1	13	8		

berg die bisher von ihm verwaltete Agentur der Feuerversicherungs-Anstalt Borussia für die Stadt Strausberg und Umgegend niedergelegt hat, dagegen der Kaufmann C. Hahn zu Strausberg als Agent der genannten Gesellschaft für die Stadt Strausberg und Umgegend von uns bestätigt worden ist.

und Bestätigung. l. 767. Juni.

Königl. Regierung. Abtheilung des Innern.

Bezirks der Königlichen Regierung zu Potsdam, und Viktualien-Durchschnitts-Marktpreise pro Juni 1844.

Das Schock Stroh.			Der Scheffel Kartoffeln.			Das Pfund			Das Quart			Die Metze	
						Roggen-Brod.	Rind-fleisch.	But-ter.	Braun-bier.	Weiß-bier.	Brannt-wein.	Graupe.	Grütze.
Rthl	Sgr	Pf	Rthl	Sgr	Pf	Sgr Pf	Sgr Pf	Sgr Pf	Sgr Pf	Sgr Pf	Sgr Pf	Sgr Pf	Sgr Pf
4	12	6	—	12	3	— 10	2 6	6 4	1 —	1 —	4 —	4 3	4 —
4	—	—	—	15	5	1 2	3 —	7 6	1 1	1 2	3 6	13 4	7 —
5	—	—	—	10	8	— 8	2 6	5 5	1 3	1 6	2 6	5 —	7 6
5	—	—	—	11	3	— 11	2 6	5 6	1 —	1 —	3 9	12 —	8 —
4	25	—	—	12	6	— 9	2 6	6 —	1 3	2 —	3 6	7 —	6 6
4	12	6	—	15	5	— 10	2 6	6 —	— 9	1 —	4 —	15 —	6 —
5	—	—	—	12	6	— 11	2 6	7 —	1 3	1 6	2 —	8 —	6 —
6	—	—	—	12	—	1 —	3 —	7 —	1 —	1 6	2 6	10 —	7 6
5	7	6	—	9	1	1 —	2 6	6 —	1 —	1 —	4 —	8 —	6 —
5	3	10	—	18	7	1 —	3 6	7 —	1 3	1 6	3 6	12 —	7 —
10	—	—	—	8	—	1 2	3 —	6 6	1 —	1 —	4 —	10 —	7 —
3	10	—	—	11	9	— 9	3 —	7 6	1 3	1 6	4 —	16 —	16 6
5	12	6	—	12	—	1 4	3 —	5 6	1 —	1 3	2 9	11 —	5 6
—	—	—	—	12	—	1 3	3 —	7 6				10 —	11 —
—	—	—	—	15	3	1 —	3 —	7 —	1 3	2 —	4 —		
—	—	—	—	11	5		1 9	7 —				8 —	5 —
4	—	—	—	12	6	— 10	2 6	7 6	1 —	1 6	2 —	10 —	6 —
—	—	—	—	13	9	— 9	2 6	6 —	1 —	1 3	3 6	8 —	6 —
4	11	11	—	9	1	— 11	3 —	6 —	2 —	2 —	3 —	7 6	5 —
—	—	—	—	10	—	1 —	2 6	6 4	1 —	1 3	2 6	9 —	8 6

Potsdam, den 4. Juli 1844.

№ 167.
Kreis-Jagd-
Theilungs-
Kommission
für den Nie-
derbarnim-
schen Kreis.
I. 2063. Juni.

Für den Niederbarnimschen Kreis sind nach Vorschrift des § 2 der Verordnung vom 7. März v. J. über die Ausführung der Jagdgemeinheits-Theilungen
(Amtsblatt de 1843 Seite 115):

1) der Land- und Stadtrichter Berndt zu Alt-Landsberg,
2) der Major von Veltheim auf Stolpe,
3) der Schloßhauptmann, Graf von Arnim auf Blumberg,
      als Mitglieder der zu constituirenden Kreis-Jagdtheilungs-Kommission,
4) der Land- und Stadtrichter Scharnweber zu Bernau,
5) der Rittergutsbesitzer Henry auf Fredersdorf und
6) der Rittergutsbesitzer Luther auf Mehrow,
      als deren Stellvertreter

gewählt und bestätigt worden, was hierdurch mit dem Bemerken zur öffentlichen
Kenntniß gebracht wird, daß in unserer Bekanntmachung vom 25. April d. J.
(Amtsblatt de 1844 Seite 105) statt „Nieder-" Oberbarnimscher Kreis heißen muß.

Königl. Regierung. Abtheilung des Innern.

Verordnungen und Bekanntmachungen des Königl. Kammergerichts.

№ 6.
Verhütung
des Kinder-
mordes.

Die Preußischen Strafgesetze enthalten folgende Vorschriften zur Verhütung des
Kindermordes:

1. Jede außer der Ehe geschwängerte Weibsperson, auch Ehefrauen, die von
ihren Ehemännern entfernt leben, müssen ihre Schwangerschaft der Ortsobrigkeit,
oder ihren Eltern, Vormündern, Dienstherrschaften, einer Hebamme, Geburtshelfer,
oder einer andern ehrbaren Frau anzeigen, und sich nach ihrer Anweisung achten.

2. Die Niederkunft darf nicht heimlich geschehen, sondern mit gehörigem
Beistand.

3. Ist dabei nur eine Frau gegenwärtig, so muß das Kind sofort vorgezeigt
werden, es mag todt oder lebendig sein.

4. Vorsätzliche Tödtung des Kindes ziehet die Todesstrafe nach sich, verliert
es durch unvorsichtige Behandlung das Leben, so tritt Zuchthausstrafe von mehrjähriger bis lebenswieriger Dauer ein.

5. Aber auch schon diejenige Weibsperson, welche Schwangerschaft und Geburt
verheimlicht, hat, wenn das Kind verunglückt ist, mehrjährige Zuchthausstrafe zu
gewärtigen, sollte sie sonst auch nichts gethan haben, wodurch der Tod des Kindes
veranlaßt worden.

6. Vernachlässigen der Schwängerer, die Eltern, Vormünder oder Dienstherrschaften ihre Pflichten, so sind sie strafbar und verantwortlich.

Königl. Preuß. Kammergericht.

(Hierbei ein öffentlicher Anzeiger.)

Amtsblatt
der Königlichen Regierung zu Potsdam und der Stadt Berlin.

Stück 29.   Den 19. Juli.   **1844.**

Allgemeine Gesetzsammlung.

Das diesjährige 20ste Stück der Allgemeinen Gesetzsammlung enthält:

№ 2457. Verordnung vom 8. Juni 1844, einige Modifikationen der Gesetze vom 27. März 1824 und 2. Juni 1827 wegen Anordnung von Provinzialständen im Herzogthum Schlesien, der Grafschaft Glatz und dem Markgrafthum Ober-Lausitz betreffend.

№ 2458. Allerhöchste Kabinetsordre vom 10. Juni 1844, betreffend ergänzende Bestimmungen zum § 18 der Kreis-Ordnung für das Großherzogthum Posen vom 20. Dezember 1828, in Ansehung der Vertretung derjenigen bei Abwickelung von Kommunal-Gegenständen früherer Kreis-Verbände betheiligten Ortschaften, welche nach der jetzigen Kreis-Verfassung von jenen früheren Verbänden getrennt sind.

№ 2459. Allerhöchste Kabinetsordre vom 14. Juni 1844, einige Modifikationen der bisherigen Besteuerung des fremden Eisens betreffend.

№ 2460. Allerhöchste Kabinetsordre vom 1. Juli 1844, die Eingangs-Zollsätze vom ausländischen Zucker und Syrup und die Steuer vom ausländischen Rübenzucker betreffend.

Verordnungen und Bekanntmachungen
für den Regierungsbezirk Potsdam und für die Stadt Berlin.

Potsdam, den 13. Juli 1844.

№ 168.
Industrie-Ausstellung in Berlin.
I. 778. Juli.

Nach den bis jetzt zu der in Berlin bevorstehenden deutschen Industrie-Ausstellung eingegangenen Anmeldungen ist in manchen Kreisen die Ansicht verbreitet, als ob zu dieser Ausstellung lediglich Erzeugnisse der Fabrik-Industrie geeignet seien. Es wird deshalb darauf aufmerksam gemacht, daß der Zweck, diejenigen Industrie-Erzeugnisse, deren Gebrauch allgemein verbreitet ist, und welche im Gebiete der deutschen Bundesstaaten gut und preiswürdig in größeren Quantitäten geliefert, oder mit besonderer Sorgfalt und Kunstfertigkeit verfertigt werden, in offen gelegten Proben zu vereinigen, bei dem volkswirthschaftlichen Standpunkte Deutschlands auch wesentlich geeignete Proben der landwirthschaftlichen, so wie der berg- und hüttenmännischen Industrie, besonders, insofern sie Rohstoffe für die verarbeitenden Gewerbe liefert, in sich schließt. Demnach werden Spinnstoffe, welche in vorzüglicher Beschaffenheit geliefert werden, feine Wollfließe, Flachse, inländische Seide, Pottasche, Theer, Cement, Metalle nebst den Rohstoffen, woraus sie gewonnen werden, Salze und ähnliche Rohprodukte in mäßigen, nicht zu vielen Raum in Anspruch nehmenden Proben für die Ausstellung willkommen sein. Was insbesondere die Handwerker-Arbeit betrifft, so ist dieselbe dann, wenn besondere Sorgfalt und Kunstfertigkeit darauf verwendet, oder etwas Neues, Eigenthümliches oder besonders Sehenswürdiges an ihr zu bemerken ist, oder wenn sie in größeren Quantitäten geliefert und in den Handel gebracht wird, für die Ausstellung geeignet.

Hinsichts der in den Waaren-Designationen, wovon das Formular hier beigedruckt ist, gewünschten Nachrichten über den Ursprung und Preis der Rohstoffe oder verarbeiteten Halbmaterialien wird wiederholt bemerkt, daß die Annahme der angemeldeten Gegenstände von diesen Angaben nicht abhängig gemacht wird.

Die Erstattung der Kosten des Her- und Rücktransports ist nunmehr von fast sämmtlichen Hohen Regierungen des deutschen Zollvereins übernommen, auch die portofreie Postbeförderung der nicht über 40 Pfund wiegenden Sendungen für die

Aus-

Anmeldung für die Gewerbe-Aus-

Abgeliefert von dem ....

Bemerkungen. a) Die Anmeldungen sind bis zum 1. Juli, die Gegenstände selbst bis Zeughause abzuliefern, wobei bemerkt wird, daß die rechtzeitig
b) Die Geheimhaltung der Preise gestattet kein Urtheil über die Preis-
c) Die Spalten 6 und 7 sind mit Ja oder Nein auszufüllen.
d) Die Ausfüllung der Spalte 8 ist zwar beliebig; sofern jedoch das desselben anzugeben sein.
e) Nachrichten über die Stücke oder die Gewerbe-Anstalten werden

1.	2.	3.	4.	5.	6.
Der einzusendenden einzelnen Stücke		Signatur des Kollo, worin die Einsendung erfolgt.	Gewöhnlicher unzweifelhafter Preis beim Verkauf in größeren Quantitäten aus erster Hand.		
Litt.	Nähere Benennung und Beschreibung.		Quantum.	Preißsatz.	Wird die Veröffentlichung verbeten?

Die Verfertigung der vorstehend bezeichneten Stücke in der von mir betriebenen

Werkstätte zu ....

Berlin, den ,... ten .... 1844.

Ausstellung auf den Posten der Königlich Preußischen, Königlich Sächsischen, Großherzoglich Badischen, Großherzoglich Sächsischen und Großherzoglich Oldenburgischen Staaten bewilligt.

Was endlich die Entschädigung für etwanige Entwendung, Zerbrechen, Zerreißen oder sonstige äußere Beschädigungen betrifft, welche sorgfältiger Beaufsichtigung ohngeachtet, bei den ausgestellten Gegenständen vorkommen könnten, so ist es Absicht, in den Fällen, in welchen erhebliche Gründe der Billigkeit für eine solche Ersatzleistung sprechen, dieselbe ebensowenig zu versagen, wie dies bei den früheren Gewerbe-Ausstellungen in Berlin geschehen ist.

Diejenigen der Herren Aussteller, welche zu dieser Ausstellung selbst hinzureisen beabsichtigen, werden ersucht, sich Behufs Empfangnahme der für sie bestimmten Freikarten auf dem im Ausstellungslokal befindlichen Büreau der Kommission für die Gewerbe-Ausstellung zu melden.

Königl. Regierung. Abtheilung des Innern.

Formular I.

_____

stellung zu Berlin im August 1844.

wohnhaft . . . . Straße № . . . . № . . . . .
zum 22. Juli an das Büreau der Kommission für die Gewerbe-Ausstellung im Königl.
Angemeldeten bei der Wahl der Plätze sorgfältig berücksichtigt werden sollen.
würdigkeit der ausgestellten Gegenstände.

Fabrikat auswärtigen Ursprungs und im Inlande nur veredelt ist, wird der Ursprung

auch in Beilagen sehr willkommen sein.

7.	8.	9.
Ist das eingesendete Stück für den Preis verkäuflich?	B e m e r k u n g e n über Werth oder Merkwürdigkeit der Stücke, Ursprung und Preis der benutzten Materialien oder Halbfabrikate, über die Ausdehnung des Gewerbes und die dabei von dem Verfertiger beschäftigte Arbeiterzahl.	Summa des Versicherungswerths der ausgestellten Stücke.
		Nach Rgr. 4

. . . . fortwährend beschäftigten.
wird versichert durch Unterzeichnung meines Namens.

Verordnungen und Bekanntmachungen,
welche den Regierungsbezirk Potsdam ausschließlich betreffen.

Potsdam, den 8. Juli 1844.

№ 169.
Amts- und Kassen-Verwaltung der Aemter Buchholz und Teupiz-Münchehofe.
III. 349. Juni.

Dem Pächter des Königl. Domainen-Amts Buchholz, Amtsrath Zierenberg, ist die bisher von demselben geführte Amts- und Kassen-Verwaltung der Aemter Buchholz und Teupiz-Münchehofe auf seinen Antrag abgenommen, und es ist diese Verwaltung von Trinitatis d. J. ab, dem Bürgermeister Cusig zu Buchholz provisorisch übertragen worden.

Königl. Regierung.
Abtheilung für die Verwaltung der direkten Steuern, Domainen und Forsten.

Potsdam, den 5. Juli 1844.

№ 170.
Beitritt des Kaufmanns Eglermeyer zu Pritzwalk zum Schutz-Verbande gegen den Schleichhandel.
IV. 853. Juni.

Die nachstehende Bekanntmachung des Magistrats zu Meyenburg:

„Bekanntmachung.

Der hiesige Kaufmann Bernhard August Eglermeyer, welcher mit dem Kaufmann Gerhard Lucas Büscher zu Pritzwalk einen Sozietäts-Kontrakt errichtet hat, der sich auch auf die hier und zu Pritzwalk unter der Firma: „Büscher & Kompagnie" bestehende Waarenhandlung bezieht, ist laut Protokolls des hiesigen Gerichts vom 9. Mai d. J. dem von den Kaufleuten zu Pritzwalk unterm 12. April 1836 unter sich gegen den Schleichhandel errichteten Schutzverbande dahin beigetreten, daß er gelobet hat, sich dem Schleichhandel niemals hinzugeben, oder denselben in irgend einer Art vermittelnd zu begünstigen. Dabei hat er versprochen, wenn er dennoch des Schleichhandels überführt und deswegen zur Bestrafung gezogen werden möchte, eine besondere Geldbuße von funfzig Thalern an den Denunzianten oder, wenn dieser ein Königlicher Steuerbeamte sein sollte, an die Orts-Armenkasse zu Meyenburg zu zahlen.

Auf den Antrag des Eglermeyer wird dies hiermit zur öffentlichen Kenntniß gebracht. Meyenburg, den 12. Juni 1844.

Der Magistrat."

wird hierdurch zur öffentlichen Kenntniß gebracht.

Königl. Regierung.
Abtheilung für die Verwaltung der indirekten Steuern.

Verordnungen und Bekanntmachungen des Königl. Kammergerichts.

№ 7.

Sämmtliche Untergerichte im Departement des Königl. Kammergerichts werden hierdurch aufgefordert, ihre Anträge wegen der ihren Unterbeamten mit Rücksicht auf die Allerhöchste Kabinetsordre vom 15. September 1842 (Justi-Ministerialblatt Pag. 327) zu bewilligenden Kleidergelder, wenn sie dergleichen für das Jahr 1844 zu machen haben und noch damit im Rückstande sind, spätestens bis zum

1. September b. J. einzureichen, indem auf spätere Vorschläge nicht Rücksicht genommen werden wird. Berlin, den 8. Juli 1844.

Königl. Preuß. Kammergericht.

Verordnungen und Bekanntmachungen des Königl. Konsistoriums und Schulkollegiums der Provinz Brandenburg.

Die diesjährige Aufnahme-Prüfung für das Schullehrer-Seminar zu Neuzelle wird   *№ 7.*

am 5. und 6. August b. J.

daselbst Statt finden.

Die schon einmal oder öfter geprüften Präparanden haben sich am Nachmittage des 4. August b. J., die übrigen am Nachmittage des 5. August b. J. bei dem Herrn Seminar-Direktor Erüger zu Neuzelle zu melden, alle aber haben

a) eine Bescheinigung, daß die Impfung der Schutzblattern innerhalb der letzten zwei Jahre wirksam an ihnen vollzogen oder wiederholt worden sei,

b) eine von der Ortsobrigkeit attestirte Erklärung der Eltern und beziehungsweise des Vormundes, wie viel sie an Kostgeld zahlen können,

beizubringen, wobei bemerkt wird, daß auf Einzahlung des versprochenen Kostgeldes mit Bestimmtheit gerechnet werden muß, und nachträgliche Gesuche um Ermäßigung der verheißenen Summe nicht berücksichtigt werden können.

Die Herren Superintendenten und Schul-Inspektoren, welche Präparanden zur Aufnahme in das Seminar zu Neuzelle angemeldet haben, werden ersucht, selbige auf den Inhalt dieser Bekanntmachung aufmerksam zu machen.

Berlin, den 9. Juli 1844.

Königl. Schul-Kollegium der Provinz Brandenburg.

Verordnungen und Bekanntmachungen der Behörden der Stadt Berlin.

Es wird hierdurch zur öffentlichen Kenntniß gebracht, daß der hiesige Krammarkt, welcher nach Angabe in den Kalendern am 4. November b. J. seinen Anfang nehmen und dann mit der Frankfurter Messe zusammenfallen würde, schon am 21. Oktober b. J. beginnen wird. Berlin, den 6. Januar 1844.   *№ 52.* Jahrmarkts-Verlegung.

Königl. Polizei-Präsidium.

Republikation.

Im Verfolge der früheren Bekanntmachungen wird hierdurch wiederholt darauf aufmerksam gemacht, daß sämmtliche sogenannte Kommissionaire und ebenso die, zur gewerbsweisen Anfertigung schriftlicher Arbeiten für Andere, in außergerichtlichen Angelegenheiten, verstatteten sogenannten Konzipienten, ohne Unterschied, ob   *№ 53.* Kommissions-Komtoire und Kommissionaire betr.

sie ihre öffentlichen Ankündigungen und einzelnen Erlasse nur mit ihrem Namen unterzeichnen, oder zugleich der Firma von Komptoiren, Büreaus, Nachweisungs= und Verforgungs=Anstalten, Expeditionen u. s. w. sich dabei noch bedienen, keines= weges vom Staate angestellte oder ausdrücklich autorisirte Geschäftsmänner sind, wie solches rücksichtlich der Justiz=Kommissarien und Notarien, auch der in Eid= und Pflicht genommenen Agenten, Makler und Schaffner zutrifft, sondern alle ihre Geschäfte nur als ein freies, lediglich vom Zutrauen des Publikums abhängiges Gewerbe betreiben. Es bleibt daher die eigene Sache eines Jeden, der solchen Gewerbetreibenden Aufträge ertheilen oder sonstige Leistungen derselben in Anspruch nehmen will, vorgängig selbst näher zu erwägen, ob er ihnen, sowohl in Rücksicht auf die entsprechende Erledigung, als insbesondere auch wegen der zu gewährenden vorläufigen und definitiven Remunerations=Zahlungen unbedingtes Vertrauen zu schenken, oder aber in diesen Beziehungen zunächst genauere feste Vereinbarungen zu treffen für angemessen zu erachten hat. Wer dies vernachläffigt, hat es sich allein auch beizurechnen, wenn er seine Erwartungen vielleicht nicht immer erfüllt finden sollte. Berlin, den 3. Juli 1844.

Königl. Polizei=Präsidium.

№ 54.
Anzeige vor=
kommender
Fälle von an=
steckenden
Krankheiten.

Es ist mehrere Male vorgekommen, daß Anmeldungen von Kranken, die an ansteckenden Krankheiten und namentlich an den Menschenblattern litten, dem Po= lizei=Präsidio nicht zugegangen sind, wenn die Aerzte dergleichen Anzeigen den An= gehörigen der Kranken zur Besorgung übergeben hatten. Um diesem in mehrfacher Beziehung nachtheiligen Uebelstande zu begegnen, wird den Herren Aerzten hiermit wiederholt empfohlen, in solchen Fällen die Anzeige in doppelten Exemplaren abzu= faffen und das eine derselben, mit dem Polizeistempel des betreffenden Revier= Kommissarius, an welchen die Anzeigen einzureichen sind, versehen, sich als Beschei= nigung von der mit der Besorgung beauftragten Person zurückgeben zu lassen.

Berlin, den 1. Juli 1844.   Königl. Polizei=Präsidium.

Personalchronik.

Der bisherige hiesige Regierungs=Haupt=Kassen=Buchhalter Richter ist als Geheimer expedirender Sekretair und Rechnungsbeamte bei dem Königl. Ministerio der auswärtigen Angelegenheiten angestellt und der bisherige Regierungs=Sekretair Krüger I. zum Buch= halter bei der Regierungs=Haupt=Kasse ernannt, an die Stelle des Letztern aber der bisherige Regierungs=Sekretariats=Assistent Hollweg zum Regierungs=Sekretair beim hiesigen Regierungs=Kollegio befördert und die hierdurch erledigte Regierungs=Sekretariats= Affistentenstelle dem bisherigen Militair=Supernumerarius, Premier=Lieutenant a. D. von der Golz, verliehen worden.

Der bisherige Kammergerichts=Auskultator Friedrich Otto Rudolph Wollank ist zum Kammergerichts=Referendarius ernannt. Der Justiz=Kommissarius Herrmann Frie= drich Valenthin von Cöslin ist als Justiz=Kommissarius bei dem Kammergericht und

Notarius in dem Departement desselben versetzt. Der Kammergerichts-Auskultator Friedrich Eduard Ewald Freiherr von Rechenberg ist auf seinen Antrag aus dem Justizdienste entlassen. Der bisherige Kammergerichts-Auskultator Karl Choltitz ist mit dem Dienstalter vom 8. Mai d. J. zum Kammergerichts-Referendarius ernannt. Der Kammergerichts-Auskultator Leopold Ehrenfried Gustav Schnackenberg ist auf seinen Antrag an das Oberlandesgericht zu Glogau versetzt. Der Kammergerichts-Referendarius Friedrich August Potthoff ist auf seinen Antrag an das Königl. Oberlandesgericht zu Paderborn versetzt. Der Land- und Stadtrichter Friedrich Heinrich Herrmann Berndt zu Alt-Landsberg ist durch die Ministerial-Verfügung vom 1. Juni d. J. zum Land- und Stadtgerichts-Direktor ernannt. Der Registratur-Assistent Louis Schultze ist durch die Präsidial-Verfügung vom 22. Juni d. J. zum Registrator ernannt. Der bisherige Kammergerichts-Referendarius Woldemar Theobald Otto Schreiner ist zum Kammergerichts-Assessor ernannt. Der bisherige Kammergerichts-Auskultator Heinrich Martin Wilhelm Keibel ist zum Kammergerichts-Referendarius ernannt. Der Kammergerichts-Auskultator Oskar Julius Spitzer ist auf seinen Antrag aus dem Justizdienste entlassen.

Der Doktor der Medizin und Operateur Friedrich Wilhelm Gottfried Protz in Berlin ist auch als Geburtshelfer verpflichtet und der Doktor der Medizin und Chirurgie Karl Julius Kanzler als praktischer Arzt, Wundarzt und Geburtshelfer in den Königlichen Landen approbirt und vereidigt worden.

Die Feldmesser Otto Baensch, Louis Giersberg und Heinrich Koch sind im Laufe des 2ten Quartals d. J. von der Königl. Ministerial-Bau-Kommission in Berlin vereidigt worden.

Von der General-Kommission für die Kurmark Brandenburg ist der Schulze Karl Dühl zu Dechtow zum Kreisboniteur in deren Ressort bestellt, und als solcher ein für allemal verpflichtet worden.

Der Predigtamts-Kandidat Johann Karl Friedrich Weitling ist als Früh- und Hülfsprediger an der Jerusalems- und neuen Kirche in Berlin angestellt worden.

A. Zu Schiedsmännern wurden neu gewählt: Der Webermeister Friedrich Mücke zu Rorwareß für den 2ten ländlichen Bezirk des Teltowschen Kreises, der Gutsbesitzer Lemm zu Rudow für den 3ten ländlichen Bezirk des Teltower Kreises, der Gärtner Friedrich Lehmann in den Halleschen Thor-Etablissements für den 4ten ländlichen Bezirk des Teltower Kreises, der Lehnschulze Arndt zu Clausdorff für den 6ten ländlichen Bezirk des Teltower Kreises, der Kaufmann Zech zu Teupitz für den 7ten ländlichen Bezirk des Teltower Kreises, der Zimmermeister Schönau zu Amtsfreiheit Trebbin für den 8ten ländlichen Bezirk des Teltower Kreises, der Zimmermeister Uhr zu Oranienburg für den 2ten Stadtbezirk daselbst, der Kaufmann August Gottlieb Müller zu Rathenow für den 1sten Bezirk der Stadt Rathenow, der Gutsbesitzer Karl Ferdinand Wiesecke zu Plauerhoff für den 9ten ländlichen Bezirk des Westhavelländischen Kreises, und der Kaufmann Julius August Mücke zu Beeskow für den 2ten Bezirk der Stadt Beeskow.

B. Zu Schiedsmännern wurden wieder gewählt: Der Bürgermeister Reitz zu Werder für die Stadt Werder, der Bürgermeister Matz zu Alt-Landsberg für die Stadt Alt-Landsberg, der Kämmerer Gerloff zu Beelitz für die Stadt Beelitz, der Hofrath Stackebrandt zu Tempelhoff für den 1sten ländlichen Bezirk des Teltower Kreises, der Kruggutsbesitzer Pasewalk zu Zehlendorff für den 11ten ländlichen Bezirk des Teltower Kreises, der Kreisdeputirte Graf von Haeseler auf Blankenfelde für den 8ten ländlichen Bezirk des Teltower Kreises, der Gutspächter Kramisch zu Wendisch-Wilmersdorf für den 9ten ländlichen Bezirk des Teltower Kreises, der Gutsbesitzer Sieburg zu Schenkendorff für den 12ten ländlichen Bezirk des Teltower Kreises, und der Kaufmann Karl Johann Oppermann zu Beeskow für den 1sten Bezirk der Stadt Beeskow.

Vermischte Nachrichten.

Der wegen früherer Lebensrettungen bereits mit der Rettungs-Medaille am Bande Allerhöchst begnadigte Glashändler Heinrich Ferdinand Roy hierselbst hat bei Gelegenheit des in der Nacht zum 14. Januar v. J. in dem Hause Weber-straße № 40 b stattgefundenen Brandes eine Familie, welche sich in der Gefahr befand zu ersticken, durch Einschlagen der Giebelwand des Nachbarhauses, aus dieser Gefahr gerettet.

Diese rühmliche Handlung wird hierdurch zur öffentlichen Kenntniß gebracht.

Berlin, den 30. Juni 1844.   Königl. Polizei-Präsidium.

Geschenke an Kirchen.

Die Stadt Brück hat mit einem Kostenaufwande von 4000 Thlrn. die in ihren Grundmauern stark beschädigte dortige Stadtkirche herstellen und dieselbe, in Stelle des vor 80 Jahren abgebrannten Thurms, mit einem neuen Thurme versehen lassen, es wird dies um so mehr hierdurch belobigend bekannt gemacht, als die Gemeine dies große Opfer willig und ohne irgend einen Zwang gebracht hat.

(Hierbei ein öffentlicher Anzeiger.)

Amtsblatt
der Königlichen Regierung zu Potsdam und der Stadt Berlin.

Stück 30.   Den 26. Juli.   **1844.**

Allgemeine Gesetzsammlung.

Das diesjährige 21ste Stück der Allgemeinen Gesetzsammlung enthält:

№ 2461. Allerhöchste Kabinetsordre vom 28. Juni 1844 in Bezug auf die unter demselben Dato erlassene Verordnung über das Verfahren in Ehesachen.

№ 2462. Verordnung über das Verfahren in Ehesachen. Vom 28. Juni 1844.

Das diesjährige 22ste Stück der Allgemeinen Gesetzsammlung enthält:

№ 2463. Kartel-Konvention, unterzeichnet von den Bevollmächtigten Sr. Majestät des Königs von Preußen und Sr. Majestät des Kaisers von Rußland, Königs von Polen, am 1/13. Mai 1844.

№ 2464. Allerhöchste Kabinetsordre vom 21. Juni 1844, betreffend den Kleinhandel mit Getränken und den Gast- und Schankwirthschafts-Betrieb.

Verordnungen und Bekanntmachungen für den Regierungsbezirk Potsdam und für die Stadt Berlin.

Bekanntmachung,
die Kündigung der in der sechsten Verloosung gezogenen Kur- und Neumärkschen Schuldverschreibungen betreffend.

In Folge unserer Bekanntmachung vom 20. d. M. sind die für das zweite Semester d. J. zur Tilgung bestimmten 49,100 Thlr. Kurmärksche Schuldverschreibungen und 12,000 Thlr. Neumärksche Schuldverschreibungen in der am heutigen Tage stattgefundenen sechsten Verloosung zur Ziehung gekommen, und werden, nach ihren Littern, Nummern und Geldbeträgen, in dem als Anlage hier beigefügten Verzeichnisse geordnet, den Besitzern hierdurch mit der Aufforderung gekündigt, den Nominalwerth derselben, und zwar der Kurmärkschen Schuldverschreibung am 1. November d. J. und der Neumärkschen Schuldverschreibungen am 2. Januar k. J. in den Vormittagsstunden von 9 bis 1 Uhr, bei der Kontrole der Staatspapiere, hier in Berlin, Taubenstraße № 30, baar abzuheben.

Da die weitere Verzinsung dieser Schuldverschreibungen, und zwar: der Kurmärkschen vom 1. November d. J. und der Neumärkschen vom 2. Januar k. J. ab aufhört, indem die von diesen Terminen an laufenden ferneren Zinsen, der Bestimmung des § V im Gesetz vom 17. Januar 1820 (Gesetzsammlung № 577) gemäß, dem Tilgungsfonds zufallen; so müssen mit den Ersteren zugleich die zu denselben gehörigen 6 Zinskoupons Ser. II № 3 bis 8, welche die Zinsen vom

№ 171.
Die Kündigung und Aufzahlung der in der sechsten Verloosung gezogenen Kur- und Neumärkschen Schuldverschreibungen betreffend.
C. 55. Juli.

1. November d. J. bis 1. November 1847 umfassen, und mit den Letzteren die zu denselben gehörigen 5 Zinskoupons Ser. II №. 4 bis 8, über die Zinsen vom 2. Januar k. J. bis 1. Juli 1847 abgeliefert werden, widrigenfalls für jeden fehlenden Koupon der Betrag desselben von der Kapital-Valuta abgezogen werden wird, um für die später sich meldenden Inhaber der Koupons reservirt zu werden.

Die über den Kapitalwerth der Kur- und Neumärkschen Schuldverschreibungen auszustellenden Quittungen müssen für jede dieser beiden Schulden-Gattungen auf einem besonderen Blatte ausgestellt, und in denselben die Schuldverschreibungen einzeln mit Littern, Nummern und Geldbeträgen verzeichnet, so wie die einzuliefernden Zinskoupons mit ihrer Stückzahl angegeben werden.

Zugleich wiederholen wir unsere frühere Bemerkung, daß wir so wenig, wie die Kontrole der Staatspapiere, uns mit den außerhalb Berlin wohnenden Besitzern der vorbezeichneten gekündigten Kur- und Neumärkschen Schuldverschreibungen, wegen Realisirung derselben in Korrespondenz einlassen können, denselben vielmehr überlassen bleiben muß, diese Dokumente an die nächste Regierungs-Hauptkasse, zur weiteren Beförderung an die Kontrole der Staatspapiere, einzusenden.

Berlin, den 27. Juni 1844.

Hauptverwaltung der Staatsschulden.

Rother. v. Berger. Natan. Köhler. Knoblauch.

Potsdam, den 14. Juli 1844.

Vorstehende Bekanntmachung der Königl. Hauptverwaltung der Staatsschulden wird hierdurch zur allgemeinen Kenntniß gebracht, mit dem Bemerken, daß das darin angezogene Verzeichniß der in der sechsten Verloosung gezogenen Kur- und Neumärkschen Schuldverschreibungen, diesem Amtsblatt-Stücke als besondere Beilage beigefügt ist.

Uebrigens wird ein Exemplar des Verzeichnisses für die dabei Betheiligten in der Regierungs-Hauptkasse zur Einsicht ausgehängt werden, und fordern wir die betreffenden Behörden hierdurch auf, ein Gleiches auch bei den übrigen öffentlichen Kassen zu bewirken. **Königl. Regierung.**

№ 172.
Industrie-
Ausstellung
in Berlin.
I. 1844. Juli.

Potsdam, den 22. Juli 1844.

Da von vielen Fabrikbesitzern die Kürze der Vorbereitungszeit für die am 15. August d. J. in Berlin zu eröffnende Ausstellung von Industrie-Erzeugnissen der deutschen Bundesstaaten der Beschickung derselben entgegengesetzt wird, so wird darauf aufmerksam gemacht, daß der Hauptzweck dieses Unternehmens nicht auf eine Zusammenstellung besonderer, mit großem Kostenaufwande ausgearbeiteter Meisterwerke, sondern auf eine Darstellung des wahren Zustandes der verschiedenen Gewerbszweige gerichtet ist. Solche Stücke, welche von den bekannten Leistungen der betreffenden Gewerbstätten abweichen, können bei der Besichtigung leicht Irrungen hervorrufen, während für die Ausstellung das, was beständig und in dieser Weise am vorzüglichsten gearbeitet wird, genügt. Es wird daher die Einsendung von Erzeugnissen der wichtigeren Gewerbestätten, welche für die Bedürfnisse des Publikums in größerem Umfange sorgen, in Proben ihrer gewöhnlichen Arbeit, gewünscht.

Chemische oder andere Erzeugnisse, welche sich auf dem Transport oder in der Wärme der Ausstellungsräume selbst entzünden könnten, sind gar nicht, leicht feuerfangende Gegenstände nur in sehr geringen Proben, und in Flaschen wohl verwahrt, einzusenden.

Hinsichts der Einsendungsfrist bleibt es bei der Ausdehnung derselben bis zum 12. August d. J. **Königl. Regierung.** Abtheilung des Innern.

Verordnungen und Bekanntmachungen,
welche den Regierungsbezirk Potsdam ausschließlich betreffen.

Potsdam, den 13. Juli 1844.

Mit Bezug auf die Bekanntmachung vom 29. August 1812 sub 3 (Amtsblatt № 418) wegen der Legitimation bei dem Einbringen von Birkenreis oder der gebundenen Besen in die Städte wird hierdurch bekannt gemacht, daß dabei dasselbe polizeiliche Kontrol- und Straf-Verfahren stattfindet, welches für Holzeinbringungen in die Städte überhaupt in der weiteren Bekanntmachung vom 15. November 1842 (Amtsblatt № 259) vorgeschrieben ist.

Wir geben daher den Polizeibeamten und den Zoll- und Steuerbeamten auf, die genannten Gegenstände bei dem Transport in die Städte, wenn ein gehöriges Attest nicht vorgezeigt werden kann, anzuhalten, und der Orts-Polizeibehörde davon Anzeige zu machen. **Königl. Regierung.**
Abtheilung für die Verwaltung der direkten Steuern, Domainen und Forsten.

№ 173. Einbringung von Birkenreis oder der gebundenen Besen in die Städte. III. f. 223. März.

Potsdam, den 19. Juli 1844.

Mit Bezug auf die Bekanntmachung vom 12. Dezember 1831 (Amtsblatt Seite 360) wird auf den Grund der Allerhöchsten Kabinetsordre vom 4. September 1831 hierdurch wiederholt in Erinnerung gebracht, daß Militairpflichtige durch Verheirathung oder Ansäßigmachung ihrer Verpflichtung zum Dienste im stehenden Heere nicht überhoben werden.

Zugleich veranlassen wir die Herren Geistlichen unsers Verwaltungsbezirks, die Militairpflichtigen bei Nachsuchung des Aufgebots auf jene Allerhöchste Bestimmung aufmerksam zu machen, und darüber zu ihrem Ausweis eine Verhandlung mit denselben aufzunehmen, wozu es aber eines Stempelbogens nicht bedarf.
Königl. Regierung.
Abtheilung des Innern und Abtheilung für die Kirchenverwaltung und das Schulwesen.

№ 174. Betreffend die Verheirathung der Militairpflichtigen. I. 678. Juli.

Potsdam, den 19. Juli 1844.

Der § 12 der Ober-Präsidial-Bekanntmachung vom 16. September 1842 (Amtsblatt de 1842 Seite 269) bestimmt, daß, wer ein neues Haus oder ein anderes mit einer Feuerung versehenes Gebäude errichtet, dasselbe mit gehörigen Brandgiebeln

№ 175. Baupolizei in den Städten betreffend. I. 369. Juni.

versehen muß, außer wenn die benachbarten Gebäude solche bereits besitzen oder mindestens 30 Fuß entfernt sind. Dagegen ist in der vorgedachten Bekanntmachung nicht bestimmt angegeben, welche Vorschriften bei der beabsichtigten Vergrößerung eines Gebäudes durch Etagenaufsetzung, in Betreff der Bauart des Giebels maaßgebend sein sollen.

Bei Erörterung eines Spezialfalles hat sich das Königl. Hohe Ministerium des Innern mit uns dahin einverstanden erklärt, daß die in dem oben allegirten Paragraphen enthaltenen beim Neubau eines Hauses zu beobachtenden Vorschriften im Allgemeinen auch bei der Aufsetzung einzelner Etagen zur Anwendung gebracht werden müssen.

Indem wir den Magisträten und sonstigen Orts-Polizeibehörden vorstehende Bestimmung zur genauen Befolgung in vorkommenden Fällen hierdurch bekannt machen, bemerken wir noch, daß einzelne Ausnahmen hiervon nur bei besonderen in der Lokalität begründeten Schwierigkeiten von uns genehmigt werden können.

Königl. Regierung. Abtheilung des Innern.

Potsdam, den 20. Juli 1844.

№ 176.
Blutegel in den Apotheken.
J. 777. Juli.

Auf Veranlassung der, von einigen Apothekern erhobenen Bedenken gegen die Ausführbarkeit der Bestimmungen des Ministerial-Rescriptes vom 16. Dezember 1837 über die Qualitäts- und Größen-Verhältnisse der in den Apotheken zu haltenden Blutegel (Amtsblatt Jahrgang 1838 Seite 9 — 11) sind in der Charité-Anstalt weitere sorgfältige Versuche über das Saugevermögen der Blutegel angestellt und es ist in Folge derselben, nach den übereinstimmenden Anträgen der Charité-Direktion, des Kuratoriums für die Krankenhaus-Angelegenheiten, der Kommission zur Bearbeitung der Pharmakopoe und der wissenschaftlichen Deputation für das Medizinalwesen, unterm 3. d. M. Seitens des Königl. Hohen Ministerii der Geistlichen, Unterrichts- und Medizinal-Angelegenheiten bestimmt worden, daß: 1) die Apotheker nicht verbunden sein sollen, deutsche und ungarische Blutegel von allen Sorten beständig vorräthig zu halten, wohl aber, nach wie vor, kleinere, mittlere und größere Blutegel, mit der Maaßgabe, daß fortan das Gewicht: a) der kleinen auf 8 bis 15 Gran, b) der mittleren auf 16 bis 30 Gran, c) der größten auf über 30 Gran festgesetzt wird.

Die Herren Apotheker des diesseitigen Regierungsbezirks haben sich nach dieser Bestimmung genau zu achten.

Königl. Regierung. Abtheilung des Innern.

Potsdam, den 12. Juli 1844.

№ 177.
Agentur-Bestätigung.
J. 480. Juli.

Der Holzhändler C. Fr. Weyer zu Oranienburg ist als Agent der Feuerversicherungs-Gesellschaft Borussia für die Stadt Oranienburg und Umgegend bestätigt, was auf Grund des § 12 des Gesetzes vom 8. Mai 1837 hierdurch zur öffentlichen Kenntniß gebracht wird.

Königl. Regierung. Abtheilung des Innern.

Potsdam, den 13. Juli 1844.

Auf Grund des § 12 des Gesetzes vom 8. Mai 1837 wird hierdurch zur öffentlichen Kenntniß gebracht, daß der Rittergutsbesitzer Her tz zu Schmarsow, Kreis Prenzlow, als Spezial-Direktor (Agent) der Schwedter Hagelschaden- und Mobiliar-Brandversicherungs-Gesellschaft für den Prenzlower Kreis bestätigt worden ist, nachdem der bisherige Agent dieser Gesellschaft für den genannten Kreis, Gutsbesitzer Menz zu Züsedom diese Geschäfte niedergelegt hat.

Königl. Regierung. Abtheilung des Innern.

№ 178.
Agentur-Bestätigung.
I. 478. Juli.

Potsdam, den 15. Juli 1844.

Der Domainenpächter Lieutenant Meyer zu Kienberg im Osthavelländischen Kreise ist als Spezial-Direktor (Agent) der Hagelschaden- und Mobiliar-Brand-Versicherungs-Gesellschaft zu Schwedt für den Osthavelländischen Kreis bestätigt worden, was auf Grund des § 12 des Gesetzes vom 8. Mai 1837 hierdurch zur öffentlichen Kenntniß gebracht wird.

Königl. Regierung. Abtheilung des Innern.

№ 179.
Agentur-Bestätigung.
I. 2229. Juni.

Potsdam, den 16. Juli 1844.

Der Kaufmann F. W. Flothow zu Oranienburg ist als Agent der Kurhessischen allgemeinen Hagelversicherungs-Gesellschaft zu Cassel für den diesseitigen Regierungsbezirk bestätigt worden.

Königl. Regierung. Abtheilung des Innern.

№ 180.
Agentur-Bestätigung.
I. 484. Juli.

Verordnungen und Bekanntmachungen des Königl. Kammergerichts.

Nach der Allerhöchsten Kabinetsordre vom 19. Juni d. J. ist die Gerichtsbarkeit über das Etablissement Hirzelslust dem Königl. Land- und Stadtgericht in Neustadt an der Dosse übertragen worden. Berlin, den 11. Juli 1844.

Königl. Preuß. Kammergericht.

№ 8.
Gerichtsbarkeit über Hirzelslust.

Verordnungen und Bekanntmachungen der Behörden der Stadt Berlin.

Durch das neueste Reglement für das Droschken-Fuhrwesen vom 23. November v. J. sind die früheren Reservewagen abgeschafft und Extra-Droschken eingeführt worden. Da diese jedoch, wegen ihrer unregelmäßigen Ausfahrt, an der, nachmals mit den Vereins-Droschken verbundenen Prämien-Vertheilung nicht Theil nehmen können, und die Prämien-Vertheilung überhaupt dadurch Schwierigkeiten erhält, daß einzelne Droschken ohne Ersatz ihrer Nummern zeitweise aus der Fahrt bleiben, so wird hierdurch Folgendes verordnet:

§ 1. Es werden keine Extra-Droschken weiter zugelassen; dagegen wird wiederum der Gebrauch von Reservewagen, und zwar jedem Droschkenbesitzer in beliebiger Anzahl, gestattet.

№ 55.
Das Droschken-Fuhrwesen betreffend.

§ 2. Die vorhandenen Extra-Droschken können zwar ferner als solche benutzt, aber nicht wieder erneuert werden. Dagegen ist gestattet, neu gestellte Extra-Droschken in regulaire Droschken, andere aber in Reservewagen umzuwandeln, wenn sie noch im reglementsmäßigen Zustande sind.

§ 3. Als Reservewagen werden in Zukunft nur neue, den Bedingungen des Reglements entsprechende Wagen zugelassen. Für jetzt sollen jedoch auch die älteren Reservewagen, so wie die Wagen von den Extra-Droschken (§ 2) zugelassen werden, insofern sie noch im Besitz der früheren Eigenthümer und im reglementsmäßigen Zustande sind.

§ 4. Alle Reservewagen müssen dem Aufsichtsbeamten vorgestellt und zum Gebrauch mit dem vorschriftsmäßigen Brennzeichen versehen werden. Den Besitzern von älteren Reservewagen und von Extra-Droschken soll hierzu eine Frist bis zum 1. September d. J. gestattet sein.

§ 5. Jeder Reservewagen muß auf beiden Schlägen mit „Res. W." bezeichnet, beim Gebrauch aber zu beiden Seiten mit Blechtafeln versehen sein, worauf die Nummer der zurückgebliebenen Droschke in den entsprechenden Farben angebracht ist.

Die Reservewagen der Vereinsdroschken-Besitzer müssen zugleich die für die Prämien-Droschken bestimmten Abzeichen haben.

§ 6. Wird für eine zurückbehaltene Droschke kein Reservewagen in Fahrt geschickt, so bleibt der Fuhrherr zu der reglementsmäßigen Anzeige bei dem Aufsichtsbeamten verpflichtet.

§ 7. Die Straf- und Zwangsvorschriften des Reglements finden auf die gegenwärtigen Bestimmungen gleichmäßige Anwendung.

Diese Nachtrags-Verordnung wird besonders abgedruckt und den, von dem Polizei-Kommissarius Aschoff zu debitirenden Droschken-Fuhr-Reglements, unter einer Preiserhöhung derselben auf 3 Sgr. beigefügt werden.

Berlin, den 13. Juli 1844.   Königl. Polizei-Präsidium.

№ 56.
Agentur-Niederlegung.

In Verfolgung der Bekanntmachung vom 28. August 1839 wird hiermit zur öffentlichen Kenntniß gebracht, daß der hiesige vereidete Getreide-Mäkler Johann Friedrich Feller die ihm übertragen gewesene Agentur der zu Triest unter dem Namen: Riunione adriatica di Sicurtà bestehenden Versicherungs-Gesellschaft niedergelegt hat.   Berlin, den 6. Juli 1844.
Königl. Polizei-Präsidium.

№ 57.
Agentur-Angelegenheit.

Mit Bezug auf die Bekanntmachung des Polizei-Präsidii vom 10. Mai d. J. wird hiermit zur öffentlichen Kenntniß gebracht, daß der hiesige Kaufmann Sigismund Marx die ihm übertragene Agentur der Feuerversicherungs-Gesellschaft Borussia zu Königsberg in Preußen nicht angenommen hat.
Berlin, den 10. Juli 1844.   Königl. Polizei-Präsidium.

(Hierbei ein öffentlicher Anzeiger.)

Amtsblatt
der Königlichen Regierung zu Potsdam und der Stadt Berlin.

Stück 31.   Den 2. August.   **1844.**

Ihre Majestäten der König und die Königin wollten heute früh um 8 Uhr eine Reise zunächst nach Erdmannsdorf in Schlesien und weiter nach dem Bade Ischl antreten. Der Reisewagen war in dem Schloß-Portal vorgefahren und nahm zuerst Ihre Majestät die Königin, nachdem Sie die Bittschrift einer Ihrer harrenden Frau abgenommen hatte, Ihren Platz ein; Se. Majestät der König folgten; in dem Augenblicke, wo Allerhöchstdieselben Sich niedersetzten und der Lakai sich bückte, um den Wagenschlag zu schließen, trat ein Mann aus der umstehenden Menge dicht an den Wagen und feuerte ein Doppelpistol in zwei schnell auf einander folgenden Schüssen auf den Wagen ab, der in demselben Augenblicke abfuhr.

Noch auf dem Schloßplatz ließen Se. Majestät den Wagen halten, zeigten dem in ängstlicher Spannung herandrängenden Volke durch Zurückschlagen des Mantels, daß Sie unverletzt seien, dankten für die sich kundgebende Theilnahme, ließen dann den Wagen weiter fahren und setzten die Reise auf der Frankfurter Eisenbahn fort. Erst auf dem Bahnhofe fand man, bei näherer Besichtigung des Wagens, daß wirklich beide Kugeln in das Innere desselben gedrungen waren, und es daher als eine besondere Gnade der Vorsehung angesehen werden muß, daß die hohen Reisenden unversehrt geblieben sind.

Der Verbrecher wurde auf frischer That ergriffen und mit Mühe vor der Volkswuth gesichert, der Wache abgeliefert, demnächst zum Kriminal-Gefängniß abgeführt. Daselbst gab er sich als den vormaligen Bürgermeister Tschech an und wurde als solcher anerkannt. Derselbe ist 56 Jahr alt, war früher Kaufmann, demnächst mehrere Jahre Bürgermeister zu Storkow in der Kurmark, und nahm im Jahre 1841, nach einer sehr tadelnswerthen Dienstführung, seinen Abschied. Seitdem hielt er sich größtentheils in Berlin auf und suchte bei den Behörden Anstellung im Staatsdienste nach, die ihm aber, da er aller Ansprüche entbehrte, nicht zu Theil werden konnte; auch von des Königs Majestät wurde er mit dem gleichen Gesuch im vorigen Jahre zurückgewiesen. Er war als ein sehr heftiger, in hohem Grade leidenschaftlicher Mensch bekannt.

Bei seiner ersten polizeilichen Vernehmung hat er sich zu dem Attentate unbedingt bekannt und als den Grund der Frevelthat die Absicht angegeben, sich wegen der ungerechten Zurückweisung seiner Anstellungs-Gesuche zu rächen, zugleich aber ausdrücklich versichert, daß er das Verbrechen aus eigenem freien Antriebe begangen und Niemand seine Absicht mitgetheilt habe. Die Kriminal-Untersuchung ist sofort eingeleitet.

Wir erfüllen die traurige Pflicht, in Vorstehendem die näheren Umstände eines in der Preußischen Geschichte bis dahin unerhörten Verbrechens zur öffentlichen Kenntniß zu bringen; sie wird alle getreue Unterthanen Sr. Majestät des Königs mit dem lebhaftesten Schmerz erfüllen, aber auch ihre Herzen zu dem Danke gegen die Vorsehung des Allerhöchsten erheben, welche so gnädig die Gefahr von dem theuren Königspaar abwendete und das Vaterland vor einem unersetzlichen Verlust bewahrte. Berlin, den 26. Juli 1844.

Das Königl. Staats-Ministerium.

(gez.) von Boyen. Mühler. von Savigny. Bülow.
Bodelschwingh. Flottwell.

Allgemeine Gesetzsammlung.

Das diesjährige 23ste Stück der Allgemeinen Gesetzsammlung enthält:

№ 2465. Statut der Feuerversicherungs-Aktiengesellschaft in Magdeburg mit der Allerhöchsten Bestätigungs-Urkunde. Vom 17. Mai 1844.

Das diesjährige 24ste Stück der Allgemeinen Gesetzsammlung enthält:

№ 2466. Allerhöchste Kabinetsordre vom 21. Juni 1844, betreffend die Zollsätze von dem aus Belgien eingehenden Eisen.

Das diesjährige 25ste Stück der Allgemeinen Gesetzsammlung enthält:

№ 2467. Vertrag mit dem Großherzogthum Luxemburg wegen Auslieferung flüchtiger Verbrecher. Vom 11. März 1844.

№ 2468. Allerhöchste Kabinetsordre vom 24. Mai 1844, wegen Verwandlung der Stempelstrafen in Freiheitsstrafen.

№ 2469. Verordnung über mehrere Abänderungen und Ergänzungen des Reglements für die Feuersozietät der landschaftlich nicht assoziationsfähigen ländlichen Grundbesitzer im Regierungsbezirke Königsberg mit Einschluß des zum Mohrunger landschaftlichen Departement gehörigen Theils des Marienwerderschen Regierungsbezirks vom 30. Dezember 1837. De dato den 15. Juni 1844.

№ 2470. Verordnung über mehrere Abänderungen und Ergänzungen des Reglements für die Feuersozietät der landschaftlich nicht assoziationsfähigen ländlichen Grundbesitzer im Regierungsbezirke Gumbinnen vom 30. Dezember 1837. De dato den 15. Juni 1844.

№ 2471. Verordnung wegen Abänderung der Eidesformeln für Zeugen und Sachverständige, so wie der Formel des Ignoranz-Eides. Vom 28. Juni 1844.

№ **2472.** Verordnung über die Namens des Fiskus in Prozessen zu leistenden
   Eide. Vom 28. Juni 1844.

№ **2473.** Allerhöchste Kabinetsordre vom 28. Juni 1844 über die Anwendung
   des Gesetzes wegen Untersuchung und Bestrafung des Holzdiebstahls, vom
   7. Juni 1821.

Verordnungen und Bekanntmachungen
für den Regierungsbezirk Potsdam und für die Stadt Berlin.

Potsdam den 24. Juni 1844.

№ 181.
Aufruf der
unbekannten
Eigenthümer
diverser, an
der Grenze in
Beschlag ge-
nommener
Gegenstände.
IV. 637. Juni.

Am 28. Februar d. J. sind hinter einem Gartenzaune auf dem Acker des
Kossäthen Klas zu Wildenburg sechs Packete, enthaltend:

 a) ein Faß und drei Flaschen oder 50 Pfund 28 Loth Wein,

 b) ein Faß oder 42 Pfund Rum,

 c) 32 Pfund netto Rauchtaback,

 d) 49 Pfund netto raff. Zucker,

 e) 8 Pfund netto Reis und

 f) drei Säcke oder 1 Zentner 37 Pfund 22 Loth netto Kaffee

von den Grenzbeamten aufgefunden und in Beschlag genommen worden.

Da es nicht gelungen ist, den Eigenthümer der vorstehend genannten Waaren
zu ermitteln, so werden alle diejenigen, welche begründete Eigenthums-Ansprüche
an dieselben zu haben glauben, hierdurch aufgefordert, sich binnen vier Wochen bei
der unterzeichneten Behörde zu melden und ihre Ansprüche geltend zu machen, widrigenfalls die qu. Waaren in Gemäßheit des § 60 des Zoll-Strafgesetzes vom
22. Januar 1838 öffentlich verkauft und der Erlös daraus zur Staatskasse eingezogen werden wird.   **Königl. Regierung.**

   Abtheilung für die Verwaltung der indirekten Steuern.

Potsdam, den 24. Juni 1844.

№ 182.
Aufruf der
unbekannten
Eigenthümer
diverser, an
der Grenze in
Beschlag ge-
nommener
Kolonialwaa-
ren.
IV. 638. Juni.

Am 4. d. M., Nachmittags 3 Uhr, sind im Laubgestell bei Flecken Zechlin
im Grenzbezirke:

 1) zwei Körbe mit Kandis netto 74½ Pfund,

 2) drei Säcke mit Hutzucker netto 1 Zentner 84⅔ Pfund,

 3) ein Faß Wein brutto 83 Pfund und

 4) ein Faß Rum brutto 87 Pfund

von den Grenzbeamten gefunden und in Beschlag genommen worden.

Die unbekannten Eigenthümer dieser Waaren werden, dem § 60 des Zoll-Strafgesetzes vom 23. Januar 1838 gemäß, hierdurch aufgefordert, sich binnen vier Wochen bei der unterzeichneten Behörde zu melden und ihre Eigenthums-Ansprüche zu begründen, widrigenfalls die qu. Waaren zum Verkauf gestellt und der Erlös daraus dem Fiskus zugesprochen werden wird.

Königl. Regierung.

Abtheilung für die Verwaltung der indirekten Steuern.

Verordnungen und Bekanntmachungen,
welche den Regierungsbezirk Potsdam ausschließlich betreffen.

Potsdam, den 23. Juli 1844.

№ 183.
Verzeichniß der im Zoll-vereine beste-henden Haupt- und Neben-Aemter.
IV. 652. Juni.

Da seit dem Erlaß der Amtsblatt-Bekanntmachung vom 12. Februar 1839, mit welcher zuletzt auf ein Verzeichniß der im Zollvereine bestehenden Haupt-Zoll- und Haupt-Steuer-Aemter, so wie der Neben-Zoll-Aemter 1ster Klasse hingewiesen ist, in dem Bestande und der Organisation der gedachten Dienststellen mancherlei Veränderungen eingetreten sind, so ist höheren Orts ein neues derartiges Verzeichniß aufgestellt worden, welches bei sämmtlichen Haupt-Zoll- und Haupt-Steuer-Aemtern im diesseitigen Regierungsbezirk in deren Amtslokal öffentlich aushängen soll. Dies wird mit dem Bemerken hierdurch bekannt gemacht, daß jenes Verzeichniß von dem Publikum zu jeder Zeit während der Dienststunden eingesehen werden kann.

Königl. Regierung.

Abtheilung für die Verwaltung der indirekten Steuern.

Potsdam, den 26. Juli 1844.

№ 184.
Ausgebro-chene Lungen-seuche.
I. 1954. Juli.

Wegen der unter dem Rindviehstande des Erbpachtsguts Sandhorst im Ostha-velländischen Kreises ausgebrochenen Lungenseuche ist dies Erbpachtsgut und dessen Feldmark bis auf weitere Verfügung für Rindvieh und Rauchfutter gesperrt worden.

Königl. Regierung.   Abtheilung des Innern.

Potsdam, den 30. Juli 1844.

№ 185.
Aufgehobene Viehsperre.
I. 2218. Juli.

Da seit länger denn drei Monaten die unter dem Rindviehstande des Dorfs Sommerfeld, Osthavelländischen Kreises, ausgebrochene Lungenseuche aufgehört hat, so ist die unterm 13. Dezember v. J. (Amtsblatt 1843 Pag. 350) bekannt ge-machte Sperre dieses Dorfs und seiner Feldmark für Rindvieh und Rauchfutter wieder aufgehoben worden.

Königl. Regierung.   Abtheilung des Innern.

Verordnungen und Bekanntmachungen des Königl. Konsistoriums und Schulkollegiums der Provinz Brandenburg.

Der Jungfrau Wilhelmine Amalie Koch, genannt Langhoff, ist die Konzession zur Errichtung einer Töchterschule in der Anhalt-Straße hierselbst oder der nächsten Umgegend derselben ertheilt worden.   № 8.

Berlin, den 23. Juli 1844.

Königl. Schul-Kollegium der Provinz Brandenburg.

Zur Aufnahme-Prüfung für den zu Michaelis d. J. beginnenden zweijährigen Kursus im Schullehrer-Seminar zu Potsdam steht der Termin auf den 27. und 28. August d. J. an.   № 9.

Diejenigen jungen Leute, welche in den gedachten Kursus aufgenommen zu werden wünschen, haben sich, unter Beibringung ihrer Zeugnisse, bei dem Seminar-Direktor Herrn Hientzsch zu Potsdam zu melden.

Berlin, den 23. Juli 1844.

Königl. Schul-Kollegium der Provinz Brandenburg.

Personalchronik.

Der Doktor der Medizin und Chirurgie Karl Heinrich Friedrich Ludwig Gobbin ist als praktischer Arzt und Operateur und die Doktoren der Medizin und Chirurgie Philipp Otto Albert Konstantin Benedix und Karl Ludwig Rothe sind als praktische Aerzte und Wundärzte in den Königlichen Landen approbirt und vereidigt worden.

Der Kandidat der Pharmacie Gustav Herrmann Pahl ist als Apotheker 1ster Klasse in den Königlichen Landen approbirt und vereidigt worden.

Der Feldjäger im reitenden Korps Theodor Leufentin ist unterm 11. Juli d. J. als Feldmesser vereidigt worden.

Der Mühlenwerks-Verfertiger Schulz aus Havelberg ist zum Mitgliede der Prüfungs-Kommission für die Bauhandwerker zu Pritzwalk und Wittstock ernannt worden. Im Verfolg der Bekanntmachung vom 10. Oktober 1843 (Amtsblatt 1843 Pag. 288) wird hierdurch zur Kenntniß gebracht, daß der Zimmermeister Schulz nachträglich zum Mitgliede der Prüfungs-Kommission für die Bauhandwerker zu Jüterbogk ernannt worden ist.

Der Polizei-Kommissarius Louis Theodosius Schwantze in Landsberg an der Warthe ist als Kriminal-Polizei-Kommissarius in Berlin angestellt worden.

Dem Küster und Schullehrer Riese zu Wittbrietzen in der Superintendentur Treuenbrietzen ist das Prädikat „Kantor" beigelegt worden.

Von dem Königl. Konsistorium der Provinz Brandenburg sind die Kandidaten: Danco Rudolph Otto Burchardi aus Salbin, Daniel Eduard Fielitz aus Perwenitz, Julius Ferdinand Gottschick aus Groß-Schwechten, Ludwig Karl Hanstein aus Potsdam, Otto Christian Wilhelm Rudolph Heinzelmann aus Havelberg, Emanuel Heinrich Kramm aus Schwiebus, Gustav Eduard Meuß aus Rathenow, Gustav Ludwig Eduard Rohr aus Hedelberg, Christian Ludwig Schulze aus Pechüle, Karl Friedrich Sörgel aus Caulshorf, Friedrich Stosch aus Colberg und Alexander Maximilian Weichmann aus Friedeberg

für wahlfähig zum Predigtamte erklärt worden.

Vermischte Nachrichten.

Dem auf der Feldmark des Rittergutes Polßen im Angermünder Kreise neu errichteten Wirthschaftsgehöfte ist der Name: „Wedellsberg" beigelegt worden, was wir mit dem Bemerken hiermit zur öffentlichen Kenntniß bringen, daß durch diese Namenbeilegung in den polizeilichen und Kommunal-Verhältnissen dieses Etablissements nichts geändert wird.

Potsdam, den 24. Juli 1844.

Königl. Regierung. Abtheilung des Innern.

Dem Bäckergesellen Johann Ludwig Ebert ist für die Rettung eines 4 Jahr alten Kindes aus der Gefahr des Ertrinkens die Erinnerungs-Medaille für Lebensrettung verliehen worden.

Berlin, den 20. Juli 1844.

Königl. Polizei-Präsidium.

Geschenke an Kirchen.

Die Ehefrau des Auszugshüfners Christian Hecht zu Nieder-Görsdorf im Jüterbogk-Luckenwaldeschen Kreise hat der dasigen Kirche ein Kruzifix von Gußeisen mit vergoldetem Christusbilde, im Werthe von 12 Thlrn. 4 Sgr., und zwei andere unbekannte Gemeindeglieder haben zusammen 2 Thlr., zu gleichen Theilen, ebenfalls der dasigen Kirche geschenkt, wofür eine Altarbibel angeschafft worden ist.

(Hierbei eine Beilage, enthaltend die Uebersicht des Zustandes der Zivil-Waisenhaus-Stiftung für die Städte Berlin, Potsdam und den Potsdamer Regierungsbezirk am Schlusse des Jahres 1843, imgleichen ein öffentlicher Anzeiger.)

Beilage
zum 31sten Stück des Amtsblatts
der Königlichen Regierung zu Potsdam
und der Stadt Berlin.

Uebersicht
des Zustandes der Zivil-Waisenhaus-Stiftung für die Städte Berlin, Potsdam und den Potsdamer Regierungsbezirk am Schlusse des Jahres 1843.

Es ist im vorigen Jahre eine für die Stiftung sehr wichtige Maaßregel, hinsichtlich des Lokals derselben, ergriffen worden. Das im Jahre 1821 für dieselbe angekaufte Haus hatte nemlich nur einen kleinen Hofraum und keinen Garten; es fehlte daher den Zöglingen für die Freistunden, hauptsächlich in den Mittagsstunden von 12—2 Uhr, an einem geeigneten Platze im Freien, der bei der jetzt auf 30 angewachsenen Zahl von Zöglingen schmerzlich vermißt wurde.

Ob nun gleich ein großer Theil des früheren Lokals vortheilhaft vermiethet worden war und dadurch eine jährliche Einnahme von 400 Thlrn. gewährte, so überwog dennoch die Rücksicht auf die Gesundheit und Heiterkeit der Kinder und entschied für den Verkauf desselben und für den Ankauf des gegenwärtigen, das eine gesundere Lage, einen geräumigen Hofraum und einen großen, in bester Kultur befindlichen Garten darbietet.

Es fehlte zwar an dem nöthigen Raume für den Speise- und Schlafsaal; indessen haben Sr. Majestät der König die für die Erbauung dieser Baulichkeiten veranschlagte Summe von 3600 Thlrn. huldreichst anzuweisen geruhet und der Bau ist so schnell vorgeschritten, daß er schon am 8. d. M. unter Dach stand.

Von den Zöglingen der Anstalt sind im Jahre 1843 zwei ausgeschieden:

1) Johann Walz, Sohn des Regimentsarztes Dr. Walz, der in das Medizinisch-Chirurgische-Friedrich-Wilhelms-Institut überging,

2) Friedrich Suhle, Sohn des Post-Sekretairs Suhle zu Potsdam, der sich dem Berufe seines Vaters widmen wird.

Neu aufgenommen wurden:

1) Friedrich Ehrenberg, Sohn eines in Oderberg verstorbenen Arztes,

2) Friedrich Müller, Sohn eines Haupt-Steuer-Amts-Assistenten zu Wittenberge, (beide hatten beide Eltern verloren; letzterer durch die Cholera);

3) Eduard Teller, Sohn eines Steuer-Kontroleurs zu Neustadt-Eberswalde,

4) Herrmann Loosé, Sohn eines Buchhalters bei der Seehandlung zu Berlin,

5) Heinrich Bock, Sohn eines General-Staats-Kassen-Sekretairs zu Berlin,

6) Karl Brettschneider, Sohn eines Predigers zu Lunow,

7) Gottlieb Brednow, Sohn eines Steuer-Kontroleurs zu Havelberg,

8) Reinhold Nath, Sohn eines Bau-Inspektors bei dem Königl. Alaunwerke zu Freienwalde.

Sämmtliche Zöglinge erfreuten sich im Laufe des Jahres einer vorzüglich guten Gesundheit, was sie vorzüglich der täglichen Benutzung der Schwimmanstalt und der fleißigen Bewegung in freier Luft verdanken dürften.

Von den Zöglingen besuchten 9 das Gymnasium, um sich dereinst den Studien oder dem Büreau-Dienst zu widmen, 12 die höhere Bürgerschule und 3 die Gewerbeschule.

Es wurden 8 verwaisete Töchter von Beamten, Predigern u. s. w. unterstützt.

An die Stelle des verstorbenen Geheimen Regierungs-Raths Flesche ist der Herr Geheime Ober-Regierungs-Rath und Präsident Krüger zum Mitgliede des Waisen-Amts gewählt worden.

Der Zustand des Vermögens der Stiftung am Schlusse des Jahres 1843 war folgender:

Die Einnahme hat betragen . . . . 17,222 Thlr. 5 Sgr. 8 Pf.

Bestand vom vorigen Jahre . . . . 59,900 – — – 1 –

Summa der Einnahme . . . 77,122 Thlr. 5 Sgr. 9 Pf.

Die Ausgabe betrug . . . . 3,616 Thlr. 6 Sgr. 8 Pf.

Bleibt Bestand . . . . 73,505 Thlr. 29 Sgr. 1 Pf.

Hierzu der Bestand bei den Nebenfonds mit . . . 277 – 6 – 8 –

Summa des Bestandes . . . 73,783 Thlr. 5 Sgr. 9 Pf.

Dieser Bestand ist vorhanden:

1) in Hypotheken . . . 68,825 Thlr. — Sgr. — Pf.
2) in Staatspapieren 3,425 – — – — –
3) in baarem Gelde . 1,533 – 5 – 9 –

Bei den Ausgaben hat gegen den Etat eine Ersparniß von 18 Thlr. 13 Sgr. 11 Pf. Statt gefunden.

Das Stammvermögen hat sich im Jahre 1843 vermehrt um ═ 13,585 Thlr. 14 Sgr.

Noch ist zu bemerken, daß am 22. Januar d. J. von Seiten Eines Hohen Justiz-Ministerii, mittelst Einzahlung einer Summe von 17,200 Thlrn., 4 Zöglingsstellen für Söhne verwaiseter Justizbeamten gegründet worden sind.

Potsdam, den 9 Juli 1844.

Das Zivil-Waisen-Amt.

v. Türk.

Amtsblatt
der Königlichen Regierung zu Potsdam
und der Stadt Berlin.

Stück 32.   Den 9. August.   **1844.**

Allgemeine Gesetzsammlung.

Das diesjährige 26ste Stück der Allgemeinen Gesetzsammlung enthält:

№ 2474. Allerhöchste Kabinetsordre vom 21. Juni 1844, betreffend die Aufhebung des Werthstempels für die Uebernahme von Nachlaßgegenständen bei Auseinandersetzungen zwischen mehreren Erben.

№ 2475. Reglement über den Lootsendienst auf dem Rheine innerhalb der Grenzen des Preußischen Gebiets. Vom 24. Juni 1844.

№ 2476. Allerhöchste Kabinetsordre vom 24. Juni 1844, betreffend die Erweiterung der Bestimmung des § 20 d der Verordnung über das Judenwesen der Provinz Posen vom 1. Juni 1833.

№ 2477. Allerhöchste Kabinetsordre vom 29. Juni 1844, wegen Erweiterung der Exekutionsbefugniß der Posenschen Landschaft gegen die Pächter bepfandbriefter Güter.

№ 2478. Allerhöchste Kabinetsordre vom 5. Juli 1844, über die Kompetenz der Landes-Justizkollegien in den Provinzen Preußen und Schlesien bei Rechtsstreitigkeiten der Patrimonial-Gerichtsherren oder ihrer Angehörigen wider einzelne ihrer Gerichtseingesessenen.

№ 2479. Verordnung, betreffend den Schutz gegen Nachdruck für die vor Publikation des Gesetzes vom 11. Juni 1837 erschienenen Werke. Vom 5. Juli 1844.

№ 2480. Gesetz über die Beschränkung der Nachtweide und das Einzelnhüten des Viehes in der Rheinprovinz. Vom 5. Juli 1844.

Das diesjährige 27ste Stück der Allgemeinen Gesetzsammlung enthält:

№ 2481. Allerhöchste Kabinetsordre vom 19. Juli 1844, die Aufhebung der Staatsbuchhalterei betreffend.

Verordnungen und Bekanntmachungen
für den Regierungsbezirk Potsdam und für die Stadt Berlin.

№ 186.
Begräbniß-Vereine ehe-

Ich will im Verfolg Meiner, die Begräbniß-Vereine ehemaliger Krieger betreffenden Bestimmung vom 22. Februar 1842 gestatten, daß mit den genehmigten Feierlichkeiten auch diejenigen nicht im Kriege gedienten Vereins-Mitglieder beerdigt

maliger Krieger.
1. 1876. Juli.

werden dürfen, welche entweder: a) aus dem stehenden Heere als versorgungsberechtigte Invaliden, oder nach Vollendung einer zwölfjährigen Dienstzeit ausgeschieden sind, oder b) in der Landwehr die Auszeichnung für pflichttreue Dienste erworben haben. Die Beschießung über das Grab — wenn die Trauerparade mit Gewehren versehen ist — muß aber jedenfalls bei Vereins-Mitgliedern, welche keinen Krieg mitgemacht haben, unterbleiben.

Den Ministerien des Krieges und des Innern gebe Ich hiernach die weitere Veranlassung anheim.

Sanssouci, den 6. Juni 1844.

An
die Ministerien des Krieges und des Innern.
(gez.) **Friedrich Wilhelm.**

Potsdam, den 30. Juli 1844.

Vorstehende Allerhöchste Kabinetsordre vom 6. Juni d. J. wird in Folge einer an uns ergangenen Verfügung des Königl. Ober-Präsidiums der Provinz Brandenburg hierdurch zur öffentlichen Kenntniß gebracht.

Königl. Regierung. Abtheilung des Innern.

Verordnungen und Bekanntmachungen der Behörden der Stadt Berlin.

Republikation.

№ 58.
Den Betrieb der Gast- und Schankwirthschaft und des Kleinhandels mit Getränken betreffend.

Zur Ausführung des Gesetzes vom 7. Februar 1835, den Betrieb der Gast- und Schankwirthschaft betreffend, wird das gewerbtreibende Publikum wiederholt an folgende Bestimmungen erinnert:

1) Niemand darf ohne polizeiliche Erlaubniß, bei 3 bis 50 Thlrn. Geld- oder verhältnißmäßiger Gefängniß-Strafe, die Gast- oder Schankwirthschaft betreiben, zubereitete Speisen oder Getränke in seinem Lokale verabreichen, oder sein dazu bestimmtes Lokal mit einem andern vertauschen. Diese Erlaubniß erlischt mit dem Ablaufe eines Jahres. Dieselbe kann aber auf desfallsigen Antrag für alle diejenigen, welche eine derartige polizeiliche Erlaubniß bereits erhalten haben, und die Gast- oder Schankwirthschaft im nächstfolgenden Kalenderjahre in dem nemlichen Lokale fortsetzen wollen, verlängert werden.

2) Gleiche Strafe trifft denjenigen, der ohne alljährliche Verlängerung der polizeilichen Erlaubniß ein solches Gewerbe fortsetzt.

3) Die polizeiliche Erlaubniß zu einem solchen Gewerbe wird nur dann ertheilt, wenn die Polizei- und Kommunal-Behörden von dem örtlichen Bedürfniß oder der Nützlichkeit der Anlage sich überzeugen, wenn das dazu bestimmte Lokal, nach Lage und Beschaffenheit, sich dazu eignet, und wenn die Persönlichkeit, die Führung und die Vermögens-Verhältnisse des Nachsuchenden einen

ordnungsmäßigen Gewerbbetrieb verbürgen. Auf bereits geschlossene Kauf- und
Miths-Verträge kann nicht Rücksicht genommen werden, wenn die vorstehenden Bedingungen nicht zutreffen, worauf das betreffende Publikum zur Vermeidung von Nachtheil und Weiterungen besonders aufmerksam gemacht wird.

4) Das Gesuch um Verleihung der polizeilichen Erlaubniß zum Gewerbbetrieb
ist zur Abkürzung des Geschäftsganges an den Hochedeln Magistrat zu richten,
welcher sich damit einverstanden erklärt hat, solches anzunehmen und, mit seinem
Gutachten begleitet, an das Polizei-Präsidium gelangen zu lassen.

5) Das Gesuch um Verlängerung der polizeilichen Erlaubniß wird an das
Polizei-Präsidium gerichtet, dem betreffenden Revier-Polizei-Kommissarius,
unter Beifügung des früher ertheilten Erlaubnißscheines offen übergeben. Derselbe wird demnächst die Verlängerung der Erlaubniß im Auftrage der Behörde selbst bewirken oder unter Umständen die Entscheidung darüber der Letzteren überlassen.

Diese Gesuche um Verlängerung sollen übrigens nach den diesseitigen
früheren Bekanntmachungen 3 Monate vor Ablauf des Kalenderjahres eingereicht werden.

Vorstehende Bestimmungen finden nach der neuerdings ergangenen Allerhöchsten
Verordnung vom 21. v. M. (Gesetzsammlung № 22 Seite 214) von jetzt ab
auch auf den Kleinhandel mit Getränken Anwendung.

Berlin, den 19. Juli 1844.　　　　Königl. Polizei-Präsidium.

Der Tabackshändler Herrmann Penzhorn, hierselbst Alexanderstraße № 2
wohnhaft, ist als Agent der Feuerversicherungs-Gesellschaft Borussia zu Königsberg in Preußen bestätigt worden, was hiermit auf Grund des § 12 des Gesetzes
vom 8. Mai 1837 zur öffentlichen Kenntniß gebracht wird.

Berlin, den 19. Juli 1844.　　　　Königl. Polizei-Präsidium.

№ 59.
Agentur-Bestätigung.

Wer an einem Orte im Verwaltungsbezirke des unterzeichneten Polizei-Präsidii
seinen Wohnsitz nehmen will, muß sich in Berlin und dessen engeren Bezirk, beim
Polizei-Präsidio, im weiteren Polizeibezirk aber bei der betreffenden Orts-Polizei-Behörde melden und über seine persönlichen Verhältnisse die erforderliche Auskunft geben.

Hierzu gehört, daß der Neuanziehende sich über seine und der Seinigen untadelhafte Führung und über die Mittel zu seinem Unterhalte durch glaubhafte
Atteste ausweise, indem jedem die Aufenthalts-Bewilligung versagt werden muß,
von dem zu besorgen ist, daß er die öffentliche Sicherheit und Ordnung gefährden,
oder wegen Mangels an Mitteln zu seinem Unterhalte, dem gemeinen Wesen zur
Last fallen könne. Der Nachweis von Arbeitskräften allein genügt in letzterer
Beziehung nicht.

№ 60.
Niederlassungen im Bezirk des Berliner Polizei-Präsidii.

Die unbekannten Eigenthümer dieser Waaren werden, dem § 60 des Zoll-Strafgesetzes vom 23. Januar 1838 gemäß, hierdurch aufgefordert, sich binnen vier Wochen bei der unterzeichneten Behörde zu melden und ihre Eigenthums-Ansprüche zu begründen, widrigenfalls die qu. Waaren zum Verkauf gestellt und der Erlös daraus dem Fiskus zugesprochen werden wird.

Königl. Regierung.
Abtheilung für die Verwaltung der indirekten Steuern.

Verordnungen und Bekanntmachungen,
welche den Regierungsbezirk Potsdam ausschließlich betreffen.

Potsdam, den 23. Juli 1844.

№ 183.
Verzeichniß der im Zoll-vereine beste-henden Haupt- und Neben-Aemter.
IV. 632. Juni.

Da seit dem Erlaß der Amtsblatt-Bekanntmachung vom 12. Februar 1839, mit welcher zuletzt auf ein Verzeichniß der im Zollvereine bestehenden Haupt-Zoll- und Haupt-Steuer-Aemter, so wie der Neben-Zoll-Aemter 1ster Klasse hingewiesen ist, in dem Bestande und der Organisation der gedachten Dienststellen mancherlei Veränderungen eingetreten sind, so ist höheren Orts ein neues derartiges Verzeichniß aufgestellt worden, welches bei sämmtlichen Haupt-Zoll- und Haupt-Steuer-Aemtern im diesseitigen Regierungsbezirk in deren Amtslokal öffentlich aushängen soll. Dies wird mit dem Bemerken hierdurch bekannt gemacht, daß jenes Verzeichniß von dem Publikum zu jeder Zeit während der Dienststunden eingesehen werden kann.

Königl. Regierung.
Abtheilung für die Verwaltung der indirekten Steuern.

Potsdam, den 26. Juli 1844.

№ 184.
Ausgebro-chene Lungen-seuche.
I. 1984. Juli.

Wegen der unter dem Rindviehstande des Erbpachtsguts Sandhorst im Osthavelländischen Kreise ausgebrochenen Lungenseuche ist dies Erbpachtsgut und dessen Feldmark bis auf weitere Verfügung für Rindvieh und Rauchfutter gesperrt worden.

Königl. Regierung. Abtheilung des Innern.

Potsdam, den 30. Juli 1844.

№ 185.
Aufgehobene Viehsperre.
I. 2218. Juli.

Da seit länger denn drei Monaten die unter dem Rindviehstande des Dorfs Sommerfeld, Osthavelländischen Kreises, ausgebrochene Lungenseuche aufgehört hat, so ist die unterm 13. Dezember v. J. (Amtsblatt 1843 Pag. 350) bekannt ge-machte Sperre dieses Dorfs und seiner Feldmark für Rindvieh und Rauchfutter wieder aufgehoben worden.

Königl. Regierung. Abtheilung des Innern.

Personen, welche von außerhalb in den diesseitigen Verwaltungsbezirk ziehen wollen, haben die vorschriftsmäßige Meldung vor ihrem Anzuge zu bewirken und den Bescheid darauf abzuwarten, indem jeder, welcher den obigen Erfordernissen nicht genügt, seine sofortige Wegweisung zu gewärtigen hat.

Zu dieser Meldung sind auch diejenigen verpflichtet, welche innerhalb des Verwaltungsbezirks des Polizei-Präsidii in einen andern Kommunal-Verband verziehen, oder ihren Wohnsitz aus dem weitern in den engern Polizeibezirk verlegen wollen, endlich auch diejenigen, welche sich bereits vorübergehend an einem Orte aufhielten, und durch Verheirathung und Begründung eines eigenen Hausstandes, oder durch ein sonstiges Etablissement, einen Wohnsitz in demselben erwerben wollen.

Wer diese Meldung unterläßt, kann niemals ein Domizil im gesetzlichen Sinne an einem Orte erwerben.

Wird das Niederlassungsgesuch statthaft befunden, so ertheilt die Orts-Polizei-Behörde darüber kosten- und stempelfrei eine Bescheinigung.

Jeder, welcher einem Neuanziehenden Wohnung oder Unterkommen gewähren will, hat sich vor Eingehung des Miethsvertrages, durch Vorzeigung dieser Bescheinigung den Nachweis führen zu lassen, daß der Miether die Aufenthalts-Bewilligung erhalten hat.

Wer dies versäumt, und Personen bei sich aufnimmt, welchen der Aufenthalt nicht gestattet worden ist, verfällt in eine Polizeistrafe von 2 bis 5 Thlrn. und macht sich regreßpflichtig, wenn jene später der Armenpflege verfallen.

Berlin, den 25. Juli 1844.   Königl. Polizei-Präsidium.

Die unterzeichnete Kommission tritt für den, zum 1. Oktober d. J. bevorstehenden Einstellungstermin im künftigen Monat zusammen, und fordert diejenigen, welche auf die Begünstigung des einjährigen freiwilligen Militairdienstes Anspruch machen wollen, oder die Eltern oder Vormünder derselben hierdurch auf, die desfallsigen, mit den, durch die Bekanntmachung des Königl. Ober-Präsidii der Provinz Brandenburg vom 5. September 1822 (Amtsblatt № 37) vorgeschriebenen Zeugnissen begleiteten Anträge in der Zeit vom 15. bis 25. d. M. in dem Geschäftslokale, Niederwallstraße № 39, einzureichen.

Die zu der in Rede stehenden Vergünstigung Angemeldeten werden zu dem anzusetzenden Termin Behufs der Feststellung ihrer körperlichen Diensttauglichkeit resp. wissenschaftlichen Qualifikation demnächst noch besonders vorgeladen werden.

Später eingehende Anträge können erst für den nächstfolgenden Termin berücksichtigt werden.   Berlin, den 1. August 1844.

Königl. Departements-Kommission zur Prüfung der Freiwilligen zum einjährigen Militairdienst.

Einladung
zur erſten General-Verſammlung des landwirthſchaftlichen Provinzial-Vereins der Mark Brandenburg und Niederlauſitz.

Die Entwickelung gewerblicher Betriebſamkeit in allen Zweigen der Landwirth-ſchaft zur Vermehrung des Wohlſtandes und zur Verbreitung von Regſamkeit, Thätigkeit und Einſicht iſt von den ſchon ſeit längerer Zeit zu einem Zentralverein verbundenen landwirthſchaftlichen Sozietäten des Frankfurter Regierungs-Departe-ments mit dem günſtigſten Erfolge befördert. Nachdem die, im Regierungsbezirk Potsdam mit gleichen Intereſſen und Leiſtungen beſtehenden Diſtriktsvereine ſich neuerdings durch die Organiſation der märkiſch-ökonomiſchen Geſellſchaft zu einem Zentralverein ebenfalls verbunden haben, iſt von ſämmtlichen landwirthſchaftlichen Sozietäten die Begründung eines Provinzial-Vereins, als gemeinſamen Mittel-punktes, in welchem die Leiſtungen Aller zuſammenflieſen, zu einem Ganzen geord-net und verwendet werden, beſchloſſen worden. Den entworfenen Statuten gemäß ſind die Vorſtandsmitglieder beider Zentralvereine zu einer Sitzung am 20. v. M. zuſammengetreten, in welcher der Ober-Präſident von Meding zum Präſidenten, der Geheime Ober-Regierungs-Rath Lette zum Vize-Präſidenten und der Oeko-nomie-Kommiſſarius von Schlicht zum General-Sekretair des Provinzial-Vereins gewählt und die erſte General-Verſammlung der landwirthſchaftlichen Zweigvereine auf die Tage

Montag den 2. September d. J.,
Dienſtag den 3. September d. J.,
Mittwoch den 4. September d. J.

feſtgeſetzt worden iſt.

Die Sitzungen finden in den Stunden von Vormittags 9 Uhr bis 2 Uhr im Lokale der Königl. Thierarzneiſchule zu Berlin Statt.

Die Kürze der Zeit hat es in dieſem Jahre nicht geſtattet, eine Ausſtellung landwirthſchaftlicher Produktionen und Fabrikate mit dieſer General-Verſammlung zu verbinden. Es darf jedoch ein theilweiſer Erſatz dieſes Mangels von den, in das landwirthſchaftliche Fach ſchlagenden Gegenſtänden der, in dieſer Zeit ſtattfin-denden allgemeinen deutſchen Gewerbe-Ausſtellung, in Maſchinen, Ackerwerkzeugen aller Art und Fabrikations-Apparaten beſtehend, erwartet werden. Bereits ſind Vorkehrungen getroffen, um in dieſer Beziehung den Wünſchen und Zwecken der anweſenden Vereinsmitglieder möglichſt zu entſprechen.

Zur Theilnahme an den Verhandlungen ſind alle Mitglieder der Zweigvereine berechtigt. Es werden für dieſelben Einlaßkarten ertheilt werden. Außerdem ſteht jedem Fremden, welcher auch nicht Mitglied eines Zweigvereins iſt, der Zutritt zu den Verſammlungen inſofern frei, als deſſen vorherige Anmeldung bei dem Haupt-Direktorium durch ein Vereinsmitglied erfolgt iſt.

Die Beförderer des Landbaues werden zu einer recht regen Theilnahme an den Verhandlungen hierdurch ganz ergebenſt eingeladen, wobei die Mittheilung der zur

Diskussion kommenden Fragen, deren Berathung in ähnlicher Weise, wie bei den Verhandlungen der großen deutschen ökonomischen Wandergesellschaft erfolgt, einer spätern öffentlichen Bekanntmachung vorbehalten wird, in welcher zugleich angegeben werden soll, an welchem Ort in Berlin die Einlaßkarten in Empfang zu nehmen sind. Berlin, den 26. Juli 1844.

Das Haupt-Direktorium des landwirthschaftlichen Provinzial-Vereins der Mark Brandenburg und Niederlausitz.

v. Meding.

Personalchronik.

Der Geheime Ober-Rechnungs-Rath Peter Heinrich Wilhelm Schultze ist, unter Beibehaltung seines Charakters und Ranges, zum Ober-Regierungs-Rath und Dirigenten der Abtheilung für direkte Steuern, Domainen und Forsten bei dem hiesigen Regierungs-Kollegio ernannt worden.

Der Doktor der Medizin und Chirurgie Julius Heinrich Wilhelm Hopmann ist als praktischer Arzt und Wundarzt in den Königlichen Landen approbirt und vereidigt worden.

Der Kandidat der Feldmeßkunst Otto Paul Emil König ist als Feldmesser im hiesigen Regierungs-Departement bestellt und in dieser Eigenschaft vereidigt worden.

Anstellungen und Todesfälle im Kirchen- und Schulwesen im IIten Quartal 1844.

A. Als Prediger sind angestellt oder versetzt:

Superintendentur:

Belzig. Der Diakonus und Rektor in Brück, F. A. Blänkner, als Pfarr-Adjunkt zu Mörz und der Kandidat G. F. G. Zschinschky als Prediger zu Reetz.

Berlin-Land. Der Pfarrgehülfe F. A. F. Lücke als Pfarr-Adjunkt zu Ahrensfelde.

Stadt Havelberg. Der Kandidat H. M. W. Stämmler als Pfarr-Adjunkt zu Quitzöbel und der Kandidat L. A. Langebecker als Diakonus zu Stadt Havelberg.

Jüterbogk. Der Kandidat J. E. Siecke als Pfarr-Adjunkt zu Kaltenborn.

Lindow. Der Rektor in Lindow, C. A. Breithaupt, als 2ter Prediger daselbst und Pfarrer in Keller.

Pritzwalk. Der Prediger in Neuhausen, C. P. Wolff, als Prediger zu Techow, Heiligengrabe und Bölzke.

Rathenow. Der Kandidat W. Paalzow als Prediger zu Priezen.

Wusterhausen an der Dosse. Der Prediger in Walterstorf, F. B. Arndt, als Prediger zu Sieverstorf.

B. Als Schullehrer sind angestellt oder versetzt:

Superintendentur:

Angermünde. Der int. Lehrer zu Angermünde, J. F. W. Hoppe, als Lehrer an der Stadtschule daselbst.

Baruth. Der Lehrer zu Großkorga, H. A. Lorenz, als Lehrer zu Heinsdorf.

Beeskow. Der int. Lehrer A. F. W. Kaulke zu Falkenberg als Schullehrer daselbst und der Schulamts-Kandidat J. G. H. Miculcy als 7ter Lehrer an der Stadtschule zu Beeskow.

Belzig. Der int. Lehrer zu Zeuden, A. Berg, als Küster und Schullehrer daselbst.

Berlin-Cölln. Der Lehrer in Schwedt, C. F. Wühl, als Lehrer in Cöpenick und der Organist und Lehrer in Bernau, J. F. Fritzke, als Küster und Schullehrer an der Stadtschule zu Cöpenick.

Neustadt Brandenburg. Der int. Lehrer zu Kemnitz, C. L. H. Etter, als Küster und Schullehrer daselbst, der int. Lehrer zu Großkreuz, F. W. Matter, als Küster und Schullehrer daselbst und der int. Lehrer in Schenkendorf, J. F. Lauth, als Küster und Schullehrer zu Canin.

Dom Brandenburg. Der int. Lehrer zu Pessin, A. C. F. Freudemann, als Küster und Schullehrer daselbst.

Jüterbogk. Der Hülfslehrer in Berlin, C. F. Schiller, als Lehrer an der Töchterschule in Jüterbogk.

Nauen. Der Predigt- und Schul-Amts-Kandidat G. Helm als Konrektor an der Stadtschule zu Nauen.

Perleberg. Der int. Lehrer C. Hallstein als Schullehrer zu Lütkenwisch.

Prenzlow I. Der int. Lehrer zu Gollmitz, J. H. Voßberg, als Küster und Schullehrer-Adjunkt daselbst und der Lehrer in Prenzlow, C. A. L. Voigtländer, als Küster und Schullehrer-Adjunkt zu Güstow.

Rathenow. Der Lehrer in Templin, F. A. Fielitz, als Lehrer an der Kleinschule zu Friesack.

Schwedt. Der int. Lehrer zu Schwedt, G. A. L. Doye, als Lehrer an der Stadtschule daselbst.

Spandow. Der Schulamts-Kandidat C. L. Stechert als Organist an der St. Nikolai-Kirche in Spandow und der Lehrer zu Friesack, A. Grunow, als 3ter Lehrer an der Kleinschule zu Spandow.

Storkow. Der int. Lehrer zu Schwedt, C. F. Schulz, als Schullehrer-Adjunkt zu Alt-Hartmannsdorf.

Templin. Der Predigt- und Schul-Amts-Kandidat C. A. Grieser als Lehrer in Templin und der int. Lehrer daselbst, G. C. L. Berndt, als Lehrer an der Kleinschule daselbst.

Zossen. Der int. Lehrer C. C. W. Grothe als Küster und Schullehrer zu Kerzendorf.

Reformirt Ruppin. Der int. Lehrer zu Cajar, F. A. Schmidt, als Küster und Schullehrer-Adjunkt bei der reformirten Gemeinde zu Cajar.

Der Lehrer in Angermünde, A. L. B. Schmidt, als Kantor und Küster bei der deutsch-reformirten Gemeinde, und als Kantor bei der deutsch- und französisch-reformirten Kirche daselbst.

C. Todesfälle.

a) Prediger.

Der Prediger Curtius zu Garlitz, Superintendentur Dom Brandenburg; der Prediger emeritus Düwerdt zu Quitzöbel, Superintendentur Dom Havelberg; der Superintendent und Ober-Prediger emeritus Litzmann zu Pritzwalk, Superintendentur Pritzwalk.

b) Schullehrer.

Der Subrektor und Organist Kümlau in Beeskow, Superintendentur Beeskow; der emerit. Schullehrer Rahn zu Linum, Superintendentur Fehrbellin; der Küster und Schullehrer Lücke zu Strubensee, Superintendentur Lindow; der Lehrer Wieder zu Neustadt-Eberswalde, Superintendentur Neustadt-Eberswalde; der Küster und Lehrer Meusel zu Kohlsdorf, Superintendentur Pritzwalk; der Kantor und Lehrer-Adjunkt Fink zu Kletzke, Superintendentur Perleberg; der Lehrer Junge zu Jagel, Superintendentur Perleberg; der int. Lehrer Schmidt in Roggow, Superintendentur Prenzlow II.; der Küster und Lehrer Zitzmann zu Rathenow, Superintendentur Rathenow; der Küster und Lehrer Fielitz zu Garz, Superintendentur Neu-Ruppin; der Küster und Lehrer emerit. Korb zu Metzdorf, Superintendentur Wriezen.

Vermischte Nachrichten.

Wegen Neubaues der über den Grenzgraben zwischen Rathenow und Ferchesar auf dem Wege nach Friesack führenden Brücke wird die Passage über dieselbe in der Zeit vom 15. bis 19. August d. J. gesperrt sein, weshalb Reisende ihren Weg von Ferchesar nach Rathenow über Stechow zu nehmen haben.

Potsdam, den 4. August 1844.

Königl. Regierung. Abtheilung des Innern.

Des Königs Majestät haben zu bestimmen geruht, daß die Pankowsgasse den **Namen** „Kleine Poststraße" führen soll. Berlin, den 20. Juli 1844.

Königl. Polizei-Präsidium.

(Hierbei ein öffentlicher Anzeiger.)

Amtsblatt
der Königlichen Regierung zu Potsdam
und der Stadt Berlin.

Stück 33.   Den 16. August.   **1844.**

Allgemeine Gesetzsammlung.

Das diesjährige 28ste Stück der Allgemeinen Gesetzsammlung enthält:

№ 2482. Die Allerhöchste Verordnung vom 24. Mai d. J. zur Beförderung der Sicherheit der Dampfschifffahrt auf dem Rheine und auf der Mosel.

Verordnungen und Bekanntmachungen
für den Regierungsbezirk Potsdam und für die Stadt Berlin.

Potsdam, den 7. August 1844.

Die eingetretene Steigerung des Preises des Jod hat eine entsprechende Erhöhung der Taxpreise dieser Drogue und der Präparate derselben nothwendig gemacht, und sind deshalb von dem Königl. Hohen Ministerium der geistlichen, Unterrichts- und Medizinal-Angelegenheiten die, hier folgenden Abänderungen der Arzneitaxe, welche mit dem 1. September d. J. in Anwendung kommen sollen, festgesetzt worden:

№ 187.
Abänderungen der Arzneitaxe.
I. 263. Aug.

	Scrupel	Drachme	Unze	Sgr.	Pf.
Jodum .... 1 Scrupel				1 Sgr.	4 Pf.
Kali hydroiodicum .... 1 Drachme 5				—	
Tinctura Jodi .... 1 Drachme 1				2	
Unguentum Kali hydroiodici .... 1 Unze 8				6	

Königl. Regierung. Abtheilung des Innern.

Potsdam, den 7. August 1844.

Es ist bisher der Grundsatz festgehalten, daß bei Stadtverordneten-Wahlen Jeder, der selbst zum Kandidaten vorgeschlagen worden, sich des Mitstimmens über die übrigen Kandidaten zu enthalten habe.

Diese Ansicht findet jedoch in den gesetzlichen Vorschriften keine Begründung, und läßt sich um so weniger aufrecht erhalten, als die Anwendung derselben zu dem Resultate führen würde, daß jeder stimmfähige Bürger jedem andern stimmfähigen Bürger sein Stimmrecht für diese Wahl dadurch, daß er denselben, wie ihm nach § 98 der Städte-Ordnung vom 19. November 1808 frei stände, zum

№ 188.
Verfahren bei Stadtverordneten-Wahlen.
I. 1209. Juni.

Kandidaten vorschlüge, entziehen könnte, auch darnach die Wahlen lediglich von solchen Personen vorgenommen würden, denen Niemand die Fähigkeit zutraute, das Amt eines Stadtverordneten selbst zu bekleiden.

In Folge eines Erlasses des Königl. Hohen Ministerii des Innern vom 6. Mai d. J. verordnen wir daher, daß in Zukunft bei den Stadtverordneten-Wahlen diejenigen Wähler, welche selbst zu Kandidaten vorgeschlagen worden sind, von der Theilnahme an dem Wahlakt und an der Abstimmung über die übrigen Kandidaten um deshalb nicht auszuschließen sind.

Königl. Regierung. Abtheilung des Innern.

Potsdam, den 10. August 1844.

№ 189.
Berliner
Marktpreise
pro Juli 1844.
I. 774. August.

Die Durchschnittspreise der verschiedenen Getreidearten, der Erbsen und der rauhen Fourage rc. haben auf dem Markte zu Berlin im Monat Juli d. J. betragen:

	Thaler	Sgr.	Pf.
für den Scheffel Weizen	1	26	4
für den Scheffel Roggen	1	7	—
für den Scheffel große Gerste	1	1	11
für den Scheffel kleine Gerste	—	27	4
für den Scheffel Hafer	—	25	7
für den Scheffel Erbsen	1	14	8
für den Zentner Heu	—	26	3
für das Schock Stroh	5	19	5
für den Zentner Hopfen	16	—	—
die Tonne Weißbier kostete	4	—	—
die Tonne Braunbier kostete	3	25	—
das Quart doppelter Kornbranntwein kostete	—	4	—
das Quart einfacher Kornbranntwein kostete	—	2	3

Königl. Regierung. Abtheilung des Innern.

Verordnungen und Bekanntmachungen, welche den Regierungsbezirk Potsdam ausschließlich betreffen.

Potsdam, den 30. Juli 1844.

№ 190.
Polizeiliche
Strafe bei
unterlassener
Pocken-
impfung.
I. 1964. Mai.

Im § 54 des, durch die Allerhöchste Kabinetsordre vom 8. August 1835 genehmigten Regulativs vom 28. Oktober desselben Jahres über die sanitätspolizeilichen Vorschriften bei den am häufigsten vorkommenden ansteckenden Krankheiten (Gesetzsammlung des gedachten Jahres Seite 239 und folg.) ist verordnet worden, daß wenn Kinder bis zum Ablauf ihres ersten Lebensjahres ohne erweislichen Grund ungeimpft geblieben sind, und demnächst von den natürlichen Blattern befallen werden, deren Eltern und resp. Vormünder wegen der verabsäumten Impfung in Hinsicht der dadurch hervorgebrachten Gefahr der Ansteckung, in polizeiliche Strafe zu nehmen sind.

Dieser Paragraph wird, da in demselben das Strafmaß der geordneten polizeilichen Strafe selbst nicht bezeichnet ist, auf Grund der Bestimmung des 2ten Abschnitts des § 11 der Instruktion der Geschäftsführung der Regierungen vom 23. Oktober 1817 (Gesetzsammlung Seite 248) dahin ergänzt, daß als die daselbst bezeichnete polizeiliche Strafe eine Geldstrafe von Einem bis Drei Thalern eintreten soll. **Königl. Regierung.** Abtheilung des Innern.

Potsdam, den 6. August 1844.

Da sich bei sorgfältiger Erörterung der Bevölkerung und des Wohlstandes der Stadt Vierraden und ihrer Umgegend in Bezug auf das Bedürfniß und die Subsistenz einer Apotheke daselbst ergeben hat, daß das Bestehen einer solchen wohl zu hoffen sein dürfte, so wird, in Folge der dazu ertheilten Genehmigung des Herrn Ober-Präsidenten der Provinz Brandenburg denjenigen qualificirten Pharmazeuten, welche die Konzession zu einer Apotheke in Vierraden nachsuchen wollen, anheim gegeben, sich deshalb mit ihren Zeugnissen, Nachweisen und Erklärungen in Gemäßheit der Verordnungen vom 13. Juli 1840 (Amtsblatt 1840 Seite 239—241), vom 8. März 1842 (Gesetzsammlung 1842 Stück 12 Seite 111 und 112) und vom 13. August 1842 (Ministerialblatt für die gesammte innere Verwaltung № 12 Seite 320 und 321) binnen sechs Wochen an uns zu wenden.

Königl. Regierung. Abtheilung des Innern.

№ 191.
Konzessionirung einer Apotheke in Vierraden.
l. 94. August.

Potsdam, den 11. August 1844.

Die von der Regierungs-Hauptkasse ausgestellten Quittungen über die im zweiten Quartale dieses Jahres zur Ablösung von Domanial-Abgaben eingezahlten Kapitalien und über berichtigte Veräußerungsgelder sind, insoweit die vorschriftsmäßige Bescheinigung derselben Seitens der Königl. Hauptverwaltung der Staatsschulden erfolgt ist, den betreffenden Spezialkassen zur Aushändigung an die Interessenten zugesandt worden. Die Letzteren haben sich daher bei den gedachten Kassen zum Empfange der bescheinigten Quittungen, gegen Rückgabe der vorher erhaltenen Interimsquittungen zu melden.

Königl. Regierung.
Abtheilung für die Verwaltung der direkten Steuern, Domainen und Forsten.

№ 192.
Aushändigung der Quittungen über eingezahlte Veräußerungs- und Ablösungs-Kapitalien.
III. 1826. Aug.

№ 193.

Nachweisung
in den Städten des Bezirks der
in welchen Getreidemärkte
stattgefundenen Getreide- und
pro Juli

Laufende Nr.	Namen der Städte	Weizen			Roggen			Gerste			Hafer			Erbsen			Der Zentner Heu.		
		Rthl.	Sgr.	Pf.	Rthl.	Sgr.	Pf.	Rthl.	Sgr.	Pf.	Rthl.	Sgr.	Pf.	Rthl.	Sgr.	Pf.	Rthl.	Sgr.	Pf.
1	Beeskow	1	29	9	1	5	7	1	2	11	—	24	6	1	16	5			
2	Brandenburg ...	1	20	5	1	9	8	—	27	6	—	25	10	1	20	—	—	18	9
3	Dahme	1	25	10	1	2	11	—	28	3	—	22	6	1	22	6	—	18	7
4	Havelberg	1	21	2	1	3	3	—	27	6	—	20	7	1	12	6			
5	Jüterbogk......	1	26	10	1	4	1	—	27	6	—	24	2						
6	Luckenwalde	1	25	11	1	5	10	—	28	6	—	25	4	1	20	9			
7	Neustadt-Ebersw.	2	—	3	1	7	6	1	2	6	—	25	—	1	20	—	25	—	
8	Oranienburg ...	2	5	—	1	7	6	1	2	6	—	27	6				22	6	
9	Perleberg	1	18	6	1	—	10	—	26	1	—	25	—				25	—	
10	Potsdam	1	26	3	1	10	5	—	29	11	—	27	7				16	7	
11	Prenzlow	1	27	9	1	7	8	—	29	6	—	25	—	1	11	—	15	—	
12	Rathenow	1	18	5	1	6	9	1	—	4	—	17	2	1	20	—	15	—	
13	Neu-Ruppin	1	27	—	1	5	6	—	27	6	—	20	6	1	10	—	20	—	
14	Schwedt	2	—	—	1	9	1	1	1	10	—	22	7	1	11	3			
15	Spandow	1	27	—	1	9	6				—	25	—						
16	Strausberg	—	—	—	1	8	9	—	28	4	—	23	7	1	13	6			
17	Templin	2	—	—	1	7	6	1	—	—	—	20	—	1	14	—	12	6	
18	Treuenbrietzen...	1	24	7	1	4	11	—	27	10	—	24	8	1	25	—			
19	Wittstock	1	23	3	1	6	1	—	25	6	—	20	11	1	10	2	12	1	
20	Wrietzen a. d. O.	1	18	9	1	5	1	—	26	11	—	25	—	1	18	9			

sämmtlicher

Königlichen Regierung zu Potsdam,

abgehalten werden,

Viktualien-Durchschnitts-Marktpreise

1844.

Das Schock Stroh.			Der Scheffel Kartoffeln.			Das Pfund						Das Quart						Die Metze			
						Roggen-Brod.		Rind-fleisch.		But-ter.		Braun-bier.		Weiß-bier.		Brannt-wein.		Graupe.		Grütze.	
Rthl	Sgr	Pf	Rthl	Sgr	Pf	Sgr	Pf	Sgr	Pf	Sgr	Pf	Sgr	Pf	Sgr	Pf	Sgr	Pf	Sgr	Pf	Sgr	Pf
4	5	9	—	16	4	—	10	2	6	6	8	1	—	1	—	4	—	5	—	5	—
4	—	—	—	20	—	1	2	3	—	7	6	1	1	1	2	3	6	13	4	7	—
5	—	—	—	13	9	—	9	2	6	5	4	1	3	1	6	2	6	4	5	5	9
—	—	—	—	16	—	—	11	2	6	6	3	1	—	1	—	3	9	12	—	8	—
5	—	—	—	22	—	—	9	2	6	6	6	1	3	2	—	3	—	7	—	6	6
4	10	10	—	17	10	—	10	2	6	6	—	—	9	1	—	4	—	15	—	5	—
5	15	—	—	16	—	—	11	2	6	7	—	1	3	1	6	2	—	8	—	6	—
6	—	—	—	10	—	1	—	3	—	7	—	1	—	1	6	2	6	10	—	7	6
5	15	8	—	10	2	1	—	2	6	6	—	1	—	1	—	4	—	8	—	6	—
5	1	11	—	18	8	1	—	3	—	7	—	1	3	1	6	3	6	12	—	7	—
10	—	—	—	12	—	1	2	3	—	6	6	1	—	1	—	4	—	10	—	7	—
3	15	—	—	15	—	—	9	3	—	7	6	1	3	1	6	4	—	8	—	11	—
5	14	—	—	15	—	1	4	3	—	6	—	1	—	1	3	2	9	10	—	5	6
—	—	—	—	12	—	1	3	3	—	7	6	—	—	—	—	—	—	10	—	11	—
—	—	—	—	21	6	1	—	3	—	7	—	1	3	2	—	4	—	—	—	—	—
—	—	—	—	16	—	—	—	—	—	7	—	—	—	—	—	—	—	7	10	4	8
4	—	—	—	20	—	—	10	2	6	7	6	1	6	1	—	2	—	10	—	6	—
—	—	—	—	13	9	—	9	2	6	6	—	1	—	1	3	3	6	8	—	6	—
4	7	10	—	13	11	—	11	3	—	6	—	2	—	2	—	3	—	7	6	5	—
						1	—	2	6	6	6	1	—	1	3	2	6	9	—	8	6

Verordnungen und Bekanntmachungen der Behörden der Stadt Berlin.

№ 61.
Berlinische Renten- und Kapitals-Versicherungs-Bank.

In Folge der Verfügung des Königl. Ministeriums des Innern vom 7. April d. J. wird hierdurch zur öffentlichen Kenntniß gebracht, daß des Königs Majestät mittelst Allerhöchster Kabinetsordre vom 22. März d. J. das Statut der mit einem Grundkapitale von einer Million Thalern auf Aktien gegründeten, und mit Korporationsrechten versehenen „Berlinischen Renten- und Kapitals-Versicherungs-Bank" zu bestätigen geruht haben.

Berlin, den 28. Juli 1844.

Königl. Polizei-Präsidium.

━━━━━━━

Personalchronik.

Dem Kammergerichts-Auskultator Herrmann Siegmund Gottlieb Schräter ist der Uebertritt in das Departement des Königl. Oberlandesgerichts zu Breslau verstattet worden. Der bisherige Kammergerichts-Auskultator Oswin Karl Edgar Anton ist zum Kammergerichts-Referendarius ernannt. Der bisherige Kammergerichts-Auskultator Paul Ludwig Alexander Eck ist zum Referendarius ernannt und auf seinen Antrag an das Königl. Oberlandesgericht zu Naumburg versetzt. Der bisherige Land- und Stadtgerichts-Direktor, Kreis-Justiz-Rath Wilhelm Traugott Drogand ist zum Kammergerichts-Rathe. Allerhöchst ernannt worden. Der Kammergerichts-Auskultator Friedrich von Kraewel ist auf seinen Antrag aus dem Justizdienste entlassen. Der Kammergerichts-Auskultator Albert Eduard Christian Fischer ist zum Kammergerichts-Referendarius ernannt. Der Kammergerichts-Assessor Johann Heinrich Gustav Fischer ist mittelst Ministerial-Reskripts vom 2. Juli d. J. auf sein Ansuchen aus dem Justizdienste, vorbehaltlich seines Wiedereintritts, entlassen. Die bisherigen Kammergerichts-Auskultatoren Joseph von Bertrab und Alexis Rosenberg sind zu Kammergerichts-Referendarien ernannt. Der Land- und Stadtgerichts-Assessor Klüwer beim Land- und Stadtgerichte zu Wriezen ist zum Land- und Stadtgerichts-Rathe, der beim Königl. Stadtgerichte in Rathenow angestellte Kammergerichts-Assessor Seemann und der Stadtgerichts-Assessor Kolk in Charlottenburg sind zu Stadtgerichts-Räthen Allerhöchst ernannt; ferner ist dem Stadtrichter Berner zu Strasburg in der Ukermark, dem Justiz-Kommissarius und Notarius Eisleben zu Prenzlow, dem Justiz-Kommissarius und Notarius Lindinger zu Schwedt an der Oder der Charakter als Justiz-Rath, so wie dem Kammergerichts-Registrator Jokisch und dem Stadtgerichts-Kanzlei-Inspektor Kraemer zu Berlin der Charakter als Kanzlei-Rath Allerhöchst beigelegt worden. Der Rechts-Kandidat Wilhelm Herrmann Adolph Callmeyer ist zum Kammergerichts-Auskultor ernannt und der Justiz-Kammer in Schwedt zur Beschäftigung überwiesen. Der Kammergerichts-Referendarius Alexis Rosenberg ist auf seinen Antrag an das Königl. Oberlandesgericht in Frankfurt an der Oder versetzt worden. Dem Kammergerichts-Auskultator Franz Paul von Kameke ist der Uebertritt in das Departement des Königl. Oberlandesgerichts zu Marienwerder verstattet worden. Der Kammergerichts-Auskultator Otto Rudolph Krüger ist zum Kammergerichts-Referendarius ernannt. Dem Kammergerichts-Assessor und expedirenden Kammergerichts-Sekretair Karl Friedrich Wilhelm Vogler ist der Charakter als Justiz-Rath Allerhöchst verliehen worden. Der bisherige Oberlandesgerichts-Rath Cäsar von Wangenheim beim Königl. Oberlandesgerichte in Posen ist als Rath an das Kammergericht versetzt worden. Der Rechts-Kandidat Ludwig Friedrich Karl Gisbert von Bodelschwingh ist zum Kammergerichts-Auskultator ernannt und dem hiesigen Kriminalgerichte zur Beschäftigung überwiesen worden. Der Referendarius Otto Ernst Karl Rudolph ist vom Oberlandesgericht in Stettin in gleicher Eigenschaft an das Kammergericht versetzt worden. Der bisherige Kammergerichts-Referendarius Friedrich August Kuhls ist zum Kammergerichts-Assessor ernannt.

Patrimonialgericht. Die Verwaltung des Patrimonialgerichts Wiesendahl ist dem Land- und Stadtgerichts-Assessor Zarnack zu Alt-Landsberg übertragen.

Der Doktor der Medizin und Chirurgie Alexander Otto Ferdinand Tillich ist als praktischer Arzt, Wundarzt und Geburtshelfer in den Königlichen Landen approbirt und vereidigt, und der praktische Arzt und Operateur Dr. Otto Glum und der Pensionair- und praktische Arzt und Operateur Friedrich Ludwig Heinrich Petri sind auch als Geburtshelfer in den Königlichen Landen approbirt und verpflichtet worden.

Der Kandidat der Pharmazie Ferdinand Julius Theodor Reichert ist als Apotheker 1ster Klasse in den Königlichen Landen approbirt und vereidigt worden.

A. Zu Schiedsmännern wurden neu gewählt: Der Glasermeister August Wilhelm Ferdinand Fürstenau für den 1sten Bezirk der Stadt Spandow, der Zimmermeister Albert Adolph Gustav Tiecke jun. für den 3ten Bezirk daselbst, der Kaufmann Konrad Julius Strubach zu Bierraden für die Stadt Bierraden.

B. Zu Schiedsmännern wurden wieder gewählt: Der Bürgermeister Ferdinand Heinrich Wilhelm Theodor Eichner zu Alt-Ruppin für die Stadt Alt-Ruppin, der Bürgermeister Dr. Zimmermann für den 2ten Bezirk der Stadt Spandow, der Amtmann Ernst Ferdinand Wilhelm Behm zu Linum für den 2ten ländlichen Bezirk des Osthavelländischen Kreises.

Vermischte Nachrichten.

Wegen nöthig gewordenen Reparaturbaues der Brücke über den alten Rhin im Hüfnerdamm bei Dreetz, muß die Passage des Dammes in der Sträße von Rathenow nach Wusterhausen an der Dosse über Neuwerder, Siegrothsbruch und Dreetz für Reisende vom 19. August bis zum 8. September d. J. gesperrt werden, und haben Letztere während dieser Zeit ihren Weg über Stölln, Neu-Garz und Siewerstdorff zu nehmen.

Potsdam, den 8. August 1844.

Königl. Regierung. Abtheilung des Innern.

Dem Tischlermeister Friedrich Christian Ferdinand Prahl und dem Viktualienhändler Johann August Vogel hierselbst ist für die von ihnen bewirkte Rettung mehrerer Personen aus Feuersgefahr die Erinnerungs-Medaille für Lebensrettung verliehen worden.

Berlin, den 3. August 1844.

Königl. Polizei-Präsidium.

Es verdient lobenswerthe Anerkennung, daß die Gemeinen Schlunkendorf und Kähnsdorf, Superintendentur Beelitz, aus eigenem freien Antriebe den Kirchhof zu Schlunkendorf, der von bedeutendem Umfange ist, dessen Umgebung ganz destruirt war, und der auf der einen und größern Seite nur aus einem schlechten Reißigzaune zeither bestand, ganz mit einer sehr schönen und dauerhaften Mauer umgeben, auch das Thor und die Eingangspforte hergestellt und mit steinernen Pfeilern und neuen Thüren versehen haben.

(Hierbei ein öffentlicher Anzeiger.)

Amtsblatt
der Königlichen Regierung zu Potsdam
und der Stadt Berlin.

Stück 34.   Den 23. August.   **1844.**

Die öffentlichen Blätter haben schon von den Verheerungen Kenntniß gegeben, welche durch die überströmenden Fluthen in den West- und Ostpreußischen Niederungen herbeigeführt worden sind. Lassen sich auch die traurigen Folgen eines solchen, in der gegenwärtigen Zeit unerwarteten, und die besten Hoffnungen der Bewohner jener Gegenden vernichtenden Naturereignisses noch nicht vollständig übersehen, so steht doch durch amtliche Berichte bereits fest, daß in den Niederungen der Weichsel die Gefahr so groß gewesen ist, daß nur auf die schleunigste Rettung von Menschen und Vieh hat Bedacht genommen werden können. Aber auch dies ist, bei dem plötzlichen Steigen der Flüsse und der enormen Höhe, welche das Wasser erreichte — (es stand am Pegel zu Graudenz so hoch, wie im Jahre 1745) — nicht überall möglich gewesen. Mehrere Menschen sind in den Fluthen umgekommen, andere haben ihre Wohnungen, und wenn nicht die ganze, so doch einen großen Theil ihrer Habe verloren.

Die zu reichen Ernten Hoffnungen gebenden Felder sind durch die Wasserfluthen überströmt, und innerhalb des Stromgebietes Saaten und Früchte gänzlich vernichtet worden.

Nicht minder betrübend sind die Nachrichten von den Verheerungen, welche die überströmenden Fluthen des Pregels und der Memel angerichtet haben.

Die unmittelbar an diesen Flüssen liegenden Wiesen, Gärten und Felder stehen unter Wasser. Das Vieh kann, da es an Weide fehlt, nur kümmerlich in den Ställen gefüttert werden.

Selbst in den von den Flüssen entfernter, und zum Theil höher gelegenen Gegenden ist das Wasser durch den herabströmenden Regen, und vielleicht auch andere mitwirkende Ursachen, zu einer, den ältesten Bewohnern nicht bekannten Höhe gestiegen, und verheerend geworden.

Dürfen wir auch erwarten, und wissen wir, daß die benachbarten Gegenden gern nach ihren Kräften die augenblickliche Noth der Verunglückten zu mildern bereit sind, so ist der Verlust und die Noth doch zu groß, als daß ihre alleinige Hülfe ausreichen könnte. Um so dringender ist die Aufforderung, auch aus entfernteren Gegenden den Noth leidenden Mitbrüdern zu Hülfe zu kommen, sie durch thätige Theilnahme in ihrer großen Bedrängniß und ihrer trüben Aussicht in die Zukunft wieder aufzurichten, und so viel als möglich die Zähren des Jammers und Elends zu trocknen.

Daher haben, in dem vollen Vertrauen auf den schon oft bewährten Wohlthätigkeitssinn ihrer nahen und entfernten Mitbürger, die Unterzeichneten sich vereinigt, um zur Milderung des Nothstandes der verunglückten Gegenden West- und Ostpreußens wirksam zu sein, und fordern hiermit alle Menschenfreunde auf, sie dabei durch milde Beiträge gütigst zu unterstützen.

Sowohl die nachbenannten Mitglieder des Vereins, als auch

die Expeditionen der Allgemeinen Preußischen, der Vossischen und
der Haude und Spenerschen Zeitung

werden Beiträge annehmen.

Der Verein wird es sich angelegen sein lassen — sofern nicht von den Gebern spezielle Bestimmungen über ihre Gaben erfolgen — die Beiträge unter Mitwirkung der betreffenden Provinzial- und Lokalbehörden und Vereine in möglichst gerechten Verhältnissen zu vertheilen, und gewissenhaft und schleunig an ihre Bestimmung zu befördern.

Da hoffentlich auch an andern Orten zur Erreichung jenes Zweckes Vereine zusammentreten, so wird der unterzeichnete Verein — falls sie sich mit ihm in nähere Verbindung zu setzen geneigt sind — gern bereit sein, ihnen von den bei demselben über den Zustand der bedrängten Gegenden eingehenden Nachrichten Mittheilung zu machen, und die Beiträge, welche sie ihm anvertrauen wollen, ihrer Bestimmung gemäß zu verwenden.

Den Fortgang der Sammlungen wird der Verein von Zeit zu Zeit, und den Gesammtbetrag der Beiträge, so wie die Art und Weise ihrer Verwendung, am Ende seiner Wirksamkeit durch die hiesigen Zeitungen zur öffentlichen Kenntniß bringen.

Berlin, den 11. August 1844.

Der Verein zur Unterstützung der durch Ueberschwemmung verunglückten Gegenden in West- und Ostpreußen.

(gez.) v. Boyen. Flottwell. v. Below. Behrendt. Bode. Brüfflein. Desselmann. Fischer. Friccius. Holfelder. Krausnick. Magnus. A. Mendelsohn. Messerschmidt. Meyen. Muhr. Naunyn. v. Olfers. Paalzow. v. Patow. Sembeck. Skalley.

Zur Annahme von Beiträgen erboten sich:

1. v. Boyen, Geheimer Staats- und Kriegsminister, Leipziger Straße № 5.
2. Flottwell, Geheimer Staats- und Finanzminister, im Finanz-Ministerial-Gebäude.
3. Behrendt, Kommerzienrath und Ostpreußischer General-Landschafts-Agent, Neue Schönhauser Straße № 9.
4. Bode, Wirklicher Geheimer Ober-Regierungsrath und Direktor im Ministerium des Innern; Friedrichsstraße № 142.
5. Brüfflein, Banquier, Gertraudtenstraße № 16.
6. Desselmann, Rentier und Vorsteher der Stadtverordneten, Kommandantenstraße № 34.
7. Friccius, General-Auditeur der Armee, Große Friedrichsstraße № 31.

8. Holfelder, Kaufmann und Stadtverordneter, Grünstraße № 21.
9. Magnus, Banquier, Behrenstraße № 26.
10. Mendelsohn, Banquier, Jägerstraße № 51.
11. Messerschmidt, Wirklicher Geheimer Kriegsrath, Dessauer Straße № 3.
12. Meyen, Haupt-Bank-Direktor, auf der Königl. Bank, Jägerstraße № 34.
13. Muhr, Banquier, Königsstraße № 14.
14. v. Olfers, General-Direktor der Museen, Cantianstraße № 4.
15. v. Patow, Wirklicher Geheimer Ober-Regierungsrath und Direktor im Ministerium des Innern, unter den Linden № 4 a.
16. Skalley, Geheimer Ober-Finanzrath, hinter dem neuen Packhof № 2.

Obige Aufforderung zur Unterstützung der durch Ueberschwemmungen in Noth gerathenen Bewohner der West- und Ostpreußischen Niederungen bringe ich in dem festen Vertrauen hierdurch zur allgemeinen Kenntniß, daß der oft bewährte Wohlthätigkeitssinn der Bewohner hiesiger Provinz auch bei diesem Anlasse nicht zurückbleiben, sondern gern und freudig bereit sein werde, den hart bedrängten Landsleuten in Preußen durch Gaben der Liebe materielle Hülfe in ihrem Nothstande und zugleich den erhabenen Trost des Mitgefühls nach Kräften darzureichen.

Insbesondere ersuche ich die Herren Landräthe und die Magisträte, die Bildung von Zweigvereinen zu den Zwecken des in Berlin zusammengetretenen Vereins zu vermitteln und dieselben durch ihren Beistand kräftigst zu unterstützen.

Potsdam, den 15. August 1844.
Der Ober-Präsident der Provinz Brandenburg.
v. Meding.

Verordnungen und Bekanntmachungen
für den Regierungsbezirk Potsdam und für die Stadt Berlin.
Ankündigung
des bevorstehenden Hebammen-Unterrichts.

Am 15. Oktober nimmt der Unterricht für Hebammen seinen Anfang. Da die bestimmte Zahl der Schülerinnen bereits vorhanden ist, so haben sich nur die bereits angemeldeten Frauen an diesem Tage bei dem Geheimen Hofrath Dr. Haud, Leipziger Straße № 45, einzufinden.

Schwangere Schülerinnen werden zurückgewiesen.

Berlin, im August 1844.
Königl. Hebammen-Institut.

№ 194.
Hebammen-
Unterricht.
I. 1058. Aug.

Potsdam, den 19. August 1844.
Vorstehende Bekanntmachung wird hierdurch zur öffentlichen Kenntniß gebracht.
Königl. Regierung. Abtheilung des Innern.

Potsdam, den 15. August 1844.

№ 195.
Die diesjäh-
rige Erſatz-
Aushebung
durch die
Königl. De-
partements-
Erſatz-Kom-
miſſion betr.
I. 1081. Aug.

Zur Aushebung der in dieſem Jahre aus der Stadt Berlin und dem hieſigen Regierungsbezirke zu ſtellenden Erſatz-Mannſchaften wird die Königl. Departements-Erſatz-Kommiſſion an nachbenannten Tagen und Orten zuſammentreten, und zwar zur Uebernahme der Rekruten

aus der Stadt Berlin	am 16. September,	
=	= 17. =	
=	= 18. =	und
=	= 19. =	in Berlin,
aus dem Niederbarnimſchen Kreiſe	= 20. =	= Berlin,
= = Beeskow=Storkowſchen Kreiſe	= 23. =	= Beeskow,
= = Oberbarnimſchen Kreiſe	= 25. =	= Neuſtadt=Eberswalde,
= = Angermündeſchen Kreiſe	= 26. =	= Angermünde,
= = Prenzlowſchen Kreiſe	= 27. =	= Prenzlow,
= = Templinſchen Kreiſe	= 28. =	= Templin,
= = Ruppinſchen Kreiſe	= 30. =	= Neu=Ruppin,
= = Weſtpriegnitzſchen Kreiſe	2. Oktober	= Perleberg,
= = Oſtpriegnitzſchen Kreiſe	= 3. =	= Kyritz,
= = Weſthavelländiſchen Kreiſe	= 5. =	= Rathenow,
= = Oſthavelländiſchen Kreiſe	= 7. =	= Spandow,
= = Teltowſchen Kreiſe	= 8. =	= Schöneberg,
= der Stadt Potsdam	= 9. =	= Potsdam,
= dem Zauch=Belzigſchen Kreiſe	= 10. =	= Treuenbrietzen,
= Jüterbogk=Luckenwaldeſchen Kreiſe	= 11. =	= Jüterbogk,

welches hierdurch mit dem Bemerken zur öffentlichen Kenntniß gebracht wird, daß diejenigen, welche gegen die Entſcheidung der Kreis-Erſatz-Kommiſſion reklamiren zu können vermeinen, ihre desfallſigen Anträge, unter Beibringung der erforderlichen Beweismittel, bei der Departements-Erſatz-Kommiſſion nicht unterlaſſen mögen, weil auf ſpätere derartige nicht angemeldete Reklamationen, keine weitere Rückſicht genommen werden ſoll.

Königl. Regierung. Abtheilung des Innern.

№ 196.
Freigegebener
Verkauf des
gepulverten
Samen
Foenum
graecum.
I. 969. Aug.

Aus Veranlaſſung eines Antrages der Königl. Regierung zu Erfurt iſt über die Zuläſſigkeit des Geſuches mehrerer Materialiſten, ihnen den Verkauf des gepulverten Semen Foeni graeci frei zu geben, die gutachtliche Aeußerung der zur Bearbeitung einer neuen Landes-Pharmakopöe niedergeſetzten Kommiſſion eingeholt worden.

Da danach das genannte Mittel nur in der Veterinair-Praxis Anwendung findet, ungepulvert aus den Apotheken niemals verlangt, auch nur ſelten in den Apotheken geſtoßen, ſondern auf Mühlen in großen Quantitäten gemahlen, und der Anbau der Pflanzen in einigen Gegenden zum Handel betrieben wird, ſo haben wir beſchloſſen, den Verkauf des gepulverten Foenum graecum ganz frei zu geben und das Mittel in dem, der Verordnung wegen des Debits der Arzneiwaaren vom 16. September 1836 beigefügten Verzeichniſſe B zu löſchen.

Die Königl. Regierung hat diese Bestimmung zur öffentlichen Kenntniß zu bringen.
Berlin, den 31. Juli 1844.

Der Minister der geistlichen, Unterrichts- Der Minister des Innern.
und Medizinal-Angelegenheiten.

In Abwesenheit und im Auftrage.

Ladenberg. Bode.

Potsdam, den 15. August 1844.

Vorstehendes Ministerial-Rescript wird hierdurch zur Beachtung bekannt gemacht.
Königl. Regierung. Abtheilung des Innern.

Verordnungen und Bekanntmachungen,
welche den Regierungsbezirk Potsdam ausschließlich betreffen.

Potsdam, den 13. August 1844.

Nach § 6 № 3 des Gesetzes vom 6. Januar 1843 über die Bestrafung der Landstreicher, Bettler und Arbeitsscheuen sollen diejenigen Personen, welche nach Verlust ihres bisherigen Unterkommens, binnen einer von der Orts-Polizeibehörde zu bestimmenden Frist sich kein anderweitiges Unterkommen verschaffen und auch nicht nachweisen können, daß sie solches aller angewandten Bemühungen ungeachtet nicht vermocht haben, mit der für Arbeitsscheue bestimmten Gefängnißstrafe bis zu sechs Wochen belegt werden, und beim Rückfall in die Verschuldung obdachslosen Zustandes soll demnächst die Ueberweisung des Schuldigen an das betreffende Gericht zum Kriminalverfahren eintreten.

Das vorberegte Strafverfahren ist aber selbstredend in denjenigen Fällen ausgeschlossen, wo entweder der Obdachsmangel nur Folge anerkannter Verarmung ist, oder von einem nicht zur Klasse der Armen Gehörigen aller angewandten Bemühungen ungeachtet keine Unterkommens-Gelegenheit gefunden werden kann. Wenn daher auch von den Polizeibehörden vor Beantragung eines Strafverfahrens wegen Obdachslosigkeit stets das Vorhandensein einer Verschuldung zu prüfen ist, so muß doch dabei als Grundsatz festgehalten werden, daß ein Jeder, der nicht im gesetzlichen Sinne für arm gehalten werden kann, für seinen Wohnungsbedarf zunächst selbst zu sorgen verpflichtet ist, und er, wenn es demselben nach dem Verluste einer bisherigen Miethwohnung an einem anderen freiwilligen Miethunterkommen mangelt, die Präsumtion gegen sich hat, daß es an vorgängigen eigenen Bemühungen um Erlangung einer Wohnungs-Gelegenheit habe fehlen lassen und daß er an seinem bisherigen Wohnsitze die Abhülfe seines Wohnungsmangels ertrotzen wolle. Von dieser Vermuthung kann sich derselbe also auch nur dadurch befreien, daß die von ihm angewandten Bemühungen gehörig nachgewiesen werden. Die Miether, denen gekündigt wird, haben daher nicht etwa abzuwarten, bis ihnen von der Orts-Polizeibehörde eine bestimmte Frist zur Auffindung eines weiteren Unterkommens gestellt worden ist, sondern sie müssen sogleich nach Eintritt der Kündigung

№ 197.
Verfahren bei Unterbringung der Wohnungslosen.
I. 1649. März.

und bis zum Räumungstermine von selbst alle Kräfte und Bemühungen aufwenden, eine andere Wohnungs-Gelegenheit zu finden.

Dies wird um so weniger Schwierigkeiten im Allgemeinen haben, als demjenigen, dem nicht Arbeitskraft, sondern nur Wohnung mangelt, mit seinen, keiner öffentlichen Unterstützung zum Lebensunterhalt bedürftigen Angehörigen, nach § 5 des Gesetzes vom 31. Dezember 1842 über die Aufnahme neu anziehender Personen, an keinem Orte, wo er eine Wohnung zu finden vermag, das Anziehen und der Aufenthalt verwehrt oder erschwert werden darf. Erst wenn diese Ermittelungen ergeben, daß die Obdachlosigkeit unverschuldet ist, tritt — so wie nach den bestehenden Gesetzen die zur Armenpflege verbundenen Kommunen und Dominien den Ortsarmen, welche sich selbst ein Unterkommen nicht zu verschaffen vermögen, ein solches zu gewähren haben — auch ohne Einleitung eines Strafverfahrens deren Verbindlichkeit ein, denjenigen, welche ohne gerade im gesetzlichen Sinne arm zu sein, dennoch ein Unterkommen ohne Vernachlässigung der oben gedachten Vorschriften sich nicht haben verschaffen können, ein solches so lange und so weit zu gewähren, als es zu Abwendung einer augenblicklichen Gefahr für Leben und Gesundheit der Obdachlosen erforderlich ist. Die Orts-Polizeibehörden werden dem auf Ertrotzung einer Wohnung gerichteten Verfahren aber nicht wirksamer vorbeugen können, als wenn sie bei Beurtheilung jeder vorkommenden Obdachlosigkeit mit der gehörigen Strenge und Gründlichkeit vorgehen und durch die Art, wie sie das erforderliche Unterkommen gewähren, zwar dem Nothstande auf eine genügende Weise abhelfen, indessen auch jeden Anreiz beseitigen, es auf dieses Verfahren ankommen zu lassen. Denn es liegt nur zu sehr in der Erfahrung, daß unter dem Deckmantel einer nicht zu erlangenden Wohnung, zwar den Formen genügt wird, welche die Anwendung der Strafe des § 6 N° 3 des Gesetzes vom 6. Januar 1843 ausschließen, daß aber oft nicht derjenige Fleiß bei Beschaffung eines Unterkommens angewendet wird, welcher bei dem Bewußtsein der unangenehmen Folge, welche die Obdachlosigkeit für sie auch ohne Bestrafung haben würde, zu erwarten steht. Es wird daher darauf aufmerksam gemacht und ist den Eingesessenen von den Orts-Polizeibehörden in den geeigneten Fällen in Erinnerung zu bringen, daß die Kommunen und Dominien nur verbunden sind, die allernothwendigsten Wohnungsräume zu beschaffen, daß ihnen, so weit es die Jahreszeit und die Witterung zuläßt, unbenommen bleibt, auch Wirthschaftsräume zum Unterkommen zu verwenden, — daß sich erforderlichen Falls und so weit es ohne Nachtheil der Gesundheit geschehen kann, mehrere Familien in denselben Wohnungsräumen nebeneinander behelfen müssen, — daß es den Verpflichteten unbenommen bleibt, die Wohnung an anderen Orten als dem bisherigen Wohnorte des Obdachlosen zu gewähren, und daß die Gemeinden den Reihezug dieser, einer Wohnung ermangelnden Personen in gewissen kurzen Zeitabschnitten zu beschließen wohl befugt sind.

Das Verfahren dagegen, wonach gerichtlich Ermittirte öfter von der Polizei-Behörde wieder wegen Mangel an Unterkommen in ihren bisherigen Wohnungen eingewiesen sind, stellt sich in der Regel als ganz unzulässig dar. Denn bei einem bestehenden Armen- und Kommunal-Verbande liegt diesem, oder dem Dominio und nicht dem bisherigen Vermiether die nächste und alleinige Sorge für ein Obdach ob, und der einmal Ermittirte steht zu seiner bisherigen Wohnung in gar keinem Verhältniß mehr. Es muß daher die Unterbringung des Obdachlosen im Armenhause, durch Reihezug oder in einer auf Kosten des Gemeinde-Verbandes oder Rittergutes zu beschaffenden Wohnung erfolgen. Auch ist der örtliche Armen-Verband, wenn er auf seine Kosten den Wohnungslosen in oder außer dem Orte einmiethet, die für ihn übernommene Miethzahlung erekutivisch von ihm einzuziehen zu lassen berechtigt, da die Vergütung der ortsüblichen Miethe dem arbeitsfähigen Wohnungslosen aus seinem Erwerbe obliegt.

Wird ein Wohnungsloser von der Ortsbehörde mit einstweiliger Wohnungs-Gelegenheit versehen, so bleibt derselbe nach wie vor zur Anwendung eigener und fortgesetzter Bemühungen um ein anderweites Mieths-Unterkommen dort und in der Umgegend verpflichtet, und wir empfehlen den Ortsbehörden, ihn hierüber sogleich bei der vorläufigen Unterbringung gemessenst zu belehren und zu verwarnen, und auf die ihn treffenden weiteren Rechtsfolgen zu verweisen; es kann mit dieser Verwarnung von Obrigkeits wegen auch schon vorher eingeschritten werden, wenn die Ortsbehörde zur Kenntnißnahme bevorstehender Wohnungs-Verluste gelangt. Der Fortgang der eigenen Bemühungen des Wohnungsbedürftigen muß wenigstens zu den geordneten Miethsperioden vierteljährlich in geeigneter Art weiter nachgewiesen und geprüft werden; fällt dieser Nachweis ungenügend aus, so ist alsdann die Einleitung des Untersuchungs- und Strafverfahrens begründet und muß von den Polizeibehörden herbeigeführt werden.

Wir dürfen annehmen, daß bei Befolgung dieser Grundsätze, die seither nur zu oft vorgekommene Fälle verschuldeter Obdachlosigkeit sich in Verbindung mit dem angeordneten Strafverfahren bedeutend vermindern werden.

Königl. Regierung. Abtheilung des Innern.

Potsdam, den 14. August 1844.

Mit Bezug auf die Bekanntmachungen vom 1. Mai und 5. August 1834 (Amtsblatt pro 1834 Pag. 143 und 239) wird das Publikum benachrichtigt, daß bei den Kunsthändlern Schenk und Gerstäcker zu Berlin nunmehr auch die „Nachträge zu den Vorlegeblättern für Maurer und Zimmerleute" erschienen sind.

Die Gewerbe- und Bauschulen erhalten dies Werk daselbst zu dem ermäßigten Preise von drei Thalern für jedes Exemplar, und bei Bestellungen von zehn Exemplaren wird ein Elftes gratis verabfolgt.

Königl. Regierung. Abtheilung des Innern.

№ 198.
Vorlegeblätter für Maurer und Zimmerleute.
I. 316. Aug.

Potsdam, den 19. August 1844.

Da unter dem Rindviehstande des Dorfes Schönefeld bei Baruth (Jüterbogk-Luckenwalder Kreises) die Lungenseuche entstanden ist, so ist dieser Ort und dessen Feldmark für Rindvieh, Rauchfutter und Dünger bis auf weitere Anordnung unter Sperre gesetzt worden. **Königl. Regierung.** Abtheilung des Innern.

№ 199.
Ausgebrochene Lungenseuche.
I. 1345. Aug.

Verordnungen und Bekanntmachungen der Behörden der Stadt Berlin.

№ 62.
Niederlassungen im Bezirk des Berliner Polizei-Präsidii.

Wer an einem Orte im Verwaltungsbezirke des unterzeichneten Polizei-Präsidii seinen Wohnsitz nehmen will, muß sich in Berlin und dessen engeren Bezirk, beim Polizei-Präsidio, im weiteren Polizeibezirk aber bei der betreffenden Orts-Polizei-Behörde melden und über seine persönlichen Verhältnisse die erforderliche Auskunft geben.

Hierzu gehört, daß der Neuanziehende sich über seine und der Seinigen untadelhafte Führung und über die Mittel zu seinem Unterhalte durch glaubhafte Atteste ausweise, indem jedem die Aufenthalts-Bewilligung versagt werden muß, von dem zu besorgen ist, daß er die öffentliche Sicherheit und Ordnung gefährden, oder wegen Mangels an Mitteln zu seinem Unterhalte, dem gemeinen Wesen zur Last fallen könne. Der Nachweis von Arbeitskräften allein genügt in letzterer Beziehung nicht.

Personen, welche von außerhalb in den diesseitigen Verwaltungsbezirk ziehen wollen, haben die vorschriftsmäßige Meldung vor ihrem Anzuge zu bewirken und den Bescheid darauf abzuwarten, indem jeder, welcher den obigen Erfordernissen nicht genügt, seine sofortige Wegweisung zu gewärtigen hat.

Zu dieser Meldung sind auch diejenigen verpflichtet, welche innerhalb des Verwaltungsbezirks des Polizei-Präsidii in einen andern Kommunal-Verband verziehen, oder ihren Wohnsitz aus dem weitern in den engern Polizeibezirk verlegen wollen, endlich auch diejenigen, welche sich bereits vorübergehend an einem Orte aufhielten, und durch Verheirathung und Begründung eines eigenen Hausstandes, oder durch ein sonstiges Etablissement, einen Wohnsitz in demselben erwerben wollen.

Wer diese Meldung unterläßt, kann niemals ein Domizil im gesetzlichen Sinne an einem Orte erwerben.

Wird das Niederlassungsgesuch statthaft befunden, so ertheilt die Orts-Polizei-Behörde darüber kosten- und stempelfrei eine Bescheinigung.

Jeder, welcher einem Neuanziehenden Wohnung oder Unterkommen gewähren will, hat sich vor Eingehung des Miethsvertrages, durch Vorzeigung dieser Bescheinigung den Nachweis führen zu lassen, daß der Miether die Aufenthalts-Bewilligung erhalten hat.

Wer dies versäumt, und Personen bei sich aufnimmt, welchen der Aufenthalt nicht gestattet worden ist, verfällt in eine Polizeistrafe von 2 bis 5 Thlrn. und macht sich regreßpflichtig, wenn jene später der Armenpflege verfallen.

Berlin, den 25. Juli 1844.   Königl. Polizei-Präsidium.

Vermischte Nachrichten.

Behufs des Baues zweier Brücken auf dem Damme von Falkenthal bei Zehdenick nach Neu-Holland muß die Passage über diesen Damm vom Dorfe Falkenthal bis zum Gehöfte des Freischulzen Schneider zu Neu-Holland vom 9. bis zum 16. kommenden Monats gesperrt werden, und müssen Fuhrwerke und Reiter, auch Viehheerden, während dieser Zeit ihren Weg über Vorwerk Hertefeld nehmen.

Potsdam, den 14. August 1844.   Königl. Regierung. Abtheilung des Innern.

(Hierbei ein öffentlicher Anzeiger.)

Amtsblatt
der Königlichen Regierung zu Potsdam
und der Stadt Berlin.

Stück 35.   Den 30. August.   **1844.**

Allgemeine Gesetzsammlung.

Das diesjährige 29ste Stück der Allgemeinen Gesetzsammlung enthält:

№ 2483. Allerhöchste Kabinetsordre vom 27. Juni d. J., betreffend die Publikation und Einführung der Kriegs-Artikel.

So wie die von des Königs Majestät unter demselben Tage ertheilten Kriegs-Artikel für das Preußische Heer, und die Allerhöchste Verordnung über die Anwendung derselben, insbesondere der darin vorgeschriebenen Militairstrafen.

№ 2484. Allerhöchste Kabinetsordre vom 18. Juli d. J., betreffend die allgemeine Verpflichtung zur eidlichen Vernehmlassung als Zeugen in ehrengerichtlichen Untersuchungssachen.

So wie die Allerhöchsten Verordnungen vom 20. Juli d. J. über die Ehrengerichte, und über das Verfahren der Ehrengerichte bei Untersuchung der zwischen Offizieren vorfallenden Streitigkeiten und Beleidigungen, so wie über die Bestrafung des Zweikampfes unter Offizieren.

Verordnungen und Bekanntmachungen
für den Regierungsbezirk Potsdam und für die Stadt Berlin.

Potsdam den 24. Juni 1844.

Am 28. Februar d. J. sind hinter einem Gartenzaune auf dem Acker des Kossäthen Klas zu Mildenburg sechs Packete, enthaltend:

a) ein Faß und drei Flaschen oder 50 Pfund 28 Loth Wein,
b) ein Faß oder 42 Pfund Rum,
c) 32 Pfund netto Rauchtabak,
d) 49 Pfund netto raff. Zucker,
e) 8 Pfund netto Reis und
f) drei Säcke oder 1 Zentner 37 Pfund 22 Loth netto Kaffee

von den Grenzbeamten aufgefunden und in Beschlag genommen worden.

Da es nicht gelungen ist, den Eigenthümer der vorstehend genannten Waaren zu ermitteln, so werden alle diejenigen, welche begründete Eigenthums-Ansprüche an dieselben zu haben glauben, hierdurch aufgefordert, sich binnen vier Wochen bei der unterzeichneten Behörde zu melden und ihre Ansprüche geltend zu machen, wie

№ 200.
Aufruf der unbekannten Eigenthümer diverser, an der Grenze in Beschlag genommener Gegenstände. IV. 637. Juni.

drigenfalls die qu. Waaren in Gemäßheit des § 60 des Zoll-Strafgesetzes vom 23. Januar 1838 öffentlich verkauft und der Erlös daraus zur Staatskasse einge-zogen werden wird. **Königl. Regierung.**
Abtheilung für die Verwaltung der indirekten Steuern.

Potsdam, den 24. Juni 1844.

№ 201.
Aufruf der unbekannten Eigenthümer diverser, an der Grenze in Beschlag genommener Kolonialwaaren.
IV. 638. Juni.

Am 4. d. M., Nachmittags 3 Uhr, sind im Laubgestell bei Flecken Zechlin im Grenzbezirke:
1) zwei Körbe mit Kandis netto 74½ Pfund,
2) drei Säcke mit Hutzucker netto 1 Zentner 84¾ Pfund,
3) ein Faß Wein brutto 83 Pfund und
4) ein Faß Rum brutto 87 Pfund
von den Grenzbeamten gefunden und in Beschlag genommen worden.

Die unbekannten Eigenthümer dieser Waaren werden, dem § 60 des Zoll-Strafgesetzes vom 23. Januar 1838 gemäß, hierdurch aufgefordert, sich binnen vier Wochen bei der unterzeichneten Behörde zu melden und ihre Eigenthums-Ansprüche zu begründen, widrigenfalls die qu. Waaren zum Verkauf gestellt und der Erlös daraus dem Fiskus zugesprochen werden wird. **Königl. Regierung.**
Abtheilung für die Verwaltung der indirekten Steuern.

Verordnungen und Bekanntmachungen, welche den Regierungsbezirk Potsdam ausschließlich betreffen.

Potsdam, den 17. August 1844.

№ 202.
Agentur-Bestätigung.
I. 1065. Aug.

Auf Grund des § 12 des Gesetzes vom 8. Mai 1837 wird hierdurch zur öffentlichen Kenntniß gebracht, daß der Kaufmann C. Springborn zu Strausberg als Agent der Berlinschen Feuerversicherungs-Anstalt für die Stadt Strausberg und Umgegend von uns bestätigt worden ist. **Königl. Regierung.** Abtheilung des Innern.

Potsdam, den 15. August 1844.

№ 203.
Mobiliar-Brandentschädigungsgelder-Ausschreiben für Geistliche, auch Stadt- und Landschullehrer.
II. 766. Aug.

Seit dem unterm 15. August v. J. veranlaßten Mobiliar-Brand-Entschädi-gungsgelder-Ausschreiben für Prediger, Stadt- und Landschullehrer sind wiederum die unten verzeichneten Mobiliar-Brand-Entschädigungsgelder-Ausschreiben angemel-det, und werden die Herren Superintendenten und die französisch-reformirten Herren Prediger aufgefordert, die unten festgesetzten Beiträge
von jedem der Herren Prediger . . . . mit 2 Thlr. 1 Sgr.,
 ″ ″ ″ Stadtschullehrer . . . . . ″ — 12 ″ 6 Pf.,
 ″ ″ ″ Landschullehrer . . . . . ″ — 11 ″ ″
in der gewöhnlichen Art einzuziehen und binnen vier Wochen an die hiesige Haupt-Instituten- und Kommunal-Kasse für jeden Betrag mittelst besondern Lieferzettels abzuführen. **Königl. Regierung.**
Abtheilung für die Kirchenverwaltung und das Schulwesen.

Nummer.	Namen und Stand der Abgebrannten.	Wohnort.	Superintendentur.	Tag des Brand-Unglücks.	Klasse, in welcher sie zur Perzeption gelangen	mit rthlr.	Zahl der Beiträgenben.	Verbliebener Bestand aus dem vorigen Ausschreiben. thlr. gr. pf.			Es ist daher von Jedem beizutragen. thlr. gr. pf.		
1	Die Töchter d. Predigers Mulnier	Zehlendorf	Bernau	21. — 22. Mai 1843	über die Hälfte	400							
2	Prediger Cochius	Germendorf	Spandow	9. September 1843	do.	400							
3	Prediger Ulrich	Rädigke	Belzig	30. — 31. Mrz. 1844	do.	400							
4	Prediger Wadzeck	Markgrafpieske	Storkow	2. April 1844	über ¼tel	200							
					Summa	1400	700	19	26	9	2	1	—
1	Stadtschullehrer Blume	Brück	Belzig	6. — 7. Mai 1843	über die Hälfte	150							
2	Stadtschullehrer Koch	do.	do.	do.	do.	150							
					Summa	300	744	8	11	4	—	12	6
1	Landschullehrer Abel	Königstedt	Gransee	24. Juni 1843	unter ¼tel	25							
2	Landschullehrer Bünger	Motrich	Perleberg	15. August 1843	über die Hälfte	100							
3	Landschullehrer Reineck	Kemlitz	Dahme	5. September 1843	do.	100							
4	Landschullehrer Weitling	Germendorf	Spandow	15. August u. 9. Sept. 1843	unter ¼tel	25							
5	Landschullehrer Rhein	Hohennauen	Rathenow	3. August 1843	über ¼tel	50							
6	Landschullehrer Dunkler	Curtschlag	Templin	28. Mai 1844	über die Hälfte	100							
7	Landschullehrer Krieg	Hertefeld	Fehrbellin	19. Juli 1844	do.	100							
					Summa	500	1495	—	—	—	—	11	—

Potsdam, den 25. August 1844.

No 204.
Bakante
Kreisthier-
arzt-Stelle.
I. 928. Aug.

Da durch die Verzichtleistung des Kreisthierarztes und Lehrers an der Königl. Akademie des Landbaues zu Mögelin, Dr. Kürß, auf die Stelle eines Kreisthierarztes des Oberbarnimschen und Angermündeschen Kreises dieselbe erledigt worden, so haben sich diejenigen, vorschriftsmäßig qualifizirten Thierärzte, welche diese Anstellung zu erhalten wünschen, mit ihren Legitimationszeugnissen binnen sechs Wochen an uns zu wenden. Es können jedoch nur die Gesuche solcher Kompetenten angenommen werden, welchen in der Approbation als Thierärzte zweiter Klasse zugleich die Fähigkeit zur Anstellung als Kreisthierarzt bezeugt worden ist, und die, wenn sie nicht schon als Thierärzte der dritten Klasse oder als Kurschmiede in der Armee früher praktisirt haben, wenigstens ein Jahr lang nach der Approbation sich durch Praxis Vertrauen im Publikum erworben, und in dieser Zeit durch Einsendung wissenschaftlicher Gutachten über vorgekommene veterinair-forensische oder polizeiliche Fälle, oder, (falls sich ihnen hierzu in ihrer Praxis keine Gelegenheit dargeboten haben sollte) durch Einsendung wissenschaftlicher Ausarbeitungen über einen interessanten Gegenstand aus der Thierheilkunde, von ihrem unausgesetzten Bestreben, eine höhere wissenschaftliche Ausbildung in ihrem Fache sich zu erwerben, als auch von ihrer bereits erworbenen Gewandtheit in richtiger Auffassung und Behandlung wissenschaftlicher, ins Gebiet der gerichtlichen und polizeilichen Thierheilkunde gehörenden Fragen, den Nachweis geliefert haben.
Königl. Regierung. Abtheilung des Innern.

Potsdam, den 23. August 1844.

No 205.
Agentur-
Bestätigung.
I. 1364. Aug.

Auf Grund des § 12 des Gesetzes vom 8. Mai 1837 wird hierdurch zur öffentlichen Kenntniß gebracht, daß der Kaufmann C. L. Heller zu Angermünde als Agent der Berlinschen Feuerversicherungs-Anstalt für die Stadt Angermünde und Umgegend von uns bestätigt worden ist. Königl. Regierung. Abtheilung des Innern.

Potsdam, den 25. August 1844.

No 206.
Aufgehobene
Viehsperre.
I. 1696. Aug.

Da die Lungenseuche unter dem Rindviehstande des Domainenamtes Zehdenick seit acht Wochen getilgt ist, so ist die unterm 6. Februar d. J. (Amtsblatt 1844 Seite 39) bekannt gemachte Sperre des gedachten Amtes für Rindvieh und Rauchfutter wieder aufgehoben worden. Königl. Regierung. Abtheilung des Innern.

Verordnungen und Bekanntmachungen des Königl. Kammergerichts.

No 9.
Stellvertretung bis auf
sechs Monate
beurlaubten
hiesigen
Stempelfis-
kals, Regie-
rungs-Raths
Villaume.

Den Untergerichten im Departement des Kammergerichts wird hiermit zur Nachricht und Achtung bekannt gemacht, daß die Fiskalats-Geschäfte des auf sechs Monate beurlaubten hiesigen Stempel-Fiskals, Regierungs-Raths Villaume, während dieser Zeit von dem Dirigenten des hiesigen Erbschaftsstempel-Amts, Regierungs-Rath Witte, werden wahrgenommen werden.
Berlin, den 15. August 1844. Königl. Preuß. Kammergericht.

Verordnungen und Bekanntmachungen des Königl. Konsistoriums und Schulkollegiums der Provinz Brandenburg.

Mit höherer Genehmigung und unter unserer Aufsicht wird gegenwärtig eine neue korrekte Ausgabe des Porst'schen Gesangbuchs mit einem auf den Grund früherer zuverlässiger Ausgaben desselben revidirten Texte veranstaltet. Diese Ausgabe wird bei der Jonas'schen Buchhandlung hierselbst ohne Veränderung des bisherigen Formats, Drucks und Preises sobald wie möglich erscheinen.

Wir bringen dieses hierdurch vorläufig unter der Bestimmung zur öffentlichen Kenntniß, daß nach Vollendung der gedachten Ausgabe der Gebrauch anderer Ausgaben in Kirchen und Schulen, sowohl bei denjenigen Gemeinen, welche das Porst'sche Gesangbuch gegenwärtig gebrauchen, als auch bei denjenigen, bei welchen dasselbe künftig noch eingeführt werden möchte, nicht weiter gestattet werden wird, mit alleiniger Ausnahme derjenigen Exemplare, welche sich alsdann bereits im kirchlichen und Schulgebrauche befinden werden.

Eine Bemerkung über diese Bestimmung für den Gebrauch in Kirchen und Schulen wird sich auf dem Titelblatte jedes Exemplars der neuen Ausgabe finden.

Berlin, den 24. August 1844.

Königl. Schul-Kollegium der Provinz Brandenburg.

№ 10.
Neue korrekte Ausgabe des Porst'schen Gesangbuchs.

Verordnungen und Bekanntmachungen der Behörden der Stadt Berlin.

Mit Bezugnahme auf die Publikanda vom 17. Juni 1788, 2. Oktober 1836 und 14. August 1839 werden hierdurch nachstehende Bestimmungen in Erinnerung gebracht:

1) Wer Brennholz, unverarbeitetes Bau- und Nutzholz, Birkenreis, Besen, Klehn, Raff- und Leseholz, Holzkohlen und Wildpret in hiesige Residenz einbringt, hat sich auf Erfordern der Steuer-, Forst- und Polizeibeamten durch eine Bescheinigung der Polizeibehörde seines Wohnorts oder durch ein glaubwürdiges Attest des Eigenthümers desjenigen Waldes oder Jagdreviers, aus welchem die einzubringenden Gegenstände kommen, oder dessen Stellvertreters über den rechtlichen Erwerb derselben auszuweisen. In diesen Attesten müssen Quantität und Gattung des Holzes u. f. w., und zwar die erstere mit Buchstaben ausgedrückt sein.

2) Holzberechtigte haben sich mit einem gleichen Atteste zu versehen, in welchem außerdem noch der Tag, an welchem und die Transportmittel, mit welchen das Holz eingebracht wird, anzugeben sind.

3) Wer diesen Bestimmungen nicht Folge leistet, wird, wenn nicht ein zur gerichtlichen Bestrafung qualifizirtes Vergehen konkurrirt, polizeilich mit der Konfiskation des Holzes, Wildprets u. f. w. bestraft, rücksichtlich dessen diese Bescheinigung nicht beigebracht ist.

Berlin, den 8. Februar 1840.   Königl. Polizei-Präsidium.

Obige Bekanntmachung wird hierdurch republizirt.

Berlin, den 5. August 1844.   Königl. Polizei-Präsidium.

№ 63.
Das Einbringen von Bau-, Nutz- und Brennholz, der Holzkohlen und des Wildprets in die Stadt Berlin betreffend.

Personalchronik.

Des Königs Majestät haben geruhet, dem Kreiskassen-Rendanten Buske zu Templin den Charakter als „Rechnungsrath" beizulegen.

Die pro actuariatu Ister Klasse geprüften Kammergerichts-Zivil-Supernumerarien Karl Ludwig Leopold Hilgenhoff und Julius Wilhelm Alexander Pyterke sind zu Registratoren bei dem Königl. Vormundschaftsgericht zu Berlin ernannt worden.

Die Doktoren der Medizin und Chirurgie Adolph Julius Emil Frühauf und Karl Wilhelm Amende zu Berlin sind als praktische Aerzte und Wundärzte in den Königlichen Landen approbirt und vereidigt worden.

Der Kandidat der Chirurgie Friedrich Wilhelm Alexander Nicolai zu Berlin ist als Wundarzt Ilter Klasse in den Königlichen Landen approbirt und vereidigt worden.

Dem im Ressort der Königl. General-Kommission für die Kurmark Brandenburg als Spezial-Kommissarius beschäftigten Kammergerichts-Assessor Moeser in Prenzlow ist auf den Grund des Ministerial-Rescripts vom 17. April d. J. die Qualifikation eines ökonomisch-technischen Sachverständigen beigelegt, und derselbe als solcher ein für allemal vorschriftsmäßig verpflichtet worden.

Nach Vorschrift der §§ 19 bis 22 der von dem Königl. Staats-Ministerium in Betreff der Beaufsichtigung der Privatschulen, Privatlehrer, Hauslehrer u. s. w. ertheilten Instruktion vom 31. Dezember 1839 (Amtsblatt 1840 Stück 20) ist von der Königl. Regierung zu Potsdam nachbenannten Personen, als:

dem Kandidaten der Theologie Ludwig Friedrich Wilhelm Sauder aus Perleberg,
      „   „   Otto Horn aus Wusterhausen an der Dosse,
      „   „   Karl Langnickel aus Ukermünde,
      „   „   Arnold Siegfried Walter aus Joachimsthal,
   „   Schulamts-Kandidaten Johann Christian Friedrich Scherler aus Storbeck im Ruppinschen Kreise,
   „   Schulamts-Aspiranten Albert August Christoph Braune aus Berlin,
der unverehelichten Hermine Hinrichs aus Stettin,
      „   „   Wilhelmine Henriette Opitz aus Pasewalk,
      „   „   Emilie Louise Wilhelmine Möhring aus Prenzlow
die Erlaubniß zur Annahme von Stellen resp. als Hauslehrer und Hauslehrerinnen im Potsdamer Regierungsbezirke ertheilt worden.

Vermischte Nachrichten.

Dem auf der Feldmark der Stadt Strasburg in der Ukermark belegenen, dem Gutsbesitzer Adolph August Toussaint zugehörigen Etablissement ist der Name: „Winterbergshof" beigelegt, was wir mit dem Bemerken hierdurch zur öffentlichen Kenntniß bringen, daß durch diese Namensbeilegung in den polizeilichen und Kommunalverhältnissen dieses Etablissements nichts geändert wird.

Potsdam, den 20. August 1844. Königl. Regierung. Abtheilung des Innern

Geschenke an Kirchen.

Der Altar der Kirche zu Rietz, Superintendentur Rauen, ist von den dortigen Bauerfrauen mit einer Decke von schwarzem Kaisertuche mit Goldborte und mit einem Kreuze durch Goldstickerei verziert, beschenkt worden.

(Hierbei ein öffentlicher Anzeiger.)

Amtsblatt
der Königlichen Regierung zu Potsdam
und der Stadt Berlin.

Stück 36.	Den 6. September.	**1844.**

Allgemeine Gesetzsammlung.

Das diesjährige 30ste Stück der Allgemeinen Gesetzsammlung enthält:

№ 2485. Konzessions- und Bestätigungs-Urkunde vom 12. Juli 1844 für die Bergisch-Märkische Eisenbahngesellschaft, nebst den Statuten.

№ 2486. Verordnung wegen Ergänzung und Abänderung einiger Bestimmungen des Feuersozietäts-Reglements für die Rheinprovinz, vom 5. Januar 1836. De dato den 23. Juli 1844.

№ 2487. Revidirtes Feuersozietäts-Reglement für die Städte der Kur- und Neumark (mit Ausnahme der Stadt Berlin), so wie für die Städte der Niederlausitz und der Aemter Senftenberg und Finsterwalde. De dato den 23. Juli 1844.

Nach einer offiziellen Mittheilung der Kaiserlich Russischen Gesandtschaft befindet sich die Regierung des Königreichs Polen gegenwärtig in der Unmöglichkeit, fremde Einwanderer auf den Staatsdomainen als Kolonisten anzunehmen, indem über alle für die Kolonisation daselbst bestimmte Ländereien bereits verfügt worden ist. Auch solche Einwanderer, welche sich auf Ländereien von Privatpersonen im Königreich Polen niederzulassen gedenken, sind gehalten, sich vorher durch Aufzeigung der mit den Grundherren der Ländereien geschlossenen und von der Königlich Polnischen Regierung bestätigten Kontrakte über ihr Unterkommen auszuweisen, da für den entgegengesetzten Fall die Kaiserlich Russische Gesandtschaft zur Ertheilung des Visa zum Eintritt in Polen nicht ermächtigt ist.

Euer Hochwohlgeboren ersuche ich, vorstehenden Erlaß durch die Amtsblätter zur öffentlichen Kenntniß bringen zu lassen.

Berlin, den 26. August 1844.

Der Minister des Innern.

In dessen Auftrage.

(gez.) von Patow.

An
den Königlichen Ober-Präsidenten Herrn von Meding
Hochwohlgeboren zu Potsdam.

I, 190. B.

Den vorstehenden Erlaß bringe ich hierdurch zur öffentlichen Kenntniß.
Potsdam, den 27. August 1844.
Der Ober-Präsident der Provinz Brandenburg.
In dessen Abwesenheit und Auftrage.
Der Geheime Ober-Rechnungs- und Ober-Regierungs-Rath.
O. P. 3519. Schultze.

Verordnungen und Bekanntmachungen,
welche den Regierungsbezirk Potsdam ausschließlich betreffen.

Potsdam, den 27. August 1844.

№ 207.
Die diesjährige Ersatz-Aushebung durch die Königl. Departements-Ersatz-Kommission in den Kreisen Beeskow-Storkow und Niederbarnim betr.
I. 2123. Aug.

Eingetretener Umstände wegen wird die Königl. Departements-Ersatz-Kommission die diesjährigen Ersatz-Mannschaften aus dem

Beeskow-Storkowschen Kreise am 21. September d. J. in Beeskow, und die aus dem
Niederbarnimschen Kreise . . . . 23. " " " Berlin
übernehmen.

Mit Bezug auf die im 34sten Stücke des Amtsblatts pro 1844 Seite 234 befindliche Bekanntmachung vom 15. August d. J. (I. 1081. August) wird diese Abänderung der angesetzt gewesenen Termine hiermit zur öffentlichen Kenntniß gebracht.

Königl. Regierung. Abtheilung des Innern.

Verordnungen und Bekanntmachungen
für den Regierungsbezirk Potsdam und für die Stadt Berlin.

Potsdam, den 25. August 1844.

№ 208.
Agentur-Bestätigung.
I. 1066. Aug.

Auf Grund des § 12 des Gesetzes vom 8. Mai 1837 wird hierdurch zur öffentlichen Kenntniß gebracht, daß der Kaufmann G. A. Stahl zu Wriezen als Agent der Berlinschen Feuerversicherungs-Anstalt für die Stadt Wriezen und Umgegend von uns bestätigt worden ist.

Königl. Regierung. Abtheilung des Innern.

Potsdam, den 1. September 1844.

№ 209.
Ausgebrochene Lungenseuche.
I. 2452. Aug.

Da unter dem Rindviehstande der Stadt Trebbin die Lungenseuche wieder ausgebrochen ist, so ist diese Stadt und ihre Feldmark für Rindvieh, Rauchfutter und Dünger bis auf weitere Anordnung unter Sperre gesetzt. Jedoch ist es in Betracht der Lokalität gestattet worden, aus den ganz außerhalb der Stadt gelegenen Scheunen, das mit Pferden eingebrachte Heu und Stroh auszuführen.

Königl. Regierung. Abtheilung des Innern.

Verordnungen und Bekanntmachungen des Königl. Konsistoriums und Schulkollegiums der Provinz Brandenburg.

Dem Lehrer Ferdinand Wilhelm Loeffler ist die Konzession zur Fortsetzung der vormals Beenzschen höhern Knabenschule in der Parochie der Jerusalems- und neuen Kirche hierselbst ertheilt worden.

Berlin, den 28. August 1844.
Königl. Schul-Kollegium der Provinz Brandenburg.

Verordnungen und Bekanntmachungen der Behörden der Stadt Berlin.

Wer an einem Orte im Verwaltungsbezirke des unterzeichneten Polizei-Präsidii seinen Wohnsitz nehmen will, muß sich in Berlin und dessen engeren Bezirk, beim Polizei-Präsidio, im weiteren Polizeibezirk aber bei der betreffenden Orts-Polizei-Behörde melden und über seine persönlichen Verhältnisse die erforderliche Auskunft geben.

Hierzu gehört, daß der Neuanziehende sich über seine und der Seinigen untadelhafte Führung und über die Mittel zu seinem Unterhalte durch glaubhafte Atteste ausweise, indem jedem die Aufenthalts-Bewilligung versagt werden muß, von dem zu besorgen ist, daß er die öffentliche Sicherheit und Ordnung gefährden, oder wegen Mangels an Mitteln zu seinem Unterhalte, dem gemeinen Wesen zur Last fallen könne. Der Nachweis von Arbeitskräften allein genügt in letzterer Beziehung nicht.

Personen, welche von außerhalb in den diesseitigen Verwaltungsbezirk ziehen wollen, haben die vorschriftsmäßige Meldung vor ihrem Anzuge zu bewirken und den Bescheid darauf abzuwarten, indem jeder, welcher den obigen Erfordernissen nicht genügt, seine sofortige Wegweisung zu gewärtigen hat.

Zu dieser Meldung sind auch diejenigen verpflichtet, welche innerhalb des Verwaltungsbezirks des Polizei-Präsidii in einen andern Kommunal-Verband verziehen, oder ihren Wohnsitz aus dem weitern in den engern Polizeibezirk verlegen wollen, endlich auch diejenigen, welche sich bereits vorübergehend an einem Orte aufhielten, und durch Verheirathung und Begründung eines eigenen Hausstandes, oder durch ein sonstiges Etablissement, einen Wohnsitz in demselben erwerben wollen.

Wer diese Meldung unterläßt, kann niemals ein Domizil im gesetzlichen Sinne an einem Orte erwerben.

Wird das Niederlassungsgesuch statthaft befunden; so ertheilt die Orts-Polizei-Behörde darüber kosten- und stempelfrei eine Bescheinigung.

Jeder, welcher einem Neuanziehenden Wohnung oder Unterkommen gewähren will, hat sich vor Eingehung des Miethsvertrages, durch Vorzeigung dieser Bescheinigung den Nachweis führen zu lassen, daß der Miether die Aufenthalts-Bewilligung erhalten hat.

Wer dies versäumt, und Personen bei sich aufnimmt, welchen der Aufenthalt nicht gestattet worden ist, verfällt in eine Polizeistrafe von 2 bis 5 Thlrn. und macht sich regreßpflichtig, wenn jene später der Armenpflege verfallen.

Berlin, den 25. Juli 1844. Königl. Polizei-Präsidium.

Personalchronik.

Des Königs Majestät haben den Kreis-Physikus des Westpriegnitzschen Kreises Dr. Karsten zum Sanitäts-Rath zu ernennen geruhet.

Der Intendantur-Rath Schroeder von der Intendantur des 3ten Armeekorps ist mittelst Allerhöchster Kabinetsordre vom 20. Juni d. J. zum Militair-Intendanten des 3ten Armeekorps ernannt worden.

Dem bisherigen Zivil-Supernumerarius Hoffmann ist die letzte Büreau-Assistentenstelle bei der Militair- und Ministerial-Baukommission zu Berlin verliehen worden.

Der bisherige Kassenbote der hiesigen Haupt-Instituten- und Kommunal-Kasse Menz ist in die Stelle des verstorbenen Kanzleidieners Renner zum Regierungs-Kanzleidiener ernannt, und diese dadurch erledigte Kassenbotenstelle dem invaliden Sergeanten Nagel verliehen worden.

Die Doktoren der Medizin und Chirurgie Rudolph Ernst Julius Schreiber und Simon Schlesinger sind als praktische Aerzte und Wundärzte in den Königlichen Landen approbirt und vereidigt worden.

Der Kandidat der Chirurgie Friedrich Thies zu Jüterbogk ist als ausübender Wundarzt zweiter Klasse in den Königlichen Landen approbirt und vereidigt worden.

Der bisherige Feldmesser, jetzige Vermessungs-Revisor, Herrmann von Foelckersamb, ist in letzterer Qualität am 16. August d. J. von dem Königl. Stadtgerichte zu Rathenow vorschriftsmäßig vereidigt worden.

Vermischte Nachrichten.

Mit Bezug auf unsere im diesjährigen Amtsblatt Seite 48 abgedruckte Bekanntmachung vom 14. Februar d. J. bringen wir für das Schifffahrtstreibende Publikum hierdurch zur allgemeinen Kenntniß, daß die Bredereichesche Havel wegen der an der Schleuse zu Bredereiche auszuführenden Reparaturen vom 15. September bis 15. November d. J. für den Schiffahrtsverkehr gesperrt sein wird.

Potsdam, den 31. August 1844.
Königl. Regierung. Abtheilung des Innern.

Wegen des an der Berliner Thorbrücke zu Spandow auszuführenden Reparaturbaues wird diese Brücke vom 30. September bis einschließlich den 15. Oktober d. J. für jede Passage gesperrt und wird die letztere, nachdem sich die Königl. Kommandantur der Festung Spandow hiermit einverstanden erklärt hat, während dieser Zeit über die Schleusenbrücke und auf den gedeckten Weg der Festung entlang gewiesen. Potsdam, den 2. September 1844.
Königl. Regierung. Abtheilung des Innern.

Des Königs Majestät haben zu bestimmen geruht, daß die von der Holzmarktstraße nach dem Frankfurter Eisenbahnhofe führende neue Straße:
"Breslauer Straße"
genannt werden soll. Berlin, den 25. August 1844.
Königl. Polizei-Präsidium.

(Hierbei ein öffentlicher Anzeiger.)

Amtsblatt
der Königlichen Regierung zu Potsdam und der Stadt Berlin.

Stück 37.   Den 13. September.   **1844.**

Allgemeine Gesetzsammlung.

Das diesjährige 31ste Stück der Allgemeinen Gesetzsammlung enthält:

№ 2488. Uebersetzung des Vertrages zwischen Preußen, Oesterreich, Frankreich, Großbritanien und Rußland wegen Unterdrückung des Handels mit Afrikanischen Negern, vom 20. Dezember 1841.

№ 2489. Allerhöchste Verordnung vom 8. Juli d. J. wegen Bestrafung des Handels mit Negersklaven.

Mit Bezug auf die Bekanntmachung vom 8. Dezember 1826 bringe ich hierdurch in Erinnerung, daß der nächste Kommunal-Landtag der Kurmark zu Berlin, und der nächste Kommunal-Landtag der Neumark zu Cüstrin am 15. November d. J. eröffnet werden wird.

Die verwaltenden Behörden der ständischen Institute, so wie der Kreise und Kommunen haben diejenigen Gegenstände, welche sie auf dem Kommunal-Landtage zur Sprache zu bringen beabsichtigen, bei den derzeitigen Vorsitzenden, und zwar für die Kurmark bei dem Herrn Hofmarschall und Oberstlieutenant von Rochow auf Stülpe, und für die Neumark bei dem Herrn Landes-Direktor von Waldow auf Fürstenau anzumelden, die Königlichen Behörden aber sich wegen dieser Gegenstände an mich zu wenden. Potsdam, den 9. September 1844.

Der Ober-Präsident der Provinz Brandenburg.
von Meding.

Verordnungen und Bekanntmachungen für den Regierungsbezirk Potsdam und für die Stadt Berlin.

Potsdam, den 5. September 1844.

№ 210.
Betreffend Begräbniß-Vereine ehemaliger Krieger.
I. 1893. Aug.

Mit Bezug auf die im Amtsblatte pro 1844 Seite 151 befindliche Bekanntmachung vom 29. Mai d. J. (I. 1442. Mai) wird zufolge einer Verfügung des Königl. Ober-Präsidiums der Provinz Brandenburg hierdurch fernerweit zur Kenntniß des Publikums gebracht, wie des Königs Majestät mittelst einer an die Königl. Ministerien des Krieges und des Innern erlassenen Allerhöchsten Kabinetsordre vom 18. Juli d. J. zu genehmigen geruht haben, daß die Mitglieder der Begräbniß-Vereine ehemaliger Krieger die ihnen bei Beerdigungen ihrer Kameraden gestatteten dunkelblauen Waffenröcke mit rothem Paspoil auch bei anderen feierlichen Gelegenheiten, so wie an Sonn- und Festtagen, tragen dürfen; wogegen die Anbringung der Gradabzeichen für Verabschiedete auf diesen Waffenröcken unterbleiben soll.

Königl. Regierung. Abtheilung des Innern.

Potsdam, den 7. September 1844.

Einhundert Thaler Belohnung.

№ 211.
Aufruf zur Ermittelung des Anstifters eines Waldbrandes.
III. f. 833.
August.

Am 14. Juni dieses Jahres, Mittags 1 Uhr, ist im Jagen 49, Belaufs Neuendorf des Forstreviers Zossen (auch Cummersdorf genannt) ein Waldbrand ausgebrochen, der sich, ungeachtet der schnell von so vielen Seiten geleisteten und daher einer besonderen öffentlichen Belobigung würdig erkannten Hülfe, über eine Fläche von 116 Morgen verbreitet hat. Da beim Jagen 49 ein Weg nicht vorhanden ist, so kann der Entstehung des Brandes eine zufällige Unvorsichtigkeit nicht wohl zum Grunde liegen, es muß vielmehr auf einen Frevel geschlossen werden, dessen Folgen, bei der damaligen Dürre und dem heftigen Winde ohne jene schnelle Hülfe von sehr erheblichem Nachtheil gewesen sein würden. Um so mehr liegt es im öffentlichen Interesse die zum Grunde liegende Frevelthat bestimmt auszumitteln. Wir fordern daher Jedermann, welcher Verdachtsgründe kennt oder auch nur nähere Andeutungen darüber machen kann, zur Anzeige derselben bei uns oder der nächsten Behörde auf, und sichern demjenigen, welcher dadurch die Ausmittelung des Brandstifters veranlaßt oder denselben bestimmt nachweiset, dergestalt, daß derselbe zur gesetzlichen Bestrafung gebracht werden kann, hiermit eine Belohnung von Einhundert Thalern zu. Die Behörden, welchen eine Anzeige darüber zugeht, werden resp. aufgefordert und ersucht, uns selbige schleunigst mitzutheilen.

Königl. Regierung.
Abtheilung für die Verwaltung der direkten Steuern, Domainen und Forsten.

Potsdam, den 7. September 1844.

№ 212.
Oeffentliche Belobigung der bei Dämpfung eines Waldbrandes geleisteten Hülfe.
III. f. 833.
August.

Es gereicht uns zum besondern Vergnügen hiermit zur öffentlichen Kenntniß zu bringen, daß bei Dämpfung des am 14. Juni d. J. in dem Forstrevier Zossen ausgebrochenen Waldbrandes, sich viele Einwohner aus den benachbarten Gemeinden Alexanderhof, Cummersdorf, Sperenberg, Schönweide, Fern-Neuendorf, Schönfeld, Gottow, die entfernteren Gemeinden Rehagen, Mellen, Saalow, Clausdorf, Gabsdorf, Lüdersdorf, Neuendorf bei Trebbin, Dümde, Stülpe und andere, auch eine von dem Herrn Bürgermeister Karsch geführte Anzahl Bürger aus Luckenwalde mit einer Spritze, schnell und mit ausdauernder Thätigkeit, unter Anleitung der Forstbeamten und den dankbar anzuerkennenden Anordnungen des Herrn Hofmarschalls von Rochow auf Stülpe, zu einer Hülfeleistung vereinigt haben, deren Wirksamkeit, bei der Dürre und dem heftigen Winde, von sehr wesentlichem Erfolge gewesen ist. Nachdem mit höherer Genehmigung angemessene kleine Geldbewilligungen an diejenigen vertheilt worden sind, deren Verhältnisse ein solches Anerkenntniß gestatteten, erkennen wir hiermit noch namentlich die von dem Verweser des Schulzen-Amts zu Sperenberg, dem Gipsfabrikanten Castner, von dem Mühlenbesitzer Imme und dem Schneidermeister Arndt zu Gottow geleistete umsichtige und thätige Hülfe besonders belobigend an und bemerken, daß auch das thätige Benehmen des zu Baruth stationirten Gendarme Menzell II. um so mehr ein besonderes Anerkenntniß gefunden hat, als mehrere Zeugnisse für seinen, schon bei andern Gelegenheiten bewiesenen rühmlichen Eifer sprechen. Da es dringend wünschenswerth ist, daß die, dem gedachten Waldbrande unzweifelhaft zum Grunde liegende Frevelthat entdeckt und zur verdienten Bestrafung gezogen werden möge, so verweisen wir auf unsere diesfällige besondere Aufforderung vom heutigen Tage, und verhoffen besonders von dem bewiesenen guten Geiste der in der Nähe belegenen Einwohner eine rege Mitwirkung zur Erreichung des Zwecks.   **Königl. Regierung.**

Abtheilung für die Verwaltung der direkten Steuern, Domainen und Forsten.

Potsdam, den 9. September 1844.

Mit dem **27. September** d. J. wird zu Trebbin ein Unter-Steueramt errichtet werden, zu welchem in Bezug auf Branntweinsteuer, Braumalzsteuer, Tabacksblätter-steuer, Weinsteuer, Stempelsteuer und Eingangszoll für Poststücke, welche mit Post-deklarationen direkt vom Auslande eintreffen, folgende bisher dem Unter-Steueramte Beelitz überwiesenen Ortschaften gehören sollen: Groß- und Klein-Beuthen, Christi-nendorf, Clestow, Gatzdorf, Gröben, Jütchendorf, Kerzendorf, Lüdersdorf, Neuendorf, Nundorf, Klein-Schulzendorf, Siethen, Thyrow, Trebbin, Wilmersdorf, Breite, Schias, Ahrensdorf, Blankensee, Glau, Löwendorf, Mietgendorf, Schönhagen, Stan-genhagen, Genshagen nebst Dahmsdorf, Groß-Beeren, Klein-Beeren, Heinersdorf und Löwenbruch.

In Beelitz bleibt als Steuerhebestelle statt des bisherigen Unter-Steueramtes eine Steuer-Receptur nebst Salzfaktorei für die oben nicht genannten, dem Hebe-bezirk Beelitz bisher zugetheilt gewesenen Ortschaften.

Die bisherige Stempel-Distribution zu Trebbin wird vom 1. Oktober d. J. ab aufgehoben. Dies wird dem dabei interessirten Publikum hiermit bekannt gemacht.

Königl. Regierung.

Abtheilung für die Verwaltung der indirekten Steuern.

№ 213.
Errichtung eines Unter-Steueramts zu Trebbin.
IV. 151. Sept.

Potsdam, den 10. September 1844.

Die Durchschnittspreise der verschiedenen Getreidearten, der Erbsen und der rauhen Fourage rc. haben auf dem Markte zu Berlin im Monat August d. J. betragen:

		Thaler	Sgr.	Pf.
für den Scheffel Weizen	1	Thaler	24	Sgr.	11	Pf.
für den Scheffel Roggen	1	•	5	•	10	•
für den Scheffel große Gerste	1	•	—	•	—	•
für den Scheffel kleine Gerste	—	•	29	•	3	•
für den Scheffel Hafer	—	•	23	•	2	•
für den Scheffel Erbsen	1	•	12	•	3	•
für den Zentner Heu	—	•	26	•	3	•
für das Schock Stroh	5	•	24	•	9	•
für den Zentner Hopfen	16	•	—	•	—	•
die Tonne Weißbier kostete	4	•	—	•	—	•
die Tonne Braunbier kostete	3	•	25	•	—	•
das Quart doppelter Kornbranntwein kostete	—	•	4	•	—	•
das Quart einfacher Kornbranntwein kostete	—	•	2	•	3	•

№ 214.
Berliner Marktpreise pro August 1844.
I. 645. Sept.

Königl. Regierung.   Abtheilung des Innern.

Verordnungen und Bekanntmachungen, welche den

№ 215.

Nachweisung

in den Städten des Bezirks der

in welchen Getreidemärkte

stattgefundenen Getreide- und

pro August

Laufende Nr.	Namen der Städte.	Weizen.			Roggen.			Gerste.			Hafer.			Erbsen.			Der Zentner Heu.		
		Rthl.	Gr.	Pf.	Rthl.	Gr.	Pf.	Rthl.	Gr.	Pf.	Rthl.	Gr.	Pf.	Rthl.	Gr.	Pf.	Rthl.	Gr.	Pf.
1	Beeskow	1	25	5	1	3	2	1	—	10	—	23	1	1	17	—	—	—	—
2	Brandenburg	1	17	8	1	6	5	—	24	2	—	23	5	1	20	—	—	18	9
3	Dahme	1	23	—	1	1	11	—	28	4	—	23	2	1	22	3	—	21	3
4	Havelberg	1	19	1	1	1	11	—	27	11	—	19	6						
5	Jüterbogk	1	24	7	1	3	8				—	21	10						
6	Luckenwalde	1	26	5	1	5	11	—	25	3	—	24	2						
7	Neustadt-Ebersw.	1	19	1	1	4	8	—	27	2	—	22	6	1	17	6	—	25	—
8	Oranienburg	2	2	6	1	7	6	1	—	—	—	27	6				—	25	—
9	Perleberg	1	17	1	1	—	8	—	26	1	—	26	3				—	25	—
10	Potsdam	1	23	—	1	8	7	—	29	3	—	24	5	—	—	—	—	16	1
11	Prenzlow	1	27	2	1	3	3	—	25	11	—	23	—	1	7	6	—	15	—
12	Rathenow	1	20	3	1	6	—	1	—	—	—	21	8				—	12	6
13	Neu-Ruppin	1	26	—	1	4	6	—	27	6	—	20	—	1	13	—	—	20	—
14	Schwedt	1	18	7	1	3	6	1	1	8	—	22	4	1	10	6			
15	Spandow	1	22	9	1	3	7	—	27	2	—	21	6	1	13	10			
16	Strausberg	1	20	—	1	3	1	—	24	7	—	19	5	1	11	5			
17	Templin	1	28	9	1	7	6				—	17	—				—	15	6
18	Treuenbrietzen	1	19	1	1	4	1	—	27	6	—	21	7	1	22	6			
19	Wittstock	1	25	1	1	3	4	—	25	2	—	20	9	1	9	5	—	12	8
20	Wriezen a. d. O.	1	17	—	1	4	4	—	26	8	—	24	6	1	18	3			

Regierungsbezirk Potsdam ausschließlich betreffen.

sämmtlicher

Königlichen Regierung zu Potsdam,

abgehalten werden,

Victualien-Durchschnitts-Marktpreise.

1844.

Das Schock Stroh.			Der Scheffel Kartoffeln.			Das Pfund						Das Quart						Die Metze			
						Roggen-Brod.		Rind-fleisch.		But-ter.		Braun-bier.		Weiß-bier.		Brannt-wein.		Graupe.		Grütze.	
Rthl	Sgr	Pf	Rthl	Sgr	Pf	Sgr	Pf	Sgr	Pf	Sgr	Pf	Sgr	Pf	Sgr	Pf	Sgr	Pf	Sgr	Pf	Sgr	Pf
4	6	10	—	11	11	—	10	2	6	6	4	1	—	1	—	—	4	—	5	—	5
4	—	—	—	9	8	1	2	3	—	7	6	1	—	1	2	3	6	13	—	7	—
5	—	—	—	17	6	—	8	2	6	5	6	1	3	1	6	2	6	3	9	4	—
—	—	—	—	12	—	—	11	2	6	7	—	1	—	1	—	3	9	12	—	8	—
5	—	—	—	14	3	—	9	2	6	6	6	1	3	2	—	—	3	7	—	6	6
4	6	3	—	13	10	—	11	2	6	6	—	—	—	9	1	—	4	15	—	5	—
4	24	6	—	12	—	—	11	2	6	7	6	1	3	1	6	2	—	—	8	6	—
5	15	—	—	10	—	1	—	3	—	7	6	1	—	1	6	2	6	10	—	7	6
5	17	6	—	9	11	1	—	2	6	6	6	1	—	1	—	—	4	10	—	7	—
4	28	6	—	10	5	1	—	3	6	7	—	1	3	1	6	3	6	12	—	7	—
10	—	—	—	—	—	1	—	3	—	7	2	1	—	1	—	—	4	10	—	7	—
3	21	3	—	11	2	—	9	3	—	7	6	1	3	1	6	—	4	10	—	12	—
5	15	—	—	14	—	1	4	3	—	6	—	1	—	1	3	2	9	10	—	5	6
—	—	—	—	12	—	1	3	3	—	7	6	—	—	—	—	—	—	10	—	11	—
—	—	—	—	11	1	1	—	3	—	7	—	1	3	2	—	—	4	—	—	—	—
—	—	—	—	11	6	—	1	9	7	2	—	—	—	—	—	—	—	—	—	6	2
4	—	—	—	10	—	—	9	2	6	7	9	1	—	1	6	2	—	10	—	6	—
—	—	—	—	11	8	—	9	2	6	6	—	1	—	1	3	3	6	8	—	6	—
4	2	3	—	11	9	—	11	3	—	6	—	2	—	2	—	—	3	7	6	5	—
—	—	—	—	15	3	1	—	2	6	6	7	1	—	1	3	2	6	9	—	8	6

No 216.
Die Transportstraße nach Meklenburg und Hamburg betreffend.
I. 2166. Juli.

Potsdam, den 9. September 1844.

In unserer Bekanntmachung vom 28. Februar 1817 (Amtsblatt 1817 S. 126) ist unter den für polizeiliche Transporte aus dem diesseitigen Departement nach dem Auslande angeordneten Transportstraßen auch die Straße über Kyritz, Perleberg, Lenzen nach Meklenburg und Hamburg bestimmt worden. Wegen veränderter Straßenzüge sind die Transporte theilweise längst mit Vermeidung des Umwegs über Lenzen direct von Perleberg über Warnow nach Meklenburg geführt worden, und zur Herstellung eines gleichförmigen Verfahrens für alle von Perleberg nach Meklenburg und weiter gehende Transporte wird hiermit die besagte frühere Transportstraße von Perleberg über Lenzen nach Meklenburg aufgehoben, und die Stadt Perleberg zum Grenz-Stationsort bestimmt, von wo die Transporte ohne Zwischenstation über die Grenze zu führen sind.

Königl. Regierung. Abtheilung des Innern.

No 217.
Agentur Bestätigung.
I. 2308. Aug.

Potsdam, den 2. September 1844.

Auf Grund des § 12 des Gesetzes vom 8. Mai 1837 wird hiermit zur öffentlichen Kenntniß gebracht, daß der Kaufmann Karl Kerkow jun. zu Nauen als Agent der Leipziger Feuerversicherungs-Anstalt für die Stadt Nauen und Umgegend von uns bestätigt worden ist.

Königl. Regierung. Abtheilung des Innern.

Verordnungen und Bekanntmachungen des Königl. Konsistoriums und Schulkollegiums der Provinz-Brandenburg.

No 12.

Mit unserer Genehmigung wird zu Michaelis d. J. unter Leitung des Herrn Predigers und Rektors Penzin zu Joachimsthal eine zur Aufnahme in ein Seminar vorbereitende Präparanden-Anstalt daselbst errichtet werden. Diejenigen Schulamts-Präparanden, welche in diese Anstalt einzutreten wünschen, haben sich deshalb an den Herrn Prediger und Rektor Penzin zu wenden, der sie mit den Bedingungen der Aufnahme bekannt machen und ihnen die weitern Anweisungen ertheilen wird. Berlin, den 6. September 1844.

Königl. Schul-Kollegium der Provinz Brandenburg.

No 13.

Mit unserer Genehmigung wird zu Michaelis d. J. unter Leitung des Herrn Superintendenten Karsten zu Züllichau eine zur Aufnahme in ein Seminar vorbereitende Präparanden-Anstalt daselbst errichtet werden. Diejenigen Schulamts-Präparanden, welche in diese Anstalt einzutreten wünschen, haben sich deshalb an den Herrn Superintendenten Karsten zu wenden, der sie mit den Bedingungen der Aufnahme bekannt machen und ihnen die weitere Anweisung ertheilen wird. Berlin, den 6. September 1844.

Königl. Schul-Kollegium der Provinz Brandenburg.

Verordnungen und Bekanntmachungen der Behörden der Stadt Berlin.

№ 65.
Angestellte
Hebammen in
Berlin.

Da die Erfahrung wiederholentlich ergeben hat, daß, den bestehenden Vorschriften zuwider, die Entbindungskunst hierselbst von manchen Frauenspersonen betrieben wird, welche dazu die erforderlichen Kenntnisse nicht besitzen und als Hebammen nicht angestellt sind, so wird, um den gefährlichen Folgen vorzubeugen, welche aus diesem unbefugten Gewerbsbetriebe entspringen können, hiermit ernstlich in Erinnerung gebracht, daß bei nachdrücklicher Geld- oder Leibesstrafe keine Frauensperson, welche nicht als Hebamme hierselbst approbirt und angestellt ist, sich mit dem Accouchement befassen darf. Zugleich wird auch das Publikum hierdurch verwarnt, erforderlichen Falls sich nicht an dergleichen unbefugte Frauenspersonen zu wenden, sondern sich der Hülfe der hier angestellten Hebammen zu bedienen, deren Namen und Wohnungen das nachstehende Verzeichniß ergiebt.

Berlin, den 20. August 1844. Königl. Polizei-Präsidium.

Nachweisung der in Berlin angestellten Hebammen.

1) Frau Aminde, Mauerstr. № 27.
2) - Arendt, Karlsstraße № 8.
3) - Biegemann, Wilhelmsstraße № 143.
4) - Bock, Kronenstraße № 8.
5) - Bublitz, Wilhelmstr. № 93.
6) - Burz, Neue Friedrichsstraße № 79.
7) unverehelichte Burz, Neue Friedrichsstraße № 79.
8) Frau von Deinert, Schäfergasse № 26.
9) - Dietrich, Papenstr. № 17.
10) - Döhler, Klosterstraße № 20.
11) - Franke, Landsberger Straße № 36.
12) - Freyer, Auguststraße № 41.
13) - Friedrich, Auguststr. № 74.
14) - Gerstung, Kochstr. № 51.
15) - Giesenschlag, Krausenstraße № 73.
16) - Gravius, Wallstr. № 11.
17) - Grünfeld, Königsstr. № 52.
18) - Huvart, Junkerstr. № 21.
19) - Jänicke, Kreuzgasse № 3.
20) - Jakob, Alte Leipziger Straße № 8.
21) Frau Jakobi, Friedrichsstr. № 108.
22) - Jung, Kanonierstr. № 44.
23) - Junge, Mittelstraße № 59.
24) - Katoli, Chausseestr. № 56, ist nur zur Praxis in der Rosenthaler Vorstadt berechtigt.
25) - Klein, Königsstraße № 49.
26) - König, Alte Jakobsstr. № 54.
27) - Kothe, Zimmerstraße № 14.
28) - Krähe, Friedrichsstr. № 15.
29) - Kreisel, Wallstr. № 44 u. 45.
30) - Kühn, Gollnowstraße № 3.
31) - Lange, Neue Friedrichsstraße № 41.
32) - Nießen, Krautgasse № 36.
33) - Ostermann, Köpnicker Straße № 98 a.
34) - Paul, Kronenstraße № 23.
35) unverehelichte Penzer, Köpnicker Straße № 96.
36) Frau Rank, Münzstraße № 16.
37) - Reimann, Mohrenstr. № 66.
38) - Schleiffarth, Schützenstraße № 60.
39) - Schlittchen, Neue Friedrichsstraße № 67.
40) - Schönherr, Mittelstr. № 22.

41) Frau Scholtmann, Schützenstraße № 68.

42) » Schulz, Sebastiansstr. № 32.

43) » Stellmacher, Lindenstraße № 98.

44) » Strehl, Philippstr. № 22.

45) » Stürmer, Dresdner Straße № 45.

46) » Tegen, Alte Schönhauser Straße № 34.

47) » Troizsch, Behrenstr. № 22.

48) » Wille, Große Hamburger Straße № 35.

49) Frau Worms, Jerusalemer Straße № 48.

50) » Zakrezewski, Linienstraße № 106.

51) » Zerbst, Junkerstraße № 21.

52) » Zimmermann, Neue Königsstraße № 51.

53) » Zimmermann geborne Regnault, in der Charité.

54) » Zimmermann geborne Petersen, Neue Königsstraße № 73.

№ 66.
Betreffend den, den Kaufleuten freigegebenen Detailhandel mit gepulvertem Semen foeni graeci.

Mit Bezugnahme auf das den Debit der Arzneiwaaren betreffende Reglement vom 16. September 1836 wird hiermit zur öffentlichen Kenntniß gebracht, daß, in Gemäßheit eines Erlasses der Königlichen Ministerien der geistlichen, Unterrichts- und Medizinal-Angelegenheiten, so wie des Innern vom 31. v. M., den Kaufleuten der Detailhandel mit gepulvertem Semen foeni graeci freigegeben worden ist.

Berlin, den 15. August 1844. Königl. Polizei-Präsidium.

Vermischte Nachrichten.

Die bei der Mühle des Mühlenbesitzers Fiedler zu Schilden im Niederbarnimschen Kreise belegene Landstraßenbrücke wird, wegen des auszuführenden Neubaues derselben, vom 9. September d. J. ab auf vier Wochen für Fuhrwerk gesperrt.

Dies wird mit dem Bemerken zur allgemeinen Kenntniß gebracht, daß die Fuhrpassage während der gedachten Frist über die sogenannte Mönchemühle stattfinden kann. Potsdam, den 6. September 1844.

Königl. Regierung. Abtheilung des Innern.

Die Spreebrücke bei Moabit muß wegen des nöthigen Umbaues derselben für die Land- und Wasserpassage vom 9. d. M. ab bis zu der Beendigung der Arbeit gesperrt werden.

Für den Personen-Verkehr ist gegen Erlegung des tarifmäßigen Brückgeldes eine Ueberfahrt, die jedoch nicht von Fuhrwerken und Reitern benutzt werden kann, eingerichtet; für den Schifffahrts-Verkehr soll dagegen täglich in den Stunden von 11 bis 2 Uhr Mittags und Abends nach 7 Uhr die Passage frei gehalten werden.

Berlin, den 4. September 1844.

Königl. Polizei-Präsidium.

(Hierbei ein öffentlicher Anzeiger.)

Amtsblatt
der Königlichen Regierung zu Potsdam
und der Stadt Berlin.

Stück 38.   Den 20. September.   **1844.**

Allgemeine Gesetzsammlung.

Das diesjährige 32ste Stück der Allgemeinen Gesetzsammlung enthält:

№ 2490.   Patent wegen Aussetzung eines von fünf zu fünf Jahren zu ertheilenden Preises von Tausend Thalern Gold für das beste Werk über Deutsche Geschichte. Vom 18. Juni 1844.

№ 2491.   Allerhöchste Kabinetsordre vom 18. August 1844, betreffend die Porto-Ermäßigung für Briefe und Schriftensendungen.

Verordnungen und Bekanntmachungen
für den Regierungsbezirk Potsdam und für die Stadt Berlin.
(№ 218, siehe besondere Beilage.)

Ankündigung
des bevorstehenden Hebammen-Unterrichts.

№ 219.
Hebammen-Unterricht.
I. 1038. Aug.

Am 15. Oktober nimmt der Unterricht für Hebammen seinen Anfang. Da die bestimmte Zahl der Schülerinnen bereits vorhanden ist, so haben sich nur die bereits angemeldeten Frauen an diesem Tage bei dem Geheimen Hofrath Dr. Hauck, Leipziger Straße № 45, einzufinden.

Schwangere Schülerinnen werden zurückgewiesen.

Berlin, im August 1844.

Königl. Hebammen-Institut.

Potsdam, den 19. August 1844.

Vorstehende Bekanntmachung wird hierdurch zur öffentlichen Kenntniß gebracht.

Königl. Regierung. Abtheilung des Innern.

Verordnungen und Bekanntmachungen,
welche den Regierungsbezirk Potsdam ausschließlich betreffen.

Potsdam, den 12. September 1844.

№ 220.
Feuerlösch-Distrikts-Kommissarien

Mit Bezug auf die Amtsblatts-Bekanntmachung vom 23. Juli 1836 (Amtsblatt 1836 Seite 201) wird hierdurch zur öffentlichen Kenntniß gebracht, daß zur Ergänzung der inzwischen vakant gewordenen Stellen von Feuerlösch-Kommissarien und Stellvertretern für die vierzehn Feuerlösch-Distrikte des Ruppinschen Kreises,

und deren
Stellvertreter
im Ruppin-
schen Kreise.
I. 1070. Aug.

insoweit die Wahlen bereits erfolgt und bestätigt sind, nachgenannte Kommissarien und Stellvertreter neu und resp. wieder gewählt worden sind, und zwar:

für den ersten Distrikt, der Domainenbeamte Cochius zu Dreetz als Kommissarius und der Gutsbesitzer Wolff zu Klausiushof als Stellvertreter;

für den zweiten Distrikt, der Rittergutsbesitzer von Quast auf Garz als Kommissarius und der Amtmann Dunder zu Vorwerk Damm als Stellvertreter;

für den dritten Distrikt, der Rittergutsbesitzer von Winterfeld auf Metzelthin als Kommissarius und der Gestüt-Inspektor Caanitz zu Friedrich-Wilhelms-Gestüt als Stellvertreter;

für den vierten Distrikt, der Rittergutsbesitzer von Görzke auf Kantow als Kommissarius und der Rittergutsbesitzer von Rohr auf Triplatz als Stellvertreter;

für den fünften Distrikt, der Amtmann Becker zu Wustrau als Kommissarius und der Amtmann Brandt zu Langen als Stellvertreter;

für den sechsten Distrikt, der Rittergutsbesitzer Scherz auf Kränzlin als Kommissarius und der Amtmann Sonnenburg zu Walsleben als Stellvertreter;

für den siebenten Distrikt, der Mühlenmeister Haarz zu Kunsterspring und Mühlenmeister Schulze zu Rottstiel als Stellvertreter;

für den achten Distrikt, der Glashüttenbesitzer Litzmann zu Neu-Globsow als Stellvertreter;

für den neunten Distrikt, der Rittergutsbesitzer von Rieck auf Rauschendorff als Kommissarius und der Schulze Maaß zu Sonnenberg als Stellvertreter;

für den zehnten Distrikt, der Rittergutsbesitzer Siemert auf Schwanow als Kommissarius und der Gutsbesitzer Degebrodt zu Zernitzel als Stellvertreter;

für den eilften Distrikt, der Lehnschulze Haase zu Lichtenberg als Stellvertreter;

für den zwölften Distrikt, der Amtmann Beyersdorff zu Vorwerk Lindow als Kommissarius und der Schulze Cords zu Klosterheide als Stellvertreter;

für den dreizehnten Distrikt, der Administrator Stubenrauch zu Feld Haesen als Kommissarius und der Amtmann Förster zu Kratz als Stellvertreter;

für den vierzehnten Bezirk, der Baron von Wülknitz zu Hoppenrade und der Amtmann Metscher zu Ludwigsaue als Stellvertreter.

Die Wahl der Feuerlösch-Kommissarien für den 7ten, 8ten und 11ten Feuerlösch-Distrikt ist noch nicht beendigt, und werden die Namen der daselbst gewählten Personen nachträglich bekannt gemacht werden.

Königl. Regierung. Abtheilung des Innern.

Verordnungen und Bekanntmachungen des Königl. Konsistoriums und Schulkollegiums der Provinz Brandenburg.

№ 14. Der Jungfrau Pauline Vorast ist die Konzession zur Fortführung der Wolterschen höheren Töchterschule ertheilt worden. Berlin, den 9. September 1844.

Königl. Schul-Kollegium der Provinz Brandenburg.

Verordnungen und Bekanntmachungen der Behörden der Stadt Berlin.

Der Kaufmann Wilhelm Eduard Noerr hierselbst, kleine Präsidentenstraße № 3 wohnhaft, ist heute als Agent der Feuerversicherungs-Gesellschaft Colonia zu Cöln bestätigt worden.

Dies wird auf Grund des § 12 des Gesetzes vom 8. Mai 1837 hiermit zur öffentlichen Kenntniß gebracht. Berlin, den 19. August 1844.

Königl. Polizei-Präsidium.

Der Preis, zu welchem die Blutegel in den hiesigen Apotheken zu haben sein werden, bleibt bis auf Weiteres auf 3 Sgr. für das Stück festgesetzt.

Berlin, den 5. September 1844. **Königl. Polizei-Präsidium.**

Personalchronik.

Der bisherige Kammergerichts-Auskultator Friedrich Eduard Ewald Freiherr von Rechenberg ist zum Referendarius bei dem hiesigen Regierungs-Kollegium angenommen und in dasselbe eingeführt worden.

Der bisherige Oberlandesgerichts-Assessor beim Königl. Oberlandesgericht zu Breslau, Traugott Wilhelm von Merkel ist als Assessor an das Kammergericht versetzt.

Die bisherigen Kammergerichts-Auskultatoren: Ludwig Heinrich Wilhelm Devaranne mit dem Dienstalter vom 19. Juni d. J., August Albert Loeper mit dem Dienstalter vom 23. Mai d. J., Maximilian Bernhard Schultze mit dem Dienstalter vom 14. Mai d. J. und Karl Friedrich Gustav Haldensleben mit dem Dienstalter vom 23. Juni d. J. sind zu Kammergerichts-Referendarien ernannt.

Dem Kammergerichts-Auskultator Herrmann Bornmüller ist der Uebertritt in das Departement des Königl. Oberlandesgerichts zu Naumburg verstattet.

Die Kammergerichts-Auskultatoren: Leo Peter Paul von Rybinski, August Prakowsky, Arthur Graf von Kalkreuth sind auf ihren Antrag aus dem Justizdienste entlassen.

Der Kammergerichts-Auskultator Ludwig Franz Maria Arntz ist auf seinen Antrag an das Königl. Landgericht zu Düsseldorf versetzt.

Der Kammergerichts-Referendarius August Albert Loeper ist auf seinen Antrag an das Königl. Oberlandesgericht in Naumburg versetzt.

Der Referendarius Friedrich Gottlieb Gesell beim Königl. Oberlandesgericht zu Cöslin ist auf seinen Antrag in gleicher Eigenschaft an das Kammergericht versetzt.

Der bisherige Kammergerichts-Referendarius Christoph Friedrich Theodor Fleischer ist mittelst Ministerial-Rescripts vom 14. Juni d. J. zum Kammergerichts-Assessor ernannt.

Dem Kammergerichts-Assessor Alexander Karl Friedrich Christian von Perbandt ist laut Ministerial-Rescripts vom 16. August d. J. Behufs seiner Anstellung in der Verwaltung die nachgesuchte Entlassung aus dem Justizdienste ertheilt.

Dem Kammergerichts-Auskultator Emil Hoyman ist der Uebertritt in das Departement des Königl. Oberlandesgerichts in Hamm gestattet.

Patrimonialgerichte. Die Verwaltung des Patrimonialgerichts Briz ist dem Kammergerichts-Assessor Seyer zu Neustadt-Eberswalde und die des Patrimonialgerichts Bergluch dem Kammergerichts-Assessor Schmidt zu Zehdenick übertragen.

Der Landbaumeister George Rudolph Rill-Mar ist zum Bau-Inspektor befördert und im Ressort der Ministerial-Baukommission zu Berlin angestellt worden.

Die Doktoren der Medizin und Chirurgie Wilhelm Adolph Niedt, Eduard Johann Heinrich Christian Lambrechts und Albert Ferdinand Ludwig Benzki sind als praktische Aerzte und Wundärzte, der Kandidat der Medizin und Chirurgie Osmar Eginhard Hugo Klopsch als Wundarzt 1ster Klasse, und der Kandidat der Zahnarzneikunst Karl Albert Fritze als Zahnarzt in den Königlichen Landen approbirt und vereidigt worden.

Der Lehrer Christoph Heinrich Preckwinkel ist zum zweiten Lehrer der französischen höheren Töchterschule in Berlin ernannt worden.

A. Zu Schiedsmännern wurden wieder gewählt: Der Amtshauptmann und Lehnschulze Dr. Wilhelm Holthoff zu Gatow für den 3ten ländlichen Bezirk des Osthavelländischen Kreises, der Gutspächter und Lieutenant a. D. von Quast zu Bertz für den 4ten ländlichen Bezirk des Osthavelländischen Kreises, der Gastwirth Karl August Willmann zu Brandenburg für den Katharinen-Bezirk daselbst, der Rentier Mohrbauer für den Johannis-Bezirk daselbst, der Kaufmann W. Kettlitz für den St. Gotthard-Bezirk daselbst, der Mühlenmeister F. Schonert für den Neuthor-Bezirk daselbst, der Stadtrath C. F. Schlunck für den Steinstraßen-Bezirk daselbst, der Tuchfabrikant Pahle für den Altstadt-Marktbezirk daselbst, der Bürgermeister Brandt daselbst für den Neustadt-Marktbezirk.

B. Zu Schiedsmännern wurden neu gewählt: Der Bauer Johann Friedrich Laurisch zu Leibsch für den 1sten Bezirk des Storkowschen Kreis-Antheils, der Rentier Karl Christian Toepfer zu Brandenburg für den St. Pauli-Bezirk daselbst, der Buchhändler Adolph Wilhelm Ernst Müller daselbst für den St. Annen-Bezirk.

Vermischte Nachrichten.

Dem Badegehülfen Friedrich Wilhelm Willmanns hierselbst ist für die mit eigener erheblicher Lebensgefahr bewirkte Rettung eines Knaben aus der Gefahr des Ertrinkens die Rettungsmedaille am Bande verliehen worden, welches hiermit zur öffentlichen Kenntniß gebracht wird.   Berlin, den 29. August 1844.

Königl. Polizei-Präsidium.

Geschenke an Kirchen.

Ein Einwohner des Fleckens Lehnin, Superintendentur Neustadt Brandenburg, welcher nicht genannt sein will, hat der Lehniner Kirche eine geschmackvoll eingebundene, mit goldenem Schnitte versehene Bibel, der Ackerwirth Friedrich Schröder zu Grunwald, Superintendentur Templin, der Kirche zu Grunwald eine Altardecke von feinem schwarzem Tuche, und der Bürger, Eigenthümer und Schiffer Christian Müller zu Zehdenick der Kirche daselbst für deren Altar zwei große und starke Wachskerzen zum Geschenk gemacht.

(Hierbei eine besondere Beilage, enthaltend unter № 218, die auf den Verkehr auf den Kunststraßen bezügliche Bekanntmachung vom 11. September d. J., imgleichen ein Oeffentlicher Anzeiger.)

Beilage

zum 38sten Stück des Amtsblatts
der Königlichen Regierung zu Potsdam
und der Stadt Berlin.

**Verordnungen und Bekanntmachungen
für den Regierungsbezirk Potsdam und für die Stadt Berlin.**

Bekanntmachung.

№ 218.
Verkehr auf
den Kunst-
straßen.
I. 2430. Aug.

Auf Grund des § 1 der, den Verkehr auf den Kunststraßen betreffenden Verordnung vom 17. März 1839 (Gesetzsammlung 1839 Seite 80) werden hiermit,
unter Bezugnahme auf die Publikanda vom 22. November 1839 und 31. Mai
1842, in Folgendem die Kunststraßen bezeichnet, auf welchen das Verbot des
Gebrauchs von Radfelgen unter 4 Zoll Breite für gewerbsmäßig betriebenes Frachtfuhrwerk, und zwar für vierrädriges bei Ladungen über zwanzig Zentner, für
zweirädriges bei Ladungen über zehn Zentner, nachträglich für anwendbar erklärt
worden ist.

Zweiter Nachtrag

zu dem unterm 22. November 1839 bekannt gemachten Verzeichnisse
der Straßen, auf denen der Gebrauch von Radfelgen unter vier Zoll
Breite in Gemäßheit der, den Verkehr auf den Kunststraßen betreffenden Verordnung vom 17. März 1839, für alles gewerbsmäßig betriebene Frachtfuhrwerk, und zwar für vierrädriges bei Ladungen über
zwanzig Zentner, für zweirädriges bei Ladungen über zehn Zentner,
verboten ist.

Im östlichen Theile des Staats die Straßen:

6 a. von Cörlin über Colberg bis zur Colberger Münde.

14 a. , Bromberg nach Inowraclaw.

36 a. , Oppeln nach Malapane.

40 a. , Eilenburg bis zur Landesgrenze in der Richtung auf Leipzig.

43 a. , Magdeburg über Wolmirstädt und Salzwedel bis zur Landesgrenze
vor Bergen.

49 c. von Naumburg bis zur Landesgrenze in der Richtung auf Camburg.

56 a. = der Halberstadt-Braunschweiger Chaussee zwischen Athenstedt und Dardesheim über Osterwick und Hornburg bis zur Landesgrenze in der Richtung auf Minden.

56 b. = Croppenstedt über Quedlinburg bis zur Landesgrenze vor Gernrode.

56 c. = Halberstadt bis Quedlinburg.

56 d. = Halberstadt bis zur Landesgrenze in der Richtung auf Blankenburg.

57 a. = der Anhalt-Cöthenschen Landesgrenze zwischen Güsten und Aschersleben über Aschersleben, Ermsleben bis zur Landesgrenze in der Richtung auf Ballenstedt.

Im westlichen Theile des Staats die Straßen:

61 b. von Appelhülsen nach Coesfeld.

64 a. = Meurs nach Homberg.

70 d. = der Düsseldorf-Jülicher Staatsstraße bei Fürth bis Rheydt über Jüchen und Odenkirchen.

72 a. = Aachen über Puffendorf und Linnich nach Mörrenzig.

72 b. = Eynatten über Raeren nach Röttgen.

72 c. = Raeren (Botz) über Neudorf und Belven nach Walhorn.

73 a. = Lebach nach Saarbrücken.

73 b. = der Grenze der Regierungsbezirke Aachen und Trier bei Stadtkyll bis Prüm.

74 a. = Geilenkirchen nach Randerath.

74 b. = Aldenhoven nach Linnich.

78 a. = Düren über Zülpich nach Euskirchen.

79 b. = Brühl nach Liblar.

80 a. = Bonn nach Meckenheim.

81 a. = Coblenz bis zur Landesgrenze in der Richtung auf Ems.

81 b. = Neuwied nach Dierdorf.

86 a. = Berncastel nach Hetzerath.

86 b. = Longcamp bei Berncastel über Morbach bis zur Birkenfelder Grenze.

91 a. von Rutwer nach Cafel.

99 a. = Beuel nach Siegburg.

106 a. = Mettmann über Wülfrath nach Schlupkotten.

114 a. = Neviges nach Kuhlenthal.

118 a. = Heckinghausen bis Rittershausen.

120 a. = Altena über Werdohl bis Rönkhausen (Lenne-Straße).

120 b. = Hachen über Balve und Neuenrade (Balver Straße) bis zur Lenne-
Straße bei Werdohl.

120 c. = der Balver Straße bei Balve längs Rödinghausen bis Menden
(Hönne-Straße).

122 a. = Bliedinghausen bis zur Solingen-Lenneper Straße zwischen Ehring-
hausen und Birgderkamp.

123 a. = Wipperführt über Lindlar nach Engelskirchen.

127 a. = Witten nach Wetter.

132 a. = der Cöln-Berliner Straße in der Milspe bis Breckerfelde über Börde.

132 b. = der Cöln-Berliner Straße an der Haspe bis Börde.

136 b. = Laasphe bis zur Großherzoglich Hessischen Grenze vor Wallau.

140 b. = Iserlohn nach Lanschede.

141 a. = Münster über Greven nach Ibbenbühren.

141 b. = Ibbenbühren über Lotte bis zur Landesgrenze in der Richtung auf
Osnabrück.

146 a. = Hallenberg bis zur Großherzoglich Hessischen Grenze in der Richtung auf Somplar.

147 a. = Paderborn bis zur Lippe-Detmoldschen Grenze bei Schlangen.

149 b. = Lippe-Detmoldschen Grenze bei Harzberg bis zur Carlshaven-Pyrmonter Chaussee bei Lügde.

Berlin, den 31. Juli 1844.

Der Finanz-Minister.

(gez.) Flottwell.

4

Potsdam, den 11. September 1844.

Vorstehende Bekanntmachung des Herrn Finanz-Ministers Flottwell Excellenz nebst dem dazu gehörigen Nachtrags-Verzeichnisse derjenigen Kunststraßen, auf welche das Verbot des Gebrauchs von Radfelgen unter 4 Zoll Breite für alles gewerbsmäßig betriebene Frachtfuhrwerk, und zwar für vierrädriges bei Ladungen über zwanzig Zentner, für zweirädriges bei Ladungen über zehn Zentner, Anwendung findet, wird in Gemäßheit des Ober-Präsidial-Erlasses vom 28. v. M. und im Verfolg der Bekanntmachungen vom 30. November 1839 (Beilage zum Stück 49 des Amtsblatts von 1839) und vom 29. Juli 1842 (Amtsblatt pro 1842 Seite 212) mit dem Bemerken zur allgemeinen Kenntniß gebracht, daß besondere Abdrücke derselben, so wie des Nachtrags-Verzeichnisses zum Preise von Einem Silbergroschen pro Stück auf dem hiesigen Königl. Postamte zu haben, und von demselben auch durch andere im hiesigen Regierungsbezirk belegene Postämter zu gleichem Preise zu beziehen sind.

Königl. Regierung. Abtheilung des Innern.

Amtsblatt
der Königlichen Regierung zu Potsdam
und der Stadt Berlin.

Stück 39. Den 27. September. **1844.**

Allgemeine Gesetzsammlung.

Das diesjährige 23ste Stück der Allgemeinen Gesetzsammlung enthält:

№ 2492. Privilegium wegen Ausfertigung auf den Inhaber lautender Regenwalder Kreis-Obligationen zum Betrage von 50,000 Thlrn. Vom 23. Juli 1844.

№ 2493. Allerhöchste Kabinetsordre vom 19. August 1844, die Abgaben von der Schifffahrt auf der Deime und dem großen und kleinen Friedrichsgraben betreffend.

№ 2494. Gesindeordnung für die Rheinprovinz. Vom 19. August 1844.

Verordnungen und Bekanntmachungen
für den Regierungsbezirk Potsdam und für die Stadt Berlin.

Potsdam, den 7. September 1844.

Einhundert Thaler Belohnung.

№ 221.
Aufruf zur Ermittelung des Anstifters eines Waldbrandes.
III. f. 633.
August.

Am 14. Juni dieses Jahres, Mittags 1 Uhr, ist im Jagen 49, Belaufs Neuendorf des Forstreviers Zossen (auch Cummersdorf genannt) ein Waldbrand ausgebrochen, der sich, ungeachtet der schnell von so vielen Seiten geleisteten und daher einer besonderen öffentlichen Belobigung würdig erkannten Hülfe, über eine Fläche von 116 Morgen verbreitet hat. Da beim Jagen 49 ein Weg nicht vorhanden ist, so kann der Entstehung des Brandes eine zufällige Unvorsichtigkeit nicht wohl zum Grunde liegen, es muß vielmehr auf einen Frevel geschlossen werden, dessen Folgen, bei der damaligen Dürre und dem heftigen Winde ohne jene schnelle Hülfe von sehr erheblichem Nachtheil gewesen sein würden. Um so mehr liegt es im öffentlichen Interesse die zum Grunde liegende Frevelthat bestimmt auszumitteln. Wir fordern daher Jedermann, welcher Verdachtsgründe kennt oder auch nur nähere Andeutungen darüber machen kann, zur Anzeige derselben bei uns oder der nächsten Behörde auf, und sichern demjenigen, welcher dadurch die Ausmittelung des Brandstifters veranlaßt oder denselben bestimmt nachweiset, dergestalt, daß derselbe z gesetzlichen Bestrafung gebracht werden kann, hiermit eine Belohnung von Ei hundert Thalern zu. Die Behörden, welchen eine Anzeige darüber zugeht, werd resp. aufgefordert und ersucht, uns selbige schleunigst mitzutheilen.

Königl. Regierung,

Abtheilung für die Verwaltung der direkten Steuern, Domainen und Forsten.

Potsdam, den 14. September 1844.

№ 222.
Die steuer- liche Revision der vom Aus- lande über Wittstock ein- gehenden Ex- traposten betr. IV. 334. Sept.

Es wird hierdurch zur öffentlichen Kenntniß gebracht, daß die zollamtliche R vision der aus Meklenburg nach Wittstok eingehenden Extraposten nicht mehr, w bisher, bei dem Neben-Zollamte zu Wittstock erfolgt, sondern von jetzt an, be Neben-Zollamte I zu Dransee und dem Neben-Zollamte II zu Alt-Daber über tragen ist, je nachdem die Extraposten diese oder jene Zollstraße einschlagen.

Königl. Regierung.

Abtheilung für die Verwaltung der indirekten Steuern.

Verordnungen und Bekanntmachungen, welche den Regierungsbezirk Potsdam ausschließlich betreffen

Potsdam, den 23. September 1844.

№ 223.
Verfahren gegen bettelnde Kinder. I. 2495. Juli.

Das Gesetz über die Bestrafung der Landstreicher, Bettler und Arbeitsscheue vom 6. Januar 1843 §§ 2 und 3 belegt das Betteln überhaupt, und zwar i ersten Falle eines solchen Vergehens, mit Polizeistrafe bis zu sechs Wochen Ge fängniß, und im Rückfall oder unter qualifizirten Umständen, mit Kriminalstra von sechs Wochen bis zu sechs Monaten Gefängniß oder Strafarbeit; die §§ und 5 enthalten Strafbestimmungen für diejenigen, welche Kinder zum Betteln a leiten und ausschicken, oder doch vom Betteln abzuhalten unterlassen. Es ist hie nach in Frage gestellt worden, wie gegen bettelnd betroffene unmündige Kinder selb verfahren werden solle, da einer Seits das Vergehen der Bettelei von Kindern vo erreichtem vierzehnten Jahre, wenn sie sich aus eigenem Hange der Bettelei ergebe nicht unbestraft gelassen werden kann, anderer Seits die Verurtheilung unmündige Kinder zu den obberegten Polizei- und Kriminal-Strafen dem auf Besserung ge richteten Zwecke des Gesetzes nicht entsprechen dürfte.

Wir haben bereits in der Bekanntmachung vom 17. Juni 1838 (Amtsblat № 140 Seite 204) darauf aufmerksam gemacht, daß eine Bestrafung sowohl de bettelnd betroffenen Kinder, als ihrer Eltern, durch deren Veranlassung die Kinde zum Betteln bewogen worden, im eigenen Interesse der Ortspolizei- und Kommunal-Behörden eintreten müsse, denen die Erfüllung der polizeilichen Aufsicht und die Last der örtlichen Armenpflege obliegt, und daß eine körperliche Züchtigung der bettelnden Kinder auf Grund des § 17 Tit. 20 Thl. II des Allgemeinen Landrechts stattfinden könne, indem nach dieser Gesetzstelle unmündige Personen für Vergehen zwar nicht nach der Strenge der anderen gesetzlichen Strafbestimmungen bestraft, aber zur Verhütung fernerer Vergehen gezüchtigt werden sollen. Die gedachte Vorschrift des Landrechts findet nach einem Rescript des Königl. Ministeriums des Innern vom 20. Juli d. J. auch auf die Bestrafung unmündiger Bettler fernerhin Anwendung; und das Gesetz vom 6. Januar v. J. steht mithin einer, den darin angeordneten Strafarten zu substituirenden körperlichen Züchtigung bettelnder Kinder, nicht entgegen. Da indessen unter dem Ausdrucke „Züchtigung" in der besagten Landrechtsstelle nicht durchaus eine körperliche Züchtigung, deren Vollstreckung den kompetenten Behörden obliege, hat verstanden werden sollen, und es sonach keinesweges- ausgeschlossen ist, in denjenigen Fällen, wo solches nach Bewandtniß der Umstände angemessen erscheint, bettelnde Kinder durch ihre Eltern in Gegenwart eines Beamten der Behörde züchtigen zu lassen, oder ein anderes disziplinarisches Züchtigungsmittel gegen Kinder anzuwenden, so werden die Polizei-Behörden in den zu ihrer Entscheidung gelangenden Straffällen, wo eine Züchtigung bettelnder Kinder objektiv für zulässig zu erachten ist, in jedem einzelnen Fall nach dem Alter und Geschlecht der Kinder, und nach den sonstigen konkurrirenden Umständen überhaupt, zu beurtheilen haben, welche Züchtigungsart festzusetzen und zu vollstrecken, und wie demgemäß das Resolut mit Gründen abzufassen sei. Im Uebrigen verbleibt es bei den Bestimmungen der Bekanntmachung vom 7. Juli v. J. (Amtsblatt 1843 № 150 Seite 209), wonach die Untersuchung und Bestrafung eines wiederholten Bettelns den Gerichten zusteht, und mithin auch die rückfälligen unmündigen Bettler, sowohl die einheimischen ohne Unterschied, als diejenigen außerhalb des Wohnorts betroffenen, welche nach der Allerhöchsten Kabinetsordre vom 31. Mai 1837 (Amtsblatt Seite 187) nicht ins Landarmenhaus gebracht werden sollen, von der Polizeibehörde an das an dem Verhaftungsort kompetente Kriminalgericht zum weiteren Verfahren zu überliefern sind.

Königl. Regierung. Abtheilung des Innern.

Potsdam, den 23. September 1844.

Der Preis der Blutegel in den Apotheken des diesseitigen Regierungsbezirks wird für den Zeitraum vom 1. Oktober d. J. bis zum 1. April k. J. auf drei Silbergroschen pro Stück festgesetzt.

№ 224.
Blutegelpreis.
l. 1710. Sept.

Königl. Regierung. Abtheilung des Innern.

№ 225. Nachweisung der an den Pegeln der Spree und Havel im Monat Juli 1844 beobachteten Wasserstände.

Datum.	Berlin. Ober-Wasser		Berlin. Unter-Wasser		Spandow. Ober-Wasser		Spandow. Unter-Wasser		Potsdam.		Baumgartenbrück.		Brandenburg. Ober-Wasser		Brandenburg. Unter-Wasser		Rathenow. Ober-Wasser		Rathenow. Unter-Wasser		Havelberg.		Plauer Brücke.	
	Fuß	Zoll	Fuß	Zoll	Fuß	Zoll	Fuß	Zoll	Fuß	Zoll	Fuß	Zoll	Fuß	Zoll	Fuß	Zoll	Fuß	Zoll	Fuß	Zoll	Fuß	Zoll	Fuß	Zoll
1	7	10	3	6	6	10	3	—	4	—	2	3	6	2½	3	3½	4	—	2	7	4	3	4	11
2	7	10	3	6	6	10	3	1	4	—	2	2½	6	2	3	4	4	2	2	7	4	3	4	11
3	7	10	3	6	6	10	3	1	4	—	2	2½	6	2	3	3	4	2	2	6½	4	2	4	11
4	7	9	3	6	6	10	3	1	4	—	2	2½	6	1½	3	3.	4	2	2	6½	4	2	4	11
5	7	10	3	4	6	9	3	1	4	—	2	2½	6	2	3	3	4	2	2	6	4	1	4	11
6	7	8	3	4	6	8	3	—	4	—	2	2	6	1	3	3	4	2	2	6	4	—	4	11
7	7	8	3	4	6	8	2	10	4	—	2	2	6	1	3	2	4	1½	2	6	4	—	4	11
8	7	8	3	4	6	8	2	10	3	11	2	2	6	1	3	2½	4	1½	2	5	3	11	4	11
9	7	8	3	4	6	9	2	10	3	11	2	2	6	—	3	1½	4	1	2	5	3	11	4	10
10	7	7	3	4	6	9	2	11	3	11	2	2	6	1	3	½	4	1	2	4½	4	5	4	10
11	7	6	3	5	6	9	2	11	3	11	2	2½	6	1½	3	—	4	1	2	4½	5	1	4	9
12	7	6	3	5	6	8	2	11	3	11	2	2½	6	1½	2	11½	4	1	2	4½	5	11	4	9
13	7	7	3	5	6	8	3	—	3	11	2	2½	6	—	2	11½	4	1	2	4	6	1	4	9
14	7	7	3	4	6	8	3	—	3	11	2	2	6	½	2	10½	4	1	2	4	6	—	4	8
15	7	4	3	5	6	8	3	—	3	11	2	1½	5	10½	2	10	4	—	2	3½	6	1	4	7
16	7	6	3	5	6	8	3	—	3	11	2	1½	6	½	2	10½	4	—	2	3½	5	11	4	7
17	7	4	3	4	6	8	3	—	3	11	2	1½	6	1	2	10	4	—	2	3½	5	9	4	7
18	7	5	3	4	6	8	3	—	3	11	2	1½	6	2	2	10	4	1½	2	3	5	5	4	6
19	7	6	3	4	6	8	3	—	3	11	2	1½	6	2½	2	10	4	2	2	2½	5	3	4	6
20	7	6	3	2	6	8	3	—	3	11	2	1½	6	1½	2	10	4	2	2	2	5	2	4	6
21	7	4	3	-	6	8	2	8½	3	11	2	1½	6	1½	2	10	4	2	2	2	5	2	4	5½
22	7	4	3	2	6	8	3	—	3	11	2	1½	6	½	2	10	4	2	2	2	5	1	4	5
23	7	4	3	2	6	8	2	11	3	11	2	1½	6	½	2	9	4	1	2	1½	5	1	4	5
24	7	4	3	1	6	8	2	10	3	10	2	1½	6	1	2	9	4	—	2	—	5	—	4	5
25	7	3	3	2	6	8	2	10	3	10	2	1½	6	½	2	9	4	—	2	—	4	11	4	5
26	7	4	3	2	6	7	2	10	3	10	2	1	6	1	2	8½	4	—	2	—	4	10	4	5
27	7	4	3	2	6	7	2	10	3	10	2	1	6	½	2	8	4	—	2	—	4	9	4	5
28	7	3	3	2	6	6	2	8	3	11	2	1	6	1	2	7	4	—	2	—	4	7	4	5
29	7	4	3	-	6	6	2	10	3	11	2	½	6	1	2	7	4	—	2	—	4	5	4	4
30	7	3	3	1	6	6	2	10	3	11	2	½	6	½	2	7½	4	—	2	—	4	3	4	4
31	7	4	3	2	6	6	2	10	3	11	2	½	6	½	2	8½	4	—	2	—	4	1	4	4

Potsdam, den 12. September 1844.

Königl. Regierung. Abtheilung des Innern.

Verordnungen und Bekanntmachungen der Behörden der Stadt Berlin.

Republikation.

№ 69.

Den Betrieb der Gast- und Schankwirthschaft und des Kleinhandels mit Geträn- ken betr.

Zur Ausführung der Gesetze vom 7. Februar 1835 (Gesetzsammlung № 3 Seite 13), den Betrieb der Gast- und Schankwirthschaft so wie des Kleinhandels mit Getränken betreffend, und vom 21. Juni 1844 (Gesetzsammlung № 22 Seite 214), wird das gewerbetreibende Publikum an folgende Bestimmungen er- innert:

1) Niemand darf ohne polizeiliche Erlaubniß bei 5 bis 50 Thlr. Geld- oder verhältnißmäßiger Gefängnißstrafe die Gast- oder Schankwirthschaft oder den Kleinhandel mit Getränken betreiben, zubereitete Speisen oder Ge- tränke in seinem Lokale verabreichen oder sein dazu bestimmtes Lokal mit einem andern vertauschen.

Diese Erlaubniß erlischt mit dem Ablaufe eines Jahres. Dieselbe kann aber auf desfalsigen Antrag für alle diejenigen, welche eine dergartige polizei- liche Erlaubniß bereits erhalten haben und die Gast- oder Schankwirthschaft oder den Kleinhandel mit Getränken im nächstfolgenden Kalenderjahre in dem nemlichen Lokale fortsetzen wollen, verlängert werden.

2) Gleiche Strafe trifft denjenigen, der ohne alljährliche Verlängerung der poli- zeilichen Erlaubniß ein solches Gewerbe fortsetzt.

3) Die polizeiliche Erlaubniß zu einem solchen Gewerbe wird nur dann ertheilt, wenn die Polizei- und Kommunal-Behörden von dem örtlichen Bedürfnisse oder der Nützlichkeit der Anlage sich überzeugen, wenn das dazu bestimmte Lokal nach Lage und Beschaffenheit sich dazu eignet, und wenn die Persönlich- keit, die Führung und die Vermögensverhältnisse des Nachsuchenden einen ord- nungsmäßigen Gewerbebetrieb verbürgen. Auf bereits geschlossene Kauf- und Miethsverträge kann nicht Rücksicht genommen werden, wenn die vorstehenden Bedingungen nicht zutreffen, worauf das betreffende Publikum zur Vermeidung von Nachtheil und Weiterungen besonders aufmerksam gemacht wird.

4) Das Gesuch um Verleihung der polizeilichen Erlaubniß zum Gewerbebetriebe ist zur Abkürzung des Geschäftsganges an den Hochedeln Magistrat zu richten, welcher sich damit einverstanden erklärt hat, solches anzunehmen und, mit seinem Gutachten begleitet, an das Polizei-Präsidium gelangen zu lassen.

5) Das Gesuch um Verlängerung der polizeilichen Erlaubniß wird an das Polizei-Präsidium gerichtet, dem betreffenden Revier-Polizei-Kommissarius, unter Beifügung des früher ertheilten Erlaubnißscheins, offen übergeben. Der- selbe wird demnächst die Verlängerung der Erlaubniß im Auftrage der Behörde selbst bewirken oder unter Umständen die Entscheidung darüber der Letzteren überlassen. Diese Gesuche um Verlängerung sollen übrigens nach den dies-

...feitigen früheren Bekanntmachungen drei Monate vor Ablauf des Rechnungsjahres eingereicht werden. Berlin, den 14. September 1844.

Königl. Polizei-Präsidium.

Personalchronik.

Der Regierungs- und Forstrath **Krause** ist auf seinen Wunsch mit dem 1. August d. J. aus dem Staatsdienste getreten, und die dadurch vakant gewordene hiesige Forst-Inspektorstelle dem Forst-Inspektor **von Briesen**, bisher in Bromberg, vom 1. Oktober d. J. ab übertragen worden.

Dem Regierungs-Supernumerarius **Schmidt** ist die, durch die Versetzung des Kreissekretairs **Erxleben** vakant gewordene Kreissekretairstelle des Jüterbogk-Luckenwalder Kreises verliehen worden.

Der Oberförster **Schmidt** zu Lehnin ist nach seinem Wunsche auf die Oberförsterstelle zu Panten im Regierungsbezirk Liegnitz versetzt, und die Oberförsterstelle zu Lehnin vom 1. Oktober d. J. ab dem Oberförster **Scheffler** zu Zerrin im Regierungsbezirk Cöslin übertragen worden.

Der bisherige Prediger zu Stralau, **Wilhelm Blank**, ist zum zweiten Diakonus der St. Petri-Gemeinde zu Berlin gewählt und bestätigt worden.

Die Doktoren der Medizin und Chirurgie **Jakob Cahen** zu Berlin und Hermann **Eduard Seyppel** zu Charlottenburg sind als praktische Aerzte und Wundärzte in den Königlichen Landen approbirt und vereidigt worden.

Vermischte Nachrichten.

Dem auf der Feldmark des Ritterguts Biesdorf bei Wriezen an der Oder neu errichteten Wirthschaftsgehöfte ist der Name „Franzenshof" beigelegt worden, was wir mit dem Bemerken hierdurch zur öffentlichen Kenntniß bringen, daß durch diese Namenbeilegung in den polizeilichen und Kommunal-Verhältnissen dieses Etablissements nichts geändert wird.

Potsdam, den 15. September 1844.

Königl. Regierung, Abtheilung des Innern.

Die Landwehrgrabenbrücke vor dem Cottbusser Thore muß, wegen eines Reparaturbaues, vom 23. d. M. bis nach beendigter Arbeit für Wagen gesperrt werden.

Berlin, den 17. September 1844. **Königl. Polizei-Präsidium.**

(Hierbei ein öffentlicher Anzeiger.)

Amtsblatt
der Königlichen Regierung zu Potsdam
und der Stadt Berlin.

Stück 40.   Den 4. Oktober.   **1844.**

Allgemeine Gesetzsammlung.

Das diesjährige 34ste Stück der Allgemeinen Gesetzsammlung enthält:
№ 2495. Konzessions- und Bestätigungs-Urkunde für die Thüringische Eisenbahn-Gesellschaft. Vom 20. August 1844.

Verordnungen und Bekanntmachungen
für den Regierungsbezirk Potsdam und für die Stadt Berlin.

Bekanntmachung,
die Auszahlung der zum 1. November d. J. gekündigten 49,100 Thlr. Kurmärkschen Schuldverschreibungen betreffend.

№ 226.
Auszahlung gekündigter Kur- und Neumärkscher Schuldverschreibungen.
C. 104 Sept.

Die Einlösung der in der sechsten Verloosung gezogenen, durch die Bekanntmachung vom 27. Juni d. J. zur baaren Auszahlung am 1. November d. J. gekündigten Kurmärkschen Schuldverschreibungen im Betrage von 40,100 Thlrn. und die Realisation der zu denselben gehörigen, am 1. November d. J. fälligen Zinskoupons Series II № 2 soll schon vom 1. Oktober d. J. ab, bei der Staatsschulden-Tilgungskasse, hier in Berlin (Taubenstr. № 30) in den Vormittagsstunden erfolgen.

Den außerhalb Berlin wohnenden Inhabern solcher gekündigten Kurmärkschen Schuldverschreibungen bleibt überlassen, diese sofort an die nächste Regierungs-Haupt-Kasse, unter Beifügung doppelter Verzeichnisse, in welchen die Obligationen nach Littern, Nummern und Beträgen aufzuführen sind, portofrei, zur weitern Beförderung an die Staatsschulden-Tilgungskasse zu übersenden, und die Kapitalbeträge bis zum 1. November d. J. bei der Regierungs-Hauptkasse gegen vorschriftsmäßige Quittung in Empfang zu nehmen, da von diesem Tage ab die Verzinsung aufhört.

Berlin, den 16. September 1844.
Hauptverwaltung der Staatsschulden.
Rother. v. Berger. Natan. Köhler. Knoblauch.

Bekanntmachung,
die Auszahlung der zum 2. Januar 1845 gekündigten 12,000 Thlr. Neumärkschen Schuldverschreibungen betreffend.

Die Einlösung der in der sechsten Verloosung gezogenen, durch die Bekanntmachung vom 27. Juni d. J. zur baaren Auszahlung am 2. Januar 1845 gekündigten Neumärkschen Schuldverschreibungen im Betrage von 12,000 Thlrn. und die Realisation der zu denselben gehörigen, am 2. Januar 1845 fälligen Zinskoupons

Series II № 3 soll schon vom 1. Dezember d. J. ab, bei der Staatsschulden-Tilgungskasse, hier in Berlin (Taubenstr. № 30) in den Vormittagsstunden erfolgen.

Den außerhalb Berlin wohnenden Inhabern solcher gekündigten Neumärkschen Schuldverschreibungen bleibt überlassen, diese sofort an die nächste Regierungs-Haupt-Kasse, unter Beifügung doppelter Verzeichnisse, in welchen die Obligationen nach Littern, Nummern und Beträgen aufzuführen sind, portofrei, zur weitern Beförderung an die Staatsschulden-Tilgungskasse zu übersenden, und die Kapitalbeträge bis zum 2. Januar 1845 bei der Regierungs-Hauptkasse gegen vorschriftsmäßige Quittung in Empfang zu nehmen, da von diesem Tage ab die Verzinsung aufhört.

Berlin, den 16. September 1844.
Hauptverwaltung der Staatsschulden.
Rother. v. Berger. Natan. Köhler. Knoblauch.

Potsdam, den 30. September 1844.

Vorstehende beide Bekanntmachungen der Königl. Hauptverwaltung der Staats-schulden werden in Verfolg der Bekanntmachung vom 14. Juli d. J. № 171 Stück 30 des diesjährigen Amtsblattes hiermit zur öffentlichen Kenntniß gebracht.
Königl. Regierung.

Verordnungen und Bekanntmachungen der Behörden der Stadt Berlin.

Republikation.

№ 70.
Beschädigung der öffentlichen Laternen.

Nachstehende Bestimmung:

„Die öffentlichen Laternen, sowohl innerhalb der Stadt, als auch in deren näheren Umgebungen, werden häufig und besonders durch die Unachtsamkeit der Fuhrleute beschädigt, auch die Laternen-Anzünder während der Reinigung und des Anzündens der Laternen, besonders auf der Charlottenburger Chaussee, bei ihrer Beschäftigung gestört. Mit Bezug auf die Verordnung vom 1. September 1812 wird daher Jedermann gegen fahrlässige oder muthwillige Beschädigung der Laternen auf öffentlichen Straßen und Plätzen in der Stadt und deren Umgebungen hierdurch gewarnt und dabei bemerkt, daß jede muthwillige Beschädigung der Laternen nach dem Allgemeinen Landrechte Theil II Titel 20 §§ 210 und 211 mit körperlicher Züchtigung, Strafarbeit oder Gefängniß auf vier Wochen bis ein Jahr, oder mit verhältnißmäßiger Geldstrafe geahndet werden wird. Ganz besonders werden die Fuhrleute, welche mit ihren Wagen auf die Charlotten-burger Chaussee passiren, auf diese Warnung hingewiesen und ihnen aufs Strengste eingeschärft, mit ihren Fuhrwerken so vorsichtig umzugehen, daß die Laternen-Anzünder weder bei der Reinigung der Laternen, noch beim Anzünden derselben beschädigt werden. Berlin, den 2. September 1837.
Königl. Polizei-Präsidium."

wird hierdurch in Erinnerung gebracht.
Berlin, den 16. September 1844. **Königl. Polizei-Präsidium.**

Aufruf.

Die nachstehend genannten Forstversorgungsberechtigten:

1) Jäger Karl Friedrich Blum, geboren am 14. Februar 1798 zu Kirschrosin in Meklenburg, in die 2te Jäger-Abtheilung eingetreten am 12. Mai 1815, und zur Forstversorgung anerkannt den 1. Dezember 1835; zuletzt in Sandkrug, Forstreviers Liepe, sich aufhaltend;

2) Jäger Friedrich Carl, geboren den 11. November 1803 zu Klockow in Meklenburg, in das Garde-Jäger-Bataillon eingetreten am 23. Oktober 1821, und zur Forstversorgung anerkannt den 17. September 1841; zuletzt in Neuendorf bei Anclam sich aufhaltend;

3) Jäger Friedrich Deege, geboren am 19. März 1797 zu Darbesheim bei Halberstadt in der Provinz Sachsen, in das Garde-Jäger-Bataillon eingetreten am 22. Mai 1815, und zur Forstversorgung anerkannt den 10. Januar 1835; zuletzt in Berlin sich aufhaltend;

4) Jäger Christian Friedrich Wilhelm Ebert, geboren am 7. Juli 1800 zu Robbin bei Greifenberg in der Provinz Pommern, in die 2te Jäger-Abtheilung eingetreten am 19. Februar 1823, und zur Forstversorgung anerkannt den 26. September 1843; zuletzt in Greifenberg sich aufhaltend;

5) Jäger George Friedrich Fahl, geboren am 15. Januar 1802 zu Selz bei Demmin in der Provinz Pommern, in das Garde-Jäger-Bataillon eingetreten am 15. November 1821, und zur Forstversorgung anerkannt den 17. September 1841; zuletzt in Bunzar bei Anclam sich aufhaltend;

6) Jäger Amand Gründel, geboren am 6. März 1806 zu Dörndorf bei Frankenstein in der Provinz Schlesien, in die 3te Jäger-Abtheilung eingetreten den 16. November 1820, und zur Forstversorgung anerkannt den 7. September 1840; zuletzt in Trattendorf bei Spremberg sich aufhaltend;

7) Jäger Heinrich Hänschel, geboren am 5. Februar 1787 zu Neu-Schmollen bei Oels in der Provinz Schlesien, in das Garde-Jäger-Bataillon eingetreten am 12. Februar 1813, und zur Forstversorgung anerkannt den 26. November 1830; zuletzt in Praukau sich aufhaltend;

8) Jäger Friedrich Krause, geboren am 12. Mai 1805 zu Altenbach bei Glatz in der Provinz Schlesien, in die 4te Jäger-Abtheilung eingetreten am 5. Dezember 1824, und zur Forstversorgung anerkannt den 25. November 1836; zuletzt in Berlin sich aufhaltend;

9) Jäger Friedrich Jacob Kieserling, geboren am 27. Februar 1799 zu Putzukowo im Großherzogthume Posen, in die 2te Jäger-Abtheilung eingetreten am 24. November 1823, und zur Forstversorgung anerkannt den 26. September 1843; zuletzt in Bentschen bei Wieseritz sich aufhaltend;

10) Jäger Johann Ferdinand Neumann, geboren am 29. Mai 1803 zu Carlsruh bei Oppeln in der Provinz Schlesien, in die 4te Jäger-Abtheilung eingetreten am 6. Dezember 1822, und zur Forstversorgung anerkannt den 7. September 1840; zuletzt in Poberschau bei Oppeln sich aufhaltend;

11) Jäger Johann Karl Friedrich Pärsch, geboren am 1. November 1804 zu

Luttersbrunn bei Wittenberg in der Provinz Sachsen, in das Garde-Jäger-Bataillon eingetreten am 6. Juni 1823, und zur Forstversorgung anerkannt den 26. September 1843; zuletzt in Seitenberg bei Landeck sich aufhaltend;

12) Jäger Johannes Petry, geboren am 13. Dezember 1800 zu Heiligenstadt in der Provinz Sachsen, in die 4te Jäger-Abtheilung eingetreten am 25. Oktober 1821, und zur Forstversorgung anerkannt den 7. September 1840; zuletzt in Magdeburg sich aufhaltend;

13) Jäger Karl Gottfried Könisch, geboren am 11. Januar 1805 zu Rothenburg in der Provinz Schlesien, in die 4te Jäger-Abtheilung eingetreten am 16. November 1823, und zur Forstversorgung anerkannt den 26. September 1843; zuletzt in Ziegenrück sich aufhaltend;

14) Jäger Karl Friedrich Schulz, geboren am 4. August 1811 zu Prenzlow in der Provinz Brandenburg, in die 4te Jäger-Abtheilung eingetreten am 17. Juli 1831, und zur Forstversorgung anerkannt den 17. September 1841; zuletzt in Magdeburg sich aufhaltend;

15) Jäger Karl Theil, geboren am 21. Juni 1800 zu Ferdinandshof bei Anclam in der Provinz Pommern, in die 4te Jäger-Abtheilung eingetreten am 4. März 1819, und zur Forstversorgung anerkannt den 7. September 1840; zuletzt in Schmargendorf sich aufhaltend;

16) Jäger August Heinrich Vollmer, geboren den 1 Dezember 1801 zu Zerpenschleuse bei Nieder-Barnim in der Provinz Brandenburg, in die 3te Jäger-Abtheilung eingetreten am 21. April 1822, und zur Forstversorgung anerkannt den 5. September 1842; zuletzt in Schluft bei Nieder-Barnim sich aufhaltend;

17) Jäger Heinrich Siederer, geboren am 19. Februar 1791 zu Harsleben bei Halberstadt in der Provinz Sachsen, in das Garde-Jäger-Bataillon eingetreten am 24. Februar 1811, und zur Forstversorgung anerkannt den 5. November 1829; zuletzt in Berlin sich aufhaltend;

18) Jäger Ludewig Rasim, geboren am 21. November 1802 zu Plugawitza bei Groß-Strehlitz in der Provinz Schlesien, in die 3te Jäger-Abtheilung eingetreten am 16. Dezember 1821, und zur Forstversorgung anerkannt den 17. September 1841;

werden hiermit aufgefordert, ihren gegenwärtigen Aufenthaltsort sobald als möglich, jedenfalls aber innerhalb der nächsten sechs Monate, der Inspektion der Jäger und Schützen anzuzeigen, indem sie entgegengesetzten Falls zu gewärtigen haben, daß sie von der Forstversorgungs-Liste werden gestrichen werden.

Gleichzeitig werden die betreffenden Behörden ergebenst ersucht, Falls ihnen über den einen oder den andern dieser Jäger etwas Näheres bekannt sein sollte, dies ebenfalls der gedachten Inspektion mitzutheilen.

(Hierbei die chronologische Uebersicht der im 3ten Quartal 1844 im Amtsblatte erschienenen Verordnungen und Bekanntmachungen, imgleichen zwei öffentliche Anzeiger.)

Amtsblatt
der Königlichen Regierung zu Potsdam
und der Stadt Berlin.

Stück 41.   Den 11. Oktober.   1844.

Allgemeine Gesetzsammlung.

Das diesjährige 35ste Stück der Allgemeinen Gesetzsammlung enthält:

№ 2496. Allerhöchste Kabinetsordre vom 25. September 1844 wegen Ernennung des Geheimen Kabinets-Raths Uhden zum Staats- und Justiz-Minister, nachdem der Staats- und Justiz-Minister Mühler von der Leitung des Justiz-Ministeriums entbunden worden.

Verordnungen und Bekanntmachungen
für den Regierungsbezirk Potsdam und für die Stadt Berlin.

Potsdam, den 7. September 1844.

Einhundert Thaler Belohnung.

№ 227.
Aufruf zur Ermittelung des Anstifters eines Waldbrandes.
III. f. 833.
August.

Am 14. Juli dieses Jahres, Mittags 1 Uhr, ist im Jagen 49, Belaufs Reuendorf des Forstreviers Zossen (auch Cummersdorf genannt) ein Waldbrand ausgebrochen, der sich, ungeachtet der schnell von so vielen Seiten geleisteten und daher einer besonderen öffentlichen Belobigung würdig erkannten Hülfe, über eine Fläche von 116 Morgen verbreitet hat. Da beim Jagen 49 ein Weg nicht vorhanden ist, so kann der Entstehung des Brandes eine zufällige Unvorsichtigkeit nicht wohl zum Grunde liegen; es muß vielmehr auf einen Frevel geschlossen werden, dessen Folgen, bei der damaligen Dürre und dem heftigen Winde ohne jene schnelle Hülfe von sehr erheblichem Nachtheil gewesen sein würden. Um so mehr liegt es im öffentlichen Interesse die zum Grunde liegende Frevelthat bestimmt auszumitteln. Wir fordern daher Jedermann, welcher Verdachtsgründe kennt oder auch nur nähere Andeutungen darüber machen kann, zur Anzeige derselben bei uns oder der nächsten Behörde auf, und sichern demjenigen, welcher dadurch die Ausmittelung des Brandstifters veranlaßt oder denselben bestimmt nachweiset, dergestalt, daß derselbe zur gesetzlichen Bestrafung gebracht werden kann, hiermit eine Belohnung von Einhundert Thalern zu. Die Behörden, welchen eine Anzeige darüber zugeht, werden resp. aufgefordert und ersucht, uns selbige schleunigst mitzutheilen.

Königl. Regierung.

Abtheilung für die Verwaltung der direkten Steuern, Domainen und Forsten.

Potsdam, den 8. Oktober 1844.

№ 228.
Berliner
Marktpreise
pro September
1844.
l. 557. Okt.

Die Durchschnittspreise der verschiedenen Getreidearten, der Erbsen und der rauhen Fourage ꝛc. haben auf dem Markte zu Berlin im Monat September d. J. betragen:

		Thaler	Sgr.	Pf.
für den Scheffel Weizen	1	Thaler	20 Sgr.	6 Pf.,
für den Scheffel Roggen	1	⸗	4	⸗	1 ⸗
für den Scheffel große Gerste	1	⸗	—	⸗	3 ⸗
für den Scheffel kleine Gerste	—	⸗	27	⸗	11 ⸗
für den Scheffel Hafer	—	⸗	22	⸗	2 ⸗
für den Scheffel Erbsen	1	⸗	17	⸗	3 ⸗
für den Zentner Heu	—	⸗	26	⸗	3 ⸗
für das Schock Stroh	6	⸗	11	⸗	4 ⸗
für den Zentner Hopfen	14	⸗	10	⸗	— ⸗
die Tonne Weißbier kostete	4	⸗	—	⸗	— ⸗
die Tonne Braunbier kostete	3	⸗	25	⸗	— ⸗
das Quart doppelter Kornbranntwein kostete	—	⸗	4	⸗	— ⸗
das Quart einfacher Kornbranntwein kostete	—	⸗	2	⸗	3 ⸗

Königl. Regierung. Abtheilung des Innern.

Verordnungen und Bekanntmachungen, welche den Regierungsbezirk Potsdam ausschließlich betreffen.

Potsdam, den 27. September 1844.

№ 229.
Agentur-
Bestätigung.
l. 1965. Sept.

Auf Grund des § 12 des Gesetzes vom 8. Mai 1837 wird hierdurch zur öffentlichen Kenntniß gebracht, daß der Kaufmann H. A. Steffen zu Prenzlow als Agent der Berlinischen Feuerversicherungs-Anstalt für die Stadt Prenzlow und Umgegend von uns bestätigt ist.

Königl. Regierung. Abtheilung des Innern.

Potsdam, den 28. September 1844.

№ 230.
Agentur-
Bestätigung.
l. 1521. Sept.

Auf Grund des § 12 des Gesetzes vom 8. Mai 1837 wird hiermit zur öffentlichen Kenntniß gebracht, daß der Kaufmann Johann Lepère zu Strasburg in der Ukermark als Agent der Feuerversicherungs-Anstalt Borussia für die Stadt Strasburg in der Ukermark und Umgegend von uns bestätigt ist.

Königl. Regierung. Abtheilung des Innern.

Potsdam, den 5. Oktober 1844.

№ 231.
Aufgehobene
Viehsperren.
l. 92. Oktober.

Nachdem seit länger denn drei Monaten die unter dem Rindviehstande des Ritterguts in Bredow, Osthavelländischen Kreises, herrschend gewesene Lungenseuche aufgehört hat, so wird die durch unsere Bekanntmachung vom 21. März d. J. (Amtsblatt Pag. 51) angeordnete Sperre dieses Ritterguts für Rindvieh und Rauchfutter hiermit aufgehoben.

Königl. Regierung. Abtheilung des Innern.

Nachweisung der an den Pegeln der Spree und Havel № 232.
im Monat Dezember 1843 beobachteten Wasserstände.

Datum.	Berlin. Ober- Wasser		Berlin. Unter- Wasser		Spandow. Ober- Wasser		Spandow. Unter- Wasser		Potsdam.		Baumgartenbrück.		Brandenburg. Ober- Wasser		Brandenburg. Unter- Wasser		Rathenow. Ober- Wasser		Rathenow. Unter- Wasser		Plauer Brücke.		Havelberg.	
	Fuß	Zoll	Fuß	Zoll	Fuß	Zoll	Fuß	Zoll	Fuß	Zoll	Fuß	Zoll	Fuß	Zoll	Fuß	Zoll	Fuß	Zoll	Fuß	Zoll	Fuß	Zoll	Fuß	Zoll
1	8	10	4	2	8	4	3	2	3	11	2	4	6	7½	3	3	5	2	2	11	4	10	5	5
2	8	10	4	2	8	4	3	2	3	10	2	4	6	9	3	4	5	2	3	—	4	10	5	5
3	8	11	4	—	8	4	3	—	3	10	2	4	6	8½	3	4	5	2	3	—	4	11	5	5
4	8	11	4	4	8	4	3	2	3	10	2	4½	6	5½	3	4½	5	2	3	—	5	—	5	6
5	9	—	4	6	8	4	3	4	3	10	2	5	6	7½	3	5½	5	2	3	—	5	—	5	6
6	8	10	4	6	8	6	3	4	3	11	2	6½	6	4	3	5½	5	2	3	—	5	—	5	7
7	8	8	4	6	8	6	3	6	4	1	2	7	5	9	3	3	5	1	3	—	5	1	5	8
8	8	10	4	8	8	7	3	5	4	1	2	7½	6	4½	3	6	5	2	3	—	5	2	5	9
9	8	10	4	10	8	8	3	6	4	3	2	8	6	1	3	6	5	1	3	—	5	3	5	10
10	9	2	4	8	8	6	3	6	4	2	2	8	6	9	3	7	5	2	3	—	5	3	6	—
11	9	2	4	6	8	6	3	8	4	2	2	8	6	10	3	9	5	2	3	1	5	3½	6	1
12	9	2	4	6	8	8	3	9	4	2	2	8	6	8½	4	—	5	2	3	2½	5	4	6	5
13	9	2	5	2	8	8	3	10	4	2	2	8½	6	7½	4	—	5	2	3	6	5	5	6	11
14	9	2	5	4	8	6	4	—	4	2	2	9	6	7½	4	1	5	2	3	6½	5	6	7	2
15	8	10	5	4	8	6	4	1	4	3	2	9½	6	3	4	1	5	2	3	6	5	6	7	6
16	8	10	5	4	8	6	4	1	4	4	2	10	6	3½	4	1	5	2	3	6	5	6	7	9
17	8	10	5	1	8	8	3	10	4	5	2	10	6	7½	4	3	5	2	3	6	5	7	7	8
18	9	—	5	4	8	7	4	1	4	5	2	10	6	10	4	3	5	2	3	6	5	8	7	6
19	9	—	5	2	8	6	4	1	4	5	2	10	6	9	4	5	5	2	3	7	5	9	7	4
20	9	—	5	4	8	6	4	2	4	5	2	10	6	9½	4	6	5	2½	3	8½	5	10	7	4
21	9	—	5	4	8	8	4	—	4	5	2	10	6	9½	4	6½	5	2	3	10	5	11	7	4
22	9	—	5	2	8	7	4	—	4	5	2	10	6	9	4	6½	5	2	3	11	5	11	7	2
23	9	—	5	2	8	9	4	—	4	5	2	10	6	8½	4	7	5	2	3	11	6	—	7	1
24	9	—	5	—	8	8	3	10	4	5	2	10	6	7½	4	7½	5	2	3	11½	6	—	7	1
25	9	—	4	10	8	10	3	10	4	5	2	10	6	11	4	6	5	2½	3	11	6	—	7	—
26	9	1	4	10	8	10	3	10	4	5	2	10	7	—	4	5½	5	2½	3	11	6	—	6	11
27	9	2	4	10	8	9	4	—	4	5	2	10	6	10½	4	8	5	2	4	—	6	—	6	10
28	9	2	5	2	8	10	4	—	4	5	2	10	6	9½	4	8½	5	2	4	—	6	—	6	9
29	9	2	5	4	8	8	4	2	4	5	2	10	6	9½	4	8½	5	2	4	—	6	—	6	8
30	9	2	5	6	8	7	4	2	4	5	2	10	6	9	4	9½	5	2	4	—	6	1	6	8
31	9	2	5	4	8	6	4	—	4	5	2	10	6	8½	4	8½	5	2	4	—	6	1½	6	7

Potsdam, den 17. Februar 1844.

Königl. Regierung. Abtheilung des Innern.

No 233.

Nachweisung
in den Städten des Bezirks der
in welchen Getreidemärkte
stattgefundenen Getreide- und
pro September

Laufende Nr.	Namen der Städte	Der Scheffel															Der Zentner Heu		
		Weizen			Roggen			Gerste			Hafer			Erbsen					
		Rthl.	Sgr.	Pf.	Rthl.	Sgr.	Pf.	Rthl.	Sgr.	Pf.	Rthl.	Sgr.	Pf.	Rthl.	Sgr.	Pf.	Rthl.	Sgr.	Pf.
1	Beeskow	1	20	11	1	2	11	1	—	4	—	22	6						
2	Brandenburg	1	10	7	1	5	7	—	25	4	—	20	6	1	20	—	—	18	9
3	Dahme	1	19	5	1	3	—	—	24	8	—	21	1	1	22	6	—	23	6
4	Havelberg	1	18	6	1	1	5	—	29	6	—	18	4	1	11	3			
5	Jüterbogk	1	20	4	1	5	1	—	27	6	—	20	7						
6	Luckenwalde	1	23	9	1	6	10	—	25	8	—	20	9						
7	Neustadt-Eberw.	1	18	1	1	5	5	—	28	3	—	25	—	1	10	—	—	25	—
8	Oranienburg	2	—	—	1	2	6	1	—	—	—	25	—				—	25	—
9	Perleberg	1	15	9	—	29	4	—	25	2	—	20	3	1	7	6	—	25	—
10	Potsdam	1	21	4	1	7	1	—	27	5	—	21	5				—	15	2
11	Prenzlow	1	14	9	1	4	—	—	27	4	—	22	1	1	8	2	—	15	—
12	Rathenow	1	15	6	1	5	6	—	26	2	—	18	4				—	12	6
13	Neu-Ruppin	1	23	6	1	—	6	—	23	—	—	18	—	1	7	6	—	20	—
14	Schwedt	1	15	2	1	3	5	—	25	8	—	21	7	1	9	11			
15	Spandow	1	22	3	1	3	—	—	26	—	—	20	5	1	15	4			
16	Strausberg	1	14	—	1	5	2	—	23	6	—	19	—	1	11	6			
17	Templin	1	22	6	1	5	—	—	20	—	—	16	—	1	12	—	—	15	—
18	Treuenbrietzen	1	18	9	1	5	7	—	22	8	—	19	10	1	22	6			
19	Wittstock	1	21	3	1	2	11	—	24	3	—	17	8	1	10	2	—	12	8
20	Wriezen a. d. O.	1	15	3	1	3	2	—	27	0	—	20	—	1	15	—			

sämmtlicher

Königlichen Regierung zu Potsdam,

abgehalten werden,

Viktualien-Durchschnitts-Marktpreise

1844.

Das Schock Stroh.			Der Scheffel Kartoffeln.			Das Pfund							Das Quart						Die Metze			
						Roggen-Brod.		Rind-fleisch.		Butter.			Braun-bier.		Weiß-bier.		Brannt-wein.		Graupe.		Grütze.	
Rthl.	Sgr.	Pf.	Rthl.	Sgr.	Pf.	Sgr.	Pf.	Sgr.	Pf.	Sgr.	Pf.		Sgr.	Pf.	Sgr.	Pf.	Sgr.	Pf.	Sgr.	Pf.	Sgr.	Pf.
4	15	4	—	9	9	—	10	2	6	7	6		1	—	1	—	4	—	5	—	5	—
4			—	8	4	1	2	8	—	7	6		1	—	1	2	8		12	—	7	—
5	15		—	15	—	—	8	2	6	5	6		1	3	1	6	2	6	3	9	4	—
			—	10	—	—	11	2	6	7	—		1	—	1	—	3	9	12	—	8	—
5			—	12	—	—	9	2	6	6	—		1	3	2	—	3	—	7	—	6	6
			—	10	11	—	8	2	6	6	6		—	9	1	—	4	—	15	—	5	—
4	20	3	—	10	—	—	11	2	6	8	—		1	3	1	6	2	—	8	—	6	—
6			—	10	—	1	—	3	—	7	6		1	—	1	6	2	6	10	—	7	6
5	20		—	9	1	—	10	2	6	6	6		1	—	1	—	4	—	10	—	7	—
5	1	1	—	9	9	1	—	3	6	7	—		1	3	1	6	3	6	12	—	7	—
10			—	9	9	1	2	3	—	7	9		1	—	1	—	4	—	10	—	8	—
3	15		—	8	1	—	9	3	—	7	6		1	3	1	6	4	—	11	—	12	6
5	15		—	10	1	4	3	—	8	—			1	—	1	3	3	2	10	—	5	—
—			—	8	1	3	3	—	7	6									10	—	11	—
—			—	9	3	1	—	3	—	7	—		1	3	2	—	4	—				
—			—	9	1					7	4								8	—	5	4
4			—	8	6	—	9	2	6	8	—		1	—	1	6	2	—	10	—	6	—
—			—	8	9	—	9	2	6	6	—		1	—	1	3	3	6	8	—	6	—
4	5	3	—	10	3	—	11	3	—	6	—		2	—	2	—	3	—	7	6	5	—
—			—	13	6	1	—	2	6	7	2		1	—	1	3	2	6	9	—	8	6

Verordnungen und Bekanntmachungen des Königl. Kammergerichts.

№ 10.
Tantieme von den Werthstempeln in den im Wege des Zivilprozesses verhandelten Injuriensachen.

Den sämmtlichen Untergerichten unseres Departements wird hierdurch zur genauesten Nachachtung bekannt gemacht, daß die nach dem Ministerial-Rescripte vom 15. April 1839 (Justiz-Ministerialblatt Seite 139 № 122) von den Werthstempeln in Kriminal- und fiskalischen Untersuchungssachen bewilligte Tantieme von 25 Prozent von den Werthstempeln in den im Wege des Zivilprozesses verhandelten Injuriensachen nicht berechnet und erhoben werden darf. Eine jede andere Auslegung der darauf Bezug habenden Verfügungen, welche mit Hinweisung auf die Position des Stempeltarifs voce Erkenntnisse A e eine entgegengesetzte Meinung veranlaßt haben könnte, muß wie vorgedacht gedeutet werden.

Berlin, den 23. September 1844.

Königl. Preuß. Kammergericht.

Verordnungen und Bekanntmachungen der Behörden der Stadt Berlin.

№ 71.
Schießübungen bei Berlin betreffend.

In den Monaten Oktober und November wird das Kaiser Alexander-Grenadier-Regiment in der Hasenheide Schießübungen vornehmen.

Dies wird hiermit zur Warnung bekannt gemacht.

Berlin, den 4. Oktober 1844.   Königl. Polizei-Präsidium.

Verzeichniß der Vorlesungen,

welche im Winter 1844/45 vom 15. Oktober an, auf der hiesigen Königl. Thierarzneischule gehalten werden.

1. Herr Geheime Medizinal-Rath und Direktor, Dr. Albers wird Montags, Mittwochs und Freitags von 11 bis 12 Uhr, über gerichtliche Thierheilkunde und Veterinairpolizei lesen und damit eine praktische Anleitung zur Anfertigung von Gutachten und Fundscheinen verbinden.

2. Herr Professor Dr. med. Gurlt wird über die gesammte Anatomie der Hausthiere täglich von 12 bis 1 Uhr, und über pathologische Anatomie Mittwoch, Freitag und Sonnabend von 2 bis 3 Uhr Vorlesungen halten. Derselbe leitet außerdem die praktischen Uebungen in der Zootomie, welche täglich des Vormittags und mit Ausnahme des Mittwochs und Sonnabends auch des Nachmittags stattfinden. Unter seiner Leitung geschehen die Sectionen der gefallenen Thiere, bei welchen derjenige Lehrer anwesend sein wird, in dessen Krankenstall das Thier gefallen ist.

3. Herr Professor Dr. med. Hertwig wird die praktischen Uebungen im Krankenstalle täglich von 8 bis 10 Uhr Vormittags und von 3 bis 4 Uhr Nachmittags leiten, ferner wird derselbe über Gestütkunde und Diätetik des Pferdes Dienstag, Mittwoch, Donnerstag und Sonnabend von 11 bis 12 Uhr lesen.

4. Herr Professor Dr. philos. Störig wird über Geschichte und Encyklopädie der Thierheilkunde Montag, Donnerstag und Sonnabend von 4 bis 5 Uhr und Dienstag, Mittwoch und Freitag von 4 bis 5 Uhr über Exterieur, Züchtung und Diätetik der Hausthiere, mit Ausnahme des Pferdes und Schafes, Vorträge halten.

5. Herr Professor Dr. philos. Erdmann wird Montag, Mittwoch, Donnerstag und Sonnabend von 11 bis 12 Uhr über die Grundlehren der Physik und Chemie Vorträge und Repetitionen halten; Dienstag, Mittwoch und Freitag von 4 bis 6 Uhr Nachmittags über Chemie und Pharmazie lesen und den praktischen Unterricht in der Apotheke der Schule täglich ertheilen.

6. Herr Dr. philos. Spinola wird, mit Zuziehung von Eleven der Schule, erkrankte Hausthier, mit Ausnahme der Pferde und Hunde, sowohl in hiesiger Residenz, als im ganzen Teltowschen, Niederbarnimschen und Osthavelländischen Kreise in den Ställen ihrer Besitzer auf Verlangen thierärztlich behandeln. Ferner wird derselbe täglich des Morgens von 8 bis 9 Uhr über den ersten Theil der speziellen Pathologie und Therapie Vorlesungen halten.

7. Herr Professor Bürde hält Montags, Mittwochs und Freitags von 2 bis 3 Uhr Vorlesungen über Geschichte der deutschen Pferdezucht mit besonderer Rücksicht auf Preußen.

8. Herr Kreisthierarzt und Repetitor Wendenburg wird den ersten Theil der Chirurgie täglich von 11 bis 12 Uhr lesen und außerdem in geeigneten Stunden die Operations-Uebungen leiten.

9. Herr Kreisthierarzt und Repetitor la Notte wird Montags, Mittwochs und Freitags von 7 bis 8 Uhr Morgens, über den ersten Theil der speziellen Pathologie und Therapie, und Dienstags, Donnerstags und Sonnabends von 7 bis 8 Uhr Morgens, über Arzeneimittellehre Repetitionen halten, und mit Letzteren zugleich eine praktische Anleitung zum Rezeptschreiben verbinden. Ferner wird derselbe dem Herrn Professor Gurlt bei Leitung der zootomischen Uebungen assistiren.

10. Ein dritter Repetitor wird täglich von 9 bis 10 Uhr über die zur Anstalt gebrachten kranken Hunde und kleineren Hausthiere praktischen Unterricht ertheilen, und dem Herrn Professor Dr. Hertwig bei Behandlung der kranken Pferde Hülfe leisten.

11. Der Vorsteher der Schulschmieden, Herr Hoffmeister, wird die praktischen Uebungen in der Instruktionsschmiede täglich leiten.

Zugleich wird hiermit bekannt gemacht, daß diejenigen, welche die Aufnahme als Zivil-Eleven der Thierarzneischule zum bevorstehenden Wintersemester wünschen, sich bis zum 12. Oktober an den Direktor der Anstalt, Herrn Geheimen Medizinal-Rath Dr. Albers zu wenden und über ihre Qualifikation, nach Maßgabe des Publikandi vom 5. Juni 1838, auszuweisen haben.

Berlin, den 30. September 1844.

Königl. Kuratorium.

Abtheilung für die Thierarzneischul-Angelegenheiten.

Personalchronik.

Die bisherigen Kammergerichts-Auskultatoren Alexander Karl Adolph Alexis Gr. v. Fürstenstein und Konstantin Alexander Wilhelm von Briesen sind zu Regierungs-Referendarien ernannt und in das hiesige Regierungs-Kollegium eingeführt worden.

Dem versorgungsberechtigten Jäger Albert Sorge ist die Försterstelle zu Zühlsdorf im Reviere Mühlenbeck definitiv übertragen worden.

Mittelst Allerhöchster Kabinetsordre vom 19. September d. J. ist der Intendantur-Assessor Meyer bei der Königl. Intendantur 2ten Armee-Korps zum Militair-Inten-dantur-Rath ernannt. Der Assessor Winckler von der benannten Intendantur ist zur Intendantur des Garde-Korps versetzt, und in seine Stelle der überzählige Assessor Trippel der Intendantur 2ten Armee-Korps als etatsmäßig einrangirt.

Der Doktor der Medizin und Chirurgie Gustav Karl Florenz Otto Witzmanns zu Berlin ist als praktischer Arzt und Wundarzt in den Königlichen Landen approbirt und vereidigt worden.

Der Doktor der Medizin und Chirurgie Seyppel zu Charlottenburg, der nach der Anzeige im Amtsblatte Stück 39 Seite 266 als Arzt und Wundarzt vereidigt worden, ist auch als Operateur approbirt.

Der Kandidat der Pharmazie Karl Wilhelm Robert Fubel zu Berlin ist als Apo-theker 1ster Klasse in den Königlichen Landen approbirt und vereidigt worden.

Dem Kandidaten der Theologie Rhiem ist die Erlaubniß zur Annahme einer Haus-lehrerstelle ertheilt worden.

Die unverehelichte Louise Staczewska aus Dresden hat die Erlaubniß zur An-nahme der Stelle einer Erzieherin erhalten.

Vermischte Nachrichten.

Das Königl. Ministerium des Innern hat mittelst Rescripts vom 19. v. M. dem Färberlehrling Herrmann Janssen zu Wittstock für die durch ihn bewirkte Lebensrettung des Knaben Schmiedehaus, die zur Aufbewahrung bestimmte Erinnerungs-Medaille für Lebensrettung verliehen.

Potsdam, den 3. Oktober 1844.

Königl. Regierung. Abtheilung des Innern.

Geschenke an Kirchen.

Der Bauer und Kirchenvorsteher Dannenberg zu Tegel, Superintendentur Berlin-Land, hat der dasigen Kirche ein Kruzifix von Gußeisen mit vergoldeter Christusfigur geschenkt als ein Dankopfer für die Rettung seiner Tochter aus Todesgefahr. Die Kirche zu Koltrep, Superintendentur Pritzwalk, hat von dem Patronat zur Anschaffung einer Altarbekleidung ein Geschenk von 15 Thlrn. erhalten.

(Hierbei ein öffentlicher Anzeiger.)

Amtsblatt
der Königlichen Regierung zu Potsdam
und der Stadt Berlin.

Stück 42.   Den 18. Oktober.   **1844.**

Allgemeine Gesetzsammlung.

Das diesjährige 36ste Stück der Allgemeinen Gesetzsammlung enthält:

№ 2497. Allerhöchste Kabinetsordre vom 5. August 1844, über das mit dem Angeschuldigten abzuhaltende Schlußverhör im summarischen Untersuchungs-Verfahren.

Allerhöchste Kabinetsordre vom 24. März 1841, betreffend das Untersuchungsverfahren bei geringeren Vergehen.

№ 2498. Ministerial-Erklärung wegen des zwischen der Königlich Preußischen und der Kaiserlich Oesterreichischen Regierung getroffenen Uebereinkommens rücksichtlich der gegenseitigen kostenfreien Erledigung gerichtlicher Requisitionen in Armensachen. Vom 13. August 1844.

№ 2499. Bekanntmachung über die am 30. August 1844 erfolgte Bestätigung der Statuten der für den Bau einer Chaussee von Neustadt-Eberswalde nach Freienwalde zusammengetretenen Aktiengesellschaft. Vom 29. September 1844.

Verordnungen und Bekanntmachungen
für den Regierungsbezirk Potsdam und für die Stadt Berlin.

№ 234.
Verloosete
Kammer-Kre-
dit-Kassen-
scheine.
C. 24. Okt.

Bei der heute zu Merseburg stattgefundenen 46sten Verloosung der vormals Sächsischen Kammer-Kredit-Kassenscheine wurden Behufs deren Realisirung zu Ostern 1845 folgende Nummern gezogen, als:

von Litt. B. à 500 Thlr.:

№ 191. 374. 642 und 672.

von Litt. D. à 50 Thlr.:

№ 76. 141 und 247.

von Litt. Aa. à 1000 Thlr.:

№ 86. 747. 1026. 1336. 1378. 1393. 1513. 1578. 1618. 1631. 1658. 1772. 1908. 2130. 2537. 2546. 2849 und 3076.

Außerdem sind von den unverzinslichen Kammer-Kredit-Kassenscheinen Litt. E. à 34 Thlr.: die Scheine von № 6309 bis mit № 8522 zur Zahlung in jenem Termine ausgesetzt worden.

Die Inhaber der vorverzeichneten verloosten resp: zur Zahlung ausgesetzten Scheine werden hierdurch aufgefordert, die Kapitalien. gegen Rückgabe der Scheine und der dazu gehörenden Talons und Koupons mit dem Eintritt des Oster-Termins 1845, wo die Verzinsung der jetzt gezogenen Scheine Litt. B., D. und Aa. aufhört, bei der hiesigen Haupt-Instituten- und Kommunal-Kasse zu erheben.

Merseburg, den 30. September 1844.

Im Auftrage der Königl. Hauptverwaltung der Staatsschulden.

Der Regierungs-Präsident von Krosigk.

Potsdam, den 9. Oktober 1844.

Vorstehende Bekanntmachung wegen der im Michaelis-Termine dieses Jahres ausgelooseten Kammer-Kredit-Kassenscheine wird hiermit zur öffentlichen Kenntniß gebracht. Königl. Regierung.

Potsdam, den 11. Oktober 1844.

№ 235.
Anstellung der forstversorgungsberechtigten Jäger.
III. f. 192. September.

Nachdem bisher in Betreff der Anstellung der zur Forstversorgung anerkannten Jäger ein Verfahren stattfand, wonach sie einem bestimmten Regierungsbezirke überwiesen wurden, in welchem ihnen die Versorgung im Königlichen Forstdienste zu Theil werden sollte, ist es jetzt von dem Ministerio des Königlichen Hauses, General-Verwaltung für Domainen und Forsten, nach einer Uebereinkunft mit dem Königl. Kriegs-Ministerium für angemessen erachtet und festgesetzt worden, daß es fortan jedem Forst-Versorgungsberechtigten freistehen soll, seine Bewerbung um einen Forstschutzdienst bei derjenigen Königl. Regierung anzubringen, in deren Bezirk er angestellt zu werden wünscht.

In Ausführung dieser Bestimmung wird den versorgungsberechtigten Jägern über dasjenige, was sie zur Erlangung ihrer Anstellung im Königlichen Forstdienste ferner zu thun haben, Nachstehendes bekannt gemacht:

1. Diejenigen Jäger, welche den Anspruch auf Forstversorgung pro 1844 schon erlangt haben, so wie diejenigen, welche diesen Anspruch ferner erlangen werden, erhalten Forstversorgungsscheine, welche nicht bloß für einen Regierungsbezirk, sondern, wie es bei den übrigen Militair-Versorgungsberechtigten immer geschehen, für die ganze Monarchie gültig sind. Wenn dann ein mit einem solchen Versorgungsschein versehener Jäger sich einen Regierungsbezirk ausgewählt hat, in welchem er im Forstschutzdienste angestellt zu werden wünscht, so muß er solches schriftlich der Königl. Regierung dieses Bezirks anzeigen und derselben gleichzeitig seinen Forstversorgungsschein einreichen. Die Regierung wird dann zur Konstatirung seiner Qualifikation für den Königlichen Forstdienst die vorschriftsmäßige Prüfung veranlassen, und wenn diese befriedigend ausgefallen ist, ihn zur Anstellung in ihrem Departement notiren, und ihm den Versorgungsschein mit dem Vermerk der geschehenen Notirung wieder zugehen lassen.

2. Wenn ein Jäger, welcher in vorstehender Art bei einer Königl. Regierung zur Anstellung notirt worden ist, oder wenn ein anderer älterer versorgungsberechtigter Jäger, welcher durch den ihm früher ertheilten Versorgungsschein einer Königl.

Regierung zur Anstellung überwiesen, und von ihr dazu notirt worden ist, sich später bei einer andern Königl. Regierung um eine Anstellung im Forstdienste bewerben will, so muß er sich zuerst bei der Königl. Regierung, bei welcher er schon notirt ist, unter Einreichung des Versorgungsscheins, wieder abmelden. Er erhält den letzteren dann mit dem Vermerk der Abmeldung und des Ausfalls der Prüfung zurück, und reicht denselben hierauf der Königl. Regierung, bei welcher er sich wieder zur Anstellung melden will, mit seinem desfallsigen Gesuche ein.

3. Es wird besonders darauf aufmerksam gemacht, daß bei der Anstellung der Forst-Versorgungsberechtigten neben der Qualifikation für die gerade zu besetzende Stelle, und den Ansprüchen, welche schon geleistete vorzügliche Dienste beim Forstschutze geben, das Anciennitäts-Verhältniß im Allgemeinen beachtet werden muß, so daß die für einen Regierungsbezirk vor dem Jahre 1844 schon notirten Versorgungsberechtigten denjenigen vorgehen, welche nach ihnen sich um die Anstellung bewerben, und notirt werden, selbst wenn diese schon länger in dem Besitze des Forstversorgungsscheins sind. — Bei der unterzeichneten Königl. Regierung sind aber jetzt schon eine solche Menge Versorgungsberechtigte notirt, daß die Anstellung sämmtlicher schon notirter Erspektanten im diesseitigen Departement sich wahrscheinlich 4 Jahre und vielleicht noch länger verzögern wird. Während daher die Versorgungsberechtigten, welche sich dessenungeachtet noch hier zur Anstellung melden sollten, letztere erst nach mehreren Jahren erwarten dürfen, würden sie ihren Wunsch um eine Versorgung als Förster viel früher erfüllt sehen, wenn sie sich bei den Königl. Regierungen in den entfernteren Provinzen um ihre Anstellung bewerben, wo bis jetzt eine verhältnißmäßig viel geringere Anzahl von Forst-Versorgungsberechtigten notirt, und daher eine nähere Aussicht zur baldigen Anstellung vorhanden ist.

Königl. Regierung.
Abtheilung für die Verwaltung der direkten Steuern, Domainen und Forsten.

Potsdam, den 11. Oktober 1844.

Da die Ausübung der Holzberechtigungen die Entnahme der Waldstreu, das Sammeln des Raff- und Leseholzes und das Stubbengraben in der Königlichen Forst während der Nacht, d. h. in der Zeit von einer Stunde nach Sonnenuntergang bis eine Stunde vor Sonnenaufgang, mit den allgemeinen forstpolizeilichen Vorschriften unvereinbar ist, so wird, auf Grund höherer Genehmigung, die Ausübung dieser Forstberechtigungen in den Königlichen Forsten, während der Nacht, unter Androhung einer Polizeistrafe von Einem bis Fünf Thalern oder verhältnißmäßigem Gefängniß hierdurch untersagt.

Königl. Regierung.
Abtheilung für die Verwaltung der direkten Steuern, Domainen und Forsten.

Potsdam, den 12. Oktober 1844.

Von der Bestimmung des § 1 des Gesetzes über das Mobiliar-Feuerversicherungswesen vom 8. Mai 1837,

daß kein Gegenstand höher versichert werden dürfe, als nach dem gemeinen Werthe zur Zeit der Versicherungsnahme,

№ 236.
Verbot gegen Ausübung der Holz- und Waldstreu-Berechtigungen während der Nacht.
III. f. 1200. August.

№ 237.
Die Anwendbarkeit des § 3 des Ge-

sehes vom
8. Mai 1837
auf Versiche-
rungen von
Feldfrüchten.
I. 1631. Sept.

womit die weitere Vorschrift zusammenhängt, daß bei Versicherung von Mobiliar-Gegenständen deren Angabe nach Stücken oder nach Gattungen erforderlich wird, ist im § 5 des Gesetzes eine Ausnahme gemacht, zu Gunsten von Waarenlagern, großen Naturalien-Vorräthen und ähnlichen Gegenständen, welche zum Verkauf oder zum Verbrauch zusammengebracht zu werden pflegen, und deren Bestand daher nach Größe und Werth einem steten Wechsel unterworfen ist. Bei solchen Objekten soll die Versicherung auf den durchschnittlichen oder muthmaßlich höchsten Betrag, der nach dem Umfang des Geschäfts anzunehmen steht, zulässig sein; die Versicherten sind jedoch alsdann gehalten, über die durchschnittlich versicherten lagernden Güter und Vorräthe vollständige Bücher zu führen, aus denen der jedesmalige Ab- und Zugang genau zu ersehen sein muß.

Es ist bisher zweifelhaft gewesen, ob diese Ausnahme-Bestimmungen des § 5 lediglich auf Kaufleute und Fabrikanten Anwendung fänden, oder ob sie auch auf die Versicherung von Feldfrüchten bei Landwirthen ausgedehnt werden könnten.

Des Königs Majestät haben daher mittelst Allerhöchster Kabinetsordre vom 19. August d. J. zu genehmigen geruhet, daß im § 5 des Gesetzes vom 8. Mai 1837 über das Mobiliar-Feuerversicherungswesen gedachten Versicherungen von Naturalien-Vorräthen auf den durchschnittlichen Betrag auch solchen Landwirthen gestattet werden dürfen, welche darüber vollständige, den jedesmaligen Ab- und Zugang genau nachweisende Bücher oder Wirthschaftsregister führen, was hierdurch zur öffentlichen Kenntniß gebracht wird.

Königl. Regierung. Abtheilung des Innern.

Verordnungen und Bekanntmachungen, welche den Regierungsbezirk Potsdam ausschließlich betreffen.

Potsdam, den 8. Oktober 1844.

№ 238.
Evangelische
und katholi-
sche Kirchen-
Kollekte.
II. 126. Okt.

Das Brandunglück, von welchem Medebach, eine der ärmsten und nahrungslosesten Städte des Arnsberger Regierungsbezirks am 25. Mai d. J. betroffen worden, hat die Königl. Hohen Ministerien des Innern, so wie der geistlichen, Unterrichts- und Medizinal-Angelegenheiten veranlaßt, eine allgemeine evangelische und katholische Kirchenkollekte in der gesammten Monarchie zu bewilligen, deren Ertrag namentlich auch zum Wiederaufbau der Kirche, der Schule und des Pfarrhauses verwendet werden soll.

Wir fordern daher, mit Bezug auf die Seite 172, 173 und 247 des Amtsblatts vom Jahre 1816 die Herren Superintendenten und evangelischen Prediger unseres Regierungsbezirks auf, die evangelische Kirchenkollekte zu veranlassen und den Ertrag an die hiesige Haupt-Instituten- und Kommunal-Kasse mittelst vollständigen Lieferzettels einzusenden. Wegen der katholischen Kollekte ist besonders verfügt.

Königl. Regierung.
Abtheilung für die Kirchenverwaltung und das Schulwesen.

Nachweisung der an den Pegeln der Spree und Havel im Monat Februar 1844 beobachteten Wasserstände. № 239.

Datum.	Berlin. Ober-Wasser Fuß	Zoll	Berlin. Unter-Wasser Fuß	Zoll	Spandow. Ober-Wasser Fuß	Zoll	Spandow. Unter-Wasser Fuß	Zoll	Potsdam. Fuß	Zoll	Baumgartenbrück. Fuß	Zoll	Brandenburg. Ober-Wasser Fuß	Zoll	Brandenburg. Unter-Wasser Fuß	Zoll	Rathenow. Ober-Wasser Fuß	Zoll	Rathenow. Unter-Wasser Fuß	Zoll	Havelberg. Fuß	Zoll	Plauer Brücke. Fuß	Zoll
1	8	9	5	6	8	9¾	4	2	4	5	3	—	6	8	5	2	5	6	4	10	8	11	6	9
2	8	10	5	6	8	9	4	2	4	5	3	—	6	9	5	2	5	6	4	10	9	—	6	9
3	8	10	5	6	8	10	4	3	4	5	3	—	6	8½	5	2	5	6	4	10	9	2	6	9
4	8	11	5	1	8	10	4	—	4	5	2	11½	6	9	5	2	5	6	4	10	8	10	6	9
5	9	—	5	4	8	10	4	3	4	5	2	11½	6	8½	5	2	5	6	4	10	8	2	6	8½
6	9	—	5	6	8	10	4	3	4	5	2	11	6	8½	5	2	5	5	4	9½	7	11	6	8
7	9	—	5	6	8	7	4	3	4	5	2	11	6	8	5	2	5	5	4	9½	7	7	6	8
8	9	—	5	5	8	6	4	4	4	5	2	11	7	2	4	11	5	5	4	9½	7	6	6	8
9	8	11	5	5	8	4	4	3	4	5	2	11	6	8½	4	11	5	3	4	7	7	4	6	7
10	8	11	5	2	8	4	4	1	4	5	2	11	6	8	5	1	5	3	4	7	6	10	6	7
11	8	11	5	2	8	6	3	10	4	5	2	11	6	9	5	1	5	3	4	7	6	6	6	7
12	8	11	5	4	8	8	4	—	4	4	2	11	6	8	5	1	5	3	4	7	6	5	6	7
13	8	10	5	4	8	8	4	—	4	4	2	10½	6	7	5	—	5	3	4	7	6	6	6	7
14	8	10	5	5	8	7	3	11	4	4	2	10½	7	—	4	9	5	3	4	7	6	5	6	7
15	8	10	5	4	8	6½	4	1	4	3	2	10	6	10	4	10	5	3	4	7	6	5	6	6
16	8	11	5	4	8	6	4	1	4	3	2	9½	6	9	4	9	5	3	4	7	6	4	6	5
17	8	10	5	4	8	6	3	11	4	3	2	9	6	4	4	9	5	3	4	7	6	1	6	5
18	8	10	5	1	8	8	3	9	4	3	2	8½	6	7½	4	9	5	3	4	7	6	—	6	5
19	8	10	5	5	8	10	3	11	4	3	2	8½	6	8	4	10	5	3	4	7	6	2	6	4
20	8	8	5	6	8	8	4	4	4	3	2	8½	6	8	4	9½	5	3	4	7	6	5	6	4
21	8	9	5	5	8	6	4	5	4	3	2	9	6	8	4	3	5	3	4	7	6	5	6	4
22	8	10	5	8	8	4	4	5½	4	4	2	9	6	8	4	8	5	2	4	6	6	5	6	4
23	8	11	5	8	8	6	4	5	4	5	2	9½	6	7½	4	8	5	1	4	5	6	6	6	4
24	9	—	5	8	8	7	4	3	4	5	2	9½	6	7½	4	9	5	—	4	4	6	6	6	4
25	9	—	5	6	8	7	4	3	4	5	2	10	6	7½	5	2	5	—	4	4	6	11	6	4
26	8	11	5	6	8	7	5	10	4	4	2	10	6	7½	5	3	5	1	4	4	6	11	6	4
27	8	10	5	6	8	6	4	4	4	5	2	10½	6	8	5	3	5	2	4	5	6	11	6	7
28	8	10	5	6	8	6	4	6	4	5	2	11	6	7½	5	3	5	4	4	8½	6	10	6	9
29	8	10	5	6	8	6	4	2	4	5	2	11½	6	8	5	3	5	6	4	10	6	9	6	9

Potsdam, den 21. März 1844.

Königl. Regierung. Abtheilung des Innern.

Verordnungen und Bekanntmachungen der Behörden der Stadt Berlin.

Republikation.

№ 72.
Treiben des Rindviehes durch die Stadt.

Nachstehende Bekanntmachung:

„Die seit längerer Zeit bestehende und mehrfach bekannt gemachte Verordnung, nach welcher das Rindvieh, wenn es einzeln oder zu zwei und drei Stücken über die Straße geführt wird, an Horn und Vorderfuß gebunden, wenn es aber Heerdenweise durch die Stadt getrieben wird, zuverlässigen Leuten anvertraut sein soll, welche dafür zu sorgen haben, daß das Vieh auf dem Straßendamme bleibt und nicht auf den Bürgersteig übertritt, wird mit der zum Theil schon früher ergangenen Bestimmung wiederholt, daß die Königsstraße, der Mühlendamm, die Straße an den Werderschen Mühlen und die Plätze zwischen der Schloßbrücke und der Promenade unter den Linden bei jedem Transporte von Vieh, die Schillingsgasse aber beim Heerdenweise Treiben desselben vermieden werden müssen. Den Viehtreibern wird hierbei das unnütze und anhaltende Knallen mit ihren Peitschen in der Stadt untersagt. Jede Uebertretung dieser Vorschriften wird geeigneten Falles nicht nur an den Treibern, sondern auch an den Eigenthümern des Viehs mit einer Strafe bis zu fünf Thalern oder verhältnißmäßigem Gefängniß geahndet werden.

Berlin, den 12. Juli 1838.

Königl. Polizei-Präsidium."

wird hierdurch in Erinnerung gebracht.

Berlin, den 7. Oktober 1844.

Königl. Polizei-Präsidium.

In der General-Versammlung des landwirthschaftlichen Provinzial-Vereins für die Mark Brandenburg und Niederlausitz am 4. September d. J. ist beschlossen:

mit der nächsten General-Versammlung in Berlin im Monat Mai 1845 eine Thierschau und die Ausstellung landwirthschaftlicher Ackerwerkzeuge und anderer Instrumente, Geräthe und Maschinen, desgleichen von Bodenerzeugnissen und solchen Fabrikaten zu verbinden, welche mit der Land- und Forstwirthschaft und den verschiedenen Zweigen derselben in irgend einer Beziehung stehen.

Die Thierschau soll besonders ein anschauliches Bild von dem Standpunkte der Viehzucht in unserer Provinz, die Ausstellung von dem des landwirthschaftlichen Gewerbes gewähren und zur Verbreitung nützlicher, verbesserter Werkzeuge und der Kenntniß derselben bestimmt sein.

Mit dem Ersuchen um zahlreiche Theilnahme und Aufstellen recht vieler bemerkenswerther Gegenstände machen wir schon jetzt den Beschluß der landwirthschaftlichen Provinzial-Versammlung bekannt, damit die Herren Landwirthe, Maschinenbauer und Fabrikanten, unferer Bitte gemäß, sich recht zeitig auf eine reichhaltige Beschickung der Thierschau und Ausstellung vorbereiten können.

Potsdam, den 6. Oktober 1844.

Das Haupt-Direktorium des landwirthschaftlichen Provinzial-Vereins für die Mark Brandenburg und Niederlausitz.

(gez.) von Meding.

Personalchronik.

Der bisherige Kammergerichts-Auskultator Ehrich Friedrich Albert Siefart ist zum Kammergerichts-Referendarius mit dem Dienstalter vom 29. Juni d. J. ernannt.

Der Kammergerichts-Auskultator Reinhardt Wilhelm George Lebrecht Schlüter ist Behufs seines Ueberganges in das Departement des Königl. Oberlandesgerichtes zu Hamm aus seinen Geschäftsverhältnissen im diesseitigen Departement entlassen.

Der bisherige Rechtskandidat Friedrich Wilhelm Karl August von Forstner und der bisherige Rechtskandidat August Vincenz Marckers sind zu Kammergerichts-Auskultatoren ernannt und dem Kriminalgericht zu Berlin zur Beschäftigung überwiesen.

Der bisher im Departement des Königl. Oberlandesgerichts zu Paderborn beschäftigt gewesene Oberlandesgerichts-Auskultator Gustav Köller ist in gleicher Eigenschaft an das Kammergericht versetzt und dem Königl. Stadtgerichte zu Berlin zur Beschäftigung überwiesen.

Der Oberlandesgerichts-Auskultator Karl Gustav Albert Troja ist auf seinen Antrag aus dem Departement des Königl. Oberlandesgerichts zu Stettin in das kammergerichtliche Departement versetzt und dem Königl. Stadtgerichte zu Berlin zur Beschäftigung überwiesen.

Der Kammergerichts-Auskultator Eugen Wiener ist Behufs seines Ueberganges in das Departement des Königl. Oberlandesgerichts zu Breslau aus dem diesseitigen Departement entlassen.

Der Kammergerichts-Auskultator Alfred Siegfried ist Behufs seines Ueberganges in das Departement des Oberlandesgerichts zu Königsberg aus seinen Geschäftsverhältnissen im diesseitigen Departement entlassen.

Der bisherige Kammergerichts-Assessor Karl Julius Schwieger ist zum Justizkommissarius bei dem Königl. Land- und Stadtgerichte zu Wriezen ernannt.

Der Kammergerichts-Auskultator Gustav Albert Bünte ist dem Königl. Landgerichte zu Berlin und die Kammergerichts-Auskultatoren Karl Emil Gustav von Below und Karl von Krosigk sind dem Königl. Landgerichte zu Berlin zur Beschäftigung überwiesen.

Der Oberlandesgerichts-Auskultator Anton Müller ist aus dem Departement des Oberlandesgerichts zu Posen in das kammergerichtliche Departement versetzt und dem Königl. Stadtgerichte zu Berlin zur Beschäftigung überwiesen.

Der bisherige Kammergerichts-Auskultator Karl Herrmann Klemm ist zum Kammergerichts-Referendarius mit dem Dienstalter vom 19. Juli d. J. ernannt.

Der bisherige Kammergerichts-Auskultator Leopold von Maubeuge ist zum Referendarius mit dem Dienstalter vom 2. August d. J. ernannt und in gleicher Eigenschaft an das Oberlandesgericht zu Frankfurt an der Oder versetzt.

Der Referendarius Karl Friedrich Alexander von Brebow ist vom Oberlandesgericht zu Naumburg in gleicher Eigenschaft an das Kammergericht versetzt.

Der Land- und Stadtgerichts-Assessor Heinrich Friedrich Neuhaus ist als Referendarius beim Kammergericht angenommen.

Der Rechtskandidat Albert Kaspar Moritz Bogislov Enzeichen ist zum Kammer=gerichts=Auskultator ernannt und dem Kriminalgerichte zu Berlin zur Beschäftigung überwiesen.

Der bisherige Oberlandesgerichts=Referendarius Rudolph Albert Bater ist zum Kam=mergerichts=Assessor mit dem Dienstalter vom 30. April d. J. ernannt.

Die bisherigen Rechtskandidaten Wilhelm Gustav Starke, Karl Friedrich Wilhelm Sebastian von Wedell und Hugo Friedrich Leo von Graevenitz sind zu Kammer=gerichts=Auskultatoren ernannt und dem Kriminalgerichte zu Berlin zur Beschäftigung überwiesen.

Der bisherige Rechtskandidat Karl Friedrich Wilhelm Mettke ist zum Kammer=gerichts=Auskultator ernannt und dem Königl. Land= und Stadtgerichte zu Beeskow zur Beschäftigung überwiesen.

Der bisherige Kammergerichts=Auskultator George Heinrich Wehmeyer ist zum Referendarius mit dem Dienstalter vom 1. August d. J. ernannt und in gleicher Eigen=schaft an das Oberlandesgericht zu Frankfurt an der Oder versetzt.

Dem im Ressort der Königl. General=Kommission für die Kurmark Brandenburg als Spezial=Kommissarius beschäftigten Kammergerichts=Assessor von Roux in Trebatsch ist auf den Grund des Ministerial=Rescripts vom 3. September d. J. die Qualifikation eines ökonomisch=technischen Sachverständigen beigelegt und derselbe als solcher ein für allemal vorschriftsmäßig verpflichtet worden.

Der Doktor der Medizin und Chirurgie Heinrich Friedrich Rudolph Behrens ist als praktischer Arzt und Wundarzt in den Königlichen Landen approbirt und vereidigt worden.

Die Kandidaten der Feldmeßkunst Eduard Herrmann Hoffmann, Ernst Wilhelm Gustav Brandenburg, Friedrich August Brinkmann, Alexander Gustav Schmundt, Richard Heinrich Adalbert Mentz sind im Laufe des 3ten Quartals d. J. von der Königl. Ministerial=Bau=Kommission zu Berlin, und der Kandidat der Feldmeßkunst Julius Voigt ist am 28. v. M. von dem Königl. Land= und Stadtgerichte zu Liebenwalde als Feldmesser vereidigt worden.

Der Kandidat der Theologie Julius Wilhelm Kunert zu Berlin hat die Erlaubniß zur Annahme einer Hauslehrerstelle erhalten.

Schiedsmänner. Neu gewählt: Der Doctor medicinae Peter Thomas Thortsen zu Havelberg für den 1sten, und der Stadtverordneten=Vorsteher Johann August Lob=fing daselbst für den 2ten Bezirk; der Kaufmann Friedrich Traugott Kreissing zu Belzig für den dortigen Stadtbezirk.

Der mit der Verwaltung der Unter=Rezeptur für die Forstreviere Spandow und Tegel beauftragte Polizei=Kommissarius Moeser in Berlin hat seine Wohnung von der alten Jakobsstraße № 104 nach der Stallschreibergasse № 13 verlegt.

(Hierbei zwei öffentliche Anzeiger.)

Amtsblatt
der Königlichen Regierung zu Potsdam und der Stadt Berlin.

Stück 43.   Den 25. Oktober.   **1844.**

Verordnungen und Bekanntmachungen
für den Regierungsbezirk Potsdam und für die Stadt Berlin.
(№ 240, siehe besondere Beilage.)

Potsdam, den 21. Oktober 1844.

Nachstehende Allerhöchste Kabinetsordre

Ich genehmige den mit Ihrem Berichte vom 31. Juli d. J. eingereichten zweiten Nachtrag zu dem Verzeichnisse derjenigen Straßen, auf welche die Verordnung vom 16. Juni 1838 wegen der Kommunikations-Abgaben Anwendung findet, und sende denselben zurück, um die Publikation durch die Amtsblätter der betreffenden Regierungen zu veranlassen.

Erdmannsdorf, den 19. August 1844.

(gez.) **Friedrich Wilhelm.**

An den Staats- und Finanz-Minister Flottwell.

№ 241.
Die Kommunikations-Abgaben betreffend.
I. 1300. DH.

Zweiter Nachtrag
zum Verzeichnisse der Straßen, auf welche die Verordnung wegen der Kommunikations-Abgaben vom 16. Juni 1838 Anwendung findet.

A. Im östlichen Theile des Staats die Straßen:

44 a. von Greiffenberg bis an die Böhmische Grenze bei Schwerta.
58 a. " Oppeln nach Malapane.
75 a. " Andisleben bis zur Herzoglich Sächsischen Grenze über Dachwig auf Groß-Fahner und Gotha.
86 a. " Dolle über Stendal nach Wittenberge.

B. Im westlichen Theile des Staats dagegen die Straßen:

109 a. von Saarbrücken nach Lebach über Heusweiler.
124 a. " Hetzerath nach Berncastel.
b. " Longcamp bei Berncastel nach der Grenze des Fürstenthums Birkenfeld über Morbach.
130 a. " Ruwer bis Casel.

135 a. von St. Wendel bis Rambachpl über Baumholder.
177 a. = Wiedenbrück nach Hamm über Stromberg, Beckum und Dollberg.
   b. = Unna nach Menden über Langschede.
ad 178. Die Straße von Appelhülsen nach Emmerich geht über Bocholt und von da weiter über Werth, Isselburg und Anholt.
179 a. von Münster nach Ibbenbühren über Greven und Saerbeck.
180 a. = Münster nach der Niederländischen Grenze in der Richtung auf Enschede über Altenberge, Borghorst, Steinfurt, Ochtrup, Gronau und Glanerbrück.
187 a. = Paderborn bis zur Lippe-Detmoldschen Grenze bei Schlangen.
   b. = Bielefeld bis zur Lippe-Detmoldschen Grenze auf Detmold.
   c. = Herford nach der Lippeschen Grenze in der Richtung auf Salzuffeln.
189 a. = der Lippe-Detmoldschen Grenze bei Harzberg bis zur Carlshaven-Pyrmonter Straße bei Lügde.

wird nebst dem dazu gehörigen Straßen-Verzeichniß hierdurch zur öffentlichen Kenntniß gebracht.

Königl. Regierung. Abtheilung des Innern.

№ 242.
Realisirung der im diesjährigen Michaelis-Termine verloosten Steuer-Kredit-Kassenscheine betr. C. 83. Okt.

Bei der heute, unter Zuziehung der zur vormals Sächsischen, jetzt Preußischen Steuer-Kredit-Kassenschuld verordneten ständischen Deputirten stattgehabten Verloosung, sowohl der im Jahre 1764, als auch der an die Stelle der unverwechselten und vormals unverloosbaren Steuerscheine im Jahre 1836 ausgefertigten Steuer-Kredit-Kassenscheine, sind Behufs deren Realisirung im Ostertermine 1843 folgende Nummern gezogen worden:

I. Von den Steuer-Kredit-Kassen-Obligationen aus dem Jahre 1764:

von Litt. A. à 1000 Thlr.:

№ 30. 1076. 1223. 1359. 1571. 1616. 1730. 1947. 2717. 2954. 2967. 3377. 3463. 4084. 4402. 4682. 4699. 4986. 5796. 5930. 6382. 7408. 8261. 9479. 9552. 10,013. 10,526. 11,180. 12,262. 13,822.

Von Litt. B à 500 Thlr.:

№ 124. 444. 603. 1490. 3410. 4122. 5358. 6020. 6040. 6114. 6454. 6866. 7192. 7229. 7371. 7610. 8001.

Von Litt. D à 100 Thlr.:

№ 71. 296. 651. 1029. 1285. 1962. 2588. 2905. 3024. 3368. 3816. 4133. 4197. 5599. 5962.

II. Von den Steuer-Kredit-Kassenscheinen aus dem Jahre 1836:

Von Litt. A. à 1000 Thlr.:

№ 127. 165. 233.

Von Litt. B. à 500 Thlr.:

№ 38.

Von Litt. C. à 200 Thlr.:

№ 46. 114.

Von Litt. D. à 100 Thlr.:

№ 6. 45. 121.

Die Realisirung dieser Scheine wird zu Ostern 1845 bei der hiesigen Haupt-Institute- und Kommunal-Kasse gegen Rückgabe derselben mit den dazu gehörigen Talons und Koupons erfolgen.

Mit dem vorgedachten Termine hört die Verzinsung der vorverzeichneten ausgelooseten Scheine auf.

Merseburg, den 7. Oktober 1844.

Im Auftrage der Königl. Hauptverwaltung der Staatsschulden.
Der Regierungs-Präsident von Krosigk.

Potsdam, den 17. Oktober 1844.

Vorstehende Bekanntmachung der im diesjährigen Michaelis-Termine verloosten Steuer-Kredit-Kassenscheine wird hiermit zur öffentlichen Kenntniß gebracht.

Königl. Regierung.

Zusätzliche Bestimmungen

zu der Instruktion für die Schiedsmänner in den Provinzen Preußen, Schlesien, Brandenburg, Sachsen und Pommern vom 1. Mai 1841.

№ 243.
Schieds-
manns-Ange-
legenheit.
1. 554. Okt.

Zur Beseitigung der Uebelstände, welche das bisherige Verfahren bei der Aushändigung der Amtssiegel und Protokollbücher der Schiedsmänner und bei der Einsammlung der jährlichen Geschäfts-Nachweisungen herbeigeführt hat, werden nachstehende Vorschriften ertheilt.

§ 1. Die Aushändigung der Amtssiegel und Protokollbücher an die Schiedsmänner und die Wiedereinziehung derselben (§ 1 und § 2 der Instruktion vom 1. Mai 1841), so wie die Einsammlung der jährlichen Geschäfts-Nachweisungen (§ 21 a. a. O.) liegt fortan auch in denjenigen Städten, wo die Polizei durch besondere Königliche Behörden verwaltet wird, nicht diesen, sondern den Magisträten ob.

§ 2. Die Landräthe und Magisträte haben streng darauf zu halten, daß der Schiedsmann mit dem Ablauf seiner Amtszeit das Amtssiegel und Protokollbuch zurückgiebt. Vollgeschriebene Protokollbücher sind sodann an die betreffenden Untergerichte zur Aufbewahrung zu übersenden.

§ 3. Die Wahl der neuen Schiedsmänner muß spätestens drei Monate vor dem Ablauf der Wahlperiode ihrer Vorgänger erfolgen.

§ 4. Den neu erwählten Schiedsmännern wird das Amtssiegel und Protokollbuch künftig vor ihrer Vereidigung und zwar, sobald die Bestätigung bis dahin erfolgt ist, unmittelbar nach der Zurückgabe Seitens des Vorgängers behändigt.

§ 5. Die Protokollbücher müssen von jetzt an den Schiedsmännern gleich so eingerichtet übergeben werden, wie dies im § 1 der Instruktion vom 1. Mai 1841 vorgeschrieben ist. Die Regierungen haben dafür zu sorgen, daß auf diese Weise eingerichtete Exemplare bei den Landräthen und Magisträten künftig jederzeit vorräthig sind.

§ 6. Sobald ein neu gewählter Schiedsmann das Protokollbuch empfangen hat, ist das betreffende Gericht von dem Landrath oder Magistrat zu benachrichtigen, und hat sodann den Schiedsmann zur Vereidigung mit der Aufforderung vorzuladen, das Protokollbuch mitzubringen. Dieses wird dann im Termine selbst sogleich legalisirt und dem Schiedsmann zurückgegeben.

Berlin, den 22. September 1844.

Der Justiz-Minister.   Der Minister des Innern.
In Vertretung.   In dessen Auftrage.
Ruppenthal.   von Patow.

*

Potsdam, den 17. Oktober 1844.

Vorstehende Bestimmungen werden hierdurch im Verfolg der Bekanntmachung des Königl. Kammergerichts vom 2. August 1841 (Amtsblatt de 1841 Seite 233 bis 241) sämmtlichen Schiedsmännern, so wie den Herren Landräthen und Magisträten unseres Departements zur Kenntnißnahme und Nachachtung bekannt gemacht, und werden die Herren Landräthe und Magisträte auf die vorstehende Bestimmung ad § 5 wegen der ihnen danach obliegenden Verpflichtung, vorschriftsmäßig eingerichtete Protokollbücher künftig jederzeit vorräthig zu halten, noch besonders aufmerksam gemacht.   **Königl. Regierung.** Abtheilung des Innern.

Potsdam, den 19. Oktober 1844.

№ 244.
Perkussions-
gewehre.
I. 90. Okt.

Im Verfolg der Bekanntmachungen vom 2. September 1829 (Amtsblatt № 132) und vom 14. Juni 1830 (Amtsblatt № 104) über Vorsichts- und Sicherheits-Maßregeln gegen das unzeitige Losgehen der Perkussionsgewehre, wird hiermit auf höhere Veranlassung zur öffentlichen Kenntniß gebracht, daß sowohl nach anderweit gemachter Beobachtung, als nach technischer Untersuchung eine Selbstentzündung der Perkussionsgewehre beim Gebrauch solcher Zündhütchen, deren Zündsätze viel salpetersaure Salze enthalten, dann erfolgen kann, wenn dieselben von Pulverdampf

beschmußt, unter Einwirkung der Nässe wieder geladen und mit aufgesetzten Zündhütchen längere Zeit aufbewahrt werden. Wir warnen das Publikum vor dieser
Gefahr, die zwar unter den angegebenen Verhältnissen nicht beim Gebrauch von
Sömmerdaer mit Kupferdecke versehener Zündhütchen, wohl aber bei den in anderen Fabriken verfertigten Zündsätzen und Zündhütchen eintreten kann, da selbige
viel salpetersaure Salze enthalten, und derartige Salze auf Metalle am meisten
orydirend wirken, so daß darin allerdings eine Veranlassung zum Selbstentzünden
zu finden ist, indem beim Feuchtwerden des Zündsatzes die Salpetersäure orydirend
auf das Kupfer wirkt, bei dieser Orydirung auch die Zersetzung des salpetersauren
Salzes herbeigeführt wird, und auf diese Weise eine gänzliche Umgestaltung der
Zündmasse entsteht.

Königl. Regierung. Abtheilung des Innern.

Verordnungen und Bekanntmachungen,
welche den Regierungsbezirk Potsdam ausschließlich betreffen.

Potsdam, den 14. Oktober 1844.

Auf Grund des § 12 des Gesetzes vom 8. Mai 1837 wird hiermit zur öffentlichen Kenntniß gebracht, daß der Kaufmann J. G. Knack zu Meyenburg als
Agent der Leipziger Feuerversicherungs-Anstalt für die Stadt Meyenburg und Umgegend von uns bestätigt ist.

№ 245.
Agentur-
Bestätigung.
I. 884. Oft.

Königl. Regierung. Abtheilung des Innern.

Potsdam, den 16. Oktober 1844.

Da unter dem Rindviehstande der Stadt Zossen die Lungenseuche ausgebrochen
ist, so ist dieselbe bis auf weitere Anordnung für Rindvieh und für das in der
Stadt befindliche Rauchfutter unter Sperre gesetzt, und nur der Verkehr mit dem
in den ganz isolirten Scheunen außerhalb der Stadt befindlichen Rauchfutter gestattet.

№ 246.
Ausgebro-
chene Lungen-
seuche.
I. 1199. Oft.

Königl. Regierung. Abtheilung des Innern.

Potsdam, den 19. Oktober 1844.

Im Verfolg der Bekanntmachungen vom 13. Dezember 1842 (Amtsblatt № 279)
und vom 10. Februar 1843 (Amtsblatt № 27) wird hiermit die verbindliche Kraft
der Publikation ortspolizeilicher Verordnungen für die Stadt Perleberg dem unter
dem Titel: „Anzeiger für Perleberg und Umgegend" dort herauskommenden
Wochenblatt, mit Vorbehalt des Widerrufs, beigelegt.

№ 247.
Publikation
ortspolizeili-
cher Verord-
nungen.
I. 1778. Sept.

Königl. Regierung. Abtheilung des Innern.

248. Nachweisung der an den Pegeln der Spree und Havel im Monat April 1844 beobachteten Wasserstände.

Berlin. Ober-Wasser Fuß	Berlin. Ober-Wasser Zoll	Berlin. Unter-Wasser Fuß	Berlin. Unter-Wasser Zoll	Spandow. Ober-Wasser Fuß	Spandow. Ober-Wasser Zoll	Spandow. Unter-Wasser Fuß	Spandow. Unter-Wasser Zoll	Potsdam. Fuß	Potsdam. Zoll	Baumgartenbrück. Fuß	Baumgartenbrück. Zoll	Brandenburg. Ober-Wasser Fuß	Brandenburg. Ober-Wasser Zoll	Brandenburg. Unter-Wasser Fuß	Brandenburg. Unter-Wasser Zoll	Rathenow. Ober-Wasser Fuß	Rathenow. Ober-Wasser Zoll	Rathenow. Unter-Wasser Fuß	Rathenow. Unter-Wasser Zoll	Havelberg. Fuß	Havelberg. Zoll	Plauer Brücke. Fuß	Plauer Brücke. Zoll
10	10	8	10	9	2	6	—	6	—	4	5½	7	6	6	7½	6	4	5	6	10	11	8	2
10	11	8	10	9	2	6	—	6	1	4	5½	7	6	6	7½	6	4	5	6	11	2	8	2
10	11	8	9	9	—	6	1	6	1	4	5½	7	6	6	7½	6	4	5	6	11	9	8	2
10	11	8	9	8	10	6	1	6	1	4	5½	7	7½	6	8½	6	5	5	6	12	3	8	2
10	10	8	7	8	10	5	10	6	—	4	5½	7	7	6	8	6	5	5	6	12	7	8	2
10	9	8	8	8	10	5	10	5	11	4	5	7	7	6	9	6	5	5	6	12	9	8	2
10	9	8	6	8	10	5	5	5	11	4	4½	7	7	6	8	6	5	5	6	12	10	8	2
10	8	8	5	9	—	5	6	5	10	4	4½	7	7	6	8	6	5	5	6	12	11	8	3
10	6	8	7	8	11	5	8	5	10	4	4½	7	5½	6	7½	6	4	5	6	13	—	8	3
10	6	8	6	8	8	5	8	5	10	4	4½	7	5½	6	7	6	2½	5	6	13	2	8	2
10	7	8	6	8	6	5	10	5	10	4	4	7	6	6	7	6	2½	5	6	13	3	8	1
10	6	8	6	8	4	5	10	5	10	4	4	7	5½	6	7	6	2½	5	6	13	3	8	—
10	7	8	6	8	4	5	10	5	10	4	4	7	5½	6	7	6	2½	5	5	13	3	8	—
10	7	8	6	8	3	5	7	5	10	4	4	7	5½	6	7	6	2½	5	5	13	1	8	—
10	6	8	7	8	4	5	10	5	10	4	4	7	5½	6	7	6	2	5	4	12	11	8	—
10	6	8	6	8	2	5	10	5	10	4	4	7	6	6	7	6	1	5	4	12	11	8	—
10	5	8	6	8	—	5	10	5	10	4	4	7	6	6	7	6	1	5	4	12	10	8	1
10	4	8	5	8	—	5	8	5	10	4	4	7	6	6	7	6	1	5	4	12	9	8	1
10	3	8	4	8	—	5	7	5	10	4	5½	7	6	6	7	6	1	5	5	12	9	8	1
10	2	8	3	8	1	5	7	5	10	4	5½	7	5½	6	7½	6	1	5	5	12	10	8	1
10	—	8	1	8	1	5	6	5	10	4	5½	7	5	6	7	6	1	5	5	13	—	8	1
9	11	8	2	8	2	5	6	5	9	4	5½	7	5	6	7	6	—	5	6	13	2	8	1
9	10	7	11	8	1	5	6	5	9	4	5½	7	4½	6	7	6	—	5	5	13	3	8	1
9	8	7	10	8	—	5	6	5	9	4	3	7	4	6	6	6	—	5	4½	13	3	8	1
9	6	7	8	7	10	5	4	5	9	4	3	7	3	6	6	5	11	5	3½	13	1	8	—
9	8	7	8	8	—	5	4	5	9	4	2½	7	4	6	6	5	11	5	3½	13	—	8	—
9	7	7	7	7	10	5	4	5	8	4	2	7	4	6	5½	5	11	5	3½	12	8	8	—
9	6	7	4	7	11	5	—	5	8	4	1½	7	2	6	5	5	11	5	3½	12	4	8	—
9	5	7	5	8	—	5	2	5	7	4	1	7	3	6	5	5	11	5	3½	12	3	7	11
9	5	7	5	8	—	5	1	5	6	4	—	7	4	6	5	5	11	5	3½	12	1	7	11

Potsdam, den 4. Juni 1844.

Königl. Regierung. Abtheilung des Innern.

Potsdam, den 19. Oktober 1844.

Wegen der unter dem Rindvieh zu Damm und Haßt im Templinschen Kreise ausgebrochenen Lungenseuche wird dieser Ort und dessen Feldmark für Rindvieh und Rauchfutter gesperrt.

Königl. Regierung. Abtheilung des Innern.

Potsdam, den 17. Oktober 1844.

Die von dem vormaligen Königl. Polizei-Ministerium ergangene General-Instruktion für die Verwaltung der Paßpolizei vom 12. Juli 1817 (Beilage zum 48sten Stück des Amtsblatts von 1817) enthält im § 9 die Bestimmung, daß die Dauer der Gültigkeit des Passes in demselben zu bemerken sei, daß aber, wenn die Dauer der Reise nach deren Beschaffenheit nicht bestimmt angegeben werden kann, bei völliger Unverdächtigkeit des Paßnehmers die genaue Zeitbestimmung wegzulassen, und die Gültigkeit des Passes auf die ganze Reise zu stellen sei. Die Schlußbestimmung des besagten § 9, daß Pässe nicht länger als auf die Dauer eines Jahres ausgegeben werden dürfen, ist bereits durch den Ministerial-Erlaß vom 27. August 1827 (Amtsblatt Seite 184) modifizirt worden, wonach die Pässe sowohl zu Reisen ins Ausland, als zu Reisen im Innern nach den Umständen, so wie nach dem Bedürfnisse der Reisenden, insoweit sich sonst nichts dagegen zu erinnern finden möchte, auf länger als auf ein Jahr ertheilt werden können.

Es ist indessen mehrfach wahrgenommen worden, daß von einzelnen Polizei-Behörden bei Ausfertigung von Pässen, namentlich zu Reisen in das Ausland, ohne Angabe eines in sich bestimmten Zeitraums ihrer Gültigkeit und nur mit dem Vermerke:

„gültig für diese Reise“,

nicht mit der erforderlichen Aufmerksamkeit verfahren ist. Ein solcher Vermerk führt zu dem Uebelstande, daß er dem Paßinhaber, oft ganz gegen die Absicht der ausstellenden Behörde, den Aufenthalt auf der beabsichtigten Reise ohne alle Zeitbeschränkung zu gestatten scheint, und bei längerer als zehnjähriger Abwesenheit aus den Königlichen Staaten die Anwendung der Vorschrift des § 23 zu 2 des Gesetzes vom 31. Dezember 1842 über Erwerbung und Verlust der Eigenschaft als Preußischer Unterthan erschwert. Um diesen und anderen nachtheiligen Folgen jenes unbestimmten Vermerks vorzubeugen, ist durch einen Erlaß des Königl. Ministeriums des Innern vom 19. September d. J. unter Abänderung der diesfälligen Bestimmung im § 9 der Paß-Instruktion vom 12. Juli 1817 festgesetzt, daß der gedachte Vermerk keinem Passe mehr einzuverleiben, sondern jeder Paß auf einen in sich bestimmten Zeitraum auszustellen ist.

Diese Festsetzung wird hiermit zur öffentlichen Kenntniß gebracht, und ist von den diesseitigen Polizeibehörden genau zu befolgen.

Königl. Regierung. Abtheilung des Innern.

Personalchronik.

Der bisher bei dem Regierungs-Kollegium in Magdeburg beschäftigt gewesene Regierungs-Referendarius Friedrich Gottlob Jakob Graf von der Schulenburg-Altenhausen ist in gleicher Eigenschaft in das hiesige Regierungs-Kollegium übergegangen.

Dem versorgungsberechtigten Jäger Regling ist die Försterstelle zu Neu-Glienicke, Neu-Glienicker Reviers, definitiv übertragen worden.

Vermischte Nachrichten.

Dem auf der Feldmark Kiekebusch im Teltower Kreise errichteten, dem Domainen-Fiskus zugehörigen Wirthschaftsgehöfte ist der Name:

„Carlshof"

beigelegt worden, was wir mit dem Bemerken hierdurch zur öffentlichen Kenntniß bringen, daß durch diese Namenbeilegung in den polizeilichen und Kommunal-Verhältnissen dieses Etablissements nichts geändert wird.

Potsdam, den 7. Oktober 1844.

Königl. Regierung. Abtheilung des Innern.

Die Polizei-Verwaltung über die Dienstleute und über die Tagelöhner-Familien auf den Amtsvorwerken Wendisch-Buchholz, Theurow und Freydorff ist dem Amts-Rath Zierenberg zu Buchholz übertragen.

Potsdam, den 15. Oktober 1844.

Königl. Regierung.

Wegen der an der Havel von oberhalb Bredereiche bis Oranienburg und an dem Finow-, dem Werbelliner-, dem Templiner-, dem Malzer- und dem Voßkanal auszuführenden Bauten werden diese Gewässer vom 1. Januar bis 1. April k. J. für die Schifffahrt gesperrt sein.

Potsdam, den 19. Oktober 1844.

Königl. Regierung. Abtheilung des Innern.

(Hierbei eine besondere Beilage, enthaltend unter № 240, das Statut der Neustadt-Eberswalde-Freienwalder Aktien-Chausseebau-Gesellschaft vom 24. Oktober 1842, zugleichen ein öffentlicher Anzeiger.)

Beilage
zum 43sten Stück des Amtsblatts
der Königlichen Regierung zu Potsdam
und der Stadt Berlin.

Verordnungen und Bekanntmachungen
für den Regierungsbezirk Potsdam und für die Stadt Berlin.

№ 240.
Betrifft das Neustadt-Eberswalde-Freienwalder-Aktien-Chaussebau-Gesellschaft.
d. 26. Oktober.

Auf Ihren Bericht vom 15. d. M. will Ich die zur Erbauung und Unterhaltung einer Chaussee von Neustadt-Eberswalde nach Freienwalde zusammengetretene Gesellschaft unter der Benennung: „Neustadt-Eberswalde-Freienwalder Chaussee-Bau-Gesellschaft", als eine Aktiengesellschaft nach den Bestimmungen des Gesetzes vom 9. November 1843 hierdurch bestätigen und die anliegenden, mittelst gerichtlicher Verhandlung vom 24. Oktober 1843 vereinbarten Statuten dieser Gesellschaft mit der Maßgabe zu § 7, daß die auszugebenden Aktien dem gesetzlichen Stempel unterliegen; zu § 45 und § 58, daß die von der Gesellschaft ausgehenden Bekanntmachungen ꝛc. durch eine in Berlin erscheinende Zeitung veröffentlicht werden; zu § 58, daß die rechtlichen Folgen der hier gedachten Bekanntmachungen ꝛc. sich nur auf die Mitglieder der Gesellschaft erstrecken; — in allen Punkten genehmigen. Zugleich will Ich der Gesellschaft diejenigen Rechte beilegen, welche dem Staat bei Unterhaltung von Kunststraßen in Ansehung der Materialien-Gewinnung zustehen und gestehmigen, daß die Bestimmungen der Verordnung vom 8. August 1832 und vom 4. Mai 1833, auf die Verhandlungen und Verträge der Gesellschaft mit den Behörden und Grundbesitzern, wegen der zum Straßenbau verwendeten Grundstücke, angewendet werden. — Die gegenwärtige Ordre ist nebst den Statuten durch das Amtsblatt der Regierung in Potsdam bekannt zu machen.

Königsberg, den 30. August 1844.

(gez.) **Friedrich Wilhelm.**

An die Staats-Minister Mühler und Flottwell.

Statut
für die
Neustadt-Eberswalde-Freienwalder Chaussebau-Gesellschaft.

Der auf der Strecke von Berlin bis Neustadt-Eberswalde bereits ausgeführte Bau der Berlin-Stettiner Eisenbahn hat Verhältnisse herbeigeführt, welche die Anlegung einer Chaussee zwischen Neustadt-Eberswalde und Freienwalde als ein wahrhaftes und dringendes Bedürfniß herausstellen. Diesem Bedürfnisse zu entsprechen ist unter dem Namen der

„Neustadt-Eberswalde-Freienwalder Chaussebau-Gesellschaft"

ein Verein von Aktionairen zusammengetreten, deren Absicht dahin geht, eine Chaussee von Neustadt nach Freienwalde zu erbauen und dieselbe nach ihrer Vollendung zu

unterhalten, beides nach Maßgabe des mit dem Königlichen Fiskus dieserhalb abzuschließenden Vertrages und gegen Beziehung der tarifmäßigen Chausseegelder auf
dieser Chausseestrecke.

Die Bedingungen, unter denen das gemeinschaftliche Unternehmen ausgeführt
werden soll, sind nachstehend festgesetzt und bilden das von den Gesellschaftsgliedern
angenommene Statut.

Tit. I.
Fonds der Gesellschaft.
Allgemeine Rechte und Pflichten ihrer Mitglieder.

§ 1. Der Fonds der Gesellschaft besteht:

a) aus den bereits gezeichneten und ferner noch zu zeichnenden Aktienbeiträgen,

b) aus den freiwilligen Unterstützungen, die von den verschiedenen Grundbesitzern
für den Bau durch Kapitalzahlungen versprochen worden sind,

c) aus den zugesicherten Zuschüssen und Prämien der Staatskassen, wofür der
Staat keinen Antheil an den Einkünften verlangt,

d) aus den aufkommenden Chausseegeldern und sonstigen Einnahmen.

§ 2. Die Einziehung von Aktienbeiträgen ist nur bis zum Betrage von
50,000 Thlrn. in Preuß. Kourant zulässig; sie soll also geschlossen werden, sobald
diese Summe erreicht ist.

Eine Vermehrung des Aktienkapitals kann nur mit ausdrücklicher Genehmigung
des Staats durch eine General-Versammlung sämmtlicher Aktionaire gültig beschlossen werden (§ 25 № 3.).

§ 3. Jede Aktie wird auf den Betrag von 100 Thlrn. Preuß. Kourant
ausgestellt, die Ausfertigung der Aktie bleibt indessen bis zur vollständigen Einzahlung aller Aktienbeiträge ausgesetzt. Dagegen wird für jeden Aktionair ein mit
seinem Namen versehener Quittungsbogen über die von ihm gezeichnete Summe
ausgegeben, und auf diesem über die wirklich eingezahlten Beiträge quittirt.

§ 4. Die Aktienbeiträge sind in Raten von 10 Prozent und in der vom
Chausseebau-Comité, nach Maßgabe des Bedürfnisses zu bestimmenden, wenigstens vier
Wochen vor der jedesmaligen Verfallzeit bekannt zu machenden Fristen an die Gesell-
schaftskasse gegen Quittung auf den ausgegebenen Quittungsbogen (§ 3) einzuzahlen.

Jedem Aktionair wird nachgelassen, auch spätere noch nicht fällig gewordene
Partialzahlungen von je 10 Prozent der eingezeichneten Summen, oder den Total-
Betrag auf einmal zu entrichten. Ein Anspruch auf Zinsen oder auf frühere Aus-
händigung der Aktien wird dadurch aber nicht erlangt.

§ 5. Wenn auf eine Aktie eine der ausgeschriebenen Theilzahlungen zur
Verfallzeit nicht eingegangen ist, so wird der Eigenthümer derselben vom Direktor
des Ausschusses (§ 20) schriftlich aufgefordert, die ausgebliebene Zahlung und
außerdem eine vom Restanten in solchem Falle verwirkte Konventionalstrafe von einem

Zehntel der restirenden Theilzahlung spätestens 14 Tage nach dem ersten Verfalltage an die Gesellschaftskasse zu entrichten. Wer dieser Aufforderung nicht vollständig und pünktlich genügt, hat zu gewärtigen, daß der ganze von ihm gezeichnete Aktienbetrag, soweit er nicht schon abgeführt ist, mit Einschluß der verwirkten
Konventionalstrafe, im Wege des Prozesses von ihm eingezogen wird.

§ 6. Das Anrecht auf eine Aktie kann von den Aktienzeichnern an Andere
übertragen werden, jedoch bleiben die ursprünglichen Zeichner, dieser Uebertragung
ihres Rechts ungeachtet, für die vollständige Einzahlung des gezeichneten Betrages
verhaftet. Soll der Cedent von seiner Zahlungsverbindlichkeit frei werden, so ist
dazu die ausdrückliche Genehmigung des Comité (§ 20) erforderlich. Ebenso bleiben bei eintretenden Todesfällen sämmtliche Erben für die Zahlung des von ihrem
Erblasser gezeichneten Aktienbetrages solidarisch verhaftet, so lange nicht das Comité
in die Uebertragung der Verpflichtung auf einen der Erben ausdrücklich eingewilligt
hat. Die Uebertragung selbst muß immer in rechtsverbindlicher Form geschehen.

§ 7. Die Aktien selbst werden nach dem Schema A stempelfrei auf die
ursprünglichen Zeichner und im Falle des § 6 auf alle legitimirten rechtmäßigen
Eigenthümer ausgefertigt, auch, sobald von allen Aktionairen die letzte Theilzahlung
geleistet worden ist, gegen Rückgabe der Quittungsbogen (§ 3) ausgehändigt.

Sollte die Totalsumme der gezeichneten Aktien zu den Kosten der Erbauung
der Chaussee nicht erforderlich sein, so muß dennoch der volle Betrag jeder Aktie
in die Gesellschaftskasse eingezahlt werden, indem alsdann die überschießende Summe
zur Bildung des im folgenden § 10 zu erwähnenden Reserve-Fonds verwendet wird.

§ 8. Jeder Aktionair hat als solcher nach Verhältniß der von ihm zum
Gesellschafts-Fonds eingezahlten Aktienbeträge gleichen Antheil an gesammtem Eigen-
thum, Gewinn und Verlust der Gesellschaft, ohne jemals zur Entrichtung eines
Zuschusses verbunden zu sein.

§ 9. Eine Verzinsung der Aktienkapitale findet bis zur gänzlichen Vollendung des Chausseebaues nicht Statt.

§ 10. Ist diese Vollendung aber erfolgt und die Chaussee zollbar ge-
macht, so hebt eine Verzinsung der Aktien in der Weise an, daß die nach dem
Tarife erhobenen Chausseegelder, nach Abzug der Unterhaltungs- und Hebungs-
Kosten als Dividende unter die Aktionairs vertheilt werden.

Von dem solchergestalt zur Vertheilung disponiblen Reinertrage soll indeß eine
vom Comité (§ 36 № 8) näher zu bestimmende Summe vorweg genommen und
zu einem Reserve-Fonds gesammelt werden, so daß also nur das Uebrige, jedoch
mit Vermeidung unangenehmer Bruchtheile, zur Ausschüttung kommt.

Dieser Reserve-Fonds, welcher zur Sicherung einer dauernden guten Unterhaltung
der ganzen Chaussee dient, soll nur bis auf 3000 Thlr. gebracht und dessen Bestand
zinsbar in Preußischen, außer Kours zu setzenden Staatspapieren oder Pfandbriefen
angelegt werden. Die Zinsen wachsen bis zur Erreichung des gedachten Betrages
diesem Fonds selbst, dann aber den laufenden Einnahmen der Gesellschaftskasse zu.

1

§ 11. Die Vertheilung der Dividende unter die Aktionairs geschieht alljährlich in den ersten drei Monaten rücksichtlich des Reinertrages für das vorhergehende Jahr; der Betrag der jedesmaligen Dividende und die Zeit ihrer Zahlung wird öffentlich bekannt gemacht. Die erste Zahlung tritt erst dann ein, wenn die Chaussee etwa ein Jahr lang benutzt gewesen sein wird.

§ 12. Mit jeder Aktie wird eine angemessene Anzahl Dividendenscheine nach dem Schema B ausgegeben, auf welche der Betrag der Dividende alljährlich bei der Gesellschaftskasse erhoben werden kann. Sind diese Dividendenscheine eingelöst, so sind den Aktionairen neue auszustellen, und es ist dies auf den Aktien zu vermerken.

§ 13. Durch Einlösung der Dividendenscheine wird die Gesellschaft von jedem desfalsigen Anspruch befreit.

§ 14. Wenn Dividenden innerhalb vier Jahren, von der Verfallzeit an gerechnet, nicht erhoben worden sind, so fallen sie der Gesellschaftskasse anheim.

§ 15. Sollte in Folge außerordentlicher Ereignisse die Chausseegeld-Einnahme zur Bestreitung der Unterhaltungs- und Administrations-Kosten nicht zu reichen und die Aktiengesellschaft demnach genöthigt sein, zur Erfüllung ihrer Verbindlichkeiten in diesen Beziehungen nicht nur den gesammelten Reserve-Fonds zu verwenden, sondern außerdem noch ein Darlehn zu kontrahiren — zu welcher letzteren Maßregel sie jedoch nur mit ausdrücklicher Bewilligung des Staats berechtigt ist — so müssen die Aktionaire sich gefallen lassen, wenn sie in solchen Zeiten gar keine Dividenden erhalten und die hiernächst wieder disponibel werdenden Dividendengelder so lange innebehalten und zur Tilgung des aufgenommenen Darlehns verwendet werden, bis letzteres vollständig abgetragen sein wird. Auch muß in dem vorausgesetzten Falle die Ansammlung eines neuen Reserve-Fonds nach den Bestimmungen des § 10 geschehen.

§ 16. Verlorene, vernichtete oder sonst abhänden gekommene Aktien und Dividendenscheine müssen in der für andere Urkunden ähnlicher Art gesetzlich vorgeschriebenen Form aufgeboten und amortisirt werden.

§ 17. Ist eine Aktie oder ein Dividendenschein auf diese Art rechtskräftig amortisirt, so wird dem legitimirten Eigenthümer eine andere Aktie oder ein anderer Dividendenschein unter einer neuen № ertheilt.

§ 18. Zur allmähligen Tilgung des gesammelten Aktienkapitals wird ein Amortisations-Fonds errichtet. Zu demselben fließt Ein Prozent derjenigen Summen, die von den jährlichen Reineinnahmen verbleiben, nachdem für die Aktien eine Verzinsung zu vier Prozent durch die Dividenden berechnet worden ist. Die sich darin sammelnden Gelder werden, sobald sie die geeignete Höhe erreicht haben, gleich denen des Reserve-Fonds (§ 10) zinsbar angelegt.

§ 19. Die Rechte und Verbindlichkeiten der Aktiengesellschaft gegen den Staat sind durch den hiernächst zwischen der Staatsbehörde und dem Chausseebau-Comité, Namens der Gesellschaft, abzuschließenden Kontrakt näher festzustellen, dessen Bestimmungen sich jeder Aktionair unterwirft.

Tit. II.

Verfassung der Gesellschaft und Verwaltung der gemeinsamen Angelegenheiten derselben.

§ 20. Die Gesellschaft behält sich vor, über besonders wichtige Angelegenheiten in General-Versammlungen ihrer Mitglieder zu beschließen. Außerdem wird sie durch einen Ausschuß unter der Firma:

„Comité der Neustadt-Eberswalde-Freienwalder Chausseebau-Gesellschaft"

vertreten. Die Stadt Neustadt-Eberswalde ist das Domizil der Gesellschaft und der Sitz ihrer Verwaltung. Ihren Gerichtsstand hat sie bei dem Land- und Stadtgerichte daselbst.

A. General-Versammlungen.

§ 21. In jedem Jahre wird, der Regel nach im Monat Mai, eine General-Versammlung der Aktionaire gehalten. Außerdem finden auch außerordentliche General-Versammlungen in besonderen dazu geeigneten Fällen Statt.

§ 22. An den General-Versammlungen können alle dispositionsfähigen Aktionaire Theil nehmen. In denselben haben die Eigenthümer

von 1 bis 5 Aktien	1 Stimme,
» 6 » 10 »	2 do.
» 11 » 20 »	3 do.
» 21 » 40 »	4 do.
» 41 » 80 »	5 do.
von mehr als 80 »	6 do.

Bevollmächtigte, zu welchen jedoch lediglich Aktionaire erwählt werden dürfen, werden nur auf den Grund gerichtlich oder notariell beglaubigter Vollmachten in den General-Versammlungen zugelassen. Uebrigens haben die verfassungsmäßigen Beschlüsse der Letzteren, ohne Rücksicht auf die Anzahl der Anwesenden, für alle Aktionaire verbindliche Kraft.

§ 23. Die Aktionaire werden zu den General-Versammlungen durch eine mindestens acht Tage vor dem Termine zu erlassende öffentliche Bekanntmachung eingeladen, welche eine kurze Andeutung der zum Vortrage in der Versammlung bestimmten wichtigen Gegenstände enthalten muß (§ 58).

Jeder Aktionair, welcher an einer General-Versammlung Theil nehmen will, muß sich nöthigenfalls als solcher durch Vorzeigung seines Quittungsbogens resp. seiner Aktie legitimiren.

§ 24. Die General-Versammlungen werden von einem von der Versammlung durch absolute Stimmenmehrheit auf drei Jahre zu erwählenden Vorsitzenden geleitet, welcher dieselben aus eigener Bewegung konvoziren kann, solche aber auch auf den Antrag des Comités oder des Direktors desselben, oder auf Anordnung der vorgesetzten Staatsbehörde zusammenzuberufen berechtigt und verpflichtet ist.

Für etwanige Verhinderungsfälle des Vorsitzenden wird ein Stellvertreter, gleichfalls auf drei Jahre durch absolute Stimmenmehrheit gewählt. Nach Ablauf dieser Frist können sowohl der Vorsitzende als dessen Stellvertreter wieder gewählt werden.

Die Annahme des Amts eines Vorsitzenden der General-Versammlung und dessen Stellvertreters ist von der freien Entschließung des Gewählten abhängig. Beide können nicht Mitglieder des Comités sein.

Ueber die Verhandlungen und Beschlüsse der General-Versammlung wird ein Protokoll aufgenommen und dasselbe von dem Vorsitzenden und dem von ihm zu bestimmenden Protokollführer, außerdem von drei Aktionairen, die weder zum Comité noch zu den Gesellschaftsbeamten gehören dürfen, durch Unterschrift vollzogen. Die Auswahl dieser drei Aktionaire bleibt der General-Versammlung überlassen.

§ 25. Die Geschäfte und Befugnisse der General-Versammlungen sind folgende:

1) die Wahl ihres Vorsitzenden, des Direktors und der übrigen Mitglieder des Comités,

2) die Festsetzung der Remuneration für die Gesellschaftsbeamten, mit Ausschluß der im § 36 ad 6 und 7 bezeichneten.

3) Ferner bleibt den General-Versammlungen die Beschlußnahme vorbehalten:

über die Vermehrung des Gesellschafts-Fonds durch Ausgabe neuer Aktien unter Genehmigung des Staats,

4) über jede Verwendung, wodurch der Reserve-Fonds angegriffen oder vermindert wird, und in Betreff der Maßregeln, welche geeignet erscheinen, denselben wieder anzusammeln,

5) über die Aufnahme von Darlehnen, vorbehaltlich der Genehmigung des Staats,

6) über die Ergänzung oder Abänderung des Statuts unter gleichem Vorbehalte,

7) über die Auflösung der Gesellschaft, welche aber nur mit ausdrücklicher Genehmigung des Staats geschehen darf,

8) über alle diejenigen Angelegenheiten der Gesellschaft, die ihr vom Ausschuß vorgetragen oder auf Ansuchen von Aktionairen durch den Vorsitzenden zur Entscheidung vorgelegt werden.

Auch haben dieselben

9) die Rechnungen zu prüfen und darüber Decharge zu ertheilen, durch welche zugleich das Comité über seine Verwaltung dechargirt wird.

Hat die General-Versammlung Erinnerungen gegen die Rechnungen zu machen, so sind dieselben zu vermerken, dem Comité zur Beantwortung und Erledigung mitzutheilen, und die Entscheidung auf sämmtliche Erinnerungen, so wie die Ertheilung der Decharge erfolgt in der nächsten General-Versammlung.

Rechnungen und Beläge werden 14 Tage hindurch vor dem Rechnungsabnahme-Termine zur Einsicht für jeden Aktionair ausgelegt.

Der General-Versammlung steht frei, zur Prüfung der Rechnung und Begutachtung anderer Angelegenheiten eine besondere Deputation von drei Mitgliedern zu ernennen. Endlich

10) müssen in den General-Versammlungen der vom Comité zu erstattende Jahresbericht vorgetragen werden und die Verhandlungen des Comités zur Einsicht der Aktionairs bereit liegen.

§ 26. In den vorstehend § 25 bezeichneten Fällen entscheidet die absolute Stimmenmehrheit der Anwesenden, bei einer Stimmengleichheit die Stimme des Vorsitzenden. Letzterer hat auch das bei der Abstimmung zu beobachtende Verfahren festzusetzen.

§ 27. Aktionaire, welche zusammengenommen mindestens sieben Stimmen haben, müssen, sofern sie einen Gegenstand zum Vortrage bringen wollen, ihr Vorhaben 14 Tage vor der ordentlichen General-Versammlung dem Vorsitzenden schriftlich anzeigen. Die Zusammenberufung einer außerordentlichen Versammlung bleibt dem Ermessen des Vorsitzenden überlassen.

Der Staat hat unbedingt das Recht, Gegenstände zur Berathung zu verweisen, auch die Berufung einer General-Versammlung anzuordnen.

B. **Comité, dessen Direktor, Gesellschafts- und andere Beamte.**

§ 28. Das Comité der Gesellschaft soll bestehen aus
1) einem Direktor,
2) dessen Stellvertreter,
3) dem dritten von der General-Versammlung der Aktionairs zu ernennenden Mitgliede,
4) einem von dem Magistrate zu Neustadt-Eberswalde abzuordnenden Mitgliede,
5) einem von dem Magistrate der Stadt Freienwalde an der Oder zu deputirenden Mitgliede,
6) einem von der Berlin-Stettiner Eisenbahn-Gesellschaft zu erwählenden Mitgliede, und
7) einem von der Staatsbehörde zu ernennenden Mitgliede, sofern dieselbe von dieser Befugniß Gebrauch zu machen für gut befindet.

Der Direktor und dessen Stellvertreter sollen der Regel nach, jedenfalls aber Einer von Beiden, in Neustadt-Eberswalde wohnen. Von den ad 1 bis 3 erwähnten Comité-Mitgliedern müssen überhaupt aber mindestens zwei in Neustadt-Eberswalde ihren Wohnsitz haben.

Für die von der General-Versammlung zu erwählenden Mitglieder werden von dem Comité aus der Zahl der Aktionaire auch noch zwei Stellvertreter ernannt. Was in Beziehung auf den Wohnort der Mitglieder gesagt ist, findet auch auf die Stellvertreter Anwendung.

Das von dem Staat ernannte Mitglied des Comités hat mit den übrigen Mitgliedern gleiches Stimmrecht. Die Stellvertreter werden im Behinderungsfalle der Mitglieder zu den Versammlungen des Comités einberufen.

§ 29. Die Wahl des Direktors, seines Stellvertreters, der Mitglieder des Ausschusses und der Stellvertreter für dieselben geschieht auf drei Jahre.

Wird von den Seitens des Staats, der Magisträte zu Neustadt-Eberswalde und Freienwalde an der Oder, so wie der Berlin-Stettiner Eisenbahn-Gesellschaft zu deputirenden Comité-Mitgliedern eins zum Direktor des Comités erwählt, so wird von dieser Seite her kein anderes Comité-Mitglied weiter abgeordnet.

Der Regel nach dürfen bloß Mitglieder der Aktiengesellschaft von der General-Versammlung zu Mitgliedern des Comités erwählt werden, und eine Abweichung von dieser Regel muß durch eine völlige Uebereinstimmung aller Theilnehmer der Versammlung begründet werden. Diese Beschränkung findet dagegen rücksichtlich der von dem Staate und von den Magisträten, so wie von der Eisenbahn-Gesellschaft zu ernennenden Comité-Mitgliedern nicht Statt.

Zur Wahl des Direktors ist auch außer dem vorgedachten Falle absolute Stimmenmehrheit erforderlich, zur Wahl der übrigen Mitglieder relative Stimmenmehrheit genügend.

§ 30. Die ersten Wahlen sind sofort nach Vollziehung des Statuts, die künftigen Wahlen mindestens sechs Wochen vor Ablauf des dreijährigen Zeitraums vorzunehmen.

§ 31. Zum Direktor und zu den Mitgliedern des Comités, so wie zu Stellvertretern und zum Vorsitzenden der General-Versammlungen können nicht gewählt werden:

a) Personen, welche mit der Gesellschaft in Kontraktsverhältnissen stehen,

b) Personen, welche in Konkurs versunken sind, oder aber mit ihren Gläubigern akkordirt haben, so lange sie nicht die erfolgte Befriedigung derselben nachweisen,

c) die außer dem Direktor noch vorhandenen Gesellschaftsbeamten.

§ 32. Wenn eins der vorstehend erwähnten Hindernisse nach der Wahl eintritt, so ist das betreffende Individuum verbunden, seine Funktion niederzulegen. Dasselbe muß geschehen, wenn der Gewählte durch Veräußerung seiner Aktien aufhört, Mitglied der Gesellschaft zu sein, oder wenn er seinen Wohnsitz weiter als drei Meilen von Neustadt-Eberswalde entfernt verlegt.

§ 33. Die von der Gesellschaft für ein Amt Gewählten können sich der Verwaltung desselben während mindestens eines Jahres nur dann entziehen, wenn Krankheiten oder Verlegung ihres Wohnsitzes sie daran verhindern.

§ 34. Für einzelne durch Tod oder Niederlegung des Amts ausscheidende Comité-Mitglieder rücken die erwählten Stellvertreter ein, und werden dieselben für wirkliche Comité-Mitglieder so lange erachtet, als die Ausgeschiedenen selbst es gewesen sein würden.

Legt der Direktor sein Amt nieder, so gehen dessen Rechte und Verpflichtungen nur bis zur nächsten General-Versammlung auf den Stellvertreter über, für welchen sodann auf diesen Zeitraum eines der anderen Comité-Mitglieder durch den Ausschuß selbst als Stellvertreter erwählt wird. Das Comité-Mitglied wird durch die Einberufung eines Stellvertreters ersetzt.

Die nächste General-Versammlung hat die Stelle des Direktors, auch erforderlichen Falls die Stelle seines Stellvertreters durch neue Wahlen zu ersetzen.

§ 35.

§ 35. Das Comité ist die verwaltende und ausführende Behörde der Gesellschaft und erhält durch seine Wahl die Vollmacht, dieselbe nach Maßgabe des Statuts vollständig zu vertreten und mit Ausnahme der, der General-Versammlung der Aktionaire vorbehaltenen Fälle in allen inneren und äußeren Angelegenheiten verbindende Beschlüsse für die Gesellschaft zu fassen und auszuführen. Dasselbe hat daher auch alle Verhandlungen mit Behörden und Privatpersonen zu führen und ist befugt, im Namen der Gesellschaft Verträge jeder Art, insbesondere auch Vergleiche mit dritten Personen abzuschließen, Rechte der Gesellschaft zu zediren, darauf Verzicht zu leisten, Eintragungen zu bewilligen, Quittungen und Löschungs-Konsense zu ertheilen, Prozesse zu führen, die Entscheidung von Streitigkeiten schiedsrichterlichen Aussprüchen zu unterwerfen, Eide zu erlassen, für geschworen anzunehmen, oder Namens der Gesellschaft zu leisten und die Ausführung aller dieser Befugnisse anderen Personen zu übertragen.

Sind Namens der Gesellschaft Verträge vor Gericht abzuschließen, so können solche von dem Direktor oder dessen Stellvertreter allein, unter Vorlegung einer mit dem Siegel der Gesellschaft versehenen Ausfertigung des Comité-Beschlusses abgeschlossen und vollzogen werden. Andere Personen bedürfen hierzu einer ausdrücklichen von dem Comité auszustellenden Vollmacht.

§ 36. Namentlich aber hat das Comité:

1) die Wahl und die Anstellung der Baubeamten und Aufseher zu besorgen und sich wegen ihrer Remuneration mit ihnen zu einigen;

2) die Verpflichtung, wegen Ausführung des Chausseebaues die nöthigen Anordnungen zu treffen;

3) die erforderlichen Gesellschaftsbeamten zu ernennen;

4) die Verwaltungs-Etats anzufertigen und festzustellen;

5) die Erhebung des Chausseegeldes zu überwachen;

6) die Chausseegeld-Einnehmer zu ernennen und deren Remuneration festzusetzen;

7) die Chausseewärter anzustellen und ihr Lohn zu bedingen;

8) über die Vertheilung der Dividenden zu bestimmen;

9) die Jahresrechnungen der Gesellschaftskasse abzunehmen, sie zu prüfen und die revidirten Rechnungen und Beläge dem Vorsitzenden der General-Versammlung zur Einsicht jedes Aktionairs 14 Tage hindurch mitzutheilen. — Endlich sind

10) die Mitglieder des Comités so berechtigt als verpflichtet, die Arbeiten bei dem Chausseebau und bei den künftigen Unterhaltungen zu beaufsichtigen, so oft ihre Verhältnisse ihnen dies gestatten. Entdeckte Unregelmäßigkeiten haben sie dem Comité sofort anzuzeigen, jedoch darf nur der Direktor, im Verhinderungsfalle dessen Stellvertreter oder ein von dem Comité besonders beauftragtes Mitglied eine Rüge eintreten lassen, oder zur Abhülfe jener Unregelmäßigkeiten auf der Stelle Anweisung ertheilen.

§ 37. Auch in den §§ 35 und 36 nicht ausdrücklich erwähnten Fällen ist das Comité berechtigt und verpflichtet, innerhalb der Grenzen des Statuts alle

Maßregeln, die seiner Ueberzeugung zufolge zur Erreichung der Gesellschaftszwecke erforderlich sind, zu beschließen und auszuführen. Ausgenommen sind jedoch die nach § 25 der General-Versammlung vorbehaltenen Beschlüsse.

§ 38. Zwei aus den Mitgliedern des Comités zu ernennende Kassen-Kuratoren, welche gemeinschaftlich mit dem Direktor das Kassenwesen und die Buchführung beaufsichtigen und den Revisionen der Kasse beiwohnen, haben auch die Einnahme-Ordres und Zahlungs-Anweisungen für die Kasse mit zu unterschreiben.

§ 39. Das Comité versammelt sich, so oft dasselbe vom Direktor oder in Behinderungsfällen von dessen Stellvertreter einberufen wird. Dies geschieht auch alle Mal, wenn mindestens drei Ausschußmitglieder darauf antragen.

§ 40. Der Direktor ladet die Mitglieder des Ausschusses schriftlich zu den Versammlungen ein, insoweit nicht bestimmte Tage für diese Versammlungen festgesetzt werden sollten, und bezeichnet dabei die zur Berathung zu ziehenden wichtigeren Gegenstände. Wer zu erscheinen verhindert ist, hat dies dem Direktor unter Angabe der Gründe zeitig anzuzeigen, damit der erforderliche Stellvertreter einberufen werden kann.

§ 41. Die Beschlüsse des Comités sind nur dann gültig, wenn mindestens vier Mitglieder, mit Einrechnung des Direktors, anwesend waren. Sie werden durch absolute Stimmenmehrheit gefaßt. In Fällen einer Stimmengleichheit entscheidet die des Direktors.

§ 42. Auch zu den, dem Comité obliegenden Wahlen (§ 26) ist absolute Stimmenmehrheit erforderlich. Ergiebt sich diese nicht sogleich, so sind diejenigen, welche zu einem Amte die meisten Stimmen haben, auf die engere Wahl zu bringen, und es ist dies Verfahren fortzusetzen, bis für einen, die absolute Stimmenmehrheit sich ergiebt.

Das Verfahren bei den Abstimmungen wird durch den Direktor festgesetzt.

§ 43. Ueber die Verhandlungen und Beschlüsse des Comités wird entweder in der Versammlung oder unmittelbar nach deren Beendigung ein Protokoll aufgenommen, welches der Direktor, mindestens zwei Ausschußmitglieder und der Protokollführer zu unterschreiben haben.

§ 44. Das Comité hat auf die zinsbare Anlegung aller entbehrlichen Geldbestände zu halten.

§ 45. Dasselbe läßt mit dem Schlusse des Kalenderjahres die Bücher der Kasse abschließen, die Jahresrechnung aufstellen, fertigt einen übersichtlichen summarischen Abschluß über Einnahmen und Ausgaben an, und bringt diesen durch ein geeignetes öffentliches Blatt zur Kenntniß der Betheiligten. Außerdem hat das Comité über die Verwaltung alljährlich einen Geschäftsbericht zu erstatten, welcher in der ordentlichen General-Versammlung vorgetragen und zu dem Ende dem Vorsitzenden derselben vier Wochen zuvor zugestellt wird.

§ 46. Der Direktor und im Behinderungsfalle dessen Stellvertreter leitet die Geschäftsführung des Comités in formeller und materieller Hinsicht nach Maßgabe der **Bestimmungen** des Statuts, und hat überhaupt Alles wahrzunehmen, was den Zwecken und dem Interesse der Gesellschaft förderlich und nützlich sein kann.

§ 47. Derselbe handelt bei seiner Geschäftsführung in der Regel nach den Beschlüssen des Comités, an welche er gebunden ist, sofern sie nicht den Bestimmungen des Statuts oder des mit dem Staate abzuschließenden Vertrages zuwiderlaufen. Wäre letzteres der Fall, so soll er oder sein Stellvertreter die Ausführung eines solchen Beschlusses zu suspendiren nicht allein befugt, sondern auch bei eigener Verantwortlichkeit verpflichtet, und außerdem den Fall der Königl. Regierung zu Potsdam zur Entscheidung vorzutragen gehalten sein.

§ 48. Dem Direktor bleibt nachgelassen, diejenigen Geschäftssachen, welche nach den Bestimmungen dieses Statuts (§§ 35 — 37) einer Beschlußnahme des Comités nicht bedürfen, und ohne Nachtheil für die Verwaltung nicht bis zu einer Zusammenkunft des ganzen Ausschusses aufgeschoben werden können, nach seinem pflichtmäßigen Ermessen und auf seine Gefahr und Verantwortlichkeit zu erledigen. In allen diesen Fällen ist jedoch das Comité nachträglich von der getroffenen Verfügung in Kenntniß zu setzen, und kann dasselbe solche sodann dem Befinden nach abändern.

§ 49. Dem Direktor liegt ob, unter Zuziehung der Kassenkuratoren die Gesellschaftskasse monatlich an dem für andere öffentliche Kassen bestimmten Tage ordentlich zu revidiren, auch jährlich wenigstens eine extraordinaire Kassen-Revision unvermuthet abzuhalten. Die darüber aufzunehmenden Protokolle sind von den Kassenkuratoren mit zu unterschreiben.

§ 50. Alle Erlasse und Ausfertigungen des Comités werden von dem Direktor oder dessen Stellvertreter unterzeichnet. Werden dadurch aber Rechte für die Gesellschaft erworben oder Verbindlichkeiten für dieselbe übernommen, so haben noch zwei Mitglieder des Comités, bei Zahlungs-Anweisungen auf die Gesellschaftskasse aber außer dem Direktor die Kassenkuratoren zu unterzeichnen.

§ 51. Die Mitglieder des Comités sind der Gesellschaft wegen solcher Handlungen verantwortlich, welche dem Statute zuwiderlaufen.

§ 52. Die Regreß-Ansprüche der Gesellschaft gegen die Mitglieder des Comités sind im rechtlichen Wege geltend zu machen.

§ 53. Der Direktor sowohl als dessen Stellvertreter und die Mitglieder des Comités verrichten ihre Funktionen unentgeltlich, dagegen werden ihnen die Kosten, welche zur Kathegorie der baaren Auslagen gerechnet werden, vergütigt.

§ 54. Als Beamte der Gesellschaft sind
ein Sekretair und
ein Rendant
vorläufig auf ein Jahr anzustellen.

§ 55. Der Sekretair der Gesellschaft hat das Protokoll in den Versammlungen zu führen und die nach einer näheren, vom Comité ihm zu gebenden Instruktion vorkommenden Geschäfte zu besorgen. Seine Remuneration bestimmt das Comité.

§ 56. Der Rendant erhält ebenfalls eine ausführliche Instruktion über seine Geschäftsführung von dem Comité, welches letztere bei ihm die Remuneration festsetzt. Er ist aber verpflichtet, der Gesellschaft zur Sicherheit eine Kaution, deren Höhe das Comité zu bestimmen hat, mit Grundstücken, Staatspapieren oder in baarem Gelde zu bestellen.

§ 57. Die Vergütigung für den Direktor und die Mitglieder des Comités und die Remuneration des Sekretairs und des Rendanten beginnen, sobald die Gesellschaft sich durch Vollziehung des Statuts konstituirt hat.

Tit. III.
Allgemeine Bestimmungen.

§ 58. Alle an die Aktionaire, an unbekannte Eigenthümer einzelner Aktien oder andere unbekannte Interessenten gerichtete Einladungen und Bekanntmachungen oder Zahlungs-Aufforderungen in Angelegenheiten der Gesellschaft werden in die Preußische Staatszeitung eingerückt. Ist dies geschehen, so kann sich Niemand mit der Ausflucht schützen, daß ihm der Inhalt des Erlasses nicht bekannt geworden sei. Die Publikationswirkung tritt rücksichtlich solcher Erlasse drei Tage nach dem Erscheinen des betreffenden Zeitungsstücks, und zwar in der Mittagsstunde des dritten Tages ein.

§ 59. Streitigkeiten, welche in Angelegenheiten der Gesellschaft zwischen einzelnen Aktionairen unter einander oder in der Gesellschaft dem einzelnen Mitgliede gegenüber entstehen, werden mit Ausnahme des im § 52 erwähnten Falles nur durch ein schiedsrichterliches Verfahren geschlichtet. Dies Verfahren wird vom Direktor eingeleitet, sobald einer der streitenden Theile darauf anträgt. Von jeder Parthei wird ein Schiedsrichter gewählt, dessen Name dem Direktor anzuzeigen ist. Geschieht solches binnen der vom Direktor zu bestimmenden Frist nicht, so wird von ihm der Schiedsrichter ernannt. Beide Schiedsrichter wählen gemeinschaftlich einen dritten als Obmann. Die Schiedsrichter müssen in Neustadt-Eberswalde oder in einem Umkreise von zwei Meilen dieser Stadt wohnen. Die Partheien legen ihnen den streitigen Fall, unter Beifügung der erforderlichen Dokumente schriftlich vor, und die Schiedsrichter entscheiden darüber durch Stimmenmehrheit. Die Bestimmung der Mittel, durch welche sie sich Ueberzeugung von dem wahren Verhältnisse der Sache verschaffen wollen, bleibt lediglich ihrem Ermessen überlassen.

§ 60. Ein Rechtsmittel gegen den Ausspruch der Schiedsrichter findet mit alleiniger Ausnahme der im § 172 Tit. 2 Theil I der Allgemeinen Gerichts-Ordnung bestimmten Fälle nicht Statt.

Die Vollstreckung der schiedsrichterlichen Urtheile bleibt dem ordentlichen Richter vorbehalten. Weigert sich eine Parthei, den Bestimmungen des § 59 Folge zu leisten, so werden alle thatsächlichen Behauptungen der Gegenparthei für wahr angenommen und es wird, auf diese gestützt, das schiedsrichterliche Urtheil gefällt.

§ 61.

§ 61. Insofern der Staat auf den Grund des mit demselben abzu-schließenden Vertrages das Eigenthum der zu erbauenden Chaussee erwerben sollte, löst sich die Aktiengesellschaft auf. Außerdem kann die Auflösung der Aktiengesell-schaft nur von der General-Versammlung der Aktionaire mit einer Mehrheit von zwei Drittheilen aller anwesenden Stimmen und nur mit ausdrücklicher Genehmi-gung des Staats gültig beschlossen werden. Jedoch soll durch diese vorbehaltene Genehmigung die Schlußbestimmung des § 8, „daß ein Aktionair niemals zur Ent-richtung eines Zuschusses zu dem von ihm gezeichneten Aktienbetrage verbunden sei", weder geändert noch aufgehoben werden.

Wenn die Auflösung der Gesellschaft auf diese oder jene Weise stattfindet, so hat das Comité alle darin einschlagende Angelegenheiten Namens der Gesellschaft nach seiner besten Ueberzeugung zu besorgen, und sowohl die Veräußerungen des Eigenthums als auch die Vertheilung des Erlöses, nach Abzug der zu bezahlenden Schulden, auf sämmtliche Aktien gleichmäßig herbeizuführen.

Neustadt-Eberswalde, den 24. Oktober 1842.

Schema A.

№

== 100 Thlr. in Preußischem Kourant. ==

Aktie

des ....

der Neustadt-Eberswalde-Freienwalder Chausseebau-Gesellschaft.

Der .... hat an die Kasse der Chausseebau-Gesellschaft zur Erbauung einer Chaussee von Neustadt-Eberswalde bis Freienwalde

== Einhundert Thaler Preuß. Kourant ==

nach dem Münzfuße vom Jahre 1821 baar eingezahlt und nimmt nach Höhe dieses Betrages und in Gemäßheit der bestätigten Statuten vom 24. Oktober 1842 verhältnißmäßigen Theil an dem gesammten Eigenthum, Gewinn und Verlust der Gesellschaft.

Neustadt-Eberswalde, den

Das Comité der Neustadt-Eberswalde-Freienwalder Chausseebau-Gesellschaft.

Schema B.

Aktie №   Dividendenschein №   Verwaltungsjahr 18

Der .... erhält gegen Rückgabe dieses Dividendenscheins aus der Kasse der Neustadt-Eberswalde-Freienwalder Chausseebau-Gesellschaft diejenige Dividende ausgezahlt, welche von dem Reinertrage des Verwaltungsjahrs 18   auf die Aktie №   fallen, und deren Betrag nebst der Verfallzeit von dem unterzeichneten Comité statutenmäßig bekannt gemacht wird.

Neustadt-Eberswalde, den

Das Comité der Neustadt-Eberswalde-Freienwalder Chausseebau-Gesellschaft.

Bemerkung. Vorliegender Dividendenschein wird nach § 14 des Statuts ungültig, wenn die darauf zu erhebende Dividende innerhalb vier Jahren nach der öffentlich bekannt gemachten Verfallzeit nicht erhoben worden.

Potsdam, den 11. Oktober 1844.

Die vorstehende Allerhöchste Kabinetsordre vom 30. August d. J. und das durch dieselbe unter gewissen Maßgaben bestätigte, unterm 24. Oktober 1842 vereinbarte und am 24. Oktober 1843 gerichtlich vollzogene Statut der Neustadt-Eberswalde-Freienwalder Aktien-Chausseebau-Gesellschaft bringen wir zufolge Allerhöchster Bestimmung, so wie in Gemäßheit des § 3 des Gesetzes über die Aktien-Unternehmungen vom 9. November 1843 hierdurch zur öffentlichen Kenntniß.

Königl. Regierung. Abtheilung des Innern.

Amtsblatt
der Königlichen Regierung zu Potsdam
und der Stadt Berlin.

Stück 44.   Den 1. November.   **1844.**

Se. Majestät der König haben nach dem Antrage des Dom-Kapitels zu Brandenburg die im Art. XI der Statuten vom 30. November 1826 enthaltenen beschränkenden Bestimmungen in Betreff der Dispositionsbefugniß des Dom-Kapitels über das Vermögen desselben in der, aus der unter A nachfolgenden Allerhöchsten Ordre vom 14. September d. J. näher ersichtlichen Weise allergnädigst zu erweitern geruht, so wie ferner von des Herrn Ministers des Innern Excellenz durch das unter B nachstehende Rescript vom 12. d. M. die von dem Dom-Kapitel gleichzeitig gewünschte, dort näher bemerkte Modifikation der §§ 11 und 15 der Geschäfts-Instruktion vom 30. September 1832 genehmigt worden ist.

Im Auftrage des Herrn Ministers des Innern Excellenz bringe ich diese abändernden Bestimmungen hierdurch zur allgemeinen Kenntniß.

Potsdam, den 21. Oktober 1844.

Der Ober-Präsident der Provinz Brandenburg.
(gez.)   von Meding.

A.

Auf den Bericht vom 15. v. M. will Ich nach dem Antrage des Dom-Kapitels zu Brandenburg die im Art. XI der Statuten vom 30. November 1826 gemachte Beschränkung des Dom-Kapitels bei Verfügungen über dessen Vermögen dahin modifiziren, daß das genannte Dom-Kapitel zu Veräußerungen, Belastungen und Erwerbungen von Grundstücken und Gerechtigkeiten, so wie zur Aufnahme neuer Kapitalschulden nur mit landesherrlicher Genehmigung befugt, dagegen aber selbstständig berechtigt sein soll, das Kapital-Vermögen zur Ablösung beständiger Lasten zu verwenden, in inländischen Staatspapieren und Pfandbriefen anzulegen, oder gegen hypothekarische Sicherheit im Inlande auszuleihen und die in Folge hiervon nöthigen Verfügungen zu treffen; insonderheit Kapitalien wieder einzuziehen, Quittungen oder Zeßionen darüber zu ertheilen, und Eintragungen, so wie Löschungen in den Hypothekenbüchern zu beantragen und zu bewilligen. Um bei dieser Einrichtung die Verwaltung und Erhaltung des Kapital-Vermögens des Dom-Kapitels gehörig beaufsichtigen zu können, hat Letzteres dem Ministerium des Innern alljährlich die von dem Kapitel geprüfte und genehmigte Rechnung einzureichen, aus welcher ersichtlich sein muß, wie hoch sich das Kapital-Vermögen beläuft, welche Veränderungen damit im verflossenen Jahre vorgenommen worden sind, und wie

und zu welcher Sicherheit, dasselbe zugelegt ist. Das Dom-Kapitel zu Brandenburg ist von diesen Bestimmungen in Kenntniß zu setzen und sind die betheiligten
Behörden, demgemäß mit Anweisung zu versehen.

Sanssouci, den 14. September 1844.

(gez.) Friedrich Wilhelm.

An den Staats-Minister Grafen von Arnim.

B.

Auf meinen Bericht vom 15. August d. J. haben des Königs Majestät geruhet,
in Betreff der Abänderung des Art. XI des Statuts die in beglaubter Abschrift
anliegende Allerhöchste Ordre vom 14. September d. J. zu erlassen. Indem ich
dem Dom-Kapitel dieselbe zufertige, genehmige ich zugleich auf den Antrag vom
6. Juni d. J. die für den Fall jener Allerhöchsten Entschließung von dem Kapitel
gewünschte Modiffikation der §§ 11 und 13 der Geschäfts-Instruktion vom 30. September 1832, bestätigt am 2. September 1834, und setze demgemäß fest:

daß in Zukunft der Dechant allein befugt sein soll, Kapitalien zu kündigen,
in Empfang zu nehmen, darüber zu quittiren, solche zu zediren und anderweitig zu belegen, ohne der § 11 der Geschäfts-Instruktion ausgesprochenen
Beschränkung ferner zu unterliegen.

Berlin, den 12. Oktober 1844.

Der Minister des Innern.

(gez.) Graf von Arnim.

An das Dom-Kapitel zu Brandenburg.

Verordnungen und Bekanntmachungen
für den Regierungsbezirk Potsdam und für die Stadt Berlin.

Potsdam, den 17. Oktober 1844.

№ 251.
Aufruf der
unbekannten
Eigenthümer
mehrerer im
Grenzbezirke
vorgefundenen
Waaren.
IV. 509. Okt.

Am 28. August d. J., Morgens zwischen 12 und 1 Uhr, sind etwa
1500 Schritte vom Flecken Zechlin, bei dem sogenannten Eichholze, im Grenzbezirk, auf dem Ackerstücke des Ackerbürgers Dittmann, unter Hafergarben versteckt:

4 Zentner 60 Pfund brutto Hutzucker und
81 Pfund Rum in einem Fasse

vorgefunden worden, ohne daß es bis jetzt gelungen ist, die Eigenthümer dieser
Waaren zu ermitteln.

Es werden daher alle diejenigen, welche sich als rechtmäßige Eigenthümer derselben legitimiren können, aufgefordert, ihre Eigenthums-Ansprüche binnen vier
Wochen bei der unterzeichneten Behörde geltend zu machen, widrigenfalls der öffentliche Verkauf der genannten Waaren angeordnet, und der dabei gelöste Betrag
dem Fiskus zugesprochen werden müßte.

Königl. Regierung.

Abtheilung für die Verwaltung der indirekten Steuern.

Verordnungen und Bekanntmachungen, welche den Regierungsbezirk Potsdam ausschließlich betreffen.

Nachweisung der an den Pegeln der Spree und Havel im Monat Juni 1844 beobachteten Wasserstände. № 202.

Datum.	Berlin.		Spandow.		Pots-dam.	Baum-garten-brück.	Brandenburg.		Rathenow.		Havel-berg.	Plauer Brücke.
	Ober-Wasser	Unter-Wasser	Ober-Wasser	Unter-Wasser			Ober-Wasser	Unter-Wasser	Ober-Wasser	Unter-Wasser		
	Fuß Zoll	Fuß Zoll	Fuß Zoll	Fuß Zoll	Fuß Zoll	Fuß Zoll	Fuß Zoll	Fuß Zoll	Fuß Zoll	Fuß Zoll	Fuß Zoll	Fuß Zoll
1	8 4	4 8	7 4	3 10	4 3	2 6	6 $1\frac{1}{4}$	4 9	4 10	4 2	7 3	6 6
2	8 3	4 8	7 4	3 6	4 3	2 $5\frac{1}{2}$	6 2	4 8	4 9	4 1	7 9	6 5
3	8 3	4 7	7 5	3 6	4 3	2 $5\frac{1}{2}$	6 $2\frac{1}{4}$	4 $7\frac{1}{2}$	4 $8\frac{1}{4}$	4 1	8 3	6 4
4	8 3	4 —	7 4	3 6	4 2	2 5	6 2	4 $6\frac{1}{4}$	4 7	3 $11\frac{1}{4}$	8 10	6 4
5	8 4	4 4	7 2	3 6	4 2	2 $4\frac{1}{2}$	6 2	4 5	4 7	3 $11\frac{1}{4}$	9 4	6 3
6	8 4	4 —	7 2	3 6	4 2	2 4	6 2	4 4	4 6	3 $10\frac{1}{2}$	9 10	6 2
7	8 4	4 —	7 —	3 4	4 2	2 4	6 2	4 3	4 4	3 8	10 5	6 1
8	8 4	4 —	6 10	3 2	4 2	2 4	6 1	4 2	4 4	3 8	10 8	6 —
9	8 4	4 —	7 —	3 4	4 1	2 4	6 $2\frac{1}{4}$	4 1	4 3	7 11	10 7	5 11
10	8 4	4 —	7 —	3	2 4	1 2	6 $1\frac{1}{2}$	4 —	4 3	3 6	9 9	5 9
11	8 4	4 —	7 —	3 4	4 1	2 $3\frac{1}{2}$	6 $1\frac{1}{2}$	—	4 2	3 4	8 10	5 8
12	8 3	4 —	7 —	3 4	4 1	2 3	6 1	4 $10\frac{1}{2}$	4 2	3 3	8 —	5 6
13	8 2	4 —	6 10	3 4	4 1	2 3	6 $2\frac{1}{4}$	3 $9\frac{1}{2}$	4 2	3 3	7 6	5 5
14	8 2	4 —	6 8	3 2	4 1	2 $3\frac{1}{2}$	6 1	3 8	4 2	1 $3\frac{1}{2}$	7 2	5 5
15	8 2	4 —	6 8	3 1	4 1	2 3	5 9	3 9	4 —	1 $1\frac{1}{2}$	6 9	5 4
16	8 —	3 6	6 10	3 —	4 1	2 4	5 3	3 4	4 —	1 $1\frac{1}{2}$	2 10	6 6	5 3
17	8 —	3 6	6 8	3 —	2 4	1 2	5 11	3 4	4 —	2 9	6 4	5 2
18	8 —	3 10	6 8	3 —	2 4	—	6 2	3 $5\frac{1}{4}$	4 —	2 9	5 11	5 2
19	8 —	3 9	6 8	3 —	2 4	—	6 $2\frac{1}{2}$	3 $5\frac{1}{4}$	4 —	2 9	5 8	5 1
20	8 —	3 9	6 8	3 —	2 4	—	6 $1\frac{1}{2}$	3 4	4 —	2 8	5 5	5 1
21	8 1	3 6	6 7	3 —	2 4	—	6 3	3 6	4 —	2 7	5 1	5 $\frac{1}{4}$
22	8 —	3 6	6 $7\frac{1}{2}$	3 —	2 4	—	6 3	3 $5\frac{1}{4}$	4 —	2 7	4 10	5 $\frac{1}{4}$
23	8 —	3 6	6 8	3 1	4 —	2 $2\frac{1}{2}$	6 2	3 $4\frac{1}{4}$	4 —	2 7	4 8	5 $\frac{1}{4}$
24	8 —	3 6	6 8	3 1	4 —	2 $2\frac{1}{2}$	6 2	3 $5\frac{1}{4}$	4 —	2 7	4 7	5 $\frac{1}{4}$
25	8 —	3 6	6 9	3 —	4 —	2 $2\frac{1}{2}$	6 2	3 $5\frac{1}{4}$	4 —	2 7	4 7	5
26	8 —	3 8	6 10	3 —	4 —	2 $2\frac{1}{2}$	6 2	3 —	5 $5\frac{1}{4}$	2 7	4 6	5
27	8 —	3 8	6 9	3 —	4 —	2 3	6 2	3 —	3 $5\frac{1}{4}$	2 7	4 5	5 —
28	7 10	3 8	6 9	3 —	4 —	2 3	6 —	3 4	3 5	2 7	4 4	5 —
29	7 8	3 7	6 9	3 —	4 —	2 3	5 11	3 3	4 1	2 7	4 4	5 —
30	7 10	3 7	6 9	3 —	4 —	2 3	6 1	3 3	4 1	2 7	4 3	4 $11\frac{1}{2}$

Potsdam, den 16. Juli 1844.   Königl. Regierung. Abtheilung des Innern.

Potsdam, den 21. Oktober 1844.

№ 253.
Agentur-
Bestätigung.
I. 240. Okt.

Auf Grund des § 12 des Gesetzes vom 8. Mai 1837 wird hierdurch zur öffentlichen Kenntniß gebracht, daß der Kaufmann Heinrich Ferdinand Freund zu Cöpenick als Agent der Feuerversicherungs-Anstalt Borussia für die Stadt Cöpenick und Umgegend von uns bestätigt worden.

Königl. Regierung. Abtheilung des Innern.

Potsdam, den 23. Oktober 1844.

№ 254.
Agentur-
Bestätigung.
I. 358. Okt.

Auf Grund des § 12 des Gesetzes vom 8. Mai 1837 wird hierdurch zur öffentlichen Kenntniß gebracht, daß der Kaufmann und Stadtrath C. F. A. Klincke hierselbst als Agent der Niederrheinischen Güter-Assekuranz-Gesellschaft von uns bestätigt ist.
Königl. Regierung. Abtheilung des Innern.

Verordnungen und Bekanntmachungen des Königl. Kammergerichts.

№ 11.
Einreichung
der Geschäfts-
Uebersichten.

Beim Herannahen des Termins, zu welchem die Geschäfts-Uebersichten einzureichen sind, nimmt das Kammergericht Veranlassung, den sämmtlichen Untergerichten des Departements die genaueste Befolgung der, in dem Ministerial-Rescripte vom 31. Oktober 1842 (Justiz-Ministerialblatt pro 1842 № 46) in dieser Beziehung enthaltenen Vorschriften in Erinnerung zu bringen. Insbesondere werden dieselben angewiesen, alle Sorgfalt darauf zu verwenden,

daß in die, nach Abschnitt I I des gedachten Ministerial-Rescripts in diesem Jahre von den Königlichen und aus Justizfonds unterhaltenen Gerichten, so wie von den größeren Privatgerichten, welche für sich allein einen besonderen Richter haben, zu fertigende Uebersicht der Jurisdiktions-Verhältnisse alle daselbst sub № 1, 2 und 3 vorgeschriebenen Angaben vollständig aufgenommen, von den kleineren Patrimonialgerichten dagegen, statt dieser Uebersicht, die dem Formulare zu der von ihnen einzureichenden Haupt-Uebersicht der Geschäfte (Beilage A) sub № 1 a — f beigefügten Notizen auf dem Titelblatte der letzteren genau angegeben werden.

Ganz besonders wird erwartet, daß sämmtliche Untergerichte die, auf Grund der ultimo 1843 stattgefundenen allgemeinen Volkszählung anzugebende Zahl der Eingesessenen ihres Gerichtssprengels ganz genau mit den Angaben der Administrativ-Behörden übereinstimmend verzeichnen; es wird den Gerichten in dieser Beziehung empfohlen, den Administrativ-Behörden den Umfang ihres Gerichtssprengels, namentlich in den Fällen, wo nicht sämmtliche Einwohner eines Orts zu ihrem Gerichtssprengel gehören, speziell zu bezeichnen und sich darnach die erforderlichen Notizen zu erbitten.

Bei dieser Gelegenheit werden die Untergerichte auch noch auf die, in den Bemerkungen der Haupt-Uebersicht (Beilage A), rücksichtlich der Ehescheidungen, in diesem Jahre zu machenden Angaben, so wie auf die Beachtung des Ministerial-

Rescripts vom **31. Mai 1844** (Justiz-Ministerialblatt Seite **228**) wegen Aufnahme der Landstreicher ꝛc. in die, an unserm Kriminal-Senat besonders einzurichende Uebersicht der neu eingeleiteten Untersuchungen, aufmerksam gemacht.

Berlin, den 18. Oktober 1844.

Königl. Preuß. Kammergericht.

Verordnungen und Bekanntmachungen der Behörden der Stadt Berlin.

№ 73.
Die Schädlichkeit des Kohlendampfes betreffend.

Durch viele traurige Erfahrungen ist es erwiesen, daß glühende Holz- oder andere Kohlen eine Luftart entwickeln, welche der menschlichen Gesundheit äußerst nachtheilig ist und oft den Tod veranlaßt. Wer daher in Zimmern bei verschlossenen Thüren und Fenstern glühende Kohlen eine Zeit lang stehen läßt, oder die Ofenröhre verschließt, wenn noch glühende Kohlen im Ofen vorhanden sind, bringt sich und alle diejenigen, welche sich in einem solchen Zimmer aufhalten oder schlafen, in Lebensgefahr. Man irrt sehr, wenn man glaubt, es sei keine Gefahr vorhanden, wenn man in einem solchen Zimmer keinen Rauch oder üblen Geruch bemerkt. Die tödtliche Luft äußert ihre schädliche Wirkung ohne sich den Sinnen bemerklich zu machen. Das Polizei-Präsidium fordert daher Jedermann auf, hierin die größte Vorsicht zu beobachten, und insbesondere die Hausväter und Dienstherrschaften, deshalb auf ihre Familien und ihr Gesinde eine sorgfältige Aufsicht zu führen, indem sonst bei einem entstehenden Unglück diejenigen, welche hierin etwas verabsäumen, nach dem Grade ihrer Fahrlässigkeit und der Erheblichkeit des Schadens die in den Gesetzen bestimmte Strafe zu erwarten haben.

Berlin, den 15. Oktober 1844.　　　Königl. Polizei-Präsidium.

№ 74.
Schießübungen bei Berlin betreffend.

Das Füsilier-Bataillon des Kaiser Franz Grenadier-Regiments wird in der Hasenheide Schießversuche in den dem Regimente daselbst gehörigen Schießständen abhalten. Dies wird zur Warnung hiermit bekannt gemacht.

Berlin, den 21. Oktober 1844.　　　Königl. Polizei-Präsidium.

Personalchronik.

Die Försterstelle zu Zippelsförde im Forstreviere Alt-Ruppin, welche durch die Pensionirung des Försters König zum 1. November d. J. erledigt worden, ist von diesem Tage ab dem Förster Heese, bisher zu Heegermühle im Forstreviere Biesenthal, verliehen.

Anstellungen und Todesfälle im Kirchen- und Schulwesen im IIIten Quartal 1844.

A. Als Prediger sind angestellt oder versetzt:

Superintendentur:

Beeskow. Der Kandidat C. W. F. Copien als Prediger zu Crügersdorf, Schneeberg und Delzen.

Belzig. Der Kandidat J. Schultze als Diakonus und Rektor zu Brück.

Superintendentur:

Berlin-Land. Der Prediger zu Löwenbruch, K. F. E. Kümmel, als Prediger zu Schönerlinde.

Bernau. Der Prediger zu Börnicke, L. Silber, als Prediger zu Zühlen und Grünthal.

Pritzwalk. Der Prediger und Rektor in Templin, W. A. M. Pälegrimm, als Prediger zu Kohlsdorf.

Neu-Ruppin. Der Hülfsprediger zu Delitz, J. F. D. Wolfart, als Prediger zu Werder.

Spandow. Der Prediger zu Havelberg, K. D. Fris, als Prediger zu Schönwalde.

Wusterhausen an der Dosse. Der Kandidat L. W. Buchholz, als Pfarr-Adjunkt zu Brunne.

Königs-Wusterhausen. Der Prediger zu Werder, L. L. Sachse, als Oberprediger zu Buchholz, und der Prediger zu Lüdersdorf, F. J. E. Ebert, als Pfarr-Adjunkt zu Wassersdorf.

Zossen. Der Prediger zu Mietstock, W. H. J. Braune, als Oberprediger zu Mittenwalde.

B. Als Schullehrer sind angestellt oder versetzt:

Baruth. Der int. Lehrer zu Baruth, F. A. Börsch, als Kantor, Organist und Lehrer daselbst.

Beeskow. Der Lehrer am großen Militair-Waisenhause zu Potsdam, C. E. Loock, als Subrektor und 2ter Lehrer an der Stadtschule, so wie als Organist zu Beeskow.

Bernau. Der Küster und Schullehrer zu Cöpenick, C. F. L. Zaar, als Lehrer und Organist an der Stadtschule zu Bernau.

Neustadt-Brandenburg. Der int. Lehrer zu Schmerin, W. F. C. Lange, als wirklicher Küster und Schullehrer daselbst.

Dom Brandenburg. Der int. Lehrer zu Marzahn, J. W. J. Lehmann, als wirklicher Küster und Schullehrer daselbst.

Gramzow. Der Schullehrer in Brüssow, L. W. Kichler, als Kantor, Schullehrer und Küster in Gramzow, und der int. Lehrer zu Warbitz, W. C. D. Lorenz, als Küster und Schullehrer-Adjunkt daselbst.

Dom Havelberg. Der int. Lehrer J. A. Schäfer als 3ter Lehrer an der Domschule zu Havelberg.

Lindow. Der Lehrer in Alexandershof, J. L. Tralles, als Küster und Schullehrer in Strubensee, der int. Lehrer K. Pleyer als Küster und Schullehrer in Schönberg und der Predigt- und Schulamts-Kandidat F. H. H. Baetke als Rektor zu Lindow.

Perleberg. Der Lehrer in Heinrichsdorf, J. C. H. Gründel, als Küster und Schullehrer-Adjunkt zu Rebelin, und der Lehrer in Zwischendeich, J. F. Sprung, als Küster und Schullehrer-Adjunkt zu Kleinow.

Prenzlow I. Der Küster und Schullehrer-Adjunkt zu Güstow, L. Stelscher, als 2ter Lehrer an der städtischen Armenschule zu Prenzlow, und der int. Lehrer G. F. W. L. Wentz, als 2ter Lehrer an der vorgenannten Schule zu Prenzlow.

Superintendentur:

Prenzlow II. Der Küster und Schullehrer zu Brechow, F. Jänisch, als Küster und Schullehrer-Adjunkt zu Schmölln, und der Lehrer C. F. Richter zu Brüssow als Lehrer und Küster zu Brüssow.

Puttlitz. Der int. Lehrer G. C. F. Grothe als Küster und Schullehrer zu Hülsebeck und der Lehrer in Neuhausen, G. F. Müller, als Küster und Schullehrer zu Reetz.

Rathenow. Der 2te Lehrer zu König, J. J. Bohne, als Küster und Schullehrer zu Stechow.

Spandow. Der 3te Lehrer an der Stadtschule zu Spandow, J. E. C. Herrmann, als Konrektor und 2ter Lehrer an derselben, und der Predigtamts-Kandidat J. F. Heinrich als Subrektor und 3ter Lehrer an derselben Schule.

Wittstock. Der Lehrer zu Heinrichsdorf, E. J. Gräbke, als Küster und Schullehrer zu Gabel.

Königs-Wusterhausen. Der Lehrer zu Petershagen, J. F. L. S. K. Baltzer, als Küster und erster Lehrer zu Mittenhofe.

Zehdenick. Der int. Lehrer zu Hast, K. F. F. Ropp, als 2ter Lehrer daselbst.

Zossen. Der int. Lehrer J. C. Steller als Küster, Schullehrer und Organist zu Ragow.

C. Todesfälle.

a) Prediger.

Der Prediger Conradi zu Prötzlin, Superintendentur Lenzen; der Prediger Bethke zu Jagow, Superintendentur Prenzlow I.; der Prediger Geißler zu Wriezen, Superintendentur Wriezen.

b) Schullehrer.

Der Küster und Schullehrer Krembzow zu Stambeck, Superintendentur Angermünde; der Lehrer Völker zu Lindow, Superintendentur Lindow; der Küster und Schullehrer Theel zu Karstedt, Superintendentur Perleberg; der Küster und Schullehrer Pracht zu Flieth, Superintendentur Prenzlow I.; der Lehrer Meyer zu Braunsdorf, Superintendentur Storkow; der Lehrer Schröder zu Wendisch-Buchholz, Superintendentur Königs-Wusterhausen.

Von dem Konsistorium der Provinz Brandenburg sind unterm 23. Oktober d. J. die Kandidaten:

Daniel August Friedrich Bando aus Pritzerbe,

Ulrich Friedrich Felix Theophilus Dieckmann aus Danewitz,

Karl Friedrich Alexander Henschke aus Birnbaum,

Albin Alexander Hiltmann aus Berlin,

Rudolph Bollrath August Theser aus Joachimsthal,

Ernst Julius Theodor Jungk aus Bredow,

Anton Viktor Kozlowski aus Berlin,

August Ludolph Müller aus Bernstein,

Friedrich Wilhelm Prawitz aus Neu-Meklenburg und

Ernst Friedrich August Wilhelm Suckman aus Rheinsberg

für wahlfähig zum Predigtamte erklärt worden.

Bei der am 19. und 20. September d. J. in dem Schullehrer-Seminar zu Potsdam gehaltenen Abgangsprüfung sind folgende Seminaristen für anstellungsfähig im Schulamte erklärt worden:

Gustav Herrmann Bartholomäus aus Schönweide bei Luckenwalde,
Karl Gustav Lebrecht Becker aus Neustadt-Eberswalde,
Adolph Wilhelm Beerbaum aus Biesdorf bei Wriezen an der Oder,
Karl Herrmann Bienengräber aus Bardenitz bei Treuenbrietzen,
Karl Friedrich Wilhelm Bohse aus Potsdam,
Friedrich Ludwig Wilhelm Döhler aus Brandenburg,
Gustav Ferdinand Dreusike aus Fehrbellin,
Albert Karl Alexander Feldt aus Potsdam,
Johann Theodor August Hechel aus Brandenburg,
Heinrich Herrmann Hellmann aus Potsdam,
Georg Ferdinand Franz Ihlenfeldt aus Greifenberg in der Ukermark,
Gottfried August Heinrich Königsmann aus Christindorf bei Trebbin,
Johann Friedrich Wilhelm Kuhnow aus Zellin an der Oder,
Ferdinand Franz Wilhelm Lübicke aus Friesack,
Friedrich August Müller aus Potsdam,
Christian Louis Neumann aus Jüterbogk,
Julius Ferdinand Franz Pickert aus Lindenau bei Neustadt an der Dosse,
Johann Friedrich August Rasack aus Jänickendorf, bei Luckenwalde,
Theodor Georg Schütz aus Baruth,
Martin Friedrich Leopold Seibler aus Angermünde,
Johann Ludwig Tesch aus Potsdam,
Heinrich Karl Alexander Stein aus Niemegk,
Johann Karl August Tiebach aus Brandenburg,
Karl Friedrich Wilhelm Waßmannsdorf aus Rathenow,
Karl Friedrich August Zander aus Pritzerbe.

Dem Kandidaten der Theologie Friedrich Wilhelm Alexander Drabitius zu Berlin ist die polizeiliche Erlaubniß zur Annahme einer Hauslehrerstelle ertheilt worden.

Vermischte Nachrichten.
Geschenke an Kirchen.

Die Fischerwittwe Protz, geb. Pohl, hat in der Kirche zu Königsberg, Superintendentur Wittstock, aus ihrem Vermögen eine Orgel errichten lassen, und dazu 475 Thlr. verwendet. Die Frau Kompatronin, verwittwete von Calbo, geb. von Moellendorf daselbst, hat die deßhalb erforderlichen baulichen Veränderungen im Innern der Kirche aus eigenen Mitteln bewirkt, alle Materialien hergegeben und alle Fuhren mit einem Kostenaufwande von 120 Thlrn. geleistet, sich außerdem anheischig gemacht, ein Kapital von 100 Thlrn. herzugeben, zu einem Fonds zur künftigen etwanigen Reparatur der Orgel, so daß die ganze Angelegenheit weder der Kirchenkasse noch der Gemeinde jetzt und künftig irgend eine Ausgabe verursachen soll.

(Hierbei zwei öffentliche Anzeiger.)

Amtsblatt
der Königlichen Regierung zu Potsdam
und der Stadt Berlin.

Stück 45.   Den 8. November.   **1844.**

Verordnungen und Bekanntmachungen,
welche den Regierungsbezirk Potsdam ausschließlich betreffen.

Potsdam, den 19. Oktober 1844.

Zur Deckung der Ausgaben beim Domainen-Feuerschäden-Fonds ist in der am 22. Juni d. J. abgehaltenen Konferenz der Vertreter und Deputirten des Verbandes ein Ausschreiben extraordinairer Beiträge auf Höhe des gewöhnlichen Beitrages von 2 Sgr. pro 100 Thlr. der Versicherungssumme 1ster Klasse, à 3 Sgr. pro 100 Thlr. der Versicherungssumme 2ter Klasse beschlossen und deren Einzahlungs-Termin auf den 1. Dezember d. J. bestimmt worden.

Mit Bezug auf § 24 des Regulativs vom 28. April 1826 fordern wir die Theilnehmer des Verbandes daher auf, den extraordinairen Beitrag rechtzeitig und portofrei an die hiesige Haupt-Instituten- und Kommunal-Kasse einzusenden.

Königl. Regierung.
Abtheilung für die Verwaltung der direkten Steuern, Domainen und Forsten.

№ 255.
Extraordinaire Beiträge zum Domainen-Feuerschäden-Fonds pro 1. Mai 18⁴⁴. lfl. 1805. Spt.

Die häufigen Anträge, welche wegen Verleihung der Korporations-Eigenschaft an Kranken- und Sterbekassen eingehen, werden in der Regel nur durch die Betrachtung motivirt, daß es den gedachten Anstalten außerdem an der Möglichkeit einer genügenden Vertretung fehle, namentlich weder Kapitalien auf den Namen der Anstalt ausgethan, noch Prozesse im Namen derselben, oder wider sie, geführt werden könnten.

Diese Annahme entspricht den gesetzlichen Bestimmungen nicht vollkommen. Kranken- und Sterbekassen sind unbedenklich zu denjenigen Anstalten zu zählen, von denen § 42 Tit. 19 Thl. II des Allgemeinen Landrechts bestimmt, daß sie im Falle stillschweigender oder ausdrücklicher Genehmigung von Seiten des Staats, die Rechte moralischer Personen genießen sollen. Als solche können sie nach § 33 Thl. I Tit. 5 der Allgemeinen Gerichtsordnung gleich einzelnen Personen klagen, und es hängt, nach § 34 a. a. O. von ihren besonderen Statuten und Verfassungen ab, in wie weit sie zu Prozessen und andern gerichtlichen Verhandlungen höherer Anweisung und Genehmigung bedürfen.

№ 256.
Kranken- und Sterbekassen betreffend. 1. 626. Okt.

Insofern sie nun nicht solche Stiftungen sind, welche als einer städtischen Gemeine zugehörig betrachtet werden können, fallen sie zwar auch nicht (nach § 55
der Städte-Ordnung vom 19. November 1808 und § 104 der revidirten Städte-
Ordnung) der städtischen Oberaufsicht und Verwaltung anheim, unzweifelhaft aber,
wenn nicht ein Anderes ausdrücklich und besonders vorgeschrieben ist, liegt ihre
Beaufsichtigung den Magisträten als Polizeibehörden ob, und es ist in den Befugnissen und Pflichten dieser Beaufsichtigung ebensowohl enthalten, daß für eine angemessene Vertretung der Rechte der einzelnen Theilnehmer der Anstalt gegen deren
Verwalter, als daß für eine gehörige Vertretung der Anstalt nach außen hin, gesorgt werde.

Die beaufsichtigende Behörde ist daher berufen, auf die von den Theilnehmern
oder Mitgliedern der Anstalt erhobenen Beschwerden über die Verwaltung derselben
und das Verfahren der Administratoren zu verfügen und ihren Verfügungen Folge
zu geben, insofern nicht etwa Rechtsfragen oder lediglich solche privatrechtliche Verhältnisse vorliegen, welche der Entscheidung des Richters vorbehalten bleiben müssen.
Sofern es aber darauf ankommt, die Rechte der Anstalt nach außen hin und gegen
Dritte wahrzunehmen, hat die beaufsichtigende Behörde entweder nach Maßgabe der
statutenmäßigen Bestimmungen oder, wo es an solchen fehlt, nach Maßgabe der
obwaltenden Umstände, die erforderlichen Autorisationen speziell zu ertheilen oder die
Mitglieder der Direktion durch eine ein für allemal zu ertheilende Bescheinigung als
solche zu bezeichnen, welche durch statutenmäßig erfolgte Wahl zur Vertretung der
moralischen Person bei gerichtlichen und sonstigen Verhandlungen berufen sind.

Wird demgemäß der Verwaltung und Vertretung der Kranken- und Sterbe-
Kassen die vom Gesetz vorausgesetzte und in jeder Beziehung nothwendige Beaufsichtigung und Leitung zu Theil, so unterliegt es keinem Zweifel, daß die Verwaltung ihrer Angelegenheiten vollkommen genügend wird geführt werden können, auch
ohne daß den Anstalten die Rechte der Korporationen verliehen worden, und die
Gerichtshöfe werden, nach der darüber eingeholten Aeußerung des Herrn Justiz-
Ministers, kein Bedenken tragen, die Eigenschaft der gedachten Anstalten als moralischer Personen und damit die Befugniß ihrer gehörig legitimirten Verwalter zur
Vertretung derselben bei prozessualischen und andern gerichtlichen Verhandlungen an-
zuerkennen. Berlin, den 21. September 1844.

Der Minister des Innern.

(gez.) Graf von Arnim.

An
die Königliche Regierung zu Potsdam.

I. 486. B.

Potsdam, den 29. Oktobr. 1844.

Vorstehende Verfügung wird hiermit den Orts-Polizeibehörden und den Vorständen der bestehenden Sterbe- und Krankenkassen zur Nachricht und Beachtung
bekannt gemacht.

Wir bringen hierbei in Erinnerung, daß schon bisher zunächst den örtlichen Polizeibehörden die allgemeine polizeiliche und obrigkeitliche Beaufsichtigung der Sterbe- und Krankenkassen-Gesellschaften obgelegen hat, und daß diese Aufsicht ferner auch dahin zu richten ist, daß von den die Rechte und Pflichten der Interessenten feststellenden Statuten nicht abgewichen werde.

Königl. Regierung. Abtheilung des Innern.

Potsdam, den 28. Oktober 1844.

Auf Grund des § 12 des Gesetzes vom 8. Mai 1837 wird hiermit zur öffentlichen Kenntniß gebracht, daß der Kaufmann Friedrich Wilhelm Baronthin zu Havelberg die bisher von ihm verwaltete Agentur der Düsseldorfer Feuerversicherungs-Gesellschaft für die Stadt Havelberg und Umgegend niedergelegt hat und dagegen als Agent der Feuerversicherungs-Anstalt Borussia für die Stadt Havelberg und Umgegend von uns bestätigt worden ist.

Königl. Regierung. Abtheilung des Innern.

№ 257.
Agentur-
Bestätigung.
I. 1778. Okt.

Potsdam, den 26. Oktober 1844.

Der bisherige Rendant der Ostpriegnitzschen Kreiskasse zu Kyritz, Jordan, ist vom 1. Oktober d. J. ab in den Ruhestand versetzt, und der frühere Kreis-Sekretair Erxleben zu Rathenow von demselben Zeitpunkte an zum Rendanten der Ostpriegnitzschen Kreiskasse ernannt worden.

Königl. Regierung.

№ 258.
Die Verwal-
tung der Ost-
priegnitzschen
Kreiskassen-
Rendanten-
stelle betr.
III. d. I. 89.
Oktober.

Die Herren Aerzte und Wundärzte des Potsdamer Regierungsbezirks, welche mit der vorschriftsmäßigen Benachrichtigung über die Wirkung des in diesem Jahre ihnen mitgetheilten Impfstoffs (besonders der aus den genuinen, bei Anclam entdeckten Kuhpocken abstammenden Lymphe) noch im Rückstande sind, werden ersucht, dieselbe sofort einzusenden.

Berlin, den 20. Oktober 1844.

Direktion der Königl. Schutzimpfungs-Anstalt.

№ 259.
Einsendung
rückständiger
Berichte über
die Wirkung
des den Aerz-
ten und Wund-
ärzten zuge-
sandten Kuh-
pocken-Impf-
stoffs.
I. 2358. Okt.

Potsdam, den 31. Oktober 1844.

Von den Herren Impfärzten des diesseitigen Regierungsbezirks dürfen wir erwarten, daß sie, im Interesse der Wissenschaft und der Sanitätspolizei, vorstehender Aufforderung gern und vollständig genügen werden.

Königl. Regierung. Abtheilung des Innern.

№ 200. **Nachweisung der an den Pegeln der Spree und Havel im Monat August 1844 beobachteten Wasserstände.**

Datum	Berlin Ober-Wasser (Fuß Zoll)	Berlin Unter-Wasser (Fuß Zoll)	Spandow Ober-Wasser (Fuß Zoll)	Spandow Unter-Wasser (Fuß Zoll)	Potsdam (Fuß Zoll)	Baumgartenbrück (Fuß Zoll)	Brandenburg Ober-Wasser (Fuß Zoll)	Brandenburg Unter-Wasser (Fuß Zoll)	Rathenow Ober-Wasser (Fuß Zoll)	Rathenow Unter-Wasser (Fuß Zoll)	Havelberg (Fuß Zoll)	Plauer Brücke (Fuß Zoll)
1	7 2	3 2	6 6	2 11	3 10	2 ½	5 9	2 7½	4 —	2 —	4 —	4 4
2	7 4	3 2	6 7	3 —	3 10	2 1	5 11	2 6	4 —	2 —	3 11	4 4
3	7 3	3 2	6 7	2 11	3 11	2 1	5 6	2 6½	4 —	2 —	4 2	4 4
4	7 4	3 —	6 8	2 8	3 11	2 1½	6 —	2 5½	4 —	2 —	4 5	4 3½
5	7 2	3 —	6 8½	3 —	3 11	2 1½	6 —	2 5	4 —	2 —	4 7	4 3½
6	7 6	3 —	6 8	3 —	3 11	2 2	6 2	2 6	4 1	2 —	4 9	4 3
7	7 4	3 —	6 8	2 11	3 11	2 2	6 2	2 7	4 1	1 11	4 10	4 3
8	7 4	3 —	6 8	2 11	3 11	2 2	6 2	2 7½	4 1	1 10½	4 10	4 3
9	7 3	3 —	6 8	2 11	3 11	2 2	6 1	2 6½	4 2	1 10	4 9	4 2½
10	7 4	3 —	6 8	2 11	3 11	2 2	6 1½	2 6	4 2	1 10	4 7	4 2½
11	7 4	3 —	6 8	2 8	3 10	2 2	6 2½	2 5½	4 2	1 10	4 1	4 2½
12	7 4	3 1	6 9	2 10	3 10	2 1½	6 2½	2 7	4 1	1 10	4 1	4 2½
13	7 4	3 —	6 8	2 11	3 10	2 1½	6 1½	2 6½	4 —	1 9	4 —	4 2
14	7 4	3 1	6 8	2 11½	3 10	2 1½	6 1½	2 6½	4 —	1 9	4 —	4 2
15	7 4	3 1	6 8	2 10	3 10	2 1½	6 1½	2 6	4 1	1 9½	4 7	4 1½
16	7 3	3 —	6 8	2 10	3 10	2 1½	6 2	2 5½	4 1	1 9½	4 10	4 1½
17	7 2	3 —	6 8	2 9	3 10	2 2	6 1	2 4½	4 1	1 9	4 9	4 1
18	7 2	2 10	6 8	2 8	3 10	2 2	5 11½	2 4	4 1	1 9	4 8	4 1
19	7 2	2 10	6 8	2 11	3 10	2 2½	5 9	2 2	4 2	1 8	4 11	4 1
20	7 3	2 11	6 10	2 11	3 10	2 2½	5 9	2 2	4 1	1 7½	5 2	4 1½
21	7 4	2 11	6 10	2 11	3 11	2 3	6 2	2 6	4 2	1 8	5 1	4 1½
22	7 6	2 11	6 10	2 11	3 11	2 3	6 2½	2 6	4 2	1 9	5 1	4 1½
23	7 6	3 —	6 10	3 —	3 11	2 3	6 3½	2 6	4 2	1 10	5 2	4 1
24	7 6	3 —	6 10	2 11	3 11	2 3	6 2½	2 7	4 2	1 10	5 4	4 1
25	7 6	3 —	6 10	2 11	3 11	2 3	6 1½	2 7½	4 2	1 10	5 5	4 1
26	7 6	3 —	6 10	3 —	3 11	2 3	5 11	2 7½	4 2	1 10	5 7	4 1½
27	7 6	3 —	6 10	3 —	3 11	2 3	5 11	2 7½	4 1	1 10½	5 8	4 2
28	7 4	3 —	6 10	3 —	3 11	2 3	5 9	2 6	4 —	1 10	5 10	4 2
29	7 6	3 —	6 10	3 —	3 11	2 2½	5 11½	2 6	4 1	1 9½	5 8	4 2
30	7 7	2 10	6 10	2 11	3 11	2 2½	6 ½	2 7½	4 1	1 10	5 5	4 2
31	7 7	2 11	6 10	2 10	3 11	2 2½	6 2	2 8½	4 1	1 10	5 3	4 2½

Potsdam, den 28. September 1844.

Königl. Regierung. Abtheilung des Innern.

Republikation.

№ 261.
Sicherheits-
Maßregeln
beim Ge-
brauch der
Fähranstalten.
I. 106. Nov.

Zur Deklaration und Ergänzung des Rescripts des vormaligen Ministerii des Handels vom 28. August 1822, wegen der Sicherheitsmaßregeln beim Gebrauch der Fähranstalten und derjenigen Stromfahrzeuge, welche dem Transport von Menschen gewidmet sind (Amtsblatt 1822 Seite 216), ist durch die Verfügung des Königl. Ministerii des Innern vom 6. Mai 1827 folgendes nachträglich festgesetzt worden.

Ad § 3 A. Bei der Bestimmung der Belastungsfähigkeit der in diesem Paragraphen benannten Fahrzeuge, muß außer einem zuverlässigen Schiffer auch noch die Orts-Polizeibehörde mit zugezogen werden.

B. Der Leisten, welche die zu gestattende Einsenkung des Fahrzeuges bezeichnet, muß mindestens einen Zoll breit sein, und ist hierzu eine möglichst unauslöschliche Farbe zu wählen, welche immer zu erneuern ist, so oft sie unkenntlich geworden.

C. Bei Bestimmung der Belastungsfähigkeit ist auf das richtige Verhältniß der Breite des Fahrzeuges, insbesondere der Uebersetzungsböte, zur Tiefe der Einsenkung zu sehen, und der Gebrauch ganz schmaler Fahrzeuge zum Uebersetzen durchaus nicht zu gestatten.

D. Zu einer jeden Fähre oder jedem Prahm gehört noch ein, rücksichtlich seiner Belastungsfähigkeit ebenfalls geprüftes und bezeichnetes Boot von hinlänglicher Größe, welches unter allen Umständen leer mitgenommen werden muß, die Fähre oder der Prahm mag bis zur festgesetzten Einsenkung belastet sein oder nicht.

Ad § 12 A. Die in jedem Jahre mindestens zwei Mal von Amtswegen vorzunehmende Revision einer jeden Fähranstalt, soll durch den Kreis-Baubeamten mit Zuziehung der Orts-Polizeibehörde einmal mit dem Anfange des Winters, und einmal im Sommer stattfinden, und selbige nicht nur auf die bauliche Beschaffenheit der Uebersetzungs-Gefäße, sondern auch auf die Güte des dazu gehörigen Geschirrs gerichtet werden. Die Orts-Polizeibehörde hat darauf zu halten, daß der Anweisung des Baubeamten zur Abhülfe vorgefundener Mängel unweigerlich Folge geleistet werde. — Sollte sich bei der folgenden Revision ergeben, daß dies nicht geschehen, so hat der Baubeamte nicht nur, in sofern Gefahr im Verzuge obwaltet, das Erforderliche auf Kosten des Verpflichteten sofort anzuordnen, sondern er muß solches auch der Königl. Regierung anzeigen, worauf nöthigenfalls die Kosten executivisch beizutreiben sind. — Bei bemerkten Vernachlässigungen und Versäumnissen, deren Abhülfe minder eilig ist, hat derselbe aber nur an die Königl. Regierung zu berichten, damit die Polizeibehörde demnächst zu weiteren Maßregeln veranlaßt werden könne.

B. Jedes durch Zufall oder Benutzung zum Uebersetzen untauglich gewordene Gefäß muß so lange außer Gebrauch gesetzt werden, bis es völlig wiederhergestellt und bei der Revision als tüchtig anerkannt worden ist. Wenn dergleichen Gefäße durch vorgenommene Reparaturen und etwanige Veränderungen auch eine Veränderung ihrer Belastungsfähigkeit erlitten haben, so muß die Tiefe der Einsenkung nach §. 3 des Rescripts vom 28. August 1822 und den gegenwärtigen Zusätzen zu diesem Paragraphen anderweit festgesetzt werden.

Indem wir vorstehende Bestimmungen hierdurch zur öffentlichen Kenntniß bringen, machen wir nochmals auf die unterm 14. September 1822 publizirten Vorschriften aufmerksam, und bemerken zugleich, daß jede Vernachläßigung oder Uebertretung der erlassenen Anordnungen durch eine Polizeistrafe von 5 bis 20 Thalern, mit Anwendung der Grundsätze des Allgemeinen Landrechts Thl. II Tit. 20 §§ 88 und 89 von uns geahndet werden wird. Ist aber durch die Unterlassung der vorgeschriebenen Vorsichtsmaßregeln ein Schaden am Leben oder Leibe eines Menschen entstanden, so wird noch außerdem die Einleitung einer Kriminal-Untersuchung gegen die Uebertreter dieser Polizei-Verordnung und die Bestrafung derselben, nach Vorschrift des Allgemeinen Landrechts Thl. II Tit. 20 §§ 691, 692, 776, 777, 780, 781 in Antrag gebracht werden.

Die Herren Landräthe werden hierdurch angewiesen, auf die Befolgung der vorstehenden, so wie der älteren, diesen Gegenstand betreffenden Vorschriften strenge zu halten, so wie auch die Herren Bezirks-Baubeamten, die Orts-Polizeibehörden und alle, welche es angeht, sich hiernach auf das Genaueste zu achten haben.

Auch fordern wir das gesammte Publikum hierdurch auf, etwa bemerkte Vernachläßigungen dieser Vorschriften uns zur Abhülfe und Bestrafung anzuzeigen.

Potsdam, den 25. Juli 1827.

Königl. Regierung. Abtheilung des Innern.

Potsdam, den 2. November 1844.

Vorstehende Bestimmungen werden hierdurch von Neuem bekannt gemacht.

Königl. Regierung. Abtheilung des Innern.

Bekanntmachung.

Der unterzeichnete Vorstand hat in seiner Sitzung am 4. September d. J. festgesetzt, daß die erste General-Versammlung der märkisch-ökonomischen Gesellschaft, als Zentral-Verein für den Regierungsbezirk Potsdam,

am Montag den 18. November d. J., Vormittags 10 Uhr,
im Vereinslokal, Jägerstraße № 23 hierselbst,

stattfinden soll.

Die Gegenstände, welche zur Berathung und Diskussion kommen, sind:

1) die Begründung von Ackerbauschulen, mit Bezug auf das Anschreiben des Königl. Landes-Oekonomie-Kollegiums vom 6. April d. J.,

2) die Wirksamkeit der Thierärzte, mit Bezug auf ein Anschreiben des Königl. Landes-Oekonomie-Kollegiums vom 10. März d. J.,

3) die Einführung verbesserter Erndtemethoden, mit Bezug auf ein Anschreiben des Königl. Landes-Oekonomie-Kollegiums vom 16. Oktober v. J.,

4) Vortrag eines Vereinsmitgliedes über Geldkauf,

5) Etats-Angelegenheiten.

Mit Bezug auf § 34 der Statuten benachrichtigen wir die Mitglieder der zum Zentral-Vereine gehörenden Zweigvereine, und laden dieselben hierdurch zur General-Versammlung am benannten Tage ganz ergebenst ein.

Potsdam, den 28. Oktober 1844.

Der Vorstand der märkisch-ökonomischen Gesellschaft als Zentral-Verein für den Regierungsbezirk Potsdam.

Personalchronik.

Der bisher bei dem Regierungs-Kollegium in Koblenz beschäftigt gewesene Regierungs-Assessor, Freiherr von Frentz, ist in derselben Eigenschaft in das hiesige Regierungs-Kollegium übergegangen.

Die durch die Versetzung des Försters Heese zum 1. November d. J. erledigte Förster-stelle zu Heegermühle im Forstrevier Biesenthal ist dem versorgungsberechtigten Jäger Drewin übertragen worden.

Der Kreisthierarzt Prehr zu Düsseldorf ist in Stelle des zum Departements-Thier-arzt ernannten Repetitors Drolshagen zum Repetitor bei der Königl. Thierarzneischule zu Berlin bestellt worden.

Bei der am 23. und 24. September d. J. im Schullehrer-Seminar zu Neuzelle ge-haltenen Abgangsprüfung sind die Seminaristen:

Christian Friedrich Kulke aus Kienitz bei Cüstrin,
Karl Krauzig aus Groß-Kölzig bei Forst,
Ernst Wilhelm Duara aus Reichen bei Zilenzig,
Friedrich Ferdinand Rusensky aus Sternberg,
Johann Karl Gottlob Andrich aus Stargardt,
Karl August Jacob aus Hohenwalde bei Landsberg an der Warthe,
Ernst August Jenz aus Brenkenhofswalde bei Friedeberg,
Ernst Fellmann aus Fürstenwalde,
Karl Wilhelm August Schulz aus Wendisch-Sagar bei Crossen,
Ernst August Leopold Schulz aus Kaisermühl bei Müllrose,
Johann Christian Friedrich Schulz aus Schöneiche bei Vogelsdorf,
Karl Wilhelm Schlee aus Fürstenwalde,
Karl Ludwig Theodor Voß aus Friedeberg in der Neumark,
Johann Grüß aus Drachhausen bei Peitz,
Johann Gottfried Luttosch aus Goßmar bei Luckau,
Friedrich Wilhelm Krause aus Neuendorf bei Oderberg,
Georg Krüger aus Drewitz bei Peitz,
Ernst August Hippe aus Sorau,
Johann Ludwig Arndt aus Neubresßen bei Limmritz,
Karl Ludwig Born aus Pyrehne bei Balz,
August Wilhelm Ferdinand Donat aus Niemitzsch bei Guben,
Johann Karl Wilhelm Dannenfeld aus Lippehne,
Johann Friedrich Herrmann Klette aus Bobersberg,
Julius Theodor August Friedrich Maaß aus Berlin,
August Franz Louis Kumbst aus Orthwig bei Cüstrin,
Johann Gottlieb Mrose aus Altforst bei Forst,
Karl Friedrich August Vorwerg aus Züllichau,
Friedrich Wilhelm Albert Wonneberger aus Ziebingen bei Frankfurt an der Oder,

Friedrich Wilhelm Weichert aus Seeren bei Zilentzig,
Johann Gottlieb Ackermann aus Amanusdorf bei Calau,
Christian Gottlieb Schilling aus Hälse bei Cüstrin,
Christian Krüger aus Groß-Kölzig bei Forst,
August Klepsch aus Beitzsch bei Guben,
August Rechenberg aus Drossen,
Alfred Reinhold Louis Schulz aus Herwigsdorf bei Freistadt,
für anstellungsfähig erklärt worden.

Vermischte Nachrichten.

Nach der Allerhöchsten Kabinetsordre vom 19. Juni d. J. ist die Polizeiverwaltung über das Etablissement Hirzelslust dem Königl. Domainenamte Neustadt
an der Dosse übertragen worden.   Potsdam, den 26. Oktober 1844.
Königl. Regierung.

Dem auf der Feldmark der Stadt Strasburg in der Ukermark belegenen, dem
Gutsbesitzer Franz Ludwig Schulz gehörigen Etablissement ist der Name:
„Louisfelde" beigelegt, was wir mit dem Bemerken hierdurch zur öffentlichen
Kenntniß bringen, daß durch diese Namenbeilegung in den polizeilichen und Kom-
munal-Verhältnissen dieses Etablissements nichts geändert wird.
Potsdam, den 29. Oktober 1844.
Königl. Regierung. Abtheilung des Innern.

Geschenke an Kirchen.

Es verdient dankbare Anerkennung, daß nach der erfolgten gründlichen Wiederherstellung der Kirche zu Schönwalde, Diözes Bernau, die jungen Mitglieder der
dortigen Gemeine einen gefällig geformten Taufstein von Sandstein mit einem neusilbernen Taufbecken; der ehemalige Schulze, Kolonist Dietrich daselbst, ein Kruzifix
und zwei Altarleuchter von Gußeisen; der Oberförster Richter zu Forsthaus Mühlenbeck ein Altar-Oelgemälde mit einem schönen Goldrahmen, und der Kunsthändler
Taraschwitz in Berlin, nach mehrseitigem Urtheilen, ein werthvolles Oelgemälde
mit Goldrahmen für die Wand der Kanzel dieser Kirche geschenkt haben.
Potsdam, den 30. Oktober 1844.
Königl. Regierung.
Abtheilung für die Kirchenverwaltung und das Schulwesen.

Ein Ehepaar in Krampfer, Superintendentur Perleberg, welches nicht genannt sein
will, hat seinen schon früher für die dortige Kirche bewiesenen Wohlthätigkeitssinn dadurch erneuert, daß es der Kirche in Krampfer eine neue Kanzel- und Altarbekleidung
von feinem, blauen Tuche mit silbernen Borten und Franzen eingefaßt und einem auf der
Vorderseite der beiden Decken befindlichen Kreuze aus Silberstoff geschmückt und außerdem
drei gußeiserne Leuchter zum Altar von sehr geschmackvoller Form geschenkt hat.

(Hierbei ein öffentlicher Anzeiger.)

Amtsblatt
der Königlichen Regierung zu Potsdam
und der Stadt Berlin.

Stück 46.   Den 15. November.   **1844.**

Verordnungen und Bekanntmachungen
für den Regierungsbezirk Potsdam und für die Stadt Berlin.

Potsdam, den 8. November 1844.

Die Durchschnittspreise der verschiedenen Getreidearten, der Erbsen und der rauhen Fourage ꝛc. haben auf dem Markte zu Berlin im Monat Oktober d. J. betragen:

№ 262.
Berliner·
Marktpreise
pro Oktober
1844.
J. 621. Nov.

		Thaler		Sgr.		Pf.	
für den Scheffel Weizen	1	Thaler	20	Sgr.	3	Pf.,	
für den Scheffel Roggen	1	=	5	=	4	=	
für den Scheffel große Gerste	1	=	3	=	7	=	
für den Scheffel kleine Gerste	—	=	28	=	10	=	
für den Scheffel Hafer	—	=	22	=	7	=	
für den Scheffel Erbsen	1	=	19	=	10	=	
für den Zentner Heu	—	=	26	=	3	=	
für das Schock Stroh	6	=	20	=	7	=	
für den Zentner Hopfen	35	=	7	=	6	=	
die Tonne Weißbier kostete	4	=	—	=	—	=	
die Tonne Braunbier kostete	3	=	25	=	—	=	
das Quart doppelter Kornbranntwein kostete	—	=	4	=	—	=	
das Quart einfacher Kornbranntwein kostete	—	=	2	=	3	=	

Königl. Regierung.   Abtheilung des Innern.

Potsdam, den 5. November 1844.

Das Königl. Ministerium des Innern hat auf den Wunsch des Senats der freien Stadt Hamburg die Bestimmung getroffen, daß die auf Anlaß des dortigen großen Brandes gestiftete Erinnerungs = Medaille, welche nach dem Ableben der Inhaber derselben wieder abzuliefern ist, an uns, Behufs der weiteren Beförderung

№ 263.
Die auf
Anlaß des
großen Bran-

eingesandt werden soll. Das Patent über den Besitz derselben kann aber von den Hinterbliebenen, wenn sie es wünschen, als Andenken zurückbehalten werden.

Wir veranlassen die uns untergeordneten Behörden, bei den in ihrem Ressort vorkommenden Fällen auf die Befolgung obiger Vorschrift zu achten.

Königl. Regierung.

Verordnungen und Bekanntmachungen, welche den Regierungsbezirk Potsdam ausschließlich betreffen.

Potsdam, den 10. November 1844.

Die von der Königl. Ober-Rechnungskammer neuerdings ertheilten Vorschriften über die Anfertigung und Justifikation der Zivil-Pensions- und Wartegelder-Rechnungen machen es durchaus nothwendig, daß die Quittungen über die Zivil-Pensionen ꝛc. genau nach den gedruckten Formularen, welche durch die Regierungs-Hauptkasse und die betreffenden Spezialkassen von dem Steindrucker Willing hierselbst zu einem geringen Preise zu haben sind, ausgestellt und mit allen darauf angedeuteten Notizen versehen werden. Wir fordern daher die mit Auszahlung der Zivil-Pensionen ꝛc. beauftragten Kassen unsers Verwaltungsbezirks hierdurch auf, strenge darauf zu halten, daß die Pensions- ꝛc. Empfänger zu ihren Quittungen entweder jener Formulare sich bedienen oder wenn sie es vorziehen sollten, ihre Quittungen zu schreiben, daß sowohl diese selbst, als die vorgeschriebenen amtlichen Atteste zu denselben genau nach Anleitung der gedachten Formulare ausgestellt werden und alle in leztern bezeichneten Erfordernisse und Notizen enthalten.

In dieser Beziehung wird besonders darauf aufmerksam gemacht, daß von allen Pensionairen, die weiblichen Empfängerinnen also nicht ausgenommen, die Quittungen über ihre Pensionen nicht nur mit ihren Vor-, sondern auch mit ihren Zunamen eigenhändig zu unterschreiben sind und dabei auch die Angabe des Charakters und Alters nicht fehlen darf, und daß ebenso in den Lebens- und Aufenthalts-Attesten unter den Quittungen der vollständige Name und Charakter des Pensionaire enthalten und bei den unverheiratheten Empfängerinnen außerdem die Fortdauer ihres ledigen Standes, hinsichtlich jeder Wittwe aber noch ausdrücklich bescheinigt sein muß, daß sie sich seit dem Ableben des Mannes, als dessen Wittwe sie die Pension ꝛc. bezieht, nicht wieder verheirathet hat, wobei der Name und Charakter des verstorbenen Mannes zu wiederholen ist, wie solches das gedruckte Formular zu den Quittungen über die Pensionen ꝛc. für Wittwen vorschreibt. Sind Quittungsaussteller des Schreibens nicht kundig, so ist die stattgefundene Unterkreuzung der Quittung statt der eigenhändigen Namensunterschrift, nach den oben erwähnten Vorschriften der Königl. Ober-Rechnungskammer dahin zu bescheinigen, „daß der von Person „bekannte Aussteller die Quittung selbst durch sein Zeichen vollzogen und den Inhalt „derselben, nach bewirkter Vorlesung, anerkannt habe", und das Erforderliche deshalb in das amtliche Lebens- ꝛc. Attest mit aufzunehmen. — Wie schon früher beſtimmt, iſt von jedem Penſionair ꝛc. bei Abhebung der Penſion für den Monat Dezember eine Jahresquittung zu ertheilen; hat jedoch der Penſionair die Zahlung im Laufe eines Jahres aus mehreren Kaſſen empfangen, ſo iſt von ihm jedenfalls über denjenigen Betrag, welchen er im Laufe des Jahres bis zu Ende deſſelben bei einer und derſelben Kaſſe empfangen hat, eine Hauptquittung auszuſtellen und unter dieſer zu vermerken, welche Summen ihm für die frühern Monate des Jahres, und aus welchen Kaſſen ihm ſolche zu Theil geworden ſind.

Inſofern dieſen und den früher ertheilten anderweiten Vorſchriften, auf welche die Penſionaire von den mit Auszahlung der Penſionen und Wartegeldern beauftragten Behörden und Kaſſen gehörig aufmerkſam zu machen ſind, bei den Quittungen über fällige Zivil=Penſionen ꝛc. nicht vollſtändig genügt iſt und die Quittungen überhaupt nicht alles dasjenige enthalten, was die desfallſigen gedruckten Formulare vorſchreiben, iſt die nöthige Vervollſtändigung derſelben von den betreffenden Kaſſen jedenfalls zuvor zu veranlaſſen, ehe ſie darauf Zahlung leiſten und ſolche der Regierungs=Hauptkaſſe in Anrechnung bringen.

Uebrigens iſt von gedachten Kaſſen nach Möglichkeit dahin zu wirken, daß bei dieſen Zahlungen mit dem Jahresſchluſſe keine Reſte offen bleiben. Iſt ſolches dennoch in einzelnen Fällen nicht zu vermeiden, ſo ſind der Regierungs=Hauptkaſſe ſpäteſtens Ende Dezember jedes Jahres von den betreffenden Spezialkaſſen die Gründe anzugeben, weshalb die verbliebenen Reſte nicht zur Auszahlung und Anrechnung haben gelangen können. Auch haben es ſich die Königl. Haupt=Zoll= und Haupt=Steuerämter beſonders angelegen ſein zu laſſen, die Abrechnung mit den Penſions=Empfängern, welche neben der Penſion noch Tantieme zu beziehen haben, vorzugsweiſe dergeſtalt zu beſchleunigen, daß die für das abgelaufene Jahr mit Rückſicht auf die gewährte Tantieme etwa noch zur Ausgabe kommenden Penſionsbeträge gegen die Haupt= oder Jahresquittung der Empfänger mit Beifügung der amtlichen Atteſte über die bezogene Tantieme, der Regierungs= Hauptkaſſe längſtens bis zum 10. Januar jedes Jahres in Aufrechnung gebracht werden.

Zugleich wird den reſp. Behörden und Kaſſen mit Bezug auf die Verfügung vom 21. November 1817 (Amtsblatt 1817 Pag. 382 No 305) in Erinnerung gebracht, daß dieſelben, ſobald ſie von dem Ableben eines Penſionairs, welcher durch ſie ſeine Penſion oder Wartegeld bezogen, Kenntniß erhalten, ſich den gewöhnlichen Todtenſchein zu verſchaffen und ſolchen der Regierungs=Hauptkaſſe ungeſäumt einzuſenden, ſo wie auch derſelben nach den Verfügungen vom 28. März 1822 und 15. November 1824 (Amtsblatt de 1822 Pag. 70 No 70 und de 1824 Pag. 265 No 220) von allen ſonſtigen Heimfällen und Abgängen an Penſionen und Wartegeldern ſofort Nachricht zu geben haben.

Königl. Regierung.

№ 263.　　　　　　　　**Nachweisung**
in den Städten des Bezirks der
in welchen Getreidemärkte
stattgefundenen Getreide- und
pro Oktober

Laufende Nr.	Namen der Städte.	Der Scheffel														Der Zentner Heu.	
		Weizen.			Roggen.			Gerste.			Hafer.			Erbsen.				
		Rtl	Gr	Pf	Rtl	Gr	Pf	Rtl	Gr	Pf	Rtl	Gr	Pf	Rtl	Gr	Pf	Rtl	Gr	Pf
1	Beeskow	1	22	2	1	2	9	1	—	—	—	21	8	1	26	3	—	—
2	Brandenburg . . .	1	18	4	1	4	10	—	26	9	—	20	3	1	15	—	17	10
3	Dahme	1	21	—	1	2	9	—	23	7	—	22	8	1	23	11	23	2
4	Havelberg	1	15	9	1	1	3	—	27	11	—	18	3	1	7	—	—	—
5	Jüterbogk	1	24	2	1	3	10	—	25	4	—	21	5				—	—
6	Luckenwalde	1	22	6	1	7	1	—	26	5	—	21	2				—	—
7	Neustadt-Ebersw.	1	14	10	1	6	4	1	2	7	—	22	6	1	12	6	—	25	—
8	Oranienburg . . .	2	—	—	1	5	—	1	—	—	—	25	—				—	25	—
9	Perleberg	1	14	8	—	29	1	—	26	3	—	26	3	1	8	9	—	25	—
10	Potsdam	1	20	11	1	7	—	—	27	10	—	21	10	1	16	6	—	16	9
11	Prenzlow	1	11	11	1	4	—	—	28	7	—	21	4	1	10	9	—	15	—
12	Rathenow	1	14	2	1	5	4	—	27	1	—	19	11	1	20	4	—	15	—
13	Neu-Ruppin	1	23	6	1	1	6	—	25	—	—	19	—	1	10	—	—	18	—
14	Schwedt	1	12	2	1	3	4	1	—	9	—	20	9	1	12	6	—	—
15	Spandow	1	21	6	1	5	3	—	27	5	—	21	4	1	18	—	—	—
16	Strausberg				1	5	8	—	25	10	—	20	—	1	14	3	—	—
17	Templin	1	17	6	1	6	3	—	25	—	—	20	9				—	—
18	Treuenbrietzen . . .	1	22	—	1	4	11	—	24	10	—	20	5	1	22	6	—	—
19	Wittstock	1	22	3	1	2	2	—	25	—	—	18	2	1	8	10	—	12	6
20	Wriezen a. d. O. . .	1	15	8	1	4	5	1	2	6	—	20	—	1	17	9	—	—

sämmtlicher
Königlichen Regierung zu Potsdam,
abgehalten werden,
Victualien-Durchschnitts-Marktpreise
1844.

| Das Schock Stroh. | | | Der Scheffel Kartoffeln. | | | Das Pfund | | | | | | Das Quart | | | | | | Die Metze | | | |
| | | | | | | Roggen-Brod. | | Rindfleisch. | | Butter. | | Braunbier. | | Weißbier. | | Branntwein. | | Graupe. | | Grütze. | |
Rthl.	Sgr.	Pf.	Rthl.	Sgr.	Pf.	Sgr.	Pf.	Sgr.	Pf.	Sgr.	Pf.	Sgr.	Pf.	Sgr.	Pf.	Sgr.	Pf.	Sgr.	Pf.	Sgr.	Pf.
4	29	4	—	7	10	—	10	2	6	7	2	1	—	1	—	4	—	4	7	5	—
4			—	8	6	1	2	3	—	7	6	1	—	1	2	3	—	13	—	7	—
6			—	12	6	—	8	2	6	5	9	1	3	1	6	2	6	3	11	5	9
			—	10	—	—	11	2	6	7	—	1	—	1	—	3	9	12	—	8	—
5	5	9	—	9	4	—	9	2	6	7	—	1	3	2	—	3	—	7	6	6	6
4	6	3	—	9	10	—	9	2	6	6	6	—	9	1	—	4	—	15	—	6	—
5			—	10	—	—	11	2	6	7	6	1	3	1	6	2	—	8	—	6	—
6			—	10	—	1	—	—	3	8	—	1	—	1	6	2	6	10	—	7	6
5	21	—	—	8	3	—	9	2	6	6	6	1	—	1	—	4	—	10	—	7	—
4	26	10	—	9	4	1	—	3	9	7	—	1	3	1	6	3	6	12	—	7	—
10			—	8	6	1	2	3	—	7	11	1	—	1	—	4	—	10	—	8	—
4			—	9	1	1	—	—	3	7	6	1	3	1	6	4	—	8	—	8	6
5	15	—	—	9	6	1	4	2	6	6	—	1	—	1	3	2	9	10	—	5	6
			—	10	—	1	3	3	—	7	6							10	—	11	—
			—	9	2	1	—	—	3	7	—	1	3	2	—	4	—				
			—	7	6	—	—	—	—	7	3									5	2
5	7	6	—	7	6	—	9	2	6	8	—	1	—	1	6	2	—	10	—	6	—
			—	8	9	—	9	2	6	6	—	1	—	1	3	3	6	8	—	6	—
4	16	7	—	9	3	—	11	3	—	6	—	2	—	2	—	3	—	7	6	5	—
7			—	10	11	1	—	2	6	7	3	1	—	1	3	2	6	9	—	8	6

No 266. Nachweisung der an den Pegeln der Spree und Havel im Monat September 1844 beobachteten Wasserstände.

Datum.	Berlin. Ober-Wasser		Berlin. Unter-Wasser		Spandow. Ober-Wasser		Spandow. Unter-Wasser		Pots-dam.		Baum-garten-brück.		Brandenburg. Ober-Wasser		Brandenburg. Unter-Wasser		Rathenow. Ober-Wasser		Rathenow. Unter-Wasser		Havel-berg.		Plauer Brücke.	
	Fuß	Zoll	Fuß	Zoll	Fuß	Zoll	Fuß	Zoll	Fuß	Zoll	Fuß	Zoll	Fuß	Zoll	Fuß	Zoll	Fuß	Zoll	Fuß	Zoll	Fuß	Zoll	Fuß	Zoll
1	7	7	2	10	6	10	2	8	3	11	2	2½	6	3	2	7½	4	1	1	10	5	1	4	2
2	7	8	2	10	6	10½	2	10	3	10	2	2½	6	3	2	8	4	1	1	10½	4	10	4	2
3	7	8	3	—	6	10	2	10	3	10	2	2	6	2	2	8	4	1	1	10½	4	8	4	2
4	7	8	3	—	6	10	2	10	3	9	2	2	6	2	2	8	4	1	1	11	4	6	4	2
5	7	8	3	—	6	10	2	10	3	9	2	1½	6	2	2	8	4	1	1	11	4	4	4	2
6	7	8	3	—	6	10	2	10	3	9	2	1½	6	2	2	9	4	1	1	11	4	2	4	2½
7	7	8	3	—	6	10	2	10	3	9	2	1	6	2	2	9	4	2	1	11	4	—	4	3
8	7	8	2	10	6	10	2	8	3	8	2	1	6	2	2	9	4	2	1	11	3	11	4	3
9	7	8	2	11	6	10	2	8	3	8	2	1	6	2	2	8	4	2	1	11	4	2	4	3
10	7	8	2	11	6	11	2	8	3	8	2	½	6	1	2	7	4	2	1	11	4	11	4	3
11	7	8	3	—	6	11	2	8	3	8	2	½	6	½	2	7	4	2	1	11	5	—	4	3
12	7	7	3	—	6	10	2	8	3	8	2	½	6	2	2	6½	4	2	1	11	4	8	4	2
13	7	7	3	—	6	8	2	8	3	8	2	—	6	1	2	6½	4	2	1	11	4	5	4	2
14	7	7	3	—	6	8	2	8	3	8	2	—	6	1½	2	6	4	2	1	11	4	3	4	2
15	7	7	2	10	6	9	2	6	3	7	2	—	6	2	2	6	4	2	1	11	4	—	4	2
16	7	7	2	10	6	8	2	8	3	6	2	—	6	2	2	7	4	2	1	11	3	11	4	1½
17	7	7	2	11	6	10	2	8	3	6	2	—	6	2	2	7	4	2	1	11	3	11	4	1½
18	7	7	3	—	6	10	2	8	3	7	2	—	6	2	2	7	4	3½	1	11	4	4	4	1½
19	7	8	3	—	6	10	2	8	3	7	2	—	6	2	2	7	4	2	1	11	4	9	4	1½
20	7	8	3	—	6	10	2	9	3	7	2	—	6	2½	2	8	4	2	2	—	4	10	4	1½
21	7	8	2	11	6	10	2	8	3	7	2	—	6	2½	2	7½	4	2	2	—	4	9	4	2
22	7	8	2	10	6	11	2	7	3	7	2	—	6	2½	2	7½	4	2	2	—	4	8	4	2
23	7	8	3	1	6	10	2	8	3	7	2	—	6	2½	2	7½	4	2	2	—	4	8	4	2
24	7	8	3	1	6	10	2	8	3	7	2	—	6	2	2	8	4	2	2	—	4	10	4	2
25	7	8	3	—	6	10	2	8	3	7	2	—	6	1½	2	8	4	2	2	—	5	4	4	2
26	7	8	3	1	6	10	2	8	3	6	2	—	6	1½	2	8	4	2	2	—	6	—	4	2
27	7	8	3	2	6	10	2	8	3	6	2	—	6	1½	2	8	4	2	2	—	6	3	4	2
28	7	8	3	3	6	10	2	8	3	6	2	—	6	2	2	8	4	2	2	—	6	4	4	2
29	7	8	3	—	7	—	2	8	3	6	2	—	6	2	2	7½	4	2	2	—	6	1	4	2
30	7	8		9	7	1	2	4	3	6	2	—	6	2	2	7	4	2	2	—	6	2	4	2

Potsdam, den 28. Oktober 1844.

Königl. Regierung. Abtheilung des Innern.

Verordnungen und Bekanntmachungen des Königl. Kammergerichts.

Verordnung des Königl. Kammergerichts-Präsidiums.

An
sämmtliche Dirigenten der aus Staats-Fonds
unterhaltenen Untergerichte.

№ 12.

Beim Herannahen des Termins, zu welchem die durch die allgemeine Ministerial-Verfügung vom 31. Oktober 1836 vorgeschriebenen Konduitenlisten einzureichen sind, nimmt das unterzeichnete Präsidium Veranlassung, den sämmtlichen Herren Dirigenten der aus Staats-Fonds unterhaltenen Untergerichte des Departements die genaueste Befolgung der in dieser Beziehung bestehenden Vorschriften in Erinnerung zu bringen. Für dieses Jahr und sodann von drei zu drei Jahren ist die Konduitenliste in duplo einzureichen; für die übrigen Geschäftsjahre genügen einfache Exemplare. Uebrigens darf nicht unterlassen werden, die Listen mit den in die Kolonnen 1 bis 6 gehörenden, auf die Herren Dirigenten selbst Bezug habenden Notizen, welche gleichfalls mit Genauigkeit angegeben werden müssen, zu beginnen, die Konduitenlisten über die bei den Untergerichten fungirenden Auskultatoren und Justiz-Kommissarien aber in separato aufzustellen. Berlin, den 2. November 1844.

Das Präsidium des Kammergerichts.
von Bülow.

Verordnungen und Bekanntmachungen der Behörden der Stadt Berlin.

Der Kaufmann Herrmann John hierselbst, Breite Straße № 8 wohnhaft, ist heute als Agent der Kölnischen Feuerversicherungs-Gesellschaft bestätigt worden.

№ 75.
Agentur-
Bestätigung.

Dies wird auf Grund des § 12 des Gesetzes vom 8. Mai 1837 hiermit zur öffentlichen Kenntniß gebracht. Berlin, den 28. Oktober 1844.

Königl. Polizei-Präsidium.

Ueber die Verwaltung des Kurmärkischen Landarmenwesens für das Jahr 1843.

Unter Bezugnahme auf unsere Bekanntmachung vom 10. August v. J. (Amtsblatt der Königl. Regierung zu Potsdam de 1843 Stück 37, und außerordentliche Beilage zum 36sten Stück des Amtsblatts pro 1843 der Königl. Regierung zu Frankfurt an der Oder) werden über die Verwaltung des Kurmärkischen Landarmen-Fonds, und insbesondere der Landarmenhäuser zu Strausberg und Prenzlow, des Landarmen- und Invalidenhauses zu Wittstock und der Land-Irrenanstalt zu Neu-Ruppin folgende Nachrichten hierdurch zur öffentlichen Kenntniß gebracht.

I. Im Landarmenhause zu Strausberg

	Män-ner.	Wei-ber.	Kin-der.	Summ-ma.
befanden sich am Schluſſe des Jahres 1842..........	364	54	127	545
im Jahre 1843 sind eingeliefert worden	746	132	31	909

worunter sich 405 Rückfällige, und zwar 303 Männer und
42 Weiber befanden.

Summa	1110	186	158	1454
Davon sind:				
1) gestorben	22	9	4	35
2) entwichen	11	2	5	18
3) als Ausländer über die Grenze gewiesen..........	29	—	—	29
4) nach ihren Angehörigkeitsorten ꝛc. entlaſſen	745	121	8	874
5) in andere Anstalten geliefert	21	3	—	24
6) in Dienst oder in die Lehre untergebracht..........	20	9	15	44
Es sind also im Jahre 1843 überhaupt	848	144	32	1024
abgegangen, so daß am Schluſſe des Jahres 1843 noch ..	262	42	126	430
im Hause blieben. Aus der Zahl der Bettlerkinder sind zu				
den Schulkindern verſetzt	1	2	3	—
Der Bestand berechnet sich daher auf	261	40	129	430

Die 129 Kinder — nemlich 85 Knaben und 44 Mädchen — befanden sich
in der von dem eigentlichen Korrektionshause zwar völlig abgesonderten, rücksichtlich
der Verwaltung jedoch damit verbundenen Provinzial-Schul- und Erziehungs-Anstalt.

Im Durchschnitt haben sich in der Gesammt-Anstalt täglich 435
Personen befunden, worunter:

a) Kranke 31,
b) Schulkinder, inkl. 4 Kranke 122,
c) Krüppel und zur Arbeit unfähige Personen ... 13,
d) interimistische Domestiken 2,

= 168

waren, daher zur Arbeit durchschnittlich 267
übrig blieben.

Hiervon sind noch 13
schwache Personen abzurechnen, welche nur mit Wolleflücken und andern
häuslichen Arbeiten und Handleistungen, die keine Einnahme gewähren,
beschäftigt werden konnten, so daß zu Ertrag bringenden Arbeiten nur .. 254
übrig blieben, von welchen zum vollen Pensum 182,
und zum halben Pensum 72 36,
überhaupt also 218
Personen zum vollen Pensum beschäftigt werden konnten.

Diese

Diese haben in 305 Arbeitstagen verdient:

1) bei der Landwollen-Maschinenspinnerei .... 4931 Thlr. 23 Sgr. — Pf.
2) " " Leinwandfabrikation .... 1143 " 13 " 0 "
3) " " Tuchweberei .... 164 " — " — "
4) " " Düngergyps-Fabrikation .... 322 " 18 " — "
5) " " Schneiderei und Schuhmacherei ...... 485 " 18 " — "
6) " " Kälberhaarspinnerei .... 265 " 13 " 0 "
7) beim Federnreißen, Zwirn- und Hanfspinnen, so
wie beim Pantinenmachen .... 197 " 22 " — "

zusammen 7510 Thlr. 18 Sgr. 3 Pf.

Zu dieser Summe treten noch .... 2135 hinzu, die bei den Oekonomie-Arbeiten und andern häuslichen Beschäftigungen durch die dazu benutzten Häuslinge an Kosten erspart werden sind.

Der Arbeitsverdienst der Kinder beträgt 203 Thlr. 20 Sgr. 8 Pf.

II. Im Landarmenhause zu Prenzlow

	Män-ner.	Wei-ber.	Sum-ma.
befanden sich am Schlusse des Jahres 1842	68	10	78
im Jahre 1843 sind eingeliefert worden	320	45	365
worunter sich 108 Rückfälle, und zwar 103 Männer und 5 Weiber befanden.			
Summa	388	55	443
Davon sind:			
1) gestorben	12	—	12
2) entwichen	9	—	9
3) als Ausländer über die Landesgrenze gewiesen .	4	1	5
4) nach ihrer Angehörigkeitsorten ꝛc. entlassen .	269	36	305
5) in andere Anstalten geliefert	10	5	15
6) in Dienst untergebracht		1	1
Es sind also im Jahre 1843 überhaupt	304	43	347
abgegangen, so daß am Schlusse des Jahres 1843 noch verblieben.	84	12	96

Im Durchschnitt haben sich in der Anstalt täglich .... 91 Personen befunden, worunter:

a) Kranke 13,
b) Krüppel und zur Arbeit unfähige Personen 5,
c) luetrinistische Domestiken 1,
                                                                    ___
                                                                    19

waren, so daß zur Arbeit durchschnittlich .... 72 Personen blieben.

Von diesen gehen noch .... schwache Personen ab, welche nur mit leichten Handleistungen, die keinen Ertrag gewähren, beschäftigt werden können. Bleiben ..... 70.

2

von welchen zum vollen Pensum 54,
und zum halben Pensum 16 8,
überhaupt also 62
Individuen zum vollen Pensum beschäftigt werden konnten.

Diese haben in 305 Arbeitstagen verdient:

1) bei der Maschinenspinnerei .... 192 Thlr. 5 Sgr. 2 Pf.
2) » » Leinwandfabrikation .... 201 » 21 » —
3) » » Fußteppich-Fabrikation .... 366 » 17 » —
4) » » Tuchweberei .... 64 » — » —
5) » » Düngergyps-Fabrikation .... 347 » 9 » —
6) » » Schneiderei und Schuhmacherei ... 126 » 8 » 3
7) beim Federnreißen, Pantinenmachen, Strumpf-
   strickerei rc. .... 181 » 28 » 3
                                          Summa 1569 Thlr. 28 Sgr. 8 Pf.

Dieser Summe sind noch .... 762 » 15 » —
hinzu zu rechnen, welche bei den Oekonomie-Arbeiten und andern häuslichen Beschäftigungen durch die dazu benutzten Häuslinge an Kosten erspart worden sind.

III. A. In der zur Verpflegung der Hospitali- ten und Blödsinnigen bestimmten Abtheilung des	Hos- pitali- ten.	Blöd- sinni- ge.	Kin- der.	Sum- ma.
Landarmen- und Invalidenhauses bei Wittstock				
befanden sich am Schlusse des Jahres 1842	193	84	6	283
im Jahre 1843 sind eingeliefert worden	42	14	9	65
Summa	237	98	15	350
Davon sind:				
1) gestorben	23	8	2	33
2) entwichen	4	—	—	4
3) nach andern Anstalten translozirt	1	3	2	6
4) in Dienst rc. untergebracht	5	—	—	5
5) entlassen	4	—	1	5
Es betrug also der Abgang im Jahre 1843	37	11	5	53
und der Bestand am Schlusse des Jahres	200	87	10	297
		287		

Unter den 287 Erwachsenen befanden sich 171 Männer und 116 Weiber, unter
den 10 Kindern 5 Knaben und 5 Mädchen.

Im Durchschnitt haben sich in der Anstalt täglich 293 Pfleglinge und darunter
102 Kranke und Arbeitsunfähige befunden.

Die übrigen 198 Personen haben durch Federnreißen, Strumpfstricken, Wolle-
spinnen, Strohdeckenflechten und durch Beschäftigung außerhalb der Anstalt gegen
Tagelohn baar 260 Thlr. 3 Sgr. 3 Pf. verdient.

Die Ersparniß an Ausgaben für verschiedene Arbeiten der Häuslinge zum
eigenen Besten und zum Gebrauch der Anstalt hat 1047 Thlr. 7 Sgr. 3 Pf.
betragen.

	im Invalidenhause zu Wittstock Verpflegte.	mit Verpflegungsgeld Entlassene.	Summa.
B. Die Zahl der Invaliden, und zwar eines Theils derer, welche ihre Verpflegung im Provinzial-Invalidenhause bei Wittstock erhalten, andern Theils solcher, denen statt dieser Natural-Verpflegung eine Geldentschädigung gezahlt wird, betrug am Schlusse des Jahres 1842	134	59	193
Im Jahre 1843 sind zur Verpflegung überwiesen worden .	7	—	7
Summa	141	59	200
Der Abgang im Jahre 1843 beträgt	22	6	28
Es blieben daher am Schlusse des Jahres in Bestand ... einschließlich deren Frauen und Kinder.	119	53	172

	Männer.	Weiber.	Summa.
IV. In der Land-Irrenanstalt zu Neu-Ruppin befanden sich am Schlusse des Jahres 1842			
a) Angehörige der Kommunen des Kurmärkischen Landarmen-Verbandes	65	48	113
b) verschiedenen bei diesem Verbande nicht assoziirten Ortschaften angehörige, gegen Erstattung der Unterhaltungskosten aufgenommene Irre	25	10	35
zusammen	90	58	148
im Jahre 1843 sind aufgenommen worden	14	22	36
Summa	104	80	184
Davon sind:			
1) als geheilt entlassen	7	6	13
2) gebessert entlassen	2	—	2
3) gestorben	8	2	10
4) nach andern Anstalten translozirt	4	10	14
Es sind also im Jahre 1843 überhaupt	21	18	39
abgegangen, und am Schlusse desselben	83	62	145

darin verblieben, wovon 126 den Ortschaften des diesseitigen Landarmen-Verbandes
angehören, 19 aber gegen Bezahlung aufgenommene fremde Pfleglinge sind. Die
Durchschnittszahl der in der Anstalt verpflegten Personen betrug im Jahre 1843
täglich 145.

2*

Unter den 143 Zöglingen befanden sich 53, welche theils zu jeder Beschäftigung unfähig waren, theils nur in einer Weise beschäftigt werden konnten, die keinen Ertrag gewährte, die übrigen 90 Personen haben auch in psychischer Hinsicht zu ihrem eigenen Besten periodisch zu nützlichen Arbeiten angehalten werden können, und sie haben:

1) durch Flachs- und Heedespinnen .... 36 Thlr. 21 Sgr. — Pf.
2) „ Federnreißen .... 106 „ 22 „ — „
3) „ Strohdeckenflechten .... 90 „ 4 „ 8 „
4) „ Handarbeiten außerhalb der Anstalt ...... 555 „ 27 „ — „

                          zusammen 798 Thlr. 14 Sgr. 8 Pf.

baar verdient, sodann auch noch durch Ersparniß an Ausgaben für verschiedene Verrichtungen in der Anstalt 466 „ 27 „ 5 „

im Ganzen also .... 1265 Thlr. 12 Sgr. 1 Pf.
angebracht.

V. Die Kosten der Verpflegung und Bekleidung, einschließlich der allgemeinen Kosten der Administration der Anstalten

Zahl der im Durchschnitt täglich Verpflegten	haben im Jahre 1843 betragen für	Thlr.	Sgr.	Pf.
	A. in der Anstalt zu Strausberg:			
213	Detinirte	19,884	—	4
122	Kinder	7,930	3	5
	B. in der Anstalt zu Prenzlow:			
91	Detinirte	7,473	18	3
	C. in der Anstalt zu Wittstock:			
125	Invaliden (incl. der auf kürzere oder längere Zeit beurlaubten)			
295	Hospitaliten und Blödsinnige	20,278	13	7
	D. in der Anstalt zu Neu-Ruppin:			
145	Geisteskranke	12,700	8	10
1091	Summa	68,363	14	5

Diese Kosten — jedoch in Betreff der Anstalten zu Strausberg und Prenzlow mit Ausschluß der Transport-, Arznei- und Begräbnißkosten, so wie der Kosten für die an Entlassene gegebene Kleidungsstücke, welche in den betreffenden Fällen besonders liquidirt werden — haben für eine Person pro anno durchschnittlich betragen:

1. in der Anstalt zu Strausberg:

	Thlr.	Sgr.	Pf.
für einen gesunden arbeitsfähigen Detinirten, mit Einschluß der Verwaltungskosten	53	23	7
für einen solchen, mit Ausschluß der Verwaltungskosten	28	24	—
für einen Kranken, mit Einschluß der Verwaltungskosten	59	21	3
für einen solchen, mit Ausschluß derselben	34	21	8
für ein Kind, mit Einschluß der Verwaltungskosten	55	15	6
für ein solches, mit Ausschluß derselben	30	16	1

2. in der Anstalt zu Prenzlow:

	Thlr.	Sgr.	Pf.
für einen gesunden arbeitsfähigen Detinirten, mit Einschluß der Verwaltungskosten	68	15	7
für einen solchen, mit Ausschluß der Verwaltungskosten	26	14	9
für einen Kranken, mit Einschluß der Verwaltungskosten	71	8	8
für einen solchen, mit Ausschluß derselben	29	7	10

3. in der Anstalt zu Wittstock:

	Thlr.	Sgr.	Pf.
für einen Invaliden	57	13	8
für einen Hospitaliten oder Blödsinnigen	52	2	9

4. in der Anstalt zu Neu-Ruppin:

	Thlr.	Sgr.	Pf.
für einen Geisteskranken	88	6	3

Daß die Unterhaltungskosten, mit Einschluß der Verwaltungskosten, in der Anstalt zu Prenzlow für eine Person mehr als in der zu gleichem Zweck bestimmten Anstalt zu Strausberg betragen haben, liegt darin, daß im Jahre 1843 in dem Hause zu Prenzlow statt der etatsmäßigen Personenzahl von 170, sich durchschnittlich nur 91 befanden, von den Kosten der Verwaltung mithin (welche eben so viel betrugen, als wenn die Anstalt vollständig besetzt gewesen wäre) statt $\frac{1}{170}$ nun $\frac{1}{91}$ auf jede Person fiel.

VI. An Armen-Unterstützungen, erstatteten Kur- und Verpflegungskosten sind an Privaten und andere Anstalten . . . . 2296 Thlr. 29 Sgr. 5 Pf.

an Detentionskosten . . . . 909 " 16 " 8 "

an Invaliden-Verpflegungsgeldern, außer den sub V C
für Invaliden ausgegebenen Kosten, aus der Landarmen-
Hauptkasse direkt noch . . . . 2726 " 22 " 6 "

so wie zur Beförderung des Taubstummen-Unterrichts 500 " — " — "

zusammen also 6483 Thlr. 8 Sgr. 7 Pf.

gezahlt worden.

VII. Der Abschluß des Vermögenszustan=
des des Kurmärkischen Landarmen-Fonds
ergab am Schlusse des Jahres 1842 einen Be=
stand von ....

Baar und in zinstragenden Dokumenten.			Werth der Naturalbestände in den Anstalten.		
Thlr.	Sgr.	Pf.	Thlr.	Sgr.	Pf.
4640	21	7	15,057	19	11
1617	24	4			
			19,054	5	1
6258	15	11			
			? 996	15	2
6258	15	11			
3996	15	2			
2262	—	9			

und weiset am Schlusse des Jahres 1843 ein
Minus von ....
so wie einen Bestand von ....
nach. Das Gesammt-Vermögen hat sich daher bei
dem Kassenbestande um ....
vermindert, und bei den Naturalbeständen um ....
vermehrt.

Rechnet man von den ....
um welche der Kassenbestand sich vermindert hat, den
betragenden Mehr-Werth der Naturalbestände ab,
so bleiben überhaupt ....

um welche sich das bewegliche Vermögen des Kurmärkischen Landarmen-Fonds ver=
mindert hat.

Von den erwähnten Naturalbeständen, im Werth von 19,054 Thlrn. 5 Sgr.
1 Pf., befanden sich

in der Anstalt zu Strausberg .... für 9248 Thlr. 1 Sgr. 2 Pf.
  „   „   „ Prenzlow .... „ 4469 „ 18 „ — „
  „   „   „ Wittstock .... „ 3979 „ 23 „ 9 „
  „   „   „ Neu-Ruppin .... „ 1356 „ 22 „ 2 „
                              = 19054 Thlr. 5 Sgr. 1 Pf.

Außerdem gehört zu dem Vermögen des Kurmärkischen Landarmen-Fonds noch
der Werth der Grundstücke und Gebäude, so wie das gesammte Inventarium der
genannten vier Anstalten. Hierbei ist jedoch zu erwähnen, daß auf dem neuen
Landarmenhause zu Prenzlow ein Kaufgelder-Rest von 9000 Thlrn. hypothekarisch
eingetragen steht.

Berlin, den 8. Oktober 1844.

Ständische Landarmen-Direktion der Kurmark.

Vermischte Nachrichten.

Der Doktor der Medizin und Chirurgie David Jakob Behrend zu Berlin ist als
praktischer Arzt, Wundarzt und Geburtshelfer in den Königlichen Landen approbirt und
vereidigt, und der praktische Arzt und Wundarzt Dr. Friedrich Eduard Rudolph Bolto-
lini zu Berlin ist auch als Geburtshelfer in den Königlichen Landen approbirt und ver=
pflichtet worden.

Der bisherige Administrator des Remonte-Depots Bärenklau, Amtsrath Kosmack, ist nach dem neu eingerichteten Remonte-Depot in der Provinz Westphalen, und in seine Stelle der Königl. Oberamtmann und Remonte-Depot-Administrator Mück von Sperling, Regierungsbezirk Gumbinnen, nach Bärenklau versetzt worden.

Bei der am 26. bis 29. September d. J. in dem Neben-Seminar zu Altböbern von dem Schul-Kollegium der Provinz Brandenburg abgehaltenen Entlassungs-Prüfung sind folgende Seminaristen für anstellungsfähig im Volksschulamte erklärt worden:

Gustav Robert Aaron aus Züllichau,
Johann Wilhelm Heinrich Angermann aus Nieder-Schellendorf bei Hainau,
Gotthold L. Anforge aus Liegnitz,
Heinrich Arlt aus Dobers bei Rothenburg,
Ferdinand Oswald Bartzsch aus Sabor bei Grünberg,
Johann Martin Blaske aus Döbberbus bei Müllrose,
Christian Gottlieb Fiebiger aus Hermsdorf bei Hirschberg,
Carl Herrmann Franke aus Cletewitz,
Carl Friedrich Gladosch aus Friedrichsberg bei Landsberg an der Warthe,
Johann Traugott Günte aus Fischwasser,
Wilhelm Heidrich aus Heidegersdorf,
Emil Hoffmann aus Eisenberg bei Sagan,
Gottlob Carl Jank aus Groß-Lübbenau,
Ludwig Kernicke aus Reipzig bei Frankfurt,
Karl Jakob Kleemann aus Gröningen bei Halberstadt,
Johann Gottlieb Kleinert aus Kieslingswalde,
Wilhelm Koch aus Luckau,
Wilhelm Kochan aus Casel,
Wilhelm Krüger aus Cottbus,
Johann Carl August Krause aus Cottbus,
Johann Kuler aus Petershayn,
Wilhelm Reinhold Lehmann aus Offenbach bei Frankfurt am Main,
August Friedrich Wilhelm Leitzke aus Pflugrade bei Stettin,
Carl Friedrich Wilhelm Lienig aus Cüstrin,
Wilhelm Moritz Mahlo aus Dübrichen bei Herzberg,
Friedrich Ernst Manteufel aus Großmantel bei Königsberg in der Neumark,
Moritz Bernhard Mühle aus Grünberg,
Eduard Müller aus Rietz,
Carl Mulack aus Sabrod bei Beeskow,
Carl Noack aus Hermsdorf bei Ruhland,
Johann Friedrich Pfefferkorn aus Breitebruch bei Soldin,
Carl Philipp aus Alt-Döbern,
Carl August Raffeld aus Brestau bei Sorau,
Ernst Raupach aus Berbisdorf bei Hirschberg,

Carl Richter aus Hennersdorf bei Kirchhahn,
Johann Carl Richter aus Briesen bei Lübben,
Johann Samuel Ruge aus Heinrichau,
Heinrich Emil Sahr aus Kerkow bei Soldin,
Friedrich Wilhelm Schmidt aus Cottbus,
August Schulze aus Buckow bei Beeskow,
Carl Ludwig Standke aus Beetfelde bei Bernstein,
Wilhelm Vogel aus Tzschecheln bei Muskau,
Carl Walter aus Paserin bei Luckau,
August Eichner aus Pitzschkau bei Sorau,
Carl Heinrich Wolff aus Oderberg,
Julius Zeese aus Ziebingen.

Der unverehelichten Marie Schärtlich zu Berlin ist die polizeiliche Erlaubniß zur Annahme einer Stelle als Erzieherin ertheilt worden.

Vermischte Nachrichten.

Dem Portier im Königl. Schauspielhause hierselbst, Weise, ist für die von ihm bewirkten Lebensrettungen die Erinnerungs-Medaille für Lebensrettung verliehen worden. Berlin, den 26. Oktober 1844.

Königl. Polizei-Präsidium.

Geschenke an Kirchen.

Der Kirche zu Schönermack, Superintendentur Premzlow I, ist von einer Wohlthäterin, welche sich nicht genannt hat, eine sehr schöne und kostbare Decke zur Bekleidung des Altars und eine gleiche kleinere Decke für das Altarpult geschenkt worden.

Das Innere der Kirche zu Riewendt, Superintendentur Altstadt Brandenburg, ist von Seiten der Gemeine daselbst und des Kirchen-Patrons, Herrn Hofmarschalls von Rochow, zweckmäßig verbessert und verschönert worden, auch hat der Herr Patron in Gemeinschaft mit seinen Kindern eine neue Altar- und Kanzelbekleidung geschenkt, von ächtem schwarzem Sammet mit Gold-Borte, die Altardecke mit einem goldenen Kreuze verziert.

(Hierbei zwei öffentliche Anzeiger.)

Amtsblatt
der Königlichen Regierung zu Potsdam und der Stadt Berlin.

Stück 47. Den 22. November. **1844.**

Verordnungen und Bekanntmachungen
für den Regierungsbezirk Potsdam und für die Stadt Berlin.

Potsdam, den 15. November 1844.

Im Laufe des vorigen Monats hat die provisorische Auflösung der b:sher von dem Domainen-Rentmeister Heidtmann zu Neustadt-Eberswalde geführten vereinigten Forstkassen-Verwaltung für die Forstreviere der Inspektion Neustadt-Eberswalde mit höherer Genehmigung und die interimistische Einrichtung folgender Spezial-Verwaltungen stattgefunden.

№ 267.
Die Forstkassen-Verwaltung für die Forstreviere der Inspektion Neustadt-Eberswalde.
III. f. 502.
November.

Darnach ist

1) für das Forstrevier Biesenthal die Rendantur der Gefälle dem Domainen-Rentmeister Heidtmann zu Neustadt-Eberswalde verblieben,

2) für das vereinigte Forstrevier Gramzow-Löcknitz die Rendantur dem Oberamtmann Karbe zu Gramzow und die Unterrezeptur für den Reviertheil Löcknitz dem Domainenbeamten Osterroht zu Brüssow,

3) für das Forstrevier Grimnitz die Rendantur dem, Behufs der Uebernahme mehrerer Verwaltungen in Joachimsthal stationirten bisherigen Regierungs-Supernummerarius Dannhoff,

4) für das Forstrevier Freienwalde-Brahlitz die Rendantur dem bisherigen Unterrezeptor, Kreiskassen-Rendanten Prinz in Freienwalde und

5) für das Forstrevier Liepe die Rendantur dem Kämmerer Brenger zu Oderberg, provisorisch übertragen und sind die bisher bestandenen Unterrezepturen des Post-Expediteurs Röhl zu Gramzow und des Kämmerers Kuhls zu Joachimsthal aufgehoben worden.

Diese einstweilige neue Einrichtung wird hiermit zur Kenntniß des dabei interessirenden Publikums gebracht, mit der Aufforderung, alle Zahlungen an Holzgeldern, zufälligen und stehenden Forstgefällen jeder Art fortan und bis zum Erlasse etwaiger anderweiter Bestimmungen, nur an den Rendanten des Forstreviers, welchem die Holzgelder oder Gefälle angehören, so wie in Betreff des Reviertheils Löcknitz an den Domänen-Beamten Osterroht zu Brüssow zu leisten.

Selbstredend ist der Letztere eben so wie die obengenannten Rendanten mit der Ermächtigung ausgestattet, bei der Einziehung von Rückständen das zulässige fiskalische Zwangsverfahren in Anwendung zu bringen.

Königl. Regierung.
Abtheilung für die Verwaltung der direkten Steuern, Domainen und Forsten.

№ 268.

Verloo-
fete Seehand-
lungs-Prä-
mienscheine
betreffend.
C. 94. Oct.

Bei der in Gemäßheit unserer Bekanntmachung vom 30. August d. J. heute stattgefundenen Ziehung, sind von den Seehandlungs-Prämien-Scheinen, die 108 Serien:

6.   29.   41.   43.   63.   67.   87.   :102. 104. 116.
133. 156. 181. 186.   232.   272.   277. 280.   301. 372.
379. 402. 467. 476.   506.   513.   528. 534.   557. 558.
559. 573. 727. 732.   778.   780.   806. 814.   818. 825.
831. 855. 870. 883.   893.   907.   916. 941.   970. 976.
1055. 1064. 1069. 1090. 1100. 1109. 1118. 1167. 1184. 1185.
1203. 1226. 1236. 1273. 1284. 1351. 1372. 1396. 1397. 1398.
1449. 1472. 1483. 1502. 1548. 1612. 1672. 1703. 1712. 1728.
1752. 1800. 1881. 1899. 1929. 1932. 1940. 2005. 2022. 2042.
2048. 2062. 2091. 2108. 2111. 2149. 2175. 2180. 2183. 2229.
2236. 2265. 2284. 2286. 2295. 2385. 2403. 2475.

gezogen worden, welche die Nummern:

von — bis einschließl.	von — bis einschließl.	von — bis einschließl.	von — bis einschließl.
501 — 600	53301 — 53400	109901 — 110000	180801 — 180900
2801 — 2900	55601 — 55700	110801 — 110900	188001 — 188100
4001 — 4100	55701 — 55800	111701 — 111800	189601 — 189960
5701 — 5800	55801 — 55900	116601 — 116700	192801 — 192900
6201 — 6300	57201 — 57300	118301 — 118400	193101 — 193200
6601 — 6700	72601 — 72700	118401 — 118500	193901 — 194000
8601 — 8700	73101 — 73200	120201 — 120300	200401 — 200500
10101 — 10200	77701 — 77800	122501 — 122600	202101 — 202200
10401 — 10500	78801 — 78900	123501 — 123600	204101 — 204200
11501 — 11600	80501 — 80600	127201 — 127300	204701 — 204800
13201 — 13300	81301 — 81400	128301 — 128400	206101 — 206200
15501 — 15600	81701 — 81800	135001 — 135100	209001 — 209100
18001 — 18100	82401 — 82500	137101 — 137200	210701 — 210800
18501 — 18600	83001 — 83100	139501 — 139600	211001 — 211100
23101 — 23200	85401 — 85500	139601 — 139700	214801 — 214900
27101 — 27200	86001 — 87000	139701 — 139800	217401 — 217500
27601 — 27700	88201 — 88300	144801 — 144900	217901 — 218000
27901 — 28000	89201 — 89300	147101 — 147200	218201 — 218300
30001 — 30100	90601 — 90700	148201 — 148300	222801 — 222900
37101 — 37200	91501 — 91600	150101 — 150200	223501 — 223600
37801 — 37900	94001 — 94100	154701 — 154800	226401 — 226500
40101 — 40200	96901 — 97000	161101 — 161200	228301 — 228400
46601 — 46700	97501 — 97600	167101 — 167200	228501 — 228600
47501 — 47600	105401 — 105500	170101 — 170200	229401 — 229500
50501 — 50600	106301 — 106400	171101 — 171200	238401 — 238500
51201 — 51300	106801 — 106900	172701 — 172800	240201 — 240300
52701 — 52800	108901 — 109000	175101 — 175200	247401 — 247500

enthalten.

Dem § 6 der Bekanntmachung des Herrn Chefs des Seehandlungs-Instituts vom 30. Juli 1832 zufolge, wird die ausgeloofte Prämie von 80 Thlrn. für jeden Schein, am 15. Januar 1845 und an den folgenden Tagen, hier in Berlin durch die Haupt-Seehandlungs-Kaffe (Jägerstraße № 21) gegen Rückgabe des Original-Prämien-Scheins an jeden Inhaber, deffen Legitimation einer weiteren Prüfung nicht unterworfen wird, in Preußischem Kourant gezahlt.

Wer aber seine Prämie im Laufe von vier Jahren nicht erhebt, hat sie nach den näheren Bestimmungen, welche die vorerwähnte, dem Prämien-Scheine beigedruckte Bekanntmachung enthält, verwirkt, und wird ihr Betrag zu milden Zwecken verwendet.

Mit der Absendung der Prämien-Beträge durch die Post, und der damit verknüpften Korrespondenz, wird sich die Haupt-Seehandlungs-Kaffe nicht befaffen.

Berlin, den 15. Oktober 1844.

General-Direktion der Seehandlungs-Sozietät.

Kayser. Mayet. Wentzel.

Potsdam, den 11. November 1844.

Vorstehende Bekanntmachung wird nach dem Antrage der Königl. General-Direktion der Seehandlungs-Sozietät hiermit zur öffentlichen Kenntniß gebracht.

Königl. Regierung.

Potsdam, den 13. November 1844.

Wegen des von des Königs Majestät genehmigten, gegenwärtig in der Ausführung begriffenen Baues einer Chauffee von dem Kottbuffer Thore Berlins über Briz nach Glasow zur Berlin-Kottbuffer Chauffee wird der direkte Weg zwischen dem Rollkrug und dem Dorfe Briz bis auf Weiteres hierdurch gesperrt und haben Reiter und Fuhrwerke sich des vom Rollkrug nach Briz, oder umgekehrt, über Rixdorf führenden Weges zu bedienen.

№ 269.
Sperre des direkten Weges zwischen Rollkrug und Briz.
I. 510. Nov.

Königl. Regierung. Abtheilung des Innern.

Verordnungen und Bekanntmachungen, welche den Regierungsbezirk Potsdam ausschließlich betreffen.

Potsdam, den 18. November 1844.

Sämmtliche salzkontrolpflichtige Gemeinden unseres Verwaltungsbezirks werden mit Bezug auf die §§ 6 und 7 der Allerhöchst vollzogenen, durch das Amtsblatt pro 1824 S. 271 bekannt gemachten Grundsätze hierdurch erinnert, ihre für das laufende Jahr festgesetzten Salzzwangs-Quanta rechtzeitig und vollständig abzuheben,

№ 270.
Abhebung der Salzzwangs-Quanta Sei-

tens der salz-
kontrolpflichti-
gen Gemein-
den.
IV. 383. Nov.

widrigenfalls für denjenigen Theil derselben, welcher bis zum 31. Januar k. J. nicht bezogen worden ist, die Ablösungsgelder mit 8 Pfennigen pro Pfund von den rückständigen Gemeinden ohne Nachsicht werden beigetrieben werden.

Königl. Regierung.

Abtheilung für die Verwaltung der direkten Steuern.

Verordnungen und Bekanntmachungen der Behörden der Stadt Berlin.

No 76.
Agentur-
Niederlegung.

Es wird hierdurch zur öffentlichen Kenntniß gebracht, daß der hiesige Kaufmann Gerber die ihm übertragen gewesene Agentur der Aachen-Münchener Feuerversicherungs-Gesellschaft niedergelegt hat. Berlin, den 28. Oktober 1844.

Königl. Polizei-Präsidium.

No 77.
Agentur-
Bestätigung.

Der Kaufmann Eduard Herrmann Gerber hierselbst, Kurstraße No 51 wohnhaft, ist heute als Agent der Kölnischen Feuerversicherungs-Gesellschaft bestätigt worden. Dies wird auf Grund des § 12 des Gesetzes vom 8. Mai 1837 hiermit zur öffentlichen Kenntniß gebracht. Berlin, den 28. Oktober 1844.

Königl. Polizei-Präsidium.

Personalchronik.

Der Kreisschulze Christian Friedrich Ludwig Schmidt zu Stölln und der Schulze Friedrich Wilhelm Lüderitz zu Kotzen, Westhavelländischen Kreises, sind als Kreisboniteure im Ressort der Königl. General-Kommission für die Kurmark Brandenburg bestellt und als solche ein für allemal verpflichtet worden.

Vermischte Nachrichten.

Von den Gemeinden zu Borgsdorf und Pinnow, Superintendentur Berlin-Land, ist ein seinem Zwecke vollkommen entsprechendes Schulhaus nebst einem, nach dem Bedürfnisse der Schule und des Schullehrers eingerichteten Stallgebäude, beide Gebäude in Fachwerk mit Ziegeldach, nach der Anzeige des Königl. Rentamts Oranienburg mit einem baaren Kostenaufwande von über 800 Thlrn. erbaut worden, was als belobigendes Anerkenntniß für diese beiden, nur kleinen und in ihren Mitteln beschränkten Gemeinden zur Aufmunterung für andere Gemeinden bekannt gemacht wird.

(Hierbei ein öffentlicher Anzeiger.)

Amtsblatt
der Königlichen Regierung zu Potsdam und der Stadt Berlin.

Stück 48. Den 29. November. **1844.**

Allgemeine Gesetzsammlung.

Das diesjährige 37ste Stück der Allgemeinen Gesetzsammlung enthält:

№ 2500. Ministerial-Bekanntmachung vom 17. Oktober 1844, über die Publikation und Wirksamkeit der Additional-Akte zur Elbschifffahrts-Akte vom 23. Juni 1821, d. d. den 13. April 1844: der Uebereinkunft zwischen den Elbuferstaaten, die Erlassung schiffahrts- und strompolizeilicher Vorschriften für die Elbe betreffend, von demselben Tage; des Vertrages, die Regulirung des Brunshauser Zolles betreffend, von demselben Tage; und des Staatsvertrages zwischen Preußen, Sachsen, Hannover, Dänemark und Meklenburg-Schwerin, das Revisions-Verfahren auf der Elbe betreffend, vom 30. August 1843.

№ 2501. Additional-Akte zur Elbschifffahrts-Akte vom 23. Juni 1821, d. d. den 13. April 1844.

№ 2502. Uebereinkunft zwischen Preußen, Oesterreich, Sachsen, Hannover, Dänemark, Meklenburg-Schwerin, Anhalt-Cöthen, Anhalt-Dessau, Anhalt-Bernburg, Lübeck und Hamburg, die Erlassung schiffahrts- und strompolizeilicher Vorschriften für die Elbe betreffend. Vom 13. April 1844.

№ 2503. Staatsvertrag, die Regulirung des Brunshauser Zolles betreffend. Vom 13 April 1844.

№ 2504. Staatsvertrag zwischen Preußen, Sachsen, Hannover, Dänemark und Meklenburg-Schwerin, das Revisions-Verfahren auf der Elbe betreffend. Vom 30. August 1843.

Das diesjährige 38ste Stück der Allgemeinen Gesetzsammlung enthält:

№ 2505. Handels- und Schiffahrts-Vertrag zwischen dem Deutschen Zoll- und Handelsvereine einerseits und Belgien andererseits. Vom 1. September 1844.

№ 2506. Bekanntmachung über die unterm 27. September v. J. erfolgte Bestätigung der Statuten der für den Bau der Chaussee von Granzow nach Passow zusammengetretenen Aktien-Gesellschaft. Vom 7. Oktober 1844.

№ 2507. Allerhöchste Kabinetsordre vom 14. Oktober 1844, durch welche zur Liquidation der nach dem mit den Regierungen von Hannover, Kurhessen und Braunschweig unterm 29. Juli 1842 abgeschlossenen Staatsvertrage und nach der Allerhöchsten Kabinetsordre vom 3. März 1843 noch auf Preußische Staatskassen zu übernehmenden Ansprüche an das ehemalige Königreich Westphalen eine dreimonatliche Präklusiv-Frist angeordnet wird.

№ 2508. Verordnung wegen periodischer Revision des Grundsteuer-Katasters der beiden westlichen Provinzen Rheinland und Westphalen. Vom 14. Oktober 1844.

Verordnungen und Bekanntmachungen für den Regierungsbezirk Potsdam und für die Stadt Berlin.

(№ 271, siehe besondere Beilage.)

Potsdam, den 17. Oktober 1844.

№ 272.
Aufruf der unbekannten Eigenthümer mehrerer im Grenzbezirke vorgefundenen Waaren.
IV. 509. Okt.

Am 28. August d. J., Morgens zwischen 12 und 1 Uhr, sind circa 1500 Schritte vom Flecken Zechlin, bei dem sogenannten Eichholze, im Grenzbezirke, auf dem Ackerstücke des Ackerbürgers Dittmann, unter Hafergarben versteckt:

4 Zentner 66 Pfund brutto Hutzucker und

81 Pfund Rum in einem Fasse

vorgefunden worden, ohne daß es bis jetzt gelungen ist, die Eigenthümer dieser Waaren zu ermitteln.

Es werden daher alle diejenigen, welche sich als rechtmäßige Eigenthümer derselben legitimiren können, aufgefordert, ihre Eigenthums-Ansprüche binnen vier Wochen bei der unterzeichneten Behörde geltend zu machen, widrigenfalls der öffentliche Verkauf der genannten Waaren angeordnet, und der dabei gelöste Betrag dem Fiskus zugesprochen werden müßte.

Königl. Regierung.
Abtheilung für die Verwaltung der indirekten Steuern.

№ 273.
Die Abfertigungszeit für den Salzverkauf bei der Salzfaktorei zu Berlin betreffend.
IV. 689. Nov.

Die vom 1. Dezember d. J. ab in Ausführung kommende Bestimmung des Herrn General-Direktors der Steuern, nach welcher die Abfertigungszeit beim Salzverkauf der hiesigen Faktorei den hierörtlichen Verhältnissen anpassender auf die Stunden

in den Monaten Oktober bis einschließlich Februar von 8 Uhr Vormittags bis 3 Uhr Nachmittags,
in den übrigen Monaten aber von 7 Uhr Vormittags bis 3 Uhr Nachmittags ununterbrochen,

festgesetzt worden ist, wird hierdurch zur öffentlichen Kenntniß gebracht.
Berlin, den 18. November 1844.
Königl. Haupt-Steueramt für inländische Gegenstände.

Potsdam, den 23. November 1844.
Vorstehende Bekanntmachung wird hierdurch zur allgemeinen Kenntniß gebracht.
Königl. Regierung.
Abtheilung für die Verwaltung der indirekten Steuern.

Potsdam, den 28. November 1844.

№ 274.
Prämie für Diebstahls-Entdeckung.
I. 1791. Nov.

Es sind in der Nacht vom 16. zum 17. d. M. aus dem Schlosse des Ritterguts Groß-Zieten bei Cremmen, Osthavelländischen Kreises, der zu dem Nachlasse des verstorbenen Fürsten Blücher gehörige Ehrendegen, welchen ihm die Stadt London geschenkt hatte, und andere Gegenstände entwendet worden, deren Wiederherbeischaffung und Zurücklieferung nicht allein im Interesse der Familie des Fürsten Blücher, sondern auch im Interesse des gesammten Vaterlandes wünschenswerth ist. Wir sind von dem Herrn Minister des Innern Excellenz autorisirt, für die Entdeckung der Thäter eine Prämie von Dreihundert Thalern auszusetzen, und machen dies zur allgemeinen Nachricht und Beachtung mit dem Wunsche und der Erwartung bekannt, daß sowohl die durch Dienstpflicht zur Nachforschung und Ermittelung der Verbrecher verbundenen Behörden, als auch das Publikum überhaupt ohne Rücksicht auf die verheißene Prämie diesem Gegenstande und Zwecke die eifrigste Aufmerksamkeit und Mitwirkung widmen und hierdurch einen regen Sinn für das Andenken des Preußischen Kriegshelden und für die Erhaltung seiner Ehrendenkmale bekunden und bethätigen werden.

Wenn die Verbrecher oder die geraubten Effekten irgendwo angehalten worden, sind selbige sofort in vorläufigen polizeilichen Gewahrsam zu nehmen, und die Anzeigen darüber zugleich schleunigst an uns und an das Landrathsamt des Osthavelländischen Kreises zur weiteren Veranlassung zu richten.

Königl. Regierung. Abtheilung des Innern.

Verordnungen und Bekanntmachungen, welche den Regierungsbezirk Potsdam ausschließlich betreffen.

Potsdam, den 26. November 1844.

№ 275.
Aufnahme der Bevölkerungslisten ꝛc. pro 1844.
I. 474. Nov.

Wegen Anfertigung der diesjährigen Bevölkerungslisten, deren Einreichung wir spätestens bis zum 1. Februar k. J. gewärtigen, werden die Herren Superintendenten, Zivil- und Militair-Prediger, so wie die Polizeibehörden im diesseitigen Verwaltungsbezirke auf die im Amtsblatte pro 1843 S. 301 seq. befindliche Verfügung vom 28. Oktober 1843 mit dem Bemerken verwiesen, daß die darin enthaltenen Vorschriften bei Anfertigung der gedachten Listen für das laufende Jahr überall Anwendung finden und genau zu beachten sind.

Königl. Regierung. Abtheilung des Innern.

Verordnungen und Bekanntmachungen des Königl. Kammergerichts.

№ 13.
Untersuchung wegen Vergehen, auf die

Die Untergerichte unseres Departements werden an die Befolgung der Vorschrift des Ministerial-Rescripts vom 3. Juni 1839 (Justiz-Ministerialblatt S. 216), nach welcher die Untersuchungen wegen Vergehen, auf die das Verfahren nach der

Verordnung vom 11. Juni 1838 (Gesetz-Sammlung S. 377) Anwendung findet, in besonderen Akten zu führen sind, hierdurch erinnert.

Berlin, den 7. November 1844.

Königl. Preuß. Kammergericht.

Verordnungen und Bekanntmachungen der Behörden der Stadt Berlin.

№ 78.
Die äußere Heilighaltung der Sonn- und Festtage.

Nach der Verordnung über die äußere Heilighaltung der Sonn- und Festtage, vom 18. Mai 1837 war das Oeffnen der Verkaufslokale an jenen Tagen mit Ausschluß der Vormittagsstunden von 9 bis 11 Uhr, und der Nachmittagsstunden von 2 bis 4 Uhr allgemein gestattet.

Mit höherer Genehmigung wird diese Bestimmung hierdurch außer Kraft gesetzt, und dagegen Folgendes allgemein verordnet.

Der öffentliche Gewerbeverkehr, namentlich das Oeffnen der Verkaufs-Lokalien und das Ausstellen von Waaren an den Ladenthüren und Schaufenstern an Sonn- und Festtagen ist nur bis 9 Uhr Vormittags gestattet, von da ab aber allen Gewerbetreibenden, mit alleiniger Ausnahme derer, welche Lebensmittel feilhalten, unbedingt verboten. Diesen letzteren ist gestattet, außer den Haupt-Kirchenstunden von 9 bis 11 Uhr und Nachmittags von 2 bis 4 Uhr, ihre Läden zu öffnen. Rücksichtlich der Apotheken und Stuben der Wundärzte bleibt es bei den frühern Bestimmungen, wonach deren Eröffnung keiner Beschränkung unterliegt. Ebenso ist der Verkehr auf den, des Sonntags in den Frühstunden stattfindenden und in den Monaten Mai, Juni, Juli und August bis 8 Uhr, in den übrigen Monaten aber bis 8½ Uhr dauernden Morgen-Viktualien-Märkten, mit Einschluß des Fleischverkaufs in den Scharren, so wie der Verkauf auf den Jahrmärkten und dem Weihnachtsmarkt, außer den vorbezeichneten Stunden des Gottesdienstes auch fernerhin gestattet.

Oeffentliche Arbeiten während des Gottesdienstes bleiben wie früher verboten, ebenso dürfen an den Vorabenden der drei großen Feste, Weihnachten, Ostern und Pfingsten, des allgemeinen Buß- und Bettages, des dem Andenken der Verstorbenen gewidmeten Tages, so wie an den Abenden dieser letzten beiden Tage und während der Charwoche keine Bälle oder andere öffentliche Lustbarkeiten stattfinden.

Wer hiergegen handelt, verfällt in eine Polizeistrafe bis zu fünf Thalern, welche im Wiederholungsfalle erhöht wird. Berlin, den 20. November 1844.

Königl. Polizei-Präsidium.

№ 79.
Agentur-Bestätigung.

Der Tabackshändler Ludwig Meißner, hierselbst Rosenthaler Straße № 31 wohnhaft, ist als Agent der Feuerversicherungs-Gesellschaft Borussia zu Königsberg in Preußen bestätigt worden, was hiermit auf Grund des § 12 des Gesetzes vom 8. Mai 1837 zur öffentlichen Kenntniß gebracht wird.

Berlin, den 14. November 1844.

Königl. Polizei-Präsidium.

Personalchronik.

Dem Wegebaumeister Burchardt, früher in Genthin, ist die erledigte Wegebau-meisterstelle in Charlottenburg verliehen worden.

Der bisherige Kammergerichts-Referendarius Hans Herrmann Julius Alexander Junker ist zum Kammergerichts-Assessor mit dem Dienstalter vom 21. Mai d. J. ernannt.

Der bisherige Kammergerichts-Referendarius Robert Albert Friedrich Otto Wenzel ist zum Kammergerichts-Assessor mit dem Dienstalter vom 30. Juli d. J. ernannt.

Der Kammergerichts-Auskultator August Vicenz Markers ist Behufs seines Ueber-ganges in das Departement des Oberlandesgerichts zu Münster aus seinen Geschäfts-Verhältnissen im diesseitigen Departement entlassen.

Der Kammergerichts-Auskultator August Herrmann Oskar Groß ist Behufs seines Uebergangs in das Departement des Oberlandesgerichts zu Glogau aus seinen Geschäfts-Verhältnissen im diesseitigen Departement entlassen.

Der bisherige Kammergerichts-Auskultator Julius Karl Ludwig Eusebius Mertke ist zum Kammergerichts-Referendarius mit dem Dienstalter vom 13. August d. J. ernannt.

Der bisherige Oberlandesgerichts-Referendarius Alexander August Schoerke ist aus dem Departement des Oberlandesgerichts zu Cöslin in gleicher Eigenschaft an das Kam-mergericht versetzt.

Der bisherige Rechtskandidat Thomas Albrecht Aswig Hugo von Bülow ist zum Kammergerichts-Auskultator ernannt und dem Königl. Landgerichte zu Berlin zur Be-schäftigung überwiesen.

Der bisherige Rechtskandidat Gustav Adolph Oskar Teichert ist zum Kammerge-richts-Auskultator ernannt und dem Königl. Land- und Stadtgerichte zu Wriezen zur Beschäftigung überwiesen.

Der bisherige Auskultator Wilhelm August Günther ist zum Kammergerichts-Re-ferendarius mit dem Dienstalter vom 28. Juni d. J. ernannt.

Der bisherige Rechtskandidat Johann Heinrich Karl Hammer ist zum Kammerge-richts-Auskultator ernannt und dem Kriminalgerichte zu Berlin zur Beschäftigung über-wiesen.

Der bisherige Rechtskandidat Viktor Julius von Bülow ist zum Kammergerichts-Auskultator ernannt und dem Kriminalgerichte zu Berlin zur Beschäftigung überwiesen.

Der bisherige Rechtskandidat Hugo Stubenrauch ist zum Kammergerichts-Auskul-tator ernannt und dem Kriminalgerichte zu Berlin zur Beschäftigung überwiesen.

Der bisherige Kammergerichts-Auskultator Herrmann Gustav Fromm ist zum Kam-mergerichts-Referendarius mit dem Dienstalter vom 30. Juli d. J. ernannt.

Der bisherige Oberlandesgerichts-Auskultator von Grabow ist aus dem Departe-ment des Königl. Oberlandesgerichts zu Glogau in gleicher Eigenschaft an das Kammer-gericht versetzt.

Der Kammergerichts-Auskultator Friedrich Wilhelm von Schenk ist auf seinen Antrag aus dem Königl. Justizdienste entlassen.

Der Kammergerichts-Auskultator Hugo Friedrich Leo von Graevenitz ist in gleicher Eigenschaft in das Departement des Königl. Oberlandesgerichts zu Halberstadt versetzt.

Der Kammergerichts-Referendarius Karl August Herrmann Niebt ist in gleicher Eigenschaft in das Departement des Königl. Oberlandesgerichts zu Frankfurt an der Oder versetzt.

Der Kammergerichts-Auskultator Gustav Adolph Grosche ist aus dem Königl. Justizdienste entlassen.

Der Rechtskandidat Karl Alexander Wildenow ist zum Kammergerichts-Auskultator ernannt und dem Kriminalgerichte zu Berlin zur Beschäftigung überwiesen.

Der bisherige Rechtskandidat Richard Konrad Louis Neumann ist zum Kammergerichts-Auskultator ernannt und dem Kriminalgerichte in Berlin zur Beschäftigung überwiesen.

Der bisherige Rechtskandidat Emil Friedrich Herrmann Dannenberg ist zum Kammergerichts-Auskultator ernannt und dem Kriminalgerichte in Berlin zur Beschäftigung überwiesen.

Der bisherige Rechtskandidat Richard Elert Bode ist zum Kammergerichts-Auskultator ernannt und dem Kriminalgerichte in Berlin zur Beschäftigung überwiesen.

Der bisherige Kammergerichts-Auskultator Karl Emil Steinhausen ist zum Referendarius mit dem Dienstalter vom 1. Juli d. J. ernannt.

Der bisherige Kammergerichts-Auskultator Friedrich Wilhelm Göbel ist zum Referendarius mit dem Dienstalter vom 19. Juli d. J. ernannt.

Der bisherige Kammergerichts-Auskultator Karl Otto Meyer ist zum Referendarius mit dem Dienstalter vom 3. August d. J. ernannt und Behufs seines Uebertritts in das Departement des Oberlandesgerichts zu Frankfurt an der Oder aus seinen diesseitigen Dienstverhältnissen entlassen.

Der bisherige Rechtskandidat Friedrich Julius Möllendorff ist zum Kammergerichts-Auskultator ernannt und dem Königl. Stadtgerichte zu Potsdam zur Beschäftigung überwiesen.

Der Kammergerichts-Referendarius Karl Friedrich Gustav Haldensleben ist Behufs seines Uebertritts in das Departement des Königl. Rheinischen Appellations-Gerichtshofes zu Cölln aus dem hiesseitigen Departement entlassen.

Der bisherige Kammergerichts-Referendarius Ernst Wilhelm Albert Mathias ist zum Kammergerichts-Assessor mit dem Dienstalter vom 20. August d. J. ernannt.

Patrimonialgericht. Die Verwaltung des Patrimonialgerichts Degeln ist dem Land- und Stadtgerichts-Assessor Schramm bei der Gerichts-Kommission in Friedland übertragen.

(Hierbei eine besondere Beilage, enthaltend unter № 271 das Statut der Gramzow-Passower Chausseebau-Aktien-Gesellschaft vom 9. Juli 1843, imgleichen ein öffentlicher Anzeiger.)

Beilage

zum 48sten Stück des Amtsblatts

der Königlichen Regierung zu Potsdam

und der Stadt Berlin.

Verordnungen und Bekanntmachungen für den Regierungsbezirk Potsdam und für die Stadt Berlin.

Nachstehende wörtlich also lautende Allerhöchste Kabinetsordre: **№ 271.** Betrifft die Gramzow-Passower Chausseebau-Aktien-Gesellschaft. I. 962. Okt.

Auf Ihren Bericht vom 5. d. M. will Ich die zur Erbauung und Unterhaltung einer Chaussee von Passow nach Gramzow unter der Benennung: „Gramzow-Passower Chaussee-Gesellschaft" zusammengetretene Gesellschaft als eine Aktien-Gesellschaft nach den Bestimmungen des Gesetzes vom 9. November 1843 hierdurch bestätigen und die anliegenden Statuten dieser Gesellschaft nebst dem Nachtrage zu denselben, welche mittelst der gerichtlichen Verhandlungen vom 10. Juni und 9. Juli d. J. vereinbart worden sind, mit der Maßgabe:

zu § 22 der Statuten und § 3 des Nachtrags, daß nicht erhobene Dividenden der Aktien und nicht erhobene Zinsen der Prioritäts-Aktien erst nach Ablauf von vier Jahren, vom Fälligkeitstermine an gerechnet, dem Gesellschafts-Fonds verfallen;

zu § 54, daß bei Streitigkeiten zwischen der Gesellschaft und deren Beamten das in diesem Paragraph angeordnete schiedsrichterliche Verfahren nur dann eintritt, wenn die letzteren sich demselben in den zwischen ihnen und der Gesellschaft abgeschlossenen Dienstverträgen unterworfen haben; —

in allen Punkten genehmigen. — Zugleich will Ich der Gesellschaft diejenigen Rechte beilegen, welche dem Staate bei Unterhaltung von Kunststraßen in Ansehung der Materialien-Gewinnung zustehen, und genehmigen, daß die Bestimmungen der Verordnung vom 8. August 1832 und vom 4. Mai 1833 auf die Verhandlungen und Verträge der Gesellschaft mit Behörden und Grundbesitzern wegen der zum Straßenbau verwendeten Grundstücke angewendet werden. — Die gegenwärtige Ordre ist nebst den Statuten und dem Nachtrage zu demselben durch das Amtsblatt der Regierung in Potsdam bekannt zu machen.

Sanssouci, den 27. September 1844.

(gez.) **Friedrich Wilhelm.**

An die Staats-Minister Mühler und Flottwell.

deren Original sich in den Akten des Königl. Finanz-Ministeriums befindet, wird unter dessen Siegel hierdurch für die Gramzow-Passower Chaussee-Gesellschaft in beglaubter Form ausgefertigt. Berlin, den 7. Oktober 1844.

(L. S.) Der Finanz-Minister.

(gez.) Flottwell.

Bestätigungs-Urkunde
für die
Gramzow-Passower Chaussee-Gesellschaft.
IV. 14,007.

Statut
der
Gramzow=Passower Chaussee=Gesellschaft.

Einleitung. Mit Allerhöchster Genehmigung ist eine Aktien=Gesellschaft zu dem Zwecke zusammengetreten:

um für gemeinschaftliche Rechnung der Aktionaire im Anschluß an die Prenzlow=Angermünder Chaussee bis zum Eisenbahnhofe der Stettin=Berliner Eisenbahn bei Passow eine Chaussee von Gramzow über Zichow bis an diesen Bahnhof zu erbauen, zu unterhalten und gegen Erhebung des tarifmäßigen Chausseegeldes dem Publikum zum Gebrauch zu eröffnen.

Die Bestimmungen über die Verfassung der Gesellschaft und die Art der Ausführung des von ihr beabsichtigten Unternehmens werden durch das nachstehende

Statut,

zu dessen Abfassung das unterzeichnete, von dem Aktienverein in seiner General=Versammlung vom 26. Februar v. J. erwählte und mit der in vidimirter Abschrift annektirten, notariellen Vollmacht versehene Direktorium autorisirt ist, festgesetzt.

Erster Abschnitt.
Bildung, Geschäftsumfang und Fonds der Gesellschaft.

Namen und Persönlichkeit der Gesellschaft. **§ 1.** Die Gesellschaft wird unter der Benennung:

"Gramzow=Passower Chaussee=Gesellschaft"

von Aktionairen gebildet, hat sich am 26. Februar 1842 als solche in ihrer General=Versammlung konstituirt und wird mit Korporationsrechten, nach Maßgabe dieses Statuts, durch ein Direktorium repräsentirt.

Der Sitz der Verwaltung ist vorläufig die Stadt Angermünde. Die General=Versammlungen werden in Prenzlow gehalten. Die Königl. Regierung zu Potsdam ist die unmittelbar vorgesetzte Behörde und das Königl. Kammergericht zu Berlin der Gerichtsstand der Gesellschaft.

Geschäfts=umfang. **§ 2.** Der Eingangs ausgesprochene Zweck bestimmt im Allgemeinen den Geschäftsumfang der Gesellschaft.

a) Erbauungs= und Richtungs=Linie. **§ 3.** Der neue Chausseezug soll mit geringen, durch die Oertlichkeit bedingten Abweichungen die alte Straße von Gramzow über Zichow bis zum Stettin=Berliner Eisenbahnhofe bei Passow verfolgen, ist vermessen und beträgt 2613 Ruthen, welche nach dem Anschlage vom 24. Juni 1842 ein Baukapital von 26,669 Thlrn. 28 Sgr. 1 Pf, schreibe: sechs und zwanzig tausend sechshundert neun und sechzig Thaler acht und zwanzig Silbergroschen einen Pfennig in Preuß. Kourant, erfordern.

b) Konstruktion der Bahn. **§ 4.** Die Ausführung des Baues geschieht nach dem von dem Bau=Kondukteur Herrmann vom 24. Juni 1842 im Einverständniß mit dem Königl. Ober=Wegebau=Inspektor Neuhaus zu Stettin entworfenen und von der Königl. Ober=Baudeputation zu Berlin zu revidirenden Anschlage und nach den demselben zum Grunde zu legenden Wege=, Situations= und Nivellementsplänen unter Beobach=

tung der von den höhern Behörden erlaffenen Anweisungen zur Anlegung, Unterhaltung und Instandsetzung der Kunststraße in Entreprise oder auf Rechnung.

§ 5. Die neue Chauffee erhält, die Grabenbreite und die Bordboffirung nicht mit eingerechnet, eine Breite von 28 Fuß.

Davon werden:

    5 Fuß zu einem Banquett neben der Steinbahn,
    12 Fuß zur Steinbahn,
    9 Fuß zu einem Sommerwege und
    2 Fuß zu einem Banquett daneben eingerichtet. Das Planum wird
        mit Bäumen bepflanzt.

§ 6. Die Gesellschaft ist befugt und das Direktorium von ihr beauftragt, mit Ausführung des Chauffeebaues noch in diesem Jahre vorzuschreiten, und soll dann der Bau dergestalt befördert werden, daß die Chauffee möglichst zu derselben Zeit vollendet und fahrbar ist, wo der Bau der Eisenbahn von Stettin nach Berlin ausgeführt und die Bahn dem Publikum eröffnet sein wird, spätestens wo möglich mit dem Ende des Jahres 1843. In dieser Hinsicht bleibt dem Staate die Ober-Aufsicht vorbehalten. *c) Zeit und Bollendung des Baues.*

§ 7. Zu dem nach § 3 erforderlichen Baukapital von 26,669 Thlrn. 28 Sgr. 1 Pf. Preuß. Kourant verleiht der Staat der Gesellschaft die übliche Chauffeebau-Prämie von 3000 Thlrn. pro Meile, der Ueberrest des Baukapitals mit rund 22,700 Thlrn., schreibe: zwei und zwanzig tausend siebenhundert Thaler Preuß. Kourant wird durch successive Einzahlung des Nominalbetrages von 227 Aktien à 100 Thlr. zusammengebracht, wozu die Mitglieder der Gesellschaft nach den unten folgenden Bestimmungen verpflichtet sind. Diese 26,700 Thlr. bilden den Bau-Fonds und 22,700 Thlr. davon den Aktien-Fonds der Gesellschaft. *Fonds.*

Zweiter Abschnitt.
Rechte und Pflichten der Aktionaire.

§ 8. Alle diejenigen, welche durch die in gerichtlichen oder notariellen Urkunden erfolgte, ursprüngliche Zeichnung von Aktien und durch deren spätere außergerichtliche Erwerbung dieser Sozietät beitreten, werden nach Verhältniß ihrer gezeichneten, eingezahlten und erworbenen Aktien Theilnehmer an allen Rechten und Pflichten dieser Gesellschaft. Nach der Höhe ihrer resp. Einschüsse und Aktien haben sie Antheil am gesammten Eigenthum, Gewinn und Verlust der Gesellschaft und haften für die aus dem Sozietätsverhältnisse fließenden Verbindlichkeiten, der Gesellschaft und einem Dritten gegenüber, auch nur mit dem Betrage ihrer Einschüsse und Aktien, niemals aber mit ihrem übrigen Vermögen, auch nicht mit den von den Einschüssen und Aktien bereits erhobenen Zinsen und etwanigen Dividenden. Von jedem Aktionair wird vorausgesetzt, daß er sich mit allen Rechten und Verpflichtungen der Gesellschaft bekannt gemacht habe. Bei Ausreichung der Aktien wird ein Exemplar dieses Statuts den Eigenthümern behändigt. *Theilnahme-Rechte der Aktionaire und Befreiung von Nachschüssen.*

§ 9. Die Einzahlung der gezeichneten Aktiensumme erfolgt in fünf Raten, jedesmal mit 20 Prozent des Nominalwerths der Aktie franco an die Chauffee- *Einzahlung: a) Termin und Höhe.*

1*

Aktien-Gesellschaftskasse zu Angermünde. Der Termin der einzelnen Einzahlungen wird nach dem Bedürfniß von dem Direktorio bestimmt und mindestens 14 Tage vor der jedesmaligen Verfallzeit öffentlich bekannt gemacht werden.

b) Gehen in das Gesellschafts-Vermögen über.

§ 10. Alle auf die Aktien geleisteten Einschüsse gehen sofort in das Gesellschaftsvermögen über, und begiebt sich deshalb mit der Einzahlung ein Jeder der eigenen Disposition über seine Einschüsse.

c) Verzinsung.

§ 11. Sämmtliche Einschüsse der Aktionaire werden vom Tage der Einzahlung alljährlich mit vier Prozent bis zum Tage der Aushändigung der Aktien (§ 13) verzinset.

Quittungsbogen.

§ 12. Bis zur Einzahlung des ganzen Nennwerths der verzeichneten Aktien wird für jede Aktie à 100 Thlr. eine mit der Nummer, die dereinst die dafür auszufertigende Aktie erhält, und mit dem Namen des Zeichners versehener Quittungsbogen nach der erfolgten ersten Abschlagszahlung ausgegeben und darauf über den Empfang derselben und der drei folgenden Abschlagszahlungen von dem vorsitzenden Direktorial-Mitgliede und dem Rendanten der Gesellschaftskasse quittirt.

Ausfertigung und Aushändigung der Aktien.

§ 13. Bei Einzahlung der letzten Rate werden darauf die bis dahin von den vier ersten Einschüssen fälligen Zinsen, deren Betrag vom Direktorio vorher bekannt gemacht werden wird, abgerechnet, und wird alsdann jeder Quittungsbogen gegen eine auf den Nominalwerth und auf den Namen des ursprünglichen Aktionairs lautende Aktie über 100 Thlr. Preuß. Kourant eingetauscht.

Diese Aktien werden nach dem anliegenden Schema unter dem Namen der Gesellschaft und dem Dato der letzten Einzahlung ausgefertigt, von den Direktoren derselben unterzeichnet und von dem Rendanten unter Bemerkung des Pagina und der Nummer des Journals, unter welchen der Geldbetrag für die Aktien zur Einnahme gekommen ist, kontrasignirt. Ueber die ursprünglich ausgegebenen Aktien wird ein Buch geführt, worin sie unter genauer Angabe des Namens, Standes und Wohnorts der Aktionaire eingetragen werden.

Geht das Eigenthum der Aktie auf einen Andern über (§ 8), so ist dieser zur Vermerkung in dem Aktienbuche anzumelden. Im Verhältniß zur Gesellschaft werden nur diejenigen als die Eigenthümer der Aktien angesehen, die als solche im Aktienbuche verzeichnet sind.

Reserve-Fonds.

§ 14. Es wird ein Reserve-Fonds zu dem Zwecke gebildet:

1) um daraus die durch den jährlichen Etat nicht gedeckten Ausgaben und Reparaturen nach der freien Entschließung der Gesellschaft zu bestreiten, und

2) zur künftigen Rückzahlung des Aktienkapitals einen Amortisations-Fonds zu begründen.

An denselben wird am Schlusse eines jeden mit dem jedesmaligen Kalenderjahre abschließenden Verwaltungsjahres nach Vollendung der Chaussee aus den Einkünften derselben Ein Prozent des Aktienkapitals abgeführt, wovon ¾ zu dem ad 1 gedachten extraordinairen und ¼ zu dem ad 2 kreirten Amortisations-Fonds vereinnahmt und zinsbar belegt werden. Die Zinsen von dem Kapitalvermögen einer jeden Unterabtheilung des Reserve-Fonds wachsen derselben zu.

§ 15. Am Schluſſe eines jeden Kalenderjahres wird der Geſellſchaft auf den Grund der zur Ueberſicht der Vermögenslage der Geſellſchaft zu führenden Bücher und Beläge eine Rechnung über die geſammten Einnahmen und Ausgaben inkl. des nach § 14 zum Reſerve-Fonds abgelieferten einen Prozents gelegt. Der darnach verbleibende Ueberſchuß (Reinertrag) wird unter die Aktionaire als eine die Stelle der Zinſen vertretende Dividende inſoweit vertheilt, als die nächſte ordentliche General-Verſammlung dies beſchließen wird. Die auf dieſe Weiſe feſtgeſetzte Dividende des abgewichenen Verwaltungsjahres wird nach vorgängiger öffentlicher Bekanntmachung vom 1. März des folgenden Verwaltungsjahres ab, gegen Rückgabe des betreffenden Dividendenſcheins bei der Geſellſchaftskaſſe erhoben. *Dividende.*

§ 16. Die Dividendenſcheine werden nach dem anliegenden Schema mit den Aktien zugleich in hinreichender Zahl ausgehändigt, von den Direktoren unterſchrieben und auf den Aktien abgeſtempelt. *Dividenden-ſchein.*

§ 17. Der erſte Zeichner der Aktien iſt für die Einzahlung des ganzen Nominalbetrages der gezeichneten Aktie, und bis dieſe erfolgt iſt, der Geſellſchaft verhaftet, und kann bis zu dem nach § 33 bewirkten Umtauſch der Quittungsbogen gegen die wirklichen Aktien von dieſer Verpflichtung weder durch Uebertragung ſeines Anrechts auf einen Dritten ſich befreien, noch Seitens der Geſellſchaft entbunden werden. *Dauer der Verpflichtung des ursprünglichen Aktionairs für den vollen Nominalbetrag der Aktien.*

Alle Einzahlungen werden als für Rechnung des in den Quittungsbogen benannten Aktionairs geleiſtet angeſehen, und die Geſellſchaft iſt von etwanigen Zeſſionen deſſelben Kenntniß zu nehmen nicht verbunden.

§ 18. Zahlt ein Aktionair in den nach §§ 9 und 33 gehörig bekannt gemachten Terminen die geforderten Einſchüſſe nicht, ſo iſt die Geſellſchaft befugt, die rückſtändige Rate mit den geſetzlichen Verzugszinſen davon, von ihm ſofort nach dem fruſtrirten Einzahlungstermin einzuklagen.

Es ſteht ihr aber auch frei, den ſäumigen Aktionair ohne prozeſſualiſches Verfahren ſeines Rechts aus dem Quittungsbogen (§ 12) für verluſtig zu erklären, Letzteren von ihm zurückzufordern, und nach erfolgter Ablieferung zu kaſſiren.

Geht derſelbe binnen acht Tagen nach einmal erlaſſener öffentlicher Bekanntmachung und Aufforderung Seitens des Direktorii (§ 33) nicht ein, ſo wird er für annullirt erklärt, und daß dies geſchehen, unter Angabe der Nummer öffentlich bekannt gemacht. An die Stelle des kaſſirten und annullirten Quittungsbogens wird alsdann ein anderer unter einer neuen Aktiennummer ausgefertigt und durch einen vereideten Mäkler für Rechnung des geſtrichenen Aktionairs verkauft. Aus dem Erlös wird die rückſtändige Rate nebſt Zinſen, ſo weit es möglich, berichtigt; der geſtrichene Aktionair bleibt aber für den etwanigen Ausfall, ſo wie für die fernern Einzahlungen der Geſellſchaft dennoch perſönlich verhaftet. Dagegen verliert er jedes Anrecht auf den etwanigen Ueberſchuß des Kaufpreiſes gegen den geleiſteten Einſchuß, die Verzugszinſen und Koſten.

§ 19. Kann ein Aktionair bei Einzahlungen den Quittungsbogen nicht vorlegen, ſo empfängt er über die geleiſteten Zahlungen Interimsbeſcheinigungen, welche auf den Namen des Zahlenden ausgeſtellt und gegen deren Rückgabe die Quittungen auf den ſpäter vorgelegten Bogen vermerkt werden. *Interims-Beſcheinigung über Einzahlungen.*

Legitima-tionsführung.

§ 20. Die Legitimation des Präsentanten eines Quittungsbogens bei ferneren Abschlagszahlungen, bei Kompensation der Zinsen im fünften Einzahlungs-Termine, beim Eintausch der wirklichen Aktien, so wie der Produzenten der Dividendenscheine Behufs Erhebung der Dividenden zu prüfen ist die Gesellschaft zwar berechtigt, aber nicht verpflichtet.

Verwendung des Ueber-schusses des Aktienkapitals.

§ 21. Sollten nach Beendigung des Baues der Chaussee und nach Ausweis der darüber gelegten und dechargirten Rechnungen das eingeschossene Bau- und Aktienkapital von 26,700 Thlrn. nicht vollständig absorbirt sein, so wird der Ueberrest zum extraordinairen Fonds des Reserve-Fonds (§ 14 № 1) genommen.

Verfall der Dividenden.

§ 22. Werden Dividenden innerhalb dreier Jahre nach dem 1. März desjenigen Jahres, in welchem sie fällig waren, aus der Gesellschaftskasse nicht abgehoben, so verfallen sie dem extraordinairen Fonds des Reserve-Fonds (§ 14 № 1).

Mortifikation der Quit-tungsbogen, Aktien re.

§ 23. Verlorne, vernichtete oder sonst abhänden gekommene Quittungsbogen, Aktien und Dividendenscheine müssen in der für andere Urkunden ähnlicher Art gesetzlich vorgeschriebenen Form aufgeboten und amortisirt werden.

Für dergestalt rechtskräftig mortifizirte oder sonst unbrauchbar gewordene, der Gesellschaft zurückzuliefernde und gänzlich zu kassirende Quittungsbogen u. s. w. werden dem letzten rechtmäßigen Inhaber, der das Aufgebot extrahirt hat, oder sonst durch das Aktienbuch (§ 13) legitimirt erscheint, andere neue Quittungsbogen u. s. w. unter einer neuen Nummer ausgefertigt und übergeben. Sind in dem jedesmal mit abzureichenden Mortifikations-Erkenntnisse aber andern Personen Rechte vorbehalten, so wird das neu auszufertigende Dokument zum gerichtlichen Verwahrsam eingesandt.

Amortisation.

§ 24. Nur erst dann, wenn der für die Amortisation anzulegende Theil des Reserve-Fonds (§ 14 № 2) die Summe aller Aktienkapitalien erreicht, kann von der Gesellschaft die Rückzahlung und Einziehung der Aktien nach vorgängiger dreimonatlicher Kündigung beschlossen werden, und fällt von da ab die desfallsige Unterabtheilung des Reserve-Fonds (§ 14 № 2) ganz aus und seine Rate den zu zahlenden Dividenden zu.

§ 25. Dem Aktien-Inhaber steht eine Kündigung und Zurücknahme des eingelegten Kapitals niemals zu.

Dritter Abschnitt.

Verfassung der Gesellschaft und Verwaltung ihrer Angelegenheiten.

Im Allge-meinen.

§ 26. Das Interesse der Gesellschaft wird wahrgenommen:

1) von den Aktionairen unmittelbar in den General-Versammlungen,
2) durch ein Direktorium und
3) durch besondere Beamten.

Das Direktorium wird von den Aktionairen in einer General-Versammlung erwählt und ernennt seiner Seits die Beamten.

A. General-Versammlungen.

§ 27. Die General-Versammlungen der Aktionaire werden vom Direktorio einberufen.

Regelmäßig finden sie alljährlich am Stiftungstage der Gesellschaft, den 26. Februar jeden Jahres, oder falls dieser auf einen Sonn- oder Festtag fällt, am darauf folgenden Wochentage, Vormittags 10 Uhr, im Landschaftshause zu Prenzlow statt; außerordentliche nur dann, wenn das Direktorium oder auch nur dessen Vorsitzender sie für nöthig hält. Zu den ordentlichen, jährlichen General-Versammlungen bedarf es keiner öffentlichen Einladung und keiner vorgängigen Bekanntmachung der zu verhandelnden Gegenstände, sofern nicht über die § 32 № 1 bis inkl. 6 gedachten Gegenstände beschlossen werden soll. Beides muß geschehen, wenn außerordentliche General-Versammlungen abgehalten und die § 32 № 1 bis 6 inkl. erwähnten Gegenstände in den ordentlichen General-Versammlungen mit verhandelt werden sollen.

§ 28. Sämmtliche Aktionaire können an den Berathungen der Gesellschaft in den General-Versammlungen Theil nehmen. Fremde sind ausgeschlossen. Frauen, Bevormundete und moralische Personen und Korporationen, öffentliche Königl. und Kommunal-Institute, Gemeinden und Behörden können darin durch ihre Vertreter, auch wenn diese nicht Aktionaire sind, am Erscheinen Behinderte aber nur durch Aktionaire repräsentirt werden.

§ 29. Die Stimmberechtigung in der General-Versammlung wird folgendergestalt festgesetzt:

für 1 bis 4 Aktien . . . . 1 Stimme,
    = 5 = 10   . . . . 2 Stimmen,
    = 11 = 20   = ... 3   =
    = 21 = 30   = ... 4   =
    = 31 = 40   = ... 5   =
    = 41 = 50   = ... 6   =
    = 51 und darüber 7   =

Bei Zählung der Aktien werden die eigenen mit den aus Vollmacht vertretenen zusammengerechnet.

§ 30. Die verfassungsmäßigen Beschlüsse der General-Versammlung haben ohne Rücksicht auf die Zahl der Anwesenden für alle abwesenden Aktionaire verbindliche Kraft.

Die anwesenden Aktionaire müssen sich durch Vorzeigung ihrer Aktien und resp. schriftliche, gehörig legalisirte Vollmachten legitimiren und erhalten sodann Stimm-Karten, auf welchen die Zahl der Jedem gebührenden Stimmen vermerkt steht.

§ 31. Die General-Versammlungen werden von dem vorsitzenden oder dem der Reihefolge nach ältesten Direktorial-Mitgliede geleitet. Ueber ihre Verhandlungen und Beschlüsse wird ein Protokoll aufgenommen und außer dem aus der Zahl der Aktionaire zu bestellenden Protokollführer, von den Direktoren und dreien Aktionairen, welche nicht zu den Gesellschaftsbeamten gehören dürfen, durch Unterschrift vollzogen.

General-
Versammlung
der Aktionaire
a) regelmä-
ßige,

b) außeror-
dentliche.

Vertretung
der Stimmbe-
rechtigten.

Stimmfähig-
keit.

Folgen des
Nichterschei-
nens.

Legitimation
der erschiene-
nen Aktionaire.
Stimmkarten.

Protokoll
über die Ver-
handlungen.

Die Auswahl des Protokollführers und der drei Aktionaire bleibt der jedesmaligen General-Versammlung vor deren Beginn vorbehalten.

Das Protokoll, welchem ein von dem Vorsitzenden anzufertigendes Verzeichniß der anwesenten Direktoren zu beglaubigendes Verzeichniß der erschienenen Aktionaire und deren Stimmen beizufügen ist, hat für die Mitglieder der Gesellschaft sowohl unter einander, als auch in Beziehung auf ihre Vertreter vollkommene Beweiskraft.

Gegenstände. § 32. Die Geschäfte der General-Versammlung sind folgende:

1) Wahl der Direktoren und des Vorsitzenden unter ihnen.

Sie werden durch einfache Stimmenmehrheit der anwesenden Aktionaire gewählt. Im Falle einer Stimmengleichheit entscheidet das Loos. Nur in den Fällen, welche zur Ablehnung der Uebernahme eines Kommunal-Amts berechtigen, kann ein Aktionair die auf ihn gefallene Wahl ablehnen und dann rückt derjenige ein, der nach dem Gewählten die meisten Stimmen hat.

2) Vermehrung des Gesellschafts-Fonds durch Emission neuer Aktien über den § 7 festgesetzten Betrag hinaus.

3) Aufnahme von Darlehnen für Rechnung der Gesellschaft.

4) Erwerbung oder Veräußerung, von Immobilien für die oder Namens der Gesellschaft.

5) Ergänzung und Abänderung des Statuts.

6) Auflösung der Gesellschaft.

7) Aufhebung früherer Beschlüsse der General-Versammlung.

8) Angelegenheiten der Gesellschaft, die ihr vom Direktorio oder einzelnen Aktionairen zur Entscheidung sonst noch vorgelegt werden. Zur Gültigkeit der unter .No 2 bis inkl. 6 gedachten Beschlüsse der General-Versammlung ist die Genehmigung des Staats erforderlich.

Jedenfals muß in den ordentlichen, jährlichen Versammlungen:

9) der Geschäftsbericht des Direktorii über das abgelaufene Verwaltungsjahr vorgelesen,

10) die mit den bestimmten Beilagen versehene, in calculo geprüfte und vom Direktorio kraus revidirte und abzunehmende Rechnung über das vorhergehende Verwaltungsjahr mit den Kassenbüchern, allen Revisionsprotokollen und den verbundenen Akten zur Einsicht eines jeden Aktionairs vorgelegt, die Rechnung superrevidirt und dechargirt,

11) die Höhe der für das verflossene Verwaltungsjahr zu zahlenden Dividende festgestellt und

12) der nach erfordernem Bau erforderliche, vom Direktorio zu annoncirende Vermehrungsplan und Etat genehmigt und festgesetzt werden.

Endlich stehe

13) der General-Versammlung das Recht, von Direktoren und der Kommission der Geschäftsführung des Direktorii und annoncirt des Kassirers mit Rechnungswesens zu benachrichtigen, und ihnen der nöthige Instruktion zu diesem Behufe zu ertheilen.

§ 33.

§ 33. In den General-Versammlungen entscheidet, mit Ausnahme der Fälle des § 32 № 2, 3 und 6, die absolute Stimmenmehrheit der Anwesenden und im Falle einer Stimmengleichheit die Stimme des Vorsitzenden, dem es übrigens überlassen bleibt, das bei den Abstimmungen zu beobachtende Verfahren festzusetzen.

Zur Beschlußnahme über die § 32 № 2, 3 und 6 erwähnten Gegenstände ist eine Mehrheit von zwei Dritteln der Stimmen der Anwesenden erforderlich, jedoch nur dann ausreichend, wenn bei der Abstimmung drei Viertel der Stimmen sämmtlicher Aktionaire vertreten sind. Ist dies nicht der Fall, so wird eine neue General-Versammlung nach sechs Wochen zusammenberufen, in welcher die Mehrheit von zwei Dritteln der Stimmen der Anwesenden über den in Frage gestellten Gegenstand unbedingt und definitiv entscheidet.

§ 34. Wenn einzelne Aktionaire einen Gegenstand in den General-Versammlungen zum Vortrag bringen wollen (§ 32 № 8), so müssen sie ihr Vorhaben unter ausführlicher Angabe der Motive mindestens vier Wochen vor der ordentlichen General-Versammlung, und bei außerordentlichen General-Versammlungen acht Tage nach der erlassenen, desfallsigen Bekanntmachung dem Direktorio schriftlich einreichen, widrigenfalls ihr Antrag erst für die nächste General-Versammlung berücksichtigt werden kann.

B. Direktorium.

§ 35. Das Direktorium besteht aus vier Mitgliedern, welche Aktionaire sein müssen und die ihnen obliegenden Geschäfte kollegialisch bearbeiten unter Leitung des von der General-Versammlung unter ihnen zu bezeichnenden Vorsitzenden,

§ 36. Seine Sessionen werden, insofern es sich darüber nicht anders einigt, in Prenzlow gehalten und konvozirt der Vorsitzende oder in Behinderungsfällen das der Reihenfolge nach älteste Direktorial-Mitglied dazu die übrigen Mitglieder unter kurzer Mittheilung der zu berathenden Gegenstände. Die dann nicht erschienenen Mitglieder werden den Beschlüssen den Anwesenden für beitretend trachtet.

§ 37. Das Direktorium kann schon dann gültige Beschlüsse fassen, wenn außer dem Vorsitzenden noch zwei Direktorial-Mitglieder anwesend sind, oder wenn in Behinderungsfällen des Vorsitzenden die drei andern Direktorial-Mitglieder erschienen sind, von denen dann das Aelteste den Vorsitz führt.

§ 38. Die Konferenzen des Direktorii werden von dem Vorsitzenden oder in Behinderungsfällen von dem der Reihenfolge nach ältesten Direktorial-Mitgliede geleistet und die Beschlüsse nach Stimmenmehrheit gefaßt. Im Falle einer Stimmengleichheit entscheidet die Stimme des Vorsitzenden.

§ 39. Die Mitglieder des Direktorii werden von der General-Versammlung auf zwei Jahre gewählt, jedoch wird bis zur Vollendung des Baues der Chaussee eine neue Wahl statt der in der General-Versammlung vom 26. Februar u. J. erwählten Direktorial-Mitglieder, sofern nicht die am Schlusse dieses Para-

(Marginalien:)
Fassung der Beschlüsse durch absolute oder relative Stimmenmehrheit.

Anträge einzelner Aktionaire.

Mitglieder.

Sessionen.

Beschlußfähigkeit.

Verfahren in den Sessionen.

Wahl und Amtsdauer.

2

graphen gedachten Austrittsfälle sich ereignen sollten, suspendirt. Demnächst aber scheiden alljährlich die beiden ältesten Direktorial-Mitglieder, und zwar im ersten Jahre nach vollendetem Bau durch das Loos aus. Die ausscheidenden Mitglieder sind jedoch wieder wählbar. Erfolgt ein freiwilliges oder ein Ausscheiden durch den Tod, so wird das statutenmäßige Ausscheiden für ein solches Jahr ganz oder theilweise suspendirt.

Unfähigkeit.

§ 40. Zu Direktoren können nicht gewählt werden:

1) Personen, welche nicht Aktionaire sind,

2) Personen, welche mit der Gesellschaft in Kontrakts-Verhältnissen stehen,

3) Beamte der Gesellschaft,

4) Inkriminirte und solche Personen, welche in Konkurs versunken sind, oder mit ihren Gläubigern akkordirt haben, so lange sie nicht die erfolgte vollständige Befriedigung derselben nachweisen, auch können

5) die Theilhaber eines und desselben Geschäfts nicht zu gleicher Zeit Mitglieder im Direktorio sein.

Austritt deshalb.

§ 41. Tritt einer der vorstehend (§ 40) erwähnten Fälle erst nach der Wahl ein, so erlischt die getroffene Wahl und der betreffende Direktor ist verbunden, sein Amt sofort niederzulegen. Im Weigerungsfalle kann er durch einen ohne seine Zuziehung gefaßten Beschluß der übrigen Direktoren suspendirt und demnächst von der General-Versammlung removirt werden.

Ausscheidung.

§ 42. Die Direktoren sind jeder Zeit verpflichtet, ihr Amt niederzulegen, wenn die General-Versammlung aus triftigen Gründen mit der nach § 33 festgesetzten relativen Stimmenmehrheit es verlangt. Sie sind dagegen auch aus gleichen Gründen berechtigt, vier Wochen nach vorgängiger schriftlicher Aufkündigung aus dem Direktorio auszuscheiden. In diesem Falle, so wie in sonstigen außergewöhnlichen Vakanzfällen hat die nächste ordentliche General-Versammlung eine neue Wahl vorzunehmen.

Befugnisse und Pflichten.

§ 43. Das Direktorium ist die ausführende Behörde der Gesellschaft. Es ist als solche berufen, alle Angelegenheiten der Gesellschaft, nach Maßgabe des Statuts, und außerdem das jetzt berufene nach Maßgabe der amtlich notariellen Vollmacht der General-Versammlung vom 26. Februar d. J. selbstständig und seiner besten Ueberzeugung gemäß, sofern es die Beschlußnahme der General-Versammlung einzuholen, statuten- und vollmachtsmäßig nicht verpflichtet ist, zu verwalten und Alles und Jedes, wozu irgend die Gesellschaft befugt oder wofür sie Verpflichtungen zu übernehmen verbunden und berechtigt ist, auszuführen und zu vollziehen. Insbesondere hat es das Aktienkapital, die künftig eingehenden Chaussee-Gefälle und die sonstigen der Gesellschaft gehörigen Gelder einzunehmen, aufzubewahren und darüber zum Besten der Gesellschaft zu verfügen.

Kassenbestände kann es durch Ausleihung gegen pupillarische Sicherheit auf Hypotheken, gegen Depos. in Staatspapieren, gegen Ankauf derselben und der Chaussee-Aktien der Gesellschaft, sobald dieselben ausgegeben sind, oder bei der Königl. Haupt-

und resp. Privatbank zu Berlin und Stettin zinsbar belegen. Es hat ferner die zur Erreichung der Gesellschaftszwecke erforderlichen Immobilien im Namen der Gesellschaft unter Berücksichtigung der Vorschrift im § 32. Nº 4 zu erwerben oder zu veräußern. Erwerbungen von Immobilien, die in der durch das Statut bestimmten, vom Staate genehmigten Richtung der Chaussee und zu deren Bau erforderlich sind, unterliegen den Formalitäten im § 32 Nº 4 nicht, sondern sind selbstständig vom Direktorio zu effektuiren.

Nicht minder hat es für die auf Rechnung oder in Entreprise auszuführende Erbauung und Unterhaltung der Chaussee nach dem vom Staate genehmigten Zuge und dem Erbauungskosten-Anschlage in den Grenzen des Statuts und der Vollmacht, so wie für die Errichtung, Anschaffung und Unterhaltung aller dazu nöthigen Gebäude, Materialien und Utensilien, imgleichen für Erhebung des tarifmäßigen Chausseegeldes, sei es durch einen eigenen Erheber oder durch öffentliche Verpachtung der Chaussee-Hebestelle zu sorgen.

Ferner hat es den Verwaltungsplan und die Etats nach vollendetem Bau zu entwerfen, die Anstellung, Entlassung und Besoldung der nur auf Kündigung anzunehmenden Beamten und Arbeiter innerhalb des Statuts, der Etats und der Anschläge zu bewirken und ihnen die erforderlichen Bestallungen und Instruktionen zu ertheilen.

Endlich ist es verpflichtet, für die gesetzlich erforderliche Buchführung und Ermittelung der Vermögensbilanz der Gesellschaft Sorge zu tragen.

§. 44. Nach Außen wird die Gesellschaft durch das Direktorium in allen Verhältnissen und das Vollständigste mit allen Befugnissen, welche die Gesetze (Allgemeines Landrecht Thl. II Tit. 8 § 591 und 592) einem unbeschränkten Handlungs-Disponenten beilegen, jedoch ohne persönliche Verbindlichkeit gegen dritte Personen vertreten. Es hat daher alle Verhandlungen mit den Behörden zu besorgen und ist befugt, im Namen der Gesellschaft Verträge jeder Art, insbesondere auch Vergleiche mit dritten Personen abzuschließen, Rechte der Gesellschaft zu zediren, darauf Verzicht zu leisten, Eintragungen in die Hypothekenbücher und Löschungen in denselben nachzusuchen, Zahlungen aller Art, namentlich auch aus Gerichts-Depositorien zu erheben und zu leisten, Quittung oder Löschungskonsense zu ertheilen, Prozesse zu führen, die Entscheidung von Streitigkeiten schiedsrichterlichen Aussprüchen zu unterwerfen, Eide zu de- und zu referiren, zu erlassen, für geschworen anzunehmen oder Namens und in die Seele der Gesellschaft zu leisten und die Ausübung dieser Befugnisse Andern zu übertragen. Alles was das Direktorium auf eine an sich rechtsgültige Weise mit Behörden und dritten Personen Namens der Gesellschaft verhandelt, ist für dieselbe verbindlich, ohne daß es irgend einer weitern General- oder Spezial-Bevollmächtigung desselben bedarf.

Behufs der öffentlichen oder offiziellen Legitimation der Direktoren soll nach der ersten Wahl und hiernächst bei jeder Veränderung eine Ausfertigung der Wahl-Verhandlung an die vorgesetzte Regierung eingesandt werden, und es wird Letztere darnach eine öffentliche Bekanntmachung durch das Amtsblatt erlassen.

(Randnotiz:) Repräsentation.

(Randnotiz:) Legitimation.

§ 45. Auch..in den in §§ 43. und 44. nicht ausdrücklich erwähnten Fällen ist das Direktorium berechtigt und verpflichtet, alle Maßregeln, die seiner gewissenhaften Ueberzeugung zufolge zur Erreichung der Gesellschaftszwecke, namentlich zur möglichst vortheilhaften, baldigen Erbauung, Einrichtung, Benutzung und Unterhaltung der Chaussee nothwendig und förderlich sind, zu beschließen und auszuführen.

Unterschrift. § 46. Alle Erlasse und Ausfertigungen des Direktorii werden von dem Vorsitzenden oder bei seiner Behinderung von dem ältesten Direktorial-Mitgliede unter der Firma:

„**Direktorium der Gramzow-Passower Chaussee-Gesellschaft,**

gezeichnet. Hiervon sind Berichte und Schreiben an Behörden, Kontrakte, Bestallungen, Kassen-Dispositionen, Vollmachten und die über die Beschlüsse abzufassenden Konferenz-Protokolle ausgenommen, welche stets von allen Direktoren vollzogen werden müssen, sofern sie in den Letzteren anwesend waren.

Remuneration. § 47. Die Direktoren verwalten ihr Amt ohne Gehalt. Nur baare Auslagen und Fuhrkosten werden ihnen erstattet. Sie genießen, wenn sie die anzulegende Kunststraße befahren, Chausseefreiheit.

Pflichten des Vorsitzenden in Betreff der Expedition, Registratur und Kassen-Verwaltung. § 48. Der vorsitzende Direktor hat für sichere depostalmäßige Aufbewahrung der Kassengelder, Kassendokumente, Bücher und Belege bei eigener Verantwortung zu sorgen und zugleich das besondere Geschäft eines Kassen-Kurators zu übernehmen, welcher die Kassenverwaltung des Rendanten genau kontrolliren, die Kasse allmonatlich ordinarie, zweimal im Jahre unter Zuziehung wenigstens eines Direktorial-Mitgliedes extraordinarie revidiren, die au porteur lautenden Dokumente unter der Firma der Direktion außer Kours setzen und die Revisionsprotokolle den übrigen Direktoren mittheilen muß. Auch liegt ihm die Aufbewahrung der Societäts-Akten, Pläne x. und die Expedition aller schriftlichen Arbeiten ob. Mit Zustimmung des Direktorii kann er für einzelne Verwaltungszweige Spezial-Direktoren ernennen und mit besonderer Instruktion versehen.

Buchführung. § 49. Das Direktorium ist schuldig, das Aktienbuch (§ 13), die zur Uebersicht der Vermögenslage der Gesellschaft erforderlichen Bücher zu führen (§ 15), auch in den ersten 3 Monaten eines jeden Geschäftsjahres eine Bilanz des Gesellschaftsvermögens zu ziehen (§ 43), in ein dazu bestimmtes Buch einzutragen und der vorgesetzten Regierung mitzutheilen. Die Grundsätze, nach welchen die Bilanz zu fertigen ist, sind im § 14 und 15 festgestellt.

C. Beamten.

Ernennung. §. 50. Die Beamten der Gesellschaft als Sekretair, Rendant, Chaussee-Einnehmer und Wärter und Techniker x. werden von dem Direktorio gewählt und von demselben die Kontraktsbedingungen und die jährliche Remuneration nach Maßgabe und innerhalb der Grenzen des von der General-Versammlung festgesetzten Etats normirt, auf Grund deren es ihnen die Bestallung ausfertigt.

Kündigungs- und Pensions-fugniß. § 51. Alle Gesellschafts-Beamte werden auf Kündigung engagirt und Pensionszusicherungen ganz ausgeschlossen.

§ 52. Ihre Instruktionen, namentlich die über die Verwaltung und Einrichtung des Kassenwesens, werden von dem Direktorio festgestellt.

Vierter Abschnitt.
Allgemeine Bestimmungen.

§ 53. Alle an die Aktionaire, unbekannte Eigenthümer einzelner Aktien oder an andere unbekannte Interessenten gerichteten Einladungen oder Bekanntmachungen in Angelegenheiten der Gesellschaft werden in die Berliner und Stettiner Zeitungen und in die Prenzlower Wochenblätter eingerückt. Ist dies geschehen, so kann sich Niemand mit der Ausflucht schützen, daß ihm der Inhalt des Erlasses nicht bekannt geworden sei, vielmehr gilt er alsdann für jeden Aktien-Inhaber als eine vollkommen rechtsverbindlich insinuirte, schriftliche Bekanntmachung.

§ 54. Streitigkeiten in Angelegenheiten der Gesellschaft, sowohl zwischen den Aktionairen unter einander, als auch mit den Vertretern und Beamten derselben sollen nur durch ein schiedsrichterliches Verfahren entschieden werden. Jeder Theil erwählt einen Schiedsrichter, welche bei Meinungsverschiedenheiten einen Obmann ernennen. Gegen den schiedsrichterlichen Ausspruch ist kein ordentliches Rechtsmittel zulässig. Für das Verfahren der Schiedsrichter sind die Bestimmungen der Allgemeinen Gerichtsordnung Thl. 1 Tit. II § 167 sqq. maßgebend. Verzögert einer der streitenden Theile auf die ihm notariell oder gerichtlich insinuirte Aufforderung des Gegners die Ernennung eines Schiedsrichters länger als vier Wochen, so muß er sich gefallen lassen, daß der Andere beide Schiedsrichter ernennt. Können sich die Schiedsrichter nicht über die Wahl des Obmanns vereinigen, so hat jeder einen solchen zu ernennen, und es entscheidet zwischen beiden das Loos. Zögert aber ein Schiedsrichter mit der Ernennung des Obmanns länger als vier Wochen auf die ihm notariell oder gerichtlich insinuirte Aufforderung dazu, so entscheidet der Obmann des andern Theils allein. Diese statutenmäßige Bestimmung vertritt die Stelle eines unter den Partheien abzuschließenden Kompromisses.

§ 55. Ist die Auflösung der Gesellschaft in der in §§ 27 und 33 bestimmten Art beschlossen worden, so wird das gesammte Eigenthum der Gesellschaft in der gleichfalls von derselben General-Versammlung zu beschließenden Art veräußert, und der Erlös nach Berichtigung der Schulden auf sämmtliche Aktionaire gleichmäßig vertheilt.

Zur Ausmittelung etwaiger unbekannten Gläubiger der Gesellschaft und eventualiter zu deren Präklusion soll — die Genehmigung des Staats vorausgesetzt — das in der Allgemeinen Gerichtsordnung Thl. I Tit. 51 § 160 sqq. vorgeschriebene Verfahren mit der ebendaselbst ausgesprochenen Wirkung eintreten.

Prenzlow, den 9. Juli 1843.

Das Direktorium der Gramzow-Passower Chaussée-Gesellschaft.

Schema der Aktie.

Stempel 5 Sgr.

№

Einhundert Thaler in Preuß. Kourant.

Aktie
der
Gramzow=Passower Chaussee=Gesellschaft.

Der .... zu .... hat zur Kasse der Gramzow=
Passower Chaussee=Gesellschaft Einhundert Thaler Preuß. Kourant baar eingezahlt,
und nimmt nach Höhe dieses Betrages in Gemäßheit des am 27. September 1844
von Seiner Majestät dem Könige von Preußen Allerhöchst bestätigten Statuts ver=
hältnißmäßigen Antheil an dem gesammten Eigenthum, dem Gewinn und Verluste
der Gesellschaft. P ....

Gramzow=Passower Chaussee=Gesellschaft.
Direktorium.

N. N.   N. N.

Schema des Dividendenscheins.

Stempelfrei.

Aktie № ... Verwaltungsjahr 18.. Dividendenschein № ...

Der Inhaber der Aktie № ... erhält gegen Rückgabe dieses Dividendenscheins
aus der Kasse der Gramzow=Passower Chaussee=Gesellschaft diejenige Dividende aus=
gezahlt, die von dem Reinertrage des Verwaltungsjahres 18.. auf die Aktie №
fällt und deren Betrag zur Zahlung am 1. März 18.. vom Direktorio statuten=
mäßig bekannt gemacht werden wird.

Dieser Dividendenschein wird nach § 22 des Statuts ungültig, sofern die
darauf zu erhebende Dividende nicht innerhalb dreier Jahre, vom Zahlungstage
abgerechnet, erhoben worden. P ....

Gramzow=Passower Chaussee=Gesellschaft.
Direktorium.

Serie

№   (L. S.)   N.

Nachtrag

zu dem Statut der Gramzow-Passower Chaussee-Gesellschaft vom
9. Juli 1843, in Betreff der Verausgabung von 4600 Thlrn.
Prioritäts-Aktien.

§ 1. Der nach § 7 des Statuts der Gramzow-Passower Chaussee-Gesellschaft festgesetzte Aktien-Fonds von 22,700 Thlrn. wird um die Summe von 4600 Thlrn., mithin bis zu dem Gesammtbetrage von 26,300 Thlrn. Kourant erhöht.

Da hiervon die Summe von 22,700 Thlrn. durch Stamm-Aktien aufgebracht ist, so ergiebt sich ein an dem Aktien-Fonds fehlender Betrag von 4600 Thlrn., welcher durch Ausgabe von 46 Stück Prioritäts-Aktien, jede zu 100 Thlr., unter den nachfolgenden Bedingungen beschafft werden soll.

§ 2. Die Prioritäts-Aktien werden in fortlaufenden Nummern von 1 bis 46 gegen sofortige Einzahlung ihres vollen Nennwerthbetrages nach dem Littr. A anliegenden Schema ausgegeben und erhalten Zinskoupons nach dem beigefügten Schema Littr. B auf 10 Jahre.

§ 3. Die Prioritäts-Aktien werden mit vier Prozent jährlich verzinset; und die Zinsen in halbjährlichen Terminen am 2. Januar und 1. Juli jeden Jahres in der Gesellschaftskasse zu Angermünde in Empfang genommen. An den Dividenden der Stamm-Aktien nehmen diese Prioritäts-Aktien keinen Antheil. Dagegen haben sie für Kapital und Zinsen das Vorzugsrecht vor den Stamm-Aktien nebst deren Zinsen und Dividenden. Zinsen von Prioritäts-Aktien, deren Erhebung innerhalb dreier Jahre von dem in den betreffenden Koupons bezeichneten Zahlungstage ab nicht geschehen ist, verfallen zum Vortheil der Gesellschaft.

§ 4. Die Prioritäts-Aktien unterliegen der Amortisation, wozu zunächst und bis sie amortisirt sind, der nach § 14 № 2 des Statuts vom 9. Juli 1843 für die Stamm-Aktien zu bildende Amortisations-Fonds verwendet wird. Die Zurückzahlung der zu amortisirenden Aktien erfolgt regelmäßig von drei zu drei Jahren, am 1. Juli des vierten Jahres, zuerst im Jahre 1847. Es bleibt jedoch der General-Versammlung der Chaussee-Gesellschaft vorbehalten, den Amortisations-Fonds zu verstärken und, so die Tilgung der Prioritäts-Aktien zu beschleunigen. Auch steht der Gesellschaft das Recht zu, außerhalb des Amortisations-Verfahrens sämmtliche, alsdann noch validirende Prioritäts-Aktien durch die öffentlichen Blätter (§ 53 des Statuts vom 9. Juli 1843) zu kündigen und durch Zahlung des Nennwerths einzulösen. Für einen solchen Fall wird eine sechsmonatliche Kündigungsfrist festgesetzt.

Ueber die geschehene Amortisation wird der vorgesetzten Regierung mit dem Ablauf jedes neuten Jahres ein Nachweis eingereicht.

§ 5. Die Inhaber der Prioritäts-Aktien sind Mitglieder des Chaussee-Gesellschaft und können ihre Seits derselben die Aktien nicht kündigen, es sei denn, daß

1) die Zinstermine länger als drei Monate frustrirt,
2) der Betrieb der Chaussee länger als sechs Monate suspendirt,
3) gegen die Chaussee-Gesellschaft Schuldenhalber Exekution vollstreckt,
4) die im § 4 festgesetzte Amortisation nicht inne gehalten und
5) Umstände eintreten würden, die einen Gläubiger nach allgemeinen, gesetzlichen Grundsätzen berechtigen würden, einen Attestschlag gegen die Gesellschaft zu begründen.

In allen diesen Fällen kann jeder Prioritäts-Aktien-Inhaber sein Kapital kündigen, und muß ihm der Nennwerth der Prioritäts-Aktie sechs Monate nach erfolgter Kündigung mit den verfallenen Zinsen gezahlt werden.

Bei Geltendmachung des vorstehenden Rückforderungsrechts treten die Prioritäts-Aktien-Inhaber in das Verhältniß von Gläubigern gegen die Gesellschaft und sind also befugt, sich an das gesammte bewegliche und unbewegliche Vermögen derselben zu halten.

§ 6. So lange nicht die gegenwärtig kreirten Prioritäts-Aktien eingelöst oder der Einlösungsgeldbetrag gerichtlich deponirt ist, darf die Gesellschaft keines ihrer Grundstücke veräußern, auch eine weitere Aktien-Emittirung oder ein Anleihegeschäft nur dann unternehmen, wenn den Prioritäts-Aktien der jetzigen Emittirung für Kapital und Zinsen das Vorrecht vor den ferner auszugebenden Aktien oder der aufzunehmenden Anleihe reservirt und gesichert ist.

§ 7. Die Nummern der nach der Bestimmung der § 4 zu amortisirenden Aktien werden alljährlich in der ordentlichen General-Versammlung durch das Loos bestimmt und sofort öffentlich bekannt gemacht.

§ 8. Die Auszahlung der ausgeloosten Aktien erfolgt an dem im § 4 gedachten Tage in der Gesellschaftskasse zu Angermünde nach dem Nominalwerth an den legitimirten Inhaber der Aktie gegen Auslieferung und Quittirung derselben. Mit dem Verfalltage hört die Verzinsung auf und sind gleichzeitig die ausgereichten, noch nicht fälligen Zinskoupons mit abzuliefern, widrigenfalls der Betrag des fehlenden Zinskoupons von dem Kapitale gekürzt und zur Einlösung des Koupons verwendet wird.

Die im Wege der Amortisation eingelösten Aktien werden in nächster General-Versammlung vernichtet, diejenigen Aktien aber, welche in Folge der Rückforderung (§ 5) oder Kündigung (§ 4) außerhalb der Amortisation eingelöst werden, kann die Gesellschaft wieder ausgeben.

§ 9. Diejenigen Prioritäts-Aktien, welche ausgeloost und gekündigt sind und der Bekanntmachung durch die öffentlichen Blätter ungeachtet nicht binnen drei Jahren nach dem Zahlungstermine zur Einlösung präsentirt sind, werden im Wege des gerichtlichen Verfahrens mortifizirt. Es sollen aber bei jeder Amortisation nicht nur die Nummern der alsdann ausgeloseten, sondern auch diejenigen der schon früher ausgeloosten, noch nicht abgehobenen und noch nicht gerichtlich mortifizirten Prioritäts-Aktien bekannt gemacht werden,

§ 10,

§ 10. Die in diesem Nachtrage zum Statut gedachten, öffentlichen Bekanntmachungen erfolgen durch die § 53 des Statuts bezeichneten Blättern mit der darin ausgesprochenen Wirkung.

§ 11. Die Inhaber der Prioritäts-Aktien sind zwar berechtigt, an den General-Versammlungen Theil zu nehmen, aber weder stimm- noch wahlfähig. Alle übrige Bestimmungen des Gesellschafts-Statuts vom 0. Juli 1843, soweit sie nicht durch diesen Nachtrag geändert sind, finden auch auf die Prioritäts-Aktien Anwendung.

Prenzlow, den 10. Juni 1844.

A.

Prioritäts-Aktie

der

Gramzow-Passower Chaussee-Gesellschaft.

(Jeder Aktie sind 20 Koupons   №   (Wegen Erneuerung der Koupons nach
auf 10 Jahre beigegeben.)   über   Ablauf von 10 Jahren erfolgen jedes-
                                             mal besondere Bekanntmachungen.)

100 Thaler Preuß. Kourant.

Der . . . . zu . . . . hat auf Höhe des obigen Betrages von Einhundert Thalern Preuß. Kourant Antheil an dem in Gemäßheit Allerhöchster Genehmigung und nach den in dem Nachtrage zum Statute enthaltenen Bestimmungen emittirten Kapitale von viertausend sechshundert Thalern Prioritäts-Aktien der Gramzow-Passower Chaussee-Gesellschaft.

P . . . .

Das Direktorium der Gramzow-Passower Chaussee-Gesellschaft.

Eingetragen im Aktienbuche Fol.

Der Rendant.

3

Schema zu den Koupons.

Erster Zinskoupon
der
Gramzow-Passower Chaussee-Prioritäts-Aktie.
№
zahlbar am 1. ...... 184.

Inhaber dieses empfängt am 1. .... 18.. die Zinsen der oben bemerkten Prioritäts-Aktien über 100 Thlr. mit zwei Thalern.

P............

Das Direktorium der Gramzow-Passower Chaussee-Gesellschaft.

Eingetragen im Kouponbuche №

(Zinsen, deren Erhebung innerhalb dreier Jahre von dem in den betreffenden Koupons bezeichneten Zahlungstage ab nicht geschehen ist, verfallen zum Vortheil der Gesellschaft.)

Potsdam, den 14. November 1844.

Die vorstehende Bestätigungs-Urkunde für die Gramzow-Passower Chausseebau-Aktien-Gesellschaft vom 7. Oktober v. J., so wie die dadurch unter gewissen Maßgaben genehmigten Statuten dieser Gesellschaft vom 9. Juli v. J. und den Nachtrag zu demselben vom 10. Juni d. J. — beide Stücke am 10. Juni und 9. Juli d. J. gerichtlich vollzogen, — bringen wir zufolge Allerhöchster Bestimmung und in Gemäßheit des § 3 des Gesetzes über Aktien-Unternehmungen vom 9. November 1843 hierdurch zur öffentlichen Kenntniß.

Königl. Regierung. Abtheilung des Innern.

Amtsblatt
der Königlichen Regierung zu Potsdam
und der Stadt Berlin.

Stück 49. Den 6. Dezember. **1844.**

Verordnungen und Bekanntmachungen
für den Regierungsbezirk Potsdam und für die Stadt Berlin.

Potsdam, den 2. Dezember 1844.

Nachdem der von einer Aktien-Gesellschaft unternommene Bau einer, von der Berlin-Hamburger Chaussee bei Neu-Schrepkow über Prizwalk und Meyenburg zur Meklenburgischen Grenze führenden Kunststraße so weit ausgeführt ist, daß sich dieselbe in ihrer ganzen Ausdehnung in einem chausseemäßig fahrbaren Zustand befindet, so ist dieselbe am 1. Dezember d. J. dem allgemeinen Verkehr eröffnet, auch wird von da ab auf derselben an der bei Garz, bei der Buchholzer Ziegelei, bei Birkenfelde und bei Meyenburg eingerichteten Empfangsstellen das Chausseegeld nach dem Tarif vom 29. Februar 1840 (Gesetzsammlung de 1840 Stück 6 № 2080) erhoben werden.

Wir bringen dies mit Bezug auf unsere Bekanntmachung vom 12. April v. J. und auf den Inhalt der dadurch veröffentlichten Dokumente (Amtsblatt de 1843 Stück 18 und dessen Beilage) hierdurch mit dem Bemerken zur öffentlichen Kenntniß, daß nicht nur bei Erhebung des Chausseegeldes auf der vorgedachten von Neu-Schrepkow über Prizwalk zur Meklenburgischen Grenze führenden Chaussee, sondern auch hinsichtlich der Chausseegeld- und Polizei-Kontraventionen die für die Staats-Kunststraßen geltenden Verordnungen und Vorschriften auf dieselbe Anwendung finden.

Königl. Regierung. Abtheilung des Innern.

№ 276.
Neu-Schrep-
kow-Meyen-
burger Aktien-
Chaussee.
I. 2110. Nov.

Potsdam, den 2. Dezember 1844.

Der von einer Aktien-Gesellschaft unternommene Bau einer Chaussee von Prenzlow über Develow und Wolfshagen zur Meklenburgischen Grenze ist jetzt so weit beendet, daß sich diese Kunststraße in einem chausseemäßig fahrbaren Zustand befindet und seit einigen Tagen in ihrer ganzen Länge dem allgemeinen Verkehr eröffnet ist. Dies, und daß des Königs Majestät die Erhebung eines Chausseegeldes nach dem Tarif vom 29. Februar 1840 (Gesetzsammlung de 1840 Stück 6 № 2080) für die vorgedachte Chaussee zu genehmigen geruhet haben, machen wir hierdurch mit dem Bemerken bekannt, daß demgemäß auf derselben, und zwar an jeder der beiden Hebestellen bei Ellingen und bei Schlepkow für ein und eine halbe Meile in jeder Richtung das Chausseegeld nach dem erwähnten Tarif erhoben werden wird, so wie, daß auf die in Rede stehende Kunststraße alle die Verordnungen

№ 277.
Chaussee von
Prenzlow über
Wolfshagen
zur Meklen-
burgischen
Grenze.
I. 2112. Nov.

und Vorschriften Anwendung finden, welche wegen Erhebung des Chausseegeldes und wegen Chaussegeld- und Polizei-Kontraventionen für die Staatskunststraßen gültig sind, Königl. Regierung. Abtheilung des Innern.

Uebersicht
der Martini-Durchschnitts-Marktpreise vom Roggen, von der Gerste, vom Hafer, Heu und Stroh im Bezirk der hiesigen Regierung für das Jahr 1844, Behufs der Berechnung der Vergütungsbeträge für die an durchmarschirende Truppen zu verabreichende Fourage.

№ 278.
Haupt-Durchschnitts-Martini-Markt-preise.
I. 2145. Nov.

Laufende Nr.	Namen der Kreise.	Namen der Städte, nach welchen die Martini-Durchschnitts-Marktpreise berechnet worden sind.	Scheffel Roggen			Scheffel Gerste.*)			Scheffel Hafer.			Zentner Heu.			Schock Stroh.		
			Rthl.	Sgr.	Pf.	Rthl.	Sgr.	Pf.	Rthl.	Sgr.	Pf.	Rthl.	Sgr.	Pf.	Rthl.	Sgr.	Pf.
1	Nieder-Barnim ..	Berlin	1	5	7	—	28	5	—	22	8	—	26	3	6	7	6
2	Ober-Barnim ...	Wriezen	1	4	5	1	3	—	—	20	—						
3	Teltow	Berlin	1	5	7	—	28	5	—	22	8	—	26	3	6	7	6
4	Beeskow-Storkow	Beeskow	1	3	1	—	22	6	—	20	10						
5	Zauch-Belzig ...	Treuenbriezen	1	4	1	—	24	—	—	19	5						
6	Jüterbogk-Luckenw.	Jüterbogk ...	1	3	7	—	24	9	—	21	3				5	6	3
7	Ost-Havelland ..	Spandow ..	1	5	1	—	28	7	—	21	1						
8	West-Havelland ..	Brandenburg	1	2	11	—	25	8	—	19	4	—	17	—	4	—	—
9	Ruppin	Neu-Ruppin	1	1	1	—	24	3	—	18	3	—	19	—	5	15	—
10	Ost-Priegnitz ...	Wittstock ...	1	1	4	—	25	4	—	16	7	—	19	—	4	16	3
11	West-Priegnitz ..	Perleberg ..	1	—	4	—	27	—	—	25	—	—	22	6	4	25	—
12	Prenzlow	Prenzlow ..	1	2	1	—	28	—	—	19	3						
13	Templin	Templin ...	1	5	9	—	25	6	—	21	3	—	17	6	5	15	—
14	Angermünde	Schwedt ...	1	3	7	1	2	2	—	20	10						
15	Stadt Potsdam ..	Potsdam ..	1	5	9	—	26	11	—	21	5	—	17	8	5	—	2
	Summa		16	24	3	13	14	6	10	9	10	5	15	2	47	2	8
	Der Durchschnitt beträgt		1	3	7	—	27	—	—	20	8	—	20	8	5	7	—

*) Bemerkung. In den Kreisen Nieberbarnim, Teltow und Beeskow-Storkow sind in den betreffenden Städten die Preise der kleinen Gerste angegeben. Die Preise der großen Gerste haben dagegen ad 1 und 3. 1 Thlr. 2 Sgr. 4 Pf. und ad 4. 1 Thlr. 2 Sgr. 6 Pf. pro Scheffel betragen.

Potsdam, den 30. November 1844.

Nach der vorstehenden Uebersicht betragen die diesjährigen Haupt-Durchschnitts-Martini-Marktpreise im hiesigen Regierungsbezirk:

für den Scheffel Roggen .... 1 Thlr. 3 Sgr. 7 Pf.;
»   »   Gerste .... — » 27 » — »
»   »   Hafer .... — » 20 » 8 »
»   » Zentner Heu .... — » 20 » 8 »
»   » das Schock Stroh .... 5 » 7 » — »

wonach die Vergütung für die an durchmarschirende Truppen zu liefernde Fourage nach dem Edikte vom 30. Oktober 1810 in dem Zeitraume vom 1. Januar bis 31. Dezember 1845 zu berechnen ist.

Königl. Regierung. Abtheilung des Innern.

———————

Potsdam, den 30. November 1844.

№ 279.
Vergütung der Getreiderente in baarem Gelde. I. 2145. Nov.

Nach der, auf den beiden folgenden Seiten abgedruckten Uebersicht beträgt der Durchschnitt der Martini-Marktpreise des Roggens, wonach die Vergütung der Getreiderente in baarem Gelde zu berechnen ist, für das Jahr 1844 in nachbenannten Kreisen und Städten:

Kreis Nieder-Barnim .... Stadt Berlin .... 1 Thlr. 13 Sgr. 2 Pf.,
»   Ober-Barnim ..... »   Wriezen .... 1 » 8 » 5 »
»   Teltow .... »   Berlin ...... 1 » 13 » 2 »
»   Zauch-Belzig ..... »   Potsdam .... 1 » 12 » 4 »
»   Jüterbogk-Luckenwalde »   Jüterbogk .. 1 » 8 » 11 »
»   Ost-Havelland .... »   Potsdam .... 1 » 12 » 4 »
»   West-Havelland .... »   Brandenburg .. 1 » 11 » — »
»   Ruppin .... »   Neu-Ruppin .... 1 » 8 » 10 »
»   Ost-Priegnitz ..... »   Wittstock ...... 1 » 7 » 1 »
»   West-Priegnitz .... »   Perleberg ...... 1 » 8 » — »
»   Prenzlow .... »   Prenzlow .... 1 » 10 » 9 »
»   Templin .... »   Templin ...... 1 » 11 » 6 »
»   Angermünde ...... »   Schwedt ...... 1 » 10 » 1 »
»   Beeskow-Storkow .. »   Beeskow .... 1 » 6 » 1 »

Königl. Regierung. Abtheilung des Innern.

Uebersicht der, nach der Bestimmung der Gemeinheitstheilungs-Durchschnitts-Marktpreise des Roggens in den Marktstädten

Der Martinipreis des Roggens war in den verflossenen

Laufende Nummer.	In den Jahren 1831 bis inkl. 1844, und zwar:	im Nieder-Barnim-schen Kreise zu Berlin.			im Ober-Barnim-schen Kreise zu Wriezen.			im Teltow-schen Kreise zu Berlin.			im Zauch-Belzig-schen Kreise zu Potsdam.			im Jüterbogk-Luckenwal-beschen Kreise zu Jüterbogk.			im Ost-Ha-velländi-schen Kreise zu Potsdam.		
		Rthl.	Ggr.	Pf.	Rthl.	Ggr.	Pf.	Rthl.	Ggr.	Pf.	Rthl.	Ggr.	Pf.	Rthl.	Ggr.	Pf.	Rthl.	Ggr.	Pf.
1	1831	2	5	2	1	26	3	2	5	2	2	4	1	1	29	9	2	4	1
2	1832	1	9	7	1	2	10	1	9	7	1	9	6	1	7	11	1	9	6
3	1833	1	4	11	1	1	3	1	4	11	1	5	2	1	—	11	1	5	2
4	1834	1	12	0	1	8	6	1	12	9	1	12	4	1	10	—	1	12	4
5	1835	1	5	7	1	1	11	1	5	7	1	4	6	—	20	5	1	4	6
6	1836	1	6	—	1	1	3	1	6	—	1	5	—	—	28	8	1	5	—
7	1837	1	7	5	1	1	4	1	7	5	1	5	8	1	3	6	1	5	8
8	1838	1	21	10	1	19	10	1	21	10	1	25	2	1	26	2	1	25	2
9	1839	1	19	11	1	13	9	1	19	11	1	19	—	1	19	11	1	19	—
10	1840	1	15	7	1	10	8	1	15	7	1	14	9	1	6	7	1	14	9
11	1841	1	18	3	1	13	5	1	18	3	1	17	7	1	9	—	1	17	7
12	1842	1	22	—	1	15	11	1	22	—	1	18	7	1	16	6	1	18	7
13	1843	1	14	7	1	11	8	1	14	7	1	15	4	1	11	5	1	15	4
14	1844	1	5	7	1	4	5	1	5	7	1	5	9	1	3	7	1	5	9
	Summa	20	19	2	18	13	—	20	19	2	20	12	5	18	23	4	20	12	5
	Davon die beiden theuersten und die beiden wohlfeilsten Jahre mit zusammen	6	7	8	5	18	7	6	7	8	6	8	9	5	24	—	6	8	9
	es bleiben mithin für 10 Jahre	14	11	6	12	24	5	14	11	6	14	3	8	12	29	4	14	3	8
	Der Durchschnitt beträgt	1	13	2	1	8	5	1	13	2	1	12	4	1	8	11	1	12	4

Ordnung vom 7. Juni 1821 §§ 73 und 74 ausgemittelten Martini-
des hiesigen Regierungsbezirks für das Jahr 1844.

14 Jahren in nachbenannten Städten folgender, nemlich:

im West-Havelländischen Kreise zu Brandenburg.			im Ruppinschen Kreise zu Neu-Ruppin.			im Ost-Priegnitzschen Kreise zu Wittstock.			im West-Priegnitzschen Kreise zu Perleberg.			im Prenzlowschen Kreise zu Prenzlow.			im Templinschen Kreise zu Templin.			im Angermündeschen Kreise zu Schwedt.			im Beeskow-Storkowschen Kreise zu Beeskow.		
Rthl.	Sgr.	Pf.	Rthl.	Sgr.	Pf.	Rthl.	Sgr.	Pf.	Rthl.	Sgr.	Pf.	Rthl.	Sgr.	Pf.	Rthl.	Sgr.	Pf.	Rthl.	Sgr.	Pf.	Rthl.	Sgr.	Pf.
1	25	4	1	23	—	1	15	8	1	16	3	1	24	4	1	28	9	2	—	11	2	3	2
1	9	1	1	7	—	1	5	9	1	7	—	1	7	2	1	8	9	1	6	2	1	—	7
1	2	10	1	—	6	—	26	9	—	27	8	1	3	8	1	5	—	1	4	2	—	27	11
1	15	4	1	12	—	1	5	8	1	6	11	1	12	1	1	8	9	1	14	1	1	2	6
1	—	4	1	—	6	—	28	2	1	—	—	1	5	7	1	8	9	1	11	—	—	27	2
1	2	8	1	2	6	1	2	5	1	2	7	1	5	3	1	3	9	1	2	8	—	27	8
1	2	—	1	1	6	1	1	6	1	1	7	1	4	5	1	2	6	1	3	1	1	—	7
1	23	7	1	15	1	1	8	2	1	16	5	1	15	3	1	17	6	1	15	8	1	19	2
1	15	—	1	11	1	1	10	8	1	10	4	1	11	—	1	15	—	1	11	2	1	16	9
1	11	9	1	8	10	1	8	11	1	9	2	1	12	7	1	12	6	1	13	8	1	8	—
1	15	1	1	15	—	1	17	4	1	16	6	1	17	9	1	17	6	1	19	9	1	10	—
1	22	—	1	18	10	1	21	7	1	21	4	1	20	6	1	22	6	1	15	6	1	13	5
1	13	1	1	14	1	1	10	6	1	9	1	1	16	6	1	15	6	1	13	9	1	7	9
1	2	11	1	1	1	1	4	1	1	—	4	1	2	1	1	5	9	1	3	7	1	3	1
19	11	—	18	11	—	17	14	5	17	25	2	19	8	2	19	22	6	19	6	1	17	17	9
5	21	3	5	12	10	5	3	10	5	5	6	5	20	7	5	27	6	5	25	3	5	17	2
13	19	9	12	28	2	12	10	7	12	19	8	13	17	7	13	25	—	13	10	10	12	—	7
1	11		1	8	10	1	7	1	1	8	—	1	10	9	1	11	6	1	10	1	1	6	1

№ 280.
Martini-
Marktpreise
zur Berech-
nung des Zins-
und Pachtge-
treides der
Domanial-
Einsassen.
l. 2145. Nov.

Uebersicht

der Martini-Durchschnitts-Marktpreise vom Weizen, Roggen, von der Gerste, vom Hafer und von den Erbsen für das Jahr 1844 in den nachstehend näher bezeichneten Städten, Behufs der Berechnung des Zins- und Pachtgetreides der Domanial-Einsassen.

Laufende Nr.	Namen der Städte.	Die Martini-Durchschnitts-Marktpreise betragen pro													
		Scheffel Weizen.			Scheffel Roggen.			Scheffel Gerste.*)			Scheffel Hafer.			Scheffel Erbsen.		
		Rthl.	Sgr.	Pf.	Rthl.	Sgr.	Pf.	Rthl.	Sgr.	Pf.	Rthl.	Sgr.	Pf.	Rthl.	Sgr.	Pf.
1	Berlin	1	18	7	1	5	7	—	28	5	—	22	8	1	19	11
2	Beeskow	1	23	5	1	3	1	1	2	6	—	20	10	1	20	10
3	Brandenburg	1	18	—	1	2	11	—	25	8	—	19	4	1	17	6
4	Dahme	1	20	5	1	—	7	—	22	7	—	20	6	1	23	4
5	Havelberg	1	14	8	1	—	9	—	26	1	—	18	8	1	7	1
6	Jüterbogk	1	24	—	1	3	7	—	24	9	—	21	3	—	—	—
7	Neustadt-Eberswalde ..	1	15	—	1	5	1	1	2	6	—	21	2	1	15	—
8	Potsdam	1	22	—	1	5	9	—	26	11	—	21	5	1	17	5
9	Neu-Ruppin	1	21	10	1	1	1	—	24	3	—	18	3	1	9	10
10	Prenzlow	1	11	11	1	2	1	—	28	—	—	19	3	1	9	8
11	Spandow	1	19	11	1	5	1	—	28	7	—	21	1	1	20	—
12	Wittstock	1	16	4	1	1	4	—	25	4	—	16	7	1	8	6

Potsdam, den 30. November 1844.

Vorstehende Uebersicht von den Martini-Durchschnitts-Marktpreisen des Weizens, des Roggens, der Gerste, des Hafers und der Erbsen in den Getreide-Marktstädten des hiesigen Regierungsbezirks für das Jahr 1844, wird mit Bezug auf die im Amtsblatt für 1828 Seite 211 befindliche Verfügung vom 18. September 1828 hierdurch zur öffentlichen Kenntniß gebracht.

Königl. Regierung. Abtheilung des Innern.

*) Bemerkung. Bei der Stadt Berlin ist der Preis der kleinen Gerste angegeben. Der Preis der großen Gerste ist 1 Thlr. 2 Sgr. 4 Pf. pro Scheffel.

Verordnungen und Bekanntmachungen,
welche den Regierungsbezirk Potsdam ausschließlich betreffen.

Potsdam, den 2. Dezember 1844.

№ 281.
Das Unter-
suchungsver-
fahren über
die Ermitte-
lung der Ent-
stehungsart
von Feuers-
brünsten in
den Städten.
I. 2136. Nov.

Es ist diesseits mehrfach wahrgenommen, daß von den Ortspolizeibehörden unseres Verwaltungsbezirks mit den Untersuchungsverhandlungen über die Ermittelung der Entstehungsart bei Feuersbrünsten in den Städten bisher nicht immer nach den bestehenden Vorschriften verfahren ist, namentlich haben Verzögerungen bei der Abgabe an die Gerichte dadurch stattgefunden, daß dieselben in originali oder in Abschriften zuvor uns zur Prüfung eingereicht sind.

Da nun der Grund hiervon vornehmlich darin zu liegen scheint, daß die betreffenden bisher emanirten Verordnungen zerstreut in den einzelnen Jahrgängen des diesseitigen Amtsblattes gedruckt sind, so nehmen wir hierdurch Veranlassung die bestehenden Verordnungen über das bei Bränden in den Städten zu beobachtende Verfahren — sofern es nach den in der Amtsblatt-Bekanntmachung vom 26. März 1839 (Amtsblatt de 1839 S. 115) auseinandergesetzten Ressortverhältnissen diesseits zu kontrolliren ist — zur besseren Uebersicht hiermit zusammenzustellen.

1. Die Ortspolizeibehörden sind verpflichtet, gleich nach entstandenem Brande uns von demselben und von den dabei obwaltenden Umständen Anzeige zu machen, gleichzeitig aber muß eine solche Anzeige an die Ständische Feuersozietäts-Direktion unter Bezeichnung des ungefähren Betrages der zu gewährenden Brandentschädigungsgelder erstattet werden. Verordnung vom 26. März 1839 (Amtsblatt de 1839 S. 115 № 1).

2. Die Ortspolizeibehörden haben sich sogleich nach einer vorgekommenen Feuersbrunst der polizeilichen Untersuchung über deren Entstehung zu unterziehen und solche jederzeit möglichst zu beschleunigen. Verordnung vom 24. Juni 1842 (Amtsblatt de 1842 S. 184).

3. Die über die Entstehung des Brandes aufgenommenen polizeilichen Untersuchungs-Verhandlungen sind sogleich nach dem Schlusse derselben jedesmal, wenn solche nicht klar und zweifellos ergeben, daß der Brand durch einen Zufall, wie z. B. durch Blitz, Flugfeuer ꝛc., entstanden, an das kompetente Gericht zur Feststellung des objektiven Thatbestandes, und Einreichung an das Königl. Kammergericht unter Bezugnahme auf die Verordnung desselben vom 24. August 1840 (Amtsblatt de 1840 S. 270), abzugeben. Verordnung der Ständischen Städte-Feuersozietäts-Direktion der Kur- und Neumark und der Niederlausitz vom 10. Juli 1841 (Amtsblatt de 1841 S. 203).

4. Gleichzeitig mit der Abgabe an das Gericht ist uns sowohl, als der Ständischen Städte-Feuersozietäts-Direktion Anzeige zu erstatten, wann die polizeilichen Untersuchungsverhandlungen dem Gericht übergeben sind, wobei der gedachten Direktion Abschriften der Verhandlungen einzureichen sind, uns aber, indem wir auf Einsendung vollständiger Abschriften verzichten, nur über die aus jenen Verhandlungen hervorgegangenen Ergebnisse ausführlicher Bericht zu erstatten ist. Verordnung vom 28. Februar 1842 (Amtsblatt de 1842 S. 123).

5. Wenn sich bei den polizeilichen Untersuchungsverhandlungen nicht Anzeigen einer vorsätzlichen oder fahrlässigen Brandstiftung ergeben, vielmehr der Brand lediglich durch Zufall, im Sinn der Verordnung vom 10. Juli 1841 (Amtsblatt de 1841 S. 203), entstanden ist, so sind die Verhandlungen, nach wie vor, uns zur Prüfung und Entscheidung einzureichen.

Hiernach haben die Ortspolizeibehörden in den Untersuchungssachen bei Stadtbränden, soweit dieselben zum diesseitigen Ressort gehören, zu verfahren; in allen übrigen Gegenständen, welche von der Ständischen Städte-Feuersozietäts-Direktion nach der mehrfach allegirten Verordnung vom 26. März 1839 allein und ausschließlich ressortiren, behält es bei den von gedachter Direktion gegebenen Vorschriften und Maßgaben sein Bewenden.

Königl. Regierung. Abtheilung des Innern.

Potsdam, den 27. November 1844.

№ 282.
Aushändigung der Quittungen über eingezahlte Veräußerungs- und Ablösungs-Kapitalien.
III. 1849. Nov.

Die von der Regierungs-Hauptkasse ausgestellten Quittungen, über die im dritten Quartale dieses Jahres zur Ablösung von Domanial-Abgaben eingezahlte Kapitalien, so wie über berichtigte Veräußerungsgelder sind, insoweit die vorschriftsmäßige Bescheinigung derselben Seitens der Königl. Haupt-Verwaltung der Staatsschulden erfolgt ist, denjenigen Spezialkassen, an welche die Geldzahlungen von den Interessenten geleistet sind, zur Aushändigung an die letztern übersandt worden, daher dieselben sich zum Empfange der bescheinigten Quittungen, gegen Rückgabe der erhaltenen Interims-Quittungen, bei den betreffenden Kassen zu melden haben.

Königl. Regierung.
Abtheilung für die Verwaltung der direkten Steuern, Domainen und Forsten.

Personalchronik.

Der Regierungs-Assessor Wilkens ist vom hiesigen Regierungs-Kollegio zur Königl. Regierung in Madgeburg versetzt.

Den Lehrern Fischer und Jacoby an der Königl. Realschule und dem Lehrer Bobinus an der Königl. Elisabethschule zu Berlin ist das Prädikat eines Oberlehrers beigelegt worden.

Der Kandidat der Feldmeßkunst Friedrich Ludwig Schneider ist als Feldmesser im hiesigen Regierungs-Departement bestellt und in dieser Eigenschaft vereidigt worden.

Im Teltowschen Kreise sind zum Feuerlösch-Kommissarius des Isten Bezirks der bisherige Stellvertreter, Krugguts-Besitzer Pasewald zu Zehlendorf, und als Stellvertreter für denselben, der Schulze Bergemann zu Alt-Schöneberg, für den IIten Bezirk in Stelle des Gutsbesitzers Winterfeld, der Gutsbesitzer Behrend auf Klein-Beeren, welches Dorf zu diesem Bezirk übergeht, für den XIten Bezirk in Stelle des mit Tode abgegangenen Oberst-Lieutenants v. Ruville und des ebenfalls verstorbenen Oberförsters Krüger, Stellvertreters des ꝛc. v. Ruville resp. der Gutsbesitzer Körner zu Alexanderhoff und der Oberförster Arnim zu Cummersdorf, für den Vten Bezirk in Stelle des Gutsbesitzers Behrend, welcher den IIten Bezirk übernimmt, der Baron von der Knesebeck auf Jühnsdorf, und als Stellvertreter für den Letzteren der Gutsbesitzer Körner auf Rangsdorf gewählt und diesseits bestätigt worden.

(Hierbei zwei öffentliche Anzeiger.)

Amtsblatt
der Königlichen Regierung zu Potsdam
und der Stadt Berlin.

Stück 50.   Den 13. Dezember.   **1844.**

Allgemeine Gesetzsammlung.

Das diesjährige 39ste Stück der Allgemeinen Gesetzsammlung enthält:

№ 2509.   Verordnung über die anderweite Regulirung der Grundsteuer in der Provinz Posen. Vom 14. Oktober 1844.

№ 2510.   Grundsteuer-Remissionsreglement für die Provinz Posen. Vom 14. Oktober 1844.

№ 2511.   Anweisung zur Aufnahme der Grundsteuer-Kataster und Heberollen von den einzelnen außer dem Gemeindeverbande befindlichen Gütern der Provinz Posen. Vom 18. Oktober 1844.

№ 2512.   Anweisung zur Feststellung der Grundsteuer-Kontingente der Stadtgemeinden der Provinz Posen und zur Spezial-Veranlagung der kontingentirten Steuersumme. Vom 18. Oktober 1844.

№ 2513.   Anweisung zur Feststellung der Grundsteuer-Kontingente der Landgemeinden der Provinz Posen und zur Spezial-Veranlagung der kontingentirten Steuersumme. Vom 18. Oktober 1844.

№ 2514.   Allerhöchste Kabinetsordre vom 27. September 1844, betreffend die Bestrafung der, der Kartellkonvention mit Rußland vom 8/20. Mai d. J. zuwider erfolgenden Verheimlichung oder Fortschaffung von Deserteurs, reklamirten Militairpflichtigen und zur Auslieferung geeigneten Verbrechern.

Verordnungen und Bekanntmachungen,
welche den Regierungsbezirk Potsdam ausschließlich betreffen.

Potsdam, den 30. November 1844.

№ 283.

Führungs-Atteste neuanziehender.
I. 1006. Aug.

Durch das Gesetz vom 31. Dezember 1842 (Gesetzsammlung de 1843 Pag. 5) über die Aufnahme neuanziehender Personen sind die Grundsätze festgestellt, nach welchen die Frage zu beurtheilen ist, ob Jemand in einer Kommune, in welcher er seinen Wohnsitz nehmen will, zugelassen werden muß, und welche Vorschriften er namentlich in Betreff der Anmeldung bei der Orts-Polizeibehörde beim Anzuge zu beobachten hat, worüber unser Amtsblattserlaß vom 23. Oktober 1843 (Amtsblatt Pag. 295) das Nähere enthält.

Die Verbindlichkeit, die hierdurch begründet wird, bei der Meldung den Nachweis zu führen, durch welchen die Zulässigkeit des Aufenthalts an einem Orte bedingt wird, schließt indessen keinesweges die Verpflichtung aus, der Orts-Polizeibehörde außerdem über den frühern Lebenswandel auf Erfordern Auskunft zu geben, und es ist die Befugniß derselben, durch das Verlangen der Vorlegung von Attesten sich über den unbescholtenen und sonstigen Lebenswandel des Neuanziehenden Auskunft zu verschaffen, wie dieselbe seither in den geeigneten Fällen überall zur Ausführung gekommen ist, keinesweges als aufgehoben anzusehen.

Wenn daher einerseits die Orts-Polizeibehörden dergleichen Atteste von den Neuanziehenden auch fernerhin erfordern werden, wobei ihrem Ermessen überlassen bleibt, in den Fällen von dieser Befugniß keinen Gebrauch zu machen, wo die Persönlichkeit des Anziehenden einen solchen Nachweis entbehrlich erscheinen läßt, so ist es Pflicht der Polizeibehörden des bisherigen Aufenthaltsorts, auf Erfordern des Abziehenden oder der Polizeibehörde des neuen Wohnorts dieses Attest vollständig und pflichtmäßig zu ertheilen, so wie diejenigen, welche einen Aufenthaltswechsel beabsichtigen und voraussehen können, daß die Polizeibehörde des neuen Wohnorts über ihr früheres Verhalten Auskunft fordern werde, wohl thun, sich mit dem nöthigen polizeilichen Atteste vorher zu versehen. In vielen Fällen wird sich ein solches Führungs-Attest mit der Bescheinigung verbinden lassen, welche Abziehende Behufs der Führung des nach dem Gesetz vom 31. Dezember 1842 erforderlichen Nachweises bei der Polizeibehörde ihres neuen Wohnorts, in Anspruch nehmen.

Königl. Regierung. Abtheilung des Innern.

Potsdam, den 1. Dezember 1844.

№ 284.
Agentur-
Bestätigung.
I. 1790. Nov.

Auf Grund des § 12 des Gesetzes vom 8. Mai 1837 wird hierdurch zur öffentlichen Kenntniß gebracht, daß der Kämmerer und Braueigen Meyer zu Fehrbellin als Agent der Aachener und Münchener Feuerversicherungs-Gesellschaft für die Stadt Fehrbellin und Umgegend von uns bestätigt ist.

Königl. Regierung. Abtheilung des Innern.

Potsdam, den 7. Dezember 1844.

№ 285.
Feuerlösch-
Distrikts-
Kommissarien
im Ruppin-
schen Kreise.
1974. Nov.

Im Verfolg der Amtsblatts-Bekanntmachung vom 12. September d. J. wird hierdurch zur öffentlichen Kenntniß gebracht, daß außer den seither vakant gebliebenen Stellen der Feuerlösch-Kommissarien des 7ten, 8ten und 11ten Distrikts Ruppinschen Kreises, die Stellen der Feuerlösch-Kommissarien des 9ten und 13ten Distrikts inzwischen vakant geworden sind, und in Gemäßheit der nunmehr beendigten Wahlen

für den 7ten Distrikt:

der Schulze, Amtmann Stop zu Linow,

für den 8ten Distrikt:

der Amtmann Bötticher zu Amt Rheinsberg,

für den 9ten Distrikt:

der Amtmann Rackow zu Zernickow,

für den 11ten Distrikt:

der Rentmeister von Schmidt zu Alt-Ruppin,

für den 13ten Distrikt:

der Wirthschafts-Inspektor Pastorf zu Feld Haesen,

zu Feuerlösch-Kommissarien gewählt worden sind.

Königl. Regierung. Abtheilung des Innern.

Verordnungen und Bekanntmachungen der Behörden der Stadt Berlin.

Für die Dauer des Weihnachtsmarktes dürfen, um Unglücksfällen auf solchem vorzubeugen, Fuhrwerke aller Art nicht anders, als in der Richtung vom Schloß-platze nach der Köllnischen Wache hin, ohne umzuwenden, die breite Straße passiren. An den in diese Marktzeit fallenden Sonn- und Festtagen, am Weihnachts-Heiligen-abend, so wie bei sonstigem ungewöhnlich zahlreichen Andrange von Fußgängern, können von 4 Uhr Nachmittags ab, bis nach erfolgter Schließung der Buden, überall gar keine Wagen zugelassen werden. Fuhrwerksbesitzer haben sich hiernach zu achten, und die Wagenführer den Anweisungen der diensthabenden Polizeibeamten und Gendarmen, bei Vermeidung von 1 Thlr. Strafe, oder, nach den Umständen, sofortiger Verhaftung, unweigerlich zu genügen.

№ 80. Das Fahren über den Weih-nachtsmarkt in Berlin betref-fend.

Berlin, den 2. Dezember 1844.

Königl. Gouvernement.
von Ditfurth.

Königl. Polizei-Präsidium.
von Puttkammer.

Um Unglücksfällen vorzubeugen, kann das Schlittschuhlaufen nicht anders als auf denjenigen Stellen gestattet werden, wo sich besondere Aufseher befinden. Eltern und Erzieher werden daher dringend aufgefordert, ihre Untergebene hiernach anzu-weisen, und sind die sämmtlichen Polizei-Offizianten beauftragt, Jedermann von den Orten wegzuweisen, wo das Eis nicht völlig sicher ist, diejenigen, welche diesem keine Folge leisten, aber zur polizeilichen Bestrafung anzuzeigen.

№ 81. Das Schlitt-schuhlaufen betreffend.

Berlin, den 3. Dezember 1844. **Königl. Polizei-Präsidium.**

Personalchronik.

Der bisherige Feldmesser Karl Heinrich Oesterreich ist zum Baukondukteur ernannt und in dieser Eigenschaft verpflichtet worden.

Der seither in Prenzlow als Spezial-Kommissarius stationirt gewesene Kammergerichts-Assessor Moeser ist zum Regierungs-Rathe ernannt und als solcher zur Königl. General-Kommission in Stendal versetzt, und der Kammergerichts-Assessor von Rour in Trebatsch als sein Nachfolger in Prenzlow stationirt und mit Fortführung der von dem 2c. Moeser bearbeiteten Sachen beauftragt worden.

Der Doktor der Medizin und Chirurgie Gustav Adolph Weise ist als praktischer Arzt, Wundarzt und Geburtshelfer in den Königlichen Landen approbirt und vereidigt worden.

Der zeitherige Kandidat der Medizin und Chirurgie Heinrich Benjamin Kaestner ist als Wundarzt 1ster Klasse und Geburtshelfer in den Königlichen Landen approbirt und vereidigt worden.

Dem bisherigen Kreisthierarzte des Kreises Ziegenrück, Regierungsbezirks Erfurt, ist die durch den Abgang des Kreisthierarztes Dr. Küts vakant gewordene Kreisthierarztstelle des Oberbarnimschen und Angermündeschen Kreises verliehen worden.

Dem Apotheker 1ster Klasse Karl Leidholdt ist die Konzession zur Anlegung einer Apotheke in der Stadt Vierraden vom Herrn Ober-Präsidenten von Meding ertheilt worden.

Vermischte Nachrichten.
Geschenke an Kirchen.

Der Kirche zu Schlalach, Superintendentur Treuenbrietzen, hat ein dortiger Ackerbesitzer, der übrigens nicht genannt sein will, zwei Altarlichte von weißem Wachse und eine sehr werthvolle Bibel in einem sehr schönen Einbande geschenkt.

(Hierbei eine besondere Beilage, enthaltend die Uebersicht der Verwaltung der Städte-Feuersozietät der Kur- und Neumark und der Niederlausitz, imgleichen zwei öffentliche Anzeiger.)

icht

der Verwaltung der Kur= und Neumark und der Niederlausitz
h r 1 8 4 3.

Nach dem Inhalte der ahlung der Städte=Feuersozietät der Kur= und Neumark und der Niederlausitz achstehendes Resultat:

Es sind eingegangei

1) An ordentlichen Beiträ,	256 Thlr.	9 Sgr.	— Pf.,	und in Rest verblieben
2) An Strafen	=	=	= =	90 Thlr. 2 Sgr. 6 Pf.
3) An Zinsen belegter G,	518	29	6 =	
4) An zufälligen Einnahn	64	1	3 =	
5) An erworbenen Dokum,	200	=	— = =	
6) An durchlaufenden Po',	000	—	= =	

nemlich erworbene Bc
Laufe des Jahres 184
Ferner

7) der nach der Rechnung, 603   = 21 = 6 =
und endlich

8) auf die nach Ausweis
79,434 Thlr. 10 Sgr. 2,090   = 10 = 7 =

und es stehen nach Abzug
4 Sgr. 4 Pf. noch aus . . . . 71 Thlr. 25 Sgr. 3 Pf.,
so daß die Gesammt=Einna, 733 Thlr. 11 Sgr. 10 Pf.
und an Einnahme=Resten v . . . . 161 Thlr. 27 Sgr. 9 Pf.

Die Einziehung der vere der Rechnung nicht zu bewirken gewesen, da die
beitragspflichtigen Grundstüdells unter Administration stehen.

Es sind jedoch nach dene Posten eingegangen.

Die vorstehend ad 8 af. zerfallen in:

1) Rückständen aus dem h Semesters 1840 . . . . . 59 Thlr. 10 Sgr. 3 Pf.
2) rückständigen Beiträgen . . . . 2 = 15 = — =
3) einem Rückstande aus Dezember 1840 herrührend,
welchen der den Branken Rest von . . . . . . 10 = — = — =
zurückgezahlt hat.   sind 71 Thlr. 25 Sgr. 3 Pf.

Die Rechnung für das Einnahme=Reste aufnehmen und wird deren Eingang
unausgesetzt verfolgt werden.

Der Beitrag der einzel nachstehend zusammengestellt. Dieser Zusammenstellung ist gleichzeitig der indenen Brandschäden, unter Angabe der einzelnen
Brände und Klassen der vozugefügt.

ohlr. 18 Sgr. 3 Pf.

Hiervon muß jedoch in
der Staatsschuldscheine, der
Schuldverschreibungen gez 14
wodurch sich das Minus ohlr. 4 Sgr. 3 Pf.
verringert.

Diese Verminderung deutenden Brandschäden, welche allein in che Summe von
81,990 Thlrn. 7 Sgr. 6 1843 nicht zur
Deckung der Brandschäden hlr. 4 Sgr. 3 Pf.
aus dem Bestande des J

Uebergehend zu der in Beständen der
aufgelösten ältern Sozie rsicherungen und
den Zinsen des Fonds s er besonders gelegten Rechnung pro 18 17 Sgr. 2 Pf.

Es sind im Laufe de

1) An Einnahme-Rück		6	6	
2) = Einkaufsgeld		3	6	
3) = Zinsen		15	—	
4) = erstatteten Geri		6	7	
5) = wieder eingegang		—	4	
6) = außerordentlicher		26	2	

worunter ein angekau

Die Ausgaben hab 14 Sgr. 11 Pf.
1) An Ausgabe-Rückf
2) = Prozeß-, Gericht
botariatskosten in A
der ältern. Soziet

3) An Vorschüssen zu
von Sprißen . . .
4) An außerordentlich
um. 1037 Thlr. 2
für den in der Einn
regten Pfandbrief vo

so daß ein Kassenbestan 3 Sgr. 10 Pf.
Weyden diesem Bestande
und von diesen . . . . 4 Sgr. 5 Pf.
wiederum abgerechnet 2
so stellt sich der eisern 8 Sgr. 3 Pf.
Der

Der oben aufgeführte wirkliche Kassenbestand besteht in Märkischen Pfandbriefen ohne Berechnung des über den Nennwerth gezahlten Kourses . . . . . . 28,000 Thlr. — Sgr. — Pf.
und baar . . . . 1,088 * 25 * 10 *

sind 20,088 Thlr. 25 Sgr. 10 Pf.,

von welchen 1088 Thlr. 25 Sgr. 10 Pf. jetzt wiederum 1000 Thlr. belegt worden.

Die Einnahme-Reste bestehen:

1) in einer Summe von . . . . 988 Thlr. 10 Sgr. 7 Pf.,
welche die Stadt Neustadt-Eberswalde aus den Jahren 18 4/5 an
rückständigen Beiträgen verschuldet. Die Sozietät hat in einem
früheren gegen die Kommune geschwebten Prozesse nicht obgesiegt,
es ist jedoch jetzt ein neuer Prozeß aus einem andern Fundamente gegen den Magistrat zu Neustadt-Eberswalde im Gange,
dessen Beendigung abgewartet werden muß.

2) in . . . . 350 * — * — *
wieder eingehender Vorschüsse zur Anschaffung von Spritzen.

sind 1338 Thlr. 10 Sgr. 7 Pf.

Die Ausgabe-Rückstände im Betrage von 979 Thlr. 28 Sgr. 2 Pf. betreffen solche Brandentschädigungsgelder, die wegen Nichtgenügung der ältern reglementsmäßigen Bestimmungen, noch
nicht zahlungsreif sind, obgleich die Direktion unausgesetzt bemüht gewesen ist, auf die Beseitigung dieser Rückstände hinzuwirken.

Im Kalenderjahre 1843 haben in den Städten der Kur- und Neumark und der Niederlausitz überhaupt 114 Brände stattgefunden, davon haben:

7 gar keinen oder einen so unerheblichen Schaden angerichtet, daß die Eigenthümer auf
Schadenersatz verzichtet haben,

6 solche Gebäude, die entweder gar nicht oder bei Privatgesellschaften versichert waren,
und nur 101 Brände die Sozietät betroffen, durch welche 492 Sozietäts-Interessenten Schaden
an ihren Immobilien erlitten haben. Von diesen Bränden sind:

> 1 durch Gewitter,
> 3 * Verwahrlosung,
> 4 * muthmaßliche Brandstiftung, } entstanden,
> 2 * vorsätzliche Brandstiftung,
> 1 * fehlerhafte Bauart

bei 83 sind die Entstehungsursachen nicht zu ermitteln gewesen,
von 7 Bränden ist das desfallsige Resultat uns noch nicht bekannt geworden.

Es sind 101.

	gänzlich eingeäschert:	mehr oder weniger beschädigt:
Wohnhäuser	143	73,
Stall- und Seitengebäude	243	54,
Scheunen	274	9,
Schuppen	12	—,
Mühlen	4	3,
verschiedenartige andere Gebäude	9	7,
	685	146,

2

Von den wegen fahrlässiger oder absichtlicher Brandstiftung zur Untersuchung gezogenen Personen ist:

    eine Mietherin zu einer vierwöchentlichen Gefängnißstrafe,

    ein unmündiger Knabe zu 10 Ruthenhieben und vierjährigem Zuchthause,

    ein Miether zu zweimonatlichem und dessen Ehefrau zu viermonatlichem Gefängniß,

    eine andere Mietherin zu einer Geldbuße von 20 Thlrn. oder vier Wochen Gefängniß verurtheilt, und ein Arbeitsmann hat sich im Zuchthause vor Abfassung des Erkenntnisses erhängt. Gegen mehrere andere Personen sind Polizeistrafen verhängt und in einem Falle ist die Untersuchung noch nicht beendigt.

In Betreff der Klassen-Eintheilung der Gebäude ergiebt diese Uebersicht aufs Neue, daß bei der Isten Klasse nur einige sehr unbedeutende Schäden vorgekommen sind, die IVte Klasse dagegen fortgesetzt ie nachtheiligste Einwirkung auf die Sozietät übte.

Wenn die Brandentschädigungsgelder mit Einschluß der Verwaltungskosten von den Versicherungssummen der Klassen in sich hätten aufgebracht werden sollen, so würde sich für das Jahr 1843 folgende Repartition herausgestellt haben.

Versicherungs-Kapital.	Schäden.		Beitrag vom Hundert der Versicherungssumme mit Einschluß der Verwaltungskosten.
Iste Klasse 8,089,525 Thlr.	1,735 Thlr. 27 Sgr. 10 Pf.	1 Sgr. 1 Pf.	
IIte = 28,064,375 =	73,638 = 23 = 5 =	8 = 1 =	
IIIte = 4,741,850 =	28,063 = 21 = 5 =	18 = 6 =	
IVte = 3,428,500 =	72,410 = 19 = 5 =	2 Thlr. 3 = 9 =	

Der Unterschied stellt sich also dahin:

Reglementsmäßige Beiträge.	Beiträge nach dem wirklichen Schäden der Klassen.
Iste Klasse . . . . 8 Sgr.	1 Sgr. 1 Pf.
IIte = ... 12 =	8 = 1 =
IIIte = ... 16 =	18 = 6 =
IVte = ... 20 =	2 Thlr. 3 = 9 =

Es haben sonach die beiden ersten Klassen die dritte um eine Kleinigkeit, die vierte dagegen sehr bedeutend übertragen müssen; insbesondere hat diese Uebertragung die erste Klasse, und zwar circa 7fach betroffen.

Berlin, den 11. November 1844.

Ständische Städte-Feuersozietäts-Direktion der Kur- und Neumark und der Niederlausitz.

    Froehner.   Steinhausen.   Thiede.

Amtsblatt
der Königlichen Regierung zu Potsdam
und der Stadt Berlin.

Stück 51. Den 20. Dezember. **1844.**

Allgemeine Gesetzsammlung.

Das vierjährige 40ste Stück der Allgemeinen Gesetzsammlung enthält:

№ 2515. Verordnung über die Ermittelung des Handelsgewichtes beim Handel mit roher Seide in den Handelsgerichts-Bezirken Elberfeld und Crefeld. Vom 14. Oktober 1844.

№ 2516. Statut für die Handelskammer der Stadt Erfurt in der Provinz Sachsen. Vom 18. Oktober 1844.

№ 2517. Statut für die Handelskammer des Kreises Hagen im Regierungsbezirk Arnsberg. Vom 18. Oktober 1844.

№ 2518. Statut für die Handelskammer der Stadt Halle und der Saalörter im Regierungsbezirk Merseburg. Vom 18. Oktober 1844.

№ 2519. Bekanntmachung über die am 14. Oktober 1844 erfolgte Bestätigung der Statuten der zur Einrichtung und zum Betriebe öffentlicher Seidentrocknungs-Anstalten in Elberfeld und in Crefeld zusammengetretenen Aktien-Gesellschaften. Vom 31. Oktober 1844.

№ 2520. Allerhöchste Kabinetsordre vom 13. November 1844, wegen Aufhebung des Einstands- oder Vorkaufsrechts des, in dem Markgrafthume Oberlausitz ansässigen alten Adels auf die, an Kommunen oder an Personen bürgerlichen Standes verkauften Lehn- und Rittergüter.

Verordnungen und Bekanntmachungen
für den Regierungsbezirk Potsdam und für die Stadt Berlin.

1. Resultat der Bedeckung im Jahre 1843 von 6298 Stuten durch 143 Stück Brandenburgische Landbeschäler.

Mit Einschluß von 15 Stück vierjährigen Remonte-Hengsten, so wie 6 Stück erkrankten Beschälern hat im Jahre 1843 durchschnittlich jeder Hengst

über 44 Stuten gedeckt,
davon 29½ = befruchtet und
1844 26¼ lebende Fohlen erzeugt.

2. In dem gegenwärtigen Jahre 1844 haben 142 Brandenburgische Landbeschäler folgende Anzahl Stuten bedeckt.

№ 286.
Stutenbedeckung im Brandenburgischen Landgestüt in den Jahren 1843 und 1844.
I. 647. Dez.

I. Im Potsdamer Regierungsbezirk:

1) zu Marstall Lindenau bei Neustadt an der Dosse
    a) durch Landbeschäler 218,
    b) » Hauptbeschäler . . . . _28,_
                                 . . . . 246 Stück,

2) zu Döllen,		. . . . . . durch Landbeschäler	172	»
3) » Blandikow,	in der Ostpriegnitz	» »	163	»
4) » Wulfersdorf,		» »	149	»
5) » Yankow,	. . . .	» »	92	»
6) » Stavenow,		» »	102	»
7) » Lenzen,	in der Westpriegnitz . . .	» »	115	»
8) » Rühstädt,	. . . .	» »	68	»
9) » Berlin,		» »	145	»
10) » Nassenheide bei Oranienburg		» »	165	»
11) » Templin, Kreisstadt		» »	174	»
12) » Lübbenow,	Prenzlowsche Kreis . . .	» »	208	»
13) » Brüssow,		» »	76	»
14) » Angermünde, Kreisstadt		» »	240	»
15) » Alt-Medewitz,	Oberbarnimsche Kreis . .	» »	108	»
16) » Neu-Trebbin,		» »	232	»
17) » Falkenberg,	. . . .	» »	144	»
18) » Brandenburg,	Zauch-Belzigsche Kreis . .	» »	154	»
19) » Beelitz,		» »	121	»
20) » Kotzen, Westhavelländische Kreis		» »	95	»

                         im Potsdamer Regierungsbezirk also 2978 Stück.

II. Im Frankfurter Regierungsbezirk:
    zu Friedrichsaue im Cüstrinschen Kreise . . durch Landbeschäler 333 »

III. Im Magdeburger Regierungsbezirk . . » » 1214 »
IV. Im Stettiner Regierungsbezirk . . . . » » 1637 »
V. Im Stralsunder Regierungsbezirk . . . » » 735 »

                 Summa aller bedeckten Stuten 6897 Stück.
Friedrich-Wilhelms-Gestüt, den 4. Dezember 1844.
           Der Landstallmeister Strubberg.

                    Potsdam, den 12. Dezember 1844.

Vorstehende Bekanntmachung wird hierdurch zur öffentlichen Kenntniß gebracht.
            Königl. Regierung. Abtheilung des Innern.

№ 287.
Bestellgeld für
Briefe u. s. w.
aufs Land.
I. 401. Dez.

         Seit dem 1. November d. J. ist das Bestellgeld für Briefe ꝛc. aufs Land, ohne Rücksicht wie weit die Ortschaften von der nächsten Postanstalt belegen sind, auf folgende Sätze ermäßigt worden:

1) für jeden einzelnen Brief . . . . 1 Sgr.,

2) für Geldbriefe bis zum Betrage von 10 Thlrn. und Packete bis
zum Gewicht von 6 Pfund . . . . 2 Sgr.

In Fällen, wo durch den Landbriefträger nur der Geld-Auslieferungsschein
oder die Packet-Adresse überbracht wird, die Abholung des Geldbriefs oder des
Packets aber Sache des Empfängers bleibt, wird nur 1 Sgr an Bestellgeld erhoben.

3) für Zeitungen:

   a) wenn die Zahl derselben wöchentlich aus 2 bis 3 Nummern besteht,
     vierteljährlich . . . . 6 Sgr.,

   b) bei einer höhern Nummerzahl vierteljährlich . . . . 10 Sgr.,

   c) für die Gesetzsammlung, für Amtsblätter und Intelligenzblätter
     und solche periodische Schriften, welche wöchentlich einmal er-
     scheinen, vierteljährlich . . . . 2¼ Sgr.

Wo bereits niedrigere Bestellgeldsätze für Briefe ꝛc. aufs Land bestehen, sind
solche beibehalten worden.

Berlin, den 30. November 1844.

General-Postamt.

Potsdam, den 12. Dezember 1844.

Vorstehende Bekanntmachung des Königl. General-Postamts vom 30. v. M.
wird hiermit zur allgemeinen Kenntniß gebracht.

Königl. Regierung. Abtheilung des Innern.

Potsdam, den 12. Dezember 1844.

Wegen der unter dem Rindvieh in Tarmow, Osthavelländischen Kreises, ausgebrochenen Lungenseuche wird dieses Dorf und dessen Feldmark bis auf weitere
Verfügung für Rindvieh und Rauchfutter gesperrt.

Königl. Regierung. Abtheilung des Innern.

№ 288.
Ausgebro-
chene Lungen-
seuche.
I. 531. Dez.

Potsdam, den 13. Dezember 1844.

Die Durchschnittspreise der verschiedenen Getreidearten, der Erbsen und der
rauhen Fourage ꝛc. haben auf dem Markte zu Berlin im Monat November d. J.
betragen:

№ 289.
Berliner
Marktpreise
pro Novem-
ber 1844.
I. 860. Dez.

	Thaler	Sgr.	Pf.
für den Scheffel Weizen	1 Thaler	19 Sgr.	9 Pf.,
für den Scheffel Roggen	1	5	10
für den Scheffel große Gerste	1	2	—
für den Scheffel kleine Gerste	—	28	2
für den Scheffel Hafer	—	22	1
für den Scheffel Erbsen	1	18	5

für den Zentner Heu .... — Thaler	26 Sgr.	3 Pf.
für das Schock Stroh .... 6 -	16 -	6 -
für den Zentner Hopfen .... 30 -	— -	— -
die Tonne Weißbier kostete .... 4 -	— -	— -

Verordnungen und Bekanntmachungen, welche die
N° 290.   **Nachweisung sämmtlicher in den Städten des**
in welchen Getreidemärkte abgehalten werden, stattgefundenen Getreide-

Laufende Nr.	Namen der Städte	Der Scheffel															Der Zentner Heu		
		Weizen			Roggen			Gerste			Hafer			Erbsen					
		Rthl	Sgr	Pf	Rthl	Sgr	Pf	Rthl	Sgr	Pf	Rthl	Sgr	Pf	Rthl	Sgr	Pf	Rthl	Sgr	Pf
1	Beeskow	1	23	1	1	3	1	1	2	10	—	20	10	1	21	9	—	—	—
2	Brandenburg	1	16	5	1	3	—	—	25	10	—	19	2	1	17	6	—	17	—
3	Dahme	1	20	8	1	1	6	—	24	4	—	21	—	1	25	—	—	24	5
4	Havelberg	1	12	7	1	—	6	—	26	3	—	18	4	1	6	11			
5	Jüterbogk	1	22	1	1	3	2	—	25	—	—	21	9						
6	Luckenwalde	1	21	8	1	4	8	—	26	1	—	21	10	1	20	—			
7	Neustadt-Ebersw.	1	15	—	1	5	—	1	2	8	—	21	6	1	15	—	—	25	—
8	Oranienburg	1	27	6	1	7	3	—	28	10	—	22	9	1	16	3	—	23	6
9	Perleberg	1	14	9	1	—	1	—	26	8	—	25	—	1	5	9	—	22	6
10	Potsdam	1	21	3	1	5	4	—	26	3	—	21	3	1	14	6	—	17	8
11	Prenzlow	1	11	9	1	2	3	—	20	2	—	19	5	1	9	8	—	12	6
12	Rathenow	1	11	3	1	2	10	—	27	4	—	18	4	1	17	4	—	15	4
13	Neu-Ruppin	1	20	—	1	1	—	—	24	—	—	18	6	1	9	—	—	17	—
14	Schwedt	1	12	6	1	4	—	1	2	7	—	20	8	1	12	4			
15	Spandow	1	20	3	1	5	3	—	28	3	—	21	—	1	20	—			
16	Strausberg	—	—	—	1	4	10	—	25	4	—	20	7	1	13	6			
17	Templin	1	17	9	1	7	3	—	25	6	—	21	3	1	12	6	—	17	6
18	Treuenbrietzen	1	18	11	1	3	6	—	24	—	—	19	6	1	22	6			
19	Wittstock	1	16	9	1	1	2	—	25	3	—	16	7	1	8	4	—	16	6
20	Wriezen a. v. O.	1	16	2	1	4	2	1	2	7	—	20	—	1	17	8			

die Tonne Braunbier kostete .... 3 Thaler 25 Sgr. — Pf.,
das Quart doppelter Kornbranntwein kostete — , 4 , — ,
das Quart einfacher Kornbranntwein kostete — , 2 , 3 ,
Königl. Regierung. Abtheilung des Innern.

Regierungsbezirk Potsdam ausschließlich betreffen.
Bezirks der Königlichen Regierung zu Potsdam,
und Viktualien=Durchschnitts=Marktpreise pro November 1844.

Das Schock Stroh.			Der Scheffel Kartoffeln.			Das Pfund						Das Quart						Die Metze			
						Roggen-Brod		Rind-fleisch		But-ter		Braun-bier		Weiß-bier		Brannt-wein		Graupe		Grütze	
Rthl.	Sgr.	Pf.	Rthl.	Sgr.	Pf.	Sgr.	Pf.	Sgr.	Pf.	Sgr.	Pf.	Sgr.	Pf.	Sgr.	Pf.	Sgr.	Pf.	Sgr.	Pf.	Sgr.	Pf.
4	20	1	—	7	10	—	10	2	6	7	6	1	—	1	—	4	—	4	—	5	—
4	—	—	—	7	11	1	2	3	—	7	6	1	—	1	2	3	—	13	—	7	—
5	25	—	—	10	—	—	8	2	6	6	10	1	3	1	6	2	6	4	—	7	6
—	—	—	—	10	—	—	10	2	6	7	—	1	—	1	—	3	9	12	—	8	—
5	5	—	—	10	—	—	9	2	6	7	—	1	3	2	—	2	6	8	—	6	—
4	11	3	—	10	2	—	9	2	6	6	—	—	9	1	—	4	—	15	—	6	—
5	15	—	—	10	—	—	11	2	6	7	—	1	3	1	6	2	—	8	—	6	—
5	22	6	—	11	—	1	—	3	—	8	—	1	—	1	6	2	6	10	—	7	6
4	25	—	—	8	5	—	8	2	6	6	—	1	—	1	—	4	—	10	—	7	6
5	2	8	—	9	3	1	—	3	—	9	7	1	3	1	6	3	6	12	—	7	—
10	—	—	—	8	7	1	2	3	—	7	9	1	—	1	—	4	—	10	—	8	—
4	2	6	—	7	11	1	—	3	—	7	6	1	3	1	6	4	—	9	—	10	—
5	15	—	—	9	6	1	4	2	6	7	—	1	—	1	3	2	9	10	—	6	6
—	—	—	—	10	—	1	3	3	—	7	6	—	—	—	—	—	—	10	—	11	—
—	—	—	—	9	—	1	—	3	—	7	—	1	3	2	—	4	—	—	—	—	—
—	—	—	—	7	6	—	—	2	—	7	3	—	—	—	—	—	—	—	—	5	3
5	15	—	—	7	9	—	9	2	6	8	—	1	—	1	6	2	—	10	—	6	—
—	—	—	—	8	9	—	9	2	6	6	—	1	—	1	3	3	6	8	—	6	—
4	12	9	—	8	2	—	11	3	—	6	—	2	—	2	—	3	—	7	6	5	—
—	—	—	—	10	—	1	—	2	6	7	—	1	—	1	3	2	6	9	—	8	6

№ 291. Nachweisung der an den Pegeln der Spree und Havel im Monat Oktober 1844 beobachteten Wasserstände.

Datum.	Berlin. Ober-Wasser		Berlin. Unter-Wasser		Spandow. Ober-Wasser		Spandow. Unter-Wasser		Potsdam.		Baumgartenbrück.		Brandenburg. Ober-Wasser		Brandenburg. Unter-Wasser		Rathenow. Ober-Wasser		Rathenow. Unter-Wasser		Havelberg.		Plauer Brücke.	
	Fuß	Zoll	Fuß	Zoll	Fuß	Zoll	Fuß	Zoll	Fuß	Zoll	Fuß	Zoll	Fuß	Zoll	Fuß	Zoll	Fuß	Zoll	Fuß	Zoll	Fuß	Zoll	Fuß	Zoll
1	8	3	—	6	6	10	2	2	3	5	1	11½	6	1	2	7	4	2	2	—	5	11	4	2
2	8	3	3	2	6	10	2	8	3	5	1	11	6	1	2	6	4	2	2	—	5	9	4	2
3	7	8	3	3	6	11	2	8	3	5	1	10½	5	10½	2	6	4	2	2	—	5	8	4	2
4	7	6	3	3	6	11	2	8	3	6	1	11	5	4	2	4	4	1	2	—	5	8	4	—
5	7	9	3	4	6	11	2	8	3	7	1	11	6	1	2	3	4	2	2	—	5	3	4	—
6	7	8	3	1	7	2	2	8	3	7	1	11	6	1½	2	3	4	2	2	—	5	1	4	—
7	7	9	3	2	7	2	2	10	3	6	1	11	6	4	2	4½	4	2	2	—	5	—	4	—
8	7	11	3	2	7	2	2	10	3	6	1	11	6	1½	2	6	4	2	2	—	5	—	4	—
9	8	—	3	2	7	2	2	10	3	6	1	11	6	3½	2	7½	4	2	1	11	5	—	4	—
10	8	—	3	2	7	2	2	10	3	6	1	11	6	5	2	8	4	2	1	11	5	5	4	—
11	7	11	3	2	7	2	2	10	3	6	1	11	6	1¾	2	9	4	4	2	—	5	10	4	—
12	7	10	3	2	7	2	2	10	3	6	1	11	6	2	2	10	4	2	2	—	6	—	4	1
13	7	10	3	—	7	2	2	6	3	5	1	11	6	2½	2	9½	4	2	2	—	6	—	4	1
14	7	10	3	2	7	3	2	10	3	5	1	11	6	3½	2	9½	4	2	2	1	6	—	4	2
15	7	10	3	3	7	4	2	10	3	5	1	11	6	2	2	9½	4	2	2	1	6	—	4	2
16	7	10	3	4	7	4	2	10	3	5	1	10½	6	1½	2	11	4	2	2	1	5	10	4	2½
17	7	10	3	4	7	4	2	10	3	5	1	10½	6	1½	2	11	4	2	2	2	5	8	4	2½
18	7	10	3	4	7	4	2	11	3	5	1	10½	5	11	2	10	4	2	2	3	5	6	4	3
19	7	10	3	4	7	4	2	10	3	5	1	10	5	9½	2	8½	4	2	2	3	5	4	4	3
20	7	10	3	—	7	6	2	4	3	5	1	10	6	2	2	8	4	2	2	3	5	1	4	3
21	7	8	3	—	7	6½	2	6	3	4	1	10	6	2	2	9½	4	2	2	3	4	11	4	2
22	7	10	3	2	7	6	2	8	3	4	1	10	6	2	2	9½	4	2	2	3	4	11	4	2
23	7	10	3	—	7	6	2	8	3	4	1	9½	6	2½	2	9	4	2	2	3	5	—	4	2
24	7	10	3	—	7	6½	2	8	3	4	1	9½	6	2½	2	9	4	2	2	3	5	—	4	2
25	7	10	3	2	7	6½	2	8	3	4	1	9½	6	2½	2	9	4	2	2	3	5	—	4	2
26	7	10	3	1	7	6½	2	8	3	4	1	9	6	1½	2	9½	4	2	2	3	5	—	4	2
27	7	11	2	11	7	7	2	7	3	4	1	9	6	2	2	8½	4	2	2	3	5	—	4	2
28	7	11	3	1	7	7	2	8	3	4	1	9	6	2	2	9½	4	2	2	3	5	1	4	2
29	7	11	3	—	7	7	2	8	3	3	1	9	6	2	2	9½	4	2	2	3	5	—	4	2
30	7	11	3	2	7	7	2	8	3	3	1	9	6	1½	2	9	4	2	2	3	5	—	4	2
31	7	11	3	2	7	7	2	8	3	3	1	9	6	2½	2	9	4	2	2	3	4	11	4	2

Potsdam, den 27. November 1844.

Königl. Regierung. Abtheilung des Innern.

Potsdam, den 8. Dezember 1844.

Auf Grund des § 12 des Gesetzes vom 8. Mai 1837 wird hierdurch zur öffentlichen Kenntniß gebracht, daß der Apotheker Liegener zu Liebenwalde als Agent der Leipziger Feuerversicherungs-Anstalt für die Stadt Liebenwalde und Umgegend bestätigt worden ist.

Königl. Regierung. Abtheilung des Innern.

№ 292.
Agentur-
Bestätigung.
I. 187. Dez.

Potsdam, den 8. Dezember 1844.

Auf Grund des § 12 des Gesetzes vom 8. Mai 1837 wird hierdurch zur öffentlichen Kenntniß gebracht, daß der Kaufmann C. F. W. Timmler zu Friesack als Agent der Aachener und Münchener Feuerversicherungs-Anstalt für die Stadt Friesack umd Umgegend bestätigt worden ist.

Königl. Regierung. Abtheilung des Innern.

№ 293.
Agentur-
Bestätigung.
I. 2063. Nov.

Potsdam, den 11. Dezember 1844.

Auf Grund des § 12 des Gesetzes vom 8. Mai 1837 wird hierdurch zur öffentlichen Kenntniß gebracht, daß der Kaufmann Bonnell zu Spandow als Agent der Feuerversicherungs-Anstalt Borussia für die Stadt Spandow und Umgegend von uns bestätigt worden ist.

Königl. Regierung. Abtheilung des Innern.

№ 294.
Agentur-
Bestätigung.
I. 614. Dez.

Verordnungen und Bekanntmachungen des Königl. Konsistoriums und Schulkollegiums der Provinz Brandenburg.

Der Jungfrau Karoline Pfeifer aus Potsdam ist die Konzession zur Errichtung einer Erziehungs- und Pensions-Anstalt hierselbst ertheilt worden.

Berlin, den 9. Dezember 1844.

Königl. Schul-Kollegium der Provinz Brandenburg.

№ 15.
Konzession
zur Errich-
tung einer
Erziehungs-
und Pensions-
Anstalt.

Verordnungen und Bekanntmachungen der Behörden der Stadt Berlin.

Für die Dauer des Weihnachtsmarktes dürfen, um Unglücksfällen auf solchem vorzubeugen, Fuhrwerke aller Art nicht anders, als in der Richtung vom Schloßplatze nach der Köllnischen Wache hin, ohne umzuwenden, die breite Straße passiren. An den in diese Marktzeit fallenden Sonn- und Festtagen, am Weihnachts-Heiligenabend, so wie bei sonstigem ungewöhnlich zahlreichen Andrange von Fußgängern, können von 4 Uhr Nachmittags ab, bis nach erfolgter Schließung der Buden, überall gar keine Wagen zugelassen werden. Fuhrwerksbesitzer haben sich hiernach zu achten, und die Wagenführer den Anweisungen der diensthabenden Polizeibeamten

№ 82.
Das Fahren
über den Weih-
nachtsmarkt in
Berlin betref-
fend.

und Gendarmen, bei Vermeidung von 1 Thlr. Strafe, oder, nach den Umständen, sofortiger Verhaftung, unweigerlich zu genügen.

Berlin, den 2. Dezember 1844.

Königl. Gouvernement.   Königl. Polizei-Präsidium.

von Ditfurth.   von Puttkammer.

Warnungs-Anzeige.

Heinrich Ludwig Tschech, welcher, nachdem er in den Jahren 1832 bis 1841 die Stelle des Bürgermeisters in Storkow bekleidet hatte, dieselbe niederlegte und seitdem fortgesetzt Anspruch auf eine Verforgung im unmittelbaren Staatsdienste machte, mit seinen darauf gerichteten, gesetzlich nicht gerechtfertigten Anträgen aber wiederholt zurückgewiesen worden war, hat am Morgen des 26. Juli d. J. aus seiner Doppelpistole in unmittelbarer Nähe auf Seine Majestät den König, in der Absicht, Allerhöchstdenselben zu tödten, zwei Kugeln abgeschossen, von welchen die erste, durch mehrfache Falten des Mantels hindurch, in den Ueberrock dringend, auf der Brust eine Quetschung verursachte, die zweite dagegen dicht über dem Haupte Ihrer Majestät der Königin in das Holzgestell des Wagens eindrang.

Dieser That geständig und überführt, ist der Tschech durch die gleichlautenden Erkenntnisse des Kriminal-Senats und des Ober-Appellations-Senats des Kammergerichts vom 19. September und 26. Oktober d. J. wegen Hochverraths des Rechts, die Preußische Nationalkokarde zu tragen, aller bürgerlichen Ehre und seines sämmtlichen Vermögens für verlustig erklärt, und zur Schleifung zur Richtstätte und zu der Todesstrafe des Rades von oben herab verurtheilt worden.

Mittelst Allerhöchsten Rescripts vom 10. d. M. haben Seine Majestät der König der Gerechtigkeit freien Lauf zu lassen befohlen, unter der Maßgabe, daß die erkannte Todesstrafe des Rades von oben herab, mit Wegfall der Schleifung zur Richtstätte, in die des Beils verwandelt werde.

Demgemäß ist der Heinrich Ludwig Tschech heute auf der Richtstätte zu Spandow mittelst des Beils vom Leben zum Tode gebracht worden.

Berlin, den 14. Dezember 1844.

Königl. Preuß. Kammergericht.

Personalchronik.

Der praktische Arzt und Wundarzt Dr. Simon Ludwig Schlesinger zu Berlin ist auch als Geburtshelfer in den Königlichen Landen approbirt und verpflichtet worden.

Der Doktor der Medizin und Chirurgie Hugo Konrad Ludwig Franz Leopold Heintzmann zu Berlin ist als praktischer Arzt und Wundarzt in den Königlichen Landen approbirt und vereidigt worden.

Der interimistische Lehrer Heinrich Balentin Wilhelm Hauberg ist definitiv zum Lehrer an der 12ten Kommunal-Armenschule in Berlin ernannt worden.

(Hierbei zwei öffentliche Anzeiger.)

Amtsblatt
der Königlichen Regierung zu Potsdam und der Stadt Berlin.

Stück 52.   Den 27. Dezember.   **1844.**

Verordnungen und Bekanntmachungen
für den Regierungsbezirk Potsdam und für die Stadt Berlin.

Potsdam, den 18. Dezember 1844.

Die in der Additional-Akte vom 13. April d. J. zur Elbschifffahrts-Akte vom 23. Juni 1821 enthaltenen Bestimmungen über die Schiffs- und Schiffer-Patente machen Anordnungen zu ihrer Ausführung erforderlich, welche in dem unter № I hierunter abgedruckten Regulative vom 6. d. M. zusammengestellt worden sind. Damit diese Bestimmungen der gedachten Additional-Akte, welche ihrem ganzen Inhalte nach im 37sten Stücke der diesjährigen Gesetzsammlung enthalten ist, allen, denen sie angehen, bekannt werden, lassen wir hierunter unter № II die §§ 6 — 17 der mehrgedachten Akte, welche an die Stelle des Artikels IV der Elbschifffahrts-Akte vom 23. Juni 1821 treten, zu gleichem Zwecke auch die, die Form der Schiffs-Manifeste betreffenden §§ 31, 32 und 33 derselben Akte, und endlich die in den sämmtlichen hier bezogenen Paragraphen allegirten, der Additional-Akte vom 13. April d. J. unter den Buchstaben A, B, C und G beigefügten Muster im Abdrucke folgen.

Königl. Regierung. Abtheilung des Innern.

№ 295.
Betrifft die Elb-Schiffs-und Schiffer-Patente.
I. 765. Dez.

I.
Regulativ
zur Ausführung der Bestimmungen der Additional-Akte vom 13 April d. J. zur Elbschifffahrts-Akte vom 23. Juni 1821, die Elb-Schiffs- und Schiffer-Patente betreffend.

Die durch die Ministerial-Bekanntmachung vom 17. Oktober d. J. in № 37 der Gesetzsammlung zur öffentlichen Kenntniß gebrachte Additional-Akte vom 13. April d. J. zur Elbschifffahrts-Akte vom 23. Juni 1821, enthält in den §§ 6—17 für den Schifffahrtsbetrieb auf der Elbe zwischen Melnik und Hamburg oder Harburg an Stelle des Art. IV der letztgedachten Akte über den Nachweis der Qualifikation zur Führung von Schiffen und Flößen und über die Legitimation der Fahrzeuge Bestimmungen, zu deren Ausführung unter Aufhebung der, unter dem 5. November 1836 und 13. November 1837 erlassenen Verfügungen Nachstehendes angeordnet wird:

§ 1. Jedes Flußschiff, welches die Elbe befährt, ohne sich auf das Gebiet des Uferstaates, dem es angehört, zu beschränken (§ 8 der Additional-Akte), muß vom 1. Januar 1845 ab

1) dem Befehle und der Leitung eines Führers untergeben sein, welcher für die Befolgung der in den §§ 9—13 der Additional-Akte enthaltenen Vorschriften verantwortlich,

2) in Beziehung auf sein Fahrzeug mit einem nach dem Muster A (§ 10 der Additional-Akte) ausgestellten Schiffs-Patente und

3) Behufs des Nachweises seiner Befähigung und der ihm zustehenden Befugniß, ein Schiff auf der Elbe zu führen, mit einem Schiffer-Patent nach dem Muster B (§ 12 der Additional-Akte) versehen ist.

Ausgenommen von dieser Bestimmung sind kleine Fahrzeuge, mit welchen lediglich landwirthschaftliche Erzeugnisse im gewöhnlichen Marktverkehr nach nahe gelegenen Orten geführt oder daher geholt werden, deren Führer weder für sich, noch für die Fahrzeuge der Patente bedürfen.

§ 2. Die, nach Anleitungen der Verfügungen vom 5. November 1836 und 13. November 1837 ertheilten Elbschiffer-Patente sind vom 1. Januar 1845 ab ungültig, und, nachdem sie, nach Maßgabe der Vorschriften dieses Regulativs eingezogen sein werden, von denjenigen Kreisbehörden, in deren Registern sie verzeichnet sind, als ungültig zu bezeichnen und aufzubewahren.

§ 3. Jedes Floß, welches die Elbe befährt, ohne sich auf das Gebiet des Uferstaates, dem es angehört, zu beschränken (§ 8 der Additional-Akte), muß vom 1. Januar 1845 ab

1) unter der Leitung eines verantwortlichen Führers (§ 1 № 1) stehen, welcher

2) mit einem Schiffer-Patente nach dem Muster C (Beilage zu § 12 der Additional-Akte) versehen ist.

§ 4. Sowohl die Schiffs- als die Schiffer-Patente dürfen nur auf den Grund vorangegangener Prüfung des baulichen Zustands des Fahrzeugs beziehungsweise der Befähigung des Bewerbers zum Betriebe der Schifffahrt oder der Flößerei ausgestellt werden.

In der Regel steht die Prüfung dem Wasserbau-Beamten des Bezirks, welchem der Bewerber angehört, die Ausstellung der Patente der Behörde des Kreises zu, in welchem der Letztere seinen Wohnsitz hat.

§ 5. Wer sich um die Ausstellung eines Schiffs-Patents (§ 1 № 2) bewirbt, hat das betreffende Fahrzeug unter Vorlegung der im § 2 der Anweisung zur Erhebung der Abgaben von der Schifffahrt und der Holzflößerei vom 23. Oktober 1837 (Anlagen D und E) bezeichneten Atteste, unbeladen, dem Baubeamten vorzuführen, welcher die Identität prüft, das Fahrzeug besichtigt, und wenn sich in Beziehung auf die Brauchbarkeit desselben zum Waarentransport kein erhebliches Bedenken ergiebt, stempel- und kostenfrei eine Bescheinigung darüber zu ertheilen hat,

daß das dem N. zugehörende Schiff, bezeichnet . . . . . . , , brauchbar zum Waarentransport befunden sei.

Der Bewerber hat diese Bescheinigung mit den vorbezeichneten Dokumenten und dem Bau-Atteste der betreffenden Kreisbehörde vorzulegen, welche ihm, wenn er bereits auf den Grund der Verfügungen vom 5. November 1836 und 13. November 1837 mit einem Schiffer-Patente versehen ist, unter Rücknahme des Letzteren, stempel- und gebührenfrei, andernfalls gebührenfrei auf einem Stempel von 15 Sgr. das § 1 № 2 bezeichnete Schiffs-Patent genau nach dem vorgeschriebenen Muster, ausstellt. Beim Mangel des Bau-Attestes genügen beigebrachte anderweitige unverdächtige Zeugnisse über das Alter des Fahrzeugs.

Trägt der Bewerber, statt das Fahrzeug dem Baubeamten vorzuführen, darauf an, daß dieser es außerhalb seines Wohnorts besichtige, so hat er demselben reglementsmäßige Diäten und die erweislich verausgabten Kosten für ein Miethsfuhrwerk zu zahlen, resp. zu erstatten.

§ 6. Liegt das Fahrzeug zur Zeit, wenn die Ertheilung des Schiffs-Patents nachgesucht wird, außerhalb des Bezirks des betreffenden Baubeamten (§ 4), so tritt auf den Antrag des Bewerbers der Wasserbau-Beamte des Bezirks, in welchem es sich befindet, an die Stelle des Ersteren.

§ 7. Wer sich um die Ausstellung eines Schiffer-Patents bewirbt (§ 1 № 3, § 3 № 2), hat sich zur Prüfung seiner gewerblichen Befähigung bei dem Wasserbau-Beamten des Bezirks, welchem er angehört, zu melden.

Die Prüfung ist

1) zum Zweck der Bewerbung um ein Schiffer-Patent nach dem Muster C (§ 3 № 2)

darauf zu beschränken, daß durch Besprechung mit dem Bewerber ermittelt wird, ob derselbe mit der Zusammensetzung der Flöße, der Steuerung und den Mitteln zur Fortbewegung derselben, endlich mit den Bestimmungen der, unter dem 13. April d. J. abgeschlossenen Uebereinkunft, die Erlassung schifffahrts- und strompolizeilicher Vorschriften für die Elbe betreffend, bekannt ist;

2) zum Zweck der Bewerbung um ein Schiffer-Patent nach dem Muster B (§ 1 № 3)

darauf zu richten, ob der Bewerber

a) von dem gehörigen Zustande eines Fluß-Segelfahrzeugs, um solches mit Sicherheit für die Güter beladen zu können;

b) von den erforderlichen Inventarienstücken und deren Gebrauche;

c) von dem richtigen Gebrauche der Segel und des Steuerruders;

d) von den vorgedachten schifffahrts- und strompolizeilichen Vorschriften

zureichende Kenntnisse hat. Ob der Bewerber diese durch eine Probefahrt zu erweisen habe, bleibt dem Ermessen des Prüfenden anheimgestellt; es dürfen aber jenem keine Kosten daraus entstehen.

Wer sich um ein Schiffer-Patent zur Führung eines Dampfschiffes bewirbt, hat überdies den Besitz zureichender Kenntniß von der Zusammensetzung und dem Gebrauche der Dampfmaschinen nachzuweisen.

1*

§ 8. Wenn der Bewerber die Prüfung besteht, hat der Baubeamte stempel- und kostenfrei eine Bescheinigung darüber auszustellen:

daß der Geprüfte sich über seine Kenntniß und Fähigkeit zum Betriebe der Fluß-Schifffahrt mit Segelschiffen (Dampfschiffen) ausgewiesen habe.

Auf den Grund dieser Bescheinigung nimmt die Kreisbehörde die, in dem Texte des Musters zum neuen Schiffer-Patente vorgeschriebene Versicherung protokollarisch auf, zieht das alte Patent ein, und fertigt das neue Patent stempel- und gebühren- frei, wenn sich der Schiffer aber noch nicht in dem Besitze eines Elbschifffahrts- Patents befindet, gebührenfrei auf einem Stempelbogen von 15 Sgr., genau nach dem vorgeschriebenen Muster B oder C, aus, je nachdem der Bewerber sich zur Führung eines Schiffes oder eines Floßes befähigen will.

§ 9. Innerhalb des Zeitraums bis zum 1. Juli k. J. steht es den Schiffern, welche sich außerhalb des Wasserbau-Bezirks, in welchem ihr Domizil ist, befinden, und welche die Prüfung bestehen wollen, frei, dieselbe bei dem Wasserbau- Beamten desjenigen Bezirks nachzusuchen, in welchem sie sich aufhalten, in welchem Falle sich jener der Prüfung zu unterziehen, event. die Bescheinigung (§ 8) aus- zustellen hat.

Nach der bezeichneten Frist hat nur der Wasserbau-Beamte desjenigen Bezirks, welchem der Bewerber angehört, die Verpflichtung, die Prüfung vorzunehmen. Die Kreisbehörden werden aber, wenn ihnen von anderen Bezirks-Baubeamten Be- scheinigungen vorgelegt werden, die Schiffer-Patente auf den Grund derselben ausstellen.

§ 10. Innerhalb des, im § 9 bezeichneten Zeitraums soll es denjenigen Schiffern, welche sich bereits in dem Besitze von Elbschifffahrts-Patenten befinden, die vom 1. Januar 1845 ab außer Gültigkeit treten, gestattet sein, die Ausstellung der neuen Schiffs- und Schiffer-Patente bei dem Haupt-Zollamte zu Wittenberge nachzusuchen. Sie haben dieser Behörde zu dem Zwecke die Prüfungs-Bescheini- gungen des Baubeamten (§§ 5, 8) und die, die Tragfähigkeit und das Alter des Fahrzeuges feststellenden Nachweise vorzulegen, und fertigt dieselbe die Patente dem- nächst in ihrem Namen vorschriftsmäßig aus. Sie führt über die von ihr aus- gefertigten Patente ein Register, welches sie mit den Verpflichtungs-Protokollen und den eingezogenen alten Patenten (§§ 5, 8) am Schlusse des vorgedachten Zeit- raums der Königlichen Regierung zu Potsdam einreicht. Die Letztere benachrichtigt die betreffenden Königlichen Regierungen, aus deren Verwaltungs-Bezirken Schiffer Patente erhalten haben, davon unter Mittheilung von Extrakten aus dem Register der betreffenden Verpflichtungs-Verhandlungen und alten Patente, und sind dem- nächst die Kreisregister hiernach zu berichtigen.

§ 11. Ergeben sich gegen die Ausstellung der Bescheinigungen (§§ 5, 8) oder der nachgesuchten Patente Bedenken, und der Bewerber, mit diesen bekannt gemacht, beharrt bei seinem Antrage, so ist er damit sogleich zu Protokoll zu ver- nehmen. Es ist in diesem zu bemerken, was dem Antrage entgegensteht, der Be- werber ist darüber zu vernehmen und die Verhandlung ist ohne Verzug an die betreffende Königliche Regierung zu befördern, welche in kürzester Frist im Wege des Rekurses zu entscheiden hat.

§ 12. Rückſichtlich der Einziehung und Erneuerung der, auf Grund dieſes Regulativs ausgefertigten Patente behält es bei den Beſtimmungen der Additional-Akte vom 13. April d. J. §§ 10, 11, 13 ſein Bewenden.

§ 13. Wird auf den Grund der in den §§ 14—16 der Additional-Akte vom 13. April d. J. enthaltenen Beſtimmungen gegen einen Schiffer oder Flößer ein Strafverfahren eingeleitet, ſo hat die betreffende Strom-Bezirks-Polizei-behörde darüber, daß das polizeiliche Unterſuchungs-Verfahren ſchwebt, einen Vermerk auf dem Manifeſte des Angeſchuldigten zu machen, damit dieſer den, im § 17 der Additional-Akte bezeichneten Nachweis führen kann.

Berlin, den 6. Dezember 1844.

Der Finanz-Miniſter.

IV. 18,051.

III. 26,872.

Flottwell.

*

II.

Auszug

aus der Additional-Akte vom 13. April 1844 zur Elbſchifffahrts-Akte vom 23. Juni 1821.

Zum Art. IV (der vorbezeichneten Elbſchifffahrts-Akte).

§ 6. An die Stelle dieſes Artikels treten die in den §§ 7—17 enthaltenen Beſtimmungen, welche jedoch nur für die Befahrung der Stromſtrecke zwiſchen Melnik und Hamburg oder Harburg vertragsmäßige Gültigkeit haben.

§ 7. Die Befugniß, Schiffe zur Befahrung der Elbe nach Maßgabe dieſer Akte zu benutzen, ſo wie die Befugniß, Holzflößerei auf der Elbe zu treiben, ſteht allen denjenigen zu, welche von der Regierung, deren Unterthanen ſie ſind, zur ſelbſtſtändigen Betreibung dieſer Gewerbe zugelaſſen werden.

Alle Elbuferſtaaten werden, ſo weit deren innere Geſetzgebung es geſtattet, dafür Sorge tragen, daß zum ſelbſtſtändigen Betriebe der Rhederei behuf derjenigen Elbſchifffahrt, welche ſich auf das Gebiet anderer Staaten erſtrecken ſoll, nur ſolche Perſonen zugelaſſen werden, deren ökonomiſche und ſonſtige Verhältniſſe, und nur ſolche Geſellſchaften, deren Einrichtung und Statuten für die Erfüllung der den Schiffseignern obliegenden Verpflichtungen genügende Sicherheit gewähren.

§ 8. Jedes Flußſchiff und jedes Floß, welches die Elbe befährt, ohne ſich auf das Gebiet des Uferſtaates, dem es angehört, zu beſchränken, muß dem Befehle und der ſpeziellen Leitung eines Führers untergeben ſein. Dieſer iſt für die genaue Befolgung der in den §§ 9—13 enthaltenen Vorſchriften verantwortlich.

§ 9. Jedes der im § 8 erwähnten Fahrzeuge muß während der Fahrt von den, in den §§ 10—13 bezeichneten, zur Legitimation des Schiffs und des Führers erforderlichen Patenten begleitet ſein. Dieſe ſind jeder Zoll- und Polizeibehörde an der Elbe auf deren Verlangen vorzuzeigen und ſollen auch zu Hamburg und Harburg, ſo wie unterhalb dieſer Orte, zur Legitimation der von der oberen Elbe gekommenen Stromfahrzeuge und ihrer Führer genügen.

In Ermangelung dieser Patente, oder wenn während der Reise Veränderungen eintreten, durch welche die bei deren Antretung eingeholten Legitimationspapiere nicht mehr vollständig passen, darf die Reise nur fortgesetzt werden, nachdem der nächsten Elbschifffahrts-Polizeibehörde jene Umstände angezeigt, und von dieser nach untersuchter Sache eine Bescheinigung darüber ertheilt ist, daß gegen die Fortsetzung der Reise keine Bedenken gefunden sind.

In dergleichen Fällen ist die kompetente Behörde desjenigen Uferstaates, welchem das Fahrzeug angehört, sofort hiervon in Kenntniß zu setzen.

Diejenigen kleinen Fahrzeuge, mit welchen lediglich landwirthschaftliche Erzeugnisse im gewöhnlichen Marktverkehr nach nahe gelegenen Orten geführt oder von daher geholt werden, bedürfen dieser Schiffspapiere nicht.

§ 10. Das Schiffs-Patent ist von der zuständigen Behörde des Staates, zu dessen Rhederei das Fahrzeug gehört, nach dem in der Anlage A enthaltenen Muster auszustellen, nachdem jene Behörde durch technische Untersuchung von der Tüchtigkeit des Fahrzeugs sich überzeugt und die Tragfähigkeit desselben festgestellt hat.

Das Schiffs-Patent ist von dem Eigenthümer des Fahrzeugs für dieses, bevor es seine erste Fahrt antritt, zu erwirken und nach jeder wesentlichen Veränderung oder Reparatur zu erneuern.

§ 11. Das Schiffs-Patent verliert seine Gültigkeit, wenn das Fahrzeug, für welches dasselbe ertheilt wurde, an die Rhederei eines andern Staates übergegangen ist.

Dasselbe ist von der zuständigen Behörde des Staates, in welchem es ausgestellt wurde, sowohl in diesem Falle, als auch dann, wenn das Fahrzeug zum Gebrauche nicht ferner vollkommen tüchtig befunden wird, zurückzunehmen.

Unbrauchbar gewordene Fahrzeuge dürfen zu dem Zwecke, um an einem andern Orte zerschlagen zu werden, nur dann auf der Elbe fortgeschafft werden, wenn diese Fahrt als die letzte des Fahrzeugs und jener Zweck derselben von der schifffahrtspolizeilichen Behörde des Abgangsortes unter dem Schiffs-Patente bemerkt, auch das Fahrzeug nicht mit andern Gegenständen als mit Holz beladen ist.

§ 12. Das Schiffer-Patent ist von einer der in jedem Elbuferstaate hierzu ermächtigten Behörden nach den unter B und C beiliegenden Mustern auszustellen, nachdem der Empfänger sich bei dieser Behörde sowohl über seine Unbescholtenheit und sonstigen persönlichen Verhältnisse, als auch darüber ausgewiesen hat, daß er in einer, durch amtlich bestellte Sachverständige nach den in demselben Staate geltenden Vorschriften vorgenommenen Prüfung seine Fähigkeit zu dem fraglichen Geschäfte bewährt habe.

Das Schiffer-Patent für Segel- und Dampfschiffe ermächtigt den Inhaber zur Führung jedes Elbfahrzeugs, welches der im Patente bezeichneten Gattung und der Rhederei des Staates, in welchem das Patent ausgefertigt wurde, angehört, so wie das Patent für Flößer zur Führung jedes Holzfloßes, welches von einem Uferplatze dieses Staates abgeht.

Ein Patent zur Führung von Dampfschiffen ermächtigt zugleich zur Führung von Segelschiffen, nicht aber umgekehrt.

A.

B, C.

§ 13. Das Schiffer-Patent verliert, wenn der Inhaber bei Ausstellung desselben Unterthan des patentirenden Staates war, mit dem Aufhören dieses Unterthanenverhältnisses seine Gültigkeit.

Die Wiedereinziehung eines Schiffer-Patents steht nur dem Staate zu, welcher dasselbe ausgestellt hatte.

Die zuständige Polizeibehörde hat das Schiffer-Patent zurückzunehmen, wenn dieselbe sich davon überzeugt hat, daß der Inhaber untauglich, oder daß dessen Beibehaltung mit der Ordnung und Sicherheit des Schifffahrtsverkehrs nicht vereinbar ist. Letzteres kann namentlich dann angenommen werden, wenn ein Schiffsführer wegen Trunksucht, wiederholter Elbzoll-Defrauden, Betrugs, Fälschung oder anderer Verbrechen gegen das Eigenthum bestraft worden ist.

§ 14. Wer es unternimmt, Schifffahrt oder Holzflößerei auf der Elbe zu treiben, ohne die nach den §§ 9 — 12 erforderlichen Patente erlangt zu haben, verfällt in eine, nach dem Ermessen der entscheidenden Behörde, auf

20 — 25 Thlr. für ein Dampfschiff,
10 — 20   =   =   Segelschiff,
5 — 10   =   =   Floß

zu bestimmende Ordnungsstrafe.

§ 15. Wer sich des, für einen anderen Führer oder ein anderes Fahrzeug ausgestellten oder eines bereits ungültig gewordenen oder widerrufenen Patentes fälschlich bedient, unterliegt derselben Strafe, jedoch mit einer Verschärfung von 10 Thalern.

§ 16. Führt ein patentirter Schiffs- oder Floßführer sein Schiffer- oder Schiffs-Patent auf einer Reise nicht bei sich, so hat er eine Ordnungsstrafe von 5 Thalern verwirkt.

§ 17. Die in den §§ 14, 15, 16 angedrohten Strafen sind für jede Reise, Hin- und Rückfahrt zusammengenommen, nur einmal zu erlegen und die Nachweisung eines auf dieser Reise bereits anhängig gewordenen Verfahrens schließt die Wiederholung des letzteren wegen derselben Uebertretung an einem anderen Orte aus. Werden jedoch die in jenen Paragraphen erwähnten Uebertretungen bei folgenden Reisen wiederholt, so wird die Strafe im ersten Wiederholungsfalle auf das Anderthalbfache, im zweiten und jeden ferneren Wiederholungsfalle aber auf das Doppelte des einfachen Betrages erhöht.

Zum Art. XVII.

§ 31. An die Stelle dieses Artikels treten die folgenden, so wie die in den §§ 32 und 33 enthaltenen Bestimmungen:

Kein Schiffer oder Flößer darf vom Ladungsplatze abfahren, bevor er mit den Frachtbriefen über die geladenen Waaren und mit einem vorschriftsmäßigen Manifeste (vergl. § 32) versehen ist.

Die Frachtbriefe müssen von den Absendern ausgestellt sein und die Gattung und Menge, so wie den Bestimmungsort und Empfänger der Waaren benennen.

Das Manifest ist von dem Schiffsführer oder für denselben von einem Dritten, welcher jedoch kein Elbzoll- oder Hafenbeamter sein darf, anzufertigen.

Jede nunmehr eingetretene Bei- oder Ausladung muß sofort in den ....
bemerkt mit dem dem Schiffsmanne des Bei- oder einer Ausladungsortes, oder ... ...
... solcher dort nicht besteht, dem dem auf der ferneren Fahrt zunächst ...
Schiffsmanne beglaubigt werden.

§ 32. Die Schiffs-Manifeste der nach dem in der Anlage G ......
... Muster ausgefertigten und müssen enthalten:

1) Die Nummer und sonstige Bezeichnung des Schiffes und die Orte, ...
   dessen vermalige Fahrt angetreten hat und endigen soll.
2) Namen und Wohnort des Schiffs-Eigenthümers.
3) Namen und Wohnort des Schiffsführers.
4) Die Anzahl der Zahl der Bemannung.
5) Aufführung, Benennung und Gewicht der geladenen Waaren nach der ...
   ... und Reihenfolge der Frachtbriefe, in der Art, daß jedes Stück ...
   ... bei demselben
   a) dessen Bezeichnung und Brutto-Gewicht,
   b) dessen Einladungs- und Bestimmungsort nebst dem Namen des ...
      senders und Empfängers, und
   c) die Benennung der in demselben enthaltenen Waaren
   angegeben ist.
6) Die Versicherung der Richtigkeit des Inhalts unter öffentlich beglaubigter Unterschrift des Schiffsführers. Dieser ist für den Inhalt des Manifestes und
   dann verantwortlich, wenn er dasselbe durch Dritte hat anfertigen ...

§ 33. Die Vorschriften über Anlagen und Meldung bei den Zoll-
Aemtern gelten auch für leere Fahrzeuge.

Geschehen zu Dresden, den 13. April 1844.

Anlage A.
Muster eines Schiffs-Patentes.

Schiffs-Patent.

Das dem N. N. zu N. zugehörige, { Segelschiff, } { ohne besonderen Namen }
{ Dampfschiff, } { N. N. } ...
Nummer ..... versehen und unter solcher im hiesigen Schiffsverzeichniß eingetragen
von .... Tragfähigkeit, und im Jahre .... neu gebaut, ist von den dazu
bestellten und verpflichteten Sachverständigen in allen seinen Theilen und Zubehörungen ...
fältig geprüft und zur Schifffahrt auf der Elbe vollkommen gut und tüchtig befunden ...

Auf Grund dieses technischen Zeugnisses ist daher dem Eigenthümer gestattet ...
zeuges gestattet worden, daß letzterer zum Elbschifffahrtsbetriebe so lange benutzt ...
sen, als es sich in ordentlichem, gutem Zustande befindet und darin erhalten wird.

Urkundlich ist hierüber gegenwärtiges Schiffs-Patent unter amtlicher Vollziehung ...
Besiegelung ausgefertigt worden.

..... den ......

(Name der Behörde.)

(L. S.)

(Unterschrift.)

Anlage B.

Muster eines Schiffer-Patentes zur Führung von Schiffen.

Schiffer-Patent.

Vorzeiger dieses,

N. N. . . . .

aus . . . . in

er sich über seine Kenntnisse und Fähigkeiten im Betriebe der Elbschifffahrt mit { Segelschiffen / Dampfschiffen }

dergestalt vollkommen ausgewiesen, daß ihm die Erlaubniß zur Führung jedes auf der Elbe

fahrenden { Segel- / Dampf- } Schiffes unter heutigem Tage unbedenklich ertheilt worden ist.

Nach vorgängiger Angelobung von seiner Seite, das seiner Leitung anzuvertrauende Fahrzeug mit aller Sorgfalt und Umsicht zu führen, von demselben Schaden und Unglück der Gefahr, in welche es nebst den darauf befindlichen Waaren und Personen gerathen könnte, nach allen Kräften und besten Fleißes, soweit möglich, abzuwenden, auch bei seinen Fahrten die Bestimmungen der Elbschiffahrts- und der Additional-Akte, so wie die in den einzelnen Staaten geltenden schifffahrts- und strompolizeilichen Vorschriften genau zu befolgen; ist ihm hierüber gegenwärtiges Schiffer-Patent, gehörig vollzogen und besiegelt, ausgestellt worden.

. . . . . . ben . . . . . .

(Name der Behörde.)

(L. S.)   (Unterschrift.)

Anlage C.

Muster eines Schiffer-Patentes zur Führung von Holzflößen.

Schiffer-Patent.

Vorzeiger dieses,

N. N. . . . .

aus . . . . . . in

sich über seine Kenntnisse und Fähigkeiten zum Betriebe der Holzflößung auf der Elbe dergestalt vollkommen ausgewiesen, daß ihm die Erlaubniß zur Führung jedes auf genanntem Strome gehenden Holzfloßes unter heutigem Tage unbedenklich ertheilt worden ist.

Nach vorgängiger Angelobung von seiner Seite, das seiner Leitung anvertraute Holz- floß mit aller Sorgfalt und Umsicht zu führen, von demselben Schaden, Unglück oder Gefahr, in welche es nebst den darauf befindlichen Personen und Gegenständen gerathen könnte, nach allen Kräften und besten Fleißes, soweit möglich, abzuwenden, auch bei seinen Fahrten die Bestimmungen der Elbschifffahrts- und der Additional-Akte, so wie die in den einzelnen Staaten geltenden schifffahrts- und strompolizeilichen Vorschriften genau zu befolgen, ist ihm hierüber gegenwärtiges Schiffer-Patent, gehörig vollzogen und besiegelt, ausgefertigt worden.

. . . . . . ben . . . . . .

(Name der Behörde.)

(L. S.)   (Unterschrift.)

2

Anlage G.

Muster eines Manifestes für die auf der Strecke zwischen Melnik und Hamburg oder Harburg fahrenden Elbschiffe.

Ausstellungs-Amt .... № ...

Manifest

über die Ladung des Schiffes .... № ... Eigenthum de ....
aus .... geführt vom Steuermann ...... aus ..... zur Fahrt
von .... nach ...... und bemannt mit .... Mann.

Bemerkungen.

1) Jedes Fahrzeug muß mit dem Namen des Orts, wohin es gehört und mit einer Nummer deutlich und dauernd bezeichnet sein.

2) Die Abfahrt von dem Ladungsplatze darf nicht eher erfolgen, als wenn der Schiffer mit dem zur Ladung gehörigen Manifeste nebst Frachtbriefen versehen ist. Jede Zu- und Abladung muß beim nächsten Elbzollamte gehörig nachgewiesen werden.

3) Die Güter eines jeden Frachtbriefes werden im Manifeste unter einer besondern Nummer eingetragen, welche auch auf dem Frachtbriefe zu bemerken ist. Die Gegenstände eines jeden Frachtbriefes sind im Manifeste in derselben Reihenfolge anzuführen, wie sie im Frachtbriefe verzeichnet sind.

4) Waaren im unverpackten Zustande sind, soweit es ihre Beschaffenheit gestattet, dem Gewicht und der Stückzahl nach im Manifeste anzugeben.

5) Der Schiffsführer hat das Manifest mit seiner Unterschrift, durch welche er für die Richtigkeit des Inhaltes haftet, zu versehen und dasselbe beim Elbzollamte des Einladungsortes oder, wenn ein solches sich dort nicht befindet, bei dem nächsten auf der Fahrt berührten Elbzollamte zur Beglaubigung zu überreichen. Diese geschieht gebührenfrei. Besteht das Manifest aus mehr als einem Bogen, so muß es mit Seitenzahlen versehen und geheftet übergeben werden, worauf die Heftschnur amtlich angesiegelt wird. Alle Frachtzettel und Ladungspapiere sind bei dieser Gelegenheit vorzuzeigen und während der Fahrt, als Beilagen des Manifestes, vom Schiffsführer aufzubewahren.

6) Der Schiffsführer hat das Original-Manifest nebst Beilagen jedem auf der Fahrt berührtem Elbzollamte vorzuzeigen und eine richtige Abschrift desselben bym zuerst berührten Elbzollamte jedes Staatsgebietes einzuhändigen.

7) Das Manifest wird zu ... bei dem ... abgegeben und von demselben nach Vorschrift der Elbschifffahrts-Akte aufbewahrt.

8) Transitirende Schiffe können am ersten Erhebungsamte die Gebühren für die ganze Strecke eines Uferstaates entrichten.

Potsdam, den 13. Dezember 1844.

№ 206.
Der Handels- und Schifffahrts-Vertrag zwischen den Staaten des Zollvereins und dem Königreiche Belgien betr.
IV. 823. Nov.

Unter Bezugnahme auf den im 38sten Stücke der Gesetzsammlung publizirten Handels- und Schifffahrts-Vertrag zwischen dem Deutschen Zoll- und Handels-Verein einerseits und dem Königreiche Belgien andererseits vom 1. September d. J. wird hinsichtlich der darin gewährten Zoll-Erleichterungen für vereinsländische baumwollene und seidene Waaren, welche nach Belgien versandt werden sollen, hierdurch bekannt gemacht, daß Königlich Belgischer Seits, zur Verhütung von Mißbräuchen, bei der Einführung vereinsländischer Waaren gedachter Art besondere Sicherheitsmaßregeln für nöthig erachtet worden sind, wozu insbesondere gehört, daß die gedachten Fabrikate, wenn die geringeren Zollsätze in Anspruch genommen werden wollen, mit einem von der diesseitigen Ortsbehörde des Versendungsorts ausgestellten und von dem Landrathe des Kreises beglaubigten Ursprungs-Zeugnisse versehen sein müssen.

Die Ortsbehörden und Landräthe unseres Bezirks sind wegen Ausstellung und Beglaubigung dieser Ursprungs-Zeugnisse mit Anweisung versehen, auch sowohl diese Behörden, wie auch die sämmtlichen Zoll- und Steuerbehörden angewiesen, über die bei Versendungen der in Rede stehenden Art zu beobachtenden sonstigen Förmlichkeiten auf Erfordern nähere Auskunft zu ertheilen.

Königl. Regierung.

Potsdam, den 17. Oktober 1844.

№ 207.
Aufruf der unbekannten Eigenthümer mehrerer im Grenzbezirke vorgefundenen Waaren.
IV. 509. Okt.

Am 28. August d. J., Morgens zwischen 12 und 1 Uhr, sind circa 1500 Schritte vom Flecken Zechlin, bei dem sogenannten Eichholze, im Grenzbezirke, auf dem Ackerstücke des Ackerbürgers Dittmann, unter Hafergarben versteckt:

4 Zentner 66 Pfund brutto Hutzucker und
81 Pfund Rum in einem Fasse

vorgefunden worden, ohne daß es bis jetzt gelungen ist, die Eigenthümer dieser Waaren zu ermitteln.

Es werden daher alle diejenigen, welche sich als rechtmäßige Eigenthümer derselben legitimiren können, aufgefordert, ihre Eigenthums-Ansprüche binnen vier Wochen bei der unterzeichneten Behörde geltend zu machen, widrigenfalls der öffentliche Verkauf der genannten Waaren angeordnet, und der dabei gelöste Betrag dem Fiskus zugesprochen werden müßte.

Königl. Regierung.
Abtheilung für die Verwaltung der indirekten Steuern.

Potsdam, den 17. Dezember 1844.

№ 208.
Konzession zur Errichtung eines Instituts zur Erziehung schwachsinniger Kinder.
II. 342. Dez.

Dem Privatlehrer Johann Heinrich Friedrich Baese zu Charlottenburg ist die Konzession zur Errichtung eines Instituts für die Pflege und Erziehung schwachsinniger Kinder ertheilt.

Königl. Regierung.

2*

Potsdam, den 21. Dezember 1844.

№ 299.
Ausgebrochene Lungenseuche.
I. 922. Dez.

Wegen der unter dem Rindvieh des Dorfs Groß-Ziescht, Jüterbogk-Luckenwalder Kreises, ausgebrochenen Lungenseuche ist dies Dorf und dessen Feldmark bis auf weitere Bestimmung für Rindvieh und Rauchfutter gesperrt worden.

Königl. Regierung. Abtheilung des Innern.

Verordnungen und Bekanntmachungen, welche den Regierungsbezirk Potsdam ausschließlich betreffen.

Potsdam, den 18. Dezember 1844.

№ 300.
Wanderpässe der Gewerbsgehülfen betr.
I. 635. Dez.

Die nach unserer Bekanntmachung vom 12. März 1835 (Amtsblatt № 48) eingeführten Formulare zu den Wanderpässen der Gewerbsgehülfen sind zu Reisen innerhalb der Preußischen Staaten von jeder, zur Ertheilung von Inlandspässen befugten Polizeibehörde, unter deren eigener Firma, an ihre Ortsangehörigen auszufertigen; wenn diese Wanderpässe aber auch zu Reisen ins Ausland gültig sein sollen, so müssen sie, wie alle Ausgangspässe, von den, nach der Bekanntmachung vom 29. Oktober 1817 (Amtsblatt № 307) zu Ausgangs-Paß-Ertheilungen von uns autorisirten Behörden ausgefertigt werden.

Es ist nun zur Sprache gebracht worden, daß in den Wanderpässen der Gewerbsgehülfen das Alter der Inhaber nicht durch Angabe der Zeit ihrer Geburt, sondern auf eine viel ungenauere Weise nur durch Angabe der Zahl der von ihnen zurückgelegten vollen Lebensjahre bezeichnet zu werden pflegt, hieraus aber der Nachtheil entsteht, daß bei dem Militair-Ersatzgeschäfte oft nicht mit hinlänglicher Sicherheit beurtheilt werden kann, zu welcher Klasse der nur mit einem solchen Ausweise versehene Militairpflichtige gehört.

Damit diesem Uebelstande vorgebeugt werde, werden in Gemäßheit Erlasses des Herrn Ministers des Innern Excellenz vom 23. November d. J. sämmtliche obgedachte Polizeibehörden diesseitigen Departements angewiesen, in den Wanderpässen künftig das Alter der Inhaber nicht mehr durch die Zahl der Lebensjahre, sondern durch die bestimmte Angabe des Tages, Monats und Jahres der Geburt zu bezeichnen.

Königl. Regierung. Abtheilung des Innern.

Potsdam, den 19. Dezember 1844.

№ 301.
Agentur-Niederlegung.
I. 1128. Dez.

Auf Grund des § 12 des Gesetzes vom 8. Mai 1837 wird hierdurch zur öffentlichen Kenntniß gebracht, daß der frühere Bürgermeister zu Fehrbellin, Seeger, die bisher von ihm verwaltete Agentur der Aachen-Münchener Feuerversicherungs-Gesellschaft für die Stadt Fehrbellin und Umgegend bei seinem Abgange nach Wittenberge niedergelegt hat.

Königl. Regierung. Abtheilung des Innern.

Verordnungen und Bekanntmachungen der Behörden der Stadt Berlin.

Mit Bezug auf die bestehenden älteren Verordnungen wird hierdurch bekannt gemacht, daß das Abschlagen des aus der Stadt zu schaffenden Schnees und Eises nur an nachbenannten Plätzen zulässig ist:

№ 83.
Eis- und Schnee-Abladestellen im Berliner Polizeibezirke.

1) Vor dem Hallischen Thore linker Hand auf dem Plane hinter der Jachtschüttschen Kattunfabrik.
2) Vor dem Schönhauser Thore auf dem Acker hinter dem, an der Schönhauser Allee sub № 9 und 10 belegenen Klinsmannschen Grundstücke. Zugänglich von der Stadtmauer aus.
3) Daselbst rechter Hand, der Stadtmauer gegenüber, auf dem zwischen den Scheunen und dem Exerzierhause belegenen Acker.
4) Vor dem Prenzlauer Thore hinter dem Hohlwege, auf dem rechts von der Chaussee belegenen Acker.
5) Vor dem Königsthore auf dem Acker, welcher von der Chaussee ab links zwischen den Köppenschen und Goldmannschen Grundstücken belegen ist.
6) Daselbst rechts, neben der der Stadtmauer gegenüber belegenen Sandgrube.
7) Daselbst von der Chaussee ab rechts auf dem hinter der zweiten Windmühle belegenen Acker.
8) Daselbst rechts von der Chaussee neben dem Saupfuhl.
9) Vor dem Landsberger Thore, unmittelbar rechts hinter dem Fuhrmannschen Gasthofe bis zu den Begräbnißplätzen.
10) Daselbst von der Landstraße ab links auf der dort befindlichen Anhöhe.
11) In der Landsberger Straße, rechts, auf dem Acker zwischen dem Klägerschen Gasthofe und den nach dem Steuergebäude hin stehenden drei Pappeln.
12) In der Landsberger Straße, links, auf dem Stachowschen Acker zwischen dem letzten (Körnerschen) Hause und dem Thore. Jedoch darf diese Stelle nur von der Kommunikation am Landsberger Thore, und von der Landsberger Straße aus auf der Strecke von dem vorgedachten Körnerschen Hause bis zum Thore betreten werden.
13) Vor dem Rosenthaler Thore, Anfangs der Badstraße, auf dem links hinter der Elisabethkirche belegenen Acker.
14) Vor dem Brandenburger Thore auf dem Exerzierplatze, und zwar in der Mitte, in gehöriger Entfernung von dem Krollschen Etablissement und den neuen Gebäuden hinter dem Zirkus.

Wer an anderen, als den bezeichneten Orten, ohne Zustimmung des Eigenthümers, Eis und Schnee abschlägt, oder in den Spreestrom, den Schleusenkanal, den Landwehrgraben oder in die sonstigen Wasserläufe in oder bei der Stadt wirft, verfällt in die gesetzlichen Strafen. Diese treffen auch den, welcher mit dem Eise

und Eis, Müll, Schutt und andere Unreinigkeiten nach den vorbezeichneten Abschlageplätzen schafft und dort abladet.

Berlin, den 17. Dezember 1844.

Königl. Polizei-Präsidium.

№ 84.
Anlage von Zündholz-Trockenöfen und Anfertigung und Aufbewahrung der Streichfeuerzeuge.

Nachstehende Ministerial-Rescripte vom 12. Dezember 1842 und 31. März 1843 werden hierdurch zur öffentlichen Kenntniß gebracht:

Die Zweifel der Polizeibehörden über die feuersichere Anlage von Zündholz-Trockenöfen haben Veranlassung gegeben, darüber die Königl. Ober-Baudeputation mit ihrem Gutachten zu hören. Nach demselben wird bei Ertheilung der baupolizeilichen Erlaubniß zur Errichtung solcher Oefen, mit gehöriger Rücksicht auf die Ausdehnung des Gewerbebetriebes und die dazu bestimmte Oertlichkeit, im Allgemeinen Folgendes von den Orts-Polizeibehörden zu beobachten sein:

1) Ein Zündholz-Trockenofen muß in den äußern Wänden so stark gebaut werden, daß nicht nur bei regelmäßiger Benutzung, sondern auch bei etwaniger Entzündung der im Trockenraume gelagerten Zündhölzer, welche durch Ueberheizung oder zufällige Schadhaftigkeit des Ofens herbeigeführt werden kann, der Einsturz desselben nicht zu besorgen ist, auch keine übermäßige Erhitzung der äußern Fläche erfolgen kann;

2) nicht nur die Feuerung, sondern auch die Oeffnung des Trockenraums muß mit einer Thür von Eisenblech versehen werden, auch

3) alles eingebundene Holzwerk, so wie alle Brennmaterialien müssen so weit entfernt bleiben, daß sie auch bei Eröffnung der Thür des Trockenraums von der Flamme der etwa in Brand gerathenen Zündhölzer nicht ergriffen werden können.

4) Wenn der zur Anlage bestimmte Raum nicht überwölbt ist, muß der Ofen unter einem gewölbten, oder einem eisernen Rauchfange aufgestellt werden, damit eine Schadhaftigkeit der Ofendecke nicht feuergefährlich werde. Der gewölbte Rauchfang muß auf einem Gurtbogen oder auf einem eisernen Rauchfangbalken ruhen, oder der hölzerne Rauchfangbalken muß in der Horizontale gemessen, wenigstens zwei Fuß von den äußern Ofenflächen entfernt bleiben, in welchen die Oeffnung des Trockenraums sich nicht befindet.

5) Ueber dieser Oeffnung muß eine hinreichend weite, also besteigbare Schornsteinröhre vorhanden sein, um beim Brande der Zündhölzer den Rauch und die herausschlagende Flamme aufzunehmen und den Rauch abzuführen.

6) Das Dach des Gebäudes, in welchem ein Trockenofen angelegt werden soll, muß mit unverbrennlichem Material, Ziegeln, Metall, Dörrscher Deckmasse ꝛc. belegt sein.

Der Königl. Regierung bleibt überlassen, hiernach die Polizeibehörden mit Anweisung zu versehen.

Berlin, den 12. Dezember 1842.

Der Minister des Innern.

(gez.)   Gr. von Arnim.

An
sämmtliche Königl. Regierungen.
Zirkular II. 10,038.

Aus den erforderten Regierungsberichten, über die hinsichtlich der immer üblicher werdenden Streichfeuerzeuge gemachten Erfahrungen und die zur Vermeidung von Unglücksfällen durch dieselben etwa zu treffenden Anordnungen, ist ersehen worden, daß bisher der Gebrauch dieser Feuerzeuge zu erheblichen Besorgnissen vor Beschädigungen und Unglücksfällen keine gegründete Veranlassung dargeboten hat. Da eine längere Bekanntschaft des Publikums mit den Eigenschaften der Streichfeuerzeuge an sich schon eine größere Behutsamkeit beim Gebrauche derselben empfohlen hat, so bedarf es in dieser Beziehung keines weitern Einschreitens der Polizei. Dagegen sind Unglücksfälle häufiger vorgekommen, auch eher zu befürchten, bei der Anfertigung dieser Feuerzeuge und deren Aufbewahrung in großen Massen, zumal bisher in den meisten Fällen die Einholung der polizeilichen Erlaubniß zur Anlage solcher Fabrikationsstätten unterblieben ist. Um in dieser Beziehung künftig die erforderliche Vorsorge zu treffen, scheint es daher angemessen, durch die Amtsblätter zur Kenntniß des Publikums zu bringen,

daß die Anfertigung von Streichfeuerzeugen nur alsdann gestattet werden kann, wenn zuvor die dazu bestimmte Oertlichkeit der Polizeibehörde angezeigt und von derselben geeignet befunden worden ist.

Bei der Prüfung der Oertlichkeit haben die Polizeibehörden darauf zu sehen, daß solche möglichst feuersicher und nicht in der Nachbarschaft leicht entzündlicher Gegenstände belegen, außerdem aber auch für die gefahrlose Aufbewahrung größerer Massen der Zünder, und der zu verwendenden gefährlichen chemischen Stoffe, wie z. B. des Phosphors, hinreichend gesorgt sei. Auch die Aufbewahrung fertiger Streichzündwaaren in so bedeutender Menge, daß von ihrer etwanigen Entzündung erheblicher Schaden zu befürchten sein würde, darf nur in gehörig feuersichern Räumen nachgelassen werden, und da dergleichen bedeutende Vorräthe hauptsächlich bei den Fabrikanten zu treffen sein dürften, so haben die Polizeibehörden bei der Prüfung der Fabrikationsstätten zugleich ihre Aufmerksamkeit auf die zur Aufbewahrung der gefertigten Vorräthe bestimmten Räume zu richten.

Indem die Königl. Regierung veranlaßt wird, demgemäß mit Rücksicht auf die Zirkular-Verfügung vom 12. Dezember v. J. für die Anlage von Zündholz-Trockenöfen besonders gegebenen Bestimmungen das Erforderliche zu verfügen, wird dieselbe zugleich ermächtigt, die Vernachlässigung oder Uebertretung der obigen Anordnungen, und der für die einzelnen Anlagen von den Polizeibehörden zu ertheilenden besondern Vorschriften, mit einer Polizeistrafe von fünf bis fünf und zwanzig Thalern zu bedrohen, und solche eintretenden Falles verhängen zu lassen.

Berlin, den 31. März 1842.

Der Minister des Innern.

(gez.) Gr. von Arnim.

An
sämmtliche Königl. Regierungen.
Zirkular II. 9809 a.

Berlin, den 13. Dezember 1844.

Königl. Polizei-Präsidium.

№ 85.
Agentur-
Bestätigung.

Der Kaufmann Karl Ludwig Dürr, wohnhaft Spandauer Brücke № 7 hierselbst, ist heute als Agent der Kölnischen Feuerversicherungs-Gesellschaft bestätigt, was auf Grund des § 12 des Gesetzes vom 8. Mai 1837 hiermit zur öffentlichen Kenntniß gebracht wird.

Berlin, den 4. Dezember 1844.

Königl. Polizei-Präsidium.

№ 86.
Agentur-
Bestätigung.

Der Kaufmann Heinrich Ludwig Schulze hierselbst, wohnhaft neue Junkerstraße № 9, ist heute als Agent der Aachen-Münchener Feuerversicherungs-Gesellschaft bestätigt worden.

Dies wird auf Grund des § 12 des Gesetzes vom 8. Mai 1837 hierdurch zur öffentlichen Kenntniß gebracht.

Berlin, den 7. Dezember 1844.

Königl. Polizei-Präsidium.

№ 87.
Agentur-
Niederlegung.

Auf Grund des § 12 des Gesetzes vom 8. Mai 1837 wird hiermit zur öffentlichen Kenntniß gebracht, daß der Kaufmann Eduard Herrmann Gerber hierselbst die ihm übertragen gewesene Agentur für die Aachen-Münchener Feuerversicherungs-Gesellschaft niedergelegt hat.

Berlin, den 7. Dezember 1844.

Königl. Polizei-Präsidium.

Personalchronik.

Der bisherige Rechtskandidat August Friedrich Groneweg ist zum Kammergerichts-Auskultator ernannt und dem Kriminalgericht zu Berlin zur Beschäftigung überwiesen.

Der bisherige Rechtskandidat Friedrich August Apponius ist zum Kammergerichts-Auskultator ernannt und dem Kriminalgericht zu Berlin zur Beschäftigung überwiesen.

Der bisherige Rechtskandidat Gustav Bernhard Friedrich von Arnim ist zum Kammergerichts-Auskultator ernannt und dem Landgericht zu Berlin zur Beschäftigung überwiesen.

Der

Der Kammergerichts-Auskultator Johann Karl Alexander von Normann ist zum Referendarius mit dem Dienstalter vom 3. Juli d. J. ernannt, und Behufs seines Uebertritts in das Departement des Königl. Oberlandesgerichts zu Naumburg aus dem diesseitigen Departement entlassen.

Der bisherige Kammergerichts-Referendarius Johann Friedrich Bading ist zum Kammergerichts-Assessor mit dem Dienstalter vom 23. April d. J. ernannt.

Der bisherige Rechtskandidat Rudolph von Kahlden ist zum Kammergerichts-Auskultator ernannt und dem Kriminalgericht zu Berlin zur Beschäftigung überwiesen.

Der Oberlandesgerichts-Referendarius Theodor Karl Adalbert Salomon Pauli ist aus dem Departement des Oberlandesgerichts zu Cöslin in gleicher Eigenschaft an das Kammergericht versetzt.

Der bisherige Oberlandesgerichts-Referendarius Kaspar Wilhelm Wesener ist zum Kammergerichts-Referendarius angenommen.

Der bisherige Kammergerichts-Referendarius Wilhelm Ludwig Johann Adolphi ist zum Kammergerichts-Assessor mit dem Dienstalter vom 20. August d. J. ernannt.

Der bisherige Kammergerichts-Auskultator Franz Georg Luckwald ist zum Referendarius mit dem Dienstalter vom 20. September d. J. ernannt, und der Justizkammer zu Schwedt zur Beschäftigung überwiesen.

Der bisherige Rechtskandidat Wilhelm Georg Justus Heinrich Wex ist zum Kammergerichts-Auskultator ernannt und dem Kriminalgericht zu Berlin zur Beschäftigung überwiesen.

Der bisherige Rechtskandidat Otto Friedrich von Lamprecht ist zum Kammergerichts-Auskultator ernannt und dem Kriminalgericht zu Berlin zur Beschäftigung überwiesen.

Der bisherige Rechtskandidat Karl Ulrich Ludwig Franz von Winterfeld ist zum Kammergerichts-Auskultator ernannt und der Justizkammer zu Schwedt zur Beschäftigung überwiesen.

Der bisherige Oberlandesgerichts-Auskultator Friedrich Moritz Pfotenhauer ist zum Kammergerichts-Referendarius mit dem Dienstalter vom 10. September d. J. ernannt, und Behufs seines Uebertritts in das Departement des Königl. Oberlandesgerichts zu Naumburg aus dem diesseitigen Departement entlassen.

Der Kammergerichts-Referendarius George Alexander Lelka Dalkowski ist Behufs seines Ueberganges zur Verwaltungspartie aus dem Königl. Justizdienste mit Vorbehalt des Rechts zum Wiedereintritt entlassen.

Der bisherige Rechtskandidat Karl Heinrich Biel ist zum Kammergerichts-Auskultator ernannt und dem Kriminalgericht zu Berlin zur Beschäftigung überwiesen.

Der bisherige Rechtskandidat August Karl Ludwig von Guionneau ist zum Kammergerichts-Auskultator ernannt und dem Kriminalgericht zu Berlin zur Beschäftigung überwiesen.

Der bisherige Rechtskandidat Friedrich Hugo von Plotho ist zum Kammergerichts-Auskultator ernannt und dem Kriminalgericht zu Berlin zur Beschäftigung überwiesen.

Der Kammergerichts-Referendarius Erhard Friedrich Wilhelm Hundt ist Behufs seines Uebertritts in das Departement des Königl. Oberlandesgerichts zu Arnsberg aus dem diesseitigen Departement entlassen.

Der bisherige Kammergerichts-Auskultator Theodor Wilhelm Bessel ist zum Kammergerichts-Referendarius mit dem Dienstalter vom 29. Juli d. J. ernannt.

Der bisherige Rechtskandidat Ottokar Baltz ist zum Kammergerichts-Auskultator ernannt und dem Kriminalgericht zu Berlin zur Beschäftigung überwiesen.

Der bisherige Rechtskandidat Friedrich August Kern ist zum Kammergerichts-Auskultator ernannt und dem Kriminalgericht zu Berlin zur Beschäftigung überwiesen.

Der bisherige Auskultator Karl Ludwig Weitzel ist zum Kammergerichts-Referendarius mit dem Dienstalter vom 1. Oktober d. J. ernannt.

Der bisherige Oberlandesgerichts-Referendarius Karl Richard Krieger ist zum Kammergerichts-Assessor mit dem Dienstalter vom 17. Oktober d. J. ernannt.

Der bisherige Kammergerichts-Referendarius Schörde ist zum außeretatsmäßigen und unbesoldeten Assessor bei dem Stadtgericht zu Charlottenburg ernannt.

Der bisherige Kammergerichts-Auskultator Erich Hellmuth Schwartze ist zum Kammergerichts-Referendarius mit dem Dienstalter vom 1. September d. J. ernannt.

Der bisherige Rechtskandidat Herrmann Ludolph Karl Emil von Vogelsang ist zum Kammergerichts-Auskultator ernannt und dem Kriminalgericht zu Berlin zur Beschäftigung überwiesen.

Patrimonialgerichte. Die Verwaltung des Patrimonialgerichts Neu-Temmen ist dem Kammergerichts-Assessor Koch zu Templin, und die des Patrimonialgerichts Waßmannsdorf dem Kammergerichts-Assessor Lettow zu Berlin übertragen.

Schiedsmänner. Für die Stadt Berlin. Der Rentier Zingsheim zu Berlin für den Kochstraßen-Bezirk (wieder gewählt); der Kaufmann und Seidenwaaren-Fabrikant Menthe daselbst für den Frankfurter Thor-Bezirk (wieder gewählt); der Kaufmann Mandel für den kleinen Jüdenhof-Bezirk (neu gewählt); der Königl. Hof-Edelsteinschleifer und akademische Künstler Hoffmann für den Salzhofs-Bezirk (neu gewählt); der Administrator Köhler für den IIten Charlottenstraßen-Bezirk (neu gewählt); der Kaufmann Esaias Friedrich Neumann für den Molkenmarkt-Bezirk daselbst (neu gewählt).

Der Kaufmann Johann Friedrich Stampa zu Fürstenwerder für den 11ten ländlichen Bezirk des Prenzlower Kreises (neu gewählt).

Der Kaufmann Friedrich Gottlob Spendelin zu Brück für die dortige Stadt (neu gewählt).

(Hierbei das Titelblatt zum Jahrgang des Amtsblatts 1844, imgleichen ein öffentlicher Anzeiger.)

Oeffentlicher Anzeiger (№ 1)
zum 1sten Stück des Amtsblatts
der Königlichen Regierung zu Potsdam und der Stadt Berlin.

Den 5. Januar 1844.

* Dem Wilh. Sam. Dobbs zu Köln ist unterm 16. Dezember 1843 ein Einführungspatent auf mechanische Vorrichtungen zum Einfahren des Wagens, Regieren des Aufschlagedrahts und Aufwickeln des gesponnenen Fadens in selbstspinnenden Mulemaschinen in der durch Zeichnung und Beschreibung nachgewiesenen Zusammensetzung

auf sechs Jahre, von jenem Tage an gerechnet, und für den Umfang der Monarchie ertheilt worden.

* Für die, der Gerichtsbarkeit des unterzeichneten Gerichts unterworfenen Königl. Forsten werden für das Jahr 1844 folgende Strafgerichtstage abgehalten:
1) für die Oranienburger Forst: 20. Februar, 21. Mai, 21. November,
2) für die Neuhollänber Forst: 23. Februar, 24. Mai, 26. November, durch den Land- und Stadtgerichtsrath Meyel auf dem hiesigen Rathhause;
3) für die Mühlenbecker Forst: 9. Februar, 15. März, 17. Mai, 19. Juli, 13. September und 15. November, durch den Land- und Stadtgerichts-Assessor Deutsch im Schulzengericht zu Schönwalde.
Oranienburg, den 6. Dezember 1843.
Königl. Land- und Stadtgericht.

* Im Jahre 1844 werden die Forstgerichtstage für das Königl. Zossensche Forstrevier
am 14. und 15. März, 13. und 14. Juni, 19. und 20. September, und 19. und 20. Dezember,
jedesmal von 9 Uhr Vormittags ab, an hiesiger Gerichtsstelle abgehalten werden.
Zossen, den 8. Dezember 1843.
Königl. Land- und Stadtgericht.

* Die bei unterzeichnetem Gerichte im Jahre 1844 abzuhaltenden Forstgerichtstage werden hiermit auf den 1. und 2. Februar, 18. und 19. April, 6. und 7. Juni, 3. und 4. Oktober, 27. und 28. November 1844 anberaumt.
Neustadt a. b. Dosse, den 13. Dezember 1843,
Königl. Land- und Stadtgericht.

* Die Forstgerichtstage bei dem unterzeichneten Gericht für das Jahr 1844 sind, wie folgt, festgesetzt:
1) für das Falkenhagener Revier: den 21. und 22. Januar, 18. und 19. März, 3. und 4. Juni, 16. und 17. September, 18. und 19. November;
2) für das Spandauer Revier: den 23. und 24. Januar, 20. und 21. März, 5. und 6. Juni, 18. und 19. September, 20. und 21. November;
3) für das Tegelsche Revier: den 25. und 26. Januar, 22. und 23. März, 7. und 8. Juni, 20. und 21. September, 22. und 23. November;
4) für die Stadtforst: den 19. Februar, 22. April, 15. Juli und 14. Oktober,
was hierdurch zur öffentlichen Kenntniß gebracht wird. Spandau, den 18. Dezember 1843.
Königl. Land- und Stadtgericht.

* Der nachstehend signalisirte Seidenwirkergeselle Ernst Schimmelmann hat angeblich den ihm am 6. d. M. von dem unterzeichneten Polizei-Präsidium nach Pasewalk ertheilten Paß verloren.
Zur Vermeidung von etwanigen Mißbräuchen wird dies hiermit öffentlich bekannt gemacht, und der eben gedachte Paß für ungültig erklärt.
Berlin, den 15. Dezember 1843.
Königl. Polizei-Präsidium.
Signalement. Religion: evangelisch, Alter: 20 Jahre, Größe: 5 Fuß 5 Zoll, Haare: blond, Stirn: frei, Augenbraunen: blond, Augen: grau, Nase und Mund: gewöhnlich, Bart: blond, Kinn und Gesicht: oval, Gesichtsfarbe: gesund.

Land = und Stadtgericht zu Freienwalde an
der Oder, den 9. Oktober 1843.

Auf dem in der Berliner Straße hierselbst
Nr. 153 belegenen Bürgerhause, nebst Apotheken-
Privilegium und Zubehör, steht aus dem Kauffkon-
trakte vom 1/4. August 1816 zwischen dem Apotheker
Christian Gotthold Crusius und dem Vorbesitzer,
Apotheker Johann Samuel Ernst Schmiedeke,
für letzteren ein Restkaufgeld von 2530 Thlr. 20
Sgr. ex decreto vom 17. September 1816, im
Hypothekenbuche Tom. VI Nr. 210 Pag. 116
seq. Rubr. III Nr. 1 eingetragen, welches laut
dessen Testaments de publ. den 2. April 1822
und Erbrezesses d. d. Wesenberg, den 3. November
1825, et confirm. den 10. Dezember 1825 auf den
Pharmazeuten Ernst Georg Gottlieb Fischer übergegangen, für ihn ex decreto vom 1. August 1826
umgeschrieben, und demselben von dem benannten
Kontrakte vom 1/4. August 1816 nebst Hypothekenschein, ein abgezweigtes Dokument ertheilt ist.
Dies abgezweigte Dokument soll angeblich verloren
gegangen sein. Die Inhaber dieses Dokuments,
so wie alle diejenigen, welche an dieser Post oder
an dem darüber sprechenden Dokumente als Eigenthümer, Erben, Zessionarien, Pfand = oder sonstige Briefsinhaber, oder aus irgend einem andern
Rechtsgrunde Ansprüche zu machen haben, werden
aufgefordert, sich in dem

am 13. März 1844, Vormittags 11 Uhr,

im hiesigen Gerichtslokale anberaumten Termine
einzufinden, das bezeichnete Dokument mit zur
Stelle zu bringen, und ihre Ansprüche anzumelden
und nachzuweisen, widrigenfalls sie damit präkludirt, das benannte Schulddokument für amortisirt
erklärt, und an dessen Stelle ein neues ausgefertigt werden soll.

Land = und Stadtgericht zu Freienwalde an
der Oder, den 7. Oktober 1843.

Folgende Schulddokumente sind angeblich verloren gegangen:

1) die in Folge Erbvergleiches vom 5. August
1820 für den Tischlermeister Johann Mechelke zu Alt=Rüdenitz, als ein selbstständi-
ges abgezweigtes Dokument, gefertigte vidi-
mirte Abschrift des Kaufkontrakts vom 7.
Mai 1819 über 209 Thlr. 19 gGr. 7½ Pf.
Restkapital, eingetragen ex decreto vom
9. April / 11. Januar 1821/1822 auf dem Bürgerhause der
Wittwe Mechelke geb. Rennert, am

Markt Nr. 25 hierselbst, Tom. I Pag. 320
seq. Rubr. III Nr. 2;

2) die Obligation der verwittweten Galanterie-
händler Schulz, Dorothee Elisabeth geb.
Schaden, vom 6. März 1802 über 400
Thlr., eingetragen für die Demoiselle Karoline
Charlotte Sophie Schaden ex decreto von
demselben Tage, auf dem Bürgerhause in der
Berliner Straße Nr. 185, im alten Hypo-
thekenbuche Vol. III Fol. 1105 Rubr. III
Nr. 9, im neuen Hypothekenbuche Tom. VI
Pag. 142 Rubr. III Nr. 5;

3) die Ausfertigung des Kaufkontrakts vom 20.
Januar 1792 über den Kaufgeldrerrest von
592 Thlr. und ein Ausgedinge für die Wittwe
Poy, Marie Elisabeth geb. Michler, eingetragen ex decreto von demselben Tage
auf dem in der Berliner Straße Nr. 155
belegenen Bürgerhause, so wie auf den Kauf
und separablen Gärten des Gärtners Johann
Ludwig Poy am Brunnenwege, Pag. Cat.
47 Sect. II Nr. 162, und am Mühlenfließ
Pag. Cat. 47 und 50 Sect. II Nr. 170 und
200, im alten Hypothekenbuche Vol.
III Fol. 924 und Vol. I Fol. 2783 seq.
Nr. 50, und in den neuen Hypothekenbuche
resp. Tom. V Pag. 279 Nr. 179 und Tom.
IX Pag. 61 Nr. 326 Rubr. II Nr. 4 und
Rubr. III Nr. 1, und

4) die Erbvergleichs = Ausfertigung vom 21. März
1800 über zweimal 170 Thlr. Erbgelder und
zwei aufgemachte Betten für die Charlotte
Justine Poy und für die Dorothee Louise
Poy, eingetragen ex decreto von demselben
Tage, im Hypothekenbuche auf den ad 3 benannten Grundstücken Rubr. III Nr. 2 a und b.

Die Kapitalien ad 1, 3 und 4 sind bezahlt,
und von den Gläubigern quittirt.

Die Inhaber dieser Dokumente, so wie alle
diejenigen, welche an den vorgedachten Posten oder
an den darüber sprechenden Dokumenten als Eigenthümer, Erben, Zessionarien, Pfand = oder
sonstige Briefsinhaber, oder aus irgend einem andern Rechtsgrunde Ansprüche zu machen haben,
werden aufgefordert, sich in dem

am 13. März 1844, Vormittags 9 Uhr,

im hiesigen Gerichtslokale anberaumten Termine
einzufinden, die bezeichneten Dokumente mit zur
Stelle zu bringen, und ihre Ansprüche anzumelden
und nachzuweisen, widrigenfalls sie damit präklu-

dirt, und ihnen deshalb ein ewiges Stillschweigen auferlegt, so wie mit Amortisation und Löschung im Hypothekenbuche dieser aufgebotenen resp. Schuldbokumente und Posten, und mit Ausfertigung eines neuen Dokuments hinsichtlich der Post ab 2 verfahren werden soll. ———

Das gerichtliche Schuldinstrument vom 26. April 1806, aus welchem die Verpflichtung des de Savoani, dem Schuhmacher J. Christian Schendel und dessen Ehefrau Marie Henriette geb. Drackewitz das aus dem Kaufkontrakte vom 8. Januar 1806 erhaltene Angeld mit 400 Thlr. zurück zu zahlen und zu verzinsen, auf das hierselbst belegene, in dem neuen Hypothekenbuche von der Königstadt, Spandauer-Viertels Vol. 12 Nr. 873 mit der Hauptfronte und Vol. 14 Nr. 952 mit der Hinterfronte verzeichnete, zuletzt dem Bäckermeister Friedrich Konrad Rothry gehörig gewesene Grundstück, in der IIIten Rubrik unter Nr. 12 zufolge Verfügung vom 5. Mai 1819 am 19. desselben Monats eingetragen worden, ist verloren gegangen und deshalb bei der Subhastation des verpfändeten Grundstücks das gedachte Kapital nebst Zinsen als eine Spezialmasse zum Depositum genommen.

Es werden daher alle diejenigen unbekannten Personen, welche als Eigenthümer, Erben, Zessionarien, Pfandinhaber oder sonst Berechtigt Ansprüche an diese Spezialmasse zu haben vermeinen, zu dem Behufs Anmeldung ihrer Ansprüche an

den 5. Februar 1844, Vormittags 11 Uhr,

im Stadtgerichtslokale vor dem Herrn Kammergerichtsrath Focke anberaumten Termine mit der Warnung vorgeladen, daß die Ausbleibenden ihrer etwanigen Ansprüche an die Spezialmasse für verlustig erachtet werden.

Berlin, den 7. Oktober 1843.

Königl. Stadtgericht hiesiger Residenz. Abtheilung für Kredit-, Subhastations- und Nachlaßsachen.

Nothwendiger Verkauf.
Königl. Kammergericht.

Die im Niederbarnimschen Kreise bei Oranienburg belegene, im Hypothekenbuche des Königl. Kammergerichts Vol. III Pag. 197 verzeichnete Glashütte bei Friedrichsthal nebst Pertinenzien, abgeschätzt auf 19,360 Thlr. 21 Sgr. 1 Pf. zu-

folge der, nebst Hypothekenschein und Bedingungen in der Registratur einzusehenden Taxe, soll

am 13. März 1844, Vormittags 11 Uhr,

an ordentlicher Gerichtsstelle subhastirt werden.

Nothwendiger Verkauf.
Königl. Kammergericht zu Berlin.

Das hierselbst vor dem Oranienburger Thore in der Chausseestraße an der Ecke der Kesselstraße belegene, im Hypothekenbuche des Kammergerichts Vol. IV b Nr. 135 Pag. 337 verzeichnete, dem Maurerpolier Johann Friedrich August Kunst zugehörige Grundstück, auf welchem ein Wohnhaus zu bauen angefangen, und welches in seinem jetzigen Zustande auf 2623 Thlr. 7 Sgr. 9½ Pf. abgeschätzt worden ist, soll an den Meistbietenden in dem auf

den 20. Februar 1844, Vormittags 11 Uhr,

vor dem Kammergerichtsrath Dr. Pollard im Kammergerichte anberaumten Termine öffentlich verkauft werden.

Der seinem jetzigen Aufenthalte nach unbekannte Gläubiger, Agent Louis Goldberg, wird zu diesem Termine hierdurch vorgeladen.

Die Taxe, der neueste Hypothekenschein und die Kaufbedingungen können in der Kammergerichts-Registratur eingesehen werden.

Nothwendiger Verkauf.

Stadtgericht zu Berlin, den 30. Juni 1843.

Das in der Jerusalemer Straße Nr. 8 belegene Sarresche Grundstück, taxirt zu 18,959 Thlr. 17 Sgr. 9 Pf., soll im Wege des Konkurses

am 13. Februar 1844, Vormittags 11 Uhr,

an der Gerichtsstelle subhastirt werden. Taxe und Hypothekenschein sind in der Registratur einzusehen.

Nothwendiger Verkauf.

Stadtgericht zu Berlin, den 3. Juli 1843.

Das in der Waßmannsstraße Nr. 33 belegene Schwebtersche Grundstück, taxirt zu 9776 Thlr. 10 Sgr., soll Schuldenhalber

am 20. Februar 1844, Vormittags 11 Uhr,

an der Gerichtsstelle subhastirt werden. Taxe und Hypothekenschein sind in der Registratur einzusehen.

Der Rentier Johann Georg Christian Korn wird hierdurch öffentlich vorgeladen.

Nothwendiger Verkauf.

Stadtgericht zu Berlin, den 10. Juli 1843.

Das in der Blumenstraße Nr. 71 belegene Grundstück des Böttchermeisters Schmidt, gerichtlich abgeschätzt zu 5159 Thlr. 10 Sgr., soll am 23. Februar 1844, Vormittags 11 Uhr, an der Gerichtsstelle subhastirt werden. Taxe und Hypothekenschein sind in der Registratur einzusehen.

Nothwendiger Verkauf.
zur Auflösung der Gemeinschaft.
Stadtgericht zu Berlin, den 13. Juli 1843.

Das hierselbst in der Friedrichs-, Schützen- und Mauerstraße belegene Grundstück, der Triangel genannt, den Geschwistern Morgenstern gehörig, gerichtlich abgeschätzt zu 12,758 Thlr. 28 Sgr. 9 Pf., soll Behufs der Auseinandersetzung am 1. März 1844, Vormittags 11 Uhr, an der Gerichtsstelle subhastirt werden. Taxe und Hypothekenschein sind in der Registratur einzusehen.

Der Kornhändler Sucrow und Söhne, und die unbekannten Realprätendenten werden hierdurch, und zwar Letztere unter der Verwarnung der Präklusion, vorgeladen.

Nothwendiger Verkauf.
Stadtgericht zu Berlin, den 12. Juli 1843.

Das vor dem Frankfurter Thore linker Hand an der Stadtmauer belegene, aus zwei verschiedenen Grundstücken zusammengesetzte Grundstück des Baumwollenwaaren-Fabrikanten Karl Friedrich Leopold Böhm, in seiner jetzigen Beschaffenheit taxirt zu 14,807 Thlr. 22 Sgr., soll in seiner jetzigen Beschaffenheit und seinen jetzigen Grenzmahlen am 26. Februar 1844, Vormittags 11 Uhr, an der Gerichtsstelle subhastirt werden. Taxe und Hypothekenschein sind in der Registratur einzusehen.

Nothwendiger Verkauf.
Stadtgericht zu Berlin, den 28. Juli 1843.

Das in der Ackerstraße Nr. 1 belegene, dem Gastwirth Reppenhagen und dessen Ehefrau geb. Flink zugehörige Grundstück, gerichtlich abgeschätzt zu 11,044 Thlr. 27 Sgr. 6 Pf., soll am 12. März 1844, Vormittags 11 Uhr, an der Gerichtsstelle subhastirt werden. Taxe und Hypothekenschein sind in der Registratur einzusehen.

Nothwendiger Verkauf.
Das zur erbschaftlichen Liquidationsmasse des zu Alt-Ranft verstorbenen Kammerherrn und Grafen von Hacke gehörige, daselbst belegene Freimannsgut, Meierei genannt, welches zufolge der, nebst Hypothekenschein in unserer Registratur einzusehenden Taxe auf 7739 Thlr. 5 Sgr. 4 Pf. gewürdigt, soll am 18. März 1844, Vormittags 11 Uhr, in der Gerichtsstube zu Alt-Ranft subhastirt werden.

Alle unbekannten Realprätendenten werden aufgefordert, sich bei Vermeidung der Präklusion mit ihren etwanigen Ansprüchen spätestens in diesem Termine zu melden.

Wriezen an der Oder, den 1. August 1843. Gräflich von Hacke'sches Patrimonialgericht über Alt-Ranft.

Nothwendiger Verkauf.
Land- und Stadtgericht zu Brandenburg, den 18. September 1843.

Das hierselbst in der Altstadt, Ritterstraße Nr. 111 belegene, Vol. III Fol. 181 des Hypothekenbuchs eingetragene, und der unverehelichten Marie Dorothee Bach gehörige Haus mit Hausstavel, gerichtlich abgeschätzt auf 6684 Thlr. 18 Sgr. 10 Pf. zufolge der, nebst Hypothekenschein und Kaufbedingungen in unserer Registratur einzusehenden Taxe, soll am 19. April 1844, Vormittags 11 Uhr, vor dem Deputirten, Herrn Land- und Stadtgerichtsrath Augustin, an ordentlicher Gerichtsstelle subhastirt werden.

Nothwendiger Verkauf.
Stadtgericht zu Neu-Ruppin.

Die hierselbst vor dem Scheunenthore am Ruppiner See belegene, Vol. IX Fol. 34 Nr. 17 und Vol. Cont. I Fol. 203 des hiesigen Hypothekenbuchs verzeichnete, der verwittweten Kaufmann H. S. Rousset geb. Tornauer gehörige Dampf-Delmühle, mit sämmtlichen dazu gehörigen Gebäuden, Maschinen und Gärten, gerichtlich abgeschätzt auf 16,382 Thlr. 7 Sgr. 1 Pf., soll am 29. April 1844, Vormittags 11 Uhr, an ordentlicher Gerichtsstelle in nothwendiger Subhastation verkauft werden. Hypothekenschein und Taxe sind in unserer Registratur einzusehen.

Alle unbekannten Realprätendenten werden aufgefordert, sich bei Vermeidung der Präklusion spätestens in diesem Termine zu melden.

Freiwilliger Verkauf.
Land- und Stadtgericht zu Havelberg.

Das Wohnhaus Polizei-Nr. 13 zu Dom Havelberg belegen, und im Hypothekenbuche Vol. II Pag. 378 Nr. 28 verzeichnet, den Geschwistern

Schraber gehörig, abgeschätzt auf 800 Thlr. zufolge der, nebst Hypothekenschein und Bedingungen in der Registratur einzusehenden Taxe, soll
am 10. Februar 1844, Vormittags 11 Uhr, an ordentlicher Gerichtsstelle subhastirt werden.

Freiwilliger Verkauf.

Königl. Landgericht zu Berlin, den 3. Okt. 1843.

Das zum Nachlasse des Bauers Johann Christian Lehmann gehörige, in Schmargendorf sub Nr. 8 belegene Laßbauergut, abgeschätzt auf 1814 Thlr. 23 Sgr. 9 Pf., soll
am 8. Februar 1844, Vormittags 11 Uhr, an ordentlicher Gerichtsstelle, Zimmerstraße Nr. 25, subhastirt werden. Die Taxe und Kaufbedingungen sind im IIten Büreau einzusehen.

Nothwendige Subhastation.

Stadtgericht zu Wittstock, den 9. Oktober 1843.

Folgende, zum Nachlasse der verwittweten Tuchmachermeister Kaphengst, Margarethe Elisabeth geb. Berger gehörige Grundstücke:
1) ein Wohnhaus, im zweiten Viertel auf dem Werder Nr. 67 belegen, und auf 595 Thlr. 21 Sgr. 5 Pf. abgeschätzt,
2) ein Garten, vor dem Röbeler Thore an der Sonnschen Brücke belegen, und auf 52 Thlr. 3 Sgr. 4 Pf. abgeschätzt, und
3) ein Garten, vor dem Kyritzer Thore am Pritzwalker Wege belegen, und auf 43 Thlr. 5 Sgr. abgeschätzt,
sollen am 1. März 1844, Vormittags 10 Uhr, an gewöhnlicher Gerichtsstelle subhastirt werden.

Taxe und Hypothekenschein sind in der Registratur des Gerichts einzusehen.

Nothwendiger Verkauf.

Land- und Stadtgericht zu Alt-Ruppin, den 13. Oktober 1843.

Die zum Nachlasse der verehelichten Bauck gehörigen, zu Steinberge gelegenen, und Vol. VI Fol. 264 des Hypothekenbuchs verzeichneten, auf 3160 Thlr. 18 Sgr. abgeschätzten Erbpachtsgrundstücke und Gebäude sollen auf
den 14. Februar 1844, Vormittags 11 Uhr, an ordentlicher Gerichtsstelle meistbietend verkauft werden. Taxe und Hypothekenschein können in der Registratur eingesehen werden.

Etwanige unbekannte Realprätendenten werden zu diesem Termine bei Vermeidung der Präklusion mit vorgeladen.

Nothwendiger Verkauf.

Stadtgericht zu Berlin, den 14. Oktober 1843.

Das in der Rosengasse Nr. 33 a belegene Oekonom Hamannsche Grundstück, gerichtlich abgeschätzt zu 6311 Thlr. 24 Sgr. 4½ Pf., soll
am 24. Mai 1844, Vormittags 11 Uhr, an der Gerichtsstelle subhastirt werden. Taxe und Hypothekenschein sind in der Registratur einzusehen.

Die unbekannten Realprätendenten, so wie der dem Aufenthalte nach unbekannte Realgläubiger, Zimmerpolier Johann Karl Friedrich Schulze werden hierdurch, und zwar ersterer unter der Warnung der Präklusion öffentlich vorgeladen.

Nothwendiger Verkauf.

Königl. Stadtgericht zu Straßburg in der Ukermark, den 16. Oktober 1843.

Das zur Kaufmann Mietzkeschen Konkursmasse gehörige, hier in der Fallenbergerstraße sub Nr. 387 belegene, im Hypothekenbuche Tom. II Vol. III Nr. CXXIV Fol. 128 verzeichnete Wohnhaus nebst Zubehörungen, tarirt zu 1151 Thlr. 9 Sgr 8 Pf., die Kaufmannsgeräthschaften aber geschätzt zu 50 Thlr. 9 Sgr. 6 Pf., soll
am 8. Februar 1844, Vormittags 10 Uhr, hierselbst an gewöhnlicher Gerichtsstelle subhastirt werden. Die Taxe und der Hypothekenschein können in unserer Registratur eingesehen, die Bedingungen aber sollen im Termine festgesetzt werden.

Nothwendiger Verkauf.

Land- und Stadtgericht zu Luckenwalde, den 16. Oktober 1843.

Die dem Mühlenmeister Karl Hartmann gehörige, bei Jänichendorf belegene holländische Windmühle, nebst Wohngebäude und Zubehör, auf 2160 Thlr. 17 Sgr. 10 Pf. abgeschätzt, soll
am 8. März 1844, Vormittags 11 Uhr, an ordentlicher Gerichtsstelle subhastirt werden.

Die Taxe und der neueste Hypothekenschein können in der Registratur eingesehen werden.

Nothwendiger Verkauf.

Stadtgericht zu Wittenberge.

Die dem Sellermeister Joachim Christian Friedrich Feuerböther gehörende, im Hypothekenbuche Vol. II sub Nr. 92 verzeichnete Halbbürgerstelle hierselbst, abgeschätzt nach der in unserer Registratur täglich einzusehenden Taxe auf 1000 Thlr., soll am 6. Februar 1844, Vormittags 11 Uhr, auf der Gerichtsstube hierselbst meistbietend verkauft werden.

Nothwendiger Verkauf.

Königl. Justizamt Wittstock, den 19. Oktober 1843.

Das hierselbst auf der Amtsfreiheit belegene, Vol. III Fol. 335 des Wittstocker Amtshypothekenbuchs verzeichnete Blankenfeldtsche Wohnhaus, abgeschätzt auf 636 Thlr. zufolge der, nebst Hypothekenschein in unserer Registratur einzusehenden Taxe, soll

am 12. Februar 1844, Vormittags 11 Uhr, an ordentlicher Gerichtsstelle resubhastirt werden.

Nothwendiger Verkauf.

von Winterfeldtsches Gericht zu Kehrberg.

Das dem verstorbenen Altsitzer Hans Joachim Gericke und dessen Ehefrau Anne Katharine geb. Langhoff gehörige Wohnhaus nebst Zubehör im Dorfe Kehrberg, sub Nr. 21 des Hypothekenbuchs, abgeschätzt zufolge der, nebst Hypothekenschein in der Registratur einzusehenden Taxe auf 655 Thlr., soll in termino

den 20. April 1844, Vormittags 11 Uhr, an gewöhnlicher Gerichtsstelle subhastirt werden.

Königl. Land- und Stadtgericht Zossen, den 27. Oktober 1843.

Das hierselbst am Markte sub Nr. 17 belegene, im Hypothekenbuche Vol. II Pag. 130 verzeichnete, auf 2112 Thlr. 9 Sgr. 10 Pf. gerichtlich gewürdigte, dem Bäckermeister Johann Friedrich Uhlburg gehörige Bürgergut soll Schuldenhalber im Termine

den 28. Februar 1844, Vormittags 11 Uhr, an hiesiger Gerichtsstelle subhastirt werden. Taxe und Hypothekenschein können werktäglich in unserer Registratur eingesehen werden.

Nothwendiger Verkauf.

Stadtgericht zu Berlin, den 26. Oktober 1843.

Das hierselbst vor dem Anhalter Thore an der Straße nach Schöneberg belegene Grundstück des Maurerpoliers Johann Karl Schultz, gerichtlich abgeschätzt zu 2906 Thlr. 26 Sgr. 3 Pf., soll Schuldenhalber

am 19. März 1844, Vormittags 11 Uhr, an der Gerichtsstelle subhastirt werden. Taxe und Hypothekenschein sind in der Registratur einzusehen.

Nothwendiger Verkauf.

Stadtgericht zu Berlin, den 28. Oktober 1843.

Das an der Stralauer Mauer Nr. 12 belegene Skobowsky'sche Grundstück, gerichtlich abgeschätzt zu 2429 Thlr. 13 Sgr., soll

am 15. März 1844, Vormittags 11 Uhr, an der Gerichtsstelle subhastirt werden. Taxe und Hypothekenschein sind in der Registratur einzusehen.

Nothwendiger Verkauf.

Stadtgericht zu Berlin, den 4. November 1843.

Das in der neuen Königsstraße Nr. 68 belegene Hempel'sche Grundstück, gerichtlich abgeschätzt zu 11,260 Thlr. 7 Sgr. 9 Pf., soll

am 14. Juni 1844, Vormittags 11 Uhr, an der Gerichtsstelle subhastirt werden. Taxe und Hypothekenschein sind in der Registratur einzusehen.

Der dem Aufenthalte nach unbekannte Kleidermacher Johann George Hempel wird als Eigenthümer hierdurch öffentlich mit vorgeladen.

Nothwendiger Verkauf.

Stadtgericht zu Berlin, den 4. November 1843.

Das in der Landwehrstraße Nr. 38 a belegene Grundstück der Ehefrau des Buchdruckers Ziesemer, gerichtlich abgeschätzt zu 15,272 Thlr. 8 Sgr. 9 Pf., soll

am 18. Juni 1844, Vormittags 11 Uhr, an der Gerichtsstelle subhastirt werden. Taxe und Hypothekenschein sind in der Registratur einzusehen.

Nothwendiger Verkauf.

Königl. Justizamt Goldbeck, den 3. Nov. 1843.

Die zu Dossow belegenen, Vol. II Fol. 209 des dortigen Hypothekenbuchs verzeichnete Schmiedebühnerstelle des Schmidts Trense, abgeschätzt auf 812 Thlr. 15 Sgr. zufolge der, nebst Hypothekenschein in unserer Registratur einzusehenden Taxe, soll am 4. März 1844, Vormittags 11 Uhr, an ordentlicher Gerichtsstelle subhastirt werden.

Subhastations-Patent.

Das auf 77 Thlr. 15 Sgr. gewürdigte, zu Brädikow bei Friesack im Westhavelländischen Kreise belegene, Nr. 40 Fol. 157 in unserm Hypothekenbuche verzeichnete, auf den Namen des 2c. Peter Bellée eingetragen stehende, zum Güstowschen Nachlasse gehörige Haus, soll nach dem Antrage der Güstowschen Erben Theilungshalber

am 3. April 1844, Vormittags 10 Uhr, an Gerichtsstelle zu Friesen subhastirt werden.

Die Taxe, so wie der neueste Hypothekenschein liegen täglich in unserer Registratur zur Einsicht vor, und werden zu diesem Termine die etwanigen Realprätendenten zur Wahrnehmung ihrer Gerechtsame unter der Warnung hierdurch vorgeladen, daß die Ausbleibenden mit ihren Real-Ansprüchen auf das bezeichnete Grundstück präkludirt, und ihnen deshalb ein ewiges Stillschweigen wird auferlegt werden. Rathenow, den 8. November 1843.
von Bredowsche Gerichte zu Briesen und Bräbickow.

Rothwendiger Verkauf.

Land- und Stadtgericht zu Brandenburg, den 13. November 1843.

Das zu Lehnin sub Nr. 134 belegene, Vol. II Fol. 541 des Hypothekenbuchs eingetragene, der Wittwe Schmidt, Charlotte Eleonore geb. Hauck, gehörige Büdnerhaus nebst einem Morgen Gartenland, als Erbpachtsgrundstück gerichtlich abgeschätzt auf 734 Thlr. 5 Sgr., soll
am 6. März 1844, Vormittags 11 Uhr,
vor dem Deputirten, Herrn Kammergerichts-Assessor Krieger, an ordentlicher Gerichtsstelle subhastirt werden. Taxe und Hypothekenschein sind in der Registratur einzusehen.

Rothwendiger Verkauf.

Stadtgericht zu Berlin, den 25. November 1843.

Das in der Waßmannstraße Nr. 33 a belegene Thomassinsche Grundstück, gerichtlich abgeschätzt zu 9705 Thlr. 5 Sgr., soll
am 9. Juli 1844, Vormittags 11 Uhr,
an der Gerichtsstelle subhastirt werden. Taxe und Hypothekenschein sind in der Registratur einzusehen.

Rothwendiger Verkauf.

Stadtgericht zu Berlin, den 25. November 1843.

Das in der Blumenstraße belegene Grundstück des Kaufmanns Friedrich Wilhelm Aumann soll in seinem jetzigen Zustande
am 12. Juli 1844, Vormittags 11 Uhr,
an der Gerichtsstelle subhastirt werden.

Die aufgenommene Taxe, nach welcher 1) der Werth des Grund und Bodens 702 Thlr. 15 Sgr., 2) der Werth der bisher verwendeten Materialien und Arbeiten 5430 Thlr. 7 Sgr., also zusammen 6132 Thlr. 22 Sgr. betragen, wobei aber die noch nicht zu ermittelnden Lasten nicht berücksichtigt sind, und der Hypothekenschein sind in der Registratur einzusehen.

Rothwendiger Verkauf.

Königl. Land- und Stadtgericht zu Spandau, den 2. Dezember 1843.

Das dem Maurergesellen Georg Karl Wilhelm Kraatz gehörige, zu Spandau an der Mauer Nr. 9 belegene, Vol. 1 Fol. 376 des Hypothekenbuchs verzeichnete Grundstück, bestehend aus 1) einem Wohnhause, 2) einem Stall nebst Hofraum, 3) einer Hauskavelwiese, auf der Freiheit belegen, abgeschätzt auf 334 Thlr. 12 Sgr. 9 Pf. zufolge der, nebst Hypothekenschein im zweiten Büreau einzusehenden Taxe, soll
am 11. April 1844, Vormittags 11 Uhr,
an ordentlicher Gerichtsstelle subhastirt werden.

Oeffentlicher Verkauf.

Patrimonialgericht Millmersdorf, den 11. Dezember 1843.

Die bei Millmersdorf im Templinschen Kreise belegene, im Hypothekenbuche Nr. 1 Fol. 1 auf den Namen der Geschwister Otto eingetragene und auf 6239 Thlr. 12 Sgr. 1 Pf. abgeschätzte Wassermühle, mit einem Gange und sechs Hirtstampfen versehen, wozu gehören: an Gebäuden: ein Wohnhaus, die Mahlmühle, eine Schneidemühle, eine Scheune, zwei Ställe und eine Windmühle; an Grundstücken: acht Morgen Land, eine Wiese und ein Kohl- und Küchengarten; an Gerechtigkeiten: Fischerei, Holzungsgerechtsame und dergleichen mehr, soll Theilungshalber
am 11. Juli 1844, Vormittags 11 Uhr,
an öffentlicher Gerichtsstelle subhastirt werden.

Die gerichtliche Taxe und der neueste Hypothekenschein können in der Registratur eingesehen werden. Alle unbekannten Realprätendenten werden zu diesem Termine mit vorgeladen.

Rothwendige Subhastation.

Stadtgericht Charlottenburg, den 12. Dez. 1843.

Das hierselbst in der Berliner Straße sub Nr. 73 belegene, im hiesigen stadtgerichtlichen Hypothekenbuche Vol. cont. I Nr. IV verzeichnete Grundstück des Gastwirths und Kassetiers Karl Ludwig Beyer, abgeschätzt auf 7255 Thlr. 21 Sgr. 1 Pf. zufolge der, nebst Hypothekenschein in der Registratur einzusehenden Taxe, soll
am 17. Juli 1844, Vormittags 10 Uhr,
im hiesigen Stadtgerichte, Jägerstraße Nr. 2, vor dem Herrn Kammergerichts-Assessor Kahle subhastirt werden.

3

Freiwilliger Verkauf.

Land- und Stadtgericht zu Oranienburg, den 13. Dezember 1843.

Auf den Antrag des Gastwirths Spitzel ist zum Verkaufe des demselben gehörigen, etwa eine Viertelmeile von hier belegenen Gasthofs am Oranienburger Berge, nebst den dazu gelegenen Grundstücken, ungefähr 66 Morgen Acker, 20 bis 22 Morgen zweischäriger Wiesen und 2 Morgen Garten, jedoch ohne bewegliches Inventarium, ein Termin auf

den 19. Januar 1844, Vormittags 11 Uhr, in dem gedachten Gasthofe angesetzt, was mit dem Bemerken bekannt gemacht wird, daß bei Belegung der Kaufgelder eine Zahlung von 3- bis 4000 Thlr. erforderlich ist. Die übrigen Verkaufsbedingungen sind täglich in unserer Registratur einzusehen.

Nothwendiger Verkauf.

Königl. Land- und Stadtgericht zu Straußberg, den 18. Dezember 1843.

Die hierselbst vor dem Landsberger Thore hinter dem Kollegenberge neben der Heide belegene sogenannte Heegermühle, bestehend aus einer Wasser-Mahlmühle, nebst Wohnung, Scheune und Stallung, 2 Gärten, 2 Wiesen und 2 Flecken Acker, so wie einer Bockwindmühle, dem Mühlenbesitzer Karl Wilhelm Wendland gehörig, abgeschätzt auf zusammen 11,129 Thlr. 10 Sgr., soll

am 9. Juli 1844, Vormittags 11 Uhr, an ordentlicher Gerichtsstelle subhastirt werden.

Taxe und Hypothekenschein sind in unserer Registratur einzusehen.

Die zu Hohenspringe, drei Meilen von Brandenburg belegene, mir zugehörige neu erbaute Papiermühle soll entweder verkauft, oder auf 12 Jahre verpachtet werden. Hierzu steht Termin auf

den 22. Januar 1844, Vormittags 10 Uhr, hierselbst an. Beim Verkaufe können 4000 Thlr. zur ersten Hypothek stehen bleiben, es sind aber 1000 Thlr. im Termine einzuzahlen. Bei Verpachtung sind 500 Thlr. Kaution zu erlegen.

Rittergut Schmerwitz, den 23. Dez. 1843.

von Brandt.

Unterstützungsverein bei Brandunglück im Teltowschen Kreise.

Der Verein zählte ult. September d. J. . . . . 459 Mitglieder.

Zugang waren . . . . 58 »

Summa 517 Mitglieder.

Durch Verkauf ihrer Güter ꝛc. schieden aus . . . . 10 »

mithin bleiben pro 1844 . . . . 507 Mitglieder, wovon 345 auf ganzen, 54 auf halben, 17 auf viertel, und 91 Mitglieder auf Büdner-Beitrag eingetragen sind.

Die namentlichen Listen sind bei den Vorständen einzusehen, auch können sie einzelnen Antragstellern gegen Erstattung der Kopialien geliefert werden.

An Beiträgen zu Verwaltungskosten und zu extraordinairen Ausgaben sind beim Vorstande eingegangen:

1) ausgeschriebene Verwaltungskosten-Beiträge 27 Thlr. 21 Sgr.,

2) Freimachungsgelder von der Versammlung . . . . . . 23 » 5 » ,

3) Antrittsgelder . . . . 18 » 15 » ;

Summa 69 Thlr. 11 Sgr.

Die Verwaltung des Vereins leiten:

1) Gutsbesitzer Tesmer zu Waltersdorf,

2) Schulze Nicolaus zu Klein-Beeren,

3) Gastwirth Juckert zu Cöpenick, als Vorstände;

4) Gerichtsmann Rademeier zu Lichtenrade,

5) Schulze Krüger zu Groß-Kienitz, als Stellvertreter, und

6) Gastwirth Müller zu Dahlewitz als permanenter Vereinsdeputirter am Versammlungsorte Dahlewitz;

welches den geehrten Vereinsmitgliedern mit dem Bemerken bekannt gemacht wird, daß alle Anträge in Vereinsangelegenheiten schriftlich und portofrei an den Vorstand Juckert nach Cöpenick zu richten sind, und von mündlichen Mittheilungen keine Notiz genommen werden kann.

Dahlewitz, den 17. November 1843.

Der Vorstand.

Öffent-

Oeffentlicher Anzeiger (№ 2)

zum 1sten Stück des Amtsblatts

der Königlichen Regierung zu Potsdam und der Stadt Berlin.

Den 5. Januar 1844.

Dem Steingut- und Glasfabrikanten Heinrich Schmidt zu Saarbrücken ist unterm 20. Dezember 1843 ein Patent

auf einen Glas-Schmelzofen von der durch Zeichnung und Beschreibung nachgewiesenen besonderen Einrichtung, ohne dadurch Andere in der Anwendung von einzelnen bekannten Theilen desselben zu beschränken,

auf acht Jahre, von jenem Tage an gerechnet, und für den Umfang der Monarchie ertheilt worden.

Durch das am 7. d. M. erfolgte Ableben des Predigers Metzner ist die Pfarrstelle zu Krügersdorf, Superintendentur Beeskow, erledigt worden. Patron der Stelle ist der Hauptmann von Langenn auf Kittlitz bei Lübben.

Potsdam, den 22. Dezember 1843.
Königl. Regierung.
Abtheilung für die Kirchenverwaltung und das Schulwesen.

Im Auftrage der Königl. Regierung zu Potsdam wird das unterzeichnete Haupt-Steueramt im hiesigen Amtsgelasse

am 15. Januar 1844, Vormittags 10 Uhr, die Chausseegeld-Hebestelle bei Werftpfuhl an den Meistbietenden, mit Vorbehalt des höheren Zuschlages, vom 1. April k. J. ab zur Pacht ausstellen. Nur dispositionsfähige Personen, welche mindestens 550 Thlr. baar oder in annehmlichen Staatspapieren bei dem hiesigen Haupt-Steueramte zur Sicherheit niedergelegt haben, werden zum Bieten zugelassen.

Die Pachtbedingungen sind bei uns von heute an während der Dienststunden einzusehen.

Neustadt-Eberswalde, den 27. Dezember 1843.
Königl. Preuß. Haupt-Steueramt.

Im Auftrage der Königl. Regierung zu Potsdam wird das unterzeichnete Haupt-Steueramt im hiesigen Amtsgelasse

am 15. Januar 1844, Vormittags 10 Uhr,

die Chausseegeld-Hebestelle zu Blumenthal an den Meistbietenden, mit Vorbehalt des höheren Zuschlages, vom 1. April k. J. ab zur Pacht ausstellen. Nur dispositionsfähige Personen, welche mindestens 200 Thlr. baar oder in annehmlichen Staatspapieren bei dem hiesigen Haupt-Steueramte zur Sicherheit niedergelegt haben, werden zum Bieten zugelassen.

Die Pachtbedingungen sind bei uns von heute an während der Dienststunden einzusehen.

Neustadt-Eberswalde, den 27. Dezember 1843.
Königl. Preuß. Haupt-Steueramt.

Im Auftrage der Königl. Regierung zu Potsdam wird das unterzeichnete Haupt-Steueramt im hiesigen Amtsgelasse

am 16. Januar 1844, Vormittags 10 Uhr, die Chausseegeld-Hebestelle bei Polßen, zwischen Angermünde und Prenzlau, an den Meistbietenden, mit Vorbehalt des höhern Zuschlages, vom 1. März k. J. ab zur Pacht ausstellen.

Nur dispositionsfähige Personen, welche mindestens 100 Thaler baar oder in annehmlichen Staatspapieren bei dem hiesigen Haupt-Steueramte zur Sicherheit niedergelegt haben, werden zum Bieten zugelassen.

Die Pachtbedingungen sind bei uns von heute an während der Dienststunden einzusehen.

Neustadt-Eberswalde, den 27. Dezember 1843.
Königl. Preuß. Haupt-Steueramt.

Steckbriefe.

Der nachstehend bezeichnete Schuhmachergeselle Johann Friedrich Müller aus Zwethau im Kreise Torgau, ein arbeitsscheuer, dem Betteln und Umhertreiben ergebener Mensch, ist wiederholt und zuletzt am 12. September d. J. wegen dieser Vergehen in seine Heimath zurückgewiesen worden, jedoch, kürzlich eingegangener Benachrichtigung zufolge, daselbst nicht eingetroffen. Derselbe wird sich mithin in gewohnter Art umhertreiben, weshalb sämmtliche resp. Behörden auf dieses, dem Publikum lästige Subjekt aufmerksam gemacht und dienstergebenst ersucht werden, dasselbe im Betretungsfalle mittelst Transports der Königl. Landräthlichen Behörde zu Torgau zuführen lassen zu wollen. Potsdam, den 24. Dezember 1843.

Königl. Polizeidirektor,
Regierungsrath von Kahlden-Normann.

Signalement des Schuhmachergesellen Johann Friedrich Müller. Geburtsort: Zwerbau, Religion: evangelisch, Alter: jetzt 26 Jahr, Größe: 5 Fuß 1 Zoll, Haare: braun, Stirn: frei, Augenbrauen: braun, Augen: dunkelblau, Nase: sehr groß, Mund: mittel, Bart: blond, Kinn: rund und gebogen, Gesichtsbildung: breit, Gesichtsfarbe: blaß, Gestalt: wenig untersetzt, besondere Kennzeichen: vernarbtes Drüsengeschwür unter der linken Backe.

* Der nachstehend signalisirte Mann, welcher sich für einen Schiffer ausgegeben, hatte sich am 24. d. M. Nachmittags in der Schulstraße Nr. 2 hierselbst beim Schuhmacher Quanter eingefunden, ließ sich zu neuen Stiefeln das Maaß nehmen, und wußte sich durch Redensarten, z. B. daß sein Kahn bei Moabit liege und er dort für 200 Thlr. Waaren verkauft habe, auch dem Quanter gern eine Quantität Zucker und Kaffee geben wolle c., das Vertrauen des Quanter in dem Maaße zu erwerben, daß er ihn über Nacht beherbergte, und am andern Morgen ihm eine silberne Repetiruhr mit deutschen Ziffern, stählernen Zeigern und kurzer, filberner - vergoldeter Kette nebst goldenem Petschafte für 24 Thlr. verkaufte.

Der Käufer versprach, das Geld dem Vater des Quanter, welcher mit nach dem Kahne gehen sollte, baar zu zahlen. Beide machten sich in der Morgenstunde auf den Weg und, in der Scharrnstraße angelangt, lief der Unbekannte davon und ist nicht wieder sichtbar geworden. Die Beschreibung nach ist der Betrüger von mittler Statur, mit schwarzbraunem Haar, etwa 30 Jahre alt, und mit gutem, schwarztuchenem Überrock, schwarzseidener Weste, Mütze mit Schirm, hoch aufgehenden Schuhen und blauen Strümpfen bekleidet gewesen, und hat sich Reinhold Piefke genannt.

Zur Vigilanz wird dies hierdurch mit dem Ersuchen bekannt gemacht, den vorstehend näher beschriebenen Verbrecher im Betretungsfalle zu ver-

haften, und event. mit der qu. Uhr per Transport gegen Erstattung der Kosten hierher abzuliefern. Charlottenburg, den 27. Dezember 1843.
Königl. Polizeiamt.

* Der Handelsmann Moses Gebhard aus Terschigl, dessen Signalement nachstehend folgt, ist der Theilnahme eines hier ausgeübten Betruges verdächtig. Wir ersuchen sämmtliche Behörden, denselben im Betretungsfalle verhaften und an uns abliefern zu wollen. Wesel, den 23. Dezember 1843.
Königl. Land- und Stadtgericht.

Signalement. Vor- und Zunamen: Moses Gebhard, Geburtsort und gewöhnlicher Aufenthalt: Terschigl, Religion: jüdisch, Alter: 28 Jahre, Größe: 5 Fuß 7 Zoll, Haare: schwarz, Stirn: niedrig, Augen und Augenbrauen: braun, Nase: stark, Mund: aufgeworfen, Zähne: gesund, Bart: schwarz, Kinn: rund, Gesichtsbildung: oval, Gesichtsfarbe: gesund, Statur: schlank.

* Der nachstehend signalisirte Schiffsknecht Karl Ludwig Leonhard hat angeblich seinen ihm den 16. Dezember 1842 von dem Königl. Landraths-amte zu Beeskow auf ein Jahr ausgestellten und zuletzt in Landsberg an der Warthe visirten Paß verloren.
Zur Vermeidung von etwanigen Mißbräuchen wird dies hiermit öffentlich bekannt gemacht, und der gedachte Paß für ungültig erklärt. Berlin, den 23. Dezember 1843.
Königl. Polizei-Präsidium.

Signalement. Vor- und Familienname: Karl Ludwig Leonhard, Geburts- und Aufenthaltsort: Beeskow, Religion: evangelisch, Alter: 40 Jahre, Größe: 5 Fuß 6 Zoll, Haare: blond, Stirn: frei, Augenbrauen: blond, Augen: blau, Nase und Mund: gewöhnlich, Bart: blond, Zähne: gesund, Kinn: rund, Gesichtsbildung: oval, Gesichtsfarbe: gesund, Gestalt: untersetzt.

* Es sind hierselbst zwei Hammelfelle, welchen am linken Ohre die Spitze fehlt, und von denen das eine außerdem noch mit einem rothen Strich auf dem Rückentheile, das andere aber mit einem Einschnitte im linken Ohr gezeichnet ist, als muthmaßlich gestohlen in Beschlag genommen worden. Die Eigenthümer derselben werden daher aufgefor-

dert, sich Behufs ihrer Vernehmung baldigst bei uns zu melden.

Zinna, den 30. Dezember 1843.
Der Magistrat.

Der Lehnschulze Foth zu Ruthenberg beabsichtigt, in einem, auf seinem Gehöfte neu erbauten Brennereigebäude einen Dampfzylinder aufstellen zu lassen. In Gemäßheit des § 16 des Regulativs vom 6. Mai 1838 wird dies Vorhaben zur öffentlichen Kenntniß gebracht, und jeder, der sich dadurch beeinträchtigt glaubt, hierdurch aufgefordert, binnen 4 Wochen präklusivischer Frist seine Einwendungen dagegen bei dem unterzeichneten Landrathe anzubringen.

Templin, den 23. Dezember 1843.
Der Landrath des Templinschen Kreises.
von Haas.

Der Mühlenmeister Schuster zu Herzfelde beabsichtigt den Bau einer Bockwindmühle auf seinem eigenthümlichen, bei seiner Wassermühle belegenen Acker. Dies wird hierdurch mit dem Bemerken zur öffentlichen Kenntniß gebracht, daß alle etwanige Widersprüche hiergegen, sowohl aus dem Edikte vom 28. Oktober 1810, wie aus der Allerhöchsten Kabinetsordre vom 23. Oktober 1826, binnen 8 Wochen präklusivischer Frist bei dem unterzeichneten Landrathe anzumelden und zu begründen sind. Templin, den 28. Dezember 1843.
Der Landrath des Templinschen Kreises
von Haas.

Die Stadtgemeine zu Angermünde hat Namens der Chirurgus Weinemannschen Erben in unser Depositorium für den verschollenen Kandidaten Theophilus Friedrich Mahlow aus Bruchhagen ein Kapital eingezahlt, welches mit den Zinsen jetzt 373 Thlr. 18 Sgr. 11 Pf. beträgt. Der unbekannte Eigenthümer oder dessen Erben werden aufgefordert, sich binnen längstens 4 Wochen mit ihren Ansprüchen zu melden, widrigenfalls die vorbezeichneten Gelder zur allgemeinen Justiz-Offizianten-Wittwenkasse abgeliefert werden.

Angermünde, den 20. November 1843.
Das Patrimonialgericht über Bruchhagen.

Nothwendiger Verkauf.

Königl. Stadtgericht zu Wittstock, den 8. November 1843.

Das zum Nachlasse des hierselbst verstorbenen Arbeitsmanns Heuer gehörige, im ersten Viertel in der Kettenstraße Nr. 97 belegene, im Hypothekenbuche der Häuser Vol. I Fol. 102 Nr. 97 eingetragene, und auf 1187 Thlr. 5 Sgr. 10¼ Pf. gerichtlich abgeschätzte Wohnhaus, soll
am 12. April 1844, Vormittags 11 Uhr,
an ordentlicher Gerichtsstelle subhastirt werden. Taxe und Hypothekenschein sind in der Registratur des Gerichts einzusehen.

Es soll das zum Nachlasse des Leinwebers Johann Christoph Schulz gehörige, hierselbst am neuen Markt belegene, Vol. III Fol. 101 Nr. 501 des Hypothekenbuchs verzeichnete Wohnhaus nebst Zubehör, gerichtlich abgeschätzt auf 439 Thlr. 8 Sgr. 1¼ Pf., in termino
den 2. April 1844, Vormittags 11 Uhr,
vor dem Herrn Assessor Zedelt an ordentlicher Gerichtsstelle meistbietend verkauft werden. Taxe und Hypothekenschein sind in der Registratur einzusehen.

Neu-Ruppin, den 24. November 1843.
Königl. Preuß. Stadtgericht.

Nothwendiger Verkauf.

Stadtgericht zu Berlin, den 30. November 1843.

Das in der Georgenstraße Nr. 17 belegene Schubartsche Grundstück, gerichtlich abgeschätzt zu 16,183 Thlr. 11 Sgr. 9 Pf., soll Schuldenhalber
am 16. Juli 1844, Vormittags 11 Uhr,
an der Gerichtsstelle subhastirt werden. Taxe und Hypothekenschein sind in der Registratur einzusehen.

Nothwendiger Verkauf.

Stadtgericht zu Berlin, den 30. November 1843.

Das in der Wallstraße Nr. 29 belegene Reuschersche Grundstück, gerichtlich abgeschätzt zu 10,245 Thlr. 19 Sgr., soll Schuldenhalber
am 19. Juli 1844, Vormittags 11 Uhr,
an der Gerichtsstelle subhastirt werden. Taxe und Hypothekenschein sind in der Registratur einzusehen.

Nothwendiger Verkauf.

Stadtgericht zu Berlin, den 7. Dezember 1843.

Das in der Linienstraße Nr. 30 belegene Kochsche Grundstück, gerichtlich abgeschätzt zu 2709 Thlr. 6 Sgr. 9 Pf., soll
am 16. April 1844, Vormittags 11 Uhr,
an der Gerichtsstelle subhastirt werden. Taxe und Hypothekenschein sind in der Registratur einzusehen.

Das den Linowschen Erben gehörige Hagenstück, taxirt 73 Thlr. 22 Sgr. 6 Pf., soll Theilungshalber in termino
den 3. April 1844, Vormittags 11 Uhr, in der Gerichtsstube öffentlich an den Meistbietenden verkauft werden.

Zugleich werden alle unbekannte Realprätendenten zu diesem Termine vorgeladen, mit der Verwarnung, daß bei ihrem Nichterscheinen ihnen wegen ihrer etwanigen Ansprüche ein ewiges Stillschweigen auferlegt werden wird.

Lenzen, den 11. Dezember 1843.
Königl. Land= und Stadtgericht.

Nothwendiger Verkauf.
Stadtgericht zu Prenzlau, den 18. Dezember 1843.

Die zum Nachlasse der verwittweten Bäckermeister Schottler, Beate Friederike geb. Otte gehörigen, hierselbst am Kuhdamm belegenen, in unserm Hypothekenbuche von den Kuhdammgrundstücken Vol. I Nr. 23 und Vol. II Nr. 131 verzeichneten beiden Gärten, ersterer abgeschätzt auf 143 Thlr. 21 Sgr. 8 Pf., letzterer auf 291 Thlr. 10 Sgr. zufolge der, nebst Hypothekenschein und Bedingungen in unserer Registratur einzusehenden Taxe, sollen
am 28. März 1844, Vormittags 11 Uhr, an ordentlicher Gerichtsstelle subhastirt werden.

Freiwilliger Verkauf.
Das den Mewesschen Erben gehörige, zu Gohlitz belegene Fünfhufengut soll entweder im Einzelnen oder im Ganzen
am 5. Februar 1844, Vormittags 9 Uhr, in der Amtsgerichtsstube zu Berge im Wege des Meistgebots verkauft werden. Hypothekenschein und Bedingungen sind hier in der Registratur und auf dem Domainenamte zu Berge einzusehen.

Fehrbellin, den 29. Dezember 1843.
Königl. Preuß. Land= und Stadtgericht.

Nothwendige Subhastation.
von Rohrsches Patrimonialgericht zu Meyenburg.

Das Haus Nr. 33 h zu Schmolde mit Gartenstück, der verehelichten Zabel und der Wilhelmine Paarmann gehörig, taxirt zu 110 Thlr., soll am 8. Mai 1844, Vormittags 11 Uhr, im Gerichtszimmer zu Meyenburg verkauft werden. Die Taxe und der Hypothekenschein sind daselbst einzusehen.

Kiehnen=Bauhölzer und Sägeblöcke sollen am Stamme den 13. Januar 1844 hier an den Meistbietenden verkauft werden.

Hof Rossow a. d. D.   von Lücken.

Holzverkauf.
Wegen schneller Räumung sollen im Rüthenicker Forstrevier neunzig und einige Morgen Holzung im Ganzen oder in einzelnen Dazeln, bestehend aus guten Kiefern=Bau= und Schlaghölzern, öffentlich an den Meistbietenden gegen baare Zahlung verkauft werden. Hierzu steht ein Bietungstermin auf
Dienstag den 16. Januar 1844, Vormittags 10 Uhr, im Kruge zu Rüthenick an. Kaufliebhaber werden ersucht, sich zur gedachten Zeit an Ort und Stelle einzufinden. Der Altsitzer Franz und der Holzwärter Kilias in Rüthenick sind angewiesen, auf jedes Verlangen diese Holzung genau anzuweisen.

Das Kommissionsgeschäft von
Heinrich Frischmüller.

Eine gebildete und anständige Wittwe sucht, da sie in jedem Zweige der Wirthschaft erfahren ist, eine Kondition als Wirthschafterin. Über ihre Verhältnisse, Leistungen und ihre Brauchbarkeit werden in Berlin Madam Hubert, alte Poststraße Nr. 15, und in Potsdam Herr Kaufmann Nicolai, Brandenburger Straße Nr. 3, die Güte haben, gefälligst nähere Auskunft zu ertheilen.

Für Tabacksschnupfer.
Wir zeigen dem Publikum hierdurch an, daß es uns gelungen ist, eine sehr bedeutende Partie mehr als 30 Jahre alten Tabacks anzuschaffen, welcher durch langjährige mühsame Pflege den positiven Vortheil hat, daß er die Verstopfung der Nase sogleich erleichtert und bei Erkältung, wenn auch schon von lange, den Augen in ganz kurzer Zeit eine auffallende Erleichterung giebt; man verfuche und wird die Wahrheit sogleich finden.

Um Irrthümer zu vermeiden, haben wir diesen Taback Hirschfeld's eigene Mischung genannt, und bitten das Publikum, genau auf unsern Stempel zu achten.

H. Hirschfeld jun. & Comp. in Berlin, Königstraße Nr. 2, nahe der Kurfürstenbrücke.

Oeffentlicher Anzeiger

zum 2ten Stück des Amtsblatts

der Königlichen Regierung zu Potsdam und der Stadt Berlin.

Den 12. Januar 1844.

Für die der Jurisdiktion des unterzeichneten Gerichts unterworfenen hiesigen Stadtforst stehen für das Jahr 1844 folgende Forstgerichtstage an: am 5. März, 4. Juni, 20. August und 26. November

und zwar an hiesiger Gerichtsstelle, Vormittags 9 Uhr. Wittstock, den 19. Dezember 1843.

Königl. Preuß. Stadtgericht.

Königl. Justizamt Potsdam, den 27. Dezember 1843

Die Forstgerichtstage des unterzeichneten Gerichts für die Reviere Potsdam, Bornim und Kunersdorf, werden im Jahre 1844

am 22. und 26. Februar, 22. und 25. April, 20. und 24. Juni, 19. und 22. August, 24. und 28. Oktober, 16. und 19. Dezember,

jedesmal Vormittags 9 Uhr, im Gefangenhause, breite Straße Nr. 17 hierselbst, abgehalten werden, was hierdurch zur Kenntniß der Betheiligten gebracht wird.

Die Forstgerichtstage bei dem unterzeichnetem Gerichte für den Monat Januar 1844 sind nicht wie es in der Bekanntmachung vom 18. v. M. lautet, sondern wie folgt:

1) für das Falkenhagener Revier: auf den 22. und 23. Januar;

2) für das Spandauer Revier: auf den 24. und 25. Januar;

3) für das Tegelsche Revier: auf den 26. und 27. Januar,

bestimmt, was zur Berichtigung hiermit bekannt gemacht wird.

Spandau, den 4. Januar 1843.

Königl. Land- und Stadtgericht.

Im Auftrage der Königl. Regierung zu Potsdam wird das unterzeichnete Haupt-Steueramt, und zwar im eigenen Dienstgelasse

am 30. Januar 1844, Vormittags 10 Uhr,

die Chausseegeld-Hebestelle zu Steinbeck zwischen Freienwalde und Berlin an den Meistbietenden, mit Vorbehalt des höheren Zuschlages, vom 1. April 1844 ab zur Pacht ausstellen.

Nur dispositionsfähige Personen, welche mindestens 110 Thlr. baar oder in annehmlichen Staatspapieren bei dem unterzeichneten Hauptamte zur Sicherheit niedergelegt haben, werden zum Bieten zugelassen.

Die Pachtbedingungen sind bei uns von heute an während der Dienststunden einzusehen.

Neustadt-Eberswalde, den 30. Dezember 1843.

Königl. Preuß. Haupt-Steueramt.

Steckbrief.

Es wird der im öffentlichen Anzeiger zum 45sten Stück des Amtsblatts für 1843 enthaltene nachstehende Steckbrief:

»Der nachstehend näher bezeichnete Schneidergeselle Friedrich Theodor Bakus aus Berlin, welcher wegen Verdachts angelegten Waldbrandes zur Untersuchung gezogen und zur vorläufigen Antretung einer Zuchthausstrafe in die Strafanstalt zu Brandenburg hat abgeführt werden sollen, ist in der Nacht vom 27. zum 28. d. M. mittelst gewaltsamen Ausbruchs aus dem hiesigen Polizeigefängnisse entwichen, und ersuchen wir daher alle Militair- und Zivilbehörden ergebenst, auf denselben zu vigiliren, ihn im Betretungsfalle arretiren und hierher abliefern zu lassen. Bernau, den 29. Oktober 1843.

Der Magistrat.

Signalement: Vor- und Familienname: Friedrich Theodor Bakus, Geburts- und Aufenthaltsort: Berlin, Religion: evangelisch, Alter: 23 Jahre, Größe: 5 Fuß 5 Zoll, Haare: braunblond, Stirn: rund, frei, Augenbraunen: blond, Augen: blau, Nase: etwas kulpig, Mund: gewöhnlich, Bart: blond, Zähne: gut, Kinn: klein, oval, Gesichtsbildung: oval, Gesichtsfarbe: gesund, Statur: mittler.

Bekleidet war derselbe mit einem bräuntuchenen alten Überrock mit schwarzem Sammetkragen und schwarzen Hornknöpfen, einer neuen grünkattunenen Weste mit rothen Blumen, hellgrauen, neuen zweiten Tuchhosen, wollenen weißen Socken, Halbstiefeln, schwarzen Atlasbinde (Schlips), einer alten schwarzen Sammetmütze mit ledernem Schirm und einem werkenen Hemde.« hiermit unter dem Bemerken erneuert, daß der Entflohene sich bisher fast gewöhnlich taubstumm gestellt, und auf den falschen Namen von Paprenhorst gebettelt hat, auch ein einschmeichelndes Wesen und Benehmen besitzt, von kränkelndem und leidendem Äußern ist, und dadurch leicht das Mitleid des Publikums zu erregen weiß, übrigens ein sehr verschmitztes und gefährliches Individuum ist.

Bernau, den 3. Januar 1844.

Der Magistrat.

* Der Steckbrief vom 23. Dezember d. J. hinter dem Handelsmann Moses Gebhard aus Tirschtigl ist erledigt, da letzterer eingebracht worden.

Wesel, den 29. Dezember 1843.

Königl. Land- und Stadtgericht.

* Folgende, nach unserer Bekanntmachung vom 2. d. M. in den hiesigen öffentlichen Blättern, den 13. desselben Monats ausgeloosete Königsberger Stadt-Obligationen kündigen wir hiermit zum 1. Juli 1844.

Nr. 77. 414. 442. 2769. 5283. 5694. 5609. 5677. 6508. 6952. 6972. 8391. 9100. 9716. 10,151. 11,259. 11,516. 11,710. 11,893. 12,184. 13,023. 13,209. 13,249. 13,352. 13,384. 13,891. 14,408. 14,492 à 50 Thlr.

Nr. 416. 967. 979. 1541. 3228. 3478. 3610. 3648. 3776. 3900. 3942. 3961. 4222. 4448. 5247. 5392. 5417. 6277. 8021. 8922. 8229. 8505. 8737. 8816. 9085. 9209. 9468. 10,551. 11,005. 11,194. 11,437. 12,826. 12,898. 13,738. 13,934 à 100 Thlr.

Nr. 12,064 à 150 Thlr.

Nr. 2670. 2876. 3819. 4447. 5338. 9681. 14,665 à 200 Thlr.

Nr. 860. 2330. 2888. 3395. 4420. 14,662 à 300 Thlr.

Nr. 12,519. 13,491 à 350 Thlr.

Nr. 2205. 7602 à 400 Thlr.

Nr. 270. 1398. 1713. 1784. 2213. 3057. 3 82. 9018. 9051. 12,026 à 500 Thlr.

Nr. 3906. 12,020. à 700 Thlr.

Nr. 207. 1934. 1495. 1964 à 1000 Thlr.

Die Auszahlung der Valuta nach dem Nennwerthe und der fälligen Zinsen erfolgt vom 1. Juli 1844 ab durch unsere Stadtschulden-Tilgungskasse an den Tagen Montag, Dienstag, Donnerstag und Freitag, von 9 bis 12 Uhr Vormittags, gegen Einlieferung der Obligationen, welche mit der auf dem gesetzlichen Stempel ausgestellten Quittung der Inhaber, so wie mit den Zinskoupons von Nr. 74 ab versehen sein müssen.

Die vorstehend gekündigten Obligationen tragen vom 1. Juli 1844 ab keine Zinsen, und haben diejenigen Inhaber derselben, welche die Valuta bis zum 15. August k. J. nicht erheben sollten, zu gewärtigen, daß diese für ihre Rechnung und Gefahr dem Depositorio des hiesigen Königl. Stadtgerichts eingeliefert wird.

Königsberg, den 14. Dezember 1843.

Magistrat Königl. Haupt- und Residenzstadt.

Land- und Stadtgericht zu Freienwalde an der Oder, den 9. Oktober 1843.

Auf dem in der Berliner Straße hierselbst Nr. 183 belegenen Bürgerhause, nebst Apotheken-Privilegium und Zubehör, steht aus dem Kaufkontrakte vom 7/11. August 1816 zwischen dem Apotheker Christian Gotthold Cruslus und dem Vorbesitzer, Apotheker Johann Samuel Ernst Schmiedecke, für letzteren ein Restkaufgeld von 2530 Thlr. 20 Sgr. ex decreto vom 17. September 1816, im Hypothekenbuch Tom. VI Nr. 210 Pag. 116 seq. Rubr. III Nr. 1 eingetragen, welches laut dessen Testaments de publ. den 2. April 1822 und Erbrezesses d. d. Wesenberg, den 3. November 1825, et confirm. den 10. Dezember 1825 auf den Pharmazeuten Ernst Georg Gotthilf Fischer übergegangen, für ihn ex decreto vom 1. August 1826 umgeschrieben, und demselben von dem benannten Kontrakte vom 7/11. August 1816 nebst Hypothekenschein, ein abgezweigtes Dokument ertheilt ist. Dies abgezweigte Dokument soll angeblich verloren gegangen sein. Die Inhaber dieses Dokuments, so wie alle diejenigen, welche an dieser Post oder an dem darüber sprechenden Dokumente als Eigenthümer, Erben, Zessionarien, Pfand- oder sonstige Briefinhaber, oder aus irgend einem andern Rechtsgrunde Ansprüche zu machen haben, werden aufgefordert, sich in dem

am 13. März 1844, Vormittags 11 Uhr, im hiesigen Gerichtslokale anberaumten Termine einzufinden, daß bezeichnete Dokument mit zur Stelle zu bringen, und ihre Ansprüche anzumelden und nachzuweisen, widrigenfalls sie damit präkludirt, daß benannte Schulddokument für amortisirt erklärt, und an dessen Stelle ein neues ausgefertigt werden soll.

Nothwendiger Verkauf.
Königl. Kammergericht in Berlin.

Das hierselbst in der Schumannsstraße Nr. 13 belegene, dem Partikulier Karl Wilhelm Theodor Skobowsky gehörige Grundstück nebst Zubehör, abgeschätzt auf 12,585 Thlr. 11 Sgr. 9 Pf. zufolge der, nebst Hypothekenschein und Bedingungen in der Registratur einzusehenden Taxe, soll

am 9. Juli 1844

an ordentlicher Gerichtsstelle subhastirt werden.

Nothwendiger Verkauf.
Königl. Kammergericht in Berlin.

Das hierselbst in der großen Friedrichsstraße Nr. 109 belegene, dem Bäckermeister Johann Ludwig Borchardt gehörige Haus nebst Garten und Zubehör, abgeschätzt auf 8641 Thlr. 26 Sgr. 1 Pf. zufolge der, nebst Hypothekenschein und Bedingungen in der Registratur einzusehenden Taxe, soll

am 3. Juli 1844

an ordentlicher Gerichtsstelle subhastirt werden.

Nothwendiger Verkauf.
Königl. Kammergericht in Berlin.

Das hierselbst, vor dem Oranienburger Thore in der Chausseestraße Nr. 12 belegene, dem Kaufmann Karl Andreas Heinrich Adolph Buchholz gehörige Grundstück nebst Zubehör, abgeschätzt auf 13,142 Thlr. 18 Sgr. 11¼ Pf. zufolge der, nebst Hypothekenschein und Bedingungen in der Registratur einzusehenden Taxe, soll

am 20. Juli 1844

an ordentlicher Gerichtsstelle subhastirt werden.

Der Besitzer, Kaufmann Karl Andreas Heinrich Adolph Buchholz, und die Gläubigerin, unverehelichte Marie Dorothea Katharine Elfert, deren Aufenthalt unbekannt ist, werden hierzu öffentlich vorgeladen.

Nothwendiger Verkauf.
Stadtgericht zu Berlin, den 19. Juli 1843.

Das in der großen Frankfurter Straße belegene Grundstück des Destillateurs Genß, gerichtlich abgeschätzt zu 16,441 Thlr. 2 Sgr. 1 Pf., soll um 8. März 1844, Vormittags 11 Uhr, an der Gerichtsstelle subhastirt werden. Taxe und Hypothekenschein sind in der Registratur einzusehen.

Nothwendiger Verkauf.
Stadtgericht zu Berlin, den 24. Oktober 1843.

Das hierselbst an der Kommunikation am Anhaltschen Thore belegene Grundstück des Böttchermeisters Wilhelm Gustav Schmidt, gerichtlich abgeschätzt zu 12,962 Thlr. 11 Sgr. 10¼ Pf., soll Schuldenhalber

am 28. Mai 1844, Vormittags 11 Uhr,

an der Gerichtsstelle subhastirt werden. Taxe und Hypothekenschein sind in der Registratur einzusehen.

Nothwendiger Verkauf.
Land- und Stadtgericht zu Alt-Ruppin, den 24. Oktober 1843.

Der zum Nachlasse des Bauers Fromm gehörige, zu Kraatz sub Nr. 13, gelegene, Vol. I Fol. 173 des Hypothekenbuchs von Kraatz verzeichnete Bauerhof nebst Erbpachtsrecht am Pfarr- und Kirchenacker, so wie der Antheil des Erblassers an dem Fol. 277 ebendaselbst verzeichneten, ehemals Tischersschen Hofe, abgeschätzt auf resp. 2078 Thlr. 3 Sgr. 9 Pf. und 148 Thlr. 27 Sgr. 2¼ Pf., sollen auf

den 20. Februar 1844, Vormittags 10 Uhr,

öffentlich meistbietend verkauft werden. Taxe und Hypothekenscheine können in unserer Registratur eingesehen werden.

Etwanige unbekannte Realprätendenten werden zum Termine unter der Verwarnung der Präklusion mit vorgeladen.

Nothwendiger Verkauf.
Königl. Landgericht zu Berlin, den 10. Nov. 1843.

Die von dem Mühlenmeister Karl Eduard Bernhard Treskow im Wege der Subhastation erstandene, dem Mühlenmeister Johann Eduard Trenn gehörig gewesene Erbpachtsgerechtigkeit der zu Tegel belegenen Wasser-Schneide- und Mahlmühle, abgeschätzt zu 5 Prozent veranschlagt, auf 11,131 Thlr. 1 Sgr. 1 Pf., und zu 4 Prozent auf 13,260 Thlr. 17 Sgr. 5 Pf. zufolge der, nebst Hypothekenschein in dem IIten Büreau einzusehenden Taxe, soll am 20. Juni 1844, Vormittags 11 Uhr, an ordentlicher Gerichtsstelle, Zimmerstraße Nr. 25, resubhastirt werden.

**Nothwendiger Verkauf
wegen Auflösung der Gemeinschaft.**

Land- und Stadtgericht zu Neustadt-Eberswalde.

Das Bauer- und Kruggut der Ginolas'schen Erben zu Groß-Ziethen im Angermünder Kreise, abgeschätzt auf 5417 Thlr. 21 Sgr. 3 Pf. zufolge der, nebst Hypothekenschein und Bedingungen im 1ten Geschäftsbüreau einzusehenden Taxe, soll

am 4. Juni 1844, Vormittags 11 Uhr,

im Gerichtshause an den Meistbietenden verkauft werden. Alle unbekannte Realprätendenten werden aufgefordert, sich bei Vermeidung der Präklusion spätestens in diesem Termine zu melden.

Nothwendiger Verkauf.

Land- und Stadtgericht zu Beeskow, den 17. November 1843.

Das hierselbst in der Berliner Straße belegene, im Hypothekenbuche Vol. 1 Fol. 378 Nr. 118 verzeichnete, den Erben der verstorbenen verehelichten Sattlermeister Neukranz geb. Wustrow gehörige Wohnhaus nebst Luchkavel, abgeschätzt auf 1090 Thlr. 20 Sgr. 7 Pf., soll öffentlich meistbietend verkauft werden.

Hierzu steht ein Termin auf

den 1. April 1844, Vormittags 11 Uhr,

vor dem Herrn Land- und Stadtgerichts-Assessor Opitz an. Die Taxe, so wie der neueste Hypothekenschein können in unserer Registratur eingesehen werden.

Nothwendiger Verkauf.

Königl. Land- und Stadtgericht zu Spandau.

Das dem Ziegeleibesitzer Fleischer gehörige, Vol. II Fol. 180 des Hypothekenbuchs verzeichnete, zu Gatow belegene Ziegeleigrundstück, wovon der Werth des Grund und Bodens und der Gebäude ꝛc. auf 2382 Thlr. 17 Sgr., der von der Ziegelei und Töpferei jährlich zu erzielende Ertrag aber auf 1375 Thlr. abgeschätzt ist, zufolge der, nebst Hypothekenschein in dem 11ten Büreau einzusehenden Taxe, soll am 21. März 1844, Vormittags 11 Uhr, an ordentlicher Gerichtsstelle subhastirt werden.

Bemerkt wird, daß der in den früheren Bekanntmachungen wegen Verkaufs dieses Grundstücks auf den 22. Februar bestimmte Termin auf einem Irrthum beruht.

Das der Wittwe Keu geb. Schortiger gehörige Wohnhaus in der Friedrich-Wilhelmsstraße Nr. 95 nebst Zubehör, in welchem seither Gastwirthschaft betrieben worden ist, soll auf den Antrag der Besitzerin im Termine

den 2. März 1844, Vormittags 10 Uhr,

öffentlich meistbietend verkauft werden. Die Taxe und die Verkaufsbedingungen sind beim Gericht einzusehen. Gransee, den 1. Dezember 1843.

Königl. Preuß. Stadtgericht.

Nothwendiger Verkauf.

Land- und Stadtgericht zu Zehdenick.

Die zur Konkursmasse des Mühlenmeisters Gutschmidt gehörigen, zu Hammelspring gelegenen Grundstücke:

1) die Erbpachtsgerechtigkeit auf 58 ☐Ruthen 25 ☐Fuß vormals Pfarrgartenland, nebst dem darauf erbauten Wohnhause und Stall, abgeschätzt auf 300 Thlr., und

2) die Erbpachtsgerechtigkeit auf 64 ☐Ruthen Acker und eine eigenthümlich darauf erbaute Windmühle, abgeschätzt auf 1019 Thlr. 11 Sgr. zufolge der, nebst Hypothekenschein und Bedingungen in unserer Registratur einzusehenden Taxe, sollen

am 21. März 1844, Vormittags 11 Uhr,

an ordentlicher Gerichtsstelle subhastirt werden.

Zehdenick, den 4. November 1843.

Nothwendiger Verkauf.

Stadtgericht zu Berlin, den 25. November 1843.

Das in der Gipsstraße Nr. 32 belegene Gottschalk'sche Grundstück, gerichtlich abgeschätzt zu 4843 Thlr. 10 Sgr. 5 Pf., soll

am 23. April 1844, Vormittags 11 Uhr,

an der Gerichtsstelle subhastirt werden. Taxe und Hypothekenschein sind in der Registratur einzusehen.

Nothwendiger Verkauf.

Land- und Stadtgericht zu Brandenburg, den 2. Dezember 1843.

Das zum Nachlasse des hierselbst verstorbenen Glasermeister Daniel Konrad Friedrich Thiem'schen Eheleute gehörige, in der hiesigen Neustadt, Domstraße Nr. 108 belegene, und im Hypothekenbuche Vol. III Nr. 289 registrirte Wohnhaus nebst Hauskavel, gerichtlich abgeschätzt auf 524 Thlr. 7 Sgr. 9 Pf., soll zufolge der, nebst Hypothekenschein und Kaufbedingungen in der Registratur einzusehenden Taxe,

am 22. April 1844, Vormittags 11 Uhr,

vor dem Herrn Kammergerichts-Assessor Bendel subhastirt werden.

Noth-

Nothwendiger Verkauf.

Gericht der Herrschaft zu Putlitz, den 18. Dezember 1843.

Das dem Schiffer Joachim Friedrich Poffehl gehörige, hierselbst belegene, und Vol. 1 Nr. 61 des Hypothekenbuchs der Stadt Putlitz verzeichnete Wohnhaus nebst Zubehör, abgeschätzt zu 155 Thlr. zufolge der, nebst Hypothekenschein in der Registratur einzusehenden Taxe, soll

den 15. April 1844, Vormittags 11 Uhr, an Gerichtsstelle subhastirt werden.

Nothwendiger Verkauf.

Stadtgericht zu Prenzlau, den 18. Dezember 1843.

Das hierselbst in der Baustraße sub Nr. 369 belegene, im Hypothekenbuche Vol. V Nr. 369 verzeichnete Grundstück des Tuchmachermeisters August Ferdinand Strohfeldt, abgeschätzt auf 731 Thlr. 3 Sgr. 9 Pf. zufolge der, nebst Hypothekenschein und Bedingungen in unserer Registratur einzusehenden Taxe, soll

am 16. April 1844, Vormittags 11 Uhr, an ordentlicher Gerichtsstelle subhastirt werden.

Das den Erben des verstorbenen Garde du Korps-Unteroffiziers Quasebarth gehörige, in der Heiligengeiststraße Nr. 5 belegene, in unserm Hypothekenbuche von der Stadt Vol. I Nr. 58 verzeichnete, auf 3358 Thlr. 22 Sgr. 6 Pf. abgeschätzte Grundstück nebst Zubehör, soll im Wege der freiwilligen Subhastation verkauft werden, und ist hierzu ein Bietungstermin auf

den 2. Mai 1844, Vormittags 11 Uhr, vor dem Herrn Kammergerichts-Assessor Jacobi im Stadtgericht, Lindenstraße Nr. 54, anberaumt.

Der Hypothekenschein, die Taxe und die besonderen Kaufbedingungen sind in der Registratur einzusehen. Potsdam, den 20. Dezember 1843.

Königl. Stadtgericht hiesiger Residenz.

Das den Erben des verstorbenen Horndrechslermeisters Christian Gottfried Schröder gehörige, in Nowawes, Lindenstraße Nr. 23 belegene, in unserm Hypothekenbuche von Nowawes Vol. I Nr. 23 verzeichnete, auf 1312 Thlr. 20 Sgr. abgeschätzte Grundstück nebst Zubehör, soll im Wege der nothwendigen Subhastation verkauft werden, und ist hierzu ein Bietungstermin auf

den 24. April 1844, Vormittags 11 Uhr,

vor dem Stadtgerichtsrath Herrn von Ciesielski im Stadtgericht, Lindenstraße Nr. 54, anberaumt.

Der Hypothekenschein, die Taxe und die besonderen Kaufbedingungen sind in unserer Registratur einzusehen. Potsdam, den 29. Dezember 1843.

Königl. Stadtgericht hiesiger Residenz.

Die aus 91 Morgen 26 □Ruthen bestehenden Pfarrländereien zu Herzfelde, sollen in dem auf den 25. Januar 1844, Vormittags 10 Uhr, im Schulzenamte in Herzfelde anstehenden Termine meistbietend vererbpachtet werden, zu welchem Bietungslustige mit dem Bemerken eingeladen werden, daß die Bedingungen, die Karte, das Vermessungs- und Bonitirungs-Register und der Ertrags-Anschlag im Termine vorgelegt, aber auch schon vorher in unserer Registratur eingesehen werden können. Alt-Landsberg, den 28. Dezember 1843.

Königl. Preuß. Domainenamt.

Freiwilliger Verkauf.

Das den Mewesschen Erben gehörige, zu Goblitz belegene Fünfhüfnergut soll entweder im Einzelnen oder im Ganzen

am 5. Februar 1844, Vormittags 9 Uhr, in der Amtsgerichtsstube zu Berge im Wege des Meistgebots verkauft werden. Hypothekenschein und Bedingungen sind hier in der Registratur und auf dem Domainenamte zu Berge einzusehen.

Fehrbellin, den 29. Dezember 1843.

Königl. Preuß. Land- und Stadtgericht.

Nachtrag zum Subhastations-Patent vom 25. November 1843, in der Kaufmann Aumannschen Subhastationssache.

Der dem Aufenthalte nach unbekannte eingetragene Gläubiger, der Kaufmann Herr Karl Robert Aumann, wird zu diesem Termine öffentlich vorgeladen. Berlin, den 3. Januar 1844.

Königl. Stadtgericht hiesiger Residenz.
Abtheilung für Kredit-, Subhastations- und Nachlaßsachen.

Es sollen in hiesiger Stadtholzung mehrere Hundert Eichen auf dem Stamme, deren Zahl besonders nach der Konkurrenz der Kaufliebhaber bestimmt werden wird, öffentlich gegen Meistgebot verkauft werden. Wir haben zu solchem Verkaufe einen Termin auf

Montag den 12. Februar d. J.

angesetzt, und laden wir Kaufliebhaber ein, sich
an solchen Tage, Vormittags 10 Uhr, an Ort
und Stelle einzufinden, mit der Bemerkung, daß
bei angemessenen Preisen am folgenden Tage mit
dem Verkaufe fortgefahren werden wird.

Der Transport des Holzes zu Wasser wird
durch die nahe belegene Müritz begünstigt.

Sign. Röbel in Mecklenburg-Schwerin, am
4. Januar 1844.

Bürgermeister und Rath.

Schaafvieh-Verkauf.

Mit dem 20. Januar 1844 beginnt der Bock-
verkauf aus hiesiger Stammschäferei, und werden,
wie früher, nur zweijährige und ältere Böcke zu
festen Preisen in den Klassen à 15 Thlr. und 20
Thlr. excl. Wolle, edlere Thiere aber zu höhern
Preisen verkauft.

Ebenso stehen von gedachter Zeit an 400 Mutterschaafe und 200 überzählig gewordene Hammel hiesiger Heerden zum Verkauf und zur Ansicht
bereit. Prillwitz bei Pyritz in Pommern.

Sr. Königl. Hoheit des hochseligen Prinzen
August von Preußen Rentamt.

Holzverkauf.

Wegen schneller Räumung sollen im Rüthenicker
Forstrevier neunzig und einige Morgen Holzung im
Ganzen oder in einzelnen Parzellen, bestehend aus
guten Kiefern-Bau- und Schlaghölzern, öffentlich
an den Meistbietenden gegen baare Zahlung verkauft werden. Hierzu steht ein Bietungstermin auf

Dienstag den 16. Januar 1844,

Vormittags 10 Uhr, im Kruge zu Rüthenick an.
Kaufliebhaber werden ersucht, sich zur gedachten
Zeit an Ort und Stelle einzufinden. Der Altsitzer
Franz und der Holzwärter Killas in Rüthenick
sind angewiesen, auf jedes Verlangen diese Hol-
zung genau anzuweisen.

Das Kommissionsgeschäft von
Heinrich Frischmüller.

Auf der Ziegelei zu Lamsfeld bei Lieberose steht
ein Quantum ganz gut gebrannter Mauersteine,
große Form, billig zum Verkauf und können solche
auf Verlangen zu jeder Zeit an den nahe liegenden
schiffbaren Schwidoug-See geliefert werden.

Eine braungefleckte Hühnerhündin, auf den Namen Polly hörend, mit einem grünen Halsbande,
worauf der Name des Besitzers und "Potsdam"
gezeichnet, ist am 1. d. M. früh entlaufen. Wer
dieselbe in Spandau, Potsdamer Straße Nr. 17
oder in Potsdam, Waisenstraße Nr. 62 abliefert,
oder solche Auskunft darüber zu geben weiß, daß
man sicher in den Besitz derselben gelangt, erhält
daselbst 3 Thlr. Belohnung.

Spandau, den 3. Januar 1844.

Für Tabacksschnupfer.

Wir zeigen dem Publikum hierdurch an, daß
es uns gelungen ist, eine sehr bedeutende Post
mehr als 30 Jahre alten Tabacks anzuschaffen,
welcher durch langjährige mühsame Pflege den positiven Vortheil hat, daß er die Verstopfung
der Nase sogleich erleichtert und bei Erkältung,
wenn auch schon von lange, den Augen in ganz
kurzer Zeit eine auffallende Erleichterung giebt;
man versuche und wird die Wahrheit sogleich finden.

Um Irrthümer zu vermeiden, haben wir diesen
Taback Hirschfeld's eigene Mischung ge-
nannt, und bitten das Publikum, genau auf unsern
Stempel zu achten.

H. Hirschfeld jun. & Comp. in Berlin,
Königsstraße Nr. 2, nahe der Kurfürstenbrücke.

Diejenigen Kriegs-Kameraden aus den Jahren
1813 bis 1815, welche sich hier, am 3. Februar
d. J. im Sommer'schen Lokal, Potsdamer Straße
Nr. 9, durch ein Mittagsmahl festlich zu bege-
henden 31-jährigen Erinnerungsfeste noch anzu-
schließen beabsichtigen, werden ersucht, ihre Meldungen Behufs der Empfangnahme der Einlaßkarte
bei den Unterzeichneten baldgefälligst veranlassen zu
wollen.

Zugleich benachrichtigen wir hiervon auch noch
die in der Umgegend von Berlin wohnenden Kriegs-
Kameraden, und sehen mit besonderem Vergnügen
deren Meldungen zur Theilnahme an diesem Feste
baldigst entgegen.

Berlin, den 6. Januar 1844.

Das Fest-Komittee.

Hagendorf, Markgrafenstraße Nr. 105.
Harpe, Lindenstraße Nr. 29.
Pfeiffer, Charlottenstraße Nr. 16.
Schmidt, Magazinstraße Nr. 16.
Seefisch, breite Straße Nr. 2.

Oeffentlicher Anzeiger

zum 3ten Stück des Amtsblatts

der Königlichen Regierung zu Potsdam und der Stadt-Berlin.

Den 19. Januar 1844.

* Dem Mühlen-Baumeister Julius Adolph Edelmann zu Berlin ist unterm 29. Dezember 1843 ein Patent

auf eine für neu und eigenthümlich erachtete mechanische Vorrichtung zum Heben und Senken der Platte für Hohlanberzeuge in der durch Zeichnung und Beschreibung nachgewiesenen Zusammensetzung,

auf acht Jahre, von jenem Tage an gerechnet, und für den Umfang der Monarchie ertheilt worden.

* Den Fabrikanten Pauwels und Talbot zu Aachen ist unterm 29. Dezember 1843 ein Patent

auf zwei selbstständige Vorrichtungen für die selbstthätige Ausweichung auf Eisenbahnen, in der durch Zeichnung, Modell und Beschreibung, nachgewiesenen Zusammensetzung,

auf acht Jahre, von jenem Tage an gerechnet, und für den Umfang der Monarchie ertheilt worden.

* Dem Uhrmacher Nikolaus Schlöder zu Trier ist unterm 29. Dezember 1843 ein Patent

auf eine nach der vorgelegten Zeichnung und Beschreibung für neu und eigenthümlich erachtete Hemmung in Taschenuhren,

auf sechs Jahre, von jenem Tage an gerechnet, und für den Umfang der Monarchie ertheilt worden.

* Dem Dr. Alexander von Hoffmann zu Herrnstadt ist unterm 13. Dezember 1843 ein Patent

auf eine verbesserte Flachsschwinge-Maschine in der durch Zeichnung und Beschreibung erläuterten Zusammensetzung,

für den Zeitraum von jenem Tage ab bis zum 2. Juli 1853 und für den Umfang der Monarchie ertheilt worden.

* Dem Medizinal-Assessor u. Apotheker Dr. Mohr zu Koblenz ist unterm 4. Januar 1844 ein Patent

auf eine durch Modell, Zeichnung und Beschreibung, für neu und eigenthümlich erachtete Hemmung in Pendeluhren,

auf sechs Jahre, von jenem Tage an gerechnet, und für den Umfang der Monarchie ertheilt worden.

* Der Musketier Ernst Eduard Haller des 34sten Infanterie-Regiments ist durch ein am 24. v. M. bier gesprochenes, und am 2. d. M. bestätigtes kriegsrechtliches Erkenntniß des Verbrechens der Desertion in contumaciam für geständig erklärt, sein sämmtliches gegenwärtiges und zukünftiges Vermögen konfiszirt und der Hauptkasse desjenigen Königl. Regierung, in deren Bezirk er geboren ist und ausgehoben war, zugesprochen worden.

Stettin, den 30. Dezember 1843.

Das Königl. General-Kommando des 2ten Armee-Korps.

Der kommandirende General von Wrangel.

* Die Forststrafgerichtstage für das Jahr 1844, im Betreff des Königl. Sonnenburger und Freienwalder Forstreviers, sind bei den unterzeichneten Gerichte auf

den 9. Februar, den 12. April, den 19. Juli und den 17. Dezember,

jedesmal von Vormittags 9 Uhr ab, anberaumt.

Freienwalde a. d. Oder, den 10. Januar 1844.

Königl. Land- und Stadtgericht.

* Holzversteigerung zur Befriedigung des Lokalbedarfs.

Es sollen aus den verschiedenen Distrikten des Reviers Neubrück diverse Quantitäten Scheit-, Ast- und Stubbenhölzer, je nach dem Bedürfnisse, hierselbst im Bonackschen Gasthofe in nachfolgenden Terminen, als:

Freitag den 26. Januar, Freitag den 9. Februar und Mittwoch den 28. Februar d. J.,

im Wege der Lizitation öffentlich an den Meistbietenden gegen gleich baare Bezahlung verkauft, wozu Kauflustige an den gedachten Tagen, Vormittags 10 Uhr, hiermit eingeladen werden.

Neubrück, den 9. Januar 1844.

Der Oberförster Eyber.

Steckbrief.

Der Glaser Johann Karl August Wellert von hier ist von der Inspektion des Landarmenhauses zu Prenzlau, woselbst er wegen verübter Bettelei bestraft worden, mittelst Reiseroute vom 20. Dezember v. J. hierher gewiesen, bis jetzt jedoch nicht eingetroffen, und treibt sich vagabondirend umher. Die Wohllöbl. Polizei-Obrigkeiten machen wir auf dies Blatt ähnlicher Vergehen schon mehrfach bestrafte Subjekt mit dem Ersuchen aufmerksam, dasselbe im Betretungsfalle zur Einleitung der Untersuchung wegen Vagabondirens an das kompetente Kriminalgericht abzugeben.

Lindow, den 10. Januar 1844.

Der Magistrat.

Signalement des Wellert. Geburtsort: Mirow, Wohnort: Lindow, Religion: evangelisch, Alter: 43 Jahre, Größe: 5 Fuß 5 Zoll, Haare: schwarz, Stirn: bedeckt, Augenbraunen: schwarz, Augen: blau, Nase und Mund: gewöhnlich, Zähne: gut, Bart: schwarz, Kinn: rund, Gesicht: oval, Gesichtsfarbe: gesund, Statur: groß.

* Die im öffentlichen Anzeiger zum 1ten Stück des diesjährigen Amtsblatts enthaltene Aufforderung vom 30. Dezember v. J., wegen der hierselbst als muthmaßlich gestohlen in Beschlag genommenen Hammelfelle, ist erledigt.

Zinna, den 8. Januar 1844.

Der Magistrat.

* Jahrmarkts-Verlegung.

Mit Genehmigung der Königl. Regierung zu Potsdam wird der hiesige Sommer-Jahrmarkt für die Folge am Mittwoch vor Bartholomäi abgehalten werden.

Freienwalde a. d. Oder, den 22. Dez. 1843.

Der Magistrat.

* Folgende, nach unserer Bekanntmachung vom 2. d. M. in den hiesigen öffentlichen Blättern, den 13. desselben Monats ausgeloosste Königsberger Stadt-Obligationen kündigen wir hiermit zum 1. Juli 1844.

Nr. 77. 414. 442. 2769. 5283. 5694. 5809. 5877. 6508. 6952. 6972. 8391. 9100. 9716. 10,151. 11,259. 11,516. 11,710. 11,893. 12,184. 13,023. 13,209. 13,249. 13,352. 13,384. 13,891. 14,408. 14,492 à 50 Thlr.

Nr. 416. 967. 979. 1541. 3228. 3478. 3610.

3648. 3776. 3900. 3942. 3961. 4222. 4448. 5247. 5392. 5417. 6277. 8021. 8222. 8239. 8505. 8737. 8816. 9085. 9209. 9468. 10,551. 11,005. 11,194. 11,437. 12,826. 12,898. 13,738. 13,934 à 100 Thlr.

Nr. 12,064 à 150 Thlr.

Nr. 2670. 2876. 3819. 4447. 5338. 9681. 14,665 à 200 Thlr.

Nr. 880. 2330. 2888. 3395. 4420. 14,662 à 300 Thlr.

Nr. 12,519. 13,491. à 350 Thlr.

Nr. 2205. 7602 à 400 Thlr.

Nr. 270. 1398. 1713. 1784. 2213. 3057. 3382. 9018. 9051. 12,026 à 500 Thlr.

Nr. 3906. 12,020 à 700 Thlr.

Nr. 207. 1234. 1495. 1964 à 1000 Thlr.

Die Auszahlung der Valuta nach dem Nennwerthe und der fälligen Zinsen erfolgt vom 1. Juli 1844 ab durch unsere Stadtschulden-Tilgungskasse an den Tagen Montag, Dienstag, Donnerstag und Freitag, von 9 bis 12 Uhr Vormittags, gegen Einlieferung der Obligationen, welche mit der auf dem gesetzlichen Stempel ausgestellten Quittung der Inhaber, so wie mit den Zinskoupons von Nr. 74 ab versehen sein müssen.

Die vorstehend gekündigten Obligationen tragen vom 1. Juli 1844 ab keine Zinsen, und haben diejenigen Inhaber derselben, welche die Valuta bis zum 15. August k. J. nicht erheben sollten, zu gewärtigen, daß diese für ihre Rechnung und Gefahr dem Depositorio des hiesigen Königl. Stadtgerichts eingeliefert wird.

Königsberg, den 14. Dezember 1843.

Magistrat Königl. Haupt- und Residenzstadt.

In Gemäßheit der Allerhöchsten Verordnung vom 16. Juni 1819 § 6 (Gesetzsammlung Nr. 549) wird hiermit bekannt gemacht, daß dem Kaufmann Pflugmacher zu Spandau der 3½ prozentige Staatsschuldschein de 1842

Nr. 22,116 Litt. G über 50 Thlr.

angeblich gestohlen worden ist.

Es werden daher diejenigen, welche sich jetzt im Besitze des oben bezeichneten Dokuments befinden, hiermit aufgefordert, solches der unterzeichneten Kontrole der Staatspapiere, oder dem rc. Pflugmacher anzuzeigen, widrigenfalls die gerichtliche Amortisation desselben eingeleitet werden wird.

Berlin, den 4. Januar 1844.

Königl. Kontrole der Staatspapiere.

In Gemäßheit des § 8 des Nachtrags zu den Statuten der Berlin-Potsdamer-Eisenbahngesellschaft wird hierdurch bekannt gemacht, daß zur Verloosung der nach § 4 des gedachten Nachtrags zur Amortisation bestimmten Prioritätsaktien ein Termin auf

Donnerstag den 25. Januar d. J., Vormittags 10 Uhr, im Konferenzzimmer der unterzeichneten Direktion angesetzt worden ist. Es kommen 7200 Thlr. jener Aktien zur Verloosung, und es wird den Inhabern unserer Prioritätsaktien anheim gestellt, dieser Verloosung beizuwohnen.
Berlin, den 9. Januar 1844.
Die Direktion der Berlin-Potsdamer Eisenbahngesellschaft.

Der Mühlenmeister Schuster zu Herzfelde beabsichtigt den Bau einer Bockwindmühle auf seinem eigenthümlichen, bei seiner Wassermühle belegenen Acker. Dies wird hierdurch mit dem Bemerken zur öffentlichen Kenntniß gebracht, daß alle etwanige Widersprüche hiergegen, sowohl aus dem Edikte vom 28. Oktober 1810, wie aus der Allerhöchsten Kabinetsordre vom 23. Oktober 1826, binnen 8 Wochen präklusivischer Frist bei dem unterzeichneten Landrathe anzumelden und zu begründen sind. Templin, den 28. Dezember 1843.
Der Landrath des Templinschen Kreises
von Haas.

Land- und Stadtgericht zu Freienwalde an der Oder, den 9. Oktober 1843.

Auf dem in der Berliner Straße hierselbst Nr. 183 belegenen Bürgerhause, nebst Apotheken-Privilegium und Zubehör, steht aus dem Kaufkontrakte vom 4/7. August 1816 zwischen dem Apotheker Christian Gotthold Crusius und dem Vorbesitzer, Apotheker Johann Samuel Ernst Schmiedeke, für letzteren ein Restkaufgeld von 2530 Thlr. 20 Sgr. ex decreto vom 17. September 1816, im Hypothekenbuche Tom. VI Nr. 210 Pag. 116 seq. Rubr. III Nr. 1 eingetragen, welches laut dessen Testament de publ. den 2. April 1822 und Erbrezesses d. d. Wesenberg, den 3. November 1825, et confirm. den 10. Dezember 1825 auf den Pharmazeuten Ernst Georg Gotthilf Fischer übergegangen, für ihn ex decreto vom 1. August 1826 umgeschrieben, und demselben von dem benannten Kontrakte vom 4/7. August 1816 nebst Hypothekenschein, ein abgezweigtes Dokument ertheilt ist. Dies abgezweigte Dokument soll angeblich verloren

gegangen sein. Die Inhaber dieses Dokuments, so wie alle diejenigen, welche an dieser Post oder an dem darüber sprechenden Dokumente als Eigenthümer, Erben, Zessionarien, Pfand- oder sonstige Briefsinhaber, oder aus irgend einem andern Rechtsgrunde Ansprüche zu machen haben, werden aufgefordert, sich in dem

am 13. März 1844, Vormittags 11 Uhr, im hiesigen Gerichtslokale anberaumten Termine einzufinden, das bezeichnete Dokument mit zur Stelle zu bringen, und ihre Ansprüche anzumelden und nachzuweisen, widrigenfalls sie damit präkludirt, das benannte Schulddokument für amortisirt erklärt, und an dessen Stelle ein neues ausgefertigt werden soll.

Bei Vertheilung der Kaufgelder der im Wege der nothwendigen Subhastation veräußerten, hierselbst sub Nr. 246 belegenen, im Hypothekenbuche des unterzeichneten Gerichts Vol. I Pag. 489 verzeichneten Kleinbürgerstelle, ist auf ein für die Wittwe Henkel, Anne Marie geb. Voigt, sub Rubr. III Nr. 8 aus der Obligation vom 3. Oktober 1805 eingetragenes Kapital von 700 Thlr. nebst den Zinsen, ein Perzipienbum von 767 Thlr. 20 Sgr. Kourant gefallen, welches, da die Obligation nicht hat beigebracht werden können, zu einer Spezialmasse transferirt worden ist.

Da die seither angestellten Nachforschungen, um das bezeichnete Dokument herbeizuschaffen, fruchtlos gewesen sind, so werden alle diejenigen unbekannten Personen, welche als Eigenthümer, Erben, Zessionarien, Pfandinhaber oder sonst Berechtigte auf die oben gedachte Spezialmasse Ansprüche zu haben glauben, aufgefordert, in dem auf

den 21. März k. J., Vormittags 11 Uhr, im Stadtgerichtszimmer hierselbst anberaumten Termine entweder persönlich, oder durch gehörig legitimirte Bevollmächtigte zu erscheinen, und ihre Ansprüche anzumelden, widrigenfalls sie mit denselben werden präkludirt werden.

Zu diesem Termine werden zugleich die ihrem Aufenthalte nach unbekannten Erben der Wittwe Henkel, Anne Marie geb. Voigt hiermit vorgeladen.
Rauen, den 24. Dezember 1843.
Königl. Preuß. Stadtgericht.

Es werden
I. die unbekannten Erben folgender für todt erklärter Personen:

1) der drei Geschwister, des Müllers Peter Friedrich, des Karl Friedrich und der Marie Sophie Hinze, verwittweten Bartels von Werder (Nachlaß etwa 4 Thlr.),
2) des Soldaten Franz Depré oder Franz Defert (Nachlaß circa 3 Thlr.),
3) des Bedienten Joh. Friedr. Christoph von Sgarmund (Nachlaß 50 und einige Thlr.);
II. die unbekannten Erben des im April d. J. durch Selbstentleibung ums Leben gekommenen Arbeitsmanns Friedrich Maaß aus Nedlitz (Nachlaß etwa 12 Thlr.), und
III. der seit 1821 verschollene Büdnersohn Johann Gottfried Sohn, dessen im Depositorio befindliches Vermögen circa 30 Thlr. beträgt, so wie deren Erben und Erbnehmer hiermit vorgeladen, sich vor oder spätestens in dem auf den 6. November 1844, Vormittags 11 Uhr, angesetzten Termine bei dem unterzeichneten Gerichte schriftlich oder persönlich zu melden, widrigenfalls der Verschollene wird für todt erklärt, die unbekannten Erben und Erbnehmer aber mit allen Ansprüchen an die Vermögensmassen ausgeschlossen und solche den sich legitimirenden Erben, resp. dem Königl. Fiskus werden zugesprochen und ausgeantwortet werden.

Potsdam, den 27. Dezember 1843.
Königl. Justizamt.

Rothwendiger Verkauf.
Königl. Kammergericht in Berlin.

Das in der Chausseestraße Nr. 70 hierselbst belegene, im Hypothekenbuche des Königl. Kammergerichts Vol. II b Nr. 35 Pag. 156 verzeichnete Wohnhaus nebst Zubehör, abgeschätzt auf 13,448 Thlr. 28 Sgr. 9¾ Pf. zufolge der, nebst Hypothekenschein und Bedingungen in der Registratur einzusehenden Taxe, soll
am 30. April 1844, Vormittags 11 Uhr,
an ordentlicher Gerichtsstelle subhastirt werden.

Rothwendiger Verkauf.

Das dem Architekten Johann Konrad Adler zugehörige, Chausseestraße Nr. 63 a hierselbst belegene, und im Hypothekenbuche des Königl. Kammergerichts Vol. IV b Nr. 129 Pag. 193 verzeichnete, aus Wohnhaus, Garten und Kegelbahn bestehende Grundstück, abgeschätzt auf 12,700 Thlr. 1 Sgr. 5¼ Pf. zufolge der, nebst Hypothekenschein und Bedingungen in der Registratur des Königl. Kammergerichts einzusehenden Taxe, soll

---

am 18. Mai 1844, Vormittags 11 Uhr, an ordentlicher Gerichtsstelle subhastirt werden.

Zugleich wird zu diesem Termine der seinem Aufenthalte nach unbekannte Gutsbesitzer Golnick, event. dessen Erben, als Realprätendent vorgeladen.

Berlin, den 25. September 1843.
Königl. Preuß. Kammergericht.

Rothwendiger Verkauf.
Königl. Kammergericht in Berlin.

Das vor dem Oranienburger Thore hierselbst in der Kesselstraße belegene, dem Architekten Johann Konrad Adler gehörige, im Hypothekenbuche des Königl. Kammergerichts Vol. IV b Nr. CXXXVI Pag. 361 verzeichnete Grundstück, abgeschätzt auf 5974 Thlr. 25 Sgr. zufolge der, nebst Hypothekenschein und Bedingungen in der Registratur einzusehenden Taxe, soll
am 31. Mai 1844
an ordentlicher Gerichtsstelle subhastirt werden.

Rothwendiger Verkauf.
Königl. Kammergericht in Berlin.

Das vor dem Oranienburger Thore hierselbst in der Kesselstraße belegene, und im Hypothekenbuche des Königl. Kammergerichts Vol. IV b Nr. CXXXVII Pag. 385 verzeichnete Grundstück des Architekten Johann Konrad Adler, abgeschätzt auf 3164 Thlr. 20 Sgr. zufolge der, nebst Hypothekenschein und Bedingungen in der Registratur einzusehenden Taxe, soll
am 30. April 1844
an ordentlicher Gerichtsstelle subhastirt werden.

Rothwendiger Verkauf.
Stadtgericht zu Berlin, den 5. Oktober 1843.

Das in der Blumenstraße Nr. 54 belegene Grundstück des Tischlermeisters Kuppinger, gerichtlich abgeschätzt zu 15,673 Thlr. 15 Sgr. 3 Pf., soll am 21. Mai 1844, Vormittags 11 Uhr, an der Gerichtsstelle subhastirt werden. Taxe und Hypothekenschein sind in der Registratur einzusehen.

Das dem Kleidermacher Karl Gottfried Krause gehörige, in der Hodißstraße Nr. 6 belegene, in unserm Hypothekenbuche von der Stadt Vol. IX Nr. 620 verzeichnete, auf 5129 Thlr. 14 Sgr. 9 Pf. abgeschätzte Grundstück nebst Zubehör, soll im Wege der nothwendigen Subhastation verkauft werden, und ist hierzu ein Bietungstermin auf den 26. April 1844, Vormittags 10 Uhr, vor dem Stadtgerichtsrath Herrn Steinhausen im Stadtgericht, Lindenstraße Nr. 54, anberaumt.

Der Hypothekenschein, die Taxe und die besonderen Kaufsbedingungen sind in unserer Registratur einzusehen. Potsdam, den 6. Oktober 1843.

Königl. Stadtgericht hiesiger Residenz.

Nothwendiger Verkauf.

Das dem Scharfrichtereibesitzer Friedrich Wilhelm Georg Stender allhier gehörige, sub Nr. 168 in der Scharfrichterstraße belegene Wohnhaus mit der dazu gehörigen Scharfrichterei und Abdeckerei, dem Hausgarten, der Robahwiese und allem Zubehör, gerichtlich abgeschätzt zu 34,796 Thlr. 28 Sgr. 7½ Pf., zufolge der, nebst Hypothekenschein in unserer Registratur täglich einzusehenden Taxe, soll
am 13. Mai 1844, Vormittags 10 Uhr, an hiesiger Gerichtsstelle subhastirt werden.

Wusterhausen a. d. Dosse, den 17. Okt. 1843.

Königl. Preuß. Stadtgericht.

Nothwendiger Verkauf.

Stadtgericht zu Berlin, den 20. Oktober 1843.

Das in der Linienstraße Nr. 108 belegene Tischlermeister Wellesche Grundstück, gerichtlich abgeschätzt zu 2792 Thlr. 6 Sgr. 8 Pf., soll
am 5. März 1844, Vormittags 11 Uhr, an der Gerichtsstelle subhastirt werden. Taxe und Hypothekenschein sind in der Registratur einzusehen.

Nothwendiger Verkauf.

Land- und Stadtgericht zu Neustadt-Eberswalde.

Das zu Neustadt-Eberswalde vor dem Unterthore an der Stettiner Kunststraße belegene Wohnhaus des verstorbenen Ober-Steuer-Kontroleurs Teller, abgeschätzt auf 1502 Thlr. zufolge der, nebst Hypothekenschein und Bedingungen im IIten Geschäftsbüreau einzusehenden Taxe, soll
am 1. März 1844, Vormittags 11 Uhr, im Gerichtshause an den Meistbietenden verkauft werden.

Nothwendiger Verkauf.

Königl. Haus-Fidei-Kommiß-Herrschafts-Gericht Rheinsberg, den 11. November 1843.

Das hierselbst belegene, dem Kaufmann Dühring gehörige Wohnhaus an der Schloß- und langen Straßen-Ecke Nr. 40 b mit allem Zubehör, worin seit vielen Jahren eine Material-Handlung

betrieben worden, abgeschätzt auf 1927 Thlr. 1 Sgr. 10 Pf., soll
den 29. Februar 1844, Vormittags 10 Uhr, in der hiesigen Gerichtsstube an den Meistbietenden verkauft werden. Die Taxe und der Hypothekenschein können werktäglich in unserer Registratur eingesehen werden.

Das dem Büdner Friedrich Wilhelm Henkel gehörige, in Trechwitz belegene Büdnergrundstück, abgeschätzt auf 550 Thlr., soll
am 26. März 1844, Vormittags 11 Uhr, auf der Gerichtsstube in Jeserig subhastirt werden. Die Taxe, der Hypothekenschein und die Kaufsbedingungen sind in unserer Registratur einzusehen.

Brandenburg, den 1. November 1843.

Das von Rochowsche Patrimonialgericht über Trechwitz.

Land- und Stadtgericht zu Bernau, den 11. November 1843.

Die zum Nachlasse des allhier verstorbenen Riemermeisters Pätzel gehörigen, in und bei hiesiger Stadt belegenen Grundstücke, bestehend aus einem im Hypothekenbuche Vol. I Nr. 18 verzeichneten, in der Hohen-Steinstraße sub Nr. 18 belegenen Wohnhause nebst Zubehör, abgeschätzt auf 1693 Thlr. 27 Sgr. 8 Pf., einer Vol. II Nr. 46 verzeichneten Scheune, abgeschätzt auf 210 Thlr. 13 Sgr. 10 Pf., einem Vol. VI Nr. 117 verzeichneten Garten, abgeschätzt auf 126 Thlr. 1 Sgr. 3 Pf., dem Vol. IV Nr. 54 verzeichneten Wortlande, abgeschätzt auf 159 Thlr. 21 Sgr. 8 Pf., einer Vol. V Nr. 17 verzeichneten Rohrwiese, abgeschätzt auf 123 Thlr. 12 Sgr. 1 Pf., und zweien Vol. III Nr. 54 und 55 verzeichneten Bernauer Hufen, abgeschätzt auf 2326 Thlr. 17 Sgr. 10 Pf., sind Theilungshalber zur nothwendigen Subhastation gestellt, und steht der Bietungstermin am 29. Februar 1844, Vormittags 11 Uhr, an hiesiger Gerichtsstelle an.

Hypothekenschein und Taxe können täglich in der Registratur eingesehen werden.

Nothwendiger Verkauf.

Stadtgericht Charlottenburg, den 14. Nov. 1843.

Das im hiesigen stadtgerichtlichen Hypothekenbuche Vol. VII Nr. 337 verzeichnete, in der Wilmersdorfer Straße sub Nr. 4 belegene, auf 2422 Thlr. 26 Sgr. 1 Pf. gerichtlich taxirte Grundstück, soll am 3. April 1844, Vormittags 10 Uhr, an hiesiger Gerichtsstätte subhastirt werden. Taxe und Hypothekenschein sind in unserer Registratur einzusehen. Unbekannte Realprätendenten haben sich bei Vermeidung der Präklusion mit ihren etwanigen Ansprüchen in diesem Termine zu melden.

Nothwendiger Verkauf.
Stadtgericht zu Berlin, den 17. November 1843.
Das hierselbst in der Jägerstraße Nr. 58 belegene Huotsche Grundstück, gerichtlich abgeschätzt zu 7474 Thlr. 28 Sgr. 1 Pf., soll am 25. Juni 1844, Vormittags 11 Uhr, an der Gerichtsstelle subhastirt werden. Taxe und Hypothekenschein sind in der Registratur einzusehen.

Nothwendiger Verkauf.
Königl. Justizamt Potsdam, den 21. Nov. 1843.
Folgende, dem Steuermann Joh. Friedr. Aug. Baumgarten zu Werder gehörige Grundstücke:
1) ein im Pfarrhofe daselbst belegenes, Vol. IV Fol. 21 des Hypothekenbuchs verzeichnetes Wohnhaus nebst Garten, abgeschätzt auf 466 Thlr. 17 Sgr. 2 Pf., und
2) ein im Moosfenn bei Werder delegener, Vol. I Fol. 60 des Hypothekenbuchs verzeichneter Weinberg, abgeschätzt auf 64 Thlr. 20 Sgr., sollen am 30. März k. J., Vormittags 11 Uhr, an Ort und Stelle zu Werder subhastirt werden.
Taxe und Hypothekenscheine sind in unserm IIten Büreau werktäglich einzusehen.

Nothwendiger Verkauf.
Königl. Land= und Stadtgericht zu Straußberg, den 11. Dezember 1843.
Das vor dem Landsbergerthore am Straußsee hierselbst belegene, dem Schönfärber David Benjamin Kuhnt gehörige Färberei=Grundstück, nebst den dazu gehörigen Färberei=Utensilien, abgeschätzt auf zusammen 2258 Thlr. 27 Sgr. 3 Pf., soll am 26. März 1844, Vormittags 11 Uhr, an ordentlicher Gerichtsstelle subhastirt werden.
Taxe und Hypothekenschein sind in der Registratur einzusehen.

Nothwendiger Verkauf.
Land= und Stadtgericht zu Zehdenick.
Die zum Nachlasse des verstorbenen Bäckermeisters Johann Ludwig Gerloff gehörige wüste Hausstelle in der Herrenstraße hierselbst nebst Zubehör, abgeschätzt auf 153 Thlr. 3 Sgr. 9 Pf. zufolge der, nebst Hypothekenschein und Bedingungen in der Registratur einzusehenden Taxe, soll am 19. April 1844, Vormittags 11 Uhr, an ordentlicher Gerichtsstelle subhastirt werden.
Zugleich werden die ihrem Aufenthalte nach unbekannten Erben des verstorbenen Krügers Johann Dahlenburg in Falkenthal und die unverehelichte Dorothee Louise Charlotte Gerloff als Realgläubiger zu diesem Termine vorgeladen.

Nothwendiger Verkauf.
Land= und Stadtgericht zu Luckenwalde, den 2. November 1843.
Das dem verstorbenen Tuchmachermeister Ludwig Hagen und seiner Ehefrau, Hanne Louise geb. Wasserlein gehörige, hierselbst auf der Burg belegene, und zu 741 Thlr. 22 Sgr. 2 Pf. gerichtlich abgeschätzte Kleinerbengut nebst Zubehör, soll am 16. April 1844, Vormittags 11 Uhr, an ordentlicher Gerichtsstelle subhastirt werden.
Die Taxe und der neueste Hypothekenschein können in der Registratur eingesehen werden.

Nothwendiger Verkauf.
Land= und Stadtgericht zu Luckenwalde, den 20. Dezember 1843.
Das der verehelichten Kossäth Schröder, Hanne Louise geb. Hennig gehörige, in Bardenitz belegene Kossathengut, gerichtlich abgeschätzt auf 1475 Thlr. 9 Sgr. 2 Pf., soll in termino den 22. April 1844, Vormittags 11 Uhr, an ordentlicher Gerichtsstelle subhastirt werden.
Die Taxe und der neueste Hypothekenschein können in der Registratur eingesehen werden.

Das den Erben des verstorbenen Arbeitsmanns Schulze gehörige, in der Berlinstraße Nr. 9 belegene, in unserm Hypothekenbuche von der Nauener Vorstadt Vol. II Nr. 83 c verzeichnete, auf 525 Thlr. 16 Sgr. 8 Pf. abgeschätzte Grundstück nebst Zubehör, soll im Wege der nothwendigen Subhastation verkauft werden, und ist hierzu ein Bietungstermin auf den 26. April 1844, Vormittags 10 Uhr, vor dem Stadtgerichtsrath Herrn Steinhausen im Stadtgericht, Lindenstraße Nr. 54, anberaumt.
Der Hypothekenschein, die Taxe und die besonderen Kaufbedingungen sind in unserer Registratur einzusehen.
Zugleich werden alle diejenigen, welche etwa Ansprüche auf das Grundstück oder die Kaufgelder zu haben vermeinen, hiermit aufgefordert,

diese spätestens bis zu dem oben gedachten Termine anzumelden und nachzuweisen, widrigenfalls dieselben präkludirt, und ihnen damit ein ewiges Stillschweigen sowohl gegen die jetzigen Besitzer, als auch gegen den Käufer und die Gläubiger auferlegt werden wird.

Potsdam, den 22. Dezember 1843.

Königl. Stadtgericht hiesiger Residenz.

Nothwendiger Verkauf,

Stadtgericht zu Berlin, den 27. Dezember 1843.

Das in der neuen Roßstraße Nr. 7 belegene Grundstück der Kaufmann Gleich'schen Erben, gerichtlich abgeschätzt zu 21,353 Thlr. 15 Sgr., soll Theilungshalber

am 20. August 1844, Vormittags 11 Uhr, an ordentlicher Gerichtsstelle subhastirt werden.

Taxe und Hypothekenschein sind in der Registratur einzusehen.

Die unbekannten Realprätendenten werden unter der Verwarnung der Präklusion vorgeladen.

Nothwendiger Verkauf.

Stadtgericht zu Berlin, den 30. Dezember 1843.

Das Neu-Köln am Wasser Nr. 19 und Wallstraße Nr. 61 belegene Reusche'sche Grundstück, gerichtlich abgeschätzt zu 10,245 Thlr. 19 Sgr., soll Schuldenhalber

am 13. August 1844, Vormittags 11 Uhr, an der Gerichtsstelle subhastirt werden. Taxe und Hypothekenschein sind in der Registratur einzusehen.

Es sollen in hiesiger Stadtholzung mehrere Hundert Eichen auf dem Stamme, deren Zahl besonders nach der Konkurrenz der Kaufliebhaber bestimmt werden wird, öffentlich gegen Meistgebot verkauft werden. Wir haben zu solchem Verkaufe einen Termin auf

Montag den 12. Februar d. J.

angesetzt, und laden wir Kaufliebhaber ein, sich an solchem Tage, Vormittags 10 Uhr, an Ort und Stelle einzufinden, mit der Bemerkung, daß bei angemessenen Preisen am folgenden Tage mit dem Verkaufe fortgefahren werden wird.

Der Transport des Holzes zu Wasser wird durch die nahe belegene Müritz begünstigt.

Sign. Röbel in Mecklenburg-Schwerin, am 4. Januar 1844.

Bürgermeister und Rath.

Im Einverständnisse mit der Stadtverordneten-Versammlung soll das der hiesigen Kommune gehörige, auf dem französischen Hofe belegene, an die Grundstücke in der Spreegasse Nr. 13 und 14, in der Brüderstraße Nr. 10 und 11, und an der Friedrichsgracht Nr. 61 grenzende sogenannte Köllnische Schulkollegenhaus, welches bei der hiesigen städtischen Feuer-Sozietät mit 3925 Thlr. versichert ist, und für sonstige Kommunalzwecke nicht weiter gebraucht wird, öffentlich an den Meistbietenden verkauft werden.

Hierzu ist ein Lizitationstermin auf den 26. Februar 1844, Vormittags 10 Uhr, im Magistrats-Parteienzimmer auf dem Berlinischen Rathhause vor unserm Deputirten, Herrn Syndikus Hedemann angesetzt, wozu Kauflustige mit dem Bemerken eingeladen werden, daß das Kaufgeld bei der Übergabe des Grundstücks von dem Meistbietenden, welcher vier Wochen für sein Gebot verhaftet bleibt, baar bezahlt, und daß im Lizitationstermine zur Sicherheit des Magistrats eine Kaution für das Meistgebot von 500 Thlr. in Stadtobligationen, Staatsschuldscheinen oder in baarem Gelde berichtigt werden muß.

Die speziellen Kaufsbedingungen sind täglich in unserm Journalzimmer auf dem Berlinischen Rathhause einzusehen.

Berlin, den 31. Dezember 1843.

Oberbürgermeister, Bürgermeister und Rath hiesiger Residenzen.

Nothwendiger Verkauf behufs Aufhebung der Gemeinschaft.

Stadtgericht zu Pritzwalk, den 9. Januar 1844.

Das den Erben der allhier verstorbenen Wittwe Benzien, Marie Dorothee geb. Knop gehörige, am Kemnitzer Thore belegene Wohnhaus nebst Kegelbahn, Stallgebäuden, 2 Morgen 67 □Ruthen Gartenland und 1 Morgen 135 □Ruthen Wiese, in welchem seit einer Reihe von Jahren die Gast- und Schankwirthschaft mit gutem Erfolge betrieben ist, abgeschätzt auf 2434 Thlr. 24 Sgr. 3 Pf. zufolge der, nebst Hypothekenschein in der Registratur einzusehenden Taxe, soll

am 13. April 1844, Vormittags 11 Uhr, an ordentlicher Gerichtsstelle subhastirt werden.

Nothwendiger Verkauf.

Stadtgericht zu Straßburg in der Ukermark.

Das zur Schuhmacher Heinke'schen Nachlaßmasse gehörige Haus in der Sackstraße Nr. 374

und die Hauskavelwiese Nr. 29, abgeschätzt auf
416 Thlr. und resp. 38 Thlr. zufolge der, nebst
Hypothekenschein in der Registratur einzusehenden
Taxe, soll unter vorgängiger Regulirung der Bedingungen
    am 22. April 1844, Vormittags 11 Uhr,
an ordentlicher Gerichtsstelle subhastirt werden.
Alle unbekannte Realprätendenten werden aufgeboten, sich bei Vermeidung der Präklusion spätestens in diesem Termine zu melden.

Freiwilliger Verkauf
des Krugguts im Dorfe Paaren.

Die im Dorfe Paaren, eine Meile von Nauen,
auf der Straße von Nauen nach Oranienburg belegene, eine Meile von Cremmen entfernte und in
bester Nahrung stehende Krugstelle mit sehr guten
Gebäuden, 39 Morgen 22 ☐Ruthen Acker, 17
Morgen 139 ☐Ruthen Wiesen, erster als letztere sowohl nahe beim Dorfe; wie auch für 19
Haupt Rindvieh Aufhütungs-, nebst Raff- und Leseholzgerechtigkeit im nahen Königl. Forst, soll im
Wege der Lizitation aus freier Hand verkauft werden, und habe ich hierzu einen Termin auf
    den 12. Februar 1844, Vormittags 11 Uhr,
im Kruge zu Paaren anberaumt, wozu ich Kaufliebhaber mit dem Bemerken einlade, daß die Kaufbedingungen im Termine bekannt gemacht werden
sollen, solche auch von heute ab bei mir einzusehen
sind; erforderlichen Falls kann auch der Verkauf
vor dem Termine stattfinden, und können Kaufliebhaber sich deshalb bei mir, oder beim Krüger
Hübner zu Paaren melden. Neben der Krugnahrung würde eine Bäckerei und ein Material-
geschäft mit Vortheil betrieben werden können,
da es an beiden Geschäften im sehr volkreichen
Orte sowohl, als in der nahen Umgegend fehlt.
    Nauen, den 3. Januar 1844.
        Der Güter- und Kommissionsagent
            M. F. Cohn.

Bockverkauf.

Auf dem Rittergute Erxleben bei Seehausen in
der Altmark beginnt der Verkauf von Zeit- und
älteren Böcken am Dienstage den 6. Februar d. J.,
Vormittags 9 Uhr. Die Preise sind für die erste
Klasse auf 5 Friedrichsd'or und für die zweite
Klasse auf 3 Friedrichsd'or festgestellt.
            von Jagow.

---

* Eine Anzahl lehnener Bauhölzer sollen in der
hiesigen Stiftsforst
    am 12. k. M., Vormittags 10 Uhr,
auf dem Stamme an den Meistbietenden verkauft
werden. Heiligengrabe, den 9. Januar 1844.
          Der Stiftsförster Kolbitz.

Auf der Ziegelei zu Lamsfeld bei Lieberose steht
ein Quantum ganz gut gebrannter Mauersteine,
große Form, billig zum Verkaufe, und können solche
auf Verlangen zu jeder Zeit an den nahe liegenden
schiffbaren Schwielong-See geliefert werden.

Ich habe mehrere Hundert Schock gerades und
gutes Rohr gegen billigen Preis zu jeder Zeit zu
verkaufen.
    Wendeberg Nr. 7 bei Havelberg, den 8. Ja-
nuar 1844.   Wilhelm Strunck.

Ein gutes Fortepiano ist für 35 Thlr. zu verkaufen in Potsdam, Scharrnstraße Nr. 4.
           Wittwe Königsberg.

Für Tabacksschnupfer.

Wir zeigen dem Publikum hierdurch an, daß
es uns gelungen ist, eine sehr bedeutende Post
mehr als 30 Jahre alten Taback anzuschaffen,
welcher durch langjährige mühsame Pflege den positiven Vortheil hat, daß er die Verstopfung
der Nase sogleich erleichtert und bei Erkältung,
wenn auch schon von lange, den Augen in ganz
kurzer Zeit eine auffallende Erleichterung giebt;
man versuche und wird die Wahrheit sogleich finden.

Um Irrthümer zu vermeiden, haben wir diesen
Taback Hirschfeld's eigene Mischung ge-
nannt, und bitten das Publikum, genau auf unsern
Stempel zu achten.
    H. Hirschfeld jun. & Comp. in Berlin,
    Königstraße Nr. 2, nahe der Kurfürstenbrücke.

Am 5. Dezember v. J. hat sich ein brauner,
mit weißmelirten Flecken gezeichneter und fleckhaa-
riger Hühnerhund, der auf den Namen »Boston«
hört, verlaufen, oder ist gestohlen worden. Wer
denselben so nachweist, daß ihn Unterzeichneter
wieder bekommt, erhält fünf Thlr. Belohnung.
    Potsdam, den 10. Januar 1844.
        Heinrich Müller, Schloßstraße Nr. 6.

Oeffentlicher Anzeiger.

zum 4ten Stück des Amtsblatts

Der Königlichen Regierung zu Potsdam und der Stadt Berlin.

Den 26. Januar 1844.

* Dem Friedrich Bickelmann zu Saarbrücken ist unterm 11. Januar 1844 ein Patent

auf eiserne Wagenräder in der durch Zeichnung und Beschreibung nachgewiesenen Ausführung

auf sechs Jahre, von jenem Tage an gerechnet, und für den Umfang der Monarchie ertheilt worden.

* Die Forstgerichtstage für das Scharfenbrücker und Zinnaer Forstrevier werden im Jahre 1844 an den drei ersten Montagen der Monate Februar, April, Juni, September, Oktober und Dezember, Vormittags von 8 Uhr an, abgehalten werden.

Luckenwalde, den 10. Januar 1844.

Königl. Preuß. Land= und Stadtgericht.

* Die Holzstrafgerichtstage Zechliner, Menzer und Neu=Glienecker Reviers pro 1844 sind

auf den 7. und 8. Februar, 17. und 18. April, 5. und 6. Juni, 7. und 8. August, 8. und 10. Oktober, 11. und 12. Dezember,

Vormittags 8 Uhr, in der Gerichtsstube zu Zechlin, und die des Neuendorfer Reviers auf den zweiten Mittwoch jeden Monats, Vormittags 9 Uhr, in der Gerichtsstube zu Wittstock angesetzt.

Wittstock, den 17. Januar 1844.

Königl. Preuß. Justizamt Wittstock, Goldbeck und Zechlin.

* Im Auftrage der Königl. Regierung hierselbst wird das unterzeichnete Hauptamt, und zwar in dessen Amtsgelasse

am 2. März d. J., Vormittags 10 Uhr,

die Chausseegeld=Erhebung am Wannsee zwischen Berlin und Potsdam, an den Meistbietenden, mit Vorbehalt des höheren Zuschlages, vom 1. Juli d. J. ab zur Pacht ausstellen.

Nur als dispositionsfähig sich ausweisende Personen, welche vorher mindestens 400 Thlr. baar oder in annehmlichen Staatspapieren bei dem un-

terzeichneten Hauptamte zur Sicherheit niedergelegt haben, werden zum Bieten zugelassen.

Potsdam, den 12. Januar 1844.

Königl. Haupt=Steueramt.

Steckbriefe.

* Der nachstehend signalisirte Porzellanmaler Johann Dan. Erdm. Franck ist hier als rückfälliger Bettler und Landstreicher gerichtlich bestraft worden, hierauf aber aus der hiesigen städtischen Arbeitsanstalt entwichen. Sämmtliche resp. Behörden werden dienstergebenst ersucht, auf diesen gemeinschädlichen Umhertreiber gefälligst achten, und ihn im Betretungsfalle hierher transportiren lassen zu wollen. Potsdam, den 15. Januar 1844.

Königl. Polizeidirektor,

Regierungsrath von Kahlden=Normann.

Signalement des Porzellanmalers Johann Daniel Erdmann Franck. Geburtsort: Eilenburg, Alter: 21 Jahre, Größe: 5 Fuß 6½ Zoll, Haare: blond, Stirn: bedeckt, Augenbraunen: blond, Augen: grau, Nase und Mund: gewöhnlich, Zähne: vollständig, Bart: blond, Kinn und Gesichtsbildung: länglich, Gesichtsfarbe: gesund, Statur: mittel.

* Der von uns wegen Brandstiftung zur Untersuchung gezogene 13.jährige Knabe Johann Friedrich Wilhelm Sixtus, Sohn des vor Kurzem in Hohen=Wutzen verstorbenen Zimmergesellen Sixtus, hat sich aus dem elterlichen Hause entfernt, und sein Aufenthalt ist bis jetzt nicht ermittelt worden.

Alle Militair= und Zivilbehörden ersuchen wir daher dienstergebenst, auf den Knaben Sixtus zu vigiliren, ihn im Betretungsfalle verhaften und hierher in unser Gefängniß transportiren zu lassen. Ein Signalement kann von demselben nicht gegeben werden.

Zehden, den 17. Januar 1844.

Königl. Land= und Stadtgericht.

Nr.	Namen und Stand.	Geburtsort.	Alter J.	Größe F. Z.	Haare.	Stirn.	Augen- braunen.
1	Bursche Heinrich Emanuel Weller	Kirchberg im Königreich Sachsen,	18	4 11	blond	rund	blond
2	Abraham Potalofski, Handels- mann,	Pintokow in Polen	46	5 5	schwarz- braun	hoch	braun
3	Ernst Lebrecht Brettschneider, Webergeselle,	Geringswalda im König- reich Sachsen,	27	5 5	schwarz- braun	breit, niedrig	braun
4	Heinrich Theodor Halm, Schriftsetzer	Oberstenfeld im König- reich Württemberg,	24	5 5	braun	hoch	schwarz- braun
5	Friederike Dorothee Louise Escher, unverehelicht,	Grabow in Mecklenburg- Schwerin,	26	4 10	hellblond	niedrig, schmal	blond
6	Karl Heinrich Weiß, Schlossergeselle	Breitenbrunn im König- reich Sachsen,	22	5 1	braun, gelockt	niedrig	braun
7	Johann David Götze, Tuchbereiter- geselle,	Langembergsdorf im Kö- nigreich Sachsen,	22	5 —	dunkel- blond	flach, bedeckt	dunkel- blond
8	Karl Friedrich August Starke, We- bergeselle,	Thandorf im Königreich Sachsen,	20	5 —	dunkel- braun	frei	dunkel- braun

* Am 16. November v. J. hat sich der Büdner Gottfried Johl aus Herbersdorf, im Besitz von Militairpapieren, heimlich aus seinem Wohnorte entfernt, und ist bis jetzt nicht zurückgekehrt, treibt sich vielmehr, aller Wahrscheinlichkeit nach, zweck- los umher.

Seine Familie ist von allen Subsistenzmitteln entblößt und dadurch in eine kummervolle Lage versetzt, und werden alle resp. Polizeibehörden er- gebenst ersucht, den Johl, wo er sich betreten lassen sollte, anzuhalten und mittelst beschränkter Reiseroute nach Hause zu weisen.

Derselbe ist 40 und einige Jahre alt, 5 Fuß 3 Zoll groß, mittlerer Statur, hat braunes Haar, graue Augen, gewöhnliche Nase und Mund, und gesunde Gesichtsfarbe. Er hat viel Pockennarben im Gesicht, und auf den Armen eingeätzte Herzen mit seinem Namen.

Jüterbogk, den 16. Januar 1844.

Das Dominium Wiepersdorf.

* Der nachstehend signalisirte Brauergehülfe Frie- drich Oswald Liebermann hat angeblich den ihm von der Polizei-Direktion zu Posen am 11. August 1843 ertheilten, und am 2. Januar d. J. in Cüstrin zuletzt visirten Wanderpaß verloren. Zur

Vermeidung eines etwanigen Mißbrauchs wird dies hiermit zur öffentlichen Kenntniß gebracht, und der gedachte Wanderpaß für ungültig erklärt.

Berlin, den 12. Januar 1844.

Königl. Polizei-Präsidium.

Signalement. Vor- und Familienname: Friedrich Oswald Liebermann, Geburts- und Aufenthaltsort: Posen, Religion: evangelisch, Alter: 24 Jahre, Größe: 5 Fuß 3 Zoll, Haare: schwarz, Stirn: bedeckt, Augenbraunen: schwarz, Augen: blau, Nase und Mund: gewöhnlich, Bart: schwach, Zähne: gesund, Kinn: rund, Gesichtsbildung: oval, Gesichtsfarbe: gesund, Gestalt: stark, Sprache: deutsch, besondere Kennzeichen: auf dem linken Auge blind.

* Der nachstehend signalisirte Fleischergeselle Fer- dinand Hadwitz hat angeblich den ihm am 4. September 1843 von dem unterzeichneten Polizei- Präsidium ertheilten, und zuletzt am 1. Januar d. J. in Wittenberg visirten Paß verloren.

Zur Vermeidung eines etwanigen Mißbrauchs wird dies hiermit zur öffentlichen Kenntniß gebracht, und der gedachte Wanderpaß hierdurch für ungültig erklärt. Berlin, den 17. Januar 1844.

Königl. Polizei-Präsidium.

die Landesgrenze gewiesenen Bettler und Vagabonden.

Augen.	Nase.	Mund.	Kinn.	Bart.	Gesicht.	Statur.	Besondere Kennzeichen.
grau	dick, ein-gebogen	klein	rund	—	oval	untersetzt.	
braun	gebogen	klein	rund	braun	rund	mittel.	
schwarz-braun	mittel	mittel	breit	blond	oval	mittel.	an der rechten Seite angeblich eine Narbe.
schwarz	propor-tionirt	klein	rund	braun	länglich	schlank.	
blau	lang, spitz	mittel, dicke Lippen	spitz	—	oval	mittel.	
braun	kurz	gewöhn-lich	rund	—	breit	untersetzt.	
grünlich	kurz, breit	mittel	rund	dunkel	breit, voll	klein.	
blaugrau	gewöhn-lich	gewöhn-lich	rund	—	rund	mittel.	

Signalement. Vor- und Familienname: Ferdinand Hackwitz, Geburts- und Aufenthalts-ort: Berlin, Religion: evangelisch, Alter: 19 Jahre, Größe: 5 Fuß, Haare: blond, Stirn: frei, Augenbraunen: blond, Augen: blau, Nase und Mund: gewöhnlich, Zähne: vollständig, Kinn: rund, Gesichtsbildung: oval, Gesichtsfarbe: gesund, Gestalt: mittel.

** Am 4. d. M. ist in der Havel, unfern der Cornow-Wiese bei Potsdam, ein unbekannter männlicher Leichnam gefunden worden, der bereits stark in Verwesung übergegangen, woraus sich auf ein schon vor längerer Zeit erfolgtes Ableben schließen läßt.

Der Körper ist etwa 5 Fuß 4 Zoll groß, untersetzter Statur, der Kopf mit braunem Haar stark bedeckt, das Gesicht, der eingetretenen Verwesung halber, in seinen einzelnen Theilen nicht mehr zu unterscheiden und das Alter auf etwa 40 Jahre anzunehmen.

Nach der Kleidung gehört der Leichnam einem Manne niedern Standes an; dieselbe besteht in einem weißleinenen Hemde, einem Paar groben leinenen Beinkleidern, einem Paar Unterbeinkleidern, einem Paar ledernen Hosenträgern, einer langen Jacke, einem bunten wollenen Shawl und einem Paar langen rindledernen Stiefeln; sie ist ebenfalls schon sehr in Fäulniß übergegangen, auch an vielen Stellen zerrissen.

Alle, welche den Verstorbenen kennen, oder über die Verhältnisse desselben irgend etwas anzugeben vermögen, werden aufgefordert, dies dem unterzeichneten Justizamte entweder schleunigst schriftlich anzuzeigen, oder sich darüber in dem auf den 14. Februar d. J., Vormittags 11 Uhr, in unserm Gerichtslokale, Friedrichstraße Nr. 7, vor dem Herrn Assessor Schnee anberaumten Termine zu Protokoll vernehmen zu lassen.

Kosten werden dadurch nicht veranlaßt.

Potsdam, den 11. Januar 1844.
Königl. Justizamt.

* Folgende, nach unserer Bekanntmachung vom 2. d. M. in den hiesigen öffentlichen Blättern, den 13. desselben Monats ausgelooste Königsberger Stadt-Obligationen kündigen wir hiermit zum 1. Juli 1844.

Nr. 77. 414. 442. 2769. 5283. 5694. 5809. 5877. 6506. 6952. 6972. 8391. 9100. 9716. 10,151. 11,259. 11,516. 11,710. 11,893. 12,184. 13,023. 13,209. 13,249. 13,352. 13,384. 13,891. 14,406. 14,492 à 50 Thlr.

Nr. 416. 967. 979. 1541. 3228. 3478. 3610.
3648. 3776. 3900. 3942. 3961. 4222. 4448.
5247. 5392. 5417. 6277. 8021. 8222. 8239.
8505. 8737. 8816. 9085. 9209. 9468. 10,551.
11,005. 11,194. 11,437. 12,826. 12,898. 13,736.
13,934 à 100 Thlr.

Nr. 12,064 à 150 Thlr.

Nr. 2670. 2876. 3819. 4447. 5338. 9681. 14,665
à 200 Thlr.

Nr. 860. 2330. 2888. 3395. 4420. 14,662 à
300 Thlr.

Nr. 12,519. 13,491 à 350 Thlr.

Nr. 2205. 7602 à 400 Thlr.

Nr. 270. 1398. 1713. 1784. 2213. 3057. 3382.
9018. 9051. 12,026 à 500 Thlr.

Nr. 3906. 12,020 à 700 Thlr.

Nr. 207. 1234. 1495. 1964 à 1000 Thlr.

Die Auszahlung der Valuta nach dem Renn-
werthe und der fälligen Zinsen erfolgt vom 1. Juli
1844 ab durch unsere Stadtschulden-Tilgungskasse
an den Tagen Montag, Dienstag, Donnerstag und
Freitag, von 9 bis 12 Uhr Vormittags, gegen
Einlieferung der Obligationen, welche mit der auf
dem gesetzlichen Stempel ausgestellten Quittung
der Inhaber, so wie mit den Zinskoupons von
Nr. 74 ab versehen sein müssen.

Die vorstehend gekündigten Obligationen tragen
vom 1. Juli 1844 ab keine Zinsen, und haben diejenigen Inhaber derselben, welche die Valuta bis
zum 15. August l. J. nicht erheben sollten, zu
gewärtigen, daß diese für ihre Rechnung und Gefahr dem Depositorio des hiesigen Königl. Stadtgerichts eingeliefert wird.

Königsberg, den 14. Dezember 1843.

Magistrat Königl. Haupt- und Residenzstadt.

* Die dem hiesigen Stifte gehörige mittel und
kleine Jagd, auf der Feldmark des Dorfes Dam-
lack bei Havelberg, soll von Bartolomäi 1844 bis
1850, mithin auf sechs hinter einander folgende
Jahre, öffentlich meistbietend verpachtet werden.

Zu diesem Zwecke ist

am 22. Mai d. J., Vormittags 11 Uhr,
im Gasthofe zum Stern zu Havelberg ein Termin anberaumt worden, zu welchem die Pachtlustigen mit dem Bemerken eingeladen werden, daß die

Pachtbedingungen vor dem Termine in dem hiesigen
Geschäftszimmer eingesehen werden können.

Stift zum Heiligengrabe, den 9. Januar 1844.

Der Stiftshauptmann von Axemann.
Im Auftrage.

Die niedere Jagd auf den Feldmarken Keller,
Rönnedeck und Strudensee soll, höherer Verfügung
zufolge, auf die nächsten sechs Jahre, einzeln oder
im Ganzen, anderweit öffentlich meistbietend verpachtet werden.

Hierzu steht ein Termin auf

Freitag den 2. Februar d. J.,
Vormittags 9 Uhr, in der Oberförsterei zu Alt-
Ruppin an, wo alsdann auch die Pachtbedingun-
gen vorgelegt werden sollen.

Alt-Ruppin, den 12. Januar 1844.

Königl. Oberförsterei.

Preußische Renten-Versicherungsanstalt.

Nach einer Mittheilung Seiner Exzellenz des
Herrn Ministers des Innern vom 14. d. M. haben
Seine Majestät der König mittelst Allerhöchster
Kabinetsordre vom 4. desselben Monats mir die
nachgesuchte Entlassung von dem Präsidium des Kuratoriums der Preußischen Renten-Versicherungs-
Anstalt Allergnädigst zu bewilligen, und zugleich
den Präsidenten des hiesigen Haupt-Banko-Di-
rektoriums, Herrn von Lamprecht, zu meinem
Dienstnachfolger zu ernennen geruhet, welches ich
mit dem Bemerken hierdurch bekannt mache, daß
der Herr Präsident von Lamprecht die Präsidial-
Geschäfte des gedachten Kuratoriums vom 2. Januar l. J. übernehmen wird.

Berlin, den 27. Dezember 1843.

von Reimann.

Preußische Renten-Versicherungsanstalt.

Mittelst Verfügung Seiner Exzellenz des Herrn
Ministers des Innern vom 26. d. M. sind auf
Antrag des unterzeichneten Kuratoriums:

1) Herr Blesson, Major a. D., als erstes
Mitglied,

2) Herr Dzimsky, Rechnungsrath, als zweites
Mitglied, und

3) Herr Grein, Kammergerichts-Rath, in der
Eigenschaft als Justitiarius,

der Direktion der Preußischen Renten-Versicherungsanstalt definitiv bestätigt worden, welches,
dem § 51 der Statuten gemäß, hierdurch zur
öffentlichen Kenntniß gebracht wird.

Berlin, den 29. Dezember 1843.

Das Kuratorium der Preußischen Renten-
Versicherungsanstalt.

von Reimann.

Der Mühlenbauer Fehrmann zu Lenzen hat
die Absicht, auf einem ihm eigenthümlich gehörigen,
auf der Feldmark ▓▓▓▓ Lenzen belegenen Ackerstück eine Windm▓▓▓ sogenannten Halbholländer,
mit zwei Gängen, für Mehlbereitung, und einer
Vorrichtung zur Anfertigung von Graupen und
einer dergleichen zum Lobestampfen, zu erbauen.

Indem ich dies hiermit zur öffentlichen Kenntniß bringe, fordere ich alle diejenigen auf, welche
aus dem Edikte vom 28. Oktober 1810, oder aus
der Allerhöchsten Kabinetsordre vom 23. Oktober
1826 ein begründetes Widerspruchsrecht gegen die
Ausführung des obigen Vorhabens zu haben glauben, dieses Widerspruchsrecht binnen 8 Wochen
präklusivischer Frist, vom Tage dieser Bekanntmachung an gerechnet, entweder bei mir oder bei
dem Bauherrn schriftlich geltend zu machen.

Perleberg, den 13. Januar 1844.

Königl. Landrath der Westprignitz.

Saldern.

Land- und Stadtgericht ▓ Freienwalde an
der Oder, den 9. Oktober 1843.

Auf dem in der Berliner Straße hierselbst
Nr. 183 belegenen Bürgerhause, nebst Apotheken-
Privilegium und Zubehör, steht aus dem Kaufkontrakte vom ♃. August 1816 zwischen dem Apotheker
Christian Gotthold Crusius und dem Vorbesitzer,
Apotheker Johann Samuel Ernst Schmiede,
für letzteren ein Restkaufgeld von 2530 Thlr. 20
Sgr. ex decreto vom 17. September 1816, im
Hypothekenbuche Tom. VI Nr. 210 Pag. 116
seq. Rubr. III Nr. 1 eingetragen, welches laut
dessen Testaments de publ. den 2. April 1822
und Erbrezesses d. d. Wesenberg, den 3. November
1825, et confirm. den 10. Dezember 1825 auf den

Pharmazenten Ernst Georg Gotthilf Fischer übergegangen, für ihn ex decreto vom 1. August 1826
umgeschrieben, und demselben von dem benannten
Kontrakte vom ♃. August 1816 nebst Hypothekenschein, ein abgezweigtes Dokument ertheilt ist.
Dies abgezweigte Dokument soll angeblich verloren
gegangen sein. Die Inhaber dieses Dokuments,
so wie alle diejenigen, welche an dieser Post oder
an dem darüber sprechenden Dokumente als Eigenthümer, Erben, Zessionarien, Pfand- oder sonstige Briefsinhaber, oder aus irgend einem andern
Rechtsgrunde Ansprüche zu machen haben, werden
aufgefordert, sich in dem

am 13. März 1844, Vormittags 11 Uhr,
im hiesigen Gerichtslokale anberaumten Termine
einzufinden, das bezeichnete Dokument mit zur
Stelle zu bringen, und ihre Ansprüche anzumelden
und nachzuweisen, widrigenfalls sie damit präkludirt, das benannte Schulddokument für amortisirt
erklärt, und an dessen Stelle ein neues ausgefertigt werden soll.

Die Frau des Tagearbeiters Hans Joachim
Meyer, Anna Elisabeth geb. Blumenthal, sonst
zu Vorwerk Haaren, und deren Erben haben die
42 Thlr. 15 Sgr. 8 Pf., welche sich für Erstere
in unserm Depositorium befinden, abzufordern,
weil solche sonst an die Justiz-Offizianten Wittwen-
kasse eingesandt werden.

Perleberg, den 20. Januar 1844.

von Freyersches Gericht zu Hoppenrade und Garz.

Nothwendiger Verkauf.

Königl. Kammergericht in Berlin.

Der sechste Antheil des am Thierarznei-Schulplatz Nr. 1 hier belegenen, im Hypothekenbuche
des Kammergerichts Vol. VIII Nr. 31 Pag. 361
verzeichneten Grundstücks, welcher sechste Antheil
einen Taxwerth von 3430 Thlr. 13 Sgr. 5 Pf.
hat, zufolge der, nebst Hypothekenschein und Be-
bi▓▓▓gen in der Registratur einzusehenden Taxe,

am 29. März 1844, Vormittags 10 Uhr,
an ordentlicher Gerichtsstelle subhastirt werden,
wobei bemerkt wird, daß das ganze Grundstück
auf 20,582 Thlr. 20 Sgr. 7½ Pf. abgeschätzt ist.

Zugleich werden als Hypothekengläubiger

a) die unbekannten Erben der verehelichten Kauf=
mann Pàtow son., Rose geb. Löwie,

b) der Kondukteur David Gottlieb Pàtow oder
dessen Erben, als Miterben des Partikuliers
David Gottlieb Pàtow,

c) der Kurator der Kaufmann Karl Friedrich
Pàtow schen Konkursmasse, und

d) der Kaufmann C. W. Hübner oder dessen
Erben,

hierzu öffentlich vorgeladen.

Nothwendiger Verkauf.

Stadtgericht zu Berlin, den 25. November 1843.

Das in der Klosterstraße Nr. 13 belegene Fel=
belsche Grundstück, gerichtlich abgeschätzt zu 9595
Thlr. 20 Sgr. 9 Pf., soll

am 5. Juli 1844, Vormittags 11 Uhr,

an der Gerichtsstelle subhastirt werden. Taxe und
Hypothekenschein sind in der Registratur einzusehen.

Der dem Aufenthalte nach unbekannte Real=
gläubiger, Rentier Johann Friedrich Christian
Flemming, wird hierdurch vorgeladen.

Königl. Erbpachtsgericht Britz.

Die beiden zu Britz bei Neustadt=Eberswalde
belegenen, im Hypothekenbuche sub Nr. II und
IX verzeichneten Büdnergrundstücke der Zimmer=
mann Krumbach schen Erben, abgeschätzt auf resp.
717 Thlr. 15 Sgr. und 160 Thlr. zufolge der,
nebst Hypothekenschein und Bedingungen im Ge=
richtslokale einzusehenden Taxe, sollen

am 2. April 1844, Vormittags 11 Uhr,

an der Gerichtsstelle zu Britz Theilungshalber
subhastirt werden.

Nothwendiger Verkauf, Theilungshalber.

Land= und Stadtgericht Trebbin, den 6. Ja=
nuar 1844.

Nachstehende, den 20 Eigenthümern des vor=
maligen Amtsvorwerks Trebbin noch gemeinschaft=
lich zugehörigen Grundstücke:

A. 1) das Schäfer= und Hirtenhaus, taxirt auf
355 Thlr., 2) der Stall rechts auf dem
Hofe, taxirt auf 36 Thlr., 3) der Stall und
die Scheune links auf dem Hofe, taxirt auf
60 Thlr., 4) der offene Brunnen, taxirt auf

5 Thlr., 5) die Haus= und Hofstelle, taxirt
auf 34 Thlr.,

B. die Stammwiese in fünf Theilen, zusammen
auf 845 Thlr. taxirt,

C. die Buchwiese in zwei Theilen, zusammen
auf 490 Thlr.,

D. der große Garten vor dem Berliner Thore,
taxirt auf 125 Thlr.,

E. der kleine Garten im Buhn, taxirt auf 30 Thlr.,

sollen zufolge der in unserer Registratur einzusehen=
den Taxe und Bedingungen,

am 27. April d. J.

an ordentlicher Gerichtsstelle subhastirt werden.

Nothwendiger Verkauf.

von Winterfeldtsches Patrimonialgericht über
Neuhoff zu Wittenberge.

Das den Tischler Fischer schen Eheleuten ge=
hörende, im Hypothekenbuche Vol. V sub Nr. 13
verzeichnete Wohnhaus zu Blüthen, abgeschätzt
nach der in unserer Registratur täglich einzusehen=
den Taxe auf 120 Thlr., soll

am 26. April 1844, Vormittags 10 Uhr,

auf der Gerichtsstube zu Neuhoff meistbietend
verkauft werden.

Nothwendiger Verkauf.

Gericht über Sagast zu Wittenberge.

Die in unserm Hypothekenbuche Vol. I sub
Nr. 27 verzeichnete, dem Kolonisten Pöhls ge=
hörende Kolonistenstelle zu Neu=Sagast, abgeschätzt
nach der in der Registratur täglich einzusehen=
den Taxe auf Thlr., soll

am 27. April 1844, Vormittags 11 Uhr,

auf der Gerichtsstube zu Sagast meistbietend ver=
kauft werden.

Nothwendiger Verkauf.

Gericht der Herrschaft Putlitz, den 19. Dez. 1843.

Das dem Schuhmacher Johann Gottfried Wil=
helm Bethke zu Buckow gehörige, daselbst bele=
gene, und Vol. I Nr. 37 des Hypothekenbuchs
von Buckow verzeichnete Wohnhaus nebst Zubehör,
abgeschätzt zu 135 Thlr. zufolge der, nebst Hypo=
thekenschein in der Registratur einzusehenden Taxe,
soll den 29. April 1844, Vormittags 11 Uhr,
an Gerichtsstelle subhastirt werden.

Nothwendiger Verkauf.

Königl. Land- und Stadtgericht zu Brandenburg, den 30. Dezember 1843.

Das hierselbst in der Fischerstraße sub Nr. 101 belegene, Vol. III Fol. 54 Nr. 101 des Hypothekenbuchs der Altstadt verzeichnete, dem Handelsmann Johann Christian Kühl gehörige Wohnhaus nebst Hauskabel, gerichtlich abgeschätzt auf 614 Thlr. 11 Sgr. 9 Pf., soll

am 13. Mai 1844, Vormittags 11 Uhr,

an ordentlicher Gerichtsstelle vor dem Deputirten, Herrn Kammergerichts-Assessor Bendel, subhastirt werden. Taxe und Kaufbedingungen, so wie der neueste Hypothekenschein sind in der Registratur einzusehen.

Die Subhastation des am grünen Wege belegenen Reumeyerschen Grundstücks und der auf den 27. Februar d. J. angesetzte Bietungstermin werden hierdurch aufgehoben.

Berlin, den 6. Januar 1844.

Königl. Stadtgericht hiesiger Residenz.

Abtheilung für Kredit-, Subhastations- und Nachlaßsachen.

Nothwendiger Verkauf.

Das zu Tempitz sub Nr. 16 belegene, Nr. 16 Pag. 181 des Hypothekenbuchs verzeichnete, dem Schmiedemeister Johann Friedrich Kuhring gehörige Bürgergut, abgeschätzt auf 613 Thlr. 18 Sgr. 5 Pf. zufolge der, nebst Hypothekenschein und Bedingungen in der Registratur einzusehenden Taxe, soll

am 3. Mai d. J., Vormittags 11 Uhr,

an hiesiger Gerichtsstelle subhastirt werden.

Zugleich werden die dem Aufenthalte nach unbekannten Erben des Holzsägers Johann Christian Horn und des Mühlenbescheibers Johann Friedrich Schulze hierzu vorgeladen.

Buchholz, den 11. Januar 1844.

Königl. Land- und Stadtgericht.

Königl. Land- und Stadtgericht Zossen, den 13. Januar 1844.

Das dem Bauer Johann Gottfried Pape I gehörige, im Dorfe Schünow belegene, im Hypo-

thekenbuche Vol. V Pag. 345 verzeichnete, auf 1467 Thlr. 10 Sgr. 10 Pf. gewürdigte Bauergut, soll Schuldenhalber im Termine

den 4. Juli d. J., Vormittags 11 Uhr,

an hiesiger Gerichtsstelle subhastirt werden.

Taxe und Hypothekenschein können werktäglich in unserer Registratur eingesehen werden.

Die Nachlaß-Effekten des hierselbst verstorbenen Kaufmanns Heinrich Ludwig Steffin, bestehend in Kleidungsstücken, Laden-Utensilien, Gefäßen und verschiedenen Materialwaaren zc., sollen

am 6. Februar d. J., Vormittags 9 Uhr,

im Sterbehause an den Meistbietenden verkauft werden, wozu Kauflustige hierdurch eingeladen werden.

Cremmen, den 15. Januar 1844.

Königl. Preuß. Land- und Stadtgericht.

Es soll ein Theil der im hiesigen Königl. Schlosse vorhandenen Meubles und Hausgeräthe, namentlich Suphas, Polsterstühle, Rohrstühle, Spiegel, Kommoden, Schränke, Waschtoiletten, Tische, Bettstellen, Betten, Matratzen, Bett- und Tischwäsche, Kupfer, Eisen- und Blechgeschirre, Porzellan, Gläser und Flaschen, gegen gleich baare Bezahlung öffentlich an den Meistbietenden verkauft werden. Dazu ist ein Termin auf den 18. März d. J., Vormittags von 9 bis 12 Uhr, und Nachmittags von 2 bis 5 Uhr und folgende Tage bis zur Vollendung der Auktion anberaumt, wozu zahlungsfähige Kaufliebhaber hierdurch eingeladen werden.

Rheinsberg, den 7. Januar 1844.

Der Justizrath F. A. Troschel.

Freiwilliger Verkauf des Krugguts im Dorfe Paaren.

Die im Dorfe Paaren, eine Meile von Nauen, auf der Straße von Nauen nach Oranienburg belegene, eine Meile von Cremmen entfernte und in bester Nahrung stehende Krugstelle mit sehr guten Gebäuden, 30 Morgen 22 □Ruthen Acker, 17 Morgen 130 □Ruthen Wiesen, ersterer als letztere sowohl nahe beim Dorfe; wie auch für 19 Haupt Rindvieh Anschütungs-, nebst Raff- und Leseholzgerechtigkeit im nahen Königl. Forst, soll im Wege der Licitation aus freier Hand verkauft werden, und habe ich hierzu einen Termin auf den 12. Februar 1844, Vormittags 11 Uhr, im Kruge zu Paaren anberaumt, wozu ich Kaufliebhaber mit dem Bemerken einlade, daß die Kaufbedingungen im Termine bekannt gemacht werden sollen, solche auch von heute ab bei mir einzusehen sind; erforderlichen Falls kann auch der Verkauf vor dem Termine stattfinden, und können Kaufliebhaber sich deshalb bei mir, oder beim Krüger Hübner zu Paaren melden. Neben der Krugnahrung würde eine Bäckerei und ein Materialgeschäft mit Vortheil betrieben werden können, da es an beiden Geschäften im sehr volkreichen Orte sowohl, als in der nahen Umgegend fehlt.

Nauen, den 3. Januar 1844.

Der Güter- und Kommissionsagent

M. J. Cohn.

Im Dorfe Schlalach bei Treuenbrietzen steht eine wohleingerichtete Papierfabrik, welche sich, da die vorhandene Wasserkraft ungefähr 20 Pferdekräften gleich kommt, auch zu jeder andern Fabrikanlage eignen würde, und zwar, wenn es gewünscht werden sollte, mit dem dabei befindlichen nicht unbedeutenden Acker, aus freier Hand zu verkaufen. Das Nähere ist bei dem unterzeichneten Eigenthümer zu erfahren.

Schlalach, den 17. Januar 1844.

F. G. Putz, Papierfabrikant.

Für Pacht- und Kauflustige.

Außer einer großen Anzahl zum Verkauf gestellter Güter, Gasthöfe und Mühlen, in fast allen Provinzen des Preuß. Staats belegen, sollen sofort oder später folgende, im Oberbruche belegene Grundstücke resp. verpachtet oder verkauft werden: a) zu verpachten: 1) ein Bauergut mit 200 M. Acker, 2) eine Bäckerei; b) zu verkaufen: ein Lehngut mit 214 M. Acker, ein Gut mit 124 M., und einige von 100 bis zu 30 M. Acker; Mühlen, Gasthöfe, worunter ein frequenter Gasthof mit Bäckerei, Materialhandlung und 35 M. Acker, derselbe eignet sich zur Anlegung einer Branntwein-Destillation. Nähere Auskunft ertheilt der Güteragent H. L. Beuthner in Letschin im Oberbruche.

In Letschin im Oberbruche, welches Dorf 3200 Einwohner hat, und worin ein Steueramt, eine Postexpedition, eine Apotheke und ein Arzt sich befinden, soll ein gut gebautes Haus, enthaltend fünf Stuben, Kammern und zwei Küchen, wobei auch geräumige Stallung und ein Garten ist, des baldigsten verkauft werden. Da nicht allein auf den Ort selbst, sondern auch auf die volkreiche Umgegend zu rücksichtigen, so würde das Grundstück quaest. für einen tüchtigen Geschäftsmann jeder Art sich eignen. Nähere Auskunft ertheilt

H. L. Beuthner in Letschin.

In meiner Stammschäferei stehen wieder, wie alljährlich, Zuchtwidder verschiedenen Alters zu bekannten Preisen zur Auswahl bereit.

K. H. Runge,

zu Pletz bei Neu-Brandenburg.

Düngergipsmehl,

sehr fein gemahlen, empfiehlt zum Preise von 7½ Thlr. pro Winspel, à 26 Scheffel Berliner Maaß.

C. F. Schultze in Spandau.

Zugleich die ergebene Anzeige, daß in meiner Niederlage in Berlin, Ziegelstraße Nr. 11 und 12, das Gipsmehl zu demselben Preise verkauft wird.

Für Tabacksschnupfer.

Wir zeigen dem Publikum hierdurch an, daß es uns gelungen ist, eine sehr bedeutende Post mehr als 30 Jahre alten Tabacks anzuschaffen, welcher durch langjährige mühsame Pflege den positiven Vortheil hat, daß er die Verstopfung der Nase sogleich erleichtert und bei Erkältung, wenn auch schon von lange, den Augen in ganz kurzer Zeit eine auffallende Erleichterung giebt; man versuche und wird die Wahrheit sogleich finden.

Um Irrthümer zu vermeiden, haben wir diesen Taback Hirschfeld's eigene Mischung genannt, und bitten das Publikum, genau auf unsern Stempel zu achten.

H. Hirschfeld jun. & Comp. in Berlin,

Königstraße Nr. 2, nahe der Kurfürstenbrücke.

Oeffentlicher Anzeiger

zum 5ten Stück des Amtsblatts

der Königlichen Regierung zu Potsdam und der Stadt Berlin.

Den 2. Februar 1844.

* Den Kaufleuten und Fabrikbesitzern Zuckerschwerdt und Beuchel zu Magdeburg sind unterm 13. Januar 1844 zwei Patente, und zwar das eine

auf die Darstellung des Zuckers in Würfelform, insoweit dieses Verfahren als neu und eigenthümlich erkannt worden ist,

das andere aber

auf ein Verfahren beim Klären des Zuckers,

so weit es als neu und eigenthümlich erkannt ist, ersteres auf fünf Jahre, das zweite auf sechs Jahre von jenem Tage an gerechnet, für den Umfang der Monarchie ertheilt worden.

* Dem Pierre André Nicolas zu Charlottenburg ist unterm 13. Januar 1844 ein Einführungspatent

auf eine für neu und eigenthümlich erachtete Maschine zum Kämmen der Wolle in der durch Zeichnungen und Beschreibung nachgewiesenen Zusammensetzung,

auf acht Jahre, von jenem Tage an gerechnet, und für den Umfang des Preußischen Staats ertheilt worden.

* Bau- und Nutzholz-Verkauf.

Am 13. Februar d. J., Vormittags 10 Uhr, sollen im Gasthofe zum grünen Baum zu Gadow bei Wittstock, aus den Schutzbezirken Quast und Gadow der Königl. Neuendorfer Forst circa 400 Stück Kiefern-Bauhölzer, 160 Stück Kiefern-Sageblöcke, und 25½ Klafter Kiefern-Böttcher-Nutzholz meistbietend verkauft werden.

Die Licitationsbedingungen werden im Termine bekannt gemacht werden, und ist darnach der vierte Theil des Kaufgeldes sofort zu berichtigen.

Die Bauhölzer und Sageblöcke liegen theils ¼, theils ½ Meilen von der Dosse entfernt, und erstere bestehen beinahe ausschließlich aus ordinair-starken und extra-starken Hölzern.

Die sämmtlichen Hölzer können schon von jetzt ab in Augenschein genommen werden, und sind

die betreffenden Forstschutzbeamten angewiesen, solche auf Verlangen an Ort und Stelle nachzuweisen.

Forsthaus Neuendorf, den 24. Januar 1844.

Im Auftrage der Königl. Regierung.

Der Oberförster Zimmermann.

* Der von uns unterm 10. d. M. erlassene Steckbrief ist dadurch erledigt, daß der Glaser Johann Karl August Wellert bereits am 30. Dezember v. J. in das Landarmenhaus zu Prenzlau wieder eingeliefert ist.

Lindow, den 22. Januar 1844.

Der Magistrat.

* Der nachstehend signalisirte Tischlergeselle Johann Karl August Wegner hat angeblich den ihm am 19. Juli 1843 von dem unterzeichneten Polizei-Präsidium ertheilten und nach Stettin visirten Wanderpaß verloren. Zur Vermeidung von etwanigen Mißbräuchen wird dies öffentlich bekannt gemacht, und der gedachte Wanderpaß hierdurch für ungültig erklärt.

Berlin, den 24. Januar 1844.

Königl. Polizei-Präsidium.

Signalement. Alter: 19 Jahre, Größe: 5 Fuß 3 Zoll, Haare: blond, Stirn: frei, Augenbrauen: blond, Augen: grau, Nase und Mund: gewöhnlich, Bart: blond, Kinn und Gesicht: oval, Gesichtsfarbe: gesund, Statur: mittel.

* Der Barbiergeselle Karl Joachim Friedrich Schulz aus Treptow an der Tollense hat seinen ihm vom Magistrat daselbst unterm 26. April v. J. auf ein Jahr gültigen Wanderpaß angeblich auf der Reise hierher verloren, weshalb dieser Paß hiermit für ungültig erklärt wird.

Prenzlau, den 15. Januar 1844.

Der Magistrat.

Signalement. Alter: 23 Jahre, Größe: 5 Fuß 1 Zoll, Haare: blond, Stirn: frei, Augenbraunen: blond, Augen: grau, Nase: stark, Mund: mittel, Bart: im Entstehen, Kinn und Gesicht: oval, Gesichtsfarbe: gesund, Statur: klein.

Die nach unserer Bekanntmachung vom 9. d. M. auf heut bestimmt gewesene statutenmäßige Verloosung von 7200 Thlr. Prioritätsaktien hat nicht vor sich gehen können, weil dieser Termin zu kurze Zeit vorher bekannt gemacht war. Es ist deshalb ein neuer Termin zu jenem Zwecke auf

den 20. Februar d. J., Nachmittags 4 Uhr,

im Konferenzzimmer der unterzeichneten Direktion angesetzt, und wird den Inhabern der Prioritätsaktien anheimgestellt, demselben beizuwohnen.

Berlin, den 25. Januar 1844.
Die Direktion der Berlin-Potsdamer Eisenbahn-Gesellschaft.

Der Mühlenmeister Schuster zu Herzfelde beabsichtigt den Bau einer Bockwindmühle auf seinem eigenthümlichen, bei seiner Wassermühle belegenen Acker. Dies wird hierdurch mit dem Bemerken zur öffentlichen Kenntniß gebracht, daß alle etwanige Widersprüche hiergegen, sowohl aus dem Edikte vom 28. Oktober 1810, als aus der Allerhöchsten Kabinetsorder vom 23. Oktober 1826, binnen 8 Wochen präklusivischer Frist bei dem unterzeichneten Landrathe anzumelden und zu begründen sind. Templin, den 28. Dezember 1843.
Der Landrath des Templinschen Kreises von Haas.

Ediktal-Zitation.

Die unbekannten Erben des am 30. November 1834 zu Zehneck verstorbenen Kolonisten und Urbeitsmanns Johann Wilke, dessen baare Verlassenschaft 37 Thlr. 9 Sgr. 3 Pf. beträgt, werden hierdurch aufgefordert, sich binnen 9 Monaten, und spätestens in dem

am 29. Juni 1844, Vormittags 11 Uhr,

an unserer gewöhnlichen Gerichtsstelle zu Prenzlau angesetzten Termine, entweder in Person, oder durch zulässige, mit hinlänglicher Information versehene Bevollmächtigte, wozu ihnen der Justiz-Kommissarius Boots hier vorgeschlagen wird, einzufinden, oder sich schriftlich zu melden.

Wenn sich in diesem Termine keine Erben melden, oder die sich meldenden ihr Erbrecht nicht gehörig nachweisen können, so werden sie mit ihren Erbansprüchen präkludirt, und wird alsdann die Nachlassmasse als herrenloses Gut dem Fiskus zugesprochen werden.
Prenzlau, den 3. August 1843.
Königl. Justizamt Gramzow.

Nothwendiger Verkauf.
Königl. Kammergericht.

Die im Niederbarnimschen Kreise bei Oranienburg belegene, im Hypothekenbuche des Königl. Kammergerichts Vol. III Pag. 197 verzeichnete Glashütte bei Friedrichsthal nebst Pertinenzien, abgeschätzt auf 19,380 Thlr. 21 Sgr. 1 Pf. zufolge der, nebst Hypothekenschein und Bedingungen in der Registratur einzusehenden Taxe, soll

am 13. März 1844, Vormittags 11 Uhr,
an ordentlicher Gerichtsstelle subhastirt werden.

Nothwendiger Verkauf.

Das zur erbschaftlichen Liquidationsmasse des zu Alt-Ranft verstorbenen Kammerherrn und Grafen von Hacke gehörige, daselbst belegene Freimannsgut, Meierei genannt, welches zufolge der, nebst Hypothekenschein in unserer Registratur einzusehenden Taxe auf 7739 Thlr. 5 Sgr. 4 Pf. gewürdigt, soll

am 18. März 1844, Vormittags 11 Uhr,
in der Gerichtsstube zu Alt-Ranft subhastirt werden.
Alle unbekannten Realprätendenten werden aufgefordert, sich bei Vermeidung der Präklusion mit ihren etwanigen Ansprüchen spätestens in diesem Termine zu melden.
Wriezen an der Oder, den 1. August 1843.
Gräflich von Hacke'sches Patrimonialgericht über Alt-Ranft.

Nothwendiger Verkauf.
Land- und Stadtgericht zu Brandenburg, den 18. September 1843.

Das hierselbst in der Altstadt, Ritterstraße Nr. 111 belegene, Vol. III Fol. 181 des Hypothekenbuchs eingetragene, und der unverehelichten Marie Dorothee Bach gehörige Haus mit Hauskavel, gerichtlich abgeschätzt auf 6684 Thlr. 18 Sgr. 10 Pf. zufolge dem, nebst Hypothekenschein und Kaufbedingungen in unserer Registratur einzusehenden Taxe, soll

am 19. April 1844, Vormittags 11 Uhr,
vor dem Deputirten, Herrn Land- und Stadtgerichtsrath Augustin, an ordentlicher Gerichtsstelle subhastirt werden.

Nothwendiger Verkauf.
Stadtgericht zu Neu-Ruppin.

Die hierselbst vor dem Scheunenthore am Ruppiner See belegene, Vol. IX Fol. 31 Nr. 17 und Vol. Cont. I Fol. 203 des hiesigen Hypothekenbuchs verzeichnete, der verwittweten Kaufmann H. S. Rousset geb. Zornauer gehörige Dampf-Delmühle, mit sämmtlichen dazu gehörigen Gebäuden, Maschinen und Gärten, gerichtlich abgeschätzt auf 16,382 Thlr. 7 Sgr. 1 Pf., soll

am 29. April 1844, Vormittags 11 Uhr, an ordentlicher Gerichtsstelle in nothwendiger Subhastation verkauft werden. Hypothekenschein und Taxe sind in unserer Registratur einzusehen.

Alle unbekannten Realprätendenten werden aufgefordert, sich bei Vermeidung der Präklusion spätestens in diesem Termine zu melden.

Nothwendige Subhastation.
Stadtgericht zu Wittstock, den 9. Oktober 1843.

Folgende, zum Nachlasse der verwittweten Tuchmachermeister Raphengst, Margarethe Elisabeth geb. Berger gehörige Grundstücke:

1) ein Wohnhaus, im zweiten Viertel auf dem Werder Nr. 67 belegen, und auf 595 Thlr. 21 Sgr. 5 Pf. abgeschätzt,

2) ein Garten, vor dem Röbeler Thore an der Sonnschen Brücke belegen, und auf 52 Thlr. 3 Sgr. 4 Pf. abgeschätzt, und

3) ein Garten, vor dem Kyritzer Thore am Pritzwalker Wege belegen, und auf 43 Thlr. 5 Sgr. abgeschätzt,

sollen am 1. März 1844, Vormittags 10 Uhr, an gewöhnlicher Gerichtsstelle subhastirt werden.

Taxe und Hypothekenschein sind in der Registratur des Gerichts einzusehen.

Nothwendiger Verkauf.
Land- und Stadtgericht zu Luckenwalde, den 16. Oktober 1843.

Die dem Mühlenmeister Karl Hartmann gehörige, bei Jänichendorf belegene holländische Windmühle, nebst Wohngebäude und Zubehör, auf 2160 Thlr. 17 Sgr. 10 Pf. abgeschätzt, soll

am 8. März 1844, Vormittags 11 Uhr, an ordentlicher Gerichtsstelle subhastirt werden.

Die Taxe und der neueste Hypothekenschein können in der Registratur eingesehen werden.

Nothwendiger Verkauf.
Stadtgericht zu Berlin, den 14. Oktober 1843.

Das in der Rosengasse Nr. 33 a belegene Oekonom Hamannsche Grundstück, gerichtlich abgeschätzt zu 6311 Thlr. 24 Sgr. 4½ Pf., soll

am 24. Mai 1844, Vormittags 11 Uhr, an der Gerichtsstelle subhastirt werden. Taxe und Hypothekenschein sind in der Registratur einzusehen.

Die unbekannten Realprätendenten, so wie der dem Aufenthalte nach unbekannte Realgläubiger, Zimmerpolier Johann Karl Friedrich Schulze werden hierdurch, und zwar erstere unter der Warnung der Präklusion öffentlich vorgeladen.

Nothwendiger Verkauf.
von Winterfeldsches Gericht zu Kehrberg.

Das dem verstorbenen Altsitzer Hans Joachim Gericke und dessen Ehefrau Anne Katharine geb. Langhoff gehörige Wohnhaus nebst Zubehör im Dorfe Kehrberg, sub Nr. 21 des Hypothekenbuchs, abgeschätzt zufolge der, nebst Hypothekenschein in der Registratur einzusehenden Taxe auf 655 Thlr., soll in termino

den 20. April 1844, Vormittags 11 Uhr, an gewöhnlicher Gerichtsstelle subhastirt werden.

Nothwendiger Verkauf.
Stadtgericht zu Berlin, den 26. Oktober 1843.

Das hierselbst vor dem Anhalter Thore an der Straße nach Schöneberg belegene Grundstück des Maurerpoliers Johann Karl Schulz, gerichtlich abgeschätzt zu 2906 Thlr. 26 Sgr. 3 Pf., soll Schuldenhalber

am 19. März 1844, Vormittags 11 Uhr, an der Gerichtsstelle subhastirt werden. Taxe und Hypothekenschein sind in der Registratur einzusehen.

Nothwendiger Verkauf.
Stadtgericht zu Berlin, den 28. Oktober 1843.

Das an der Stralauer Mauer Nr. 12 belegene Skodowskysche Grundstück, gerichtlich abgeschätzt zu 2429 Thlr. 13 Sgr., soll

am 15. März 1844, Vormittags 11 Uhr, an der Gerichtsstelle subhastirt werden. Taxe und Hypothekenschein sind in der Registratur einzusehen.

Nothwendiger Verkauf.
Stadtgericht zu Berlin, den 4. November 1843.

Das in der neuen Königsstraße Nr. 68 belegene Hempelsche Grundstück, gerichtlich abgeschätzt zu 11,260 Thlr. 7 Sgr. 9 Pf., soll

am 14. Juni 1844, Vormittags 11 Uhr,
an der Gerichtsstelle subhastirt werden. Taxe und
Hypothekenschein sind in der Registratur einzusehen.

Der dem Aufenthalte nach unbekannte Kleidermacher Johann George Hempel wird als Eigenthümer hierdurch öffentlich mit vorgeladen.

Rothwendiger Verkauf.

Stadtgericht zu Berlin, den 4. November 1843.
Das in der Landwehrstraße Nr. 38 a belegene
Grundstück der Ehefrau des Buchdruckers Zie-
mer, gerichtlich abgeschätzt zu 15,272 Thlr. 8
Sgr. 9 Pf., soll

am 18. Juni 1844, Vormittags 11 Uhr,
an der Gerichtsstelle subhastirt werden. Taxe und
Hypothekenschein sind in der Registratur einzusehen.

Rothwendiger Verkauf.

Königl. Justizamt Goldbeck, den 3. Nov. 1843.
Die zu Dossow belegenen, Vol. II Fol. 209 des
dortigen Hypothekenbuchs verzeichnete Schmiede-
bübnerstelle des Schmidts Trense, abgeschätzt auf
812 Thlr. 15 Sgr. zufolge der, nebst Hypothekenschein in unserer Registratur einzusehenden Taxe,
soll am 4. März 1844, Vormittags 11 Uhr,
an ordentlicher Gerichtsstelle subhastirt werden.

Rothwendiger Verkauf.

Königl. Stadtgericht zu Wittstock, den 8. November 1843.
Das zum Nachlasse des hierselbst verstorbenen
Arbeitsmanns Heuer gehörige, im ersten Viertel
in der Kettenstraße Nr. 97 belegene, im Hypothekenbuche der Häuser Vol. I Fol. 102 Nr. 97 eingetragene, und auf 1187 Thlr. 5 Sgr. 10½ Pf.
gerichtlich abgeschätzte Wohnhaus, soll

am 12. April 1844, Vormittags 11 Uhr,
an ordentlicher Gerichtsstelle subhastirt werden.

Taxe und Hypothekenschein sind in der Registratur des Gerichts einzusehen.

Rothwendiger Verkauf.

Land- und Stadtgericht zu Brandenburg, den
13. November 1843.
Das zu Lehnin sub Nr. 134 belegene, Vol. II
Fol. 541 des Hypothekenbuchs eingetragene, der
Wittwe Schmidt, Charlotte Eleonore geb.
Hauck, gehörige Bübnerhaus nebst einem Morgen
Gartenland, als Erbpachtsgrundstück gerichtlich
abgeschätzt auf 734 Thlr. 5 Sgr., soll

am 6. März 1844, Vormittags 11 Uhr,
vor dem Deputirten, Herrn Kammergerichts-Assessor
Krieger, an ordentlicher Gerichtsstelle subhastirt
werden. Taxe und Hypothekenschein sind in der
Registratur einzusehen.

Es soll das zum Nachlasse des Leinwebers
Johann Christoph Schulz gehörige, hierselbst am
neuen Markt belegene, Vol. III Fol. 101 Nr. 501
des Hypothekenbuchs verzeichnete Wohnhaus nebst
Zubehör, gerichtlich abgeschätzt auf 439 Thlr. 8
Sgr. 1½ Pf., in termino
den 2. April 1844, Vormittags 11 Uhr,
vor dem Herrn Assessor Zedelt an ordentlicher
Gerichtsstelle meistbietend verkauft werden.

Taxe und Hypothekenschein sind in der Re-
gistratur einzusehen.
Neu-Ruppin, den 24. November 1843.
Königl. Preuß. Stadtgericht.

Rothwendiger Verkauf.

Stadtgericht zu Berlin, den 25. November 1843.
Das in der Waßmannsstraße Nr. 33 a belegene Thomassinische Grundstück, gerichtlich abgeschätzt zu 9705 Thlr. 5 Sgr., soll
am 9. Juli 1844, Vormittags 11 Uhr,
an der Gerichtsstelle subhastirt werden. Taxe und
Hypothekenschein sind in der Registratur einzusehen.

Rothwendiger Verkauf.

Stadtgericht zu Berlin, den 25. November 1843.
Das in der Blumenstraße belegene Grundstück
des Kaufmanns Friedrich Wilhelm Aumann soll
in seinem jetzigen Zustande
am 12. Juli 1844, Vormittags 11 Uhr,
an der Gerichtsstelle subhastirt werden.

Die aufgenommene Taxe, nach welcher 1) der
Werth des Grund und Bodens 702 Thlr. 15 Sgr.,
2) der Werth der bisher verwendeten Materialien
und Arbeiten 5430 Thlr. 7 Sgr., also zusammen
6132 Thlr. 22 Sgr. betragen, wobei aber die noch
nicht zu ermittelnden Lasten nicht berücksichtigt sind,
und der Hypothekenschein sind in der Registratur
einzusehen.

Nachtrag zum Subhastations-Patent
vom 25. November 1843, in der Kaufmann Aumannschen Subhastationssache.

Der dem Aufenthalte nach unbekannte eingetragene Gläubiger, der Kaufmann Herr Karl Ro-

bert Aumann, wird zu diesem Termine öffentlich vorgeladen. Berlin, den 2. Januar 1844.

Königl. Stadtgericht hiesiger Residenzien.
Abtheilung für Kredit, Subhastations = und Nachlaßsachen.

Rothwendiger Verkauf.

Stadtgericht zu Berlin, den 30. November 1843.
Das in der Georgenstraße Nr. 17 belegene Schubart'sche Grundstück, gerichtlich abgeschätzt zu 16,183 Thlr. 11 Sgr. 9 Pf., soll Schuldenhalber am 16. Juli 1844, Vormittags 11 Uhr, an der Gerichtsstelle subhastirt werden. Taxe und Hypothekenschein sind in der Registratur einzusehen.

Rothwendiger Verkauf.

Stadtgericht zu Berlin, den 7. Dezember 1843.
Das in der Linienstraße Nr. 30 belegene Koch=sche Grundstück, gerichtlich abgeschätzt zu 2709 6 Sgr. 9 Pf., soll
am 16. April 1844, Vormittags 11 Uhr, an der Gerichtsstelle subhastirt werden. Taxe und Hypothekenschein sind in der Registratur einzusehen.

Öffentlicher Verkauf.

Patrimonialgericht Müllmersdorf, den 11. Dezember 1843.
Die bei Müllmersdorf im Templinschen Kreise belegene, im Hypothekenbuche Nr. 1 Fol. 1 auf den Namen der Geschwister Otto eingetragene und auf 6239 Thlr. 12 Sgr. 1 Pf. abgeschätzte Wassermühle, mit einem Gange und sechs Hirse=stampfen versehen, wozu gehören: an Gebäu=den: ein Wohnhaus, die Mahlmühle, eine Schnei=demühle, eine Scheune, zwei Ställe und eine Wind=mühle; an Grundstücken: acht Morgen Land, eine Wiese und ein Kohl= und Küchengarten; an Gerechtigkeiten: Fischerei, Holzungsgerechtsame und dergleichen mehr, soll Theilungshalber
am 11. Juli 1844, Vormittags 11 Uhr, an öffentlicher Gerichtsstelle subhastirt werden.
Die gerichtliche Taxe und der neueste Hypo=thekenschein können in der Registratur eingesehen werden. Alle unbekannten Realprätendenten werden zu diesem Termine mit vorgeladen.

Rothwendige Subhastation.

Stadtgericht Charlottenburg, den 12. Dez. 1843.
Das hierselbst in der Berliner Straße sub Nr. 73 belegene, im hiesigen stadtgerichtlichen Hy=

pothekenbuche Vol. cont. I Nr. XV verzeichnete Grundstück des Gastwirths und Kaffetiers Karl Lud=wig Beyer, abgeschätzt auf 7256 Thlr. 21 Sgr. 1 Pf. zufolge der, nebst Hypothekenschein in der Registratur einzusehenden Taxe, soll
am 17. Juli 1844, Vormittags 10 Uhr, im hiesigen Stadtgerichte, Jägerstraße Nr. 2, vor dem Herrn Kammergerichts=Assessor Kahle sub=hastirt werden.

Rothwendiger Verkauf.

Königl. Land= und Stadtgericht zu Straußberg, den 18. Dezember 1843.
Die hierselbst vor dem Landsberger Thore hin=ter dem Kollegenberge neben der Heide belegene so=genannte Heegermühle, bestehend aus einer Wasser=Mahlmühle, nebst Wohnung, Scheune und Stal=lung, 2 Gärten, 2 Wiesen und 2 Flecken Acker, so wie einer Bockwindmühle, dem Mühlenbesitzer Karl Wilhelm Wendland gehörig, abgeschätzt auf zusammen 11,129 Thlr. 10 Sgr., soll
am 9. Juli 1844, Vormittags 11 Uhr, an ordentlicher Gerichtsstelle subhastirt werden.
Taxe und Hypothekenschein sind in unserer Re=gistratur einzusehen.

Rothwendiger Verkauf.

Land= und Stadtgericht zu Brandenburg, den 21. Dezember 1843.
Das auf dem hiesigen Trauerberge Nr. 133 belegene, Vol. 21 Pag. 341 des Hypothekenbuchs der Neustadt eingetragene, dem Gärtner August Wölke gehörige Wohnhaus nebst Garten, gericht=lich abgeschätzt auf 2026 Thlr. 9 Sgr. 8 Pf. zu=folge der, nebst Hypothekenschein und Kaufbedin=gungen in unserer Registratur einzusehenden Taxe, soll am 2. Mai 1844, Vormittags 12 Uhr, vor dem Herrn Land= und Stadtgerichts=Rath Schulze an ordentlicher Gerichtsstelle subhastirt werden.

Im Einverständnisse mit der Stadtverordneten=Versammlung soll das der hiesigen Kommune ge=hörige, auf dem französischen Hofe belegene, an die Grundstücke in der Spreegasse Nr. 13 und 14, in der Brüderstraße Nr. 10 und 11, und an der Friedrichsgracht Nr. 61 grenzende sogenannte Kölz=nische Schulkollegenhaus, welches bei der hiesigen städtischen Feuer=Sozietät mit 3925 Thlr. versi=chert ist, und für sonstige Kommunalzwecke nicht weiter gebraucht wird, öffentlich an den Meistbie=tenden verkauft werden.

Hierzu ist ein Lizitationstermin auf
den 26. Februar 1844, Vormittags 10 Uhr,
im Magistrats-Parteienzimmer auf dem Berlinischen Rathhause vor unserm Deputirten, Herrn
Syndikus Hedemann angesetzt, wozu Kauflustige
mit dem Bemerken eingeladen werden, daß das
Kaufgeld bei der Übergabe des Grundstücks von
dem Meistbietenden, welcher vier Wochen für sein
Gebot verhaftet bleibt, baar bezahlt, und daß im
Lizitationstermine zur Sicherheit des Magistrats
eine Kaution für das Meistgebot von 500 Thlr.
in Stadtobligationen, Staatsschuldscheinen oder in
baarem Gelde berichtigt werden muß.

Die speziellen Kaufbedingungen sind täglich in
unserm Journalzimmer auf dem Berlinischen Rathhause einzusehen.

Berlin, den 31. Dezember 1843.

Ober-Bürgermeister, Bürgermeister und Rath
hiesiger Residenzien.

Nothwendiger Verkauf.

Königl. Stadtgericht zu Wittstock, den 6. Jan. 1844.

Das zum Nachlasse der verwittweten Tuchmachermeister Fehmel geb. Hausfeld gehörige, im
ersten Viertel hierselbst an der Stadtmauer beim
Gröper Thore sub Nr. 152 belegene, Vol. IV
Fol. 159 des Hypothekenbuchs verzeichnete, und
zu 269 Thlr. 5 Sgr. 8 Pf. gerichtlich abgeschätzte
Wohnhaus, soll

am 6. Mai d. J.,

Vormittags 11 Uhr und Nachmittags 4 Uhr, an
hiesiger Gerichtsstelle subhastirt werden. Taxe und
Hypothekenschein sind in der Registratur des Gerichts einzusehen.

Unbekannte Realprätendenten, welche hiermit
vorgeladen werden, haben sich bei Vermeidung der
Präklusion mit ihren etwanigen Ansprüchen in diesem Termine zu melden.

Nothwendiger Verkauf

Stadtgericht zu Berlin, den 10. Januar 1844.

Die dem Maurerpolier Rudloff zugehörige
Hälfte des in der Elisabethstraße Nr. 12 a an
der Ecke der kleinen Frankfurter Straße belegenen,
im Ganzen zu 18,736 Thlr. 17 Sgr. 6 Pf. taxirten Grundstücks, soll

am 27. August 1844, Vormittags 11 Uhr,
an der Gerichtsstelle subhastirt werden. Taxe und
Hypothekenschein sind in der Registratur einzusehen.

Nothwendiger Verkauf.

Stadtgericht zu Berlin, den 11. Januar 1844.

Das in der neuen Königsstraße Nr. 8 belegene
Grundstück der Destillateur Dähne'schen Eheleute,
gerichtlich abgeschätzt zu 19,497 Thlr. 6 Sgr. 9 Pf.,
soll am 23. August d. J., Vormittags 11 Uhr,
an der Gerichtsstelle subhastirt werden. Taxe und
Hypothekenschein sind in der Registratur einzusehen.

Der dem Aufenthalte nach unbekannte Apotheker Ludwig Friedrich Theodor Dähne wird als eingetragener Gläubiger hierdurch öffentlich vorgeladen.

Nothwendiger Verkauf.

Stadtgericht zu Prenzlau, den 15. Januar 1844.

Das hierselbst in der Prinzenstraße sub Nr.
549 belegene Haus nebst Zubehör des Schlächtermeisters Haferich, abgeschätzt auf 1096 Thlr.
27 Sgr. 6 Pf. zufolge der, nebst Hypothekenschein
und Bedingungen in unserer Registratur einzusehenden Taxe, soll

am 3. Mai d. J., Vormittags 10 Uhr,
an ordentlicher Gerichtsstelle subhastirt werden.

Nothwendiger Verkauf.

Land- und Stadtgericht zu Neustadt-Eberswalde.

Das Wohnhaus der Bäcker Nebert'schen Erben
zu Niederfinow, abgeschätzt auf 2000 Thlr. zufolge
der, nebst Hypothekenschein und Bedingungen im
IIten Geschäftsbüreau einzusehenden Taxe, soll

am 13. Mai d. J., Vormittags 11 Uhr,
im Gerichtshause zu Neustadt-Eberswalde an den
Meistbietenden verkauft werden.

Die ihrem Dasein und Aufenthalte nach unbekannten Gläubiger: Marie Ambost verehelichte
Lindemann, Erdmann Ambost, Sophie Ambost verehelichte Falkenberg, Anne Ambost
verehelichte Mewes, Katharine Ambost verehelichte Haberland, Dorothee Elisabeth Gräwe,
Augustine Muggelberg und die Dorothee Louise
Gräwe verehelichte Günther, werden hierzu
öffentlich vorgeladen.

Nothwendiger Verkauf.

Stadtgericht zu Charlottenburg, den 19. Januar 1844.

Das dem Amtmann Gotthelf August Schliebener zugehörige, hierselbst in der Mühlenstraße
Nr. 3 belegene, und im stadtgerichtlichen Hypothekenbuche von Charlottenburg Vol. XI Nr. 592
verzeichnete Wohnhaus nebst Zubehör, abgeschätzt

auf 3410 Thlr. 28 Sgr. ½ Pf. zufolge der, nebst Hypothekenschein in der Registratur einzusehenden Taxe, soll

am 4. Mai 1844, Vormittags 10 Uhr,
vor dem Herrn Kammergerichts-Assessor Kahle an ordentlicher Gerichtsstelle subhastirt werden.

Zum öffentlichen Verkaufe der zum Nachlasse des Schiffseigenthümers Johann Gottlieb Schulze gehörigen beiden Kähne, Nr. 115. I auf 875 Thlr. 28 Sgr. 6 Pf., und Nr. 1079. I auf 644 Thlr. 9 Sgr. 6 Pf. gerichtlich abgeschätzt, ist ein Termin auf

den 26. Februar d. J., Vormittags 10 Uhr,
an Gerichtsstelle angesetzt worden, wozu Kauflustige hiermit eingeladen werden.

Beeskow, den 20. Januar 1844.
Königl. Land- und Stadtgericht.

Rothwendiger Verkauf.
von der Hagensche Gerichte zu Rhinow.

Das zu Kietz belegene, Fol. 43 Nr. 3 des Hypothekenbuchs verzeichnete Kossäthengut der Geschwister Marie Sophie Dorothee, Christian Friedrich Wilhelm und Karl Ludwig Klaar, abgeschätzt auf 4467 Thlr. 8 Sgr. 9 Pf. zufolge der, nebst Hypothekenschein in der Registratur einzusehenden Taxe, soll

am 20. Mai 1844, Vormittags 11 Uhr,
in der Gerichtsstube zu Rhinow subhastirt werden.

Rathenow, den 21. Januar 1844.

In Folge der im Dorfe Clabow, Amts Spandau, ausgeführten Spezial-Separation sollen, nach der Bestimmung der Königl. General-Kommission für die Kurmark Brandenburg zu Berlin, die zum Pfarramte Clabow gehörigen und auf circa 737 Thlr. 15 Sgr. abgeschätzten Holzbestände, im Ganzen oder auch in einzelnen Abtheilungen auf dem Stamm, im Wege des öffentlichen Ausgebots an den Meistbietenden verkauft werden.

Zur Ausführung dieses Geschäfts ist ein Termin auf den 22. Februar d. J., Vormittags 10 Uhr, in der Pfarrwohnung zu Clabow angesetzt worden, zu welchem die etwanigen Käufer mit dem Bemerken eingeladen werden, daß die Hälfte des obigen Holzwerthes sofort im Lizitationstermin baar deponirt werden muß, und daß die näheren Bedingungen, so wie die Holzwerthstaxe bei dem Herrn Prediger

Brandenburg zu Clabow und im Geschäftslokale des Unterzeichneten einzusehen sind.

Potsdam, den 27. Januar 1844.
Im Auftrage der Königl. General-Kommission für die Kurmark Brandenburg.
Der Ökonomie-Kommissarius
Hildebrandt.

Da ich Willens bin, mein Gut Gustavsruhe bei Prenzlau in der Ukermark in Parzellen zu verkaufen, so lade ich Käufer hierzu ein, indem ich mir erlaube, am 1. April und 1. März d. J. Termine hierselbst anzusetzen, mit dem Bemerken, daß das zu parzellirende Grundstück 728 Morgen Areal hat, daß die Kaufbedingungen von mir zu erfahren sind, und daß der Boden nach vorhergegangener Meldung zu jeder Zeit besehen werden kann; auch kann die Größe der Parzellen nach Belieben gewählt werden.

Gustavsruhe, den 18. Januar 1844.
von Eickstedt.

Verkauf oder Verpachtung von Grundstücken, im Dorfe Zießau bei Arendsee.

Ein Wohnhaus mit 1 M. 167 □R. Gartenland bei demselben, 1 M. 48 □R. Wiesewachs am See (sogenannte Fischwähre), 1 Winspel Aussaat gutes Roggenland, 15 M. 169 □R. Wiesen, 13 M. 158 □R. Weide mit Holzung, und der zwölfte Theil der Fischereigerechtigkeit in dem 2170 M. 60 □R. enthaltenden Arendsee, sollen zusammen verkauft, oder auch von Michaelis 1844 ab auf mehrere Jahre verpachtet werden.

Die Grundstücke sind separirt und Domanialabgaben frei. Hierauf Reflektirende wollen gefälligst mündlich oder schriftlich mit dem Eigenthümer, Bürgermeister Heller zu Arendsee, bis zum 24. Juni 1844 in Unterhandlung treten.

Gasthofs-Verkauf.

Einen nahrhaften Gasthof nebst Zubehör und Inventarium, in einer lebhaften und angenehmen Stadt des Oberbruchs, will der Besitzer aus freier Hand mit 4000 Thlr. Angeld verkaufen. Neben der Gastwirthschaft kann auch eine Brauerei- oder Destillation darin betrieben werden. Näheres im Büreau, Bischoffstraße Nr. 6 zu Berlin, beim Kreis-Justizrath Straß.

Der von mir zum öffentlichen Verkaufe des Krugguts zu Paaren auf den 12. Februar d. J. anberaumte Termin wird hierdurch aufgehoben.

Rauen, den 24. Januar 1844.

Der Güter- und Kommissionsagent M. J. Cohn.

In meiner Stammschäferei stehen wieder, wie alljährlich, Zuchtwidder verschiedenen Alters zu bekannten Preisen zur Auswahl bereit.

K. H. Runge,
zu Pleetz bei Neu-Brandenburg.

Kiehnen-Bauhölzer und Sageblöcke sollen am 10. Februar 1844 hier an den Meistbietenden verkauft werden. Hof Rossow an der Dosse.

L. von Lücken.

Holz- und Bretter-Verkauf.

Es sollen am Montage den 5. Februar d. J., Vormittags 10 Uhr, im Gasthofe zu Claistow bei Brück nachbezeichnete Brennhölzer, als:

a) auf der Holzablage zu Mittelbusch am Schwielow an völlig trockenen

50 Klafter Kiehnen-Kloben erster Klasse,
40 » » zweiter Klasse und
60 » » Knüppel;

b) in der Claistower Heide unweit der Holzablage, zur Zeit noch nicht völlig trocken,

12 Klafter Kiehnen-Kloben,
40 » » Knüppel und
112 » » Stammhölzer

an den Meistbietenden, und nach erfolgter Überweisung gegen gleich baare Bezahlung verkauft werden, wozu Kaufliebhaber hierdurch eingeladen werden. Ferner stehen zum freien Verkauf:

a) auf der Holzablage Mittelbusch am Schwielow 200 Blöcke, trockene, und

b) in der Claistower Heide, unweit der Holzablage 220 Blöcke, erst jetzt geschnitten,

Kiehnene Bretter von verschiedenen Stärken und Längen zum billigen Verkauf, so wie endlich an letzterem Orte 100 Haufen kiehnene Reisbunde, à Haufen 3 Schock zu 1 Thlr. zu verkaufen sind, und werden auf der Ablage zu Mittelbusch der Herr Förster Trübe, und in der Claistower Heide der Heideläufer Kirsten zu Claistow die verschiedenen Hölzer und Bretter auf Verlangen zu jeder Zeit nachweisen, unter dem Bemerken, daß der 2c. Trübe die Bretter sofort zu verkaufen berechtigt ist. Brück, den 24. Januar 1844.

Mathes, Handelsmann.

Für eine Landkirche ist eine sehr gute, neue Orgel, 8½ Fuß hoch, 7 Fuß lang, 3 Fuß tief, mit zwei großen Blasebälgen und sechs kraftvollen Registern: I. Gedackt 8', II. Flöte 8' (offen), III. Prinzipal 4' (im Prospekt), IV. Flöte 4', V. Oktav 2', VI. Nassard 2½' für einen sehr sollben Preis sogleich zu verkaufen beim Musiklehrer Herrn Gollmitz in der neuen Königsstraße Nr. 27 in Berlin. Für die Dauer wird fünf Jahre garantirt.

Düngergipsmehl,

sehr fein gemahlen, empfiehlt zum Preise von 7¼ Thlr. pro Winspel, à 25 Scheffel Berliner Maaß.

E. F. Schultze in Spandau.

Zugleich die ergebene Anzeige, daß in meiner Niederlage in Berlin, Ziegelstraße Nr. 11 und 12, das Gipsmehl zu demselben Preise verkauft wird.

Beste frische Rappskuchen

empfiehlt die Ölfabrik von S. B. Eltze in Potsdam, Waisenstraße Nr. 57.

31 Schock gutes Dachrohr ist sogleich zu verkaufen in Schönow bei Teltow von Wilke.

Für Tabacksschnupfer.

Wir zeigen dem Publikum hierdurch an, daß es uns gelungen ist, eine ganz bedeutende Post mehr als 30 Jahre alten Tabacks anzuschaffen, welcher durch langjährige mühsame Pflege den positiven Vortheil hat, daß er die Verstopfung der Nase sogleich erleichtert und bei Erkältung, wenn auch schon von lange, den Augen in ganz kurzer Zeit eine auffallende Erleichterung giebt; man versuche und wird die Wahrheit sogleich finden.

Um Irrthümer zu vermeiden, haben wir diesen Taback Hirschfeld's eigene Mischung genannt, und bitten das Publikum, genau auf unsern Stempel zu achten.

H. Hirschfeld jun. & Comp. in Berlin,
Königsstraße Nr. 2, nahe der Kurfürstenbrücke.

43

Oeffentlicher Anzeiger
zum 6ten Stück des Amtsblatts
der Königlichen Regierung zu Potsdam und der Stadt Berlin.

Den 9. Februar 1844.

---

* Dem Büchsenmacher Karl Grimmich zu Rogasen ist unterm 21. Januar 1844 ein Patent
auf eine nach dem eingesandten Modell für
neu und eigenthümlich erachtete Vorrichtung
zum Selbstaufsetzen der Zündhütchen
auf acht Jahre, von jenem Tage an gerechnet, und
für den Umfang der Monarchie ertheilt worden.

* Im Auftrage der Königl. Regierung zu Potsdam wird das unterzeichnete Haupt-Steueramt,
und zwar in seinem Dienstgelasse hierselbst
am 29. März d. J., Vormittags 10 Uhr,
die Chausseegeld-Erhebung zu Glasow auf der
Berlin-Cottbusser Kunststraße, in der Nähe von
Berlin, an den Meistbietenden, mit Vorbehalt des
höheren Zuschlages, vom 1. Mai d. J. ab zur
Pacht ausstellen. Nur als dispositionsfähig sich
ausweisende Personen, welche vorher mindestens
450 Thlr. baar oder in annehmlichen Staatspapieren bei dem unterzeichneten Amte zur Sicherheit
niedergelegt haben, werden zum Bieten zugelassen.
Die Pachtbedingungen sind bei uns von heute
an während der Dienststunden einzusehen.
Zossen, den 26. Januar 1844.
Königl. Haupt-Steueramt.

* Im Auftrage der Königl. Regierung hierselbst
wird das unterzeichnete Haupt-Steueramt, und
zwar in dessen Amtsgelasse
am 2. März d. J., Vormittags 9 Uhr,
die Chausseegeld-Erhebung zu Schönerlinde auf
der Berlin-Prenzlauer Straße an den Meistbietenden, mit Vorbehalt des höheren Zuschlages, vom
1. Mai d. J. ab zur Pacht ausstellen. Nur die
als dispositionsfähig sich ausweisenden Personen,
welche vorher mindestens 320 Thlr. baar oder in
annehmlichen Staatspapieren bei dem unterzeichneten Hauptamte zur Sicherheit niedergelegt haben,
werden zum Bieten zugelassen.
Potsdam, den 30. Januar 1844.
Königl. Haupt-Steueramt.

* Im Auftrage der Königl. Regierung hierselbst
wird das unterzeichnete Haupt-Steueramt, und
zwar in dessen Amtsgelasse
am 19. Februar d. J., Vormittags 10 Uhr,
die Chausseegeld-Erhebung bei Rassenheide auf
der Kunststraße zwischen Berlin und Neu-Strelitz
an den Meistbietenden, mit Vorbehalt des höheren
Zuschlages, vom 1. April d. J. ab zur Pacht ausstellen. Nur als dispositionsfähig sich ausweisende
Personen, welche vorher mindestens 180 Thlr. baar
oder in annehmlichen Staatspapieren bei dem unterzeichneten Hauptamte zur Sicherheit niedergelegt
haben, werden zum Bieten zugelassen.
Die Pachtbedingungen sind bei uns von heute
an während der Dienststunden einzusehen.
Potsdam, den 30. Januar 1844.
Königl. Haupt-Steueramt.

* Im Auftrage der Königl. Regierung hierselbst
wird das unterzeichnete Haupt-Steueramt, und
zwar in dessen Amtsgelasse
am 2. März d. J., Vormittags 11 Uhr,
die Chausseegeld-Erhebung zu Mariendorf auf der
Cottbusser Straße, zwischen Berlin und Zossen, an
den Meistbietenden, mit Vorbehalt des höheren Zuschlages, vom 1. Juli d. J. ab zur Pacht ausstellen.
Nur die als dispositionsfähig sich ausweisenden
Personen, welche vorher mindestens 300 Thlr. baar
oder in annehmlichen Staatspapieren bei dem unterzeichneten Hauptamte zur Sicherheit niedergelegt
haben, werden zum Bieten zugelassen.
Potsdam, den 30. Januar 1844.
Königl. Haupt-Steueramt.

* Im Auftrage der Königl. Regierung zu Potsdam wird das unterzeichnete Haupt-Steueramt,
und zwar in dem Dienstgelasse des Königl. Steueramts zu Schwedt
am 21. Februar d. J., Vormittags 10 Uhr,
die Chausseegeld-Erhebung bei Vierraden b zwischen
Schwedt und Stettin, an den Meistbietenden, mit
Vorbehalt des höheren Zuschlages, vom 1. April

d. J. ab zur Pacht ausbieten. Nur dispositions=
fähige Personen, welche vorher mindestens 100
Thlr. baar oder in annehmlichen Staatspapieren
bei dem Königl. Steueramte in Schwedt nieder=
gelegt haben, werden zum Bieten zugelassen.

Die Pachtbedingungen sind bei uns und bei
dem Steueramte in Schwedt von heute an wäh=
rend der Dienststunden einzusehen.

Neustadt=Eberswalde, den 31. Januar 1844.

Königl. Preuß. Haupt=Steueramt.

* Der Landwehrmann Friedrich Wilhelm August
Beschedönick aus Königs=Wusterhausen ist durch
das mittelst Allerhöchster Kabinetsordre vom 4. d.
M. bestätigte Erkenntniß vom 13. November v.
J. aus dem Soldatenstande gestoßen.

Buchholz, den 26. Januar 1844.

Königl. Land= und Stadtgericht.

Steckbriefe.

* Der Dienstknecht Friedrich Gutschmidt aus
Falkenrehde bei Potsdam hat sich, nachdem derselbe
einen bedeutenden Diebstahl an Kleidungsstücken
seiner Mitknechte verübt, von hier heimlich entfernt
und den Weg nach Berlin eingeschlagen.

Die Wohllöbl. Polizeibehörden werden ergebenst
ersucht, auf denselben zu vigiliren, und wenn er
betroffen, ihn zu seiner Bestrafung hier abliefern
zu lassen.

Kränzlin bei Neu=Ruppin, den 29. Jan. 1844.

Die Polizei=Obrigkeit.

Signalement des Friedrich Gutschmidt.
20 Jahre alt, schwarzbraunes Haar, braune Augen,
mittler Statur, breite Schultern, im Gesicht fleckig
und kleine Geschwüre.

Bekleidung. Ein guter blauer Tuchüber=
rock, weiße Piquetweste, mullergraue Tuchhosen,
gute Stiefeln, ein neues Hemde und schwarze
Pelzmütze; er führt bei sich: ein Paar wollene
Fausthandschuh, einen Tabacksbeutel von blauem
Tuch, gezeichnet Ld. Sh., eine silberne zweigehäu=
sige Taschenuhr, die Außenseite des Gehäuses lackirt
mit silbernen Stiften, an der Uhr eine Schnur von
Perlen auf rothem Bande, und daran eine messingene
Kette mit rothem Petschaft und Schlüssel.

* Der nachstehend signalisirte Webergeselle Karl
Adolph Kötz, genannt Kerkow, welcher wegen
fehlender Legitimation hierselbst angehalten, und
am 20. Dezember v. J. mittelst beschränkter Reise=
~~te nach seinem Angehörigkeitsorte Potsdam ent=

lassen worden, ist nach eingegangener Benachrich=
tigung bis jetzt dort nicht eingetroffen, daher wir
auf denselben aufmerksam machen.

Ketzin, den 30. Januar 1844.

Der Magistrat.

Signalement des Karl Adolph Kötz, ge=
nannt Kerkow. Gewerbe: Webergeselle, Wohn=
und Geburtsort: Potsdam, Religion: evangelisch,
Alter: 38 Jahre, Größe: 5 Fuß 2 Zoll 3 Strich,
Haare: braun, Stirn: hoch, Augenbraunen: blond,
Augen: braun, Nase und Mund: mittel, Bart:
hellbraun, Kinn und Gesicht: oval, Gesichtsfarbe:
gesund, Statur: untersetzt, besondere Kennzeichen:
zwei Finger an der linken Hand verstümmelt.

Die Anfuhr des für die Faktorei zu Rheins=
berg nöthigen Salzvorraths von ungefähr 350 Ton=
nen, welche Quantität jedoch nicht garantirt wird,
aus dem Salzmagazin zu Neu=Ruppin, für die
Zeit vom 1. Juli 1844 bis Ende Januar 1845,
soll dem Mindestfordernden überlassen werden.

Zu dem Ende ist ein Termin in dem Lokale
des Königl. Neben=Zollamtes in Rheinsberg auf
den 26. Februar d. J., Vormittags 11 Uhr,
anberaumt, zu welchem Bietungslustige mit dem
Bemerken eingeladen werden, daß die drei Min=
destfordernden eine Kaution von 25 Thlr. sofort
im Termine zu deponiren haben, so wie, daß die
allgemeinen Kontraktsbedingungen bei dem unter=
zeichneten Hauptamte, dem Neben=Zollamte I in
Rheinsberg und dem Steueramte in Neu=Ruppin
zur Einsicht bereit liegen.

Gransee, den 23. Januar 1844.

Königl. Haupt=Zollamt.

Der Mühlenbauer Fehrmann zu Lenzen hat
die Absicht, auf einem ihm eigenthümlich gehörigen,
auf der Feldmark der Stadt Lenzen belegenen Acker=
stück eine Windmühle, sogenannten Halbholländer,
mit zwei Gängen zur Mehlbereitung, und einer
Vorrichtung zur Anfertigung von Graupen und
einer dergleichen zum Lohestampfen, zu erbauen.

Indem ich dies hiermit zur öffentlichen Kennt=
niß bringe, fordere ich alle diejenigen auf, welche
aus dem Edikte vom 28. Oktober 1810, oder aus
der Allerhöchsten Kabinetsordre vom 23. Oktober
1826 ein begründetes Widerspruchsrecht gegen die
Ausführung des obigen Vorhabens zu haben glau=
ben, dieses Wiederspruchsrecht binnen 8 Wochen
präklusivischer Frist, vom Tage dieser Bekannt=

mochung an gerechnet, entweder bei mir oder bei dem Bauherrn schriftlich geltend zu machen.

Perleberg, den 13. Januar 1844.

Königl. Landrath der Westprignitz.
von Saldern.

Nothwendiger Verkauf.
Königl. Kammergericht in Berlin.

Das hierselbst in der Schumannsstraße Nr. 13 belegene, dem Partikulier Karl Wilhelm Theodor Skodowsky gehörige Grundstück nebst Zubehör, abgeschätzt auf 12,565 Thlr. 11 Sgr. 9 Pf. zufolge der, nebst Hypothekenschein und Bedingungen in der Registratur einzusehenden Taxe, soll
am 9. Juli 1844
an ordentlicher Gerichtsstelle subhastirt werden.

Nothwendiger Verkauf.
Königl. Kammergericht in Berlin.

Das hierselbst in der großen Friedrichsstraße Nr. 109 belegene, dem Bäckermeister Johann Ludwig Borchardt gehörige Haus nebst Garten und Zubehör, abgeschätzt auf 8641 Thlr. 25 Sgr. 1 Pf. zufolge der, nebst Hypothekenschein und Bedingungen in der Registratur einzusehenden Taxe, soll
am 3. Juli 1844
an ordentlicher Gerichtsstelle subhastirt werden.

Nothwendiger Verkauf.
Königl. Kammergericht in Berlin.

Das hierselbst vor dem Oranienburger Thore in der Chausseestraße Nr. 12 belegene, dem Kaufmann Karl Andreas Heinrich Adolph Buchholz gehörige Grundstück nebst Zubehör, abgeschätzt auf 13,142 Thlr. 18 Sgr. 11½ Pf. zufolge der, nebst Hypothekenschein und Bedingungen in der Registratur einzusehenden Taxe, soll
am 20. Juli 1844
an ordentlicher Gerichtsstelle subhastirt werden.

Der Besitzer, Kaufmann Karl Andreas Heinrich Adolph Buchholz, und die Gläubigerin, unverehelichte Marie Dorothea Katharine Elfert, deren Aufenthalt unbekannt ist, werden hierzu öffentlich vorgeladen.

Nothwendiger Verkauf.
Stadtgericht zu Berlin, den 24. Oktober 1843.

Das hierselbst an der Kommunikation am Anhaltschen Thore belegene Grundstück des Böttchermeisters Wilhelm Gustav Schmidt, gerichtlich abgeschätzt zu 12,962 Thlr. 11 Sgr. 10½ Pf., soll Schuldenhalber
am 28. Mai 1844, Vormittags 11 Uhr,
an der Gerichtsstelle subhastirt werden. Taxe und Hypothekenschein sind in der Registratur einzusehen.

Nothwendiger Verkauf.
Königl. Landgericht zu Berlin, den 10. Nov. 1843.

Die von dem Mühlenmeister Karl Eduard Bernhard Treskow im Wege der Subhastation erstandene, dem Mühlenmeister Johann Eduard Trenn gehörig gewesene Erbpachtsgerechtigkeit der zu Tegel belegenen Wasser-Schneide- und Mahlmühle, abgeschätzt zu 5 Prozent veranschlagt, auf 11,131 Thlr. 1 Sgr. 1 Pf., und zu 4 Prozent auf 13,280 Thlr. 17 Sgr. 5 Pf. zufolge der, nebst Hypothekenschein in dem Iten Büreau einzusehenden Taxe, soll am 20. Juni 1844, Vormittags 11 Uhr, an ordentlicher Gerichtsstelle, Zimmerstraße Nr. 25, resubhastirt werden.

Nothwendiger Verkauf
wegen Auflösung der Gemeinschaft.
Land- und Stadtgericht zu Neustadt-Eberswalde.

Das Bauer- und Kruggut der Ginolas'schen Erben zu Groß-Ziethen im Angermünder Kreise, abgeschätzt auf 5417 Thlr. 21 Sgr. 3 Pf. zufolge der, nebst Hypothekenschein und Bedingungen im Iten Geschäftsbüreau einzusehenden Taxe, soll
am 4. Juni 1844, Vormittags 11 Uhr,
im Gerichtshause an den Meistbietenden verkauft werden. Alle unbekannte Realprätendenten werden aufgefordert, sich bei Vermeidung der Präklusion spätestens in diesem Termine zu melden.

Nothwendiger Verkauf.
Land- und Stadtgericht zu Beeskow, den 17. November 1843.

Das hierselbst in der Berliner Straße belegene, im Hypothekenbuche Vol. I Fol. 378 Nr. 118 verzeichnete, den Erben der verstorbenen verehelichten Sattlermeister Neukranz geb. Wustrow gehörige Wohnhaus nebst Luchkavel, abgeschätzt auf 1090 Thlr. 20 Sgr. 7 Pf., soll öffentlich meistbietend verkauft werden.

Hierzu steht ein Termin auf
den 1. April 1844, Vormittags 11 Uhr,
vor dem Herrn Land- und Stadtgerichts-Assessor Opitz an. Die Taxe, so wie der neueste Hypothekenschein können in unserer Registratur eingesehen werden.

Rothwendiger Verkauf.

Königl. Land- und Stadtgericht zu Spandau.

Das dem Ziegeleibesitzer Fleischer gehörige, Vol. II Fol. 180 des Hypothekenbuchs verzeichnete, zu Gatow belegene Ziegeleigrundstück, wovon der Werth des Grund und Bodens und der Gebäude 2c. auf 2382 Thlr. 17 Sgr. der von der Ziegelei und Töpferei jährlich zu erzielende Ertrag aber auf 1375 Thlr. abgeschätzt ist, zufolge der, nebst Hypothekenschein in dem 11ten Bureau einzusehenden Taxe, soll am 21. März 1844, Vormittags 11 Uhr, an ordentlicher Gerichtsstelle subhastirt werden.

Bemerkt wird, daß der in den früheren Bekanntmachungen wegen Verkaufs dieses Grundstücks auf den 22. Februar bestimmte Termin auf einem Irrthum beruht.

Das der Wittwe Keu geb. Schartiger gehörige Wohnhaus in der Friedrich-Wilhelmsstraße Nr. 95 nebst Zubehör, in welchem seither Gastwirthschaft betrieben worden ist, soll auf den Antrag der Besitzerin im Termine

den 2. März 1844, Vormittags 10 Uhr, öffentlich meistbietend verkauft werden. Die Taxe und die Verkaufsbedingungen sind beim Gericht einzusehen. Gransee, den 1. Dezember 1843.

Königl. Preuß. Stadtgericht.

Rothwendiger Verkauf.

Land- und Stadtgericht zu Zehdenick.

Die zur Konkursmasse des Mühlenmeisters Gutschmidt gehörigen, zu Hammelspring gelegenen Grundstücke:

1) die Erbpachtsgerechtigkeit auf 58 ☐Ruthen 25 ☐Fuß vormals Pfarrgartenland, nebst dem darauf erbauten Wohnhause und Stall, abgeschätzt auf 300 Thlr., und

2) die Erbpachtsgerechtigkeit auf 64 ☐Ruthen Acker und eine eigenthümlich darauf erbaute Windmühle, abgeschätzt auf 1019 Thlr. 11 Sgr.

zufolge der, nebst Hypothekenschein und Bedingungen in unserer Registratur einzusehenden Taxe, sollen

am 21. März 1844, Vormittags 11 Uhr, an ordentlicher Gerichtsstelle subhastirt werden. Zehdenick, den 4. November 1843.

Rothwendiger Verkauf.

Stadtgericht zu Berlin, den 25. November 1843.

Das in der Gipsstraße Nr. 32 belegene Gottschalksche Grundstück, gerichtlich abgeschätzt zu 4843 Thlr. 10 Sgr. 5 Pf., soll

am 23. April 1844, Vormittags 11 Uhr, an der Gerichtsstelle subhastirt werden. Taxe und Hypothekenschein sind in der Registratur einzusehen.

Rothwendiger Verkauf.

Land- und Stadtgericht zu Brandenburg, den 2. Dezember 1843.

Das zum Nachlasse der hierselbst verstorbenen Glasermeister Daniel Konrad Friedrich Thiemsschen Eheleute gehörige, in der hiesigen Neustadt Domstraße Nr. 108 belegene, und im Hypothekenbuche Vol. III Nr. 289 registrirte Wohnhaus nebst Hauskavel, gerichtlich abgeschätzt auf 524 Thlr. 7 Sgr. 9 Pf., soll zufolge der, nebst Hypothekenschein und Kaufbedingungen in der Registratur einzusehenden Taxe,

am 22. April 1844, Vormittags 11 Uhr, vor dem Herrn Kammergerichts-Assessor Bendel subhastirt werden.

Rothwendiger Verkauf.

Gericht der Herrschaft zu Putlitz, den 18. Dezember 1843.

Das dem Schiffer Joachim Friedrich Poffehl gehörige, hierselbst belegene, und Vol. I Nr. 61 des Hypothekenbuchs der Stadt Putlitz verzeichnete Wohnhaus nebst Zubehör, abgeschätzt zu 155 Thlr. zufolge der, nebst Hypothekenschein in der Registratur einzusehenden Taxe, soll

den 15. April 1844, Vormittags 11 Uhr, an Gerichtsstelle subhastirt werden.

Rothwendiger Verkauf.

Stadtgericht zu Prenzlau, den 18. Dezember 1843.

Das hierselbst in der Baustraße sub Nr. 369 belegene, im Hypothekenbuche Vol. V Nr. 369 verzeichnete Grundstück des Tuchmachermeisters August Ferdinand Strohfeldt, abgeschätzt auf 731 Thlr. 3 Sgr. 3 Pf. zufolge der, nebst Hypothekenschein und Bedingungen in unserer Registratur einzusehenden Taxe, soll

am 16. April 1844, Vormittags 11 Uhr, an ordentlicher Gerichtsstelle subhastirt werden.

Das den Erben des verstorbenen Garde du Korps-Unteroffiziers Quasebarth gehörige, in der Heiligengeiststraße Nr. 5 belegene, in unserm Hypothekenbuche Vol. I Nr. 58 verzeichnete, auf 8358 Thlr. 22 Sgr. 6 Pf. abgeschätzte Grundstück nebst Zubehör, soll im Wege der freiwilligen Subhastation verkauft werden, und ist hierzu ein Bietungstermin auf

den

ben 2. Mai 1844, Vormittags 11 Uhr, vor dem Herrn Kammergerichts-Assessor Jacobi im Stadtgericht, Lindenstraße Nr. 54, anberaumt.

Der Hypothekenschein, die Taxe und die besonderen Kaufbedingungen sind in der Registratur einzusehen. Potsdam, den 20. Dezember 1843.
Königl. Stadtgericht hiesiger Residenz.

Das den Erben des verstorbenen Hornbrechs-lermeisters Christian Gottfried Schröder gehörige, in Nowawes, Lindenstraße Nr. 23 belegene, in unserm Hypothekenbuche von Nowawes Vol. I Nr. 23 verzeichnete, auf 1312 Thlr. 20 Sgr. abgeschätzte Grundstück nebst Zubehör, soll im Wege der nothwendigen Subhastation verkauft werden, und ist hierzu ein Bietungstermin auf

den 24. April 1844, Vormittags 11 Uhr, vor dem Stadtgerichtsrath Herrn von Tiefieleki im Stadtgericht, Lindenstraße Nr. 54, anberaumt.

Der Hypothekenschein, die Taxe und die besonderen Kaufbedingungen sind in unserer Registratur einzusehen. Potsdam, den 29. Dezember 1843.
Königl. Stadtgericht hiesiger Residenz.

Nothwendiger Verkauf.
Königl. Justizamt Potsdam, den 19. Jan. 1844.
Folgende, zum Nachlasse des verstorbenen Königl. Frotteurs Karl Ludwig Schleibahn gehörige Grundstücke:
1) das Etablissement am Drachenhausberge, unweit des Parkes von Sanssouci, Vol. I Fol. 149 des Hypothekenbuchs von Bornstädt, abgeschätzt auf 17,329 Thlr. 18 Sgr. 4 Pf.,
2) eine Wiese im Golmer Bruche von 11 M. 8 ☐R. Flächeninhalt, Vol. unico Nr. 6 Fol. 26 des Hypothekenbuchs von Golm, abgeschätzt auf 552 Thlr. 6 Sgr. 8 Pf.,
sollen am 13. August d. J., Vormittags 11 Uhr, an Gerichtsstelle hierselbst, Friedrichsstraße Nr 7, Theilungshalber, im Wege der nothwendigen Subhastation verkauft werden.
Taxen und Hypothekenscheine sind werktäglich in unserm IIten Büreau einzusehen.

Freiwilliger Verkauf.
Land- und Stadtgericht zu Lenzen.
Die den Erben des Böttchermeisters Christian Schulz gehörigen Grundstücke hierselbst:
1) das Haus in der Kellerstraße mit Hintergebäuden, abgeschätzt auf 1027 Thlr. 8 Sgr. 11 Pf.,

2) das Haus gegenüber, abgeschätzt auf 779 Thlr. 23 Sgr. 1 Pf.,
3) die Scheune vor dem Seethore, abgeschätzt auf 213 Thlr. 25 Sgr. 2 Pf.,
4) der Garten vor dem Berliner Thore, abgeschätzt auf 165 Thlr. 27 Sgr. 8 Pf., und
5) der Garten an der kleinen Wiese, abgeschätzt auf 68 Thlr. 25 Sgr. 8 Pf.,
sollen den 7. Mai 1844, Vormittags 11 Uhr, an hiesiger Gerichtsstelle verkauft werden. Taxe, Hypothekenschein und Verkaufsbedingungen sind in der Registratur einzusehen.
Die unbekannten Realprätendenten werden unter Verwarnung der Präklusion hiermit vorgeladen.

Nothwendiger Verkauf
zur Auflösung der Gemeinschaft.
Land- und Stadtgericht zu Lenzen.

Die den Erben des verstorbenen Böttchermeisters Christian Schulz und dem Ziegelmeister Gierske gehörige, unweit der Stadt an der Elbe belegene Ziegelei, abgeschätzt auf 2685 Thlr. 25 Sgr. 6 Pf., soll Behufs der Auseinandersetzung den 7. Mai 1844, Vormittags 11 Uhr, an hiesiger Gerichtsstelle subhastirt werden. Taxe und Kaufbedingungen sind in der Registratur einzusehen.
Die unbekannten Realprätendenten werden unter Verwarnung der Präklusion hiermit vorgeladen.

Freiwilliger Verkauf.
Königl. Stadtgericht zu Perleberg.
Folgende, den Erben des Protokollführers Scheller gehörigen, auf Perleberger Feldmark belegenen Grundstücke:
1) die Wendeholzer Wiese Nr. 9 Litt. A Vol. III des Katasters,
2) die Tannenkavel, Dobberziner-Seits, Nr. 117 Litt. A Vol. XII ejd.,
3) die Weidenkavel, Dobberziner-Seits, Nr. 77, jetzt Nr. 89 Litt. A Vol. V ejd.,
bisher Pertinenzstücke der beiden Wohnhäuser Nr. 49 und 50 im dritten Bezirk, Vol. IV Pag. 61 des neuen Hypothekenbuchs,
4) die nassen Hopfdämme der ersten Abtheilung Nr. 7 a, 7 b und 9 b Litt. E Vol. XI Sect. 2 des Katasters, Vol. XXVI Pag. 135 Vol. XXXI Pag. 406 und Vol. XXXI Pag. 361 des neuen Hypothekenbuchs, und
5) der Hellbamm der ersten Abtheilung Nr. 2 a

Litt. B a Vol. VIII des Katasters, Vol. XXVI
Pag. 146 des neuen Hypothekenbuchs,
von welchen die Grundstücke ad 1, 2 und 5 mit
zur Separation der Perleberger Feldmark gezogen
sind, und an deren Stelle der Plan Nr. 216 vor
dem Parchimer Thore nach der neuen Mühle zu
treten wird, abgeschätzt zufolge der, nebst Bedingungen und den neuesten Hypothekenscheinen in der
Registratur einzusehenden Taxe ad 1, 2 und 3
auf 185 Thlr. 18 Sgr. 10 Pf., ad 4 auf 81 Thlr.
23 Sgr. 2 Pf., und ad 5 auf 47 Thlr. 29 Sgr.
10 Pf., sollen Behufs der Auseinandersetzung der
Besitzer am 4. März 1844, Vormittags 11 bis
Abends 6 Uhr, an ordentlicher Gerichtsstelle subhastirt werden.

Nothwendige Subhastation.
von Rohrsches Patrimonialgericht zu Meyenburg.
Der Garten der Rüseschen Erben mit dem
Hause Nr. 33 zu Schmolde und einem Ackerstück,
taxirt zu 320 Thlr., sollen
am 8. Mai 1844, Vormittags 11 Uhr,
im Gerichtszimmer zu Meyenburg verkauft werden.
Die Taxe und der Hypothekenschein sind daselbst einzusehen.

Im Einverständnisse mit der Stadtverordneten-
Versammlung haben wir zur Vererbpachtung des,
der hiesigen Kommune gehörigen, neben der Raths-
ziegelei bisher wüste und unbenutzt gelegene Flecken
Landes von circa ¼ Morgen Flächeninhalt, einen
Termin auf
den 15. März d. J., Vormittags 10 Uhr,
zu Rathhause anberaumt, zu welchem Bietungslustige mit dem Bemerken eingeladen werden, daß
die näheren Bedingungen täglich in unserer Registratur eingesehen werden können.
Freienwalde a. d. Oder, den 23. Jan. 1844.
Der Magistrat.

1160 Stück auf dem Stamme stehende Eichen,
einen Theil der Gemeinde Glöben bei Havelberg
gehörig, sollen in termino
den 27. Februar 1844, Vormittags 10 Uhr,
im Leppinschen Gasthofe zu Glöben unter den
im Termine bekannt zu machenden Bedingungen
öffentlich meistbietend verkauft werden, wozu Kaufliebhaber eingeladen werden.

In meiner Stammschäferei stehen wieder, wie
alljährlich, Zuchtwidder verschiedenen Alters zu
bekannten Preisen zur Auswahl bereit.
K. H. Runge,
zu Pletz bei Neu-Brandenburg.

Meinen geehrten Geschäftsfreunden zeige ich
hiermit ergebenst an, daß ich vom 1. Februar d.
J. ab, alle Flüssigkeitsgefäße (Berliner Maaßes)
zu folgenden Preisen messe:
den ¼ Anker für .... 1½ Sgr.,
» ⅓ » » .... 2 » ,
» ½ » » .... 2¼ » ,
» 1 » » .... 3 » ,
die ½ Tonne oder Eimer .... 4 » ,
» 1 » bis Ohm .... 5 » ,
vom Oxhoft bis zu 300 Quart für 6¼ » ,
von 300 » 450 » » 7½ » ,
» 450 » 600 » » 9 » ,
» 600 » 1000 à 100 Q. 2 » ,
sämmtlich in alter Weise komplett gebrannt.
N.B. Wird das Brennen der Gefäße nur theilweis verlangt, so stelle ich die Preise verhältnißmäßig niedriger.
Für das bloße Messen der Gefäße:
vom Oxhoft bis 300 Quart .... 4 Sgr.,
von 300 » 450 » .... 5 » ,
» 450 » 600 » .... 6 » ,
» 600 » 1000 » à 100 Q. 1½ » ,
A. J. Wernicke,
Sophienstraße Nr. 21, in Berlin.

Vom fein gemahlenen Speremberger Düngergips, der Zentner zu 10 Sgr., ist fortwährend
jedes beliebige Quantum vorräthig bei
C. W. Bürscher in Neustadt-Eberswalde.

Die Mitglieder der altmärkischen Mühlen-Versicherungs-Gesellschaft werden hierdurch aufgefordert, ihre Sozietäts-Beiträge pro zweites Semester
v. J., welche auch diesmal nach § 17 des Statuts mit 7½ Sgr. pro 100 Thlr. Versicherungs-
Kapital zu berechnen sind, sofort und spätestens
binnen 6 Wochen der Sozietätskasse, oder den betreffenden Bevollmächtigten portofrei einzusenden.
Tangermünde, den 12. Januar 1844.
Die Direktion der altmärkischen Mühlen-Versicherungs-Gesellschaft.
Meyer. Lippert.

Oeffentlicher Anzeiger
zum 7ten Stück des Amtsblatts
der Königlichen Regierung zu Potsdam und der Stadt Berlin.

Den 16. Februar 1844.

---

* Die Forstgerichtstage bei den unterschriebenen Justizämtern sind für das Jahr 1844 dahin angesetzt worden, und jedesmal Vormittags 10 Uhr:
I. in Brüssow für das Königl. Caselow=Löcknitzer Revier:
am 22. März, 24. Mai, 27. September und am 22. November;
II. in Gramzow für das Königl. Gramzower Revier:
am 22. Februar, 11. April, 6. Juni, 3. Oktober und 5. Dezember.
Prenzlau, den 3. Januar 1844.
Königl. Justizamt Gramzow, Löcknitz=Brüssow.

* Der von uns unterm 17. Januar d. J. erlassene Steckbrief erledigt sich, weil der verfolgte Knabe Johann Friedrich Wilhelm Sixtus aus Hohen=Wutzen ergriffen und zum Gefängniß gebracht ist. Zehden, den 3. Februar 1844.
Königl. Land= und Stadtgericht.

Die Anfuhr des für die Faktorei zu Rheinsberg nöthigen Salzvorraths von ungefähr 350 Tonnen, welche Quantität jedoch nicht garantirt wird, aus dem Salzmagazin zu Neu=Ruppin, für die Zeit vom 1. Juli 1844 bis Ende Januar 1845, soll dem Mindestfordernden überlassen werden.
Zu dem Ende ist ein Termin in dem Lokale des Königl. Neben=Zollamtes in Rheinsberg auf den 26. Februar d. J., Vormittags 11 Uhr, anberaumt, zu welchem Bietungslustige mit dem Bemerken eingeladen werden, daß die drei Mindestfordernden eine Kaution von 25 Thlr. sofort im Termine zu deponiren haben, so wie, daß die allgemeinen Kontraktsbedingungen bei dem unterzeichneten Hauptamte, dem Neben=Zollamte I in Rheinsberg und dem Steueramte in Neu=Ruppin zur Einsicht bereit liegen.
Gransee, den 23. Januar 1844.
Königl. Haupt=Zollamt.

Die Kaackstedtsche Wassermühle ist im Jahre 1833 durch einen Weizenmahlgang, und im Jahre 1842 durch einen Grützgang ohne landespolizeiliche Erlaubniß erweitert, und es ist zu dem Ende auch ein Wasserrad neu angelegt worden. Der Besitzer, Mühlenmeister Springborn, welcher nach einem rechtskräftig gewordenen Resolute vom 17. August d. J. verpflichtet ist, den Weizenmahl= und Grützgang außer Betrieb zu setzen, wünscht die Benutzung dieser Gänge beizubehalten und hat dazu den Konsens nachgesucht.
Dies wird hierdurch mit dem Bemerken zur öffentlichen Kenntniß gebracht, daß alle etwanige Widersprüche gegen die beantragte Konsenstheilung, sowohl aus dem Edikte vom 28. Oktober 1810, wie aus der Allerhöchsten Kabinetsordre vom 23. Oktober 1826 binnen 8 Wochen präklusivischer Frist bei dem unterzeichneten Landrathe anzubringen und zu begründen sind.
Templin, den 30. Januar 1844.
Der Landrath des Templinschen Kreises.
von Haas.

Der Lehnschulze Schönberg zu Börnicke beabsichtigt den Bau einer Bockwindmühle mit zwei Mahlgängen auf seinem ihm zugehörigen, in der Nähe des Dorfes belegenen Ackerplane. Dies Vorhaben wird hierdurch mit dem Bemerken zur öffentlichen Kenntniß gebracht, daß alle etwanige Widersprüche gegen diese Anlage, sowohl aus dem Edikte vom 28. Oktober 1810, als aus der Allerhöchsten Kabinetsordre vom 23. Oktober 1826, binnen 8 Wochen präklusivischer Frist bei dem unterzeichneten Landrathe anzumelden und zu begründen sind. Nauen, den 6. Februar 1844.
Königl. Landrath Osthavelländischen Kreises.
Gr. von Königsmark.

Nachdem folgende Staatspapiere ihren Inhabern angeblich abhänden gekommen sind, als:

1) die auf den Namen Christian Kurth lautende, unterm 2. Juli 1830 über den Betrag von 100 Thlr. Kurant ausgestellte 3½ prozentige Seehandlungs=Obligation Nr. 686, worauf die Zinsen bis zum 2. Juli 1842 berichtigt sind, welche bei dem Brande des Gehöftes des Kossäthen Christian Kurth zu Frieders= dorf bei Storkow am 15. Mai 1843 mit ver= brannt sein soll;

2) die Kurmärkische Schuldverschreibung Nr. 616 Litt. D über 300 Thlr., der Kirche zu Rö= persdorf bei Prenzlau gehörig, welche dem Prediger Everth zu Sternhagen, als Ver= walter des Vermögens der Kirche zu Röpers= dorf, schon vor länger als drei Jahren an= geblich abhänden gekommen ist,

so werden auf den Antrag der oben genannten Interessenten alle diejenigen, welche an diese Pa= piere als Eigenthümer, Zessionarien, Pfand= oder sonstige Briefsinhaber, oder deren Erben, Ansprüche zu haben behaupten, hierdurch öffentlich vorgeladen, in dem vor dem Kammergerichts=Referendarius Hundt hier auf dem Kammergerichte auf

den 22. März 1845, Vormittags 10 Uhr, anberaumten Termine zu erscheinen und ihre An= sprüche zu bescheinigen, widrigenfalls sie damit präkludirt, die gedachten Papiere für amortisirt erklärt, und statt derselben neue ausgefertigt wer= den sollen. Den Auswärtigen werden die Justiz= Kommissarien, Ober = Landesgerichtsrath Mar= tins, Justizrath Hülsen und Justizrath Jung zu Mandatarien in Vorschlag gebracht.

Berlin, den 8. Januar 1844.
Königl. Preuß. Kammergericht.

Bei Vertheilung der Kaufgelder der im Wege der nothwendigen Subhastation veräußerten, hier= selbst sub Nr. 246 belegenen, im Hypothekenbuche des unterzeichneten Gerichts Vol. I Pag. 489 ver= zeichneten Kleinbürgerstelle, ist auf ein für die Wittwe Henkel, Anne Marie geb. Voigt, sub Rubr. III Nr. 8 aus der Obligation vom 3. Ok= tober 1805 eingetragenes Kapital von 700 Thlr. nebst den Zinsen, ein Perzipiendum von 767 Thlr. 20 Sgr. Kourant gefallen, welches, da die Obliga= tion nicht hat beigebracht werden können, zu einer Spezialmasse transferirt worden ist.

Da die seither angestellten Nachforschungen, um das bezeichnete Dokument herbeizuschaffen, frucht= los gewesen sind, so werden alle diejenigen unbe=

kannten Personen, welche als Eigenthümer, Erben, Zessionarien, Pfandinhaber oder sonst Berechtigte auf die oben gedachte Spezialmasse Ansprüche zu haben glauben, aufgefordert, in dem auf

den 21. März l. J., Vormittags 11 Uhr, im Stadtgerichtszimmer hierselbst anberaumten Termine entweder persönlich, oder durch gehörig legitimirte Bevollmächtigte zu erscheinen, und ihre Ansprüche anzumelden, widrigenfalls sie mit den= selben werden präkludirt werden.

Zu diesem Termine werden zugleich die ihrem Auf= enthalte nach unbekannten Erben der Wittwe Hen= kel, Anne Marie geb. Voigt hiermit vorgeladen.

Nauen, den 24. Dezember 1843.
Königl. Preuß. Stadtgericht.

Nothwendiger Verkauf.
Königl. Kammergericht in Berlin.

Das in der Chausseestraße Nr. 70 hierselbst belegene, im Hypothekenbuche des Königl. Kam= mergerichts Vol. II b Nr. 35 Pag. 156 verzeich= nete Wohnhaus nebst Zubehör, abgeschätzt auf 13,448 Thlr. 28 Sgr. 9½ Pf. zufolge der, nebst Hypothekenschein und Bedingungen in der Regi= stratur einzusehenden Taxe, soll

am 30. April 1844, Vormittags 11 Uhr, an ordentlicher Gerichtsstelle subhastirt werden.

Nothwendiger Verkauf.

Das dem Architekten Johann Konrad Adler zugehörige, Chausseestraße Nr. 63 a hierselbst be= legene, und im Hypothekenbuche des Königl. Kam= mergerichts Vol. IV b Nr. 129 Pag. 193 verzeich= nete, aus Wohnhaus, Garten und Kegelbahn bestehende Grundstück, abgeschätzt auf 12,700 Thlr. 1 Sgr. 5½ Pf. zufolge der, nebst Hypothekenschein und Bedingungen in der Registratur des Königl. Kammergerichts einzusehenden Taxe, soll

am 18. Mai 1844, Vormittags 11 Uhr, an ordentlicher Gerichtsstelle subhastirt werden.

Zugleich wird zu diesem Termine der seinem Aufenthalte nach unbekannte Gutsbesitzer Solnick, event. dessen Erben, als Realprätendent vorgeladen.

Berlin, den 25. September 1843.
Königl. Preuß. Kammergericht.

Nothwendiger Verkauf.
Königl. Kammergericht in Berlin.

Das vor dem Oranienburger Thore hierselbst in der Kesselstraße belegene, und im Hypotheken=

buche des Königl. Kammergerichts Vol. IV b Nr. CXXXVII Pag. 385 verzeichnete Grundstück des Architekten Johann Konrad Adler, abgeschätzt auf 3164 Thlr. 20 Sgr. zufolge der, nebst Hypothekenschein und Bedingungen in der Registratur einzusehenden Taxe, soll

am 30. April 1844

an ordentlicher Gerichtsstelle subhastirt werden.

Nothwendiger Verkauf.
Königl. Kammergericht in Berlin.

Das hierselbst in der Karlstraße Nr. 23 b belegene Grundstück nebst Zubehör, abgeschätzt auf 13,582 Thlr. 14 Sgr. 1½ Pf. zufolge der, nebst Hypothekenschein und Bedingungen in der Registratur einzusehenden Taxe, soll am 30. August 1844 an ordentlicher Gerichtsstelle subhastirt werden.

Hierbei wird jedoch bemerkt, daß, wenn das bereits auf Anordnung der Polizeibehörde von den Miethern geräumte Nachbar-Grundstück gänzlich abgebrochen werden muß, auch ein Theil dieses Grundstücks abzubrechen und zu erneuern sein wird. Die Kosten dieser Baulichkeiten lassen sich im Voraus nicht bestimmen, indessen würde, selbst in dem Fall, daß die Abbrechung von ganzen Mauern nicht nöthig befunden werden sollte, dennoch die Erneuerung der Thür- und Fensterbögen, das Umlegen der Fußböden, so wie der Verlust der Miethen 2 bis 3000 Thlr. betragen, und daher der Werth des Grundstücks nur auf 13,000 Thlr. zu veranschlagen sein.

Freiwilliger Verkauf.
Land- und Stadtgericht zu Neustadt-Eberswalde.

Die den Erben der Kaufmann Meiffel'schen Eheleute gehörigen Grundstücke, und zwar:

1) das hierselbst in der Schweizerstraße belegene Wohnhaus, taxirt auf 4351 Thlr. 14 Sgr. 6¼ Pf.,

2) der daselbst belegene Garten, taxirt auf 166 Thlr. 19 Sgr. 6 Pf., und

3) die in der Gartengasse hierselbst belegene Wiese, taxirt auf 265 Thlr.,

sollen am 26. April 1844

an hiesiger Gerichtsstelle verkauft werden.

Taxe und neuester Hypothekenschein, so wie die Verkaufsbedingungen sind im Iten Büreau einzusehen.

Nothwendiger Verkauf.
Stadtgericht zu Berlin, den 5. Oktober 1843.

Das in der Blumenstraße Nr. 54 belegene Grundstück des Tischlermeisters Kuppinger, gerichtlich abgeschätzt zu 15,673 Thlr. 15 Sgr. 3 Pf., soll am 21. Mai 1844, Vormittags 11 Uhr, an der Gerichtsstelle subhastirt werden. Taxe und Hypothekenschein sind in der Registratur einzusehen.

Das dem Kleidermacher Karl Gottfried Krause gehörige, in der Hobigtstraße Nr. 6 belegene, in unserm Hypothekenbuche von der Stadt Vol. IX Nr. 620 verzeichnete, auf 5129 Thlr. 14 Sgr. 9 Pf. abgeschätzte Grundstück nebst Zubehör, soll im Wege der nothwendigen Subhastation verkauft werden, und ist hierzu ein Bietungstermin auf

den 26. April 1844, Vormittags 10 Uhr,

vor dem Stadtgerichtsrath Herrn Steinhausen im Stadtgericht, Lindenstraße Nr. 54, anberaumt.

Der Hypothekenschein, die Taxe und die besonderen Kaufsbedingungen sind in unserer Registratur einzusehen. Potsdam, den 6. Oktober 1843.

Königl. Stadtgericht hiesiger Residenz.

Nothwendiger Verkauf.

Das dem Scharfrichtereibesitzer Friedrich Wilhelm Georg Stender allhier gehörige, sub Nr. 168 in der Scharfrichterstraße belegene Wohnhaus mit der dazu gehörigen Scharfrichterei und Abdeckerei, dem Hausgarten, der Robahnwiese und allem Zubehör, gerichtlich abgeschätzt zu 34,796 Thlr. 28 Sgr. 7½ Pf. zufolge der, nebst Hypothekenschein in unserer Registratur täglich einzusehenden Taxe, soll

am 13. Mai 1844, Vormittags 10 Uhr,

an hiesiger Gerichtsstelle subhastirt werden. Wusterhausen a. d. Dosse, den 17. Okt. 1843.

Königl. Preuß. Stadtgericht.

Das dem Büdner Friedrich Wilhelm Henkel gehörige, in Trechwitz belegene Büdnergrundstück, abgeschätzt auf 550 Thlr., soll

am 26. März 1844, Vormittags 11 Uhr,

auf der Gerichtsstube in Jeserig subhastirt werden. Die Taxe, der Hypothekenschein und die Kaufsbedingungen sind in unserer Registratur einzusehen. Brandenburg, den 1. November 1843.

Das von Rochowsche Patrimonialgericht über Trechwitz.

Rothwendiger Verkauf.

Stadtgericht Charlottenburg, den 14. Nov. 1843.
Das im hiesigen stadtgerichtlichen Hypothekenbuche Vol. VII Nr, 337 verzeichnete, in der Wilmersdorfer Straße sub Nr. 4 belegene, auf 2422
Thlr. 26 Sgr. 1 Pf. gerichtlich taxirte Grundstück,
soll am 3. April 1844, Vormittags 10 Uhr,
an hiesiger Gerichtsstätte subhastirt werden. Taxe
und Hypothekenschein sind in unserer Registratur
einzusehen. Unbekannte Realprätendenten haben
sich bei Vermeidung der Präklusion mit ihren etwanigen Ansprüchen in diesem Termine zu melden.

Rothwendiger Verkauf.

Stadtgericht zu Berlin, den 17. November 1843.
Das hierselbst in der Jägerstraße Nr. 58 belegene Huotsche Grundstück, gerichtlich abgeschätzt
zu 7474 Thlr. 28 Sgr. 1 Pf., soll
am 25. Juni 1844, Vormittags 11 Uhr,
an der Gerichtsstelle subhastirt werden. Taxe und
Hypothekenschein sind in der Registratur einzusehen.

Rothwendiger Verkauf.

Königl. Justizamt Potsdam, den 21. Nov. 1843.
Folgende, dem Steuermann Joh. Friedr. Aug.
Baumgarten zu Werder gehörige Grundstücke:
1) ein im Pfarrhofe daselbst belegenes, Vol. IV
Fol. 21 des Hypothekenbuchs verzeichnetes
Wohnhaus nebst Garten, abgeschätzt auf 466
Thlr. 17 Sgr. 2 Pf., und
2) ein im Moosfenn bei Werder belegener, Vol.
I Fol. 60 des Hypothekenbuchs verzeichneter
Weinberg, abgeschätzt auf 64 Thlr. 20 Sgr.,
sollen am 30. März l. J., Vormittags 11 Uhr,
an Ort und Stelle zu Werder subhastirt werden.
Taxe und Hypothekenscheine sind in unserm
IIten Bureau werktäglich einzusehen.

Rothwendiger Verkauf.

Königl. Land- und Stadtgericht zu Straußberg, den 11. Dezember 1843.
Das vor dem Landsbergerthore am Straußsee
hierselbst belegene, dem Schönfärber David Benjamin Kuhnt gehörige Färberei-Grundstück, nebst
den dazu gehörigen Färberei-Utensilien, abgeschätzt
auf zusammen 2258 Thlr. 27 Sgr. 3 Pf., soll
am 26. März 1844, Vormittags 11 Uhr,
an ordentlicher Gerichtsstelle subhastirt werden.
Taxe und Hypothekenschein sind in der Registratur einzusehen.

Rothwendiger Verkauf.

Land- und Stadtgericht zu Luckenwalde, den
2. November 1843.
Das dem verstorbenen Tuchmachermeister Ludwig Hagen und seiner Ehefrau, Hanne Louise
geb. Wasserlein gehörige, hierselbst auf der Burg
belegene, und zu 741 Thlr. 22 Sgr. 2 Pf. gerichtlich abgeschätzte Kleinerbengut nebst Zubehör,
soll am 16. April 1844, Vormittags 11 Uhr,
an ordentlicher Gerichtsstelle subhastirt werden.
Die Taxe und der neueste Hypothekenschein
können in der Registratur eingesehen werden.

Rothwendiger Verkauf.

Land- und Stadtgericht zu Luckenwalde, den
20. Dezember 1843.
Das der verehelichten Kossäth Schröder,
Hanne Louise geb. Hennig gehörige, in Garbenitz
belegene Kossäthengut, gerichtlich abgeschätzt auf
1475 Thlr. 9 Sgr. 2 Pf., soll in. termino
den 22. April 1844, Vormittags 11 Uhr,
an ordentlicher Gerichtsstelle subhastirt werden.
Die Taxe und der neueste Hypothekenschein
können in der Registratur eingesehen werden.

Das den Erben des verstorbenen Arbeitsmanns
Schulze gehörige, in der Bertinistraße Nr. 9
belegene, in unserm Hypothekenbuche von der Nauener Vorstadt Vol. II Nr. 83 c verzeichnete, auf
525 Thlr. 16 Sgr. 8 Pf. abgeschätzte Grundstück
nebst Zubehör, soll im Wege der nothwendigen
Subhastation verkauft werden, und ist hierzu ein
Bietungstermin auf
den 26. April 1844, Vormittags 10 Uhr,
vor dem Stadtgerichtsrath Herrn Steinhausen
im Stadtgericht, Lindenstraße Nr. 54, anberaumt.
Der Hypothekenschein, die Taxe und die besonderen Kaufbedingungen sind in unserer Registratur einzusehen.
Zugleich werden alle diejenigen, welche etwa
Ansprüche auf das Grundstück oder die Kaufgelder zu haben vermeinen, hiermit aufgefordert,
diese spätestens bis zu dem oben gedachten Termine anzumelden und nachzuweisen, widrigenfalls
dieselben präkludirt, und ihnen damit ein ewiges
Stillschweigen sowohl gegen die jetzigen Besitzer,
als auch gegen den Käufer und die Gläubiger auferlegt werden wird.
Potsdam, den 22. Dezember 1843.
Königl. Stadtgericht hiesiger Residenz.

Nothwendiger Verkauf.

Stadtgericht zu Berlin, den 27. Dezember 1843.

Das in der neuen Roßstraße Nr. 7 belegene Grundstück der Kaufmann Gleich schen Erben, gerichtlich abgeschätzt zu 21,353 Thlr. 15 Sgr., soll Theilungshalber

am 20. August 1844, Vormittags 11 Uhr,

an ordentlicher Gerichtsstelle subhastirt werden.

Taxe und Hypothekenschein sind in der Registratur einzusehen.

Die unbekannten Realprätendenten werden unter der Verwarnung der Präklusion vorgeladen.

Nothwendiger Verkauf.

Stadtgericht zu Berlin, den 30. Dezember 1843.

Das Neu-Köln am Wasser Nr. 19 und Wallstraße Nr. 61 belegene Reuscher sche Grundstück, gerichtlich abgeschätzt zu 10,245 Thlr. 19 Sgr., soll Schuldenhalber

am 13. August 1844, Vormittags 11 Uhr,

an der Gerichtsstelle subhastirt werden. Taxe und Hypothekenschein sind in der Registratur einzusehen.

Im Einverständnisse mit der Stadtverordneten-Versammlung soll das der hiesigen Kommune gehörige, auf dem französischen Hofe belegene, an die Grundstücke in der Spreegasse Nr. 13 und 14, in der Brüderstraße Nr. 10 und 11, und an der Friedrichsgracht Nr. 61 grenzende sogenannte Köllnische Schulkollegenhaus, welches bei der hiesigen städtischen Feuer-Sozietät mit 3925 Thlr. versichert ist, und für sonstige Kommunalwerke nicht weiter gebraucht wird, öffentlich an den Meistbietenden verkauft werden.

Hierzu ist ein Lizitationstermin auf

den 26. Februar 1844, Vormittags 10 Uhr,

im Magistrats-Parteienzimmer auf dem Berlinischen Rathhause vor unserm Deputirten, Herrn Syndikus Hedemann angesetzt, wozu Kauflustige mit dem Bemerken eingeladen werden, daß das Kaufgeld bei der Übergabe des Grundstücks von dem Meistbietenden, welcher vier Wochen für sein Gebot verhaftet bleibt, baar bezahlt, und daß im Lizitationstermine zur Sicherheit des Magistrats eine Kaution für das Meistgebot von 500 Thlr. in Stadtobligationen, Staatsschuldscheinen oder in baarem Gelde berichtigt werden muß.

Die speziellen Kaufbedingungen sind täglich in unserm Journalzimmer auf dem Berlinischen Rathhause einzusehen.

Berlin, den 31. Dezember 1843.

Ober-Bürgermeister, Bürgermeister und Rath hiesiger Residenzien.

Nothwendiger Verkauf
behufs Aufhebung der Gemeinschaft.

Stadtgericht zu Pritzwalk, den 9. Januar 1844.

Das den Erben der allhier verstorbenen Wittwe Benzien, Marie Dorothee geb. Knop gehörige, am Kemnitzer Thore belegene Wohnhaus nebst Regelbahn, Stallgebäuden, 2 Morgen 67 ☐Ruthen Gartenland und 1 Morgen 135 ☐Ruthen Wiese, in welchem seit einer Reihe von Jahren die Gast- und Schankwirthschaft mit gutem Erfolge betrieben ist, abgeschätzt auf 2434 Thlr. 24 Sgr. 3 Pf. zufolge der, nebst Hypothekenschein in der Registratur einzusehenden Taxe, soll

am 13. April 1844, Vormittags 11 Uhr,

an ordentlicher Gerichtsstelle subhastirt werden.

Nothwendiger Verkauf.

Land- und Stadtgericht zu Neustadt-Eberswalde.

Die bei dem Vorwerke Pehlitz belegene Heidrich sche Erbzinsbüdnerstelle, abgeschätzt auf 120 Thlr. zufolge der, nebst Hypothekenschein und Bedingungen im IIten Geschäftsbüreau einzusehenden Taxe, soll

am 21. Mai 1844, Vormittags 11 Uhr,

im Gerichtshause an den Meistbietenden verkauft werden.

Nothwendiger Verkauf.

Stadtgericht zu Berlin, den 18. Januar 1844.

Das in der alten Jakobstraße Nr. 24 belegene Grundstück des Viktualienhändlers Schnaack, gerichtlich abgeschätzt zu 2111 Thlr. 26 Sgr. 6 Pf., soll Schuldenhalber

am 4. Juni d. J., Vormittags 11 Uhr,

an der Gerichtsstelle subhastirt werden. Taxe und Hypothekenschein sind in der Registratur einzusehen.

Nothwendiger Verkauf.

Stadtgericht zu Berlin, den 24. Januar 1844.

Das in der Waßmannsstraße Nr. 32 belegene Grundstück des Partikuliers Johann Karl Friedrich Neumeyer, gerichtlich abgeschätzt zu 6138 Thlr. 17 Sgr., soll

am 30. August 1844, Vormittags 11 Uhr,
an der Gerichtsstelle subhastirt werden. Taxe und
Hypothekenschein sind in der Registratur einzusehen.

Nothwendiger Verkauf.

Stadtgericht zu Berlin, den 18. Januar 1844.

Das in der Linienstraße Nr. 151 belegene
Drechslersche Grundstück, gerichtlich abgeschätzt
zu 2498 Thlr. 3 Sgr. 9 Pf., soll

am 7. Juni 1844, Vormittags 11 Uhr,
an der Gerichtsstelle subhastirt werden. Taxe und
Hypothekenschein sind in der Registratur einzusehen.

Nothwendiger Verkauf.

Stadtgericht in Charlottenburg, den 19. Jan. 1844.

Das hierselbst in der Wallstraße Nr. 33 belegene, und im stadtgerichtlichen Hypothekenbuche
von Charlottenburg Vol. VIII Nr. 391 verzeichnete, dem Zimmergesellen Martin Friedrich Blume gehörige Grundstück nebst Zubehör, abgeschätzt
auf 1133 Thlr. 22 Sgr. 6 Pf. zufolge der, nebst
Hypothekenschein in der Registratur einzusehenden
Taxe, soll

am 5. Juni d. J., Vormittags 10 Uhr,
an ordentlicher Gerichtsstelle vor dem Herrn Stadtgerichts-Assessor Kolk subhastirt werden.

Der seinem Aufenthalte nach unbekannte Besitzer, Zimmergeselle Martin Friedrich Blume,
so wie etwanige unbekannte Realprätendenten werden hierzu öffentlich vorgeladen.

Freiwilliger Verkauf.

Königl. Stadtgericht Gransee, den 24. Jan. 1844.

Die den Geschwistern Gabel gehörigen, hierselbst belegenen Grundstücke, als:

1) ein Morgen Schmerwinkel von 1 M. 86¼
☐R., taxirt 90 Thlr.
2) ein Morgen Vierruthe Nr. 1146 b von 2 M.
87 ☐R., taxirt 140 Thlr., und
3) ein Morgen Vierruthe Nr. 1139 von 2 M.
54 ☐R., taxirt 120 Thlr.

sollen zufolge der, nebst Hypothekenschein und Bedingungen in der Registratur einzusehenden Taxe,
am 18. Mai d. J., Vormittags 10 Uhr,
an ordentlicher Gerichtsstelle subhastirt werden.

Freiwilliger Verkauf.

Königl. Justizamt Potsdam, den 26. Jan. 1844.

Folgende, der minderjährigen Karoline Wilhelmine Schulze gehörige, zu Werder belegene
Grundstücke:

1) das Vol. I Fol. 211 des Hypothekenbuchs
verzeichnete Wohnhaus nebst Garten,
2) der ebendaselbst verzeichnete Weinberg mit
Haus und Anbau im Elsbruche,
3) der ebendaselbst verzeichnete Weinberg im
Strangfelde,
zusammen abgeschätzt auf 1422 Thlr. 26 Sgr. 7½ Pf.;
4) das Vol. IV Fol. 561 des Hypothekenbuchs
verzeichnete Wohnhaus nebst Garten, abgeschätzt auf 614 Thlr. 27 Sgr. 1½ Pf.,
5) die Vol. VII Fol. 85 des Hypothekenbuchs
verzeichnete Vierruthenwiese, abgeschätzt auf
200 Thlr., und
6) der Vol. VII Fol. 49 des Hypothekenbuchs
verzeichnete Weinberg, mit Hütte am Ken-
nitzschen Wege, abgeschätzt auf 75 Thlr.,
sollen am 9. März d. J., Vormittags 11 Uhr,
im Rathhause zu Werder, im Wege der freiwilligen
Subhastation verkauft werden.

Die Taxe und die Hypothekenscheine sind im
IIten Bureau einzusehen.

Freiwilliger Verkauf.

Auf den Antrag der Geschwister Siegert soll
das Nr. 13 zu Schönerlinde belegene Bauergut,
ohne bewegliches Inventarium, in dem auf
den 1. März d. J., Vormittags 11 Uhr,
in dem Gute zu Schönerlinde angesetzten Termine
an den Meistbietenden verkauft werden. Von dem
Kaufgelde kann die Hälfte, gegen Zinsen zu vier
Prozent und zur ersten Stelle, in das Hypothekenbuch eingetragen werden.

Die übrigen Verkaufsbedingungen, so wie der
Hypothekenschein sind in unserer Registratur einzusehen. Oranienburg, den 31. Januar 1844.

Königl. Land- und Stadtgericht.

Das der verehelichten Kaufmann Sachs, Henriette geb. Sperling gehörige, hier in der Kreuzstraße Nr. 16 belegene, in unserm Hypothekenbuche
von der Stadt Vol. XIV Nr. 1023 verzeichnete,
auf 4196 Thlr. 21 Sgr. 6 Pf. abgeschätzte Grundstück nebst Zubehör, soll im Wege der nothwendigen
Subhastation verkauft werden, und ist hierzu ein
Bietungstermin auf
den 4. Juni 1844, Vormittags 11 Uhr,
vor dem Stadtgerichtsrath Herrn von Cieselski
im Stadtgericht, Lindenstraße Nr. 54, anberaumt.

Der Hypothekenschein, die Taxe und die besonderen Kaufbedingungen sind in unserer Registratur
einzusehen. Potsdam, den 2. Februar 1844.
Königl. Stadtgericht hiesiger Residenz.

Freiwilliger Verkauf.

Die Gräflich von Schlippenbach'schen Gerichte zu
Lenzerwische.

Der zum Nachlasse des Schiffers Heinrich
Behrmann zu Rietz gehörige Oderkahn Nr. VIII
62 mit 624 Zentner Tragfähigkeit, auf 379 Thlr.
15 Sgr. abgeschätzt, soll Theilungshalber
den 26. März 1844, Vormittags 11 Uhr,
an Ort und Stelle auf dem hiesigen Dorfe Rietz liegenden Kahne meistbietend verkauft werden. Die
Taxe ist in der Registratur einzusehen.

Alle unbekannte Realprätendenten werden bei
Vermeidung der Präklusion zu dem angesetzten Termine vorgeladen.

Nothwendiger Verkauf.

Patrimonialgericht zu Retzin.

Die zur Nachlaßmasse des Müllers Klostermann gehörige Wasser- und Oelmühle in Retzin
bei Perleberg, taxirt auf 5557 Thlr. 10 Sgr., soll
am 22. August 1844, Vormittags 11 Uhr,
in der Gerichtsstube zu Retzin meistbietend verkauft werden. Taxe und Hypothekenschein können
in der Registratur eingesehen werden.

Es sollen im Lokale des hiesigen Königl. Land-
und Stadtgerichts mehrere gute Meubles, darunter
ein Mahagony-Flügelfortepiano,
am Mittwoch den 21. Februar d. J.,
Nachmittags 2 Uhr, gegen gleich baare Bezahlung
verauktionirt werden.
Storkow, den 5. Februar 1844.
Im gerichtlichen Auftrage.
Kobel, Land- und Stadtgerichts-Aktuar.

In der Torfgräberei auf den Wiesen der Kossäthen zu Friedersdorf bei Storkow, sollen circa
70 Haufen guter gestochener Torf
am Montag den 26. Februar d. J.,
Vormittags 10 Uhr, in einzelnen Partien, gegen
gleich baare Bezahlung verauktionirt werden.
Storkow, den 7. Februar 1844.
Im gerichtlichen Auftrage.
Kobel, Land- und Stadtgerichts-Aktuar.

Mühlengrundstück-Verkauf.

Geschäfts-Veränderungshalber beabsichtige ich
mein Grundstück, bestehend aus einer Mahl-,
Schneide- und Lohmühle, so wie etwa 60 Morgen Acker und Wiesen nebst Weidegerechtigkeit in
angrenzender Königl. Forst, aus freier Hand sofort
zu verkaufen.

Diese Mühle, 1¼ Meile von Rheinsberg, 1½
Meile von Ruppin und unmittelbar am schiffbaren
Wasser gelegen, eignet sich; durch ihre Lokalitäten
begünstigt, vorzüglich zur Anlegung jeglichen Fa-
brikgeschäfts. Dieselbe ist vermöge ihrer romantischen Lage zugleich eine sehr angenehme Besitzung.
Wird es gewünscht, so kann auch ein See, von
dem gegenwärtig 124 Thlr. jährlicher Fischereipacht
eingehen, mit überlassen werden. Der Preis ist sehr
mäßig gestellt, und werden reellen Käufern die so-
lidesten Bedingungen zugesichert, jede nähere Auskunft über gern ertheilt von dem Besitzer Gustav
Schultz.

Rottstiel bei Ruppin, den 10. Februar 1844.

Gasthofs-Verkauf.

Einen nahrhaften Gasthof nebst Zubehör und
Inventarium, in einer lebhaften und angenehmen
Stadt des Oberbruchs, will der Besitzer aus freier
Hand mit 4000 Thlr. Angeld verkaufen. Neben
der Gastwirthschaft kann auch eine Brauerei oder
Destillation darin betrieben werden. Näheres im
Bureau, Bischoffsstraße Nr. 6 zu Berlin, beim
Kreis-Justizrath Straß.

Ein kleines Landgut von 2 bis 600 Morgen
Areal wird sofort zu kaufen gesucht. Adressen mit
Beschreibung des Guts, Kaufgeldes und Kaufbe-
dingungen, wollen Selbstverkäufer portofrei an den
Sekretair und Agenten Dietz in Berlin, Anhalt-
straße Nr. 2, abgeben.

Im Dorfe Rhütznick, fast im Mittelpunkte der
Städte Alt- und Neu-Ruppin, Oranienburg,
Cremmen und Lindow, soll, in Folge der stattgefundenen Parzellirung eines Bauergutes, ein im
besten baulichen Zustande befindliches, mit Ziegeln
gedecktes Wohnhaus, welches zwei große Stuben,
zwei Kammern, eine Küche ꝛc. enthält, und ferner
als Zubehör ein neu erbauter Stall von 24 Fuß
Front, ein Backofen, Brunnen und ein die Besitzung umschließender Garten von circa 1½ Morgen
Fläche, mit tragbaren Obstbäumen bestanden, auf

Verlangen auch noch etwas Ackerland und Wiesen, sogleich unter annehmlichen Bedingungen verkauft werden. Das Grundstück würde sich insbesondere zur Niederlassung eines Tischlers und Stellmachers, die im Orte fehlen, eignen. Selbstkäufer belieben sich recht bald, persönlich oder in portofreien Briefen, an den unterzeichneten Besitzer zu wenden.

Neu-Ruppin, den 28. Januar 1844.

C. F. Gottschalk,
Gastwirth zum »schwarzen Adler.«

Verkauf eines Oberkahns.

Erbtheilungshalber soll vom Unterzeichneten ein komplett ausgerüsteter Oberkahn, mit Verdeck und von 15= bis 1600 Zentner Tragfähigkeit, plus licitando verkauft werden. Hierzu ist ein Termin auf Sonnabend den 24. Februar d. J., von Vormittags 10 bis Nachmittags 4 Uhr, anberaumt. Die Verkaufsbedingungen werden im Termine vorgelegt, vorher aber wird auf Verlangen das Fahrzeug nebst Inventarium jeder Zeit vorgewiesen. Der Kahn liegt im Hafen zu Neusalz an der Oder vertäuert, und ist incl. Inventarium auf beiläufig 400 Thlr. abgeschätzt. Kaufliebhaber werden mit dem Bemerken hierzu eingeladen, daß nur gegen sofortige baare Zahlung der ganzen Kaufsumme, und nach Genehmigung der vorzulegenden Kaufbedingungen der Zuschlag erfolgt.

Der Käufer hat die Aussicht, mit dem Kahn im Frühjahr eine Niederwärtsreise antreten zu können.

Neusalz a. d. Oder, den 5. Februar 1844.

F. G. Wiesner, Schifferälteste.

Am 24. Februar d. J. sollen hier Kiehnen-Sägeblöcke und Bauhölzer an den Meistbietenden verkauft werden. Hof Rossow an der Dosse.

L. von Lücken.

Vom fein gemahlenen Speremberger Düngergips, der Zentner zu 10 Sgr., ist fortwährend jedes beliebige Quantum vorräthig bei

G. W. Bürscher in Neustadt-Eberswalde.

Einige sehr tüchtige Meier und Wirthschafterinnen weist unentgeldlich nach

W. E. Seidel in Zehdenick.

Mehrere gut empfohlene Hauslehrer suchen Stellen durch W. E. Seidel in Zehdenick.

.800 Thlr. Kirchengelder sind zur ersten Hypothek à 4 Prozent Zinsen sogleich auszuleihen; eben so ist zu Ostern d. J. ein Kapital von 1000 Thlr. gegen hypothekarische Sicherheit und 4 Prozent Zinsen disponible. Nähere Auskunft ertheilt

W. E. Seidel in Zehdenick.

Die Mitglieder der altmärkischen Mühlen-Versicherungs-Gesellschaft werden hierdurch aufgefordert, ihre Sozietäts-Beiträge pro zweites Semester v. J., welche auch diesmal nach § 17 des Statuts mit 7½ Sgr. pro 100 Thlr. Versicherungs-Kapital zu berechnen sind, sofort und spätestens binnen 6 Wochen der Sozietätskasse, oder den betreffenden Bevollmächtigten portofrei einzusenden.

Tangermünde, den 12. Januar 1844.

Die Direktion der altmärkischen Mühlen-Versicherungs-Gesellschaft.

Meyer. Lippert.

In allen Buchhandlungen Deutschlands ist vorräthig zu haben: die neue (3te) Auflage des Werks: Franz Nowak, der wohlberathene Bauer, ein nützliches Handbuch für den deutschen Landmann, von A. Rothe, Preis 15 Sgr. Die Versammlung der Landwirthe Deutschlands; desgl. die besten landwirthschaftl. Zeitschriften haben sich dahin ausgesprochen, daß dieses Buch eines der besten und zweckmäßigsten Werke sei, welche jemals für den deutschen Landmann geschrieben wurden.

Vorräthig in der Stuhrschen Buchhandlung in Potsdam am Kanal Nr. 17, neben der Post.

Im Verlage von Joh. Conr. Mäcken jun. in Reutlingen ist so eben erschienen:

Walker, Wilhelm (pens. Institutsgärtner von Hohenheim), die Erziehung der Obstbäume und ihre Behandlung bis ins hohe Alter. Nach 27=jährigen Erfahrungen verfaßt. Mit 14 Holzschnitten. 8vo Geh. 12 Sgr. 6 Pf.

Zu haben in der Stuhrschen Buchhandlung in Potsdam am Kanal Nr. 17, neben der Post, so wie in allen übrigen Buchhandlungen daselbst und anderer Orte.

Oeffentlicher Anzeiger

zum 8ten Stück des Amtsblatts
der Königlichen Regierung zu Potsdam und der Stadt Berlin.

Den 23. Februar 1844.

* Die Dauer des, dem Buchdrucker F. W. Röbling in Mühlhausen unterm 15. Dezember 1838 für den Zeitraum von 5 Jahren ertheilten Patents

auf eine durch Zeichnung und Beschreibung nachgewiesene Anordnung des Rostes und der Vorrichtung zur Regulirung des Feuerzugs bei Kochapparaten, so weit dieselbe für neu und eigenthümlich erkannt worden,

ist auf anderweite vier Jahre verlängert worden.

* Im Auftrage der Königl. Regierung zu Potsdam wird das unterzeichnete Haupt-Steueramt, und zwar in seinem Dienstgelasse hierselbst

am 29. März d. J., Vormittags 10 Uhr,

die Chausseegeld-Erhebung zu Glasow auf der Berlin-Cottbusser Kunststraße, in der Nähe von Berlin, an den Meistbietenden, mit Vorbehalt des höheren Zuschlages, vom 1. Mai d. J. ab zur Pacht ausstellen. Nur als dispositionsfähig sich ausweisende Personen, welche vorher mindestens 450 Thlr. baar oder in annehmlichen Staatspapieren bei dem unterzeichneten Amte zur Sicherheit niedergelegt haben, werden zum Bieten zugelassen.

Die Pachtbedingungen sind bei uns von heute an während der Dienststunden einzusehen.

Zossen, den 26. Januar 1844.
Königl. Haupt-Steueramt.

* Verkauf der Merino-Mutterschaafe auf der Königlichen Stammschäferei zu Frankenfelde bei Wriezen an der Oder.

Der Verkauf von 200 Stück Mutterschaafen hierselbst wird in diesem Jahre wiederum in einer öffentlichen Auktion

am 26. März, Vormittags 11 Uhr,

stattfinden, und werden solche zuvor in passende Kaveln zu 10 Stück getheilt und in dieser Art zum Verkaufe gestellt werden.

Die Abholung der erkauften Thiere geschieht gleich nach der Schur, und wird am Auktionstage ein Drittel des Kaufpreises zur hiesigen Kasse gezahlt. Frankenfelde, den 14. Februar 1844.
Königl. Administration der Stammschäferei.

* Nach der Verfügung des Königl. Allgemeinen Kriegs-Departements vom 6. Februar d. J. soll die Lieferung von 150 Klafter Faulbaumholz in geschälten Stäben à 1 Fuß Länge, im Ganzen oder in Partien dem Mindestfordernden übergeben werden. Indem wir einen Termin hierzu auf

den 15. April d. J., Vormittags 10 Uhr,

hierselbst ansetzen, ersuchen wir Lieferungslustige, ihre versiegelten Submissions-Forderungen in dem Termine persönlich, oder durch Bevollmächtigte abzugeben, und zuvor die in unserm Geschäftslokale ausliegenden Lieferungs-Bedingungen einzusehen.

Pulverfabrik bei Spandau, den 14. Febr. 1844.
Die Direktion.

* Die Weiden in den Gräben und auf den Böschungen der Berlin-Kottbusser-Chaussee von Groß-Machnow bis Zossen, auf einer Strecke von einer Meile, bestehend aus Saalweiden und dreijährigen Bandstöcken, sollen meistbietend verkauft werden. Hierzu hat der Unterzeichnete

am 26. Februar 1844, Vormittags 10 Uhr,

in seiner Wohnung allhier einen Termin anberaumt, wozu Kauflustige mit dem Bemerken eingeladen werden, daß die desfallsigen Kaufbedingungen in der Chausseegeld-Hebestelle zu Dabendorf und im Termine selbst eingesehen werden können.

Zossen, den 5. Februar 1844.
Der Wegebaumeister Blanckenhorn.

Warnungsanzeige.

* Der Bäckergeselle Johann Immanuel Weller kam am 30. September 1841, Nachmittags gegen 2 Uhr, von Berlin nach Pichelsdorf bei Spandau, mit dem Vorsatze, die dort wohnhafte Kolonisten-

Wittwe Klähne, eine Verwandte seiner Frau, um ein Darlehn anzusprechen, und falls er dieses nicht erhielte, sie zu erwürgen und dann zu berauben. Er traf die Klähne allein zu Hause, trug ihr sein Anliegen vor, und als dieselbe darauf nicht einging, benutzte er, während letztere, mit häuslicher Arbeit beschäftigt, auf dem Flure des Hauses auf einem Gartenkorbe saß, die Gelegenheit und warf ihr einen Strick, den er zu diesem Zwecke aus Berlin mit sich gebracht hatte, um den Hals, riß sie damit vom Korbe, zog sie einige Schritte den Flur entlang, ergriff ein zufällig dort liegendes Handbeil und versetzte ihr damit mehrere Schläge an den Kopf, in Folge deren sie den Geist aufgab. Darauf nahm er aus einem Schranke in der Stube in Obligationen und baarem Gelde 350 Thlr., entfernte sich damit nach Berlin, verkaufte hier die Obligationen, verspielte die Nacht darauf einen großen Theil des Geldes in einer Tabagie, und kehrte am folgenden Tage nach seinem Wohnorte Neu=Hönow bei Landsberg zurück.

Mehrere Umstände machten ihn der That verdächtig, er wurde verfolgt, in Neu=Hönow ergriffen, und legte sofort auch ein offenes, späterhin mehrmals wiederholtes, mit andern erwiesenen Umständen völlig übereinstimmendes Bekenntniß ab.

Weller ist in Kirchberg bei Zwickau geboren, jetzt 27 Jahre alt, hat die Bäckerprofession erlernt, mehrere Jahre gewandert, legte einen Viktualienhandel in Berlin an, ergab sich jedoch dem Spiele, mußte den Laden schließen, und lebte zuletzt mit seiner Frau in Neu=Hönow geschäftslos und in dürftigen Umständen.

Gegen Weller ist rechtskräftig erkannt:
daß er wegen Raubmordes mit dem Rade von unten auf vom Leben zum Tode zu bringen, welche Strafe jedoch, durch die Allerhöchste Kabinetsordre vom 28. Dezember v. J., in die des Beils verwandelt ist.

Diese Strafe ist heute an ihm vollstreckt worden.

Spandau, den 10. Februar 1844.

Königl. Land= und Stadtgericht.

Steckbriefe.

* Der nachstehend bezeichnete Webergeselle Karl Büchner aus Zinna ist hier zu wiederholten Malen arbeits= und obdachtlos betroffen, zuletzt wegen Nichtbefolgung seiner Reiseroute mit Arreststrafe belegt, und hiernächst unter der Verwarnung, bei ähnlicher Rückkehr als Landstreicher zur gerichtlichen Untersuchung und Bestrafung gezogen zu werden, wiederum am 4. d. M. mittelst Reiseroute nach Zinna zurückgewiesen worden. Da der 2c. Büchner aber auch dieser Weisung, nach eingegangener Benachrichtigung, wieder nicht Folge geleistet hat, so werden sämmtliche resp. Behörden gebührend ersucht, auf diesen, das Publikum belästigenden Umhertreiber gefälligst achten, denselben im Betretungsfalle verhaften und nach Zinna transportiren lassen zu wollen.

Potsdam, den 17. Februar 1844.

Königl. Polizei=Direktor,
Regierungsrath von Kahlden=Normann.

Signalement des Webergesellen Karl Büchner. Geburts= und Aufenthaltsort: Zinna, Religion: evangelisch, Alter: 24 Jahre, Größe: 5 Fuß 6 Zoll, Haare: dunkelblond, Stirn: frei, Augenbrauen: dunkelblond, Augen: grau, Nase: klein, Mund: aufgeworfen, Bart: blond, Zähne: fehlerhaft, Kinn: rund, Gesichtsbildung: breit, Gesichtsfarbe: gesund, Gestalt: mittel, besondere Kennzeichen: die oberen Vorderzähne fehlen.

* Der nachstehend näher beschriebene, hier detinirt gewesene Arbeitsmann Karl Friedrich van Dyck hat Gelegenheit gefunden, am 30. v. M. heimlich aus der hiesigen Anstalt zu entweichen.

Dies machen wir hiermit öffentlich bekannt, und ersuchen sämmtliche Zivil= und Militairbehörden dienstergebenst, auf den van Dyck, als einen gemeinschädlichen Vagabonden, vigiliren, ihn im Betretungsfalle anhalten, und gegen Erstattung der Kosten unter sicherer Begleitung hierher zurückliefern zu lassen.

Strausberg, den 14. Februar 1844.

Die Inspektion des Landarmenhauses.

Signalement. Der Arbeitsmann Karl Friedrich van Dyck ist 23 Jahre alt, in Charlottenburg geboren, evangelischer Religion, 5 Fuß 2¼ Zoll groß, hat blondes Haar, braune Augenbraunen, runde Stirn, blaue Augen, spitzige Nase, gewöhnlichen Mund, gute Zähne, breites Kinn, längliches Gesicht, gesunde Gesichtsfarbe, und ist untersetzter Statur.

Bekleidet war derselbe mit einer grautuchenen kurzen runden Jacke, einer dergleichen Weste, einem Paar dergleichen langen Hosen, kurzen wollenen Strümpfen, einem Paar hölzernen Pantienen, einer runden grauen Tuchmütze und einem mit der Nummer 120 gezeichneten Hemde.

* Der am 30. Januar d. J. aus der Strafanstalt zu Brandenburg hierher entlassene Dienstknecht Joh. Friedrich Wilhelm Kuhlberg, auch Ramsport genannt, ist bis heute nicht hier eingetroffen, und treibt sich jedenfalls vagabondirend umher. Derselbe ist bereits wegen mehrfacher Diebstähle bestraft, und wir machen daher auf ihn, als ein der öffentlichen Sicherheit sehr gefährliches Subjekt, mit der Bitte aufmerksam, den Kuhlberg, wo er sich betreten läßt, anzuhalten und uns demnächst hiervon Nachricht zu geben.

Zinna, den 12. Februar 1844.

Der Magistrat.

Signalement des 2c. Kuhlberg. Name: Kuhlberg, auch Ramsport, Stand: Dienstknecht, Geburtsort: Merzdorf, Wohnort: Zinna, Religion: evangelisch, Alter: 23 Jahre, Größe: 5 Fuß 2 Zoll, Haare: braun, Stirn: bedeckt, Augenbraunen: schwarzbraun, Augen: grau, Nase: breit, Mund: gewöhnlich, Zähne: vollständig, Kinn und Gesicht: länglich, Gesichtsfarbe: gesund, Statur: mittel.

* Der in den öffentlichen Anzeigern zum 45sten Stück pro 1843 und zum 2ten Stück des diesjährigen Amtsblatts hinter den Schneidergesellen Friedrich Theodor Balus aus Berlin erlassene Steckbrief ist erledigt, da derselbe in Bremen verhaftet worden ist. Bernau, den 13. Februar 1844.

Der Magistrat.

* Kriminalgerichtliche Bekanntmachung.

Durch gewaltsamen Diebstahl mittelst Einbruchs sind in der Nacht vom 2. zum 3. Februar d. J. aus der Scheune des Lehnschulzen Friedrich Gottlieb Götsche zu Schwina folgende Gegenstände, als:

1) ein großer, etwa 5 Scheffel enthaltender Sack von grober Leinwand, mit schwarzer Dinte: Schulze Götsche aus Schwina, gezeichnet;

2) eine Quantität mit Erbsen vermischten Roggens, circa 3 Scheffel,

gestohlen. Da es bisher nicht möglich gewesen, die entwendeten Sachen wieder herbei zu schaffen und die Thäter des Diebstahls zu ermitteln, so werden hierdurch alle diejenigen, welche von dem Verbleib der gestohlenen Sachen, oder über die Thäterschaft des Diebstahls auch nur die geringste Kenntniß haben, hierdurch aufgefordert, sich sofort zu ihrer Vernehmung bei unserm Inquirenten, Herrn Land- und Stadtgerichtsrath Metz, auf unserer

Kriminal-Verhörstube zu melden, und machen wir ihnen hierdurch nur noch bemerklich, daß hierdurch ihnen durchaus keine Kosten erwachsen, vielmehr ihnen baare Auslagen wieder erstattet werden.

Brandenburg a. d. Havel, den 14. Febr. 1844.

Königl. Land- und Stadtgericht.

Der Handlungsreisende P. Jakob Pilartz aus Gladbach hat seinen ihm von der dortigen landräthlichen Behörde sub Nr. 14 zur Reise in Handlungsangelegenheiten nach den Bundesstaaten, Dänemark, Schweden, Norwegen und Holland, am 23. Februar 1843 auf ein Jahr gültig ertheilten Paß, welcher am 14. Dezember v. J. zuletzt in Königsberg in Preußen nach Stralsund visirt worden ist, angeblich auf der Reise hierher verloren, weshalb dieser Paß hiermit für ungültig erklärt wird. Prenzlau, den 10. Februar 1844.

Der Magistrat.

Signalement. Der Handlungsreisende P. Jakob Pilartz ist aus Bedburdyk gebürtig und in Gladbach wohnhaft, 24 Jahre alt, 5 Fuß 6 Zoll groß, hat braune Haare und Augenbraunen, blaue Augen, bedeckte Stirn, proportionirte Nase und Mund, braunen Bart, ovales Kinn und Gesicht, gesunde Gesichtsfarbe, schlanke Statur.

Der Mühlenbauer Fehrmann zu Lenzen hat die Absicht, auf einem ihm eigenthümlich gehörigen, auf der Feldmark der Stadt Lenzen belegenen Ackerstück eine Windmühle, sogenannten Halbholländer, mit zwei Gängen zur Mehlbereitung, und einer Vorrichtung zur Anfertigung von Graupen und einer dergleichen zum Lohestampfen, zu erbauen.

Indem ich dies hiermit zur öffentlichen Kenntniß bringe, fordere ich alle diejenigen auf, welche aus dem Edikte vom 28. Oktober 1810, oder aus der Allerhöchsten Kabinetsordre vom 23. Oktober 1826 ein begründetes Widerspruchsrecht gegen die Ausführung des obigen Vorhabens zu haben glauben, dieses Widerspruchsrecht binnen 8 Wochen präklusivischer Frist, vom Tage dieser Bekanntmachung an gerechnet, entweder bei mir oder bei dem Bauherrn schriftlich geltend zu machen.

Perleberg, den 13. Januar 1844.

Königl. Landrath der Westprignitz,
von Saldern.

Der Mühlenbesitzer Klemming zu Damm und Hast bei Zehdenick beabsichtigt, in der nach dem Brande seiner Mühle im Jahre 1831 erbaueten Rothmühle drei Gänge mit einem Wasserrade, und zwar zwei Graupengänge und einen Gipsgang anzulegen. Dies wird hierdurch mit dem Bemerken zur öffentlichen Kenntniß gebracht, daß alle etwanige Widersprüche hiergegen, sowohl aus dem Edikte vom 28. Oktober 1810, als aus der Allerhöchsten Kabinetsordre vom 23. Oktober 1826, binnen 8 Wochen präklusivischer Frist bei dem unterzeichneten Landrathe anzumelden und zu begründen sind. Templin, den 10. Februar 1844.

Der Landrath des Templinschen Kreises.

von Haas.

Rothwendiger Verkauf.
Königl. Kammergericht in Berlin.

Der sechste Antheil des am Thierarznei-Schulplatz Nr. 1 hier belegenen, im Hypothekenbuche des Kammergerichts Vol. VIII Nr. 31 Pag. 361 verzeichneten Grundstücks, welcher sechste Antheil einen Taxwerth von 3430 Thlr. 13 Sgr. 5 Pf. hat, zufolge der, nebst Hypothekenschein und Bedingungen in der Registratur einzusehenden Taxe, soll am 29. März 1844, Vormittags 10 Uhr, an ordentlicher Gerichtsstelle subhastirt werden, wobei bemerkt wird, daß das ganze Grundstück auf 20,582 Thlr. 20 Sgr. 7½ Pf. abgeschätzt ist.

Zugleich werden als Hypothekengläubiger

a) die unbekannten Erben der verehelichten Kaufmann Pätow sen., Rose geb. Lowie,

b) der Kondukteur David Gottlieb Pätow oder dessen Erben, als Miterben des Partikuliers David Gottlieb Pätow,

c) der Kurator der Kaufmann Karl Friedrich Pätowschen Konkursmasse, und

d) der Kaufmann C. W. Hübner oder dessen Erben,

hierzu öffentlich vorgeladen.

Rothwendiger Verkauf.
Königl. Kammergericht in Berlin.

Das hierselbst in der Louisenstraße Nr. 4 g belegene Grundstück, abgeschätzt auf 15,725 Thlr. 8½ Pf. zufolge der, nebst Hypothekenschein und Bedingungen in der Registratur einzusehenden Taxe, soll am 11. September 1844 an ordentlicher Gerichtsstelle subhastirt werden.

Rothwendiger Verkauf.

Stadtgericht zu Berlin, den 25. November 1843.

Das in der Klosterstraße Nr. 13 belegene Felbelsche Grundstück, gerichtlich abgeschätzt zu 9595 Thlr. 20 Sgr. 9 Pf., soll

am 5. Juli 1844, Vormittags 11 Uhr, an der Gerichtsstelle subhastirt werden. Taxe und Hypothekenschein sind in der Registratur einzusehen.

Der dem Aufenthalte nach unbekannte Realgläubiger, Rentier Johann Friedrich Christian Flemming, wird hierdurch vorgeladen.

Königl. Erbpachtsgericht Britz.

Die beiden zu Britz bei Neustadt-Eberswalde belegenen, im Hypothekenbuche sub Nr. II und IX verzeichneten Büdnergrundstücke der Zimmermann Krumbachschen Erben, abgeschätzt auf resp. 717 Thlr. 15 Sgr. und 160 Thlr. zufolge der, nebst Hypothekenschein und Bedingungen im Gerichtslokale einzusehenden Taxe, sollen

am 2. April 1844, Vormittags 11 Uhr, an der Gerichtsstelle zu Britz Theilungshalber subhastirt werden.

Rothwendiger Verkauf, Theilungshalber.

Land- und Stadtgericht Trebbin, den 6. Januar 1844.

Nachstehende, den 20 Eigenthümern des vormaligen Amtsvorwerks Trebbin noch gemeinschaftlich zugehörigen Grundstücke:

A. 1) das Schäfer- und Hirtenhaus, tarirt auf 355 Thlr.; 2) der Stall rechts auf dem Hofe, tarirt auf 36 Thlr., 3) der Stall und die Scheune links auf dem Hofe, tarirt auf 60 Thlr., 4) der offene Brunnen, tarirt auf 5 Thlr., 5) die Haus- und Hofstelle, tarirt auf 34 Thlr.,

B. die Stammwiese in fünf Theilen, zusammen auf 845 Thlr. tarirt,

C. die Buchtwiese in zwei Theilen, zusammen auf 490 Thlr.,

D. der große Garten vor dem Berliner Thore, tarirt auf 125 Thlr.,

E. der kleine Garten im Buhn, tarirt auf 30 Thlr., sollen zufolge der in unserer Registratur einzusehenden Taxe und Bedingungen,

am 27. April d. J. an ordentlicher Gerichtsstelle subhastirt werden.

Rothwendiger Verkauf.
Gericht über Sagaft zu Wittenberge.

Die in unferm Hypothekenbuche Vol. I sub Nr. 27 verzeichnete, dem Koloniften Pöhls gehörende Koloniftenstelle zu Neu=Sagaft, abgeschätzt nach der in unserer Registratur täglich einzusehenden Taxe auf 600 Thlr., soll
am 27. April 1844, Vormittags 11 Uhr, auf der Gerichtsstube zu Sagaft meistbietend verkauft werden.

Rothwendiger Verkauf.
Gericht der Herrschaft Putlitz, den 19. Dez. 1843.

Das dem Schuhmacher Johann Gottfried Wilhelm Bethke zu Buckow gehörige, daselbst belegene, und Vol. I Nr. 37 des Hypothekenbuchs von Buckow verzeichnete Wohnhaus nebst Zubehör, abgeschätzt zu 135 Thlr. zufolge der, nebst Hypothekenschein in der Registratur einzusehenden Taxe, soll den 29. April 1844, Vormittags 11 Uhr, an Gerichtsstelle subhaftirt werden.

Rothwendiger Verkauf.
Königl. Land= und Stadtgericht zu Brandenburg, den 30. Dezember 1843.

Das hierselbst in der Fischerstraße sub Nr. 101 belegene, Vol. III Fol. 54 Nr. 101 des Hypothekenbuchs der Altstadt verzeichnete, dem Handelsmann Johann Christian Kühl gehörige Wohnhaus nebst Hauskavel, gerichtlich abgeschätzt auf 616 Thlr. 11 Sgr. 9 Pf., soll
am 13. Mai 1844, Vormittags 11 Uhr, an ordentlicher Gerichtsstelle vor dem Deputirten, Herrn Kammergerichts=Assessor Bendel, subhaftirt werden. Taxe und Kaufbedingungen, so wie der neueste Hypothekenschein sind in der Registratur einzusehen.

Königl. Land= und Stadtgericht Zossen, den 13. Januar 1844.

Das dem Bauer Johann Gottfried Pape I gehörige, im Dorfe Schönow belegene, im Hypothekenbuche Vol. V Pag. 345 verzeichnete, auf 1467 Thlr. 10 Sgr. 10 Pf. gewürdigte Bauergut, soll Schuldenhalber im Termine
den 4. Juli d. J., Vormittags 11 Uhr, an hiesiger Gerichtsstelle subhaftirt werden.

Taxe und Hypothekenschein können werktäglich in unserer Registratur eingesehen werden.

Rothwendiger Verkauf.

Das zu Teupitz sub Nr. 16 belegene, Nr. 16 Pag. 181 des Hypothekenbuchs verzeichnete, dem Schmiedemeister Johann Friedrich Kuhring gehörige Bürgergut, abgeschätzt auf 613 Thlr. 18 Sgr. 5 Pf. zufolge der, nebst Hypothekenschein und Bedingungen in der Registratur einzusehenden Taxe, soll
am 3. Mai d. J., Vormittags 11 Uhr, an hiesiger Gerichtsstelle subhaftirt werden.

Zugleich werden die dem Aufenthalte nach unbekannten Erben des Holzsetzers Johann Christian Horn und des Mühlenbescheiders Johann Friedrich Schulze hierzu vorgeladen.
Buchholz, den 11. Januar 1844.
Königl. Land= und Stadtgericht.

Rothwendiger Verkauf.
Stadtgericht zu Berlin, den 19. Januar 1844.

Das in der Kronenstraße Nr. 3 belegene Blumesche Grundstück, gerichtlich abgeschätzt zu 18,342 Thlr. 8 Sgr. 3 Pf., soll Schuldenhalber am 13. September d. J., Vormittags 11 Uhr, an der Gerichtsstelle subhaftirt werden. Taxe und Hypothekenschein sind in der Registratur einzusehen.

Die dem Aufenthalte nach unbekannte Realgläubigerin, die Wittwe des Kaufmanns Lantz, Emilie gebornen Tempelhagen, wird hierdurch öffentlich vorgeladen.

Rothwendiger Verkauf.
Stadtgericht zu Berlin, den 25. Januar 1844.

Das vor dem neuen Königsthore an der Chaussee links belegene Friedrichsche Grundstück, gerichtlich abgeschätzt zu 7443 Thlr. 7 Sgr. 6 Pf., soll
am 3. September d. J., Vormittags 11 Uhr, an der Gerichtsstelle subhaftirt werden. Taxe und Hypothekenschein sind in der Registratur einzusehen.

Rothwendiger Verkauf.
Stadtgericht zu Berlin, den 25. Januar 1844.

Das in der Bergstraße Nr. 3 belegene Altermannsche Grundstück, gerichtlich abgeschätzt zu 8111 Thlr. 7 Sgr. 6 Pf., soll
am 10. September d. J., Vormittags 11 Uhr, an der Gerichtsstelle subhaftirt werden. Taxe und Hypothekenschein sind in der Registratur einzusehen.

Rothwendiger Verkauf.
Stadtgericht zu Berlin, den 27. Januar 1844.

Das in der Augustraße Nr. 61 belegene Hil=

bebrandtsche Grundstück, gerichtlich abgeschätzt zu 9483 Thlr. 23 Sgr. 9 Pf., soll
am 6. September d. J., Vormittags 11 Uhr, an der Gerichtsstelle subhastirt werden. Taxe und Hypothekenschein sind in der Registratur einzusehen.

Nothwendiger Verkauf.
Land- und Stadtgericht zu Brandenburg an der Havel, den 27. Januar 1844.
Das hierselbst in der Mühlenthorstraße der Altstadt sub Nr. 362 belegene, Vol. VIII Fol. 481 des Hypothekenbuchs der Altstadt eingetragene und dem Tuchfabrikanten Ferdinand Albert Senrich gehörige Haus mit Hauskavel, gerichtlich abgeschätzt auf 2305 Thlr. 15 Sgr. 7 Pf. zufolge der, nebst Hypothekenschein und Kaufbedingungen in unserer Registratur einzusehenden Taxe, soll
am 30. Mai d. J., Vormittags 11 Uhr, an ordentlicher Gerichtsstelle vor dem Deputirten Herrn Land- und Stadtgerichtsrath Augustin subhastirt werden.

Nothwendiger Verkauf.
Land- und Stadtgericht zu Storkow, den 31. Januar 1844.
Das zu Friedersdorf gelegene, auf den Namen der Wittwe Rollenhauer, Dorothee Christiane geb. Schmeling im Hypothekenbuche vom Landbezirke Vol. VII Fol. 31 eingetragene Doppelbauergut, abgeschätzt auf 5619 Thlr. 10 Pf., nach einer frühern Taxe aber zu 1761 Thlr. 11 Sgr. 8 Pf. gewürdigt, soll
am 23. August d. J., Vormittags 11 Uhr, an ordentlicher Gerichtsstelle hierselbst öffentlich verkauft werden. Die Taxe und der Hypothekenschein wird in unserer Registratur zur Einsicht vorgelegt werden.
Unbekannte Realprätendenten werden aufgeboten, sich bei Vermeidung der Präklusion spätestens im obigen Termine zu melden.

Nothwendiger Verkauf.
Königl. Haus-Fidei-Kommiß-Herrschaftsgericht Rheinsberg, den 8. Februar 1844.
Das hierselbst am Königsthore Nr. 79 belegene, den Schlossermeister Liedcknahtschen Eheleuten gehörige Wohnhaus, abgeschätzt zu 442 Thlr., soll
am 22. Mai d. J., Vormittags 10 Uhr, in der hiesigen Gerichtsstube an den Meistbietenden verkauft werden. Die Taxe und der Hypothekenschein können in unserer Registratur eingesehen werden.

Nothwendiger Verkauf.
Die dem Kaufmann Johann Christian Kliemchen gehörige, zu Grknan belegene, im Hypothekenbuche von Grknan Fol. 79 sub Nr. 12 verzeichnete Ackerparzelle von 96 ☐Ruthen Flächeninhalt mit den darauf errichteten Baulichkeiten, namentlich einem Wohnhause und Stall, abgeschätzt auf 2149 Thlr. 13 Sgr. 4 Pf. zufolge der, nebst Hypothekenschein und Bedingungen in der Registratur einzusehenden Taxe, soll
am 8. Juni 1844, Vormittags 11 Uhr, an ordentlicher Gerichtsstelle subhastirt werden.
Köpenick, den 10. Februar 1844.
Königl. Land- und Stadtgericht.

Freiwilliger Verkauf.
Der zum Nachlaß der verehelicht gewesenen Gerichtsmann Matthis, Dorothee gebornen Fetting gehörige, im Hypothekenbuche sub Nr. VIII verzeichnete Kossäthenhof zu Stolzenhagen, abgeschätzt auf 1602 Thlr. 2 Sgr. 6 Pf., soll
am 22. März d. J., Vormittags 11 Uhr, in dem Gerichtszimmer zu Stoltzenhagen meistbietend verkauft werden. Die Taxe, die Bedingungen und der Hypothekenschein können bei dem unterzeichneten Gerichtshalter eingesehen werden.
Angermünde, den 12. Februar 1844.
von Weyrachsches Gericht über Stolzenhagen.
Frieden.

Nothwendiger Verkauf.
Königl. Stadtgericht Rauen, den 13. Febr. 1844.
Der dem Garnwebermeister Andreas Friedrich Ebert zugehörige, hierselbst im Bauerfelde sub Nr. 60 belegene, im Hypothekenbuche Vol. V Pag. 375 verzeichnete, und auf 127 Thlr. gerichtlich taxirte Garten soll subhastirt werden.
Zu diesem Behuf steht ein Bietungstermin auf den 3. Juni d. J., Vormittags 11 Uhr, im Gerichtszimmer hierselbst an.
Der Hypothekenschein und die Taxe sind in unserer Registratur einzusehen.

In Folge der, im Dorfe Räsdorf bei Beelitz ausgeführten Spezialseparationen, sollen die zur Kirche in Räsdorf gehörigen und auf 246 Thlr. 21 Sgr. abgeschätzten Holzbestände, auf dem Stamm, im Wege des öffentlichen Ausgebots an den Meistbietenden verkauft werden.
Zur Ausführung dieses Geschäfts ist ein Termin auf den 12. März d. J., Vormittags 10 Uhr,

In der Wohnung des Schulzen Wolter zu Räsdorf anberaumt worden, zu welchem die etwanigen Käufer mit dem Bemerken eingeladen werden, daß die Hälfte des obigen Holzwerthes sofort in dem Lizitationstermine baar deponirt werden muß, und daß die näheren Bedingungen, so wie auch die Holzwerthstaxe bei dem Herrn Prediger Bertram zu Neuendorf, bei dem Schulzen Wolter zu Räsdorf und im Geschäftslokale des Unterzeichneten hierselbst, einzusehen sind.

Potsdam, den 15. Februar 1844.
Im Auftrage der Königl. General-Kommission
für die Kurmark Brandenburg.
Der Ökonomie-Kommissarius Hildebrandt.

Jagd-Verpachtung.

Die mit Trinitatis d. J. pachtlos werdende kleine und mittlere Jagd auf der hiesigen Feldmark, (incl. Heide 13,206 Morgen 61 □Ruthen groß), soll am 17. April d. J., Vormittags 9 Uhr, auf dem hiesigen Rathhause auf die nächsten sechs Jahre anderweit öffentlich meistbietend verpachtet werden, wo alsdann auch die Pachtbedingungen vorgelegt werden sollen.

Gransee, den 16. Februar 1844.
Der Magistrat.

Freiwilliger Verkauf.

Das zum Nachlaß der hier verstorbenen verwittweten Frau Oberamtmann Lau gehörige, allhier belegene Großbürgergut, bestehend aus:
1) einem massiven Wohnhause von zwei Etagen, 58 Fuß Fronte, welches einen Saal, zehn Stuben, einige Kammern, zwei Küchen und vier gewölbte Keller enthält, mit einem geräumigen Hofe, einem Hintergebäude von 54 Fuß Länge und einem kleinen Stallgebäude, nebst dahinter belegenem großen Obst- und Gemüsegarten; die Gebäude sind im vorzüglichen guten Zustande, und sämmtlich vor 18 Jahren neu erbaut;
2) circa 13 Morgen Acker auf der städtischen Feldmark;
3) circa 16 Morgen Wiesen, und
4) die Weideberechtigung auf 4 Kühe und 6 Schaafe,
soll Theilungshalber öffentlich meistbietend verkauft werden. Hierzu habe ich einen Termin auf
den 25. März d. J., Vormittags 11 Uhr,
im Rathhause allhier anberaumt, wozu ich Kauflustige hiermit einlade.

Die Grundstücke selbst können von jetzt an täglich besichtigt, und die näheren Verkaufsbedingungen bei mir eingesehen werden.

Neustadt an der Dosse, den 10. Februar 1844.
Der Bürgermeister Göcke,
als Testaments-Exekutor.

Gasthofs-Verkauf.

Veränderungshalber beabsichtige ich, meinen allhier zu Löcknitz an der Chaussee von Pasewall nach Stettin belegenen, vollständig eingerichteten Gasthof »zum grünen Baum« nebst allem Zubehör, bestehend in 20 Morgen kultivirten Acker, 11 Morgen gute Wiesen, geräumiger Durchfahrt, Hofraum und Stallung für 72 Pferde, zwei Nebenhäusern, welche circa 88 Thlr. jährliche Miethe gewähren, aus freier Hand meistbietend zu verkaufen.

Ich habe dazu einen Termin auf
den 20. März d. J.
in meiner Behausung angesetzt, und lade Kaufliebhaber dazu ein, wobei ich bemerke, daß bei annehmlichem Gebote der gerichtliche Kontrakt sogleich abgeschlossen werden kann, auch die Wirthschaft selbst täglich bei mir in Augenschein zu nehmen ist, und über die Bedingungen zu unterhandeln ich jederzeit bereit bin.

Löcknitz, den 8. Februar 1844.
Der Gastwirth Sauß.

Veränderungshalber bin ich Willens, meine in Kammer belegene Bockwindmühle mit Wohnhaus, Stallung, Scheune und Garten, nebst 9 Morgen Acker und 6 Morgen Wiesewachs, aus freier Hand öffentlich meistbietend zu verkaufen, und ersuche ich Kauflustige, sich bei mir innerhalb 3 Wochen zu melden. Kammer, den 10. Februar 1844.
Puhlmann.

Ich beabsichtige, mein hier belegenes Gärtnerbürgergut, welches aus einem zweistöckigen Wohnhause, Stallung und kleiner Scheune, so wie einem großen Garten mit veredelten Obstbäumen, 4 verschiedenen guten Wiesen und circa 2 Morgen Gartenland besteht, öffentlich meistbietend zu verkaufen.

Hierzu habe ich einen Termin auf
den 29. d. M., Vormittags 10 Uhr,
in meiner Behausung hierselbst, Grünstraße Nr. 61, anberaumt, zu welchem ich Kaufliebhaber mit dem Bemerken einlade, daß etwa ¼ des Kaufpreises auf dem Gute, hypothekarisch versichert, stehen

bleiben können. Die näheren Bedingungen sind hier werktäglich zu erfahren.

Teltow, den 14. Februar 1844.

Der Handelsmann Janke.

Freiwilliger Verkauf einer bedeutenden Gastwirthschaft.

Die Gastwirthin Wittwe Wolter beabsichtigt, ihre bei Glienicke zwischen Berlin und Oranienburg an der Chaussee belegene Gastwirthschaft, der Sandkrug genannt, bestehend aus einem massiven Wohnhause mit sieben heizbaren Zimmern, einem massiven Familienhause von zwei Wohnungen, Stallung für 50 Pferde, einer Wagenremise, einer Scheune, einem Holzschauer, einem Backofen, einer offenen Kegelbahn, zwei Schweineställen, sechs Morgen Acker, zwei Gärten und einem Morgen Wiesewachs, jährlich 18 Klaftern Deputatholz, mit einem recht completten lebenden und todten Inventar und allen Utensilien, die zum Betriebe der Gastwirthschaft gehören, unter den annehmbarsten Kaufbedingungen an den Meistbietenden zu verkaufen.

Hierzu von der Wittwe Wolter bevollmächtigt, habe ich zur Annahme der Gebote einen Termin auf

Donnerstag den 28. März d. J.,

Vormittags 11 Uhr, an Ort und Stelle anberaumt. Die Kaufbedingungen sind bis dahin täglich in meiner Registratur, und ebenso auch bei der Wittwe Wolter selbst einzusehen, und sollen dieselben im Termine noch näher bekannt gemacht werden. Auch kann diese Wirthschaft vor Abhaltung des Termins aus freier Hand verkauft werden, und mögen sich dann Kaufliebhaber an Unterzeichneten persönlich oder durch portofreie Briefe wenden, worauf ihnen das Nähere hierüber mitgetheilt werden wird.

Kaufliebhaber ladet hierzu ergebenst ein

das Kommissions-Geschäft

von Heinrich Frischmüller in Cremmen.

Vom fein gemahlenen Speremberger Düngergyps, den Zentner zu 10 Sgr., ist fortwährend jedes beliebige Quantum vorräthig bei

G. W. Bärscher in Neustadt-Eberswalde.

Für Forstkultur.

Birkensaamen à Pfd. 1 Sgr., Eschen- 1 Sgr., Hainbuchen- 1 Sgr., Ahorn- 1½ Sgr., auch Rothtannen-, Kiefern-, Lerchen-, Ellern-, Rothbuchen-, Ulmen-, Weißdorn- und andere Nadel- und Laubholz-Sämereien, offerirt, bei Quantitäten zu billigen Preisen, H. G. Trumpff, in Blankenburg am Harz.

Aus der Stammschäferei zu Pleeck empfing ich 40 Stück Jährlingsböcke; dieselben stehen vom 1. März d. J. ab, zu dem Preise von 4 Louisd'or und ¼ Thlr. pro Stück zur Auswahl bereit.

Sabow bei Pyritz, den 11. Februar 1844.

C. H. O. Bunge.

Für die Ziegelei zu Sabow bei Pyritz wird zu Marien d. J. ein tüchtiger kautionsfähiger Ziegler gesucht.

150 Stück sehr fette Hammel, welche zum 1. März d. J. abgehen können, stehen auf dem Hofe zu Sabow bei Pyritz zum Verkaufe.

Ein junger Mann, mit den nöthigen Schulkenntnissen versehen, kann in meiner Apotheke vom 1. April d. J. ab als Lehrling eintreten.

A. F. Bumke in Brandenburg a. d. Havel.

Bei einem Lehrer in Potsdam können einige, das dasige Gymnasium besuchende Knaben von außerhalb, neben besonderem Unterrichte in der französischen Sprache, anständiger Behandlung, Aufsicht und Nachhülfe in ihren Schularbeiten, gegen billige Pension ein Unterkommen finden.

Der Herr Prediger Dr. Lorenz in Potsdam wird die Güte haben, auf die deshalb an ihn zu richtende Anfrage nähere Auskunft zu ertheilen.

Die Agentur der Preuß. Renten-Versicherungs-Anstalt zu Bernau geht auf den Sohn des bis jetzt gewesenen Agenten, Herrn Reinhardt Junker, die dergleichen Agentur zu Prenzlau von dem bisherigen Agenten M. F. W. Kalbersberg auf den Kaufmann Herrn W. Müller, über.

Potsdam, den 1. Februar 1844.

Der Hauptagent der Preuß. Renten-Versicherungs-Anstalt.

C. Epner.

Oeffentlicher Anzeiger
zum 9ten Stück des Amtsblatts
der Königlichen Regierung zu Potsdam und der Stadt Berlin.

Den 1. März 1844.

* Nach der Verfügung des Königl. Allgemeinen Kriegs-Departements vom 6. Februar d. J. soll die Lieferung von 150 Klafter Faulbaumholz in geschälten Stäben à 1 Fuß Länge, im Ganzen oder in Partien dem Mindestfordernden übergeben werden. Indem wir einen Termin hiezu auf

den 15. April d. J., Vormittags 10 Uhr,

hierselbst ansetzen, ersuchen wir Lieferungslustige, ihre versiegelten Submissions-Forderungen in dem Termine persönlich, oder durch Bevollmächtigte abzugeben, und zuvor die in unserm Geschäftslokale auszulegenden Lieferungs-Bedingungen einzusehen.

Pulverfabrik bei Spandau, den 14. Febr. 1844.
Die Direktion.

* Der unter dem 27. Dezember v. J. hinter den Schiffsknecht Johann Ernst Friedrich — nicht Reinhold — Piecke wegen Betrugs erlassene Steckbrief ist erledigt, da derselbe in Brieg verhaftet worden ist.

Charlottenburg, den 21. Februar 1844.
Königl. Polizeiamt.

* Bei einem bestraften Diebe sind folgende Gegenstände: 1) ein Kasten mit altem Eisen, 2) drei Heugabeln, 3) zwei Aexte, 4) eine Radehacke, 5) zwei Torfausstieger, 6) ein Torfstecher, 7) vier Spaten, 8) drei mit Eisen beschlagene Schüppen, 9) eine Wurfschüppe, 10) zwei Teiggräber, 11) drei große kupferne Kessel, 12) ein Drathsieb, 13) eine Gießkanne, 14) zwei Dreifüße, 15) ein messingener Kessel, 16) eine eiserne Steigkarte, 17) ein Schleifstein, 18) ein Stück Blech, 19) zwei Beile, 20) 16 Stücken Espen- und Eisenholz, 21) 52 Knoppen Flachs in einem alten Sack, 22) ein Scheffel Erbsen, 23) sechs Metzen Weizen, 24) 3½ Scheffel Roggen, 25) eine eiserne Halsterkette, 26) zwei silberne Taschenuhren, und 27) ein Schneidemesser, als muthmaßlich gestohlen in Beschlag genommen worden.

Die etwanigen Eigenthümer dieser Sachen werden hierdurch aufgefordert, sich innerhalb 14 Tagen und spätestens

am 11. März d. J., Vormittags 10 Uhr,

in unserem Geschäftslokale zu melden. Kosten entstehen dadurch für die Eigenthümer nicht.

Cremmen, den 19. Februar 1844.
Königl. Preuß. Land- und Stadtgericht.

* Der aus Liebsdorf bei Dahme gebürtige, 26 Jahr alte Brenner Friedrich Tietze ist von uns wegen Diebstahls zur Untersuchung gezogen, und soll ihm das ergangene Erkenntniß publizirt werden. Derselbe hat sich jedoch von Hause entfernt, und da sein jetziger Aufenthalt nicht zu ermitteln gewesen, ersuchen wir alle verehrliche Behörden dienstergebenst, uns von dem Aufenthaltsorte desselben gefälligst bald Nachricht zu geben.

Jüterbogk, den 22. Februar 1844.
Das Gericht des Ländchens Bärwalde.

Die Kaackstedtsche Wassermühle ist im Jahre 1833 durch einen Weizenmahlgang, und im Jahre 1842 durch einen Grützgang ohne landespolizeiliche Erlaubniß erweitert, und es ist zu dem Ende auch ein Wasserrad neu angelegt worden. Der Besitzer, Mühlenmeister Springborn, welcher nach einem rechtskräftig gewordenen Resolute vom 17. August v. J. verpflichtet ist, den Weizenmahl- und Grützgang außer Betrieb zu setzen, wünscht die Benutzung dieser Gänge beizubehalten und hat dazu den Konsens nachgesucht.

Dies wird hierdurch mit dem Bemerken zur öffentlichen Kenntniß gebracht, daß alle etwanige Widersprüche gegen die beantragte Konsensertheilung, sowohl aus dem Edikte vom 28. Oktober 1810, als aus der Allerhöchsten Kabinetsordre vom 23. Oktober 1826, binnen 8 Wochen präklusivischer

Frist bei dem unterzeichneten Landrathe anzubringen und zu begründen sind.

Templin, den 30. Januar 1844.

Der Landrath des Templinschen Kreises.

von Haas.

Der Lehnschulze Schönberg zu Börnicke beabsichtigt den Bau einer Bockwindmühle mit zwei Mahlgängen auf seinem ihm zugehörigen, in der Nähe des Dorfes belegenen Ackerplane. Dies Vorhaben wird hierdurch mit dem Bemerken zur öffentlichen Kenntniß gebracht, daß alle etwanige Widersprüche gegen diese Anlage, sowohl aus dem Edikte vom 28. Oktober 1810, als aus der Allerhöchsten Kabinetsordre vom 23. Oktober 1826, binnen 8 Wochen präklusivischer Frist bei dem unterzeichneten Landrathe anzumelden und zu begründen sind. Nauen, den 6. Februar 1844.

Königl. Landrath Osthavelländischen Kreises.

Gr. von Königsmark.

Der Mühlenmeister Metzdorf zu Tempelhof beabsichtigt, neben seiner Bockwindmühle, in der Nähe des Dorfes Tempelhof am Wege nach Mariendorf, eine neue Bockwindmühle von zwei Mahlgängen und zwei Stampfen zu erbauen.

Dies wird hierdurch mit der Aufforderung zur öffentlichen Kenntniß gebracht, etwanige Einwendungen dagegen aus dem Edikte vom 28. Oktober 1810 binnen 8 Wochen präklusivischer Frist bei dem unterzeichneten Landrathe gehörig begründet anzubringen.

Teltow, den 14. Februar 1844.

Der Landrath von Ulbrecht.

Vieh- und Pferdemarkt in Gransee.

Wie großartig und belebt der hier am 11. Dezember v. J. stattgefundene Vieh- und Pferdemarkt gewesen, darüber können alle diejenigen Personen Zeugniß ablegen, welche anwesend gewesen; daß aber der auf

den 28. März d. J.

hier wieder stattfindende Vieh- und Pferdemarkt jenen weit übertreffen wird, ist, wie wir aus guten Gründen mit Gewißheit versichern können, unzweifelhaft, und halten wir es daher für unsere Pflicht, das handeltreibende Publikum hierauf aufmerksam zu machen, und dasselbe zugleich um recht zahlreichen Besuch zu ersuchen.

Dammzoll und Stättegeld wird an diesem Tage hier nicht gezahlt.

Gransee, den 20. Februar 1844.

Der Magistrat.

Nach § 9 des Nachtrags zum Statut der Berlin-Potsdamer Eisenbahngesellschaft sollen die im Wege der Amortisation eingelösten Prioritäts-Aktien, in Gegenwart zweier gerichtlicher Notare verbrannt, und daß dies geschehen, durch die öffentlichen Blätter bekannt gemacht werden.

Dem zufolge ist am heutigen Tage die Verbrennung der am 26. Januar v. J. durch das Loos gezogenen und demnächst eingelösten Prioritäts-Aktien

Nr. 13. 31. 63. 94. 266. 271. 282. 387. 626. 744. 767. 822. 919. 981. 1101. 1110. 1248. 1251. 1317. 1391. 1568. 1718. 1719. 1769. 1815. 1820. 1865. 1929. 1964. 29 Stück à 200 Thlr. = 5800 Thlr.,

mit den dazu gehörigen Koupons vom 1. Juli v. J. ab, so wie die am 27. Januar 1842 verlooste und nunmehr eingelöste Prioritäts-Aktie Nr. 720 à 200 Thlr. mit den dazu gehörigen Koupons vom 1. Juli 1842 ab erfolgt, was hierdurch öffentlich bekannt gemacht wird.

Berlin, den 20. Februar 1844.

Die Direktion der Berlin-Potsdamer Eisenbahn-Gesellschaft.

Von den in Gemäßheit der §§ 4 und 8 des Nachtrags zu den Statuten der Berlin-Potsdamer Eisenbahngesellschaft am 26. Januar v. J. verloosten 34 Stück Prioritäts-Aktien sind die Aktien Nr. 900. 1302. 1374. 1522. 1966 bisher nicht zur Einlösung präsentirt worden, und haben deshalb in dem heute angestandenen Termine nicht verbrannt werden können. Wir fordern die Inhaber derselben hiermit wiederholt auf, sie zur Einlösung einzureichen, und machen darauf aufmerksam, daß ihre Verzinsung bereits am 1. Juli v. J. aufgehört hat.

Berlin, den 20. Februar 1844.

Die Direktion der Berlin-Potsdamer Eisenbahn-Gesellschaft.

In Folge unserer Bekanntmachungen vom 9. und 25. v. M. sind in Gemäßheit der §§ 4, 7 und 8 des Nachtrags zu den Statuten der Berlin-Potsdamer Eisenbahngesellschaft heute folgende Nummern unserer Prioritäts-Aktien durch das Loos gezogen worden:

Nr. 89. 97. 172. 420. 550. 587. 619. 622. 680. 715. 790. 799. 831. 875. 1030. 1042. 1133. 1184. 1266. 1336. 1415. 1425. 1442. 1505. 1580. 1587. 1626. 1660. 1674. 1682. 1712. 1853. 1882. 1891. 1901. 1975. 36 Stück à 200 Thlr. = 7200 Thlr.

Diese Aktien nebst Koupons vom 1. Juli d. J. ab, sind vom 1. Juli d. J. ab bei uns einzureichen und die Beträge dagegen in Empfang zu nehmen. Vom 1. Juli d. J. ab werden auf diese Aktien keine Zinsen vergütigt.

Berlin, den 20. Februar 1844.
Die Direktion der Berlin-Potsdamer Eisenbahn-Gesellschaft.

Der ehemalige hiesige Bürgermeister Michael Lochmann hat in seinem Testamente d. d. Prettin, den 10. Juli 1753 ein Legat von 1000 Thlr. zu einem Stipendium ausgesetzt, und bestimmt, daß die jährlichen Zinsen davon an 50 Thlr.:

1) allezeit einem seiner Verwandten, der auf der Universität studirt, resp. 3 und 5 Jahre, oder wenn ein solcher nicht vorhanden,

2) einem Sohne von seiner Verwandtschaft, der zu einer Profession oder einem Handwerk schreitet, auf ein Jahr, oder

3) einer Tochter aus seiner Verwandtschaft, wenn dieselbe heirathet, ebenfalls auf ein Jahr; wenn von allen diesen Niemand vorhanden;

4) denjenigen aus des Stifters Ehefrauen Marien Dorotheen geb. Strauch Verwandtschaft, welche auf einer Universität den Studien oblägen; auch solche nicht vorhanden

5) den studirenden Söhnen hiesiger Geistlichen, und in deren Ermangelung

6) den studirenden Söhnen hiesiger Bürger, auf drei Jahre, endlich aber

7) dem hiesigen Gotteskasten anheim fallen sollen.

Für das verflossene Jahr 1843 hat sich keine genußberechtigte Person gemeldet, daher wir nach Vorschrift des uns über die Verleihung dieser Zinsen ertheilten Regulativs vom 4. August 1834 alle die-

jenigen, welche, nach Vorstehendem, auf diese Zinsen für das Jahr 1843 einen Anspruch zu haben glauben, hiermit auffordern, sich bei uns binnen 8 Wochen, längstens aber bis zum

20. April d. J.

schriftlich zu melden, und sich gehörig zu legitimiren, widrigenfalls diese Zinsen pro 1843 dem hiesigen Gotteskasten zugesprochen werden würden.

Prettin bei Torgau, den 19. Februar 1844.
Der Magistrat,
als Kollator der Lochmannschen Stiftung.

Über das Vermögen des am 16. Juni 1843 hierselbst verstorbenen Kaufmanns Heinrich August Wilhelm Colberg ist per decretum vom heutigen Tage der Konkurs eröffnet worden.

Es werden daher alle diejenigen, welche an dasselbe Ansprüche zu haben vermeinen, hierdurch aufgefordert, sich in dem

am 1. Juli d. J., Vormittags 9 Uhr,

in unserm Lokale allhier anstehenden Termine entweder persönlich, oder durch zulässige und legitimirte Bevollmächtigte, wozu ihnen die Justiz-Kommissarien Stegemann und Bodstein zu Neu-Ruppin in Vorschlag gebracht werden, zu gestellen, ihre Forderungen nebst Beweismitteln anzugeben, und die vorhandenen Dokumente vorzulegen, widrigenfalls sie mit ihren Ansprüchen an die Masse ausgeschlossen, und ihnen deshalb gegen die übrigen Gläubiger ein ewiges Stillschweigen auferlegt werden soll.

Wusterhausen a. d. Dosse, den 7. Febr. 1844.
Königl. Preuß. Stadtgericht.

Ediktalladung.

Auf den, durch den Königl. Oberförster von Koblinski zu Gramzow, in Vertretung der Königl. Regierung, Abtheilung für die Verwaltung der direkten Steuern, Domainen und Forsten, bei uns angemeldeten Antrag auf Theilung der Jagdberechtigung auf den Feldmarken von Bagemiel, Fahrenwalde, Grimm, Wolschow und Zerrenthin, haben wir einen Termin zur Anmeldung der Theilnahmerechte und zur Einleitung des Theilungsverfahrens auf

den 2. Mai d. J., Vormittags 9 Uhr,

im Konferenzsaale des Landhauses hierselbst angesetzt, zu welchem wir alle diejenigen, welche bei der Theilung ein Interesse haben, zur Angabe und Nachweisung ihrer Ansprüche unter der Verwarnung vorladen, daß im Fall des Ausbleibens dieselben mit ihren Ansprüchen werden präkludirt werden.

Prenzlau, den 16. Februar 1844.

Die Jagdtheilungs-Kommission des Prenzlauer Kreises der Ukermark.

Die unbekannten Gläubiger des am 5. November 1843 zu Cremmen verstorbenen Kaufmanns Heinrich Ludwig Steffin, über dessen Vermögen durch die Verfügung vom 8. Dezember v. J. ein abgekürztes Prioritätsverfahren von uns eingeleitet worden, werden hierdurch aufgefordert, ihre etwanigen Ansprüche an die Masse in dem hierzu auf

den 12. April d. J., Vormittags 10 Uhr, hierselbst anberaumten Termine geltend zu machen, widrigenfalls sie mit ihren Forderungen präkludirt, und ihnen deshalb gegen die erschienenen Gläubiger ein ewiges Stillschweigen auferlegt werden wird.

Cremmen, den 15. Februar 1844.

Königl. Land- und Stadtgericht.

Nachdem über das Vermögen des verstorbenen Tuchfabrikanten Johann Christian Richter der erbschaftliche Liquidationsprozeß eröffnet worden, werden alle diejenigen, welche von dem Nachlasse etwas an Geld, Sachen, Effekten oder Briefschaften hinter sich haben, aufgefordert, an Niemand davon das Geringste zu verabfolgen, vielmehr dem Gerichte sofort Anzeige zu machen, und die Gelder oder Sachen, jedoch mit Vorbehalt ihrer Rechte daran, in unser Depositorium abzuliefern. Sollte dessen ungeachtet an jemand Anderen etwas bezahlt oder ausgeliefert werden, so wird dies für nicht geschehen geachtet, und zum Besten der Masse anderweitig beigetrieben werden. Wenn aber der Inhaber solcher Sachen oder Gelder dieselben verschweigen, oder zurückbehalten sollte, so wird er noch außerdem alles seines daran habenden Unterpfandes und andern Rechts für verlustig erklärt werden. Neu-Ruppin, den 20. Januar 1844.

Königl.-Preuß. Stadtgericht.

Nothwendiger Verkauf.

Land- und Stadtgericht zu Brandenburg, den 18. September 1843.

Das hierselbst in der Altstadt, Ritterstraße Nr. 111 belegene, Vol. III Fol. 161 des Hypotheken-

buchs eingetragene, und der unverehelichten Marie Dorothea Bach gehörige Haus mit Hauskavel, gerichtlich abgeschätzt auf 6684 Thlr. 18 Sgr. 10 Pf., zufolge der, nebst Hypothekenschein und Kaufsbedingungen in unserer Registratur einzusehenden Taxe, soll

am 19. April 1844, Vormittags 11 Uhr, vor dem Deputirten, Herrn Land- und Stadtgerichtsrath Augustin, an ordentlicher Gerichtsstelle subhastirt werden.

Nothwendiger Verkauf.

Stadtgericht zu Neu-Ruppin.

Die hierselbst vor dem Scheunenthore am Ruppiner See belegene, Vol. IX Fol. 31 Nr. 17 und Vol. Cont. I Fol. 203 des hiesigen Hypothekenbuchs verzeichnete, der verwittweten Kaufmann H. G. Rousset geb. Tornauer gehörige Dampf-Oelmühle, mit sämmtlichen dazu gehörigen Gebäuden, Maschinen und Gärten, gerichtlich abgeschätzt auf 16,382 Thlr. 7 Sgr. 1 Pf., soll

am 29. April 1844, Vormittags 11 Uhr, an ordentlicher Gerichtsstelle in nothwendiger Subhastation verkauft werden. Hypothekenschein und Taxe sind in unserer Registratur einzusehen.

Alle unbekannten Realprätendenten werden aufgefordert, sich bei Vermeidung der Präklusion spätestens in diesem Termine zu melden.

Nothwendiger Verkauf.

Stadtgericht zu Berlin, den 14. Oktober 1843.

Das in der Rosengasse Nr. 33 belegene Oekonom Hamannsche Grundstück, gerichtlich abgeschätzt zu 6311 Thlr. 24 Sgr. 4½ Pf., soll

am 24. Mai 1844, Vormittags 11 Uhr, an der Gerichtsstelle subhastirt werden. Taxe und Hypothekenschein sind in der Registratur einzusehen.

Die unbekannten Realprätendenten, so wie der dem Aufenthalte nach unbekannte Realgläubiger, Zimmerpolier Johann Karl Friedrich Schulze werden hierdurch, und zwar erstere unter der Warnung der Präklusion öffentlich vorgeladen.

Nothwendiger Verkauf.

von Winterfeldsches Gericht zu Kehrberg.

Das dem verstorbenen Altsitzer Hans Joachim Gericke und dessen Ehefrau Anne Katharine geb. Langhoff gehörige Wohnhaus nebst Zubehör im Dorfe Kehrberg, sub Nr. 21 des Hypothekenbuchs,

abgeschätzt zufolge der, nebst Hypothekenschein in der Registratur einzusehenden Taxe auf 655 Thlr., soll in termino
ben 20. April 1844, Vormittags 11 Uhr, an gewöhnlicher Gerichtsstelle subhastirt werden.

Rothwendiger Verkauf.
Stadtgericht zu Berlin, den 4. November 1843.
Das in der neuen Königsstraße Nr. 68 belegene Hempelsche Grundstück, gerichtlich abgeschätzt zu 11,260 Thlr. 7 Sgr. 9 Pf., soll
am 14. Juni 1844, Vormittags 11 Uhr, an der Gerichtsstelle subhastirt werden. Taxe und Hypothekenschein sind in der Registratur einzusehen.
Der dem Aufenthalte nach unbekannte Kleidermacher Johann George Hempel wird als Eigenthümer hierdurch öffentlich mit vorgeladen.

Rothwendiger Verkauf.
Stadtgericht zu Berlin, den 4. November 1843.
Das in der Landwehrstraße Nr. 38 a belegene Grundstück der Ehefrau des Buchdruckers Ziesemer, gerichtlich abgeschätzt zu 15,272 Thlr. 8 Sgr. 9 Pf., soll
am 18. Juni 1844, Vormittags 11 Uhr, an der Gerichtsstelle subhastirt werden. Taxe und Hypothekenschein sind in der Registratur einzusehen.

Rothwendiger Verkauf.
Königl. Stadtgericht zu Wittstock, den 8. November 1843.
Das zum Nachlasse des hierselbst verstorbenen Arbeitsmanns Hexer gehörige, im ersten Viertel in der Kettenstraße Nr. 97 belegene, im Hypothekenbuche der Häuser Vol. I Fol. 102 Nr. 97 eingetragene, und auf 1187 Thlr. 5 Sgr. 10½ Pf. gerichtlich abgeschätzte Wohnhaus, soll
am 12. April 1844, Vormittags 11 Uhr, an ordentlicher Gerichtsstelle subhastirt werden.
Taxe und Hypothekenschein sind in der Registratur des Gerichts einzusehen.

Es soll das zum Nachlaß des Leinwebers Johann Christoph Schulz gehörige, hierselbst am neuen Markt belegene, Vol. III Fol. 101 Nr. 501 des Hypothekenbuchs verzeichnete Wohnhaus nebst Zubehör, gerichtlich abgeschätzt auf 439 Thlr. 8 Sgr. 1¼ Pf., in termino
den 2. April 1844, Vormittags 11 Uhr,

vor dem Herrn Assessor Zebelt an ordentlicher Gerichtsstelle meistbietend verkauft werden.
Taxe und Hypothekenschein sind in der Registratur einzusehen.
Neu-Ruppin, den 24. November 1843.
Königl. Preuß. Stadtgericht.

Rothwendiger Verkauf.
Stadtgericht zu Berlin, den 25. November 1843.
Das in der Waßmannsstraße Nr. 33 a belegene Thomassinsche Grundstück, gerichtlich abgeschätzt zu 9705 Thlr. 5 Sgr., soll
am 9. Juli 1844, Vormittags 11 Uhr, an der Gerichtsstelle subhastirt werden. Taxe und Hypothekenschein sind in der Registratur einzusehen.

Rothwendiger Verkauf.
Stadtgericht zu Berlin, den 25. November 1843.
Das in der Blumenstraße belegene Grundstück des Kaufmanns Friedrich Wilhelm Aumann soll in seinem jetzigen Zustande
am 12. Juli 1844, Vormittags 11 Uhr, an der Gerichtsstelle subhastirt werden.
Die aufgenommene Taxe, nach welcher 1) der Werth des Grund und Bodens 702 Thlr. 15 Sgr., 2) der Werth der bisher verwendeten Materialien und Arbeiten 5430 Thlr. 7 Sgr., also zusammen 6132 Thlr. 22 Sgr. betragen, wobei aber die noch nicht zu ermittelnden Lasten nicht berücksichtigt sind, und der Hypothekenschein sind in der Registratur einzusehen.

Nachtrag zum Subhastations-Patent vom 25. November 1843, in der Kaufmann Aumannschen Subhastationssache.
Der dem Aufenthalte nach unbekannte eingetragene Gläubiger, der Kaufmann Herr Karl Robert Aumann, wird zu diesem Termine öffentlich vorgeladen. Berlin, den 3. Januar 1844.
Königl. Stadtgericht hiesiger Residenzien. Abtheilung für Kredit-, Subhastations- und Nachlaßsachen.

Rothwendiger Verkauf.
Stadtgericht zu Berlin, den 30. November 1843.
Das in der Georgenstraße Nr. 17 belegene Schubartsche Grundstück, gerichtlich abgeschätzt zu 16,183 Thlr. 11 Sgr. 9 Pf., soll Schuldenhalber
am 16. Juli 1844, Vormittags 11 Uhr,

an der Gerichtsstelle subhastirt werden. Taxe und Hypothekenschein sind in der Registratur einzusehen.

Rothwendiger Verkauf.

Stadtgericht zu Berlin, den 7. Dezember 1843.

Das in der Linienstraße Nr. 30 belegene Koch- sche Grundstück, gerichtlich abgeschätzt zu 2709 Thlr. 6 Sgr. 9 Pf., soll

am 16. April 1844, Vormittags 11 Uhr,

an der Gerichtsstelle subhastirt werden. Taxe und Hypothekenschein sind in der Registratur einzusehen.

Oeffentlicher Verkauf.

Patrimonialgericht Millmersdorf, den 11. De- zember 1843.

Die bei Millmersdorf im Templinschen Kreise belegene, im Hypothekenbuche Nr. 1 Fol. 1 auf den Namen der Geschwister Otto eingetragene und auf 6239 Thlr. 12 Sgr. 1 Pf. abgeschätzte Wassermühle, mit einem Gange und sechs Hirse- stampfen versehen, wozu gehören: an Gebäu- den: ein Wohnhaus, die Mahlmühle, eine Schnei- demühle, eine Scheune, zwei Ställe und eine Wind- mühle; an Grundstücken: acht Morgen Land, eine Wiese und ein Kohl- und Küchengarten; an Gerechtigkeiten: Fischerei, Holzungsgerechtsame und dergleichen mehr, soll Theilungshalber

am 11. Juli 1844, Vormittags 11 Uhr,

an öffentlicher Gerichtsstelle subhastirt werden.

Die gerichtliche Taxe und der neueste Hypo- thekenschein können in der Registratur eingesehen werden. Alle unbekannten Realprätendenten werden zu diesem Termine mit vorgeladen.

Rothwendiger Verkauf.

Königl. Land- und Stadtgericht zu Straußberg, den 18. Dezember 1843.

Die hierselbst vor dem Landsberger Thore hin- ter dem Kollegenberge neben der Heide belegene so- genannte Heegermühle, bestehend aus einer Wasser- Mahlmühle, nebst Wohnung, Scheune und Stal- lung, 2 Gärten, 2 Wiesen und 2 Flecken Acker, so wie einer Bockwindmühle, dem Mühlenbesitzer Karl Wilhelm Wendland gehörig, abgeschätzt auf zusammen 11,129 Thlr. 10 Sgr., soll

am 9. Juli 1844, Vormittags 11 Uhr,

an ordentlicher Gerichtsstelle subhastirt werden.

Taxe und Hypothekenschein sind in unserer Re- gistratur einzusehen.

Rothwendige Subhastation.

Stadtgericht Charlottenburg, den 12. Dez. 1843.

Das hierselbst in der Berliner Straße sub Nr. 73 belegene, im hiesigen stadtgerichtlichen Hy- pothekenbuche Vol. cont. I Nr. XV verzeichnete Grundstück des Gastwirths und Kaffetiers Karl Lud- wig Beyer, abgeschätzt auf 7255 Thlr. 21 Sgr. 1 Pf. zufolge der, nebst Hypothekenschein in der Registratur einzusehenden Taxe, soll

am 17. Juli 1844, Vormittags 10 Uhr,

im hiesigen Stadtgerichte, Jägerstraße Nr. 2, vor dem Herrn Kammergerichts-Assessor Kahle sub- hastirt werden.

Rothwendiger Verkauf.

Land- und Stadtgericht zu Brandenburg, den 21. Dezember 1843.

Das auf dem hiesigen Trauerberge Nr. 133 belegene, Vol. 21 Pag. 341 des Hypothekenbuchs der Neustadt eingetragene, dem Gärtner August Wölke gehörige Wohnhaus nebst Garten, gericht- lich abgeschätzt auf 2026 Thlr. 9 Sgr. 8 Pf. zu- folge der, nebst Hypothekenschein und Kaufbedin- gungen in unserer Registratur einzusehenden Taxe, soll am 2. Mai 1844, Vormittags 12 Uhr, vor dem Herrn Land- und Stadtgerichts-Rath Schulze an ordentlicher Gerichtsstelle subhastirt werden.

Rothwendiger Verkauf

Stadtgericht zu Berlin, den 10. Januar 1844.

Die dem Maurerpolier Rudloff zugehörige Hälfte des in der Elisabethstraße Nr. 12 a an der Ecke der kleinen Frankfurter Straße belegenen, im Ganzen zu 18,736 Thlr. 17 Sgr. 6 Pf. taxir- ten Grundstücks, soll

am 27. August 1844, Vormittags 11 Uhr,

an der Gerichtsstelle subhastirt werden. Taxe und Hypothekenschein sind in der Registratur einzusehen.

Rothwendiger Verkauf.

Stadtgericht zu Berlin, den 11. Januar 1844.

Das in der neuen Königsstraße Nr. 8 belegene Grundstück der Destillateur Dähneschen Eheleute, gerichtlich abgeschätzt zu 19,497 Thlr. 6 Sgr. 9 Pf., soll am 23. August d. J., Vormittags 11 Uhr, an der Gerichtsstelle subhastirt werden. Taxe und Hypothekenschein sind in der Registratur einzusehen.

Der dem Aufenthalte nach unbekannte Apothe- ker Ludwig Friedrich Theodor Dähne wird als ein- getragener Gläubiger hierdurch öffentlich vorgeladen.

Rothwendiger Verkauf

Stadtgericht zu Berlin, den 10. Februar 1844.

Das am grünen Wege belegene Neumeyersche Grundstück, welches im Rohbau steht, gerichtlich abgeschätzt zu 3602 Thlr. 17 Sgr., soll
am 2. Juli d. J., Vormittags 11 Uhr,
an der Gerichtsstelle subhastirt werden. Taxe und Hypothekenschein sind in der Registratur einzusehen.

Rothwendiger Verkauf.

Land und Stadtgericht zu NeustadtEberswalde.

Das Wohnhaus der Bäcker Nebert'schen Erben zu Niederfinow, abgeschätzt auf 2000 Thlr. zufolge der, nebst Hypothekenschein und Bedingungen im Uten Geschäftsbüreau einzusehenden Taxe, soll
am 13. Mai d. J., Vormittags 11 Uhr,
im Gerichtshause zu NeustadtEberswalde an den Meistbietenden verkauft werden.

Die ihrem Dasein und Aufenthalte nach unbekannten Gläubiger: Marie Umbost verehelichte Lindemann, Erdmann Umbost, Sophie Umbost verehelichte Falkenberg, Anne Umbost verehelichte Mewes, Katharine Umbost verehelichte Haberland, Dorothee Elisabeth Gräwe, Augustine Muggelberg und die Dorothee Louise Gräwe verehelichte Günther, werden hierzu öffentlich vorgeladen.

Rothwendiger Verkauf.

Stadtgericht zu Charlottenburg, den 19. Januar 1844.

Das dem Amtmann Gotthelf August Schliebener zugehörige, hierselbst in der Mühlenstraße Nr. 3 belegene, und im stadtgerichtlichen Hypothekenbuche von Charlottenburg Vol. XI Nr. 592 verzeichnete Wohnhaus nebst Zubehör, abgeschätzt auf 3410 Thlr. 28 Sgr. ½ Pf. zufolge der, nebst Hypothekenschein in der Registratur einzusehenden Taxe, soll
am 4. Mai 1844, Vormittags 10 Uhr,
vor dem Herrn KammergerichtsAssessor Kahle an ordentlicher Gerichtsstelle subhastirt werden.

Rothwendiger Verkauf.

von der Hagensche Gerichte zu Rhinow.

Das zu Kietz belegene, Fol. 43 Nr. 3 des Hypothekenbuchs verzeichnete Kossäthengut der Geschwister Marie Sophie Dorothee, Christian Frie

drich Wilhelm und Karl Ludwig Klaar, abgeschätzt auf 4467 Thlr. 8 Sgr. 9 Pf. zufolge der, nebst Hypothekenschein in der Registratur einzusehenden Taxe, soll
am 20. Mai 1844, Vormittags 11 Uhr,
in der Gerichtsstube zu Rhinow subhastirt werden.
Rathenow, den 21. Januar 1844.

Rothwendiger Verkauf.

Stadtgericht zu Berlin, den 1. Februar 1844.

Das in der Schießgasse Nr. 16 belegene Schumannsche Grundstück, gerichtlich abgeschätzt zu 9004 Thlr. 20 Sgr., soll
am 17. September d. J., Vormittags 11 Uhr,
an der Gerichtsstelle subhastirt werden. Taxe und Hypothekenschein sind in der Registratur einzusehen.
Die Wittwe Köhler, Johanne Margarethe geb. Bethge wird zu diesem Termine hierdurch mit vorgeladen.

Rothwendiger Verkauf.

Stadtgericht zu Berlin, den 1. Februar 1844.

Das in der Karlsstraße Nr. 38 belegene Pfaffenberg'sche Grundstück, gerichtlich abgeschätzt zu 31,824 Thlr. 27 Sgr. 6 Pf., soll
am 20. September d. J., Vormittags 11 Uhr,
an der Gerichtsstelle subhastirt werden. Taxe und Hypothekenschein sind in der Registratur einzusehen.

Rothwendiger Verkauf.

Stadtgericht zu Berlin, den 7. Februar 1844.

Die beiden unter der Kolonade an der Königsbrücke belegenen massiven Buden des Schneidermeisters Talg, gerichtlich abgeschätzt zu 1039 Thlr. 28 Sgr. 4 Pf., sollen
am 21. Juni d. J., Vormittags 11 Uhr,
an der Gerichtsstelle resubhastirt werden. Taxe und Hypothekenschein sind in der Registratur einzusehen. Die etwanigen unbekannten Realprätendenten werden hierdurch öffentlich vorgeladen.

Rothwendiger Verkauf.

Königl. Landgericht zu Berlin, den 6. Febr. 1844.

Das dem Kaufmann Friedrich Karl Ferdinand Münchhoff, genannt Plies, gehörige Erbpachtsgrundstück Nr. 126 in der Müllerstraße auf dem Wedding, abgeschätzt zu 4 Prozent auf 233 Thlr. 15 Sgr., und zu 5 Prozent auf 210 Thlr. 11 Sgr.

2 Pf. zufolge der, nebst Hypothekenschein in dem IIten Büreau einzusehenden Taxe, soll
am 3. Juni d. J., Vormittags 11 Uhr,
an ordentlicher Gerichtsstelle, Zimmerstraße Nr. 25, subhastirt werden.

Nothwendiger Verkauf.

Stadtgericht zu Prenzlau, den 8. Februar 1844.
Das dem Schuhmachermeister Christian Friedrich Thormann gehörige, hierselbst in der Wilhelmsstraße sub Nr. 76 belegene Wohnhaus, so eine Bude nebst Zubehör, abgeschätzt auf 839 Thlr. 20 Sgr. 1 Pf. zufolge der, nebst Hypothekenschein und Bedingungen in unserer Registratur einzusehenden Taxe, soll
am 1. Juni d. J., Vormittags 10 Uhr,
an ordentlicher Gerichtsstelle subhastirt werden.

Nothwendiger Verkauf.

Stadtgericht zu Berlin, den 8. Februar 1844.
Das in der Klosterstraße Nr. 4 belegene Verlingsche Grundstück, gerichtlich abgeschätzt zu 4869 Thlr. 27 Sgr. 6 Pf., soll
am 28. Juni d. J., Vormittags 11 Uhr,
an der Gerichtsstelle subhastirt werden. Taxe und Hypothekenschein sind in der Registratur einzusehen.

Nothwendiger Verkauf.

Stadtgericht zu Berlin, den 10. Februar 1844.
Das in der vierten Scheunengasse Nr. 1 belegene Schulzesche Grundstück, gerichtlich abgeschätzt zu 3642 Thlr. 10 Sgr., soll wegen der vom Käufer nicht belegten Kaufgelder
am 11. Juni d. J., Vormittags 11 Uhr,
an der Gerichtsstelle resubhastirt werden. Taxe und Hypothekenschein sind in der Registratur einzusehen.

Nothwendige Subhastation.

Land- und Stadtgericht zu Belzig, den 18. Februar 1844.
Die Vol. 33 Nr. 1635 Pag. 445 im Hypothekenbuche der Landungen eingetragene, auf 89 Thlr. 15 Sgr. geschätzte, zur Leichtmannschen Kreditmasse gehörige Graskavel bei Brück, soll
am 28. Mai d. J.,
an ordentlicher Gerichtsstelle zu Belzig verkauft werden. Taxe und Hypothekenschein liegen zur Einsicht in der Registratur vor.

Freiwilliger Verkauf.

Land- und Stadtgericht zu Zehdenick.
Das den Amtmann Guthkeschen Erben zugehörige vormalige Forstdienst-Etablissement zu Zabelsdorf, abgeschätzt auf 1558 Thlr. 10 Sgr. zufolge der, nebst Bedingungen in der Registratur einzusehenden Taxe, soll
am 30. März d. J., Vormittags 11 Uhr,
an ordentlicher Gerichtsstelle subhastirt werden.
Alle unbekannte Realprätendenten werden aufgeboten, sich bei Vermeidung der Präklusion spätestens in diesem Termine zu melden.

Freiwillige Subhastation.

Land- und Stadtgericht zu Oranienburg, den 21. Februar 1844.
Auf den Antrag der Wittwe des Lederfabrikanten Schleiff ist zum öffentlichen Verkauf an den Meistbietenden, des Nr. 78 in der Havelstraße hierselbst belegenen Wohnhauses nebst Hofgebäuden, den zur Lohgerberei gehörigen Utensilien, den in den Gruben befindlichen 116 Stück Ochsenhäuten und 174 Stück Kuhhäuten, einem Acker- und Wiesenstück von 3 Morgen 178 ☐Ruthen, einer Sandschelle von 1 Morgen 107 ☐Ruthen, und der Nr. 41 auf dem Hirtendamme belegenen Scheune, ein Termin auf
den 29. März d. J., Vormittags 10 Uhr,
in dem gedachten Wohnhause angesetzt.
Von dem Kaufpreise kann die Hälfte, gegen Zinsen zu 4 Prozent und Eintragung zur ersten Stelle in die Hypothekenbuch, darlehnsweise gelassen, und die übrigen Verkaufsbedingungen nebst den Hypothekenscheinen können in unserer Registratur eingesehen werden.

Nothwendiger Verkauf.

Das Gericht der Herrschaft Putlitz, den 24. Februar 1844.
Das Einhüfnergut der Erben des Einhüfners Johann Christian Stein zu Buckow, abgeschätzt zu 2500 Thlr. zufolge der, nebst Hypothekenschein in der Registratur einzusehenden Taxe, soll
am 4. Juni d. J., Vormittags 11 Uhr,
in der Gerichtsstube zu Putlitz subhastirt werden.

Die Kirchenländereien zu Behlow, zusammen 47 Morgen 25 ☐Ruthen Flächeninhalt, sollen
am 30. März d. J., Vormittags 10 Uhr,
an Gerichtsstelle zu Behlow vererbpachtet werden, was

was mit dem Bemerken bekannt-gemacht wird, daß Bedingungen, Ertragsanschlag und Karte täglich in unserer Registratur eingesehen werden können.

Wusterhausen a. d. Dosse, den 22. Febr. 1844.
Die Freiherrlich zu Puttlitzschen Gerichte zu Wehlow.

Zum öffentlichen meistbietenden Verkauf von
927½ Klafter Buchen-Klobenholz,
167⅓ » Eichen » und
386 Stück » Langholz
aus dem diesjährigen Holzschlage in der Stadtforst, steht am Montag den 11. März d. J., Vormittags 10 Uhr, ein Termin auf dem Rathhause an, zu welchem wir Kauflustige mit dem Bemerken einladen, daß die näheren Bedingungen im Termine bekannt gemacht werden sollen, und der vierte Theil der Gebote gleich im Termine zu deponiren ist.

Rheinsberg, den 23. Februar 1844.
Der Magistrat.

Gasthofs-Verkauf.

Veränderungshalber beabsichtige ich, meinen allhier zu Löcknitz an der Chaussee von Pasewalk nach Stettin belegenen, vollständig eingerichteten Gasthof »zum grünen Baum« nebst allem Zubehör, bestehend in 20 Morgen kultivirtem Acker, 11 Morgen guten Wiesen, geräumiger Durchfahrt, Hofraum und Stallung für 72 Pferde, zwei Nebenhäusern, welche circa 88 Thlr. jährliche Miethe gewähren, aus freier Hand meistbietend zu verkaufen.

Ich habe dazu einen Termin auf den 20. März d. J. in meiner Behausung angesetzt, und lade Kaufliebhaber dazu ein, wobei ich bemerke, daß bei annehmlichem Gebote der gerichtliche Kontrakt sogleich abgeschlossen werden kann, auch die Wirthschaft selbst täglich bei mir in Augenschein zu nehmen ist, und über die Bedingungen zu unterhandeln ich überzeit bereit bin.

Löcknitz, den 8. Februar 1844.
Der Gastwirth Saust.

Freiwilliger Verkauf.

Das zum Nachlaß der hier verstorbenen verwittweten Frau Oberamtmann Lau gehörige, allhier belegene Großbürgergut, bestehend aus:
1) einem massiven Wohnhause von zwei Etagen, 58 Fuß Fronte, welches einen Saal, zehn Stuben, einige Kammern, zwei Küchen und vier gewölbte Keller enthält, mit einem geräumigen Hofe, einem Hintergebäude von 54 Fuß Lange und einem kleinern Stallgebäude, nebst dahinter belegenem großen Obst- und Gemüsegarten; die Gebäude sind in vorzüglichen gutem Zustande, und sämmtlich vor 18 Jahren neu erbaut;
2) circa 13 Morgen Acker auf der städtischen Feldmark;
3) circa 16 Morgen Wiesen, und
4) die Weideberechtigung auf 4 Kühe und 6 Schaafe,
soll Theilungshalber öffentlich meistbietend verkauft werden. Hierzu habe ich einen Termin auf den 25. März d. J., Vormittags 11 Uhr, im Rathhause allhier anberaumt, wozu ich Kauflustige hiermit einlade.

Die Grundstücke selbst können von jetzt an täglich besichtigt, und die näheren Verkaufsbedingungen bei mir eingesehen werden.

Neustadt an der Dosse, den 10. Februar 1844.
Der Bürgermeister Göcke,
als Testaments-Exekutor.

Freiwilliger Verkauf.

Im Dorfe Linum, welches gegen 1400 Einwohner hat, beabsichtigt Unterzeichneter sein vor drei Jahren neu erbautes massives Haus, enthaltend vier Stuben, Kammer, Keller und Küche, wobei auch geräumige Stallungen und zwei Morgen Gartenland sind, aus freier Hand zu verkaufen. Die Hälfte des Kaufgeldes kann zur ersten Hypothek stehen bleiben. Das Lokal eignet sich für Geschäftsleute jeder Art, und namentlich würde ein Bäcker die beste Nahrung finden. Nicht allein der Ort selbst, sondern die zahlreichen Arbeiter in der Torfgräberei und die Schiffer würden einem Bäcker die beste Nahrung gewähren, indem täglich aus den ½ Meilen entfernten Städten Fehrbellin und Cremmen Bäckerwaaren herbeigeschafft werden müssen. Linum, den 12. Februar 1844.
Eduard Gräfen, Tischlermeister.

Freiwilliger Verkauf.

Ein 3½ Meile von Berlin und ½ Meilen von der Kottbusser Chaussee belegenes, noch nicht separirtes Bauergut, wozu 4 Hufen Land gehören, und deffen Gebäude in gutem Zustande befindlich sind, ist mit allen Inventarienstücken sogleich zu verkaufen.

Reelle Käufer wollen sich gefälligst an den Bauer Pätsch in Ragow bei Mittenwalde wenden.

Lohgerberei-Verkauf.

Ich, der Unterzeichnete, bin gewilligt, die mir zugehörende ganghafte Lohgerberei in der Stadt Seehausen in der Altmark zu verkaufen; solche besteht aus einem geräumigen Wohnhause, der Gerbereiwerkstelle, hinter welcher der Alandfluß dicht vorbei fließt, einer Lohmühle, Stallgebäuden, Hofraum nebst Auffahrt und einem Garten. Zur Annahme dieses Grundstücks sind circa nur 1800 Thlr. erforderlich, auch kann solches sofort an den Käufer übergeben werden.

Seehausen i. d. Altmark, den 24. Febr. 1844.
Der Lohgerbermeister Lübecke.

Freiwilliger Verkauf
eines sehr lebhaften Gasthofs.

Der Gastwirth Herr L. Märker beabsichtigt, seinen in Brandenburg an der Havel, Steinstraße Nr. 400, belegenen Gasthof »zum grünen Baum«, mit einer dazu gehörigen guten Wiese, unter den annehmbarsten Kaufbedingungen, an den Meistbietenden zu verkaufen.

Zu diesem Verkaufe von dem Herrn Märker bevollmächtigt, habe ich zur Annahme der Gebote einen Termin auf

Mittwoch den 6. März d. J.,

Vormittags 11 Uhr, an Ort und Stelle angesetzt. Die Kaufbedingungen sind bis dahin täglich in meiner Registratur, und eben so auch bei dem Gastwirth Herrn Märker einzusehen, und sollen dieselben im Termine näher bekannt gemacht werden.

Kaufliebhaber ladet hierdurch ergebenst ein,
der Kommissionair Heinr. Frischmüller
in Cremmen.

Holz-Auktion.

Dienstag den 5. März d. J., Vormittags 11 Uhr, sollen in der Ragowschen Gutsforst, ¼ Meile von der Spree, mehrere 100 Stück frisch eingeschlämmte, extra und ordinaire Kiefern-Bauhölzer, so wie Sägeblöcke, im Wege der Licitation öffentlich an den Meistbietenden, gegen gleich baare Bezahlung, verkauft werden, wozu Kauflustige am gedachten Tage sich an Ort und Stelle einfinden

wollen. Die Nummerverzeichnisse können von jetzt ab hier eingesehen, und auf Verlangen die Hölzer vorgezeigt werden.

Ragow bei Beeskow, den 24. Februar 1844.
von Zschüschen.

Auf der Merzer Ziegelei bei Müllerose stehen 130,000 gute Mauersteine und circa 30,000 gute Dachsteine zum Verkaufe.

Beim Schiffbaumeister Chr. Schulze in Spandau, Stresow Nr. 1, liegen vorläufig circa 100 Stück Stammbuchen von 100 bis 200 Kubikfuß Inhalt, so wie Eschen, Ahorn, Linden, Rüstern und Eichen jeder Größe zum Verkaufe, und ist das Nähere darüber daselbst zu erfahren.

Es wird zum 1. April d. J. ein verheiratheter Gärtner zu einem Gemüse- und Obstgarten gesucht, welcher auch die ihm aufzutragenden Arbeiten in einer kleinen Landwirthschaft übernehmen muß. Hierzu qualifizirte, mit guten Zeugnissen versehene Subjekte erhalten auf frankirte Briefe Auskunft beim Postmeister Natus in Beeskow.

Einem Knaben von ordentlichen Eltern, der Schulkenntnisse besitzt und Lust hat, die Materialhandlung zu erlernen, kann sogleich eine Stelle nachgewiesen werden durch Friedrich in Potsdam, Junkerstraße Nr. 59.

• Literarische Anzeige.

In der Verlags-Expedition zu Langensalze erscheint, und ist in Potsdam durch die Stuhrsche Buchhandlung, in Berlin durch Springer, in Brandenburg durch Müller, in Prenzlau durch Vincent, zu beziehen:

Mutter Annens Spinnstube.

Blätter zur Unterhaltung und Belehrung im Familienkreise für den Bürger und Landmann, herausgegeben von Otto Ruppius. Monatlich ein Heft von 64 Seiten, zu dem Preise von 3½ Sgr.

Die freundliche Mutter Anne, der verständige Vetter Wilhelm und der schnurrige Nachbar Heinrich sind die Hauptpersonen in der Spinnstube. Lehrreiche Geschichten, unterhaltende Besprechung der neuesten Nachrichten und Ereignisse im launigen Volkstone, ein Anhang heiterer Schwänke, das ist es, was jeder Spinnstubenabend bietet.

Oeffentlicher Anzeiger

zum 10ten Stück des Amtsblatts
der Königlichen Regierung zu Potsdam und der Stadt Berlin.

Den 8. März 1844.

* Dem Nähnadelfabrikanten Lv. Lynen-Dumont zu Stolberg bei Aachen ist unterm 25. Februar 1844 ein Patent

auf eine mechanische Vorrichtung zur Anfertigung von Spindeln für Spinnmaschinen, in der durch Zeichnung und Beschreibung nachgewiesenen Zusammensetzung,

auf acht Jahre, von jenem Tage an gerechnet, und für den Umfang der Monarchie ertheilt worden.

* Durch das am 15. d. M. erfolgte Ableben des Predigers Wiese ist die Pfarre zu Pinnow in der Superintendentur Angermünde erledigt worden.

Patron der Stelle ist der Kaufmann Herz zu Berlin. Potsdam, den 23. Februar 1844.

Königl. Regierung.

Abtheilung für die Kirchenverwaltung und das Schulwesen.

* Königl. Preuß. staats- und landwirthschaftliche Akademie Eldena bei Greifswald.

Die Vorlesungen an der Königl. staats- und landwirthschaftlichen Akademie zu Eldena werden im nächsten Sommersemester am 25. April beginnen, und sich auf folgende Unterrichtsgegenstände beziehen: 1) Ein- und Anleitung zum akademischen Studium. 2) National-Ökonomie. 3) Spezieller Pflanzen- und Wiesenbau. 4) Rindviehzucht. 5) Werthschätzung und Bonitirung des Bodens. 6) Allgemeine landwirthschaftliche Betriebslehre. 7) Obstbaum- und Gehölzzucht. 8) Spezielle Botanik nebst Exkursionen. 9) Monographie der landwirthschaftlichen Kulturgewächse und Unkräuter. 10) Zoologie. 11) Experimental-Chemie. 12) Agronomie oder Bodenkunde. 13) Analytische Chemie und damit in Verbindung agronomische Untersuchungen. 14) Technische Demonstrationen. 15) Krankheits- und Heilungslehre. 16) Nahrungs- und

Heilmittellehre. 17) Pferdekenntniß. 18) Volks- und staatswirthschaftliche Statistik von Preußen. 19) Landwirthschaftliche Statistik mit besonderer Rücksicht auf Deutschland. 20) Baukonstruktionslehre. 21) Zeichnen. 22) Feldmessen und Nivelliren. 23) Encyklopädische Einleitung in das Landwirthschaftsrecht.

In Betreff der näheren Angabe über die Erfordernisse, welche bezüglich der Vorbildung an die zum Eintritt sich Meldenden zu stellen sind, so wie wegen jeder andern gewünschten Auskunft, beliebe man sich an den Unterzeichneten zu wenden, welcher solche gern ertheilen wird.

Eldena, im Februar 1844.

Die Direktion der Königl. staats- und landwirthschaftlichen Akademie.

E. Baumstark.

* Nach der Verfügung des Königl. Allgemeinen Kriegs-Departements vom 6. Februar d. J. soll die Lieferung von 150 Klafter Faulbaumholz in geschälten Stäben à 1 Fuß Länge, im Ganzen oder in Partien dem Mindestfordernden übergeben werden. Indem wir einen Termin hierzu auf

den 15. April d. J., Vormittags 10 Uhr,

hierselbst ansetzen, ersuchen wir Lieferungslustige, ihre versiegelten Submissions-Forderungen in dem Termine persönlich, oder durch Bevollmächtigte abzugeben, und zuvor die in unserm Geschäftslokale ausliegenden Lieferungs-Bedingungen einzusehen.

Pulverfabrik bei Spandau, den 14. Febr. 1844.

Die Direktion.

* Denjenigen, welche Faulbaumholz zur Pulverfabrik bei Spandau zu liefern beabsichtigen, wird hiermit angezeigt, daß vom Tage dieser Bekanntmachung an, jeder Lieferant sich über den Erwerb des Holzes durch ein Forstattest auszuweisen hat.

Pulverfabrik bei Spandau, den 26. Febr. 1844.

Die Direktion.

* Im Auftrage der Königl. Regierung zu Potsdam wird das unterzeichnete Haupt-Steueramt, und zwar in seinem Dienstgelasse hierselbst

am 29. März d. J., Vormittags 10 Uhr, die Chausseegeld-Erhebung zu Glasow auf der Berlin-Cottbusser Kunststraße, in der Nähe von Berlin, an den Meistbietenden, mit Vorbehalt des höheren Zuschlages, vom 1. Mai d. J. ab zur Pacht ausstellen. Nur als dispositionsfähig sich ausweisende Personen, welche vorher mindestens 450 Thlr. baar oder in annehmlichen Staatspapieren bei dem unterzeichneten Amte zur Sicherheit niedergelegt haben, werden zum Bieten zugelassen.

Die Pachtbedingungen sind bei uns von heute an während der Dienststunden einzusehen.

Zossen, den 26. Januar 1844.

Königl. Haupt-Steueramt.

* Im Auftrage der Königl. Regierung hierselbst wird das unterzeichnete Haupt-Steueramt, und zwar in dessen Amtsgelasse

am 18. März d. J., Vormittags 9 Uhr, die Chausseegeld-Erhebung bei Nassenheide auf der Kunststraße zwischen Berlin und Neu-Strelitz an den Meistbietenden vom 1. Mai d. J. ab anderweitig zur Pacht ausstellen. Nur als dispositionsfähig sich ausweisende Personen, welche vorher mindestens 180 Thlr. baar oder in annehmlichen Staatspapieren bei dem unterzeichneten Hauptamte zur Sicherheit niedergelegt haben, werden zum Bieten zugelassen. Die Pachtbedingungen liegen bei uns von heute an während der Dienststunden zur Einsicht aus. Potsdam, den 4. März 1844.

Königl. Haupt-Steueramt.

* Es soll im höhern Auftrage die Salzanfuhr von Potsdam nach Luckenwalde in die daselbst errichtete Faktorei vom 1. September 1844 ab, an den Mindestfordernden in Verding ausgeboten werden, und haben wir dazu einen Termin am 3. April d. J. in Luckenwalde im dortigen Steueramtslokale anberaumt, wozu wir Unternehmungslustige hierdurch mit dem Bemerken einladen, wie die allgemeinen Kontraktsbedingungen im gedachten Lokale zu Luckenwalde täglich während der Dienststunden eingesehen werden können.

Zossen, den 24. Februar 1844.

Königl. Haupt-Steueramt.

* Aus Königl. Zechliner Forst, Schutzbezirk Zechlin und Zempow, sollen vom diesjährigen Hiebe öffentlich meistbietend verkauft werden: 56 Stück Eichen, zu Bauholz und Schneide-Enden nutzbar, 47 Stück Buchen, zu Stellmacherholz nutzbar, 30 Stück Kiefern, resp. Bau- und Schneideholz.

Hierzu steht ein Termin auf

Montag den 18. März d. J., Vormittags 10 Uhr, zu Flecken Zechlin im Lemmschen Gasthofe an.

Die Verkaufsbedingungen sind die gewöhnlichen und sollen im Termine bekannt gemacht werden. Kauflustige, welche diese, mit Nummern so wie dem Länge- und Stärkemaaße versehene Hölzer zuvor im Walde besichtigen wollen, dürfen sich nur deshalb an die Königl. Förster zu Zempow und Zechlin wenden.

Forsthaus Zechlin, den 29. Februar 1844.

Im Auftrage der Königl. Regierung.

Der Oberförster Köllner.

Steckbriefe.

* **Steckbriefs-Erneuerung.**

Der wegen Fälschung und Betrugs zur Kriminal-Untersuchung gezogene, und mittelst Steckbriefs vom 3. Mai 1843 verfolgte Privat-Forstschreiber Karl August Ferdinand Schmidt, aus Grunewald bei Berlin gebürtig, ist bis jetzt nicht ergriffen und seit Weihnachten 1843 bis zum 19. Februar 1844 bei einem Förster zu Altona im Großherzogl. Mecklenburg-Schwerinschen Amte Grabow gewesen, wo er sich den Namen von Schwedt beigelegt und seiner Verhaftung durch die Flucht entzogen hat. Wir ersuchen wiederholt sämmtliche Militair- und Zollbehörden dienstergebenst, auf den 2c. Schmidt zu vigiliren, ihn zu verhaften, und gegen sofortige Erstattung der Kosten hierher transportiren zu lassen.

Schmidt ist 31 Jahre alt, evangelisch, 5 Fuß 3 bis 4 Zoll groß, hat dunkelbraune Haare und Augenbraunen, einen starken Bart, blaugraue Augen, kleine Nase und Stirn, kleinen Mund, gute Zähne, ein rundes, frisches Gesicht, eine untersetzte, gerade Gestalt, raschen Gang und ein gewandtes Benehmen. Zehden, den 27. Februar 1844.

Königl. Land- und Stadtgericht.

Den am 8. Februar b. J. aus der Strafanstalt zu Lichtenburg hierher entlassene Webergeselle Ludwig Strehse ist bis heute hier nicht eingetroffen, und treibt sich wahrscheinlich im Lande vagabondirend umher. Derselbe ist bereits mehrere Male wegen Diebstahls mit Zuchthausstrafe bestraft.

Wir bitten, auf den Strehse vigiliren, ihn im Betretungsfalle verhaften, und uns davon Nachricht geben zu lassen.

Wilsnack, den 28. Februar 1844.

Der Magistrat.

Signalement des Ludwig Strehse. Stand: Weber, Geburts- und Wohnort: Wilsnack, Religion: evangelisch, Alter: 23½ Jahr, Größe: 5 Fuß 3 Zoll, Haare: braun, Stirn: flach, Augenbrauen: braun, Augen: blau, Nase: lang, spitz, Mund: klein, Zähne: gut, Bart: blond, Kinn: spitz, Gesichts länglich, Gesichtsfarbe: gesund, Statur schlank.

Der am 30. v. M. von hier entwichene, mittelst Steckbriefs vom 14. d. M. verfolgte Arbeitsmann Karl Friedrich van Dyck ist heute wieder eingebracht worden, welches wir hiermit bekannt machen. Strausberg, den 27. Februar 1844.

Die Inspektion des Landarmenhauses.

Der Landwehrmann Johann Friedrich Wetter aus Unterhammer in der Grafschaft Baruth ist wegen gewaltsamen und zwar dritten Diebstahls, durch das mittelst Allerhöchster Kabinetsordre vom 23. Dezember v. J. bestätigte Erkenntniß vom 6. November d. J., aus dem Soldatenstande gestoßen, zur Bekleidung öffentlicher Aemter für unfähig erklärt, und unter Verlust des Rechts zur Tragung der Preußischen Nationalkokarde, zu zweijährigem Zuchthaus nebst Detention bis zur Besserung und zum Nachweis eines ehrlichen Erwerbes, so wie zu einer Züchtigung von 40 Peitschenhieben verurtheilt.

Jüterbogk, den 29. Februar 1844.

von Rochowsches Gericht über Stülpe und Zubehör.

Der Mühlenbesitzer Klemming zu Damm und Haft bei Zehdenick beabsichtigt, in der nach dem Brande seiner Mühle im Jahre 1831 erbauten Rothmühle drei Gänge mit einem Wasserrade, und zwar zwei Graupengänge und einen Gipsgang

anzulegen. Dies wird hierdurch mit dem Bemerken zur öffentlichen Kenntniß gebracht, daß alle etwanige Widersprüche hiergegen, sowohl aus dem Edikte vom 28. Oktober 1810, als aus der Allerhöchsten Kabinetsordre vom 23. Oktober 1826, binnen 8 Wochen präklusivischer Frist bei dem unterzeichneten Landrathe anzumelden und zu begründen sind. Templin, den 10. Februar 1844.

Der Landrath des Templinschen Kreises.

von Haas.

Vieh- und Pferdemarkt in Gransee.

Wie großartig und belebt der hier am 11. Dezember v. J. stattgefundene Vieh- und Pferdemarkt gewesen, darüber können alle diejenigen Personen Zeugniß ablegen, welche anwesend gewesen; daß aber der auf

den 28. März d. J.

hier wieder stattfindende Vieh- und Pferdemarkt jenen weit übertreffen wird, ist, wie wir aus guten Gründen mit Gewißheit versichern können, unzweifelhaft, und halten wir es daher für unsere Pflicht, das handeltreibende Publikum hierauf aufmerksam zu machen, und dasselbe zugleich um rechtzahlreichen Besuch zu ersuchen.

Dammzoll und Stättegeld werden an diesem Tage hier nicht gezahlt.

Gransee, den 20. Februar 1844.

Der Magistrat.

Mit Genehmigung der Königl. Regierung ist der diesjährige Ostermarkt hierselbst vom Sonnabend den 13. April auf Freitag den 12. April d. J. verlegt, und wird Tages vorher, also am Donnerstag den 11. April d. J., der Viehmarkt stattfinden.

Neu-Ruppin, den 24. Februar 1844.

Der Magistrat.

Von den in Gemäßheit der §§ 4 und 8 des Nachtrags zu den Statuten der Berlin-Potsdamer Eisenbahngesellschaft am 26. Januar v. J. verloosten 34 Stück Prioritäts-Aktien sind die Aktien Nr. 900. 1302. 1674. 1522. 1966 bisher nicht zur Einlösung präsentirt worden, und haben deshalb in dem heute angestandenen Termine nicht verbrannt werden können. Wir fordern die Inhaber derselben hiermit wiederholt auf, sie

zur Einlösung einzureichen, und machen darauf
aufmerksam, daß ihre Verzinsung bereits am
1. Juli v. J. aufgehört hat.

Berlin, den 20. Februar 1844.

Die Direktion der Berlin-Potsdamer Eisenbahn-
Gesellschaft.

Die in dem Dorfe Fliet neu kreirte, kombi-
nirte Organisten- und zweite Lehrerstelle soll nunmehr besetzt werden, und wollen qualifizirte Subjekte, und namentlich solche, die von dem Bau
und der innern Konstruktion einer Orgel hinlängliche Kenntnisse besitzen, sich wegen Uebernahme
dieser Stelle in frankirten Briefen, denen die etwanigen Qualifikations- und Führungsatteste, so
wie ein curriculum vitae beigefügt sein müssen,
an mich wenden.

Suckow, den 1. März 1844.

Der Patron der Kirche und Schule zu Fliet.

Königl. Kammerherr G. von Arnim.

Nachdem über das Vermögen des verstorbenen
Tuchfabrikanten Johann Christian Richter der
erbschaftliche Liquidationsprozeß eröffnet worden,
werden alle diejenigen, welche von dem Nachlasse
etwas an Geld, Sachen, Effekten oder Briefschaften hinter sich haben, aufgefordert, an Niemand
davon das Geringste zu verabfolgen, vielmehr dem
Gerichte sofort Anzeige zu machen, und die Gelder
oder Sachen, jedoch mit Vorbehalt ihrer Rechte
daran, in unser Depositorium abzuliefern. Sollte
dessen ungeachtet an jemand Anderen etwas bezahlt
oder ausgeliefert werden, so wird dies für nicht
geschehen geachtet, und zum Besten der Masse anderweitig beigetrieben werden. Wenn aber der Inhaber solcher Sachen oder Gelder dieselben verschweigen, oder zurückbehalten sollte, so wird er
noch außerdem alles seines daran habenden Unterpfandes und anderen Rechts für verlustig erklärt
werden. Neu-Ruppin, den 20. Januar 1844.

Königl. Preuß. Stadtgericht.

Auf der Kolonistenstelle des Karl Friedrich Ba-
renthin zu Seilershof steht aus der gerichtlichen
Obligation vom 10. Februar 1819 eine Schuld
von 60 Thlr. für den Kantor Meyerhoff zu
Zühlsdorf zu 5 Prozent verzinsbar eingetragen.
Der Gläubiger hat gerichtlich quittirt, die Schuld
kann aber nicht gelöscht werden, weil die Obligation angeblich verloren ist. Die Inhaber dieser
Obligation als Erben, Zessionarien, Pfand- oder
sonstige Briefinhaber werden hierdurch aufgefordert,
in termino

den 10. Juni 1844, Vormittags 10 Uhr,
sich hier in Rheinsberg in der Gerichtsstube einzufinden, die Obligation zur Stelle zu bringen und
ihre Ansprüche daran nachzuweisen, widrigenfalls
das Dokument amortisirt, und die Schuld im Hypothekenbuche gelöscht werden wird.

Rheinsberg, den 24. Februar 1844.

Das Hellwigsche Patrimonialgericht über Seilershof.

Nothwendiger Verkauf.
Königl. Kammergericht in Berlin.

Das hierselbst in der Schumannsstraße Nr. 13
belegene, dem Partikulier Karl Wilhelm Theodor
Skodowsky gehörige Grundstück nebst Zubehör,
abgeschätzt auf 12,565 Thlr. 11 Sgr. 9 Pf. zufolge der, nebst Hypothekenschein und Bedingungen
in der Registratur einzusehenden Taxe, soll

am 9. Juli 1844

an ordentlicher Gerichtsstelle subhastirt werden.

Nothwendiger Verkauf.
Königl. Kammergericht in Berlin.

Das hierselbst in der großen Friedrichsstraße
Nr. 109 belegene, dem Bäckermeister Johann Ludwig Borchardt gehörige Haus nebst Garten und
Zubehör, abgeschätzt auf 8641 Thlr. 25 Sgr. 1 Pf.
zufolge der, nebst Hypothekenschein und Bedingungen in der Registratur einzusehenden Taxe, soll

am 3. Juli 1844

an ordentlicher Gerichtsstelle subhastirt werden.

Nothwendiger Verkauf.
Königl. Kammergericht in Berlin.

Das hierselbst in der Husarenstraße Nr. 17
belegene, dem Droschkenbesitzer Karl Friedrich Wilhelm Bode gehörige Grundstück nebst Zubehör,
abgeschätzt auf 14,195 Thlr. 25 Sgr. 3 Pf. zufolge der, nebst Hypothekenschein und Bedingungen
in der Registratur einzusehenden Taxe, soll

am 24. September 1844

an ordentlicher Gerichtsstelle subhastirt werden.

Nothwendiger Verkauf.
Königl. Kammergericht in Berlin.

Das hierselbst vor dem Oranienburger Thore in der Chausseestraße Nr. 12 belegene, dem Kaufmann Karl Andreas Heinrich Adolph Buchholz gehörige Grundstück nebst Zubehör, abgeschätzt auf 13,142 Thlr. 18 Sgr. 11¼ Pf. zufolge der, nebst Hypothekenschein und Bedingungen in der Registratur einzusehenden Taxe, soll
am 20. Juli 1844
an ordentlicher Gerichtsstelle subhastirt werden.

Der Besitzer, Kaufmann Karl Andreas Heinrich Adolph Buchholz, und die Gläubigerin, unverehelichte Marie Dorothea Katharine Elfert, deren Aufenthalt unbekannt ist, werden hierzu öffentlich vorgeladen.

Nothwendiger Verkauf.
Königl. Kammergericht in Berlin.

Das hierselbst vor dem neuen Thore, am neuen Thorplatz Nr. 2 belegene, dem Mühlenbaumeister Johann Andreas Engeler gehörige Grundstück nebst Zubehör, abgeschätzt auf 13,627 Thlr. 27 Sgr. 5 Pf. zufolge der, nebst Hypothekenschein und Bedingungen in der Registratur einzusehenden Taxe, soll
am 10. September 1844
an ordentlicher Gerichtsstelle subhastirt werden.

Der Zimmermeister Karl Friedrich Schellhorn oder seine Erben, und die Wittwe Jander, Marie Magdalene geb. Schneider, oder deren Erben werden zu diesem Termine öffentlich vorgeladen.

Nothwendiger Verkauf.
Königl. Kammergericht in Berlin.

Das hierselbst in der verlängerten Dorotheenstraße belegene, im Hypothekenbuche des Königl. Kammergerichts Vol. VII Cont. c Nr. 12 Pag. 265 verzeichnete, dem Rentier Jeremias Rudolph gehörige Grundstück nebst Zubehör, welches noch nicht ausgebaut ist, und dessen Werth an Grund und Boden, Baumaterialien und Arbeiten 24,242 Thlr. 8 Sgr. 11 Pf., und dessen muthmaßlicher Ertragswerth, ohne Rücksicht auf die noch nicht festzustellenden baulichen Unterhaltungskosten 26,506 Thlr. beträgt, zufolge der, nebst Hypothekenschein und Bedingungen in der Registratur einzusehenden Taxe, soll am 17. September 1844 an ordentlicher Gerichtsstelle subhastirt werden.

Nothwendiger Verkauf.
Stadtgericht zu Berlin, den 24. Oktober 1843.

Das hierselbst an der Kommunikation am Unhaltschen Thore belegene Grundstück des Böttchermeisters Wilhelm Gustav Schmidt, gerichtlich abgeschätzt zu 12,962 Thlr. 11 Sgr. 10¼ Pf., soll Schuldenhalber
am 28. Mai 1844, Vormittags 11 Uhr,
an der Gerichtsstelle subhastirt werden. Taxe und Hypothekenschein sind in der Registratur einzusehen.

Nothwendiger Verkauf.
Königl. Landgericht zu Berlin, den 10. Nov. 1843.

Die von dem Mühlenmeister Karl Eduard Bernhard Treckow im Wege der Subhastation erstandene, dem Mühlenmeister Johann Eduard Trenn gehörig gewesene Erbpachtsgerechtigkeit der zu Tegel belegenen Wasser-Schneide- und Mahlmühle, abgeschätzt zu 5 Prozent veranschlagt, auf 11,131 Thlr. 1 Sgr. 1 Pf., und zu 4 Prozent auf 13,290 Thlr. 17 Sgr. 5 Pf. zufolge der, nebst Hypothekenschein in dem IIten Büreau einzusehenden Taxe, soll am 20. Juni 1844, Vormittags 11 Uhr, an ordentlicher Gerichtsstelle, Zimmerstraße Nr. 25, resubhastirt werden.

Nothwendiger Verkauf
wegen Auflösung der Gemeinschaft.
Land- und Stadtgericht zu Neustadt-Eberswalde.

Das Bauer- und Kruggut der Sinolas'schen Erben zu Groß-Ziethen im Angermünder Kreise, abgeschätzt auf 5417 Thlr. 21 Sgr. 3 Pf. zufolge der, nebst Hypothekenschein und Bedingungen im IIten Geschäftsbüreau einzusehenden Taxe, soll am 4. Juni 1844, Vormittags 11 Uhr, im Gerichtshause an den Meistbietenden verkauft werden. Alle unbekannte Realprätendenten werden aufgefordert, sich bei Vermeidung der Präklusion spätestens in diesem Termine zu melden.

Nothwendiger Verkauf.
Stadtgericht zu Berlin, den 25. November 1843.

Das in der Gipsstraße Nr. 32 belegene Gottschalk'sche Grundstück, gerichtlich abgeschätzt zu 4843 Thlr. 10 Sgr. 5 Pf., soll
am 23. April 1844, Vormittags 11 Uhr,
an der Gerichtsstelle subhastirt werden. Taxe und Hypothekenschein sind in der Registratur einzusehen.

Nothwendiger Verkauf.

Land- und Stadtgericht zu Brandenburg, den 2. Dezember 1843.

Das zum Nachlaß der hierselbst verstorbenen Glasermeister Daniel Konrad Friedrich Thlem schen Eheleute gehörige, in der hiesigen Neustadt Domstraße Nr. 108 belegene, und im Hypothekenbuche Vol. III Nr. 269 registrirte Wohnhaus nebst Hauskavel, gerichtlich abgeschätzt auf 524 Thlr. 7 Sgr. 9 Pf., soll zufolge der, nebst Hypothekenschein und Kaufbedingungen in der Registratur einzusehenden Taxe,

am 22. April 1844, Vormittags 11 Uhr,

vor dem Herrn Kammergerichts-Assessor Bendel subhastirt werden.

Nothwendiger Verkauf.

Gericht der Herrschaft zu Putlitz, den 18. Dezember 1843.

Das dem Schiffer Joachim Friedrich Vossehl gehörige, Aerselbst belegene, und Vol. I Nr. 61 des Hypothekenbuchs der Stadt Putlitz verzeichnete Wohnhaus nebst Zubehör, abgeschätzt zu 155 Thlr. zufolge der, nebst Hypothekenschein in der Registratur einzusehenden Taxe, soll

den 15. April 1844, Vormittags 11 Uhr,

an Gerichtsstelle subhastirt werden.

Nothwendiger Verkauf.

Stadtgericht zu Prenzlau, den 18. Dezember 1843.

Das hierselbst in der Baustraße sub Nr. 369 belegene, im Hypothekenbuche Vol. V Nr. 369 verzeichnete Grundstück des Tuchmachermeisters August Ferdinand Strohfeldt, abgeschätzt auf 731 Thlr. 3 Sgr. 3 Pf., zufolge der, nebst Hypothekenschein und Bedingungen in unserer Registratur einzusehenden Taxe, soll

am 16. April 1844, Vormittags 11 Uhr,

an ordentlicher Gerichtsstelle subhastirt werden.

Das den Erben des verstorbenen Garde-du-Korps-Unteroffiziers Quasedarth gehörige, in der Heiligengeiststraße Nr. 5 belegene, in unserm Hypothekenbuche von der Stadt Vol. I Nr. 5 verzeichnete, auf 3358 Thlr. 22 Sgr. 6 Pf. abgeschätzte Grundstück nebst Zubehör, soll, im Wege der freiwilligen Subhastation verkauft werden, und ist hierzu ein Bietungstermin auf

den 2. Mai 1844, Vormittags 11 Uhr, vor dem Herrn Kammergerichts-Assessor Jacobi im Stadtgericht, Lindenstraße Nr. 54, anberaumt.

Der Hypothekenschein, die Taxe und die besonderen Kaufbedingungen sind in der Registratur einzusehen. Potsdam, den 20. Dezember 1843.

Königl. Stadtgericht hiesiger Residenz.

Das den Erben des verstorbenen Hornbrechermeisters Christian Gottfried Schröder gehörige, in Nowawes, Lindenstraße Nr. 23 belegene, in unserm Hypothekenbuche von Nowawes Vol. I Nr. 23 verzeichnete, auf 1312 Thlr. 20 Sgr. abgeschätzte Grundstück nebst Zubehör, soll im Wege der nothwendigen Subhastation verkauft werden, und ist hierzu ein Bietungstermin auf

den 24. April 1844, Vormittags 11 Uhr, vor dem Stadtgerichtsrath Herrn von Ciesielski im Stadtgericht, Lindenstraße Nr. 54, anberaumt.

Der Hypothekenschein, die Taxe und die besonderen Kaufbedingungen sind in unserer Registratur einzusehen. Potsdam, den 29. Dezember 1843.

Königl. Stadtgericht hiesiger Residenz.

Nothwendiger Verkauf.

Königl. Justizamt Potsdam, den 19. Jan. 1844.

Folgende, zum Nachlaß des verstorbenen Königl. Frotteurs Karl Ludwig Schleihahn gehörige Grundstücke:

1.) das Etablissement am Drachenhausberge, unweit des Parkes von Sanssouci, Vol. I Fol. 149 des Hypothekenbuchs von Bornstädt, abgeschätzt auf 17,329 Thlr. 18 Sgr. 4 Pf.,

2.) eine Wiese im Golmer Bruche von 11 M. 8 ☐R. Flächeninhalt, Vol. unico Nr. 6 Fol. 26 des Hypothekenbuchs von Golm, abgeschätzt auf 552 Thlr. 6 Sgr. 8 Pf.,

sollen am 13. August d. J., Vormittags 11 Uhr, an Gerichtsstelle hierselbst, Friedrichsstraße Nr. 7, Theilungshalber, im Wege der nothwendigen Subhastation verkauft werden.

Taxen und Hypothekenscheine sind werktäglich in unserm Iten Büreau einzusehen.

Freiwilliger Verkauf.

Land- und Stadtgericht zu Lenzen.

Die den Erben des Böttchermeisters Christian Schulz gehörigen Grundstücke hierselbst:

1) das Haus in der Kellerstraße mit Hintergebäuden, abgeschätzt auf 1027 Thlr. 8 Sgr. 11 Pf.,

2) das Haus gegenüber, abgeschätzt auf 779 Thlr. 23 Sgr. 1 Pf.,

3) die Scheune vor dem Seethore, abgeschätzt auf 213 Thlr. 25 Sgr. 2 Pf.,

4) der Garten vor dem Berliner Thore, abgeschätzt auf 185 Thlr. 27 Sgr. 8 Pf., und

5) der Garten an der kleinen Wiese, abgeschätzt auf 68 Thlr. 25 Sgr. 8 Pf.,

sollen den 7. Mai 1844, Vormittags 11 Uhr, an hiesiger Gerichtsstelle verkauft werden. Taxe, Hypothekenschein und Verkaufsbedingungen sind in der Registratur einzusehen.

Die unbekannten Realprätendenten werden unter Verwarnung der Präklusion hiermit vorgeladen.

Nothwendiger Verkauf
zur Auflösung der Gemeinschaft.
Land- und Stadtgericht zu Lenzen.

Die den Erben des verstorbenen Böttchermeisters Christian Schulz und dem Ziegelmeister Siercke gehörige, unweit der Stadt an der Elbe belegene Ziegelei, abgeschätzt auf 2685 Thlr. 25 Sgr. 6 Pf., soll Behufs der Auseinandersetzung den 7. Mai 1844, Vormittags 11 Uhr, an hiesiger Gerichtsstelle subhastirt werden. Taxe und Kaufsbedingungen sind in der Registratur einzusehen.

Die unbekannten Realprätendenten werden unter Verwarnung der Präklusion hiermit vorgeladen.

Nothwendiger Verkauf.
Stadtgericht zu Berlin, den 10. Februar 1844.

Das an der Rosengasse belegene Neumeyersche Grundstück (Baustelle), gerichtlich abgeschätzt zu 552 Thlr. 3 Sgr., soll

am 2. Juli d. J., Vormittags 11 Uhr,

an der Gerichtsstelle subhastirt werden. Taxe und Hypothekenschein sind in der Registratur einzusehen.

Nothwendiger Verkauf.
Justizkammer zu Schwedt, den 5. Februar 1844.

Das in der Berliner Straße belegene, dem Mehlhändler Schwanz gehörige Grundstück, und der demselben gehörige, bei Schwedt belegene sogenannte Kalkofengarten, ersteres auf 2339 Thlr.

20 Sgr., letzteres auf 193 Thlr. 25 Sgr. 1 Pf. gerichtlich abgeschätzt, sollen

am 11. Juni d. J., Vormittags 10 Uhr, an der Gerichtsstelle subhastirt werden. Die Taxen und die Hypothekenscheine sind in der Registratur einzusehen.

Nothwendiger Verkauf.
Stadtgericht zu Berlin, den 15. Februar 1844.

Das in der Mulacksgasse Nr. 3 belegene Enzersche Grundstück, gerichtlich abgeschätzt zu 5256 Thlr. 14 Sgr. 4 Pf., soll

am 24. September d. J., Vormittags 11 Uhr, an der Gerichtsstelle subhastirt werden. Taxe und Hypothekenschein sind in der Registratur einzusehen.

Die dem Aufenthalte nach unbekannten Geschwister Sorge, oder deren Erben, werden hierdurch öffentlich mit vorgeladen.

Nothwendiger Verkauf.
Königl. Stadtgericht in Perleberg.

Folgende, zum Nachlaß des verstorbenen Schuhmachermeisters Christian Friedrich Behn gehörigen Grundstücke:

1) der auf Perleberger Feldmark belegene Hellkamm, Nr. 10 Litt. B c Vol. VIII des Katasters, und Vol. 26 Pag. 19 des neuen Hypothekenbuchs verzeichnet, taxirt zu 56 Thlr. 20 Sgr., und

2) der Garten, Abtheilung 15 Nr. 13 a nebst der hinter demselben befindlichen Wörde Nr. 33 a Vol. I Litt. H des Katasters, Vol. 26 Pag. 300 des neuen stadtgerichtlichen Hypothekenbuchs, abgeschätzt auf resp. 54 Thlr. und 98 Thlr. 26 Sgr. 8 Pf.,

sollen

am 5. Juni d. J., Vormittags 11 Uhr, bis Abends 6 Uhr, an hiesiger Gerichtsstelle subhastirt werden. Die neuesten Hypothekenscheine können mit den Kaufsbedingungen und der Taxe während der gewöhnlichen Geschäftsstunden in unserer Registratur eingesehen werden.

Perleberg, den 15. Februar 1844.

Nothwendiger Verkauf.
Stadtgericht zu Prenzlau, den 19. Februar 1844.

Das der verehelichten Handelsmann Harz, Wilhelmine geb. Fromm gehörige, hierselbst in der Prinzenstraße und Nr. 577 belegene Wohnhaus nebst Zubehör, abgeschätzt auf 857 Thlr. 14 Sgr. 3 Pf. zufolge der, nebst Hypothekenschein und Bedingungen in unserer Registratur einzusehenden Taxe, soll am 6. Juni d. J., Vormittags 11 Uhr, an ordentlicher Gerichtsstelle subhastirt werden.

Freiwillige Subhastation.

Land- und Stadtgericht zu Oranienburg, den 21. Februar 1844.

Auf den Antrag der Wittwe des Lederfabrikanten Schleiff ist zum öffentlichen Verkauf an den Meistbietenden, des Nr. 78 in der Havelstraße hierselbst belegenen Wohnhauses nebst Hofgebäuden, den zur Lohgerberei gehörigen Utensilien, den in den Gruben befindlichen 116 Stück Ochsenhäuten und 174 Stück Kuhhäuten, einem Acker- und Wiesenstück von 3 Morgen 178 ☐Ruthen, einer Sandschelle von 1 Morgen 107 ☐Ruthen, und der Nr. 41 auf dem Hirtendamme belegenen Scheune, ein Termin auf

den 29. März d. J., Vormittags 10 Uhr, in dem gedachten Wohnhause angesetzt.

Von dem Kaufpreise kann die Hälfte, gegen Zinsen zu 4 Prozent und Eintragung zur ersten Stelle in die Hypothekenbücher, darlehnsweise gelassen, und die übrigen Verkaufsbedingungen nebst den Hypothekenscheinen können in unserer Registratus eingesehen werden.

Das dem Kossäthen Siegmund Liepe zugehörige, Fol. 37 unseres neuen Hypothekenbuchs verzeichnete, auf 1621 Thlr. 20 Sgr. gerichtlich abgeschätzte Ackergrundstück auf der Feldmark Eichstedt, wozu an Acker 35 Morgen 177 ☐Ruthen erster Klasse und 4 Morgen 117 ☐Ruthen Wiesen, jedoch keine Gebäude gehören, soll

am 7. Juni d. J., Vormittags 10 Uhr, in der hiesigen Gerichtsstube, im Wege der nothwendigen Subhastation verkauft werden, weshalb Kauflustige zu diesem Termine eingeladen werden.

Die Taxe und der neueste Hypothekenschein liegen in unserer Registratur zur Einsicht vor.

Cremmen, den 21. Februar 1844.
Das Nagelsche Patrimonialgericht über Eichstedt.

Das dem Schmiedemeister Siegmund Christian Frucht gehörige, Fol. 7 unseres neuen Hypothe-

kenbuchs verzeichnete, auf 1414 Thlr. 25 Sgr. 10 Pf. gerichtlich abgeschätzte Ackergrundstück auf der Feldmark Eichstedt, wozu an Acker 30 Morgen 164 ☐Ruthen Gersteland erster Klasse und 6 Morgen 49 ☐Ruthen Wiesen, jedoch keine Gebäude gehören, soll

am 8. Juni 1844, Vormittags 10 Uhr, in der hiesigen Gerichtsstube, im Wege der nothwendigen Subhastation verkauft werden, weshalb Kauflustige zu diesem Termine vorgeladen werden.

Die Taxe und der neueste Hypothekenschein liegen in unserer Registratur zur Einsicht vor.

Cremmen, den 21. Februar 1844.
Das Nagelsche Patrimonialgericht über Eichstedt.

Freiwilliger Verkauf.

Die den Erben des Mühlenmeisters Schröder gehörige, unweit Angermünde belegene, in unserem Hypothekenbuche sub Nr. 1 verzeichnete Blumenberg'sche Wassermühle, abgeschätzt auf 11,226 Thlr. 25 Sgr. zufolge der, nebst den Bedingungen und dem Hypothekenscheine bei dem unterzeichneten Gerichtshalter einzusehenden Taxe, soll

am 14. Juni d. J., Vormittags 11 Uhr, an Ort und Stelle subhastirt werden.

Angermünde, den 21. Februar 1844.
Das Gericht über die Ukermärkischen Welsemühlen.
Grieben.

Nothwendiger Verkauf.

von Jagowsches Gericht zu Quitzöbel.

Die zur erbschaftlichen Liquidations-Prozeßmasse des zu Quitzöbel verstorbenen Schiffsknecht Joachim Voß gehörige, daselbst gelegene Kätnerstelle Nr. 56 des Hypothekenbuchs, abgeschätzt zufolge der, nebst Hypothekenschein und Bedingungen in der Registratur einzusehenden Taxe auf 350 Thlr., soll am 20. Juni 1844, Vormittags 11 Uhr, an ordentlicher Gerichtsstelle subhastirt werden.

Hierbei werden zugleich alle unbekannten Gläubiger aufgefordert, ihre Forderungen an die Masse spätestens in diesem Termine zu liquidiren und zu bescheinigen, widrigenfalls sie aller ihrer etwanigen Vorrechte verlustig erklärt, und mit ihren Forderungen nur an dasjenige verwiesen werden, was nach Befriedigung der sich meldenden Gläubiger von der Masse noch übrig bleiben möchte.

Die

Die zum Nachlaß des hierselbst verstorbenen Kaufmanns Heinrich August Wilhelm Colberg gehörigen Grundstücke, als:

1) die vor dem Kampehler Thore allhier belegene Reitscheune, abgeschätzt auf 144 Thlr. 17 Sgr. 4 Pf.,

2) der vor dem Kampehler Thore linker Hand am Damm belegene kleine Garten, abgeschätzt auf 25 Thlr.,

sollen am 1. Juli d. J., Vormittags 11 Uhr, im hiesigen Stadtgerichts-Lokale Schuldenhalber subhastirt werden. Taxe und Hypothekenschein sind täglich einzusehen. Die Bedingungen werden im Termine bekannt gemacht.

Wusterhausen a. d. D., den 26. Februar 1844.
Königl. Preuß. Stadtgericht.

Zum öffentlichen Verkaufe der zu dem Nachlasse des Schiffseigenthümers Johann Gottlieb Schulze gehörigen beiden Kähne, Nr. 315. I auf 875 Thlr. 28 Sgr. 6 Pf. und Nr. 1079. I auf 644 Thlr. 9 Sgr. 6 Pf. gerichtlich abgeschätzt, ist, da ein annehmbares Gebot nicht erfolgt, ein anderweiter Termin auf

den 11. März d. J., Vormittags 10 Uhr,

an Gerichtsstelle angesetzt, wozu Kauflustige eingeladen werden.

Beeskow, den 26. Februar 1844.
Königl. Land- und Stadtgericht.

Zum öffentlichen meistbietenden Verkauf von
927½ Klafter Buchen-Klobenholz,
167¼ » Eichen-Klobenholz und
386 Stück » Langholz
aus dem diesjährigen Holzschlage in der Stadtforst, steht am Montag den 11. März d. J., Vormittags 10 Uhr, ein Termin auf dem Rathhause an; zu welchem wir Kauflustige mit dem Bemerken einladen, daß die näheren Bedingungen im Termine bekannt gemacht werden sollen, und der vierte Theil der Gebote gleich im Termine zu deponiren ist.

Rheinsberg, den 23. Februar 1844.
Der Magistrat.

Am 23. März d. J., Vormittags 9 Uhr, soll vor dem hiesigen Gerichtslokale ein zweispänniger, 100 Thlr. taxirter Kutschenwagen, mit eisernen Axen, Glasfenstern, einem Verdeck und inwendig mit Tuch ausgeschlagen, öffentlich an den Meistbietenden, gegen sofortige Bezahlung versteigert werden. Seelitz, den 24. Februar 1844.

Königl. Land- und Stadtgericht.

Gasthofs-Verkauf.

Veränderungshalber beabsichtige ich, meinen allhier zu Löcknitz an der Chaussee von Pasewalk nach Stettin belegenen, vollständig eingerichteten Gasthof »zum grünen Baum« nebst allem Zubehör, bestehend in 20 Morgen kultivirtem Acker, 11 Morgen guten Wiesen, geräumiger Durchfahrt, Hofraum und Stallung für 72 Pferde, zwei Nebenhäusern, welche circa 88 Thlr. jährliche Miethe gewähren, aus freier Hand meistbietend zu verkaufen.

Ich habe dazu einen Termin auf
den 20. März d. J.
in meiner Behausung angesetzt, und lade Kaufliebhaber dazu ein, wobei ich bemerke, daß bei annehmlichem Gebote der gerichtliche Kontrakt sogleich abgeschlossen werden kann, auch die Wirthschaft selbst täglich bei mir in Augenschein zu nehmen ist, und über die Bedingungen zu unterhandeln ich jederzeit bereit bin.

Löcknitz, den 8. Februar 1844.
Der Gastwirth Sauß.

Im Dorfe Hoppenrade, im Mittelpunkte der Städte Potsdam und Nauen, soll das Residuum eines parzellirten Bauergutes, bestehend aus der Hofstelle mit sämmtlichen Gebäuden und einem dahinter befindlichen Garten, 23 Morgen meistens torfhaltigen Grundstücken und 5 Morgen Heide-Abfindung, einzeln oder im Ganzen sofort unter annehmlichen Bedingungen verkauft werden. Es verdient übrigens Beachtung, daß die von Potsdam nach Nauen führende Chaussee, welche ihrer Vollendung nahe ist, das Dorf Hoppenrade durchschneidet, und daß auf die ausgebotene Hofstelle 16 bis 18 Thlr. jährlich baarer Gefälle gelegt sind. Selbstkäufer belieben persönlich, oder in franklisten Briefen mit mir in Unterhandlung zu treten.

Der Tuchfabrikant A. Riedel
in Neu-Ruppin.

Freiwilliger Verkauf.

Der Unterschriebene beabsichtigt, sein an der Straße von Trebbin nach Zossen belegenes Haus von zwei Stuben, nebst Stall und einem Garten von zwei Morgen Flächeninhalt, welcher mit 450 Obstbäumen bestanden und mit Wein bepflanzt ist, in dem am 4. April d. J., Vormittags 10 Uhr, auf dem Grundstücke selbst abzuhaltenden Termine zu verkaufen, und ladet Kauflustige zur Abgabe ihrer Gebote in dem gedachten Termine hierdurch ein. Zugleich wird noch bemerkt, daß auch zwei große Ställe mit zu verkaufen sind, solche aber abgebrochen werden müssen.

Schönow bei Zossen, im März 1844.
Der Büdner Schreider.

Freiwilliger Verkauf
eines sehr lebhaften Krugguts.

Eine schöne Krugnahrung und Materialgeschäft mit 22 Morgen Acker, Wiesen und Weide, dicht am Hause liegend, schönen Gebäuden und Garten, einem recht vollständigen lebenden und todten Inventarium, und sämmtlichen zum Betriebe der Gastwirthschaft und Materialhandlung gehörigen Utensilien, in einer sehr nahrhaften Gegend einige Meilen von Cremmen, soll mit sämmtlichen Korn-, Heu-, Stroh- und Kartoffel-Vorräthen für den auffallend billigen Preis von 3500 Thlr. sofort verkauft werden. Bei Anfertigung der Punt ation soll ein Angeld von 500 Thlr. gezahlt werden, wobei aber auch sogleich die Uebergabe geschieht. Der Käufer muß aber auch die vorhandenen Waaren für den Einkaufspreis mit übernehmen. Näheres hierüber ertheilt auf portofreie Anfrage

das Kommissionsgeschäft
von Heinrich Frischmüller in Cremmen.

Verkauf einer neuen Oberkahnjacht.

Ich beabsichtige, meine am 15. Mai 1843 von der Baustelle gekommene und am 11. Juli desselben Jahres von dem Königl. Haupt-Steueramte zu Berlin vermessene Oberkahn-Jacht zu 600 Zentner Tragfähigkeit, mit ganz neuem Verdeck und festem Getreideboden, Mast, Stange nebst der ganzen dazu gehörigen, im besten brauchbaren Zustande befindlichen Takelage, öffentlich aus freier Hand, gegen gleich baare Bezahlung meistbietend an Ort und Stelle zu verkaufen.

Hierzu habe ich einen Termin auf den 16. März d. J., Vormittags 10 Uhr, in meiner Wohnung anberaumt, wozu ich Kauflustige einlade, und bemerke nur noch, daß dem Bestbietenden der Zuschlag gegen gleich baare Zahlung ertheilt werden wird.

Seedorf bei Genthin, den 2. März 1844.
Der Schiffer Friedrich Wilhelm Grahn.

Pachtgesuch.

Ein kleines Landgut oder ein Bauergut wird zu pachten gesucht. Adressen bittet man, unter Angabe des Areals, Viehstandes und der Pachtsumme, an das Intelligenz-Komtoir zu Berlin sub Nr. 168 franko einzusenden.

Oeffentlicher Dank.

Von einem Geschäftsgange zurückkehrend, hatte mein 16-jähriger Sohn am 5. d. M., Abends ½6 Uhr, das Unglück, bei dem Uebergange von Uetz nach Marquardt auf dem Eise einzubrechen; er würde sein Leben verloren haben, wenn ihm nicht die menschenfreundliche Hülfe der Gemeine Uetz, vorzugsweise des Bauer Karl Stage gewährt worden, welcher letzterer mit Gefahr seines eigenen Lebens ihn vom Ertrinken rettete, ihm dann in seiner Behausung die größtmöglichste Sorgfalt und Pflege, gleich einem eigenen Kinde, zu Theil werden ließ, und nicht eher aus seiner Seite wich, als bis er zum völligen Bewußtsein gelangt war.

◼ Da nun der großmüthige Retter meines Sohnes jeglichen Dank von sich gewiesen, indem er seiner Aeußerung nach nur seine Menschenpflicht erfüllt habe, so bleibt mir nichts übrig, als ihm meinen innigsten und herzlichsten Dank öffentlich auszusprechen, mit der Versicherung, daß die innigsten Gefühle für ihn in meiner und der Meinigen Brust nie erlöschen werden, und ich den Allmächtigen bitte, daß er ihn noch lange zum Wohle der Menschheit bei Kräften erhalten möge.

Potsdam, den 19. Februar 1844.
Der Weber Wilhelm Winkler.

Oeffentlicher Anzeiger

zum 11ten Stück des Amtsblatts

Der Königlichen Regierung zu Potsdam und der Stadt Berlin.

Den 15. März 1844.

* Im Auftrage der Königl. Regierung hierselbst wird das unterzeichnete Hauptamt, und zwar in dessen Amtsgelasse

am 18. März d. J., Vormittags 10 Uhr, die Chausseegeld-Erhebung am Wannsee zwischen Berlin und Potsdam an den Meistbietenden, mit Vorbehalt des höheren Zuschlages, vom 1. Juli d. J. ab zur Pacht ausstellen. Nur als dispositionsfähig sich ausweisende Personen, welche vorher mindestens 400 Thlr. baar oder in annehmlichen Staatspapieren bei dem unterzeichneten Hauptamte zur Sicherheit niedergelegt haben, werden zum Bieten zugelassen.

Die Pachtbedingungen sind von heute ab bei uns während der Dienststunden einzusehen.

Potsdam, den 4. März 1844.

Königl. Haupt-Steueramt.

* Holzverkauf zur freien Konkurrenz.

Zum öffentlichen Verkaufe von circa 100 Stück Kiehnen-Bauhölzer, bestehend in extra- und ordinairstarke Bauhölzer von 40 bis 50 Fuß Länge, so wie dergleichen Schwammhölzer, Sageblöcke von 12, 18 und 24 Fuß lang, und mittel Bau- und Schwammhölzer, aus den Jagen Nr. 31 und 77 der Schutzbezirke Schmerberg und Sebbin hiesiger Königl. Forst, steht auf

Montag den 18. d. M., Vormittags 10 Uhr, im Gasthofe zu Sebbin ein Termin an.

Käufer werden mit Bezug auf die allgemeinen, den Holzverkäufen zum Grunde liegenden Bedingungen und dem Bemerken hierzu eingeladen, daß der vierte Theil des Kaufpreises als Sicherung der Gebote von den Meistbietenden gleich im Termine deponirt werden muß, die betreffenden Schutzbeamten von mir angewiesen sind, die Hölzer auf Verlangen vorzuweisen, und die Aufmaaßregister in meinem Geschäftslokale, so wie bei den Förstern zur Einsicht bereit liegen.

Forsthaus Kunersdorf, den 2. März 1844.

Der Oberförster Gadow.

* Holzverkauf.

Aus dem diesjährigen Wabel des Königl. Forstreviers Dippmannsdorf-Brück sollen nachverzeichnete Bau-, Nutz- und Brennhölzer

am 25. März d. J., Vormittags 10 Uhr, im Geschäftslokale der Königl. Forstkasse zu Belzig meistbietend verkauft werden.

a) Aus der Dippmannsdörfer hohen Heide:

39	Stück	Eichen-Nutzstücke,
40	»	Kahnknie,
11	»	Buchen-Nutzenden,
1½	Klafter	Böttcherholz,
2	Stück	Birken-Nutzenden,
3	»	Ellern-Nutzenden,
12½	Klafter	Klobenholz,
3	»	Knüppelholz,
255	Stück	diverse Kiefern-Bauhölzer, (worunter mehrere starke Schiffsbauhölzer sich befinden), und
3½	Klafter	Kiefern-Böttcher-Nutzholz.

b) Aus dem Ragößener Vorderbusch:

4	Stück	Eichen-Kahnknie,
2	»	Birken-Nutzenden,
171½	Klafter	Kiefern-Klobenholz,
209	»	Knüppelholz,
2½	»	Klobenholz,
1	»	Knüppelholz.

c) Aus der Brücker Heide:

39	Stück	Kiefern-Sageblöcke, und
345	»	diverse Kiefern-Bauhölzer.

d) Aus dem Linther Oberbusch:

291	Klafter	Ellern-Klobenholz,
186½	»	Knüppelholz, und
1½	»	Eichen-Klobenholz (wandelbar).

Kauflustige werden hierzu mit dem Bemerken eingeladen, daß der vierte Theil des Kaufpreises im Termine als Angeld gezahlt werden muß, die übrigen Bedingungen aber im Termine näher bekannt gemacht werden sollen, und daß die betreffenden Förster die Hölzer auf Verlangen vorzeigen werden. Uebrigens aber sind sämmtliche Brenn-hölzer in den Brüchern so weit gerückt, daß die-selben zu jeder Zeit im Jahre abgefahren werden können.

Forsthaus Dippmannsdorf, am 4. März 1844.

Im Auftrage der Königl. Regierung

Der Oberförster Krebs.

* Verkauf der Merino-Mutterschaafe auf der Königlichen Stammschäferei zu Frankenfelde bei Wriezen an der Oder.

Der Verkauf von 200 Stück Mutterschaafen hierselbst wird in diesem Jahre wiederum in einer öffentlichen Auktion

am 26. März, Vormittags 11 Uhr,

stattfinden, und werden solche zuvor in passende Kaveln zu 10 Stück getheilt und in dieser Art zum Verkaufe gestellt werden.

Die Abholung der erkauften Thiere geschieht gleich nach der Schur, und wird am Auktionstage ein Drittel des Kaufpreises zur hiesigen Kasse gezahlt. Frankenfelde, den 14. Februar 1844.

Königl. Administration der Stammschäferei.

* Es soll im höhern Auftrage die Salzanfuhr von Potsdam nach Luckenwalde in die daselbst er-richtete Faktorei vom 1. September 1844 ab, an den Mindestfordernden in Verding ausgeboten wer-den, und haben wir dazu einen Termin am 3. April d. J. in Luckenwalde im dortigen Steuer-amtslokale anberaumt, wozu wir Unternehmungs-lustige hierdurch mit dem Bemerken einladen, wie die allgemeinen Kontraktsbedingungen im gedachten Lokale zu Luckenwalde täglich während der Dienst-stunden eingesehen werden können.

Zossen, den 24. Februar 1844.

Königl. Haupt-Steueramt.

* Denjenigen, welche Faulbaumholz zur Pulver-fabrik bei Spandau zu liefern beabsichtigen, wird hiermit angezeigt, daß vom Tage dieser Bekannt-machung an, jeder Lieferant sich über den Erwerb des Holzes durch ein Forstattest auszuweisen hat.

Pulverfabrik bei Spandau, den 26. Febr. 1844.

Die Direktion.

* Die unterschriebene Königl. Rhintorf-Inspek-tion bringt hierdurch zur öffentlichen Kenntniß, daß die Torfverkaufspreise auf den landesherrlichen Torf-gräbereien am Rhin für das laufende Jahr in nach-stehender Art festgestellt worden sind.

1) Für Bestände aus dem Jahrgange 1842:
2te Sorte pro Klafter 1 Thlr. 20 Sgr.,
3te » » » 1 » 15 »,
4te » » » 1 » 10 »,

2) Für Bestände aus dem Jahrgange 1843:
2te Sorte pro Klafter 1 Thlr. 25 Sgr.,
3te » » » 1 » 20 »,
4te » » » 1 » 15 »,

3) Für Torf aus der diesjährigen Förderung:
1ste Sorte pro Klafter 2 Thlr. — Sgr.,
2te » » » 1 » 25 »,
3te » » » 1 » 20 »,
4te » » » 1 » 15 »,

pro Klafter à 84 7/8 Körbe à 3395 Kubikzolle mit Einschluß von 10 Prozent Gutmaaß zur Deckung des Transportverlustes.

Zu diesen Preisen wird der Torf in den ver-schiedenen Revieren auf den Königl. Rhin-Torf-gräbereien, während der Dauer der diesjährigen Debitszeit nach den verschiedenen Sortimenten verkauft, und werden Bestellungen auf jede belie-bige Quantität von der unterschriebenen Inspektion angenommen werden.

Fehrbellin, den 5. März 1844.

Königl. Rhin-Torf-Inspektion.

* Wir haben eine Gipsstampferei in der hiesigen Armen- und Arbeitsanstalt eingerichtet, und ver-kaufen den Scheffel Dung-Gipsmehl für den sehr billigen Preis von 8 Silbergroschen. Die Ver-abfolgung geschieht in dem vor dem Berliner Thore belegenen Armen- und Arbeitshause gegen baare Bezahlung ohne Aufenthalt; auch werden von der Administration der Anstalt Bestellungen auf belie-bige große Quantitäten angenommen. Wir bitten die benachbarten Herren Gutsbesitzer und sämmt-liche Eingesessenen der umliegenden Kreise, der ge-dachten Anstalt ihre Kundschaft zuwenden zu wollen.

Potsdam, den 1. März 1844.

Armen-Direktion.

* Der Tischler Friedrich Wilhelm Griese zu Tornow ist wegen vorsätzlichen Meineides zum Verluste des Rechts, die Preuß. Nationalkokarde und das National-Militairabzeichen zu tragen, zur Versetzung in die zweite Klasse des Soldaten-standes und zu einer Einstellung von einem Jahre und acht Monaten rechtskräftig verurtheilt worden.

Dies wird hierdurch zur öffentlichen Kenntniß gebracht. Berlin, den 29. Februar 1844.

Königl. Kammergerichts-Inquisitoriat.

Steckbrief.

* Aus dem hiesigen Kriminalgefängnisse sind die nachstehend bezeichneten Tischlergesellen Memler und Schwarze, welche wegen gewaltsamen Diebstahls inhaftirt gewesen, entwichen. Sämmtliche Zivil- und Militairbehörden ersuchen wir ergebenst, auf beide Verbrecher gefälligst vigiliren, sie im Betretungsfalle verhaften, und sie geschlossen an uns hierher abliefern lassen zu wollen.

Friesack, den 8. März 1844.

Freiherrlich von Bredowsche Gerichte über Wagenitz.

Signalement des 2c. Memler.

Vor- und Zuname: Gottlieb Friedrich Memler, Geburtsort: Dessau, Vaterland: Anhalt, Religion: evangelisch, Gewerbe: Tischlergeselle, Größe: 5 Fuß 3½ Zoll, Haare: blond, Stirn: breit, Augenbraunen: blond, Augen: blau, Nase und Mund: gewöhnlich, Zähne: gut, Kinn: spitz, Gesichtsfarbe: gesund, doch bleich, Gesichtsbildung: länglich, Statur: schlank.

Bekleidung. Grauer Rock mit Schooßtaschen, graue Weste mit blauen Knöpfen, graue Sommerhosen, lederne Schuhe, blaue wollene Strümpfe, schwarze Mütze mit lackirtem Lederschirm, leinenes ungezeichnetes Hemde, und ein bunter Schlafrock.

Signalement des 2c. Schwarze.

Vor- und Zuname: Johann Christoph August Schwarze, Geburtsort: Zerbst, Vaterland: Anhalt, Religion: evangelisch, Gewerbe: Tischlergeselle, Größe: 5 Fuß 6 Zoll, Haare: schwarz, Stirn: breit, Augenbraunen: schwarz, Augen: dunkel, Nase und Mund: gewöhnlich, Zähne: gut, Bart: stark und schwarz, Kinn: rund, Gesichtsfarbe: gesund, Gesichtsbildung: länglich, voll, Statur: untersetzt, besondere Kennzeichen: schielt mit dem linken Auge und hat ein wildes Ansehen.

Bekleidung. Dunkelblauer Rock mit Sammtkragen und überspannenen Knöpfen, alte blaue Tuchweste mit blanken Knöpfen mit blauen Glassternchen, schwarze Hosen, Stiefelpantoffeln, ein grauer und ein schwarzer Strumpf, und eine schwarze Tuchmütze mit lackirtem ledernen Schirm.

* Der steckbrieflich verfolgte Porzellanmaler Johann Daniel Erdmann Franck ist am 1. d. M. zu Genthin wegen Bettelns und Legitimationsmangels verhaftet und an die Zwangs-Arbeitsanstalt zu Burg Schadeleben in Groß-Salze abgeliefert worden. Potsdam, den 3. März 1844.

Königl. Polizeidirektor,
Regierungsrath von Kahlden-Normann.

* Unter Hinweisung auf unsere Bekanntmachung vom 18. September v. J., betreffend den an dem Förster Evert aus Waltzgrund verübten Mord, wiederholen wir die darin enthaltene Aufforderung und Zusicherung mit dem Bemerken, daß die Belohnung für die Entdeckung des Thäters inzwischen auf 325 Thlr. erhöht ist.

Belzig, den 26. Februar 1844.

von Oppensches Patrimonialgericht über Egelinde.

* Der Schneider Ernst Karl Friedrich Winkelmann aus Greifenberg in der Ukermark, welcher am 1. d. M. des Abends vom Dorfe Biesenbrow nach seinem Wohnorte zurückging, ist am 2. d. M., des Morgens zwischen 7 und 8 Uhr, am Wege zwischen Biesenbrow und Günterberg, in der Entfernung einer Viertel-Stunde von Biesenbrow, todt gefunden worden.

An dem Kopfe des Winkelmann befanden sich mehrere, anscheinend mit einem stumpfen Werkzeuge beigebrachte erhebliche Verletzungen, und es erscheint unzweifelhaft, daß derselbe erschlagen worden ist. Der Verdacht einer Beraubung ist hierbei nicht vorhanden, da der Verstorbene, in dessen Taschen sich 2 Sgr. vorfanden, sehr wenig Geld und auch keine anderen werthvollen Sachen bei sich gehabt hat. Um den Thäter des begangenen Verbrechens zu ermitteln, werden alle diejenigen, welche hierüber Auskunft geben können, aufgefordert, dem unterzeichneten Gerichte ihre Wissenschaft schleunigst anzuzeigen, und werden hierdurch keine Kosten veranlaßt.

Schwedt, den 5. März 1844.

Herzoglich von Dessausches Patrimonialgericht über Biesenbrow.

Die Raackstedtsche Wassermühle ist im Jahre 1633 durch einen Weizenmahlgang, und im Jahre 1842 durch einen Grützgang ohne landespolizeiliche Erlaubniß erweitert, und es ist zu dem Ende auch ein Wasserrad neu angelegt worden. Der Besitzer, Mühlenmeister Springborn, welcher nach einem rechtskräftig gewordenen Resolute vom 17. August v. J. verpflichtet ist, den Weizenmahl- und Grützgang außer Betrieb zu setzen, wünscht die Genutzung dieser Gänge beizubehalten und hat dazu den Konsens nachgesucht.

Dieß wird hierdurch mit dem Bemerken zur öffentlichen Kenntniß gebracht, daß alle etwanige Widersprüche gegen die beantragte Konsenstheilung, sowohl aus dem Edikte vom 28. Oktober 1810, als aus der Allerhöchsten Kabinetsordre vom 23. Oktober 1826, binnen 8 Wochen präklusivischer Frist bei dem unterzeichneten Landrathe anzubringen und zu begründen sind.

Templin, den 30. Januar 1844,
Der Landrath des Templinschen Kreises.
von Haas.

Der Lehnschulze Schönberg zu Börnicke beabsichtigt den Bau einer Bockwindmühle mit zwei Mahlgängen auf seinem ihm zugehörigen, in der Nähe des Dorfes belegenen Ackerplane. Dieß Vorhaben wird hierdurch mit dem Bemerken zur öffentlichen Kenntniß gebracht, daß alle etwanige Widersprüche gegen diese Anlage, sowohl aus dem Edikte vom 28. Oktober 1810, als aus der Allerhöchsten Kabinetsordre vom 23. Oktober 1826, binnen 8 Wochen präklusivischer Frist bei dem unterzeichneten Landrathe anzumelden und zu begründen sind. Nauen, den 6. Februar 1844.

Königl. Landrath Osthavelländischen Kreises.
Gr. von Königsmark.

Der Mühlenmeister Wetzdorf zu Tempelhof beabsichtigt, neben seiner Bockwindmühle, in der Nähe des Dorfes Tempelhof am Wege nach Marienborf, eine neue Bockwindmühle von zwei Mahlgängen und zwei Stampfen zu erbauen.

Dieß wird hierdurch mit der Aufforderung zur öffentlichen Kenntniß gebracht, etwanige Einwendungen dagegen aus dem Edikte vom 28. Oktober 1810 binnen 8 Wochen präklusivischer Frist bei dem unterzeichneten Landrathe gehörig begründet anzubringen.

Teltow, den 14. Februar 1844.
Der Landrath von Albrecht.

Der Gutsbesitzer Bernouily beabsichtigt auf seinem zu Pankow an der Chaussee belegenen Gasthofe, und zwar in einem daselbst bereits vorhandenen Gebäude, die Aufstellung eines Dampfkessels zum Kochen von Brühfutter für das Vieh.

In Gemäßheit des § 16 des Regulativs vom 6. Mai 1838 wird ein Jeder, der durch diese Anlage sich beeinträchtigt glaubt, hiermit aufgefordert, binnen vier Wochen präklusivischer Frist seine Einwendungen dagegen bei der unterzeichneten Behörde anzubringen und zu begründen.

Berlin, den 1. März 1844.
Königl. Landrath Nieder-Barnimschen Kreises.
Scharnweber.

Nachdem über das Vermögen des verstorbenen Tuchfabrikanten Johann Christian Richter der erbschaftliche Liquidationsprozeß eröffnet worden, werden alle diejenigen, welche von dem Nachlasse etwas an Geld, Sachen, Effekten oder Briefschaften hinter sich haben, aufgefordert, an Niemand davon das Geringste zu verabfolgen, vielmehr dem Gerichte sofort Anzeige zu machen, und die Gelder oder Sachen, jedoch mit Vorbehalt ihrer Rechte daran, in unser Depositorium abzuliefern. Sollte dessen ungeachtet an jemand Anderen etwas bezahlt oder ausgeliefert werden, so wird dies für nicht geschehen geachtet, und zum Besten der Masse anderweitig beigetrieben werden. Wenn aber der Inhaber solcher Sachen oder Gelder dieselben verschweigen, oder zurückhalten sollte, so wird er noch außerdem alles seines daran habenden Unterpfandes und anderen Rechts für verlustig erklärt werden. Neu-Ruppin, den 20. Januar 1844.

Königl. Preuß. Stadtgericht.

Ediktal-Zitation.

Die unbekannten Erben des am 30. November 1834 zu Zehndeck verstorbenen Kolonisten und Arbeitsmanns Johann Wilke, dessen baare Verlassenschaft 37 Thlr. 9 Sgr. 3 Pf. beträgt, werden hierdurch aufgefordert, sich binnen 9 Monaten, und spätestens in dem

am 29. Juni 1844, Vormittags 11 Uhr,

an unserer gewöhnlichen Gerichtsstelle zu Prenzlau angesetzten Termine, entweder in Person, oder durch zulässige, mit hinlänglicher Information versehene Bevollmächtigte, wozu ihnen der Justiz-Kommissarius Boots hier vorgeschlagen wird, einzufinden, oder sich schriftlich zu melden.

Wenn sich in diesem Termine keine Erben melden, oder die sich meldenden ihr Erbrecht nicht gehörig nachweisen können, so werden sie mit ihren Erbansprüchen präkludirt, und wird alsdann die Nachlaßmasse als herrenloses Gut dem Fiskus zugesprochen werden.

Prenzlau, den 3. August 1843.
Königl. Justizamt Gramzow.

Die unbekannten Gläubiger des am 5. November 1843 zu Cremmen verstorbenen Kaufmanns

Heinrich Ludwig Steffin, über dessen Vermögen durch die Verfügung vom 8. Dezember v. J. ein abgekürztes Prioritätsverfahren von uns eingeleitet worden, werden hierdurch aufgefordert, ihre etwanigen Ansprüche an die Masse in dem hierzu auf

den 12. April d. J., Vormittags 10 Uhr,
hierselbst anberaumten Termine geltend zu machen, widrigenfalls sie mit ihren Forderungen präkludirt, und ihnen deshalb gegen die erschienenen Gläubiger ein ewiges Stillschweigen auferlegt werden wird.

Cremmen, den 15. Februar 1844.
Königl. Land- und Stadtgericht.

Nothwendiger Verkauf.

Das dem Architekten Johann Konrad Abler zugehörige, Chausseestraße Nr. 63 a hierselbst belegene, und im Hypothekenbuche des Königl. Kammergerichts Vol. IV b Nr. 129 Pag. 193 verzeichnete, aus Wohnhaus, Garten und Kegelbahn bestehende Grundstück, abgeschätzt auf 12,700 Thlr. 1 Sgr. 5¼ Pf. zufolge der, nebst Hypothekenschein und Bedingungen in der Registratur des Königl. Kammergerichts einzusehenden Taxe, soll

am 18. Mai 1844, Vormittags 11 Uhr,
an ordentlicher Gerichtsstelle subhastirt werden.

Zugleich wird zu diesem Termine der seinem Aufenthalte nach unbekannte Gutsbesitzer Golnick, event. dessen Erben, als Realprätendent vorgeladen.

Berlin, den 25. September 1843.
Königl. Preuß. Kammergericht.

Nothwendiger Verkauf.
Königl. Kammergericht in Berlin.

Das vor dem Oranienburger Thore hierselbst in der Kesselstraße belegene, und im Hypothekenbuche des Königl. Kammergerichts Vol. IV b Nr. CXXXVII Pag. 365 verzeichnete Grundstück des Architekten Johann Konrad Abler, abgeschätzt auf 3164 Thlr. 20 Sgr. zufolge der, nebst Hypothekenschein und Bedingungen in der Registratur einzusehenden Taxe, soll

am 30. April 1844
an ordentlicher Gerichtsstelle subhastirt werden.

Nothwendiger Verkauf.
Königl. Kammergericht in Berlin.

Das hierselbst in der Karlstraße Nr. 23 belegene Grundstück nebst Zubehör, abgeschätzt auf 13,582 Thlr. 14 Sgr. 11 Pf. zufolge der, nebst Hypothekenschein und Bedingungen in der Registra-

tur einzusehenden Taxe, soll am 30. August 1844 an ordentlicher Gerichtsstelle subhastirt werden.

Hierbei wird jedoch bemerkt, daß, wenn das bereits auf Anordnung der Polizeibehörde von den Miethern geräumte Nachbar-Grundstück gänzlich abgebrochen werden muß, auch ein Theil dieses Grundstücks abzubrechen und zu erneuern sein wird. Die Kosten dieser Baulichkeiten lassen sich im Voraus nicht bestimmen, indessen würde, selbst in dem Fall, daß die Abbrechung von ganzen Mauern nicht nöthig befunden werden sollte, dennoch die Erneuerung der Thür- und Fensterbögen, das Umlegen der Fußböden, so wie der Verlust der Miethen 2 bis 3000 Thlr. betragen, und daher der Werth des Grundstücks nur auf 13,000 Thlr. zu veranschlagen sein.

Nothwendiger Verkauf.
Stadtgericht zu Berlin, den 5. Oktober 1843.

Das in der Blumenstraße Nr. 54 belegene Grundstück des Tischlermeisters Kuppinger, gerichtlich abgeschätzt zu 15,673 Thlr. 16 Sgr. 3 Pf., soll am 21. Mai 1844, Vormittags 11 Uhr, an der Gerichtsstelle subhastirt werden. Taxe und Hypothekenschein sind in der Registratur einzusehen.

Das dem Kleidermacher Karl Gottfried Krause gehörige, in der Hobigstraße Nr. 6 belegene, in unserm Hypothekenbuche von der Stadt Vol. IX Nr. 620 verzeichnete, auf 5129 Thlr. 14 Sgr. 9 Pf. abgeschätzte Grundstück nebst Zubehör, soll im Wege der nothwendigen Subhastation verkauft werden, und ist hierzu ein Bietungstermin auf

den 26. April 1844, Vormittags 10 Uhr,
vor dem Stadtgerichtsrath Herrn Steinhausen im Stadtgericht, Lindenstraße Nr. 54, anberaumt.

Der Hypothekenschein, die Taxe und die besonderen Kaufbedingungen sind in unserer Registratur einzusehen. Potsdam, den 6. Oktober 1843.
Königl. Stadtgericht hiesiger Residenz.

Nothwendiger Verkauf.

Das dem Scharfrichtereibesitzer Friedrich Wilhelm Georg Stender allhier gehörige, sub Nr. 168 in der Scharfrichterstraße belegene Wohnhaus mit der dazu gehörigen Scharfrichterei und Abdeckerei, dem Hausgarten, der Robahnwiese und allem Zubehör, gerichtlich abgeschätzt zu 34,796 Thlr. 26 Sgr. 7¼ Pf. zufolge der, nebst Hypothekenschein in unserer Registratur täglich einzusehenden Taxe, soll

am 13. Mai 1844, Vormittags 10 Uhr,
an hiesiger Gerichtsstelle subhastirt werden.
Wusterhausen a. d. Dosse, den 17. Okt. 1843.
Königl. Preuß. Stadtgericht.

Nothwendiger Verkauf.

Stadtgericht zu Berlin, den 17. November 1843.
Das hierselbst in der Jägerstraße Nr. 58 belegene Hurot'sche Grundstück, gerichtlich abgeschätzt
zu 7474 Thlr. 28 Sgr. 1 Pf., soll
am 25. Juni 1844, Vormittags 11 Uhr,
an der Gerichtsstelle subhastirt werden. Taxe und
Hypothekenschein sind in der Registratur einzusehen.

Nothwendiger Verkauf.

Land- und Stadtgericht zu Luckenwalde, den
2. November 1843.
Das dem verstorbenen Tuchmachermeister Ludwig Hagen und seiner Ehefrau, Hanne Louise
geb. Wasserlein gehörige, hierselbst auf der Burg
belegene, und zu 741 Thlr. 22 Sgr. 2 Pf. gerichtlich abgeschätzte Kleinerbengut nebst Zubehör,
soll am 16. April 1844, Vormittags 11 Uhr,
an ordentlicher Gerichtsstelle subhastirt werden.
Die Taxe und der neueste Hypothekenschein
können in der Registratur eingesehen werden.

Nothwendiger Verkauf.

Land- und Stadtgericht zu Luckenwalde, den
20. Dezember 1843.
Das der verehelichten Kossäth. Schröder,
Hanne Louise geb. Hennig gehörige, in Bardenitz
belegene Kossäthengut, gerichtlich abgeschätzt auf
1475 Thlr. 9 Sgr. 2 Pf., soll in termino
den 22. April 1844, Vormittags 11 Uhr,
an ordentlicher Gerichtsstelle subhastirt werden.
Die Taxe und der neueste Hypothekenschein
können in der Registratur eingesehen werden.

Das den Erben des verstorbenen Arbeitsmanns
Schulze gehörige, in der Berlinistraße Nr. 9
belegene, in unserm Hypothekenbuche von der Raue-
rier Vorstadt Vol. II Nr. 83 c verzeichnete, auf
525 Thlr. 16 Sgr. 8 Pf. abgeschätzte Grundstück
nebst Zubehör, soll im Wege der nothwendigen
Subhastation verkauft werden, und ist hierzu ein
Bietungstermin auf
den 26. April 1844, Vormittags 10 Uhr,
vor dem Stadtgerichtsrath Herrn Steinhausen
im Stadtgericht, Lindenstraße Nr. 54, anberaumt.
Der Hypothekenschein, die Taxe und die be-

sonderen Kaufsbedingungen sind in unserer Registratur einzusehen.
Zugleich werden alle diejenigen, welche etwa
Ansprüche auf das Grundstück oder die Kaufgelder zu haben vermeinen, hiermit aufgefordert,
diese spätestens bis zu dem oben gedachten Termine anzumelden und nachzuweisen, widrigenfalls
biesselben präkludirt, und ihnen damit ein ewiges
Stillschweigen, sowohl gegen die jetzigen Besitzer,
als auch gegen den Käufer und die Gläubiger, auferlegt werden wird.
Potsdam, den 22. Dezember 1843.
Königl. Stadtgericht hiesiger Residenz.

Nothwendiger Verkauf.

Stadtgericht zu Berlin, den 27. Dezember 1843.
Das in der neuen Roßstraße Nr. 7 belegene
Grundstück der Kaufmann Gleich'schen Erben,
gerichtlich abgeschätzt zu 21,353 Thlr. 15 Sgr.,
soll Theilungshalber
am 20. August 1844, Vormittags 11 Uhr,
an ordentlicher Gerichtsstelle subhastirt werden.
Taxe und Hypothekenschein sind in der Registratur einzusehen.
Die unbekannten Realprätendenten werden unter
der Verwarnung der Präklusion vorgeladen.

Nothwendiger Verkauf.

Stadtgericht zu Berlin, den 30. Dezember 1843.
Das Neu-Köln am Wasser Nr. 19 und Wallstraße Nr. 61 belegene Reuscher'sche Grundstück,
gerichtlich abgeschätzt zu 10,245 Thlr. 19 Sgr.,
soll Schuldenhalber
am 13. August 1844, Vormittags 11 Uhr,
an der Gerichtsstelle subhastirt werden. Taxe und
Hypothekenschein sind in der Registratur einzusehen.

Nothwendiger Verkauf.

Stadtgericht zu Berlin, den 18. Januar 1844.
Das in der alten Jakobsstraße Nr. 24 belegene
Grundstück des Victualienhändlers Schnaack, gerichtlich abgeschätzt zu 2111 Thlr. 28 Sgr. 6 Pf.,
soll Schuldenhalber
am 4. Juni d. J., Vormittags 11 Uhr,
an der Gerichtsstelle subhastirt werden. Taxe und
Hypothekenschein sind in der Registratur einzusehen.

Nothwendiger Verkauf

behufs Aufhebung der Gemeinschaft.
Stadtgericht zu Pritzwalk, den 9. Januar 1844.
Das den Erben der allhier verstorbenen Witt-
we Venzien, Marie Dorothee geb. Knop gehö-

rige, am Kemmitzer Thore belegene Wohnhaus nebst
Segelbahn, Stallgebäuden, 2 Morgen 67 □Ru-
then Gartenland und 1. Morgen 135 □Ruthen
Wiese, in welchem seit einer Reihe von Jahren
die Gast- und Schankwirthschaft mit gutem Erfolge
betrieben ist, abgeschätzt auf 2434 Thlr. 24 Sgr.
3 Pf. zufolge der, nebst Hypothekenschein in der
Registratur einzusehenden Taxe, soll
am 13. April d. J., Vormittags 11 Uhr,
an ordentlicher Gerichtsstelle subhastirt werden.

Nothwendiger Verkauf.

Stadtgericht zu Berlin, den 24. Januar 1844.
Das in der Waßmannsstraße Nr. 32 belegene
Grundstück des Partikuliers Johann Karl Friedrich
Neumeyer, gerichtlich abgeschätzt zu 6138 Thlr.
17 Sgr., soll
am 30. August d. J., Vormittags 11 Uhr,
an der Gerichtsstelle subhastirt werden. Taxe und
Hypothekenschein sind in der Registratur einzusehen.

Nothwendiger Verkauf.

Stadtgericht zu Berlin, den 18. Januar 1844.
Das in der Linienstraße Nr. 151 belegene
Drechslersche Grundstück, gerichtlich abgeschätzt
zu 2483 Thlr. 3 Sgr. 9 Pf., soll
am 7. Juni d. J., Vormittags 11 Uhr,
an der Gerichtsstelle subhastirt werden, Taxe und
Hypothekenschein sind in der Registratur einzusehen.

Nothwendiger Verkauf.

Stadtgericht in Charlottenburg, den 19. Jan. 1844.
Das hierselbst in der Wallstraße Nr. 33 belegene, im stadtgerichtlichen Hypothekenbuche
von Charlottenburg Vol. VIII Nr. 391 verzeichnete, dem Zimmergesellen Martin Friedrich Blume gehörige Grundstück nebst Zubehör, abgeschätzt
auf 1133 Thlr. 29 Sgr. 6 Pf. zufolge der, nebst
Hypothekenschein in der Registratur einzusehenden
Taxe, soll
am 5. Juni d. J., Vormittags 10 Uhr,
an ordentlicher Gerichtsstelle vor dem Herrn Stadtgerichts-Assessor Koll subhastirt werden.
Der seinem Aufenthalte nach unbekannte Besitzer, Zimmergeselle Martin Friedrich Blume,
so wie etwanige unbekannte Realprätendenten werden hierzu öffentlich vorgeladen.

Das der verehelichten Kaufmann Sachs, Henriette geb. Sperling gehörige, hier in der Kreuzstraße Nr. 16 belegene, in unserm Hypothekenbuche

von der Stadt Vol. XIV Nr. 1029 verzeichnete,
auf 4196 Thlr. 21 Sgr. 6 Pf. abgeschätzte Grundstück nebst Zubehör, soll im Wege der nothwendigen
Subhastation verkauft werden, und ist hierzu ein
Bietungstermin auf
den 4. Juni d. J., Vormittags 11 Uhr,
vor dem Stadtgerichtsrath Herrn von Cieszielski
im Stadtgericht, Lindenstraße Nr. 54, anberaumt.
Der Hypothekenschein, die Taxe und die besonderen Kaufbedingungen sind in unserer Registratur
einzusehen. Potsdam, den 2. Februar 1844.
Königl. Stadtgericht hiesiger Residenz.

Nothwendiger Verkauf.

Patrimonialgericht zu Retzin.

Die zur Nachlaßmasse des Müllers Klaster-
mann gehörige Wasser- und Oehmühle in Retzin
bei Perleberg, taxirt auf 5557 Thlr. 10 Sgr., soll
am 22. August 1844, Vormittags 11 Uhr,
in der Gerichtsstube zu Retzin meistbietend verkauft werden. Taxe und Hypothekenschein können
in der Registratur zu Wilsnack eingesehen werden.

Freiwilliger Verkauf.

Land- und Stadtgericht zu Zehdenick.

Das den Amtmann Gutke'schen Erben zugehörige vormalige Forstdienst-Etablissement zu
Zabelsdorf, abgeschätzt auf 1558 Thlr. 10 Sgr.
zufolge der, nebst Bedingungen in der Registratur
einzusehenden Taxe, soll
am 30. März 1844, Vormittags 11 Uhr,
an ordentlicher Gerichtsstelle subhastirt werden.
Alle unbekannte Realprätendenten werden aufgeboten, sich bei Vermeidung der Präklusion spätestens in diesem Termine zu melden.

Freiwillige Subhastation.

Land- und Stadtgericht zu Oranienburg, den 21. Februar 1844.

Auf den Antrag der Wittwe des Lederfabrikanten Schleiff ist zum öffentlichen Verkauf an
den Meistbietenden, des Nr. 78 in der Havelstraße
hierselbst belegenen Wohnhauses nebst Hofgebäuden,
den zur Lohgerberei gehörigen Utensilien, den in
den Gruben befindlichen 116 Stück Ochsenhäuten
und 174 Stück Kuhhäuten, einem Acker- und
Wiesenstück von 3 Morgen 178 □Ruthen, einer
Sandschelle von 1 Morgen 107 □Ruthen, und
der Nr. 41 auf dem Hirtendamme belegenen Scheune,
ein Termin auf

ben 29. März b. J., Vormittags 10 Uhr, in dem gedachten Wohnhause angesetzt.

Von dem Kaufpreise kann die Hälfte, gegen Zinsen zu 4 Prozent und Eintragung zur ersten Stelle in die Hypothekenbücher, darlehnsweise gelassen, und die übrigen Verkaufsbedingungen nebst den Hypothekenscheinen können in unserer Registratur eingesehen werden.

Nothwendiger Verkauf.

Land- und Stadtgericht zu Luckenwalde, den 8. Februar 1844.

Das zum Nachlaß des verstorbenen Oelschlägers Martin Thiele gehörige, in Zinna in der Mittelstraße belegene halbe Büdnerhaus nebst Zubehör, abgeschätzt auf 660 Thlr. 20 Sgr. 3 Pf., soll am 18. Juni b. J., Vormittags 10 Uhr, an ordentlicher Gerichtsstelle subhastirt werden. Die Taxe und der neueste Hypothekenschein können in der Registratur eingesehen werden.

Freiwilliger Verkauf.

Der zum Nachlaß des verstorbenen Freibauers Karl Friedrich Otto gehörige, zu Blumenthal, Provinz Priegnitz, belegene Ackerhof, soll am 20. April b. J., Vormittags 11 Uhr, in der Gerichtsstube zu Horst, Theilungshalber, meistbietend verkauft werden. Die Verkaufsbedingungen sind in unserer Registratur einzusehen.

Wusterhausen a. d. Dosse, den 2. März 1844.

Die von Ribbeckschen Gerichte zu Horst und Blumenthal.

Freiwilliger Verkauf.

Der zum Nachlaß der verstorbenen Ehefrau des Bauern Funk geb. Blume gehörige, in dem Dorfe Krams bei Pritzwalk belegene, sub Nr. 1 in unserm Hypothekenbuche verzeichnete, und zu 4067 Thlr. 23 Sgr. 4 Pf. gerichtlich abgeschätzte Zweihufnerhof nebst Zubehör, soll in dem auf den 21. März b. J., Vormittags 11 Uhr, in der Gerichtsstube zu Krams anstehenden Termine öffentlich an den Meistbietenden verkauft werden. Die Verkaufsbedingungen können jederzeit im Geschäftsbüreau des unterzeichneten Gerichtshalters eingesehen werden.

Kyritz, den 5. März 1844.

von Plessensches Gericht zu Krams.

Brunner.

In dem am 24. Februar b. J. abgehaltenen Termine wegen Verpachtung des hiesigen Rathskellers und der Rathswaage, ist ein annehmliches Gebot nicht abgegeben worden, und wir haben daher einen anderweiten Verpachtungstermin auf

Sonnabend den 30. März b. J.,

Vormittags 10 Uhr, angesetzt. In demselben wird der Tag der Uebergabe und die näheren Bedingungen bekannt gemacht werden, und bemerken wir nur, daß auswärtige Pächter sich so einzurichten haben, daß sie erforderlichen Falls eine Kaution von 250 Thalern baar oder in Staatspapieren bestellen können.

Neu-Ruppin, den 8. März 1844.

Der Magistrat.

Im Dorfe Hoppenrade, im Mittelpunkte der Städte Potsdam und Rauen, soll das Residuum eines parzellirten Bauergutes, bestehend aus der Hofstelle mit sämmtlichen Gebäuden und einem dahinter befindlichen Garten, 23 Morgen meistens torfhaltigen Grundstücken und 5 Morgen Heide-Abfindung, einzeln oder im Ganzen sofort unter annehmlichen Bedingungen verkauft werden. Es verdient übrigens Beachtung, daß die von Potsdam nach Rauen führende Chaussee, welche ihrer Vollendung nahe ist, das Dorf Hoppenrade durchschneidet, und daß auf die ausgebotene Hofstelle 16 bis 18 Thlr. jährlich baarer Gefälle gelegt sind. Selbstkäufer belieben persönlich, oder in frankirten Briefen mit mir in Unterhandlung zu treten.

Der Tuchfabrikant A. Riedel in Neu-Ruppin.

Lohgerberei-Verkauf.

Ich, der Unterzeichnete, bin gewilligt, die mir zugehörende gangbafte Lohgerberei in der Stadt Seehausen in der Altmark zu verkaufen; solche besteht aus einem geräumigen Wohnhause, der Gerbereiwerkstelle, hinter welcher der Alandfluß dicht vorbei fließt, einer Lohmühle, Stallgebäuden, Hofraum nebst Auffahrt und einem Garten. Zur Annahme dieses Grundstücks sind circa nur 1800 Thlr. erforderlich, auch kann solches sofort an den Käufer übergeben werden.

Seehausen i. d. Altmark, den 24. Febr. 1844.

Der Lohgerbermeister Lüdecke.

Oeffentlicher Anzeiger (№ 1)
zum 12ten Stück des Amtsblatts
der Königlichen Regierung zu Potsdam und der Stadt Berlin.

Den 22. März 1844.

• Dem Ludwig Hahlweg zu Szablowiec bei Inowraclaw ist unterm 28. Februar 1844 ein Patent

auf eine mechanische Vorrichtung zum Ausbringen der Körner aus Getraidehalmen, in der durch Zeichnung und Beschreibung nachgewiesenen Zusammensetzung

auf acht Jahre, von jenem Tage an gerechnet, und für den Umfang der Monarchie ertheilt worden.

• Dem Instrumentenmacher Anton Pfeiffer zu Glogau ist unterm 28. Februar 1844 ein Patent

auf die durch Zeichnung und Beschreibung nachgewiesene, in ihrer ganzen Zusammensetzung für neu und eigenthümlich erachtete Konstruktion eines Doppel-Pianofortes

auf sechs Jahre, von jenem Tage an gerechnet, und für den Umfang der Monarchie ertheilt worden.

• Dem Herrmann Weigert jun. in Berlin ist unterm 9. März 1844 ein Patent

auf ein durch Zeichnung und Beschreibung nachgewiesenes Verfahren, die Musterpappen für Jacquard-Maschinen einzurichten, so weit solches für neu und eigenthümlich erkannt worden ist,

auf sechs Jahre, von jenem Tage an gerechnet, und für den Umfang der Monarchie ertheilt worden.

• Die Königl. Domaine Czechoczin, mit welcher die Amtsverwaltung des Amts Putzig verbunden ist, 4½ Meile von der Stadt Danzig und eine Meile von der Stadt Neustadt, nahe an der von Danzig nach Stettin führenden Chaussee gelegen, mit einem Gesammtflächeninhalte von 3346 M. 56 ☐R., soll von Trinitatis 1845, auf 24 Jahre bis Johannis 1869 im Wege der Submission von neuem verpachtet werden. Es gehören dazu:

I. das Vorwerk Czechoczin, verbunden mit dem Rechte zur Brauerei und Brennerei und dem Verlagsrechte über die Krüge zu Czechoczin und Rheda. Das Vorwerk hat einen Flächeninhalt von 1141 M. 145 ☐R. Hierunter befinden sich 463 M. 65 ☐R. Acker, von denen nach den für die Provinz Preußen geltenden Domainen-Veranschlagungs-Prinzipien, 333 M. 48 ☐R. zur dritten Klasse, 44 M. 44 ☐R. zur vierten Klasse, und 85 M. 153 ☐R. als drei- und sechsjähriges Roggenland eingeschätzt sind; ferner 365 M. 143 ☐R. Wiesen, in und am Brückschen Bruche zu beiden Seiten des Rhedaflusses gelegen, die zum großen Theil gute Wiesenerde enthalten und nahrhafte Gräser tragen; ferner 233 M. 69 ☐R. Hütungsländereien, welche meliorirt und theilweise in Wiesen umgewandelt werden können. Für die ersten 4 bis 6 Jahre wird dem Pächter die freie Weide in der Königl. Forst mit 38 Haupt-Großvieh zugestanden.

2. Das Vorwerk Bresin mit einem Flächeninhalt von 1577 M. 145 ☐R.; hierunter 640 M. 150 ☐R. Acker, von welchem 405 M. 21 ☐R. zur zweiten Klasse, 130 M. 71 ☐R. zur dritten Klasse, 86 M. 50 ☐R. zur vierten Klasse, und 19 M. 8 ☐R. als dreijähriges Roggenland eingeschätzt sind; ferner 368 M. 6 ☐R. im Brückschen Bruche und am Rheda und Strimmigsluffe gelegene, zur dritten und vierten Klasse eingeschätzte Wiesen, endlich 474 M. 170 ☐R. Hütungsländereien.

3. Das Vorwerk Reckau, bestehend aus 626 M. 126 ☐R.; hierunter 103 M. 150 ☐R. Acker, und zwar 27 M. dritter, 76 M. 159 ☐R. vierter Klasse, meist leichten sandigen, jedoch theilweise mit Moorerde vermischten Bodens; ferner 58 M. 166 ☐R. drei-, sechs- und neunjähriges Roggenland. An Wiesen gehören hierzu 166 M. 137 ☐R.; darunter 11 M. Wiesen dritter, und 155 M. 137 ☐R. Wiesen vierter-Klasse, endlich 275 M. 179 ☐R. Hütungsländereien, welche zum größten Theil meliorationsfähig sind.

Nur das Vorwerk Reckau wird in drei Feldern, dagegen das Vorwerk Czechoczin in sechs, und das Vorwerk Bresin in sechs Binnen- und sieben

Außenschlägen bewirthschaftet. Der Acker hat über=
all, mit geringer Ausnahme, eine ebene Lage, und
ist nirgends so streng, daß seine Bearbeitung irgend
schwierig werden könnte.

Auf sämmtlichen Vorwerken sind die erforder=
lichen Wohn= und Wirthschaftsgebäude fast durch=
weg in gutem baulichen Zustande vorhanden.

Das zu den Vorwerken gehörige, von dem
Pächter zu übernehmende Königl. Inventarium hat
einen Werth von 418 Thlr. 8 Sgr. 9 Pf.

4. Das Recht der Fischerei in den Grenzen
des Vorwerks und vorlängs des Ostseestrandes,
so wie das Recht auf die unbeständigen Gefälle
für das Legen der Aalsäcke in der Ostsee von Kar=
wenbruch bis Großendorf.

Der geringste Pachtzins ist: für das Vorwerk
Czechoczin auf 791 Thlr. 17 Sgr. 1 Pf. inkl.
262 Thlr. 15 Sgr. Gold, für das Vorwerk Bresin
auf 1432 Thlr. 27 Sgr. 5 Pf. inkl. 477 Thlr.
15 Sgr. Gold, für das Vorwerk Reckau auf 162
Thlr. 20 Sgr. inkl. 55 Thlr. Gold, für die Brau=
und Brennerei auf 232 Thlr. 26 Sgr. 3 Pf. inkl.
77 Thlr. 15 Sgr. Gold, für das Verlagsrecht auf
20 Thlr. 16 Sgr. 4 Pf., und für die Fischerei
auf 95 Thlr. 28 Sgr. 6 Pf. inkl. 30 Thlr., in
Summa auf 2736 Thlr. 15 Sgr. 7 Pf. inkl. 902
Thlr. 15 Sgr. Gold festgesetzt.

Außerdem ist der Pächter verpflichtet, die Amts=
verwaltung des Amts Putzig für eine jährliche Re=
muneration von 500 Thlr. zu ab rechnen.

Die von dem Pächter zu leistende Kaution ist
für die Pachtung auf 1000 Thlr. und für die
Amtsverwaltung auf 1800 Thlr. bestimmt, und
in Staatspapieren oder pupillarische Sicherheit
gewährenden Hypotheken=Dokumenten zu bestellen.
Zur Uebernahme der Pachtung ist der Nachweis
eines Vermögens von mindestens 15,000 Thlr.
erforderlich, und muß zur Sicherheit für das bei
der Submission abgegebene Gebot eine Kaution von
mindestens 1500 Thlr. auf Verlangen sogleich bei
der Regierungs=Hauptkasse niedergelegt werden.
Die zur Pachtübernahme qualifizirten Bewerber
können sich über die näheren Submissions= und
Pachtbedingungen in unserer Domainen=Registratur
und bei dem Königl. Domainenamt zu Czechoczin
informiren, und werden hierdurch aufgefordert, ihre
Pachtofferten, unter genauer Beachtung des vor=
geschriebenen, in den vorhin erwähnten Bedingun=
gen enthaltenen Verfahrens, in versiegelten Briefen

dem, mit der Annahme der Submissionen beauf=
tragten Kommissarius der Regierung, Herrn Re=
gierungsrath Riemann, spätestens bis zum

10. Juli d. J.,

als dem zur Annahme der Submissionen bestimmten
letzten Termine abzugeben, und sich bei demselben
gleichzeitig über den Besitz des erforderlichen Ver=
mögens und über ihre Qualifikation zur Ueber=
nahme der Pachtung auszuweisen.

Die Eröffnung der Submissionen erfolgt den
folgenden Tag, den 11. Juli d. J., in der vorge=
schriebenen Weise.

Danzig, den 17. Februar 1844.

Königl. Regierung.
Abtheilung für direkte Steuern, Domainen und
Forsten.

● Es wird zur öffentlichen Kenntniß gebracht,
daß durch bestätigtes kriegsgerichtliches Kontuma=
zial=Erkenntniß vom 14. d. M., der im Jahre
1806 entwichene Musketier Christian Kühl des
ehemaligen Regiments Prinz Ferdinand, aus
Wustrau gebürtig, in contumaciam für einen De=
serteur erachtet, und sein gegenwärtiges und zu=
künftiges Vermögen konfiszirt, und der Regierungs=
Hauptkasse zu Potsdam zugesprochen worden ist.

Berlin, den 23. Februar 1844.

Königl. Gericht der 5ten Division.

● Der Studiosus juris Nepomuk Druphrius von
Kurowski aus Schierzig bei Meseritz ist durch
rechtskräftiges Erkenntniß des Königl. Kammer=
gerichts seines Adels verlustig erklärt worden, wel=
ches hierdurch zur öffentlichen Kenntniß gebracht
wird. Berlin, den 6. März 1844.

Königl. Kammergerichts=Inquisitoriat.

● Im Auftrage der Königl. Regierung zu Pots=
dam wird das unterzeichnete Haupt=Steueramt

am 12. April d. J., Vormittags 10 Uhr,

in dem Dammzollhause zu Giesenhorst den Damm=
zoll zu Giesenhorst vom 24. Juni d. J. ab, an=
derweit an den Meistbietenden, unter Vorbehalt
des höheren Zuschlages, zur Pacht ausstellen.

Nur dispositionsfähige Personen, welche vor=
her mindestens 25 Thlr. baar oder in annehmlichen
Staatspapieren bei dem Kommissarius zur Sicher=
heit niedergelegt haben, werden zum Bieten zuge=
lassen. Die Pachtbedingungen sind bei uns und

bei bem Königl. Steueramte zu Neustadt an der Dosse während der Dienststunden einzusehen.

Brandenburg, ben 14. März 1844.

Königl. Haupt-Steueramt.

• Holzverkauf.

Zur Versteigerung von Brennholz in kleinen Quantitäten zum Lokalbedarf, sind für den Zeitraum vom 1. April bis 1. Oktober d. J. in den Revieren der Forstinspektion Rheinsberg nachstehende Termine anberaumt worden, welche hierdurch zur öffentlichen Kenntniß gebracht werden. Der Verkauf von Bauholz zum Lokalbedit an diesen Tagen wird in der Umgegend besonders bekannt gemacht werden.

I. Forstrevier Menz:

der 20. Mai, 22. Juli und 23. September, jedesmal Vormittags 9 Uhr, im Kruge zu Menz,

II. Forstrevier Zechlin:

der 24. Mai, 26. Juli und 27. September, jedesmal Vormittags 10 Uhr, im Gasthofe des Kaufmanns Bieberstein zu Flecken Zechlin.

III. Forstrevier Neuendorf:

der 13. Mai, Vormittags 10 Uhr, im Scharfenberger Kruge,

der 1. Juli, Vormittags 10 Uhr, beim Krüger Hagemann in Gabow, und

der 19. August, Vormittags 10 Uhr, im Scharfenberger Kruge.

IV. Forstrevier Neu-Glinicke:

der 15. April, Vormittags 9 Uhr, zu Steinberge,

der 15. Juni, Vormittags 9 Uhr, zu Wallitz,

der 15. August, Vormittags 9 Uhr, zu Zähler, und

der 14. September, Vormittags 9 Uhr, zu Wallitz.

V. Forstrevier Alt-Ruppin:

der 11. April, 9. Mai, 11. Juli und 12. September, Vormittags 8 Uhr, im Gasthofe zum goldenen Löwen zu Alt-Ruppin.

VI. Forstrevier Rüthnick:

der 27. April, 22. Juni und 14. September, jedesmal Vormittags 10, im Kruge zu Rüthnick.

VII. Forstrevier Grünau:

der 2. Mai, 13. Juni, 25. Juli und 5. September, jedesmal Vormittags 9 Uhr, im Gasthofe zur goldenen Sonne zu Rathenow.

VIII. Forstrevier Havelberg:

der 2. Mai, 1. Juni, 1. Juli, 1. August und 28. September, jedesmal Vormittags 9 Uhr, im Gasthofe zu Dom Havelberg.

Rheinsberg, den 11. März 1844.

Der Forstmeister von Schätzell.

• Bauholz-Verkauf.

Aus dem Königl. Forstreviere Alt-Ruppin sollen im Auftrage der Königl. Hochlöblichen Regierung am Montage den 25. März d. J., Vormittags 9 Uhr, im hiesigen Gasthofe zum goldenen Löwen nachbenannte Kiefern-Bauhölzer öffentlich meistbietend verkauft werden:

125 Stück extra starke Bauhölzer,
226 » ordinair starke Bauhölzer,
55 » Mittel-Bauhölzer,
3 » rindschälige Sageblöcke und
27 » Bohlstämme,

so wie auch 2 Buchen-, einige Birken- und Eichen-Nutzenden.

Die Hölzer werden auf Verlangen vorher von den Herren Förstern der betreffenden Revierabtheilungen vorgezeigt. Der vierte Theil der Kaufgelder muß sogleich angezahlt werden, und die übrigen Verkaufsbedingungen werden im Termine bekannt gemacht.

Forsthaus Alt-Ruppin, den 8. März 1844.

Königl. Oberförsterei.

• Holzverkauf aus Königl. Forst.

Im Königl. Neu-Glinicker Forstreviere sollen am 1. April d. J., Vormittags 10 Uhr, im Kruge zu Wallitz und am 2. April d. J. zu derselben Tageszeit im Kruge zu Steinberge circa 800 Stück Kiefern Bau- und Schneidehölzer, auch Kiefern- und Buchen-Klafter-Nutzhölzer von verschiedenen Dimensionen öffentlich versteigert werden.

Die Bedingungen werden im Termine veröffentlicht, und wird hier nur bemerkt, daß der 4te Theil des Kaufpreises als Angeld sofort im Termine bezahlt werden muß.

Die Hölzer liegen in der Nähe der Versteigerungsorte und können vor dem Termine durch die Forstschutzbeamten zu Wallitz, Röglin, Steinberg und Gühlen-Glinicke vorgezeigt, bei denselben, so wie auf der Oberförsterei, auch die Aufmaaßregister eingesehen werden.

Von den Königl. Ruppiner Holzablagen sind die Hölzer circa eine Meile entfernt.

Forsthaus Neu-Glinicke bei Rheinsberg, den 11. März 1844.

Im Auftrage der Königl. Regierung: der Oberförster Grunert.

• Der nachstehend signalisirte Schneidergeselle Friedrich Ney hat angeblich sein ihm im Januar 1841 von dem Königl. Landrathsamte in Herzberg ertheiltes, und zuletzt am 24. Januar 1844 in Gransee visirtes Wanderbuch verloren.

Zur Vermeidung von etwanigen Mißbräuchen wird dies hiermit bekannt gemacht, und das gedachte Wanderbuch hierdurch für ungültig erklärt.

Berlin, den 5. März 1844.
Königl. Polizei-Präsidium.

Signalement. Vor- und Familienname: Friedrich Rey, Geburtsort: Oehna, Aufenthaltsort: Holzdorf, Religion: evangelisch, Alter: 23 Jahre, Größe: 5 Fuß 1 Zoll, Haare: braun, Stirn: bedeckt, Augen- und Augenbraunen: braun, Nase und Mund: gewöhnlich, Zähne: gesund, Kinn: rund, Gesichtsbildung: oval, Gesichtsfarbe: gesund, Gestalt: untersetzt, Sprache: deutsch.

---

* Dem nachstehend signalisirten Kantor und Schächter Salomon Gumpert ist angeblich sein am 20. Februar d. J. in Filehne ausgestellter und noch nicht visirter Paß nebst mehreren Attesten hier entwendet worden. Zur Vermeidung eines etwanigen Mißbrauchs wird dies hiermit öffentlich bekannt gemacht, und der oben gedachte Paß für ungültig erklärt. Berlin, den 7. März 1844.

Königl. Polizei-Präsidium.

Signalement. Vor- und Familienname: Salomon Gumpert, Geburtsort: Gollup, Aufenthaltsort: Filehne, Religion: jüdisch, Alter: 46 Jahre, Größe: 5 Fuß 2 Zoll, Haare: braun, Stirn: hoch, Augenbraunen: blond, Augen: blaugrau, Nase und Mund: gewöhnlich, Bart: melirt, Zähne: mangelhaft, Kinn: rund, Gesichtsbildung: oval, Gesichtsfarbe: gesund, Gestalt: klein, Sprache: deutsch und jüdisch.

---

* Denjenigen, welche Faulbaumholz zur Pulverfabrik bei Spandau zu liefern beabsichtigen, wird hiermit angezeigt, daß vom Tage dieser Bekanntmachung an, jeder Lieferant sich über den Erwerb des Holzes durch ein Forstattest auszuweisen hat.

Pulverfabrik bei Spandau, den 26. Febr. 1844.
Die Direktion.

Der Mühlenbesitzer Klemming zu Damm und Haft bei Zehdenick beabsichtigt, in der nach dem Brande seiner Mühle im Jahre 1831 erbaueten Nothmühle drei Gänge mit einem Wasserrade, und zwar zwei Graupengänge und einen Gipsgang anzulegen. Dies wird hierdurch mit dem Bemerken zur öffentlichen Kenntniß gebracht, daß alle

etwanige Widersprüche hiergegen, sowohl aus dem Edikte vom 28. Oktober 1810, als aus der Allerhöchsten Kabinetsordre vom 23. Oktober 1826, binnen 8 Wochen präklusivischer Frist bei dem unterzeichneten Landrathe anzumelden und zu begründen sind. Templin, den 10. Februar 1844.

Der Landrath des Templinschen Kreises.
von Haas.

Die Kaufleute Dinglinger und Schondorf zu Berlin beabsichtigen, in ihrer neuerbauten, im hiesigen Thiergartenfelde, rechts der Spree, in der Nähe von Martinique belegenen chemischen Fabrik, zum Betriebe derselben, einen Dampfkessel von 4 Pferde Kraft aufzustellen. In Gemäßheit des § 16 des Regulativs vom 6. Mai 1838 wird dies Vorhaben hierdurch zur öffentlichen Kenntniß gebracht, und sind etwanige Einwendungen dagegen binnen 4 Wochen präklusivischer Frist hierselbst anzubringen und zu begründen.

Charlottenburg, den 12. März 1844.
Königl. Polizeiamt.

Offener Arrest.

Nachdem über das Vermögen des Kaufmanns Louis Hartmann hierselbst der Konkurs eröffnet worden, werden alle diejenigen, welche von dem gedachten Vermögen etwas an Gelde, Sachen, Effekten oder Briefschaften hinter sich haben, aufgefordert, an Niemand davon das Geringste zu verabfolgen, vielmehr den Gerichte sofort Anzeige zu machen, und die Gelder oder Sachen, jedoch mit Vorbehalt ihrer Rechte daran, in unser Depositorium abzuliefern. Sollte dessen ungeachtet an jemand Anderen etwas bezahlt oder abgeliefert werden, so wird dies für nicht geschehen geachtet, und zum Besten der Masse anderweitig beigetrieben werden. Wenn aber der Inhaber solcher Sachen oder Gelder dieselben verschweigen oder zurückhalten sollte, so wird er noch außerdem alles seines daran habenden Unterpfandes und anderen Rechtes für verlustig erklärt werden.

Neu-Ruppin, den 1. März 1844.
Königl. Preuß. Stadtgericht.

Nachdem über den Nachlaß des am 17. Juni 1843 verstorbenen Tuchfabrikanten Johann Christian Richter hierselbst der erbschaftliche Liquidationsprozeß eröffnet, werden sämmtliche Gläubiger hierdurch aufgefordert, in dem auf

den 18. Juni d. J., Vormittags 10 Uhr,
vor dem Herrn Assessor Zedelt anberaumten Termine persönlich oder durch zulässige Bevollmächtigte zu erscheinen, ihre Ansprüche an die erbschaftliche Liquidationsprozeßmasse anzumelden und zu rechtfertigen, widrigenfalls sie aller ihrer etwaigen Vorrechte für verlustig erklärt und mit ihrem Forderungen nur an dasjenige, was nach Befriedigung der sich meldenden Gläubiger von der Masse noch übrig bleiben möchte, verwiesen werden sollen.

Neu-Ruppin, den 20. Januar 1844.

Königl. Preuß. Stadtgericht.

Bei der Schuldenhalber veranlaßten nothwendigen Subhastation des im Hypothekenbuche der Stadt Joachimsthal Vol. III Nr. 105 verzeichneten Ackerbürger Gotzmannschen Grundstücks und Vertheilung der Kaufgelder, ist:

1) ein für die Charlotte Elisabeth Lübersdorf Wittwe Rützen, aus dem Erbvergleiche vom 17. November 1802, Rubr. III Nr. 2 a eingetragenes Kapital von 102 Thlr. 19 Sgr. 5 Pf. zur Hebung gekommen, und

2) auf ein daselbst Litt. f aus demselben Erbvergleiche für August Philipp Rütz eingetragenes Restkapital von 17 Thlr. 29 Sgr. 4⅓ Pf. nebst Zinsen, ein Perzipiendum von 20 Thlr. 15 Sgr. 5 Pf. gefallen.

Beide Posten sind zu Spezialmassen angenommen, und da weder die Hypothekendokumente haben beschafft, noch die Eigenthümer der gedachten Forderungen auf anderm Wege haben ermittelt werden können, so werden hierdurch alle diejenigen unbekannten Personen, welche als Eigenthümer, Erben, Zessionarien, Pfandinhaber, oder sonst Berechtigte Ansprüche an diese Spezialmasse zu haben vermeinen, zur Anmeldung derselben zu dem auf

den 5. Juli d. J., Vormittags 11 Uhr,
in hiesiger Gerichtsstube anberaumten Termine hierdurch unter der Verwarnung vorgeladen, daß die Ausbleibenden mit ihren Ansprüchen werden präkludirt werden.

Joachimsthal, den 6. März 1844.

Königl. Schulamtsgericht.

Nothwendiger Verkauf.
Königl. Kammergericht in Berlin.

Das hierselbst in der Louisenstraße Nr. 4-g belegene Grundstück, abgeschätzt auf 15,725 Thlr. 8½ Pf. zufolge der, nebst Hypothekenschein und Bedingungen in der Registratur einzusehenden Taxe, soll am 11. September 1844 an ordentlicher Gerichtsstelle subhastirt werden.

Nothwendiger Verkauf.
Stadtgericht zu Berlin, den 25. November 1843.

Das in der Klosterstraße Nr. 13 belegene Felbelsche Grundstück, gerichtlich abgeschätzt zu 9505 Thlr. 20 Sgr. 9 Pf., soll
am 5. Juli 1844, Vormittags 11 Uhr,
an der Gerichtsstelle subhastirt werden. Taxe und Hypothekenschein sind in der Registratur einzusehen.

Der dem Aufenthalte nach unbekannte Realgläubiger, Rentier Johann Friedrich Christian Flemming, wird hierdurch vorgeladen.

Nothwendiger Verkauf, Theilungshalber.
Land- und Stadtgericht Trebbin, den 6. Januar 1844.

Nachstehende, den 20 Eigenthümern des vormaligen Amtsvorwerks Trebbin noch gemeinschaftlich zugehörigen Grundstücke:

A. 1) das Schäfer- und Hirtenhaus, taxirt auf 355 Thlr., 2) der Stall rechts auf dem Hofe, taxirt auf 36 Thlr., 3) der Stall und die Scheune links auf dem Hofe, taxirt auf 60 Thlr., 4) der offene Brunnen, taxirt auf 5 Thlr., 5) die Haus- und Hofstelle, taxirt auf 34 Thlr.,

B. die Stammwiese in fünf Theilen, zusammen auf 845 Thlr. taxirt,

C. die Buchtwiese in zwei Theilen, zusammen auf 490 Thlr.,

D. der große Garten vor dem Berliner Thore, taxirt auf 125 Thlr.,

E. der kleine Garten im Suhn, taxirt auf 30 Thlr., sollen zufolge der in unserer Registratur einzusehenden Taxe und Bedingungen,
am 27. April 1844,
an ordentlicher Gerichtsstelle subhastirt werden.

Nothwendiger Verkauf.
Gericht über Sagast zu Wittenberge.

Die in unserm Hypothekenbuche Vol. I sub Nr. 27 verzeichnete, dem Kolonisten Pöhls gehörende Kolonistenstelle zu Neu-Sagast, abgeschätzt nach der in unserer Registratur täglich einzusehenden Taxe auf 600 Thlr., soll
am 27. April 1844, Vormittags 11 Uhr,
auf der Gerichtsstube zu Sagast meistbietend verkauft werden.

Rothwendiger Verkauf.
Gericht der Herrschaft Putlitz, den 19. Dez. 1843.
Das dem Schuhmacher Johann Gottfried Wilhelm Bethke zu Buckow gehörige, daselbst belegene, und Vol. I Nr. 37 des Hypothekenbuchs von Buckow verzeichnete Wohnhaus nebst Zubehör, abgeschätzt zu 135 Thlr. zufolge der, nebst Hypothekenschein in der Registratur einzusehenden Taxe, soll den 29. April 1844, Vormittags 11 Uhr, an Gerichtsstelle subhastirt werden.

Rothwendiger Verkauf.
Königl. Land= und Stadtgericht zu Brandenburg, den 30. Dezember 1843.
Das hierselbst in der Fischerstraße sub Nr. 101 belegene, Vol. III Fol. 54 Nr. 101 des Hypothekenbuchs der Altstadt verzeichnete, dem Handelsmann Johann Christian Rühl gehörige Wohnhaus nebst Hauskavel, gerichtlich abgeschätzt auf 616 Thlr. 11 Sgr. 9 Pf., soll
am 13. Mai 1844, Vormittags 11 Uhr, an ordentlicher Gerichtsstelle vor dem Deputirten, Herrn Kammergerichts=Assessor Wendel, subhastirt werden. Taxe und Kaufbedingungen, so wie der neueste Hypothekenschein sind in der Registratur einzusehen.

Königl. Land= und Stadtgericht Zossen, den 13. Januar 1844.
Das dem Bauer Johann Gottfried Pape I gehörige, im Dorfe Schünow belegene, im Hypothekenbuche Vol. V Pag. 345 verzeichnete, auf 1467 Thlr. 10 Sgr. 10 Pf. gewürdigte Bauergut, soll Schuldenhalber im Termine
den 4. Juli d. J., Vormittags 11 Uhr, an hiesiger Gerichtsstelle subhastirt werden.
Taxe und Hypothekenschein können werktäglich in unserer Registratur eingesehen werden.

Rothwendiger Verkauf.
Das zu Teupitz sub Nr. 16 belegene, Nr. 16 Pag. 181 des Hypothekenbuchs verzeichnete, dem Schmiedemeister Johann Friedrich Kuhring gehörige Bürgergut, abgeschätzt auf 613 Thlr. 18 Sgr. 5 Pf. zufolge der, nebst Hypothekenschein und Bedingungen in der Registratur einzusehenden Taxe, soll
am 3. Mai d. J., Vormittags 11 Uhr, an hiesiger Gerichtsstelle subhastirt werden.
Zugleich werden die dem Aufenthalte nach unbekannten Erben des Holzsetzers Johann Christian

Horn und des Mühlenbescheiders Johann Friedrich Schulze hierzu vorgeladen.
Buchholz, den 11. Januar 1844.
Königl. Land= und Stadtgericht.

Rothwendiger Verkauf.
Stadtgericht zu Berlin, den 19. Januar 1844.
Das in der Kronenstraße Nr. 3 belegene Blumesche Grundstück, gerichtlich abgeschätzt zu 18,342 Thlr. 8 Sgr. 3 Pf., soll Schuldenhalber am 13. September d. J., Vormittags 11 Uhr, an der Gerichtsstelle subhastirt werden. Taxe und Hypothekenschein sind in der Registratur einzusehen.
Die dem Aufenthalte nach unbekannte Realgläubigerin, die Wittwe des Kaufmanns Lank, Emilie gebornen Tempelhagen, wird hierdurch öffentlich vorgeladen.

Rothwendiger Verkauf.
Stadtgericht zu Berlin, den 25. Januar 1844.
Das vor dem neuen Königsthore an der Chaussee links belegene Friedrichsche Grundstück, gerichtlich abgeschätzt zu 7443 Thlr. 7 Sgr. 6 Pf., soll
am 3. September d. J., Vormittags 11 Uhr, an der Gerichtsstelle subhastirt werden. Taxe und Hypothekenschein sind in der Registratur einzusehen.

Rothwendiger Verkauf.
Stadtgericht zu Berlin, den 25. Januar 1844.
Das in der Bergstraße Nr. 3 belegene Altermannsche Grundstück, gerichtlich abgeschätzt zu 8111 Thlr. 7 Sgr. 6 Pf., soll
am 10. September d. J., Vormittags 11 Uhr, an der Gerichtsstelle subhastirt werden. Taxe und Hypothekenschein sind in der Registratur einzusehen.

Rothwendiger Verkauf.
Stadtgericht zu Berlin, den 27. Januar 1844.
Das in der Auguststraße Nr. 61 belegene Hildebrandtsche Grundstück, gerichtlich abgeschätzt zu 9493 Thlr. 23 Sgr. 9 Pf., soll
am 6. September d. J., Vormittags 11 Uhr, an der Gerichtsstelle subhastirt werden. Taxe und Hypothekenschein sind in der Registratur einzusehen.

Rothwendiger Verkauf.
Land= und Stadtgericht zu Brandenburg an der Havel, den 27. Januar 1844.
Das hierselbst in der Mühlenthorstraße der Altstadt sub Nr. 362 belegene, Vol. VIII Fol.

481 des Hypothekenbuchs der Altstadt eingetragene
und dem Tuchfabrikanten Ferdinand Albert Genrich gehörige Haus mit Hauskavel, gerichtlich abgeschätzt auf 2305 Thlr. 15 Sgr. 7 Pf. zufolge
der, nebst Hypothekenschein und Kaufbedingungen
in unserer Registratur einzusehenden Taxe, soll

am 30. Mai d. J., Vormittags 11 Uhr,
an ordentlicher Gerichtsstelle vor dem Deputirten
Herrn Land- und Stadtgerichtsrath Augustin
subhastirt werden.

Rothwendiger Verkauf.

Land- und Stadtgericht zu Storkow, den 31.
Januar 1844.

Das zu Friedersdorf gelegene, auf den Namen
der Wittwe Mollenhauer, Dorothee Christiane
geb. Schmeling im Hypothekenbuche vom Landbezirke Vol. VII Fol. 31 eingetragene Doppelbauergut, abgeschätzt auf 5619 Thlr. 10 Pf., nach einer
frühern Taxe aber zu 1761 Thlr. 11 Sgr. 8 Pf.
gewürdigt, soll

am 23. August d. J., Vormittags 11 Uhr,
an ordentlicher Gerichtsstelle hierselbst öffentlich
verkauft werden. Die Taxe und der Hypothekenschein wird in unserer Registratur zur Einsicht
vorgelegt werden.

Unbekannte Realprätendenten werden aufgeboten, sich bei Vermeidung der Präklusion spätestens
im obigen Termine zu melden.

Rothwendiger Verkauf.

Die dem Kaufmann Johann Christian Kliemchen gehörige, zu Grünau belegene, im Hypothekenbuche von Grünau Fol. 79 sub Nr. 12 verzeichnete Ackerparzelle von 96 □Ruthen Flächeninhalt mit den darauf errichteten Baulichkeiten,
namentlich einem Wohnhause und Stall, abgeschätzt
auf 2149 Thlr. 13 Sgr. 4 Pf. zufolge der, nebst
Hypothekenschein und Bedingungen in der Registratur einzusehenden Taxe, soll

am 8. Juni 1844, Vormittags 11 Uhr,
an ordentlicher Gerichtsstelle subhastirt werden.

Köpenick, den 10. Februar 1844.

Königl. Land- und Stadtgericht.

Freiwilliger Verkauf.

Land- und Stadtgericht zu Zehdenick.

Das den Amtmann Guthke'schen Erben zugehörige vormalige Forstdienst-Etablissement zu
Zabelsdorf, abgeschätzt auf 1558 Thlr. 10 Sgr.
zufolge der, nebst Bedingungen in der Registratur
einzusehenden Taxe, soll

am 30. März 1844, Vormittags 11 Uhr,
an ordentlicher Gerichtsstelle subhastirt werden.

Alle unbekannte Realprätendenten werden aufgeboten, sich bei Vermeidung der Präklusion spätestens in diesem Termine zu melden.

Das dem Bäckermeister Ferdinand Aug. Haere
gehörige, in der Berliner Vorstadt, Neue Königsstraße Nr. 40 belegene, in unserm Hypothekenbuche
von der Berliner Vorstadt Vol. I Nr. 49 verzeichnete, auf 2421 Thlr. 11 Sgr. 11 Pf. abgeschätzte
Grundstück nebst Zubehör, soll im Wege der nothwendigen Subhastation verkauft werden, und ist
hierzu ein Bietungstermin auf

den 28. Juni 1844, Vormittags 11 Uhr,
vor dem Stadtgerichtsrath Herrn Sieck im Stadtgericht, Lindenstraße Nr. 54, anberaumt. Der Hypothekenschein, die Taxe und die besonderen Kaufbedingungen sind in unserer Registratur einzusehen.

Potsdam, den 22. Februar 1844.

Königl. Stadtgericht hiesiger Residenz.

Rothwendiger Verkauf.

Die in Bierraden, Angermünder Kreises, belegenen, den Ackerbürger Michael Wallenthin'schen
Erben gehörigen Wiesen, und zwar:
1) die sogenannte Hundertruthen-Wiese, auf
   160 Thlr.,
2) die sogenannte Sandbergswiese auf 20 Thlr.
abgeschätzt, zufolge der, nebst Hypothekenschein in
unserer Registratur einzusehenden Taxe, sollen

am 2. Juli d. J., Vormittags 10 Uhr,
an ordentlicher Gerichtsstelle in Bierraden öffentlich verkauft werden.

Schwedt, den 22. Februar 1844.

Königl. Preuß. Justizkammer.

Rothwendiger Verkauf.

Stadtgericht Charlottenburg, den 27. Febr. 1844.

Das zum Nachlaß des Kutschers Ernst Gottlieb Neumann gehörige, jetzt auf den Namen
des Schuhmachers Christian Neumann und des
Arbeitsmanns Ferdinand Neumann im Hypothekenbuche Vol. II Nr. 75 verzeichnete, in der
Kirchstraße sub Nr. 30 belegene Grundstück, nebst
Acker- und Wiesenportion, zufolge der, nebst Hy-

pothekenschein in unserer Registratur einzusehenden
Taxe abgeschätzt auf 2463 Thlr. 17 Sgr. 1 Pf.,
soll in dem auf
    den 9. August d. J., Vormittags 10 Uhr,
im hiesigen Stadtgericht vor dem Herrn Stadtgerichts-Assessor Kolk anstehenden Termine öffentlich an den Meistbietenden verkauft werden.
    Zu diesem Termine werden die unbekannten
Realprätendenten, namentlich der seinem Aufenthalte
nach unbekannte Miteigenthümer, Arbeitsmann
Ferdinand Neumann, hierdurch vorgeladen.

Nothwendiger Verkauf.

    Der dem Schlächtermeister Gottfried Wasser-
mann gehörige, hinter der hiesigen Scharfrichterei
gelegene, auf 412 Thlr. 15 Sgr. geschätzte Ackerfleck, soll
    am 4. Juni d. J., Vormittags 11 Uhr,
an hiesiger Gerichtsstelle subhastirt werden.
    Taxe und Hypothekenschein sind in unserer Re-
gistratur einzusehen. Alle unbekannten Realprätendenten werden zu diesem Termine mit vorgeladen.

    Baruth, den 1. März 1844.
        Gräflich-Solms'sches Justizamt.

Nothwendige Subhastation.

    Stadtgericht zu Charlottenburg, den 1. März 1844.
    Das hierselbst in der Orangenstraße Nr. 2 be-
legene, dem Schlossermeister Rese gehörige, im
stadtgerichtlichen Hypothekenbuche Vol. I Nr. 41
verzeichnete Grundstück nebst Garten, abgeschätzt
auf 6680 Thlr. 11 Sgr. 9 Pf. zufolge der, nebst
Hypothekenschein in unserer Registratur einzusehenden Taxe, soll in termino
    den 12. Oktober d. J., Vormittags 10 Uhr,
vor dem Herrn Kammergerichts-Assessor Kahle
an ordentlicher Gerichtsstelle subhastirt werden.

    In dem am 24. Februar d. J. abgehaltenen
Termine wegen Verpachtung des hiesigen Rathskellers und der Rathswaage, ist ein annehmliches
Gebot nicht abgegeben worden, und wir haben
daher einen anderweiten Verpachtungstermin auf
        Sonnabend den 30. März d. J.,
Vormittags 10 Uhr, angesetzt. In demselben wird
der Tag der Uebergabe und die näheren Bedingungen bekannt gemacht werden, und bemerken wir
nur, daß auswärtige Pächter sich so einzurichten
haben, daß sie erforderlichen Falls eine Kaution
von 250 Thalern baar oder in Staatspapieren
bestellen können.
    Neu-Ruppin, den 8. März 1844.
        Der Magistrat.

    Der auf den 26. März d. J. anberaumte Sub-
hastationstermin des Kuhnt'schen Färberei-Grund-
stücks hierselbst wird hierdurch aufgehoben.
    Straußberg, den 14. März 1844.
        Königl. Preuß. Land- und Stadtgericht.

Freiwilliger Verkauf einer bedeutenden Gastwirthschaft.

    Die Gastwirthin Wittwe Wolter beabsichtigt,
ihre bei Silencke zwischen Berlin und Oranienburg an der Chaussee belegene Gastwirthschaft, der
Sandkrug genannt, bestehend aus einem massiven
Wohnhause mit sieben heizbaren Zimmern, einem
massiven Familienhause von zwei Wohnungen,
Stallung für 50 Pferde, einer Wagenremise, einer Scheune, einem Holzschauer, einem Backofen,
einer offenen Kegelbahn, zwei Schweineställen, sechs
Morgen Acker, zwei Gärten und einem Morgen
Wiesewachs, jährlich 18 Klaftern Deputatholz,
mit einem recht completten lebenden und todten
Inventar und allen Utensilien, die zum Betriebe
der Gastwirthschaft gehören, unter den annehmbarsten Kaufbedingungen an den Meistbietenden
zu verkaufen.
    Hierzu von der Wittwe Wolter bevollmäch-
tigt, habe ich zur Annahme der Gebote einen
Termin auf
    Donnerstag den 28. März d. J.,
Vormittags 11 Uhr, an Ort und Stelle anberaumt. Die Kaufbedingungen sind bis dahin täglich in meiner Registratur, und ebenso auch bei
der Wittwe Wolter selbst einzusehen, und sollen
dieselben im Termine noch näher bekannt gemacht
werden. Auch kann diese Wirthschaft zur Abhaltung des Termins aus freier Hand verkauft werden, und mögen sich dann Kaufliebhaber an Unterzeichneten persönlich oder durch portofreie Briefe
wenden, worauf ihnen das Nähere hierüber mitgetheilt werden wird.
    Kaufliebhaber ladet hierzu ergebenst ein
            das Kommissions-Geschäft
        von Heinrich Frischmüller in Cremmen.

                                Oeffent-

Oeffentlicher Anzeiger (№ 2)

zum 12ten Stück des Amtsblatts
der Königlichen Regierung zu Potsdam und der Stadt Berlin.

Den 22. März 1844.

* Im Auftrage der Königl. Regierung hierselbst wird das unterzeichnete Haupt-Steueramt, und zwar in dessen Amtsgelasse

am 25. März d. J., Vormittags 10 Uhr, die Chausseegeld-Erhebung zu Schönerlinde auf der Berlin-Prenzlauer Straße an den Meistbietenden, mit Vorbehalt des höheren Zuschlages, vom 1. Mai d. J. ab zur Pacht ausstellen.

Nur als dispositionsfähig sich ausweisende Personen, welche vorher mindestens 320 Thlr. baar oder in annehmlichen Staatspapieren bei dem unterzeichneten Hauptamte zur Sicherheit niedergelegt haben, werden zum Bieten zugelassen.

Die Pachtbedingungen sind von heute ab bei uns während der Dienststunden einzusehen.

Potsdam, den 16. März 1844.

Königl. Haupt-Steueramt.

* Im Auftrage der Königlichen Regierung zu Potsdam wird das unterzeichnete Haupt-Steueramt im hiesigen Amtsgelasse am 2. April 1844, Vormittags um 10 Uhr, die Chausseegeld-Erhebung bei Bierraden b zwischen Schwedt und Stettin an den Meistbietenden, mit Vorbehalt der höhern Zuschlages, vom 1. Mai d. J. ab zur Pacht ausbieten. Nur dispositionsfähige Personen, welche vorher mindestens 100 Thlr. baar oder in annehmlichen Staatspapieren bei dem hiesigen Haupt-Steueramte zur Sicherheit niedergelegt haben, werden zum Bieten zugelassen. Die Pachtbedingungen sind bei uns von heute an, während der Dienststunden einzusehen.

Neustadt-Eberswalde, den 11. März 1844.

Königl. Preuß. Haupt-Steueramt.

* Holzversteigerung zur Befriedigung des Lokalbedarfs.

Es sollen aus den Distrikten Schwarzheide, Wiegenbrück und Junkerfeld diverse Quantitäten Scheit-, Ast- und Stubbenhölzer, je nach dem Bedürfnisse, hierselbst im Bonackschen Gasthofe in nachfolgenden Terminen, als:

1) Donnerstag den 28. März,
2) » » 18. April,
3) » » 23. Mai,

und außerdem in dem ersten dieser Termine, also am 28. März d. J., aus dem Distrikte Schwarzheide 4½ Klafter Eichen- und 2½ Klafter Kiefern-, aus dem Distrikte Jakobsdorf III. 3½ Klafter Eichen- und 4½ Klafter Kiefern-, aus dem Distrikt Kersdorf ½ Klafter Eichen-, aus dem Distrikt Alt-Golm VI. 3 Klafter Kiefern- und aus dem Distrikt Wiegenbrück 14 Klafter Birken-Nutzenden, theils zu 3, theils zu 4 Fuß Klobenlänge, für Böttcher und Stellmacher geeignet, im Wege der Lizitation öffentlich an den Meistbietenden gegen gleich baare Bezahlung verkauft, wozu Kauflustige an den gedachten Tagen, Vormittags 10 Uhr, hiermit eingeladen werden. Neubrück, den 16. März 1844.

Der Oberförster Eyder.

* Der nachstehend signalisirte vormalige Frachtfuhrmann, nachmalige Arbeitsmann Johann Christian Friedrich Schulze ist unterm 29. Dezember v. J. vom Königl. Polizei-Präsidium zu Berlin wegen eines dort verübten Diebstahls vermittelst Reiseroute hierher gewiesen, bis jetzt aber weder hier angekommen, noch inzwischen in Berlin ermittelt worden.

Derselbe ist früher wegen Umhertreibens wiederholt bestraft worden, und da anzunehmen, daß er auch jetzt sich wieder umhertreibt, so machen wir hierdurch mit dem Ersuchen auf ihn aufmerksam, ihn da, wo er betroffen wird, anzuhalten, und in Folge des Gesetzes vom 6. Januar v. J., auf Grund der von uns zu übermachenden Beweismittel, die gerichtliche Untersuchung wegen Landstreicherei gegen ihn zu veranlassen.

Beelitz, den 14. März 1844.

Der Magistrat.

Signalement. Geburtsort: Krahne, Wohnort: Beelitz, Religion: evangelisch, Alter: 33 Jahre, Größe: 5 Fuß 5 Zoll, Haare: braun, Stirn: bedeckt, Augenbraunen: blond, wenig, Augen: grau, Nase und Mund: gewöhnlich, Bart: röthlich, Kinn:

rund, Gesicht: oval, Gesichtsfarbe: gesund, Statur: robust, besondere Kennzeichen: Narbe an der rechten Backe.

Am 5. v. M. wurde der Müllergeselle Karl Gottlieb Pracht von uns, mittelst beschränkter Reiseroute, nach seinem Geburtsorte Benwisch bei Wittenberge zurückgewiesen. Der ic. Pracht ist aber in Benwisch nicht eingetroffen, vagabondirt wahrscheinlich noch jetzt, und machen wir deshalb auf diesen, dem vagabondirenden Leben sehr geneigten Menschen hierdurch aufmerksam.

Zehdenick, den 13. März 1844.
Königl. Rentamt.

Bei einem mehrfach bestraften Diebe sind als muthmaßlich gestohlen folgende Gegenstände, die er auf der Chaussee zwischen Vogelsdorf und Laßdorf gefunden haben will, in Beschlag genommen worden:

1) ein Mantel von grobem dunkelblauem Tuche, mit zwei Reihen Tuchknöpfen versehen und blauem Flanell gefüttert; in dem Futter befindet sich auf jeder Seite eine Tasche von grober Leinwand;

2) ein Paar blaulederne Fausthandschuhe mit Schaaffell gefüttert und rothbraunem Pelze verbrämt;

3) ein Paar lange zweinähtige Stiefeln, mit dicken Sohlen und Hackeneisen versehen.

Die Eigenthümer dieser Gegenstände werden hierdurch aufgefordert, sich bei den unterzeichneten Gerichte entweder schriftlich zu melden, oder sich zu ihrer Vernehmung in dem auf

den 2. April d. J., Vormittags 11 Uhr, anberaumten Termine einzufinden. Kosten werden ihnen hierdurch nicht verursacht.

Alt-Landsberg, den 13. März 1844.
Königl. Preuß. Land- und Stadtgericht.

Auf dem Rittergute Tornow wird in dem überwölbten Keller des dortigen ganz massiven Wohnhauses die Aufstellung eines kleinen Dampfkessels zur Dämpfung der Kartoffeln beabsichtigt. In Gemäßheit des § 16 des Edikts vom 6. Mai 1838 wird ein Jeder, der sich durch diese Anlage in seinen Rechten gefährdet glaubt, aufgefordert, seine Einwendungen dagegen binnen 4 Wochen präklusivischer Frist bei dem unterzeichneten Landrathe anzubringen.

Kyritz, den 13. März 1844.
Königl. Landrath der Ostpriegnitz.
von Kröcher.

Höhere Lehranstalt für landwirthschaftlich-technische Gewerbe in Westpreußen.

Die Aufnahme neuer Theilnehmer kann zu jeder Zeit erfolgen. Weitere Nachricht über die Anstalt enthält das, auch in unserm Komtoir in Berlin, Ober-Wallstraße Nr. 3, und in allen Buchhandlungen zu habende, beachtungswerthe Werkchen: »Mittheilungen des Komtoirs für Landwirthschaft und Technik.« Gr. 8vo, broschirt ½ Thlr.

Schwetz an der Weichsel (Westpreußen).
Die Direktion.

Freiwilliger Verkauf.

Stadtgericht zu Berlin, den 3. Februar 1844.

Das in der Niederwallstraße Nr. 19 belegene Martensche Grundstück, gerichtlich abgeschätzt zu 8734 Thlr. 1 Pf., soll

am 19. Juli d. J., Vormittags 11 Uhr, an der Gerichtsstelle subhastirt werden. Taxe und Hypothekenschein sind in der Registratur einzusehen. Als Kaufbedingungen sind gestellt:

1. Der Meistbietende ist an sein Gebot acht Wochen von dem Lizitationstermine ab gebunden, innerhalb dieser Frist haben sich die Subhastations-Interessenten über den zu ertheilenden Zuschlag zu erklären.

2. Der Meistbietende muß die eingetragenen Hypotheken ad rationem pretii als Selbstschuldner übernehmen, und die Verkäufer innerhalb drei Monate nach erfolgter Übernahme des Grundstücks aus der persönlichen Schuldverbindlichkeit setzen.

Der Verkaufgelder-Überschuß muß innerhalb acht Wochen, nachdem dem Meistbietenden die Zuschlagsgenehmigung bekannt gemacht worden, ad depositum gezahlt werden. Erfolgt die Zahlung nicht, so sind die Verkäufer an den ertheilten Zuschlag nicht gebunden, und berechtigt, nach ihrer Wahl über das Grundstück, unter Entlassung des Meistbietenden aus seinen Verpflichtungen, anderweit aus freier Hand zu disponiren, oder aber das Grundstück auf Kosten des Meistbietenden zur Resubhastation im Wege der nothwendigen Subhastation zu bringen.

3. Die Übergabe erfolgt außergerichtlich sofort, nachdem der Meistbietende den Kaufgelder-Überschuß ad depositum gezahlt hat.

4. Der Verkauf geschieht in Bausch und Bogen mit allem was wand-, band-, niet- und nagelfest

ift, soweit dergleichen Pertinenz nicht den Miethern gehört, und wird keinerlei Gewähr geleistet.

5. Mit dem Tage der dem Meistbietenden insinuirten Zuschlagsgenehmigung gehen alle Gefahren auf den Meistbietenden über, und werden Lasten und Nutzungen nach eben diesem Tage getragen, resp. zwischen den Verkäufern und dem Käufer berechnet.

6. Der Meistbietende trägt die Kosten der Besitztitel-Berichtigung, der Kontrakts-Ausfertigung, des Zuschlagsdekrets und der Stempel allein.

Nothwendiger Verkauf.
Stadtgericht zu Berlin, den 4. März 1844.

Das vor dem Prenzlauer Thore auf dem Windmühlenberge belegene Grundstück von 44 Quadratruthen 22 Quadratfuß, worauf eine Mühle gestanden, der verehelichten Lebrecht gehörig, taxirt zu 1317 Thlr. 20 Sgr. 8 Pf., inkl. 1226 Thlr. 17 Sgr. 9 Pf. Brandentschädigungsgelder, soll am 25. Juni d. J., Vormittags 11 Uhr, an der Gerichtsstelle subhastirt werden. Taxe und Hypothekenschein sind in der Registratur einzusehen.

Nothwendiger Verkauf.
Königl. Justizamt Potsdam, den 5. März 1844.

Der bei der Stadt Werder am Galgenberge belegene, dem Weinmeister Karl Friedrich Mai gehörige und Vol. IV Fol. 91 Nr. 320 des Hypothekenbuchs genannter Stadt verzeichnete Weinberg, abgeschätzt auf 202 Thlr. 5 Sgr. zufolge der, nebst Hypothekenschein in unserm zweiten Büreau einzusehenden Taxe, soll

am 29. Juni d. J., Vormittags 11 Uhr, im Rathhause zu Werder subhastirt werden.

Nothwendiger Verkauf.
Land- und Stadtgericht zu Oranienburg, den 6. März 1844.

Folgende, dem Glashüttenbesitzer Karl Leopold Greiner gehörige, bei der Friedrichsthaler Glashütte belegene, im allgemeinen Hypothekenbuche Vol. II Nr. 53 sub B und C verzeichnete Grundstücke:

1) eine Wiese von 5 Morgen 71 ☐Ruthen, und
2) eine Wiese von 16 Morgen 170 ☐Ruthen, zufolge der in der Registratur des Gerichts nebst dem Hypothekenscheine einzusehenden Taxe, das erstere auf 982 Thlr., das letztere auf 1170 Thlr. abgeschätzt, sollen Schuldenhalber in dem

am 28. Juni d. J., Vormittags 10 Uhr,

an hiesiger Gerichtsstelle anstehenden Termine meistbietend verkauft werden.

Der seinem jetzigen Aufenthalte nach unbekannte Besitzer, Glashüttenbesitzer Karl Leopold Greiner wird mit vorgeladen.

Freiwilliger Verkauf.
Das zum Nachlaß der verstorbenen Ehefrau des Schmiedemeisters Horstmeyer, Dorothee Sophie geb. Gremcke gehörige, im Hypothekenbuche sub Nr. XIII verzeichnete Schmiedegrundstück zu Stolzenhagen, abgeschätzt auf 690 Thlr. 12 Sgr. 6 Pf. zufolge der, nebst Bedingungen und Hypothekenschein bei dem unterzeichneten Gerichtshalter einzusehenden Taxe, soll

am 2. Mai d. J., Vormittags 11 Uhr, in dem Gerichtszimmer zu Stolzenhagen subhastirt werden. Angermünde, den 15. März 1844. von Weyprachtsches Gericht über Stolzenhagen.

Trieben.
Es sollen im Termine
den 13. April d. J., Vormittags 10 Uhr, an der Gerichtsstelle in Trebbin 64 Stück Schaafe, 1 Zentner 18 Pfund Wolle, 2½ Winspel Weizen, etwas Leinwand, eine Wanduhr, ein Rock, ein Koffer ꝛc., die im Wege der Exekution abgepfändet worden, gegen gleich baare Bezahlung verauktionirt werden. Zossen, den 9. März 1844.
Königl. Land- und Stadtgericht.

Die beiden allhier in der Lindenstraße unter Nr. 20 und in der Schockstraße unter Nr. 22 im Zusammenhange belegenen Wohnhäuser nebst Zubehör, sollen zusammen oder auch getheilt an den Meistbietenden verkauft werden. Im Auftrage der Frau Besitzerin habe ich deshalb zur Abgabe der Gebote einen Termin auf

den 29. März d. J., Nachmittags 3 Uhr, in dem Hause Lindenstraße Nr. 20 anberaumt, zu welchem ich hierdurch Kauflustige mit dem ergebensten Bemerken einlade, daß bei annehmlichen Geboten die Kaufkontrakte sofort abgeschlossen werden können.

Das Grundstück in der Lindenstraße Nr. 20 hat ein massives Vorderhaus von fünf Fenstern Front und zwei Etagen, welches mit dem daran stoßenden Seitenflügel, eilf Stuben, ein Entree, zwei Kammern, zwei Küchen und zwei Keller von resp. 60 und 20 Fuß Länge enthält. Auf dem sehr geräumigen Hofe befindet sich ein 60 Fuß langes und 25 Fuß tiefes gewölbtes Brauhaus mit zwei über einander liegenden Böden, ferner ein Quergebäude von 80 Fuß Länge und 20 Fuß Tiefe mit 50 Fuß langen gewölbten Kellern, einer Darre und Malzplätzen, sämmtlich mit Sandsteinquadern gepflastert, doppelten Böden, Holzställen, Wagenremisen und Stallungen zu 16 Pferden.

Das Grundstück in der Schockstraße Nr. 22 besteht aus einem massiven Vorderhause von fünf Fenstern Front und zwei Etagen, mit einer Auffahrt und gewölbten Kellern, und enthält sechs Stuben und ein Entree, eine Kammer und zwei Küchen; auf dem Hofe befinden sich zwei Seitengebäude und ein Quergebäude mit Stallungen, Remisen und Böden.

Beide Grundstücke, in welchen seit einer langen Reihe von Jahren bis jetzt eine Brau= und Brennerei mit gutem Erfolge betrieben worden, haben eigene Brunnen auf ihren gepflasterten Höfen, befinden sich in guten baulichen Würden, und können bis zu dem obigen Termine täglich in Augenschein genommen werden.

Potsdam, den 15. März 1844.
Sello, Justizcommissarius.

Freiwilliger Verkauf.

Der Herr Hauptmann Balke zu Friedrichsbruch im Königl. Amte Neustadt a. d. D. ist gewilliget, sein daselbst belegenes Holländergut von 50 Morgen Grundstücke mit Gebäuden, nämlich ein Wohnhaus, Stall und Scheune, alles im guten baulichen Stande, Veränderungs halber öffentlich meistbietend zu verkaufen.

Hierzu habe ich im Auftrage des Herrn Besitzers einen Termin auf

den 3. Juni 1844, Vormittags 11 Uhr, im Rathhause allhier anberaumt, wozu ich Kaufliebhaber hiermit einlade.

Ein Theil des Kaufgeldes kann zur ersten Hypothek des Grundstücks, zinsbar zu 4 Prozent, stehen bleiben; die nähern Bedingungen sollen im Termine bekannt gemacht und das Grundstück kann bei dem jetzigen Besitzer jederzeit in Augenschein genommen werden. Neustadt a. d. D., den 20. Febr. 1844.
Der Bürgermeister Göcke.

Meine zu Dresenow bei Plau in Mecklenburg belegene, aber der Preußischen Jurisdiktion und Polizei unterworfene Wassermühle mit Zubehör, beabsichtige ich aus freier Hand meistbietend zu verkaufen, und habe ich dazu einen Termin auf

den 10. April d. J., von Vormittags 10 Uhr an, in meinem Hause anberaumt, wozu ich zahlungsfähige Kauflustige ergebenst einlade.

Die Mühle besteht aus einem Mehl=, Graupen= und Ölgange, ist erst vor einigen Jahren neu erbaut, und ebenso befinden sich alle Wirthschaftsgebäude in einem guten Zustande. Die Ländereien sind separirt, und liegen sammt der Mühle am Plauer See in einer romantischen Gegend.

Das Grundstück ist außer 10 Thlrn. Kanon mit andern Abgaben nicht belastet.

Die Verkaufsbedingungen können zu jeder Zeit bei mir oder dem Herrn Stiftssekretair Anschütz zu Stepenitz bei Meyenburg eingesehen werden.
Dresenower Mühle, den 9. März 1844.
Der Mühlenmeister Friedrich Ehrich.

Ein in Hoppenrade belegenes Dreihüfnergut mit 206 Morgen Acker, guter Boden, und 50 Morgen Wiesen, von denen 26 Morgen bis oben heran guten Torf haben, die aber auch vorzüglich guten Heuertrag liefern, soll mit Inventarium sofort verkauft werden. Es wird hierbei bemerkt, daß durch Hoppenrade, welches 4½ Meile von Berlin und 2 Meilen von Potsdam entfernt ist, die Chaussee führt. Das Nähere ist bei dem Gutsbesitzer Wieprecht daselbst zu erfragen.

Eine bedeutende Quantität ganz vorzüglich guter keimfähiger Harzer Kiefersaamen, in kleinen Partien 8½ Sgr. pro Pfund, in größeren billiger, ist zu haben Landsberger Straße Nr. 48 in Berlin.

Neue Mistbeetfenster, 5 Fuß hoch, 3 Fuß breit, sind wegen Mangels an Raum billig zu verkaufen, Französische Straße Nr. 3 in Potsdam.

Bei einem Lehrer in Potsdam können einige, das hiesige Gymnasium besuchende Knaben von auswärts, neben besonderem Unterrichte in der französischen Sprache, anständiger Behandlung, Aufsicht und Nachhülfe in ihren Schularbeiten, gegen billige Pension ein Unterkommen finden. Der Herr Prediger Dr. Lorenz in Potsdam wird die Güte haben, auf die deshalb an ihn zu richtende Anfrage nähere Auskunft zu ertheilen.

Zur Annahme von Versicherungen gegen Hagelschaden empfiehlt sich der Kaufmann Thiele in Rheinsberg als Agent der Neuen = Berliner Hagelassekuranz=Gesellschaft ergebenst.

Oeffentlicher Anzeiger
zum 13ten Stück des Amtsblatts
der Königlichen Regierung zu Potsdam und der Stadt Berlin.

Den 29. März 1844.

---

* Durch den am 26. Februar d. J. erfolgten Tod des Predigers Schulze ist die Pfarrstelle zu Alt-Schrepkow in der Superintendentur Pritzwalt erledigt worden. Patron der Stelle ist der Baron von Eckardstein auf Prötzel.

Potsdam, den 14. März 1844.
Königl. Regierung.
Abtheilung für die Kirchenverwaltung und das Schulwesen.

* Im Auftrage der Königl. Regierung hierselbst wird das unterzeichnete Haupt-Steueramt, und zwar in dessen Amtsgelasse

am 13. April d. J., Vormittags 10 Uhr,
die Chausseegeld-Erhebung zu Wernig zwischen Spandau und Nauen, auf der Chaussee von Berlin nach Hamburg, an den Meistbietenden, mit Vorbehalt des höhern Zuschlages, vom 1. October d. J. ab zur Pacht ausstellen.

Nur als dispositionsfähig sich ausweisende Personen, welche vorher mindestens 180 Thlr. baar oder in annehmlichen Staatspapieren bei dem unterzeichneten Haupt-Steueramte zur Sicherheit niedergelegt haben, werden zum Bieten zugelassen.

Die Pachtbedingungen sind bei uns von heute an während der Dienststunden einzusehen.

Potsdam, den 19. März 1844.
Königl. Haupt-Steueramt.

* Im Auftrage der Königlichen Regierung zu Potsdam wird das unterzeichnete Haupt-Steueramt, und zwar in dessen Amtsgelasse am 20. April d. J., Vormittags um 10 Uhr, die Chausseegeld-Erhebung bei Bietikow zwischen Angermünde und Prenzlau, an den Meistbietenden, mit Vorbehalt des höhern Zuschlages, vom 1. Juli d. J. ab anderweit zur Pacht ausstellen.

Nur dispositionsfähige Personen, welche vorher mindestens 150 Thlr. baar oder in annehmbaren Staatspapieren bei dem unterzeichneten Hauptamte zur Sicherheit niedergelegt haben, werden zum Bie-

ten zugelassen. Die Pachtbedingungen sind bei uns von heute ab während der Dienststunden einzusehen.

Prenzlau, den 20. März 1844.
Königl. Preuß. Haupt-Steueramt.

* Im Auftrage der Königl. Regierung zu Potsdam wird das unterzeichnete Haupt-Steueramt

am 12. April d. J., Vormittags 10 Uhr,
in dem Dammzollhause zu Giesenhorst den Dammzoll zu Giesenhorst vom 24. Juni d. J. ab, anderweit an den Meistbietenden, unter Vorbehalt des höheren Zuschlages, zur Pacht ausstellen.

Nur dispositionsfähige Personen, welche vorher mindestens 25 Thlr. baar oder in annehmlichen Staatspapieren bei dem Kommissarius zur Sicherheit niedergelegt haben, werden zum Bieten zugelassen. Die Pachtbedingungen sind bei uns und bei dem Königl. Steueramte zu Neustadt an der Dosse während der Dienststunden einzusehen.

Brandenburg, den 14. März 1844.
Königl. Haupt-Steueramt.

* **Holzverkauf zur freien Konkurrenz.**

Zum öffentlichen Verkauf der im Königl. Menzer Forstreviere im diesjährigen Wabel eingeschlagenen Bau-, Nutz- und Schneidehölzer, bestehend in circa 411 Stück Kiefern-Extra-, Ordinär-, Mittel- und Kleinbauholz, Sageblöcken und sonstigen Schneidewenden, und 17 Stück Bau- und Nutzholz-Eichen, so wie 12 Stück Eichen-Kahnryle von verschiedenen Dimensionen, steht Termin auf

Mittwoch den 3. April d. J.,
Vormittags 9 Uhr, im Kruge zu Menz an, wozu Käufer hierdurch mit dem Bemerken eingeladen werden, daß die Verkaufsbedingungen wie gewöhnlich vor Eröffnung des Termins werden bekannt gemacht werden. Jedenfalls ist der vierte Theil des Kaufpreises sofort im Termine einzuzahlen.

Der größte Theil der Hölzer liegt in der Nähe der in- und außerhalb des Reviers vorhandenen Wäsgen. Die speziellen Aufmaaß-Verzeichnisse der Hölzer können acht Tage vor dem Termine auf der hiesigen Oberförsterei eingesehen, auch die letzteren von den betreffenden Förstern auf Verlangen an Ort und Stelle vorgezeigt werden.

Forsthaus Menz, den 18. März 1844.

Im Auftrage der Königl. Regierung.

Der Oberförster Hürcke.

* **Borken- und Brennholz-Verkauf zur freien Konkurrenz.**

Aus der Oberförsterei Lehnin sollen
am 12. April d. J., Vormittags 9 Uhr,
in dem Hause des Ortsvorstehers Herrn Lehmann in Lehnin, nachstehende Eichen-Borke und Brennhölzer meistbietend verkauft werden, als:

I. aus der grünen Heide:
a) aus dem Schutzbezirk Damelang:
   circa 6¼ Klafter Birken-Knüppelholz, 599 Klafter gespaltenes Kiefern-Knüppelholz, 405 Klafter ungespaltenes Kiefern-Knüppelholz;
b) aus dem Schutzbezirk Tornow:
   circa 6 Klafter Eichen-Borke, 490½ Klafter gespaltenes Kiefern-Knüppelholz, 29 Klafter ungespaltenes Kiefern-Knüppelholz.

II. Aus der Klosterheide:
   aus dem Schutzbezirk Lehnin:
   circa 23 Klafter Eichen-Borke, 1427½ Klafter gespaltenes Kiefern-Knüppelholz, 447 Klafter ungespaltenes Kiefern-Knüppelholz.

Kauflustige werden hierzu mit dem Bemerken eingeladen, daß der vierte Theil des Kaufpreises im Termine als Angeld deponirt werden muß, die übrigen Verkaufsbedingungen aber im Termine selbst näher bekannt gemacht werden sollen, und daß die betreffenden Förster angewiesen sind, die zum Verkauf kommenden Hölzer auf Verlangen an Ort und Stelle vorzuzeigen.

Forsthaus Lehnin, den 20. März 1844.

Im Auftrage der Königl. Regierung.

Der Königl. Oberförster Schmidt.

* Die dem hiesigen Stifte gehörige mittel und kleine Jagd, auf der Feldmark des Dorfes Damelack bei Havelberg, soll von Bartolomäi 1844 bis 1850, mithin auf sechs hinter einander folgende Jahre, öffentlich meistbietend verpachtet werden.

Zu diesem Zwecke ist
am 22. Mai d. J., Vormittags 11 Uhr,
im Gasthofe zum Stern zu Havelberg ein Termin anberaumt worden, zu welchem die Pachtlustigen mit dem Bemerken eingeladen werden, daß die

Pachtsbedingungen vor dem Termine in dem hiesigen Geschäftszimmer eingesehen werden können.

Stift zum Heiligengrabe, den 9. Januar 1844.

Der Stiftshauptmann von Abemann.

Im Auftrage.

Steckbriefe.

* Der Arbeitsmann Gottlieb Glabow, aus Eichstädt gebürtig und in Klabow bei Spandau wohnhaft, ist der Theilnahme an einem großen gewaltsamen Diebstahle dringend verdächtig, und sein jetziger Aufenthalt nicht zu ermitteln.

Alle Zivil- und Militairbehörden werden ergebenst ersucht, auf den Glabow, welcher nicht näher bezeichnet werden kann, gefälligst zu vigiliren, ihn im Betretungsfalle verhaften und unter sicherer Begleitung, mit den bei ihm sich vorfindenden Effekten, an die hiesigen Stadtvoigtei-Gefängnisse abliefern zu lassen.

Wir versichern die ungesäumte Erstattung der dadurch entstandenen baaren Auslagen, und den verehrlichen Behörden des Auslandes eine gleiche Rechtswilligkeit.

Berlin, den 16. März 1844.

Königl. Kriminalgericht hiesiger Residenz.

* Der unter polizeilicher Aufsicht stehende, hier ortsangehörige, nachstehend signalisirte Tischler Karl Friedrich Wegener hat sich heimlich von hier entfernt, und treibt sich wahrscheinlich vagabondirend umher, daher wir auf denselben aufmerksam machen.

Rauen, den 20. März 1844.

Der Magistrat.

Signalement. Vor- und Zuname: Karl Friedrich Wegener, Stand und Gewerbe: Tischler, Geburts- und Wohnort: Rauen, Religion: evangelisch, Größe: 5 Fuß 3 Zoll, Haare: dunkelblond, Stirn: frei, Augenbraunen: braun, Augen: blau, Nase: etwas spitz, Mund: mittel, Zähne: gut, Bart: blond, Kinn und Gesicht: rund, Gesichtsfarbe: gesund, Statur: mittel.

* Die mittelst Steckbriefs vom 1. Oktober v. J. verfolgten drei Individuen, der Bäckergeselle Karl Ferdinand Linke, der Weber Karl Ernst Schünzel und der Kattundrucker Johann Karl Ludwig Schulze, sind ergriffen und an uns abgeliefert.

Trebbin, den 17. März 1844.

Königl. Land- und Stadtgericht.

* In der Nacht vom 18. zum 19. d. M. ist aus der Sakristei der Kirche zu Niedergörsdorf durch gewaltsamen Einbruch das Kirchenvermögen, bestehend aus den Staatsschuldscheinen:

№ 32,254 Litt. G über 50 Thlr.,
» 26,865 Litt. G über 50 Thlr.,
» 3005 Litt. G über 50 Thlr.,

und 17 Thlr. 15 Sgr. 10 Pf. baares Geld in verschiedenen Münzsorten, gestohlen worden.

Die Staatsschuldscheine sind von dem Ortsgeistlichen Herrn Prediger Wassermann außer Cours gesetzt, die Koupons Serie IX Nr. 3 bis 8 befanden sich bei den Staatsschuldscheinen.

Alle Wohllöbl. Polizeibehörden werden ergebenst ersucht, uns von allen sich etwa ergebenden Verdachtsgründen, welche zur Ermittelung des Thäters und Wiederbeschaffung des gestohlenen Guts führen können, sofortige Anzeige zugeben zu lassen.

Zinna, den 19. März 1844.
Königl. Polizeiamt Jüterbogk.

Der Mühlenmeister Metzdorf zu Tempelhof beabsichtigt, neben seiner Bockwindmühle, in der Nähe des Dorfes Tempelhof am Wege nach Mariendorf, eine neue Bockwindmühle von zwei Mahlgängen und zwei Stampfen zu erbauen.

Dies wird hierdurch mit der Aufforderung zur öffentlichen Kenntniß gebracht, etwanige Einwendungen dagegen aus dem Edikte vom 28. Oktober 1810 binnen 8 Wochen präklusivischer Frist bei dem unterzeichneten Landrathe gehörig begründet anzubringen.

Teltow, den 14. Februar 1844.
Der Landrath von Albrecht.

Der Büdner Raasch zu Grunewald beabsichtigt, unweit des Dorfes auf seinem Acker eine Bockwindmühle mit einem Mahlgange zu erbauen, und hat dazu die landespolizeiliche Genehmigung nachgesucht. Dies wird hierdurch mit dem Bemerken zur öffentlichen Kenntniß gebracht, daß alle etwanige Widersprache hiergegen, sowohl aus dem Edikte vom 28. Oktober 1810, wie aus der Allerhöchsten Kabinetsordre vom 23. Oktober 1826, binnen 8 Wochen präklusivischer Frist bei dem unterzeichneten Landrathe anzumelden und zu begründen sind.

Templin, den 19. März 1844.
Der Landrath des Templinschen Kreises.
von Haas.

Der hiesige Fabrikant March beabsichtigt, in seiner, im Thiergartenfelde Nr. 1 belegenen Fabrik zwei Dampfkessel aufzustellen. In Gemäßheit des § 16 des Reingativs vom 6. Mai 1838 wird dies Vorhaben hierdurch zur öffentlichen Kenntniß gebracht, und sind etwanige Einwendungen dagegen binnen 4 Wochen präklusivischer Frist hierselbst anzubringen und zu begründen.

Charlottenburg, den 14. März 1844.
Königl. Polizei-Amt.

Der 37 Jahr alte Ackerbürger Karl Schröder hierselbst ist, auf das Anbringen seiner Geschwister, als Verschwender erklärt. Wir bringen dies mit der Warnung, ihm Kredit zu ertheilen, zur öffentlichen Kenntniß.

Beelitz, den 16. März 1844.
Königl. Preuß. Land- und Stadtgericht.

Laut bestätigter Rezesse und gerichtlicher Verträge haben die den Lehnrittergütern Kehrberg und Wettin dienstpflichtigen Hofwirthe, wovon 12 in Kehrberg, 13 in Wettin und 3 in Lindenberg angesessen sind, ihre Dienst- und Abgabenverpflichtungen gegen die Gutsherrschaft durch Land- und Kapitalentschädigungen abgelöst, von denen letztere, mit Einschluß der Hofwehrgelder, zusammen 10,066 Thlr. 20 Sgr. betragen.

Dies wird den Inhabern und Pfandgläubigern von folgenden auf den genannten Rittergütern haftenden Hypothekforderungen:

1) sub Nr. 1 von dem Agio- und Zinsrückstande eines Restkapitals von 650 Thlr. N. ¼ aus der Obligation vom 8. Mai 1749 für Eleonore Katharine geb. Gutike verehel. Voigt;

2) sub Nr. 2 von 3600 Thlr. Gold aus der Ehestiftung d. d. Tielkow den 23. Juli 1754, eingetragen

a) mit 1000 Thlr. Gold nach mehreren Zessionen, zuletzt vom 21. September 1800 für den Generalmajor von der Marwitz, und

b) mit 2600 Thlr. Gold, zufolge der letzten Zession vom 10. Mai 1810 für den Kammerrath Götze zu Quedlinburg;

3) sub Nr. 5 von 500 Thlr. Kourant, aus dem Theilungsrezesse d. d. Seefeld den 31. Januar 1790, eingetragen nach mehreren Zessionen, zuletzt vom 14. Januar 1793 für den Generalfeldmarschall von Möllendorff..

4) sub Nr. 7, 8 und 9 von je 778 Thlr. 8 gGr. 9¾ Pf. für jede der drei Geschwister von Winterfeld, Sophie Auguste, Louise Katharine Konstanze, und Maria Dorothea, Gattin des Hauptmanns von Zepelin;

5) sub Nr. 10 von 778 Thlr. 8 gGr. 9¾ Pf. aus demselben Theilungsrezesse, eingetragen nach mehreren Zessionen, zuletzt vom 19. April 1803 für Sophie Elisabeth geb. Mylius, verwittwete Mertens;

6) sub Nr. 12 von 500 Thlr. aus der Obligation vom 27. Oktober 1790, und der Zession vom 18. September 1792 für den Generalfeldmarschall von Möllendorff;

7) sub Nr. 14 von 4492 Thlr. 14 gGr. 11 Pf. aus dem Theilungsrezesse vom 25. Oktober 1790 und dem Nachtrage vom 20. Dezember 1794, eingetragen

   a) mit 2252 Thlr. 14 gGr. 1½ Pf. für den Rittmeister Karl Konrad Otto von Winterfeld, und

   b) mit 2240 Thlr., aus den Zessionen vom 8. Oktober 1797 und vom 25. Oktober 1797 für den Generalfeldmarschall von Möllendorff;

8) sub Nr. 18 von 476 Thlr. 14 gGr. 2 Pf. aus der Obligation vom 28. April 1797, und zwar eingetragen

   a) mit 262 Thlr. 17 gGr. 10 Pf. für die Kirche zu Kehrberg, und

   b) mit 213 Thlr. 20 gGr. 4 Pf. für die Kirche zu Wettin;

9) sub Nr. 21 von 700 Thlr., aus der Obligation vom 14. Februar 1800 für den Bürgermeister Stenger;

10) sub Nr. 23 von 352 Thlr. incl. 192 Thlr. Gold, aus der Obligation vom 22. September 1805 für den Generalfeldmarschall von Möllendorff;

11) sub Nr. 24 von 611 Thlr. 18 gGr. 1 Pf., aus der Obligation vom 28. März 1809, für die darin näher benannten Elsnerschen, Jahnkeschen, Marthschen, Rosinschen, Langhoffschen und Hahnschen Minorennen;

12) sub Nr. 25 von 2138 Thlr. 8 gGr., aus dem Erbtheilungsrezesse vom 4. Juli 1822, für Fräulein Wilhelmine Charlotte von Winterfeld;

Hierdurch bekannt gemacht.

Diese Hypothekengläubiger und deren Rechtsnachfolger sind berechtigt, wenn sie durch die Ablösungen sich benachtheiligt glauben, die Herstellung ihrer geschmälerten Sicherheit, oder die Verwendung der Ablösungsgelder zur Abstoßung der zuerst eingetragenen Kapitalposten zu verlangen und, wenn weder das eine noch das andere geschieht, ihre Forderungen vor der Verfallzeit aufzukündigen.

Dieses Recht muß aber innerhalb 6 Wochen, oder spätestens in dem auf

den 6. Mai d. J., Vormittags 11 Uhr, in meiner Wohnung hierselbst angesetzten Termine ausgeübt werden, widrigenfalls angenommen wird, daß die abgelösten gutsherrlichen Rechte und die an deren Stelle getretenen Entschädigungsgelder der Pfandverbindlichkeit für obige Kapitalforderungen, deren Zinsen und Kosten, entlassen werden.

Pritzwalk, den 15. März 1844.

Im Auftrage der Königl. Generalkommission der Kurmark.

von Nordenskjöld,
Kammergerichts-Assessor.

Das der hiesigen evangelischen Kirche eigenthümlich zugehörige, im Hypothekenbuche des Königl. Kammergerichts Vol. II. b Pag. 361 Nr. 41 verzeichnete, jetzt in Separation begriffene Rittergut, »Kleines Burglehn, zu welchem 36 M. 169 □R. kultivirter Acker, 4 M. 43 □R. Wiesen und 1 M. 121 □R. Grundhütung zu 3 Morgen pro Haupt, und das Weiderecht mit reductive 8 Haupt Rindvieh auf dem Stadtforste gehören, soll auf Verfügung der Königl. Regierung zu Potsdam aus freier Hand in einzelnen Parzellen, oder auch im Ganzen, in dem auf

den 12. April d. J., Vormittags 10 Uhr, im Rathhause hierselbst anstehenden Termine meistbietend verkauft werden. Die Taxe und die Verkaufsbedingungen sind in dem Geschäftslokale des Unterzeichneten einzusehen.

Storkow, den 19. März 1844.

Der Oekonomie-Kommissarius Wehler.
Vig. Comm.

Nachdem folgende Staatspapiere ihren Inhabern angeblich abhanden gekommen sind, als:

1) die auf den Namen Christian Kurth lautende, unterm 2. Juli 1830 über den Betrag von 100 Thlr. Courant ausgestellte 3½ prozentige Seehandlungs-Obligation Nr. 686, worauf

die Zinsen bis zum 2. Juli 1842 berechtigt
sind, welche bei dem Brande des Gehöftes
des Kossäthen Christian Kurth zu Frieders=
dorf bei Storkow am 15. Mai 1843 mit ver=
brannt sein soll;

2) die Kurmärkische Schuldverschreibung Nr. 616
Litt. D über 300 Thlr., der Kirche zu Rö=
persdorf bei Prenzlau gehörig, welche dem
Prediger Eberth zu Sternhagen, als Ver=
walter des Vermögens der Kirche zu Röpers=
dorf, schon vor länger als drei Jahren an=
geblich abhänden gekommen ist,

so werden auf den Antrag der oben genannten
Interessenten alle diejenigen, welche an diese Pa=
piere als Eigenthümer, Zessionarien, Pfand= oder
sonstige Briefinhaber, oder deren Erben, Ansprüche
zu haben behaupten, hierdurch öffentlich vorgeladen,
in dem vor dem Kammergerichts=Referendarius
Hundt hier auf dem Kammergerichte auf

den 22. März 1845, Vormittags 10 Uhr,
anberaumten Termine zu erscheinen und ihre An=
sprüche zu bescheinigen, widrigenfalls sie damit
präkludirt, die gedachten Papiere für amortisirt
erklärt, und statt derselben neue ausgefertigt wer=
den sollen. Den Auswärtigen werden die Justiz=
Kommissarien, Ober=Landesgerichtsrath Mar=
tins, Justizrath Hülsen und Justizrath Jung
zu Mandatarien in Vorschlag gebracht.
Berlin, den 8. Januar 1844.
Königl. Preuß. Kammergericht.

Die unbekannten Gläubiger des am 5. Novem=
ber 1843 zu Cremmen verstorbenen Kaufmanns
Heinrich Ludwig Steffin, über dessen Vermögen
durch die Verfügung vom 8. Dezember v. J. ein
abgekürztes Prioritätsverfahren von uns eingeleitet
worden, werden hierdurch aufgefordert, ihre etwa=
nigen Ansprüche an die Masse in dem hierzu auf

den 12. April d. J., Vormittags 10 Uhr,
hierselbst anberaumten Termine geltend zu machen,
widrigenfalls sie mit ihren Forderungen präkludirt,
und ihnen deshalb gegen die erschienenen Gläubiger
ein ewiges Stillschweigen auferlegt werden wird.
Cremmen, den 15. Februar 1844.
Königl. Land= und Stadtgericht.

Edittalladung.

Auf den, durch den Königl. Oberförster von
Roblinski zu Braupow, in Vertretung der

Königl. Regierung, Abtheilung für die Verwaltung
der direkten Steuern, Domainen und Forsten, bei
uns angemeldeten Antrag auf Theilung der Jagd=
berechtigung auf den Feldmarken von Bagmiel,
Fahrenwalde, Grimm, Wolschow und Zerrenthin,
haben wir einen Termin zur Anmeldung der Theil=
nahmerechte und zur Einleitung des Theilungsver=
fahrens auf

den 2. Mai d. J., Vormittags 9 Uhr,
im Konferenzsaale des Landhauses hierselbst ange=
setzt, zu welchem wir alle diejenigen, welche bei
der Theilung ein Interesse haben, zur Angabe und
Nachweisung ihrer Ansprüche unter der Verwarnung
vorladen, daß im Fall des Ausbleibens dieselben
mit ihren Ansprüchen werden präkludirt werden.
Prenzlau, den 10. Februar 1844.
Die Jagdtheilungs=Kommission des Prenzlauer
Kreises der Ukermark.

Zwecks Mortifikation zweier, in Term. Anthoni
1800 von der weiland Madame Witte geb.
Schachtmann hierselbst, dem weiland Riemer
R. Krogmann hierselbst, jeden über 100 Thlr.
neue Zweidrittel ausgestellter, seit dem Jahre 1823
verloren gegangener Wechsel, ist auf Antrag der
Rudolph Krogmannschen legitimirten Erben ein
Liquidationstermin auf

Sonnabend den 18. Mai d. J.,
Vormittags 11 Uhr, hierselbst zur Anmeldung und
sofortiger Bescheinigung aller Ansprüche und For=
derungen an und aus diesen Wechseln, sub prae=
judicio pro omni der Annulirung und Mortifi=
kation derselben angesetzt.
Sign. Röbel, am 1. März 1844.
Großherzogliches Stadtgericht.

Nothwendiger Verkauf.
Königl. Kammergericht in Berlin.

Das hierselbst außerhalb des Neuen Thores,
und zwar Ausgangs linker Hand in der Verlän=
gerung der Invalidenstraße belegene, dem Mauer=
meister Johann Karl Wilhelm Flickel gehörige
Grundstück nebst Zubehör, abgeschätzt auf 9116
Thlr. 28 Sgr. 3 Pf. zufolge der, nebst Hypothe=
kenschein und Bedingungen in der Registratur ein=
zusehenden Taxe, soll

am 1. Oktober 1844,
an ordentlicher Gerichtsstelle subhastirt werden.

Rothwendiger Verkauf und Aufgebot.

Stadtgericht zu Straßburg in der Ukermark, den 28. Februar 1844.

Das zum Nachlaß des Tagelöhners Johann Georg Wiese gehörige, an der Stadtmauer Nr. 366 hierselbst belegene Budenhaus, abgeschätzt auf 122 Thlr. 7 Sgr. 6 Pf., soll

am 27. Juni d. J., Vormittags 10 Uhr, an ordentlicher Gerichtsstelle subhastirt werden. Hypothekenschein und Taxe sind in der Registratur einzusehen, die Bedingungen werden im Termine festgestellt.

Gleichzeitig werden alle unbekannten Realprätendenten, und welche an die für Friederike Dorothea Wiese geb. Albrecht auf die Illatenverschreibung des Erblassers vom 1. Februar 1825 eodem eingetragenen 100 Thlr. und das darüber ausgestellte verloren gegangene Instrument, als Eigenthümer, Zeßionare, Pfand = oder sonstige Briefeseinhaber, Anspruch zu machen haben, aufgeboten, sich bei Vermeidung der Präklusion spätestens in diesem Termine zu melden.

Rothwendiger Verkauf.

Stadtgericht zu Berlin, den 4. März 1844.

Das in der kleinen Georgenkirchgasse Nr. 4 belegene Grundstück der Lemckeschen Erben, gerichtlich abgeschätzt zu 2287 Thlr. 5 Sgr., soll

am 9. Juli d. J., Vormittags 11 Uhr, an der Gerichtsstelle subhastirt werden. Taxe und Hypothekenschein sind in der Registratur einzusehen.

Rothwendiger Verkauf.

Stadtgericht zu Berlin, den 4. März 1844.

Das in der Rosengasse Nr. 48 belegene Grundstück des Parfümerie = Fabrikanten August Herrmann Louis Schmidt, gerichtlich abgeschätzt zu 4903 Thlr. 5 Sgr. 3 Pf., soll

am 12. Juli d. J., Vormittags 11 Uhr, an der Gerichtsstelle subhastirt werden. Taxe und Hypothekenschein sind in der Registratur einzusehen.

Der Eigenthümer und dessen Ehefrau Wilhelmine Amalie geb. Riether als Gläubigerin, und dem Aufenthalt nach unbekannt, werden hierdurch öffentlich vorgeladen.

Rothwendiger Verkauf.

Stadtgericht zu Berlin, den 6. März 1844.

Das vor dem Landsberger Thore belegene ... des Müllers Leonhardt, mit Ein-

schluß von 2896 Thlr. 27 Sgr. 6 Pf. Brandentschädigungsgelder für die abgebrannte holländische Windmühle, gerichtlich abgeschätzt zu 6045 Thlr. 6 Pf., soll

am 15. Oktober d. J., Vormittags 11 Uhr, an der Gerichtsstelle subhastirt werden. Taxe und Hypothekenschein sind in der Registratur einzusehen.

Rothwendiger Verkauf.

Das den Erben der verehelichten Dachdeckermeister Ritschel zugehörige, hierselbst in der Potsdamer Straße sub Nr. 15 c belegene, im Hypothekenbuche des unterzeichneten Gerichts Vol. VI Pag. 5 verzeichnete Budenhaus, welches auf 144 Thlr. 28 Sgr. 3 Pf. gerichtlich abgeschätzt worden, soll subhastirt werden.

Zu diesem Behuf steht ein Bietungstermin auf den 8. Juli d. J., Vormittags 11 Uhr, hierselbst zu Rathhause an, zu welchem Kauflustige eingeladen werden. Die Taxe und der neueste Hypothekenschein dieses Grundstücks sind in unserer Registratur einzusehen.

Nauen, den 8. März 1844.

Königl. Preuß. Stadtgericht.

Rothwendiger Verkauf.

Stadtgericht zu Wittenberge.

Das im Hypothekenbuche Vol. V sub Nr. 239 verzeichnete Wohnhaus der verehelichten Gädicke, Katharine geb. Spahn hierselbst, abgeschätzt nach der in unserer Registratur täglich einzusehenden Taxe auf 220 Thlr. Kourant, soll

am 25. Juni 1844, Vormittags 11 Uhr, auf der Gerichtsstube hierselbst meistbietend verkauft werden.

Rothwendiger Verkauf.

Stadtgericht zu Wittenberge.

Das den Erben des Holzhändlers Christoph Schulte gehörende, im Hypothekenbuche Vol. IV sub Nr. 203 verzeichnete Wohnhaus hierselbst, abgeschätzt, nach der in unserer Registratur täglich einzusehenden Taxe, auf 1475 Thlr. Kourant, soll

am 25. Juni 1844, Vormittags 10 Uhr, auf der Gerichtsstube hierselbst meistbietend verkauft werden.

Rothwendiger Verkauf.

Königl. Stadtgericht Gransee, den 13. März 1844.

Nachstehende, den Erben der verstorbenen Ehefrau des Kämmerer Daniel Friedrich Müller,

Regina Dorothee geb. Grieben gehörigen, hierselbst belegenen Grundstücke, als:

1) ein Wohnhaus in der Friedrich-Wilhelms-Straße Nr. 69 nebst Zubehör, taxirt 1277 Thlr. 17 Sgr. 6 Pf.,
2) eine Scheune vor dem Ruppiner Thore, taxirt 175 Thlr.,
3) ein Garten vor dem Ruppiner Thore, taxirt 100 Thlr.,
4) ein Morgen Boßberg von 2 M. 79 □R., taxirt 180 Thlr.,
5) eine halbe Hufe Butenland Nr. 70, taxirt 1350 Thlr.,
6) ein Morgen am rothen Luch von 1 M. 103 □R., taxirt 125 Thlr.,
7) ein Morgen Schwanpfuhl von 135 □R., taxirt 50 Thlr.,
8) ein Garten vor dem Zehdenicker Thore, taxirt 40 Thlr.,
9) ein Garten achter der Stadt, taxirt 60 Thlr.,
10) die Wiesenkaveln am See, Nr. 28 und 30, von 2 M. 167 □R., taxirt 400 Thlr.,

zufolge der, nebst Hypothekenschein und Bedingungen in der Registratur einzusehenden Taxe, sollen

am 29. Juni d. J., Vormittags 10 Uhr,

an ordentlicher Gerichtsstelle subhastirt werden.

Nothwendiger Verkauf.

Königl. Schulamts-Gericht zu Joachimsthal, den 15. März 1844.

Das in der hiesigen Mühlenstraße belegene, im Hypothekenbuche sub Nr. 110 verzeichnete, dem Tanzlehrer Karl Heinrich Ugner zugehörige Grundstück, abgeschätzt auf 150 Thlr. zufolge der, nebst Hypothekenschein und Bedingungen einzusehenden Taxe, soll

am 8. Juli d. J., Vormittags 11 Uhr,

an ordentlicher Gerichtsstelle subhastirt werden.

Freiwilliger Verkauf.

Das zum Nachlaß der verstorbenen Ehefrau des Schmiedemeisters Horstmeyer, Dorothee Sophie geb. Gremke gehörige, im Hypothekenbuche sub Nr. XIII verzeichnete Schmiedegrundstück zu Stolzenhagen, abgeschätzt auf 690 Thlr. 12 Sgr. 6 Pf. zufolge der, nebst Bedingungen und Hypothekenschein bei dem unterzeichneten Gerichtshalter einzusehenden Taxe, soll

am 2. Mai d. J., Vormittags 11 Uhr,

in dem Gerichtszimmer zu Stolzenhagen subhastirt werden. Angermünde, den 15. März 1844.

von Weyrach'sches Gericht über Stolzenhagen.

Grieben.

Nothwendiger Verkauf.

Königl. Stadtgericht zu Gransee, den 16. März 1844.

Die zum Nachlaß des hierselbst verstorbenen Kaufmanns Friedrich Wilhelm Regendank gehörigen, hierselbst belegenen Grundstücke, als:

1) ein Wohnhaus in der Friedrich-Wilhelms-Straße Nr. 85 nebst Zubehör, taxirt 4250 Thlr. 8 Sgr. 1 Pf., in welchem seither eine Materialhandlung betrieben, und welches sich auch zum Betriebe einer Brauerei und Destillation eignet, und
2) zwei Morgen in den Bergen Nr. 1754; von 6 M. 74 □R., taxirt 67 Thlr. 15 Sgr.,

zufolge der, nebst Hypothekenschein und Bedingungen in der Registratur einzusehenden Taxe, sollen

am 6. Juli d. J., Vormittags 10 Uhr,

an ordentlicher Gerichtsstelle subhastirt werden.

Am 1., 2. und 3. April d. J., jedesmal von 9 Uhr Vormittags ab, soll in dem herrschaftlichen Hause zu Reudnitz der Mobiliarnachlaß des verstorbenen Amtsraths Hubert, bestehend in Silberzeug, Uhren, Ringen, Meubles von verschiedenem Holze, Betten, Leinenzeug, Kleidungsstücken, Glas, Porzellan, Kupfer, Zinn, Haus- und Küchengeräth, Gewehren und Jagdgeräthen, Fernröhren, verschiedenen Instrumenten, einer sehr bedeutenden Sammlung von Mineralien, Muscheln ꝛc., so wie einer ansehnlichen Sammlung von Büchern verschiedenen Inhalts, gegen gleich baare Zahlung in Kourant versteigert werden.

Friedland, den 19. März 1844.

Schramm,
Königl. Gerichts-Kommissarius, im Auftrage.

Mühlenverkauf, event. Verpachtung.

Die zwischen Alt-Landsberg und Strausberg, 3½ Meile von Berlin belegene sogenannte Spitzmühle, bei der nie Wassermangel eintritt, soll an den Meistbietenden verkauft, oder, im Fall ein annehmbares Meistgebot nicht erfolgen sollte, meistbietend verpachtet werden. Zur Entgegennahme der Gebote ist ein Termin auf

den 11. April d. J., Vormittags 10 Uhr,

an Ort und Stelle anberaumt, zu welchem Kauf-
und resp. Pachtlustige mit dem Bemerken eingeladen werden, daß der Kontrakt im Fall eines
annehmlichen Meistgebots sofort abgeschlossen werden kann.

Gutsverkauf.

Ein Allodial-Rittergut, drei Meilen von (dem
Eisenbahnhofe) Stargardt in Pommern belegen,
½ Meile von der Chaussee, mit einem herrschaftlichen Areal von 3700 Morgen, wovon:

Acker 2500 M., durchweg Gerstenboden erster
Klasse, Wiesen 406 M., zweischürige Eisbrücher 300 M., die vorzügliche Wiesen geben,
Holzung 300 M., mit Eichen und Haseln, und
50 M. mit Fichten bestanden, als hohe Weide
dienend, erstere mit dem vorzüglichsten Lehmuntergrunde; das Uebrige Hof- und Baustellen, Gärten, Gewässer rc.,

soll mit vollständigem Inventarium, allen Saaten
und Vorräthen, wie es liegt und steht, unter den
annehmlichsten Bedingungen, aus freier Hand verkauft werden. Die Uebergabe kann jeder Zeit,
wenn es verlangt wird, erfolgen. Die Gebäude
sind alle in sehr gutem Zustande, meist von Eichenholz. Torf, Mergel, Moder, Kalk, Ziegellehm,
wozu jetzt eine Ziegelei errichtet wird, sind alle
in nie zu ergründenden Massen vorhanden. Anfragen über nähere Auskunft werden erbeten unter
Adresse: Dominium Breitenfelde bei Freienwalde
in Pommern.

Veränderungshalber sollen eine herrschaftliche
Equipage, bestehend in einer schönen ganz verdeck-
ten Fensterchaise, schon gebraucht, aber so gut als
neu, mit eisernen Achsen und Metall-Buchsen,
auch mit verschiedenen Reiserequisiten, als Koffer
u. s. w., versehen, so wie zwei egale, 5 Jahr
alte, fehlerfreie braune Pferde, nebst ächt russischen plattirten Kummt-Geschirren, zusammen für
den festen Preis von Achtzig Stück Friedrichsd'or
verkauft werden. Geeigneten Falls kann selbiges
auch vereinzelt werden.

Das Nähere wird mitgetheilt, so wie alles vorgezeigt von dem Wirthschaftsmeister Dröhan in
Schönfeld bei Santau.

Meine zu Letschin im Oderbruche belegene Ackerwirthschaft, bestehend aus 22¼ Morgen gutem Acker-

lande, einer Ziegelei nebst Zieglerwohnhaus, einer
Bockwindmühle, einer Schmiede, nebst allen meinen
übrigen Wohn- und Wirthschaftsgebäuden, im besten
Bauzustande, und fast alle massiv, bin ich Willens,
aus freier Hand zu verkaufen. Auch kann die Hälfte der Kaufsumme zu 4 Prozent und zur ersten
Hypothek auf dem Grundstücke stehen bleiben.

Letschin im Oderbruche, den 14. März 1844.
Die Besitzerin, Wittwe Meißner.

Eine Wassermühle mit zwei Mahlgängen und
eine Schneidemühle, sehr schöner Acker und Wiesen, Preis 13,000 Thlr., ist sofort zu verkaufen.
Näheres beim Güteragent Abel in Zehdenick.

Kiehnen-Sägeblöcke und Bauhölzer werden am
10. April bei Fehlgast a. D. am Wendischen Kirchhofe, an den Meistbietenden verkauft.
Hof Rossow.   von Lücken.

Zur Annahme von Versicherungen gegen Hagelschaden empfiehlt sich der Kaufmann Thiele
in Rheinsberg als Agent der Neuen-Berliner-
Hagelassekuranz-Gesellschaft ergebenst.

In Baumgärtners Buchhandlung zu Leipzig ist so eben erschienen und an alle Buchhandlungen versendet worden:

Uebersicht der Landtags-Verhandlungen
in sämmtlichen Provinzen der Preußischen Monar-
chie im Jahre 1843, nebst den hierauf ergangenen
Landtags-Abschieden vom 30. Dezemb. 1843.
Mit einem vollständigen Sachregister. 8vo. VIII.
400 Seit. broch. Preis 1 Thlr. 15 Ngr. (12 gGr.)
Vorräthig in der Stuhr'schen Buchhandlung in
Potsdam, am Canal neben der Post.

* Die Polizei-Gesetzkunde oder systematisch
geordnete Sammlung, die Ausübende-Polizei
betreffender, bis zur Mitte des Jahres 1843 pu-
blizirter Gesetze, Reskripte und Regierungs-Ver-
ordnungen, 4 Theile, 7½ Bogen stark. Auf portofreie Briefe für drei Thaler bei dem unterzeichneten Verfasser zu haben. Der dritte Theil,
die Bau- und Feuer-Polizei enthaltend,
wird auch besonders für 28 Sgr. überlassen.
Magdeburg, den 17. März 1843.
von der Heyde, Hofrath.

Oeffentlicher Anzeiger (№ 1)

zum 14ten Stück des Amtsblatts
der Königlichen Regierung zu Potsdam und der Stadt Berlin.

Den 5. April 1844.

Steckbrief.

Der nachstehend signalisirte, sich im Besitz eines vom Königl. Polizei-Präsidium zu Berlin im verflossenen Jahre auf ein Jahr zum Wandern im Inlande ausgestellten Wanderbuchs befindende Pantoffelmachergeselle Karl Wilhelm Witschel aus Berlin, ist eines hier verübten Kleider- und Uhrdiebstahls dringend verdächtig, und hat sich aus hiesiger Stadt, unter Zurücklassung seines, mit alten Kleidungsstücken gefüllten Felleisens, heimlich entfernt.

Wir ersuchen daher alle Wohllöbliche Militair- und Zivilbehörden dienstergebenst, auf den rc. Witschel zu vigiliren, ihn im Betretungsfalle mit seinen etwanigen Effekten arretiren zu lassen, und uns schleunigst davon in Kenntniß setzen zu wollen.

Strausberg, den 24. März 1844.

Der Magistrat.

Signalement des Karl Wilhelm Witschel. Geburtsort: Prenzlow, 19 Jahr alt, ungefähr 5 Fuß 3 Zoll groß, von kräftigem Körperbau, blondes Haar und dergleichen Bart im Entstehen.

Bekleidung. Ein alter grüner Tuchüberrock, unter beiden Armen geflickt, mit alten schwarz besponnenen Knöpfen, alte graue Sommerbeinkleider, unganze Schnürschuhe und eine alte schwarze Tuchmütze.

Im Auftrage der Königl. Regierung zu Potsdam wird das unterzeichnete Haupt-Steuer-Amt am 12. April d. J., Vormittags 10 Uhr, in dem Dammzollhause zu Giesenhorst den Dammzoll zu Giesenhorst vom 24. Juni d. J. ab, anderweit an den Meistbietenden, unter Vorbehalt des höheren Zuschlages, zur Pacht anstellen.

Nur dispositionsfähige Personen, welche vorher mindestens 25 Thlr. baar oder in annehmlichen Staatspapieren bei dem Kommissarius zur Sicherheit niedergelegt haben, werden zum Bieten zugelassen.

Die Pachtbedingungen sind bei uns und bei dem Königl. Steuer-Amte zu Neustadt a. d. D. während der Dienststunden einzusehen.

Brandenburg, den 14. März 1844.

Königl. Haupt-Steuer-Amt.

Borken- und Brennholz-Verkauf zur freien Konkurrenz.

Aus der Oberförsterei Lehnin sollen am 12. April d. J., Vormittags 9 Uhr, in dem Hause des Ortsvorstehers Herrn Lehmann in Lehnin, nachstehende Eichenborke und Brennhölzer meistbietend verkauft werden, als:

I. aus der grünen Heide:

a) aus dem Schutzbezirk Damelang:
circa 6½ Klafter Birken-Knüppelholz,

599	= gespaltenes Kiefern-Knüppelholz,
403	= ungespaltenes Kiefern-Knüppelholz;

b) aus dem Schutzbezirk Tornow:
circa 6 Klafter Eichen-Borke,

490½	= gespaltenes Kiefern-Knüppelholz,
29	= ungespaltenes Kiefern-Knüppelholz.

II. Aus der Klosterheide:

aus dem Schutzbezirk Lehnin:
circa 28 Klafter Eichen-Borke,

1427¼	= gespaltenes Kiefern-Knüppelholz,
447	= ungespaltenes Kiefern-Knüppelholz.

Kauflustige werden hierzu mit dem Bemerken eingeladen, daß der 4te Theil des Kaufpreises im Termine als Angeld deponirt werden muß, die übrigen Verkaufsbedingungen aber im Termine selbst näher bekannt gemacht werden sollen, und daß die betreffenden Förster angewiesen sind, die zum Verkauf kommenden Hölzer auf Verlangen an Ort und Stelle vorzuzeigen.

Forsthaus Lehnin, den 20. März 1844.

Im Auftrage der Königl. Regierung.

Der Königl. Oberförster Schmidt.

Der 37 Jahre alte Ackerbürger Karl Schröder hierselbst ist auf das Anbringen seiner Geschwister als Verschwender erklärt. Wir bringen

Die aufgenommene Taxe, nach welcher 1) der Werth des Grund und Bodens 702 Thlr. 15 Sgr., 2) der Werth der bisher verwendeten Materialien und Arbeiten 5430 Thlr. 7 Sgr., also zusammen 6132 Thlr. 22 Sgr. betragen, wobei aber die noch nicht zu ermittelnden Lasten nicht berücksichtigt sind, und der Hypothekenschein sind in der Registratur einzusehen.

Nachtrag zum Subhastationspatent vom 23. November 1843 in der Kaufmann Aumannschen Subhastationssache.

Der dem Aufenthalte nach unbekannte eingetragene Gläubiger, der Kaufmann Herr Karl Robert Aumann wird zu diesem Termin öffentlich vorgeladen. Berlin, den 3. Januar 1844.

Königl. Stadtgericht hiesiger Residenzien.

Abtheilung für Kredit-, Subhastations- und Nachlaßsachen.

Nothwendiger Verkauf.

Stadtgericht zu Berlin, den 30. November 1843.

Das in der Georgenstraße Nr. 17 belegene Schubartsche Grundstück, gerichtlich abgeschätzt zu 16,183 Thlr. 11 Sgr. 9 Pf., soll Schuldenhalber
am 16. Juli 1844, Vormittags 11 Uhr,
an der Gerichtsstelle subhastirt werden. Taxe und Hypothekenschein sind in der Registratur einzusehen.

Öffentlicher Verkauf.

Patrimonialgericht Millmersdorf, den 11. Dezember 1843.

Die bei Millmersdorf im Templinschen Kreise belegene, im Hypothekenbuche Nr. 1 Fol. 1 auf den Namen der Geschwister Otto eingetragene, und auf 6239 Thlr. 12 Sgr. 1 Pf. abgeschätzte Wassermühle, mit einem Gange und sechs Hirsestampfen versehen, wozu gehören: an Gebäuden: ein Wohnhaus, die Mahlmühle, eine Schneidemühle, eine Scheune, zwei Ställe und eine Windmühle; an Grundstücken: acht Morgen Land, eine Wiese und ein Kohl- und Küchengarten; an Gerechtigkeiten: Fischerei, Holzungsgerechtsame und dergleichen mehr, soll Theilungshalber
am 11. Juli 1844, Vormittags 11 Uhr,
an öffentlicher Gerichtsstelle subhastirt werden.

Die gerichtliche Taxe und der neueste Hypothekenschein können in der Registratur eingesehen werden.

Alle unbekannte Realprätendenten werden zu dem Termine mit vorgeladen.

Nothwendiger Verkauf.

Königl. Land- und Stadtgericht zu Straußberg, den 18. Dezember 1843.

Die hierselbst vor dem Landsberger Thore hinter dem Kollegenberge neben der Heide belegene sogenannte Heegermühle, bestehend aus einer Wasser-Mahlmühle nebst Wohnung, Scheune und Stallung, 2 Gärten, 2 Wiesen und 2 Flecken Acker, so wie einer Bockwindmühle, dem Mühlenbesitzer Karl Wilhelm Wendland gehörig, abgeschätzt auf zusammen 11,129 Thlr. 10 Sgr., soll
am 9. Juli 1844, Vormittags 11 Uhr,
an ordentlicher Gerichtsstelle subhastirt werden.

Taxe und Hypothekenschein sind in unserer Registratur einzusehen.

Nothwendige Subhastation.

Stadtgericht Charlottenburg, den 12. Dez. 1843.

Das hierselbst in der Berliner Straße sub Nr. 73 belegene, im hiesigen stadtgerichtlichen Hypothekenbuche Vol. cont. I Nr. XV verzeichnete Grundstück des Gastwirths und Kaffetiers Karl Ludwig Beyer, abgeschätzt auf 7255 Thlr. 21 Sgr. 1 Pf. zufolge der, nebst Hypothekenschein in der Registratur einzusehenden Taxe, soll
am 17. Juli 1844, Vormittags 10 Uhr,
im hiesigen Stadtgericht, Jägerstraße Nr. 2, vor dem Herrn Kammergerichts-Assessor Kahle subhastirt werden.

Nothwendiger Verkauf.

Land- und Stadtgericht zu Brandenburg, den 21. Dezember 1843.

Das auf dem hiesigen Trauerberge Nr. 133 belegene, Vol. 21 Pag. 341 des Hypothekenbuchs der Neustadt eingetragene, dem Gärtner August Bölke gehörige Wohnhaus nebst Garten, gerichtlich abgeschätzt auf 2026 Thlr. 9 Sgr. 8 Pf. zufolge der, nebst Hypothekenschein und Kaufbedingungen in unserer Registratur einzusehenden Taxe, soll am 2. Mai 1844, Vormittags 12 Uhr, vor dem Herrn Land- und Stadtgerichts-Rath Schulze an ordentlicher Gerichtsstelle subhastirt werden.

Nothwendiger Verkauf.

Stadtgericht zu Berlin, den 10. Januar 1844.

Die dem Maurerpolier Rudloff zugehörige Hälfte des in der Elisabethstraße Nr. 12 a an der Ecke der kleinen Frankfurter Straße belegenen, im Ganzen zu 18,736 Thlr. 17 Sgr. 6 Pf. taxirten Grundstücks, soll

am 27. August 1844, Vormittags 11 Uhr,
an der Gerichtsstelle subhastirt werden. Taxe und Hypothekenschein sind in der Registratur einzusehen.

Nothwendiger Verkauf.

Stadtgericht zu Berlin, den 11. Januar 1844.
Das in der neuen Königsstraße Nr. 8 belegene Grundstück der Destillateur Dähneschen Eheleute, gerichtlich abgeschätzt zu 19,497 Thlr. 6 Sgr. 9 Pf., soll am 23. August d. J., Vormittags 11 Uhr, an der Gerichtsstelle subhastirt werden. Taxe und Hypothekenschein sind in der Registratur einzusehen.

Der dem Aufenthalte nach unbekannte Apotheker Ludwig Friedrich Theodor Dähne wird als eingetragener Gläubiger hierdurch öffentlich vorgeladen.

Nothwendiger Verkauf.

Land- und Stadtgericht zu Neustadt-Eberswalde.
Das Wohnhaus der Bäcker Nebertschen Erben zu Niederfinow, abgeschätzt auf 2000 Thlr. zufolge der, nebst Hypothekenschein und Bedingungen im IIten Geschäftsbüreau einzusehenden Taxe, soll

am 13. Mai d. J. Vormittags 11 Uhr,
im Gerichtshause zu Neustadt-Eberswalde an den Meistbietenden verkauft werden.

Die ihrem Dasein und Aufenthalte nach unbekannten Gläubiger: Marie Ambost verehelichte Lindemann, Erdmann Ambost, Sophie Ambost verehelichte Falkenberg, Anne Ambost verehelichte Mewes, Katharine Ambost verehelichte Haberland, Dorothee Elisabeth Gräwe, Augustine Muggelberg und die Dorothee Luise Gräwe verehelichte Günther werden hierzu öffentlich vorgeladen.

Nothwendiger Verkauf.

Stadtgericht in Charlottenburg, den 19. Januar 1844.
Das dem Amtmann Gotthelf August Schliebener zugehörige, hierselbst in der Mühlenstraße Nr. 3 belegene, und im stadtgerichtlichen Hypothekenbuche von Charlottenburg Vol. XI Nr. 592 verzeichnete Wohnhaus nebst Zubehör, abgeschätzt auf 3410 Thlr. 28 Sgr. ¼ Pf. zufolge der, nebst Hypothekenschein in der Registratur einzusehenden Taxe, soll

am 4. Mai d. J., Vormittags 10 Uhr,

vor dem Herrn Kammergerichts-Assessor Kahle an ordentlicher Gerichtsstelle subhastirt werden.

Nothwendiger Verkauf.

Königl. Justizamt Potsdam, den 19. Jan. 1844.
Folgende, zum Nachlaß des verstorbenen Königl. Frotteurs Karl Ludwig Schleihahn gehörige Grundstücke:
1) das Etablissement am Drachenhausberge, unweit des Parkes von Sanssouci, Vol. I Fol. 149 des Hypothekenbuchs von Bornstädt, abgeschätzt auf 17,329 Thlr. 18 Sgr. 4 Pf.,
2) eine Wiese im Golmer Bruche von 11 M. 8 □R. Flächeninhalt, Vol. unico Nr. 6 Fol. 26 des Hypothekenbuchs von Golm, abgeschätzt auf 552 Thlr. 6 Sgr. 8 Pf.,

sollen am 13. August d. J., Vormittags 11 Uhr, an Gerichtsstelle hierselbst, Friedrichstraße Nr. 7, Theilungshalber, im Wege der nothwendigen Subhastation verkauft werden.

Taxen und Hypothekenscheine sind werktäglich in unserm IIten Büreau einzusehen.

Nothwendiger Verkauf.

von der Hagensche Gerichte zu Rhinow.
Das zu Kietz belegene, Fol. 43 Nr. 3 des Hypothekenbuchs verzeichnete Kossäthengut der Geschwister Marie Sophie Dorothee, Christian Friedrich Wilhelm und Karl Ludwig Klaar, abgeschätzt auf 4407 Thlr. 8 Sgr. 9 Pf. zufolge der, nebst Hypothekenschein in der Registratur einzusehenden Taxe, soll

am 20. Mai 1844, Vormittags 11 Uhr,
in der Gerichtsstube zu Rhinow subhastirt werden. Rathenow, den 21. Januar 1844.

Freiwilliger Verkauf.

Land- und Stadtgericht zu Lenzen.
Die den Erben des Böttchermeisters Christian Schulz gehörigen Grundstücke hierselbst:
1) das Haus in der Kellerstraße mit Hintergebäuden, abgeschätzt auf 1027 Thlr. 8 Sgr. 11 Pf.,
2) das Haus gegenüber, abgeschätzt auf 779 Thlr. 23 Sgr. 1 Pf.,
3) die Scheune vor dem Seethore, abgeschätzt auf 213 Thlr. 25 Sgr. 2 Pf.,
4) der Garten vor dem Berliner Thore, abgeschätzt auf 185 Thlr. 27 Sgr. 8 Pf.,

5) der Garten an der kleinen Wiese, abgeschätzt
auf 68 Thlr. 25 Sgr. 8 Pf.,
sollen den 7. Mai 1844, Vormittags 11 Uhr,
an hiesiger Gerichtsstelle verkauft werden. Taxe,
Hypothekenschein und Verkaufsbedingungen sind
in der Registratur einzusehen.

Die unbekannten Realprätendenten werden unter Verwarnung der Präklusion hiermit vorgeladen.

Nothwendiger Verkauf
zur Auflösung der Gemeinschaft.
Land- und Stadtgericht zu Lenzen.

Die den Erben des verstorbenen Böttchermeisters Christian Schulz und dem Ziegelmeister
Gierde gehörige, unweit der Stadt an der Elbe
belegene Ziegelei, abgeschätzt auf 2685 Thlr. 25
Sgr. 6 Pf., soll Behufs der Auseinandersetzung
den 7. Mai 1844, Vormittags 11 Uhr,
an hiesiger Gerichtsstelle subhastirt werden. Taxe
und Kaufbedingungen sind in der Registratur einzusehen.

Die unbekannten Realprätendenten werden unter Verwarnung der Präklusion hiermit vorgeladen.

Nothwendiger Verkauf.
Stadtgericht zu Berlin, den 1. Februar 1844.

Das in der Schießgasse Nr. 16 belegene Schumannsche Grundstück, gerichtlich abgeschätzt zu
9004 Thlr. 20 Sgr., soll
am 17. September d. J., Vormittags 11 Uhr,
an der Gerichtsstelle subhastirt werden. Taxe und
Hypothekenschein sind in der Registratur einzusehen.

Die Wittwe Köhler, Johanne Margarethe
geb. Bethge wird zu diesem Termine hierdurch
mit vorgeladen.

Nothwendiger Verkauf.
Stadtgericht zu Berlin, den 1. Februar 1844.

Das in der Karlsstraße Nr. 38 belegene Pfaffenbergsche Grundstück, gerichtlich abgeschätzt zu
31,824 Thlr. 27 Sgr. 6 Pf., soll
am 20. September d. J., Vormittags 11 Uhr,
an der Gerichtsstelle subhastirt werden. Taxe und
Hypothekenschein sind in der Registratur einzusehen.

Nothwendiger Verkauf.
Stadtgericht zu Berlin, den 7. Februar 1844.

Die beiden unter der Kolonade an der Königsbrücke belegenen massiven Buden des Schneider-

meisters Lala, gerichtlich abgeschätzt zu 1039 Thlr.
28 Sgr. 4 Pf., sollen
am 21. Juni d. J., Vormittags 11 Uhr,
an der Gerichtsstelle resubhastirt werden. Taxe und
Hypothekenschein sind in der Registratur einzusehen.

Die etwanigen unbekannten Realprätendenten
werden hierdurch öffentlich vorgeladen.

Nothwendiger Verkauf.
Stadtgericht zu Prenzlau, den 8. Februar 1844.

Das dem Schuhmachermeister Christian Friedrich Thormann gehörige, hierselbst in der Wilhelmsstraße sub Nr. 76 belegene Wohnhaus, so
eine Bude nebst Zubehör, abgeschätzt auf 839 Thlr.
29 Sgr. 1 Pf. zufolge der, nebst Hypothekenschein
und Bedingungen in unserer Registratur einzusehenden Taxe, soll
am 1. Juni d. J., Vormittags 10 Uhr,
an ordentlicher Gerichtsstelle subhastirt werden.

Nothwendiger Verkauf.
Stadtgericht zu Berlin, den 8. Februar 1844.

Das in der Klosterstraße Nr. 4 belegene Ber-
lingsche Grundstück, gerichtlich abgeschätzt zu 4809
Thlr. 27 Sgr. 6 Pf., soll
am 28. Juni d. J., Vormittags 11 Uhr,
an der Gerichtsstelle subhastirt werden. Taxe und
Hypothekenschein sind in der Registratur einzusehen.

Nothwendiger Verkauf.
Stadtgericht zu Berlin, den 10. Februar 1844.

Das in der 4ten Scheunengasse Nr. 1 belegene
Schultzesche Grundstück, gerichtlich abgeschätzt zu
3642 Thlr. 10 Sgr., soll wegen der vom Käufer
nicht belegten Kaufgelder
am 11. Juni d. J., Vormittags 11 Uhr,
an der Gerichtsstelle resubhastirt werden. Taxe und
Hypothekenschein sind in der Registratur einzusehen.

Nothwendiger Verkauf.
Stadtgericht zu Berlin, den 10. Februar 1844.

Das am grünen Wege belegene Neumeyersche
Grundstück, welches im Rohbau steht, gerichtlich
abgeschätzt zu 3602 Thlr. 17 Sgr., soll
am 2. Juli d. J., Vormittags 11 Uhr,
an der Gerichtsstelle subhastirt werden. Taxe und
Hypothekenschein sind in der Registratur einzusehen.

Rothwendiger Verkauf.
Stadtgericht zu Berlin, den 10. Februar 1844.
Das an der Rosengasse belegene Neumeyersche Grundstück (Baustelle), gerichtlich abgeschätzt
zu 552 Thlr. 3 Sgr., soll
am 2. Juli d. J., Vormittags 11 Uhr,
an der Gerichtsstelle subhastirt werden. Taxe und
Hypothekenschein sind in der Registratur einzusehen.

Rothwendiger Verkauf.
Justizkammer zu Schwedt, den 5. Februar 1844.
Das in der Berliner Straße belegene, dem Mehlhändler Schwanz gehörige Grundstück und der
demselben gehörige bei Schwedt belegene sogenannte
Kalkofengarten, ersteres auf 2339 Thlr., 20 Sgr.,
letzterer auf 493 Thlr. 25 Sgr. 1 Pf. gerichtlich
abgeschätzt, sollen
am 11. Juni d. J., Vormittags 10 Uhr,
an der Gerichtsstelle subhastirt werden. Die Taxen
und Hypothekenscheine sind in der Registratur einzusehen.

Rothwendiger Verkauf.
Stadtgericht zu Berlin, den 15. Februar 1844.
Das in der Mulackgasse Nr. 3 belegene Enzersche Grundstück, gerichtlich abgeschätzt zu 8256
Thlr. 14 Sgr. 4 Pf., soll
am 24. September d. J., Vormittags 11 Uhr,
an der Gerichtsstelle subhastirt werden. Taxe und
Hypothekenschein sind in der Registratur einzusehen.
Die dem Aufenthalte nach unbekannten Geschwister Sorge, oder deren Erben werden hierdurch öffentlich mit vorgeladen.

Rothwendiger Verkauf.
Stadtgericht zu Prenzlau, den 19. Februar 1844.
Das, der verehelichten Handelsmann Harz,
Wilhelmine geb. Fromm gehörige, hierselbst in der
Prinzenstraße sub Nr. 577 belegene Wohnhaus nebst
Zubehör, abgeschätzt auf 857 Thlr. 14 Sgr. 3 Pf.
zufolge der, nebst Hypothekenschein und Bedingun-
gen in unserer Registratur einzusehenden Taxe, soll
am 6. Juni d. J., Vormittags 11 Uhr,
an ordentlicher Gerichtsstelle subhastirt werden.

Das dem Kossäthen Siegmund Liepe zugehörige, Fol. 37 unseres neuen Hypothekenbuchs verzeichnete, auf 1621 Thlr. 20 Sgr. gerichtlich ab-

geschätzte Ackergrundstück auf der Feldmark Eichstedt, wozu an Acker 35 Morgen 177 ☐Ruthen
1ster Klasse, und 4 Morgen 177 ☐Ruthen Wiesen, jedoch keine Gebäude gehören, soll
am 7. Juni d. J., Vormittags 10 Uhr,
in der hiesigen Gerichtsstube, im Wege der nothwendigen Subhastation verkauft werden, weshalb
Kauflustige zu diesem Termin eingeladen werden.
Die Taxe und der neueste Hypothekenschein
liegen in unserer Registratur zur Einsicht vor.
Cremmen, den 21. Februar 1844.
Das Nagelsche Patrimonialgericht über Eichstedt.

Das dem Schmiedemeister Siegmund Christian
Frucht gehörige, Fol. 7 unsers neuen Hypothekenbuchs verzeichnete, auf 1414 Thlr. 25 Sgr.
10 Pf. gerichtlich abgeschätzte Ackergrundstück auf
der Feldmark Eichstedt, wozu an Acker 30 Morgen
164 ☐Ruthen Gerstland 1ster Klasse, und 6 Morgen 49 ☐Ruthen Wiesen, jedoch keine Gebäude
gehören, soll
am 8. Juni 1844, Vormittags 10 Uhr,
in der hiesigen Gerichtsstube im Wege der nothwendigen Subhastation verkauft werden, weshalb
Kauflustige zu diesem Termine eingeladen werden.
Die Taxe und der neueste Hypothekenschein
liegen in unserer Registratur zur Einsicht vor.
Cremmen, den 21. Februar 1844.
Das Nagelsche Patrimonialgericht über Eichstedt.

Freiwilliger Verkauf.
Die den Erben des Mühlenmeisters Schröder gehörige, unweit Angermünde belegene, in
unserem Hypothekenbuche sub Nr. 1 verzeichnete
Blumenbergsche Wassermühle, abgeschätzt auf
11,226 Thlr. 25 Sgr. zufolge der, nebst den Bedingungen und dem Hypothekenscheine bei dem unterzeichneten Gerichtshalter einzusehenden Taxe, soll
am 14. Juni d. J., Vormittags 11 Uhr,
an Ort und Stelle subhastirt werden.
Angermünde, den 21. Februar 1844.
Das Gericht über die Ukermärkischen Welsmühlen.
Grieben.

Rothwendiger Verkauf.
Das Gericht der Herrschaft Putlitz, den 24. Fe-
bruar 1844.
Das Einhüfnergut der Erben des Einhüfners
Johann Christian Stein zu Buckow, abgeschätzt

zu 2500 Thlr. zufolge der, nebst Hypothekenschein in der Registratur einzusehenden Taxe, soll

am 4. Juni d. J., Vormittags 11 Uhr,

in der Gerichtsstube zu Putlitz subhastirt werden.

Freiwilliger Verkauf.

Der zum Nachlaß des verstorbenen Freibauers Karl Friedrich Otto gehörige, zu Blumenthal, Provinz Priegnitz belegene Ackerhof, soll

am 20. April d. J., Vormittags 11 Uhr,

in der Gerichtsstube zu Horst, Theilungshalber, meistbietend verkauft werden. Die Verkaufsbedingungen sind in unserer Registratur einzusehen.

Wusterhausen a. d. D., den 2. März 1844.

Die von Ribbeck'schen Gerichte zu Horst und Blumenthal.

Jagd-Verpachtung.

Die mit Trinitatis d. J. pachtlos werdende kleine und mittlere Jagd auf der hiesigen Feldmark (inkl. Heide 13,206 Morgen 61 ☐R. groß), soll

am 17. April d. J., Vormittags 9 Uhr,

auf dem hiesigen Rathhause auf die nächsten sechs Jahre anderweit öffentlich meistbietend verpachtet werden, wo alsdann auch die Pachtbedingungen vorgelegt werden sollen.

Gransee, den 16. Februar 1844.

Der Magistrat.

Mühlenverkauf event. Verpachtung.

Die zwischen Alt-Landsberg und Strausberg, 3½ Meile von Berlin belegene, sogenannte Spitzmühle, bei der nie Wassermangel eintritt, soll an den Meistbietenden verkauft, oder, im Fall ein annehmbares Meistgebot nicht erfolgen sollte, meistbietend verpachtet werden. Zur Entgegennahme der Gebote ist ein Termin auf

den 11. April 1844, Vormittags 10 Uhr,

an Ort und Stelle anberaumt, zu welchem Kauf- und resp. Pachtlustige mit dem Bemerken eingeladen werden, daß der Kontrakt im Falle eines annehmlichen Meistgebots sofort abgeschlossen werden kann.

Gutsverkauf.

Ein Allodial-Rittergut, drei Meilen von (dem Eisenbahnhofe) Stargardt in Pommern belegen, ¼ Meile von der Chaussee, mit einem herrschaftlichen Areal von 3700 M., wovon:

Acker 2500 M., durchweg Gerstboden 1ster Klasse, Wiesen 400 M. zweischürig, Eisbrücher 300 M., die vorzügliche Wiesen geben, Holzung 300 M. mit Eichen und Hasseln ꝛc. und 50 M. mit Fichten bestanden, als hohe Weide dienend, erstere mit dem vorzüglichsten Lehmuntergrunde; das Übrige Hof und Baustellen, Gärten, Gewässer ꝛc.,

soll mit vollständigem Inventarium, allen Saaten und Vorräthen, wie es liegt und steht, unter den annehmlichsten Bedingungen, aus freier Hand verkauft werden. Die Übergabe kann jeder Zeit, wenn es verlangt wird, erfolgen. Die Gebäude sind alle in sehr gutem Zustande, meist von Eichenholz. Torf, Mergel, Moder, Kalk, Ziegellehm, wozu jetzt eine Ziegelei errichtet wird, sind alle in nie zu ergründenden Massen vorhanden.

Anfragen über nähere Auskunft werden erbeten unter Abr. Dominium Breitenfelde bei Freienwalde in Pommern.

Veränderungshalber sollen eine herrschaftliche Equipage, bestehend in einer schönen ganz bedeckten Fensterchaise, schon gebraucht, aber so gut als neu, mit eisernen Axen und Metallbuchsen, auch mit verschiedenen Reise-Requisiten, als Koffer u. s. w. versehen, so wie 2 egale, 5 Jahr alte fehlerfreie braune Pferde, nebst acht russischen plattirten Kumtgeschirren, zusammen für den festen Preis von 80 Stück Friedrichsd'or verkauft werden. Geeigneten Falls kann selbiges auch vereinzelt werden.

Das Nähere wird mitgetheilt, so wie alles vorgezeigt von dem Wirthschaftsmeier Brühan in Schönfeld bei Sandau.

Kiehnene Sägeblöcke und Bauhölzer werden am 10. April 1844 bei Fehlgast a. d. D. am Wendischen Kirchhofe, an den Meistbietenden verkauft.

Hof Rossow.   von Lüden.

Oeffent-

Oeffentlicher Anzeiger (№ 2)
zum 14ten Stück des Amtsblatts
der Königlichen Regierung zu Potsdam und der Stadt Berlin.
Den 5. April 1844.

Dem Werkmeister Peter Theodor Krüpe zu Elberfeld ist unter dem 19. März 1844 ein Patent

auf eine für neu und eigenthümlich erachtete Maschine zum Drehen von Rundschnur, in ihrer durch Zeichnung und Beschreibung nachgewiesenen ganzen Zusammensetzung,

auf sechs Jahre, von jenem Tage an gerechnet, und für den Umfang der Monarchie ertheilt worden.

Dem Kaufmann Adolph Polko zu Ratibor ist unter dem 21. März 1844 ein Patent

auf eine in ihrem ganzen Zusammenhange als neu und eigenthümlich erkannte Vorrichtung zur Regulirung des Ausflusses von Flüssigkeiten

auf acht Jahre, von jenem Tage an gerechnet, und für den Umfang der Monarchie ertheilt worden.

Durch das am 26. Februar d. J. erfolgte Ableben des Predigers Elfreich ist die Pfarrstelle zu Rohlsdorf in der Diözese Pritzwalk erledigt worden.

Patron der Stelle ist der Rittmeister a. D. von Rohr auf Penzlin.

Potsdam, den 21. März 1844.

Königliche Regierung. Abtheilung für die Kirchenverwaltung und das Schulwesen.

Zur vollständigen Konstituirung des landwirthschaftlichen Zentralvereins für den Regierungsbezirk Potsdam nach den Beschlüssen der General-Versammlungen vom 17. Oktober und 28. November v. J., zur Wahl des Vorstandes, zur Feststellung der Etats und des ferneren Geschäftsganges, zur Berathung über die herauszugebende Zeitschrift, so wie zur Konstituirung des Provinzial-Vereins für die Mark Brandenburg und Niederlausitz, ist eine General-Versammlung

am 12. b. M., Vormittags 10 Uhr,

im Lokale der märkischen ökonomischen Gesellschaft

angesetzt, zu der die Mitglieder derselben, mit der Bitte um möglichst vollständige Theilnahme, ganz ergebenst eingeladen werden.

Potsdam, den 2. April 1844.

Der provisorische Vorstand der märkischen ökonomischen Gesellschaft als Zentralverein des Regierungsbezirks Potsdam.

Die dem Waisenhause in Züllichau aus der von Derflingerschen Stiftung gehörigen, im Soldiner Kreise belegenen Rittergüter Kerkow und Krauseiche, nebst dem Vorwerk Flachswinkel, sollen von Johannis d. J. ab auf 24 Jahre, also bis Johannis 1868, im Wege der Submission öffentlich verpachtet werden.

Die nutzbare Vorwerksfläche enthält rund 4130 Morgen, und zwar:

a) an Gärten 22 Morgen,
b) an Acker: Gerstland 1ster und 2ter Klasse 769 Morgen, Haferland 1ster und 2ter Klasse 1370 Morgen, 3jähriges Land 503 Morgen, 6 und 9jähriges Land 481 Morgen, zusammen 3123 Morgen,
c) Wiesen 762 Morgen,
d) Hütungen 221 Morgen.

Zu den Gütern gehört die privative Aufhütung auf den circa 1760 Morgen Fläche betragenden Gutsforsten, ferner eine Ziegelei, eine Brennerei und die wilde Fischerei in dem bei Soldin belegenen Theerensee, endlich die Erhebung von 3 Wispeln Mühlengetreide.

Das Minimum des festgesetzten jährlichen Pachtzinses beträgt 4215 Thlr. 6 Sgr. 3 Pf., inkl. ⅓ Gold.

Die sonstigen Pachtbedingungen, so wie der Anschlag und die zu demselben gehörige Revisions-Verhandlung, sind in unserer Registratur einzusehen, wo auch eine Bekanntmachung über das Verfahren bei dergleichen Submissionen und über die allgemeinen Bedingungen dabei vorgelegt wird.

122

Die Submissionsanträge werden nur bis zum 25. April d. J. einschließlich angenommen und müssen unserem Justitiarius, dem Herrn Regierungs-Rath Karstedt, von den Pachtbewerbern, unter Abgabe der vorgeschriebenen protokollarischen Erklärung, persönlich zugestellt werden. Hierbei ist zugleich die vollständige Qualifikation als Landwirth und der Nachweis eines disponiblen Vermögens von mindestens 15,000 Thlrn. durch glaubhafte Bescheinigungen nachzuweisen.

Der Termin zur Eröffnung der versiegelt einzureichenden Submissionen ist auf

den 27. April d. J., Vormittags 11 Uhr,

in dem Sessionszimmer der unterzeichneten Regierungs-Abtheilung angesetzt, und können die Pachtbewerber demselben entweder selbst oder durch Abgeordnete beiwohnen.

Der Zuschlag unter den drei Bestbietenden erfolgt durch den Direktor des Waisenhauses in Züllichau, Herrn Prof. Hanow, unter unserer Bestätigung, sogleich im Termine.

Frankfurt a. d. O., den 21. März 1844.

Königl. Regierung,
Abtheilung für die Kirchenverwaltung und das Schulwesen.

* Höherer Bestimmung zufolge, sollen die Borke und die Schiffskrummhölzer von den, in diesem Frühjahre in nachstehenden Revierabtheilungen zum Einschlag bestimmten Eichen,
am 17. April 1844, Vormittags von 10 Uhr ab, in dem Gasthofe zu den drei Kronen zu Fürstenwalde, öffentlich meistbietend verkauft werden, und zwar:

1) die Borke von einem Theile der Eichen aus dem bei Brieskow an der Oder belegenen sogenannten Brieskower Eichbusch von circa 2 bis 300 Klafter Holz, nebst den darin befindlichen Schiffskrummhölzern,
2) die Borke und die Krummhölzer von den in dem Schwarzheider Revier, Jagen 25, zu hauenden Eichen von circa 50 bis 60 Klafter Holz,
3) desgleichen aus dem Biegenbrücker Revier, Jagen 8, von circa 10 bis 15 Klafter Holz,
4) desgleichen aus dem Kersdorfer Revier, Jagen 79 von circa 70 bis 80 Klafter Holz.
Hierzu werden Käufer mit dem Bemerken eingeladen, daß an den, im Termine anwesenden

Forstkassen-Rendanten ein angemessenes Angeld zur Sicherheit der abgegebenen Gebote gezahlt werden muß, die übrigen Verkaufsbedingungen aber im Termine selbst näher bezeichnet werden sollen.

Neubrück, den 19. März 1844.

Im Auftrage der Königl. Regierung zu Frankfurt a. d. O.

Der Oberförster Eyber.

Steckbrief.

* Der nachstehend signalisirte, hier ortsangehörige Webermeister Karl Friedrich Demuth hat sich heimlich von hier entfernt und treibt sich wahrscheinlich vagabondirend umher, daher wir auf denselben aufmerksam machen.

Nauen, den 26. März 1844.

Der Magistrat.

Signalement. Vor- und Zuname: Karl Friedrich Demuth, Stand: Webermeister, Geburts- und Wohnort: Nauen, Religion: evangelisch, Alter: 56 Jahr, Größe: 5 Fuß 3 Zoll, Haare: graumelirt, Stirn: bedeckt, Augenbraunen: braun, Augen: blaugrau, Nase: stark, Mund: mittel, Zähne: besetzt, Bart: grau, Kinn: rund, Gesicht: oval, Gesichtsfarbe: gesund, Statur: mittel, besondere Kennzeichen: auf dem linken Arm hat Webeschützen und die Buchstaben C. F. D. roth eingeätzt und eine Narbe am linken Daumen.

* Der von uns unterm 20. d. M. hinter dem Tischler Karl Friedrich Wegner von hier erlassene Steckbrief ist erledigt.

Nauen, den 25. März 1844.

Der Magistrat.

* Der Forstsekretair Karl August Ferdinand Schmidt ist in Neu-Strelitz zur Haft gebracht, weshalb sich die hinter ihn erlassenen Steckbriefe vom 3. Mai 1843 und 27. Februar 1844 erledigen.

Zehden, den 25. März 1844.

Königl. Land- und Stadtgericht.

* In der Nacht vom 11. zum 12. d. M. ist dem Pantoffelmachermeister Karl Schwarz dierselbst ein Packet schwarze Kalbfelle von 103 Pfd. bestehend aus 7 kleineren Packeten, auf der Berlin-Strelitzer Chaussee in der Gegend bei Hohen-Neuen-

dorf vom Wagen durch Aufschneidung des darüber befindlich gewesenen Plans entwendet worden. Es wird daher demjenigen, der im Stande ist, uns solche Auskunft zu geben, welche dazu führt, den Dieb zu ermitteln und das qu. Leder wieder zu bekommen, eine Belohnung von 10 Thlr. hiermit zugesichert.

Gransee, den 23. März 1844.

Der Magistrat.

---

* Es ist bei uns zum 1. k. M. die Stelle des Kriminal-Protokollführers und Hülfs-Ingrossators mit einem monatlichen Einkommen von 10—12 Thlr. zu besetzen. Nöthigenfalls kann die Besetzung auch noch bis auf 4 Wochen ausgesetzt bleiben. Wir fordern befähigte Subjekte auf, sich bald unter Beifügung ihrer Zeugnisse bei uns zu melden.

Belzig, den 27. März 1844.

Königl. Land- und Stadtgericht.

Der nachstehend signalisirte Handarbeiter Andreas Gebell aus Mackerode, Kreis Heiligenstadt, hat seinen unterm 24. d. M. zur Reise nach Oranienburg von uns ausgestellten Paß angeblich auf dem Wege zwischen Potsdam und Spandau verloren. Dies wird zur Vermeidung etwaigen Mißbrauchs hierdurch zur öffentlichen Kenntniß gebracht.

Werder, den 26. März 1844.

Der Magistrat.

Signalement: Religion: katholisch, Alter: 23 Jahr, Größe: 5 Fuß 1 Zoll, Haar: braun, Stirn: bedeckt, Augenbraunen: dunkel, Augen: blaugrau, Nase und Mund: gewöhnlich, Bart: im Entstehen, Kinn: oval, Gesicht: länglich, Gesichtsfarbe: gesund, Statur: mittel.

Die Lieferung von circa 2400 Klafter Kiehnen-Klobenholz, und wenn es verlangt wird, den dritten Theil Eichen-Klobenholz, für die hiesigen Königl. Garnison- und Lazareth-Anstalten pro 1845, soll im Wege eines Submissionsverfahrens im Ganzen oder einzelnen Parthien ausgegeben werden. Lieferungsfähige Unternehmer werden hierdurch aufgefordert, ihre Submissions-Eingaben bis zum Termine

ben 23. April b. J., Vormittags 10 Uhr, in unserem Geschäftslokale, Breitestraße Nr. 29, einzureichen. Die desfallsigen Bedingungen können bei uns täglich eingesehen werden, und sollte bei der Submission kein annehmbares Resultat erfolgen, so wird in demselben Termine sogleich zur Lizitation geschritten.

Potsdam, den 26. März 1844.

Königl. Garnison-Verwaltung.

Die Pachtzeit des Blutegelfanges in dem Königl. Gramzower Forstrevier geht in diesem Frühjahre zu Ende, und soll von April d. J. ab, auf 6 Jahre anderweit in dem Geschäftslokale des unterzeichneten Oberförsters am 17. k. M., als Mittwoch Vormittags um 11 Uhr, meistbietend verpachtet werden.

Die in den Jahren 1832 bis 1844 jährlich gezahlte Pacht für diesen Nutzungszweig betrug 20 Thlr.; den Pachtunternehmern dieses zur Nachricht, und sollen die näheren Bedingungen, unter welchen die Verpachtung Statt findet, im Termine bekannt gemacht werden.

Gramzow, den 27. März 1844.

Im Auftrage:

der Oberförster Kobilinski.

Zufolge einer Verfügung der Königl. Regierung zu Potsdam soll die gründliche Reparatur des Küster- und Schulhauses zu Schmergow, zwischen Brandenburg und Potsdam, eine Meile von der Chaussee gelegen, dem Mindestfordernden im Wege des öffentlichen Ausgebots in Entreprise gegeben werden. Die Kosten sind exkl. des Bauholzes auf 631 Thlr. 2 Sgr. 9 Pf. veranschlagt, und haben wir den Lizitations-Termin auf

den 17. April d. J., Vormittags 10 Uhr, im Schulzengerichte zu Schmergow anberaumt, zu welchem vorschriftsmäßig qualifizirte Gewerkmeister hierdurch eingeladen werden.

Der Anschlag nebst Zeichnung und Bedingungen können täglich in den gewöhnlichen Geschäftsstunden bei uns eingesehen werden.

Brandenburg, den 1. April 1844.

Königl. Rent- und Polizei-Amt Lehnin.

Auf dem allhier in der Neustadt Nr. 262 belegenen, Vol. 6 Pag. 445 des Hypothekenbuchs verzeichneten, zuletzt der Wittwe Siebach gehörigen Grundstücke stehen sub Rubr. III Nr. 4 für den hiesigen Magistrat aus der Korreal-Obligation des Arbeitsmannes Christian Spring und seiner Ehefrau Marie Catharine geb. Dennies, vom 10. Juli 1811, 66 Thaler Einquartirungsvorschüsse, in alter Münze (nach dem jetzigen Kourse berechnet 56 Thlr. 17 Sgr. 1 Pf.) zu 4 Prozent verzinslich, eingetragen. Da das betreffende Dokument angeblich nicht aufzufinden ist, so werden hiermit die etwaigen Inhaber oder deren Erben, Zessionare, oder die sonst in ihre Rechte getreten sind, aufgefordert, ihre etwaigen Ansprüche aus dem gedachten Dokumente sofort, oder spätestens in dem auf

den 8. Juli 1844, Vormittags 11 Uhr,

vor dem Deputirten, Land- und Stadtgerichtsrath Seckt, im hiesigen Gerichtshause anberaumten Termine, entweder in Person, oder durch einen zulässigen Bevollmächtigten, wozu ihnen die hiesigen Justiz-Kommissarien Schultz und der Justiz-Rath Sello in Vorschlag gebracht werden, geltend zu machen, widrigenfalls sie mit ihren etwaigen Ansprüchen präkludirt und ihnen deshalb, unter Amortisation des qu. Dokuments, ein ewiges Stillschweigen auferlegt werden soll.

Brandenburg, den 14. März 1844.

Königl. Preuß. Land- und Stadtgerichte.

Nothwendiger Verkauf.

Königl. Kammergericht in Berlin.

Das hierselbst vor dem neuen Thore in der Invalidenstraße Nr. 50 belegene, dem Zimmerpolier Karl Friedrich Gumtow gehörige Grundstück nebst Zubehör, abgeschätzt auf 11,752 Thlr. 4 Sgr. 6 Pf. zufolge der, nebst Hypothekenschein und Bedingungen in der Registratur einzusehenden Taxe, soll am 23. Oktober 1844 an ordentlicher Gerichtsstelle subhastirt werden.

Die unserer Kommune zugehörigen, im sogenannten Hirtenwinkel belegenen beiden Pferdeställe mit den dazu gehörigen Streuschuppen und Düngergruben, sollen im Wege öffentlicher Licitation an den Meistbietenden veräußert werden, und haben wir zur Entgegennahme der Gebote einen Termin auf

den 10. Mai d. J., Vormittags 11 Uhr,

vor dem Herrn Deputirten des Magistrats zu Rathhause angesetzt, zu welchem wir Kauflustige hiermit einladen.

Der Grund der Veränderung ist der, daß die qu. Ställe in Besitz der Kommune nicht einen, den Unterhaltungskosten entsprechenden Ertrag liefern, während sie einem Privaten, selbst wenn sie, wie bisher, zur Einstallung der Pferde der hiesigen Garnison benutzt werden, noch Nutzen gewähren mögen.

Die Bedingungen des Verkaufs werden im Termine selbst bekannt gemacht.

Rathenow, den 20. Februar 1844.

Der Magistrat.

Nothwendiger Verkauf.

Stadtgericht zu Wittstock, den 27. Februar 1844.

Das zur Konkursmasse des hiesigen Tuchmachermeisters Gottfried Ludwig Schierwagen gehörige, hierselbst im zweiten Viertel in der Baderstraße Nr. 9 c belegene, Vol. II Fol. 11 des Hypothekenbuchs verzeichnete, zu 211 Thlr. 8 Sgr. 10 Pf. gerichtlich abgeschätzte Wohnhaus, soll

am 4. Juli d. J., Vormittags 11 Uhr,

an gewöhnlicher Gerichtsstelle subhastirt werden. Taxe und Hypothekenschein sind in der Registratur des Gerichts einzusehen.

Nothwendiger Verkauf.

Stadtgericht zu Wilsnack.

Die Bürgerstelle des Schlächters Hinze hierselbst, Vol. I Nr. 30 Pag. 303 des Hypothekenbuchs, ohne Abzug der Lasten auf 1600 Thlr. abgeschätzt, soll

am 15. Juli d. J., Vormittags 11 Uhr,

auf hiesigem Stadtgerichte meistbietend verkauft werden. Taxe und Hypothekenschein können in hiesiger Registratur eingesehen werden.

Nothwendiger Verkauf.

Stadtgericht zu Berlin, den 12. März 1844.

Das in der Blumenstraße Nr. 57 belegene Schmidtsche Grundstück, gerichtlich abgeschätzt zu 11,138 Thlr. 17 Sgr. 6 Pf., soll

am 18. Oktober 1844, Vormittags 11 Uhr,

an der Gerichtsstelle subhastirt werden. Taxe und Hypothekenschein sind in der Registratur einzusehen.

Nothwendiger Verkauf.

Königl. Landgericht zu Berlin, den 19. März 1844.

Das der Wittwe Matschack, Marie Christiane geb. Pittmann gehörige, zu Deutsch-Rixdorf, Kirchstraße Nr. 4 belegene, im Hypothekenbuche Vol. I Nr. 28 Fol. 576 verzeichnete Grundstück, abgeschätzt auf 300 Thlr., zufolge der nebst Hypothekenschein in dem IIten Büreau einzusehenden Taxe, soll

am 11. Juli d. J., Vormittags 11 Uhr,

an ordentlicher Gerichtsstelle, Zimmerstraße Nr. 25, subhastirt werden.

Nothwendiger Verkauf.

Stadtgericht zu Berlin, den 19. März 1844.

Das in der Hirschelstraße Nr. 12 belegene Srepoldsche Grundstück, gerichtlich abgeschätzt zu 9780 Thlr. 22 Sgr. 6 Pf., soll

am 25. Oktober d. J., Vormittags 11 Uhr,

an der Gerichtsstelle subhastirt werden. Taxe und Hypothekenschein sind in der Registratur einzusehen.

Freiwilliger Verkauf.

Das zum Nachlasse des Tuchmachermeisters Christian Friedrich Ammon hierselbst gehörige, Vol. II Fol. 395 Nr. 287 des Hypothekenbuchs verzeichnete und auf 386 Thlr. 27 Sgr. gerichtlich abgeschätzte Mittelwohnhaus nebst dergleichen Bruchkavel, soll

am 3. Juli d. J., Vormittags 10 Uhr,

an hiesiger Gerichtsstelle meistbietend verkauft werden. Beeskow, den 17. März 1844.

Königl. Land- und Stadtgericht.

Nothwendiger Verkauf.

Königl. Landgericht zu Berlin, den 22. März 1844.

Das in der Müllerstraße Nr. 45 hierselbst belegene, dem Partikulier Johann Karl Friedrich Neumeyer gehörige Erbpachtsgrundstück, abgeschätzt auf 3074 Thlr. 27 Sgr. 3 Pf. zufolge der,

nebst Hypothekenschein in dem IIten Büreau einzusehenden Taxe, soll

am 8. Juli d. J., Vormittags 11 Uhr,

an ordentlicher Gerichtsstelle, Zimmerstraße Nr. 25, subhastirt werden.

Nothwendiger Verkauf.

Stadtgericht zu Prenzlau, den 25. März 1844.

Die zum Nachlasse der separirten Simonkow, Emilie geb. Kuhz, früher Wittwe Gruchands, gehörigen, hierselbst vor dem Anklammer Thore belegenen Grundstücke, als:

1) ein Wohnhaus nebst Garten am Kuhdamm Vol. II Nr. 91 und 92 des Hypothekenbuches, abgeschätzt auf 1007 Thlr. 3 Sgr. 6 Pf.,

2) ein Kamp Landes von 145 ☐Ruthen, ebendaselbst Vol. II Nr. 113 des Hypothekenbuchs, abgeschätzt auf 241 Thlr. 20 Sgr.,

3) eine Wiese von 208 ☐Ruthen im großen Bruche Vol. XX Nr. 3 des Hypothekenbuches, abgeschätzt auf 120 Thlr.,

4) eine abgetrennte Wiesenkavel von 1 Morgen 38 ☐Ruthen im Fohlenbruche, abgeschätzt auf 260 Thlr.

5) eine abgetrennte Wiesenkavel von 104 ☐R. im Freibruche, abgeschätzt auf 60 Thlr.

zufolge der nebst Hypothekenschein und Bedingungen in unserer Registratur einzusehenden Taxe, sollen am 9. Juli d. J., Vormittags 11 Uhr, an ordentlicher Gerichtsstelle subhastirt werden.

Alle unbekannte Realprätendenten werden aufgefordert, sich bei Vermeidung der Präklusion spätestens in diesem Termine zu melden.

Nothwendiger Verkauf.

Gräflich von Itzenplitz-Friedlandsches Amtsgericht.

Die den Geschwistern Gieseler gehörende Stellen zu Alt-Friedland,

1) Nr. 15 B von 8 Morgen 72 ☐Ruthen Land, abgeschätzt auf 240 Thlr.

2) Nr. 28 B von 5 Morgen 149 ☐Ruthen Land, abgeschätzt auf 328 Thlr.

zufolge der, nebst Hypothekenscheinen und Bedingungen in der Registratur einzusehenden Taxen, sollen Theilungshalber am 9. Juli d. J., Vormittags 10 Uhr, auf dem Amte Friedland subhastirt werden.

Wrietzen a. d. O., den 30. März 1844.

Ich beabsichtige den Verkauf meiner auf der hiesigen Feldmark belegenen Grundstücke, welche aus zwei geräumigen, im guten baulichen Stande befindlichen Wohnhäusern, den benöthigten Wirthschaftsgebäuden, 70 Morgen 39 ☐Ruthen Ackerland und 10 Morgen 137 ☐Ruthen Wiesen bestehen, und lade Kauflustige ein, in dem auf

den 16. April d. J., Vormittags 11 Uhr,

hierselbst in meiner Wohnung anberaumten Termine ihre Gebote abzugeben. Für den Fall, daß ein annehmbares Gebot erfolgen sollte, kann der Kaufvertrag sofort abgeschlossen werden.

Schmargendorf bei Angerm., den 23. März 1844.

Der Ackerwirth Neumann.

Der im Laufe d. J. auszuführende Neubau eines massiven Küster- und Schulhauses in dem zum hiesigen Majorate gehörigen Dorfe Fliet, soll dem Mindestfordernden in Entreprise überlassen werden, und habe ich zur Abhaltung der desfallsigen Lizitation einen Termin auf

den 30. April d. J., Vormittags 9 Uhr,

im Schulzenhofe zu Fliet anberaumt, zu welchem ich qualifizirte Unternehmungslustige mit dem Bemerken hiermit einlade, daß die Zeichnung nebst Anschlag, so wie die bei der Lizitation zu Grunde zu legenden Bedingungen täglich in meinem Büreau eingesehen werden können.

Suckow bei Prenzlau, den 26. März 1844.

Der Patron der Kirche und Schule zu Fliet,

Königl. Kammerherr G. v. Arnim.

Ein preiswürdiges Landgut zu 15,000 bis 60,000 Thlr. disponible Abzahlung wird innerhalb 1 bis 15 Meilen von Berlin, ohne Einmen-

gung eines Dritten, bald zu Kauf gesucht. Genaue Nachrichten werden durch die Exped. dies. Blattes unter Adresse v. E—13 frankirt erbeten.

Ein im Templiner Kreise belegenes Landgut, zu welchem 432 Morgen 52 ☐Ruthen Acker — größtentheils Weizenboden — 42 Morgen 77 ☐Ruthen sehr schöne Wiesen, circa 3 Morgen fischreiche Seen und 10 Morgen Heideland, mit Birken und Elsen bestanden, gehören, soll baldigst aus freier Hand verkauft werden. Die Gebäude sind erst im Jahre 1843 neu erbaut. Nähere Auskunft ertheilt W. E. Seidel in Zehdenick.

Es wird eine in gutem Stande befindliche Schankwirthschaft, zu welcher auch einige Morgen Ackerland und Wiesen gehören, zu kaufen gesucht, und Verkaufs-Offerten erbeten durch

W. E. Seidel in Zehdenick.

Eine bedeutende Quantität ganz vorzüglich guter keimfähiger Harzer Kiefersaamen, in kleinen Parthien 8¼ Sgr. pro Pfund, in größeren billiger, ist zu haben Landsberger Straße Nr. 48 in Berlin.

Offene Stelle.

Auf einem Gut in der Nähe Berlins, wird ein erfahrener praktischer Oekonom gesucht, der bei einem dauernden Engagement nicht zu hoch gespannte Ansprüche macht. Derselbe kann auch verheirathet sein, wenn die Ehe kinderlos ist und die Frau die Eigenschaft besitzt, der häuslichen Landwirthschaft mit Nutzen vorstehen zu können. Tüchtigkeit und Rechtlichkeit, verbunden mit Ordnungsliebe, sind die Hauptbedingungen des Gesuchten, und nur solche, die sich hierüber glaubhaft auszuweisen vermögen, wollen ihre Adresse, unter Mittheilung der abschriftlichen Atteste sub T 22 im Königl. Intelligenz-Komtoir zu Berlin frei abgeben lassen.

Oeffentlicher Anzeiger
zum 15ten Stück des Amtsblatts
der Königlichen Regierung zu Potsdam und der Stadt Berlin.

Den 12. April 1844.

In der Nacht vom 18. zum 19. März d. J. ist die Kirche zu Niedergörsdorff in der Superintendentur Jüterbogk mittelst Einbruchs durch das mit eisernen Stäben verwahrte Fenster der Sakristei und gewaltsamer Eröffnung des mit Eisenbeschlag und dreifachem Verschluß versehenen Kirchenkastens beraubt und sind dabei:

a) die Staatsschuldscheine

Litt. G Nr. 8,005 über 50 Thlr.,
„ G Nr. 28,865 über 50 Thlr.,
„ G Nr. 32,254 über 50 Thlr.,

nebst den dabei befindlichen Zinskoupons Serie IX. Nr. 2—8.

b) an baarem Gelde 17 Thlr. 15 Sgr. 10 Pf. in verschiedenen Münzsorten,

entwendet worden. Die Staatsschuldscheine sind mit dem Außerkourssetzungs-Vermerk des Predigers Wassermann versehen.

Es ergehet an die resp. Behörden und an Jedermann die Aufforderung, im Falle ihnen über diesen Kirchenraub etwas Näheres bekannt werden sollte, davon Anzeige zu machen. Zugleich wird vor dem Ankauf der entwendeten Papiere gewarnt und ersucht, falls sie zum Verkauf angeboten werden sollten, die Produzenten anzuhalten und der Ortspolizei sofort Anzeige zu machen.

Potsdam, den 30. März 1844.
Königl. Regierung,
Abtheilung für die Kirchenverwaltung und das Schulwesen.

Bekanntmachung,
betrifft die Verpachtung des Domainen-Amts Czechoczin.

Die Königl. Domaine Czechoczin, mit welcher die Amtsverwaltung des Amts Putzig verbunden ist, 4½ Meile von der Stadt Danzig und 1 Meile von der Stadt Neustadt, nahe an der von Danzig nach Stettin führenden Chaussee gelegen, mit einem Gesammt-Flächeninhalte von 3346 M. 36 □R., soll von Trinitatis 1845 auf 24 Jahre, bis Johannis 1869, im Wege der Submission von Neuem verpachtet werden. Es gehören dazu

1. das Vorwerk Czechoczin, verbunden mit dem Rechte zur Brauerei und Brennerei und dem Verlagsrechte über die Krüge zu Czechoczin und Rheda. Das Vorwerk hat einen Flächeninhalt von 1141 M. 145 □R. Hierunter befinden sich 463 M. 65 □R. Acker, von denen nach den für die Provinz Preußen geltenden Domainen-Veranschlagungs-Prinzipien, 333 M. 48 □R. zur 3ten Klasse, 44 M. 44 □R. zur 4ten Klasse und 85 M. 153 □R. als drei- und sechsjähriges Roggenland eingeschätzt sind; ferner 365 M. 143 □R. Wiesen in und am Brüchschen Bruche zu beiden Seiten des Rheda-flusses gelegen, die zum großen Theile gute Wiesen-erde enthalten und nahrhafte Gräser tragen; ferner 283 M. 60 □R. Hütungsländereien, welche meliorirt und theilweise in Wiesen umgewandelt werden können. Für die ersten 4 bis 6 Jahre wird dem Pächter die freie Weide in der Königl. Forst mit 28 Haupt Großvieh zugestanden.

2. Das Vorwerk Bresin mit einem Flächen-inhalte von 1577 M. 145 □R., hierunter 640 M. 150 □R. Acker, von welchem 405 M. 21 □R. zur 2ten, 130 M. 71 □R. zur 3ten, 86 M. 50 □R. zur 4ten Klasse, und 19 M. 8 □R. als dreijähriges Roggenland eingeschätzt sind; ferner 368 M. 6 □R. im Brüchschen Bruche und am Rheda- und Strimmigflusse gelegene, zur 3ten und 4ten Klasse eingeschätzte Wiesen, endlich 474 M. 170 □R. Hütungsländereien.

3. Das Vorwerk Reckau, bestehend aus 626 M. 126 □R., hierunter 103 M. 150 □R Acker, und zwar 27 M. 3ter, 76 M. 150 □R. 4ter Klasse, meist leichten sandigen, jedoch theilweise mit Moorerde vermischten Bodens; ferner 58 M. 166 □R. drei-, sechs- und neunjähriges Roggenland. An Wiesen gehören hierzu: 166 M. 137 □R., darunter 11 M. Wiesen 3ter und 155 M. 137 □R. Wiesen 4ter Klasse, endlich 275 M. 179 □R. Hütungsländereien, welche zum größten Theil meliorationsfähig sind.

Nur das Vorwerk Reckau wird in drei Feldern, dagegen das Vorwerk Czechoczin in sechs und das Vorwerk Bresin in sechs Binnen- und sieben Außenschlägen bewirthschaftet. Der Acker hat überall, mit geringer Ausnahme, eine ebene Lage und ist nirgends so streng, daß seine Bearbeitung irgend schwierig werden könnte.

Auf sämmtlichen Vorwerken sind die erforderlichen Wohn- und Wirthschaftsgebäude fast durchweg in gutem baulichen Zustande vorhanden.

Das zu den Vorwerken gehörige, von dem Pächter zu übernehmende Königl. Inventarium hat einen Werth von 418 Thlr. 8 Sgr. 9 Pf.

4. Das Recht der Fischerei in den Grenzen des Vorwerks und vorlangs des Ostseestrandes, so wie das Recht auf die unbeständigen Gefälle für das Legen der Kalsäcke in der Ostsee von Karwenbruch bis Grossendorf.

Der geringste Pachtzins ist:
für das Vorwerk Czechoczin auf 791 Thlr. 17 Sgr. 1 Pf. inkl. 262 Thlr. 15 Sgr. Gold, für das Vorwerk Bresin auf 1432 Thlr. 27 Sgr. 5 Pf. inkl. 477 Thlr. 15 Sgr. Gold, für das Vorwerk Reckau auf 162 Thlr. 20 Sgr. inkl. 55 Thlr. Gold, für die Brau- und Brennerei auf 232 Thlr. 26 Sgr. 3 Pf. inkl. 77 Thlr. 15 Sgr. Gold, für das Verlagsrecht auf 20 Thlr. 16 Sgr. 4 Pf., für die Fischerei auf 95 Thlr. 28 Sgr. 6 Pf. inkl. 30 Thlr. Gold, in Summa auf 2736 Thlr. 15 Sgr. 7 Pf. inkl. 902½ Thlr. Gold festgesetzt.

Außerdem ist Pächter verpflichtet, die Amtsverwaltung des Amts Putzig für eine jährliche Remuneration von 500 Thlrn. zu übernehmen.

Die von dem Pächter zu leistende Kaution ist für die Pachtung auf 1000 Thlr. und für die Amtsverwaltung auf 1800 Thlr. bestimmt, und in Staatspapieren oder pupillarische Sicherheit gewährenden Hypotheken-Dokumenten zu bestellen. Zur Übernahme der Pachtung ist der Nachweis eines Vermögens von mindestens 15,000 Thlrn. erforderlich, und muß zur Sicherheit für das bei der Submission abgegebene Gebot eine Kaution von mindestens 1500 Thlrn. auf Verlangen sogleich bei der Regierungs-Hauptkasse niedergelegt werden. Die zur Pachtübernahme qualifizirten Bewerber können sich über die näheren Submissions- und Pachtbedingungen in unserer Domainen-Registratur und bei dem Königl. Domainenamte zu Czechoczin informiren, und werden hierdurch aufgefordert, ihre Pacht-Offerten, unter genauer Beachtung des vorgeschriebenen, in den vorhin erwähnten Bedingungen enthaltenen Verfahrens, in versiegelten Briefen dem, mit der Annahme der Submissionen beauftragten Kommissarius der Regierung, Herrn Regierungs-Rath Riemann, spätestens bis

zum 10. Juli d. J.,

als dem zur Annahme der Submissionen bestimmten letzten Termine, abzugeben, und sich bei demselben gleichzeitig über den Besitz des erforderlichen Vermögens und über ihre Qualifikation zu Übernahme der Pachtung auszuweisen.

Die Eröffnung der Submissionen erfolgt den folgenden Tag, den 11. Juli d. J. in der vorgeschriebenen Weise. Danzig, den 17. Febr. 1844.

Königl. Regierung.
Abtheilung für direkte Steuern, Domainen und Forsten.

* Die dem Waisenhause in Züllichau aus der von Derflingerschen Stiftung gehörigen, im Soldiner Kreise belegenen Rittergüter Kerkow und Krauseiche, nebst dem Vorwerk Fiaschewinkel, sollen von Johannis d. J. ab auf 24 Jahre, also bis Johannis 1868, im Wege der Submission öffentlich verpachtet werden.

Die nutzbare Vorwerksfläche enthält rund 4136 Morgen, und zwar:
a) an Gärten 22 Morgen,
b) an Acker: Gerstland 1ster und 2ter Klasse 769 Morgen, Haferland 1ster und 2ter Klasse 1370 Morgen, 3jähriges Land 505 Morgen, 6- und 9jähriges Land 481 Morgen, zusammen 3125 Morgen,
c) Wiesen 762 Morgen,
d) Hütungen 221 Morgen.

Zu den Gütern gehört die privative Aufhütung auf den circa 1760 Morgen Fläche betragenden Gutsforsten, ferner eine Ziegelei, eine Brennerei und die wilde Fischerei in dem bei Soldin belegenen Theerensee, endlich die Erhebung von 3 Wispeln Mühlengetreide.

Das Minimum des festgesetzten jährlichen Pachtzinses beträgt 4215 Thlr. 6 Sgr. 3 Pf., inkl. ½ Gold.

Die sonstigen Pachtbedingungen, so wie der Anschlag und die zu demselben gehörige Revisions-Verhandlung, sind in unserer Registratur einzusehen, wo auch eine Bekanntmachung über das Verfahren bei dergleichen Submissionen und über die allgemeinen Bedingungen dabei vorgelegt wird.

Die Submissionsanträge werden nur bis zum 25. April d. J. einschließlich angenommen und müssen unserem Justitiarius, dem Herrn Regierungs-Rath Karstedt, von den Pachtbewerbern, unter Abgabe der vorgeschriebenen protokollarischen Erklärung, persönlich zugestellt werden. Hierbei ist zugleich die vollständige Qualifikation als Landwirth und der Nachweis eines disponiblen Vermögens von mindestens 15,000 Thlrn. durch glaubhafte Bescheinigungen nachzuweisen.

Der Termin zur Eröffnung der versiegelt einzureichenden Submissionen ist auf

den 27. April d. J., Vormittags 11 Uhr,

in dem Sessionszimmer der unterzeichneten Regierungs-Abtheilung angesetzt, und können die Pachtbewerber demselben entweder selbst oder durch Abgeordnete beiwohnen.

Der Zuschlag unter den drei Bestbietenden erfolgt durch den Direktor des Waisenhauses in Züllichau, Herrn Prof. Hanow, unter unserer Bestätigung, sogleich im Termin.

Frankfurt a. d. O., den 21. März 1844.

Königl. Regierung,
Abtheilung für die Kirchenverwaltung und das Schulwesen.

Ediktalladung.

Der Rittergutsbesitzer von Bredow auf Stechow hat bei uns die Theilung der gemeinschaftlichen Jagd auf der Feldmark Stechow beantragt. Zur Einleitung des Theilungsverfahrens haben wir Termin auf

den 3. Juni d. J., Vormittags 9 Uhr,

in dem von Bredowschen Herrnhause zu Stechow bei Rathenow angesetzt, und fordern alle diejenigen, welche bei der Theilung ein Interesse haben, auf, ihre Ansprüche in diesem Termine bei Vermeidung der Präklusion anzugeben und nachzuweisen.

Rathenow, den 2. April 1844.
Kreisjagdtheilungs-Kommission für den Westhavelländischen Kreis der Kurmark Brandenburg.

Im Auftrage der Königl. Regierung hierselbst wird das unterzeichnete Haupt-Steueramt, und zwar in dessen Amtsgelasse

am 29. April d. J., Vormittags 10 Uhr,

die Chausseegeld-Erhebung zu Birkenwerder, auf der Berlin-Neu-Strelitzer Kunststraße, zwischen Berlin und Oranienburg an den Meistbietenden mit Vorbehalt des höheren Zuschlags, vom 1. Oktober d. J. ab, zur Pacht ausstellen.

Nur als dispositionsfähig sich ausweisende Personen, welche vorher mindestens 250 Thlr. baar oder in annehmlichen Staatspapieren bei dem unterzeichneten Haupt-Steueramte zur Sicherheit niedergelegt haben, werden zum Bieten zugelassen.

Die Pachtbedingungen sind bei uns von heute ab während der Dienststunden einzusehen.

Potsdam, den 4. April 1844.
Königl. Haupt-Steueramt.

Die Grasnutzung in den Chausseegräben des dritten Wegebaubezirks soll meistbietend verpachtet werden, und zwar:

1) Die Strecke von Potsdam bis Beelitz, am 17. April d. J., Vormittags 9 Uhr, im Gasthofe zu Michendorf,
2) die Strecke von Beelitz bis zur Hohenholzbrücke, am 17. April d. J., Nachmittags 2 Uhr, im Wärterhause bei Wittbrietzen,
3) die Strecke von der Hohenholzbrücke bis hinter Luttersbrunnen, am 18. April d. J., Nachmittags 5 Uhr, im Gasthofe des Herrn Linicke bei Rietz, und
4) die Strecke vom Tiefenbrunnen bis hinter Wesikendorf, am 19. April d. J., Vormittags 10 Uhr, auf der Hebestelle bei Jüterbogk,

wozu Pachtlustige eingeladen werden.

Treuenbrietzen, den 1. April 1844.
Der Wegebaumeister Leichhardt.

Verpachtungen von Grasnutzung.

Zu der, auf höhere Veranlassung, angeordneten Verpachtung der Grasnutzungen, in den Chausseegräben des 4ten Wegebaukreises des diesseitigen Regierungsbezirks, sind für dieses Jahr für nachbenannte Strecken folgende Termine angesetzt:

1) Auf der Berlin-Breslau-Königsberger Chaussee
   a) für die Strecke von Berlin bis Vogelsdorf, in mehreren kleinen Abtheilungen, am Montag den 22. April d. J., Vormittags 8 Uhr, im Möweschen Gasthofe zu Dahlwitz;
   b) für die Strecke von Vogelsdorf bis Heydekrug, desgleichen an demselben Tage, Nachmittags 2 Uhr, im Hellmigschen Gasthofe zu Herzfelde.
2) Auf der Berlin-Stettin-Danziger Chaussee, für die Strecke von Berlin bis Ahrensfelde, am

Dienstag den 23. April b. J., Bormittags 8 Uhr, im Chausseewärterhause bei Wartenberg.

3) Auf der Berlin-Tegelschen Chaussee, für die ausgebaute Strecke, an demselben Tage, Nachmittags 3 Uhr, im Chausseehause an den Rehbergen.

Es werden Pachtlustige mit dem Bemerken eingeladen, daß die Bedingungen, welche der Verpachtung zu Grunde gelegt, zwar in den Terminen selbst bekannt gemacht werden, doch kann darüber auch schon vorher bei dem Unterzeichneten, vor dem Frankfurter Thore hier wohnhaft, Erkundigung eingezogen werden.

Berlin, den 3. April 1844.

Der Wegebaumeister Kegel.

Holzverkauf aus Königl. Forst.

Im Königl. Neu-Glienicker Forstrevier sollen Sonnabend den 13. April b. J., Vormittags 10 Uhr, im Behmschen Kruge zu Frankendorf, circa 800 Stück Kiefern Bauholz, unter welchen eine sehr bedeutende Anzahl starker und extrastarker, im Belauf Frankendorf am Frankendorfer Felde, liegende Stücke befindlich sind, ebenso Buchen- und Eichen-Nutzenden, erstere im Belauf Gühlen-Glienicke, letztere im Belauf Wallitz liegend, öffentlich versteigert werden, wozu Kauflustige mit dem Bemerken eingeladen werden, daß die näheren Bedingungen vor dem Termine bekannt gemacht werden sollen, ⅓ des Kaufpreises aber in demselben als Angeld zu erlegen ist.

Die Forstbeamten des Belaufs Frankendorf, Gühlen-Glienicke und Wallitz werden auf Verlangen vor dem Termin die Hölzer vorzeigen, auch kann bei denselben, sowie auf der Oberförsterei das Aufmaaß-Register jener Hölzer eingesehen werden.

Forsthaus Neu-Glienicke, den 1. April 1844.

Im Auftrage der Königl. Regierung.

Der Oberförster Grünert.

Steckbriefe.

Der Schneidergeselle Carl Eduard Kleist von hier, wegen wiederholten Bettelns, Vagabondirens und Verfälschung von Legitimations-Dokumenten mehrfach bestraft, treibt sich seit Anfangs Dezember 1843, wo er von Berlin aus, nach Heilung von einer ansteckenden Krankheit, hierher verwiesen wurde, zwecklos umher, weshalb auf dieses gemeinschädliche Subjekt aufmerksam gemacht wird.

Havelberg, den 29. März 1844.

Der Magistrat.

Signalement des ꝛc. Kleist. Alter: 31 Jahr, Größe: 5 Fuß 4 Zoll, Haare: blond, Stirn: hoch, Augenbrauen: blond, Augen: blaugrau, Nase: gewöhnlich, Mund: aufgeworfene Lippen, Bart: blond, Zähne: gesund, Gesichtsbildung und Kinn: rund, Gesichtsfarbe: gesund, Statur: mittel. Besondere Kennzeichen: trübe Augen und häufiges Blinzeln mit denselben.

Die unten näher signalisirten Arrestaten Mauff und Teklenburg haben in der Nacht vom 2. bis 3. April b. J. Gelegenheit gefunden, mittelst Ausbruchs aus dem Gefängnisse zu entweichen. Wir ersuchen alle Zivil- und Militairbehörden, auf die Entwichenen zu vigiliren, dieselben im Betretungsfalle zu verhaften und an uns abzuliefern.

Angermünde, den 3. April 1844.

Königl. Preuß. Stadtgericht.

1. Signalement des Carl Ferdinand Mauff. Alter: 18 Jahr, Größe: klein, Haare: hellblond, Stirn: halb bedeckt, Augenbrauen: blond, Augen: blaugrau, Nase: dickbreit, Mund: gewöhnlich, Zähne: gut, Kinn: spitz, Gesicht: rund, Gesichtsfarbe: gesund, Statur: klein. Besondere Kennzeichen: oben an der Stirn und am linken Auge eine Narbe.

Bekleidung. Eine graue Tuchjacke, leinene Hosen, Nanquinmütze, schwarzes Chemiset, eine seidene Halsbinde, Pantoffeln und ein leinenes Hemde.

2. Signalement des Schmiedegesellen Johann Carl August Ludwig Teklenburg. Alter: 23 Jahr, Größe: 5 Fuß, Haar: blond, Stirn: bedeckt, Augenbrauen: blond, Augen: blau, Bart: schwach, Statur: klein.

Bekleidung: ein zerrissener blauer Oberrod, graue Buckskinhosen, eine graue Mütze, Pantoffeln und ein leinenes Hemde.

Der Schuhmachergeselle Karl Frisch aus Berlin hat angeblich das ihm am 5. März b. J. für die deutschen Bundesstaaten ausgefertigte, auf 2 Jahre gültige und mit nachstehendem Signalement versehene Wanderbuch bei Löwenberg verloren. Zur Vermeidung von etwanigen Mißbräuchen wird dies hiermit bekannt gemacht und das qu. Wanderbuch für ungültig erklärt.

Berlin, den 25. März 1844.

Königl. Polizei-Präsidium.

Signalement. Religion: evangelisch, Alter: 19 Jahr, Größe: 5 Fuß 6 Zoll, Haare: röthlich, Stirn: frei, Augenbrauen: blond, Augen: blau,

Nase und Mund: gewöhnlich, Kinn und Gesicht: oval, Gesichtsfarbe: gesund.

• Der Glasergeselle Friedrich Christian Daniel Bernhard Ahrens, aus Schwerin im Großherzogthum Mecklenburg-Schwerin gebürtig, hat angeblich das ihm am 11. April 1842 zu Schwerin ausgefertigte und zuletzt hier am 20. März d. J. nach Perleberg visirte, mit nachstehendem Signalement versehene Wanderbuch am 20. März d. J. hier verloren. Zur Vermeidung von etwanigen Mißbräuchen wird dies hiermit öffentlich bekannt gemacht und das qu. Wanderbuch für ungültig erklärt. Berlin, den 29. März 1844.

Königl. Polizei-Präsidium.

Signalement. Religion: evangelisch, Alter: 19 Jahr, Größe: 5 Fuß 4 Zoll, Haar: dunkelbraun, Stirn: frei, Augenbrauen: dunkelbraun, Augen: grau, Nase und Mund: gewöhnlich, Bart: braun, Kinn und Gesicht: oval, Gesichtsfarbe: gesund.

Der 37 Jahre alte Ackerbürger Karl Schröder hierselbst ist auf das Anbringen seiner Geschwister als Verschwender erklärt. Wir bringen dies mit der Warnung, ihm Kredit zu ertheilen, zur öffentlichen Kenntniß.

Berlitz, den 16. März 1844.

Königl. Preuß. Land- und Stadtgericht.

Die Lieferung von circa 2400 Klafter Kiehnen-Klobenholz, und wenn es verlangt wird, den dritten Theil Eichen-Klobenholz, für die hiesigen Königl. Garnison- und Lazareth-Anstalten pro 1845, soll im Wege eines Submissionsverfahrens im Ganzen oder einzelnen Parthien ausgegeben werden. Lieferungsfähige Unternehmer werden hierdurch aufgefordert, ihre Submissions-Eingaben bis zum Termine

den 23. April d. J., Vormittags 10 Uhr,

in unserem Geschäftslokale, Breitestraße Nr. 29, einzureichen. Die desfallsigen Bedingungen können bei uns täglich eingesehen werden, und sollte bei der Submission kein annehmbares Resultat erfolgen, so wird in demselben Termine sogleich zur Lizitation geschritten.

Potsdam, den 26. März 1844.

Königl. Garnison-Verwaltung.

Berlin-Anhaltische Eisenbahn.

Bei der heutigen zweiten Verloosung von Prioritäts-Aktien der Berlin-Anhaltischen Eisenbahn-Gesellschaft sind folgende Nummern gezogen worden:

A. von Prioritäts-Aktien à 500 Thlr.: Nr. 121. 323. 400. 477. 516. 587. 636. 709. 927. 980. 997. 1007 und 1266.

B. von Prioritäts-Aktien à 100 Thlr.: Nr. 39. 48. 153. 215. 216. 233. 255. 257. 279. 389. 486. 684. 849. 1133. 1189. 1239. 1321. 1350. 1401. 1431. 1467. 1504. 1510. 1562. 1737. 1738. 1804. 1837. 2099. 2112. 2260. 2491. 2504. 2729. 2787. 2873. 2893. 3139. 3159. 3457. 3722. 3724. 3771. 3835. 3913. 3991. 4013. 4026. 4000. 4103. 4112. 4129. 4147. 4160. 4397. 4420. 4503. 4535. 4670. 4988. 5102. 5435. 5448. 5503. 5531. 5672. 5754. 6040. 6298. 6538. 6582. 6580. 6629. 6704. 7009. 7008. 7103. 7268. 7348. 7436. 7443. 7477. 7321. 7373. 7644. 7751. 7990. 8145. 8290. 8397 und 8443.

In Gemäßheit der desfälligen Bestimmungen des unterm 18. Februar 1842 Allerhöchst bestätigten Nachtrags zum Statut unserer Gesellschaft fordern wir die Inhaber der ausgeloosten Aktien hierdurch auf, dieselben mit dem, noch vom 1. Juli d. J. ab laufenden Zinskoupon

am 1. Juli d. J.

bei unserer hiesigen Hauptkasse gegen Zahlung des Nennwerths der Aktien einzuliefern.

Der Betrag des etwa fehlenden Koupons wird von dem Kapitale gekürzt.

Die Verzinsung der ausgeloosten Aktien hört mit dem 1. Juli d. J. auf und rücksichtlich derjenigen Aktien, welche bis ult. Dezember d. J. nicht zur Einlösung präsentirt worden, tritt das gerichtliche Depositions-Verfahren ein.

Gleichzeitig machen wir darauf aufmerksam, daß von den im v. J. zur Amortisation verloosten Prioritäts-Aktien die

Nr. 955. 4226. 4291. 5204. 5439. 5464. 6529. und 6701.,

jede über 100 Thlr., bis jetzt nicht zur Einlösung vorgelegt worden sind.

Berlin, den 1. April 1844.

Direktion der Berlin-Anhaltischen Eisenbahn-Gesellschaft.

v. Cronstein, Vorsitzender.

Der Büdner Raasch zu Grunewald beabsichtigt, unweit des Dorfes auf seinem Acker eine Bockwindmühle mit einem Mahlgange zu erbauen und hat dazu die landespolizeiliche Genehmigung nachgesucht.

Dies wird hierdurch mit dem Bemerken zur öffentlichen Kenntniß gebracht, daß alle etwanige Widersprüche hiergegen, sowohl aus dem Edikte vom 28. Oktober 1810, wie aus der Allerhöchsten Kabinetsordre vom 23. Oktober 1826, binnen 8 Wochen präklusivischer Frist bei dem unterzeichneten Landrathe anzumelden und zu begründen sind.

Templin, den 19. März 1844.
Der Landrath des Templinschen Kreises.
von Haas.

Laut bestätigter Rezesse und gerichtlicher Verträge haben die den Lehnrittergütern Kehrberg und Bettin dienstpflichtigen Hofwirthe, wovon 12 in Kehrberg, 13 in Bettin und 3 in Lindenberg angesessen sind, ihre Dienst- und Abgabenverpflichtungen gegen die Gutsherrschaft durch Land- und Kapitalentschädigungen abgelöst, von denen letztere, mit Einschluß der Hofwehrgelder zusammen 10,066 Thlr. 20 Sgr. betragen.

Dies wird den Inhabern und Pfandgläubigern von folgenden, auf den genannten Rittergütern haftenden Hypothekforderungen:

1) sub Nr. 1 von dem Agio- und Zinsrückstande eines Restkapitals von 630 Thlr. Nr. 3 aus der Obligation vom 8. Mai 1749 für Eleonore Katharine geb. Gutike verehel. Voigt;

2) sub Nr. 2 von 3600 Thlr. Gold aus der Ehestiftung d. d. Tielkow den 23. Juli 1754, eingetragen
a) mit 1000 Thlr. Gold nach mehreren Zessionen, zuletzt vom 21. September 1800 für den Generalmajor von der Marwitz und
b) mit 2600 Thlr. Gold, zufolge der letzten Zession vom 10. Mai 1810 für den Kammerrath Götze zu Quedlinburg;

3) sub Nr. 3 von 500 Thlr. Kourant, aus dem Theilungsrezesse d. d. Seefeld den 31. Januar 1790, eingetragen nach mehreren Zessionen, zuletzt vom 14. Januar 1793 für den Generalfeldmarschall von Möllendorff;

4) sub Nr. 7, 8 und 9 von je 778 Thlr. 8 gGr. 9¼ Pf. für jede der drei Geschwister von Winterfeld, Sophie Auguste, Louise Katharine Konstanze, und Maria Dorothea, Gattin des Hauptmanns von Zepelin;

5) sub Nr. 10 von 778 Thlr. 8 gGr. 9¼ Pf.

aus demselben Theilungsrezesse, eingetragen nach mehreren Zessionen, zuletzt vom 19. April 1803 für Sophie Elisabeth geb. Mylius, verwittwete Mertens;

6) sub Nr. 12 von 500 Thlr. aus der Obligation vom 27. Oktober 1790, und der Zession vom 18. September 1792 für den Generalfeldmarschall von Möllendorff;

7) sub Nr. 14 von 4492 Thlr. 14 gGr. 11 Pf. aus dem Theilungsrezesse vom 25. Oktober 1790 und dem Nachtrage vom 20. Dezember 1794, eingetragen
a) mit 2252 Thlr. 14 gGr. 11 Pf. für den Rittmeister Karl Konrad Otto von Winterfeld, und
b) mit 2240 Thlr., aus den Zessionen vom 8. Oktober 1797 und vom 25. Oktober 1797 für den Generalfeldmarschall von Möllendorff;

8) sub Nr. 18 von 476 Thlr. 14 gGr. 2 Pf. aus der Obligation vom 28. April 1797, und zwar eingetragen
a) mit 262 Thlr. 17 gGr. 10 Pf. für die Kirche zu Kehrberg, und
b) mit 213 Thlr. 20 gGr. 4 Pf. für die Kirche zu Bettin;

9) sub Nr. 21 von 700 Thlr., aus der Obligation vom 14. Februar 1800 für den Bürgermeister Stenger;

10) sub Nr. 23 von 252 Thlr. inkl. 192 Thlr. Gold, aus der Obligation vom 22. September 1803 für den Generalfeldmarschall von Möllendorff;

11) sub Nr. 24 von 611 Thlr. 18 gGr. 1 Pf., aus der Obligation vom 28. März 1809, für die darin näher benannten Elsnerschen, Jahnkeschen, Martheschen, Rosinschen, Langhoffschen und Habuschen Minorennen;

12) sub Nr. 25 von 2133 Thlr. 8 gGr., aus dem Erbtheilungsrezesse vom 4. Juli 1822, für Fräulein Wilhelmine Charlotte von Winterfeld.

Hierdurch bekannt gemacht.

Diese Hypothekgläubiger und deren Rechtsnachfolger sind berechtigt, wenn sie durch die Ablösungen sich benachtheiligt glauben, die Herstellung ihrer geschmälerten Sicherheit, oder die Verwendung der Ablösungsgelder zur Abstoßung der zuerst eingetragenen Kapitalposten zu verlangen und, wenn weder eins noch das andere geschieht, ihre Forderungen vor der Verfallzeit aufzukündigen.

Dieses Recht muß aber innerhalb 6 Wochen, oder spätestens in dem auf

den 6. Mai d. J., Vormittags 11 Uhr,

in meiner Wohnung hierselbst angesetzten Termine ausgeübt werden, widrigenfalls angenommen wird, daß die abgelösten gutsherrlichen Rechte und die an deren Stelle getretenen Entschädigungsgelder der Pfandverbindlichkeit für obige Kapitalforderungen, deren Zinsen und Kosten, entlassen werden.

Pritzwalk, den 15. März 1844.

Im Auftrage der Königl. Generalkommission der Kurmark.

von Nordenskjöld,
Kammergerichts-Assessor.

Die Separation auf der Feldmark der Stadt Charlottenburg ist jetzt so weit gediehen, daß die Abfindungspläne bereits den neuen Besitzern überwiesen worden sind, und das Verfahren durch Abschluß des Rezesses beendigt werden soll.

Da die formelle Legitimation sämmtlicher Interessenten Umstände findet und sich selbst einzelne Ackerstücke vorgefunden haben, deren rechtliche Besitzer bisher gar nicht haben ermittelt werden können, so werden hierdurch alle diejenigen, welche ein Interesse bei dieser bereits zur Ausführung gekommenen Separation zu haben vermeinen, und zu dem Verfahren bisher nicht zugezogen worden sind, aufgefordert, sich binnen sechs Wochen, und spätestens in dem

am Montag den 27. Mai d. J.

in meinem Geschäftslokale hierselbst, Brückenstraße Nr. 2, abstehenden Termine mit ihren Ansprüchen zu melden, widrigenfalls die in den §§ 26 und 27 der Verordnung vom 30. Juni 1834 bezeichneten Folgen der Nichtmeldung gegen sie eintreten müssen. Berlin, den 4. April 1844.

Im Auftrage der Königl. General-Kommission für die Kurmark Brandenburg.

Der Regierungs-Assessor Regis.

Nothwendiger Verkauf.
Königl. Kammergericht in Berlin.

Das hierselbst in der Karlstraße Nr. 23 b belegene Grundstück nebst Zubehör, abgeschätzt auf 13,582 Thlr. 14 Sgr. 11 Pf zufolge der, nebst Hypothekenschein und Bedingungen in der Registratur einzusehenden Taxe, soll

am 30. August 1844

an ordentlicher Gerichtsstelle subhastirt werden.

Hierbei wird jedoch bemerkt, daß, wenn das

bereits auf Anordnung der Polizeibehörde von den Miethern geräumte Nachbargrundstück gänzlich abgebrochen werden muß, auch ein Theil dieses Grundstücks abzubrechen und zu erneuen sein wird. Die Kosten dieser Baulichkeiten lassen sich im Voraus nicht bestimmen, indessen würde, selbst in dem Fall, daß die Abbrechung von ganzen Mauern nicht nöthig befunden werden sollte, dennoch die Erneuerung der Thür- und Fensterbögen, das Umlegen der Fußböden, so wie der Verlust der Miethen 2000 bis 3000 Thlr. betragen und daher der Werth des Grundstücks nur auf 12,000 Thlr. zu veranschlagen sein.

Nothwendiger Verkauf.
Stadtgericht zu Berlin, den 17. November 1843.

Das hierselbst in der Jägerstraße Nr. 48 belegene Huotsche Grundstück, gerichtlich abgeschätzt zu 7474 Thlr. 28 Sgr. 1 Pf., soll

am 25. Juni 1844, Vormittags 11 Uhr,

an der Gerichtsstelle subhastirt werden. Taxe und Hypothekenschein sind in der Registratur einzusehen.

Nothwendiger Verkauf.
Stadtgericht zu Berlin, den 27. Dezember 1843.

Das in der neuen Roßstraße Nr. 7 belegene Grundstück der Kaufmann Gleichschen Erben gerichtlich abgeschätzt zu 21,353 Thlr. 15 Sgr., soll Theilungshalber

am 20. August 1844, Vormittags 11 Uhr,

an der Gerichtsstelle subhastirt werden. Taxe und Hypothekenschein sind in der Registratur einzusehen.

Die unbekannten Realprätendenten werden unter der Verwarnung der Präklusion vorgeladen.

Nothwendiger Verkauf.
Stadtgericht zu Berlin, den 30. Dezember 1843.

Das Neu-Cöln am Wasser Nr. 19 und Wallstraße Nr. 61 belegene Reuschersche Grundstück, gerichtlich abgeschätzt zu 10,243 Thlr. 19 Sgr., soll Schuldenhalber

am 13. August 1844, Vormittags 11 Uhr,

an der Gerichtsstelle subhastirt werden. Taxe und Hypothekenschein sind in der Registratur einzusehen.

Nothwendiger Verkauf.
Stadtgericht zu Berlin, den 18. Januar 1844.

Das in der alten Jakobsstraße Nr. 24 belegene Grundstück des Viktualienhändlers Schnaack, gerichtlich abgeschätzt zu 2111 Thlr. 26 Sgr. 6 Pf., soll Schulden halber am 4. Juni d. J., Vormittags 11 Uhr, an der Gerichtsstelle subhastirt werden. Taxe und Hypothekenschein sind in der Registratur einzusehen.

Nothwendiger Verkauf.

Stadtgericht zu Berlin, den 24. Januar 1844.

Das in der Waßmannstraße Nr. 32 belegene Grundstück des Partikuliers Johann Carl Friedrich Neumeyer, gerichtlich abgeschätzt zu 6138 Thlr. 17 Sgr., soll

am 30. August d. J., Vormittags 11 Uhr, an der Gerichtsstelle subhastirt werden. Taxe und Hypothekenschein sind in der Registratur einzusehen.

Nothwendiger Verkauf.

Stadtgericht zu Berlin, den 18. Januar 1844.

Das in der Linienstraße Nr. 151 belegene Drechslersche Grundstück, gerichtlich abgeschätzt zu 2483 Thlr. 3 Sgr. 9 Pf., soll

am 7. Juni d. J., Vormittags 11 Uhr, an der Gerichtsstelle subhastirt werden. Taxe und Hypothekenschein sind in der Registratur einzusehen.

Nothwendiger Verkauf.

Stadtgericht in Charlottenburg, am 19. Januar 1844.

Das hierselbst in der Wallstraße Nr. 33 belegene und im stadtgerichtlichen Hypothekenbuche von Charlottenburg Vol. VIII Nr. 391 verzeichnete, dem Zimmergesellen Martin Friedrich Blume gehörige Grundstück nebst Zubehör, abgeschätzt auf 1173 Thlr. 22 Sgr. 6 Pf., zufolge der, nebst Hypothekenschein in der Registratur einzusehenden Taxe, soll

am 3. Juni d. J., Vormittags 10 Uhr, an ordentlicher Gerichtsstelle vor dem Herrn Stadtgerichts-Assessor Kolk subhastirt werden. Der seinem Aufenthalte nach unbekannte Besitzer Zimmergeselle Martin Friedrich Blume, so wie etwanige unbekannte Realprätendenten werden hierzu öffentlich vorgeladen.

Das der verehelichten Kaufmann Sachs, Henriette geborne Sperling gehörige, hier in der Kreuzstraße Nr. 16 belegene, in unserm Hypothekenbuche von der Stadt Vol. XIV Nr. 1023 verzeichnete, auf 4196 Thlr. 21 Sgr. 6 Pf. abgeschätzte Grundstück nebst Zubehör soll im Wege der nothwendigen Subhastation verkauft werden, und ist hierzu ein Bietungstermin auf

den 4. Juni d. J., Vormittags 11 Uhr, vor dem Stadtgerichtsrath Herrn v. Ciesielski im

Stadtgericht, Lindenstraße Nr. 54, anberaumt. Der Hypothekenschein, die Taxe und die besonderen Kaufbedingungen sind in unserer Registratur einzusehen.

Potsdam, den 2. Februar 1844.

Königl. Stadtgericht hiesiger Residenz.

Nothwendiger Verkauf.

Land- und Stadtgericht zu Luckenwalde, den 8. Februar 1844.

Das zum Nachlasse des verstorbenen Oelschlägers Martin Thiele gehörige, in Zinna in der Mittelstraße belegene halbe Büdnerhaus nebst Zubehör, abgeschätzt auf 660 Thlr. 20 Sgr. 3 Pf., soll

am 18. Juni d. J., Vormittags 10 Uhr, an ordentlicher Gerichtsstelle subhastirt werden. Die Taxe und der neuste Hypothekenschein können in der Registratur eingesehen werden.

Nothwendiger Verkauf.

Stadtgericht zu Berlin, den 19. März 1844.

Das in der Schäfergasse Nr. 21 belegene Badesche Grundstück, gerichtlich abgeschätzt zu 20,214 Thlr. 27 Sgr. 4½ Pf., soll

am 22. Oktober d. J., Vormittags 11 Uhr, an der Gerichtsstelle subhastirt werden. Taxe und Hypothekenschein sind in der Registratur einzusehen.

Die dem Aufenthalte nach unbekannte verwittwete Geheime Rechnungs-Revisor Harnecker, Sophie Charlotte geb. Szameitke, oder deren Erben werden hierdurch öffentlich vorgeladen.

Nothwendiger Verkauf.

Der zu Wuthenow belegene, Vol. VIII Fol. 76 des Hypothekenbuches verzeichnete, zum Nachlaß des Christoph Friedrich Bünger gehörige und auf 2032 Thlr. 29 Sgr. 7 Pf. abgeschätzte Bauerhof soll

am 13. Juli d. J., Vormittags 10 Uhr, an ordentlicher Gerichtsstelle öffentlich meistbietend verkauft werden. Taxe und Hypothekenschein können in unserer Registratur eingesehen werden.

Unbekannte Realprätendenten werden bei Vermeidung der Präklusion zu diesem Termin mit vorgeladen. Alt-Ruppin, den 25. März 1844.

Königl. Land- und Stadtgericht.

Freiwilliger Verkauf.

Land- und Stadtgericht zu Freienwalde a. d. O., den 23. März 1844.

Das in der kleinen Grünstraße hierselbst Nr. 50 belegene Bürgerhaus nebst Zubehör, dem Schneidermeister David Werkschen Interessenten gehörig, ab-

abgeschätzt auf 1218 Thlr. 7 Sgr. 6 Pf. zufolge der, nebst Hypothekenschein und Kaufbedingungen in der Registratur einzusehenden Taxe, soll
am 10. Mai d. J., Vormittags 10 Uhr,
an ordentlicher Gerichtsstelle, Theilungshalber subhastirt werden.

Nothwendiger Verkauf.
Patrimonialgericht zu Retzin.

Die zur Nachlaßmasse des Müllers Klostermann gehörige Wasser- und Ölmühle in Retzin bei Perleberg, taxirt auf 5557 Thlr. 10 Sgr., soll
am 22. August 1844, Vormittags 11 Uhr,
in der Gerichtsstube zu Retzin meistbietend verkauft werden. Taxe und Hypothekenschein können in der Registratur zu Wilsnack eingesehen werden.

Die in dem Dorfe Görzig, 1 Meile von der Kreisstadt Beeskow, belegenen Gebäude des dortigen Königl. Erbpacht-Vorwerkes mit dazu gehörenden Gärten sollen, mit Genehmigung des Königl. Fiskus, als Erbverpächters, nach erfolgter Spezialseparation desselben, als entbehrlich, im Wege der öffentlichen Lizitation meistbietend verkauft werden.
Durch die beabsichtigte und bereits genehmigte Ablösung des auf dem Erbpachts-Vorwerk annoch ruhenden Kanonrestes, erwerben die Besitzer das freie Eigenthum desselben, und sollen daher die zu verkaufenden Gebäude den Käufern erb- und eigenthümlich frei von allen grundherrlichen Abgaben zugeschlagen werden.
Die Gebäude bestehen:
I. auf dem Vorwerksgehöft
in einem Wohnhause, einem großen Stalle und Scheunengebäude und einem Backhause, sämmtlich ganz massiv von Mauersteinen erbaut und durchgängig im besten baulichen Stande, laut Taxe auf 3726 Thlr. 20 Sgr. gewürdigt.
Der dazu gehörende Garten enthält 6 Morgen Gerstland 1ster und 2ter Klasse.
Wegen der Lage des Gehöfts an der Beeskow-Fürstenwalder Poststraße würde dasselbe sich ganz vorzüglich zur Anlage eines Gasthofs eignen und seine Rentirung bei dem Mangel eines solchen auf der ganzen Straße nicht unbedeutend sein.
II. Auf der gerade über der Straße belegenen Schäferei
in dem Schäferhause von Mauerfach und Ziegeldach, einem Schaafstall und Scheunengebäude von Lehmfachwerk, massivem Schweinestall und Backofen, in guten baulichen Würden auf 1900 Thlr. 15 Sgr. taxirt.

Der dazu gehörende Garten besteht in 6 Morgen Gersten- und Haferland 1ster Klasse.
Die Materialien des Schaafstalles und Schennengebäudes sind wohl erhalten und können bei Translozirung sehr gut zum Aufbau wieder verwandt werden. Das Wohnhaus und Hofraum nebst Garten eignet sich zur Etablirung einer Büdner-Nahrung.
III. Auf der Ziegelei
in dem Zieglerhause, größtentheils massiv, und einem Stalle von Mauerfachwerk und zweier Trockenschuppen von resp. 205 und 100 Fuß Länge, zusammen auf 1602 Thlr. 15 Sgr. gewürdigt. Nach erfolgtem Abbruch der Schuppen, kann die in 2 M. 39 □R. bestehende Hof- und Baustelle mit dem 1 M. 4 □R. dazu gehörigen Garten größtentheils vereinigt werden, und giebt gleichfalls zur Etablirung einer Büdner-Nahrung Gelegenheit.
Das Material der Trockenschuppen kann durchgängig zum Wiederaufbau benutzt werden.
Der öffentlich meistbietende Verkauf dieser Gebäude nebst Zubehör geschieht
am Dienstag, den 21. Mai d. J.,
in dem Vorwerkswohnhause zu Görzig, wozu zahlungsfähige Käufer mit dem Bemerken eingeladen werden, daß Taxe und Vermessungsregister zu jeder Zeit bei dem Vorwerksvorsteher Fischer zu Görzig eingesehen werden können.
Görzig, den 15. März 1844.
Die Besitzer des Königl. Erpachtsvorwerks daselbst.

Die im Dorfe Paaren, zwischen Nauen und Oranienburg, aus der Dismembration des daselbst belegenen Freiguts übrig gebliebene Hofstelle, mit 30 bis 40 Morgen Acker, 20 bis 25 Morgen Wiesen und Weide, Raff- und Leseholz, und Aushütungsgerechtigkeit im nahen Königl. Forst, jährlich einigen 20 Thalern baaren Gefällen, soll im Wege der Lizitation aus freier Hand öffentlich an den Meistbietenden verkauft werden, und habe ich hierzu einen Termin auf
den 18. April d. J., Vormittags 9 Uhr,
im Kruge zu Paaren anberaumt.
Das Grundstück kann zu jeder Zeit in Augenschein genommen werden, und ertheile ich gern auf mündliche oder schriftliche Anfragen näheren Bescheid. Briefe erbitte ich portofrei.
Nauen, den 1. April 1844.
Der Güter- und Kommissions-Agent M. J. Cohn.

Eine Gast= oder Schankwirthschaft mit etwas Acker= und Wiesenland und einer Branntwein=brennerei=Gerechtsame, welche in der Umgegend von Beeskow oder Storkow belegen sein soll, wird entweder zu kaufen oder zu pachten gesucht. Hierauf achtende Besitzer eines solchen Grundstücks wollen dessen Beschreibung nebst Forderung und Bedingungen in frankirten, mit „G. z. H." gezeichneten Briefen der Expedition des Amtsblattes baldigst mittheilen. Unterhändler werden verbeten.

Für die Herren Destillateure, Kaufleute, Gastwirthe rc.

Bei A. F. Schultz in Berlin, Neanderstraße Nr. 34, ist neu erschienen, und daselbst gegen portofreie Einsendung von 2 Thlrn. zu haben, so wie durch jede Buchhandlung von demselben zu beziehen: Die praktische Destillirkunst oder neu vervollkommnete Anweisung zur Anfertigung aller einfachen und doppelten Branntweine, Französischer und Deutscher Liqueure, Ratafias, Kreins rc. auf kaltem Wege mittelst ätherischer Öle und durch Extraktion, so wie auf warmem Wege durch Destillation, der neuesten entdeckten Vorschriften zur Anfertigung der vorzüglichsten und besten Sorten Rums, Kognacs, Weinsprits rc., nebst Angaben, den rohen Branntwein auf die sicherste und bewährteste Methode zu entfuseln und zu reinigen, und Mittheilung aller hierüber bestehenden sogenannten Geheimnisse, von Schultz, Königl. Pr. approbirtem Apotheker, Chemiker und praktischem Destillateur. 3te verbesserte und vermehrte Auflage. Berlin 1844. Zugleich ist die Anweisung zu der jetzt üblichen Umarbeitung der Preßhefe oder Pfundbärme zu ganz trocknem Hefenpulver beigefügt, wodurch diese ihre völlige kräftige Wirkung Jahre lang behält.

Durch die Annahme dieses Buches verpflichtet sich übrigens jeder Abnehmer, die darin enthaltenen Vorschriften nur für sich zu benutzen, und solche Niemandem anders mitzutheilen.

Wicken, Hafer, Erbsen und Gerste empfiehlt zur Saat billigst Walter, am Markt Nr. 16 in Potsdam.

Mehrere Schock gutes Dachrohr ist sogleich für einen billigen Preis zu verkaufen in Schönow bei Teltow von Wilke.

Aachener und Münchener Feuerversicherungs=Gesellschaft.

Geschäftsstand am 1. Januar 1844.

Kapital=Garantie .... 3 Millionen Thlr.
Prämien=Einnahme für 1843,
   exkl. der Vorauszahlungen   813,595 =
Reserve für 1844 (um 141,075
   Thlr. vermehrt) ...... 561,288 =
Versichertes Kapital (um circa
   54 Mill. gestiegen) .. 393 Mill. 424,271

Den ausführlichen Abschluß sind die unterzeichneten Agenten vorzulegen bereit:

Potsdam, den 6. April 1844.

C. W. Müller, Haupt=Agent, Wilhelmsplatz Nr. 2 neben der Post.
Konbukteur Schubert, Agent in Angermünde.
Kämmerer Gerloff, Agent in Beelitz.
F. W. Stockmann sen., Agent in Beeskow.
A. Rosenstern, Agent in Belzig.
Bürgermeister Junker, Agent in Bernau.
E. Schonert und Sohn, Agenten in Brandenburg.
Gebr. Nikolas, Agenten in Charlottenburg.
E. Buchmann, Agent in Köpnik.
C. A. Tauscher, Agent in Dahme.
Bürgermeister Seeger, Agent in Fehrbellin.
C. A. Viereck, Agent in Gransee.
J. D. Ebert, Agent in Havelberg.
Stadtsekretair Schulz, Agent in Jüterbogk.
W. R. Grobecker, Agent in Kyritz.
C. F. Janensch, Agent in Lindow.
Apotheker Stricker, Agent in Lychen.
Ferd. Bethke, Agent in Neu=Ruppin.
Bürgermeister Göck, Agent in Neustadt a. d. D.
J. G. Jantzen, Agent in Neustadt=Eberswalde.
J. E. Wendler, Agent in Oranienburg.
L. Ganzel, Agent in Perleberg.
W. Kalbersberg, Agent in Prenzlow.
Kämmerer Böhme, Agent in Pritzwalk.
W. Kneustler, Agent in Rheinsberg.
J. F. Liepe, Agent in Schwedt.
Louis Emden, Agent in Spandow.
Apotheker Stutz, Agent in Teltow.
J. F. A. Jänicke, Agent in Treuenbriezen.
Apotheker Roth, Agent in Werneuchen.
F. H. Brehmer, Agent in Wilsnack.
Hoffmann und Römer, Agenten in Wittenberge.
Otto Gabcke, Agent in Wittstock.
G. Leist, Agent in Wriezen.
C. F. Oberkampf, Agent in Zehdenick.

Oeffentlicher Anzeiger (№ 1)

zum 16ten Stück des Amtsblatts
der Königlichen Regierung zu Potsdam und der Stadt Berlin.

Den 19. April 1844.

Steckbrief.

Der unten signalisirte, beim Königl. Land- und Stadtgericht zu Stettin zuletzt angestellt gewesene Justiz-Kommissarius Karl Otto Bouneß, rechtskräftig wegen Unterschlagung öffentlicher Urkunden, Fälschung gerichtlicher Urkunden und damit verübter Betrügereien, Unterschlagung anvertrauter Gelder und Aktendiebstahls mit Amts-Entsetzung, Verlust der Nationalkokarde und 10jähriger Zuchthausstrafe, so wie einer Geldstrafe, welcher 3jährige Zuchthausstrafe substituirt ist, verurtheilt, ist zur Verbüßung dieser Freiheitsstrafe am 5. d. M. von hier nach Sonnenburg abgeführt. Er hat Gelegenheit gefunden, mit Zurücklassung von Mantel und Hut in Cüstrin gestern nach 4 Uhr Nachmittags zu entweichen. Da an der Wiedererlangung dieses gefährlichen Verbrechers viel gelegen ist, so ergeht an sämmtliche Justiz- und Polizei-Behörden des In- und Auslandes das Ersuchen, den ꝛc. Bouneß, wo er sich betreten läßt, zu verhaften und geschlossen und unter sicherer Bedeckung in die Strafanstalt zu Sonnenburg einzuliefern. Für die prompte Erstattung der deßfalsigen Kosten werden wir Sorge tragen.

Berlin, den 6. April 1844.

Königl. Kammergerichts-Inquisitoriat.

Signalement. Vor- und Familienname: Karl Otto Bouneß, Geburtsort: Berlin, Aufenthaltsort: Stettin, Religion: evangelisch, Geburtstag: 15. September 1810, Größe: 5 Fuß 4 Zoll 2 Strich, Haare: blond, Stirn: bedeckt, Augenbrauen: blond, Augen: blau, Nase und Mund: proportionirt, Bart: blond, schwach, Zähne: unvollständig, zeigt sie beim Sprechen, Kinn: spitz, Gesichtsbildung: länglich, sehr mager, Gesichtsfarbe: bleich, Gestalt: schwächlich und hager, Sprache: deutsch und wenig französisch. Besondere Kennzeichen: gewandt, sehr gesprächig, von einschmeichelndem Wesen, sehr kurzsichtig, seine Haltung ist nach vorn gebeugt.

---

* Die von uns steckbrieflich verfolgten Tischlergesellen Memler aus Dessau und Schwarze aus Zerbst sind im Königl. Hannöverschen Amtsbezirke Harburg ergriffen und hier wieder eingeliefert, wodurch unser Steckbrief vom 8. März d. J. erledigt ist. Friesack, den 4. April 1844.

Freiherrl. von Bredowsche Gerichte über Wagenitz.

* Dem nachstehend signalisirten Schneidergesellen Joseph Ernemann ist der von dem Königl. Landrathsamte zu Nordhausen am 7. September 1843 ausgestellte und zuletzt am 6. März d. J. von dem unterzeichneten Polizei-Präsidium nach Magdeburg visirte Wanderpaß angeblich entwendet worden.

Zur Vermeidung eines etwanigen Mißbrauchs wird dies hiermit zur öffentlichen Kenntniß gebracht und der gedachte Paß hierdurch für ungültig erklärt. Berlin, den 3. April 1844.

Königl. Polizei-Präsidium.

Signalement. Alter: 19½ Jahr, Religion: katholisch, Größe: 5 Fuß 1 Zoll, Haare: blond, Stirn: frei, Augenbrauen: blond, Augen: blau, Nase und Mund: gewöhnlich, Zähne: gesund, Kinn: rund, Gesichtsbildung: oval, Gesichtsfarbe: gesund, Gestalt: klein, Sprache: deutsch.

* Der Bierbrauer Herrmann Karl Naumann aus Leipzig hat angeblich das ihm am 11. November 1840 zu Leipzig ausgefertigte, zuletzt zu Elbena bei Greifswald am 21. Januar d. J. visirte, bis zum Monat Oktober d. J. gültige Wanderbuch in Berlin verloren. Zur Vermeidung von Mißbräuchen wird dies hiermit öffentlich bekannt gemacht und das qu. Wanderbuch für ungültig erklärt. Berlin, den 29. März 1844.

Königl. Polizei-Präsidium.

* Bei dem unterzeichneten Korpsgericht ist, in Folge eines, nach Vorschrift des Allerhöchsten Edikts

vom 17. November 1764 eingeleiteten, Kontuma-
zialverfahrens wider

den Hülfshautboisten Wilhelm Friedrich Fischer
des 39ften Infanterieregiments (7te Reserve-),
geboren zu Berlin am 30. Juni 1823, Sohn
des Invaliden Johann Ernst Fischer im Invalidenhause bei Berlin, evangelischer Religion, am 26. November 1840 aus dem Militair-
Knabeninstitut zu Annaburg, Kreises Herzberg,
im Regierungsbezirk Merseburg, in der Provinz
Sachsen, in den Königl. Militairdienst eingestellt,
welcher am 15. September 1842 aus der Garnison Luxemburg entwichen ist,

ein kriegesrechtliches Erkenntniß am 23. Februar
d. J. dahin gesprochen und unterm 5. März d. J.
bestätigt worden,

daß Inkulpat in contumaciam der Desertion für
überführt zu erachten und sein gesamtes, gegenwärtiges und künftiges Vermögen zu konfisziren, und zwar zu der Königl. Regierungs-
Hauptkasse zu Merseburg einzuziehen.

Münster, den 29. März 1844.

Königl. Gericht des General-Kommando's des
7ten Armeekorps.

* Im Auftrage der hiesigen Königl. Regierung
wird das unterzeichnete Haupt-Steueramt, und
zwar in dessen Amtsgelasse

am 29. April d. J., Vormittags 11 Uhr,
die Chausseegeld-Hebestelle zu Staaken, zwischen
Spandow und Nauen auf der Berlin-Hamburger
Chaussee an den Meistbietenden, mit Vorbehalt
des höhern Zuschlages vom 1. Oktober d. J. zur
Pacht ausstellen.

Nur als dispositionsfähig sich ausweisende
Personen, welche vorher mindestens 300 Thlr.
baar oder in annehmlichen Staatspapieren bei dem
unterzeichneten Haupt-Amte zur Sicherheit niedergelegt haben, werden zum Bieten zugelassen.

Die Pachtbedingungen sind von heute ab, während der Dienststunden bei uns einzusehen.

Potsdam, den 4. April 1844.

Königl. Haupt-Steueramt.

* Im Auftrage der Königl. Regierung zu Potsdam, wird das unterzeichnete Haupt-Steueramt,
im hiesigen Amtsgelasse

am 6. Mai 1844, Vormittags 10 Uhr,

die Chausseegeld-Erhebung zu Dobberzin an den
Meistbietenden, mit Vorbehalt des höhern Zuschlages, vom 1. Juli d. J. ab, zur Pacht ausstellen.

Nur dispositionsfähige Personen, welche mindestens 130 Thaler baar oder in annehmlichen
Staatspapieren bei dem hiesigen Haupt-Steueramte
zur Sicherheit niedergelegt haben, werden zum
Bieten zugelassen. Die Pachtbedingungen sind bei
uns von heute an, während der Dienststunden einzusehen. Neustadt-Eberswalde, den 6. April 1844.

Königl. Preuß. Haupt-Steueramt.

* Im Auftrage der Königl. Regierung zu Potsdam wird das unterzeichnete Haupt-Steueramt
hierselbst in seinem Dienstgelasse

am 14. Mai d. J., Vormittags 10 Uhr,
die Chausseegeld-Hebestelle zu Glasow auf der
Berlin-Cottbusser Kunststraße, in der Nähe von
Berlin, nochmals an den Meistbietenden, mit Vorbehalt des höheren Zuschlages, vom 1. Juli d. J.
ab, zur Pacht ausstellen, wobei zugleich bemerkt
wird, wie jene Kunststraße in diesem Herbste noch
bis Cottbus vollendet sein wird, wo alsdann zu
erwarten steht, daß die Einnahme sich erheblich
erhöhe.

Nur als dispositionsfähig sich ausweisende Personen, welche vorher mindestens 400 Thlr. baar
oder in annehmlichen Staatspapieren bei dem unterzeichneten Haupt-Steueramte niedergelegt haben,
werden zum Bieten zugelassen. Die Pachtbedingungen sind bei uns von heute an, während der
Dienststunden einzusehen.

Zossen, den 10. April 1844.

Königl. Haupt-Steueramt.

* Zur Versteigerung der in den Forsten der Inspektion Rheinsberg in diesem Frühjahr zu gewin-
nenden Eichenborke zum Betrage von circa

1) in der Oberförsterei Menz	. . . .	15	Klaftern,
2) " " "	Zechlin	. .	9	"
3) " " "	Neu-Glinicke		9	"
4) " " "	Alt-Ruppin	.	20	"
5) " " "	Grünau	. .	45	"
6) " " "	Havelberg	. .	15	"

ist auf
Dienstag den 30. April d. J., Vormittags 10 Uhr,
im Gasthofe zum Rathskeller hierselbst ein Termin
anberaumt, wozu Kauflustige mit dem Bemerken
eingeladen werden, daß der vierte Theil des Kaufgeldes gleich im Termin angezahlt und die Be-

Bekanntmachung der sonstigen Verkaufsbedingungen im Termine erfolgen wird.

Rheinsberg, den 8. April 1844.
Im Auftrage der Königl. Regierung.
Der Forstmeister v. Schaetzell.

Die Lieferung von circa 2400 Klaftern Kiehnen-Klobenholz, und wenn es verlangt wird, den dritten Theil Eichen-Klobenholz, für die hiesigen Königl. Garnison- und Lazareth-Anstalten pro 1845, soll im Wege eines Submissionsverfahrens im Ganzen oder einzelnen Parthien ausgegeben werden. Lieferungsfähige Unternehmer werden hierdurch aufgefordert, ihre Submissions-Eingaben bis zum Termine

den 23. April d. J., Vormittags 10 Uhr, in unserem Geschäftslokale, Breitestraße Nr. 20, einzureichen. Die desfallsigen Bedingungen können bei uns täglich eingesehen werden, und sollte bei der Submission kein annehmbares Resultat erfolgen, so wird in demselben Termine sogleich zur Lizitation geschritten.

Potsdam, den 26. März 1844.
Königl. Garnison-Verwaltung.

Holzversteigerung zur freien Konkurrenz.

Aus der Oberförsterei Neubrück, und zwar aus den Forstdistrikten Schwarzheide, Biegenbrück, Jacobsdorf III, Kersdorf und Alt-Golm VI sollen aus den Vorräthen des laufenden Wirthschaftsjahres circa 6- bis 800 Stück Kiefern Bau- und Schneidehölzer, erstere in Längen von 30, 35, 40, 50 bis 75 Fuß, worunter auch Schiffsbauhölzer, die Schneidehölzer oder Sägeblöcke von 12 bis 24 Fuß Länge, — so wie einige Klaftern Kiefern Böttcherholz,

am Montag den 29. April d. J., von Morgens 10 Uhr ab,

im Bonack'schen Gasthofe hierselbst öffentlich meistbietend versteigert werden, wozu Kaufliebhaber mit dem Bemerken eingeladen werden, daß sämmtliche Hölzer ganz in der Nähe an schiffbaren, die Reviere durchschneidenden Gewässern, — der Spree und dem Friedrich-Wilhelms-Kanal — belegen sind; daß bei Käufen unter 50 Thlr. die Zahlung sofort im Termine erfolgen, dagegen bei größeren Käufen mindestens der vierte Theil des Kaufgeldes, zur Sicherheit der Gebote, an den im Termine anwesenden Forstkassen-Rendanten gezahlt werden muß, ferner, daß das Aufmaaßregister einige Tage

vor dem Termine in der hiesigen Registratur eingesehen werden kann, und endlich, daß die betreffenden Förster angewiesen sind, die Hölzer, auf Wunsch, vor dem Termine zur Ansicht vorzuweisen.

Neubrück, den 4. April 1844.
Im Auftrage der Königl. Regierung zu Frankfurt a. d. O.
Der Oberförster Eyber.

Es soll aus der Königl. Oberförsterei Börnichen vom diesjährigen Einschlage nachbenanntes Brennholz:

1. den 26. April d. J. zur freien Konkurrenz,
   a) aus dem Ober- und Unter-Spreewalde, 1096½ Klaftern Erlen-Scheitholz, wovon 23 Klaftern auf der Ablage bei Altzauche stehen, der übrige Theil aber im Walde an die Spreefließe gerückt ist,
   b) aus dem Unterforst Cämminchen, Jagen 2 und 6, 150½ Klaftern Kiefern-Scheitholz,

2. den 27. April d. J. zur freien Konkurrenz sowohl, als auch zur Befriedigung des Bedarfs der Umgegend, aus dem Ober-Spreewalde, Unterforst Schützenhaus und Neuzauche, 100 Klaftern Erlen-Scheit-, 241 Klaftern gespalten und 636½ Klaftern ungespalten Erlen-Astholz, welches ebenfalls an die Spreefließe gerückt ist, und Kauflustigen von den betreffenden Förstern schon vorher auf Verlangen örtlich vorgezeigt werden kann, jedesmal von Vormittags 10 Uhr ab, in der Expedition des Königl. Rentamts zu Lübben, öffentlich an den Meistbietenden verkauft werden. Die näheren Bedingungen werden in den Terminen veröffentlicht werden, und wird nur vorläufig bemerkt, daß die Zahlungen bei Käufen bis zur Höhe von 50 Thlrn. gleich im Termine erfolgen müssen, bei größeren Käufen aber der 4te Theil des Betrages als Angeld deponirt wird. Forsthaus Börnichen, den 4. April 1844.
Der Oberförster Triepcke.

Verpachtungen von Grasnutzung.

Zu der, auf höhere Veranlassung, angeordneten Verpachtung der Grasnutzungen, in den Chausseegräben des 4ten Wegebaukreises des diesseitigen Regierungsbezirks, sind für dieses Jahr für nachbenannte Strecken folgende Termine angesetzt:
1) Auf der Berlin-Breslau-Königsberger Chaussee
   a) für die Strecke von Berlin bis Vogelsdorf, in mehreren kleinen Abtheilungen, am Montag den 22. April d. J., Vormittags 8 Uhr, im Möwes'schen Gasthofe zu Dahlwitz;

b) für die Strecke von Vogelsdorf bis Heydekrug, desgleichen an demselben Tage, Nachmittags 2 Uhr, im Hellmigschen Gasthofe
zu Herzfelde.

2) Auf der Berlin-Stettin-Danziger Chaussee, für
die Strecke von Berlin bis Ahrensfelde, am
Dienstag den 23. April d. J., Vormittags 8 Uhr,
im Chausseewärterhause bei Wartenberg.

3) Auf der Berlin-Tegelschen Chaussee, für die
ausgebaute Strecke, an demselben Tage, Nachmittags 3 Uhr, im Chausseehause an den Rehbergen.

Es werden Pachtlustige mit dem Bemerken eingeladen, daß die Bedingungen, welche der Verpachtung zu Grunde gelegt, zwar in den Terminen
selbst bekannt gemacht werden, doch kann darüber
auch schon vorher bei dem Unterzeichneten, vor
dem Frankfurter Thore hier wohnhaft, Erkundigung eingezogen werden.

Berlin, den 3. April 1844.
Der Wegebaumeister Kegel.

Ediktalladung.

Der Rittergutsbesitzer von Bredow auf Stechow hat bei uns die Theilung der gemeinschaftlichen Jagd auf der Feldmark Stechow beantragt.
Zur Einleitung des Theilungsverfahrens haben wir
Termin auf

den 3. Juni d. J., Vormittags 9 Uhr,
in dem von Bredowschen Herrnhause zu Stechow
bei Rathenow angesetzt, und fordern alle diejenigen,
welche bei der Theilung ein Interesse haben, auf,
ihre Ansprüche in diesem Termine bei Vermeidung
der Präklusion anzugeben und nachzuweisen.

Rathenow, den 3. April 1844.

Kreisjagdtheilungs-Kommission für den Westhavelländischen Kreis der Kurmark Brandenburg.

Offener Arrest.

Nachdem über das Vermögen des Kaufmanns
Louis Hartmann hierselbst, der Konkurs eröffnet worden, werden alle diejenigen, welche von dem
gedachten Vermögen etwas an Gelde, Sachen,
Effekten oder Briefschaften hinter sich haben, aufgefordert, an Niemand davon das Geringste zu
verabfolgen, vielmehr dem Gerichte sofort Anzeige
zu machen, und die Gelder oder Sachen, jedoch
mit Vorbehalt ihrer Rechte daran, in unser Depositorium abzuliefern. Sollte dessenungeachtet an
Jemand Anderen etwas bezahlt oder ausgeliefert

werden, so wird dies für nicht geschehen geachtet,
und zum Besten der Masse anderweitig beigetrieben
werden. Wenn aber der Inhaber solcher Sachen
oder Gelder dieselben verschweigen oder zurückbehalten sollte, so wird er noch außerdem alles seines daran habenden Unterpfandes und anderen
Rechtes für verlustig erklärt werden.

Neu-Ruppin, den 1. März 1844.
Königl. Preußisches Stadtgericht.

Nachdem über den Nachlaß des am 17. Juni
1843 verstorbenen Tuchfabrikanten Johann Christian Richter hierselbst der erbschaftliche Liquidations-Prozeß eröffnet, werden sämmtliche Gläubiger hierdurch aufgefordert, in dem auf

den 18. Juni d. J., Vormittags 10 Uhr,
vor dem Herrn Assessor Zebelt anberaumten Termine persönlich, oder durch zulässige Bevollmächtigte zu erscheinen, ihre Ansprüche an die erbschaftliche Liquidations-Prozeßmasse anzumelden und zu
rechtfertigen, widrigenfalls sie aller ihrer etwanigen
Vorrechte für verlustig erklärt, und mit ihren Forderungen nur an dasjenige, was nach Befriedigung
der sich meldenden Gläubiger von der Masse noch
übrig bleiben möchte, verwiesen werden sollen.

Neu-Ruppin, den 20. Januar 1844.
Königl. Preuß. Stadtgericht.

Es werden hiermit alle diejenigen, welche an
die, für die Dorothea Sophie Friederike Schulze
zu Hoppenrade, jetzt verehelichte Bäckermeister Friedrich Wilhelm Radecke zu Potsdam, aus der Obligation des Bauers Carl Friedrich Schulze zu
Hoppenrade, vom 29. Juni 1820, auf dem im
Hypothekenbuche von Hoppenrade Fol. 13 verzeichneten Zweihüfner-Bauergute zufolge Verfügung vom
10. August 1820 sub Rubr. III Nr. 6 eingetragenen
30 Thlr. und das darüber ausgestellte Dokument,
welches angeblich verloren gegangen, als Eigenthümer, Cessionarien, Pfand- oder sonstige Briefsinhaber, oder deren Erben, Ansprüche zu machen
haben, auf den Antrag des angeblichen Gläubigers
öffentlich aufgefordert, dieselben im Termin

den 7. Juni d. J., Vormittags 10 Uhr,
auf dem hiesigen Rathhause anzumelden und nachzuweisen, widrigenfalls sie mit denselben präkludirt, ihnen deshalb ein ewiges Stillschweigen auferlegt und das Dokument für amortisirt erklärt
werden soll.   Nauen, den 26. März 1844.

Die von Erxlebenschen Gerichte zu Hoppenrade.

Proclama.

Es werden

I. die unbekannten Erben folgender, für todt erklärter Personen:
  1) der 3 Geschwister, des Müllers Peter Friedrich, des Karl Friedrich und der Marie
  Sophie Hintze, verwittweten Bartelt,
  von Werder (Nachlaß etwa 4 Thlr.),
  2) des Soldaten Franz Depré oder Franz
  Defert (Nachlaß circa 3 Thlr.),
  3) des Bedienten Johann Friedrich Christoph
  von Saarmund (Nachlaß einige 50 Thlr.);
II. die unbekannten Erben des, im April d. J.
durch Selbstentleibung ums Leben gekommenen
Arbeitsmanns Friedrich Maaß aus Nedlitz
(Nachlaß etwa 12 Thlr.) und
III. der seit 1821 verschollene Büdnersohn Johann
Gottfried Sohn, dessen, im Depositorio befindliches Vermögen circa 30 Thlr. beträgt,
so wie deren Erben und Erbnehmer hiermit vorgeladen, sich vor oder spätestens in dem auf

den 6. November 1844, Vormittags 11 Uhr,

angesetzten Termine bei dem unterzeichneten Gerichte schriftlich oder persönlich zu melden, widrigenfalls der Verschollene wird für todt erklärt, die
unbekannten Erben und Erbnehmer aber mit allen
Ansprüchen an die Vermögensmassen ausgeschlossen
und solche dem sich legitimirenden Erben resp. dem
Königl. Fiskus werden zugesprochen und ausgeantwortet werden. Potsdam, den 27. Dezember 1842.

Königl. Justiz-Amt.

Nothwendiger Verkauf.

Königl. Kammergericht in Berlin.

Das hierselbst in der Louisenstraße Nr. 4 g
belegene Grundstück, abgeschätzt auf 15,725 Thlr.
8½ Pf. zufolge der, nebst Hypothekenschein und Bedingungen in der Registratur einzusehenden Taxe, soll
am 11. September 1844.
an ordentlicher Gerichtsstelle subhastirt werden.

Nothwendiger Verkauf.

Königl. Kammergericht in Berlin.

Die in der Louisenstraße hierselbst Nr. 4 i und
4 k belegenen, im kammergerichtlichen Hypothekenbuche Vol. IX Cont. i Nr. 23 Pag. 527 verzeichneten, dem Tischlermeister Friedrich Wilhelm
Deichmann gehörigen Grundstücke, von denen
der Materialienwerth des Ersteren auf resp. 10,057
Thlr. 8 Sgr. 7½ Pf. und des Letzteren auf 19,546

Thlr. 21 Sgr. 10½ Pf., zusammen auf 29,604 Thlr.
6 Pf., der künftige reine Ertrag auf 991 Thlr.
20 Sgr. jährlich und der kapitalisirte Ertragswerth auf 19,833 Thlr. 10 Sgr. zufolge der,
nebst Hypothekenschein und Bedingungen in der
Registratur einzusehenden Taxen, abgeschätzt wor-
ben, sollen

am 9. November 1844,

an ordentlicher Gerichtsstelle subhastirt werden.

Der hypothekarische Gläubiger, Kaufmann August Gottfried Lindemann wird hierzu öffentlich
vorgeladen.

Nothwendiger Verkauf.

Stadtgericht zu Berlin, den 25. November 1843.

Das in der Klosterstraße Nr. 13 belegene Fel-
bel'sche Grundstück, gerichtlich abgeschätzt zu 9395
Thlr. 20 Sgr. 9 Pf., soll
am 5. Juli 1844, Vormittags 11 Uhr,
an der Gerichtsstelle subhastirt werden. Taxe und
Hypothekenschein sind in der Registratur einzusehen.

Der dem Aufenthalte nach unbekannte Realgläubiger, Rentier Johann Friedrich Christian
Flemming, wird hierdurch vorgeladen.

Nothwendiger Verkauf.

Stadtgericht zu Berlin, den 25. Januar 1844.

Das vor dem neuen Königsthor an der Chaussee
links belegene Friedrich'sche Grundstück, gerichtlich abgeschätzt zu 7443 Thlr. 7 Sgr. 6 Pf., soll
am 3. September 1844, Vormittags 11 Uhr,
an der Gerichtsstelle subhastirt werden. Taxe
und Hypothekenschein sind in der Registratur einzusehen.

Nothwendiger Verkauf.

Stadtgericht zu Berlin, den 25. Januar 1844.

Das in der Bergstraße Nr. 3 belegene Alter-
mann'sche Grundstück, gerichtlich abgeschätzt zu
8111 Thlr. 7 Sgr. 6 Pf., soll
am 10. September 1844, Vormittags 11 Uhr,
an der Gerichtsstelle subhastirt werden. Taxe und
Hypothekenschein sind in der Registratur einzusehen.

Nothwendiger Verkauf.

Stadtgericht zu Berlin, den 27. Januar 1844.

Das in der Augustraße Nr. 61 belegene Hildebrandt'sche Grundstück, gerichtlich abgeschätzt
zu 9493 Thlr. 23 Sgr. 9 Pf., soll
am 6. September 1844, Vormittags 11 Uhr,

an der Gerichtsstelle subhastirt werden. Taxe und Hypothekenschein sind in der Registratur einzusehen.

Nothwendiger Verkauf.

Land- und Stadtgericht zu Brandenburg an der Havel den 27. Januar 1844.

Das hierselbst in der Mühlenthorstraße der Altstadt sub Nr. 362 belegene, Vol. VIII Fol. 481 des Hypothekenbuchs der Altstadt eingetragene und dem Tuchfabrikanten Ferdinand Albert Genrich gehörige Haus mit Hauskavel, gerichtlich abgeschätzt auf 2305 Thlr. 15 Sgr. 7 Pf., zufolge der, nebst Hypothekenschein und Kaufbedingungen, in unserer Registratur einzusehenden Taxe, soll

am 30. Mai d. J., Vormittags 11 Uhr,

an ordentlicher Gerichtsstelle vor dem Deputirten, Herrn Land- und Stadtgerichtsrath Augustin, subhastirt werden.

Nothwendiger Verkauf.

Land- und Stadtgericht zu Storkow, den 31. Januar 1844.

Das zu Friedersdorff gelegene, auf den Namen der Wittwe Mollenhauer, Dorothee Christiane gebornen Schmeling, im Hypothekenbuche vom Landbezirke Vol. VII. Fol. 31 eingetragene Doppel-Bauergut, abgeschätzt auf 3619 Thlr. 10 Pf., nach einer frühern Taxe aber zu 1761 Thlr. 11 Sgr. 8 Pf. gewürdigt, soll

am 23. August d. J., Vormittags 11 Uhr,

an ordentlicher Gerichtsstelle hierselbst öffentlich verkauft werden. Die Taxe und der Hypothekenschein wird in unserer Registratur zur Einsicht vorgelegt werden.

Unbekannte Realprätendenten werden aufgeboten, sich bei Vermeidung der Präklusion spätestens im obigen Termine zu melden.

Freiwilliger Verkauf.

Stadtgericht zu Berlin, den 3. Februar 1844.

Das in der Niederwallstraße Nr. 19 belegene Martens'sche Grundstück, gerichtlich abgeschätzt zu 8734 Thlr. 1 Pf., soll

am 19. Juli d. J., Vormittags 11 Uhr,

an der Gerichtsstelle subhastirt werden. Taxe und Hypothekenschein sind in der Registratur einzusehen.

Als Kaufbedingungen sind gestellt:

1. Der Meistbietende ist an sein Gebot 8 Wochen von dem Lizitationstermine ab, gebunden, innerhalb dieser Frist haben sich die Subhastations-Interessenten über den zu ertheilenden Zuschlag zu erklären.

2. Der Meistbietende muß die eingetragenen Hypotheken ad rationem pretii als Selbstschuldner übernehmen, und die Verkäufer innerhalb 3 Monate nach erfolgter Uebernahme des Grundstücks aus der persönlichen Schuldverbindlichkeit setzen.

Der Verkaufgelder-Ueberschuß muß innerhalb 8 Wochen, nachdem dem Meistbietenden die Zuschlagsgenehmigung bekannt gemacht worden, ad depositum gezahlt werden. Erfolgt die Zahlung nicht, so sind die Verkäufer an den ertheilten Zuschlag nicht gebunden, und berechtigt, nach ihrer Wahl, über das Grundstück, unter Entlassung des Meistbietenden aus seinen Verpflichtungen, anderweit aus freier Hand zu disponiren, oder aber das Grundstück auf Kosten des Meistbietenden zur Resubhastation im Wege der nothwendigen Subhastation zu bringen.

3. Die Uebergabe erfolgt außergerichtlich sofort, nachdem der Meistbietende den Kaufgelder-Ueberschuß ad depositum gezahlt hat.

4. Der Verkauf geschieht in Bausch und Bogen mit allem, was wand-, band-, niet- und nagelfest ist, so weit dergleichen Pertinenz nicht den Miethern gehört, und wird keinerlei Gewähr geleistet.

5. Mit dem Tage der dem Meistbietenden insinuirten Zuschlagsgenehmigung gehen alle Gefahren auf den Meistbietenden über, und werden Kosten und Nutzungen, von diesem Tage getragen, resp. zwischen den Verkäufern und dem Käufer berechnet.

6. Der Meistbietende trägt die Kosten der Besitztitel-Berichtigung, der Kontraktsausfertigung, des Zuschlagsdekrets und der Stempel allein.

Nothwendiger Verkauf.

Die dem Kaufmann Johann Christian Kliemchen gehörige, zu Grünau belegene, im Hypothekenbuche von Grünau Fol. 79 sub Nr. 12 verzeichnete Ackerparzelle von 96 ☐Ruthen Flächeninhalt, mit den darauf errichteten Baulichkeiten, namentlich einem Wohnhause und Stall, abgeschätzt auf 2149 Thlr. 13 Sgr. 4 Pf. zufolge der, nebst Hypothekenschein und Bedingungen in der Registratur einzusehenden Taxe, soll

am 8. Juni d. J., Vormittags 11 Uhr,

an ordentlicher Gerichtsstelle subhastirt werden.

Köpenick, den 10. Februar 1844.

Königl. Land- und Stadtgericht.

Das dem Böckermeister Ferdinand August Haeve gehörige, in der Berliner Vorstadt, neue Königsstraße Nr. 40 belegene, in unserm Hypothekenbuche von der Berliner Vorstadt Vol. I Nr. 49 verzeichnete, auf 2421 Thlr. 11 Sgr. 11 Pf. abgeschätzte Grundstück nebst Zubehör, soll im Wege der nothwendigen Subhastation verkauft werden, und ist hierzu ein Bietungstermin auf

den 28. Juni d. J., Vormittags 11 Uhr,

vor dem Stadtgerichtsrath Herrn Siecke im Stadtgericht, Lindenstraße Nr. 54, anberaumt. Der Hypothekenschein, die Taxe und die besondern Kaufbedingungen sind in unserer Registratur einzusehen.

Potsdam, den 22. Februar 1844.

Königl. Stadtgericht hiesiger Residenz.

Nothwendige Subhastation.

Stadtgericht zu Charlottenburg, den 27. Febr. 1844.

Das zum Nachlaß des Kutschers Ernst Gottlieb Neumann gehörige, jetzt auf den Namen des Schuhmachers Christian Neumann und des Arbeitsmanns Ferdinand Neumann im Hypothekenbuche Vol. II Nr. 75 verzeichnete, in der Kirchstraße sub Nr. 30 belegene Grundstück, nebst Acker- und Wiesenpartien, zufolge der, nebst Hypothekenschein in unserer Registratur einzusehenden Taxe abgeschätzt auf 2463 Thlr. 17 Sgr. 1 Pf., soll in dem auf

den 9. August d. J., Vormittags 10 Uhr,

im hiesigen Stadtgericht, vor dem Herrn Stadtgerichts-Assessor Kolk anstehenden Termine öffentlich an den Meistbietenden verkauft werden.

Zu diesem Termine werden die unbekannten Realprätendenten, namentlich der seinem Aufenthalte nach unbekannte Miteigenthümer Arbeitsmann Ferdinand Neumann, hierdurch vorgeladen.

Nothwendige Subhastation.

Stadtgericht zu Charlottenburg, den 1. März 1844.

Das hierselbst in der Orangenstraße Nr. 2 belegene, dem Schlossermeister Nese gehörige, im stadtgerichtlichen Hypothekenbuche Vol. I Nr. 41 verzeichnete Grundstück nebst Garten, abgeschätzt auf 6600 Thlr. 11 Sgr. 9 Pf. zufolge der, nebst Hypothekenschein, in unserer Registratur einzusehenden Taxe, soll in termino

den 12. Oktober d. J., Vormittags 10 Uhr,

vor dem Herrn Kammergerichts-Assessor Kahle an ordentlicher Gerichtsstelle subhastirt werden.

Nothwendiger Verkauf.

Stadtgericht zu Berlin, den 4. März 1844.

Das vor dem Prenzlauer Thore auf dem Windmühlenberge belegene Grundstück von 44 ☐Ruthen 22 ☐Fuß, worauf eine Mühle gestanden, der verehelichten Leberecht gehörig, tarirt zu 1317 Thlr. 20 Sgr. 8 Pf., inkl. 1226 Thlr. 17 Sgr. 9 Pf. Brandentschädigungsgelder, soll

am 25. Juni d. J., Vormittags 11 Uhr,

an der Gerichtsstelle subhastirt werden. Taxe und Hypothekenschein sind in der Registratur einzusehen.

Nothwendiger Verkauf.

Land- und Stadtgericht zu Oranienburg, den 6. März 1844.

Folgende, dem Glashüttenbesitzer Carl Leopold Greiner gehörige, bei der Friedrichsthaler Glashütte belegene, im Allgemeinen Hypothekenbuche Vol. II Nr. 53 sub B und C verzeichneten Grundstücke:

1) eine Wiese von 5 Morgen 71 ☐Ruthen,
2) eine Wiese von 16 Morgen 170 ☐Ruthen,

zufolge der, in der Registratur des Gerichts nebst dem Hypothekenschein einzusehenden Taxe, das erstere auf 982 Thlr., das letztere auf 1170 Thlr. abgeschätzt, sollen Schuldenhalber in dem

am 28. Juni d. J., Vormittags 10 Uhr,

an hiesiger Gerichtsstelle anstehenden Termin meistbietend verkauft werden.

Der seinem jetzigen Aufenthalte nach unbekannte Besitzer, Glashüttenbesitzer Carl Leopold Greiner wird mit vorgeladen.

Nothwendiger Verkauf.

Die dem Krüger Christian Lüdemann gehörige, zu Rübehorst belegene, im Hypothekenbuche noch nicht verzeichnete Büdnerstelle, gerichtlich tarirt zu 1000 Thlr. zufolge der, nebst Hypothekenschein und Kaufbedingungen in unserer Registratur einzusehenden Taxe, soll

am 16. August d. J., Vormittags 11 Uhr,

hierselbst an ordentlicher Gerichtsstelle subhastirt werden.

Alle unbekannten Realprätendenten werden unter der Warnung vorgeladen, daß die Ausbleibenden mit ihren Realansprüchen auf das Grundstück präkludirt und ihnen ein ewiges Stillschweigen auferlegt werden soll.

Neustadt a. d. Dosse, den 19. März 1844.

Königl. Land- und Stadtgericht.

Rothwendiger Berkauf.

Stadtgericht zu Wittstock den 3. April 1844.

Das zum Nachlaß des hierselbst verstorbenen Pantoffelmachermeisters Karl Wilhelm Lutz gehörige, hierselbst in der Kettenstraße im vierten Stadtviertel Nr. 79 belegene, Vol. IV. Fol. 79 des Hypothekenbuchs verzeichnete, und zu dem Werthe von 628 Thlr. 21 Sgr. ¼ Pf. gerichtlich abgeschätzte Wohnhaus, soll

am 18. Juli d. J., Vormittags 11 Uhr und
Nachmittags 4 Uhr,

an ordentlicher Gerichtsstelle subhastirt werden. Taxe nebst Hypothekenschein sind in der Registratur des Gerichts einzusehen.

———

Rothwendiger Berkauf.

Folgende in hiesiger Stadt belegene Grundstücke:
1) Die dem Schlossermeister Heinrich König gehörige, im Hypothekenbuche Vol. I Fol. 124 eingetragene, auf 861 Thlr. 28 Sgr. 4 Pf. gerichtlich tarirte Großbürgerstelle ohne Pertinenzien, und
2) der, der verehelichten König geb. Lensche gehörige, im Hypothekenbuche Vol. I Fol. 127b eingetragene, auf 149 Thlr. 5 Sgr. gerichtlich tarirte Garten,

sollen in termino
den 25. Juli d. J., Vormittags 11 Uhr,

an hiesiger Gerichtsstelle subhastirt werden.

Die Taxen und die neuesten Hypothekenscheine liegen in der Registratur zur Einsicht bereit.

Friesack, den 5. April 1844.

Das Stadtgericht.

———

Ein preiswürdiges Landgut zu 15,000 bis 60,000 Thlr. disponibler Abzahlung wird innerhalb 1 bis 15 Meilen von Berlin, ohne Einmengung eines Dritten, bald zu Kauf gesucht. Genaue Nachrichten werden durch die Exped. dies. Blattes unter Adresse v. E—13 frankirt erbeten.

5 Thaler Belohnung.

Am 28. Januar ist ein Wachtelhündchen, und am 1. März ein Neufundländer Hund gestohlen worden. Das Hündchen war vorn stark, hinten schlank gebaut, dunkelbraun, langen Behang, Tatzen und Brust weiß, die Zehen hinten weiß, etwas braun durchsprenkelt, die Ruthe (Schwanz) dünn und die Spitze verschnitten, ohne Fahne, und er hatte einen kleinen Nabelbruch. Der Neufundländer war ganz weiß, mit schwarzem Kopf, die Ruthe (oder Schwanz) von da, wo er am Körper anfängt, bis ungefähr zur Hälfte, schwarz, der übrige Theil weiß, das Haar auf dem Rücken nach dem Schwanz zu war etwas röthlich, doch nur in Folge des etwas Räube, kann also wieder weiß geworden sein. Wer zur Wiedererlangung eines dieser Hunde verhilft, erhält bei Verschweigung seines Namens obige Belohnung, wer zu beiden Hunden verhilft, 10 Thlr. Nachricht wird erbeten in Berlin, Friedrichstraße Nr. 66, 1 oder 2 Treppen hoch.

Vaterländische Feuer-Versicherungs-Gesellschaft in Elberfeld.

Gegründet im Jahre 1823.

Das Protokoll der 23sten General-Versammlung betrifft den Jahresbericht und die jährlichen Wahlen.

Der Geschäftsstand der Gesellschaft war am 1. Januar 1844 folgender:

Kapital der Gewährleistung .	1,000,000 Thlr.
Gewinn-Reserve	80,061
Reserve an bereits eingezahlten Prämien, einschließlich 32,600 Thlr. gegen Brandschäden .	238,283
Die Brandschäden des Jahres 1843 betrugen	132,940
Laufendes Versicherungskapital (ultimo 1842 113,752,928 Thlr.)	129,328,367

Die Gesellschaft gewährt nach § 11 ihrer Bedingungen den Hypothekarforderungen Schutz. Das Statut der Gesellschaft, deren Bedingungen, die Jahresabschlüsse, überhaupt Alles, was Verfassung und Geschäftsführung betrifft und Interesse für ein verehrliches Publikum haben könnte, liegt bei dem unterzeichneten Haupt-Agenten zur Einsicht offen; auch wird derselbe bereitwillig jede passende Erleichterung bei Versicherungseinleitungen gewähren.

Lenzen, den 10. April 1844.

F. W. Büttner, Haupt-Agent.

Oeffentl

Oeffentlicher Anzeiger (№ 2)

zum 16ten Stück des Amtsblatts

er Königlichen Regierung zu Potsdam und der Stadt Berlin.

Den 19. April 1844.

Die zur von Schöningschen Stiftung gehörigen, im Cottbußer Kreise belegenen Güter Kathow, Sergen und Gablenz sollen von Johannis . J. ab, auf 24 Jahre, also bis Johannis 1868, n Wege der Submission öffentlich verpachtet erden.

Die nutzbare Vorwerksfläche enthält:

A. an Acker

bei Kathow	350 M.	1 □R.	
= Sergen	698 =	25 =	
= Gablenz	454 =	73 =	
	Summa	1502 M.	99 □R.

B. an Gärten

bei Kathow	8 M.	65 □R.	
= Sergen	8 =	41 =	
= Gablenz	3 =	14 =	
	Summa	19 =	120 =

C. an Wiesen

bei Kathow	94 M.	129 □R.	
= Sergen	159 =	133 =	
= Gablenz	131 =	30 =	
	Summa	385 =	112 =

D. an Hütung

bei Kathow	138 M.	169 □R.	
= Sergen	176 =	161 =	
= Gablenz	81 =	33 =	
	Summa	397 =	3 =

E. an Karpfenteichen

bei Kathow	292 M.	29 □R.	
= Sergen	135 =	18 =	
= Gablenz	4 =	65 =	
	Summa	431 =	112 =

Summa totalis 2736 M. 86 □R.

Zu den Gütern gehört die privative Aufhütung auf einer Forstfläche von 2768 Morgen, ferner eine Mahl= und Schneidemühle, Ziegelei, Brennerei, die wilde Fischerei in den, die Feldmarken durchströmenden Flüssen und die Nutzung von den aus den Dörfern Sergen, Roggasen, Gablenz, Kathow und Haasow zu leistenden Erndte=, Hand=, Spinn= und Schaafscheer=Diensten.

Mit der Uebernahme der Güter wird zugleich die Verwaltung des in Kathow befindlichen Rent= und Polizeiamts übertragen.

Das Minimum des festgesetzten jährlichen Pachtzinses beträgt 2537 Thlr. 26 Sgr. 7. Pf., inkl. ⅓ Gold. Die sonstigen Pachtbedingungen, sowie der Anschlag, die Guts=Charten und die zu denselben gehörige Revisions=Verhandlung sind in unserer Registratur einzusehen, wo auch eine Bekanntmachung über das Verfahren bei dergleichen Submissionen und über die allgemeinen Bedingungen dabei vorgelegt wird.

Auch können diese Schriftstücke, mit Ausnahme des Anschlags und der Charten, bei dem Testaments=Erekutor der von Schöningschen Stiftung, Herrn Justitiarius Jahr in Cottbus, eingesehen werden.

Die Submissionsanträge werden nur bis zum 10. Mai d. J. einschließlich angenommen, und müssen unserem Justitiarius, Herrn Regierungsrath Wenzel von den Pachtbewerbern unter Abgabe der vorgeschriebenen protokollarischen Erklärung persönlich zugestellt werden. Hierbei ist zugleich die vollständige Qualifikation als Landwirth und der Besitz eines disponiblen Vermögens von mindestens 12,000 Thlr. durch glaubhafte Bescheinigungen nachzuweisen.

Der Termin zur Eröffnung der versiegelt einzureichenden Submissionen ist auf

den 11. Mai d. J., Vormittags 11 Uhr,

in dem Sessionszimmer der unterzeichneten Regierungs=Abtheilung angesetzt, und können demselben die Pachtbewerber entweder selbst oder durch Abgeordnete beiwohnen.

Der Zuschlag, bei dessen Ertheilung übrigens vorzugsweise mit auf die Befähigung zur Verwaltung des Rent= und Polizeiamts Rücksicht genommen werden wird, erfolgt sogleich im Termine.

Frankfurt a. d. O., den 2. April 1844.

Königl. Regierung. Abtheilung des Innern.

Vaterländische Feuer-Versicherungs-Gesellschaft in Elberfeld.
Gegründet im Jahre 1823.

Das Protokoll der 23sten General-Versammlung betrifft den Jahresbericht und die jährlichen Wahlen. — Der Geschäftsstand der Gesellschaft war am 1. Januar 1844 folgender:

Kapital der Gewährleistung	1,000,000 Thlr.	— Sgr.
Gewinn-Reserve	80,064	12¼ »
Reserve an bereits eingezahlten Prämien, einschließlich 32,600 Thlr. gegen Brandschaden	238,283	— »
Die Brandschaden des Jahres 1843 betrugen	132,940	15½ »
Laufendes Versicherungs-Kapital (ultimo 1842, 113,752,928 Thlr.)	129,328,367	— »

Die Gesellschaft gewährt nach § 11 ihrer Bedingungen den Hypothekenforderungen Schutz. Das Statut der Gesellschaft, deren Bedingungen, die Jahresabschlüsse, überhaupt Alles, was Verfassung und Geschäftsführung betrifft und Interesse für ein verehrliches Publikum haben könnte, liegt bei dem unterzeichneten Agenten zur Einsicht offen; auch wird derselbe bereitwillig jede passende Erleichterung bei Versicherungs-Einleitungen gewähren.

Potsdam, den 15. April 1844.
C. F. A. Klincke, Agent für die Stadt Potsdam.
Breitestraße Nr. 34.

Im Auftrage der Königl. Regierung zu Potsdam wird der Unterzeichnete
am 6. Mai d. J., Vormittags 10 Uhr,
in seiner Wohnung (Schloßstraße Nr. 33) die diesjährige Grasnutzung in den Gräben und auf den Böschungen der Kunststraßen des 1sten Wegebaukreises nämlich:
1) auf der Chausseestrecke von Berlin bis in Glienicke bei Potsdam,
2) auf der Chausseestrecke von Berlin bis Spandau,
3) auf der Kiesstraße von der Berlin-Potsdamer Chaussee bei Nr. 295 bis zur Fährstelle bei der Pfaueninsel
öffentlich an den Meistbietenden verpachten und kann vorher von den desfallsigen Pachtbedingungen in den Chausseegeld-Hebestellen zu Steglitz, am Wannsee, zu Charlottenburg und bei Kuhleben Kenntniß genommen werden.

Charlottenburg, den 14. April 1844.
Der Wegebaumeister Huguenel.

Der Büdner Raasch zu Grunewald beabsichtigt, unweit des Dorfes auf seinem Acker eine Bockwindmühle mit einem Mahlgange zu erbauen und hat dazu die landespolizeiliche Genehmigung nachgesucht.
Dies wird hierdurch mit dem Bemerken zur öffentlichen Kenntniß gebracht, daß alle etwanige Widersprüche hiergegen, sowohl aus dem Edikte vom 28. Oktober 1810, wie aus der Allerhöchsten Kabinetsordre vom 23. Oktober 1826, binnen 8 Wochen präklusivischer Frist bei dem unterzeichneten Landrathe anzumelden und zu begründen sind.

Templin, den 19. März 1844.
Der Landrath des Templinschen Kreises.
von Haas.

2000 Thlr. werden auf ein ansehnliches Mühlengrundstück in der Nähe von hier zur 1sten und alleinigen Hypothek gesucht durch
W. C. Seidel in Zehdenick.

Mehrere Rittergüter zum Werthe von 100,000 Thlr., sowie mehrere kleinere Güter werden von verschiedenen zahlungsfähigen Käufern gesucht und Offerten erbeten von
W. C. Seidel in Zehdenick.

Brauerei-Verpachtung.
In einer Provinzialstadt ist eine in guter Nahrung stehende, und zwar die einzige dortige Brauerei mit dazu gehörigen Utensilien, einem nahe am Markt belegenen Wohnhause, worin Schenkwirthschaft getrieben wird, nebst Scheune, Stallungen, Boden- und Kellerraum auf 3 oder 6 Jahr vom 1. Juni d. J. ab zu verpachten, und es können sich Pachtliebhaber beim Schlossermeister Dietr. Schultz in Perleberg melden. Sollte es gewünscht werden, so kann auch noch einige Wispel Aussaat Acker und Wiesenwuchs beigegeben werden.

Oeffentlicher Anzeiger

zum 17ten. Stück des Amtsblatts

der Königlichen Regierung zu Potsdam und der Stadt Berlin.

Den 26. April 1844.

Dem Mechanikus W. A. Steiger zu Cöln ist unter dem 13. April 1844 ein Patent

auf eine für neu und eigenthümlich erachtete Rübenschneide-Maschine zu Viehfutter in der durch ein Modell nachgewiesenen Zusammensetzung,

auf fünf Jahre, von jenem Tage an gerechnet, und für den Umfang der Monarchie ertheilt worden.

Steckbrief.

Der unten signalisirte, beim Königl. Land- und Stadtgericht zu Stettin zuletzt angestellt gewesene Justiz-Kommissarius Karl Otto Bouneß, rechtskräftig wegen Unterschlagung öffentlicher Urkunden, Fälschung gerichtlicher Urkunden und damit verübter Betrugereien, Unterschlagung anvertrauter Gelder und Kleiderdiebstahls mit Amts-Entsetzung, Verlust der Nationalkokarde und 10jähriger Zuchthausstrafe, so wie einer Geldstrafe, welcher 3jährige Zuchthausstrafe substituirt ist, verurtheilt, ist zur Verbüßung dieser Freiheitsstrafe, am 5. d. M. von hier nach Sonnenburg abgeführt. Er hat Gelegenheit gefunden, mit Zurücklassung von Mantel und Hut in Cüstrin gestern nach 4 Uhr Nachmittags zu entweichen. Da an der Wiedererlangung dieses gefährlichen Verbrechers viel gelegen ist, so ergeht an sämmtliche Justiz- und Polizei-Behörden des In- und Auslandes das Ersuchen, den 2c. Bouneß, wo er sich betreten läßt, zu verhaften und geschlossen und, unter sicherer Bedeckung in die Strafanstalt zu Sonnenburg einzuliefern. Für die prompte Erstattung der desfallsigen Kosten werden wir Sorge tragen.

Berlin, den 6. April 1844.

Königl. Kammergerichts-Inquisitoriat.

Signalement. Vor- und Familienname: Karl Otto Bouneß, Geburtsort: Berlin, Aufenthaltsort: Stettin, Religion: evangelisch, Geburtstag: 15. September 1810, Größe: 5 Fuß 4 Zoll 2 Strich, Haare: blond, Stirn: bedeckt, Augenbrauen: blond, Augen: blau, Nase und Mund: proportionirt, Bart: blond, schwach, Zähne: unvollständig, zeigt sie beim Sprechen, Kinn: spitz, Gesichtsbildung: länglich, sehr mager, Gesichtsfarbe: bleich, Gestalt: schwächlich und hager, Sprache: deutsch und wenig französisch. Besondere Kennzeichen: gewandt, sehr gesprächig, von einschmeichelndem Wesen, sehr kurzsichtig, seine Haltung ist nach vorn gebengt.

Der von uns verfolgte Dienstknecht August Friedrich Düring aus Jühlitz ist wieder eingeliefert worden, und daher der hinter denselben erlassene Steckbrief vom 4. Dezember v. J. (öffentlicher Anzeiger zu Amtsblatt von 1843 Stück 50) erledigt. Dreetz, den 16. April 1844.

Königl. Domainenamt, Neustadt a. d. Dosse.

Der nachstehend näher signalisirte Schiffsknecht Wilhelm Voigt, 22 Jahr alt, evangelischer Konfession, und aus Lübbenau gebürtig, hat angeblich den ihm im Monat März d. J. ausgefertigten, zuletzt in Klein-Blumenberg bei Cossten am 8. April d. J. hierher visirten Reisepaß hierselbst verloren. Zur Verhütung von etwanigen Mißbräuchen wird dies hiermit öffentlich bekannt gemacht, und der quaest. Reisepaß für ungültig erklärt.

Berlin, den 17. April 1844.

Königl. Polizei-Präsidium.

Signalement. Alter: 22 Jahr, Religion: evangelisch, Größe: 5 Fuß 2 Zoll, Haare: schwarzbraun, Stirn: bedeckt, Augenbrauen: schwarzbraun, Augen: braun, Nase: stumpf, Mund: klein, Zähne: gut, Bart: im Entstehen, Kinn und Gesicht: oval, Gesichtsfarbe: gesund, Statur: untersetzt. Besondere Kennzeichen: am Zeigefinger linker Hand eine Narbe.

* Die zur von Schöningschen Stiftung gehörigen, im Cottbuffer Kreise belegenen Güter Kathlow, Sergen und Gablenz sollen von Johannis d. J. ab, auf 24 Jahre, also bis Johannis 1868, im Wege der Submission öffentlich verpachtet werden.

Die nutzbare Vorwerksfläche enthält:

A. an Acker

bei Kathlow 350 M. 1 ☐R.
 = Sergen 698 = 25 =
 = Gablenz 454 = 73 =

Summa 1502 M. 99 ☐R.

B. an Gärten

bei Kathlow 8 M. 65 ☐R.
 = Sergen 8 = 41 =
 = Gablenz 3 = 14 =

Summa 19 = 120 =

C. an Wiesen

bei Kathlow 94 M. 129 ☐R.
 = Sergen 159 = 133 =
 = Gablenz 131 = 30 =

Summa 385 = 112 =

D. an Hütung

bei Kathlow 138 M. 169 ☐R.
 = Sergen 176 = 161 =
 = Gablenz 81 = 33 =

Summa 397 = 3 =

E. an Karpfenteichen

bei Kathlow 292 M. 29 ☐R.
 = Sergen 135 = 18 =
 = Gablenz 4 = 65 =

Summa 431 = 112 =

Summa totalis 2736 M. 86 ☐R.

Zu den Gütern gehört die privative Aufhütung auf einer Forstfläche von 2768 Morgen, ferner eine Mahl- und Schneidemühle, Ziegelei, Brennerei, die wilde Fischerei in den, die Feldmarken durchströmenden Flüssen und die Nutzung von den aus den Dörfern Sergen, Roggasen, Gablenz, Kathlow und Haasow zu leistenden Erndte-, Hand-, Spinn- und Schaafscheer-Diensten.

Mit der Uebernahme der Güter wird zugleich die Verwaltung des in Kathlow befindlichen Rent- und Polizeiamts übertragen.

Das Minimum des festgesetzten jährlichen Pacht-

zinses beträgt 2237 Thlr. 26 Sgr. 7 Pf., inkl. ¾ Gold. Die sonstigen Pachtbedingungen, sowie der Anschlag, die Guts-Charten und die zu denselben gehörige Revisions-Verhandlung sind in unserer Registratur einzusehen, wo auch eine Bekanntmachung über das Verfahren bei dergleichen Submissionen und über die allgemeinen Bedingungen dabei vorgelegt wird.

Auch können diese Schriftstücke, mit Ausnahme des Anschlags und der Charten, bei dem Testaments-Exekutor der von Schöningschen Stiftung, Herrn Justitiarius Jahr in Cottbus, eingesehen werden.

Die Submissionsanträge werden nur bis zum 10. Mai d. J. einschließlich angenommen, und müssen unserem Justitiarius, Herrn Regierungsrath Wenzel von den Pachtbewerbern unter Abgabe der vorgeschriebenen protokollarischen Erklärung persönlich zugestellt werden. Hierbei ist zugleich die vollständige Qualifikation als Landwirth und der Besitz eines disponibeln Vermögens von mindestens 12,000 Thlr. durch glaubhafte Bescheinigungen nachzuweisen.

Der Termin zur Eröffnung der versiegelt einzureichenden Submissionen ist auf

den 11. Mai d. J., Vormittags 11 Uhr,

in dem Sessionszimmer der unterzeichneten Regierungs-Abtheilung angesetzt, und können demselben die Pachtbewerber entweder selbst oder durch Abgeordnete beiwohnen.

Der Zuschlag, bei dessen Ertheilung übrigens vorzugsweise mit auf die Befähigung zur Verwaltung des Rent- und Polizeiamts Rücksicht genommen werden wird, erfolgt sogleich im Termine.

Frankfurt a. d. O., den 2. April 1844.

Königl. Regierung. Abtheilung des Innern.

*. Im Schildberger Kreise hat sich das Bedürfniß geprüfter Bauhandwerker herausgestellt. Namentlich wird in der Kreisstadt Schildberg ein qualifizirter Maurermeister und in der Stadt Kempen ein qualifizirter Zimmermeister, besonders wenn sie einiges Vermögen besitzen, um Bauten in Entreprise nehmen, und den Bauherren einige Sicherheit gewähren zu können, bei ihrer Niederlassung daselbst ausreichende Beschäftigung und Erwerb finden.

Posen, den 6. April 1844.

Königl. Regierung. Abtheilung des Innern.

In den bei der unterzeichneten General-Kommission anhängigen, hier näher bezeichneten Auseinandersetzungen:

Lauf. Nr.	Name des Orts.	Kreis.	Gegenstand des Verfahrens.	Anlaß zum öffentlichen Aufruf.
1	Groß-Berge	Westpriegnitz	Ablösung der auf dem ½-Hüfnerhofe des Joachim Friedrich Schulz haftenden Geld- und Roggenabgabe an das Lehnrittergut Carve.	Mangelnde lehnsfähige Deszendenz des Besitzers des Lehnguts Carve.
2	Ellershagen	Ostpriegnitz	Dienst-, Holz- und Hütungsablösung zwischen dem Rittergute und den Kolonisten zu Ellershagen.	Gänzlich mangelnde Legitimation der Kolonisten.
3	Golm	Westpriegnitz	Separation der wüsten Feldmark Golm.	Formell mangelhafte Legitimation.
4	Günterberg	Angermünde	Spezial-Separation der Gemeinde-Feldmark.	Der in Beziehung auf das Rittergut Willmersdorff bestehende Lehnsnexus, und die formell mangelhafte Legitimation einiger Interessenten.
5	Holzhausen	Ostpriegnitz	Ablösung einer Roggenabgabe des Bauergutsbesitzers Schellhase an das Rittergut Neuendorff durch Kapital.	Fehlende lehnsfähige Deszendenz des Oberst-Lieutenants Theodor Wilhelm von Winterfeld auf Neuendorff.
6	Kietz	Westpriegnitz	Hütungs-Separation zwischen den Rittergütern Neuburg u. Klein-Breese, und den Hütungsberechtigten auf dem zu den gedachten Gütern gehörigen Acker- und Wiesen-Reviere, der Kietz genannt.	Mangelnde Legitimation einzelner Interessenten, und wegen etwaiger unbekannter Theilnehmer.
7	Kyritz	Ostpriegnitz	Ablösung der Kornpächte, welche von zweien, dem Posthalter Köhn gehörigen Grundstücken zu entrichten sind.	Mangel der Legitimation in der lehnsfähigen Deszendenz von Seiten des Afterbelehnten Hofraths Schulz, so wie, daß der Oberlehnsherr dieser Pächte und die Mitglieder des von Kröcherschen Geschlechts als Ober-Vasallen nicht bekannt sind.
8	Kyritz	Ostpriegnitz	Ablösung verschiedener Natural- und Geldabgaben, welche einige Grundbesitzer zu Kyritz an den Besitzer der Güter Joachimshoff und Fretzbrügge zu entrichten haben.	Mangelnde lehnsfähige Deszendenz des Rittergutsbesitzers Ludwig Alexander Leopold von Kröcher.

Lauf. Nr.	Name des Orts.	Kreis.	Gegenstand des Verfahrens.	Anlaß zum öffentlichen Aufruf.
9	Kriegersfelde	Teltow	Ablösung zweier Kanon-Abgaben von jährlich 40 Thlrn. und 5 Thlrn., zu deren Erhebung das Dominium Tempelhoff und der Kaufmann Werner, als Besitzer einer vom ehemaligen Schulzengute in Tempelhoff getrennten Parzelle, berechtigt waren, und welche auf dem Etablissement Kriegersfelde haften, durch Kapital.	Mangelnde Legitimation der Inhaber einiger auf Tempelhof eingetragenen Hypothekforderungen.
10	Alt-Langerwisch	Zauch-Belzig	Spezial-Separation.	Mangelnde Legitimation der Erbpächter der Pfarrgrundstück.
11	Sieversdorff	Ruppin	Abfindung der Büdner für die ihnen auf den Gemeinde-Grundstücken zustehenden Weiderechte, und Separation der Feldmark.	Ermittelung etwaniger unbekannter Interessenten.
12	Tornow	Ober-Barnim	Dienst-Regulirung und Separation.	Mangel der Legitimation für den Besitzer des Krugguts.
13	Zollchow	Prenzlau	Rente-Ablösung durch Kapital.	Mangelhafte Besitz-Legitimation und mangelnde Dezendenz der berechtigten Gutsbesitzer.

werden alle diejenigen Personen, welche bei diesen Sachen aus irgend einem Verhältnisse ein Interesse zu haben vermeinen, und hierbei noch nicht zugezogen sind, hierdurch aufgefordert, sich sofort und spätestens in dem

am 6. Juni d. J., Vormittags 10 Uhr,

in unserm Geschäftslokale, Niederwallstraße Nr. 39, vor unserm Deputirten, dem Kammergerichts-Assessor Niedlich, anberaumten Termine, mit ihren Anträgen zu melden, ihr Interesse zur Sache nachzuweisen, und demnächst der Vorlegung der bisherigen Verhandlungen gewärtig zu sein, widrigenfalls sie die Auseinandersetzung, selbst im Falle der Verletzung, gegen sich gelten lassen müssen.

Berlin, am 27. März 1844.

Königl. General-Kommission für die Kurmark Brandenburg.

In Gemäßheit der Allerhöchsten Verordnung vom 16. Juni 1819 §. 6 (Gesetz-Sammlung Nr. 549) wird hiermit bekannt gemacht, daß den

Kirche zu Niedergörsdorf in der Superintendentur Jüterbogk, folgende $3\frac{1}{2}$ prozentige Staatsschuldscheine de 1842, als:

Nr. 3,003 Littr. G über 50 Thlr.
" 28,865 " G " 50
" 32,254 " G " 50

angeblich mittelst gewaltsamen Einbruchs gestohlen worden sind. Es werden daher diejenigen, welche sich jetzt im Besitz der oben bezeichneten Dokumente befinden, hiermit aufgefordert, solches der unterzeichneten Kontrolle der Staatspapiere oder der Königl. Regierung zu Potsdam anzuzeigen, widrigenfalls die gerichtliche Amortisation derselben eingeleitet werden wird.

Berlin, den 9. April 1844.

Königl. Kontrolle der Staatspapiere.

Im Auftrage der Königl. Regierung zu Potsdam wird das unterzeichnete Hauptamt und zwar in seinem Amtsgelasse

am 4. Mai d. J., Vormittags 10 Uhr,

die Chausseegeldhebestelle höflich bei Brandenburg, zwischen Brandenburg und Jeserich, an den Meistbietenden, mit Vorbehalt des höheren Zuschlages, vom 1. Juli d. J. ab, zur Pacht ausstellen.

Nur dispositionsfähige Personen, welche vorher mindestens 160 Thaler baar oder in annehmlichen Staatspapieren bei dem unterzeichneten Hauptamte zur Sicherheit niedergelegt haben, werden zum Bieten zugelassen.

Die Pachtbedingungen sind bei uns von heute an während der Dienststunden einzusehen.

Brandenburg, den 19. April 1844.

Königl. Haupt-Steueramt.

Im Auftrage der Königl. Regierung zu Potsdam wird das unterzeichnete Haupt-Steueramt im hiesigen Amtsgelasse

am 6. Mai d. J., Vormittags 10 Uhr,

die Chausseegeld-Erhebung bei Bierraden zwischen Schwedt und Stettin an den Meistbietenden mit Vorbehalt des höhern Zuschlags vom 1. Juli d. J. ab zur Pacht ausbieten. Nur dispositionsfähige Personen, welche vorher mindestens 100 Thlr. baar oder in annehmlichen Staatspapieren bei dem hiesigen Haupt-Steueramte zur Sicherheit niedergelegt haben, werden zum Bieten zugelassen. Die Pachtbedingungen sind bei uns von heute an, während der Dienststunden einzusehen.

Neustadt-Eberswalde, den 13. April 1844.

Königl. Preuß. Haupt-Steueramt.

Im Auftrage der Königl. Regierung zu Potsdam wird der Unterzeichnete

am 6. Mai d. J., Vormittags 10 Uhr,

in seiner Wohnung (Schloßstraße Nr. 33) die diesjährige Grasnutzung in den Gräben und auf den Böschungen der Kunststraßen des 1sten Wegebaukreises nämlich:

1) auf der Chausseestrecke von Berlin bis in Glienicke bei Potsdam,

2) auf der Chausseestrecke von Berlin bis Spandau,

3) auf der Ließstraße von der Berlin-Potsdamer Chaussee bei Nr. 295 bis zur Fährstelle bei der Pfaueninsel

öffentlich an den Meistbietenden verpachten und kann vorher von den desfallsigen Pachtbedingun-

gen in den Chausseegeld-Hebestellen zu Staaken, Wannsee, zu Charlottenburg und den hiesigen Kenntniß genommen werden.

Charlottenburg, den 14. April 1844.

Der Wegebaumeister Huguenel.

Die in dem Dorfe Görzig, ¼ Meile von der Kreisstadt Beeskow, belegenen Gebäude des dortigen Königl. Erbpachts-Vorwerkes mit dazu gehörigen Gärten sollen, mit Genehmigung des Königl. Fiskus, als Erbverpächters, nach erfolgter Spezialseparation, desselben, als entbehrlich, im Wege der öffentlichen Lizitation meistbietend verkauft werden.

Durch die beabsichtigte und bereits genehmigte Ablösung des auf dem Erbpachts-Vorwerk annoch ruhenden Kanonrestes, erwerben die Besitzer das freie Eigenthum desselben, und sollen daher die zu verkaufenden Gebäude den Käufern erb- und eigenthümlich frei von allen grundherrlichen Abgaben zugeschlagen werden.

Die Gebäude bestehen:

I. auf dem Vorwerksgehöft

in einem Wohnhause, einem großen Stalle und Scheunengebäude und einem Backhause, sämmtlich ganz massiv von Mauersteinen erbaut und durchgängig im besten baulichen Stande, laut Taxe auf 3726 Thlr. 20 Sgr. gewürdigt.

Der dazu gehörende Garten enthält 6 Morgen Gerstland 1ster und 3ter Klasse.

Wegen der Lage des Gehöfts an der Beeskow-Fürstenwalder Poststraße würde dasselbe sich ganz vorzüglich zur Anlage eines Gasthofs eignen und seine Rentirung bei dem Mangel eines solchen auf der ganzen Straße nicht unbedeutend sein.

II. Auf der gerade über der Straße belegenen Schäferei

in dem Schäferhause von Mauerfach und Ziegelbach, einem Schaafstall und Scheunengebäude von Lehmfachwerk, massivem Schweinestall und Backofen, in guten baulichen Würden auf 1900 Thlr. 15 Sgr. taxirt.

Der dazu gehörende Garten besteht in 6 Morgen Gersten- und Haferland 1ster Klasse.

Die Materialien des Schaafstalles und Scheunengebäudes sind wohl erhalten und können bei Translozirung sehr gut zum Aufbau wieder ver-

...ämbt werden. Das Wohnhaus und Hofraum nebst Gärten eignet sich zur Etablirung einer Büdner-Nahrung.

III. Auf der Ziegelei

in dem Ziegelhause, größtentheils massiv, und einem Stalle von Mauerfachwerk und zweier Trockenschuppen von resp. 205 und 100 Fuß Länge, zusammen auf 1602 Thlr. 15 Sgr. gewürdigt. Nach erfolgtem Abbruch der Schuppen, kann die in 2 M. 39 □R. bestehende Hof- und Baustelle mit dem 1 M. 4 □R. dazu gehörigen Garten größtentheils vereinigt werden, und giebt gleichfalls zur Etablirung einer Büdner-Nahrung Gelegenheit.

Das Material der Trockenschuppen kann durchgängig zum Wiederaufbau benutzt werden.

Der öffentlich meistbietende Verkauf dieser Gebäude nebst Zubehör geschieht
am Dienstag, den 21. Mai d. J.,
in dem Vorwerkswohnhause zu Görzig, wozu zahlungsfähige Käufer mit dem Bemerken eingeladen werden, daß Taxe und Vermessungsregister zu jeder Zeit bei dem Vorwerksvorsteher Fischer zu Görzig eingesehen werden können.
Görzig, den 15. März 1844.
Die Besitzer des Königl. Erbpachtsvorwerks daselbst.

* Die disponibeln Gebäude in der Lindenstraße Nr. 38 und 39 und am Kanal Nr. 33 bis 37 sollen höherer Bestimmung gemäß öffentlich meistbietend verkauft werden. Wir haben hierzu einen Lizitationstermin zu den ersten auf den 21. und zu den letztern auf den 22. Mai d. J., Vormittags 10 Uhr, in unserm Geschäftslokal Breite Straße Nr. 20 anberaumt, zu welchem Kaufliebhaber hierdurch eingeladen werden, mit dem Bemerken, daß die näheren Kaufbedingungen bei uns in den Dienststunden täglich eingesehen werden können.
Potsdam, den 15. April 1844.
Königl. Garnison-Verwaltung.

Nothwendiger Verkauf.
Königl. Kammergericht in Berlin.

Das hierselbst außerhalb des Neuen Thores, und zwar Ausgangs linker Hand in der Verlängerung der Invalidenstraße belegene, dem Maurermeister Johann Carl Wilhelm Flickel gehörige Grundstück nebst Zubehör, abgeschätzt auf 9140 Thlr. 28 Sgr. 3 Pf. zufolge der, nebst Hypothekenschein und Bedingungen in der Registratur einzusehenden Taxe, soll
am 1. Oktober 1844
an ordentlicher Gerichtsstelle subhastirt werden.

Nothwendiger Verkauf.
Königl. Kammergericht in Berlin.

Das hierselbst in der Schumansstraße Nr. 14 belegene Grundstück, abgeschätzt nur nach dem Materialienwerthe und dem Werthe des Grund und Bodens (nicht nach dem Ertrage) auf 14,390 Thlr. 17 Sgr. 6 Pf. zufolge der, nebst Hypothekenschein und Bedingungen in der Registratur einzusehenden Taxe, soll
am 30. November 1844,
an ordentlicher Gerichtsstelle subhastirt werden.

Edictal-Citation.

Die unbekannten Erben des am 30. November 1834 zu Zehnbeck verstorbenen Kolonisten und Arbeitsmanns Johann Wilke, dessen baare Verlassenschaft 37 Thlr. 9 Sgr. 3 Pf. beträgt, werden hierdurch aufgefordert, sich binnen 9 Monaten, und spätestens in dem
am 29. Juni 1844, Vormittags 11 Uhr,
an unserer gewöhnlichen Gerichtsstelle zu Prenzlau angesetzten Termine, entweder in Person oder durch zulässige, mit hinlänglicher Information versehene Bevollmächtigte, wozu ihnen der Justizkommissarius Boots hier vorgeschlagen wird, einzufinden, oder sich schriftlich zu melden.
Wenn sich in diesem Termine keine Erben melden, oder die sich meldenden ihr Erbrecht nicht gehörig nachweisen können, so werden sie mit ihren Erbansprüchen präkludirt, und wird alsdann die Nachlaßmasse als herrenloses Gut dem Fiskus zugesprochen werden.
Prenzlau, den 3. August 1843.
Königl. Justizamt Gramzow.

Nothwendiger Verkauf.
Königl. Land- und Stadtgericht zu Strausberg, den 4. April 1844.

Die hierselbst belegenen, dem hiesigen Ackerbürger Carl Friedrich Mewger gehörigen, Grundstücke:

1) Das im sogenannten Winkel sub Nr. 147 belegene Wohnhaus nebst Zubehör, abgeschätzt auf 815 Thlr. 23 Sgr. 3 Pf.,

2) die vor dem Landsberger Thore belegene Scheune, abgeschätzt auf 406 Thlr. 16 Sgr. 9½ Pf.,

3) das bei der Kuhbrücke belegene Wiesenstück, auf 9 Thlr. 10 Sgr. abgeschätzt,

4) die im Postbruche sub Nr. 100 belegene Parzelle, abgeschätzt auf 3 Thlr. 2 Sgr. 6 Pf.,

5) die im Postbruche sub Nr. 222, 223 und 224 belegenen Parzellen, abgeschätzt auf zusammen 15 Thlr. 7 Sgr. 6 Pf.,

6) die Postbruch-Parzelle Nr. 248, abgeschätzt auf 9 Thlr.,

7) die in allen drei Feldern im Dickmantelfelde zwischen der Georgeschen und Zimmermannschen Hufe belegene Hufe Land, abgeschätzt auf 219 Thlr. 8 Sgr.,

8) die in allen drei Feldern im Dickmantelfelde zwischen der August Krauseschen und Heinrich Fröhlichschen belegene Ackerhufe, abgeschätzt auf 233 Thlr. 10 Sgr.,

sollen am

23. Juli d. J., Vormittags 11 Uhr,

an ordentlicher Gerichtsstelle subhastirt werden.

Taxe und Hypothekenschein sind in unserer Registratur einzusehen.

Nothwendiger Verkauf.

Stadtgericht zu Berlin, den 4. März 1844.

Das in der Rosengasse Nr. 48 belegene Grundstück des Parfümerie-Fabrikanten August Hermann Louis Schmidt, gerichtlich abgeschätzt zu 4903 Thlr. 5 Sgr. 3 Pf., soll

am 12. Juli d. J., Vormittags 11 Uhr,

an der Gerichtsstelle subhastirt werden. Taxe und Hypothekenschein sind in der Registratur einzusehen.

Der Eigenthümer und dessen Ehefrau, Wilhelmine Amalie geb. Riether als Gläubigerin, und dem Aufenthalt nach unbekannt, werden hierdurch öffentlich vorgeladen.

Nothwendiger Verkauf.

Stadtgericht zu Berlin, den 4. März 1844.

Das in der kleinen Georgenkirchgasse Nr. 4 belegene Grundstück der Lemckeschen Erben, gerichtlich abgeschätzt zu 2967 Thlr. 5 Sgr., soll

am 9. Juli d. J., Vormittags 11 Uhr, an der Gerichtsstelle subhastirt werden. Taxe und Hypothekenschein sind in der Registratur einzusehen.

Nothwendiger Verkauf.

Stadtgericht zu Berlin, den 6. März 1844.

Das vor dem Landsberger Thor belegene Grundstück des Müllers Leonhardt, mit Einschluß von 2806 Thlr. 27 Sgr. 6 Pf. Brandentschädigungsgeldern für die abgebrannte holländische Windmühle, gerichtlich abgeschätzt zu 6045 Thlr. — Sgr. 6 Pf., soll am 15. Oktober d. J., Vormittags 11 Uhr, an der Gerichtsstelle subhastirt werden. Taxe und Hypothekenschein sind in der Registratur einzusehen.

Nothwendiger Verkauf.

Königl. Stadtgericht Gransee, den 13. März 1844.

Nachstehende, den Erben der verstorbenen Ehefrau des Kämmerers Daniel Friedrich Müller, Regine Dorothee geb. Grieben gehörigen, hierselbst belegenen Grundstücke, als:

1) ein Wohnhaus in der Friedrich-Wilhelms-Straße Nr. 69 nebst Zubehör, tarirt 1277 Thlr. 17 Sgr. 6 Pf.,

2) eine Scheune vor dem Ruppiner Thore, tarirt 175 Thlr.,

3) ein Garten vor dem Ruppiner Thore, tarirt 100 Thlr.,

4) ein Morgen Voßberg von 2 Morg. 79 ☐R., tarirt 180 Thlr.,

5) eine halbe Hufe Butenland Nr. 70, tarirt 1350 Thlr.,

6) ein Morgen am rothen Luch von 1 Morgen 103 ☐R., tarirt 125 Thlr.,

7) ein Morgen Schwanpfuhl von 135 ☐R., tarirt 50 Thlr.,

8) ein Garten vor dem Zehdenicker Thore, tarirt 40 Thlr.,

9) ein Garten achter der Stadt, tarirt 80 Thlr.,

10) die Wiesen-Kaveln am See Nr. 29 und 30 von 2 Morgen 167 ☐R., tarirt 400 Thlr.,

zufolge der, nebst Hypothekenschein und Bedingungen in der Registratur einzusehenden Taxe, sollen

am 29. Juni d. J., Vormittags 10 Uhr, an ordentlicher Gerichtsstelle subhastirt werden.

Nothwendiger Verkauf.

Königl. Stadtgericht zu Gransee, den 16. März 1844.

Die zum Nachlaß des hierselbst verstorbenen Kaufmanns Friedrich Wilhelm Regendank gehörigen, hierselbst belegenen Grundstücke, als:

1) ein Wohnhaus in der Friedrich-Wilhelms-Straße Nr. 83 nebst Zubehör, taxirt 4250 Thlr. 8 Sgr. 1 Pf., in welchem seither eine Materialhandlung betrieben, und welches sich auch zum Betriebe einer Brauerei und Destilation eignet,

2) zwei Morgen in den Bergen Nr. 1754 von 6 Morg. 74 ☐R., taxirt 67 Thlr. 15 Sgr.,

zufolge der, nebst Hypothekenschein und Bedingungen in der Registratur einzusehenden Taxe, sollen

am 6. Juli d. J., Vormittags 10 Uhr,

an ordentlicher Gerichtsstelle subhastirt werden.

Nothwendiger Verkauf.

Stadtgericht zu Berlin, den 30. März 1844.

Das in der Blumenstraße zwischen den beiden Grundstücken des Kaufmanns Aumann belegene Grundstück des Stellmachermeisters Kley, gerichtlich abgeschätzt zu 11,113 Thlr. 15 Sgr., soll

am 12. November b. J., Vormittags 11 Uhr,

an der Gerichtsstelle subhastirt werden. Taxe und Hypothekenschein sind in der Registratur einzusehen.

Nothwendiger Verkauf.

Stadtgericht zu Berlin, den 1 April 1844.

Das in der Blumenstraße, Ecke der Rosengasse, Nr. 59 belegene Schmidtsche Grundstück, taxirt im Rohbau zu 8681 Thlr. 20 Sgr., soll

am 15. November d. J., Vormittags 11 Uhr,

an der Gerichtsstelle subhastirt werden. Taxe und Hypothekenschein sind in der Registratur einzusehen.

Nothwendiger Verkauf.

Königl. Landgericht zu Berlin, den 10. April 1844.

Das dem verstorbenen Schiffbaumeister Christian Friedrich Grunow gehörige Grundstück Nr. 13 in der Brückenstraße zu Moabit, abgeschätzt auf 4968 Thlr. 10 Sgr. 8 Pf. zufolge der, nebst Hypothekenschein in dem 11ten Bureau einzusehenden Taxe, soll

am 5. August d. J., Vormittags 11 Uhr, an ordentlicher Gerichtsstelle, Zimmerstraße Nr. 25, Theilungshalber subhastirt werden.

Alle unbekannte Realprätendenten werden aufgeboten, sich, bei Vermeidung der Präklusion spätestens in diesem Termine zu melden.

Nothwendiger Verkauf.

Stadtgericht zu Wittenberge.

Das den Erben des Holzhändlers Christian Schultze gehörende, im Hypothekenbuche Vol. IV sub Nr. 203 verzeichnete Wohnhaus hierselbst, abgeschätzt nach der in unserer Registratur täglich einzusehenden Taxe, auf 1475 Thlr. Kour., soll

am 25. Juni 1844, Vormittags 10 Uhr,

auf der Gerichtsstube hierselbst meistbietend verkauft werden.

Proclama.

Am 4. Juni d. J., Vormittags 10 Uhr, sollen zu Fürstenwerder in der Gerichtsstube die zum Nachlaß des Gerichtsschöppen Hagen gehörigen Grundstücke, nämlich

1) ein Wohnhaus nebst einem Anbau, worin ein Backofen, 2 Ställe, ein Maßtofen und 1 Scheune nebst zwei Gärten, abgeschätzt auf 1585 Thlr.,

2) ein Ackerplan nebst Werderland, Torfbruch und Häuslingsbruch, abgeschätzt auf 2227 Thlr.,

3) ein Heideplan, taxirt zu 512 Thlr.,

4) ein Kienberg, taxirt auf 130 Thlr.,

5) ein Erbpachtstück, taxirt auf 100 Thlr.,

aus freier Hand verkauft werden.

Prenzlau, den 18. April 1844.

Reichsgräflich von Schwerinsches Patrimonialgericht der Herrschaft Wolfshagen.

Das Kruggut und eine Büdnerstelle zu Hammelspring auf der Landstraße von hier nach Templin belegen, nebst mehreren entbehrlichen Acker- und Wiesen-Parzellen, soll

am 10. Mai d. J., Vormittags 9 Uhr,

im Kruge daselbst verkauft werden und eignet sich die Büdnerstelle besonders für einen Stellmacher.

Zehdenick, den 15. April 1844.

Der Justiz-Kommissarius Muth.

Roth.

Nothwendiger Verkauf.

Stadtgericht zu Berlin, den 2. April 1844.

Das in der Fruchtstraße, Ecke der Pallisadenstraße belegene Hochkirchsche Grundstück, taxirt
zu 10,429 Thlr. 19 Sgr. 3 Pf., soll

am 19. November d. J., Vormittags 11 Uhr,
an der Gerichtsstelle subhastirt werden. Taxe und
Hypothekenschein sind in der Registratur einzusehen.

Nothwendiger Verkauf.

Stadtgericht zu Berlin, den 2. April 1844.

Das in der Blumenstraße belegene Aumannsche Grundstück, welches im Bau liegen geblieben, gerichtlich abgeschätzt zu 1828 Thlr. 10 Sgr.,
soll in seinem jetzigen Zustande

am 27. September d. J., Vormittags 11 Uhr,
an der Gerichtsstelle subhastirt werden. Taxe und
Hypothekenschein sind in der Registratur einzusehen. Die Frau Wittwe Müller, Emma Dorothee geb. Krüger, und der Kaufmann Louis
Goldberg, die dem Aufenthalt nach unbekannt
sind, werden hierdurch öffentlich mit vorgeladen.

Nothwendiger Verkauf.

Königl. Landgericht zu Berlin, den 16. April 1844.

Das dem Tischlermeister Friedrich August Kaiser gehörige Erbpachtsrecht an dem, in der Pankstraße Nr. 42 belegenen Grundstücke von 1 Morgen Flächeninhalt, abgeschätzt auf 80 Thlr. zufolge der, nebst Hypothekenschein in dem 11ten Büreau einzusehenden Taxe, soll

am 5. August d. J., Vormittags 11 Uhr,
an ordentlicher Gerichtsstelle, Zimmerstraße Nr. 25,
subhastirt werden.

Nothwendige Subhastation

beim von Freyerschen Patrimonialgericht zu
Hoppenrade und Garz.

Die sonst Pöhlssche Büdnerstelle Nr. 16 zu
Garz in der Ostprieignitz sammt Zubehör, desgleichen 6 Morgen Acker daselbst, taxirt zu 600
Thlrn. und resp. 400 Thlrn. unterm 9. September 1843 dem Böttcher Müller zugeschlagen,
sollen wegen nicht bezahlter Kaufgelder

am 8. August 1844, Vormittags 11 Uhr,
an der Gerichtsstelle zu Hoppenrade anderweit verkauft werden. Die Taxe und der Hypothekenschein
sind daselbst einzusehen.

Zum weitern öffentlichen Verkauf des Mobiliar-
Nachlasses des verstorbenen Amtsraths Hubert ist
anderweit auf

den 29. und 30. April, den 2., 3. und 4. Mai
d. J., jedesmal von 9 Uhr Vormittags
ab, im herrschaftlichen Hause zu Reudnitz,
Termin angesetzt, wozu Kauflustige mit dem Bemerken eingeladen werden, daß der Verkauf gegen
gleich baare Zahlung in Kourant geschieht, und
daß:

am 29. April einiges Hausgeräth; Betten,
Leinen- und Tischzeug,

am 30. April Meubles, Hausgeräth, besonders Silberzeug, namentlich vier Stück
schwere silberne Tafelleuchter, mehrere
Dutzend Löffel, Messer und Gabel, gol-
dene Ringe, Uhren und andere Pretiosen,
Spiegel, ein Kutschwagen, eine Droschke
und ein kleiner Schlitten,

am 2. Mai und folgenden Tage eine bedeutende Sammlung von Mineralien und
Muscheln, so wie eine große Sammlung
von Büchern verschiedenen Inhalts

versteigert werden sollen.

Friedland, den 20. April 1844.

Schramm,
Königl. Gerichts-Kommissarius.

Das dem Kaufmann und Gastwirth Fr.
Bomcke zu Wittstock in der Prieignitz gehörige,
am Markte, beim Rathhause gegenüber, belegene
Eckwohnhaus von 21 Fenstern Front, worin
sich ein Laden, ein Billardzimmer, 18 heizbare Stuben, ein gewölbter Saal, zwei Auffahrten, eine geräumige Küche und Waschhaus, Stallung zu circa 70 Pferden, geräumige Keller und Böden, so wie eine
Post-Passagierstube

befinden, und wozu ungefähr 18 Morgen Acker
gehören, soll Veränderung halber, im Wege der
freiwilligen Lizitation

stand dreimal die vorschüssige Berichtigung der obigen Summe gestattet, so soll dieser Beitrag erst im Herbst d. J. mit den dann für das Sommerhalbjahr zu repartirenden Beiträgen eingezogen werden.

Gleichzeitig wird den Mitgliedern der Gesellschaft hierdurch bekannt gemacht, daß nach den bereits landesherrlich genehmigten Beschlüssen der jüngsten am 4. März d. J. stattgehabten General-Versammlung für die Folge

1. die in den §§ 11 und 25 des Mobiliar-Brandassekuranz-Statuts auf resp. 12 und 10 Thlr. Gold beschränkten Versicherungs- und Entschädigungs-Sätze für 1000 Kubikfuß ungedroschenen Getreides auf 14 und 12 Thlr. Gold erhöht sein, ferner

2. die in § 35 desselben Statuts bisher unter allen Umständen auf 5 Prozent festgestellte Rettungs-Prämie nunmehr vom Direktorio nach den Umständen zu 1 bis 5 Prozent bestimmt werden, und endlich

3. aus der Formel des nach § 23 vom Beschädigten abzuleistenden Eides — Anlage H desselben Statuts — die Worte: „noch wisse, daß es von einem der Meinigen geschehen sei," wegfallen sollen.

An Stelle des verstorbenen Gutsbesitzers Pogge auf Ziersdorf und des wegen Verkaufs seines Gutes ausgeschiedenen Gutsbesitzers Berlin, vormals auf Liepen, sind die Gutsbesitzer Dr. Schraber auf Liepen bei Neubrandenburg und Held auf Kl. Roge bei Teterow wiederum zu Mitgliedern des Direktorii beider Gesellschaften gewählt, und haben die Wahl angenommen.

Neubrandenburg, den 16. April 1844.
Das Direktorium der Meklenburgischen Hagel- und Mobiliar-Brandversicherungs-Gesellschaft.

Vorstehendes macht im Auftrage bekannt und empfiehlt sich zur Annahme von Versicherungs-Anträgen. Potsdam, den 22. April 1844.

C. Ad. Werckenthin, Agent der Gesellschaften.

Die neue Berliner Hagel-Assekuranz-Gesellschaft beehrt sich beim Beginn der Versicherungs-Periode das landwirthschaftliche Publikum darauf aufmerksam zu machen, daß sie gegen feste Prämie, wobei durchaus keine Nachzahlung stattfinden kann, die Versicherung der Feldfrüchte gegen Hagelschaden übernimmt und den Verlust durch Hagelschlag, der den bei ihr Versicherten trifft, gleich nach erfolgter Feststellung baar vergütet.

Der Sicherungsfonds, mit welchem die Gesellschaft in diesem Jahre für ihre Verbindlichkeiten haftet, besteht aus dem vollständigen Stammkapital von 500,000 Thlrn., wozu noch die einzunehmenden Prämien kommen.

Im Regierungsbezirk Potsdam sind bei nachgenannten Agenten die Höhe der Prämiensätze zu erfahren und die erforderlichen Antragsformulare, so wie Verfassungsurkunden zu haben.

In Potsdam bei Herrn Ökonomie-Kommissarius Hildebrandt.
- Belzig bei Herrn Rohrbäck.
- Treuenbriezen bei Herrn J. F. A. Jänicke.
- Niemegk bei Herrn F. G. Francke.
- Jüterbog bei Herrn Stadtsekretair Schulz.
- Perleberg bei Herrn Kämmerer Fritze.
- Lenzen bei Herrn Ludw. Wiese.
- Wittstock bei Herrn C. F. Henning.
- Pritzwalk bei Herrn Kämmerer Reyher.
- Kyritz bei Herrn landräthl. Sekretair Ried.
- Oranienburg bei Herrn Wendler.
- Alt-Landsberg bei Herrn A. Trapp.
- Wriezen bei Herrn C. J. Becker.
- Neustadt-Eberswalde bei Herrn J. A. Pietsch.
- Angermünde bei Herrn Kondukteur Schubert.
- Prenzlau bei Herrn F. Buntebarth.
- Brüssow bei Herrn M. F. Käbing.
- Ruppin bei Herrn Aug. Thiele.
- Neustadt a. d. D. bei Herrn Timann jun.
- Gransee bei Herrn Bürgermeister Voigt.
- Brandenburg a. d. H. bei Herrn C. Schonert & Sohn.
- Rathenau bei Herrn J. F. Schulze.
- Fehrbellin bei Herrn Bürgermeister Seeger.
- Cremmen bei Herrn C. Grabow.
- Spandau bei Herrn J. F. C. Jeserich.
- Nauen bei Herrn landräthl. Sekretair Kahlbaum.
- Storkow bei Herrn Amtmann Kunicke.
- Königs-Wusterhausen bei Herrn Rentamts-Aktuar Hank.
- Runsdorf bei Zossen bei Herrn A. Croll.
- Templin bei Herrn J. H. Dochow.
- Rheinsberg bei Herrn Ferd. Thiele.

Berlin, im April 1844.
Direktion der neuen Berliner Hagel-Assekuranz-Gesellschaft.

Oeffentlicher Anzeiger (№ 1)

zum 18ten Stück des Amtsblatts
der Königlichen Regierung zu Potsdam und der Stadt Berlin.

Den 3. Mai 1844.

Bekanntmachung,
betrifft die Verpachtung des Domainen-Amts Czechoczin.

Die Königl. Domaine Czechoczin, mit welcher die Amtsverwaltung des Amts Putzig verbunden ist, 4½ Meile von der Stadt Danzig und 1 Meile von der Stadt Neustadt, nahe an der von Danzig nach Stettin führenden Chaussee gelegen, mit einem Gesammt-Flächeninhalte von 3346 M. 56 □R., soll von Trinitatis 1845 auf 24 Jahre, bis Johannis 1869, im Wege der Submission von Neuem verpachtet werden. Es gehören dazu

1. das Vorwerk Czechoczin, verbunden mit dem Rechte zur Brauerei und Brennerei und dem Verlagsrechte über die Krüge zu Czechoczin und Rheba. Das Vorwerk hat einen Flächeninhalt von 114½ M. 145 □R. Hierunter befinden sich 463 M. 65 □R. Acker, von denen nach den für die Provinz Preußen geltenden Domainen-Veranschlagungs-Prinzipien, 333 M. 48 □R. zur 3ten Klasse, 44 M. 44 □R. zur 4ten Klasse und 85 M. 153 □R. als drei- und sechsjähriges Roggenland eingeschätzt sind; ferner 365 M. 143 □R. Wiesen in und am Brüchschen Bruche zu beiden Seiten des Rhebaflusses gelegen, die zum großen Theile gute Wiesen-erde enthalten und nahrhafte Gräser tragen; ferner 133 M. 69 □R. Hütungsländereien, welche meliorirt und theilweise in Wiesen umgewandelt werden können. Für die ersten 4 bis 6 Jahre wird ein Pächter die freie Weide in der Königl. Forst mit 38 Haupt Großvieh zugestanden.

2. Das Vorwerk Bresin mit einem Flächeninhalte von 1577 M. 145 □R., hierunter 640 M. 50 □R. Acker, von welchem 405 M. 2½ □R. zur 2ten, 130 M. 71 □R. zur 3ten, 86 M. 0 □R. zur 4ten Klasse, und 19 M. 8 □R. als reisjähriges Roggenland eingeschätzt sind; ferner 68 M. 6 □R. im Brüchschen Bruche und am Rheba- und Strimmflusse gelegene, zur 3ten und 4ten Klasse eingeschätzte Wiesen, endlich 474 M. 70 □R. Hütungsländereien.

3. Das Vorwerk Reckau, bestehend aus 626 M. 126 □R., hierunter 103 M. 159 □R. Acker, und zwar 27 M. 3ter, 76 M. 159 □R. 4ter Klasse, meist leichten sandigen, jedoch theilweise mit Moorerde vermischten Bodens; ferner 38 M. 166 □R. drei-, sechs- und neunjähriges Roggenland. An Wiesen gehören hierzu 166 M. 137 □R., darunter 11 M. Wiesen 3ter und 153 M. 137 □R. Wiesen 4ter Klasse, endlich 273 M. 179 □R. Hütungsländereien, welche zum größten Theil meliorationsfähig sind.

Nur das Vorwerk Reckau wird in drei Feldern, dagegen das Vorwerk Czechoczin in sechs und das Vorwerk Bresin in sechs Binnen- und sieben Außenschlägen bewirthschaftet. Der Acker hat überall, mit geringer Ausnahme, eine ebene Lage und ist nirgends so streng, daß seine Bearbeitung irgend schwierig werden könnte.

Auf sämmtlichen Vorwerken sind die erforderlichen Wohn- und Wirthschaftsgebäude fast durchweg in gutem baulichen Zustande vorhanden.

Das zu den Vorwerken gehörige, von dem Pächter zu übernehmende Königl. Inventarium hat einen Werth von 418 Thlr. 8 Sgr. 9 Pf.

4. Das Recht der Fischerei in den Granzen des Vorwerks und vorlängs des Ostseestrandes, so wie das Recht auf die unbeständigen Gefälle für das Legen der Aalsäcke in der Ostsee von Karwenbruch bis Großendorf.

Der geringste Pachtzins ist:

für das Vorwerk Czechoczin auf 791 Thlr. 17 Sgr. 1 Pf. inkl. 262 Thlr. 15 Sgr. Gold, für das Vorwerk Bresin auf 1432 Thlr. 27 Sgr. 5 Pf. inkl. 477 Thlr. 15 Sgr. Gold, für das Vorwerk Reckau auf 162 Thlr. 20 Sgr. inkl. 55 Thlr. Gold, für die Brau- und Brennerei auf 232 Thlr. 26 Sgr. 3 Pf. inkl. 77 Thlr. 15 Sgr. Gold, für das Verlagsrecht auf 20 Thlr. 16 Sgr. 4 Pf., für die Fischerei auf 95 Thlr. 26 Sgr. 6 Pf. inkl. 30 Thlr.

Gold, in Summa auf 2736 Thlr. 15 Sgr. 7 Pf. inkl. 902½ Thlr. Gold festgesetzt.

Außerdem ist Pächter verpflichtet, die Amtsverwaltung des Amts Putzig für eine jährliche Remuneration von 500 Thlrn. zu übernehmen.

Die von dem Pächter zu leistende Kaution ist für die Pachtung auf 1000 Thlr. und für die Amtsverwaltung auf 1800 Thlr. bestimmt, und in Staatspapieren oder pupillarische Sicherheit gewährenden HypothekenDokumenten zu bestellen. Zur Übernahme der Pachtung ist der Nachweis eines Vermögens von mindestens 15,000 Thlrn. erforderlich, und muß zur Sicherheit für das bei der Submission abgegebene Gebot eine Kaution von mindestens 1500 Thlrn. auf Verlangen sogleich bei der RegierungsHauptkasse niedergelegt werden. Die zur PachtÜbernahme qualifizirten Bewerber können sich über die näheren Submissions und Pachtbedingungen in unserer DomainenRegistratur und bei dem Königl. Domainenamte zu Czechoczin informiren, und werden hierdurch aufgefordert, ihre PachtOfferten, unter genauer Beachtung des vorgeschriebenen, in den vorhin erwähnten Bedingungen enthaltenen Verfahrens, in versiegelten Briefen dem, mit der Annahme der Submissionen beauftragten Kommissarius der Regierung, Herrn RegierungsRath Niemann, spätestens bis

zum 10. Juli d. J.,

als dem zur Annahme der Submissionen bestimmten letzten Termine, abzugeben, und sich bei demselben gleichzeitig über den Besitz des erforderlichen Vermögens und über ihre Qualifikation zur Übernahme der Pachtung auszuweisen.

Die Eröffnung der Submissionen erfolgt den folgenden Tag, den 11. Juli d. J. in der vorgeschriebenen Weise. Danzig, den 17. Febr. 1844.

Königl. Regierung.

Abtheilung für direkte Steuern, Domainen und Forsten.

Nothwendiger Verkauf.

Königl. Kammergericht in Berlin.

Das hierselbst in der verlängerten Dorotheenstraße belegene, im Hypothekenbuche des Königl. Kammergerichts Vol. VII. Cont. c. Nr. 12 Pag. 265 verzeichnete, dem Rentier Jeremias Rudolph gehörige Grundstück nebst Zubehör, welches noch nicht ausgebaut ist, und dessen Werth an Grund und Boden und Baumaterialien und Arbeiten 24,242 Thlr. 8 Sgr. 11 Pf., und dessen muthmaßlicher Ertragswerth ohne Rücksicht auf die noch nicht festzustellenden baulichen Unterhaltungskosten 26,506 Thlr. beträgt, zufolge der nebst Hypothekenschein und Bedingungen in der Registratur einzusehenden Taxe, soll am 17. September 1844 an ordentlicher Gerichtsstelle subhastirt werden.

Nothwendiger Verkauf.

Königl. Kammergericht in Berlin.

Das hierselbst in der Schumannsstraße Nr. 13 belegene, dem Partikulier Karl Wilhelm Theodor Skodowsky gehörige Grundstück nebst Zubehör, abgeschätzt auf 12,583 Thlr. 11 Sgr. 9 Pf. zufolge der, nebst Hypothekenschein und Bedingungen in der Registratur einzusehenden Taxe, soll am 9. Juli 1844 an ordentlicher Gerichtsstelle subhastirt werden.

Nothwendiger Verkauf.

Königl. Kammergericht in Berlin.

Das hierselbst vor dem Oranienburger Thore in der Chausseestraße Nr. 13 belegene, dem Kaufmann Karl Andreas Heinrich Adolph Buchholz gehörige Grundstück nebst Zubehör, abgeschätzt auf 13,142 Thlr. 18 Sgr. 11½ Pf. zufolge der, nebst Hypothekenschein und Bedingungen in der Registratur einzusehenden Taxe, soll am 26. Juli 1844 an ordentlicher Gerichtsstelle subhastirt werden.

Der Besitzer, Kaufmann Karl Andreas Heinrich Adolph Buchholz und die Gläubigerin, unverehlichte Marie Dorothea Catharine Elfert, deren Aufenthalt unbekannt ist, werden hierzu öffentlich vorgeladen.

Nothwendiger Verkauf.

Königl. Kammergericht in Berlin.

Das hierselbst in der großen Friedrichsstraße Nr. 109 belegene, dem Bäckermeister Johann Ludwig Borchardt gehörige Haus nebst Garten und Zubehör, abgeschätzt auf 8641 Thlr. 23 Sgr. 1 Pf. zufolge der, nebst Hypothekenschein und Bedingungen in der Registratur einzusehenden Taxe, soll am 3. Juli 1844 an ordentlicher Gerichtsstelle subhastirt werden.

Nothwendiger Verkauf.

Königl. Kammergericht in Berlin.

Das hierselbst in der Husarenstraße Nr. 17 belegene, dem Droschkenbesitzer Karl Friedrich Wilhelm Bode gehörige Grundstück nebst Zubehör, abgeschätzt auf 14,493 Thlr. 25 Sgr. 3½ Pf. zufolge der, nebst Hypothekenschein und Bedingungen in der Registratur einzusehenden Taxe, soll

am 24. September 1844

an ordentlicher Gerichtsstelle subhastirt werden.

Nothwendiger Verkauf.

Königl. Kammergericht in Berlin.

Das hierselbst vor dem neuen Thore, am neuen Thorplatze Nr. 2 belegene, dem Mühlenbaumeister Johann Andreas Angster gehörige Grundstück nebst Zubehör, abgeschätzt auf 13,027 Thlr. 27 Sgr. 5 Pf. zufolge der, nebst Hypothekenschein und Bedingungen in der Registratur einzusehenden Taxe, soll

am 10. September 1844

an ordentlicher Gerichtsstelle subhastirt werden.

Der Zimmermeister Karl Friedrich Schellhorn oder seine Erben, und die Wittwe Jander, Marie Magdalene geb. Schneider, oder deren Erben werden zu diesem Termine öffentlich vorgeladen.

Nothwendiger Verkauf.

Königl. Kammergericht in Berlin.

Das hierselbst vor dem neuen Thore in der Invalidenstraße Nr. 30 belegene, dem Zimmerpolier Karl Friedrich Gumtow gehörige Grundstück nebst Zubehör, abgeschätzt auf 11,732 Thlr. 4 Sgr. 6 Pf. zufolge der, nebst Hypothekenschein und Bedingungen in der Registratur einzusehenden Taxe, soll

am 23. Oktober 1844

an ordentlicher Gerichtsstelle subhastirt werden.

Nothwendiger Verkauf.

Stadtgericht zu Berlin, den 4. November 1843.

Das in der neuen Königsstraße Nr. 68 belegene Hempelsche Grundstück, gerichtlich abgeschätzt zu 11,260 Thlr. 7 Sgr. 9 Pf., soll

am 14. Juni 1844, Vormittags 11 Uhr,

an der Gerichtsstelle subhastirt werden. Taxe und Hypothekenschein sind in der Registratur einzusehen.

Der dem Aufenthalt nach unbekannte Kleidermacher Johann George Hempel wird als Eigenthümer hierdurch öffentlich mit vorgeladen.

Nothwendiger Verkauf.

Stadtgericht zu Berlin, den 4. November 1843.

Das in der Landwehrstraße Nr. 38 a belegene Grundstück der Ehefrau des Buchdruckers Ziesmer, gerichtlich abgeschätzt zu 15,272 Thlr. 8 Sgr. 9 Pf., soll

am 18. Juni 1844, Vormittags 11 Uhr, an der Gerichtsstelle subhastirt werden. Taxe und Hypothekenschein sind in der Registratur einzusehen.

Nothwendiger Verkauf.

Königl. Landgericht zu Berlin, den 10. Nov. 1843.

Die von dem Mühlenmeister Karl Eduard Bernhard Treskow im Wege der Subhastation erstandene, dem Mühlenmeister Johann Eduard Trenn gehörig gewesene Erbpachtsgerechtigkeit der zu Tegel belegenen Wasser-Schneide- und Mahlmühle, abgeschätzt zu 5 Prozent veranschlagt, auf 11,131 Thlr. 1 Sgr. 1 Pf., und zu 4 Prozent auf 13,280 Thlr. 17 Sgr. 5 Pf. zufolge der, nebst Hypothekenschein in dem 11ten Büreau einzusehenden Taxe, soll

am 20. Juni 1844, Vormittags 11 Uhr, an ordentlicher Gerichtsstelle, Zimmerstraße Nr. 25, resubhastirt werden.

Nothwendiger Verkauf
wegen Auflösung der Gemeinschaft.

Land- und Stadtgericht zu Neustadt-Eberswalde.

Das Bauer- und Kruggut der Ginolaschen Erben zu Groß-Ziethen im Angermünder Kreise, abgeschätzt auf 5417 Thlr. 21 Sgr. 3 Pf. zufolge der, nebst Hypothekenschein und Bedingungen im 11ten Geschäftsbüreau einzusehenden Taxe, soll

am 4. Juni 1844, Vormittags 11 Uhr, im Gerichtshause an den Meistbietenden verkauft werden. Alle unbekannten Realprätendenten werden aufgefordert, sich bei Vermeidung der Präklusion spätestens in diesem Termine zu melden.

Nothwendiger Verkauf.

Stadtgericht zu Berlin, den 25. November 1843.

Das in der Waßmannstraße Nr. 33 a belegene Thomassinsche Grundstück, gerichtlich abgeschätzt zu 9705 Thlr. 5 Sgr., soll

am 9. Juli 1844, Vormittags 11 Uhr, an der Gerichtsstelle subhastirt werden. Taxe und Hypothekenschein sind in der Registratur einzusehen.

Nothwendiger Verkauf.

Stadtgericht zu Berlin, den 25. November 1843.

Das in der Blumenstraße belegene Grundstück des Kaufmanns Friedrich Wilhelm Aumann soll in seinem jetzigen Zustande

am 12. Juli 1844, Vormittags 11 Uhr,

an der Gerichtsstelle subhastirt werden.

Die aufgenommene Taxe, nach welcher 1) der Werth des Grund und Bodens 702 Thlr. 15 Sgr., 2) der Werth der bisher verwendeten Materialien und Arbeiten 5430 Thlr. 7 Sgr., also zusammen 6132 Thlr. 23 Sgr. betragen, wobei aber die noch nicht zu ermittelnden Lasten nicht berücksichtigt sind, und der Hypothekenschein sind in der Registratur einzusehen.

___

Nachttag zum Subhastationspatent vom 25. November 1843 in der Kaufmann Aumannschen Subhastationssache.

Der dem Aufenthalte nach unbekannte eingetragene Gläubiger, der Kaufmann Herr Karl Robert Aumann wird zu diesem Termin öffentlich vorgeladen. Berlin, den 3. Januar 1844.

Königl. Stadtgericht hiesiger Residenzien.

Abtheilung für Kredit-, Subhastations- und Nachlaßsachen.

___

Nothwendiger Verkauf.

Stadtgericht zu Berlin, den 30. November 1843.

Das in der Georgenstraße Nr. 17 belegene Schubartsche Grundstück, gerichtlich abgeschätzt zu 16,183 Thlr. 11 Sgr. 9 Pf., soll Schuldenhalber

am 16. Juli 1844, Vormittags 11 Uhr,

an der Gerichtsstelle subhastirt werden. Taxe und Hypothekenschein sind in der Registratur einzusehen.

___

Öffentlicher Verkauf.

Patrimonialgericht Millmersdorf, den 11. Dezember 1843.

Die bei Millmersdorf im Templinschen Kreise belegene, im Hypothekenbuche Nr. 1 Fol. 1 auf den Namen der Geschwister Otto eingetragene, und auf 6239 Thlr. 12 Sgr. 1 Pf. abgeschätzte Wassermühle, mit einem Gange und sechs Hirsestampfen versehen, wozu gehören: an Gebäuden: ein Wohnhaus, die Mahlmühle, eine Schneidemühle, eine Scheune, zwei Ställe und eine Windmühle; an Grundstücken: acht Morgen Land, 'e Wiese und ein Kohl- und Küchengarten; an

Gerechtigkeiten: Fischerei, Holzungsgerechtsame und dergleichen mehr, soll Theilungshalber

am 11. Juli 1844, Vormittags 11 Uhr,

an öffentlicher Gerichtsstelle subhastirt werden.

Die gerichtliche Taxe und der neueste Hypothekenschein können in der Registratur eingesehen werden.

Alle unbekannte Realprätendenten werden zu diesem Termine mit vorgeladen.

___

Nothwendige Subhastation.

Stadtgericht Charlottenburg, den 12. Dez. 1843.

Das hierselbst in der Berliner Straße sub Nr. 73 belegene, im hiesigen stadtgerichtlichen Hypothekenbuche Vol. cont. I Nr. XV verzeichnete Grundstück des Gastwirthe und Kaffetiers Karl Ludwig Beyer, abgeschätzt auf 7255 Thlr. 21 Sgr. 1 Pf. zufolge der, nebst Hypothekenschein in der Registratur einzusehenden Taxe, soll

am 17. Juli 1844, Vormittags 10 Uhr,

im hiesigen Stadtgericht, Jägerstraße Nr. 2, vor dem Herrn Kammergerichts-Assessor Kahle subhastirt werden.

___

Nothwendiger Verkauf.

Königl. Land- und Stadtgericht zu Strausberg, den 18. Dezember 1843.

Die hierselbst vor dem Landsberger Thore hinter dem Kollegenberge neben der Heide belegene sogenannte Heegermühle, bestehend aus einer Wasser-Mahlmühle nebst Wohnung, Scheune und Stallung, 2 Gärten, 2 Wiesen und 2 Flecken Acker, so wie einer Bockwindmühle, dem Mühlenbesitzer Karl Wilhelm Wendland gehörig, abgeschätzt auf zusammen 11,129 Thlr. 10 Sgr., soll

am 9. Juli 1844, Vormittags 11 Uhr,

an ordentlicher Gerichtsstelle subhastirt werden.

Taxe und Hypothekenschein sind in unserer Registratur einzusehen.

___

Nothwendiger Verkauf.

Stadtgericht zu Berlin, den 10. Januar 1844.

Die dem Maurerpolier Rudloff zugehörige Hälfte des in der Elisabethstraße Nr. 12 a an der Ecke der kleinen Frankfurter Straße belegenen, im Ganzen zu 18,736 Thlr. 17 Sgr. 6 Pf. taxirten Grundstücks, soll

am 27. August 1844, Vormittags 11 Uhr,

an der Gerichtsstelle subhastirt werden. Taxe und Hypothekenschein sind in der Registratur einzusehen.

Nothwendiger Verkauf.

Stadtgericht zu Berlin, den 11. Januar 1844.

Das in der neuen Königsstraße Nr. 8 belegene Grundstück der Distillateur Dähne'schen Eheleute, gerichtlich abgeschätzt zu 19,497 Thlr. 6 Sgr. 9 Pf., soll am 23. August d. J., Vormittags 11 Uhr, an der Gerichtsstelle subhastirt werden. Taxe und Hypothekenschein sind in der Registratur einzusehen.

Der dem Aufenthalte nach unbekannte Apotheker Ludwig Friedrich Theodor Dähne wird als eingetragener Gläubiger hierdurch öffentlich vorgeladen.

Nothwendiger Verkauf.

Königl. Justizamt Potsdam, den 16. Jan. 1844.

Folgende, zum Nachlaß des verstorbenen Königl. Frotteurs Karl Ludwig Schleitzahn gehörige Grundstücke:

1) das Etablissement am Drachenhausberge, unweit des Parkes von Sanssouci, Vol. I Fol. 149 des Hypothekenbuchs von Bornstädt, abgeschätzt auf 17,329 Thlr. 18 Sgr. 4 Pf.,

2) eine Wiese im Golmer Bruche von 11 M. 8 ☐R. Flächeninhalt, Vol. unico Nr. 6 Fol. 26 des Hypothekenbuchs von Golm, abgeschätzt auf 532 Thlr. 6 Sgr. 8 Pf.,

sollen am 13. August d. J., Vormittags 11 Uhr, an Gerichtsstelle hierselbst, Friedrichsstraße Nr. 7, Theilungshalber, im Wege der nothwendigen Subhastation verkauft werden.

Taxen und Hypothekenscheine sind werktäglich in unserm IIten Büreau einzusehen.

Nothwendiger Verkauf.

Stadtgericht zu Berlin, den 1. Februar 1844.

Das in der Schießgasse Nr. 16 belegene Schumann'sche Grundstück, gerichtlich abgeschätzt zu 9004 Thlr. 20 Sgr., soll am 17. September d. J., Vormittags 11 Uhr, an der Gerichtsstelle subhastirt werden. Taxe und Hypothekenschein sind in der Registratur einzusehen.

Die Wittwe Köhler, Johanne Margarethe geb. Bethge wird zu diesem Termine hierdurch mit vorgeladen.

Nothwendiger Verkauf.

Stadtgericht zu Berlin, den 1. Februar 1844.

Das in der Karlsstraße Nr. 28 belegene Pfaffenberg'sche Grundstück, gerichtlich abgeschätzt zu 31,824 Thlr. 27 Sgr. 6 Pf., soll

am 20. September d. J., Vormittags 11 Uhr an der Gerichtsstelle subhastirt werden. Taxe Hypothekenschein sind in der Registratur einzu...

Nothwendiger Verkauf.

Stadtgericht zu Berlin, den 7. Februar 18...

Die beiden unter der Kolonade an der Ki... brücke belegenen massiven Buden des Schn... meisters Tatz, gerichtlich abgeschätzt zu 1039 28 Sgr. 4 Pf., sollen

am 21. Juni d. J., Vormittags 11 Uhr an der Gerichtsstelle resubhastirt werden. Tax Hypothekenschein sind in der Registratur einzu...

Die etwanigen unbekannten Realpräten... werden hierdurch öffentlich vorgeladen.

Nothwendiger Verkauf.

Stadtgericht zu Prenzlau, den 8. Februar

Das dem Schuhmachermeister Christian ...rich Thormann gehörige, hierselbst in der ...straße sub Nr. 76 belegene Wohnhaus eine Bude nebst Zubehör, abgeschätzt auf 839 20 Sgr. 1 Pf. zufolge der, nebst Hypotheken und Bedingungen in unserer Registratur ei...henden Taxe, soll

am 1. Juni d. J., Vormittags 10 Uhr an ordentlicher Gerichtsstelle subhastirt werd...

Nothwendiger Verkauf.

Stadtgericht zu Berlin, den 8. Februar 18...

Das in der Klosterstraße Nr. 4 belegene ...lingsche Grundstück, gerichtlich abgeschätzt zu Thlr. 27 Sgr. 6 Pf., soll

am 28. Juni d. J., Vormittags 11 Uhr an der Gerichtsstelle subhastirt werden. Taxe Hypothekenschein sind in der Registratur einzu...

Nothwendiger Verkauf.

Stadtgericht zu Berlin, den 10. Februar 1...

Das in der 4ten Scheunengasse Nr. 1 be... Schultze'sche Grundstück, gerichtlich abgeschä... 3642 Thlr. 10 Sgr., soll wegen der vom K... nicht delegten Kaufgelder

am 11. Juni d. J., Vormittags 11 Uhr an der Gerichtsstelle resubhastirt werden. Tax Hypothekenschein sind in der Registratur einzu...

Nothwendiger Verkauf.

Stadtgericht zu Berlin, den 10. Februar 1844.

Das am grünen Wege belegene Neumeyersche Grundstück, welches im Rohbau steht, gerichtlich abgeschätzt zu 3602 Thlr. 17 Sgr., soll
am 2. Juli d. J., Vormittags 11 Uhr,
an der Gerichtsstelle subhastirt werden. Taxe und Hypothekenschein sind in der Registratur einzusehen.

Nothwendiger Verkauf.

Stadtgericht zu Berlin, den 10. Februar 1844.

Das an der Rosengasse belegene Neumeyersche Grundstück (Baustelle), gerichtlich abgeschätzt zu 552 Thlr., soll
am 2. Juli d. J., Vormittags 11 Uhr,
an der Gerichtsstelle subhastirt werden. Taxe und Hypothekenschein sind in der Registratur einzusehen.

Nothwendiger Verkauf.

Justizkammer zu Schwedt, den 5. Februar 1844.

Das in der Berliner Straße belegene, dem Mehlhändler Schwanz gehörige Grundstück und das demselben gehörige bei Schwedt belegene sogenannte Kalkofengarten, ersteres auf 2839 Thlr., 20 Sgr., letzterer auf 493 Thlr. 25 Sgr. 1 Pf. gerichtlich abgeschätzt, sollen
am 11. Juni d. J., Vormittags 10 Uhr,
an der Gerichtsstelle subhastirt werden. Die Taxen und Hypothekenscheine sind in der Registratur einzusehen.

Nothwendiger Verkauf.

Stadtgericht zu Berlin, den 13. Februar 1844.

Das in der Mulackgasse Nr. 3 belegene Enzersche Grundstück, gerichtlich abgeschätzt zu 8256 Thlr. 14 Sgr. 4 Pf., soll
am 24. September d. J., Vormittags 11 Uhr,
an der Gerichtsstelle subhastirt werden. Taxe und Hypothekenschein sind in der Registratur einzusehen.

Die dem Aufenthalte nach unbekannten Geschwister Sorge, oder deren Erben werden hierdurch öffentlich mit vorgeladen.

Nothwendiger Verkauf.

Stadtgericht zu Prenzlau, den 19. Februar 1844.

Das, der verehelichten Handelsmann Harz, Wilhelmine geb. Fromm gehörige, hierselbst in der ...ub Nr. 377 belegene Wohnhaus nebst Zubehör, abgeschätzt auf 607 Thlr. 14 Sgr. 3 Pf. zufolge der, nebst Hypothekenschein und Bedingungen in unserer Registratur einzusehenden Taxe, soll
am 6. Juni d. J., Vormittags 11 Uhr,
an ordentlicher Gerichtsstelle subhastirt werden.

Das dem Kossäthen Siegmund Lieze zugehörige, Fol. 37 unseres neuen Hypothekenbuchs verzeichnete, auf 1621 Thlr. 20 Sgr. gerichtlich abgeschätzte Ackergrundstück auf der Feldmark Eichstedt, wozu an Acker 35 Morgen 177 ☐Ruthen 1ster Klasse, und 4 Morgen 177 ☐Ruthen Wiesen, jedoch keine Gebäude gehören, soll
am 7. Juni d. J., Vormittags 10 Uhr,
in der hiesigen Gerichtsstube, im Wege der nothwendigen Subhastation verkauft werden, weshalb Kauflustige zu diesem Termin eingeladen werden.

Die Taxe und der neueste Hypothekenschein liegen in unserer Registratur zur Einsicht vor.

Cremmen, den 21. Februar 1844.

Das Nagelsche Patrimonialgericht über Eichstedt.

Das dem Schmiedemeister Siegmund Christian Frucht gehörige, Fol. 7 unsers neuen Hypothekenbuchs verzeichnete, auf 1414 Thlr. 25 Sgr. 10 Pf. gerichtlich abgeschätzte Ackergrundstück auf der Feldmark Eichstedt, wozu an Acker 30 Morgen 164 ☐Ruthen Ackerland 1ster Klasse, und 6 Morgen 49 ☐Ruthen Wiesen, jedoch keine Gebäude gehören, soll
am 8. Juni 1844, Vormittags 10 Uhr,
in der hiesigen Gerichtsstube im Wege der nothwendigen Subhastation verkauft werden, weshalb Kauflustige zu diesem Termine eingeladen werden.

Die Taxe und der neueste Hypothekenschein liegen in unserer Registratur zur Einsicht vor.

Cremmen, den 21. Februar 1844.

Das Nagelsche Patrimonialgericht über Eichstedt.

Nothwendiger Verkauf.

Stadtgericht zu Berlin, den 19. März 1844.

Das in der Hirschelstraße Nr. 12 belegene Seepoldtsche Grundstück, gerichtlich abgeschätzt zu 9780 Thlr. 22 Sgr. 6 Pf., soll
am 25. Oktober d. J., Vormittags 11 Uhr,
an der Gerichtsstelle subhastirt werden. Taxe und Hypothekenschein sind in der Registratur einzusehen.

Freiwilliger Verkauf.

Die den Erben des Mühlenmeisters Schröder gehörige, unweit Angermünde belegene, in
unserem Hypothekenbuche sub Nr. 1 verzeichnete
Blumenbergsche Wassermühle, abgeschätzt auf
11,226 Thlr. 25 Sgr. zufolge der, nebst den Bedingungen und dem Hypothekenscheine bei dem unterzeichneten Gerichtshalter einzusehenden Taxe, soll

am 14. Juni d. J., Vormittags 11 Uhr,
an Ort und Stelle subhastirt werden.

Angermünde, den 21. Februar 1844.
Das Gericht über die Uckermärkischen Welsmühlen.
Grieben.

Nothwendiger Verkauf.

Königl. Landgericht zu Berlin, den 22. März 1844.

Das in der Müllerstraße Nr. 43 hierselbst belegene, dem Partikulier Johann Karl Friedrich
Neumeyer gehörige Erbpachtsgrundstück, abgeschätzt auf 3074 Thlr. 27 Sgr. 3 Pf. zufolge der,
nebst Hypothekenschein in dem 11ten Büreau einzusehenden Taxe, soll

am 8. Juli d. J., Vormittags 11 Uhr,
an ordentlicher Gerichtsstelle, Zimmerstraße Nr. 25,
subhastirt werden.

Nothwendiger Verkauf.

Das Gericht der Herrschaft Putlitz, den 24. Februar 1844.

Das Einküfnergut der Erben des Einküfners
Johann Christian Stein zu Buckow, abgeschätzt
zu 2500 Thlr. zufolge der, nebst Hypothekenschein
in der Registratur einzusehenden Taxe, soll

am 4. Juni d. J., Vormittags 11 Uhr,
in der Gerichtsstube zu Putlitz subhastirt werden.

Nothwendiger Verkauf.

Stadtgericht zu Berlin, den 12. März 1844.

Das in der Blumenstraße Nr. 57 belegene
Schmidtsche Grundstück, gerichtlich abgeschätzt zu
11,133 Thlr. 17 Sgr. 6 Pf., soll

am 18. Oktober 1844, Vormittags 11 Uhr,
an der Gerichtsstelle subhastirt werden. Taxe und
Hypothekenschein sind in der Registratur einzusehen.

Freiwilliger Verkauf.

Das zum Nachlasse des Tuchmachermeisters
Christian Friedrich Ammon hierselbst gehörige,

Vol. II Fol. 392 Nr. 267 des Hypothekenbuchs
verzeichnete und auf 386 Thlr. 27 Sgr. gerichtlich abgeschätzte Mittelwohnhaus nebst dergleichen
Luchkavel, soll

am 3. Juli d. J., Vormittags 10 Uhr,
an hiesiger Gerichtsstelle meistbietend verkauft
werden. Beeskow, den 17. März 1844.
Königl. Land- und Stadtgericht.

Nothwendiger Verkauf.
Stadtgericht zu Wilsnack.

Die Bürgerstelle des Schlächters Hinze hierselbst, Vol. I Nr. 39 Pag. 303 des Hypothekenbuchs, ohne Abzug der Lasten auf 1600 Thlr. abgeschätzt, soll

am 15. Juli d. J., Vormittags 11 Uhr,
auf hiesigem Stadtgerichte meistbietend verkauft
werden. Taxe und Hypothekenschein können in
hiesiger Registratur eingesehen werden.

Nothwendiger Verkauf.
Stadtgericht zu Prenzlau, den 25. März 1844.

Die zum Nachlasse der separirten Simonkow,
Emilie geb. Kuhz, früher Wittwe Grachandt,
gehörigen, hierselbst vor dem Anklamer Thore
belegenen Grundstücke, als:

1) ein Wohnhaus nebst Garten am Kuhdamm
   Vol. II Nr. 91 und 92 des Hypothekenbuchs,
   abgeschätzt auf 1907 Thlr. 8 Sgr. 6 Pf.,
2) ein Kamp Landes von 145 ☐Ruthen, ebendaselbst Vol. II Nr. 113 des Hypothekenbuchs,
   abgeschätzt auf 241 Thlr. 20 Sgr.,
3) eine Wiese von 208 ☐Ruthen im großen
   Bruche Vol. XX Nr. 3 des Hypothekenbuchs,
   abgeschätzt auf 120 Thlr.,
4) eine abgetrennte Wiesenkavel von 1 Morgen
   58 ☐Ruthen im Fohlenbruche, abgeschätzt
   auf 260 Thlr.,
5) eine abgetrennte Wiesenkavel von 104 ☐R.
   im Freibruche, abgeschätzt auf 60 Thlr.

zufolge der nebst Hypothekenschein und Bedingungen
in unserer Registratur einzusehenden Taxe, sollen

am 9. Juli d. J., Vormittags 11 Uhr,
an ordentlicher Gerichtsstelle subhastirt werden.

Alle unbekannte Realprätendenten werden aufgefordert, sich bei Vermeidung der Präklusion spätestens in diesem Termine zu melden.

Nachweisung der im ersten Quartal des Jahres 1844 über

Nummer.	Namen und Stand.	Geburtsort.	Alter. J.	Größe. F. Z.		Haare.	Stirn.	Augenbrauen.
1	Johann Gottfried Georg Hohmann, Bursche	Gr. Barschleben im Anhalt-Bernburgischen	16	4	6	blond	rund	blond
2	Valentin Friedrich Wilhelm Weißgrube, Webergeselle	Parchim in Meklenburg-Schwerin	40	5	4	dunkelbraun	mittel	braun
3	Christian Friedrich Ludwig, Schneidergeselle	Wurzen in Sachsen	25	5	4	blond	flach, bedeckt	schwach
4	Christian Heinrich Keil, Webergeselle	Tüttelstädt im Gothaschen	22	5	3	hellblond	bedeckt	blond
5	Christian Diegel, Schlossergeselle	Rotenburg an der Fulda in Kurhessen	32	5	1	gelb	frei	blond
6	Ludwig Friedrich Alexander Pegel, Barbiergehülfe	Neu-Strelitz	28	5	—	schwarz	bedeckt	schwarz
7	Friedrich Johann Heinrich Burmeister, Schuhmachergeselle	Dassow in Meklenburg-Schwerin	22	5	4	dunkelblond	frei	dunkelblond

* Der nachstehend näher signalisirte, von hier gebürtige Schneidergeselle Wilhelm Eduard Franz Radziwil hat im Landarmenhause zu Prenzlau wegen Bettelns eine 9monatliche Strafe erlitten, und ist nach einer Mittheilung der Inspektion des Landarmenhauses vom 20. v. M. aus der gedachten Anstalt entlassen und hierher gewiesen worden, bis jetzt aber nicht eingetroffen. Der Radziwil, ein sehr gefährlicher Vagabonde, treibt sich jedenfalls umher, und ersuchen wir alle Behörden, auf den Radziwil vigiliren, ihn im Betretungsfalle verhaften, und an uns gegen sofortige Erstattung der Kosten abliefern zu lassen.

Cremmen, den 25. April 1844.

Der Magistrat.

Signalement. Religion: evangelisch, Alter: 30 Jahr, Größe: 5 Fuß 6 Zoll, Haare: braun, Stirn: hoch, Augenbrauen: dunkelblond, Augen: blaugrau, Nase und Mund: mittel, Zähne: gut, Bart: braun, Kinn: rund, Gesicht: oval, Gesichtsfarbe: gesund, Statur: stark. Besondere Kennzeichen: an beiden Füßen fehlen die Zehen.

* Der hier wegen Bettelns detinirte Bursche Karl Louis Strigalsky, der unten näher beschrieben, hat Gelegenheit gefunden, am 30. v. M. von hier heimlich zu entweichen und ist bis heute noch nicht wieder eingebracht worden; wir machen daher seine Entweichung hiermit öffentlich bekannt und ersuchen sämmtliche Wohllöbl. Civil- und Militairbehörden dienstergebenst, auf diesen Flüchtling strenge vigiliren, ihn im Betretungsfalle anhalten und gegen Empfangnahme der Kosten gefälligst an uns zurückliefern zu lassen.

Strausberg, den 20. April 1844.

Die Inspektion des Landarmenhauses.

Person-Beschreibung. Der Karl Louis Strigalsky ist 18 Jahr alt, 5 Fuß 2 Zoll groß, hat blonde Haare, hohe Stirn, dunkelblonde Augenbrauen, graue Augen, etwas dicke Nase, aufgeworfenen Mund, gute Zähne, wenig Bart, gerötheten Kinn, hageres Gesicht, gesunde Gesichtsfarbe, ist schwächlicher Statur und hat keine besondere Kennzeichen. Bekleidet war derselbe mit einer grauchenen kurzen Jacke, einer dergleichen Weste, einem Paar langen leinenen Hosen, einem Paar wollenen kurzen Strümpfen, einem Paar hölzernen Pantinen, einem bunten Halstuch, einer Tuchmütze und einem mit der Nr. 311 gezeichneten Hemde.

die Landesgrenze gewiesenen Bettler und Vagabonden.

Augen.	Nase.	Mund.	Bart.	Kinn.	Gesicht.	Statur.	Besondere Kennzeichen.
braun	etwas dick	gewöhn- lich	—	rund	oval	klein	— — — —
blau	etwas groß, ge- bogen	mittel	braun	oval	oval	schlank	— — — —
braun	gewöhn- lich	gewöhn- lich	—	oval	oval	mittel	— — — —
blau	länglich, etwas dick	gewöhn- lich	fehlt	rund	oval	mittel	— — — —
hellblau	gerade	weit	röthlich	voll	rund	klein	das vorderste Glied des rechten Zeige- gefingers fehlt.
braun	gewöhn- lich	gewöhn- lich	braun	rund	oval	klein	— — — —
blaugrau	gewöhn- lich	gewöhn- lich	—	rund	oval	mittel	— — — —

* Der Arbeitsmann Gottlieb Glabow aus Eich- städt, ist ergriffen und der hinter demselben unterm 16. v. M. erlassene Steckbrief dadurch erledigt.

Berlin, den 20. April 1844.

Königl. Kriminalgericht hiesiger Residenzion.

* Der Steckbrief vom 3. April d. J. ist durch Ergreifung der entwichenen Verbrecher Mauff und Teklenburg erledigt.

Angermünde, den 20. April 1844.

Königl. Preuß. Stadtgericht.

* Der nachstehend signalisirte Maurergeselle Wil- helm Knapp hat angeblich den ihm vom Magi- strate zu Spandow am 12. d. M. ausgestellten Paß verloren. Zur Vermeidung eines etwanigen Miß- brauchs wird dies hiermit zur öffentlichen Kennt- niß gebracht, und der gedachte Paß hierdurch für ungültig erklärt.

Berlin, den 20. April 1844.

Königl. Polizei-Präsidium.

Signalement. Geburts- und Aufenthaltsort: Spandow, Religion: evangelisch, Alter: 19 Jahr, Größe: 5 Fuß 2 Zoll, Haare: blond, Stirn: frei, Augenbrauen: blond, Augen: grau, Nase und Mund:

gewöhnlich, Bart: blond, Zähne: gut, Kinn: oval: Gesichtsbildung: gut, Gesichtsfarbe: gesund, Ge- stalt: mittel, Sprache: deutsch.

* Der nachstehend signalisirte Arbeitsmann August Goldmann hat angeblich den ihm vom Landraths- amte zu Guhrau am 2. oder 3. d. M. ausgestell- ten, und am 5. d. M. zu Schlabitz visirten Paß verloren. Zur Vermeidung eines etwanigen Miß- brauchs wird dies hiermit zur öffentlichen Kennt- niß gebracht und der gedachte Paß hierdurch für ungültig erklärt. Berlin, den 22. April 1844.

Königl. Polizei-Präsidium.

Signalement. Vor- und Familienname: August Goldmann, Geburts- und Aufenthalts- ort: Schlabitz, Religion: katholisch, Alter: 37 Jahr, Größe: 5 Fuß 4 Zoll, Haare: blond, Stirn: hoch, Augenbrauen: blond, Augen: blau, Nase und Mund: gewöhnlich, Bart: blond, Zähne: gesund, Kinn: rund, Gesichtsbildung: oval, Gesichtsfarbe: gesund, Gestalt: mittel, Sprache: deutsch.

* Die zu den, im Schweinitzer Kreise des Re- gierungsbezirks Merseburg bei Herzberg belegenen Ahlsdorfer Gütern gehörigen Vorwerke Ahlsdorf und Hohen-Kuhnsdorf, mit einem Flächeninhalte

von circa 1700 Morgen Acker und Wiesen und einer Wald- und Niederungs-Weide von circa 2500 Morgen, sollen nebst Inventarium von Johannis dieses Jahres ab, anderweit auf zwölf hintereinander folgende Jahre meistbietend verpachtet werden.

Hierzu haben wir einen Termin auf
den 20. Mai d. J., Vormittags 10 Uhr,
im Schlosse zu Ahlsdorf angesetzt, und laden Pachtlustige mit dem Bemerken ein, daß zur Lizitation nur solche Personen zugelassen werden, welche im Termine 500 Thlr. baar oder in Staatspapieren zur Sicherheit des Gebotes niederlegen.

Die Pacht- und Lizitations-Bedingungen sind bei uns selbst und bei dem Herrn Rittergutsbesitzer Baron von Arnim auf Bärwalde bei Dahme einzusehen.
Berlin, den 22. April 1844.
General-Direktion der Seehandlungs-Sozietät.
(gez.) Kayser. Mayet. Wentzel.

Die zwischen dem Königl. Fiskus und den Bauern und Kossäthen zu Eisdorf, Groß-Köritz, Klein-Köritz, Nauendorf, Schwerin und Zornow im Amte Teupitz erfolgte Abgaben-Regulirung, welche bis zur Vollziehung der Rezesse gediehen ist, wird hierdurch mit Bezug auf § 25 der Verordnung vom 30. Juni 1834, wegen mangelhafter Legitimation der Hofwirthe, öffentlich bekannt gemacht.

Diejenigen, welche hierbei ein Interesse zu haben vermeinen, und bisher nicht zugezogen sind, werden aufgefordert, binnen 6 Wochen im Geschäftszimmer des Unterzeichneten, auf dem Schlosse zu Dahme, spätestens aber in dem
am 14. Juni d. J., Vormittags 11 Uhr,
auf dem Königl. Rentamte zu Buchholz anberaumten Termine sich zu melden, widrigenfalls sie nach § 26 l. c. mit ihren etwanigen Ansprüchen nicht weiter gehört werden können, und die Regulirung, selbst im Falle einer Verletzung, gegen sich gelten lassen müssen.
Dahme, den 24. April 1844.
Krumbholz, Ökonomie-Kommissarius,
im Auftrage der Königl. Regierung zu Potsdam.

* Im Auftrage der Königl. Regierung hierselbst wird das unterzeichnete Haupt-Steueramt, und zwar in dessen Amtsgulasse
am 11. Mai d. J., um 10 Uhr Vormittags,

die Chausseegeld-Erhebung bei Dyrotz zwischen Spandow und Nauen, auf der Berlin-Hamburger Chaussee, an den Meistbietenden, mit Vorbehalt des höheren Zuschlages, vom 1. Oktober d. J. ab zur Pacht ausstellen. Nur als dispositionsfähig sich ausweisende Personen, welche vorher mindestens 170 Thlr. baar, oder in annehmlichen Staatspapieren bei dem unterzeichneten Haupt-Steueramte zur Sicherheit niedergelegt haben, werden zum Bieten zugelassen.
Die Pachtbedingungen sind bei uns von heute ab während der Dienststunden einzusehen.
Potsdam, den 23. April 1844.
Königl. Haupt-Steueramt.

Die Rittergutsbesitzer von der Hagen auf Wolster und Stoelln haben bei uns die Theilung der gemeinschaftlichen Jagd im Ländchen Rhinow beantragt. Zur Einleitung des Theilungsverfahrens haben wir Termin auf
den 27. Juni d. J., Vormittags 10 Uhr,
im Herrnhause zu Wolster angesetzt, und fordern alle diejenigen, welche bei der Theilung ein Interesse haben, auf, ihre Ansprüche in diesem Termine bei Vermeidung der Präklusion anzugeben und nachzuweisen.
Rathenow, den 14. April 1844.
Kreis-Jagdtheilungs-Kommission für den Westhavelländischen Kreis der Kurmark Brandenburg.

Der Brennholzbedarf für das hiesige Königl. Kadettenhaus pro 18 44/45, aus 17 Haufen siebenem Klobenholz bestehend, soll dem Mindestfordernden in Lieferung gegeben werden.
Zur Abgabe der Gebote ist ein Termin auf
den 6. Mai d. J., Vormittags 11 Uhr,
im Geschäftslokale des gedachten Kadettenhauses angesetzt, wozu Lieferungs-Unternehmer eingeladen werden. Die Lieferungs-Bedingungen sind daselbst jeden Vormittag von 10 bis 1 Uhr einzusehen.
Potsdam, den 23. April 1844.
Königl. Kommando des hiesigen Kadettenhauses.

* Im Auftrage der Königl. Regierung zu Potsdam wird das unterzeichnete Haupt-Amt, und zwar in seinem Amtsgelasse
am 28. Mai d. J., Vormittags 10 Uhr,
die Chausseegeld-Hebestelle westlich bei Brandenburg am Quenz, zwischen hier und Plaue, an den Meistbietenden, mit Vorbehalt des höheren Zu-

schlages, vom 1. August d. J. ab zur Pacht ausstellen.

Nur dispositionsfähige Personen, welche vorher
mindestens 160 Thlr. baar oder in annehmlichen
Staatspapieren bei dem unterzeichneten Haupt-Amte
zur Sicherheit niedergelegt haben, werden zum Bieten zugelassen.

Die Pachtbedingungen sind bei uns von heute
ab während der Dienststunden einzusehen.

Brandenburg, den 22. April 1844.

Königl. Haupt-Steueramt.

° Im Auftrage der Königl. Regierung zu Potsdam wird das unterzeichnete Haupt-Steueramt
hierselbst, in seinem Dienstgelasse

am 14. Mai d. J., Vormittags 10 Uhr,
die Chausseegeld-Hebestelle zu Glasow auf der
Berlin-Cottbusser Kunststraße, in der Nähe von
Berlin, nochmals an den Meistbietenden, mit Vorbehalt des höheren Zuschlages, vom 1. Juli d. J.
ab, zur Pacht ausstellen, wobei zugleich bemerkt
wird, wie jene Kunststraße in diesem Herbste noch
bis Cottbus vollendet sein wird, wo alsdann zu
erwarten steht, daß die Einnahme sich erheblich
erhöhe.

Nur als dispositionsfähig sich ausweisende Personen, welche vorher mindestens 400 Thlr. baar,
oder in annehmlichen Staatspapieren bei dem unterzeichneten Haupt-Steueramte niedergelegt haben,
werden zum Bieten zugelassen. Die Pachtbedingungen sind bei uns von heute an, während der
Dienststunden einzusehen.

Zossen, den 10. April 1844.

Königl. Haupt-Steueramt.

° Im Auftrage der Königl. Regierung zu Potsdam wird der Unterzeichnete

am 6. Mai d. J., Vormittags 10 Uhr,
in seiner Wohnung (Schloßstraße Nr. 33) die
diesjährige Grasnutzung in den Gräben und auf
den Böschungen der Kunststraßen des 1sten Wegebaukreises, nemlich:

1) auf der Chausseestrecke von Berlin bis in
Glienicke bei Potsdam,
2) auf der Chausseestrecke von Berlin bis Spandow,
3) auf der Kießstraße von der Berlin-Potsdamer
Chaussee bei Nr. 295 bis zur Fährstelle bei
der Pfaueninsel

öffentlich an den Meistbietenden verpachten, und
kann vorher von den desfälligen Pachtbedingungen in den Chausseegeld-Hebestellen zu Steglitz, am
Wannsee, zu Charlottenburg und bei Kuhleben
Kenntniß genommen werden.

Charlottenburg, den 14. April 1844.

Der Wegebaumeister Huguenel.

Nothwendige Subhastation.

Königl. Stadtgericht zu Wittstock, den 22. März 1844.

Das zum Nachlaß des hier verstorbenen Tuchmachermeisters Johann Friedrich Tebling gehörige,
im 4ten Viertel an der Mauer Nr. 151 belegene,
Vol. IV Fol. 158 des Hypothekenbuchs verzeichnete, und zu dem Werthe von 286 Thlr. 5 Sgr.
10½ Pf. gerichtlich abgeschätzte Wohnhaus, soll

am 1. August d. J., Vormittags 11 Uhr und
Nachmittags 4 Uhr,
an ordentlicher Gerichtsstelle subhastirt werden.

Taxe und Hypothekenschein sind in der Registratur einzusehen.

Patrimonialgericht über Gosen und Wernsdorf
zu Königs-Wusterhausen, den 9. April 1844.

Das zu Wernsdorf belegene Erbpachtsgrundstück der Schulz'schen Erben von 2 Morgen
Land mit dem darauf erbauten Hause Nr. 53, abgeschätzt auf 123 Thlr. 22 Sgr. 6 Pf., zufolge
der hier einzusehenden Taxe, soll in termino

den 26. August d. J., Vormittags 11 Uhr,
in der Gerichtsstube zu Gosen theilungshalber subhastirt werden.

Alle unbekannte Realprätendenten werden aufgefordert, sich bei Vermeidung der Präklusion spätestens in diesem Termine zu melden.

Nothwendiger Verkauf.

Königl. Land- und Stadtgericht zu Spandow,
den 12. April 1844.

Das dem Ackerbürger Jakob gehörige, hierselbst in den Weinbergen belegene Grundstück, abgeschätzt auf 1213 Thlr. 20 Sgr., zufolge der in
dem 11ten Büreau einzusehenden Taxe, soll

am 5. August d. J., Vormittag 11 Uhr,
an ordentlicher Gerichtsstelle subhastirt werden.

Zugleich werden alle etwanigen Realprätendenten unter der Verwarnung hierdurch vorgeladen,
sich, bei Vermeidung der Präklusion, spätestens in
diesem Termine zu melden.

Freiwilliger Verkauf zur Auflösung der Gemeinschaft.

Land- und Stadtgericht zu Neustadt-Eberswalde.

Folgende Grundstücke der Erben des Mühlenbesitzers August Ferdinand Lindhorst zu Grafenbrück:

1) Die Mühlenbesitzung zu Grafenbrück, geschätzt auf 9254 Thlr.,
2) die Kietzmühle nebst Ackergut zu Biesenthal, geschätzt auf 6821 Thlr. und resp. 2703 Thlr., zusammen 9324 Thlr.,

sollen

am 9. August 1844, Vormittags 11 Uhr, im Gerichtshause zu Neustadt-Eberswalde, der Theilung wegen, an den Meistbietenden verkauft werden. Die Taxen, Hypothekenscheine und Verkaufsbedingungen können im IIten Geschäfts-Bureau des Gerichts eingesehen, oder auch auf Verlangen in Abschrift mitgetheilt werden.

Nothwendiger Verkauf.

Königl. Patrimonialgericht über Gühlen-Glienicke zu Rheinsberg, den 19. April 1844.

Es soll die zum Nachlaß des Kolonisten Carl Wilhelm Lemm gehörige Kolonistenstelle zu Gühlen-Glienicke, Fol. 26 des Hypothekenbuches, taxirt zu 200 Thlrn., im Termine

den 19. August d. J., Vormittags 10 Uhr, in der hiesigen Gerichtsstube an den Meistbietenden verkauft werden. Die Taxe und der Hypothekenschein kann in unserer Registratur eingesehen werden, und da, über den Nachlaß des 2c. Lemm der erbschaftliche Liquidationsprozeß eingeleitet worden, so werden alle unbekannte Gläubiger aufgefordert, sich mit ihren Anforderungen an den Nachlaß bis spätestens in dem Bietungstermine zu melden, ihre Forderungen anzugeben und zu bescheinigen, widrigenfalls darauf später keine Rücksicht genommen, vielmehr die Masse unter die bekannte und anerkannte Gläubiger, ein etwaiger Überschuß aber unter die Erben vertheilt werden wird.

Nothwendiger Verkauf.

Stadtgericht zu Straßburg in der Ukermark, den 20. April 1844.

Die zum Nachlaß der Wittwe des Ackerbürgers Gottfried Krumbach, Charlotte geb. Brunow, gehörigen Grundstücke, nemlich:

1) eine und eine halbe Hufe Falkenbergisch Land, abgeschätzt auf 4406 Thlr. 21 Sgr. 8 Pf.,

2) ein in der Falkenbergerstraße sub Nr. 214 belegenes Wohnhaus nebst Zubehör, abgeschätzt auf 754 Thlr. — Sgr. 6 Pf.,
3) eine vor dem Falkenberger Thor sub Nr. 53 belegene Scheune nebst Garten, abgeschätzt auf 383 Thlr. 7 Sgr. 6 Pf.,
4) eine vor dem Falkenberger Thor belegene Scheunenstelle, taxirt zu 15 Thlrn.,

sollen

am 30. Juli d. J., Vormittags 11 Uhr, an ordentlicher Gerichtsstelle subhastirt werden. Taxe und Hypothekenschein sind in der Registratur des Gerichts einzusehen.

Alle unbekannten Real-Prätendenten werden aufgeboten, sich bei Vermeidung der Präklusion spätestens in diesem Termine zu melden.

Nothwendiger Verkauf.

Die den Erben des Johann Christian Johow gehörige, zu Lüdersdorff gelegene, auf 560 Thlr. abgeschätzte Büttnerstelle soll auf

den 2. August d. J., Vormittags 11 Uhr, an ordentlicher Gerichtsstelle meistbietend verkauft werden. Taxe und Hypothekenschein können in unserer Registratur eingesehen werden.

Etwanige unbekannte Realprätendenten werden bei Vermeidung der Präklusion mit vorgeladen.

Alt-Ruppin, den 6. April 1844.

Königl. Land- und Stadtgericht.

Die Separation auf der Feldmark der Stadt Charlottenburg ist jetzt so weit gediehen, daß die Abfindungspläne bereits den neuen Besitzern überwiesen worden sind, und das Verfahren durch Abschluß des Rezesses beendigt werden soll.

Da die formelle Legitimation sämmtlicher Interessenten Anstände findet und sich selbst einzelne Ackerstücke vorgefunden haben, deren rechtliche Besitzer bisher gar nicht haben ermittelt werden können, so werden hierdurch alle diejenigen, welche ein Interesse bei dieser bereits zur Ausführung gekommenen Separation zu haben vermeinen, und zu dem Verfahren bisher nicht zugezogen worden sind, aufgefordert, sich binnen sechs Wochen, und spätestens in dem

am Montag den 27. Mai d. J. in meinem Geschäftslokale hierselbst, Brückenstraße Nr. 2, anstehenden Termine mit ihren Ansprüchen zu melden, widrigenfalls sie in den §§ 26 und 27 der Verordnung vom 30. Juni 1834 bezeichneten Folgen der Nichtmeldung gegen sie eintreten müssen. Berlin, den 4. April 1844.

Im Auftrage der Königl. General-Kommission für die Kurmark Brandenburg.

Der Regierungs-Assessor Regis.

Das dem Kaufmann und Gastwirth Fr. Bomcke zu Wittstock in der Priegnitz gehörige, am Markte, dem Rathhause gegenüber, belegene Eckwohnhaus von 21 Fenstern Front, worin sich ein Laden, ein Billardzimmer, 18 heizbare Stuben, ein gewölbter Saal, zwei Auffahrten, eine geräumige Küche und Waschhaus, Stallung zu circa 70 Pferden, geräumige Keller und Böden, so wie eine Post-Passagierstube befinden, und wozu ungefähr 18 Mörgen Acker gehören, soll Veränderung halber, im Wege der freiwilligen Licitation am Montag den 13. Mai d. J., Nachmittags 3 Uhr, an Ort und Stelle meistbietend verkauft werden, wozu Kaufliebhaber ergebenst eingeladen werden.

Die Verkaufsbedingungen werden im Termine bekannt gemacht werden, und wird nur im Allgemeinen bemerkt,

1) daß das Grundstück immer als Gasthof benutzt und seit einigen Jahren auch mit gutem Erfolge eine Materialhandlung darin betrieben ist,

2) daß das Haus sowohl, als dessen übrige Gebäude, welche zum Werthe von 8000 Thlrn. bei der Feuersozietät versichert sind, sich in äußerst gutem Zustande befinden, und jederzeit in Augenschein genommen werden können.

3) daß der Zuschlag sofort im Termine erfolgt, wenn das Gebot irgend annehmbar erscheint, was der Beurtheilung des Verkäufers überlassen bleibt,

4) daß ein unbekannter Bieter, im Falle des Zuschlages, sofort eine Kaution von 300 Thlrn. entweder baar oder durch einen bekannten sicheren Bürgen bestellen muß.

Wittstock, den 19. April 1844.

Bomcke.

Gasthofs-Verkauf.

Umstände halber bin ich Willens, meinen neben der Post belegenen Gasthof "zum schwarzen Adler," worin die Gastwirthschaft mit bestem Erfolge betrieben wird, nebst den dazu gehörigen Ländereien,

aus freier Hand, unter vortheilhaften Bedingungen, zu verkaufen. Die Lage und der Raum ist der Art, daß auch andere Geschäfte gleichzeitig darin betrieben werden können. Näheres in Berlin, Landsbergerstraße Nr. 1a eine Treppe hoch, Klingel links. Unterhändler werden verbeten.

Prenzlau, den 26. April 1844. G. Schütz.

Wegen Übernahme eines anderweitigen Geschäfts soll sogleich in einem Städtchen der Ukermark eine Gastwirthschaft, verbunden mit kaufmännischem Geschäft, mit mehreren Gärten und 9 Scheffeln Aussaat Land, bester Weizenboden, billig und mit wenig Angeld verkauft werden; es ist eine sehr rentirende Wirthschaft. Näheres bei Herrn Ferdinand Zimmermann in Prenzlau.

Der Kruggutsbesitzer Herr Heinrich Bick beabsichtigt seine zu Giesenhorst bei Neustadt a. d. D. belegene Krugnahrung mit einem Materialgeschäft, bestehend aus Wohnhaus, Scheune, Stallungen, — die Gebäude sind im besten Stande und mit 1030 Thlrn. in der Feuerkasse versichert, — 14 Morgen Acker, Wiesen und Weide, dicht beim Hause speziell separirt und 8 Mörgen Pachtland, welches noch 8 Jahre und zwar für eine jährliche Pacht von 25 Thlrn. beim Gute bleibt, mit einem recht vollständigen lebenden und todten Inventarium, auch sämmtliche zum Betriebe der Gastwirthschaft und Materialhandlung gehörende Utensilien aus freier Hand und unter den vortheilhaftesten Kaufbedingungen an den Meistbietenden zu verkaufen.

Zu diesem Verkauf von dem Herrn Heinrich Bick bevollmächtigt, habe ich zur Annahme der Gebote einen Termin auf Mittwoch den 15. Mai d. J., Vormittags 10 Uhr, auf Ort und Stelle angesetzt. Die Kaufbedingungen, so wie die Taxe sind bis dahin in meiner Agentur einzusehen und sollen dieselben im Termine bekannt gemacht werden.

Kaufliebhaber werden mit dem Bemerken hierzu eingeladen, daß der Meistbietende eine Kaution von 50 Thlrn. beim Schlusse des Termins deponiren muß und daß bei einer Anzahlung von 500 Thlrn. die ganze Wirthschaft sogleich übergeben wird. Das Restkaufgeld kann auf halbjährige Kündigung zu 4 Prozent auf der Wirthschaft stehen bleiben.

Der Güter- und Kommissions-Agent Heinrich Frischmüller in Cremmen.

Eine Gutspacht von 2- bis 6000 Thlrn. jährlich wird gesucht. Hierauf bezügliche Offerten erbittet der Landgüter-Agent H. L. Beuthner in Letschin.

Ein preiswürdiges Landgut zu 15,000 bis 60,000 Thlrn. disponibler Abzahlung wird innerhalb 1 bis 15 Meilen von Berlin, ohne Einmengung eines Dritten, bald zu Kauf gesucht. Genaue Nachrichten werden durch die Exped. dies. Blattes unter Adresse v. E—13 frankirt erbeten.

Ein Rittergut im Großherzogthum Posen, ohnweit der Warthe mit einem Areal von circa 8000 Morgen, incl. 6500 Morgen vorzüglich bestandener Forst, die nach der Taxe 15,000 Klaftern Buchen, 40,000 Klaftern Eichen und 100,000 Klaftern Kiefern enthält und wozu eine bedeutende Theerschwelung, Schneidemühle, Ziegelei und neu erbaute Försterei gehört, ist Erbtheilungshalber billig und mit einer Anzahlung von 45,000 Thlrn. zu verkaufen. Nähere Auskunft bei dem Kaufmann Roseno in Frankfurt a. d. O.

Eine Mühlenbesitzung, zu welcher 2 Wassermühlen, 1 Bockwindmühle mit überhaupt vier Gängen gehörig, und worauf eine Grundpacht von 4 Winspel 13 Scheffel Roggen, in Gelde zahlbar, haftet, soll mit dabei befindlichen Ländereien, nemlich 19 Morgen Mühlen-, 12 Morgen Erbpachts-Acker, 7 Morgen Wiesen, ferner dem Fischereirechte im Mühlenteiche, der Wohnung, so wie einer Holzberechtigung, von dem Besitzer aus freier Hand sofort verkauft werden.

Nähere Auskunft wird der Aktuarius Schmidt in Brüssow auf portofreie Anfragen ertheilen.

Ein Rittergut, 2 Meilen von Cüstrin und 1 Meile von der Oder belegen, mit einem Areal von 520 Morgen inkl. einer schlagbaren Forst im Werth von einigen Tausend Thlrn., ferner einer frequenten Ziegelei, gutem Acker, Wiesen und etwas Fischerei, sehr gutem Inventarium und Gebäuden, soll sofort für 17,000 Thlrn., mit einer Anzahlung von 6000 Thlrn., verkauft werden. Näheres hierüber ertheilt auf freie Anfragen H. Nußau in Fürstenfelde bei Cüstrin.

Der Ziegeldeckermeister Schmidt zu Wilsnack ersucht alle diejenigen Bauherren, für welche Dacharbeiten erforderlich sind, sowohl Umdeckung der Dächer als Anfertigung von Dächern auf neu erbauten Gebäuden nach böhmischer Art und Weise, sich an ihn zu wenden, da er jeder Zeit zu der Ausführung bereit ist.

Es ist das Gerücht verbreitet worden, daß ich mein Geschäft aufgeben würde; ich sehe mich daher veranlaßt, hierdurch zu erklären, daß solches auf einem Irrthum beruht, indem ich mein hier geführtes Geschäft, „Mittelstraße Nr. 30", vom 1. Juli d. J. nach meinem zweiten Hause in der Stadt, „Jübenstraße Nr. 343", verlegen und solches ganz in der Art wie bisher fortsetzen werde: ich zeige dieses meinen geehrten Kunden mit der ergebenen Bitte an, mir das bisher bewiesene Zutrauen auch ferner zu schenken und versichert zu sein, daß ich durch gute und reelle Bedienung bemüht sein werde, mir solches zu erhalten.

Nauen, den 23. April 1844.

F. W. Bilter.

Verpachtung einer Schmiede.

Die Unterzeichnete beabsichtigt, die ihr zugehörige, hierselbst belegene und den 1. k. M. pachtlos werdende Schmiede anderweit zu verpachten, und ersucht hierauf Reflektirende, sich wegen der Bedingungen möglichst bald an sie selbst zu wenden.

Treuenbrietzen, den 20. April 1844.

verwittwete Schmiedemeister Gerlach,
Friedrike geborne Perenz.

Sämmtliches Acker- und Hausgeräth eines Gutes, worunter vier Leiter- und ein Kaleschwagen (alle fast neu und auf Eisen-Achsen), Eggen, Pflüge mit Eisen-Ketten, Futterladen, Sielzeuge, Tröge, Schaafraufen ꝛc., sollen

am 4. Mai 1844, Vormittags 11 Uhr,

öffentlich verkauft werden. Die Gegenstände stehen von heute ab zur Ansicht und zum Kauf.

Märcker, Ritterstraße Nr. 155
in Brandenburg a. d. H.

Oeffentlicher Anzeiger
zum 19ten Stück des Amtsblatts
der Königlichen Regierung zu Potsdam und der Stadt Berlin.

Den 10. Mai 1844.

Dem Samuel Dobbs zu Köln ist unter dem 28. April 1844 ein Einführungs-Patent

auf eine durch Zeichnung und Beschreibung nachgewiesene Ausführung von Spindeln und Spuhlen für Feinspinn-Maschinen

auf sechs Jahre, von jenem Tage an gerechnet, und für den Umfang der Monarchie ertheilt worden.

Dem Mechanikus und Tuchfabrikanten F. A. Oertel aus Forst und dem Mechaniker R. Schmidt aus Krossen ist unter dem 30. April 1844 ein Patent

auf ein Einziehwerk für einen Woll-Reißwolf, so weit dasselbe nach der durch Zeichnung und Beschreibung nachgewiesenen Ausführung für patentfähig erachtet worden,

auf 6 Jahre, von jenem Tage an gerechnet, und für den Umfang der Monarchie ertheilt worden.

Dem Architekten C. A. Bley zu Rothenburg a. d. Saale ist unter dem 30. April 1844 ein Patent

auf zwei zum Pressen von Braunkohlen oder Torfmoor bestimmte in ihrer ganzen Zusammensetzung für neu erachtete Preß-Maschinen

auf 8 Jahre, von jenem Tage an gerechnet, und für den Umfang der Monarchie ertheilt worden.

Steckbriefe.

1. Der nachstehend näher bezeichnete Müllergeselle Ernst Friedrich Wilhelm Wegener, welcher sich bei uns wegen vorsätzlicher Brandstiftung in Untersuchung und Haft befand, und

2. der nachstehend näher bezeichnete, wegen Landstreichens und Bettelei in Untersuchung und Haft befindlich gewesene Arbeitsmann Friedrich Becker haben sich in der Nacht vom 2. auf den 3. d. M. gewaltsam aus dem Gefängnisse befreit. Alle Militair- und Civilbehörden werden hierdurch ergebenst ersucht, auf die Entwichenen zu vigiliren und sie im Betretungsfalle verhaften und per Transport, gegen Erstattung der Kosten, an uns abliefern zu lassen.

Signalement des ꝛc. Wegener. Vor- und Zuname: Ernst Friedrich Wilhelm Wegener, Geburtsort: Amt Himmelstädt bei Landsberg a. d. W., Aufenthaltsort: Hegermühle bei Strausberg, Religion: evangelisch, Alter: 19 Jahr, Größe: 5 Fuß 4 Zoll, Haare: schwarzbraun, Augen: schwarz, Nase: mittelmäßig, Mund: klein, Bart: schwach, Zähne: vollständig, Kinn: rund, Gesichtsfarbe: gesund, Statur: untersetzt, Sprache: deutsch. Besondere Kennzeichen: der kleine Finger an der linken Hand ist etwas krumm.

Signalement des ꝛc. Becker. Vor- und Familienname: Friedrich Becker, Geburtsort: Cossenblatt bei Beeskow, Aufenthaltsort: Grubenmühle bei Storkow, Religion: evangelisch, Alter: 21 Jahr, Größe: 5 Fuß, Haare: dunkelblond, Stirn: bedeckt, Augenbrauen: blond, Augen: grau, Nase: breit und spitz, Mund: gewöhnlich, Bart: im Entstehen, Zähne: vollständig, Kinn: rund, Gesichtsbildung: lang, Gesichtsfarbe: gesund, Gestalt: mittelmäßig, Sprache: deutsch.

Strausberg, den 3. Mai 1844.

Königl. Preuß. Land- und Stadtgericht.

Der nachstehend bezeichnete Schuhmachergeselle Karl Linke aus Wolmirstädt, welcher am 27. Dezember v. J. aus dem Landarmenhause zu Strausberg, wo er, wegen Bettelns bestraft, in seine Heimath entlassen wurde, ist hier wiederum bei ähnlichen Vergehen betroffen, und wegen Landstreicherei und Bettelns mit sechswöchentlichem Gefängniß gerichtlich, sodann in der hiesigen städtischen Arbeitsanstalt correktionell bestraft, am 19. v. M. entlassen, und unter strenger Verwarnung mittelst Reiseroute nach Wolmirstädt zurückgewiesen worden. Da der ꝛc. Linke aber laut eingegangener Benachrichtigung des dortigen Magistrats daselbst nicht eingetroffen ist, so werden sämmtliche resp. Behörden auf diesen gemeinschädlichen Umhertreiber mit dem dienstergebenen Ersuchen hierdurch aufmerksam gemacht, denselben im Betre-

tungsfalle und nach event. Bestrafung gefälligst nach Wolmirstädt transportiren lassen zu wollen.
Potsdam, den 3. Mai 1844.
Königl. Polizei-Direktor
Regierungsrath von Kahlden-Normann.

Signalement. Schuhmachergeselle Karl Linke, Geburtsort: Alvensleben, Aufenthaltsort: Wolmirstädt, Religion: evangelisch, Alter: 45¼ Jahr, Größe: 5 Fuß 5 Zoll, Haare: schwarz, melirt, Stirn: frei, Augenbrauen: hell, Augen: grau, Nase: stumpf, Mund: gewöhnlich, Bart: hellbraun, Kinn und Gesichtsbildung: oval, Gesichtsfarbe: gesund, Gestalt: mittel, Sprache: deutsch. Besondere Kennzeichen: eine Narbe im Genick.

* Der nachstehend signalisirte Arbeiter Johann Gottlieb Neumann befand sich bei uns wegen zwecklosen Umhertreibens und Diebstahls in Kriminal-Untersuchung und Haft. Derselbe ist indessen in der Nacht vom 3. zum 4. Mai d. J. aus dem hiesigen städtischen Armenhause, in welchem er sich eines kranken Beins wegen befunden, mittelst gewaltsamen Ausbruchs entsprungen und treibt sich jetzt wahrscheinlich wieder vagabondirend umher. Wir ersuchen daher alle Wohllöbl. Militair- und Civilbehörden des In- und Auslandes, auf diesen gefährlichen, früher schon mehrfach bestraften Verbrecher zu vigiliren, ihn im Betretungsfalle zu verhaften, und unter sicherm Geleit an den unterzeichneten Richter abzuliefern. Wir versichern die sofortige Erstattung der Kosten.
Neustadt-Eberswalde, den 4. Mai 1844.
Schützsches Patrimonial-Gericht über Grünthal.
Luckwald.

Signalement. Vor- und Familienname: Johann Gottlieb Neumann, Geburtsort: Bärenclau bei Guben, Wohnort: angeblich Wriezen a. d. O., Stand: Arbeitsmann, Alter: 39 Jahre, Religion: evangelisch, Statur: ziemlich untersetzt, Größe: 5 Fuß 5 Zoll, Haar: blond und glatt, Gesichtsfarbe: bleich, Augen: grau, Nase: länglich, Kinn und Mund: gewöhnlich, Sprache: schlesischen Dialekt. Besondere Kennzeichen: bei Neumann hatte am linken Bein und zwar an der Lende ein Geschwür, in Folge dessen diese und die Wade angeschwollen sind, und er hinkt.
Bekleidung. Einen dunkelblauen langen Tuchrock, eine alte dunkelblaue Tuchweste, ein Paar neue grauleinene Hosen, ein Paar weißwollene Strümpfe, eine alte blaue Tuchmütze, ein weißleinenes Hemde, ein Paar alte lederne von Stie-

feln abgeschnittene Pantoffeln. Außerdem hat der Neumann bei seiner Entweichung eine wollene Decke mitgenommen.

* In der Nacht vom 16. zum 17. d. M. ist bei dem Fischer Ludwig Sack zu Liepe mittelst Einbruchs ein großer Kasten entwendet worden, worin außer mehreren Zeugen circa 200 Thlr. baares Geld sich befanden. Der erbrochene Kasten ist nunmächst hinter dem Hause des Bestohlenen vorgefunden, und es werden außer vorgedachter Geldsumme, welche meist aus Ein- und Zweithalerstücken bestanden, daraus noch vermißt:
1) ein braun- und graubunter kattunener Frauen-Überrock,
2) ein großes schwarzseidenes Frauen-Umschlagetuch mit gelber und weißer Kante,
3) ein braun wollenes bräunliches Umschlagetuch mit bunter Kante.

Da es bisher noch nicht gelungen, die Thäter zu ermitteln, wiewohl es nicht unwahrscheinlich, daß einer derselben aus Gerswald bei Prenzlow ist, wohin wahrscheinlich auch das gestohlene Gut gebracht worden, so werden alle diejenigen, welche über die Thäterschaft dieses Diebstahls oder über den Verbleib des Gestohlenen irgend nur etwas zu bekunden vermögen, hierdurch aufgefordert, entweder dem Gerichte sofort schriftliche Anzeige davon zu machen, oder sich zu ihrer Vernehmung ad terminum

den 8. Mai d. J., Vormittags 10 Uhr, vor unserem Inquirenten, Herrn Kammergerichts-Assessor Luckwald, einzufinden.
Kosten werden dadurch nicht verursacht, die etwa entstandenen Versäumniß-, Reise- oder Zehrungskosten vielmehr sofort erstattet.
Neustadt-Eberswalde, den 30. April 1844.
Königl. Land- und Stadtgericht.

* Der Scharfrichterknecht Wischke, welcher im Jahre 1841 hier in Arbeit gestanden, sich von seiner Frau und den Kindern getrennt hat, wird von uns aufgefordert, sich sofort hierher zu begeben und die Verpflegung seiner Kinder zu übernehmen. Zugleich ersuchen wir die resp. Polizei-Obrigkeit des Orts, wo der Wischke in Arbeit steht, uns davon Nachricht zu geben, dem Wischke selbst mit einer beschränkten Reiseroute hierher zu erlassen.
Neustadt-Eberswalde, den 27. April 1844.
Der Magistrat.

Die nachstehend signalisirte unverehlichte Henriette Schütze hat angeblich den ihr vom Magistrate zu Prenzlow am 19. April d. J. ertheilten, und noch nicht visirten Paß verloren. Zur Vermeidung eines etwanigen Mißbrauchs wird dies hiermit zur öffentlichen Kenntniß gebracht und der gedachte Paß hierdurch für ungültig erklärt.

Berlin, den 3. Mai 1844.

Königl. Polizei-Präsidium.

Signalement. Geburtsort: Prenzlow, Religion: evangelisch, Alter: 24 Jahr, Größe: 5 Fuß 1 Zoll, Haare: blond, Stirn: frei, Augenbrauen: blond, Augen: blau, Nase und Mund: gewöhnlich, Zähne: gesund, Kinn: rund, Gesichtsbildung: länglich, Gesichtsfarbe: gesund, Gestalt: schlank, Sprache: deutsch.

Die Ehefrau des Zimmergesellen Mönke, Sophie geborne Lüder, hat angeblich den ihr von uns am 15. August 1843 zur Reise nach Colberg ausgestellten, zurückvisirten und am 13. Dezember v. J. dahin wieder prolongirten Reisepaß verloren, weshalb derselbe für ungültig erklärt wird.

Greifenberg i. d. Uckerm., den 3. Mai 1844.

Der Magistrat.

Signalement. Religion: evangelisch, Alter: 22 Jahr, Größe: 4 Fuß 10 Zoll, Haare: dunkelblond, Stirn: flach, Augenbrauen: dunkelblond, Augen: blaugrau, Nase und Mund: proportionirt, Zähne: vollständig, Kinn: spitz, Gesicht: länglich, Gesichtsfarbe: gesund, Statur: klein. Besondere Kennzeichen: am linken Fuße etwas lahm.

Im Auftrage der Königl. Regierung hierselbst wird das unterzeichnete Hauptamt, und zwar in dessen Amtsgelasse,

am 3. Juni d. J., Vormittags 10 Uhr, die Chausseegeld-Erhebung bei Wernitz zwischen Nauen und Spandow nochmals an den Meistbietenden, mit Vorbehalt des höheren Zuschlages, vom 1. Oktober d. J. ab, zur Pacht ausstellen. Nur als dispositionsfähig sich erweisende Personen, welche vorher mindestens 170 Thlr. baar oder in annehmlichen Staatspapieren bei dem unterzeichneten Hauptamte zur Sicherheit niedergelegt haben, werden zum Bieten zugelassen.

Die Pachtbedingungen sind von heute ab bei uns während der Dienststunden einzusehen.

Potsdam, den 29. April 1844.

Königl. Haupt-Steueramt.

Im Auftrage der Königl. Regierung zu Potsdam wird das unterzeichnete Haupt-Steueramt und zwar in seinem Amtsgelasse

am 18. Mai d. J., Vormittags 10 Uhr, den Transport des für die Königl. Salz-Faktorei zu Belzig benöthigten Salzes von hier nach Belzig vom 1. September d. J. ab, auf ein Jahr an den Mindestfordernden, mit Vorbehalt des höheren Zuschlages verdingen.

Nur ansäßige Fuhrwerksbesitzer, welche vorher mindestens 25 Thlr. baar oder in annehmlichen Staatspapieren bei dem unterzeichneten Hauptamte eingezahlt haben, werden zur Abgabe ihrer Forderungen zugelassen.

Die Bedingungen sind von jetzt ab in unserer Registratur, bei dem Königl. Steueramte zu Belzig und bei den Herrn Ortsschulzen zu Schmerzke, Göttin, Reckahn, Krahne, Pernitz, Golzow, Rogasen, Dippmannsdorff und Lütte einzusehen.

Brandenburg, den 2. Mai 1844.

Königl. Haupt-Steueramt.

Im Auftrage der Königl. Regierung zu Potsdam wird das unterzeichnete Haupt-Amt, und zwar in seinem Amtsgelasse

am 23. Mai d. J., Vormittags 10 Uhr, die Chausseegeld-Hebestelle westlich bei Brandenburg am Quenz, zwischen hier und Plaue, an den Meistbietenden, mit Vorbehalt des höheren Zuschlages, vom 1. August d. J. ab zur Pacht ausstellen.

Nur dispositionsfähige Personen, welche vorher mindestens 160 Thlr. baar oder in annehmlichen Staatspapieren bei dem unterzeichneten Haupt-Amte zur Sicherheit niedergelegt haben, werden zum Bieten zugelassen.

Die Pachtbedingungen sind bei uns von heute ab während der Dienststunden einzusehen.

Brandenburg, den 23. April 1844.

Königl. Haupt-Steueramt.

Die in dem Dorfe Görzig, 1 Meile von der Kreisstadt Beeskow, belegenen Gebäude des dortigen Königl. Erbpacht-Vorwerks mit dazu gehörigen Gärten sollen, zur Genehmigung des Königl. Fiskus, als Erbverpächters, nach erfolgter Spezialseparation desselben, als entbehrlich, im Wege der öffentlichen Lizitation meistbietend verkauft werden.

Durch die beabsichtigte und bereits genehmigte Ablösung des auf dem Erbpachts-Vorwerk annoch ruhenden Kanonrestes, erwerben die Besitzer das freie Eigenthum desselben, und sollen daher die zu verkaufenden Gebäude den Käufern erb- und eigenthümlich frei von allen grundherrlichen Abgaben zugeschlagen werden.

Die Gebäude bestehen:

I. auf dem Vorwerksgehöft
in einem Wohnhause, einem großen Stalle und Scheunengebäude und einem Backhause, sämmtlich ganz massiv von Mauersteinen erbaut und durchgängig im besten baulichen Stande, laut Taxe auf 3726 Thlr. 20 Sgr. gewürdigt.

Der dazu gehörende Garten enthält 6 Morgen Gerstland 1ster und 2ter Klasse.

Wegen der Lage des Gehöfts an der Beeskow-Fürstenwalder Poststraße würde dasselbe sich ganz vorzüglich zur Anlage eines Gasthofs eignen und seine Rentirung bei dem Mangel eines solchen auf der ganzen Straße nicht unbedeutend sein.

II. Auf der gerade über der Straße belegenen Schäferei
in dem Schäferhause von Mauerfach und Ziegeldach, einem Schaafstall und Scheunengebäude von Lehmfachwerk, massivem Schweinestall und Backofen, in gutem baulichen Würden auf 1900 Thlr. 15 Sgr. tarirt.

Der dazu gehörende Garten besteht in 6 Morgen Gersten- und Haferland 1ster Klasse.

Die Materialien des Schaafstalles und Scheunengebäudes sind wohl erhalten und können bei Translozirung sehr gut zum Aufbau wieder verwandt werden. Das Wohnhaus nebst Garten eignet sich zur Etablirung einer Büdner-Nahrung.

III. Auf der Ziegelei
in dem Ziegelerhause, größtentheils massiv, und einem Stalle von Mauerfachwerk und zweier Trockenschuppen von resp. 205 und 100 Fuß Länge, zusammen auf 1602 Thlr. 15 Sgr. gewürdigt. Nach erfolgtem Abbruch der Schuppen, kann die in 2 M. 39 □R. bestehende Hof- und Baustelle mit dem 1 M. 4 □R. dazu gehörigen Garten größtentheils vereinigt werden, und giebt gleichfalls zur Etablirung einer Büdner-Nahrung Gelegenheit.

Das Material der Trockenschuppen kann durchgängig zum Wiederaufbau benutzt werden.

Der öffentlich meistbietende Verkauf dieser Gebäude nebst Zubehör geschieht
am Dienstag, den 21. Mai d. J.,
in dem Vorwerkswohnhause zu Görzig, wozu zahlungsfähige Käufer mit dem Bemerken eingeladen werden, daß Taxe und Vermessungsregister

zu jeder Zeit bei dem Vorwerksvorsteher Fischer zu Görzig eingesehen werden können.

Görzig, den 15. März 1844.
Die Besitzer des Königl. Erpachtsvorwerks daselbst.

Bei der Subhastation des in unserem Hypothekenbuche von Lichenow Pag. 29 Nr. 15 verzeichneten Heinrich Laesche'schen Büdnergrundstückes, ist auf die, für die separirte Hessel, Dorothee Louise geb. Laesche, auf dem Grundstück aus dem Kaufvertrage vom 24. März 1834 und der Zessionsverhandlung vom 12. April 1834, per decr. vom 28. Juli 1834 Rubr. III Nr. 2 eingetragene Forderung von 300 Thlr. nebst 5 Prozent Zinsen unter Anderm ein Betrag von 50 Thlr. 20 Sgr. 3 Pf. aus den Kaufgeldern angewiesen und mit dieser Summe, da sich Niemand zur Erhebung der Letzteren gemeldet hat, auch das für die Forderung sprechende Dokument, nicht hat beigeschafft werden können, eine Spezial-Masse angelegt worden. Die separirte Hessel, Dorothee Louise geb. Laesche oder deren Erben, sowie alle diejenigen unbekannten Personen, welche als Eigenthümer, Erben, Zessionarien, Pfandinhaber oder sonst Berechtigte Ansprüche an diese Spezial-Masse zu haben vermeinen, werden zu deren Anmeldung
auf den 14. August d. J., Vormittags 11 Uhr,
an hiesiger Gerichtsstelle bei Vermeidung der Präklusion vorgeladen.

Alt-Landsberg, den 28. März 1844.
Königl. Land- und Stadtgericht.

Für die Königl. Pulverfabrik bei Spandow sollen:
400 Schock geschälte Tonnenbände von Weiden, 6 Fuß lang,
10 Schock ungeschälte dergleichen,
400 Tonnenstäbe von Eichenholz, 2 Fuß lang,
100 Tonnenboden von Eichenholz, 15½ Zoll Durchmesser,
zum 1. Juli d. J. geliefert werden.

Unternehmer, die die Lieferung im Ganzen oder in Parthien zu übernehmen geneigt sind, wollen ihre Forderungen bis zum 1. Juni d. J. frankirt einreichen.

Pulverfabrik bei Spandow, den 30. April 1844.
Die Direktion.

Nachdem folgende Staatspapiere ihren Inhabern angeblich abhanden gekommen sind, als:
1) die auf den Namen Christian Kurth lautende,

unter dem 2. Juli 1836 über den Betrag von 100 Thlr. Kourant ausgestellte 3½prozentige Verhandlungs-Obligation Nr. 686, worauf die Zinsen bis zum 2. Juli 1842 berichtigt sind, welche bei dem Brande des Gehöfts des Kossäthen Christian Kurth zu Friedersdorf bei Storckow am 15. Mai 1843 mit verbrannt sein soll;

2) die Kurmärkische Schuldverschreibung Nr. 616 Littr. D über 300 Thlr., der Kirche zu Röversdorf bei Prenzlow gehörig, welche dem Prediger Ewerth zu Sternhagen als Verwalter des Vermögens der Kirche zu Röversdorf schon vor länger als drei Jahren angeblich abhänden gekommen ist,

so werden auf den Antrag der oben genannten Interessenten alle diejenigen, welche an diese Papiere als Eigenthümer, Zessionarien, Pfand- oder sonstige Briefinhaber oder deren Erben, Ansprüche zu haben behaupten, hierdurch öffentlich vorgeladen, in dem vor dem Kammergerichts-Referendarius Hundt hier auf dem Kammergericht auf

den 22. März 1845, Vormittags 10 Uhr, anberaumten Termine zu erscheinen und ihre Ansprüche zu bescheinigen, widrigenfalls sie damit präkludirt, die gedachten Papiere für amortisirt erklärt und statt derselben neue ausgefertigt werden sollen. Den Auswärtigen werden die Justiz-Kommissarien, Ober-Landesgerichtsrath Martins, Justizrath Hülsen und Justizrath Jung zu Mandatarien in Vorschlag gebracht.

Berlin, am 8. Januar 1844.
Königl. Preuß. Kammergericht.

Nothwendiger Verkauf.
Königl. Kammergericht in Berlin.
Das hierselbst in der Karlstraße Nr. 23b belegene Grundstück nebst Zubehör, abgeschätzt zu 13,582 Thlr. 14 Sgr. 11 Pf. zufolge der, nebst Hypothekenschein und Bedingungen in der Registratur einzusehenden Taxe, soll
am 30. August 1844
an ordentlicher Gerichtsstelle subhastirt werden.

Hierbei wird jedoch bemerkt, daß, wenn das bereits auf Anordnung der Polizeibehörde von den Miethen geräumte Nachbargrundstück gänzlich abgebrochen werden muß, auch ein Theil dieses Grundstücks abzubrechen und zu erneuern sein wird. Die Kosten dieser Baulichkeiten lassen sich im Voraus nicht bestimmen, indessen würde, selbst in dem Fall, daß die Abbrechung von ganzen Mauern nicht nöthig

befunden werden sollte, dennoch die Erneuerung der Thür- und Fensterbögen, das Umlegen der Fußböden, so wie der Verlust der Miethen 2000 bis 3000 Thlr. betragen und daher der Werth des Grundstücks nur auf 13,000 Thlr. zu veranschlagen sein.

Nothwendiger Verkauf.
Stadtgericht zu Berlin, den 17. November 1843.
Das hierselbst in der Jägerstraße Nr. 58 belegene Huotsche Grundstück, gerichtlich abgeschätzt zu 7474 Thlr. 28 Sgr. 1 Pf., soll
am 25. Juni 1844, Vormittags 11 Uhr,
an der Gerichtsstelle subhastirt werden. Taxe und Hypothekenschein sind in der Registratur einzusehen.

Nothwendiger Verkauf.
Stadtgericht zu Berlin, den 27. Dezember 1843.
Das in der neuen Roßstraße Nr. 7 belegene Grundstück der Kaufmann Gleichschen Erben gerichtlich abgeschätzt zu 21,353 Thlr. 15 Sgr., soll Theilungshalber
am 20. August 1844, Vormittags 11 Uhr,
an der Gerichtsstelle subhastirt werden. Taxe und Hypothekenschein sind in der Registratur einzusehen.

Die unbekannten Realprätendenten werden unter der Verwarnung der Präklusion vorgeladen.

Nothwendiger Verkauf.
Stadtgericht zu Berlin, den 30. Dezember 1843.
Das Neu-Cölln am Wasser Nr. 19 und Wallstraße Nr. 61 belegene Reuschersche Grundstück, gerichtlich abgeschätzt zu 10,245 Thlr. 19 Sgr., soll Schuldenhalber
am 13. August 1844, Vormittags 11 Uhr,
an der Gerichtsstelle subhastirt werden. Taxe und Hypothekenschein sind in der Registratur einzusehen.

Nothwendiger Verkauf.
Stadtgericht zu Berlin, den 24. Januar 1844.
Das in der Waßmannsstraße Nr. 32 belegene Grundstück des Partikuliers Johann Carl Friedrich Neumeyer, gerichtlich abgeschätzt zu 6138 Thlr. 17 Sgr., soll
am 30. August d. J., Vormittags 11 Uhr,
an der Gerichtsstelle subhastirt werden. Taxe und Hypothekenschein sind in der Registratur einzusehen.

Über das Vermögen des am 16. Juni 1843 hierselbst verstorbenen Kaufmanns Heinrich August

Wilhelm Colberg, ist per decretum vom heutigen Tage der Konkurs eröffnet worden.

Es werden daher alle diejenigen, welche an dasselbe Ansprüche zu haben vermeinen, hierdurch aufgefordert, sich in dem

am 1. Juli d. J., Vormittags 9 Uhr,

in unserem Lokale allhier anstehenden Termine entweder persönlich, oder durch zulässige und legitimirte Bevollmächtigte, wozu ihnen die Justiz-Kommissarien Stegemann und Bodstein zu Neu-Ruppin in Vorschlag gebracht werden, zu gestellen, ihre Forderungen nebst Beweismitteln anzugeben, und die vorhandenen Dokumente vorzulegen, widrigenfalls sie mit ihren Ansprüchen an die Masse ausgeschlossen, und ihnen deshalb gegen die übrigen Gläubiger ein ewiges Stillschweigen auferlegt werden soll.

Wusterhausen a. d. D., am 7. Februar 1844.
Königl. Preuß. Stadtgericht.

Nothwendiger Verkauf.

Land- und Stadtgericht zu Luckenwalde, den 8. Februar 1844.

Das zum Nachlasse des verstorbenen Ölschlägers Martin Thiele gehörige, in Zinna in der Mittelstraße belegene halbe Büdnerhaus nebst Zubehör, abgeschätzt auf 660 Thlr. 20 Sgr. 3 Pf., soll

am 18. Juni d. J., Vormittags 10 Uhr,

an ordentlicher Gerichtsstelle subhastirt werden. Die Taxe und der neuste Hypothekenschein können in der Registratur eingesehen werden.

Nothwendiger Verkauf.

Stadtgericht zu Berlin, den 19. März 1844.

Das in der Schäfergasse Nr. 21 belegene Badesche Grundstück, gerichtlich abgeschätzt zu 20,214 Thlr. 27 Sgr. 4½ Pf., soll

am 22. Oktober d. J., Vormittags 11 Uhr,

an der Gerichtsstelle subhastirt werden. Taxe und Hypothekenschein sind in der Registratur einzusehen.

Die dem Aufenthalte nach unbekannte verwittwete Geheime Rechnungs-Revisor Harnecker, Sophie Charlotte geb. Szameitke, oder deren Erben werden hierdurch öffentlich vorgeladen.

Nothwendiger Verkauf.

Der zu Wuthenow belegene, Vol. VIII Fol. 76 des Hypothekenbuchs verzeichnete, zum Nachlaß des Christoph Friedrich Bünger gehörige und auf 2952 Thlr. 29 Sgr. 7 Pf. abgeschätzte Bauerhof soll

am 12. Juli d. J., Vormittags 10 Uhr,

an ordentlicher Gerichtsstelle öffentlich meistbietend verkauft werden. Taxe und Hypothekenschein können in unserer Registratur eingesehen werden.

Unbekannte Realprätendenten werden bei Vermeidung der Präklusion zu diesem Termin mit vorgeladen. Alt-Ruppin, den 25. März 1844.
Königl. Land- und Stadtgericht.

Nothwendiger Verkauf.
Patrimonialgericht zu Retzin.

Die zur Nachlaßmasse des Müllers Klostermann gehörige Wasser- und Ölmühle in Retzin bei Perleberg, taxirt auf 5557 Thlr. 10 Sgr., soll

am 22. August 1844, Vormittags 11 Uhr,

in der Gerichtsstube zu Retzin meistbietend verkauft werden. Taxe und Hypothekenschein können in der Registratur zu Wilsnack eingesehen werden.

Proclama.

Am 4. Juni d. J., Vormittags 10 Uhr, sollen zu Fürstenwerder in der Gerichtsstube die zum Nachlaß des Gerichtsschöppen Hagen gehörigen Grundstücke, nämlich:

1) ein Wohnhaus nebst einem Anbau, worin ein Backofen, 2 Ställe, ein Wasttofen und 1 Scheune nebst zwei Gärten, abgeschätzt auf 1585 Thlr.,
2) ein Ackerplan nebst Werderland, Torfbruch und Büttlingsbruch, abgeschätzt auf 2227 Thlr.,
3) ein Heideplan, taxirt zu 512 Thlr.,
4) ein Kiesberg, taxirt auf 130 Thlr.,
5) ein Erbpachtstück, taxirt auf 100 Thlr.,

aus freier Hand verkauft werden.

Prenzlow, den 18. April 1844.
Reichsgräflich von Schwerinsches Patrimonialgericht der Herrschaft Wolfshagen.

Nothwendiger Verkauf.
Stiftsgericht zu Stepende.

Die Kolonistenstelle des Tischlers Heinrich Drewes zu Stolpe Vol. I Nr. 21 des Hypothekenbuchs eingetragen, abgeschätzt zu 900 Thlr. zufolge der, nebst Hypothekenschein in der Registratur einzusehenden Taxe, soll

am 27. August 1844

in der Gerichtsstube zu Stepende subhastirt werden.

Nothwendiger Verkauf.
Stadtgericht zu Pritzwalk, den 30. April 1844.

Das hierselbst in der Marktstraße belegene Wohnhaus, nebst Kammermarktscher Gerechtigkeit

des Sattlermeisters Albert Thurmann, abgeschätzt auf 849 Thlr. — Sgr. 10 Pf. zufolge der, nebst Hypothekenschein in der Registratur einzusehenden Taxe, soll
am 17. August d. J., Vormittags 11 Uhr,
an ordentlicher Gerichtsstelle subhastirt werden.

Rothwendiger Verkauf.
Stadtgericht zu Pritzwalk, den 30. April 1844.
Die den Geschwistern Gneckow gehörigen, neben einander an der Perleberger Landstraße vor hiesiger Stadt belegenen zwei geschlossenen Gärten nebst Gartenhaus, Kegelbahn und Kegelhaus, abgeschätzt auf 380 Thlr. 4 Sgr. 8 Pf. zufolge der, nebst Hypothekenscheinen in der Registratur einzusehenden Taxe, sollen
am 3. August d. J., Vormittags 11 Uhr,
an ordentlicher Gerichtsstelle subhastirt werden.

Rothwendiger Verkauf.
Stadtgericht zu Pritzwalk, den 30. April 1844.
Die zum Nachlaß des allhier verstorbenen Arbeitsmanns Histermann gehörigen Grundstücke:
a) ein Wohnhaus, abgeschätzt auf 188 Thlr. 18 Sgr. 11 Pf.,
b) ein Heidbruggarten, abgeschätzt auf 41 Thlr. 20 Sgr.,
c) eine Ackerparzelle von 3 Morgen 35 □Ruthen Fläche, abgeschätzt auf 76 Thlr. 28 Sgr. 3 Pf.,
zufolge der, nebst Hypothekenscheinen in der Registratur einzusehenden Taxen, sollen
am 10. August d. J., Vormittags 11 Uhr,
an ordentlicher Gerichtsstelle subhastirt werden.

Rothwendiger Verkauf.
Königl. Land- und Stadtgericht zu Spandow, den 19. April 1844.
Das dem Schiffbaumeister Johann Christoph Schulze gehörige, hierselbst auf dem Stresow sub Nr. 38 belegene und Vol. III Fol. 104 des Hypothekenbuchs verzeichnete Grundstück, abgeschätzt auf 2089 Thlr. 23 Sgr. 4 Pf. zufolge der, nebst Hypothekenschein in dem 11ten Büreau einzusehenden Taxe, soll
am 8. August d. J., Vormittags 11 Uhr,
an ordentlicher Gerichtsstelle subhastirt werden.

Rothwendiger Verkauf.
Land- und Stadtgericht zu Dahme, den 20. April 1844.
Die vor dem Jüterboger Thore hierselbst belegene Bockwindmühle des Mühlenmeisters Johann Friedrich Thinius, abgeschätzt auf 713 Thlr., soll
am 7. August d. J., Vormittags 11 Uhr,
an Gerichtsstelle subhastirt werden. Taxe und Hypothekenschein liegen in der Registratur zur Einsicht bereit.

Grundstücks-Verkauf.
Der Eigenthümer der hierselbst in der Köpnicker Straße Nr. 71 und Wassergasse Nr. 17 und 20 belegenen Grundstücke und großen Holzplätze an der Ober-Spree, hat mich mit dem Verkaufe derselben beauftragt. Ich habe daher zu diesem Behufe einen Termin auf
den 15. Mai d. J., Nachmittags 5 Uhr,
in der Wassergasse Nr. 17 anberaumt, zu welchem ich Kauflustige einlade. Bei einem annehmbaren Gebote kann der Kaufvertrag sofort abgeschlossen werden. Die nähern Bedingungen sind in meinem Büreau einzusehen; die Grundstücke selbst zeigt täglich Herr Köhler, Wassergasse Nr. 17.
Berlin, den 2. Mai 1844.
Der Justiz-Kommissarius, Kreis-Justizrath
Straß,
Bischoffs-Straße Nr. 6.

Das den Winterfeldschen Erben gehörige, bei Buchow-Carpzow bei Nauen belegene Etablissement beabsichtigen dieselben mit den bestellten Grundstücken meistbietend zu verkaufen. Zur Abgabe des Gebots ist ein Termin auf
den 8. Juni 1844, Vormittags 10 Uhr,
auf dem Etablissement selbst angesetzt, und werden Kauflustige mit dem Bemerken eingeladen, daß bei einem annehmlichen Gebote der Zuschlag sofort erfolgen kann.
Das Etablissement liegt unmittelbar an der im Bau begriffenen Chaussee von Nauen nach Potsdam und würde sich zur Anlage einer Gastwirthschaft vorzugsweise eignen.

Die disponibeln Gebäude in der Lindenstraße Nr. 38 und 39 und am Kanal Nr. 33 bis 37 sollen höherer Bestimmung gemäß öffentlich meistbietend verkauft werden. Wir haben hierzu einen Licitationstermin zu den erstern auf den 21. und zu den letztern auf den 22. Mai d. J., Vormittags 10 Uhr, in unserem Geschäftslokal

Breite Straße Nr. 29 anberaumt, zu welchen Kaufliebhaber hierdurch eingeladen werden, mit dem Bemerken, daß die näheren Kaufbedingungen bei uns
in den Dienststunden täglich eingesehen werden
können.

Potsdam, den 15. April 1844.
Königl. Garnison-Verwaltung.

Der Kruggutsbesitzer Herr Heinrich Bick beabsichtigt seine zu Giesenhorst bei Neustadt a. d.
D. belegene Krugnahrung mit einem Material-
geschäft, bestehend aus Wohnhaus, Scheune, Stallungen, — die Gebäude sind im besten Stande und
mit 1080 Thlrn. in der Feuerkasse versichert, —
14 Morgen Acker, Wiesen und Weide, dicht beim
Hause speziell separirt und 8 Morgen Pachtland,
welches noch 8 Jahre und zwar für eine jährliche
Pacht von 25 Thlrn. beim Gute bleibt, mit einem
recht vollständigen lebenden und todten Inventarium,
auch sämmtliche zum Betriebe der Gastwirthschaft
und Materialhandlung gehörende Utensilien aus
freier Hand und unter den vortheilhaftesten Kaufbedingungen an den Meistbietenden zu verkaufen.

Zu diesem Verkauf von dem Herrn Heinrich
Bick bevollmächtigt, habe ich zur Annahme der
Gebote einen Termin auf
Mittwoch den 15. Mai d. J., Vormittags 10 Uhr,
auf Ort und Stelle angesetzt. Die Kaufbedingun-
gen, so wie die Taxe sind bis dahin in meiner
Agentur einzusehen und sollen dieselben im Ter-
mine bekannt gemacht werden.

Kaufliebhaber werden mit dem Bemerken hierzu
eingeladen, daß der Meistbietende eine Kaution
von 50 Thlrn. beim Schlusse des Termins deponiren muß und daß bei einer Anzahlung von 500
Thlrn. die ganze Wirthschaft sogleich übergeben
wird. Das Restkaufgeld kann auf halbjährige Kündigung zu 4 Prozent auf der Wirthschaft stehen
bleiben.

Der Güter- und Kommissions-Agent
Heinrich Frischmüller in Cremmen.

Windmühlen-Verkauf.

Eine vor dem hiesigen Königsthore belegene
Bockwindmühle nebst dem daneben liegenden geräumigen massiven Wohnhause, Stallung zu Pferden
und Kühen und großem Garten, Alles in bestem
Zustande, soll Theilungshalber öffentlich meistbietend aus freier Hand verkauft werden; hierzu habe
ich einen Verkaufs-Termin

auf Montag den 13. Juli d. J.
angesetzt. Das Grundstück kann täglich in Augenschein genommen, und die Verkaufsbedingung beim
Besitzer eingesehen werden.

Neu-Ruppin, den 20. April 1844.
Strubelt,
Königl. gerichtl. Auktions-Kommissarius.

Verkauf einer Ziegelei und Kalkbrennerei.

Am Donnerstage den 30. Mai d. J., Vormittags 11 Uhr, werde ich auf dem hiesigen Rathhause meine hart an der Elbe gelegene Ziegelei
und Kalkbrennerei nebst circa 30 Morgen Acker,
Wiesen und Weide an den Meistbietenden verkaufen, wozu ich Kauflustige mit dem Bemerken einlade: daß der größere Theil des Kaufgeldes stehen
bleiben könne.

Wittenberge, den 29. April 1844.
Der Bürgermeister Anton.

Auktion.

Am Montag den 20. Mai 1844, Vormittags
9 Uhr, sollen auf der Spiegel-Manufaktur bei Nie-
stadt a. d. Dosse verschiedene entbehrliche Gerät-
schaften, als: Tische, Bänke, Kasten, Schubladen,
Repositorien, Bretter, altes Bauholz, Tragrahmen
von 3—5 Fuß Länge, 4—5 Zoll stark, 1 Fuß
breit, Platten von verschiedener Größe, 4—2½ Zoll
stark, von sehr festem Sandstein, Waggebalken und
Gewichte, verschiedenes Handwerkszeug für Zimmerleute und Tischler, 2 kleine Kähne u. s. w.
gegen gleich baare Bezahlung öffentlich meistbietend
verkauft werden.

Auch ist daselbst jederzeit fein gesiebter Düngergyps zu haben, der Centner 10 Sgr.

Am 5. Juni dieses Jahres, Vormittags 9 Uhr,
sollen in dem Dorfe Klein-Kötris zwei Pferde,
eine Kuh, fünf Schaafe, zwei Pferdegeschirre und
ein Kaleschwagen öffentlich meistbietend gegen sofortige Baarzahlung verkauft werden.

Buchholz, am 2. Mai 1844.
Wetzel,
Königl. Land- und Stadtgerichts-Aktuarius.

Eine Chaise, 2 Kaleschwagen und 2 neue Arbeitswagen mit eisernen Achsen und Kapseln stehen
zu verkaufen und zu vertauschen Kaiserstraße Nr. 1
in Potsdam.

Oeffentlicher Anzeiger (№ 1)

zum 20sten Stück des Amtsblatts
der Königlichen Regierung zu Potsdam und der Stadt Berlin.

Den 17. Mai 1844.

Im Auftrage der Königl. Regierung zu Potsdam wird das unterzeichnete Haupt-Amt, und zwar in seinem Amtsgelasse

am 23. Mai d. J., Vormittags 10 Uhr,

die Chausseegeld-Hebestelle westlich bei Brandenburg am Quenz, zwischen hier und Plaue, an den Meistbietenden, mit Vorbehalt des höheren Zuschlages, vom 1. August d. J. ab zur Pacht ausstellen.

Nur dispositionsfähige Personen, welche vorher mindestens 160 Thlr. baar oder in annehmlichen Staatspapieren bei dem unterzeichneten Haupt-Amte zur Sicherheit niedergelegt haben, werden zum Bieten zugelassen.

Die Pachtbedingungen sind bei uns von heute ab während der Dienststunden einzusehen.

Brandenburg, den 23. April 1844.

Königl. Haupt-Steueramt.

Offener Arrest.

Nachdem über das Vermögen des Kaufmanns Louis Hartmann hierselbst, der Konkurs eröffnet worden, werden alle diejenigen, welche von dem gedachten Vermögen etwas an Gelde, Sachen, Effekten oder Briefschaften hinter sich haben, aufgefordert, an Niemand davon das Geringste zu verabfolgen, vielmehr dem Gerichte sofort Anzeige zu machen, und die Gelder oder Sachen, jedoch mit Vorbehalt ihrer Rechte daran, in unser Depositorium abzuliefern. Sollte dessenungeachtet an Jemand Anderen etwas bezahlt oder ausgeliefert werden, so wird dies für nicht geschehen geachtet, und zum Besten der Masse anderweitig beigetrieben werden. Wenn aber der Inhaber solcher Sachen oder Gelder dieselben verschweigen oder zurückbehalten sollte, so wird er noch außerdem alles seines daran habenden Unterpfandes und anderes Rechtes für verlustig erklärt werden.

Neu-Ruppin, den 1. März 1844.

Königl. Preußisches Stadtgericht.

Nachdem über den Nachlaß des am 17. Juni 1843 verstorbenen Tuchfabrikanten Johann Christian Richter hierselbst der erbschaftliche Liquidations-Prozeß eröffnet, werden sämmtliche Gläubiger hierdurch aufgefordert, in dem auf

den 18. Juni d. J., Vormittags 10 Uhr,

vor dem Herrn Assessor Zedelt anberaumten Termine persönlich, oder durch zulässige Bevollmächtigte zu erscheinen, ihre Ansprüche an die erbschaftliche Liquidations-Prozeßmasse anzumelden und zu rechtfertigen, widrigenfalls sie aller ihrer etwanigen Vorrechte für verlustig erklärt, und mit ihren Forderungen nur an dasjenige, was nach Befriedigung der sich meldenden Gläubiger von der Masse noch übrig bleiben möchte, verwiesen werden sollen.

Neu-Ruppin, den 20. Januar 1844.

Königl. Preuß. Stadtgericht.

Über das Vermögen des am 16. Juni 1843 hierselbst verstorbenen Kaufmanns Heinrich August Wilhelm Colberg, ist per decretum vom heutigen Tage der Konkurs eröffnet worden.

Es werden daher alle diejenigen, welche an dasselbe Ansprüche zu haben vermeinen, hierdurch aufgefordert, sich in dem

am 1. Juli d. J., Vormittags 9 Uhr,

in unserem Lokale allhier anstehenden Termine entweder persönlich, oder durch zulässige und legitimirte Bevollmächtigte, wozu ihnen die Justiz-Kommissarien Stegemann und Bobstein zu Neu-Ruppin in Vorschlag gebracht werden, zu gestellen, ihre Forderungen nebst Beweismitteln anzugeben, und die vorhandenen Dokumente vorzulegen, widrigenfalls sie mit ihren Ansprüchen an die Masse ausgeschlossen, und ihnen deßhalb gegen die übrigen Gläubiger ein ewiges Stillschweigen auferlegt werden soll.

Wusterhausen a. d. D., am 7. Februar 1844.

Königl. Preuß. Stadtgericht.

In den bei der unterzeichneten General-Commission anhängigen, hier näher bezeichneten Auseinandersetzungen:

Lauf. Nr.	Name des Orts.	Kreis.	Gegenstand des Verfahrens.	Anlaß zum öffentlichen Aufruf.
1	Groß-Berge	Westpriegnitz	Ablösung der auf dem ½-Hüfnerhofe des Joachim Friedrich Schulz haftenden Geld- und Roggenabgabe an das Lehnrittergut Carve.	Mangelnde lehnsfähige Deszendenz des Besitzers des Lehnguts Carve.
2	Ellershagen	Ostpriegnitz	Dienst-, Holz- und Hütungsablösung zwischen dem Rittergute und den Kolonisten zu Ellershagen.	Gänzlich mangelnde Legitimation der Kolonisten.
3	Golm	Westpriegnitz	Separation der wüsten Feldmark Golm.	Formell mangelhafte Legitimation.
4	Günterberg	Angermünde	Spezial-Separation der Gemeinde-Feldmark.	Der in Beziehung auf das Rittergut Willmersdorff bestehende Lehnsnexus, und die formell mangelhafte Legitimation mehrerer Interessenten.
5	Holzhausen	Ostpriegnitz	Ablösung einer Roggenabgabe des Bauergutsbesitzers Schellhase an das Rittergut Neuendorff durch Kapital.	Fehlende lehnsfähige Deszendenz des Oberst-Lieutenants Theodor Wilhelm von Winterfeld auf Neuendorff.
6	Kietz	Westpriegnitz	Hütungs-Separation zwischen den Rittergütern Neuburg u. Klein-Breese, und den Hütungsberechtigten auf dem zu den gedachten Gütern gehörigen Acker- und Wiesen-Reviere, der Kietz genannt.	Mangelnde Legitimation einzelner Interessenten, und wegen etwaiger unbekannter Theilnehmer.
7	Kyritz	Ostpriegnitz	Ablösung der Kornpächte, welche von zweien, dem Posthalter Köhn gehörigen Grundstücken zu entrichten sind.	Mangel der Legitimation in der lehnsfähigen Deszendenz von Seiten des Afterbelehnten Hofraths Schulz, so wie, daß der Oberlehnsherr dieser Pächte und die Mitglieder des von Kröcherschen Geschlechts als Ober-Vasallen nicht bekannt sind.
8	Kyritz	Ostpriegnitz	Ablösung verschiedener Natural- und Geldabgaben, welche einige Grundbesitzer zu Kyritz an den Besitzer der Güter Joachimshoff und Fortsbrügge zu entrichten haben.	Mangelnde lehnsfähige Deszendenz des Rittergutsbesitzers Ludwig Alexander Leopold von Kröcher.

Lauf. Nr.	Name des Orts.	Kreis.	Gegenstand des Verfahrens.	Anlaß zum öffentlichen Aufruf.
9	Kriegersfelde	Teltow	Ablösung zweier Kanon-Abgaben von jährlich 40 Thlrn. und 5 Thlrn., zu deren Erhebung das Dominium Tempelhoff und der Kaufmann Werner, als Besitzer einer vom ehemaligen Schulzengute in Tempelhoff getrennten Parzelle, berechtigt waren, und welche auf dem Etablissement Kriegersfelde haften, durch Kapital.	Mangelnde Legitimation der Inhaber einiger auf Tempelhoff eingetragenen Hypothekforderungen.
10	Alt-Langerwisch	Zauch-Belzig	Spezial-Separation.	Mangelnde Legitimation der Erbpächter der Pfarrgrundstücke.
11	Sieversdorff	Ruppin	Abfindung der Büdner für die ihnen auf den Gemeinde-Grundstücken zustehenden Weiberechte, und Separation der Feldmark.	Ermittelung etwaiger unbekannter Interessenten.
12	Tornow	Ober-Barnim	Dienst-Regulirung und Separation.	Mangel der Legitimation für den Besitzer des Krugguts.
13	Zollchow	Prenzlau	Rente-Ablösung durch Kapital.	Mangelhafte Besitz-Legitimation und mangelnde Deszendenz der berechtigten Gutsbesitzer.

werden alle diejenigen Personen, welche bei diesen Sachen aus irgend einem Verhältnisse ein Interesse zu haben vermeinen, und hierbei noch nicht zugezogen sind, hierdurch aufgefordert, sich sofort und spätestens in dem

am 6. Juni d. J., Vormittags 10 Uhr,

in unserm Geschäftslokale, Niederwallstraße Nr. 39, vor unserm Deputirten, dem Kammergerichts-Assessor Riedlich, anberaumten Termine, mit ihren Anträgen zu melden, ihr Interesse zur Sache nachzuweisen, und demnächst der Vorlegung der bisherigen Verhandlungen gewärtig zu sein, widrigenfalls sie bei Auseinandersetzung, selbst im Falle der Verletzung, gegen sich gelten lassen müssen.

Berlin, am 27. März 1844.

Königl. General-Kommission für die Kurmark Brandenburg.

Es werden hiermit alle diejenigen, welche an die, für die Dorothea Sophie Friederike Schulze zu Hoppenrade, jetzt verehelichte Bäckermeister Frie-

drich Wilhelm Radecke zu Potsdam, aus der Obligation des Bauers Carl Friedrich Schulze zu Hoppenrade, vom 29. Juni 1820, auf dem im Hypothekenbuche von Hoppenrade Fol. 13 verzeichneten Zweihüfner-Bauergute zufolge Verfügung vom 10. August 1820 sub Rubr. III Nr. 6 eingetragenen 50 Thlr. und das darüber ausgestellte Dokument, welches angeblich verloren gegangen, als Eigenthümer, Cessionarien, Pfand- oder sonstige Briefsinhaber, oder deren Erben, Ansprüche zu machen haben, auf den Antrag des angeblichen Gläubigers öffentlich aufgefordert, dieselben im Termin

den 7. Juni d. J., Vormittags 10 Uhr,

auf dem hiesigen Rathhause anzumelden und nachzuweisen, widrigenfalls sie mit denselben präkludirt, ihnen deshalb ein ewiges Stillschweigen auferlegt und das Dokument für amortisirt erklärt werden soll. Rauen, den 26. März 1844.

Die von Erxlebenschen Gerichte zu Hoppenrade.

* Für die Königl. Pulverfabrik bei Spandow sollen:

400 Schock geschälte Tonnenbände von Weiden,
6 Fuß lang,

10 Schock ungeschälte dergleichen,

400 Tonnenstäbe von Eichenholz, 2 Fuß lang,

100 Tonnenboden von Eichenholz, 15¼ Zoll
Durchmesser,

zum 1. Juli d. J. geliefert werden.

Unternehmer, die die Lieferung im Ganzen oder
in Parthien zu übernehmen geneigt sind, wollen
ihre Forderungen bis zum 1. Juni d. J. frankirt
einreichen.

Pulverfabrik bei Spandow, den 30. April 1844.
Die Direktion.

Nothwendiger Berkauf.

Königl. Kammergericht in Berlin.

Das hierselbst in der Louisenstraße Nr. 4 g
belegene Grundstück, abgeschätzt auf 15,725 Thlr.
8¼ Pf. zufolge der, nebst Hypothekenschein und Bedingungen in der Registratur einzusehenden Taxe, soll
am 11. September 1844,
an ordentlicher Gerichtsstelle subhastirt werden.

Nothwendiger Berkauf.

Königl. Kammergericht in Berlin.

Die in der Louisenstraße hierselbst Nr. 4 i und
4 k belegenen, im kammergerichtlichen Hypothekenbuche Vol. IX Cont. i Nr. 23 Pag. 527 verzeichneten, dem Tischlermeister Friedrich Wilhelm
Deichmann gehörigen Grundstücke, von denen
der Materialienwerth des Ersteren auf resp. 10,057
Thlr. 8 Sgr. 7½ Pf. und des Letzteren auf 19,546
Thlr. 21 Sgr. 10¼ Pf., zusammen auf 29,604 Thlr.
6 Pf., der künftige reine Ertrag auf 991 Thlr.
20 Sgr. jährlich und der kapitalisirte Ertragswerth auf 19,833 Thlr. 10 Sgr. zufolge der,
nebst Hypothekenschein und Bedingungen in der
Registratur einzusehenden Taxen, abgeschätzt worden, sollen
am 9. November 1844,
an ordentlicher Gerichtsstelle subhastirt werden.

Der hypothekarische Gläubiger, Kaufmann August Gottfried Lindemann wird hierzu öffentlich
vorgeladen.

Nothwendiger Berkauf.

Stadtgericht zu Berlin, den 25. November 1843.

Das in der Klosterstraße Nr. 13 belegene Fel-
bel'sche Grundstück, gerichtlich abgeschätzt zu 9395
Thlr. 20 Sgr. 9 Pf., soll

am 5. Juli 1844, Bormittags 11 Uhr,
an der Gerichtsstelle subhastirt werden. Taxe und
Hypothekenschein sind in der Registratur einzusehen.

Der dem Aufenthalte nach unbekannte Realgläubiger, Rentier Johann Friedrich Christian
Flemming, wird hierdurch vorgeladen.

Nothwendiger Berkauf.

Stadtgericht zu Berlin, den 19. Januar 1844.

Das in der Kronenstraße Nr. 3 belegene
Blume'sche Grundstück, gerichtlich abgeschätzt zu
18,342 Thlr. 8 Sgr. 3 Pf., soll Schuldenhalber
am 13. September 1844, Bormittags 11 Uhr,
an der Gerichtsstelle subhastirt werden. Taxe und
Hypothekenschein sind in der Registratur einzusehen.

Die dem Aufenthalte nach unbekannte Realgläubigerin, die Wittwe des Kaufmanns Lang,
Emilie geb. Tempelhagen, wird hierdurch öffentlich vorgeladen.

Nothwendiger Berkauf.

Stadtgericht zu Berlin, den 25. Januar 1844.

Das vor dem neuen Königsthor an der Chaussee
links belegene Friedrich'sche Grundstück, gerichtlich abgeschätzt zu 7443 Thlr. 7 Sgr. 6 Pf., soll
am 3. September 1844, Bormittags 11 Uhr,
an der Gerichtsstelle subhastirt werden. Taxe
und Hypothekenschein sind in der Registratur einzusehen.

Nothwendiger Berkauf.

Stadtgericht zu Berlin, den 25. Januar 1844.

Das in der Bergstraße Nr. 3 belegene Alter-
mann'sche Grundstück, gerichtlich abgeschätzt zu
8111 Thlr. 7 Sgr. 6 Pf., soll
am 10. September 1844, Bormittags 11 Uhr,
an der Gerichtsstelle subhastirt werden. Taxe und
Hypothekenschein sind in der Registratur einzusehen.

Nothwendiger Berkauf.

Stadtgericht zu Berlin, den 27. Januar 1844.

Das in der Auguststraße Nr. 61 belegene Hil-
bebrandt'sche Grundstück, gerichtlich abgeschätzt
zu 9493 Thlr. 23 Sgr. 9 Pf., soll
am 6. September 1844, Bormittags 11 Uhr,
an der Gerichtsstelle subhastirt werden. Taxe und
Hypothekenschein sind in der Registratur einzusehen.

Nothwendiger Verkauf.

Land- und Stadtgericht zu Storkow, den 31. Januar 1844.

Das zu Friedersdorff gelegene, auf den Namen der Wittwe Mollenhauer, Dorothee Christiane gebornen Schmeling, im Hypothekenbuche vom Landbezirke Vol. VII. Fol. 31 eingetragene Doppel-Bauergut, abgeschätzt auf 5619 Thlr. 10 Pf., nach einer frühern Taxe aber zu 1761 Thlr. 11 Sgr. 8 Pf. gewürdigt, soll

am 23. August d. J., Vormittags 11 Uhr,

an ordentlicher Gerichtsstelle hierselbst öffentlich verkauft werden. Die Taxe und der Hypothekenschein wird in unserer Registratur zur Einsicht vorgelegt werden.

Unbekannte Realprätendenten werden aufgeboten, sich bei Vermeidung der Präklusion spätestens im obigen Termine zu melden.

Freiwilliger Verkauf.

Stadtgericht zu Berlin, den 3. Februar 1844.

Das in der Niederwallstraße Nr. 19 belegene Martens'sche Grundstück, gerichtlich abgeschätzt zu 8734 Thlr. 1 Pf., soll

am 19. Juli d. J., Vormittags 11 Uhr,

an der Gerichtsstelle subhastirt werden. Taxe und Hypothekenschein sind in der Registratur einzusehen.

Als Kaufbedingungen sind gestellt:

1. Der Meistbietende ist an sein Gebot 8 Wochen von dem Lizitationstermine ab, gebunden, innerhalb dieser Frist haben sich die Subhastations-Interessenten über den zu ertheilenden Zuschlag zu erklären.

2. Der Meistbietende muß die eingetragenen Hypotheken ad rationem pretii als Selbstschuldner übernehmen, und die Verkäufer innerhalb 3 Monate nach erfolgter Uebernahme des Grundstücks aus der persönlichen Schuldverbindlichkeit setzen.

Der Verkaufgelder-Überschuß muß innerhalb 3 Wochen, nachdem dem Meistbietenden die Zuschlagsgenehmigung bekannt gemacht worden, ad depositum gezahlt werden. Erfolgt die Zahlung nicht, so sind die Verkäufer an den ertheilten Zuschlag nicht gebunden, und berechtigt, nach ihrer Wahl, über das Grundstück, unter Entlassung des Meistbietenden aus seinen Verpflichtungen, anderweit aus freier Hand zu disponiren, oder aber

das Grundstück auf Kosten des Meistbietenden zur Resubhastation im Wege der nothwendigen Subhastation zu bringen.

3. Die Übergabe erfolgt außergerichtlich sofort, nachdem der Meistbietende den Kaufgelder-Überschuß ad depositum gezahlt hat.

4. Der Verkauf geschieht in Bausch und Bogen mit allem, was wand-, band-, niet- und nagelfest ist, so weit dergleichen Pertinenz nicht den Miethern gehört, und wird keinerlei Gewähr geleistet.

5. Mit dem Tage der dem Meistbietenden insinuirten Zuschlagsgenehmigung gehen alle Gefahren auf den Meistbietenden über, und werden Lasten und Nutzungen, nach eben diesem Tage getragen, resp. zwischen den Verkäufern und dem Käufer berechnet.

6. Der Meistbietende trägt die Kosten der Besitztitel-Berichtigung, der Kontraktsausfertigung, des Zuschlagsdekrets und der Stempel allein.

Das dem Bäckermeister Ferdinand August Haer, gehörige, in der Berliner Vorstadt, neue Königsstraße Nr. 40 belegene, in unserm Hypothekenbuche von der Berliner Vorstadt Vol. I Nr. 49 verzeichnete, auf 2421 Thlr. 11 Sgr. 11 Pf. abgeschätzte Grundstück nebst Zubehör, soll im Wege der nothwendigen Subhastation verkauft werden, und ist hierzu ein Bietungstermin auf

den 28. Juni d. J., Vormittags 11 Uhr,

vor dem Stadtgerichtsrath Herrn Siecke im Stadtgericht, Lindenstraße Nr. 54, anberaumt. Der Hypothekenschein, die Taxe und die besondern Kaufbedingungen sind in unserer Registratur einzusehen.

Potsdam, den 22. Februar 1844.

Königl. Stadtgericht hiesiger Residenz.

Nothwendige Subhastation.

Stadtgericht zu Charlottenburg, den 27. Febr. 1844.

Das zum Nachlaß des Kutschers Ernst Gottlieb Neumann gehörige, jetzt auf den Namen des Schuhmachers Christian Neumann und des Arbeitsmanns Ferdinand Neumann im Hypothekenbuche Vol. II Nr. 75 verzeichnete, in der Kirchstraße sub Nr. 30 belegene Grundstück, nebst Acker- und Wiesenpartien, zufolge der, nebst Hypothekenschein in unserer Registratur einzusehenden Taxe abgeschätzt auf 2403 Thlr. 17 Sgr. 1 Pf., soll in dem auf

den 9. August d. J., Vormittags 10 Uhr,

Nothwendiger Verkauf.

Stadtgericht zu Berlin, den 19. April 1844.

Das in der neuen Königsstraße Nr. 65 belegene Ludwigsche Grundstück, gerichtlich abgeschätzt zu 28,003 Thlrn. 25 Sgr. 3 Pf., soll

am 26. November d. J., Vormittags 11 Uhr,

an der Gerichtsstelle subhastirt werden. Taxe und Hypothekenschein sind in der Registratur einzusehen.

Zugleich werden

1) die verehelichte Ludwig, Wilhelmine geborne Seidentopf oder deren Erben zur Wahrnehmung ihrer Gerechtsame,

2) die unbekannten Realprätendenten bei Vermeidung der Präklusion

öffentlich vorgeladen.

Nothwendiger Verkauf.

Land- und Stadtgericht zu Brandenburg a. d. H., den 12. April 1844.

Die in der hiesigen Neustadt belegenen Grundstücke der Maurermeister Johann Friedrich Wilhelm Danckertschen Erben, als:

1) das Wohnhaus Nr. 72 mit Hauskavel und Braugerechtigkeit, taxirt auf 1484 Thlr. 16 Sgr. 7 Pf.;

2) das Wohnhaus Nr. 751 mit Hauskavel, abgeschätzt auf 523 Thlr. 16 Sgr. 1 Pf. und

3) das Wohnhaus Nr. 752 mit Hauskavel, auf 721 Thlr. 12 Sgr. 3 Pf. taxirt,

zufolge der, nebst Hypothekenschein und Kaufbedingungen in unserer Registratur einzusehenden Taxen, soll Theilungshalber

am 24. Juli d. J., Vormittags 11 Uhr,

an ordentlicher Gerichtsstelle vor dem Deputirten, Herrn Land- und Stadtgerichtsrathe Seckt subhastirt werden.

---

* Die disponibeln Gebäude in der Lindenstraße Nr. 38 und 39 und am Kanal Nr. 33 bis 37 sollen höherer Bestimmung gemäß öffentlich meistbietend verkauft werden. Wir haben hierzu einen Lizitationstermin zu den erstern auf den 21. und zu den letztern auf den 22. Mai d. J., Vormittags 10 Uhr, in unserem Geschäftslokal Breite Straße Nr. 29 anberaumt, zu welchem Kaufliebhaber hierdurch eingeladen werden, mit dem Bemerken, daß die näheren Kaufbedingungen bei uns in den Dienststunden täglich eingesehen werden können.

Potsdam, den 15. April 1844.

Königl. Garnison-Verwaltung.

Das den Winterfeldschen Erben gehörig, bei Buchow-Carpzow bei Nauen belegene Etablissement beabsichtigen dieselben mit den bestellten Grundstücken meistbietend zu verkaufen. Zur Abgabe des Gebots ist ein Termin auf

den 8. Juni 1844, Vormittags 10 Uhr,

auf dem Etablissement selbst angesetzt, und werden Kauflustige mit dem Bemerken eingeladen, daß bei einem annehmlichen Gebote der Zuschlag sofort erfolgen kann.

Das Etablissement liegt unmittelbar an der im Bau begriffenen Chaussee von Nauen nach Potsdam und würde sich zur Anlage einer Gastwirthschaft vorzugsweise eignen.

---

* So eben ist von mir eine Hülfsschrift für Polizei- und Kommunalbeamte unter dem Titel der ausgegeben:

Staats- und Orts-Angehörigkeits- und Armen-Verpflegungs-Verhältnisse, so wie polizeiliche Behandlung der Bettler, Landstreicher und Arbeitsscheuen.

Durch die Gesetzgebung der Jahre 1842 und 1843, so wie durch die bis zum Jahre 1844 über diese Angelegenheiten erlassenen zusätzlichen und erläuternden Ministerial-Reskripte, und durch die aus der ältern Gesetzgebung entlehnten, mit der neuern Gesetzgebung übereinstimmenden Vorschriften geordnet. Preis Fünf und zwanzig Silbergroschen.

von der Heyde, Hofrath,
in Magdeburg.

Oeffent-

Oeffentlicher Anzeiger (№ 2)
zum 20sten Stück des Amtsblatts
der Königlichen Regierung zu Potsdam und der Stadt Berlin.

Den 17. Mai 1844.

*. Den Maschinenbauern Robert und Eduard Lauckner zu Aue bei Schneeberg ist unter dem 4. Mai 1844 ein Patent

auf eine selbstthätige Auszug- und Spinn-Maschine für Wolle, Baumwolle und Kammwolle in der durch Zeichnungen und Beschreibung nachgewiesenen Zusammensetzung

auf acht Jahre, von jenem Tage an gerechnet, und für den Umfang des preußischen Staats ertheilt worden.

* Dem Mechanikus Rohleder zu Münster ist unter dem 6. Mai 1844 ein Patent

auf eine Schraubenschneide-Vorrichtung an der Drehbank, so weit solche nach der vorgelegten Zeichnung und Beschreibung in ihrer Zusammensetzung für neu und eigenthümlich erachtet worden ist,

auf sechs Jahre, von jenem Tage an gerechnet, und für den Umfang der Monarchie ertheilt worden.

Steckbrief.

* Nach einer Mittheilung des Königl. Kommandos des 35sten Infanterie-Regiments zu Mainz vom 4. d. M. ist der aus Berlin gebürtige Musketier Heinrich Arnold Gerber vom gedachten Regiment am 18. v. M. desertirt. Alle Militair- und Civilbehörden im diesseitigen Regierungsbezirk werden hiermit veranlaßt, auf den nachstehend signalisirten ꝛc. Gerber vigiliren, ihn im Betretungsfalle verhaften und als Militairsträfling nach Mainz an das Regiments-Kommando abführen und abliefern zu lassen.

Potsdam, den 12. Mai 1844.

Königl. Regierung, Abtheilung des Innern.

Signalement. Religion: evangelisch, Alter: 20 Jahr, Haare: schwarz, Stirn: flach, Augenbrauen: schwarz, Augen: schwarz, Nase: spitz, Mund: gewöhnlich, Zähne: gesund, Kinn: rund,

Gesichtsbildung: oval, Gesichtsfarbe: gesund, Gestalt: klein, Sprache: deutsch und französisch, Profession: Drechsler.

Kleidung, die derselbe mitgenommen:
1) eine Mütze; 2) eine Halsbinde; 3) eine neue Jacke; 4) ein Paar neue Tuchhosen.

* Der Steckbrief vom 25. v. M., im öffentlichen Anzeiger zum 18ten Stück des Amtsblatts, ist erledigt, indem der Vagabonde Wilhelm Eduard Franz Radziwill abermals wegen Bettelns aufgegriffen und vom Magistrat zu Oranienburg der Inspektion des Land-Armenhauses zu Strausberg überliefert ist.

Cremmen, den 10. Mai 1844.

Der Magistrat.

Der Müllergeselle Ernst Friedrich Wilhelm Wegener ist wieder verhaftet, und der in Bezug auf ihn unter dem 3. Mai d. J. erlassene Steckbrief erledigt. Strausberg, den 7. Mai 1844.

Königl. Preuß. Land- und Stadtgericht.

Der Mühlenmeister Mohr zu Kienberg beabsichtigt, auf einem von dem Bauer Seeburg zu Paaren erworbenen Ackerstücke, in einer Entfernung von circa 450 Schritten vom Dorfe Paaren im Glien, eine Bockwindmühle mit einem Mahl- und einem Schrootgange zu erbauen.

Etwanige Widersprüche gegen diese Anlage, sie mögen aus dem Edikt vom 28. Oktober 1810 oder aus der Allerhöchsten Kabinetsorbre vom 23. Oktober 1826 hergeleitet werden, sind binnen 8 Wochen präklusivischer Frist bei mir anzumelden und zu begründen.

Nauen, den 4. Mai 1844.

Königl. Landrath Osthavelländischen Kreises.

Graf von Königsmarck.

Hagelschaden- und Mobiliarbrand-Versicherungs-Gesellschaft zu Schwedt a. d. O.

Den geehrten Sozietätsmitgliedern im Nieder-Barnimschen Kreise zeigen wir ganz ergebenst an, daß an Stelle des ausgeschiedenen Spezial-Direktors, Herrn Oberamtmanns Runde in Liebenwalde nunmehr:

a) der Herr Oberamtmann Lüdke zu Amt Alt-Landsberg als Spezial-Direktor, und
b) der Gutsbesitzer Herr Alexander auf Berghof bei Dahlewitz als dessen Stellvertreter

fungiren werden. Schwedt, den 8. Mai 1844.

Die Haupt-Direktion.

Holz-Verkauf.

Am 14. Juni d. J., Vormittags 9 Uhr, sollen im Gasthofe zum Rathskeller hierselbst nachstehende Brennhölzer diesjährigen Einschlages unter freier Konkurrenz meistbietend verkauft werden, nämlich:

I. Aus der Oberförsterei Alt-Ruppin.

A. Auf den Verschiffungs-Ablagen:

10½	Klaftern	Eichen	Kloben,
15½	-	Buchen	-
27½	-	Birken	-
1195	-	Kiefern	-
28	-	-	Knüppel.

B. Im Revier:

17	Klaftern	Eichen	Kloben,
27	-	Buchen	-
12	-	Erlen	-
71½	-	Kiefern	-
33½	-	-	Knüppel.

II. Aus der Oberförsterei Neu-Glinicke.

A. Auf den Verschiffungs-Ablagen:

| 160½ | Klaftern | Buchen | Kloben, |
| 778½ | - | Kiefern | - |

B. Im Revier:

40	Klaftern	Eichen	Kloben,
2½	-	-	Knüppel,
110	-	Buchen	Kloben,
22½	-	-	Knüppel,
13½	-	Birken	Kloben,
7½	-	-	Knüppel,
985½	-	Kiefern	Kloben,
222½	-	-	Knüppel.

III. Aus der Oberförsterei Zechlin:

337½	Klaftern	Eichen	Kloben,
492	-	Buchen	-
52½	-	-	Knüppel,
8	-	Birken	Kloben,
168	-	-	Kiefern -

IV. Aus der Oberförsterei Neuendorf.

18½	-	Buchen	Kloben,
15½	-	Birken	-
5½	-	Erlen	-
1503½	-	Kiefern	-
547½	-	-	Knüppel.

V. Aus der Oberförsterei Menz.

316½	Klaftern	Eichen	Kloben,
35	-	-	Knüppel,
540½	-	Buchen	Kloben,
237	-	-	Knüppel,
69½	-	Birken	Kloben,
31	-	-	Knüppel,
1380	-	Kiefern	Kloben,
174	-	-	Knüppel,
708	-	-	Stubben.

Die speziellen Verzeichnisse dieser Hölzer können jederzeit bei dem Unterzeichneten und den betreffenden Herren Oberförstern eingesehen werden, auch sind sämmtliche Schutzbeamten und der Ablage-Aufseher zu Stendnitz angewiesen, den sich meldenden Kauflustigen die Hölzer an Ort und Stelle vorzuzeigen.

Die Bekanntmachung der Verkaufsbedingungen erfolgt im Termine, und wird nur bemerkt, daß in demselben der vierte Theil des Kaufpreises als Angeld zu deponiren ist.

Rheinsberg, den 7. Mai 1844.

Im Auftrage der Königl. Regierung.

Der Forstmeister von Schaetzell.

Im Auftrage der Königl. Regierung zu Potsdam wird das unterzeichnete Haupt-Steueramt und zwar in dessen Amtsgelasse

am 22. Mai d. J., 10 Uhr Vormittags, die Chausseegeld-Erhebung bei Bietikow zwischen Angermünde und Prenzlow an den Meistbietenden, mit Vorbehalt des höheren Zuschlages vom 1. Juli d. J. ab, anderweit zur Pacht ausstellen.

Nur dispositionsfähige Personen, welche vorher mindestens 150 Thaler baar, oder in annehmbaren Staatspapieren bei dem unterzeichneten Hauptamte zur Sicherheit niedergelegt haben, werden zum Bieten zugelassen.

Die Pachtbedingungen sind bei uns von heute ab während der Dienststunden einzusehen.
Prenzlow, den 3. Mai 1844.
Königl. Haupt-Steueramt.

Die Anfuhr des bei der Salzfaktorei zu Meyenburg benöthigten Salzes, ppr. 160 Tonnen, aus den Spedition-Faktoreien zu Wittenberge oder Havelberg vom 1. August d. J. ab, soll an den Mindestfordernden ausgethan werden.

Zur Entgegennahme der Gebote haben wir im Auftrage der Königl. Regierung zu Potsdam einen Termin auf

den 3. Juni d. J., Vormittags 11 Uhr,

im Amtslokale des Steueramtes zu Perleberg anberaumt, wozu Bietungslustige eingeladen werden.

Die Kontrakts-Bedingungen sind während der Dienststunden in unserem Amtslokal und denen des Königl. Haupt-Zollamts Wittenberge, der Steuerämter zu Perleberg und Havelberg und des Neben-Zollamtes Meyenburg einzusehen.
Warnow, den 2. Mai 1844.
Königl. Haupt-Zollamt.

Die Lieferung von circa 2400 Klaftern Kiehnen Klobenholz und wenn es verlangt wird, den dritten Theil Eichen Klobenholz für die hiesigen Königl. Garnison- und Lazareth-Anstalten pro 1845 soll im Wege eines Submissions-Verfahrens im Ganzen oder einzelnen Parthien ausgegeben werden. Lieferungsfähige Unternehmer werden hierdurch aufgefordert, ihre Submissionseingaben bis zum Termine

den 4. Juni d. J., Vormittags 10 Uhr,

in unserm Geschäftslokal Breitestraße Nr. 29 einzureichen und sich darin deutlich zu erklären, welche Klafterzahl und zu welchem Preis der Submittent zu liefern wünscht. Die desfallsigen Bedingungen können bei uns täglich eingesehen werden, sollte bei der Submission kein annehmbares Resultat erfolgen, so wird in demselben Termin sogleich zur Lizitation geschritten, und die Lieferung, wenn es gewünscht wird, in Quantitäten bis zu 50 oder 100 Klaftern ausgeboten werden.
Königl. Garnison-Verwaltung.

Nothwendiger Verkauf.
Stadtgericht zu Berlin, den 19. April 1844.
Das hierselbst in der Köpnickerstraße Nr. 29 belegene Grundstück des Kattunfabrikanten Bardow, gerichtlich abgeschätzt zu 83,617 Thlr. 28 Sgr., soll

am 3. Dezember d. J., Vormittags 11 Uhr,

an der Gerichtsstelle subhastirt werden. Taxe und Hypothekenschein sind in der Registratur einzusehen.

Nothwendiger Verkauf.
Stadtgericht zu Berlin, den 20. April 1844.
Das vor dem Schönhauser Thore an der Paßpelallee belegene Schweizersche Ackerstück von 1 Morgen Flächeninhalt, taxirt zu 91 Thlr. 20 Sgr. und wovon ein Kanon von 8 Thlr. jährlich zu entrichten ist, soll

am 2. September d. J., Vormittags 11 Uhr,

an der Gerichtsstelle subhastirt werden. Taxe und Hypothekenschein sind in der Registratur einzusehen.

Nothwendiger Verkauf.
Stadtgericht zu Berlin, den 24. April 1844.
Das in der Rosenthalerstraße Nr. 24 belegene Bolckfche Grundstück, gerichtlich abgeschätzt zu 3872 Thlr., soll

am 5. September d. J., Vormittags 11 Uhr,

an der Gerichtsstelle subhastirt werden. Taxe und Hypothekenschein sind in der Registratur einzusehen.

Das dem Lieutenant a. D. Karl Julius Wilhelm Kießling gehörige, in der Teltower Vorstadt, Luckenwalder Straße Nr. 1 belegene, in unserm Hypothekenbuche von dieser Vorstadt Vol. III Nr. 73 verzeichnete, auf 8836 Thlr. 4 Sgr. abgeschätzte Grundstück nebst Zubehör soll im Wege der nothwendigen Subhastation verkauft werden, und ist hierzu ein Bietungstermin auf

den 3. Dezember d. J., Vormittags 10 Uhr,

vor dem Stadtgerichtsrath Herrn Steinhausen im Stadtgericht Lindenstraße Nr. 54 anberaumt.

Der Hypothekenschein, die Taxe und die besonderen Kaufbedingungen sind in unserer Registratur einzusehen.

Zugleich werden alle Diejenigen, welche etwa Ansprüche auf das Grundstück oder die Kaufgelder zu haben vermeinen, hiermit aufgefordert, diese spätestens bis zu dem obengedachten Termine anzumelden und nachzuweisen, widrigenfalls dieselben präkludirt und ihnen damit ein ewiges Stillschweigen sowohl gegen den jetzigen Besitzer, als auch gegen den Käufer und die Gläubiger auferlegt werden wird. Potsdam, den 5. Mai 1844.
Königl. Stadtgericht hiesiger Residenz.

Freiwilliger Verkauf.
Auf den Antrag des Kaufmann Reichardt sollen dessen Grundstücke Nr. 7 und 14 zu Alt-

Friedland (zwischen Wriezen und Seelow), aus zwei Häusern, Scheune und Stall, 17 Morgen Garten, Wiesen und Feld bestehend, ganz oder theilweise

am 1. Juni d. J., Vormittags 10 Uhr, zu Alt-Friedland verkauft werden.

In dem einen Hause ist seit 13 Jahren ein mit bestem Erfolge betriebenes Material- und Schnittwaarengeschäft und vortheilhafter Branntweinschank, in dem andern Hause wohnen sieben Familien. Die Bedingungen sind beim Eigenthümer in Alt-Friedland persönlich oder in portofreien Briefen zu erfahren; doch müssen beim Zuschlage der im Falle eines annehmlichen Gebots sogleich erfolgt, 500 Thlr. baar angezahlt werden, auch kann der Kauf schon vor dem Termine jeder Zeit abgeschlossen werden.

Wriezen, den 9. Mai 1844.

Gräflich von Itzenplitz-Friedlandsches Amtsgericht.

Freiwilliger Verkauf.

Königl. Stadtgericht Gransee, den 4. Mai 1844.

Der zum Nachlaß der verstorbenen Wittwe Kagermann geb. Hagendorf, jetzt den Müllerschen Erben gehörige Garten achter der Stadt, tarirt zu 81 Thlrn. Kour. zufolge der, nebst Hypothekenschein und Bedingungen in der Registratur einzusehenden Taxe, soll

am 10. August d. J., Vormittags 10 Uhr, an ordentlicher Gerichtsstelle subhastirt werden.

Der auf den 4. Juli d. J. hier anstehende Termin zum Verkauf des Papeschen Bauergutes in Schünow wird aufgehoben.

Zossen, den 2. Mai 1844.

Königl. Land- und Stadtgericht.

Die der Kirche zu Wesendahl bei Strausberg gehörigen Ländereien von 59 Morgen 25 ☐Ruthen Flächeninhalt, sollen

am 28. Juni d. J., Vormittags 10 Uhr, an der Gerichtsstelle zu Wesendahl auf 18 hinter einander folgende Jahre vom 1. Juni d. J. ab, öffentlich meistbietend verpachtet werden. Der Ertragsanschlag und die Bedingungen sind in unserer Registratur werktäglich einzusehen.

Landsberg, den 6. Mai 1844.

...olphisches Patrimonial-Gericht über Wesendahl.

Höchst wichtige Erfindung für Essigfabrikanten.

Die Vortheile meiner neuen Erfindung, nach welcher man den stärksten Weinessigsprit um den dritten Theil stärker und von einem schönern weinsauren Geschmack gewinnt, als es bis jetzt möglich war, wobei eine bedeutende Vereinfachung des Betriebes, Ersparung des Arbeitslohns, so wie der lästigen regelmäßigen Aufgüsse beim täglichen Betriebe, und die gleichmäßigste Vertheilung des Essigguts geschieht, sind durch mehrere öffentliche Blätter wohl so hinreichend bekannt, als daß ich mich nicht aller weitern Erörterungen enthalten könnte. Ich habe daher, um meine Erfindung mehr noch gemeinnütziger zu machen, den Preis der gedruckten vollständigen Anweisung meiner dritten ganz umgearbeiteten und durch neue Entdeckungen vervollkommneten Auflage jetzt nur auf 2 Thlr. Pr. Kour. gestellt, wofür dieselbe gegen portofreie Einsendung (vorbehaltlich der Geheimhaltung) bei mir zu haben, und durch jede Buchhandlung nur von mir zu beziehen ist. Schulz in Berlin, Neanderstraße Nr. 34, approbirter Apotheker, Chemiker und praktischer Essigfabrikant.

Mein hier vor dem Berliner Thor belegenes Haus nebst Garten und Wind-Bockmühle mit einem Mahlgang Nr. 2, beabsichtige ich aus freier Hand zu verkaufen. Schmidt, Mühlenmeister zu Teltow.

Zwei bedeutende Erbpachtsgüter mit schönem Acker, 25jährigen Wiesen und ansehnlichem Viehstande sind sofort zu verkaufen. Das eine dieser Güter hat ein herrschaftlich eingerichtetes höchst elegantes massives Wohnhaus von 6 Fenstern Front, eine reizende Lage, und die Nähe einer ansehnlichen Stadt befördert den vortheilhaften Absatz der Produkte. Sodann ist eine bedeutende Anzahl größerer und kleiner Gasthöfe und Schankwirthschaften verkäuflich und das Nähere zu erfahren bei

W. C. Seibel in Zehdenick.

Den Herren Mühlenbesitzern empfehle ich mein Lager von Rheinischen Mühlensteinen, die sich vorzüglich zur Weizenmüllerei eignen, zu den möglichst billigsten Preisen. Falck, Charlottenburg, Berliner Straße Nr. 42.

Oeffentlicher Anzeiger
zum 21ſten Stück des Amtsblatts
der Königlichen Regierung zu Potsdam und der Stadt Berlin.

Den 24. Mai 1844.

---

* Dem R. Herrenkohl zu Aachen iſt unter dem 12. Mai 1844 ein Patent

auf eine Vorrichtung zum ſelbſtthätigen Stellen der Ausweichungen auf Eiſenbahnen in der durch Zeichnung und Beſchreibung nachgewieſenen Zuſammenſetzung

auf acht Jahre, von jenem Tage an gerechnet, und für den Umfang der Monarchie ertheilt worden.

* Dem Kaufmann Johann Friedrich Bergmann zu Elberfeld iſt unter dem 9. Mai 1844 ein Patent

auf vier durch Zeichnungen erläuterte, für neu und eigenthümlich erachtete Vorrichtungen an der Stoneſchen Webemaſchine

auf Acht Jahre, von jenem Tage an gerechnet, und für den Umfang der Monarchie ertheilt worden.

* Der von uns mittelſt Steckbriefs vom 3. Mai d. J. verfolgte Arbeitsmann Friedrich Becker iſt wieder verhaftet und der Steckbrief dadurch erledigt. Strausberg, den 15. Mai 1844.

Königl. Preuß. Land- und Stadtgericht.

* Es iſt am 12. d. M. bei dem Dorfe Lützenwiſch ein unbekannter männlicher Leichnam, anſcheinend der eines Schiffsknechts, in der Elbe aufgefunden.

Der Leichnam war 5 Fuß 2 Zoll lang, von unterſetzter, ſtarker Statur, wohlgenährt, hat anſcheinend ein Alter von 40 bis 50 Jahren erreicht und muthmaßlich ſchon 8 Tage im Waſſer ſich befunden. Die Geſichtszüge laſſen ſich deshalb nicht näher beſchreiben, als daß das Geſicht rund und voll, die Naſe ſpitz war. Das Kopfhaar war ſchwarz und lang, Bart nicht vorhanden und die Zähne unvollzählig.

Bekleidet war der Leichnam mit einer Weſte von ſchwarzem, wollenen Zeuge mit gelben Me-

tallknöpfen, einem Halstuch von blauem, weißgeblümten, baumwollenen Zeuge, einer Unterjacke von grünem Koiting mit weißen Hornknöpfen, einer Hoſe von ungebleichtem Leinen, Hoſenträgern von weißem Schaffell, zweinähtigen Halbſtiefeln von Rindsleder und einem Hembe gezeichnet.   Außer einem Schlüſſel und einem Feuerſtahl hat ſich bei dem Leichnam nichts weiter vorgefunden.

Nach Vorſchrift der Geſetze werden Alle diejenigen, welche den Verſtorbenen kennen, oder Nachricht von demſelben, oder dem Ort ſeines Todes zu geben im Stande ſind, aufgefordert, entweder dem Gericht ſchriftliche Anzeige zu machen, oder ſich darüber im Termin

den 10. Juni, Vormittags 10 Uhr,

im Lokal des hieſigen Stadtgerichts vernehmen zu laſſen. Koſten entſtehen dadurch nicht.

Wilsnack, den 17. Mai 1844.

Das Gericht des Ländchens Gumloſen.

Bekanntmachung,
den Berliner Wollmarkt betreffend.

Der hieſige Wollmarkt findet in den Tagen vom 21. bis 25. Juni d. J. ſtatt. Wir werden während deſſelben für die möglichſt zweckmäßigen Einrichtungen Sorge tragen. Damit namentlich das Wiegen prompt von Statten gehe, werden außer den beiden Rathswaagen am Alexander- und Petriplatz noch drei Extrawaagen, und zwar zwei auf dem Alexanderplatz und eine auf dem Schloßplatz errichtet werden. Das Ab- und Aufladen der Säcke wird von ordentlichen, durch die Waage-Beamten angenommenen Arbeitsleuten unentgeltlich beſorgt, ſo daß nur das tarifmäßige Waagegeld mit 2 Sgr. 6 Pf. für den Zentner Brutto zu erlegen iſt. Die Waagen werden an den Tagen des größten Verkehrs von 4 Uhr Morgens bis 8 Uhr Abends ununterbrochen geöffnet ſein.

Nothwendiger Verkauf.
Königl. Kammergericht in Berlin.

Das hierselbst außerhalb des Neuen Thores, und zwar Ausgangs linker Hand in der Verlängerung der Invalidenstraße belegene, dem Maurermeister Johann Carl Wilhelm Flickel gehörige Grundstück nebst Zubehör, abgeschätzt auf 9116 Thlr. 28 Sgr. 3 Pf. zufolge der, nebst Hypothekenschein und Bedingungen in der Registratur einzusehenden Taxe, soll

am 1. Oktober 1844

an ordentlicher Gerichtsstelle subhastirt werden.

Nothwendiger Verkauf.
Königl. Kammergericht in Berlin.

Das hierselbst in der Schumannstraße Nr. 14 a belegene Grundstück, abgeschätzt nur nach dem Materialienwerthe und dem Werthe des Grund und Bodens (nicht nach dem Ertrage) auf 14,399 Thlr. 17 Sgr. 6 Pf. zufolge der, nebst Hypothekenschein und Bedingungen in der Registratur einzusehenden Taxe, soll

am 30. November 1844,

an ordentlicher Gerichtsstelle subhastirt werden.

Nachdem über den Nachlaß des am 17. Juni 1843 verstorbenen Tuchfabrikanten Johann Christian Richter hierselbst der erbschaftliche Liquidations-Prozeß eröffnet, werden sämmtliche Gläubiger hierdurch aufgefordert, in dem auf

den 18. Juni d. J., Vormittags 10 Uhr,

vor dem Herrn Assessor Zedelt anberaumten Termine persönlich, oder durch zulässige Bevollmächtigte zu erscheinen, ihre Ansprüche an die erbschaftliche Liquidations-Prozeßmasse anzumelden und zu rechtfertigen, widrigenfalls sie aller ihrer etwanigen Vorrechte für verlustig erklärt, und mit ihren Forderungen nur an dasjenige, was nach Befriedigung der sich meldenden Gläubiger von der Masse noch übrig bleiben möchte, verwiesen werden sollen.

Neu-Ruppin, den 20. Januar 1844.
Königl. Preuß. Stadtgericht.

Nothwendiger Verkauf.
Stadtgericht zu Berlin, den 4. März 1844.

Das in der Rosengasse Nr. 48 belegene Grundstück [...]imerie-Fabrikanten August Herre,

mann Louis Schmidt, gerichtlich abgeschätzt zu 4003 Thlr. 5 Sgr. 3 Pf., soll

am 12. Juli d. J., Vormittags 11 Uhr,

an der Gerichtsstelle subhastirt werden. Taxe und Hypothekenschein sind in der Registratur einzusehen.

Der Eigenthümer und dessen Ehefrau, Wilhelmine Amalie geb. Riether als Gläubigerin, und dem Aufenthalt nach unbekannt, werden hierdurch öffentlich vorgeladen.

Nothwendiger Verkauf.
Stadtgericht zu Berlin, den 4. März 1844.

Das in der kleinen Georgenkirchgasse Nr. [...] belegene Grundstück der Lemcke'schen Erben, gerichtlich abgeschätzt zu 2287 Thlr. 5 Sgr., soll

am 9. Juli d. J., Vormittags 11 Uhr,

an der Gerichtsstelle subhastirt werden. Taxe und Hypothekenschein sind in der Registratur einzusehen.

Nothwendiger Verkauf.
Stadtgericht zu Berlin, den 6. März 1844.

Das vor dem Landsberger Thor belegene Grundstück des Müllers Leonhardt, mit Einschluß von 2806 Thlr. 27 Sgr. 6 Pf. Brandentschädigungsgeldern für die abgebrannte holländische Windmühle, gerichtlich abgeschätzt zu 6045 Thlr. — Sgr. 6 Pf., soll am 15. Oktober d. J., Vormittags 11 Uhr, an der Gerichtsstelle subhastirt werden. Taxe und Hypothekenschein sind in der Registratur einzusehen.

Nothwendiger Verkauf.
Königl. Stadtgericht Gransee, den 13. März 1844.

Nachstehende, den Erben der verstorbenen Ehefrau des Kämmerers Daniel Friedrich Müller, Regine Dorothee geb. Grieben gehörigen, hierselbst belegenen Grundstücke, als:

1) ein Wohnhaus in der Friedrich-Wilhelms-Straße Nr. 69 nebst Zubehör, taxirt 1277 Thlr. 17 Sgr. 6 Pf.,
2) eine Scheune vor dem Ruppiner Thore, taxirt 175 Thlr.,
3) ein Garten vor dem Ruppiner Thore, taxirt 100 Thlr.,
4) ein Morgen Voßberg von 2 Morg. 79 □R., taxirt 180 Thlr.,
5) eine halbe Hufe Butenland Nr. 70, taxirt 1350 Thlr.,

6) ein Morgen am rothen Luch von 1 Morgen 103 ☐R., taxirt 125 Thlr.,
7) ein Morgen Schwanpfuhl von 135 ☐R., taxirt 50 Thlr.,
8) ein Garten vor dem Zehdenicker Thore, taxirt 40 Thlr.,
9) ein Garten achter der Stadt, taxirt 80 Thlr.,
10) die Wiesen-Kaveln am See Nr. 28 und 30 von 2 Morgen: 167 ☐R., taxirt 400 Thlr.,
zufolge der, nebst Hypothekenschein und Bedingungen in der Registratur einzusehenden Taxe, sollen am 29. Juni d. J., Vormittags 10 Uhr, an ordentlicher Gerichtsstelle subhastirt werden.

Nothwendiger Verkauf.
Königl. Stadtgericht zu Gransee, den 16. März 1844.
Die zum Nachlaß des hierselbst verstorbenen Kaufmanns Friedrich Wilhelm Regenbank gehörigen, hierselbst belegenen Grundstücke, als:
1) ein Wohnhaus in der Friedrich-Wilhelms-Straße Nr. 83 nebst Zubehör, taxirt 4250 Thlr. 8 Sgr. 1 Pf., in welchem seither eine Materialhandlung betrieben, und welches sich auch zum Betriebe einer Brauerei und Destillation eignet,
2) zwei Morgen in den Bergen Nr. 1754 von 6 Morg. 74 ☐R., taxirt 67 Thlr. 15 Sgr., zufolge der, nebst Hypothekenschein und Bedingungen in der Registratur einzusehenden Taxe, sollen am 6. Juli d. J., Vormittags 10 Uhr, an ordentlicher Gerichtsstelle subhastirt werden.

Nothwendiger Verkauf.
Stadtgericht zu Berlin, den 30. März 1844.
Das in der Blumenstraße zwischen den beiden Grundstücken des Kaufmanns Aumann belegene Grundstück des Stellmachermeisters Klev, gerichtlich abgeschätzt zu 11,113 Thlr. 15 Sgr., soll am 12. November d. J., Vormittags 11 Uhr, an der Gerichtsstelle subhastirt werden. Taxe und Hypothekenschein sind in der Registratur einzusehen.

Nothwendiger Verkauf.
Stadtgericht zu Berlin, den 1 April 1844.
Das in der Blumenstraße, Ecke der Rosengasse, Nr. 59 belegene Schmidtsche Grundstück, taxirt im Rohbau zu 8681 Thlr. 20 Sgr., soll am 15. November d. J., Vormittags 11 Uhr, an der Gerichtsstelle subhastirt werden. Taxe und Hypothekenschein sind in der Registratur einzusehen.

Nothwendiger Verkauf.
Stadtgericht zu Berlin, den 2. April 1844.
Das in der Blumenstraße belegene Aumannsche Grundstück, welches im Bau liegen geblieben, gerichtlich abgeschätzt zu 1828 Thlr. 10 Sgr., soll in seinem jetzigen Zustande am 27. September d. J., Vormittags 11 Uhr, an der Gerichtsstelle subhastirt werden. Taxe und Hypothekenschein sind in der Registratur einzusehen. Die Frau Wittwe Müller, Emma Dorothee geb. Krüger, und der Kaufmann Louis Goldberg, die dem Aufenthalte nach unbekannt sind, werden hierdurch öffentlich mit vorgeladen.

Nothwendiger Verkauf.
Stadtgericht zu Berlin, den 2. April 1844.
Das in der Fruchtstraße, Ecke der Pallisadenstraße belegene Hochkirchsche Grundstück, taxirt zu 10,429 Thlr. 19 Sgr. 3 Pf., soll am 19. November d. J., Vormittags 11 Uhr, an der Gerichtsstelle subhastirt werden. Taxe und Hypothekenschein sind in der Registratur einzusehen.

Nothwendiger Verkauf.
Stadtgericht zu Templin, den 4. April 1844.
Die den Erben der früher verwittwet gewesenen Pohl, später verehelichten Christel, Johanne Sophie Friederike, gebornen Schroeder zugehörigen beiden Grundstücke:
a) das in der Grünstraße hierselbst belegene und im Hypothekenbuche Vol. II B Nr. 397 Pag. 1093 verzeichnete Wohnhaus nebst Zubehör, abgeschätzt auf 714 Thlr. 10 Sgr.,
b) der vor dem Berliner Thore belegene und im Hypothekenbuche Vol. I Nr. 3 b Fol. 6 verzeichnete Garten, abgeschätzt auf 52 Thlr. 10 Sgr.,
sollen am 19. August d. J., Vormittags 11 Uhr, an der Gerichtsstelle subhastirt werden.
Die gerichtliche Taxe und der neueste Hypothekenschein sind in der Registratur einzusehen.
Alle unbekannten Real-Interessenten werden zu diesem Termin mit vorgeladen.

Nothwendiger Verkauf.
Stadtgericht zu Wittenberge.

Das den Erben des Holzhändlers Christoph Schultze gehörende, im Hypothekenbuche Vol. IV sub Nr. 203 verzeichnete Wohnhaus hierselbst, abgeschätzt nach der in unserer Registratur täglich einzusehenden Taxe, auf 1475 Thlr. Kour., soll
am 25. Juni 1844, Vormittags 10 Uhr,
auf der Gerichtsstube hierselbst meistbietend verkauft werden.

———

Nothwendiger Verkauf.
Königl. Land- und Stadtgericht zu Strausberg, den 4. April 1844.

Die hierselbst belegenen, dem hiesigen Ackerbürger Carl Friedrich Menger gehörigen, Grundstücke:
1) Das im sogenannten Winkel sub Nr. 147 belegene Wohnhaus nebst Zubehör, abgeschätzt auf 815 Thlr. 23 Sgr. 3 Pf.,
2) die vor dem Landsberger Thore belegene Scheune, abgeschätzt auf 406 Thlr. 10 Sgr. 9¼ Pf.,
3) das bei der Kuhbrücke belegene Wiesenstück, auf 9 Thlr. 10 Sgr. abgeschätzt,
4) die im Postbruche sub Nr. 100 belegene Parzelle, abgeschätzt auf 3 Thlr. 2 Sgr. 6 Pf.,
5) die im Postbruche sub Nr. 222, 223 und 224 belegenen Parzellen, abgeschätzt auf zusammen 15 Thlr. 7 Sgr. 6 Pf.,
6) die Postbruch-Parzelle Nr. 248, abgeschätzt auf 9 Thlr.,
7) die in allen drei Feldern im Dickmantelfelde zwischen der Georgeschen und Zimmermannschen Hufe belegene Hufe Land, abgeschätzt auf 219 Thr. 8 Sgr.,
8) die in allen drei Feldern im Dickmantelfelde zwischen der August Krauseschen und Heinrich Fröblichschen belegene Ackerhufe, abgeschätzt auf 233 Thlr. 10 Sgr.,
sollen am
23. Juli d. J., Vormittags 11 Uhr,
an ordentlicher Gerichtsstelle subhastirt werden. Taxe und Hypothekenschein sind in unserer Registratur einzusehen.

———

Nothwendiger Verkauf.
Stadtgericht zu Prenzlow, den 15. April 1844.

Das zur Konkursmasse des Kaufmanns Franz Ludwig Brennicke gehörige, hierselbst in der Mühlenstraße sub Nr. 4 belegene Wohnhaus nebst einer dazu gehörigen Wiese im großen Bruche abgeschätzt auf 1905 Thlr. 3 Sgr. 2 Pf. zufolge der, nebst Hypothekenschein und Bedingungen in unserer Registratur einzusehenden Taxe, soll
am 27. August d. J., Vormittags 11 Uhr,
an ordentlicher Gerichtsstelle subhastirt werden.

———

Nothwendiger Verkauf.
Königl. Landgericht zu Berlin, den 10. April 1844

Das dem verstorbenen Schiffsbaumeister Christian Friedrich Grunow gehörige Grundstück Nr. 12 in der Brückenstraße zu Moabit, abgeschätzt auf 4968 Thlr. 10 Sgr. 8 Pf. zufolge der, nebst Hypothekenschein in dem 11ten Bureau einzusehenden Taxe, soll
am 5. August d. J., Vormittags 11 Uhr,
an ordentlicher Gerichtsstelle, Zimmerstraße Nr. 25, Theilungshalber subhastirt werden.

Alle unbekannte Realprätendenten werden aufgeboten, sich, bei Vermeidung der Präklusion spätestens in diesem Termine zu melden.

———

Nothwendiger Verkauf
Land- und Stadtgericht zu Oranienburg, den 17. April 1844.

Das dem Zimmergesellen Wilhelm Friedrich Gericke gehörige, Vol. II Nr. 45 des Hypothekenbuchs vom Dorfe Sachsenhausen verzeichnete, auf 400 Thlr. abgeschätzte Kolonistengut soll Schulden halber in dem
am 2. September d. J., Vormittags 10 Uhr,
an hiesiger Gerichtsstelle anstehenden Termin meistbietend verkauft werden.

———

Nothwendiger Verkauf.
Stadtgericht zu Wittstock, den 22. April 1844.

Das dem Brauer Biecenz gehörige, hierselbst im vierten Viertel an der Markt- und Kettenstraßen-Ecke belegene, Vol. IV Fol. und Nr. 25 des Hypothekenbuchs verzeichnete, und zu dem Werthe von 2304 Thlrn. 12 Sgr. 1½ Pf. gerichtlich abgeschätzte Wohnhaus, soll
am 19. August d. J., Vormittags 11 Uhr und Nachmittags 4 Uhr,
an der Gerichtsstelle subhastirt werden. Taxe und Hypothekenschein sind in der Registratur des Gerichts einzusehen.

———

Noth-

Rothwendiger Verkauf.

Stadtgericht zu Berlin, den 25. April 1844.

Das hierselbst in der verlängerten Kommandtenstraße belegene Plötzsche Grundstück, gerichtlich abgeschätzt zu 21,981 Thlr. 21 Sgr. 3 Pf., Schulden halber

m 10. Dezember d. J., Vormittags 11 Uhr, der Gerichtsstelle subhastirt werden. Taxe und pothekenschein sind in der Registratur einzusehen.

nigl. Justizamt zu Potsdam, den 26. April 1844. Folgende, der minorennen Caroline Wilhelmine hulze gehörige, zu Werder belegene Grundte:

) der Weinberg im Elsbruche mit Haus und Anbau, Vol. I Fol. 211 des Hypothekenbuchs, abgeschätzt auf 570 Thlr. 8 Sgr. 9 Pf.,

) der Weinberg im Strengfelde, ebendaselbst verzeichnet, tarirt auf 473 Thlr.,

) die Vol. VII Fol. 85 des Hypothekenbuchs eingetragenen 4 Ruthen Wiesen, abgeschätzt auf 200 Thlr.,

) der Weinberg mit Hütte am Remnitzschen Wege, Vol. VII Fol. 49 des Hypothekenbuchs, tarirt auf 75 Thlr.,

en

n 31. August d. J., von Vormittags 11 Uhr ab, Rathhause zu Werder anderweit subhastirt rden.

Die Taxen und Hypothekenscheine sind werktlich in unserem IIten Büreau einzusehen.

Rothwendiger Verkauf.

Stadtgericht zu Berlin, den 26. April 1844.

Das hierselbst in der verlängerten Sebastiansse belegene Grundstück des Baumeisters Ferdib Wilhelm Winkelmann, gerichtlich abgegt zu 24,974 Rthlr. 19 Sgr. 7 Pf., soll ulden halber

n 13. Dezember d. J., Vormittags 11 Uhr, der Gerichtsstelle subhastirt werden. Taxe und pothekenschein sind in der Registratur einzusehen.

Freiwilliger Verkauf.

Land- und Stadtgericht zu Lenzen.

Die den Erben des Böttchermeisters Christian hulz gehörigen Grundstücke in der Feldmark, Gerechtigkeiten und Lasten einer Vollbürgerse, abgeschätzt auf 2385 Thlr. 16 Sgr. 3 Pf.,

sollen den 28. August 1844, Vormittags 11 Uhr, an hiesiger Gerichtsstelle verkauft werden.

Taxe, Hypothekenschein und Verkaufsbedingungen sind in der Registratur einzusehen.

Rothwendige Subhastation

beim von Freyerschen Patrimonialgericht zu Hoppenrade und Garz.

Die sonst Pöhlsche Büdnerstelle Nr. 16 zu Garz in der Ostpriegnitz sammt Zubehör, desgleichen 6 Morgen Acker daselbst, tarirt zu 600 Thlrn. und resp. 400 Thlrn. unterm 9. September 1843 dem Böttcher Müller zugeschlagen, sollen wegen nicht bezahlter Kaufgelder

am 8. August 1844, Vormittags 11 Uhr, an der Gerichtsstelle zu Hoppenrade anderweit verkauft werden. Die Taxe und der Hypothekenschein sind daselbst einzusehen.

Das der hiesigen Kämmerei zugehörige, in der Probsteistraße allhier Nr. 109 belegene und im Hypothekenbuche des hiesigen Stadtgerichts Vol. I Nr. 137 Pag. 1103 verzeichnete Wohnhaus nebst dazu gehörigen Kaveln, soll, da es zu Kommunalzwecken nicht mehr benutzt werden kann, im Wege der Licitation verkauft werden. Hierzu ist ein Termin auf

den 25. Juni d. J., Vormittags 10 Uhr, auf dem Rathhause allhier anberaumt worden, zu welchem Kauflustige mit dem Bemerken eingeladen werden, daß die Bedingungen täglich in unserer Registratur zur Einsicht bereit liegen.

Templin, den 8. Mai 1844.

Der Magistrat.

Freiwilliger Verkauf.

Königl. Justizamt Brüssow zu Prenzlow, den 10. Mai 1844.

Die zum Nachlasse des zu Brüssow verstorbenen Ackerbürgers Friedrich Bösin gehörigen, im dortigen Hypothekenbuche Vol. III Fol. 85 eingetragenen Grundstücke, bestehend aus:

1) einem hinausgebauten, und speziell separirten Ackerhofe, mit zwei Hufen Land und dem neu darauf errichteten Gebäuden, taxirt zu 4336 Thlr. 23 Sgr. 4 Pf.,

2) der damit vereinigten Erbpachtsgerechtigkeit am 23sten Antheile der Brüssower Pfarrländereien, abgeschätzt auf 193 Thlrn.,

sollen

am 20. Juni d. J., Vormittags um 11 Uhr,

an ordentlicher Gerichtsstelle in Brüssow meistbietend verkauft werden.

Taxe, Hypothekenschein und Bedingungen sind in der Registratur einzusehen.

Nothwendiger Verkauf.

Stadtgericht zu Prenzlow, den 6. Mai 1844.

Das dem Gutsbesitzer Christian Wilhelm Gottfried Fechtner, welcher mit seiner Ehefrau, Charlotte gebornen Collier, in Gütergemeinschaft lebt, gehörige, hierselbst in der Baustraße belegene, in unserm Hypothekenbuche Vol. V Nr. 348 verzeichnete Grundstück, abgeschätzt auf 2817 Thlr. 23 Sgr. 6 Pf. zufolge der, nebst Hypothekenschein und Bedingungen in unserer Registratur einzusehenden Taxe, soll

am 31. August d. J., Vormittags 11 Uhr, an ordentlicher Gerichtsstelle subhastirt werden.

Zu diesem Termine werden die, dem Aufenthalte nach unbekannten, oben bezeichneten Gutsbesitzer Fechtner'schen Eheleute hierdurch vorgeladen.

Nothwendiger Verkauf.

Stadtgericht zu Wittstock, den 3. Mai 1844.

Der dem Maurergesellen Tilse gehörige, hierselbst vor dem Gröper Thore belegene, Vol. II Nr. 62 Fol. 102 des Hypothekenbuchs verzeichnete, mit den beiden darin befindlichen Wohnhäusern, zu dem Werthe von 1084 Thlr. 11 Sgr. 11½ Pf. gerichtlich abgeschätzte Garten, soll am 29. August d. J., Vormittags 11 Uhr und Nachmittags 4 Uhr,

an ordentlicher Gerichtsstelle subhastirt werden.

Taxe und Hypothekenschein sind in der Registratur des Gerichts einzusehen.

Nothwendiger Verkauf.

Königl. Landgericht zu Berlin, den 7. Mai 1844.

Das dem Kaufmann Abraham Steinauer gehörige Geschäfts-Grundstück Nr. 13 in der Dyckstraße, abgeschätzt auf 312 Thlr. 26 Sgr. zufolge der, nebst Hypothekenschein in dem 11ten Büreau einzusehenden Taxe, soll

am 31. August d. J., Vormittags 12½ Uhr, an ordentlicher Gerichtsstelle, Zimmerstraße Nr. 25, subhastirt werden.

In dem hiesigen Königl. Magazine der Citadelle sollen

am 29. Mai d. J., Vormittags 9 Uhr, circa 13 Winspel gute Roggenkleie und eine Quantität Faßmehl öffentlich an den Meistbietenden, gegen gleich baare Bezahlung, verkauft werden. Kauflustige werden hierzu eingeladen.

Spandow, den 15. Mai 1844.

Königl. Magazin-Rendantur.

Das den Winterfeldschen Erben gehörige, in Buchow-Carpzow bei Nauen belegene Etablissement beabsichtigen dieselben mit den bestellten Grundstücken meistbietend zu verkaufen. Zur Abgabe des Gebots ist ein Termin auf

den 8. Juni 1844, Vormittags 10 Uhr, auf dem Etablissement selbst angesetzt, und werden Kauflustige mit dem Bemerken eingeladen, daß einem annehmlichen Gebote der Zuschlag sofort erfolgen kann.

Das Etablissement liegt unmittelbar an der im Bau begriffenen Chaussee von Nauen nach Potsdam und würde sich zur Anlage einer Gastwirthschaft vorzugsweise eignen.

Mein hier vor dem Berliner Thor belegenes Haus nebst Garten und Wind-Bockmühle mit einem Mahlgang Nr. 3, beabsichtige ich aus freier Hand zu verkaufen.

Schmidt,

Mühlenmeister zu Teltow.

Pferde-Auktion.

Mittwoch den 12. Juni d. J., Vormittags 9 Uhr, soll in Berlin in dem Königl. Ober-Marstallgebäude, in der Breiten Straße Nr. 36, eine Anzahl überzähliger Pferde aus dem Königl. Friedrich-Wilhelms-Gestüt bei Neustadt a. d. Dosse, öffentlich an den Meistbietenden gegen gleich baare Bezahlung in Friedrichsd'or — für welche auch 5⅓ Thlr. in Kourant eingezahlt werden können — verkauft werden.

Die zu verkaufenden Pferde bestehen aus:

1) circa 5 bis 6 vierjährigen Hengsten,
2) circa 20 vierjährigen Stuten,

welche am 10. und 11. Juni d. J. an dem bezeichneten Orte in Augenschein genommen werden können, und ist das Nähere aus den gedruckten vom 6. Juni d. J. ab, auf dem Königl. Ober-Marstallamte bereit liegenden — Listen zu ersehen.

Friedrich-Wilhelms-Gestüt, den 16. Mai 1844.

Königl. Gestüt-Direktion.

Oeffentlicher Anzeiger

zum 22sten Stück des Amtsblatts
der Königlichen Regierung zu Potsdam und der Stadt Berlin.

Den 31. Mai 1844.

* Dem Apotheker und Fabrikbesitzer Trommsdorff und dem Stadtrath und Kaufmann Karl Herrmann zu Erfurt ist unter dem 19. Mai 1844 ein Patent

auf ein für neu und eigenthümlich erachtetes Verfahren, Blei aus Blei=Vitriol darzustellen,

auf acht Jahre, von jenem Tage an gerechnet, und für den Umfang der Monarchie ertheilt worden.

* Dem Mechaniker A. Borsig in Berlin ist unter dem 20. Mai 1844 ein Einführungs=Patent

auf ein durch Zeichnung, Modell und Beschreibung erläutertes, in seiner ganzen Zusammensetzung für neu und eigenthümlich erachtetes Achsenlager für Personen=Eisenbahnwagen,

auf sechs Jahre, von jenem Tage an gerechnet, und für den Umfang der Monarchie ertheilt worden.

* Der Schuhmachergeselle Wilhelm Gottlieb Karl Meyer aus Berlin ist wegen dritten und zwar großen, theils gewaltsamen, theils gemeinen Diebstahls mit Ausstoßung aus dem Soldatenstande, Unfähigkeitserklärung zur Verwaltung öffentlicher Aemter, Verlust der Nationalkokarde, einer Züchtigung von 20 Hieben, welcher im Fall der Züchtigungsunfähigkeit 4 Wochen Strafarbeit zu substituiren und außerdem einer zweijährigen Strafarbeit nebst Erwerbs= und Besserungs=Detention bestraft worden.

Dies wird hierdurch öffentlich bekannt gemacht.

Berlin, den 11. Mai 1844.

Königl. Kriminalgericht hiesiger Residenz.

* Der von uns mittelst Steckbriefes vom 28. Februar 1844 verfolgte Webergeselle Ludwig Strehse ist zur gefänglichen Haft gebracht worden.

Wilsnack, den 24. Mai 1844.

Der Magistrat.

* Der nachstehend signalisirte Schneidergeselle August Schacht hat angeblich den ihm am 13. November 1843 vom Magistrate zu Halberstadt ausgestellten, und zuletzt am 13. d. M. hier visirten Wanderpaß verloren. Zur Vermeidung eines etwanigen Mißbrauchs wird dies hiermit zur öffentlichen Kenntniß gebracht und der gedachte Wanderpaß hierdurch für ungültig erklärt.

Berlin, den 20. Mai 1844.

Königl. Polizei=Präsidium.

Signalement. Vor= und Familienname: August Schacht, Geburts= und Aufenthaltsort: Halberstadt, Religion: evangelisch, Alter: 25 Jahr, Größe: 5 Fuß 1 Zoll, Haare: blond, Stirn: frei, Augenbrauen: blond, Augen: blau, Nase und Mund: gewöhnlich, Bart: fehlt, Zähne: gesund, Kinn: rund, Gesichtsbildung: oval, Gesichtsfarbe: gesund, Gestalt: schlank, Sprache: deutsch.

* Der nachstehend signalisirte Seidenwirkergeselle Gottlieb Borth hat angeblich den ihm am 13. Mai 1841 von dem unterzeichneten Polizei-Präsidium ertheilten und zuletzt hier am 13. April b. J. visirten Wanderpaß verloren.

Zur Vermeidung eines etwanigen Mißbrauchs wird dies hiermit öffentlich bekannt gemacht und der gedachte Wanderpaß hierdurch für ungültig erklärt. Berlin, den 23. Mai 1844.

Königl. Polizei=Präsidium.

Signalement. Geburts= und Aufenthaltsort: Berlin, Religion: evangelisch, Alter: 25 Jahr,

Größe: 5 Fuß 2 Zoll, Haare: blond, Stirn: frei, Augenbrauen: blond, Augen: blau, Nase und Mund: gewöhnlich, Bart: schwach, Zähne: gesund, Kinn: rund, Gesichtsbildung: oval, Gesichtsfarbe: gesund, Gestalt: mittel, Sprache: deutsch.

* Dem Händler Gottlieb Niendorf hierselbst ist der ihm pro 1844 sub Nr. 451 ertheilte Gewerbeschein zum Handel mit Viktualien, Vieh, Wildpret, Produkten des Bodens der Land- und Forstwirthschaft, trockenen Mühlenfabrikaten, Obst und Honigkuchen, entwendet worden, und wird solcher hierdurch für ungültig erklärt.

Jüterbogk, den 22. Mai 1844.

Der Magistrat.

Dem Handelsmann Carl Stahlberg zu Groß-Schönebeck ist der ihm von der Königl. Regierung zu Potsdam für das Jahr 1844 unter Nr. 726 zum Handel mit Vieh und rohen Häuten ertheilte Gewerbeschein abhänden gekommen, was zur Verhütung eines Mißbrauchs hiermit bekannt gemacht wird. Berlin, den 23. Mai 1844.

Königl. Landrath Nieder-Barnimschen Kreises.

Jahrmarkts-Verlegung in Zehdenick.

* Der nach dem diesjährigen Kalender auf den 15. Juni d. J. fallende hiesige Markt wird mit Genehmigung der Königl. Regierung zu Potsdam auf den 13. Juni d. J. verlegt.

Zehdenick, den 10. Mai 1844.

Der Magistrat.

* Mit Genehmigung der Königl. Regierung zu Potsdam ist der diesjährige hiesige Herbstmarkt vom 21. Oktober auf den 28. Oktober d. J. verlegt worden, wovon wir das betheiligte Publikum hierdurch in Kenntniß setzen.

Alt-Landsberg, den 16. Mai 1844.

Der Magistrat.

* Die Jahres-Hauptversammlung der Mitglieder der Zivil-Waisenhaus-Stiftung findet Donnerstag den 13. Juni d. J., Nachmittags um 4 Uhr, im Lokal der Anstalt, Königs-Straße Nr. 38, Statt, wozu dieselben hiermit eingeladen werden.

Potsdam, den 16. Mai 1844.

v. Türk.

Der Lehnschulze Bahrfeldt zu Röbbelin beabsichtigt, unweit des Dorfes auf seinem Acker eine Windmühle zu erbauen, und hat dazu die landespolizeiliche Genehmigung nachgesucht. Dies wird hierdurch mit dem Bemerken zur öffentlichen Kenntniß gebracht, daß alle etwanige Widersprüche hiergegen sowohl aus dem Edikte vom 28. Oktober 1810, wie aus der Allerhöchsten Kabinetsordre vom 23. Oktober 1826 binnen 8 Wochen präklusivischer Frist bei dem unterzeichneten Landrathe anzumelden und zu begründen sind.

Templin, den 13. Mai 1844.

Der Landrath des Templinschen Kreises.

von Haas.

Der Büdner Otto zu Malz beabsichtigt den Bau einer Bockwindmühle mit zwei Mahlgängen auf seinem in der Nähe des Dorfes belegenen Acker. Dies wird hierdurch mit der Aufforderung zur öffentlichen Kenntniß gebracht, etwanige Einwendungen dagegen sowohl aus dem Edikte vom 28. Oktober 1810, als aus der Allerhöchsten Kabinetsordre vom 23. Oktober 1826 binnen acht Wochen präklusivischer Frist bei dem unterzeichneten Landrath gehörig begründet anzumelden.

Berlin, den 14. April 1844.

Königl. Landrath Nieder-Barnimschen Kreises.

Scharnweber.

Der Mühlenmeister Mohr zu Kienberg beabsichtigt, auf einem von dem Bauer Seeburg zu Paaren erworbenen Ackerstücke, in einer Entfernung von circa 450 Schritten vom Dorfe Paaren im Glien, eine Bockwindmühle mit einem Mahl- und einem Schrootgang zu erbauen.

Etwanige Widersprüche gegen diese Anlage, sie mögen aus dem Edikt vom 28. Oktober 1810 oder aus der Allerhöchsten Kabinetsordre vom 23. Oktober 1826 hergeleitet werden, sind binnen

8 Wochen präklusivischer Frist bei mir anzumelden und zu begründen.

Rauen, den 4. Mai 1844.

Königl. Landrath Osthavelländischen Kreises.
Graf von Königsmarck.

Bekanntmachung,
den Berliner Wollmarkt betreffend.

Der hiesige Wollmarkt findet in den Tagen vom 21. bis 25. Juni d. J. statt. Wir werden während desselben für die möglichst zweckmäßigen Einrichtungen Sorge tragen. Damit namentlich das Wiegen prompt von Statten gehe, werden außer den beiden Rathswaagen am Alexander- und Petriplatz noch drei Extrawaagen, und zwar zwei auf dem Alexanderplatz und eine auf dem Schloßplatz errichtet werden. Das Ab- und Aufladen der Säcke wird von ordentlichen, durch die Waage-Beamten angenommenen Arbeitsleuten unentgeltlich besorgt, so daß nur das tarifmäßige Waagegeld mit 2 Sgr. 6 Pf. für den Zentner Brutto zu erlegen ist. Die Waagen werden an den Tagen des größten Verkehrs von 4 Uhr Morgens bis 8 Uhr Abends ununterbrochen geöffnet sein.

Zugleich soll, wie dies schon seit einigen Jahren geschehen, bei eintretendem Regenwetter die im Freien lagernde Wolle gegen das Eindringen der Bodennässe zu sichern, der Alexanderplatz mit einem regelmäßigen Kreuzholzlager bestreckt werden, das an Ort und Stelle vermiethet wird. Latten zur Errichtung von Zelten werden frei geliefert. Berlin, den 5. Mai 1844.

Ober-Bürgermeister, Bürgermeister und Rath hiesiger Königlichen Residenz.

Die Anfuhr der für die Faktorei zu Lychen nöthigen Salzvorraths von ungefähr 270 Tonnen, welche Quantität jedoch nicht garantirt wird, aus der Salzfaktorei zu Zehdenick für die Zeit vom 1. Juli 1844 bis Ende Juni 1845 soll dem Mindestfordernden überlassen werden. Zu dem Ende ist ein Termin in dem Lokal des Königl. Steuer-Amts in Zehdenick auf

den 3. Juni d. J., Vormittags 11 Uhr,

anberaumt, zu welchem Bietungslustige mit dem Bemerken eingeladen werden, daß die drei Mindestfordernden eine Kaution von 25 Thlrn. sofort im Termine zu beponiren haben, so wie daß die allgemeinen Kontraktsbedingungen bei dem unterzeichneten Hauptamte, dem Steueramte in Zehdenick und dem Neben-Zollamte I in Lychen zur Einsicht bereit liegen.

Gransee, den 17. Mai 1844.

Königl. Haupt-Zollamt.

Kontumazial-Bescheid.

In der Provokationssache, betreffend die Theilung der Jagd auf den Feldmarken von Bagemühl, Fahrenwalde, Grimm, Wolschow und Zerrenthin, ertheilt die Jagdtheilungs-Kommission des Prenzlower Kreises der Ukermark zum Bescheide:

daß alle diejenigen, welche bei der Theilung der Jagd auf den Feldmarken von Bagemühl, Fahrenwalde, Grimm, Wolschow und Zerrenthin ein Interesse haben, und in dem am 2. dieses Monats angestandenen Anmeldungstermin, der ergangenen Ediktalladung ohnerachtet, nicht erschienen sind, mit ihren desfallsigen Ansprüchen, wie hierdurch geschieht, zu präkludiren.

Von Kommissionswegen.

Prenzlow, den 10. Mai 1844.

Die Jagdtheilungs-Kommission des Prenzlower Kreises der Ukermark.

Die Rittergutsbesitzer von der Hagen auf Wolster und Stoelln haben bei uns die Theilung der gemeinschaftlichen Jagd im Ländchen Rhinow beantragt. Zur Einleitung des Theilungsverfahrens haben wir Termin auf

den 27. Juni d. J., Vormittags 10 Uhr,

im Herrnhause zu Wolster angesetzt, und fordern alle diejenigen, welche bei der Theilung ein Interesse haben, auf, ihre Ansprüche in diesem Termine bei Vermeidung der Präklusion anzugeben und nachzuweisen.

Rathenow, den 14. April 1844.

Kreis-Jagdtheilungs-Kommission für den Westhavelländischen Kreis der Kurmark Brandenburg.
Brachvogel.

Proclama.

Es ist bei uns auf Theilung der Koppeljagd auf den Forsten, Feldern, Wiesen und Weiden des

Ritterguts Bliesendorf 1sten und 2ten Antheils mit Mittelbusch, des Ritterguts Cammerode, des Vorwerks Resau und der Forst des Ritterguts Kemnitz angetragen. Wir haben den Anmeldungstermin auf

den 25. Juli d. J., Vormittags 9 Uhr,

im Schlosse, Eisenhardt angesetzt und laden dazu hiermit alle diejenigen, welche bei der Theilung ein Interesse haben, zur Angabe und Nachweisung ihrer Ansprüche bei Vermeidung des Ausschlusses vor.

Eine Vertretung durch Bevollmächtigte ist nur gestattet, wenn der Betheiligte durch erhebliche Ursachen an dem persönlichen Erscheinen gehindert wird und solche sogleich bescheinigt.

Belzig, den 17. Mai 1844.

Kreis-Jagdtheilungs-Kommission für den Zauch-Belzigschen Kreis.

Bahn.

Da in der Dienst- und Prästations-Ablösungssache des im Zauch-Belziger Kreise belegenen Rittergutes Grebs die Verwendung der demselben mit 5481 Thlrn. 7 Sgr. 6 Pf. gewordenen Kapitalsabfindung bis zum Betrage von 3303 Thlrn. 15 Sgr. 10 Pf. noch nicht vorschriftsmäßig nachgewiesen ist, so wird dies den Inhabern und Pfandgläubigern von folgenden auf dem Rittergute Grebs haftenden Hypothekenforderungen:

1) sub Nr. 1 von dem Reste von 400 Thlrn., der für den verstorbenen Heino von Brosigke aus dem Theilungs-Rezesse vom 28. Januar 1728 angewiesenen Lehngelder,

2) sub Nr. 3 von 1000 Thlrn., halb in Friedrichsdor und halb in Silbergeld, aus der Obligation vom 24. Juni 1753, und

3) sub Nr. 7 von 500 Thlrn., aus der Zession und Obligation vom 4. Mai 1746, beide für die Wittwe Darnmann geb. Rauche eingetragen,

hierdurch mit dem Bemerken bekannt gemacht, daß wenn sie von ihnen deshalb zustehenden und in den §§. 461 und 462 Titel 20 Theil I des Allgemeinen Landrechts enthaltenen Befugnissen binnen 6 Wochen durch schriftliche oder mündliche Anmeldung bei dem unterzeichneten Kommissarius

keinen Gebrauch machen, ihr Pfandrecht auf die abgelöseten Dienste und Prästationen erlischt.

Luckenwalde, den 18. Mai 1844.

Im Auftrage der Königl. General-Kommission für die Kurmark.

Der Oekonomie-Kommissarius Müller.

Die Lieferung von circa 2400 Klaftern Kiehnen Klobenholz und wenn es verlangt wird, den dritten Theil Eichen-Klobenholz, für die hiesigen Königl. Garnison- und Lazareth-Anstalten pro 1845 soll im Wege eines Submissions-Verfahrens im Ganzen oder einzelnen Parthien ausgegeben werden. Lieferungsfähige Unternehmer werden hierdurch aufgefordert, ihre Submissionseingaben bis zum Termin

den 4. Juni d. J., Vormittags 10 Uhr,

in unserm Geschäftslokal Breitestraße Nr. 29 einzureichen und sich darin deutlich zu erklären, welche Klafterzahl und zu welchem Preis der Submittent zu liefern wünscht. Die desfallsigen Bedingungen können bei uns täglich eingesehen werden; sollte bei der Submission kein annehmbares Resultat erfolgen, so wird in demselben Termin sogleich zur Lizitation geschritten, und die Lieferung, wenn es gewünscht wird, in Quantitäten bis zu 50 oder 100 Klaftern ausgeboten werden. Potsdam, den 9. Mai 1844.

Königl. Garnison-Verwaltung.

Holz-Verkauf.

Am 14. Juni d. J., Vormittags 9 Uhr, sollen im Gasthofe zum Rathskeller hierselbst nachstehende Brennhölzer diesjährigen Einschlages unter freier Konkurrenz meistbietend verkauft werden, nämlich:

I. Aus der Oberförsterei Alt-Ruppin.

A. Auf den Verschiffungs-Anlagen:

10½	Klaftern	Eichen Kloben,
15½	"	Buchen "
27½	"	Birken "
1195	"	Kiefern "
28	"	Knüppel.

B. Im Revier:

17	Klaftern	Eichen Kloben,
27	"	Buchen "
12	"	Erlen "
71½	"	Kiefern "
33½	"	Knüppel.

II. Aus der Oberförsterei Neu-Glinicke.

A. Auf den Verschiffungs-Ablagen:

1604½ Klaftern Buchen Kloben,
773½   =   Kiefern   =

B. Im Revier:

40 Klaftern Eichen Kloben,
2½   =   Knüppel,
110   =   Buchen Kloben,
22½   =   =   Knüppel,
13½   =   Birken Kloben,
7½   =   =   Knüppel,
985½   =   Kiefern Kloben,
222½   =   =   Knüppel.

III. Aus der Oberförsterei Zechlin:

337½ Klaftern Eichen Kloben,
492   =   Buchen   =
52½   =   =   Knüppel,
8   =   Birken Kloben,
168   =   Kiefern   =

IV. Aus der Oberförsterei Neuendorf.

18½   =   Buchen Kloben,
15½   =   Birken   =
5½   =   Erlen   =
1503½   =   Kiefern   =
547½   =   =   Knüppel.

V. Aus der Oberförsterei Menz.

316½ Klaftern Eichen Kloben,
35   =   =   Knüppel,
540½   =   Buchen Kloben,
237   =   =   Knüppel,
69½   =   Birken Kloben,
31   =   =   Knüppel,
1380   =   Kiefern Kloben,
174   =   =   Knüppel,
768   =   =   Stubben.

Die speziellen Verzeichnisse dieser Hölzer können jederzeit bei dem Unterzeichneten und den betreffenden Herren Oberförstern eingesehen werden, auch sind sämmtliche Schutzbeamten und der Ablage-Aufseher zu Stendnitz angewiesen, den sich meldenden Kauflustigen die Hölzer an Ort und Stelle vorzuzeigen.

Die Bekanntmachung der Verkaufsbedingungen erfolgt im Termine, und wird nur bemerkt, daß in demselben der vierte Theil des Kaufpreises als Angeld zu deponiren ist.

Rheinsberg, den 7. Mai 1844.

Im Auftrage der Königl. Regierung.

Der Forstmeister von Schaetzell.

Ueber das Vermögen des am 16. Juni 1843 hierselbst verstorbenen Kaufmanns Heinrich August Wilhelm Colberg, ist per decretum vom heutigen Tage der Konkurs eröffnet worden.

Es werden daher alle diejenigen, welche an dasselbe Ansprüche zu haben vermeinen, hierdurch aufgefordert, sich in dem

am 1. Juli d. J., Vormittags 9 Uhr,

in unserem Lokale allhier anstehenden Termine entweder persönlich, oder durch zulässige und legitimirte Bevollmächtigte, wozu ihnen die Justiz-Kommissarien Stegemann und Bobstein zu Neu-Ruppin in Vorschlag gebracht werden, zu gestellen, ihre Forderungen nebst Beweismitteln anzugeben, und die vorhandenen Dokumente vorzulegen, widrigenfalls sie mit ihren Ansprüchen an die Masse ausgeschlossen, und ihnen deshalb gegen die übrigen Gläubiger ein ewiges Stillschweigen auferlegt werden soll.

Wusterhausen a. d. D., am 7. Februar 1844.

Königl. Preuß. Stadtgericht.

Nachdem über den Nachlaß des am 17. Juni 1843 verstorbenen Tuchfabrikanten Johann Christian Richter hierselbst der erbschaftliche Liquidations-Prozeß eröffnet, werden sämmtliche Gläubiger hierdurch aufgefordert, in dem auf

den 18. Juni d. J., Vormittags 10 Uhr,

vor dem Herrn Assessor Zedelt anberaumten Termine persönlich, oder durch zulässige Bevollmächtigte zu erscheinen, ihre Ansprüche an die erbschaftliche Liquidations-Prozeßmasse anzumelden und zu rechtfertigen, widrigenfalls sie aller ihrer etwanigen Vorrechte für verlustig erklärt, und mit ihren Forderungen nur an dasjenige, was nach Befriedigung der sich meldenden Gläubiger von der Masse noch übrig bleiben möchte, verwiesen werden sollen.

Neu-Ruppin, den 20. Januar 1844.

Königl. Preuß. Stadtgericht.

Ediktal-Zitation.

Stadtgericht zu Templin, den 30. April 1844.

Gegen die in dem Testamente der separirten Konditor Steiger in Berlin vom 24. August 1839 / 14. Februar 1843 zur Universalerbin eingesetzte Tochter des Tischlermeisters Beccardt, mit Vornamen Charlotte Henriette, welche am 12. September 1780 hierselbst geboren ist, und zu Ende des vorigen Jahrhunderts mit einer Herrschaft nach Warschau gezogen sein, sich daselbst mit einem Unteroffizier Werban verheirathet und später in Posen gewohnt haben soll, ist, da seit ihrer Entfernung von ihrem Leben und Aufenthalte niemals Nachrichten hier eingegangen sind, auf Todeserklärung provozirt worden.

In Folge dieser Provokation haben wir einen Termin auf

den 26. Februar 1845, Vormittags 11 Uhr,

an Gerichtsstelle anberaumt, und fordern die Charlotte Henriette Beccardt oder deren Erben und Erbnehmer zu ihrer Meldung vor oder spätestens in diesem Termine unter der Verwarnung auf, daß bei erfolgloser Aufforderung die Provokatin für todt erklärt und der Nachlaß der separirten Steiger an die weitere Testamentserben verabfolgt werden wird.

Ediktal-Zitation.

Der am 15. Juli 1809 zu Closterdorff geborene Müllergeselle Carl August Ludwig Ragnow, ein Sohn des zu Closterdorff verstorbenen Unterförsters und Mühlenmeisters Ragnow, auf dessen Todeserklärung angetragen worden ist, desgleichen seine Erben und Erbnehmer, werden hierdurch vorgeladen, spätestens in dem auf

den 18. März 1845, Vormittags 10 Uhr,

an hiesiger Gerichtsstelle anberaumten Termin zu erscheinen, ihre Ansprüche anzumelden und darauf weitere Anweisung zu erwarten, widrigenfalls der 2c. Ragnow für todt erklärt und sein Vermögen seinen legitimirten Erben und in deren Ermangelung dem Fiskus zugesprochen werden wird.

Strausberg, den 15. Mai 1844.

Königl. Land- und Stadtgericht.

Nothwendiger Verkauf.

Stadtgericht zu Berlin, den 23. April 1844.

Das vor dem Schönhauser Thor an der Schönhauser Allee belegene Grundstück des Mühlenbaumeisters Engeler, gerichtlich abgeschätzt zu 1301 Thlr. 15 Sgr., soll in seiner jetzigen Beschaffenheit

am 12. September d. J., Vormittags 11 Uhr,

an der Gerichtsstelle subhastirt werden. Taxe und Hypothekenschein sind in der Registratur einzusehen.

Nothwendiger Verkauf.

Stadtgericht zu Berlin, den 4. Mai 1844.

Das in der Elisabethstraße Nr. 11 belegene Grundstück, bei welchem dem Besitztitel für den Bleicher Hochkirch berichtigt ist, gerichtlich abgeschätzt zu 9739 Thlr., soll

am 17. Dezember d. J., Vormittags 11 Uhr,

an der Gerichtsstelle subhastirt werden. Taxe und Hypothekenschein sind in der Registratur einzusehen.

Nothwendiger Verkauf.

Königl. Land- und Stadtgericht zu Bruzen, den 6. Mai 1844.

Die, den minorennen Johann Friedrich Emmerich gehörige, zu Neu-Trebbin belegene, im dortigen Hypothekenbuche Vol. III Pag. 121 Nr. 70 verzeichnete, auf 2152 Thlr. 1 Sgr. 8 Pf. abgeschätzte 20-Morgenstelle soll in dem auf

den 30. August d. J., Vormittags 11 Uhr,

an Ort und Stelle angesetzten Termine öffentlich meistbietend verkauft werden. Die Taxe und der neueste Hypothekenschein können täglich in unserer Registratur eingesehen werden.

Alle etwanigen unbekannten Realprätendenten werden aufgefordert, sich zur Vermeidung der Präklusion in diesem Termine zu melden; zu demselben wird auch die, ihrem Wohnorte nach, unbekannte Anna Maria Staubert, verehelichte Müller, hierdurch vorgeladen.

Freiwilliger Verkauf.

Königl. Justizamt Brüssow zu Prenzlow, den 16. Mai 1844.

Die zum Nachlasse des zu Brüssow verstordenen Ackerbürgers Friedrich Brösin gehörigen, im dortigen Hypothekenbuche Vol. III Fol. 55 eingetragenen Grundstücke, bestehend aus:

1) einem hinausgebauten, und speziell separirten Ackerhofe, mit zwei Hufen Land und den neu darauf errichteten Gebäuden, taxirt zu **4336 Thlr. 23 Sgr. 4 Pf.,**

2) der damit vereinigten Erbpachtsgerechtigkeit am 23sten Antheile der Brüssower Pfarrländereien, abgeschätzt zu 108 Thlrn.,

sollen

am **20. Juni b. J.,** Vormittags um 11 Uhr,

an ordentlicher Gerichtsstelle in Brüssow meistbietend verkauft werden.

Taxe, Hypothekenschein und Bedingungen sind in der Registratur einzusehen.

Nothwendiger Verkauf.

Stadtgericht zu Strasburg in der Uckermark, den 18. Mai 1844.

Das Haus in der langen Straße Nr. 34, und der dem Tuchmachermeister C. F. Sponholz gehörige, an der Stadtmauer dem Gerbehause gegenüber belegene Wollgarten, ersteres zu 741⅔ Thlrn., letzterer zu 73⅓ Thlrn. geschätzt, sollen

am **3. September b. J.,** Vormittags 11 Uhr,

an ordentlicher Gerichtsstelle subhastirt werden.

Taxe und Hypothekenschein sind in der Registratur einzusehen, und die Bedingungen sollen im Termine festgestellt werden.

Nothwendiger Verkauf.

Königl. Stadtgericht zu Lychen, den 18. Mai 1844.

Das zur Eigenthümer Lübeck'schen Nachlaß-Masse gehörige, hierselbst auf dem Tornow belegene, im Hypothekenbuche Vol. III Nr. 149 verzeichnete Wohnhaus nebst Pertinenzien, geschätzt auf 695 Thlr. 17 Sgr. 10 Pf., zufolge der, nebst Hypothekenschein und Bedingungen in der Registratur einzusehenden Taxe, soll

am **2. September b. J.,** Vormittags 10 Uhr,

an öffentlicher Gerichtsstelle subhastirt werden.

Freiwillige Subhastation.

Der zum Nachlaß des Bauerwirths Gottfried Gensch gehörige, im Hypothekenbuche sub Nr. I verzeichnete Bauerhof zu Felchow, abgeschätzt auf 4014 Thlr. 23 Sgr. 4 Pf., soll

am **16. Juli b. J.,** Vormittags 11 Uhr,

in dem Gerichtszimmer zu Felchow meistbietend verkauft werden. Die Taxe, die Bedingungen und der Hypothekenschein können bei dem unterzeichneten Gerichtshalter eingesehen werden.

Angermünde, den 22. Mai 1844.

von Winterfeld'sches Gericht über Felchow.

Grieben.

Nothwendiger Verkauf.

Land- und Stadtgericht zu Havelberg, den 13. Mai 1844.

Das Wohnhaus Polizeinummer 42 zu Havelberg, in der großen Marktstraße belegen und im Hypothekenbuche Vol. II Pag. 553 Nr. 107 verzeichnet, dem Buchbinder Carl Emil Zierath daselbst gehörig, abgeschätzt auf 500 Thlr. zufolge der, nebst Hypothekenschein und Bedingungen in der Registratur einzusehenden Taxe, soll

am **13. September b. J.,** Vormittags 10 Uhr,

an ordentlicher Gerichtsstelle subhastirt werden.

Ein ganz servitutenfreies Rittergut in der Ober-Lausitz ohnweit der Neiße, mit einem Areal von 1000 Morgen Acker, und zwar 400 Morgen Bruch- und 600 Morgen Weizenboden, 200 Morgen Wiesen und 2000 Morgen Forst, 40,000 Thlr. taxirt, und 900 Thlr. baaren Gefällen, ist wegen Krankheit des Besitzers für 55,000 Thlr., mit einer Anzahlung von 14- bis 18,000 Thlrn. zu verkaufen. Näheres hierüber bei dem Kaufmann Roseno in Frankfurt a. d. O.

Windmühlen-Verkauf.

Eine vor dem hiesigen Königsthore belegene Bockwindmühle nebst dem daneben liegenden geräumigen massiven Wohnhause, Stallung zu Pferden und Kühen und großem Garten, Alles in bestem

Zustande, soll Theilungshalber öffentlich meistbietend aus freier Hand verkauft werden; hierzu habe ich einen Verkaufs-Termin

auf Montag den 1. Juli b. J.

angesetzt. Das Grundstück kann täglich in Augenschein genommen, und die Verkaufsbedingung beim Besitzer eingesehen werden.

Neu-Ruppin, den 20. April 1844.

Strubelt,

Königl. gerichtl. Auktions-Kommissarius.

Ein im besten Zustande befindlicher Oberkahn, welcher vor einigen Jahren neu überbaut ist, und 25,000 Mauersteine Last trägt, soll veränderungshalber, mit sämmtlichem Zubehör sofort verkauft werden. Derselbe liegt hierselbst, vor der Altstadt, bei dem Schiffbaumeister Herrn Berkholz zur Ansicht bereit.

Brandenburg an der Havel, den 23. Mai 1844.

Ein Landgut, im Soldiner Kreise belegen, mit einem Areal von circa 1900 Morgen speziell separirt, worunter 1000 Morgen Acker, größtentheils Sommerungsfähig, 700 Morgen gute Wiesen und ackerungsfähiger Bruch, 200 Morgen Schonungen und Weide, alles vollständig und gut bestellt, vollständigem und gutem Inventarium, ferner Holz- und Weidegerechtsame in der nahe belegenen Königl. Forst, soll sofort verkauft werden. Preis 34,000 Thlr., und sind zum Erwerb 10,000 bis 12,000 Thlr. erforderlich.

Näheres hierüber ertheilt auf freie Anfragen H. v. Nassau in Fürstenfelde bei Cüstrin.

Auktion in Gerswalde bei Prenzlow.

Am 25., 26. und 27. Juni b. J., jedesmal von 9 Uhr Vormittags ab, sollen auf dem Pachthofe zu Gerswalde die zur Amtmann Paetonschen Konkursmasse gehörigen Inventarienstücke und das Mobiliar, namentlich:

30 bis 40 Pferde, 70 bis 80 Haupt Kühe, etwa 2000 Schafe, Schweine, Federvieh, Acker- und Stallgeräth, Silbergeschirr, Porzellan- und irdenes Geschirr, Gläser, Zinn, Kupfer, Metall, Messing, Blech und Eisen, Leinenzeug und Betten, Meubles und Hausgeräth, Kleidungsstück u. s. w.

öffentlich gegen sofortige baare Bezahlung an die Meistbietenden verkauft werden.

Mit dem Verkaufe des Inventarii an Vieh und Ackergeräth wird der Anfang gemacht.

Prenzlow, den 7. Mai 1844.

Adlig von Arnimsches Patrimonialgericht über Gerswalde.

Der am 5. Juni b. J. in Klein-Kreis zum Verkauf von zweien Pferden, einer Kuh u. bestehende Termin ist aufgehoben.

Buchholz, am 21. Mai 1844.

Wetzel,

Königl. Land- und Stadtgerichts-Aktuarius.

Frischen Rüdersdorffer Steinkalk, Steinkohlen, Theer, Dachsplette, Bretter, Bohlen und Latten, so wie alle sonstigen Bau- und Brennmaterialien hält stets vorräthig und empfiehlt billigst

Karl Plötzer.

Pasewalk im Mai 1844.

Oeffentlicher Anzeiger
zum 23sten Stück des Amtsblatts
der Königlichen Regierung zu Potsdam und der Stadt Berlin.
Den 7. Juni 1844.

Steckbrief
zur Verfolgung des am 22. Mai 1844 vom Königl. 30sten Infanterie-Regiment aus der Garnison Saarlouis, desertirten Füsiliers Ludwig Renneberg, aus Berlin gebürtig.

Alter: 19 Jahr 4 Monate, Größe 5 Fuß 1 Zoll 2 Strich, Religion: evangelisch, Statur: klein, Haare: blond, Augenbrauen: blond, Augen: grau, Stirn: niedrig, Nase: klein, Mund: klein, Kinn: rund, Gesicht: rund, Gesichtsfarbe: blaß. Besondere Kennzeichen: keine.

Derselbe war bekleidet mit: einer Feldmütze mit rothem Streifen und einer Kokarde, einer schwarzen Halsbinde, einer Dienstjacke, einer grauen Tuchhose, einem Paar Halbstiefeln und einem Hembe.

Trier, den 26. Mai 1844.

v. Walther,
Oberst und Kommandeur des 30sten Infanterie-Regiments.

Der nachstehend signalisirte, wegen momentaner Geisteszerrüttung hier eingelieferte, und durch einen Paß der Polizeibehörde zu Stechow, Herzberger Kreises, legitimirt gewesene Müllergeselle August Baer, aus Stechow bei Schlieben gebürtig, ist nach seiner vollständigen Herstellung am 5. Februar d. J. mittelst beschränkter, auf 4 Tage gültigen Reiseroute nach seiner Heimath Stechow zurückgewiesen worden. Nach Benachrichtigung der dortigen Polizeibehörde ist er indeß dort nicht eingetroffen und treibt sich jetzt wahrscheinlich legitimationslos vagabondirend umher. Alle resp. Civil- und Militairbehörden werden daher dienstergebenst ersucht, auf ihn zu vigiliren und im Betreffungsfalle hierher abliefern zu lassen.

Amt Beeskow, den 17. Mai 1844.

Königl. Domainen- und Polizeiamt.

Signalement. Vor- und Zuname: August Baer, Geburtsort: Stechow bei Schlieben, Religion: evangelisch, Alter: 30 Jahr, Größe: 5 Fuß 2 Zoll, Haare: schwarz, Stirn: flach und breit, Augenbrauen: schwarzbraun, Augen: braun, Nase: stumpf, Mund: mittel, Zähne: vollständig, Bart: schwarz, Kinn und Gesicht: oval, mehr rund, Gesichtsfarbe: gesund, Statur: untersetzt.

Bekleidet war der Baer bei seiner Entlassung mit einer blauen Tuchjacke, einem Paar blauen Tuchhosen, einer grünen zeugenen Weste, einem groben weißleinenen Hembe, einer blauen Tuchmütze, buntem Halstuche, wollenen Strümpfen und Schuhen.

Der durch die Ediktal-Zitation vom 9. April 1840 vorgeladene, von hier entwichene Weinhändler Karl August Neumann ist in dem am 29. Juli 1840 angestandenen Termine nicht erschienen und deshalb in contumaciam wegen bezüglichen Bankerutts zu dem Verluste des Rechts, die Preußische Nationalkokarde zu tragen und zu sechsjähriger Strafarbeit außerordentlich verurtheilt worden.

Dies wird dem Neumann statt der Publikation mit dem Bemerken bekannt gemacht, daß, nach Ablauf der ihm zustehenden vierwöchentlichen Restitutionsfrist, die Strafe, sobald man seiner habhaft wird, vollstreckt werden soll.

Berlin, den 23. Mai 1844.

Königl. Kriminalgericht hiesiger Residenz.

Bekanntmachung,
den Berliner Wollmarkt betreffend.

Der hiesige Wollmarkt findet in den Tagen vom 21. bis 25. Juni d. J. statt. Wir werden während desselben für die möglichst zweckmäßigen Einrichtungen Sorge tragen. Damit namentlich das Wiegen prompt von Statten gehe, werden außer den beiden Rathswaagen am Alexander- und Petriplatz noch drei Extrawaagen, und zwar zwei auf dem Alexanderplatz und eine auf dem Schloßplatz errichtet werden. Das Ab- und Aufladen der Säcke wird von ordentlichen, durch die Waage-Beamten angenommenen Arbeitsleuten unentgeltlich besorgt, so, daß nur das tarifmäßige Waagegeld mit 2 Sgr. 6 Pf. für den Zentner Brutto zu erlegen ist. Die Waagen werden an den Tagen des größten Verkehrs von 4 Uhr Morgens bis 8 Uhr Abends ununterbrochen geöffnet sein.

Zugleich soll, wie dies schon seit einigen Jahren geschehen, um bei eintretendem Regenwetter die im Freien lagernde Wolle gegen das Eindringen der Bodennässe zu sichern, der Alexanderplatz mit einem regelmäßigen Kreuzholzlager bestreckt werden, das an Ort und Stelle vermiethet wird. Latten zur Errichtung von Zelten werden frei geliefert. Berlin, den 5. Mai 1844.

Ober-Bürgermeister, Bürgermeister und Rath hiesiger Königlichen Residenz.

Der Büdner Otto zu Malz beabsichtigt den Bau einer Bockwindmühle mit zwei Mahlgängen auf seinem in der Nähe des Dorfes belegenen Acker. Dies wird hierdurch mit der Aufforderung zur öffentlichen Kenntniß gebracht, etwanige Einwendungen dagegen sowohl aus dem Edikte vom 28. Oktober 1810, als auch der Allerhöchsten Kabinetsordre vom 23. Oktober 1826 binnen Acht Wochen präklusivischer Frist bei dem unterzeichneten Landrath gehörig begründet anzumelden.

Berlin, den 14. April 1844.

Königl. Landrath Nieder-Barnimschen Kreises. Scharnweber.

Nachdem über den Nachlaß des am 17. Juni 1843 verstorbenen Tuchfabrikanten Johann Christian Richter hierselbst der erbschaftliche Liquidations-Prozeß eröffnet, werden sämmtliche Gläubiger hierdurch aufgefordert, in dem auf

den 18. Juni d. J., Vormittags 10 Uhr,

vor dem Herrn Assessor Zedelt anberaumten Termine persönlich, oder durch zulässige Bevollmächtigte zu erscheinen, ihre Ansprüche an die erbschaftliche Liquidations-Prozeßmasse anzumelden und zu rechtfertigen, widrigenfalls sie aller ihrer etwanigen Vorrechte für verlustig erklärt, und mit ihren Forderungen nur an dasjenige, was nach Befriedigung

der sich meldenden Gläubiger von der Masse noch übrig bleiben möchte, verwiesen werden sollen.

Neu-Ruppin, den 20. Januar 1844.

Königl. Preuß. Stadtgericht.

Die Lieferung des Bedarfs an Heu für die Königl. Militair-Magazine zu Cüstrin, Beeskow, Fürstenwalde, Frankfurt a. d. O., Landsberg a. d. W., Schwedt und Jüterbogk pro 1. Oktober 1844 bis dahin 1845, soll dem Mindestfordernden überlassen werden. Produzenten und andere lieferungslustige Personen werden hiermit aufgefordert, der unterzeichneten Intendantur ihre desfallsigen Anerbietungen in stempelfreien, aber frankirten Briefen bis spätestens zum 15. Juli d. J. einzureichen.

Die Bedingungen können hier in unserm Büreau, und bei dem Königl. Proviantamte zu Cüstrin eingesehen werden.

Frankfurt a. d. O., den 27. Mai 1844.

Königl. Intendantur des 3ten Armee-Korps.

Holz-Auktion.

Am 18. Juni d. J., Morgens 10 Uhr, sollen in der Klein-Beerenschen Bauerheide im Wege der Exekution circa 119 Klaftern kiehnenes Kloben-, 30 Klaftern Knüppel-, 196 Klaftern Stubbenholz und 60 Fuhren Reisig öffentlich meistbietend gegen gleich baare Bezahlung verkauft werden.

Trebbin, den 31. Mai 1844.

Beerendsches Patrimonialgericht über Klein-Beeren.

Nothwendiger Verkauf.
Königl. Kammergericht in Berlin.

Das hierselbst vor dem Oranienburger Thore in der Chausseestraße Nr. 12 belegene, dem Kaufmann Karl Andreas Heinrich Adolph Buchholz gehörige Grundstück nebst Zubehör, abgeschätzt auf 13,142 Thlr. 18 Sgr. 11¼ Pf. zufolge der, nebst Hypothekenschein und Bedingungen in der Registratur einzusehenden Taxe, soll

am 20. Juli 1844

an ordentlicher Gerichtsstelle subhastirt werden.

Der Besitzer, Kaufmann Karl Andreas Heinrich Adolph Buchholz und die Gläubigerin, unverehelichte Marie Dorothea Catharine Elfert, deren Aufenthalt unbekannt ist, werden hierzu öffentlich vorgeladen.

Nothwendiger Verkauf.
Königl. Kammergericht in Berlin.

Das hierselbst in der Karlstraße Nr. 23 b belegene Grundstück nebst Zubehör, abgeschätzt auf 13,582 Thlr. 14 Sgr. 11 Pf. zufolge der, nebst Hypothekenschein und Bedingungen in der Registratur einzusehenden Taxe, soll

am 30. August 1844

an ordentlicher Gerichtsstelle subhastirt werden.

Hierbei wird jedoch bemerkt, daß, wenn das bereits auf Anordnung der Polizeibehörde von den Miethern geräumte Nachbargrundstück gänzlich abgebrochen werden muß, auch ein Theil dieses Grundstücks abzubrechen und zu erneuern sein wird. Die Kosten dieser Baulichkeiten lassen sich im Voraus nicht bestimmen, indessen würde, selbst in dem Fall, daß die Abbrechung von ganzen Mauern nicht nöthig befunden werden sollte, dennoch die Erneuerung der Thür- und Fensterbögen, das Umlegen der Fußböden, so wie der Verlust der Miethen 2000 bis 3000 Thlr. betragen und daher der Werth des Grundstücks nur auf 13,000 Thlr. zu veranschlagen sein.

Nothwendiger Verkauf.
Königl. Kammergericht in Berlin.

Das hierselbst vor dem neuen Thore, am neuen Thorplatze Nr. 2 belegene, dem Mühlenbaumeister Johann Andreas Engeler gehörige Grundstück nebst Zubehör, abgeschätzt auf 13,627 Thlr. 27 Sgr. 5 Pf. zufolge der, nebst Hypothekenschein und Bedingungen in der Registratur einzusehenden Taxe, soll

am 10. September 1844

an ordentlicher Gerichtsstelle subhastirt werden.

Der Zimmermeister Karl Friedrich Schellhorn oder seine Erben, und die Wittwe Janber, Marie Magdalene geb. Schneider, oder deren Erben werden zu diesem Termine öffentlich vorgeladen.

Nothwendiger Verkauf.
Königl. Kammergericht in Berlin.

Das hierselbst in der verlängerten Dorotheenstraße belegene, im Hypothekenbuche des Königl. Kammergerichts Vol. VII. Cont. c. Nr. 12 Pag. 265 verzeichnete, dem Rentier Jeremias Rudolph

gehörige Grundstück nebst Zubehör, welches noch nicht ausgebaut ist, und dessen Werth an Grund und Boden und Baumaterialien und Arbeiten 24,242 Thlr. 8 Sgr. 11 Pf., und dessen muthmaßlicher Ertragswerth ohne Rücksicht auf die noch nicht festzustellenden baulichen Unterhaltungskosten 26,506 Thlr. beträgt, zufolge der nebst Hypothekenschein und Bedingungen in der Registratur einzusehenden Taxe, soll am 17. September 1844 an ordentlicher Gerichtsstelle subhastirt werden.

Nothwendiger Verkauf.
Königl. Kammergericht in Berlin.

Das hierselbst in der Husarenstraße Nr. 17 belegene, dem Droschkenbesitzer Karl Friedrich Wilhelm Bode gehörige Grundstück nebst Zubehör, abgeschätzt auf 14,493 Thlr. 25 Sgr. 3½ Pf. zufolge der, nebst Hypothekenschein und Bedingungen in der Registratur einzusehenden Taxe, soll

am 24. September 1844

an ordentlicher Gerichtsstelle subhastirt werden.

Nothwendiger Verkauf.
Königl. Kammergericht in Berlin.

Das hierselbst vor dem neuen Thore in der Invalidenstraße Nr. 50 belegene, dem Zimmerpolier Karl Friedrich Gumtow gehörige Grundstück nebst Zubehör, abgeschätzt auf 11,752 Thlr. 4 Sgr. 6 Pf. zufolge der, nebst Hypothekenschein und Bedingungen in der Registratur einzusehenden Taxe, soll am 23. Oktober 1844 an ordentlicher Gerichtsstelle subhastirt werden.

Nothwendiger Verkauf.
Königl. Kammergericht in Berlin.

Das in der Marienstraße Nr. 13, an der Ecke der Albrechtsstraße, hierselbst belegene, im Hypothekenbuche des Kammergerichts Vol. IX Cont. b Pag. 321 Nr. 21 verzeichnete, dem Stellmachermeister Carl Friedrich Ferdinand Groschupff gehörige Grundstück, abgeschätzt auf 23,150 Thlr. 22 Sgr. 9 Pf. zufolge der, nebst Hypothekenschein und Bedingungen in der Registratur einzusehenden Taxe, soll

am 20. Dezember 1844, Vormittags 11 Uhr, an ordentlicher Gerichtsstelle subhastirt werden.

Nothwendiger Verkauf.

Stadtgericht zu Berlin, den 25. November 1843.

Das in der Waßmannsstraße Nr. 33 a belegene Thomassinsche Grundstück, gerichtlich abgeschätzt zu 9705 Thlr. 5 Sgr., soll

am 9. Juli 1844, Vormittags 11 Uhr,

an der Gerichtsstelle subhastirt werden. Taxe und Hypothekenschein sind in der Registratur einzusehen.

Nothwendiger Verkauf.

Stadtgericht zu Berlin, den 25. November 1843.

Das in der Blumenstraße belegene Grundstück des Kaufmanns Friedrich Wilhelm Aumann soll in seinem jetzigen Zustande

am 12. Juli 1844, Vormittags 11 Uhr,

an der Gerichtsstelle subhastirt werden.

Die aufgenommene Taxe, nach welcher 1) der Werth des Grund und Bodens 702 Thlr. 15 Sgr., 2) der Werth der bisher verwendeten Materialien und Arbeiten 5430 Thlr. 7 Sgr., also zusammen 6132 Thlr. 22 Sgr. betragen, wobei aber die noch nicht zu ermittelnden Lasten nicht berücksichtigt sind, und der Hypothekenschein sind in der Registratur einzusehen.

Nachtrag zum Subhastationspatent vom 25. November 1843 in der Kaufmann Aumannschen Subhastationssache.

Der dem Aufenthalte nach unbekannte eingetragene Gläubiger, der Kaufmann Herr Karl Robert Aumann wird zu diesem Termin öffentlich vorgeladen, den 3. Januar 1844.

Königl. Stadtgericht hiesiger Residenzien. Abtheilung für Kredit-, Subhastations- und Nachlaßsachen.

Nothwendiger Verkauf.

Stadtgericht zu Berlin, den 30. November 1843.

Das in der Georgenstraße Nr. 17 belegene Schubartsche Grundstück, gerichtlich abgeschätzt zu 16,183 Thlr. 11 Sgr. 9 Pf., soll Schuldenthalber

am 16. Juli 1844, Vormittags 11 Uhr,

an der Gerichtsstelle subhastirt werden. Taxe und Hypothekenschein sind in der Registratur einzusehen.

Nothwendige Subhastation.

Stadtgericht Charlottenburg, den 12. Dez. 1843.

Das hierselbst in der Berliner Straße sub Nr. 73 belegene, im hiesigen stadtgerichtlichen Hypothekenbuche Vol. cont. I Nr. XV verzeichnete Grundstück des Gastwirths und Kaffetiers Karl Ludwig Beyer, abgeschätzt auf 7235 Thlr. 21 Sgr. 1 Pf. zufolge der, nebst Hypothekenschein in der Registratur einzusehenden Taxe, soll

am 17. Juli 1844, Vormittags 10 Uhr,

im hiesigen Stadtgericht, Jägerstraße Nr. 2, vor dem Herrn Kammergerichts-Assessor Kahle subhastirt werden.

Öffentlicher Verkauf.

Patrimonialgericht Miltmersdorf, den 11. Dezember 1843.

Die bei Miltmersdorf im Templinschen Kreise belegene, im Hypothekenbuche Nr. 1 Fol. 1 a/ ben Namen der Geschwister Otto eingetragene und auf 6239 Thlr. 12 Sgr. 1 Pf. abgeschätzte Wassermühle, mit einem Gange und sechs Hmistampfen versehen, wozu gehören: an Gebäuden: ein Wohnhaus, die Mahlmühle, eine Schneidemühle, eine Scheune, zwei Ställe und eine Windmühle; an Grundstücken: acht Morgen Land, eine Wiese und ein Kohl- und Küchengarten: an Gerechtigkeiten: Fischerei, Holzungsgerechtsame und dergleichen mehr, soll Theilungshalber

am 11. Juli 1844, Vormittags 11 Uhr,

an öffentlicher Gerichtsstelle subhastirt werden.

Die gerichtliche Taxe und der neueste Hypothekenschein können in der Registratur eingesehen werden.

Alle unbekannte Realprätendenten werden zu diesem Termine mit vorgeladen.

Nothwendiger Verkauf.

Königl. Land- und Stadtgericht zu Straußberg, den 18. Dezember 1843.

Die hierselbst vor dem Landsberger Thore hinter dem Kollegenberge neben der Heide belegene sogenannte Heegermühle, bestehend aus einer Wasser Mahlmühle nebst Wohnung, Scheune und Stallung, 2 Gärten, 2 Wiesen und 2 Flecken Land, so wie einer Bockwindmühle, dem Mühlenbesitzer Karl Wilhelm Wendland gehörig, abgeschätzt auf zusammen 11,129 Thlr. 10 Sgr., soll

am 9. Juli 1844, Vormittags 11 Uhr,

an ordentlicher Gerichtsstelle subhastirt werden.

Taxe und Hypothekenschein sind in unserer Registratur einzusehen.

Rothwendiger Verkauf.

Stadtgericht zu Berlin, den 27. Dezember 1843.

Das in der neuen Roßstraße Nr. 7 belegene Grundstück der Kaufmann Gleich'schen Erben gerichtlich abgeschätzt zu 21,353 Thlr. 15 Sgr., soll Theilungshalber

am 20. August 1844, Vormittags 11 Uhr, an der Gerichtsstelle subhastirt werden. Taxe und Hypothekenschein sind in der Registratur einzusehen.

Die unbekannten Realprätendenten werden unter der Verwarnung der Präklusion vorgeladen.

Rothwendiger Verkauf.

Stadtgericht zu Berlin, den 30. Dezember 1843.

Das Neu-Cölln am Wasser Nr. 19 und Wallstraße Nr. 61 belegene Reusche'sche Grundstück, gerichtlich abgeschätzt zu 10,245 Thlr. 19 Sgr., soll Schuldenhalber

am 13. August 1844, Vormittags 11 Uhr, an der Gerichtsstelle subhastirt werden. Taxe und Hypothekenschein sind in der Registratur einzusehen.

Stadtgericht zu Berlin, den 10. Januar 1844.

Die dem Maurerpolier Rudloff zugehörige Hälfte des in der Elisabethstraße Nr. 12 a an der Ecke der kleinen Frankfurter Straße belegenen, im Ganzen zu 18,736 Thlr. 17 Sgr. 6 Pf. taxirten Grundstücks, soll

am 27. August 1844, Vormittags 11 Uhr, an der Gerichtsstelle subhastirt werden. Taxe und Hypothekenschein sind in der Registratur einzusehen.

Rothwendiger Verkauf.

Stadtgericht zu Berlin, den 11. Januar 1844.

Das in der neuen Königsstraße Nr. 8 belegene Grundstück der Destillateur Dähne'schen Eheleute, gerichtlich abgeschätzt zu 19,497 Thlr. 6 Sgr. 9 Pf., soll am 23. August d. J., Vormittags 11 Uhr, an der Gerichtsstelle subhastirt werden. Taxe und Hypothekenschein sind in der Registratur einzusehen.

Der dem Aufenthalte nach unbekannte Apotheker Ludwig Friedrich Theodor Dähne wird als eingetragener Gläubiger hierdurch öffentlich vorgeladen.

Rothwendiger Verkauf.

Königl. Justizamt Potsdam, den 19. Jan. 1844.

Folgende, zum Nachlaß des verstorbenen Königl. Frotteurs Karl Ludwig Schleihahn gehörige Grundstücke:
1) das Etablissement am Drachenhausberge, unweit des Parkes von Sanssouci, Vol. I Fol. 149 des Hypothekenbuchs von Bornstädt, abgeschätzt auf 17,329 Thlr. 18 Sgr. 4 Pf.,
2) eine Wiese im Golmer Bruche von 11 M. 8 □R. Flächeninhalt, Vol. unico Nr. 6 Fol. 26 des Hypothekenbuchs von Golm, abgeschätzt auf 552 Thlr. 6 Sgr. 8 Pf.,
sollen am 13. August d. J., Vormittags 11 Uhr, an Gerichtsstelle hierselbst, Friedrichsstraße Nr. 7, Theilungshalber, im Wege der nothwendigen Subhastation verkauft werden.

Taxen und Hypothekenscheine sind werktäglich in unserm 11ten Büreau einzusehen.

Rothwendiger Verkauf.

Stadtgericht zu Berlin, den 24. Januar 1844.

Das in der Waßmannsstraße Nr. 32 belegene Grundstück des Partikuliers Johann Carl Friedrich Neumeyer, gerichtlich abgeschätzt zu 6138 Thlr. 17 Sgr., soll
am 30. August d. J., Vormittags 11 Uhr, an der Gerichtsstelle subhastirt werden. Taxe und Hypothekenschein sind in der Registratur einzusehen.

Rothwendiger Verkauf.

Stadtgericht zu Berlin, den 1. Februar 1844.

Das in der Schießgasse Nr. 16 belegene Schumann'sche Grundstück, gerichtlich abgeschätzt zu 9004 Thlr. 20 Sgr., soll
am 17. September d. J., Vormittags 11 Uhr, an der Gerichtsstelle subhastirt werden. Taxe und Hypothekenschein sind in der Registratur einzusehen.

Die Wittwe Köhler, Johanne Margarethe geb. Bethge wird zu diesem Termine hierdurch mit vorgeladen.

Rothwendiger Verkauf.

Stadtgericht zu Berlin, den 1. Februar 1844.

Das in der Karlsstraße Nr. 38 belegene Pfaffenberg'sche Grundstück, gerichtlich abgeschätzt zu 31,824 Thlr. 27 Sgr. 6 Pf., soll am **20.** September b. J., Vormittags 11 Uhr, an der Gerichtsstelle subhastirt werden. Taxe und Hypothekenschein sind in der Registratur einzusehen.

Nothwendiger Verkauf.

Stadtgericht zu Berlin, den 15. Februar 1844.

Das in der Mulackgasse Nr. 3 belegene Enzersche Grundstück, gerichtlich abgeschätzt zu 8256 Thlr. 14 Sgr. 4 Pf., soll

am **24.** September b. J., Vormittags 11 Uhr, an der Gerichtsstelle subhastirt werden. Taxe und Hypothekenschein sind in der Registratur einzusehen.

Die dem Aufenthalte nach unbekannten Geschwister Sorge, oder deren Erben werden hierdurch öffentlich mit vorgeladen.

Nothwendiger Verkauf.

Stadtgericht zu Berlin, den 12. März 1844.

Das in der Blumenstraße Nr. 57 belegene Schmidtsche Grundstück, gerichtlich abgeschätzt zu 11,133 Thlr. 17 Sgr. 6 Pf., soll

am **18.** Oktober 1844, Vormittags 11 Uhr, an der Gerichtsstelle subhastirt werden. Taxe und Hypothekenschein sind in der Registratur einzusehen.

Nothwendiger Verkauf.

Stadtgericht zu Berlin, den 19. März 1844.

Das in der Hirschelstraße Nr. 12 belegene Seepoldtsche Grundstück, gerichtlich abgeschätzt zu 9780 Thlr. 22 Sgr. 6 Pf., soll

am **25.** Oktober b. J., Vormittags 11 Uhr, an der Gerichtsstelle subhastirt werden. Taxe und Hypothekenschein sind in der Registratur einzusehen.

Nothwendiger Verkauf.

Stadtgericht zu Berlin, den 19. März 1844.

Das in der Schäfergasse Nr. 21 belegene Badesche Grundstück, gerichtlich abgeschätzt zu 20,214 Thlr. 27 Sgr. 4½ Pf., soll

am **22.** Oktober b. J., Vormittags 11 Uhr, an der Gerichtsstelle subhastirt werden. Taxe und Hypothekenschein sind in der Registratur einzusehen.

Die dem Aufenthalte nach unbekannte verwittwete Geheime Rechnungs-Revisor Harnecker, Sophie Charlotte geb. Szameitke, oder deren Erben werden hierdurch öffentlich vorgeladen.

Nothwendiger Verkauf.

Königl. Landgericht zu Berlin, den 22. März 1844.

Das in der Müllerstraße Nr. 45 hierselbst belegene, dem Partikulier Johann Karl Friedrich Neumeyer gehörige Erbpachtsgrundstück, abgeschätzt auf 3074 Thlr. 27 Sgr. 3 Pf. zufolge der, nebst Hypothekenschein in dem 11ten Bureau einzusehenden Taxe, soll

am **8.** Juli b. J., Vormittags 11 Uhr, an ordentlicher Gerichtsstelle, Zimmerstraße Nr. 25, subhastirt werden.

Nothwendiger Verkauf.

Der zu Wuthenow belegene, Vol. VIII Fol. 7 des Hypothekenbuchs verzeichnete, zum Nachlaß des Christoph Friedrich Bünger gehörige und zu 2052 Thlr. 29 Sgr. 7 Pf. abgeschätzte Bauerhof soll

am **13.** Juli b. J., Vormittags 10 Uhr, an ordentlicher Gerichtsstelle öffentlich meistbietend verkauft werden. Taxe und Hypothekenschein können in unserer Registratur eingesehen werden.

Unbekannte Realprätendenten werden bei Vermeidung der Präklusion zu diesem Termin mit vorgeladen. Alt-Ruppin, den 25. März 1844.

Königl. Land- und Stadtgericht.

Nothwendiger Verkauf.

Stadtgericht zu Prenzlow, den 25. März 1844.

Die zum Nachlasse der separirten Simonkow, Emilie geb. Kubz, früher Wittwe Grachandt, gehörigen, hierselbst vor dem Anklammer Thore belegenen Grundstücke, als:

1) ein Wohnhaus nebst Garten am Kuhdamm Vol. II Nr. 91 und 92 des Hypothekenbuchs, abgeschätzt auf 1907 Thlr. 3 Sgr. 6 Pf.,

2) ein Kamp Landes von 145 ☐Ruthen, eben daselbst Vol. II Nr. 113 des Hypothekenbuchs, abgeschätzt auf 241 Thlr. 20 Sgr.,

3) eine Wiese von 208 ☐Ruthen im großen Bruche Vol. XX Nr. 3 des Hypothekenbuchs, abgeschätzt auf 120 Thlr.,

4) eine abgetrennte Wiesenkavel von 1 Morgen 58 ☐Ruthen im Fohlenbruche, abgeschätzt auf 260 Thlr.,

5) eine abgetrennte Wiesenkavel von 104 ☐R. im Freibruche, abgeschätzt auf 60 Thlr.

zufolge der nebst Hypothekenschein und Bedingungen in unserer Registratur einzusehenden Taxe, sollen

am 9. Juli d. J., Vormittags 11 Uhr,

an ordentlicher Gerichtsstelle subhastirt werden.

Alle unbekannte Realprätendenten werden aufgefordert, sich bei Vermeidung der Präklusion spätestens in diesem Termine zu melden.

Nothwendiger Verkauf.

Gräflich von Itzenplitz-Friedlandsches Amtsgericht.

Die den Geschwistern Gieseler gehörende Stellen zu Alt-Friedland,

1) Nr. 15 B von 8 Morgen 72 ☐Ruthen Land, abgeschätzt auf 240 Thlr.,
2) Nr. 28 B von 5 Morgen 149 ☐Ruthen Land, abgeschätzt auf 328 Thlr.

zufolge der, nebst Hypothekenscheinen und Bedingungen in der Registratur einzusehenden Taxen, sollen Theilungshalber

am 9. Juli d. J., Vormittags 10 Uhr,

auf dem Amte Friedland subhastirt werden.

Wrietzen a. d. O., den 30. März 1844.

Nothwendiger Verkauf.

Königl. Land- und Stadtgericht zu Spandow, den 12. April 1844.

Das dem Ackerbürger Jakob gehörige, hierselbst in den Weinbergen belegene Grundstück, abgeschätzt auf 1213 Thlr. 20 Sgr., zufolge der in dem 11ten Büreau einzusehenden Taxe, soll

am 5. August d. J., Vormittags 11 Uhr,

an ordentlicher Gerichtsstelle subhastirt werden.

Zugleich werden alle etwanigen Realprätendenten unter der Verwarnung hierdurch vorgeladen, sich, bei Vermeidung der Präklusion, spätestens in diesem Termine zu melden.

Nothwendiger Verkauf.

Königl. Land- und Stadtgericht zu Spandow, den 19. April 1844.

Das dem Schiffbaumeister Johann Christoph Schulze gehörige, hierselbst auf dem Stresow sub Nr. 38 belegene und Vol. III Fol. 104 des Hypothekenbuchs verzeichnete Grundstück, abgeschätzt auf 2089 Thlr. 23 Sgr. 4 Pf. zufolge der, nebst Hypothekenschein in dem 11ten Büreau einzusehenden Taxe, soll

am 8. August d. J., Vormittags 11 Uhr,

an ordentlicher Gerichtsstelle subhastirt werden.

Nothwendiger Verkauf.

Stadtgericht zu Straßburg in der Ukermark, den 20. April 1844.

Die zum Nachlaß der Wittwe des Ackerbürgers Gottfried Krumbach, Charlotte geb. Brunow, gehörigen Grundstücke, nemlich:

1) eine und eine halbe Hufe Falkenbergisch Land, abgeschätzt auf 4406 Thlr. 21 Sgr. 8 Pf.,
2) ein in der Falkenbergerstraße sub Nr. 314 belegenes Wohnhaus nebst Zubehör, abgeschätzt auf 754 Thlr. — Sgr. 6 Pf.,
3) eine vor dem Falkenberger Thor sub Nr. 53 belegene Scheune nebst Garten, abgeschätzt auf 383 Thlr. 7 Sgr. 6 Pf.,
4) eine vor dem Falkenberger Thor belegene Scheunenstelle, tarirt zu 15 Thlrn.,

sollen

am 30. Juli d. J., Vormittags 11 Uhr,

an ordentlicher Gerichtsstelle subhastirt werden. Taxe und Hypothekenschein sind in der Registratur des Gerichts einzusehen.

Alle unbekannten Real-Prätendenten werden aufgeboten, sich bei Vermeidung der Präklusion spätestens in diesem Termine zu melden.

Freiwilliger Verkauf zur Auflösung der Gemeinschaft.

Land- und Stadtgericht zu Neustadt-Eberswalde.

Folgende Grundstücke der Erben des Mühlenbesitzers August Ferdinand Lindhorst zu Grafenbrück:

1) Die Mühlenbesitzung zu Grafenbrück, geschätzt auf 9334 Thlr.,
2) die Kietzmühle nebst Ackergut zu Biesenthal, geschätzt auf 6821 Thlr. und resp. 2703 Thlr., zusammen 9524 Thlr.,

sollen

am 9. August 1844, Vormittags 11 Uhr,

im Gerichtshause zu Neustadt-Eberswalde, der Theilung wegen, an den Meistbietenden verkauft werden. Die Taxen, Hypothekenscheine und Verkaufsbedingungen können im 11ten Geschäfts-Büreau des Gerichts eingesehen, oder auch auf Verlangen in Abschrift mitgetheilt werden.

Nothwendiger Verkauf.

Stadtgericht zu Wilsnack.

Die Bürgerstelle des Schlächters Hinze hierselbst, Vol. I Pag. 303 des Hypothekenbuchs, ohne Abzug der Lasten auf 1600 Thlr. abgeschätzt, soll

am 15. Juli d. J., Vormittags 11 Uhr,
auf hiesigem Stadtgerichte meistbietend verkauft werden. Taxe und Hypothekenschein können in hiesiger Registratur eingesehen werden.

Nothwendiger Verkauf.
Land- und Stadtgericht zu Dahme, den 20. April 1844.

Die vor dem Jüterboger Thore hierselbst belegene Bockwindmühle des Mühlenmeisters Johann Friedrich Thinius, abgeschätzt auf 713 Thlr., soll
am 7. August d. J., Vormittags 11 Uhr,
an Gerichtsstelle subhastirt werden. Taxe und Hypothekenschein liegen in der Registratur zur Einsicht bereit.

Nothwendiger Verkauf.
Patrimonialgericht zu Retzin.

Die zur Nachlaßmasse des Müllers Klostermann gehörige Wasser- und Oelmühle in Retzin bei Perleberg, taxirt auf 5537 Thlr. 10 Sgr., soll
am 22. August 1844, Vormittags 11 Uhr,
in der Gerichtsstube zu Retzin meistbietend verkauft werden. Taxe und Hypothekenschein können in der Registratur zu Wilsnack eingesehen werden.

Nothwendiger Verkauf.
Stadtgericht zu Pritzwalk, den 30. April 1844.

Die den Geschwistern Gneckow gehörigen, neben einander an der Perleberger Landstraße vor hiesiger Stadt belegenen zwei geschlossenen Gärten nebst Gartenhaus, Kegelbahn und Kegelhaus, abgeschätzt auf 380 Thlr. 4 Sgr. 8 Pf. zufolge der, nebst Hypothekenscheinen in der Registratur einzusehenden Taxe, sollen
am 3. August d. J., Vormittags 11 Uhr,
an ordentlicher Gerichtsstelle subhastirt werden.

Nothwendiger Verkauf.
Stadtgericht zu Pritzwalk, den 30. April 1844.

Die zum Nachlaß des allhier verstorbenen Arbeitsmanns Hittermann gehörigen Grundstücke:
a) ein Wohnhaus, abgeschätzt auf 188 Thlr. 18 Sgr. 11 Pf.
b) ein Heidberggarten, abgeschätzt auf 41 Thlr. 20 Sgr.,
c) eine Ackerparzelle von 3 Morgen 25 ☐Ruthen Fläche, abgeschätzt auf 76 Thlr. 28 Sgr. 3 Pf.,

zufolge der, nebst Hypothekenscheinen in der Registratur einzusehenden Taxen, sollen
am 10. August d. J., Vormittags 11 Uhr,
an ordentlicher Gerichtsstelle subhastirt werden.

Nothwendiger Verkauf.
Stiftsgericht zu Stepenitz.

Die Kolonistenstelle des Tischlers Heinrich Drewes zu Stolpe Vol. I Nr. 21 des Hypothekenbuchs eingetragen, abgeschätzt zu 900 Thlr zufolge der, nebst Hypothekenschein in der Registratur einzusehenden Taxe, soll
am 27. August 1844
in der Gerichtsstube zu Stepenitz subhastirt werden.

Nothwendiger Verkauf.
Stadtgericht zu Berlin, den 23. April 1844.

Das vor dem Schönhauser Thor an der Schönhauser Allee belegene Grundstück des Mühlenbaumeisters Engeler, gerichtlich abgeschätzt zu 827 Thlr. 5 Sgr., soll in seinem jetzigen Zustande
am 12. September d. J., Vormittags 11 Uhr,
an der Gerichtsstelle subhastirt werden. Taxe und Hypothekenschein sind in der Registratur einzusehen.

Die dem Aufenthalte nach unbekannte Frau Lieutenant Kienitz, Henriette geb. Meyer wird hierdurch öffentlich vorgeladen.

Nothwendiger Verkauf.
Stadtgericht zu Berlin, den 2. Mai 1844.

Das in der Landwehrstraße Nr. 16 a belegene Grundstück des Architekten Johann Conrad Adler, gerichtlich abgeschätzt zu 1182 Thlrn. 9 Sgr. 4½ Pf., soll
am 6. September d. J., Vormittags 11 Uhr,
an der Gerichtsstelle subhastirt werden. Taxe und Hypothekenschein sind in der Registratur einzusehen.

Nothwendiger Verkauf.
Stadtgericht zu Berlin, den 7. Mai 1844.

Das in der Langen Gasse Nr. 18 und 19 belegene Grundstück des Maurermeisters Wolff, gerichtlich abgeschätzt zu 11,356 Thlr. 9 Sgr. 6 Pf., soll
am 20. Dezember d. J., Vormittags 11 Uhr,
an der Gerichtsstelle subhastirt werden. Taxe und Hypothekenschein sind in der Registratur einzusehen.

Die ihrem Aufenthalt nach unbekannten Gläubiger, die Wittwe des Gutsbesitzers Fuhrmann, Marie

Marie geb. Leetz und die Wittwe des Maurermeisters Wolff, Marie Wilhelmine geb. Fuhrmann werden hierdurch öffentlich vorgeladen.

Nothwendiger Verkauf.

Die dem Kaufmann Johann Christian Kliemchen gehörigen Restbestandtheile der zu Alt-Glienicke belegenen, Fol. 1 Nr. 1 und Fol. 50 Nr. 8
des Hypothekenbuchs von Alt-Glienicke verzeichneten Kossäthen-Zinsgüter, nämlich:

1) die sogenannte Rudower Grenze von 2 Morgen 142 ☐Ruthen,
2) die sogenannten 2 See-Enden von 2 Morgen
68 ☐Ruthen,
3) das sogenannte Falkenberg-Ende von 5 Morgen 41 ☐Ruthen,
4) der sogenannte Falkenberg von 80 Morgen,
5) die 8 Wiesen von circa 25 Morgen Fläche,
resp. die darauf bei der Separation zugetheilte Abfindung zufolge der, nebst Hypothekenschein in der
Registratur einzusehenden Taxe auf 400 Thlr. abgeschätzt, sollen
am 23. September d. J., Vormittags 11 Uhr,
an ordentlicher Gerichtsstelle subhastirt werden.

Alle unbekannten Realprätendenten werden aufgeboten, sich, bei Vermeidung der Präklusion, spätestens in diesem Termine zu melden.
Cöpenick, den 23. Mai 1844.
Königl. Land- und Stadtgericht.

Nothwendiger Verkauf.
Theilungshalber.
Patrimonialgericht Zerpenschleuse, am 25. Mai 1844.

Die zum Nachlaß der Wittwe Schaller geb.
Kühne gehörigen Oberkähne XIII—43, geschätzt
zu 170 Thlrn. 15 Sgr., und XIII—45, geschätzt
zu 282 Thlrn. 25 Sgr., sollen
am 2 Oktober d. J., Vormittags 11 Uhr,
an Gerichtsstelle zu Zerpenschleuse öffentlich verkauft werden. Die Taxe ist bei uns und dem
Schiffsbaumeister Bartholdy zu Zerpenschleuse
einzusehen, welcher auch die Kähne vorzeigt.

Nothwendiger Verkauf.
Königl. Land- und Stadtgericht zu Strausberg,
den 22. Mai 1844.

Die zur Nachlaßmasse der verwittweten Tischlermeister Haack, Friederike geb. Hirte gehörigen,
hierselbst belegenen Grundstücke:

a) das in der Müncheberger Straße sub Nr. 110
belegene Wohnhaus nebst Zubehör, abgeschätzt
auf 673 Thlr. 22 Sgr.,
b) der vor dem Müncheberger Thore belegene
Garten, taxirt auf 53 Thlr.,
sollen
am 17. September d. J., Vormittags 11 Uhr,
an ordentlicher Gerichtsstelle subhastirt werden.
Taxe und Hypothekenschein sind in unserer Registratur einzusehen.

Steckbrief.

Der nachstehend bezeichnete Bursche Karl Gottlieb Büchner, aus Erfurt gebürtig und in Prenzlow angehörig, welcher hier Legitimationshalber
angehalten und mittelst Reiseroute am 15. d. M.
nach Prenzlow gewiesen worden, ist nach der Anzeige des dortigen Magistrats vom 21. d. M. nicht
eingetroffen, weshalb wir die resp. Polizeibehörden
auf denselben aufmerksam machen.
Bernau, den 31. Mai 1844.
Der Magistrat.

Personbeschreibung. Religion: evangelisch,
Alter: 15 Jahr, Haare: hellblond, Stirn: klein,
rund, Augenbrauen: hellblond, Augen: hellblau,
Nase und Mund: klein, Gesicht: oval, Gesichtsfarbe: gesund, Statur: klein. Besondere Kennzeichen: Sommersprossen im Gesicht und erfrorne
Finger.

Bekleidet war derselbe mit einem alten brauntuchenen Ueberrock mit schwarzen hörnernen Knöpfen,
alten grauen, in die Stiefeln gehenden Hosen, weiß
und blau gestreiften helltuchenen Weste mit mes-
singnen Knöpfen, kalbledernen Stiefeln, einer alten
schwarztuchenen Mütze mit ledernem Schirm, einem
blaustreifigen weißen Halstuche, und einem bunt
gewirkten Hosenträger, worauf die Worte: „lebe
froh" eingenäht sind.

Jagd-Verpachtung.

Höherer Bestimmung gemäß soll bie zum Forstrevier Havelberg gehörige, mit Trinitatis d. J.
pachtlos werdende hohe, mittel und niedere Jagd
auf der Feldmark Netzow auf anderweite 6 Jahre
öffentlich an den Meistbietenden verpachtet werden.
Zu diesem Behuf ist ein Termin auf
den 17. Juni d. J., Vormittags 9 Uhr,
in dem Geschäftszimmer des Unterzeichneten anberaumt, wozu Pachtliebhaber mit dem Bemerken
eingeladen werden, daß die dieser Verpachtu-

zum Grunde zu legenden Bedingungen in dem Termin bekannt gemacht werden sollen, solche aber auch schon von heute ab in dem Geschäftszimmer des Unterzeichneten zur Einsicht bereit liegen.

Dom Havelberg, den 3. Juni 1844.

Im Auftrage der Königl. Regierung zu Potsdam.

Der Oberförster Gerland.

Es wünscht Jemand ein Rittergut in der Provinz Brandenburg, wo möglich im Regierungsbezirk Potsdam belegen und im Besitz einer Forst, zum Preise von 50- bis 60,000 Thlrn. zu kaufen. Wer ein solches Gut zu verkaufen hat, wird ergebenst ersucht, mir seine Mittheilungen darüber baldgefälligst zu machen.

Potsdam, den 30. Mai 1844.

Sello, Justiz-Kommissarius.

Die Wohngebäude eines Bauerhofes, 3 Meilen von Berlin, 2¼ Meile von Potsdam, ½ Meile von der Anhaltischen Eisenbahn gelegen, bestehend aus zwei ausgebauten Wohnungen, Ställungen und verdeckter Auffahrt; nebst einem großen Garten hinter dem Hause, imgleichen circa 29 ☐ Morgen Wiesen, einem verhältnißmäßig bedeutenden Anrecht auf mindestens 1000 bis 1200 ☐ Morgen niedrige Weiden: sollen sogleich aus freier Hand für 1600 Thlr. verkauft werden. Noch ist zu bemerken, daß diese Pertinentien von Dominial-Abgaben abgelöst, und die übrigen höchst unbedeutend sind. Die Wohngebäude können auch mit wenig Wiesen und überhaupt mit ¼ Angeld erworben werden. Außer dem Schmidt mangelt es im Dorfe an allen Professionisten; auch würden sich diese Grundstücke zu einer Viehmästerei gut eignen. Verkauf und Uebergabe geschieht durch den Kaufmann Jacobi in Beelitz, an welchen sich Selbstkäufer persönlich oder in frankirten Briefen gefälligst wenden wollen.

Im Jerichow'schen Kreise, eine Meile von der Elbe sind:

1) ein speziell separirtes Ackergut mit einem Areal von 127 Morgen Acker und Wiesen, neu erbauten Wirthschafts-Gebäuden, welche in der Mitte des Planes liegen, und gut bestandener Winter- und Sommeraussaat,

2) ein Ackerplan von 70 Morgen Fläche mit Winter- und Sommersaat bestelltem Acker, Wiesen und einem gut bestandenen Reviere Holz, meist Eichen, zu verkaufen.

Reflektirende wollen sich gefälligst bis zum 15. Juni d. J. wegen des Näheren an den Mühlenmeister Bittelmann in Rathenow wenden.

Ein im besten Zustande befindlicher Oderkahn, welcher vor einigen Jahren neu überbaut ist, und 25,000 Mauersteine Last trägt, soll veränderungshalber, mit sämmtlichem Zubehör sofort verkauft werden. Derselbe liegt hierselbst vor der Altstadt, bei dem Schiffbaumeister Herrn Berkholz zur Ansicht bereit.

Brandenburg an der Havel, den 23. Mai 1844.

Veränderungshalber beabsichtige ich, meine in der Neustadt Brandenburg am Markt Nr. 92 belegene Bäckerei aus freier Hand zu verkaufen oder zu verpachten.

Brandenburg, den 26. Mai 1844.

W. Schernbeck, Bäckermeister.

Auf dem Gute Warnsdorf bei Wittstock wird zu Michaelis d. J. ein rüstiger, treuer, verheiratheter Gärtner, der zugleich auch Jäger ist, im Dienste gesucht.

Für die Herren Guts- und Fabrikbesitzer.

Eine wenig gebrauchte Hochdruck-Dampfmaschine mit Expansion von 6 Pferdekräften, nebst Kessel, dazu gehörigem Getriebe, auch kleinem Mahlgang, soll Veränderung halber schleunigst und billig verkauft werden.

Portofreie Adressen erbitten die Herren Eastner & Dey in Berlin, Mühlenstraße Nr. 48.

Einige Kandidaten der Theologie, Philologie und des höhern Schulamts suchen Hauslehrerstellen durch W. E. Seibel in Zehdenick.

Einige sehr brauchbare und gut empfohlene Forstsekretaire wünschen in den nächsten Monaten ein anderweites Engagement. Das Nähere bei W. E. Seibel in Zehdenick.

Oeffentlicher Anzeiger
zum 24ften Stück des Amtsblatts
er Königlichen Regierung zu Potsdam und der Stadt Berlin.

Den 14. Juni 1844.

Dem Uhrmacher C. A. Lätsch zu Trier ist unter dem 29. Mai 1844 ein Patent

auf eine ruhende Hemmung in Taschenuhren, insoweit solche nach der vorgelegten Zeichnung und Beschreibung für neu und eigenthümlich erachtet worden ist,

auf acht Jahre, von jenem Tage an gerechnet, und für den Umfang der Monarchie ertheilt worden.

Steckbrief.

Der nachstehend signalisirte Klempnergeselle Ludwig Müller, gebürtig in Berlin und ortsangehörig in Potsdam, hat sich gestern von hier heimlich ohne Legitimation entfernt und nicht nur mehrere Schulden hinterlassen, sondern er ist auch dringend verdächtig, seinem Meister folgende Sachen:

eine gelbe Piqueweste, fünf neue Taschenmesser, eine lange Pfeife mit schwarzem Rohr, 15 Sgr. baares Geld,

entwendet zu haben.

Es werden deshalb alle Behörden dienstlichst ersucht, den Müller, wo er sich betreten lassen sollte, anzuhalten und mit dem bei sich führenden Effekten hierher transportiren zu lassen.

Neustadt a. d. Dosse, den 5. Juni 1844.

Der Magistrat.

Signalement. Alter: 31 Jahr, Größe: 5 Fuß 4 Zoll, Haare: blond, Nase: klein und spitz, Mund: gewöhnlich, Gesichtsfarbe: roth und gesund. Bekleidet ist der Müller mit einem schwarztuchnen Oberrock mit buntem Kamlott gefüttert, gelber Weste, grau und schwarzgestreiften Sommerbeinkleidern mit Trägern von Gummi, neuen Halbstiefeln, schwarzseidener Halsbinde, schwarzer Tuchmütze mit Schirm.

Am 21. Mai d. J. ist am Fuße des Babertsberges, unweit Klein-Glienicke, der Leichnam eines unbekannten Mannes an das Ufer der Havel angetrieben worden, der anscheinend 8 bis 14 Tage im Wasser gelegen hatte.

Derselbe war mit einer grauen Sommerjacke, dergleichen Beinkleidern, bunter Sommerweste, buntkarirtem Halstuche, langen rindledernen Stiefeln, weißen wollenen Strümpfen, weißleinenem Hembe und Hosenträgern von Tuchleden bekleidet; die Kleidung war von schlechter Beschaffenheit und von der Art, wie sie Leute niedrigen Standes zu tragen pflegen.

Der Körper selbst ist 5 Fuß 3 Zoll groß, und gehört einem Manne von etwa 60 und einigen Jahren an; der Hinterkopf ist mit wenigem grauem Haar bedeckt, der Scheitel kahl, die Stirn platt und zurücktretend, die Augenbrauen blond, die Nase gewöhnlich, der Mund klein, das Gesicht und Kinn rund, die Farbe der ganz verschwollenen Augen dagegen nicht mehr zu beschreiben.

Alle, welche den Verstorbenen kennen, oder über die Verhältnisse desselben irgend etwas anzugeben vermögen, werden aufgefordert, dieß dem unterzeichneten Justiz-Amte entweder schleunigst schriftlich anzuzeigen, oder sich darüber in dem auf

den 17. Juli 1844, Vormittags 11 Uhr,

in unserem Gerichtslokale, Friedrichsstraße Nr. 7, vor dem Herrn Assessor Schnee anberaumten Termine zu Protokoll vernehmen zu lassen.

Kosten werden dadurch nicht veranlaßt.

Königl. Justiz-Amt Potsdam, den 24. Mai 1844.

Der Unteroffizier Albert Theobald Ernst von der 4ten Fuß-Kompagnie der 8ten Artillerie-Brigade, gebürtig aus Berlin, ist im Jahre 1843 aus seiner Garnison Coblenz entwichen und durch kriegsrechtliches, heute bestätigtes Erkenntniß, d. d. Coblenz den 23. Mai d. J., der Desertion in contumaciam für überführt erachtet und zur Konfiskation seines gesammten gegenwärtigen und zukünftigen Vermögens zum Besten der Regierungs-Hauptkasse seiner Heimath verurtheilt worden.

Coblenz, den 28. Mai 1844.

Königl. Achtes Armee-Korps-Gericht.

Der Musketier Gustav Eduard Igel von der 6ten Kompagnie des 40sten Infanterie-Regiments (8ten Reserve⸗), gebürtig aus Berlin, ist im Jahre 1843 aus seiner Garnison Mainz entwichen und durch kriegsrechtliches, heute bestätigtes Erkenntniß, d. d. Coblenz den 23. Mai d. J., der Desertion in contumaciam für überführt erachtet und zur Konfiskation seines gesammten gegenwärtigen und zukünftigen Vermögens zum Besten der Regierungs⸗Hauptkasse seiner Heimath verurtheilt worden.

Coblenz, den 29. Mai 1844.

Königl. Achtes Armee⸗Korps⸗Gericht.

Durch das, am 25. d. M. bestätigte kriegsgerichtliche Erkenntniß ist folgendes Individuum, als:

der Hornist Carl Ludwig Koch, geboren den 30. März 1822 zu Berlin, vom 30sten Infanterie⸗Regiment,

der Desertion in contumaciam für überführt erachtet, und ist zugleich sein gesammtes gegenwärtiges und zukünftiges Vermögen für konfiszirt erklärt. Trier, den 28. Mai 1844.

Königl. Divisions⸗Gericht der 16ten Division.

Ediktal⸗Zitation.

Der Bauer Johann Gottfried Mönch aus Zechow und dessen Ehefrau Friederike Christine geb. Schulz haben uns angezeigt, daß bei Gelegenheit der den 20. Mai 1843 stattgefundenen Feuersbrunst, wodurch das ganze Dorf Zechow abgebrannt ist, ihnen auch das Schuldokument des Schlächtermeisters Karl Heinrich Ludwig Ulrich hierselbst über 600 Thlr. Kourant, nemlich ein Duplikat des gerichtlichen Kaufkontrakts vom 13. Juni 1840, mit angehängtem Hypotheken⸗Rekognitionsscheine vom 19. Juni 1840 von den Vol. III Fol. 33 des hiesigen Grund⸗ und Hypothekenbuches, wo das an der großen Straße Nr. 96 B gelegene Wohnhaus und Zubehör verzeichnet steht, und mit angehängtem Zessions⸗Dokumente vom 9. September 1841 mit verbrannt sei. Sie haben daher darauf angetragen, dieses Schuldokument zu amortisiren, und ihnen dafür ein neues auszufertigen.

Hiernach werden alle diejenigen, welche an diese Schuld der 600 Thlr. des Schlächtermeisters Karl Heinrich Ludwig Ulrich als Zessionarii, Pfand⸗

oder sonstige Brief⸗Inhaber Anspruch haben möchten, hierdurch vorgeladen, sich in termino

den 12. September d. J., Vormittags 10 Uhr, hierselbst zu gestellen, das etwa in ihren Händen befindliche Dokument vorzulegen, und ihre Ansprüche daran nachzuweisen, widrigenfalls dasselbe amortisirt, und den Mönchschen Eheleuten aus den Grundakten ein gültiges Duplikat ausgefertigt werden wird.

Rheinsberg, den 1. Juni 1844.

Königl. Preuß. Haus⸗Fidei⸗Kommiß⸗Herrschaft⸗Gericht hierselbst.

Der Lehnschulze Bahrfeldt zu Röbbelin beabsichtigt, unweit des Dorfes auf seinem Acker eine Windmühle zu erbauen, und hat dazu die baupolizeiliche Genehmigung nachgesucht. Dies wird hierdurch mit dem Bemerken zur öffentlichen Kenntniß gebracht, daß alle etwanige Widersprüche dagegen sowohl aus dem Edikte vom 28. Oktober 1810 wie aus der Allerhöchsten Kabinetsordre vom 23. Oktober 1826 binnen 8 Wochen präklusivischer Frist bei dem unterzeichneten Landrathe anzumelden und zu begründen sind.

Templin, den 13. Mai 1844.

Der Landrath des Templinschen Kreises.

von Haas.

Der Mühlenmeister Mohr zu Kienberg beabsichtigt, auf einem von dem Bauer Seeburg zu Paaren erworbenen Ackerstücke, in einer Entfernung von circa 450 Schritten vom Dorfe Paaren im Glien, eine Bockwindmühle mit einem Mahl und einem Schrootgang zu erbauen.

Etwanige Widersprüche gegen diese Anlage, sie mögen aus dem Edikt vom 28. Oktober 1810 oder aus der Allerhöchsten Kabinetsordre vom 23. Oktober 1826 hergeleitet werden, sind binnen 8 Wochen präklusivischer Frist bei mir anzumelden und zu begründen.

Nauen, den 4. Mai 1844.

Königl. Landrath Osthavelländischen Kreises.

Graf von Königsmark.

Jagd⸗Verpachtung.

Die zu Trinitatis d. J. pachtlos werdende hohe, mittel⸗ und niedere Jagd auf den bei Jüterbock belegenen Feldmarken Lindow und Dalchow soll entweder im Ganzen, oder auf jeder Feldmark be⸗

Sonders, auf 6 Jahre im Wege des Meistgebots verpachtet werden. Hierzu steht ein Termin auf den 23. Juni d. J., Vormittags um 11 Uhr, än dem Oberförster-Etablissement zu Zinna an, wozu Pachtlustige mit dem Bemerken eingeladen werden, daß die Bedingungen im Termine bekannt gemacht werden sollen.

Potsdam, den 8. Juni 1844.

Krause, Regierungs- und Forstrath.

Holz-Auktion.

Am 18. Juni d. J., Morgens 10 Uhr, sollen in der Klein-Beerenschen Bauerheide im Wege der Exekution circa 119 Klaftern kiehnenes Kloben-, 30 Klaftern Knüppel-, 196 Klaftern Stubbenholz und 60 Fuhren Reisig öffentlich meistbietend gegen gleich baare Bezahlung verkauft werden.

Trebbin, den 31. Mai 1844.

Beerendsches Patrimonialgericht über Klein-Beeren.

Nothwendiger Verkauf.

Königl. Kammergericht in Berlin.

Die in der Louisenstraße hierselbst Nr. 4 i und 4 k belegenen, im kammergerichtlichen Hypothekenbuche Vol. IX Cont. i Nr. 23 Pag. 527 verzeichneten, dem Tischlermeister Friedrich Wilhelm Deichmann gehörigen Grundstücke, von denen der Materialienwerth des Erstern auf resp. 10,057 Thlr. 8 Sgr. 7½ Pf. und des Letzteren auf 19,546 Thlr. 21 Sgr. 10½ Pf., zusammen auf 29,604 Thlr. 6 Pf., der künftige reine Ertrag auf 991 Thlr. 20 Sgr. jährlich und der kapitalisirte Ertragswerth auf 19,833 Thlr. 10 Sgr. zufolge der, nebst Hypothekenschein und Bedingungen in der Registratur einzusehenden Taren, abgeschätzt worden, sollen

am 9. November 1844,

an ordentlicher Gerichtsstelle subhastirt werden.

Nothwendiger Verkauf.

Königl. Kammergericht in Berlin.

Das hierselbst in der Louisenstraße Nr. 4 g belegene Grundstück, abgeschätzt auf 15,725 Thlr. 8½ Pf. zufolge der, nebst Hypothekenschein und Bedingungen in der Registratur einzusehenden Taxe, soll
am 11. September 1844,
an ordentlicher Gerichtsstelle subhastirt werden.

Nothwendiger Verkauf.

Stadtgericht zu Berlin, den 19. Januar 1844.

Das in der Kronenstraße Nr. 3 belegene Blumesche Grundstück, gerichtlich abgeschätzt zu 18,342 Thlr. 8 Sgr. 3 Pf., soll Schuldenhalber am 13. September 1844, Vormittags 11 Uhr, an der Gerichtsstelle subhastirt werden. Taxe und Hypothekenschein sind in der Registratur einzusehen.

Die dem Aufenthalte nach unbekannte Realgläubigerin, die Wittwe des Kaufmanns Lanz, Emilie geb. Tempelhagen, wird hierdurch öffentlich vorgeladen.

Nothwendiger Verkauf.

Stadtgericht zu Berlin, den 23. Januar 1844.

Das vor dem neuen Königsthor an der Chaussee links belegene Friedrichsche Grundstück, gerichtlich abgeschätzt zu 7443 Thlr. 7 Sgr. 6 Pf., soll am 3. September 1844, Vormittags 11 Uhr, an der Gerichtsstelle subhastirt werden. Taxe und Hypothekenschein sind in der Registratur einzusehen.

Nothwendiger Verkauf.

Stadtgericht zu Berlin, den 25. Januar 1844.

Das in der Bergstraße Nr. 3 belegene Altermannsche Grundstück, gerichtlich abgeschätzt zu 8111 Thlr. 7 Sgr. 6 Pf., soll am 10. September 1844, Vormittags 11 Uhr, an der Gerichtsstelle subhastirt werden. Taxe und Hypothekenschein sind in der Registratur einzusehen.

Nothwendiger Verkauf.

Stadtgericht zu Berlin, den 27. Januar 1844.

Das in der Auguststraße Nr. 61 belegene Hildebrandtsche Grundstück, gerichtlich abgeschätzt zu 9493 Thlr. 23 Sgr. 9 Pf., soll am 6. September 1844, Vormittags 11 Uhr, an der Gerichtsstelle subhastirt werden. Taxe und Hypothekenschein sind in der Registratur einzusehen.

Nothwendiger Verkauf.

Land- und Stadtgericht zu Storkow, den 31. Januar 1844.

Das zu Friedersdorff gelegene, auf den Namen der Wittwe Mollenhauer, Dorothee Christiane gebornen Schmeling, im Hypothekenbuche vom Landbezirke Vol. VII. Fol. 31 eingetragene Doppel-

Bauergut, abgeschätzt auf 5619 Thlr. 10 Pf., nach einer frühern Taxe aber zu 1761 Thlr. 11 Sgr. 8 Pf. gewürdigt, soll

am 23. August d. J., Vormittags 11 Uhr, an ordentlicher Gerichtsstelle hierselbst öffentlich verkauft werden. Die Taxe und der Hypothekenschein wird in unserer Registratur zur Einsicht vorgelegt werden.

Unbekannte Realprätendenten werden aufgeboten, sich bei Vermeidung der Präklusion spätestens im obigen Termine zu melden.

Nothwendige Subhastation.

Stadtgericht zu Charlottenburg, den 1. März 1844.

Das hierselbst in der Orangenstraße Nr. 2 belegene, dem Schlossermeister Rese gehörige, im stadtgerichtlichen Hypothekenbuche Vol. I Nr. 41 verzeichnete Grundstück nebst Garten, abgeschätzt auf 6600 Thlr. 11 Sgr. 9 Pf. zufolge der, nebst Hypothekenschein, in unserer Registratur einzusehenben Taxe, soll in termino

den 12. Oktober d. J., Vormittags 10 Uhr, vor dem Herrn Kammergerichts-Assessor Kahle an ordentlicher Gerichtsstelle subhastirt werden.

Nothwendiger Verkauf.

Die dem Krüger Christian Lüdemann gehörige, zu Rübehorst belegene, im Hypothekenbuche noch nicht verzeichnete Büdnerstelle, gerichtlich taxirt zu 1000 Thlr. zufolge der, nebst Hypothekenschein und Kaufbedingungen in unserer Registratur einzusehenden Taxe, soll

am 16. August d. J., Vormittags 11 Uhr, hierselbst an ordentlicher Gerichtsstelle subhastirt werden.

Alle unbekannten Realprätendenten werden unter der Warnung vorgeladen, daß die Ausbleibenben mit ihren Realansprüchen auf das Grundstück präkludirt und ihnen ein ewiges Stillschweigen auferlegt werden soll.

Neustadt a. d. Dosse, den 19. März 1844.

Königl. Land- und Stadtgericht.

Nothwendiger Verkauf.

Stadtgericht zu Berlin, den 20. März 1844.

Das hierselbst in der von der Hirschelstraße nach dem Schaafgraben führenden Straße belegene Grundstück des Musikus Kohlmann, in einer Baustelle nebst darauf befindlichem Brunnen bestehend, gerichtlich abgeschätzt zu 1137 Thlr. 15 Sgr., soll

am 24. Juli 1844, Vormittags 11 Uhr, an der Gerichtsstelle subhastirt werden. Taxe und Hypothekenschein sind in der Registratur einzusehen.

Nothwendiger Verkauf.

Stadtgericht zu Berlin, den 20. März 1844.

Das in der Siebergasse Nr. 12 belegene Prottsche Grundstück, gerichtlich abgeschätzt p 1383 Thlr. 7 Sgr. 8 Pf., soll

am 23. Juli 1844, Vormittags 11 Uhr, an der Gerichtsstelle subhastirt werden. Taxe und Hypothekenschein sind in der Registratur einzusehen.

Nothwendiger Verkauf.

Stadtgericht zu Berlin, den 21. März 1844.

Das in der Hirschelstraße belegene Pögelsche Grundstück, gerichtlich abgeschätzt zu 4028 Thlr. 5 Sgr., soll Schuldenhalber

am 26. Juli 1844, Vormittags 11 Uhr, an der Gerichtsstelle subhastirt werden. Taxe und Hypothekenschein sind in der Registratur einzusehen.

Nothwendiger Verkauf.

Stadtgericht zu Berlin, den 23. März 1844.

Das hierselbst in der Hirschelstraße belegene Deichmannsche Grundstück, gerichtlich abgeschätzt zu 1354 Thlr. 20 Sgr., soll Schuldenhalber

am 25. Juli 1844, Vormittags 11 Uhr, an der Gerichtsstelle subhastirt werden. Taxe und Hypothekenschein sind in der Registratur einzusehen.

Der als Gläubiger eingetragene Rentier Emil Ludwig August Schultze wird hierdurch öffentlich vorgeladen.

Nothwendiger Verkauf.

Stadtgericht zu Wittstock den 3. April 1844.

Das zum Nachlaß des hierselbst verstorbenen Pantoffelmachermeisters Karl Wilhelm Lutz gehörige, hierselbst in der Kettenstraße im vierten Stadtviertel Nr. 79 belegene, Vol. IV. Fol. 79 des Hypothekenbuchs verzeichnete, und zu dem Werthe von 628 Thlr. 21 Sgr. ½ Pf. gerichtlich abgeschätzte Wohnhaus, soll

am 18. Juli d. J., Vormittags 11 Uhr und Nachmittags 4 Uhr,

an ordentlicher Gerichtsstelle subhastirt werden. Taxe nebst Hypothekenschein sind in der Registratur des Gerichts einzusehen.

Nothwendiger Verkauf.

Folgende in hiesiger Stadt belegene Grundstücke:
1) Die dem Schlossermeister Heinrich König gehörige, im Hypothekenbuche Vol. I Fol. 124 eingetragene, auf 861 Thlr. 28 Sgr. 4 Pf. gerichtlich taxirte Großbürgerstelle ohne Pertinenzien, und
2) der, der verehelichten König geb. Lensche gehörige, im Hypothekenbuche Vol. I Fol. 127 b eingetragene, auf 149 Thlr. 5 Sgr. gerichtlich taxirte Garten,

sollen in termino

den 23. Juli d. J., Vormittags 11 Uhr,
an hiesiger Gerichtsstelle subhastirt werden.

Die Taxen und die neuesten Hypothekenscheine liegen in der Registratur zur Einsicht bereit.

Friesack, den 5. April 1844.

Das Stadtgericht.

Nothwendiger Verkauf, Theilungshalber.

Land- und Stadtgericht zu Liebenwalde am 6. April 1844.

Die Büdnerstelle der Wilhelmine Sack zu Wandlitz, abgeschätzt zufolge der, nebst Hypothekenschein und Bedingungen bei uns einzusehenden Taxe auf 275 Thlr., soll

am 26. Juli d. J., Mittags 12 Uhr,
an Ort und Stelle in Wandlitz subhastirt werden.

Nothwendiger Verkauf.

Land- und Stadtgericht zu Brandenburg a. d. H., den 12. April 1844.

Die in der hiesigen Neustadt belegenen Grundstücke der Mauermeister Johann Friedrich Wilhelm Danckertschen Erben, als:
1) das Wohnhaus Nr. 72 mit Hauskavel und Braugerechtigkeit, taxirt auf 1484 Thlr. 16 Sgr. 7 Pf.,
2) das Wohnhaus Nr. 751 mit Hauskavel, abgeschätzt auf 523 Thlr. 16 Sgr. 1 Pf. und
3) das Wohnhaus Nr. 752 mit Hauskavel, auf 721 Thlr. 12 Sgr. 3 Pf. taxirt,

zufolge der, nebst Hypothekenschein und Kaufbedingungen in unserer Registratur einzusehenden Taxen, soll Theilungshalber

am 24. Juli d. J., Vormittags 11 Uhr,
an ordentlicher Gerichtsstelle vor dem Deputirten, Herrn Land- und Stadtgerichtsrathe Sect, subhastirt werden.

Nothwendiger Verkauf.

Königl. Schulamts-Gericht Joachimsthal den 9. April 1844.

Das dem Kaufmann Johann Paul Friedrich Gutke zugehörige, im Hypothekenbuche der hiesigen Stadt Vol. III Nr. 146 verzeichnete Grundstück, abgeschätzt auf 2538 Thlr. 25 Sgr., soll

am 27. August d. J., Vormittags 10 Uhr,
an ordentlicher Gerichtsstelle subhastirt werden. Taxe und Hypothekenschein sind in der Registratur einzusehen.

Nothwendiger Verkauf.

Folgende zum Nachlasse des verstorbenen Schneidermeisters August Rückert gehörige Grundstücke,

das im Hypothekenbuche von Alt-Grimnitz sub Nr. 37 verzeichnete Büdnergut, abgeschätzt auf 848 Thlr. 27 Sgr. 6 Pf.;

der im Hypothekenbuche der hiesigen Stadt Vol. V Nr. 220 verzeichnete halbe Garten, abgeschätzt auf 100 Thlr.,

sollen auf Antrag der Beneficialerben

am 26. August d. J., Vormittags 10 Uhr,
an ordentlicher Gerichtsstelle subhastirt werden. Taxe und Hypothekenschein sind in der Registratur einzusehen. Joachimsthal, den 9. April 1844.

Königl. Schulamts-Gericht.

Nothwendiger Verkauf.

Stadtgericht zu Berlin, den 19. April 1844.

Das in der neuen Königsstraße Nr. 65 belegene Ludwigsche Grundstück, gerichtlich abgeschätzt zu 28,003 Thlrn. 25 Sgr. 3 Pf., soll

am 26. November d. J., Vormittags 11 Uhr,
an der Gerichtsstelle subhastirt werden. Taxe und Hypothekenschein sind in der Registratur einzusehen.

Zugleich werden
1) die verehelichte Ludwig, Wilhelmine geborne Seidentopf, oder deren Erben zur Wahrnehmung ihrer Gerechtsame,
2) die unbekannten Realprätendenten bei Vermeidung der Präklusion

öffentlich vorgeladen.

Nothwendiger Verkauf.

Stadtgericht zu Berlin, den 19. April 1844.

Das hierselbst in der Köpnickerstraße Nr. 29 belegene Grundstück des Kattunfabrikanten Pardow, gerichtlich abgeschätzt zu 83,617 Thlrn. 23 Sgr., soll am 3. Dezember d. J., Vormittags 11 Uhr, an der Gerichtsstelle subhastirt werden. Taxe und Hypothekenschein sind in der Registratur einzusehen.

Nothwendiger Verkauf.

Stadtgericht zu Berlin, den 20. April 1844.

Das vor dem Schönhauser Thore an der Papelallee belegene Schweitzersche Ackerstück von 1 Morgen Flächeninhalt, taxirt zu 91 Thlrn. 20 Sgr., und wovon ein Kanon von 8 Thlrn. jährlich zu entrichten ist, soll am 2. September d. J., Vormittags 11 Uhr, an der Gerichtsstelle subhastirt werden. Taxe und Hypothekenschein sind in der Registratur einzusehen.

Nothwendiger Verkauf.

Stadtgericht zu Berlin, den 24. April 1844.

Das in der Rosenthalerstraße Nr. 24 belegene Bolck'sche Grundstück, gerichtlich abgeschätzt zu 3372 Thlr., soll am 5. September d. J., Vormittags 11 Uhr, an der Gerichtsstelle subhastirt werden. Taxe und Hypothekenschein sind in der Registratur einzusehen.

Das dem Lieutenant a. D. Karl Julius Wilhelm Kiesling gehörige, in der Teltower Vorstadt, Luckenwalder Straße Nr. 1 belegene, in unserm Hypothekenbuche von dieser Vorstadt Vol. III Nr. 73 verzeichnete, auf 8336 Thlr. 4 Sgr. abgeschätzte Grundstück nebst Zubehör, soll im Wege der nothwendigen Subhastation verkauft werden, und ist hierzu ein Bietungstermin auf den 3. Dezember d. J., Vormittags 10 Uhr, vor dem Stadtgerichtsrath Herrn Steinhausen im Stadtgericht Lindenstraße Nr. 54 anberaumt.

Der Hypothekenschein, die Taxe und die besonderen Kaufbedingungen sind in unserer Registratur einzusehen.

Zugleich werden alle Diejenigen, welche etwa Ansprüche auf das Grundstück oder die Kaufgelder zu haben vermeinen, hiermit aufgefordert, diese spätestens bis zu dem obengedachten Termine anzumelden und nachzuweisen, widrigenfalls dieselben

präkludirt und ihnen damit ein ewiges Stillschweigen sowohl gegen den jetzigen Besitzer, als auch gegen den Käufer und die Gläubiger auferlegt werden wird. Potsdam, den 5. Mai 1844.

Königl. Stadtgericht hiesiger Residenz.

Nothwendiger Verkauf.

Land- und Stadtgericht zu Oranienburg, den 15. Mai 1844.

Das zur Verlassenschaft des Büdners Hans gehörige, zu Zühlsdorff belegene und in dem dortigen Hypothekenbuche Vol. I Nr. 20 aufgeführte Wohnhaus nebst Garten, auf 150 Thlr. abgeschätzt, soll in dem auf den 6. September d. J., Vormittags 10 Uhr, angesetzten Termine subhastirt werden.

Nothwendiger Verkauf.

Land- und Stadtgericht zu Neustadt-Eberswalde, den 23. Mai 1844.

Der dem Arbeiter Grüning gehörige, in der Kieper Forst in der Nähe der Oberberger Schleuse belegene 1 Morgen Erbpachts-Land, auf 230 Thlr. zufolge der, nebst Hypothekenschein und Bedingungen im 11ten Geschäfts-Bureau einzusehenden Taxe, soll am 27. September d. J., Vormittags 11 Uhr, im Gerichtshause an den Meistbietenden verkauft werden.

Nothwendiger Verkauf.

Gericht zu Kaltenhoff in Perleberg, den 20. Mai 1844.

Das Wohnhaus Nr. 13 b zu Glövzin in der Westpriegnitz, nebst Garten und Kohldamm, dem Schneider Gottlieb Wolf gehörig, geschätzt auf 188 Thlr. 10 Sgr. zufolge der, nebst Hypothekenschein und Bedingungen in der Registratur zu Perleberg einzusehenden Taxe, soll den 28. September d. J., Vormittags 11 Uhr, an ordentlicher Gerichtsstelle zu Kaltenhoff subhastirt werden.

Nothwendiger Verkauf.

Königl. Stadtgericht Gransee, den 29. Mai 1844.

Das dem Bürger Friedr. Krause gehörige, hierselbst in der Baustraße sub Nr. 156 c belegene Wohnhaus, taxirt 250 Thlr. zufolge der, nebst

Hypothekenschein und Bedingungen in der Registratur einzusehenden Taxe, soll

am 28. September d. J., Vormittags 10 Uhr, in ordentlicher Gerichtsstelle subhastirt werden.

Nothwendiger Verkauf.

Stadtgericht zu Prenzlow, den 30. Mai 1844.

Das dem Weißgerbermeister Carl August Zippe gehörige, hierselbst auf der Neustadt sub Nr. 728 belegene Wohnhaus nebst Zubehör, abgeschätzt auf 741 Thlr. 6 Sgr. 6 Pf. zufolge der, nebst Hypothekenschein und Bedingungen in unserer Registratur einzusehenden Taxe, soll

am 21. September d. J., Vormittags 10 Uhr, an ordentlicher Gerichtsstelle subhastirt werden.

Nothwendiger Verkauf.

Königl. Stadtgericht zu Lychen, den 4. Juni 1844.

Der zur Unteroffizier Peter Gottlieb Völkerschen Nachlaßmasse gehörige, hierselbst hinter dem Markgrafenbusch am Oberpfuhl-See belegene, im Hypothekenbuche Vol. XII Nr. 180 verzeichnete Garten, geschätzt auf 120 Thlr. zufolge der, nebst Hypothekenschein und Bedingungen in der Registratur einzusehenden Taxe, soll

am 16. September d. J., Vormittags 10 Uhr, an öffentlicher Gerichtsstelle subhastirt werden.

Nothwendiger Verkauf.

Behufs Erbtheilung sollen folgende, zum Nachlasse der verehelichten Bäckermeister Pritschow geb. Haacke gehörige, in und bei hiesiger Stadt belegene Grundstücke, als:

1) die im Hypothekenbuche Vol. I Fol. 133 noch eingetragenen Bestandtheile der eingegangenen, früher Arndtschen Halbbürgerstelle, und

2) die im Hypothekenbuche Vol. I Fol. 134 eingetragene Großbürgerstelle nebst Pertinenzien, welcher die ad 1 gedachten Bestandtheile dadurch einverleibt, daß Letztere mit den Gebäuden dieser Großbürgerstelle bebaut worden sind,

die Großbürgerstelle sub 2, inkl. der sub 1 gedachten Bestandtheile der Arndtschen Halbbürgerstelle, ist auf 3200 Thlr. 14 Sgr. 6 Pf. taxirt worden;

3) der im Hypothekenbuche Vol. I Fol. 133 b eingetragene, auf 95 Thlr. taxirte Garten von circa ¼ Morgen Fläche,

4) die im Hypothekenbuche Vol. I Fol. 146 b eingetragenen Wiesengrundstücke, nemlich: eine Hauswiese, eine halbe Hauswiese und eine Placke, welche bei der Separation zusammengelegt sind, von zusammen circa 9¼ Morgen Größe, taxirt auf 567 Thlr. 8 Sgr. 9 Pf.,

5) die im Hypothekenbuche Vol. I Fol. 151 b eingetragenen Aecker, nemlich:

a) zwei Enden Acker und ¼ Stück am Helmschen See,

b) eine Zehnruthe im Vietznitzer Felde,

c) eine Viertelhufe von 16 Morgen 33 ☐ Ruthen, und

d) eine Viertelhufe von 17 Morgen 10 ☐ Ruthen, welche bei der Separation einer Veränderung unterlegen und wofür drei Ackerpläne von resp. circa 15¼ Morgen, 13¹⁄₅ Morgen und 2¹⁄₁₀ Morgen Größe angewiesen sind, taxirt auf überhaupt 1299 Thlr. 23 Sgr. 9 Pf., und

6) die im Hypothekenbuche Vol. II Fol. 54 eingetragene, auf 130 Thlr. 15 Sgr. taxirte Scheune,

in termino

den 19. September 1844, Vormittags 11 Uhr, an Gerichtsstelle subhastirt werden.

Die Taxen und Hypothekenscheine liegen in unserer Registratur zur Einsicht bereit.

Zugleich werden alle unbekannten Realprätendenten der sub 1 gedachten Bestandtheile der früher Arndtschen Halbbürgerstelle aufgeboten, sich, bei Vermeidung der Präklusion, spätestens in diesem Termine zu melden.

Friesack, den 6. Juni 1844.

Das Stadtgericht.

Das in Charlottenhoff bei Plaue belegene, zum Nachlasse des Arbeitsmanns Johann Andreas Besenbinder gehörige Büdnergrundstück, abgeschätzt auf 223 Thlr. zufolge der, nebst Hypothekenschein in der Registratur einzusehenden Taxe, soll

am 13. September d. J., Vormittags 11 Uhr, in der Gerichtsstube zu Plaue subhastirt werden.

Alle unbekannten Realprätendenten werden aufgeboten, sich bei Vermeidung der Präklusion in diesem Termine zu melden.

Burg Brandenburg, den 28. Mai 1844.

Gräflich v. Königsmarksche Gerichte über Plaue.

Der ehemalige Freisasse Lücke aus Paaren, welchem nach seiner Angabe am 3. d. M. 800 Thlr. in Kassenanweisungen, bestehend in einer solchen à 500 Thlr. und sechs dergleichen à 50 Thlr., in einem hiesigen Gasthofe entwendet worden sind, hat sich gerichtlich verpflichtet, demjenigen, der ihm wieder zum Besitz des entwendeten Geldes oder doch eines Theils desselben verhilft, sofern er dabei nicht blos einer Amtspflicht genügt hat, zehn Prozent des geretteten Geldes als Prämie zu zahlen.

Indem wir dies zur öffentlichen Kenntniß bringen, fordern wir alle diejenigen, welche über den Verbleib des entwendeten Geldes oder die Person des Thäters Auskunft zu ertheilen vermögen, auf, uns sofort ihre Wissenschaft anzuzeigen.

Cremmen, den 31. Mai 1844.
Königl. Preuß. Land- und Stadtgericht.

Das Wohnhaus und die Wirthschafts-Gebäude des Schulzenguts zu Göhlsdorff bei Potsdam, mit dem dazu gehörigen Kruggrundstücke und circa 4 Morgen Garten- und Wiesenland, soll im Wege der Licitation öffentlich an den Meistbietenden aus freier Hand ganz oder getheilt verkauft werden. Der Bietungstermin hierzu steht

am 23. Juni d. J., Vormittags 9 Uhr, in Göhlsdorff an, und kann bei annehmbaren Geboten der Kaufkontrakt sogleich abgeschlossen, auch die Uebergabe vollzogen werden.

Nähere Auskunft über die zu verkaufenden Grundstücke und Verkaufsbedingungen ertheilt auf portofreie Anfragen der Protokollführer Wolff in Potsdam, Waisenstraße Nr. 18 wohnhaft.

Hagelschaden- und Mobiliar-Brandversicherungs-Gesellschaft zu Schwedt a. d. O.

Den geehrten Sozietätsmitgliedern des Jüterbogk-Luckenwalder Kreises zeigen wir ganz ergebenst an, daß der Herr Oberamtmann Kayser zu Amt Dahme seine Funktion als Spezial-Direktor hiesiger Sozietät niedergelegt hat, und daß in dessen Stelle nunmehr

a) der Herr Oberamtmann Bohnstedt zu Kaltenhausen bei Zinna als Spezial-Direktor, und
b) der Rittergutsbesitzer Schwißke auf Wahlsdorf bei Dahme als dessen Stellvertreter

fungiren.

Schwedt, den 3. Juni 1844.
Hauptdirektion.

Berlin-Anhaltische Eisenbahn.

Bei der heutigen zweiten Verloosung von Prioritäts-Aktien der Berlin-Anhaltischen Eisenbahn-Gesellschaft sind folgende Nummern gezogen worden:

A. von Prioritäts-Aktien à 500 Thlr.:
Nr. 121. 323. 400. 477. 516. 587. 656. 769. 927. 980. 997. 1007 und 1266.

B. von Prioritäts-Aktien à 100 Thlr.:
Nr. 39. 48. 153. 213. 216. 233. 255. 257. 279. 389. 486. 684. 849. 1133. 1189. 1228. 1321. 1350. 1401. 1431. 1467. 1504. 1516. 1562. 1737. 1738. 1804. 1837. 2099. 2112. 2260. 2491. 2504. 2729. 2787. 2673. 2693. 3139. 3159. 3457. 3723. 3724. 3771. 3833. 3913. 3991. 4013. 4026. 4090. 4103. 4115. 4129. 4147. 4160. 4397. 4420. 4503. 4535. 4670. 4988. 5102. 5435. 5448. 5503. 5331. 5672. 5754. 6040. 6298. 6338. 6382. 6393. 6629. 6764. 7009. 7068. 7103. 7268. 7348. 7436. 7443. 7477. 7321. 7573. 7644. 7731. 7900. 8145. 8290. 8397 und 8443.

In Gemäßheit der desfallsigen Bestimmungen des unterm 18. Februar 1842 Allerhöchst bestätigten Nachtrags zum Statut unserer Gesellschaft fordern wir die Inhaber der ausgeloosten Aktien hierdurch auf, dieselben mit dem, noch vom 1. Juli d. J. ab laufenden Zinscoupon

am 1. Juli d. J.

bei unserer hiesigen Hauptkasse gegen Zahlung des Nennwerths der Aktien einzuliefern.

Der Betrag des etwa fehlenden Koupons wird von dem Kapitale gekürzt.

Die Verzinsung der ausgeloosten Aktien hört mit dem 1. Juli d. J. auf und rücksichtlich derjenigen Aktien, welche bis ult. Dezember d. J. nicht zur Einlösung präsentirt worden, tritt das gerichtliche Depositions-Verfahren ein.

Gleichzeitig machen wir darauf aufmerksam, daß von den im v. J. zur Amortisation verloosten Prioritäts-Aktien die

Nr. 953. 4226. 4291. 5204. 5459. 5464. 6529. und 6701.,

jede über 100 Thlr., bis jetzt nicht zur Einlösung vorgelegt worden sind.

Berlin, den 1. April 1844.
Direktion der Berlin-Anhaltischen Eisenbahn-Gesellschaft.
v. Cronstein, Vorsitzender.

Dem

Dem Weinhändler Anton Christian Ludwig Reinhardt zu Mannheim ist unter dem 4. Juni 1844 ein Einführungs-Patent

auf einen durch Zeichnung und Beschreibung erläuterten Ofen zum Rösten der Zink-Erze,

auf sechs Jahre, von jenem Tage an gerechnet, und für den Umfang des preußischen Staats ertheilt worden.

Polizeiliche Bekanntmachungen.

Die unverehelichte, nachstehend näher bezeichnete Marie Charlotte Aulebach aus Berge, Kreises Witzenhausen in Kurhessen, die wegen Führung fremder Urkunden und Verfälschung derselben hier gerichtlich bestraft, ist demnächst am 3. v. M. mittelst Reiseroute in ihre Heimath zurückgewiesen worden, dort aber, laut eingegangener Benachrichtigung, nicht eingetroffen. Dieselbe wird sich daher vermuthlich umhertreiben, weshalb sämmtliche resp. Behörden hierdurch dienstergebenst ersucht werden, auf die Aulebach gefälligst achten und selbige, sobald sie betroffen wird, in ihre Heimath transportiren lassen zu wollen.

Potsdam, den 6. Juni 1844.
Königl. Polizei-Direktor,
Regierungsrath v. Kahlden-Normann.

Signalement. Vor- und Familienname: Marie Charlotte Aulebach, Geburts- und Aufenthaltsort: Berge, Kreis Witzenhausen in Kurhessen, Religion: evangelisch, Alter: 20 Jahr, Größe: klein, Haare: dunkelbraun, Stirn: gewölbt, Augenbrauen: hell, Augen: blau, Nase: kurz, breit, gedrückt und stumpf, Mund: aufgeworfen, klein, Kinn und Gesichtsbildung: rund, Gesichtsfarbe: gesund, Gestalt: untersetzt, Sprache: deutsch.

Der nachstehend signalisirte Schuhmachergeselle August Ferdinand Wucke ist Seitens der Landarmen-Inspektion zu Strausberg nach verbüßter Strafe wegen Bettelns mittelst Reiseroute vom 14. v. M. hierher gewiesen worden, bis jetzt aber hier nicht angekommen. Wir machen daher hierdurch um so mehr auf ihn aufmerksam, als er zum zwecklosen Umhertreiben sehr geneigt ist.

Beelitz, den 8. Juni 1844.
Der Magistrat.

Signalement. Geburts- und Wohnort: Beelitz, Religion: evangelisch, Alter: 30 Jahr, Größe: 5 Fuß 3 Zoll, Haare: braun, Stirn: rund,

Augenbrauen: blond, Augen: grau, Nase: lang, Mund: breit, Zähne: gut, Bart: braun, Kinn: rund, Gesicht: oval, Gesichtsfarbe: gesund, Statur: untersetzt. Besondere Kennzeichen: die rechte Schulter ist etwas höher als die linke.

Die Absender nachstehend bemerkter, als unbestellbar zurückgekommener Geldbriefe, als:
1) an W. Eckert in Berlin mit 10 Thlrn. Kassenanweisungen,
2) an den Tagelöhner Walba in Neuendorf bei Potsdam mit 1 Thlr. 10 Sgr.
wollen dieselben beim unterzeichneten Amte des Baldigsten wieder in Empfang nehmen.

Spandow, den 10. Juni 1844.
Königl. Post-Amt.

Holzverkauf zur freien Konkurrenz.

Aus der Oberförsterei Lehnin sollen

am 5. Juli 1844, Vormittags 9 Uhr, im Gerichtshause zu Lehnin nachstehende Hölzer aus dem diesjährigen Eichen-Plätholz-Einschlage der Schutzbezirke Tornow und Lehnin meistbietend verkauft werden, als:

1 Klafter Eichen-Böttcherholz,
97 Stück Eichen-Böttcher-Nutzenden (meist rindschälig),
38 Stück Eichen-Kahnkniee,
112½ Klaftern Eichen-Kloben,
57¼ Klaftern Eichen-Knüppel,
circa 150 Klaftern Eichen-Brennholz (Borkholz), und
circa 10 Klaftern Kiefern-Knüppel.

Kauflustige werden hierzu mit dem Bemerken eingeladen, daß der vierte Theil des Kaufgeldes im Termine als Angeld deponirt werden muß, und daß die betreffenden Förster angewiesen sind, diese Hölzer auf Verlangen an Ort und Stelle vorzuzeigen. Die übrigen Verkaufs-Bedingungen werden im Termine selbst noch näher bekannt gemacht werden.

Forsthaus Lehnin, den 10. Juni 1844.
Im Auftrage der Königl. Regierung.
Der Königl. Oberförster Schmidt.

Nothwendige Subhastation.

Patrimonialgericht über Gosen und Wernsdorf zu Königs-Wusterhausen den 1. Juni 1844.

Das zu Zähenhals belegene Kolonistengut des Maurerpoliers Köbsch und die dazu gelegten Erbpachtsgerechtigkeiten von 2¼ Morgen Forstacker und von 2 Morgen, zum Gute Wernsdorf gehörigen Wiesen, zusammen abgeschätzt auf 527 Thlr. 27 Sgr. 6 Pf. zufolge der, nebst Hypothekenschein hier einzusehenden Taxe, sollen in termino den 26. September d. J., Vormittags 11 Uhr, in der Gerichtsstube zu Gosen subhastirt werden.

Verkauf eines Ackerguts, welches sich ganz besonders zur Anlage einer Ziegelei eignet.

Mein, eine halbe Viertelmeile vom Dorfe Raebel belegenes Ackergut, bestehend aus Wohn- und Wirthschafts-Gebäuden, so wie noch aus fünf anderen kleinen Familienhäusern, wozu ein Garten von 2 Morgen, ein kleines Fenn von 1 Morgen 10 □Ruthen, 3 Hufen Acker und 18 Morgen Wieswachs gehört, beabsichtige ich sofort aus freier Hand zu verkaufen.

Da der Acker durchweg die beste und sehr viel Ziegelerde enthält, so würde mit Rücksicht darauf sich das Grundstück ganz besonders, indem eine Viertelmeile von Raedel ein schiffbares Wasser sich befindet, zur Anlage einer Ziegelei eignen.

Hierauf Reflektirende bitte ich, sich deshalb gefälligst mit frankirten Briefen an mich zu wenden. Raedel bei Lehnin, den 1. Juni 1844.
Der Gutsbesitzer Andreas Hennig.

Ein freies Rittergut in der Ober-Lausitz, mit einem Areal von circa 1800 Morgen, inkl. 300 Morgen schlagbarem und 500 Morgen jungem Holze, gutem ausbauenden Torflager, schönem Heuschlag, Brau- und Brennerei, guten Wirthschaftsgebäuden und neuem massiven Wohnhause, ist wegen Kränklichkeit des Besitzers für einige 20,000 Thlr., mit einer Anzahlung von 10,000 Thlr., sofort zu verkaufen, und bleiben die Restkaufgelder auf längere Jahre gegen 3½ Prozent Zinsen stehen. Näheres bei dem Kaufmann Roseno in Frankfurt a. d. O.

Eine 3½ Meile von Berlin u. ½ Meile von zwei andern Städten belegene Wassermühle von zwei Gängen, bei der nie Wassermangel eintritt, soll mit den dazu gehörenden circa 11 Morgen Gärten und Wiesen für einen billigen Preis verkauft werden. Nähere Auskunft ertheilt
W. E. Seidel in Zehdenick.

Für ein Material-Geschäft wird zum 1. Juli 1844 ein Handlungs-Kommis gesucht durch
W. E. Seidel in Zehdenick.

Wenn derjenige, welcher mir den Brief unter der Adresse, an den Kalk-Faktor Koehler zu Kalkberge bei Taßdorf, Magistrats-Ofen, dann Neuendorf ⅓ 44 bei Beeskow, unterzeichnet *A. V.* wie er vorgiebt, wirklich mein Freund ist, so wolle er mir doch näherer Rücksprache wegen seinen Namen nennen, ich gebe mein Wort, denselben zu verschweigen, wenn es gewünscht wird.
Berliner Magistrats-Kalkbrennerei zu Schulzhöhe, am 1. Juni 1844. Koehler.

Auf dem Wege von Rathenow nach Kyritz am Montag den 3. d. M. eine Kiste mit Sonnenschirmen, Marquisen und Knixtern verloren worden, der ehrliche Finder wird ersucht, solche dem Gastwirth Herrn Gerloff in Kyritz gegen eine gute Belohnung abzugeben.

Mittel wider den Schwammfraß in den Gebäuden.

Da sich auch hier Jemand gefunden hat, der mein Mittel auseinandergesetzt zu haben glaubt. — Um aber Täuschung zu verhüten, mache ich die Besitzer hierauf aufmerksam, sich an den wahren Erfinder zu wenden, wo dies helfende Mittel nur unverfälscht zu haben ist. Auch habe ich mehre genügende Atteste vorzuzeigen, daß es noch überall, wo es angewandt ist, seine Wirkung gehabt hat. Auch nehme ich die Verpflichtung auf mich, daß, wenn man sich genau nach der Anweisung richtet, das dafür erlegte Geld zurückzahle, wenn es nicht hilft. Dies Mittel ist nur einzig und allein in Berlin, Oranienburger Straße Nr. 44, bei meinem Bruder F. Jesse zu haben, wo auch die Atteste vorzuzeigen sind.
C. Jesse, Tischlermeister.

Ein Wirthschafts-Inspektor, welcher sich über seine langjährige Dienstzeit durch vorzügliche Atteste auszuweisen vermag und unverheirathet ist, sucht unter bescheidenen Ansprüchen ein anderweites Unterkommen durch W. E. Seidel in Zehdenick.

Oeffentlicher Anzeiger
zum 25sten Stück des Amtsblatts
der Königlichen Regierung zu Potsdam und der Stadt Berlin.

Den 21. Juni 1844.

Steckbriefe.

Der, Kaufmann Ludwig Kersten, alleiniger Inhaber der Wiener Tücherhandlung Gebrüder Kersten, Spandauer Straße Nr. 10, ist am 5. Juni d. J. mit einem Ministerial-Paß vom 20. Juli v. J., welcher zur Reise nach Paris über Hamburg unterm 5. Juni d. J. visirt worden ist, mit der Eisenbahn nach Potsdam abgereist, hat sich am 8. d. M. in Wittenberg befunden und wollte sich von dort nach Paris oder London begeben. Er hat eine bedeutende Schuldenlast zurückgelassen, sich seinen Gläubigern durch die Flucht entzogen und ist eines betrüglichen Banquerutts dringend verdächtig.

Die Militair- und Zivil-Behörden des In- und Auslandes werden dienstergebenst ersucht, auf den nachstehend näher bezeichneten Kersten vigiliren, ihn im Betretungsfalle verhaften, mit den bei sich führenden Geldern und Effekten unter sehr sicherer Begleitung nach Berlin transportiren und an die Expedition der Stadtvoigtei-Gefängnisse abliefern zu lassen. Wir versichern die ungesäumte Erstattung der erwachsenen baaren Auslagen und den verehrlichen Behörden des Auslandes eine gleiche Rechtswillfährigkeit.

Berlin, den 11. Juni 1844.

Königl. Kriminal-Gericht hiesiger Residenz.

Personbeschreibung. Der Kaufmann Ludwig Kersten ist 28 Jahr alt, jüdischer Religion, aus Prenzlow gebürtig und 5 Fuß 2 Zoll groß. Er hat braune Haare, Augenbrauen und Bart, blaue Augen, gewöhnliche Nase und Mund, ovales Gesicht, gesunde Gesichtsfarbe und keine besondere Kennzeichen. Die Kleidungsstücke können nicht angegeben werden.

In der Nacht vom 13. zum 14. Juni d. J. ist es bei uns wegen mehrerer Diebstähle zur Untersuchung gezogenen und wegen gleichen Verbrechens früher schon öfter bestraften, nachstehend näher signalisirten Privatschreiber und frühern Handlungsdiener Herrmann Griese gelungen, aus unserm Gefängnisse zu entspringen und sich so der fernern Untersuchung zu entziehen.

Alle in- und ausländische Behörden werden ergebenst ersucht, auf den Griese zu vigiliren und ihn im Betretungsfalle unter sicherem Geleit an uns abliefern zu lassen.

Potsdam, den 14. Juni 1844.

Königl. Stadtgericht hiesiger Residenz.

Signalement. Alter: 26 Jahr, Größe: 5 Fuß 6 Zoll, Haare: hellblond, Augenbrauen: hellblond, Augen: blau, Mund: breit, Nase und Kinn: gewöhnlich, Gesicht: rund, Gesichtsfarbe: bleich, Bart: schwach und hochblond, Zähne: vollständig. Besondere Kennzeichen: a) die ins Weißliche fallende Farbe der Kopfhaare sind am ganzen Oberkopf heller, als an den andern Theilen des Kopfes, b) der freche, stiere Blick.

Bekleidung. Grüntuchener Ueberrock, grauweiße Buckskinhosen, blaukarirte Weste, graue Plüschmütze. Fußbekleidung: blaue baumwollene Strümpfe.

Der von uns bereits unterm 12. Februar d. J. steckbrieflich verfolgte, entlassene Züchtling, Johann Friedrich Wilhelm Kuhlberg (Ramsport) hat sich neuerdings mehrerer Diebstähle dringend verdächtig gemacht, weshalb wir wiederholt auf denselben mit der Bitte aufmerksam machen, ihn im Betretungsfalle verhaften und uns überliefern lassen zu wollen.

Signalement. Name: Kuhlberg (Ramsport), Stand: Dienstknecht, Geburtsort: Merzdorf, Wohnort: Zinna, Religion: evangelisch, Alter: 23 Jahr, Größe: 5 Fuß 2 Zoll, Haare: braun, Stirn: bedeckt, Augenbrauen: schwarzbraun, Augen: grau, Nase: breit, Mund: gewöhnlich, Zähne: voll-

ständig, Kinn: länglich, Gesicht: länglich, Gesichtsfarbe: gesund, Statur: mittel. Besondere Kennzeichen: fehlen. Zinna, den 13. Juni 1844.

Der Magistrat.

* Der nachstehend signalisirte Webergeselle Carl Röhl aus Prausnitz hat angeblich sein am 30. Juli 1843 von dem Königl. Landrathsamte zu Militsch ausgefertigtes, auf 3 Jahr gültiges und unter dem 21. November v. J. von hier nach Greiffenhagen visirtes Wanderbuch verloren. Zur Vermeidung von Mißbräuchen wird dies hiermit öffentlich bekannt gemacht, und das quaest. Wanderbuch für ungültig erklärt. Berlin, den 10. Juni 1844.

Königl. Polizei-Präsidium.

Signalement. Religion: evangelisch, Alter: 21 Jahr, Größe: 5 Fuß 1 Zoll, Haare: blond, Stirn: frei, Augenbrauen: blond, Augen: grau, Nase und Mund: gewöhnlich, Bart: blond, Kinn und Gesicht: oval, Gesichtsfarbe: gesund. Besondere Kennzeichen: keine.

Polizeiliche Bekanntmachung.

* Da die Schießübungen der in Spandow garnisonirenden Truppen begonnen haben, so wird der von Pichelsdorf über die Morellenberge führende Weg hierdurch zur Verhütung von Unglücksfällen gesperrt, und das Publikum aufgefordert, denselben bis auf Weiteres nicht zu benutzen, sondern sich des hinter Ruhleben von der Chaussee zwischen Charlottenburg und Spandow ab entlängs des Elsgrabens führenden Weges zu bedienen.

Teltow, den 10. Juni 1844.

Der Landrath v. Albrecht.

* Im Auftrage der Königl. Regierung zu Potsdam wird das unterzeichnete Haupt-Zollamt, und zwar im Dienstlokale des Königl. Steueramts zu Kyritz,

am 23. Juli 1844, Vormittags 11 Uhr, die Chausseegeld-Erhebung bei Demerthin zwischen Kyritz und Perleberg, eine Meile von ersterer Stadt entfernt, an den Meistbietenden, mit Vorbehalt des höhern Zuschlages, vom 1. November d. J. ab zur Pacht ausstellen. Nur dispositionsfähige Personen, welche vorher mindestens 120 Thlr. baar oder in annehmlichen Staatspapieren bei dem Königl. Steueramte zu Kyritz zur Sicherheit nie-

dergelegt haben, werden zum Bieten zugelassen werden. Die Pachtbedingungen sind sowohl bei uns, als auch beim Königl. Steueramte zu Kyritz von heute an während der Dienststunden einzusehen.

Warnow, den 8. Juni 1844.

Königl. Haupt-Zollamt.

Die Anfuhr des bei der Salzfaktorei zu Pritzwall benöthigten Salzes, circa 900 Tonnen, aus der Speditionsfaktorei zu Havelberg vom 1. Januar 1845 ab, soll an den Mindestfordernden ausgethan werden.

Zur Entgegennahme der Gebote haben wir in Auftrage der Königl. Regierung zu Potsdam einen Termin auf

den 13. Juli 1844, Vormittags 11 Uhr, im Amtslokale des Steueramts zu Pritzwall beraumt, wozu Bietungslustige eingeladen werden.

Die Kontraktsbedingungen sind während der Dienststunden in unserm Amtslokale und den beiden Steuerämtern Havelberg und Pritzwall einzusehen.

Warnow, den 8. Juni 1844.

Königl. Haupt-Zollamt.

Es ist bei uns die Theilung der sogenannten Belziger Amts-Koppeljagd in Antrag gebracht. Wir haben diesem Antrage Statt gegeben und einen Anmeldungstermin auf

den 24. Juli 1844, Vormittags 9 Uhr, im hiesigen Schlosse Eisenhardt angesetzt, weshalb wir zu demselben alle diejenigen, welche bei der Theilung ein Interesse haben, zur Angabe und Nachweisung ihrer Ansprüche, zur Vermeidung der Präklusion, vorladen.

Die Vertretung durch Bevollmächtigte ist nur zulässig, wenn der Betheiligte durch erhebliche Ursachen an dem persönlichen Erscheinen gehindert ist und solche sogleich bescheinigt.

Belzig, den 3. Mai 1844.

Kreis-Jagdtheilungs-Kommission für den Zauch-Belzigschen Kreis.

Höherer Bestimmung zufolge sollen für Rechnung der hiesigen Forstverwaltung circa 500 Klaftern Kiehnen-Kloben-Brennholz zur Deputat-Abgabe auf dem Winter 184⅚ von den Mindestfordernden angekauft und bei Schwedt a. d. O. abgeliefert werden.

Zur Annahme der Forderungen steht auf den 29. Juni 1844, Vormittags 10 Uhr, hier in meiner Dienstwohnung Termin an, zu welchem Lieferungslustige ich mit dem Bemerken einlade, daß die bei dieser Holzlieferung gestellt werdenden Bedingungen im Termin bekannt gemacht werden sollen, auch vorher schon bei mir einzusehen sind.

Forsthaus Heinersdorf, den 10. Juni 1844.

Der Königl. Oberförster Gadow.

Der Spinnereibesitzer Krumbügel zu Amtsfreiheit Wittstock hat den zum Betriebe seiner Wollspinnerei gehörigen, unbrauchbar gewordenen Dampfkessel von 3 Fuß Durchmesser und 10 Fuß Länge, mit Feuerrohr, entfernt und an dessen Stelle einen andern Dampfkessel von 3½ Fuß Durchmesser und 14 Fuß Länge anfertigen und nach dem Gutachten des Bezirks-Bau-Inspektors zweckmäßig anbringen und die gehörige Sicherheit überall treffen lassen. In Gemäßheit des § 16 des Edikts vom 6. Mai 1838 wird ein Jeder, der sich durch diese Anlage in seinen Rechten gefährdet hält, aufgefordert, seine Einwendungen dagegen binnen 4 Wochen präklusivischer Frist bei dem unterzeichneten Landrathe anzubringen.

Kyritz, den 9. Juni 1844.

Königl. Landrath der Ostpriegnitz.

von Kröcher.

Da in der Dienst- und Prästations-Ablösungssache des im Zauch-Belziger Kreise belegenen Rittergutes Grebs die Verwendung der demselben mit 5481 Thlrn. 7 Sgr. 6 Pf. gewordenen Kapitalsabfindung bis zum Betrage von 3303 Thlrn. 15 Sgr. 10 Pf. noch nicht vorschriftsmäßig nachgewiesen ist, so wird dies den Inhabern und Pfandgläubigern von folgenden auf dem Rittergute Grebs haftenden Hypothekenforderungen:

1) sub Nr. 1 von dem Reste von 400 Thlrn., der für den verstorbenen Heino von Broesigke aus dem Theilungs-Rezesse vom 28. Januar 1728 angewiesenen Lehngelder,

2) sub Nr. 3 von 1000 Thlrn., halb in Friedrichsd'or und halb in Silbergeld, aus der Obligation vom 24. Juni 1753, und

3) sub Nr. 7 von 500 Thlrn., aus der Zession und Obligation vom 4. Mai 1746, beide

für die Wittwe Darnmann geb. Rauche eingetragen,

hierdurch mit dem Bemerken bekannt gemacht, daß wenn sie von der ihnen deshalb zustehenden und in den §§. 461 und 462 Titel 20 Theil I des Allgemeinen Landrechts enthaltenen Befugnissen binnen 6 Wochen durch schriftliche oder mündliche Anmeldung bei dem unterzeichneten Kommissarius keinen Gebrauch machen, ihr Pfandrecht auf die abgelöseten Dienste und Prästationen erlischt.

Luckenwalde, den 18. Mai 1844.

Im Auftrage der Königl. General-Kommission für die Kurmark.

Der Oekonomie-Kommissarius Müller.

Proclama.

Alle diejenigen, welche:

1) an die Obligation vom 28. Oktober 1816 und Zession vom 7. Oktober 1836, aus welcher für den Handarbeiter Christian Müller in Buchholz 50 Thlr. mit 5 Prozent Zinsen auf das Haus Nr. 489 hierselbst, die Wiese am Wendewasser Litr. R Nr. 2 und den Garten hinter der Schule Litr. C Nr. 23 Vol. IX Fol. 29 und Vol. XIII Fol. 149 unseres Hypothekenbuchs unterm 10. Oktober 1836,

2) an den Vergleich vom 10. November 1828, aus welchem für die Charlotte Auguste, Henriette Louise, Carl Gottlieb, Carl Ludwig und Ferdinand Julius, (Geschwister Weck, 200 Thlr. Muttererbe auf das Haus Nr. 93 hierselbst, Vol. III Fol. 74 unseres Hypothekenbuchs am 10. November 1828,

eingetragen sind, oder an diese Posten selbst als Eigenthümer, Zessionarien, Pfand- oder sonstige Briefeinhaber Ansprüche irgend einer Art zu machen haben, werden hiermit aufgefordert, ihre Ansprüche spätestens in dem

am 4. September d. J., Vormittags 10 Uhr, hierselbst anstehenden Termine anzumelden, widrigenfalls ihnen wegen derselben ein beständiges Stillschweigen auferlegt, mit Amortisation der Dokumente und mit Löschung der bereits quittirten Post zu 1 verfahren, an Stelle des Dokuments zu 2 aber ein neues ausgefertigt werden wird.

Treuenbrietzen, den 15. Mai 1844.

Königl. Stadtgericht.

ständig, Kinn: länglich, Gesicht: länglich, Gesichtsfarbe: gesund, Statur: mittel. Besondere Kennzeichen: fehlen. Zinna, den 13. Juni 1844.

Der Magistrat.

* Der nachstehend signalisirte Webergeselle Carl Röhl aus Prausnitz hat angeblich sein am 30. Juli 1843 von dem Königl. Landrathsamte zu Militsch ausgefertigtes, auf 3 Jahr gültiges und unter dem 21. November v. J. von hier nach Greiffenhagen visirtes Wanderbuch verloren. Zur Vermeidung von Mißbräuchen wird dies hiermit öffentlich bekannt gemacht, und das quaest. Wanderbuch für ungültig erklärt. Berlin, den 10. Juni 1844.

Königl. Polizei-Präsidium.

Signalement. Religion: evangelisch, Alter: 21 Jahr, Größe: 5 Fuß 1 Zoll, Haare: blond, Stirn: frei, Augenbrauen: blond, Augen: grau, Nase und Mund: gewöhnlich, Bart: blond, Kinn und Gesicht: oval, Gesichtsfarbe: gesund. Besondere Kennzeichen: keine.

Polizeiliche Bekanntmachung.

* Da die Schießübungen der in Spandow garnisonirenden Truppen begonnen haben, so wird der von Pichelsdorf über die Morellenberge führende Weg hierdurch zur Verhütung von Unglücksfällen gesperrt, und das Publikum aufgefordert, denselben bis auf Weiteres nicht zu benutzen, sondern sich des hinter Ruhleben von der Chaussee zwischen Charlottenburg und Spandow ab entlängs des Elsgrabens führenden Weges zu bedienen.

Teltow, den 10. Juni 1844.

Der Landrath v. Albrecht.

* Im Auftrage der Königl. Regierung zu Potsdam wird das unterzeichnete Haupt-Zollamt, und zwar im Dienstlokale des Königl. Steueramts zu Kyritz,

am 23. Juli 1844, Vormittags 11 Uhr,

die Chausseegeld-Erhebung bei Demerthin zwischen Kyritz und Perleberg, eine Meile von ersterer Stadt entfernt, an den Meistbietenden, mit Vorbehalt des höhern Zuschlages, vom 1. November d. J. ab zur Pacht ausstellen. Nur dispositionsfähige Personen, welche vorher mindestens 130 Thlr. baar oder in annehmlichen Staatspapieren bei dem Königl. Steueramte zu Kyritz zur Sicherheit nie-

dergelegt haben, werden zum Bieten zugelassen werden. Die Pachtbedingungen sind sowohl bei uns, als auch beim Königl. Steueramte zu Kyritz von heute an während der Dienststunden einzusehen.

Warnow, den 8. Juni 1844.

Königl. Haupt-Zollamt.

Die Anfuhr des bei der Salzfaktorei zu Pritzwalk benöthigten Salzes, circa 900 Tonnen, aus der Speditionsfaktorei zu Havelberg vom 1. Januar 1845 ab, soll an den Mindestfordernden ausgethan werden.

Zur Entgegennahme der Gebote haben wir im Auftrage der Königl. Regierung zu Potsdam ein Termin auf

den 13. Juli 1844, Vormittags 11 Uhr im Amtslokale des Steueramts zu Pritzwall beraumt, wozu Bietungslustige eingeladen werden.

Die Kontraktsbedingungen sind während der Dienststunden in unserm Amtslokale und den beiden Steuerämtern Havelberg und Pritzwalk einzusehen.

Warnow, den 8. Juni 1844.

Königl. Haupt-Zollamt.

Es ist bei uns die Theilung der sogenannten Belziger Amts-Koppeljagd in Antrag gebracht. Wir haben diesem Antrage Statt gegeben und einen Anmeldungstermin auf

den 24. Juli 1844, Vormittags 9 Uhr, im hiesigen Schlosse Eisenhardt angesetzt, weshalb wir zu demselben alle diejenigen, welche bei der Theilung ein Interesse haben, zur Angabe und Nachweisung ihrer Ansprüche, bei Vermeidung der Präklusion, vorladen.

Die Vertretung durch Bevollmächtigte ist nur zulässig, wenn der Betheiligte durch erhebliche Ursachen an dem persönlichen Erscheinen gehindert ist und solche sogleich bescheinigt.

Belzig, den 3. Mai 1844.

Kreis-Jagdtheilungs-Kommission für den Zauchschen Kreis.

Höherer Bestimmung zufolge sollen für Rechnung der hiesigen Forst circa 500 Klaftern Kiehnen-Kloben auf den Winter angekauft und

Zur Annahme der Forderungen steht auf den 29. Juni 1844, Vormittags 10 Uhr, hier in meiner Dienstwohnung Termin an, zu welchem Lieferungslustige ich mit dem Bemerken einlade, daß die bei dieser Holzlieferung gestellt werdenden Bedingungen im Termin bekannt gemacht werden sollen, auch vorher schon bei mir einzusehen sind.

Forsthaus Heinersdorf, den 10. Juni 1844.

Der Königl. Oberförster Gadow.

Der Spinnereibesitzer Krumbügel zu Amtsfreiheit Wittstock hat den zum Betriebe seiner Wollspinnerei gehörigen, unbrauchbar gewordenen Dampfkessel von 3 Fuß Durchmesser und 10 Fuß Länge, mit Feuerrohr, entfernt und an dessen Stelle einen andern Dampfkessel von 3½ Fuß Durchmesser und 14 Fuß Länge anfertigen und nach dem Gutachten des Bezirks-Bau-Inspektors zweckmäßig anbringen und die gehörige Sicherheit überall treffen lassen. In Gemäßheit des § 16 des Edikts vom 6. Mai 1838 wird ein Jeder, der sich durch diese Anlage in seinen Rechten gefährdet hält, aufgefordert, seine Einwendungen dagegen binnen 4 Wochen präklusivischer Frist bei dem unterzeichneten Landrathe anzubringen.

Kyritz, den 9. Juni 1844.

Königl. Landrath der Ostpriegnitz.

von Kröcher.

Da in der Dienst- und Prästations-Ablösungssache des im Zauch-Belziger Kreise belegenen Rittergutes Grebs die Verwendung der demselben mit 5481 Thlr. 7 Sgr. 6 Pf. gewordenen Kapitalsabfindung bis zum Betrage von 3303 Thlr. 15 Sgr. 10 Pf. noch nicht vorschriftsmäßig nachgewiesen ist, so wird dies den Inhabern und Pfandgläubigern von folgenden auf dem Rittergute Grebs haftenden Hypothekenforderungen:

1) sub Nr. 1 von dem Reste von 400 Thlrn., der für den verstorbenen Heino von Brosigke aus dem Theilungs-Rezesse vom 28. Januar 1728 angewiesenen Lehngelder,
   Nr. 3 von 1000 Thlrn., halb in Frie— or und halb in Silbergeld, aus der ion vom 24. Juni 1753, und von 500 Thlrn., aus der Zession vom 4. Mai 1746, beide

für die Wittwe Darnmann geb. Rauche eingetragen, hierdurch mit dem Bemerken bekannt gemacht, daß wenn sie von der ihnen deshalb zustehenden und in den §§. 461 und 462 Titel 20 Theil I des Allgemeinen Landrechts enthaltenen Befugnissen binnen 6 Wochen durch schriftliche oder mündliche Anmeldung bei dem unterzeichneten Kommissarius keinen Gebrauch machen, ihr Pfandrecht auf die abgelösten Dienste und Prästationen erlischt.

Luckenwalde, den 18. Mai 1844.

Im Auftrage der Königl. General-Kommission für die Kurmark.

Der Oekonomie-Kommissarius Müller.

Proclama.

Alle diejenigen, welche:

1) an die Obligation vom 28. Oktober 1816 und Zession vom 7. Oktober 1836, aus welcher für den Handarbeiter Christian Müller in Buchholz 50 Thlr. mit 5 Prozent Zinsen auf das Haus Nr. 489 hierselbst, die Wiese am Wenderwasser Litr. R Nr. 2 und den Garten hinter der Schule Litr. C Nr. 23 Vol. IX Fol. 29 und Vol. XIII Fol. 149 unseres Hypothekenbuchs unterm 10. Oktober 1836,

2) an den Vergleich vom 10. November 1828, aus welchem für die Charlotte Auguste, Henriette Louise, Carl Gottlieb, Carl Ludwig und Ferdinand Julius, (Geschwister Weck, 200 Thlr. Muttererbe auf das Haus Nr. 93 hierselbst, Vol. III Fol. 74 unseres Hypothekenbuchs am 10. November 1828,

eingetragen sind, oder an diese Posten selbst als Eigenthümer, Zessionarien, Pfand- oder sonstige Briefsinhaber Ansprüche irgend einer Art zu machen haben, werden hiermit aufgefordert, ihre Ansprüche spätestens in dem

am 4. September d. J., Vormittags 10 Uhr, hierselbst anstehenden Termine anzumelden, widrigenfalls ihnen wegen derselben ein beständiges Stillschweigen auferlegt, mit Amortisation der Dokumente und mit Löschung der bereits quittirten Post zu 1 verfahren, an Stelle des Dokuments zu 2 aber ein neues ausgefertigt werden wird.

Treuenbrietzen, den 15. Mai 1844.

Königl. Stadtgericht.

ständig, Kinn: länglich, Gesicht: länglich, Gesichtsfarbe: gesund, Statur: mittel. Besondere Kennzeichen: fehlen. Zinna, den 13. Juni 1844.

Der Magistrat.

* Der nachstehend signalisirte Webergeselle Carl
Röhl aus Prausnitz hat angeblich sein am 30. Juli
1843 von dem Königl. Landrathsamte zu Militsch
ausgefertigtes, auf 3 Jahr gültiges und unter dem
21. November v. J. von hier nach Greiffenhagen
visirtes Wanderbuch verloren. Zur Vermeidung
von Mißbräuchen wird dieß hiermit öffentlich bekannt gemacht, und das quaest. Wanderbuch für
ungültig erklärt. Berlin, den 10. Juni 1844.

Königl. Polizei-Präsidium.

Signalement. Religion: evangelisch, Alter:
21 Jahr, Größe: 5 Fuß 1 Zoll, Haare: blond,
Stirn: frei, Augenbrauen: blond, Augen: grau,
Nase und Mund: gewöhnlich, Bart: blond, Kinn
und Gesicht: oval, Gesichtsfarbe: gesund. Besondere Kennzeichen: keine.

Polizeiliche Bekanntmachung.

* Da die Schießübungen der in Spandow garnisonirenden Truppen begonnen haben, so wird
der von Pichelsdorf über die Morellenberge führende Weg hierdurch zur Verhütung von Unglücksfällen gesperrt, und das Publikum aufgefordert,
denselben bis auf Weiteres nicht zu benutzen, sondern sich des hinter Ruhleben zwischen der Chaussee
zwischen Charlottenburg und Spandow ab entlängs
des Elsgrabens führenden Weges zu bedienen.

Teltow, den 10. Juni 1844.

Der Landrath v. Albrecht.

* Im Auftrage der Königl. Regierung zu Potsdam wird das unterzeichnete Haupt-Zollamt, und
zwar im Dienstlokale des Königl. Steueramts zu
Kyritz,

am 23. Juli 1844, Vormittags 11 Uhr,
die Chausseegeld-Erhebung bei Demerthin zwischen
Kyritz und Perleberg, eine Meile von ersterer
Stadt entfernt, an den Meistbietenden, mit Vorbehalt des höhern Zuschlages, vom 1. November
d. J. ab zur Pacht ausstellen. Nur dispositionsfähige Personen, welche vorher mindestens 130 Thlr.
baar oder in annehmlichen Staatspapieren bei dem
Königl. Steueramte zu Kyritz zur Sicherheit nie-

dergelegt haben, werden zum Bieten zugelassen
werden. Die Pachtbedingungen sind sowohl bei
uns, als auch beim Königl. Steueramte zu Kyritz,
von heute an während der Dienststunden einzusehen.

Warnow, den 8. Juni 1844.

Königl. Haupt-Zollamt.

Die Anfuhr des bei der Salzfaktorei zu Pritzwall benöthigten Salzes, circa 900 Tonnen, aus
der Speditionsfaktorei zu Havelberg vom 1. Januar 1845 ab, soll an den Mindestfordernden ge-
gethan werden.

Zur Entgegennahme der Gebote haben wir im
Auftrage der Königl. Regierung zu Potsdam ein
Termin auf

den 13. Juli 1844, Vormittags 11 Uhr,
im Amtslokale des Steueramts zu Pritzwall anberaumt, wozu Bietungslustige eingeladen werden.

Die Kontraktsbedingungen sind während der
Dienststunden in unserm Amtslokale und bei den
Steuerämtern Havelberg und Pritzwall einzusehen.

Warnow, den 8. Juni 1844.

Königl. Haupt-Zollamt.

Es ist bei uns die Theilung der sogenannten
Belziger Amts-Koppeljagd in Antrag gebracht.
Wir haben diesem Antrage Statt gegeben und
einen Anmeldungstermin auf

den 24. Juli 1844, Vormittags 9 Uhr,
im hiesigen Schlosse Eisenhardt angesetzt, weshalb
wir zu demselben alle diejenigen, welche bei der
Theilung ein Interesse haben, zur Angabe und
Nachweisung ihrer Ansprüche, bei Vermeidung der
Präklusion, vorladen.

Die Vertretung durch Bevollmächtigte ist nur
zulässig, wenn der Betheiligte durch erhebliche
Ursachen an dem persönlichen Erscheinen gehindert
ist und solche sogleich bescheinigt.

Belzig, den 3. Mai 1844.

Kreis-Jagdtheilungs-Kommission für den Zauch-
Belzigschen Kreis.

Höherer Bestimmung zufolge sollen für Rechnung der hiesigen Forst........... circa 500 Klaftern Kiehnen-Kloben.......... .eputat ....
auf dem Winter 1f.......... ..
angekauft und b..........
.... m.

Zur Annahme der Forderungen steht auf
>en 29. Juni 1844, Vormittags 10 Uhr,
in meiner Dienstwohnung Termin an, zu
chem Lieferungslustige ich mit dem Bemerken
ade, daß die bei dieser Holzlieferung gestellt
denden Bedingungen im Termin bekannt ge-
cht werden sollen, auch vorher schon bei mir
zusehen sind.

Forsthaus Heinersdorf, den 10. Juni 1844.

Der Königl. Oberförster Gadow.

Der Spinnereibesitzer Krumbügel zu Amts-
heit Wittstock hat den zum Betriebe seiner
Wollspinnerei gehörigen, unbrauchbar gewordenen
Dampfkessel von 3 Fuß Durchmesser und 10 Fuß
Länge, mit Feuerrohr, entfernt und an dessen Stelle
einen andern Dampfkessel von 3½ Fuß Durchmesser und 14 Fuß Länge anfertigen und nach
dem Gutachten des Bezirks-Bau-Inspektors zweckmäßig anbringen und die gehörige Sicherheit überall
treffen lassen. In Gemäßheit des § 16 des Edikts
vom 6. Mai 1838 wird ein Jeder, der sich durch
die Anlage in seinen Rechten gefährdet hält,
aufgefordert, seine Einwendungen dagegen binnen
6 Wochen präklusivischer Frist bei dem unterzeichneten Landrathe anzubringen.

Kyritz, den 9. Juni 1844.

Königl. Landrath der Ostpriegnitz.

von Kröcher.

Da in der Dienst- und Prästations-Ablösungssache des im Zauch-Belziger Kreise belegenen
Rittergutes Grebs die Verwendung der demselben
5481 Thlr. 7 Sgr. 6 Pf. gewordenen Kapitalsabfindung bis zum Betrage von 3303 Thlr.
Sgr. 10 Pf. noch nicht vorschriftsmäßig nachgewiesen ist, so wird dies den Inhabern und
Ingläubigern von folgenden auf dem Ritter-
Grebs haftenden Hypothekenforderungen:

sub Nr. 1 von dem Reste von 400 Thlrn.,
der für den verstorbenen Heino von Bro-
fiqke aus dem Theilungs-Rezesse vom 28. Januar 1728 angewiesenen Lehngelder,

sub Nr. 3 von 1000 Thlrn., halb in Frie-
dreich r vor und halb in Silbergeld, aus der
t ion vom 24. Juni 1753, und

7 von 500 Thlrn., aus der Zession
vom 4. Mai 1746, beide

für die Wittwe Darnmann geb. Rauche
eingetragen,
hierdurch mit dem Bemerken bekannt gemacht, daß
wenn sie von der ihnen deshalb zustehenden und
in den §§. 461 und 462 Titel 20 Theil I des
Allgemeinen Landrechts enthaltenen Befugnissen binnen 6 Wochen durch schriftliche oder mündliche
Anmeldung bei dem unterzeichneten Kommissarius
keinen Gebrauch machen, ihr Pfandrecht auf die
abgelösten Dienste und Prästationen erlischt.

Luckenwalde, den 18. Mai 1844.

Im Auftrage der Königl. General-Kommission
für die Kurmark.

Der Oekonomie-Kommissarius Müller.

Proclama.

Alle diejenigen, welche:

1) an die Obligation vom 28. Oktober 1816
und Zession vom 7. Oktober 1836, aus welcher für den Handarbeiter Christian Müller
in Buchholz 50 Thlr. mit 5 Prozent Zinsen
auf das Haus Nr. 489 hierselbst, die Wiese
am Wenbewasser Litr. R Nr. 2 und den
Garten hinter der Schule Litr. C Nr. 23
Vol. IX Fol. 29 und Vol. XIII Fol. 149
unseres Hypothekenbuchs unterm 10. Oktober 1836,

2) an den Vergleich vom 10. November 1828,
aus welchem für die Charlotte Auguste, Henriette Louise, Carl Gottlieb, Carl Ludwig
und Ferdinand Julius, Geschwister Weck,
200 Thlr. Muttererbe auf das Haus Nr. 93
hierselbst, Vol. III Fol. 74 unseres Hypothekenbuchs am 10. November 1828,

eingetragen sind, oder an diese Posten selbst als
Eigenthümer, Zessionarien, Pfand- oder sonstige
Briefsinhaber Ansprüche irgend einer Art zu machen
haben, werden hiermit aufgefordert, ihre Ansprüche
spätestens in dem

am 4. September d. J., Vormittags 10 Uhr,

hierselbst anstehenden Termine anzumelden, widrigenfalls ihnen wegen derselben ein beständiges Stillschweigen auferlegt, mit Amortisation der Dokumente und mit Löschung der bereits quittirten Post
zu 1 verfahren, an Stelle des Dokuments zu 2
aber ein neues ausgefertigt werden wird.

Treuenbrietzen, den 15. Mai 1844.

Königl. Stadtgericht.

ständig, Kinn: länglich, Gesicht: länglich, Gesichtsfarbe: gesund, Statur: mittel. Besondere Kennzeichen: fehlen. Zinna, den 13. Juni 1844.

Der Magistrat.

---

* Der nachstehend signalisirte Webergeselle Carl
Röhl aus Prausnitz hat angeblich sein am 30. Juli
1843 von dem Königl. Landrathsamte zu Militsch
ausgefertigtes, auf 3 Jahr gültiges und unter dem
21. November v. J. von hier nach Greiffenhagen
visirtes Wanderbuch verloren. Zur Vermeidung
von Mißbräuchen wird dies hiermit öffentlich bekannt gemacht, und das quaest. Wanderbuch für
ungültig erklärt. Berlin, den 10. Juni 1844.

Königl. Polizei-Präsidium.

Signalement. Religion: evangelisch, Alter:
21 Jahr, Größe: 5 Fuß 1 Zoll, Haare: blond,
Stirn: frei, Augenbrauen: blond, Augen: grau,
Nase und Mund: gewöhnlich, Bart: blond, Kinn
und Gesicht: oval, Gesichtsfarbe: gesund. Besondere Kennzeichen: keine.

Polizeiliche Bekanntmachung.

* Da die Schießübungen der in Spandow garnisonirenden Truppen begonnen haben, so wird
der von Pichelsdorf über die Morellenberge führende Weg hierdurch zur Verhütung von Unglücksfällen gesperrt, und das Publikum aufgefordert,
denselben bis auf Weiteres nicht zu benutzen, sondern sich des hinter Ruhleben von der Chaussee
zwischen Charlottenburg und Spandow ab entlängs
des Elsgrabens führenden Weges zu bedienen.

Teltow, den 10. Juni 1844.

Der Landrath v. Albrecht.

---

* Im Auftrage der Königl. Regierung zu Potsdam wird das unterzeichnete Haupt-Zollamt, und
zwar im Dienstlokale des Königl. Steueramts zu
Kyritz,

am 23. Juli 1844, Vormittags 11 Uhr,
die Chausseegeld-Erhebung bei Demerthin zwischen
Kyritz und Perleberg, eine Meile von ersterer
Stadt entfernt, an den Meistbietenden, mit Vorbehalt des höhern Zuschlages, vom 1. November
d. J. ab zur Pacht ausstellen. Nur dispositionsfähige Personen, welche vorher mindestens 130 Thlr.
baar oder in annehmlichen Staatspapieren bei dem
Königl. Steueramte zu Kyritz zur Sicherheit nie-

dergelegt haben, werden zum Bieten zugelassen
werden. Die Pachtbedingungen sind sowohl bei
uns, als auch beim Königl. Steueramte zu Kyritz
von heute an während der Dienststunden einzusehen.

Warnow, den 8. Juni 1844.

Königl. Haupt-Zollamt.

Die Anfuhr des bei der Salzfaktorei zu Prit-
walk benöthigten Salzes, circa 900 Tonnen, aus
der Speditionsfaktorei zu Havelberg vom 1. Januar 1845 ab, soll an den Mindestfordernden ausgethan werden.

Zur Entgegennahme der Gebote haben wir
Auftrage der Königl. Regierung zu Potsdam en
Termin auf

den 13. Juli 1844, Vormittags 11 Uhr
im Amtslokale des Steueramts zu Pritzwalk
beraumt, wozu Bietungslustige eingeladen werden.

Die Kontraktsbedingungen sind während der
Dienststunden in unserm Amtslokale und bei den
Steuerämtern Havelberg und Pritzwalk einzusehen.

Warnow, den 8. Juni 1844.

Königl. Haupt-Zollamt.

Es ist bei uns die Theilung der sogenannten
Belziger Amts-Koppeljagd in Antrag gebracht.
Wir haben diesem Antrage Statt gegeben und
einen Anmeldungstermin auf

. den 24. Juli 1844, Vormittags 9 Uhr,
im hiesigen Schlosse Eisenhardt angesetzt, weshalb
wir zu demselben alle diejenigen, welche bei der
Theilung ein Interesse haben, zur Angabe und
Nachweisung ihrer Ansprüche, bei Vermeidung der
Präklusion, vorladen.

Die Vertretung durch Bevollmächtigte ist nur
zulässig, wenn der Betheiligte durch erhebliche
Ursachen an dem persönlichen Erscheinen gehindert
ist und solche sogleich bescheinigt.

Belzig, den 3. Mai 1844.

Kreis-Jagdtheilungs-Kommission für den Zauch-
Belzigschen Kreis.

Höherer Bestimmung zufolge sollen für Rechnung der hiesigen Forst............ circa 500 Klaftern Kiehnen-Kloben...... ....
auf den Winter 1?.........
angekauft und b........
......en.

Zur Annahme der Forderungen steht auf den 29. Juni 1844, Vormittags 10 Uhr, hier in meiner Dienstwohnung Termin an, zu welchem Lieferungslustige ich mit dem Bemerken einlade, daß die bei dieser Holzlieferung gestellt werdenden Bedingungen im Termin bekannt gemacht werden sollen, auch vorher schon bei mir einzusehen sind.

Forsthaus Heinersdorf, den 10. Juni 1844.

Der Königl. Oberförster Gadow.

Der Spinnereibesitzer Krumbügel zu Amtsfreiheit Wittstock hat den zum Betriebe seiner Wollspinnerei gehörigen, unbrauchbar gewordenen Dampfkessel von 3 Fuß Durchmesser und 10 Fuß Länge, mit Feuerrohr, entfernt und an dessen Stelle einen andern Dampfkessel von 3½ Fuß Durchmesser und 14 Fuß Länge anfertigen und nach dem Gutachten des Bezirks-Bau-Inspektors zweckmäßig anbringen und die gehörige Sicherheit überall treffen lassen. In Gemäßheit des § 16 des Edikts vom 6. Mai 1838 wird ein Jeder, der sich durch diese Anlage in seinen Rechten gefährdet hält, aufgefordert, seine Einwendungen dagegen binnen 8 Wochen präklusivischer Frist bei dem unterzeichneten Landrathe anzubringen.

Kyritz, den 9. Juni 1844.

Königl. Landrath der Ostpriegnitz.

von Kröcher.

Da in der Dienst- und Prästations-Ablösungssache des im Zauch-Belziger Kreise belegenen Rittergutes Grebs die Verwendung der demselben mit 5481 Thlrn. 7 Sgr. 6 Pf. gewordenen Kapitalsabfindung bis zum Betrage von 3303 Thlrn. Sgr. 10 Pf. noch nicht vorschriftsmäßig nachgewiesen ist, so wird dies den Inhabern und andzläubigern von folgenden auf dem Rittergute Grebs haftenden Hypothekenforderungen:

) sub Nr. 1 von dem Reste von 400 Thlrn., der für den verstorbenen Heino von Broesigke aus dem Theilungs-Rezesse vom 28. Januar 1728 angewiesenen Lehngelder,

) sub Nr. 3 von 1000 Thlrn., halb in Frie... ... vor und halb in Silbergeld, aus der ...ion vom 24. Juni 1753, und

: 7 von 500 Thlrn., aus der Zession ... vom 4. Mai 1746, beide

für die Wittwe Darnmann geb. Rauche eingetragen, hierdurch mit dem Bemerken bekannt gemacht, daß wenn sie von der ihnen deshalb zustehenden und in den §§. 461 und 462 Titel 20 Theil I des Allgemeinen Landrechts enthaltenen Befugnissen binnen 6 Wochen durch schriftliche oder mündliche Anmeldung bei dem unterzeichneten Kommissarius keinen Gebrauch machen, ihr Pfandrecht auf die abgelösten Dienste und Prästationen erlischt.

Luckenwalde, den 18. Mai 1844.

Im Auftrage der Königl. General-Kommission für die Kurmark.

Der Oekonomie-Kommissarius Müller.

Proclama.

Alle diejenigen, welche:

1) an die Obligation vom 28. Oktober 1816 und Zession vom 7. Oktober 1836, aus welcher für den Handarbeiter Christian Müller in Buchholz 50 Thlr. mit 5 Prozent Zinsen auf das Haus Nr. 489 hierselbst, die Wiese am Wendewasser Litr. R Nr. 2 und den Garten hinter der Schule Litr. C Nr. 23 Vol. IX Fol. 29 und Vol. XIII Fol. 149 unseres Hypothekenbuchs unterm 10. Oktober 1836,

2) an den Vergleich vom 10. November 1828, aus welchem für die Charlotte Auguste, Henriette Louise, Carl Gottlieb, Carl Ludwig und Ferdinand Julius, Geschwister Weck, 200 Thlr. Muttererbe auf das Haus Nr. 93 hierselbst, Vol. III Fol. 74 unseres Hypothekenbuchs am 10. November 1828,

eingetragen sind, oder an diese Posten selbst als Eigenthümer, Zessionarien, Pfand- oder sonstige Briefeinhaber Ansprüche irgend einer Art zu machen haben, werden hiermit aufgefordert, ihre Ansprüche spätestens in dem

am 4. September d. J., Vormittags 10 Uhr, hierselbst anstehenden Termine anzumelden, widrigenfalls ihnen wegen derselben ein beständiges Stillschweigen auferlegt, mit Amortisation der Dokumente und mit Löschung der bereits quittirten Post zu 1 verfahren, an Stelle des Dokuments zu 2 aber ein neues ausgefertigt werden wird.

Treuenbrietzen, den 15. Mai 1844.

Königl. Stadtgericht.

ständig, Kinn: länglich, Gesicht: länglich, Gesichtsfarbe: gesund, Statur: mittel. Besondere Kennzeichen: fehlen. Zinna, den 13. Juni 1844.

Der Magistrat.

---

* Der nachstehend signalisirte Webergeselle Carl Röhl aus Prausnitz hat angeblich sein am 30. Juli 1843 von dem Königl. Landrathsamte zu Militsch ausgefertigtes, auf 3 Jahr gültiges und unter dem 21. November v. J. von hier nach Greiffenhagen visirtes Wanderbuch verloren. Zur Vermeidung von Mißbräuchen wird dies hiermit öffentlich bekannt gemacht, und das quaest. Wanderbuch für ungültig erklärt. Berlin, den 10. Juni 1844.

Königl. Polizei-Präsidium.

Signalement. Religion: evangelisch, Alter: 21 Jahr, Größe: 5 Fuß 1 Zoll, Haare: blond, Stirn: frei, Augenbrauen: blond, Augen: grau, Nase und Mund: gewöhnlich, Bart: blond, Kinn und Gesicht: oval, Gesichtsfarbe: gesund. Besondere Kennzeichen: keine.

Polizeiliche Bekanntmachung.

* Da die Schießübungen der in Spandow garnisonirenden Truppen begonnen haben, so wird der von Pichelsdorf über die Morellenberge führende Weg hierdurch zur Verhütung von Unglücksfällen gesperrt, und das Publikum aufgefordert, denselben bis auf Weiteres nicht zu benutzen, sondern sich des hinter Ruhleben von der Chaussee zwischen Charlottenburg und Spandow ab entlängs des Elsgrabens führenden Weges zu bedienen.

Teltow, den 10. Juni 1844.

Der Landrath v. Albrecht.

* Im Auftrage der Königl. Regierung zu Potsdam wird das unterzeichnete Haupt-Zollamt, und zwar im Dienstlokale des Königl. Steueramts zu Kyritz,

am 23. Juli 1844, Vormittags 11 Uhr,

die Chausseegeld-Erhebung bei Demerthin zwischen Kyritz und Perleberg, eine Meile von ersterer Stadt entfernt, an den Meistbietenden, mit Vorbehalt des höhern Zuschlages, vom 1. November d. J. ab zur Pacht ausstellen. Nur dispositionsfähige Personen, welche vorher mindestens 130 Thlr. baar oder in annehmlichen Staatspapieren bei dem Königl. Steueramte zu Kyritz zur Sicherheit niedergelegt haben, werden zum Bieten zugelassen werden. Die Pachtbedingungen sind sowohl bei uns, als auch beim Königl. Steueramte zu Kyritz von heute an während der Dienststunden einzusehen.

Warnow, den 8. Juni 1844.

Königl. Haupt-Zollamt.

Die Anfuhr des bei der Salzfaktorei zu Prenzlau benöthigten Salzes, circa 900 Tonnen, aus der Speditionsfaktorei zu Havelberg vom 1. Januar 1845 ab, soll an den Mindestfordernden ausgethan werden.

Zur Entgegennahme der Gebote haben wir im Auftrage der Königl. Regierung zu Potsdam einen Termin auf

den 13. Juli 1844, Vormittags 11 Uhr,

im Amtslokale des Steueramts zu Pritzwalk beraumt, wozu Bietungslustige eingeladen werden.

Die Kontraktsbedingungen sind während der Dienststunden in unserm Amtslokale und den beiden Steuerämtern Havelberg und Pritzwalk einzusehen.

Warnow, den 8. Juni 1844.

Königl. Haupt-Zollamt.

Es ist bei uns die Theilung der sogenannten Belziger Amts-Koppeljagd in Antrag gebracht. Wir haben diesem Antrage Statt gegeben und einen Anmeldungstermin auf

den 24. Juli 1844, Vormittags 9 Uhr,

im hiesigen Schlosse Eisenhardt angesetzt, weshalb wir zu demselben alle diejenigen, welche bei der Theilung ein Interesse haben, zur Angabe und Nachweisung ihrer Ansprüche, bei Vermeidung der Präklusion, vorladen.

Die Vertretung durch Bevollmächtigte ist nur zulässig, wenn der Betheiligte durch erhebliche Ursachen an dem persönlichen Erscheinen gehindert ist und solche sogleich bescheinigt.

Belzig, den 3. Mai 1844.

Kreis-Jagdtheilungs-Kommission für den Zauch-Belzigschen Kreis.

Höherer Bestimmung zufolge sollen für Rechnung der hiesigen Forstverwaltung circa 500 Klaftern Kiehnen-Kloben-? ⸺⸺⸺ auf den Winter 18⸺ ⸺⸺⸺ angekauft und b⸺ ⸺⸺⸺en.

Zur Annahme der Forderungen steht auf den 29. Juni 1844, Vormittags 10 Uhr, hier in meiner Dienstwohnung Termin an, zu welchem Lieferungslustige ich mit dem Bemerken einlade, daß die bei dieser Holzlieferung gestellt werdenden Bedingungen im Termin bekannt gemacht werden sollen, auch vorher schon bei mir anzusehen sind.

Forsthaus Heinersdorf, den 10. Juni 1844.
Der Königl. Oberförster Gadow.

Der Spinnereibesitzer Krumbügel zu Amtsfreiheit Wittstock hat den zum Betriebe seiner Wollspinnerei gehörigen, unbrauchbar gewordenen Dampfkessel von 3 Fuß Durchmesser und 10 Fuß Länge, mit Feuerrohr, entfernt und an dessen Stelle einen andern Dampfkessel von 3½ Fuß Durchmesser und 14 Fuß Länge anfertigen und nach dem Gutachten des Bezirks-Bau-Inspektors zweckmäßig anbringen und die gehörige Sicherheit überall treffen lassen. In Gemäßheit des § 16 des Edikts vom 6. Mai 1838 wird ein Jeder, der sich durch diese Anlage in seinen Rechten gefährdet hält, aufgefordert, seine Einwendungen dagegen binnen 8 Wochen präklusivischer Frist bei dem unterzeichneten Landrathe anzubringen.

Kyritz, den 9. Juni 1844.
Königl. Landrath der Ostpriegnitz.
von Kröcher.

Da in der Dienst- und Prästations-Ablösungssache des im Zauch-Belziger Kreise belegenen Rittergutes Grebs die Verwendung des demselben mit 5481 Thlrn. 7 Sgr. 6 Pf. gewordenen Kapitalsabfindung bis zum Betrage von 3303 Thlrn. 10 Pf. noch nicht vorschriftsmäßig nachgewiesen ist, so wird dies den Inhabern und Abläubigern von folgenden auf dem Rittergute Grebs haftenden Hypothekenforderungen:

sub Nr. 1 von dem Reste von 400 Thlrn., der für den verstorbenen Heino von Broesigke aus dem Theilungs-Rezesse vom 28. Januar 1728 angewiesenen Lehngelder,

sub Nr. 3 von 1000 Thlrn., halb in Friedrich d'or und halb in Silbergeld, aus der Zession vom 24. Juni 1733, und

7 von 500 Thlrn., aus der Zession vom 4. Mai 1746, beide

für die Wittwe Darnmann geb. Rauche eingetragen, hierdurch mit dem Bemerken bekannt gemacht, daß wenn sie von der ihnen deshalb zustehenden und in den §§. 461 und 462 Titel 20 Theil I des Allgemeinen Landrechts enthaltenen Befugnissen binnen 6 Wochen durch schriftliche oder mündliche Anmeldung bei dem unterzeichneten Kommissarius keinen Gebrauch machen, ihr Pfandrecht auf die abgelösten Dienste und Präftationen erlischt.

Luckenwalde, den 18. Mai 1844.
Im Auftrage der Königl. General-Kommission für die Kurmark.
Der Oekonomie-Kommissarius Müller.

Proclama.

Alle diejenigen, welche:

1) an die Obligation vom 28. Oktober 1816 und Zeffion vom 7. Oktober 1836, aus welcher für den Handarbeiter Christian Müller in Buchholz 50 Thlr. mit 5 Prozent Zinsen auf das Haus Nr. 489 hierselbst, die Wiese am Wendewaffer Litr. R Nr. 2 und den Garten hinter der Schule Litr. C Nr. 23 Vol. IX Fol. 29 und Vol. XIII Fol. 149 unseres Hypothekenbuchs unterm 10. Oktober 1836,

2) an den Vergleich vom 10. November 1828, aus welchem für die Charlotte Auguste, Henriette Louise, Carl Gottlieb, Carl Ludwig und Ferdinand Julius, Geschwister Meck, 200 Thlr. Muttererbe auf das Haus Nr. 93 hierselbst, Vol. III Fol. 74 unseres Hypothekenbuchs am 10. November 1828,

eingetragen sind, oder an diese Posten selbst als Eigenthümer, Zessionarien, Pfand- oder sonstige Briefsinhaber Ansprüche irgend einer Art zu machen haben, werden hiermit aufgefordert, ihre Ansprüche spätestens in dem

am 4. September d. J., Vormittags 10 Uhr, hierselbst anstehenden Termine anzumelden, widrigenfalls ihnen wegen derselben ein beständiges Stillschweigen auferlegt, mit Amortisation der Dokumente und mit Löschung der bereits quittirten Post zu 1 verfahren, an Stelle des Dokuments zu 2 aber ein neues ausgefertigt werden wird.

Treuenbrietzen, den 15. Mai 1844.
Königl. Stadtgericht.

Nachdem folgende Staatspapiere ihren Inhabern angeblich abhänden gekommen sind, als:

1) die auf den Namen Christian Kurth lautende,
unter dem 2. Juli 1830 über den Betrag von
100 Thlrn. Kourant ausgestellte 3½prozentige
Seehandlungs-Obligation Nr. 686, worauf
die Zinsen bis zum 2. Juli 1842 berichtigt
sind, welche bei dem Brande des Gehöftes
des Kossäthen Christian Kurth zu Friedersdorf bei Storckow am 13. Mai 1843 mit
verbrannt sein soll;

2) die Kurmärkische Schuldverschreibung Nr. 616
Littr. D über 300 Thlr., der Kirche zu Röpersdorf bei Prenzlow gehörig, welche dem
Prediger Everth zu Sternhagen als Verwalter des Vermögens der Kirche zu Röpersdorf schon vor länger als drei Jahren angeblich abhänden gekommen ist,

so werden auf den Antrag der oben genannten Interessenten alle diejenigen, welche an diese Papiere
als Eigenthümer, Zessionarien, Pfand- oder sonstige
Briefeinhaber oder deren Erben, Ansprüche zu haben behaupten, hierdurch öffentlich vorgeladen, in
dem vor dem Kammergerichts-Referendarius Hundt
hier auf dem Kammergericht auf

den 22. März 1845, Vormittags 10 Uhr,
anberaumten Termine zu erscheinen und ihre Ansprüche zu bescheinigen, widrigenfalls sie damit präkludirt, die gedachten Papiere für amortisirt erklärt
und statt derselben neue ausgefertigt werden sollen.
Den Auswärtigen werden die Justiz-Kommissarien, Ober-Landesgerichtsrath Martins, Justizrath Hülsen und Justizrath Jung zu Mandatarien in Vorschlag gebracht.

Berlin, am 8. Januar 1844.

Königl. Preuß. Kammergericht.

Proclama.

von Arnimsches Patrimonialgericht über Millmersdorf.

Templin, den 14. Juni 1844.

In unserem Depositorium befinden sich folgende
herrenlose Deposita:

1) in einer Penzienschen Masse 11 Sgr. 9 Pf.,
2) in einer Grabertschen Masse 1 Thlr. 23 Sgr.,
3) in einer Hungerschen Masse 6 Thlr. 14 Sgr.
9 Pf.,
4) in einer Holzaufsetzer Habnschen Masse 20Thlr.
4 Sgr. 3 Pf.

Die unbekannten Eigenthümer oder deren Erben werden aufgefordert, sich binnen 4 Wochen,
spätestens im Termine

den 11. Juli d. J., Vormittags 11 Uhr,
an Gerichtsstelle in Millmersdorf mit ihren Ansprüchen zu melden, widrigenfalls die oben aufgeführten Gelder zur Justiz-Offizianten-Wittwen
kasse abgesendet werden.

Verkauf von Baustellen.

Hier, dem großen Friedrichs-Waisenhause zu
gehörige, an der, zwischen der Stallschreibers-
und Kürassierstraße bereits eröffneten Alexandrine
straße, und an der verlängerten Kommandanstraße belegenen Parzellen von resp. 13 □Ruth.
27 □Fuß, 22 □Ruthen 12 □Fuß, 31 □Ruthe
69½ □Fuß und 31 □Ruthen 24½ □Fuß, sollen
da sie anderweitig zu Kommunalzwecken nicht er
forderlich sind, als Baustellen an den Meistbieten
den öffentlich verkauft werden.

Hierzu haben wir einen Lizitations-Termin auf

den 22. Juli d. J., Vormittags 10 Uhr,
vor unserem Deputirten, dem Stadt-Syndikus
Moewes, an Ort und Stelle angesetzt, wozu
Kauflustige mit dem Bemerken eingeladen werden,
daß der Meistbietende zur Sicherheit seines Gebots für jede Baustelle eine Kaution von Fünfzig
Thalern baar oder in Staatspapieren deponiren
muß, und ein solch Gebot bis zum erfolgten Zu
schlage von Seiten der Kommunal-Behörden ge
bunden bleibt.

Die näheren Bedingungen können in den Wochen
tagen während der Dienststunden im Journalzimmer
auf dem Berlinischen Rathhause eingesehen werden.

Berlin, den 23. Mai 1844.

Ober-Bürgermeister, Bürgermeister und Rath
hiesiger Königlichen Residenzien.

Nothwendiger Verkauf.

Königl. Kammergericht in Berlin.

Das hierselbst außerhalb des Neuen Thores,
und zwar Ausgangs linker Hand in der Berlän
gerung der Invalidenstraße belegene, dem Maurer
meister Johann Carl Wilhelm Flickel gehörig:
Grundstück nebst Zubehör, abgeschätzt auf 9116
Thlr. 28 Sgr. 3 Pf. zufolge der, nebst Hypoth:

kenschein und Bedingungen in der Registratur einzusehenden Taxe, soll
am 1. Oktober 1844
an ordentlicher Gerichtsstelle subhastirt werden.

Nothwendiger Verkauf.
Königl. Kammergericht in Berlin.

Das hierselbst in der Schumansstraße Nr. 14 a
belegene Grundstück, abgeschätzt nur nach dem
Materialienwerthe und dem Werthe des Grund
und Bodens (nicht nach dem Ertrage) auf 14,399
Thlr. 17 Sgr. 6 Pf. zufolge der, nebst Hypothekenschein und Bedingungen in der Registratur einzusehenden Taxe, soll
am 30. November 1844,
an ordentlicher Gerichtsstelle subhastirt werden.

Nothwendiger Verkauf.
Stadtgericht zu Berlin, den 6. März 1844.

Das vor dem Landsberger Thor belegene Grundstück des Müllers Leonhardt, mit Einschluß von
2806 Thlr. 27 Sgr. 6 Pf. Brandentschädigungsgeldern für die abgebrannte holländische Windmühle,
gerichtlich abgeschätzt zu 6045 Thlr. — Sgr. 6 Pf.,
soll am 15. Oktober d. J., Vormittags 11 Uhr,
an der Gerichtsstelle subhastirt werden. Taxe und
Hypothekenschein sind in der Registratur einzusehen.

Nothwendige Subhastation
beim von Freyerschen Patrimonialgericht zu
Hoppenrade und Garz.

Die sonst Pöhlsche Büdnerstelle Nr. 16 zu
Garz in der Ostpriegnitz sammt Zubehör, desgleichen 6 Morgen Acker daselbst, tarirt zu 600
Thlrn. und resp. 400 Thlrn. unterm 9. September 1843 dem Böttcher Müller zugeschlagen,
sollen wegen nicht bezahlter Kaufgelder
am 8. August 1844, Vormittags 11 Uhr,
an der Gerichtsstelle zu Hoppenrade anderweit verkauft werden. Die Taxe und der Hypothekenschein
sind daselbst einzusehen.

Nothwendiger Verkauf.
Stadtgericht zu Berlin, den 30. März 1844.

Das in der Blumenstraße zwischen den beiden
Grundstücken des Kaufmanns Aumann belegene
Grundstück des Stellmachermeisters Kley, gericht-
lich abgeschätzt zu 11,113 Thlr. 15 Sgr., soll

am 12. November d. J., Vormittags 11 Uhr,
an der Gerichtsstelle subhastirt werden. Taxe und
Hypothekenschein sind in der Registratur einzusehen.

Nothwendiger Verkauf.
Stadtgericht zu Berlin, den 1 April 1844.

Das in der Blumenstraße, Ecke der Rosengasse,
Nr. 59 belegene Schmidtsche Grundstück, tarirt
im Rohbau zu 8681 Thlr. 20 Sgr., soll
am 15. November d. J., Vormittags 11 Uhr,
an der Gerichtsstelle subhastirt werden. Taxe und
Hypothekenschein sind in der Registratur einzusehen.

Nothwendiger Verkauf.
Stadtgericht zu Berlin, den 2. April 1844.

Das in der Blumenstraße belegene Aumannsche Grundstück, welches im Bau liegen geblieben, gerichtlich abgeschätzt zu 1828 Thlr. 10 Sgr.,
soll in seinem jetzigen Zustande
am 27. September d. J., Vormittags 11 Uhr,
an der Gerichtsstelle subhastirt werden. Taxe und
Hypothekenschein sind in der Registratur einzusehen. Die Frau Wittwe Müller, Emma Do-
rothe geb. Krüger, und der Kaufmann Louis
Goldberg, die dem Aufenthalte nach unbekannt
sind, werden hierdurch öffentlich mit vorgeladen.

Nothwendiger Verkauf.
Stadtgericht zu Berlin, den 2. April 1844.

Das in der Fruchtstraße, Ecke der Pallisadenstraße belegene Hochkirchsche Grundstück, tarirt
zu 10,129 Thlr. 19 Sgr. 3 Pf., soll
am 19. November d. J., Vormittags 11 Uhr,
an der Gerichtsstelle subhastirt werden. Taxe und
Hypothekenschein sind in der Registratur einzusehen.

Nothwendiger Verkauf.
Königl. Land- und Stadtgericht zu Strausberg,
den 4. April 1844.

Die hierselbst belegenen, dem hiesigen Ackerbürger Carl Friedrich Menger gehörigen, Grundstücke:
1) Das im sogenannten Winkel sub Nr. 147 belegene Wohnhaus nebst Zubehör, abgeschätzt
auf 815 Thlr. 23 Sgr. 3 Pf.,
2) die vor dem Landsberger Thore belegene
Scheune, abgeschätzt auf 406 Thlr. 16 Sgr.
9½ Pf.,

und von 2 Morgen, zum Gute Wernsdorf gehörigen Wiesen, zusammen abgeschätzt auf 527 Thlr.
27 Sgr. 6 Pf. zufolge der, nebst Hypothekenschein hier einzusehenden Taxe, sollen in termino
den 26. September d. J., Vormittags 11 Uhr,
in der Gerichtsstube zu Gosen subhastirt werden.

Verkauf eines Ackerguts, welches sich ganz
besonders zur Anlage einer Ziegelei eignet.

Mein, eine halbe Viertelmeile vom Dorfe Raedel belegenes Ackergut, bestehend aus Wohn- und
Wirthschafts-Gebäuden, so wie noch aus fünf anderen kleinen Familienhäusern, wozu ein Garten
von 2 Morgen, ein kleines Venn von 1 Morgen
10 □Ruthen, 3 Hufen Acker und 18 Morgen
Wieswachs gehört, beabsichtige ich sofort aus
freier Hand zu verkaufen.

Da der Acker durchweg die beste und sehr viel
Ziegelerde enthält, so würde mit Rücksicht darauf
sich das Grundstück ganz besonders, indem eine
Viertelmeile von Raedel ein schiffbares Wasser
sich befindet, zur Anlage einer Ziegelei eignen.

Hierauf Reflektirende bitte ich, sich deshalb ge-
fälligst mit frankirten Briefen an mich zu wenden.
Raedel bei Lehnin, den 1. Juni 1844.
Der Gutsbesitzer Andreas Hennig.

Ein freies Rittergut in der Ober-Lausitz, mit
einem Areal von circa 1800 Morgen, inkl. 300 Morgen schlagbarem und 500 Morgen jungem Holze,
gutem ausbauernden Torflager, schönem Heuschlag,
Brau- und Brennerei, guten Wirthschaftsgebäuden
und neuem massiven Wohnhause, ist wegen Kränklichkeit des Besitzers für einige 20,000 Thlr., mit
einer Anzahlung von 10,000 Thlrn., sofort zu verkaufen, und bleiben die Restkaufgelder auf längere
Jahre gegen 3½ Prozent Zinsen stehen. Näheres
bei dem Kaufmann Roseno in Frankfurt a. d. O.

Eine 3½ Meile von Berlin und ½ Meile von
zwei andern Städten belegene Wassermühle mit
zwei Gängen, bei der nie Wassermangel eintritt,
soll mit den dazu gehörenden circa 11 Morgen
Gärten und Wiesen für einen billigen Preis verkauft werden. Nähere Auskunft ertheilt
W. E. Seidel in Zehdenick.

Für ein Material-Geschäft wird zum 1. Juli
1844 ein Handlungs-Kommis gesucht durch
W. E. Seidel in Zehdenick.

Wenn derjenige, welcher mir den Brief unter
der Adresse, an den Kalk-Faktor Koehler zu
Kalkberge bei Taßdorf, Magistrats-Ofen, datirt
Neuendorf ⅓ 44 bei Beeskow, unterzeichnet A. W.,
wie er vorgiebt, wirklich mein Freund ist, so wolle
er mir doch näherer Rücksprache wegen seinen Namen nennen, ich gebe mein Wort, denselben zu
verschweigen, wenn es gewünscht wird.
Berliner Magistrats-Kalkbrennerei zu Schulzen-
höhe, am 1. Juni 1844.   Koehler.

Auf dem Wege von Rathenow nach Kyritz ist
am Montag den J. d. M. eine Kiste mit Sonnenschirmen, Marquisen und Knickern verloren wor-
ben, der ehrliche Finder wird ersucht, solche dem
Gastwirth Herrn Gerloff in Kyritz gegen eine
gute Belohnung abzugeben.

Mittel wider den Schwammfraß in den
Gebäuden.

Da sich auch hier Jemand gefunden hat, der
mein Mittel auseinandergesetzt zu haben glaubt. —
Um aber Täuschung zu verhüten, mache ich die Besitzer hierauf aufmerksam, sich an den wahren Erfinder zu wenden, wo dies helfende Mittel nur unverfälscht zu haben ist. Auch habe ich mehre genügende
Atteste vorzulegen, daß es noch überall, wo es angewandt ist, seine Wirkung gehabt hat. Auch nehme
ich die Verpflichtung auf mich, daß, wenn man sich
genau nach der Anweisung richtet, das dafür erlegte
Geld zurückzahle, wenn es nicht hilft. Dies Mittel
ist nur einig und allein in Berlin, Oranienburger
Straße Nr. 44, bei meinem Bruder F. Jesse zu haben, wo auch die Atteste vorzuzeigen sind.
C. Jesse, Tischlermeister.

Ein Wirthschafts-Inspektor, welcher sich über
seine langjährige Dienstzeit durch vorzügliche Atteste
auszuweisen vermag und unverheirathet ist, sucht
unter bescheidenen Ansprüchen ein anderweites Unterkommen durch W. E. Seidel in Zehdenick.

Oeffentlicher Anzeiger

zum 25sten Stück des Amtsblatts
er Königlichen Regierung zu Potsdam und der Stadt Berlin.

Den 21. Juni 1844.

Steckbriefe.

Der, Kaufmann Ludwig Kersten, alleiniger nhaber der Wiener Tücherhandlung Gebrüder ersten, Spandauer Straße Nr. 10, ist am . Juni d. J. mit einem Ministerial-Paß vom 0. Juli v. J., welcher zur Reise nach Paris ber Hamburg unterm 5. Juni d. J. visirt wor= en ist, mit der Eisenbahn nach Potsdam abge= ·ist, hat sich am 8. d. M. in Wittenberg befun= en und wollte sich von dort nach Paris oder 'ondon begeben. Er hat eine bedeutende Schul= enlast zurückgelassen, sich seinen Gläubigern durch ie Flucht entzogen und ist eines beträglichen Ban= uerutts dringend verdächtig.

Die Militair= und Zivil=Behörden des In= und Auslandes werden dienstergebenst ersucht, auf en nachstehend näher bezeichneten Kersten vigi= tren, ihn im Betretungsfalle verhaften, mit den ei sich führenden Geldern und Effekten unter sehr icherer Begleitung nach Potsdam transportiren und n die Expedition der Stadtvoigtei=Gefängnisse ab= iefern zu lassen. Wir versichern die ungesäumte rstattung der erwachsenen baaren Auslagen und en verehrlichen Behörden des Auslandes eine= leiche Rechtswillfährigkeit.

Berlin, den 11. Juni 1844.

Königl. Kriminal=Gericht hiesiger Residenz.

Personbeschreibung. Der Kaufmann Lud= vig Kersten ist 28 Jahr alt, jüdischer Religion, us Prenzlow gebürtig und 5 Fuß 2 Zoll groß. r hat braune Haare, Augenbrauen und Bart, laue Augen, gewöhnliche Nase und Mund, ova= es Gesicht, gesunde Gesichtsfarbe und keine beson= ere Kennzeichen. Die Kleidungsstücke können nicht mgegeben werden.

In der Nacht vom 13. zum 14. Juni d. J. st es dem bei uns wegen mehrerer Diebstähle ur Untersuchung gezogenen und wegen gleichen Verbrechens früher schon öfter bestraften, nachste= hend näher signalisirten Privatschreiber und frü= hern Handlungsdiener Herrmann Griese gelun= gen, aus unserm Gefängnisse zu entspringen und sich so der fernern Untersuchung zu entziehen.

Alle in= und ausländische Behörden werden er= gebenst ersucht, auf den Griese zu vigiliren und ihn im Betretungsfalle unter sicherem Geleit an uns abliefern zu lassen.

Potsdam, den 14. Juni 1844.

Königl. Stadtgericht hiesiger Residenz.

Signalement. Alter: 26 Jahr, Größe: 5 Fuß 6 Zoll, Haare: hellblond, Augenbrauen: hellblond, Augen: blau, Mund: breit, Nase und Kinn: gewöhnlich, Gesicht: rund, Gesichtsfarbe: bleich, Bart: schwach und hochblond, Zähne: voll= ständig. Besondere Kennzeichen: a) die ins Weiß= liche fallende Farbe der Kopfhaare sind am gan= zen Oberkopf heller, als an den andern Theilen des Kopfes, b) der freche, stiere Blick.

Bekleidung. Grüntuchener Ueberrock, grau= weiße Buckskinhofen, blaukarirte Weste, graue Plüschmütze. Fußbekleidung: blaue baumwollene Strümpfe.

Der von uns bereits unterm 12. Februar d. J. steckbrieflich verfolgte, entlassene Züchtling, Johann Friedrich Wilhelm Kuhlberg (Ramsport) hat sich neuerdings mehrerer Diebstähle dringend ver= dächtig gemacht, weshalb wir wiederholt auf den= selben mit der Bitte aufmerksam machen, ihn im Betretungsfalle verhaften und uns überliefern las= sen zu wollen.

Signalement. Namen: Kuhlberg (Rams= port), Stand: Dienstknecht, Geburtsort: Merzdorf, Wohnort: Zinna, Religion: evangelisch, Alter: 23 Jahr, Größe: 5 Fuß 2 Zoll, Haare: braun, Stirn: bedeckt, Augenbrauen: schwarzbraun, Augen: grau, Nase: breit, Mund: gewöhnlich, Zähne: voll=

ständig, Kinn: länglich, Gesicht: länglich, Gesichtsfarbe: gesund, Statur: mittel. Besondere Kennzeichen: fehlen. Zinna, den 13. Juni 1844.
Der Magistrat.

* Der nachstehend signalisirte Webergeselle Carl Röhl aus Prausnitz hat angeblich sein am 30. Juli 1843 von dem Königl. Landrathsamte zu Militsch ausgefertigtes, auf 3 Jahr gültiges und unter dem 21. November v. J. von hier nach Greiffenhagen visirtes Wanderbuch verloren. Zur Vermeidung von Mißbräuchen wird dies hiermit öffentlich bekannt gemacht, und das quaest. Wanderbuch für ungültig erklärt. Berlin, den 10. Juni 1844.
Königl. Polizei-Präsidium.

Signalement. Religion: evangelisch, Alter: 21 Jahr, Größe: 5 Fuß 1 Zoll, Haare: blond, Stirn: frei, Augenbrauen: blond, Augen: grau, Nase und Mund: gewöhnlich, Bart: blond, Kinn und Gesicht: oval, Gesichtsfarbe: gesund. Besondere Kennzeichen: keine.

Polizeiliche Bekanntmachung.

* Da die Schießübungen der in Spandow garnisonirenden Truppen begonnen haben, so wird der von Pichelsdorf über die Morellenberge führende Weg hierdurch zur Verhütung von Unglücksfällen gesperrt, und das Publikum aufgefordert, denselben bis auf Weiteres nicht zu benutzen, sondern sich des hinter Ruhleben von der Chaussee zwischen Charlottenburg und Spandow ab entlängs des Elsgrabens führenden Weges zu bedienen.
Teltow, den 10. Juni 1844.
Der Landrath v. Albrecht.

* Im Auftrage der Königl. Regierung zu Potsdam wird das unterzeichnete Haupt-Zollamt, und zwar im Dienstlokale des Königl. Steueramts zu Kyritz,
am 23. Juli 1844, Vormittags 11 Uhr,
die Chausseegeld-Erhebung bei Demerthin zwischen Kyritz und Perleberg, eine Meile von ersterer Stadt entfernt, an den Meistbietenden, mit Vorbehalt des höhern Zuschlages, vom 1. November b. J. ab zur Pacht ausstellen. Nur dispositionsfähige Personen, welche vorher mindestens 130 Thlr. baar oder in annehmlichen Staatspapieren bei dem Königl. Steueramte zu Kyritz zur Sicherheit nie-

dergelegt haben, werden zum Bieten zugelassen werden. Die Pachtbedingungen sind sowohl bei uns, als auch beim Königl. Steueramte zu Kyritz von heute an während der Dienststunden einzusehen.
Warnow, den 8. Juni 1844.
Königl. Haupt-Zollamt.

Die Anfuhr des bei der Salzfaktorei zu Pritzwalk benöthigten Salzes, circa 900 Tonnen, aus der Speditionsfaktorei zu Havelberg vom 1. Januar 1845 ab, soll an den Mindestfordernden ausgethan werden.
Zur Entgegennahme der Gebote haben wir im Auftrage der Königl. Regierung zu Potsdam einen Termin auf
den 13. Juli 1844, Vormittags 11 Uhr
im Amtslokale des Steueramts zu Pritzwalk beraumt, wozu Bietungslustige eingeladen werden.
Die Kontraktsbedingungen sind während der Dienststunden in unserm Amtslokale und den Steuerämtern Havelberg und Pritzwalk einzusehen.
Warnow, den 8. Juni 1844.
Königl. Haupt-Zollamt.

Es ist bei uns die Theilung der sogenannten Belziger Amts-Koppeljagd in Antrag gebracht. Wir haben diesem Antrage Statt gegeben und einen Anmeldungstermin auf
den 24. Juli 1844, Vormittags 9 Uhr,
im hiesigen Schlosse Eisenhardt angesetzt, weshalb wir zu demselben alle diejenigen, welche bei der Theilung ein Interesse haben, zur Angabe und Nachweisung ihrer Ansprüche, bei Vermeidung der Präklusion, vorladen.
Die Vertretung durch Bevollmächtigte ist nur zulässig, wenn der Betheiligte durch erhebliche Ursachen an dem persönlichen Erscheinen gehindert ist und solche sogleich bescheinigt.
Belzig, den 3. Mai 1844.
Kreis-Jagdtheilungs-Kommission für den Zauch Belzigschen Kreis.

Höherer Bestimmung zufolge sollen für Rechnung der hiesigen Forstverwaltung circa 500 Klaftern Kiehnen-Kloben-Brennholz zur Deputat-Abgabe auf den Winter 184? von dem Mindestfordernden angekauft und bei Schwedt a. d. O. abgeliefert werden.

Zur Annahme der Forberungen steht auf den 29. Juni 1844, Vormittags 10 Uhr, hier in meiner Dienstwohnung Termin an, zu welchem Lieferungslustige ich mit dem Bemerken einlade, daß die bei dieser Holzlieferung gestellt werdenden Bedingungen im Termin bekannt gemacht werden sollen, auch vorher schon bei mir einzusehen sind.

Forsthaus Heinersdorf, den 10. Juni 1844.

Der Königl. Oberförster Gabow.

Der Spinnereibesitzer Krumbügel zu Amtsfreiheit Wittstock hat den zum Betriebe seiner Wollspinnerei gehörigen, unbrauchbar gewordenen Dampfkessel von 3 Fuß Durchmesser und 10 Fuß Länge, mit Feuerrohr, entfernt und an dessen Stelle einen andern Dampfkessel von $3\frac{1}{2}$ Fuß Durchmesser und 14 Fuß Länge anfertigen und nach dem Gutachten des Bezirks-Bau-Inspektors zweckmäßig anbringen und die gehörige Sicherheit überall treffen lassen. In Gemäßheit des § 16 des Edikts vom 6. Mai 1838 wird ein Jeder, der sich durch diese Anlage in seinen Rechten gefährdet hält, aufgefordert, seine Einwendungen dagegen binnen 4 Wochen präklusivischer Frist bei dem unterzeichneten Landrathe anzubringen.

Kyritz, den 9. Juni 1844.

Königl. Landrath der Ostpriegnitz.

von Kröcher.

Da in der Dienst- und Prästations-Ablösungssache des im Zauch-Belziger Kreise belegenen Rittergutes Grebs die Verwendung der demselben mit 5481 Thlrn. 7 Sgr. 6 Pf. gewordenen Kapitalsabfindung bis zum Betrage von 3303 Thlrn. 15 Sgr. 10 Pf. noch nicht vorschriftsmäßig nachgewiesen ist, so wird dies den Inhabern und Pfandgläubigern von folgenden auf dem Rittergute Grebs haftenden Hypothekenforderungen:

1) sub Nr. 1 von dem Reste von 400 Thlrn., der für den verstorbenen Heino von Brosigke aus dem Theilungs-Rezesse vom 28. Januar 1728 angewiesenen Lehngelder,

2) sub Nr. 3 von 1000 Thlrn., halb in Friedrichsdor und halb in Silbergeld, aus der Obligation vom 24. Juni 1753, und

3) sub Nr. 7 von 500 Thlrn., aus der Zession und Obligation vom 4. Mai 1746, beide

für die Wittwe Darnmann geb. Rauche eingetragen,

hierdurch mit dem Bemerken bekannt gemacht, daß wenn sie von der ihnen deshalb zustehenden und in den §§. 461 und 462 Titel 20 Theil I des Allgemeinen Landrechts enthaltenen Befugnissen binnen 6 Wochen durch schriftliche oder mündliche Anmeldung bei dem unterzeichneten Kommissarius keinen Gebrauch machen, ihr Pfandrecht auf die abgelöseten Dienste und Prästationen erlischt.

Luckenwalde, den 18. Mai 1844.

Im Auftrage der Königl. General-Kommission für die Kurmark.

Der Oekonomie-Kommissarius Müller.

Proclama.

Alle diejenigen, welche:

1) an die Obligation vom 28. Oktober 1816 und Zession vom 7. Oktober 1836, aus welcher für den Handarbeiter Christian Müller in Buchholz 50 Thlr. mit 5 Prozent Zinsen auf das Haus Nr. 489 hierselbst, die Wiese am Wendewasser Litr. R Nr. 2 und den Garten hinter der Schule Litr. C Nr. 23 Vol. IX Fol. 29 und Vol. XIII Fol. 149 unseres Hypothekenbuchs unterm 10. Oktober 1836;

2) an den Vergleich vom 10. November 1828, aus welchem für die Charlotte Auguste, Henriette Louise, Carl Gottlieb, Carl Ludwig und Ferdinand Julius, (Geschwister Weck, 200 Thlr. Muttererbe auf das Haus Nr. 93 hierselbst, Vol. III Fol. 74 unseres Hypothekenbuchs am 10. November 1828,

eingetragen sind, oder an diese Posten selbst als Eigenthümer, Zessionarien, Pfand- oder sonstige Briefsinhaber Ansprüche irgend einer Art zu machen haben, werden hiermit aufgefordert, ihre Ansprüche spätestens in dem

am 4. September d. J., Vormittags 10 Uhr, hierselbst anstehenden Termine anzumelden, widrigenfalls ihnen wegen derselben ein beständiges Stillschweigen auferlegt, mit Amortisation der Dokumente und mit Löschung der bereits quittirten Post zu 1 verfahren, an Stelle des Dokuments zu 2 aber ein neues ausgefertigt werden wird.

Treuenbrietzen, den 15. Mai 1844.

Königl. Stadtgericht.

Nachdem folgende Staatspapiere ihren Inhabern angeblich abhänden gekommen sind, als:

1) die auf den Namen Christian Kurth lautende, unter dem 2. Juli 1830 über den Betrag von 100 Thlrn. Kourant ausgestellte 3½prozentige Seehandlungs-Obligation Nr. 686, worauf die Zinsen bis zum 2. Juli 1842 berichtigt sind, welche bei dem Brande des Gehöftes des Kossäthen Christian Kurth zu Friedersdorf bei Storckow am 13. Mai 1843 mit verbrannt sein soll;

2) die Kurmärkische Schuldverschreibung Nr. 616 Littr. D über 300 Thlr., der Kirche zu Röpersdorf bei Prenzlow gehörig, welche dem Prediger Eberth zu Sternhagen als Verwalter des Vermögens der Kirche zu Röpersdorf schon vor länger als drei Jahren angeblich abhänden gekommen ist,

so werden auf den Antrag der oben genannten Interessenten alle diejenigen, welche an diese Papiere als Eigenthümer, Zessionarien, Pfand- oder sonstige Briefsinhaber oder deren Erben, Ansprüche zu haben behaupten, hierdurch öffentlich vorgeladen, in dem vor dem Kammergerichts-Referendarius Hundt hier auf dem Kammergericht auf

den 22. März 1845, Vormittags 10 Uhr, anberaumten Termine zu erscheinen und ihre Ansprüche zu bescheinigen, widrigenfalls sie damit präkludirt, die gedachten Papiere für amortisirt erklärt und statt derselben neue ausgefertigt werden sollen. Den Auswärtigen werden die Justiz-Kommissarien, Ober-Landesgerichtsrath Martins, Justizrath Hülfen und Justizrath Jung zu Mandatarien in Vorschlag gebracht.

Berlin, am 8. Januar 1844.

Königl. Preuß. Kammergericht.

Proclama.

von Arnimsches Patrimonialgericht über Millmersdorf.

Templin, den 14. Juni 1844.

In unserem Depositorium befinden sich folgende herrenlose Deposita:

1) in einer Benzienschen Masse 11 Sgr. 9 Pf.,
2) in einer Grabertschen Masse 1 Thlr. 23 Sgr.,
3) in einer Hungerschen Masse 6 Thlr. 14 Sgr. 9 Pf.,
4) in einer Holzaufsetzer-Habnschen Masse 20 Thlr. 4 Sgr. 3 Pf.

Die unbekannten Eigenthümer oder deren Erben werden aufgefordert, sich binnen 4 Wochen, spätestens im Termine

den 11. Juli d. J., Vormittags 11 Uhr, an Gerichtsstelle in Millmersdorf mit ihren Ansprüchen zu melden, widrigenfalls die oben aufgeführten Gelder zur Justiz-Offizianten-Wittwenkasse abgesendet werden.

Verkauf von Baustellen.

Vier, dem großen Friedrichs-Waisenhause gehörige, an der, zwischen der Stallschreiber- und Kürassierstraße bereits eröffneten Alexandrinstraße, und an der verlängerten Kommandanstraße belegenen Parzellen von resp. 15 □Ruthen 27 □Fuß, 22 □Ruthen 12 □Fuß, 31 □Ruthen 60½ □Fuß und 31 □Ruthen 24½ □Fuß, sein da sie anderweitig zu Kommunalzwecken nicht erforderlich sind, als Baustellen an den Meistbietenden öffentlich verkauft werden.

Hierzu haben wir einen Lizitations-Termin auf den 22. Juli d. J., Vormittags 10 Uhr, vor unserem Deputirten, dem Stadt-Stadtrat Moewes, an Ort und Stelle angesetzt, wozu Kauflustige mit dem Bemerken eingeladen werden, daß der Meistbietende zur Sicherheit seines Gebots für jede Baustelle eine Kaution von fünfzig Thalern baar oder in Staatspapieren deponiren muß, an die sein Gebot bis zum erfolgten Zuschlage von Seiten der Kommunal-Behörden gebunden bleibt.

Die näheren Bedingungen können in den Wochentagen während der Dienststunden im Journalzimmer auf dem Berlinischen Rathhause eingesehen werden.

Berlin, den 25. Mai 1844.

Ober-Bürgermeister, Bürgermeister und Rath hiesiger Königlichen Residenzien.

Nothwendiger Verkauf.

Königl. Kammergericht in Berlin.

Das hierselbst außerhalb des Neuen Thores und zwar Ausgangs linker Hand in der Verlängerung der Invalidenstraße belegene, dem Maurermeister Johann Carl Wilhelm Flickel gehörige Grundstück nebst Zubehör, abgeschätzt auf 9116 Thlr. 28 Sgr. 3 Pf. zufolge der, nebst Hypoth-

kenschein und Bedingungen in der Registratur einzusehenden Taxe, soll
am 1. Oktober 1844
an ordentlicher Gerichtsstelle subhastirt werden.

Nothwendiger Verkauf.
Königl. Kammergericht in Berlin.

Das hierselbst in der Schumansstraße Nr. 14 a
belegene Grundstück, abgeschätzt nur nach dem
Materialienwerthe und dem Werthe des Grund
und Bodens (nicht nach dem Ertrage) auf 14,399
Thlr. 17 Sgr. 6 Pf. zufolge der, nebst Hypothekenschein und Bedingungen in der Registratur einzusehenden Taxe, soll
am 30. November 1844,
an ordentlicher Gerichtsstelle subhastirt werden.

Nothwendiger Verkauf.
Stadtgericht zu Berlin, den 6. März 1844.

Das vor dem Landsberger Thor belegene Grundstück des Müllers Leonhardt, mit Einschluß von
2806 Thlr. 27 Sgr. 6 Pf. Brandentschädigungsgeldern für die abgebrannte holländische Windmühle,
gerichtlich abgeschätzt zu 6043 Thlr. — Sgr. 6 Pf,
soll am 15. Oktober d. J., Vormittags 11 Uhr,
an der Gerichtsstelle subhastirt werden. Taxe und
Hypothekenschein sind in der Registratur einzusehen.

Nothwendige Subhastation
beim von Freyerschen Patrimonialgericht zu
Hoppenrade und Garz.

Die sonst Pöhlssche Büdnerstelle Nr. 16 zu
Garz in der Ostpriegnitz sammt Zubehör, desgleichen 6 Morgen Acker daselbst, taxirt zu 600
Thlrn. und resp. 400 Thlrn. unterm 9. September 1843 dem Böttcher Müller zugeschlagen,
allen wegen nicht bezahlter Kaufgelder
am 8. August 1844, Vormittags 11 Uhr,
in der Gerichtsstelle zu Hoppenrade anderweit verkauft werden. Die Taxe und der Hypothekenschein
sind daselbst einzusehen.

Nothwendiger Verkauf.
Stadtgericht zu Berlin, den 30. März 1844.

Das in der Blumenstraße zwischen den beiden
Grundstücken des Kaufmanns Aumann belegene
Grundstück des Stellmachermeisters Kley, gericht-
lich abgeschätzt zu 11,113 Thlr. 15 Sgr., soll

am 12. November d. J., Vormittags 11 Uhr,
an der Gerichtsstelle subhastirt werden. Taxe und
Hypothekenschein sind in der Registratur einzusehen.

Nothwendiger Verkauf.
Stadtgericht zu Berlin, den 1 April 1844.

Das in der Blumenstraße, Ecke der Rosengasse,
Nr. 59 belegene Schmidtsche Grundstück, taxirt
im Rohbau zu 8681 Thlr. 20 Sgr., soll
am 15. November d. J., Vormittags 11 Uhr,
an der Gerichtsstelle subhastirt werden. Taxe und
Hypothekenschein sind in der Registratur einzusehen.

Nothwendiger Verkauf.
Stadtgericht zu Berlin, den 2. April 1844.

Das in der Blumenstraße belegene Aumannsche Grundstück, welches im Bau liegen geblieben, gerichtlich abgeschätzt zu 1828 Thlr. 10 Sgr.,
soll in seinem jetzigen Zustande
am 27. September d. J., Vormittags 11 Uhr,
an der Gerichtsstelle subhastirt werden. Taxe und
Hypothekenschein sind in der Registratur einzusehen. Die Frau Wittwe Müller, Emma Dorothee geb. Krüger, und, der Kaufmann Louis
Goldberg, die dem Aufenthalte nach unbekannt
sind, werden hierdurch öffentlich mit vorgeladen.

Nothwendiger Verkauf.
Stadtgericht zu Berlin, den 2. April 1844.

Das in der Fruchtstraße, Ecke der Pallisadenstraße belegene Hochkirchsche Grundstück, taxirt
zu 10,129 Thlr. 19 Sgr. 3 Pf., soll
am 19. November d. J., Vormittags 11 Uhr,
an der Gerichtsstelle subhastirt werden. Taxe und
Hypothekenschein sind in der Registratur einzusehen.

Nothwendiger Verkauf.
Königl. Land- und Stadtgericht zu Strausberg,
den 4. April 1844.

Die hierselbst belegenen, dem hiesigen Ackerbürger Carl Friedrich Menger gehörigen, Grundstücke:
1) Das im sogenannten Winkel sub Nr. 147 belegene Wohnhaus nebst Zubehör, abgeschätzt
auf 815 Thlr. 23 Sgr. 3 Pf.,
2) die vor dem Landsberger Thore belegene
Scheune, abgeschätzt auf 406 Thlr. 16 Sgr.
9½ Pf.,

3) das bei der Kuhbrücke belegene Wiesenstück,
auf 9 Thlr. 10 Sgr. abgeschätzt,
4) die im Postbruche sub Nr. 100 belegene Parzelle, abgeschätzt auf 3 Thlr. 2 Sgr. 6 Pf.,
5) die im Postbruche sub Nr. 222, 223 und
224 belegenen Parzellen, abgeschätzt auf zusammen 15 Thlr. 7 Sgr. 6 Pf.,
6) die Postbruch-Parzelle Nr. 248, abgeschätzt
auf 9 Thlr.,
7) die in allen drei Feldern im Dickmantelfelde
zwischen der Georgschen und Zimmermannschen Hufe belegene Hufe Land, abgeschätzt
auf 219 Thr. 8 Sgr.,
8) die in allen drei Feldern im Dickmantelfelde
zwischen der August Krauseschen und Heinrich Fröhlichschen belegene Ackerhufe, abgeschätzt auf 233 Thlr. 10 Sgr.,
sollen am
23. Juli d. J., Vormittags 11 Uhr,
an ordentlicher Gerichtsstelle subhastirt werden.
Taxe und Hypothekenschein sind in unserer
Registratur einzusehen.

Nothwendiger Verkauf.
Stadtgericht zu Templin, den 4. April 1844.
Die den Erben der früher verwittwet gewesenen Pohl, später verehelichten Christel, Johanne
Sophie Friederike, gebornen Schroeder zugehörigen beiden Grundstücke:
a) das in der Grünstraße hierselbst belegene und
im Hypothekenbuche Vol. II B Nr. 397 Pag.
1093 verzeichnete Wohnhaus nebst Zubehör,
abgeschätzt auf 714 Thlr. 10 Sgr.,
b) der vor dem Berliner Thore belegene und im
Hypothekenbuche Vol. I Nr. 3 b Fol. 6 verzeichnete Garten, abgeschätzt auf 52 Thlr.
10 Sgr.,
sollen
am 19. August d. J., Vormittags 11 Uhr,
an der Gerichtsstelle subhastirt werden.
Die gerichtliche Taxe und der neueste Hypothekenschein sind in der Registratur einzusehen.
Alle unbekannten Real-Interessenten werden
zu diesem Termin mit vorgeladen.

Nothwendiger Verkauf.
Königl. Landgericht zu Berlin, den 10. April 1844.
Das dem verstorbenen Schiffsbaumeister Chri-
stian Friedrich Grunow gehörige Grundstück Nr. 13

in der Brückenstraße zu Moabit, abgeschätzt auf
4968 Thlr. 10 Sgr. 8 Pf. zufolge der, nebst Hypothekenschein in dem 11ten Bureau einzusehenden
Taxe, soll
am 5. August d. J., Vormittags 11 Uhr,
an ordentlicher Gerichtsstelle, Zimmerstraße Nr. 25,
Theilungshalber subhastirt werden.
Alle unbekannte Realprätendenten werden aufgeboten, sich, bei Vermeidung der Präklusion spätestens in diesem Termine zu melden.

Nothwendiger Verkauf.
Stadtgericht zu Prenzlow, den 15. April 1844.
Das zur Konkursmasse des Kaufmanns Fritz
Ludwig Brennicke gehörige, hierselbst in der
Mühlenstraße sub Nr. 4 belegene Wohnhaus nebst
einer dazu gehörigen Wiese im großen Bruch,
abgeschätzt auf 1995 Thlr. 5 Sgr. 2 Pf. zufol-
ber, nebst Hypothekenschein und Bedingungen in
unserer Registratur einzusehenden Taxe, soll
am 27. August d. J., Vormittags 11 Uhr,
an ordentlicher Gerichtsstelle subhastirt werden.

Nothwendiger Verkauf.
Stadtgericht zu Wittstock, den 22. April 1844.
Das dem Brauer Biecenz gehörige, hierselbst
im vierten Viertel an der Markt- und Kettenstraßen-Ecke belegene, Vol. IV Fol. und Nr. 23
des Hypothekenbuchs verzeichnete, und zu dem
Werthe von 2304 Thlrn. 12 Sgr. 1½ Pf. gerichtlich abgeschätzte Wohnhaus, soll
am 19. August d. J., Vormittags 11 Uhr und
Nachmittags 4 Uhr,
an der Gerichtsstelle subhastirt werden. Taxe und
Hypothekenschein sind in der Registratur des Gerichts einzusehen.

Nothwendiger Verkauf.
Stadtgericht zu Berlin, den 25. April 1844.
Das hierselbst in der verlängerten Kommandantenstraße belegene Plötzsche Grundstück, gerichtlich abgeschätzt zu 21,981 Thlr. 21 Sgr. 3 Pf.,
soll Schulden halber
am 10. Dezember d. J., Vormittags 11 Uhr,
an der Gerichtsstelle subhastirt werden. Taxe und
Hypothekenschein sind in der Registratur einzusehen.

Nothwendiger Verkauf.

Stadtgericht zu Berlin, den 26. April 1844.

Das hierselbst in der verlängerten Sebastiansstraße belegene Grundstück des Baumeisters Ferdinand Wilhelm Winkelmann, gerichtlich abgeschätzt zu 24,974 Rthlr. 19 Sgr. 7 Pf., soll
Schulden halber

am 13. Dezember d. J., Vormittags 11 Uhr,
an der Gerichtsstelle subhastirt werden. Taxe und
Hypothekenschein sind in der Registratur einzusehen.

———

Königl. Justizamt zu Potsdam, den 26. April 1844.

Folgende, der minorennen Caroline Wilhelmine
Schulze gehörige, zu Werder belegene Grundstücke:
1) der Weinberg im Elsbruche mit Haus und
   Anbau, Vol. I Fol. 211 des Hypothekenbuchs, abgeschätzt auf 570 Thlr. 8 Sgr. 9 Pf.,
2) der Weinberg im Strengfelde, ebendaselbst
   verzeichnet, tarirt auf 475 Thlr.,
3) die Vol. VII Fol. 85 des Hypothekenbuchs
   eingetragenen 4 Ruthen Wiesen, abgeschätzt
   auf 200 Thlr.,
4) der Weinberg mit Hütte am Kemnitzschen
   Wege, Vol. VII Fol. 49 des Hypothekenbuchs, tarirt auf 75 Thlr.,
sollen
   am 31. August d. J., von Vormittags 11 Uhr ab,
im Rathhause zu Werder anderweit subhastirt
werden.

Die Taxen und Hypothekenscheine sind werktäglich in unserem IIten Büreau einzusehen.

———

Nothwendiger Verkauf.

Stadtgericht zu Wittstock, den 3. Mai 1844.

Der dem Maurergesellen Tilse gehörige, hierselbst vor dem Gröper Thore belegene, Vol. II
Nr. 62 Fol. 102 des Hypothekenbuchs verzeichnete, mit den beiden darin befindlichen Wohnhäusern, zu dem Werthe von 1084 Thlrn. 11 Sgr.
11¼ Pf. gerichtlich abgeschätzte Garten, soll
   am 29. August d. J., Vormittags 11 Uhr und
                Nachmittags 4 Uhr,
an ordentlicher Gerichtsstelle subhastirt werden.

Taxe und Hypothekenschein sind in der Registratur des Gerichts einzusehen.

———

Nothwendiger Verkauf.

Stadtgericht zu Prenzlow, den 6. Mai 1844.

Das dem Gutsbesitzer Christian Wilhelm Gottfried Fechtner, welcher mit seiner Ehefrau, Charlotte gebornen Collier, in Gütergemeinschaft lebt,
gehörige, hierselbst in der Baustraße belegene, in
unserm Hypothekenbuche Vol. V Nr. 348 verzeichnete Grundstück, abgeschätzt auf 2817 Thlr.
23 Sgr. 6 Pf. zufolge der, nebst Hypothekenschein
und Bedingungen in unserer Registratur einzusehenden Taxe, soll

am 31. August d. J., Vormittags 11 Uhr,
an ordentlicher Gerichtsstelle subhastirt werden.

Zu diesem Termine werden die, dem Aufenthalte nach unbekannten, oben bezeichneten Gutsbesitzer Fechtnerschen Eheleute hierdurch vorgeladen.

———

Nothwendiger Verkauf.

Stadtgericht zu Wittstock, den 9. Mai 1844.

Folgende zum Nachlaß des verstorbenen Tuchhändlers Zick gehörige Grundstücke:
1) das hierselbst im ersten Viertel in der Kettenstraße Nr. 83 belegene, Vol. I a Nr. 83 Fol.
   321 des Hypothekenbuchs verzeichnete und
   auf 1047 Thlr. 16 Sgr. 9 Pf. gerichtlich abgeschätzte Wohnhaus,
2) der hierselbst vor dem Kyritzer Thore am sogenannten engen Stege belegene, Vol. I b
   Nr. 91 Fol. 321 des Hypothekenbuchs verzeichnete und auf 148 Thlr. 15 Sgr. gerichtlich abgeschätzte Garten,
3) der vor demselben Thore belegene, Vol. I a
   Nr. 94 Fol. 34 des Hypothekenbuchs verzeichnete und auf 22 Thlr. 20 Sgr. gerichtlich abgeschätzte Garten,
sollen Theilungshalber
   am 19. September d. J., Vormittags 11 Uhr
                und Nachmittags 4 Uhr,
an der Gerichtsstelle subhastirt werden. Taxe und
Hypothekenschein sind in der Registratur des Gerichts einzusehen.

———

Freiwilliger Verkauf.

Land- u. Stadtgericht zu Lenzen, den 13. Mai 1844.

Die den Erben des Böttchermeisters Christian
Schulz gehörigen Grundstücke in der Feldmark,

mit Gerechtigkeiten und Lasten einer Vollbürgerstelle, abgeschätzt auf 2385 Thlr. 16 Sgr. 3 Pf.,
sollen den 28. August 1844, Vormittags 11 Uhr,
an hiesiger Gerichtsstelle verkauft werden.

Taxe, Hypothekenschein und Verkaufsbedingungen sind in der Registratur einzusehen.

Rothwendiger Verkauf.

Stadtgericht zu Berlin, den 21. Mai 1844.

Das an der Friedrichsgracht Nr. 26 belegene
Grundstück des Kaufmanns Bindemann, gerichtlich abgeschätzt zu 4353 Thlrn. 3 Sgr. 3 Pf., soll
am 1. Oktober d. J., Vormittags 11 Uhr,
an der Gerichtsstelle subhastirt werden. Taxe und
Hypothekenschein sind in der Registratur einzusehen.

Der dem Aufenthalt nach unbekannte Kaufmann Johann Wilhelm Koppe wird hierdurch
öffentlich vorgeladen.

Freiwillige Subhastation.

Der zum Nachlaß des Bauerwirths Gottfried
Gensch gehörige, im Hypothekenbuche sub Nr. I
verzeichnete Bauerhof zu Felchow, abgeschätzt auf
4014 Thlr. 23 Sgr. 4 Pf., soll
am 16. Juli d. J., Vormittags 11 Uhr,
in dem Gerichtszimmer zu Felchow meistbietend
verkauft werden. Die Taxe, die Bedingungen
und der Hypothekenschein können bei dem unterzeichneten Gerichtshalter eingesehen werden.

Angermünde, den 22. Mai 1844.

von Winterfeldsches Gericht über Felchow.
Grieben.

Rothwendiger Verkauf.

Das dem verstorbenen Arbeitsmann Johann
Friedrich Hamann gehörige, zu Hennickendorf belegene, und im Hypothekenbuche von diesem Orte
Pag. 37 und 38 als ein halbes Büdnerhaus verzeichnete Miteigenthum an einem Büdnerhause nebst
einem Garten, abgeschätzt auf 100 Thlr. zufolge
der, in unserer Registratur einzusehenden Taxe, soll
am 27. September 1844, Vormittags 10 Uhr,
an ordentlicher Gerichtsstelle hierselbst subhastirt
werden.

Alle unbekannten Realprätendenten werden aufgeboten, sich bei Vermeidung der Präklusion spätestens in diesem Termine zu melden.

Alt-Landsberg, den 23. Mai 1844.

Königl. Land- und Stadtgericht.

Rothwendiger Verkauf.

Land- und Stadtgericht zu Belzig, den 2. Juni 1844.

Die Wiesen des Mühlenmeisters Friedrich
bei Dippmannsdorf, Landungen, Nr. 384 im Hypothekenbuche, wie nebenstehst abgeschätzt:
1) die Florhwiese von 10 Sächsischen Morgen, zu
   691 Thlrn. 3 Sgr. 4 Pf.,
2) der Separationsplan Revier 4 Nr. 19 in der
   Mühlenhorst, von 5 Magdeburger Morg-
   73 Quadratruthen, zu 400 Thlrn. 15 Sr.
3) ein Sächsischer Morgen Wiese auf dem Flk.
   zu 85 Thlrn. 26 Sgr. 8 Pf.,
sollen
am 19. September 1844
an ordentlicher Gerichtsstelle verkauft werden.

Taxe und Hypothekenschein liegen täglich in
der Registratur zur Einsicht vor.

Rothwendiger Verkauf.

Folgende, dem Tischlermeister George Wilhelm
Kaplick gehörige, alhier belegene Grundstücke, als:
1) das Wohnhaus Vol. III Nr. 155 des Hypothekenbuchs,
2) das Wohnhaus Vol. III sub Nr. 156,
3) der Garten im Siechenholze Vol. VII be-
   Ländereien Nr. 445,
4) die Separations-Kaveln im Schlunkendorfer
   und Pechofenbusch, resp. 3 Morgen 50 □Ru-
   then und 4 Morgen groß, und
5) die 3 Bleich-Kaveln auf der Steinhorst, von
   22 □Ruthen Größe,
zusammen abgeschätzt auf 4635 Thlr. 27 Sgr. 6 Pf.,
sollen
am 2. Oktober d. J., Vormittags 10 Uhr,
an Gerichtsstelle verkauft werden.

Eine Taxe dieser Realitäten vom Jahre 1842
und die neuesten Hypothekenscheine liegen zur Einsicht in unserer Registratur bereit.

Beelitz, am 10. Juni 1844.

Königl. Land- und Stadtgericht.

Rothwendiger Verkauf.

Stadtgericht zu Rathenow, den 10. Juni 1844.

Das den Geschwistern Rohr gehörige, in der
Burgstraße Nr. 236 hierselbst gelegene Haus nebst
Zubehör, abgeschätzt auf 722 Thlr. 8 Sgr. 7 Pf., soll
am 27. September d. J., Vormittags 11 Uhr,
an gewöhnlicher Gerichtsstelle subhastirt werden.

Der

Die Taxe und der Hypothekenschein sind in Registratur werktäglich einzusehen.

---

rkauf eines Ackerguts, welches sich ganz sonders zur Anlage einer Ziegelei eignet.

Mein, eine halbe Viertelmeile vom Dorfe Rae= l belegenes Ackergut, bestehend aus Wohn= und irthschafts=Gebäuden, so wie noch aus fünf an= en kleinen Familienhäusern, wozu ein Garten 1 2 Morgen, ein kleines Fenn von 1 Morgen □Ruthen, 3 Hufen Acker und 18 Morgen iesenwachs gehört, beabsichtige ich sofort aus er Hand zu verkaufen.

Da der Acker durchweg die beste und sehr viel gelerde enthält, so würde mit Rücksicht darauf) das Grundstück ganz besonders, indem eine ertelmeile von Raedel ein schiffbares Wasser) befindet, zur Anlage einer Ziegelei eignen.

Hierauf Reflektirende bitte ich, sich deshalb ge= ligßt mit frankirten Briefen an mich zu wenden.

Raedel bei Lehnin, den 1. Juni 1844.

Der Gutsbesitzer Andreas Hennig.

Veränderung halber bin ich Willens, meinen rselbst belegenen Zweihüfner=Hof

am 22. Juli d. J., Vormittags 11 Uhr,

meinem Hause, in öffentlicher Auktion meistbie= b zu verkaufen. Es gehören dazu circa 140 Mor= Flächeninhalt, bestehend in Gerstland und gu= i Roggenboden, nebst circa 16 Morgen vor= licher Wiesen, sämmtlich zweischnittig, die im wichenen Jahr 50 Fuder Heu lieferten. Der f liegt, mitten im Acker, 1 Meile von Pritz= ß und 1½ Meile von Wittstock, zum Absatz Produkte sehr vortheilhaft.

Es ist Mergel, Ziegelerde und viel Torf vor= den. Es könnte daher eine Ziegelei mit Vor= l angelegt werden, und wenn es gewünscht ben sollte, an Ziegler ein Theil des Ackers und Torfstichs überlassen werden. Verhandlungen halb aber nur am Auktionstage.

Sabenbeck bei Prißwalk, den 14. Juni 1844.

Langhoff.

Windmühlen-Verkauf.

Eine vor dem hiesigen Königsthore belegene Bockwindmühle nebst dem daneben liegenden geräu= migen massiven Wohnhause, Stallung zu Pferden und Kühen und großem Garten, Alles in bestem Zustande, soll Theilungshalber öffentlich meistbie= tend aus freier Hand verkauft werden; hierzu habe ich einen Verkaufs=Termin

auf Montag den 1. Juli d. J.

angesetzt. Das Grundstück kann täglich in Augen= schein genommen, und die Verkaufsbedingung beim Besitzer eingesehen werden.

Neu=Ruppin, den 20. April 1844.

Strubelt,
Königl. gerichtl. Auktions=Kommissarius.

Der Bäckermeister Thede zu Prißwalk beab= sichtigt, seine in hiesiger Stadt, in einer der Stra= ßen, durch welche die neugebaute Chaussee führt, belegene Bäckerei, bestehend aus einem geräumigen Wohn= und Backhause, mit Mehlgelaß, Hofraum und Hintergebäuden, aus freier Hand zu verkau= fen. In dem Hause ist schon seit gleich nach dem Brande vom Jahr 1821 eine stets nahrhafte Bäcke= rei bettrieben, die Gebäude und die in solchen be= findlichen Piecen befinden sich im besten Bauzu= stande, und kann die Uebergabe sofort erfolgen.

Die Bedingungen und sonstige nähere Nachrich= ten ertheilt der Besitzer gerne, und mit ihm können Käufer auch in Unterhandlung treten.

Auktion.

Auf der Pfarre zu Bötzow bei Spandow sol= len am Donnerstag den 27. und Freitag den 28. Juni 1844, von Vormittags 9 Uhr an, 2 Wa= genpferde, 3 Kühe, 1 Kalb, eine in Federn hängende viersitzige Chaise, ein Kaleschwagen, Schlitten, zwei Hofwagen, sämmtliches Hof= und Ackergeräth, ein Fortepiano, Möbel, Betten und verschiedenes Haus= geräth, auch eine Quantität Heu und Stroh gegen gleich baare Bezahlung öffentlich meistbietend ver= kauft werden.

Am 1. Juli d. J., Vormittags um 9 Uhr und Nachmittags um 2 Uhr, sollen im Hause Nr. 232

auf der Zeughausstraße hierselbst, bis zur Kredit-masse des Tuchmachers Gottlob Jentsch gehörigen

1) Farbewaaren,
2) ein kupferner Färbekessel,
3) Haus- und Wirthschaftsgeräthe,
4) vier Stück waschblaue Tücher,
5) ein Rest schwarzes Tuch,
6) Kleidungsstücke,
7) zwei Webestühle

öffentlich an den Meistbietenden gegen gleich baare Bezahlung verkauft werden.

Treuenbriezen, den 14. Juni 1844.

Wolf, Vig. Commiss.

Wenn derjenige, welcher mir den Brief unter der Adresse, an den Kalk-Faktor Koehler zu Kalkberge bei Taßdorf, Magistrats-Ofen, datirt Neuendorf 1/3 44 bei Beeskow, unterzeichnet *A. W.*, wie er vorgiebt, wirklich mein Freund ist, so wolle er mir doch näherer Rücksprache wegen seinen Namen nennen, ich gebe mein Wort, denselben zu verschweigen, wenn es gewünscht wird.

Berliner Magistrats-Kalkbrennerei zu Schulzen-höhe, am 1. Juni 1844. Koehler.

Empfehlung.

Die Augengläser, Brillen, Mikroskope, Perspektive und Fernröhre des, gegenwärtig im Gasthofe zum „Einsiedler" (Zimmer Nr. 13), hier befindlichen Optikus Herrn H. Reiß aus Nymwegen, zeichnen sich durch große Klarheit aus und sind mit der genauesten Sachkunde nach einer eigenthümlichen neuen und bessern Methode geschliffen, wodurch die, zum deutlichen und richtigen Erkennen der Gegenstände und zur Erhaltung des Gesichts nothwendige Gleichmäßigkeit der Lichtstrahlenbrechung auf allen Punkten der Gläser sorgfältig und zweckmäßig erzielt ist, daß diese b... Vorzug vor allen nach dem älteren Verfahren a... Schalen geschliffenen Gläsern haben, und all... meine Empfehlung verdienen.

Potsdam, den 9. Mai 1844.

(gez.) Augustin, Dr.,

Geh. Medizinal- und Regierungsrath, Prof. ...

Vorstehender Ansicht trete ich vollkommen be...

Potsdam, den 10. Mai 1844.

(gez.) Dr. Puhlmann, Regiments ...

Die Zinszahlung für die Prior... Aktien der Berlin-Potsdamer Eisenb... Gesellschaft für das erste halbe Jahr 1844 ... vom 1. bis infl. den 15. Juli d. J., ... mittags von 9 bis 12 Uhr, mit Ausschl... der Sonntage, im Kassenlokale auf dem hiesig... Bahnhofe statt haben.

Ein jeder Besitzer von Koupons hat eine Spe... zifikation derselben, nach den laufenden Num... mern geordnet, mit seiner Namens-Unterschrift und seiner Wohnungs-Anzeige versehen, einzu... chen und gegen Abgabe der Koupons die Zahlun... durch unsern Rendanten Herrn Plahn be... zu gewärtigen. In dem oben angegeben... Zeitraume werden auch die bis jetzt noch n... erhobenen Zinskoupons der Stammakt... und die Dividendenscheine aus früh... Jahren, zur Auszahlung kommen.

Ein nach Nummern geordnetes Verzeichniß ... ebenfalls dabei erforderlich.

Berlin, den 10. Juni 1844.

Die Direktion der Berlin-Potsdam... Eisenbahn-Gesellschaft.

Oeffentlicher Anzeiger
zum 26sten Stück des Amtsblatts
Königlichen Regierung zu Potsdam und der Stadt Berlin.

Den 28. Juni 1844.

Dem Mechanikus *Kraeckwitz* zu Berlin ist r dem 21. Juni 1844 ein Patent

auf einen für neu und eigenthümlich erachteten Achsenträger für Eisenbahnwagen in der durch ein Modell nachgewiesenen Zusammensetzung

8 Jahre, von jenem Tage an gerechnet, und den Umfang der Monarchie ertheilt worden.

Dem Riethmacher *Joh. Karl Kratz* zu Elberst unter dem 20. Juni 1844 ein Patent

auf eine neue Art Riethblätter nebst Gebrauchs-Vorrichtung nach der vorgelegten Zeichnung und Beschreibung, um sowohl glatte als façonnirte Gewebe durch Einschlagsfäden darzustellen, welche von der geraden zur bogenförmigen Linie und umgekehrt übergehen,

8 Jahre, von jenem Tage an gerechnet, und den Umfang der Monarchie ertheilt worden.

Steckbriefe.

Der nachstehend signalisirte Glasergeselle Joa- Christian Theodor *Misch*, gebürtig aus nmen und ortsangehörig in Fürstenwerder, sich am 11. d. M. von hier entfernt, und m Meister folgende Sachen als:

einen Glaserkasten mit zwei neuen ledernen Trageriemen,
einen Diamant zum Werth von 3 Thlrn.,
6 Tafeln grünes Glas,
3 weiße Glasscheiben,
2 Kolben Kaniesblei,
2 Kolben Tafelblei,
1 Glaserhammer,
1 Löthkolben,
1 Zirkel,
1 Kittlappen mit Kitt und Messer dazu,
1 Farbetopf mit 1 Pfund geriebenem Bleiweiß,

12) 1 Flasche mit einem halben Quart Firniß,
13) 1 Anstreichpinsel, und
14) 2 Thlr. 2 Sgr. baares Geld

mit fortgenommen. Derselbe führt keinen Paß oder Wanderbuch, dagegen aber eine von uns unterm 7. d. M. ausgestellte Legitimation zum Aufsuchen von Glaserarbeiten auf 2 Meilen in der Umgegend für seinen Meister hierselbst, bei sich.

Alle resp. Zivil- und Militairbehörden werden daher dienstlichst ersucht, den ic. Misch, wo er sich betreten lassen sollte, anzuhalten, und mit den bei sich führenden Effekten hierher transportiren zu lassen. Gransee, den 17. Juni 1844.

Der Magistrat.

Signalement. Religion: evangelisch, Alter: 27 Jahre, Größe: 5 Fuß 4 Zoll 3 Strich, Haare: hellbraun, Stirne: frei, Augenbrauen: hellbraun, Augen: grau, Nase: klein, Mund: mittel, Zähne: gut, Bart: hellbraun, Kinn und Gesicht: oval, Gesichtsfarbe: gesund, Statur: mittler. Besondere Kennzeichen: ein Leberfleck rechts neben der Nase. Bekleidet ist der Misch mit einem blautuchenen Oberrock, einem Paar Sommerhosen, einer karirten Sommerweste, einem buntkattunenen Halstuch, einem weißen Vorhembe, einem neuen baumwollenen Hembe, einem Paar abgeschnittenen Stiefeln, und einer blautuchenen Mütze mit ledernem Schirm.

* Der Mühlbursche Friedrich *Marggraf* aus Oranienbaum, dessen Signalement nachfolgt, der wegen schwerer Beschädigung eines Menschen von uns zur Untersuchung gezogen ist, hat sich im März d. J. mit Zurücklassung seines Wanderbuchs von seinem letzten Aufenthaltsorte Trotha entfernt. Wir requiriren die respektiven Behörden, den Marggraf im Betretungsfalle verhaften und uns benachrichtigen zu lassen.

Halle, den 18. Juni 1844.

Das Königl. Inquisitoriat.

Signalement. Vor- und Zuname: Friedrich Marggraf, Geburtsort: Oranienbaum, Gewerbe: Mühlbursche, Alter: 27½ Jahr, Größe: 5 Fuß 2 Zoll, Haare: blond, Stirn: frei, Augenbrauen: blond, Augen: blau, Nase: gerade, Mund: proportionirt, Bart: fehlt, Kinn: oval, Gesichtsform: oval, Gesichtsfarbe: gesund, Statur: untersetzt. Besondere Kennzeichen: Sommersprossen.

* Der nachstehend signalisirte Schauspieler Karl Ludwig Flöricke von Oranienburg ist verdächtig, sich vor und bei seinem mehrtägigen Aufenthalte hier mehrer Diebstähle schuldig gemacht zu haben. Da derselbe sich entfernt hat und sein Aufenthaltsort bis jetzt nicht ermittelt worden, so ersuchen wir alle Zivil- und Militairbehörden ergebenst, auf den 2c. Flöricke zu vigiliren, ihn im Betretungsfalle sofort festzunehmen und uns davon zu benachrichtigen. Unter andern hat Flöricke hier: 1 neusilbernen Eßlöffel, 2 dergleichen Kaffeelöffel, 1 Bierglas, 1 Messer, 1 Gabel, 1 Lichtputze, 1 Salzfäßchen von buntem Glas, 1 Scheere und 1 Paar Strümpfe verkauft, und da zu vermuthen ist, daß dieselben entwendet sind, so werden die Eigenthümer aufgefordert, sich zu melden.

Schkeuditz bei Halle a. d. S., den 22. Juni 1844.
Königl. Preuß. Gerichts-Kommission.

Signalement. Familienname: Flöricke, Vorname: Karl Ludwig, Geburts- und Aufenthaltsort: Oranienburg, Religion: evangelisch, Alter: 53 Jahr, Größe: 5 Fuß 3 Zoll, Haare: blond, Stirn: hoch, Augenbrauen: blond, Augen: blau, Nase: lang, Mund: gewöhnlich, Bart: braun, Kinn und Gesichtsbildung: oval, Gesichtsfarbe: gesund, Gestalt: mittel, Sprache: deutsch. Besondere Kennzeichen: keine.

Nota. Der Paß des Flöricke ist von der Polizeiverwaltung zu Berlin unterm 21. November 1843 ausgestellt, und lautet mit auf seine Ehefrau geb. Reinicke.

* Der von uns mittelst Steckbriefs vom 14. Juni d. J. verfolgte Privatschreiber und frühere Handlungsdiener Herrmann Griese ist in Berlin wieder ergriffen, und deshalb der erwähnte Steckbrief erledigt. Potsdam, den 18. Juni 1844.

Königl. Stadtgericht hiesiger Residenz.

* Die hinter den Burschen Karl Gottlieb Büchner, aus Erfurt gebürtig und in Prenzlow angehörig, von uns erlassene Bekanntmachung vom 31. v. M. (Oeffentlicher Anzeiger des 23sten Stück des Amtsblatts d. J. Pag. 223) ist erledigt, da derselbe sich in Werneuchen aufhält.

Bernau, den 12. Juni 1844.
Der Magistrat.

* Der von uns unterm 4. Mai d. J. hinter de Arbeiter Johann Gottlieb Neumann erlasse Steckbrief ist erledigt, nachdem der Neum:. ergriffen worden ist.

Bei demselben sind indessen bei seiner Entferung:

a) zwei Aexte ohne Helm,
b) eine runde grüne Tuchmütze,
c) ein Paar dunkelblaue drillichene Beinklei. mit gedruckten hellblauen Blumen an de Beinen herab,
d) ein Paar lange alte Schmierstiefel,
e) ein blauer kattunener, wattirter Rock mit Taschen an den Seiten, nach vorn zu,
f) eine blaue Schürze mit hellblauen Blümchen,
g) ein großes Tischmesser mit hölzernem viereckigen Heft,
h) ein Dienstführungs-Attest, ausgestellt vom Wirthschafts-Inspektor Kuners zu Pitzwitz an Martin Schichholz zu Glienc vom 26. Dezember (die Jahreszahl ist radirt und unkenntlich),
i) ein Militair-Entlassungsschein vom 23. Dezember 1827, für den Grenadier Mart Schichholz,
k) ein Reisepaß de dato Berlin, den 20. J. 1820, für Martin Schichholz aus Glienic auf 6 Monate zur Reise nach Lippehne, Nr. 5679 d des Paß-Journals des Königl. Polizei-Präsidii zu Berlin,

in Beschlag genommen, und es ist sehr wahrscheinlich, daß er diese Gegenstände, oder doch einige davon auf seiner Flucht entwendet hat. Es werden daher alle die etwanigen unbekannten Eigenthümer derselben aufgefordert, sofort beim Gerichte schriftliche Anzeige zu machen, oder sich zu ihrer Vernehmung in dem auf
den 1. Juli d. J., Vormittags 10 Uhr, vor dem unterzeichneten Richter angesetzten Te

nin einzufinden. Kosten werden dadurch nicht veranlaßt.

Neustadt-Eberswalde, den 18. Juni 1844.
Schütz'sches Patrimonial-Gericht von Grünthal.
Luckwald.

Der dem Lewin Alexander Schönlank hier-selbst, von der Königl. Regierung zu Bromberg unterm 22. November 1843 auf das Jahr 1844 ertheilte, mit der Nr. 42 versehene Hausirgewerbe-schein zum Handel mit Seiler- und Hanfwaaren, Garn, Zwirn, rohen Produkten, Kramwaaren rc. ist verloren gegangen, und wird vor Mißbrauch mit demselben hierdurch gewarnt.

Schoenlanke, den 19. Juni 1844.
Der Magistrat.

Bekanntmachung.

Der Neubau der Brücke über den Gielow-Graben bei Groß-Beeren macht die Sperre des Weges von Diedersdorf nach Groß-Beeren auf der Straße nach Potsdam vom 1. Juli d. J. ab auf 8 Tage nothwendig, und muß die Passage in dieser Zeit den Weg über Klein-Beeren und Ruhlsdorf oder Teltow nehmen.

Teltow, den 22. Juni 1844.
Der Landrath v. Albrecht.

Der Lehnschulze Bahrfeldt zu Röbbeln beab-sichtigt, unweit des Dorfes auf seinem Acker eine Windmühle zu erbauen, und hat dazu die landes-polizeiliche Genehmigung nachgesucht. Dies wird hierdurch mit dem Bemerken zur öffentlichen Kennt-niß gebracht, daß alle etwanige Widersprüche hier-gegen sowohl aus dem Edikte vom 28. Oktober 1810, wie aus der Allerhöchsten Kabinetsordre vom 23. Ok-tober 1826 binnen 8 Wochen präklusivischer Frist bei dem unterzeichneten Landrathe anzumelden und zu begründen sind.

Templin, den 13. Mai 1844.
Der Landrath des Templinschen Kreises.
von Haas.

Im Auftrage der hiesigen Königl. Regierung wird das unterzeichnete Haupt-Steuer-Amt, und zwar in dessen Amtsgelasse,

am 5. August d. J., Vormittags 9 Uhr, die Chausseegeld-Erhebung bei Dyroß zwischen Spandow und Nauen auf der Berlin-Hamburger Kunststraße an den Meistbietenden, mit Vorbehalt

des höheren Zuschlages, vom 1. Oktober d. J. ab zur Pacht anderweitig ausstellen. Nur als dis-positionsfähig sich ausweisende Personen, welche vorher mindestens 170 Thlr. baar oder in an-nehmlichen Staatspapieren bei dem unterzeichneten Haupt-Steuer-Amte zur Sicherheit niedergelegt haben, werden zum Bieten zugelassen. Die Pacht-bedingungen sind bei uns von heute ab während der Dienststunden einzusehen.

Potsdam, den 9. Juni 1844.
Königl. Haupt-Steuer-Amt.

Im Auftrage der Königl. Regierung hierselbst wird das unterzeichnete Haupt-Steuer-Amt, und zwar in dessen Amtsgelasse

am 5. August d. J., Vormittags 10½ Uhr, die Chausseegeld-Erhebung bei Ruhleben zwischen Charlottenburg und Spandow auf der Berlin-Hamburger Chaussee an den Meistbietenden, mit Vorbehalt des höheren Zuschlages, vom 1. No-vember d. J. ab zur Pacht ausstellen.

Nur als dispositionsfähig sich ausweisende Per-sonen, welche vorher mindestens 450 Thlr. baar oder in annehmlichen Staatspapieren bei dem un-terzeichneten Haupt-Steuer-Amte zur Sicherheit niedergelegt haben, werden zum Bieten zugelassen.

Die Pachtbedingungen sind bei uns von heute ab während der Dienststunden einzusehen.

Potsdam, den 9. Juni 1844.
Königl. Haupt-Steuer-Amt.

Im Auftrage der Königl. Regierung hierselbst wird das unterzeichnete Haupt-Steuer-Amt, und zwar in dessen Amtsgelasse

am 5. August d. J., Nachmittags 2½ Uhr, die Chausseegeld-Erhebung zu Birkenwerder auf der Berlin-Neustrelitzer Kunststraße zwischen Berlin und Oranienburg an den Meistbietenden, mit Vor-behalt des höheren Zuschlages, vom 1. Oktober d. J. ab anderweitig zur Pacht ausstellen.

Nur als dispositionsfähig sich ausweisende Per-sonen, welche vorher mindestens 250 Thlr. baar oder in annehmlichen Staatspapieren bei dem un-terzeichneten Haupt-Steuer-Amte zur Sicherheit niedergelegt haben, werden zum Bieten zugelassen.

Die Pachtbedingungen sind bei uns von heute ab während der Dienststunden einzusehen.

Potsdam, den 9. Juni 1844.
Königl. Haupt-Steuer-Amt.

Im Auftrage der Königlichen Regierung zu Potsdam wird das unterzeichnete Haupt = Zoll=Amt in seinem Dienstgelasse
am 12. Juli d. J., Vormittags 10 Uhr,
die Chausseegeld=Erhebung bei Guten Germendorf, zwischen Löwenberg und Gransee an den Meist= bietenden, unter Vorbehalt des höhern Zuschlags, vom 1. September 1844 ab, auf
drei hinter einander folgende Jahre
oder auf
ein Jahr, mit stillschweigender Verlängerung und 2% Pachtsteigerung anderweitig auf ein Jahr
zur Pacht stellen.

Nur dispositionsfähige Personen, welche vor= her mindestens 100 Thlr. baar, oder in annehm= lichen Staatspapieren bei dem unterzeichneten Haupt=Amte zur Sicherheit niedergelegt haben, werden zum Bieten zugelassen.

Die Pachtbedingungen sind bei uns, von heute an, während der Dienststunden einzusehen.

Gransee, den 20. Juni 1844.
Königliches Haupt=Zoll=Amt.

Präklusionsbescheid.

In Sachen, betreffend die Theilung der Jagd auf der Feldmark Stechow bei Rathenow, wird hiermit festgesetzt:
daß alle diejenigen Interessenten, welche sich der unterm 3. April d. J. erlassenen Ediktalladung ungeachtet in dem heutigen Einleitungstermine nicht gemeldet haben, mit ihren Ansprüchen zu präkludiren.

Stechow, den 3. Juni 1844.
Kreis=Jagdtheilungs=Kommission für den West= havelländischen Kreis der Kurmark Brandenburg.

Proclama.

Es ist bei uns auf Theilung der Koppeljagd auf den Forsten, Feldern, Wiesen und Weiden des Ritterguts Bliesehdorf 1sten und 2ten Antheils mit Mittelbusch, des Ritterguts Cammerode, des Vor= werks Resau und der Forst des Ritterguts Kem= nitz angetragen. Wir haben den Anmeldungster= min auf
den 25. Juli d. J., Vormittags 9 Uhr,
im Schlosse Eisenhardt angesetzt und laden dazu hiermit alle diejenigen, welche bei der Theilung ein Interesse haben, zur Angabe und Nachweisung ihrer Ansprüche bei Vermeidung des Ausschlusses vor.

Eine Vertretung durch Bevollmächtigte ist nur gestattet, wenn der Betheiligte durch erhebliche Ur= sachen an dem persönlichen Erscheinen gebindert wird und solche sogleich bescheinigt.

Belzig, den 17. Mai 1844.
Kreis=Jagdtheilungs=Kommission für den Zauch= Belzigschen Kreis.

Bahn.

Nach einer Bestimmung der Königl. Regierung zu Potsdam vom 30. Mai d. J. sollen die dies= gen Amtsfischereien, und zwar:
1) die Großfischerei auf dem Lehnitz=See, wel= cher mit dem Grabow=See und mit der Ha= vel in Verbindung steht,
2) die Fischerei auf dem Pinnow=See, wer von der Havel durchströmt wird,
3) die Fischerei auf dem Lubow=See (ein Land=
4) die Fischerei auf der Havel, welche gemein= schaftlich mit der Bürgerschaft zu Oranien= burg exerzirt wird, so wie die Rohrnutzung in diesen Gewässern,
öffentlich an den Meistbietenden gegen Einzahlung eines Kaufgeldes und resp. mit Uebernahme eines Domanenzinses verkauft werden.

Hierzu ist ein Termin auf Montag
den 8. Juli d. J., Vormittags 11 Uhr,
im Geschäftslokale des unterzeichneten Amts an= beraumt worden, wozu Kauflustige eingeladen werden.

Die Kaufsbedingungen liegen im hiesigen Amte täglich während der Geschäftsstunden zur Einsicht bereit. Oranienburg, den 9. Juni 1844.
Königl. Rent=Amt.

Den Mitgliedern der Mecklenburgischen Hagel= schaden=Versicherungs=Gesellschaft in den 3 Krei= sen der Ukermark beehre ich mich anzuzeigen, daß ich zur Taxationsleitung der, vom 15. Juli bis zur vollendeten Ernte, vorfallenden Hagelschä= gefolge § 52 der Statuten beauftragt bin, wo= dern ergebensten Bemerken, daß nach § 17 sofor= tige Anzeige des Beschädigten an mich, denselben von der Anzeige an die Kasse in Neu=Brandenburg nicht entbindet. Prenzlow, den 19. Juni 1844.
Der Konducteur Busch,
als Mitglied der Hagelschaden=Versicherungs= Gesellschaft.

Am 22. Juli b. J., Vormittags 9 Uhr, sollen in Kruge zu Menz die in den Schutzbezirken Stechlin und Globsow des Königl. Menzer Forstreviers aus den diesjährigen Pletteichen aufbereiteten Hölzer, als:

78 Stück Bau- und Nutzholz-Eichen, besonders für Kahnbauer und Stellmacher geeignet,
10 Stück Kahnknie,
2½ Klaftern Böttcher- und Stellmacher-Nutzholz,
56¾ Klaftern Kloben-Brennholz,
12¾ Klaftern Knüppel-Brennholz

unter freier Konkurrenz meistbietend verkauft werden.

Käufer werden hierdurch mit dem Bemerken eingeladen, daß der vierte Theil des Kaufgeldes sofort im Termine eingezahlt werden muß, und die übrigen Verkaufsbedingungen bei Eröffnung des Termins bekannt gemacht werden, daß auch die betreffenden Förster angewiesen sind, die Hölzer auf Verlangen an Ort und Stelle vorzuzeigen.

Forsthaus Menz, den 20. Juni 1844.
Im Auftrage der Königl. Regierung.
Der Oberförster Hurche.

Holzverkauf zur freien Konkurrenz.

Aus der Oberförsterei Lehnin sollen
am 5. Juli 1844, Vormittags 9 Uhr,
im Gerichtshause zu Lehnin nachstehende Hölzer aus dem diesjährigen Eichen-Plättholz-Einschlage der Schutzbezirke Tornow und Lehnin meistbietend verkauft werden, als:

1 Klafter Eichen-Böttcherholz,
97 Stück Eichen-Böttcher-Nutzenden (meist rindschälig),
38 Stück Eichen-Kahnkniee,
112½ Klaftern Eichen-Kloben,
57¼ Eichen-Knüppel,
circa 130 Klaftern Eichen-Brennholz (Borkholz), und
circa 10 Klaftern Kiefern-Knüppel.

Kauflustige werden hierzu mit dem Bemerken eingeladen, daß der vierte Theil des Kaufgeldes im Termine als Angeld deponirt werden muß, und daß die betreffenden Förster angewiesen sind, diese Hölzer auf Verlangen an Ort und Stelle vorzuzeigen. Die übrigen Verkaufs-Bedingungen werden im Termine selbst noch näher bekannt gemacht werden.

Forsthaus Lehnin, den 10. Juni 1844.
Im Auftrage der Königl. Regierung.
Der Königl. Oberförster Schmidt.

Die Lieferung des Bedarfs an Heu für die Königl. Militair-Magazine zu Cüstrin, Beeskow, Fürstenwalde, Frankfurt a. b. O., Landsberg a. d. W., Schwedt und Jüterbogk pro 1. Oktober 1844 bis dahin 1845, soll dem Mindestfordernden überlassen werden. Produzenten und andere lieferungslustige Personen werden hiermit aufgefordert, der unterzeichneten Intendantur ihre desfallsigen Anerbietungen in stempelfreien, aber frankirten Briefen bis spätestens zum 15. Juli b. J. einzureichen.

Die Bedingungen können hier in unserm Büreau, und bei dem Königl. Proviantamte zu Cüstrin eingesehen werden.

Frankfurt a. d. O., den 27. Mai 1844.
Königl. Intendantur des 3ten Armee-Korps.

Die aus circa 1200 Thlrn. bestehende Nachlaßmasse des am 23. Februar v. J. allhier verstorbenen Schlossermeisters Johann Georg Kaehne soll im Wege des abgekürzten Kreditverfahrens unter die bekannten Gläubiger nach Ablauf von vier Wochen vertheilt werden, was hierdurch öffentlich bekannt gemacht wird.

Friesack, den 4. Juni 1844.
Das Stadtgericht. von Menz.

Der Besitzer des in dem Ruppinschen Kreise der Mittelmark belegenen, im Hypothekenbuche des Kammergerichts Vol. V Pag. 241 verzeichneten Lehnguts Wustrau IIten Antheils, Rittmeister und Landrath a. D. Friedrich Christian Ludwig Emil Graf von Zieten, beabsichtigt die Allodifizirung dieses Guts, und hat deshalb den nachstehenden Entwurf des zu errichtenden Familienschlusses:

Der am 27. Januar 1786 verstorbene General der Kavallerie rc. Hans Joachim von Zieten, Vorbesitzer des Lehnguts Wustrau IIten Antheils, welches er in der väterlichen Erbtheilung 1726 für das damals angenommene Lehntaxe der 6888 Thlr. 20 gGr. angenommen hat, und welches unter dem 5. Februar 1779 auf 8802 Thlr. 11 gGr. 10 Pf. gerichtlich gewürdigt ist, hat dieses Gut zu allodifiziren beabsichtigt, und zu diesem Behufe den zu seiner Zeit sich gemeldet habenden Agnaten, nämlich:

1) dem Hauptmann Arend Ludwig von Zieten,
2) dem Rittmeister George Friedrich von Zieten,
3) dem Kriegsrath Levin Friedrich von Zieten,

4) dem Generalmajor Christian Wilhelm von Zieten,

5) dem Königl. Sardinischen Obristen Gottfried Daniel von Zieten,

6) dem Hauptmann Christoph Daniel von Zieten,

7) dem Conrad Christian von Zieten, Erbherrn auf Zahrèn,

die resp. gerichtlichen und notariellen desfallsigen Erklärungen vom 12. April 1767, 5. August 1767, 6. Mai 1767, 27. Mai 1767, 3. Dezember 1767, 24. März 1768 beigebracht, nach welchen die oben erwähnten Agnaten das Gut Wustrau IIten Antheils gegen einen Lehnstamm von 6000 Thlrn., wovon sie jedoch in casum devolutae successionis die Töchter des letzten Besitzers von der Descendenz des damaligen Lehnsbesitzers konstitutionsmäßig abfinden wollten, für allodifizirt erachtet.

Diesem Pacto sind ferner:

8) der Christoph Johann Friedrich Otto von Zieten unterm 28. März 1776,

9) Hans Balthasar von Zieten unterm 10. Juli 1770,

10) Joachim Balthasar von Zieten durch den zwischen seinem Vormunde und dem oben erwähnten Lehnsbesitzer unterm 8. Juni 1779 mit obervormundschaftlicher Genehmigung geschlossenen Vertrag beigetreten.

Auf den Grund dieser resp. Erklärungen und Verträge ist auch im Land- und Hypothekenbuche bemerkt, daß hinsichts dieser das Gut Wustrau II der Substanz nach allodifizirt sei.

Um nun das mehr erwähnte Gut vollständig zu allodifiziren, so schließt der jetzige Besitzer, Landrath a. D. u. s. w. Graf Friedrich Christian Ludwig Emilius von Zieten, welcher dasselbe aus dem, über den Nachlaß seines Vaters, des Generals der Kavallerie u. s. w. Hans Joachim von Zieten, unterm ⅔. Juli 1786 geschlossenen Erbvergleiche erhalten hat, mit sämmtlichen Agnaten, welche ein Successionsrecht auf das Gut haben, und nicht zu der Descendenz der sub 1—10 aufgeführten Agnaten gehören, nachstehenden Vergleich ab:

1. Die eben gedachten Agnaten genehmigen die von den Eingangs sub 1—10 namentlich aufgeführten abgegebene Erklärung, und treten

derselben überall bei, erklären daher das Gut Wustrau IIten Antheils, welches im Hypothekenbuche des Königl. Kammergerichts Vol. 1 Pag. 241 sub Nr. 98 verzeichnet ist, der Substanz nach für ein von jedem Lehnsverhältniß völlig freies Allodium, begeben sich für sich und ihre etwanige Descendenz jedes Successionsrechts, in sofern dasselbe aus einem agnatischen Verhältnisse herrühren sollte, an dasselbe, und willigen darin, daß die Lehnseigenschaft der Guts gelöscht, und dasselbe als unbeschränktes Allodium ins Hypothekenbuch eingetragen werde.

2. Dagegen restringiren sie die ihnen an der Substanz des Guts zustehenden, jetzt aufgegebenen Successionsrechte nur auf den durch obigen Erklärungen und Verträge auf Sechstausend Thaler festgesetzten Lehnstamm, succediren in denselben nach denselben Rechten, nach welchen sie in das Lehn selbst vor der Allodifikation succedirt hätten.

3. Bei der Sicherstellung des Lehnstammes durch die bereits unterm 20. Juni 1771 und 14. Juni und 16. September 1779 bewirkte Eintragung zur ersten Stelle auf das Gut Wustrau II hat es sein Bewenden.

4. Sollte der jetzige Besitzer ohne lehnsfähige Descendenz mit Tode abgehen, so muß der Lehnstamm entweder baar ausgezahlt, oder landüblich verzinset. Im ersten Falle haben die Empfänger die Verpflichtung, ihn entweder in Lehn anzulegen oder depositalmäßig sicher zu stellen.

bei uns eingereicht.

Es werden daher die unbekannten Lehnsberechtigten des Guts Wustrau aufgefordert, vor oder spätestens in dem

am 31. Dezember 1844, Vormittags 11 Uhr, vor dem Herrn Kammergerichts-Referendarius Grafen zu Stolberg im Kammergerichte anstehenden Termine ihre Erklärung über den Familienschluß abzugeben, widrigenfalls sie mit ihrem Widerspruchsrechte gegen denselben werden präkludirt werden. Berlin, den 23. Mai 1844.

Königl. Preußisches Kammergericht.

———

In der Provokationssache des Mühlenmeisters Westphal zu Brandmühle bei Seehausen, Behuf der Berichtigung seines Besitztitels von dem Rad-

lenteiche oder Kossäthensee bei Brandmühle, werden alle etwanigen unbekannten Realprätendenten auf den 9. Oktober d. J., Vormittags 11 Uhr, auf der Justizamts-Gerichtsstube zu Prenzlow anstehenden Termine unter der Verwarnung hierdurch vorgeladen, daß die Ausbleibenden mit ihren etwanigen Realansprüchen auf das Grundstück präkludirt und ihnen deshalb ein ewiges Stillschweigen auferlegt werden wird.

Prenzlow, den 31. Mai 1844.

Königl. Justizamt Gramzow.

Nothwendiger Verkauf.

Stadtgericht zu Berlin, den 23. April 1844.

Das vor dem Schönhauser Thor an der Schönhauser Allee belegene Grundstück des Mühlenbaumeisters Engeler, gerichtlich abgeschätzt zu 1301 Thlr. 15 Sgr., soll in seiner jetzigen Beschaffenheit

am 12. September d. J., Vormittags 11 Uhr, an der Gerichtsstelle subhastirt werden. Taxe und Hypothekenschein sind in der Registratur einzusehen.

Nothwendiger Verkauf.

Stadtgericht zu Berlin, den 4. Mai 1844.

Das in der Elisabethstraße Nr. 11 belegene Grundstück, bei welchem der Besitztitel für den Bleicher Hochkirch berichtigt ist, gerichtlich abgeschätzt zu 9739 Thlr., soll

am 17. Dezember d. J., Vormittags 11 Uhr, an der Gerichtsstelle subhastirt werden. Taxe und Hypothekenschein sind in der Registratur einzusehen.

Nothwendiger Verkauf.

Königl. Land- und Stadtgericht zu Wriezen, den 6. Mai 1844.

Die dem minorennen Johann Friedrich Emmerich gehörige, zu Neu-Trebbin belegene, im dortigen Hypothekenbuche Vol. III Pag. 121 Nr. 70 verzeichnete, auf 2152 Thlr. 1 Sgr. 8 Pf. abgeschätzte 20-Morgenstelle soll in dem auf

den 30. August d. J., Vormittags 11 Uhr, an Ort und Stelle angesetzten Termine öffentlich meistbietend verkauft werden. Die Taxe und der neueste Hypothekenschein können täglich in unserer Registratur eingesehen werden.

Alle etwanigen unbekannten Realprätendenten werden aufgefordert, sich zur Vermeidung der Präklusion in diesem Termine zu melden; zu demselben wird auch die, ihrem Wohnorte nach, unbekannte Anna Maria Staubert, verehelichte Müller, hierdurch vorgeladen.

Nothwendiger Verkauf.

Königl. Stadtgericht zu Lychen, den 18. Mai 1844.

Das zur Eigenthümer Lüdecke'schen Nachlaß-Masse gehörige, hierselbst auf dem Tornow belegene, im Hypothekenbuche Vol. III Nr. 149 verzeichnete Wohnhaus nebst Pertinenzien, geschätzt auf 695 Thlr. 17 Sgr. 10 Pf., zufolge der, nebst Hypothekenschein und Bedingungen in der Registratur einzusehenden Taxe, soll

am 2. September d. J., Vormittags 10 Uhr, an öffentlicher Gerichtsstelle subhastirt werden.

Nothwendiger Verkauf.

Stadtgericht zu Strasburg in der Uckermark, den 18. Mai 1844.

Das Haus in der langen Straße Nr. 34, und der dem Tuchmachermeister C. F. Sponholz gehörige, an der Stadtmauer dem Gerbehause gegenüber belegene Wallgarten, ersteres zu 741½ Thlrn., letzterer zu 73½ Thlrn. geschätzt, sollen

am 2. September d. J., Vormittags 11 Uhr, an ordentlicher Gerichtsstelle subhastirt werden.

Taxe und Hypothekenschein sind in der Registratur einzusehen, und die Bedingungen sollen im Termine festgestellt werden.

Subhastations-Patent.

Die den Geschwistern Caroline Wilhelmine Henriette und Johann Friedrich Mohr zugehörigen, zu Neu-Trebbin belegenen, im dortigen Hypothekenbuche Vol. III Pag. 493 Nr. 108 A und Vol. III Pag. 529 Nr. 108 B verzeichneten beiden Grundstücke, jedes derselben taxirt auf 176 Thlr. 20 Sgr., sollen in dem auf

den 4. Oktober d. J., Vormittags 11 Uhr, an der hiesigen Gerichtsstelle angesetzten Termine einzeln öffentlich subhastirt werden.

Die Taxen, die neuesten Hypothekenscheine und die besonderen Kaufsbedingungen können täglich in unserer Registratur eingesehen werden.

Wriezen, den 22. Mai 1844.

Königl. Land- und Stadtgericht.

Subhastation. Theilungshalber.

Folgende, zum Mühlenmeister Münchhoffschen Nachlasse gehörige Grundstücke, nemlich:

1) das hierselbst vor dem Berliner Thore belegene Mühlengrundstück — die sogenannte Berlinsche Mühle — bestehend aus einer Wassermühle nebst Nebengebäuden, zwei Gärten und
einer Windmühle, letztere erbaut auf einem
von der hiesigen lutherischen Kirche zu Erbzins hergegebenen Fleck Landes von 5 Morgen
30½ ☐Ruthen, verzeichnet Vol. I a Nr. 44
Pag. 431 des Hypothekenbuchs, und gerichtlich abgeschätzt auf 8379 Thlr. 6 Sgr. 8 Pf.,

2) die drei Gründe hier vor dem Berliner Thore,
verzeichnet Vol. V Pag. 381 Nr. 39 des Hypothekenbuchs, und abgeschätzt auf 125 Thlr.,

3) eine hinter der Berliner Mühle belegene Wiese
von 5 Morgen 60 ☐Ruthen, verzeichnet
Vol. I a Pag. 591 Nr. 60 des Hypothekenbuchs, und abgeschätzt auf 200 Thlr.,

4) ein Baumgarten vor dem Berliner Thore an
der Klinge, verzeichnet Vol. VII Pag. 353
Nr. 36 des Hypothekenbuchs, und abgeschätzt
auf 25 Thlr.,

5) eine am Mühlenfließe auf dem Werderfelde
belegene Wiese, verzeichnet Vol. VII Pag. 523
Nr. 53 des Hypothekenbuchs, und abgeschätzt
auf 75 Thlr.,

6) ein Landgarten an der Klinge, verzeichnet
Vol. VII Pag. 533 Nr. 54 des Hypothekenbuchs, und abgeschätzt auf 125 Thlr.,

sollen im Termine

ben 30. Dezember d. J., Vormittags 10 Uhr,
an ordentlicher Gerichtsstelle subhastirt werden.
Taxen und Hypothekenscheine sind in unserer Registratur einzusehen, und werden alle unbekannten
Realprätendenten aufgeboten, sich bei Vermeidung
der Präklusion spätestens in diesem Termine zu
melden. Alt-Landsberg, den 28. Mai 1844.

Königl. Land- und Stadtgericht.

Nothwendiger Verkauf.

Stadtgericht zu Berlin, den 30. Mai 1844.

Das in der neu angelegten, von der Stadtmauer bis zur neuen Jakobsstraße führenden
Straße belegene Ackermannsche Grundstück soll,
in seinem jetzigen Zustande mit der Taxe von
8239 Thlr., von welcher aber, weil der Ertragswerth noch nicht zu ermitteln gewesen ist, die
gleichfalls noch nicht zu ermitteln gewesenen Lasten nicht abgerechnet worden sind,

am 10. Januar 1845, Vormittags 11 Uhr,
an der Gerichtsstelle subhastirt werden. Taxe und
Hypothekenschein sind in der Registratur einzusehen.

Nothwendiger Verkauf.

Stadtgericht zu Strasburg in der Ukermark,
den 2. Juni 1844.

Folgende, zum Nachlasse der Wittwe Will-,
geb. Arendt gehörige Grundstücke:

1) das in der letzten Straße, im Tiefenthal su
Nr. 162 belegene Wohnhaus, taxirt ¡
156 Thlr. 29 Sgr. 7 Pf.,

2) der vorm Altstädter Thore am Wege nz
Rothemühl belegene Garten, taxirt zu 32 Thlr

3) der vorm Falkenberger Thore unweit des
Hellteichs belegene Garten, taxirt zu 67 Thlr.,

sollen

am 24. September d. J., Vormittags 10 Uhr,
an ordentlicher Gerichtsstelle subhastirt werden
Bedingungen werden im Termine regulirt.

Taxe und Hypothekenschein sind in der Registratur einzusehen.

Alle unbekannten Realprätendenten werden aufgeboten, bei Vermeidung der Präklusion spätestens
in diesem Termine sich zu melden.

Nothwendiger Verkauf.

Land- und Stadtgericht zu Oranienburg, den
5. Juni 1844.

Das dem Nagelschmidtmeister Johann Ludwig
Kerner gehörige, hierselbst in der Bernauer Straße
Nr. 186 belegene, im Hypothekenbuche von der
Stadt Oranienburg Vol. I C Nr. 191 verzeich-
nete Wohnhaus nebst den dazu gehörigen Lände-
reien, soll Schuldenhalber in dem

am 1. Oktober d. J., Vormittags 10 Uhr,
an hiesiger Gerichtsstelle anstehenden Termine meistbietend verkauft werden. Die mit 501 Thlr. — Sgr
8 Pf. abschließende Taxe und der Hypothekenschein
sind in der Registratur des Gerichts einzusehen.
Zugleich werden der, seinem Aufenthalte nach unbekannte Nagelschmidt Karl Ludwig Reineck,
oder dessen Erben mit vorgeladen.

Noth-

Nothwendiger Verkauf.

Das dem Büdner August Kaplick gehörige, n Dorfe Sebbin sub Nr. 24 belegene, im Hypothekenbuche Vol. IX Fol. 273 eingetragene Büderhaus nebst Zubehör, gerichtlich abgeschätzt auf 151 Thlr. 6 Sgr. 8 Pf., soll

am 9. Oktober d. J., Vormittags 10 Uhr,

n ordentlicher Gerichtsstelle subhastirt werden.

Taxe und Hypothekenschein liegen zur Einsicht ?ährend der Dienststunden in unserer Registratur ereit.

Zugleich werden alle diejenigen, welche an das ?ubr. III sub Nr. 1 a bis 7 für die sechs Geschwister Kaplick, als:

1) Anne Dorothee Kaplick verehel. Haselbach,

2) Anne Katharine Kaplick, verehel. Wahlsdorff,

3) Christiane Kaplick verehel. Demmler,

4) Charlotte Kaplick,

5) Karl Ludwig Kaplick,

6) Marie Dorothee Kaplick,

?us dem Rezeß vom 1. März 1788 mit je 5 Thlr. ?2 Sgr. 11 Pf. eingetragene Muttererbe, dessen ?ilgung behauptet wird, Ansprüche machen, es sei ?ls ursprünglich Berechtigte, deren Erben, Zessio?arien oder Pfandinhaber, mit der Warnung vor?eladen, daß bei ihrem Nichterscheinen die Posten ?n Hypothekenbuche gelöscht und sie ihrer etwani?en Rechte daran verlustig gehen werden.

Beelitz, am 10. Juni 1844.

Königl. Land= und Stadtgericht.

Nothwendiger Verkauf.

Königl. Schulamtsgericht zu Blankenburg.
Joachimsthal, den 15. Juni 1844.

Das zum Nachlaß des Freimanns Peter Da?id Durow gehörige, zu Blankenburg belegene, ?nb im Hypothekenbuche Vol. I Nr. 19 verzeich?ete Freihaus, gerichtlich abgeschätzt auf 668 Thlr. ?2 Sgr. 6 Pf., soll in termino

den 2. Oktober d. J., Vormittags 11 Uhr,

?n ordentlicher Gerichtsstelle zu Blankenburg öffent?ich meistbietend verkauft werden.

Taxe und Hypothekenschein sind in der Registratur zu Joachimsthal einzusehen.

Zugleich werden alle unbekannte Realprätendenten bei Vermeidung der Präklusion hierdurch vorgeladen.

Freiwilliger Verkauf.

Die Schmiede und Büdnerstelle der Erben des Schmidts Heinrich Joachim Christian Wolff zu Telschow soll

am 22. Juli d. J., Nachmittags 1 Uhr,

in der Gerichtsstube zu Nettelbeck subhastirt werden.

Putlitz, den 18. Juni 1844.

Das von Jenasche Gericht zu Nettelbeck.

Nothwendiger Verkauf.

Das in der Kolonie Radebrück belegene Drechslersche Büdner-Etablissement Vol. I a Pag. 1001 Nr. 6 im Hypothekenbuche verzeichnet und auf 253 Thaler gerichtlich abgeschätzt, soll in dem

auf den 8. Oktober d. J., Vormittags 11 Uhr,

anberaumten Termine an hiesiger Gerichtsstelle subhastirt werden. Taxe und Hypothekenschein sind in unserer Registratur einzusehen. Die ihrem Leben und Aufenthalte nach unbekannte Wittwe Wegener wird zu diesem Termine öffentlich vorgeladen. Alt-Landsberg, den 12. Juni 1844.

Königl. Land= und Stadtgericht.

Dem Gutsbesitzer, Baron von la Vière zu Zehlendorf, hiesigen Amtsbezirks, ist am Morgen des 23. d. M. ein zweijähriges Fohlen, Fuchsstute mit Bläße, auf dem Rücken mit zwei kleinen weißen Flecken, aus der Weidekoppel entlaufen. Alle resp. Behörden werden ergebenst ersucht, dasselbe, wo es sich einfinden sollte, anhalten, und dem Eigenthümer davon schleunigst Nachricht geben zu lassen. Liebenwalde, den 24. Juni 1844.

Königl. Rent=Amt.

Freiwilliger Verkauf eines Halbbauerguts im Dorfe Petersdorf bei Briesen.

Das mir gehörige, zu Petersdorf, Lebuser Kreises, ½ Meile vom Anhaltepunkte der Eisenbahn, 2 Meilen von Frankfurt a. d. O., 2 Meilen von Fürstenwalde, unter Nr. 4 belegene, früher Tiefsche Halbbauergut, mit ganz neuen Wohnund Wirthschaftsgebäuden, 40 Morgen hinterm

Gehöfte belegenem Acker (durchweg Gerstboden) und 15 Morgen mit Holz bestandenem Heideland, so wie mit dem vorhandenen lebenden und todten Inventario und den Vorräthen, soll im Wege der Lizitation an Ort und Stelle verkauft werden. Hierzu habe ich einen Termin auf

den 8. Juli d. J., Vormittags 10 Uhr, anberaumt, wozu ich Kaufliebhaber mit dem Bemerken einlade, daß die Uebergabe des Grundstücks sofort erfolgen kann. Die Kaufbedingungen theile ich gern auf portofreie Anfragen mit, so wie auch solche der Kaufmann Herr H. Jacoby in Fürstenwalde mitzutheilen die Güte haben wird.

Rauen, den 22. Juni 1844.
Der Güteragent M. J. Cohn.

Windmühlen-Verkauf.

Eine vor dem Königsthore in Neu-Ruppin belegene Windmühle, nebst dem daneben belegenen geräumigen, massiven Wohnhause und Stallung zu Pferden und Kühen, und großem Garten, Alles in bestem Zustande, soll Theilungshalber öffentlich meistbietend aus freier Hand verkauft werden; hierzu habe ich einen Termin

auf Montag, den 1. Juli d. J., Vormittags 10 Uhr, an Ort und Stelle angesetzt. Die Mühle kann täglich besehen und die Verkaufs-Bedingungen beim Mühlenmeister Kränicke eingesehen werden.

Neu-Ruppin, den 14. Juni 1844.
Strubelt,
Königl. gerichtlicher Auktions-Kommissarius.

Die Gemeinde Behlgast bei Havelberg hat 300 Klaftern gutes trockenes Eisen-Kloben- und 100 Klaftern dergleichen Knüppelholz zu verkaufen, welches, da dasselbe bis zur Holzablage angefahren wird, bei der Nähe am schiffbaren Wasser leicht in Kähne zu laden und abzufahren ist.

Kaufliebhaber können sich persönlich oder in portofreien Briefen an den Schulzen Kuphal in Behlgast wenden.

Ein Materialgeschäft mit sämmtlichem Inventarium ist wegen Veränderung zu Johannis zu vermiethen. Nähere Auskunft ertheilt auf portofreie Briefe die Wittwe Triemel zu Beelitz.

Frischen Rüdersdorfer Steinkalk, Steinkohlen, Theer, Dachsplette, Bretter, Bohlen und Latten, so wie alle sonstigen Bau- und Brennmaterialien hält stets vorräthig und empfiehlt billigst
Karl Plötzer.

Pasewalk im Mai 1844.

Die Zinszahlung für die Prioritäts-Aktien der Berlin-Potsdamer Eisenbahn-Gesellschaft für das erste halbe Jahr 1844 vom 1. bis infl. den 15. Juli d. J., mittags von 9 bis 12 Uhr, mit Ausschluß der Sonntage, im Kassenlokale auf dem Bahnhofe statt haben.

Ein jeder Besitzer von Koupons hat eine Spezifikation derselben nach den laufenden Nummern geordnet, mit seiner Namens-Unterschrift und seiner Wohnungs-Anzeige versehen, einzureichen und gegen Abgabe der Koupons die Zahlung durch unsern Rendanten Herrn Plahn sofort zu gewärtigen. In dem oben angegebenen Zeitraume werden auch die bis jetzt noch nicht erhobenen Zinskoupons der Stammaktien und die Dividendenscheine aus früheren Jahren, zur Auszahlung kommen.

Ein nach Nummern geordnetes Verzeichniß ist ebenfalls dabei erforderlich.

Berlin, den 10. Juni 1844.
Die Direktion der Berlin-Potsdamer Eisenbahn-Gesellschaft.

In der Nähe von Potsdam, auf dem Vorwerk Golm, wird zu Michaelis dieses Jahres ein tüchtiger Meier zur Verwaltung dieses Vorwerks gesucht. Näheres in Potsdam, Brandenburger Straße Nr. 6.

Bekanntmachung.

Die in dem Oeffentlichen Anzeiger zum 48sten Stück des Amtsblatts 1844 Pag. 243 angedeutete Auktion der Mobilien des Tuchmachers Jentsch hierselbst, findet erst den 8. Juli 1844 statt.

Treuenbriezen, den 24. Juni 1844.
Wolf, Vig. Commis.

Oeffentlicher Anzeiger (№ 1)

zum 27sten Stück des Amtsblatts
der Königlichen Regierung zu Potsdam und der Stadt Berlin.

Den 5. Juli 1844.

Steckbrief.

Der Buchhalter Georg Heinrich Kernich, 40 Jahr alt, evangelischer Religion, aus Michelsdorf im Lübener Kreise des Regierungsbezirks Liegnitz gebürtig, ist wegen schwerer körperlicher Beschädigung eines Menschen zu achtmonatlicher Einstellung in eine Strafsektion rechtskräftig verurtheilt worden, und hat der Vollstreckung der Strafe seit vier Jahren sich zu entziehen gewußt. Er soll sich im September vorigen Jahres in Schlesien und in Mainz aufgehalten haben, und hat im April dieses Jahres ein aus Merseburg datirtes Gesuch eingereicht, in welchem er anführt, daß er Wittwer, Vater von drei unerzogenen Kindern und Handlungsreisender sei, sich meist in kleinen Städten und nur auf ganz kurze Zeit aufhalte, und anderweitig zu heirathen beabsichtige. Nach eingezogener Erkundigung ist er aber in Merseburg nicht bekannt. Alle Zivil- und Militairbehörden des In- und Auslandes werden hiedurch ersucht, auf den Kernich, welcher nicht näher bezeichnet werden kann, zu vigiliren, ihn im Betretungsfalle verhaften, unter sicherer Begleitung hierher transportiren, und an die Expedition der hiesigen Stadtvoigtei-Gefängnisse, Molkenmarkt Nr. 1, abliefern zu lassen.

Wir versichern die ungesäumte Erstattung der veranlaßten baaren Auslagen, und den verehrlichen Behörden des Auslandes eine gleiche Rechtswilläfrigkeit. Berlin, den 21. Juni 1844.

Königl. Kriminalgericht hiesiger Residenz.

Publikandum.

Folgende, nach unserer Bekanntmachung vom 7. d. M. in den hiesigen öffentlichen Blättern am heutigen Tage ausgeloofte Königsberger Stadt-Obligationen kündigen wir hiermit zum 1. Januar 1845:

Nr. 4. 3568. 5076. 5169. 6087. 6316. 6578. 6928. 7679. 8274. 8809. 8598. 11,891.

12,096. 13,217. 13,279. 13,513. 13,947. à 50 Thlr.

Nr. 118. 252. 486. 929. 948. 996. 1064. 1662. 2107. 3240. 3824. 4500. 5410. 5412. 5927. 6808. 8225. 8518. 11,155. 11,790. 12,983. 13,903. à 100 Thlr.

Nr. 5387. 10,567. 10,904. 14,706. à 150 Thlr.
Nr. 4365. 6531. 9281. 12,029. à 200 Thlr.
Nr. 2470. à 400 Thlr.
Nr. 1204. 1729. 1734. 1981. 2400. 2427. 3059. 5482. 7195. 7957. 9042. à 500 Thlr.
Nr. 2813. 3128. 2237. 5838. 5906. 8601. 8783. 11,308. 13,763. 14,699. à 1000 Thlr.

Die Auszahlung der Valuta nach dem Nennwerthe und der fälligen Zinsen erfolgt vom 2. Januar 1845 ab durch unsere Stadtschulden-Tilgungskasse an den Tagen Montag, Dienstag, Donnerstag und Freitag von 9 bis 12 Uhr Vormittags gegen Einlieferung der Obligationen, welche mit der, auf dem gesetzlichen Stempel ausgestellten Quittung der Inhaber, so wie mit den Zins-Koupons von Nr. 1 bis 14 versehen sein müssen.

Die vorstehend gekündigten Obligationen tragen vom 1. Januar 1845 ab keine Zinsen, und haben diejenigen Inhaber derselben, welche die Valuta bis zum 15. Februar k. J. nicht erheben sollten, zu gewärtigen, daß diese für ihre Rechnung und Gefahr dem Depositorio des hiesigen Königl. Stadtgerichts eingeliefert wird.

Auf eine Korrespondenz bei dieser Realisirung des Kapitals und der Zinsen kann die Kasse sich in keinem Falle einlassen.

Königsberg, den 19. Juni 1844.

Magistrat Königl. Haupt- und Residenzstadt.

Im Dorfe Neubrück ist vor einigen Tagen durch den hiesigen Brückenaufzieher Thiele ein Pferd (Fuchsstute mit einem Stern) aufgefangen worden, welches noch an einem Hinterfuße mit einem Eisen, sonst aber weder mit Zaum noch Geschirr versehen ist. Indem ich dieß zur Kenntn-

Rothwendiger Berkauf.

Königl. Kammergericht in Berlin.
Das hierselbst in der Husarenstraße Nr. 17 belegene, dem Droschkenbesitzer Karl Friedrich Wilhelm Bode gehörige Grundstück nebst Zubehör, abgeschätzt auf 14,493 Thlr. 25 Sgr. 3¼ Pf. zufolge der, nebst Hypothekenschein und Bedingungen in der Registratur einzusehenden Taxe, soll
am 24. September 1844
an ordentlicher Gerichtsstelle subhastirt werden.

Rothwendiger Berkauf.

Königl. Kammergericht in Berlin.
Das hierselbst in der verlängerten Dorotheenstraße belegene, im Hypothekenbuche des Königl. Kammergerichts Vol. VII. Cont. c. Nr. 12 Pag. 263 verzeichnete, dem Rentier Jeremias Rudolph gehörige Grundstück nebst Zubehör, welches noch nicht ausgebaut ist, und dessen Werth an Grund und Boden und Baumaterialien und Arbeiten 24,242 Thlr. 8 Sgr. 11 Pf., und dessen muthmaßlicher Ertragswerth ohne Rücksicht auf die noch nicht festzustellenden baulichen Unterhaltungskosten 26,506 Thlr. beträgt, zufolge der nebst Hypothekenschein und Bedingungen in der Registratur einzusehenden Taxe, soll am 17. September 1844 an ordentlicher Gerichtsstelle subhastirt werden.

Rothwendiger Berkauf.

Königl. Kammergericht in Berlin.
Das hierselbst vor dem neuen Thore, am neuen Thorplatze Nr. 2 belegene, dem Mühlenbaumeister Johann Andreas Engeler gehörige Grundstück nebst Zubehör, abgeschätzt auf 13,627 Thlr. 27 Sgr. 5 Pf. zufolge der, nebst Hypothekenschein und Bedingungen in der Registratur einzusehenden Taxe, soll
am 10. September 1844
an ordentlicher Gerichtsstelle subhastirt werden.
Der Zimmermeister Karl Friedrich Schellhorn oder seine Erben, und die Wittwe Zander, Marie Magdalene geb. Schneider, oder deren Erben werden zu diesem Termine öffentlich vorgeladen.

Rothwendiger Berkauf.

Königl. Kammergericht in Berlin.
Das hierselbst vor dem neuen Thore in der Invalidenstraße Nr. 50 belegene, dem Zimmerpolier Karl Friedrich Gumtow gehörige Grundstück nebst Zubehör, abgeschätzt auf 11,752 Thlr. 4 Sgr. 6 Pf. zufolge der, nebst Hypothekenschein und Bedingungen in der Registratur einzusehenden Taxe, soll am 23. Oktober 1844 an ordentlicher Gerichtsstelle subhastirt werden.

Rothwendiger Berkauf.

Königl. Kammergericht in Berlin.
Das in der Marienstraße Nr. 13, an der Ecke der Albrechtsstraße, hierselbst belegene, im Hypothekenbuche des Kammergerichts Vol. IX Cont. Pag. 321 Nr. 21 verzeichnete, dem Stellmachermeister Carl Friedrich Ferdinand Groschupf gehörige Grundstück, abgeschätzt auf 23,150 Thlr. 22 Sgr. 9 Pf. zufolge der, nebst Hypothekenschein und Bedingungen in der Registratur einzusehenden Taxe, soll
am 20. Dezember 1844, Vormittags 11 Uhr, an ordentlicher Gerichtsstelle subhastirt werden.

Rothwendiger Berkauf.

Stadtgericht zu Berlin, den 10. Januar 1844.
Die dem Maurerpolier Rudloff zugehörige Hälfte des in der Elisabethstraße Nr. 12ᵃ an der Ecke der kleinen Frankfurter Straße belegenen, im Ganzen zu 18,736 Thlr. 17 Sgr. 6 Pf. taxirten Grundstücks, soll
am 27. August 1844, Vormittags 11 Uhr, an der Gerichtsstelle subhastirt werden. Taxe und Hypothekenschein sind in der Registratur einzusehen

Rothwendiger Berkauf.

Stadtgericht zu Berlin, den 11. Januar 1844.
Das in der neuen Königsstraße Nr. 8 belegene Grundstück der Destillateur Dähne'schen Eheleute gerichtlich abgeschätzt zu 19,497 Thlr. 6 Sgr. 9 Pf. soll am 23. August d. J., Vormittags 11 Uhr an der Gerichtsstelle subhastirt werden. Taxe und Hypothekenschein sind in der Registratur einzusehen.
Der dem Aufenthalte nach unbekannte Apotheker Ludwig Friedrich Theodor Dähne wird als eingetragener Gläubiger hierdurch öffentlich vorgeladen

Rothwendiger Berkauf.

Königl. Justizamt Potsdam, den 19. Jan. 1844.
Folgende, zum Nachlaß des verstorbenen Königl. Frotteurs Karl Ludwig Schleihahn gehörige Grundstücke:
1) das Etablissement am Drachenhausberge, unweit des Parkes von Sanssouci, Vol. I Fol.

149 des Hypothekenbuchs von Bornstädt, abgeschätzt auf 17,329 Thlr. 18 Sgr. 4 Pf.,
2) eine Wiese im Golmer Bruche von 11 M. 8 □R. Flächeninhalt, Vol. unico Nr. 6 Fol. 26 des Hypothekenbuchs von Golm, abgeschätzt auf 552 Thlr. 6 Sgr. 8 Pf.,
sollen am 13. August d. J., Vormittags 11 Uhr, an Gerichtsstelle hierselbst, Friedrichstraße Nr. 7, Theilungshalber, im Wege der nothwendigen Subhastation verkauft werden.

Taxen und Hypothekenscheine sind werktäglich in unserm IIten Büreau einzusehen.

Nothwendiger Verkauf.

Stadtgericht zu Berlin, den 24. Januar 1844.

Das in der Waßmannstraße Nr. 32 belegene Grundstück des Partikuliers Johann Carl Friedrich Neumeyer, gerichtlich abgeschätzt zu 6138 Thlr. 17 Sgr., soll

am 30. August d. J., Vormittags 11 Uhr, an der Gerichtsstelle subhastirt werden. Taxe und Hypothekenschein sind in der Registratur einzusehen.

Nothwendiger Verkauf.

Stadtgericht zu Berlin, den 1. Februar 1844.

Das in der Schießgasse Nr. 16 belegene Schumannsche Grundstück, gerichtlich abgeschätzt zu 9004 Thlr. 20 Sgr., soll

am 17. September d. J., Vormittags 11 Uhr, an der Gerichtsstelle subhastirt werden. Taxe und Hypothekenschein sind in der Registratur einzusehen.

Die Wittwe Köhler, Johanne Margarethe geb. Bethge wird zu diesem Termine hierdurch mit vorgeladen.

Nothwendiger Verkauf.

Stadtgericht zu Berlin, den 1. Februar 1844.

Das in der Karlsstraße Nr. 38 belegene Pfaffenbergsche Grundstück, gerichtlich abgeschätzt zu 31,824 Thlr. 27 Sgr. 6 Pf., soll

am 20. September d. J., Vormittags 11 Uhr, an der Gerichtsstelle subhastirt werden. Taxe und Hypothekenschein sind in der Registratur einzusehen.

Nothwendiger Verkauf.

Patrimonialgericht zu Retzin.

Die zur Nachlaßmasse des Müllers Klostermann gehörige Wasser- und Oelmühle in Retzin bei Perleberg, taxirt auf 5537 Thlr. 10 Sgr., soll

am 22. August 1844, Vormittags 11 Uhr, in der Gerichtsstube zu Retzin meistbietend verkauft werden. Taxe und Hypothekenschein können in der Registratur zu Wilsnack eingesehen werden.

Nothwendiger Verkauf.

Stadtgericht zu Berlin, den 15. Februar 1844.

Das in der Mulackgasse Nr. 3 belegene Enzersche Grundstück, gerichtlich abgeschätzt zu 8256 Thlr. 14 Sgr. 4 Pf., soll

am 24. September d. J., Vormittags 11 Uhr, an der Gerichtsstelle subhastirt werden. Taxe und Hypothekenschein sind in der Registratur einzusehen.

Die dem Aufenthalte nach unbekannten Geschwister Sorge, oder deren Erben werden hierdurch öffentlich mit vorgeladen.

Nothwendiger Verkauf.

Stadtgericht zu Berlin, den 12. März 1844.

Das in der Blumenstraße Nr. 57 belegene Schmidtsche Grundstück, gerichtlich abgeschätzt zu 11,133 Thlr. 17 Sgr. 6 Pf., soll

am 18. Oktober 1844, Vormittags 11 Uhr, an der Gerichtsstelle subhastirt werden. Taxe und Hypothekenschein sind in der Registratur einzusehen.

Nothwendiger Verkauf.

Stadtgericht zu Berlin, den 19. März 1844.

Das in der Hirschelstraße Nr. 12 belegene Seepoldtsche Grundstück, gerichtlich abgeschätzt zu 9780 Thlr. 22 Sgr. 6 Pf., soll

am 25. Oktober d. J., Vormittags 11 Uhr, an der Gerichtsstelle subhastirt werden. Taxe und Hypothekenschein sind in der Registratur einzusehen.

Nothwendiger Verkauf.

Stadtgericht zu Berlin, den 19. März 1844.

Das in der Schäfergasse Nr. 21 belegene Badesche Grundstück, gerichtlich abgeschätzt zu 20,214 Thlr. 27 Sgr. 4½ Pf., soll

am 22. Oktober d. J., Vormittags 11 Uhr, an der Gerichtsstelle subhastirt werden. Taxe und Hypothekenschein sind in der Registratur einzusehen.

Die dem Aufenthalte nach unbekannte verwittwete Geheime Rechnungs-Revisor Harnecker, Sophie Charlotte geb. Szameitke, oder deren Erben werden hierdurch öffentlich vorgeladen.

Nothwendiger Verkauf.
Königl. Land- und Stadtgericht zu Spandow,
den 12. April 1844.

Das dem Ackerbürger Jakob gehörige, hierselbst in den Weinbergen belegene Grundstück, abgeschätzt auf 1213 Thlr. 20 Sgr., zufolge der in
dem IIten Büreau einzusehenden Taxe, soll
am 5. August d. J., Vormittags 11 Uhr,
an ordentlicher Gerichtsstelle subhastirt werden.

Zugleich werden alle etwanigen Realprätendenten unter der Verwarnung hierdurch vorgeladen,
sich, bei Vermeidung der Präklusion, spätestens in
diesem Termine zu melden.

Land- und Stadtgericht zu Beelitz, am 16. April 1844.

Der dem Schuhmachermeister Friedrich Küchel
und dessen 5 Kindern gehörige, an der Trift bei
Beelitz belegene, im Hypothekenbuche Vol. VI
Nr. 417 eingetragene, auf 127 Thlr. 15 Sgr. abgeschätzte Garten soll im Wege freiwilliger Subhastation
am 8. August d. J., Vormittags 10 Uhr,
an ordentlicher Gerichtsstelle versteigert werden.

Taxe und Hypothekenschein sind in der Registratur einzusehen.

Freiwilliger Verkauf zur Auflösung der
Gemeinschaft.
Land- und Stadtgericht zu Neustadt-Eberswalde.

Folgende Grundstücke der Erben des Mühlenbesitzers August Ferdinand Lindhorst zu Grafenbrück:
1) Die Mühlenbesitzung zu Grafenbrück, geschätzt
auf 9354 Thlr.
2) die Kiezmühle nebst Ackergut zu Biesenthal,
geschätzt auf 6821 Thlr. und resp. 2703 Thlr.,
zusammen 9524 Thlr.,
sollen
am 9. August 1844, Vormittags 11 Uhr,
im Gerichtshause zu Neustadt-Eberswalde, der
Theilung wegen, an den Meistbietenden verkauft
werden. Die Taxen, Hypothekenscheine und Verkaufsbedingungen können im IIten Geschäfts-Büreau des Gerichts eingesehen, oder auch auf Verlangen in Abschrift mitgetheilt werden.

Nothwendiger Verkauf.
Königl. Land- und Stadtgericht zu Spandow,
den 19. April 1844.

Das dem Schiffbaumeister Johann Christoph
Schulze gehörige, hierselbst auf dem Stresow sub

Nr. 38 belegene und Vol. III Fol. 104 des Hypothekenbuchs verzeichnete Grundstück, abgeschätzt zu
2069 Thlr. 23 Sgr. 4 Pf. zufolge der, nebst Hypothekenschein in dem IIten Büreau einzusehenden
Taxe, soll
am 8. August d. J., Vormittags 11 Uhr,
an ordentlicher Gerichtsstelle subhastirt werden.

Nothwendiger Verkauf.
Land- und Stadtgericht zu Dahme, den 20. April 1844.

Die vor dem Jüterbogker Thore hierselbst belegene Bockwindmühle des Mühlenmeisters Johann
Friedrich Thinius, abgeschätzt auf 713 Thlr., soll
am 7. August d. J., Vormittags 11 Uhr,
an Gerichtsstelle subhastirt werden. Taxe und Hypothekenschein liegen in der Registratur zur Einsicht bereit.

Nothwendiger Verkauf.
Stadtgericht zu Straßburg in der Ukermark,
den 20. April 1844.

Die zum Nachlaß der Wittwe des Ackerwirths
Gottfried Krumbach, Charlotte geb. Bressen,
gehörigen Grundstücke, nemlich:
1) eine und eine halbe Hufe Falkenberg'schen Landes, abgeschätzt auf 4406 Thlr. 21 Sgr. 8 Pf.,
2) ein in der Falkenbergerstraße sub Nr. 114
belegenes Wohnhaus nebst Zubehör, abgeschätzt
auf 754 Thlr. — Sgr. 6 Pf.,
3) eine vor dem Falkenberger Thor sub Nr. 18
belegene Scheune nebst Garten, abgeschätzt
auf 383 Thlr. 7 Sgr. 6 Pf.,
4) eine vor dem Falkenberger Thor belegene
Scheunenstelle, taxirt zu 15 Thlrn.,
sollen
am 30. Juli d. J., Vormittags 11 Uhr,
an ordentlicher Gerichtsstelle subhastirt werden.
Taxe und Hypothekenschein sind in der Registratur
des Gerichts einzusehen.

Alle unbekannten Real-Prätenenten werden
aufgeboten, sich bei Vermeidung der Präklusion
spätestens in diesem Termine zu melden.

Nothwendiger Verkauf.
Stiftsgericht zu Stepenitz.

Die Kolonistenstelle des Tischlers Heinrich
Drewes zu Stolpe Vol. I Nr. 21 des Hypothekenbuchs eingetragen, abgeschätzt zu 900 Thlr.

zufolge der, nebst Hypothekenschein in der Registratur einzusehenden Taxe, soll
am 27. August 1844
in der Gerichtsstube zu Stepenitz subhastirt werden.

Nothwendiger Verkauf.

Stadtgericht zu Berlin, den 23. April 1844.

Das vor dem Schönhauser Thor an der Schönhauser Allee belegene Grundstück des Mühlenbaumeisters Engeler, gerichtlich abgeschätzt zu 827 Thlr. 5 Sgr., soll in seinem jetzigen Zustande am 12. September d. J., Vormittags 11 Uhr, an der Gerichtsstelle subhastirt werden. Taxe und Hypothekenschein sind in der Registratur einzusehen.

Die dem Aufenthalte nach unbekannte Frau Lieutenant Kienitz, Henriette geb. Meyer wird hierdurch öffentlich vorgeladen.

Nothwendiger Verkauf.

Stadtgericht zu Pritzwalk, den 30. April 1844.

Die den Geschwistern Gneckow gehörigen, neben einander an der Perleberger Landstraße vor hiesiger Stadt belegenen zwei geschlossenen Gärten nebst Gartenhaus, Kegelbahn und Kegelhaus, abgeschätzt auf 380 Thlr. 4 Sgr. 8 Pf. zufolge der, nebst Hypothekenscheinen in der Registratur einzusehenden Taxe, sollen
am 3. August d. J., Vormittags 11 Uhr, an ordentlicher Gerichtsstelle subhastirt werden.

Nothwendiger Verkauf.

Stadtgericht zu Pritzwalk, den 30. April 1844.

Die zum Nachlaß des allhier verstorbenen Arbeitsmanns Hißtermann gehörigen Grundstücke:
a) ein Wohnhaus, abgeschätzt auf 188 Thlr. 18 Sgr. 11 Pf.,
b) ein Heidberggarten, abgeschätzt auf 41 Thlr. 20 Sgr.,
c) eine Ackerparzelle von 3 Morgen 35 □Ruthen Fläche, abgeschätzt auf 76 Thlr. 28 Sgr. 3 Pf.,
zufolge der, nebst Hypothekenscheinen in der Registratur einzusehenden Taxen, sollen
am 10. August d. J., Vormittags 11 Uhr, an ordentlicher Gerichtsstelle subhastirt werden.

Nothwendiger Verkauf.

Stadtgericht zu Berlin, den 2. Mai 1844.

Das in der Landwehrstraße Nr. 16 a belegene Grundstück des Architekten Johann Conrad Adler,

gerichtlich abgeschätzt zu 1182 Thlrn. 9 Sgr. 4¼ Pf., soll
am 16. September d. J., Vormittags 11 Uhr, an der Gerichtsstelle subhastirt werden. Taxe und Hypothekenschein sind in der Registratur einzusehen.

Nothwendiger Verkauf.

Stadtgericht zu Berlin, den 7. Mai 1844.

Das in der Langen Gasse Nr. 18 und 19 belegene Grundstück des Maurermeisters Wolff, gerichtlich abgeschätzt zu 11,556 Thlr. 9 Sgr. 6 Pf., soll
am 20. Dezember d. J., Vormittags 11 Uhr, an der Gerichtsstelle subhastirt werden. Taxe und Hypothekenschein sind in der Registratur einzusehen.

Die ihrem Aufenthalt nach unbekannten Gläubiger, die Wittwe des Gutsbesitzers Fuhrmann, Marie geb. Leetz und die Wittwe des Maurermeisters Wolff, Marie Wilhelmine geb. Fuhrmann werden hierdurch öffentlich vorgeladen.

Subhastations-Patent.

Stadtgericht Lindow, den 18. Mai 1844.

Das zum Nachlaß des verstorbenen Zimmergesellen Daniel Friedrich Seeger gehörige Wohnhaus in der Fischerstraße Nr. 120 hierselbst belegen, tarirt 336 Thlr. 22 Sgr., soll im Termin den 22. Oktober d. J., Vormittags 10 Uhr, Theilungshalber zufolge der, nebst Hypothekenschein einzusehenden Bedingungen meistbietend verkauft werden.

Nothwendiger Verkauf.

Königl. Land- und Stadtgericht zu Strausberg, den 22. Mai 1844.

Die zur Nachlaßmasse der verwittweten Tischlermeister Haack, Friederike geb. Hitte gehörigen, hierselbst belegenen Grundstücke:
a) das in der Müncheberger Straße sub Nr. 110 belegene Wohnhaus nebst Zubehör, abgeschätzt auf 673 Thlr. 22 Sgr.,
b) der vor dem Müncheberger Thore belegene Garten, tarkt auf 55 Thlr.,
sollen
am 17. September d. J., Vormittags 11 Uhr, an ordentlicher Gerichtsstelle subhastirt werden. Taxe und Hypothekenschein sind in unserer Registratur einzusehen.

Nothwendiger Verkauf.
Theilungshalber.

Patrimonialgericht Zerpenschleuse, am 25. Mai 1844.

Die zum Nachlaß der Wittwe Schaller geb. Kühne gehörigen Oberkähne XIII—43, geschätzt zu 170 Thlrn. 15 Sgr., und XIII—45, geschätzt zu 282 Thlrn. 25 Sgr., sollen

am 2. Oktober d. J., Vormittags 11 Uhr, an Gerichtsstelle zu Zerpenschleuse öffentlich verkauft werden. Die Taxe ist bei uns und dem Schiffsbaumeister Bartholdy zu Zerpenschleuse einzusehen, welcher auch die Kähne vorzeigt.

Nothwendiger Verkauf.

Königl. Justizamt Löcknitz zu Prenzlow, den 4. Juni 1844.

Das zum Nachlasse des in Plöwen verstorbenen Schmiedemeisters Friedrich Hasenbank gehörige, daselbst belegene Schmiedegrundstück, nemlich ein Wohnhaus, Scheune, Schmiede, ein Garten, Wörde und Wiese, eingetragen im Plöwenschen Hypothekenbuche Vol. II Fol. 7, und gerichtlich taxirt zu 1960 Thlr. 10 Sgr., soll

am 24. Oktober d. J., Vormittags 11 Uhr, an Gerichtsstelle zu Brüssow öffentlich verkauft werden.

Die Taxe und die neueste Hypothekenschein sind in unserer Registratur einzusehen.

Zugleich werden alle unbekannte Realansprüche Machenden bei Vermeidung des Ausschlusses hierdurch dazu mit vorgeladen.

Nothwendiger Verkauf.

Stadtgericht zu Berlin, den 7. Juni 1844.

Das in der Ackerstraße Nr. 6 belegene Kunstsche Grundstück, gerichtlich abgeschätzt zu 11,274 Thlrn. 18 Sgr. 9 Pf., soll

am 14. Januar 1845, Vormittags 11 Uhr, an der Gerichtsstelle subhastirt werden. Taxe und Hypothekenschein sind in der Registratur einzusehen.

Das der hiesigen Stadt-Kommune gehörige, unmittelbar an der Havel hierselbst belegene Roßmühlen-Gebäude nebst darin befindlichem Mühlenwerk, soll, weil es zu Kommunalzwecken nicht nutzbar ist, öffentlich meistbietend verkauft werden. Es ist hierzu ein Termin auf

den 2. August d. J., Nachmittags 4 Uhr,

auf hiesigem Rathhause anberaumt, zu welchem Kauflustige hierdurch eingeladen werden.

Havelberg, den 18. Juni 1844.
Der Magistrat.

Nothwendiger Verkauf.

Königl. Land- und Stadtgericht zu Strausberg, den 14. Juni 1844.

Der zum Nachlasse der Wittwe des Tuchmachermeisters Brunzlow gebornen Hesse gehörige, vor dem Landsberger Thore am Mühlenberge belegene, auf 65 Thlr. abgeschätzte Garten soll

am 4. Oktober d. J., Vormittags 11 Uhr, an ordentlicher Gerichtsstelle subhastirt werden.

Taxe und Hypothekenschein sind in unserer Registratur einzusehen.

Freiwilliger Verkauf.

Es sollen die den Piehlschen Erben zu Eichenburg gehörigen, auf Lenzenscher Feldmark belegnen drei Altefeldstücke

1) Nr. 56, tarirt zu 91 Thlrn. 1 Sgr. 3 Pf.
2) Nr. 58, = = 133 = 16 = 3 =
3) Nr. 71, = = 133 = 1 = 8 =

Theilungshalber in termino

den 3. Oktober d. J., Vormittags 11 Uhr, in der Gerichtsstube öffentlich an den Meistbietenden verkauft werden.

Zugleich werden die unbekannten Realprätendenten zu diesem Termin unter der Verwarnung vorgeladen, daß bei ihrem Ausbleiben ihnen ein ewiges Stillschweigen auferlegt werden wird.

Lenzen, den 17. Juni 1844.
Königl. Land- und Stadtgericht.

Nothwendige Subhastation.

Stadtgericht zu Charlottenburg, den 21. Juni 1844.

Das hierselbst in der Spreestraße sub Nr. 32 belegene, im hiesigen stadtgerichtlichen Hypothekenbuche Vol. XII Nr. 729 auf den Namen des Partikulier Carl Friedrich Reuther verzeichnete Grundstück, zufolge der, nebst Hypothekenschein in unserer Registratur einzusehenden Taxe abgeschätzt auf 3426 Thlr. 3 Sgr. 3 Pf., soll

am 5. Oktober 1844, Vormittags 10 Uhr, an ordentlicher Gerichtsstätte subhastirt werden.

Der seinem Aufenthalte nach unbekannte Eigenthümer, Partikulier Carl Friedrich Reuther, wird zu diesem Termine öffentlich vorgeladen.

Oeffent-

Oeffentlicher Anzeiger (№ 2)

zum 27sten Stück des Amtsblatts
der Königlichen Regierung zu Potsdam und der Stadt Berlin.

Den 5. Juli 1844.

Dem Werkführer Carl Victor Keller zu Koblenz ist unter dem 28. Juni 1844 ein Patent

auf eine durch Modell und Beschreibung als neu und eigenthümlich nachgewiesene Zusammensetzung von Billard-Queuespitzen

auf sechs Jahre, von jenem Tage an gerechnet, und für den Umfang der Monarchie ertheilt worden.

Präklusionsbescheid.

In Sachen, betreffend die Theilung der Jagd auf der Feldmark Stechow bei Rathenow, wird hiermit festgesetzt:

daß alle diejenigen Interessenten, welche sich der unterm 3. April d. J. erlassenen Ediktalladung ungeachtet in dem heutigen Einleitungstermine nicht gemeldet haben, mit ihren Ansprüchen zu präkludiren.

Stechow, den 3. Juni 1844.

Kreis-Jagdtheilungs-Kommission für den Westhavelländischen Kreis der Kurmark Brandenburg.

Im Einverständnisse mit der hiesigen Stadtverordneten-Versammlung erlauben wir uns hiermit öffentlich bekannt zu machen, wie der hiesige Ort bei seiner angenehmen und freundlichen Lage am Wasserwege nach Stettin, und an der neu errichteten Chaussee nach Mecklenburg, bei täglicher Postverbindung mit Berlin und Neu-Strelitz, bei dem Vorhandensein höchst anständiger Wohnungen und dem Umstande, daß hier nur die Klassensteuer, nicht aber die Mahl- und Schlachtsteuer eingeführt ist, sich ganz besonders zur Niederlassung für pensionirte Beamte, Militairs und Leute, welche von ihren Renten leben, eignet, da die Kommune

fortan Kommunalsteuerbeiträge nur von denjenigen erhebt, welche bürgerliche Gewerbe hierselbst betreiben. Oranienburg, den 28. Juni 1844.

Der Magistrat.

Der Papierfabrikant Gottlieb Putz zu Schlalach beabsichtigt in seinem Wohnhause einen Mahlgang zur Förderung fremden Gemahls anzulegen.

Es wird dies hiermit zur öffentlichen Kenntniß gebracht und denjenigen, welche eine Gefährdung ihrer Rechte durch diese Anlage befürchten, überlassen, ihre Widersprüche in einer präklusivischen Frist von 8 Wochen bei der unterzeichneten Behörde anzumelden und gehörig zu begründen.

Belzig, den 19. Juni 1844.

Königl. Landraths-Amt Zauch-Belzigschen Kreises.

Bekanntmachung.

Die Wiesenbesitzer, Kaufmann C. F. Moll und Genossen zu Freyenstein, beabsichtigen eine Berieselung ihrer Wiesen, und wollen sich dazu des Wassers der Dosse bedienen; zu dem Zwecke darin eine Schleuse anlegen, auch dem Laufe des Wassers theilweise eine andere Richtung geben.

Dieses Vorhaben wird nach Vorschrift des Gesetzes vom 28. Februar 1843 (Gesetzsammlung Seite 41 § 21) mit dem Bemerken bekannt gemacht, daß der Plan dazu im hiesigen landräthlichen Büreau zur Einsicht bereit liegt.

Etwanige Widerspruchsrechte und Entschädigungsansprüche müssen binnen 3 Monaten, vom Tage des Erscheinens des ersten Amtsblatts an gerechnet, bei mir angemeldet werden. Dies wird mit der Verwarnung bekannt gemacht, daß diejenigen, welche sich binnen der bestimmten Frist nicht gemeldet haben, in Beziehung auf das zur Bewässerung zu verwendende Wasser sowohl ihres Widerspruchsrechts, als des Anspruchs auf Entschädigung verlustig gehen, und in Beziehung auf das zu bewässernde oder zu den Wasserleitungen zu benutzende Terrain ihr Widerspruchsrecht gegen die Anlage verlieren und nur einen Anspruch auf Entschädigung behalten.

Kyritz, den 25. Juni 1844.

Königl. Landrath der Ostpriegnitz.

von Kröcher.

Bekanntmachung.

* Die Lieferung des für die Jahre 1845, 1846 und 1847 erforderlichen Bedarfs an gewöhnlichen Pflastersteinen zur Unterhaltung des Steinpflasters in den Straßen hiesiger Residenz, welcher jährlich zwischen 600 bis 1000 Schachtruthen beträgt, soll in Entreprise gegeben werden, zu welchem Behufe die Bedingungen in unserer Registratur — Niederwallstraße Nr. 39 — zur Einsicht ausgelegt sind.

Diejenigen, welche die Lieferung zu übernehmen bereit sind, haben nach vorheriger Einsicht der schon gedachten Bedingungen die Preis-Offerte pro Schachtruthe versiegelt mit der Aufschrift „Submission über die Lieferung der Pflastersteine für die Jahre 1845" bis zum 2. September d. J. an unsere Registratur gelangen zu lassen.

Auf portofrei eingehende Anträge werden Abschriften der Bedingungen nach auserhalb verfolgt werden.

Berlin, den 27. Juni 1844.

Königl. Ministerial-Bau-Kommission.

In Vertretung des Vorstehers.

Pehlemann.   Berger.

Nothwendiger Verkauf.

Land- und Stadtgericht zu Freienwalde a. d. Oder, den 24. Juni 1844.

Das unweit der Stadt, am Wege nach dem hiesigen Gesundbrunnen belegene, zum Nachlasse der verehelichten Kunstgärtner Poy gebornen Behrendt gehörige Wohnhaus nebst Zubehör und Garten, welches auch durch Vermiethung an hiesige Kurgäste bisher genutzt ist, abgeschätzt auf 642 Thlr. 21 Sgr. 6 Pf. zufolge der, nebst Hypothekenschein in der Registratur einzusehenden Taxe, soll

am 8. Oktober 1844, Vormittags 11 Uhr,

Theilungshalber an ordentlicher Gerichtsstelle subhastirt werden.

Nothwendige Subhastation.

Königl. Stadtgericht zu Kyritz, den 29. Juni 1844.

Das dem Arbeitsmann Joachim George Gottlieb Schultz gehörige, Vol. IV Nr. 339 verzeichnete Budenhaus in der Weberstraße allhier, taxirt 225 Thlr. 29 Sgr. 6 Pf., soll

am 30. September d. J., Vormittags 11 Uhr

an ordentlicher Gerichtsstelle nothwendig subhastirt werden. Taxe und Hypothekenschein sind in der Registratur einzusehen.

Bekanntmachung.

Das im Prenzlower Kreise der Uckermark belegene Rittergut Debelow, durch seinen Umfang und seine vorzügliche natürliche Bodenbeschaffenheit und Lage eins der bedeutendsten Güter dieser Gegend, soll mit dem dazu gehörigen Wirthschafts-Inventario

den 9. September d. J., Vormittags 10 Uhr.

in dem herrschaftlichen Wohnhause zu Debelow, im Wege der öffentlichen Licitation von Johanni 1845 ab, auf 14 nach einander folgende Jahre, also bis Johanni 1859 an den Meistbietenden öffentlich verpachtet werden. Das Rittergut Debelow liegt an der neugebauten Chaussee von Mecklenburg nach Prenzlow, und daher unmittelbar durch Chaussee verbunden: ½ Meilen von der Kreisstadt Prenzlow, 7 Meilen von Stettin, 13 Meilen von Berlin und 4 Meilen von der Berlin-Stettiner Eisenbahn.

Die Verpachtungsbedingungen können tanzeln in dem herrschaftlichen Wohnhause des Debelow und bei dem Patrimonialrichter desselben, Justizrath Hugo zu Prenzlow, eingesehen werden.

Prenzlow, am 23. Juni 1844.

Adlig von Klützowsches Gericht über Debelow.

Veränderungshalber beabsichtigt Herr Mühlenmeister Kuhnert seine in der Mühlenstraße sub
Nr. 139 allhier belegene, im vorigen Jahre ganz
neu eingerichtete, und in bester Nahrung stehende
Bäckerei, die frequenteste im hiesigen Orte, mit
allen zu ihrem Betriebe vorhandenen Geräthschaften öffentlich meistbietend zu verkaufen.

Das dazu eingerichtete Wohnhaus ist zweistöckig, im guten baulichen Stande, von massiver
Front, im übrigen von Fachwerk und von gebrannten Steinen gebaut, enthält zehn Piecen,
von denen fünf heizbar sind, eine Backstube, einen
sehr geräumigen Hausflur, drei Küchen, eine große
Waschküche, einen Keller, mehrere Speisekammern,
und ganz besonders schöne Getreideböden. Die
Hintergebäude sind ebenfalls sehr bauerhaft, theils
massiv, theils von Fachwerk, von gebrannten Steinen gebaut, und bestehen aus einem Pferdestall
zu vier Pferden, einem Kuhstall zu drei Küben,
einem Schweinestall, einem Holzstall, zwei Ställen
zum Gelaß für Federvieh und hinlänglichem Raum
zum Heu und Futter für das zu haltende Vieh.

Zu diesem Grundstück gehören ferner zwei Wie-
sen, und ein hinter dem Hause an der schiffbaren
Havel liegender, wohl eingerichteter, mit guten
Obstbäumen bestandener Küchengarten.

Der Verkaufstermin steht

am 17. August d. J., Nachmittags 3 Uhr,

in meinem Geschäftszimmer an, zu welchem Kauflustige mit dem Bemerken eingeladen werden, daß
den Verkaufsbedingungen gemäß der Vertrag sofort nach dem Termin abgeschlossen werden kann.

Die näheren Verkaufsbedingungen liegen in
meinem Geschäftszimmer zur Einsicht vor, und
können gegen Entrichtung der Kopialien abschriftlich mitgetheilt werden.

Rathenow, den 18. Juni 1844.

Der Justiz-Kommissarius Marcus.

Mit Bezug auf die Annonce des Königl. Land-
und Stadtgerichts zu Storkow in diesem Blatte,
vom 23. Februar d. J., betreffend die Subhastation des im Hypothekenbuche auf den Namen der
Wittwe Mollenhauer verzeichneten Doppelbauer-
gutes zu Friedersdorf bei Storkow, tarirt zu
5691 Thlrn., bemerke ich noch, daß dasselbe circa
200 Morgen Acker, Wiesen und Hütung enthält,

sehr dankbaren Boden, ein herrschaftliches massi-
ves, hübsches Wohnhaus von 11 Fenstern Front
und gute Wirthschaftsgebäude, einen fruchtbaren
Garten und Holz- und Weidegerechtsame in der
Königl. Forst hat, und auch speziell separirt ist.
In dem einen Theile des Wohnhauses wird jetzt
Materialgeschäft und Gastwirthschaft betrieben.
Noch nähere Mittheilungen über dasselbe sind von
dem Unterzeichneten und dem Kaufmann Hein zu
Friedersdorf zu empfangen.

Cöpenick, am 16. Juni 1844.

S. Seiffert.

Durch Familienverhältnisse veranlaßt, bin ich
Willens, meine allhier belegene, im besten gang-
baren Zustande sich befindende Wasser-Mahl- und
Schneidemühle, nebst Wohn- und Wirthschafts-
gebäuden und liegenden Grundstücken aus freier
Hand sogleich zu verkaufen.

Kaufliebhaber können die Kaufbedingungen auf
mündliche oder schriftliche, frankirte Anfragen täglich von mir erfahren, jedoch verbitte alle Unterhändler. Beelitz, den 26. Juni 1844.

Der Mühlenmeister Herrmann Burghalter.

Das Wohn- und Wirthschaftsgebäude mit
9 Morgen 118 □Ruthen Ackerland zu Hohen-
lindow, genannt Jägerbube, soll aus freier Hand
Theilungshalber für 1200 Thlr. verkauft werden.
Dasselbe liegt dicht an der Spree, eine halbe Meile
von Erkner, und eignet sich zur Anlage einer Fabrik, oder für einen Schiffbauer. Es kann sogleich mit der Ernte übernommen werden, der
Kauf wird abgeschlossen in Berlin, Jerusalemer
Straße Nr. 22, bei Carl Vollgold.

Ein 4½ Meile von Berlin und 1½ Meile von
einer Chaussee entferntes Lehnschulzen-Gut, zu
welchem ein Areal von circa 1000 Morgen Acker
— größtentheils Gerstland erster Klasse — 86 Morgen Wiesen und 3—400 Morgen Forst gehört,
soll nebst dem sehr bedeutenden lebenden und todten
Inventarium unter sehr annehmbaren Bedingungen
noch vor der Ernte d. J. verkauft werden.

Dieses Gut ist mit einer unbeschränkten Stückzahl Vieh zur Hütung in der Königl. Forst berech-

tigt, es steht demselben der Empfang von freiem Bau- und Reparaturholz zu, und der gesammte Acker liegt unzertrennt nahe beim Gehöfte.

Nähere Auskunft ertheilt
W. E. Seidel in Zehdenick.

Ein mit dem Forstrechnungs-Wesen und der Korrespondence vollkommen vertrauter Forstsekretair, welcher auch die nöthigen Kenntnisse zur Ausführung von Vermessungen, Nivellements c., so wie zur Anfertigung von Kartenkopieen besitzt, wünscht in den nächsten Monaten ein anderweites Engagement.

Die besten Zeugnisse über seine Fähigkeiten und seine streng sittliche Führung stehen demselben zur Seite, und ganz besonders empfiehlt auch noch seine schöne Handschrift.

Nähere Auskunft ertheilt
W. E. Seidel in Zehdenick.

Die Zinszahlung für die Prioritäts-Aktien der Berlin-Potsdamer Eisenbahn-Gesellschaft für das erste halbe Jahr 1844 wird vom 1. bis inkl. den 15. Juli d. J., Vormittags von 9 bis 12 Uhr, mit Ausschluß der Sonntage, im Kassenlokale auf dem hiesigen Bahnhofe statt haben.

Ein jeder Besitzer von Koupons hat eine Spezifikation derselben, nach den laufenden Nummern geordnet, mit seiner Namens-Unterschrift und seiner Wohnungs-Anzeige versehen, einzureichen und gegen Abgabe der Koupons die Zahlung durch unsern Rendanten Herrn Plahn sofort zu gewärtigen. In dem oben angegebenen Zeitraume werden auch die bis jetzt noch nicht erhobenen Zinskoupons der Stammaktien und die Dividendenscheine aus frühern Jahren, zur Auszahlung kommen.

Ein nach Nummern geordnetes Verzeichniß ist ebenfalls dabei erforderlich.

Berlin, den 10. Juni 1844.
Die Direktion der Berlin-Potsdamer Eisenbahn-Gesellschaft.

Bekanntmachung.

Es empfiehlt sich zur reellen und schnellen Besorgung aller verschiedenen Aufträge, z. B. An- u. Verkauf großer und kleiner Güter, Anschaffung u. Unterbringung von Kapitalien in großen und kleinen Summen c.

das Kommissions-Geschäft
von F. Recklin in Cremmen.

Auf dem Gute Warnsdorf bei Wittstock wird zu Michaelis d. J. ein rüstiger, treuer, verheiratheter Gärtner, der zugleich auch Jäger ist, in Dienste gesucht.

Bekanntmachung.

Der Termin zur Subhastation des Steinauerschen Grundstücks in der Pankstraße Nr. 13 steht nicht um 12½ Uhr, sondern um 11¼ Uhr Vormittags den 31. August d. J. an.

Berlin, den 18. Juni 1844.
Königl. Landgericht.

Oeffentlicher Anzeiger

zum 28sten Stück des Amtsblatts
der Königlichen Regierung zu Potsdam und der Stadt Berlin.

Den 12. Juli 1844.

Dem Faktor der Berliner Patent-Papier-Fabrik, George Peter Leinhaas hier, ist unter dem 30. Juni 1844 ein Einführungs-Patent

auf eine durch Zeichnung und Beschreibung nachgewiesene Satinir-Vorrichtung für Papier in ihrer ganzen Zusammensetzung und ohne die Benutzung bekannter Theile derselben zu beschränken,

auf fünf Jahre, von jenem Tage ab gerechnet, und für den Umfang der Monarchie ertheilt worden.

Steckbriefs-Erledigung.

Der im Oeffentlichen Anzeiger zum 49sten Stück des Amtsblatts 1843 unterm 2. Dezember 1843 von der Königl. Kommandantur zu Spandow steckbrieflich verfolgte Militairsträfling Heinrich Traugott Paulig ist nach einer Mittheilung der genannten Königl. Kommandantur wieder ergriffen und daher jener Steckbrief erledigt.

Potsdam, den 8. Juli 1844.
Amtsblatts-Redaktion.

Ediktal-Zitation.

Der angeblich zu Brüssel wohnhafte Rentier Jean Baptiste Paul van Cutyck ist einer Gewerbesteuer-Kontravention angeschuldigt worden, welche er bei seinem hierselbst genommenen vorübergehenden Aufenthalte begangen haben soll. Es ist deshalb auf Grund des § 40 des Gesetzes vom 30. Mai 1829 und § 26 des Hausir-Reglements vom 28. April 1824 gegen den ic. van Cutyck die fiskalische Untersuchung verfügt, und zu seiner Verantwortung ein Termin auf

den 6. September d. J., Vormittags 10 Uhr, vor dem Königl. Kammergerichts-Assessor Herrn Dohle im Kriminalgerichte Molkenmarkt Nr. 3, Verhörszimmer Nr. 18, anberaumt worden. Da derselbe Berlin verlassen und sein gegenwärtiger Aufenthaltsort unbekannt ist, so wird derselbe hiermit öffentlich vorgeladen und aufgefordert, zu diesem Termine zur rechten Zeit persönlich sich einzufinden, und, falls die Beschuldigung bestritten

werden sollte, zur Einlassung und Antwort auf dieselbe, zur Ausführung seiner Defension und zur bestimmten Anzeige der über seine Vertheidigungsgründe etwa vorhandenen Beweismittel sich gefaßt zu halten, auch diese Beweismittel, insofern selbige in Urkunden bestehen, sofort mit zur Stelle zu bringen.

Im Falle ungehorsamen Ausbleibens muß nach Vorschrift der Gesetze angenommen werden, daß er der That geständig und überführt ist. Alsdann findet die sonst zulässige schriftliche Vertheidigung nicht Statt, und das Erkenntniß wird auf Grund der oben angeführten Gesetzstelle sogleich abgefaßt.

Berlin, den 22. Juni 1844.
Königliches Kriminalgericht hiesiger Residenz.
Abtheilung für fiskalische Untersuchungen.

Der Papierfabrikant Gottlieb Putz zu Schlalach beabsichtigt in seinem Wohnhause einen Mahlgang zur Förderung fremden Gemahls anzulegen.

Es wird dies hiermit zur öffentlichen Kenntniß gebracht und denjenigen, welche eine Gefährdung ihrer Rechte durch diese Anlage befürchten, überlassen, ihre Widersprüche in einer präklusivischen Frist von 8 Wochen bei der unterzeichneten Behörde anzumelden und gehörig zu begründen.

Belzig, den 19. Juni 1844.
Königl. Landraths-Amt Zauch-Belzigschen Kreises.

Bekanntmachung.

Der Mühlenmeister Denkmann zu Nausdorff hat die Absicht, seine beim genannten Dorfe liegende Bockwindmühle nach einem von ihm zu dem Ende erkauften, auf derselben Feldmark, am Wege von Lenzen nach Boberow unter den sogenannten Moorstücken befindlichen, und ⅜ Meilen von der jetzigen Mühlenstelle entfernten Aeckerstück zu verlegen.

Indem ich dies hiermit zur öffentlichen Kenntniß bringe, fordere ich alle diejenigen auf, welche aus dem Edikte vom 28. Oktober 1810 oder aus der Allerhöchsten Kabinetsorbre vom 23. Oktober 1826 ein begründetes Widerspruchsrecht gegen obige Ver-

legung zu haben glauben, dieses Widerspruchsrecht
binnen 8 Wochen präklusivischer Frist, vom Tage
dieser Bekanntmachung an gerechnet, entweder bei
mir oder bei dem Bauherrn schriftlich geltend zu
machen. Perleberg, den 4. Juli 1844.

Königl. Landrath der Westpriegnitz.

v. Saldern.

Bekanntmachung.

a) Holz-Versteigerung zur freien Konkurrenz.

Es sollen von dem Einschlage in dem zur
Revierverwaltung Neubrück gehörigen, 1 Meile
von Frankfurt, ganz in der Nähe der Oder belegenen Brieskower Eichbusche:

am 16. Juli d. J., von Vormittags 10 Uhr ab,
im Gasthofe des Herrn Schulz zu Brieskow,
7¼ Klaftern 3- und 4füßiges Eichen-Nutzholz,
mehrere dergleichen Nutzenden von verschiedenen
Längen und Stärken, so wie 231½ Klaftern Eichen-
Scheit-, ⅔ Klaftern Ellern-Scheit-, 211½ Klaftern Eichen-Ast- und 382 Klaftern Eichen-Reisig-
holz in größeren und kleineren Loosen öffentlich
meistbietend, gegen sofortige Bezahlung, versteigert
werden. Hierzu werden Kaufliebhaber mit dem
Bemerken eingeladen, daß das Eichenholz von ge-
pletteten Eichen eingeschlagen und resp. ausge-
schnitten, und daß der Holzwärter Hoede in
Brieskow angewiesen ist, dasselbe, sofern es gewünscht wird, noch vor dem Termine an Ort
und Stelle vorzuzeigen. Ebenso wird noch bemerkt, daß die abgetriebene Forstfläche von der
Forstverwaltung abgetreten ist, weshalb zum Behufe der Uebergabe derselben die Abfuhr des sämmtlichen Holzes sogleich nach dem Verkaufe, spätestens
innerhalb einer, im Termine näher zu bestimmenden, jedenfalls nur kurzen Frist erfolgen muß.
Die übrigen Verkaufsbedingungen werden im Termine bekannt gemacht werden.

b) Holz-Versteigerung zum Lokal-Debit.

Allein zur Befriedigung des Feuerungsbedarfs
der Bewohner der hiesigen Umgegend sollen aus
den Forstdistrikten Schwarzheide, Biegenbrück, Junkerfeld und Kaisermühl, der Revierverwaltung Neubrück, verschiedene Quantitäten Ast- und Stubbenholz in dem auf

den 15. Juli d. J., Vormittags 10 Uhr,
hierselbst im Bonackschen Gasthofe
anberaumten Termine öffentlich meistbietend, gegen

gleich baare Bezahlung, versteigert werden, wozu
ich gleichfalls Kaufliebhaber einlade.
Neubrück, den 30. Juni 1844.

Der Oberförster Eyber.

Nothwendiger Verkauf.

Königl. Kammergericht in Berlin.

Das hierselbst in der Louisenstraße Nr. 4g
belegene Grundstück, abgeschätzt auf 15,725 Thlr.
8¼ Pf. zufolge der, nebst Hypothekenschein und Bedingungen in der Registratur einzusehenden Taxe, soll
am 11. September 1844,
an ordentlicher Gerichtsstelle subhastirt werden.

Nothwendiger Verkauf.

Königl. Kammergericht in Berlin.

Die in der Louisenstraße hierselbst Nr. 4i und
4k belegenen, im kammergerichtlichen Hypothekenbuche Vol. IX Cont. i Nr. 23 Pag. 527 verzeichneten, dem Tischlermeister Friedrich Wilhelm
Deichmann gehörigen Grundstücke, von denen
der Materialienwerth des Ersteren auf resp. 10,037
Thlr. 8 Sgr. 7½ Pf. und des Letzteren auf 19,546
Thlr. 21 Sgr. 10¼ Pf., zusammen auf 29,604 Thlr.
6 Pf., der künftige reine Ertrag auf 991 Thlr.
20 Sgr. jährlich und der kapitalisirte Ertragswerth auf 19,833 Thlr. 10 Sgr. zufolge der,
nebst Hypothekenschein und Bedingungen in der
Registratur einzusehenden Taxen, abgeschätzt wor-
ben, sollen

am 9. November 1844,
an ordentlicher Gerichtsstelle subhastirt werden.

Nothwendiger Verkauf.

Königl. Kammergericht in Berlin.

Das hierselbst an der Chausseestraße Nr. 10
und 10a belegene, dem Kaufmann Carl Martin
Klinder gehörige Grundstück nebst Zubehör, abgeschätzt auf 28,027 Thlr. 26 Sgr. 2 Pf. zufolge
der, nebst Hypothekenschein und Bedingungen in
der Registratur einzusehenden Taxe, soll
am 18. Januar 1845, Vormittags um 11 Uhr,
an ordentlicher Gerichtsstelle subhastirt werden.
Die Kaufleute August Katzel und Gustav
Lupprian, oder deren Erben, werden hierzu öffentlich vorgeladen.

Nothwendiger Verkauf.

Königl. Kammergericht in Berlin.

Das hierselbst in der Louisenstraße Nr. 44 belegene, dem Bäckermeister Carl August Gottlieb

Schierjott gehörige Wohnhaus nebst Zubehör, abgeschätzt auf 26,267 Thlr. 7 Sgr. 1 Pf. zufolge der, nebst Hypothekenschein und Bedingungen in der Registratur einzusehenden Taxe, soll
am 18. Januar 1845
an ordentlicher Gerichtsstelle subhastirt werden.

Die dem Aufenthalte nach unbekannten Gläubiger, nemlich:
1) die Kinder des Geheimen Justizraths Johann Jacob Costenoble,
2) die Kinder des Hof-Schauspielers Carl Ludwig Costenoble zu Wien und
3) die Kinder der verstorbenen Friederike Charlotte Leopoldine Costenoble, verehelicht gewesenen Costenoble,
werden hierzu öffentlich vorgeladen.

Nothwendiger Verkauf.
Königl. Kammergericht in Berlin.

Das am Louisenplatz Nr. 11 hier belegene, im Hypothekenbuche des Königl. Kammergerichts Vol. IX Cont. g Pag. 318 Nr. 14 verzeichnete, dem Partikulier Johann Caspar Anacker gehörige Grundstück nebst Zubehör, abgeschätzt auf 21,413 Thlr. 7 Sgr. 3 Pf. zufolge der, nebst Hypothekenschein und Bedingungen in der Registratur einzusehenden Taxe, soll
am 22. Januar 1845, Vormittags um 10 Uhr,
an ordentlicher Gerichtsstelle subhastirt werden.

Alle unbekannten Realprätendenten werden aufgefordert, sich bei Vermeidung der Präklusion spätestens in diesem Termine zu melden.

Nothwendiger Verkauf.
Stadtgericht zu Berlin, den 19. Januar 1844.

Das in der Kronenstraße Nr. 3 belegene Blumesche Grundstück, gerichtlich abgeschätzt zu 18,342 Thlr. 8 Sgr. 3 Pf., soll Schuldenhalber
am 13. September 1844, Vormittags 11 Uhr,
an der Gerichtsstelle subhastirt werden. Taxe und Hypothekenschein sind in der Registratur einzusehen.

Die dem Aufenthalte nach unbekannte Realgläubigerin, die Wittwe des Kaufmanns Lanz, Einsie geb. Tempelhagen, wird hierdurch öffentlich vorgeladen.

Nothwendiger Verkauf.
Stadtgericht zu Berlin, den 25. Januar 1844.

Das vor dem neuen Königsthor an der Chaussee links belegene Friedrichsche Grundstück, gerichtlich abgeschätzt zu 7443 Thlr. 7 Sgr. 6 Pf., soll

am 3. September 1844, Vormittags 11 Uhr, an der Gerichtsstelle subhastirt werden. Taxe und Hypothekenschein sind in der Registratur einzusehen.

Nothwendiger Verkauf.
Stadtgericht zu Berlin, den 25. Januar 1844.

Das in der Bergstraße Nr. 3 belegene Altermannsche Grundstück, gerichtlich abgeschätzt zu 8111 Thlr. 7 Sgr. 6 Pf., soll
am 10. September 1844, Vormittags 11 Uhr,
an der Gerichtsstelle subhastirt werden. Taxe und Hypothekenschein sind in der Registratur einzusehen.

Nothwendiger Verkauf.
Stadtgericht zu Berlin, den 27. Januar 1844.

Das in der Auguststraße Nr. 61 belegene Hilbebrandtsche Grundstück, gerichtlich abgeschätzt zu 9493 Thlr. 23 Sgr. 9 Pf., soll
am 6. September 1844, Vormittags 11 Uhr,
an der Gerichtsstelle subhastirt werden. Taxe und Hypothekenschein sind in der Registratur einzusehen.

Nothwendiger Verkauf.
Land- und Stadtgericht zu Storkow, den 31. Januar 1844.

Das zu Friedersdorff gelegene, auf den Namen der Wittwe Mollenhauer, Dorothee Christiane gebornen Schmeling, im Hypothekenbuche vom Laubbezirke Vol. VII Fol. 31 eingetragene Doppel-Bauergut, abgeschätzt auf 5619 Thlr. 10 Pf., nach einer frühern Taxe aber zu 1761 Thlr. 11 Sgr. 8 Pf. gewürdigt, soll
am 23. August d. J., Vormittags 11 Uhr,
an ordentlicher Gerichtsstelle hierselbst öffentlich verkauft werden. Die Taxe und der Hypothekenschein wird in unserer Registratur zur Einsicht vorgelegt werden.

Unbekannte Realprätendenten werden aufgeboten, sich bei Vermeidung der Präklusion spätestens im obigen Termine zu melden.

Nothwendige Subhastation.
Stadtgericht zu Charlottenburg, den 1. März 1844.

Das hierselbst in der Orangenstraße Nr. 2 belegene dem Schlossermeister Nese gehörige, im stadtgerichtlichen Hypothekenbuche Vol. I Nr. 41 verzeichnete Grundstück nebst Garten, abgeschätzt auf 6600 Thlr. 11 Sgr. 9 Pf. zufolge der, nebst Hypothekenschein, in unserer Registratur einzusehenben Taxe, soll in termino

Rothwendiger Verkauf.

Stadtgericht zu Berlin, den 6. Juni 1844.

Das in der verlängerten Kommanbantenstraße belegene Schwarzsche Grundstück, gerichtlich abgeschätzt zu 6228 Thlrn. 15 Sgr., soll am 21. Januar 1845, Vormittags 11 Uhr, an der Gerichtsstelle subhastirt werden. Taxe und Hypothekenschein sind in der Registratur einzusehen.

Rothwendiger Verkauf.

Stadtgericht zu Berlin, den 11. Juni 1844.

Das in der großen Frankfurter Straße Nr. 100 belegene Grundstück der verehelichten Royer, gerichtlich abgeschätzt zu 7921 Thlrn. 16 Sgr. 3 Pf., soll am 17. Januar 1845, Vormittags 11 Uhr, an der Gerichtsstelle subhastirt werden. Taxe und Hypothekenschein sind in der Registratur einzusehen.

Der als Hypothekengläubiger eingetragene Königl. Hofrath Breßler wird zur Wahrnehmung seiner Gerechtsame hierdurch öffentlich vorgeladen.

Rothwendiger Verkauf.

Stadtgericht zu Berlin, den 11. Juni 1844.

Das vor dem Anhaltschen Thore belegene, noch unbebaute Grundstück des Kaufmanns Carl Albert Seepoldt, tarirt an Grund und Boden und Materialien zu 1315 Thlrn. 17 Sgr. 4 Pf., soll am 29. Oktober 1844, Vormittags 11 Uhr, an der Gerichtsstelle subhastirt werden. Taxe und Hypothekenschein sind in der Registratur einzusehen.

Rothwendiger Verkauf.

Stadtgericht zu Berlin, den 14. Juni 1844.

Das in der Linienstraße Nr. 153 belegene Grundstück des Tischlermeisters Gustav Friedrich Ferdinand Welle, gerichtlich abgeschätzt zu 14,143 Thlrn. 26 Sgr. 9 Pf., soll am 24. Januar 1845, Vormittags 11 Uhr, an der Gerichtsstelle subhastirt werden. Taxe und Hypothekenschein sind in der Registratur einzusehen.

Rothwendiger Verkauf.

Das zum Nachlasse des Schiffers Joachim Friedrich Mahnicke gehörige, hierselbst in der Hirtenstraße belegene und im Hypothekenbuche Vol. 1 Nr. 100 verzeichnete Budenhaus nebst Zubehör, auf 525 Thlr. 25 Sgr. 3 Pf. abgeschätzt, soll am 18. Oktober d. J., Vormittags 11 Uhr, an ordentlicher Gerichtsstelle subhastirt werden. Taxe und Kaufbedingungen können in unserer Registratur eingesehen werden.

Zehdenick, den 19. Juni 1844.

Königl. Preußisches Land- und Stadtgericht.

Rothwendiger Verkauf.

Land- und Stadtgericht zu Luckenwalde, den 19. Juni 1844.

Das zum Nachlasse der verstorbenen Wwe. Hannemann geb. Rößler gehörige, in der Stadt Zinna in der Berliner Straße Nr. 103 belegene Oberlausitzer Weber-Etablissement nebst Zubehör, tarirt auf 1816 Thlr. 21 Sgr., soll am 15. Oktober d. J., Vormittags 10 Uhr, an ordentlicher Gerichtsstelle subhastirt werden. Taxe und der neueste Hypothekenschein können in der Registratur eingesehen werden. Die unbekannten Realprätendenten werden zur Wahrnehmung ihrer Gerechtsame bei Vermeidung der Präklusion vorgeladen.

Rothwendiger Verkauf.

Land- und Stadtgericht zu Mittenwalde.

Das zum Nachlaß des Schmiedemeisters Herzberg gehörige, zu Ragow belegene, im Hypothekenbuche Vol. VII Fol. 229 verzeichnete Wohnhaus mit der Schmiede am Stege, 2 Gärten und sonstigem Zubehör, so wie die im Wendischen Ragow belegenen, im Hypothekenbuche Vol. IV Fol. IV verzeichneten und gleichfalls zum Herzbergschen Nachlaß gehörigem 2 Anger, abgeschätzt auf zusammen 1081 Thlr., sollen am 19. Oktober 1844, Vormittags 11 Uhr, an ordentlicher Gerichtsstelle hierselbst subhastirt werden. Taxe und Hypothekenschein können in der Registratur eingesehen werden.

Rothwendiger Verkauf.

Frhr. von Arnimsches Gericht über Kaakstedt. Prenzlow, am 24. Juni 1844.

Die in der Ukermark im Templiner Kreise belegene, dem Baron von Eickstedt zugehörige Besitzung, genannt Gustavsruh, abgeschätzt zu 11,652 Thlr. 21 Sgr. 7 Pf. zufolge der, nebst

Hypothekenschein und Bedingungen in der Registratur einzusehenden Taxe, soll

am 14. Januar 1845, Vormittags 11 Uhr,
an Gerichtsstelle hierselbst subhastirt werden.

Nothwendige Subhastation
beim Gericht zu Gerdshagen.

Das Frommsche Haus und Scheune mit
15 Morgen 10 □Ruthen Acker auf der Feldmark
Falkenhagen, taxirt zu 475 Thlr. 23 Sgr., soll

am 8. Oktober 1844, Vormittags 11 Uhr,
im Gerichtszimmer zu Gerdshagen verkauft werden. Die Taxe und der Hypothekenschein sind dort
einzusehen.

Nothwendige Subhastation
beim von Rohrschen Patrimonial-Gericht
zu Meyenburg.

Das Wredesche Haus Nr. 69 in der Baustraße zu Meyenburg, taxirt zu 227 Thlrn.
20 Sgr., soll

am 9. Oktober 1844, Vormittags 11 Uhr,
an der Gerichtsstelle daselbst verkauft werden. Die
Taxe und der Hypothekenschein sind dort einzusehen.

Nothwendiger Verkauf.
Freiherrlich zu Putlitzsches Gericht zu Wolfshagen.

Das Ziggelsche Wohnhaus zu Lacken, Vol. I
Nr. 24 Pag. 449 des Hypothekenbuchs, abgeschätzt
auf 250 Thlr. zufolge der, nebst Hypothekenschein
auf dem Stadtgerichtslokal zu Wilsnack einzuse-
zenden Taxe, soll

am 9. Oktober 1844, Vormittags 11 Uhr,
in der Gerichtsstube zu Wolfshagen subhastirt
werden.

Freiwilliger Verkauf.
von Winterfeldtsches Patrimonialgericht über
Neuhoff zu Wittenberge.

Der zum Nachlasse des Ackermanns Hans Joachim Barthel gehörende, im Hypothekenbuche sub
Nr. 5 verzeichnete Zweihüfnerhof zu Reetz, abgeschätzt, nach der in unserer Registratur täglich einzusehenden Taxe, auf 1933 Thlr. 10 Sgr. Cour., soll

am 20. Juli 1844, Vormittags 10 Uhr,
auf der Gerichtsstube zu Neuhoff meistbietend verkauft werden.

Bekanntmachung.

Der am 25. Juli d. J. anstehende Termin
zur Subhastation des Schlosser Königschen Hauses nebst Garten allhier, wird hiermit aufgehoben.
Friesack, den 27. Juni 1844.
Das Stadtgericht.

Der auf den 16. August d. J., Vormittags
11 Uhr, im Gerichtslokale allhier anstehende Ter-
min zur Subhastation der, dem Krüger Christian
Lübemann gehörigen, zu Rühbehorst belegenen
Büdnerstelle ist aufgehoben.
Neustadt a. d. Dosse, den 21. Juni 1844.
Königl. Land- und Stadtgericht.

Veränderungshalber beabsichtigt Herr Mühlenmeister Kuhnert seine in der Mühlenstraße sub
Nr. 139 allhier belegene, im vorigen Jahre ganz
neu eingerichtete, und in bester Nahrung stehende
Bäckerei, die frequenteste im hiesigen Orte, mit
allen zu ihrem Betriebe vorhandenen Geräthschaften öffentlich meistbietend zu verkaufen.

Das dazu eingerichtete Wohnhaus ist zweistöckig, im guten baulichen Stande, von massiver
Front, im übrigen von Fachwerk und von gebrannten Steinen gebaut, enthält zehn Piecen,
von denen fünf heizbar sind, eine Backstube, einen
sehr geräumigen Hausflur, drei Küchen, eine große
Waschküche, einen Keller, mehrere Speisekammern,
und ganz besonders schöne Getreideböden. Die
Hintergebäude sind ebenfalls sehr dauerhaft, theils
massiv, theils von Fachwerk, von gebrannten Steinen gebaut, und bestehen aus einem Pferdestall
zu vier Pferden, einem Kuhstall zu drei Kühen,
einem Schweinestall, einem Holzstall, zwei Ställen
zum Geflaß für Federvieh und hinlänglichem Raum
zum Heu und Futter für das zu haltende Vieh.

Zu diesem Grundstück gehören ferner zwei Wie-
sen, und ein hinter dem Hause an der schiffbaren
Havel liegender, wohl eingerichteter, mit guten
Obstbäumen bestandener Küchengarten.

Der Verkaufstermin steht

am 17. August d. J., Nachmittags 3 Uhr,
in meinem Geschäftszimmer an, zu welchem Kauflustige mit dem Bemerken eingeladen werden, daß
den Verkaufsbedingungen gemäß der Vertrag sofort nach dem Termin abgeschlossen werden kann.

Die näheren Verkaufsbedingungen liegen in
meinem Geschäftszimmer zur Einsicht vor, und

können gegen Entrichtung der Kopialien abschriftlich mitgetheilt werden.

Rathenow, den 18. Juni 1844.

Der Justiz-Kommissarius Marcus.

In der Provokationssache des Mühlenmeisters Westphal zu Brandmühle bei Seehausen, Behufs der Berichtigung seines Besitztitels von dem Mühlenteiche oder Kossäthensee bei Brandmühle, werden alle etwanigen unbekannten Realprätendenten auf den 9. Oktober d. J., Vormittags 11 Uhr, auf der Justizamts-Gerichtsstube zu Prenzlow anstehenden Termine unter der Verwarnung hierdurch vorgeladen, daß die Ausbleibenden mit ihren etwanigen Realansprüchen auf das Grundstück präkludirt und ihnen deshalb ein ewiges Stillschweigen auferlegt werden wird.

Prenzlow, den 31. Mai 1844.

Königl. Justizamt Gramzow.

Veräußerung einer reizend gelegenen Baustelle zu Freienwalde a. d. O. durch öffentliche Lizitation.

Die hiesige Kommune besitzt linker Hand neben dem Gesundbrunnenwege ein Stück Landes, der Bauberg genannt, dessen reizende Lage demjenigen, welcher darauf ein Landhaus errichtet, eine glückliche und gewinnreiche Spekulation sichert. Bisher war dieses Land als Zimmerbauplatz verzeitpachtet und gewährte auf diese Weise der Kommune einen geringen Nutzen. Deshalb haben wir, im Einverständnisse mit der Stadtverordneten-Versammlung, die Vererbpachtung desselben unter der Bedingung, daß darauf ein geschmackvolles Wohnhaus errichtet wird, beschlossen, und hierzu den öffentlichen Lizitationstermin auf

den 28. August d. J., Vormittags 10 Uhr, zu Rathhause anberaumt, zu welchem Bietungslustige mit dem Bemerken eingeladen werden, daß die Bedingungen in der rathhäuslichen Registratur täglich eingesehen werden können.

Freienwalde a. d. O., den 3. Juli 1844.

Der Magistrat.

Bekanntmachung.

Eine in sehr guter Nahrung und in gutem, baulichem Zustande sich befindende, 2 Meilen von Havelberg und 1½ Meile von Kyritz entfernt stehende, von Abgaben und Pächten freie Windbockmühle mit Grützmühle, einem Wohnhause in gu-

tem Bauzustande, einem Garten mit 40 tragbaren Obstbäumen, so wie außerdem noch einem Gemüsegarten von circa 1 Morgen groß, welches aber zum 1. Oktober d. J. schon übergeben werden, und worauf ein Theil des Kaufgeldes zu 4 Prozent stehen bleiben kann, soll wegen Veränderung des zeitigen Besitzers aus freier Hand verkauft werden. Kaufliebhaber belieben sich in portofreien Briefen an den Kaufmann F. W. Dieckmann in Havelberg zu wenden.

Das Wohn- und Wirthschaftsgebäude mit 9 Morgen 118 ☐Ruthen Ackerland zu Hohenlinbow, genannt Jägerbude, soll aus freier Hand Theilungshalber für 1200-Thlr. verkauft werden. Dasselbe liegt dicht an der Spree, eine halbe M... von Erkner, und eignet sich zur Anlage einer ... brik, oder für einen Schiffbauer. Es kann gleich mit der Ernte übernommen werden, ... Kauf wird abgeschlossen in Berlin, Jerusalemer Straße Nr. 22, bei Carl Vollgold.

Verkauf.

Mein, im Dorfe Motzen bei Zossen im Teltowschen Kreise belegenes Bauergut will ich sofort aus freier Hand verkaufen. Die Aussaat ist 2 Wispel 8 Scheffel. Zu diesem Gute gehört auch ein Antheil an der Gemeine-Ziegelei. Kauflustige können sich sofort an den Unterzeichneten wenden.

Der Bauerguts-Besitzer Schwietzke.

Restaurations-Verpachtung bei Luckenwalde.

Die bei Luckenwalde nahe an der Eisenbahn belegene, früher dem Maurermeister Paetsch gehörige, neu ausgebaute Weinbergs-Restauration, soll zum 1. August d. J. meistbietend verpachtet werden, wozu ein Termin in dem gedachten Lokale auf

den 20. Juli d. J., Vormittags 10 Uhr, ansteht. Pachtlustige werden dazu mit dem Bemerken eingeladen, daß der Herr Bäckermeister Kirsten in Luckenwalde darüber nähere Auskunft ertheilt und das Grundstück zu jeder Zeit besichtigt werden kann.

Einige mit beachtenswerthen Empfehlungen versehene Hauslehrer wünschen anderweite Engagements.

Kostenfreie Auskunft ertheilt

W. C. Seidel in Zehdenick.

Oeffentlicher Anzeiger
zum 29sten Stück des Amtsblatts
der Königlichen Regierung zu Potsdam und der Stadt Berlin.

Den 19. Juli 1844.

Dem Maschinenmeister Andreas Pipo zu Su-
denburg-Magdeburg ist unterm 10. Juli 1844
ein Patent

auf eine Mühleneisen-Büchse, insoweit solche
nach dem vorgelegten Modell und der Beschreibung für neu und eigenthümlich erachtet
worden ist,

auf sechs Jahre, von jenem Tage an gerechnet,
und für den Umfang der Monarchie ertheilt worden.

Den Kaufleuten E. Zippel und Komp. in
Breslau ist unterm 12. Juli 1844 ein Patent

auf eine durch Modell und Beschreibung erläuterte, in ihrer ganzen Zusammensetzung als
neu und eigenthümlich erkannte Vorrichtung
zum Reinigen der Ofenröhren,

auf sechs Jahre, von jenem Zeitpunkte an gerechnet, für den Umfang der Monarchie ertheilt worden.

Steckbriefe.

Die nachstehend signalisirte Marie Louise Saufkleber wurde am 9. v. M. hier beim legitima-
tions- und obdachslosen Umhertreiben betroffen und
verhaftet; dieselbe war nach eingezogenen Nachrichten am 29. Mai d. J. aus der Strafanstalt zu
Brandenburg, wo sie eine Strafe wegen Diebstahls
verbüßt hatte, mittelst Reiseroute in ihre Heimath
entlassen, dieser Weisung aber folgte sie nicht, sondern ging nach Berlin und von dort hierher. Am
15. v. M. mittelst anderweitiger Reiseroute wiederum nach Arendsee zurückgewiesen, ist die Saufkleber aller Verwarnung ungeachtet, laut kürzlich
eingegangener Benachrichtigung dort noch nicht eingetroffen, weshalb mit Gewißheit zu vermuthen
ist, daß diese, die öffentliche Sicherheit gefährdende
Person sich umhertreibt. Indem ich sämmtliche
resp. Behörden auf dieselbe gebührend aufmerksam
mache, bemerke ich noch, daß die Saufkleber
nach ihrer erwähnten Entlassung sich eines Diebstahls hier bringend verdächtig gemacht hat, wovon der Magistrat zu Arendsee bereits benachrich-

tigt worden ist. Es wird daher dienstergebenst
ersucht, die mehrerwähnte Saufkleber, im Be-
tretungsfalle, gefälligst nach Arendsee gehörigen
Orts per Transport abliefern lassen zu wollen.
Potsdam, ben 7. Juli 1844.
Königl. Polizei-Direktor,
Regierungsrath von Kahlden-Normann.

Signalement. Marie Louise Dorothea
Saufkleber, Geburts- und Aufenthaltsort:
Arendsee, Religion: evangelisch, Alter: 22 Jahr,
Größe: mittel, Haare: dunkelblond, Stirn: breit,
Augenbrauen: dunkelblond, Augen: grau, Nase:
gewöhnlich, Mund: stark, Kinn und Gesichtsbildung: oval, voll, Gesichtsfarbe: gesund, Gestalt:
stark, Sprache: deutsch. Besondere Kennzeichen:
die oberen Schneidezähne fehlen.

Bekanntmachung.

Der nachstehend bezeichnete Schuhmachergeselle
Ludwig August Mehlitz ist hier wiederholt beim
legitimations- und subsistenzlosen Umhertreiben betroffen und verhaftet, und zuletzt am 21. v. M.,
streng verwarnt, mittelst Reiseroute nach Spandow
zurückgewiesen worden. Da derselbe dort aber,
laut eingegangener Benachrichtigung, nicht eingetroffen ist und sich vermuthlich in gewohnter Art
umhertreibt, so werden sämmtliche resp. Behörden
auf diesen, dem Müßiggang ergebenen Menschen
mit dem dienstergebensten Ersuchen aufmerksam
gemacht, ihn im Betretungsfalle verhaften und
nach event. erfolgter Bestrafung desselben in seine
Heimath zurückzuschaffen.
Potsdam, den 10. Juli 1844.
Königl. Polizei-Direktor,
Regierungsrath von Kahlden-Normann.

Signalement. Schuhmachergeselle Ludwig
August Mehlitz, Geburts- und Aufenthaltsort:
Spandow, Religion: evangelisch, Alter: 32 Jahr,
Größe: 5 Fuß 4½ Zoll, Haare: blond, Stirn:
hoch, Augenbrauen: dunkelblond, Augen: blau-
grau, Nase und Mund: gewöhnlich, Bart: blond,

Kinn: rund, Gesichtsbildung: breit, Gesichtsfarbe: blaß, Gestalt: mittel, Sprache: deutsch. Besondere Kennzeichen: keine Narben im Gesicht.

Erledigter Steckbrief.

Der durch den Steckbrief vom 21. Juni d. J. verfolgte Buchhalter George Heinrich Kernich ist in Zehdenick ergriffen worden, und dadurch der Steckbrief erledigt.

Berlin, den 10. Juli 1844.

Königl. Kriminalgericht hiesiger Residenz.

In der Nacht vom 4. zum 5. d. M. sind dem Kossäthen Plinsch und dem Krüger Stippekohl zu Waßmannsdorf zwei Pferde von der Weide gestohlen worden, und zwar:

1) ein schwarzbrauner Wallach ohne Abzeichen, 7 Jahr alt und etwa 4' 10" groß,

2) ein hellschwarzer Wallach, 8 Jahr alt, 4' 7 bis 8" groß und ohne Abzeichen, aber daran kenntlich, daß er in Folge von Druse auf der rechten Seite des Widerrüsts eine Geschwulst und Eiterwunde hat.

Indem ich vor dem Ankauf dieser Pferde warne, ersuche ich alle resp. Orts- und Polizei-Behörden, solche im Betretungsfalle anzuhalten und mir davon sofort zur weiteren Veranlassung Nachricht zu geben.

Teltow, den 15. Juli 1844.

Der Landrath von Albrecht.

Durch das am 21. Juni d. J. erfolgte Ableben des Predigers Geiseler ist das mit einer Lehrerstelle verbundene Diakonat an der Pfarrkirche zu Wrietzen a. d. O. erledigt worden. Patron der Stelle ist der Magistrat zu Wrietzen.

Potsdam, den 9. Juli 1844.

Königl. Regierung.

Abtheilung für die Kirchen-Verwaltung und das Schulwesen.

Bekanntmachung.

In Auftrag der Königl. Regierung zu Potsdam wird das unterzeichnete Hauptamt, und zwar in dem Geschäftslokale des Steueramts zu Friesack,

am 2. August d. J., Vormittags 9 Uhr, die Chausseegeld-Hebestelle bei Senzke, zwischen Nauen und Wusterhausen a. d. O., an den Meistbietenden, mit Vorbehalt des höheren Zuschlages, vom 1. November d. J. ab zur Pacht ausstellen.

Nur dispositionsfähige Personen, welche vorher mindestens 250 Thlr. baar oder in annehmlichen Staatspapieren bei dem Steueramte zu Friesack zur Sicherheit niedergelegt haben, werden zum Bieten zugelassen.

Die Pachtbedingungen sind bei uns und bei dem Steueramte zu Friesack von heute an während der Dienststunden einzusehen.

Brandenburg, den 7. Juli 1844.

Königl. Haupt-Steueramt.

Bekanntmachung.

In Auftrag der Königl. Regierung zu Potsdam wird das unterzeichnete Hauptamt, und zwar in dem Geschäftslokale des Steueramts zu Friesack,

am 3. August d. J., um 9 Uhr Vormittags die Chausseegeld-Hebestelle am Rhin-Kanal zwischen Nauen und Wusterhausen a. d. O. an den Meistbietenden, mit Vorbehalt des höheren Zuschlages, vom 1. November d. J. ab zur Pacht ausstellen.

Nur dispositionsfähige Personen, welche vorher mindestens 120 Thlr. baar oder in annehmlichen Staatspapieren bei dem Steueramte zu Friesack zur Sicherheit niedergelegt haben, werden zum Bieten zugelassen.

Die Pachtbedingungen sind bei uns und bei dem Steueramte zu Friesack von heute an während der Dienststunden einzusehen.

Brandenburg, den 7. Juli 1844.

Königl. Haupt-Steueramt.

Der Papierfabrikant Gottlieb Putz zu Schulzach beabsichtigt in seinem Wohnhause einen Mahlgang zur Förderung fremden Gemahls anzulegen.

Es wird dies hiermit zur öffentlichen Kenntniß gebracht und denjenigen, welche eine Gefährdung ihrer Rechte durch diese Anlage befürchten, überlassen, ihre Widersprüche in einer präklusivischen Frist von 8 Wochen, bei der unterzeichneten Behörde anzumelden und gehörig zu begründen.

Belzig, den 19. Juni 1844.

Königl. Landraths-Amt Zauch-Belzigschen Kreises.

Der Mühlenmeister Puhlmann zu Cammerbeabsichtigt, auf einem bei dem Dorfe Schmeretz erworbenen Ackerstücke eine neue Bockwindmühle, welche auf die Förderung fremden Gemahls berechnet ist, zu errichten.

Indem ich das Vorhaben des Puhlmann hiermit zur öffentlichen Kenntniß bringe, überlasse ich Jedem, der durch diese Anlage eine Gefährdung seiner Rechte befürchtet, seinen Widerspruch in einer achtwöchentlichen präklusivischen Frist bei mir anzumelden und gehörig zu begründen.

Belzig, den 2. Juli 1844.

Königl. Landrath Zauch-Belzigschen Kreises.

In Vertretung.

von Bröfigke.

Bekanntmachung.

Die Wiesenbesitzer, Kaufmann C. F. Moll und Genossen zu Freyenstein, beabsichtigen eine Berieselung ihrer Wiesen, und wollen sich dazu des Wassers der Dosse bedienen, zu dem Zwecke darin eine Schleuse anlegen, auch dem Laufe des Wassers theilweise eine andere Richtung geben.

Dieses Vorhaben wird nach Vorschrift des Gesetzes vom 28. Februar 1843 (Gesetzsammlung Seite 41 § 21) mit dem Bemerken bekannt gemacht, daß der Plan dazu im hiesigen landräthlichen Büreau zur Einsicht bereit liegt.

Etwanige Widerspruchsrechte und Entschädigungsansprüche müssen binnen 3 Monaten, vom Tage des Erscheinens des ersten Amtsblatts an gerechnet, bei mir angemeldet werden. Dies wird mit der Verwarnung bekannt gemacht, daß diejenigen, welche sich binnen der bestimmten Frist nicht gemeldet haben, in Beziehung auf das zur Bewässerung zu verwendende Wasser sowohl ihres Widerspruchsrechts, als des Anspruchs auf Entschädigung verlustig gehen, und in Beziehung auf das zu bewässernde oder zu den Wasserleitungen zu benutzende Terrain ihr Widerspruchsrecht gegen die Anlage verlieren und nur einen Anspruch auf Entschädigung behalten.

Kyritz, den 25. Juni 1844.

Königl. Landrath der Ostpriegnitz.

von Kröcher.

Holzversteigerung zur freien Konkurrenz.

Höherer Anordnung gemäß sollen aus dem Königl. Grünauer Forstreviere nachstehende, von den Plätt-Eichen aufbereitete Nutz- und Brennhölzer unter den gewöhnlichen Bedingungen meistbietend verkauft werden, als:

79 Stück ausgeschnittene Nutz-Eichen von verschiedener Länge,

127 Stück ausgeschnittene Rehnknie, von verschiedener Länge,

13 Klaftern Nutzholz zu 3, 2½ und 2 Fuß Klobenlänge,

138 Klaftern Kloben-Brennholz, gesund, und

83 Klaftern dergleichen, wandelbar.

Der Verkaufstermin ist am Donnerstag den 25. Juli d. J., Vormittags 9 Uhr, zu Rathenow im Gasthofe zur goldenen Sonne angesetzt; und Behufs vorheriger Besichtigung dieser Debitmasse in den Jagen 23, 31 und 35, sind die beiden Förster hiesigen Reviers, als Pinkwart zu Sietzenhütte und Krüger zu Krügershorst, von mir angewiesen worden, selbige örtlich vorzuzeigen. Forsthaus Grünaue bei Rathenow, den 11. Juli 1844.

Der Königl. Oberförster Gadow.

Bekanntmachung.

Die mit Trinitatis d. J. pachtlos gewordene Benutzung der, im Jagen 103 des Alt-Golmer Forstdistrikts, in der Nähe von Fürstenwalde belegenen Thongrube von 8 Morgen 145 □Ruthen Flächenraum, soll in Folge höherer Ordnung auf anderweite 6 Jahre öffentlich meistbietend verpachtet werden.

Hierzu habe ich auf den 26. Juli d. J., Vormittags 10 Uhr, im hiesigen Geschäfts-Büreau einen Bietungstermin anberaumt, zu welchem ich Pachtliebhaber mit dem Bemerken einlade, daß der Herr Förster Graffenreut zu Forsthaus Alt-Golm bei Langewahl den etwa mit der Lokalität nicht Vertrauten die Thongrube, auf Verlangen, an Ort und Stelle vorweisen wird.

Neubrück, den 13. Juli 1844.

Der Oberförster Eyber.

Proclama.

Alle diejenigen, welche:

1) an die Obligation vom 28. Oktober 1816 und Zession vom 7. Oktober 1836, aus welcher für den Handarbeiter Christian Müller in Buchholz 50 Thlr. mit 5 Prozent Zinsen auf das Haus Nr. 489 hierselbst, die Wiese am Wendewasser Litr. R Nr. 2 und den Garten hinter der Schule Litr. C Nr. 23 Vol. IX Fol. 29 und Vol. XIII Fol. 149

unseres Hypothekenbuchs unterm 10. Oktober 1836,
2) an den Vergleich vom 10. November 1828,
aus welchem für die Charlotte Auguste, Henriette Louise, Carl Gottlieb, Carl Ludwig
und Ferdinand Julius, Geschwister Weck,
200 Thlr. Muttererbe auf das Haus Nr. 93
hierselbst, Vol. III Fol. 74 unseres Hypothekenbuchs am 10. November 1828,
eingetragen sind, oder an diese Posten selbst als
Eigenthümer, Zessionarien, Pfand- oder sonstige
Briefsinhaber Ansprüche irgend einer Art zu machen
haben, werden hiermit aufgefordert, ihre Ansprüche
spätestens in dem
am 4. September d. J., Vormittags 10 Uhr,
hierselbst anstehenden Termine anzumelden, widrigenfalls ihnen wegen derselben ein beständiges Stillschweigen auferlegt, mit Amortisation der Dokumente und mit Löschung der bereits quittirten Post
zu 1 verfahren, an Stelle des Dokuments zu 2
aber ein neues ausgefertigt werden wird.
Treuenbrietzen, den 15. Mai 1844.
Königl. Stadtgericht.

Ediktal-Zitation.

Der am 15. Juli 1809 zu Closterdorff geborne
Müllergeselle Carl August Ludwig Ragnow, ein
Sohn des zu Closterdorff verstorbenen Unterförsters
und Mühlenmeisters Ragnow, auf dessen Todeserklärung angetragen worden ist, desgleichen seine
Erben und Erbnehmer, werden hierdurch vorgeladen, spätestens in dem auf
den 18. März 1845, Vormittags 10 Uhr,
an hiesiger Gerichtsstelle anberaumten Termin zu
erscheinen, ihre Ansprüche anzumelden und darauf
weitere Anweisung zu erwarten, widrigenfalls der
rc. Ragnow für todt erklärt und sein Vermögen
seinen legitimirten Erben und in deren Ermangelung dem Fiskus zugesprochen werden wird.
Strausberg, den 15. Mai 1844.
Königl. Land- und Stadtgericht.

Ueber das Vermögen des Kaufmanns Louis
Hartmann hierselbst ist der Konkurs eröffnet und
der Herr Justizrath Stegemann vorläufig der
Masse zum Kurator bestellt worden. Alle unbekannte Gläubiger des Gemeinschuldners werden
hierdurch vorgeladen,
am 23. Oktober d. J., Vormittags 10 Uhr,
im hiesigen Stadtgericht vor dem Herrn Kammergerichts-Assessor Gericke ihre Ansprüche an die

Masse gehörig anzumelden und deren Richtigkeit
nachzuweisen, auch sich mit den übrigen Kreditoren über die Beibehaltung des bestellten Interims-
Kurators oder die Wahl eines andern zu vereinigen. Wer sich in diesem Termine nicht meldet,
wird mit allen Forderungen an die Masse ausgeschlossen und ihm deshalb gegen die übrigen
Gläubiger ein ewiges Stillschweigen auferlegt.
Denjenigen, welchen es hier an Bekanntschaft
fehlt, werden zu Sachwaltern die Herren Justiz-
Kommissarien Bobstein hier und Felgentreu
zu Wusterhausen a. d. D. vorgeschlagen.
Neu-Ruppin den 28. März 1844.
Königl. Stadtgericht.

Bekanntmachung.

Das Hypothekenbuch von den sechs bäuerlichen,
zum unterzeichneten Gericht gehörigen Nahrungen
zu Koerzien, soll auf den Grund der, in der Registratur vorhandenen und von den Besitzern eingezogenen Nachrichten regulirt werden. Es wird
daher ein jeder, welcher dabei ein Interesse zu haben vermeint, aufgefordert, sich binnen 6 Wochen
und spätestens
am 3. September d. J. in Stangenhagen
zu melden und seine etwanigen Ansprüche näher
anzugeben.
Gleichzeitig wird bekannt gemacht, daß
1) diejenigen, welche sich binnen der bestimmten
Zeit melden, nach dem Alter und Vorzuge
ihres Realrechts werden eingetragen werden,
2) diejenigen, welche sich nicht melden, ihr vermeintes Realrecht gegen den dritten, im Hypothekenbuche eingetragenen Besitzer, nicht
mehr ausüben können, und
3) in jedem Falle mit ihren Forderungen den
eingetragenen Posten nachstehen, daß aber
4) denen, welchen eine bloße Grundgerechtigkeit
zuständie, ihre Rechte nach Vorschrift des
Allgem. Landrechts Th. I Tit. 22 §§ 16 und
17 und des Anhanges zum Allgem. Landrecht
§ 58 zwar vorbehalten bleiben, daß es ihnen
aber auch freisteht, ihr Recht, nachdem es
gehörig anerkannt und erwiesen worden, eintragen zu lassen.
Trebbin, den 1. Juli 1844.
von Thümensches Patrimonialgericht
Stangenhagen.

Bekanntmachung.

Die dem Bastianschen Großbürgergute in Saarmund, Zauch-Belziger Kreises, bisher obgelegene Verpflichtung zur Unterhaltung des dortigen Gemeinde-Bullen, ist gegen Zahlung einer Kapitals-Entschädigung von 700 Thlrn. zur Ablösung gekommen.

Nach Maaßgabe der feststehenden Theilnahmerechte fällt nun von diesem Ablösungs-Kapitale ein Antheil auf

1) das Großbürgergut der Amtsrath Kühneschen Erben von 46 Thlrn. 4 Sgr. 6 Pf.,
2) das Großbürgergut des Kammergerichts-Referendarius a. D. Eduard August Kühne von 46 Thlrn. 4 Sgr. 6 Pf.,
3) das Großbürgergut des Carl Ludwig Hildebrandt von 46 Thlrn. 4 Sgr. 6 Pf.,
4) das Großbürgergut der Bastianschen Eheleute von 46 Thlrn. 4 Sgr. 6 Pf.,
5) das Mittelbürgergut des Zimmermeisters Wallis von 23 Thlrn. 2 Sgr. 3 Pf.,
6) das Mittelbürgergut des Peter Schulze von 23 Thlrn 2 Sgr. 3 Pf.,
7) das Mittelbürgergut des Friedrich Wilhelm Mahlow von 23 Thlrn. 2 Sgr. 3 Pf.,
8) das Mittelbürgergut der verehelichten Friedrich Schulz, Dorothee Luise geb. Warlich, von 23 Thlrn. 2 Sgr. 3 Pf.,
9) das Mittelbürgergut des Friedrich Wilhelm Thiele von 23 Thlrn. 2 Sgr. 3 Pf., und
10) das Mittelbürgergut der Johann Wilhelm Zietemannschen Eheleute von 23 Thlrn. 2 Sgr. 3 Pf.,

wovon die etwa unbekannten Realberechtigten dieser Güter mit dem Bemerken hierdurch in Kenntniß gesetzt werden, daß, wenn nicht innerhalb 6 Wochen von denselben bei dem Unterzeichneten Anträge wegen Wiederherstellung der geschmälerten Sicherheit oder Verwendung der Kapitals-Entschädigung zur Abstoßung der zuerst eingetragenen Hypotheken eingehen sollten, dafür angenommen werden muß, daß dieselben ihrem Hypothekenrechte auf die abgelöste Verpflichtung entsagen, und in die Freigebung der obengedachten Kapitals-Antheile willigen. Potsdam, den 10. Juli 1844.

Im Auftrage der Königl. General-Kommission für die Kurmark Brandenburg.

Der Oekonomie-Kommissarius
Hildebrandt.

Nothwendiger Verkauf.

Königl. Kammergericht in Berlin.

Das hierselbst in der Schumannsstraße Nr. 14 á belegene Grundstück, abgeschätzt nur nach dem Materialienwerthe und dem Werthe des Grund und Bodens (nicht nach dem Ertrage) auf 14,399 Thlr. 17 Sgr. 6 Pf. zufolge der, nebst Hypothekenschein und Bedingungen in der Registratur einzusehenden Taxe, soll

am 30. November 1844,

an ordentlicher Gerichtsstelle subhastirt werden.

Nothwendiger Verkauf.

Königl. Kammergericht in Berlin.

Das hierselbst außerhalb des Neuen Thores, und zwar Ausgangs linker Hand in der Verlängerung der Invalidenstraße belegene, dem Maurermeister Johann Carl Wilhelm Flickel gehörige Grundstück nebst Zubehör, abgeschätzt auf 9116 Thlr. 28 Sgr. 3 Pf. zufolge der, nebst Hypothekenschein und Bedingungen in der Registratur einzusehenden Taxe, soll

am 1. Oktober 1844

an ordentlicher Gerichtsstelle subhastirt werden.

Nothwendiger Verkauf.

Stadtgericht zu Berlin, den 6. März 1844.

Das vor dem Landsberger Thor belegene Grundstück des Müllers Leonhardt, mit Einschluß von 2806 Thlr. 27 Sgr. 6 Pf. Brandentschädigungsgeldern für die abgebrannte holländische Windmühle, gerichtlich abgeschätzt zu 6045 Thlr. — Sgr. 6 Pf., soll am 15. Oktober d. J., Vormittags 11 Uhr, an der Gerichtsstelle subhastirt werden. Taxe und Hypothekenschein sind in der Registratur einzusehen.

Nothwendiger Verkauf.

Stadtgericht zu Berlin, den 30. März 1844.

Das in der Blumenstraße zwischen den beiden Grundstücken des Kaufmanns Aumann belegene Grundstück des Stellmachermeisters Kley, gerichtlich abgeschätzt zu 11,113 Thlr. 15 Sgr., soll am 12. November d. J., Vormittags 11 Uhr, an der Gerichtsstelle subhastirt werden. Taxe und Hypothekenschein sind in der Registratur einzusehen.

Nothwendiger Verkauf.

Stadtgericht zu Berlin, den 1. April 1844.

Das in der Blumenstraße, Ecke der Rosengasse, Nr. 59 belegene Schmidtsche Grundstück, tarirt im Rohbau zu 8081 Thlr. 20 Sgr., soll am 15. November d. J., Vormittags 11 Uhr, an der Gerichtsstelle subhastirt werden. Taxe und Hypothekenschein sind in der Registratur einzusehen.

Nothwendiger Verkauf.
Stadtgericht zu Berlin, den 2. April 1844.
Das in der Fruchtstraße, Ecke der Pallisadenstraße belegene Hochkirchsche Grundstück, taxirt zu 10,429 Thlr. 19 Sgr. 3 Pf., soll
am 19. November d. J., Vormittags 11 Uhr, an der Gerichtsstelle subhastirt werden. Taxe und Hypothekenschein sind in der Registratur einzusehen.

Nothwendiger Verkauf.
Stadtgericht zu Templin, den 4. April 1844.
Die den Erben der früher verwittwet gewesenen Pohl, später verehelichten Christel, Johanne Sophie Friederike, gebornen Schroeder zugehörigen beiden Grundstücke:
a) das in der Grünstraße hierselbst belegene und im Hypothekenbuche Vol. II B Nr. 397 Pag. 1093 verzeichnete Wohnhaus nebst Zubehör, abgeschätzt auf 714 Thlr. 10 Sgr.,
b) der vor dem Berliner Thore belegene und im Hypothekenbuche Vol. I Nr. 3 b Fol. 6 verzeichnete Garten, abgeschätzt auf 52 Thlr. 10 Sgr.,
sollen
am 19. August d. J., Vormittags 11 Uhr, an der Gerichtsstelle subhastirt werden.
Die gerichtliche Taxe und der neueste Hypothekenschein sind in der Registratur einzusehen.
Alle, unbekannten Real-Interessenten werden zu diesem Termin mit vorgeladen.

Nothwendiger Verkauf.
Stadtgericht zu Prenzlow, den 15. April 1844.
Das zur Konkursmasse des Kaufmanns Franz Ludwig Brennicke gehörige, hierselbst in der Mühlenstraße sub Nr. 4 belegene Wohnhaus nebst einer dazu gehörigen Wiese im großen Bruche, abgeschätzt auf 1995 Thlr. 3 Sgr. 2 Pf. zufolge der, nebst Hypothekenschein und Bedingungen in unserer Registratur einzusehenden Taxe, soll
am 27. August d. J., Vormittags 11 Uhr, an ordentlicher Gerichtsstelle subhastirt werden.

Nothwendiger Verkauf.
Stadtgericht zu Wittstock, den 22. April 1844.
Das dem Brauer Biecenz gehörige, hierselbst im vierten Viertel an der Markt- und Ketten-

straßen-Ecke belegene, Vol. IV Fol. und Nr. 22 des Hypothekenbuchs verzeichnete, und zu dem Werthe von 2304 Thlrn. 12 Sgr. 1½ Pf. gerichtlich abgeschätzte Wohnhaus, soll
am 19. August d. J., Vormittags 11 Uhr und Nachmittags 4 Uhr, an der Gerichtsstelle subhastirt werden. Taxe und Hypothekenschein sind in der Registratur des Gerichts einzusehen.

Nothwendiger Verkauf.
Stadtgericht zu Berlin, den 25. April 1844.
Das hierselbst in der verlängerten Kommandantenstraße belegene Plötzsche Grundstück, gerichtlich abgeschätzt zu 21,981 Thlr. 21 Sgr. 3 Pf. soll Schulden halber
am 10. Dezember d. J., Vormittags 11 Uhr. an der Gerichtsstelle subhastirt werden. Taxe und Hypothekenschein sind in der Registratur einzusehen.

Nothwendiger Verkauf.
Stadtgericht zu Berlin, den 26. April 1844.
Das hierselbst in der verlängerten Sebastiansstraße belegene Grundstück des Baumeisters Ferdinand Wilhelm Winkelmann, gerichtlich abgeschätzt zu 24,974 Rthlr. 19 Sgr. 7 Pf., soll Schulden halber
am 13. Dezember d. J., Vormittags 11 Uhr, an der Gerichtsstelle subhastirt werden. Taxe und Hypothekenschein sind in der Registratur einzusehen.

Königl. Justizamt zu Potsdam, den 26. April 1844.
Folgende, der minorennen Caroline Wilhelmine Schultze gehörige, zu Werder belegene Grundstücke:
1) der Weinberg im Elsbruche mit Haus und Anbau, Vol. I Fol. 211 des Hypothekenbuchs, abgeschätzt auf 570 Thlr. 8 Sgr. 9 Pf.
2) der Weinberg im Strengfelde, ebendaselbst verzeichnet, taxirt auf 475 Thlr.,
3) die Vol. VII Fol. 85 des Hypothekenbuchs eingetragenen 4 Ruthen Wiesen, abgeschätzt auf 200 Thlr.,
4) der Weinberg mit Hütte am Kemnitzschen Wege, Vol. VII Fol. 49 des Hypothekenbuchs, taxirt auf 75 Thlr.,
sollen
am 21. August d. J., von Vormittags 11 Uhr ab, im Rathhause zu Werder anderweit subhastirt werden.

Die Taxen und Hypothekenscheine sind werktäglich in unserem IIten Büreau einzusehen.

Nothwendiger Verkauf.

Stadtgericht zu Wittstock, den 3. Mai 1844.

Der dem Maurergesellen Tilse gehörige, hierselbst vor dem Gröper Thore belegene, Vol. II Nr. 62 Fol. 102 des Hypothekenbuchs verzeichnete, mit den beiden darin befindlichen Wohnhäusern, zu dem Werthe von 1084 Thlrn. 11 Sgr. 11½ Pf. gerichtlich abgeschätzte Garten, soll

am 29. August d. J., Vormittags 11 Uhr und
Nachmittags 4 Uhr,

an ordentlicher Gerichtsstelle subhastirt werden.

Taxe und Hypothekenschein sind in der Registratur des Gerichts einzusehen.

Nothwendiger Verkauf.

Stadtgericht zu Prenzlow, den 6. Mai 1844.

Das dem Gutsbesitzer Christian Wilhelm Gottfried Fechtner, welcher mit seiner Ehefrau, Charlotte gebornen Collier, in Gütergemeinschaft lebt, gehörige, hierselbst in der Baustraße belegene, in unserm Hypothekenbuche Vol. V Nr. 348 verzeichnete Grundstück, abgeschätzt auf 2817 Thlr. 23 Sgr. 6 Pf. zufolge der, nebst Hypothekenschein und Bedingungen in unserer Registratur einzusehenden Taxe, soll

am 31. August d. J., Vormittags 11 Uhr,

an ordentlicher Gerichtsstelle subhastirt werden.

Zu diesem Termine werden die, dem Aufenthalte nach unbekannten, oben bezeichneten Gutsbesitzer Fechtnerschen Eheleute hierdurch vorgeladen.

Nothwendiger Verkauf.

Stadtgericht zu Wittstock, den 9. Mai 1844.

Folgende zum Nachlaß des verstorbenen Tuchhändlers Zick gehörige Grundstücke:

1) das hierselbst im ersten Viertel in der Kettenstraße Nr. 83 belegene, Vol. I a Nr. 83 Fol. 321 des Hypothekenbuchs verzeichnete und auf 1047 Thlr. 16 Sgr. 9 Pf. gerichtlich abgeschätzte Wohnhaus,

2) der hierselbst vor dem Kyritzer Thore am sogenannten engen Stege belegene, Vol. I b Nr. 91 Fol. 321 des Hypothekenbuchs verzeichnete und auf 148 Thlr. 15 Sgr. gerichtlich abgeschätzte Garten,

3) der vor demselben Thore belegene, Vol. I a Nr. 94 Fol. 34 des Hypothekenbuchs verzeichnete und auf 22 Thlr. 20 Sgr. gerichtlich abgeschätzte Garten,

sollen Theilungshalber

am 19. September d. J., Vormittags 11 Uhr
und Nachmittags 4 Uhr,

an der Gerichtsstelle subhastirt werden. Taxe und Hypothekenschein sind in der Registratur des Gerichts einzusehen.

Freiwilliger Verkauf.

Land- u. Stadtgericht zu Lenzen, den 13. Mai 1844.

Die den Erben des Böttchermeisters Christian Schulz gehörigen Grundstücke in der Feldmark, mit Gerechtigkeiten und -Lasten einer Vollbürgerstelle, abgeschätzt auf 2385 Thlr. 16 Sgr. 3 Pf., sollen den 28. August 1844, Vormittags 11 Uhr, an hiesiger Gerichtsstelle verkauft werden.

Taxe, Hypothekenschein und Verkaufsbedingungen sind in der Registratur einzusehen.

Nothwendiger Verkauf.

Stadtgericht zu Berlin, den 21. Mai 1844.

Das an der Friedrichsgracht Nr. 26 belegene Grundstück des Kaufmanns Bindemann, gerichtlich abgeschätzt zu 4353 Thlrn. 3 Sgr. 3 Pf., soll am 1. Oktober d. J., Vormittags 11 Uhr, an der Gerichtsstelle subhastirt werden. Taxe und Hypothekenschein sind in der Registratur einzusehen.

Der dem Aufenthalt nach unbekannte Kaufmann Johann Wilhelm Koppe wird hierdurch öffentlich vorgeladen.

Nothwendiger Verkauf.

Land- und Stadtgericht zu Belzig, den 2. Juni 1844.

Die Wiesen des Mühlenmeisters Friedrich bei Dippmannsdorf, Landungen, Nr. 384 im Hypothekenbuche, wie nebensteht abgeschätzt:

1) die Flöthwiese von 10 Sächsischen Morgen, zu 691 Thlrn. 3 Sgr. 4 Pf.,

2) der Separationsplan Revier 4 Nr. 19 in der Mühlenhorst, von 5 Magdeburger Morgen 73 Quadratruthen, zu 400 Thlrn. 15 Sgr.,

3) ein Sächsischer Morgen Wiese auf dem Flöth, zu 85 Thlrn. 26 Sgr. 8 Pf.,

sollen

am 19. September 1844

an ordentlicher Gerichtsstelle verkauft werden.

Taxe und Hypothekenschein liegen täglich in der Registratur zur Einsicht vor.

Nothwendiger Verkauf.

Folgende, dem Tischlermeister George Wilhelm Kaplick gehörige, allhier belegene Grundstücke, als:
1) das Wohnhaus Vol. III Nr. 155 des Hypothekenbuchs,
2) das Wohnhaus Vol. III sub Nr. 156,
3) der Garten im Siechenholze Vol. VII der Ländereien Nr. 445,
4) die Separations-Kaveln im Schlunkendorffer- und Pechofenbusch, resp. 3 Morgen 50 ☐Ruthen und 4 Morgen groß, und
5) die 3 Bleich-Kaveln auf der Steinhorst, von 22 ☐Ruthen Größe,
zusammen abgeschätzt auf 4685 Thlr. 27 Sgr. 6 Pf., sollen
am 2. Oktober d. J., Vormittags 10 Uhr,
an Gerichtsstelle verkauft werden.

Eine Taxe dieser Realitäten vom Jahre 1842 und die neuesten Hypothekenscheine liegen zur Einsicht in unserer Registratur bereit.

Beelitz, am 10. Juni 1844.

Königl. Land- und Stadtgericht.

――――――

Nothwendiger Verkauf.

Stadtgericht zu Rathenow, den 10. Juni 1844.

Das den Geschwistern Rohr gehörige, in der Burgstraße Nr. 236 hierselbst gelegene Haus nebst Zubehör, abgeschätzt auf 722 Thlr. 8 Sgr. 7 Pf., soll
am 27. September d. J., Vormittags 11 Uhr,
an gewöhnlicher Gerichtsstelle subhastirt werden.

Die Taxe und der Hypothekenschein sind in der Registratur werktäglich einzusehen.

――――――

Nothwendiger Verkauf.

Stadtgericht zu Wittstock, den 23. Juni 1844.

Folgende, zur Konkursmasse des Weißgerbermeisters Friedrich Wilhelm Lutz gehörige Grundstücke:
1) das hierselbst im 4ten Viertel in Rosenwinkel belegene, Vol. IV Nr. 139 Fol. 146 des Hypothekenbuches verzeichnete, und auf 1166 Thlr. 20 Sgr. 9 Pf. gerichtlich abgeschätzte Wohnhaus,
2) der hierselbst vor dem Groper Thore am Biesener Damme belegene, Vol. II Nr. 28 Fol. 68 des Hypothekenbuches verzeichnete, auf 33 Thlr. 10 Sgr. gerichtlich abgeschätzte Garten,
sollen

am 24. Oktober d. J., Vormittags 11 Uhr und Nachmittags 4 Uhr,
an gewöhnlicher Gerichtsstelle subhastirt werden.

Taxe und Hypothekenschein sind in der Registratur des Gerichts einzusehen.

――――――

Nothwendiger Verkauf.

Königl. Justizamt Wittstock, den 27. Juni 1844.

Folgende, zum Nachlaß des verstorbenen Kossäthen Johann Joachim Berlin zu Gabel gehörige Grundstücke:
1) die Wiese an der Dosse in der Wittstocker Stadtheide, eingetragen im stadtgerichtlichen Hypothekenbuche der Wiesen und Gärten Vol. III Fol. 187 Nr. 7, und abgeschätzt zu 300 Thlrn.,
2) die Wiese in der Wittstocker Stadtheide, am sogenannten Schweinekamp an der Dosse, eingetragen im stadtgerichtlichen Hypothekenbuche der Wiesen und Gärten Vol. III Fol. 261 Nr. 9, und abgeschätzt zu 66 Thlrn. 20 Sgr.,
3) die sogenannte große Gabelsche Kirchenwiese, eingetragen im Hypothekenbuche von Gabel Fol. 129, und abgeschätzt zu 230 Thlrn. 25 Sgr.,
4) die Graezerwiese, eingetragen im Wittstocker Amts-Hypothekenbuche Vol. III Fol. 78, und abgeschätzt zu 239 Thlrn. 17 Sgr. 6 Pf.,
zufolge der, nebst Hypothekenschein in der Registratur einzusehenden Taxe, sollen
am 17. Oktober d. J., Vormittags 11 Uhr,
in der Justizamts-Gerichtsstube zu Wittstock subhastirt werden.

――――――

Nothwendiger Verkauf.

Land- und Stadtgericht zu Luckenwalde, den 29. Juni 1844.

Das zum Nachlasse der verstorbenen Wittwe Hannemann geb. Rößler zu Zinna gehörige, auf der Feldmark Grüna belegene Ackerstück von circa 2 Morgen, tarirt auf 333 Thlr. 10 Sgr., soll
am 15. Oktober d. J., Vormittags 10 Uhr,
an ordentlicher Gerichtsstelle subhastirt werden. Die Taxe und der neueste Hypothekenschein liegen in der Registratur zur Einsicht bereit.

Gleichzeitig werden die unbekannten Realprätendenten zur Wahrnehmung ihrer Gerechtsame bei Vermeidung der Präklusion vorgeladen.

Noth-

Nothwendiger Verkauf.

Land- und Stadtgericht zu Luckenwalde, den 29. Juni 1844.

Das zum Nachlaße der verstorbenen Wittwe Hannemann geb. Rößler gehörige, in der Stadt Zinna, in der Berliner Straße Nr. 102 belegene Oberlausitzer Weber-Etablissement nebst Zubehör, axirt auf 1727 Thlr. 27 Sgr., soll
am 15. Oktober d. J., Vormittags 10 Uhr, in ordentlicher Gerichtsstelle subhastirt werden.

Die Taxe und der neueste Hypothekenschein können in der Registratur eingesehen werden.

Gleichzeitig werden die unbekannten Realprätendenten zur Wahrnehmung ihrer Gerechtsame bei Vermeidung der Präklusion vorgeladen.

Nothwendiger Verkauf.

Königl. Land- und Stadtgericht zu Strausberg, den 29. Juni 1844.

Das am Marktplatz hierselbst sub Nr. 2 belegene, dem Sattlermeister Carl August Küster gehörige Wohnhaus nebst Zubehör, abgeschätzt auf 597 Thlr. 23 Sgr. 6 Pf., soll
am 22. Oktober d. J., Vormittags 11 Uhr, an ordentlicher Gerichtsstelle subhastirt werden.

Taxe und Hypothekenschein sind in unserer Registratur einzusehen.

Die der hiesigen Stadt-Kommune gehörige, unmittelbar an der Havel hierselbst belegene Roßmühle mit zwei Mahlgängen soll, da sie zu Kommunalzwecken nicht nutzbar ist, öffentlich meistbietend verkauft werden.

Es ist hierzu ein Termin auf
den 6. September d. J., Nachmittags 4 Uhr, auf hiesigem Rathhause anberaumt, zu welchem Kauflustige hierdurch eingeladen werden.

Der auf den 2. August d. J. anberaumt gewesene Termin ist aufgehoben.

Havelberg, den 7. Juli 1844.

Der Magistrat.

Subhastations-Patent.

Die nahe bei der Stadt Köpenick belegene, dem Bäckermeister Carl Heinrich Leonhard Engelhardt gehörige, Fol. 121 Nr. 13 des Hypothekenbuchs von Hessenwinkel und Erkner verzeichnete Erbpacht-Maulbeerbaum-Plantage mit den darauf errichteten Baulichkeiten, abgeschätzt auf 2692 Thlr.

29 Sgr. 1 Pf. zufolge der, nebst Hypothekenschein in der Registratur einzusehenden Taxe, soll
am 28. Oktober d. J., Vormittags 11 Uhr, an ordentlicher Gerichtsstelle nothwendig subhastirt werden. Köpenick, den 6. Juli 1844.

Königl. Land- und Stadtgericht.

Der auf den 23. dieses Monats anberaumte Subhastationstermin der Ackerbürger Carl Mengerschen Grundstücke hierselbst, wird hierdurch aufgehoben. Strausberg, den 9. Juli 1844.

Königl. Preuß. Land- und Stadtgericht.

Die Kreditmasse des zu Doelln am 14. Oktober 1842 verstorbenen Viehhändlers und Büdners Gustav Friedrich Gottlieb Wendt, soll innerhalb 4 Wochen ausgeschüttet werden.

Zehdenick, den 28. Juni 1844.

Königl. Preuß. Land- und Stadtgericht.

Freiwilliger Verkauf.

Unterzeichneter beabsichtigt, das ihm in Wesendorf bei Zehdenick zugehörige, separirte Lehnschulzen-Gut, in tragbarem Acker, guten Wiesen und vorzüglichen Weiden bestehend, in 22 Stellen, jede von circa 10 Morgen Acker, 2½ Morgen Wiesen und Weidegerechtigkeit auf 2 Kühe und 1 Zuwachs zu verkaufen.

Es ist deshalb im gedachten Gute ein Termin auf
den 15. August d. J., Vormittags 9 Uhr, zur Entgegennahme der abzugebenden Gebote angesetzt, wozu Kauflustige mit dem Bemerken eingeladen werden, daß die näheren Bedingungen hierüber jederzeit bei Unterzeichnetem zu erfahren sind.

Wesendorf, im Juli 1844.

Pippow.

Es ist bei uns die Bürgermeisterstelle, verbunden mit Vierhundert Thalern Gehalt pro anno, vakant; darauf Reflektirende wollen sich bis zum 8. August d. J. bei uns in portofreien Briefen oder persönlich bei unserem Vorsteher, Bäckermeister Wernicke, melden.

Wittenberge, den 8. Juli 1844.

Die Stadtverordneten.

Veränderungshalber beabsichtigt Herr Mühlenmeister Kuhnert seine in der Mühlenstraße sub Nr. 139 allhier belegene, im vorigen Jahre ganz

neu eingerichtete, und in bester Nahrung stehende
Bäckerei, die frequenteste im hiesigen Orte, mit
allen zu ihrem Betriebe vorhandenen Geräthschaften öffentlich meistbietend zu verkaufen.

Das dazu eingerichtete Wohnhaus ist zweistöckig, im guten baulichen Stande, von massiver
Front, im Uebrigen von Fachwerk und von gebrannten Steinen gebaut, enthält zehn Piecen,
von denen fünf heizbar sind, eine Backstube, einen
sehr geräumigen Hausflur, drei Küchen, eine große
Waschküche, einen Keller, mehrere Speisekammern,
und ganz besonders schöne Getreideböden. Die
Hintergebäude sind ebenfalls sehr dauerhaft, theils
massiv, theils von Fachwerk, von gebrannten Steinen gebaut, und bestehen aus einem Pferdestall
zu vier Pferden, einem Kuhstall zu drei Kühen,
einem Schweinestall, einem Holzstall, zwei Ställen
zum Gelaß für Federvieh und hinlänglichem Raum
zum Heu und Futter für das zu haltende Vieh.

Zu diesem Grundstück gehören ferner zwei Wiesen, und ein hinter dem Hause an der schiffbaren
Havel liegender, wohl eingerichteter, mit guten
Obstbäumen bestandener Küchengarten.

Der Verkaufstermin steht

am 17. August d. J., Nachmittags 3 Uhr,

in meinem Geschäftszimmer an, zu welchem Kauflustige mit dem Bemerken eingeladen werden, daß
den Verkaufsbedingungen gemäß der Vertrag sofort nach dem Termin abgeschlossen werden kann.

Die näheren Verkaufsbedingungen liegen in
meinem Geschäftszimmer zur Einsicht vor, und
können gegen Entrichtung der Kopialien abschriftlich mitgetheilt werden.

Rathenow, den 18. Juni 1844.

Der Justiz-Kommissarius Marcus.

Restaurations-Verpachtung bei Luckenwalde.

Die bei Luckenwalde nahe an der Eisenbahn
belegene, früher dem Maurermeister Paetsch gehörige, neu ausgebaute Weinbergs-Restauration, soll
zum 1. August d. J. meistbietend verpachtet werden,
wozu ein Termin in dem gedachten Lokale auf

den 20. Juli d. J., Vormittags 10 Uhr,

ansteht. Pachtlustige werden dazu mit dem Bemerken eingeladen, daß der Herr Bäckermeister
Kirsten in Luckenwalde darüber nähere Auskunft
ertheilt und das Grundstück zu jeder Zeit besichtigt werden kann.

Tüchtige Maurer- und Zimmergesellen
können sofort dauernde Beschäftigung erhalten zu
Seehausen in der Altmark bei unterzeichnetem
Maurermeister Nehring
und Zimmermeister Kregen.

Die Unterzeichneten machen bekannt, daß der
Rechenschaftsbericht der
Lebensversicherungsbank f. D. in Gotha
für 1843, welcher den sehr befriedigenden Zustand
dieser Anstalt in ausführlicher Weise darlegt, erschienen ist und unentgeltlich verabreicht wird. In
Folge fortdauernden Zugangs zählt die Bank gegenwärtig 12,000 Mitglieder mit 20,100,000
Thlrn. Versicherungssumme; ihr Fonds ist auf
2⅓ Mill. Thlr. angewachsen. Auf diese Ergebnisse
verweisend laden zur Versicherung ein

L. L. R. Stich in Potsdam,
E. G. Franz in Berlin,
Fr. Rosenberg in Brandenburg,
Sekretair Schulz in Jüterbogk,
G. Finzelberg in Luckenwalde,
Dav. Lincke in Neu-Ruppin,
F. W. Schneider in Neustadt-Eberswalde,
J. F. Abt in Perleberg,
G. Wittrin in Prenzlow,
C. Hübener in Rathenow,
C. Lemm in Schwedt,
F. G. Müller in Treuenbrietzen,
G. L. Paetsch in Wriezen.

Ein anständig erzogenes Mädchen von 16 Jahren, gesund und kräftig, wünscht die Landwirthschaft zu erlernen, und sucht hierzu ein passendes
Unterkommen. Der Apotheker Schmeißer in
Berlin, Chausseestraße Nr. 17, bittet die Herren
Landwirthe, in deren Wirthschaft eine solche Stelle
zu besetzen ist, es ihm gefälligst mitzutheilen.

Oeffentlicher Anzeiger
zum 30sten Stück des Amtsblatts
der Königlichen Regierung zu Potsdam und der Stadt Berlin.

Den 26. Juli 1844.

Steckbriefe.

Der vormalige Kaufmann Julius Schreiber, welcher wegen Betruges zu einer dreizehnmonatlichen Gefängnißstrafe verurtheilt ist, auf diese in Terminen zu verbüßende Strafe erst zwei Monate erlitten hat, ist seit seiner letzten Entlassung nicht wieder zu ermitteln gewesen und hat sich offenbar geflissentlich der weitern Strafvollstreckung durch die Flucht entzogen.

Alle öffentliche Behörden des In- und Auslandes werden daher ergebenst ersucht, auf den unten näher signalisirten Schreiber gefälligst vigiliren, ihn im Betretungsfalle verhaften, unter sicherer Begleitung mit allen bei ihm gefundenen Geldern und Effekten hierher transportiren und in die Gefängniß-Expedition der Stadtvoigtei Molken-Markt Nr. 1 abliefern zu lassen.

Wir versichern die ungesäumte Erstattung aller Kosten und den verehrlichen Behörden des Auslandes unsere Bereitwilligkeit zur Erweisung gleicher rechtlicher Gegendienste.

Berlin, den 13. Juli 1844.
Königl. Kriminalgericht hiesiger Residenz.

Personsbeschreibung. Der Julius Schreiber ist 34 Jahr alt, aus Greifenhagen gebürtig, evangelischen Glaubens, 5 Fuß 6 Zoll groß; er hat hellbraunes Haar, hohe Stirne, braune Augenbrauen, blaugraue Augen, gewöhnliche Nase und Mund, braunen Bart, ovales Kinn und Gesicht, gesunde Gesichtsfarbe.

Die Kleidungsstücke mit denen der Schreiber versehen ist, können nicht angegeben werden.

Der nachstehend bezeichnete Dienstknecht Carl Friedrich Wilhelm Rüggebrecht, aus Klosterfelde im Niederbarnimschen Kreise gebürtig, welcher wegen Verdachts, einen Marktdiebstahl verübt zu haben, hier in Haft und Untersuchung sich befand, ist in der Nacht vom 14. bis zum 15. d. M. mittelst gewaltsamen Ausbruchs aus dem hiesigen Polizeigefängnisse entwichen. Wir ersuchen daher alle Militair- und Civilbehörden ergebenst, auf denselben zu vigiliren, ihn im Betretungsfalle arretiren und hierher abliefern zu lassen.

Bernau, den 16. Juli 1844.
Der Magistrat.

Signalement. Vor- und Zuname: Carl Friedrich Wilhelm Rüggebrecht, Geburtsort: Klosterfelde im Niederbarnimschen Kreise, Aufenthaltsort: Rübnitz im Oberbarnimschen Kreise, Religion: evangelisch, Alter: 26 Jahr, Größe: 5 Fuß 1 bis 2 Zoll, Haare: blond, Stirn: rund, Augenbrauen: blond, Augen: blau oder braun, Nase und Mund: gewöhnlich, Bart: blond, Kinn: rund, Gesichtsbildung: voll und rund, Gesichtsfarbe: frisch-roth, Statur: untersetzt.

Bekleidet war derselbe mit dunkelblauer Tuchmütze mit rothem Streife und ledernem Schirm, brauner Weste von Sommerzeug mit Perlmutter-Knöpfen, hellgrauen gesprenkelten Sommer-Pantalons, hellgrauen gesprenkelten Sommerrock und mit Stiefeln.

Die nachstehend näher signalisirte, hierselbst wegen Legitimationslosigkeit verhaftet gewesene, mittelst Reiseroute nach Dölln, Amts Zehdenick, dirigirte unverehelichte Johanne Auguste Haase, ist zufolge Benachrichtigung ihrer Heimathsbehörde daselbst nicht eingetroffen. Da dieselbe dem Vagabondiren sehr ergeben ist, und ihre vagabondirende Lebensart bei den Schiffern auf den Kähnen fortsetzt, so wird dies zur Vigilance hierdurch bekannt gemacht.

Oranienburg, den 12. Juli 1844.
Königl. Rent- und Polizei-Amt.

Signalement. Vor- und Zuname: Johanne Auguste Haase, Stand: Dienstmagd, Geburts- und Wohnort: Dölln, Alter: 24 Jahr, Religion: evangelisch, Größe: 5 Fuß, Haare: blond, Stirn: bedeckt, Augenbrauen: blond, Augen: blaugrau, Nase und Mund: gewöhnlich, Kinn: oval, Gesicht: rund, Gesichtsfarbe: gesund, Gestalt: untersetzt. Besondere Kennzeichen: eine Warze zwischen den Augenbrauen.

* Der nachstehend näher signalisirte Militair-Sträfling Alexander Ernst Gottfried Wilhelm Zahn hat heute Morgen um 8¼ Uhr Gelegenheit gefunden vom Arbeitsposten Bastion Nr. 1 zu entweichen und werden daher alle Militair- und Civilbehörden dienstergebenst ersucht, auf selbigen zu vigiliren, im Betretungsfalle arretiren und hierher abliefern zu lassen.

Signalement. Vornamen: Alex. Ernst Gottf. Wilh., Familiennamen: Zahn, Geburtsort: Pitschen, Kreis Kreuzburg, Regierungsbezirk Oppeln, Religion: evangelisch, Alter: 22 Jahr 4 Monat, Größe: 5 Fuß 2½ Zoll, Haare: blond, Stirn: flach, Augenbrauen: blond, Augen: grau, Nase: etwas dick, Mund: aufgeworfen, Zähne: vollständig, Bart: blond, Kinn: rund, Gesichtsbildung: rund, Gesichtsfarbe: gesund, Gestalt: untersetzt, Sprache: deutsch, polnisch und russisch. Besondere Kennzeichen: blonder Bart unter dem Halse.

Bekleidet war derselbe mit: einer rothgestreiften Militair-Mütze mit Schirm, einer grau-halbtuchenen, alten Unterjacke, einem neuen leinen Kommißhemde, gezeichnet schwarz: Straf-Section 44. ⅗. № 92., grauen Leinwandhosen und einem Paar kurzen besohlten Stiefeln.

Spandow, den 19. Juli 1844.
Königl. Preuß. Kommandantur.
v. Bennigsen,
Oberst und Kommandant.

---

* Der nachstehend näher signalisirte Militair-Sträfling Christian Gottlob Ebermann hat heute Morgen um 8¼ Uhr Gelegenheit gefunden, vom Arbeitsposten Bastion Nr. 1 zu entweichen und werden daher alle Militair- und Civilbehörden dienstergebenst ersucht, auf selbigen zu vigiliren, im Betretungsfalle arretiren und hierher abliefern zu lassen.

Signalement. Vornamen: Christian Gottlob, Familiennamen: Ebermann, Geburtsort: Grube, Kreis West-Priegnitz, Regierungsbezirk Potsdam, Religion: evangelisch, Alter: 31 Jahr 6 Monat, Größe: 5 Fuß 9 Zoll, Haare: dunkelblond, Stirn: frei, Augenbrauen: blond, Augen: blau, Nase: lang, Mund: gewöhnlich, Zähne: vollständig, Bart: hellblond, Kinn: rund, Gesichtsbildung: hager, Gesichtsfarbe: gesund, Gestalt: schlank, Sprache: deutsch. Besondere Kennzeichen: eine lispelnde Sprache.

Bekleidet war derselbe mit: einem grünsamm-nen alten Käppchen, einer braunbunten Kattun Unterjacke, einem leinen eigenen Hemde, gezeichnet mit rothen Buchstaben G. E., einer schwarzen Tuchweste mit Perlmutterknöpfen, schwarzem Chemisé, grauen Leinwandhosen und fast noch neuen kurzen Stiftstiefeln.

Spandow, den 19. Juli 1844.
Königl. Preußische Kommandantur.
v. Bennigsen,
Oberst und Kommandant.

Der nachstehend bezeichnete Dienstknecht Frz Wilhelm Melzer, aus Beelitz gebürtig, hat sich in der Nacht vom 10. zum 11. d. M. heimlich aus dem Dienst des Bauer Gerike zu Kareen entfernt, und sich dabei eines Diebstahls dringend verdächtig gemacht. Es werden daher alle Militair- und Civil-Behörden ergebenst ersucht, denselben zu vigiliren und ihn im Betretungsfalle arretiren und hier abliefern zu lassen.

Buch, den 20. Juli 1844.
Das Dominium.

Signalement. Vor- und Zuname: Frdr. Wilhelm Melzer, Geburtsort: Beelitz, Religion: evangelisch, Alter: 28 Jahr, Größe: ungefähr 5 Fuß 5 Zoll, Haare: blond, Augenbrauen und Augen: braun, Nase und Mund: klein, Gesicht: oval, Gesichtsfarbe: aufgedunsen, Statur: mittel. Besondere Kennzeichen: pockennarbig und verstümmelter Zeigefinger der linken Hand.

Bekleidet war derselbe mit einem blauen Tuchrock mit Sammtkragen, grauen Tuchbeinkleidern, blauer Tuchmütze mit Schirm, auch zuweilen einer Strohmütze, und einem Paar schlechten Halbstiefeln.

Der auf den Kaufmann Friedrich Wilhelm Fitting in Havelberg lautende, von der Königl. Regierung zu Potsdam für das Jahr 1844 ausgefertigte, steuerfreie Gewerbeschein zum Aufsuchen von Bestellungen auf Wein, Spirituosa, Holz, Getreide, sonstige Landesprodukte 2c. ist angeblich entwendet, daher derselbe hiermit für ungültig erklärt wird. Havelberg, den 12. Juli 1844.
Der Magistrat.

Bekanntmachung.
* Im Auftrag der Königl. Regierung zu Potsdam wird das unterzeichnete Hauptamt, und zwar

n dem Geschäftslokale des Steueramts zu Friesack,

am 2. August d. J., Vormittags 9 Uhr,

die Chausseegeld-Hebestelle bei Senzke, zwischen Nauen und Wusterhausen a. d. D., an den Meistbietenden, mit Vorbehalt des höheren Zuschlages, vom 1. November d. J. ab zur Pacht ausstellen.

Nur dispositionsfähige Personen, welche vorher mindestens 250 Thlr. baar oder in annehmlichen Staatspapieren bei dem Steueramte zu Friesack zur Sicherheit niedergelegt haben, werden zum Bieten zugelassen.

Die Pachtbedingungen sind bei uns und bei dem Steueramte zu Friesack von heute an während der Dienststunden einzusehen.

Brandenburg, den 7. Juli 1844.

Königl. Haupt-Steueramt.

Bekanntmachung.

Im Auftrag der Königl. Regierung zu Potsdam wird das unterzeichnete Hauptamt, und zwar in dem Geschäftslokale des Steueramts zu Friesack,

am 3. August d. J., um 9 Uhr Vormittags,

die Chausseegeld-Hebestelle am Rhin-Kanal zwischen Nauen und Wusterhausen a. d. D. an den Meistbietenden, mit Vorbehalt des höheren Zuschlages, vom 1. November d. J. ab zur Pacht ausstellen.

Nur dispositionsfähige Personen, welche vorher mindestens 120 Thlr. baar oder in annehmlichen Staatspapieren bei dem Steueramte zu Friesack zur Sicherheit niedergelegt haben, werden zum Bieten zugelassen.

Die Pachtbedingungen sind bei uns und bei dem Steueramte zu Friesack von heute an während der Dienststunden einzusehen.

Brandenburg, den 7. Juli 1844.

Königl. Haupt-Steueramt.

Bekanntmachung.

Nachdem am 3. April 1838 von den bis zu dieser Zeit allhier am Mühlendamm bestandenen 5 Königlichen Mahlmühlen, zwei derselben, die sogenannte Klipp- und neue Mühle Nr. 3, 4 und 5 daselbst von zusammen 16 Gängen, abgebrannt sind, sollen die vom Brande verschont gebliebenen drei übrigen Mühlen, nemlich:

1) die sogenannte Berliner Mühlen Nr. 1 am Mühlendamm von 6 Mahlgängen, und die

mit derselben in Verbindung stehende, vom Fiskus jetzt angekaufte Ulricische Tabacksmühle,

2) die sogenannte Mittelmühle Nr. 9 daselbst, von 8 Mahlgängen,

3) die sogenannte Köllnische Mühle Nr. 11 daselbst, von 8 Mahlgängen,

mit den Nr. 10 daselbst belegenen Walkmühlen zur Verbesserung ihrer durch die jetzige Lokalität bedingten mangelhaften Einrichtungen umgebaut, resp. verlegt werden. Es ist zu diesem Behuf ein Bauplan vorbereitet worden, nach welchem in Stelle der sämmtlichen vorgedachten Mühlen zwei neue Mahlmühlen von resp. 16 und 10 Gängen, die eine auf der Baustelle der ehemaligen Klipp- und neuen Mühle und die andere auf der Baustelle, welche jetzt die Mittelmühle einnimmt, ganz isolirt von den Wohnungsräumen erbaut, die Walkmühlen aber, falls die mit dem hiesigen Tuchmacher-Gewerke wegen Beseitigung der demselben zugehörigen Erbpachts-Walkmühle eingeleiteten Verhandlungen nicht zum Zwecke führen, in das Köllnische Mühlengebäude verlegt werden. Hierbei soll die Höhe des Fachbaums überall unverändert bleiben.

In Gemäßheit der §§ 6 und 7 des Edikts vom 28. Oktober 1810 (Gesetz-Sammlung von 1810, Pag. 96) wird hierdurch Jedermann, welcher durch diese Mühlenanlagen eine Gefährdung seiner Rechte fürchtet, aufgefordert, binnen acht Wochen präklusivischer Frist, vom Tage der gegenwärtigen Bekanntmachung an, seinen Widerspruch sowohl bei dem Königl. Polizei-Präsidium allhier, als bei der unterzeichneten Administration in Vertretung des Bauherrn, einzulegen.

Berlin, den 17. Juli 1844.

Die Administration der hiesigen Königl. Mühlen.

Krack.

Proclama.

Es werden

I. die unbekannten Erben folgender, für todt erklärter Personen:

1) der 3 Geschwister, des Müllers Peter Friedrich, des Karl Friedrich und der Marie Sophie Hintze, verwittweten Bartels, von Werder (Nachlaß etwa 4 Thlr.),

2) des Soldaten Franz Depré oder Franz Defert (Nachlaß circa 3 Thlr.),

3) des Bedienten Johann Friedrich Christoph von Saarmund (Nachlaß einige 50 Thlr.);

II. die unbekannten Erben des, im April d. J. durch Selbstentleibung ums Leben gekommenen Arbeitsmanns Friedrich Maaß aus Nedtlitz (Nachlaß etwa 12 Thlr.) und

III. der seit 1821 verschollene Büdnersohn Johann Gottfried Sohn, dessen, im Depositorio befindliches Vermögen circa 30 Thlr. beträgt,

so wie deren Erben und Erbnehmer hiermit vorgeladen, sich vor oder spätestens in dem auf

den 6. November 1844, Vormittags 11 Uhr,

angesetzten Termine bei dem unterzeichneten Gerichte schriftlich oder persönlich zu melden, widrigenfalls der Verschollene wird für todt erklärt, die unbekannten Erben und Erbnehmer aber mit allen Ansprüchen an die Vermögensmassen ausgeschlossen und solche den sich legitimirenden Erben resp. dem Königl. Fiskus werden zugesprochen und ausgeantwortet werden. Potsdam, den 27. Dezember 1843.
Königl. Justiz-Amt.

Der Besitzer des in dem Ruppinschen Kreise der Mittelmark belegenen, im Hypothekenbuche des Kammergerichts Vol. V Pag. 241 verzeichneten Lehngutes Wustrau IIten Antheils, Rittmeister und Landrath a. D. Friedrich Christian Ludwig Emil Graf von Zieten, beabsichtigt die Allobifizirung dieses Guts, und hat deshalb den nachstehenden Entwurf des zu errichtenden Familienschlusses:

Der am 27. Januar 1786 verstorbene General der Kavallerie 2c. Hans Joachim von Zieten, Vorbesitzer des Lehnguts Wustrau IIten Antheils, welches er in der väterlichen Erbtheilung 1726 für die damals aufgenommene Lehnstaxe von 6888 Thlr. 20 gGr. angenommen hat, und welches unter dem 5. Februar 1779 auf 8802 Thlr. 11 gGr. 10 Pf. gerichtlich gewürdigt ist, hat dieses Gut zu allodifiziren beabsichtigt, und zu diesem Behufe von den zu seiner Zeit sich gemeldet habenden Agnaten, nämlich:

1) dem Hauptmann Arend Ludwig von Zieten,
2) dem Rittmeister George Friedrich von Zieten,
3) dem Kriegsrath Levin Friedrich von Zieten,
4) dem Generalmajor Christian Wilhelm von Zieten,
5) dem Königl. Sardinischen Obristen Gottfried Daniel von Zieten,

6) dem Hauptmann Christoph Daniel von Zieten,

7) dem Conrad Christian von Zieten, Erbherrn auf Zahren,

die resp. gerichtlichen und notariellen desfallsigen Erklärungen vom 12. April 1767, 5. August 1767, 6. Mai 1767, 27. Mai 1767, 3. Dezember 1767, 24. März 1768 beigebracht, nach welchen die oben erwähnten Agnaten das Gut Wustrau IIten Antheils gegen einen Lehnstamm von 6000 Thlrn., wovon sie jedoch in casum devolutae successionis die Töchter des letzten Besitzers von der Descendenz des damaligen Lehnsbesitzers konstitutionsmäßig abfinden wollten, für allodifizirt erachtet.

Diesem Pacto sind ferner:

8) der Christoph Johann Friedrich Otto von Zieten unterm 28. März 1776,

9) Hans Balthasar von Zieten unterm 10. Juli 1779,

10) Joachim Balthasar von Zieten durch den zwischen seinem Vormunde und dem oben erwähnten Lehnsbesitzer unterm 8. Juni 1779 mit obervormundschaftlicher Genehmigung geschlossenen Vertrag beigetreten.

Auf den Grund dieser resp. Erklärungen und Verträge ist auch im Land- und Hypothekenbuche bemerkt, daß Hinsichts dieser das Gut Wustrau IIten der Substanz nach allodifizirt sei.

Um nun das mehr erwähnte Gut vollständig zu allodifiziren, so schließt der jetzige Besitzer Landrath a. D. u. s. w. Graf Friedrich Christian Ludwig Emilius von Zieten, welcher dasselbe aus dem, über den Nachlaß seines Vaters, des Generals der Kavallerie u. s. w. Hans Joachim von Zieten, IIten Antheils $\frac{4}{5}$ Juli 1786 geschlossenen Erbvergleiche erhalten hat, mit sämmtlichen Agnaten, welche ein Successionsrecht auf das Gut haben, und nicht zu der Descendenz der sub 1—10 aufgeführten Agnaten gehören, nachstehenden Vergleich ab:

1. Die eben gedachten Agnaten genehmigen die von den Eingangs sub 1—10 namentlich aufgeführten abgegebene Erklärung, und treten derselben überall bei, erklären daher das Gut Wustrau IIten Antheils, welches im Hypothekenbuche des Königl. Kammergerichts Vol. V Pag. 241 sub Nr. 98 verzeichnet ist, der Sub-

stanz nach für ein von jedem Lehnsverhältnisse völlig freies Allobium, begeben sich für sich und ihre etwanige Descendenz jedes Successionsrechts, in sofern dasselbe aus einem agnatischen Verhältnisse herrühren sollte, an dasselbe, und willigen darin, daß die Lehnseigenschaft des Guts gelöscht, und dasselbe als unbeschränktes Allobium ins Hypothekenbuch eingetragen wird.

2. Dagegen restringiren sie ihnen an die Substanz des Guts zustehenden, jetzt aufgehobenen Successionsrechte nur auf den durch die obigen Erklärungen und Verträge auf Sechstausend Thaler festgesetzten Lehnstamm, und succediren in denselben nach denselben Rechten, nach welchen sie in das Lehn selbst vor dessen Allodifikation succedirt hätten.

3. Bei der Sicherstellung des Lehnstammes durch die bereits unterm 20. Juni 1774 und 14. Juni und 16. September 1779 bewirkte Eintragung zur ersten Stelle auf das Gut Wustrau II hat es sein Bewenden.

4. Sollte der jetzige Besitzer ohne lehnsfähige Descendenz mit Tode abgehen, so wird der Lehnstamm entweder baar ausgezahlt, oder landüblich verzinset. Im ersten Falle haben die Empfänger die Verpflichtung, ihn entweder zu Lehn anzulegen oder depositalmäßig sicher zu stellen.

bei uns eingereicht.

Es werden daher die unbekannten Lehnsberechtigten des Guts Wustrau aufgefordert, vor oder spätestens in dem

am 31. Dezember 1844, Vormittags 11 Uhr,

vor dem Herrn Kammergerichts-Referendarius Grafen zu Stolberg im Kammergerichte anstehenden Termine ihre Erklärung über den Familienschluß abzugeben, widrigenfalls sie mit ihrem Widerspruchsrechte gegen denselben werden präkludirt werden. Berlin, den 23. Mai 1844.

Königl. Preußisches Kammergericht.

In der Provokationssache des Mühlenmeisters Westphal zu Brandmühle bei Seehausen, Behufs der Berichtigung seines Besitztitels von dem Mühlenteiche oder Kossäthensee bei Brandmühle, werden alle etwanige unbekannte Realprätendenten

auf den 9. Oktober d. J., Vormittags 11 Uhr,

auf die Justizamts-Gerichtsstube zu Prenzlow anstehenden Termine unter der Verwarnung hierdurch

vorgeladen, daß die Ausbleibenden mit ihren etwanigen Realansprüchen auf das Grundstück präkludirt und ihnen deshalb ein ewiges Stillschweigen auferlegt werden wird.

Prenzlow, den 31. Mai 1844.
Königl. Justizamt Gramzow.

Nothwendiger Verkauf.
Königl. Kammergericht in Berlin.

Das in der Louisenstraße Nr. 45 hierselbst belegene, im Hypothekenbuche des Königl. Kammergerichts Vol. IX Cont. i Nr. 4 Pag. 73 verzeichnete, dem Schneidermeister Johann Heinrich Anader gehörige Grundstück, abgeschätzt auf 24,846 Thlr. 12 Sgr. 2 Pf. zufolge der, nebst Hypothekenschein und Bedingungen in der Registratur einzusehenden Taxe, soll

am 29. Januar 1845

an ordentlicher Gerichtsstelle subhastirt werden.

Nothwendiger Verkauf.
Stadtgericht zu Berlin, den 23. April 1844.

Das vor dem Schönhauser Thor an der Schönhauser Allee belegene Grundstück des Mühlenbaumeisters Engeler, gerichtlich abgeschätzt zu 1301 Thlr. 15 Sgr., soll in seiner jetzigen Beschaffenheit

am 12. September d. J., Vormittags 11 Uhr,

an der Gerichtsstelle subhastirt werden. Taxe und Hypothekenschein sind in der Registratur einzusehen.

Nothwendiger Verkauf.
Stadtgericht zu Berlin, den 4. Mai 1844.

Das in der Elisabethstraße Nr. 11 belegene Grundstück, bei welchem der Besitztitel für den Bleicher Hochkirch berichtigt ist, gerichtlich abgeschätzt zu 9739 Thlr., soll

am 17. Dezember d. J., Vormittags 11 Uhr,

an der Gerichtsstelle subhastirt werden. Taxe und Hypothekenschein sind in der Registratur einzusehen.

Nothwendiger Verkauf.
Königl. Land- und Stadtgericht zu Wriezen, den 6. Mai 1844.

Die dem minorennen Johann Friedrich Emmerich gehörige, zu Neu-Trebbin belegene, im dortigen Hypothekenbuche Vol. III Pag. 121 Nr. 70 verzeichnete, auf 2152 Thlr. 1 Sgr. 8 Pf. abgeschätzte 20-Morgenstelle soll in dem auf

den 30. August d. J., Vormittags 11 Uhr,

an Ort und Stelle angesetzten Termine öffentlich
meistbietend verkauft werden. Die Taxe und der
neueste Hypothekenschein können täglich in unserer
Registratur eingesehen werden.

Alle etwanigen unbekannten Realprätendenten
werden aufgefordert, sich zur Vermeidung der Präklusion in diesem Termine zu melden; zu demselben wird auch die, ihrem Wohnorte nach, unbekannte Anna Maria Staubert, verehelichte Müller, hierdurch vorgeladen.

Nothwendiger Verkauf.

Königl. Stadtgericht zu Lychen, den 18. Mai 1844.

Das zur Eigenthümer Lübeck eschen Nachlaß-
Masse gehörige, hierselbst auf dem Tornow gelegene, im Hypothekenbuche Vol. III Nr. 149 verzeichnete Wohnhaus nebst Pertinenzien, geschätzt
auf 605 Thlr. 17 Sgr. 10 Pf., zufolge der, nebst
Hypothekenschein und Bedingungen in der Registratur einzusehenden Taxe, soll
    am 2. September d. J., Vormittags 10 Uhr,
an öffentlicher Gerichtsstelle subhastirt werden.

Nothwendiger Verkauf.

Stadtgericht zu Strasburg in der Ukermark,
den 18. Mai 1844.

Das Haus in der langen Straße Nr. 34, und
der dem Tuchmachermeister E. F. Sponholz gehörige, an der Stadtmauer dem Gerbehause gegenüber belegene Wallgarten, ersteres zu 741⅔ Thlrn.,
letzterer zu 73¼ Thlrn. geschätzt, sollen
    am 3. September d. J., Vormittags 11 Uhr,
an ordentlicher Gerichtsstelle subhastirt werden.

Taxe und Hypothekenschein sind in der Registratur einzusehen, und die Bedingungen sollen im
Termine festgestellt werden.

Subhastation. Theilungshalber.

Folgende, zum Mühlenmeister Münchhoffschen Nachlasse gehörige Grundstücke, nemlich:
1) das hierselbst vor dem Berliner Thore belegene Mühlengrundstück — die sogenannte Ber-
   kinsche Mühle — bestehend aus einer Wassermühle nebst Nebengebäuden, zwei Gärten und
   einer Windmühle, letztere erbaut auf einem
   von der hiesigen lutherischen Kirche zu Erbzins hergegebenen Fleck Landes von 3 Morgen
   30¼ □Ruthen, verzeichnet Vol. I a Nr. 44

Pag. 431 des Hypothekenbuchs, und gerichtlich abgeschätzt auf 8379 Thlr. 6 Sgr. 8 Pf.,
2) die drei Gründe hier vor dem Berliner Thore
   verzeichnet Vol. V Pag. 381 Nr. 39 des Hypothekenbuchs, und abgeschätzt auf 125 Thlr.,
3) eine hinter der Berliner Mühle belegene Wiese
   von 3 Morgen 60 □Ruthen, verzeichnet
   Vol. I a Pag. 591 Nr. 60 des Hypothekenbuchs, und abgeschätzt auf 200 Thlr.,
4) ein Baumgarten vor dem Berliner Thore an
   der Klinge, verzeichnet Vol. VII Pag. 333
   Nr. 36 des Hypothekenbuchs, und abgeschätzt
   auf 25 Thlr.,
5) eine am Mühlenfließe auf dem Werderfelde
   belegene Wiese, verzeichnet Vol. VII Pag. 323
   Nr. 53 des Hypothekenbuchs, und abgeschätzt
   auf 75 Thlr.,
6) ein Landgarten an der Klinge, verzeichnet
   Vol. VII Pag. 533 Nr. 54 des Hypothekenbuchs, und abgeschätzt auf 125 Thlr.,
sollen im Termine
    den 30. Dezember d. J., Vormittags 10 Uhr,
an ordentlicher Gerichtsstelle subhastirt werden.
Taxen und Hypothekenscheine sind in unserer Registratur einzusehen, und werden alle unbekannten
Realprätendenten aufgeboten, sich bei Vermeidung
der Präklusion spätestens in diesem Termine zu
melden. Alt-Landsberg, den 28. Mai 1844.

Königl. Land- und Stadtgericht.

Nothwendiger Verkauf.

Stadtgericht zu Berlin, den 30. Mai 1844.

Das in der neu angelegten, von der Stadtmauer bis zur neuen Jakobsstraße führenden,
Straße belegene Uckermannsche Grundstück soll,
in seinem jetzigen Zustande mit der Taxe von
8230 Thlrn., von welcher aber, weil der Ertragswerth noch nicht zu ermitteln gewesen ist, die
gleichfalls noch nicht zu ermitteln gewesenen Kosten nicht abgerechnet worden sind,
    am 10. Januar 1845, Vormittags 11 Uhr,
an der Gerichtsstelle subhastirt werden. Taxe und
Hypothekenschein sind in der Registratur einzusehen.

Nothwendiger Verkauf.

Land- und Stadtgericht zu Oranienburg, den
5. Juni 1844.

Das dem Nagelschmidtmeister Johann Ludwig
Kerner gehörige, hierselbst in der Bernauer Straße

Nr. 186 belegene, im Hypothekenbuche von der Stadt Oranienburg Vol. I C Nr. 191 verzeichnete Wohnhaus nebst den dazu gehörigen Ländereien, soll Schuldenhalber in dem

am 1. Oktober d. J., Vormittags 10 Uhr, an hiesiger Gerichtsstelle anstehenden Termine meistbietend verkauft werden. Die mit 501 Thlr. — Sgr. — Pf. abschließende Taxe und der Hypothekenschein sind in der Registratur des Gerichts einzusehen.

Zugleich werden der, seinem Aufenthalte nach unbekannte Nagelschmidt Karl Ludwig Reinecke, oder dessen Erben mit vorgeladen.

Nothwendiger Verkauf.

Das dem Büdner August Kaplick gehörige, im Dorfe Seddin sub Nr. 24 belegene, im Hypothekenbuche Vol. IX Fol. 273 eingetragene Büdnerhaus nebst Zubehör, gerichtlich abgeschätzt auf 151 Thlr. 6 Pf., soll

am 9. Oktober d. J., Vormittags 10 Uhr, an ordentlicher Gerichtsstelle subhastirt werden.

Taxe und Hypothekenschein liegen zur Einsicht während der Dienststunden in unserer Registratur bereit.

Zugleich werden alle diejenigen, welche an das Vol. III sub Nr. 1 a bis 7 für die sechs Geschwister Kaplick, als:

1) Anne Dorothee Kaplick verehel. Haselbach,
2) Anne Katharine Kaplick, verehel. Wahlsdorff,
3) Christiane Kaplick verehel. Demmler,
4) Charlotte Kaplick,
5) Karl Ludwig Kaplick,
6) Marie Dorothee Kaplick,

aus dem Rezeß vom 1. März 1788 mit je 5 Thlr. — Sgr. 11 Pf. eingetragene Muttererbe, dessen Tilgung behauptet wird, Ansprüche machen, es sei als ursprünglich Berechtigte, deren Erben, Zessionarien oder Pfandinhaber, mit der Warnung vorgeladen, daß bei ihrem Nichterscheinen die Posten im Hypothekenbuche gelöscht und sie ihrer etwanigen Rechte daran verlustig gehen werden.

Beelitz, am 10. Juni 1844.

Königl. Land- und Stadtgericht.

Nothwendiger Verkauf.

Königl. Schulamtsgericht zu Blankenburg.

Joachimsthal, den 15. Juni 1844.

Das zum Nachlaß des Freimanns Peter Dautrow gehörige, zu Blankenburg belegene, und im Hypothekenbuche Vol. I Nr. 19 verzeichnete Freihaus, gerichtlich abgeschätzt auf 868 Thlr. 22 Sgr. 6 Pf., soll in termino

den 2. Oktober d. J., Vormittags 11 Uhr, an ordentlicher Gerichtsstelle zu Blankenburg öffentlich meistbietend verkauft werden.

Taxe und Hypothekenschein sind in der Registratur zu Joachimsthal einzusehen.

Zugleich werden alle unbekannte Realprätendenten bei Vermeidung der Präklusion hierdurch vorgeladen.

Nothwendiger Verkauf.

Stadtgericht zu Berlin, den 22. Juni 1844.

Das in der verlängerten Sebastiansstraße belegene Grundstück des ehemaligen Kanzlei-Assistenten Stoppelberg, gerichtlich abgeschätzt zu 2078 Thlr. 22 Sgr. 6 Pf., soll Schuldenhalber

am 5. November d. J., Vormittags 11 Uhr, an der Gerichtsstelle subhastirt werden. Taxe und Hypothekenschein sind in der Registratur einzusehen.

Der dem Aufenthalt nach unbekannte Realgläubiger, Rentier Georg Ludwig Mahlitz, wird hierdurch öffentlich vorgeladen.

Nothwendiger Verkauf.

Stadtgericht zu Neu-Ruppin, den 28. Juni 1844.

Das hierselbst in der Seestraße Nr. 361 belegene, Vol. IV Fol. 174 Nr. 722 des hiesigen Hypothekenbuchs verzeichnete, dem Fuhrmann Friedrich Wilhelm Gentz gehörige Wohnhaus nebst Zubehör, abgeschätzt auf 1279 Thlr. zufolge der, nebst Hypothekenschein und Bedingungen in der Registratur einzusehenden Taxe, soll

am 23. Oktober d. J., Vormittags 10 Uhr, an ordentlicher Gerichtsstelle subhastirt werden.

Nothwendiger Verkauf.

Das der verehelichten Schuppmann geborenen Gühler gehörige Miteigenthum zur Hälfte an dem in Kienbaum belegenen, im Hypothekenbuche Vol. VII Pag. 197 Nr. 15 verzeichneten Büdnergrundstücke, soll in dem auf

den 15. November d. J., Vormittags 10 Uhr, an hiesiger Gerichtsstelle anberaumten Termine an den Meistbietenden verkauft werden. Die von dem ganzen Grundstücke aufgenommene Taxe ist auf 395 Thlr. ausgefallen und nebst Hypothekenschein in unserer Registratur einzusehen. Zu diesem Termine werden die ihrem Leben und Aufenthalte nach unbekannten Gottfried Heinrich'schen Eheleute öffentlich vorgeladen.

Alt-Landsberg, den 29. Juni 1844.
Königl. Land- und Stadtgericht.

Nothwendige Subhastation.
Theilungshalber.

Land- und Stadtgericht zu Liebenwalde, am 5. Juli 1844.

Die zu Hammer belegene, den minorennen Geschwistern Zahn gehörige Wasser- und Windmühle, abgeschätzt zufolge der, nebst Hypothekenschein und Bedingungen bei uns einzusehenden Taxe, auf 6700 Thlr., soll

am 7. Februar 1845, Morgens 11 Uhr,
an Gerichtsstelle subhastirt werden.

Nothwendiger Verkauf.

Königl. Stadtgericht in Perleberg, den 5. Juli 1844.

Das zum Nachlaß des Schneidermeisters Carl Ernst Christian Rousseille gehörige, in Perleberg in der Wittenberger Straße sub Nr. 29 im IV. Bezirk belegene, und im neuen stadtgerichtlichen Hypothekenbuche Vol. V. Pag. 251 eingetragene Wohnhaus, abgeschätzt auf 970 Thlr. 21 Sgr. zufolge der, nebst Hypothekenschein in der Registratur einzusehenden Taxe, soll

am 4. November d. J., Vormittags 11 Uhr
bis Abends 6 Uhr,
an ordentlicher Gerichtsstelle subhastirt werden.

Nothwendiger Verkauf.

Land- und Stadtgericht zu Neustadt-Eberswalde, den 8. Juli 1844.

Das zur Gastwirth Angelischen Konkursmasse gehörige, unweit der Ragöser Schleuse belegene Wiesengrundstück, abgeschätzt auf 554 Thlr. zufolge der, nebst Hypothekenschein und Bedingungen im IIten Geschäftsbüreau einzusehenden Taxe, soll

am 4. November d. J., Vormittags 11 Uhr,
im Gerichtshause an den Meistbietenden verkauft werden.

Subhastations-Patent.

Die im Dorfe Alt-Markgrafpieske belegene, dem Büdner Christian Kaser gehörige, auf 105 Thlr. gerichtlich geschätzte Büdnerstelle, Vol. VI Fol.

313 des Hypothekenbuchs vom Landbezirk, soll in termino

den 29. Oktober d. J., Vormittags 11 Uhr,
an Gerichtsstelle öffentlich an den Meistbietenden verkauft werden. Die Taxe und der Hypothekenschein können in unserer Registratur eingesehen werden. Storkow, den 6. Juli 1844.

Königl. Land- und Stadtgericht.

Nothwendiger Verkauf.

Land- und Stadtgericht zu Bernau, den 12. Juli 1844.

Die zum Nachlasse des Ackerwirths Michael Thürling gehörigen, im Schmetzdorf'schen Felde am Wege zwischen dem Dorfe Schönow und der Stadt Bernau unter den Nummern 41. 42. 43. 44. 45. 46. belegenen, im Hypothekenbuche der Stadt Bernau Vol. V Nr. 1 und 2 verzeichneten, zusammen auf 244 Thlr. 21 Sgr. 8 Pf. abgeschätzten Wortländer sollen in 2 Theilen oder im Ganzen in termino

den 22. Oktober d. J., Vormittags 10 Uhr,
an hiesiger ordentlicher Gerichtsstelle öffentlich und meistbietend verkauft werden.

Die unbekannten Real-Interessenten werden zur Geltendmachung ihrer etwanigen Ansprüche bei Vermeidung der Präklusion zu diesem Termin mit vorgeladen.

Taxe, Karte und Hypothekenschein können täglich in der Gerichts-Registratur eingesehen werden.

Nothwendiger Verkauf.

Land- und Stadtgericht zu Mittenwalde, den 13. Juli 1844.

Der dem Handelsmann Richter gehörige Antheil an dem in der Katharinenstraße Nr. 33 hierselbst belegenen, im Hypothekenbuche Vol. V. Fol. 25 verzeichneten, ehemaligen Lazareth-Gebäude, abgeschätzt auf 128 Thlr. 14 Sgr., soll

am 1. November d. J., Vormittags 11 Uhr,
an ordentlicher Gerichtsstelle subhastirt werden.

Taxe und Hypothekenschein können in der Registratur eingesehen werden.

Nothwendiger Verkauf. Theilungshalber.

Königl. Land- und Stadtgericht Zossen, den 13. Juli 1844.

Das hierselbst in der Mühlenstraße unter Nr. 50 belegene, im Hypothekenbuche der Stadt Zossen, Vol. II. Pag. 394 verzeichnete, dem verstorbenen Mühlenmeister Wernicke gehörige auf 597 Thlr. 23 Sgr.

3 Sgr. gerichtlich abgeschätzte Haus nebst Stall,
Hofraum und Garten, soll auf den Antrag der
Bernickeschen Erben theilungshalber im Termine
den 13. November d. J., Vormittags 11 Uhr,
in hiesiger Gerichtsstelle nothwendig subhastirt wer-
en. Taxe und Hypothekenschein können in unse-
er Registratur eingesehen werden.

Freiwilliger Verkauf.

Veränderungswegen bin ich gesonnen, mein
Wohnhaus zu verkaufen und habe einen Bietungs-
Termin auf

ben 15. August d. J.

bestimmt, wo dem Meistbietenden der Zuschlag
ertheilt wird, wenn nur die Feuer-Versicherungs-
Summe mit 700 Thlrn. gedeckt wird. Dies Haus
trägt jährlich 60 Thlr. Miethe, außerdem sind noch
zwei Stuben mit einer sehr wohl eingerichteten
Bäckerei vorhanden. Es liegt ganz nahe an der
Spree und ist zu verschiedenen Fabrikgeschäften
ehr passend; es hat 10 heizbare Stuben. Zu dem
oben bestimmten Termin lade ich Kaufliebhaber
in meiner Wohnung ein.

Bäckermeister Ferdinand Uhlemann,
auf dem Hüttenplatz bei Alt-Schadow bei
Storckow, den 7. Juli 1844.

Bekanntmachung.

Eine in sehr guter Nahrung und in gutem,
baulichem Zustande sich befindende, 2 Meilen von
Havelberg und 1½ Meile von Kyritz entfernt sie-
ende, von Abgaben und Pächten freie Windbock-
Mühle mit Grützmühle, einem Wohnhause in gutem Bauzustande, einem Garten mit 40 tragbaren
Obstbäumen, so wie außerdem noch einem Gemüse-
Garten von circa 1 Morgen groß, welches alles
am 1. Oktober d. J. schon übergeben werden,
und worauf ein Theil des Kaufgeldes zu 4 Procent stehen bleiben kann, soll wegen Veränderung
es zeitigen Besitzers aus freier Hand verkauft
werden. Kaufliebhaber belieben sich in portofreien
Briefen an den Kaufmann F. W. Dieckmann
in Havelberg zu wenden.

Der Tüchensche Krug, höchst frequent, verbun-
den mit einem guten Materialgeschäfte, soll mit
Aeckern, Wiesen und Holzungen verkauft werden.
Kaufliebhaber können sich melden bei
Gronauw.
Pritzwalk, den 17. Juli 1844.

Grundstück-Verkauf.

Zu Nowawes bei Potsdam ist ein Haus mit
Keller und einem Laden, nebst dazu gehörigem
Garten, Veränderung halber sogleich aus freier
Hand billig zu verkaufen. Näheres daselbst Nr. 190
beim Wirth.

Zwei neue Netzkähne, kanalmäßig gebaut, stehen zum Verkauf beim Mühlenbesitzer Hempel
zu Mühlendorff bei Driesen. Anfragen franko.

Frischen Rüdersdorfer Steinkalk, Steinkohlen-
Theer, Dachsplitte, Bretter, Bohlen und Latten,
so wie alle sonstigen Bau- und Brennmaterialien
hält stets vorräthig und empfiehlt billigst
Karl Plötzer.
Pasewalk im Mai 1844.

Auf einem Rittergute wird ein tüchtiger Re-
vierjäger gesucht. Außer freier Station, einem
guten Gehalt werden demselben sehr ansehnliche
Beschußgelder gezahlt. Das Nähere bei
W. C. Seibel in Zehdenick.

Meine Wohnung ist Leipziger Straße Nr. 68.
Berlin, den 17. Juli 1844.
Valentin,
Kammergerichts-Justiz-Kommissarius
und Notarius.

Preußische Rentenversicherungs-Anstalt.
Bekanntmachung.

Den Bestimmungen des § 61 der Statuten
gemäß, hat am 18. v. M. die Revision des Ab-
schlusses der Preußischen Rentenversicherungs-Anstalt für das Jahr 1843 und der darin aufgeführten Geld- und Dokumenten-Bestände statt gefunden,
auch sind die Verhandlungen darüber dem Königlichen hohen Ministerio des Innern eingereicht
worden.

Der mit dem kommissarischen Revisions-Attest
versehene Abschluß nebst Rechenschaftsbericht ist
abgedruckt und liegt bei der Direktion und den
Haupt- und Special-Agenten zur Einsicht offen.
Im Nachstehenden wird daraus das Wichtigste
mitgetheilt:

1) Die im Jahre 1843 gebildete fünfte Jahresgesellschaft bestand, nach Abzug der in demselben Jahre erloschenen 94 Einlagen, ult.
1843 aus 18,087 Einlagen mit einem Einla-
lage-Kapital, einschließlich der Nachtragszah-

lungen, von **372,262 Thlr.**; das jenem entsprechende Renten-Kapi-
tal beträgt **314,381** 18 4

2) Die Renten-Kapitale der
4 ersten Jahresgesellschaften 1839—1842 beliefen
sich ult. 1843 auf **3,663,183** 19 9

3) Der Reserve- und Admini-
strationskosten-Fonds ent-
hielt, nach Abzug des, zufolge § 38 der Statuten
auf die Jahresgesellschaft
1839 vertheilten entbehr-
lichen Fünftheils, noch **355,253** 21 8

4) Der von den konvertirten
Staatsschuldscheinen her-
rührende Prämien-Fonds
hatte ult. 1843 einen Be-
stand von **24,256** 28 3

5) Die Depositen an unab-
gehobenen Renten und
Ueberschüssen von ergänz-
ten Einlagen betrugen ult.
1843 . . . . **7,496** 29 —

6) Die in den Monaten Januar und Februar
1845 zahlbaren Renten einer vollständigen
Einlage von 100 Thlrn. erfolgen in nachstehenden Sätzen:

Jahres-gesell-schaft.	Klassen:					
	I.	II.	III.	IV.	V.	VI.
	rtv. fg. pf.	ltr. fg. pf.	tlr. fg. pf.	fa. vl.	ltr. fg. pf.	tlv. fg. pf. tlv. fa. pf.
1839	3 10 6	3 21 6	4 3 —	4 13 6	4 24 6	5 27 —
1840	3 4 —	3 12 6	3 22 —	4 2 —	4 12 —	5 10 —
1841	3 4 —	3 13 6	3 23 —	4 2 —	4 12 —	5 9 6
1842	3 3 —	3 13 —	3 22 6	4 2 —	4 11 6	5 7 —
1843	2 20 —	2 27 —	3 5 —	3 15 —	4 — —	4 22 —

In demselben Verhältnisse erfolgen für das
Jahr 1844 die Gutschreibungen auf unvollständige
Einlagen. Berlin, den 5. Juli 1844.
Das Curatorium der Preußischen Renten-
versicherungs-Anstalt.
v. Lamprecht.

Der Rechenschaftsbericht für das Jahr 1843
ist so eben erschienen, und liegt sowohl bei mir,

als bei sämmtlichen Special-Agenten im diesi-
gen Regierungsbezirk zur gefälligen Einsicht aus
Potsdam, den 20. Juli 1844.

E. Epner, Haupt-Agent der Anstalt.

Den resp. Interessenten der Mecklenburgischen
Hagel-Versicherungs-Gesellschaft zu Neu-Bran-
denburg, mache ich hiermit bekannt: daß ich in
der jüngsten General-Versammlung wiederum als
Direktorial-Substituten für die Abschätzung der
vom 15. d. M. ab, in diesem und dem folgen-
den Jahre, in den Kreisen Ost- und Westhavell-
Zauch-Belzig und 1sten Jerichow, vorkommenden
Hagelschäden, erwählt bin, mit dem Bemerken,
daß neben der Anzeige von geschehenen Unglücks-
fällen der Art, an mich, auch die an die kgl.
Seitens der Betheiligten, nothwendig ist.
Berge bei Nauen, am 16. Juli 1844.
Der Königl. Domainen-Beamte Friese.

Bekanntmachung.

Durch den Tod des bisherigen Rendanten der
Privat-Immobiliar-Feuersozietät der Ost- und
West-Priegnitz, Herrn Kämmerers Neumann,
ist die Ernennung eines andern Rendanten nöthig
geworden, und von uns dazu interimistisch der
Rathmann und Kaufmann Herr Carl Neumann
allhier, erwählt.

Zur Erklärung darüber, ob derselbe als Rendant definitiv bestätigt werden soll, so wie event.
zur Wahl eines andern Rendanten, und zur Feststellung seiner Rechte und Verpflichtungen steht
ein Termin
auf den 24. August d. J., Vormittags 9 Uhr,
hierselbst in dem Gasthofe des Herrn Denck-
mann, vor dem Herrn Justizrath Litzmann,
an, und werden zu demselben sämmtliche Theilnehmer der gedachten Sozietät mit dem Bemerken
eingeladen, daß von denjenigen, welche nicht erscheinen sollten, angenommen werden wird, sie
ließen sich den Beschluß der erschienenen Mitglieder gefallen.

Perleberg, den 18. Juli 1844.
Die Deputirten, und Namens derselben der
Kossäthe Andreas Braun in Rambow.

Oeffentlicher Anzeiger

zum 31sten Stück des Amtsblatts
er Königlichen Regierung zu Potsdam und der Stadt Berlin.

Den 2. August 1844.

Dem Lieutenant a. D. Freiherrn von Hacke-
·itz zu Berlin ist unterm 22. Juli 1844 ein
)atent auf

ein Verfahren, Metalle auf galvanischem Wege
farbig zu verzieren, so weit dieses Verfahren
als neu und eigenthümlich anerkannt worden
ist, ohne Jemand in der Darstellung von dergleichen Verzierungen auf dem bekannten Wege
zu behindern,

uf zehn Jahre, von jenem Tage an gerechnet,
und für den Umfang der Monarchie ertheilt worden.

Steckbriefe.

Der nachstehend signalisirte Arbeitsmann Franz
Eduard Fuchs, welcher wegen Diebstahls bei
uns in Verhaft gewesen, ist am 23. d. M. aus
dem Gefängnisse entwichen.

Sämmtliche Civil- und Militairbehörden wer-
en ersucht, auf denselben Acht zu haben, ihn im
Betretungsfalle verhaften und gegen Erstattung der
Kosten an uns abliefern zu lassen.

Neu-Ruppin, den 23. Juli 1844.

Königl. Stadtgericht.

Signalement des Arbeitsmannes Franz
Fuchs. Familiennamen: Fuchs, Bornamen: Franz
Eduard, Geburts- und Aufenthaltsort: Neu-Rup-
pin, Religion: evangelisch, Alter: 36 Jahr, Größe:
, Fuß 1 Zoll, Haare: schwarz, Stirn: gewölbt,
Augenbrauen: schwarz, Augen: braun, Nase und
Mund: proportionirt, Bart: schwarz, Zähne: bis
auf einen vollzählig, Kinn: rund, Gesichtsbildung:
mager und länglich, Gesichtsfarbe: blaßgelb, Ge-
stalt: klein, Sprache: märkisch-deutsch. Besondere
Kennzeichen: stotternd beim Sprechen.

Bekleidung desselben. Brauner Oberrock,
rothbuntes Chemisette, dunkelgeblümte halbseidene
Weste, Beinkleider von streifigem Sommerzeuge
und rindslederne Halbstiefel.

Oeffentliche Bekanntmachung.

Der aus Arzberg gebürtige, in Torgau und
Pehritsch wohnhaft gewesene Hofemeister Johann
Gottfried Franke ist von uns wegen erheblicher
Verletzung eines Menschen zur Kriminaluntersu-
chung gezogen. Im Laufe derselben hat sich der
Franke mit einem unter dem 3. Mai in Torgau
ausgestellten Passe versehen, angeblich nach Potsdam begeben. Daselbst ist er jedoch nicht eingetroffen und sein Aufenthaltsort bis jetzt auch nicht
zu ermitteln gewesen.

Wir ersuchen daher die Wohllöblichen Polizei-
Behörden, den Franke mit beschränkter Reiseroute
hierher zu weisen oder uns seinen Aufenthaltsort
anzuzeigen. Eilenburg, am 26. Juni 1844.

Königl. Inquisitoriat.

Polizeiliche Bekanntmachung.

Der hiesige Einwohner Heinrich Frischmüller hat das Gewerbe als Kommissionair niederlegen müssen, und darf von heute ab keine Kom-
missions-Geschäfte mehr betreiben, welches zur
allgemeinen Kenntniß gebracht wird.

Cremmen, den 20. Juli 1844.

Der Magistrat.

Bekanntmachung.

In Gemäßheit der Allerhöchsten Verordnung
vom 16. Juni 1819 § 6 (Gesetz-Sammlung
Nr. 549) wird hiermit bekannt gemacht, daß der
separirten Gärtner Adelheid Bautz in Charlottenburg folgende Staatsschuldscheine de 1842, als:

Nr.	36,880	Littr. F.	über	100	Thlr.,
"	36,881	" F.	"	100	"
"	10,923	" G.	"	50	"
"	13,097	" H.	"	25	"
"	32,549	" H.	"	25	"

angeblich gestohlen worden sind,

Es werden daher diejenigen, welche sich jetzt im Besitz der oben bezeichneten Dokumente befinden, hiermit aufgefordert, solches der unterzeichneten Kontrolle der Staatspapiere oder der zc. Bauß anzuzeigen, widrigenfalls die gerichtliche Amortisation derselben eingeleitet werden wird.

Berlin, den 23. Juli 1844.
Königl. Kontrolle der Staatspapiere.

Der Mühlenmeister Puhlmann zu Cammer beabsichtigt, auf einem bei dem Dorfe Schwiena erworbenen Ackerstücke eine neue Bockwindmühle, welche auf die Förderung fremden Gemahls berechnet ist, zu errichten.

Indem ich das Vorhaben des Puhlmann hiermit zur öffentlichen Kenntniß bringe, überlasse ich Jedem, der durch diese Anlage eine Gefährdung seiner Rechte befürchtet, seinen Widerspruch in einer achtwöchentlichen präklusivischen Frist bei mir anzumelden und gehörig zu begründen.

Belzig, den 2. Juli 1844.
Königl. Landrath Zauch-Belzigschen Kreises.
In Vertretung.
von Brösigke.

Der Mühlenmeister Schulze zu Bernau beabsichtigt auf dortiger Feldmark, auf einer von dem Bürger Zehler erworbenen, am Zepernicker Wege belegenen Ackerparzelle eine Bockwindmühle mit zwei Mahlgängen zu erbauen. Dies wird hierdurch mit der Aufforderung zur öffentlichen Kenntniß gebracht, etwanige Einwendungen dagegen, sowohl aus dem Edikt vom 28. Oktober 1810 als aus der Allerhöchsten Kabinetsordre vom 23. Oktober 1826, binnen Acht Wochen präklusivische

Nachweisung der im zweiten Quartal des Jahres 1844 über

Nummer	Namen und Stand.	Geburtsort	Alter J.	Größe F. Z.	Haare	Stirn.	Augenbrauen.
1	Israel Hirsch Lorenz, Schuhmachergeselle	Malchin im Meklenburg-Schwerinschen	23	5 1½	braun	frei, rund	braun
2	Georg Friedrich Franz, Schneidergeselle	Leipzig in Sachsen	32	4 11	blond	frei	dunkelblond
3	Matthias Niedzielsky, Rothgerbergeselle	Krakau	20	5 2½	blond	bedeckt	blond
4	Johann Friedrich Voigt, Arbeitsmann		42	5 5	hellblond	niedrig	blond
5	Friedrich Wilhelm Rühl, Tuchmachergeselle	Domicil im Meklenburg-Schwerinschen	24	5 1	braun	breit	braun
6	Carl August Ferdinand Knabe, Bediente	Sondershausen im Fürstenthum Schwarzburg-Sondershausen	21	5 4	blond	rund	braun
7	Friedrich Heinrich Wilhelm Heine, Schuhmachergeselle	Gartengemeine vor Hannover	20	5 4	braun	frei	braun
8	Gottlob Ferdinand Hentschel, Schneidergeselle	Löschwitz bei Dresden im Königreich Sachsen	22	5 2	braun	frei	braun
9	Johann Heinrich Rehders, Schlächtergeselle	Travemünde bei Lübeck	24	5 1½	blond	bedeckt	braun

frist bei dem unterzeichneten Landrath gehörig begründet anzumelden.

Berlin, den 13. Juli 1844.
Königl. Landrath Nieder-Barnimschen Kreises.
Scharnweber.

Bekanntmachung.

Die Wiesenbesitzer, Kaufmann E. F. Moll nd Genossen zu Freyenstein, beabsichtigen eine ｜erieselung ihrer Wiesen, und wollen sich dazu ｜s Wassers der Dosse bedienen, zu dem Zwecke ｜rin eine Schleuse anlegen, auch dem Laufe des ｜assers theilweise eine andere Richtung geben.

Dieses Vorhaben wird nach Vorschrift des ｜esetzes vom 28. Februar 1843 (Gesetzsammlung ｜eite 41 § 21) mit dem Bemerken bekannt gemacht, daß der Plan dazu im hiesigen landräth｜chen Büreau zur Einsicht bereit liegt.

Etwanige Widerspruchsrechte und Entschädigungsansprüche müssen binnen 3 Monaten, vom Tage des Erscheinens des ersten Amtsblatts an gerechnet, bei mir angemeldet werden. Dieß wird mit der Verwarnung bekannt gemacht, daß diejenigen, welche sich binnen der bestimmten Frist nicht gemeldet haben, in Beziehung auf das zur Bewässerung zu verwendende Wasser sowohl ihres Widerspruchsrechts, als des Anspruchs auf Entschädigung verlustig gehen, und in Beziehung auf das zu bewässernde oder zu den Wasserleitungen zu benutzende Terrain ihr Widerspruchsrecht gegen die Anlage verlieren und nur einen Anspruch auf Entschädigung behalten.

Kyritz, den 25. Juni 1844.
Königl. Landrath der Ostpriegnitz.
von Kröcher.

｜e Landesgrenze gewiesenen Bettler und Vagabonden.

Augen.	Nase.	Mund.	Bart.	Kinn.	Gesicht.	Statur.	Besondere Kennzeichen.
blau	mittel	mittel	braun, wenig.	oval	oval	untersetzt	kleine Narbe auf dem unteren Gliede des rechten Daumens
dunkelgrau	mittel	mittel	braun	rund	oval	klein	unterm rechten Ohr ein Drüsengeschwür und unterm Kinn linker Seits tiefe Narben.
blau	mittel	mittel	blond	rund	oval	mittel	
ellblond	kurz	etwas breit	röthlichblond	breit, gegrübt	oval	untersetzt	der rechte Fuß lahm.
braun	stark	breit, dicke Lippen	braun	spitz, gegrübt	oval	mittel	—
grau	etwas gebogen, stark	mittel	röthlichblond	rund	oval	untersetzt	—
braun	gewöhnlich	gewöhnlich	—	rund	oval	mittel	—
braun	folbig	proportionirt	braun	rund	breit	mittel	auf der linken Wange ein braunes Brandmaal, auf der Zunge eine Narbe.
hellbraun	mittel, aufstebend	groß	blond	rund	oval	untersetzt	—

Bekanntmachung.

Der Mühlenmeister Denkmann zu Rausdorff hat die Absicht, seine beim genannten Dorfe liegende Bockwindmühle nach einem von ihm zu dem Ende erkauften, auf derselben Feldmark, am Wege von Lenzen nach Boberow unter den sogenannten Moorstücken befindlichen, und ⅗ Meilen von der jetzigen Mühlenstelle entfernten Ackerstück zu verlegen.

Indem ich dies hiermit zur öffentlichen Kenntniß bringe, fordere ich alle diejenigen auf, welche aus dem Edikte vom 28. Oktober 1810 oder aus der Allerhöchsten Kabinetsordre vom 23. Oktober 1826 ein begründetes Widerspruchsrecht gegen obige Verlegung zu haben glauben, dieses Widerspruchsrecht binnen 8 Wochen präklusivischer Frist, vom Tage dieser Bekanntmachung an gerechnet, entweder bei mir oder bei dem Bauherrn schriftlich geltend zu machen. Perleberg, den 4. Juli 1844.

Königl. Landrath der Westpriegnitz.

v. Salbern.

Ediktal-Zitation.

* Der Königl. Oberförster von Kobilinski zu Gramzow hat Namens des Königl. Fiskus bei uns die Theilung der gemeinschaftlichen Jagd auf der Feldmark Bertikow beantragt. Wir haben einen Termin zur Anmeldung und zum weiteren Verfahren auf

den 2. September d. J., Vormittags 10 Uhr,
im herrschaftlichen Hause zu Bertikow anberaumt, und fordern alle diejenigen, welche bei der Theilung ein Interesse haben, auf, ihre Ansprüche in diesem Termine bei Vermeidung der Präklusion anzugeben und nachzuweisen.

Angermünde, den 5. Juni 1844.
Die Jagdtheilungs-Kommission des Angermünder Kreises.
Grieben.

Ediktal-Zitation.

* Der Königl. Oberförster von Kobilinski zu Gramzow hat Namens des Königl. Fiskus bei uns die Theilung der gemeinschaftlichen Jagd auf der Feldmark Lützlow beantragt. Wir haben einen Termin zur Anmeldung und zum weiteren Verfahren auf

den 3. September d. J., Vormittags 10 Uhr,
im herrschaftlichen Hause zu Lützlow anberaumt, und fordern alle diejenigen, welche bei der Theilung ein Interesse haben, auf, ihre Ansprüche in diesem Termine bei Vermeidung der Präklusion anzugeben und nachzuweisen.

Angermünde, den 5. Juni 1844.
Die Jagdtheilungs-Kommission des Angermünder Kreises.
Grieben.

* Die Lieferung des Brennholz-Bedarfs zur Heizung der Dienstzimmer im hiesigen Regierungs-Gebäude für die Wintermonate 184? und zu Verabreichung einiger Deputate — ein Quantum von 70 bis 80 Haufen Kiehnen-Klobenholz, soll nebst der Lieferung von 15 Haufen Kiehnen-Klobenholz und 5 Haufen Eichen-Knüppel- oder Eisenholz für das hiesige Schullehrer-Seminar, dem Mindestfordernden überlassen werden. Hierzu ist ein Bietungstermin auf

den 14. August d. J., Vormittags 11 Uhr,
im gedachten Regierungsgebäude und zwar im Büreau für das Kassenwesen anberaumt, zu welchem diejenigen, die auf diese allmälig nach ihrem Bedarf zu leistenden Lieferungen einzugehen beabsichtigen, sich einzufinden und bei der Ausstellung derselben ihre Gebote abzugeben haben.

Potsdam, den 24. Juli 1844.
Königl. Regierung.

Bekanntmachung.

Das Hypothekenbuch von den sechs bäuerlichen, zum unterzeichneten Gericht gehörigen Nahrungen zu Koerzien, soll auf den Grund der, in der Registratur vorhandenen und von den Besitzern eingezogenen Nachrichten regulirt werden. Es wird daher ein jeder, welcher dabei ein Interesse zu haben vermeint, aufgefordert, sich binnen 6 Wochen und spätestens

am 3. September d. J. in Stangenhagen zu melden und seine etwanigen Ansprüche anzugeben.

Gleichzeitig wird bekannt gemacht, daß

1) diejenigen, welche sich binnen der bestimmten Zeit melden, nach dem Alter und Vorzug ihres Realrechts werden eingetragen werden.

h) diejenigen, welche sich nicht melden, ihr vermeintes Realrecht gegen den dritten, im Hypothekenbuche eingetragenen Besitzer, nicht mehr ausüben können, und

i) in jedem Falle mit ihren Forderungen den eingetragenen Posten nachstehen, daß aber

k) denen, welchen eine bloße Grundgerechtigkeit zustände, ihre Rechte nach Vorschrift des Allgem. Landrechts Thl. 1 Tit. 22 §§ 16 und 17 und des Anhanges zum Allgem. Landrechte § 58 zwar vorbehalten bleiben, daß es ihnen aber auch freisteht, ihr Recht, nachdem es gehörig anerkannt und erwiesen worden, eintragen zu lassen.

Trebbin, den 1. Juli 1844.

von Thümensches Patrimonialgericht Stangenhagen.

Nothwendiger Verkauf.
Königl. Kammergericht in Berlin.

Das hierselbst in der Husarenstraße Nr. 17 belegene, dem Droschkenbesitzer Karl Friedrich Wilhelm Bode gehörige Grundstück nebst Zubehör, geschätzt auf 14,495 Thlr. 25 Sgr. 3½ Pf. zufolge der, nebst Hypothekenschein und Bedingungen in der Registratur einzusehenden Taxe, soll

am 24. September 1844

ordentlicher Gerichtsstelle subhastirt werden.

Nothwendiger Verkauf.
Königl. Kammergericht in Berlin.

Das hierselbst in der verlängerten Dorotheenstraße belegene, im Hypothekenbuche des Königl. Kammergerichts Vol. VII. Cont. c. Nr. 12 Pag. 5 verzeichnete, dem Rentier Jeremias Rudolph gehörige Grundstück nebst Zubehör, welches noch nicht ausgebaut ist, und dessen Werth an Grund und Boden und Baumaterialien und Arbeiten 24,242 Thlr. 8 Sgr. 11 Pf., und dessen muthmaßlicher Ertragswerth ohne Rücksicht auf die noch nicht zustellenden baulichen Unterhaltungskosten 26,506 Thlr. beträgt, zufolge der nebst Hypothekenschein und Bedingungen in der Registratur einzusehenden Taxe, soll am 17. September 1844 an ordentlicher Gerichtsstelle subhastirt werden.

Nothwendiger Verkauf.
Königl. Kammergericht in Berlin.

Das hierselbst vor dem neuen Thore, am neuen Thorplatze Nr. 2 belegene, dem Mühlenbaumeister Johann Andreas Engeler gehörige Grundstück nebst Zubehör, abgeschätzt auf 13,627 Thlr. 27 Sgr. 5 Pf. zufolge der, nebst Hypothekenschein und Bedingungen in der Registratur einzusehenden Taxe, soll

am 10. September 1844

an ordentlicher Gerichtsstelle subhastirt werden.

Der Zimmermeister Karl Friedrich Schellhorn oder seine Erben, und die Wittwe Jander, Marie Magdalene geb. Schneider, oder deren Erben werden zu diesem Termine öffentlich vorgeladen.

Nothwendiger Verkauf.
Königl. Kammergericht in Berlin.

Das hierselbst vor dem neuen Thore in der Invalidenstraße Nr. 50 belegene, dem Zimmerpolier Karl Friedrich Gumtow gehörige Grundstück nebst Zubehör, abgeschätzt auf 11,752 Thlr. 4 Sgr. 6 Pf. zufolge der, nebst Hypothekenschein und Bedingungen in der Registratur einzusehenden Taxe, soll am 23. Oktober 1844 an ordentlicher Gerichtsstelle subhastirt werden.

Nothwendiger Verkauf.
Königl. Kammergericht in Berlin.

Das in der Marienstraße Nr. 13, an der Ecke der Albrechtsstraße, hierselbst belegene, im Hypothekenbuche des Kammergerichts Vol. IX Cont. b Pag. 321 Nr. 21 verzeichnete, dem Stellmachermeister Karl Friedrich Ferdinand Groschupff gehörige Grundstück, abgeschätzt auf 23,150 Thlr. 22 Sgr. 9 Pf. zufolge der, nebst Hypothekenschein und Bedingungen in der Registratur einzusehenden Taxe, soll

am 20. Dezember 1844, Vormittags 11 Uhr, an ordentlicher Gerichtsstelle subhastirt werden.

Nothwendiger Verkauf.
Stadtgericht zu Berlin, den 1. Februar 1844.

Das in der Schießgasse Nr. 16 belegene Schumannsche Grundstück, gerichtlich abgeschätzt zu 9004 Thlr. 20 Sgr., soll am 17. September d. J., Vormittags 11 Uhr, an der Gerichtsstelle subhastirt werden. Taxe und Hypothekenschein sind in der Registratur einzusehen.

Die Wittwe Köhler, Johanne Margarethe geb. Bethge wird zu diesem Termine hierdurch mit vorgeladen.

Nothwendiger Verkauf.

Stadtgericht zu Berlin, den 1. Februar 1844.

Das in der Karlsstraße Nr. 38 belegene Pfaffenbergsche Grundstück, gerichtlich abgeschätzt zu 31,824 Thlr. 27 Sgr. 6 Pf., soll

am 20. September d. J., Vormittags 11 Uhr, an der Gerichtsstelle subhastirt werden. Taxe und Hypothekenschein sind in der Registratur einzusehen.

Nothwendiger Verkauf.

Stadtgericht zu Berlin, den 13. Februar 1844.

Das in der Mulackgasse Nr. 3 belegene Enzersche Grundstück, gerichtlich abgeschätzt zu 8256 Thlr. 14 Sgr. 4 Pf., soll

am 24. September d. J., Vormittags 11 Uhr, an der Gerichtsstelle subhastirt werden. Taxe und Hypothekenschein sind in der Registratur einzusehen.

Die dem Aufenthalte nach unbekannten Geschwister Sorge, oder deren Erben werden hierdurch öffentlich mit vorgeladen.

Nothwendiger Verkauf.

Stadtgericht zu Berlin, den 12. März 1844.

Das in der Blumenstraße Nr. 57 belegene Schmidtsche Grundstück, gerichtlich abgeschätzt zu 11,133 Thlr. 17 Sgr. 6 Pf., soll

am 18. Oktober 1844, Vormittags 11 Uhr, an der Gerichtsstelle subhastirt werden. Taxe und Hypothekenschein sind in der Registratur einzusehen.

Nothwendiger Verkauf.

Stadtgericht zu Berlin, den 19. März 1844.

Das in der Hirschelstraße Nr. 12 belegene Seepoldtsche Grundstück, gerichtlich abgeschätzt zu 9780 Thlr. 22 Sgr. 6 Pf., soll

am 25. Oktober d. J., Vormittags 11 Uhr, an der Gerichtsstelle subhastirt werden. Taxe und Hypothekenschein sind in der Registratur einzusehen.

Nothwendiger Verkauf.

Stadtgericht zu Berlin, den 19. März 1844.

Das in der Schäfergasse Nr. 21 belegene Badesche Grundstück, gerichtlich abgeschätzt zu 20,214 Thlr. 27 Sgr. 4½ Pf., soll

am 22. Oktober d. J., Vormittags 11 Uhr, an der Gerichtsstelle subhastirt werden. Taxe und Hypothekenschein sind in der Registratur einzusehen.

Die dem Aufenthalte nach unbekannte verwittwete Geheime Rechnungs-Revisor Harneder, Sophie Charlotte geb. Szameitke, oder deren Erben werden hierdurch öffentlich vorgeladen.

Nothwendiger Verkauf.

Stadtgericht zu Berlin, den 23. April 1844.

Das vor dem Schönhauser Thor an der Schönhauser Allee belegene Grundstück des Mühlenbaumeisters Engeler, gerichtlich abgeschätzt zu 827 Thlr. 5 Sgr., soll in seinem jetzigen Zustande

am 12. September d. J., Vormittags 11 Uhr, an der Gerichtsstelle subhastirt werden. Taxe und Hypothekenschein sind in der Registratur einzusehen.

Die dem Aufenthalte nach unbekannte Frau Lieutenant Kienitz, Henriette geb. Meyer wird hierdurch öffentlich vorgeladen.

Nothwendiger Verkauf.

Stadtgericht zu Berlin, den 2. Mai 1844.

Das in der Landwehrstraße Nr. 16 a belegene Grundstück des Architekten Johann Conrad Adler, gerichtlich abgeschätzt zu 1182 Thlrn. 9 Sgr. 4½ Pf., soll

am 16. September d. J., Vormittags 11 Uhr, an der Gerichtsstelle subhastirt werden. Taxe und Hypothekenschein sind in der Registratur einzusehen.

Nothwendiger Verkauf.

Stadtgericht zu Berlin, den 7. Mai 1844.

Das in der Langen Gasse Nr. 18 und 19 belegene Grundstück des Maurermeisters Wolff, gerichtlich abgeschätzt zu 11,556 Thlr. 9 Sgr. 6 Pf., soll

am 20. Dezember d. J., Vormittags 11 Uhr, an der Gerichtsstelle subhastirt werden. Taxe und Hypothekenschein sind in der Registratur einzusehen.

Die ihrem Aufenthalt nach unbekannten Gläubiger, die Wittwe des Gutsbesitzers Fuhrmann

Marie geb. Leetz und die Wittwe des Maurermeisters Wolff, Marie Wilhelmine geb. Fuhrmann werden hierdurch öffentlich vorgeladen.

Nothwendiger Verkauf.
Königl. Land- und Stadtgericht zu Strausberg,
en 22. Mai 1844.

Die zur Nachlaßmasse der verwittweten Tischlermeister Haack, Friederike geb. Hirte gehörigen,
 erselbst belegenen Grundstücke

a) das in der Müncheberger Straße sub Nr. 110
   belegene Wohnhaus nebst Zubehör, abgeschätzt
   auf 673 Thlr. 22 Sgr.,
b) der vor dem Müncheberger Thore belegene
   Garten, tarirt auf 55 Thlr.,
llen
am 17. September d. J., Vormittags 11 Uhr,
r ordentlicher Gerichtsstelle subhastirt werden.
are und Hypothekenschein sind in unserer Regi-
atur einzusehen.

Nothwendiger Verkauf.
Theilungshalber.
atrimonialgericht Zerpenschleuse, am 25. Mai 1844.

Die zum Nachlaß der Wittwe Schaller geb.
ühne gehörigen Oberkähne XIII—43, geschätzt
170 Thlr. 15 Sgr., und XIII—45, geschätzt
282 Thlr. 23 Sgr., sollen

am 2. Oktober d. J., Vormittags 11 Uhr,
Gerichtsstelle zu Zerpenschleuse öffentlich ver-
ift werden. Die Tare ist bei uns und dem
hiffsbaumeister Bartholdy zu Zerpenschleuse
zusehen, welcher auch die Kähne vorzeigt.

Nothwendiger Verkauf.
Königl. Justizamt Löcknitz zu Prenzlow, den
Juni 1844.

Das zum Nachlasse des in Plöwen verstorbe-
Schmiedemeisters Friedrich Hasenbank ge-
ige, daselbst belegene Schmiedegrundstück, nem-
ein Wohnhaus, Scheune, Schmiede, ein Gar-
Wörde und Wiese, eingetragen im Plöwenschen
pothekenbuche Vol. II Fol. 7, und gerichtlich
rt zu 1960 Thlr. 10 Sgr., soll

im 24. Oktober d. J., Vormittags 11 Uhr,
Gerichtsstelle zu Brüssow öffentlich verkauft
ben.

Die Tare und der neueste Hypothekenschein
sind in unserer Registratur einzusehen.

Zugleich werden alle unbekannte Realansprüche
Machenden bei Vermeidung des Ausschlusses hierdurch dazu mit vorgeladen.

Nothwendiger Verkauf.
Stadtgericht zu Berlin, den 7. Juni 1844.

Das in der Ackerstraße Nr. 6 belegene Kunst'sche
Grundstück, gerichtlich abgeschätzt zu 11,274 Thlrn.
18 Sgr. 9 Pf., soll

am 14. Januar 1845, Vormittags 11 Uhr,
an der Gerichtsstelle subhastirt werden. Tare und
Hypothekenschein sind in der Registratur einzusehen.

Nothwendige Subhastation.
Stadtgericht zu Charlottenburg, den 21. Juni 1844.

Das hierselbst in der Spreestraße sub Nr. 33
belegene, im hiesigen stadtgerichtlichen Hypothekenbuche Vol. XII Nr. 729 auf den Namen des Partikulier Carl Friedrich Reuther verzeichnete Grundstück, zufolge der, nebst Hypothekenschein in unserer Registratur einzusehenden Tare abgeschätzt auf
3426 Thlr. 3 Sgr. 3 Pf., soll

am 5. Oktober 1844, Vormittags 10 Uhr,
an ordentlicher Gerichtsstätte subhastirt werden.

Der seinem Aufenthalte nach unbekannte Eigenthümer, Partikulier Carl Friedrich Reuther, wird
zu diesem Termine öffentlich vorgeladen.

Bekanntmachung.
Das im Prenzlower Kreise der Ukermark belegene Rittergut Dedelow, durch seinen Umfang
und seine vorzügliche natürliche Bodenbeschaffenheit und Lage eins der bedeutendsten Güter dieser
Gegend, soll mit dem dazu gehörigen Wirthschafts-
Inventario

den 9. September d. J., Vormittags 10 Uhr,
in dem herrschaftlichen Wohnhause zu Dedelow,
im Wege der öffentlichen Lizitation von Johanni
1845 ab, auf 14 nach einander folgende Jahre,
also bis Johanni 1859 an den Meistbietenden öffentlich verpachtet werden. Das Rittergut Dedelow liegt an der neugebauten Chaussee von Meklenburg nach Prenzlow, und daher unmittelbar durch
Chaussee verbunden: ½ Meilen von der Kreisstadt

Prenzlow, 7 Meilen von Stettin, 13 Meilen von Berlin und 4 Meilen von der Berlin-Stettiner Eisenbahn.

Die Verpachtungsbedingungen können vorher in dem herrschaftlichen Wohnhause des Dominii und bei dem Patrimonialrichter desselben, Justizrath Hugo zu Prenzlow, eingesehen werden.

Prenzlow, am 23. Juni 1844.

Wlig von Klützow'sches Gericht über Dedelow.

Rothwendiger Verkauf.

Land- und Stadtgericht zu Freienwalde a. d. Oder, den 24. Juni 1844.

Das unweit der Stadt, am Wege nach dem hiesigen Gesundbrunnen belegene, zum Nachlasse der verehelichten Kunstgärtner Poy gebornen Behrendt gehörige Wohnhaus nebst Zubehör und Garten, welches auch durch Vermiethung an hiesige Kurgäste bisher genutzt ist, abgeschätzt auf 642 Thlr. 21 Sgr. 6 Pf. zufolge der, nebst Hypothekenschein in der Registratur einzusehenden Taxe, soll

am 8. Oktober 1844, Vormittags 11 Uhr, Theilungshalber an ordentlicher Gerichtsstelle subhastirt werden.

Rothwendige Subhastation.

Königl. Stadtgericht zu Kyritz, den 29. Juni 1844.

Das dem Arbeitsmann Joachim George Caspar Schultz gehörige, Vol. IV Nr. 339 verzeichnete Budenhaus in der Weberstraße allhier, taxirt zu 225 Thlr. 29 Sgr. 6 Pf., soll

am 30. September d. J., Vormittags 11 Uhr, an ordentlicher Gerichtsstelle nothwendig subhastirt werden. Taxe und Hypothekenschein sind in der Registratur einzusehen.

Subhastations-Patent.

Die den Erben der hierselbst verstorbenen Wittwe Düringshofen gehörigen Grundstücke, nemlich:

1) das hierselbst belegene, im Hypothekenbuche von Wriezen Vol. II Pag. 133 Nr. 61 verzeichnete Wohnhaus, gerichtlich abgeschätzt auf 345 Thlr. 4 Sgr. 11½ Pf.,

'm Hypothekenbuche von Wriezen Vol. XIII '68 Nr. 15 verzeichnete Garten, gerichtlich geschätzt auf 287 Thlr. 15 Sgr.,

sollen im Wege der nothwendigen Subhastation einzeln

am 4. November 1844, Vormittags 11 Uhr, an der Gerichtsstelle hierselbst öffentlich meistbietend verkauft werden.

Die Taxen, die neuesten Hypothekenscheine und die besonderen Kaufsbedingungen können täglich in unserer Registratur eingesehen werden.

Wriezen, den 29. Juni 1844.

Königl. Land- und Stadtgericht.

Rothwendiger Verkauf.

Das dem Tuchscheermeister Johann Gottlieb Wilcke gehörige, hierselbst in der Burgstraße sub Nr. 221 belegene Wohnhaus nebst Zubehör, abgeschätzt zu 1669 Thlr. 5 Sgr. 1 Pf. zufolge der, nebst Hypothekenschein und Bedingungen in unserer Registratur einzusehenden Taxe, soll

am 2. November 1844, Vormittags 11 Uhr, in unserm Geschäftslokal öffentlich meistbietend verkauft werden.

Rathenow, den 8. Juli 1844.

Königl. Preuß. Stadtgericht.

Rothwendiger Verkauf.

Das dem Schuhmacher Johann Friedrich Wolff zu Kagel zugehörige, Vol. III Pag. 168 Nr. 13 in unserm Hypothekenbuche verzeichnete Grundstück, bestehend aus einem Wohnhause und 1 Morgen 35 ☐Ruthen Ackerland, abgeschätzt auf 81 Thlr., soll in dem auf

den 20. November d. J., Vormittags 11 Uhr, an hiesiger Gerichtsstelle anberaumten Termine öffentlich an den Meistbietenden verkauft werden.

Taxe und Hypothekenschein sind in unserer Registratur einzusehen.

Alt-Landsberg, den 9. Juli 1844.

Königl. Land- und Stadtgericht.

Rothwendige Subhastation.

Stadtgericht zu Charlottenburg, den 9. Juli 1844.

Das hierselbst in der Schulstraße sub Nr. 1 belegene, im stadtgerichtlichen Hypothekenbuche Vol. X Nr. 535 Pag. 4271 verzeichnete Grundstück, abgeschätzt auf 1954 Thlr. 19 Sgr. zufolge der, nebst Hypothekenschein in der Registratur einzusehenden Taxe, soll am 26. November b. J., Bormittags 10 Uhr,

n hiesigen Stadtgerichte, Jägerstraße Nr. 2, sub-
astirt werden.

Nothwendiger Berkauf.

Königl. Landgericht zu Berlin, den 16. Juli 1844.

Das zu Neu=Moabit in der Waldstraße Nr. 34
legene, dem Parfümerie=Fabrikanten August Herr-
ann Louis Schmidt gehörige Erbpachtsgrund-
ick, abgeschätzt auf 735 Thlr. 29 Sgr. 5 Pf. zu-
lge der, nebst Hypothekenschein in dem 11ten Bü-
au einzusehenden Taxe, soll

am 6. November b. J., Bormittags 11 Uhr,

i ordentlicher Gerichtsstelle, Zimmerstraße Nr. 25,
bbaftirt werden.

Bekanntmachung.

Das der verehelichten Regierungs = Sekretair
chmidt, Elise geborne Liegniz, gehörige, in
r Berliner Vorstadt, neue Königsstraße Nr. 9 a
legene, in unserm Hypothekenbuche von jener
orstadt Vol. III Nr. 117 verzeichnete, auf 5137
hlr. abgeschätzte Grundstück nebst Zubehör soll
 Wege der nothwendigen Subhastation verkauft
rden, und ist hierzu ein Bietungstermin auf

den 6. Februar 1845, Bormittags 10 Uhr,

r dem Stadtgerichtsrath Herrn Steinhausen
 Stadtgericht, Lindenstraße Nr. 54, anberaumt.

Der Hypothekenschein, die Taxe und die be-
nderen Kaufbedingungen sind in unserer Regi-
atur einzusehen.

Potsdam, den 18. Juli 1844.

Königl. Stadtgericht hiesiger Residenz.

Bekanntmachung.

Das zum Nachlasse des Schuhmachermeisters
rkoski gehörige, in der Junkerstraße Nr. 62
egene, in unserm Hypothekenbuche von der
abt Nr. 713 verzeichnete, auf 1721 Thlr. ab-
hätzte Grundstück nebst Zubehör, soll im Wege
 freiwilligen event. nothwendigen Subhastation
hufs der Auseinandersetzung verkauft werden,
 ist hierzu ein Bietungstermin auf

en 6. November b. J., Bormittags 11 Uhr,

· dem Stadtgerichtsrath Herrn Siede im
abtgericht, Lindenstraße Nr. 54, anberaumt.

Der Hypothekenschein, die Taxe und die besonderen Kaufbedingungen sind in unserer Registratur einzusehen.

Potsdam, den 20. Juli 1844.

Königl. Stadtgericht hiesiger Residenz.

Patent.

Die den Geschwistern Lepper, jetzt deren Erben gehörigen hiesigen Grundstücke, nemlich:

1) das in der Fischerstraße Nr. 142 belegene
   Wohnhaus nebst Garten und Wiese, tarirt
   976 Thlr. 27 Sgr. 6 Pf.,
2) das Wohnhaus in der Fischerstraße Nr. 141,
   tarirt 75 Thlr.,
3) der Gerstgarten vor dem Ruppiner Thor
   Nr. 14, tarirt 200 Thlr.,

sollen zufolge der, nebst der Taxe einzusehenden
Verkaufsbedingungen im Termin

den 19. November b. J., Bormittags 10 Uhr,

Theilungshalber meistbietend verkauft werden.

Der Husar Johann Friedrich Frege,
der Kaufmann Friedrich Wilhelm Frege,
der Kaufmann Friedrich Heinrich Ludewig
   Frege,
die Caroline Henriette Frege,
und der Färbergeselle Carl Friedrich Werbermann

werden dazu öffentlich hierdurch vorgeladen.

Lindow, den 17. Juli 1844.

Das Stadtgericht.

Nothwendiger Berkauf.

Stadtgericht zu Treuenbrietzen, den 22. Juli 1844.

Der, dem Schlächtermeister Carl Ludwig Kraatz
zugehörige Garten hinter der Schule, dem Burg-
wall gegenüber, Litr. C Nr. 59, abgeschätzt auf
70 Thlr. 4 Sgr. 5 Pf. zufolge der, nebst Hypothekenschein und Bedingungen in der Registratur
einzusehenden Taxe, soll

am 30. Oktober b. J., Bormittags 11 Uhr,

an ordentlicher Gerichtsstelle subhastirt werden.

Bekanntmachung.

Königl. Land = und Stadtgericht zu Spandow,
den 26. Juli 1844.

Der in der Ackerbürger Jacobschen Subhastationssache auf

ben 5. August b. J., Vormittags 11 Uhr, anberaumte Lizitationstermin wird hierdurch aufgehoben.

Gasthofverkauf in Lenzen.

Es soll das der hiesigen Kommune gehörige Gasthofsgebäude, genannt zur Stadt Hamburg, nebst Seiten- und Hintergebäude, bestehend aus 14 Stuben, einem Saale, 5 Kammern, 2 Küchen, Hofplatz, Kellern, Stallungen, Wagenremisen u. s. w.,

am 20. August b. J., Vormittags 10 Uhr, zu Rathhause meistbietend verkauft werden, wozu wir Kauflustige unter dem Bemerken einladen, daß die Bedingungen im Termin werden bekannt gemacht werden. Lenzen, den 23. Juli 1844.

Der Magistrat.

Es ist bei uns die Bürgermeisterstelle, verbunden mit Vierhundert Thalern Gehalt pro anno, vakant; darauf Reflektirende wollen sich bis zum 8. August b. J. in portofreien Briefen oder persönlich bei unserem Vorsteher, Bäckermeister Wernicke, melden.

Wittenberge, den 8. Juli 1844.

Die Stadtverordneten.

An einer frequenten Landstraße wird ein nahrhafter Krug mit etwas Land zu miethen, oder mit 500 Thlrn. Angeld zu kaufen gesucht. Wer einen solchen abzulassen oder nachzuweisen hat, beliebe seine Adresse mit der Beschreibung des Grundstücks, Kauf- oder Miethspreis an den Schaafmeister Schneider zu Damm bei Zehdenick franko einzusenden.

Die zu Petzow bei Potsdam belegene Bock-Windmühle wird nebst Müllerwohnung und Garten am 1. Oktober b. J. pachtlos. Kautions-fähige Müller, welche hierauf reflektiren woll erfahren die Pachtbedingungen beim Rechnung führer Niepagen zu Petzow.

Zwei neue Netzkähne, kanalmäßig gebaut, hen zum Verkauf beim Mühlenbesitzer Hem zu Mühlendorff bei Driesen. Anfragen frank.

Der Lüchensche Krug, höchst frequent, ver ben mit einem guten Materialgeschäfte, soll Aeckern, Wiesen und Holzungen verkauft werd Kaufliebhaber können sich melden bei

Gronau Pritzwalk, den 17. Juli 1844.

Meine Wohnung ist Leipziger Straße Nr. 6 Berlin, den 17. Juli 1844.

Valentin, Kammergerichts-Justiz-Kommissar und Notarius.

Zur selbstständigen Bewirthschaftung eines b deutenden Ritterguts wird ein kautionsfähiger Gut Administrator — der auch verheirathet sein kan baldigst gesucht. Außer dem sehr ansehnlichen G halt wird demselben auch noch eine Tantieme gesichert.

Ebenso wird auf einem andern Ritterguts erfahrener unverheiratheter Wirthschafts-Inspe unter annehmbaren Bedingungen gesucht. Näheres bei W. E. Seidel in Zehdenick.

Eine tüchtige Wirthschafterin weist nach W. E. Seidel in Zehdenick.

Ein gewandter und gut empfohlener Handlu Kommis sucht baldigst ein anderweites Engage durch W. E. Seidel in Zehdenick.

Oeffentlicher Anzeiger
zum 32sten Stück des Amtsblatts
der Königlichen Regierung zu Potsdam und der Stadt Berlin.

Den 9. August 1844.

Steckbrief.

Der nachstehend näher signalisirte Militairsträfling Carl Friedrich Joachim Bluhm hat heute Nachmittag um 5 Uhr Gelegenheit gefunden, vom Arbeitsposten am Retranchement zu entweichen, und werden daher alle Militair- und Zivilbehörden dienstergebenst ersucht, auf selbigen zu vigiliren, im Betretungsfalle arretiren und hierher abliefern zu lassen. Signalement. Vornamen: Carl Friedrich Joachim, Familienname: Bluhm, Geburtsort: Krugsdorf, Kreis: Ukermünde, Regierungsbezirk: Stettin, Religion: evangelisch, Alter: 27 Jahr 3 Monat, Größe: 5 Fuß 11¾ Zoll, Haare: braun, Stirn: flach, Augenbrauen: braun, Augen: braun, Nase: groß, Mund: gewöhnlich, Zähne: vollständig, Bart: braun, Kinn: rund, Gesichtsbildung: länger, Gesichtsfarbe: blaß, Gestalt: schlank, Sprache: deutsch. Besondere Kennzeichen fehlen.

Bekleidet war derselbe mit einer blauen Tuchjacke mit rothem Kragen und rothen Achselklappen, grauen Tuchhosen, einer bunten Weste, einem leinenen Hembe, gezeichnet: Straf-Sektion Spandau %/o. 44. 25., einem Paar Kommißstiefeln und einer Mütze mit rothen Streifen und Schirm.

Spandow, den 3. August 1844.
Königl. Preußische Kommandantur.

Bekanntmachung.

Der Papiermachergeselle Karl Gottlieb David Borchert, aus Wanzka, hat den ihm von der Großherzoglich Mecklenburgischen Regierung zu Neu-Strelitz unterm 20. Juni zur Reise im In- und Auslande ertheilten Reisepaß, auf der Tour von Weitlage nach Holländische Papiermühle an d. M. verloren. Das Signalement des Paßhabers wird nachstehend mitgetheilt und der qu. Reisepaß für ungültig erklärt.

Neustadt-Eberswalde, den 22. Juli 1844.
Königl. Domainen-Rent-Amt
vigore commissionis
Königl. Regierungs-Referendar
Graf v. Oriolla.

Signalement: Geburtsort: Wanzka im Mecklenburg-Strelitzschen, Religion: evangelisch, Alter: 20 Jahr, Größe: 5 Fuß 2 Zoll, Haare: schwarzbraun, Augen: braun, Nase: gewöhnlich, Mund: klein, Bart: fehlt, Zähne: vollständig, Kinn: breit, Gesichtsbildung: ziemlich voll, Gesichtsfarbe: blaß, Gestalt: klein, Sprache: deutsch. Besondere Kennzeichen: einige Sommersprossen im Gesicht.

Königl. Preuß. staats- und landwirthschaftliche Akademie Eldena bei Greifswald.

Die Vorlesungen an der Königl. Preuß. staats- und landwirthschaftlichen Akademie werden für das nächste Wintersemester am 15. Oktober d. J. beginnen, und sich auf folgende Unterrichts-Gegenstände beziehen:

1) Ein- und Anleitung zum akademischen Studium. 2) Finanzwissenschaft. 3) Allgemeiner Acker- und Pflanzenbau. 4) Allgemeine Vieh- und Schafzucht. 5) Darstellung und Erklärung der landwirthschaftlichen Geräthe und Werkzeuge. 6) Repetitorium über Rindviehzucht. 7) Besondere landwirthschaftliche Betriebslehre. 8) Küchengartenbau. 9) Landwirthschaftliche Technologie mit praktischen Demonstrationen. 10) Anatomie, Physiologie und Geographie der Pflanzen. 11) Naturgeschichte der Forstpflanzen. 12) Mineralogie und Geognosie. 13) Organische Chemie mit Rücksicht auf Pflanzen- und Thierproduktion. 14) Lehre von der Elektricität und dem Magnetismus. 15) Anatomie und Physiologie der Hausthiere. 16) Aeußere Krankheitslehre. 17) Geburtshilfe. 18) Geschichte der Landwirthschaft. 19) Darstellung der preußischen Verfassung und Behördenorganisation. 20) Bauconstruktionslehre und Veranschlagung ländlicher Gebäude. 21) Landwirthschaftlicher Wege- und Wasserbau. 22) Mechanik und Maschinenlehre. 23) Praktische

Stereometrie, ebene Trigonometrie und einige Kapitel der Arithmetik. 24) Landwirthschaftsrecht.

In Betreff der näheren Angabe, welche bezüglich der Vorbildung an die zum Eintritt sich Meldenden zu stellen sind, so wie wegen jeder andern gewünschten Auskunft beliebe man sich an den Unterzeichneten zu wenden, welcher solche gern ertheilen wird.

Eldena, im Juli 1844.
Die Direktion der Königl. staats- und landwirthschaftlichen Akademie.
C. Baumstark.

Bekanntmachung.

Der Mühlenmeister Doßmann zu Sandberg beabsichtigt, in seiner Mühle noch einen neuen Mahlgang anzulegen und ihn mit demselben Rade in Verbindung zu bringen, welches den einen bereits vorhandenen Gang in Bewegung setzt, während er einen zweiten alten Mahlgang nur noch zum Spitzen und Schrooten einstweilen beibehalten will.

An dem Wasserstande und den Betriebswerken wird eine Veränderung nicht intendirt.

Indem ich das Vorhaben des Doßmann hiermit zur öffentlichen Kenntniß bringe, fordere ich alle Diejenigen, welche dadurch eine Gefährdung ihrer Rechte befürchten, auf: Widersprüche in einer präklusivischen Frist von 8 Wochen bei mir anzumelden und gehörig zu begründen.

Belzig, den 29. Juli 1844.
Königl. Landrath Zauch-Belzigschen Kreises.
von Tschirschky.

Der Mühlenmeister Schulze zu Bernau beabsichtigt auf dortiger Feldmark, auf einer von dem Bürger Zehler erworbenen, am Zepernicker Wege belegenen Ackerparzelle eine Bockwindmühle mit zwei Mahlgängen zu erbauen. Dies wird hierdurch mit der Aufforderung zur öffentlichen Kenntniß gebracht, etwanige Einwendungen dagegen, sowohl aus dem Edikt vom 28. Oktober 1810 als aus der Allerhöchsten Kabinetsorbre vom 23. Oktober 1826, binnen Acht Wochen präklusivischer Frist bei dem unterzeichneten Landrath gehörig begründet anzumelden.

Berlin, den 13. Juli 1844.
Königl. Landrath Nieder-Barnimschen Kreises.
Scharnweber.

Holzversteigerung zur freien Konkurrenz.

Es soll den 22. August d. J. im Gasthofe zu den drei Kronen in Fürstenwalde nachstehendes Holz aus dem Einschlage im Neubrücker Forstreviere vom Jahre 1844, und zwar:

1) Belauf Schwarzheide: 160½ Klaftern Eichen-Scheit-, 13½ Klaftern Eichen-Ast-, 41 Klaftern Birken-Scheit-, 6 Klaftern Birken-Ast-, 3½ Birken-Stock-, ¼ Ellern-Ast-, ½ Linden-Scheit-, 624 Klaftern Kiefern-Scheit- und 86 Klaftern ungespalten Kiefern-Astholz. 2) Belauf Jakobsdorf II.: 1 Klafter Eichen-, 82½ Birken-, 1 Ellern-, 1 Linden- und 15½ Klaftern Kiefern-Scheitholz. 3) Belauf Jakobsdorf III.: 1) Klaftern Birken- und 216½ Klaftern Kiefern-Scheitholz. 4) Belauf Kersdorf: 161½ Klaftern Eichen- und 87½ Kiefern-Scheitholz. 5) Belauf Alt-Golm V.: 1 Klafter Ellern-Scheit-, ½ Klafter Ellern-Ast-, 128 Klaftern Kiefern-Durchforstungs-Ast- und 2 Klaftern gespalten Kiefern-Astholz. 6) Belauf Alt-Golm II.: 132½ Klaftern Kiefern-Scheit-, 105½ Klaftern Kiefern-Durchforstungs-Ast- und 60 Klaftern Kiefern-Stockholz. 7) Belauf Biegenbal: 8 Klaftern Buchen-Scheit-, 73½ Klaftern Birken-, 1½ Ellern- und 135½ Klaftern Kiefern-Scheit- und 2½ Klaftern Kiefern- gespalten Astholz. 8) Belauf Junkersfeld: 67 Klaftern ungespalten Kiefern-Ast-, 39½ Kiefern-Stockholz. 9) Belauf Kaisermühl: 3½ Klaftern Kiefern-Scheitholz, in Summa 2309¾ Klaftern der Brennholz,

im Wege der Licitation öffentlich an den Meistbietenden verkauft, wozu Kaufliebhaber an dem gedachten Tage, Vormittags 10 Uhr, hiermit eingeladen werden.

Das sämmtliche Holz steht theils auf den Schiffungs-Ablagen am Friedrich-Wilhelms-Kanal und der Spree, theils in geringer Entfernung von denselben. Der Verkauf geschieht in größeren und kleineren Loosen, so daß auch die Selbstconsumenten ihren Bedarf befriedigen können. Bei größeren, über 50 Thlrn. hinausgehenden Kaufsummen muß der vierte Theil derselben als Angeld im Termine an dem anwesenden Herrn Forstkassen-Renbanten gezahlt werden. Alle übrigen Bedingungen werden im Termine selbst näher bekannt gemacht. Die betreffenden Förster sind übrigens angewiesen, die zum Verkauf kommenden Hölzer auf Verlangen an Ort und Stelle vorzuzeigen; ebenso sind

die speciellen Verzeichnisse dieser Hölzer 8 Tage vor dem Termine in hiesiger Expedition einzusehen.
Neubrück, den 3. August 1844.

Der Oberförster Eyber.

Präklusionsbescheid.

In der Sache, betreffend die Theilung der gemeinschaftlichen Jagd des Ländchens Rhinow, wird hiermit festgesetzt:

daß sämmtliche unbekannte Interessenten, welche sich, der unterm 19. April d. J. erlassenen Ediktalladung ungeachtet, in dem Einleitungstermine den 27. Juni 1844 nicht gemeldet haben, mit ihren Ansprüchen zu präkludiren.

Wolsier, den 13. Juli 1844.

Kreis-Jagdtheilungs-Kommission für den West-Havelländischen Kreis der Kurmark Brandenburg.
Brachvogel.

Bekanntmachung.

Die hiesige Krugwirthschaft und die damit verbundene Ziegelstreicherei, sollen auf drei hinter einander folgende Jahre, von Martini 1845 bis dahin 1848, öffentlich meistbietend verpachtet werden, wozu ein Termin auf

den 16. September d. J., Vormittags 10 Uhr,

in dem hiesigen Geschäftslokale ansteht.

Bietungslustige werden dazu mit dem Bemerken eingeladen, daß die Pachtbedingungen ebendaselbst eingesehen werden können.

Stift zum Heiligengrabe, den 29. Juli 1844.

v. Avemann, J. A.

Bekanntmachung.

Die Ausführung der diesjährigen Straßenpflaster-Reparaturen soll nach einem Kommunalbeschlusse dem Mindestfordernden übertragen werden, und haben wir zur Abgabe der Gebote einen Termin auf

Mittwoch den 14. künftigen Monats, Vormittags 11 Uhr,

zu Rathhause vor dem Herrn Stadtsekretair Michaelis anberaumt. Der Kostenanschlag und die Bedingungen sind werktäglich in unserer Registratur einzusehen.

Potsdam, den 30. Juli 1844.

Der Magistrat.

Bekanntmachung.

Für die ihrem Aufenthalte nach unbekannten Gebrüder Streichenberg, Carl, Albert und Ferdinand, befinden sich in unserem Depositorio 14 Thlr. 8 Sgr. 8 Pf., weshalb dieselben oder deren Erben zur Erhebung binnen 4 Wochen bei Vermeidung der Abführung dieser Gelder zur Justiz-Offizianten-Wittwenkasse aufgefordert werden.

Liebenwalde, am 26. Juli 1844.

Königl. Land- und Stadtgericht.

Bekanntmachung.

Es ist zur Verbesserung der Kämmerei-Einkünfte für nothwendig und nützlich erachtet worden, die hiesigen Stadtmühlen-Grundstücke, als:

1) die neu erbaute, vor dem Mühlenthore belegene Mahlmühle von 6 Gängen, deren drei nach nordamerikanischer Art, nebst Wohn- und Wirthschaftsgebäuden und dem vorhandenen Inventarium, so wie

2) die bisher dazu gehörig gewesene, ⅛ Meile von hiesiger Stadt belegene Niedermühle von 2 Mahlgängen, nebst Oel- und Graupenmühle, Wohn- und Wirthschaftsgebäuden, 11 Morgen 115 ☐Ruthen Aecker, Gartenland und sämmtliches zu dem Grundstück gehöriges Inventarium,

einzeln, oder, wie es gewünscht wird, zusammen meistbietend zu verkaufen.

Dazu haben wir einen Termin auf den 16. September d. J., Vormittags 9 Uhr, zu Rathhause hierselbst angesetzt, und laden qualifizirte Käufer mit dem Bemerken ein, daß bei Schließung des Kontraktes nur eine Anzahlung von 12,000 Thlr. und resp. 2000 Thlr. verlangt wird, der Kaufgelderrest aber auf die Grundstücke eingetragen werden kann. Die Lizitationsbedingungen können täglich in unserer Registratur eingesehen und werden den Interessenten auch noch im Termin bekannt gemacht werden.

Coeslin, den 22. Juli 1844.

Der Magistrat.

Bekanntmachung.

Die dem Bastianschen Großbürgergute in Saarmund, Zauch-Belziger Kreises, bisher obgelegene Verpflichtung zur Unterhaltung des dortigen Gemeinde-Bullen, ist gegen Zahlung einer Kapitals-Entschädigung von 700 Thlr., zur Ablösung gekommen,

Nach Maaßgabe der feststehenden Theilnahmerechte fällt nun von diesem Ablösungs-Kapitale
ein Antheil auf

1) das Großbürgergut der Amtsrath Kühneschen Erben von 46 Thlrn. 4 Sgr. 6 Pf.,
2) das Großbürgergut des Kammergerichts-Referendarius a. D. Eduard August Kühne
von 46 Thlrn. 4 Sgr. 6 Pf.,
3) das Großbürgergut des Carl Ludwig Hildebrandt von 46 Thlrn. 4 Sgr. 6 Pf.,
4) das Großbürgergut der Bastianschen Eheleute von 46 Thlrn. 4 Sgr. 6 Pf.,
5) das Mittelbürgergut des Zimmermeisters Wallis von 23 Thlrn. 2 Sgr. 3 Pf.,
6) das Mittelbürgergut des Peter Schulze von
23 Thlrn. 2 Sgr. 3 Pf.,
7) das Mittelbürgergut des Friedrich Wilhelm
Mahlow von 23 Thlrn. 2 Sgr. 3 Pf.,
8) das Mittelbürgergut der verehelichten Friedrich Schulz, Dorothee Luise geb. Warlich, von 23 Thlrn. 2 Sgr. 3 Pf.,
9) das Mittelbürgergut des Friedrich Wilhelm
Thiele von 23 Thlrn. 2 Sgr. 3 Pf., und
10) das Mittelbürgergut der Johann Wilhelm
Zietemannschen Eheleute von 23 Thlrn.
2 Sgr. 3 Pf.,

wovon die etwa unbekannten Realberechtigten dieser Güter mit dem Bemerken hierdurch in Kenntniß gesetzt werden, daß, wenn nicht innerhalb
6 Wochen von denselben bei dem Unterzeichneten
Anträge wegen Wiederherstellung der geschmälerten
Sicherheit oder Verwendung der Kapitals-Entschädigung zur Abstoßung der zuerst eingetragenen Hypotheken eingehen sollen, dafür angenommen werden muß, daß dieselben ihrem Hypothekenrechte
auf die abgelöste Verpflichtung entsagen, und in
die Freigebung der obengedachten Kapitals-Antheile
willigen. Potsdam, den 10. Juli 1844.
Im Auftrage der Königl. General-Kommission
für die Kurmark Brandenburg.
Der Oekonomie-Kommissarius
Hildebrandt.

Nothwendiger Verkauf.
Königl. Kammergericht in Berlin.

Die in der Louisenstraße hierselbst Nr. 4 i und
4 k belegenen, im kammergerichtlichen Hypothekenbuche Vol. IX Cont. i Nr. 23 Pag. 527 verzeichneten, dem Tischlermeister Friedrich Wilhelm
Deichmann gehörigen Grundstücke, von denen

der Materialienwerth des Ersteren auf resp. 10,457
Thlr. 8 Sgr. 7½ Pf. und des Letzteren auf 19,546
Thlr. 21 Sgr. 10½ Pf., zusammen auf 29,604 Thlr.
6 Pf., der künftige reine Ertrag auf 991 Thlr.
20 Sgr. jährlich und der kapitalisirte Ertragswerth auf 19,833 Thlr. 10 Sgr. zufolge der,
nebst Hypothekenschein und Bedingungen in der
Registratur einzusehenden Taxen, abgeschätzt worden, sollen

am 9. November 1844,

an ordentlicher Gerichtsstelle subhastirt werden.

Nothwendiger Verkauf.
Königl. Kammergericht in Berlin.

Das hierselbst an der Chausseestraße Nr. 9
und 10 a belegene, dem Kaufmann Carl Mora
Klinder gehörige Grundstück nebst Zubehör, abgeschätzt auf 28,027 Thlr. 26 Sgr. 2 Pf. zufolge der, nebst Hypothekenschein und Bedingungen in
der Registratur einzusehenden Taxe, soll

am 18. Januar 1845, Vormittags um 11 Uhr,

an ordentlicher Gerichtsstelle subhastirt werden.
Die Kaufleute August Ratzel und Gustav
Kupprian, oder deren Erben, werden hierzu öf-
fentlich vorgeladen.

Nothwendiger Verkauf.
Königl. Kammergericht in Berlin.

Das hierselbst in der Louisenstraße Nr. 34 belegene, dem Bäckermeister Carl August Gottlieb
Schierjott gehörige Wohnhaus nebst Zubehör,
abgeschätzt auf 26,267 Thlr. 7 Sgr. 1 Pf. zufolge der, nebst Hypothekenschein und Bedingungen
in der Registratur einzusehenden Taxe, soll

am 18. Januar 1845

an ordentlicher Gerichtsstelle subhastirt werden.
Die dem Aufenthalte nach unbekannten Glä-
biger, nemlich:
1) die Kinder des Geheimen Justizraths Johann
Jacob Costenoble,
2) die Kinder des Hof-Schauspielers Carl Ludwig
Costenoble zu Wien und
3) die Kinder der verstorbenen Friederike Charlotte Leopoldine Costenoble, verehelicht gewesenen Costenoble,
werden hierzu öffentlich vorgeladen.

Nothwendiger Verkauf.
Königl. Kammergericht in Berlin.

Das am Louisenplatz Nr. 11 hier belegene,
im Hypothekenbuche des Königl. Kammergerichts

Vol. IX Cont. g Pag. 313 Nr. 14 verzeichnete, dem Partikulier Johann Caspar Anacker gehörige Grundstück nebst Zubehör, abgeschätzt auf 21,413 Thlr. 7 Sgr. 3 Pf. zufolge der, nebst Hypothekenschein und Bedingungen in der Registratur einzusehenden Taxe, soll

am 22. Januar 1845, Vormittags um 10 Uhr,
an ordentlicher Gerichtsstelle subhastirt werden.

Alle unbekannten Realprätendenten werden aufgefordert, sich bei Vermeidung der Präklusion spätestens in diesem Termine zu melden.

Nothwendiger Verkauf.
Königl. Kammergericht in Berlin.

Das vor dem Oranienburger Thore in der Kesselstraße belegene, dem Architekten Johann Conrad Adler gehörige, im Hypothekenbuche des Königl. Kammergerichts Vol. IV b Nr. CXXXVI Pag. 361 verzeichnete Grundstück, abgeschätzt auf 5974 Thlr. 25 Sgr. zufolge der, nebst Hypothekenschein und Bedingungen in der Registratur einzusehenden Taxe, soll

am 19. Februar 1845
an ordentlicher Gerichtsstelle subhastirt werden.

Nothwendiger Verkauf.
Königl. Stadtgericht Gransee, den 27. Juli 1844.

Die zum Nachlaß des verstorbenen Ackerbürgers Johann Christian Friedrich Siering gehörige, hierselbst belegene halbe Hufe Butenland Nr. 142, tarirt 1030 Thlr. 15 Sgr. zufolge der, nebst Hypothekenschein und Bedingungen in der Registratur einzusehenden Taxe, soll

am 23. November d. J., Vormittags 10 Uhr,
in ordentlicher Gerichtsstelle subhastirt werden.

Nothwendiger Verkauf.
Stadtgericht zu Berlin, den 19. April 1844.

Das in der neuen Königsstraße Nr. 65 belegene Ludwigsche Grundstück, gerichtlich abgeschätzt zu 28,003 Thlrn. 25 Sgr. 3 Pf., soll

am 26. November d. J., Vormittags 11 Uhr,
in der Gerichtsstelle subhastirt werden. Taxe und Hypothekenschein sind in der Registratur einzusehen.

Zugleich werden

1) die verehelichte Ludwig, Wilhelmine geborne Seidentopf, oder deren Erben zur Wahrnehmung ihrer Gerechtsame,

2) die unbekannten Realprätendenten bei Vermeidung der Präklusion öffentlich vorgeladen.

Nothwendiger Verkauf.
Stadtgericht zu Berlin, den 19. April 1844.

Das hierselbst in der Köpnickerstraße Nr. 29 belegene Grundstück des Kattunfabrikanten Parbow, gerichtlich abgeschätzt zu 83,617 Thlrn. 23 Sgr., soll

am 3. Dezember d. J., Vormittags 11 Uhr,
an der Gerichtsstelle subhastirt werden. Taxe und Hypothekenschein sind in der Registratur einzusehen.

Das dem Lieutenant a. D. Karl Julius Wilhelm Kiesling gehörige, in der Teltower Vorstadt, Luckenwalder Straße Nr. 1 belegene, in unserm Hypothekenbuche von dieser Vorstadt Vol. III Nr. 73 verzeichnete, auf 8336 Thlr. 4 Sgr. abgeschätzte Grundstück nebst Zubehör, soll im Wege der nothwendigen Subhastation verkauft werden, und ist hierzu ein Bietungstermin auf

den 3. Dezember d. J., Vormittags 10 Uhr,
vor dem Stadtgerichtsrath Herrn Steinhausen im Stadtgericht Lindenstraße Nr. 54 anberaumt.

Der Hypothekenschein, die Taxe und die besonderen Kaufbedingungen sind in unserer Registratur einzusehen.

Zugleich werden alle Diejenigen, welche etwa Ansprüche auf das Grundstück oder die Kaufgelder zu haben vermeinen, hiermit aufgefordert, diese spätestens bis zu dem obengedachten Termine anzumelden und nachzuweisen, widrigenfalls dieselben präkludirt und ihnen damit ein ewiges Stillschweigen sowohl gegen den jetzigen Besitzer, als auch gegen den Käufer und die Gläubiger auferlegt werden wird. Potsdam, den 5. Mai 1844.

Königl. Stadtgericht hiesiger Residenz.

Nothwendiger Verkauf.
Land- und Stadtgericht zu Neustadt-Eberswalde, den 23. Mai 1844.

Der dem Arbeiter Grüning gehörige, in der Lieper Forst in der Nähe der Oderberger Feldmark belegene 1 Morgen Erbpachts-Land, abgeschätzt auf 230 Thlr. zufolge der, nebst Hypothekenschein und Bedingungen im 11ten Geschäfts-Büreau einzusehenden Taxe, soll

am 27. September d. J., Vormittags 11 Uhr,
im Gerichtshause an den Meistbietenden verkauft werden.

Nothwendiger Verkauf.

Stadtgericht zu Prenzlow, den 30. Mai 1844.
Das dem Weißgerbermeister Carl August Zippe gehörige, hierselbst auf der Neustadt sub Nr. 728 belegene Wohnhaus nebst Zubehör, abgeschätzt auf 741 Thlr. 6 Sgr. 6 Pf. zufolge der, nebst Hypothekenschein und Bedingungen in unserer Registratur einzusehenden Taxe, soll
am 21. September d. J., Vormittags 10 Uhr, an ordentlicher Gerichtsstelle subhastirt werden.

Nothwendige Subhastation.

Patrimonialgericht über Gosen und Wernsdorf zu Königs-Wusterhausen, den 1. Juni 1844.
Das zu Zähenhals belegene Kolonistengut des Maurerpoliers Köbsch und die dazu gelegten Erbpachtsgerechtigkeiten von 2½ Morgen Forstacker und von 2 Morgen, zum Gute Wernsdorf gehörigen Wiesen, zusammen abgeschätzt auf 527 Thlr. 27 Sgr. 6 Pf. zufolge der, nebst Hypothekenschein hier einzusehenden Taxe, sollen in termino den 26. September d. J., Vormittags 11 Uhr, in der Gerichtsstube zu Gosen subhastirt werden.

Nothwendiger Verkauf.

Stadtgericht zu Berlin, den 6. Juni 1844.
Das in der verlängerten Kommandantenstraße belegene Schwarzsche Grundstück, gerichtlich abgeschätzt zu 6228 Thlrn. 15 Sgr., soll
am 21. Januar 1845, Vormittags 11 Uhr, an der Gerichtsstelle subhastirt werden. Taxe und Hypothekenschein sind in der Registratur einzusehen.

Nothwendiger Verkauf.

Stadtgericht zu Berlin, den 11. Juni 1844.
Das in der großen Frankfurter Straße Nr. 100 belegene Grundstück der verehelichten Royer, gerichtlich abgeschätzt zu 7921 Thlrn. 16 Sgr. 3 Pf., soll
am 17. Januar 1845, Vormittags 11 Uhr, an der Gerichtsstelle subhastirt werden. Taxe und Hypothekenschein sind in der Registratur einzusehen.
Der als Hypothekengläubiger eingetragene Königl. Hofrath Breßler wird zur Wahrnehmung seiner Gerechtsame hierdurch öffentlich vorgeladen.

Nothwendiger Verkauf.

Stadtgericht zu Berlin, den 11. Juni 1844.
Das vor dem Anhaltschen Thore belegene, noch unbebaute Grundstück des Kaufmanns Carl Albert Seepoldt, taxirt an Grund und Boden und Materialien zu 1315 Thlrn. 17 Sgr. 4 Pf., soll
am 29. Oktober 1844, Vormittags 11 Uhr, an der Gerichtsstelle subhastirt werden. Taxe und Hypothekenschein sind in der Registratur einzusehen.

Nothwendiger Verkauf.

Stadtgericht zu Berlin, den 14. Juni 1844.
Das in der Linienstraße Nr. 153 belegene Grundstück des Tischlermeisters Gustav Friedrich Ferdinand Welle, gerichtlich abgeschätzt zu 14,118 Thlrn. 26 Sgr. 9 Pf., soll
am 24. Januar 1845, Vormittags 11 Uhr, an der Gerichtsstelle subhastirt werden. Taxe und Hypothekenschein sind in der Registratur einzusehen.

Nothwendiger Verkauf.

Das zum Nachlasse des Schiffers Joachim Friedrich Mahncke gehörige, hierselbst in der Hirtenstraße belegene und im Hypothekenbuche Vol. I Nr. 100 verzeichnete Budenhaus nebst Zubehör, auf 525 Thlr. 25 Sgr. 3 Pf. geschätzt, soll
am 18. Oktober d. J., Vormittags 11 Uhr, an ordentlicher Gerichtsstelle subhastirt werden. Die Taxe und Kaufsbedingungen können in unserer Registratur eingesehen werden.
Zehdenick, den 19. Juni 1844.
Königl. Preußisches Land- und Stadtgericht.

Nothwendiger Verkauf.

Land- und Stadtgericht zu Luckenwalde, den 19. Juni 1844.
Das zum Nachlasse der verstorbenen Frau Hannemann geb. Rößler gehörige, in der Stadt Zinna in der Berliner Straße Nr. 103 belegene Oberlausitzer Weber-Etablissement nebst Zubehör, tarirt auf 1816 Thlr. 21 Sgr., soll
am 15. Oktober d. J., Vormittags 10 Uhr, an ordentlicher Gerichtsstelle subhastirt werden. Taxe und der neueste Hypothekenschein können in der Registratur eingesehen werden. Die unbekannten Realprätendenten werden zur Wahrnehmung ihrer Gerechtsame bei Vermeidung der Präklusion vorgeladen.

Nothwendiger Verkauf.

Land- und Stadtgericht zu Mittenwalde.
Das zum Nachlaß des Schmiedemeisters Herberg gehörige, zu Ragow belegene, im Hypothekenbuche Vol. VII Fol. 229 verzeichnete Wohnhaus

mit der Schmiede am Stege, 2 Gärten und sonstigem Zubehör, so wie die im Wendischen Ragow
elegenen, im Hypothekenbuche Vol. IV Fol. 19
verzeichneten und gleichfalls zum Herzbergschen
Nachlaß gehörigen 2 Anger, abgeschätzt auf zusammen 1081 Thlr., sollen
am 19. Oktober 1844, Vormittags 11 Uhr,
in ordentlicher Gerichtsstelle hierselbst subhastirt
werden. Taxe und Hypothekenschein können in
der Registratur eingesehen werden.

Nothwendiger Verkauf.
Frhr. von Arnimsches Gericht über Raakstedt.
Prenzlow, am 24. Juni 1844.

Die in der Ukermark im Templiner Kreise belegene, dem Baron von Eickstedt zugehörige Besitzung, genannt Gustavsruh, abgeschätzt auf
11,652 Thlr. 21 Sgr. 7 Pf. zufolge der, nebst
Hypothekenschein und Bedingungen in der Registratur einzusehenden Taxe, soll
am 14. Januar 1845, Vormittags 11 Uhr,
an Gerichtsstelle hierselbst subhastirt werden.

Nothwendiger Verkauf.
Stadtgericht zu Berlin, den 12. Juli 1844.

Das in der Scharrenstraße Nr. 17 belegene
Zimmermannsche Grundstück, gerichtlich abgeschätzt zu 7641 Thlrn. 6 Sgr. 6 Pf., soll
am 18. Februar 1845, Vormittags 11 Uhr,
in der Gerichtsstelle subhastirt werden. Taxe und
Hypothekenschein sind in der Registratur einzusehen.
Der dem Aufenthalte nach unbekannte Königliche
Professor Ernst Gottlieb Jaeckel oder dessen Erben, werden hierdurch öffentlich vorgeladen.

Nothwendige Subhastation.

Der, zum Nachlasse des verstorbenen Platz-
arbeiters Carl Ludwig Friedrich Göbel zu Me-
sengwerk gehörige, zu Hohenofen in der Bucht
belegene Garten Vol. VI Nr. 78 Fol. 387 un-
ers Hypothekenbuchs, gerichtlich gewürdigt zu
100 Thlrn. Kourant, soll
am 8. November d. J., Vormittags 11 Uhr,
allhier an ordentlicher Gerichtsstelle meistbietend
verkauft werden.

Die Taxe und der neueste Hypothekenschein
können in unserer Registratur eingesehen werden.

Neustadt a. d. Dosse, am 17. Juli 1844.

Königl. Land- und Stadtgericht.

Bekanntmachung.

Die zum Nachlasse der verehelichten Arbeitsmann Pieper, Charlotte gebornen Hinz, vormals Wittwe Rieck gehörige, zu Wismar, Neuenfundschen Antheils, belegene, und im Hypothekenbuche von Wismar Vol. I Nr. 11 Pag. 8 verzeichnete
Freistelle, nebst Hofraum, Stallung, Garten und
Wörde, gerichtlich abgeschätzt zu 683 Thlr. 6 Sgr.
8 Pf. soll erbtheilungs- und schuldenhalber, in dem
am 15. November d. J., Vormittags 10 Uhr,
in Wismar anstehenden Termine an den Meistbietenden verkauft werden.

Taxe und Hypothekenschein sind in unserer Registratur einzusehen, und die Bedingungen sollen
im Termine bekannt gemacht werden.

Strasburg i. d. Ukermark, den 27. Juli 1844.

von Arnimsches Patrimonial-Gericht der Herrschaft Neuensund.

Freiwilliger Verkauf.
Land- und Stadtgericht zu Havelberg.

Das Erbpachtsrecht eines Weidestücks mit darauf erbautem Wohnhause, Polizei Nr. 45, zu
Benbelin belegen und im Hypothekenbuche Pag. 145
Nr. 10 verzeichnet, zum Nachlaß des Arbeitsmanns
Michael Bartels gehörig, abgeschätzt auf 250 Thlr.
zufolge der, nebst Hypothekenschein und Bedingungen in der Registratur einzusehenden Taxe, soll
am 26. November 1844, Vormittags 11 Uhr,
an ordentlicher Gerichtsstelle subhastirt werden.

Nothwendiger Verkauf.
Königl. Stadtgericht zu Strasburg i. d. Uker-
mark, den 31. Juli 1844.

Das dem Kaufmann Behrends zu Prenzlow
gehörige, vor dem Jüteritzschen Thore hierselbst
belegene, mit einer alljährlich an die Kämmerei zu
entrichtenden Mühlenpacht von 18 Thlrn. 10 Sgr.
baar und 5 Wispel Roggen und 2 Scheffel Weizen belastete, im Hypothekenbuche Tom. I Vol. II
Nr. LXVII Fol. 173 verzeichnete Mühlengrundstück nebst dazu gehörigen Realitäten und Pertinenzien, wozu außer den 2 Wohnhäusern, der aus
zwei Gängen bestehenden Mahlmühle, zwei Höfen,
zwei Ställen, einer Scheune, einem Garten und
einer Wiese noch eine oberschlächtige Lohstampf-
mühle und eine Roßmühle zum Schroten gehören,
taxirt 4514 Thlr. soll in termino
den 7. November d. J., Vormittags 10 Uhr,
an gewöhnlicher Gerichtsstelle im Wege der nothwendigen Subhastation verkauft werden,

Taxe und Hypothekenschein sind werktäglich in unserer Registratur einzusehen.

Bekanntmachung.

Der am 2. September d. J. an hiesiger Gerichtsstelle anstehende Termin zum nothwendigen Verkauf des, dem Zimmergesellen Gericke gehörigen Kolonistenguts zu Sachsenhausen, ist aufgehoben worden.

Oranienburg, den 31. Juli 1844.
Königl. Land- und Stadtgericht.

Auktion in Retzien.

Die zum Nachlaß des Müllers Klostermann gehörigen Sachen, als: Kleidungsstücke, Betten, Leinenzeug, Möbel und Hausgeräth, Porzellan, Glas, Eisengeschirr, Wagen, Vieh und Vorräthe, sollen am 23. August, Morgens von 8 Uhr an, in der Retziener Mühle, gegen baare Zahlung verauktionirt werden.

Der Tüchensche Krug, höchst frequent, verbunden mit einem guten Materialgeschäfte, soll mit Aeckern, Wiesen und Holzungen verkauft werden.

Kaufliebhaber können sich melden bei
Gronauw.

Pritzwalk, den 17. Juli 1844.

Der freiwillige Verkauf der, den Erben des Mühlenbesitzers Lindhorst zu Grafenbrück gehörigen Grundstücke daselbst und zu Biesenthal ist aufgehoben, und der, auf den 9. August d. J. dazu angesetzte Termin findet nicht statt.

Neustadt-Eberswalde, den 1. August 1844.
Königl. Preuß. Land- und Stadtgericht.

Bekanntmachung.

Durch den Tod des bisherigen Rendanten der Privat-Immobiliar-Feuersozietät der Ost- und West-Priegnitz, Herrn Kämmerers Neumann, ist die Ernennung eines andern Rendanten nöthig geworden, und von uns hierzu interimistisch der Rathmann und Kaufmann Herr Carl Neumann allhier, erwählt.

Zur Erklärung darüber, ob derselbe als Rendant definitiv bestätigt werden soll, so wie event. zur Wahl eines andern Rendanten, und zur Feststellung seiner Rechte und Verpflichtungen steht ein Termin

auf den 24. August d. J., Vormittags 9 Uhr, hierselbst in dem Gasthofe des Herrn Dredmann, vor dem Herrn Justizrath Lißmann an, und werden zu demselben sämmtliche Theilnehmer der gedachten Sozietät mit dem Bemerken eingeladen, daß von denjenigen, welche nicht erscheinen sollten, angenommen werden wird, sie ließen sich den Beschluß der erschienenen Mitglieder gefallen.

Perleberg, den 18. Juli 1844.
Die Deputirten, und Namens derselben der Kossäthe Andreas Braun in Rambow.

Auf dem Rittergute Uenze bei Perleberg wird sogleich ein Pachtschäfer gesucht. Reflektirende erfahren das Nähere daselbst auf portofreie oder mündliche Anfragen von dem Besitzer.

Hagelschaden- und Mobiliar-Brandversicherungs-Gesellschaft zu Schwedt.

Den geehrten Sozietätsmitgliedern Prenzlower Kreises zeigen wir ganz ergebenst an: daß der Gutsbesitzer Herr Dr. Neu zu Prenzlow seine Funktion als Spezial-Direktor hiesiger Sozietät niedergelegt, und daß solche der Rittergutsbesitzer Herr Herz auf Schmarsow bei Pasewalk übernommen hat.

Schwedt, den 26. Juli 1844.
Haupt-Direktion.

Meine Wohnung ist Leipziger Straße Nr. 6.
Berlin, den 17. Juli 1844.
Valentin,
Kammergerichts-Justiz-Kommissarius und Notarius.

Einen sehr gut empfohlenen Hauslehrer mit musikalischen Kenntnissen, sowie mehrere Forstsekretaire — die gründlich mit dem Forstrechnungswesen vertraut sind — weist nach
W. E. Seibel in Zehdenick.

Ein Haus in Berlin, im Mittelpunkte der Stadt, mit einer, in jeder Beziehung gut eingerichteten, noch in vollem Gange befindlichen Schönfärberei, ist sogleich aus freier Hand zu verkaufen.

Näheres Berlin, Fischerstraße Nr. 41 und Potsdam, am Kanal Nr. 23.

Oeffentlicher Anzeiger

zum 33ften Stück des Amtsblatts
er Königlichen Regierung zu Potsdam und der Stadt Berlin.

Den 16. August 1844.

Dem Bandagisten Siegmund Goldschmidt zu Berlin ist unter dem 31. Juli 1844 ein Patent

auf eine Vorrichtung am einfachen und doppelten Leistenbruchbande, um die Bruchpelote der Lage des Bruchkanals nach jedesmaligen Umständen anzupassen und zu befestigen, insoweit dieselbe als neu und eigenthümlich anerkannt worden,

uf sechs Jahre, von jenem Tage an gerechnet, und ir den Umfang der Monarchie ertheilt worden.

Dem Zahnarzt B. Lomnitz in Berlin ist unter em 6. August 1844 ein Patent

auf ein als neu und eigenthümlich anerkanntes Verfahren, eine vegetabilische Substanz so zu präpariren, daß sie zu künstlichen Zähnen angewendet werden kann,

uf acht Jahre, von jenem Tage an gerechnet, und ir den Umfang der Monarchie ertheilt worden.

Steckbriefs-Erledigung.

Der mittelst Steckbriefs vom 20. Juli d. J. rfolgte Dienstknecht Wilhelm Melzer ist am August im Dorfe Schönfeld ergriffen und hier geliefert, woburch dieser Steckbrief erledigt ist.

Buch, den 9. August 1844.

Das Dominium.

Verlornes Wanderbuch.

Der Bäckergeselle Ernst Moritz Hennig aus randt bei Freiberg, 19½ Jahr alt, will sein von r Polizeibehörde zu Freiberg am 11. April 1842 usgestelltes, am 19. Juli d. J. hier zuletzt nach rlin visirtes Wanderbuch auf der Straße zwihen Beelitz und Potsdam verloren haben, was ir Verhütung eines Mißbrauchs hiermit bekannt macht, und wobei zugleich dieses Wanderbuch ir ungültig erklärt wird.

Wittenberg, den 8. August 1844.

Der Magistrat.

Bekanntmachung.

Am 30. Juli d. J. ist in der stillen Oder beim Dorfe Gabow ein unbekannter männlicher Leichnam gefunden, dessen vorgeschrittene Verwesung auf ein schon vor längerer Zeit erfolgtes Ableben schließen läßt. Spuren einer äußern Gewalt fehlten. Der Körper hatte eine Größe von 5 Fuß, dunkelblondes Haar, hohe Stirn, dunkelblaue Augen, kleine Nase, kleines rundes Kinn, großen Mund und schwachen Bart, schien in einem Alter von 30 Jahren zu sein, und war bekleidet mit einer dunkelgrünen, gelbgestreiften, baumwollenen Jacke, einem hellbunten, fattunenen Halstuche, dunkelbraunen, schwarzgestreiften Sommerhosen, einem Hosenträger von buntem Gurte und lebernen Riemen, einem groben leinenen Hembe ohne Zeichen und mit wollenen Socken. In der Hosentasche wurde ein rothkattunenes, mit dem Bilde vom Brande zu Hamburg bedrucktes Schnupftuch gefunden.

Diejenigen, welche über den Verstorbenen und seine Todesart Auskunft geben können, werden aufgefordert, dem unterzeichneten Gerichte entweber schriftlich davon Anzeige zu machen, oder sich zu ihrer Vernehmung auf hiesiger Gerichtsstube am 28. August d. J., Vormittags 10 Uhr, zu melden.

Zehden, den 3. August 1844.

Königl. Land- und Stadtgericht.

Bekanntmachung.

Höheren Bestimmungen zufolge soll das dem Forstfiskus zugehörige, auf der Hälfte des Weges von Berlin nach Prenzlow an der Chaussee belegene Etablissement Döllnkrug nebst den dazu gehörigen 4 Morgen 61 ☐ Ruthen Gartenland, 17 Morgen 10 ☐ Ruthen Wiesen und 66 Morgen 168 ☐ Ruthen Acker, dem dabei befindlichen Theerofen und Gastwirthschaft, von Michaelis d. J. ab auf 2 Jahre öffentlich meistbietend verpachtet werden.

Ich habe hierzu einen Lizitations-Termin auf Freitag den 23. d. M., Vormittags 10 Uhr, auf dem Etablissement Döllnkrug angesetzt, wovon ich Pachtliebhaber mit dem Bemerken in Kenntniß setze, daß der meistbietend bleibende Pächter in diesem Termine eine dem Jahresbetrage der Pacht gleichkommende Kaution in baarem Gelde, Staatsschuldscheinen oder sichern Dokumenten zu bestellen hat. Die übrigen Pachtbedingungen werden im Termine bekannt gemacht werden und können auch vor demselben im Geschäfts-Büreau des unterzeichneten Forstmeisters eingesehen werden.

Zehdenick, den 5. August 1844.

Im Auftrage der Königl. Hochlöblichen Regierung zu Potsdam.

Der Forstmeister Tramnitz.

Der Mühlenmeister Puhlmann zu Cammer beabsichtigt, auf einem bei dem Dorfe Schwiena erworbenen Ackerstücke eine neue Bockwindmühle, welche auf die Förderung fremden Gemahls berechnet ist, zu errichten.

Indem ich das Vorhaben des Puhlmann hiermit zur öffentlichen Kenntniß bringe, überlasse ich Jedem, der durch diese Anlage eine Gefährdung seiner Rechte befürchtet, seinen Widerspruch in einer achtwöchentlichen präklusivischen Frist bei mir anzumelden und gehörig zu begründen.

Belzig, den 2. Juli 1844.

Königl. Landrath Zauch-Belzigschen Kreises.

In Vertretung.

von Brösigke.

Der Mühlenmeister Schulze zu Bernau beabsichtigt auf dortiger Feldmark, auf einer von dem Bürger Zehler erworbenen, am Zepernicker Wege belegenen Ackerparzelle eine Bockwindmühle mit zwei Mahlgängen zu erbauen. Dies wird hierdurch mit der Aufforderung zur öffentlichen Kenntniß gebracht, etwanige Einwendungen dagegen, sowohl aus dem Edikt vom 28. Oktober 1810 als aus der Allerhöchsten Kabinetsordre vom 23. Oktober 1826, binnen Acht Wochen präklusivischer Frist bei dem unterzeichneten Landrath gehörig begründet anzumelden.

Berlin, den 13. Juli 1844.

Königl. Landrath Nieder-Barnimschen Kreises.

Scharnweber.

Bekanntmachung.

* Nachdem am 3. April 1838 von den bis zu dieser Zeit allhier am Mühlendamm bestandenen 5 Königlichen Mahlmühlen, zwei derselben, die

---

sogenannte Klipp- und neue Mühle Nr. 3, 4 und 5 daselbst von zusammen 16 Gängen, abgebrannt sind, sollen die vom Brande verschont gebliebenen drei übrigen Mühlen, nemlich:

1) die sogenannte Berliner Mühlen Nr. 1 am Mühlendamm von 6 Mahlgängen, und die mit derselben in Verbindung stehende, vom Fiskus jetzt angekaufte Ulricische Tabacksmühle,

2) die sogenannte Mittelmühle Nr. 9 daselbst von 8 Mahlgängen,

3) die sogenannte Köllnische Mühle Nr. 11 daselbst, von 8 Mahlgängen,

mit den Nr. 10 daselbst belegenen Walkmühlen zur Verbesserung ihrer durch die jetzige Lokalität bedingten mangelhaften Einrichtungen umgebaut, verlegt werden. Es ist zu diesem Behuf ein Bauplan vorbereitet worden, nach welchem in Zeit der sämmtlichen vorgedachten Mühlen zwei neue Mahlmühlen von resp. 16 und 10 Gängen, die eine auf der Baustelle der ehemaligen Klipp- und neuen Mühle und die andere auf der Baustelle, welche jetzt die Mittelmühle einnimmt, ganz neu von den Wohnungsräumen erbaut, die Walkmühlen aber, falls sie mit dem hiesigen Tuchmacher-Gewerke wegen Beseitigung der demselben zugehörigen Erbpachts-Walkmühle eingeleiteten Verhandlungen nicht zum Zwecke führen, in das Köllnische Mühlengebäude verlegt werden. Hierbei soll die Höhe des Fachbaums überall unverändert bleiben.

In Gemäßheit der §§ 6 und 7 des Edikts vom 28. Oktober 1810 (Gesetz-Sammlung von 1810, Pag. 96) wird hierdurch Jedermann, welcher durch diese Mühlenanlagen eine Gefährdung seiner Rechte fürchtet, aufgefordert, binnen acht Wochen präklusivischer Frist, von dem Tage gegenwärtiger Bekanntmachung an, seinen Widerspruch sowohl bei dem Königl. Polizei-Präsidium allhier, als bei der unterzeichneten Administration in Vertretung des Bauherrn, einzulegen.

Berlin, den 17. Juli 1844.

Die Administration der hiesigen Königl. Mühlen.

Krad.

Präklusionsbescheid.

In der Sache, betreffend die Theilung der gemeinschaftlichen Jagd des Ländchens Rhinow, wird hiermit festgesetzt:

daß sämmtliche unbekannte Interessenten welche sich, der unterm 19. April d. J. er laffenen Ediktallabung ungeachtet, in dem Einleitungstermine den 27. Juni 1844 nicht gemeldet haben, mit ihren Ansprüchen zu präkludiren.

Wolster, den 15. Juli 1844.

Kreis=Jagdtheilungs=Kommission für den Westhavelländischen Kreis der Kurmark Brandenburg.
Brachvogel.

Ueber das Vermögen des Kaufmanns Louis Hartmann hierselbst ist der Konkurs eröffnet und er Herr Justizrath Stegemann vorläufig der Kasse zum Kurator bestellt worden. Alle unbekannte Gläubiger des Gemeinschuldners werden hierdurch vorgeladen,

am 23. Oktober d. J., Vormittags 10 Uhr,

in hiesigen Stadtgericht vor dem Herrn Kammergerichts=Assessor Gericke ihre Ansprüche an die Kasse gehörig anzumelden und deren Richtigkeit nachzuweisen, auch sich mit den übrigen Kreditoren über die Beibehaltung des bestellten Interims=Kurators oder die Wahl eines andern zu vereinigen. Wer sich in diesem Termine nicht meldet, wird mit allen Forderungen an die Masse ausgeschlossen und ihm deshalb gegen die übrigen Gläubiger ein ewiges Stillschweigen auferlegt.

Denjenigen, welchen es hier an Bekanntschaft fehlt, werden zu Sachwaltern die Herren Justizcommissarien Bodstein hier und Felgentreu zu Wusterhausen a. d. D. vorgeschlagen.

Neu=Ruppin den 28. März 1844.
Königl. Stadtgericht.

Bekanntmachung.

Das Hypothekenbuch von den sechs bäuerlichen, zum unterzeichneten Gericht gehörigen Nahrungen zu Koerzien, soll auf den Grund der, in der Registratur vorhandenen und von den Besitzern eingezogenen Nachrichten regulirt werden. Es wird daher ein jeder, welcher dabei ein Interesse haben vermeint, aufgefordert, sich binnen 6 Wochen und spätestens

am 3. September d. J. in Stangenhagen zu melden und seine etwanigen Ansprüche näher anzugeben.

Gleichzeitig wird bemerkt, daß

1) diejenigen, welche sich binnen der bestimmten Zeit melden, nach dem Alter und Vorzuge ihres Realrechts werden eingetragen werden,

2) diejenigen, welche sich nicht melden, ihr vermeintes Realrecht gegen den dritten, im Hy-

pothekenbuche eingetragenen Besitzer, nicht mehr ausüben können, und

3) in jedem Falle mit ihren Forderungen den eingetragenen Posten nachstehen, daß aber

4) denen, welchen eine bloße Grundgerechtigkeit zustände, ihre Rechte nach Vorschrift des Allgem. Landrechts Th. I Tit. 22 §§ 16 und 17 und des Anhanges zum Allgem. Landrechte § 58 zwar vorbehalten bleiben, daß es ihnen aber auch freisteht, ihr Recht, nachdem es gehörig anerkannt und erwiesen worden, eintragen zu lassen.

Trebbin, den 1. Juli 1844.
von Thümensches Patrimonialgericht Stangenhagen.

Nothwendiger Verkauf.
Königl. Kammergericht in Berlin.

Das hierselbst außerhalb des Neuen Thores, und zwar Ausgangs linker Hand in der Verlängerung der Invalidenstraße belegene, dem Maurermeister Johann Carl Wilhelm Flickel gehörige Grundstück nebst Zubehör, abgeschätzt auf 9116 Thlr. 28 Sgr. 3 Pf. zufolge der, nebst Hypothekenschein und Bedingungen in der Registratur einzusehenden Taxe, soll

am 1. Oktober 1844

an ordentlicher Gerichtsstelle subhastirt werden.

Nothwendiger Verkauf.
Königl. Kammergericht in Berlin.

Das hierselbst in der Schumansstraße Nr. 14 a belegene Grundstück, abgeschätzt nur nach dem Materialienwerthe und dem Werthe des Grund und Bodens (nicht nach dem Ertrage) auf 14,399 Thlr. 17 Sgr. 6 Pf. zufolge der, nebst Hypothekenschein und Bedingungen in der Registratur einzusehenden Taxe, soll

am 30. November 1844,

an ordentlicher Gerichtsstelle subhastirt werden.

Nothwendiger Verkauf.
Stadtgericht zu Berlin, den 6. März 1844.

Das vor dem Landsberger Thor belegene Grundstück des Müllers Leonhardt, mit Einschluß von 2806 Thlr. 27 Sgr. 6 Pf. Brandentschädigungsgeldern für die abgebrannte holländische Windmühle, gerichtlich abgeschätzt zu 6045 Thlr. — Sgr. 6 Pf., soll am 15. Oktober d. J., Vormittags 11 Uhr, an der Gerichtsstelle subhastirt werden. Taxe und

Hypothekenschein sind in der Registratur einzusehen.

Nothwendiger Verkauf.
Stadtgericht zu Berlin, den 30. März 1844.
Das in der Blumenstraße zwischen den beiden Grundstücken des Kaufmanns Aumann belegene Grundstück des Stellmachermeisters Kley, gerichtlich abgeschätzt zu 11,113 Thlr. 15 Sgr., soll am 12. November d. J., Vormittags 11 Uhr, an der Gerichtsstelle subhastirt werden. Taxe und Hypothekenschein sind in der Registratur einzusehen.

Nothwendiger Verkauf.
Stadtgericht zu Berlin, den 1. April 1844.
Das in der Blumenstraße, Ecke der Rosengasse, Nr. 59 belegene Schmidtsche Grundstück, taxirt im Rohbau zu 8681 Thlr. 20 Sgr., soll am 15. November d. J., Vormittags 11 Uhr, an der Gerichtsstelle subhastirt werden. Taxe und Hypothekenschein sind in der Registratur einzusehen.

Nothwendiger Verkauf.
Stadtgericht zu Berlin, den 2. April 1844.
Das in der Fruchtstraße, Ecke der Pallisadenstraße belegene Hochkirchsche Grundstück, taxirt zu 10,429 Thlr. 19 Sgr. 3 Pf., soll am 19. November d. J., Vormittags 11 Uhr, an der Gerichtsstelle subhastirt werden. Taxe und Hypothekenschein sind in der Registratur einzusehen:

Nothwendiger Verkauf.
Stadtgericht zu Berlin, den 25. April 1844.
Das hierselbst in der verlängerten Kommandantenstraße belegene Plötzsche Grundstück, gerichtlich abgeschätzt zu 21,981 Thlr. 21 Sgr. 3 Pf., soll Schulden halber am 10. Dezember d. J., Vormittags 11 Uhr, an der Gerichtsstelle subhastirt werden. Taxe und Hypothekenschein sind in der Registratur einzusehen.

Nothwendiger Verkauf.
Stadtgericht zu Berlin, den 26. April 1844.
Das hierselbst in der verlängerten Sebastiansstraße belegene Grundstück des Baumeisters Ferdinand Wilhelm Winkelmann, gerichtlich abgeschätzt zu 24,974 Rthlr. 19 Sgr. 7 Pf., soll Schulden halber am 13. Dezember d. J., Vormittags 11 Uhr, an der Gerichtsstelle subhastirt werden. Taxe und Hypothekenschein sind in der Registratur einzusehen.

Nothwendiger Verkauf.
Stadtgericht zu Wittstock, den 9. Mai 1844.
Folgende zum Nachlaß des verstorbenen Buchhändlers Zick gehörige Grundstücke:
1) das hierselbst im ersten Viertel in der Kettenstraße Nr. 83 belegene, Vol. I a Nr. 83 Fol. 321 des Hypothekenbuchs verzeichnete und auf 1047 Thlr. 16 Sgr. 9 Pf. gerichtlich abgeschätzte Wohnhaus,
2) der hierselbst vor dem Kyritzer Thore am sogenannten engen Stege belegene, Vol. I Nr. 91 Fol. 321° des Hypothekenbuchs verzeichnete und auf 148 Thlr. 15 Sgr. gerichtlich abgeschätzte Garten,
3) der vor demselben Thore belegene, Vol. I Nr. 94 Fol. 34 des Hypothekenbuchs verzeichnete und auf 22 Thlr. 20 Sgr. gerichtlich abgeschätzte Garten,
sollen Theilungshalber am 19. September d. J., Vormittags 11 Uhr und Nachmittags 4 Uhr, an der Gerichtsstelle subhastirt werden. Taxe und Hypothekenschein sind in der Registratur des Gerichts einzusehen.

Nothwendiger Verkauf.
Stadtgericht zu Berlin, den 21. Mai 1844.
Das an der Friedrichsgracht Nr. 26 belegene Grundstück des Kaufmanns Bindemann, gerichtlich abgeschätzt zu 4353 Thlrn. 3 Sgr. 3 Pf., soll am 1. Oktober d. J., Vormittags 11 Uhr, an der Gerichtsstelle subhastirt werden. Taxe und Hypothekenschein sind in der Registratur einzusehen.
Der dem Aufenthalt nach unbekannte Kaufmann Johann Wilhelm Koppe wird hierdurch öffentlich vorgeladen.

Nothwendiger Verkauf.
Land- und Stadtgericht zu Belzig, den 2. Juni 1844.
Die Wiesen des Mühlenmeisters Friedrich bei Dippmannsdorf, Landungen, Nr. 384 im Hypothekenbuche, wie nebensteht abgeschätzt:
1) die Flöthwiese von 10 Sächsischen Morgen, zu 691 Thlrn. 3 Sgr. 4 Pf.,
2) der Separationsplan Revier 4 Nr. 19 in der Mühlenborst, von 5 Magdeburger Morgen 73 Quadratruthen, zu 400 Thlrn. 15 Sgr.,
3) ein Sächsischer Morgen Wiese auf dem Fließ, zu 85 Thlrn. 26 Sgr. 8 Pf.,
sollen am 19. September 1844 an ordentlicher Gerichtsstelle verkauft werden.

Taxe und Hypothekenschein liegen täglich in Registratur zur Einsicht vor.

Nothwendiger Verkauf.

Behufs Erbtheilung sollen folgende, zum Nachlaß der verehelichten Bäckermeister Pritschow Haacke gehörige, in und bei hiesiger Stadt gelegene Grundstücke, als:

die im Hypothekenbuche Vol. I Fol. 133 noch eingetragenen Bestandtheile der eingegangenen, früher Arndtschen Halbbürgerstelle, und

die im Hypothekenbuche Vol. I Fol. 134 eingetragene Großbürgerstelle nebst Pertinenzien, welcher die ad 1 gedachten Bestandtheile dadurch einverleibt, daß Letztere mit den Gebäuden dieser Großbürgerstelle bebaut worden sind,

die Großbürgerstelle sub 2, inkl. der sub 1 gedachten Bestandtheile der Arndtschen Halbbürgerstelle, ist auf 3200 Thlr. 14 Sgr. 6 Pf. taxirt worden;

) der im Hypothekenbuche Vol. I Fol. 133 b eingetragene, auf 95 Thlr. taxirte Garten von circa ¼ Morgen Fläche,

) die im Hypothekenbuche Vol. I Fol. 146 b eingetragenen Wiesengrundstücke, nemlich: eine Hauswiese, eine halbe Hauswiese und eine Placke, welche bei der Separation zusammengelegt sind, von zusammen circa 9¼ Morgen Größe, taxirt auf 567 Thlr. 8 Sgr. 9 Pf.,

) die im Hypothekenbuche Vol. I Fol. 151 b eingetragenen Aecker, nemlich:

  a) zwei Enden Acker und ¼ Stück am Helmschen See,

  b) eine Zehnruthe im Bietzwitzer Felde,

  c) eine Viertelhufe von 16 Morgen 33 □Ruthen, und

  d) eine Viertelhufe von 17 Morgen 10 □Ruthen, welche bei der Separation einer Veränderung unterlegen und wofür drei Ackerpläne von resp. circa 15⅞ Morgen, 13⅞ Morgen und 3½ Morgen Größe angewiesen sind, taxirt auf überhaupt 1299 Thlr. 23 Sgr. 9 Pf., und

) die im Hypothekenbuche Vol. II Fol. 54 eingetragene, auf 130 Thlr. 15 Sgr. taxirte Scheune,

termino

den 19. September 1844, Vormittags 11 Uhr, i Gerichtsstelle subhastirt werden.

Die Taxen und Hypothekenscheine liegen in unserer Registratur zur Einsicht bereit.

Zugleich werden alle unbekannten Realprätendenten der sub 1 gedachten Bestandtheile der früher Arndtschen Halbbürgerstelle aufgeboten, sich, bei Vermeidung der Präklusion, spätestens in diesem Termine zu melden.

Friesack, den 6. Juni 1844.

    Das Stadtgericht.

Subhastations-Patent.

Die nahe bei der Stadt Köpenick belegene, dem Bäckermeister Carl Heinrich Leonhard Engelhardt gehörige, Fol. 121 Nr. 13 des Hypothekenbuchs von Hessenwinkel und Erkner verzeichnete Erbpacht-Maulbeerbaum-Plantage mit den darauf errichteten Baulichkeiten, abgeschätzt auf 2692 Thlr. 29 Sgr. 1 Pf. zufolge der, nebst Hypothekenschein in der Registratur einzusehenden Taxe, soll

  am 28. Oktober d. J., Vormittags 11 Uhr, an ordentlicher Gerichtsstelle nothwendig subhastirt werden. Köpenick, den 6. Juli 1844.

    Königl. Land- und Stadtgericht.

Nothwendiger Verkauf.

Folgende, beim Tischlermeister George Wilhelm Kaplick gehörige, allhier belegene Grundstücke, als:

  1) das Wohnhaus Vol. III Nr. 155 des Hypothekenbuchs,

  2) das Wohnhaus Vol. III sub Nr. 156,

  3) der Garten im Siechenholze Vol. VII der Ländereien Nr. 445,

  4) die Separations-Kaveln im Schlunkendorffer- und Pechofenbusch, resp. 3 Morgen 50 □Ruthen und 4 Morgen groß, und

  5) die 3 Bleich-Kaveln auf der Steinhorst, von 22 □Ruthen Größe,

zusammen abgeschätzt auf 4635 Thlr. 27 Sgr. 6 Pf., sollen

  am 2. Oktober d. J., Vormittags 10 Uhr, an Gerichtsstelle verkauft werden.

Eine Taxe dieser Realitäten vom Jahre 1842 und die neuesten Hypothekenscheine liegen zur Einsicht in unserer Registratur bereit.

Beelitz, den 10. Juni 1844.

    Königl. Land- und Stadtgericht.

Nothwendiger Verkauf.

Stadtgericht zu Rathenow, den 10. Juni 1844.

Das den Geschwistern Rohr gehörige, in der

Burgstraße Nr. 296 hierselbst gelegene Haus nebst Zubehör, abgeschätzt auf 722 Thlr. 8 Sgr. 7 Pf., soll am 27. September d. J., Vormittags 11 Uhr, an gewöhnlicher Gerichtsstelle subhastirt werden.

Die Taxe und der Hypothekenschein sind in der Registratur werktäglich einzusehen.

Nothwendiger Verkauf.

Stadtgericht zu Wittstock, den 23. Juni 1844.

Folgende, zur Konkursmasse des Weißgerbermeisters Friedrich Wilhelm Lutz gehörige Grundstücke:

1) das hierselbst im 4ten Viertel im Rosenwinkel belegene, Vol. IV Nr. 130 Fol. 146 des Hypothekenbuches verzeichnete, und auf 1166 Thlr. 20 Sgr. 9 Pf. gerichtlich abgeschätzte Wohnhaus und

2) der hierselbst vor dem Groeper Thore am Biesener Damme belegene, Vol. II Nr. 28. Fol. 68 des Hypothekenbuches verzeichnete, auf 33 Thlr. 10 Sgr. gerichtlich abgeschätzte Garten,

sollen

am 24. Oktober d. J., Vormittags 11 Uhr und Nachmittags 4 Uhr,

an gewöhnlicher Gerichtsstelle subhastirt werden.

Taxe und Hypothekenschein sind in der Registratur des Gerichts einzusehen.

Nothwendiger Verkauf.

Königl. Land- und Stadtgericht zu Strausberg, den 29. Juni 1844.

Das am Marktplatz hierselbst sub Nr. 2 belegene, dem Sattlermeister Carl August Küster gehörige Wohnhaus nebst Zubehör, abgeschätzt auf 597 Thlr. 23 Sgr. 6 Pf., soll

am 22. Oktober d. J., Vormittags 11 Uhr, an ordentlicher Gerichtsstelle subhastirt werden.

Taxe und Hypothekenschein sind in unserer Registratur einzusehen.

Nothwendiger Verkauf.

Land- und Stadtgericht zu Luckenwalde, den 29. Juni 1844.

Das zum Nachlasse der verstorbenen Wittwe Hannemann geb. Rößler gehörige, in der Stadt Zinna, in der Berliner Straße Nr. 102 belegene Oberlausitzer Weber-Etablissement nebst Zubehör, tarirt auf 1727 Thlr. 27 Sgr., soll

am 15. Oktober d. J., Vormittags 10 Uhr, an ordentlicher Gerichtsstelle subhastirt werden.

Die Taxe und der neueste Hypothekenschein können in der Registratur eingesehen werden.

Gleichzeitig werden die unbekannten Realprätendenten zur Wahrnehmung ihrer Gerechtsame bei Vermeidung der Präklusion vorgeladen.

Nothwendiger Verkauf.

Königl. Stadtgericht Gransee, den 27. Juli 1844.

Die zum Nachlaß des hierselbst verstorbenen Ackerbürgers Johann Christian Friedrich Sierne gehörigen, hierselbst belegenen Grundstücke, als:

1) ein Wohnhaus in der Klosterstraße Nr. ? nebst Haus und Kievitz-Kaveln, ter 400 Thlr.,

2) eine Scheune vor dem Ruppiner Thor tarirt 250 Thlr.,

3) ein Morgen Baumfeld Nr. 1540 von 2 Morgen 59 □Ruthen, tarirt 90 Thlr.,

4) ein Morgen Ilsensberg Nr. 702 von 2 Morgen 23 □Ruthen, tarirt 112 Thlr.,

5) ein Morgen Baumfeld Nr. 1678 von 1 Morgen 92 □Ruthen, tarirt 37 Thlr.,

6) ein Morgen Kakelbut von 1 Morgen 5 Ruthen Nr. 136, tarirt 60 Thlr.,

7) ein Morgen in den Bergen Nr. 175 von 2 Morgen 106 □Ruthen, tarirt 20 Thlr.,

8) ein Morgen Müggenburg Nr. 40 von 1 Morgen 71 □Ruthen, tarirt 60 Thlr.,

9) ein Morgen Mörtühl Nr. 742 von 1 Morgen 4 □Ruthen, tarirt 70 Thlr.,

10) eine Viertelhufe Binnenland Nr. 25, tarirt 470 Thlr.,

11) ein Morgen Kakelbut Nr. 194 von 175 □Ruthen, tarirt 37 Thlr.,

12) ein Morgen Zweiruthe Nr. 1217 von 2 Morgen 80 □Ruthen, tarirt 90 Thlr.,

13) ein Morgen Pägelow Nr. 1795 von 2 Morgen 125 □Ruthen, tarirt 105 Thlr.,

14) ein Garten im Schützbaum von 16 □Ruthen, tarirt 21 Thlr. 10 Sgr.,

15) ein Garten am Hospital von 58 □Ruthen, tarirt 88 Thlr.,

16) eine Viertelhufe Binnenland Nr. 66, tarirt 460 Thlr.,

17) ein Morgen Baumfeld Nr. 1742 von 3 Morgen 70 □Ruthen, tarirt 120 Thlr.,

18) ein Morgen in den Bergen Nr. 1736 von 1 Morgen 29 □Ruthen, tarirt 10 Thlr.,

19) ein Morgen Kakelbut Nr. 217 von 2 Morgen 101 □Ruthen, tarirt 120 Thlr.,

je der, nebst Hypothekenschein und Bedingun-
n der Registratur einzusehenden Taxe, sollen
i 23. November d. J., Vormittags 10 Uhr,
rdentlicher Gerichtsstelle subhastirt werden.

Nothwendiger Verkauf.

Königl. Justizamt Brüssow zu Prenzlow, den
Juli 1844.

Folgende Grundstücke, dem Apotheker Carl
ist Nehring zu Brüssow gehörig,

ein Wohnhaus Nr. 75, eingetragen im Hypothekenbuche der Stadt Brüssow, Vol. II
Fol. 221, nebst Garten und den dabei befindlichen Ländereien und seinem sonstigen Zubehör, abgeschätzt zu 865 Thlrn. 22 Sgr. 6 Pf.,
ein Wohnhaus Nr. 74 mit seinem gleichen
Zubehör, eingetragen in demselben Hypothekenbuche Vol. II Fol. 216 und taxirt zu
403 Thlrn. 27 Sgr. 6 Pf.,
ein Wohnhaus Nr. 76 mit seinem gleichen
Zubehör, eingetragen in demselben Hypothekenbuche Vol. II Fol. 226, abgeschätzt zu
256 Thlrn. 3 Sgr. 4 Pf.,
das verkäufliche Recht zum Betriebe der Apotheke, eingetragen bei den Grundstücke zu 1
Vol. II Fol. 221 und abgeschätzt zu 3500 Thlrn.,
rn
n 21. November d. J., Vormittags 11 Uhr,
ordentlicher Gerichtsstelle zu Brüssow öffentlich
hastirt werden.
Taxe- und Hypothekenschein sind in unserer
zistratur zu Prenzlow einzusehen.

Nothwendiger Verkauf.

Königl. Preuß. Justizamt Wittstock.
Die zum Nachlasse des Schmiedemeisters Jo-
n Friedrich Menzel gehörigen, im Dorfe
tz, 1 Meile von Kyritz und 2¼ Meile von
ittstock, belegenen Grundstücke, als:
) eine Schmiede-Büdnerstelle, taxirt zu 1588
Thlrn. 26 Sgr. 8 Pf.,
) eine Erbzins-Käthnerstelle, taxirt zu 1737
Thlrn. 8 Sgr. 9 Pf.,
Hypothekenbuche von Leetz resp. Vol. I Fol. 89
b Vol. II Fol. 33 verzeichnet, sollen
m 21. November d. J., Vormittags 11 Uhr,
dem Wohnhause der Schmiede-Büdnerstelle zu
etz, sowohl im Ganzen, als auch in einzelnen
arzellen subhastirt werden.

Taxe und Hypothekenschein sind in unsrer Registratur einzusehen.
Wittstock, den 1. August 1844.

Nothwendiger Verkauf.

Königl. Schulamts-Gericht zu Joachimsthal,
den 4. August 1844.
Die dem vormaligen Gastwirth Johann Christian Günther gehörige, auf der Joachimsthaler
Feldmark belegene, und im Hypothekenbuche Vol. V
Nr. 217 verzeichnete Wiese im Rothenfließ, taxirt
zu 275 Thlrn., soll zufolge der, nebst Hypothekenschein in der Registratur einzusehenden Taxe
am 30. November 1844, Vormittags 11 Uhr,
an ordentlicher Gerichtsstelle vor dem Deputirten,
Herrn Kammergerichts-Assessor Schroetter, subhastirt werden.

Publikandum.

Auf den Antrag der Erben des Bauers Martin Wittstock zu Schönfeld soll die denselben gehörige, unweit Spechthausen im sogenannten Klin-
gebeutel belegene Wiese, so wie dieselbe Vol. II
Nr. XXVII unsers Hypothekenbuchs verzeichnet
ist, im Wege der freiwilligen Subhastation an den
Meistbietenden in termino
den 18. Dezember d. J., Vormittags 11 Uhr,
in der Gerichtsstube zu Sydow verkauft werden,
weshalb Kauflustige hierzu eingeladen werden.
Neustadt-Eberswalde, den 4. August 1844.
von Hempelsches Patrimonialgericht über Sydow
und Schönfeld.

Bekanntmachung.

Der auf   den 19. d. Mts.
in der Subhastationssache des, dem Brauer Vie-
cenz gehörigen, hierselbst an der Markt- und
Kettenstraßen-Ecke belegenen Wohnhauses anberaumte Lizitationstermin wird hierdurch aufgehoben, da der Antrag auf Subhastation zurückgenommen ist. Wittstock, den 9. August 1844.
Königl. Preuß. Stadtgericht.

Bekanntmachung.

Ich beabsichtige meine mir hierselbst zugehörige
Bockwindmühle nebst Wohnhaus, bestehend aus
3 heizbaren Zimmern, 2 Kammern, 1 Speisezim-
mer, Flur, Küche, Keller und einer Dachstube,
sowie 1 Scheune, 2 Ställe, den Grundbesitz an
Garten, Acker und Wiesenwachs, zusammen 6 Mor-

zen 6⅔ ☐Ruthen, und die Weidegerechtigkeit für eine Kuh, aus freier Hand zu verkaufen.

Hierauf Reflektirende belieben sich entweder persönlich oder in portofreien Briefen gefälligst an mich zu wenden, und bemerke ich hierbei, daß von der Kaufsumme 2000 Thlr. zur ersten Hypothek gegen 4 pCt. stehen bleiben können.

Köritz bei Wusterhausen a. D., den 28. Juli 1844.
Die Mühlenbesitzerin Friederike Lüdeke.

Mühlen-Verkauf.

Wegen meiner in Aussicht stehenden Anstellung im Königl. Zivildienste gewilligt, meine hierselbst belegene Mühlenbesitzung aus freier Hand zu verkaufen, habe ich hierzu einen Termin auf

ben 1. Oktober 1844

in meiner Wohnung bestimmt, zu welchem ich Kauflustige mit dem ganz ergebensten Bemerken einlade, daß im Falle eines annehmbaren Gebots noch an jenem Tage der Kontrakt abgeschlossen werden soll.

Das verkäufliche Mühlengrundstück liegt an der Spree, unweit des Dorfes Hohenbrück und besteht aus einer in sehr gutem Zustande befindlichen, durchgängig von eichenem Holze erbauten Bockwindmühle, einem von gleichem Holze erbauten Wohnhause von zwei großen Wohnstuben, zwei Schlafkammern, einer Schirrkammer, einem Keller und Kellerboden, ferner einer großen Scheune mit Wagenremise, hinreichender Stallung, einem Holzschuppen, einem Keller im Garten, einem großen Garten, 20 Morgen Ackerland und hinreichendem Wiesenwachs.

Zu den dokumentmäßig feststehenden unstreitigen Rechten der Mühlenbesitzung gehört das Recht:

a) alles benöthigte Bau- und Reparaturholz zu sämmtlichen Gebäuden, gegen drittheilige Zahlung des Taxwerths, aus der Königl. Forst zu erhalten,

b) 2 Pferde, 12 Stück Rindvieh, 20 Schafe, so wie Federvieh und Schweine nach Belieben frei zu weiden.

Kaufliebhaber können meine oben beschriebene Besitzung auch schon vor dem Termine zu jeder beliebigen Zeit in Augenschein nehmen und jede wünschenswerthe Auskunft erhalten.

Hohenbrücker Mühle, Amts Storkow, Berskow Storkower Kreises, den 31. Juli 1844.

F. Buchholz,
Mühlenmeister und Königl. Lieutenant a. D.

Die 1844 neu erbaute, gut gelegene Windbockmühle mit Mahl- und Schrotgang, Oelwerk, fünf Stampen und eisernen Walzen, nebst 30 bis 50 Morgen Acker, soll aus freier Hand

am 1. Oktober b. J.

öffentlich verkauft oder vererbpachtet werden.

Die Bedingungen sind auf dem Dominio einzusehen, auch portofrei zu erfragen.

Dominium Grabow bei Sternberg in der Neumark, den 5. August 1844.

Mießner, Rittergutsbesitzer.

Unsern geehrten Geschäftsfreunden zeigen wir hiermit ergebenst an, daß wir vom 15. August d. J. ab die Vermessung von Flüssigkeitsgefäßen in dem Lokale des Herrn A. J. Wernicke, Sophienstraße Nr. 21, unter der Firma A. J. Wernicke, gemeinschaftlich besorgen werden; in dem Lokale neue Königsstraße Nr. 36, und unter der Firma Emil Reimann, werden alsdann seine Geschäfte mehr vermessen. Reelle, prompte Bedienung versprechend, bemerken wir ergebenst, daß wir von obigen Tage ab, mit den Vermessungspreisen auf den alten Satz zurückgehen müssen, da wir bei den bisherigen herabgesetzten Preisen nicht bestehen können.

Preis-Kourante sind unentgeldlich in unserer Wohnung Sophienstraße Nr. 21 zu haben.

Berlin, den 9. August 1844.

A. J. Wernicke & Emil Reimann.

Oeffentlicher Anzeiger

zum 34sten Stück des Amtsblatts

r Königlichen Regierung zu Potsdam und der Stadt Berlin.

Den 23. August 1844.

Dem Premier-Lieutenant a. D. August Rost, Zeit in Weißkirchen in Mähren, ist unter dem August 1844 ein Patent

auf eine Vorrichtung zum Abwiegen der Eisenbahnwagen, in der durch Zeichnung und Beschreibung nachgewiesenen Zusammensetzung, fünf Jahre, von jenem Tage an gerechnet, und den Umfang der Monarchie ertheilt worden.

Steckbrief.

Der nachstehend signalisirte Büchsenmachergesell ichael Gottlieb Oehring ist aus der Strafanlt zu Brandenburg, wo derselbe wegen thätlicher iberseßlichkeit gegen einen Gensdarmen im Dienste Monat Zuchthausarbeit verbüßt hat, am 9. v. M. rber, als seinem Angehörigkeitsorte, mittelst Reiseute entlassen worden, bis jetzt aber hier nicht eintroffen. Da dieser oft wegen arbeitsscheuen Umtreibens und mehrfach wegen Diebstahls bestrafte agabond, die öffentliche Sicherheit gefährdend, zweifelhaft sich wieder umhertreibt, so werden mmtliche resp. Behörden des In- und Auslandes, ter den üblichen Zusicherungen, dienstergebenst sucht, auf den ꝛc. Oehring gefälligst vigiliren ꝛd im Betretungsfalle denselben mittelst Transrts hierher zurück und an die unterzeichnete Berde gefälligst abliefern lassen zu wollen.

Potsdam, den 11. August 1844.

Königl. Polizei-Direktor,
Regierungsrath v. Kahlden-Normann.

Signalement. Namen: Michael Gottlieb Oehring, Stand: Büchsenmacher, Geburts- und Wohnort: Potsdam, Religion: evangelisch, Alter: 4 Jahr, Größe: 5 Fuß 2 Zoll, Haare: braun, Stirn: frei, Augenbrauen: braun, Augen: blau, Nase: etwas breit, Mund: proportionirt, Zähne: vollständig, Bart: rasirt, Kinn: rund, Gesicht: und, Gesichtsfarbe: blaß, Statur: untersetzt. Besondere Kennzeichen fehlen.

Der in dem öffentlichen Anzeiger zum 31sten Stück des Amtblattes enthaltene Steckbrief, in Betreff des Arbeitsmannes Franz Eduard Fuchs, ist, da derselbe wieder eingeliefert worden, erledigt.

Neu-Ruppin, den 15. August 1844.

Königl. Stadtgericht.

Bekanntmachung.

Der Mühlenmeister Doßmann zu Sandberg beabsichtigt, in seiner Mühle noch einen neuen Mahlgang anzulegen und ihn mit demselben Rade in Verbindung zu bringen, welches den einen bereits vorhandenen Gang in Bewegung seßt, während er einen zweiten alten Mahlgang nur noch zum Spitzen und Schrooten einstweilen beibehalten will.

An dem Wasserstande und den Betriebswerken wird eine Veränderung nicht intendirt.

Indem ich das Vorhaben des Doßmann hiermit zur öffentlichen Kenntniß bringe, fordere ich alle Diejenigen, welche dadurch eine Gefährdung ihrer Rechte befürchten, auf: ihre Widersprüche in einer präklusivischen Frist von 8 Wochen bei mir anzumelden und gehörig zu begründen.

Belzig, den 29. Juli 1844.

Königl. Landrath Zauch-Belzigschen Kreises.
von Tschirschky.

Bekanntmachung.

Der Mühlenmeister Denkmann zu Rausdorff hat die Absicht, seine beim genannten Dorfe liegende Bockwindmühle nach einem von ihm zu dem Ende erkauften, auf derselben Feldmark, am Wege von Lenzen nach Boberow unter den sogenannten Moorstücken befindlichen, ¾ Meilen von der jetzigen Mühlenstelle entfernten Ackerstück zu verlegen.

Indem ich dies hiermit zur öffentlichen Kenntniß bringe, fordere ich alle diejenigen auf, welche aus dem Edikte vom 28. Oktober 1810 oder aus der

Allerhöchsten Kabinetsordre vom 23. Oktober 1826 ein begründetes Widerspruchsrecht gegen obige Verlegung zu haben glauben, dieses Widerspruchsrecht binnen 8 Wochen präklusivischer Frist, vom Tage dieser Bekanntmachung an gerechnet, entweder bei mir oder bei dem Bauherrn schriftlich geltend zu machen. Perleberg, den 4. Juli 1844.

Königl. Landrath der Westpriegnitz.

v. Saldern.

Bekanntmachung.

Im Auftrage der Königl. Regierung zu Potsdam wird das unterzeichnete Haupt‑Steueramt, und zwar in dessen Amtsgelaß,

am 14. September d. J., Vormittags 10 Uhr,

die Chausseegeld‑Erhebung bei Döllnkrug zwischen Prenzlow und Berlin an den Meistbietenden, mit Vorbehalt der höheren Zuschlages, vom 1. Januar künftigen Jahres ab, anderweit zur Pacht ausstellen. Nur dispositionsfähige Personen, welche vorher mindestens 140 Thlr. baar oder in annehmbaren Staatspapieren bei dem unterzeichneten Haupt‑Amte zur Sicherheit niedergelegt haben, werden zum Bieten zugelassen.

Die Pachtbedingungen sind bei uns von heute an während der Dienststunden einzusehen.

Prenzlow, den 7. August 1844.

Königl. Haupt‑Steueramt.

Bekanntmachung.

Die Anfuhr des bei der Salzfaktorei zu Pritzwalk benöthigten Salzes — circa 900 Tonnen — aus der Speditionsfaktorei zu Havelberg vom 1. Januar 1845 ab soll an den Mindestfordernden ausgethan werden.

Zur Entgegennahme der Gebote haben wir im Auftrage der Königl. Regierung zu Potsdam einen Termin auf

den 10. September d. J., Vormittags 10 Uhr,

im Amtslokale des Steueramts zu Pritzwalk anberaumt, wozu Bietungslustige eingeladen werden.

Die Kontrakts‑Bedingungen sind während der Dienststunden in unserm Amtslokale und dem der Steuerämter Havelberg und Pritzwalk einzusehen.

Warnow, den 12. August 1844.

Königl. Haupt‑Zollamt.

Holzverkauf zur freien Konkurrenz.

Auf der Ablage‑Flottstelle stehen

22	Klafter	Eichen‑Kloben
212	=	Kiehnen‑
34	=	Knüp...

auf der Ablage bei Caput 59 = =

in Summa 327 Klafter

gute trockene Brennhölzer, Einschlag aus dem verwichenen Winter hiesigen Forstreviers, zu den öffentlichen Verkaufe in Loosen zu 5 bis 10 Klaf...

Sonnabend den 7. September d. J.,

Nachmittags 3 Uhr,

im Gasthofe des Herrn Bossdorf in Caput ... Termin ansteht. Käufer werden mit dem Be... ken hierzu eingeladen, daß den bestehenden ... schriften gemäß zur Sicherstellung der Gebote vierte Theil des Kaufpreises im Termin einge... werden muß, und daß der Königl. Förster Scha... zu Flottstelle von mir angewiesen ist, diese ... auf Verlangen vorzuzeigen.

Forsthaus Eunersdorf, den 15. August 1844.

Der Oberförster Galer...

Verpachtung

des Kirchenackers zu Giesensdorf in der Ostpriegn.

Es sollen die der Kirche zu Giesensdorf zu... rigen, speziell separirten Länderaien, beste... aus

70	Morgen	42	□ Ruthen Ackerland,
3	=	59	= Wiesen und
33	=	173	= Grundhütung,

anderweitig auf 12 Jahre von der Ernte 1844 ab, öffentlich an den Meistbietenden verpacht... werden. Pachtlustige werden eingeladen, sich ... dem anstehenden Bietungstermine

den 8. November d. J., Vormittags 11 Uhr,

im Schulzengericht zu Giesensdorf einzufinden.

Pritzwalk, den 16. August 1844.

Der Magistrat.

Bekanntmachung.

Der Umbau und die Vergrößerung des Küster‑ und Schulhauses zu Lohm, sowie die Erbau... einer neuen Scheune bei solchem soll in Entre... prise gegeben werden. Es ist hierzu ein Termin auf

den 3. Oktober d. J., Vormittags 11 Uhr,

in der Gerichtsstube zu Lohm angesetzt. Die An... schläge können im Geschäftszimmer des unterzeich... neten Richters allhier und in der Kreisregistrat...

!vritz eingesehen werden, auch wird ersterer
Verlangen Abschrift derselben gegen Zahlung
Kopialien ertheilen. Die Bedingungen werden
Termin bekannt gemacht werden.
Havelberg, den 6. August 1844.
on Kröcher'sches Gesammt-Gericht zu Lohm.
Der Land- und Stadtgerichts-Direktor
Wehrmann, als Justitiarius.

Durch das erfolgte Ableben des Küsters und
ullehrers Pracht in Fliet ist nunmehr außer
neuerdings kreirten Organisten- und Lehrer-
e, auch dessen Stelle vakant geworden, und
m beide zum 1. Oktober d. J. durch qualifi-
e Subjekte, von denen der Organist und Lehrer
i dem Bau und der inneren Konstruktion einer
gel hinlängliche Kenntnisse besitzen, während der
ster und Lehrer zur ordnungsmäßigen Leitung
Kirchengesanges geschickt sein muß, anderweit
ezt werden.
Das Gehalt beider Stellen ist ziemlich gleich
b die Wohnungen in beiden Schulhäusern für
heirathete Lehrer eingerichtet.
Auf diese Stellen Ambirende wollen sich ent-
der persönlich oder in portofreien Briefen an
ch wenden, und ihrer Meldung die Atteste über
e Qualifikation und bisherige Führung, so wie
en kurzgefaßten Lebenslauf beifügen.
Suckow bei Prenzlow, den 5. August 1844.
er Patron der Kirche und Schule zu Fliet.
Königl. Kammerherr
Ge. von Arnim.

Der Besitzer des in dem Ruppinschen Kreise
Mittelmark belegenen, im Hypothekenbuche
Kammergerichts Vol. V Pag. 241 verzeichne-
Lehngutes Wustrau IIten Antheils, Rittmeister
b Landrath a. D. Friedrich Christian Ludwig
uil Graf von Zieten, beabsichtigt die Allobi-
rung dieses Guts, und hat deshalb den nach-
senden Entwurf des zu errichtenden Familien-
lusses:
Der am 27. Januar 1786 verstorbene General der Kavallerie ic. Hans Joachim von
Zieten, Vorbesitzer des Lehnguts Wustrau
IIten Antheils, welches er in der väterlichen
Erbtheilung 1726 für die damals aufgenommene
Lehnsätze der 6688 Thlr. 20 gGr. angenommen
hat, und welches unter dem 5. Februar 1779
auf 8802 Thlr. 11 gGr. 10 Pf. gerichtlich ge-

würdigt ist, hat dieses Gut zu allodifiziren beabsichtigt, und zu diesem Behufe von den zu seiner
Zeit sich gemeldet habenden Agnaten, nämlich:
1) dem Hauptmann Arend Ludwig von Zieten,
2) dem Rittmeister George Friedrich von Zieten,
3) dem Kriegsrath Levin Friedrich von Zieten,
4) dem Generalmajor Christian Wilhelm von
   Zieten,
5) dem Königl. Sardinischen Obristen Gottfried
   Daniel von Zieten,
6) dem Hauptmann Christoph Daniel von
   Zieten,
7) dem Conrad Christian von Zieten, Erbherrn auf Zahren,
die resp. gerichtlichen und notariellen desfallsigen
Erklärungen vom 12. April 1767, 5. August 1767,
6. Mai 1767, 27. Mai 1767, 3. Dezember 1767,
24. März 1768 beigebracht, nach welchen die
oben erwähnten Agnaten das Gut Wustrau
IIten Antheils gegen einen Lehnstamm von
6000 Thlrn., wovon sie jedoch in casum devolutae successionis die Töchter des letzten
Besitzers von der Descendenz des damaligen
Lehnsbesitzers konstitutionsmäßig abfinden wollten, für allodifizirt erachtet.

Diesem Pacto sind ferner:
8) der Christoph Johann Friedrich Otto von
   Zieten unterm 28. März 1776,
9) Hans Balthasar von Zieten unterm 10. Juli
   1779,
10) Joachim Balthasar von Zieten durch den
   zwischen seinem Vormunde und dem oben
   erwähnten Lehnbesitzer unterm 8. Juni 1779
   mit obervormundschaftlicher Genehmigung
   geschlossenen Vertrag beigetreten.

Auf den Grund dieser resp. Erklärungen und
Verträge ist auch im Land- und Hypothekenbuche
bemerkt, daß Hinsichts dieser das Gut Wustrau II
der Substanz nach allodifizirt sei.

Um nun das mehr erwähnte Gut vollständig
zu allodifiziren, so schließt der jetzige Besitzer,
Landrath a. D. u. s. w. Graf Friedrich Christian
Ludwig Emilius von Zieten, welcher dasselbe
aus dem, über den Nachlaß seines Vaters, des
Generals der Kavallerie u. s. w. Hans Joachim
von Zieten, unterm 1/2. Juli 1786 geschlosse-
nen Erbvergleiche erhalten hat, mit sämmtlichen
Agnaten, welche ein Successionsrecht auf das
Gut haben, und nicht zu der Descendenz der

Nothwendiger Verkauf.

Land= und Stadtgericht zu Oranienburg, den 5. Juni 1844.

Das dem Nagelschmidtmeister Johann Ludwig Kerner gehörige, hierselbst in der Bernauer Straße Nr. 186 belegene, im Hypothekenbuche von der Stadt Oranienburg Vol. I C Nr. 191 verzeichnete Wohnhaus nebst den dazu gehörigen Ländereien, soll Schuldenhalber in dem

am 1. Oktober d. J., Vormittags 10 Uhr,

an hiesiger Gerichtsstelle anstehenden Termine meistbietend verkauft werden. Die mit 501 Thlr. — Sgr. 8 Pf. abschließende Taxe und der Hypothekenschein sind in der Registratur des Gerichts einzusehen.

Zugleich werden der, seinem Aufenthalte nach unbekannte Nagelschmidt Karl Ludwig Reinecke, oder dessen Erben mit vorgeladen.

Nothwendiger Verkauf.

Das dem Büdner August Kaplick gehörige, im Dorfe Seddin sub Nr. 24 belegene, im Hypothekenbuche Vol. IX Fol. 273 eingetragene Büdnerhaus nebst Zubehör, gerichtlich abgeschätzt auf 1151 Thlr. 6 Sgr. 8 Pf., soll

am 9. Oktober d. J., Vormittags 10 Uhr,

an ordentlicher Gerichtsstelle subhastirt werden.

Taxe und Hypothekenschein liegen zur Einsicht während der Dienststunden in unserer Registratur bereit.

Zugleich werden alle diejenigen, welche an das Rubr. III sub Nr. 1 a bis 7 für die sechs Geschwister Kaplick, als:
1) Anne Dorothee Kaplick verehel. Haselbach,
2) Anne Katharine Kaplick, verehel. Wahlsdorff,
3) Christiane Kaplick verehel. Demmler,
4) Charlotte Kaplick,
5) Karl Ludwig Kaplick,
6) Marie Dorothee Kaplick,

aus dem Rezeß vom 1. März 1788 mit je 5 Thlr. 22 Sgr. 11 Pf. eingetragene Muttererbe, dessen Tilgung behauptet wird, Ansprüche machen, es sei als ursprünglich Berechtigte, deren Erben, Zessionarien oder Pfandinhaber, mit der Warnung vorgeladen, daß bei ihrem Nichterscheinen die Posten im Hypothekenbuche gelöscht und sie ihrer etwanigen Rechte daran verlustig gehen werden.

Beelitz, am 10. Juni 1844.

Königl. Land= und Stadtgericht.

Nothwendiger Verkauf.

Königl. Schulamtsgericht zu Blankenburg. Joachimsthal, den 15. Juni 1844.

Das zum Nachlaß des Freimanns Peter David Durow gehörige, zu Blankenburg belegene, und im Hypothekenbuche Vol. I Nr. 19 verzeichnete Freihaus, gerichtlich abgeschätzt auf 668 Thlr. 22 Sgr. 6 Pf., soll in termino

den 2. Oktober d. J., Vormittags 11 Uhr,

an ordentlicher Gerichtsstelle zu Blankenburg öffentlich meistbietend verkauft werden.

Taxe und Hypothekenschein sind in der Registratur zu Joachimsthal einzusehen.

Zugleich werden alle unbekannte Realprätendenten bei Vermeidung der Präklusion hierdurch vorgeladen.

Nothwendiger Verkauf.

Stadtgericht zu Berlin, den 22. Juni 1844.

Das in der verlängerten Sebastiansstraße belegene Grundstück des ehemaligen Kanzlei-Assistenten Stoppelberg, gerichtlich abgeschätzt zu 2078 Thlr. 22 Sgr. 6 Pf., soll Schuldenhalber

am 5. November d. J., Vormittags 11 Uhr,

an der Gerichtsstelle subhastirt werden. Taxe und Hypothekenschein sind in der Registratur einzusehen.

Der dem Aufenthalt nach unbekannte Realgläubiger, Rentier Georg Ludwig Mahlitz, wird hierdurch öffentlich vorgeladen.

Nothwendiger Verkauf.

Stadtgericht zu Neu=Ruppin, den 28. Juni 1844.

Das hierselbst in der Seestraße Nr. 361 belegene, Vol. IV Fol. 174 Nr. 722 des hiesigen Hypothekenbuchs verzeichnete, dem Fuhrmann Friedrich Wilhelm Gentz gehörige Wohnhaus nebst Zubehör, abgeschätzt auf 1279 Thlr. zufolge der, nebst Hypothekenschein und Bedingungen in der Registratur einzusehenden Taxe, soll

am 23. Oktober d. J., Vormittags 10 Uhr,

an ordentlicher Gerichtsstelle subhastirt werden.

Nothwendige Subhastation. Theilungshalber.

Land= und Stadtgericht zu Liebenwalde, den 5. Juli 1844.

Die zu Hammer belegene, den minorennen Geschwistern Zahn gehörige Wasser= und Roß-

ble, abgeschätzt zufolge der, nebst Hypotheken-
-in und Bedingungen bei uns einzusehen-
re, auf 6700 Thlr., soll

am 7. Februar 1845, Morgens 11 Uhr,
Gerichtsstelle subhastirt werden.

Nothwendiger Verkauf.

nigl. Stadtgericht in Perleberg, den 5. Juli 1844.

Das zum Nachlaß des Schneidermeisters Carl
nst Christian Rousseille gehörige, in Perleberg
der Wittenberger Straße sub Nr. 29 im IV.
zirk belegene, und im neuen stadtgerichtlichen
ypothekenbuche Vol. V. Pag. 251 eingetragene
ohnhaus, abgeschätzt auf 970 Thlr. 21 Sgr.
folge der, nebst Hypothekenschein in der Registra-
r einzusehenden Taxe, soll

am 4. November d. J., Vormittags 11 Uhr
bis Abends 6 Uhr,

n ordentlicher Gerichtsstelle subhastirt werden.

Nothwendiger Verkauf.

Land- und Stadtgericht zu Neustadt-Ebers-
alde, den 8. Juli 1844.

Das zur Gastwirth Angelischen Konkurs-
asse gehörige, unweit der Ragöser Schleuse be-
gene Wiesengrundstück, abgeschätzt auf 554 Thlr.
isolge der, nebst Hypothekenschein und Bedin-
ungen im IIten Geschäftsbüreau einzusehenden
aze, soll

am 4. November d. J., Vormittags 11 Uhr,
n Gerichtshause an den Meistbietenden verkauft
werden.

Nothwendiger Verkauf.

and- und Stadtgericht zu Bernau, den 12. Juli 1844.

Die zum Nachlasse des Ackerwirths Michael
hürling gehörigen, im Schmetzdorffschen Felde,
m Wege zwischen dem Dorfe Schönow und der
Stadt Bernau unter den Nummern 41. 42. 43.
4. 45. 46. belegenen, im Hypothekenbuche der
Stadt Bernau Vol. V Nr. 1 und 2 verzeichneten,
usammen auf 244 Thlr. 21 Sgr. 8 Pf. abgeschätz-
en Wortländer sollen in 2 Theilen oder im Gan-
en in termino

den 22. Oktober d. J., Vormittags 10 Uhr,
n hiesiger ordentlicher Gerichtsstelle öffentlich und
neistbietend verkauft werden.

Die unbekannten Real-Interessenten werden
zur Geltendmachung ihrer etwanigen Ansprüche
bei Vermeidung der Präklusion zu diesem Termin
mit vorgeladen.

Taxe, Karte und Hypothekenschein können täglich in der Gerichts-Registratur eingesehen werden.

Nothwendiger Verkauf. Theilungshalber.

Königl. Land- und Stadtgericht Zossen, den
13. Juli 1844.

Das hierselbst in der Mühlenstraße unter Nr.
50 belegene, im Hypothekenbuche der Stadt Zossen,
Vol. II. Pag. 394 verzeichnete, dem verstorbenen
Mühlenmeister Wernicke gehörige auf 597 Thlr.
22 Sgr. gerichtlich abgeschätzte Haus nebst Stall,
Hofraum und Garten, soll auf den Antrag der
Wernickeschen Erben theilungshalber im Termine

den 13. November d. J., Vormittags 11 Uhr,
an hiesiger Gerichtsstelle nothwendig subhastirt werden. Taxe und Hypothekenschein können in unse-
der Registratur eingesehen werden.

Nothwendiger Verkauf.

v. Platensches Patrimonialgericht Wuticke, am
24. Juli 1844.

Der völlig separirte und abgebaute Zweihüfnerhof der Wittwe Krell und des Ehm. Luckfiel
zu Wuticke in der Priegnitz, tarirt zu 2325 Thlrn.
10 Sgr., soll Schuldenhalber

am 22. November d. J., Vormittags 11 Uhr,
in der Gerichtsstube zu Wuticke an den Meistbietenden verkauft werden. Taxe und Hypothekenschein
sind im Geschäftslokal des Richters einzusehen.

Einem tüchtigen Schiffsbaumeister mit einigen
Geldmitteln versehen, weist eines der besten und
ältesten Schiffsbau-Geschäfte mit guter Kundschaft
nach W. E. Seidel in Zehdenick.

Rapskuchen

in der bekannten schönen Qualität aus reinem gesunden Raps, ohne alle Beimischung von Dotter,
sind in der Dampf-Oel-Fabrik bei Charlottenburg im Preise jetzt bedeutend herabgesetzt
und werden bei Partheien noch billiger verkauft.

Der im Osthavelländischen Kreise aus Personen aller Stände gebildete Verein für die Belohnung treuen Gesindes und für die Besserung entlassener Strafgefangenen, dessen Geldmittel aus freiwilligen Beiträgen beschafft werden, hat nachstehende Dienstboten, wegen treuer Pflichterfüllung, pro 1844 als zur Auszeichnung geeignet erachtet und belohnt:

Nummer.	Vor- und Zuname der Dienstboten.	Stand.	Aufenthalts-ort.	Name der Dienstherrschaft.
1	Sophie Bree	Magd	Nauen	Ziegeleibesitzer Stolp.
2	Charlotte Thiele	desgl.	Staffelde	Molkenpächter Sucrow.
3	Carl Friedrich Ortmann	Knecht	Pausin	Bauer Scherff.
4	Friedrich Carl Goetsch	desgl.	Satzkorn	Rittergutsbesitzer Brandhorst.
5	Martin Liesegang	desgl.	Falkenhagen	Prediger Richter.
6	Johann Friedrich Schmook	desgl.	Flatow	Krüger Bertholz.
7	Carl Große	desgl.	Brunne	Amtmännin Serger.
8	Marie Louise Behrend	Magd	Falkenrehde	Schulze Schöttler.
9	Christian Krone	Knecht	Ceestow	Amtmann Seefeld.
10	Christ. Friedr. Wilh. Domnick ..	desgl.	Schönwalde	Baron von Risselmann.
11	Peter Schwanebeck	desgl.	desgl.	Derselbe.
12	Caroline Sophie Voigt	Magd	Dechtow	Bauer Wilhelm Peter.
13	Sophie Dorothee Wusterhausen	desgl.	desgl.	Bauer Ernst Stolle.
14	Caroline Friederike Wolff	Magd	Etzin	Bauer Wilhelm Wiggert.
15	Carl Friedrich Wilhelm Giesel ..	Knecht	Wansdorff	Bauer Joachim Friedrich Luther.
16	Friedrich Hornemann	desgl.	desgl.	Holzhändler Luther.
17	Friedrich Römer.............	Schäferknecht	Etzin	Schäfer Willberg.
18	Wilhelm Alexander	Fischerknecht	Fahrland	Fischer Fleschner.
19	Friederike Louise Puhlmann....	Magd	desgl.	Bauer Ferdinand Wilts.
20	Carl Friedrich Falkenberg	Knecht	Pausin	Gerichtsmann, Bauer Frank.
21	Friederike Ulrich	Magd	Cremmen	Schlächtermeister Ehestaedt sen.
22	Johanne Louise Bolle	desgl.	Dalgow	Bauer C. F. Maas.
23	Marie Sophie Bartel	desgl.	desgl.	Bauer C. F. Schütze.
24	Charlotte Friederike Ruppin	desgl.	Mangelshorst	Gerichtsmann Jürgen.
25	Carl Reinicke..............	Knecht	Nauen	Ackerbürger-Wittwe Maas.

Dyrotz, den 15. August 1844.

von Hobe,
als Vorsteher des Vereins.

Oeffentlicher Anzeiger
zum 35sten Stück des Amtsblatts
r Königlichen Regierung zu Potsdam und der Stadt Berlin.

Den 30. August 1844.

Steckbriefe.

Die nachstehend signalisirte, wegen mangelnder Legitimation hier verhaftet gewesene, angeblich unverehelichte Marie Therese Kretschmer aus Querfurt hat am 22. d. M. Gelegenheit gefunden, s unserem Gefängnisse zu entweichen.

Wir ersuchen daher hierdurch alle resp. Polizeibehörden dienstergebenst, auf die 2c. Kretschmer vigiliren, sie im Betretungsfalle zu verhaften nd uns davon Nachricht zu geben.

Potsdam, den 24. August 1844.
Königl. Rent- und Polizei-Amt.

Signalement. Name: Marie Therese Kretschmer, Stand: unverehelicht, Geburtsort: bersdorf bei Querfurt, Wohnort: Querfurt, Religion: evangelisch, Alter: 18 Jahre, Größe: mittler, Haar: blond, Stirn: frei, Augenbrauen: schwarz, ugen: grau, Nase: gewöhnlich, Mund: dicke Lippen, Zähne: gut, Kinn: rund, Gesicht: länglich, esichtsfarbe: gesund, Gestalt: schlank, Sprache: ichsfeldischer Dialekt.

Besondere Kennzeichen: viele Sommersprossen.

Bekleidet war dieselbe bei ihrer Flucht mit einem gedruckten, baumwollenen Ueberrod, drei wollenen und einem Unterrock, einem leinenen emde ohne Zeichen, einem rothen, weißgestreiften ollenen Halstuche, weißen baumwollenen Strümpfen und schwarzen ledernen Schuhen.

Steckbrief hinter den aus dem Land= und Stadtgerichts=Gefängniß zu Alt=Ruppin entwichenen Arbeitsmann Tamm.

Vornamen: Carl Wilhelm, Geburtsort: Brandenburg, Alter: 19 Jahre, Haare: dunkelblond, Stirn: bedeckt, Augen: grau, Nase: etwas gebogen, Zähne: vollständig, Gesichtsfarbe: gesund, och erscheint das Gesicht im Ganzen etwas aufgedunsen, Kinn: rund, Größe: 5 Fuß 6 — 7 Zoll, Körperbau: stark und untersetzt.

Kleidung: eine grüne Tuchmütze mit rundem Teller und lackirtem Schirm, eine blaue Tuchjacke mit überzogenen Knöpfen von Tuch, ein altes karirtes kattunenes Halstuch, neue graue Leinwandhosen, weißes leinenes Hemde, Schuhe und weiße wollene Strümpfe, eine ganz alte graublaue Tuchweste mit kleinen Hornknöpfen.

Besondere Kennzeichen. Der Tamm kann die Pupillen der Augen nicht still halten, vielmehr bewegen sich dieselben fortwährend hin und her. Auch ist sein Gang auffallend latschig und schwerfällig. Alt=Ruppin, den 20. August 1844.
Königl. Land= und Stadtgericht.

Bekanntmachung.

Der unten signalisirte Schornsteinfegergeselle Friedrich Wilhelm Schulze aus Philippsthal, welcher unterm 19. d. M. vom hiesigen Königl. Polizei=Direktorio mittelst Reiseroute nach Philippsthal zurückgewiesen worden, ist dort bis jetzt nicht eingetroffen und treibt sich wahrscheinlich vagabondirend umher, weshalb wir auf denselben hiermit aufmerksam machen.

Potsdam, den 24. August 1844.
Königl. Rent- und Polizei-Amt.

Signalement. Name: Friedrich Wilhelm Schulze, Stand: Schornsteinfegergeselle, Geburts- und Wohnort: Philippsthal bei Potsdam, Religion: evangelisch, Alter: 20 Jahre, Größe: 5 Fuß 2 Zoll, Haar: blond, Stirn: frei, Augenbrauen: braun, Augen: grau, Nase und Mund: gewöhnlich, Zähne: vollzählig, Bart: im Entstehen, Kinn und Gesicht: oval, Statur: mittlerer.

Besondere Kennzeichen: auf der Brust ein Muttermal.

Kriminalgerichtliche Bekanntmachung.

Der durch die Edittal=Zitation vom 13. Juni v. J. vorgeladene, von hier entwichene Kaufmann und Hutfabrikant Johann Friedrich Moritz ist in dem am 25. Januar d. J. angestandenen Termin nicht erschienen, und deshalb in contumaciam unter Verurtheilung in die Kosten der Untersuchung von der Anschuldigung des betrüglichen Banque=

ruts nur vorläufig freigesprochen. Dieß wird dem
2c. Moritz statt der Publikation hierdurch bekannt
gemacht. Berlin, den 7. August 1844.
Königl. Kriminalgericht hiesiger Residenz.

* Der im Oeffentlichen Anzeiger zum 30ften Stück
des diesjährigen Amtsblatts Seite 285 unterm
12. Juli d. J. hinter die Dienstmagd Johanne
Auguste Haase von uns erlassene Steckbrief ist
erledigt, da die 2c. Haase in Dölln eingetroffen ist.
Oranienburg, den 22. August 1844.
Königl. Rent- und Polizei-Amt.

Bekanntmachung.
* Die Hautboisten Friedrich Wilhelm Albert
Döring und Friedrich Wilhelm Singelmann
des 34sten Infanterie-Regiments sind durch ein
am 18. v. M. hier gesprochenes und am 3. d. M.
bestätigtes kriegsrechtliches Erkenntniß des Verbrechens der Desertion in contumaciam für geständig erklärt, und ihr sämmtliches gegenwärtiges
und zukünftiges Vermögen konfiszirt und der
Hauptkasse der Königl. Regierung ihrer Heimath
zugesprochen worden.
Stettin, den 17. August 1844.
Das Königl. General-Kommando des zweiten
Armeekorps.

Bekanntmachung.
* Im Auftrage der Königl. Regierung zu Potsbam wird das unterzeichnete Haupt-Steueramt,
und zwar in dessen Amtsgelaß,
am 14. September d. J., Vormittags 11 Uhr,
die Chausseegeld-Erhebung bei Prenzlow, zwischen
Prenzlow und Berlin, an den Meistbietenden mit
Vorbehalt des höheren Zuschlages vom 1. Januar
k. J. ab, anderweit zur Pacht ausstellen.
Nur dispositionsfähige Personen, welche vorher
mindestens 170 Thlr. baar oder in annehmbaren
Staatspapieren bei dem unterzeichneten Hauptamte
zur Sicherheit niedergelegt haben, werden zum
Bieten zugelassen.
Die Pachtbedingungen sind bei uns von heute
an während der Dienststunden einzusehen.
Prenzlow, den 16. August 1844.
Königl. Haupt-Steueramt.

Bekanntmachung.
* Im Auftrage der Königl. Regierung zu Potsbam wird das unterzeichnete Hauptamt, und zwar
in dem Geschäftslokale des Steueramts zu Friesack,
am 2. September d. J., Vormittags 9 Uhr,
die Chausseegeld-Hebestelle bei Senzke zwischen
Nauen und Wusterhausen a. d. D. an den Meistbietenden, mit Vorbehalt des höheren Zuschlages,
vom 1. November d. J. ab, zur Pacht ausstellen.
Nur dispositionsfähige Personen, welche vorher
mindestens 250 Thlr. baar oder in annehmlichen
Staatspapieren bei dem Steueramte zu Friesack
zur Sicherheit niedergelegt haben, werden zum
Bieten zugelassen.
Die Pachtbedingungen sind bei uns und bei
dem Steueramte zu Friesack von heute an während
der Dienststunden einzusehen.
Brandenburg, den 19. August 1844.
Königl. Haupt-Steueramt.

Bekanntmachung.
* Im Auftrage der Königl. Regierung zu Potsbam wird das unterzeichnete Hauptamt, und zwar
in dem Geschäftslokale des Steueramts zu Friesack,
am 2. September d. J., Vormittags 11 Uhr,
die Chausseegeld-Hebestelle am Rhin-Kanal zwischen
Nauen und Wusterhausen a. d. D. an den Meistbietenden, mit Vorbehalt des höheren Zuschlages,
vom 1. November d. J. zur Pacht ausstellen.
Nur dispositionsfähige Personen, welche vorher
mindestens 120 Thlr. baar oder in annehmlichen
Staatspapieren bei dem Steueramte zu Friesack
zur Sicherheit niedergelegt haben, werden zum
Bieten zugelassen.
Die Pachtbedingungen sind bei uns und bei
dem Steueramte zu Friesack von heute an während
der Dienststunden einzusehen.
Brandenburg, den 19. August 1844.
Königl. Haupt-Steueramt.

Aufforderung.
Mit Genehmigung der Königl. Regierung zu
Potsbam ist der bisher am Donnerstage hierselbst
abgehaltene Wochenmarkt auf den Freitag verlegt
worden, und werden daher die Wochenmärkte
im hiesigen Orte vom 1. September d. J. ab
wöchentlich des Dienstags und Freitags Vormittags, des Sonntags aber ein Frühmarkt bis zum
Beginn des hiesigen Gottesdienstes stattfinden, auffordern wir die Verkäufer mit Getreide, Garten-
früchten, Fleisch, Geflügel, Fischen, Holz u. s. w.
hiermit auf, sich zu jenen Märkten recht zahlreich
einzufinden. Charlottenburg, den 23. August 1844.
Der Magistrat.

Bekanntmachung.

Es ist zur Verbesserung der Kämmerei-Einkünfte für nothwendig und nützlich erachtet worden, die hiesigen Stadtmühlen-Grundstücke, als:

1) die neu erbaute, vor dem Mühlenthore belegene Mahlmühle von 6 Gängen, deren drei nach nordamerikanischer Art, nebst Wohn- und Wirthschaftsgebäuden und dem vorhandenen Inventarium, so wie

2) die bisher dazu gehörig gewesene, ½ Meile von hiesiger Stadt belegene Niedermühle von 2 Mahlgängen, nebst Oel- und Graupenmühle, Wohn- und Wirthschaftsgebäuden, 11 Morgen 115 ☐Ruthen Aecker, Gartenland und sämmtliches zu dem Grundstück gehöriges Inventarium,

einzeln, oder, wie es gewünscht wird, zusammen meistbietend zu verkaufen.

Dazu haben wir einen Termin auf den 16. September d. J., Vormittags 9 Uhr, zu Rathhause hierselbst angesetzt, und laden qualifizirte Käufer mit dem Bemerken ein, daß bei Schließung des Kontraktes nur eine Anzahlung von 12,000 Thlrn. und resp. 2000 Thlr. verlangt wird, der Kaufgelderrest aber auf die Grundstücke eingetragen werden kann. Die Lizitationsbedingungen können täglich in unserer Registratur eingesehen und werden den Interessenten auch noch im Termin bekannt gemacht werden.

Coeslin, den 22. Juli 1844.

Der Magistrat.

Bekanntmachung.

Nachdem am 3. April 1838 von den bis zu dieser Zeit allhier am Mühlendamm bestandenen 5 Königlichen Mahlmühlen, zwei derselben, die sogenannte Klipp- und neue Mühle Nr. 3, 4 und 5 daselbst von zusammen 16 Gängen, abgebrannt sind, sollen die vom Brande verschont gebliebenen drei übrigen Mühlen, nemlich:

1) die sogenannte Berliner Mühle Nr. 1 am Mühlendamm von 6 Mahlgängen, und die mit derselben in Verbindung stehende, vom Fiskus jetzt angekaufte Ulricische Tabacksmühle,

2) die sogenannte Mittelmühle Nr. 9 daselbst, von 8 Mahlgängen,

3) die sogenannte Köllnische Mühle Nr. 11 daselbst, von 8 Mahlgängen,

so den Nr. 10 daselbst belegenen Walkmühlen zur Verbesserung ihrer durch die jetzige Lokalität bedingten mangelhaften Einrichtungen umgebaut, resp. verlegt werden. Es ist zu diesem Behuf ein Bauplan vorbereitet worden, nach welchem in Stelle der sämmtlichen vorgedachten Mühlen zwei neue Mahlmühlen von resp. 16 und 10 Gängen, die eine auf der Baustelle der ehemaligen Klipp- und neuen Mühle und die andere auf der Baustelle, welche jetzt die Mittelmühle einnimmt, ganz isolirt von den Wohnungsräumen erbaut, die Walkmühlen aber, falls sie mit dem hiesigen Tuchmacher-Gewerke wegen Beseitigung der demselben zugehörigen Erbpachts-Walkmühle eingeleiteten Verhandlungen nicht zum Zwecke führen, in das Köllnische Mühlengebäude verlegt werden. Hierbei soll die Höhe des Fachbaums überall unverändert bleiben.

In Gemäßheit der §§ 6 und 7 des Edikts vom 28. Oktober 1810 (Gesetz-Sammlung von 1810, Pag. 96) wird hierdurch Jedermann, welcher durch diese Mühlenanlagen eine Gefährdung seiner Rechte fürchtet, aufgefordert, binnen acht Wochen präflusivischer Frist, vom Tage der gegenwärtigen Bekanntmachung an, seinen Widerspruch sowohl bei dem Königl. Polizei-Präsidium allhier, als bei der unterzeichneten Administration in Vertretung des Bauherrn, einzulegen.

Berlin, den 17. Juli 1844.

Die Administration der hiesigen Königl. Mühlen.

Krack.

Veräußerung.

Das zum Amte Lietzen gehörige, unweit Dolgelin belegene Bruch-Vorwerk soll mit den Gebäuden in einzelnen Parzellen von 8 bis 36 Morgen veräußert werden. Es wird solches vorläufig zur öffentlichen Kenntniß gebracht, um den Erwerbungslustigen Gelegenheit zu geben, nach voriger Meldung bei dem Oberamtmann Kupsch zu Amt Lietzen bei Seelow die Größe und Beschaffenheit der Parzellen in Augenschein zu nehmen. Der Veräußerungstermin wird demnächst öffentlich bekannt gemacht werden.

Rentamt Lietzen, den 20. August 1844.

Kupsch.

Durch das erfolgte Ableben des Küsters und Schullehrers Pracht in Fliet ist nunmehr außer der neuerdings kreirten Organisten- und Lehrerstelle, auch dessen Stelle vakant geworden, und sollen beide zum 1. Oktober d. J. durch qualifizirte Subjekte, von denen der Organist und Lehrer

von dem Bau und der inneren Konstruktion einer
Orgel hinlängliche Kenntnisse besitzen, während der
Küster und Lehrer zur ordnungsmäßigen Leitung
des Kirchengesanges geschickt sein muß, anderweit
besetzt werden.

Das Gehalt beider Stellen ist ziemlich gleich
und die Wohnungen in beiden Schulhäusern für
verheirathete Lehrer eingerichtet.

Auf diese Stellen Anbietende wollen sich entweder persönlich oder in portofreien Briefen an
mich wenden, und ihrer Meldung die Atteste über
ihre Qualifikation und bisherige Führung, so wie
einen kurzgefaßten Lebenslauf beifügen.

Suckow bei Prenzlow, den 5. August 1844.
Der Patron der Kirche und Schule zu Fliet.
Königl. Kammerherr
Ge. von Arnim.

In der Bertikow schen Jagdtheilungssache
wird der am 2. September d. J. anstehende Anmeldungstermin aufgehoben und ein anderweiter
Termin auf
den 28. September d. J., Vormittags 10 Uhr,
im hiesigen Rathhause anberaumt, zu welchem die
Interessenten unter der Warnung der Präklusion
vorgeladen werden.

Angermünde, den 20. August 1844.
Die Jagdtheilungs-Kommission des Angermünder
Kreises.

Nach der auf den Antrag des Besitzers veranlaßten Revision der Taxe des zur nothwendigen
Subhastation gestellten, hierselbst in der Louisenstraße Nr. 4 i und 4 k belegenen, im Hypothekenbuche des Königl. Kammergerichts Vol. IX Cont. i
Nr. 23 Pag. 527 verzeichneten, dem Tischlermeister
Friedrich Wilhelm Deichmann gehörigen Grundstücks ist der künftige reine jährliche Ertrag desselben
auf 1489 Thlr. 11 Sgr. 3 Pf. und der kapitalisirte
Ertragswerth auf 29,787 Thlr. 15 Sgr. gewürdigt worden. Dies wird den Kauflustigen hiermit
nachträglich bekannt gemacht.

Berlin, den 15. August 1844.
Königl. Preuß. Kammergericht.

Nothwendiger Verkauf.
Königl. Kammergericht in Berlin.

Das hierselbst in der Invaliden Straße Nr. 30
belegene, im Hypothekenbuche des Kammergerichts
Vol. IV b Nr. 132 Pag. 265 verzeichnete Grundstück nebst Zubehör, abgeschätzt auf 19,993 Thlr.

9 Sgr. 9 Pf. zufolge der, nebst Hypothekenschein
und Bedingungen in der Registratur einzusehenden
Taxe, soll
am 1. März 1845
an ordentlicher Gerichtsstelle subhastirt werden.

Nothwendiger Verkauf.
Königl. Kammergericht in Berlin.

Das hierselbst vor dem Oranienburger Thor
in der Chausseestraße Nr. 70 a belegene Grundstück, gerichtlich abgeschätzt auf 25,702 Thlr.
23 Sgr. zufolge der, nebst Hypothekenschein und
Bedingungen in der Registratur einzusehenden
Taxe, soll
am 12. März 1845, Vormittags 11 Uhr,
an ordentlicher Gerichtsstelle subhastirt werden.

Nothwendiger Verkauf.
von Arnimsches Gericht über Kaakstedt.
Prenzlow, am 24. Juni 1844.

Das in der Ukermark im Templiner Kreise belegene, dem Baron von Eickstedt zugehörige
Erbpachtsgut Plötzensee, abgeschätzt auf 267 Thlr.
24 Sgr. 3 Pf. zufolge der, nebst Hypothekenschein
und Bedingungen in der Registratur einzusehenden
Taxe, soll
am 14. Januar 1845, Vormittags 11 Uhr,
an der Gerichtsstelle hierselbst subhastirt werden.

Nothwendiger Verkauf.
Stadtgericht zu Berlin, den 31. Juli 1844.

Das vor dem Rosenthaler Thor in der Thorstraße Nr. 6 belegene Grundstück des Gastwirth
Pflug, gerichtlich abgeschätzt zu 2676 Thlr.
21 Sgr. 3 Pf., soll
am 12. Dezember d. J., Vormittags 11 Uhr,
an der Gerichtsstelle subhastirt werden. Taxe und
Hypothekenschein sind in der Registratur einzusehen.

Der dem Aufenthalt nach unbekannte Dr. philosophiae Joseph Barth oder dessen Erben werden
hierdurch öffentlich vorgeladen.

Nothwendiger Verkauf.
Stadtgericht zu Berlin, den 1. August 1844.

Das in der Mühlenstraße Nr. 31 belegene
Grundstück, gerichtlich abgeschätzt zu 1349 Thlr.
25 Sgr., soll
am 9. Dezember d. J., Vormittags 11 Uhr,
an der Gerichtsstelle subhastirt werden. Taxe und
Hypothekenschein sind in der Registratur einzusehen.

Zu diesem Termin werden die dem Aufenthalt nach unbekannten Gläubiger, der Gutsbesitzer Johann Friedrich Habermann und die Wittwe Mühlenberg, Charlotte Louise geb. Steinland der deren Erben hiermit vorgeladen.

Nothwendiger Verkauf.
Stadtgericht zu Berlin, den 1. August 1844.
Das in der Mühlenstraße Nr. 32 belegene Grundstück, gerichtlich abgeschätzt zu 4048 Thlr. 5 Sgr., soll
am 9. Dezember d. J., Vormittags 11 Uhr, an der Gerichtsstelle subhastirt werden. Taxe und Hypothekenschein sind in der Registratur einzusehen.
Zu diesem Termin werden die dem Aufenthalt nach unbekannten Gläubiger, der Gutsbesitzer Johann Friedrich Habermann und die Wittwe Mühlenberg, Charlotte Louise geborne Steinland, event. deren Erben hiermit vorgeladen.

Subhastations-Patent.
Die den Erben des Altsitzers Joseph Zahl und dessen Ehefrau Louise, gebornen Wiese zu Rathsdorf gehörigen, im Saugrunde bei Wriezen belegenen bei Stücken Land, zu einem Flächeninhalte von ca 8 Morgen zufolge der, in unserer Registratur einzusehenden dorfgerichtlichen Taxe auf 209 Thlr. Sgr. 5½ Pf. abgeschätzt, sollen im Wege der nothwendigen Subhastation
am 22. November d. J., Vormittags 11 Uhr, an ordentlicher Gerichtsstelle hierselbst zusammen öffentlich meistbietend verkauft werden.
Alle unbekannten Realprätendenten haben ihre Ansprüche zur Vermeidung der Präklusion spätestens in diesem Termine geltend zu machen.
Wriezen, den 6. August 1844.
Königl. Land- und Stadtgericht.

Nothwendiger Verkauf.
Stadtgericht zu Berlin, den 6. August 1844.
Das in der Thorstraße Nr. 2 belegene Grundstück des Tischlermeisters Moritz genannt Genrich, gerichtlich abgeschätzt zu 4044 Thlr. 4 Sgr. Pf., soll
am 19. Dezember d. J., Vormittags 11 Uhr, an der Gerichtsstelle subhastirt werden. Taxe und Hypothekenschein sind in der Registratur einzusehen.

Nothwendiger Verkauf.
Stadtgericht zu Prenzlow, den 8. August 1844.
Das hierselbst auf der Neustadt belegene, den

Erben des verstorbenen Seekrügers Johann Schulz gehörige und im Hypothekenbuche Vol. IX Nr. 716 verzeichnete Grundstück, bestehend aus einem Wohnhause, Hofraum, Stallung, Garten und Ländereien im Ukerbruche, Fohlenbruche und Mühlenlande, abgeschätzt auf 1163 Thlr. 18 Sgr. 7 Pf. zufolge der, nebst Hypothekenschein und Bedingungen in unserer Registratur einzusehenden Taxe, soll
am 30. November d. J., Vormittags 10 Uhr, an ordentlicher Gerichtsstelle subhastirt werden.

Nothwendiger Verkauf.
Stadtgericht zu Berlin, den 9. August 1844.
Der den Erben des Tischlermeisters Friedrich Ferdinand Ziehn gehörige ein Drittel-Antheil des in der Langen Gasse Nr. 64 belegenen und zu 1080 Thlr. 5 Sgr. taxirten Grundstücks, soll
am 5. Dezember d. J., Vormittags 11 Uhr, an der Gerichtsstelle subhastirt werden. Taxe und Hypothekenschein sind in der Registratur einzusehen.
Die unbekannten Realprätendenten werden hierdurch bei Vermeidung der Präklusion öffentlich vorgeladen.

Nothwendiger Verkauf.
Stadtgericht zu Berlin, den 18. Juli 1844.
Die dem Maurerpolier Johann Christian Haebicke zugehörige Hälfte des in der Langen Gasse Nr. 55 und 56 belegenen Grundstücks, welches zu 6339 Thlr. 18 Sgr. 3 Pf. taxirt worden, soll
am 4. März 1845, Vormittags 11 Uhr, an der Gerichtsstelle subhastirt werden. Taxe und Hypothekenschein sind in der Registratur einzusehen.
Zugleich werden hierdurch die dem Aufenthalte nach unbekannten Interessenten:
1) der Miteigenthümer, Maurerpolier Gottlob Gustav Kasten,
2) die Ehefrau des Malers Schmidt, Johanne geborne Bocquet
öffentlich vorgeladen.

Nothwendiger Verkauf.
Königl. Justizamt Zechlin zu Wittstock.
Das ¼ Meile von Wittstock im Dorfe Babitz belegene, im Hypothekenbuche von Babitz Vol. I Folio 1 verzeichnete, den Neumannschen Erben gehörige Lehnschulzengut, taxirt auf 7338 Thlr. 14 Sgr. 2 Pf. laut der, nebst Hypothekenschein in unserer Registratur einzusehenden Taxe, soll
am 10. März 1845, Vormittags 11 Uhr,

an ordentlicher Gerichtsstelle zu Wittstock subhastirt werden.

Wittstock, den 16. August 1844.

Nothwendige Subhastation.
von Oppensches Patrimonialgericht über Egelinde.

Die Friedrichsche Wassermühle zu Egelinde, bestehend aus einem Mahl-, Schneide- und Oel-Gang, von denen immer nur ein Gang in Betrieb sein kann, sehr günstig, namentlich für die Nahrung durch den Schneidegang gelegen, mit tüchtiger, nie versiegender Wasserkraft versehen, im besten Bauzustande, mit nicht unbedeutenden, hart an der Mühle befindlichen Ländereien und den erforderlichen Wohn- und Wirthschaftsgebäuden, geschätzt auf 17,819 Thlr. 10 Sgr., soll
    am 18. September 1844
auf der Gerichtsstube zu Fredersdorf bei Belzig verkauft werden.

Taxe und Hypothekenschein liegen zur Einsicht in der Registratur zu Belzig vor.

Belzig, den 19. August 1844.

Bekanntmachung.
Zur öffentlichen meistbietenden zweijährigen Verpachtung der den Eigenthümer Martin Grunow-schen Erben zugehörigen Neunzig-Morgenstelle Nr. 2 zu Alt-Trebbin unter den im Termine bekannt zu machenden Bedingungen, steht auf
    den 31. August d. J., Nachmittags 3 Uhr,
im Schulzengerichte zu Alt-Trebbin vor dem Herrn Justizrath König ein Termin an, zu welchem Pachtlustige hierdurch vorgeladen werden.

Wriezen, den 21. August 1844.

Königl. Land- und Stadtgericht.

Avertissement.
Die Subhastation des in der Schäfergasse Nr. 21 belegenen Badeschen Grundstücks und der am 22. Oktober d. J. anstehende Bietungstermin sind aufgehoben worden.

Berlin, am 13. August 1844.

Königl. Stadtgericht hiesiger Residenz.

Abtheilung für Kredit-, Subhastations- und Nachlaßsachen.

Veränderungshalber beabsichtige ich mein hierselbst und in der Nähe der Stadt Storkow höchst angenehm gelegenes Mahl- und Schneidemühlen Etablissement, wozu 7 Morgen Gärten, 100 Morgen Acker, 35 Morgen Wiesen und 38 Morgen Forstfläche gehören, und wovon nur geringe Abgaben zu entrichten sind, aus freier Hand sofort zu verkaufen. Die Gebäude, wozu freies Bau- und Reparatur-Holz aus der Königl. Forst gegen Entrichtung des Stammgeldes verabreicht wird, sind in einem sehr guten Zustande und ist namentlich das Wohn- und Mühlengebäude erst vor Jahren neu erbauet worden. Auf portofreie Anfragen werde ich gern nähere Auskunft ertheilen und bemerke nur noch, wie mir auch zur Anlegung einer neuen Bockwindmühle hiesigen Orts von Seiten der hohen Behörde der Konsens bereits ertheilt worden.

Bugk bei Storkow, den 20. August 1844.

Mühlenbesitzer A. Müller.

Wiesen-Verkauf.
Die zum Gute Frankendorf bei Neu-Ruppin gehörigen Wiesen am Schafdamm oder der Pfefferbeich, so wie die daselbst belegenen Ländereien, die sogenannte Ritterhorst, sollen in Parzellen von 1 — 3 Morgen
    am 12. September d. J., Vormittags 10 Uhr,
an Ort und Stelle meistbietend verkauft werden, wobei bemerkt wird, daß die Hälfte des Kaufgeldes beim Zuschlage sofort gezahlt werden muß.

Frankendorf bei Neu-Ruppin, den 22. Aug. 1844.

Fuchs, Gutsbesitzer.

Rapskuchen
in der bekannten schönen Qualität aus reinem, gesunden Raps, ohne alle Beimischung von Dedder, sind in der Dampf-Oel-Fabrik bei Charlottenburg im Preise jetzt bedeutend herabgesetzt und werden bei Partheien noch billiger verkauft.

Einige Predigt- und Schulamts-Kandidaten suchen zu Michaelis d. J. noch Hauslehrerstellen durch

W. E. Seidel in Zehdenick.

Für ein sehr bedeutendes Material-Geschäft wird zu Michaelis d. J. unter höchst annehmbaren Bedingungen ein gewandter und ganz zuverlässiger Handlungs-Kommis gesucht durch

W. E. Seidel in Zehdenick.

Oeffentlicher Anzeiger

zum 36sten Stück des Amtsblatts

Königlichen Regierung zu Potsdam und der Stadt Berlin.

Den 6. September 1844.

dem Schlossermeister Johann Peter Gaul zu
...enz ist unter dem 24. August 1844 ein Patent

auf ein durch Zeichnung und Beschreibung erläutertes Drückerschloß, insoweit dasselbe in
seiner ganzen Zusammensetzung als neu und
...genthümlich anerkannt ist,

...ünf Jahre, von jenem Tage an gerechnet,
...ür den Umfang der Monarchie ertheilt worden.

dem Uhrmacher J. C. Rahßkopff zu Koblenz
...ter dem 27. August 1844 ein Patent

auf eine Zeigerleitung für Gewichtuhren in
...er durch Zeichnung und Beschreibung nach-
...ewiesenen Zusammensetzung

...chs Jahre, von jenem Tage an gerechnet,
...ür den Umfang der Monarchie ertheilt worden.

Steckbriefe.

...r nachstehend bezeichnete Unteroffizier Carl
...r Christ. Friedr. Rieck der 8ten Kompagnie
...is zum 31. v. M. nach Potsdam beurlaubt,
...t bis jetzt zum Regiment nicht zurückgekehrt.

...ämmtliche Zivil- und Militairbehörden wer-
...sucht, auf denselben Acht zu haben, ihn im
...ingsfalle zu verhaften und an das Kom-
...bo des 15ten Infanterie-Regiments nach Min-
...liefern zu lassen.

...nben, den 27. August 1844.

...er Oberst und Regiments-Kommandeur.

Menckhoff.

...gnalement. Geburtsort: Magdeburg,
...nb: Sachsen, gewöhnlicher Aufenthaltsort:
..., Religion: katholisch, Gewerbe: Schnei-
...lter: 27 Jahre, Größe: 5 Fuß 1 Zoll,
...dunkelblond, Stirn: hoch und hervorstehend,
...rauen: blond, Augen: blaugrau, Nase:
..., stark, Mund: gewöhnlich, Zähne:
...Bart: rothblond, Kinn: rund, Gesichtsfarbe:

gesund, Gesichtsbildung: oval, Statur: klein,
Sprache: deutsch.

Besondere Kennzeichen: unsicherer Blick
und beim Sprechen ein kurzes Bewegen des Kopfes.

Bekleidung. Eine Montirung, eine Tuchhose, eine Mütze, eine Halsbinde, ein Paar Stiefeln. Außerdem hat derselbe an Sachen
mitgenommen: eine Montirung, eine Tuchhose,
eine leinene Hose, einen Tornister.

Sicherheits-Polizei.

Der wegen kleinen gemeinen und zugleich 4ten
Diebstahls zu 15monatlicher Zuchthausstrafe verurtheilte, hier detinirte und nachstehend näher
signalisirte Züchtling Carl Wilhelm Ferdinand
Groß hat heute früh zwischen 7 und 8 Uhr Gelegenheit gefunden, aus der unterzeichneten Anstalt
zu entweichen. Sämmtliche Militair- und Zivil-
Behörden werden deshalb dienstergebenst ersucht,
auf diesen Verbrecher gefälligst Acht zu haben, ihn
im Betretungsfalle zu verhaften und an die unterzeichnete Behörde gegen sofortige Kostenerstattung
gefesselt und unter sicherer Bedeckung abliefern
lassen zu wollen.

Brandenburg, den 31. August 1844.

Königl. Direktion der Strafanstalt.

Signalement. Vor- und Familienname:
Carl Wilhelm Ferdinand Groß, Stand: Arbeitsmann, Geburts- und Wohnort: Berlin, Religion:
evangelisch, Alter: 37 Jahre, Größe: 5 Fuß 3 Zoll,
Haare: blond, Stirne: bedeckt, Augenbrauen: blond,
Augen: blau, Nase und Mund: gewöhnlich, Zähne:
vollständig, Bart: röthlich, rasirt, Kinn und Ge-
sichte: oval, Gesichtsfarbe: blaß, Statur: mittel,
schwächlich.

Besondere Kennzeichen: keine.

Bekleidung. Eine graumelirte Beiderwand-
jacke, ein Paar dergleichen kurze Hosen, ein Paar
lange graue wollene Strümpfe, ein Paar lederne

Schuhe, eine braune Tuchweste mit grauem Zwillichfutter, eine braune Tuchhalsbinde, ein weißes leinenes Hemde, worin mit schwarzen großen Buchstaben der Name: Groß 2 bezeichnet steht.

Sämmtliche Kleidungsstücke waren mit der Nummer 338 in schwarzer Farbe versehen.

Steckbriefs-Erledigungen.

* Die unverehelichte Marie Therese Kretschmer aus Querfurt ist wieder verhaftet worden, und dadurch der Steckbrief vom 24. d. M. erledigt.

Potsdam, den 28. August 1844.

Königl. Rent- und Polizei-Amt.

* Der im öffentlichen Anzeiger zum 26sten Stück des Amtsblatts der Königl. Regierung zu Potsdam unterm 22. Juni d. J. wider den Schauspieler Carl Ludwig Floericke von Oranienburg erlassene Steckbrief hat sich erledigt.

Schkeuditz, den 29. August 1844.

Königl. Gerichts-Kommission.

Dem Ackerbürger Friedrich Mertens allhier ist in der Nacht vom 22. zum 23. d. M. ein Pferd, von Geschlecht eine Stute, von Farbe braun, mit kleinem Bleß, einem weißen Hinterfuße, langgeschwänzt, 18 Jahre alt und 4 Fuß 8 Zoll groß, und kennbar daran, daß wenn es geht, mit den Hinterfüßen und insbesondere mit den Spitzen auf der Erde schurrt, aus der Nachtbucht entwendet worden.

Indem Jedermann vor dem Ankauf dieses Pferdes gewarnt wird, ersuchen wir zugleich alle diejenigen, welche über das oben bezeichnete Pferd Auskunft zu geben im Stande sind, uns davon Mittheilung zu machen.

Teltow, den 27. August 1844.

Der Magistrat.

Bekanntmachung.

* Da unter dem Rindvieh der hiesigen Stadt die Lungenseuche ausgebrochen ist, so kann der hiesige Markt am 2. Oktober d. J. für Rindvieh nicht, wohl aber für Pferde abgehalten werden, welches wir zur allgemeinen Kenntniß bringen.

Cremmen, den 26. August 1844.

Der Magistrat.

Bekanntmachung.

* Im Auftrage der Königl. Regierung hierselbst wird das unterzeichnete Haupt-Steueramt, und zwar in dessen Amtsgelasse,

am 9. September d. J., Vormittags 10 Uhr,

die Chausseegeld-Hebestelle bei Nassenheide auf der Kunststraße zwischen Berlin und Neu-Strelitz an den Meistbietenden vom 1. Oktober d. J. ab, anderweitig zur Pacht ausstellen.

Nur als dispositionsfähig sich ausweisende Personen, welche vorher mindestens 200 Thlr. baar oder in annehmlichen Staatspapieren bei dem unterzeichneten Hauptamte zur Sicherheit niedergelegt haben, werden zum Bieten zugelassen. Die Pachtbedingungen liegen bei uns von heute an während der Dienststunden zur Einsicht aus.

Potsdam, den 30. August 1844.

Königl. Haupt-Steueramt.

In Sachen betreffend die Theilung der Landjagd in den Dorfmarken des Amtes Belzig

erkennt die Jagdtheilungs-Kommission für den Zauch-Belzigschen Kreis für Recht,

daß von den Ansprüchen, welche in dem am 24. d. M. angestandenen Termine von den Berechtigten nicht angemeldet sind, die nicht entfaunten, wie hiermit geschieht, auszuschließen.

Von Rechts Wegen.

Belzig, den 27. Juli 1844.

Bekanntmachung.

Der Mühlenmeister Doßmann zu Saubelck beabsichtigt, in seiner Mühle noch einen neuen Mahlgang anzulegen und ihn mit demselben Fall in Verbindung zu bringen, welches den einen bereits vorhandenen Gang in Bewegung setzt, während er einen zweiten alten Mahlgang nur noch zum Spitzen und Schroten einstweilen behalten will.

An dem Wasserstande und den Betriebswerken wird eine Veränderung nicht intendirt.

Indem ich das Vorhaben des Doßmann hiermit zur öffentlichen Kenntniß bringe, fordere ich alle Diejenigen, welche dadurch eine Gefährdung ihrer Rechte befürchten, auf: ihren Widerspruch n einer präklusivischen Frist von 8 Wochen bei mir anzumelden und gehörig zu begründen.

Belzig, den 29. Juli 1844.

Königl. Landrath Zauch-Belzigschen Kreises.

von Tschirschky.

Auf dem Rittergute Ganz wird in dem dortigen Brennereigebäude zum Betriebe der Brennerei die Aufstellung eines neuen Dampfzylinders beabsichtigt. In Gemäßheit des § 16 des Edikts vom 5. Mai 1838 wird ein Jeder, der sich durch diese Anlage in seinen Rechten gefährdet hält, aufgefordert, seine Einwendungen dagegen binnen vier Wochen präklusivischer Frist bei dem unterzeichneten Landrathe anzubringen. Kyritz, den 24. August 1844.

Königl. Landrath der Ostpriegnitz.

In Vertretung.

Der Kreis-Deputirte v. Platen.

Ediktal-Zitation.

Der am 15. Juli 1809 zu Closterdorff geborne Müllergeselle Carl August Ludwig Ragnow, ein Sohn des zu Closterdorff verstorbenen Unterförsters und Mühlenmeisters Ragnow, auf dessen Todeserklärung angetragen worden ist, deßgleichen seine Erben und Erbnehmer, werden hierdurch vorgeladen, spätestens in dem auf

den 18. März 1845, Vormittags 10 Uhr,

in hiesiger Gerichtsstelle anberaumten Termin zu erscheinen, ihre Ansprüche anzumelden und darauf weitere Anweisung zu erwarten, widrigenfalls der ꝛc. Ragnow für todt erklärt und sein Vermögen seinen legitimirten Erben und in deren Ermangelung dem Fiskus zugesprochen werden wird.

Strausberg, den 15. Mai 1844.

Königl. Land- und Stadtgericht.

Bekanntmachung.

Der Bedarf an Roggen, Hafer und Stroh für die Militair-Magazine zu Beeskow, Cüstrin, Frankfurt a. d. O., Fürstenwalde, Jüterbogk, Landsberg a. d. W. und Schwedt, so wie an Brod und Fourage für die Garnisonorte Crossen, Guben, Sorau, Friedeberg, Woldenberg, Prenzlow und Neu-Ruppin pro 1845 soll dem Mindestfordernden zu liefern überlassen, und es sollen auf diese

Lieferungen bis spätestens zum 15. Oktober d. J. schriftliche Anerbietungen in nicht stempelspflichtigen, jedoch frankirten Briefen bei uns angenommen werden.

Wir fordern Produzenten und andere lieferungslustige Personen zur Abgabe ihrer Gebote hiermit auf.

Jeder Submittent ist bis fünf Wochen nach dem Termine an sein Gebot gebunden und hat anzunehmen, daß dasselbe nicht acceptirt worden, wenn ihm bis dahin von hier aus kein Bescheid zugegangen ist.

Die nähern Lieferungsbedingungen, in welchen auch der Bedarf angegeben worden, können in unserem Büreau und bei dem Proviant-Amte zu Cüstrin, so wie in Betreff der Garnisonorte Crossen, Guben, Sorau ꝛc. bei den Magisträten daselbst eingesehen werden.

Frankfurt a. d. O., den 19. August 1844.

Königl. Intendantur des 3ten Armeekorps.

Bekanntmachung.

Von den, der hiesigen Kämmerei gehörigen Mühlen sollen

a) die am Neustädtischen Mühlenthore belegene Mahlmühle, die Vorbermühle genannt, mit 4 Gängen, und

b) die auf dem Dom belegene, sogenannte Burg-Mahlmühle mit 4 Gängen,

vom 1. Juni 1845 ab in Erbpacht ausgeboten werden.

Zur Entgegennahme der Gebote haben wir einen Termin auf

Montag den 28. Oktober d. J.,

von Vormittags 10 Uhr ab,

zu Rathhause vor dem Stadtrath, Syndikus Spitta anberaumt, zu welchem Erbpachtslustige hierdurch mit dem Bemerken eingeladen werden, daß die Beschreibungen der Mühlen und die speziellen Bedingungen täglich in unserer Registratur eingesehen werden können, auch Abschriften davon gegen Kopialien von dem Registrator Angerstein zu erhalten sind, und der auf jede Mühle Meistbietende eine Kaution von 500 Thlrn. im Termine bestellen muß.

In Bezug auf die Vorschrift des § 189 der Städteordnung bemerken wir, daß die Vererbpachtung dieser Mühlen um deshalb für nothwendig und nützlich erachtet worden ist, weil sie zu einem Kommunalzwecke nicht mehr für brauchbar befunden sind. Brandenburg, den 20. August 1844.

Ober-Bürgermeister, Bürgermeister und Rath
hiesiger Chur- und Hauptstadt.

Der in der Nähe des neuen Schulhauses belegene, der Stadtkommune gehörige, ehemalige Hirtengarten, etwa 25 □Ruthen groß, soll, da er sich zu Kommunalzwecken nicht weiter eignet, in zwei Parzellen zum Aufbau von Häusern, unter den bei dem unterzeichneten Magistrate einzusehenden Bedingungen, vererbpachtet werden.

Zur Abgabe der Gebote ist ein Termin auf den 26. Oktober d. J., Vormittags 10 Uhr, zu Rathhause allhier angesetzt, zu welchem Kauflustige hierdurch eingeladen werden.

Niemegk, den 26. Juni 1844.

Der Magistrat.

Bekanntmachung.

Es soll den 19. September d. J., Vormittags 10 Uhr, im Bonackschen Gasthofe hierselbst nachstehendes Holz, und zwar:

1) zur freien Konkurrenz: aus den Distrikten Schwarzheide, Jagen 25, und Kersdorf, Jagen 79, 93 Stück Eichen-Nutzenden von verschiedener Länge und Stärke, so wie 9¾ Klafter dergl. 3- und 4füßiges Nutzholz für Böttcher und Stellmacher,

2) zur Befriedigung des Lokalbedarfs: aus den Distrikten Schwarzheide, Kersdorf, Jacobsdorf II und III und Biegenbrück, diverse Quantitäten Eichen-, Buchen-, Birken-, Ellern- und Kiefern-Ast- und Stubbenholz,

im Wege der Lizitation öffentlich an den Meistbietenden gegen gleich baare Bezahlung verkauft, wozu Kauflustige an dem gedachten Tage mit dem Bemerken hiermit eingeladen werden, daß die betreffenden Förster angewiesen sind, das Holz acht Tage vor dem Termine an Ort und Stelle vorzuzeigen. Neubrück, den 26. August 1844.

Der Oberförster Eyber.

Unterstützungs-Verein bei Brandunglück im Teltowschen Kreise.

In Folge statutenmäßiger Bestimmung ist auf Montag den 7. Oktober d. J., Nachmittags 1 Uhr,

eine General-Versammlung der Mitglieder Vereins zu Dahlewitz, Teltowschen Kreises, gesetzt, wozu wir die geehrten Mitglieder mit Bemerken einladen,

daß außer den § 12 der Statuten ten Freimachungsgeldern jedes Mitglied ganzen Beitrag 2 Sgr., auf halben 1 Sgr., auf viertel Beitrag 6 Pf., Büdner 3 Pf. zu Verwaltungskosten tragen hat.

Nächstdem erfolgt hierbei, außer der des Rechnungs-Abschlusses, die Wahl eines standes und zweier Stellvertreter.

Dahlewitz, den 31. August 1844.

Der Vorstand.

W. Termer.   Juckert.

Nothwendiger Verkauf

Königl. Kammergericht in Berlin.

Das hierselbst vor dem neuen Thor Invalidenstraße Nr. 50 belegene, dem polier Karl Friedrich Gumtow gehörige stück nebst Zubehör, abgeschätzt auf 1172 4 Sgr. 6 Pf. zufolge der, nebst Hypothek und Bedingungen in der Registratur einzusehenden Taxe, soll am 23. Oktober 1844 an ordentlicher Gerichtsstelle subhastirt werden.

Nothwendiger Verkauf

Königl. Kammergericht in Berlin.

Die in der Louisenstraße hierselbst Nr. 4 k belegenen, im kammergerichtlichen buche Vol. IX Cont. i Nr. 23 Pag. 527 zeichneten, dem Tischlermeister Friedrich Deichmann gehörigen Grundstücke, von der Materialienwerth des Ersteren auf resp. Thlr. 8 Sgr. 7½ Pf. und des Letzteren auf Thlr. 21 Sgr. 10½ Pf., zusammen auf 29,604 6 Pf., der künftige reine Ertrag auf 991 20 Sgr. jährlich und der kapitalisirte Ertrag werth auf 19,833 Thlr. 10 Sgr. zufolge nebst Hypothekenschein und Bedingungen Registratur einzusehenden Taxen, abgeschätzt ben, sollen

am 9. November 1844,

an ordentlicher Gerichtsstelle subhastirt werden.

Nothwendiger Verkauf.
Königl. Kammergericht in Berlin.

Das in der Marienstraße Nr. 13, an der Ecke
der Albrechtsstraße, hierselbst belegene, im Hypothekenbuche des Kammergerichts Vol. IX Cont. b
Pag. 321 Nr. 21 verzeichnete, dem Stellmachermeister Carl Friedrich Ferdinand Groschupff gehörige Grundstück, abgeschätzt auf 23,150 Thlr.
22 Sgr. 9 Pf. zufolge der, nebst Hypothekenschein
und Bedingungen in der Registratur einzusehenden
Taxe, soll

am 20. Dezember 1844, Vormittags 11 Uhr,
in ordentlicher Gerichtsstelle subhastirt werden.

Nothwendiger Verkauf.
Königl. Kammergericht in Berlin.

Das vor dem Oranienburger Thore in der
Kesselstraße belegene, dem Architekten Johann Conrad Adler gehörige, im Hypothekenbuche des
Königl. Kammergerichts Vol. IV b Nr. CXXXVI
Pag. 361 verzeichnete Grundstück, abgeschätzt auf
5974 Thlr. 25 Sgr. zufolge der, nebst Hypothekenschein und Bedingungen in der Registratur einzusehenden Taxe, soll

am 19. Februar 1845
in ordentlicher Gerichtsstelle subhastirt werden.

Nothwendiger Verkauf.
Königl. Kammergericht in Berlin.

Das hierselbst in der Louisenstraße Nr. 44 belegene, dem Bäckermeister Carl August Gottlieb
Schierjott gehörige Wohnhaus nebst Zubehör,
abgeschätzt auf 26,267 Thlr. 7 Sgr. 1 Pf. zufolge der, nebst Hypothekenschein und Bedingungen
in der Registratur einzusehenden Taxe, soll

am 18. Januar 1845
in ordentlicher Gerichtsstelle subhastirt werden.

Die dem Aufenthalte nach unbekannten Gläubiger, nemlich:

1) die Kinder des Geheimen Justizraths Johann
Jacob Costenoble,
2) die Kinder des Hof-Schauspielers Carl Ludwig
Costenoble zu Wien und
3) die Kinder der verstorbenen Friederike Charlotte Leopoldine Costenoble, verehelicht gewesenen Costenoble,

werden hierzu öffentlich vorgeladen.

Nothwendiger Verkauf.
Königl. Kammergericht in Berlin.

Das hierselbst an der Chausseestraße Nr. 10
und 10 a belegene, dem Kaufmann Carl Martin
Klinder gehörige Grundstück nebst Zubehör, abgeschätzt auf 28,027 Thlr. 26 Sgr. 2 Pf. zufolge
der, nebst Hypothekenschein und Bedingungen in
der Registratur einzusehenden Taxe, soll

am 18. Januar 1845, Vormittags um 11 Uhr,
an ordentlicher Gerichtsstelle subhastirt werden.

Die Kaufleute August Ratzel und Gustav
Lupprian, oder deren Erben, werden hierzu öffentlich vorgeladen.

Nothwendiger Verkauf.
Königl. Kammergericht in Berlin.

Das am Louisenplatz Nr. 11 hier belegene,
im Hypothekenbuche des Königl. Kammergerichts
Vol. IX Cont. g Pag. 313 Nr. 14 verzeichnete,
dem Partikulier Johann Caspar Anacker gehörige Grundstück nebst Zubehör, abgeschätzt auf
21,413 Thlr. 7 Sgr. 3 Pf. zufolge der, nebst Hypothekenschein und Bedingungen in der Registratur
einzusehenden Taxe, soll

am 22. Januar 1845, Vormittags um 10 Uhr,
an ordentlicher Gerichtsstelle subhastirt werden.

Alle unbekannten Realprätendenten werden aufgefordert, sich bei Vermeidung der Präklusion spätestens in diesem Termine zu melden.

Nothwendiger Verkauf.
Stadtgericht zu Berlin, den 12. März 1844.

Das in der Blumenstraße Nr. 57 belegene
Schmidtsche Grundstück, gerichtlich abgeschätzt zu
11,133 Thlr. 17 Sgr. 6 Pf., soll

am 18. Oktober 1844, Vormittags 11 Uhr,
an der Gerichtsstelle subhastirt werden. Taxe und
Hypothekenschein sind in der Registratur einzusehen.

Nothwendiger Verkauf.
Stadtgericht zu Berlin, den 19. April 1844.

Das in der neuen Königsstraße Nr. 65 belegene Ludwigsche Grundstück, gerichtlich abgeschätzt
zu 28,003 Thlrn. 23 Sgr. 3 Pf., soll

am 26. November d. J., Vormittags 11 Uhr,
an der Gerichtsstelle subhastirt werden. Taxe und
Hypothekenschein sind in der Registratur einzusehen.

Zugleich werden
1) die verehelichte Ludwig, Wilhelmine geborne
Seidentopf, oder deren Erben zur Wahrnehmung ihrer Gerechtsame,
2) die unbekannten Realprätendenten bei Vermeidung der Präklusion
öffentlich vorgeladen.

Nothwendiger Verkauf.
Stadtgericht zu Berlin, den 19. April 1844.

Das hierselbst in der Köpnickerstraße Nr. 29 belegene Grundstück des Kattunfabrikanten Parkow,
gerichtlich abgeschätzt zu 83,617 Thlrn. 23 Sgr., soll
am 3. Dezember d. J., Vormittags 11 Uhr,
an der Gerichtsstelle subhastirt werden. Taxe und
Hypothekenschein sind in der Registratur einzusehen.

Das dem Lieutenant a. D. Karl Julius Wilhelm Kiesling gehörige, in der Teltower Vorstadt, Luckenwalder Straße Nr. 1 belegene, in unserm Hypothekenbuche von dieser Vorstadt Vol. III
Nr. 78 verzeichnete, auf 8836 Thlr. 4 Sgr. abgeschätzte Grundstück nebst Zubehör, soll im Wege
der nothwendigen Subhastation verkauft werden,
und ist hierzu ein Bietungstermin auf
den 3. Dezember d. J., Vormittags 10 Uhr,
vor dem Stadtgerichtsrath Herrn Steinhausen
im Stadtgericht, Lindenstraße Nr. 54, anberaumt.

Der Hypothekenschein, die Taxe und die besonderen Kaufsbedingungen sind in unserer Registratur
einzusehen.

Zugleich werden alle Diejenigen, welche etwa
Ansprüche auf das Grundstück oder die Kaufgelder
zu haben vermeinen, hiermit aufgefordert, diese
spätestens bis zu dem obengedachten Termine anzumelden und nachzuweisen, widrigenfalls dieselben
präkludirt und ihnen damit ein ewiges Stillschweigen sowohl gegen den jetzigen Besitzer, als auch
gegen den Käufer und die Gläubiger auferlegt
werden wird. Potsdam, den 5. Mai 1844.

Königl. Stadtgericht hiesiger Residenz.

Nothwendiger Verkauf.
Stadtgericht zu Berlin, den 7. Mai 1844.

Das in der Langen Gasse Nr. 18 und 19 bene Grundstück des Maurermeisters Wolff,

gerichtlich abgeschätzt zu 11,536 Thlr. 9 Sg.
6 Pf., soll
am 20. Dezember d. J., Vormittags 11 Uhr,
an der Gerichtsstelle subhastirt werden. Taxe und
Hypothekenschein sind in der Registratur einzusehen.

Die ihrem Aufenthalt nach unbekannten Glä-
biger, die Wittwe des Gutsbesitzers Fuhrmann,
Marie geb. Leetz und die Wittwe des Maurermeisters Wolff, Marie Wilhelmine geb. Fuhrmann werden hierdurch öffentlich vorgeladen

Nothwendiger Verkauf.
Königl. Justizamt Löcknitz zu Prenzlow, den
4. Juni 1844.

Das zum Nachlasse des in Plöwen verstor-
nen Schmiedemeisters Friedrich Hasenbant
hörige, daselbst belegene Schmiedegrundstück, nämlich ein Wohnhaus, Scheune, Schmiede, ein Garten, Wörde und Wiese, eingetragen im Plöwener
Hypothekenbuche Vol. II Fol. 7, und gerichtlich
taxirt zu 1960 Thlr. 10 Sgr., soll
am 24. Oktober d. J., Vormittags 11 Uhr,
an der Gerichtsstelle zu Brüssow öffentlich verkauft
werden.

Die Taxe und der neueste Hypothekenschein
sind in unserer Registratur einzusehen.

Zugleich werden alle unbekannte Realansprüche
Machenden bei Vermeidung des Ausschlusses hierdurch dazu mit vorgeladen.

Nothwendiger Verkauf.
Stadtgericht zu Berlin, den 6. Juni 1844.

Das in der verlängerten Kommandantenstraße
belegene Schwarzsche Grundstück, gerichtlich abgeschätzt zu 6228 Thlrn. 15 Sgr., soll
am 21. Januar 1845, Vormittags 11 Uhr,
an der Gerichtsstelle subhastirt werden. Taxe und
Hypothekenschein sind in der Registratur einzusehen.

Nothwendiger Verkauf.
Stadtgericht zu Berlin, den 7. Juni 1844.

Das in der Ackerstraße Nr. 6 belegene Kuntzische
Grundstück, gerichtlich abgeschätzt zu 11,274 Thlr.
18 Sgr. 9 Pf., soll
am 14. Januar 1845, Vormittags 11 Uhr,
an der Gerichtsstelle subhastirt werden. Taxe und
Hypothekenschein sind in der Registratur einzusehen.

Rothwendiger Verkauf.

Stadtgericht zu Berlin, den 11. Juni 1844.

Das vor dem Anhaltschen Thore belegene, noch unbebaute Grundstück des Kaufmanns Carl Albert Seepoldt, tarirt an Grund und Boden und Materialien zu 1315 Thlrn. 17 Sgr. 4 Pf., soll

am 29. Oktober 1844, Vormittags 11 Uhr,

an der Gerichtsstelle subhastirt werden. Taxe und Hypothekenschein sind in der Registratur einzusehen.

Rothwendiger Verkauf.

Stadtgericht zu Berlin, den 11. Juni 1844.

Das in der großen Frankfurter Straße Nr. 100 belegene Grundstück der verehelichten Royer, gerichtlich abgeschätzt zu 7921 Thlrn. 18 Sgr. 3 Pf., soll

am 17. Januar 1845, Vormittags 11 Uhr,

an der Gerichtsstelle subhastirt werden. Taxe und Hypothekenschein sind in der Registratur einzusehen.

Der als Hypothekengläubiger eingetragene Königl. Hofrath Breßler wird zur Wahrnehmung seiner Gerechtsame hierdurch öffentlich vorgeladen.

Rothwendiger Verkauf.

Stadtgericht zu Berlin, den 14. Juni 1844.

Das in der Linienstraße Nr. 153 belegene Grundstück des Tischlermeisters Gustav Friedrich Ferdinand Welle, gerichtlich abgeschätzt zu 14,143 Thlrn. 26 Sgr. 9 Pf., soll

am 24. Januar 1845, Vormittags 11 Uhr,

an der Gerichtsstelle subhastirt werden. Taxe und Hypothekenschein sind in der Registratur einzusehen.

Rothwendiger Verkauf.

Land- und Stadtgericht zu Luckenwalde, den . Juni 1844.

Das zum Nachlasse der verstorbenen Wittwe innemann geb. Rößler gehörige, in der Stadt ina in der Berliner Straße Nr. 103 belegene erlaufiger Weber-Etablissement nebst Zubehör, irt auf 1816 Thlr. 21 Sgr., soll

am 15. Oktober d. J., Vormittags 10 Uhr,

ordentlichen Gerichtsstelle subhastirt werden. Die re und der neueste Hypothekenschein können in Registratur eingesehen werden. Die unbekann-

ten Realhypothekenbesitzer werden zur Wahrnehmung ihrer Gerechtsame bei Vermeidung der Präklusion vorgeladen.

Rothwendiger Verkauf.

Das zum Nachlasse des Schiffers Joachim Friedrich Mahnicke gehörige, hierselbst in der Hinterstraße belegene und im Hypothekenbuche Vol. I Nr. 100 verzeichnete Budenhaus nebst Zubehör, auf 525 Thlr. 25 Sgr. 3 Pf. abgeschätzt, soll

am 18. Oktober d. J., Vormittags 11 Uhr,

an ordentlicher Gerichtsstelle subhastirt werden. Die Taxe und Kaufbedingungen können in unserer Registratur eingesehen werden.

Zehdenick, den 19. Juni 1844.

Königl. Preußisches Land- und Stadtgericht.

Rothwendiger Verkauf.

Land- und Stadtgericht zu Mittenwalde.

Das zum Nachlaß des Schmiedemeisters Herzberg gehörige, zu Ragow belegene, im Hypothekenbuche Vol. VII Fol. 229 verzeichnete Wohnhaus mit der Schmiede am Stege, 2 Gärten und sonstigem Zubehör, so wie die im Wendischen Ragow belegenen, im Hypothekenbuche Vol. IV Fol. 19 verzeichneten und gleichfalls zum Herzbergschen Nachlaß gehörigen 2 Anger, abgeschätzt auf zusammen 1681 Thlr., sollen

am 19. Oktober 1844, Vormittags 11 Uhr,

an ordentlicher Gerichtsstelle hierselbst subhastirt werden. Taxe und Hypothekenschein können in der Registratur eingesehen werden.

Rothwendige Subhastation.

Stadtgericht zu Charlottenburg, den 21. Juni 1844.

Das hierselbst in der Spreestraße sub Nr. 38 belegene, im hiesigen stadtgerichtlichen Hypothekenbuche Vol. XII Nr. 729 auf den Namen des Partikulier Carl Friedrich Reuther verzeichnete Grundstück, zufolge der, nebst Hypothekenschein in unserer Registratur einzusehenden Taxe abgeschätzt auf 3426 Thlr. 3 Sgr. 3 Pf., soll

am 5. Oktober 1844, Vormittags 10 Uhr,

an ordentlicher Gerichtsstätte subhastirt werden.

Der seinem Aufenthalte nach unbekannte Eigen-thümer, Partikulier Carl Friedrich Reuther, wird zu diesem Termine öffentlich vorgeladen.

Nothwendiger Verkauf.
Land- und Stadtgericht zu Freienwalde a. d. Oder, den 24. Juni 1844.

Das unweit der Stadt, am Wege nach dem hiesigen Gesundbrunnen belegene, zum Nachlasse der verehelichten Kunstgärtner Poy gebornen Beh-rendt gehörige Wohnhaus nebst Zubehör und Garten, welches auch durch Vermiethung an hie-sige Kurgäste bisher benutzt ist, abgeschätzt auf 642 Thlr. 21 Sgr. 6 Pf. zufolge der, nebst Hy-pothekenschein in der Registratur einzusehenden Taxe, soll

am 8. Oktober 1844, Vormittags 11 Uhr, Theilungshalber an ordentlicher Gerichtsstelle sub-hastirt werden.

Nothwendiger Verkauf.
Frhr. von Arnimsches Gericht über Kaakstedt.
Prenzlow, am 24. Juni 1844.

Die in der Ukermark im Templiner Kreise be-legene, dem Baron von Elckstedt zugehörige Be-sitzung, genannt Gustavsruh, abgeschätzt auf 11,632 Thlr. 21 Sgr. 7 Pf. zufolge der, nebst Hypothekenschein und Bedingungen in der Re-gistratur einzusehenden Taxe, soll

am 14. Januar 1845, Vormittags 11 Uhr, an Gerichtsstelle hierselbst subhastirt werden.

Nothwendiger Verkauf.
Land- und Stadtgericht zu Freyenwalde a. d. O., den 25. Juni 1844.

Der dem verstorbenen Schneidermeister Friedrich Kühne gehörige, beim Gesundbrunnen hierselbst belegene sogenannte kleine Amtsgarten, abgeschätzt auf 105 Thlr. zufolge der, nebst Hypothekenschein in der Registratur einzusehenden Taxe, soll

am 8. Oktober d. J., Vormittags 11 Uhr, an ordentlicher Gerichtsstelle subhastirt werden.

Nothwendiger Verkauf.
Das dem Tuchscheermeister Johann Gottlob Wilcke gehörige, hierselbst in der Burgstraße sub

Nr. 221 belegene Wohnhaus nebst Zubehör, ab-geschätzt zu 1669 Thlr. 5 Sgr. 1 Pf. zufolge der, nebst Hypothekenschein und Bedingungen in un-rer Registratur einzusehenden Taxe, soll

am 2. November 1844, Vormittags 11 Uhr, in unserm Geschäftslokal öffentlich meistbietend verkauft werden.

Rathenow, den 8. Juli 1844.
Königl. Preuß. Stadtgericht.

Nothwendige Subhastation.
Stadtgericht zu Charlottenburg, den 9. Juli 1844.

Das hierselbst in der Schulstraße sub Nr. 1 belegene, im stadtgerichtlichen Hypothekenbu. Vol. X Nr. 585 Pag. 4271 verzeichnete Grund-stück, abgeschätzt auf 1954 Thlr. 19 Sgr. zufolge der, nebst Hypothekenschein in der Registratur ein-zusehenden Taxe, soll

am 26. November d. J., Vormittags 10 Uhr, im hiesigen Stadtgerichte, Jägerstraße Nr. 2, sub-hastirt werden.

Nothwendiger Verkauf.
Königl. Stadtgericht in Perleberg, den 11. Juli 1844.

Das zum Nachlasse der hierselbst verstorbenen Schiffer und Eigenthümer Dierckeschen Eheleute gehörige, hierselbst vor dem Dobberziner Thore im 11ten Bezirk sub Nr. 151 belegene und Vol. VIII Pag. 741 des neuen Hypothekenbuchs verzeichnete Wohnhaus nebst Hofraum und Stadtgebäude, zu-sammen abgeschätzt auf 321 Thlr. 18 Sgr. 6 Pf. soll Behufs der Auseinandersetzung der Erben

am 13. November 1844, Vormittags 11 bis Abends 6 Uhr, an ordentlicher Gerichtsstelle subhastirt werden. Der neueste Hypothekenschein ist mit dem Taxa-tions-Instrument in den gewöhnlichen Geschäfts-stunden bei uns einzusehen.

Nothwendiger Verkauf.
Stadtgericht zu Berlin, den 12. Juli 1844.

Das in der Scharrenstraße Nr. 17 belegene Zimmermannsche Grundstück, gerichtlich abge-schätzt zu 7641 Thlr. 6 Sgr. 6 Pf., soll

am 18. Februar 1845, Vormittags 11 Uhr, an der Gerichtsstelle subhastirt werden. Taxe und Hypothekenschein sind in der Registratur einzuseh.

der dem Aufenthalte nach unbekannte Königliche Professor Ernst Gottlieb Jaeckel oder dessen Erben, werden hierdurch öffentlich vorgeladen.

Nothwendiger Verkauf.

Königl. Landgericht zu Berlin, den 16. Juli 1844.

Das zu Neu-Moabit in der Waldstraße Nr. 34 belegene, dem Parfümerie-Fabrikanten August Herrmann Louis Schmidt gehörige Erbpachtsgrundstück, abgeschätzt auf 735 Thlr. 29 Sgr. 5 Pf. zufolge der, nebst Hypothekenschein in dem 11ten Büreau einzusehenden Taxe, soll

am 6. November d. J., Vormittags 11 Uhr, an ordentlicher Gerichtsstelle, Zimmerstraße Nr. 25, subhastirt werden.

Patent.

Die den Geschwistern Lepper, jetzt deren Erben gehörigen hiesigen Grundstücke, nemlich:
1) das in der Fischerstraße Nr. 142 belegene Wohnhaus nebst Garten und Wiese, taxirt 976 Thlr. 27 Sgr. 6 Pf.,
2) das Wohnhaus in der Fischerstraße Nr. 141, taxirt 75 Thlr.,
3) der Gerstgarten vor dem Ruppiner Thor Nr. 14, taxirt 200 Thlr.,

welchen zufolge der, nebst der Taxe einzusehenden Verkaufsbedingungen im Termin

den 19. November d. J., Vormittags 10 Uhr, theilungshalber meistbietend verkauft werden.

Der Husar Johann Friedrich Frege, der Kaufmann Friedrich Wilhelm Frege, der Kaufmann Friedrich Heinrich Ludewig Frege, die Caroline Henriette Frege, und der Färbergeselle Carl Friedrich Werbermann

werden dazu öffentlich hierdurch vorgeladen.

Lindow, den 17. Juli 1844.
Das Stadtgericht.

Bekanntmachung.

Das der verehelichten Regierungs-Sekretair Schmidt, Elise geborne Liegnitz, gehörige, in Berliner Vorstadt, neue Königsstraße Nr. 9 a belegene, in unserm Hypothekenbuche von jener Vorstadt Vol. III Nr. 117 verzeichnete, auf 5137

Thlr. abgeschätzte Grundstück nebst Zubehör soll im Wege der nothwendigen Subhastation verkauft werden, und ist hierzu ein Bietungstermin auf

den 6. Februar 1845, Vormittags 10 Uhr, vor dem Stadtgerichtsrath Herrn Steinhausen im Stadtgericht, Lindenstraße Nr. 54, anberaumt.

Der Hypothekenschein, die Taxe und die besonderen Kaufbedingungen sind in unserer Registratur einzusehen.

Potsdam, den 18. Juli 1844.
Königl. Stadtgericht hiesiger Residenz.

Bekanntmachung.

Das zum Nachlasse des Schuhmachermeisters Karkoski gehörige, in der Junkerstraße Nr. 62 belegene, in unserm Hypothekenbuche von der Stadt Nr. 715 verzeichnete, auf 1721 Thlr. abgeschätzte Grundstück nebst Zubehör, soll im Wege der freiwilligen event. nothwendigen Subhastation Behufs der Auseinandersetzung verkauft werden, und ist hierzu ein Bietungstermin auf

den 6. November d. J., Vormittags 11 Uhr, vor dem Stadtgerichtsrath Herrn Siede im Stadtgericht, Lindenstraße Nr. 54, anberaumt.

Der Hypothekenschein, die Taxe und die besonderen Kaufbedingungen sind in unserer Registratur einzusehen.

Potsdam, den 20. Juli 1844.
Königl. Stadtgericht hiesiger Residenz.

Nothwendiger Verkauf.

Stadtgericht zu Berlin, den 20. Juli 1844.

Das hierselbst in der neuen Jakobsstraße Nr. 2 im Winkel an der Aufschwemme belegene Grundstück des Lohgerbermeisters Johann Friedrich Heinrich Schmidt, gerichtlich abgeschätzt zu 11,907 Thlr. 8 Sgr. 9 Pf., soll

am 7. März 1845, Vormittags 11 Uhr, an der Gerichtsstelle subhastirt werden. Taxe und Hypothekenschein sind in der Registratur einzusehen.

Bekanntmachung.

Die zum Nachlasse der verehelichten Arbeitsmann Pieper, Charlotte gebornen Hinz, vormals Wittwe Rieck gehörige, zu Wismar, Neuenfundschen Antheils, belegene, und im Hypothekenbuche von Wismar Vol. I Nr. II Pag. 8 verzeichnete

Freiſtelle, nebſt Hofraum, Stallung, Garten und Wörde, gerichtlich abgeſchätzt zu 683 Thlr. 6 Sgr. 8 Pf. ſoll erbtheilungs- und ſchuldenhalber, in dem
am 15. November d. J., Vormittags 10 Uhr,
in Wismar anſtehenden Termine an den Meiſtbietenden verkauft werden.

Taxe und Hypothekenſchein ſind in unſerer Regiſtratur einzuſehen, und die Bedingungen ſollen im Termine bekannt gemacht werden.

Strasburg i. d. Ukermark, den 27. Juli 1844.
von Arnimſches Patrimonial-Gericht der Herrſchaft Neuenſund.

Nothwendiger Verkauf.

Königl. Stadtgericht Gransee, den 27. Juli 1844.

Die zum Nachlaß des verſtorbenen Ackerbürgers Johann Chriſtian Friedrich Sieting gehörige, hierſelbſt belegene halbe Huf Butenland Nr. 142, taxirt 1050 Thlr. 15 Sgr. zufolge der, nebſt Hypothekenſchein und Bedingungen in der Regiſtratur einzuſehenden Taxe, ſoll
am 23. November d. J., Vormittags 10 Uhr,
an ordentlicher Gerichtsſtelle ſubhaſtirt werden.

Freiwillige Subhaſtation.
Gericht der Herrſchaft Wolfshagen.

Das den Erben des Bauern Hans Joachim Friedrich Wendt in Sebbin gehörige, auf 2495 Thlr. taxirte Bauergut ſoll
am 10. Oktober d. J., Vormittags 11 Uhr,
in der Gerichtsſtube zu Wolfshagen an den Meiſtbietenden verkauft werden.

Nothwendiger Verkauf.

Königl. Stadtgericht zu Strasburg i. d. Ukermark, den 31. Juli 1844.

Das dem Kaufmann Behrends zu Prenzlow gehörige, vor dem Jüteritzſchen Thore hierſelbſt belegene, mit einer alljährlich an die Kämmerei zu entrichtenden Mühlenpacht von 18 Thlrn. 10 Sgr. baar und 5 Winſpel Roggen und 2 Scheffel Weizen belaſtete, im Hypothekenbuche Tom. I Vol. II Nr. LXVII Fol. 173 verzeichnete Mühlengrundſtück nebſt dazu gehörigen Realſtäten und Pertinenzien, wozu außer den 2 Wohnhäuſern, der aus zwei Gängen beſtehenden Mahlmühle, zwei Höfen, zwei Ställen, einer Scheune, einem Garten und

einer Wieſe noch eine oberſchlächtige Lohkummühle und eine Roßmühle zum Schroten gehören, taxirt 4514 Thlr. ſoll in termino
den 7. November d. J., Vormittags 10 Uhr,
an gewöhnlicher Gerichtsſtelle im Wege der nothwendigen Subhaſtation verkauft werden.

Taxe und Hypothekenſchein ſind werktäglich in unſerer Regiſtratur einzuſehen.

Nothwendiger Verkauf.

Stadtgericht zu Berlin, den 1. Auguſt 1844.

Das in der Blumenſtraße Nr. 63 belegene Grundſtück des Feilenhauers Victor, gerichtlich abgeſchätzt zu 1140 Thlr. 10 Sgr., ſoll
am 16. Dezember d. J., Vormittags 11 Uhr,
an der Gerichtsſtelle ſubhaſtirt werden. Taxe und Hypothekenſchein ſind in der Regiſtratur einzuſehen.

Nothwendiger Verkauf.

Die zum Nachlaſſe des Maurers Caspar Joachim Mißmann gehörige, zu Papenbruch belegene, Vol. I Fol. 241 des Hypothekenbuchs von Papenbruch verzeichnete Büdnerſtelle nebſt einer Parzelle des dortigen Bartelſchen Büdnerhofes, abgeſchätzt auf 350 Thlr. zufolge der, nebſt Hypothekenſchein in der Regiſtratur einzuſehenden Taxe, ſoll
am 9. Dezember d. J., Vormittags 11 Uhr,
an ordentlicher Gerichtsſtelle ſubhaſtirt werden.

Wittſtock, den 2. Auguſt 1844.
Königl. Juſtizamt hier.

Nothwendiger Verkauf.

Stadtgericht zu Berlin, den 7. Auguſt 1844.

Der Antheil der verehelichten Lautenbach an dem in der Eliſabethſtraße Nr. 2 belegenen Baumannſchen Grundſtück, welches ganze Grundſtück zu 8663 Thlr. 9 Sgr. 9 Pf. taxirt werden, ſoll
am 14. März 1845, Vormittags 11 Uhr,
an der Gerichtsſtelle ſubhaſtirt werden. Taxe und Hypothekenſchein ſind in der Regiſtratur einzuſehen.

Die dem Aufenthalte nach unbekannten Gläubiger, die Wittwe Lemberg, Chriſtiane Friederike geborene Helmboldt, der Kaufmann Carl Theodor Boeddinghaus zu Amſterdam, der Kaufmann Benedix Anton Mohr zu Amſterdam und der Johann Peter Boeddinghaus Chriſtians Sohn zu Elberfeld werden hierdurch öffentlich vorgeladen.

Freiwilliger Verkauf.

Land- und Stadtgericht zu Havelberg, den 12. August 1844.

Das Erbzinshaus Nr. 3, zu Bauhof belegen und im Hypothekenbuche Pag. 29 verzeichnet, den Erben der verehelichten Schiffer Schütte, Katharine Marie geb. Krüger gehörig, abgeschätzt auf 450 Thlr. zufolge der, nebst Hypothekenschein und Bedingungen in der Registratur einzusehenden Taxe, soll

am 17. Dezember d. J., Vormittags 11 Uhr, an ordentlicher Gerichtsstelle subhastirt werden.

Nothwendiger Verkauf.

Patrimonialgericht über Alt- und Neu-Hartmannsdorf zu Königs-Wusterhausen, den 17. August 1844.

Die zu Neu-Hartmannsdorf unter Nr. 15 belegene Kolonistenstelle der verehelichten Sprechert, abgeschätzt auf 116 Thlr. 7 Sgr 6 Pf. besage der, nebst Hypothekenschein hier einzusehenden Taxe, soll in termino

den 20. Dezember d. J., Vormittags 11 Uhr, in der Gerichtsstube zu Hartmannsdorf subhastirt werden.

Ein Rittergut in der Ober-Lausitz mit einem Areal von 2800 Morgen inkl. 700 Morgen Acker, größtentheils Gerst- und Haferfähig, 90 Morgen vorzügliche Wiesen, 500 Morgen Torfbruch, 1300 Morgen Kiefern-Forst und 80 Morgen mit Karpfen besetzte Teiche, ist wegen Auseinandersetzung sofort für 40 und einige Tausend Thlr. zu verkaufen. Eine Anzahlung von 10 bis 15,000 Thlr. genügt. Näheres bei dem Kaufmann Roseno in Frankfurt an der Oder.

Bekanntmachung.

Im Auftrage der Königl. Regierung zu Potsdam wird das unterzeichnete Haupt-Zollamt und zwar im Dienstlocale des Königl. Steueramts zu Kyritz am 19. September d. J., Vormittags 10 Uhr, die Chausseegeld-Erhebung bei Demerthin, zwischen Kyritz und Perleberg, eine Meile von ersterer Stadt entfernt, an den Meistbietenden mit Vorbehalt des höhern Zuschlages vom 1. November d. J. ab zur Pacht ausstellen.

Nur dispositionsfähige Personen, welche vorher mindestens 130 Thlr. baar oder in annehmlichen Staatspapieren bei dem Königl. Steueramte zu Kyritz zur Sicherheit niedergelegt haben, werden zum Bieten zugelassen werden.

Die Pachtbedingungen sind sowohl bei uns als auch beim Königl. Steueramte zu Kyritz von heute an, während der Dienststunden einzusehen.

Warnow, den 2. September 1844.

Königl. Haupt-Zollamt.

Bekanntmachung.

Die Nachlaßmasse des hierselbst verstorbenen Ackerbürgers Adolph Friedrich Funck soll binnen 4 Wochen unter dessen bekannte Gläubiger vertheilt werden.

Zehdenick, den 27. August 1844.

Königl. Preuß. Land- und Stadtgericht.

Alle diejenigen, welche an folgende angeblich verlorene hypothekarisch versicherte Dokumente, als:

1) die Obligationen vom 10. Dezember 1792 und 1. März 1798 nebst Zession vom 6. Dezember ejusd. a., aus welcher für den Schuhmacher Emanuel Finzelberg auf dem Vol. I Nr. 122 im Stadthypothekenbuche verzeichneten Budenhause 100 Thlr. und 25 Thlr. haften,

2) den gerichtlichen Kaufkontrakt vom 15. Juli 1807, aus welchem für den Altsitzer Johann Heinrich Mauerhoff und dessen Ehefrau Angelica geb. Rundt auf dem zu Neu-Löbgow belegenen, im Hypothekenbuche dieses Dorfes Nr. 3 verzeichneten Bauerhofe 300 Thlr. rückständige Kaufgelder haften,

3) den Erbvergleich vom 1. Juli 1829, aus welchem für Sophie Charlotte Franke auf der im Hypothekenbuche von Neu-Löbgow Nr. 35 verzeichneten Büdnerstelle 41 Thlr. 27 Sgr. 3 Pf. eingetragen stehen,

4) den Erbrezeß vom 22. März 1823, aus welchem für

Caroline Wilhelmine,
Caroline Ernestine Henriette und } Geschwister Denzer
Ernst Friedrich Wilhelm

auf der im Stadthypothekenbuche Vol. II Nr. 213 verzeichneten Hause 48 Thlr. 18 Sgr. 6 Pf. haften,

5) den Erbrezeß vom 29. August 1806, aus welchem für die Geschwister Hanne Friederike und Dorothee Louise Tamm auf dem in Dölln belegenen, im Hypothekenbuche dieses Dorfes Vol. II Pag. 72 verzeichneten Bauerhofe 322 Thlr. haften,

6) die Obligation vom 16. Mai 1825, aus welcher für die Wittwe Tietz, Marie Christine geb. Tamm 100 Thlr. auf der im Hypothe-

kenbuche von Dölln Nr. 19 verzeichneten
Büdnerstelle eingetragen stehen,

7) die Obligation vom 1. Oktober 1804 nebst
Zession vom 2. September 1805, und die
Obligation vom 24. Januar 1806, aus welcher für den Kaufmann Hübner auf dem
im Hypothekenbuche von Amtsfreiheit Nr. 2
verzeichneten Grundstücke 1400 Thlr. und
600 Thlr. haften,

8) den Rezeß vom 7. November 1791, aus welchem für Eva Rosine Kemniß, verehelichte
Blankenburg und Johanne Eleonore Kemniß auf dem im Hypothekenbuche von Falkenthal Vol. I Nr. 40 verzeichneten Grundstücke 8 Thlr. 9 gGr. 9½ Pf. und 24 Thlr.
9 gGr. 9½ Pf. haften,

9) die Obligation vom 29. Juni 1797 aus welcher für den Schiffer Christian Heinrici
100 Thlr., ferner, die Obligation vom 20. April
1803, aus welcher für den Bauer Christian
Liese 200 Thlr. und den Erbrezeß vom
24. Januar 1804, aus welchem für die verehelichte Küster Borsdorff, Anne Justine
geb. Bartel 150 Thlr. auf dem hierselbst
belegenen Vol. I Nr. 14 verzeichneten Erbhause haften,

10) den Rezeß vom 23. Februar 1808, aus welchem für die 7 Geschwister Krause 465 Thlr.
— gGr. 10 Pf. Vatererbe auf dem hier belegenen Vol. V Nr. 90 verzeichneten Garten
haften,

11) den Vergleich vom 22. August 1772, aus
welchem für die 5 Dochonschen Kinder
250 Thlr. auf dem Vol. I Nr. 8 des städtischen Hypothekenbuchs verzeichneten Erbenhause eingetragen stehen,

als Eigenthümer, Zessionarien, Pfand- oder sonstige
Brief-Inhaber Ansprüche zu haben glauben, ferner
der seinen Aufenthalt nach unbekannte Inhaber der
nachbenannten hypothekarisch versicherten Schuldpost, welche angeblich längst bezahlt ist, wegen
Mangels des dazu gehörigen Dokuments und genügender Quittung aber nicht gelöscht werden kann,

12) Christian Friedrich Dochon für den mit seinen 4 Geschwistern 250 Thlr. aus dem Vergleich vom 22. August 1772 auf dem Vol. I
Nr. 8 des städtischen Hypothekenbuchs verzeichneten Erbenhause eingetragen stehen, und
event. dessen Erben, Zessionarien, oder die
sonst in seine Rechte getreten sind,

werden hierdurch aufgefordert, ihre Rechte auf die
oben genannten Dokumente und die zuletzt benannte
Schuldpost spätestens in dem

am 11. Dezember d. J., Vormittags 9 Uhr,
in unserm Gerichtslokale hierselbst anberaumten
Termine in Person oder durch einen zulässigen
Bevollmächtigten, wozu ihnen der Justiz-Kom-
sarius Muth hier in Vorschlag gebracht wird,
anzumelden und nachzuweisen, widrigenfalls
ad 1—11 gedachten Dokumente für ungültig, erloschen und mortifizirt erklärt, die Inhaber der
Post ad 12 aber mit allen ihren Ansprüchen auf
das verpfändete Grundstück präkludirt, ihnen ein
ewiges Stillschweigen auferlegt, und gedachte Post
im Hypothekenbuche gelöscht wird.

Zehdenick, den 23. August 1844.
Königl. Land- und Stadtgericht.

Es ist mir am 26. August vom Viehmarkt
aus zum Landsberger Thor hinaus eine rothe
fette, schwarzbunte Gras-Kuh entlaufen, welcher
auf der linken Seite die Buchstaben W. E. mit
der Scheere eingeschnitten sind. Ich bin gern
einem Jeden, der mir gefälligst Auskunft über den
Verbleib der Kuh oder deren Aufenthalt geben
kann, eine Belohnung zuzusichern, und wenn man
dieselbe habhaft werden kann, ungesäumt die
Kosten zu erstatten.

Berlin, den 27. August 1844.
W. Elsner, Schlächtermeister,
Kleine Frankfurter Straße Nr. 3

Eine Frau in den besten Jahren, ohne Anhang
sucht einen Dienst als Wirthschafterin oder Kinder-
frau auf dem Lande oder in der Stadt. Zu erfragen
in Potsdam, Kreuzstr. Nr. 2, parterre unten links.

Der Gutsbesitzer Herr Krohn in Werben im
Teltowschen Kreise ist zum Agenten der Preuß.
Renten-Versicherungs-Anstalt ernannt, und als
der Direction bestätigt. Dies bringe ich dem
Publikum mit dem Bemerken ergebenst zur Kenntniß, daß derselbe zur Empfangnahme von Einzahlungen bereit ist, und können Aufnahme-Deklara-
tionen, so wie der Rechenschaftsbericht pro 1843
bei ihm unentgeldlich in Empfang genommen werden.

Potsdam, den 28. August 1844.
Die Haupt-Agentur der Preuß. Renten Versiche-
rungs-Anstalt in Berlin.
C. Epner.

Oeffentlicher Anzeiger
zum 37sten Stück des Amtsblatts
der Königlichen Regierung zu Potsdam und der Stadt Berlin.

Den 13. September 1844.

Dem Mechanikus Oldendorff zu Berlin ist unter dem 29. August 1844 ein Patent

auf einen Stangenzirkel, in der durch Modell und Beschreibung nachgewiesenen Zusammensetzung

auf sechs Jahre, von jenem Tage an gerechnet, und für den Umfang der Monarchie ertheilt worden.

Steckbriefe.

Am 1. d. M. sind die wegen Diebstahls und Entweichens aus dem Gefängnisse zur Haft gebrachten Verbrecher

1) die unverehelichte Dorothee Regine Sachse aus Vollstädt im Weimarschen und
2) der Webergeselle Art aus Cölleda

durch das Verschulden des Gefangenwärters entsprungen, weshalb wir alle Militair- und Zivilbehörden ersuchen, auf diese Verbrecher achten, sie im Betretungsfalle arretiren und an uns gegen Erstattung der Kosten hier abliefern zu lassen.

Wittenberge, den 2. September 1844.

Das Gericht zu Stavenow.

Signalement:

1. der unverehelichten Dorothee Regine Sachse. Geburts- und Aufenthaltsort: Vollstädt im Weimarschen, Religion: evangelisch, Alter: 32 Jahre, Größe: 4 Fuß 11 Zoll, Augenbrauen: braun, Augen: hellbraun, Nase: schmal geformt, Mund, Zähne: gesund, Kinn: spitz, Gesichtsbildung: länglich, Gesichtsfarbe: gesund, Gestalt: schlank, Sprache: Weimarscher Dialekt.

Bekleidung: Weiße Haube, ein mit Flanell gefütterter Mantel mit weißem Kragen, roth kariertes Umschlagetuch, blauleinene Schürze mit aufgedruckten Blumen, weißbunter Ueberrock, ein rother und ein bunter Unterrock, altes Hembe, ein Paar ausgenähete Schuhe.

2. des Webergesellen Art. Geburts- und Aufenthaltsort: Cölleda, Religion: katholisch, Alter:

26 Jahre, Größe: 5 Fuß 3 Zoll 2 Strich, Augenbrauen: blond, Augen: blau, Nase: spitz, Mund: gewöhnlich, Zähne: gesund, Kinn: spitz, Gesichtsbildung: länglich, die Backenknochen etwas vorstehend, Gesichtsfarbe: gesund, Gestalt: untersetzt, Sprache: Thüringscher Dialekt.

Bekleidung: Brauner Tuchrock, blaue Tuchmütze, roth wollenes Halstuch, bunte kattunene Weste mit Blumen, graue Tuchhosen, Halbstiefeln, altes Hembe, Chemisette mit einem Halskragen. Der Art führte einen schwarz polirten Stock mit einem großen Knopfe.

Die im öffentlichen Anzeiger zum Amtsblatte vom 19. Juli Stück 29 steckbrieflich verfolgte Marie Louise Saufkleber hat sich neuerdings dringend verdächtig gemacht, der unverehelichten Charlotte Richter aus Rathenow, die sie von dort unter den Vorspiegelungen, ihr einen Dienst hier zu verschaffen, hierher gelockt hat, betrüglicher Weise Sachen und ihren Dienstentlassungsschein von dem Holzhändler Witte aus Bützow entwendet zu haben. Vermuthlich wird diese verschmitzte Person sich dieses Scheines zu ihrer Legitimation und ihrem weitern Fortkommen bedienen. Sämmtliche resp. Behörden des In- und Auslandes werden daher dienstergebenst ersucht, auf diese, die öffentliche Sicherheit gefährdende Person wachen und sie im Betretungsfalle mit den bei ihr vorgefundenen Sachen und Papieren mittelst sichern Transports hierher abliefern lassen zu wollen. Das Verzeichniß der von der Saufkleber der Richter entwendeten Effekten folgt nachstehend.

Potsdam, den 3. September 1844.

Königl. Polizei-Direktor,

Regierungs-Rath von Kahlben-Normann.

Verzeichniß
der von der Saufkleber der Richter entwendeten Sachen:

1) ein weiß- und blaubuntes kattunes Kleid mit kurzen Ermeln und Schnebbe,

2) ein dunkelrother kattuner Oberrock mit weißen Pünktchen, auf den Ermeln abgenäht,
3) ein schwarz karirtes ½ großes Deckentuch mit blauer Kante,
4) eine leinene grün gedruckte Jacke,
5) ein kleines rothes Sammettuch, noch nicht gesäumt,
6) ein gelbes Mousseline de laine-Tuch,
7) zwei Paar schwarze wollene, zwei Paar blaue baumwollene und vier Paar weiße Strümpfe ohne Zeichen,
8) ein dunkelrothes und ein gelb und braun karirtes Tuch,
9) eine Nachtmütze,
10) zwei Paar Fingerhandschuhe,
11) zwei Hemden von grober Leinwand,
12) eine braun- und weißgestreifte Schürze,
13) ein Paar neue Schuhe von Glanzleder,
14) ein Tuch mit gedruckter Kante,
15) einen wollenen und einen parchentnen Unterrock,
16) einen Dienstentlassungsschein, ausgestellt von dem Holzhändler Witte in Bützow auf vier Monate Dienstzeit, vom Schulzen Schwarzlose beglaubigt und untersiegelt.

Der Privatschreiber Adolph Ferdinand Franke, welcher wegen Betruges und Anfertigung einer falschen öffentlichen Urkunde durch das erste Erkenntniß zu einjähriger Zuchthausstrafe verurtheilt worden ist, ist in der Nacht vom 2. zum 3. September aus dem hiesigen Gefängnisse entwichen. Sämmtliche öffentlichen Behörden werden ganz ergebenst ersucht, den ꝛc. Franke, wo er sich betreten läßt, zu verhaften und denselben hierher transportiren zu lassen, oder uns von seiner Verhaftung zu benachrichtigen.

Königs-Wusterhausen, den 3. September 1844.
Königl. Preuß. Justizamt.

Signalement. Vor- und Zuname: Adolph Ferdinand Franke, Alter: 21 Jahre, Geburts- und Wohnort: Berlin, Größe: 5 Fuß 3 Zoll, Statur: schlank, Gesicht: schmal, mit Sommersprossen bedeckt, Gesichtsfarbe: blaß, Mund: breit, Haare: blond, Bart: röthlich, Nase: dick, Stirn: breit, Augen: grau und entzündet.
Kleidung. Ein grauer Ueberwurf, schwarztuchener alter Ueberrock, schwarze Beinkleider, buntig halbseidene Weste, alte schwarze Tuchmütze, kein.

Steckbriefs-Erledigung.

Der mittelst Steckbriefes vom 19. Juli b.... verfolgte Sträfling Alexander Ernst Gottfried ... helm Zahn hat sich heute hier wieder ... gemeldet, und ist daher jener Steckbrief erledigt.
Spandow, den 1. September 1844.
Königl. Kommandantur.

Polizeiliche Bekanntmachung.

Der nachstehend signalisirte Schneider... Friedrich Wilhelm Hagen hat angeblich da... am 23. October 1834 von dem Königl. ... verschen Amte zu Neuhaus ertheilte, und ... am 31. v. M. hier visirte Wanderbuch ver... Zur Vermeidung von etwanigem Mißbrauch wird dies hiermit öffentlich bekannt gemacht, ... das gedachte Wanderbuch hierdurch für un... erklärt.
Berlin, den 6. September 1844.
Königl. Polizei-Präsidium.

Signalement. Familienname: Hagen, ... name: Friedrich Wilhelm, Geburts- und ... haltsort: Konau, Religion: evangelisch, ... Jahr, Größe: 5 Fuß 6 Zoll, Haare: braun, ... frei, Augenbrauen: braun, Augen: braun, ... und Mund: gewöhnlich, Bart: braun, ... sund, Kinn: rund, Gesichtsbildung: oval, ... farbe: gesund, Gestalt: schlank, Sprache: ... Besondere Kennzeichen fehlen.

Bekanntmachung.

Wider den etwa im Jahre 1793 von d... maligen von Rudorffschen Husaren-Regiment entwichenen Kaspar Muchow aus Seddin ... Kreise Westpriegnitz, und den im Jahre 1813 ... einem Landwehr-Regimente desertirten Johann ... chael Muchow, geboren zu Seddin am 13. ... tember 1791, ist der Desertions- und Konfiskations... Prozeß eingeleitet, und bei dem unterzeichneten ... visionsgericht am 9. August d. J. das ... 20. ej. m. bestätigte kriegsrechtliche Erkenntniß ... hin ergangen:

„daß beide Angeschuldigte, sowohl der Ka... als der Johann Michael Muchow in c... tumaciam für Deserteure zu erklären, d... sammtes gegenwärtiges und zukünftige... mögen zu konfisziren und der Königl. C... rungs-Hauptkasse zu Potsdam zuzuführen ... auch dieses Erkenntniß in dem Amtsblatt ...

Königl. Regierung zu Potsdam öffentlich bekannt zu machen."

K. O. Brandenburg, den 29. August 1844.

Das Königl. Gericht der 6ten Division.

(gez.) v. Quadt,   Schlitte,
General-Lieutenant   Divisions-Auditeur.
nb Divisions-Kommandeur.

Bekanntmachung.

Wider den im Jahre 1818 vom Königl. 6ten
Kürassier-Regimente (genannt Kaiser von Ruß-
nb) entwichenen Rekruten George Heincke aus
rampffer, im Kreise Westpriegnitz, ist der Deser-
ons- und Konfiskations-Prozeß eingeleitet und
n dem unterzeichneten Divisionsgericht unter dem
. August d. J., bestätigt den 20. desselben Monats,
as kriegsrechtliche Erkenntniß dahin ergangen:

„daß der Rekrut Heincke in contumaciam
für einen Deserteur zu erklären, sein gesammtes gegenwärtiges und zukünftiges Vermögen
zu konfisziren und der Königl. Regierungs-
Hauptkasse zu Potsdam zuzusprechen, auch
dieses Erkenntniß durch das Amtsblatt der
Königl. Regierung zu Potsdam öffentlich bekannt zu machen."

K. O. Brandenburg, den 29. August 1844.

Das Königl. Gericht der 6ten Division.

gez.) v. Quadt,   Schlitte,
General-Lieutenant   Divisions-Auditeur.
nb Divisions-Kommandeur.

Bekanntmachung.

In Folge kriegsrechtlichen, unterm 17. August
J. ergangenen und am 21. desselben Monats
bestätigten Erkenntnisses ist der aus Lenzen gebür-
ge, und aus Deutz am 11. Juni 1842 entwichene
befreite Joachim Breitenbach des 4ten Drago-
r-Regiments dahin verurtheilt worden, daß er
r Entweichung in contumaciam für überführt
t erachten, und sein gesammtes, auch zukünftiges
ermögen zur betreffenden Regierungs-Hauptkasse
nzuziehen. Cöln, den 30. August 1844.

Königl. Preuß. Gericht der 15ten Division.

Eine am 3. Juni d. J. allhier zur Post ge-
ebene Kiste:

An den Arbeitsmann H. Schnitz in Lud-
wigslust,

kann der unbekannte sich legitimirende Absender,
da solche zurückgekommen, gegen Erstattung des
Portos und der Kosten bei unterzeichneter Verwaltung in Empfang nehmen.

Friesack, den 28. August 1844.

Post-Verwaltung.

Bekanntmachung.

Bei einem hiesigen Einwohner sind verschiedene
kupferne Gegenstände, welche zu einer Spritze gehören, gefunden worden. Die Gemeinde, deren
Spritze die Hähne, der Sauger und das Rohr
fehlen, wird ersucht, sich bei uns zu melden.

Nauen, den 5. September 1844.

Der Magistrat.

Es ist bei uns die Stelle des Kriminal-Protokollführers und Hülfsingrossators mit einem monatlichen Einkommen von 10 bis 12 Thlrn. sofort,
und spätestens zum 1. k. M. zu besetzen.

Wir fordern befähigte Subjekte auf, sich bald,
unter Beifügung ihrer Zeugnisse, bei uns zu melden.

Belzig, am 4. September 1844.

Königl. Land- und Stadtgericht.

Pferde-Auktion.

Mittwoch den 2. Oktober d. J., Vormittags
9 Uhr soll in Berlin in dem Königl. Ober-Marstallgebäude in der breiten Straße Nr. 36 eine
Anzahl ausgemusterter und überzähliger Pferde aus
dem Königl. Friedrich Wilhelms- und Brandenburgischen Land-Gestüt bei Neustadt a. d. Dosse,
öffentlich an den Meistbietenden, gegen gleich baare
Bezahlung in Friedrichsd'or — für welche auch
5⅓ Thlr. in Courant eingezahlt werden können —
verkauft werden.

Die zu verkaufenden Pferde bestehen aus:

1) circa 10 Stück Hengsten von verschiedenem
   Alter,
2) circa 12 Stuten von verschiedenem Alter,
   von denen einige bedeckt sind.

Sämmtliche Pferde, unter denen sich auch einige national-englische Vollblut-Stuten befinden,
sind, bis auf die tragenden Stuten, mehr oder
weniger angeritten und thätig.

Den 30. September und 1. Oktober können
die Pferde an dem bezeichneten Orte in Augenschein genommen werden, und ist das Nähere aus

ben gedruckten — vom 25. September ab auf dem
Königl. Ober-Marstall-Amte bereit liegenden —
Listen zu ersehen.

Berlin, den 1. September 1844.
Königliche Gestüt-Verwaltung.

Bekanntmachung.

Am 11. April 1842 ist zu Woltersdorff die
unverehelichte Marie Dorothee Klaehn gestorben.
Zu ihrem etwa 90 Thlr. betragenden Nachlaß hat
sich bisher als nächste Erbin nur eine Mutter-
schwester der Erblasserin gemeldet, und werden daher die etwanigen unbekannten näheren oder gleich
nahen Erben aufgefordert, ihre Ansprüche spätestens im Termine

den 24. Oktober d. J., Vormittags 11 Uhr,
in der Gerichtsstube zu Woltersdorff geltend zu
machen und ihre Legitimation zu führen, widrigenfalls der Nachlaß den nächsten legitimirten Erben
ausgehändigt werden wird.

Neu-Ruppin, den 31. Juli 1844.
Gräflich von Königsmarksche Gerichte über
Woltersdorff.

Bekanntmachung.

Auf Anordnung des Königl. Kurmärkischen Pu-
pillen-Kollegii in Berlin soll das dem minorennen
Adolph Eduard Dettloff Hans von Winterfeld
gehörige, in der Westpriegnitz belegene Lehnritter-
gut Carve mit Zubehör, insonderheit mit dem in
Folge der Dienstablösung zu Kribbe dazu gelegten
Acker- und Wiesenplan, im Umfange von 146 Morgen 42 ☐Ruthen, so wie die Wasser- und Oel-
Mühle zu Carve mit Garten, Aeckern und Wiesen,
letztere abgesondert, in dem

am 28. Oktober d. J., Vormittags 9 Uhr,
in dem Lokale des hiesigen Königl. Stadtgerichts
anstehenden Termine auf zwei Jahre, von Johannis
1845 bis dahin 1847, meistbietend verpachtet werden. Die Pachtbedingungen sind bei dem admini-
strirenden Vormunde des Besitzers, dem Major
von Jagow auf Dalmin, und bei dem Unterzeichneten einzusehen; auch wird der Erstere jede
sonst gewünschte Auskunft gern ertheilen.

Perleberg, den 1. September 1844.
Der Königl. Stadtgerichts-Direktor.
v. Wittken,

Ueber das Vermögen des Kaufmanns hier
Hartmann hierselbst ist der Konkurs eröffnet und
der Herr Justizrath Stegemann vorläufig zum
Masse zum Kurator bestellt worden. Alle unbekannte Gläubiger des Gemeinschuldners werden
hierdurch vorgeladen,

am 23. Oktober d. J., Vormittags 10 Uhr,
im hiesigen Stadtgericht vor dem Herrn Kammergerichts-Assessor Gericke ihre Ansprüche an die
Masse gehörig anzumelden und deren Richtigkeit
nachzuweisen, auch sich mit den übrigen Kreditoren über die Beibehaltung des bestellten Interims-
Kurators oder die Wahl eines andern zu vereinigen. Wer sich in diesem Termine nicht meldet,
wird mit allen Forderungen an die Masse ausgeschlossen und ihm deshalb gegen die übrigen
Gläubiger ein ewiges Stillschweigen auferlegt.

Denjenigen, welchen es hier an Bekannten
fehlt, werden zu Sachwaltern die Herren Justiz-
Kommissarien Bodstein hier und Felgentreu
zu Wusterhausen a. d. D. vorgeschlagen.

Neu-Ruppin den 28. März 1844.
Königl. Stadtgericht.

In der Bertikow-schen Jagdtheilungssache
wird der am 2. September d. J. anstehende Anmeldungstermin aufgehoben und ein anderweiter
Termin auf

den 28. September d. J., Vormittags 10 Uhr,
im hiesigen Rathhause anberaumt, zu welchem die
Interessenten unter der Warnung der Präklusion
vorgeladen werden.

Angermünde, den 20. August 1844.
Die Jagdtheilungs-Kommission des Angermünder
Kreises.

Nothwendiger Verkauf.
Königl. Kammergericht in Berlin.

Das hierselbst in der Schwmannstraße Nr. 11
belegene Grundstück, abgeschätzt nur nach dem
Materialienwerthe und dem Werthe des Grund
und Bodens (nicht nach dem Ertrage) auf 14,000
Thlr. 17 Sgr. 6 Pf. zufolge der, nebst Hypothekenschein und Bedingungen in der Registratur einzusehenden Taxe, soll

am 30. November 1844,
an ordentlicher Gerichtsstelle subhastirt werden.

Nothwendiger Verkauf.
Königl. Kammergericht in Berlin.

Das hierselbst am Platz vor dem neuen Thore Nr. 3 belegene, im Hypothekenbuche des Königl. Kammergerichts Vol. IX Cont. K Nr. 19 Pag. 433 verzeichnete, dem Maurermeister Carl August Zeber gehörige Grundstück nebst Zubehör, abgeschätzt auf 13,620 Thlr. 5 Sgr. 6¼ Pf. zufolge der, nebst Hypothekenschein und Bedingungen in der Registratur einzusehenden Taxe, soll

am 9. April 1845
an ordentlicher Gerichtsstelle subhastirt werden.

Nach der auf den Antrag des Besitzers veranlaßten Revision der Taxe des zur nothwendigen Subhastation gestellten, hierselbst in der Louisenstraße Nr. 4 i und 4 k belegenen, im Hypothekenbuche des Königl. Kammergerichts Vol. IX. Cont. i Nr. 23 Pag. 527 verzeichneten, dem Tischlermeister Friedrich Wilhelm Deichmann gehörigen Grundstücks ist der künftige reine jährliche Ertrag desselben auf 1489 Thlr. 11 Sgr. 3 Pf. und der kapitalisirte Ertragswerth auf 29,787 Thlr. 15 Sgr. gewürdigt worden. Dies wird den Kauflustigen hiermit nachträglich bekannt gemacht.

Berlin, den 15. August 1844.
Königl. Preuß. Kammergericht.

Nothwendiger Verkauf.
Königl. Kammergericht in Berlin.

Das hierselbst in der Louisenstraße Nr. 4 d belegene, im Hypothekenbuche Vol. IX Cont. i Nr. 18 Pag. 407 verzeichnete Grundstück nebst Zubehör, abgeschätzt auf 20,241 Thlr. 23 Sgr. 9 Pf. zufolge der, nebst Hypothekenschein und Bedingungen in der Registratur einzusehenden Taxe, soll

am 12. März 1845, Vormittags 11 Uhr,
an ordentlicher Gerichtsstelle subhastirt werden.

Die hypothekarischen Gläubiger Partikulier Johann Zacharias Logan und Kupferstecher Johann Friedrich August Clar, modo deren Erben, werden hierzu öffentlich vorgeladen.

Nothwendige Subhastation.
Stadtgericht zu Charlottenburg, den 1. März 1844.

Das hierselbst in der Orangenstraße Nr. 2 belegene, dem Schlossermeister Nese gehörige, im stadtgerichtlichen Hypothekenbuche Vol. 1 Nr. 41 verzeichnete Grundstück nebst Garten, abgeschätzt auf

6000 Thlr. 11 Sgr. 9 Pf. zufolge der, nebst Hypothekenschein, in unserer Registratur einzusehenden Taxe, soll in termino

den 12. Oktober d. J., Vormittags 10 Uhr,
vor dem Herrn Kammergerichts-Assessor Kahle an ordentlicher Gerichtsstelle subhastirt werden.

Nothwendiger Verkauf.
Stadtgericht zu Berlin, den 30. März 1844.

Das in der Blumenstraße zwischen den beiden Grundstücken des Kaufmanns Aumann belegene Grundstück des Stellmachermeisters Kley, gerichtlich abgeschätzt zu 11,113 Thlr. 15 Sgr., soll

am 12. November d. J., Vormittags 11 Uhr,
an der Gerichtsstelle subhastirt werden. Taxe und Hypothekenschein sind in der Registratur einzusehen.

Nothwendiger Verkauf.
Stadtgericht zu Berlin, den 1. April 1844.

Das in der Blumenstraße, Ecke der Rosengasse, Nr. 59 belegene Schmidtsche Grundstück, taxirt im Rohbau zu 8681 Thlr. 20 Sgr., soll

am 15. November d. J., Vormittags 11 Uhr,
an der Gerichtsstelle subhastirt werden. Taxe und Hypothekenschein sind in der Registratur einzusehen.

Nothwendiger Verkauf.
Stadtgericht zu Berlin, den 2. April 1844.

Das in der Fruchtstraße, Ecke der Pallisadenstraße belegene Hochkirchsche Grundstück, taxirt zu 10,429 Thlr. 19 Sgr. 3 Pf., soll

am 19. November d. J., Vormittags 11 Uhr,
an der Gerichtsstelle subhastirt werden. Taxe und Hypothekenschein sind in der Registratur einzusehen.

Nothwendiger Verkauf.
Stadtgericht zu Berlin, den 25. April 1844.

Das hierselbst in der verlängerten Kommandantenstraße belegene Plötzsche Grundstück, gerichtlich abgeschätzt zu 21,981 Thlr. 21 Sgr. 3 Pf., soll Schulden halber

am 10. Dezember d. J., Vormittags 11 Uhr,
an der Gerichtsstelle subhastirt werden. Taxe und Hypothekenschein sind in der Registratur einzusehen.

Nothwendiger Verkauf.
Stadtgericht zu Berlin, den 26. April 1844.

Das hierselbst in der verlängerten Sebastianstraße belegene Grundstück des Baumeisters Ferdi-

Nothwendiger Verkauf.
Königl. Justizamt Potsdam, den 26. August 1844.
Der, der Wittwe Altair, Anne Sophie gebornen Schmidt und dem minderjährigen August Gottlieb Altair gehörige, zu Werder belegene und Vol. VII Fol. 13 Nr. 484 des Hypothekenbuchs verzeichnete Weinberg, gerichtlich abgeschätzt auf 60 Thlr. 10 Sgr., soll
am 7. Dezember d. J., Vormittags 11 Uhr, auf dem Rathhause zu Werder subhastirt werden. Die Taxe und der Hypothekenschein sind in unserem IIten Büreau einzusehen.

Nothwendiger Verkauf.
Die der Wittwe Ziglowsky geb. Flügge gehörige Büdnerstelle in Dargersdorf, abgeschätzt auf 118 Thlr. 10 Sgr. zufolge der, nebst Hypothekenschein und Bedingungen in der Registratur einzusehenden Taxe, soll
am 21. Dezember d. J., Vormittags 11 Uhr, in der Gerichtsstube zu Dargersdorf subhastirt werden.
Zehdenick, den 7. September 1844.
v. Holtzendorffsches Patrimonialgericht über Dargersdorf.

Nothwendiger Verkauf.
Königl. Land- und Stadtgericht zu Strausberg, den 30. August 1844.
Die zum Nachlasse des Pantoffelmachermeisters Heinrich Wilhelm Aschee gehörigen hierselbst belegenen Grundstücke:
1) das am Marktplatz sub Nr. 6 belegene Wohnhaus, abgeschätzt auf 606 Thlr. 28 Sgr. ½ Pf.,
2) der vor dem Landsberger Thore am Mühlenberge belegene Garten, taxirt auf 73 Thlr.,
3) der vor dem Müncheberger Thore neben dem Wilhelm Zimmermannschen belegene Garten, abgeschätzt auf 30 Thlr.,
sollen
am 17. Dezember d. J., Vormittags 11 Uhr, an ordentlicher Gerichtsstelle subhastirt werden.

Taxe und Hypothekenschein sind in unserer Registratur einzusehen.

Bekanntmachung.
Die Subhastation des Schlächtermeister Kru..schen Gartens und der am 30. Oktober d. J. stehende Bietungstermin sind aufgehoben.
Treuenbrietzen, den 6. September 1844.
Königl. Stadtgericht.

Ich beabsichtige meine am schiffbaren ... liegende Wassersuppesche Ziegelei zu Johannis ... und meine etwa ¼ Meile davon entfernt lieg... Kohlhoffs Ziegelei sofort unter sehr annehml... Bedingungen öffentlich meistbietend zu verp... Hierzu steht
am 14. Oktober d. J., Vormittags 12 Uhr, allhier Termin an, zu dem Pachtlustige mit ... Bemerken eingeladen, daß der Pacht... sofort abgeschlossen werden kann, und ... Pachtbedingungen abschriftlich mitgetheilt ... können. Hohennauen, den 2. September 184...
von der H...

Die hierselbst belegene Schmiedestelle, besteh... aus Wohnhaus, Ställen, Scheune, Schmie... vollständigem Handwerkszeuge, und künftm... will ich
am 21. Oktober d. J., Vormittags 10 Uhr, in meinem Hause verkaufen. Indem ich ... lustige hierzu einlade, bemerke ich nur noch, ... die Gebäude sämmtlich vor zwei Jahren neu ... baut sind, und daß ich in dem Hause ein Mate... rial-Waaren- und Viktualien-Geschäft betr... Kleeste bei Perleberg, im September 1844.
Friedrich Meyer.

Potsdam. Pensionäre, welche hiesige Sch... len besuchen sollen, nimmt der Lehrer Kludhut... Kreuzstraße Nr. 23, an.

Oeffentlicher Anzeiger

zum 38sten Stück des Amtsblatts
er Königlichen Regierung zu Potsdam und der Stadt Berlin.

Den 20. September 1844.

Dem Königl. Hof-Buchdrucker Eduard Haenel u Berlin ist unter dem 8. September 1844 ein)atent

auf eine Typenguß-Maschine, welche in der durch Modell und Beschreibung nachgewiesenen Zusammensetzung als neu und eigenthümlich anerkannt ist,

uf fünf Jahre, von jenem Tage an gerechnet, und ir den Umfang der Monarchie ertheilt worden.

Dem Architekten E. A. Bley zu Leipzig und em Modell-Tischler und Former E. A. Alte zu 3rucke a. d. S. bei Könnern ist unter dem 10. September 1844 ein Patent

auf eine Preß-Vorrichtung zur Gewinnung von Rübensaft, so weit dieselbe als neu und eigenthümlich anerkannt worden, ohne in der Anwendung bekannter Theile Jemand zu behindern,

uf fünf Jahre, von jenem Tage an gerechnet, und ir den Umfang der Monarchie ertheilt worden.

Steckbriefe.
Sicherheits-Polizei.

Der wegen großen gemeinen Diebstahls zu »njähriger Zuchthausstrafe verurtheilte, hier beiirte und nachstehend näher signalisirte Züchtling, lempnergesell Johann Adolph Mundt, hat heute Zittag zwischen 12 und 1 Uhr Gelegenheit gefun-n, aus der unterzeichneten Anstalt zu entweichen. ämmtliche Militair- und Zivilbehörden werden shalb dienstergebenst ersucht, auf diesen gefähr-hen Verbrecher gefälligst Acht zu haben, ihn im etretungsfalle verhaften, und an die unterzeich->te Behörde gegen sofortige Kostenerstattung ge-ffelt und unter sicherer Bedeckung abliefern lassen wollen.

Brandenburg, den 7. September 1844.
Königl. Direktion der Strafanstalt.

Signalement. Vor- und Familiennamen: ›ohann Adolph Mundt, Stand: Klempnergesell, eburts- und Wohnort: Berlin, Religion: evan-

gelisch, Alter: 36 Jahre, Größe: 5 Fuß 5 Zoll, Haare: schwarz und kraus, Stirn: breit und bedeckt, Augenbrauen: schwarz, Augen: blaugrau, Nase: dick, Mund: gewöhnlich, Zähne: gut, Bart: schwarz (rasirt), Kinn: rund, Gesicht: länglich, Gesichtsfarbe: gesund, Statur: stark.

Besondere Kennzeichen: keine.

Bekleidung: ein Paar graumelirte kurze Beiderwandhosen, ein Paar lange graue wollene Strümpfe, ein Paar lederne Schuhe, eine braune Tuchweste mit grauem Zwillichfutter, eine braune Tuchhalsbinde, ein weißes leinenes Hemde, worin mit großen schwarzen Buchstaben der Name „Mundt" gezeichnet steht. Sämmtliche Kleidungsstücke waren mit der Nr. 713 in schwarzer Farbe versehen.

Der wegen eines großen zweiten Diebstahls verhaftete Schiffsknecht Carl Friedrich Vetter aus Berlin, ist in der letzten Nacht mittelst Ausbruchs aus dem hiesigen Gefängnisse entsprungen, weshalb wir alle Militair- und Zivilbehörden ergebenst ersuchen, auf ihn wachen und ihn im Betretungsfalle arretiren und gegen Ersatz der Kosten an uns abliefern zu lassen.

Wittenberge, den 8. September 1844.
Das Stadtgericht.

Signalement des Schiffsknechts Vetter. Religion: evangelisch, Alter: 23 Jahre, Größe: 5 Fuß 3 Zoll, Haare: braun, Stirn: flach, Augenbrauen: braun und stark, Augen: braun, Nase: etwas stark, Mund: klein, Bart: braun, schwach, Kinn und Gesicht: rund, Gesichtsfarbe: gesund, Statur: untersetzt, Sprache: Berliner Dialekt.

Bekleidung: blautuchene Matrosenjacke und eben solche Hosen, blauer Ueberrock mit großen, schwarzen hörnernen Knöpfen, blaue Matrosenmütze mit buntem Besatze und einer Trobbel.

Bekanntmachung.

Der aus Liebsdorf bei Dahme im Jüterbogk-Luckenwalder Kreise gebürtige, 5 Fuß 3 Zoll große, zum ersten Aufgebot der Landwehr gehörige Brenner Friedrich Tietze wurde von uns wegen Diebstahls zur Untersuchung gezogen, entfernte sich jedoch vor Publikation des Erkenntnisses nach Angabe seiner Eltern in die Gegend von Berlin, wo derselbe ein Unterkommen als Brenner wieder gefunden haben soll. Wir ersuchen wiederholt alle verehrlichen Behörden ganz ergebenst, auf diesen Menschen vigiliren zu lassen, uns aber Nachricht zu geben, sobald er sich ermitteln sollte.

Jüterbogk, den 12. September 1844.

Das Gericht des Ländchens Bärwalde.

* * *

Der heute von hier zur Ablieferung an die Kriminal-Deputation des Königl. Stadtgerichts zu Stettin auf den Transport gegebene, unten näher beschriebene Arbeitsmann Gottfried Beichert ist seinen Begleitern in der Gielsdorfer Heide entsprungen, welche Entweichung wir hiermit öffentlich bekannt machen und sämmtliche Militair- und Zivilbehörden ganz ergebenst ersuchen, auf den ꝛc. Beichert genau vigiliren, ihn im Betretungsfalle anhalten und an die gedachte Kriminal-Deputation des Königl. Stadtgerichts zu Stettin gefälligst abliefern zu lassen.

Straußberg, den 13. September 1844.

Die Inspektion des Landarmenhauses.

Personß-Beschreibung. Der zu Königl. Aufhalt bei Neusalz in Schlesien geborene und ortsangehörige Arbeitsmann Gottfried Beichert ist katholischer Religion, 21 Jahr alt, 5 Fuß 3½ Zoll groß, hat blondes Haar, runde Stirn, blonde Augenbrauen, bräunliche Augen, gewöhnliche Nase, etwas breiten Mund, gute Zähne, blonden Bart, ovales Kinn und Gesicht, blasse Gesichtsfarbe, ist schwächlicher Statur und ohne besondere Kennzeichen.

Bekleidet war derselbe mit einem grauleinenen Rock, einer Weste von Sommerzeug, einem Paar langen grautuchenen Hosen, einem bunten fattunenen Halstuche, einem leinenen Hemde, einem Paar wollenen kurzen Strümpfen, einem Paar ledernen Stiefeln und einer brauntuchenen Mütze mit Schirm von Leder.

Bekanntmachung.

Der nachstehend signalisirte Tuchmachergeselle Johann August Prawitz aus Straußberg hat angeblich sein am 10. April d. J. sub Nr. 20 vom unterzeichneten Magistrat zum Wandern innerhalb der Königl. Preußischen Staaten auf ein Jahr ausgefertigtes Wanderbuch, am 4. September d. J. zuletzt in Oranienburg nach Neudamm visirt, auf der Reise von Güstebiese nach Bärwalde in Neumark verloren. Zur Vermeidung von Mißbrauch wird dies hiermit zur öffentlichen Kenntniß gebracht, und das quaest. Wanderbuch für ungültig erklärt. Straußberg, den 12. Sept. 1844.

Der Magistrat.

Signalement. Religion: evangelisch, Alter 19 Jahre, Größe: 4 Fuß 11 Zoll, Haare: dunkelblond, Stirn: bedeckt, Augenbrauen: dunkelblond, Augen: braungrün, Nase: gewöhnlich, Mund: klein, Zähne: vollzählig, Bart: im Entstehen, Kinn: spitz, Gesichtsfarbe: bräumlich, Statur: klein.

Kennzeichen: fehlen.

Bekanntmachung.

Auf dem Gute Kümmernitz in der Ostpriegnitz, wird die Anlage eines öffentlichen Dampfmühle zum Behuf des Betriebs der Branntweinbrennerei beabsichtigt.

In Gemäßheit des § 16 des Edikts vom 6. Mai 1838 bringe ich dies hiermit zur öffentlichen Kenntniß und fordere Jedermann auf, der sich durch jene Anlage in seinen Rechten gefährdet hält, seine Einwendungen dagegen binnen 8 Wochen präklusivischer Frist bei mir anzumelden und zu begründen.

Perleberg, den 9. September 1844.

Königl. Landrath der Westpriegnitz.

v. Salbern.

Brennholz-Verkauf.

Aus dem Königl. Forstrevier Zossen sollen 28. September d. J., von Vormittags um 10 ab, im Gasthause zu Cummersdorf, nachhier Brennhölzer zur freien Konkurrenz öffentlich zu bietend verkauft werden, als:

1. Forstschutzdistrikt Jachzenbrück in dem Jagen 20:
5 Klafter Kiefern-Kloben;

2. Forstdistrikt Neuendorf Jagen 25 und
20½ Klafter Eichen-Kloben,
351½ " Kiefern-Kloben;

3. Forstschutzdistrikt Speerenberg Jagen
165 Klafter Kiefern-Kloben;

4. Forstschutzdistrikt Schönweide Jagen 32 und 60:
140½ Klafter Kiefern-Kloben;

5. Forstschutzdistrikt Cummersdorf
    Jagen 82, 84, 89, 92, 97 und 99:
2¼ Klafter Eichen=Knüppel,
11   =   Buchen=Kloben,
28¾ =   dergl. Knüppel,
111 =   Elsen=Kloben,
19½ =   dergl. Knüppel.

Kauflustige werden hierdurch mit dem Bemer=
n eingeladen, daß der Zuschlag bei Erfüllung und
eberbietung der Taxe und Eingehung der gestell=
n Bedingungen sofort im Termine erfolgt, der
erte Theil des Meistgebots als Angeld deponirt
erden muß, und die Förster angewiesen sind, das
im Verkauf gestellte Holz auf Verlangen an Ort
nd Stelle vorzuzeigen.

Cummersdorf, den 9. September 1844.
Der Königl. Oberförster.
Arnim.

Bei der auf den 3. Oktober d. J. in Zehdenick
nberaumten Brennholz=Versteigerung wird auch
ine Quantität von circa 800 Klaftern diverser
Brennhölzer aus den Revieren Zechlin und Neu=
Hienicke des hiesigen Inspektionsbezirks zum Ver=
iuf gestellt werden, welches hierdurch zur öffent=
chen Kenntniß gebracht wird.

Rheinsberg, den 10. September 1844.
Der Forstmeister v. Schätzell.

Bekanntmachung.

Höherer Bestimmung zufolge, soll am
Dienstage den 1. Oktober d. J., Nachmittags
3 Uhr, in unserem Geschäftslokale hierselbst,
Berliner Straße Nr. 7 a
n, mitten im Dorfe Glindow zwischen dem Schul=
ehöfte und dem Garten des Tagelöhners Heberer
n der Dorfstraße belegener freier Platz von 48
]Ruthen Flächeninhalt im Wege des Meistgebots
ffentlich verkauft werden.

Indem wir nun Kaufliebhaber hierzu einladen,
emerken wir, daß die Veräußerungsbedingungen
ebst der Situationsplane zur Einsicht in unserer
Registratur während der Geschäftsstunden bereit
egen.

Potsdam, den 12. September 1844.
Königl. Rent= und Polizei=Amt.

Avertissement.

Im Depositorio des unterzeichneten Gerichts
efinden sich folgende, bis jetzt nicht erhobene
aare Gelder:
1) 1 Thlr. für den Schmiedegesellen Tumpfe,

2) 14 Sgr. 11 Pf. für den Schuhmacher Wolf
   in Göhlsdorf,
3) 4 Thlr. 24 Sgr. 11 Pf. für Johann Frie=
   drich Götsch,
4) 4 Thlr. für die Erben der Wittwe des Wein=
   meisters Heise, Dorothee geborne Möser,
5) 1 Thlr. 3 Sgr. 1 Pf. für die Erben der
   Wittwe Genths, Marie Sophie Louise ge=
   bornen Better,
6) 4 Thlr. 21 Sgr. 11 Pf. für die Erben des
   Invaliden Grolmus,
7) 10 Thlr. 16 Sgr. 6 Pf. für Marie Dorothee
   Bernau,
8) 4 Thlr. 4 Sgr. für die Erben des Buchbin=
   bermeisters Hiebenbahl,
9) 1 Thlr. 17 Sgr. 11 Pf. für die Damnifika=
   ten in der Untersuchung gegen den Zimmer=
   gesellen Ratzel.

Die vorgenannten Personen oder deren Erben
werden hierdurch aufgefordert, ihre Ansprüche bin=
nen vier Wochen bei uns geltend zu machen, wi=
brigenfalls die Ablieferung jener Bestände in Ge=
mäßheit des § 391 des Anhangs der allgemeinen
Gerichtsordnung zur Justiz=Offizianten=Wittwen=
Kasse erfolgen wird.

Brandenburg a. d. H., den 28. August 1844.
Königl. Preuß. Land= und Stadtgericht.

Alle diejenigen, welche an nachgenannte ver=
loren gegangene Dokumente, als:
a) den Riebisch=Böttcherschen Kaufkontrakt
   vom 6. April 1827 über die hier belegene,
   sub Nr. 18 des Katasters verzeichnete Wind=
   mühlennahrung, und
b) den unterm 21. August 1833 mit Johann
   Gottfried Riebisch von Rietdorf und dem
   damaligen Windmühlenbesitzer Johann Chri=
   stian Berger hier aufgenommene Verhand=
   lung,
die beide an Stelle einer Obligation über zwei=
mal 70 Thlr. 1 Sgr. 3 Pf. und einmal 11 Thlr.
6 Sgr. für die Halbbrüder Friedrich Schulze,
gebürtig aus Rietdorf bei Dahme und August Rie=
bisch, gebürtig aus Kraffig bei Schlieben, unterm
21. August 1833 ausgefertigt, und welche resp.
Forderungen laut annektirten Hypothekenscheins
vom 15. Dezember 1835 auf die obgedachte, jetzt
der Johanne Sophie, verehelichten Walther, ge=
bornen Barth hier eigenthümlich gehörige Wind=
mühlennahrung hypothekarisch versichert sind, aus
irgend einem Rechtsgrunde Ansprüche zu haben

vermeinen, werden hierdurch aufgefordert, dieselben
binnen drei Monaten und spätestens in dem auf
den 23. Januar 1845, Vormittags 11 Uhr,
an hiesiger ordentlicher Gerichtsstelle angesetzten
Termine gehörig anzumelden und nachzuweisen,
widrigenfalls sie damit werden präkludirt, ihnen
deshalb auch ein ewiges Stillschweigen wird auferlegt und das bezogene Dokument für amortisirt
erklärt werden.

Wiederau, am 25. Juli 1844.

Patrimonialgericht daselbst.

Lessing.

Der Besitzer des in dem Ruppinschen Kreise
der Mittelmark belegenen, im Hypothekenbuche
des Kammergerichts Vol. V Pag. 241 verzeichneten Lehngutes Wustrau IIten Antheils, Rittmeister
und Landrath a. D. Friedrich Christian Ludwig
Emil Graf von Zieten, beabsichtigt die Allodifizirung dieses Guts, und hat deshalb den nachstehenden Entwurf des zu errichtenden Familienschlusses:

Der am 27. Januar 1786 verstorbene General der Kavallerie ꝛc. Hans Joachim von
Zieten, Vorbesitzer des Lehnguts Wustrau
IIten Antheils, welches er in der väterlichen
Erbtheilung 1726 für die damals aufgenommene
Lehnstaxe der 6888 Thlr. 20 gGr. angenommen
hat, und welches unter dem 5. Februar 1779
auf 8802 Thlr. 11 gGr. 10 Pf. gerichtlich gewürdigt ist, hat dieses Gut zu allodifiziren beabsichtigt, und zu diesem Behufe von den zu seiner
Zeit sich gemeldet habenden Agnaten, nämlich:

1) dem Hauptmann Arend Ludwig von Zieten,
2) dem Rittmeister George Friedrich von Zieten,
3) dem Kriegsrath Levin Friedrich von Zieten,
4) dem Generalmajor Christian Wilhelm von Zieten,
5) dem Königl. Sardinischen Obristen Gottfried Daniel von Zieten,
6) dem Hauptmann Christoph Daniel von Zieten,
7) dem Conrad Christian von Zieten, Erbherrn auf Zahren,

die resp. gerichtlichen und notariellen desfallsigen
Erklärungen von 12. April 1767, 5. August 1767,
6. Mai 1767, 27. Mai 1767, 3. Dezember 1767,
24. März 1768 beigebracht, nach welchen die
oben erwähnten Agnaten das Gut Wustrau
IIten Antheils gegen einen Lehnstamm von
6000 Thlrn., wovon sie jedoch in casum devolutae successionis die Töchter des letzten
Besitzers von der Descendenz des damaligen
Lehnsbesitzers konstitutionsmäßig abfinden wol-
ten, für allodifizirt erachtet.

Diesem Pacto sind ferner:
8) der Christoph Johann Friedrich Otto von Zieten unterm 28. März 1776,
9) Hans Balthasar von Zieten unterm 10.März 1779,
10) Joachim Balthasar von Zieten durch ... zwischen seinem Vormunde und dem ... erwähnten Lehnbesitzer unterm 8. Jun ... mit obervormundschaftlicher Genehm... geschlossenen Vertrag beigetreten.

Auf den Grund dieser resp. Erklärungen ...
Verträge ist auch im Hypothekenbu...
bemerkt, daß Hinsichts dieser das Gut Wustr...
der Substanz nach allodifizirt sei.

Um nun das mehr erwähnte Gut vollst...
zu allodiziren, so schließt der jetzige Bes...
Landrath a. D. u. f. w. Graf Friedrich Gr...
Ludwig Emilius von Zieten, welcher ...
aus dem, über den Nachlaß seines Vater...
Generals der Kavallerie u. f. w. Hans Joa...
von Zieten, unterm ꝫ⁷⁄₄. Juli 1786 ...
nen Erbvergleiche erhalten hat, mit den ...
Agnaten, welche ein Successionsrecht an ...
Gut haben, und nicht zu der Descendenz ...
sub 1—10 aufgeführten Agnaten gehören, ...
stehenden Vergleich ab:

1. Die eben gedachten Agnaten gen...
die von den Eingangs sub 1—10 name...
aufgeführter abgegebene Erklärung, und ...
derselben überall bei, erklären daher ...
Wustrau IIten Antheils, welches im Hypo...
kenbuche des Königl. Kammergerichts ...
Pag. 241 sub Nr. 98 verzeichnet ist, der Su...
stanz nach für ein von jedem Lehnverhält...
völlig freies Allodium, begeben sich für sich ...
ihre etwanige Descendenz jedes Successi...
rechts, in sofern dasselbe aus einem agna...
Verhältnisse herrühren sollte, an dasselbe, ...
willigen darin, daß die Lehnseigenschaft ...
Guts gelöscht, und dasselbe als unbeschr...
Allodium ins Hypothekenbuch eingetragen ...

2. Dagegen restringiren sie die ihnen ...
Substanz des Guts zustehenden, jetzt auf ...
benen Successionsrechte nur auf den durch ...
obigen Erklärungen und Verträge auf Se...
tausend Thaler festgesetzten Lehnstamm, ...
succediren in denselben nach denselben Ver...

nach welchen sie in das Lehn selbst vor dessen Allodifikation succedirt hätten.

3. Bei der Sicherstellung des Lehnstammes durch die bereits unterm 20. Juni 1774 und 14. Juni und 16. September 1779 bewirkte Eintragung zur ersten Stelle auf das Gut Wustrau II hat es sein Bewenden.

4. Sollte der jetzige Besitzer ohne lehnsfähige Descendenz mit Tode abgehen, so wird der Lehnstamm entweder baar ausgezahlt, oder landüblich verzinset. Im ersten Falle haben die Empfänger die Verpflichtung, ihn entweder zu Lehn anzulegen oder depositalmäßig sicher zu stellen.

bei uns eingereicht.

Es werden daher die unbekannten Lehnsberechtigten des Guts Wustrau aufgefordert, vor oder spätestens in dem

am 31. Dezember 1844, Vormittags 11 Uhr, vor dem Herrn Kammergerichts-Referendarius Grafen zu Stolberg im Kammergerichte anstehenden Termine ihre Erklärung über den Familienschluß abzugeben, widrigenfalls sie mit ihrem Widerspruchsrechte gegen denselben werden präkludirt werden. Berlin, den 23. Mai 1844.

Königl. Preußisches Kammergericht.

Nothwendiger Verkauf.
Königl. Kammergericht in Berlin.

Die dem Partikulier Carl Wilhelm Theodor Lodowsky hierselbst gehörige, hinter dem in der Schumannsstraße Nr. 14 a belegenen Grundstück desselben liegende, früher zu diesem gehörig gewesene, im Hypothekenbuche des Königl. Kammergerichts Vol. IX Cont. I Nr. 4 Pag. 73 verzeichnete Parzelle, welche nach dem Materialienwerthe und dem Werthe des Grund und Bodens, nicht nach dem Ertrage, auf 1382 Thlr. 11 Sgr. 7 Pf. abgeschätzt, zufolge der, nebst Hypothekenschein und Bedingungen in der Registratur einzusehenden Taxe, soll

am 30. November d. J., Vormittags 11 Uhr, in ordentlicher Gerichtsstelle subhastirt werden. Berlin, den 29. Juli 1844.

Nothwendiger Verkauf.
Königl. Kammergericht in Berlin.

Das in der Louisenstraße Nr. 43 hierselbst belegene, im Hypothekenbuche des Königl. Kammergerichts Vol. IX Cont. i Nr. 4 Pag. 73 verzeichnete, dem Schneidermeister Johann Heinrich Anacker gehörige Grundstück, abgeschätzt auf 24,846 Thlr. 12 Sgr. 2 Pf. zufolge der, nebst Hypothekenschein und Bedingungen in der Registratur einzusehenden Taxe, soll

am 29. Januar 1845 an ordentlicher Gerichtsstelle subhastirt werden.

Edital-Zitation.
Stadtgericht zu Templin, den 17. August 1844.

Der Kastellanin Dorothea Friederike Hoffmann in Berlin und der unverehelichten Johanne Wilhelmine Soehlke in Naumburg sind die unterm 3. und 15. Juni 1841 auf ihren Namen ausgefertigten Sparkassenbücher des Templiner Kreises Nr. 2611 über 50 Thlr. in einem Märkischen Pfandbriefe nebst 20 Sgr. 6 Pf. baar und Nr. 2616 über 48 Thlr. 9 Sgr. 8 Pf. baar einschließlich der Zinsen bis zum letzten Juni 1843 abhänden gekommen.

Auf den Antrag derselben wird hierdurch ein Jeder, der an diesen Sparkassenbüchern irgend ein Recht zu haben vermeint, aufgefordert, sich bei dem unterzeichneten Gerichte und zwar spätestens in dem auf

den 19. Oktober d. J., Vormittags 11 Uhr, im Gerichtslokale anberaumten Termine zu melden, und sein Recht näher nachzuweisen, widrigenfalls die Bücher für erloschen erklärt und den Verlierern neue an deren Stelle werden ausgefertigt werden.

Nothwendiger Verkauf.
Land- und Stadtgericht zu Bernau, den 12. Juli 1844.

Die zum Nachlasse des Ackerwirths Michael Thürling gehörigen, im Schmetsdorfschen Felde, am Wege zwischen dem Dorfe Schönow und der Stadt Bernau unter den Nummern 41. 42. 43. 44. 45. 46. belegenen, im Hypothekenbuche der Stadt Bernau Vol. V Nr. 1 und 2 verzeichneten, zusammen auf 244 Thlr. 21 Sgr. 8 Pf. abgeschätzten Ländlander sollen in 2 Theilen oder im Ganzen in termino

den 22. Oktober d. J., Vormittags 10 Uhr, an hiesiger ordentlicher Gerichtsstelle öffentlich und meistbietend verkauft werden.

Die unbekannten Real-Interessenten werden zur Geltendmachung ihrer etwanigen Ansprüche bei Vermeidung der Präklusion zu diesem Termin mit vorgeladen.

Taxe, Karte und Hypothekenschein können täglich in der Gerichts-Registratur eingesehen werden.

Nothwendiger Verkauf.

Stadtgericht zu Neu-Ruppin, den 28. Juni 1844.

Das hierselbst in der Seestraße Nr. 361 belegene, Vol. IV Fol. 174 Nr. 722 des hiesigen Hypothekenbuchs verzeichnete, dem Führmann Friedrich Wilhelm Gentz gehörige Wohnhaus nebst Zubehör, abgeschätzt auf 1279 Thlr. zufolge der, nebst Hypothekenschein und Bedingungen in der Registratur einzusehenden Taxe, soll

am 23. Oktober d. J., Vormittags 10 Uhr, an ordentlicher Gerichtsstelle subhastirt werden.

Ueber das Vermögen des Kaufmanns Louis Hartmann hierselbst ist der Konkurs eröffnet und der Herr Justizrath Stegemann vorläufig der Masse zum Kurator bestellt worden. Alle unbekannte Gläubiger des Gemeinschuldners werden hierdurch vorgeladen,

am 23. Oktober d. J., Vormittags 10 Uhr, im hiesigen Stadtgericht vor dem Herrn Kammergerichts-Assessor Gericke ihre Ansprüche an die Masse gehörig anzumelden und deren Richtigkeit nachzuweisen, auch sich mit den übrigen Kreditoren über die Beibehaltung des bestellten Interims-Kurators oder die Wahl eines andern zu vereinigen. Wer sich in diesem Termine nicht meldet, wird mit allen Forderungen an die Masse ausgeschlossen und ihm deshalb gegen die übrigen Gläubiger ein ewiges Stillschweigen auferlegt.

Denjenigen, welchen es hier an Bekanntschaft fehlt, werden zu Sachwaltern die Herren Justiz-Kommissarien Bodstein hier und Felgentreu zu Wusterhausen a. d. D. vorgeschlagen.

Neu-Ruppin den 28. März 1844.

Königl. Stadtgericht.

Nothwendiger Verkauf.

Königl. Stadtgericht in Perleberg, den 5. Juli 1844.

Das zum Nachlaß des Schneidermeisters Carl Ernst Christian Rousseille gehörige, in Perleberg in der Wittenberger Straße sub Nr. 29 im IV. Bezirk belegene, und im neuen stadtgerichtlichen Hypothekenbuche Vol. V. Pag. 231 eingetragene Wohnhaus, abgeschätzt auf 970 Thlr. 21 Sgr. zufolge der, nebst Hypothekenschein in der Registratur einzusehenden Taxe, soll

am 4. November d. J., Vormittags 11 Uhr bis Abends 6 Uhr, an ordentlicher Gerichtsstelle subhastirt werden.

Nothwendiger Verkauf.

Land- und Stadtgericht zu Neustadt-Eberswalde, den 8. Juli 1844.

Das zur Gastwirth Angelischen Konkursmasse gehörige, unweit der Ragöser Schleuse belegene Wiesengrundstück, abgeschätzt auf 354 Thlr. zufolge der, nebst Hypothekenschein und Bedingungen im 11ten Geschäftsbüreau einzusehenden Taxe, soll

am 4. November d. J., Vormittags 11 Uhr, im Gerichtshause an den Meistbietenden verkauft werden.

Nothwendiger Verkauf.

Stadtgericht zu Berlin, den 22. Juni 1844.

Das in der verlängerten Sebastiansstraße belegene Grundstück des ehemaligen Kanzlei-Assistenten Stoppelberg, gerichtlich abgeschätzt zu 2078 Thlr. 22 Sgr. 6 Pf., soll Schuldenhalber

am 5. November d. J., Vormittags 11 Uhr, an der Gerichtsstelle subhastirt werden. Taxe und Hypothekenschein sind in der Registratur einzusehen.

Der dem Aufenthalt nach unbekannte Mitgläubiger, Rentier Georg Ludwig Mahler, wird hierdurch öffentlich vorgeladen.

Nothwendiger Verkauf. Theilungshalber.

Königl. Land- und Stadtgericht Zossen, den 13. Juli 1844.

Das hierselbst in der Mühlenstraße unter Nr. 50 belegene, im Hypothekenbuche der Stadt Zossen Vol. II. Pag. 394 verzeichnete, dem verstorbenen Mühlenmeister Wernicke gehörige 397 Thlr. 23 Sgr. gerichtlich abgeschätzte Haus nebst Hofraum und Garten, soll auf den Antrag der Wernickeschen Erben theilungshalber im Termin

den 13. November d. J., Vormittags 11 Uhr, an hiesiger Gerichtsstelle nothwendig subhastirt werden. Taxe und Hypothekenschein können in unserer Registratur eingesehen werden.

Nothwendiger Verkauf.

v. Platensches Patrimonialgericht Wutike, den 24. Juli 1844.

Der völlig separirte und abgebaute Zweierhof der Wittwe Krell und des Chrn. Ludwig zu Wutike in der Priegnitz, tarirt zu 2323 Thlr. 10 Sgr., soll Schuldenhalber

am 22. November d. J., Vormittags 11 Uhr, in der Gerichtsstube zu Wutike an den Meistbietenden

enben verkauft werden. Taxe und Hypothekenschein
nd im Geschäftslokal des Richters einzusehen.

Nothwendiger Verkauf.
Königl. Stadtgericht zu Kyriß, den 30. Aug. 1844.

Die zum Nachlasse des verstorbenen Gastwirths
Adolph Theodor Carl Rahmmacher gehörigen
Grundstücke, als:

1) das vor dem Hamburger Thore belegene
   Haus, worin Gastwirthschaft betrieben worden, nebst einem Garten Vol. IV Nr. 388
   des Hypothekenbuchs, taxirt zu 4556 Thlr.
   9 Sgr. 7 Pf.,
2) die Scheune Vol. V Nr. 485, taxirt zu
   449 Thlr. 20 Sgr. 9 Pf.,
3) die Röbeken einer Hufe Stadtland Vol. XV B
   Nr. 246, taxirt zu 451 Thlr. 13 Sgr. 10 Pf.,
von welchen Taxe und Hypothekenschein in der
Registratur eingesehen werden können, sollen

am 12. Dezember d. J., Vormittags 11 Uhr,
an ordentlicher Gerichtsstelle Behufs der Theilung
nothwendig subhastirt werden.

Patent.
Gräflich v. Bafferwiß-Schlitzsches Patrimonialgericht Zernikow zu Gransee, den 10. Sept. 1844.

Die zum Nachlasse der verehelichten Kolonist
Jankow, gebornen Rochow gehörige halbe Büd-
nerstelle zu Burow, taxirt 139 Thlr., soll im
Termine

den 13. Dezember d. J., Vormittags 10 Uhr,
zu Zernikow zufolge der, nebst Hypothekenschein
in der Registratur einzusehenden Bedingungen Theilungshalber verkauft werden.

Nothwendiger Verkauf.
Stadtgericht zu Berlin, den 4. Mai 1844.

Das in der Elisabethstraße Nr. 11 belegene
Grundstück, bei welchem der Besitztitel für den
Bäcker Hochkirch berichtigt ist, gerichtlich ab-
geschätzt zu 9739 Thlr., soll

am 17. Dezember d. J., Vormittags 11 Uhr,
in der Gerichtsstelle subhastirt werden. Taxe und
Hypothekenschein sind in der Registratur einzusehen.

Nothwendiger Verkauf.
Stadtgericht zu Prenzlow, den 5. September 1844.

Das, der verwittweten Kaufmann Meyer,
Christiane gebornen Arndt gehörige, hierselbst in
der Wilhelmstraße sub Nr. 73 belegene Wohnhaus nebst Zubehör, abgeschätzt auf 2310 Thlr.

27 Sgr. 5 Pf. zufolge der, nebst Hypothekenschein
und Bedingungen in unserer Registratur einzusehenden Taxe, soll

am 17. Dezember d. J., Vormittags 10 Uhr,
an ordentlicher Gerichtsstelle subhastirt werden.

Nothwendiger Verkauf.
Gräflich v. Arnimsches Gericht der Herrschaft
Boytzenburg.

Der zu Hardenbeck, Templiner Kreises, belegene,
dem Oekonomen Herrmann gehörige Bauerhof
Nr. VIII, abgeschätzt auf 4833 Thlr. 16 Sgr. 8 Pf.,
zufolge der, nebst Hypothekenschein in der Registratur einzusehenden Taxe, soll

am 20. Dezember d. J., Vormittags 11 Uhr,
an ordentlicher Gerichtsstelle subhastirt werden.

Alle unbekannten Realprätendenten werden aufgeboten, sich bei Vermeidung der Präklusion spätestens in diesem Termin zu melden.

Boytzenburg i. d. Ukermark, den 10. Sept. 1844.

Subhastation. Theilungshalber.
Folgende, zum Mühlenmeister Münchhoffschen Nachlasse gehörige Grundstücke, nemlich:

1) das hierselbst vor dem Berliner Thore belegene Mühlengrundstück — die sogenannte Berlinsche Mühle — bestehend aus einer Wassermühle nebst Nebengebäuden, zwei Gärten und
   einer Windmühle, letztere erbaut auf einem
   von der hiesigen lutherischen Kirche zu Erbzins hergegebenen Fleck Landes von 5 Morgen
   59½ □Ruthen, verzeichnet Vol. I a Nr. 44
   Pag. 431 des Hypothekenbuchs, und gerichtlich abgeschätzt auf 8379 Thlr. 6 Sgr. 8 Pf.,
2) die drei Gründe hier vor dem Berliner Thore,
   verzeichnet Vol. V. Pag. 381 Nr. 39 des Hypothekenbuchs, und abgeschätzt auf 125 Thlr.,
3) eine hinter der Berliner Mühle belegene Wiese
   von 5 Morgen 60 □Ruthen, verzeichnet
   Vol. I a Pag. 591 Nr. 60 des Hypothekenbuchs, und abgeschätzt auf 200 Thlr.,
4) ein Baumgarten vor dem Berliner Thore an
   der Klinge, verzeichnet Vol. VII Pag. 353
   Nr. 36 des Hypothekenbuchs, und abgeschätzt
   auf 25 Thlr.,
5) eine am Mühlenfließe auf dem Werderfelde
   belegene Wiese, verzeichnet Vol. VII Pag. 523
   Nr. 53 des Hypothekenbuchs, und abgeschätzt
   auf 75 Thlr.,

5) ein **Landgarten** an der **Klinge**, verzeichnet Vol. VII Pag. 533 Nr. 54 des Hypothekenbuchs, und abgeschätzt auf 125 Thlr., sollen im Termine

den 30. Dezember d. J., Vormittags 10 Uhr, an ordentlicher Gerichtsstelle subhastirt werden. Taxen und Hypothekenscheine sind in unserer Registratur einzusehen, und werden alle unbekannten Realprätendenten aufgeboten, sich bei Vermeidung der Präklusion spätestens in diesem Termine zu melden. Alt-Landsberg, den 28. Mai 1844.

Königl. Land- und Stadtgericht.

Nothwendige Subhastation.
Theilungshalber.

Land- und Stadtgericht zu Liebenwalde, am 5. Juli 1844.

Die zu Hammer belegene, den minorennen Geschwistern Zahn gehörige Wasser- und Windmühle, abgeschätzt zufolge der, nebst Hypothekenschein und Bedingungen bei uns einzusehenden Taxe, auf 6700 Thlr., soll

am 7. Februar 1845, Morgens 11 Uhr, an Gerichtsstelle subhastirt werden.

Nothwendiger Verkauf.

Stadtgericht zu Berlin, den 6. August 1844.

Das in der Thorstraße Nr. 4 und 5 belegene Grundstück der Kühne schen Erben, gerichtlich abgeschätzt zu 6130 Thlr. 21 Sgr. 6 Pf., soll am 11. März 1845, Vormittags 11 Uhr, an der Gerichtsstelle subhastirt werden. Taxe und Hypothekenschein sind in der Registratur einzusehen.

Die unbekannten Realprätendenten werden unter der Warnung der Präklusion, so wie die ihrem Aufenthalte nach unbekannten Hypothekengläubiger, Medailleur Julius Emil Hoffmann und Maler Carl Friedrich Herbert werden hierdurch öffentlich vorgeladen.

Nothwendiger Verkauf.

Stadtgericht zu Berlin, den 16. August 1844.

Das in der Jakobsstraße Nr. 16 belegene Grundstück der Wittwe Rübiger, gerichtlich abgeschätzt zu 5675 Thlr. 19 Sgr. 9 Pf., soll am 1. April 1845, Vormittags 11 Uhr, an der Gerichtsstelle subhastirt werden. Taxe und Hypothekenschein sind in der Registratur einzusehen.

Nothwendiger Verkauf.

Stadtgericht zu Berlin, den 21. August 1844

Das in der neuen Kommandantenstraße Nr. belegene Sonnersche Grundstück, gerichtlich geschätzt zu 10,898 Thlr. 18 Sgr., soll demhalber

am 4. April 1845, Vormittags 11 Uhr, an der Gerichtsstelle subhastirt werden. Taxe und Hypothekenschein sind in der Registratur einzusehen.

Rheinpreußische Feuerversicherungs-Gesellschaft.

Die Bewohner der diesseitigen Kreise benachrichtige ich hiermit, daß ich wieder für Rechnung obiger Gesellschaft (auf Gegenseitigkeit) Versicherungen gegen Feuersgefahr unter Strohdach annehme. Sollte gewünscht werden, daß die Anträge selbst aufnehmen soll, so bin ich erbötig und liquidire dafür nach folgenden Sätzen:

1) Reise-Unkosten: bis 1 Meile von hier, wo 1 bis 5 Anträge aufzunehmen sind, 1½ Thlr.; von 1 bis 2 Meilen 3 Thlr.; von 2 bis 3 Meilen 4 Thlr.; von 3 bis 6 Meilen 6 Thlr.; sind 6 bis 10 Anträge aufzunehmen, für 1 Satz 1 Thlr. mehr.

2) Für Anfertigung des Antrages und Risses à Stück 15 Sgr.

Unter Strohdach ist der Beitrag pro 100 Thlr. Kapital 10 Thlr., unter Ziegeldach ist der Beitrag pro 1000 Thlr. Kapital 1 bis 4 Thlr.

Teltow, den 1. September 1844.

J. F. Krause, Kreis-Agent obiger Gesellschaft.

Rittergut-Verkauf.

Ein Rittergut von 2800 Morgen ganz guten Boden, wovon 300 Morgen gute Wiesen sind, verkauft werden; es ist mit 40,000 Thlrn. Anzahlung in Besitz zu nehmen. Das Nähere hierüber ertheilt Johann Meyer in Fürstenfelde in der Neumark. Briefe werden franko erbeten.

22 feine gesunde vollsäugige Schafe und 8 gesunde große 6zähnige Hammel sind zu verkaufen in Charlottenaue bei Rheinsberg.

Ein Jagdwagen und drei Kaleschwagen, worunter ein dreisitziger, welcher noch ziemlich neu, sind zu verkaufen in Potsdam, Kaiserstraße Nr.

Oeffentlicher Anzeiger
zum 39sten Stück des Amtsblatts
der Königlichen Regierung zu Potsdam und der Stadt Berlin.

Den 27. September 1844.

Steckbrief.

Der in Trebbin ansäßige Bäckermeister Johann Jakob Seehaus, welcher wegen vorsätzlichen Hütens auf fremden Grundstücken und wegen muthwilligen Querulirens resp. eine achtwöchentliche Zuchthausstrafe und eine vierwöchentliche Gefängnißstrafe verbüßen soll, hat sich der Vollstreckung dieser Strafen durch die Flucht entzogen. Wir ersuchen daher sämmtliche verehrliche Zivil- und Militärbehörden, auf den ꝛc. Seehaus, dessen Signalement nachstehend folgt, vigiliren und ihn im Betretungsfalle verhaften und an uns abliefern zu lassen.

Zossen, den 19. September 1844.

Königl. Land- und Stadtgericht.

Signalement. Geburts- und Wohnort: Trebbin, Alter: 56 Jahre, Religion: evangelisch, Größe: 5 Fuß 1½ Zoll, Haare: blond, Nase: spitz, Augen: grau, Kinn: spitz, Stirn: bedeckt, Augenbrauen: blond, Gesichtsbildung: länglich, Gesichtsfarbe: blaß, Gestalt: klein und untersetzt.

Steckbriefs-Erledigung.

Der unterm 3. August 1844 von hier mittelst Steckbriefs verfolgte Militair-Sträfling Carl Friedrich Joachim Bluhm ist heute hier wieder eingeliefert worden, weßhalb jener Steckbrief hiermit erledigt ist.

Spandow, den 19. September 1844.

Königl. Kommandantur.

Ediktal-Zitation.

Der Tischlergesell August Balke, welcher bis um 1. April d. J. hier in der Stadt gearbeitet, und unter demselben Datum vom hiesigen Magistrat ein Wanderbuch nach Breslau erhalten hat, dort jedoch nicht aufzufinden ist, wird hierdurch aufgefordert, dem unterzeichneten Gericht seinen jetzigen Aufenthaltsort anzuzeigen, damit seine Vernehmung als Zeuge in einer Kriminal-Untersuchungssache in der seine Aussage von großer

Wichtigkeit ist, veranlaßt werden kann. Zugleich ergeht an sämmtliche resp. Behörden das Ersuchen, uns, falls ihnen der jetzige Aufenthalt des Balke bekannt ist, hiervon zu benachrichtigen.

Wriezen, den 12. September 1844.

Königl. Land- und Stadtgericht.

Bekanntmachung.

Dem Musikus und Zinngießer Lambert Hoof aus Kutzow, 32 Jahre alt, 5 Fuß 4 Zoll groß, dunkelbraunen Haaren, ist sein, von dem Landrachsamte zu Ukermünde am 23. v. M. zur Reise nach Biesenthal ausgefertigter Reisepaß im Kruge zu Dölln am 4. d. M. angeblich entwandt. Es wird deßhalb dieser Paß, welcher am 27. v. M. in Prenzlow zuletzt visirt ist, hierdurch für ungültig erklärt.

Zehdenick, den 17. Sept. 1844.

Königl. Rentamt.

Bekanntmachung.

Nachdem der Verein der Grundbesitzer des Angermünder Kreises zur Errichtung einer Sparkasse zu Angermünde einstimmig beschlossen hat, die unterm 23. Mai 1826 von der Königl. Regierung zu Potsdam bestätigte Sparkasse aufzulösen, und diese Behörde den unterzeichneten Kreis-Landrath mit der Leitung der Auflösung der bisherigen Sparkasse beauftragt hat, so werden in Gemäßheit des § 23 des Statuts vom 9. März 1826 diejenigen Behörden und Personen, welche jetzt noch Gelder bei der Sparkasse hierselbst niedergelegt haben, hiermit mit der Aufforderung in Kenntniß gesetzt,

die bei der Sparkasse hierselbst noch belegten Summen binnen sechs Monaten in Empfang zu nehmen und die Quittungsbücher zurückzugeben.

Diejenigen Bestände, welche nach Ablauf dieser sechsmonatlichen Kündigungsfrist nicht abgehoben sind, werden, in Gemäßheit der Vorschriften der §§ 213 seq. Theil I Titel 16 des Allgemeinen Landrechts auf Kosten und Gefahr der Eigenthü-

gerichts Vol. 12 Cont. i Pag. 121 Nr. 228 verzeichnete Grundstück, abgeschätzt auf 12,490 Thlr. 2 Sgr. 8 Pf. zufolge der, nebst Hypothekenschein und Bedingungen in der Registratur einzusehenden Taxe, soll

am 2. April 1845, Vormittags 11 Uhr,

an ordentlicher Gerichtsstelle subhastirt werden.

Die dem Aufenthalte nach unbekannte Gläubigerin, verehelichte Stadtrichter Leebe, Caroline Marie, geborne Kanow, wird hierzu öffentlich vorgeladen.

Nothwendiger Verkauf.
Königl. Kammergericht in Berlin.

Das hierselbst in der Invalidenstraße Nr. 47 a belegene, im kammergerichtlichen Hypothekenbuche Vol. IX Cont. K Nr. 23 Pag. 529 verzeichnete Grundstück, abgeschätzt auf 9627 Thlr. 1 Sgr. 6 Pf. zufolge der, nebst Hypothekenschein und Bedingungen in der Registratur einzusehenden Taxe, soll

am 1. April 1845, Vormittags 11 Uhr,

an ordentlicher Gerichtsstelle subhastirt werden.

Alle unbekannten Realprätendenten werden aufgefordert, sich bei Vermeidung der Präklusion spätestens in diesem Termine zu melden.

Der Rentier Johann Georg Hempel und der Kaufmann Thomassin werden hierzu öffentlich vorgeladen.

Nothwendiger Verkauf.
von Arnimsches Gericht über Kaakstedt.
Prenzlow, am 24. Juni 1844.

Das in der Ukermark im Templiner Kreise belegene, dem Baron von Eickstedt zugehörige Erbpachtsgut Plötzensee, abgeschätzt auf 2637 Thlr. 24 Sgr. 3 Pf. zufolge der, nebst Hypothekenschein und Bedingungen in der Registratur einzusehenden Taxe, soll

am 14. Januar 1845, Vormittags 11 Uhr,

an der Gerichtsstelle hierselbst subhastirt werden.

Nothwendiger Verkauf.
Stadtgericht zu Berlin, den 18. Juli 1844.

Die dem Maurerpolier Johann Christian Haedicke zugehörige Hälfte des in der Langen Gasse Nr. 55 und 56 belegenen Grundstücks, welches zu 6339 Thlr. 18 Sgr. 3 Pf. tarirt worden, soll

am 4. März 1845, Vormittags 11 Uhr,

an der Gerichtsstelle subhastirt werden. Taxe und Hypothekenschein sind in der Registratur einzusehen.

Zugleich werden hierdurch die dem Aufenthalt nach unbekannten Interessenten:
1) der Miteigenthümer, Maurerpolier Gottlieb Gustav Kasten,
2) die Ehefrau des Malers Schmidt, Johanne geborne Bocquet
öffentlich vorgeladen.

Nothwendiger Verkauf.
Stadtgericht zu Berlin, den 31. Juli 1844.

Das vor dem Rosenthaler Thor in der Dr.straße Nr. 6 belegene Grundstück des Gastwirth Pflug, gerichtlich abgeschätzt zu 2676 Thlr. 21 Sgr. 8 Pf., soll

am 12. Dezember d. J., Vormittags 11 Uhr, an der Gerichtsstelle subhastirt werden. Taxe u. Hypothekenschein sind in der Registratur einzusehen.

Der dem Aufenthalt nach unbekannte Dr. philosophiae Joseph Barth oder dessen Erben werden hierdurch öffentlich vorgeladen.

Nothwendiger Verkauf.
Stadtgericht zu Berlin, den 1. August 1844.

Das in der Mühlenstraße Nr. 2 belegene Grundstück, gerichtlich abgeschätzt zu 88 Thlr. 16 Sgr., soll

am 9. Dezember d. J., Vormittags 11 Uhr, an der Gerichtsstelle subhastirt werden. Taxe u. Hypothekenschein sind in der Registratur einzusehen.

Zu diesem Termin werden die dem Aufenthalt nach unbekannten Gläubiger, der Gutsbesitzer Johann Friedrich Habermann und die verehelichte Mühlenberg, Charlotte Louise geborne Steinlaub, event. deren Erben hiermit vorgeladen.

Nothwendiger Verkauf.
Stadtgericht zu Berlin, den 1. August 1844.

Das in der Mühlenstraße Nr. 3 belegene Grundstück, gerichtlich abgeschätzt zu 1340 Thlr. 25 Sgr., soll

am 9. Dezember d. J., Vormittags 11 Uhr, an der Gerichtsstelle subhastirt werden. Taxe u. Hypothekenschein sind in der Registratur einzusehen.

Zu diesem Termin werden die dem Aufenthalt nach unbekannten Gläubiger, der Gutsbesitzer Johann Friedrich Habermann und die verehelichte Mühlenberg, Charlotte Louise geb. Steinl. oder deren Erben hiermit vorgeladen.

Rothwendiger Berkauf.
tadtgericht zu Berlin, den 6. August 1844.
Das in der Thorstraße Nr. 2 belegene Grund=
des Tischlermeisters Moritz genannt Gen=
ch), gerichtlich abgeschätzt zu 4044 Thlr. 4 Sgr.
f., soll
n 19. Dezember d. J., Vormittags 11 Uhr,
er Gerichtsstelle subhaftirt werden. Taxe und
othekenschein sind in der Registratur einzusehen.

Subhastations=Patent.
Die den Erben des Altsitzers Joseph Zahl und
n Ehefrau Louise, gebornen Wiese zu Rath=
gehörigen, im Saugrunde bei Wriezen belegenen
Stücken Land, zu einem Flächeninhalte von
a 8 Morgen zufolge der, in unserer Registratur
nsehenden dorfgerichtlichen Taxe auf 209 Thlr.
gr. 5½ Pf. abgeschätzt, sollen im Wege der
wendigen Subhastation
m 22. November d. J., Vormittags 11 Uhr,
ordentlicher Gerichtsstelle hierselbst zusammen
tlich meistbietend verkauft werden.
Alle unbekannten Realprätendenten haben ihre
rüche zur Vermeidung der Präklusion späte=
s in diesem Termine geltend zu machen.
Wriezen, den 6. August 1844.
Königl. Land= und Stadtgericht.

Rothwendiger Berkauf.
tadtgericht zu Berlin, den 9. August 1844.
Der den Erben des Tischlermeisters Friedrich
nand Ziehn gehörige ein Drittel=Antheil des
er Langen Gasse Nr. 64 belegenen und zu
9 Thlr. 5 Sgr. tarirten Grundstücks, soll
n 5. Dezember d. J., Vormittags 11 Uhr,
er Gerichtsstelle subhaftirt werden. Taxe und
othekenschein sind in der Registratur einzusehen.
Die unbekannten Realprätendenten werden hier=
) bei Vermeidung der Präklusion öffentlich vor=
en.

Rothwendiger Berkauf.
tgericht zu Prenzlow, den 8. August 1844.
Das hierselbst auf der Neustadt belegene, den
n des verstorbenen Seekrügers Johann Schulz
rige und im Hypothekenbuche Vol. IX Nr.
verzeichnete Grundstück, bestehend aus einem
nhause, Hofraum, Stallung, Garten und Län=
en im Uferbruche, Fohlenbruche und Müh=

lenlaube, abgeschätzt auf 1163 Thlr. 16 Sgr.
7 Pf. zufolge der, nebst Hypothekenschein und Be=
dingungen in unserer Registratur einzusehenden
Taxe, soll
am 30. November d. J., Vormittags 10 Uhr,
an ordentlicher Gerichtsstelle subhaftirt werden.

Rothwendiger Berkauf.
Königl. Justizamt Zechlin zu Wittstock.
Das ¼ Meile von Wittstock im Dorfe Babitz
belegene, im Hypothekenbuche von Babitz Vol. I
Folio 1 verzeichnete, den Neumannschen Erben
gehörige Lehnschulzengut, tarirt auf 7338 Thlr.
14 Sgr. 2 Pf. laut der, nebst Hypothekenschein in
unserer Registratur einzusehenden Taxe, soll
am 10. März 1845, Vormittags 11 Uhr,
an ordentlicher Gerichtsstelle zu Wittstock sub=
haftirt werden.
Wittstock, den 10. August 1844.

Rothwendiger Berkauf.
Stadtgericht zu Wittstock, den 24. August 1844.
Das hierselbst im zweiten Viertel auf dem
Werder belegene, Vol. II Nr. 57 Fol. 62 des
Hypothekenbuches verzeichnete, zum Werthe von
1136 Thlr. 12 Sgr. 8½ Pf. gerichtlich abgeschätzte,
dem früheren Tuchmachermeister, jetzigen Gerichts=
diener Schletz gehörige Wohnhaus soll
am 30. Dezember d. J., Vormittags 11 Uhr,
und Nachmittags 4 Uhr,
an gewöhnlicher Gerichtsstelle subhaftirt werden.
Taxe und Hypothekenschein sind in der Regi=
stratur des Gerichts einzusehen.

Rothwendiger Berkauf.
Gräflich von Saldern=Ahlimbsches Majorats=
gericht der Herrschaft Ringenwalde.
Joachimsthal, den 26. August 1844.
Das dem Mühlenmeister Ludwig Günther
zugehörige, zu Ahlimbsmühle belegene Wasser=
mühlengrundstück Nr. 1 des dortigen Hypotheken=
buches, abgeschätzt auf 4151 Thlr. 16 Sgr. 3 Pf.,
soll Schuldenhalber
am 6. Januar 1845, Vormittags 10 Uhr,
an ordentlicher Gerichtsstelle zu Ringenwalde sub=
haftirt werden.
Taxe und Hypothekenschein sind in der Regi=
stratur einzusehen.

Blankenburg und Johanne Eleonore Kem=
niß auf dem im Hypothekenbuche von Fal=
kenthal Vol. I Nr. 49 verzeichneten Grund=
stücke 8 Thlr. 9 gGr. 9¾ Pf. und 24 Thlr.
9 gGr. 9¾ Pf. haften,

9) die Obligation vom 29. Juni 1797 aus wel=
cher für den Schiffer Christian Heinrici
100 Thlr., ferner, die Obligation vom 20. April
1803, aus welcher für den Bauer Christian
Liese 200 Thlr. und den Erbrezeß vom
24. Januar 1804, aus welchem für die ver=
ehelichte Küster Borsdorff, Anne Justine
geb. Bartel 150 Thlr. auf dem hierselbst
belegenen Vol. I Nr. 14 verzeichneten Erb=
hause haften,

10) den Rezeß vom 23. Februar 1808, aus wel=
chem für die 7 Geschwister Krause 465 Thlr.
— gGr. 10 Pf. Vatererbe auf dem hier bele=
genen Vol. V Nr. 90 verzeichneten Garten
haften,

11) den Vergleich vom 22. August 1772, aus
welchem für die 5 Dochonschen Kinder
250 Thlr. auf dem Vol. I Nr. 8 des städti=
schen Hypothekenbuchs verzeichneten Erb=
hause eingetragen stehen,

als Eigenthümer, Zessionarien, Pfand= oder sonstige
Brief=Inhaber Ansprüche zu haben glauben, ferner
der seinen Aufenthalt nach unbekannte Inhaber der
nachbenannten hypothekarisch versicherten Schuld=
post, welche angeblich längst bezahlt ist, wegen
Mangels des dazu gehörigen Dokuments und genü=
gender Quittung aber nicht gelöscht werden kann,

12) Christian Friedrich Dochon für den mit sei=
nen 4 Geschwistern 250 Thlr. aus dem Ver=
gleich vom 22. August 1772 auf dem Vol. I
Nr. 8 des städtischen Hypothekenbuchs ver=
zeichneten Erbhause eingetragen stehen, und
event. dessen Erben, Zessionarien, oder die
sonst in seine Rechte getreten sind,

werden hierdurch aufgefordert, ihre Rechte auf die
oben genannten Dokumente und die zuletzt benannte
Schuldpost spätestens in dem

am 11. Dezember d. J., Vormittags 9 Uhr,

in unserm Gerichtslokale hierselbst anberaumten
Termine in Person oder durch einen zulässigen
Bevollmächtigten, wozu ihnen der Justiz=Kommis=
sarius Muth hier in Vorschlag gebracht wird,
anzumelden und nachzuweisen, widrigenfalls die
ad 1—11 gedachten Dokumente für ungültig, er=

loschen und mortifizirt erklärt, die Inhaber
Post ad 12 aber mit allen ihren Ansprüchen
das verpfändete Grundstück präkludirt, ihnen
ewiges Stillschweigen auferlegt, und gedacht
im Hypothekenbuche gelöscht wird.

Zehdenick, den 23. August 1844.

Königl. Lgnd= und Stadtgericht.

Ueber das Vermögen des Kaufmanns
Hartmann hierselbst ist der Konkurs eröffnet
der Herr Justizrath Stegemann vorläufig
Masse zum Kurator bestellt worden. Alle
kannte Gläubiger des Gemeinschuldners
hierdurch vorgeladen,

am 23. Oktober d. J., Vormittags 10 Uhr.
im hiesigen Stadtgericht vor dem Herrn
gerichts=Assessor Gericke ihre Ansprüche
Masse gehörig anzumelden und deren
nachzuweisen, auch sich mit den übrigen
ren über die Beibehaltung des bestellten
Kurators oder die Wahl eines andern
nigen. Wer sich in diesem Termine nicht
wird mit allen Forderungen an die
geschlossen und ihm deshalb gegen die
Gläubiger ein ewiges Stillschweigen

Denjenigen, welchen es hier an Bekannten
fehlt, werden zu Sachwaltern die Herren
Kommissarien Bockstein hier und
zu Wusterhausen a. d. D. vorgeschlagen.

Neu=Ruppin den 28. März 1844.

Königl. Stadtgericht.

Nothwendiger Verkauf.

Königl. Kammergericht in Berlin.

Das in der Marienstraße Nr. 13, an der
der Albrechtstraße, hierselbst belegene, im
thekenbuche des Kammergerichts Vol. IX
Pag. 321 Nr. 21 verzeichnete, dem Stellmacher
meister Carl Friedrich Ferdinand Groschupff
hörige Grundstück, abgeschätzt auf 23,150
22 Sgr. 9 Pf. zufolge der, nebst Hypothekenschein
und Bedingungen in der Registratur
Taxe, soll

am 20. Dezember 1844, Vormittags 11 Uhr
an ordentlicher Gerichtsstelle subhastirt werden.

Nothwendiger Verkauf.
Königl. Kammergericht in Berlin.

Das hierselbst in der Louisenstraße Nr. 44 belegene, dem Bäckermeister Carl August Gottlieb Schierjott gehörige Wohnhaus nebst Zubehör, abgeschätzt auf 26,267 Thlr. 7 Sgr. 1 Pf. zufolge der, nebst Hypothekenschein und Bedingungen in der Registratur einzusehenden Taxe, soll

am 18. Januar 1845

in ordentlicher Gerichtsstelle subhastirt werden.

Die dem Aufenthalte nach unbekannten Gläubiger, nemlich:

1) die Kinder des Geheimen Justizraths Johann Jacob Costenoble,
2) die Kinder des Hof-Schauspielers Carl Ludwig Costenoble zu Wien und
3) die Kinder der verstorbenen Friederike Charlotte Leopoldine Costenoble, verehelicht gewesenen Costenoble,

werden hierzu öffentlich vorgeladen.

Nothwendiger Verkauf.
Königl. Kammergericht in Berlin.

Das am Chausseestraße Nr. 10 und 10 a belegene, dem Kaufmann Carl Martin Klinder gehörige Grundstück nebst Zubehör, abgeschätzt auf 28,027 Thlr. 26 Sgr. 2 Pf. zufolge der, nebst Hypothekenschein und Bedingungen in der Registratur einzusehenden Taxe, soll

am 18. Januar 1845, Vormittags um 11 Uhr,

an ordentlicher Gerichtsstelle subhastirt werden.

Die Kaufleute August Ratzel und Gustav Cupprian, oder deren Erben, werden hierzu öffentlich vorgeladen.

Nothwendiger Verkauf.
Königl. Kammergericht in Berlin.

Das am Louisenplatz Nr. 11 hier belegene, im Hypothekenbuche des Königl. Kammergerichts Vol. IX Cont. g Pag. 313 Nr. 14 verzeichnete, dem Partikulier Johann Caspar Anacker gehörige Grundstück nebst Zubehör, abgeschätzt auf 11,413 Thlr. 7 Sgr. 3 Pf. zufolge der, nebst Hypothekenschein und Bedingungen in der Registratur einzusehenden Taxe, soll

am 22. Januar 1845, Vormittags um 10 Uhr,

in ordentlicher Gerichtsstelle subhastirt werden.

Alle unbekannten Realprätendenten werden aufgefordert, sich bei Vermeidung der Präklusion spätestens in diesem Termine zu melden.

Nothwendiger Verkauf.
Königl. Kammergericht in Berlin.

Das vor dem Oranienburger Thore in der Kesselstraße belegene, dem Architekten Johann Conrad Adler gehörige, im Hypothekenbuche des Königl. Kammergerichts Vol. IV b Nr. CXXXVI Pag. 361 verzeichnete Grundstück, abgeschätzt auf 5974 Thlr. 25 Sgr. zufolge der, nebst Hypothekenschein und Bedingungen in der Registratur einzusehenden Taxe, soll

am 19. Februar 1845

an ordentlicher Gerichtsstelle subhastirt werden.

Nothwendiger Verkauf.
Königl. Kammergericht in Berlin.

Das hierselbst in der Invalidenstraße Nr. 48 belegene, im Hypothekenbuche des Königl. Kammergerichts Vol. IX Cont. K Nr. 22 Pag. 305 verzeichnete Grundstück, abgeschätzt auf 8360 Thlr. 22 Sgr. 11 Pf. zufolge der, nebst Hypothekenschein und Bedingungen in der Registratur einzusehenden Taxe, soll

am 18. April 1845, Vormittags 11 Uhr,

an ordentlicher Gerichtsstelle subhastirt werden.

Alle unbekannten Realprätendenten werden aufgefordert, sich bei Vermeidung der Präklusion spätestens in diesem Termine zu melden.

Nothwendiger Verkauf.
Stadtgericht zu Berlin, den 19. April 1844.

Das in der neuen Königsstraße Nr. 65 belegene Ludwigsche Grundstück, gerichtlich abgeschätzt zu 28,003 Thlr. 25 Sgr. 3 Pf., soll

am 26. November d. J., Vormittags 11 Uhr,

an der Gerichtsstelle subhastirt werden. Taxe und Hypothekenschein sind in der Registratur einzusehen.

Zugleich werden

1) die verehelichte Ludwig, Wilhelmine geborne Seidentopf, oder deren Erben zur Wahrnehmung ihrer Gerechtsame,
2) die unbekannten Realprätendenten bei Vermeidung der Präklusion

öffentlich vorgeladen.

Nothwendiger Verkauf.

Stadtgericht zu Berlin, den 19. April 1844.

Das hierselbst in der Köpnickerstraße Nr. 29 belegene Grundstück des Kattunfabrikanten Pardow, gerichtlich abgeschätzt zu 83,617 Thlrn. 23 Sgr., soll am 3. Dezember d. J., Vormittags 11 Uhr, an der Gerichtsstelle subhastirt werden. Taxe und Hypothekenschein sind in der Registratur einzusehen.

Das dem Lieutenant a. D. Karl Julius Wilhelm Kießling gehörige, in der Teltower Vorstadt, Luckenwalder Straße Nr. 1 belegene, in unserm Hypothekenbuche von dieser Vorstadt Vol. III Nr. 73 verzeichnete, auf 8336 Thlr. 4 Sgr. abgeschätzte Grundstück nebst Zubehör, soll im Wege der nothwendigen Subhastation verkauft werden, und ist hierzu ein Bietungstermin auf

den 3. Dezember d. J., Vormittags 10 Uhr, vor dem Stadtgerichtsrath Herrn Steinhausen im Stadtgericht, Lindenstraße Nr. 54, anberaumt.

Der Hypothekenschein, die Taxe und die besonderen Kaufbedingungen sind in unserer Registratur einzusehen.

Zugleich werden alle Diejenigen, welche etwa Ansprüche auf das Grundstück oder die Kaufgelder zu haben vermeinen, hiermit aufgefordert, diese spätestens bis zu den obengedachten Termine anzumelden und nachzuweisen, widrigenfalls dieselben präkludirt und ihnen damit ein ewiges Stillschweigen sowohl gegen den jetzigen Besitzer, als auch gegen den Käufer und die Gläubiger auferlegt werden wird. Potsdam, den 5. Mai 1844.

Königl. Stadtgericht hiesiger Residenz.

Nothwendiger Verkauf.

Stadtgericht zu Berlin, den 7. Mai 1844.

Das in der Langen Gasse Nr. 18 und 19 belegene Grundstück des Maurermeisters Wolff, gerichtlich abgeschätzt zu 11,556 Thlr. 9 Sgr. 6 Pf., soll

am 20. Dezember d. J., Vormittags 11 Uhr, an der Gerichtsstelle subhastirt werden. Taxe und Hypothekenschein sind in der Registratur einzusehen.

Die ihrem Aufenthalt nach unbekannten Gläubiger, die Wittwe des Gutsbesitzers Fuhrmann, Marie geb. Leetz und die Wittwe des Maurermeisters Wolff, Marie Wilhelmine geb. Fuhrmann werden hierdurch öffentlich vorgeladen.

Nothwendiger Verkauf.

Stadtgericht zu Berlin, den 6. Juni 1844.

Das in der verlängerten Kommandantenstr. belegene Schwarz'sche Grundstück, gerichtlich abgeschätzt zu 6228 Thlrn. 15 Sgr., soll

am 21. Januar 1845, Vormittags 11 Uhr, an der Gerichtsstelle subhastirt werden. Taxe und Hypothekenschein sind in der Registratur einzusehen.

Nothwendiger Verkauf.

Stadtgericht zu Berlin, den 7. Juni 1844.

Das in der Ackerstraße Nr. 6 belegene Kunth'sche Grundstück, gerichtlich abgeschätzt zu 11,274 Thlr. 18 Sgr. 9 Pf., soll

am 14. Januar 1845, Vormittags 11 Uhr, an der Gerichtsstelle subhastirt werden. Taxe und Hypothekenschein sind in der Registratur einzusehen.

Nothwendiger Verkauf.

Stadtgericht zu Berlin, den 11. Juni 1844.

Das in der großen Frankfurter Straße Nr. belegene Grundstück der verehelichten Rentier, gerichtlich abgeschätzt zu 7921 Thlrn. Sgr. 3 Pf., soll

am 17. Januar 1845, Vormittags 11 Uhr, an der Gerichtsstelle subhastirt werden. Taxe und Hypothekenschein sind in der Registratur einzusehen.

Der als Hypothekengläubiger eingetragene königl. Hofrath Breßler wird zur Wahrnehmung seiner Gerechtsame hierdurch öffentlich vorgeladen.

Nothwendiger Verkauf.

Stadtgericht zu Berlin, den 14. Juni 1844.

Das in der Linienstraße Nr. 153 belegene Grundstück des Tischlermeisters Gustav Friedrich Ferdinand Welle, gerichtlich abgeschätzt zu 14,16 Thlrn. 20 Sgr. 9 Pf., soll

am 24. Januar 1845, Vormittags 11 Uhr, an der Gerichtsstelle subhastirt werden. Taxe und Hypothekenschein sind in der Registratur einzusehen.

Nothwendiger Verkauf.

Frhr. von Arnim'sches Gericht über Kaakstedt, Prenzlow, am 24. Juni 1844.

Die in der Uckermark im Templiner Kreise belegene, dem Baron von Eickstedt zugehörige Besitzung, genannt Gustavsruh, abgeschätzt auf

1,652 Thlr. 21 Sgr. 7 Pf. zufolge der, nebst Hypothekenschein und Bedingungen in der Registratur einzusehenden Taxe, soll

am 14. Januar 1845, Vormittags 11 Uhr, an Gerichtsstelle hierselbst subhastirt werden.

Nothwendiger Verkauf. ●

Das dem Tuchscheermeister Johann Gottlob Wilcke gehörige, hierselbst in der Burgstraße sub Nr. 221 belegene Wohnhaus nebst Zubehör, abgeschätzt zu 1669 Thlr. 5 Sgr. 1 Pf. zufolge der, nebst Hypothekenschein und Bedingungen in unserer Registratur einzusehenden Taxe, soll

am 2. November 1844, Vormittags 11 Uhr, in unserm Geschäftslokal öffentlich meistbietend verkauft werden.

Rathenow, den 8. Juli 1844.

· Königl. Preuß. Stadtgericht.

Nothwendige Subhastation.

Stadtgericht zu Charlottenburg, den 9. Juli 1844.

Das hierselbst in der Schulstraße sub Nr. 1 n belegene, im stadtgerichtlichen Hypothekenbuche Vol. X Nr. 535 Pag. 4271 verzeichnete Grundstück, abgeschätzt auf 1934 Thlr. 19 Sgr. zufolge der, nebst Hypothekenschein in der Registratur einzusehenden Taxe, soll

am 26. November d. J., Vormittags 10 Uhr, im hiesigen Stadtgerichte, Jägerstraße Nr. 2, subhastirt werden.

Nothwendiger Verkauf.

Stadtgericht zu Berlin, den 12. Juli 1844.

Das in der Scharrenstraße Nr. 17 belegene Zimmermannsche Grundstück, gerichtlich abgeschätzt zu 7641 Thlrn. 6 Sgr. 6 Pf., soll

am 18. Februar 1845, Vormittags 11 Uhr, in der Gerichtsstelle subhastirt werden. Taxe und Hypothekenschein sind in der Registratur einzusehen. Der dem Aufenthalte nach unbekannte Königliche Professor Ernst Gottlieb Jaeckel oder dessen Erben, werden hierdurch öffentlich vorgeladen.

Nothwendiger Verkauf.

Königl. Landgericht zu Berlin, den 16. Juli 1844.

Das zu Neu-Moabit in der Waldstraße Nr. 34 belegene, dem Parfümerie-Fabrikanten August Hermann Louis Schmidt gehörige Erbpachtsgrund-

stück, abgeschätzt auf 735 Thlr. 29 Sgr. 5 Pf. zufolge der, nebst Hypothekenschein in dem IIten Büreau einzusehenden Taxe, soll

am 6. November d. J., Vormittags 11 Uhr, an ordentlicher Gerichtsstelle, Zimmerstraße Nr. 25, subhastirt werden.

Patent.

Die den Geschwistern Lepper, jetzt deren Erben gehörigen hiesigen Grundstücke, nemlich:

1) das in der Fischerstraße Nr. 142 belegene Wohnhaus nebst Garten und Wiese, taxirt 976 Thlr. 27 Sgr. 6 Pf.,

2) das Wohnhaus in der Fischerstraße Nr. 141, taxirt 75 Thlr.,

3) der Gerstgarten vor dem Ruppiner Thor Nr. 14, taxirt 200 Thlr.,

sollen zufolge der, nebst der Taxe einzusehenden Verkaufsbedingungen im Termin

den 19. November d. J., Vormittags 10 Uhr, Theilungshalber meistbietend verkauft werden.

Der Husar Johann Friedrich Frege,

der Kaufmann Friedrich Wilhelm Frege,

der Kaufmann Friedrich Heinrich Ludewig Frege,

die Caroline Henriette Frege,

und der Färbergeselle Carl Friedrich Werbermann

werden dazu öffentlich hierdurch vorgeladen.

Lindow, den 17. Juli 1844.

Das Stadtgericht.

Bekanntmachung.

Das der verehelichten Regierungs-Sekretair Schmidt, Elise gebornen Liegnitz, gehörige, in der Berliner Vorstadt, neue Königsstraße Nr. 9 a belegene, in unserm Hypothekenbuche von jener Vorstadt Vol. III Nr. 117 verzeichnete, auf 5137 Thlr. abgeschätzte Grundstück nebst Zubehör soll im Wege der nothwendigen Subhastation verkauft werden, und ist hierzu ein Bietungstermin auf

den 6. Februar 1845, Vormittags 10 Uhr, vor dem Stadtgerichtsrath Herrn Steinhausen im Stadtgericht, Lindenstraße Nr. 54, anberaumt.

Der Hypothekenschein, die Taxe und die besonderen Kaufsbedingungen sind in unserer Registratur einzusehen.

Potsdam, den 18. Juli 1844.

Königl. Stadtgericht hiesiger Residenz.

Bekanntmachung.

Das zum Nachlasse des Schuhmachermeisters Karkoski gehörige, in der Zinkerstraße Nr. 62 belegene, in unserm Hypothekenbuche von der Stadt Nr. 713 verzeichnete, auf 1721 Thlr. abgeschätzte Grundstück nebst Zubehör, soll im Wege der freiwilligen event. nothwendigen Subhastation Behufs der Auseinandersetzung verkauft werden, und ist hierzu ein Bietungstermin auf

den 6. November d. J., Vormittags 11 Uhr, vor dem Stadtgerichtsrath Herrn Siecke im Stadtgericht, Lindenstraße Nr. 54, anberaumt.

Der Hypothekenschein, die Taxe und die besonderen Kaufbedingungen sind in unserer Registratur einzusehen.

Potsdam, den 20. Juli 1844.
Königl. Stadtgericht hiesiger Residenz.

Nothwendiger Verkauf.

Stadtgericht zu Berlin, den 20. Juli 1844.

Das hierselbst in der neuen Jakobsstraße Nr. 2 im Winkel an der Aufschwemme belegene Grundstück des Lohgerbermeisters Johann Friedrich Heinrich Schmidt, gerichtlich abgeschätzt zu 11,013 Thlr. 8 Sgr. 9 Pf., soll

am 7. März 1845, Vormittags 11 Uhr, an der Gerichtsstelle subhastirt werden. Taxe und Hypothekenschein sind in der Registratur einzusehen.

Nothwendiger Verkauf.

Königl. Stadtgericht Gransee, den 27. Juli 1844.

Die zum Nachlaß des verstorbenen Ackerbürgers Johann Christian Friedrich Siering gehörige, hierselbst belegene halbe Hufe Butenland Nr. 142, taxirt 1030 Thlr. 13 Sgr. zufolge der, nebst Hypothekenschein und Bedingungen in der Registratur einzusehenden Taxe, soll

am 23. November d. J., Vormittags 10 Uhr, an ordentlicher Gerichtsstelle subhastirt werden.

Bekanntmachung.

Die zum Nachlasse der verehelichten Arbeitsmann Pieper, Charlotte gebornen Hinz, vormals Wittwe Rieck gehörige, zu Wismar, Neuensundschen Antheils, belegene, und im Hypothekenbuche von Wismar Vol. I Nr. II Pag. 8 verzeichnete Freistelle, nebst Hofraum, Stallung, Garten und Wörde, gerichtlich abgeschätzt zu 683 Thlr. 6 Gr. 8 Pf. soll erbtheilungs- und schuldenhalber, in den am 15. November d. J., Vormittags 10 Uhr, in Wismar anstehenden Termine an den Meistbietenden verkauft werden.

Taxe und Hypothekenschein sind in unserer Registratur einzusehen, und die Bedingungen sowie im Termine bekannt gemacht werden.

Strasburg i. d. Ukermark, den 27. Juli 1844
von Arnimsches Patrimonial-Gericht der Herrschaft Neuensund.

Nothwendiger Verkauf.

Königl. Stadtgericht zu Strasburg i. d. Ukermark, den 31. Juli 1844.

Das dem Kaufmann Behrends zu Prenzlau gehörige, vor dem Züterlitzschen Thore hierselbst belegene, mit einer alljährlich an die Kämmerei zu entrichtenden Mühlenpacht von 18 Thlr. 10 Sgr. baar und 5 Winspel Roggen und 2 Scheffel Weizen belastete, im Hypothekenbuche Tom. I Nr. LXVII Fol. 173 verzeichnete Mühlenstück nebst dazu gehörigen Realitäten und Pertinenzien, wozu außer den 2 Wohnhäusern, den zwei Gängen bestehenden Mahlmühle, zwei Ställen, einer Scheune, einem Garten und einer Wiese noch eine oberschlächtige Lohmühle und eine Roßmühle zum Schroten gehören, tarirt 4514 Thlr. soll in termino

den 7. November d. J., Vormittags 10 Uhr, an gewöhnlicher Gerichtsstelle im Wege der nothwendigen Subhastation verkauft werden.

Taxe und Hypothekenschein sind werktäglich in unserer Registratur einzusehen.

Nothwendiger Verkauf.

Stadtgericht zu Berlin, den 1. August 1844.

Das in der Blumenstraße Nr. 63 belegene Grundstück des Fellenhauers Victor, gerichtlich abgeschätzt zu 1140 Thlr. 10 Sgr., soll

am 16. Dezember d. J., Vormittags 11 Uhr, an der Gerichtsstelle subhastirt werden. Taxe und Hypothekenschein sind in der Registratur einzusehen.

Oeffentliche

Oeffentlicher Anzeiger (№ 2)
zum 40sten Stück des Amtsblatts
der Königlichen Regierung zu Potsdam und der Stadt Berlin.

Den 4. Oktober 1844.

Nothwendiger Verkauf.
Königl. Kammergericht in Berlin.
Das hierselbst in der Chausseestraße Nr. 16a belegene, im Hypothekenbuche des Königl. Kammergerichts Vol. I b Pag. 48 Nr. 10 verzeichnete Grundstück nebst Zubehör, abgeschätzt auf 22,150 Thlr. 20 Sgr. 8¼ Pf. zufolge der, nebst Hypothekenschein und Bedingungen in der Registratur einzusehenden Taxe, soll
am 25. April 1845, Vormittags 11 Uhr, an ordentlicher Gerichtsstelle subhastirt werden.

Das in der Kolonie Neu-Hönow belegene, Vol. I a Pag. 811 Nr. 11 in unserem Hypothekenbuche verzeichnete Büdner-Etablissement der verehelichten Cawitz, früher verwittweten Obel, geb. Scheert, abgeschätzt auf 216 Thlr. 9 Sgr., soll in dem auf
den 30. Dezember d. J., Vormittags 11 Uhr, anberaumten Termin an den Meistbietenden verkauft werden. Taxe und Hypothekenschein sind in unserer Registratur einzusehen.
Alt-Landsberg, den 17. August 1844.
Königl. Land- und Stadtgericht.

Nothwendiger Verkauf.
Stadtgericht zu Berlin, den 28. August 1844.
Das in der Heidereutergasse Nr. 11 belegene Thierersche Grundstück, gerichtlich abgeschätzt zu 9039 Thlr. 20 Sgr., soll
am 31. Januar 1845, Vormittags 11 Uhr, an der Gerichtsstelle subhastirt werden. Taxe und Hypothekenschein sind in der Registratur einzusehen.

Nothwendiger Verkauf.
Stadtgericht zu Berlin, den 30. August 1844.
Das in der Liegmannsgasse Nr. 13 belegene Grundstück des Buchdruckers Alexander Jakob

Tornow, gerichtlich abgeschätzt zu 6522 Thlr. 10 Sgr. 6 Pf., soll
am 15. April 1845, Vormittags 11 Uhr, an der Gerichtsstelle subhastirt werden. Taxe und Hypothekenschein sind in der Registratur einzusehen.

Nothwendiger Verkauf.
Stadtgericht zu Berlin, den 31. August 1844.
Das in der Wollanksstraße belegene Sperlingsche Grundstück, gerichtlich abgeschätzt zu 1998 Thlr. 15 Sgr., soll
am 28. Januar 1845, Vormittags 11 Uhr, an der Gerichtsstelle subhastirt werden. Taxe und Hypothekenschein sind in der Registratur einzusehen.

Nothwendiger Verkauf.
Land- und Stadtgericht zu Brandenburg an der Havel, den 31. August 1844.
Das in Lehnin sub Nr. 48 belegene, Vol. I Fol. 451 des Hypothekenbuches eingetragene und dem Schlossermeister Johann Heinrich Eisenmenger gehörige Alteinwohnergut, gerichtlich abgeschätzt auf 752 Thlr. 19 Sgr. 6 Pf. zufolge der, nebst Hypothekenschein und Kaufbedingungen in unserer Registratur einzusehenden Taxe, soll
am 13. Januar 1845, Vormittags 11 Uhr, an ordentlicher Gerichtsstelle vor dem Deputirten Herrn Kammergerichts-Assessor Bendel subhastirt werden.

Nothwendiger Verkauf.
Stadtgericht zu Berlin, den 2. September 1844.
Das in der Wollanksstraße belegene Sperlingsche Grundstück, gerichtlich abgeschätzt zu 439 Thlr. 25 Sgr., soll
am 28. Januar 1845, Vormittags 11 Uhr, an der Gerichtsstelle subhastirt werden. Taxe und Hypothekenschein sind in der Registratur einzusehen.

Rothwendiger Verkauf.

Stadtgericht zu Berlin, den 2. September 1844.

Die vor dem Schlesischen Thore hinter der Magistratsheide belegene Wiese des Lohgerbermeisters Johann Friedrich Heinrich Schmidt, gerichtlich abgeschätzt zu 293 Thlr. 10 Sgr., soll

am 7. März 1845, Vormittags 11 Uhr,

an der Gerichtsstelle subhastirt werden. Taxe und Hypothekenschein sind in der Registratur einzusehen.

Rothwendige Subhastation.

Stadtgericht zu Wittstock, den 6. September 1844.

Folgende Antheile an den hierselbst im dritten Viertel am großen Kirchenplatze belegenen, Vol. III Nr. 14 und 15 Fol. 14 des Hypothekenbuches verzeichneten Prediger-Wittwen-Häusern:

1) der Antheil der Geschwister Sohns, abgeschätzt auf 677 Thlr. 23 Sgr. 1½ Pf.,
2) der Antheil der Prediger Graefeschen Erben, abgeschätzt auf 623 Thlr. 9 Sgr. 9 Pf.,

sollen

am 9. Januar 1845, Vormittags 11 Uhr und Nachmittags 4 Uhr,

an gewöhnlicher Gerichtsstelle subhastirt werden.

Taxe und Hypothekenschein sind in der Registratur des Gerichts einzusehen.

Rothwendiger Verkauf.

Der Acker-, Wiesen- und Weideplan des Kossäthen Wilhelm Philipp zu Suckow von 54 Morgen 115 ☐Ruthen, Vol. I Nr. 6 Fol. 41 des Hypothekenbuches von Suckow eingetragen, abgeschätzt zu 1350 Thlr. zufolge der, nebst Hypothekenschein in der Registratur einzusehenden Taxe, soll

am 7. Januar 1845, Morgens 11 Uhr,

in der Gerichtsstube zu Nettelbeck subhastirt werden.

Putlitz, den 10. September 1844.

Das v. Jenasche Gericht zu Nettelbeck.

Subhastations-Patent.

Nachstehende, zum Nachlasse der verwittweten Ackerbürger Giesenschlag gehörigen Grundstücke, als:

1) ein an der Ecke der Ferdinands- und Kommissionsstraße belegenes, im Hypothekenbuche Vol. IV Fol. 108 Nr. 604 verzeichnetes Wohnhaus, gerichtlich laut Taxe vom 11. Juni

1844 auf 2,404 Thlr., buchstäblich zwei tausend vierhundert vier und neunzig Thlr. tarirt;
2) ein vor dem Seethore auf dem sogenannten Rendezvous belegener geschlossener Acker, gerichtlich abgeschätzt auf 135 Thlr. 6 Sgr. 9 Pf., buchstäblich Einhundert fünf und dreißig Thaler sechs Silbergroschen neun Pfennig,
3) eine vor dem Rheinsberger Thore zwischen der Parzelle der Wittwe Rochow dem Wege belegene Weideabfindungs-Parzelle, gerichtlich abgeschätzt auf 7 Thlr. — 2 Sgr. 11½ Pf., buchstäblich Sieben Thaler — zwei Silbergroschen eilf und ein viertel Pfennig,
4) ein zwischen den Plänen der Pfarrkirche des Ackerbürgers Plötz belegener Acker, im Hypothekenbuche Vol. VII Fol. 311 und Fol. 401 Nr. 6 Vol. VIII Fol. 1 Nr. 7 verzeichnet, gerichtlich abgeschätzt auf 205 Thlr. 5 Sgr., buchstäblich Zweihundert und fünf Thaler fünf Silbergroschen,

sollen in freiwilliger Subhastation verkauft und haben wir hierzu einen Termin auf

den 3. Dezember d. J., Vormittags 10 Uhr,

vor dem Herrn Kammergerichts-Assessor an ordentlicher Gerichtsstelle anberaumt.

Die Taxen können auf unserer Registratur gesehen werden.

Neu-Ruppin, den 11. September 1844.
Königl. Preuß. Stadtgericht.

Rothwendiger Verkauf.

Stadtgericht zu Berlin, den 13. September 1844.

Das vor dem Schönhauser Thore an der Pappel-Allee belegene Ackerstück des Kaufmanns Schweizer von 1 Morgen Flächeninhalt, taxirt zu 91 Thlr. 20 Sgr., und wovon ein Kanon von 8 Thlr. jährlich zu entrichten ist, soll

am 8. November 1844, Vormittags 11 Uhr,

an der Gerichtsstelle subhastirt werden. Taxe und Hypothekenschein sind in der Registratur einzusehen.

Subhastations-Patent.

Das hierselbst auf dem sogenannten Sandberge sub Nr. 188 belegene, dem Lohgerbermeister Martin Dreyer gehörige, im Hypothekenbuche vom Stadtbezirk Vol. IV Fol. 145 eingetragene

...aus nebst Zubehör, abgeschätzt auf 226 Thlr.
. Sgr. 3 Pf., soll

am 30. Dezember d. J., Vormittags 11 Uhr,
.m Wege der nothwendigen Subhastation an hiesi-
er Gerichtsstelle öffentlich verkauft werden.

Die Taxe und der Hypothekenschein sind in
.nserer Registratur einzusehen.

Storkow, den 13. September 1844.

Königl. Land- und Stadtgericht.

Nothwendiger Verkauf.

Land- und Stadtgericht zu Oranienburg, den
7. September 1844.

Das zum Nachlasse des zu Linde verstorbenen
Kossäthen Johann Friedrich Liese gehörige, da-
elbst belegene, dienstlich regulirte, aber noch nicht
n Hypothekenbuche aufgeführte, auf 408 Thlr.
Sgr. 6 Pf. abgeschätzte Kossäthengut soll, Be-
ufs der Theilung,

am 13. Januar 1845, Vormittags 10 Uhr,
n hiesiger Gerichtsstelle subhastirt werden. Die
nbekannten Realprätendenten werden zugleich mit
orgeladen, und die Taxe ist in der Registratur
s Gerichts einzusehen.

Bekanntmachung.

Der am 21. November b. J. von uns ange-
zte Termin zum Verkauf der Apotheker Reh-
n a'schen Grundstücke und Apotheke zu Brüssow
rd hierdurch aufgehoben.

Prenzlow, den 25. September 1844.

Königl. Justizamt Brüssow.

Die hierselbst belegene Schmiedestelle, bestehend
s Wohnhaus, Ställen, Scheune, Schmiede mit
llständigem Handwerkszeuge, und Ländereien,
ll ich

am 21. Oktober d. J., Vormittags 10 Uhr,
meinem Hause verkaufen. Indem ich Kauf-
tige hierzu einlade, bemerke ich nur noch, daß
Gebäude sämmtlich vor zwei Jahren neu er-
.t sind, und daß ich in dem Hause ein Mate-
l-Waaren- und Viktualien-Geschäft betreibe.

Kleeste bei Perleberg, im September 1844.

Friedrich Meyer.

Mein in der Ostpriegnitz, 1 Meile von Havelberg, 2 Meilen von Kyritz, ¼ Meile von einem
Halteplatz der von Berlin nach Hamburg im Bau
begriffenen Eisenbahn belegenes Gut Joachimshoff,
zu welchem ein Areal von circa 3000 Morgen
gehören, worunter etwa 1200 Morgen guter Wiesen begriffen, beabsichtige ich von Johannis 1845
auf sechs Jahre meistbietend zu verpachten, und
setze hierzu einen Termin auf

Sonnabend den 16. November, Vormittags 10 Uhr,
im Dom-Gasthofe zu Havelberg an, zu welchem
ich Pachtlustige einlade, indem ich noch bemerke,
daß auf Joachimshoff eine nach den neuesten Prin-
zipien eingerichtete Brennerei ist, und daß zur Annahme des Guts etwa 16,000 Thlr. erforderlich sind.
Karte, Vermessungs- und Bonitirungs-Register
sind vorhanden, und ist der jetzige Pächter Herr
Bosselmann, so wie ich selbst bereit, jegliche
Auskunft zu ertheilen.   von Kröcher,
auf Vortsbrügge bei Havelberg.

Ziegelei-Verpachtung.

Es soll die früher dem Holzhändler Herrn
Sänger zu Bergzow bei Genthin gehörig gewesene Ziegelei auf sechs Jahre, vom 2. Januar
k. J. ab verpachtet werden.

Dieselbe liegt in der Feldmark Bergzow hart
am Plauenschen Kanal, ist mit den erforderlichen
Gebäuden und Inventarienstücken versehen, und
bezieht die Ziegelerde aus den unmittelbar bei denselben belegenen Grundstücken.

Pachtlustige werden eingeladen, die Bedingungen der Verpachtung auf dem Rittergute Brettin
bei Genthin einzusehen und wegen des Pacht-Ab-
schlusses mit dem Amtmann Kost daselbst bis zum
15. Oktober d. J. in Unterhandlung zu treten.

Ein im Expeditions- und Registraturfache ge-
übter Kriminal-Protokollführer findet bei mir Beschäftigung. Qualifikations- und Führungs-Atteste
werden franco erbeten.

Loycke, Land- und Stadtgerichts-Aktuar
in Havelberg.

Preuß. Renten-Versicherungs-Anstalt.

Die Agentur für Fehrbellin unter der Leitung
des frühern Bürgermeisters Herrn Seeger ist von

heute ab, wegen dessen Berufung zur Verwaltung des Bürgermeister-Amtes in Wittenberge bis zur anderweiten Besetzung aufgehoben.

Potsdam, den 5. September 1844.
Die Haupt-Agentur der Preuß. Renten-Versicherungs-Anstalt.   C. Epner.

Rheinpreußische Feuerversicherungs-Gesellschaft.

Die Bewohner der diesseitigen Kreise benachrichtige ich hiermit, daß ich wieder für Rechnung obiger Gesellschaft (auf Gegenseitigkeit gegründet) Versicherungen gegen Feuersgefahr unter Strohdach annehme. Sollte gewünscht werden, daß ich die Anträge selbst aufnehmen soll, so bin ich dazu erbötig und liquidire dafür nach folgenden Sätzen:
1) Reise-Unkosten: bis 1 Meile von hier, wenn 1 bis 5 Anträge aufzunehmen sind, 2 Thlr.; bis 2 Meilen 3 Thlr.; von 2 bis 3 Meilen 4 Thlr.; von 3 bis 6 Meilen 6 Thlr. und sind 6 bis 10 Anträge aufzunehmen, für jeden Satz 1 Thlr. mehr.
2) Für Anfertigung des Antrages und Grundrisses à Stück 15 Sgr.
Unter Strohbach ist der Beitrag pro 1000 Thlr. Kapital 10 Thlr., unter Ziegeldach ist der Beitrag pro 1000 Thlr. Kapital 1 bis 4 Thlr.

Teltow, den 1. September 1844.
J. F. Krause,
Kreis-Agent obiger Gesellschaft.

Im Verlage von G. P. Aderholz in Breslau ist so eben erschienen und durch die Buch-

handlung von **Riegel** in **Potsdam** zu beziehen:

Die Verfassung und Verwaltung des Preußischen Staates:

eine systematisch geordnete Sammlung aller die dieselben Bezug habenden gesetzlichen Bestimmungen, insbesondere der in der Gesetzsammlung für die Preußischen Staaten in den v. Kamptzschen Annalen für die innere Staatsverwaltung und deren Fortsetzungen, durch die Ministerialblätter enthaltenen Verordnungen und Rescripte, in ihrem organischen Zusammenhange mit der früheren Gesetzgebung dargestellt, unter Benutzung der Archive der Ministerien des Innern und der Polizei, der Finanzen, der Justiz, der geistlichen, Unterrichts- und Medizinal-Angelegenheiten und der zur Verwaltung der Staatsschulden

von

L. v. Rönne,   **Heinrich Simon,**
Kammergerichts-Rathe.   und   Stadtgerichts-Ra..

8te Lieferung:
Supplementband zum Polizeiwesen, die Jahre 1841 bis 1844 enthaltend gr. 8. geh. Subscriptionspreis 2⅓ ...

9te und 10te Lieferung:
Das Medizinalwesen des Preußischen Staates 1ste Abth. gr. 8. geh. Subscriptionspr. 2 Thlr. 15 ...

Die bereits erschienenen 7 Lieferungen des Textes „Polizeiwesen", „Städteordnung", „Verfassung der Juden" sind durch hohes Ministerial-Rescript in sämmtlichen Königlichen Amtsblättern zur Anschaffung empfohlen worden.

Oeffentlicher Anzeiger

zum 41ſten Stück des Amtsblatts
er Königlichen Regierung zu Potsdam und der Stadt Berlin.

Den 11. Oktober 1844.

Dem C. W. Ulmann in Berlin iſt unter dem
0. September 1844 ein Einführungs-Patent

auf eine ſelbſtthätige Ausrückung an Wringe-
Maſchinen für Garn, in der durch Zeichnung
und Beſchreibung nachgewieſenen Zuſammenſetzung,

uf ſechs Jahre, von jenem Tage an gerechnet,
nd für den Umfang der Monarchie ertheilt worden.

Das dem Chemiker L. Tiſchler zu Subenburg
ei Magdeburg unter dem 15. Juli 1843 ertheilte
Patent

auf ein für neu und eigenthümlich erachtetes
Verfahren, den Rübenſaft Behufs der Zucker-
Fabrikation zu läutern,

t wieder aufgehoben worden.

Bekanntmachung.

Die Wittwe des Arbeitsmanns Hörſter, Marie
Sophie Charlotte, geborene Pitt, zu Neu-Ruppin
t wegen vorſätzlichen Meineides durch ein rechts-
:äftiges Erkenntniß des Königl. Kammergerichts
ahin verurtheilt:

daß ſie mit zweijähriger Zuchthausſtrafe und
öffentlicher Bekanntmachung als meineidige
Betrügerin zu beſtrafen.

Dies wird, dem Erkenntniſſe gemäß, hiermit
ekannt gemacht.

Berlin, den 30. September 1844.

Königl. Kammergerichts-Inquiſitoriat.

Steckbrief.

Der Fuhrknecht Guſtav Adolph Wilhelm
Schöning, welcher dringend verdächtig iſt, am
0. Auguſt d. J. einen gewaltſamen Diebſtahl be-
angen zu haben, hat ſich ſeiner Verhaftung durch
ie Flucht entzogen, und ſoll ſich nach Hamburg
geben haben.

Alle reſp. Zivil- und Militairbehörden des In-
und Auslandes werden dienſtergebenſt erſucht, auf
den nachſtehend näher ſignaliſirten Schöning ge-
fälligſt zu vigiliren, im Betretungsfalle verhaften,
und unter ſicherer Begleitung mit den bei ihm ſich
vorfindenden Effekten an die hieſige Stadtvoigtei-
Gefängniſſe abliefern zu laſſen. Wir verſichern die
ungeſäumte Erſtattung aller dadurch entſtandenen
Auslagen und den verehrlichen Behörden des Auslandes eine gleiche Rechtswillfährigkeit.

Berlin, den 28. September 1844.

Königl. Kriminalgericht hieſiger Reſidenz.

Signalement des Fuhrknechts Schöning.
Vor- und Zunamen: Guſtav Adolph Wilhelm
Schöning, Geburts- und Aufenthaltsort: Potsdam, Religion: evangeliſch, Alter: 23 Jahre,
Größe: 5 Fuß, Haare: blond, Stirn: frei, Augenbrauen: blond, Augen: blau, Naſe und Mund:
gewöhnlich, Bart: keinen, Zähne: gut, Kinn und
Geſichtsbildung: oval, Geſichtsfarbe: geſund, Geſtalt: ſchlank und klein, Sprache: deutſch.

Beſondere Kennzeichen: keine.

Bekleidet war derſelbe bei ſeiner Entweichung
mit einer Schirmmütze, einer Jacke von ſchwarzem Sammetmancheſter, einem Paar Beinkleider
von Leder, einer bunten Weſte und einem Paar
hoher Waſſerſtiefeln, und führte einen langen Pelz
bei ſich.

Bekanntmachung.

Der aus Stettin gebürtige Musketier des ehemaligen Infanterie-Regiments von Arnim, Johann Gottfried Buchholz, hat ſich am 21. März
1796 aus ſeiner Garniſon zu Spandow, und der
aus Templin im Potsdamer Regierungsbezirke gebürtige Pionier Carl Fiechel der 1ſten Feſtungs-
Reſerve-Pionier-Kompagnie, am 15. Oktober 1843
aus ſeiner Garniſon zu Luxemburg, heimlich entfernt.

Dieſelben ſind, da ſie ſich bis jetzt nicht wieder eingefunden haben, durch ein beſtätigtes kriegsrechtliches Erkenntniß vom 18. b. M. in contu-

maciam für Deserteure erachtet und ist ihr sämmtliches, sowohl gegenwärtiges als zukünftiges Vermögen konfiszirt worden, was hiermit zur öffentlichen Kenntnißnahme gebracht wird.

Frankfurt a. d. O., den 28. September 1844.

Das Gericht des Königl. 3ten Armee-Korps.

v. Weyrach.

Dem nachstehend signalisirten Handlungsdiener Ernst Gottfried Richard Schmidt ist angeblich ein ihm hier am 7. d. M. nach Hamburg ausgestellter Paß abhänden gekommen.

Zur Vermeidung von etwanigen Mißbräuchen wird dieß hiermit öffentlich bekannt gemacht und der gedachte Paß hierdurch für ungültig erklärt.

Berlin, den 30. September 1844.

Königl. Polizei-Präsidium.

Signalement. Alter: 22 Jahre, Größe: 5 Fuß 4 Zoll, Haare: blond, Stirn: frei, Augenbrauen: blond, Augen: blau, Nase und Mund: mittel, Bart: blond, Kinn und Gesicht: oval, Gesichtsfarbe: gesund.

Holzverkauf.

* Aus dem diesjährigen Einschlage des Königl. Forstreviers Dippmannsdorf-Brück sollen folgende Brennhölzer

am 24. Oktober d. J., Vormittags 10 Uhr, im Kruge zu Dippmannsdorf meistbietend verkauft werden.

a) Aus der Dippmannsdorfer Hohen Heide:

42	Klafter	Eichen-Klobenholz,
9¼	"	Knüppelholz,
48.	"	Buchen-Klobenholz,
40½	"	Stubbenholz,
11½	"	Birken-Klobenholz,
1	"	Rüstern-Klobenholz,
1¼	"	Espen-Knüppelholz,
267	"	Kiefern-Klobenholz,
106	"	Knüppelholz.

b) Aus dem Ragösener Vorderbusch:

98	Klafter	Eichen-Klobenholz,
24	"	Knüppelholz,
1½	"	Weißbuchen-Klobenholz,
3	"	Birken-Klobenholz,
4½	"	Rüstern-Klobenholz,
1¼	"	Espen-Klobenholz,
1¼	"	Knüppelholz,
1	"	Elsen-Klobenholz,
5¼	"	Knüppelholz,
1	"	Stubbenholz.

c) Aus der Betzker Heide:

10¼	Klafter	Eichen-Klobenholz,
43½	"	Kiefern-Klobenholz,
10	"	gespaltenes Knüppelholz.

Kauflustige werden hierzu mit dem Bemerken eingeladen, daß der vierte Theil des Kaufpreises im Termine als Angeld gezahlt werden muß, die übrigen Bedingungen aber in demselben näher bekannt werden sollen, und daß die betreffenden Förster die Hölzer auf Verlangen vorzeigen werden.

Forsthaus Dippmannsdorf, den 30. Sept. 1844.

Im Auftrage der Königl. Regierung.

Der Oberförster, Krebs.

Brennholz-Verkauf.

* Zum öffentlichen meistbietenden Verkauf im Königl. Forstrevier Zossen aus dem vorigen Einschlage noch vorräthigen Brennholzes sind folgende Termine bestimmt:

1) für den Monat Oktober d. J. der 11. und 25.,

2) für den Monat November d. J. der 5. und 29.,

3) für den Monat Dezember d. J. der 6. und 20.

Die Termine selbst sind im Gasthause zu Sommersdorf angesetzt und nehmen an jedem Licitationstage von 10 Uhr Vormittags ab ihren Anfang.

Kauflustige werden mit dem Bemerken hierzu aufgefordert, die bestimmten Licitationstage wahrzunehmen, und daß Verkäufe außer den Licitationstagen nicht stattfinden.

Sommersdorf, den 1. Oktober 1844.

Königl. Oberförsterei Zossen.

Arnim.

Holzverkauf.

* Zur Versteigerung von circa 1300 Stämmen Kiefern extra, ordinaire und mittel Bauholz aus den Schlägen des hiesigen Forstreviers pro 1844 auf den 4. k. M., Nachmittags 2 Uhr, in dem Geschäftslokale des Unterzeichneten hierselbst ein Termin anberaumt, zu welchem Kauflustige mit dem Bemerken eingeladen werden, daß das nach dem Verkaufe zu fällende Holz von dem Förster Eisentraut in Birchow auf Verlangen gezeigt werden wird. Die Verkaufsbedingungen sind bei dem Unterzeichneten einzusehen und

on diesen hier nur zu erwähnen, daß der Best-
tetende den vierten Theil seines Gebotes gefor-
erten Falls im Termine als Sicherheit zu deponiren hat. Forsthaus Linichen bei Tempelburg,
en 3. Oktober 1844.

Der Königl. Oberförster.
Eichenfels.

Vieh- und Pferdemarkt in Gransee.

Da der hiesige Vieh- und Pferdemarkt sich seit
nigen Jahren bedeutend vergrößert, und uns auch
tzt wieder durch die Bewohner der Umgegend die
usicherung geworden, recht viel Vieh auf den hier
am 14. d. M.
wieder stattfindenden Viehmarkt gestellt zu wollen,
) unterlassen wir nicht, das handeltreibende Pu-
likum hierauf aufmerksam zu machen, und er-
ichen dasselbe zugleich um recht zahlreichen Be-
ch desselben, indem wir zugleich bemerken, daß
Dammzoll und Stättegeld an diesem Tage hier
icht erhoben wird.

Gransee, den 2. Oktober 1844.
Der Magistrat.

Bekanntmachung.

Die Lieferung von circa 120 Zentnern raffi-
irtes Rüböl, 50 Pfund Dochtgarn, 400 Ellen
ochtband für die hiesige Königl. Garnison-
azareth-Anstalten pro 1845 soll im Wege der
izitation dem Mindestfordernden übertragen werden.
Es ist hierzu in unserem Geschäftslokal, breite
traße Nr. 29, ein Termin auf
den 17. Oktober d. J., Vormittags 10 Uhr,
beraumt worden, wozu Lieferungslustige mit dem
enterken eingeladen werden, daß daselbst auch die
edingungen täglich zur Einsicht vorliegen.

Potsdam, den 24. September 1844.
Königl. Garnison-Verwaltung.

Bekanntmachung.

Die Lieferung des Bedarfs von circa 18 Zent-
rn Lichte für die hiesigen Garnison-Anstalten,
ll für das Jahr 1845 an den Mindestfordernden
usgegeben werden. Wir haben hierzu einen Ter-
in auf
den 17. Oktober d. J., Vormittags 11 Uhr,
unserem Geschäftsbüreau, breite Straße Nr. 29,
o auch die Bedingungen einzusehen sind, anbe-
umt. Potsdam, den 27. September 1844.
Königl. Garnison-Verwaltung.

Bekanntmachung.

Es soll der Bedarf für die hiesige Strafanstalt
pro 1845 von circa 70 Zentnern Butter,
50 Zentnern Schweineschmalz, 100 Zentnern ord. Graupe, 160 Zentnern Hafer-
grütze, 8 Zentnern Perlgraupe, 5 Zentnern Reis, 6 Zentnern Fadennudeln,
3 Zentnern Gries, 10 Zentnern Roggen-
mehl, 10 Zentnern Buchgrütze, 600 Scheffeln Erbsen, 200 Scheffeln Linsen,
48 Scheffeln Bohnen, 250 Zentnern Ger-
stenmehl, 20 Tonnen grüne Seife und
12 Zentnern Lichte dem Mindestfordernden in
Lieferung übergeben werden.

Hierzu ist ein Termin auf
Montag den 4. November d. J., Vormittags 9 Uhr,
im Geschäftslokale der hiesigen Strafanstalt angesetzt, wozu Lieferungswillige mit dem Bemerken
eingeladen werden, daß jeder Bieter sich zuvor
über den Besitz einer, dem Lieferungsbetrage angemessenen Kaution auszuweisen hat.

Die Lieferungsbedingungen werden im Termine
selbst bekannt gemacht werden.

Spandow, den 2. Oktober 1844.
Königl. Direktion der Strafanstalt.

Bekanntmachung.

Es soll der Bedarf für die hiesige Strafanstalt
pro 1845 von circa
450,000 Pfund Kommisbrot und
16,000 Pfund Weißbrot
dem Mindestfordernden in Lieferung übergeben werden. Hierzu ist ein Termin auf
Montag den 28. Oktober d. J., Vormittags 9 Uhr,
im Geschäftslokal der hiesigen Strafanstalt angesetzt, wozu Lieferungswillige sich mit dem Bemerken
eingeladen werden, daß jeder Bieter sich zuvor
über den Besitz einer Kaution von 500 Thlrn.
auszuweisen hat.

Die Lieferungsbedingungen können täglich in
den Vormittagsstunden von 9 bis 11 Uhr in unserem Kassenlokal eingesehen werden.

Spandow, den 3. Oktober 1844.
Königl. Direktion der Strafanstalt.

Für die Königl. Pulverfabrik bei Spandow
sollen 600 Schock Tonnenbände von Weidenholz,
6 Fuß lang, im Winter geschält, spätestens bis
zum 1. Mai k. J. geliefert werden. Unternehmer,

die die Lieferung zu übernehmen geneigt sind, wollen ihre Forderungen in versiegelten Adressen mit der Bezeichnung: „Submission auf Lieferung von Tonnenbänden,"

am 6. November d. J., Vormittags 11 Uhr, persönlich oder durch Bevollmächtigte einreichen und der Lizitation beiwohnen. Die Lieferungs-Bedingungen sind in dem Büreau der unterzeichneten Stelle einzusehen.

Pulverfabrik bei Spandow, den 14. Sept. 1844.
Die Direktion.

Bekanntmachung.

Von den, der hiesigen Kämmerei gehörigen Mühlen sollen

a) die am Neustädtischen Mühlenthore belegene Mahlmühle, die Vordermühle genannt, mit 4 Gängen, und

b) die auf dem Dom belegene, sogenannte Burg-Mahlmühle mit 4 Gängen,

vom 1. Juni 1845 ab in Erbpacht ausgeboten werden.

Zur Entgegennahme der Gebote haben wir einen Termin auf

Montag den 28. Oktober d. J.,
von Vormittags 10 Uhr ab,

zu Rathhause vor dem Stadtrath, Syndikus Spitta anberaumt, zu welchem Erbpachtslustige hierdurch mit dem Bemerken eingeladen werden, daß die Beschreibungen der Mühlen und die speziellen Bedingungen täglich in unserer Registratur eingesehen werden können, auch Abschriften davon gegen Kopialien von dem Registrator Angerstein zu erhalten sind, und der auf jede Mühle Meistbietende eine Kaution von 500 Thlrn. im Termine bestellen muß.

In Bezug auf die Vorschrift des § 180 der Städteordnung bemerken wir, daß die Vererbpachtung dieser Mühlen um deshalb für nothwendig und nützlich erachtet worden ist, weil sie zu einem Kommunalzwecke nicht mehr für brauchbar befunden sind. Brandenburg, den 20. August 1844.

Ober-Bürgermeister, Bürgermeister und Rath hiesiger Chur- und Hauptstadt.

Ediktal-Zitation.

Stadtgericht zu Templin, den 30. April 1844.

Gegen die in dem Testamente der separirten Konditor Steiger in Berlin vom 26. August 1830 14. Februar 1843

als Universalerbin eingesetzte Tochter des Uhrmachers Beccardt, mit Vornamen Charlotte Henriette, welche am 13. September 1780 hier geboren ist, und zu Ende des vorigen Jahrhunderts mit einer Herrschaft nach Warschau gegangen sein, sich daselbst mit einem Unter-Werkbau verheirathet und später in Polen gewohnt haben soll, ist, da seit ihrer Entfernung von ihrem Leben und Aufenthalte niemals Nachrichten hier eingegangen sind, auf Todeserklärung provozirt worden.

In Folge dieser Provokation haben wir einen Termin auf

den 26. Februar 1845, Vormittags 11 Uhr, an Gerichtsstelle anberaumt, und fordern die Charlotte Henriette Beccardt oder deren Erben und Erbnehmer zu ihrer Meldung vor oder spätestens in diesem Termine unter der Verwarnung auf, daß bei erfolgloser Aufforderung die Verschollene für todt erklärt und der Nachlaß der separirten Steiger an die weitere Testamentserben verfolgt werden wird.

Ediktalladung.

In Folge der von den Gebrüdern von Küster bei uns angemeldeten Provokation auf Theilung der Jagdberechtigung auf der Feldmark von Dauer haben wir zur Anmeldung der Theilnahmerechte und zur Einleitung des Theilungsverfahrens einen Termin auf

den 21. Dezember d. J., Vormittags 10 Uhr, im Schulzengericht zu Dauer angesetzt, zu welchem wir alle diejenigen, welche bei der Theilung Interesse haben, zur Angabe und Nachweisung ihrer Ansprüche unter der Verwarnung vorladen, daß im Fall des Ausbleibens dieselben mit den Ansprüchen werden präkludirt werden.

Prenzlow, den 16. September 1844.

Königl. Jagdtheilungs-Kommission des Prenzlower Kreises.

Nothwendiger Verkauf.

Königl. Kammergericht in Berlin.

Das hierselbst am Platz vor dem neuen Thor Nr. 3 belegene, im Hypothekenbuche des Königl. Kammergerichts Vol. IX Cont. K Nr. 19 Pag. verzeichnete, dem Maurermeister Carl August Jäckel

r gehörige Grundstück nebst Zubehör, abgeschätzt
auf 13,020 Thlr. 5 Sgr. 6¼ Pf. zufolge der, nebst
Hypothekenschein und Bedingungen in der Registratur einzusehenden Taxe, soll

am 9. April 1845
im ordentlicher Gerichtsstelle subhastirt werden.

Nothwendiger Verkauf.
Königl. Kammergericht in Berlin.

Das hierselbst in der Louisenstraße Nr. 4 d
belegene, im Hypothekenbuche Vol. IX Cont. i
Nr. 18 Pag. 407 verzeichnete Grundstück nebst Zubehör, abgeschätzt auf 20,241 Thlr. 25 Sgr. 9 Pf.
zufolge der, nebst Hypothekenschein und Bedingungen in der Registratur einzusehenden Taxe, soll

am 12. März 1845, Vormittags 11 Uhr,
im ordentlicher Gerichtsstelle subhastirt werden.

Die hypothekarischen Gläubiger Partikulier Johann Zacharias Logan und Kupferstecher Johann
Friedrich August Clar, modo deren Erben, werden hierzu öffentlich vorgeladen.

Nothwendiger Verkauf.
Stadtgericht zu Berlin, den 25. April 1844.

Das hierselbst in der verlängerten Kommandantenstraße belegene Plötzsche Grundstück, gerichtlich abgeschätzt zu 21,981 Thlr. 21 Sgr. 3 Pf.,
Schulden halber

am 10. Dezember d. J., Vormittags 11 Uhr,
in der Gerichtsstelle subhastirt werden. Taxe und
Hypothekenschein sind in der Registratur einzusehen.

Nothwendiger Verkauf.
Stadtgericht zu Berlin, den 26. April 1844.

Das hierselbst in der verlängerten Sebastiansstraße belegene Grundstück des Baumeisters Ferdinand Wilhelm Winkelmann, gerichtlich abgeschätzt zu 24,974 Rthlr. 19 Sgr. 7 Pf., soll
Schulden halber

am 13. Dezember d. J., Vormittags 11 Uhr,
in der Gerichtsstelle subhastirt werden. Taxe und
Hypothekenschein sind in der Registratur einzusehen.

Nothwendiger Verkauf.
Königl. Land- und Stadtgericht zu Wriezen,
den 23. September 1844.

Das in der Wriezener Feldmark belegene, im
Hypothekenbuche der Stadt Vol. XV Pag. 233
Nr. 71 verzeichnete, zur erbschaftlichen Liquidationsmasse des zu Neu-Trebbin verstorbenen Kolonisten David Hartwig gehörige Stück Land
von 17 Morgen 153½ □Ruthen Flächeninhalt,
zufolge der, nebst Hypothekenschein in der Registratur einzusehenden Taxe auf 100 Thlr. gerichtlich abgeschätzt, soll

am 24. Januar 1845, Vormittags 11 Uhr,
an der Gerichtsstelle hierselbst subhastirt werden.

Alle unbekannten Realprätendenten haben ihre
etwanigen Ansprüche, zur Vermeidung der Präklusion, in diesem Termine anzumelden.

Nothwendiger Verkauf.
Königl. Preuß. Justizamt Wittstock.

Die zum Nachlasse des Schmiedemeisters Jo-
hann Friedrich Menzel gehörigen, im Dorfe
Teetz, 1 Meile von Kyritz und 2½ Meile von
Wittstock, belegenen Grundstücke, als:

1) eine Schmiede-Büdnerstelle, taxirt zu 1588
   Thlrn. 26 Sgr. 9 Pf.,

2) eine Erbzins-Käthnerstelle, taxirt zu 1737
   Thlrn. 8 Sgr. 9 Pf.,

im Hypothekenbuche von Teetz resp. Vol. I Fol. 89
und Vol. II Fol. 33 verzeichnet, sollen

am 21. November d. J., Vormittags 11 Uhr,
in dem Wohnhause der Schmiede-Büdnerstelle zu
Teetz, sowohl im Ganzen, als auch in einzelnen
Parzellen subhastirt werden.

Taxe und Hypothekenschein sind in unsrer Registratur einzusehen.

Wittstock, den 1. August 1844.

Nothwendiger Verkauf.
Stadtgericht zu Charlottenburg, den 13. August 1844.

Das hierselbst in der Wallstraße sub Nr. 16
belegene Grundstück der 3 minorennen Geschwister
Friedrich, taxirt zu 2213 Thlr. 23 Sgr., soll

am 20. Dezember d. J., Vormittags 11 Uhr,
an ordentlicher Gerichtsstelle subhastirt werden.
Taxe und Hypothekenschein sind in der Registratur einzusehen.

Nothwendiger Verkauf.
Stadtgericht zu Berlin, den 19. August 1844.
Das in der Liegmanns Gasse Nr. 2 belegene
Grundstück des Maurermeisters Alisch, gerichtlich
abgeschätzt zu 767 Thlr. 20 Sgr., soll in seinem
jetzigen Zustande, weßhalb die Lasten nicht haben
berechnet und von der Taxe in Abzug gebracht
werden können,
am 7. Januar 1845, Vormittags 11 Uhr,
an der Gerichtsstelle resubhastirt werden.
Taxe und Hypothekenschein sind in der Registratur einzusehen.

Nothwendiger Verkauf.
Land- und Stadtgericht zu Zehdenick, den
19. August 1844.
Das den Schuhmacherschen Erben gehörige,
zu Marienthal belegene Kossätengut, tarirt auf
1608 Thlr. 12 Sgr. 1 Pf. zufolge der, nebst Hypothekenscheine und Kaufsbedingungen in der Registratur einzusehenden Taxe, soll in termino
den 11. Dezember d. J., Vormittags 11 Uhr,
an ordentlicher Gerichtsstelle subhastirt werden.

Der zu Bielitz belegene, im Hypothekenbuche
Vol. 1 Fol. 3 verzeichnete Bauerhof des verstorbenen Bauern Friedrich Wilhelm Heinrich Scherler, soll Theilungshalber in nothwendiger Subhastation
am 13. Dezember d. J., Vormittags 11 Uhr,
auf unserm Gerichtslokale meistbietend verkauft
werden.
Die auf 2936 Thlr. 28 Sgr. 4 Pf. ausgefallene gerichtliche Taxe und der neueste Hypothekenschein sind in unserer Registratur einzusehen.
Alle etwanige unbekannte Realprätenden werden zu jenem Termine bei Vermeidung der Präklusion ebenfalls hiermit vorgeladen.
Alt-Ruppin, den 19. August 1844.
Königl. Preuß. Land- und Stadtgericht.

Nothwendiger Verkauf.
Königl. Stadtgericht zu Kyritz, den 13. Sept. 1844.
Die zum Nachlasse der Wittwe Werdermann,
Anne Regine Kurtz gehörigen Grundstücke, als;

1) das Bürgerhaus mit Zubehör, Vol. II Nr. t
tarirt zu 754 Thlr. 4 Sgr. 7 Pf.,
2) die Robische Worde, Vol. XV Nr. 173, tt
zu 43 Thlr. 5 Sgr. 7 Pf.,
deren Taxe und Hypothekenscheine in der Regi-
tur eingesehen werden können, sollen
am 2. Januar 1845, Vormittags 11 Uhr,
an ordentlicher Gerichtsstelle, Behufs der Theil
nothwendig subhastirt werden.

Nothwendiger Verkauf.
Königl. Land- und Stadtgericht zu Zm
berg, den 30. August 1844.
Die zum Nachlasse des Pantoffelmachermei
Heinrich Wilhelm Aschee gehörigen hierselbe
legenen Grundstücke:
1) das am Marktplatz sub Nr. 6 belegene Wo
haus, abgeschätzt auf 606 Thlr. 28 Sgr.
2) der vor dem Landsberger Thore am Kirch
berge belegene Garten, tarirt auf 75 T
3) der vor dem Müncheberger Thore nebst Wi
Wilhelm Zimmermannschen belegenen
ten, abgeschätzt auf 30 Thlr.,
sollen
am 17. Dezember d. J., Vormittags 11 5
an ordentlicher Gerichtsstelle subhastirt we
Taxe und Hypothekenschein sind in unser
gistratur einzusehen.

Nothwendiger Verkauf.
Stadtgericht zu Berlin, den 16. September 184
Das am grünen Wege belegene Grundstück
Partikuliers Neumeyer, gerichtlich abgeschätzt
5892 Thlrn., soll
am 25. April 1845, Vormittags 11 Uhr,
an der Gerichtsstelle subhastirt werden. Taxe
Hypothekenschein sind in der Registratur einzuseh

Nothwendiger Verkauf.
Das in der Steinstraße hierselbst belegene,
Hypothekenbuche Vol. IV Fol. 79 Nr. 62 ve
zeichnete, der verehelichten Tuchscheerermeister Le
del, gebornen Feige, zugehörige Wohnhaus nr
der dazu gehörigen Mäschkavel Nr. 361 und
vor dem Rheinsberger Thor belegenen Parzelle,
richtlich abgeschätzt auf 2038 Thlr. 17 Sgr. 9 P
buchstäblich Zweitausend acht und dreißig Th
siebenzehn Silbergroschen neun Pfennige und
ber, nebst Hypothekenschein auf unserer Regist
tur einzusehenden Taxe soll

am 13. Januar 1845, Vormittags 11 Uhr, gewöhnlicher Gerichtsstelle in nothwendiger Subhastation an den Meistbietenden verkauft werden.
Neu-Ruppin, den 14. September 1844.
Königl. Preuß. Stadtgericht.

Nothwendiger Verkauf.

Stadtgericht zu Berlin, den 17. September 1844.

Das am Mühlendamm Nr. 24 belegene Bloch'sche Grundstück, gerichtlich abgeschätzt zu 4918 Thlrn. . Sgr. 6 Pf., soll
am 4. Februar 1845, Vormittags 11 Uhr, vor der Gerichtsstelle subhastirt werden. Taxe und Hypothekenschein sind in der Registratur einzusehen.

Nothwendiger Verkauf.

Stadtgericht zu Charlottenburg, den 17. Sept. 1844.

Das in der neuen Berliner Straße sub Nr. 16 hier belegene, im hiesigen stadtgerichtlichen Hypothekenbuche Vol. XI Nr. 593 auf den Namen des Spediteurs Johann Friedrich August Preuß verzeichnete Erbpachts-Grundstück soll
am 23. April 1845, Vormittags 10 Uhr, vor der Gerichtsstätte subhastirt werden.
Taxe und Hypothekenschein sind in der Registratur einzusehen. Der Reinertrag des Grundstückes von 284 Thlrn. 5 Sgr. gewährt zu 5 Procent einen Taxwerth von 5683 Thlrn. 10 Sgr. und zu 4 Prozent einen Taxwerth von 7104 Thlrn. 5 Sgr., darauf haftet ein Erbpachts-Kanon von Thlrn., welcher zu 4 Prozent gerechnet ein Kapital von 530 Thlrn. darstellt, so daß der Werth des Grundstückes zu 5 Prozent veranschlagt 5133 Thlr. 10 Sgr., und zu 4 Prozent veranschlagt 6654 Thlr. 5 Sgr. beträgt.

Nothwendiger Verkauf.

Das in Neu-Ruppin in der Schulzenstraße unter Nr. 188 a belegene, im Hypothekenbuche des Stadtgerichts Vol. III Fol. 203 Nr. 553 verzeichnete Wohnhaus des Händlers Friedrich Mix nebst der dazu gehörigen Mäschkavel Nr. 553 und der Parzelle vor dem Rheinsberger Thor Nr. 558, sichtlich, besage der auf unserer Registratur einsehenden Taxe, auf 1389 Thlr. 7 Sgr. 6 Pf.; buchstäblich Eintausend dreihundert neun und acht-Thaler sieben Silbergroschen sechs Pfennige geschätzt, soll
am 15. Januar 1845, Vormittags 11 Uhr,

an gewöhnlicher Gerichtsstelle in nothwendiger Subhastation an den Meistbietenden verkauft werden.
Neu-Ruppin, den 18. September 1844.
Königl. Preuß. Stadtgericht.

Bekanntmachung.

Es sollen folgende, dem Chirurgus erster Klasse Kittlau zu Neustadt a. d. Dosse im Wege der Exekution abgepfändeten Gegenstände, als:
1) Meubles, Haus- und Küchengeräthe, einige Kleidungsstücke und Wäsche,
2) eine Cylinderuhr,
3) ein Kaleschwagen mit Verdeck,
4) die vorräthigen sämmtlichen Materialwaaren und Ladenutensilien, so wie
5) ein Ladenrepositorium,
am 4. November d. J., von Vormittags 9 Uhr ab, in der Wohnung des Chirurgus Kittlau allhier, öffentlich an den Meistbietenden gegen baare Zahlung verkauft werden, wozu ich Kauflustige einlade.
Neustadt a. d. Dosse, am 29. September 1844.
Im Auftrage des Königl. Land- und Stadtgerichts allhier.
Dittmann.

Nothwendige Subhastation.

Die den Erben des Schlächtermeisters Carl Schemel gehörigen hiesigen Grundstücke, nemlich das Wohnhaus Nr. 52 der Hauptstraße, ein Garten dabei und ein Ackerstück im Lug, zusammen geschätzt auf 992 Thlr. 13 Sgr. 5 Pf., sollen
am 4. Februar 1845, Vormittags 11 Uhr, an hiesiger Gerichtsstelle öffentlich verkauft werden.
Taxe und Hypothekenschein sind in unserer Registratur einzusehen.
Baruth, den 3. Oktober 1844.
Gräflich Solmsches Justizamt.

Ein höchst preiswürdiges Landgut, 2½ Meile von Landsberg a. d. W., in der Neumark belegen, mit einem Areal von 1900 Morgen, wovon 1000 Morgen Acker, 700 Morgen Wiesen und ackerungsfähiger Bruch, 200 Morgen Schonung und Weide, freie Brennholz- und Weidegerechtsame in der Königl. Forst, vollständigem und gutem Inventarium, soll sofort mit sämmtlichen Vorräthen für 33,000 Thlr. mit einer Anzahlung von 10,000 bis 12,000 Thlrn. verkauft werden.
Näheres hierüber ertheilt auf freie Anfragen H. v. Nassau in Fürstenfelde.

In der unmittelbaren Nähe von Potsdam ist ein separirtes, ganz abgabenfreies bäuerliches Gut, wobei 46 Morgen beste Wiesen, unter annehmlichen Bedingungen zu verkaufen. Das Nähere beim Administrator Buchholz in Berlin, Markgrafenstraße Nr. 91.

Ich beabsichtige meine am schiffbaren Wasser liegende Wassersuppesche Ziegelei zu Johannis 1845 und meine etwa ½ Meile davon entfernt liegende Kohlhoffs Ziegelei sofort unter sehr annehmlichen Bedingungen öffentlich meistbietend zu verpachten. Hierzu steht
am 14. Oktober d. J., Vormittags 12 Uhr, allhier Termin an, zu dem Pachtlustige mit dem Bemerken eingeladen werden, daß der Pachtvertrag sofort abgeschlossen werden kann, und daß die Pachtbedingungen abschriftlich mitgetheilt werden können.
Hohennauen bei Rathenow, den 2. Sept. 1844.
von der Hagen.

Verkauf oder Verpachtung eines Gasthofes mit guten Grundstücken.
Anderweite gewinnreiche Unternehmungen bestimmen den Besitzer eines, an einer frequenten Chaussee belegenen, circa 6 Meilen von Berlin entfernten Gasthofes, zu welchem auch ein bedeutendes Flächen-Areal vorzüglichen Ackers und Wiesen gehört, denselben mit sämmtlichem lebenden und todten Inventario, sowie der gesammten Ernte auf das Schleunigste unter den billigsten Bedingungen zu verkaufen oder auch zu verpachten. Mit diesem Gastgeschäft ist auch ein höchst einträgliches Holz- und Getreidegeschäft verbunden. Käufer oder Pachtliebhaber belieben sich daher recht bald zu wenden an
W. E. Seidel in Zehdenick.

Eine in neuester Form erbaute Kirchenorgel mit 14 Registern und Pedal, steht für 500 Thlr. zum Verkaufe in Berlin, Zimmerstraße Nr. 29.

Brauchbaren Sekretairen, Rechnungsführern, unverheiratheten Revierjägern, sowie Wirthschafterinnen weist gute Stellen nach
W. E. Seidel in Zehdenick.

Von mehreren der Herren Rittergutsbesitzer in Mark Brandenburg und Pommern werden Hauslehrer mit einem Gehalt von 120—150 Thlr. zu engagiren gesucht, und wird nähere Auskunft ertheilt von
W. E. Seidel in Zehdenick.

Im Verlage von G. P. Aderholz in Breslau ist so eben erschienen und durch die Buchhandlung von Riegel in Potsdam zu beziehen:
Das Polizeiwesen des Preuß. Staates, eine systematisch geordnete Sammlung aller dieselben Bezug habenden gesetzlichen Bestimmungen, insbesondere der in den Gesetzsammlungen und die Preuß. Staaten, in den von Kamptz'schen Annalen für die innere Staatsverwaltung und deren Fortsetzungen durch die Ministerialblätter enthaltenen Verordnungen und Rescripte, in ihrem organischen Zusammenhange mit der früheren Gesetzgebung dargestellt, unter Benutzung der Archive des Ministeriums des Innern und der Polizei
von
L. v. Rönne, und Heinrich Simon,
Kammergerichts-Rathe. Stadtgerichts-Rathe.
Neue, mit den Ergänzungen bis Juli 1844 vervollständigte Ausgabe.
3 Bände. gr. 8. geh. Preis 6 Thlr.
Supplement-Band,
enthaltend die bis Juli 1844 erlassenen Verordnungen für die Besitzer des 1ten und 2ten Bandes.
gr. 8. geh. 22½ Sgr.
Dies Werk bildet eine bis auf die neueste Zeit reichende, vollständige Quellensammlung des Polizeiwesens des Preuß. Staates, der Werth und die Zweckmäßigkeit desselben ist durch hohes Ministerial-Rescript anerkannt, welches es durch die Königlichen Amtsblätter zum Gebrauch dringend empfiehlt.

Oeffentlicher Anzeiger (№ 1)

zum 42sten Stück des Amtsblatts

er Königlichen Regierung zu Potsdam und der Stadt Berlin.

Den 18. Oktober 1844.

Dem Friseur Konrad Bleidorn zu Berlin ist
iter dem 11. Oktober 1844 ein Patent

auf durch Beschreibung und Modell erläuterte
Vorrichtungen an Haartouren, um das Ver-
schieben und Einlaufen der letzteren zu verhindern,

f vier Jahre, von jenem Tage an gerechnet,
b für den Umfang der Monarchie ertheilt worden.

Dem Glasermeister und Orchester-Mitgliede
Theodor Kleinertz zu Köln ist unterm 11. Okto-
r 1844 ein Patent

auf eine nach der vorgelegten Zeichnung
und Beschreibung für neu und eigenthümlich erachtete Vorrichtung zum Stimmen der
Pauken

f acht Jahre, von jenem Tage an gerechnet, und
ben Umfang der Monarchie ertheilt worden.

Dem Eisengießerei-Besitzer F. Fürth zu Köln
unter dem 11. Oktober 1844 ein Patent

auf eine an den Preß-Vorrichtungen für
Bleiröhren getroffene, durch Zeichnung und
Beschreibung näher erläuterte Einrichtung,
wodurch kürzere Dorne in Anwendung kommen,

acht Jahre, von jenem Tage an gerechnet, und
den Umfang der Monarchie ertheilt worden.

Das dem Kaufmann, E. W. Ulmann in Ber-
unter dem 4. August 1843 ertheilte Patent,

auf die durch Zeichnung und Beschreibung
nachgewiesenen Vorrichtungen an Webestüh-
len, um ungeschnittene Sammtgewebe ohne
Anwendung von Nadeln darzustellen,

b hierdurch für erloschen erklärt.

Steckbriefe.

Der Maler und Modelleur Christian Hildebrandt hat sich von hiesigen Einwohnern folgende
Kleidungsstücke geliehen:

1) einen sogenannten spanischen Mantel von
dunkelfarbigem Tuche mit Aermeln, inwendig
mit rothem, schwarz karirtem Zeuge gefüttert,
mit Sammtkragen und Schnur nebst Knopf
mit Seide besponnen;
2) einen schwarzen Tuchleibrock die Schöße mit
Atlas gefüttert;
3) ein Paar schwarze Buskin-Beinkleider;
4) ein blau und weißkarirtes seidenes Halstuch;
5) ein weißleinenes Taschentuch gezeichnet E.
L. № 11.;
6) einen braun melirten Buskin-Paletot mit
einer Reihe Knöpfe, vorn mit Seide und
hinten mit Serge de berry wattirt,

und mit denselben sich betrüglicher Weise heimlich
entfernt. Er hat wahrscheinlich seinen Weg über
Stettin nach Warschau genommen.

Alle Civil- und Militairbehörden des In- und
Auslandes werden dienstergebenst ersucht, auf den
nachstehend näher bezeichneten Hildebrandt vigiliren, ihn im Betretungsfalle verhaften, mit den
bei ihm sich vorfindenden Effekten hierher transportiren und an die Expedition der Stadtvoigtei-
gefängnisse abliefern zu lassen. Wir versichern
die ungesäumte Erstattung der dadurch veranlaßten
baaren Auslagen und den verehrlichen Behörden
des Auslandes eine gleiche Rechtswillfährigkeit.

Berlin, den 12. Oktober 1844.

Königl. Kriminalgericht hiesiger Residenz.

Signalement. Der Maler und Modelleur
Christian Hildebrandt ist 24 Jahr alt, aus
Baireuth in Baiern gebürtig, 5 Fuß und 7 Zoll
groß. Er hat ein rundes und volles Gesicht,
blasse, aber gesunde Gesichtsfarbe, blonde und
kurze Haare, und ist von schlanker Figur. Er
spricht den baierschen Dialekt und war bekleidet:

mit einer schwarzen Sammetmütze, einem braunen
Ueberrocke mit braunem Sammtkragen und außerdem mit dem mitgenommenen Mantel oder Paletot.

---

* Der nachstehend näher signalisirte, in Hohen-
bruch gebürtige und hier gehörige Schuhmachergeselle Friedrich Wilhelm Jost, hat im Land-Armen-
hause zu Strausberg wegen Bettelns eine mehr-
monatliche Strafe erlitten, und ist am 17. August
d. J. aus der gedachten Anstalt entlassen und
hierhergewiesen, inzwischen aber in der Stadt
Spandow wegen mangelnder Legitimation arretirt,
und inhaftirt worden, demnächst am 2. d. M. von
letzt gedachter Behörde mittelst Zwangspasses nach
hier entlassen. Bis jetzt ist dieser, dem Publiko
sehr gefährliche Vagabonde hier nicht eingetroffen,
und es werden demnach alle Zivil- und Militärbehörden ergebenst ersucht, auf den ꝛc. Jost zu
vigiliren, ihn im Betretungsfalle zu verhaften, und
ihn gegen sofortige Erstattung der Kosten hierher
transportiren zu lassen.

Cremmen, den 8. Oktober 1844.

Der Magistrat.

Signalement: Religion: evangelisch, Alter:
41 Jahre, Größe: 5 Fuß 4 Zoll, Haare: braun,
Stirn: frei, Augenbrauen: braun, Augen: grau,
Nase und Mund: mittel, Zähne: gut, Bart: braun,
Kinn: rund, Gesicht: oval, Gesichtsfarbe: gesund,
Statur: mittel.

Besondere Kennzeichen: fehlen.

---

* Der nachstehend signalisirte Schuhmachergeselle
Karl Wilhelm Dohrenburg, der vielfach wegen
Diebstahls Zuchthausstrafe und wegen Bettelns
Arbeitshausstrafe erlitten hat, ist am 12. September d. J. mit einer Reiseroute von der Inspektion
des Land-Armenhauses zu Wittstock hierher gewiesen, bisjetzt hier aber nicht eingetroffen. Da nun
zu vermuthen steht, daß der Dohrenburg sich
wieder vagabondirend und bettelnd im Lande
umhertreibt, so ersuchen wir hierdurch die wohllöblichen Polizeibehörden ergebenst, den Dohrenburg, wo er sich betreffen lassen sollte, verhaften
und ihn, wenn er gebettelt hat, an die Provinzial-
Land-Armenanstalt abliefern, oder, wenn er vagabondirt hat, zur gerichtlichen Untersuchung ziehen
zu lassen. Wilsnack, den 5. Oktober 1844.

Der Magistrat.

Signalement. Geburtsort: Wilsnad, Religion: evangelisch, Alter: 56 Jahre, Größe: 5 F.
4 Zoll, Haare: braun, Stirn: bedeckt, Augenbrau:
braun, Augen: grau, Nase und Mund: gewöhnlich, Zähne: defekt, Bart: schwarz, Gesichtsfarbe:
blaß, Statur: mittel.

Besondere Kennzeichen: Das linke Bein
fehlt.

Polizeiliche Bekanntmachung.

Dem Wagenfabrikanten Johann Friedrich Ei-
bel ist angeblich ein, ihm von der Königl. Polizei-
Direktion zu Posen am 5. d. M. ertheilter, aber
noch nicht visirter Paß, am 11. d. M. abhanden
gekommen.

Zur Vermeidung eines etwanigen Mißbrauchs
wird dies hiermit öffentlich bekannt gemacht, und
der gedachte Paß hierdurch für ungültig erklärt.

Berlin, den 30. September 1844.

Königl. Polizei-Präsidium.

---

* Der jüdische Handelsmann Schau Ja...
35 Jahr alt, aus Rzeszow gebürtig, dessen Signalement nachstehend angegeben ist, hat einen ihm
ihm vom Gubernium zu Lemberg unter ... ...
d. J. ertheilten und hierselbst am 3. Juli ....
zuletzt nach Hamburg visirten Paß verloren, was
wird derselbe zur Vermeidung etwanigen Mißbrauchs hierdurch für ungültig erklärt.

Perleberg, den 6. Oktober 1844.

Der Magistrat.

Signalement des Handelsmanns Ja-
Glück. Religion: jüdisch, Alter: 35 Jahre, Größe:
5 Fuß 2 Zoll, Haare: braun, Stirn: frei, Augenbrauen: braun, Augen: blau, Nase: lang,
Mund: proportionirt, Bart: braun, Kinn:
behaart, Gesicht: länglich, Gesichtsfarbe: gesund,
Statur: mittel.

Besondere Kennzeichen: keine.

Bekanntmachung.

* Am 15. September d. J. ist in dem See
bei Bienenwalde ein unbekannter männlicher
nam gefunden worden, der augenscheinlich schon
längere Zeit im Wasser gelegen hatte, da es sich
theilweise schon in Verwesung übergegangen war.
Er war 5 Fuß 3 Zoll groß, hatte dunkelbraunes ins Röthliche spielendes Haar, F...

ne, und so viel sich bei dem geschwollenen Zu-
ide erkennen ließ, anscheinend eine platte Nase,
ein rundes Gesicht. Er war unbekleidet, nur
er um die Hüften ein Hemde gebunden hatte,
ches mit

H M
5 { in rothem Zeichengarn

und 37 in schwarzer Farbe
rechnet war.

Alle diejenigen, welche über die Person des
storbenen nähere Auskunft geben können, wer-
aufgefordert, schriftliche Anzeige davon zu
chen, oder sich spätestens bis zum

13. Januar künftigen Jahres
dem unterzeichneten Gericht zu melden.
Alt-Ruppin, den 4. Oktober 1844.

Das Patrimonialgericht Bienenwalde.

Bekanntmachung

gen Verpachtung des zum Königl. Do-
ninenamte Carzig gehörigen Vorwerks
Kienitz bei Soldin.

Das zum Königl. Domainenamte Carzig gehö-
Vorwerk Kienitz, 1½ Meilen von Soldin und
rlinchen und 3 Meilen von Landsberg a. d. W.
Soldiner Kreise belegen, soll von Trinitatis
15 bis Johannis 1869, also außer der durch
änderung des Pachttermins hinzutretenden Zeit,
24 nach einander folgende Jahre im Wege
Submission verpachtet werden.

Die zu diesem Vorwerke gehörigen Grundstücke
Gewässer bestehen in:

Gärten	22	Morgen	6 □R.
Acker	1410	„	85 „
Wiesen	288	„	36 „
Hütung	852	„	11 „
nutzbaren Gewässern	116	„	51 „
unnutzbarem Lande	83	„	26 „
zusammen	2772	Morgen	35 □R.

bilden eine zusammenhängende Fläche, in de-
Mitte sich das Vorwerksgehöft befindet.
mmtliche Grundstücke, einschließlich der Wiesen
Hütungsgrundstücke, sind separirt und hütungs-
die Absatzwege für die Erzeugnisse des Vor-
rks, bei der Nähe der Städte Soldin, Lands-
g a. d. W., Berlinchen und Lippehne, sehr
istig, und die nöthigen Tagelöhnerwohnungen
demselben vorhanden.

Das Königl. Inventarium besteht, außer den

Königl. Wohn- und Wirthschaftsgebäuden, nur in
Bäumen, Saaten und deren Bestellung, und in
den Feuerlöschgeräthschaften, und ist das Minimum
der jährlichen Pacht für das Vorwerk nebst Zubehör auf 1900 Thlr. 29 Sgr. 11 Pf. einschließlich 625 Thlr. Gold und außerdem die Pacht für
jährlich zum eigenen Bedarf des Pächters auszu-
torfende 60 □R. auf 36 Thlr. festgesetzt. Die
näheren Pachtbedingungen, so wie die näheren Bestimmungen über das Verfahren bei Submissionen
können in unserer Registratur eingesehen werden;
auch sind wir bereit, dieselben abschriftlich gegen
Erstattung der Kopialien, und zwar bei Auswärtigen mittelst Einziehung durch Postvorschuß, mitzutheilen; dagegen wird die Karte von dem Vorwerke den Pachtliebhabern zu ihrer Information
auf dem Domainenamte Carzig von dem Oberamtmann Herrn Bayer zur Einsicht vorgelegt
werden.

Wir fordern hiernach Pachtbewerber auf, ihre
Submissionsgebote bis

zum 6. Januar 1845, Abends 6 Uhr,
dem Justitiarius der unterzeichneten Abtheilung
Herrn Regierungs-Rath Bennecke, versiegelt einzureichen, zugleich demselben ihre Qualifikation
als Landwirthe und das zur Uebernahme der Pachtung erforderliche Vermögen glaubhaft nachzuweisen, und die Erklärungen zu Protokoll zu geben,
welche in den Bestimmungen über die Bedingungen der Submission bei Domainen-Verpachtungen
sub 3 vorgeschrieben sind. Später als bis zur
oben festgesetzten Zeit eingehende Submissionsgebote werden nicht angenommen, und ist der Termin zur Eröffnung der Submissionen, welchem
die Pachtbewerber beiwohnen können, auf

den 7. Januar 1845, Vormittags 10 Uhr,
in unserm Sessionszimmer anberaumt.

Unter den sämmtlichen Pachtbewerbern bleibt
dem Ministerio des Königlichen Hauses die unbedingte Auswahl vorbehalten, und erlangt keiner
derselben durch die Submission ein Anrecht auf
den Zuschlag, bleibt aber an sein Gebot so lange
gebunden, bis er durch Zuschlag an einen Andern
oder auf sonstige Weise davon entbunden wird.

Frankfurt a. d. O., den 4. Oktober 1844.

Königliche Regierung.

Abtheilung für die Verwaltung der direkten Steuern,
Domainen und Forsten.

Bekanntmachung.

Die Königl. Hochl. Regierung zu Potsdam hat mittelst Verfügung vom 13. September d. J. genehmigt, daß in dem Dorfe Ravensbrück, hiesigen Kreises, alljährlich zwei Krammärkte abgehalten werden können, und zwar:

der 1ste den Donnerstag nach Pfingsten, und der 2te den Donnerstag nach Allerheiligen.

Der Unterzeichnete bringt dies hierdurch zur öffentlichen Kenntniß.

Templin, den 4. Oktober 1844.

Der Landrath des Templinschen Kreises.
von Haas.

Bekanntmachung.

Der Mühlenmeister Kalbow zu Dergenthin hat die Absicht, auf einem ihm eigenthümlich gehörigen Theil der sogenannten Bergstücken auf der Laaslicher Feldmark eine Bockwindmühle mit zwei, ausschließlich zur Mehlbereitung bestimmten Mahlgängen zu erbauen.

Indem ich dies hiermit zur öffentlichen Kenntniß bringe, fordere ich alle diejenigen auf, welche aus dem Edikte vom 28. Oktober 1810 oder aus der Allerhöchsten Kabinetsordre vom 23. Oktober 1826 ein begründetes Widerspruchsrecht gegen die Ausführung des obigen Vorhabens zu haben glauben, dieses Widerspruchsrecht binnen acht Wochen präklusivischer Frist, vom Tage dieser Bekanntmachung an gerechnet, entweder bei mir oder bei dem Bauherrn schriftlich geltend zu machen.

Perleberg, den 10. September 1844.

Königl. Landrath der Westpriegnitz.
v. Saldern.

Bekanntmachung.

Die Lieferung der für das Jahr 1845 zur Neupflasterung der Straßen auf dem Cöpenicker Felde erforderlichen gewöhnlichen Pflastersteine soll, entweder in ganzen oder in einzelnen Quantitäten bis zu 500 Schachtruthen in Entreprise gegeben werden.

Die Lieferungsbedingungen sind in unserer Registratur, Niederwallstraße Nr. 39, während der gewöhnlichen Dienststunden zur Einsicht ausgelegt.

Auswärtigen, sobald sie sich dieserhalb an uns wenden, wird Abschrift der Bedingungen zugesandt werden.

Diejenigen, welche die Lieferung ganz oder theilweise zu übernehmen bereit sind, werden aufgefordert, nach Einsicht der Bedingungen ihre frankirte Offerte versiegelt mit der Aufschrift:

„Submission über die Lieferung der pro 1845 erforderlichen Pflastersteine zur Neupflasterung der Straßen auf dem Cöpenicker Felde"

versehen, bis zum 25. November d. J. an die Registratur gelangen zu lassen.

Berlin, den 8. Oktober 1844.

Königl. Ministerial-Baukommission.
v. Müffling. Berger.

Im Auftrage der Königl. Regierung zu Potsdam wird das unterzeichnete Haupt-Steueramt und zwar in dessen Amtsgelasse

am 26. d. M., Vormittags 10 Uhr,

die Chausseegeld-Erhebung bei Döllnkrug, zwischen Prenzlow und Berlin an den Meistbietenden, Vorbehalt des höheren Zuschlages, vom 1. Januar k. J. ab, anderweit zur Pacht ausstellen. Dispositionsfähige Personen, welche vorher wenigstens 140 Thlr. baar oder in annehmbaren Staatspapieren bei dem unterzeichneten Hauptamte zur Sicherheit niedergelegt haben, werden zum Bieten zugelassen.

Die Pachtbedingungen sind bei uns vom heute an während der Dienststunden einzusehen.

Prenzlow, den 7. Oktober 1844.

Königl. Haupt-Steueramt.

Bekanntmachung.

Zur Befriedigung des Lokalbedarfs sollen den 29. Oktober, 11. und 28. November und 11. Dezember d. J., von Vormittags 10 Uhr ab, angemessene Quantitäten Ast- und Stubbenheit verschiedenen Holzarten hierselbst im Bonadtel-Gasthofe im Wege der Lizitation öffentlich an Meistbietenden gegen gleich baare Bezahlung verkauft, wozu Kauflustige an den gedachten Tagen hiermit eingeladen werden.

Neubrück, den 6. Oktober 1844.

Der Oberförster Eydet.

Der Besitzer des in dem Ruppinschen der Mittelmark belegenen, im Hypothekenbuch des Kammergerichts Vol. V Pag. 241 verzeichneten Lehnguts Wustrau Uten-Antheils, Kammer...

nb Landrath a. D. Friedrich Christian Ludwig
Emil Graf von Zieten, beabsichtigt die Allodi-
zirung dieses Guts, und hat deshalb den nachstehenden Entwurf des zu errichtenden Familienschlusses:

Der am 27. Januar 1786 verstorbene General der Kavallerie 2c. Hans Joachim von
Zieten, Vorbesitzer des Lehnguts Wustrau
IIten Antheils, welches er in der väterlichen
Erbtheilung 1726 für die damals aufgenommene
Lehntaxe der 6888 Thlr. 20 gGr. angenommen
hat, und welches unter dem 5. Februar 1779
auf 8802 Thlr. 11 gGr. 10 Pf. gerichtlich gewürdigt ist, hat dieses Gut zu allodifiziren beabsichtigt, und zu diesem Behufe von den zu seiner
Zeit sich gemeldet habenden Agnaten, nämlich:

1) dem Hauptmann Arend Ludwig von Zieten,
2) dem Rittmeister George Friedrich von Zieten,
3) dem Kriegsrath Levin Friedrich von Zieten,
4) dem Generalmajor Christian Wilhelm von
Zieten,
5) dem Königl. Sardinischen Obristen Gottfried
Daniel von Zieten,
6) dem Hauptmann. Christoph Daniel von
Zieten,
7) dem Conrad Christian von Zieten, Erbherrn auf Zahren,

die resp. gerichtlichen und notariellen desfallsigen
Erklärungen vom 12. April 1767, 5. August 1767,
6. Mai 1767, 27. Mai 1767, 3. Dezember 1767,
24. März 1768 beigebracht, nach welchen die
oben erwähnten Agnaten das Gut Wustrau
IIten Antheils gegen einen Lehnstamm von
6000 Thlrn., wovon sie jedoch in casum devolutae successionis die Töchter des letzten
Besitzers aus der Descendenz des damaligen
Lehnsbesitzers konstitutionsmäßig abfinden wollten, für allodifizirt erachtet.

Diesem Pacto sind ferner:

8) der Christoph Johann Friedrich Otto von
Zieten unterm 28. März 1776,
9) Hans Balthasar von Zieten unterm 10. Juli
1779,
10) Joachim Balthasar von Zieten durch den
zwischen seinem Vormunde und dem oben
erwähnten Lehnbesitzer unterm 8. Juni 1779
mit obervormundschaftlicher Genehmigung
geschlossenen Vertrag beigetreten.

Auf den Grund dieser resp. Erklärungen und
Verträge ist auch im Laud- und Hypothekenbuche

bemerkt, daß Hinsichts dieser das Gut Wustrau II
der Substanz nach allodifizirt sei.

Um nun das mehr erwähnte Gut vollständig
zu allodifiziren, so schließt der jetzige Besitzer,
Landrath a. D. u. s. w. Graf Friedrich Christian
Ludwig Emilius von Zieten, welcher dasselbe
aus dem, über den Nachlaß seines Vaters, des
Generals der Kavallerie u. s. w. Hans Joachim
von Zieten, unterm $\frac{12}{17}$. Juli 1786 geschlossenen Erbvergleiche erhalten hat, mit sämmtlichen
Agnaten, welche ein Successionsrecht auf das
Gut haben, und nicht zu der Descendenz der
sub 1—10 aufgeführten Agnaten gehören, nachstehenden Vergleich ab:

1. Die eben gedachten Agnaten genehmigen
die von den Eingangs sub 1—10 namentlich
aufgeführten abgegebene Erklärung, und treten
derselben überall bei, erklären daher das Gut
Wustrau IIten Antheils, welches im Hypothekenbuche des Königl. Kammergerichts Vol. V
Pag. 241 sub Nr. 98 verzeichnet ist, der Substanz nach für ein von jedem Lehnsverhältnisse
völlig freies Allodium, begeben sich für sich und
ihre etwanige Descendenz jedes Successionsrechts, in sofern dasselbe aus einem agnatischen
Verhältnisse herrühren sollte, an dasselbe, und
willigen darin, daß die Lehnseigenschaft des
Guts gelöscht, und dasselbe als unbeschränktes
Allodium ins Hypothekenbuch eingetragen wird.

2. Dagegen restringiren sie die ihnen an die
Substanz des Guts zustehenden, jetzt aufgehobenen Successionsrechte nur auf den durch die
obigen Erklärungen und Verträge auf Sechstausend Thaler festgesetzten Lehnstamm, und
succediren in denselben nach denselben Rechten,
nach welchen sie in das Lehn selbst vor dessen
Allodifikation succedirt hätten.

3. Bei der Sicherstellung des Lehnstammes
durch die bereits unterm 20. Juni 1774 und
14. Juni und 16. September 1779 bewirkte
Eintragung zur ersten Stelle auf das Gut
Wustrau II hat es sein Bewenden.

4. Sollte der jetzige Besitzer ohne lehnsfähige Descendenz mit Tode abgehen, so wird
der Lehnstamm entweder baar ausgezahlt, oder
landüblich verzinset. Im ersten Falle haben die
Empfänger die Verpflichtung, ihn entweder zu
Lehn anzulegen oder depositalmäßig sicher zu
stellen.

bei uns eingereicht.

Es werden daher die unbekannten Lehnsberechtigten des Guts Wustrau aufgefordert, vor oder spätestens in dem

am 31. Dezember 1844, Vormittags 11 Uhr, vor dem Herrn Kammergerichts-Referendarius Grafen zu Stolberg im Kammergerichte anstehenden Termine ihre Erklärung über den Familienschluß abzugeben, widrigenfalls sie mit ihrem Widerspruchsrechte gegen denselben werden präkludirt werden. Berlin, den 23. Mai 1844.

Königl. Preußisches Kammergericht.

Alle diejenigen, welche an nachgenannte verloren gegangene Dokumente, als:

a) den Riebisch-Böttcherschen Kaufkontrakt vom 6. April 1827 über die hier belegene, und Nr. 18 des Katasters verzeichnete Windmühlennahrung, und

b) die unterm 21. August 1833 mit Johann Gottfried Riebisch von Rietdorf und dem damaligen Windmühlenbesitzer Johann Christian Berger hier aufgenommene Verhandlung,

die beide an Stelle einer Obligation über zweimal 70 Thlr. 1 Sgr. 3 Pf. und einmal 11 Thlr. 6 Sgr. für die Halbbrüder Friedrich Schulze, gebürtig aus Rietdorf bei Dahme und August Riebisch, gebürtig aus Krassig bei Schlieben, unterm 21. August 1833 ausgefertigt, und welche resp. Forderungen laut annektirten Hypothekenscheins vom 15. Dezember 1835 auf die obgedachte, jetzt der Johanne Sophie, verehelichten Walther, gebornen Barth eigenthümlich gehörige Windmühlennahrung hypothekarisch versichert sind, aus irgend einem Rechtsgrunde Ansprüche zu haben vermeinen, werden hierdurch aufgefordert, dieselben binnen drei Monaten und spätestens in dem auf

den 23. Januar 1845, Vormittags 11 Uhr, an hiesiger ordentlicher Gerichtsstelle angesetzten Termine gehörig anzumelden und nachzuweisen, widrigenfalls sie damit werden präkludirt, ihnen deshalb auch ein ewiges Stillschweigen wird auferlegt und das bezogene Dokument für amortisirt erklärt werden.

Wiederau, am 23. Juli 1844.

Patrimonialgericht daselbst.

Lessing.

Nothwendiger Verkauf.

Königl. Kammergericht in Berlin.

Das in der Louisenstraße Nr. 45 hierselbst belegene, im Hypothekenbuche des Königl. Kammergerichts Vol. IX Cont. i Nr. 4 Pag. 73 verzeichnete, dem Schneidermeister Johann Heinrich Anacker gehörige Grundstück, abgeschätzt auf 24,846 Thlr. 12 Sgr. 2 Pf. zufolge der, nebst Hypothekenschein und Bedingungen in der Registratur einzusehenden Taxe, soll

am 29. Januar 1845 an ordentlicher Gerichtsstelle subhastirt werden.

Nothwendiger Verkauf.

Königl. Kammergericht in Berlin.

Die dem Partikulier Carl Wilhelm Drost Stobowsky hierselbst gehörige, hinter dem der Schumannstraße Nr. 14 a belegenen Grundstück desselben liegende, früher zu diesem gehörig gewesene, im Hypothekenbuche des Königl. Kammergerichts Vol. IX Cont. l Nr. 4 Pag. verzeichnete Parzelle, welche nach dem Materialwerthe und dem Werthe des Grund und Bodens nicht nach dem Ertrage, auf 1382 Thlr. 3 Pf. abgeschätzt, zufolge der, nebst Hypothekenschein und Bedingungen in der Registratur einzusehenden Taxe, soll

am 30. November d. J., Vormittags 11 Uhr, an ordentlicher Gerichtsstelle subhastirt werden.

Berlin, den 29. Juli 1844.

Nothwendiger Verkauf.

Stadtgericht zu Berlin, den 4. Mai 1844.

Das in der Elisabethstraße Nr. 11 belegene Grundstück, bei welchem der Besitztitel für Bleicher Hochkirch berichtigt ist, gerichtlich geschätzt zu 9739 Thlr., soll

am 17. Dezember d. J., Vormittags 11 Uhr, an der Gerichtsstelle subhastirt werden. Taxe und Hypothekenschein sind in der Registratur einzusehen.

Subhastation. Theilungshalber.

Folgende, zum Mühlenmeister Müncherschen Nachlasse gehörige Grundstücke, nemlich:

1) das hierselbst vor dem Berliner Thore gelegene Mühlengrundstück — die sogenannte Winlinsche Mühle — bestehend aus einer Windmühle nebst Nebengebäuden, zwei Gärten,

einer Windmühle, letztere erbaut auf einem von der hiesigen lutherischen Kirche zu Erbzins hergegebenen Fleck Landes von 5 Morgen 59 □Ruthen, verzeichnet Bol. I a Nr. 44 Pag. 431 des Hypothekenbuchs, und gerichtlich abgeschätzt auf 8379 Thlr. 6 Sgr. 8 Pf.

2) die drei Gründe hier vor dem Berliner Thore, verzeichnet Bol. V Pag. 381 Nr. 39 des Hypothekenbuchs, und abgeschätzt auf 125 Thlr.,

3) eine hinter der Berliner Mühle belegene Wiese von 5 Morgen 60 □Ruthen, verzeichnet Bol. I n Pag. 591 Nr. 60 des Hypothekenbuchs, und abgeschätzt auf 200 Thlr.

4) ein Baumgarten vor dem Berliner Thore an der Klinge, verzeichnet Bol. VII Pag. 353 Nr. 36 des Hypothekenbuchs, und abgeschätzt auf 25 Thlr.,

5) eine am Mühlenfließe auf dem Werderfelde belegene Wiese, verzeichnet Bol. VII Pag. 523 Nr. 53 des Hypothekenbuchs, und abgeschätzt auf 75 Thlr.,

6) ein Landgarten an der Klinge, verzeichnet Bol. VII Pag. 533 Nr. 54 des Hypothekenbuchs, und abgeschätzt auf 125 Thlr.,

sollen im Termine

den 30. Dezember d. J., Vormittags 10 Uhr, an ordentlicher Gerichtsstelle subhastirt werden. Taxen und Hypothekenscheine sind in unserer Registratur einzusehen, und werden alle unbekannten Realprätendenten aufgeboten, sich bei Vermeidung der Präklusion spätestens in diesem Termine zu melden. Alt-Landsberg, den 28. Mai 1844.

Königl. Land- und Stadtgericht.

Nothwendiger Verkauf.

Stadtgericht zu Berlin, den 6. August 1844.

Das in der Thorstraße Nr. 4 und 5 belegene Grundstück der Kühne schen Erben, gerichtlich abgeschätzt zu 6130 Thlr. 21 Sgr. 6 Pf., soll

am 11. März 1845, Vormittags 11 Uhr, an der Gerichtsstelle subhastirt werden. Taxe und Hypothekenschein sind in der Registratur einzusehen.

Die unbekannten Realprätendenten werden unter der Warnung der Präklusion, so wie die ihrem Aufenthalte nach unbekannten Hypothekengläubiger, Medailleur Julius Emil Hoffmann und Maler Carl Friedrich Herbert werden hierdurch öffentlich vorgeladen.

Nothwendige Subhastation.
Theilungshalber.

Land- und Stadtgericht zu Liebenwalde, am 5. Juli 1844.

Die zu Hammer belegene, den minorennen Geschwistern Zahn gehörige Wasser- und Windmühle, abgeschätzt zufolge der, nebst Hypothekenschein und Bedingungen bei uns einzusehenden Taxe, auf 6700 Thlr., soll

am 7. Februar 1845, Morgens 11 Uhr, an Gerichtsstelle subhastirt werden.

Nothwendiger Verkauf.

v. Platensches Patrimonialgericht Wutticke, am 24. Juli 1844.

Der völlig separirte und abgebaute Zweihüfnerhof der Wittwe Krell und des Ehrn. Luckfiel zu Wutticke in der Priegnitz, taxirt zu 2325 Thlr. 10 Sgr., soll Schuldenhalber

am 22. November d. J., Vormittags 11 Uhr, in der Gerichtsstube zu Wutticke an den Meistbietenden verkauft werden. Taxe und Hypothekenschein sind im Geschäftslokal des Richters einzusehen.

Nothwendiger Verkauf.

Stadtgericht zu Berlin, den 14. August 1844.

Das in der Jakobsstraße Nr. 16 belegene Grundstück der Wittwe Rüdiger, gerichtlich abgeschätzt zu 5675 Thlr. 19 Sgr. 9 Pf., soll

am 1. April 1845, Vormittags 11 Uhr, an der Gerichtsstelle subhastirt werden. Taxe und Hypothekenschein sind in der Registratur einzusehen.

Subhastations-Patent.
Freiwilliger Verkauf.

Königl. Justizamt Potsdam, den 23. August 1844.

Das den minorennen Geschwistern Kinow gehörige, zu Bornim belegene und Bol. I Fol. 120 Nr. 13 des dortigen Hypothekenbuchs verzeichnete Schmiedegrundstück, bestehend aus zwei Wohnhäusern, Stallungen, Schmiedewerkstatt, zwei Gartenflecken und einem Stück Fortland, abgeschätzt auf 5810 Thlr. 6 Sgr. 3 Pf., soll

am 29. Januar 1845, Vormittags 11 Uhr, allhier an ordentlicher Gerichtsstelle im Wege der freiwilligen Subhastation verkauft werden.

Die Taxe und der neueste Hypothekenschein sind werktäglich in unserem 2ten Büreau einzusehen.

Nothwendiger Verkauf.

Königl. Stadtgericht zu Kyritz, den 30. Aug. 1844.

Die zum Nachlasse des verstorbenen Gastwirths Adolph Theodor Carl Nahmmacher gehörigen Grundstücke, als:

1) das vor dem Hamburger Thore belegene Haus, worin Gastwirthschaft betrieben worden, nebst einem Garten Vol. IV Nr. 388 des Hypothekenbuchs, taxirt zu 4556 Thlr. 9 Sgr. 7 Pf.,

2) die Scheune Vol. V Nr. 485, taxirt zu 449 Thlr. 20 Sgr. 9 Pf.,

3) die Röveken einer Hufe Stadtland Vol. XV B Nr. 246, taxirt zu 451 Thlr. 13 Sgr. 10 Pf., von welchen Taxe und Hypothekenschein in der Registratur eingesehen werden können, sollen

am 12. Dezember d. J., Vormittags 11 Uhr, an ordentlicher Gerichtsstelle Behufs der Theilung nothwendig subhastirt werden.

Nothwendiger Verkauf.

Stadtgericht zu Berlin, den 31. August 1844.

Das in der neuen Kommandantenstraße Nr. 11 belegene Sennersche Grundstück, gerichtlich abgeschätzt zu 16,898 Thlr. 18 Sgr., soll Schuldenhalber

am 4. April 1845, Vormittags 11 Uhr, an der Gerichtsstelle subhastirt werden. Taxe und Hypothekenschein sind in der Registratur einzusehen.

Nothwendiger Verkauf.

Stadtgericht zu Prenzlow, den 5. September 1844.

Das, der verwittweten Kaufmann Meyer, Christiane gebornen Arndt gehörige, hierselbst in der Wilhelmstraße sub Nr. 73 belegene Wohnhaus nebst Zubehör, abgeschätzt auf 2219 Thlr. 27 Sgr. 5 Pf. zufolge der, nebst Hypothekenschein und Bedingungen in unserer Registratur einzusehenden Taxe, soll

am 17. Dezember d. J., Vormittags 10 Uhr, an ordentlicher Gerichtsstelle subhastirt werden.

Nothwendiger Verkauf.

Gräflich v. Arnimsches Gericht der Herrschaft Boytzenburg.

Der zu Hardenbeck, Templiner Kreises, belegen, dem Oekonomen Herrmann gehörige Bauerhof Nr. VIII, abgeschätzt auf 4833 Thlr. 16 Sgr. 8 Pf., zufolge der, nebst Hypothekenschein in der Registratur einzusehenden Taxe, soll

am 20. Dezember d. J., Vormittags 11 Uhr, an ordentlicher Gerichtsstelle subhastirt werden.

Alle unbekannten Realprätendenten werden aufgeboten, sich bei Vermeidung der Präklusion spätestens in diesem Termin zu melden.

Boytzenburg i. d. Ukermark, den 10. Sept. 18..

Subhastations-Patent.

Die im Hypothekenbuche von Alt-Glienick Vol. 11 Fol. 67 Nr. 42 verzeichnete, dem Schuhmachermeister Friedrich Wilhelm Gladow gehörige Erbpachtsgerechtigkeit an zwei zu Alt-Glienick belegenen Ackerparzellen von resp. 34 □Ruthen und 32 □Ruthen und 40 □Fuß Fläche nebst den auf diesen errichteten Baulichkeiten, namentlich einem Hause, abgeschätzt auf 419 Thlr. 10 Sgr. 9 Pf., zufolge der, nebst Hypothekenschein in der Registratur einzusehenden Taxe, soll

am 21. Januar 1845, Vormittags 11 Uhr, an ordentlicher Gerichtsstelle nothwendig subhastirt werden. Cöpenick, den 10. September 1844.

Königl. Land- und Stadtgericht.

Nothwendiger Verkauf.

Land- und Stadtgericht zu Zehdenick.

Die dem Tuchmachermeister Johann Daniel Buchheim gehörigen, am Klausdamm belegenen im Stadthypothekenbuche Vol. V Nr. 102 und 126 verzeichneten beiden Gärten tarirt auf 42 Thlr. 12 Sgr. 6 Pf. und 84 Thlr. 11 Sgr. 3 Pf., zufolge der nebst Kaufbedingungen und Hypothekenschein einzusehenden Taxe, sollen

am 11. Januar 1845, Vormittags 10 Uhr, an der Gerichtsstelle subhastirt werden.

Oeffentlicher Anzeiger (№ 2)

zum 42sten Stück des Amtsblatts
der Königlichen Regierung zu Potsdam und der Stadt Berlin.

Den 18. Oktober 1844.

Steckbrief.

Am 6. d. M. wurde im Amtsdorfe Niebel eine unbekannte Frauensperson, angeblich Namens Emilie Müller aus Petzow wegen Vagabondirens verhaftet; sie nahm jedoch demnächst Gelegenheit, bei dem Transport hierher zu entweichen und ist bisher nicht zu ermitteln gewesen.

Wir machen daher alle Wohllöblichen Polizei-Behörden auf die zc. Emilie Müller hierdurch aufmerksam und ersuchen ergebenst, dieselbe im Betretungsfalle zu verhaften und als Vagabondin zur Untersuchung und Strafe zu ziehen. Das Signalement der zc. Emilie Müller erfolgt nachstehend. Potsdam, den 14. Oktober 1844.

Königl. Rent= und Polizeiamt Potsdam.

Signalement. Die angebliche Emilie Müller ist ungefähr 25 Jahr alt, 4 Fuß 10 Zoll groß, hat weißblondes Haar, ein volles, rothes Gesicht und auf der Wange ein Muttermal oder Leberfleck von der Größe einer Erbse und mit Haaren bewachsen. Sie trug bei ihrer Entweichung einen grauen seidenen Halbmantel, ein gelbes kattunen Kleid, eine blaue kurze Schürze, weiße baumwollene Strümpfe, schwarze Zeugschuhe und einen aschgrauen Hut, und hatte einen kleinen weißen oberartigen Korb am Arm.

Steckbriefs=Erledigung.

Der im 35sten Stück dieses Blattes abgedruckte Steckbrief, betreffend den Arbeitsmann Johann Wilhelm Tamm ist durch Wiedereinlieferung desselben zu unserm Gefängniß erledigt.

Alt=Ruppin, den 3. Oktober 1844.

Königl. Land= und Stadtgericht.

Dem Bauer und Bierhüfner Eichstedt zu Etzin ist in der Nacht vom 10. zum 11. d. M. eine braune Stute, 4 Fuß 10 Zoll groß, 11 Jahre alt, auf dem linken Auge blind, und auf der lin-ken Lende E. Z. gebrannt, von der Hütung gestohlen worden.

Indem dies zur Warnung hiermit bekannt gemacht wird, werden diejenigen, welche über den Verbleib qu. Pferdes etwas mitzutheilen im Stande sind, aufgefordert, uns davon ungesäumt in Kenntniß zu setzen.

Fahrland, den 14. Oktober 1844.

Königl. Domainen= und Rentamt.

Nothwendiger Verkauf.

Stadtgericht zu Berlin, den 16. September 1844.

Das am grünen Wege belegene Grundstück des Partikuliers Neumeyer, gerichtlich abgeschätzt zu 997 Thlr. 5 Sgr. 6 Pf., soll

am 7. Februar 1845, Vormittags 11 Uhr,

an der Gerichtsstelle subhastirt werden. Taxe und Hypothekenschein sind in der Registratur einzusehen.

Nothwendiger Verkauf.

Stadtgericht zu Berlin, den 16. September 1844.

Das am grünen Wege belegene Grundstück des Partikuliers Neumeyer, gerichtlich abgeschätzt zu 1142 Thlr., soll

am 11. Februar 1845, Vormittags 11 Uhr,

an der Gerichtsstelle subhastirt werden. Taxe und Hypothekenschein sind in der Registratur einzusehen.

Nothwendiger Verkauf.

Stadtgericht zu Berlin, den 16. September 1844.

Das am grünen Wege belegene Grundstück des Partikuliers Neumeyer, gerichtlich abgeschätzt zu 1096 Thlr. 10 Sgr., soll

am 14. Februar 1845, Vormittags 11 Uhr,

an der Gerichtsstelle subhastirt werden. Taxe und Hypothekenschein sind in der Registratur einzusehen.

'Nothwendiger Verkauf.'
Stadtgericht zu Berlin, den 16. September 1844.

Das am grünen Wege belegene Grundstück des Partikuliers Neumeyer, gerichtlich abgeschätzt zu 1112 Thlr. 18 Sgr., soll
am 18. Februar 1845, Vormittags 11 Uhr, an der Gerichtsstelle subhastirt werden. Taxe und Hypothekenschein sind in der Registratur einzusehen.

Nothwendiger Verkauf.
Stadtgericht zu Berlin, den 16. September 1844.

Das am grünen Wege belegene Grundstück des Partikuliers Neumeyer, gerichtlich abgeschätzt zu 1148 Thlr., soll
am 21. Februar 1845, Vormittags 11 Uhr, an der Gerichtsstelle subhastirt werden. Taxe und Hypothekenschein sind in der Registratur einzusehen.

Nothwendiger Verkauf.
Stadtgericht zu Berlin, den 16. September 1844.

Das an der Rosengasse belegene Grundstück des Partikuliers Neumeyer, gerichtlich abgeschätzt zu 4808 Thlr. — Sgr. 10 Pf., soll
am 25. Februar 1845, Vormittags 11 Uhr, an der Gerichtsstelle subhastirt werden. Taxe und Hypothekenschein sind in der Registratur einzusehen.

Nothwendiger Verkauf.
Stadtgericht zu Berlin, den 16. September 1844.

Das am grünen Wege belegene Grundstück des Partikuliers Neumeyer, gerichtlich abgeschätzt zu 1018 Thlrn. 21 Sgr. 3 Pf., soll
am 28. Februar 1845, Vormittags 11 Uhr, an der Gerichtsstelle subhastirt werden. Taxe und Hypothekenschein sind in der Registratur einzusehen.

Nothwendiger Verkauf.

Das zur Verlassenschaft des Büdners Paris gehörige, zu Zählsdorff belegene und in dem dortigen Hypothekenbuche Vol. I Nr. 20 aufgeführte Wohnhaus nebst Garten, auf 150 Thlr. abgeschätzt, soll in dem auf
den 17. Januar 1845, Vormittags 11 Uhr, angesetzten Termine subhastirt werden.
Oranienburg, den 25. September 1844.
Königl. Land- und Stadtgericht.

Nothwendiger Verkauf.
Justizkammer in Schwedt, den 19. September 1844.

Das in der Berlinerstraße Nr. 157 belegene, zum Nachlasse des Kaufmanns Moses Salomon Ehrenbaum gehörige Grundstück nebst Zubehör tarirt auf 9385 Thlr. 28 Sgr. 2 Pf. zufolge der nebst Hypothekenschein und Kaufbedingungen in der Registratur einzusehenden Taxe, soll
am 25. April 1845, Vormittags 10 Uhr, an ordentlicher Gerichtsstelle subhastirt werden.

Alle etwanigen unbekannten Realprätendenten sowie die, ihrem Aufenthalte nach unbekannten Gläubiger, der Kaufmann Levi Abraham Löwenstein, früher in Gransee und der Metzger Marcus Löwenberg werden zu jenem Termine bei Vermeidung der Präklusion ebenfalls hier vorgeladen.

Königl. Stadtgericht zu Neu-Ruppin, den 26. September 1844.

Das in der Ferdinandsstraße sub Nr. Wohn... selbst belegene, im Hypothekenbuche Vol. III Fol. 155 Nr. 522 verzeichnete, zum Nachlaß des verstorbenen Tuchfabrikanten Johann Christian Richter gehörige Wohnhaus mit der im Hintergebäude befindlichen Dampfmaschine, zwei dazu gehörigen Weideparzellen und den Tuchmachergerätschaften des Richter, zusammen auf 10,152 Thlr. 13 Sgr. 5 Pf. abgeschätzt, soll
am 22. April 1845, Vormittags 11 Uhr, an ordentlicher Gerichtsstelle in nothwendiger Subhastation verkauft werden. Hypothekenschein und Taxe sind in unserer Registratur einzusehen.

Alle unbekannte Realprätendenten werden aufgefordert, sich bei Vermeidung der Präklusion spätestens in diesem Termine zu melden.

Nothwendiger Verkauf.
Stadtgericht zu Templin, den 2. Oktober 1844.

Die an der Millmersdorfer Grenze zu Templin belegene, im Hypothekenbuch des hiesigen Stadtgerichts Nr. 33 Fol. 67 auf den Namen des Mühlenmeisters David Otto und dessen beiden Töchter, Wilhelmine Tugendreich und Charlotte Alexandrine Henriette Otto eingetragene, abgeschätzt auf 187 Thlr. 15 Sgr. und zu dem Prenzlauer Thore belegene und im Hypothekenbuche Vol. II Nr. 287 Fol. 196 auf den ...

nen des Drechslermeisters Friedrich Wilhelm
Rischmüller eingetragene Garten abgeschätzt
auf 31 Thlr. zufolge der, nebst Hypothekenscheinen
und Bedingungen in der Registratur einzusehenden
Taxen, sollen

am 20. Januar k. J., Vormittags 11 Uhr,

in ordentlicher Gerichtsstelle theilungshalber subhastirt werden.

Alle unbekannte Realprätendenten werden aufgeboten, sich bei Vermeidung der Präklusion spätestens in diesem Termine zu melden.

Subhastations-Patent.

Land- und Stadtgericht Bernau, den 4. Oktober 1844.

Die zum Nachlasse des verstorbenen Webermeisters Gottlob Bolle gehörigen, in und bei
hiesiger Stadt belegenen Grundstücke, in

1) das in der Bürgermeisterstraße sub Nr. 222
belegene, im Hypothekenbuche Bol. II Nr. 222
verzeichnete Wohnhaus nebst einem Garten
im 3ten Gange sub Nr. 44, abgeschätzt auf
1191 Thlr. 26 Sgr. 3 Pf.,

2) das in der Tuchmacherstraße sub Nr. 175 belegene, im Hypothekenbuche Bol. I Nr. 175
verzeichnete Wohnhaus nebst Stall und Garten, auch dem im 4ten Gange sub Nr. 16
belegenen neuen Garten, abgeschätzt auf
1061 Thlr. 8 Sgr. 6 Pf.,

3) der vor dem Berliner Thore sub Nr. 188 belegene, im Hypothekenbuche Bol. III Nr. 123
verzeichnete Garten, abgeschätzt auf 197 Thlr.
12 Sgr. 11 Pf.,

4) die beiden im Lindowschen Felde sub Nr. 1
und 2 belegenen, im Hypothekenbuche Bol. IV
Nr. 27 verzeichneten Worthländer, abgeschätzt
auf 347 Thlr. 17 Sgr. 1 Pf.,

sollen in termino

den 13. Januar 1845, Vormittags 11 Uhr,

in hiesiger Gerichtsstelle an den Meistbietenden
einzeln oder im Ganzen verkauft werden.

Taxe und Hypothekenschein können täglich in
der Registratur eingesehen werden.

Mein in der Ostpriegnitz, 1 Meile von Havelberg, 2 Meilen von Kyritz, ¼ Meile von einem
Halteplatz der von Berlin nach Hamburg im Bau
begriffenen Eisenbahn belegenes Gut Joachimshoff,
zu welchem ein Areal von circa 3000 Morgen
gehören, worunter etwa 1200 Morgen guter Wiesen begriffen, beabsichtige ich von Johannis 1845
auf sechs Jahre meistbietend zu verpachten, und
setze hierzu einen Termin auf

Sonnabend den 16. November, Vormittags 10 Uhr,

im Dom-Gasthofe zu Havelberg an, zu welchem
ich Pachtlustige einlade, indem ich noch bemerke,
daß auf Joachimshoff eine nach den neuesten Prin-
zipien eingerichtete Brennerei ist, und daß zur Annahme des Guts etwa 16,000 Thlr. erforderlich sind.
Karte, Vermessungs- und Bonitirungs-Register
sind vorhanden, und ist der jetzige Pächter Herr
Bosselmann, so wie ich selbst bereit, jegliche
Auskunft zu ertheilen. von Kröcher,
auf Bortsbrügge bei Havelberg.

Bekanntmachung.

Nachbenannte hier belegene Grundstücke der
verwittweten Frau Bäckermeister Pech, geborenen
Wienke, als:

1) ein vor zwei Jahren neu ausgebautes Wohnhaus am Markt Nr. 348, worin seither die
Bäckerei und Ackerwirthschaft betrieben worden,

2) ein speziell separirter Ackerplan von circa
132 Morgen,

3) ein Wohnhaus in der Bahnstraße Nr. 201,

4) zwei neuerbaute Scheunen

sollen wegen Aufgabe des Geschäftes aus freier
Hand zum öffentlichen Meistgebot und Verkauf
gestellt werden.

Kaufliebhaber werden daher ersucht, sich zur
Abgabe ihrer Gebote hierauf

am Dienstag, den 29. Oktober d. J.,

Vormittags 10 Uhr,

in dem ad 1 gedachten Wohnhause einzufinden.

Straßburg in der Ukerm., den 8. Oktober 1844.

Der Auktions-Kommissarius Steffen.

Ich beabsichtige meine beiden speziell separirten
Bauerhöfe zu Wutnow bei Neu-Ruppin mit
circa 2 Wispel 18 Scheffel bestellter Wintersaat
aus freier Hand im Ganzen zu verkaufen. Der
Flächeninhalt der beiden Güter beträgt circa
240 Morgen an Acker, Wiesen, Weide und Heide.
Der Acker, 144 Morgen, ist durchgängig Gerstland, auch ist ein großer Theil der Wiesen sehr
Torfreich. Die Gebäude sind in gutem baulichen

Zustande; auch ist einer dieser Höfe abgelöst, so daß auf dem Ganzen wenig Abgaben ruhen. Die Uebergabe kann sogleich geschehen. Wegen der Nähe Ruppins, welches von Wuthnow nur durch einen See getrennt ist, würden alle ländlichen Produkte sehr leicht Absatz finden, und verspricht ein guter Viehstand besonders viel Vortheil. Kaufliebhaber werden ersucht, sich persönlich an mich zu wenden. Neu-Ruppin, den 13. Oktober 1844.

C. F. Gottschalk.

Veränderungshalber beabsichtige ich meine in der Neustadt Brandenburg am Markt Nr. 92 belegene Bäckerei aus freier Hand zu verkaufen. Kaufliebhaber können sich melden Potsdamer Straße Nr. 6 beim Bäckermeister Schernbeck, in Brandenburg a. d. H.

Ich will mein in Michendorf belegenes, eine Stube, zwei Kammern und Küche enthaltendes Büdnerhaus, wozu ein Morgen Garten, verkaufen und bitte wegen des Kaufs sich zu wenden an den Hirten Wolf in Berkholz bei Potsdam.

Ein noch ganz guter Pistoriusscher Brenn-Apparat von täglich 20 Scheffel bis 1 Winspel zu brennen nebst 2 eichene mit Eisen beschlagene Meischbottiche von 1200 Quart Inhalt, stehen zum Verkauf in Potsdam Charlotten- und Hohestraßen-Ecke Nr. 1.

Preußische Rentenversicherungs-Anstalt.

Bekanntmachung.

Die unterzeichnete Direktion bringt hiermit zur öffentlichen Kenntniß, daß die Anzahl der Einlagen zu der diesjährigen Gesellschaft bis zum 2. September d. J., als dem ersten Abschnitt der Sammelperiode, 9035 betragen hat. Zugleich macht dieselbe darauf aufmerksam, daß nach §§ 4 und 10 der Statuten mit dem 2. November d. J. die diesjährige Gesellschaft geschlossen wird.

Berlin, den 4. Oktober 1844.

Direktion der Preuß. Rentenversicherungs-Anstalt.

Auf einem gräflichen Gute in der Neumark wird baldigst ein Guts-Administrator unter bösa annehmbaren Bedingungen zu engagiren gesucht. Auch ein Leibjäger wird von einer hohen Herrschaft verlangt. Das Nähere bei

W. E. Seidel in Zehdenick.

Einem Sekretair, welcher mit auf Reisen zu gehen geneigt ist, weist ein höchst vortheilhaftes Engagement nach W. E. Seidel in Zehdenick.

In der G. D. Bädekerschen Verlagsbuchhandlung in Essen ist so eben erschienen und in allen Buchhandlungen zu haben, in Potsdam bei Riegel

Vollständige Anleitung

zur Obstbaumzucht

und zur vortheilhaftesten Benutzung des Obstes.

Ein Handbuch für Lehrer und Freunde der Obstkultur von Ferdinand Rubens.

Zwei Bände.

Erster Band 27½ Bogen mit 4 Tafeln.
Zweiter Band 34 Bogen mit 2 Tafeln.
(Preis des Ganzen 3 Thlr.)

Durch den unlängst ausgegebenen zweiten Band ist das Werk nunmehr geschlossen.

In mehreren der besten landwirthschaftlichen Zeitschriften, unter andern in der vom Herrn Regierungs-Rath von Türk herausgegebenen, in „Obstbaumfreund", in dem in Darmstadt erscheinenden „Vaterland" ꝛc. ist der erste Band beides den äußerst günstig rezensirt, ja sogar als eines der besten Werke über Obstbaumzucht gepriesen und empfohlen worden. Da der zweite Band an Reichhaltigkeit und Nützlichkeit dem ersten durchaus nicht nachsteht, so glaubt die Verlagshandlung das Ganze mit Recht allen Lehrern und Freunden der Obstkultur anempfehlen zu können. Zu den Amtsblättern Rheinlands und Westphalens wurde dieses Werk kürzlich als „das beste über Obstbaumzucht" empfohlen. — Möchte es in den Gegenden namentlich, wo dieser gewiß sehr wichtige Nahrungszweig noch sehr im Rückstande ist, reichen Segen verbreiten!

Oeffentlicher Anzeiger
zum 43sten Stück des Amtsblatts
er Königlichen Regierung zu Potsdam und der Stadt Berlin.

Den 25. Oktober 1844.

Steckbriefe.

Der hier nachstehend bezeichnete Bäckergeselle hann Friedrich Rößler wurde am 19. v. M. ne Legitimation und beim obdachslosen Umher iben im hiesigen Polizei-Bezirk betroffen, und t 4. d. M. mittelst Reiseroute und streng ver rnt nach Jüterbogk, seinem Angehörigkeitsorte, rückgewiesen. Da derselbe aber nach eingezoge r Benachrichtigung dort nicht eingetroffen ist, so rden sämmtliche resp. Behörden dienstergebenst ucht, den 2c. Rößler, der früher schon wegen beitscheuen Umhertreibens in Untersuchung und aft gewesen ist, gefälligst mittelst Transports nach iterbogk zurückführen und dem dortigen Magistrat erliefern lassen zu wollen.

Potsdam, den 17. Oktober 1844.

Königl. Polizei-Direktor,
Regierungsrath von Kahlden-Normann.

Signalement. Johann Friedrich Rößler aus iterbogk, Religion: evangelisch, Alter: 42 Jahr, rße: 5 Fuß, Haare: dunkelbraun, Stirn: frei, genbrauen: dunkelbraun, Augen: graublau, Nase: impf, Mund: mittel, Bart: schwarz, Kinn: klein, esichtsbildung: breit, Gesichtsfarbe: gesund, Ge ult: untersetzt. Besondere Kennzeichen: eine Narbe r der Stirn.

Der nachstehend signalisirte Knabe Friedrich unke, Nimmisch, auch Kasch genannt, be ts wegen Theilnahme an einem kleinen Dieb ahle und öfter wegen Umhertreibens und Bet lns bestraft, ist am 18. v. M. aus dem hie gen Armenhause entlaufen und treibt sich ver uthlich in gewohnter Art umher. Sämmtliche sp. Behörden werden daher dienstergebenst ersucht, esen Knaben im Betretungsfalle verhaften und ittelst Transports hieher zurückführen lassen zu ollen. Potsdam, den 17. Oktober 1844.

Königl. Polizei-Direktor,
Regierungsrath von Kahlden-Normann.

Signalement. Friedrich Funke, Nim iisch, auch Kasch genannt, aus Wittenberg ge bürtig, Aufenthaltsort: Potsdam, Religion: evan gelisch, Alter: 12 Jahr, Größe: 4 Fuß, Haare: blond, Stirn: rund, Augenbrauen: blond, Augen: grün, Nase und Mund: gewöhnlich, Bart: fehlt, Zähne: vollständig, Kinn: rund, Gesichtsbildung: oval, Gesichtsfarbe: blaß, Gestalt: schlank, Sprache: deutsch. Besondere Kennzeichen: Sommersprossen.

Der Konditorgehülfe Carl Gottlieb Delage, am 19. Februar 1819 zu Brieg in Schlesien ge boren, rechtskräftig wegen Fälschung eines Dienst entlassungsscheines und wegen kleinen Hausdieb stahls zu dem Verluste des Rechts, die Preußische National-Kokarde zu tragen und einer vierwöchent lichen Gefängnißstrafe verurtheilt, hat die Publi kation des zweiten Erkenntnisses und die Straf vollstreckung dadurch vereitelt, daß er am 15. Mai d. J. von hier mittelst Wanderpasses nach Perle berg gegangen, und, von dort wegen fehlender Reisemittel nach Brieg verwiesen, sich bisher im letztgedachten Orte nicht eingefunden hat. Alle resp. Militair- und Zivilbehörden ersuchen wir deshalb ergebenst, auf den 2c. Delage zu vigiliren, ihn im Betretungsfalle anzuhalten, und uns schleunigst davon Nachricht zu geben.

Wittstock, den 30. September 1844.

Königl. Preuß. Stadtgericht.

Polizeiliche Bekanntmachung.

Dem russischen Kollegienrath Herrn von Tut schew ist der in Petersburg ausgestellte und zu letzt in München visirte Paß, so wie der unver ehelichten Jeannette Kupsch der von dem Königl. Ministerium der auswärtigen Angelegenheiten zu München ausgestellte Paß angeblich abhänden ge kommen. Zur Vermeidung von etwanigen Miß bräuchen wird dies hiermit öffentlich bekannt ge macht, und werden die gedachten Pässe hierdurch für ungültig erklärt.

Berlin, den 12. Oktober 1844.

Königl. Polizei-Präsidium.

* Der Weißgerbergeselle Ernst Blüthgen, aus Düben im Kreise Bitterfeld, hat sein von dem Magistrat zu Düben unterm 10. Juli 1843 ausgefertigtes Wanderbuch vor Havelberg verloren. Zur Vermeidung etwanigen Mißbrauchs wird gedachtes Wanderbuch hiermit für ungültig erklärt.

Havelberg, den 10. Oktober 1844.

Der Magistrat.

Verpachtung.

* Im Auftrage der Königl. Regierung zu Potsdam wird das unterzeichnete Haupt-Steueramt, und zwar in dem Dienstgelasse des Steueramts zu Jüterbogk,

am 20. November d. J., Vormittags 10 Uhr, die Chausseegeld-Erhebung zu Wölsickendorf auf der Berlin-Dresdner Straße an den Meistbietenden, mit Vorbehalt des höhern Zuschlags, vom 1. Februar 1845 ab in Pacht ausstellen. — Nur dispositionsfähige Personen, welche vorher mindestens 100 Thlr. baar oder in annehmlichen Staats-Papieren bei dem Steueramte zu Jüterbogk zur Sicherheit niedergelegt haben, können zum Bieten zugelassen werden. Die Pachtbedingungen sind, von heute ab, bei uns und dem vorgedachten Steuer-Amte, während der Dienststunden, einzusehen.

Zossen, den 14. August 1844.

Königl. Haupt-Steueramt.

Bekanntmachung.

Am Montage, den 4. November d. J., Vormittags 10 Uhr, sollen im Schulzengericht zu Elsholz bei der Kirche daselbst gehörigen Ländereien und Wiesengrundstücke vom 1. Januar k. J. ab anderweitig auf 24 bis 30 Jahre, im Ganzen oder in einzelnen Parzellen, an den Meistbietenden verpachtet werden, und laden wir Pachtlustige dazu hierdurch mit dem Bemerken ein, daß die Verpachtungs-Bedingungen im Termine bekannt gemacht werden sollen, der Ertragsanschlag aber auch schon vorher täglich in den Geschäftsstunden bei uns eingesehen werden kann.

Potsdam, den 10. Oktober 1844.

Königl. Rent- und Polizei-Amt.

Bekanntmachung.

* Am 12. d. M. ist auf hiesiger Feldmark ein herrenloses Pferd, braune Stute, 15 Jahr alt, ohne besondere Abzeichen, auf dem linken Auge blind, 4 Fuß 10 Zoll groß, angehalten worden.

Der rechtmäßige Eigenthümer dieses Pferdes

kann solches gegen Erstattung der Fütterungskosten ꝛc. bei dem unterzeichneten Dominio recht bald in Empfang nehmen.

Kaltenhausen bei Zinna, den 18. Oktober 1844.

Das Dominium.

(gez.) Bohnstedt.

Bekanntmachung.

* Es sollen

am 31. Oktober 1844, Vormittags 9 Uhr, in unserm Geschäftslokal 8¼ Zentner kassirte Thaler meistbietend verkauft werden, wozu wir Kauflustige einladen.

Töpewick, den 16. Oktober 1844.

Königl. Land- und Stadtgericht.

* Für die Königl. Pulverfabrik bei Spandau sollen 600 Schock Tonnenbände von Weidenholz Fuß lang, im Winter geschält, spätestens zum 1. Mai k. J. geliefert werden. Unternehmer, die die Lieferung zu übernehmen geneigt sind, wollen ihre Forderungen in versiegelten Posten mit der Bezeichnung: "Submission auf Lieferung von Tonnenbänden,"

am 6. November d. J., Vormittags 11 Uhr, persönlich oder durch Bevollmächtigte anmelden und der Lizitation beiwohnen. Die Lieferungs-Bedingungen sind in dem Büreau der unterzeichneten Stelle einzusehen.

Pulverfabrik bei Spandau, den 14. Sept. 1844.

Die Direktion.

Holz-Auktion.

Am 16. November d. J., Vormittags 11 Uhr, sollen in der Kapitelstube zu Brandenburg öffentlich an den Meistbietenden verkauft werden:

1) eine Partie Kiefern-Bau-, Nutz- und Brennholz auf dem Stamm, in der Schlenendorfschen Forst,

2) eine Partie kleines Kiefernholz auf dem Stamm bei Vorwerk Mötzow.

Ersteres wird Kauflustigen durch den Förster Seifert in Schlensdorf, Letzteres durch den Heidewärter Ahlfeld, im Jählhause zu Mötzow nachhaft, nachgewiesen.

Die näheren Bedingungen werden im Termin bekannt gemacht.

Dom Brandenburg, den 19. Oktober 1844.

Der Rentbeamte des Domkapitels

Derling, Hauptmann a. D.

Oeffentliche Vorladung.

Da über den Nachlaß des am 26. Juli 1842 hier verstorbenen, pensionirten Hauptmanns Johann George Friedrich von Wobeser der erbschaftliche Liquidations-Prozeß eröffnet ist, so werden die unbekannten Gläubiger hierdurch vorgeladen, sich in dem

am 31. Januar 1843, Vormittags um 10 Uhr, an hiesiger Gerichtsstelle anberaumten Termine zu gestellen, den Betrag und die Art ihrer Forderungen anzugeben, und die vorhandenen Dokumente urschriftlich vorzulegen.

Auswärtigen werden die Herren Justiz-Kommissarien Hehm zu Lieberose und Uschner in Lübben als Bevollmächtigte vorgeschlagen.

Die Ausbleibenden haben zu gewärtigen, daß sie aller ihrer etwanigen Vorrechte für verlustig erklärt und mit ihren Forderungen an dasjenige, was nach Befriedigung der sich meldenden Gläubiger von der Masse etwa übrig bleiben möchte, werden verwiesen werden.

Beeskow, den 8. Oktober 1844.
Königl. Land- und Stadtgericht.

Bekanntmachung.

Die Erben des zu Rendnitz verstorbenen Königlichen Amtsraths Carl August Hubert wollen den Nachlaß unter sich theilen. Es werden daher alle diejenigen, welche Forderungen oder sonstige Ansprüche an diesen Nachlaß zu haben vermeinen, hiermit aufgefordert, ihre Forderung und Ansprüche bei dem Unterzeichneten im Lokal der Königl. Gerichtskommission hierselbst schleunigst, spätestens in dem am 21. Dezember d. J.

anstehenden Termin anzumelden und durch Beibringung der Beweismittel nachzuweisen, widrigenfalls sie sich nach Ablauf dieser Frist an einen jeden der Erben nur auf Höhe seines Antheils halten können.

Friedland, den 15. September 1844.
Schramm,
Königl. Land- und Stadtgerichts-Assessor.
Im Auftrage.

Nothwendiger Verkauf.
Königl. Kammergericht in Berlin.

Das hierselbst in der Invalidenstraße Nr. 30 belegene, im Hypothekenbuche des Kammergerichts Vol. IV h Nr. 132 Pag. 263 verzeichnete Grundstück nebst Zubehör, abgeschätzt auf 19,093 Thlr. 9 Sgr. 9 Pf. zufolge der, nebst Hypothekenschein

und Bedingungen in der Registratur einzusehenden Taxe, soll

am 1. März 1845
an ordentlicher Gerichtsstelle subhastirt werden.

Nothwendiger Verkauf.
Königl. Kammergericht in Berlin.

Das hierselbst vor dem Oranienburger Thore in der Chausseestraße Nr. 70 a belegene Grundstück, gerichtlich abgeschätzt auf 23,702 Thlr. 23 Sgr. zufolge der, nebst Hypothekenschein und Bedingungen in der Registratur einzusehenden Taxe, soll

am 12. März 1845, Vormittags 11 Uhr, an ordentlicher Gerichtsstelle subhastirt werden.

Nothwendiger Verkauf.
Königl. Kammergericht in Berlin.

Das im Regierungsbezirke Potsdam, im Storkow-Beeskowschen Kreise der Mittelmark, zunächst an Königs-Wusterhausen belegene Erbpachts-Vorwerk Blossin, dessen jährlicher Reinertrag auf 1239 Thlr. 24 Sgr. 8 Pf. gerichtlich abgeschätzt worden, welcher, mit 5 Prozent kapitalisirt, einen Werth von 24,800 Thlrn., und mit 4 Prozent einen Werth von 31,000 Thlrn. ergiebt, der nach Abzug des mit 4 Prozent kapitalisirten, jährlich 888 Thlr. 13 Sgr. 6 Pf. betragenden Erbpachts-Kanons, das heißt, also nach Abzug von 22,211 Thlrn. sich zu 5 Prozent auf 2589 Thlr. und zu 4 Prozent auf 8789 Thlr. stellt, zufolge der, nebst Hypothekenschein und Kaufbedingungen in der Registratur einzusehenden Taxe, soll

am 28. Mai 1845, Vormittags 11 Uhr, an ordentlicher Gerichtsstelle subhastirt werden.

Der Gläubiger Partikulier Carl Ludwig Ferdinand Barth, dessen Wohnung unbekannt ist, wird zu diesem Termine vorgeladen.

Nothwendiger Verkauf.
Königl. Kammergericht in Berlin.

Das in der Rosengasse Nr. 33 hierselbst belegene, im Hypothekenbuche des Königl. Kammergerichts Vol. 12 Cont. i Pag. 121 Nr. 228 verzeichnete Grundstück, abgeschätzt auf 12,490 Thlr. 2 Sgr. 8 Pf. zufolge der, nebst Hypothekenschein und Bedingungen in der Registratur einzusehenden Taxe, soll

am 2. April 1845, Vormittags 11 Uhr, an ordentlicher Gerichtsstelle subhastirt werden.

Die dem Aufenthalte nach unbekannte Gläu-

bigerin, verehelichte Stadtrichter Leode, Caroline
Marie, geborne Kanow, wird hierzu öffentlich
vorgeladen.

Nothwendiger Verkauf.
Königl. Kammergericht in Berlin.

Das hierselbst in der Invalidenstraße Nr. 47 a
belegene, im kammergerichtlichen Hypothekenbuche
Vol. IX Cont. K Nr. 23 Pag. 529 verzeichnete
Grundstück, abgeschätzt auf 9627 Thlr. 1 Sgr.
6 Pf. zufolge der, nebst Hypothekenschein und Bedingungen in der Registratur einzusehenden Taxe, soll
am 1. April 1845, Vormittags 11 Uhr,
an ordentlicher Gerichtsstelle subhastirt werden.

Alle unbekannten Realprätendenten werden aufgefordert, sich bei Vermeidung der Präklusion spätestens in diesem Termine zu melden.

Der Rentier Johann Georg Hempel und der
Kaufmann Thomassin werden hierzu öffentlich
vorgeladen.

Nothwendiger Verkauf.
Königl. Kammergericht in Berlin.

Das am Louisenplatz Nr. 10 hierselbst belegene, im Hypothekenbuche des Königl. Kammergerichts Cont. g Vol. IX Nr. 2 Pag. 25 verzeichnete Grundstück, abgeschätzt auf 20,340 Thlr.
3 Sgr. 4 Pf. zufolge der, nebst Hypothekenschein
und Bedingungen in der Registratur einzusehenden
Taxe, soll
am 2. Mai 1845, Vormittags 11 Uhr,
an ordentlicher Gerichtsstelle subhastirt werden.

Nothwendiger Verkauf.

Stadtgericht zu Berlin, den 18. Juli 1844.
Die dem Maurerpolier Johann Christian Haedicke zugehörige Hälfte des in der Langen Gasse
Nr. 55 und 56 belegenen Grundstücks, welches zu
6339 Thlr. 18 Sgr. 3 Pf. tarirt worden, soll
am 4. März 1845, Vormittags 11 Uhr,
an der Gerichtsstelle subhastirt werden. Taxe und
Hypothekenschein sind in der Registratur einzusehen.

Zugleich werden hierdurch die dem Aufenthalte
nach unbekannten Interessenten:
  1) der Miteigenthümer, Maurerpolier Gottlob
     Gustav Kasten,
  2) die Ehefrau des Malers Schmidt, Johanne
     geborne Bocquet
öffentlich vorgeladen.

Nothwendiger Verkauf.

Stadtgericht zu Berlin, den 31. Juli 1844.
Das vor dem Rosenthaler Thor in der Inn-
straße Nr. 6. belegene Grundstück des Gastwirts
Pflug, gerichtlich abgeschätzt zu 2076 Thlr.
21 Sgr. 3 Pf. soll
am 12. Dezember d. J., Vormittags 11 Uhr,
an der Gerichtsstelle subhastirt werden. Taxe und
Hypothekenschein sind in der Registratur einzusehen.

Der dem Aufenthalt nach unbekannte Dr.
Insuphius Joseph Barth oder dessen Erben werden hierdurch öffentlich vorgeladen.

Nothwendiger Verkauf.

Stadtgericht zu Berlin, den 1. August 1844.
Das in der Mühlenstraße Nr. 31 belegene
Grundstück, gerichtlich abgeschätzt zu 1349 Thlr.
23 Sgr., soll
am 9. Dezember d. J., Vormittags 11 Uhr,
an der Gerichtsstelle subhastirt werden. Taxe und
Hypothekenschein sind in der Registratur einzusehen.

Zu diesem Termin werden die dem Aufenthalt
nach unbekannten Gläubiger, der Gutsbesitzer Johann Friedrich Habermann und die Frau
Mühlenberg, Charlotte Louise geb. Cartland,
oder deren Erben hiermit vorgeladen.

Nothwendiger Verkauf.

Stadtgericht zu Berlin, den 1. August 1844.
Das in der Mühlenstraße Nr. 32 belegene
Grundstück, gerichtlich abgeschätzt zu 4048 Thlr.
16 Sgr., soll
um 9. Dezember d. J., Vormittags 11 Uhr,
an der Gerichtsstelle subhastirt werden. Taxe und
Hypothekenschein sind in der Registratur einzusehen.

Zu diesem Termin werden die dem Aufenthalt
nach unbekannten Gläubiger, der Gutsbesitzer Johann Friedrich Habermann und die Frau
Mühlenberg, Charlotte Louise geborne Cartland, event. deren Erben hiermit vorgeladen.

Nothwendiger Verkauf.

Stadtgericht zu Berlin, den 6. August 1844.
Das in der Thorstraße Nr. 2 belegene Grundstück des Tischlermeisters Moritz genannt Fre-
derich, gerichtlich abgeschätzt zu 4044 Thlr. 25 Sgr.
3 Pf., soll
am 19. Dezember d. J., Vormittags 11 Uhr,
an der Gerichtsstelle subhastirt werden. Taxe und
Hypothekenschein sind in der Registratur einzusehen.

Nothwendiger Verkauf.

Stadtgericht zu Berlin, den 9. August 1844.

Der den Erben des Tischlermeisters Friedrich Ferdinand Ziehn gehörige ein Drittel-Antheil des in der Langen Gasse Nr. 64 belegenen und zu 680 Thlr. 5 Sgr. tarirten Grundstücks, soll am 5. Dezember d. J., Vormittags 11 Uhr, an der Gerichtsstelle subhastirt werden. Taxe und Hypothekenschein sind in der Registratur einzusehen.

Die unbekannten Realprätendenten werden hierdurch bei Vermeidung der Präklusion öffentlich vorgeladen.

Nothwendiger Verkauf.

Stadtgericht zu Berlin, den 31. August 1844.

Das in der Wollanksstraße belegene Grundstück des Zimmermeisters August Daniel Spering, gerichtlich abgeschätzt zu 7085 Thlr. 13 Sgr. 1 Pf., soll am 11. April 1845, Vormittags 11 Uhr, in der Gerichtsstelle subhastirt werden. Taxe und Hypothekenschein sind in der Registratur einzusehen.

Nothwendiger Verkauf.

Stadtgericht zu Berlin, den 27. September 1844.

Die in der Auguststraße Nr. 71 und 72 belegenen Grundstücke der Wittwe Werner, geb. Zernickow, gerichtlich abgeschätzt zu 2880 Thlr. 14 Sgr. 3 Pf. und 4837 Thlr. 6 Sgr. 3 Pf., sollen am 20. Februar 1845, Vormittags 11 Uhr, Theilungshalber an der Gerichtsstelle subhastirt werden. Taxe und Hypothekenschein sind in der Registratur einzusehen.

Die unbekannten Realprätendenten werden zu diesem Termin unter Verwarnung der Präklusion vorgeladen.

Subhastations-Patent.

Die den Erben des Ältesten Joseph Zahl und dessen Ehefrau Louise, geboren Wiese zu Rathsdorf gehörigen, im Saugrunde bei Wriezen belegenen zwei Stücken Land, zu einem Flächeninhalte von circa 8 Morgen zufolge der, in unserer Registratur einzusehenden dorfgerichtlichen Taxe auf 209 Thlr. 3 Sgr. 3½ Pf. abgeschätzt, sollen im Wege der nothwendigen Subhastation am 22. November d. J., Vormittags 11 Uhr, an ordentlicher Gerichtsstelle hierselbst zusammen öffentlich meistbietend verkauft werden.

Alle unbekannten Realprätendenten haben ihre Ansprüche zur Vermeidung der Präklusion spätestens in diesem Termine geltend zu machen.

Wriezen, den 6. August 1844.

Königl. Land- und Stadtgericht.

Nothwendiger Verkauf.

von Arnimsches Gericht über Kaakstedt.

Prenzlow, am 24. Juni 1844.

Das in der Ukermark im Templiner Kreise belegene, dem Baron von Eickstedt zugehörige Erbpachtsgut Plötzensee, abgeschätzt auf 2837 Thlr. 24 Sgr. 3 Pf. zufolge der, nebst Hypothekenschein und Bedingungen in der Registratur einzusehenden Taxe, soll am 14. Januar 1845, Vormittags 11 Uhr, an der Gerichtsstelle hierselbst subhastirt werden.

Nothwendiger Verkauf.

Stadtgericht zu Prenzlow, den 8. August 1844.

Das hierselbst auf der Neustadt belegene, den Erben des verstorbenen Seekrügers Johann Erben gehörige und im Hypothekenbuche Vol. IX Nr. 716 verzeichnete Grundstück, bestehend aus einem Wohnhause, Hofraum, Stallung, Garten und Länderreien im Ukerbruche, Fohlenbruche und Mühlenlande, abgeschätzt auf 1163 Thlr. 18 Sgr. 7 Pf. zufolge der, nebst Hypothekenschein und Bedingungen in unserer Registratur einzusehenden Taxe, soll am 30. November d. J., Vormittags 10 Uhr, an ordentlicher Gerichtsstelle subhastirt werden.

Nothwendiger Verkauf.

Königl. Justizamt Zechlin zu Wittstock.

Das ¼ Meile von Wittstock im Dorfe Babitz belegene, im Hypothekenbuche von Babitz Vol. I Folio 1 verzeichnete, den Neumannschen Erben gehörige Lehnschulzengut, tarirt auf 7338 Thlr. 14 Sgr. 2 Pf. laut der, nebst Hypothekenschein in unserer Registratur einzusehenden Taxe, soll am 10. März 1845, Vormittags 11 Uhr, an ordentlicher Gerichtsstelle zu Wittstock subhastirt werden.

Wittstock, den 16. August 1844.

Nothwendiger Verkauf.

Stadtgericht zu Wittstock, den 24. August 1844.

Das hierselbst im zweiten Viertel auf dem Werder belegene, Vol. II Nr. 57 Fol. 63 des Hypothekenbuches verzeichnete, zum Werthe von 1156 Thlr. 12 Sgr. 8½ Pf. gerichtlich abgeschätzte,

dem früheren Tuchmachermeister, jetzigen Gerichtsdiener Schleh gehörige Wohnhaus soll
am 30. Dezember d. J., Vormittags 11 Uhr
und Nachmittags 4 Uhr,
an gewöhnlicher Gerichtsstelle subhastirt werden.
Taxe und Hypothekenschein sind in der Registratur des Gerichts einzusehen.

Nothwendiger Verkauf.
Gräflich von Saldern-Ahlimbsches Majorats-
gericht der Herrschaft Ringenwalde.
Joachimsthal, den 26. August 1844.
Das dem Mühlenmeister Ludwig Günther
zugehörige, zu Ahlimbsmühle belegene Wasser-
mühlengrundstück Nr. 1 des dortigen Hypothekenbuchs, abgeschätzt auf 4151 Thlr. 16 Sgr. 3 Pf.,
soll Schuldenhalber
am 6. Januar 1845, Vormittags 10 Uhr,
an ordentlicher Gerichtsstelle zu Ringenwalde subhastirt werden.
Taxe und Hypothekenschein sind in der Registratur einzusehen.

Nothwendiger Verkauf.
Königl. Land- und Stadtgericht zu Wriezen,
den 31. August 1844.
Das zu Neu-Mädewitz belegene, im dortigen
Hypothekenbuche Vol. I Pag. 229 Nr. 22 A verzeichnete Grundstück des Kolonisten Johann Hartwig und dessen vier Kinder: Friederike, August,
Ernestine und Emilie, — Geschwister Hartwig,
bestehend aus einem Wohnhause und 2 Morgen
80 ☐ Ruthen Land zufolge der, nebst Hypothekenschein in unserer Registratur einzusehenden Taxe
auf 700 Thlr. gerichtlich abgeschätzt, soll Theilungshalber im Wege der nothwendigen Subhastation
am 4. Januar 1845, Vormittags 10 Uhr,
im Schulzengericht zu Neu-Mädewitz subhastirt
werden.

Nothwendiger Verkauf.
Land- und Stadtgericht zu Brandenburg an
der Havel, den 2. September 1844.
Das hier in der Neustadt in der Münzenstraße
sub Nr. 778 belegene, Vol. 18 Fol. 133 des Hypothekenbuches eingetragene, und dem Schmiedemeister Gottlob Schmidt gehörige Wohnhaus
nebst Hauskavel, gerichtlich abgeschätzt auf 2302
Thlr. 6 Sgr. 9 Pf. zufolge der, nebst Hypothekenschein und Kaufbedingungen in unserer Registratur einzusehenden Taxe, soll

am 26. Dezember d. J., Mittags 12 Uhr,
an ordentlicher Gerichtsstelle vor dem Deputirten
Herrn Land- und Stadtgerichts-Rath Schultz
subhastirt werden.

Nothwendiger Verkauf.
Das zur erbschaftlichen Liquidations-Prozeß
des zu Saldenberg verstorbenen Arbeitsmann
Johann Friedrich Stegemann gehörige, bei-
gelegene Wohnhaus Nr. 40 des Hypotheken-
abgeschätzt zufolge der, nebst Hypothekenschein u.
Bedingungen in der Registratur einzusehenden T.
auf 434 Thlr., soll
am 23. Januar 1845, Vormittags 11 Uhr,
an ordentlicher Gerichtsstelle subhastirt werden.
Hierbei werden zugleich alle unbekannten G.
biger aufgefordert, ihre Forderungen an die M.
spätestens in diesem Termine zur Liquidiren und
bescheinigen, widrigenfalls sie aller ihrer etwan
Vorrechte verlustig erklärt und mit ihren For-
rungen nur an dasjenige verwiesen werden, was
nach Befriedigung der sich meldenden Gläubiger
von der Masse noch übrig bleiben möchte.
Havelberg, den 2. September 1844.
v. Saldernsches Gericht zu Plattenburg.

Nothwendiger Verkauf.
Die im Jederitzer Felde hierselbst belegene, den
Geschwistern Borchmann gehörige halbe Hufe
Acker, taxirt 1292 Thlr. 20 Sgr., soll
am 31. Dezember d. J., Vormittags 11 Uhr,
im Stadtgericht allhier subhastirt werden.
Die Taxe und der Hypothekenschein sind in
der Registratur einzusehen.
Rathenow, den 9. September 1844.
Königl. Preuß. Stadtgericht.

Nothwendiger Verkauf.
Der zu Biesen belegene, Vol. I Fol. 89 des
dortigen Hypothekenbuchs verzeichnete, Kossäten-
hof des Zieglers Gerstenberg, auf welchen vorher die Ziegelei betrieben worden, so wie der
ebendaselbst belegene, Antheil des x. Gerstenberg an dem dortigen Ritteracker, abgeschätzt auf
2162 Thlr. 3 Sgr. 7 Pf. zufolge der, nebst Hypothekenschein des Kossäthenhofes in unserer Re-
stratur einzusehenden Taxe, soll
am 25. Januar 1845, Vormittags 11 Uhr,
an ordentlicher Gerichtsstelle subhastirt werden.
Alle unbekannten Realprätendenten des Antheils am Ritteracker zu Biesen werden aufgef.

bert, sich bei Vermeidung der Präklusion spätestens in diesem Termine zu melden.

Wittstock, den 14. September 1844.
Königl. Justizamt hierselbst.

Nothwendiger Verkauf.
Stadtgericht zu Charlottenburg, den 17. Sept. 1844.

Das in der neuen Berliner Straße sub Nr. 16 allhier belegene, im hiesigen stadtgerichtlichen Hypothekenbuche Vol. XI Nr. 393 auf den Namen des Spediteurs Johann Friedrich August Preuß verzeichnete Erbpachts-Grundstück soll

am 23. April 1845, Vormittags 10 Uhr, in der Gerichtsstätte subhastirt werden.

Taxe und Hypothekenschein sind in der Registratur einzusehen. Der Reinertrag des Grundstückes von 264 Thlrn. 5 Sgr. gewährt zu 5 Prozent einen Taxwerth von 5083 Thlrn. 10 Sgr. und zu 4 Prozent einen Taxwerth von 7104 Thlrn. 5 Sgr., darauf haftet ein Erbpachts-Kanon von 22 Thlrn., welcher zu 4 Prozent gerechnet ein Kapital von 550 Thlrn. darstellt, so daß der Werth des Grundstückes zu 5 Prozent veranschlagt 5133 Thlr. 10 Sgr., und zu 4 Prozent veranschlagt 6554 Thlr. 5 Sgr. beträgt.

Die unbekannten Realprätendenten werden unter der Verwarnung der Präklusion hierdurch öffentlich vorgeladen.

Nothwendiger Verkauf.
Land- und Stadtgericht zu Luckenwalde, den 16. September 1844.

Das dem Leinewebermeister Johann Friedrich Hiltmann gehörige, hierselbst in der Trebbiner Straße sub Nr. 2 belegene Bühnerhaus, tarirt zu 687 Thlrn. 5 Sgr., soll

am 4. Februar 1845, Vormittags 11 Uhr, in ordentlicher Gerichtsstelle subhastirt werden. Die Taxe und der neueste Hypothekenschein können in der Registratur eingesehen werden.

Bekanntmachung.
Zum öffentlichen freiwilligen Verkauf des dem Webermeister August Friedrich Degener und der Wittwe Schrader gehörigen, hierselbst in der Burgstraße sub Nr. 102 belegenen, Vol. III Pag. 61 es Hypothekenbuchs verzeichneten, auf 1265 Thlr. 9 Sgr. tarirten Hauses nebst Zubehör wird ein Bietungstermin auf

den 1. Februar 1845, Vormittags 10 Uhr, in Gerichtsstelle anberaumt. Der neueste Hypo-

thekenschein und die Taxe sind in unserer Registratur einzusehen.

Angermünde, den 19. September 1844.
Königl. Stadtgericht.

Nothwendiger Verkauf.
Land- und Stadtgericht zu Brandenburg, den 26. September 1844.

Das hier in der Neustadt in der Heidestraße sub Nr. 317 belegene, Vol. 8 fol 1 des Hypothekenbuchs von Brandenburg eingetragene und den Geschwistern Schön gehörige Wohnhaus mit Hauskavel, gerichtlich abgeschätzt auf 801 Thlr. 21 Sgr. 8 Pf. zufolge der, nebst Hypothekenschein und Kaufbedingungen in unserer Registratur einzusehenden Taxe, soll

am 1. Februar 1845, Vormittags 11 Uhr, an ordentlicher Gerichtsstelle vor dem Deputirten Herrn Kammergerichts-Assessor Bendel subhastirt werden.

Freiwilliger Verkauf.
Die zum Nachlasse des Schuhmachermeisters Carl Leopold Nieter gehörigen, hierselbst belegenen Grundstücke, als

1) das Wohnhaus Nr. 156 am Kirchhofe nebst Hintergebäuden gerichtlich abgeschätzt zu 1225 Thlr. 20 Sgr.,

2) ein dazu gehöriger in der sogenannten Kappe belegener Hausplan von 1 Morgen 81¼ □Ruthen Fläche, 1ster und 2ter Klasse tarirt zu 60 Thlr. 20 Sgr.,

3) der vor dem Heidethore belegene Garten, 43¼ □Ruthen groß, tarirt zu 41 Thlr. 18 Sgr. 4 Pf.,

zusammen 1327 Thlr. 28 Sgr. 4 Pf., sollen Theilungshalber am

25. November d. J., Morgens 10 Uhr, an hiesiger Gerichtsstelle subhastirt werden.

Cremmen, den 14. Oktober 1844.
Königl. Preuß. Land- und Stadtgericht.

Beachtenswerthe Anzeige.
Ein Gasthof erster Klasse ist in einer lebhaften Stadt Pommerns, wohin mehrere Chausseen führen, mit sämmtlichem lebenden und todten Inventarium sofort mit ⅓ Anzahlung für 12,000 Thlr. zu verkaufen. Auch Landgüter jeder Größe weiset auf portofreie Anfrage nach

F. Georgi, Güter-Agent in Zehdenick.

Auktion.

Montag, als den 4. November, Vormittags 10 Uhr, sollen im Hause des Posthalters W. Bochow zu Treuenbrietzen, wegen Aufgabe der Posthalterei zu Jüterbogk, folgende Gegenstände öffentlich meistbietend gegen gleich baare Zahlung verkauft werden:

1) 19 Stück Postpferde,
2) 4 " Ackerpferde,
3) 2 " 3jährige Fohlen,
4) 1 Reisewagen,
5) 1 Halbchaise,
6) 19 Stück Geschirrzeuge,
7) 6 " Sättel, Pferdedecken, Ketten, Schippen, Futterkasten, und dergl. mehr.

W. Bochow.

Aufforderung.

Am 10. Oktober d. J. entfernte sich ein junger Mensch aus seinem elterlichen Hause, ohne bis jetzt zurückgekehrt zu sein. Da sich derselbe früher geäußert hat, nach Nord-Amerika oder Brasilien zu gehen, so ist es möglich, daß er diese Idee jetzt in Ausführung bringen will. Derselbe wird von seinen bekümmerten Eltern dringend ersucht, zu ihnen zurückzukehren, er wird von ihnen wieder liebevoll aufgenommen werden. Auch werden alle diejenigen, welche über dessen Aufenthalt oder Verbleiben Nachricht geben können, dringend gebeten, dieselbe nach Potsdam, Junkerstraße Nr. 18, an die Wittwe Schulz gelangen zu lassen, wo die dadurch entstandenen Kosten gern erstattet werden.

Derselbe ist 16 Jahr alt, 5 Fuß 6 bis 7 Zoll groß, schlanker Figur, blasser Gesichtsfarbe, länglicher Gesichtsbildung, hat dunkle Haare, dunkle starke Augenbrauen, schwachen Bart. Bekleidet war derselbe mit einem Ueberrock, Beinkleidern, Weste und Mütze von schwarzem Tuche, und langen Stiefeln.

Dringender Umstände wegen ist eine in der Nähe von Freienwalde an einer frequenten Chaussee belegene Gastwirthschaft, womit noch andere gewinnbringende Unternehmungen verbunden sind, nebst den dazu gehörigen vorzüglichen Ländereien, unter den billigsten Bedingungen zu verkaufen oder zu verpachten. Das Nähere bei

W. C. Seidel in Zehdenick.

Für eine gut eingerichtete Dampfbrennerei einem gräflichen Gute wird unter den annehmbarsten Bedingungen ein Brennerei-Verwalter gesucht. Auf portofreie Anfragen ertheilt nähere Auskunft W. C. Seidel in Zehdenick.

Preußische Renten-Versicherungs-Anstalt.
Bekanntmachung.

Zur Wiederbesetzung

1) zweier, durch das statutenmäßige Ausscheiden der im Jahre 1841 gewählten beiden Mitglieder des Kuratoriums der Preußischen Renten-Versicherungs-Anstalt vakant werdenden Stellen,
2) einer schon vakanten Stelle eines Stellvertreters derselben, und einer noch durch statutenmäßiges Ausscheiden vakant werdenden dergleichen Stelle,
3) der Stellen der statutenmäßig ausscheidenden beiden Revisions-Kommissarien und
4) der eben so vakant werdenden beiden Stellvertreter derselben,

wird hierdurch eine General-Versammlung der Mitglieder der Preußischen Renten-Versicherungs-Anstalt auf

den 26. November d. J., Vormittags 11 Uhr in der Mohrenstraße Nr. 50 ausgeschrieben, und ergebt an sie die Einladung zur Theilnahme derselben.

Hierbei wird auf die Bestimmungen sub §. 1 bis 6 des §. 57 der Statuten hingewiesen, und darauf aufmerksam gemacht, daß die zu den betreffenden Wahlen aufgestellten Kandidatenlisten vom 16. November ab, für die Mitglieder der Anstalt, im Geschäftslokal derselben offen liegen werden. Berlin, den 5. Oktober 1844.

Das Kuratorium der Preuß. Renten-Versicherungs-Anstalt.

von Lamprecht.

Oeffentlicher Anzeiger (№ 1)

zum 44sten Stück des Amtsblatts
der Königlichen Regierung zu Potsdam und der Stadt Berlin.

Den 1. November 1844.

Den Besitzern einer chemischen Fabrik, We-
senfeld & Comp. zu Barmen sind unter dem
17. Oktober 1844 zwei Patente, und zwar das eine
auf einen durch Zeichnung und Beschreibung
erläuterten, als neu und eigenthümlich erkannten Apparat zur Chlor-Entwickelung,
für den Zeitraum von sechs Jahren, das andere
auf ein neues und eigenthümliches Verfahren
zur Darstellung des Ammoniaks,
auf acht Jahre, beide von jenem Tage an gerechnet und für den Umfang des Staats gültig ertheilt worden.

Steckbrief.

Der nachstehend näher signalisirte Militairsträfling Jakob Friedrich Ferdinand Halfmann hat
heute Gelegenheit gefunden von der hiesigen Festungs-
arbeit zu entweichen.

Alle resp. Militair- und Zivilbehörden werden
demnach dienstergebenst ersucht auf denselben genau
zu vigiliren, ihn im Betretungsfalle zu arretiren,
und unter sicherer Begleitung an die unterzeichnete Kommandantur abliefern zu lassen.

Cüstrin, den 21. Oktober 1844.

Königl. Preuß. Kommandantur.

Köhn von Jaski.

Signalement. Vorname: Jakob Friedrich
Ferdinand, Zuname: Halfmann, Geburtsort:
Frankfurt a. d. O., Kreis: Lebus, Reg.-Bez.:
Frankfurt, Religion: evangelisch, Profession: Tisch-
ler, Alter: 22 Jahr, Größe: 5 Fuß 5½ Zoll,
Haare: blond, Statur: mittel, Stirn: frei, Augen-
brauen: blond, Augen: blau, Nase: länglich, Mund:
klein, Zähne: gesund, Bart: blond, Kinn: rund,
Gesichtsbildung: oval, Gesichtsfarbe: gesund,
Sprache: deutsch.

Besondere Kennzeichen: keine.

Bekleidung:

Paar graue Tuchhosen
Paar Kommißstiefeln   } mit L. W. 128. 1844
Hembe   schwarz gestempelt.

1 alte hellblaue halbtuchene Unterjacke mit blei-
nen Knöpfen, 1 alte bunte Zeugweste, 1 schwarze
Merino-Halsbinde, 1 schwarzseidenes Vorhemdchen,
1 weiße Sammtkappe mit grünen Streifen, 1 Hand-
säge.

Brennholz-Verkauf.

Zum öffentlichen meistbietenden Verkauf der
im Königl. Forstrevier Zossen aus dem diesjährigen Einschlage noch vorräthigen Brennhölzer sind
folgende Termine bestimmt:

1) für den Monat Oktober d. J. der 11., 18.
und 25.,

2) für den Monat November d. J. der 8., 22.
und 29.,

3) für den Monat Dezember d. J. der 6., 13.
und 20.

Die Termine selbst sind im Gasthause zu Cummersdorf angesetzt und nehmen an jedem Verkaufstage von 10 Uhr Vormittags ab ihren Anfang.

Kauflustige werden mit dem Bemerken hierdurch
aufgefordert, die bestimmten Lizitationstage wahr
zu nehmen, und daß Verkäufe außer den Lizitationstagen nicht stattfinden.

Cummersdorf, den 1. Oktober 1844.

Königl. Oberförsterei Zossen.

Arnim.

Die Lieferung des Bedarfs an raffinirtem
Rüböl — von circa 40 Zentnern — für das
hiesige Königl. Kadettenhaus, pro 1. Januar bis
ult. Dezember 1845, soll dem Mindestfordernden
überlassen werden. Hierzu ist ein Termin auf

Montag, den 28. Oktober d. J., Vormittags
11 Uhr,

im Geschäftslokale gedachten Kadettenhauses angesetzt; wozu Lieferungs-Unternehmer eingeladen
werden. Potsdam, den 22. Oktober 1844.

Königl. Kommando des hiesigen Kadettenhauses.

Nummer.	Namen und Stand.	Geburtsort.	Alter J.	Größe F. Z.	Haare.	Stirn.	Augen- braun
1	Ernst Bernhard Richter, Leinweber- geselle	Ronneburg, in Sachsen- Altenburg	19	5 1	hell- braun	bedeckt	hell braun
2	Anton Wilhelm Carl Hahn, Schau- spieler	Straubing in Bayern	26	5 2	hell- braun	gewölbt	braun lich
3	Johann Gottlieb Carl Köhler, Tuch- machergeselle	Roguhn in Dessau	23	5 6	schwarz- braun	niedrig, rund	schwar
4	Johann Gellerich, Tuchmacher- geselle	Malchow in Mekleu- burg-Schwerin	24	5 3½	braun	frei	brau
5	Jakob Ludwig Müller, Rothgerber- geselle	Vachingen an der Inns in Würtemberg	24	5 ¼	braun	niedrig	brau
6	Dorothee Sophie Ernestine Lofing, unverehelicht	Steffenhagen in Mekleu- burg-Schwerin	27	5	dunkel- blond	rund	dunk blau
7	Carl Otto Friedrich Schmuck, Mau- rergeselle	Wittenhagen in Mekleu- burg-Strelitz	26	5 3	blond	frei	blau

Der unvermuthet statt gefundenen Versetzung des jetzigen Inhabers wegen, ist die Wohnung in der Belle-Etage der zum hiesigen Kadettenhause gehörigen, ehemaligen von Stutterheimschen Häuser, Nauener Straße Nr. 14 und 15 belegen, bestehend in 5 heizbaren Zimmern, einem Entree, einem Kabinett, Küche, Keller, mehreren abge- schlossenen Bodenräumen, Stallung für 2 Pferde, Wagenremise, gemeinschaftlicher Benutzung einer Waschküche und eines Trockenbodens, sogleich, oder zum 1. Januar 1845 anderweitig zu ver- miethen.

Die näheren Kontrakts-Bedingungen sind im Geschäftslokale des genannten Kadettenhauses, Vor- mittags von 10 bis 1 Uhr einzusehen, sowie die zu vermiethende Wohnung jeder Zeit in Augen- schein genommen werden kann.

Potsdam, den 22. Oktober 1844.
Königl. Kommando des hiesigen Kadettenhauses.

Bekanntmachung
wegen Verpachtung des zum Königl. Domainenamte Carzig gehörigen Vorwerks
Kienitz bei Soldin.

Das zum Königl. Domainenamte Carzig gehö- rige Vorwerk Kienitz, 1¼ Meilen von Soldin und Berlinchen und 3 Meilen von Landsberg a. d. W. im Soldiner Kreise belegen, soll von Trinitatis

1845 bis Johannis 1860, also außer der bisher Veränderung des Pachttermins hinzutretend, auf 24 nach einander folgende Jahre s der Submission verpachtet werden.

Die zu diesem Vorwerke gehörigen Grundst und Gewässer bestehen in:

1) Gärten	22 Morgen 6 □R
2) Acker	1440 83
3) Wiesen	288 36
4) Hütung	882 11
5) nutzbaren Gewässern	116 31
6) unnutzbarem Lande	83 26

zusammen 2772 Morgen 35 □ und bilden ein zusammenhängende Fläche, in ren Mitte sich das Vorwerksgehöft befi Sämmtliche Grundstücke, einschließlich der Wi und Hütungsgrundstücke, sind separat und bilden frei, die Absatzwege für die Erzeugnisse des Vo werks, bei der Nähe der Städte Soldin, B berg a. d. W., Berlinchen und Lippehne, günstig, und die nöthigen Tagelöhnerwohnun auf demselben vorhanden.

Das Königl. Inventarium besteht, außer Königl. Wohn- und Wirthschaftsgebäuden, aus Bäumen, Saaten und deren Bestellung, aus den Feuerlöschgeräthschaften, und ist das Minim der jährlichen Pacht für das Vorwerk nebst Z behör auf 1900 Thlr. 29 Sgr. 11 Pf. eingestel

»ie Landesgrenze gewiesenen Bettler und Vagabonden.

Augen.	Nase.	Mund.	Bart.	Kinn.	Gesicht.	Statur.	Besondere Kennzeichen.
blau	stumpf	groß	—	rund	oval	untersetzt	— — —
braun	mittel	aufge-worfen	bräun-lich	oval	länglich	mittel	Narbe am Munde.
braun	gestützt	mittel	schwarz	oval	oval	schlank	— — —
blau	propor-tionirt	propor-tionirt	braun	rund	oval	schlank	— — —
blau	spitzig	klein	braun	rund	oval	untersetzt	Narbe an der linken Seite der Nase nach unten.
grau	mittel	groß	—	rund	oval	mittel	Schnittnarbe im Handgelenk und schwanger.
hellblau	mittel	gewöhn-lich	blond	oval	länglich	untersetzt	—

ich 625 Thlr. Gold und außerdem die Pacht für äcerlich zum eigenen Bedarf des Pächters auszu- orfende 60 ☐R. auf 36 Thlr. festgesetzt. Die näheren Pachtbedingungen, so wie die näheren Be- timmungen über das Verfahren bei Submissionen önnen in unserer Registratur eingesehen werden; uch sind wir bereit, dieselben abschriftlich gegen Erstattung der Kopialien, und zwar bei Auswär- igen mittelst Einziehung durch Postvorschuß, mit- utheilen; dagegen wird die Karte von dem Vor- werke den Pachtliebhabern zu ihrer Information uf dem Domainenamte Carzig von dem Ober- :mtmann Herrn Bayer zur Einsicht vorgelegt werden.

Wir fordern hiernach Pachtbewerber auf, ihre Submissionsgebote bis

zum 6. Januar 1845, Abends 6 Uhr,

em Justitiarius der unterzeichneten Abtheilung Herrn Regierungs-Rath Bennecke, versiegelt ein- ureichen, zugleich demselben ihre Qualifikation ls Landwirthe und das zur Uebernahme der Pach- ung erforderliche Vermögen glaubhaft nachzuwei- n, und die Erklärungen zu Protokoll zu geben, elche in den Bestimmungen über die Bedingun- en der Submission bei Domainen-Verpachtungen nb 3 vorgeschrieben sind. Später als bis zur ben festgesetzten Zeit eingehende Submissionsge- ote werden nicht angenommen, und ist der Ter-

min zur Eröffnung der Submissionen, welchem die Pachtbewerber beiwohnen können, auf

den 7. Januar 1845, Vormittags 10 Uhr,

in unserm Sessionszimmer anberaumt.

Unter den sämmtlichen Pachtbewerbern bleibt dem Ministerio des Königlichen Hauses die un- bedingte Auswahl vorbehalten, und erlangt keiner derselben durch die Submission ein Anrecht auf den Zuschlag, bleibt aber an sein Gebot so lange gebunden, bis er durch Zuschlag an einen Andern oder auf sonstige Weise davon entbunden wird.

Frankfurt a. d. O., den 4. Oktober 1844.

Königliche Regierung.

Abtheilung für die Verwaltung der direkten Steuern, Domainen und Forsten.

Alle diejenigen, welche an folgende angeblich verlorene hypothekarisch versicherte Dokumente, als:

1) die Obligationen vom 10. Dezember 1792 und 1. März 1798 nebst Session vom 6. Dezember ejusd. a., aus welcher für den Schuhmacher Emanuel Finzelberg auf dem Vol. I Nr. 122 im Stadthypothekenbuche verzeichne- ten Budenhause 100 Thlr. und 25 Thlr. haften,
2) den gerichtlichen Kaufkontrakt vom 15. Juli 1807, aus welchem für den Ulfitzer Johann Heinrich Mauerhoff und dessen Ehefrau

Angelica geb. Rundt auf dem zu Neu-Lögow belegenen, im Hypothekenbuche dieses Dorfes Nr. 3 verzeichneten Bauerhofe 300 Thlr. rückständige Kaufgelder haften,

3) den Erbvergleich vom 1. Juli 1829, aus welchem für Sophie Charlotte Franke auf der im Neu-Lögow Nr. 35 verzeichneten Büdnerstelle 41 Thlr. 27 Sgr. 3 Pf. eingetragen stehen,

4) den Erbrezeß vom 22. März 1823, auf welchem für

Caroline Wilhelmine, | Geschwister
Caroline Ernestine Henriette und | schwister
Ernst Friedrich Wilhelm | Denzor

auf dem im Stadthypothekenbuche Vol. 11 Nr. 213 verzeichneten Hause 48 Thlr. 18 Sgr. 6 Pf. haften,

5) den Erbrezeß vom 29. August 1808, aus welchem für die Geschwister Hanne Friederike und Dorothee Louise Tamm auf dem in Dölln belegenen, im Hypothekenbuche dieses Dorfes Vol. 11 Pag. 72 verzeichneten Bauerhofe 322 Thlr. haften,

6) die Obligation vom 12. Mai 1825, aus welcher für die Wittwe Tietz, Marie Christine geb. Tamm 100 Thlr. auf der im Hypothekenbuche von Dölln Nr. 19 verzeichneten Büdnerstelle eingetragen stehen,

7) die Obligation vom 1. Oktober 1804 nebst Zession vom 2. September 1805, und die Obligation vom 24. Januar 1806, aus welcher für den Kaufmann Hübner in das Hypothekenbuche von Amtsfreiheit Nr. 2 verzeichneten Grundstücke 1400 Thlr. und 600 Thlr. haften,

8) den Rezeß vom 7. November 1791, aus welchem für Eva Rosine Kemniß, verehelichte Blankenburg und Johanne Eleonore Kemniß auf dem im Hypothekenbuche von Falkenthal Vol. 1 Nr. 49 verzeichneten Grundstücke 8 Thlr. 9 gGr. 0¾ Pf. und 24 Thlr. 2 gGr. 0¾ Pf. haften,

9) die Obligation vom 20. Juni 1747 aus welcher für den Schiffer Christian Heinrici 100 Thlr., ferner, die Obligation vom 20. April 1803, aus welcher für den Bauer Christian Lüdke 200 Thlr. und den Erbrezeß vom 24. Januar 1804, aus welchem für die verehelichte Küster Borsdorff, Anna Justine

geb. Bartel 150 Thlr. auf dem hierselbst belegenen Vol. 1 Nr. 14 verzeichneten Grundhause haften,

10) den Rezeß vom 23. Februar 1808, aus welchem für die 7 Geschwister Krause 40 Thlr. — 4Gr. 10 Pf. Vatererbe auf dem hierselbst belegenen Vol. V Nr. 90 verzeichneten Grundhause haften,

11) den Vergleich vom 22. August 1772, aus welchem für die 5 Dochonschen Kinder 250 Thlr. auf dem Vol. 1 Nr. 8 des städtischen Hypothekenbuchs verzeichneten Erbenhause eingetragen stehen,

als Eigenthümer, Zessionarien, Pfand- oder Brief-Inhaber Ansprüche zu haben glauben, sowie der seinen Aufenthalt nach unbekannte Inhaber nachbenannten hypothekarisch versicherten Schuldpost, welche angeblich längst bezahlt ist, wegen Mangels der dazu gehörigen Dokuments und genügender Quittung aber nicht gelöscht werden kann,

12) Christian Friedrich Dochon für den und seinen 4 Geschwistern 250 Thlr. aus dem Vergleich vom 22. August 1772 auf dem Vol. 1 Nr. 8 des städtischen Hypothekenbuchs verzeichneten Erbenhause eingetragen sind, und event. dessen Erben, Zessionarien, die hinfort in seine Rechte getreten sind,

werden hierdurch aufgefordert, ihre Rechte an oben genannten Dokumente und die zuletzt benannte Schuldpost spätestens in dem

am 11. Dezember d. J., Vormittags 9 Uhr, in unserm Gerichtslokale hierselbst anberaumten Termine in Person oder durch einen zulässigen Bevollmächtigten, wozu ihnen der Justiz-Kommissarius Muth hier in Vorschlag gebracht wird, anzumelden und nachzuweisen, widrigenfalls die ad 1—11 gedachten Dokumente für ungültig, erloschen und mortifizirt erklärt, die Inhaber der Post ad 12 aber mit allen ihren Ansprüchen an das verpfändete Grundstück präkludirt, ihnen ewiges Stillschweigen auferlegt, und gedachte Post im Hypothekenbuche gelöscht wird.

Zehdenick, den 23. August 1844.

Königl. Land- und Stadtgericht.

Ediktal-Zitation.

Nachstehende Schuldposten, nemlich:

1) 142 Thlr. 18 gGr. 10 Pf. Vatererbe der Marie Elisabeth Bröstcke aus dem Erbvergleich vom 20. Februar 1765, und

100 Thlr. rückständiges Hauskaufs-Pretium, so Johann Christoph Traffehn der Wittwe Bröfide, laut Kauffkontrakts vom 17. Juli 1775, schuldig geblieben ist;
eingetragen auf dem Bäckermeister Karl Ferdinand Seyffarthschen Hause hierselbst Vol. 1 Fol. 179 Häuser;

2) 50 Thlr. in Golde, welche Andreas Müller cum uxore Anne Dorothee geb. Beelitzen, von dem Direktor Schaum qua curatore Anne Dorothee Derbesani, laut gerichtlicher Obligation vom 11. April 1771 à 5 Prozent aufgenommen hat, und
4 Thlr. 5 gGr. 4½ Pf., welche) Johann Samuel und)Geschwister
4 Thlr. 5 gGr. 4½ Pf., welche) Müller.
Charlotte Luise
ex recessu vom 16. Februar 1774 zu fordern haben;
eingetragen auf dem Hause der verehelichten Schneider Müller, geb. Bauer, Vol. 1 Fol. 38;

3) 1500 Thlr. rückständiges Hauskaufs-Pretium der Scharfrichterei hat Karl Gottfried Koch von seinem Bruder Johann Friedrich Koch, laut Vergleichs und resp. Kontrakts d. d. Berlin, den 20. September 1781 zu fordern; eingetragen auf der Vol. V Fol. 21 des Hypothekenbuchs der Häuser verzeichneten und dem Oekonomen Gustav Gottlieb Kolrey gehörigen Scharfrichterei;

4) 50 Thlr. Kourant, so Johann Christian Behrend cum uxore Marie Elisabeth Stenedel von dem Wachtmeister Runge, besage gerichtlicher Obligation vom 28. März 1774 à 6 Prozent aufgenommen hat, und welche der Wachtmeister Runge an Marie Dorothee, geb. Schulze, Wittwe Vollmann, laut Zession vom 20. Mai 1775 zedirt hat; eingetragen auf dem Vol. III Fol. 77 des Hypothekenbuchs der Häuser der drei Gebrüder
Johann Christian
Karl Wilhelm } Behrend.
Martin Friedrich

sowie nachstehende Dokumente:
1) die Obligation des Ackerbürgers Joachim Lädenmäcker vom 13. Januar 1816 nebst Hypothekenschein vom 15. Januar 1816 über 200 Thlr.;

2) die Obligation desselben vom 22. Januar 1817 nebst Hypothekenschein vom 27. Januar 1817 über 200 Thlr.;
3) die Zession des Schneidermeisters Johann Michael Janecke vom 1. Mai 1819, betreffend die beiden ad 1 und 2 benannten Kapitalien; und
4) der Antrausche Erbrezeß vom 10. Oktober 1803 über 100 Thlr., Vatererbe für Karoline Friederike und Marie Katharine, Geschwister Antrau,

werden hiermit öffentlich aufgeboten und zugleich die Inhaber hiefer Forderungen und resp. Dokumente, sowie Diejenigen, welche als dessen Erben, Zessionarien oder sonst in seine Rechte getreten sind, zur Meldung ihrer Ansprüche auf ....

den 1. Februar 1845, Vormittags 11 Uhr, vor dem Stadtgerichts-Rath Seemann, unter der Verwarnung vorgeladen, daß die Ausbleibenden mit ihren etwanigen Ansprüchen an diese Schuldposten und resp. Dokumente werden präkludirt und ihnen deshalb ein ewiges Stillschweigen auferlegt, die Schuldposten und Dokumente selbst auch für erlassen und resp. für mortifizirt erklärt werden.

Rathenow, den 30. September 1844.

Königl. Preuß. Stadtgericht.

Ebiktal-Zitation.

Auf dem Grundstück des Eigenthümers Johann Friedrich Kalch zu Neu-Lewin, verzeichnet Vol. I Nr. 23 des Hypothekenbuches, stehen Rubr. III Nr. 3 aus der Obligation und ex decreto vom 28. Februar 1810, 400 Thlr. für den Gerichtsmann Friedrich Lutter eingetragen, über welche von dessen Erben quittirt ist. Da das Dokument über dieses Kapital abhänden gekommen, werden alle diejenigen, welche an dasselbe oder das darüber ausgestellte Dokument als Eigenthümer, Zessionarien, Pfand- oder sonstige Briefeinhaber Ansprüche zu vermeinen haben, aufgefordert, sich spätestens in dem auf

den 8. Januar 1845, Vormittags 11 Uhr, vor dem Herrn Justizrath König anberaumten Termine zu melden, widrigenfalls sie mit ihren Ansprüchen an das Kapital präkludirt, ihnen ein ewiges Stillschweigen auferlegt, das Dokument

amortifirt, und diefe Poft im Hypothefenbuche ge=
löfcht werden wird.

Wriezen, den 14. September 1844.
Königl. Land= und Stadtgericht.

Ediktal = Zitation.

Der am 13. Juli 1809 zu Clofterdorff geborne
Müllergefelle Carl Auguft Ludwig Ragnow, ein
Sohn des zu Clofterdorff verftorbenen Unterförfters
und Mühlenmeifters Ragnow, auf deffen Todes=
erflärung angetragen worden ift, besgleichen feine
Erben und Erbnehmer, werden hierdurch vorge=
laden, fpäteftens in dem auf

den 18. März 1845, Vormittags 10 Uhr,
an hiefiger Gerichtsftelle anberaumten Termin zu
erfcheinen, ihre Anfprüche anzumelden und darauf
weitere Anweifung zu erwarten, widrigenfalls der
2c. Ragnow für todt erflärt und fein Vermögen
feinen legitimirten Erben und in deren Ermange=
lung dem Fiskus zugefprochen werden wird.

Strausberg, den 13. Mai 1844.
Königl. Land= und Stadtgericht.

Nothwendiger Verkauf.
Königl. Kammergericht in Berlin.

Das in der Marienftraße Nr. 13, an der Ecke
der Albrechtsftraße, hierfelbft belegene, im Hypo=
thefenbuche des Kammergerichts Vol. IX Cont. b
Pag. 321 Nr. 21 verzeichnete, dem Stellmacher=
meifter Carl Friedrich Ferdinand Grofchupff ge=
hörige Grundftück, abgefchätzt auf 23,150 Thlr.
22 Sgr. 9 Pf. zufolge der, nebft Hypothefenfchein
und Bedingungen in der Regiftratur einzufehenden
Tare, foll

am 20. Dezember 1844, Vormittags 11 Uhr,
an ordentlicher Gerichtsftelle fubhaftirt werden.

Nothwendiger Verkauf.
Königl. Kammergericht in Berlin.

Das vor dem Oranienburger Thore in der
Keffelftraße belegene, dem Architeften Johann Con=
rad Adler gehörige, im Hypothefenbuche des
Königl. Kammergerichts Vol. IV b Nr. CXXXVI
Pag. 361 verzeichnete Grundftück, abgefchätzt auf
5974 Thlr. 25 Sgr. zufolge der, nebft Hypothe=
fenfchein und Bedingungen in der Regiftratur ein=
zufehenden Tare, foll

am 19. Februar 1845
an ordentlicher Gerichtsftelle fubhaftirt werden.

Nothwendiger Verkauf.
Königl. Kammergericht in Berlin.

Das hierfelbft in der Louifenftraße Nr. 44 be=
legene, dem Bäckermeifter Carl Auguft Gottlieb
Schierjott gehörige Wohnhaus nebft Zubehör,
abgefchätzt auf 26,267 Thlr. 7 Sgr. 1 Pf. zu=
folge der, nebft Hypothefenfchein und Bedingungen
in der Regiftratur einzufehenden Tare, foll

am 18. Januar 1845
an ordentlicher Gerichtsftelle fubhaftirt werden.

Die dem Aufenthalte nach unbefannten Gläu=
biger, nemlich:
1) die Kinder des Geheimen Juftizraths Johann
   Jacob Coftenoble,
2) die Kinder des Hof=Schaufpielers Carl Ludwig
   Coftenoble zu Wien und
3) die Kinder der verftorbenen Friederife Char=
   lotte Leopoldine Coftenoble, verehelicht ge=
   wefenen Coftenoble,
werden hierzu öffentlich vorgeladen.

Nothwendiger Verkauf.
Königl. Kammergericht in Berlin.

Das hierfelbft an der Chauffeeftraße Nr. 9
und 10 a belegene, dem Kaufmann Carl Ferdinand
Klinder gehörige Grundftück nebft Zubehör,
gefchätzt auf 28,027 Thlr. 26 Sgr. 2 Pf. zufolge
der, nebft Hypothefenfchein und Bedingungen in
der Regiftratur einzufehenden Tare, foll

am 18. Januar 1845, Vormittags um 11 Uhr,
an ordentlicher Gerichtsftelle fubhaftirt werden.

Die Kaufleute Auguft Ratzel und Gottlieb
Kupprian, oder deren Erben, werden hierzu öf=
fentlich vorgeladen.

Nothwendiger Verkauf.
Königl. Kammergericht in Berlin.

Das am Louifenplatz Nr. 11 hier belegene,
im Hypothefenbuche des Königl. Kammergerichts
Vol. IX Cont. g Pag. 313 Nr. 14 verzeichnete,
dem Partifulier Johann Caspar Anacker gehö=
rige Grundftück nebft Zubehör, abgefchätzt auf
21,413 Thlr. 7 Sgr. 3 Pf. zufolge der, nebft Hy=
pothefenfchein und Bedingungen in der Regiftratur
einzufehenden Tare, foll

am 22. Januar 1845, Vormittags um 10 Uhr,
an ordentlicher Gerichtsftelle fubhaftirt werden.

Alle unbefannten Realprätendenten werden auf=
gefordert, fich bei Vermeidung der Präflufion fpä=
teftens in diefem Termine zu melden.

Nothwendiger Verkauf.
Königl. Kammergericht in Berlin.

Das hierselbst in der Invalidenstraße Nr. 48
elegene, im Hypothekenbuche des Königl. Kammergerichts Vol. IX Cont. K Nr. 22 Pag. 505
erzeichnete Grundstück, abgeschätzt auf 8360 Thlr.
2 Sgr. 11 Pf. zufolge der, nebst Hypothekenschein
nd Bedingungen in der Registratur einzusehenen Taxe, soll

am 18. April 1845, Vormittags 11 Uhr,
n ordentlicher Gerichtsstelle subhastirt werden.

Alle unbekannten Realprätendenten werden aufgefordert, sich bei Vermeidung der Präklusion spätestens in diesem Termine zu melden.

Nothwendiger Verkauf.
Königl. Kammergericht in Berlin.

Das hierselbst in der Chausseestraße Nr. 16a
elegene, im Hypothekenbuche des Königl. Kammerichts Vol. I b Pag. 48 Nr. 10 verzeichnete
Grundstück nebst Zubehör, abgeschätzt auf 22,150
Thlr. 20 Sgr. 8½ Pf. zufolge der, nebst Hypothekenschein und Bedingungen in der Registratur
einzusehenden Taxe, soll

am 25. April 1845, Vormittags 11 Uhr,
n ordentlicher Gerichtsstelle subhastirt werden.

Nothwendiger Verkauf.
Stadtgericht zu Berlin, den 7. Mai 1844.

Das in der Langen Gasse Nr. 18 und 19 belegene Grundstück des Maurermeisters Wolff,
erichtlich abgeschätzt zu 11,556 Thlr. 9 Sgr.
i Pf., soll

am 20. Dezember d. J., Vormittags 11 Uhr,
n der Gerichtsstelle subhastirt werden. Taxe und
Hypothekenschein sind in der Registratur einzusehen.

Die ihrem Aufenthalt nach unbekannten Gläubiger, die Wittwe des Gutsbesitzers Fuhrmann,
Marie geb. Leetz und die Wittwe des Maurermeisters Wolff, Marie Wilhelmine geb. Fuhrmann werden hierdurch öffentlich vorgeladen.

Nothwendiger Verkauf.
Stadtgericht zu Berlin, den 6. Juni 1844.

Das in der verlängerten Kommandantenstraße
belegene Schwarzsche Grundstück, gerichtlich abgeschätzt zu 6228 Thlrn. 15 Sgr., soll

am 21. Januar 1845, Vormittags 11 Uhr,
n der Gerichtsstelle subhastirt werden. Taxe und
Hypothekenschein sind in der Registratur einzusehen.

Nothwendiger Verkauf.
Stadtgericht zu Berlin, den 7. Juni 1844.

Das in der Ackerstraße Nr. 6 belegene Kuntzsche
Grundstück, gerichtlich abgeschätzt zu 11,274 Thlrn.
18 Sgr. 9 Pf., soll

am 14. Januar 1845, Vormittags 11 Uhr,
an der Gerichtsstelle subhastirt werden. Taxe und
Hypothekenschein sind in der Registratur einzusehen.

Nothwendiger Verkauf.
Stadtgericht zu Berlin, den 11. Juni 1844.

Das in der großen Frankfurter Straße Nr. 100
belegene Grundstück der verehelichten Royer, gerichtlich abgeschätzt zu 7921 Thlrn. 16 Sgr.
3 Pf., soll

am 17. Januar 1845, Vormittags 11 Uhr,
an der Gerichtsstelle subhastirt werden. Taxe und
Hypothekenschein sind in der Registratur einzusehen.

Der als Hypothekengläubiger eingetragene Königl. Hofrath Bressler wird zur Wahrnehmung
seiner Gerechtsame hierdurch öffentlich vorgeladen.

Nothwendiger Verkauf.
Stadtgericht zu Berlin, den 14. Juni 1844.

Das in der Linienstraße Nr. 134a belegene
Grundstück des Tischlermeisters Gustav Friedrich
Ferdinand Welle, gerichtlich abgeschätzt zu 14,143
Thlrn. 26 Sgr. 9 Pf., soll

am 24. Januar 1845, Vormittags 11 Uhr,
an der Gerichtsstelle subhastirt werden. Taxe und
Hypothekenschein sind in der Registratur einzusehen.

Nothwendiger Verkauf.
Stadtgericht zu Berlin, den 12. Juli 1844.

Das in der Scharrenstraße Nr. 17 belegene
Zimmermannsche Grundstück, gerichtlich abgeschätzt zu 7641 Thlrn. 6 Sgr. 6 Pf., soll

am 18. Februar 1845, Vormittags 11 Uhr,
an der Gerichtsstelle subhastirt werden. Taxe und
Hypothekenschein sind in der Registratur einzusehen.
Der dem Aufenthalte nach unbekannte Königliche
Profestor Ernst Gottlieb Jaeckel oder dessen Erben, werden hierdurch öffentlich vorgeladen.

Nothwendiger Verkauf.
Stadtgericht zu Berlin, den 20. Juli 1844.

Das hierselbst in der neuen Jakobsstraße Nr. 2
im Winkel an der Aufschwemme belegene Grundstück des Lohgerbermeisters Johann Friedrich Heinrich Schmidt, gerichtlich abgeschätzt zu 11,013
Thlr. 8 Sgr. 9 Pf., soll

am 7. März 1845, Vormittags 11 Uhr,
an der Gerichtsstelle subhaftirt werden. Taxe und
Hypothekenschein sind in der Registratur einzusehen.

Nothwendiger Verkauf.

Stadtgericht zu Berlin, den 1. August 1844.
Das in der Blumenstraße Nr. 63 belegene
Grundstück des Freilenhauers Victor, gerichtlich
abgeschätzt zu 1140 Thlr. 10 Sgr., soll
am 16. Dezember d. J., Vormittags 11 Uhr,
an der Gerichtsstelle subhaftirt werden. Taxe und
Hypothekenschein sind in der Registratur einzusehen.

Nothwendiger Verkauf.

Stadtgericht zu Berlin, den 28. August 1844.
Das in der Heidereutergasse Nr. 11 belegene
Thiersche Grundstück, gerichtlich abgeschätzt zu
3039 Thlr. 20 Sgr., soll
am 31. Januar 1845, Vormittags 11 Uhr,
an der Gerichtsstelle subhaftirt werden. Taxe und
Hypothekenschein sind in der Registratur einzusehen.

Nothwendiger Verkauf.

Stadtgericht zu Berlin, den 2. September 1844.
Das in der Wollankstraße belegene Sperlingsche Grundstück, gerichtlich abgeschätzt zu
459 Thlr. 25 Sgr., soll
am 28. Januar 1845, Vormittags 11 Uhr,
an der Gerichtsstelle subhaftirt werden. Taxe und
Hypothekenschein sind in der Registratur einzusehen.

Nothwendiger Verkauf.

Stadtgericht zu Berlin, den 31. August 1844.
Das in der Wollankstraße belegene Sperlingsche Grundstück, gerichtlich abgeschätzt zu
1908 Thlr. 15 Sgr., soll
am 28. Januar 1845, Vormittags 11 Uhr,
an der Gerichtsstelle subhaftirt werden. Taxe und
Hypothekenschein sind in der Registratur einzusehen.

Nothwendiger Verkauf.

Stadtgericht zu Berlin, den 30. August 1844.
Das in der Lietzmanngasse Nr. 13 belegene
Grundstück des Buchdruckers Alexander Jakob

Tornow, gerichtlich abgeschätzt zu 622 Thlr.
10 Sgr. 6 Pf., soll
am 15. April 1845, Vormittags 11 Uhr,
an der Gerichtsstelle subhaftirt werden. Taxe und
Hypothekenschein sind in der Registratur einzusehen.

Nothwendiger Verkauf.

Stadtgericht zu Berlin, den 2. September 1844.
Die vor dem Schlesischen Thore hinter der
Magistratsheide belegene Wiese des Lohgerbermeisters Johann Friedrich Heinrich Schmitt, gerichtlich abgeschätzt zu 293 Thlr. 10 Sgr., soll
am 7. März 1845, Vormittags 11 Uhr,
an der Gerichtsstelle subhaftirt werden. Taxe und
Hypothekenschein sind in der Registratur einzusehen.

Nothwendiger Verkauf.

Stadtgericht zu Berlin, den 21. September 1844.
Das in der Fischerstraße Nr. 2 belegene
Klevsche Grundstück, gerichtlich abgeschätzt zu
9632 Thlr. 10 Sgr. 3 Pf., soll
am 20. Mai 1845, Vormittags 11 Uhr,
an der Gerichtsstelle subhaftirt werden. Taxe und
Hypothekenschein sind in der Registratur einzusehen.

Nothwendiger Verkauf.

Stadtgericht zu Berlin, den 24. September 1844.
Das in der Krausenstraße Nr. 69 belegene
Beckersche Grundstück, gerichtlich abgeschätzt zu
13,617 Thlr. 26 Sgr. 9 Pf., soll
am 30. Mai 1845, Vormittags 11 Uhr,
an der Gerichtsstelle subhaftirt werden. Taxe und
Hypothekenschein sind in der Registratur einzusehen.
Die unbekannten Realprätendenten werden
durch unter der Verwarnung der Präklusion öffentlich vorgeladen.

Nothwendiger Verkauf.

Stadtgericht zu Berlin, den 25. September 1844.
Das in der Brunnenstraße Nr. 12 belegene
Schulzesche Grundstück, gerichtlich abgeschätzt zu
7794 Thlr. 8 Sgr. 9 Pf., soll
am 23. Mai 1845, Vormittags 11 Uhr,
an der Gerichtsstelle subhaftirt werden. Taxe und
Hypothekenschein sind in der Registratur einzusehen.

Dem Kaufmann Albert Schoppe, in Berlin unter dem 21. Oktober 1844 ein Patent
auf ein Verfahren, aus Braunkohle eine braune und schwarze Farbe darzustellen, ohne Jemand zu behindern, auf bereits bekannten Wegen gleiche Farben aus Braunkohle zu bereiten, sechs Jahre, von jenem Tage an gerechnet d für den Umfang des Staats ertheilt worden.

Dem Lieutenant in der 1ten Artillerie-Brigade rner Siemens und dessen Bruder Wilhelm emens in Berlin ist unter dem 23. Oktober 14 ein Patent
auf einen Regulator für Maschinen, welche durch Elementarkraft bewegt werden, insoweit derselbe nach der vorgelegten Zeichnung und Beschreibung für neu und eigenthümlich erachtet worden ist,
acht Jahre, von jenem Tage an gerechnet und den Umfang des Staats ertheilt worden.

Das dem Kaufmann Justus Theodor Gustav omann in Berlin unter dem 6. Juli 1843 er-ilte Einführungs-Patent
auf eine durch Zeichnung und Beschreibung nachgewiesene Maschine zum Anfertigen von Ziegelsteinen, insoweit solche für neu und eigenthümlich erachtet worden ist,
aufgehoben worden.

Steckbrief.

Der Maurergeselle Johann Friedrich Ferdinand renz, wegen vorsätzlicher schwerer Körperver-ung dreier Menschen, so wie wegen Vermögens-chädigung aus Rache und Bosheit zu achtmo-licher Strafarbeit verurtheilt, hat sich heimlich fernt und sich dadurch der Strafvollstreckung entziehen gewußt.
Alle Zivil- und Militairbehörden des In- und slandes werden dienstergebenst ersucht, auf den hstehend näher beschriebenen Lorenz ihr Augen-

merk zu richten, ihn im Betretungsfalle verhaften, mit den bei ihm sich vorfindenden Geldern und ffekten hierher transportiren und an die Expe-dition der Stadtvoigtei-Gefängnisse abliefern, zu lassen. Wir versichern die ungesäumte Erstattung der dadurch verursachten baaren Auslagen, und den verehrlichen Behörden des Auslandes eine gleiche Rechtswillfährigkeit.
Berlin, den 19. Oktober 1844.
Königl. Kriminalgericht hiesiger Residenz.
v. Schröter.

Personsbeschreibung. Der Maurergeselle Johann Friedrich Ferdinand Lorenz ist 23 Jahre alt, aus Buckow gebürtig, evangelischer Religion und 5 Fuß 6 Zoll groß. Er hat braunes Haare und Augenbraues, freie Stirn, blaue Augen, spitze Nase, großen Mund, rundes Kinn, gesunde ge-sichtsfarbe und ovales Gesicht.
Seine Kleidungsstücke können nicht angegeben werden.

Verlorner Paß.

Der Kaufmann Simon Gompertz hat an-geblich den ihm von der Königl. Polizei-Direktion zu Cöln am 23. Juli d. J. ertheilten, und zuletzt hier am 24. August d. J. visirten Paß verloren.
Zur Vermeidung eines etwanigen Mißbrauchs wird dies hiermit öffentlich bekannt gemacht, und der gedachte Paß hierdurch für ungültig erklärt.
Berlin, den 10. Oktober 1844.
Königl. Polizei-Präsidium.

Verlornes Wanderbuch.

Das am 15. v. M. zwischen den Dörfern Prötzel und Schulzendorf verloren gegangene, dem Böttchergesellen Georg Kolodziewski, geboren am 23. April 1819, von dem Magistrat zu Sa-mocyn am 6. Juni 1843 ausgestellte Wanderbuch wird hierdurch für ungültig erklärt.
Wrietzen a. d. O., den 16. Oktober 1844.
Der Magistrat.

943

Signalement. Familienname: Sch... ziewski, Vorname: George, Geburtsort und letzter Aufenthaltsort: Samoczyn, Religion: ... lich, Alter: 24 Jahre, Größe: 5 Fuß 4 Zoll, Haare: braun, Stirn: bedeckt, Augenbrauen: braun, Augen: grau, Nase: stark, Mund: gewöhnlich, Bart: hellbraun, Zähne: vollständig, Kinn: breit, Gesichtsbildung: breit, Gesichtsfarbe: gesund, Gestalt: untersetzt, Sprache: deutsch.
Besondere Kennzeichen: fehlen.

Bei einem des Diebstahls verdächtigen Menschen sind bei seiner Verhaftung nachfolgende Gegenstände:
1) ein Stock mit Rehkrone, in welche ein gothisches B geschnitten,
2) ein schwarzbaumwollener Regenschirm,
3) eine lackirte Schnupftabacks-Dose,
4) ein neuer Streichriemen zum Schärfen der Rasirmesser,
ja ein altschottisch goldner Ring, inwendig mit ... den Ziffern E. L. 1844, ... vorgefunden worden. Die unbekannten Eigenthümer dieser Gegenstände werden aufgefordert, ihre Eigenthums-Ansprüche binnen 14 Tagen im Locale des unterzeichneten Land- und Stadtgerichts, Verhörzimmer Nr. 2 Vormittags, geltend zu machen.
Neustadt-Eberswalde, den 20. Oktober 1844.
Königl. Land- und Stadtgericht.

Durch das am 29. v. M. erfolgte Ableben des Predigers Conradi ist die Pfarrstelle zu Prenstsin, Superintendentur Lenzen erledigt worden. Patronin der Stelle ist die Frau Rittergutsbesitzerin Hackradt daselbst.
Königl. Regierung.
Abtheilung für die Kirchenverwaltung und das Schulwesen.

Einladung
zu einer Haupt-Versammlung der Mitglieder der Stiftung der Waisenversorgungs-Anstalt für die Provinz Brandenburg zu Klein-Glienicke, welche Donnerstag am 21. November d. J. Nachmittags um 4 Uhr, im Lokal des Zivil-Waisenhauses zu Potsdam, Königsstraße Nr. 18, Statt haben wird.
In der letzten Jahres-Haupt-Versammlung, welche am 23. Mai d. J. stattfand, wurde von dem Vorsteher der Stiftung darauf angetragen, daß in dem Falle, wenn ein abgehender Zögling zum Zweck des Eintritts in ein Schul-

... Handwerks u. s. w. einer Unterstützung ... daß sein Fonds dazu ... den sei, die bisher von ihm eingenommen ... ... so lange unbenutzt bleiben ... erforderlich sein würde, um durch die ... Unterhaltungskosten jene Ausgabe zu ...

... Mitglieder der Stiftung vorher davon unterrichtet worden waren, daß Gegenstand in seiner Konferenz zur Sprache kommen werde, so hat darüber zur Beschluß werden können, sondern es ist die Einberufung der Mitglieder der Stiftung zu einer außerordentlichen Haupt-Versammlung beschlossen worden.

In dieser soll zugleich darüber berathen werden, wie es nach dem bevorstehenden Abgange des ... zeichneten hochbejahrten Vorstehers mit der ... der Anstalt und hinsichtlich des Inventars ... gehalten werden soll.

Sämmtliche Mitglieder der Stiftung, ... sondere die Stifter vom Stipendium, werden ... eingeladen, dieser für die Stiftung so ... Versammlung entweder selbst oder durch ... ermächtigte Bevollmächtigte beizuwohnen.
Potsdam, den 15. Oktober 1844.
Das Waisen-Amt der Waisenversorgungs-Anstalt für die Provinz Brandenburg zu Klein-Glienicke.
von Turk.

Tannbaumholz-Lieferung
Geschälte Faulbaumholz-Stäbe 1 Zoll und nicht über 1 Zoll stark, werden am ... woche und Sonnabende jeder Woche gelie ... der Kubikfuß mit 2½ Sgr. bezahlt. Die ... des Holzes darf jedoch nur bei Vorzeigung ... entsprechenden Forstscheins stattfinden.
Pulverfabrik bei Spandow, den 18. Okt. ...

Bekanntmachung
Im Auftrage der Königl. Regierung zu ... bam wird das unterzeichnete Hauptamt, und ... in seinem Amtsgelasse,
am 9. November d. J. Vormittags 10 ... die Chausseegeld-Hebestelle bei Groß-Kreuz, ... schen Potsdam und Wollenberg an den ... bietenden, mit Vorbehalt des höheren Zuschlags, vom 31. Dezember d. J. ab, in Pacht aussetzen.
Nur dispositionsfähige Personen, welche ... der mindestens 180 Thlr. baar oder in an... chen Staatspapieren bei der Unterzeichneten ...

nte zur Sicherheit niedergelegt haben, werden m Bieten zugelassen. Die Pachtbedingungen sind i uns, von heute an während der Dienststunden izusehen.

Brandenburg, den 25. Oktober 1844.
Königl. Haupt-Steueramt.

Bekanntmachung.

Die Abfuhr aus den Apartements, den Tsch, Senf- und Mistgruben bei den hiesigen arnison-Anstalten und die Reinigung derselben u auf sechs nacheinanderfolgende Jahre andersitig vergeben werden. Wir haben zu diesem elauf einen Lizitationstermin auf en 14. November d. J., Vormittags 10 Uhr, unserm Geschäftslokal, Breite Straße Nr. 29, beraumt, zu welchem die darauf reflektirenden nternehmer mit dem Bemerken vorgeladen wern, daß die hierauf bezüglichen Bedingungen in serm Bureau täglich eingesehen werden können.

Potsdam, den 24. Oktober 1844.
Königl. Garnison-Verwaltung.

Holz-Auktion.

Am 16. November d. J., Vormittags 11 Uhr, llen in der Kapitelstube zu Brandenburg öffenth an den Meistbietenden verkauft werden:

1) eine Partie Kiefern-Bau-, Nutz- und Brennholz auf dem Stamm in der Schlensdorfschen Forst,

2) eine Partie kleines Kiefernholz auf dem Stamm bei Vorwerk Mötzow.

steres wird Kauflustigen durch den Förster Seirt in Schlensdorf, Letzteres durch den Heidärter Ahlfeld, im Pählhause zu Mötzow wohnft, nachgewiesen.

Die näheren Bedingungen werden im Termin kannt gemacht.

Dom Brandenburg, den 19. Oktober 1844.
Der Rentbeamte des Domkapitels,
Berlin, Hauptmann a. D.

Das in der Ukermark, eine halbe Meile von rüssow, drei Meilen von Prenzlau belegene Ritrgut Tramp, soll von Trinitatis 1845 ab auf nacheinanderfolgende Jahre meistbietend verpacht werden. Wir haben hierzu einen Termin auf den 6. Dezember d. J., Vormittags 11 Uhr, der Wohnung des unterzeichneten Richters, anseht, und laden Pachtlustige zu demselben ein.

Die Pachtbedingungen können in unserer Registratur eingesehen werden.

Prenzlow, den 21. Oktober 1844.
Das Patrimonialgericht Tramp.
Schröffer.

Nothwendiger Verkauf.
Königl. Kammergericht in Berlin.

Das hierselbst in der Georgenstraße Nr. 41 belegene, im kammergerichtlichen Hypothekenbuche Vol. VII. Cont. a. Nr. 6 Pag. 61 verzeichnete Grundstück, abgeschätzt auf 23,079 Thlr. 23 Sgr. zufolge der, nebst Hypothekenschein und Bedingungen in der Registratur einzusehenden Taxe, soll am 7. Mai 1845, Vormittags 10 Uhr, an ordentlicher Gerichtsstelle subhastirt werden.

Nothwendiger Verkauf.
Stadtgericht zu Berlin, den 20. September 1844.

Die Jeremias Rudolphsche leere Baustelle, die vor dem Potsdamer Thore an der von der Hirschelstraße nach dem Schafgraben führenden Straße und dem Schwaiderschen ehemaligen Eisenbahn-Kaffeehause gegenüber belegen ist, gerichtlich abgeschätzt zu 945 Thlr. 25 Sgr., soll am 17. Februar 1845, Vormittags 11 Uhr, an der Gerichtsstelle subhastirt werden. Taxe und Hypothekenschein sind in der Registratur einzusehen.

Bekanntmachung.
Nothwendiger Verkauf.
Stadtgericht zu Berlin, den 26. September 1844.

Das hierselbst in der Kothenerstraße Nr. 19 belegene Grundstück des Doktors Johann Gottfried Kobis, gerichtlich abgeschätzt zu 17,521 Thlr., soll am 3. Juni 1845, Vormittags 11 Uhr, an der Gerichtsstelle subhastirt werden. Taxe und Hypothekenschein sind in der Registratur einzusehen.

Nothwendiger Verkauf.
Stadtgericht zu Berlin, den 27. September 1844.

Die Antheile
a) des Webermeisters Carl Constantin Bahmann,
b) der verehelichten Tautenhahn, Charlotte Wilhelmine geborne Baumann, früher Wittwe Blunk,

an das in der Elisabethstraße Nr. 2 belegene Baumannsche Grundstück, welches ganze Grundstück zu 8663 Thlr. 9 Sgr. 9 Pf. taxirt worden ist, soll am 14. März 1845, Vormittags 11 Uhr, an der Gerichtsstelle subhastirt werden. Taxe und Hypothekenschein sind in der Registratur einzusehen. Die dem Aufenthalte nach unbekannten Gläubiger, die Wittwe Lemberg, Christiane Friederike geborne Helmboldt, der Kaufmann Carl Theodor Böddinghaus, der Kaufmann Benedir Anton Mohr, beide zu Amsterdam und der Johann Peter Böddinghaus Christians Sohn zu Elberfeld werden hierdurch öffentlich vorgeladen.

Nothwendiger Verkauf.
Stadtgericht zu Berlin, den 27. September 1844.
Das in der Wollankstraße Nr. 17 belegene Sperlingsche Grundstück, gerichtlich abgeschätzt zu 7711 Thlr. 27 Sgr. 6 Pf., soll
am 10. Juni 1845, Vormittags 11 Uhr,
an der Gerichtsstelle subhastirt werden. Taxe und Hypothekenschein sind in der Registratur einzusehen.

Nothwendiger Verkauf.
Stadtgericht zu Berlin, den 27. September 1844.
Das hierselbst in der Dessauer Straße Nr. 38 belegene Pechartsche grundstück, gerichtlich abgeschätzt zu 11,765 Thlr. 25 Sgr., soll Schuldenhalber
am 13. Juni 1845, Vormittags 11 Uhr,
an der Gerichtsstelle subhastirt werden. Taxe und Hypothekenschein sind in der Registratur einzusehen.

Nothwendiger Verkauf.
Stadtgericht zu Berlin, den 28. September 1844.
Das in der Rosengasse Nr. 33 belegene Hamannsche Grundstück, gerichtlich abgeschätzt zu 6311 Thlr. 24 Sgr. 4 Pf., soll
am 17. Juni 1845, Vormittags 11 Uhr,
an der Gerichtsstelle resubhastirt werden. Taxe und Hypothekenschein sind in der Registratur einzusehen.
Die unbekannten Realprätendenten, so wie der dem Aufenthalte nach unbekannte eingetragene Gläubiger, Arbeitsmann Carl Andreas Gottfried Müller, werden hierdurch, und zwar erstere unter der Verwarnung der Präklusion öffentlich vorgeladen.

Nothwendiger Verkauf.
Stadtgericht zu Berlin, den 28. September 1844.
Das in der Brunnenstraße Nr. 42 belegene Haeckelsche Grundstück, gerichtlich abgeschätzt zu 6914 Thlr. 3 Sgr. 9 Pf., soll
am 6. Juni 1845, Vormittags 11 Uhr,
der Gerichtsstelle subhastirt werden. Taxe und

Hypothekenschein sind in der Registratur einzusehen.
Die dem Aufenthalt nach unbekannten Gläubiger, Kaufmann Samuel Meyer und Schuhmachermeister Joseph Karl Fischer werden hierdurch öffentlich vorgeladen.

Nothwendiger Verkauf.
Stadtgericht zu Berlin, den 5. Oktober 1844.
Die neue Friedrichsstraße Nr. 80 und Neue Mauer Nr. 7 und 8 belegenen beiden Schifferthürmer Johann Christian Jab'nschen Grundstücke, gerichtlich abgeschätzt zu 9153 Thlr. 18 Sgr. 9 Pf. und 2079 Thlr. 18 Sgr. 9 Pf., sollen
am 20. Juni 1845, Vormittags 11 Uhr,
an der Gerichtsstelle subhastirt werden. Taxe und Hypothekenschein sind in der Registratur einzusehen.

Nothwendiger Verkauf.
Stadtgericht zu Berlin, den 10. Oktober 1844.
Das hierselbst in der Dessauer Straße belegene Schiedlersche Grundstück, gerichtlich abgeschätzt zu 1960 Thlr., soll Schuldenhalber
am 8. April 1845, Vormittags 11 Uhr,
an der Gerichtsstelle subhastirt werden. Taxe und Hypothekenschein sind in der Registratur einzusehen.

Nothwendiger Verkauf.
Königl. Landgericht zu Berlin, den 11. Okt. 1844.
Das dem Arbeitsmann Heinrich Hübner gehörige Erbpachtsgrundstück auf dem Rothen Pankstraße Nr. 23, abgeschätzt auf 474 Thlr. 22 Sgr. 3 Pf., zufolge der, nebst Hypothekenschein in dem IIten Büreau einzusehenden Taxe, soll
am 6. Februar 1845, Vormittags 11 Uhr,
an ordentlicher Gerichtsstelle, Zimmerstraße Nr. 25 subhastirt werden.
Die, dem Aufenthalte nach unbekannten Gläubiger, der pensionirte Postwagenmeister Karl Gottfried Ferdinand Voigt und der Arbeitsmann Johann Friedrich Paul werden hierzu öffentlich vorgeladen.

Nothwendiger Verkauf.
Königl. Landgericht zu Berlin, den 15. Okt. 1844.
Die dem Ziegeleibesitzer Gottfried Ludwig gehörige Baustelle an der Potsdamer Straße Vol. III Nr. 153 Fol. 232 des landgerichtlichen Hypothekenbuches von Alt-Schöneberg, abgeschätzt auf 209 Thlr. 7 Sgr. 1 Pf. zufolge der, nebst

Hypothekenschein in dem IIten Bürean einzusehen-
en Tare, soll

am 28. Februar 1845, Vormittags 11 Uhr,
n ordentlicher Gerichtsstelle, Zimmerstraße Nr. 25,
ubhaftirt werden.

Die dem Aufenthalte nach unbekannte Gläubi-
erin Marie Barthel wird hierzu öffentlich vor-
eladen.

Rothwendiger Berkauf.

Königl. Landgericht zu Berlin, den 18. Okt. 1844.

Das im Hypothekenbuche auf den Namen des
Gottfried Borchardt eingetragene, im Naturals-
esitz des Oekonomen Tobias Heinrich Bernhardt
Mühlberg befindliche Zinsbauergut Nr. 2 zu
Mahlsdorf, abgeschätzt auf 6481 Thlr. 3 Sgr.
Pf. zufolge der, nebst Hypothekenschein in dem
Iten Bürean einzusehenden Tare, soll

am 28. April 1845, Vormittags 11 Uhr,
m ordentlicher Gerichtsstelle, Zimmerstraße Nr. 25,
ubhaftirt werden.

Alle unbekannten Realprätendenten werden aufgeboten, sich bei Vermeidung der Präklusion spä-
estens in diesem Termine zu melden.

Bekanntmachung.

Das der verehelichten Regierungs-Sekretair
Schmidt, Elise geborne Liegnitz, gehörige, in
er Berliner Vorstadt, neue Königsstraße Nr. 9 n
elegene, in unserm Hypothekenbuche von jener
Vorstadt Vol. III Nr. 117 verzeichnete, auf 5137
Thlr. abgeschätzte Grundstück nebst Zubehör soll
m Wege der nothwendigen Subhastation verkauft
werden, und ist hierzu ein Bietungstermin auf

den 6. Februar 1845, Vormittags 10 Uhr,
vor dem Stadtgerichtsrath Herrn Steinhausen
m Stadtgericht, Lindenstraße Nr. 54, anberaumt.

Der Hypothekenschein, die Tare und die be-
onderen Kaufbedingungen sind in unserer Regi-
tratur einzusehen.

Potsdam, den 18. Juli 1844.

Königl. Stadtgericht hiesiger Residenz.

Rothwendiger Berkauf.

Land- und Stadtgericht zu Brandenburg an
er Havel, den 31. August 1844.

Das in Plemnitz sub Nr. 48 belegene, Vol. I
Fol. 451 des Hypothekenbuches eingetragene und
dem Schlossermeister Johann Heinrich Eisenmenger gehörige Altelnwohnergut, gerichtlich
abgeschätzt auf 752 Thlr. 19 Sgr. 6 Pf. zufolge

---

der, nebst Hypothekenschein und Kaufbedingungen
in unserer Registratur einzusehenden Tare, soll

am 13. Januar 1845, Vormittags 11 Uhr,
an ordentlicher Gerichtsstelle vor dem Deputirten
Herrn Kammergerichts-Assessor Bendel subhastirt
werden.

Rothwendiger Berkauf.

Frhr. von Arnimsches Gericht über Raakstädt.

Prenzlow, am 24. Juni 1844.

Die in der Ukermark im Templiner Kreise belegene, dem Baron von Eickstedt zugehörige Besitzung, genannt Gustavsruh, abgeschätzt auf
11,632 Thlr. 21 Sgr. 7 Pf. zufolge der, nebst
Hypothekenschein und Bedingungen in der Registratur einzusehenden Tare, soll

am 14. Januar 1845, Vormittags 11 Uhr,
an Gerichtsstelle hierselbst subhastirt werden.

Rothwendige Subhastation.

Stadtgericht zu Wittstock, den 6. September 1844.

Folgende Antheile an den hierselbst im dritten
Viertel am großen Kirchenplatze belegenen, Vol. III
Nr. 14 und 15 Fol. 14 des Hypothekenbuchs
verzeichneten Prediger-Wittwen-Häusern:

1) der Antheil der Geschwister Sohns, abgeschätzt auf 677 Thlr. 23 Sgr. 1½ Pf.,

2) der Antheil der Prediger Graefeschen Erben,
abgeschätzt auf 623 Thlr. 9 Sgr. 9 Pf.,

sollen

am 9. Januar 1845, Vormittags 11 Uhr
und Nachmittags 4 Uhr,

an gewöhnlicher Gerichtsstelle subhastirt werden.

Tare und Hypothekenschein sind in der Registratur des Gerichts einzusehen.

Rothwendiger Berkauf.

Stadtgericht zu Wittstock, den 19. September 1844.

Folgende zur Konkursmasse des Malers Le-
pin gehörige Grundstücke:

1) ein im dritten Viertel in der Groeperstraße
Nr. 4 belegenes, Vol. III Nr. und Fol. 4 des
Hypothekenbuches verzeichnetes und auf 2404
Thlr. 8 Sgr. 11 Pf. gerichtlich abgeschätztes
Wohnhaus,

2) ein vor dem Groeper Thore links am Kanal
belegener, Vol. II a Nr. 13 Fol. 113 des
Hypothekenbuches verzeichnet und auf 272
Thlr. — Sgr. 3 Pf. gerichtlich abgeschätzter
Garten,

sollen

am 6. Februar 1845, Vormittags 11 Uhr
und Nachmittags 4 Uhr,
an ordentlicher Gerichtsstelle subhastirt werden.
Taxe und Hypothekenschein sind in der Registratur des Gerichts einzusehen.

Nothwendiger Verkauf.

Der Acker, Wiesen, und Weidpaln des Kossäthen Wilhelm Philipp zu Suckow von 54 Morgen
113 □Ruthen, Vol. I. Nr. G. Fol. 41 des
Hypothekenbuches von Suckow, eingetragen, abgeschätzt zu 1250 Thlr. zufolge der, nebst Hypothekenschein, in der Registratur einzusehenden Taxe, soll
sich am 7. Januar 1845, Morgens 11 Uhr,
in der Gerichtsstube zu Nettelbeck subhastirt werden.
Putlitz, den 10. September 1844.
Nach v. Zenasche Gericht zu Nettelbeck.

Nothwendiger Verkauf.

Königl. Land- und Stadtgericht zu Wriezen,
den 4. Oktober 1844.
Das, in der Stadt Wriezen belegene, Vol. III
Reg. 49. Nr. 103 des Hypothekenbuchs verzeichnete, acht Geschwistern Kührow gehörige
Wohnhaus und Zubehör, zufolge der, nebst Hypothekenschein in unserer Registratur einzusehenden
Taxe auf 1076 Thlr. 4 Sgr. 8 Pf. gerichtlich
abgeschätzt, soll Theilungshalber,
am 7. Februar 1845,
an hiesiger Gerichtsstelle subhastirt werden.
Der früher in Pollwitz wohnhaft gewesene
Hypotheken-Gläubiger, Gensdarme Karl Leberecht
Schulze wird zu diesem Termine hierdurch vorgeladen.

Subhastations-Patent.
Nothwendiger Verkauf.

Königl. Stadtgericht zu Perleberg.
Das dem Messerschmidtmeister George Wilhelm
Dunkel zu Perleberg gehörige, in der Kräuerstraße
sub Nr. 28 im IIten Bezirk belegene und Vol. II
Pag. 561 des neuen stadtgerichtlichen Hypothekenbuches verzeichnete Wohnhaus nebst Zubehör, insbesondere
1) der Weidenkavel Nr. 91 Wittenberger-Seits und
2) den Tormenkavel Nr. 100 Wittenberger-Seits,
an deren Stelle bei der Separation der Perleberger Feldmark jedoch
a) die Weidenkapel Nr. 127 vor dem Mühlenthore,
b) der hinter der Hagenwiese belegene Viertelländer-Plan Nr. 312

getreten sind, zusammen taxgeschätzt auf 229 Thlr.
17 Sgr. 11½ Pf. zufolge der, nebst Hypothekenschein und Bedingungen in unserer Registratur einzusehenden Taxe, soll
am 28. Januar 1845, Vormittags 11 Uhr
bis Abends 5 Uhr,
an der Gerichtsstelle subhastirt werden.

Freiwilliger Verkauf.

Das dem Erben des Bäckermeisters Amira
Wilhelm Kromer zugehörige, im Hypothekenbuche
der Stadt Joachimsthal Vol. IV. Nr. 166 verzeichnete, auf 793 Thlr. 26 Sgr. taxirte Grundstück
am 17. Februar 1845, Vormittags 10 Uhr,
an der Gerichtsstelle Theilungshalber in freiwilliger Subhastation verkauft werden.
Taxe, Hypothekenschein und Bedingungen sind
in der Registratur einzusehen.
Königl. Schulamts-Gericht zu Joachimsthal
den 9. Oktober 1844.

Nothwendiger Verkauf.

Königl. Land- und Stadtgericht zu Brat
den 11. Oktober 1844.
Das hierselbst belegene, im Hypotheken-
der Stadt Vol. VIII Pag. 225 Nr. 268 ver-
nete, den Erben der verwittweten Frau Steuer-
Inspektor Bode, Anne Elisabeth, geborne Jen-
necke gehörige, auf 1341 Thlr. 10 Sgr.
10½ Pf. abgeschätzte Grundstück soll im Weg der
nothwendigen Subhastation, Erbtheilungshalber im
Termine
den 14. Februar 1845, Vormittags 11 Uhr,
durch den Deputirten Herrn Oberlandesgerichts-
Assessor v. Piper, öffentlich, meistbietend verkauft werden. Die Taxe und der Hypothekenschein liegen in unserer Registratur eingesehen werden.
Zugleich werden alle unbekannten Realprätendenten aufgefordert, zur Geltendmachung ihrer etwanigen Ansprüche sich spätestens in diesem Termine zur Vermeidung der Präklusion zu melden.

Nothwendiger Verkauf.

Land- und Stadtgericht Oranienburg, den
16. Oktober 1844.
Die dem Kaufmann Henri Gau gehörigen
hierselbst belegenen, im Hypothekenbuche der
Stadt Oranienburg Vol. I. Nr. 101 und 116 verzeichneten beiden Gärten, nebst dem darauf befindlichen Wohnhause und den Fabrikgebäuden sollen Schuldenhalber in dem

am 11. Februar 1845, Vormittags 10 Uhr,
in hiesiger Gerichtsstelle anstehenden Termin meistbietend verkauft werden.

Die mit 1631 Thlr. 15 Sgr. 9 Pf. abschließende Taxe kann nebst dem Hypothekenschein in
der Registratur des Gerichts eingesehen werden.

Der seinem Aufenthalte nach unbekannte Besitzer wird zugleich mit vorgeladen.

Nothwendiger Verkauf.

Land- und Stadtgericht zu Luckenwalde, den
1. Oktober 1844.

Das dem Webermeister Christian Gottfried
Marscheider gehörige, in Stadt Jüna in der
Berliner Straße belegene Oberlausitzer Weber-
Etablissement und Zubehör, gerichtlich geschätzt auf
1217 Thlr. 2 Sgr. 8 Pf. soll

am 3. Februar 1845, Vormittags 10 Uhr,
in ordentliche Gerichtsstelle subhastirt werden.

Die Taxe und der neueste Hypothekenschein
können in der Registratur eingesehen werden.

Nothwendiger Verkauf.

Stadtgericht zu Wittenberge, den 14. Oktober 1844.

Das im Hypothekenbuche Vol. VI Nr. 206
eingeschriebene, dem Zimmergesellen Joachim
Christoph Erfert gehörende Wohnhaus hierselbst,
abgeschätzt nach der in unserer Registratur täglich
einzusehenden Taxe auf 560 Thlr. Kour., soll

am 6. Februar 1845, Vormittags 11 Uhr,
auf der Gerichtsstelle meistbietend verkauft werden.

Nothwendiger Verkauf.

Königl. Land- und Stadtgericht zu Jüterbogk.

Das dem Schleyschen Erben gehörige Haus
nebst Zubehör, Nr. 295 hierselbst, geschätzt auf
108 Thlr. 18 Sgr. soll

am 7. Februar 1845,
in hiesiger Gerichtsstelle in nothwendiger Subhastation verkauft werden. Taxe und Hypotheken-
Zustand können in hiesiger Registratur eingesehen
werden. Etwanige unbekannte Realprätendenten
werden zu diesem Termine bei Vermeidung sonstiger Präklusion mit ihren Rechten vorgeladen.

Freiwillige Subhastation.

Land- und Stadtgericht zu Bernau, den 19.
Oktober 1844.

Die bei hiesiger Stadt im Bernauer Felde
sub Nr. 48 belegene im Hypothekenbuche Vol. III

Nr. 28 verzeichnete Hufe Landes der drei Geschwister Schaeffer, gerichtlich abgeschätzt auf
633 Thlr. 1 Sgr. 8 Pf. soll Theilungshalber in
dem an hiesiger Gerichtsstelle auf

den 11. Dezember d. J., Vormittags 11 Uhr,
anberaumten Lizitationstermin in Parzellen oder
im Ganzen meistbietend verkauft werden.

Die Taxe, der Hypothekenschein und die Kaufbedingungen können täglich in der Registratur eingesehen werden.

Nothwendige Subhastation bei dem von Roh-
rschen Gerichte zu Meyenburg.

Die Köppenschen Grundstücke zu Schmolde,
nämlich das Haus Nr. 37 a und 2 Morgen
55 □Ruthe Weide, tarirt zu 336 Thlr. 26 Sgr.
9 Pf. und 110 Thlr. sollen

am 25. Januar 1845, Vormittags 11 Uhr,
an der Gerichtsstelle zu Meyenburg verkauft werden. Die Taxe und der Hypothekenschein sind
daselbst einzusehen.

Bekanntmachung.

Der zu dem Wohnhause Nr. 82 von Wittstock
gehörige Wiesengarten soll im Wege der Exekution
am 12. November 1844, Vormittags 11 Uhr,
vor dem Herrn Justiz-Rath König im hiesigen
Gerichtslokale öffentlich meistbietend verpachtet werden. Wittstock, den 13. Oktober 1844.
Königl. Land- und Stadtgericht.

Güter-Verkauf.

Durch den Absatz von vielen großen und kleiner
Güter sehe ich mich genöthigt, die Herren Gutsbesitzer, welche geneigt sind zu verkaufen, höflichst
zu ersuchen, gütigst mir die resp. Anschläge franko
baldigst zu übersenden.
Zimmermann in Friedland-Mecklenburg.

Am 5. November d. J., Vormittags 10 Uhr,
soll der mir zugehörige Krughof zu Lüchen, auf
der jetzt fahrbaren neuen Chaussee zwischen Prit-
walk und Havelberg, mit Materialhandlung, Acker,
Holz und sonstigem Zubehör öffentlich meistbietend
verkauft werden. Kaufliebhaber können sich am
genannten Tage im Kruge selbst einfinden, wo die
Bedingungen, die sehr vortheilhaft gestellt sind, bekannt gemacht werden.
Lüchen bei Pritzwalk, den 22. Oktober 1844.
Wittwe Gerloff.

Auktion.

Montag, als den 4. November, Vormittags 10 Uhr, sollen im Hause des Posthalters W. Bochow zu Treuenbrietzen, wegen Aufgabe der Posthalterei zu Jüterbogk, folgende Gegenstände öffentlich meistbietend gegen gleich baare Zahlung verkauft werden:

1) 19 Stück Postpferde,
2) 4 » Ackerpferde,
3) 2 » 2jährige Fohlen,
4) 1 Kaleschwagen,
5) 1 Halbchaise,
6) 19 Stück Geschirrzeuge,
7) 6 » Sättel, Pferdedecken, Ketten, Schippen, Futterkasten, und dergl. mehr.

W. Bochow.

Vom 5. Oktober Nachmittags bis den 6. früh, ist von Potsdam bis Buchholz auf der Wittenberger Chaussee, ein Tornister von einem Wagen abhänden gekommen, worin sich nachbenannte Sachen befanden: 1 Paar schwarz lackirte Tornisterriemen, 1 Montirung vom 1sten Garde-Regiment, 1 Haarbusch nebst Tülle und Nadel, 1 Säbeltrobbel, 1 Paar feine graue Tuchhosen mit rother Biese, 1 Paar Hosenträger, 1 Paar weißwollene Strümpfe, 1 Weste, 1 Halsbinde, 1 Rasirmesser und 4 Bürsten. Wer über den Verbleib obiger Sachen Nachricht geben kann, wird ersucht, sich in Potsdam, Junkerstraße Nr. 27 beim Feldwebel Schulz zu melden. Vor dem Ankauf wird gewarnt.

Durch sämmtliche Postanstalten und W. Moeser & Kühn in Berlin, Kommandantenstr. 2b, ist zu beziehen:

Gemeinnützige Erfindungen in der **Branntweinbrennerei und Bierbrauerei**, herausgegeben von Dr. W. Keller, Apotheker 1ter Klasse, und Vorsteher des landwirthschaftlich-technischen Instituts zu Lichtenberg, ganz in der Nähe von Berlin.

Diese Zeitschrift erscheint in monatlichen Lieferungen à 3 Bogen gr. 4. Der halbjährliche Subskriptionspreis beträgt 2½ Thlr. Sachkundig theoretisch gebildete und praktisch erfahrene Männer bearbeiten dieselbe, und ihre mitgetheilten Erfindungen beruhen auf Wahrheit und sind der strengsten Prüfung unterworfen. Eine ähnliche Zeitschrift, welche sich sowohl durch Reichhaltigkeit des Wissenswerthesten, als auch durch ihren praktischen Werth auszeichnet, dürfte bis jetzt noch nicht erschienen sein. Erst die überaus neuerer Zeit hat in diese beiden technischen Gewerbe Einheit und Klarheit gebracht, so daß dem Gewerbetreibenden von jetzt an möglich, die im Betriebe oft vorkommenden Veränderungen auf leichte, und einfache Weise richtig zu wissen und die sich vorfindenden Fehler zu beseitigen.

Ueber die bereits erschienenen drei ersten Lieferungen besagen die durch die Königl. Postämtern gratis zu beziehenden Prospekte das Nähere, wie auch besonders bemerkt wird, daß der Subskribenten jede Lieferung franco durch die Post erhalten.

In dem Verlage des Unterzeichneten erscheint binnen Kurzem:

Haupt- und Sach-Register

zu

den Amtsblättern

für die

Königl. Regierungen zu Berlin, Potsdam und die Stadt Berlin

vom Jahre 1811 bis incl. 1841.

Zusammengestellt

vom

Hütten-Faktor Wildenhayn

in Freienwalde.

Bestellungen darauf nehmen alle Wohllöbliche Postämter und Buchhandlungen und in Potsdam die Stuhrsche Buchhandlung.

Berlin, im Oktober 1841.

Ferdinand Rubach

Oeffentlicher Anzeiger

zum 45ften Stück des Amtsblatts
r Königlichen Regierung zu Potsdam und der Stadt Berlin.

Den 8. November 1844.

Steckbriefe.

Der Schuhmachergeselle Albert August Christoph
)er, wegen vorsätzlicher schwerer Körperbe=
bigung eines Menschen zu sechsmonatlicher
afarbeit verurtheilt, hat sich heimlich entfernt,
sich dadurch der Strafvollstreckung zu ent=
n gewußt.
Alle resp. Zivil= und Militairbehörden des In=
Auslandes werden dienstergebenst ersucht, auf
nachstehend näher bezeichneten Leder vigili=
. ihn im Betretungsfalle verhaften, hierher
sportiren und an die Expedition der Stadt=
tei=Gefängnisse abliefern zu lassen. Wir ver=
rn die ungesäumte Erstattung der dadurch ver=
ßten baaren Auslagen und den verehrlichen
rden des Auslandes eine gleiche Rechtswill=
gkeit. Berlin, den 26. Oktober 1844.
Königl. Kriminalgericht hiesiger Residenz.
v. Schroetter.

Personsbeschreibung. Der Schuhmacher=
le Albert August Christoph Leder ist 23 Jahre
aus Frankenhausen im Schwarzburg=Rudol=
schen gebürtig und evangelischer Religion. =
Fuß 3 Zoll groß, untersetzter Statur, hat
elblonde Haare und Augenbrauen, bedeckte
n, blaue Augen, stumpfe Nase, gewöhnlichen
id und Kinn, vollständige Zähne, blonden Bart,
e Gesichtsfarbe und runde Gesichtsbildung.
seine Kleidungsstücke können nicht angegeben
en.

Der wegen großen gemeinen und zugleich zwei=
Diebstahls mit achtzehnmonatlicher Zuchthaus=
beftrafte, erst kürzlich aus der Strafanstalt
Spandow nach Cossenblatt, diesseitigen Amts=
ks entlassene, unter polizeilicher Aufsicht fte=
e und nachstehend signalisirte vormalige Kut=
, jetzige Arbeitsmann Johann Friedrich Wil=
Noppens hat sich heimlich aus seinem
norte entfernt, und treibt sich wahrscheinlich
send umher. Indem wir auf denselben hier=

mit aufmerksam machen, ersuchen wir die resp.
Behörden, ihn im Betretungsfalle anzuhalten, und
mittelst Zwangspasses hierher zu weisen.
Trebatsch, den 2. November 1844.
Königl. Domainen= und Polizei=Amt.

Signalement. Namen: Johann Friedrich
Wilhelm Noppens, Stand: Arbeitsmann, Ge=
burts= und Wohnort: Cossenblatt, Religion: evan=
gelisch, Alter: 35 Jahre, Größe: 5 Fuß 5 Zoll,
Haare: dunkelblond, Stirn: niedrig, Augenbrauen:
blond, schwach, Augen: braun, Nase: breit und
spitzig, Mund: breit, aufgeworfen, Zähne: vorne
vollständig, Bart: schwach, Kinn und Gesicht:
oval, Gesichtsfarbe: gesund, Statur: untersetzt.

Besondere Kennzeichen: fehlen.

Bekleidung. Wahrscheinlich blauer Tuch=
überrock, weiße Weste, graue Tuchhosen, weiße
Socken, kurze Stiefeln, neues Hemde, rother
Shawl und schwarze Tuchmütze mit Schirm.

Der nachstehend signalisirte und bis zum 4. Ok=
tober d. J. in der Strafanstalt zu Spandow be=
tinirt gewesene Arbeitsmann Friedrich Gottfried
Hoepfner aus Moerz ist bei dem bei seiner Ent=
lassung ertheilten beschränkten Reiseroute zuwider
bis jetzt noch nicht im letztgedachten Orte einge=
troffen, und treibt sich wahrscheinlich vagabondi=
rend umher. Alle resp. Zivil= und Militairbehör=
den werden daher dienstergebenst ersucht, auf den
Hoepfner vigiliren und ihn im Betretungsfalle
unter sicherm Transport hierher befördern zu lassen.
Belzig, den 2. November 1844.
Königl. Rent= und Polizei=Amt.
Selle.

Signalement. Friedrich Gottfried Hoepfner
aus Moerz, Religion: evangelisch, Alter: 28 Jahre,
Größe: 5 Fuß 1½ Zoll, Haare: blond, Stirn: be=
deckt, Augenbrauen: blond, Augen: blaugrau, Nase:
gewöhnlich, Mund: etwas aufgeworfen, Zähne:

vollſtändig, Bart: blond, Kinn: rund, Geſichtsfarbe: geſund, Geſicht: oval, Statur: unterſetzt.
Beſondere Kennzeichen: fehlen.

Bekleidet war der Hoepfner bei ſeiner Entlaſſung mit einer leinenen Jacke, einem leinenen
Beinkleid, einer leinenen Unterhoſe, einer Unterjacke,
einer Tuchweſte, einem Hembe, einem Halstuch,
einem Paar Schuhe und einem Paar baumwollenen Socken. Außerdem führte derſelbe ein neues
Hembe und ein altes Schnupftuch noch bei ſich.

Steckbriefs-Erledigungen.

* Der im Oeffentlichen Anzeiger zum 42ſten
Stück des Amtsblatts d. J. abgedruckte Steckbrief
hinter den Schuhmachergeſellen Friedrich Wilhelm
Joſt iſt durch Wiedereinlieferung deſſelben zu unſerm Gefängniſſe erledigt.

Cremmen, den 27. Oktober 1844.

Der Magiſtrat.

* Der unterm 2. September d. J. von uns erlaſſene Steckbrief iſt durch das Ergreifen der Dorothee Regine Sachſe und des Webergeſellen
Art erledigt. Wittenberge, den 27. Oktober 1844.

Das Gericht zu Stavenow.

Der ſteckbrieflich unterm 19. Juli d. J. von
hier verfolgte Militairſträfling Chriſtian Gottlob
Ebermann iſt wieder ergriffen und daher jener
Steckbrief erledigt.

Spandow, den 1. November 1844.

Königl. Kommandantur.

Steckbrief.

* In der letzten Nacht ſind der Webergeſelle
Adam Andreas Art aus Cölleda und die unverehelichte Dorothee Regine Sachſe aus Vollſtädt,
wegen Entweichens aus dem Gefängniſſe und wiederholter Dieberei verhaftet, mittelſt Ausbruchs
aus dem Gefängniſſe hierſelbſt entſprungen.

Sämmtliche Militair- und Zivilbehörden werden erſucht, auf dieſe höchſt gefährlichen Verbrecher,
die ſich gewöhnlich in den Dörfern umhertreiben
und unter dem Vorgeben, einen Handel zu betreiben, Dieberei mit einem hohen Grade von Frech-
heit betreiben, wachen, und wenn ſie ſich betreten
laſſen ſollten, ihre Arretirung zu verfügen und uns
von derſelben gegen die Koſten Anzeige
zu machen. Wittenberge, am 2. November 1844.

Das Gericht zu Stavenow,

Signalement

I. des Webergeſellen Art.

Familiennamen: Art, Vornamen: Adam Andreas, Geburtsort: Grießſtedt, Aufenthaltsort: Cölleda, Religion: evangeliſch, Alter: 26 Jahr, Größe:
5 Fuß 3 Zoll, Haare: ſchwarzbraun, Stirn: gewölbt, Augenbrauen: blond, Augen: blau, Naſe:
Naſe: ſpitz, Mund: gewöhnlich, Bart: blond, ſchwa-
cher blonder Schnurrbart, Zähne: mangelhaft,
Kinn: rund, Geſichtsbildung: oval, Geſichtsfarbe:
etwas blaß, Geſtalt: unterſetzt, Sprache: ſächſiſch-
deutſch.

Beſondere Kennzeichen: fehlen.

Bekleidung: ſchwarzblauer Oberrock mit
überſponnenen Knöpfen und grün geblümten Ka-
tunfutter, einen blaugrauen Oberrock mit ſchwarzen
Hornknöpfen, ſchwarze Tuchweſte mit überſponnenen Knöpfen, graue Tuchhoſen, ſchwarze Halsbinde
mit Schleife, weißes Chemiſette, gedruckte leinene
Unterjacke, grüne Tuchmütze mit blankem Schirm,
kurze rindlederne Stiefeln, graue wollene Strümpfe,
zwei Hemden und ein weiß und blaues Oberhemd,
blau kattunes Taſchentuch mit weißem Saum.

II. Der Dorothee Regine Sachſe

Familiennamen: Sachſe, Vornamen: Dorothee Regine, Geburts- und Aufenthaltsort: Vollſtädt, Religion: evangeliſch, Alter: 33 Jahr, Größe:
4 Fuß 11 Zoll, Haare: ſchwarzbraun, Stirn: gewölbt, Augenbrauen: ſchwarz, Augen: grau, kurz
kurz und dick, Mund: klein, Zähne: mangelhaft,
Kinn: ſpitz, Geſichtsbildung: oval, Geſichtsfarbe:
geſund, Geſtalt: unterſetzt, Sprache: ſächſiſch-
deutſch.

Beſondere Kennzeichen: fehlen.

Bekleidung: braunen Tuchmantel mit
Gingham gefüttert, ſchwarz kattunen Mantel mit
weißem Flanell gefüttert, ſchwarzes Merino-Kleid,
wollene Unterröcke, gedruckte Unterjacke, gingham-
rothbunte Schürze, lederne Zeugſchuhe, blaubraun
wollene Strümpfe, Merino-Mütze mit Pelzranden,
ein weißes Hembe, ein rothkarrirtes Umſchlagetuch
und Strohhut.

Bekanntmachung.

Am 28. oder 29. d. M. ſind durch Ausbrechen
des Geldkaſtens in der Kirche zu Dobberzin
aus dieſem:

1) baares Geld in verſchiedenen Münzſorten,
36 Thlr. 6 Sgr. 3 Pf.

2) die Koupons der Kur- und Neumärkiſchen
Pfandbriefes Nr. 25,641 über 300 Thlr.

3) die Koupons 'eines Staatsschuldscheins über
25 Thlr. Litt. H. Nr. 9395,
gestohlen worden.

Die wohllöblichen Polizeibehörden werden ergebenst ersucht, uns von allen sich etwa ergeben-
en Verdachtsgründen, welche zur Ermittelung des
Thäters und Wiederbeischaffung des gestohlenen
Gutes führen können, sofortige Anzeige zugehen
zu lassen. Zinna, den 30. Oktober 1844.
Königl. Polizeiamt Zinna.

Bekanntmachung.

Der Mühlenmeister Kalbow zu Dergenthin
hat die Absicht, auf einem ihm eigenthümlich gehörigen Theil der sogenannten Bergstücken auf der
Saaslicher Feldmark eine Bockwindmühle mit zwei,
ausschließlich zur Mehlbereitung bestimmten Mahlgängen zu erbauen.

Indem ich dies hiermit zur öffentlichen Kenntniß bringe, fordere ich alle diejenigen auf, welche
aus dem Edikte vom 28. Oktober 1810 oder aus
der Allerhöchsten Kabinetsordre vom 23. Oktober
1826 ein begründetes Widerspruchsrecht gegen die
Ausführung des obigen Vorhabens zu haben glauben, dieses Widerspruchsrecht binnen acht Wochen
präklusivischer Frist, vom Tage dieser Bekanntmachung an gerechnet, entweder bei mir oder bei
dem Bauherrn schriftlich geltend zu machen.
Perleberg, den 10. September 1844.
Königl. Landrath der Westpriegnitz.
v. Saldern.

Bekanntmachung.

Aus hiesigem Königl. Forstrevier sollen am
Montage, den 18. d. M., Vormittags 9 Uhr,
im Gasthofe zum Prinzen Karl in der Teltower
Vorstadt hierselbst 484½ Klafter trockene Kiefern-
Kloben und 68½ Klafter dergl. Knüppel aus dem
Wirthschaftsjahre 1844; 57 Stück Eichen- und
Kiefern Schneidereben von 12 bis 30 Fuß Länge
und 51½ Klafter Eichen- und Kiefern-Kloben,
Knüppel und Stubben aus dem Wirthschaftsjahre
1845 unter freier Konkurrenz und den gewöhnlichen, im Termin vorzulegenden Bedingungen,
wozu namentlich die sofortige Erlegung des Mahl-
steigert werden. Die Hölzer stehen in den Jagen
61, 71 und 72, resp. ⅛ und ¼ Meile weit von
dem mit der Havel in Verbindung stehenden Grieb-
nitzsee entfernt, und werden auf Verlangen von
den Förstern Kolbig zu Klein-Glienecke und

Beer zu Steinstücken vor dem Termin örtlich zur
Ansicht vorgezeigt werden.
Potsdam, den 5. November 1844.
Königl. Oberförsterei.

Bekanntmachung.

Von dem diesjährigen hiesigen Rentamts-Zins-
getreide-Einschutt, bestehend in circa 11 Scheffel
15 Metzen Weizen, 308 Scheffel 13 Metzen Roggen, 9 Scheffel 2 Metzen Gerste und 756 Scheffel
8 Metzen Hafer sollen in den beiden, in der Expedition des unterzeichneten Rentamts anstehenden
Terminen, und zwar:

a) den 21. November d. J. 200 Scheffel Roggen und 400 Scheffel Hafer,

b) den 5. Dezember d. J. der Ueberrest des obigen Getreides, soweit solcher von den Zinsten
nicht baar bezahlt worden,

öffentlich an den Meistbietenden verkauft werden.
Indem wir Kauflustige hierzu einladen, bemerken
wir zugleich, daß die Termine um 10 Uhr Vormittags beginnen, daß der vierte Theil des Kaufgeldes zur Sicherheit des Gebots im Termine zu
deponiren ist und der Zuschlag bei annehmbaren
Geboten sofort ertheilt wird.
Lübben, den 26. Oktober 1844.
Königl. Domainen-Rentamt.

Bekanntmachung.

Die Abfuhr aus den Apartements, den Torf-
asch-, Senk- und Müllgruben bei den hiesigen
Garnison-Anstalten und die Reinigung derselben
soll auf sechs nacheinanderfolgende Jahre anderweitig vergeben werden. Wir haben zu diesem
Behuf einen Lizitationstermin auf
den 14. November d. J., Vormittags 10 Uhr,
in unserm Geschäftslokal, Breite Straße Nr. 29,
anberaumt, zu welchem die darauf reflektirenden
Unternehmer mit dem Bemerken vorgeladen werden, daß die hierauf bezüglichen Bedingungen in
unserm Büreau täglich eingesehen werden können.
Potsdam, den 24. Oktober 1844.
Königl. Garnison-Verwaltung.

Holz-Auktion.

Am 16. November d. J., Vormittags 11 Uhr,
sollen in der Kapitelsstube zu Brandenburg öffentlich an den Meistbietenden verkauft werden:

1) eine Partie Kiefern-Bau-, Nutz- und Brennholz auf dem Stamm, in der Sehlensdorf-
schen Forst,

2) eine Partie kleines Kiefernholz auf dem Stamm, bei Vorwerk Mötzow.

Ersteres wird Kauflustigen durch den Förster Seifert in Sehlensdorf, Letzteres durch den Heidewärter Ahlfeld, im Pählhause zu Mötzow wohnhaft, nachgewiesen.

Die näheren Bedingungen werden im Termin bekannt gemacht.

Dom Brandenburg, den 19. Oktober 1844.

Der Rentbeamte des Domkapitels.
Derling, Hauptmann a. D.

Oeffentliche Bekanntmachung.

Aus dem Erbrezeß über den Nachlaß des Freimanns Christian Schlichting vom 5. März 1810 sind auf das zu Roffow belegene, im Hypothekenbuche Vol. I Pag. 477 Nr. 35 verzeichnete Grundstück, Rubr. III sub Nr. 1 daselbst für die drei minorennen Schlichtingschen Kinder 87 Thlr. 9 gGr. Erbgelder ad decretum vom 14. März 1810 eingetragen. Dieselben sind aber längst berichtigt und sollen bei dem verpfändeten Grundstücke im Hypothekenbuche gelöscht werden.

Das über die gedachte Forderung ausgefertigte Dokument ist jedoch nicht beigebracht, es hat auch bis jetzt nicht herbeigeschafft werden können; es werden daher alle diejenigen unbekannten Personen, welche als Eigenthümer, Erben, Zessionarien, Pfandinhaber oder sonst Berechtigte an dasselbe Ansprüche zu haben vermeinen, hierdurch vorgeladen, solche in dem auf

den 15. Februar 1845 zu Roffow vor uns angesetzten Termine anzumelden, widrigenfalls sie mit ihren Ansprüchen werden präkludirt und ihnen deshalb ein ewiges Stillschweigen wird auferlegt werden.

Prenzlow, am 26. Oktober 1844.

Das Kerstensche Gericht über Roffow.
Hugo.

Publikandum.

In der Prozeßsache des Hauslehrers Korn, früher zu Berlin, wider den ehemaligen Einwohner Kuppe zu Caseckow steht dem Erstern noch eine Forderung von 12 Thlrn. 10 Sgr. zu, deren Betrag sich im Depositorio des unterzeichneten Gerichts befindet. Da indeß der jetzige Aufenthaltsort des rc. Korn nicht zu ermitteln ist, so fordern wir den Letztern oder seine Erben, nach Maßgabe des § 391 des Anhangs zur Allgemeinen Gerichts-

Ordnung und des Rescripts vom 21. Septem. 1836 hierdurch öffentlich auf, sich innerhalb er Wochen, gehörig legitimirt, zur Empfangsn. obiger Summe bei dem unterzeichneten Gerichte melden, widrigenfalls solche an die allgemeine Jn-Offizianten-Wittwenkasse abgeliefert werden wi.

Schwedt, den 20. Oktober 1844.

Das Patrimonialgericht über Caseckow.

Der unvermuthet statt gefundene Verlust des jetzigen Inhabers wegen, ist die Wohnung der Belle-Etage der zum hiesigen Kadettenk. gehörigen, ehemaligen von Stutterheimsk. Häuser, Nauener Straße Nr. 14 und 15 bez. bestehend in 5 heizbaren Zimmern, einem de einem Kabinett, Küche, Keller, mehrern ab-schlossenen Bodenräumen, Stallung für 3 Pfer Wagenremse, gemeinschaftlicher Benutzung e. Waschküche und eines Trockenbodens, sogleu. oder zum 1. Januar 1845 anderweitig zu miethen.

Die näheren Kontrakts-Bedingungen sind in Geschäftslokale des genannten Kadettenhauses mittags von 10 bis 1 Uhr einzusehen, wie. w zu vermiethende Wohnung jeder Zeit in Au-schein genommen werden kann.

Potsdam, den 22. Oktober 1844.

Königl. Kommando des hiesigen Kadettenhaus.

Das in der Uckermark, eine halbe Meile von Brüssow, drei Meilen von Prenzlow belegene Rittergut Trampe, soll von Trinitatis 1845 ab auf 16 nacheinanderfolgende Jahre meistbietend verpachtet werden. Wir haben hierzu einen Termin au.

den 6. Dezember d. J., Vormittags 11 Uhr, in der Wohnung des unterzeichneten Richters an-gesetzt, und laden Pachtlustige zu demselben ein.

Die Pachtbedingungen können in unserer Re-gistratur eingesehen werden.

Prenzlow, den 21. Oktober 1844.

Das Patrimonialgericht Trampe.
Schroetter.

Berlin-Anhaltische Eisenbahn.

Der letzte Zinskoupon I. Serie, welche den Prioritäts-Aktien unserer Gesellschaft ausgegeben worden, wird am 2. Januar k. J. fäl und es ist daher die Ausgabe der II. Serie zur

oupons (vom 1. Januar 1845 bis ult. Dezember
848) erforderlich.

Mit der Ausgabe dieser neuen Kouponsbogen
oird   am 15. November d. J.
egonnen, und damit
                   bis 23. Dezember d. J.
in jedem Wochentage, Vormittags von 9 bis
2 Uhr, in unserer Hauptkasse
                   am Askanischen Platze Nr. 6
ortgefahren werden.

Die Inhaber der Prioritäts-Aktien werden er-
ucht, solche mit einem geordneten Nummer-Ver-
eichnisse einzureichen, worüber sie eine, vom Ren-
anten der Gesellschaft, Herrn Ritter vollzogene
Interims-Bescheinigung erhalten, gegen deren Rück-
jabe binnen drei Tagen die Aktien nebst neuen
Koupons ausgehändigt werden.

Im Laufe des Monats Januar k. J. kann die
Ausgabe neuer Koupons, der Zinszahlungen we-
jen, nicht stattfinden.

Berlin, den 30. Oktober 1844.
Die Direktion.
v. Cronstein, Vorsitzender.

agelschaden- und Mobiliar-Brandversi-
jerungs-Gesellschaft zu Schwedt a. d. O.

Den geehrten Sozietäts-Mitgliedern des Ost-
avelländischen Kreises zeigen wir ganz ergebenst
n, daß gegenwärtig:
1) der Herr Lieutenant Meyer zu Kienberg bei
Rauen als Spezial-Direktor, und
2) der Herr Domainenbeamte Gotzkowsky zu
Amt Fahrland bei Potsdam als dessen Stellvertreter
ungiren.
Schwedt, den 28. Oktober 1844.
Haupt-Direktion.

Ediktalladung.

In Folge der von den Gebrüdern von Klützow
.ei uns angemeldeten Provokation auf Theilung der
Jagdberechtigung auf der Feldmark von Dauer ha-
en wir zur Anmeldung der Theilnahmerechte und
ur Einleitung des Theilungsverfahrens einen Ter-
nin auf

den 21. Dezember d. J., Vormittags 10 Uhr,
m Schulzengericht zu Dauer angesetzt, zu welchem
vir alle diejenigen, welche bei der Theilung ein

Interesse haben, zur Angabe und Nachweisung
ihrer Ansprüche unter der Verwarnung vorladen,
daß im Fall des Ausbleibens dieselben mit ihren
Ansprüchen werden präkludirt werden.
Prenzlow, den 16. September 1844.
Königl. Jagdtheilungs-Kommission des Prenzlower Kreises.

In der Lützkowschen Jagdtheilungssache sind
die im Anmeldungstermine am 2. September d. J.
ausgebliebenen Interessenten mit ihren etwanigen
Ansprüchen auf Ausübung der Jagd auf Lützkower
Feldmark präkludirt worden.
Angermünde, den 15. Oktober 1844.
Die Jagdtheilungs-Kommission des Angermünder
Kreises.

In der Bertikowschen Jagdtheilungssache sind
die im Anmeldungstermine den 28. September d. J.
ausgebliebenen Interessenten mit ihren ausgebliebenen
Ansprüchen auf Ausübung der Jagd auf der Ber-
tikowschen Feldmark präkludirt worden.
Angermünde, den 17. Oktober 1844.
Die Jagdtheilungs-Kommission des Angermünder
Kreises.

Nothwendiger Verkauf.
Königl. Kammergericht in Berlin.

Das hierselbst am Platz vor dem neuen Thore
Nr. 3 belegene, im Hypothekenbuche des Königl.
Kammergerichts Vol. IX Cont. K Nr. 19 Pag. 433
verzeichnete, dem Maurermeister Carl August Zeb-
ler gehörige Grundstück nebst Zubehör, abgeschätzt
auf 13,620 Thlr. 5 Sgr. 6¼ Pf. zufolge der, nebst
Hypothekenschein und Bedingungen in der Registratur einzusehenden Taxe, soll
am 9. April 1845
an ordentlicher Gerichtsstelle subhastirt werden.

Nothwendiger Verkauf.
Königl. Kammergericht in Berlin.

Das hierselbst in der Louisenstraße Nr. 4 d
belegene, im Hypothekenbuche Vol. IX Cont. i
Nr. 18 Pag. 407 verzeichnete Grundstück nebst Zubehör, abgeschätzt auf 20,241 Thlr. 25 Sgr. 9 Pf.
zufolge der, nebst Hypothekenschein und Bedingungen in der Registratur einzusehenden Taxe, soll
am 12. März 1845, Vormittags 11 Uhr,
an ordentlicher Gerichtsstelle subhastirt werden. -

Die hypothekarischen Gläubiger Partikulier Johann Zacharias Logan und Kupferstecher Johann Friedrich August Clar, modo deren Erben, werden hierzu öffentlich vorgeladen.

Nothwendiger Verkauf.

Stadtgericht zu Berlin, den 19. August 1844.

Das in der Lietzmanns Gasse Nr. 2 belegene Grundstück des Maurermeisters Alisch, gerichtlich abgeschätzt zu 767 Thlr. 20 Sgr., soll in seinem jetzigen Zustande, weshalb die Lasten nicht haben berechnet und von der Taxe in Abzug gebracht werden können,

am 7. Januar 1845, Vormittags 11 Uhr, an der Gerichtsstelle resubhastirt werden.

Taxe und Hypothekenschein sind in der Registratur einzusehen.

Nothwendiger Verkauf.

Stadtgericht zu Berlin, den 16. September 1844.

Das am grünen Wege belegene Grundstück des Partikuliers Neumeyer, gerichtlich abgeschätzt zu 5802 Thlrn., soll

am 25. April 1845, Vormittags 11 Uhr, an der Gerichtsstelle subhastirt werden. Taxe und Hypothekenschein sind in der Registratur einzusehen.

Nothwendiger Verkauf.

Stadtgericht zu Berlin, den 17. September 1844.

Das am Mühlendamm Nr. 24 belegene Blochsche Grundstück, gerichtlich abgeschätzt zu 4918 Thlrn. 22 Sgr. 6 Pf., soll

am 4. Februar 1845, Vormittags 11 Uhr, an der Gerichtsstelle subhastirt werden. Taxe und Hypothekenschein sind in der Registratur einzusehen.

Nothwendiger Verkauf.

Stadtgericht zu Charlottenburg, den 13. August 1844.

Das hierselbst in der Wallstraße sub Nr. 16 belegene Grundstück der 5 minorennen Geschwister Friedrich, taxirt zu 2213 Thlr. 23 Sgr., soll am 20. Dezember d. J., Vormittags 11 Uhr, an ordentlicher Gerichtsstelle subhastirt werden.

Taxe und Hypothekenschein sind in der Registratur einzusehen.

Nothwendiger Verkauf.

Land- und Stadtgericht zu Zehdenick, den 19. August 1844.

Das den Schuhmacherschen Erben gehörig zu Marienthal belegene Kossätengut, taxirt zu 1608 Thlr. 12 Sgr. 1 Pf. zufolge der, nebst Hypothekenscheine und Kaufbedingungen in der Registratur einzusehenden Taxe, soll in termino

den 11. Dezember d. J., Vormittags 11 Uhr, an ordentlicher Gerichtsstelle subhastirt werden.

Der zu Vielitz belegene, im Hypothekenbuch Vol. 1 Fol. 3 verzeichnete Bauerhof des verstorbenen Bauern Friedrich Wilhelm Heinrich Eßler, soll Theilungshalber in nothwendiger Subhastation

am 13. Dezember d. J., Vormittags 11 Uhr, auf unserm Gerichtslokale meistbietend verkauft werden.

Die auf 2936 Thlr. 28 Sgr. 4 Pf. ausgefallene gerichtliche Taxe und der neueste Hypothekenschein sind in unserer Registratur einzusehen.

Alle etwanige unbekannte Realprätendenten werden zu jenem Termine bei Vermeidung der Präklusion ebenfalls hiermit vorgeladen.

Alt-Ruppin, den 19. August 1844.

Königl. Preuß. Land- und Stadtgericht.

Nothwendiger Verkauf.

Königl. Land- und Stadtgericht zu Saarberg, den 30. August 1844.

Die zum Nachlasse des Pantoffelmachermeisters Heinrich Wilhelm Aschoe gehörigen hierselbst belegenen Grundstücke:

1) das am Marktplatz sub Nr. 6 belegene Wohnhaus, abgeschätzt auf 606 Thlr. 28 Sgr.;
2) der vor dem Landsberger Thore am Mühlenberge belegene Garten, taxirt auf 75 Thlr.
3) der vor dem Müncheberger Thore neben dem Wilhelm Zimmermannschen belegene Garten, abgeschätzt auf 30 Thlr.,

sollen

am 17. Dezember d. J., Vormittags 11 Uhr, an ordentlicher Gerichtsstelle subhastirt werden.

Taxe und Hypothekenschein sind in unserer Registratur einzusehen.

Nothwendiger Verkauf.

Das in der Steinstraße hierselbst belegene, im Hypothekenbuche Vol. IV Fol. 79 Nr. 682 verzeichnete, der verehelichten Tuchscheerermeister Henkel, gebornen Feige, zugehörige Wohnhaus nebst der dazu gehörigen Mäschkavel Nr. 361 und einer vor dem Rheinsberger Thor belegenen Parzelle, gerichtlich abgeschätzt auf 2038 Thlr. 17 Sgr. 9 Pf., buchstäblich Zweitausend acht und dreißig Thaler siebenzehn Silbergroschen neun Pfennige zufolge der, nebst Hypothekenschein auf unserer Registratur einzusehenden Taxe soll

am 15. Januar 1845, Vormittags 11 Uhr,

an gewöhnlicher Gerichtsstelle in nothwendiger Subhastation an den Meistbietenden verkauft werden.

Neu-Ruppin, den 14. September 1844.

Königl. Preuß. Stadtgericht.

Nothwendiger Verkauf.

Das in Neu-Ruppin in der Schulzenstraße unter Nr. 188 a belegene, im Hypothekenbuche des Stadtgerichts Vol. III Fol. 203 Nr. 553 verzeichnete Wohnhaus des Händlers Friedrich Mix nebst der dazu gehörigen Mäschkavel Nr. 553 und einer Parzelle vor dem Rheinsberger Thor Nr. 558, gerichtlich, besage der auf unserer Registratur einzusehenden Taxe, auf 1389 Thlr. 7 Sgr. 6 Pf., buchstäblich Eintausend dreihundert neun und achtzig Thaler sieben Silbergroschen sechs Pfennige abgeschätzt, soll

am 15. Januar 1845, Vormittags 11 Uhr,

an gewöhnlicher Gerichtsstelle in nothwendiger Subhastation an den Meistbietenden verkauft werden.

Neu-Ruppin, den 18. September 1844.

Königl. Preuß. Stadtgericht.

Nothwendiger Verkauf.

Patrimonialgericht Penzlin in Pritzwalk, den 7. Oktober 1844.

Der zu Rohlsdorf in der Ostpriegnitz belegene Lehnschulzenhof des Dietrich Neubauer, abgeschätzt auf 2585 Thlr. 22 Sgr. 11 Pf. zufolge der, nebst Hypothekenschein in der Registratur einzusehenden Taxe, soll

am 8. Februar 1845, Vormittags 11 Uhr,

in der Gerichtsstube zu Penzlin subhastirt werden.

Nothwendige Subhastation.

Die den Erben des Schlächtermeisters Carl Schemel gehörigen hiesigen Grundstücke, nemlich das Wohnhaus Nr. 32 der Hauptstraße, ein Garten dabei und ein Ackerstück im Lug, zusammen geschätzt auf 992 Thlr. 13 Sgr. 5 Pf., sollen

am 4. Februar 1845, Vormittags 11 Uhr,

an hiesiger Gerichtsstelle öffentlich verkauft werden.

Taxe und Hypothekenschein sind in unserer Registratur einzusehen.

Baruth, den 3. Oktober 1844.

Gräflich Solmssches Justizamt.

Nothwendiger Verkauf.

Stadtgericht zu Strasburg in der Uckermark, den 23. Oktober 1844.

Die dem Weißgerbermeister Melech gehörigen Grundstücke:

1) ein hierselbst in der Königstraße Nr. 407 belegenes Wohnhaus, taxirt 1174 Thlr. — Sgr. 7½ Pf.,

2) ein hier im sogenannten Schulzengange zwischen dem des Schulz und Müller belegener Garten, taxirt zu 113 Thlr. 4 Sgr. 6 Pf.,

3) ein hier vorm Altstädter Thore am Wege nach Schönhausen zwischen dem des Duvinage und der Bahn belegener Garten, taxirt zu 159 Thlr. 8 Sgr. 9 Pf.,

sollen im Termine

den 6. Februar 1845, Vormittags 10 Uhr,

an gewöhnlicher Gerichtsstelle subhastirt werden.

Taxe und Hypothekenschein sind in der Registratur einzusehen.

Oeffentliche Bekanntmachung.

Die Kreditmasse des Tuchmachermeisters Gottlob Jentzsch soll binnen vier Wochen ausgeschüttet werden.

Treuenbrietzen, den 25. Oktober 1844.

Königl. Stadtgericht.

Am 23. Oktober d. J., Mittags 1½ Uhr, ist von Neustadt-Eberswalde ein Stier, rothbunt, nach dem Eisenbahnhofe zu, den Wall entlang,

von da nach dem Finow-Kanal, und nachdem er
denselben durchschwommen, nach der Ukermark hin
entlaufen. Alle diejenigen, die über diesen Stier
ein Näheres mittheilen können, werden gebeten,
Nachricht im Weberschen Gasthause zu Neustadt-
Eberswalde, der Eisenbahn schrägüber, oder in Berlin, Cöpnicker Straße Nr. 127 b bei Lietzmann zu
senden. Entstehende Kosten werden gern zurück
erstattet.

Bekanntmachung.

Unterzeichneter beabsichtigt sein Putzwaaren-
geschäft, und zwar noch zu Weihnachten d. J.
aufzugeben. Das Lager ist wohl assortirt. Auch
steht, spätestens zu Ostern 1845 das von ihm bewohnte Lokal am Markt, aus zwei Stuben und
Laden rc. bestehend, zum Vermiethen bereit. Die
von ihm benutzte Bude steht jederzeit zum Verkauf bereit.

Hierauf Reflektirende werden gebeten, ihre
Adressen franco einzusenden.

Reischel, Putzwaarenhändler in Havelberg.

Eine gebildete Schloßwirthin wird für ein gräf-
liches Gut gesucht durch
W. C. Seidel in Zehdenick.

Mehrere sehr tüchtige Förster und Jäger, so
wie einige vorzüglich empfohlene Kanzleigehülfen
und Protokollführer weist kostenfrei nach
W. C. Seidel in Zehdenick.

Ein erfahrener Lohgerbergeselle, der sein Fach
gründlich erlernt hat und in Allem Bescheid weiß,
um, wenn es verlangt wird, einer Gerberei vorzustehen, kann sich in portofreien Briefen melden
bei dem Braueigen Meyer,
Kiezstraße Nr. 16 in Potsdam.

Bekanntmachung.

Die Entschädigungen, welche für die im Frü-
jahr und Sommer dieses Jahres in der Mecklen-
gischen Hagelversicherungs-Gesellschaft zu Neu-
Brandenburg vorgefallenen Hagelschäden zu leisten
sind, betragen mit Einschluß der Abschätzungskosten 28,835 Thlr. 14 Gr. 4 Pf. Gold, und
machen für den jetzigen Fonds der Sozietät von
10,075,675 Thlr. Gold einen Beitrag von 6⁶⁄₁₀
8 Pf. Gold pro Hundert erforderlich.

Die Entschädigungen für die in der Mobil.
Brandversicherungs-Gesellschaft während des verflossenen Sommerhalbjahres vorgefallenen Feuerschäden betragen mit Einschluß der Rettungs- u.
Spritzen-Prämien, so wie der Abschätzungskosten
33,527 Thlr. 10 Gr. 6¼ Pf. Gold und erfordern
zu ihrer Aufbringung auf den Fonds der Sozietät
von 28,337,225 Thlr. Gold einen Beitrag von
2 Gr. 11 Pf. pro Hundert.

Der für die Feuerschäden im Winterhalbjahr
von 18⁴³⁄ nach der Bekanntmachung vom 16 Dec.
d. J. bereits repartirte, damals aber noch nicht
eingezogene Beitrag von 1 Gr. 1 Pf. pro Hundert
wird jetzt mit dem obigen Beitrag für das Sommerhalbjahr mit eingezahlt.

Die resp. auswärtigen Mitglieder der Gesellschaft werden nun, wie bisher, unter Mittheilung
der vollständigen Repartitionen, durch besondere Zu-
schreiben von dem Betrage der hiernach von ihnen
zu leistenden Beiträge in Kenntniß gesetzt und zu
deren Einzahlung aufgefordert werden.

Neu-Brandenburg, den 24. Oktober 1844.
Das Direktorium der Mecklenburgischen Hagel-
und Mobiliar-Brandversicherungs-Gesellschaft.

Vorstehendes zeigt im Auftrage den geehrten
Mitgliedern hiermit ergebenst an und empfiehlt sich
zur Entgegennahme der Beiträge, so wie auch
neuer Versicherungen.

Potsdam, den 7. November 1844.
C. Ab. Werdenthin,
Agent der Gesellschaft.

Oeffentlicher Anzeiger (№ 1)

zum 46sten Stück des Amtsblatts
der Königlichen Regierung zu Potsdam und der Stadt Berlin.

Den 15. November 1844.

Das dem Fabrikbesitzer Joh. Kaspar Harkort zu Harkorten bei Hagen unter dem 14. November 1843 ertheilte Patent

auf Behandlung der Baumwolle nach dem Streichen, Behufs Erleichterung des Streck- und Spinn-Prozesses, in der durch Beschreibung angegebenen, für neu und eigenthümlich erachteten Weise,

ist, da die Ausführung nicht nachgewiesen, aufgehoben worden.

Das dem Wilh. Sam. Dobbs zu Köln unter dem 16. Dezember 1843 ertheilte Einführungs-Patent

auf mechanische Vorrichtungen zum Einfahren des Wagens, Regieren des Aufschlagedrahts und Aufwickeln des gesponnenen Fadens in selbstspinnenden Mule-Maschinen, in der durch Zeichnung und Beschreibung nachgewiesenen Zusammensetzung,

ist, da die Ausführung nicht nachgewiesen, aufgehoben worden.

Steckbriefe.

Der nachstehend näher bezeichnete Zimmergesell Johann George Richter ist der Verübung eines gewaltsamen Diebstahls dringend verdächtig.

Da derselbe sich von hier entfernt hat und ein jetziger Aufenthaltsort unbekannt ist, so werden alle Zivil- und Militairbehörden dienstergebenst ersucht, auf den 2c. Richter gefälligst zu vigiliren, ihn im Betretungsfalle verhaften und mit den bei ihm sich vorfindenden Effekten an die hiesige Stadtvoigtei-Gefängnisse, Molkenmarkt Nr. 1, abliefern zu lassen. Wir versichern die ungesäumte Erstattung der dadurch entstehenden baaren Auslagen und den verehrlichen Behörden des Auslandes gleiche Rechtswillfährigkeit.

Berlin, den 1. November 1844.

Königl. Kriminalgericht hiesiger Residenz.

v. Schrötter.

Signalement. Vor- und Zuname: Johann George Richter, Geburtsort: Beesdau im Saal-Kreise, Religion: evangelisch, Alter: 35 Jahr, Größe: 5 Fuß 2 Zoll, Haare: blond, Stirn: rund, Augenbrauen: blond, Augen: blau, Nase: spitz, Mund: mittel, Bart: blond, Kinn und Gesicht: länglich, Gesichtsfarbe: gesund.

Besondere Kennzeichen: fehlen.

Bekleidet war wahrscheinlich der 2c. Richter bei seiner Entfernung mit einem grautuchenen Ueberrock, Tuchhosen, Weste, Stiefeln, schwarzem Filzhut, Halstuch.

Aus dem hiesigen Polizeigefängnisse ist der nachstehend bezeichnete Dienstknecht Johann Karl Wilhelm Döpke, welcher wegen gewaltsamen Diebstahls in Haft gewesen, in vergangener Nacht vom 2. zum 3. November entsprungen.

Sämmtliche Zivil- und Militairbehörden werden ersucht, auf denselben Acht zu haben, ihn im Betretungsfall zu verhaften und an die hiesige Polizeibehörde nach Bernau abliefern zu lassen.

Bernau, den 3. November 1844.

Königl. Land- und Stadtgericht.

Scharnweber.

Bekleidung: heller, sogenannter Naturrock, schwarztuchene Weste, dergl. Hosen und alte blauschwarze Mütze.

Signalement. Geburtsort: Bernau, Vaterland: Preußen, gewöhnlicher Aufenthalt: Berlin, Religion: evangelisch, Stand: Dienstknecht, Größe: 5 Fuß 2½ Zoll, Haare: dunkelblond, Stirn: gewöhnlich, Augenbrauen: dunkelblond, Augen: blau, Nase: gewöhnlich, Mund: desgl., etwas klein, Zähne: gesund und vollständig, Bart: schwach, Kinn: oval, Gesichtsfarbe: gesund, Gesichtsbildung: natürlich, Statur untersetzt.

Besondere Kennzeichen: fehlen.

Der hiesige Bäcker und Eigenthümer Karl Bogel, etwa 30 Jahr alt, welcher an periodischem Irrsinn leidet, hat sich Anfangs Oktober d. J.

von seinem Bruder, dem Mühlenmeister Vogel zu Wittbriezen bei Beelitz, bei welchem er sich temporair aufhielt, entfernt und muthmaßlich in die Gegend von Trebbin oder Teltow begeben. Da sich sein Blödsinn vorzüglich daran zu erkennen giebt, daß er auf keine der an ihn gerichteten Fragen antwortet, so ist er wahrscheinlich aufgegriffen, und irgendwo gefänglich detinirt.

Sämmtliche resp. Polizeibehörden werden daher ergebenst ersucht, auf den 2c. Vogel zu vigiliren, und ihn im Betretungsfalle an die hiesige Armen-Direktion abliefern zu lassen. Auch werden alle diejenigen, welche über den Verbleib des Vogel Auskunft zu geben im Stande sein sollten, aufgefordert, dem unterzeichneten Gerichte ungesäumt davon Anzeige zu machen.

Potsdam, den 6. November 1844.
Königl. Stadtgericht hiesiger Residenz.

Steckbriefs = Erledigung.

Der Schuhmachergeselle Karl Wilhelm Dohrenburg ist am 28. Oktober d. J. im Dorfe Lennewitz verhaftet worden, welches wir mit Bezugnahme auf den Steckbrief vom 5. Oktbr. d. J. hierdurch bekannt machen.

Wilsnack, den 31. Oktober 1844.
Der Magistrat.

Ediktal = Zitation.

Da der angeblich zu Brüssel wohnhafte, durch die Ediktal = Zitation vom 22. Juni 1844 vorgeladene Rentier Jean Baptiste Paul van Cuyck in dem zu seiner Verantwortung am 6. September d. J. angestandenen Termine nicht erschienen ist, so ist zu gleichem Zwecke ein anderweitiger Termin auf

den 23. Februar 1845, Vormittags 10 Uhr,

vor dem Königl. Kammergerichts=Assessor Vater im Kriminalgericht, Molkenmarkt Nr. 3, Verhörzimmer Nr. 18, anberaumt worden. Zu diesem Termine wird der Rentier Jean Baptiste Paul van Cuyck abermals hierdurch öffentlich vorgeladen mit der Auflage, sich zur rechten Zeit persönlich einzufinden und falls die ihm bereits in der Ediktal = Zitation vom 22. Juni 1844 bekannt gemachte Beschuldigung bestritten werden sollte, zur Ausführung seiner Rechtfertigung und zur bestimmten Einlassung und Antwort auf dieselbe, zur Anzeige über seine Vertheidigungsgründe etwa vorhandenen Beweismittel sich gefaßt zu halten, auch

diese Beweismittel, falls sie in Urkunden besteh. mit zur Stelle zu bringen.

Im Falle abermaliger ungehorsamen Ausbleibens in diesem zweiten Verantwortungs=Termin wird zwar mit Vernehmung der zum Beweis der Anklage vorgeschlagenen Zeugen verfahren weitejedoch verliert der 2c. van Cuyck nach Vorschrift der Gesetze seine Einwendungen und Ausstellungen gegen die Person und Glaubwürdigkeit der Zeugen, soweit sie sich nicht etwa aus der Vernehmung selben von selbst ergeben sollten. Auch findet alsdann die sonst zulässige schriftliche Vertheidigung nach dem Abschlusse der Untersuchung nicht statt, vielmehr muß nach erfolgter Beweisaufnahme die Erkenntniß ohne Weiteres nach Lage der Akten abgefaßt werden.

Berlin, den 17. Oktober 1844.
Königl. Kriminalgericht hiesiger Residenz.
Abtheilung für fiskalische Untersuchungen.
Maercker.

Bekanntmachung.

Vor etwa 3 Wochen ist dem Arbeiter Gottfr. Jung hierselbst ein schwarzbrauner Wallach von starkem Körperbau, 2½ Jahr alt, 14½ 6 Zoll groß, mit weißem Huf am rechten Hinterfuß, zwei weißen Hinterfüßen; großem Stern 2c. mit starkem, schwarzen Schweif und Mähne von der hiesigen Nachthütung abhanden gekommen.

Wer über den Verbleib dieses Pferdes Auskunft ertheilen kann, wird ersucht, dem unterzeichnenen Magistrat schleunigst Anzeige zu machen, auch wird Demjenigen, der das Pferd angehalten hat, und dem Eigenthümer wieder überliefert, eine Belohnung von 5 Thlrn. zugesichert.

Trebbin, den 6. November 1844.
Der Magistrat.

Bekanntmachung.

Aus hiesigem Königl. Forstrevier sollen am Montage, den 18. d. M., Vormittags 9 Uhr im Gasthofe zum Prinzen Karl in der Teltower Vorstadt hierselbst 484½ Klafter trockene Kiefern-Kloben und 68½ Klafter bergl. Knüppel aus dem Wirthschaftsjahre 1844; 57 Stück Eichen- und Kiefern Schneidenbohlen von 12 bis 30 Fuß lang und 51½ Klafter Eichen- und Kiefern-Kloben, Knüppel und Stubben aus dem Wirthschaftsjahre 1845 unter freier Konkurrenz und den gewöhnlichen, im Termin vorzulegenden Bedingungen, wozu namentlich die sofortige Erlegung des re-

en Theils des Kaufpreises gehört, öffentlich versteigert werden. Die Hölzer stehen in den Jagen
11, 71 und 72, resp. $\frac{1}{4}$ und $\frac{3}{4}$ Meile weit von
dem mit der Havel in Verbindung stehenden Grieb-
nitzsee entfernt, und werden auf Verlangen von
den Förstern Kolbitz zu Klein-Glienecke und
Beer zu Steinstücken vor dem Termin örtlich zur
Ansicht vorgezeigt werden.

Potsdam, den 5. November 1844.
Königl. Oberförsterei.

Bekanntmachung.

Der freihändige Ankauf von Roggen, Hafer,
Heu und Stroh zur Truppen-Verpflegung pro
1845 ist
für das Magazin zu Cüstrin dem Proviantmeister
Rasche,
für das Magazin zu Beeskow dem Magazin-
Depot-Rendanten Raabe,
für das Magazin zu Fürstenwalde dem Magazin-
Depot-Rendanten Jacobs,
für das Magazin zu Landsberg a. d. W. dem
Magazin-Depot-Rendanten Wolff,
für das Magazin zu Schwedt dem Magazin-
Depot-Rendanten Schmidt,
für das Magazin zu Jüterbogk dem Magazin-
Depot-Rendanten Schulz,
für das Magazin zu Frankfurt a. d. O. dem
Reserve-Magazin-Rendanten Burow
übertragen worden.

Die genannten Ankaufs-Kommissarien sind weder befugt, Geldvorschüsse zu leisten, noch dürfen
sie mit der Bezahlung nach erfolgter Ablieferung
der Naturalien im Rückstande bleiben.

Frankfurt a. d. O., den 26. Oktober 1844.
Königl. Intendantur des 3ten Armeekorps.

Bekanntmachung.

In der Major von Katte-Scharlibbeschen
Konkurssache befinden sich für den Oberstlieutenant
von Lentulus etwa 100 Thlr. in unserm Depositorium.

Die unbekannten Erben des Oberstlieutenants
von Lentulus werden hierdurch aufgefordert,
sich binnen 4 Wochen zu melden und als Erben
zu legitimiren, widrigenfalls der Bestand der Masse
an die Justiz-Offizianten-Wittwenkasse abgeliefert
werden wird.

Berlin, den 22. Oktober 1844.
Königl. Preuß. Kammergericht.

Oeffentliche Vorladung.

Land- und Stadtgericht zu Neustadt-Eberswalde.

Die unbekannten Erben

1) des am 17. Juli 1804 verstorbenen Kom-
missionairs Johann Bitterling zu Neustadt-
Eberswalde, dessen Nachlaß 17 Thlr. 21 Sgr.
beträgt,

2) des am 22. Januar 1835 verstorbenen Mühlenbescheiders Friedrich Ramlow, dessen Nachlaß in 3 Thlr. 4 Sgr. 3 Pf. besteht,

3) des am 12. Dezember 1837 verstorbenen
Schaarwerkers Johann Gottlieb Pusch zu
Neustadt-Eberswalde, dessen Nachlaß 9 Thlr.
26 Sgr. 2 Pf. beträgt, und zu dessen nächsten Blutsverwandten die, ihrem Aufenthalte
nach unbekannte Wittwe Böttchen, Eleonore geb. Pusch, gehört,

4) des am 2. Mai 1838 verstorbenen Kuhhir-
ten Martin Beeskow zu Ragöser Mühle,
dessen Nachlaß in 4 Thlr. 6 Sgr. 9 Pf.
besteht,

5) des am 25. April 1840 verstorbenen Töpfer-
gesellen Johann Martin Krüger zu Neustadt-Eberswalde, dessen Nachlaß 4 Thlr. 19
Sgr. 7 Pf. beträgt,

6) des am 28. Februar 1841 verstorbenen
Schneidermeisters Johann Gottlieb Herrmann zu Neustadt-Eberswalde, dessen Nachlaß 50 und einige Thaler beträgt,
werden hierdurch aufgefordert, in dem
am 11. August 1845, Vormittags 11 Uhr,
im Gerichtshause hierselbst vor dem Kammergerichts-Assessor Krüger anstehenden Termine sich
zu melden, und sich als Erben auszuweisen.
Thun sie dies nicht, so werden in Ermangelung
aller Erben die Verlassenschaften dem Fiskus überwiesen werden, und die nach erfolgter Ausschließung sich etwa meldenden Erben müssen dessen
Verfügungen anerkennen, und ohne Anspruch auf
Rechnungslegung und Ersatz der Nutzungen mit
dem, was dann noch von der Erbschaft vorhanden ist, sich begnügen.

Zugleich werden

1) die verschollene, unverehelichte Anne Luise
Schulz aus Senftenhütte, und

2) die verschollene, unverehelichte Dorothee Karoline Ernestine Gott aus Neustadt-Eberswalde, die im Jahre 1824 in Berlin als Magd
gedient hat,

und die von ihnen etwa hinterlassenen Erben aufgefordert, sich in dem gedachten Termine zu melden, widrigenfalls sie selbst für todt erklärt und ihre etwanigen unbekannten Erben mit ihren Erbansprüchen ausgeschlossen werden.

Neustadt-Eberswalde; den 10. Oktober 1844.

Bekanntmachung.

Der Rittergutsbesitzer Robederts auf Sagast beabsichtigt eine Berieselung seiner Wiesen, und will sich dazu des Wassers der Sagast-Bäck bedienen, und zu dem Zwecke darin drei Schleusen anlegen.

Dieses Vorhaben wird nach Vorschrift des Gesetzes vom 28. Februar 1843 (Gesetzsammlung Seite 41 § 21) mit dem Bemerken bekannt gemacht, daß der Plan dazu im hiesigen landräthlichen Büreau zur Einsicht bereit liegt, und etwanige Widerspruchsrechte und Entschädigungs-Ansprüche binnen drei Monaten, vom Tage des Erscheinens des ersten Amtsblatts an gerechnet, bei mir angemeldet werden müssen, auch daß Diejenigen, welche sich binnen der bestimmten Frist nicht gemeldet haben, in Beziehung auf das zur Bewässerung zu verwendende Wasser, sowohl ihres Widerspruchsrechts, als des Anspruchs auf Entschädigung verlustig gehen, und in Beziehung auf das zu bewässernde Terrain ihr Widerspruchsrecht gegen die Anlage verlieren und nur einen Anspruch auf Entschädigung behalten.

Perleberg, den 2. November 1844.

Königl. Landrath der Westpriegnitz.

v. Saldern.

Das in der Ukermark, eine halbe Meile von Brüssow, drei Meilen von Prenzlow belegene Rittergut Trampe, soll von Trinitatis 1845 ab auf 16 nacheinanderfolgende Jahre meistbietend verpachtet werden. Wir haben hierzu einen Termin auf den 6. Dezember d. J., Vormittags 11 Uhr, in der Wohnung des unterzeichneten Richters angesetzt, und laden Pachtlustige zu demselben ein.

Die Pachtbedingungen können in unserer Registratur eingesehen werden.

Prenzlow, den 21. Oktober 1844.

Das Patrimonialgericht Trampe.

Schroetter.

Berlin-Anhaltische Eisenbahn.

Der letzte Zinskoupon I. Serie, welche an den Prioritäts-Aktien unserer Gesellschaft ausgegeben worden, wird am 2. Januar k. J. fällig, und es ist daher die Ausgabe der II. Serie Zinskoupons (vom 1. Januar 1845 bis ult. Dezember 1848) erforderlich.

Mit der Ausgabe dieser neuen Kouponsbogen wird am 15. November b. J. begonnen, und damit

bis 23. Dezember b. J.

an jedem Wochentage, Vormittags von 9 bis 12 Uhr, in unserer Hauptkasse

am Askanischen Platze Nr. 6

fortgefahren werden.

Die Inhaber der Prioritäts-Aktien werden ersucht, solche mit einem geordneten Nummer-Verzeichnisse einzureichen, worüber sie eine, vom Kassanten der Gesellschaft, Herrn Ritter vollzogene Interims-Bescheinigung erhalten, gegen deren Rückgabe binnen drei Tagen die Aktien nebst neuen Koupons ausgehändigt werden.

Im Laufe des Monats Januar k. J. kann die Ausgabe neuer Koupons, der Zinszahlungen wegen, nicht stattfinden.

Berlin, den 30. Oktober 1844.

Die Direktion.

v. Cronstein, Vorsitzender.

Proclama.

Patrimonialgericht Millmersdorff zu Templin, am 4. November 1844.

Das den Christ. Friedr. Bendix schen Erben erbpachtsweise zugehörige Vorwerk Flieth bei Prenzlow, bestehend aus 311 Morgen Areal, wovon 250 Morgen Acker der 1sten, 2ten und 3ten Bedenklasse angehören, soll

am 11. Dezember d. J., Vormittags 10 Uhr, mit vollständigen Saaten an Ort und Stelle auf 20 Jahre verpachtet, und sogleich, oder auch später übergeben werden.

Gleichzeitig soll das lebende und todte Wirthschafts-Inventarium daselbst an demselben Tage, Mittags 1 Uhr, im Wege der Auktion an den Meistbietenden verkauft werden.

Pacht- und Kauflustige werden zu diesem Termine mit dem Bemerken vorgeladen, daß die Pachtbedingungen täglich von 10—12 Uhr Morgens in unserer Registratur eingesehen werden können.

Der Besitzer des in dem Ruppinschen Kreise der Mittelmark belegenen, im Hypothekenbuche des Kammergerichts Vol. V Pag. 241 verzeichneten Lehnguts Wustrau IIten Antheils, Rittmeister und Landrath a. D. Friedrich Christian Ludwig Emil Graf von Zieten, beabsichtigt die Allodifizirung dieses Guts, und hat deshalb den nachstehenden Entwurf des zu errichtenden Familienschlusses:

Der am 27. Januar 1786 verstorbene General der Kavallerie rc. Hans Joachim von Zieten, Vorbesitzer des Lehnguts Wustrau IIten Antheils, welches er in der väterlichen Erbtheilung 1726 für die damals aufgenommene Lehnstaxe der 6888 Thlr. 20 gGr. angenommen hat, und welches unter dem 5. Februar 1779 auf 8802 Thlr. 11 gGr. 10 Pf. gerichtlich gewürdigt ist, hat dieses Gut zu allodifiziren beabsichtigt, und zu seinem Behufe vor den zu seiner Zeit sich gemeldet habenden Agnaten, nämlich:

1) dem Hauptmann Arend Ludwig von Zieten,
2) dem Rittmeister George Friedrich von Zieten,
3) dem Kriegsrath Levin Friedrich von Zieten,
4) dem Generalmajor Christian Wilhelm von Zieten,
5) dem Königl. Sardinischen Obristen Gottfried Daniel von Zieten,
6) dem Hauptmann Christoph Daniel von Zieten,
7) dem Conrad Christian von Zieten, Erbherrn auf Zahren,

die resp. gerichtlichen und notariellen desfallsigen Erklärungen vom 12. April 1767, 5. August 1767, 6. Mai 1767, 27. Mai 1767, 3. Dezember 1767, 24. März 1768 beigebracht, nach welchen die oben erwähnten Agnaten das Gut Wustrau IIten Antheils gegen einen Lehnstamm von 6000 Thlrn., wovon sie jedoch in casum devolutae successionis die Töchter des letzten Besitzers von der Descendenz des damaligen Lehnsbesitzers konstitutionsmäßig abfinden wollten, für allodifizirt erachtet.

Diesem Pacto sind ferner:

8) der Christoph Johann Friedrich Otto von Zieten unterm 28. März 1776,
9) Hans Balthasar von Zieten unterm 10. Juli 1779,
10) Joachim Balthasar von Zieten durch den zwischen seinem Vormunde und dem oben

erwähnten Lehnbesitzer unterm 8. Juni 1779 mit obervormundschaftlicher Genehmigung geschlossenen Vertrag beigetreten.

Auf den Grund dieser resp. Erklärungen und Verträge ist auch im Land- und Hypothekenbuche bemerkt, daß Hinsichts dieser das Gut Wustrau II der Substanz nach allodifizirt sei.

Um nun das mehr erwähnte Gut vollständig zu allodifiziren, so schließt der jetzige Besitzer, Landrath a. D. u. s. w. Graf Friedrich Christian Ludwig Emilius von Zieten, welcher dasselbe aus dem Nachlaß seines Vaters, des Generals der Kavallerie u. s. w. Hans Joachim von Zieten, unterm 5/5 Juli 1786 geschlossenen Erbvergleiche erhalten hat, mit sämmtlichen Agnaten, welche ein Successionsrecht auf das Gut haben, und nicht zu der Descendenz der sub 1—10 aufgeführten Agnaten gehören, nachstehenden Vergleich ab:

1. Die eben gedachten Agnaten genehmigen die von den Eingangs sub 1—10 namentlich aufgeführten abgegebene Erklärung, und treten derselben überall bei, erklären daher das Gut Wustrau IIten Antheils, welches im Hypothekenbuche des Königl. Kammergerichts Vol. V Pag. 241 sub Nr. 98 verzeichnet ist, der Substanz nach für ein von jedem Lehnsverhältnisse völlig freies Allodium, begeben sich für sich und ihre etwanige Descendenz jedes Successionsrechts, in sofern dasselbe aus einem agnatischen Verhältnisse herrühren sollte, an dasselbe, und willigen darin, daß die Lehnseigenschaft des Guts gelöscht, und dasselbe als unbeschränktes Allodium ins Hypothekenbuch eingetragen wird.

2. Dagegen restringiren sie die ihnen an die Substanz des Guts zustehenden, jetzt aufgehobenen Successionsrechte nur auf den durch die obigen Erklärungen und Verträge auf Sechstausend Thaler festgesetzten Lehnstamm, und succediren in demselben nach denselben Rechten, nach welchen sie in das Lehn selbst vor dessen Allodifikation succedirt hätten.

3. Bei der Sicherstellung des Lehnstammes durch die bereits unterm 20. Juni 1774 und 14. Juni und 16. September 1779 bewirkte Eintragung zur ersten Stelle auf das Gut Wustrau II hat es sein Bewenden.

4. Sollte der jetzige Besitzer ohne lehnsfähige Descendenz mit Tode abgehen, so wird der Lehnstamm entweder baar ausgezahlt, ob

landüblich verzinset. Im ersten Falle haben die Empfänger die Verpflichtung, ihn entweder zu Lehn anzulegen oder depositalmäßig sicher zu stellen.

bei uns eingereicht.

Es werden daher die unbekannten Lehnsberechtigten des Guts Wustrau aufgefordert, vor oder spätestens in dem

am 31. Dezember 1844, Vormittags 11 Uhr, vor dem Herrn Kammergerichts-Referendarius Grafen zu Stolberg im Kammergerichte anstehenden Termine ihre Erklärung über den Familienschluß abzugeben, widrigenfalls sie mit ihrem Widerspruchsrechte gegen denselben werden präkludirt werden. Berlin, den 23. Mai 1844.
Königl. Preußisches Kammergericht.

Nothwendiger Verkauf.
Königl. Kammergericht in Berlin.

Das in der Louisenstraße Nr. 45 hierselbst belegene, im Hypothekenbuche des Königl. Kammergerichts Vol. IX Cont. i Nr. 4 Pag. 73 verzeichnete, dem Schneidermeister Johann Heinrich Anacker gehörige Grundstück, abgeschätzt auf 24,846 Thlr. 12 Sgr. 2 Pf. zufolge der, nebst Hypothekenschein und Bedingungen in der Registratur einzusehenden Taxe, soll
am 29. Januar 1845
an ordentlicher Gerichtsstelle subhastirt werden.

Nothwendiger Verkauf.
Königl. Kammergericht in Berlin.

Das in der Uckermark im Angermündeschen Kreise belegene, im Hypothekenbuche des Königl. Kammergerichts Vol. X Pag. 241 verzeichnete, dem Pächter Christian Ludwig Bühring gehörige Gut Sibershoff, welches ritterschaftlich auf 23,559 Thlr. 21 Sgr. 8 Pf. abgeschätzt worden, zufolge der nebst Hypothekenschein und Bedingungen in der Registratur einzusehenden Taxe, soll
am 20. Mai 1845, Vormittags 11 Uhr, an ordentlicher Gerichtsstelle subhastirt werden.

Der dem Aufenthalte nach unbekannte Gutsbesitzer Siber wird hierzu öffentlich vorgeladen.

Nothwendiger Verkauf.
Königl. Kammergericht in Berlin.

Das hierselbst in der Schumannsstraße Nr. 14 belegene, im kammergerichtlichen Hypothekenbuche

Vol. IX Cont. K Nr. 9 Pag. 193 verzeichnet, dem Tischlermeister Friedrich Wilhelm Deichmann gehörige Grundstück, dessen Gebäude noch im Anbau begriffen sind, und dessen Werth an Grund und Boden und Materialien auf 36,333 Thlr. 6 Sgr. 1¼ Pf. abgeschätzt worden, zufolge der nebst Hypothekenschein und Bedingungen in der Registratur einzusehenden Taxe, soll
am 21. Mai 1845, Vormittags 11 Uhr, an ordentlicher Gerichtsstelle subhastirt werden.

Nothwendiger Verkauf.
Stadtgericht zu Berlin, den 6. August 1844.

Das in der Thorstraße Nr. 4 und 5 belegene Grundstück der Kühne schen Erben, gerichtlich abgeschätzt zu 6130 Thlr. 21 Sgr. 6 Pf., soll
am 11. März 1845, Vormittags 11 Uhr, an der Gerichtsstelle subhastirt werden. Taxe und Hypothekenschein sind in der Registratur einzusehen.

Die unbekannten Realprätendenten werden unter der Warnung der Präklusion, so wie die dem Aufenthalte nach unbekannten Hypothekengläubiger Medailleur Julius Emil Hoffmann und die Carl Friedrich Herbert werden hierdurch öffentlich vorgeladen.

Nothwendiger Verkauf.
Stadtgericht zu Berlin, den 16. August 1844.

Das in der Jakobsstraße Nr. 16 belegene Grundstück der Wittwe Rübiger, gerichtlich abgeschätzt zu 5675 Thlr. 19 Sgr. 9 Pf., soll
am 1. April 1845, Vormittags 11 Uhr, an der Gerichtsstelle subhastirt werden. Taxe und Hypothekenschein sind in der Registratur einzusehen.

Nothwendiger Verkauf.
Stadtgericht zu Berlin, den 31. August 1844.

Das in der neuen Kommandantenstraße Nr. 11 belegene Sennersche Grundstück, gerichtlich abgeschätzt zu 16,898 Thlr. 18 Sgr., soll Schuldenhalber
am 4. April 1845, Vormittags 11 Uhr, an der Gerichtsstelle subhastirt werden. Taxe und Hypothekenschein sind in der Registratur einzusehen.

Nothwendiger Verkauf.
Stadtgericht zu Berlin, den 16. September 1844.

Das auf grünen Wege belegene Grundstück des Partikuliers Neumeyer, gerichtlich abgeschätzt zu 997 Thlr. 5 Sgr. 6 Pf., soll

am 7. Februar 1845, Vormittags 11 Uhr,
in der Gerichtsstelle subhastirt werden. Taxe und
Hypothekenschein sind in der Registratur einzusehen.

Nothwendiger Verkauf.
Stadtgericht zu Berlin, den 16. September 1844.
Das am grünen Wege belegene Grundstück des
Partikuliers Neumeyer, gerichtlich abgeschätzt zu
143 Thlr., soll
am 11. Februar 1845, Vormittags 11 Uhr,
in der Gerichtsstelle subhastirt werden. Taxe und
Hypothekenschein sind in der Registratur einzusehen.

Nothwendiger Verkauf.
Stadtgericht zu Berlin, den 16. September 1844.
Das am grünen Wege belegene Grundstück des
Partikuliers Neumeyer, gerichtlich abgeschätzt zu
096 Thlr. 10 Sgr., soll
am 14. Februar 1845, Vormittags 11 Uhr,
in der Gerichtsstelle subhastirt werden. Taxe und
Hypothekenschein sind in der Registratur einzusehen.

Nothwendiger Verkauf.
Stadtgericht zu Berlin, den 16. September 1844.
Das am grünen Wege belegene Grundstück des
Partikuliers Neumeyer, gerichtlich abgeschätzt zu
112 Thlr. 18 Sgr., soll
am 18. Februar 1845, Vormittags 11 Uhr,
in der Gerichtsstelle subhastirt werden. Taxe und
Hypothekenschein sind in der Registratur einzusehen.

Nothwendiger Verkauf.
Stadtgericht zu Berlin, den 16. September 1844.
Das am grünen Wege belegene Grundstück des
Partikuliers Neumeyer, gerichtlich abgeschätzt zu
148 Thlr., soll
am 21. Februar 1845, Vormittags 11 Uhr,
in der Gerichtsstelle subhastirt werden. Taxe und
Hypothekenschein sind in der Registratur einzusehen.

Nothwendiger Verkauf.
Stadtgericht zu Berlin, den 16. September 1844.
Das an der Rosengasse belegene Grundstück des
Partikuliers Neumeyer, gerichtlich abgeschätzt zu
898 Thlr. — Sgr. 10 Pf., soll
am 25. Februar 1845, Vormittags 11 Uhr,
in der Gerichtsstelle subhastirt werden. Taxe und
Hypothekenschein sind in der Registratur einzusehen.

Nothwendiger Verkauf.
Stadtgericht zu Berlin, den 16. September 1844.
Das am grünen Wege belegene Grundstück des
Partikuliers Neumeyer, gerichtlich abgeschätzt zu
1018 Thlrn. 21 Sgr. 3 Pf., soll
am 28. Februar 1845, Vormittags 11 Uhr,
an der Gerichtsstelle subhastirt werden. Taxe und
Hypothekenschein sind in der Registratur einzusehen.

Nothwendiger Verkauf.
Stadtgericht zu Berlin, den 17. Oktober 1844.
Das in der Jakobsstraße, Spandauer Viertels,
Nr. 28 belegene Kaufmann Müllersche Grundstück, gerichtlich abgeschätzt zu 13,063 Thlr. 11 Sgr.
9 Pf., soll
am 24. Juni 1845, Vormittags 11 Uhr,
an der Gerichtsstelle subhastirt werden. Taxe und
Hypothekenschein sind in der Registratur einzusehen.

Nothwendiger Verkauf.
Königl. Landgericht zu Berlin, den 29. Oktober 1844.
Das dem Tischlermeister Johann August Vogel gehörige, am Wedding in der Gerichtsstraße
Nr. 28 gelegene Erbpachts-Grundstück abgeschätzt
auf 427 Thlr. 21 Sgr. 1 Pf., zufolge der, nebst
Hypothekenschein in dem 11ten Büreau einzusehenden Taxe soll
am 17. Februar 1845, Vormittags 11 Uhr,
an ordentlicher Gerichtsstelle, Zimmerstraße Nr. 25,
subhastirt werden.

Bekanntmachung.
Das dem Kaffetier Friedrich Wilhelm Julius
Schulz gehörige, in der Jäger-Vorstadt, Mauerstraße Nr. 13 belegene, in unserm Hypothekenbuch
von dieser Vorstadt Vol. I Nr. 8 verzeichnete, auf
6563 Thlr. 4 Sgr. 9 Pf. abgeschätzte Grundstück
nebst Zubehör soll im Wege der nothwendigen
Subhastation verkauft werden, und ist hierzu ein
Bietungstermin auf
den 27. Mai 1845, Vormittags 9 Uhr,
vor dem Stadtgerichtsrath Herrn Steinhausen
im Stadtgericht Lindenstraße Nr. 54 anberaumt.
Der Hypothekenschein, die Taxe und die besondern Kaufbedingungen sind in unserer Registratur einzusehen.
Potsdam, den 28. Oktober 1844.
Königl. Stadtgericht hiesiger Residenz.

Bekanntmachung.

Das den Erben des verstorbenen Sekretairs und Kalkulators Schartow gehörige, allhier am Markt Nr. 5 belegene, in unserm Hypothekenbuche von der Stadt Vol. 11 Nr. 129 verzeichnete, auf 6534 Thlr. 22 Sgr. abgeschätzte Grundstück nebst Zubehör soll im Wege der nothwendigen Subhastation verkauft werden, und ist hierzu ein Bietungstermin auf

den 27. Mai 1845, Vormittags 9 Uhr,

vor dem Stadtgerichtsrath Herrn Steinhausen im Stadtgericht, Lindenstraße Nr. 54, anberaumt.

Der Hypothekenschein, die Taxe und die besondern Kaufbedingungen sind in unserer Registratur einzusehen.

Potsdam, den 28. Oktober 1844.

Königl. Stadtgericht hiesiger Residenz.

Subhastation. Theilungshalber.

Folgende, zum Mühlenmeister Münchhoffschen Nachlasse gehörige Grundstücke, nemlich:

1) das hierselbst vor dem Berliner Thore belegene Mühlengrundstück — die sogenannte Berlinsche Mühle — bestehend aus einer Wassermühle nebst Nebengebäuden, zwei Gärten und einer Windmühle, letztere erbaut auf einem von der hiesigen lutherischen Kirche zu Erbzins hergegebenen Fleck Landes von 5 Morgen 59½ □Ruthen, verzeichnet Vol. 1 a Nr. 44 Pag. 431 des Hypothekenbuchs, und gerichtlich abgeschätzt auf 8379 Thlr. 6 Sgr. 8 Pf.,

2) die drei Gründe hier vor dem Berliner Thore, verzeichnet Vol. V Pag. 381 Nr. 39 des Hypothekenbuchs, und abgeschätzt auf 125 Thlr.,

3) eine hinter der Berliner Mühle belegene Wiese von 5 Morgen 60 □Ruthen, verzeichnet Vol. 1 a Pag. 591 Nr. 60 des Hypothekenbuchs, und abgeschätzt auf 200 Thlr.,

4) ein Baumgarten vor dem Berliner Thore an der Klinge, verzeichnet Vol. VII Pag. 353 Nr. 36 des Hypothekenbuchs, und abgeschätzt auf 25 Thlr.,

5) eine am Mühlenfließe auf dem Werderfelde belegene Wiese, verzeichnet Vol. VII Pag. 528

Nr. 33 des Hypothekenbuchs, und abgeschätzt auf 75 Thlr.,

6) ein Landgarten an der Klinge, verzeichnet Vol. VII Pag. 533 Nr. 54 des Hypothekenbuchs, und abgeschätzt auf 125 Thlr,

sollen im Termine

den 30. Dezember d. J., Vormittags 10 Uhr,

an ordentlicher Gerichtsstelle subhastirt werden. Taxen und Hypothekenscheine sind in unserer Registratur einzusehen, und werden alle unbekannten Realprätendenten aufgeboten, sich bei Vermeidung der Präklusion spätestens in diesem Termine zu melden. Alt-Landsberg, den 28. Mai 1844.

Königl. Land- und Stadtgericht.

Nothwendige Subhastation Theilungshalber.

Land- und Stadtgericht zu Liebenwalde, am 5. Juli 1844.

Die zu Hammer belegene, den minorennen Geschwistern Zahn gehörige Wasser- und Sägemühle, abgeschätzt zufolge der, nebst Hypothekenschein und Bedingungen bei uns einzusehenden Taxe, auf 6700 Thlr., soll

am 7. Februar 1845, Morgens 11 Uhr, an Gerichtsstelle subhastirt werden.

Subhastations-Patent. Freiwilliger Verkauf.

Königl. Justizamt Potsdam, den 23. August 1844.

Das den minorennen Geschwistern Arnold gehörige, zu Bornim belegene und Vol. 1 Fol. 13 Nr. 13 des dortigen Hypothekenbuches verzeichnete Schmiedegrundstück, bestehend aus zwei Wohnhäusern, Stallungen, Schmiedewerkstatt, zwei Gartenflecken und einem Stück Forstland, abgeschätzt auf 5810 Thlr. 6 Sgr. 3 Pf., soll

am 29. Januar 1845, Vormittags 11 Uhr, allhier an ordentlicher Gerichtsstelle im Wege der freiwilligen Subhastation verkauft werden.

Die Taxe und der neueste Hypothekenschein sind werktäglich in unserem 2ten Büreau einzusehen.

Deffent-

Oeffentlicher Anzeiger (№ 2)

zum 46sten Stück des Amtsblatts
der Königlichen Regierung zu Potsdam und der Stadt Berlin.

Den 15. November 1844.

Steckbrief.

Der nachstehend näher bezeichnete Kleidermacher Franz Herrmann Neuschild, welcher der Verübung eines nicht unbedeutenden Betruges dringend verdächtig ist, hat sich der Einleitung der Untersuchung und seiner Verhaftung durch seine Entfernung von hier entzogen. Da sein jetziger Aufenthaltsort unbekannt ist, so werden alle Zivil- und Militairbehörden des In- und Auslandes dienstergebenst ersucht, auf den ꝛc. Neuschild gefälligst zu vigiliren, ihn im Betretungsfalle verhaften und unter sicherer Begleitung mit den bei ihm sich vorfindenden Effekten hierher transportiren und an die hiesigen Stadtvoigtei-Gefängnisse, Molkenmarkt Nr. 1, abliefern zu lassen.

Dabei wird bemerkt, daß der ꝛc. Neuschild vor einigen Wochen, einen auf zwei Monate zu einer Reise nach Paris gültigen Ministerial-Paß erhalten hat. Wir versichern die ungesäumte Erstattung der dadurch entstehenden baaren Auslagen und den verehrlichen Behörden des Auslandes eine gleiche Rechtswilligkeit.

Berlin, den 2. November 1844.

Königl. Kriminalgericht hiesiger Residenz.

v. Schrötter.

Signalement. Vor- und Zuname: Franz Herrmann Neuschild, Stand: Kleidermacher, Geburtsort: Altenburg, Alter: 34 Jahr, Größe: 5 Fuß 7 Zoll, Haare: blond, Stirn: frei, Augenbrauen: blond, Augen: braun, Nase und Mund: proportionirt, Kinn: rund, Gesicht: desgl., Gesichtsfarbe: gesund.

Besondere Kennzeichen: fehlen.

Die Bekleidung kann nicht angegeben werden.

Bekanntmachung.

Im Auftrage der Königl. Regierung zu Potsdam wird das unterzeichnete Haupt-Steuer-Amt, und zwar im Dienstgelasse des Königl. Steuer-Amtes zu Wriezen

am 8. Dezember d. J., Vormittags 10 Uhr, die Chausseegeld-Erhebung bei Schulzendorf an den Meistbietenden mit Vorbehalt des höhern Zuschlags vom 1. Februar 1845 ab, zur Pacht ausstellen. Nur dispositionsfähige Personen, welche mindestens 150 Thlr. zur Sicherheit niedergelegt haben, werden zum Bieten zugelassen. Die Pachtbedingungen sind bei uns und bei dem Steuer-Amte zu Wriezen von heute an während der Dienststunden einzusehen.

Neustadt-Eberswalde, den 9. November 1844.

Königl. Preuß. Haupt-Steuer-Amt.

Ediktal-Ladung.

Auf den durch den Königl. Forstmeister Roth, in Vertretung der Königl. Regierung, bei uns angebrachten Antrag auf Theilung der Jagdberechtigung auf der Feldmark Giesensdorf haben wir zur Anmeldung der Theilnahmrechte und zur Einleitung des Theilungsverfahrens, einen Termin auf

den 13. Januar 1845, Vormittags 10 Uhr, in Giesensdorf anberaumt, zu welchem wir alle diejenigen, welche bei der Theilung ein Interesse haben, zur Angabe und Nachweisung ihrer Ansprüche unter der Verwarnung vorladen, daß im Falle des Ausbleibens dieselben mit ihren Ansprüchen werden präkludirt werden.

Mittenwalde, den 3. November 1844.

Königl. Jagd-Theilungs-Kommission des Teltowschen Kreises.

Bekanntmachung.

Die Beschaffung des Brodtkorns und der Fourage pro 18 45/46 für die Militair-Magazine

a) in Berlin, Charlottenburg und Spandow,
b) in Potsdam,
c) bei Rathenow,
d) in Brandenburg

soll, wie bisher, theilweise durch Ankauf aus freier Hand erfolgen.

Der Proviantmeister Kriegsrath Langheinrich in Berlin ist beauftragt, diesen Ankauf für die Magazinorte sub a, der Proviantmeister Ferber in Potsdam für die dortigen Magazine, b

Proviantmeister Marschall in Rathenow für das Magazin sub c, und der Magazin-Rendant Otto zu Brandenburg für das Magazin sub d, zu bewirken.

Indem wir solches zur öffentlichen Kenntniß bringen, bemerken wir, wie es mit dem bestehenden Liquidations-Verfahren unverträglich ist, daß den Verkäufern Geldvorschüsse auf die offerirten Lieferungen gewährt werden, vielmehr haben die genannten Ankaufs-Kommissarien nur die Befugniß Zug um Zug zu kaufen, dagegen die Verpflichtung, nach erfolgter Ablieferung der Naturalien sogleich baare Zahlung zu leisten.

Berlin, den 7. November 1844.
Königl. Intendantur des Garde-Corps.

Bekanntmachung.

Der Herr Amtsrath Bergener zu Klepzig beabsichtigt die Anlage eines Dampfapparats in seiner Brennerei, und der außerdem zu diesem Behufe erforderlichen Einrichtungen. Indem dies Vorhaben nach Maßgabe der Bestimmung des § 16 des Regulativs vom 6. Mai 1838 bekannt gemacht wird, werden diejenigen, welche hierdurch eine Gefährdung ihrer Rechte befürchten, aufgefordert, ihre desfälligen Einwendungen binnen einer vierwöchentlichen präklusivischen Frist bei dem Unterzeichneten anzumelden und gehörig zu begründen.

Belzig, den 6. November 1844.
Königl. Landrath Zauch-Belzigschen Kreises.
von Tschirschky.

Bekanntmachung.

In der hiesigen Stadtforst sollen am Montag den 16. Dezember 1844 und folgenden Tagen, jedesmal von Vormittags 9 Uhr an, nachfolgend bezeichnete Bau- und Nutzhölzer, als:
1) 100 Stück Sageblöcke,
2) 350 » extra starke }
3) 500 » ordinair starke } Kiefern,
4) 80 » Eichen,

öffentlich an den Meistbietenden an Ort und Stelle verkauft werden, und werden Kauflustige ersucht, sich zur gedachten Zeit in dem Forsthause zu Alt-Daber einzufinden.

Die Kaufbedingungen werden im Termine bekannt gemacht, sind aber auch schon vorher in unserer Registratur einzusehen, und wird hier nur bemerkt, daß ein Viertel des Kaufgeldes beim geschehenen Zuschlage sogleich im Termine baar in Preußischem Kourant, Kassen-Anweisungen oder Preußischem Gelde entrichtet werden muß.

Die zum Verkauf gestellten, oben bemerkten Bau- und Nutzhölzer können schon vor dem Termin in Augenschein genommen werden, indem der Stadtförster Schütze und Sick angewiesen sind, solche auf desfallsige Wünsche vorzuzeigen.

Wittstock, den 8. November 1844.
Der Magistrat.

Nothwendiger Verkauf.

Stadtgericht zu Berlin, den 25. September 1844.
Das in der großen Georgen-Kirchgasse Nr. belegene Schonertsche Grundstück, gerichtlich geschätzt zu 1038 Thlr. 7 Sgr. 6 Pf., soll am 27. Mai 1845, Vormittags 11 Uhr, an der Gerichtsstelle subhastirt werden. Taxe und Hypothekenschein sind in der Registratur einzusehen.

Die unbekannten Realprätendenten werden durch bei Vermeidung der Präklusion mit vorgeladen.

Nothwendiger Verkauf.

Königl. Stadtgericht zu Kyritz, den 30. Aug. 1844.
Die zum Nachlasse des verstorbenen Gastwirth Adolph Theodor Carl Nahmmacher gehörigen Grundstücke, als:
1) das vor dem Hamburger Thore belegene Haus, worin Gastwirthschaft betrieben, nebst einem Garten Vol. IV Nr. 28 des Hypothekenbuchs, taxirt zu 4336 Thlr. 9 Sgr. 7 Pf.,
2) die Scheune Vol. V Nr. 485, taxirt zu 449 Thlr. 20 Sgr. 9 Pf.,
3) die Röbeken einer Hufe Stadtland Vol. XVI Nr. 246, taxirt zu 451 Thlr. 13 Sgr. 10 Pf., von welchen Taxe und Hypothekenschein in der Registratur eingesehen werden können, sollen am 12. Dezember d. J. Vormittags 11 Uhr an ordentlicher Gerichtsstelle Behufs der Theilung nothwendig subhastirt werden.

Nothwendiger Verkauf.

Stadtgericht zu Prenzlow, den 5. September 1844.
Das, der verwittweten Kaufmann Meyer, Christiane gebornen Arndt gehörige, hierselbst der Wilhelmstraße sub Nr. 73 belegene Wohnhaus nebst Zubehör, abgeschätzt auf 2319 Thlr. 27 Sgr. 5 Pf. zufolge der, nebst Hypothekenschein und Bedingungen in unserer Registratur einzusehenden Taxe, soll am 17. Dezember d. J., Vormittags 10 Uhr an ordentlicher Gerichtsstelle subhastirt werden.

Nothwendiger Verkauf.

Gräflich v. Arnimsches Gericht der Herrschaft Boytzenburg.

Der zu Hardenbeck, Templiner Kreises, belegene, dem Oekonomen Herrmann gehörige Bauerhof Nr. VIII, abgeschätzt auf 4833 Thlr. 16 Sgr. 8 Pf., zufolge der, nebst Hypothekenschein in der Registratur einzusehenden Taxe, soll

am 20. Dezember d. J., Vormittags 11 Uhr, an ordentlicher Gerichtsstelle subhastirt werden.

Alle unbekannten Realprätendenten werden aufgeboten, sich bei Vermeidung der Präklusion spätestens in diesem Termin zu melden.

Boytzenburg i. d. Ukermark, den 10. Sept. 1844.

Nothwendiger Verkauf.

Justizkammer in Schwedt, den 10. September 1844.

Das in der Berlinerstraße Nr. 157 belegene, zum Nachlasse des Kaufmanns Moses Salomon Ehrenbaum gehörige Grundstück nebst Zubehör, axirt auf 9385 Thlr. 28 Sgr. 2 Pf. zufolge der, nebst Hypothekenschein und Kaufbedingungen in der Registratur einzusehenden Taxe, soll

am 25. April 1845, Vormittags 10 Uhr, an ordentlicher Gerichtsstelle subhastirt werden.

Alle etwanigen unbekannten Realprätendenten, sowie die, ihrem Aufenthalte nach unbekannten Gläubiger, der Kaufmann Levi Abraham Löwenstein, früher in Grassee und der Weißgerber Marcus Löwenberg werden zu jenem Termine bei Vermeidung der Präklusion ebenfalls hiermit vorgeladen.

Königl. Stadtgericht zu Neu-Ruppin, den 26. September 1844.

Das in der Ferdinandsstraße sub Nr. 383 hierselbst belegene, im Hypothekenbuche Vol. III Fol. 143 Nr. 522 verzeichnete, zum Nachlaß des verstorbenen Tuchfabrikanten Johann Christian Richter gehörige Wohnhaus mit der im Hintergebäude befindlichen Dampfmaschine, zwei dazu gehörigen Weiberparzellen und den Tuchmachergeräthschaften des Richter, zusammen auf 10,152 Thlr. 15 Sgr. 5 Pf. abgeschätzt, soll

am 22. April 1845, Vormittags 11 Uhr, an ordentlicher Gerichtsstelle in nothwendiger Subhastation verkauft werden. Hypothekenschein und Taxe sind in unserer Registratur einzusehen.

Alle unbekannte Realprätendenten werden aufgefordert, sich bei Vermeidung der Präklusion spätestens in diesem Termine zu melden.

Nothwendiger Verkauf.

Stadtgericht zu Templin, den 2. Oktober 1844.

Die an der Millmersdorfer Grenze zu Ahrensnest belegene, im Hypothekenbuch des hiesigen Stadtgerichts Nr. 33 Fol. 67 auf den Namen des Mühlenmeisters David Otto und dessen beiden Töchter, Wilhelmine Tugendreich und Emilie Alexandrine Henriette Otto eingetragene Wiese, abgeschätzt auf 187 Thlr. 15 Sgr. und der vor dem Prenzlauer Thore belegene und im Hypothekenbuche Vol. 11 Nr. 287 Fol. 1901 auf den Namen des Drechslermeisters Friedrich Wilhelm Rischmüller eingetragene Garten abgeschätzt auf 51 Thlr. zufolge der, nebst Hypothekenscheinen und Bedingungen in der Registratur einzusehenden Taxen, sollen

am 20. Januar k. J., Vormittags 11 Uhr, an ordentlicher Gerichtsstelle theilungshalber subhastirt werden.

Alle unbekannte Realprätendenten werden aufgeboten, sich bei Vermeidung der Präklusion spätestens in diesem Termine zu melden.

Subhastations-Patent.

Land- und Stadtgericht Bernau, den 4. Oktober 1844.

Die zum Nachlasse des verstorbenen Webermeisters Gottlob Bolle gehörigen, in und bei hiesiger Stadt belegenen Grundstücke:

1) das in der Bürgermeisterstraße sub Nr. 222 belegene, im Hypothekenbuche Vol. II Nr. 222 verzeichnete Wohnhaus nebst einem Garten im 3ten Gange sub Nr. 44, abgeschätzt auf 1191 Thlr. 26 Sgr. 3 Pf.,

2) das in der Tuchmacherstraße sub Nr. 175 belegene, im Hypothekenbuche Vol. I Nr. 175 verzeichnete Wohnhaus nebst Stall und Garten, auch dem im 4ten Gange sub Nr. 16 belegenen neuen Garten, abgeschätzt auf 1001 Thlr. 8 Sgr. 6 Pf.,

3) der vor dem Berliner Thore sub Nr. 188 belegene, im Hypothekenbuche Vol. III Nr. 123 verzeichnete Garten, abgeschätzt auf 197 Thlr. 12 Sgr. 11 Pf.,

4) die beiden im Lindowschen Felde sub Nr. 1 und 2 belegenen, im Hypothekenbuche Vol. IV Nr. 27 verzeichneten Worthländer, abgeschätzt auf 347 Thlr. 17 Sgr. 1 Pf.,

sollen in termino

den 15. Januar 1845, Vormittags 11 Uhr, an hiesiger Gerichtsstelle an den Meistbietenden einzeln oder im Ganzen verkauft werden.

Taxe und Hypothekenschein können täglich in der Registratur eingesehen werden.

Nothwendiger Verkauf.
v. Freyersches Patrimonialgericht zu Rosenwinkel.

Der zum Nachlasse des Bauern Johann Thiele gehörige, separirte und abgebaute Zweihüfnerhof zu Rosenwinkel Vol. I Nr. X des Hypothekenbuchs, soll Theilungshalber mit dem darauf haftenden Altentheil, jedoch ohne Beilaß

am 14. Februar 1845, Vormittags 11 Uhr,

in der Gerichtsstube zu Rosenwinkel meistbietend verkauft werden. Die Taxe zu 4785 Thlr. 21 Sgr. 8 Pf. und der Hypothekenschein sind in der Registratur einzusehen. Kyritz, den 21. Oktober 1844.

Subhastation. Theilungshalber.
Land- und Stadtgericht Liebenwalde, am 25. Oktober 1844.

Das zu Groß-Schönebeck belegene Büdnerhaus des verstorbenen Johann Rathenow, abgeschätzt auf 100 Thlr. zufolge der, nebst Hypothekenschein bei uns einzusehenden Taxe, soll

am 14. Februar 1845, Vormittags 11 Uhr,

an ordentlicher Gerichtsstelle subhastirt werden.

Nothwendiger Verkauf.
Theilungshalber.
Trebbin, den 1. November 1844.

Das Braunsche Kossäthengut Nr. 9 zu Blankenfee, taxirt auf 910 Thlr., so wie die Erbpachtspfarrländereien, taxirt auf 23 Thlr., sollen

am 13. Februar 1845,

in Blankenfee verkauft werden. Taxe und Hypothekenschein sind in unserer Registratur hier einzusehen.

v. Thümensches Patrimonialgericht über Blankenfee nebst Zubehör.

Nothwendiger Verkauf.

Das den Martin Grotheschen Erben gehörige, im Hypothekenbuche Nr. 8 verzeichnete und auf 1459 Thlr. 19 Sgr. 10 Pf. abgeschätzte Bauergut zu Wölsickendorf soll Theilungshalber

am 10. Februar 1845, Vormittags 11 Uhr,

auf der Gerichtsstube zu Wölsickendorf subhastirt werden, und sind die Taxe und der Hypothekenschein in der Gerichts-Registratur einzusehen. Wriezen, den 4. November 1844.

v. Bredowsches Patrimonialgericht über Wölsickendorf.

Im Auftrage des Zimmermeisters Hrn. Drescher habe ich zum meistbietenden Verkaufe seines hierselbst nahe am Markt, der Post gegenüber, belegenen Wohnhauses, in welchem sich

eine Auffuhr, 10 Stuben, 9 Kammern, 2 Küchen (wovon 2 mit Kochmaschinen versehen sind), 2 gewölbte und 1 Balkenkeller, sowie große Nebenräume

befinden, und das sich seiner Lage wegen zu einem Gasthofe (wozu auch die nöthige Stallung vorhanden ist) sowie zur Betreibung eines Material-Geschäfts vorzüglich eignet, einen Termin auf den 1. Dezember d. J., Nachmittags 3 Uhr, in der Drescherschen Wohnung anberaumt, zu welchem Kaufliebhaber hierdurch eingeladen werden. Wittstock, den 1. November 1844.

Hofschultz.

Ein in Neu-Ruppin belegenes zweistöckiges massives Wohnhaus mit großem Hintergebäude, bedeutendem Hofraum, Auffahrt, Garten und Ackerparzellen soll des Schleunigsten unter billigen Bedingungen verkauft werden.

Das Haus liegt im Mittelpunkte der Stadt und eignet sich zu jedem Geschäft. Die Hälfte des Kaufgeldes kann darauf stehen bleiben. Käufer lieben sich zu wenden an

W. C. Seidel in Zehdenick.

Ein mit vorzüglichen Empfehlungen versehener Kandidat der Theologie, welcher auch in der französischen, englischen und italienischen Sprache, so wie in der Musik und im Zeichnen Unterricht ertheilt, sucht eine Hauslehrerstelle durch

W. C. Seidel in Zehdenick.

Ein Guts-Administrator, welcher seit einer Reihe von Jahren die größten Güter bewirthschaftet hat, kautionsfähig und im Besitze vorzüglicher Zeugnisse ist, sucht ein Engagement.

Ebenso wünschen einige Wirthschafts-Inspectoren und Brennerei-Verwalter anderweit placirt zu sein. Nähere Auskunft ertheilt

W. C. Seidel in Zehdenick.

Einige gut empfohlene Handlungs-Commis, welche zum bevorstehenden Jahreswechsel anderweit placirt zu sein wünschen, weist nach

W. C. Seidel in Zehdenick.

Oeffentlicher Anzeiger
zum 47sten Stück des Amtsblatts
der Königlichen Regierung zu Potsdam und der Stadt Berlin.
Den 22. November 1844.

Dem Herrn C. F. Scholl zu Koblenz ist unter dem 15. November 1844 ein Patent
auf eine Zerkleinerungs-Maschine für Getreidekörner, Hülsenfrüchte u. s. w., in der durch Zeichnung und Beschreibung nachgewiesenen Zusammensetzung,
auf acht Jahre, von jenem Tage an gerechnet, und für den Umfang des preußischen Staats ertheilt worden.

Den Möbelschreinern Engelbert und Franz Deimann zu Köln ist unter dem 13. November 1844 ein Patent
auf ein durch Zeichnung und Beschreibung nachgewiesenes Verfahren, sogenannte Sprungperlen zu Möbel-Verzierungen anzufertigen,
auf vier Jahre, von jenem Tage an gerechnet, und für den Umfang der Rheinproving ertheilt worden.

Das dem Buchhalter C. E. Krapp zu Duisburg unter dem 20. September 1843 ertheilte Einführungs-Patent
auf einen durch Zeichnung und Beschreibung erläuterten Dampfsiede-Apparat für Zucker, soweit er als neu und eigenthümlich anerkannt worden ist,
ist aufgehoben worden.

Bekanntmachung.
Der nachstehend bezeichnete Brauergeselle Christian Barth wurde am 29. September d. J. wegen Mangels an Legitimation hier angehalten. Derselbe hatte zu Alsleben gedient, ist aber wegen versuchter Veruntreuung von seinem Brodherrn entlassen worden. Nachdem diese Nachrichten eingezogen worden, wurde der 2c. Barth am 9. d. M. mittelst Reiseroute nach Thalem zurückgewiesen, wo er aber nach einer Mittheilung der dortigen Behörde nicht eingetroffen ist. Da zu vermuthen ist, daß der Barth sich noch ohne Legitimation und vielleicht auf unerlaubten Wegen umhertreibt, so werden sämmtliche resp. Behörden auf denselben

hierdurch zur weiter gefälligen Maßnahme, nach Befund der Umstände, dienstergebenst aufmerksam gemacht. Potsdam, den 12. November 1844.
Königl. Polizei-Direktor,
Regierungs-Rath von Kahlden-Normann.
Signalement. Christian Barth, Brauergeselle aus Thalena, evangelischer Religion, Alter: 20½ Jahr, Größe: 5 Fuß 2¼ Zoll, Haare: braun, Stirn: flach, Augenbrauen: braun, Augen: grau, Nase: gewöhnlich, Mund: etwas starke Unterlippe, Bart: röthlich braun, Kinn: gegrübt, Gesichtsbildung: länglich, Gesichtsfarbe: gesund, Gestalt: mittel.

Besondere Kennzeichen: fehlen.

Bekanntmachung.
Die wegen ihres liederlichen, arbeitscheuen Lebenswandels bereits mehrmals verhaftet gewesene, unverehelichte Friederike Puhlmann aus Drewitz, hat ihren gedachten Angehörigkeitsort, wohin sie am 6. d. M. per Transport gebracht war, wiederum heimlich verlassen und treibt sich wahrscheinlich von neuem vagabondirend umher.

Indem wir deshalb die Wohllöblichen Polizei-Behörden auf die 2c. Puhlmann hiermit aufmerksam machen, ersuchen wir dienstergebenst, dieselbe im Betretungsfalle zu verhaften und als Landstreicherin nach dem Gesetze vom 6. Januar 1843 zur Untersuchung und Bestrafung zu ziehen.
Potsdam, den 13. November 1844.
Königl. Rent- und Polizei-Amt.

Steckbriefs-Erledigungen.
Der von uns unterm 6. April d. J. steckbrieflich verfolgte, vormalige Justiz-Kommissarius Carl Otto Bouneß ist in Berlin ergriffen und zur Haft gebracht.
Berlin, den 11. November 1844.
Königl. Kammergerichts-Inquisitoriat.

Der unter bem 19. September d. J. hinter den Bäckermeister Johann Jacob Seehaus von Trebbin erlaffene Steckbrief ift durch die Ergreifung des 2c. Seehaus erledigt.

Zoffen, ben 12. November 1844.
Königl. Land = und Stadtgericht.

Der von der hiefigen Feftungsarbeit entwichene Militairfträfling Jacob Friedrich Ferdinand Halfmann ift geftern hier wieder eingeliefert worden, und demnach ber im Deffentlichen Anzeiger zum 44ften Stück des diesjährigen Amtsblatts der Königl. Regierung zu Potsbam S. 409 unterm 21. Oftober b. J. erlaffene Steckbrief erledigt.

Cüftrin, den 14. November 1844.
Königl. Preuß. Kommandantur.
Köhn von Jaski.

Bekanntmachung.

Dem Brenner Friedrich Tietze ift das gegen ihn ergangene Erkenntniß publizirt, und find badurch unfere Bekanntmachungen vom 22. Februar und 12. September d. J. wegen Ermittelung des Aufenthaltsort deffelben erledigt.

Jüterbogf, den 11. November 1844.
Das Gericht des Ländchens Bärwalde.

Verlorner Paß.

Der Schaufpieler Julius Albert Franz Francke, in Berlin geboren und angehörig, hat angeblich feinen ihm im September d. J. in Berlin ausgeftellten, auf 2 Jahr gültigen Reifepaß, welcher hier am 17. Oktober b. J. sub Nr. 1001 nach Magdeburg vifirt worden ift, in Berlin verloren.

Zur Verhütung eines Mißbrauchs wird diefer Paß hiermit für ungültig erklärt.

Spandow, den 5. November 1844.
Der Magiftrat.

Signalement. Familiennamen: Francke, Vornamen: Julius, Geburts = und Aufenthaltsort: Berlin, Religion: evangelifch, Alter: 28 Jahre, Größe: 5 Fuß 7 Zoll, Haare: braun, Stirn: frei, Augenbrauen: braun, Augen: blau, Nafe und Mund: gewöhnlich, Bart: braun, Zähne: gefund, Kinn und Gefichtsbildung: oval, Gefichtsfarbe: gefund, Geftalt: fchlank.

Befondere Kennzeichen: fehlen.

Der Schneidergefelle Bernhard Marcus hat angeblich den ihm vom Magiftrate zu Wongrowitz am 8. Juli 1843 ertheilten und zuletzt am 18. Oftober 1843 von dem unterzeichneten Polizei-Präfidium vifirten Paß verloren.

Zur Vermeidung von etwanigen Mißbräuche wird dies hierdurch öffentlich bekannt gemacht und der gedachte Paß, hierdurch für ungültig erklärt.

Berlin, den 9. November 1844.
Königl. Polizei=Präfidium.

Bekanntmachung.

Im Auftrage der Königl. Regierung hier wird das unterzeichnete Haupt=Steueramt, zwar in feinem Amtsgelaffe

am 25. November b. J., Vormittags 10 Uhr die Chauffeegeld=Erhebung zu Steglitz, zwifchen Berlin und Potsdam an den Meiftbietenden, mit Vorbehalt des höheren Zufchlages, vom 1. Januar f. J. ab, zur Pacht ausstellen.

Nur als dispositionsfähig fich ausweifende Perfonen, welche vorher mindeftens 600 Thlr. baar oder in annehmlichen Staatspapieren bei dem unterzeichneten Hauptamte zur Sicherheit niedergelegt haben, werden zum Bieten zugelaffen.

Die Pachtbedingungen liegen bei uns von an während der Dienftftunden zur Einficht.

Potsbam, ben 11. November 1844.
Königl. Haupt=Steueramt.

Bekanntmachung.

Im Auftrage der Königl. Regierung zu Potsdam wird das unterzeichnete Hauptamt, und in feinem Amtsgelaffe

am 29. November b. J., Vormittags 10 Uhr die Chauffeegeld=Hebeftelle bei Groß=Kreutz, zwifchen Potsdam und Brandenburg, an den Meiftbietenden, mit Vorbehalt des höheren Zufchlages, vom 31. Dezember d. J. ab, zur Pacht ausstellen.

Nur dispositionsfähige Perfonen, welche vorher mindeftens 180 Thlr. baar oder in annehmlichen Staatspapieren bei dem unterzeichneten Amte zur Sicherheit niedergelegt haben, werden zum Bieten zugelaffen.

Die Pachtbedingungen find bei uns von hier an während der Dienftftunden einzufehen.

Brandenburg, den 14. November 1844.
Königl. Haupt=Steueramt.

Der Mühlenmeifter Lewe hat die Errichtung einer Bockwindmühle mit einem Mahl= und ein

Schroatgangs in der Feldmark Heiligensee auf einem daselbst von dem Bauer Lemke erbpachtsweise erworbenen, an dem von Heiligensee nach Henningsdorf führenden Wege belegenen Ackerfleck beantragt.

Nach Vorschrift des Gesetzes vom 28. Oktober 1810 und bei Allerhöchsten Kabinetsordre vom 23. Oktober 1826 wird dies Vorhaben zur öffentlichen Kenntniß gebracht, und jeder Einspruchsberechtigte zur Anmeldung seiner Einwendungen binnen achtwöchentlicher präklusivischer Frist hierdurch aufgefordert.

Berlin, den 27. Oktober 1844.
Königl. Landrath Nieder-Barnimschen Kreises.
Scharnweber.

Bekanntmachung.

Mit dem 1. Juni 1845 wird das Königl. Domainen-Vorwerk Coeselitz, im Domainen-Rentamte Pyritz, pachtfrei und soll anderweitig im Wege der Lizitation bis Johannis 1869, also auf 24 Jahre verpachtet werden.

Das Vorwerk liegt ¾ Meilen von Pyritz, 3¾ Meilen von Stargard und 6¾ Meilen von Stettin. Das zu verpachtende Areal beträgt:

Acker	606	Morg.	65	☐R.
Gärten	4	„	3	„
Hof- und Baustellen	2	„	3	„
beständige Wiesen	28	„	45	„
Wiesen im Acker	3	„	87	„
Hütung	55	„	173	„
unbrauchbare Grundstücke	16	„	72	„
zusammen	716	Morg.	88	☐R.

Zum Gebote auf diese Pachtung ist ein Termin auf

den 19. Dezember d. J., Vormittags 10 Uhr, in dem Plenar-Sitzungszimmer der unterzeichneten Königl. Regierung vor dem Departements-Rathe, Regierungs-Rath Freiherrn von Salmuth anberaumt.

Der mindeste Pachtbetrag für das gedachte Vorwerk ist auf 1018 Thlr. inkl. 340 Thlr. in Golde festgestellt. Die speziellen und allgemeinen Pachtbedingungen können in dem Domainen-Verwaltungsbüreau der unterzeichneten Königl. Regierung und bei dem Königl. Domainen-Rentamte zu Pyritz eingesehen werden. Die Pachtlustigen werden aufgefordert, sich vor dem Termine entweder gegen uns oder gegen den Departements-Rath über ihre Qualifikation zur Pachtung und

insbesondere über ihr Vermögen auszuweisen. Die Auswahl unter den drei Bestbietenden und die Ertheilung des Zuschlages wird dem Königl. Ministerio vorbehalten.

Stettin, den 28. Oktober 1844.
Königl. Regierung.
Abtheilung für die Verwaltung der direkten Steuern, Domainen und Forsten.

Bekanntmachung.

Es sind hierselbst die Stellen eines Ausrufers und eines Nachtwächters zu besetzen. Mit beiden ist die Verpflichtung verbunden, auf Erfordern polizeiliche Hülfsdienste zu leisten. Das Einkommen der ersten Stelle besteht in alljährlich 10 Scheffel 17 Metzen Meßkorn, 3 Klafter Kiehnenholz, einer Dienstwohnung und den Gebühren für die besorgten Ausrufe. An solchen werden von den Auswärtigen 2 Sgr. 6 Pf. und von den Einheimischen 1 Sgr. 3 Pf. für jeden Ausruf entrichtet, und kommen dadurch jährlich circa 60 bis 70 Thlr. ein.

Mit dem Nachtwächterposten ist ein jährliches Gehalt von 48 Thlrn. verbunden.

Versorgungsberechtigte Militair-Invaliden, welche eine dieser Stellen zu übernehmen geneigt sind, werden hierdurch aufgefordert, sich unter Ueberreichung ihrer Zeugnisse schleunig bei uns zu melden.

Die Anstellungen erfolgen auf die ersten drei Monate nur auf Probe.

Perleberg, den 8. November 1844.
Der Magistrat.

Ein Hülfsexekutor soll vorläufig auf die Dauer von 6 Monaten mit einem Gehalte von 5 Thlrn. monatlich und Ueberlassung der Exekutionsgebühren angestellt werden.

Qualifizirte Invaliden, welche hierauf reflektiren, haben sich bis zum 15. k. M. bei uns zu melden. Dahme, den 12. November 1844.
Der Magistrat.

Durch Versetzung ist die Rektorstelle an der hiesigen Elementar- und Bürgerschule, mit welcher ein jährliches Gehalt von 275 Thlr. verbunden ist, erledigt und wir fordern qualifizirte Kandidaten, welche zur Uebernahme dieses Amts geneigt sein möchten, auf, sich unter Einreichung ihrer Zeugnisse bei uns zu melden.

Neu-Ruppin, den 11. November 1844.
Der Magistrat.

Bekanntmachung.

Es wird hierdurch zur Kenntniß des Publikums gebracht, daß der diesjährige hiesige Christmarkt am Freitage, den 13. Dezember d. J., abgehalten werden soll.

Brück, den 10. November 1844.
Der Magistrat.

Bekanntmachung.

Für das hiesige Königl. Magazin sollen:
550 Ringe Seitenstabholz,
300 Bodenholz, und
2000 Schock haselne Faßbände
im Wege der Submission beschafft werden.

Diese Faßmaterialien müssen spätestens bis Ende Mai k. J. abgeliefert sein, und können die übrigen Lieferungsbedingungen bei dem unterzeichneten Amte, bei den Königl. Proviant-Aemtern in Berlin, Magdeburg, Gloggau und Cüstrin, so wie bei den Königl. Magazin-Verwaltungen in Brandenburg a. d. H. und Frankfurt a. d. O. eingesehen werden.

Unternehmer, welche sich zu solchem Geschäft qualifiziren und die erforderliche Kaution von 10 Prozent von dem Geldwerthe der Lieferung leisten können, werden aufgefordert, ihre Offerten, welche bestimmte Forderungen enthalten müssen, versiegelt mit der Aufschrift: „Faßmaterial-Lieferungs-Offerte" bis zum 27. Dezember d. J. portofrei bei uns einzureichen.

Magazin bei Rathenow, den 12, Nov. 1844.
Königl. Proviant-Amt.

Faulbaumholz-Lieferung.

Geschälte Faulbaumholz-Stäbe 1 Fuß lang und nicht über 1 Zoll stark werden am Mittwoche und Sonnabende jeder Woche gekauft und der Kubikfuß mit 2½ Sgr. bezahlt. Die Abnahme des Holzes darf jedoch nur bei Vorzeigung des entsprechenden Forstscheins stattfinden.

Pulverfabrik bei Spandow, den 18. Okt. 1844.

Bekanntmachung.

Berlin-Hamburger Eisenbahn.

Die Lieferung von ungefähr 1200 Schachtruthen gesprengter Feldsteine zu den Brücken und Durchlässen in der Bau-Abtheilung von Nauen bis Neustadt a. d. O., soll in einzelnen Quanti-

täten den Mindestfordernden übertragen w[...] Hierzu ist ein Termin in der Wohnung de[...] terzeichneten auf
Montag, den 25. November, Vormittags 10 [...] angesetzt, wozu Unternehmungslustige einge[...] werden. Die Bedingungen werden im Te[...] bekannt gemacht. Friesack, den 11. Novembe[...]
Der Baumeister Kö[...]

Die Erben der verstorbenen verehel[...] Herzberg geb. Eue beabsichtigen das zu de[...] bei Fehrbellin belegene circa 90 Morgen [...] 84 Morgen Wiese und 69 Morgen Weid[...] haltende Bauergut aus freier Hand zu verf[...]
Kauflustige werden aufgefordert, sich mit i[...] Gebot an den Bauer Johann Friedrich H[...] berg zu Brunne zu wenden.
Nauen, den 11. November 1844.
Die Berendesschen Gerichte zu Carwe[...]

Bekanntmachung.

Der Neubau eines Schul-Etablissem[...] Dorfe Alt-Rüdnitz, bestehend aus einem [...] hause, einem Wohnhause für die Lehrer, [...] Etagen hoch, massiv, einem Viehstall, einem Sch[...] stall, einem Appartement, in Fachwerk, [...] Einzäunung dieser Gebäude, neben freier Ba[...] Verabreichung, und freien Hand- und Spann[...] sten, auf 6443 Thlr. 12 Sgr. 1 Pf. veranschl[...] soll in Folge Verfügung der Königl. Hoch[...] Regierung zu Frankfurt a. d. O. an den M[...] bestfordernden ausgeboten werden.

Hierzu haben wir einen Termin auf den 4. Dezember d. J., Vormittags 10 Uhr, auf unserer Amtsstube hierselbst angesetzt, wo[...] qualifizirte Bauunternehmer mit dem Bemerken [...] den, daß die Anschläge und Zeichnungen hier [...] gesehen werden können.

Zehden, den 16. November 1844.
Königl. Rentamt.

Bekanntmachung.

Die bei Baumgarten, 1 Meile von Zeh[...] und 1 Meile von Gransee entfernt belegene W[...] mühle von 3 Gängen soll auf 1 oder 3 Jahre m[...] bietend verpachtet werden. Der Termin dazu [...] den 10. Dezember d. J., Vormittags 10 Uhr[...]

Meseberg angesetzt, und die Pachtbedingungen
nnen bei dem Gericht eingesehen werden.
Gransee, den 11. November 1844.
Patrimonialgericht Meseberg.

Bekanntmachung.

Die Erben des zu Neudmiz verstorbenen Kö-
glichen Amtsraths Carl August Hubert wollen
n Nachlaß unter sich theilen. Es werden daher
le diejenigen, welche Forderungen oder sonstige
nsprüche an diesen Nachlaß zu haben vermeinen,
ermit aufgefordert, ihre Forderung und Ansprüche
i dem Unterzeichneten im Lokal der Königl. Ge-
htskommission hierselbst schleunigst, spätestens in
dem am 21. Dezember d. J.
stehenden Termin anzumelden und durch Bei-
ingung der Beweismittel nachzuweisen, widrigen-
lls sie sich nach Ablauf dieser Frist an einen
en der Erben nur auf Höhe seines Antheils
lten könnten.
Friedland, den 15. September 1844.
Schramm,
Königl. Land- und Stadtgerichts-Assessor.
Im Auftrage.

Oeffentliche Vorladung.

Da über den Nachlaß des am 28. Juli 1842
r verstorbenen, pensionirten Hauptmanns Jo-
nn George Friedrich von Wobeser der erb-
aftliche Liquidations-Prozeß eröffnet ist, so wer-
n die unbekannten Gläubiger hierdurch vorgela-
n, sich in dem
m 31. Januar 1843, Vormittags um 10 Uhr,
hiesiger Gerichtsstelle anberaumten Termine zu
stellen, den Betrag und die Art ihrer Forderun
n anzugeben und die vorhandenen Dokumente
schriftlich vorzulegen.
Auswärtigen werden die Herren Justiz-Kom-
sfarien Heym zu Lieberose und Uschner in
bben als Bevollmächtigte vorgeschlagen.
Die Ausbleibenden haben zu gewärtigen, daß
aller ihrer etwanigen Vorrechte für verlustig
lärt und mit ihren Forderungen an dasjenige,
s nach Befriedigung der sich meldenden Gläu-
er von der Masse etwa übrig bleiben möchte,
rden verwiesen werden.
Beeskow, den 8. Oktober 1844.
Königl. Land- und Stadtgericht.

Nothwendiger Verkauf.

Königl. Kammergericht in Berlin.

Das hierselbst in der Invalidenstraße Nr. 36
belegene, im Hypothekenbuche des Kammergerichts
Vol. IV b Nr. 132 Pag. 205 verzeichnete Grundstück nebst Zubehör, abgeschätzt auf 19,993 Thlr.
9 Sgr. 9 Pf. zufolge der, nebst Hypothekenschein
und Bedingungen in der Registratur einzusehenden
Taxe, soll
am 1. März 1845
an ordentlicher Gerichtsstelle subhastirt werden.

Nothwendiger Verkauf.

Königl. Kammergericht in Berlin.

Das hierselbst vor dem Oranienburger Thore
in der Chausseestraße Nr. 70 a belegene Grundstück, gerichtlich abgeschätzt auf 25,702 Thlr.
23 Sgr. zufolge der, nebst Hypothekenschein und
Bedingungen in der Registratur einzusehenden
Taxe, soll
am 12. März 1843, Vormittags 11 Uhr,
an ordentlicher Gerichtsstelle subhastirt werden.

Nothwendiger Verkauf.

Königl. Kammergericht in Berlin.

Das hierselbst in der Invalidenstraße Nr. 47 a
belegene, im kammergerichtlichen Hypothekenbuche
Vol. IX Cont. K Nr. 23 Pag. 529 verzeichnete
Grundstück, abgeschätzt auf 9627 Thlr. 1 Sgr.
6 Pf. zufolge der, nebst Hypothekenschein und Bedingungen in der Registratur einzusehenden Taxe, soll
am 1. April 1845, Vormittags 11 Uhr,
an ordentlicher Gerichtsstelle subhastirt werden.

Alle unbekannten Realprätendenten werden aufgefordert, sich bei Vermeidung der Präklusion spätestens in diesem Termine zu melden.

Der Rentier Johann Georg Hempel und der
Kaufmann Thomassin werden hierzu öffentlich
vorgeladen.

Nothwendiger Verkauf.

Königl. Kammergericht in Berlin.

Das in der Rosengasse Nr. 53 hierselbst belegene, im Hypothekenbuche des Königl. Kammergerichts Vol. 12 Cont. i Pag. 121 Nr. 228 verzeichnete Grundstück, abgeschätzt auf 12,490 Thlr.
2 Sgr. 8 Pf. zufolge der, nebst Hypothekenschein
und Bedingungen in der Registratur einzusehenden
Taxe, soll
am 2. April 1845, Vormittags 11 Uhr,
an ordentlicher Gerichtsstelle subhastirt werden.

Die dem Aufenthalte nach unbekannte Gläubigerin, verehelichte Stadtrichter Leede, Caroline Marie, geborne Kanow, wird hierzu öffentlich vorgeladen.

Nothwendiger Verkauf.
Königl. Kammergericht in Berlin.

Das am Louisenplatz Nr. 10 hierselbst belegene, im Hypothekenbuche des Königl. Kammergerichts Cont. g Vol. IX Nr. 2 Pag. 25 verzeichnete Grundstück, abgeschätzt auf 20,340 Thlr. 3 Sgr. 4 Pf. zufolge der, nebst Hypothekenschein und Bedingungen in der Registratur einzusehenden Taxe, soll
am 2. Mai 1845, Vormittags 11 Uhr,
an ordentlicher Gerichtsstelle subhastirt werden.

Nothwendiger Verkauf.

Die im Niederbarnimschen Kreise bei Oranienburg belegene, im Hypothekenbuche des Königl. Kammergerichts Bol. III, Pag. 197 verzeichnete Glashütte bei Friedrichsthal nebst Pertinenzien, abgeschätzt auf 19,380 Thlr. 21 Sgr. 1 Pf. zufolge der, nebst Hypothekenschein und Bedingungen in der Registratur einzusehenden Taxe, soll
am 16. Mai 1845, Vormittags 11 Uhr
an ordentlicher Gerichtsstelle resubhastirt werden.
Berlin, den 24. Oktober 1844.
Königl. Preußisches Kammergericht.

Nothwendiger Verkauf.
Königl. Kammergericht in Berlin.

Das im Regierungsbezirke Potsdam, im Stockow-Beeskowschen Kreise der Mittelmark, zunächst an Königs-Wusterhausen belegene Erbpachts-Borwerk Stossin, dessen jährlicher Reinertrag auf 1229 Thlr. 24 Sgr. 8 Pf. gerichtlich abgeschätzt worden, welcher, mit 5 Prozent kapitalisirt, einen Werth von 24,800 Thlrn., und mit 4 Prozent einen Werth von 31,000 Thlrn. ergiebt, der nach Abzug des mit 4 Prozent kapitalisirten, jährlich 888 Thlr. 18 Sgr. 6 Pf. betragenden Erbpachts-Kanons, das heißt, also nach Abzug von 22,211 Thlrn. sich zu 5 Prozent auf 2589 Thlr. und zu 4 Prozent auf 8789 Thlr. stellt, zufolge der, nebst Hypothekenschein und Kaufsbedingungen in der Registratur einzusehenden Taxe, soll
am 28. Mai 1845, Vormittags 11 Uhr,
an ordentlicher Gerichtsstelle subhastirt werden.

Der Gläubiger Partikulier Carl Ludwig Ferdinand Barth, dessen Wohnung unbekannt ist, wird zu diesem Termine vorgeladen.

Nothwendiger Verkauf.
Stadtgericht zu Berlin, den 18. Juli 1844.

Die dem Maurerpolier Johann Christian Gübbecke zugehörige Hälfte des in der Langen Gasse Nr. 55 und 56 belegenen Grundstücks, welche a 6239 Thlr. 18 Sgr. 3 Pf. taxirt worden, soll
am 4. März 1845, Vormittags 11 Uhr,
an der Gerichtsstelle subhastirt werden. Taxe und Hypothekenschein sind in der Registratur einzusehen.
Zugleich werden hierdurch die dem Aufenthalte nach unbekannten Interessenten:
1) der Miteigenthümer, Maurerpolier Carl Gustav Kasten,
2) die Ehefrau des Malers Schmidt, geborne Bocquet
öffentlich vorgeladen.

Nothwendiger Verkauf.
Königl. Justizamt Zechlin zu Wittstock.

Das ½ Meile von Wittstock im Dorfe belegene, im Hypothekenbuche von Babitz Folio 1 verzeichnete, den Neumannschen Erben gehörige Lehnschulzengut, taxirt auf 733 Thlr. 14 Sgr. 2 Pf. laut der, nebst Hypothekenschein unserer Registratur einzusehenden Taxe, soll
am 10. März 1845, Vormittags 11 Uhr,
an ordentlicher Gerichtsstelle zu Wittstock subhastirt werden.
Wittstock, den 16. August 1844.

Nothwendiger Verkauf.
Stadtgericht zu Wittstock, den 24. August 1844.

Das hierselbst im zweiten Viertel auf dem Werder belegene, Vol. II Nr. 57 Fol. 62 des Hypothekenbuches verzeichnete, zum Werthe von 1136 Thlr. 12 Sgr. 8 Pf. gerichtlich abgeschätzte, dem früheren Tuchmachermeister, jetzigen Gerichtsdiener Schley gehörige Wohnhaus soll
am 30. Dezember d. J., Vormittags 11 Uhr,
und Nachmittags 4 Uhr,
an gewöhnlicher Gerichtsstelle subhastirt werden. Taxe und Hypothekenschein sind in der Registratur des Gerichts einzusehen.

Nothwendiger Verkauf.
Gräflich von Saldern - Ahlimbsches Majorats-
gericht der Herrschaft Ringenwalde.
Joachimsthal, den 28. August 1844.

Das dem Mühlenmeister Ludwig Günther
zugehörige, zu Ahlimbsmühle belegene Wasser-
mühlengrundstück Nr. 1 des dortigen Hypothekenbuches, abgeschätzt auf 4151 Thlr. 16 Sgr. 3 Pf.,
soll Schuldenhalber

am 6. Januar 1845, Vormittags 10 Uhr,
in ordentlicher Gerichtsstelle zu Ringenwalde subhastirt werden.

Taxe und Hypothekenschein sind in der Registratur einzusehen.

Nothwendiger Verkauf.
Stadtgericht zu Berlin, den 31. August 1844.

Das in der Wollankstraße belegene Grundstück des Zimmermeisters August Daniel Spering, gerichtlich abgeschätzt zu 7985 Thlr. 13 Sgr.
9 Pf., soll

am 11. April 1845, Vormittags 11 Uhr,
in der Gerichtsstelle subhastirt werden. Taxe und
Hypothekenschein sind in der Registratur einzusehen.

Nothwendiger Verkauf.
Königl. Land- und Stadtgericht zu Wriezen,
den 31. August 1844.

Das zu Neu-Mädewitz belegene, im dortigen
Hypothekenbuche Vol. I Pag. 229 Nr. 22 A verzeichnete Grundstück des Kolonisten Johann Hartwig und dessen vier Kinder: Friederike, August,
Ernestine und Emilie, — Geschwister Hartwig,
bestehend aus einem Wohnhause und 2 Morgen
10 ☐Ruthen Land zufolge der, nebst Hypothekenschein in unserer Registratur einzusehenden Taxe
auf 700 Thlr. gerichtlich abgeschätzt, soll Theilungshalber im Wege der nothwendigen Subhastation

am 4. Januar 1845, Vormittags 10 Uhr,
im Schulzengericht zu Neu-Mädewitz subhastirt
werden.

Nothwendiger Verkauf.
Die im Jederitzer Felde hierselbst belegene, den
Geschwistern Borchmann gehörige halbe Hufe
Acker, tarirt 1292 Thlr. 20 Sgr., soll

am 31. Dezember d. J., Vormittags 11 Uhr,
im Stadtgericht allhier subhastirt werden.

Die Taxe und der Hypothekenschein sind in
der Registratur einzusehen.
Rathenow, den 9. September 1844.
Königl. Preuß. Stadtgericht.

Nothwendiger Verkauf.
Der zu Biesen belegene, Vol. I Fol. 86 des
dortigen Hypothekenbuchs verzeichnete, Kossäthenhof des Zieglers Gerstenberg, auf welchem bisher die Ziegelei betrieben worden, so wie der,
ebendaselbst belegene, Antheil des ꝛc. Gerstenberg an dem dortigen Ritteracker, abgeschätzt auf
2162 Thlr. 5 Sgr. 7 Pf. zufolge der, nebst Hypothekenschein des Kossäthenhofes in unserer Registratur einzusehenden Taxe, soll

am 25. Januar 1845, Vormittags 11 Uhr,
an ordentlicher Gerichtsstelle subhastirt werden.

Alle unbekannten Realprätendenten des Antheils am Ritteracker zu Biesen werden aufgefordert, sich bei Vermeidung der Präklusion spätestens
in diesem Termine zu melden.
Wittstock, den 14. September 1844.
Königl. Justizamt hierselbst.

Nothwendiger Verkauf.
Stadtgericht zu Charlottenburg, den 17. Sept. 1844.

Das in der neuen Berliner Straße sub Nr. 16
allhier belegene, im hiesigen stadtgerichtlichen Hypothekenbuche Vol. XI Nr. 593 auf den Namen
des Spediteurs Johann Friedrich August Preuß
verzeichnete Erbpachts-Grundstück soll

am 23. April 1845, Vormittags 10 Uhr,
an der Gerichtsstätte subhastirt werden.

Taxe und Hypothekenschein sind in der Registratur einzusehen. Der Reinertrag des Grundstückes von 284 Thlrn. 5 Sgr. gewährt zu 5 Prozent einen Taxwerth von 5683 Thlrn. 10 Sgr.
und zu 4 Prozent einen Taxwerth von 7104 Thlrn.
5 Sgr., darauf haftet ein Erbpachts-Kanon von
22 Thlrn., welcher zu 4 Prozent gerechnet ein
Kapital von 550 Thlr. darstellt, so daß der Werth
des Grundstückes zu 5 Prozent veranschlagt 5133
Thlr. 10 Sgr., und zu 4 Prozent veranschlagt
6554 Thlr. 5 Sgr. beträgt.

Die unbekannten Realprätendenten werden unter der Verwarnung der Präklusion hierdurch öffentlich vorgeladen.

Bekanntmachung.
Zum öffentlichen freiwilligen Verkauf des dem
Webermeister August Friedrich Degener und

Wittwe Schrader gehörigen, hierselbst in der Burgstraße sub Nr. 102 belegenen, Vol. III Pag. 61
des Hypothekenbuchs verzeichneten, auf 1263 Thlr.
29 Sgr. tarirten Hauses nebst Zubehör wird ein
Bietungstermin auf

den 1. Februar 1845, Vormittags 10 Uhr,
an Gerichtsstelle anberaumt. Der neueste Hypothekenschein und die Taxe sind in unserer Registratur einzusehen.

Angermünde, den 19. September 1844.
Königl. Stadtgericht.

Nothwendiger Verkauf.

Land- und Stadtgericht zu Brandenburg, den
26. September 1844.

Das hier in der Neustadt in der Heidestraße
sub Nr. 317 belegene, Vol. 8 Fol 1 des Hypothekenbuchs von Brandenburg eingetragene und den
Geschwistern Schön gehörige Wohnhaus mit Hauskavel, gerichtlich abgeschätzt auf 801 Thlr. 21 Sgr.
8 Pf. zufolge der, nebst Hypothekenschein und Kaufbedingungen in unserer Registratur einzusehenden
Taxe, soll

am 1. Februar 1845, Vormittags 11 Uhr,
an ordentlicher Gerichtsstelle vor dem Deputirten
Herrn Kammergerichts-Assessor Bendel subhastirt
werden.

Nothwendiger Verkauf.

Land- und Stadtgericht zu Luckenwalde, den
26. September 1844.

Das dem Leinewebermeister Johann Friedrich
Hiltmann gehörige, hierselbst in der Trebbiner
Straße sub Nr. 2 belegene Büdnerhaus, tarirt zu
967 Thlrn. 5 Sgr., soll

am 4. Februar 1845, Vormittags 11 Uhr,
an ordentlicher Gerichtsstelle subhastirt werden.
Die Taxe und der neueste Hypothekenschein können in der Registratur eingesehen werden.

Nothwendiger Verkauf.

Stadtgericht zu Berlin, den 27. September 1844.
Die in der Augustraße Nr. 71 und 72 belegenen Grundstücke der Wittwe Werner, geb.
Zernikow, gerichtlich abgeschätzt zu 2880 Thlrn.
14 Sgr. 3 Pf. und 4837 Thlrn. 6 Sgr. 3 Pf.,
sollen

am 20. Februar 1845, Vormittags 11 Uhr,
Theilungshalber an der Gerichtsstelle subhas-
tirt werden. Taxe und Hypothekenschein sind in
Registratur einzusehen.

Die unbekannten Realprätendenten werden
diesem Termin unter Verwarnung der Präklu-
vorgeladen.

Nothwendiger Verkauf.

Stadtgericht zu Pritzwalk, den 12. November
Das hierselbst belegene, den minderj.
Geschwistern Stavenow gehörige Wohnhaus
Garten, abgeschätzt auf 557 Thlr. 20 Sgr.
zufolge der, nebst Hypothekenschein in der
stratur einzusehenden Taxe, soll

am 22. Februar 1845, Vormittags 11 Uhr,
an ordentlicher Gerichtsstelle subhastirt werden.

Ich bin gesonnen meinen zu Neumarkt
Jüterbogk an der Dresdener Chaussee bel..
in guter Nahrung stehenden, vor 8 Jahren
neu erbauten Gasthof zum deutschen Hause
dazu gehörigen Inventarium und 60 L...
Acker und Wiese auf 6 Jahre oder läng..
1. Februar 1845 ab, aus freier Hand meist..
zu verpachten, und habe dazu einen Ter..

Freitag, den 17. Januar 1845,
an Ort und Stelle anberaumt. Es ist
500 Thlr. baar als Caution erforderlich. D..
übrigen Pachtbedingungen werden im Te...
selbst bekannt gemacht werden.

Neumarkt bei Jüterbogk, den 17. November
August Bergschn...

Ein vor 2 Jahren neu erbautes, gut rent..
des Haus in einer bedeutenden Provinzial..
mit einem lebhaften, in gutem Rufe stehend..
Putz- und Modewaarengeschäft, ist sofort zu v..
kaufen, oder auch, bei Uebernahme des Geldes
zu vermiethen. Näheres bei dem Kaufmann L.
senow in Frankfurt a. d. O.

Eine privilegirte, im Frankfurter Regierung..
bezirk belegene Apotheke, die Einzige im Ort..
sofort zu verkaufen. Näheres bei dem Kaufm..
Rosenow in Frankfurt a. d. O.

453

Oeffentlicher Anzeiger

zum 48sten Stück des Amtsblatts
der Königlichen Regierung zu Potsdam und der Stadt Berlin.

Den 29. November 1844.

Das dem Klempner-Meister Julius Reiffen zu Sonnborn im Kreise Elberfeld unter dem 19. Juni 1843 ertheilte Patent

auf eine durch Zeichnung und Beschreibung erläuterte, für neu und eigenthümlich erkannte Vorrichtung zur selbstthätigen Regulirung des Gaszuflusses nach den Brennern der Gaslichte,

ist aufgehoben worden.

Steckbriefe.

Der nachstehend signalisirte Schmiedegesell Johann Bläske aus Bergluch, welcher im Jahre 1843 kurz hinter einander zweimaliger verübter Diebstähle wegen bestraft ist, und unter polizeilicher Aufsicht steht, treibt sich gegenwärtig wahrscheinlich vagabondirend umher.

Es wird gebeten, denselben im Betretungsfalle anzuhalten, und ihn mittelst beschränkter Reise-Route hierher zu weisen.

Alt-Landsberg, den 12. November 1844.
Königl. Preuß. Domainen-Amt.

Signalement. Geburts- und Wohnort: Bergluch, Religion: evangelisch, Alter: 22 Jahr, Größe: 5 Fuß 4 Zoll, Haare: braun, Stirn: bedeckt, Augenbrauen: braun, Augen: blau, Nase und Mund: klein, Zähne: gut, Bart: braun, Kinn: rund, Gesicht: oval, Gesichtsfarbe: gesund, Statur: mittel.

Besondere Kennzeichen: fehlen.

Der nachstehend signalisirte Seiltänzer-Gehülfe George Weiß, welcher wegen unvollständiger Reise-Legitimation mit seiner Ehefrau und einem 1 Jahr alten Kinde hier angehalten worden, ist von uns mittelst beschränkter Reise-Route an 2. d. M. nach Ober-Lindow bei Frankfurt a. d. O. gewiesen, dort aber nicht eingetroffen.

Einer Benachrichtigung des Königl. Rentamts zu Frankfurt a. d. O. zufolge, befindet sich die verehelichte Weiß, deren Signalement nachstehend ebenfalls angegeben, wegen kleinen Diebstahls und Betrügereien beim Land- und Stadtgericht zu Meseritz in Untersuchung und da sich dieselbe mit ihrem Ehemanne durch ein vagirendes Leben wahrscheinlich der Untersuchung zu entziehen sucht, so ersuchen wir sämmtliche Militair- und Zivilbehörden dienstergebenst, auf den 2c. Weiß und dessen Ehefrau gefälligst Acht zu haben und im Betretungsfalle den ersteren mittelst Reise-Route nach Bentschen im Großherzogthum Posen, seinem jetzigen Wohnorte, und die letztere mittelst Zwangspasses an das vorgedachte Gericht zu dirigiren, weil deren Transport nicht gewünscht wird.

Kransnick bei Wendisch-Buchholz, den 21. November 1844.
Königl. Domainen- und Polizei-Amt.

1. Signalement des George Weiß.
Geburtsort: Brachthausen bei Nordhausen, Wohnort: früher Ober-Lindow, jetzt Bentschen, Religion: evangelisch, Alter: 28 Jahr, Größe: 5 Fuß 2 Zoll, Haare: schwarz und lang, Stirn: bedeckt, Augenbrauen: schwarz, Augen: braun, Nase: etwas groß, Mund: gewöhnlich, Zähne: vollständig, Bart: schwarz, Kinn: rund, Gesicht: oval, Gesichtsfarbe: gesund, Statur: mittel.

Besondere Kennzeichen: Trug einen starken Backenbart.

Bekleidung: ein dunkelbrauner Tuchüberrock, eine hellgraue Hose in die Stiefel, einen buntwollenen Shawl, eine alte schwarze Weste, eine runde Mütze ohne Schirm, ein Paar lange zweinähtige Stiefeln. Außerdem war der Weiß im Besitz eines Pferdes (großer brauner Wallach mit Stern) und einer alten Harfe.

2. Signalement der verehelichten Weiß, Adelheide geb. Steinbach.
Religion: katholisch, Alter: 23 Jahr, Größe: unterm Maaß, Haare: schwarzbraun, Stirn: niedrig, Augenbrauen: schwarzbraun, Augen: braun, Nase und Mund: gewöhnlich, Zähne: gut, Kinn und Gesicht: rund, Gesichtsfarbe: bräunlich, Statur: klein.

Besondere Kennzeichen: fehlen.

Bekleidung: einen blaugedruckten Rock, eine braune Zeugjacke, eine alte Pelzmütze, ein blaugedrucktes Tuch, ein Paar weiße Strümpfe und ein Paar Schmierstiefeln.

Die Behufs ihrer Entbindung in dem hiesigen Stadt-Armen- und resp. Arbeitshause detinirt gewesene unverehelichte Christiane Kniebase hat Gelegenheit genommen, sich in der Nacht vom 13. zum 14. d. M. aus dem gedachten Hause heimlich zu entfernen. Alle Zivil- und Militairbehörden ersuchen wir ergebenst, auf die 2c. Kniebase gefälligst zu vigiliren, sie im Betretungsfalle verhaften, und uns zum weiteren Verfahren die erfolgte Verhaftung anzeigen zu lassen. Dabei wird bemerkt, daß die Entwichene erst am 2ß. v. M. entbunden worden ist, und ihr Kind, ein Mädchen, in einem Tragekorb, in welchem sich zwei gestohlene Kopfkissen befanden, mitgenommen hat.

Beeskow, den 14. November 1844.
Der Magistrat.

Signalement. Vor- und Zuname: Christiane Kniebase, Stand: unverehelicht, Geburtsort: Klein-Muckrow, Amts Friedland in der Niederlausitz, Alter: 29 Jahr, Größe: mittel, Haare: dunkelbraun, Stirn: bedeckt, Augenbrauen: braun, Nase: klein, Mund: breit, Kinn und Gesicht: breit, Gesichtsfarbe: gesund.

Besondere Kennzeichen: die rechte Schulter höher als die linke.

Bekleidung. 1 blaugedruckten Leinewand-Rock, 1 rothgestreiften Werfrock, 1 bunte Ginghan-Jacke, 1 braune Kattun-Jacke, 1 Kopftuch, 1 Paar Strümpfe, 1 Paar Schuhe, 1 leinenes Hemde.

* Der nachstehend signalisirte Tuchmacherlehrling Carl Friedrich August Schroeder aus Pritzwalk, welcher wegen mehrerer Diebstähle von uns zur Untersuchung und Haft gezogen war, ist in der Nacht vom 20. auf den 21. d. M. mittelst Ausbruchs aus unserm Gefängniß entwichen. Wir ersuchen daher alle Behörden, auf den Schroeder zu vigiliren, denselben im Betretungsfalle zu verhaften und gegen Erstattung der Kosten an uns abliefern zu lassen.

Zehdenick, den 22. November 1844.
Königl. Land- und Stadtgericht.

Signalement. Religion: evangelisch, Alter: 17 Jahre, Größe: 5 Fuß, Haare: hellblond, Stirn: frei, Augenbrauen: blond, Augen: blau, Nase und Mund: gewöhnlich, Zähne: vollständig und gesund,

Bart: schwach, Kinn und Gesicht: rund, Gesichtsfarbe: blaß, Statur: schlank.

Besondere Kennzeichen: Sommersiede.

Bekleidung. Eine alte wollene Indus blau leinene Hosen, ein leinenes Hemde, eine 2c Tuchweste, ein rothbuntes Halstuch, eine 2 schwarze Tuchmütze, ein Paar alte lederne 2c toffeln.

* Der Hausknecht Samuel Schultz, welcher gen wiederholten resp. großen und kleinen 2. diebstahls zu dreimonatlicher Gefängnißstrafe 2c kräftig verurtheilt worden ist, hat sich der 2. vollstreckung entzogen.

Alle Zivil- und Militairbehörden werden 2 ergebenst ersucht, auf den nachstehend näher 2 lisirten Schultz gefälligst zu vigiliren, ihn 2c. tretungsfalle zu verhaften und uns sofort 2. Nachricht zu geben.

Wir versichern die ungesäumte Erstattung 2 dadurch entstandenen baaren Auslagen 2c 2 verehrlichen Behörden des Auslandes 2c 2c Rechtswillfährigkeit.

Berlin, den 9. November 1844.
Königl. Kriminalgericht hiesiger Residenz.

Signalement. Der Hausknecht 2c Schultz ist 30 oder 31 Jahre alt, aus 2c bei Bunzlau geburtig, der Sohn eines 2c in der Kolonie Rothbusch bei Bunzlau, etwa 2 4 Fuß 11 Zoll groß, von gewöhnlicher 2c hat braune Haare, eine freie Stirn, blaue 2c braune Augenbrauen, eine spitze Nase, ein 2c Kinn, einen kleinen Mund, vollständige 2 einen braunen Bart, eine blasse Gesichts 2c ovale Gesichtsbildung und spricht deutsch.

* Der von uns wegen qualifizirten Betr mittelst Fälschung zur Untersuchung gezogene 2 tor medicinae Ernst Julius Burscher hat von seinem Wohnorte, Berlin, heimlich ent und es werden daher alle Militair- und 2c behörden ergebenst ersucht, auf den nach 2 näher signalisirten Burscher zu vigiliren, 2c ben im Betretungsfall zu verhaften und 2c 2 abzuliefern. Lübben, den 22. November 1844

Königl. Inquisitoriat.

Signalement. Der Doktor medic 2c Ernst Julius Burscher ist 30 Jahr alt, 2 Groß-Gaglow, Kottbusser Kreis, Regierungsbe Frankfurt, geburtig, 5 Fuß 5 Zoll groß, braun blasser Gesichtsfarbe. Die Kleidung, mit welcher sich derselbe von Berlin entfernt hat, ist unbekannt.

Steckbriefs-Erledigung.
Die unverehelichte Friederike Puhlmann, aus Dretwiz ist ergriffen und zur Haft gebracht und hierdurch unsere Bekanntmachung vom 15. d. M. erledigt. Potsdam, den 22. November 1844.
Königl. Rent- und Polizei-Amt.

Kriminalgerichtliche Bekanntmachung.
Der von hier entwichene Weinhändler Johann Schmidt ist durch das in erster Instanz ergangene Kontumazial-Erkenntniß vom 7. Okt. d. J. wegen betrüglichen Bankeruts zu dem Verluste des Rechts, die Preußische National-Kokarde zu tragen, zu fünfjähriger Strafarbeit und Tragung der Untersuchungskosten außerordentlich verurtheilt worden.

Dies wird mit dem Bemerken publizirt, daß nach Ablauf der vierwöchentlichen Restitutionsfrist das Urtel zu vollstrecken ist.
Berlin, den 12. November 1844.
Königl. Kriminalgericht hiesiger Residenz.

Bekanntmachung.
Es sind in der Nacht vom 19. zum 20. d. M. aus dem Depositorio des hiesigen Land- und Stadtgerichts durch gewaltsamen Diebstahl baar 740 Thlr. und die Banko-Obligation Litt. P Nr. 16,309 über 600 Thlr. entwendet. Es wird hiermit gegen den Ankauf der Banko-Obligation gewarnt, und Demjenigen, der die Thäter dergestalt anzeigt, so daß sie zur Untersuchung und Bestrafung gezogen werden können, und das gestohlene Gut herbeigeschafft wird, hiermit eine Belohnung von 50 Thlrn. versprochen.
Neustadt a. d. Dosse, den 20. Novbr. 1844.
Königl. Land- und Stadtgericht.

Bekanntmachung.
Der Ackermann Ludwig Albrecht Schuhmacher, und dessen Ehefrau, Catharine geborne Schulze, zu Sagast, sind für Verschwender erklärt, so daß ihnen weder Geld noch Geldeswerth geborgt, oder ein Vertrag mit ihnen gültig abgeschlossen werden kann.
Wittenberge, den 18. November 1844.
Das Gericht zu Sagast.

Der Mühlenmeister Leue hat die Errichtung einer Bockwindmühle mit einem Mahl- und einem Schrootgange in der Feldmark Heiligensee auf einem daselbst von dem Bauer Lemcke erbpachtsweise erworbenen, an dem von Heiligensee nach Henningsdorf führenden Wege belegenen Ackerfleck beantragt.

Nach Vorschrift des Gesetzes vom 28. Oktober 1810 und der Allerhöchsten Kabinetsorbre vom 23. Oktober 1826 wird dies Vorhaben zur öffentlichen Kenntniß gebracht, und jeder Einspruchsberechtigte zur Anmeldung seiner Einwendungen binnen Achtwöchentlicher präklusivischer Frist hierdurch aufgefordert.
Berlin, den 27. Oktober 1844.
Königl. Landrath Nieder-Barnimschen Kreises.
Scharnweber.

Bekanntmachung.
Der Mauermeister Herr Hecker beabsichtigt, auf dem kleinen Brennofen seiner unweit der Heiligengeistkirche auf dem jenseitigen Haveluser, ganz isolirt liegenden Kalk- rc. Brennerei eine kleine Hochdruck-Dampfmaschine von vier Pferdekraft aufzustellen. Dies Vorhaben wird in Gemäßheit des Regulativs vom 6. Mai 1838 mit dem Bemerken zur öffentlichen Kenntniß gebracht, daß Diejenigen, welche privatrechtliche Einwendungen dagegen erheben zu können vermeinen, diese innerhalb 4 Wochen präklusivischer Frist mir anzuzeigen haben.
Potsdam, den 20. November 1844.
Königl. Polizei-Direktor Regierungs-Rath
v. Kahlden-Normann.

Bekanntmachung.
Für das hiesige Königl. Magazin sollen:
550 Ringe Seitenstabholz,
300 - Bodenholz, und
2000 Schock baselne Faßbände
im Wege der Submission beschafft werden.
Diese Faßmaterialien müssen spätestens bis Ende Mai k. J. abgeliefert sein, und können die übrigen Lieferungsbedingungen bei dem unterzeichneten Amte, bei den Königl. Proviant-Aemtern in Berlin, Magdeburg, Glogau und Cüstrin, so wie bei den Königl. Magazin-Verwaltungen in Brandenburg a. d. H. und Frankfurt a. d. O. eingesehen werden.

Unternehmer, welche sich zu solchem Geschäft qualifiziren und die erforderliche Kaution von 10 Prozent von dem Geldwerthe der Lieferung leiften können, werden aufgefordert, ihre Offerten, welche beftimmte Forderungen enthalten müffen, verfiegelt mit der Auffchrift: „Faßmaterial-Lieferungs-Offerte" bis zum 27. Dezember d. J. portofrei bei uns einzureichen.

Magazin bei Rathenow, den 12. Nov. 1844.
Königl. Proviant-Amt.

Bekanntmachung
über Holz- und Borke-Verkauf zur freien Konkurrenz.

Es follen
den 19. Dezember d. J.,
im Gafthofe zu den drei Kronen in Fürstenwalde:

A. an trockenen Vorräthen aus dem Einfchlage im Neubrücker Forftreviere pro 1844 und zwar aus dem Belauf Schwarzheide: 13½ Klftr. Eichen Scheit, 32½ Klftr. dergl. Aft, 38⅛ Klftr. Kiefern ungefpalten Aft, und 50 Klftr. Kiefern Durchforftungs-Aft; — aus dem Belauf Jakobsdorf III: 5 Klftr. Kiefern Scheit; — aus dem Belauf Kersdorf: 27 Klftr. Eichen Aft, 42½ Klftr. Eichen Stock, 9½ Klftr. Kiefern Aft; — aus dem Belauf Alt-Golm VI: 11½ Klftr. Kiefern Scheit und 32½ Klftr. Kiefern Durchforftungs-Aft; — aus dem Belauf Biegenbrück: ½ Klftr. Eichen Scheit, 1 Klftr. Eichen Aft, 25¾ Klftr. Birken Aft, 67½ Klftr. Kiefern Scheit und 78½ Klftr. Kiefern Aft; —

B. aus den Vorräthen für das Wirthfchafts-Jahr 1845: und zwar aus dem Belauf Schwarzheide Jagen 38: 9½ Klftr. Eichen und 76 Klftr. Kiefern Stock, Jagen 25: 24½ Klftr. Kiefern Stock; —

C. die Borke und die Schiffs- und Kaknkniee von den im Frühjahr 1845 zu plettenden Eichen, und zwar: aus den Jagen 25 und 18 Belauf Schwarzheide von circa 50 und refp. 60 Klftr. Brennholz, Jagen 79 Belauf Kersdorf von circa 80 Klftr. Brennholz, und Jagen 3 Belauf Biegenbrück von circa 25 Klftr. Brennholz im Wege der Lizitation an den Meiftbietenden verkauft werden, wozu Kaufluftige an dem gedachten Tage, Vormittags um 10 Uhr, hiermit eingeladen werden.

In Betreff der sub A. aufgeführten Hölzer wird bemerkt, daß mit diefem Verkaufe die fämmtlichen Vorräthe aus dem Wirthfchaftsjahre 1844 aufgeräumt werden, insofern Diefer oder Jener noch etwa aus diefen Vorräthen feinen häuslichen Bedarf zu befriedigen wünfcht, hierzu durch das Ausbieten kleinerer Holz-Quantitäten Gelegenheit gegeben werden foll, und endlich, daß

die Zahlung der Kaufgelder, wegen des nahe bevorftehenden Rechnungsabfchluffes fofort im Termine erfolgen muß.

Wegen der sub B. und C. gedachten Hölzer müffen, fofern die einzelnen Kauffummen den Betrag von 50 Thlrn. überfteigen, zur Sicherheit für diefelben angemeffene Beträge deponirt werden.

Die fämmtlichen, zum Verkauf kommenden eingefchlagenen Holz-Quantitäten können übrigens vor dem Termine in Augenfchein genommen werden, und hat man fich dieferhalb an die, mit Anweifung verfehenen betreffenden Königl. Förfter zu wenden. Neubrück, den 20. November 1844.

Der Oberförfter.
Eyber.

Brennholz-Verkauf.

Zum öffentlichen meiftbietenden Verkauf der im Königl. Forftrevier Zoffen aus dem heurigen Einfchlage noch vorräthigen Brennhölzer find folgende Termine beftimmt:

1) für den Monat Oktober d. J. der 11. und 25.,
2) für den Monat November d. J. der 12. und 29.,
3) für den Monat Dezember d. J. der 6. und 20.

Die Termine felbft find im Gafthaufe zu Gummersdorf angefetzt und nehmen an jedem Termintage von 10 Uhr Vormittags ab ihren Anfang.

Kaufluftige werden mit dem Bemerken hierzu aufgefordert, die beftimmten Lizitationstage wahrzunehmen, da die Verkäufe außer den Lizitationstagen nicht ftattfinden.

Gummersdorf, den 1. Oktober 1844.
Königl. Oberförfterei Zoffen.
Arnim.

Bekanntmachung.

In der hiefigen Stadtforft follen am Montag den 16. Dezember 1844 und folgende Tagen, jedesmal von Vormittags 9 Uhr an, nachfolgend bezeichnete Bau- und Nutzhölzer, als

1) 100 Stück Sageblöcke,
2) 350 extra ftarke
3) 500 ordinair ftarke Kiefern,
4) 80 Eichen,

öffentlich an den Meiftbietenden an Ort und Stelle verkauft werden, und werden Kaufluftige erfucht fich zur gedachten Zeit in dem Forfthaufe zu Daber einzufinden.

Die Kaufsbedingungen werden im Termine be-
nnt gemacht, sind aber auch schon vorher in
iserer Registratur einzusehen, und wird hier nur
merkt, daß ein Viertel des Kaufgeldes beim gehehenen Zuschläge sogleich im Termine baar in
reußischem Kourant, Kassen-Anweisungen oder
reußischem Golde entrichtet werden muß.

Die zum Verkauf gestellten, oben bemerkten
au- und Nutzhölzer können schon vor dem Ter-
in in Augenschein genommen werden, indem die
Stadtförster Schütze und Sick angewiesen sind,
lche auf desfallsige Wünsche vorzuzeigen.
Wittstock, den 8. November 1844.

Der Magistrat.

Bekanntmachung.

Das bisherige Geschäftshaus der zweiten Ab-
eilung des Königl. Haus-Ministerii, Schützerstr.
r. 26 hierselbst, soll im Wege der Lizitation zum
Verkauf ausgeboten werden.

Hierzu wird auf
Montag, den 16. Dezember d. J., Vormittags
11 Uhr,
t dem gedachten Hause ein Termin anberaumt,
nd Kauflustige dazu eingeladen.

Die Verkaufsbedingungen können wochentäglich in
en gewöhnlichen Dienststunden in der Registra-
ur des Königl. Rentamts Berlin, Niederwallstr.
r. 39, wie auch bei dem im Hause, Schützenstr.
r. 26, wohnenden Geheimen Kanzlei-Diener
Schmidt eingesehen werden, an welchen letztern
ich auch diejenigen Kauflustigen zu wenden haben,
welche das Grundstück in Augenschein nehmen
wollen. Berlin, den 23. November 1844.

Der Domainen-Rath.

Krach.

Bekanntmachung.

In dem unter unserer Verwaltung stehenden
Landarmen- und Invalidenhause zu Wittstock sind
mehrere Wärter- und Wärterinnen-Stellen zu be-
etzen. Qualifizirte Personen werden aufgefordert,
ich mit ihren Anträgen unter Einreichung der er-
orderlichen Zeugnisse, an die Inspektion der ge-
annten Anstalt zu Wittstock zu wenden.

Wir bemerken dabei, daß neben freier Woh-
ung, Heizung und Erleuchtung, freier Medizin
nd ärztlicher Hülfe, sowie etatsmäßiger Beklei-
ung und Speisung der erste Wärter und die erste
Wärterin jährlich 36 Thaler die übrigen Wärter

und Wärterinnen aber jährlich 30 Thaler baar
ein jeder zu beziehen haben.
Berlin, den 12. November 1844.

Ständische Landarmen-Direktion der Kurmark.

Bekanntmachung.

Eine der Kirche zu Luckenwalde gehörige kupferne
Braupfanne, etwa von 6 Zentnern Gewicht, soll
öffentlich an den Meistbietenden verkauft werden.

Wir haben hierzu einen Termin
am 4. Dezember d. J., Vormittags 10 Uhr,
in der Behausung des Lehnrichters Schneider
zu Luckenwalde anberaumt, zu welchem wir Kauflustige mit der Bemerkung einladen, daß der Zuschlag der Königl. Regierung vorbehalten bleibt,
und die Pfanne selbst vor dem Termine von den
beiden Kirchenvorstehern zu Luckenwalde, den
Herrn Lüders und Schneider den Kauflustigen
vorgezeigt werden wird.

Zinna, den 19. November 1844.

Königl. Rentamt Zinna.

Merino-Bock-Verkauf auf der Königl. Stamm-Schäferei zu Frankenfelde bei Wriezen a. d. O.

Der Bock-Verkauf auf der hiesigen Königl.
Stammschäferei pro 1845 beginnt wiederum
am 8. Januar k. J.
aus freier Hand zu vorher bestimmten festen Preisen. Wegen der zum Verkauf kommenden Mutterschaafe wird späterhin eine besondere Bekanntmachung erfolgen.

Frankenfelde, den 20. November 1844.

Königl. Administration der Stammschäferei.

Ediktal-Zitation.

Stadtgericht zu Templin, den 30. April 1844.

Gegen die in dem Testamente der separirten
Konditor Steiger in Berlin vom 24. August 1839
14. Februar 1843
zur Universalerbin eingesetzte Tochter des Tischlermeisters Beccardt, mit Vornamen Charlotte Henriette, welche am 13. September 1780 hierselbst
geboren ist, und zu Ende des vorigen Jahrhunderts mit einer Herrschaft nach Warschau gezogen sein, sich daselbst mit einem Unteroffizier
Werdan verheirathet und später in Posen gewohnt haben soll, ist, da seit ihrer Entfernung
von ihrem Leben und Aufenthalte niemals Nachrichten hier eingegangen sind, auf Todeserklärung
provozirt worden.

Zu Folge dieser Provokation haben wir einen
Termin auf

den 26. Februar 1845, Vormittags 11 Uhr,
an Gerichtsstelle anberaumt, und fordern die Charlotte Henriette Beccardt oder deren Erben und
Erbnehmer zu ihrer Meldung vor oder spätestens
in diesem Termine unter der Verwarnung auf,
daß bei erfolgloser Aufforderung die Provokatin
für todt erklärt und der Nachlaß der separirten
Steiger an die weitere Testamentserben verabfolgt werden wird.

Bekanntmachung.

*. Mit dem 1. Juni 1845 wird das Königl. Do-
mainen=Vorwerk Coeselitz, im Domainen=Rent-
amte Pyritz, pachtfrei und soll anderweitig im
Wege der Lizitation bis Johannis 1869, also auf
24 Jahre verpachtet werden.

Das Vorwerk liegt ¾ Meilen von Pyritz,
3¾ Meilen von Stargard und 6¾ Meilen von
Stettin. Das zu verpachtende Areal beträgt:

Acker	606 Morg.	65	□R.
Gärten	4	3	"
Hof= und Baustellen....	2	3	"
beständige Wiesen	28	45	"
Wiesen im Acker	3	87	"
Hütung	55	173	"
unbrauchbare Grundstücke	16	72	"
zusammen	716 Morg.	88	□R.

Zum Gebote auf diese Pachtung ist ein Termin auf

den 19. Dezember d. J., Vormittags 10 Uhr,
in dem Plenar=Sitzungszimmer der unterzeichneten Königl. Regierung vor dem Departements-
Räthe, Regierungs=Rath' Freiherrn von Salmuth anberaumt.

Der mindeste Pachtbetrag für das gedachte
Vorwerk ist auf 1018 Thlr. inkl. 340 Thlr. in
Golde festgestellt. Die speziellen und allgemeinen
Pachtbedingungen können in dem Domainen=Ver-
waltungsbüreau der unterzeichneten Königl. Regierung und bei dem Königl. Domainen=Rentamte
zu Pyritz eingesehen werden. Die Pachtlustigen
werden aufgefordert, sich vor dem Termine entweder gegen uns oder gegen den Departements-
Rath über ihre Qualifikation zur Pachtung und
insbesondere über ihr Vermögen auszuweisen. Die
Auswahl unter den drei Bestbietenden und die Er-

theilung des Zuschlages wird dem Königl. Mi
sterio vorbehalten.

Stettin, den 28. Oktober 1844.
Königl. Regierung.
Abtheilung für die Verwaltung der direkten
Steuern, Domainen und Forsten.

Nothwendiger Verkauf.
Königl. Kammergericht in Berlin.

Das hierselbst in der Wadzeckstraße Nr.
belegene, im kammergerichtlichen Hypothekenbuch
Vol. XII Pag. 277 Nr. 196 verzeichnete, de
Viktualienhändler Johann Friedrich Plotz geh
Grundstück nebst Zubehör, abgeschätzt auf 1822
Thlr. 25 Sgr. 6 Pf., zufolge der, nebst Hypo
kenschein und Bedingungen in der Registratur ein
zusehenden Taxe, soll

am 27. Mai 1845, Vormittags 11 Uhr,
an ordentlicher Gerichtsstelle subhastirt werden.

Alle unbekannten Realprätendenten werden au
gefordert, sich bei Vermeidung der Präklusion spä
testens in diesem Termine zu melden.

Nothwendiger Verkauf.
Königl. Kammergericht in Berlin.

Das hierselbst am Monbijouplatze Nr. 11 be
legene, im kammergerichtlichen Hypothekenbuche
IX Nr. 63 Pag. 229 verzeichnete Grundstück, ab
geschätzt auf 18,035 Thlr. 20 Sgr. 3 Pf., zufol
ber, nebst Hypothekenschein und Bedingungen in
der Registratur einzusehenden Taxe, soll theilung
halber im Wege der nothwendigen Subhastation

am 28. Mai 1845, Vormittags 10 Uhr,
an ordentlicher Gerichtsstelle subhastirt werden.

Alle unbekannten Realprätendenten werden
aufgefordert, sich bei Vermeidung der Präklusion
spätestens in diesem Termine zu melden.

Nothwendiger Verkauf.
Königl. Kammergericht in Berlin.

Das hierselbst in der Philippstraße Nr. 5
belegene, im Hypothekenbuche des Kammergericht
Cont. h Vol. IX Pag. 25 Nr. 2 verzeichnete, b
Rentier Jeremias Rudolph gehörige Grundstück
abgeschätzt auf 11,452 Thlr. 17 Sgr. 5 Pf., zu
folge der, nebst Hypothekenschein und Bedingunge
in der Registratur einzusehenden Taxe, soll

am 13. Juni 1845, Vormittags 10 Uhr,
an ordentlicher Gerichtsstelle subhastirt werden.

Nothwendiger Verkauf.

Land= und Stadtgericht zu Brandenburg an der Havel, den 2. September 1844.

Das hier in der Neustadt in der Münzenstraße sub Nr. 778 belegene, Vol. 18 Fol. 133 des Hypothekenbuchs eingetragene, und dem Schmiedemeister Gottlob Schmidt gehörige Wohnhaus nebst Hauskavel, gerichtlich abgeschätzt auf 2302 Thlr. 6 Sgr. 9 Pf. zufolge der, nebst Hypothekenschein und Kaufbedingungen in unserer Registratur einzusehenden Taxe, soll

am 28. Dezember d. J., Mittags 12 Uhr, an ordentlicher Gerichtsstelle vor dem Deputirten, Herrn Land= und Stadtgerichts=Rath Schulze, subhastirt werden.

Das dem Lohgerber Leopold Eichberg gehörige hierselbst in der Berliner Straße sub Nr. 232 belegene und auf 1840 Thlr. 4 Sgr. 3 Pf. tavirte Wohnhaus nebst Zubehör Vol. V Pag. 407 des Hypothekenbuchs verzeichnet, soll

am 28. Februar 1845, Vormittags 11 Uhr, an Gerichtsstelle verkauft werden. Die Taxe und der neueste Hypothekenschein sind in der Registratur einzusehen. Angermünde, den 17. Okt. 1844.

Königl. Stadtgericht.

Nothwendiger Verkauf.

Land= und Stadtgericht zu Neustadt=Eberswalde, den 4. November 1844.

Das zu Neustadt=Eberswalde vor dem Unterthore belegene Gasthaus, Hôtel de Prusse genannt, und geschätzt auf 6288 Thlr., zufolge der, nebst Hypothekenschein und Bedingungen im IIten Geschäftsbüreau einzusehenden Taxe, soll

am 2. Juni 1845, Vormittags 11 Uhr, im Gerichtshause an den Meistbietenden verkauft werden.

Nothwendiger Verkauf.

Das in der Havelstraße Nr. 173 hierselbst belegene Grundstück der Geschwister Hollmann, dessen Gebäude am 12. Oktober d. J. abgebrannt sind, taxirt auf 444 Thlr. 10 Sgr., soll

am 28. Februar 1845, Vormittags 11 Uhr, im Stadtgericht hierselbst subhastirt werden.

Die Taxe und der Hypothekenschein sind in der Registratur einzusehen.

Rathenow, den 18. November 1844.

Königl. Preuß. Stadtgericht.

Nothwendiger Verkauf.

Stadtgericht zu Berlin, den 19. Oktober 1844.

Das hierselbst in der neu angelegten, von der Stadtmauer bis zur neuen Jakobsstraße führenden Straße belegene Ackermannsche Grundstück, im Hypothekenbuche Band 12 Nr. 815 verzeichnet und bestehend in

1) einer eingezäunten Baustelle, in ihrem jetzigen Zustande abgeschätzt auf 8230 Thlr.
2) einer zweiten von dieser Baustelle durch das dazwischen liegende Neanbersche Grundstück getrennten Baustelle, in ihrem jetzigen Zustande abgeschätzt zu 854 Thlr.

also im Ganzen mit der Taxe von 9493 Thlr. soll am 27. Juni 1845, Vormittags 11 Uhr, an der Gerichtsstelle subhastirt werden. Taxe und Hypothekenschein sind in der Registratur einzusehen.

Nothwendiger Verkauf.

Das zu Fürstenwerder belegene und im dortigen Hypothekenbuch Vol. I Pag. 201 Nr. 21 verzeichnete Grundstück des Destillateurs Buggert, gerichtlich abgeschätzt zu 900 Thlr., soll

am 27. März 1845, Vormittags 11 Uhr, in Fürstenwerder an gewöhnlicher Gerichtsstelle subhastirt werden.

Taxe und Hypothekenschein sind in unserer Registratur einzusehen.

Prenzlow, den 8. November 1844.

Reichsgräflich von Schwerinsches Patrimonialgericht der Herrschaft Wolfshagen.

Nothwendiger Verkauf.

Stadtgericht zu Wittstock, den 27. Oktober 1844.

Das den minorennen Gebrüdern Stübamann gehörige, hierselbst im vierten Viertel im Rosenwinkel belegene, Vol. IV Fol. und Nr. 117 des Hypothekenbuchs verzeichnete, zu 567 Thlr. 4 Sgr. 11 Pf. gerichtlich abgeschätzte Wohnhaus, soll

am 6. März 1845, Vormittags 11 Uhr, und Nachmittags 4 Uhr an Gerichtsstelle subhastirt werden.

Taxe und Hypothekenschein sind in der Registratur des Gerichts einzusehen.

Nothwendiger Verkauf.

Folgende zur erbschaftlichen Liquidationsmasse des zu Berlin verstorbenen Kaufmanns Ernst Christian Ludwig Thien gehörige Vol. IX Fol. 35 des neuen Hypothekenbuchs der Stadt Cremmen verzeichnete hierselbst belegene Grundstücke, als

Die dem Aufenthalte nach unbekannte Gläubigerin, verehelichte Stadtrichter Leede, Caroline Marie, geborne Kanow, wird hierzu öffentlich vorgeladen.

Nothwendiger Verkauf.
Königl. Kammergericht in Berlin.

Das am Louisenplatz Nr. 10 hierselbst belegene, im Hypothekenbuche des Königl. Kammergerichts Cont. g Vol. IX Nr. 2 Pag. 25 verzeichnete Grundstück, abgeschätzt auf 20,340 Thlr. 3 Sgr. 4 Pf., zufolge der, nebst Hypothekenschein und Bedingungen in der Registratur einzusehenden Taxe, soll

am 2. Mai 1845, Vormittags 11 Uhr, an ordentlicher Gerichtsstelle subhastirt werden.

Nothwendiger Verkauf.

Die im Niederbarnimschen Kreise bei Oranienburg belegene, im Hypothekenbuche des Königl. Kammergerichts Vol. III, Pag. 197 verzeichnete Glashütte bei Friedrichsthal nebst Pertinenzien, abgeschätzt auf 19,380 Thlr. 21 Sgr. 1 Pf. zufolge der, nebst Hypothekenschein und Bedingungen in der Registratur einzusehenden Taxe, soll

am 16. Mai 1845, Vormittags 11 Uhr an ordentlicher Gerichtsstelle subhastirt werden. Berlin, den 24. Oktober 1844.

Königl. Preußisches Kammergericht.

Nothwendiger Verkauf.
Königl. Kammergericht in Berlin.

Das im Regierungsbezirke Potsdam, im Stoekow-Beeskowschen Kreise der Mittelmark, zunächst an Königs-Wusterhausen belegene Erbpachts-Vorwerk Blossin, dessen jährlicher Reinertrag auf 1239 Thlr. 24 Sgr. 8 Pf. gerichtlich abgeschätzt worden, welcher, mit 5 Prozent kapitalisirt, einen Werth von 24,800 Thlrn., und mit 4 Prozent einen Werth von 31,000 Thlrn. ergiebt, der nach Abzug des mit 4 Prozent kapitalisirten, jährlich 888 Thlr. 18 Sgr. 6 Pf. betragenden Erbpachts-Kanons, das heißt, also nach Abzug von 22,211 Thlrn. sich zu 5 Prozent auf 2589 Thlr. und zu 4 Prozent auf 8789 Thlr. stellt, zufolge der, nebst Hypothekenschein und Kaufbedingungen in der Registratur einzusehenden Taxe, soll

am 28. Mai 1845, Vormittags 11 Uhr, an ordentlicher Gerichtsstelle subhastirt werden.

Der Gläubiger Partikulier Carl Ludwig Ferdinand Barth, dessen Wohnung unbekannt ist, wird zu diesem Termine vorgeladen.

Nothwendiger Verkauf.
Stadtgericht zu Berlin, den 18. Juli 1844.

Die dem Maurerpolier Johann Christian Heise beide zugehörige Hälfte des in der langen Gasse Nr. 55 und 56 belegenen Grundstücks, welches zu 6239 Thlr. 18 Sgr. 2 Pf. taxirt worden, soll am 4. März 1845, Vormittags 11 Uhr, an der Gerichtsstelle subhastirt werden. Taxe und Hypothekenschein sind in der Registratur einzusehen.

Zugleich werden hierdurch die dem Aufenthalte nach unbekannten Interessenten:
1) der Miteigenthümer, Maurerpolier Gottlieb Gustav Kasten,
2) die Ehefrau des Malers Schmidt, Johanne geborne Bocquet öffentlich vorgeladen.

Nothwendiger Verkauf.
Königl. Justizamt Zechlin zu Wittstock.

Das ¼ Meile von Wittstock im Dorfe belegene, im Hypothekenbuche von Babitz Fol. 1 verzeichnete, den Neumannschen Erben gehörige Lehnschulzengut, taxirt auf 728 Thlr. 14 Sgr. 2 Pf. laut der, nebst Hypothekenschein in unserer Registratur einzusehenden Taxe, soll am 10. März 1845, Vormittags 11 Uhr, an ordentlicher Gerichtsstelle zu Wittstock subhastirt werden.

Wittstock, den 14. August 1844.

Nothwendiger Verkauf.
Stadtgericht zu Wittstock, den 24. August 1844.

Das hierselbst im zweiten Viertel auf der Werder belegene, Vol. II Nr. 37 Fol. 62 des Hypothekenbuches verzeichnete, zum Werthe von 1136 Thlr. 12 Sgr. 8 Pf. gerichtlich abgeschätzte, dem früheren Tuchmachermeister, jetzigen Gerichtsdiener Schley gehörige Wohnhaus soll am 30. Dezember d. J., Vormittags 11 Uhr und Nachmittags 4 Uhr, an gewöhnlicher Gerichtsstelle subhastirt werden. Taxe und Hypothekenschein sind in der Registratur des Gerichts einzusehen.

Nothwendiger Verkauf.
Gräflich von Salbern-Ahlimbsches Majorats-
gericht der Herrschaft Ringenwalde.
Joachimsthal, den 20. August 1844.
Das dem Mühlenmeister Ludwig Günther
zugehörige, zu Ahlimbsmühle belegene Wasser-
mühlengrundstück Nr. 1 des dortigen Hypothekenbuches, abgeschätzt auf 4151 Thlr. 16 Sgr. 3 Pf.,
soll Schuldenhalber
am 6. Januar 1845, Vormittags 10 Uhr,
in ordentlicher Gerichtsstelle zu Ringenwalde subhastirt werden.
Tare und Hypothekenschein sind in der Registratur einzusehen.

Nothwendiger Verkauf.
Stadtgericht zu Berlin, den 31. August 1844.
Das in der Wollankstraße belegene Grundstück des Zimmermeisters August Daniel Spering, gerichtlich abgeschätzt zu 7985 Thlr. 13 Sgr.
9 Pf., soll
am 11. April 1845, Vormittags 11 Uhr,
an der Gerichtsstelle subhastirt werden. Tare und
Hypothekenschein sind in der Registratur einzusehen.

Nothwendiger Verkauf.
Königl. Land- und Stadtgericht zu Wriezen,
den 31. August 1844.
Das zu Neu-Mädewitz belegene, in dortigen
Hypothekenbuche Vol. I Pag. 229 Nr. 22 A verzeichnete Grundstück des Kolonisten Johann Hartwig und dessen vier Kinder: Friederike, August,
Ernestine und Emilie, — Geschwister Hartwig,
bestehend aus einem Wohnhause und 2 Morgen
30 □Ruthen Land zufolge der, nebst Hypothekenschein in unserer Registratur einzusehenden Tare
auf 700 Thlr. gerichtlich abgeschätzt, soll Theilungshalber im Wege der nothwendigen Subhastation
am 4. Januar 1845, Vormittags 10 Uhr,
im Schulzengericht zu Neu-Mädewitz subhastirt
werden.

Nothwendiger Verkauf.
Die im Jederitzer Felde hierselbst belegene, den
Geschwistern Borchmann gehörige halbe Hufe
Acker, tarirt 1292 Thlr. 20 Sgr., soll
am 31. Dezember d. J., Vormittags 11 Uhr,
im Stadtgericht allhier subhastirt werden.

Die Tare und der Hypothekenschein sind in
der Registratur einzusehen.
Rathenow, den 9. September 1844.
Königl. Preuß. Stadtgericht.

Nothwendiger Verkauf.
Der zu Biesen belegene, Vol. I Fol. 99 des
dortigen Hypothekenbuchs verzeichnete, Kossäthenhof des Zieglers Gerstenberg, auf welchem bisher die Ziegelei betrieben worden, so wie der,
ebendaselbst belegene, Antheil des 2c. Gerstenberg an dem dortigen Ritteracker, abgeschätzt auf
2162 Thlr. 5 Sgr. 7 Pf. zufolge der, nebst Hypothekenschein des Kossäthenhofes in unserer Registratur einzusehenden Tare, soll
am 25. Januar 1845, Vormittags 11 Uhr,
an ordentlicher Gerichtsstelle subhastirt werden.
Alle unbekannten Realprätendenten des Antheils am Ritteracker zu Biesen werden aufgefordert, sich bei Vermeidung der Präklusion spätestens
in diesem Termine zu melden.
Wittstock, den 14. September 1844.
Königl. Justizamt hierselbst.

Nothwendiger Verkauf.
Stadtgericht zu Charlottenburg, den 17. Sept. 1844.
Das in der neuen Berliner Straße sub Nr. 16
allhier belegene, im hiesigen stadtgerichtlichen Hypothekenbuche Vol. XI Nr. 593 auf den Namen
des Spediteurs Johann Friedrich August Preuß
verzeichnete Erbpachts-Grundstück soll
am 23. April 1845, Vormittags 10 Uhr,
an der Gerichtsstätte subhastirt werden.
Tare und Hypothekenschein sind in der Registratur einzusehen. Der Reinertrag des Grundstückes von 284 Thlrn. 5 Sgr. gewährt zu 5 Prozent einen Tarwerth von 5683 Thlrn. 10 Sgr.
und zu 4 Prozent einen Tarwerth von 7104 Thlrn.
5 Sgr., darauf haftet ein Erbpachts-Kanon von
22 Thlrn., welcher zu 4 Prozent gerechnet ein
Kapital von 550 Thlrn. darstellt, so daß der Werth
des Grundstückes zu 5 Prozent veranschlagt 5123
Thlr. 10 Sgr., und zu 4 Prozent veranschlagt
6554 Thlr. 5 Sgr. beträgt.
Die unbekannten Realprätendenten werden unter der Verwarnung der Präklusion hierdurch öffentlich vorgeladen.

Bekanntmachung.
Zum öffentlichen freiwilligen Verkauf des dem
Webermeister August Friedrich Degener und der

Wittwe Schrader gehörigen, hierselbst in der Burg-straße sub Nr. 102 belegenen, Vol. III Pag. 61 des Hypothekenbuchs verzeichneten, auf 1265 Thlr. 29 Sgr. tarirten Hauses nebst Zubehör wird ein Bietungstermin auf

den 1. Februar 1845, Vormittags 10 Uhr,

an Gerichtsstelle anberaumt. Der neueste Hypothekenschein und die Taxe sind in unserer Registratur einzusehen.

Angermünde, den 19. September 1844.

Königl. Stadtgericht.

Nothwendiger Verkauf.

Land- und Stadtgericht zu Brandenburg, den 26. September 1844.

Das hier in der Neustadt in der Heidestraße sub Nr. 317 belegene, Vol. 8 Fol 1 des Hypothekenbuchs von Brandenburg eingetragene und den Geschwistern Schön gehörige Wohnhaus mit Hauskavel, gerichtlich abgeschätzt auf 801 Thlr. 21 Sgr. 8 Pf. zufolge der, nebst Hypothekenschein und Kaufbedingungen in unserer Registratur einzusehenden Taxe, soll

am 1. Februar 1845, Vormittags 11 Uhr,

an ordentlicher Gerichtsstelle vor dem Deputirten Herrn Kammergerichts-Assessor Bendel subhastirt werden.

Nothwendiger Verkauf.

Land- und Stadtgericht zu Luckenwalde, den 26. September 1844.

Das dem Leinewebermeister Johann Friedrich Hillmann gehörige, hierselbst in der Trebbiner Straße sub Nr. 2 belegene Büdnerhaus, taxirt zu 987 Thlrn. 5 Sgr., soll

am 4. Februar 1845, Vormittags 11 Uhr,

an ordentlicher Gerichtsstelle subhastirt werden. Die Taxe und der neueste Hypothekenschein können in der Registratur eingesehen werden.

Nothwendiger Verkauf.

Stadtgericht zu Berlin, den 27. September 1844.

Die in der Auguststraße Nr. 71 und 72 belegenen Grundstücke der Wittwe Werner, geb. Zernikow, gerichtlich abgeschätzt zu 2880 Thlrn. 14 Sgr. 3 Pf. und 4837 Thlrn. 6 Sgr. 3 Pf., sollen

am 20. Februar 1845, Vormittags 11 Uhr,

Theilungshalber an der Gerichtsstelle subhastirt werden. Taxe und Hypothekenschein sind in der Registratur einzusehen.

Die unbekannten Realprätendenten werden zu diesem Termin unter Verwarnung der Präklusion vorgeladen.

Nothwendiger Verkauf.

Stadtgericht zu Pritzwalk, den 12. November 184...

Das hierselbst belegene, den minderjährigen Geschwistern Stavenow gehörige Wohnhaus und Garten, abgeschätzt auf 557 Thlr. 20 Sgr. 6... zufolge der, nebst Hypothekenschein in der Registratur einzusehenden Taxe, soll

am 22. Februar 1845, Vormittags 11 Uhr,

an ordentlicher Gerichtsstelle subhastirt werden.

Ich bin gesonnen meinen zu Neumarkt bei Jüterbogk an der Dresdener Chaussee belegenen in guter Nahrung stehenden, vor 8 Jahren neu erbauten Gasthof zum deutschen Hause nebst dazu gehörigem Inventarium und 60 ... Acker und Wiese auf 6 Jahre oder länger von 1. Februar 1845 ab, aus freier Hand meistbietend zu verpachten, und habe dazu einen Termin auf

Freitag, den 17. Januar 1845,

an Ort und Stelle anberaumt. Es sind bei 500 Thlr. baar als Caution erforderlich. Die übrigen Pachtbedingungen werden im Termin selbst bekannt gemacht werden.

Neumarkt bei Jüterbogk, den 17. November 1844.

August Bergschmidt.

Ein vor 2 Jahren neu erbautes, gut rentirendes Haus in einer bedeutenden Provinzialstadt mit einem lebhaften, in gutem Rufe stehenden Putz- und Modewaarengeschäft, ist sofort zu verkaufen, oder auch, bei Uebernahme des Geschäfts zu vermiethen. Näheres bei dem Kaufmann ...senow in Frankfurt a. d. O.

Eine privilegirte, im Frankfurter Regierungsbezirk belegene Apotheke, die Einzige im Ort, ist sofort zu verkaufen. Näheres bei dem Kaufmann Rosenow in Frankfurt a. d. O.

Oeffentlicher Anzeiger

zum 48sten Stück des Amtsblatts
der Königlichen Regierung zu Potsdam und der Stadt Berlin.

Den 29. November 1844.

Das dem Klempner-Meister Julius Reiffen zu Sonnborn im Kreise Elberfeld unter dem 19. ... 1843 ertheilte Patent

auf eine durch Zeichnung und Beschreibung erläuterte, für neu und eigenthümlich erkannte Vorrichtung zur selbstthätigen Regulirung des Gaszuflusses nach den Brennern der Gaslichte,

ist aufgehoben worden.

Steckbriefe.

Der nachstehend signalisirte Schmiedegesell Johann Bläske aus Bergluch, welcher im Jahre 1843 kurz hinter einander zweimaliger verübter Diebstähle wegen bestraft ist, und unter polizeilicher Aufsicht steht, treibt sich gegenwärtig wahrscheinlich vagabondirend umher.

Es wird gebeten, denselben im Betretungsfalle anzuhalten, und ihn mittelst beschränkter Reise-Route hierher zu weisen.

Alt-Landsberg, den 12. November 1844.
Königl. Preuß. Domainen-Amt.

Signalement. Geburts- und Wohnort: Bergluch, Religion: evangelisch, Alter: 22 Jahr, Größe: 5 Fuß 4 Zoll, Haare: braun, Stirn: bedeckt, Augenbrauen: braun, Augen: blau, Nase und Mund: klein, Zähne: gut, Bart: braun, Kinn: rund, Gesicht: oval, Gesichtsfarbe: gesund, Statur: mittel.

Besondere Kennzeichen: fehlen.

Der nachstehend signalisirte Seiltänzer-Gehülfe George Weiß, welcher wegen unvollständiger Reise-Legitimation mit seiner Ehefrau und einem 1 Jahr alten Kinde hier angehalten worden, ist von uns mittelst beschränkter Reise-Route am 2. d. M. nach Ober-Lindow bei Frankfurt a. d. O. gewiesen, dort aber nicht eingetroffen.

Einer Benachrichtigung des Königl. Rentamts zu Frankfurt a. d. O. zufolge, befindet sich die verehelichte Weiß, deren Signalement nachstehend ebenfalls angegeben, wegen kleinen Diebstahls und

Betrügereien beim Land- und Stadtgericht zu Meseritz in Untersuchung und da sich dieselbe mit ihrem Ehemanne durch ein vagirendes Leben wahrscheinlich der Untersuchung zu entziehen sucht, so ersuchen wir sämmtliche Militair- und Zivilbehörden dienstergebenst, auf den ꝛc. Weiß und dessen Ehefrau gefälligst Acht zu haben und im Betretungsfalle den ersteren mittelst Reise-Route nach Bentschen im Großherzogthum Posen, seinem jetzigen Wohnorte, und die letztere mittelst Zwangspasses an das vorgedachte Gericht zu dirigiren, weil deren Transport nicht gewünscht wird.

Kranznick bei Wendisch-Buchholz, den 21. November 1844.
Königl. Domainen- und Polizei-Amt.

1. Signalement des George Weiß.
Geburtsort: Brachthausen bei Nordhausen, Wohnort: früher Ober-Lindow, jetzt Bentschen, Religion: evangelisch, Alter: 28 Jahr, Größe: 5 Fuß 2 Zoll, Haare: schwarz und lang, Stirn: bedeckt, Augenbrauen: schwarz, Augen: braun, Nase: etwas groß, Mund: gewöhnlich, Zähne: vollständig, Bart: schwarz, Kinn: rund, Gesicht: oval, Gesichtsfarbe: gesund, Statur: mittel.

Besondere Kennzeichen: Trug einen starken Backenbart.

Bekleidung: ein dunkelbrauner Tuchüberrock, eine hellgraue Hose in die Stiefel, einen buntwollenen Shawl, eine alte schwarze Weste, eine runde Mütze ohne Schirm, ein Paar lange zweinäthige Stiefeln. Außerdem war der Weiß im Besitz eines Pferdes (großer brauner Wallach mit Stern) und einer alten Harfe.

2. Signalement der verehelichten Weiß, Adelheide geb. Steinbach.
Religion: katholisch, Alter: 23 Jahr, Größe: unterm Maaß, Haare: schwarzbraun, Stirn: niedrig, Augenbrauen: schwarzbraun, Augen: braun, Nase und Mund: gewöhnlich, Zähne: gut, Kinn und Gesicht: rund, Gesichtsfarbe: bräunlich, Statur: klein.

Besondere Kennzeichen: fehlen.

Bekleidung: einen blaugedruckten Rock, eine braune Zeugjacke, eine alte Pelzmütze, ein blaugedrucktes Tuch, ein Paar weiße Strümpfe und ein Paar Schmierstiefeln.

Die Behufs ihrer Entbindung in dem hiesigen Stadt-Armen- und resp. Arbeitshause detinirt gewesene unverehelichte Christiane Kniehase hat Gelegenheit genommen, sich in der Nacht vom 13. zum 14. d. M. aus dem gedachten Hause heimlich zu entfernen. Alle Zivil- und Militairbehörden ersuchen wir ergebenst, auf die 2c. Kniehase gefälligst zu vigiliren, sie im Betretungsfalle verhaften, und uns zum weiteren Verfahren die erfolgte Verhaftung anzeigen zu lassen. Dabei wird bemerkt, daß die Entwichene erst am 26. v. M. entbunden worden ist, und ihr Kind, ein Mädchen, in einem Tragekorb, in welchem sich zwei gestohlene Kopfkissen befanden, mitgenommen hat.

Beeskow, den 14. November 1844.

Der Magistrat.

Signalement. Vor- und Zuname: Christiane Kniehase, Stand: unverehelicht, Geburtsort: Klein-Muckrow, Amts Friedland in der Niederlausitz, Alter: 29 Jahr, Größe: mittel, Haare: dunkelbraun, Stirn: bedeckt, Augenbrauen: braun, Nase: klein, Mund: breit, Kinn und Gesicht: breit, Gesichtsfarbe: gesund.

Besondere Kennzeichen: die rechte Schulter höher als die linke.

Bekleidung. 1 blaugedruckten Leinewand-Rock, 1 rothgestreiften Werfrock, 1 bunte Gingham-Jacke, 1 braune Kattun-Jacke, 1 Kopftuch, 1 Paar Strümpfe, 1 Paar Schuhe, 1 leinenes Hemde.

* Der nachstehend signalisirte Tuchmacherlehrling Carl Friedrich August Schroeder aus Pritzwalk, welcher wegen mehrerer Diebstähle von uns zur Untersuchung und Haft gezogen war, ist in der Nacht vom 20. auf den 21. d. M. mittelst Einbruchs aus unserm Gefängniß entwichen. Wir ersuchen daher alle Behörden, auf den Schroeder zu vigiliren, denselben im Betretungsfalle zu verhaften und gegen Erstattung der Kosten an uns abliefern zu lassen.

Zehdenick, den 22. November 1844.

Königl. Land- und Stadtgericht.

Signalement. Religion: evangelisch, Alter: 17 Jahre, Größe: 5 Fuß, Haare: hellblond, Stirn: frei, Augenbrauen: blond, Augen: blau, Nase und Mund: gewöhnlich, Zähne: vollständig und gesund,

Bart: schwach, Kinn und Gesicht: rund, Gesichtsfarbe: blaß, Statur: schlank.

Besondere Kennzeichen: Sommersprossen.

Bekleidung. Eine alte wollene Jacke, blau leinene Hosen, ein leinenes Hemde, eine Tuchweste, ein rothbuntes Halstuch, eine schwarze Tuchmütze, ein Paar alte lederne Pantoffeln.

* Der Hausknecht Samuel Schultz, welcher gen wiederholten resp. großen und kleinen Diebstahls zu dreimonatlicher Gefängnißstrafe kräftig verurtheilt worden ist, hat sich der Vollstreckung entzogen.

Alle Zivil- und Militärbehörden werden ergebenst ersucht, ein nachstehend näher signalisirten Schultz gefälligst zu vigiliren, ihn Betretungsfalle zu verhaften und uns sofort Nachricht zu geben.

Wir versichern die ungesäumte Erstattung dadurch entstandenen baaren Auslagen und verehrlichen Behörden des Auslandes die Rechtswillfährigkeit.

Berlin, den 9. November 1844.

Königl. Kriminalgericht hiesiger Residenz.

Signalement. Der Hausknecht Samuel Schultz ist 30 oder 31 Jahre alt, aus Süßbei Bunzlau gebürtig, der Sohn eines Schäfers in der Kolonie Rothbusch bei Bunzlau, etwa 4 Fuß 11 Zoll groß, von gewöhnlicher Statur, hat braune Haare, eine freie Stirn, blaue braune Augenbrauen, eine spitze Nase, ein rundes Kinn, einen kleinen Mund, vollständige Zähne, einen braunen Bart, eine blasse Gesichtsfarbe, ovale Gesichtsbildung und spricht deutsch.

* Der von uns wegen qualifizirten Betrugs mittelst Fälschung zur Untersuchung gezogene Doktor medicinae Ernst Julius Burscher hat sich von seinem Wohnorte, Berlin, heimlich entfernt und es werden daher alle Militair- und Zivilbehörden ergebenst ersucht, auf den nachher näher signalisirten Burscher zu vigiliren, denselben im Betretungsfall zu verhaften und an uns abzuliefern. Lübben, den 22. November 1844.

Königl. Inquisitoriat.

Signalement. Der Doktor medicinae Ernst Julius Burscher ist 20 Jahr alt, zu Groß-Gaglow, Kottbusser Kreis, Regierungsbezirk Frankfurt, gebürtig, 5 Fuß 5 Zoll groß, hat

aller Gesichtsfarbe. Die Kleidung, mit welcher
h) derselbe von Berlin entfernt hat, ist unbekannt.

Steckbriefs-Erledigung.

Die unverehelichte Friederike Puhlmann aus
...rewitz ist ergriffen und zur Haft gebracht und
erdurch unsere Bekanntmachung vom 15. d. M.
ledigt.   Potsdam, den 22. November 1844.
Königl. Rent- und Polizei-Amt.

Kriminalgerichtliche Bekanntmachung.

Der von hier entwichene Weinhändler Johann
ch...midt ist durch das in erster Instanz ergan-
ne Kontumazial-Erkenntniß vom 7. Okt. d. J.
.egen betrüglichen Bankeruts zu dem Verluste
...s Rechts, die Preußische National-Kokarde zu
.agen, zu fünfjähriger Strafarbeit und Tragung
.r Untersuchungskosten außerordentlich verurtheilt
.orden.

Dieß wird mit dem Bemerken publizirt, daß
...ch Ablauf der vierwöchentlichen Restitutionsfrist
...s Urtel zu vollstrecken ist.
Berlin, den 12. November 1844.
Königl. Kriminalgericht hiesiger Residenz.

Bekanntmachung.

Es sind in der Nacht vom 19. zum 20. d. M.
..s dem Depositorio des hiesigen Land- und
.tadtgerichts durch gewaltsamen Diebstahl baar
10 Thlr. und die Banko-Obligation Littr. P
.lr. 16,309 über 600 Thlr. entwendet. Es
.ird hiermit gegen den Ankauf der Banko-Obli-
.ation gewarnt, und Demjenigen, der die Thäter
...rgestalt anzeigt, so daß sie zur Untersuchung und
.estrafung gezogen werden können, und das ge-
.ohlene Gut herbeigeschafft wird, hiermit eine
.elohnung von 50 Thlrn. versprochen.
Neustadt a. d. Dosse, den 20. Novbr. 1844.
Königl. Land- und Stadtgericht.

Bekanntmachung.

Der Ackermann Ludwig Albrecht Schuh-
.acher, und dessen Ehefrau, Catharine geborne
.chulze, zu Sagast, sind für Verschwender er-
.lärt, so daß ihnen weder Geld noch Geldeswerth
.eborgt, oder ein Vertrag mit ihnen gültig abge-
.chlossen werden kann.
Wittenberge, den 18. November 1844.
Das Gericht zu Sagast.

Der Mühlenmeister Leue hat die Errichtung
einer Bockwindmühle mit einem Mahl- und einem
Schrootgange in der Feldmark Heiligensee auf
einem daselbst von dem Bauer Lemke erbpachtsweise erworbenen, an dem von Heiligensee nach
Henningsdorf führenden Wege belegenen Ackerstück
beantragt.

Nach Vorschrift des Gesetzes vom 28. Oktober 1810 und der Allerhöchsten Kabinetsordre
vom 23. Oktober 1826 wird dies Vorhaben zur
öffentlichen Kenntniß gebracht, und jeder Einspruchsberechtigte zur Anmeldung seiner Einwendungen
binnen Achtwöchentlicher präklusivischer Frist hierdurch aufgefordert.
Berlin, den 27. Oktober 1844.
Königl. Landrath Nieder-Barnimschen Kreises.
Scharnweber.

Bekanntmachung.

Der Maurermeister Herr Hecker beabsichtigt,
auf dem kleinen Bremofen seiner unweit der
Heiligengeißkirche auf dem jenseitigen Haveluser,
ganz isolirt liegenden Kalk- 2c. Brennerei eine
kleine Hochdruck-Dampfmaschine von vier
Pferdekraft aufzustellen. Dieß Vorhaben wird in
Gemäßheit des Regulativs vom 6. Mai 1838
mit dem Bemerken zur öffentlichen Kenntniß gebracht, daß Diejenigen, welche privatrechtliche
Einwendungen dagegen erheben zu können vermeinen, diese innerhalb 4 Wochen präklusivischer Frist mir anzuzeigen haben.
Potsdam, den 20. November 1844.
Königl. Polizei-Direktor Regierungs-Rath
v. Kahlden-Normann.

Bekanntmachung.

Für das hiesige Königl. Magazin sollen:
550 Ringe Seitenstabholz,
300 - Bodenholz,
2000 Schock haselne Faßbände
im Wege der Submission beschafft werden.
Diese Faßmaterialien müssen spätestens bis Ende
Mai k. J. abgeliefert sein, und können die übrigen
Lieferungsbedingungen bei dem unterzeichneten Amte,
bei den Königl. Proviant-Aemtern in Berlin, Magdeburg, Glogau und Elsterin, so wie bei den Königl.
Magazin-Verwaltungen in Brandenburg a. d. H.
und Frankfurt a. d. O. eingesehen werden.

Unternehmer, welche sich zu solchem Geschäft
qualifiziren und die erforderliche Kaution von
10 Prozent von dem Geldwerthe der Lieferung

leiſten können, werden aufgefordert, ihre Offerten, welche beſtimmte Forderungen enthalten müſſen, verſiegelt mit der Aufſchrift: „Faßmaterial-Lieferungs-Offerte" bis zum 27. Dezember d. J. portofrei bei uns einzureichen.

Magazin bei Rathenow, den 12. Nov. 1844.
Königl. Proviant-Amt.

Bekanntmachung
über Holz- und Borke-Verkauf zur freien Konkurrenz.
Es ſollen

den 19. Dezember d. J.,
im Gaſthofe zu den drei Kronen in Fürſtenwalde:

A. an trockenen Vorräthen aus dem Einſchlage im Neubrücker Forſtreviere pro 1844 und zwar aus dem Belauf Schwarzheide: 13⅝ Klftr. Eichen Scheit, 32½ Klftr. dergl. Aſt, 38¼ Klftr. Kiefern ungeſpalten Aſt, und 50 Klftr. Kiefern Durchforſtungs-Aſt; — aus dem Belauf Jakobsdorf III: 5 Klftr. Kiefern Scheit; — aus dem Belauf Kersdorf: 27 Klftr. Eichen Aſt, 42½ Klftr. Eichen Stock, 9½ Klftr. Kiefern Aſt; — aus dem Belauf Alt-Golm VI: 11½ Klftr. Kiefern Scheit und 32¼ Klftr. Kiefern Durchforſtungs-Aſt; — aus dem Belauf Biegenbrück: ¼ Klftr. Eichen Scheit, 1 Klftr. Eichen Aſt, 25¾ Klftr. Birken Aſt, 67½ Klftr. Kiefern Scheit und 78½ Klftr. Kiefern Aſt; —

B. aus den Vorräthen für das Wirthſchafts-Jahr 1845: und zwar aus dem Belauf Schwarzheide Jagen 38: 9½ Klftr. Eichen und 76 Klftr. Kiefern Stock, Jagen 25: 24½ Klftr. Kiefern Stock; —

C. die Borke und die Schiffs- und Kahnkniee von den im Frühjahr 1845 zu plettenden Eichen, und zwar: aus den Jagen 25 und 18 Belauf Schwarzheide von circa 50 und reſp. 60 Klftr. Brennholz, Jagen 79 Belauf Kersdorf von circa 80 Klftr. Brennholz, und Jagen 3 Belauf Biegenbrück von circa 25 Klftr. Brennholz im Wege der Lizitation an den Meiſtbietenden verkauft werden, wozu Kaufluſtige an dem gedachten Tage, Vormittags um 10 Uhr, hiermit eingeladen werden.

In Betreff der sub A. aufgeführten Hölzer wird bemerkt, daß mit dieſem Verkaufe die ſämmtlichen Vorräthe aus dem Wirthſchaftsjahre 1844 aufgeräumt werden, daß jedoch, inſofern Dieſer oder Jener noch etwa aus dieſen Vorräthen ſeinen häuslichen Bedarf zu befriedigen wünſcht, hierzu durch das Ausbieten kleinerer Holz-Quantitäten Gelegenheit gegeben werden ſoll, und endlich, daß

die Zahlung der Kaufgelder, wegen des nahe bevorſtehenden Rechnungsabſchluſſes ſofort im Termine erfolgen muß.

Wegen der sub B. und C. gedachten Holzmüſſen, ſofern die einzelnen Kauffummen die Summe von 50 Thlr. überſteigen, zur Sicherheit für dieſelben angemeſſene Beträge deponirt werden.

Die ſämmtlichen, zum Verkauf kommenden eingeſchlagenen Holz-Quantitäten können ſchon vor dem Termine in Augenſchein genommen werden, und hat man ſich dieſerhalb an die, mit Anweiſung verſehenen betreffenden Königl. Förſter zu wenden. Neubrück, den 20. November 1844.

Der Oberförſter.
Eyber.

Brennholz-Verkauf.
Zum öffentlichen meiſtbietenden Verkauf im Königl. Forſtrevier Zoſſen aus dem diesjährigen Einſchlage noch vorräthigen Brennholze ſind folgende Termine beſtimmt:

1) für den Monat Oktober d. J. der 11. und 25.,
2) für den Monat November d. J. der 12. und 29.,
3) für den Monat Dezember d. J. der 6. und 20.

Die Termine ſelbſt ſind im Gaſthauſe zu Mittenwalde angeſetzt und nehmen an jedem Verkaufstage von 10 Uhr Vormittags an ihren Anfang.

Kaufluſtige werden mit dem Bemerken hierzu aufgefordert, die beſtimmten Lizitationstage wahrzunehmen, und daß Verkäufe außer den Lizitationstagen nicht ſtattfinden.

Cummersdorf, den 1. Oktober 1844.
Königl. Oberförſterei Zoſſen.
Aruin.

Bekanntmachung.
In der hieſigen Stadtforſt ſollen am Montag den 16. Dezember 1844 und folgende Tagen, jedesmal von Vormittags 9 Uhr an, nachfolgend bezeichnete Bau- und Nutzhölzer, als:

1) 100 Stück Sageblöcke,
2) 350 = extra ſtarke Kiefern,
3) 500 = ordinair ſtarke
4) 80 =

öffentlich an den Meiſtbietenden an Ort und Stelle verkauft werden, und werden Kaufluſtige erſucht ſich zur gedachten Zeit in dem Forſthauſe zu Daber einzufinden.

Die Kaufbedingungen werden im Termine bekannt gemacht, sind aber auch schon vorher in unserer Registratur einzusehen, und wird hier nur bemerkt, daß ein Viertel des Kaufgeldes beim gehehenen Zuschlage sogleich im Termine baar in Preußischem Kourant, Kassen-Anweisungen oder Preußischem Golde entrichtet werden muß.

Die zum Verkauf gestellten, oben bemerkten Bau- und Nutzhölzer können schon vor dem Termin in Augenschein genommen werden, indem die Stadtförster Schütze und Sick angewiesen sind, solche auf desfallsige Wünsche vorzuzeigen.

Wittstock, den 8. November 1844.
Der Magistrat.

Bekanntmachung.

Das bisherige Geschäftshaus der zweiten Abteilung des Königl. Haus-Ministerii, Schützenstr. Nr. 26 hierselbst, soll im Wege der Lizitation zum Verkauf ausgeboten werden.

Hierzu wird auf
Montag, den 16. Dezember d. J., Vormittags
11 Uhr,
in dem gedachten Hause ein Termin anberaumt, und Kauflustige dazu eingeladen.

Die Verkaufsbedingungen können wöchentlich in den gewöhnlichen Dienststunden in der Registratur des Königl. Rentamts Berlin, Niederwallstr. Nr. 39, wie auch bei dem im Hause, Schützenstr. Nr. 26, wohnenden Geheimen Kanzlei-Diener Schmidt eingesehen werden, an welchen letztern sich auch diejenigen Kauflustigen zu wenden haben, welche das Grundstück in Augenschein nehmen wollen. Berlin, den 23. November 1844.
Der Domainen-Rath.
Krack.

Bekanntmachung.

In dem unter unserer Verwaltung stehenden Landarmen- und Invalidenhause zu Wittstock sind mehrere Wärter- und Wärterinnen-Stellen zu besetzen. Qualifizirte Personen werden aufgefordert, sich mit ihren Anträgen unter Einreichung der erforderlichen Zeugnisse, an die Inspektion der genannten Anstalt zu Wittstock zu wenden.

Wir bemerken dabei, daß neben freier Wohnung, Heizung und Erleuchtung, freier Medizin und ärztlicher Hülfe, sowie etatsmäßiger Bekleidung und Speisung der erste Wärter und die erste Wärterin jährlich 36 Thaler die übrigen Wärter

und Wärterinnen aber jährlich 30 Thaler baar ein jeder zu beziehen haben.
Berlin, den 12. November 1844.
Ständische Landarmen-Direktion der Kurmark.

Bekanntmachung.

Eine der Kirche zu Luckenwalde gehörige kupferne Braupfanne, etwa von 6 Zentnern Gewicht, soll öffentlich an den Meistbietenden verkauft werden. Wir haben hierzu einen Termin
am 4. Dezember d. J., Vormittags 10 Uhr,
in der Behausung des Lehnrichters Schneider zu Luckenwalde anberaumt, zu welchem wir Kauflustige mit der Bemerkung einladen, daß der Zuschlag der Königl. Regierung vorbehalten bleibt, und die Pfanne selbst vor dem Termine von den beiden Kirchenvorstehern zu Luckenwalde, den Herrn Lüders und Schneider den Kauflustigen vorgezeigt werden wird.
Zinna, den 19. November 1844.
Königl. Rentamt Zinna.

Merino-Bock-Verkauf auf der Königl. Stamm-Schäferei zu Frankenfelde bei Wriezen a. d. O.

Der Bock-Verkauf auf der hiesigen Königl. Stammschäferei pro 1845 beginnt wiederum
am 8. Januar k. J.
aus freier Hand zu vorher bestimmten festen Preisen. Wegen der zum Verkauf kommenden Mutterschaafe wird späterhin eine besondere Bekanntmachung erfolgen.
Frankenfelde, den 20. November 1844.
Königl. Administration der Stammschäferei.

Ediktal-Zitation.

Stadtgericht zu Templin, den 30. April 1844.

Gegen die in dem Testamente der separirten Konditor Steiger in Berlin vom 24. August 1830 / 14. Februar 1843 zur Universalerbin eingesetzte Tochter des Tischlermeisters Beccardt, mit Vornamen Charlotte Henriette, welche am 13. September 1780 hierselbst geboren ist, und zu Ende des vorigen Jahrhunderts mit einer Herrschaft nach Warschau gezogen sein, sich daselbst mit einem Unteroffizier Werdan verheirathet und später in Posen gewohnt haben soll, ist, da seit ihrer Entfernung von ihrem Leben und Aufenthalte niemals Nachrichten hier eingegangen sind, auf Todeserklärung provozirt worden.

In Folge dieser Provokation haben wir einen Termin auf

den 26. Februar 1845, Vormittags 11 Uhr,

an Gerichtsstelle anberaumt, und fordern die Charlotte Henriette Beccardt oder deren Erben und Erbnehmer zu ihrer Meldung vor oder spätestens in diesem Termine unter der Verwarnung auf, daß bei erfolgloser Aufforderung die Provokatin für todt erklärt und der Nachlaß der separirten Steiger an die weitere Testamentserben verabfolgt werden wird.

Bekanntmachung.

Mit dem 1, Juni 1845 wird das Königl. Domainen-Vorwerk Coeselitz, im Domainen-Rentamte Pyritz, pachtfrei und soll anderweitig im Wege der Lizitation bis Johannis 1869, also auf 24 Jahre verpachtet werden.

Das Vorwerk liegt $\frac{3}{4}$ Meilen von Pyritz, $3\frac{3}{4}$ Meilen von Stargard und $6\frac{3}{4}$ Meilen von Stettin. Das zu verpachtende Areal beträgt:

Acker	606 Morg.	65	□R.
Gärten	4	‒	3 ‒
Hof- und Bauftellen	2	‒	3 ‒
beständige Wiesen	28	‒	45 ‒
Wiesen im Acker	3	‒	87 ‒
Hütung	55	‒	173 ‒
unbrauchbare Grundstücke	16	‒	72 ‒
zusammen	716 Morg.	88	□R.

Zum Gebote auf diese Pachtung ist ein Termin auf

den 19. Dezember d. J., Vormittags 10 Uhr,

in dem Plenar-Sitzungszimmer der unterzeichneten Königl. Regierung vor dem Departements-Rathe, Regierungs-Rath Freiherrn von Salmuth anberaumt.

Der mindeste Pachtbetrag für das gedachte Vorwerk ist auf 1918 Thlr. inkl. 340 Thlr. in Golde festgestellt. Die speziellen und allgemeinen Pachtbedingungen können in dem Domainen-Verwaltungsbüreau der unterzeichneten Königl. Regierung und bei dem Königl. Domainen-Rentamte zu Pyritz eingesehen werden. Die Pachtlustigen werden aufgefordert, sich vor dem Termine entweder gegen uns oder gegen den Departements-Rath über ihre Qualifikation zur Pachtung und insbesondere über ihr Vermögen auszuweisen. Die Auswahl unter den drei Bestbietenden und die Er-

theilung des Zuschlages wird dem Königl. Ministerio vorbehalten.

Stettin, den 28. Oktober 1844.
Königl. Regierung.
Abtheilung für die Verwaltung der direkten Steuern, Domainen und Forsten.

Nothwendiger Verkauf.
Königl. Kammergericht in Berlin.

Das hierselbst in der Wadzeckstraße Nr. belegene, im kammergerichtlichen Hypothekenbuch Vol. XII Pag. 277 Nr. 196 verzeichnete, Viktualienhändler Johann Friedrich Plöz gehörige Grundstück nebst Zubehör, abgeschätzt auf 1620 Thlr. 25 Sgr. 6 Pf., zufolge der, nebst Hypothekenschein und Bedingungen in der Registratur einzusehenden Taxe, soll

am 27. Mai 1845, Vormittags 11 Uhr, an ordentlicher Gerichtsstelle subhaftirt werden.

Alle unbekannten Realprätendenten werden aufgefordert, sich bei Vermeidung der Präklusion spätestens in diesem Termine zu melden.

Nothwendiger Verkauf.
Königl. Kammergericht in Berlin.

Das hierselbst am Mondjouplatze Nr. 11 belegene, im kammergerichtlichen Hypothekenbuch IX Nr. 63 Pag. 229 verzeichnete Grundstück, abgeschätzt auf 18,035 Thlr. 20 Sgr. 3 Pf., zufolge der, nebst Hypothekenschein und Bedingungen der Registratur einzusehenden Taxe, soll Theilungshalber im Wege der nothwendigen Subhastation

am 28. Mai 1845, Vormittags 10 Uhr, an ordentlicher Gerichtsstelle subhaftirt werden.

Alle unbekannten Realprätendenten werden aufgefordert, sich bei Vermeidung der Präklusion spätestens in diesem Termine zu melden.

Nothwendiger Verkauf.
Königl. Kammergericht in Berlin.

Das hierselbst in der Philippsstraße Nr. belegene, im Hypothekenbuche des Kammergerichts Cont h Vol. IX Pag. 25 Nr. 2 verzeichnete, Rentier Jeremias Rudolph gehörige Grundstück, abgeschätzt auf 11,452 Thlr. 17 Sgr. 3 Pf., zufolge der, nebst Hypothekenschein und Bedingungen in der Registratur einzusehenden Taxe, soll

am 13. Juni 1845, Vormittags 10 Uhr, an ordentlicher Gerichtsstelle subhaftirt werden.

Nothwendiger Verkauf.
Land- und Stadtgericht zu Brandenburg an
der Havel, den 2. September 1844.

Das hier in der Neustadt in der Münzenstraße
sub Nr. 778 belegene, Vol. 18 Fol. 133 des Hypothekenbuches eingetragene, und dem Schmiedemeister Gottlob Schmidt gehörige Wohnhaus
nebst Hauskavel, gerichtlich abgeschätzt auf 2502
Thlr. 6 Sgr. 9 Pf. zufolge der, nebst Hypothe-
enschein und Kaufbedingungen in unserer Regi-
tratur einzusehenden Taxe, soll
am 28. Dezember d. J., Mittags 12 Uhr,
in ordentlicher Gerichtsstelle vor dem Deputirten,
Herrn Land- und Stadtgerichts-Rath Schultze,
subhastirt werden.

Das dem Lohgerber Leopold Eichberg gehörige hierselbst in der Berliner Straße sub Nr. 232
belegene und auf 1840 Thlr. 4 Sgr. 3 Pf. tarirte
Wohnhaus nebst Zubehör Vol. V Pag. 407 des
Hypothekenbuchs verzeichnet, soll
am 28. Februar 1845, Vormittags 11 Uhr,
in Gerichtsstelle verkauft werden. Die Taxe und
der neueste Hypothekenschein sind in der Registratur einzusehen. Angermünde, den 17. Okt. 1844.
Königl. Stadtgericht.

Nothwendiger Verkauf.
Land- und Stadtgericht zu Neustadt-Eberswalde, den 4. November 1844.

Das zu Neustadt-Eberswalde vor dem Unterthore belegene Gasthaus, Hôtel de Prusse genannt, und geschätzt auf 6288 Thlr., zufolge der,
nebst Hypothekenschein und Bedingungen im IIten
Geschäftsbüreau einzusehenden Taxe, soll
am 2. Juni 1845, Vormittags 11 Uhr,
im Gerichtshause an den Meistbietenden verkauft
werden.

Nothwendiger Verkauf.
Das in der Havelstraße Nr. 175 hierselbst belegene Grundstück der Geschwister Hollmann,
dessen Gebäude am 12. Oktober d. J. abgebrannt
sind, taxirt auf 444 Thlr. 10 Sgr., soll
am 28. Februar 1845, Vormittags 11 Uhr,
im Stadtgericht hierselbst subhastirt werden.
Die Taxe und der Hypothekenschein sind in
der Registratur einzusehen.
Rathenow, den 18. November 1844.
Königl. Preuß. Stadtgericht.

Nothwendiger Verkauf.
Stadtgericht zu Berlin, den 19. Oktober 1844.
Das hierselbst in der neu angelegten, von der
Stadtmauer bis zur neuen Jakobsstraße führenden
Straße belegene Ackermann'sche Grundstück, im
Hypothekenbuche Band 12 Nr. 815 verzeichnet
und bestehend in
1) einer eingezäunten Baustelle, in ihrem jetzigen
   Zustande abgeschätzt auf   8230 Thlr.
2) einer zweiten von dieser Baustelle durch das
   dazwischen liegende Neander'sche Grundstück
   getrennten Baustelle, in ihrem jetzigen Zustande abgeschätzt zu   854 Thlr.
also im Ganzen mit der Taxe von 9083 Thlr.
soll am 27. Juni 1845, Vormittags 11 Uhr,
an der Gerichtsstelle subhastirt werden. Taxe und
Hypothekenschein sind in der Registratur einzusehen.

Nothwendiger Verkauf.
Das zu Fürstenwerder belegene und im dortigen Hypothekenbuch Vol. I Pag. 201 Nr. 21
verzeichnete Grundstück des Destillateurs Buggert, gerichtlich abgeschätzt zu 900 Thlr., soll
am 27. März 1845, Vormittags 11 Uhr,
in Fürstenwerder an gewöhnlicher Gerichtsstelle
subhastirt werden.
Taxe und Hypothekenschein sind in unserer
Registratur einzusehen.
Prenzlow, den 8. November 1844.
Reichsgräflich von Schwerin'sches Patrimonialgericht der Herrschaft Wolfshagen.

Nothwendiger Verkauf.
Stadtgericht zu Wittstock, den 27. Oktober 1844.
Das den minorennen Gebrüdern Städamann
gehörige, hierselbst im vierten Viertel im Rosenwinkel belegene, Vol. IV Fol. 40 Nr. 117 des
Hypothekenbuchs verzeichnete, zu 567 Thlr. 4 Sgr.
11 Pf. gerichtlich abgeschätzte Wohnhaus, soll
am 6. März 1845, Vormittags 11 Uhr, und
Nachmittags 4 Uhr
an Gerichtsstelle subhastirt werden.
Taxe und Hypothekenschein sind in der Registratur des Gerichts einzusehen.

Nothwendiger Verkauf.
Folgende zur erbschaftlichen Liquidationsmasse
des zu Berlin verstorbenen Kaufmanns Ernst
Christian Ludwig Thien gehörige Vol. IX Fol. 35
des neuen Hypothekenbuchs der Stadt Gremmen
verzeichnete hierselbst belegene Grundstücke, als:

1) ein Ackerplan Nr. 479 im Schwanteschen Felde nebst Beiland zusammen 44 Morgen 177 ☐Ruthen enthaltend, taxirt zu
1949 Thlr. 25 Sgr.,
2) ein Wiesenplan in den Hückfaveln von 6 Morgen 51 ☐Ruthen, taxirt zu
446 Thlr. 20 Sgr.,
zusammen 2396 Thlr. 15 Sgr.,
sollen am 7. März 1845, Morgens 10 Uhr, an ordentlicher Gerichtsstelle subhastirt werden. Der neueste Hypothekenschein nebst Taxe liegt in der diesseitigen Registratur zur Einsicht vor.
Cremmen, den 16. November 1844.
Königl. Preuß. Land- und Stadtgericht.

Nothwendiger Verkauf.
Königl. Justiz-Amt Löcknitz zu Prenzlow, den 1. November 1844.
Nachbenannte, dem Gastwirth Carl Friedrich Richard Saust zu Löcknitz gehörige, an der von Pasewalk nach Stettin führenden Chaussee belegene Grundstücke:
1) das im Hypothekenbuche von Löcknitz Vol. III Seite 837 verzeichnete, worin eine Gastwirthschaft betrieben wird und wobei
9 Morgen 96 ☐Ruthen Acker,
5 Morgen Wiesen
gerichtlich abgeschätzt zu 2017 Thlr. 7 Sgr. 6 Pf.,
2) das in demselben Hypothekenbuche Vol. III Seite 820 eingetragene, wobei
9 Morgen 96 ☐Ruthen Acker,
4 Morgen 165 ☐Ruthen Wiesen
gerichtlich abgeschätzt zu 2067 Thlr. 8 Sgr. 9 Pf.,
sollen
am 13. März 1845, Vormittags 11 Uhr, an Gerichtsstelle zu Brüssow subhastirt werden.
Taxe und Hypothekenschein sind in unserer Registratur zu Prenzlow einzusehen.

Nothwendiger Verkauf.
Stadtgericht zu Wittstock, den 25. Oktober 1844.
Das der verehelichten Tischlermeister Korschefsky gehörige, hierselbst im vierten Viertel in der Kettenstraße belegene, Vol. IV Fol. und Nr. 76 des Hypothekenbuchs verzeichnete, und zu 871 Thlr. 17 Sgr. 3¼ Pf. gerichtlich abgeschätzte Wohnhaus, soll

am 13. März 1845, Vormittags 11 Uhr und Nachmittags 4 Uhr,
an Gerichtsstelle subhastirt werden.
Taxe und Hypothekenschein sind in der Registratur einzusehen.

Am 3. Dezember d. J., Vormittags 11 sollen im Gasthofe zum rothen Adler hierselbst Pferde, braune Wallache, lang geschwänzt Stern, öffentlich an den Meistbietenden gegen baare Bezahlung verkauft werden, wozu künftige Kauflustige hierdurch eingeladen werden.
Spandow, den 21. November 1844.
Königl. Land- und Stadtgericht.

Auktion.
Auf gerichtliche Verfügung sollen auf der Sch schen Ziegelei bei Storkow 11,000 Stück steine
am Mittwoch, den 2. Dez., Nachmittags gegen gleich baare Bezahlung verauktionirt
Storkow, den 20. November 1844.
Kobei,
Land- und Stadtgerichts-

Ein mit den besten Zeugnissen über seine barkeit und seine sittliche Führung versehen kretair — welcher besonders auch wegen schönen Handschrift zu empfehlen ist — sucht Engagement durch W. E. Seidel in Zehden.

Ein Wirthschafts-Inspektor aus gutem und kautionsfähig sucht unter bescheidenen sprüchen eine Inspektorstelle durch
W. E. Seidel in Zehden.

Einige Hauslehrerstellen, welche mit Gehalt von 120 bis 150 Thlrn. verbunden sind zu besetzen durch
W. E. Seidel in Zehden.

Wirthschafterinnen weist gute Stellen nach
W. E. Seidel in Zehden.

Ankauf von wilden Rosenstämme Wilde Rosenstämme werden in großen kleinen Partien gekauft in Berlin Friedrichst Nr. 230, nahe dem Halleschen Thore beim

Oeffentlicher Anzeiger (№ 1)
zum 49sten Stück des Amtsblatts
er Königlichen Regierung zu Potsdam und der Stadt Berlin.

Den 6. Dezember 1844.

Dem Mechaniker Karl Schwanitz in Berlin t unter dem 21. November 1844 ein Patent auf eine Maschine zum Bestreuen der Felder mit Kalkpulver, welche in der durch Zeichnung und Beschreibung nachgewiesenen Zusammensetzung als neu und eigenthümlich anerkannt ist, uf sechs Jahre von jenem Tage an gerechnet, nd für den Umfang der Monarchie ertheilt worden.

Steckbrief.

Der nachstehend bezeichnete Tuchmachergeselle Wilhelm Müller genannt Schulz, welcher mehrich wegen Bettelns, Landstreicherei, Betrugs und Diebstahls bestraft und zuletzt in dem Königl. Korrektionshause zu Schweidnitz detinirt gewesen, ist on dort bereits am 19. v. M. mittelst Reiseroute hierher, als seinem höhern Orts bezeichneten Domizile dirigirt worden und hier auch am . d. M. eingetroffen. Derselbe hat sich aber hon am 6. unter Zurücklassung seiner Reise-Route nd ohne sich bei der Behörde zu melden, von ier entfernt und wird sich vermuthlich wieder umhertreiben. Sämmtliche resp. Behörden des In- und Auslandes werden daher auf diesen gemeinschädlichen Umhertreiber dienstergebenst aufmerksam gemacht und das Verfahren gegen denselben im Betretungsfalle, den Umständen angemessen, anheimgestellt. Potsdam, den 24. Novbr. 1844.

Königl. Polizei-Direktor,
Regierungs-Rath v. Kahlden-Normann.

Signalement. Tuchmachergeselle Wilhelm Müller aus Potsdam, Religion: evangelisch, Alter: 25 Jahr, Größe: 5 Fuß 1 Zoll, Haare: schwarz, Stirn: bedeckt, Augenbrauen: schwarzbraun, Augen: raun, Nase: etwas dick, Mund: aufgeworfen, Zähne: vollständig, Bart: rasirt, Kinn: rund, Gesicht: oval, Gesichtsfarbe: gesund, Statur: mittel, Sprache: deutsch.

Besondere Kennzeichen: das rechte Ohrläppchen durchgerissen.

Steckbriefs-Erledigung.

Der mittelst Steckbriefs vom 22. d. M. verfolgte Doctor medicinae Julius Burscher ist eingeliefert worden und mithin jener Steckbrief erledigt. Lübben, den 26. November 1844.
Königl. Inquisitoriat.

Bekanntmachung.

Königl. Justiz-Amt Potsdam, den 16. Nov. 1844.

Am 15. d. M. ist in der Havel, unweit des Etablissements Templin, der Leichnam eines unbekannten Mannes aufgefunden worden, der anscheinend etwa 8 Tage im Wasser gelegen hatte. Derselbe war bekleidet mit einem blauleinenen Staubhemde, einer schwarzmanchesternen Weste, mit großen blanken Knöpfen besetzt, blauen, kurzen Sommerbeinkleidern, fein gestreift, einem weißleinenen Hemde mit den Buchstaben K B roth gezeichnet, grauen Tuch-Kamaschen mit Hornknöpfen, langen Strümpfen, deren Waden von welker, der Socken von hellblauer Baumwolle, ledernen Schnürstiefeln, deren sehr starke Sohlen mit großen Nägeln beschlagen waren und einem rothbunten kattunenen Halstuche. Um den Leib des Leichnams war über die Bekleidung ein neuer Strick gebunden.

Der Körper selbst war 5 Fuß 2 bis 3 Zoll groß, und gehörte einem Manne von etwa 30 Jahren und schlanker Figur an. Er hatte blondes Kopfhaar, freie Stirn, blaue Augen, blonde Augenbrauen, gewöhnliche Nase, dergleichen Mund, vollständige Zähne, frische Gesichtsfarbe.

Besondere Unterscheidungszeichen sind nicht zu bemerken gewesen, so wie auch keine Spur einer äußeren Gewalt sich vorfand.

Nach Vorschrift der Gesetze werden Alle, welche den Verstorbenen kennen, oder Nachricht von demselben oder der Art seines Todes, mitzutheilen im Stande sind, aufgefordert, entweder sofort uns davon schriftliche Anzeige zu machen, oder sich darüber in dem auf

den 8. Januar 1845, Vormittags 10 Uhr,

in unserem Geschäfts-Lokale, Friedrichstraße Nr. 7,
angesetzten Termine zu Protokoll vernehmen zu
lassen.

Kosten werden dadurch nicht veranlaßt.

Bekanntmachung.

Vom 1. Januar 1845 ab wird die bisherige,
wöchentlich dreimalige Personen-Post zwischen Kyritz und Pritzwalk aufgehoben und in deren Stelle,
zum Anschluß an die Personen-Post zwischen Perleberg und Berlin, eine Personen-Post zwischen
Pritzwalk und Kletzke eingerichtet werden.

Der Abgang dieser Post wird

aus Pritzwalk: am Dienstag, Donnerstag und
Sonnabend um 4½ Uhr Morgens,

aus Kletzke: an denselben Tagen um 7¾ Uhr
Abends

erfolgen.

Die Entfernung von hier bis Kletzke beträgt
2¼ Meilen, und die Personen-Post wird auf dieser Tour in 2 Stunden befördert werden.

Das Personengeld ist bei 30 Pfd. Freigepäck
auf 5 Sgr. pro Meile festgestellt worden.

Pritzwalk, den 24. November 1844.

Königl. Post-Verwaltung.

Ediktal-Zitation.

Nachstehende Schuldposten, nemlich:

1) 142 Thlr. 18 gGr. 10 Pf. Watererbe für
Marie Elisabeth Bröcke aus dem Erbvergleich vom 20. Februar 1765, und
100 Thlr. rückständiges Hauskaufs-Pretium,
so Johann Christoph Traffehn der Wittwe
Bröcke, laut Kaufkontrakts vom 17. Juli
1775, schuldig geblieben ist;
eingetragen auf dem Bäckermeister Karl
Ferdinand Seyffarthschen Hause hierselbst Vol. I. Fol. 179 Häuser;

2) 50 Thlr. in Golde, welche Andreas Müller
cum uxore Anne Dorothee geb. Beelitzen,
von dem Direktor Schaum qua curatore
Anne Dorothee Derbesani, laut gerichtlicher Obligation vom 11. April 1771 à 5
Prozent aufgenommen hat, und
4 Thlr. 5 gGr. 4½ Pf., welche } Geschwister
Johann Samuel und
4 Thlr. 5 gGr. 4½ Pf., welche } Müller.
Charlotte Luise
ex recessu vom 16. Februar 1774 zu fordern haben;

eingetragen auf dem Hause der verehelichten Schneider Müller, geb. Bauer, Vol.
Fol. 38;

3) 1500 Thlr. rückständiges Hauskaufs-Pretium
der Scharfrichterei hat Karl Gottfried Koch
von seinem Bruder Johann Friedrich Koch,
laut Vergleichs und resp. Kontrakts d. d.
Berlin, den 20. September 1781 zu fordern,
eingetragen auf der Vol. V Fol. 21 des
Hypothekenbuchs der Häuser verzeichnet,
und dem Oekonomen Gustav Gottlieb Ko-
rep gehörigen Scharfrichterei;

4) 50 Thlr. Kourant, so Johann Christian
Behrend cum uxore Marie Elisabeth Stu-
del von dem Wachtmeister Runge, laut
gerichtlicher Obligation vom 28. März 1771
à 6 Prozent aufgenommen hat, und welche
der Wachtmeister Runge an Marie Dorothee, geb. Schulze, Wittwe Vollmert
laut Zession vom 20. Mai 1775 zedirt hat,
eingetragen auf dem Vol. III Fol. 77 des
Hypothekenbuchs der Häuser der drei Gebrüder

Johann Christian }
Karl Wilhelm } Behrend.
Martin Friedrich }

sowie nachstehende Dokumente:

1) die Obligation des Ackerbürgers Joachim
Läckenmäcker vom 13. Januar 1816 nebst
Hypothekenschein vom 15. Januar 1816 über
200 Thlr.;

2) die Obligation desselben vom 22. Januar 1817
nebst Hypothekenschein vom 27. Januar 1817
über 200 Thlr.;

3) die Zession des Schneidermeisters Johann
Michael Janecke vom 1. Mai 1819, be-
treffend die beiden ad 1 und 2 benannten
Kapitalien; und

4) der Antrausche Erbrezeß vom 10. Oktober
1803 über 100 Thlr., Watererbe für Karoline Friederike und Marie Katharine, die
schwister Antrau;

werden hiermit öffentlich aufgeboten und zwar
die Inhaber dieser Forderungen und resp. Dokumente, sowie Diejenigen, welche als dessen Erb-
sind, zur Meldung ihrer Ansprüche auf

den 1. Februar 1845, Vormittags 11 Uhr,
vor dem Stadtgerichts-Rath Seemann, unter
der Verwarnung vorgeladen, daß die Ausbleibenden mit ihren etwanigen Ansprüchen an die

Schuldposten und resp. Dokumente werden präkludirt und ihnen deshalb ein ewiges Stillschweigen auferlegt, die Schuldposten und Dokumente selbst auch für erlassen und resp. für mortifizirt erklärt werden.

Rathenow, den 30. September 1844.
Königl. Preuß. Stadtgericht.

Ediktal-Zitation.

Auf dem Grundstück des Eigenthümers Johann Friedrich Kalch zu Neu-Lewin, verzeichnet Vol. I Nr. 23 des Hypothekenbuches, stehen Rubr. III Nr. 3 aus der Obligation und ex decreto vom 28. Februar 1810, 400 Thlr. für den Gerichtsmann Friedrich Lutter eingetragen, über welche von dessen Erben quittirt ist. Da das Dokument über dieses Kapital abhänden gekommen, werden alle diejenigen, welche an dasselbe oder das darüber ausgestellte Dokument als Eigenthümer, Zessionarien, Pfand- oder sonstige Briefsinhaber Ansprüche zu vermeinen haben, aufgefordert, sich spätestens in dem auf

den 8. Januar 1845, Vormittags 11 Uhr, vor dem Herrn Justizrath König anberaumten Termine zu melden, widrigenfalls sie mit ihren Ansprüchen an das Kapital präkludirt, ihnen ein ewiges Stillschweigen auferlegt, das Dokument amortifirt, und diese Post im Hypothekenbuche gelöscht werden wird,

Wriezen, den 14. September 1844.
Königl. Land- und Stadtgericht.

Oeffentliche Bekanntmachung.

Aus dem Erbrezeß über den Nachlaß des Freimanns Christian Schlichting vom 5. März 1810 sind auf das zu Rossow belegene, im Hypothekenbuche Vol. I Pag. 477 Nr. 35 verzeichnete Grundstück, Rubr. III sub Nr. 1 daselbst für die drei minorennen Schlichtingschen Kinder 87 Thlr. Gr. Erbgelder ad decretum vom 14. März 1810 eingetragen. Dieselben sind aber längst berichtigt und sollen bei dem verpfändeten Grundstücke im Hypothekenbuche gelöscht werden.

Das über die gedachte Forderung ausgefertigte Dokument ist jedoch nicht beigebracht, es hat auch jetzt nicht herbeigeschafft werden können; es werden daher alle diejenigen unbekannten Personen, welche als Eigenthümer, Erben, Zessionarien, Pfandinhaber oder sonst Berechtigte an dasselbe Ansprüche zu haben vermeinen, hierdurch vorgeladen, solche in dem auf

den 15. Februar 1845 zu Rossow vor uns angesetzten Termine anzumelden, widrigenfalls sie mit ihren Ansprüchen werden präkludirt und ihnen deshalb ein ewiges Stillschweigen wird auferlegt werden.

Prenzlow, am 26. Oktober 1844.
Das Kerstensche Gericht über Rossow.
Hugo.

Nothwendiger Verkauf.
Königl. Kammergericht in Berlin.

Das hierselbst in der Louisenstraße Nr. 44 belegene, dem Bäckermeister Carl August Gottlieb Schierjott gehörige Wohnhaus nebst Zubehör, abgeschätzt auf 26,267 Thlr. 7 Sgr. 1 Pf. zufolge der, nebst Hypothekenschein und Bedingungen in der Registratur einzusehenden Taxe, soll

am 18. Januar 1845

an ordentlicher Gerichtsstelle subhaftirt werden.

Die dem Aufenthalte nach unbekannten Gläubiger, nemlich:

1) die Kinder des Geheimen Justizraths Johann Jacob Costenoble,
2) die Kinder des Hof-Schauspielers Carl Ludwig Costenoble zu Wien und
3) die Kinder der verstorbenen Friederike Charlotte Leopoldine Costenoble, verehelicht gewesenen Costenoble,

werden hierzu öffentlich vorgeladen.

Nothwendiger Verkauf.
Königl. Kammergericht in Berlin.

Das hierselbst an der Chausseestraße Nr. 10 und 10a belegene, dem Kaufmann Carl Martin Klinder gehörige Grundstück nebst Zubehör, abgeschätzt auf 28,027 Thlr. 26 Sgr. 2 Pf. zufolge der, nebst Hypothekenschein und Bedingungen in der Registratur einzusehenden Taxe, soll

am 18. Januar 1845, Vormittags um 11 Uhr, an ordentlicher Gerichtsstelle subhaftirt werden.

Die Kaufleute August Ratzel und Gustav Lupprian, oder deren Erben, werden hierzu öffentlich vorgeladen.

Nothwendiger Verkauf.
Königl. Kammergericht in Berlin.

Das am Louisenplatz Nr. 11 hier belegene, im Hypothekenbuche des Königl. Kammergerichts Vol. IX Cont. g Pag. 313 Nr. 14 verzeichnete, dem Partikulier Johann Caspar Anacker gehörige Grundstück nebst Zubehör, abgeschätzt auf

21,413 Thlr. 7 Sgr. 3 Pf. zufolge der, nebst Hypothekenschein und Bedingungen in der Registratur einzusehenden Taxe, soll
am 22. Januar 1845, Vormittags um 10 Uhr, an ordentlicher Gerichtsstelle subhastirt werden.
Alle unbekannten Realprätendenten werden aufgefordert, sich bei Vermeidung der Präklusion spätestens in diesem Termine zu melden.

Nothwendiger Verkauf.
Königl. Kammergericht in Berlin.
Das vor dem Oranienburger Thore in der Kesselstraße belegene, dem Architekten Johann Conrad Adler gehörige, im Hypothekenbuche des Königl. Kammergerichts Vol. IV b Nr. CXXXVI Pag. 361 verzeichnete Grundstück, abgeschätzt auf 3074 Thlr. 25 Sgr. zufolge der, nebst Hypothekenschein und Bedingungen in der Registratur einzusehenden Taxe, soll
am 19. Februar 1845
an ordentlicher Gerichtsstelle subhastirt werden.

Nothwendiger Verkauf.
Königl. Kammergericht in Berlin.
Das hierselbst in der Louisenstraße Nr. 4 d belegene, im Hypothekenbuche Vol. IX Cont. i Nr. 18 Pag. 407 verzeichnete Grundstück nebst Zubehör, abgeschätzt auf 20,241 Thlr. 23 Sgr. 9 Pf. zufolge der, nebst Hypothekenschein und Bedingungen in der Registratur einzusehenden Taxe, soll
am 12. März 1845, Vormittags 11 Uhr, an ordentlicher Gerichtsstelle subhastirt werden.
Die hypothekarischen Gläubiger Partikulier Johann Zacharias Logan und Kupferstecher Johann Friedrich August Clar, modo deren Erben, werden hierzu öffentlich vorgeladen.

Nothwendiger Verkauf.
Königl. Kammergericht in Berlin.
Das hierselbst am Platz vor dem neuen Thore Nr. 3 belegene, im Hypothekenbuche des Königl. Kammergerichts Vol. IX Cont. K Nr. 19 Pag. 413 verzeichnete, dem Maurermeister Carl August Zehler gehörige Grundstück nebst Zubehör, abgeschätzt auf 13,620 Thlr. 3 Sgr. 6½ Pf. zufolge der, nebst Hypothekenschein und Bedingungen in der Registratur einzusehenden Taxe, soll
am 9. April 1845
an ordentlicher Gerichtsstelle subhastirt werden.

Nothwendiger Verkauf.
Königl. Kammergericht in Berlin.
Das hierselbst in der Invalidenstraße Nr. 8 belegene, im Hypothekenbuche des Königl. Kammergerichts Vol. IX Cont. K Nr. 22 Pag. 361 verzeichnete Grundstück, abgeschätzt auf 8360 Thlr. 22 Sgr. 11 Pf. zufolge der, nebst Hypothekenschein und Bedingungen in der Registratur einzusehenden Taxe, soll
am 18. April 1845, Vormittags 11 Uhr, an ordentlicher Gerichtsstelle subhastirt werden.
Alle unbekannten Realprätendenten werden aufgefordert, sich bei Vermeidung der Präklusion spätestens in diesem Termine zu melden.

Nothwendiger Verkauf.
Königl. Kammergericht in Berlin.
Das hierselbst in der Chausseestraße Nr. 16 belegene, im Hypothekenbuche des Königl. Kammergerichts Vol. I b Pag. 48 Nr. 10 verzeichnete Grundstück nebst Zubehör, abgeschätzt auf 2213 Thlr. 20 Sgr. 8½ Pf. zufolge der, nebst Hypothekenschein und Bedingungen in der Registratur einzusehenden Taxe, soll
am 25. April 1845, Vormittags 11 Uhr, an ordentlicher Gerichtsstelle subhastirt werden.

Nothwendiger Verkauf.
Königl. Kammergericht in Berlin.
Das hierselbst in der Georgenstraße Nr. 11 belegene, im kammergerichtlichen Hypothekenbuche Vol. VII Cont. a Nr. 6 Pag. 61 verzeichnete Grundstück, abgeschätzt auf 25,079 Thlr. 23 Sgr. 6 Pf. zufolge der, nebst Hypothekenschein und Bedingungen in der Registratur einzusehenden Taxe, soll am 7. Mai 1845, Vormittags 10 Uhr, an ordentlicher Gerichtsstelle subhastirt werden.

Nothwendiger Verkauf.
Stadtgericht zu Berlin, den 6. Juni 1844.
Das in der verlängerten Kommandantenstraße belegene Schwarzsche Grundstück, gerichtlich abgeschätzt zu 6228 Thlrn. 15 Sgr., soll
am 21. Januar 1845, Vormittags 11 Uhr, an der Gerichtsstelle subhastirt werden. Taxe und Hypothekenschein sind in der Registratur einzusehen.

Nothwendiger Verkauf.
Stadtgericht zu Berlin, den 11. Juni 1844.
Das in der großen Frankfurter Straße Nr. 16 belegene Grundstück der verehelichten Koyer,

ichtlich abgeschätzt zu 7021 Thlrn. 16 Sgr.
₃ Pf., soll
am 17. Januar 1845, Vormittags 11 Uhr,
in der Gerichtsstelle subhastirt werden. Taxe und
Hypothekenschein sind in der Registratur einzusehen.
Der als Hypothekengläubiger eingetragene Königl. Hofrath Breßler wird zur Wahrnehmung
einer Gerechtsame hierdurch öffentlich vorgeladen.

Nothwendiger Verkauf.
Stadtgericht zu Berlin, den 7. Juni 1844.
Das in der Ackerstraße Nr. 6 belegene Kunstsche
Grundstück, gerichtlich abgeschätzt zu 11,274 Thlrn.
18 Sgr. 9 Pf., soll
am 14. Januar 1845, Vormittags 11 Uhr,
in der Gerichtsstelle subhastirt werden. Taxe und
Hypothekenschein sind in der Registratur einzusehen.

Nothwendiger Verkauf.
Stadtgericht zu Berlin, den 14. Juni 1844.
Das in der Linienstraße Nr. 154 a, nicht wie
früher irrthümlich bekannt gemacht Nr. 153, belegene Grundstück des Tischlermeisters Gustav
Friedrich Ferdinand Welle, gerichtlich abgeschätzt
zu 14,143 Thlrn. 26 Sgr. 9 Pf., soll
am 24. Januar 1845, Vormittags 11 Uhr,
in der Gerichtsstelle subhastirt werden. Taxe und
Hypothekenschein sind in der Registratur einzusehen.

Nothwendiger Verkauf.
Stadtgericht zu Berlin, den 12. Juli 1844.
Das in der Scharrenstraße Nr. 17 belegene
Zimmermannsche Grundstück, gerichtlich abge-
schätzt zu 7641 Thlrn. 6 Sgr. 6 Pf., soll
am 18. Februar 1845, Vormittags 11 Uhr,
an der Gerichtsstelle subhastirt werden. Taxe und
Hypothekenschein sind in der Registratur einzusehen.
Der dem Aufenthalte nach unbekannte Königliche
Professor Ernst Gottlieb Jaeckel oder dessen Er-
ben, werden hierdurch öffentlich vorgeladen.

Nothwendiger Verkauf.
Stadtgericht zu Berlin, den 20. Juli 1844.
Das hierselbst in der neuen Jakobsstraße Nr. 2
im Winkel an der Aufschwemme belegene Grundstück des Lohgerbermeisters Johann Friedrich Heinrich Schmidt, gerichtlich abgeschätzt zu 11,013
Thlr. 8 Sgr. 9 Pf., soll
am 7. März 1845, Vormittags 11 Uhr,

an der Gerichtsstelle subhastirt werden. Taxe und
Hypothekenschein sind in der Registratur einzusehen.

Nothwendiger Verkauf.
Stadtgericht zu Berlin, den 28. August 1844.
Das in der Heidereutergasse Nr. 11 belegene
Thierersche Grundstück, gerichtlich abgeschätzt zu
3039 Thlr. 20 Sgr., soll
am 31. Januar 1845, Vormittags 11 Uhr,
an der Gerichtsstelle subhastirt werden. Taxe und
Hypothekenschein sind in der Registratur einzusehen.

Nothwendiger Verkauf.
Stadtgericht zu Berlin, den 30. August 1844.
Das in der Lietzmannsgasse Nr. 13 belegene
Grundstück des Buchdruckers Alexander Jakob
Tornow, gerichtlich abgeschätzt zu 6322 Thlr.
10 Sgr. 6 Pf., soll
am 15. April 1845, Vormittags 11 Uhr,
an der Gerichtsstelle subhastirt werden. Taxe und
Hypothekenschein sind in der Registratur einzusehen.

Nothwendiger Verkauf.
Stadtgericht zu Berlin, den 31. August 1844.
Das in der Wollankstraße belegene Sperlingsche Grundstück, gerichtlich abgeschätzt zu
1998 Thlr. 15 Sgr., soll
am 28. Januar 1845, Vormittags 11 Uhr,
an der Gerichtsstelle subhastirt werden. Taxe und
Hypothekenschein sind in der Registratur einzusehen.

Nothwendiger Verkauf.
Stadtgericht zu Berlin, den 2. September 1844.
Die vor dem Schlesischen Thore hinter der
Magistratsheide belegene Wiese des Lohgerbermeisters Johann Friedrich Heinrich Schmidt, gerichtlich abgeschätzt zu 293 Thlr. 10 Sgr., soll
am 7. März 1845, Vormittags 11 Uhr,
an der Gerichtsstelle subhastirt werden. Taxe und
Hypothekenschein sind in der Registratur einzusehen.

Nothwendiger Verkauf.
Stadtgericht zu Berlin, den 2. September 1844.
Das in der Wollankstraße belegene Sperlingsche Grundstück, gerichtlich abgeschätzt zu
459 Thlr. 25 Sgr., soll
am 28. Januar 1845, Vormittags 11 Uhr,
an der Gerichtsstelle subhastirt werden. Taxe und
Hypothekenschein sind in der Registratur einzusehen.

Nothwendiger Verkauf.

Stadtgericht zu Berlin, den 16. September 1844.

Das am grünen Wege belegene Grundstück des Partikuliers Neumeyer, gerichtlich abgeschätzt zu 5892 Thlrn., soll

am 25. April 1845, Vormittags 11 Uhr,

an der Gerichtsstelle subhastirt werden. Taxe und Hypothekenschein sind in der Registratur einzusehen.

Nothwendiger Verkauf.

Stadtgericht zu Berlin, den 17. September 1844.

Das am Mühlendamm Nr. 24 belegene Bloch-sche Grundstück, gerichtlich abgeschätzt zu 4918 Thlrn. 22 Sgr. 6 Pf., soll

am 4. Februar 1845, Vormittags 11 Uhr,

an der Gerichtsstelle subhastirt werden. Taxe und Hypothekenschein sind in der Registratur einzusehen.

Nothwendiger Verkauf.

Stadtgericht zu Berlin, den 20. September 1844.

Die Jeremias Rudolphsche leere Baustelle, die vor dem Potsdamer Thore an der von der Hirschelstraße nach dem Schafgraben führenden Straße und dem Schneiderschen ehemaligen Eisenbahn-Kaffeehause gegenüber belegen ist, gerichtlich abgeschätzt zu 943 Thlr. 25 Sgr., soll

am 17. Februar 1845, Vormittags 11 Uhr,

an der Gerichtsstelle subhastirt werden. Taxe und Hypothekenschein sind in der Registratur einzusehen.

Nothwendiger Verkauf.

Stadtgericht zu Berlin, den 21. September 1844.

Das in der Fischerstraße Nr. 2 belegene Kleysche Grundstück, gerichtlich abgeschätzt zu 9632 Thlr. 10 Sgr. 3 Pf., soll

am 20. Mai 1845, Vormittags 11 Uhr,

an der Gerichtsstelle subhastirt werden. Taxe und Hypothekenschein sind in der Registratur einzusehen.

Nothwendiger Verkauf.

Stadtgericht zu Berlin, den 24. September 1844.

Das in der Krausenstraße Nr. 69 belegene Beckersche Grundstück, gerichtlich abgeschätzt zu 13,017 Thlr. 26 Sgr. 9 Pf., soll

am 30. Mai 1845, Vormittags 11 Uhr,

an der Gerichtsstelle subhastirt werden. Taxe und Hypothekenschein, sind in der Registratur einzusehen.

Die unbekannten Realprätendenten werden hierdurch unter der Verwarnung der Präklusion öffentlich vorgeladen.

Nothwendiger Verkauf.

Stadtgericht zu Berlin, den 25. September 184.

Das in der Brunnenstraße Nr. 12 belegen Schulzesche Grundstück, gerichtlich abgeschätzt zu 7794 Thlr. 8 Sgr. 9 Pf., soll

am 23. Mai 1845, Vormittags 11 Uhr,

an der Gerichtsstelle subhastirt werden. Taxe und Hypothekenschein sind in der Registratur einzusehen.

Bekanntmachung.

Nothwendiger Verkauf.

Stadtgericht zu Berlin, den 26. September 184.

Das hierselbst in der Köthenerstraße Nr. belegene Grundstück des Doktors Johann Gott. Kobitz, gerichtlich abgeschätzt zu 17,524 Thlr.

am 3. Juni 1845, Vormittags 11 Uhr,

an der Gerichtsstelle subhastirt werden. Taxe und Hypothekenschein sind in der Registratur einzusehen.

Nothwendiger Verkauf.

Stadtgericht zu Berlin, den 27. September 184.

Das in der Wollankstraße Nr. 17 belegene Sperlingsche Grundstück, gerichtlich abgeschätzt zu 7711 Thlr. 27 Sgr. 6 Pf., soll

am 10. Juni 1845, Vormittags 11 Uhr,

an der Gerichtsstelle subhastirt werden. Taxe und Hypothekenschein sind in der Registratur einzusehen.

Nothwendiger Verkauf.

Stadtgericht zu Berlin, den 27. September 184.

Das hierselbst in der Dessauer Straße Nr. belegene Pechartscheksche Grundstück, gerichtlich abgeschätzt zu 11,763 Thlr. 25 Sgr., soll Schuldenhalber

am 13. Juni 1845, Vormittags 11 Uhr,

an der Gerichtsstelle subhastirt werden. Taxe und Hypothekenschein sind in der Registratur einzusehen.

Nothwendiger Verkauf.

Stadtgericht zu Berlin, den 28. September 1844.

Das in der Rosengasse Nr. 33 a belegene Hamannsche Grundstück, gerichtlich abgeschätzt zu 6311 Thlr. 24 Sgr. 4½ Pf., soll

am 17. Juni 1845, Vormittags 11 Uhr,

an der Gerichtsstelle subhastirt werden. Taxe und Hypothekenschein sind in der Registratur einzusehen.

Die unbekannten Realprätendenten, so wie der dem Aufenthalte nach unbekannte eingetragene Gläubiger, Arbeitsmann Carl Andreas Gottfried

Müller, werden hierdurch, und zwar erstere unter der Verwarnung der Präklusion öffentlich vorgeladen.

Nothwendiger Verkauf.

Stadtgericht zu Berlin, den 28. September 1844.

Das in der Brunnenstraße Nr. 42 belegene Haedelsche Grundstück, gerichtlich abgeschätzt zu 1914 Thlr. 3 Sgr. 9 Pf., soll
am 6. Juni 1845, Vormittags 11 Uhr,
in der Gerichtsstelle subhastirt werden. Taxe und Hypothekenschein sind in der Registratur einzusehen.

Die dem Aufenthalt nach unbekannten Gläubiger, Kaufmann Samuel Meyer und Schuhmachermeister Joseph Karl Fischer werden hierdurch öffentlich vorgeladen.

Nothwendiger Verkauf.

Stadtgericht zu Berlin, den 5. Oktober 1844.

Die, neue Friedrichsstraße Nr. 80 und Königsnauer Nr. 7 und 8 belegenen beiden Schiffseigenthümer Johann Christian Jahnschen Grundstücke, gerichtlich abgeschätzt zu 9153 Thlr. 18 Sgr. 9 Pf. und 2079 Thlr. 18 Sgr. 9 Pf., sollen
am 20. Juni 1845, Vormittags 11 Uhr,
in der Gerichtsstelle subhastirt werden. Taxe und Hypothekenschein sind in der Registratur einzusehen.

Nothwendiger Verkauf.

Stadtgericht zu Berlin, den 10. Oktober 1844.

Das hierselbst in der Dessauer Straße belegene Schiedlersche Grundstück, gerichtlich abgeschätzt zu 960 Thlr., soll Schuldenhalber
am 8. April 1845, Vormittags 11 Uhr,
in der Gerichtsstelle subhastirt werden. Taxe und Hypothekenschein sind in der Registratur einzusehen.

Nothwendiger Verkauf.

Königl. Landgericht zu Berlin, den 18. Okt. 1844.

Das im Hypothekenbuche auf den Namen des Gottfried Borchardt eingetragene, im Naturalbesitz des Oekonomen Tobias Heinrich Bernhardt Mühlberg befindliche Zinsbauergut Nr. 2 zu Mahlsdorf, abgeschätzt auf 6481 Thlr. 3 Sgr. 9 Pf. zufolge der, nebst Hypothekenschein in dem 1ten Büreau einzusehenden Taxe, soll
am 28. April 1845, Vormittags 11 Uhr,
in ordentlicher Gerichtsstelle, Zimmerstraße Nr. 25, subhastirt werden.

Alle unbekannten Realprätendenten werden aufgeboten, sich bei Vermeidung der Präklusion spätestens in diesem Termine zu melden.

Bekanntmachung.

Das der verehelichten Regierungs-Sekretair Schmidt, Elise geborne Liegnitz, gehörige, in der Berliner Vorstadt, neue Königsstraße Nr. 9 a belegene, in unserm Hypothekenbuche von jener Vorstadt Vol. III Nr. 117 verzeichnete, auf 5137 Thlr. abgeschätzte Grundstück nebst Zubehör soll im Wege der nothwendigen Subhastation verkauft werden, und ist hierzu ein Bietungstermin auf den 6. Februar 1845, Vormittags 10 Uhr, vor dem Stadtgerichtsrath Herrn Steinhausen im Stadtgericht, Lindenstraße Nr. 54, anberaumt.

Der Hypothekenschein, die Taxe und die besonderen Kaufbedingungen sind in unserer Registratur einzusehen.

Potsdam, den 18. Juli 1844.

Königl. Stadtgericht hiesiger Residenz.

Nothwendiger Verkauf.

Frhr. von Arnimsches Gericht über Kaakstedt.

Prenzlow, am 24. Juni 1844.

Die in der Ukermark im Templiner Kreise belegene, dem Baron von Eickstedt zugehörige Besitzung, genannt Gustavsruh, abgeschätzt auf 11,632 Thlr. 21 Sgr. 7 Pf. zufolge der, nebst Hypothekenschein und Bedingungen in der Registratur einzusehenden Taxe, soll
am 14. Januar 1845, Vormittags 11 Uhr,
an Gerichtsstelle hierselbst subhastirt werden.

Nothwendiger Verkauf.

Land- und Stadtgericht zu Brandenburg an der Havel, den 31. August 1844.

Das in Lehnin sub Nr. 48 belegene, Vol. I Fol. 431 des Hypothekenbuches eingetragene und dem Schlossermeister Johann Heinrich Eisenmenger gehörige Altstadtwohnergut, gerichtlich abgeschätzt auf 752 Thlr. 19 Sgr. 6 Pf. zufolge der, nebst Hypothekenschein und Kaufbedingungen in unserer Registratur einzusehenden Taxe, soll
am 13. Januar 1845, Vormittags 11 Uhr,
an ordentlicher Gerichtsstelle vor dem Deputirten Herrn Kammergerichts-Assessor Bendel subhastirt werden.

Nothwendige Subhastation.

Stadtgericht zu Wittstock, den 6. September 1844.

Folgende Antheile an den hierselbst im dritten Viertel am großen Kirchenplatze belegenen, Vol. III Nr. 14 und 15 Fol. 14 des Hypothekenbuches verzeichneten Prediger-Wittwen-Häusern:

1) der Antheil der Geschwister Sohns, abgeschätzt auf 677 Thlr. 23 Sgr. 1½ Pf.,

2) der Antheil der Prediger Graefeschen Erben, abgeschätzt auf 623 Thlr. 9 Sgr. 9 Pf.,

sollen

am 9. Januar 1845, Vormittags 11 Uhr und Nachmittags 4 Uhr,

an gewöhnlicher Gerichtsstelle subhastirt werden. -

Taxe und Hypothekenschein sind in der Registratur des Gerichts einzusehen.

Nothwendiger Verkauf.

Der Acker-, Wiesen- und Weideplan des Kossäthen Wilhelm Philipp zu Suckow von 54 Morgen 115 ☐Ruthen, Vol. I Nr. 6 Fol. 41 des Hypothekenbuches von Suckow eingetragen, abgeschätzt zu 1350 Thlr. zufolge der, nebst Hypothekenschein in der Registratur einzusehenden Taxe, soll

am 7. Januar 1845, Morgens 11 Uhr,

in der Gerichtsstube zu Nettelbeck subhastirt werden.

Putlitz, den 10. September 1844.

Das v. Jenasche Gericht zu Nettelbeck.

Nothwendige Subhastation.

Die den Erben des Schlächtermeisters Carl Schempel gehörigen hiesigen Grundstücke, nemlich das Wohnhaus Nr. 52 der Hauptstraße, ein Garten dabei und ein Ackerstück im Lug, zusammen geschätzt auf 992 Thlr. 13 Sgr. 5 Pf., sollen

am 4. Februar 1845, Vormittags 11 Uhr,

an hiesiger Gerichtsstelle öffentlich verkauft werden.

Taxe und Hypothekenschein sind in unserer Registratur einzusehen.

Baruth, den 3. Oktober 1844.

Gräflich Solmsches Justizamt.

Nothwendiger Verkauf.

Stadtgericht zu Wittstock, den 19. September 1844.

Folgende zur Konkursmasse des Malers Lewin gehörige Grundstücke:

1) ein im dritten Viertel in der Groeper... Nr. 4 belegenes, Vol. III Nr. und Fol. 4... Hypothekenbuches verzeichnetes und auf 2... Thlr. 8 Sgr. 11 Pf. gerichtlich abgeschätz... Wohnhaus,

2) ein vor dem Groeper Thore links am Ka... belegenen, Vol. II a Nr. 15 Fol. 113... Hypothekenbuches verzeichneter und auf... Thlr. — Sgr. 3 Pf. gerichtlich abgeschätz... Garten,

sollen

am 6. Februar 1845, Vormittags 11 Uhr und Nachmittags 4 Uhr,

an ordentlicher Gerichtsstelle subhastirt werde...

Taxe und Hypothekenschein sind in der R... stratur des Gerichts einzusehen.

Nothwendiger Verkauf.

Königl. Land- und Stadtgericht zu ... den 3. Oktober 1844.

Das in der Stadt Wriezen belegene, Bd... Pag. 49. Nr. 103 des Hypothekenbuchs ve... nete, den acht Geschwistern Führon ge... Wohnhaus und Zubehör, zufolge der, ne... pothekenschein in unserer Registratur einzus... Taxe auf 1076 Thlr. 4 Sgr. 8½ Pf. ... abgeschätzt, soll Theilungshalber

am 7. Februar 1845,

an hiesiger Gerichtsstelle subhastirt werden.

Der früher in Vollwitz wohnhaf... Hypotheken-Gläubiger, Gensdarme Carl lebe... Schulze wird zu diesem Termine hierdurch ... geladen.

Freiwilliger Verkauf.

Das den Erben des Bäckermeisters... Wilhelm Kramer zugehörige, im Hypothekenb... der Stadt Joachimsthal Vol. IV Nr. 166 ver... nete, auf 793 Thlr. 26 Sgr. taxirte Grundstüc...

am 17. Februar 1845, Vormittags 10 Uhr,

an der Gerichtsstelle Theilungshalber in freiw... ger Subhastation verkauft werden.

Taxe, Hypothekenschein und Bedingungen ... in der Registratur einzusehen.

Königl. Schulamts-Gericht zu Joachim... den 9. Oktober 1844.

Dem Mechanikus E. Hoffmann zu Leipzig ist unter dem 27. November 1844 ein Patent

auf eine sogenannte Tafelwaage, welche in ihrer ganzen durch Zeichnung und Beschreibung nachgewiesenen Zusammensetzung für neu und eigenthümlich erkannt ist,

auf sechs Jahre, von jenem Tage an gerechnet, und für den Umfang des Preußischen Staats ertheilt worden.

Dem Hüttenverwalter Philippi zu Gravenacherhütte bei Andernach ist unter dem 27. November 1844 ein Patent

auf eine Torsfmaschine, so weit sie in der durch Zeichnung und Beschreibung nachgewiesenen Zusammensetzung für patentfähig erachtet worden,

auf acht Jahre, von jenem Tage an gerechnet, und für den Umfang des Preußischen Staats ertheilt worden.

Steckbriefe.

Der Kaufmann Gerson Gustav Saling, welcher Anfangs März d. J. seine Zahlungen eingestellt und von uns wegen beträglichen Banquerots zur Untersuchung gezogen worden ist, hat sich mit Zurücklassung einer bedeutenden Schuldenlast auf Grund eines ihm am 24. April d. J. sub № 545 ertheilten, auf die Dauer von einem Jahre gültigen, hier zur Reise nach Marseille über Frankfurt am Main visirten Ministerial-Passes entfernt und sein jetziger Aufenthaltsort ist nicht zu ermitteln.

Alle Zivil- und Militairbehörden werden dienstergebenst ersucht, auf den nachstehend näher signalisirten Saling gefälligst zu vigiliren, ihn im Betretungsfalle verhaften und unter sicherer Begleitung mit den bei ihm sich vorfindenden Effekten in die hiesige Stadtvoigtei-Gefängnisse abliefern lassen. Wir versichern die ungesäumte Erstattung der dadurch gehabten baaren Auslagen und

der verehrlichen Behörden des Auslandes eine gleiche Rechtswillfährlichkeit.

Berlin, den 29. November 1844.
Königl. Kriminalgericht hiesiger Residenz.
von Schrötter.

Signalement. Saling ist 36 Jahr alt, aus Berlin gebürtig, 5 Fuß 4 Zoll groß, hat schwarze Haare, eine runde Stirn, schwarze Augenbrauen, blaue Augen, eine gewöhnliche Nase, einen gewöhnlichen Mund, einen schwarzen Bart, ein ovales Gesicht und Kinn, blasse aber gesunde Gesichtsfarbe.

Besondere Kennzeichen fehlen.

Die Kleidungsstücke können nicht angegeben werden.

Der Dienstknecht Friedrich Blumenthal, welcher von seinem Dienstherrn am 23. d. M. nach Berlin gesandt wurde, um mehrere Sachen für ihn einzukaufen, hat sich von dort entfernt, nachdem er Pferd und Wagen in einen Gasthof gebracht hat, und er hat die ihm mitgegebene Summe von 16 Thlr. 15 Sgr. für seinen Dienstherrn nicht verwendet. Sämmtliche Behörden werden ergebenst ersucht, den Blumenthal, wo er sich betreten läßt, zu verhaften und uns hiervon zu benachrichtigen.

Königs-Wusterhausen, den 27. Novbr. 1844.
Königl. Preuß. Justiz-Amt.

Signalement des Blumenthal. Derselbe ist 43 Jahr alt, in Berlin geboren, 5 Fuß 3 Zoll hoch, von untersetzter Statur, er hat dunkelblondes Haar, braune Augen, gesunde Gesichtsfarbe, ein längliches Gesicht, eine kleine stumpfe Nase, eine etwas aufgeworfene Unterlippe, einen schwachen Bart, gerade Haltung, einen raschen Gang.

Besondere Kennzeichen: eine Narbe unter dem Kinn, eine solche unter der Unterlippe — auf dem rechten Arm roth punktirt die Buchstaben F. B.

Bekleidung: dunkelbraune Sommerbeinkleider mit schwarzen Streifen, schwarze Tuchweste, eine gleiche Jacke, braunkattunenes Halstuch mit

weißen Streifen, blaue Tuchmütze mit breiten rothen Streifen, fahllederne Halbstiefeln.

* Der Arbeitsmann Johann Gottlieb Baber aus
Hirschfelde, welcher von dem Königl. Polizei-Präsidio zu Berlin mittelst Reiseroute unterm 15. Oktober d. J. über Werneuchen in die Heimath diri-
rigirt, dort noch nicht eingetroffen und die hiesige
Stadt passirt, ist dringend verdächtig, bei dieser
Gelegenheit hierselbst einen Diebstahl ausgeführt zu
haben. Es werden demnach alle Zivil- und Militairbehörden ergebenst ersucht, auf den 2c. Baber,
dessen Signalement hier nachstehend folgt, zu vigiliren, ihn im Betretungsfalle zu verhaften und
uns per Transport zuführen lassen zu wollen.
Bernau, den 28. November 1844.
Der Magistrat.

Signalement des 2c. Baber. Religion:
evangelisch, Alter: 23 Jahr, Größe: 5 Fuß 4 Zoll,
Haare: braun, Stirn: bedeckt, Augenbrauen: braun,
Augen: blau, Nase: breit und stumpf, Mund: etwas
groß, Bart: braun, Kinn: rund, Gesicht: oval,
Gesichtsfarbe: blaß.
Besondere Zeichen: Warze am linken Auge.

Bekanntmachung.

* Mit Bezugnahme auf unser Avertissement vom
14. März d. J. (Oeffentlicher Anzeiger № 2 zum
12ten Stück des Amtsblatts der Königl. Regierung zu Potsdam S. 101) bringen wir hierdurch
zur öffentlichen Kenntniß, daß der darin bezeichnete vormalige Frachtfuhrmann, nachmalige Arbeitsmann Johann Christian Friedrich Schulze,
nachdem er vorher wegen Diebstahls und Landstreicherei bestraft worden, vom Königl. Polizei-
Präsidium zu Berlin am 12. d. M. anderweit
vermittelst Reiseroute hierhergewiesen, aber hier
nicht angekommen, auch sein gegenwärtiger Aufenthalt uns nicht bekannt geworden ist.
Unter Wiederholung unsers in dem gedachten
Avertissement gestellten Ansuchens machen wir daher hierdurch nochmals auf den genannten Unheb-
treiber aufmerksam.
Beelitz, den 30. November 1844.
Der Magistrat.

Steckbriefs-Erledigung.

* Der Maurergeselle Karl Wilhelm Osterwald
befindet sich bereits in Haft, und ist daher der
hinter denselben erlassene Steckbrief vom 24. September d. J. (Anzeiger zum 40sten Stück des Amts-

blatts, den Arlah Angelegtt zu Potsdam zu
1844) erledigt.
Havelberg, den 26. November 1844.
Der Magistrat.

Verlorne Pässe.

Der nachstehend signalisirte Schiffsknecht 2c.
Langner hat angeblich den ihm am 12. Au-
g. J. von dem Königl. Landrathsamte zu Guben
ertheilten und zuletzt am 15. d. M. hier visirten Paß verloren.
Zur Vermeidung von etwanigen Mißbräuchen
wird dies hiermit öffentlich bekannt gemacht, und
der gedachte Paß hierdurch für ungültig erklärt.
Berlin, den 20. November 1844.
Königl. Polizei-Präsidium.

Signalement des Schiffsknechts Carl Langner. Geburtsort: Schäß, Aufenthaltsort: Seb-
bnthal, Religion: evangelisch, Alter: 23 Jahr,
Größe: 5 Fuß 4 Zoll, Haare: braun, Stirn: rund,
Augenbrauen: braun, Augen: grau, Nase: gewöhnlich, Mund: gewöhnlich, Bart: braun, Zähne: vollständig, Kinn: rund, Gesichtsbildung: oval, Gesichtsfarbe:
gesund, Gestalt: mittel, Sprache: deutsch.
Besondere Kennzeichen: keine.

* Der nachstehend signalisirte Schauspieler Gustav Louis Hübsch hat angeblich den ihm vom
Königl. Polizei-Präsidium zu Königsberg am 2.
Febr. d. J. ertheilten, und zuletzt am 13 d. J.
hier visirten Paß verloren. Zur Vermeidung von
etwanigen Mißbrauchs wird dies hierdurch öffentlich bekannt gemacht, und der gedachte Paß für
ungültig erklärt.
Berlin, den 26. November 1844.
Königl. Polizei-Präsidium.

Signalement des Schauspielers Gustav Louis
Hübsch. Geburtsort: Gotha, Aufenthaltsort: Kö-
nigsberg in Preußen, Religion: katholisch, Alter:
19 Jahr, Größe: 5 Fuß 4 Zoll, Haare: braun,
Stirn: frei, Augenbrauen: braun, Nase und Mund:
gewöhnlich, Bart: fehlt, Kinn und Gesicht: oval,
Gesichtsfarbe: gesund.
Besondere Kennzeichen: keine.

* Der dem Arbeitsmann Eduard Fischer aus
Giebitz bei Landsberg an der Warthe, 21 Jahr
alt, von der landräthlichen Behörde zu Lands-
an der Warthe auf ein Jahr ertheilte Reise-
ist am 18. d. M. zwischen Charlottenburg

dem Gute Plan verloren gegangen und wird für ungültig erklärt.

Spandow, den 27. November 1844.

Königl. Preuß. Rent- und Polizei-Amt.

Bekanntmachung.

Der von der Königl. Regierung zu Potsdam dem Christian Schmidt zu Krangen unter Nr. 127 a 12 Thlr. pro 1844 ertheilte Gewerbschein zum Handel mit Vieh, in sämmtlichen Regierungsbezirken diesseits der Weser incl. Grenzbezirk, in Begleitung seines Sohnes Friedrich, ist dem Schmidt am 10. d. M. im Kruge zu Hoage gestohlen worden, und wird hierdurch mit dem Bemerken für ungültig erklärt, daß für den Schmidt ein Duplikat-Gewerbschein nachgesucht worden ist.

Alt-Ruppin, den 23. November 1844.

Königl. Domainen-Rentamt.

(gez.) von Schmidt.

Bekanntmachung.

Die Stelle eines Mühlenwaagemeisters alldier mit einem fixirten Gehalte von jährlich 24 Thlr., und mit der Verpflichtung, das zur Mühle kommende Getreide zu wiegen und das Waagegeld zu erheben, soll anderweitig besetzt werden, da der etzige Waagemeister derselben krankheitshalber nicht länger vorzustehen vermag. — Wir fordern daher zur Zivil-Versorgung berechtigte Militair-Invaliden auf, sich hierzu unter portofreier Einreichung ihres Versorgungs-Scheins und der über ihre Führung sprechenden Atteste bis zum 31. Dezember d. J. bei uns zu melden.

Templin, den 28. November 1844.

Der Magistrat.

Bekanntmachung.

Zur anderweiten Verpachtung der mit dem 1. Januar k. J. pachtlos werdenden, zum Amte Lehnin gehörigen Garnfischerei, entweder im Ganzen oder in zwei Abtheilungen, nemlich:

1) auf die Stelle von Städtchen Werder nach Phöben bis Göttin in der Havel und im Wublitz-See, und

2) vom Drebel-See bis Deetz,

auf sechs hinter einander folgende Jahre haben wir, in Folge Auftrages der Königl. Regierung, einen Termin auf

Dienstag, den 17. Dezember d. J., Vormittags
9 Uhr,

in unserem Geschäftszimmer hierselbst, Berliner Straße Nr. 7 a, anberaumt, und laden Pachtlustige hierzu mit dem Bemerken ein, daß die Lizitations- und Verpachtungsbedingungen, wonach unter anderen von den Bestbietenden auch eine Kaution von 130 Thlrn. in Staatsschuldscheinen oder sonstigen annehmbaren Staats-Papieren zu bestellen ist, werktäglich in den gewöhnlichen Geschäftsstunden bei uns eingesehen werden können.

Potsdam, den 27. November 1844.

Königl. Rentamt.

Der Mühlenmeister Leue hat die Errichtung einer Bockwindmühle mit einem Mahl- und einem Schrootgange in der Feldmark Heiligensee auf einem daselbst von dem Bauer Lemcke erbpachtsweise erworbenen, an dem von Heiligensee nach Henningsdorf führenden Wege belegenen Ackerfleck beantragt.

Nach Vorschrift des Gesetzes vom 28. Oktober 1810 und der Allerhöchsten Kabinetsordre vom 23. Oktober 1826 wird dies Vorhaben zur öffentlichen Kenntniß gebracht, und jeder Einspruchsberechtigte zur Anmeldung seiner Einwendungen binnen achtwöchentlicher präklusivischer Frist hierdurch aufgefordert.

Berlin, den 27. Oktober 1844.

Königl. Landrath Nieder-Barnimschen Kreises.

Scharnweber.

Bekanntmachung.

Das bisherige Geschäftshaus der zweiten Abtheilung des Königl. Haus-Ministerii, Schützenstr. Nr. 26 hierselbst, soll im Wege der Lizitation zum Verkauf ausgeboten werden.

Hierzu wird auf

Montag, den 16. Dezember d. J., Vormittags
11 Uhr,

in dem gedachten Hause ein Termin anberaumt, und Kauflustige dazu eingeladen.

Die Verkaufsbedingungen können wöchentäglich in den gewöhnlichen Dienststunden in der Registratur des Königl. Rentamts Berlin, Niederwallstr. Nr. 39, wie auch bei dem im Hause, Schützenstr. Nr. 26, wohnenden Geheimen Kanzlei-Diener Schmidt eingesehen werden, an welchen letztern sich auch diejenigen Kauflustigen zu wenden haben, welche das Grundstück in Augenschein nehmen wollen. Berlin, den 23. November 1844.

Der Domainen-Rath.

Krud.

Bekanntmachung.

Für das hiesige Königl. Magazin sollen:
550 Ringe Seitenstabholz,
300 = Bodenholz, und
2000 Schock haselne Faßbände
im Wege der Submission beschafft werden.

Diese Faßmaterialien müssen spätestens bis Ende Mai k. J. abgeliefert sein, und können die übrigen Lieferungsbedingungen bei dem unterzeichneten Amte, bei den Königl. Proviant = Aemtern in Berlin, Magdeburg, Glogau und Cüstrin, so wie bei den Königl. Magazin = Verwaltungen in Brandenburg a. d. H. und Frankfurt a. d. O. eingesehen werden.

Unternehmer, welche sich zu solchem Geschäft qualifiziren und die erforderliche Kaution von 10 Prozent von dem Geldwerthe der Lieferung leisten können, werden aufgefordert, ihre Offerten, welche bestimmte Forderungen enthalten müssen, versiegelt mit der Aufschrift: „Faßmaterial=Lieferungs=Offerte" bis zum 27. Dezember d. J. portofrei bei uns einzureichen.

Magazin bei Rathenow, den 12. Nov. 1844.
Königl. Proviant=Amt.

Am 11. Dezember d. J., Vormittags 11 Uhr, sollen auf unterzeichnetem Rentamte circa
10 Wispel 11 Scheffel 10½ Metzen Roggen,
7 = 7 = 14½ = Gerste,
7 = 23 = 10½ = Hafer
diesjähriges Zinsgetreide öffentlich verkauft werden.

Kauflustige werden hiervon mit dem Bemerken in Kenntniß gesetzt, daß die nähere Bedingungen im Termine bekannt gemacht werden sollen und daß der vierte Theil der Gebote gleich im Termin als Kaution deponirt werden muß.

Königs=Wusterhausen, den 2. Dezember 1844.
Im Auftrage der Königl. Regierung zu Potsdam.
Königliches Rentamt.

Vieh = und Pferdemarkt in Gransee.

Das handeltreibende Publikum wird darauf aufmerksam gemacht, daß
am 9. Dezember d. J.
hier wieder ein großer Vieh= und Pferdemarkt stattfindet, und zugleich ersucht, sich recht zahlreich dazu einfinden zu wollen.

Dammzoll und Stättegeld wird an diesem Tage hier nicht erhoben.

Gransee, den 27. November 1844.
Der Magistrat,

Proclama.

Bei der Subhastation des Grundstücks Nr. 18 von Neu=Trebbin ist die für den Kolonisten Johann Friedrich Staubert aus der Verhandlung vom 23. Juli 1817, der Schenkungs=Urkunde vom 28. Februar 1826, und den Zessions=Verhandlungen vom 4. April und 30. August 1828 und 6. Juli 1830, Rubrica III Nr. 1 Theil eingetragene Post von 50 Thlr. nebst 9 Dr. 23 Sgr. Zinsen zur Hebung gekommen, hat aber zu einer Spezialmasse genommen werden müssen, weil der Gläubiger sich nicht durch Vorlegung des angeblich verloren gegangenen, Hypotheken=Instrumentes zur Empfangnahme hat legitimiren können. In Gemäßheit der Verordnung vom 21. Oktober 1838 werden hiermit alle Diejenigen, welche als Eigenthümer, Erben, Zessionare, Pfandinhaber, oder sonst Berechtigte, Ansprüche an jene Masse zu haben vermeinen, zu deren Anmeldung auf

den 15. Februar 1845, Vormittags 11 Uhr, vor dem Justiz=Rath König an ordentlicher Gerichtsstelle unter Androhung der Präklusion vorgeladen. Wriezen, den 26. Oktober 1844
Königl. Land= und Stadtgericht.

Nothwendiger Verkauf.

Stadtgericht zu Berlin, den 9. November 1844

Die in der verlängerten Fruchtstraße belegene Baustelle des Kaufmanns Müller, gerichtlich abgeschätzt zu 745 Thlr. 22 Sgr. 6 Pf., soll
am 18. April 1845, Vormittags 11 Uhr, an der Gerichtsstelle subhastirt werden. Taxe und Hypothekenschein sind in der Registratur einzusehen.

Patent.

Gräflich v. Bassewitz Schlitzsches Patrimonialgericht Zernikow.

Gransee, den 24. September 1844.

Die dem Schweinehändler Johann Friedrich Doll gehörige Kolonistenstelle zu Buberow, Nr. 34, soll im Termin
den 11. März 1845, Vormittags 10 Uhr, in Zernikow, Schuldenhalber in Gemäßheit der nebst der Taxe einzusehenden Verkaufs=Bedingungen meistbietend verkauft werden.

Stadtgericht zu Berlin, den 19. November 1844.

Die außer= und innerhalb der Ringmauer am Landsberger Thore belegenen der Kirche zu Rosenthal gehörigen:

1) Vol. III Nr. 165 des Hypothekenbuchs und Nr. 44 des Feldbuchs verzeichneten 9 Morgen 78 ☐Ruthen außerhalb der Ringmauer, tarirt zu 1352 Thlr. 2 Sgr. 6 Pf., und 5 Morgen 109 ☐Ruthen 97 ☐Fuß innerhalb der Ringmauer, tarirt zu 787 Thlr. 15 Sgr.,

2) Vol. III Nr. 163 des Hypothekenbuchs und Nr. 42 des Feldbuchs verzeichneten 2 Morgen 103 ☐Ruthen außerhalb der Ringmauer, tarirt zu 341 Thlr. 20 Sgr. und 67 ☐Ruthen 10 ☐Fuß innerhalb der Ringmauer, tarirt zu 25 Thlr. 25 Sgr.,

Ackerstücke sollen

am 16. Januar 1845, Vormittags 11 Uhr, öffentlich an der Gerichtsstelle vererbpachtet werden.

Beschreibung, Taxe und Bedingungen sind in der Registratur einzusehen.

Subhastations-Patent.
Nothwendiger Verkauf.
Königl. Stadtgericht zu Perleberg.

Das dem Messerschmidtmeister George Wilhelm Dunkel zu Perleberg gehörige, in der Krämerstraße sub Nr. 38 im 11ten Bezirk belegene und Vol. II Pag. 541 des neuen stadtgerichtlichen Hypothekenbuches verzeichnete Wohnhaus nebst Zubehör, insbesondere

1) der Weidenkavel Nr. 91, Wittenberger-Seits und
2) der Tannenkavel Nr. 109, Wittenberger-Seits, an deren Stelle bei der Separation der Perleberger Feldmark jedoch
a) die Weidenkavel Nr. 127 vor dem Mühlenthore,
b) der hinter der Hagenwiese belegene Viertelländer-Plan Nr. 312
getreten sind, zusammen abgeschätzt auf 920 Thlr. 17 Sgr. 11½ Pf. zufolge der, nebst Hypothekenschein und Bedingungen in unserer Registratur einzusehenden Taxe, soll

am 28. Januar 1845, Vormittags 11 Uhr bis Abends 6 Uhr,

an der Gerichtsstelle subhastirt werden.

Nothwendiger Verkauf.
Königl. Land- und Stadtgericht zu Wriezen, den 11. Oktober 1844.

Das hierselbst belegene, im Hypothekenbuche der Stadt Vol. VIII Pag. 325 Nr. 368 verzeichnete, den Erben der verwittweten Frau Steuer-Inspektor Bobe, Anne Elisabeth, gebornen Hanecke gehörige, und auf 1341 Thlr. 10 Sgr. 10⅓ Pf. abgeschätzte Grundstück soll im Wege der nothwendigen Subhastation Erbtheilungshalber im Termine

den 14. Februar 1845, Vormittags 11 Uhr, durch den Deputirten Herrn Oberlandesgerichts-Assessor v. Piper öffentlich meistbietend verkauft werden. Die Taxe und der Hypothekenschein können in unserer Registratur eingesehen werden.

Zugleich werden alle unbekannten Realprätendenten aufgefordert, zur Geltendmachung ihrer etwanigen Ansprüche sich spätestens in diesem Termine zur Vermeidung der Präklusion zu melden.

Nothwendiger Verkauf.
Land- und Stadtgericht zu Luckenwalde, den 11. Oktober 1844.

Das dem Webermeister Christian Gottfried Marscheider gehörige, in Stadt Jinna in der Berliner Straße belegene Oberlausitzer Weber-Etablissement nebst Zubehör, gerichtlich geschätzt auf 1217 Thlr. 2 Sgr. 3 Pf. soll

am 3. Februar 1845, Vormittags 10 Uhr, an ordentlicher Gerichtsstelle subhastirt werden.

Die Taxe und der neueste Hypothekenschein können in der Registratur eingesehen werden.

Nothwendiger Verkauf.
Königl. Land- und Stadtgericht zu Wriezen, den 14. Oktober 1844.

Das in Neu-Trebbin belegene, im dortigen Hypothekenbuche Vol. IV Pag. 1 Nr. ½ verzeichnete, den Erben des Schmiedemeisters Conrad Uebel gehörige Grundstück zufolge der, nebst Hypothekenschein in unserer Registratur einzusehenden Taxe auf 1265 Thlr. 28 Sgr. 4 Pf. gerichtlich abgeschätzt, soll Theilungshalber

am 18. März 1845, Vormittags 11 Uhr, im Gute selbst vor dem Herrn Oberlandesgerichts-Assessor v. Piper subhastirt werden.

Die Erben des Johann Peter Leonhard, für welchen auf dem Grundstücke ein Ausgedinge haftet, werden zur Wahrnehmung ihrer Rechte hierdurch mit vorgeladen.

Nothwendiger Verkauf.
Stadtgericht zu Wittenberge, den 14. Oktober 1844.

Das im Hypothekenbuche Vol. VI Nr. 296 verzeichnete, dem Zimmergesellen Johann Joachim Christoph Erfert gehörende Wohnhaus hierselbst, abgeschätzt nach der in unserer Registratur täglich einzusehenden Taxe auf 500 Thlr. Kour., soll

am 6. Februar 1845, Vormittags 11 Uhr,

auf der Gerichtsstube hierselbst meistbietend verkauft werden.

Nothwendiger Verkauf.

Land- und Stadtgericht Oranienburg, den 16. Oktober 1844.

Die dem Kaufmann Henri Gau gehörigen, hierselbst belegenen, im Hypothekenbuche von der Stadt Oranienburg Vol. II Nr. 101 und 116 verzeichneten beiden Gärten nebst dem darauf befindlichen Wohnhause und den Fabrikgebäuden sollen Schuldenhalber in dem

am 11. Februar 1845, Vormittags 10 Uhr, an hiesiger Gerichtsstelle anstehenden Termin meistbietend verkauft werden.

Die mit 1631 Thlr. 13 Sgr. 9 Pf. abschliessende Taxe kann nebst dem Hypothekenschein in der Registratur des Gerichts eingesehen werden.

Der seinem Aufenthalte nach unbekannte Besitzer wird zugleich mit vorgeladen.

Nothwendiger Verkauf.

Stadtgericht zu Strasburg in der Ukermark, den 23. Oktober 1844.

Die dem Weißgerbermeister Melech gehörigen Grundstücke:

1) ein hierselbst in der Königsstraße Nr. 407 belegenes Wohnhaus, taxirt 1174 Thlr. — Sgr. 7¼ Pf.,
2) ein hier im sogenannten Schulzengange zwischen dem des Schulz und Müller belegenen Garten, taxirt zu 113 Thlr. 4 Sgr. 6 Pf.,
3) ein hier vorm Altstädter Thore am Wege nach Schönhausen zwischen dem des Dupinage und der Bahn belegener Garten, taxirt zu 138 Thlr. 8 Sgr. 9 Pf.,

sollen im Termine

den 6. Februar 1845, Vormittags 10 Uhr, an gewöhnlicher Gerichtsstelle subhastirt werden.

Taxe und Hypothekenschein sind in der Registratur einzusehen.

Nothwendiger Verkauf.

Patrimonialgericht Penzlin in Pritzwalk, den 17. Oktober 1844.

Der zu Rohlsdorf in der Ostpriegnitz belegene Lehnschulzenhof des Dietrich Neubauer, abgeschätzt auf 2385 Thlr. 22 Sgr. 11 Pf., zufolge der, nebst Hypothekenschein in der Registratur einzusehenden Taxe, soll

am 8. Februar 1845, Vormittags 11 Uhr, in der Gerichtsstube zu Penzlin subhastirt werden.

Nothwendiger Verkauf.

Königl. Land- und Stadtgericht zu Jüterbogk.

Das den Schleyschen Erben gehörige Haus nebst Zubehör, Nr. 205 hierselbst, geschätzt auf 98 Thlr. 18 Sgr. soll

am 7. Februar 1845,

an hiesiger Gerichtsstelle in nothwendiger Exhastation verkauft werden. Taxe und Hypotheken-Zustand können in hiesiger Registratur eingesehen werden. Etwanige unbekannte Realprätendenten werden zu diesem Termine bei Vermeidung ewiger Präklusion mit ihren Rechten vorgeladen.

Subhastations-Patent.
Nothwendiger Verkauf.

Stadtgericht zu Charlottenburg, den 19. November 1844.

Das hierselbst am und resp. auf dem Eichborner Berge belegene, im hiesigen stadtgerichtlichen Hypothekenbuche Vol. X Nr. 513 auf den Namen des Mühlenmeisters Wilhelm Fieliz verzeichnete Grundstück, von welchem die dazu gehörige eiserne Bockwindmühle abgebrannt ist, taxirt zu 1124 Thlr. — Sgr. 9 Pf., soll

am 5. März 1845, Vormittags 10 Uhr, an der Gerichtsstätte subhastirt werden.

Taxe und Hypothekenschein sind in der Registratur einzusehen.

Nothwendiger Verkauf.

Das Patrimonialgericht über Garzau, den 20. November 1844.

Das zum Nachlasse des verstorbenen Kossäten Johann Daniel Schmidt gehörige, zu Garzau bei Strausberg belegene dienstfreie Kossäthengut, abgeschätzt auf 887 Thlr. 20 Sgr., soll

am 15. März 1845, Vormittags 11 Uhr, in der Gerichtsstube zu Garzau subhastirt werden.

Taxe und Hypothekenschein sind im Geschäfts-Lokale des Königl. Land- und Stadtgerichts zu Strausberg einzusehen.

Oeffentlicher Anzeiger (№ 1)

zum 50sten Stück des Amtsblatts
er Königlichen Regierung zu Potsdam und der Stadt Berlin.

Den 13. Dezember 1844.

Steckbrief.

Der nachstehend näher bezeichnete Arbeitsmann ugust Thiele ist von uns wegen Diebeshehlerei r Kriminal-Untersuchung gezogen und in erster istanz zur Strafe verurtheilt worden. Das Er= nntniß hat ihm jedoch noch nicht publizirt wer= n können, da sein Aufenthalt nicht zu ermitteln , und er sich wahrscheinlich von hier entfernt hat.

Alle Zivil- und Militairbehörden werden da= r dienstergebenst ersucht, auf den 2c. Thiele ge= ligst zu vigiliren, ihn im Betretungsfalle ver= ften und unter sicherer Begleitung mit den bei m sich vorfindenden Effekten an die hiesigen tabtvoigtei-Gefängnisse abliefern zu lassen.

Wir versichern die ungesäumte Erstattung der burch entstehenden baaren Auslagen und den ver= rlichen Behörden des Auslandes eine gleiche chtswillfährigkeit.

Berlin, den 27. November 1844.

Königl. Kriminalgericht hiesiger Residenz.

von Schrötter.

Signalement. Vor= und Zuname: August hiele, Geburtsort: Berlin, Alter: 32 Jahr, :öße: 5 Fuß 5 Zoll, Statur: gewöhnlich, Haare: aun, Stirn: niedrig, Augen: blau, Augenbrauen: aun, Nase: groß, Kinn: rund, Mund: klein, hne: voll, Gesichtsfarbe: gesund, Gesichtsbil= g: länglich, Sprache: deutsch.

Besondere Kennzeichen: im Gesicht und bem Körper viele Pockengruben und auf dem senrücken eine etwas schiefe, ½ Zoll lange Narbe.

Steckbriefs-Erledigung.

Der von dem unterzeichneten Gerichte hinter Tuchmacherlehrling Karl Friedrich Schröber Prizwalk erlassene, im Oeffentlichen Anzeiger n 48sten Stück des Amtsblatts der Königl. Re= rung zu Potsdam abgedruckte Steckbrief vom 22. b. M. ist erledigt, da ber 2c. Schröber be= reits ergriffen ist.

Zehbenick, den 29. November 1844.

Königl. Land= und Stadtgericht.

Ediktal-Zitation.

Da der angeblich zu Brüssel wohnhafte, durch die Ediktal-Zitation vom 22. Juni 1844 vorge= ladene Rentier Jean Baptiste Paul van Euyck in dem zu seiner Verantwortung am 6. September b. J. angestandenen Termine nicht erschienen ist, so ist zu gleichem Zwecke ein anderweitiger Ter= min auf

ben 23. Februar 1845, Vormittags 10 Uhr, vor dem Königl. Kammergerichts-Assessor Bater im Kriminalgericht, Molkenmarkt Nr. 3, Verhör= zimmer Nr. 18, anberaumt worden. Zu diesem Termine wird der Rentier Jean Baptiste Paul van Euyck abermals hierburch öffentlich vorge= laben mit der Auflage, sich zur rechten Zeit per= sönlich einzufinden und falls bei= ihm bereits in der Ediktal-Zitation vom 22. Juni 1844 bekannt ge= machte Beschuldigung bestritten werden sollte, zur Einlassung und Antwort auf dieselbe, zur Aus= führung seiner Rechtfertigung und zur bestimmten Anzeige über seine Vertheidigungsgründe etwa vor= hanbenen Beweismittel sich gefaßt zu halten, auch diese Beweismittel, falls sie in Urkunden bestehen, mit zur Stelle zu bringen.

Im Falle abermaligen ungehorsamen Ausblei= bens in diesem zweiten Verantwortungs=Termine wird zwar mit Vernehmung der zum Beweise der Anklage vorgeschlagenen Zeugen verfahren werden, jedoch verliert der 2c. van Euyck nach Vorschrift der Gesetze seine Einwendungen und Ausstellungen gegen die Person und Glaubwürdigkeit der Zeugen, soweit sie sich nicht etwa aus der Vernehmung der= selben von selbst ergeben sollten. Auch findet als= bann die sonst zulässige schriftliche Vertheidigung nach dem Abschlusse der Untersuchung nicht statt, vielmehr muß nach erfolgter Beweisaufnahme das

Erkenntniß ohne Weiteres nach Lage der Akten abgefaßt werden.

Berlin, den 17. Oktober 1844.

Königl. Kriminalgericht hiesiger Residenz.

Abtheilung für fiskalische Untersuchungen.

Maercker.

Bekanntmachung.

Der Ackermann Ludwig Albrecht Schubmacher, und dessen Ehefrau, Catharine geborne Schulze, zu Sagast, sind für Verschwender erklärt, so daß ihnen weder Geld noch Geldeswerth geborgt, oder ein Vertrag mit ihnen gültig abgeschlossen werden kann.

Wittenberge, den 18. November 1844.

Das Gericht zu Sagast.

Bekanntmachung.

Zu einer am 23. August d. J. auf hiesigem Post-Amte aufgegebenen Kiste, muthmaaßlich an Langau in Brandenburg addressirt, ist die Adresse verloren gegangen und ist die Kiste ohne dieselbe nicht anzubringen. Die Kiste ist Nr. 230 gezeichnet, wiegt 11 Pfund 16 Loth, und sind in dem Siegel, mit welchem dieselbe verschlossen ist, die Buchstaben J. G. N. S. ausgedruckt.

Der sich als Absender Legitimirende, kann gedachte Kiste auf hiesigem Post-Amte in Empfang nehmen.

Wusterhausen a. d. D., den 1. Dezbr. 1844.

Königl. Post-Amt.

Schmidt.

Bekanntmachung.

Im Auftrage der Königl. Regierung zu Potsdam wird das unterzeichnete Haupt-Steueramt im hiesigen Amtsgelasse

am 3. Januar 1845, Vormittags 10 Uhr, die Chausseegeld-Erhebung zu Blumenthal, an den Meistbietenden, mit Vorbehalt des höheren Zuschlages, vom 1. April k. J. ab zur Pacht ausstellen. Nur dispositionsfähige Personen, welche mindestens 200 Thlr. baar oder in annehmlichen Staatspapieren bei dem hiesigen Haupt-Steueramte zur Sicherheit niedergelegt haben, werden zum Bieten zugelassen. Die Pachtbedingungen sind bei uns von heute an, während der Dienststunden einzusehen.

Neustadt-Eberswalde, den 2. Dezember 1844.

Königl. Preuß. Haupt-Steueramt.

Bekanntmachung.

Im Auftrage der Königl. Regierung zu Potsdam wird das unterzeichnete Haupt-Steueramt hiesigen Amtsgelasse

am 3. Januar 1845, Vormittags 10 Uhr, die Chausseegeld-Erhebung bei Polßen, zwischen Angermünde und Prenzlow an den Meistbietenden mit Vorbehalt des höheren Zuschlages vom 1. April k. J. ab, zur Pacht ausstellen.

Nur dispositionsfähige Personen, welche mindestens 100 Thlr. baar oder in annehmlichen Staatspapieren bei dem hiesigen Haupt-Steueramt zur Sicherheit niedergelegt haben, werden zum Bieten zugelassen. Die Pachtbedingungen sind bei uns von heute an, während der Dienststunden einzusehen.

Neustadt-Eberswalde, den 2. Dezember 1844.

Königl. Preuß. Haupt-Steueramt.

Bekanntmachung.

Die Forstgerichtstage bei dem unterzeichneten Gericht für das Jahr 1845 sind, wie folg. festgesetzt:

1) für das Falkenhagener Revier am 20. und 21. Januar, den 31. März und April, den 19. und 20. Mai, den 22. und 23. September, den 17. und 18. November.

2) für das Spandower Revier am 22. und 23. Januar, den 2. und 3. April, den 21. und 22. Mai, den 24. und 25. September, den 19. und 20. November,

3) für das Tegeler Revier auf den 24. und 25. Januar, den 4. und 5. April, den 23. und 24. Mai, den 26. und 27. September, den 21. und 22. November,

4) für die Stadtforst auf den 17. Februar, 21. April, 14. Juli und 20. Oktober;

was hierdurch zur öffentlichen Kenntniß gebracht wird. Spandow, den 3. November 1844.

Königl. Land- und Stadtgericht.

Bekanntmachung.

Die bei uns im Jahre 1845 abzuhaltenden Forstgerichtstage werden hiermit auf den 6. und 7. Februar, 3. und 4. April, 29. und 30. Mai, 2. und 3. Oktober, 4. und 5. Dezember 1845 bestimmt.

Neustadt a. d. Dosse, den 22. November 1844.

Königl. Land- und Stadtgericht.

Bekanntmachung.

Die Forstgerichtstage werden auch im Jahre 1845, wie bisher, am ersten Dienstage jeden Monats abgehalten werden, jedoch mit Ausschluß des Monats Mai, in welchem der Forstgerichtstag auf den 20. Mai bestimmt wird, und des Monats August, in welchem der Forstgerichtstag wegen der Erndte wegfällt.

Havelberg, den 11. November 1844.
Königl. Preuß. Land- und Stadtgericht.

Bekanntmachung.

Die Forstgerichtstage stehen im nächsten Jahre bei dem unterzeichneten Gerichte an:
am 22. Januar, 26. Februar, 12. März, 23. April, 21. Mai, 23. Juni, 26. und 27. August, 24. September, 22. Oktober, 26. November, 17. Dezember.

Alt-Ruppin, den 13. November 1844.
Königl. Preuß. Land- und Stadtgericht.

Bekanntmachung.

Zur Untersuchung und Aburtelung der im Laufe des Jahres 1845 im Königl. Cossenblatter Forstreviere vorkommenden Holzdiebstähle und Forstkontraventionen sind bei dem unterzeichneten Gericht die Termine auf
den 10. März
- 7. Juli } Vormittags um 9 Uhr
und 3. November
im Geschäftslokale des Königl. Domainenamtes zu Trebatsch anberaumt, und werden in Gemäßheit des Gesetzes vom 7. Juni 1821 zur öffentlichen Kenntniß gebracht.

Beeskow, den 19. November 1844.
Königl. Land- und Stadtgericht.

Ebiktal-Ladung.

Auf den durch den Königl. Forstmeister Roth, in Vertretung der Königl. Regierung, bei uns angebrachten Antrag auf Theilung der Jagdberechtigung auf der Feldmark Giesensdorf haben wir zur Anmeldung der Theilnahmrechte und zur Einleitung des Theilungsverfahrens, einen Termin auf den 13. Januar 1845, Vormittags 10 Uhr, in Giesensdorf anberaumt, zu welchem wir alle diejenigen, welche bei der Theilung ein Interesse haben, zur Angabe und Nachweisung ihrer Ansprüche unter der Verwarnung vorladen, daß im Falle des Ausbleibens dieselben mit ihren Ansprüchen werden präkludirt werden.

Mittenwalde, den 3. November 1844.
Königl. Jagd-Theilungs-Kommission des Teltowschen Kreises.

Bekanntmachung.

Der Besitzer der Windmühle zu Sawall, Mühlenmeister Johann Gottlieb Haffelbach, beabsichtigt, unweit des Dorfes Sawall auf einem, von dem dortigen Kossäthen Schulze im Wege des Tausches erworbenen Ackerstücke eine zweite Bockwindmühle mit einem Gange und einer Hirsestampfe, zur Bereitung fremden Gemahls gegen Entgeld zu erbauen. Dieses Vorhaben wird hiermit zur öffentlichen Kenntniß gebracht und sind etwanige Widersprüche, mögen dieselben nun aus dem Edikte vom 28. Oktober 1810, oder aus der Allerhöchsten Kabinetsordre vom 23. Oktober 1836 hergeleitet werden, innerhalb acht Wochen präklusivischer Frist, bei dem unterzeichneten Landrathe anzubringen und zu begründen.

Beeskow, den 30. November 1844.
Der Landrath.
In Stellvertretung desselben:
Der Kreis-Deputirte Natus.

Bekanntmachung.

Der Rittergutsbesitzer Gerlich beabsichtigt in einem auf seinem Gute Neu-Placht neu erbauten Brennereigebäude einen Dampf-Cylinder aufstellen zu lassen. In Gemäßheit des § 16 des Regulativs vom 6. Mai 1838 wird dies Vorhaben zur öffentlichen Kenntniß gebracht, und jeder der sich dadurch beeinträchtigt glaubt, hierdurch aufgefordert, binnen 4 Wochen präklusivischer Frist seine Einwendungen dagegen bei dem unterzeichneten Landrathe anzubringen.

Templin, den 30. November 1844.
Der Landrath des Templinschen Kreises.
von Haas.

Bekanntmachung.

Der Rittergutsbesitzer Robeberts auf Sagast beabsichtigt eine Berieselung seiner Wiesen, und will sich dazu des Wassers der Sagast-Bäck bedienen, und zu dem Zwecke darin drei Schleusen anlegen.

Dieses Vorhaben wird nach Vorschrift des Gesetzes vom 28. Februar 1843 (Gesetzsammlung

Seite 31 § 21) mit dem Bemerken bekannt gemacht, daß der Plan dazu im hiesigen landräthlichen Büreau zur Einsicht bereit liegt, und etwanige Widerspruchsrechte und Entschädigungs-Ansprüche binnen drei Monaten, vom Tage des Erscheinens des ersten Amtsblatts an gerechnet, bei mir angemeldet werden müssen, auch daß Diejenigen, welche sich binnen der bestimmten Frist nicht gemeldet haben, in Beziehung auf das zur Bewässerung zu verwendende Wasser, sowohl ihres Widerspruchsrechts, als des Anspruchs auf Entschädigung verlustig gehen, und in Beziehung auf das zu bewässernde, oder zu den Wasserleitungen zu benutzende Terrain ihr Widerspruchsrecht gegen die Anlage verlieren und nur einen Anspruch auf Entschädigung behalten.

Perleberg, den 2. November 1844.

Königl. Landrath der Westpriegnitz.

v. Saldern.

Merino-Bock-Verkauf auf der Königl. Stamm-Schäferei zu Frankenfelde bei Wriezen a. d. O.

Der Bock-Verkauf auf der hiesigen Königl. Stammschäferei pro 1845 beginnt wiederum am 8. Januar k. J.

aus freier Hand zu vorher bestimmten festen Preisen. Wegen der zum Verkauf kommenden Mutterschaafe wird späterhin eine besondere Bekanntmachung erfolgen.

Frankenfelde, den 20. November 1844.

Königl. Administration der Stammschäferei.

Bekanntmachung.

Von den der hiesigen Kämmerei gehörigen Mühlen soll die am hiesigen Dom belegene sogenannte Burgmühle von vier Gängen, mit dem ihr gegenüber liegenden Stalle, vom 8. Juni 1845 ab in Erbpacht gegeben werden, weil sie, wie wir mit Bezug auf die Vorschrift des § 189 der Städte-Ordnung vom 19. Novbr. 1808 hiermit bemerken, zu einem Kommunalzwecke nicht mehr für brauchbar befunden worden sind, und die Vererbpachtung somit für nothwendig und nützlich zu erachten ist.

Zur Entgegennahme der Gebote haben wir einen Termin auf Donnerstag

den 30. Januar 1845, Vormittags 10 Uhr, zu Rathhause vor unserem Stadtrathe Syndikus Spitta anberaumt, zu welchem Erbpachtlustige

hierdurch mit dem Bemerken eingeladen werden, daß die Beschreibung der Mühle und die freyen Bedingungen 4 Wochen von dem Termine zurückgerechnet, täglich in unserer Registratur eingesehen werden können, auch Abschriften davon aus Zahlung der Kopialien von unserem Registrator Angerstein zu erhalten sind, und von Meistbietenden eine Kaution von 300 Thlr. vor Lizitations-Termine bestellt werden muß.

Brandenburg, den 1. Dezember 1844.

Ober-Bürgermeister, Bürgermeister und Rath hiesiger Chur- und Hauptstadt.

Eine herrschaftliche Wohnung in der zur hiesigen Königl. Kadettenhause gehörigen, ehemaligen von Stutterheimschen, in der Nauenerstraße Nr. 14 und 15 belegen, soll vom 1. Januar 1845 anderweitig vermiethet werden. Dieselbe besteht in 5 heizbaren Zimmern, einem Entree, einem Kabinette, Küche, Keller, mehreren geschlossenen Bodenräumen, Stallung für 3 Pferde, Wagenremise, gemeinschaftlicher Benutzung der Waschküche und eines Trockenbodens.

Die nähern Kontrakts-Bedingungen sind im Geschäftslokale des genannten Kadettenhauses, Vormittags von 10 bis 1 Uhr einzusehen, wo auch die zu vermiethende Wohnung zu jeder Zeit in Augenschein genommen werden kann.

Potsdam, den 4. Dezember 1844.

Königl. Kommando des hiesigen Kadettenhauses.

Proclama.

In unserm Depositorium befinden sich folgende Deposita:

1) in einer Musketier Johann Buchholtzschen Masse 15 Thlr. 15 Sgr. 5 Pf.;
2) in einer Dieckmannschen Masse 19 Thlr. 16 Sgr. 5 Pf.,
3) eine Taschenuhr.

Die unbekannten Eigenthümer oder deren Erben werden aufgefordert, sich binnen 4 Wochen spätestens im Termine

den 10. Januar 1845, Vormittags 11 Uhr, an Gerichtsstelle in Alt-Temmen mit ihren Ansprüchen zu melden, widrigenfalls die oben aufgeführten Gelder, nebst der Uhr zur Justiz Offizier-Wittwenkasse werden abgeführt werden.

Templin, den 24. November 1844.

v. Arnimsches Patrimonialgericht über Alt-Temmen.

Für den im Jahre 1838 majorenn gewordenen Beutlergesellen Karl Friedrich Ludwig Wussack genannt Gebeck werden jetzt circa 40 Thlr.
in Muttererbe und Zinsen davon im Depositorio
des unterzeichneten Gerichts verwaltet. Da der
Aufenthalt dieses Wussack unbekannt ist, wird
derselbe und werden event. seine Erben aufgefordert, zur Annahme dieses Geldes in 4 Wochen
beim unterzeichneten Gericht sich zu melden, widrigenfalls dasselbe aus dem Depositorio zur allgemeinen Justiz-Offizianten-Wittwenkasse abgeliefert
werden muß.

Strasburg i. d. Ukerm., den 28. Nov. 1844.

Königl. Preuß. Stadtgericht.

Rothwendiger Berkauf.
Königl. Kammergericht in Berlin.

Das in der Louisenstraße Nr. 45 hierselbst belegene, im Hypothekenbuche des Königl. Kammergerichts Vol. IX Cont. i Nr. 4 Pag. 73 verzeichnete, dem Schneidermeister Johann Heinrich
Unacker gehörige Grundstück, abgeschätzt auf
24,846 Thlr. 12 Sgr. 2 Pf. zufolge der, nebst
Hypothekenschein und Bedingungen in der Registratur einzusehenden Taxe, soll
am 29. Januar 1845
an ordentlicher Gerichtsstelle subhastirt werden.

Rothwendiger Berkauf.
Königl. Kammergericht in Berlin.

Das in der Uckermark im Angermündeschen
Kreise belegene, im Hypothekenbuche des Königl.
Kammergerichts Vol. X Pag. 241 verzeichnete,
dem Pächter Christian Ludwig Bübring gehörige
Gut Siberßhoff, welches ritterschaftlich auf 23,559
Thlr. 21 Sgr. 8 Pf. abgeschätzt worden, zufolge
der nebst Hypothekenschein und Bedingungen in der
Registratur einzusehenden Taxe, soll
am 20. Mai 1845, Vormittags 11 Uhr,
an ordentlicher Gerichtsstelle subhastirt werden.
Der dem Aufenthalte nach unbekannte Guts-
besitzer Siber wird hierzu öffentlich vorgeladen.

Rothwendiger Berkauf.
Königl. Kammergericht in Berlin.

Das hierselbst in der Schumannstraße Nr. 14
belegene, im kammergerichtlichen Hypothekenbuche
Vol. IX Cont. K Nr. 9 Pag. 193 verzeichnete,
dem Tischlermeister Friedrich Wilhelm Deichmann
gehörige Grundstück, dessen Gebäude noch im Rohbau begriffen sind, und dessen Werth an Grund
und Boden und Materialien auf 36,533 Thlr.
6 Sgr. 1½ Pf. abgeschätzt worden, zufolge der,
nebst Hypothekenschein und Bedingungen in der
Registratur einzusehenden Taxe, soll
am 21. Mai 1845, Vormittags 11 Uhr,
an ordentlicher Gerichtsstelle subhastirt werden.

Rothwendiger Berkauf.
Stadtgericht zu Berlin, den 6. August 1844.

Das in der Thorstraße Nr. 4 und 5 belegene
Grundstück der Kühneschen Erben, gerichtlich
abgeschätzt zu 6130 Thlr. 21 Sgr. 6 Pf., soll
am 11. März 1845, Vormittags 11 Uhr,
an der Gerichtsstelle subhastirt werden. Taxe und
Hypothekenschein sind in der Registratur einzusehen.
Die unbekannten Realprätendenten werden un-
ter der Warnung der Präklusion, so wie die ihrem
Aufenthalte nach unbekannten Hypothekengläubiger,
Medailleur Julius Emil Hoffmann und Maler
Carl Friedrich Herbert werden hierdurch öffent-
lich vorgeladen.

Rothwendiger Berkauf.
Stadtgericht zu Berlin, den 16. August 1844.

Das in der Jakobstraße Nr. 16 belegene
Grundstück der Wittwe Rüdiger, gerichtlich abgeschätzt zu 3675 Thlr. 19 Sgr. 9 Pf., soll
am 1. April 1845, Vormittags 11 Uhr,
an der Gerichtsstelle subhastirt werden. Taxe und
Hypothekenschein sind in der Registratur einzusehen.

Rothwendiger Berkauf.
Stadtgericht zu Berlin, den 31. August 1844.

Das in der neuen Kommandantenstraße Nr. 11
belegene Sennersche Grundstück, gerichtlich abgeschätzt zu 16,898 Thlr. 18 Sgr., soll Schuldenhalber
am 4. April 1845, Vormittags 11 Uhr,
an der Gerichtsstelle subhastirt werden. Taxe und
Hypothekenschein sind in der Registratur einzusehen.

Rothwendiger Berkauf.
Stadtgericht zu Berlin, den 16. September 1844.

Das am grünen Wege belegene Grundstück des
Partikuliers Neumeyer, gerichtlich abgeschätzt zu
997 Thlr. 5 Sgr. 6 Pf., soll
am 7. Februar 1845, Vormittags 11 Uhr,
an der Gerichtsstelle subhastirt werden. Taxe und
Hypothekenschein sind in der Registratur einzusehen.

Nothwendiger Verkauf.
Stadtgericht zu Berlin, den 16. September 1844.
Das am grünen Wege belegene Grundstück des Partikuliers Neumeyer, gerichtlich abgeschätzt zu 1143 Thlr., soll
am 11. Februar 1845, Vormittags 11 Uhr, an der Gerichtsstelle subhastirt werden. Taxe und Hypothekenschein sind in der Registratur einzusehen.

Nothwendiger Verkauf.
Stadtgericht zu Berlin, den 16. September 1844.
Das am grünen Wege belegene Grundstück des Partikuliers Neumeyer, gerichtlich abgeschätzt zu 1006 Thlr. 10 Sgr., soll
am 14. Februar 1845, Vormittags 11 Uhr, an der Gerichtsstelle subhastirt werden. Taxe und Hypothekenschein sind in der Registratur einzusehen.

Nothwendiger Verkauf.
Stadtgericht zu Berlin, den 16. September 1844.
Das am grünen Wege belegene Grundstück des Partikuliers Neumeyer, gerichtlich abgeschätzt zu 1112 Thlr. 18 Sgr., soll
am 18. Februar 1845, Vormittags 11 Uhr, an der Gerichtsstelle subhastirt werden. Taxe und Hypothekenschein sind in der Registratur einzusehen.

Nothwendiger Verkauf.
Stadtgericht zu Berlin, den 16. September 1844.
Das am grünen Wege belegene Grundstück des Partikuliers Neumeyer, gerichtlich abgeschätzt zu 1148 Thlr., soll
am 21. Februar 1845, Vormittags 11 Uhr, an der Gerichtsstelle subhastirt werden. Taxe und Hypothekenschein sind in der Registratur einzusehen.

Nothwendiger Verkauf.
Stadtgericht zu Berlin, den 16. September 1844.
Das an der Rosengasse belegene Grundstück des Partikuliers Neumeyer, gerichtlich abgeschätzt zu 4898 Thlr. — Sgr. 10 Pf., soll
am 25. Februar 1845, Vormittags 11 Uhr, an der Gerichtsstelle subhastirt werden. Taxe und Hypothekenschein sind in der Registratur einzusehen.

Nothwendiger Verkauf.
Stadtgericht zu Berlin, den 16. September 1844.
Das am grünen Wege belegene Grundstück des Partikuliers Neumeyer, gerichtlich abgeschätzt zu 1018 Thlrn. 21 Sgr. 3 Pf., soll

am 28. Februar 1845, Vormittags 11 Uhr, an der Gerichtsstelle subhastirt werden. Taxe und Hypothekenschein sind in der Registratur einzusehen.

Nothwendiger Verkauf.
Stadtgericht zu Berlin, den 17. Oktober 1844.
Das in der Jakobsstraße, Spandauer Viertel, Nr. 28 belegene Kaufmann Müllersche Grundstück, gerichtlich abgeschätzt zu 13,063 Thlr. 11 Sgr. 9 Pf., soll
am 24. Juni 1845, Vormittags 11 Uhr, an der Gerichtsstelle subhastirt werden. Taxe und Hypothekenschein sind in der Registratur einzusehen.

Nothwendiger Verkauf.
Stadtgericht zu Berlin, den 25. September 1844.
Das in der großen Georgen-Kirchgasse Nr. belegene Schönertsche Grundstück, gerichtlich geschätzt zu 1038 Thlr. 7 Sgr. 6 Pf., soll
am 27. Mai 1845, Vormittags 11 Uhr, an der Gerichtsstelle subhastirt werden. Taxe und Hypothekenschein sind in der Registratur einzusehen.
Die unbekannten Realprätendenten werden hierdurch bei Vermeidung der Präklusion mit vorgeladen.

Nothwendiger Verkauf.
Stadtgericht zu Berlin, den 8. November 1844.
Das hierselbst in der Besselstraße Nr. 8 belegene Grundstück des Rentiers Jeremias Rudolf gerichtlich abgeschätzt zu 3934 Thlr. 17 Sgr. 6 Pf. soll Schuldenhalber
am 22. April 1845, Vormittags 11 Uhr, an der Gerichtsstelle subhastirt werden. Taxe und Hypothekenschein sind in der Registratur einzusehen.
Der dem Aufenthalte nach unbekannte Schuhmachermeister Friedrich Emanuel Ferdinand Thier wird hierdurch öffentlich vorgeladen.

Bekanntmachung.
Das dem Kaffetier Friedrich Wilhelm Julius Schultz gehörige, in der Jäger-Vorstadt, Kronstraße Nr. 13 belegene, in unserm Hypothekenbuche von dieser Vorstadt Vol. I Nr. 8 verzeichnete, zu 6363 Thlr. 4 Sgr. 9 Pf. abgeschätzte Grundstück nebst Zubehör soll im Wege der nothwendigen Subhastation verkauft werden, und ist hierzu ein Bietungstermin auf
den 27. Mai 1845, Vormittags 9 Uhr, vor dem Stadtgerichtsrath Herrn Steinhaus im Stadtgericht Lindenstraße Nr. 54 anberaumt

Der Hypothekenschein, die Taxe und die besondern Kaufbedingungen sind in unserer Registratur einzusehen.

Potsdam, den 28. Oktober 1844.
Königl. Stadtgericht hiesiger Residenz.

Bekanntmachung.

Das den Erben des verstorbenen Sekretairs und Kalkulators Schartow gehörige, allhier am Markt Nr. 5 belegene, in unserm Hypothekenbuche von der Stadt Vol. 11 Nr. 129 verzeichnete, auf 6534 Thlr. 22 Sgr. abgeschätzte Grundstück nebst Zubehör soll im Wege der nothwendigen Subhastation verkauft werden, und ist hierzu ein Bietungstermin auf

den 27. Mai 1845, Vormittags 9 Uhr,

vor dem Stadtgerichtsrath Herrn Steinhausen im Stadtgericht, Lindenstraße Nr. 54, anberaumt.

Der Hypothekenschein, die Taxe und die besondern Kaufbedingungen sind in unserer Registratur einzusehen.

Potsdam, den 28. Oktober 1844.
Königl. Stadtgericht hiesiger Residenz.

**Nothwendige Subhastation.
Theilungshalber.**

Land= und Stadtgericht zu Liebenwalde, am 5. Juli 1844.

Die zu Hammer belegene, den minorennen Geschwistern Zahn gehörige Wasser= und Windmühle, abgeschätzt zufolge der, nebst Hypothekenschein und Bedingungen bei uns einzusehenden Taxe, auf 6700 Thlr., soll

am 7. Februar 1845, Morgens 11 Uhr,

an Gerichtsstelle subhastirt werden.

**Subhastations=Patent.
Freiwilliger Verkauf.**

Königl. Justizamt Potsdam, den 23. August 1844.

Das den minorennen Geschwistern Rinow gehörige, zu Bornim belegene und Vol. I Fol. 120 Nr. 13 des dortigen Hypothekenbuches verzeichnete Schmiedegrundstück, bestehend aus zwei Wohnhäusern, Stallungen, Schmiedewerkstatt, zwei Gartenflecken und einem Stück Forstland, abgeschätzt auf 1810 Thlr. 6 Sgr. 3 Pf., soll

am 29. Januar 1845, Vormittags 11 Uhr,

allhier an ordentlicher Gerichtsstelle im Wege der freiwilligen Subhastation verkauft werden.

Die Taxe und der neueste Hypothekenschein sind werktäglich in unserem 2ten Büreau einzusehen.

Nothwendiger Verkauf.

Das in der Steinstraße hierselbst belegene, im Hypothekenbuche Vol. IV Fol. 79 Nr. 682 verzeichnete, der verehelichten Tuchscheerermeister Henckel, gebornen Feige, zugehörige Wohnhaus nebst der dazu gehörigen Mäschkavel Nr. 361 und einer vor dem Rheinsberger Thor belegenen Parzelle, gerichtlich abgeschätzt auf 2038 Thlr. 17 Sgr. 9 Pf., buchstäblich Zweitausend acht und dreißig Thaler siebenzehn Silbergroschen neun Pfennige zufolge der, nebst Hypothekenschein auf unserer Registratur einzusehenden Taxe, soll

am 13. Januar 1845, Vormittags 11 Uhr,

an gewöhnlicher Gerichtsstelle in nothwendiger Subhastation an den Meistbietenden verkauft werden.

Neu=Ruppin, den 14. September 1844.
Königl. Preuß. Stadtgericht.

Nothwendiger Verkauf.

Das in Neu=Ruppin in der Schulzenstraße unter Nr. 188 a belegene, im Hypothekenbuche des Stadtgerichts Vol. III Fol. 203 Nr. 553 verzeichnete Wohnhaus des Händlers Friedrich Mix nebst der dazu gehörigen Mäschkavel Nr. 533 und einer Parzelle vor dem Rheinsberger Thor Nr. 558, gerichtlich, besage der auf unserer Registratur einzusehenden Taxe, auf 1389 Thlr. 7 Sgr. 6 Pf., buchstäblich Eintausend dreihundert neun und achtzig Thaler sieben Silbergroschen sechs Pfennige abgeschätzt, soll

am 15. Januar 1845, Vormittags 11 Uhr,

an gewöhnlicher Gerichtsstelle in nothwendiger Subhastation an den Meistbietenden verkauft werden.

Neu=Ruppin, den 18. September 1844.
Königl. Preuß. Stadtgericht.

Nothwendiger Verkauf.

Justizkammer in Schwedt, den 19. September 1844.

Das in der Berlinerstraße Nr. 157 belegene, zum Nachlasse des Kaufmanns Moses Salomon Ehrenbaum gehörige Grundstück nebst Zubehör, tarirt auf 9385 Thlr. 28 Sgr. 2 Pf. zufolge der, nebst Hypothekenschein und Kaufbedingungen in der Registratur einzusehenden Taxe, soll

am 25 April 1845, Vormittags 10 Uhr,

an ordentlicher Gerichtsstelle subhastirt werden.

Alle etwanigen unbekannten Realprätendenten, sowie die, ihrem Aufenthalte nach unbekannten

Gläubiger, der Kaufmann Levi Abraham Löwenstein, früher in Gransee und der Weißgerber Marcus Löwenberg werden zu jenem Termine bei Vermeidung der Präklusion ebenfalls hiermit vorgeladen.

Königl. Stadtgericht zu Neu-Ruppin, den 26. September 1844.

Das in der Ferdinandsstraße sub Nr. 385 hierselbst belegene, im Hypothekenbuche Vol. III Fol. 143 Nr. 522 verzeichnete, zum Nachlaß des verstorbenen Tuchfabrikanten Johann Christian Richter gehörige Wohnhaus mit der im Hintergebäude befindlichen Dampfmaschine, zwei dazu gehörigen Webeparzellen und den Tuchmachergeräthschaften des Richter, zusammen auf 10,152 Thlr. 15 Sgr. 5 Pf. abgeschätzt, soll

am 22. April 1845, Vormittags 11 Uhr, an ordentlicher Gerichtsstelle in nothwendiger Subhastation verkauft werden. Hypothekenschein und Taxe sind in unserer Registratur einzusehen.

Alle unbekannte Realprätendenten werden aufgefordert, sich bei Vermeidung der Präklusion spätestens in diesem Termine zu melden.

Nothwendiger Verkauf.
Stadtgericht zu Templin, den 2. Oktober 1844.

Die an der Millmersdorfer Grenze zu Ahrensnest belegene, im Hypothekenbuch des hiesigen Stadtgerichts Nr. 33 Fol. 67 auf den Namen des Mühlenmeisters David Otto und dessen beiden Töchter, Wilhelmine Tugendreich und Emilie Alexandrine Henriette Otto eingetragene Wiese, abgeschätzt auf 187 Thlr. 15 Sgr. und der vor dem Prenzlauer Thore belegene und im Hypothekenbuche Vol. II Nr. 287 Fol. 196 auf den Namen des Drechslermeisters Friedrich Wilhelm Rischmüller eingetragene Garten abgeschätzt auf 51 Thlr. zufolge der, nebst Hypothekenscheinen und Bedingungen in der Registratur einzusehenden Taxen, sollen

am 20. Januar k. J., Vormittags 11 Uhr, an ordentlicher Gerichtsstelle Theilungshalber subhastirt werden.

Alle unbekannte Realprätendenten werden geboten, sich bei Vermeidung der Präklusion testens in diesem Termine zu melden.

Subhastations-Patent.
Land- und Stadtgericht Bernau, den 4. Oktober

Die zum Nachlasse des verstorbenen meisters Gottlob Bolle gehörigen, in u hiesiger Stadt belegenen Grundstücke:

1) das in der Bürgermeisterstraße sub Nr. belegene, im Hypothekenbuche Vol. II N verzeichnete Wohnhaus nebst einem G im 3ten Gange sub Nr. 44, abgeschät 1191 Thlr. 26 Sgr. 3 Pf.,

2) das in der Tuchmacherstraße sub Nr. 17 legene, im Hypothekenbuche Vol. I Nr. verzeichnete Wohnhaus nebst Stall und ten, auch dem im 4ten Gange sub Nr. belegenen neuen Garten, abgeschätz 1061 Thlr. 8 Sgr. 6 Pf.,

3) der vor dem Berliner Thore sub Nr. 180 legene, im Hypothekenbuche Vol. III Nr. verzeichnete Garten, abgeschätzt auf 19 12 Sgr. 11 Pf.,

4) die beiden im Linbow'schen Felde = und 2-belegenen, im Hypothekenbuche Vol. Nr. 27 verzeichneten Worthländer, abg auf 347 Thlr. 17 Sgr. 1 Pf.,

sollen

den 15. Januar 1845, Vormittags 11 Uhr, an hiesiger Gerichtsstelle an den Meistbiet einzeln oder im Ganzen verkauft werden.

Taxe und Hypothekenschein können täg der Registratur eingesehen werden.

Subhastation. Theilungshalber.
Land- und Stadtgericht Liebenwalde, an Oktober 1844.

Das zu Groß-Schönebeck belegene Büdner des verstorbenen Johann Rathenow, abge auf 100 Thlr. zufolge der, nebst Hypotheken bei uns einzusehenden Taxe, soll

am 14. Februar 1845, Vormittags 11 Uhr, an ordentlicher Gerichtsstelle subhastirt werden

---

Oeffentlicher Anzeiger (№ 2)

zum 50ſten Stück des Amtsblatts

er Königlichen Regierung zu Potsdam und der Stadt Berlin.

Den 13. Dezember 1844.

Dem Kaufmann J. F. Bergemann zu El-
erfeld iſt unter dem 30. November 1844 ein
atent

auf eine Vorrichtung zum Reinigen der Tram-
Seide, in der durch Zeichnung und Beſchreibung nachgewieſenen Zuſammenſetzung,

uf acht Jahre, von jenem Tage an gerechnet,
nd für den Umfang des Preußiſchen Staats er-
zeilt worden.

Steckbriefe.

Der nachſtehend näher bezeichnete Arbeiter
ranz Jakob Lücke, welcher ſich bei uns wegen
ecklosen Umhertreibens in Unterſuchung und
haft befand, iſt am 25. d. M. aus unſerm Ge-
ängniſſe entſprungen. Wir erſuchen deshalb alle
erehrliche Militair- und Zivilbehörden, auf den
ücke zu vigiliren, ihn im Betretungsfalle zu ver-
aften und an unſere Gefangen-Inſpektion ablie-
ern zu laſſen. Wir verſichern die ſofortige Er-
ttattung der besfälligen Koſten.

Neuſtadt-Eberswalde, den 29. Novbr. 1844.
Königl. Preuß. Land- und Stadtgericht.

Signalement. Namen: Franz Jakob Lücke,
Stand: Arbeiter, Geburtsort: Königsberg in der
Neumark, Alter: 63 Jahr, Religion: evangeliſch,
Aufenthaltsort: keinen, Größe: 5 Fuß 1 Zoll,
Statur: klein, Haare: grau und kahle Platte, Ge-
ſichtsfarbe: bleich, Naſe, Mund und Kinn: ge-
wöhnlich, Bart: raſirt, Geſicht: länglich.

Beſondere Kennzeichen: keine.

Bekleidung: eine grobe blaue Tuchjacke, eine
dergl. Weſte, ein Paar dergl. Beinkleider, eine
alte abgetragene blaue Müße mit Schirm, ein
Paar alte Halbſtiefeln, ein grobes weißleinenes
Hembe, ein dunkelbraunes leinenes Halstuch, ein
Paar blaue wollene Socken.

Nachfolgender Steckbrief:

Der nachſtehend bezeichnete Dienſtknecht Karl
Friedrich Wilhelm Rüggebrecht aus Kloſterfelde im Niederbarnimſchen Kreiſe gebürtig, wel-

cher wegen Verdachts, einen Markt-Diebſtahl
verübt zu haben, hier in Haft und Unterſuchung
ſich befand, iſt in der Nacht vom 14. bis 15.
d. M. mittelſt gewaltſamen Ausbruchs aus dem
hieſigen Polizeigefängniſſe entwichen. Wir erſuchen daher alle Militair- und Zivilbehörden
ergebenſt auf denſelben zu vigiliren, ihn im Betretungsfalle arretiren und hierher abliefern zu
laſſen. Bernau, den 16. Juli 1844.

Der Magiſtrat.

Signalement. Vor- und Zuname: Karl
Friedrich Wilhelm Rüggebrecht, Geburtsort:
Kloſterfelde im Niederbarnimſchen Kreiſe, Aufenthaltsort: Rüdnitz im Oberbarnimſchen Kreiſe,
Religion: evangeliſch, Alter: 26 Jahr, Größe:
5 Fuß 1 bis 2 Zoll, Haare: blond, Stirn:
rund, Augenbrauen: blond, Augen: blau oder
braun, Naſe und Mund: gewöhnlich, Bart:
blond, Kinn: rund, Geſichtsbildung: voll und
rund, Geſichtsfarbe: friſch, roth, Statur: un-
terſetzt. Bekleidung war derſelbe mit dunkelblauer
Tuchmütze mit rothen Streifen und ledernem
Schirm, brauner Weſte von Sommerzeug mit
Perlmutter-Knöpfen, hellgrauen geſprengelten
Sommer-Pantalons, hellgrauem geſprengelten
Sommerrock und mit Stiefeln.

wird hiermit erneuert.

Bernau, den 4. Dezember 1844.
Der Magiſtrat.

Steckbriefs-Erledigung.

Regine Dorothee Sachſe und der Webergeſelle Art ſind nach Verübung eines gewaltſamen
Diebſtahls zu Parchwitz in Schleſien ergriffen,
und es iſt dadurch der von uns unterm 2. v. M.
erlaſſene Steckbrief erledigt.

Wittenberge, am 3. Dezember 1844.
Das Gericht zu Stavenow.

Bekanntmachung.

Der Fabrikarbeiter Auguſt Schumacher aus
Züllichau, welcher hier bei dem Bau der Eiſen-

bahn gearbeitet, hat feinen Paß d. d. Züllichau, ben 4. März 1844 und bis 1. Dezember d. J. gültig, nachdem derselbe hier am 19. November b. J. nach Magdeburg visirt worden war, angeblich verloren.

Zur Vermeidung des Mißbrauchs wird diefer Paß hierdurch für ungültig erklärt und bemerkt, daß der Schumacher mit Zwangspaß in feine Heimath gewiesen ist.

Brandenburg an der Havel, den 5. Dezember 1844.

Der Magistrat.

Durch den am 28. November b. J. erfolgten Tod des Predigers Neumann ist die Pfarre zu Saatzke, Superintendentur Wittstock, erledigt. Patron ist der Herr Baron von Romberg zu Saatzke. Potsdam, den 4. Dezember 1844.

Königl. Regierung.
Abtheilung für die Kirchenverwaltung und das Schulwesen.

Bekanntmachung.

Es sind in neuerer Zeit mehrfach die Fälle vorgekommen, daß Verkäufer, welche von außerhalb die hiesigen Märkte besuchen, auf Grund von nicht vorschriftsmäßigen Attesten, eine Befreiung vom Stättegeld in Anspruch nehmen.

Zur Vermeidung von Irrthümern wird daher in Erinnerung gebracht, daß, nach dem von den Königl. Ministerien für Handel und Gewerbe und des Innern unterm 3. September 1824 genehmigten Tarife, die Bewohner des platten Landes und ackerbauender kleiner Städte vom Stättegeld nur frei sind, wenn sie eigene Erzeugnisse zur Stadt zum Verkaufe bringen und hierüber für den jedesmaligen Marktbesuch ein vorschriftsmäßiges Attest ihrer Ortsobrigkeit beibringen.

Berlin, den 25. November 1844.
Ober-Bürgermeister, Bürgermeister und Rath hiesiger Königl. Residenzien.

Bekanntmachung.

Das bisherige Geschäftshaus der zweiten Abtheilung des Königl. Haus-Ministerii, Schützenstr. Nr. 26 hierselbst, soll im Wege der Lizitation zum Verkauf ausgeboten werden.

Hierzu wird auf
Montag, den 16. Dezember d. J., Vormittags 11 Uhr,
in dem gedachten Hause ein Termin anberaumt, und Kauflustige dazu eingeladen.

Die Verkaufsbedingungen können wochentäglich in den gewöhnlichen Dienststunden in der Registratur des Königl. Rentamts Berlin, Niederwallstr. Nr. 39, wie auch bei dem im Hause, Schützenstr. Nr. 26, wohnenden Geheimen Kanzlei-Diener Schmidt eingesehen werden, an welchen letzten sich auch diejenigen Kauflustigen zu wenden haben, welche das Grundstück in Augenschein nehmen wollen. Berlin, den 23. November 1844.

Der Domainen-Rath.
Krad.

Aus unserer Stadtforst sollen nachfolgend bezeichnete Bauhölzer:

a) aus dem Zermützel-Revier:
44	Stück	extra starke	
27	=	ordinair starke	Kiefern.
29	=	extra und ordinair starke Schwammbäume	

b) aus dem Kellen-Revier:
7	Stück	Sageblöcke	
12	=	extra starke	
62	=	ordinair starke	
22	=	mittel	Kiefern.
18	=	kleine	
3	=	ordinair starke Schwammbäume	

öffentlich an den Meistbietenden verkauft werden. Zur Abgabe der Gebote haben wir einen Termin am Sonnabend, den 21. b. M., Vormittags 10 Uhr zu Rathhause in unserm Sessionszimmer angesetzt, und bemerken wir nur, daß schon vorher die Hölzer in Augenschein genommen werden können, indem der Stadtförster Asmus und der Forst-Riemer angewiesen sind, sie auf Verlangen vorzuzeigen. Neu-Ruppin, den 3. Dezember 1844.

Der Magistrat.

Faulbaumholz-Lieferung.

Geschälte Faulbaumholz-Stäbe 1 Fuß lang und nicht über ½ Zoll stark werden am Mittwoche und Sonnabende jeder Woche gekauft und der Kubikfuß mit 2¼ Sgr. bezahlt. Die Abnahme des Holzes darf jedoch nur bei Vorzeigung des entsprechenden Forstscheins stattfinden.

Pulverfabrik bei Spandow, den 18. Okt. 1844

Bekanntmachung.

Das einschließlich der Hof- und Baustelle des Sees, der Wege, Straßen und des Unlandes aus 1144 Morgen 94 ☐Ruthen bestehende, " guten Kulturzustande sich befindende, eine halbe Meile von Strasburg belegene hiesige Kämmerei-Rittergut Lauenhagen, mit bedeutender Rohrwerbung und Fischerei, soll, da es zu Johannis 1845 pachtlos wird, von da ab auf 21 Jahre, also bis Johannis 1866, auf den Antrag Eines Wohllöblichen Magistrats und der Löblichen Stadtverordneten-Versammlung hierselbst anderweitig gerichtlich an den Meist- und resp. Bestbietenden verpachtet, und es sollen die Pachtbedingungen in dem Verpachtungstermine vorgelegt werden, welche event. auch vor dem Termine werktäglich in der Registratur Eines Wohllöblichen Magistrats eingesehen werden können.

Den Bietungstermin haben wir auf den 30. Dezember d. J., Vormittags 10 Uhr, hierselbst im Stadtgerichtslokal anberaumt, und werden hierzu qualifizirte Pachtliebhaber eingeladen.

Strasburg i. d. Uckerm., den 7. Dezember 1844.
Königl. Preuß. Stadtgericht.

Bekanntmachung.
Das den Kloosschen Minorennen gehörige Allodial-Rittergut Pinnow bei Warnow soll auf 12 resp. 14 Jahre im Wege der Lizitation verpachtet werden und ist zur Abgabe der Gebote ein Termin auf

den 6. Januar 1845, Vormittags 11 Uhr, im Niepagenschen Gasthofe zu Lenzen angesetzt, zu welchem ich Pachtlustige mit dem Bemerken einlade, daß die Pachtbedingungen bei mir eingesehen werden können.

Lenzen, den 2. Dezember 1844.
Der Land- und Stadtgerichts-Direktor
Bräunlich.

Bekanntmachung.
Am 17. d. M., Vormittags 8 Uhr und folgende Tage, soll der Mobiliar-Nachlaß des hierselbst verstorbenen Kaufmanns Herrn Karl Friedrich Nigrinus bestehend in Kupfer, Messing, Zinn, Leinenzeug und Betten, Kleidungsstücken, Meubles und Hausgeräth, sowie in Essigbrauereigeräthschaften gegen gleich baare Zahlung in Kourant meistbietend verkauft werden.

Wusterhausen a. d. D., den 6. Dezbr. 1844.
Königl. Preuß. Stadtgericht.

Auktion.
Am 16. d. M., Vormittags 9 Uhr, sollen an Gerichtsstelle hierselbst mehrere im Wege der Exekution abgepfändete Meubles, als: ein mahagoni und ein birkener Kleidersekretair, ein Sopha, zwei Spiegel, zwei Kommoden u. a. m. gegen sofortige Bezahlung meistbietend versteigert werden.

Mittenwalde, den 6 Dezember 1844.
Lische,
Land- und Stadtgerichts-Aktuarius.

Stadtgericht zu Berlin, den 19. November 1844.
Die außer- und innerhalb der Ringmauer am Landsberger Thore belegenen der Kirche zu Rosenthal gehörigen:
1) Vol. III Nr. 165 des Hypothekenbuchs und Nr. 44 des Feldbuchs verzeichneten 9 Morgen 78 □Ruthen außerhalb der Ringmauer, tarirt zu 1352 Thlr. 2 Sgr. 6 Pf. und 5 Morgen 109 □Ruthen 97 □Fuß innerhalb der Ringmauer, tarirt zu 787 Thlr. 15 Sgr.,
2) Vol. III Nr. 163 des Hypothekenbuchs und Nr. 42 des Feldbuchs verzeichneten 2 Morgen 105 □Ruthen außerhalb der Ringmauer, tarirt zu 341 Thlr. 20 Sgr. und 67 □Ruthen 10 □Fuß innerhalb der Ringmauer, tarirt zu 25 Thlr. 23 Sgr.,
Ackerstücke sollen
am 16. Januar 1845, Vormittags 11 Uhr, öffentlich an der Gerichtsstelle vererbpachtet werden.

Beschreibung, Taxe und Bedingungen sind in der Registratur einzusehen.

Nothwendiger Verkauf.
v. Freyer'sches Patrimonialgericht zu Rosenwinkel.
Der zum Nachlasse des Bauern Johann Thiele gehörige, separirte und abgebaute Zweihüfnerhof zu Rosenwinkel Vol. I Nr. X des Hypothekenbuchs, soll Theilungshalber mit dem darauf haftenden Altentheil, jedoch ohne Beilaß

am 14. Februar 1845, Vormittags 11 Uhr, in der Gerichtsstube zu Rosenwinkel meistbietend verkauft werden. Die Taxe zu 4785 Thlr. 21 Sgr. 8 Pf. und der Hypothekenschein sind in der Registratur einzusehen.

Kyritz, den 21. Oktober 1844.

Nothwendiger Verkauf.
Königl. Land- und Stadtgericht zu Wriezen, den 30. Oktober 1844.
Das in Groß-Barnim belegene, im dortigen Hypothekenbuche Vol. I Pag. 85 Nr. 8 A verzeichnete, dem Friedrich Mielenz gehörige Grundstück zufolge der, nebst Hypothekenschein in unserer

Registratur einzusehenden Taxe auf 8130 Thlr. gerichtlich abgeschätzt, soll Schuldenhalber
am 17. Juni 1845, Vormittags 11 Uhr,
an ordentlicher Gerichtsstelle hierselbst vor dem Herrn Land- und Stadtgerichtsrath Klüver subhastirt werden.

Die unbekannten Erben der angeblich zu Groß-Barnim verstorbenen Hypothekengläubiger Altsitzer Friedrich Mielenz'schen Eheleute werden zu diesem Termine hiermit vorgeladen.

Nothwendiger Verkauf.
Theilungshalber.
Trebbin, den 1. November 1844.

Das Braun'sche Kossäthengut Nr. 9 zu Blankensee, tarirt auf 910 Thlr., so wie die Erbpachtspfarrländereien, tarirt auf 25 Thlr., sollen
am 13. Februar 1845,
in Blankensee verkauft werden. Taxe und Hypothekenschein sind in unserer Registratur hier einzusehen.
v. Thümen'sches Patrimonialgericht über
Blankensee nebst Zubehör.

Nothwendiger Verkauf.

Das den Martin Groth'schen Erben gehörige, im Hypothekenbuche Nr. 8 verzeichnete und auf 1459 Thlr. 19 Sgr. 10 Pf. abgeschätzte Bauergut zu Wölsickendorf, soll Theilungshalber
am 10. Februar 1845, Vormittags 11 Uhr,
auf der Gerichtsstube zu Wölsickendorf subhastirt werden, und sind die Taxe und der Hypothekenschein in der Gerichts-Registratur einzusehen.
Wriezen, den 4. November 1844.
v. Bredow'sches Patrimonialgericht über Wölsickendorf.

Nothwendiger Verkauf
zur Auflösung der Gemeinschaft.
Das von Bredow'sche Patrimonialgericht über Manckmuß zu Lenzen, den 23. November 1844.

Das der Wittwe Müller und den Geschwistern Müller gehörige, in dem Dorfe Manckmuß belegene und im Hypothenbuche Vol. 1 Fol. 37 sub Nr. 9 eingetragene Vollhüfnergut, abgeschätzt zu 1911 Thlr. 21 Sgr. 3 Pf. zufolge der, nebst Hypothekenschein in der Registratur einzusehenden Taxe, soll
den 13. März 1845, Vormittags 11 Uhr,
in der Gerichtsstube zu Manckmuß subhastirt werden.

Nothwendiger Verkauf
zur Auflösung der Gemeinschaft.
Das von Bredow'sche Patrimonialgericht über Manckmuß zu Lenzen den 23. November 1844.

Das den Geschwistern Gericke gehörige, in dem Dorfe Manckmuß belegene und im Hypothenbuche Vol. 1 Fol. 43 sub Nr. 7 eingetragene Vollhüfnergut, abgeschätzt zu 1621 Thlr. 14 Sgr. 7 Pf. zufolge der, nebst Hypothekenschein in der Registratur einzusehenden Taxe, soll
den 14. März 1845, Vormittags 11 Uhr,
in der Gerichtsstube zu Manckmuß subhastirt werden.

Die Eigenthümerin des in Brandenburg a. d. H., mitten in der Stadt, Ritterstraße Nr. 111, belegenen zweistöckigen Wohnhauses von 5 Fenstern Front, welches einen Laden, 5 Stuben, Kammern, Küche und Keller, hierbei einen bequemen, enthält, wobei ein Hintergebäude von 9 Wohnungen, Auffahrt, ein Waschhaus, mehrere Ställe, ein Brunnen auf dem Hofe, ein Ladeplatz, da er dicht am Wasser gelegen, will dasselbe mit dazu gehörigem Acker und Wiese, sofort aus freier Hand verkaufen. Sämmtliche Gebäude sind massiv, und in gutem Stande und passend zu jedem Geschäft.
Brandenburg a. d. H., den 28. Nov. 1844.
Nähere Auskunft ertheilt Conrad in Potsdam, Charlotten- und Holzstraßen-Ecke Nr. 1.

Verkauf von Eichen-Holz.
Es sollen
am 18. Dezember d. J., Vormittags 11 Uhr,
im Gasthofe zum Schwarzen Adler zu Beeskow, 260 Klafter Eichen-Klobenholz, und 30 Stück starke Eichen-Schneidehölzer von diverser Länge, für Schiffbauer passend, öffentlich an den Meistbietenden verkauft werden. Die Hölzer stehen im Bürgerwald bei Schneeberg zu Beeskow und können täglich in Augenschein genommen werden.
Fürstenwalde, den 6. Dezember 1844.
A. Kessel.

Ein verheiratheter Gärtner, der sein Fach gut versteht, aber auch vollkommener Jäger sein muß, wird auf dem Rittergute Langen bei Fürbeck zum 1. Februar 1845 unter sehr annehmbaren Bedingungen verlangt, und hat sich daselbst persönlich zu melden.

Oeffentlicher Anzeiger (№ 1)

zum 51sten Stück des Amtsblatts

der Königlichen Regierung zu Potsdam und der Stadt Berlin.

Den 20. Dezember 1844.

Dem Kaufmann Politz zu Stettin sind unter dem 6. Dezember 1844 zwei Patente, und zwar das eine:

auf eine in ihrer ganzen Zusammensetzung nach Zeichnung und Beschreibung für neu und eigenthümlich erachtete Vorrichtung zum Nachheben der Weinfässer,

das andere aber:

auf einen verbesserten Pfortenheber, welcher in der durch Zeichnung und Beschreibung nachgewiesenen Zusammensetzung als neu und eigenthümlich anerkannt ist,

beide auf acht Jahre, von jenem Tage an gerechnet, und für den Umfang der Monarchie ertheilt worden.

Dem Stellmachermeister Themor und Mechanikus Kräckwitz in Berlin ist unter dem 6. Dezember 1844

auf ein Gestell für Eisenbahnwagen mit beweglichen Achsen, in der durch Zeichnung und Beschreibung nachgewiesenen Zusammensetzung,

auf acht Jahre, von jenem Tage an gerechnet, und für den Umfang der Monarchie ertheilt worden.

Dem Kratzen-Fabrikanten L. Lynen-Dumont zu Stolberg bei Aachen ist unter dem 6. Dezember 1844 ein Patent

auf zwei nach der vorgelegten Zeichnung und Beschreibung in ihrer Zusammensetzung für neu und eigenthümlich erachtete Maschinen zur Anfertigung von Häcker-Kämmen für Streich-Maschinen und Vorspinn-Krempeln,

auf acht Jahre, von jenem Tage an gerechnet, und für den Umfang des Preußischen Staats ertheilt worden.

Steckbrief.

Der nachstehend signalisirte Bäckergeselle Friedrich Wilhelm Landsberg ist am 23. April d. J.

aus dem Landarmenhause zu Landsberg a. d. W. entlassen und mittelst Reiseroute nach seinem Angehörigkeitsorte Stettin zurückgewiesen, von dieser Route aber abgewichen, erst am 23. Juni hier angehalten, der gerichtlichen Untersuchung überliefert, mit zweimonatlicher Strafarbeit belegt, und nach erlittener Korrektion am 29. Oktober aus der hiesigen Arbeitsanstalt wiederum entlassen und abermals mittelst Reiseroute nach Stettin zurückgewiesen worden. In letzterer wurde vermerkt, daß bei etwaiger Arbeitszulassung auf dieser Route resp. Nachricht davon mitgetheilt werden möge. Diese ist jedoch seither nicht eingegangen, und von der Königlichen Polizei-Direktion zu Stettin erst gestern hierauf die Antwort erfolgt, daß der Landsberg dort nicht eingetroffen sei. Es ist daher nicht zu bezweifeln, daß dieser gemeinschädliche, bereits öfter bestrafte Landstreicher sich wieder umhertreibt, und werden sämmtliche resp. Behörden auf denselben hierdurch aufmerksam gemacht, und dienstergebenst ersucht, ihn im Betretungsfalle gefälligst nach Stettin zurück transportiren und an die dortige Polizeibehörde abliefern lassen zu wollen.

Potsdam, den 13. Dezember 1844.

Königlicher Polizei-Direktor,
Regierungs-Rath von Kahlden-Normann.

Signalement des Bäckergesellen Friedrich Wilhelm Landsberg. Geburts- und Aufenthaltsort: Stettin, Religion: evangelisch, Alter: 26 Jahr, Größe: 5 Fuß 6½ Zoll, Haare: schwarz, Stirn: frei, Augenbrauen: schwarz, Augen: braun, Nase: stark, Mund: starke Unterlippe, Bart: schwarz, Zähne: gut, Kinn und Gesichtsbildung: länglichbreit, Gesichtsfarbe: gesund, Gestalt: stark, Sprache: deutsch.

Besondere Kennzeichen: äußerlich nicht sichtbar.

Bekanntmachung.

In der Untersuchungssache gegen den Schiffer Heinrich Friedrich Wilhelm Peters, zuletzt in

Hamburg wohnhaft gewesen, ist dieser zu einer 10tägigen Gefängnißstrafe verurtheilt worden, welche an ihm vollstreckt werden soll. Sein Aufenthaltsort ist vielen Nachforschungen ungeachtet nicht zu ermitteln gewesen, daher wir alle Zivil- und Militairbehörden ergebenst ersuchen, auf den Peters zu vigiliren und uns im Betretungsfalle von seinem Aufenthaltsorte Nachricht zu geben.

Sandau, den 24. November 1844.
Königl. Land- und Stadtgericht.

Steckbriefs-Erledigung.

Der unterm 18. Juni d. J. von uns steckbrieflich verfolgte Mühlbursche Marggraf ist zur Haft gebracht.

Halle, den 7. Dezember 1844.
Das Königl. Inquisitoriat.

Am 25. Oktober d. J. ist im Klein-Glienicker Belaufe der Königl. Potsdamer Forst, unter grünem Moose versteckt, ein lederner Reisekoffer, im Innern mit blau- und weißgestreifter Leinwand gefüttert, und neben einigen bleiernen Knöpfen ein Exemplar der Hamburger Abendzeitung Nr. 9880 enthaltend, gefunden worden.

Derselbe ist aller Wahrscheinlichkeit nach gestohlen, und wird deshalb der unbekannte Eigenthümer, so wie Jeder, welcher über das wahrscheinlich vorliegende Verbrechen und dessen Thäter Auskunft zu geben vermag, aufgefordert, uns seine Wissenschaft von der That schriftlich anzuzeigen, oder sich darüber in termino

den 7. Januar 1845, Vormittags 11 Uhr,

in unserem Geschäftslokale, Friedrichsstraße Nr. 7, vor dem Herrn Assessor Schnee vernehmen zu lassen.

Kosten entstehen dadurch nicht.

Potsdam, den 22. November 1844.
Königl. Justiz-Amt.

Bekanntmachung.

Im Auftrage der Königl. Regierung zu Potsdam wird das unterzeichnete Haupt-Steueramt im hiesigen Amtsgelasse

am 4. Januar 1845, Vormittags 10 Uhr,

die Chausseegeld-Erhebung bei Werftpfuhl an den Meistbietenden mit Vorbehalt des höhern Zuschlags vom 1. April 1845 ab, zur Pacht ausstellen. Nur dispositionsfähige Personen, welche mindestens 550 Thlr. baar oder in annehmlichen Staatspapieren bei dem hiesigen Haupt-Steueramte zur Sicherheit niedergelegt haben, werden zum Bieten zugelassen. Die Pachtbedingungen sind bei uns von heute an, während der Dienststunden einzusehen.

Neustadt-Eberswalde, den 4. Dezember 1844.
Königl. Preuß. Haupt-Steueramt.

Bekanntmachung.

Im Jahre 1845 werden die Forstgerichtstage für das Königl. Grünausche Forstrevier:

am 22. Januar, 5. März, 7. Mai, 30. Juli, 10. September, 12. November,

jedesmal von 9 Uhr Vormittags ab, an hiesiger Gerichtsstelle abgehalten werden.

Rathenow, den 9. Dezember 1844.
Königl. Preuß. Stadtgericht.

Bekanntmachung.

Bei dem unterzeichneten Gerichte werden im Jahre 1845 folgende Forstgerichtstage abgehalten werden:

I. Für das Königl. Forstrevier Biesenthal:
am 6. Januar, 10. Februar, 31. März, 19. Mai, 30. Juni, 15. September, 13. Oktober, 24. November.

II. Für das Königl. Forstrevier Liepe:
am 22. Januar, 5. März, 9. April, 11. Juni, 9. Juli, 24. September, 29. Oktober, 3. Dezember.

III. Für das Königl. Forstrevier Grimnitz zu Schmargendorf:
am 4. Februar, 18. März, 29. April, 17. Juni, 15. Juli, 30. September, 11. November, 16. Dezember.

IV. Für das Forstrevier der Stadt Neustadt Eberswalde:
am 17. Februar, 26. Mai, 8. September, 8. Dezember.

Neustadt-Eberswalde, den 7. Dezember 1844.
Königl. Preuß. Land- und Stadtgericht.
Schäffer.

Die Forstgerichtstage sollen beim hiesigen Gericht im nächsten Jahre am 10. und 11. Januar, 28. Februar und 1. März, 4. und 5. April, 2. und 3. Mai, 6. und 7. Juni, 15. und 16. August,

19. und 20. September, 27. und 28. Oktober, 5. und 6. Dezember, und zwar für das Muster-pausener und Wasserburger Revier jedesmal Vor-mittags 9 Uhr, für das Hammersche Revier jedes-mal Nachmittags 2 Uhr, abgehalten werden.

Buchholz, den 2. Dezember 1844.

Königl. Land- und Stadtgericht.

Thurmbau in Beeliß.

Der Abbruch des hiesigen Kirchthurms bis zum dritten Stockwerk und der demnächstige Wieder-aufbau desselben soll an Mindestfordernde über-lassen werden, und haben wir hierzu einen Ter-min auf

Montag den 6. Januar 1845, Vormittags 9 Uhr, im Sitzungszimmer des hiesigen Rathhauses anbe-raumt. Wir laden daher Uebernahmslustige zu diesem Termin hierdurch mit dem Bemerken ein, daß die Bedingungen im Termin selbst werden bekannt gemacht, aber auch nebst Anschlag und Zeichnungen werktäglich im Polizeibüreau allhier eingesehen werden können.

Beeliß, den 10. Dezember 1844.

Der Magistrat.

Landwirthschaftlicher Verein für die Priegniß.

Es sollen

am 4. Januar 1845

zu Prißwalk, bei Pfannenstiel, über den Entwurf zu den Statuten des am 20. v. M. gestifteten landwirthschaftlichen Vereins für die Ost- und Westpriegniß berathen und die Grundsätze dessel-ben festgestellt werden, wozu wir die Mitglieder des Vereins und Landwirthe, oder Freunde der Landwirthschaft, welche demselben beitreten wollen, ganz ergebenst einladen.

Prißwalk, den 8. Dezember 1844.

Die Vorsitzenden des Vereins.

Frhr. zu Putliß-Panckow. Baath, Justizrath.

Daß die Hypothekenbücher über sämmtliche Grundstücke der Dörfer Glienig, Petkus und Dammsdorf, Jüterbogk-Luckenwalder Kreises voll-endet, wird mit dem Bemerken bekannt gemacht, daß neue Hypothekrechte an diesen Grundstücken nunmehr nur nach den Vorschriften des Allge-meinen Landrechts und der Gerichts- und Hypo-thekenordnung erworben werden können.

Luckau, den 29. November 1844.

Klinkmüller,

Justiz. vorgenannter Gerichte.

Oeffentliche Vorladung.

Da über den Nachlaß des am 28. Juli 1842 hier verstorbenen, pensionirten Hauptmanns Jo-hann George Friedrich von Wobeser der erb-schaftliche Liquidations-Prozeß eröffnet ist, so wer-den die unbekannten Gläubiger hierdurch vorgela-den, sich in dem

am 31. Januar 1845, Vormittags um 10 Uhr, an hiesiger Gerichtsstelle anberaumten Termine zu-stellen, den Betrag und die Art ihrer Forderun-gen anzugeben, und die vorhandenen Dokumente urschriftlich vorzulegen.

Auswärtigen werden die Herren Justiz-Kom-missarien Heym zu Lieberose und Uschner in Lübben als Bevollmächtigte vorgeschlagen.

Die Ausbleibenden haben zu gewärtigen, daß sie aller ihrer etwanigen Vorrechte für verlustig erklärt und mit ihren Forderungen an dasjenige, was nach Befriedigung der sich meldenden Gläu-biger von der Masse etwa übrig bleiben möchte, werden verwiesen werden.

Beeskow, den 8. Oktober 1844.

Königl. Land- und Stadtgericht.

Alle diejenigen, welche an nachgenannte ver-loren gegangene Dokumente, als:

a) den Riebisch-Böttcherschen Kaufkontrakt vom 6. April 1827 über die hier belegene, sub Nr. 18 des Katasters verzeichnete Wind-mühlennahrung, und

b) die unterm 21. August 1833 mit Johann Gottfried Riebisch von Rietdorf und dem damaligem Windmühlenbesitzer Johann Chri-stian Berger hier aufgenommene Verhand-lung,

die beide an Stelle einer Obligation über zwei-mal 70 Thlr. 1 Sgr. 3 Pf. und einmal 11 Thlr. 6 Sgr. für die Halbbrüder Friedrich Schulze, gebürtig aus Rietdorf bei Dahme und August Rie-bisch, gebürtig aus Krassig bei Schlieben, unterm 21. August 1833 ausgefertigt, und welche resp. Forderungen laut annektirten Hypothekenscheins vom 15. Dezember 1835 auf die obgedachte, jetzt der Johanne Sophie, verehelichten Walther, gebornen Barth hier eigenthümlich gehörige Windmühlennahrung hypothekarisch versichert sind, aus irgend einem Rechtsgrunde Ansprüche zu haben vermeinen, werden hierdurch aufgefordert, dieselben binnen drei Monaten und spätestens in dem auf

den 23. Januar 1845, Vormittags 11 Uhr,
an hiesiger ordentlicher Gerichtsstelle angesetzten Termine gehörig anzumelden und nachzuweisen, widrigenfalls sie damit werden präkludirt, ihnen deshalb auch ein ewiges Stillschweigen wird auferlegt und das bezogene Dokument für amortisirt erklärt werden.

Wiederau, am 25. Juli 1844.
Patrimonialgericht daselbst.
Lessing.

Nothwendiger Verkauf.
Königl. Kammergericht in Berlin.

Das hierselbst in der Invalidenstraße Nr. 30 belegene, im Hypothekenbuche des Kammergerichts Vol. IV b Nr. 132 Pag. 265 verzeichnete Grundstück nebst Zubehör, abgeschätzt auf 19,993 Thlr. 9 Sgr. 9 Pf. zufolge der, nebst Hypothekenschein und Bedingungen in der Registratur einzusehenden Taxe, soll

am 1. März 1845
an ordentlicher Gerichtsstelle subhastirt werden.

Nothwendiger Verkauf.
Königl. Kammergericht in Berlin.

Das hierselbst vor dem Oranienburger Thore in der Chausseestraße Nr. 70 a belegene Grundstück, gerichtlich abgeschätzt auf 25,702 Thlr. 23 Sgr. zufolge der, nebst Hypothekenschein und Bedingungen in der Registratur einzusehenden Taxe, soll

am 12. März 1845, Vormittags 11 Uhr,
an ordentlicher Gerichtsstelle subhastirt werden.

Nothwendiger Verkauf.
Königl. Kammergericht in Berlin.

Das hierselbst in der Invalidenstraße Nr. 47 a belegene, im kammergerichtlichen Hypothekenbuche Vol. IX Cont. K Nr. 23 Pag. 529 verzeichnete Grundstück, abgeschätzt auf 9627 Thlr. 1 Sgr.

6 Pf. zufolge der, nebst Hypothekenschein und Bedingungen in der Registratur einzusehenden Taxe, soll

am 1. April 1845, Vormittags 11 Uhr,
an ordentlicher Gerichtsstelle subhastirt werden.

Alle unbekannten Realprätendenten werden aufgefordert, sich bei Vermeidung der Präklusion spätestens in diesem Termine zu melden.

Der Rentier Johann Georg Hempel und der Kaufmann Thomassin werden hierzu öffentlich vorgeladen.

Nothwendiger Verkauf.
Königl. Kammergericht in Berlin.

Das in der Rosengasse Nr. 33 hierselbst belegene, im Hypothekenbuche des Königl. Kammergerichts Vol. 12 Cont. i Pag. 121 Nr. 228 verzeichnete Grundstück, abgeschätzt auf 12,490 Thlr. 2 Sgr. 8 Pf. zufolge der, nebst Hypothekenschein und Bedingungen in der Registratur einzusehenden Taxe, soll

am 2. April 1845, Vormittags 11 Uhr,
an ordentlicher Gerichtsstelle subhastirt werden.

Die dem Aufenthalte nach unbekannte Bigerin, verehelichte Stadtrichter Leede, Caroline Marie, geborne Kanow, wird hierzu öffentlich vorgeladen.

Nothwendiger Verkauf.
Königl. Kammergericht in Berlin.

Das am Louisenplatz Nr. 10 hierselbst belegene, im Hypothekenbuche des Königl. Kammergerichts Cont. g Vol. IX Nr. 2 Pag. 23 verzeichnete Grundstück, abgeschätzt auf 20,340 Thlr. 3 Sgr. 4 Pf. zufolge der, nebst Hypothekenschein und Bedingungen in der Registratur einzusehenden Taxe, soll

am 2. Mai 1845, Vormittags 11 Uhr,
an ordentlicher Gerichtsstelle subhastirt werden.

Nothwendiger Verkauf.
Königl. Kammergericht in Berlin.

Das im Regierungsbezirke Potsdam, im Storkow-Beeskowschen Kreise der Mittelmark, zunächst an Königs-Wusterhausen belegene Erbpachts-Vorwerk Blossin, dessen jährlicher Reinertrag 1229 Thlr. 24 Sgr. 8 Pf. gerichtlich abgeschätzt worden, welcher, mit 5 Prozent kapitalisirt, einen Werth von 24,800 Thlrn., und mit 4 Prozent einen Werth von 31,000 Thlrn. ergiebt, bei Abzug des mit 4 Prozent kapitalisirten, jährlich

888 Thlr. 13 Sgr. 4 Pf. betragenden Erbpachts-
Kanons, das heißt, also nach Abzug von 22,211
Thlrn. sich zu 5 Prozent auf 2589 Thlr. und zu
4 Prozent auf 8789 Thlr. stellt, zufolge der, nebst
Hypothekenschein und Kaufbedingungen in der Registratur einzusehenden Taxe, soll
am 28. Mai 1845, Vormittags 11 Uhr,
an ordentlicher Gerichtsstelle subhastirt werden.
Der Gläubiger Partikulier Carl Ludwig Ferdinand Barth, dessen Wohnung unbekannt ist, wird
zu diesem Termine vorgeladen.

Nothwendiger Verkauf.

Die im Niederbarnimschen Kreise bei Oranienburg belegene, im Hypothekenbuche des Königl.
Kammergerichts Vol. III, Pag. 197 verzeichnete
Glashütte bei Friedrichsthal nebst Pertinenzien,
abgeschätzt auf 19,280 Thlr. 21 Sgr. 1 Pf. zufolge
der, nebst Hypothekenschein und Bedingungen in
der Registratur einzusehenden Taxe, soll
am 16. Mai 1845, Vormittags 11 Uhr,
an ordentlicher Gerichtsstelle resubhastirt werden.
Berlin, den 24. Oktober 1844.
Königl. Preußisches Kammergericht.

Nothwendiger Verkauf.

Stadtgericht zu Berlin, den 18. Juli 1844.
Die dem Maurerpolier Johann Christian Haedicke zugehörige Hälfte des in der Langen Gasse
Nr. 55 und 56 belegenen Grundstücks, welches zu
6339 Thlr. 18 Sgr. 3 Pf. taxirt worden, soll
am 4. März 1845, Vormittags 11 Uhr,
an der Gerichtsstelle subhastirt werden. Taxe und
Hypothekenschein sind in der Registratur einzusehen.
Zugleich werden hierdurch die dem Aufenthalte
nach unbekannten Interessenten:
1) der Miteigenthümer, Maurerpolier Gottlob
Gustav Kasten,
2) die Ehefrau des Malers Schmidt, Johanne
geborne Bocquet
öffentlich vorgeladen.

Nothwendiger Verkauf.

Stadtgericht zu Berlin, den 31. August 1844.
Das in der Wollanksstraße belegene Grundstück des Zimmermeisters August Daniel Sperling, gerichtlich abgeschätzt zu 7985 Thlr. 13 Sgr.
9 Pf., soll

am 11. April 1845, Vormittags 11 Uhr,
an der Gerichtsstelle subhastirt werden. Taxe und
Hypothekenschein sind in der Registratur einzusehen.

Nothwendiger Verkauf.

Der zu Biesen belegene, Vol. I Fol. 89 des
dortigen Hypothekenbuchs verzeichnete, Kossäthenhof des Zieglers Gerstenberg, auf welchem bisher die Ziegelei betrieben worden, so wie der,
ebendaselbst belegene, Antheil des 2c. Gerstenberg an dem dortigen Ritteracker, abgeschätzt auf
2162 Thlr. 5 Sgr. 7 Pf. zufolge der, nebst Hypothekenschein des Kossäthenhofes in unserer Registratur einzusehenden Taxe, soll
am 25. Januar 1845, Vormittags 11 Uhr,
an ordentlicher Gerichtsstelle subhastirt werden.
Alle unbekannten Realprätendenten des Antheils am Ritteracker zu Biesen werden aufgefordert, sich bei Vermeidung der Präklusion spätestens
in diesem Termine zu melden.
Wittstock, den 14. September 1844.
Königl. Justizamt hierselbst.

Nothwendiger Verkauf.

Stadtgericht zu Charlottenburg, den 17. Sept. 1844.
Das in der neuen Berliner Straße sub Nr. 16
allhier belegene, im hiesigen stadtgerichtlichen Hypothekenbuche Vol. XI Nr. 593 auf den Namen
des Spediteurs Johann Friedrich August Preuß
verzeichnete Erbpachts-Grundstück soll
am 23. April 1845, Vormittags 10 Uhr,
an der Gerichtsstätte subhastirt werden.
Taxe und Hypothekenschein sind in der Registratur einzusehen. Der Reinertrag des Grundstückes von 284 Thlrn. 5 Sgr. gewährt zu 5 Prozent einen Taxwerth von 5683 Thlrn. 10 Sgr.
und zu 4 Prozent einen Taxwerth von 7104 Thlrn.
5 Sgr., darauf haftet ein Erbpachts-Kanon von
22 Thlrn., welcher zu 4 Prozent gerechnet ein
Kapital von 550 Thlrn. darstellt, so daß der Werth
des Grundstückes zu 5 Prozent veranschlagt 5133
Thlr. 10 Sgr., und zu 4 Prozent veranschlagt
6554 Thlr. 5 Sgr. beträgt.
Die unbekannten Realprätendenten werden unter der Verwarnung der Präklusion hierdurch öffentlich vorgeladen.

Bekanntmachung.

Zum öffentlichen freiwilligen Verkauf des dem
Webermeister August Friedrich Degener und der

Wittwe Schraber gehörigen, hierselbst in der Burgstraße sub Nr. 102 belegenen, Vol. III Pag. 61
des Hypothekenbuchs verzeichneten, auf 1265 Thlr.
29 Sgr. taxirten Hauses nebst Zubehör wird ein
Bietungstermin auf
den 1. Februar 1845, Vormittags 10 Uhr,
an Gerichtsstelle anberaumt. Der neueste Hypothekenschein und die Taxe sind in unserer Registratur einzusehen.
Angermünde, den 19. September 1844.
Königl. Stadtgericht.

Nothwendiger Verkauf.
Land- und Stadtgericht zu Luckenwalde, den
26. September 1844.
Das dem Leinewebermeister Johann Friedrich
Hiltmann gehörige, hierselbst in der Trebbiner
Straße sub Nr. 2 belegene Büdnerhaus, taxirt zu
987 Thlrn. 5 Sgr., soll
am 4. Februar 1845, Vormittags 11 Uhr,
an ordentlicher Gerichtsstelle subhastirt werden.
Die Taxe und der neueste Hypothekenschein können in der Registratur eingesehen werden.

Nothwendiger Verkauf.
Stadtgericht zu Berlin, den 27. September 1844.
Die in der Augustraße Nr. 71 und 72 belegenen Grundstücke der Wittwe Werner, geb.
Zernickow, gerichtlich abgeschätzt zu 2880 Thlrn.
14 Sgr. 3 Pf. und 4837 Thlrn. 6 Sgr. 3 Pf.,
sollen
am 20. Februar 1845, Vormittags 11 Uhr,
Theilungshalber an der Gerichtsstelle subhastirt
werden. Taxe und Hypothekenschein sind in der
Registratur einzusehen.
Die unbekannten Realprätendenten werden zu
diesem Termin unter Verwarnung der Präklusion
vorgeladen.

Nothwendiger Verkauf.
Stadtgericht zu Pritzwalk, den 12. November 1844.
Das hierselbst belegene, den minderjährigen
Geschwistern Stavenow gehörige Wohnhaus mit
Garten, abgeschätzt auf 557 Thlr. 20 Sgr. 6 Pf.
zufolge der, nebst Hypothekenschein in der Registratur einzusehenden Taxe, soll
am 22. Februar 1845, Vormittags 11 Uhr,
an ordentlicher Gerichtsstelle subhastirt werden.

Stadtgericht zu Berlin, den 19. November 1844.
Die außer- und innerhalb der Ringmauer am
Landsberger Thore belegenen der Kirche zu Rosenthal gehörigen:
1) Vol. III Nr. 163 des Hypothekenbuchs und
Nr. 44 des Feldbuchs verzeichneten 9 Morgen 78 ☐Ruthen außerhalb der Ringmauer,
taxirt zu 1352 Thlr. 2 Sgr. 6 Pf. und 5
Morgen 169 ☐Ruthen 97 ☐Fuß innerhalb
der Ringmauer, taxirt zu 787 Thlr. 15 Sgr.,
2) Vol. III Nr. 163 des Hypothekenbuchs und
Nr. 42 des Feldbuchs verzeichneten 2 Morgen 105 ☐Ruthen außerhalb der Ringmauer,
taxirt zu 341 Thlr. 20 Sgr. und 67 ☐Ru-
then 10 ☐Fuß innerhalb der Ringmauer,
taxirt zu 25 Thlr. 25 Sgr.,
Ackerstücke sollen
am 16. Januar 1845, Vormittags 11 Uhr,
öffentlich an der Gerichtsstelle vererbpachtet werden.
Beschreibung, Taxe und Bedingungen sind in
der Registratur einzusehen.

Nothwendiger Verkauf.
Stadtgericht zu Charlottenburg, den 25. November 1844.
Das hierselbst in der Berliner Straße sub
Nr. 9 belegene, in hiesigen stadtgerichtlichen Hypothekenbuche Vol. III Nr. 111 auf den Namen
des Gastwirths Johann Christian Seeger verzeichnete Grundstück, taxirt zu 3800 Thlr. 5 Sgr.
4 Pf., soll
am 1. April 1845, Vormittags 10 Uhr,
an der Gerichtsstätte subhastirt werden. Taxe und
Hypothekenschein sind in der Registratur einzusehen.

Nothwendiger Verkauf.
Königl. Stadtgericht Gransee, den 2. Dez. 1844.
Nachstehende, den Geschwistern Krohn gehörige Grundstücke, als:
ein Morgen Zweiruthe Nr. 228 von 2 Morg.
66 ☐R., taxirt 90 Thlr.,
ein Morgen Egelpfuhl Nr. 1636 von 3 Morg.
4 ☐R., taxirt 50 Thlr.
zufolge der, nebst Hypothekenschein und Bedingungen in der Registratur einzusehenden Taxe, sollen
am 15. März 1845, Vormittags 10 Uhr,
an ordentlicher Gerichtsstelle subhastirt werden.

Nothwendiger Verkauf.
Stadtgericht zu Treuenbrietzen, am 6. Dez. 1844.

Das zum Nachlasse der Wittwe des Tischlermeisters Kleinert geb. Moellendorf gehörige
Haus Nr. 92 hierselbst, geschätzt auf 443 Thlr.
13 Sgr. 5 Pf., soll
am 26. März 1845, Vormittags 11 Uhr,
Theilungshalber subhastirt werden.

Die Taxe und der Hypothekenschein sind in der
Registratur einzusehen.

Die unbekannten Eigenthümer der Rubr. III
Nr. 3 als unbezahlte Kaufgelder aus dem Rezesse
vom 19. November 1722, vom 14. März 1730
auf dem Hause eingetragenen Post von 48 Thlrn.
16 Gr. werden hierdurch öffentlich vorgeladen.

Nothwendiger Verkauf
zur Auflösung der Gemeinschaft.
Das von Arenstorffsche Patrimonialgericht über
Bochin zu Lenzen, den 7. Dezember 1844.

Das zum Nachlasse des verstorbenen Arbeitsmanns Johann Gauert gehörige, zu Rausdorff
belegene und im Hypothekenbuche Vol. II Fol. 302
sub Nr. 36 eingetragene Haus mit Zubehörungen,
abgeschätzt zu 494 Thlr. 5 Sgr. 9 Pf. zufolge der,
nebst Hypothekenschein in der Registratur einzusehenden Taxe, soll
den 19. März 1845, Vormittags 11 Uhr,
in der Gerichtsstube zu Bochin subhastirt werden.

Nothwendiger Verkauf.
Königliches Preußisches Stadtgericht.
Nauen, den 2. November 1844.

Das dem Handarbeiter Andreas Friedrich Riewendt zugehörige, hierselbst in der Dubelgasse sub
Nr. 16a belegene, im Hypothekenbuche Vol. II
Pag. 33 verzeichnete und auf 83 Thlr. 10 Sgr.
9 Pf. gerichtlich abgeschätzte Budenhaus soll subhastirt werden. Zu diesem Behuf steht ein Bietungstermin auf
den 10. März 1845, Vormittags 11 Uhr,
im hiesigen Gerichtszimmer an, zu welchem Kauflustige hierdurch eingeladen werden.

Der Hypothekenschein und die Taxe dieses
Grundstücks sind täglich in unserer Registratur
einzusehen.

Nothwendiger Verkauf.
Stadtgericht zu Berlin, den 12. November 1844.

Das in der alten Jakobsstraße Nr. 186 belegene Grundstück des Maurerpoliers Johann George
Niesölke, gerichtlich abgeschätzt zu 9069 Thlr.,
soll Schuldenhalber
am 8. Juli 1845, Vormittags 11 Uhr,
an der Gerichtsstelle subhastirt werden. Taxe und
Hypothekenschein sind in der Registratur einzusehen.

Freiwilliger Verkauf.
Stadtgericht zu Wittenberge, am 13. Nov. 1844.

Das dem Ackermann Behn gehörende, zu
2800 Thlr. erkaufte, und jetzt von dem Schläch-
ter Bethge bewohnte, im Hypothekenbuche Vol. I
sub Nr. 1 verzeichnete Haus am Elbdeiche hierselbst, zu welchem noch ein zweites Haus und ein
Stallgebäude gehören, und das sich wegen seiner
Lage zum Betriebe eines jeden Gewerbes vortheilhaft eignet, soll
am 13. Januar 1845, Vormittags 10 Uhr,
auf der Gerichtsstube hierselbst meistbietend verkauft werden.

Die Verkaufsbedingungen sind in unserer Registratur täglich einzusehen.

Nothwendiger Verkauf.
Land- und Stadtgericht zu Brandenburg an der
Havel, den 16. November 1844.

Das hier in der Fischerstraße bei Neustadt sub
Nr. 18 belegene, Vol. I Fol. 217 des Hypothekenbuchs eingetragene und den Schneider Günzel-
schen Erben gehörige Wohnhaus nebst Hauskavel,
gerichtlich abgeschätzt auf 816 Thlr. 9 Sgr. 1 Pf.
zufolge der, nebst Hypothekenschein und Kaufbedingungen in unserer Registratur einzusehenden
Taxe, soll
am 31. März 1845, Vormittags 11 Uhr,
an ordentlicher Gerichtsstelle vor dem Deputirten
Herrn Kammergerichts-Assessor Bendel subhastirt
werden.

Freiwilliger Verkauf.
Land- und Stadtgericht zu Neustadt-Eberswalde, den 20. November 1844.

Behufs Auseinandersetzung der Besitzer soll das
den Erben des Fischers George Reetz gehörige,
zu Eigenthumsrechten besessene, im Flecken Nieder-
Finow unter der Hypothek-Nr. 19 belegene Fischer-
gut mit allem Zubehör, abgeschätzt auf 1994 Thlr.

zufolge der, nebst Hypothekenschein und Bedingungen im 11ten Geschäftsbüreau einzusehenden Taxe, am 14. März 1845, Vormittags 11 Uhr, im Gerichtshause an den Meistbietenden verkauft werden.

Nothwendiger Verkauf.

Stadtgericht zu Berlin, den 20. November 1844.

Das in der Blumenstraße Nr. 13 belegene Teichert'sche Grundstück, gerichtlich abgeschätzt zu 6317 Thlr. 3 Sgr. 9 Pf., soll

am 4. Juli 1845, Vormittags 11 Uhr, an der Gerichtsstelle subhastirt werden. Taxe und Hypothekenschein sind in der Registratur einzusehen.

Der Viktualienhändler Samuel Gottlieb Teichert als Eigenthümer, dessen Aufenthalt unbekannt ist, wird hierdurch öffentlich vorgeladen.

Nothwendiger Verkauf.

Stadtgericht zu Berlin, den 21. November 1844.

Das in der Linienstraße Nr. 46 belegene Pallavicinische Grundstück, gerichtlich abgeschätzt zu 6740 Thlr. 22 Sgr. 6 Pf., soll

am 1. Juli 1845, Vormittags 11 Uhr, an der Gerichtsstelle subhastirt werden. Taxe und Hypothekenschein sind in der Registratur einzusehen.

Nothwendiger Verkauf.

Stadtgericht zu Berlin, den 22. November 1844.

Das in der Burgstraße Nr. 16 belegene Johnsche Grundstück, gerichtlich abgeschätzt zu 29,121 Thlr. 3 Sgr. 9 Pf., soll

am 11. Juli 1845, Vormittags 11 Uhr, an der Gerichtsstelle subhastirt werden. Taxe und Hypothekenschein sind in der Registratur einzusehen.

Nothwendiger Verkauf.

Land- und Stadtgericht Storkow, den 22. November 1844.

Das dem Färbermeister Bockroth'schen Erben gehörige, hierselbst in der Schloßstraße Nr. 2 belegene, im Hypothekenbuche Vol. IV fol. 73 verzeichnete Wohnhaus nebst Acker und übrigen Pertinenzien, gerichtlich auf 577 Thlr. 28 Sgr. 7 Pf. abgeschätzt, soll in termino

den 9. April 1845, Vormittags 11 Uhr, an ordentlicher Gerichtsstelle subhastirt werden.

Taxe und Hypothekenschein können in unserer Registratur eingesehen werden.

Die unbekannten Erben des Färbermeisters Johann Ernst Bockroth werden zu diesem Termine mitvorgeladen.

In Sachen, betreffend die Subhastation des in der Kolonie Neu-Hoenow belegenen, Vol. I a Pag. 811 Nr. 11 in unserm Hypothekenbuche verzeichneten, der verehelichten Cavitz, früher verwittweten Obel, gebornen Scheer, gehörigen Büdneretablissements wird der auf

den 30. Dezember d. J. anberaumte Bietungstermin hierdurch aufgehoben.

Alt-Landsberg, den 9. Dezember 1844.

Königl. Preuß. Land- und Stadtgericht.

Berlin-Potsdamer Eisenbahn.

Vom 2. Januar bis inkl. ult. März d. J. Vormittags von 9 bis 1 Uhr, mit Ausschluß der Sonn- und Festtage, werden im Kassenlokale auf dem Berliner Bahnhofe:

1) die Zinsen von den Prioritäts-Aktien für das 2te halbe Jahr 1844, und
2) die am 1. März 1845 zahlbaren Zinsen von den Stamm-Aktien für das Jahr 1844 gezahlt werden.

Ein jeder Kouponbesitzer hat eine Spezifikation, sowohl eine besondere von den Koupons der Prioritäts-Aktien, als auch eine von den der Stamm-Aktien, nach den laufenden Nummern geordnet, mit seiner Namensunterschrift und seiner Wohnungsanzeige versehen, einzureichen, und gegen Abgabe der Koupons die Zahlung in unserer Kasse sofort zu gewärtigen.

Wegen der Höhe der Dividende für das Jahr 1844 wird die weitere Bekanntmachung vorbehalten. Berlin, den 10. Dezember 1844.

Die Direktion der Berlin-Potsdamer Eisenbahn-Gesellschaft.

Oeffent-

Oeffentlicher Anzeiger (№ 2)
zum 51sten Stück des Amtsblatts
der Königlichen Regierung zu Potsdam und der Stadt Berlin.

Den 20. Dezember 1844.

Steckbriefs-Erledigung.
Der durch den Steckbrief vom 27. November d. J. verfolgte Dienstknecht Friedrich Blumenthal ist ergriffen worden und daher der Steckbrief erledigt.
Königs-Wusterhausen, den 14. Dez. 1844.
Königl. Preuß. Justizamt.

Bekanntmachung.
Im Auftrage der Königl. Regierung zu Potsdam wird das unterzeichnete Haupt-Steueramt im hiesigen Amtsgelasse
am 30. d. M., Vormittags 10 Uhr,
die Chausseegeld-Erhebung bei Schulzendorf an den Meistbietenden, mit Vorbehalt des höhern Zuschlags, vom 1. Februar 1845 ab, zur Pacht ausstellen. Nur dispositionsfähige Personen, welche mindestens 150 Thlr. baar oder in annehmlichen Staatspapieren bei dem hiesigen Haupt-Steueramte zur Sicherheit niedergelegt haben, werden zum Bieten zugelassen. Die Pachtbedingungen sind bei uns von heute an, während der Dienststunden einzusehen.
Neustadt-Eberswalde, den 16. Dezbr. 1844.
Königl. Preuß. Haupt-Steueramt.

Publikandum.
In unserem Depositorio befinden sich folgende zum Aufgebot geeignete Gelder:
1) 7 Thlr. 25 Sgr. 9 Pf. für die Erben des Weinhändlers Gottfried Heinrich Fuß Hippel,
2) 1 Thlr. 28 Sgr. 1 Pf. für die Erben der separirten Eickermeier, Karoline gebornen Fischer,
3) 2 Thlr. 18 Sgr. für den Kutscher Herrmann Hartwig, früher in Lichtenberg.
Die Eigenthümer dieser Gelder oder deren Erben werden hiervon mit dem Bedeuten benachrichtigt, daß die Gelder bei ferner unterbleibender Abforderung nach Ablauf von 4 Wochen zur allgemeinen Justiz-Offizianten-Wittwenkasse abgeliefert werden sollen.
Berlin, den 10. Dezember 1844.
Königl. Landgericht.

Schafvieh-Verkauf.
Mit dem 20. Januar 1845 beginnt der Bock-Verkauf aus hiesiger Stammschäferei und werden, wie früher, nur zweijährige und ältere Böcke zu festen Preisen in den Klassen à 15 Thlr. und à 20 Thlr., erkl. Wolle, edlere Thiere aber zu höheren Preisen verkauft. Eben so stehen von gedachter Zeit an 600 Mutterschafe und 250 überzählig gewordene Hammel hiesiger Heerden zum Verkauf und zur Ansicht bereit.
Prillwitz bei Pyritz in Pommern.
Das Rentamt.

Freiwilliger Verkauf
zur Auflösung der Gemeinschaft.
Königl. Land- und Stadtgericht zu Neustadt-Ebersw.
Die Mühlenbesitzung der Erben des Mühlenmeisters Gottfried Wilhelm Blücher zu Neustadt-Eberswalde in der Vorstadt, geschätzt auf 24,804 Thlr. zufolge der, nebst Hypothekenschein und Kaufsbedingungen im IIten Geschäftsbureau des Gerichts einzusehenden Taxe, soll
am 31. März 1845, Vormittags 11 Uhr,
im Gerichtshause an den Meistbietenden verkauft werden.
Die Besitzung besteht aus einer Oelmühle, einer früheren Gipsmühle, vier Gärten von zusammen 1 Morgen 88 ☐Ruthen, einem Wohnhause von 2 Wohnungen nebst Schuppen und mehreren anderen Pertinenzstücken.
Die Oelmühle von 2 Etagen und Bodenraum ist mit einer vollständigen Raffinerie, und mit Raum zum Aufstellen von Oelkuchen versehen, und enthält ein doppeltes Walzwerk, zwei Paar Vorpressen, neun Paar Stampfen, vier Paar Nachpressen und einen kupfernen Wärm-Apparat. Das Wasserrad ist 16 Fuß hoch und 6 Fuß breit.

Die ehemalige Gipsmühle hat ein ähnliches Wasserrad nebst großem eisernen Stirnrad und ist zu jeder beliebigen Einrichtung geeignet.

Nothwendiger Verkauf.

Stadtgericht zu Wittstock, den 22. Novbr. 1844.

Das dem Tuchmachermeister Schröder gehörige, hierselbst im dritten Viertel an der Mauer beim Kyritzer Thore belegene, Vol. III Nr. und Fol. 76 des Hypothekenbuchs verzeichnete, zu dem Werthe von 594 Thlr. 3 Sgr. 10 Pf. gerichtlich abgeschätzte Wohnhaus, soll

am 27. März 1845,

Vormittags 11 Uhr und Nachmittags 4 Uhr, an ordentlicher Gerichtsstelle subhastirt werden.

Taxe und Hypothekenschein sind in der Registratur des Gerichts einzusehen.

Sonnabend, den 28. Dezbr., Morgens 9 Uhr, sollen in der Wassermühle zu Beelitz drei Arbeitspferde nebst Geschirre, ein Kaleschwagen, ein großer Arbeitswagen mit eisernen Achsen, einem lauf breiter und schmaler Felgen, Acker- und Fischerei-Geräthschaften, ein Schlitten, eine Heuwage, eine Erdwinde, eine vollständige große Ramme, verschiedenes Hausgeräth, Möbel und zwei sehr gute rheinische Mühlsteine, von 4 Fuß Größe, gegen baare Zahlung versteigert werden.

Bekanntmachung.

Ein blauschimmlicher, schwarzgefleckter Jagdhund, auf dem rechten Auge blind und auf den Namen Caron hörend, ist am 4. d. M. entlaufen; wer denselben bei dem Thierarzt Moldenhauer in Gransee abgiebt oder nachweiset, erhält Einen Thaler Belohnung.

Die Herren Gutsbesitzer, welche geneigt sind, im gegenwärtigen Winter Brennhölzer einschlagen zu lassen, oder solche bereits eingeschlagen stehen haben, belieben ihre resp. Adressen mit näherer Angabe dem Königl. Intelligenz-Komptoir zu Berlin unter D 102 franko einzusenden.

Berlinische Lebensversicherungs-Gesellschaft.

Wir bringen hierdurch zur öffentlichen Kenntniß des betreffenden Publikums, daß die Geschäfte unseres zeitherigen Agenten, Herrn Bürgermeisters Seeger in Fehrbellin von heute ab auf den Herrn Kämmerer Meyer in Fehrbellin übergegangen sind, welcher nicht nur wegen der bis jetzt geschlossenen Versicherungen das Nöthige veranlassen, sondern auch die fernern Versicherungsanträge annehmen wird.

Berlin, den 27. November 1844.

Direktion der Berlinischen Lebensversicherungs-Gesellschaft.

C. W. Brose, C. S. Brüstlein, F. M. Magnus, F. Lütke, Direktoren.

Lobeck, General-Agent.

Preußische Rentenversicherungs-Anstalt.
Bekanntmachung.

Die unterzeichnete Direktion bringt hiermit zur öffentlichen Kenntniß, daß in den Monaten Januar und Februar k. J. die Zahlung der für das Jahr 1844 fälligen Renten von den vollständigen Einlagen der Jahresgesellschaften 1839 bis einschließlich 1843, sowohl hier bei der Direktions-Kasse (Mohrenstraße Nr. 39), als bei den sämmtlichen Agenturen, nach Bestimmung des § 26 der Statuten, stattfinden wird.

Die fälligen Rentenkoupons sind mit dem im § 27 der Statuten vorgeschriebenen Lebensatteste zu versehen, und wird in letzterer Beziehung noch bemerkt, daß, wer mehrere Koupons für Eine Person zu gleicher Zeit abhebt, auch nur Ein Lebensattest beizubringen nöthig hat, und daß dergleichen Atteste von jedem, der ein öffentliches Siegel führt — unter Beidrückung desselben und dem Vermerk des Amtskarakters — ausgestellt werden können.

Die Renten betragen:

von der Jahres-gesellschaft	in Klasse:					
	I. ttr. sg. pf.	II. ttr. sg. pf.	III. ttr. sg. pf.	IV. ttr. sg. pf.	V. ttr. sg. pf.	VI. ttr. sg. pf.
1839	3 10 6	3 21 6	4 3 —	4 13 6	4 24 6	5 27 —
1840	3 4 —	3 12 6	3 22 —	4 2 —	4 12 —	5 10 —
1841	3 4 —	3 13 6	3 23 —	4 2 —	4 12 —	5 9 6
1842	3 3 —	3 13 —	3 22 6	4 2 —	4 11 6	5 7 —
1843	2 20 —	2 27 —	3 5 —	3 15 —	4 — —	4 22 —

In Betreff der früher schon fällig gewesenen, aber noch nicht abgehobenen Renten, wird der § 28 der Statuten hiermit in Erinnerung gebracht, welcher bestimmt, daß jede baar zu erhebende Rente verjährt, wenn solche nicht binnen vier Jahren nach der Fälligkeit, in Empfang genommen worden ist.

Berlin, den 6. Dezember 1844.
Direktion der Preuß. Rentenversicherungs-Anstalt.

Romberg's Zeitschrift
für
praktische Baukunst,

welche von einem hohen Königl. Bayerschen Ministerium des Innern, den Kreis-Bau-Büreaus, Bau-Inspektionen und technischen Anstalten, vom hohen Königl. Hannöverschen Finanzministerium und dem hohen Ministerium des Kurfürstenthums Hessen allen Baubeamten angelegentlich empfohlen wurde, hat es sich zur Aufgabe gestellt, der Baukunst und dem Eisenbahnwesen ein Organ zu sein, wie es der Standpunkt der Kunst- und Baugesellschaft erfordert.

Der ganze Jahrgang, welcher 40 Druckbogen Text, 30 Kupfertafeln in gr. 4. und über 20 Stahlstiche in Fol. enthält, kostet 6 Thlr. Preuß. Kour. und ist ein so billiger Preis nur bei dem großen Absatz, dessen diese Zeitschrift sich zu erfreuen hat, allein möglich.

Ueber die Reichhaltigkeit der Artikel, so wie über die Erörterung der Zeitfragen in der Baukunst und dem Eisenbahnwesen mag nachstehendes Verzeichniß eine Einsicht geben.

Inhaltsverzeichniß der größeren Artikel des vierten Jahrgangs 1844.

Das Regierungsgebäude zu Gumbinnen vom Geh. Ober-Baurath Severin, mit einer Façade vom Direktor Schinkel, mit 3 Stahlstichen. — Das Laves'sche Konstruktionssystem in einer neuen- und nützlichen Anwendung von J. A. Romberg, mit 2 Kupfertafeln. — Beschreibung eines Privathauses mit herrschaftlichen Wohnungen, vom Architekt O. Franke, mit 1 Kupfert. und 1 Stahlstich. — Die neue Kaserne zu Potsdam von Kreyher, Bau-Referendar und Baumeister, mit 3 Kupfert. und 1 Stahlstich. — Wohnhaus für einen Zimmermeister in Berlin, vom Architekt Tietz, mit 3 Stahlstichen. — Hülfstafeln zum Abstecken von Bogen bei Linien für Eisenbahnen, vom Baumeister Wedeke. — In welchem Style sollen wir bauen? Eine Frage für die Mitglieder des deutschen Architekten-Vereins, vom Regierungs-Baurath Rosenthal. — Entwurf einer gedeckten Holzbrücke von 104' freier Tragung über die Moldau in Prag, vom Professor Wiesenfeld in

Prag, mit 1 Kupfert. — Ueber die Anlage von Fabrikgebäuden, von Dr. L. Kufahl, Mechaniker in Berlin. — Das berühmte allgemeine Krankenhaus in Bamberg (noch nirgends mitgetheilt oder beschrieben), mit 1 Kupfert. — Die Hauptwache zu Hannover, vom Stadtbaumeister Andreae, mit 3 Stahlstichen. — Von der Fortschaffung der Erde zur Bildung von Vertiefungen und Erhöhungen, mit 1 Kupfert. — Das Wesentlichste der Eisenbahnen, von C. L. Lange, Maschinenmeister der Leipzig-Magdeburger Eisenbahn. — Die Brücke der Berlin-Anhaltischen Eisenbahn, von C. Atzschner, Architekt, mit 4 Kupfert. — Entwurf zu einer Instruktion für Lokomotivenführer. Nach den besten Quellen und nach mehrjährigen eigenen Erfahrungen bearbeitet von C. L. Lange, Maschinenmeister. — Oekonomiehof für Herrn A. Rothschild zu Frankfurt a. M., von C. Hatzel, Architekt, mit 1 Kupfert. und 2 Stahlstichen. — Urtheil über die Beleuchtung einer Stadt durch Gas aus Steinkohlentheeröl. — Mittheilung über Verhütung und Vertreibung des Hausschwammes, so wie über flache Dächer von Lehm, Papier, Leinwand, Filz ıc. von W. Emmich, Königl. Preuß. Regierungs-Bau-Inspektor. — Ueber Kammarbeiten von W. Braasch, Architekt. — Ueber die Konstruktion akustischer Kirchen, Sprach- und Mußsäle. — Beschreibung der im Königl. Schauspiele zu Berlin ausgeführten Versenkung, mit 2 Kupfert. — Bemerkungen über Spurweite der Eisenbahnen und Räder der Wagen, von C. L. Lange, Maschinenmeister, mit 1 Kupfert. — Ueber die Berechnung der Auf- und Abträge bei Anlage der Chausseen und Eisenbahnen, von J. C. Wedeke, Baumeister, mit 1 Kupfert. — Beschreibung eines Küchenofens mit 1 Kupfert. — Ueber die Austrocknung des Haarlemer Meeres. — Ueber die Festigkeit und Dauerhaftigkeit alter und neuerer Gebäude, von J. P. Jöndl, Baurath zu Prag, mit Anmerkungen von J. A. Romberg. — Ueber die Stützung des gesunkenen Thurmes der neuerbauten Marienkirche zu Thurnau in Böhmen, von C. A. Schramm, Architekt, mit 2 Kupfert. — Beurtheilung des Ranek'schen Brückenprojekts, von F. J. Maschek in Prag. — Die Drehscheibe auf Eisenbahnen von C. L. Lange, Maschinenmeister. — Verordnungen über das Landesbauwesen im Herzogthum Nassau, vom Architekt Jahn. — Ueber Pferdeställe und Wagenremisen des Lord Stofford in London, von Architekt M. Ch. Barry, mit 2 Kupfert. — Ueber Bahnhofsanlagen, von J. A. Romberg. — Ueber die Nachtheile der Minuendo- oder Absteigerungs-Lizitationen bei Bauten, von J. P. Jöndl, Baurath in Prag, mit Anmerkungen von J. A. Romberg. — Das Nivellirinstrument von Breithaupt in Cassel, mit 1 Kupfert. — Das Kadettenhaus zu Hannover, vom Baumeister Ebeling, mit 3 Stahlstichen. — Das Universitätsgebäude zu Halle, vom Baumeister A. Stapel, mit 3 Stahlstichen. — Wohnhaus in Berlin, von A. Stüler, Ober-Hofbaurath, mit 2 Stahlstichen. — Ein Gefängniß von Rosenthal, Regierungs-Baurath, mit 1 Stahlstich. — Das Rathhaus zu Neustadt bei Magdeburg, von Rosenthal, Regierungs-Baurath, mit 1 Stahlstich. — Die neue Kirche zu Sonnenberg, vom Professor Heideloff, mit 1 Stahlstich.

Ferner giebt diese Zeitschrift die Verhandlungen und Vorträge der allgemeinen deutschen Architekten-Versammlungen vollständig und zwar mit kritischen Bemerkungen, wo solche der Redaktion möglich sind oder nothwendig erscheinen.

Die Rezensionen liefern eine vollständige Uebersicht der Literatur, sowohl der Baukunst als des Eisenbahnwesens. Anzeigen bringt diese Zeitschrift absichtlich nicht, um nicht Werke zu verbreiten, die der Verbreitung unwürdig sind.

Die Kunstberichte liefern über ausgeführte oder beabsichtigte Bauwerke, so wie über Eisenbahnen ꝛc. mit kritischen Bemerkungen. Diese Rubrik liefert einen vollständigen Ueberblick im Gebiete der Kunst und des Ingenieurwesens und zwar aller Länder.

Die Ausstattung, namentlich die der Stahl- und Kupferstiche, ist der Kunst würdig und entspricht gewiß jeder Anforderung.

Wenn diese Zeitschrift für Architekten und Ingenieure ein Bedürfniß zu nennen ist, wird sie auch jedem Maurer- und Zimmermeister, welcher in seinem Fache sich die in unserer Zeit so nöthigen Kenntnisse erwerben und nicht hinter den Fortschritten der Zeit zurückbleiben will, sehr zu empfehlen sein.

Bauherren werden durch die mitgetheilten Wohnhäuser und deren Einrichtung, so wie durch die Artikel über Dauerhaftigkeit der Gebäude, über Entstehung mancher Uebelstände ꝛc. Belehrung finden. Bauunternehmer aber, namentlich auch bei Eisenbahnbauten, finden hier nützliche Winke.

Diese Zeitschrift ist zu beziehen durch die Stuhr'sche Buchhandlung in Potsdam, am Kanal, neben der Post, wo die erschienenen Hefte sogleich und billig zu haben sind. Der Vorrath des Jahrgangs 1844 ist bald erschöpft und bittet man die Bestellung auf den Jahrgang 1845 zeitig zu machen, damit in der Zusendung keine Störung eintritt.

———

In Franz Varrentrapp's Verlag, Frankfurt a. M., ist so eben erschienen und in allen Buchhandlungen zu haben:

F. C. Schlosser's
Weltgeschichte für das **deutsche Volk.**
Unter Mitwirkung des Verfassers bearbeitet
von
Dr. G. L. Kriegk.

Erste und zweite Lieferung, gr. 8. br. XXIV und 256 Seiten. Preis: 12½ Sgr. pr. Heft.

Der Name des Verfassers überhebt die Verlagshandlung jeder Anpreisung. Die Schlosser'sche Weltgeschichte wird als deutsches Nationalwerk ihre Bestimmung würdig erfüllen. Ueber Plan und Methode giebt die „einleitende Vorrede" hinreichende Auskunft. Was dieses Werk vor allem charakterisirt: eine vorurtheilsfreie, auf ächter historischer Kenntniß beruhende Auffassung und eine klare, von allen Wortfloskeln frei gehaltene populäre Darstellung, wird ihm einen ausgezeichneten Rang unter den allgemeinen Bildungsmitteln und den Zugang in die Familien aller Stände sichern. Ueber die Art und Zeit der Erscheinung dieses aus 24 Lieferungen oder 12 Bänden bestehenden Werks verweisen wir auf den Prospektus, welcher in jeder Buchhandlung zu erhalten ist. Die einzelnen Lieferungen werden rasch auf einander folgen.

Vorräthig in der Stuhr'schen Buchhandlung in Potsdam, am Kanal, neben der Post.

Oeffentlicher Anzeiger
zum 52sten Stück des Amtsblatts
er Königlichen Regierung zu Potsdam und der Stadt Berlin.
Den 27. Dezember 1844.

Steckbrief.

Der hiesige Obst- und Federvieh-Händler Christian Wilhelm, welcher wegen Diebstahls von ns zur Kriminal-Untersuchung gezogen worden ist, t sich seit Juni d. J. von hier entfernt. Sämmtche Zivil- und Militairbehörden werden ersucht, f denselben Acht zu haben und ihn im Betretungsslle zu verhaften und an uns abliefern zu lassen.

Derselbe ist 34 Jahr alt, evangelisch, zu Lichnburg bei Torgau geboren, von mittlerer Größe, fsunder Gesichtsfarbe und ohne Bart. Er ist zuzt in einer grauen gestickten Jacke und leinenen osen gesehen worden und soll sich neuerlich in r Gegend von Potsdam aufgehalten haben.

Dahme, den 16. Dezember 1844.

Das Königl. Land- und Stadtgericht.

Verspätet. Am 7. November d. J. hat ch der Knabe Adolph Hirschburg von seinen ltern aus Neu-Ruppin heimlich entfernt, ohne isher von sich Nachricht zu geben. Da den beübten Eltern an seiner Habhaftwerdung viel gegen ist, so werden alle Behörden ganz ergebenst sucht, wo sich der Knabe antreffen lassen möge, n bekümmerten Eltern davon schleunigst nach leu-Ruppin Nachricht zu geben.

Personalbeschreibung. Der Knabe Adolph irschburg ist 11 Jahr alt, jüdischen Glaubens, u Potsdam geboren, hat dunkelbraunes Haar, lugen: braun, Nase: stark, Mund: gewöhnlich, ähne: vollständig, Gesichtsfarbe: gesund; besonere Kennzeichen: am Halse einen Kaffeefleck; beleidet war derselbe bei seiner Entlaufung, mit einer lau und schwarz gestrickten Mütze ohne Schirm, lauer Tuch-Jacke, grauen Tuch-Hosen, grauer Tuch-Weste, einem grünen Shawl, blauen wollenen Strümpfen und Holz-Pantienen.

Neu-Ruppin, den 17. Dezember 1844.

D. Hirschburg, Handelsmann.

Warnungs-Anzeige.

Die unverehelichte Friederike Karoline Christiane Dittmann ist durch das in zweiter Instanz bestätigte Erkenntniß des Kriminal-Senats Eines Königl. Kammergerichts vom 6. Juni d. J. wegen wissentlicher Ableistung eines falschen Eides mit einer einjährigen Zuchthausstrafe ordentlich belegt worden, und wird dieselbe dem ergangenen Erkenntnisse gemäß hierdurch als meineidige Betrügerin öffentlich bekannt gemacht.

Strasburg i. d. Ukermark, den 18. Dez. 1844.

Königl. Preuß. Stadtgericht.

Bekanntmachung.

Der Ackermann Ludwig Albrecht Schuhmacher, und dessen Ehefrau, Catharine geborne Schulze, zu Sagast, sind für Verschwender erklärt, so daß ihnen weder Geld noch Geldeswerth geborgt, oder ein Vertrag mit ihnen gültig abgeschlossen werden kann.

Wittenberge, den 18. November 1844.

Das Gericht zu Sagast.

Bekanntmachung.

Zu einer am 23. August d. J. auf hiesigem Post-Amte aufgegebenen Kiste, muthmaaßlich an Langau in Brandenburg abdressirt, ist die Addresse verloren gegangen und ist die Kiste ohne dieselbe nicht anzubringen. Die Kiste ist Nr. 230 gezeichnet, wiegt 11 Pfund 16 Loth, und sind in dem Siegel, mit welchem dieselbe verschlossen ist, die Buchstaben J. G. N. S. ausgedruckt.

Der sich als Absender Legitimirende, kann gedachte Kiste auf hiesigem Post-Amte in Empfang nehmen.

Wusterhausen a. d. D., den 1. Dezbr. 1844.

Königl. Post-Amt.

Schmidt.

Bekanntmachung.

Der Besitzer der Windmühle zu Sawall, Mühlenmeister Johann Gottlieb Hasselbach, beabsichtigt, unweit des Dorfes Sawall auf einem von dem dortigen Kossäthen Schulze im Wege des Tausches erworbenen Ackerstücke eine zweite Bockwindmühle mit einem Gange und einer Hirse-

stampfe, zur Bereitung fremden Gemahls gegen-
Entgeld zu erbauen. Dieses Vorhaben wird hiermit zur öffentlichen Kenntniß gebracht und sind
etwanige Widersprüche, mögen dieselben nun aus
dem Edikte vom 28. Oktober 1810, oder aus der
Allerhöchsten Kabinetsordre vom 23. Oktober 1836
hergeleitet werden, innerhalb acht Wochen präklusivischer Frist, bei dem unterzeichneten Landrathe
anzubringen und zu begründen.

Beeskow, den 30. November 1844.
Der Landrath.
In Stellvertretung desselben:
Der Kreis-Deputirte Ratns.

Bekanntmachung.

Für die Königl. Eisenhütten-Verwaltung zu
Kutzdorf in der Neumark, 1½ Meile von Cüstrin
belegen, wird im Laufe des Jahres 1845 ein
Quantum von dreihundert Fudern guter kieferner
Holzkohlen, das Hüttenfuder zu einhundert und
zwölf Berliner Scheffeln, verlangt. Wer auf die
Lieferung dieses ganzen Quantums oder eines
Theils desselben einzugehen geneigt ist, kann seine
Anerbietungen mit Angabe des Preises pro Hüt-
tenfuder frei bis zum gedachten Werke geliefert,
bis zum 1. Februar k. J. bei dem unterzeichneten
Hüttenamte oder bei der Königl. Hüttenverwal-
tung zu Kutzdorf einreichen.

Eisenspalterei, den 17. Dezember 1844.
Königl. Preuß. Hüttenamt.

Auktion.

Auf den Friedersdorfer Uppstall-Wiesen bei
Menzlow, 1½ Meile von Cöpenick, sollen circa
50 Haufen guter Torf

am Sonnabend den 4. Januar 1845,
Vormittags 11 Uhr,
gegen gleich baare Bezahlung verauktionirt werden.
Der Verkauf wird nach den Umständen im Ganzen oder in kleinen Quantitäten stattfinden.

Storkow, den 18. Dezember 1844.
Im gerichtlichen Auftrage.
Kobei,
Land- und Stadtgerichts-Aktuar.

Ediktal-Zitation.

Der am 15. Juli 1809 zu Closterdorff geborene
Müllergeselle Carl August Ludwig Ragnow, ein
Sohn des zu Closterdorff verstorbenen Unterförsters
und Mühlenmeisters Ragnow, auf dessen Todeserklärung angetragen worden ist, desgleichen seine

Erben und Erbnehmer, werden hierdurch vorgeladen, spätestens in dem auf

den 18. März 1845, Vormittags 10 Uhr,
an hiesiger Gerichtsstelle anberaumten Termine zu
erscheinen, ihre Ansprüche anzumelden und darauf
weitere Anweisung zu erwarten, widrigenfalls der
2c. Ragnow für todt erklärt und sein Vermögen
seinen legitimirten Erben und in deren Ermangelung dem Fiskus zugesprochen werden wird.

Strausberg, den 15. Mai 1844.
Königl. Land- und Stadtgericht.

Oeffentliche Vorladung.

Da über den Nachlaß des am 28. Juli 1842
hier verstorbenen, pensionirten Hauptmanns Johann George Friedrich von Wobeser der erbschaftliche Liquidations-Prozeß eröffnet ist, so werden die unbekannten Gläubiger hierdurch vorgeladen, sich in dem

am 31. Januar 1845, Vormittags um 10 Uhr,
an hiesiger Gerichtsstelle anberaumten Termine zu
gestellen, bey Betrag und die Art ihrer Forderungen anzugeben, und die vorhandenen Dokumente
urschriftlich vorzulegen.

Auswärtigen werden die Herren Justiz-Kommissarien Heym zu Liederose und Uschner in
Lübben als Bevollmächtigte vorgeschlagen.

Die Ausbleibenden haben zu gewärtigen, daß
sie, aller ihrer etwanigen Vorrechte für verlustig
erklärt und mit ihren Forderungen an dasjenige,
was nach Befriedigung der sich meldenden Gläubiger von der Masse etwa übrig bleiben möchte,
werden verwiesen werden.

Beeskow, den 8. Oktober 1844.
Königl. Land- und Stadtgericht.

Nothwendiger Verkauf.
Königl. Kammergericht in Berlin.

Das hierselbst am Monbijouplatze Nr. 11 belegene, im kammergerichtlichen Hypothekenbuche Vol.
IX Nr. 62 Pag. 229 verzeichnete Grundstück, abgeschätzt auf 18,035 Thlr. 20 Sgr. 2 Pf. zufolge, nebst Hypothekenschein und Bedingungen in
der Registratur einzusehenden Taxe, soll Theilungs
halber im Wege der nothwendigen Subhastation,

am 28. Mai 1845, Vormittags 10 Uhr,
an ordentlicher Gerichtsstelle subhastirt werden.

Alle unbekannten Realprätendenten werden
aufgefordert, sich bei Vermeidung der Präklusion
spätestens in diesem Termine zu melden.

Nothwendiger Verkauf.
Königl. Kammergericht in Berlin.

Das hierselbst in der Wadzeckstraße Nr. 3 belegene, im kammergerichtlichen Hypothekenbuche Vol. XII Pag. 277 Nr. 196 verzeichnete, dem Viktualienhändler Johann Friedrich Plötz gehörige Grundstück nebst Zubehör, abgeschätzt auf 10,328 Thlr. 25 Sgr. 6 Pf. zufolge der, nebst Hypothekenschein und Bedingungen in der Registratur einzusehenden Taxe, soll

am 27. Mai 1845, Vormittags 11 Uhr,

an ordentlicher Gerichtsstelle subhastirt werden.

Alle unbekannten Realprätendenten werden aufgefordert, sich bei Vermeidung der Präklusion spätestens in diesem Termine zu melden.

Nothwendiger Verkauf.
Königl. Kammergericht in Berlin.

Das hierselbst in der Philippstraße Nr. 20 belegene, im Hypothekenbuche des Kammergerichts Cont. h Vol. IX Pag. 25 Nr. 2 verzeichnete, dem Rentier Jeremias Rudolph gehörige Grundstück, abgeschätzt auf 11,432 Thlr. 17 Sgr. 5 Pf. zufolge der, nebst Hypothekenschein und Bedingungen in der Registratur einzusehenden Taxe, soll

am 13. Juni 1845, Vormittags 10 Uhr,

an ordentlicher Gerichtsstelle subhastirt werden.

Nothwendiger Verkauf.
Stadtgericht zu Berlin, den 19. Oktober 1844.

Das hierselbst in der neu angelegten, von der Stadtmauer bis zur neuen Jakobsstraße führenden Straße belegene Ackermannsche Grundstück, im Hypothekenbuche Band 12 Nr. 815 verzeichnet und bestehend in:

1) einer eingezäunten Baustelle, in ihrem jetzigen Zustande abgeschätzt auf   8239 Thlr.
2) einer zweiten von dieser Baustelle durch das dazwischen liegende Neander'sche Grundstück getrennten Baustelle, in ihrem jetzigen Zustande abgeschätzt zu   854 Thlr.

also im Ganzen mit der Taxe von 9093 Thlr., soll am 27. Juni 1845, Vormittags 11 Uhr, an der Gerichtsstelle subhastirt werden. Taxe und Hypothekenschein sind in der Registratur einzusehen.

Nothwendiger Verkauf.
Königl. Justizamt Zechlin zu Wittstock.

Das ½ Meile von Wittstock im Dorfe Babitz belegene, im Hypothekenbuche von Babitz Vol. I Folio 1 verzeichnete, den Neumannschen Erben gehörige Lehnschulzengut, taxirt auf 7888 Thlr. 14 Sgr. 2 Pf. laut der, nebst Hypothekenschein in unserer Registratur einzusehenden Taxe, soll

am 10. März 1845, Vormittags 11 Uhr, an ordentlicher Gerichtsstelle zu Wittstock subhastirt werden.

Wittstock, den 16. August 1844.

Nothwendiger Verkauf.
Land- und Stadtgericht zu Brandenburg, den 26. September 1844.

Das hier in der Neustadt in der Heidestraße sub Nr. 317 belegene, Vol. 8 Fol 1 des Hypothekenbuchs von Brandenburg eingetragene und den Geschwistern Schön gehörige Wohnhaus sub Nr. 232 kavel, gerichtlich abgeschätzt auf 801 Thlr. 21 Sgr. 8 Pf. zufolge der, nebst Hypothekenschein und Kaufbedingungen in unserer Registratur einzusehenden Taxe, soll

am 1. Februar 1845, Vormittags 11 Uhr, an ordentlicher Gerichtsstelle vor dem Deputirten Herrn Kammergerichts-Assessor Benkel subhastirt werden.

Das dem Lohgerber Leopold Eichberg gehörige hierselbst in der Berliner Straße sub Nr. 232 belegene und auf 1840 Thlr. 4 Sgr. 3 Pf. taxirte Wohnhaus nebst Zubehör, Vol. V Pag. 407 des Hypothekenbuchs verzeichnet, soll

am 28. Februar 1845, Vormittags 11 Uhr, an Gerichtsstelle verkauft werden. Die Taxe und der neueste Hypothekenschein sind in der Registratur einzusehen. Angermünde, den 17. Okt. 1844.

Königl. Stadtgericht.

Nothwendiger Verkauf.
Stadtgericht zu Wittstock, den 27. Oktober 1844.

Das den minorennen Gebrüdern Stübemann gehörige, hierselbst im vierten Viertel im Rosenwinkel belegene, Vol. IV Fol. und Nr. 117 des Hypothekenbuchs verzeichnete, zu 567 Thlr. 4 Sgr. 11 Pf. gerichtlich abgeschätzte Wohnhaus, soll

am 6. März 1845, Vormittags 11 Uhr und Nachmittags 4 Uhr,

an Gerichtsstelle subhastirt werden. Taxe und Hypothekenschein sind in der Registratur des Gerichts einzusehen.

Nothwendiger Verkauf.
Stadtgericht zu Wittstock, den 25. Oktober 1844.

Das der verehelichten Tischlermeister Korschefsky gehörige, hierselbst im vierten Viertel in

der Kettenstraße belegene, Vol. IV Fol. und Nr. 76 des Hypothekenbuchs verzeichnete, und zu 871 Thlr. 17 Sgr. 3⅟₄ Pf. gerichtlich abgeschätzte Wohnhaus, soll
am 13. März 1845, Vormittags 11 Uhr und
Nachmittags 4 Uhr,
an Gerichtsstelle subhastirt werden.
Taxe und Hypothekenschein sind in der Registratur einzusehen.

Nothwendiger Verkauf.

Königl. Justiz-Amt Löcknitz zu Prenzlow, den 1. November 1844.

Nachbenannte, dem Gastwirth Carl Friedrich Richard Gaust zu Löcknitz gehörige, an der von Pasewalk nach Stettin führenden Chaussee belegene Grundstücke:

1) das im Hypothekenbuche von Löcknitz Vol. III Seite 837 verzeichnete, worin eine Gastwirthschaft betrieben wird und wobei
   9 Morgen 96 ☐Ruthen Acker,
   5 Morgen Wiesen
gerichtlich abgeschätzt zu 2017 Thlr. 7 Sgr. 6 Pf.,

2) das in demselben Hypothekenbuche Vol. III Seite 820 eingetragene, wobei
   9 Morgen 96 ☐Ruthen Acker,
   4 Morgen 165 ☐Ruthen Wiesen
gerichtlich abgeschätzt zu 2067 Thlr. 8 Sgr. 9 Pf.,

sollen
am 13. März 1845, Vormittags 11 Uhr,
an Gerichtsstelle zu Brüssow subhastirt werden.
Taxe und Hypothekenschein sind in unserer Registratur zu Prenzlow einzusehen.

Nothwendiger Verkauf.

Das zu Fürstenwerder belegene und im dortigen Hypothekenbuch Vol. I Pag. 201 Nr. 21 verzeichnete Grundstück des Destillateurs Buggert, gerichtlich abgeschätzt zu 900 Thlr., soll
am 27. März 1845, Vormittags 11 Uhr,
in Fürstenwerder an gewöhnlicher Gerichtsstelle subhastirt werden.
Taxe und Hypothekenschein sind in unserer Registratur einzusehen.

Prenzlow, den 8. November 1844.
Reichsgräflich von Schwerinsches Patrimonialgericht der Herrschaft Wolfshagen.

Nothwendiger Verkauf.

Land- und Stadtgericht zu Neustadt-Eberswalde, den 4. November 1844.

Das zu Neustadt-Eberswalde vor dem Unterthore belegene Gasthaus, Hôtel de Prusse genannt, und geschätzt auf 6288 Thlr. zufolge der, nebst Hypothekenschein und Bedingungen im 11ten Geschäftsbüreau einzusehenden Taxe, soll
am 2. Juni 1845, Vormittags 11 Uhr,
im Gerichtshause an den Meistbietenden verkauft werden.

Nothwendiger Verkauf.

Folgende zur erbschaftlichen Liquidationsmasse des zu Berlin verstorbenen Kaufmanns Ernst Christian Ludwig Thien gehörige Vol. IX Fol. 35 des neuen Hypothekenbuchs der Stadt Cremmen verzeichnete hierselbst belegene Grundstücke, als:

1) ein Ackerplan Nr. 479 im Schwanteschen Felde nebst Beiland zusammen 44 Morgen 177 ☐Ruthen enthaltend, tarirt zu
                1949 Thlr. 25 Sgr.,

2) ein Wiesenplan in den Höschtaveln von 6 Morgen 51 ☐Ruthen, tarirt zu
                446 Thlr. 20 Sgr.,
      zusammen 2396 Thlr. 15 Sgr.,

sollen am 7. März 1845, Morgens 10 Uhr, an ordentlicher Gerichtsstelle subhastirt werden. Der neueste Hypothekenschein nebst Taxe liegt in der diesseitigen Registratur zur Einsicht vor.

Cremmen, den 16. November 1844.
Königl. Preuß. Land- und Stadtgericht.

Nothwendiger Verkauf.

Justizkammer zu Schwedt, den 21. Novbr. 1844.

Das zum Nachlasse des hier verstorbenen Kaufmanns Grantze gehörige, Vol. I Fol. 73 Nr. 13 des Hypothekenbuchs verzeichnete hiesige Bürgergrundstück, abgeschätzt zu 947 Thlr. 11 Sgr. 8 Pf. zufolge der, nebst Hypothekenschein und Kaufbedingungen in der Registratur einzusehenden Taxe, soll
am 1. Juli 1845, Vormittags 10 Uhr,
an ordentlicher Gerichtsstelle subhastirt werden.

18 Schock Dach-Rohr sollen
am 2. Januar 1845, Vormittags 10 Uhr,
in Theilen zu 4 Schock auf dem Etablissement Entenfang meistbietend aus freier Hand verkauft werden, wozu Kauflustige hierdurch eingeladen sind.

Lightning Source UK Ltd.
Milton Keynes UK
UKHW021327191218
334272UK00014B/765/P